吕思勉历史全集

两晋
南北朝史 一

吕思勉 著

哈尔滨出版社
HARBIN PUBLISHING HOUSE

图书在版编目（CIP）数据

两晋南北朝史 / 吕思勉著.—哈尔滨：哈尔滨出版社，2019.5
（吕思勉历史全集）
ISBN 978-7-5484-4422-0

Ⅰ.①两…　Ⅱ.①吕…　Ⅲ.①中国历史－研究－魏晋南北朝时代　Ⅳ.①K235.07

中国版本图书馆CIP数据核字（2018）第274412号

书　　名：两晋南北朝史
LIANG JIN NAN BEI CHAO SHI

作　　者：吕思勉　著
责任编辑：付中英　翟嫦娥
责任审校：李　战
封面设计：里奥设计工作室

出版发行：哈尔滨出版社（Harbin Publishing House）
社　　址：哈尔滨市松北区世坤路738号9号楼　**邮编：**150028
经　　销：全国新华书店
印　　刷：哈尔滨久利印刷有限公司
网　　址：www.hrbcbs.com　www.mifengniao.com
E-mail：hrbcbs@yeah.net
编辑版权热线：（0451）87900271　87900272
销售热线：（0451）87900202　87900203
邮购热线：4006900345　（0451）87900256

开　　本：787mm×1092mm　1/16　**印张：**82.25　**字数：**1382千字
版　　次：2019年5月第1版
印　　次：2019年5月第1次印刷
书　　号：ISBN 978-7-5484-4422-0
定　　价：198.00元（全四册）

总目录

两晋南北朝史（一）

两晋南北朝史（二）

两晋南北朝史（三）

两晋南北朝史（四）

目录

第四章　东晋初年形势

第五章　东晋中叶形势上

第六章　东晋中叶形势下

第八章　宋初南北情势

第一章 总论

魏、晋之际，中国盛衰强弱之大界也。自三国以前，异族恒为我所服，至五胡乱起，而我转为异族所服矣。五胡之乱，起于晋惠帝永兴元年刘渊之自立。越十三年，愍帝被虏，而中国在北方之政府遂亡。自是南北分立。

自元帝建武元年，至陈后主祯明三年，凡二百七十三年，而南卒并于北。隋文帝虽云汉人，然民族之异同，固非以其种姓而以其文化，此则不独隋室，即唐室之先，亦未尝非武川族类也。《廿二史劄记》云："两间王气，流转不常，有时厚集其力于一处，则帝王出焉。如南北朝分裂，其气亦各有所聚。晋之亡，则刘裕生于京口；萧道成、萧衍，生于武进之南兰陵；陈霸先生于吴兴；其地皆在数百里内。魏之亡，则周、隋、唐三代之祖，皆出于武川，宇文泰四世祖陵，由鲜卑迁武川。陵生系，系生韬，韬生肱，肱生泰，是为周文帝。杨坚五世祖元素，家于武川。元素生惠嘏，惠嘏生烈，烈生祯，祯生忠，忠生坚，是为隋文帝。李渊，三世祖熙，家于武川。熙生天赐，天赐生虎，虎生昞，昞生渊，是为唐高祖。区区一弹丸之地，出三代帝王；周幅员尚小，隋、唐则大一统者共三百余年；岂非王气所聚，硕大繁滋也哉？"王气所聚；说大落空。宋、齐、梁、陈四代之祖，生于数百里内，亦不足论。中华人事繁复，此固无甚关系也。至于周、隋、唐三代之祖，皆生武川，则自以当时此一区中为强兵所在，故力征经营者易起于此，其附从之功臣，亦易出于此。不惟周、隋、唐，北齐兴于怀朔，固与武川同为六镇之一也。武川，今绥远武川县。怀朔，今绥远五原县。唐室武功，超轶汉代，然实用蕃兵、蕃将为多，与汉之征匈奴，纯恃本族之师武臣力者异矣。

自唐衰而沙陀入据中原，虽不久覆灭，然契丹、党项、女真、蒙古、满洲，又纷纷窃据，甚且举中国之政权而盗之。盖自五胡之乱至清之亡，凡历千六百有八年焉。若是乎，中国民族，实不堪以兵力与异族竞邪？曰：否。

《秦汉史》既言之矣。曰："文明之范围，恒渐扩而大，而社会之病状，亦渐渍益深。孟子曰：仁之胜不仁也，犹水胜火。以社会组织论，浅演之群，本较文明之国为安和，所以不相敌者，则因其役物之力大薄之故。然役物之方，传播最易，野蛮之群与文明之群遇，恒慕效如恐不及焉。及其文明程度，劣足与文明之族相抗衡，则所用之器，利钝之别已微，而群体之中，安和与乖离迥判，而小可以胜大，寡可以敌众，弱可以为彊矣。"第一章。

以文明之群，而转为野蛮之群所胜，宁独中国？马其顿之于希腊，日耳曼之于罗马，顾不然邪？夫党类（class）既分，则与异族为敌者，实非举国之民，特其操治理之权者耳。此等人，当志得意满之余，溺骄淫矜夸之习，往往脆弱不堪一击。卒遇强敌，遂至覆亡。其覆亡也，固亦与寻常一姓之覆亡无异，特覆之者非本族而为异族人耳。

此时多数人民，固未尝与异族比权量力，若为人所服，而实不可谓其为人所服也。多数人民与异族之相角，于何见之？其胜负于何决之？曰：视其文化之兴替。两族相遇，文化必有不同，观其孰替孰兴，而文化之优劣分，而民族之存亡，亦由之而判矣。信如是也，中国民族之与异族遇，不以一时争战之不竞见其劣，正以终能同化异族见其优，固非聊作解嘲之语矣。此非谓中国必不能以兵力争胜，亦非谓此后永不必以兵力争胜，不可误会。

中国之见侮于异族，乃由执治理之权者之劣弱，其说可得闻与？曰：可。两族相竞，若战陈然，居前行者，实惟政治。后汉自安帝永初以降，政权迄在外戚、宦官手中，自此至灵帝中平六年董卓入洛，凡历八十六年，其紊乱可以想见。此时为举国所想望者，莫如当时所谓名士，然其人实多好名嗜利之徒，读《秦汉史》第十章第四节、第十四章第五节、第十八章第四节可见。此时相需最殷者，曰综核名实，曰改弦更张。督责之治，魏武帝、诸葛武侯皆尝行之，一时亦颇收其效，然大势所趋，终非一二人之力所克挽，故人亡而政亦息焉。

近世胡林翼、曾国藩，承积衰极敝之余，以忠诚为唱，以峻切为治，一时亦未尝不收其效，而亦不能持久，先后最相类也。改制更化，魏曹爽一辈人，颇有志焉。然其所图大大，不为时俗所顺悦；又兵争未久，人心积相猜忌，进思徼利，退计自全，乃不得不用阴谋以相争夺。此等相争，正人君子，往往非奸邪小人之敌，曹爽遂为司马宣王所覆。宣王本惟计私图；景王虽为正始风流人物，然既承宣王之业，自不得不专为自全之计；文王更无论矣。

与司马氏相结合者，率多骄淫狙诈之徒；司马氏之子弟，亦日习于是，而其材又日下；而时势之艰危，人心之险诐如故；于是以晋初之百端待理；灭吴之后，又直可以有为之时；乃以趣过目前之晋武帝承之，急切之事如徙戎者，且不能举，皇论其他？而杨、贾、八王之祸，且代异己之诛锄而起矣。晋室之倾颓，固非一朝一夕之故，盖自初平以来，积渐所致，势固不易中止也。夫国之所恃为桢干者，固非一二臣卫，而为士大夫之群，今所谓中等阶级也。士大夫而多有猷、有为、有守，旧政府虽覆，树立一新政府，固亦非难。

当时之士大夫，果何如哉？中国在是时，民族与国家之见地，盖尚未晶莹。东汉名士，看似前仆后继，尽忠王室，实多动于好名之私，挟一忠君之念耳。此等忠君之念，沿自列国并立之时，不能为一统之益，而时或转为其累。参看《秦汉史》第十四章第四节。

又既沿封建之习，则诸侯之国，与卿大夫之家，其重轻本来相去无几，由是王室与私门，其重轻之相去，亦不甚远；益以自私自利之恒情，而保国卫民之念，遂不如其保家全身之切焉。刘、石肆虐，北方之名门巨族，相率迁地以图自全，鲜能出身犯难者，由此也。携家避地，固始汉末，然是时为内乱，而晋初为外患，衡以内乱不与，外患不辟之义，则晋之士大夫，有愧焉尔矣。夫既徒为保家全身之计，则苟得沃土，自必如大月氏之西徙，志安乐而无复报胡之心。东晋之名流，率图苟安而怠恢复；如蔡谟之沮庾亮，王羲之之毒殷浩。其挟有奸雄之才，而又为事势所激者，遂不恤为裂冠毁冕[①]之行；如王敦、桓温之称兵。以此。

夫当时北方之士大夫，虽云不足与有为，然南方剽悍之气，固未尝减。观周处可见。参看《秦汉史》第十一章第八节。使晋室东渡之后，得如周瑜、鲁肃、吕蒙、陆逊者而用之，北方之恢复，曾何足计？其时南方之人，盖亦有图自立者，如陈敏等是。而事不易成；北方之名门巨族，挟一王室之名以来，自非其所能抗；而南方之政权，遂尽入北来诸族之手，其何能淑，载胥及溺[②]焉。

直至北府兵起，江、淮剽悍之气始有所藉以自见，然积弱之势既成，狃诈之习未改，日莫途远，虽绝世英雄如宋武帝，亦不能竟恢复之绪矣。宋、齐、梁、陈四代，皆起自寒微，所信任者，非复名门巨族。然所用寒人，资望大浅，虽能纲纪庶务，而不能树立远猷[③]。又以防如晋世之内外相猜，大州重任，必以宗室处之而世族之骄淫，既成恒轨，人心之倾险，又难骤更，而骨肉之相屠，遂继君臣之相忌而起矣。佞幸当朝，权奸梗命，其局势较东晋更劣，其渊源，则仍来自东晋者也。

一时代之风气，恒随一二人之心力为转移。当神州陆沈之余，宁无痛愤而思奋起者？然豪桀之士，虽无文王犹兴，实亦缘其所处之境。先汉之世，学士大夫，人人有志于致用。自经新莽之丧败，遂旁皇而失其所守。既失之琐碎又偏于泥古，实不能有当于人心。其思力较沈挚者，乃思舍迹而求道。

其于五经，遂束阁《诗》《书》《礼》《春秋》而专重《易》；其于诸子，则弁髦名、法、儒、墨、从横而专言道。其识解自较汉人为高，然其所规画，或失之迂阔而不能行；甚或视世事大渺小；谓有为之法，终如梦幻泡景而不足为。其力薄才弱者，则徒为自娱或自全之计，遂至新亭燕集，徒为楚囚之对泣焉。此以外攘言之也。

以言乎内治：则自东汉以来，不复知更化者必先淑其群，而稍以淑己为淑群之道。承之以释、老，而此等见解，愈益牢固而不可拔。而其所谓淑己之道，又过高而非凡民之所知。听其言则美矣，责其实，殆如彼教所谓兔角、龟毛，悉成戏论。此晋、南北朝之士大夫，所以终莫能振起也。

至于平民，其胼手胝足[④]，以自效于国家、民族，以视平世，其艰苦固不翅倍蓰；即能陈力于战事者，亦自不乏。然民兵之制既废；三五取丁等法，实为以不教民战；而广占良田，规锢山泽，荫匿户口者，又务虐用其人。北方遗黎，或抟结立坞壁，以抗淫威，亦因所抟结者大小，终难自立。其异族之窃据者，则专用其本族若他异族之人为兵，汉民既手无斧柯，则虽屡直变乱而终无以自奋。此平民所以不获有所藉手，以自效于国家、民族也。凡此，皆晋、南北朝三百年中，我国民不克以兵力攘斥异族之由也。

然则此时代中，我国民之所建树者何如？岂遂束手一无所为乎？曰：其大成就有四焉，而皆与民族之动荡移徙有关，故民族之移徙，实此时代中最大之事也。

四者惟何？一曰士庶等级之平夷。二曰地方畛域之破除。三曰山间异族之同化。四曰长江流域之开辟。古之为治者，本今所谓属人而非属地，故曰“有分土无分民”。封建之世，等级之严峻，盖非后世所能想象。秦人虽云父兄有天下，子弟为匹夫；汉世用人，虽云不分士庶；然特政事之措置，名门巨族，在民间之权势自若也。古黄河流域，盖汉族居平地而异族居山。长江流域，初盖江湖缘岸，亦为异族所据，后稍与汉同化，其不同风者，乃亦相率而入山。故秦、汉之世，江、河之域，皆颇似后世之西南诸省。而江域拓殖较晚，荆楚犹称火耕水耨，而扬州无论矣。

自汉末以来，中原之民，乃因避乱而相率移徙。彼其移徙也，率皆宗党亲戚，相将而行；或则有地方豪望，为之率将；故其户数多至千百；恒能互相周恤，建立纲纪。参看《秦汉史》第十三章第四节。当时移徙之民，与所移徙之地之民，畛域难遽破除者以此，其移徙后易以自立，易以自安者亦以此。以本皆族党、乡里，则能互相扶助而力强；而移徙之余，所处之地虽变，所相人偶之人，仍未大变也。观此，可以知其为力之强。夫在一地方积有权势者，易一境焉，则其权势必归消失。

北方诸族之南迁者，观史所载广占良田，规锢山泽，荫匿人户等事，一若皆为豪富之徒，实则此不过其当路秉政者，其余则皆日入于困窘矣。隋、唐以降士庶等级之渐夷，盖非徒九品中正之废，而实缘士族之生计日趋困窘。故与庶族通谱、通昏者，不一而足也。北人之初南徙也，其与当地之民，盖犹格不相入，故必侨置州郡以治之。其时移徙者之意，必曰：寇难削平，复我邦族，则依然故我矣。乃井里之丘墟如故，乡闾之旋反无期，政府乃不得不力行土断；人民亦以岁月之久，侨居者与土著者日亲；而积古以来，各地方之畛域，渐次破除矣。当时河域之民，播迁所届，匪惟江域，盖实东渐辽海，西叩玉门，北极阴山，南逾五岭焉。其声教之所暨被，为何如哉？若此者，皆其民之较强者也。其单弱贫困者，不能远行，则相率入山，与异族杂处。当时所谓山胡、山越者，其名虽曰胡、越，而语言风俗，实无大殊，故一旦出山，即可以充兵、补户，可见其本多汉人。然胡、越之名，不能虚立，则又可见其本多异族，因汉人之入山而稍为所化也。

湘、黔、粤、桂、川、滇、西康之境，自隋至今，历千三百年，异族之山居者，犹未尽化，而江淮、宛洛、河汾之际，自汉末至南北朝末，仅三百余年而遽成其功，虽曰地势之夷险不同，处境之安危亦异，然其所成就，亦云伟矣。自有史以来，至于秦、汉，文明中心，迄在河域。自河域北出，则为漠南，自河域南徂，则为江域。论者或病中国民族，不能北乡开拓，致屡招游牧民族之蹂躏。然民族之开拓，必乡夫饶富之区。江域之饶富，较之漠南北，奚翅十倍。执干戈以圉侵略，固为民族之要图，开拓饶富之区，以增益文化，其为重大，殆又过之。江域之开拓，实我民族靖献于世界之大劳，其始之自汉末，其成之则晋、南北朝之世也。此皆我民族在此时代中成就之极大者也。其为功，视以兵力攘斥异族于行陈之间者，其大小难易，宁可以道里计？恶得以治理者之劣弱，北方政权，暂入异族之手而少之哉？

民族之所建树，恒视乎其所处之境。自然之境易相类，人造之境则万殊，故各民族之史事，往往初相似而后绝异，以其初自然之力强，入后则人事之殊甚也。东洋之有秦、汉，西洋之有罗马，其事盖颇相类；中国见扰乱于五胡，罗马受破毁于蛮族，其事亦未尝不相类也。然蛮族侵陵以后，欧洲遂非复罗马人之欧洲，而五胡扰乱之余，中国为中国人之中国如故也。此其故何哉？中国有广大之江域以资退守，而罗马无之，殆为其一大端。此固可云地势为之，我民族不容以之自侈，然其殊异之由于人事者，亦不乏焉。罗马与蛮族，中国与五胡，人口之数，皆难确知，然以大较言之，则罗马与蛮族众寡之殊，必不如中国与五胡之甚。两民族相遇，孰能同化人，孰则为人所同化，虽其道多端，而人口之众寡，殆为其第一义，此中国同化五胡之所以易，罗马同化蛮族之所以难也。此非偶然之事，盖中国前此同化异族之力较大实为之。又蛮族受罗马文化之薰陶浅，五胡受中国文化之涵育深。不特慕容廆、苻坚、元宏，即刘聪、石虎，号称淫暴，亦特其一身之不饬，其立法行政，亦未尝不效法中国。当是时，我之民族性，固尚未形成，彼辈之茫昧，殆更甚于我。试观五胡造作史实，绝无自夸其民族，只有自夸其种姓可知。以视后来金世宗、清高宗之所为，迥不侔矣。异族之与我族遇，民族性之显晦，辽、金之间，殆为一大界。

自辽以前，异族无不视汉族为高贵而思攀附之、效法之者。自金以后，则无是事矣。此其故，盖由辽以前诸族，始多附塞，或且入居塞内，女真、蒙古、满洲，则皆距塞较远也。此可见我民族同化异族之力，不待五胡扰乱，而潜移默运，业已有年矣。又不独此也。罗马受蛮族之侵陵，欧洲遂倒演而入于封建之世，而中国自五胡乱后，其为大一统依然也。此又何故哉？

此实由罗马之为国，本不如中国之统一，故一旦覆亡，一文官、武将，若地方豪右，教中尊宿，蛮族酋豪，皆能成为一区域之大长，其权力历久而不敝，既无能一统之者，则其彼此之间，遂互相隶属，层累相及，而封建之局成矣。中国当晋、南北朝时，亦是处有豪族、游侠；兵乱之区，又有堡坞之主；亦未尝不专制一方，然地势平衍，风俗大同，中枢之力较强，民情亦习于统一，故虽有可成封建政体之端倪，卒无竟成封建政体之事实。此就政治言之也。

以宗教言：则罗马之于基督，关系殊疏，而两汉之于孔子，关系极密。政教分张，事起近世，实由世事日新，而宗教笃旧，不能与时俱进之故。以理言，政治之设施，固应与教化相合。罗马之为治，实未能符合此义。人生虽不免屈于力，其意固恒欲附于德，故罗马解体以后，欧人乃欲奉教主为君王；其教主亦欲以此自居。然实不胜其任也，而政教之分争，遂为欧洲扰攘之大原焉。

我国自汉武以后，儒教殆已成国教，然儒之所以为教者，实在人伦日用之间兼示为政者以轨则，而非恃迷信以锢人心，故与异教之相争不烈。国家既已一统，前此各地方之宗教，仅足维系一地方之人心者，既无以厌人之求，而急须一通行全国之大宗教，杂沓之神、祇、鬼、魅，遂稍合并、变化，而成所谓道教者；而佛教亦于此时传入。

丁斯时也，所以慰悦人之魂神者，孔教则让诸道、佛；而施于有政，以及人伦日用之际道、佛亦不与儒争。道、佛二家之间，道家本无教义，时时窃取佛说以自附益；甚至并其仪式而窃之；一似无以自立。然旧来所信奉之神、祇、鬼、魅，必非一日所能划除，佛教入中国后，虽亦竭力与之调和，或且网罗之以为己助，然佛为异国之教，于中国旧所信奉，固不能一网打尽，亦必不能囊括无遗，而道教于此，遂获有立足之地焉。

我国本无专奉一神之习，用克三教并立，彼此相安，即有他小宗教，与三教异同者，苟非显与政府为敌；或其所唱道者，实与当时社会所共仞之道德、法律，藉以维持秩序者不相容，亦未有痛加迫蹙者。获慰悦魂神，指道行为之益，而不酿争夺相杀之祸，要不能不谓我国之文化，高于欧洲也。

以上所说，虽已深切著明，读者终将疑我民族之所长，偏于文事，而于武德不能无缺，请更有说以明之。韩陵之战，齐高祖谓高昂曰："高都督纯将汉儿，恐不济事，今当割鲜卑兵千余人，共相参杂，于意云何？"似乎鲜卑之战斗，非汉人所能逮矣。然卫操、姬澹说魏桓、穆二帝招纳晋人，晋人附者稍众。及六修难作，新旧猜嫌，迭相诛戮，卫雄、姬澹，谋欲南归，乃言于众曰："闻诸旧人忌新人悍战，欲尽杀之，吾等不早为计，恐无种矣。"晋人及乌丸惊惧，皆曰："死生随二将军。"于是雄、澹与刘琨任子遵，率乌丸、晋人数万众而叛。是晋人之悍战，又过于鲜卑也。

齐高祖之雄武，读史者应无异辞，然其先固亦汉人，特久居北边，遂习鲜卑之俗耳。云、代间鲜卑，号称悍战者，其中之汉人，必不少也。大抵当时五胡与汉族之杂处，其情形，当略如后世之汉与回。傅奕言："羌、胡异类，寓居中夏，祸福相恤；中原之人，心力不齐；故夷狄少而强，华人众而弱。"正与后世回强汉弱之情形，后先一辙也。然则五胡之乱华，亦不过如清代咸、同间西南、西北之回乱耳，恶得谓华夷之强弱迥异，且由于天之降材尔殊哉？

晋、南北朝史事，端绪最繁，而其间荦荦大端，为后人所亟欲知者，或仍不免于缺略。又文学取其诙诡可喜，史学则贵求真，二者之宗旨，绝不相同，而当史学未昌之时，恒不免以文为累。晋、南北朝之史，带此性质犹多。试观有言于先者，必有验于后；而敌国材智，所见多同，又恒能彼此相料可知。其时史家，好法《左氏》，实则与后世平话，同一臼科耳。其不足信据，固无俟深求也。至于行文，喜求藻饰，遂使言事，皆失其真，则知几《史通》，固已深讥之矣。兹编之作，钩稽芟落，虽竭吾才，去伪显真，犹恐十不逮一，纠缪绳愆，是所望于大雅。

注释：

①裂冠毁冕：冕，古代王侯卿大夫所戴的礼帽。原比喻诸侯背弃礼法，侵犯天子的直接领地，后用作臣下推翻国君，夺取王位的代称。

②载胥及溺：出自《诗经·大雅》。载，句首语助词，无义；胥，相；及，与；溺，落水。这句话意思是说"不过是相率落水罢了"。

③远猷[yóu]：远大的谋略。

④胼手胝足[pián shǒu zhī zú]：胼、胝：老茧。皮肤等的异常变硬和增厚，一般是指长期从事体力劳动者，手脚生茧。形容经常辛勤劳动。

第二章

晋初情势

第一节　政俗之敝

晋武帝以荒淫怠惰，遗患后嗣名。然帝在历代君主中，实尚未为大恶。所不幸者，则以仅足守成之才，而当开创之世耳。盖晋之王业，虽若成于宣、景、文三朝，然其所就者，实仅篡窃之事，至于后汉以来，政治、风俗之积弊，百端待理者，实皆萃于武帝之初。此其艰巨，较诸阴谋篡窃，殆百倍过之。虽以明睿之姿，躬雄毅之略，犹未必其克济，况如武帝，以中材而涉乱世之末流乎？承前世之积敝，而因受恶名，亦可哀矣。

武帝尝诏郡国守相，三载一巡行属县；泰始四年。申戒郡国计吏、守相、令长：务尽地利，禁游食商贩；泰始五年。临听讼观录囚徒；泰始四年、五年。守令有政绩及清称者，赐之以谷；王宏，夏谡，刘霄，梁柳。见《纪》泰始五年、咸宁元年。诏刺史、二千石纠秽浊，举公清；令内外群臣举清能，拔寒素[①]；大康九年。又屡诏举人才；可见其非无意于为治。又尝增吏俸；泰始三年。班律令；泰始四年。平吴后即定户调式；罢军役；去州郡兵；则亦有意于更制垂后。然是时之所急者，非立法，乃行政；非文诰之频繁，乃督责之峻切；而帝于此，实最缺焉。

伐吴之议，羊祜、杜预屡陈之，张华赞之，贾充始终沮遏，而帝仍以充总统诸军。孙皓降，充未之知，方以吴未可平，抗表请班师，谓“方夏江、淮下湿，疾疫必起，虽要斩张华，不足以谢天下”。其表与告捷同至。见《晋书·秦秀传》。

王浑与王浚争功，诏责浚不受浑节度。浚言：“前被诏书，令浑、浚等皆受充节度，无令臣别受浑节度之文。当受浑节度之诏，以十二日起洛阳，浚十五日日中至秣陵，暮乃被符。”诏文及发至日时，无可诬罔之理，而帝皆漫无别白，为之下者，不亦难乎？帝当篡位之初，即开直言之路，置谏官以掌之。见《纪》泰始元年。以皇甫陶、傅玄共掌谏职。玄复历御史中丞、司隶校尉。刘毅亦尝为司隶。然毅终以峭直不至公辅。其所纠弹者，亦不能尽法惩治。刘颂言：“泰始之初，陛下践阼，其所服乘，皆先代功臣之胤，法宽有由，积之在素，异于汉、魏之先，未可一旦直绳御下。”此或亦出于不得已。

然颂又言：“为政矫世，自宜渐出公涂。张正威断，日迁就肃；譬由行舟，虽不横截迅流，渐靡而往，终得其济”，此诚当日之急务也。朋党之弊，蠹政伤民，所恃在上者有以烛其隐，折其机，乃能破私交而彰公法。杜预论伐吴之计曰：“自顷朝廷，事无大小，异意锋起，虽人心不同，亦由恃恩不虑后难，故轻相同异也。”此武帝之宽所不当宽者也，而严所不当严，其弊尤大。愍怀大子之废也，阎缵舆棺上书，以理其冤，不省。

及皇大孙立，缵复上疏曰：“昔汉武既信奸谗，危害大子，复用望气之言，欲尽诛诏狱中囚。邴吉以皇孙在焉，闭门拒命。后遂拥护皇孙，督罚乳母，卒至成人，立为孝宣皇帝。历观古人，虽不避死，亦由世教，宽以成节。吉虽距诏书，事在于忠，故宥而不责。自晋兴以来，用法大严。迟速之间，辄至诛斩。一身伏法，犹可强为，今世之诛，动辄灭门。昔吕后临朝，肆意无道。周昌相赵，三召其王，而昌不遣，先征昌入，乃后召王。此由汉制本宽，得使为快。假令如今，吕后必谓昌已反，夷其三族，则谁复敢杀身成义者哉？此法宜改，可使经远。又汉初废赵王张敖，其臣贯高，谋弑高祖，高祖不诛，以昭臣道。田叔、孟舒十人为奴，髡钳随王，隐亲侍养，故令平安。乡使晋法，得容为义：东宫之臣，得如周昌，固护大子；得如邴吉，距诏不坐，伏死谏争，则圣意必变，大子以安；如田叔、孟舒，侍从不罪者，则隐亲左右，奸凶毒药，无缘得设，大子不夭也。臣每责东宫臣故无侍从者，后闻颇有于道路望车拜辞，而有司收付洛阳狱，奏科其罪，然臣故莫从，良有以也。又本置三率，盛其兵马，所以宿卫防虞。而使者卒至，莫有谨严覆请审者，此由恐畏灭族”云云。此过严之弊也。

过宽之弊，由于武帝之纵弛，过严之弊，则其所由来者远矣。《晋书·阮籍传》言：“籍本有济世志，属魏、晋之际，天下多故，名士少有全者，由是不与世事，酣饮为常。”当时如籍者，盖不少矣。《易》曰：“栋挠之凶，不可以有辅也。”宣王之诛戮名士，不几于自戕其辅佐乎？

《晋书·何曾传》云：曾侍武帝宴，退而告其子遵等曰：“国家应天受禅，创业垂统，吾每宴见，未尝闻经国远图，惟说平生常事，非诒厥身谋之兆也。及身而已，后嗣其殆乎？”

《山涛传》：帝尝讲武于宣武场。涛时有疾，诏乘步辇从。因与卢钦论用兵之本，以为不宜去州郡武备。帝称之曰：“天下名言也”，而不能用。刘颂言：“陛下每精事始，而略于考终。故群吏虑事，怀成败之惧，轻饰文彩，以避目下之谴。人主恒能居易执要，以御其下，然后人臣功罪，形于成败之征，无逃其诛赏。”

李重亦言：“建树官司，功在简久，阶级少则人心定，久其事则政化成而能否著。”当时相需最殷者，实为督责之术，固夫人知之矣。

刘颂又言：“善为政者，纲举而网疏。近世以来，为监司者，类大纲不振，而微过必举。微过不足以害政，举之则微而益乱。大纲不振，则豪强横肆，豪强横肆，则百姓失职矣。大奸犯政而乱兆庶者，类出富强，而豪富者，其力足惮，其货足欲，是以官长顿笔，下吏纵奸。惧所司之不举，则谨密网，以罗微罪，使奏劾相接，状似尽公。而挠法不亮，固已在其中矣。非徒无益于政体，清议乃由此而益伤。”“错所急而倒所务”如此，欲以求治得乎？

武帝天资，本近夸毗，平吴以后，尤日即怠荒。史言其“耽于游宴；宠爱后党；亲贵当权，旧臣不得专任；彝章紊废，请谒行矣”。帝性好色。泰始九年，诏聘公卿以下子女，以备六宫。采择未毕，权禁断婚姻。使宦者乘使车，给驺骑，驰传州郡，召充选者。司徒李胤，镇军大将军胡奋，廷尉诸葛冲，大仆臧权，侍中冯荪，秘书郎左思，及世族子女，并充三夫人、九嫔。司、冀、兖、豫四州二千石、将吏家补良人以下。名家盛族子女，多败衣瘁貌以避之。

大康二年，诏选孙皓妓妾五千人入宫。自此掖庭殆将万人，而并宠者甚众。帝莫知所适，常乘羊车，恣其所之，至便宴寝。宫人乃取竹叶插户，以盐汁洒地，而引帝车。及七年，出后宫才人妓女以下，仅三百七十人而已。怠荒如此，复何暇为久远之计哉？

凡功名之士，多非纯正之徒，故守成与创业异情，而栉风沐雨[②]，共取天下之人，或不足以托孤寄命。然此亦随创业者之心量而殊，苟有安民定国之志，自亦有具公心，抱大志者，相与有成，如魏武帝之有荀文若，蜀汉先主之有诸葛孔明是也。晋之宣、景、文，则诚所谓欺人孤儿寡妇，狐媚以取天下者。党附之者，自多倾险之徒。贾充父逵，为魏诚臣，而充党于司马氏，嗾成济以成高贵乡公之祸。

文帝新执朝权，恐方镇有异议，使充诣诸葛诞，阴察其变。充既论说时事，因谓诞曰："天下皆愿禅代，君以为何如？"诞厉声曰："卿非贾豫州之子乎？世受魏恩，岂可欲以社稷输人？"高贵乡公引王沈及裴秀，数于东堂讲燕属文。及将攻文帝，召沈及王业告之，沈、业驰白帝。

荀勖者，钟会之从甥，少长会家。会谋反，审问未至，而外人先告之。文帝待会素厚，未之信也。勖曰："会虽受恩，然其性未可许以见得思义，不可不速为之备。"帝即出镇长安。卫瓘以知数杀钟会，又虑后患而戕邓艾，即杜预亦讥其将不免。然预父恕，与宣帝不相能，遂以幽死，而预尚文帝妹高陆公主，因此起家，以视王裒终身不应征聘，不西向坐，且绝管彦之婚者，能无愧乎？此外晋初元老，如石苞、郑冲、王祥、荀顗、何曾、陈骞等，非乡原之徒，则苟合之士。此等人而可以托孤寄命哉？此晋之所以再传而即倾欤？

刘颂论封建之利曰："国有任臣则安，有重臣则乱。树国本根不深，无干辅之固，则所谓任臣者，化而为重臣矣。何则？国有可倾之势，则执权者见疑，众疑难以自信，而甘受死亡者非人情故也。若乃建基既厚，藩屏强御，虽置幼君赤子，而天下不惧，曩之所谓重臣者，今悉反而为任臣矣。何则？理无危势，怀不自猜，忠诚得著，不惕于邪故也。"其于魏、晋之兴替，可谓洞烛其情。晋初之众建亲戚，盖亦所谓"殷鉴不远"者。然逮八王之乱，而亲戚化为重臣矣。不惟圣人有金城之义，而恃私智以求安，庸可得乎？

晋初所任，非功臣之后，则外戚之伦。如山涛为宣穆皇后中表亲，钟会作乱，文帝将西征，而魏诸王公并在邺，乃使行军司马，给亲兵五百人镇邺是也。然无督责之术，虽亲戚亦胡可信？景献皇后从父弟羊琇，居中护军、散骑常侍之职十三年，恒典禁兵，预机密。选用多以得意居先，不尽铨次之理。将士有冒官位者，为其致节，不惜躯命，然放恣犯法。每为有司所贷。其后司隶校尉刘毅劾之，应置重刑。武帝以旧恩，直免官而已。寻以侯白衣领护军。顷之复职。用人如此，虽有忠荩，亦何途以自靖？然偏任亲戚者，势固不得不尔也。王衍以妻为贾后亲见任，而卒覆公悚，诒谋之不臧，其祸固有自来矣。

自后汉以来，选政久已不肃，而武人当道，又相扇以奢淫。贪欲迫之，则营求弥甚，而官方遂不可问。《武帝纪》言：帝承魏氏奢侈，乃厉以恭俭，敦以寡欲。有司尝奏御牛青丝靷断，诏以青麻代之。案帝即位之岁，即下诏大弘俭约。禁乐府靡丽百戏之技，及雕文游畋之具。泰始八年，又禁雕文绮组非法之物。咸宁四年，大医司马程据献雉头裘③，帝以奇技异服，典礼所禁，焚之于殿前。敕内外：敢有犯者罪之。似有意于挽回末俗矣。

然以言教不如以身教。帝之营大庙也，致荆山之木；采华山之石；铸铜柱十二，涂以黄金，镂以百物，缀以明珠；见《纪》泰始二年。可谓示之轨物者乎？况乎其后宫之侈，又为古今所罕有也。帝尝幸王济宅。济，浑子，尚帝女常山公主。供馔甚丰，悉贮琉璃器中。蒸豘甚美。帝问其故。答曰："以人乳蒸之。"帝色甚不平，食未毕而去。然不能有所惩也。故当时贵戚如王恺、文明皇后弟。羊琇、贾谧，充孙。勋臣如何曾、曾子劭、石崇、苞子。任恺、庾敳、和峤、王浚，莫不僭侈而无极。虽负高名如王戎；能立功业如刘琨、陶侃者；亦不免焉。

陆云拜吴王晏侍中，会晏于西园大营第室，云上书曰："臣窃见世祖武皇帝，临朝拱默，训世以俭。即位二十有六载，宫室台榭，无所新营。屡发明诏，厚戒丰奢。而世俗陵迟，家竞盈溢。渐渍波荡，遂已成风。虽严诏屡宣，而侈俗弥广。"傅咸当咸宁初，上书曰："古者尧有茅茨，今之百姓，竞丰其屋。古者臣无玉食，今之贾竖，皆厌粱肉。古者后妃乃有殊饰，今之婢妾，被服绫罗。古者大夫乃不徒行，今之贱隶，乘轻驱肥。"可见时俗之渐靡，而武帝之空言训诫，悉归无效矣。要之当时之所急在齐斧，而帝无铅刀一割之用，此其所以万举而万不当也。

经百年丧乱之余，人民所祷祀以求者，宜莫如休养生息。当时政事之及于民者，果何如乎？刘颂言："董卓作乱，近出百年。四海勤瘁，丁难极矣。六合浑并，始于今日。兆庶思宁，非虚望也。古今异宜，所遇不同，诚亦未可希遵在昔，放息马牛。然使受百役者不出其国，兵备待事其乡，实在可为。纵复不得悉为，苟尽其理，可静三分之二，吏役可不出千里之内。但如斯而已，天下所蒙，已不訾矣。政务多端，世事之未尽理者，难遍以疏举。振领总纲，要在三条：凡政欲静，静在息役，息役在无为。仓廪欲实，实在利农，利农在平粜。为政欲著信，著信在简贤，简贤在官久。三者既举，虽未足以厚化，然可以为安有余矣。”

时议省州郡县半吏，以赴农功。荀勖议以为“省吏不如省官，省官不如省事，省事不如清心”。傅咸言：“泰始开元，以暨于今，十有五年矣。而军国未丰，百姓不赡；一岁不登，便有菜色者？诚由官众事殷，复除猥滥，蚕食者多，而亲农者少也。旧都督有四，今并监军，乃盈于十。夏禹敷土，分为九州，今之刺史，几向一倍。户口比汉，十分之一，而置郡县更多。空校衙门，无益宿卫，而虚立军府，动有百数。五等诸侯，复坐置官属。诸所宠给，皆生于百姓。一夫不农，有受其饥，今之不农，不可胜计，纵使五稼普收，仅足相接，暂有灾患，便不继赡。以为当今之急，先并官省事，静事息役，上下用心，惟农是务也。”并官息役之事，盖终西晋之世，未之能行。

平粜之法，据《晋书·食货志》：泰始二年，即下诏令主者具为条制，然事竟未行。刘颂言平粜已有成制，其未备者可就周足，盖亦徒有其法。至于综核名实，整饬官方，则晋世之所为，尤翩其反而矣。

《晋书·潘尼传》：尼著《安身论》曰：“崇德莫大乎安身，安身莫尚乎存正，存正莫重乎无私，无私莫深乎寡欲。忧患之接，必生于自私，而兴于有欲。自私者不能成其私，有欲者不能济其欲，理之至也。欲苟不济，能无争乎？私苟不从，能无伐乎？人人自私，家家有欲；众欲并争，群私交伐。争则乱之萌也，伐则怨之府也。怨乱既构，危害及之，得不惧乎？然弃本要末之徒，知进忘退之士，莫不饰才锐智，抽锋擢颖；倾侧乎势利之交，驰骋乎当涂之务；朝有弹冠之朋，野有结绶之友；党与炽于前，荣名扇其后；握权则赴者鳞集，失宠则散者瓦解；求利则托刎颈之懽，争路则构刻骨之隙。于是浮伪波腾，曲辩云沸；寒暑殊声，朝夕异价；驽蹇希奔放之迹，铅刀竞一割之用。至于爱恶相攻，与夺交战，诽谤噂沓，毁誉纵横；君子务能，小人伐技；风颓于上，俗弊于下，祸结而恨争也不强，患至而悔伐之未辩。大者倾国丧家，次则覆身灭祀。其故何邪？岂不始于私欲，而终于争伐哉？”此论实抉晋初风俗颓败之由，盖沿后汉之流而益甚者也。

傅玄言：“魏武好法术，而天下贵刑名；魏文慕通达，而天下贱守节；其后纲维不摄，而虚无放诞之论，盈于朝野，使天下无复清议”；其波靡一世如此。杜预在镇，数饷遗洛中贵要。或问其故。预曰：“吾但恐为害，不求益也。”荀晞为兖州，见朝政日乱，惧祸及己，多所交结。每得珍物，即遗都下亲贵。

兖州去洛五百里，恐不鲜美，募得千里牛，每遣信，旦发莫还。纲纪之颓敝如此，欲无沦丧得乎？武帝南郊礼毕，问刘毅曰：“卿以朕方汉。何帝也？”对曰：“桓、灵。”帝曰：“其已甚乎？”对曰：“桓、灵卖官，钱入官库，陛下卖官，钱入私门，以此言之，殆不如也。”

《晋书·良吏传》言：“帝宽厚足以君人，明威未能厉俗。政刑以之私谒，贿赂于此公行。结绶者以放浊为通，弹冠者以苟得为贵。流遁忘反，浸以为常。刘毅抗卖官之言，当时以为矫枉，察其风俗，岂虚也哉？”

《惠帝纪》言：“帝居大位，政出群下。纲纪大坏，货赂公行。势位之家，以贵陵物。忠贤路绝，谗邪得志。更相荐举，天下谓之互市焉。”盖其所由来者渐矣。

民间风俗，历代迁变甚微，政事之隆窳，所以致一时之治乱者，实其士大夫之群及朝贵之执政权者为之。干宝论西晋之事曰：“朝寡纯德之人，乡乏不贰之老。风格淫辟，耻尚失所。学者以老、庄为宗而黜六经。谈者以虚荡为辩而贱名检。行身者以放浊为通而狭节信。进仕者以苟得为贵而鄙居正。当官者以望空为高而笑勤恪。是以刘颂屡言治道，傅咸每纠邪正，皆谓之俗吏；其倚杖虚旷，依阿无心者，皆名重海内；若夫文王日旰不暇食，仲山甫夙夜匪懈者，盖共嗤点，以为灰尘矣。由是毁誉乱于善恶之实，情慝奔于货欲之途。选者为人择官，官者为身择利。而执钧当轴之士，身兼官以十数。大极其尊，小录其要。而世族贵戚之子弟，陵逼超越，不拘资次。悠悠风尘，皆奔竞之士；列官千百，无让贤之举。

子真著《崇让》而莫之省，子雅制九班而不得用。其妇女：庄栉织纴，皆取成于婢仆，未尝知女工丝枲之业，中馈酒食之事也。先时而婚，任情而动，故皆不耻淫佚之过，不拘妒忌之恶。礼法刑政，于此大坏。如水斯积，而决其堤坊；如火斯畜，而离其薪燎。国之将亡，本必先颠，其此之谓乎？

故观阮籍之行，而觉礼教崩弛之所由；察庾纯、贾充之事，而见师尹之多辟；考平吴之功，而知将帅之不让；思郭钦之谋，而悟戎狄之有衅；览傅玄、刘毅之言，而得百官之邪；核傅咸之奏，《钱神》之论，而睹宠赂之彰。

民风国势如此，虽以中庸之才，守文之主治之，辛有必见之于祭祀，季札必得之于声乐，范燮必为之请死，贾谊必为之痛哭，又况我惠帝以放荡之德临之哉？”此宝所著《晋纪》之论，《晋书·怀愍二帝纪》取之。盖西晋之亡，其势既如悬崖转石，不可中止矣。此实合一群之人，积若干岁月所造之共业，非一二人所克挽回，亦非一二人所能尸其责也。

第二节　戎狄之患

两汉之世，四裔种落，附塞或入居塞内者甚多。同化非旦夕可期；处置亦难尽得所；郡县、豪民，或且加以侵役；积怨思叛，自所不免；后汉羌乱，则其先声。初平以降，九州云扰，郡县荒废，户口寡少，兵力单薄，遂至坐生其心矣。履霜坚冰，其来有渐，泰始以后风尘之警，则永兴以后大乱之萌芽也。

晋初乱势，西北最烈。《晋书·李憙传》云：憙为仆射，时凉州虏寇边，憙唱议遣军讨之。朝士谓出兵不易，虏未足为患，不从。后虏果出纵逸，凉州覆没，朝廷深悔焉。此事当在泰始六年胡烈败亡以前。《憙传》云：皇大子立，以憙为大子大傅。在位累年，迁尚书仆射。案惠帝立为大子，事在泰始三年正月。泰始五年，以雍州陇右五郡，陇西，南安，天水，略阳，武都。陇西郡，晋治襄武，在今甘肃陇西县西南。南安，在陇西县东北。天水，晋治上邽，在今甘肃天水县西南。略阳，即魏广魏郡，在今甘肃秦安县东南。武都，今甘肃成县。及凉州之金城，晋初金城郡治榆中，在今县西北。梁州之阴平汉道，魏置郡，今甘肃文县。置秦州。

傅玄上疏曰：“胡夷兽心，不与华同，鲜卑最甚。本邓艾苟欲取一时之利，不虑后患，使鲜卑数万，散居民间，此必为害之势也。秦州刺史胡烈，素有恩信于西方。今使烈往，诸胡虽已无患，必且消弭，然兽心难保，不必其久安也。若后有动衅，烈计能制之。惟恐胡虏，东入安定，晋郡，治安定，今甘肃泾川县北。西赴武威，晋郡，治姑臧，今甘肃武威县。外名为降，可动复动。此二郡非烈所制，则恶胡东西有窟穴、浮游之地。宜更置一郡于高平川，今清水河，自固原北流，至中卫县入黄河。因安定西州都尉，募乐徙民，重其复除以充之，以通北道，渐以实边。详议此二郡及新置郡，皆使并属秦州，令烈得专御边之宜。”

《玄传》系此疏于泰始四年，盖误。

而《陈骞传》言：骞言于武帝曰：胡烈、牵弘，皆勇而无谋，强于自用，非绥边之才。帝不听。二人后果失羌戎之和，皆被寇丧没。征讨连岁，仅而得定。帝乃悔之。其时乱势已成，固非徒勇所能戡，即得智勇兼备之将，恐亦非一手一足之烈，所能绥定之于旦夕间也。

泰始六年，六月，凉州叛。胡烈屯于万斛堆，在今甘肃靖边县西。为羌虏所害。时汝南王亮宣帝第四子。督关中，遣救不进，坐免官。遣尚书石鉴行安西将军，督秦州以讨之。《杜预传》：预为安西军司。到长安，更除秦州刺史。鉴使预出兵。预以虏乘胜马肥，而官军悬乏，宜并力大运刍粮，须春进讨，陈五不可，四不须。鉴大怒，奏预。槛车征诣廷尉。其后陇右之事，卒如预策焉。

七月，以汝阴王骏宣帝子。督雍、凉。七年，四月，北地胡寇金城。北地治富平，今宁夏灵武县。凉州刺史牵弘讨之。群虏内叛，围弘于青山。《续汉志》：青山在北地郡参䜌县界。汉参䜌县，在今甘肃庆阳县西北。弘军败，死之。

七月，以贾充督秦、凉。旋以婚于大子，不行。十年，凉州虏寇金城。汝阴王骏讨之，斩其帅乞文泥等。明年，为咸宁元年，树机能等叛。遣众讨之，斩三千余级。诏骏遣七千人代凉州守兵。树机能、侯弹勃等欲先劫佃兵。骏命平虏将军文俶督秦、凉诸军各进屯以威之。机能乃遣所领二十部及弹勃面缚军门，各遣入质子。安定、北地、金城诸胡吉轲罗侯金多及北虏热冏等二十万口又来降。

树机能，据《载记》即秃发氏之祖，为河西鲜卑，而《骏传》称为羌虏，盖与羌俱叛也。是岁，六月，西域戊己校尉马循讨叛鲜卑，破之，斩其渠帅。二年，五月，汝阴王骏讨北胡，斩其渠帅吐敦。

七月，鲜卑阿罗多等寇边。马循讨之，斩首四千余级，获生九千余人。于是来降。

三年，三月，文俶讨树机能等，并破之。

四年，六月，凉州刺史杨欣与虏若罗拔能等战于武威，败绩，死之。五年，正月，树机能攻陷凉州。晋凉州刺史治武威。使马隆击之。十二月，隆破斩树机能。凉州平。

《隆传》云：杨欣失羌戎之和，隆陈其必败，俄而欣为虏所没，河西断绝。

帝临朝而叹曰："谁能为我讨此虏，通凉州者乎？"朝臣莫对。隆进曰："陛下若能任臣，臣能平之。"帝曰："必能灭贼，何为不任？顾卿方略何如耳？"隆曰："陛下若能任臣，当听臣自任。"帝曰："云何？"隆曰："臣请募勇士三千人，无问所从来，率之鼓行而西。"帝许之。乃以隆为武威大守。

公卿佥曰："六军既众，州郡兵多，但当用之，不宜横设赏募，以乱常典。"帝弗纳。隆募限要引弩三十六钧，弓四钧。立标简试。自旦至中，得三千五百人。隆曰："足矣。"因请自至武库选杖。武库令与隆忿争。御史中丞劾奏隆。隆曰："臣当亡命战场，以报所受，武库令乃以魏时朽杖见给，非陛下使臣之意也。"帝从之。又给其三年军资。隆于是转战而西，杀伤以千数。自隆之西，音问断绝，朝廷忧之。或谓已没。后隆使夜到，帝抚掌欢笑，诘朝，召朝臣谓曰："若从诸卿言，是无秦、凉矣。"乃假隆节。隆到武威，前后诛杀及降附者以万计。率善戎没骨能等与树机能大战，斩之，凉州平。

史所传隆事，或恢侈非其实，然大致当不诬，此实以孤军侥幸，亦危矣。然亦可见叛虏原非甚强，特州郡兵力大弱，任督统者又非其人，乱势遂至日滋耳。大康元年，七月，虏轲成泥寇西平浩亹。西平郡，治西部，今青海西宁县。浩亹县，在青海乐都县东。杀督将以下三百余人。

《马隆传》云：大康初，朝廷以西平荒毁，宜时兴复，以隆为大守。隆击破南虏成奚。毕隆之政，不敢为寇。大熙初，加授护东羌校尉。积十余年，威信振于陇右。时洛阳大守冯翊严舒，与杨骏通亲，密图代隆，毁隆年老谬耄，不宜服戎，于是征隆，以舒代镇。朝廷恐关、陇复扰，乃免舒，遣隆复职，竟卒于官。此又见州郡得人，足致一时之小康矣。

三年，正月，罢秦州，并雍州。惠帝元康四年，五月，匈奴郝散反，攻上党，郡，治潞县，今山西潞城县西北。杀长吏。八月，郝散帅众降，冯翊都尉杀之。汉左冯翊，后汉为郡，今陕西大荔县。

六年，五月，郝散弟度元帅冯翊、北地马兰羌、卢水胡反。马兰，山名，在今陕西白水县西北。卢水胡居安定界。攻北地，大守张损死之。冯翊大守欧阳建与度元战，连败。时赵王伦宣帝第九子。镇关中，征还，以梁王肜宣帝子。代之。

八月，雍州刺史解系又为度元所破。秦、雍氐、羌悉叛，推氐帅齐万年僭号，围泾阳。汉县，后汉废，故城在今甘肃平凉县西。

十一月，遣夏侯骏、周处等讨之。处，吴将鲂子。为御史中丞，纠劾不避宠戚。梁王肜违法，处深文按之。朝臣恶其强直，使隶骏西征。中书令陈准知肜将逞宿憾，言“处吴人，有怨无援，宜诏孟观时为积弩将军。以精兵万人，为处前锋”。朝廷不从。时贼屯梁山，在今陕西乾县西北。有众七万，骏逼处以五千兵击之，又绝其后继。

七年，正月，处遂败死于六陌。在乾县东。陈准与中书监张华以赵、梁诸王，雍容贵戚，进不贪功，退不惧罪；士卒虽众，不为之用，上下离心，难以胜敌；启遣孟观讨之。观所领宿卫兵，皆�捷勇悍。并统关中士卒。身当矢石，大战十数，皆破之。

九年，正月，获万年。征梁王肜，以河间王颙安平献王孚孙。孚，宣帝弟。代镇关中。是岁，十二月，贾后废愍怀大子，大难旋作，边务更无人措意矣。

匈奴之众，分为五部，皆居并州塞内，已见《秦汉史》第十二章第十节。晋武帝践阼后，塞外匈奴大水塞泥黑难等二万余落归化。帝复纳之，使居河西故宜阳城下。后复与晋人杂居。由是平阳、魏郡，今山西临汾县。西河、魏郡，晋为国，今山西汾阳县。大原、今山西大原县。新兴、后汉郡，今山西忻县。上党、乐平后汉郡，今山西昔阳县西南。诸郡，靡不有焉。泰始七年，正月，匈奴中部帅刘猛此据《胡奋传》。《本纪》但称匈奴帅。《匈奴传》作单于猛，盖猛时自称单于。叛出塞，屯孔邪城。遣何桢讨之。桢以猛众凶悍，非少兵所制，乃潜诱猛左部督李恪杀猛。此据《匈奴传》。《本纪》云：桢讨猛，屡破之。《胡备传》云：使路蕃讨之。以奋为监军，假节，顿军陉北，为蕃后继。击猛破之。猛帐下将李恪斩猛而降。盖非无战事，而非恃战以决胜。陉北，谓陉岭之北。陉岭即雁门山，在今山西代县西北。于是匈奴震服，积年不敢复反。其后稍因忿恨，杀害长吏，渐为边患。《本纪》：咸宁二年，二月，并州虏犯塞，监并州诸军事胡奋击破之。

至大康五年，复有匈奴胡大阿厚，率其部落二万九千三百人归化。七年，又有匈奴胡都大博及萎莎胡等，各率种类，大小凡十万余口，诣雍州刺史扶风王骏降附。明年，匈奴都督大豆得一育鞠等，复率种落大小万一千五百口来降。帝并抚纳之。此据《匈奴传》。其见于《本纪》者：尚有咸宁三年，西北杂虏及鲜卑、匈奴、五溪蛮夷、东夷三国前后千余辈，各帅种人部落内附。五年，三月，匈奴都督拔奕虚帅部落归化。十月，匈奴余渠都督独雍等帅部落归化。案魏陈留王申晋文帝九锡之命，统计四夷内附、纳贡者，八百七十余万口，虽属夸张，亦东南。晋移治池阳，在今陕西泾阳县西北。高平，在今甘肃固原县。广都，汉县，在今四川华阳县南。今者当之，已受其弊矣。戎狄志态，不与华同，而因其衰弊，迁之畿服，士庶玩习，侮其轻弱，使其怨恨之气，毒于骨髓，至于蕃育众盛，则坐生其心。以贪悍之性，挟愤怒之情，候隙乘便，辄为横逆；而居封域之内，无障塞之隔；掩不备之人，收散野之积；故能为祸滋蔓，暴害不测。此必然之势，已验之事也。当今之宜，宜及兵威方盛，众事未罢，徙冯翊、北地、新平、后汉郡，今陕西邠县。安定界内诸羌，著先零、罕幵、析支之地；徙扶风、始平、晋郡，今陕西兴平县。京兆之氐，出还陇右，著阴平、武都之地；使属国抚夷，就安集之。戎、晋不杂，并得其所。纵有猾夏之心，风尘之警，则绝远中国，隔阂山河，虽为寇暴，所害不广。并州之胡，本实匈奴。建安中，使右贤王去卑诱质呼厨泉，听其部落，散居六郡。晋并州统郡国六：大原，上党，西河，乐平，雁门，新兴。雁门治广武，在今山西代县西。咸熙之际，以一部大强，分为三率。泰始之初，又增为四。今五部之众，户至数万。人口之盛，过于西戎。天性骁勇，弓马便利，倍于氐、羌。若有不虞风尘之虑，则并州之域，可为，寒心。荥阳句丽，荥阳，晋郡，今河南荥泽县。本居辽东塞外。正始中，幽州刺史毌丘俭伐其叛者，徙其余种。始徙之时，户落百数，子孙孳息，今以千计，数世之后，必至殷炽。此等皆可申谕发遣，还其本域”。

阮种对策亦云：“自魏氏以来，夷虏内附，鲜有桀悍侵渔之患。由是边守遂怠，鄣塞不设，而令丑虏内居，与百姓杂处。边吏扰习；人又忘战；受方任者，又非其才；或以狙诈，侵侮边夷；或干赏啖利，妄加讨戮。夫以微羁而制悍马，又乃操以烦策，其不制者，固其宜也。”案驾驭异族，远者宜结其欢心，致其乡慕；近者宜加之绥抚，使获安生；而晋于此，殊为怠慢。敦煌今甘肃敦煌县。段灼，世为西土著姓。从邓艾破蜀有功。累迁议郎。武帝之世，屡陈时宜，辄见省览。而身微宦孤，不见进叙，乃取长假还乡里。临去，遣息上表，有云：“臣前为西郡大守，西郡，后汉末置。今甘肃山丹县南。被州所下己未诏书：羌、胡道远，其但募取乐行，不乐勿强。臣被诏书，辄宣恩广募，示以赏信。所得人名，即条言征西。其晋人自可差简丁强，如法调取。至于羌、胡，非恩意告谕，则无欲度金城、河西者也。自往每兴军渡河，未尝有变。故刺史郭绥，劝帅有方，深加奖厉，要许重报。是以所募，感恩利赏，遂立绩效，功在第一。今州郡督将，并已受封，羌、胡健儿，或王或侯，不蒙论叙也。”驾驭之失宜，可概见矣。

不特此也，石勒父祖，本皆部落小帅。《载记》言其父周曷朱，性凶粗，不为群胡所附，每使勒代己督摄，部胡爱信之。邬人郭敬，邬县，在今山西介休县东北。阳曲宁驱，阳曲县，今山西大原县北。并加资赡。勒亦感其恩，为之力耕。大安中，并州饥乱，勒与诸小胡亡散，乃自雁门还依宁驱。北泽都尉刘监欲缚卖之，驱匿之获免。勒于是潜诣纳降都尉李川。路逢郭敬，泣拜言饥寒。敬对之流涕，以带货粥食之，并给以衣服。

勒谓敬曰：“今日大饿，不可守穷。诸胡饥甚，宜诱将冀州就谷，因执卖之，可以两济。”敬深然之。会建威将军阎粹说并州刺史东嬴公腾，高密文献王泰之子。泰，宣帝弟。执诸胡于山东卖充军实。腾使将军郭阳、张隆虏群胡将诣冀州，两胡一枷。勒时年二十余，亦在其中。数为隆所欧辱。敬先以勒属阳及兄子时。阳，敬族兄也，是以阳、时每为解请。道路饥病，赖阳、时而济。既而卖与茌平人师欢为奴。茌平，今山东茌平县。每耕作于野，常闻鼓角之声。勒以告诸奴，诸奴归以告欢，欢亦奇其状貌而免之。欢家邻于马牧，与牧帅魏郡汲桑往来。勒以能相马，自托于桑，后遂相结为群盗。案勒之见卖，固为乱时事，然必平时先有卖胡为奴之习，乱时乃思藉以赡军。

《外戚传》言大原诸部，以匈奴、胡人为田客，多者数千，石勒为郭敬、宁驱力耕，亦田客也。其中盖亦未尝无酋率之流如勒者，安得不怨而思叛也？郭敬、宁驱，盖亦所谓豪桀，非独汲桑。当风尘澒洞之时，而听群胡散居内地，与之相结，安得不有横逆之事？

江统又言：“关中之人，百余万口，率其少多，戎狄居半”，此言似失其实。殊不知历代户口，著籍之数，皆与实在生齿迥殊。统之言，盖据当时著籍者言之也。以关中之上沃物丰，而其著籍之数，不过如此，郡县之寡弱，可以概见，安能御方张之寇？况又益之以怠弛无备，如阮种所云者乎？刘卫辰降于苻坚，请田内地，坚许之。乌丸独孤、鲜卑没奕干又降。坚初欲处之塞内。苻融以方当窥兵郡县，为北边之害，不如徙之塞外。其后勃勃卒为北边之害，未始非坚之处置不善，有以启之也。移中国之民于塞外，以启穷荒；迁四夷降者于域中，以资驾驭；自为远大之规。然远图不易速成，迂远而阔于事情，或转以招目前之患。以一时之务论，徙戎自为良策，而惜乎因循玩愒者不能行也。

第三节 封建之制

言晋初之事者，多以其行封建为致乱之原，其实非也。晋初封建之制，行之未必能召乱；而其制亦未尝行。其所以召乱者，实由其任宗室诸王大重，承州郡积重之后，而使之出专方任耳。其任诸王大重，论者多谓其出于欲保国祚之私，此亦仅得其一端。当时论者，自有一派，谓郡县易招祸乱，封建可以维持于不敝也。先考其制度，继观其议论，而此事之得失了然矣。

《晋书·地理志》云：文帝为晋王，命裴秀等建立五等之制。惟安平郡公孚即安平献王，见第二节。邑万户，制度如魏诸王。其余：县公邑千八百户，地方七十五里。大国侯邑千六百户，地方七十里。次国侯邑千四百户，地方六十五里。大国伯邑千二百户，地方六十里。次国伯邑千户，地方五十五里。大国子邑八百户，地方五十里。次国子邑六百户，地方四十五里。男邑四百户，地方四十里。武帝泰始元年，封诸王。以郡为国，邑二万户为大国。置上、中、下三军，兵五千人。邑万户为次国。置上军、下军，兵三千人。五千户为小国。置一军，兵千五百人。王不之国，官于京师。罢五等之制。公、侯邑万户以上为大国，五千户以上为次国，不满五千户为小国。

《职官志》云：咸宁三年，卫将军杨珧，与中书监荀勖，以齐王攸有时望，惧惠帝有后难，因追故司空裴秀立五等封建之旨，从容共陈时宜。以为“古者建侯，所以藩卫王室。今吴寇未殄，方岳任大，而诸王为帅都督，既各不臣其统内，于事重非宜。又异姓诸将居边，宜参以亲戚，而诸王公皆在京师，非扞城之义，万世之固”。帝初未之察，于是下诏议其制。有司奏徙诸王公，更制户邑。皆中尉领兵。

其平原、今山东平原县。汝南、今河南汝南县。琅邪、今山东临沂县。扶风、见第二节。齐今山东临淄县。为大国，梁、今河南商邱县。赵、今河北赵县。乐安、今山东桓台县。燕、今北平市西南。安平、今河北冀县。义阳今河南新野县。为次国，其余为小国。皆制所近县，益满万户。又为郡公，制度如小国王。亦中尉领兵。郡侯如不满五千户王。置一军，亦中尉领之。南宫王承，安平献王孙。随王迈，安平献王曾孙。各于泰始中封为县王，邑千户，至是改正。县王增邑为三千户，制度如郡侯。亦置一军。自此非皇子不得为王。而诸王之支庶，亦各以土推恩受封。

其大国、次国：始封王之支子为公，承封王之支子为侯，继承封王之支子为伯。小国：五千户已上，始封王之支子为子，不满五千户，始封王之支子，及始封公侯之支子皆为男。非此皆不得封。

其公之制度，如五千户国；侯之制度，如不满五千户国；亦置一军，千人，中尉领之。伯、子、男已下各有差，而不置军。大国始封之孙罢下军，曾孙又罢上军；次国始封子孙亦罢下军；其余皆以一军为常。大国中军二千人，上下军各千五百人。次国上军二千人，下军千人。其未之国者：大国置守土百人，次国八十人，小国六十人。郡侯、县公，亦如小国。制度既行，所增徙各如本，奏遣就国。而诸公皆恋京师，涕泣而去。

《荀勖传》云：时议遣王公之国，帝以问勖。勖对曰："诸王公已为都督，而使之国，则废方任。又分割郡县，人心恋本，必用嗷嗷。国皆置军，官兵还当给国，而缺边守。"帝重使勖思之。

勖又陈曰："如诏，准古方伯选才，使军国各随方面为都督，诚如明旨。至于割正封疆，使亲疏不同，犹惧多所摇动，思维窃宜如前。若于事不得不时有所转封，而不至分割土域，有所损夺者，可随宜节度。其五等体国经远，但虚名，其于实事，略与旧郡、县、乡、亭无异。若造次改夺，恐不能不以为恨。今方了其大者，以为五等可须后裁度。"

帝以勖言为允，多从其意。然则有司所奏，实非勖意；而其时齐王亦未之国；故《通鉴考异》谓《职官志》非是而不之取；而据《勖传》，则其制亦初未尽行也。文王之制无论矣。泰始、咸宁之制，大国亦不过如一郡，安足为乱？然则八王之乱，由于方任之重而不由封建明矣。

晋初陈封建之利者，当以陆机、刘颂、段灼之言为最切。观其言，可知当时所行，实未副论者之意也。

机作《五等论》，以为行封建，则"南面之君，各务其政；九服之内，知有定主；上之子爱，于是乎生；下之礼信，于是乎结；世平足以敦风，道衰足以御暴。故强毅之国，不能擅一时之势；雄俊之人，无所寄霸王之志"。非如后汉，"强臣专朝，则天下风靡；一夫从衡，而城池自夷"也。"在周之衰，难兴王室，祸止畿甸，害不覃及天下，晏然以安待危。"二汉志士，"虽复时有鸠合，然上非奥主，下皆市人，师旅无先定之班，君臣无相保之志，是以义兵云合，无救劫杀之祸”。“成汤、公旦，文质相济，损益有物，然五等之礼，不革于时，封畛之制，有隆尔者，知侵弱之辱，愈于殄祀，土崩之困，痛于陵夷”也。“且五等之主，为己思政，郡县之长，为吏图物。进取之情锐，而安人之誉迟。是故侵百姓以利己者，在位所不惮，损实事以养名者，官长所夙慕也。五等则不然”矣。

颂上疏言：“善为天下者，任势而不任人。任势者诸侯是也，任人者郡县是也。国有任臣则安，有重臣则乱。树国本根不深，无干辅之固，则任臣化为重臣。若乃建基既厚，藩屏强御，曩之所谓重臣者，今悉反为任臣矣。第一节已引之，可参看。建侯之理，使君乐其国，臣荣其朝，各流福祚，传之无穷；上下一心，爱国如家，视百姓如子；然后能保荷天禄，兼翼王室。今诸王裂土，皆兼于古之诸侯，而君贱其爵，臣耻其位，莫有安志。其故何也？法同郡县，无成国之制故也。

今之建置，宜使率由旧章，一如古典。然人心系常，不累十年，好恶未改，情愿未移。臣之愚虑，以为宜早创大制。迟回众望，犹在十年之外。然后能令君臣各安其位，荣其所蒙，上下相持，用成藩辅。如今之为，适足以亏天府之藏，徒弃谷帛之资，无补镇国卫上之势也。古者封建既定，各有其国，后虽王之子孙，无复尺土，此今事之必不行者也。

若推亲疏，转有所废，以有所树，则是郡县之职，非建国之制。今宜豫开此地，令十世之内，使亲者得转处近。案如此，则必时有移徙，安有深根固柢之势？复与郡县之职何异？十世之远，近郊地尽，然后亲疏相维，不得复如十世之内。然犹树亲有所，迟天下都满，已弥数百千年矣。

今方始封，而亲疏倒施，甚非所宜。宜更大量天下土田方里之数，都更裂土分人，以王同姓，使亲疏远近，不错其宜，然后可以永安。古者封国，大者不过土方百里，然后人数殷众，境内必盈，其力足以备充制度。今虽一国，周环将近千里，然力实寡，不足以奉国典。所遇不同，故当因时制宜，以尽事适。今宜令诸王国容少而军容多。然于古典所应有者，悉立其制。然非急所须，渐而备之，不得顿设也。至于境内之政，官人用才，自非内史、国相，命于天子，其余众职，及死生之断，谷帛资实，庆赏刑威，非封爵者，悉得专之。今诸国本一郡之政耳，若备旧典，则以虚制损实力，至于庆赏刑断，所以卫下之权，不重则无以威众人而卫上。周之封建，使国重于君，故无道之君，不免诛放，国祚不泯。诸侯思惧，然后轨道。下无亡国，天子乘之，理势自安。汉之树置，君国轻重不殊。

故诸王失度，陷于罪戮，国随以亡；不崇兴灭继绝之序；故下无固国。天子居上，势孤无辅，故奸臣擅朝，易倾大业。今宜反汉之弊，修周旧迹。国君虽或失道，陷于诛绝；又无子应除；苟有始封支胤，不问远近，必绍其祚。若无遗类，则虚建之，须皇子生，以继其统。又班固称诸侯失国，亦由网密，今又宜都宽其检。大制都定，班之群后，著誓丹青，书之玉版，藏之金匮，置诸宗庙，副在有司。寡弱小国，犹不可危，岂况万乘之主？乘难倾之邦而加其上，可谓根深华岳而四维之也。”

段灼初陈时宜，尝请“诸王十五以上，悉遣之国。为选中郎、傅、相，才兼文武，以辅佐之。听于其国，缮修兵马，广布恩信，连城开地，为晋鲁、卫”。后取长假还乡里，临去，又遣息上表，言“今异姓无裂土专封之邑，同姓并据有连城之地，纵令诸王后世子孙，还自相并，盖亦楚人失繁弱于云、梦，尚未为亡其弓也。诸王二十余人，而公、侯、伯、子、男五百余国。欲言其国皆小乎？则汉祖之起，俱无尺土之地，况有国者哉？天下有事，无不由兵，而无故多树兵本，广开乱源，臣故曰五等不便也。臣以为可如前表，诸王宜大其国，增益其兵，悉遣守藩，使形势足以相接，则陛下可高枕而卧耳。诸侯、伯、子、男名号，皆宜改易之，使封爵之制，禄奉礼秩，并同天下诸侯之例”。

虞溥补尚书都令史，尚书令卫瓘重之。溥谓瓘：“宜复先王五等之制，以绥久长，不可承暴秦之法，遂汉、魏之失。”盖其时之人，鉴于秦、汉以降，匹夫崛起，强臣擅国，祸辄被于天下，以为惟树国足以救之，而不悟其力不强则不足以相辅，力苟强，则秦始皇所谓自树兵。

自汉世，既有叛国而无叛郡矣。柳宗元《封建论》语。其时中央之力强，一郡之地，其势不足以叛也。晋初建国，不过一郡，苟有倾危，岂足相辅？树危国而乘其上，虽多，何安之有？此陆机、刘颂之蔽也。段灼盖知之矣，故欲废公、侯以下，而大诸王之封。

晋初封建之制，迟迟不定；定亦不行；而诸王之出镇者相踵，盖亦有见于此。故陆机、刘颂之论；晋未之行，若段灼之言，则晋虽未行其文，既行其实矣，而八王之乱，则正由此，此又灼之蔽也。世事只有日新，而人之见解，恒限于旧，所以救方来之祸者，斟酌损益仍不越于前世之规，亦可哀矣。然此自就诸人之所言者而扬榷之，至于西晋之丧乱，则初不系于此也。

注释：

①寒素：形容人的家世贫寒，地位卑下。

②栉风沐雨：出自先秦·庄周《庄子·天下》："沐甚雨，栉急风"。形容人经常在外面不顾风雨地辛苦奔波。

③雉头裘：以雉头羽毛织成之裘。借指奇装异服。

第三章 西晋乱亡

第一节 齐献王争立

晋初异族，形势虽云可忧，然观第二章第二节所述，其力尚未足与中国相敌，使内外安乂，未尝不可徐图。八王难作，授之以隙，而势乃不可支矣。八王之乱，原于杨、贾之争；杨、贾之争，又原于齐献王之觊觎大位。推波助澜，譬彼舟流，靡知所届，君子是以作事谋始也。

齐献王攸，为武帝同母弟。皆文明王皇后所生。景帝无后，以攸为嗣。《晋书·武帝纪》云：文帝自谓摄居相位，百年之后，大业宜归攸。每曰："此景王之天下也。"议立世子，属意于攸。何曾等固争，武帝之位乃定。

《攸传》亦云：攸特为文帝所宠爱。每见攸，辄抚床呼其小字曰："此桃符坐也。"然《贾充传》云：文帝以景帝恢赞先业，方传位于攸。充称武帝宽仁，且又居长，有人君之德，宜奉社稷。及文帝寝疾，武帝请问后事。文帝曰："知汝者贾公闾也。"则文帝初无宋宣公之心。

《羊琇传》云：武帝未立为大子，声论不及弟攸。文帝素意重攸，恒有代宗之议。琇密为武帝画策，甚有匡救。又观文帝为政损益，揆度应所顾问之事，皆令武帝默而识之。其后文帝与武帝论当世之务，及人间可否，武帝答无不允，由是储位遂定。武帝即位，琇宠遇甚厚，已见第二章第一节。观于琇，知贾充之见信于武帝，亦有由也。

武帝后曰武元杨皇后，生毗陵悼王轨、惠帝、秦献王柬。悼王二岁而夭。惠帝以泰始三年，立为皇大子。十年，后有疾。时帝宠胡贵嫔，后恐后立之，大子不安。临终，枕帝膝曰："叔父骏女男胤，讳芷，字季兰，小字男胤。有德色，愿陛下以备六宫。"因悲泣。帝流涕许之。后崩。

咸宁二年，立男胤为皇后。是为武悼杨皇后。生渤海殇王恢。亦二岁而薨。大康五年。《惠帝纪》云：帝尝在华林园，在洛阳。本东汉芳林园。魏齐王芳时，避讳，改为华林。闻虾蟆声，谓左右曰："此鸣者为官乎？私乎？"及天下荒乱，百姓饿死，帝曰："何不食肉糜？"其蒙蔽皆此类。

然荡阴之役，荡阴，汉县，今河南汤阴县。嵇绍被害于帝侧，血溅御服，帝深哀叹之；及事定，左右欲浣衣，帝曰："此嵇侍中血，勿去。"则绝不类痴骇人语。

《贾后传》云：帝尝疑大子不慧，且朝臣和峤等多以为言，《和峤传》：峤见大子不令，因侍坐曰："皇大子有淳古之风，而季世多伪，恐不瞭陛下家事。"帝默然不答。后与荀𫖮、荀勖同侍。帝曰："大子近入朝，差长进，卿可俱诣之，粗及世事。"既奉诏而还，𫖮、勖并称大子明识弘雅，诚如圣诏。峤曰："圣质如初耳。"帝不悦而起。峤退居，恒怀慨叹。知不见用，犹不能已。在御坐，言及社稷，未尝不以储君为忧。帝知其言忠，每不酬答。或以告贾妃，妃衔之。惠帝即位，拜大子大傅。大子朝西宫，峤从入。贾后使帝问峤曰："卿昔谓我不了家事，今日定云何？"峤曰："臣昔事先帝，曾有斯言。言之不效，国之福也。臣敢逃其罪乎？"《荀勖传》：帝素知大子暗弱，恐后乱国，遣勖及和峤往观之。勖还，盛称大子之德，而峤云大子如初。欲试之。尽召东宫大小官属，为设宴会，而密封疑事，使大子决之。停信待反。妃大惧，倩外人作答。答者多引古义。给使张泓曰："大子不学，而答诏引义，必责作草主，更益谴责，不如直以意对。"妃大喜。语泓："便为我好答，富贵与汝共之。"泓素有小才。具草，令大子自写。帝省之，甚悦。先示大子少傅卫瓘，瓘大踧踖，众人乃知瓘先有毁言。《瓘传》：惠帝之为大子也，朝臣咸谓纯质不能亲政事。瓘每欲陈启废之，而未敢发。后会宴陵云台。瓘托醉，因跪帝床前曰："臣欲有所启。"帝曰："公所言何邪？"瓘欲言而止者三，因以手抚床曰："此坐可惜。"帝意乃悟。因缪曰："公真大醉邪？"瓘于此不复有言。贾后由是怨瓘。启废大子，此何等事？造膝而陈，犹虑不密，岂有于宴会时言之者？望而知其不足信也。殿上皆称万岁。充密遣语妃曰："卫瓘老奴，几破汝家。"夫使惠帝之昏愚而果如《帝纪》所言，岂当复问以疑事？虽以意对，亦岂足见信？且帝果欲试大子，岂不能召而面问之，而必封事使决？下比为奸欺者，多出于左右近习，而不出于官属，帝亦岂不知之？故知史之所传，绝不足信也。

贾充为尚书令，兼侍中。《充传》云：充无公方之操，不能正身率下，专以谄媚取容。侍中任恺，中书令庾纯等，刚直守正，咸共疾之。又以充女为齐王妃，惧后益盛。及氐、羌反叛，帝深以为虑，恺因进说，请充镇关中。乃下诏，以充为使持节都督秦、凉二州诸军事。见第二章第二节。充自以为失职，深衔任恺，计无所从。将之镇，百僚饯于夕阳亭，在洛阳西。荀勖私焉。充以忧告。勖曰："公国之宰辅，而为一夫所制，不亦鄙乎？然是行也，辞之实难。独有结婚大子，不顿驾而自留矣。"充曰："然。孰可寄怀？"对曰："勖请行之。"俄而侍宴，论大子婚姻事，勖因言充女才质令淑，宜配储宫。而杨皇后及荀顗，亦并称之。《武元杨皇后传》：初，贾充妻郭氏，使赂后，求以女为大子妃。及议大子婚，帝欲娶卫瓘女，然后盛称贾后有淑德，又密使大子大傅荀顗进言，上乃听。《贾后传》：初武帝欲为大子娶卫瓘女。元后纳贾、郭亲党之说，欲婚贾氏。帝曰："卫公女有五可，贾公女有五不可。卫家种贤而多子，美而长、白。贾家种妒而少子，丑而短、黑。"元后固请，荀顗、荀勖，并称充女之贤，乃定婚。说与《充传》又异。帝纳其言。

会京师大雪，平地二尺，军不得发。既而皇储当婚，遂诏充居本职。贾后册为大子妃，事在泰始八年二月。

《任恺传》云：恺恶贾充之为人也，不欲令久执朝政，每裁抑焉。充病之，不知所为。后承间言恺忠贞方正，宜在东宫。帝从之，以为大子少傅，而侍中如故。充计画不行。会秦、雍寇扰，天子以为忧。恺因曰："秦、凉覆败，关右骚动，此诚国家之所深虑。宜速镇抚，使人心有庇。自非威望重臣有计略者，无以康西土也。"帝曰："谁可任者？"恺曰："贾充其人也。"中书令庾纯亦言之。于是诏充西镇长安。《裴楷传》：转侍中。帝尝问曰："朕应天顺人，海内更始，天下风声，何所得失？"楷对曰："陛下受命，四海承风，所以未比德于尧、舜者，但以贾充之徒尚在朝耳。"时任恺、庾纯，亦以充为言。帝乃出充为关中都督。此则直陈充之奸邪，与《任恺传》谓以计间之者亦异。充用荀勖计得留。

充既为帝所遇，欲专名势；而庾纯、张华、温颙、向秀、和峤之徒，皆与恺善；杨珧、骏弟。王恂、文明皇后弟。华廙等，充所亲敬；于是朋党纷然。帝知之。召充、恺宴于式乾殿，谓曰：“朝廷宜一，大臣当和。”充、恺各拜谢而罢。既而充、恺以帝已知之而不责，结怨愈深。《庾纯传》：初，纯以贾充奸佞，与任恺共举充西镇关中，充由是不平。充尝宴朝士，而纯后至。充谓曰：“君行常居人前，今何以在后？”纯曰：“且有小市井事不了，是以来后。”世言纯之先尝有伍伯者，充之先有市魁者，充、纯以此相讥焉。及纯行酒，充不时饮。纯曰：“长者为寿，何敢尔乎？”充曰：“父老不归供养，将何言也？”纯因发怒，曰：“贾充，天下凶凶，由尔一人。”充曰：“充辅佐二世，荡平巴蜀，有何罪而天下马之凶凶？”纯曰：“高贵乡公何在？”众坐因罢。充左右欲执纯，中护军羊琇，侍中王济右之，因得出。充惭怒，上表解职。纯惧，上河南尹、关内侯印绶，上表自劾。御史中丞孔恂劾纯。诏免纯官。又以纯父老不求供养，使据礼典正其臧否。议者言纯于礼律未有违。帝复下诏，言“疑贾公亦醉”，复以纯为国子祭酒。此事与汉魏其、武安之事绝相类，而纯终获保全，可见晋武之宽仁，非汉武所及。然朋党之祸，往往乘在上者之宽仁而起，此又不可不知也。

或为充谋曰：“恺总门下枢要，得与上亲接，宜启令典选，便得渐疏。此一都令史事耳。且九流难精，间隙易乘。”充因称恺才能，宜在官人之职。帝不之疑，即日以恺为吏部尚书，侍觐转希。充与荀勖、冯紞承间浸润，谓恺豪侈，用御食器。充遣尚书右仆高阳王珪安平献王子。奏恺遂免官。

《卫瓘传》云：瓘咸宁初拜尚书令，加侍中。大康初，迁司空，侍中、令如故。武帝敕瓘第四子宣尚繁昌公主。数有酒色之过。杨骏素与瓘不平，骏复欲专重权，遂与黄门等毁之，讽帝夺宣公主。瓘惭惧，告老逊位。

《和峤传》云：迁中书令。旧监、令共车入朝，时荀勖为监。峤鄙勖为人，以意气加之，每同乘，高抗专车而坐，监令异车，自峤始也。又云：峤转侍中，愈被亲礼。与任恺、张华相善。张华，当晋初为黄门侍郎，数岁拜中书令，后加散骑常侍。帝潜与羊祜谋伐吴，群臣多以为不可，惟华赞成其计。及将大举，以华为度支尚书。乃量计运漕，决定庙算。众军既进，而未有克获，贾充等奏诛华以谢天下。帝曰：“此是吾意，华但与吾同耳。”吴灭，进封广武县侯，增邑万户。华名重一世，众所推服。晋吏及仪礼、宪章，并属于华，多所损益。当时诏诰，皆所草定。声誉益盛，有台辅之望焉。而荀勖自以大族，恃帝恩深，憎疾之。每伺间隙，欲出华外镇。

会帝问华："谁可托寄后事？"对曰："明德至亲，莫如齐王。"间言遂行，出为持节都督幽州诸军事。朝议欲征华入相，又欲进号仪同。初华毁征士冯恢于帝，统即恢之弟也。尝侍帝，从容论魏、晋事。因曰："钟会才具有限，而大祖夸奖大过，使构凶逆。宜思坚冰之渐，无使如会之徒，复致覆丧。"帝默然。

顷之，征华为大常，以大庙屋栋折免官，遂终帝之世，以列侯朝见。观此诸文，知当时拥右大子及欲废大子者，各有其徒，仍是一朋党之见耳。武帝明知之而不能破，尚何以为久远之图哉！当时为朋党者多权戚，非下士，此其所以难破。然欲破朋党，断不能以其为权戚而遂多顾忌也。

《齐王攸传》云：文帝寝疾，虑攸不安，为武帝叙汉淮南王、魏陈思王故事而泣。临崩，执攸手以授帝。大后临崩，亦流涕谓帝曰："桃符性急，而汝为兄不慈，我若遂不起，恐必不能相容。以是属汝，勿忘我言。"及帝晚年，诸子并弱，而大子不令，朝臣内外，皆属意于攸。中书监荀勖，侍中冯统，皆谄谀自进，攸素疾之。勖等以朝望在攸，恐其为嗣，祸必及己，乃从容言于帝曰："陛下万岁之后，大子不得立也。"帝曰："何哉？"勖曰："百僚皆归心于齐王，大子焉得立乎？陛下试诏齐王之国，必举朝以为不可，则臣言有征矣。"统又言曰："陛下遣诸侯之国，成五等之制，宜从亲始，亲莫若齐王。"案此时已不言五等之制矣，亦见此说之诬。参看第二章第三节。帝既信勖言，又纳统说。

大康三年，乃下诏，以攸为大司马，都督青州诸军事。明年，策就国。攸愤怨发疾，乞守先后陵，不许。帝遣御医诊视，希旨皆言无疾。疾转笃，犹催上道。攸自强入辞。辞出信宿，欧血而薨。时年三十六。

当时争攸不可出者：尚书左仆射王浑，河南尹向雄。浑子济，尚常山公主。济既谏请，又累使公主与甄德妻长广公主俱入，稽颡泣请。帝怒，谓侍中王戎曰："兄弟至亲。今出齐王，自是朕家事，而甄德、王济，连遣妇来生哭人。"

《杨珧传》曰：珧初以退让称，晚乃合朋党，构出齐王攸。中护军羊琇，与北军中候成粲谋，欲因见珧手刃之。珧知而辞疾不出，讽有司奏琇，转为大仆。自是举朝莫敢枝梧，而素论尽矣。

《琇传》云：齐王出镇，琇以切谏忤旨，左迁大仆。既失宠，愤怨，遂发病，以疾笃求退，拜特进，加散骑常侍，还第卒。琇欲与成粲手刃杨珧，尚复成何事体？此而不黜，国家尚安有政刑？抑以琇受武帝恩眷之深，而亦与齐王为党，齐王又安得不出乎？琇一蹉跌，遽发病死，而《向雄传》亦云雄以忧卒，盖非徒愤怨，又益之以畏祸矣。

当时情势如此，齐王不死，恐蹀血相争之祸，不待八王之难也。齐王之将之国也，下大常议崇锡文物。庾纯子旉为博士，与博士大叔广、刘暾、毅子。缪蔚、郭颐、秦秀、傅珍等上表谏。大常郑默，祭酒曹志，魏陈思王孙。并过其事。志又奏议：当如博士等议。帝以博士不答所问，答所不问，大怒，策免默。

尚书朱整、褚䂮等奏请收旉等八人付廷尉科罪。诏免志官，以公还第。其余皆付廷尉。纯诣廷尉自首：旉以议草见示，愚浅听之。诏免纯罪。廷尉刘颂奏旉等大不敬，弃市论，求平议。尚书奏请报听廷尉行刑。尚书夏侯骏谓朱整曰："国家乃欲诛谏臣。官立八坐，正为此事。卿可共驳正之。"整不从。骏怒，起曰："非所望也。"乃独为议。

左仆射魏舒，右仆射王晃等从骏议。奏留中七日，乃诏秀等并除名。《秦秀传》云：秀素轻鄙贾充。伐吴之役，闻其为大都督，谓所亲曰："充文案小才，乃居伐国大任，吾将哭以送师。"初，贾充前妻李氏，丰之女。丰诛，李氏坐流徙。后娶城阳大守郭配女，城阳，汉郡，晋改为东莞，今山东莒县。名槐。生子黎民，幼殇。女午，通于充为司空时所辟掾韩寿，充因以妻之，生子谧。充薨，槐辄以谧为黎民子，奉充后。郎中令韩咸等上书求改立嗣，事寝不报。槐遂表陈：是充遗意。帝乃诏以谧为鲁公世孙，以嗣其国。自非功如大宰，始封无后如大宰，所取必己自出如大宰，皆不得以为比。及下礼官议充谥，秀议：充以异姓为后，绝父祖之血食，开朝廷之祸门，请谥曰荒。夫异姓为后，固非古礼所许，然武帝既特为充下诏，即不可以常礼拘矣，秀挟私忿悻悻如此，士君子之风度，复何存乎？

《王济传》言：济素与从兄佑不平，佑则《武帝纪》云：帝末年用其谋，遣大子母弟秦王柬都督关中，楚王玮、武帝第五子。淮南王允亦武帝子。并镇守要害，以强帝室；玮督荆州，允督扬州。又恐杨氏之逼，以为北军中候，典禁兵者也。当时廷议之喧嚣，其故可以想见。观文帝及文明大后临终之言，知武帝与齐王不和已久。

《贾充传》言：充西行既罢，寻迁司空，侍中、尚书令、领兵如故。会帝寝疾，笃，河南尹夏侯和谓充曰："卿二女婿，亲疏等耳，立人当立德。"充不答。帝疾愈，闻之，徙和光禄勋，乃夺充兵权，而位遇无替。然则充婚大子，仅足免患，谓以贪恋权势而出此，尚非其情。抑观此，又知帝不授天下于齐王之决，与其谓齐王以荀勖等而见疏，不如谓勖等以拥右大子而见亲矣。充既婚大子之后，犹以夏侯和一言而见猜防，则知未婚大子以前见出之由，未必任恺等之言获听也。

《充传》云："恺等以充女为齐王妃，惧后益盛"，当时排充，或未必不藉口于此。史家杂采众辞，刊落不尽处，往往露出异说也。充前妻李氏，生二女：褒、裕。褒一名荃，裕一名浚。

武帝践阼[①]，李以大赦得还。帝特诏充置左右夫人。充母亦敕充迎李氏。郭槐怒，攘袂数充。充乃答诏，托以谦冲，不敢当两夫人盛礼，实畏槐也。荃为齐王攸妃，欲令充遣郭而还其母。时沛国刘含母，沛国，今安徽宿县。及帝舅羽林监王虔前妻，皆毌丘俭孙女。此例既多，质之礼官，皆不能决。虽不遣后妻，多异居私通。充自以宰相，为海内准则，乃为李筑室于永年里，而不往来。

荃、浚每号泣请充，充竟不往。会充当镇关右，公卿供帐祖道。荃、浚惧充遂去，乃排幔出，于坐中叩头流血，向充及群僚陈母应还之意。众以荃王妃，皆惊起而散。充甚愧愕，遣黄门将宫人扶去。既而郭槐女为皇大子妃，帝乃下诏，断如李比，皆不得还。后荃恚愤而薨。观此，又知郭槐求婚大子之由。而充两女婿亲疏等，而充终亲惠帝而疏齐王者，亦或有其闺房嬖畏之私焉。世及为礼之世，往往以一人一家之私，诒累及于政事，凡在势者皆然，正不必南面之尊而后尔，君子是以穆然于大同之世也。

第二节　八王之乱上

八王者汝南文成王亮，见第二章第二节。楚隐王玮，见上节。赵王伦，见第二章第二节。齐武闵王冏，献王子。长沙厉王乂，武帝第六子。成都王颖，武帝第十六子。河间王颙，大原烈王瑰子。瑰，安平献王子。东海孝献王越也。高密文献王泰子。泰，宣帝弟馗子。晋诸王与于乱事者，不仅此八人，而《晋书》以此八人之传，合为一卷，故史家皆称为八王之乱焉。八王之乱，初因杨、贾之争而起，仅在中央，继因赵王篡立，齐、成都、河间三王起兵讨之，遂至覃及四国。晋初乱原，虽云深远，《晋书》谓扇其风，速其祸者，咎在八王，则不诬也。

《晋书·后妃传》云：贾后性酷虐，尝手杀数人；或以戟掷孕妾，子随刃堕。武帝闻之，大怒，将废之。武悼皇后、充华赵粲、杨珧皆为之言，荀勖亦深救之，故得不废。武悼皇后数诫厉之，贾后不知其助己，因以致恨；谓后构之于武帝；忿怨弥深。此等记载，信否亦未可知。要之杨、贾不和，则为事实，而争端潜伏矣。

大熙元年，四月，武帝崩。据《帝纪》：帝之崩在己酉，辛丑即以杨骏为大尉，都督中外诸军，录尚书事。

而《骏传》云：帝自大康以后，不复留心万几，惟耽酒色。始宠后党，请谒公行。骏及珧、济，皆骏弟。势倾天下，时人有三杨之号。及帝疾笃，骏尽斥群公，亲侍左右。因辄改易公卿，树其心腹。会帝小间，见所用者正色曰："何得便尔？"乃诏中书：以汝南王亮与骏夹辅王室。骏从中书借诏观之，得便藏匿。信宿之间，上疾遂笃。后乃奏帝，以骏辅政。帝颔之。便召中书监华廙，令何劭，口宣帝旨，使作遗诏，以骏为大尉，大子大傅，假节，都督中外诸军事。侍中、录尚书、领前将军如故。自是二日而崩。与《帝纪》所书自辛丑至己酉凡历九日者迥异，可见史文之不实也。《帝纪》云：帝寝疾弥留，至于大渐，佐命元勋，皆已先没。群臣皇惑，计无所从。会帝小差，有诏以汝南王亮辅政，又欲令朝士有名望年少者数人佐之。杨骏秘而不宣。帝寻复迷乱。杨后辄为诏，以骏辅政。促亮进发。帝寻小间。问汝南王来未意欲见之，有所付托。左右答言未至。帝遂困笃。说与《骏传》略同，而无自是二日而崩语，盖因与上文所记之日不合，故删之也。

汝南王亮时为大司马，出督豫州，镇许昌。今河南许昌县。或说亮率所领入废骏，亮不能用，夜驰赴许昌。时司空石鉴，与中护军张劭，监统山陵。有告亮欲举兵讨骏。骏大惧，白大后，令帝为手诏，诏鉴、劭率陵兵讨亮。鉴以为不然，保持之。遣人密觇视，亮已别道还许昌。于是骏止。惠帝即位，以骏为大傅，大都督，假黄钺，录朝政，百官总己。骏虑左右间己，乃以其甥段广、张邵为近侍。凡有诏命，帝省讫，入呈大后然后出。又多树亲党，皆领禁兵。

八月，立广陵王遹为皇大子，是为愍怀大子。母谢淑媛，父以屠羊为业，选入后庭为才人，惠帝在东宫，将纳妃，武帝虑其年幼，未知帷房之事，遣往东宫侍寝而生遹者也。

殿中中郎孟观、李肇，素不为骏所礼。黄门董猛，自帝为大子，即为寺人监，在东宫，给事于贾后。乃与肇、观潜相结托。贾后令肇报亮，使连兵讨骏。

亮曰："骏之凶暴，死亡无日，不足忧也。"肇报楚王玮，玮然之。于是求入朝。骏素惮玮，先欲召入，防其为变，因遂听之。及玮至，观、肇乃启帝，夜作诏，中外戒严，遣使奉诏废骏，以侯就第。东安公繇，琅邪武王伷子。伷，宣帝子。率殿中四百人随其后以讨骏。

大傅主簿朱振说骏：烧云龙门，索造事者首。开万春门，引东宫兵及外营兵，云龙，洛阳宫城正南门。万春，东门。拥翼皇大子，入宫取奸人。骏素怯懦，不决。殿中兵出，骏逃于马厩，以戟杀之。观等受贾后密旨，诛骏亲党，夷三族。死者数千人。时元康元年三月也。

杨后题帛为书，射之城外，曰："救大傅者有赏。"贾后因宣言大后同逆。诏送后于永宁宫。魏世大后所居。特全后母高都君庞氏之命，听就后居止。贾后讽有司奏废大后为庶人，以庞付廷尉行刑。庞临刑，大后抱持号叫。截发稽颡，上表诣贾后，称妾，请全母命，不见省。初，大后尚有侍御十余人，贾后夺之。明年，三月，绝膳而崩。

杨骏既诛，征汝南王亮为大宰，与大保卫瓘同辅政。以秦王柬为大将军。东平王楙后改封竟陵王。义阳成王望子。望，安平献王子。为抚军大将军。楚王玮为卫将军，领北军中候。下邳王晃安平献王子。为尚书令。东安公繇为尚书左仆射，进封王。繇欲擅朝政，与亮不平。初，繇有令名，为父母所爱。其兄武陵庄王澹，恶之如仇。屡构繇于亮，亮不纳。诛杨骏之际，繇屯云龙门，兼统诸军。

是日，诛赏三百余人，皆自繇出。澹因隙谮之。亮惑其说，遂免繇官，以公就第。坐有悖言，废徙带方。《贾后传》云：繇密欲废后，贾氏惮之。带方，汉县，公孙康置郡，故治在今朝鲜平壤西南。楙曲事杨骏，骏诛，依法当死，繇与楙善，故得不坐。至是，亦免官，遣就国。玮少年果锐，多立威刑，朝廷忌之。

亮奏遣诸王还藩，与朝臣廷议，无敢应者，惟卫瓘赞其事，玮憾焉。玮长史公孙弘，舍人岐盛，并薄于行，为玮所昵。瓘等恶其为人，虑致祸乱，将收盛。盛知之，遂与弘谋，因李肇，矫称玮命，谮亮、瓘于贾后。后不之察，使惠帝为诏曰："大宰、大保，欲为伊、霍之事，王宜宣诏，令淮南、忠壮王允，见上节。长沙、成都王屯宫诸门，废二公。"夜使黄门赍以授玮。玮欲复奏，黄门曰："事恐漏泄，非本意也。"玮乃止。遂勒本兵，复矫召三十六军，胡三省《通鉴注》曰：晋洛城内外三十六军。遣弘、肇收亮、瓘杀之。

岐、盛说玮："可因兵势，诛贾模、郭彰，见下。匡正王室，以安天下。"玮犹豫未决。会天明，帝用张华计，遣赍驺虞幡麾众曰："楚王矫诏。"众皆释杖而走，玮左右无复一人。帝遣谒者诏玮还营，遂执下廷尉。诏以玮矫制害二公，又欲诛灭朝臣，图谋不轨，遂斩之。公孙弘、祁盛，皆夷三族。长沙王乂，以玮同母，贬为常山王，之国。杨骏之诛也，司空陇西王泰领骏营。玮之被收，泰严兵将救之。祭酒丁绥谏曰："公为宰相，不可轻动。且夜中仓卒，宜遣人参审定问。"泰从之。玮既诛，乃以泰录尚书事。迁大尉，守尚书令。改封高密王。

楚王之乱，事在元康元年六月，自此至永康元年四月梁、赵之乱，安谧者实历九年，可知以西晋丧乱，归狱于贾后者之诬。《贾充传》言：贾谧权过人主，奢侈逾度。室宇崇僭，器服珍丽。歌僮舞女，选极一时。开阁延宾，海内辐凑。贵游、豪戚及浮竞之徒，莫不尽礼事之。

又言后从舅郭彰，充素相亲遇，亦豫参权势，宾客盈门。世人称为贾、郭。奢僭交通，为当时权戚之通病，未可专罪贾后一家。《传》又言充从子模，沈深有智算。贾后既豫朝政，拜模散骑常侍，二日，擢为侍中。模尽心匡弼。推张华、裴頠，同心辅政。数年之中，朝野宁静，模之力也。此为当时之实录。视他权戚之秉政者，不犹愈乎？

《贾后传》云：模知后凶暴，恐祸及己，乃与裴頠、王衍谋废之，衍悔而谋寝。

《华传》云：惠帝即位，以华为大子少傅。与王戎、裴楷、和峤，俱以德望为杨骏所忌，皆不与朝政。楚王玮诛，华以首谋有功。拜侍中、中书监。贾谧与后共谋，以华庶族，儒雅有筹略，进无逼上之嫌，退为众望所依，欲倚以朝纲，访以政事而未决。以问裴頠。頠素重华，深赞其事。华遂尽忠匡辅，弥缝补缺。虽当暗主、虐后之朝，而海内晏然，华之功也。

裴頠时为侍中，其《传》云：頠以贾后不悦大子，抗表请增崇大子所生谢淑妃位号。乃启增置后卫率吏，给二千兵。《职官志》：惠帝建东宫，置卫率，初曰中卫率。泰始五年，分为左右，各领一军。愍怀大子在东宫，又加前后二率。此即下文刘卞所谓四率也。

于是东宫宿卫万人。頠深虑贾后乱政，与司空张华，侍中贾模议废之而立谢淑妃。华、模皆曰："帝自无废黜之意，若吾等专行之，上心不以为是。且诸王方刚，朋党异议，恐祸如发机，身死国危，无益社稷。"此谋遂寝。案贾充为頠从母夫，王衍亦婚于贾谧，俱不应有废贾后之意，况贾模乎？当时方重门第，谢淑妃屠家女岂可以母仪天下哉？楚王既诛，愍怀未废九年之中，贾后初无大乱政事；而惠帝愚暗，朝局实后所主持；废之何为？华、頠终与贾后俱死，知其无背贾氏之心。即谓华、頠皆士君子，顾虑名义，不敢轻犯，亦安能隐忍至于九年之久？且纵不敢为非常之举，独不可引身而退乎？《张华传》言：华少子韪，以中台星坼，劝华逊位，华不从。将死，张林称诏诘之曰："卿为宰相，任天下事，大子之废，不能死节，何也？"华曰："式乾之议，臣谏事具存，非不谏也。"林曰："谏若不从，何不去位？"华不能答。《裴頠传》：或说頠曰："幸与中宫内外，可得尽言。言若不从，则辞病而退。二者不立，虽有十表，难乎免矣。"頠慨然久之，而竟不能行。论者因訾华、頠贪恋权位，其实华、頠皆非如是之人，此观其生平而可知，史文不足信也。頠之请崇谢淑妃位号，增东宫宿卫，盖正所以示大公，为贾氏久远计耳。

《贾模传》云：模潜执权势，外形欲远之，每事启奏贾后，事入，辄取急或托疾以避之；至于素有嫌忿，多所中陷，朝廷甚惮之；皆近深文周内。又云：贾后性甚强暴，模每尽言，开陈祸福，后不能从，反谓模毁己，于是委任之情日衰，而谗间之徒遂进，模不得志，忧愤成疾卒，则更莫须有之辞矣。一云模与頠、衍谋废后，衍悔而事寝，一又云頠欲废后而华、模不从，其辞先已不雠，知其皆不足信也。

《愍怀大子传》云：幼而聪慧，武帝爱之，尝对群臣称大子似宣帝，于是令誉流于天下。然又云：及长，不好学，惟与左右嬉戏，不能尊敬保傅。或废朝侍，恒在后园游戏。有犯忤者，手自捶击之。令西园卖葵菜、蓝子、鸡、面之属而收其利。

东宫旧制，月请钱五十万，备于众用，大子恒探取二月，以供嬖宠[②]。洗马江统陈五事以谏，大子不纳。中舍人杜锡，每尽忠规劝，大子怒，使人以针著锡常所坐毡中而刺之。大子性刚，知贾谧恃后之贵，不能假借之。

初贾后母郭槐，欲以韩寿女为大子妃，大子亦欲婚韩氏以自固，而寿妻贾午及后皆不听，而为大子聘王衍小女惠风，大子闻衍长女美，而贾后为谧聘之，心不能平。谧谮大子于后曰："大子广买田业，多蓄私财，以结小人者，为后故也。密闻其言云：皇后万岁后，吾当鱼肉之。若宫车晏驾，彼居大位，依杨氏故事，诛臣等而废后于金墉，城名，在洛阳东。如反手耳。不如早为之所，更立慈顺者，以自防卫。"后纳其言。又宣扬大子之短，布诸远近。于是朝野咸知后有害大子意。中护军赵俊请大子废后，大子不听。

《张华传》云：左卫率刘卞，甚为大子所信，以贾后谋问华。华曰：“不闻。假令有此，君欲如何？”卞曰：“东宫俊乂如林，四率精兵万人，公居阿衡之任，若得公命，皇大子因朝入录尚书事，废贾后于金墉城，两黄门力耳。”华曰：“今天子当阳，大子人子也，吾又不受阿衡之命，忽相与行此，是无其君父，而以不孝示天下也。虽能有成，犹不免罪，况权戚满朝，威柄不一，而可以安乎？”

元康九年，十二月，后诈称上不和，呼大子入朝。既至，后不见，置于别室。遣婢陈舞赐以酒枣，逼饮醉之。使黄门侍郎潘岳作书草，若祷神之文，有如大子素意，因醉而书之者。小婢承福，以纸笔及书草使大子书之。文曰：“陛下宜自了，不自了，吾当入了之。中宫又宜速自了，不自了，吾当手了之。并与谢妃共要：克期两发，勿疑犹豫，以致后患。”云云。大子醉迷不觉，遂依而写之。其字半不成，既而补成之。后以呈帝。帝幸式乾殿，召公卿入，使黄门令董猛，以大子书及青纸诏示之，曰：“遹书如此，令赐死。”遍示诸公、王，莫有言者。《遹传》。惟张华谏。

裴𬱟以为宜先检校传书者。又请比校大子手书。贾后乃内出大子素启事十余纸。众人比视，亦无敢言非者。议至日西不决。后知华等意坚，因表乞免为庶人。帝乃可其奏。《张华传》。使前将军东武公澹即武陵庄王。以兵杖送大子、妃王氏、三皇孙于金墉城。考竟谢淑妃及大子保林蒋俊。此据《大子传》。《惠帝纪》于大子废后，即书杀大子母谢氏。《谢夫人传》则云：及愍怀遇酷，玖亦被害。玖，夫人名。

明年，正月，贾后又使黄门自首欲与大子为逆。诏以黄门首辞、班示公卿。又遣澹以千兵防送大子，更幽于许昌宫之别坊，令治书侍御史刘振持节守之。《遹传》。赵王伦深交贾、郭，谄事中宫，大为贾后所亲信。大子废，使伦领右卫将军。左卫督司马雅，宗室之疏属也，及常从督许超，并尝给事东宫，与殿中中郎士猗等谋废贾后，复大子。以张华、裴𬱟，难与图权，伦执兵之要，性贪冒，可假以济事，乃说伦嬖人孙秀。秀许诺，言于伦，伦纳焉。

事将起，秀更说伦曰：“明公素事贾后，虽建大功于大子，大子含宿怒，必不加赏。今且缓其事，贾后必害大子，然后废后，为大子报仇，亦足以立功，岂徒免祸而已。”伦从之。秀乃微泄其谋，使谧党颇闻之。伦、秀因劝谧等早害大子，以绝众望。

永康元年，三月，此据《遹传》。《纪》在二月。盖二月遣使，三月至。矫诏，使黄门孙虑至许昌害大子。《王浚传》云：浚镇许昌，与孙虑共害大子。大子既遇害，伦、秀之谋益甚，而超、雅惧后难，欲悔其谋，乃辞疾。二人本欲立功于大子以邀赏，大子死，则失其本图，且不信赵王也。秀复告右卫佽飞督闾和，和从之。乃矫诏，遣翊军校尉齐王冏，将三部司马，晋二卫有前驱、由基、强弩三部司马。废贾后为庶人，送之金墉城。杀张华、裴颜、贾午、贾谧等。伦寻矫诏，自为使持节大都督、督中外诸军事、相国，侍中、王如故，一依宣、文辅魏故事。孙秀等皆封大郡，并据兵权。百官总己，以听于伦。伦素庸下，无智策，复受制于秀。

梁王肜见第二章第二节。共伦废贾后，故以为大宰，守尚书令。后或谓孙秀：散骑侍郎杨准，黄门侍郎刘逵欲奉肜以诛伦。会有星变，九月，改司徒为丞相，以肜为之，居司徒府。转准、逵为外官。矫诏害贾庶人于金墉城。淮南王允领中护军，密养死士，潜谋诛伦。伦甚惮之。转为大尉，外示优崇，实夺其兵也。允称疾不拜。伦遣御史逼允，收官属以下，劾以大逆。允率国兵及帐下七百人出讨伦。

将赴宫，尚书左丞王舆闭东掖门，不得入，遂围相府。伦子虔为侍中，在门下省，遣司马督护伏胤领骑四百，从宫中出，诈言有诏助允，允不之觉，开陈纳之，下车受诏，为胤所害。坐允夷灭者数千人。齐王冏以废贾后功，转游击将军。冏意不满，有恨色。孙秀微觉之，且惮其在内，出为平东将军，假节，镇许昌。二事俱在八月。

明年，永宁九年。正月，伦遂篡位。迁惠帝于金墉。梁、赵之乱，论者皆谓祸原贾后，亦非其真。后果欲废大子，白杨骏败后，何时不可为之？何必待诸八年之后？大子之为人，据传文所载，明为不令，何待后之宣扬？惠帝之立，年三十二，虽不为少，亦不为老，果如史之所言，帝之于后，畏而惑之，《后传》。何难少缓建储，以待中宫之有子？即谓不然，而遹之立，距武帝之崩仅四月，亦何必如是其急？

楚王难作，朱振即说杨骏：奉大子以索奸人，然则大子之立，殆杨氏所以掎贾氏；其源既浊，其流必不能清，故后与大子讫不和也。

然《后传》言：广城君以后无子，甚敬重愍怀。每劝厉后，使加慈爱。贾谧恃贵骄纵，不能推崇大子，广城君恒切责之。及广城君病笃，占术谓不宜封广城，乃改封宜城。后出侍疾十余日。大子常往宜城第，将医出入，恂恂尽礼。宜城临终，执后手，令尽意于大子，言甚切至。又曰："赵粲及午，必乱汝事，我死后勿复听入。深忆吾言。"观宜城欲以韩寿女妃大子，大子亦欲婚于韩氏以自固，后虽不果，而谧与大子，仍为僚婿；可见当时贾氏与大子，皆有意于调和。大子婚于王氏而不悦，盖以未克婚于韩氏以自固，非必以王衍长女美而贾后为谧娶之也。贾午盖夙有岐视大子之心，故不肯以女与之。其终不克调和而至于决裂者，源既浊流自难清，其咎固不专在贾氏矣。

谧之说贾后，不过曰更立慈顺者以自防卫，不云后自有子，则《后传》谓后诈有身，内稿物为产具，取韩寿子慰祖养之，托谅暗所生故弗显，遂谋废大子，以所养代立者自诬。自朱振以降，赵俊、刘卞，纷纷欲奉大子以倾贾后，武乾之事，安敢谓必出虚构？张华谏辞，今不可考。果谓大子无罪邪？抑谓虽有罪不可杀也？

《华传》云：后知华等意坚，乃表乞免为庶人，则后说殆近之矣。醉至不辨书草云何，誊录能否半成，亦有可惑。且醉时手迹，必与醒时有异，王公百僚，亦岂不能辨？素启事十余纸，手迹果皆不合，贾后岂肯出之？王公百僚中，岂无一人能抗言者？然则裴頠欲检校传书者，又欲比校手迹，或亦所以为贾后谋，使有以取信于天下耳。頠与张华，皆素负清望，纵不能尽忠大子，宁不亦自惜其名；抗节而去，贾氏岂能遽害之；而依违腆涊，终与贾氏同尽邪？

第三节　八王之乱下

自来图篡窃者，必先削除四方之异己。晋初，州郡拥兵之习未除；诸王各据雄藩，更有厝火积薪之势；赵伦不图消弭，反使齐王冏出镇许昌，亦见其寡虑矣。时成都王颖镇邺，汉县。晋怀帝时避讳，改为临漳。今河南临漳县。遂与冏起兵讨伦。兖、豫二州晋兖州，治廪丘，今山东范县。豫州，治项，今河南项城县。时兖州刺史为王彦，豫州刺史为李毅。及南中郎将新野公歆后进封王，谥庄。扶风武王骏子。骏，宣帝子。俱起兵应之。伦遣将距之，破冏兵于阳翟，今河南禹县。而距颖之兵，败于溴水。出河南济源县西，东南流入河。

左卫将军王舆，与尚书广陵公漼后封淮陵王。琅邪武王伷子。伷见上节。勒兵入宫，禽孙秀等斩之，逐伦归第。迎惠帝于金墉。诛伦及其党羽。冏之起兵也，前安西参军夏侯奭，自称侍御史，在始平，见第二章第二节。合众得数千人以应冏。河间王颙时镇关中，奭遣信要颙，颙遣主簿房阳，河间国人张方讨禽奭，及其党数十人要斩之。及冏檄至，颙执冏使，送之于伦。伦征兵于颙，颙遣方率关右健将赴之。方至华阴，今陕西华阴县。颐闻二王兵盛，乃加长史李含龙骧将军，领督护席薳等追方军回，以应二王。至潼关，在今陕西潼关县东南。伦、秀已诛，天子反正，含、方各率众还。

冏入洛，甲士数十万，旌旗器械之盛，震于京都。天子就拜大司马，都督中外诸军事。加九锡之命，备物典策，如宣、景、文、武辅魏故事。以成都王颖为大将军，录尚书事。河间王颙为大尉。梁王彤为大宰，领司徒。时罢丞相，复置司徒。明年二月薨。颖左长史卢志，劝颖推崇齐王，徐结四海之心。颖纳之。遂以母疾归藩，委重于冏。冏遂辅政。大筑第馆。沈于酒色。不入朝见。坐拜百官，符敕三台。选举不均，惟宠亲昵。朝廷侧目，海内失望。

冏兄东莱王蕤，与王舆谋废冏。蕤性强暴，使酒，数陵侮冏，冏以兄故容之。冏起义兵，赵王伦收蕤及弟北海王寔击廷尉，当诛，会孙秀死，蕤等悉得免。冏拥众入洛，蕤于路迎之，冏不即见，蕤恚；及冏辅政，蕤从冏求开府，不得，益怨；遂与舆谋废冏。事觉，免为庶人，徙上庸。后汉末郡，今湖北竹山县。后封微阳侯。永宁初，上庸内史陈钟承冏旨害蕤。冏死，诏诛钟，复蕤。舆伏诛，夷三族。

初，李含与安定皇甫商有隙。安定，见第二章第二节。商为梁州刺史，治汉中，今陕西南郑县。为赵王伦所任。伦败，去职，诣河间王颙，颙慰抚之甚厚。含谏曰："商，伦之信臣，惧罪至此，不宜数与相见。"商知而恨之。后含征为翊军校尉。商参齐王冏军事，夏侯奭兄在冏府，商乃称奭立义，为西藩枉害，含心不自安。冏右司马赵骧，又与含有隙。冏将阅武，含惧骧因兵讨之，乃单马出奔于颙。矫称受密诏。颙即夜见之。三王之举义也，常山王乂率国兵应之，为成都王后系。至洛，迁骠骑将军，复本国。乂见齐王冏专权，谓成都王颖曰："天下者，先帝之业也，王宜维之。"闻其言者皆惮之。含说颙："檄长沙讨齐，使先闻于齐，齐必诛长沙，因传檄以加齐罪，去齐立成都。"颙从之。上表请废冏还第，以颖为宰辅。拜含为都督，统张方等向洛。檄乂使讨冏。冏遣其将董艾袭乂。乂将左右百余人驰赴宫，闭诸门，奉天子与冏相攻。冏败，禽冏杀之，幽其诸子于金墉。废北海王寔。以乂为大尉，都督中外诸军事。李含等旋师。

颙本以乂弱冏强，冀乂为冏所禽，以乂为辞，宣告四方，共讨之，因废帝立成都，己为宰相，专制天下，乂杀冏，其谋不果。乂之诛冏也，仍以皇甫商为参军，商兄重为秦州刺史。秦州，大康七年复立。治上邽，今甘肃天水县。

李含说颙，表迁重为内职，因其经长安执之。重知其谋，集陇上士众，以讨含为名。乂以兵革累兴，今始宁息，表请遣使诏重罢兵，征含为河南尹。见第二章第二节。颙使侍中冯荪，中书令卞粹与含潜图害乂。皇甫商知含前矫妄及与颙阴谋，具以告乂，乂并诛之。

颖时县执朝政，事无巨细，皆就邺谘之。既恃功骄奢，百度弛废，甚于冏时。以乂在内，不得恣其所欲，密欲去乂。

大安二年，八月，颙以张方为都督领精卒七万向洛。颖假陆机后将军，河北大都督，督王粹、牵秀、石超等二十余万人，来逼京师。帝幸十三里桥。在洛城西，去城十三里，因以为名。遣皇甫商距方于宜阳，县今河南宜阳县。为方所败。九月，帝进军缑氏，汉县，今河南偃师县西南。击牵秀，走之。而张方入京城，烧清明、开阳二门，洛阳城东有建春、东阳、清明三门，南有开阳、津阳、平昌、宣阳四门，西有广阳、西明、阊阖三门，北有大夏、广莫二门，凡十二门。死者万计。石超逼乘舆于缑氏。

十月，帝旋于宫。超焚缑氏，服御无遗。王师破牵秀于东阳门外，又破陆机于建春门。石超亦走。乂奉帝讨张方于城内。方军望见乘舆，小退，方止之不得，众遂大败。杀伤满于衢巷。方退壁十三里桥。人情挫衄[③]，无复固志，多劝方夜遁。

方曰："兵之利钝是常，贵因败以为成耳。我更前作垒，出其不意，此用兵之奇也。"乃夜潜进，逼洛城七里。乂既新捷，不以为意；十一月，忽闻方垒成，乃出战，败绩。方决千金堨，在洛城西。水碓皆涸。乃发王公奴婢手舂给兵廪。一品已下不从征者，男子十三以上皆从役。又发奴助兵，号为四部司马。公私穷踧，米石万钱。诏命所至，一城而已。

先是朝议以乂、颖兄弟，可以辞说而释，乃使中书令王衍行大尉，光禄勋石陋行司徒，使说颖，令与乂分陕而居。颖不从，及是，城中大饥，而将士同心，皆愿效死；张方以为未可克，欲还长安；而殿中诸将及三部司马，疲于战守，密与左卫将军朱默夜收乂别省，逼东海王越为主，越时为司空，领中书监。启惠帝免乂官，送诸金墉。殿中左右谋劫出之，更以拒颖。越惧难作，欲遂诛乂。黄门郎潘滔劝越密告张方。方遣部将郅辅勒兵三千，就金墉收乂。至营，炙而杀之。八王之中，乂较有才略，乂死，大局益无望矣。

乂之请遣使诏皇甫重罢兵也，重不奉诏。河间王颙遣金城大守游楷，陇西大守韩稚等四郡兵攻之。金城、陇西，皆见第二章第二节。及颙、颖攻乂，乂使皇甫商间行，赍帝手诏，使游楷等罢兵，令重进军讨颙。商间行过长安，至新平，见第二章第二节。遇其从甥，从甥素憎商，以告颙，颙捕得商，杀之。乂既败，重犹坚守，后城内知无外救，乃共杀重。先是李流乱蜀，诏侍中刘沈统益州刺史罗尚、梁州刺史许雄等讨之。行次长安，颙请留沈为军司。后领雍州刺史。

及张昌作乱，诏颙遣沈将州兵万人，征西府五千人自蓝田关讨之，即峣关，在今陕西蓝田县东南。颙又逼夺其众。长沙王乂命沈将武吏四百人还州。张方既逼京都，王湖、祖逖逖时为乂骠骑主簿。言于乂："启上，诏沈发兵袭颙，颙必召张方自救。"乂从之。

沈奉诏，驰檄四境，合七郡之众雍州统京兆、冯翊、扶风、安定、北地、始平、新平七郡，皆见第二章第二节。及守防诸军，坞壁甲士万余人袭长安。颙时顿于郑县之高平亭，郑，秦县，今陕西华县。为东军声援。闻沈兵起，还镇渭城。汉县，即秦咸阳，晋省，今陕西咸阳县。遣督护虞夔率步骑万余逆沈于好时，汉县，今陕西乾县东。夔众败。颙大惧，退入长安。果急呼张方、沈渡渭而垒，而冯翊大守张辅救颙，沈军败。张方遣其将敦伟夜至，沈众溃，与麾下百余人南遁，为陈仓令所执，陈仓，秦县，今陕西宝鸡县。颙鞭而后要斩之。时永兴元年正月也。张方大掠洛中，还长安。

时以河间王颙为大宰、大都督、雍州牧。成都王颖入京师，复旋镇于邺，增封二十郡，拜丞相。初，贾后既死，立愍怀大子之子臧为皇大孙。赵王伦篡位，废为濮阳王，害之。乘舆反正，复立臧弟襄阳王尚为皇大孙。大安元年，薨，乃立清河康王遐武帝子。之子覃为皇大子。及是，颙表颖宜为储副，遂废覃为清河王，立颖为皇大弟。丞相如故。制度一依魏武故事。乘舆服御，皆迁于邺。颖遣从事中郎盛夔等以兵五万，屯十二城门，殿中宿所忌者皆杀之，以三部兵代宿卫。

七月，右卫将军陈昣，殿中中郎逯苞、成辅，及长沙故将上官巳等勒兵讨颖。帝北征。于时驰檄四方，赴者云集，军次安阳，汉侯国，晋为县，今河南安阳县。众十余万，邺中震惧。颖会其众问计。东安王繇即东安公进封，见上节，时遭母丧，在邺。曰："天子亲征，宜罢甲缟素，出迎请罪。"司马王混，参军崔旷劝颖拒战。颖从之。遣石超率众五万，次于荡阴。见第一节。陈昣二弟匡、规，自邺赴王师，云邺中皆已离散，由是不甚设备。超众奄出，王师败绩。矢及乘舆。侍中嵇绍，死于帝侧。左右皆奔散。超遂奉帝幸邺。颖害东安王繇，署置百官，杀生自己。立郊于邺南。成都王颙遣张方救邺，方复入洛阳。

初，王沈子浚，以东中郎将镇许昌。愍怀大子幽于许，浚承贾后旨，与孙虑共害之。迁青州刺史。寻徙督幽州。浚为自安计，结好夷狄，以女妻鲜卑务勿尘，又以一女妻苏恕延。三王起义，浚拥众挟两端，遏绝檄书，使其境内士庶，不得赴义，成都王颖欲讨之而未暇也。长沙见害，浚有不平之心。颖乃表请幽州刺史石堪为右司马，以右司马和演代堪，密使杀浚而并其众。演与乌丸单于审登谋之，单于以告浚，浚杀演，自领幽州。遂与并州刺史东嬴公腾见第二章第二节。讨颖。颖遣幽州刺史王斌及石超、李毅等距浚，为乌丸羯朱等所败。邺中大震，百僚奔走，士庶分散。

卢志劝颖奉天子还洛阳。时甲士尚万五千人。志夜部分，至晓，众皆成列。而程大妃恋邺不欲去，颖不能决。俄而众溃，惟志与子谧、兄子綝，殿中虎贲千人而已。志复劝颖早发。时有道士，姓黄，号曰圣人，大妃信之，乃使呼入，道士求两杯酒，饮干，抛杯而去，计始决。而人马复散。志于营陈间寻索，得数乘鹿车。司马督韩玄，收集黄门，得百余人。帝御犊车便发。屯骑校尉郝昌，先领兵八千守洛阳，帝召之，至汲郡而昌至。汲郡，今河南汲县。济河，张方率骑三千奉迎。凡五日至洛。羯朱追至朝歌，汉县，今河南淇县。不及而还。浚乘胜克邺。士众暴掠，死者甚多。鲜卑大略妇女，浚命敢有挟藏者斩，于是沈于易水者八千人。黔庶荼毒，自此始也。

张方欲迁都长安，将焚宗庙、宫室，以绝人心。卢志说方，方乃止。十一月，方逼天子幸其垒。停三日便西。军人因妻略后宫，分争府藏。魏、晋已来之积，扫地无遗矣。既至长安，以征西府为宫。惟仆射荀藩，司隶刘暾，大常郑球，河南尹周馥，与其遗官，在洛阳为留台，承制行事，号为东西台焉。以张方为中领军，录尚书事，领京兆大守。十二月，诏成都王颖以王还第，以豫章王炽为皇大弟。炽即怀帝，武帝第二十五子。

帝之征邺也，以东海王越为大都督。六军败，越奔下邳。后汉国，晋为郡，今江苏邳县。徐州刺史东平王楙徐州治彭城，今江苏铜山县。不纳。越径还东海。治郯，今山东郯城县。成都王颖下宽令招之，越不应命。至是，以越为大傅，与大宰颙夹辅朝政，越让不受。东海中尉刘洽劝越发兵以备颖。兵既起，楙惧，乃以州与越。越以楙领兖州刺史。唱议奉迎大驾，还复旧都。率甲卒三万，西次萧县。今江苏萧县。先是豫州刺史刘乔，亦与诸州郡举兵迎驾。范阳王虓康王绥子。绥，馗子。馗，宣帝弟。督豫州，镇许昌。成都王颖为王浚所破也，虓自许屯于荥阳。见第二章第二节。

会惠帝西迁，虓与从兄平昌公模长史冯嵩等盟，模后封南阳王，高密文献王子。推越为盟主。越承制，转乔为冀州刺史，冀州治房子，今河北高邑县。以虓领豫州。乔以虓非天子命，不受代，发兵距之。颍川大守刘舆颍川治阳翟，见上。昵于虓，乔上尚书，列舆罪恶。河间王颙宣诏，使镇南将军刘弘，征东大将军刘准，平南将军彭城王释，穆王权子。权，馗子，范阳康王之兄也。《释》，《刘乔传》作绎。《帝纪》与本传同，作释。与乔并力，攻虓于许昌。

东平王楙自承制都督兖州，帝遣使者刘虔即拜焉。楙虑兖州刺史苟晞不避己，乃给虔兵，使称诏诛晞。晞时已避位。楙在州，征求不已，郡县不堪命。虓遣晞还兖，徙楙都督青州。晋青州治临菑，今山东临淄县。楙不受命，与乔相结。虓遣将田征击楙，破之。楙走还国。东平国，治须昌，今山东东平县。而乔乘虚破许，虓自拔济河。舆弟琨率众救虓，未至而虓败，琨乃说冀州刺史温羡，使让位于虓。虓遣琨诣幽州乞师，得突骑八百人。此据《琨传》，《乔传》云：琨率突骑五千济河攻虓，其所率不仅幽州兵也。济河攻乔。乔据考城以距之，考城，后汉县，晋省，今河南考城县。不敌而溃。乔收散卒，屯于平氏。汉县，今河南桐柏县西。

初，越之起兵，关中大惧。张方谓河间王颙曰："方所领犹有十余万众，奉送大驾还洛宫；使成都王反邺；公自留镇关中；方北讨博陵；国，今河北安平县。如此，天下可以小安。"颙虑事大难济，不许。

而成都王颖之废，河北思之，邺中故将公师藩等起兵迎颖，众情翕然，颙乃复使颖都督河北诸军，镇邺。遣将军吕朗屯洛阳。假刘乔节，以其长子祐为东郡大守。东郡，治濮阳，今河北濮阳县。又遣刘弘、刘准、彭城王释等援乔。弘以张方残暴，知颙必败，遣使受东海王越节度。乔遣祐距越于萧县之灵璧，今安徽灵璧县。败之。

十二月，吕朗东屯荥阳。颖进据洛阳。颙使颖统楼褒、王阐诸军据河桥以距越。河桥，在今河南孟县南。晋武帝泰始十年，杜预所造。明年，为光熙元年，范阳王虓济自官渡，城名，在今河南中牟县北。拔荥阳，斩石超。分兵向许昌，许昌人纳之。遣督护田征及刘琨以突骑八百迎越。遇刘祐于谯，汉县，今安徽亳县。祐众溃，见杀。乔众遂散，与骑五百奔平氏。越进屯阳武。秦县，今河南阳武县。

初，高密王泰为司空，以缪播为祭酒。越将起兵，以播父时故吏，委以心膂。播从弟右卫率胤，河间王颙前妃之弟也。越遣播、胤诣长安说颙：令奉帝还洛，约与颙分陕为伯。张方自以罪重，惧为诛首，谓颙曰："今据形胜之地，奉天子以号令，谁敢不服？"颙犹豫不决。

方恶播、胤为越游说，阴欲杀之。播等亦虑方为难，不敢复言。颙遣方率步骑十万往讨越。方屯兵霸上，而刘乔为虓等所破。颙闻乔败，大惧，将罢兵，恐方不从，迟疑未决，播、胤乃复说颙：急斩方以谢。颙参军毕垣，河间冠族，为方所侮，亦说颙曰："张方盘桓不进，宜防其未萌，其亲信郅辅，具知其谋矣。"郅辅者，长安富人，方从山东来，甚微贱，辅厚相供给及贵，以为帐下督，甚昵之。颙便召辅。垣迎说辅曰："张方欲反，人谓卿知之。王若问卿，但言尔尔。不然，必不免祸。"辅既入，颙问之曰："张方反，卿知之乎？"辅曰："尔。"颙曰："遣卿取之，可乎？"又曰："尔。"颙乃使辅送书于方，因令杀之。送首以示东军，请和于越。越不听。

刘琨以方首示吕朗，朗降。王浚遣督护刘根将三百骑至河上，王阐出战，为根所杀。颖顿军张方故垒。范阳王虓遣鲜卑骑与平昌、博陵众袭河桥，平昌，魏郡，治安丘，今山东安邱县西南。楼褒西走。追骑至新安。汉县，今河南渑池县东。道路死者，不可胜数。颖奔长安。越遣其将祁弘、宋胄、司马纂等迎帝。颙使人杀郅辅。

四月，遣弘农大守彭随，北地大守刁默距祁弘等于湖。弘农、北地，见第二章第二节。湖县，在今河南阌乡县东。

五月，与弘等战，大败。颙又遣马瞻、郭伟于霸水御之。霸水，出蓝田县东，西北过长安入渭。亦战败散走。颙乘单马，逃于大白山。在陕西郿县南。弘等所部鲜卑大掠长安，杀二万余人。弘等奉帝还洛阳，以六月朔至。

八月，以东海王越录尚书事，范阳王虓为司空。成都王颖自华阴趋武关，在今陕西商县东。出新野，晋郡，今河南新野县。欲之本国。刘弘拒之。颖弃母、妻，单车与二子庐江王普、中都王廓渡河赴朝歌，收合故将士，欲就公师藩。顿丘大守冯嵩顿丘，晋郡，今河北清丰县西南。执颖及普、廓送邺。范阳王虓幽之。

十月，虓暴薨。虓长史刘舆，见颖为邺都所服，虑为后患，秘不发丧，伪令人为台使，称诏，夜赐颖死，其二子亦死。东军以梁柳为镇西将军，守关中。马瞻等出诣柳，因共杀柳。与始平大守梁迈合从，始平，见第二章第二节。迎颙于南山。自大白山而东，渭水南岸之山，通称南山。弘农大守裴廙，秦国内史贾龛，秦国，扶风郡改，以封秦王柬者也。扶风，见第二章第二节。安定内史贾疋等安定，见第二章第二节。起义讨颙。斩马瞻、梁迈等。

东海王越遣督护麋晃率国兵伐颙，至郑。颙将牵秀距晃，晃斩秀。此据《颙传》。《牵秀传》云：秀与马瞻等将辅颙以守关中。颙密遣使就东海王越求迎，越遣麋晃等迎颙。时秀拥众在冯翊，晃不敢进。颙长史杨腾，前不应越军，惧越讨之，欲取秀以自效，与冯翊大姓诸严，诈称颙命，使秀罢兵。秀信之。腾遂杀秀于万年。万年县，在今陕西临潼县东北。义军据有关中，颙保城而已，永嘉初，诏书以颙为司徒，而以南阳王模代镇关中。颙就征，模遣将于新安雍谷车上扼杀之，并其三子。此亦据《颙传》。《本纪》：颙之见杀，在光熙元年十二月。

惠帝既还洛阳，大权尽入东海王越之手。光熙元年，十一月，帝因食饼，中毒而崩。或云越之鸩。帝后羊氏，父玄之。贾后既废，孙秀议立后。后外祖孙旂，与秀合族；又诸子自结于秀；故以大安元年，立为皇后。成都王颖伐长沙，以讨玄之为名。乂败，颖奏废后为庶人，处金墉城。陈眕等唱伐成都，复后位。张方入洛，又废后。留台复后位。永兴初，方又废后。河间王颙矫诏，以后屡为奸人所立，遣尚书田淑敕留台赐后死，诏书累至，刘暾与荀藩、周馥驰奏距之，颙见表，大怒，遣收暾，暾奔青州，而后遂得免。

帝还洛，迎后复位。后洛阳令何乔又废后。张方首至，其日复后位。及是，后虑大弟立为嫂叔，不得称大后，催清河王覃人，将立之。侍中华混等急召大弟。大弟至，即位，是为怀帝。尊羊后为惠皇后。诸葛玫者，武帝诸葛夫人之昆弟。吏部郎周穆，玫之妻昆弟，《后妃传》云：穆为玫妇弟，《八王传》云：玫为穆妹夫。而清河王之舅也。与玫共说东海王越曰："主上之为大弟，张方意也。清河王本大子，为群凶所废，先帝暴崩，多疑东宫，公盍思伊、霍之举，以宁社稷乎？"言未卒，越曰："此岂宜言邪？"叱左右斩之。永嘉初，前北军中候吕雍、度支校尉陈颜等谋立覃为大子。事觉，幽覃于金墉。未几，被害。时年十四。

第四节　洛阳沦陷

怀帝既立，大权仍在东海王越之手。时八王之乱稍澹，然刘渊、石勒等，纷纷并起，势遂不可支矣。

魏武帝分匈奴之众为五部，单于于扶罗之子豹为左部帅，已见《秦汉史》第十二章第十节。豹卒，子渊代之。大康末，拜北部都尉。杨骏辅政，以渊为五部大都督。元康末，坐部人叛出塞免官。成都王颖镇邺，表渊监五部军事。

《晋书·载记》言渊初为侍子，在洛阳，王济尝言于武帝，欲任以东南之事，为孔恂、杨珧所阻。后秦、凉覆没，帝畴咨将帅，李憙又欲发五部之众，假渊一将军之号，使平树机能，又为恂所阻。案借用夷兵，为后汉以来习见之事，王济、李憙，盖仍狃于旧习，然是时五胡跋扈之形已见，故孔恂、杨珧，欲防其渐也。

惠帝失驭，寇盗蜂起，渊从祖故北部都尉左贤王刘宣等，密共推渊为大单于，使其党呼延攸诣邺，以谋告之。渊请归会葬，成都王颖弗许，乃令攸先归告宣等，招集五部，引会宜阳诸胡，见上节。声言应颖，实背之也。颖为皇大弟，以渊为大弟屯骑校尉。东嬴公腾、王浚起兵，渊说颖：还说五部，以赴国难。颖悦，拜渊为北单于，参丞相军事。渊至左国城，在今山西离石县北。刘宣等上大单于之号，都于离石。今山西离石县。时永兴元年八月也。旋迁于左国城。十一月，僭即汉王位。追尊蜀汉后主为孝怀皇帝，立汉三祖、高祖，世祖，昭烈帝。五宗大宗，世宗，中宗，显宗，肃宗。御主而祭之。东嬴公腾使将讨之，败绩。腾惧，率并州二万余户下山东。渊遣其族子曜寇大原、见第二章第二节。泫氏、汉县，今山西高平县。屯留、汉县，今山西屯留县。长子、汉县，今山西长子县。中都，汉县，今山西平遥县西北。皆陷之。

二年，离石大饥，迁于黎亭，《续汉志》：上党郡壶关县有黎亭。壶关，在今山西长治县东南。以就邸阁谷。永嘉元年，刘琨为并州刺史，渊遣刘景要击之于板桥，未详。为琨所败，琨遂据晋阳。汉县，今山西大原县。其侍中刘殷、王育劝渊定河东，取长安，以关中之众，席卷洛阳。渊遂进据河东。寇蒲坂、汉县，在今山西永济县北。平阳，见第二章第二节。皆陷之。入都蒲子。汉县，在今山西隰县东北。二年，十月，僭即皇帝位，迁都平阳。

石勒，《晋书·载记》云：初名訇，上党武乡羯人也。上党，见第二章第二节。武乡，晋县，在今山西榆社县北。其先匈奴别部，羌渠之胄。祖耶奕干，父周曷朱，一名乞翼加；并为部落小率。《魏书·羯胡传》无羌渠之胄四字，而多分散居于上党武乡羯室，因号羯胡十四字。

羌渠二字，可有二解：匈奴单于之名，一也。见《秦汉史》第十章第六节。《晋书·匈奴传》谓其部落入居塞内者凡十九种，中有羌渠，二也。夷狄多以先世之名为种号，则二名或仍系一实。然羌渠卒于后汉灵帝中平五年，石勒卒于东晋成帝咸和七年，年六十，当生于晋武帝泰始九年，上距中平五年八十五岁，勒果羌渠之胄，非其曾孙，即其玄孙，安得不详世数，泛言胄裔？且于于扶罗等尚为近属，安得微为小率，为人佣耕，至被略卖乎？且安得云别部？

勒之称赵王也，号胡为国人，下令禁国人不得报嫂及在丧婚娶，其烧葬令如本俗。烧葬之俗，古惟氐、羌有之，见《先秦史》第十三章第三节。然则羌渠之胄，犹言羌酋之裔耳。《晋》《魏》二书，盖所本同物？羌渠之胄四字，当时盖已有误解者？故《魏书》删之，《晋书》则仍录元文也。

晋时羯与匈奴，无甚区别，如晋愍帝出降时下诏张宴，称刘曜为羯贼是。见《晋书·寔传》。胡三省谓羯为匈奴入居塞内十九种之一，《通鉴》卷八十六晋惠帝永兴二年《注》，案据《晋书·匈奴传》：十九种之一曰力羯。其说盖是。羯室盖地以种姓名，非种姓之名，由地而得也。

石勒微时之事，已见第二章第二节。既免奴为群盗，仍掠缯宝，以赂汲桑。永兴二年，七月，公师藩等起兵赵、魏，众至数万，勒与汲桑帅牧人乘苑马数百骑以赴之。桑始命勒以石为姓，勒为名焉。藩济自白马，津名，在今河南滑县北。苟晞讨斩之，勒与桑亡潜苑中。谓茌平牧苑也。勒帅牧人，劫掠郡县，又招山泽亡命以应桑。桑乃自号大将军，称为成都王颖诛东海王越、东嬴公腾。腾时进爵东燕王，光熙元年九月，见《纪》。又改封新蔡。

永嘉元年，三月，督司、冀诸军事，镇邺。五月，桑入邺，害腾。济自延津，在今河南延津县北。南击兖州。越大惧，使苟晞，王赞讨之。越次于官渡，见上节。为晞声援。桑、勒为晞所败，收余众将奔刘渊。冀州刺史丁绍要之于赤桥，在今山东聊城县西北。又大败之。桑奔马牧，茌平马牧。勒奔乐平。见第二章第二节。王师斩桑于平原。见第二章第三节。此据《石勒载记》。《本纪》：

十二月，并州人田兰、薄盛等斩汲桑于乐陵。田兰、薄盛系乞活贼，见下。乐陵，今山东乐陵县。

时胡部大谓部之大人。张訇督、冯莫突等拥众数千，壁于上党，勒往从之。因说訇督归刘渊。渊署訇督为亲汉王，莫突为都督部大，以勒为辅汉将军平晋王以统之。乌丸张伏利度，有众二千，壁于乐平，渊屡招不能致。勒伪获罪于渊，奔伏利度，因会执之，率其部众归渊。渊加勒督山东征讨诸军事，以伏利度之众配之。

王弥，东莱人。东莱，汉郡，今山东掖县。家世二千石。弥有才干，博涉书记，少游侠京师。

光熙元年，三月，惤令刘伯根反，惤，汉县，在今山东黄县西南。《王弥传》称伯根为妖贼，《高密孝王略传》谓其诳惑百姓，盖藉宗教以惑众。弥率家僮从之，伯根以为长史。王浚遣将讨伯根，斩之。弥聚徒海渚，为苟纯所败，纯，晞弟，晞使督青州。亡入长广山为群贼，谓长广县之山。长广，汉县，今山东莱阳县。寇青、徐二州。后苟晞击破之。弥退集亡散，众复大振。晞与之连战，不能克。

弥进寇泰山、汉郡，今山东泰安县。鲁、汉国，晋郡，治鲁县，今山东曲阜县。谯、见第三节。梁、见第二章第三节。陈、后汉郡，今河南淮阳县。汝南、见第二章第三节。颍川、见第三节。襄城诸郡。襄城，晋郡，今河南襄城县。

永嘉二年，四月，入许昌。见第二节。五月，遂寇洛阳。司徒王衍破之七里涧。在洛阳东。弥谓其党刘灵曰："晋兵尚强，归无所厝，刘元海渊字。昔为质子，我与之周旋京师，深有分契，今称汉王，将归之，可乎？"灵然之。乃渡河归刘渊。此据《晋书·弥传》。刘灵，阳平人，公师藩起，灵自称将军，寇掠赵、魏。《通鉴》系弥及灵之降汉于永嘉元年。《考异》曰："《弥传》：弥败于七里涧，乃与灵谋归汉。案《十六国春秋》：灵为王赞所败，弥为苟纯所败，乃谋降汉。今年春，灵已在渊所，五月弥乃如平阳，则二人降汉已久矣。"案二人先或降汉，然其决心归汉，而深资其力，仍不妨在此时也。阳平，见第二章第二节。

匈奴之众，虽云强劲，然在晋初，似已不甚足用，故刘渊初起时，必冒称汉后，冀得汉人扶翼也。盖匈奴与汉，杂居既久，多能力田，匈奴为汉人佃客，见第二章第二节。其好斗之风，已稍衰矣。是时晋阳荒残已甚，故渊不欲北师。洛阳自魏以来为国都，自其所欲，然力实未足取洛，故刘殷、王育劝其先定河东，取长安。然渊起兵数年以后，仍局促河东一隅，则其兵力实甚有限，微王弥、石勒归之，固不能为大患也。王弥、石勒，初亦不过群盗，使晋有雄武之主，才略之相，指挥州郡，削平之固亦不难。惜乎怀帝受制东海，不能有为；东海既无智勇，又乏度量，不惟不能指挥州郡，反致互相猜嫌。诸征镇惟刘琨为公忠，而并州破败已甚，自守且虞不足；王浚虚骄，苟晞残暴，俱非济世之才。于是中枢倾覆，州郡亦五合六聚而不能救矣，哀哉！

东海王越初甚德苟晞，与之结为兄弟。既而纳长史潘滔之说，转晞为青州，而自牧兖州，由是与晞有隙。越遂督兖、豫、司、冀、幽、并六州。

永嘉二年，三月，自许迁于鄄城。汉县，今山东濮县。八月，复迁濮阳。汉县，今河北濮阳县。后又迁于荥阳。见第三节。

三年，三月，自荥阳还洛。初，惠帝之还旧都，缪播亦从怀帝还，契阔艰难，深相亲狎。及怀帝即位，以播为从事黄门侍郎。俄转侍中，徙中书令。专管诏命，任遇日隆。及是，越勒兵入宫，于帝侧收播及其弟散骑常侍大仆胤，尚书何绥，大史令高堂冲，帝舅王延等十余人杀之。奏宿卫有侯爵者皆罢。时殿中武官并封侯，由是出者略尽。以何伦为右卫将军，王景为左卫将军，领东海国兵数百人宿卫。越解兖州牧，领司徒。盖时中枢亦不能与越同心，而越遂处于进退维谷之势矣。

王弥、石勒既降刘渊，渊使之寇邺。时尚书右仆射和郁镇邺。

永嘉二年，九月，弥与勒攻之，郁奔卫国。汉县，今山东观城县。勒寇冀州，三年，四月，陷堡壁百余。七月，渊子聪与王弥寇上党，以石勒为先锋。围壶关，陷之，上党降贼。九月，聪围浚仪。秦县，在今河南开封县西北。曹武等讨之，败绩。聪等长驱至宜阳。平昌公模见第三节。遣淳于定、吕毅等讨之，又败。

聪恃胜不设备，弘农大守垣延诈降，弘农，见第二章第二节。夜袭败之。是役也，《载记》称渊素服以迎师，盖其丧败颇甚。然是冬，复大发卒，遣聪、弥与刘曜、刘景等率精骑五万寇洛阳，呼延翼率步卒为之后继。晋颇败其兵，又得乞活帅李浑、薄盛来救，东嬴公腾之镇邺也，携并州将田甄、甄弟兰、祁济、李浑、薄盛等部众万余人至邺，遣就谷冀州，号为乞活。及腾败，甄等邀破汲桑于赤桥，越以甄为汲郡，兰为巨鹿大守。甄求魏郡，越不许。甄怒，越召之不至，遣监军刘望讨之。李浑、薄盛斩兰降。甄与任祉、祁济弃军奔上党。案乞活是时虽降，其众仍屯结不散，是后屡见其名焉。汲郡，见第三节。巨鹿，晋治瘿遥，今河北宁晋县。魏郡，见第二章第二节。渊乃召聪等还。

石勒寇常山，晋常山郡，治真定，今河北正定县。王浚使祁弘以鲜卑骑救之，大败之于飞龙山。《隋志》：飞龙山在石邑。隋石邑县，在今河北获鹿县东南。勒退屯黎阳。汉县，在今河南浚县东北。时晋使车骑将军王堪，北中郎将裴宪讨勒，宪奔淮南，魏郡，治寿春，今安徽寿县。堪退保仓垣。城名，在开封西北。勒陷长乐，晋国，即汉信都郡，今河北冀县。害冀州刺史王斌。四年，二月，袭鄄城，兖州刺史袁孚战败，为其下所杀。勒遂陷仓垣，害王堪。五月，寇汲郡，执大守胡龛。遂南济河。荥阳大守裴纯奔建业。时刘聪攻河内，见第二章第二节。勒复会之。至九月而河内降于勒。

六月，刘渊死，子和即伪位，聪弑而代之。命子粲寇洛阳，勒复与粲会。已而粲出轘辕。山名，在今河南偃师县东南，接巩、登封二县界。勒出成皋关。谓成皋县之关。成皋，今河南汜水县。围陈留大守王赞于仓垣，为赞所败，退屯文石津。在今河南延津县东北。欲北攻王浚，而浚将王甲始以辽西鲜卑万余在津北，乃复南济河，攻襄城。汉县，后汉末置郡，今河南襄城县。

时王如、侯脱、严嶷等叛于宛，勒并脱、嶷之众，惮如之强不敢攻，见第九节。乃南寇襄阳，汉县，后汉末置郡，今湖北襄阳县。渡沔寇江夏。晋郡，今湖北安陆县。复北寇新蔡，秦县，晋置郡，今河南新蔡县。进陷许昌。王弥之解洛围也，请于刘曜，愿出兖、豫，收兵积谷，以待师期。于是出轘辕，攻襄城。河东、见第二章第二节。平阳、弘农、上党诸流人在颍川、襄城、汝南、南阳、秦郡，治宛，今河南南阳县。河南者数万家，河南，见第二章第二节。为旧居人所不礼，皆焚烧城邑，杀二千石长吏以应弥。弥又以二万人会石勒寇陈郡、颍川，屯阳翟，见第三节。遣弟璋与勒共寇徐、兖，于是洛阳四面皆敌，日以孤危矣。

时京师饥，东海王越以羽檄征天下兵，无至者。越不得已，乃请出讨石勒，且镇集兖、豫，以援京师。帝曰："今逆虏侵逼郊畿，王室蠢蠢，莫有固志，岂可远出，以孤根本？"越言："贼灭则东诸州职贡流通，若端坐京辇，所忧逾重。"盖时京师实已不能自立矣。

十一月，越率众出许昌，以行台自随。留妃裴氏、世子毗及李恽、何伦等守卫京都。以豫州刺史冯嵩为左司马，自领豫州牧。率甲士四万，东屯于项。见上节。于是宫省无复守卫，殿内死人交横。府寺营署，并掘堑自守。盗贼公行，枹鼓之音不绝。镇集外州之效未见，京师反弥不能自立已。

时周馥督扬州，镇寿春，汉县，晋孝武帝避讳，改为寿阳，今安徽寿县。乃表请迁都。言“王都罄乏，不可久居。河朔萧条，崤、函险涩，宛都屡败，江、汉多虞，于今平夷，东南为愈。淮阳之地，北阻涂山，在今安徽怀远县东。南抗灵岳，此指霍山言，在今安徽霍山县西北。名川四带，有重险之固。是以楚人东迁，遂宅寿春。徐、邳、东海，亦足戍御。且运漕四通，无患空乏。臣谨选精卒三万，奉迎皇驾。辄檄荆、湘、江、扬，各先运四年米租十五万斛，布、绢各十四万匹，以供大驾。令王浚、苟晞，共平河朔；臣等戮力，以启南路；迁都弭寇，其计并得。皇舆来巡，臣宜转据江州，以恢皇略”。馥不先白越，而直上书，越大怒。

先是越召馥及淮南大守裴硕。馥不肯行，而令硕率兵先进。硕贰于馥，乃举兵，称馥擅命，已奉越密旨图馥，遂袭之。为馥所败，退保东城。秦县，今安徽定远县东南。初，越之收兵下邳也，见上节。使琅邪王睿监徐州诸军事，即元帝，武王伷孙，父曰恭王觐。伷见第二节。镇下邳。寻都督扬州。越西迎驾，留睿居守。

及是，硕求救于睿。睿遣甘卓、郭逸攻馥。安丰大守孙惠率众应之。安丰，晋郡，治霍丘，今安徽霍邱县。明年，正月，馥众溃，奔于项，为新蔡王确所拘，确，腾子。忧愤发病卒。案观刘渊、刘聪屡攻洛而不得志，知晋之兵力，尚足以固守洛阳，所苦者为饥馑。论物力之丰歉，自以南方为胜。

史称东海王越以羽檄征天下兵，怀帝谓使者曰：“为我语诸征镇：若今日尚可救，后则无逮矣。”时莫有至者。此说亦不尽然。

是年九月，山简、督荆、湘、交、广，时镇襄阳。王澄、荆州刺史。杜蕤，南中郎将。实并遣兵入援，特为王如所阻耳。见《纪》是年九月。参看第九节。使怀帝果能迁都，江、扬、荆、湘之转漕，必能如期而至。不惟足以自立，且可支援北方。士饱马腾，军心自振。

此时北方之破败，尚未至如后来之甚；怀帝号令北方，亦自较元帝为易。淮阳东控徐、兖，西接司、豫，其形势，自与后来之崎岖江左者不同也。史称馥以越不尽臣节，每言论厉然，越深惮之，其覆之也，盖全以其私怨；元帝则越之党耳；其误国之罪亦大矣。

南方之事甫平，东方之难复起。时潘滔为河南尹，与尚书刘望等共诬陷苟晞。晞怒，表求滔等首。又移告诸州，称己功伐，陈越罪状。帝亦恶越专权，永嘉五年，正月，乃密诏晞讨越。三月，复诏下越罪状，告方镇讨之。以晞为大将军。越使从事中郎杨瑁为兖州，与徐州刺史裴盾共讨晞。晞使骑收藩滔，滔夜遁，乃执尚书刘曾，侍中程延斩之。越以祸结衅深，忧愤成疾，薨于项。以襄阳王范楚隐王子。为大将军，统其众，还葬东海。见上节。

越之出也，以大尉王衍为军司。及是，众推衍为主，率众东下。石勒以轻骑追之，及之苦县之宁平城。苦，汉县，晋更名谷阳，在今河南鹿邑县东。宁平，汉县，晋省，在鹿邑西南。衍遣将军钱端与战，败死。衍军大溃。勒分骑围而射之，相登如山，无一免者。执衍等害之。

左卫何伦、右卫李恽闻越薨，秘不发丧，奉裴妃及越世子毗，出自洛阳。从者倾城，所在暴掠。至洧仓，洧水之邸阁，在许昌东。又为勒所败。毗及宗室三十六王，俱没于贼。此据《越传》，《本纪》作四十八王。李恽杀妻子奔广宗。何伦走下邳。裴妃为人所略卖，大兴中得渡江。广宗，后汉县，今河北威县东。于是晋之兵力亦尽矣。

五月，先是苟晞表请迁都仓垣，帝将从之。诸大臣畏潘滔，不敢奉诏。且宫中及黄门恋资财不欲出。至是饥甚，人相食，百官流亡者十八九。帝召群臣会议将行，而警卫不备。帝抚手叹曰："如何？"时无车舆，乃使司徒傅只出诣河阴，汉平阴县，魏改，在今河南孟津县东。修理舟楫，为水行之备。朝士数十人导从，帝步出西掖门，至铜驼街，为盗所掠，不得进而还。刘聪遣其子粲及王弥、刘曜等率众四万，长驱入洛川。遂出轘辕，周旋梁、陈、汝、颍之间。聪复以禁兵二万七千，配其卫尉呼延晏，自宜阳入洛川，命王弥、刘曜及石勒进兵会之。晏及河南，王师前后十二败，死者三万余人。晏遂寇洛阳，攻陷平昌门。以后继不至，复自东阳门出。洛阳诸门名。皆见上节。时帝将济河东遁，具船于洛水，晏尽焚之，还于张昌故垒。王弥、刘曜至，遂会围洛阳。

六月，宣阳门陷，帝开华林园门，见第一节。出河阴藕池，为曜等所追及。百官士庶，死者三万余人。帝蒙尘于平阳。刘聪以帝为会稽公。七年，正月，聪大会，使帝著青衣行酒，侍中庾珉号哭，贼恶之。会有告珉及王俊等谋应刘琨者，帝遂遇弑，崩于平阳。时年三十。珉等皆遇害。史载荀崧之言：谓"怀帝天姿清劭，少著英猷，若遭承平，足为守文佳主，而继惠帝扰乱之后，东海专政，无幽、厉之衅，而有流亡之祸"。盖晋之亡，其原因虽非一端，而怀帝之坐困于洛阳，则东海实为之，其罪要未容末减也。

第五节　长安倾覆

怀帝立豫章王铨为大子，铨，清河康王遐子。遐见第三节。与帝同没刘聪。《元帝纪》：大兴三年，五月，景寅，孝怀帝大子诠遇害于平阳，帝三日哭。洛阳之急也，司空荀藩，勖子。与弟光禄大夫组奔轘辕。见上节。及是，移檄州镇，以琅邪王为盟主。时王浚亦移檄天下，称被中诏，承制以藩为大尉。豫章王端铨弟，铨为大子封。东奔苟晞，晞立为皇大子，自领尚书令，具置官属，保梁国之蒙县。在今河南商邱县东北。使王赞屯阳夏。秦县，今河南大康县。晞出于孤微，位至上将，志颇盈满。奴婢将千人，侍妾数十，终日累夜，不出户庭，刑政苛虐，纵情肆欲，由是众心稍离。

九月，石勒攻阳夏，灭王赞，驰袭蒙城，执晞，署为司马，月余乃杀之。豫章王端亦没于贼。时傅祇与晞共建行台，晞推祇为盟主，以司徒持节大都督诸军事传檄四方。祇子宣，尚弘农公主，祇遣宣将公主与尚书令和郁赴告方伯，征义兵。自屯孟津小城，宣弟畅行河阴令，以待宣。祇以暴疾薨。畅没于石勒。孟津，见第二章第二节。河阴，见上节。

南阳王模之代河间王颙也，关中饥荒，百姓相啖，加以疾疠，盗贼公行。模力不能制，乃铸铜人、钟鼎为釜器以易谷，议者非之。东海王越表征模为司空。模谋臣淳于定说模曰："关中天府之国，霸王之地，今以不能绥抚而还，既于声望有亏；又公兄弟唱起大事，而并在朝廷，若自强则有专权之罪，弱则受制于人；非公之利也。"模纳其言，不就征。

及洛京倾覆，模使牙门将赵染戍蒲坂。见上节。染求冯翊大守，冯翊，见第二章第二节。不得，怒，率众降于刘聪。聪以为平西将军，使与其安西将军刘雅率众二万攻模。刘粲、刘曜率大军继之。模使淳于定距之，为染所败。士众离叛，仓库虚竭。军祭酒韦辅曰："事急矣，早降可以免。"模从之。染箕踞攘袂，数模之罪，送诣粲，粲杀之。时永嘉五年八月也。聪以刘曜为雍州牧，镇长安。

武帝子吴孝王晏之子业，出后伯父柬，见第一节。袭封秦王，荀藩之甥也。避难于密，汉县，今河南密县。与藩、组相遇。行台以密近贼，南趣许、颍。阎鼎者，天水人。天水，见第二章第二节。初为东海王越参军。行豫州刺史，屯许昌。遭母丧，于密县鸠集流人数千，欲还乡里。司徒左长史刘畴，在密为坞主。中书令李晅，此依《阎鼎传》。《王浚传》作李绲。大傅参军驺捷、刘蔚，镇军长史周顗，司马李述，皆来赴畴。佥以鼎有才用，且手握强兵，劝藩假鼎冠军将军、豫州刺史，蔚等为参佐。鼎因西人思归，欲立功乡里，乃与抚军长史王毗，司马傅逊怀翼戴秦王之计。

谓畴、捷等曰："山东非霸王处，不如关中。"傅畅遗鼎书，劝奉秦王过洛阳，拜谒山陵，径据长安。鼎得书，便欲诣洛。流人谓北道近河，惧有抄截欲南自武关。见第三节。畴等皆山东人，不愿西入，荀藩及畴、捷等皆逃散。鼎追藩，不及。晅等见杀。惟顗、述走得免。遂奉秦王自宛趣武关。宛见上节。频遇山贼，士卒亡散。次于蓝田，见第三节。鼎告雍州刺史贾疋。疋，武威人，魏大尉诩曾孙也，初为安定大守。雍州刺史丁绰贪横，失百姓心。谮疋于南阳王模。模以军司谢班伐疋。疋奔泸水，即卢水胡，见第二章第二节。此据《疋传》。《模传》云：模表遣世子保为西中郎将、东羌校尉，镇上邽。秦州刺史裴苞距之。模使帐下都尉陈安攻苞，苞奔安定。疋以郡迎苞。模遣军司谢班伐疋。疋退奔泸水。上邽，见第三节。安定，见第二章第二节。与胡彭荡仲及氐窦首结为兄弟，聚众攻班。绰奔武都。见第二章第二节。疋复入安定，杀班。愍帝以疋为雍州刺史。《晋书·疋传》如此。案时愍帝尚为秦王，《传》采其后称之。疋率戎晋二万余人，将伐长安。新平大守竺恢亦固守。新平，见第二章第二节。刘粲闻之，使刘曜、刘雅及赵染距疋。先攻恢，不克。疋邀击，大败之。曜中流矢，退走。疋追之，至于甘泉。汉甘泉宫，在今陕西淳化县西北甘泉山上。旋自渭桥袭荡仲，杀之。渭桥，在长安西北。关中小定。

乃遣州兵迎卫业，达于长安，又使京兆尹梁综助守。遂共奉业为皇大子，时永嘉六年九月也。据《疋传》及《本纪》。《刘聪载记》云：刘曜既据长安，安定大守贾疋，及诸氐、羌，皆送质任，惟雍州刺史麹特、新平大守竺恢固守不降。护军麹允，频阳令梁肃，自京兆南山，将奔安定，遇疋任子于阴密，拥还临泾。推疋为平南将军，率众五万，攻曜于长安。扶风大守梁综及麹特、竺恢等，亦率众十万会之。曜遣刘雅、赵染来距，败绩而还。曜又尽长安锐卒，与诸军战于黄丘，曜众大败，中流矢，退保甘渠。杜人王秃、纪持等攻刘粲于新丰，粲还平阳，曜攻陷池阳，掠万余人，归于长安。时阎鼎等奉秦王为皇大子，入于雍城，关中戎晋，莫不响应。麹特等围长安，曜连战败绩，乃驱士女八万余口，退还平阳。频阳，秦县，在今陕西富平县东北。阴密，汉县，在今甘肃灵台县西。临泾，汉县，在今甘肃镇原县南。扶风，见第二章第二节。黄丘，胡三省《通鉴注》云：在云阳县黄岭山下。灵阳，汉县，在今陕西淳化县西北。甘渠，盖即甘泉。杜县，在长安西南。新丰，汉县，在今陕西临潼县东。池阳，汉县，在今陕西泾阳县西北。雍，汉县，在今陕西凤翔县南。以鼎为大子詹事，总摄百揆。

梁综与鼎争权，鼎杀综，以王毗为京兆尹。《鼎传》云：鼎首建大谋，立功天下。始平大守麹允，始平，见第二章第二节。抚夷护军索綝，并害其功，且欲专权。冯翊大守梁纬，北地大守梁肃，北地，见第二章第二节。并综母弟，綝之姻也。谋欲除鼎。乃证其有无君之心，专戮大臣，请讨之。遂攻鼎。鼎出奔雍，为氐窦首所杀。案麹允金城人，世为豪族。金城，见第二章第二节。綝，敦煌人，靖之子。敦煌，见第二章第二节。河间王使与张方东迎乘舆。后转为南阳王模从事中郎。迁新平、冯翊大守。拒刘聪，屡有战功。及模被害，綝泣曰："与其俱死，宁为伍子胥。"乃赴安定，与贾疋、梁综、时为扶风大守。麹允等纠合义众，频破贼党，与鼎共立秦王为大子。亦皆志节之士，非妒贤疾能者。

是时之争，盖党派不易骤合，虽各怀公忠之心，而衅祸仍不能弭，扰攘之际类然，亦不足为谁咎也。贾疋亦志节之士，其送质任于刘曜，盖欲以为后图，非叛晋也。贾疋旋因讨贼遇害。《本纪》称贼张连。《疋传》云：荡仲子夫护，帅群胡攻之，疋败走，夜堕于涧，为夫护所害。盖连与夫护，合而为寇。众推麹允领雍州刺史，为盟主，承制选置。明年，永嘉七年，愍帝建兴元年。四月，怀帝崩问至，业即位，是为愍帝。

愍帝既立，以麹允为尚书左仆射，录尚书，雍州刺史如故。索綝为右仆射，领京兆尹。建兴二年，六月，刘曜、赵染寇新丰诸县，索綝讨破之。七月，曜、染等又逼京都，麹允讨破之。染中流矢而死。《本纪》。《刘聪载记》云：染寇北地，中流矢而死。

三年，正月，以侍中宋哲为平东将军，屯华阴。见第三节。九月，刘曜寇北地，命麹允讨之。十月，允进攻青白城。此据《本纪》，《允传》作清白城。刘曜闻之，转寇上郡。见第二章第二节。

刘聪陷冯翊，大守梁肃奔万年。见第三节。此据《本纪》及《麹允传》。《刘聪载记》：刘曜又进军屯于粟邑。麹允饥甚，去黄白而军于灵武。曜进攻上郡，大守张禹，与冯翊大守梁肃，奔于允吾。于是关右翕然，所在应曜。曜进据黄阜。粟邑，汉县，在今陕西白水县西北。黄白，城名，在今陕西三原县东北。灵武，汉县，在今宁夏宁朔县西北。允吾，汉县，在今甘肃皋兰县西北。黄阜，未详。

四年，四月，麴允救上郡，军于灵武，以兵弱不敢进。上郡大守籍韦率其众奔于南郑。梁州治，见第三节。七月，曜攻北地，允率步骑三万救之，王师不战而溃。大守麴昌奔京师。曜进至泾阳，见第二章第二节。渭北诸城悉溃。八月，曜进逼京师。内外断绝，麴允与公卿守长安小城以自固。散骑常侍华辑，监京兆、冯翊、弘农、见第二章第二节。上洛晋郡，今陕西商县。四郡兵，东屯霸上；镇军将军胡崧，南阳王保所遣，见下。帅城西诸郡兵屯遮马桥；并不敢进。

十月，京师饥甚，米斗金二两，人相食，死者大半。大仓有曲数十饼，麴允屑为粥以供帝，至是复尽。帝泣谓允曰："今窘厄如此，外无救援，死于社稷，是朕事也。朕念将士，暴离斯酷。今欲因城未陷，为羞死之事，庶令黎元，免屠烂之苦。行矣遣书，朕意决矣。"

十一月，乙未，使侍中宋敞送笺于曜。帝乘羊车，肉袒、衔璧、舆榇出降。群臣号泣攀车，执帝之手，帝亦悲不自胜。曜焚榇受璧，使宋敞奉帝还宫。辛丑，帝蒙尘于平阳。麴允及群官并从。刘聪假帝光禄大夫怀安侯。壬寅，聪临殿，帝稽首于前，麴允伏地恸哭，因自杀。明年，十月，聪出猎，令帝行车骑将军，戎服执戟为导。百姓聚而观之，故老或欷歔流涕。聪闻而恶之。聪后因大会，使帝行酒洗爵；返而更衣，又使帝执盖；晋臣在坐者多失声而泣。尚书郎辛宾抱帝恸哭，为聪所害。十二月，戊戌，帝遇弑，崩于平阳。时年十八。

《本纪》云："帝之继皇统也，属永嘉之乱，天下崩离。长安城中，户不盈百，墙宇颓毁，蒿棘成林。朝廷无车马章服，惟桑版署号而已。众惟一旅，公私有车四乘。器械多缺，运馈不继。巨猾滔天，帝京危急，诸侯无释位之志，征镇阙勤王之举，故君臣窘迫，以至杀辱云。"案愍帝之亡，全由关中之荒毁，及诸镇之坐视。帝即位越月，即以琅邪王睿为左丞相，大都督陕东诸军事。南阳王保为右丞相，大都督陕西诸军事。诏二王："今幽、并两州，勒卒三十万，直造平阳。右丞相宜帅秦、凉、雍虎旅三十万，径诣长安；左丞相帅所领精兵二十万，径造洛阳；分遣前锋，为幽、并后驻。"

三年，二月，又进琅邪王为大都督督中外诸军事，南阳王为相国。盖其所期望于方镇者至深。进捣贼巢，奔问官守，或非幽、并、扬、徐之力所及，然力之能及者，即不论君臣之义，辅车相依之理，要自不可忘也。当时雍州实为秦、凉外蔽。乃《索綝传》言：帝累征兵于南阳王保，保左右议曰：“蝮蛇在手，壮士解腕，且断陇道，以观其后。”从事中郎裴诜曰：“蛇已螫头，头可截不？”保以胡崧为前军都督，须诸军集乃当发。麹允欲挟天子趋保，綝以保必逞私欲，乃止。自长安以西，不复奉朝廷，百官饥乏，采稆自存。

《张寔传》：其父轨卒，州人推寔摄父位，愍帝因下策书授之。刘曜逼长安，寔遣将军王该率众以援京城，《本纪》：建兴四年，四月，凉州刺史张寔遣步骑五千，来赴京都。帝嘉之，拜都督陕西诸军事。及帝将降于刘曜，下诏于寔，进寔为大都督、凉州牧、司空，承制行事。又言已诏琅邪王：时摄大位，君其协赞琅邪，共济艰运。盖西朝区区，始终不忘情于诸侯之释位者如此。然寔叔父西海大守肃，王莽置西海郡，光武中兴弃之。至献帝兴平二年，武威大守张雅请置西海郡，分张掖之居延一县以属之。请为前锋击刘曜，寔卒弗许，致肃闻京师陷没，悲愤而卒。盖当时方镇之坐视朝廷倾覆又如此。饥穷之长安，果将何以自立哉？麹允、索綝，自为志节之士。

《綝传》云：刘曜围京城，綝与麹允固守长安小城。胡崧承檄奔命，破曜于灵台。《三辅黄图》：周文王灵台，在长安西四十里。崧虑国家威举，则麹、索功盛，乃案兵渭北，遂还槐里。汉县，今陕西兴平县。案此亦厚诬，当时崧之兵力，实未足以进取也。城中饥窘，人相食，死亡逃奔不可制，惟凉州义众千人，守死不移。

帝使宋敞送笺降于曜，綝潜留敞，使其子说曜曰：“今城中粮犹足支一岁，未易可克也。若许綝以车骑、仪同、万户郡公者，请以城降。”曜斩而送之，曰：“天下之恶一也。”及帝出降，綝随帝至平阳，刘聪以其不忠于本朝，戮之于东市。夫当易子析骸之时，而犹为诳语以徼富贵，纵置綝之志节勿论，有如是其愚者乎？綝之潜留宋敞，使易说辞，盖犹阴有所图，冀存宗社于万一。其说辞如何不可知，而谓其求车骑、仪同、万户郡公，则必敌国诬罔之辞也。晋之公卿百官，为刘聪所害者甚多，见于《本纪》者，辛宾外尚有尚书梁允，侍中梁浚，散骑常侍严敦，左丞相臧振，黄门侍郎任播、任伟、杜晏及诸郡守，皆至平阳后见杀。岂皆以其不忠于本朝哉？

《麹允传》云：允性仁厚，无威断。吴皮、王隐之徒，无赖凶人，皆加重爵。新平大守竺恢，始平大守杨像，扶风大守竺爽，安定大守焦嵩，皆征、镇、杖节，加侍中、常侍。村坞主帅，小者犹假银青、将军之号，欲以抚结众心。然诸将骄恣，恩不及下，人情颇离，羌、胡因此跋扈，关中淆乱。

刘曜复攻长安，百姓饥甚，死者大半。久之，城中窘逼，帝将出降，叹曰："误我事者，麹、索二公也。"夫乌合之众之不易驭久矣，然允及綝用之，虽值饥穷，犹能累致克捷，与逆胡相枝柱者且四年，赏罚无章者而能然乎？羊车之辱，全由愍帝之不能死国，谓"误我事者麹、索二公，"盖深悔当时之称尊矣。然以是为麹、索罪，可乎？

第六节　巴氐据蜀

晋世海宇分裂，首起割据者，实为巴氐，其事尚在刘渊创乱之前，特其地较偏，未能牵动大局耳。

《晋书·载记》云：李特，巴西宕渠人。宕渠，汉县，后汉尝置郡，旋废，故城在今四川渠县东北。其先廪君之苗裔也。昔武落钟离山崩，山在今湖北长杨县西北。有石穴二所：其一赤如丹，一黑如漆。有人出于赤穴者，名曰务相，姓巴氏。有出于黑穴者，凡四姓：曰皞氏，《后汉书》作暉氏。樊氏，柏氏，《后汉书》作相氏。郑氏。五姓俱出，皆争为神。于是相与以剑刺穴屋，能著者以为廪君。四姓莫著，而务相之剑县焉。又以土为船，雕画之，而浮水中，曰："若其船浮存者，以为廪君。"务相船又独浮，于是遂称廪君。

乘其土船，将其徒卒，当夷水而下。至于盐阳。《后汉书注》云：今施州清江县水，一名盐水。案即今湖北之清江水。盐阳水神女子，止廪君曰："此鱼盐所有，地又广大，与君俱生，可止无行。"廪君曰："我当为君，求廪地，不能止也。"盐神夜从廪君宿，旦辄去为飞虫。诸神皆从其飞，蔽日昼昏。廪君欲杀之，不可别；又不知天地东西。

如此者十日，廪君乃以青缕遗盐神，曰："婴此。即宜之，与汝俱生；弗宜，将去汝。"盐神受而婴之。廪君立砀石之上，望膺有青缕者，跪而射之，中盐神，盐神死，群神与飞者皆去，天乃开朗。廪君复乘土船下，及夷城。夷城石岸曲，泉水亦曲。廪君望如穴状，叹曰："我新从穴中出，今又入此，奈何？"岸即为崩。广三丈余，而阶陛相乘。廪君登之。岸上有平石，方一丈，长五尺。廪君休其上。投策计算，皆著石焉。因立城其旁而居之。其后种类遂繁。

秦并天下，以为黔中郡。秦黔中郡，汉改为武陵，故治在今湖南溆浦县境。薄赋敛之，口出钱四十。巴人呼赋为賨，因谓之賨人焉。案此说殊误。《后汉书·刘表传》：江南宗贼大盛；《三国·吴志·士燮传》：燮子徽，自署交趾大守，发宗兵拒戴良；是其字本作宗。宗人所出之赋，则加贝为賨，乃赋以人名，非人以赋名也。

及汉高祖为汉王，募賨人平定三秦。既而求还乡里。高祖以其功，复同丰、沛，不供赋税。更名其地为巴郡。汉巴郡，治江州，今四川江北县。俗性剽勇，又善歌舞。高祖爱其舞，诏乐府习之，今巴渝舞是也。

《后汉书·南蛮传》，以巴郡南郡蛮为廪君之后，述廪君事与《晋书》同，而辞较略。又有板楯蛮夷者，云：秦昭襄王时，有一白虎，常从群虎，数游秦、蜀、巴、汉之境，伤害千余人。昭王乃重募国中：有能杀虎者，赏邑万家，金百镒。时有巴郡阆中夷人，阆中，秦县，刘璋于此置巴西郡，今四川阆中县西。能作白竹之弩，乃登楼射杀白虎。昭王嘉之，而以其夷人，不欲加封，乃刻石盟要，复夷人顷田不租，十妻不算，伤人者论，杀人者以倓钱赎死。盟曰："秦犯夷，输黄龙一双，夷犯秦，输清酒一钟。"夷人安之。

至高祖为汉王，发夷人还伐三秦。秦地既定，乃遣还巴中。复其渠帅罗、朴、督、鄂、度、夕、龚七姓，不输租赋。余户乃岁入賨钱，口四十。世号为板楯蛮夷。阆中有渝水，其人多居水左右。天性劲勇。初为前锋，数陷陈。俗喜歌舞。高祖观之，曰："此武王伐纣之歌也。"乃命乐人习之。所谓巴渝舞也。遂世世服从。

至于中兴，郡守常率以征伐。其述巴郡南郡蛮则云：秦惠王并巴中，以巴氏为蛮夷君长，世尚秦女。其民爵比不更，有罪得以爵除。其君长，岁出赋二千一十六钱，三岁一出义赋千八百钱。其民，户出幏布八丈二尺，鸡羽三十鍭。观赋法之不同，知巴氏等五姓与罗氏等七姓实为两部落，《晋书》辞不别白。然其同为氐族，则无疑也。

《晋书》又云：汉末，张鲁居汉中，以鬼道教百姓，賨人敬信巫觋，多往奉之。直天下大乱，自巴西之宕渠，迁于汉中杨车坂，抄掠行旅，百姓患之。号为杨车巴。魏武帝克汉中，特祖将五百余家归之。魏武帝拜为将军，迁于略阳北土。略阳，见第二章第二节。复号之为巴氐。宕渠距阆中近，盐水远，李特之先，似当属板楯蛮夷，不与巴郡南郡蛮同部，特板楯蛮夷，亦未必不以廪君为共祖耳。

李特父慕，为东羌猎将。特少仕州郡，见异当时。元康中，氐齐万年反，关西扰乱，频岁大饥。百姓乃流移就谷。相与入汉川者数万家。既至汉中，上书求寄食巴、蜀。朝议不许。遣侍御史李苾持节慰劳，且监察之，不令入剑阁。在今四川剑阁县北。苾至汉中，受流人货赂，反为表曰：“流人十万余口，非汉中一郡，所能振赡。东下荆州，水湍迅险，又无舟船。蜀有仓储，人复丰稔，宜令就食。”朝廷从之，由是散在益、梁，不可禁止。

永康元年，诏征益州刺史赵廞为大长秋，以成都内史耿滕此据《载记》，《帝纪》与《华阳国志》，俱作耿胜。代廞，廞遂谋叛。乃倾仓廪，振施流人，以收众心。特之党类，皆巴西人，与廞同郡，率多勇壮，廞厚遇之，以为爪牙。特等聚众，专为寇盗，蜀人患之。

滕密上表，以为“流人刚剽，而蜀人懦弱，客主不能相制，必为乱阶，宜使移还其本。”廞闻而恶之。时益州文武千余人，已往迎滕。滕率众入州。廞遣众逆滕；战于西门，滕败，死之。廞自称大都督、大将军、益州牧。特弟庠，与兄弟及妹夫李含等以四千骑归廞。廞使断北道。庠素东羌良将，部陈肃然。廞恶其齐整，用长史杜淑、司马张粲之言杀之，及其子侄、宗族三十余人。复以特兄弟为督将，以安其众。

牙门将许弇求为巴东监军。巴东郡，刘璋置，在今四川奉节县北。杜淑、张粲固执不许。弇怒，于廞阁下手刃杀淑、粲；左右又杀弇；皆廞腹心也。特兄弟怨廞，引兵归绵竹。汉县，今四川德阳县北。廞恐朝廷讨己，遣长史费远，犍为大守李苾，犍为，汉郡，后汉治武阳，今四川彭山县东。督护常俊督万余人断北道，次绵竹之石亭。渡名，在今四川什邡县东雒江上。特密收合，得七千余人，夜袭远军，远大溃。进攻成都，廞走。至广都，见第二章第二节。为下人所杀。特至成都，纵兵大掠。遣其牙门诣洛阳，陈廞罪状，先是惠帝以梁州刺史罗尚为益州刺史。督牙门将王敦，上庸都尉义歆，上庸，秦县，后汉置郡，今湖北竹山县。蜀郡大守徐俭，蜀郡，治成都。广汉大守辛冉等广汉郡，后汉治雒，今四川广汉县。凡七千余人入蜀。特等闻尚来，甚惧，使其弟骧于道奉迎，并贡宝物。尚甚悦，以骧马骑督。特及弟流，复以牛酒劳尚于绵竹。王敦、辛冉，并说尚因会斩之，尚不纳。寻有符下秦、雍州：凡流人入汉川者，皆下所在召还。特兄辅，素留乡里，托言迎家，既至蜀，谓特曰：“中国方乱，不足复还。”特以为然，乃有雄据巴蜀之志。

朝廷以讨赵廞功，封拜特、流。玺书下益州，条列六郡流人，与特协同讨廞者，将加封赏。会辛冉以非次见征，不愿应召；又欲以灭廞为己功；乃寝朝命，不以实上。众咸怨之。罗尚遣从事催遣流人，限七月上道。辛冉性贪暴，欲杀流人首领，取其资货。乃移檄发遣，又令梓潼大守张演，梓潼，汉县，蜀置郡，今四川梓潼县。于诸要施关，搜索宝货。特等固请，求至秋收。流人布在梁、益，为人佣力，及闻州郡逼遣，人人愁怨，不知所为。

又知特兄弟频请求停，皆感而恃之。且水雨将降，年谷未登，流人无以为行资，遂相与诣特。特乃结大营于绵竹，以处流人。移冉求自宽。冉大怒，遣人分榜通逵，购募特兄弟。特见，大惧，悉取以归，与骧改其购云："能送六郡之豪李、任、阎、赵、杨、上官及氐、叟侯王一首，赏百匹。"流人既不乐移，咸往归特，旬月间众过二万，流亦聚众数千。

特乃分为二营：特居北营，流居东营。特遣阎式与特同移者，时为始昌令。始昌，晋县，在今甘肃西和县北。诣罗尚求申期。式既至，见辛冉营栅冲要，谋掩流人；又知冉及李苾，意不可回；乃辞尚还绵竹。尚谓式曰："子且以吾意，告诸流人，今听宽矣。"式至绵竹，言于特曰："尚虽云尔，然威刑不立，冉等各拥强兵，一旦为变，亦非尚所能制，深宜为备。"特纳之。冉、苾相与谋曰："罗侯贪而无断，日复一日，流人得展奸计，宜为决计，不足复问之。"

乃遣广汉都尉曾元，牙门张显、刘并等，潜率步骑三万袭特营。罗尚闻之，亦遣督护田佐助元。特素知之，乃缮甲厉兵，戒严以待。元等至，发伏击之，杀伤甚众。害佐、元、显，传首以示尚、冉。

于是六郡流人，推特为主。上书请依梁统奉窦融故事，推特行镇北大将军，承制封拜；流行镇东大将军；以相镇统。进兵攻冉于广汉。尚遣李苾及费远救冉，不敢进。冉奔江阳。汉县，刘璋置郡，今四川泸县。特入据广汉。进兵攻尚于成都。阎式遗尚书，责其信用谗构，欲讨流人。又陈特兄弟，立功王室，以宁益土。尚览书，知特等将有大志，婴城固守，求救于梁、宁二州。于是特自称使持节、大都督、镇北大将军，承制封拜，一依窦融在河西故事。据《本纪》，时在永宁元年十月。

尚频为特所败，乃阻长围，缘水作营，自都安至犍为七百里，与特相距。都安，蜀县，在今四川灌县东。河间王颙遣督护衙博，广汉大守张征讨特。南夷校尉李毅武帝置于宁州。宁州，泰始七年分益州置。治云南，在今云南祥云县南。一说治味，在今云南曲靖县西。又遣兵五千助尚。尚遣督护张龟军繁城，繁，汉县，今四川新繁县西北。三道攻特。特命子荡、雄袭博，躬击张龟。龟大败，博亦败绩。荡追博至汉德，蜀县，今四川剑阁县东北。博走葭萌。汉葭明县，后汉作葭萌，蜀改曰汉寿，晋改曰晋寿，在今四川昭化县东南。荡进寇巴西。郡丞毛植，五官襄珍以郡降。荡进攻葭萌，博又远遁。《纪》大安元年五月。

特自称益州牧，都督梁、益二州诸军事，大将军，大都省。进攻张征。征据险相持，候特营空虚，遣步兵循山攻之。特逆战，不利。荡军至，殊死战，征军乃溃。特欲释征还涪，涪，汉县，晋更名涪城，今四川绵阳县。荡不可，复进攻征。遂害征，以蹇硕为德阳大守。德阳，后汉县，在今四川遂宁县境。硕略地至巴郡之垫江。汉县，今四川合川县。特之攻张征也，使李骧等屯军毗桥胡三省云：今怀安军西北有中江，源从汉中弥牟。雒水、毗桥水三水会为一江。案宋怀安军故城，在今四川金堂县东南。弥牟镇，在今四川新都县北。以备罗尚。李流亦进军成都之北。梁州刺史许雄遣兵攻特，特破之。进击破尚水上军。遂寇成都。蜀郡大守徐俭以小城降，罗尚据大城自守。

是时蜀人危惧，并结村堡，请命于特，特遣人安抚之。益州从事任明此据《载记》。《罗尚传》作兵曹从事任锐。《通鉴》从《华阳国志》作任叡。说尚曰："特既凶逆，侵暴百姓，又分散人众，在诸村堡，骄怠无备，是天亡之也。可告诸村，密刻期日，内外击之，破之必矣。"尚从之。

明先伪降特，因求省家。特许之。明潜说诸村，诸村悉听命。惠帝遣荆州刺史宋岱、建平大守孙阜救尚。建平，吴郡，今四川巫山县。阜次德阳，特遣荡助任臧距阜。尚遣大众，掩袭特营，连战，斩特。《纪》在大安二年三月，云宋岱击斩之。

特既死，蜀人多叛，流人大惧。流与荡、雄收遗众还保赤祖。胡三省曰：当在绵竹东。流保东营，荡、雄保北营。流自称大将军、大都督，益州牧。时宋岱水军三万，次于垫江。前锋孙寿破德阳，获蹇硕。任臧等退屯涪陵，蜀郡，今四川涪陵县西。罗尚遣督护常深军毗桥，牙门左氾、黄訇、何冲三道攻北营。流身率荡、雄攻深栅，克之，追至成都。

尚闭门自守。荡驰马追击，伤死。流以特、荡并死，岱、阜又至，甚惧。李含又劝流降，流将从之。雄与骧迭谏，不纳。流遣子世及含子胡质于阜军。胡兄离，闻父欲降，自梓潼驰还欲谏，不及。退与雄谋袭阜军，曰：“若功成事济，约与君三年迭为主。”雄曰：“今计可定，二翁不从，将若之何？”离曰：“今当制之。若不可制，便行大事。翁虽是君叔，势不得已。老父在君，夫复何言？”雄大喜。乃攻尚军。尚保大城，雄渡江，害汶山大守陈图。晋汶山郡，在今四川理番县境。遂入郫城。郫，秦县，今四川郫县北。流移营据之。

三蜀百姓，左思《蜀都赋注》：汉高分蜀置广汉，汉武又分蜀置犍为，故曰三蜀。并保险结坞，城邑皆空，流野无所略，士众饥困。涪陵人范长生，率千余家依青城山。在今四川灌县西南。尚参军涪陵徐举，求为汶山大守，欲要结长生等，与尚犄角讨流。尚不许。举怨之，求使江西，遂降于流。说长生等，使资给流军粮，长生从之，故流军复振。

流死，诸将共立雄为主。雄自称大将军、益州牧，都于郫城。罗尚遣将攻雄，雄击走之。李骧攻犍为，断尚运道，尚军大馁，攻之又急，遂留牙门罗特固守，委城夜遁。特开门纳雄，遂克成都。于时雄军饥甚，乃率众就谷于郪，汉县，在今四川三台县南。掘野芋而食之。雄以范长生岩居穴处，求道养志，欲迎立为君而臣之。长生固辞。雄乃深自挹损，不敢称制，事无巨细，皆决于李国、李离兄弟。国等事雄弥谨。诸将固请雄即尊位。以永兴元年僭称成都王。

范长生乘素舆诣成都。雄迎之于门，执版延坐，拜丞相，尊曰范贤。长生劝雄称尊号。雄于是僭即帝位，国号蜀。《通鉴考异》曰：《晋帝纪》《三十国晋春秋》皆云：永兴二年六月，雄即帝位。《华阳国志》：光熙元年，雄即帝位。《后魏书·序纪》及《李雄传》皆云昭帝十二年雄称帝，即光熙元年也。遣李国、李云等寇汉中。梁州刺史张殷奔长安，参看第九节。国等陷南郑，尽徙汉中之人于蜀。南夷校尉李毅固守不降，雄诱建宁夷使讨之，建宁，蜀郡，在今云南曲靖县西。毅病卒，城陷。杀壮士三千余人，送妇女千口于成都。时李离据梓潼，其部将罗羕、张金苟等，杀离及阎式，以梓潼归罗尚。尚遣其将向奋屯安汉之宜福安汉，汉县，今四川南充县。以逼雄。雄攻奋，不克。

李国镇巴西，其帐下文硕，又杀国，以巴西降尚。雄乃引还。遣其将张宝袭梓潼，陷之。会罗尚卒，巴郡乱，李骧攻涪，又陷之，执梓潼大守谯登。乘胜讨文硕，害之。南得汉嘉、汉青衣县，后汉改曰汉嘉，蜀置郡，晋并废，故治在今四川雅安县北。涪陵，远人继至。雄于是下宽大之令，降附者皆假复除，益州遂定。遣李骧征越嶲，大守李钊降。赵嶲郡，晋治会无，今四川会理县。《明帝纪》：

大宁元年，正月，李骧、任回寇台登，将军司马玖死之。越巂大守李钊，汉嘉大守王载以郡叛降于骧。任回，亦与特同移者。台登，汉县，在今四川冕宁县东。进攻宁州，刺史王逊使其将姚岳悉众距战，骧军不利，引还。《王逊传》：转魏兴大守。惠帝末，西南夷叛，宁州刺史李毅卒，城中百余人奉毅女，固守经年。永嘉四年，治中毛孟诣京师求刺史，不见省。孟固陈，乃以逊为南夷校尉、宁州刺史。使于郡便之镇。逊与孟俱行。道遇寇贼，逾年乃至。外逼李雄，内有夷寇，吏士散没，城邑丘墟。逊披荒纠厉，收聚离散。诛豪右不奉法度者数十家。征伐诸夷，俘馘千计。于是莫不振服，威行宁土。先是越巂大守李钊，为李雄所执，自蜀逃归，逊复以钊为越巂大守。李雄遣李骧、任回攻钊。钊自南秦，与汉嘉大守王载共距之。战于温水，钊败绩。载遂以二郡附雄。后骧等又渡泸水寇宁州。逊使将军姚崇、爨琛距之，战于堂狼，大破骧等。崇追至泸水，落水死者千余人。崇以道远，不敢渡水。逊以崇不穷追也，怒，囚群帅，执崇鞭之。怒甚，发上冲冠，冠为之裂，夜中卒。州人立逊仲子坚，行州府事。诏除坚南夷校尉、宁州刺史。陶侃惧坚不能抗对蜀人，大宁末，表以零陵大守尹奉为宁州，征坚还京。《通鉴》：毅殁于光熙元年。其女名秀。钊即毅子，毅存时往省其父，永嘉元年，州人奉之。四年，王逊至州，以为朱提大守。魏兴，魏郡，今陕西安康县。南秦，晋县，今缺，当在四川旧叙州府境。堂狼，汉县，后汉省，在今云南会泽县境。零陵，汉郡，后汉治泉陵，今湖南零陵县北。朱提，汉县，后汉末置郡，在今四川宜宾县西南。

后又使骧子寿攻陷巴东，大守杨谦退保建平。寿别遣费黑寇建平，巴东监军毌丘奥退保宜都。蜀郡，治夷道，今湖北宜都县西北。《成帝纪》：咸和五年，十月，李寿寇巴东、建平，监军毌丘奥，大守杨谦退归宜都。李寿攻朱提，又使任回攻木落，未详。分宁州之援。宁州刺史尹奉降，《本纪》：咸和八年，李寿陷宁州，刺史尹奉及建宁大守霍彪并降之。遂有南中之地。

巴氐之乱，原因有四：关西丧乱，不能绥抚，听其流移，一也。流人刚剽，蜀人软弱，主不制客，二也。一统未久，人有好乱之心，三也。兵力不足，指挥不一，四也。

《载记》所书此事始末，殊不甚确。流人漂播，理宜有以食之，谓李苾请许其就食于蜀，由于受赂，似近厚诬。《载记》云：赵廞使苾与黄远同断北道，似附廞为逆者，然晋朝任之如故，则苾或力未能抗廞，而实未附之也。罗尚者，宪之兄子。宪为蜀汉巴东大守，蜀亡，吴乘机攻宪，宪大破其军，拒守经年，甚有威望。赵廞之叛，尚表曰："廞非雄才，计日听其败耳。"其于蜀中事势，似甚了然。尚与李氏，相持积年。梓潼、巴西，先后反正。李国、李离，权侔雄、荡，阎式则为李特谋主，不能制下，皆就诛夷。使尚不死，蜀事正未可知。

《尚传》谓其性贪少断，蜀人言曰："尚之所爱，非邪则佞；尚之所憎，非忠则正。富拟鲁、卫，家成市里，贪如豺狼，无复极已。"又曰："蜀贼尚可，罗尚杀我，平西将军，反更为祸。"果如所言，罗羕、文硕，岂肯归之？

《李流载记》云：特之陷成都小城，使六郡流人，分口入城，壮勇者督领邨堡。流言于特曰："山薮未集，粮仗不多，宜录州郡大姓子弟，以为质任，送付广汉，絷之二营；收集猛锐，严为防卫。"又书与特司马上官惇，深陈纳降若待敌之义。

《罗尚传》亦言：宗岱、孙阜兵盛，诸为寇所逼者，人有奋志，蜀人之非心服可知。特既死，流亦以饥困几败，然则范长生之充隐附逆，其于李氏，盖深有造焉。风谣之可造作久矣，谓特能绥抚，尚病贪残，岂其实哉？尚与李苾、辛冉，刚柔缓急，庸有不同，然潜袭特营，史谓计出冉、苾，而尚仍遣兵助之，其无大异同可知。

赵廞且不能容李庠，流人安可复抚？晋朝封拜特、流，乃姑息之政，冉寝朝命，所谓因事制宜。晋朝既以灭廞为特、流之功，官爵之矣，冉安得而攘之？流人不过佣力自活，其有宝货能行赂者，皆其铮铮佼佼者也，好乱乐祸，惑误众人，正在此辈，搜索安得不严？岂能诬为欲货？抑赵廞、李特，既已互相诛夷，李雄、李离，又欲弃其父叔；战甫胜而流即死，其为良死与否，深有可疑；而雄与国、离兄弟，相猜之迹尤显。然则流人酋长，本无大才，亦且不能和辑，平之实非甚难，特晋政不纲，并此而有所不能耳。古称战胜于朝廷，此则可谓战败于朝廷者也。

第七节　张氏据河西

凉州之地，距中原颇远，然与西域相交通，其地实颇富饶，而文明程度亦颇高；西南包河湟，又为畜牧乐土；故两晋之世，始终有据以自立者。其首起者则张轨也。轨，安定乌氏人。安定，见第二章第二节。乌氏，汉县，在今甘肃平凉县西北。仕为安西军司。轨以时方多难，阴图据河西，遂求为凉州。

永宁初，出为护羌校尉、凉州刺史。于是鲜卑反叛，寇盗纵横。轨到官，即讨破之。永兴中，鲜卑若罗、拔能皆为寇。轨遣司马宋配击之，斩拔能，俘十余万口，威名大震。于是大城姑臧。汉县，为武威郡治。见第二章第二节。

永嘉初，东羌校尉韩稚，杀秦州刺史张辅，轨遣中督护汜瑗率众二万讨之。先遗稚以书，稚得书而降。轨后患风，口不能言，使子茂摄州事。

酒泉大守张镇，酒泉，汉郡，今甘肃酒泉县。潜引秦州刺史贾龛以代轨，密使诣京师，请尚书侍郎曹祛为西平大守，西平，见第二章第二节。为辅车之势。轨别驾麹晁，欲专威福，又遣使诣长安告南阳王模，称轨废疾，以请贾龛，龛将受之。其兄让之，龛乃止。更以侍中爰瑜为凉州刺史。治中杨澹，驰诣长安，割耳盘上，诉轨被诬。模乃表停之。

晋昌张越，晋昌，晋郡，在今甘肃安西县东。凉州大族，从陇西内史迁梁州刺史。陇西，见第二章第二节。越志在凉州，遂托病归河西。遣兄镇及曹祛、麹佩移檄废轨，以军司杜耽摄州事，使耽弟越为刺史。轨以子寔为中督护，卒兵讨镇，镇诣寔归罪。南讨曹祛，走之。武威大守张琠遣子坦驰诣京，表请留轨。帝优诏劳轨，依模所表。命诛曹祛。轨命寔率尹员、宋配步骑三万讨祛，斩之。

于时天下既乱，所在使命，莫有至者，而轨遣使贡献，岁时不替。光禄傅祇、大常挚虞遗轨书，告京师饥匮，轨即遣参军杜勋献马五百匹，毯布三万匹。然轨之所以尽力王室者，止于如此，及遣偏师入援而已，不能如陈武帝倾国远出，躬事戡定也。

河间、成都二王之难，轨遣兵三千，东赴京师。王弥寇洛阳，轨遣北宫纯、张纂、马鲂、阴浚等率州军击破之，又败刘聪于河东。后王弥遂逼洛阳，轨又遣张斐、北宫纯、郭敷率精骑五千，来卫京都。京都陷，斐等皆没于贼。

大府主簿马舫言于轨曰："四海倾覆，乘舆未返。明公以全州之力、径造平阳，必当万里风披，有征无战。未审何惮，不为此举？"轨曰："是孤心也。"然不能用。盖其本图仅在割据也。秦王入关，轨驰檄关中，言"宜简令辰，奉登皇位。今遣前锋督护宋配，步骑二万，径至长安，翼卫乘舆，折冲左右。西中郎寔，中军三万，武威大守张玙，胡骑二万，骆驿继发，仲秋中旬，会于临晋"。秦县，今陕西大荔县。而秦州刺史裴苞，东羌校尉贯与据险断使命，宋配讨之。

西平王叔，与曹祛余党麹儒，劫前福禄令麹恪为主，汉禄福县，后汉曰福禄，为酒泉郡治，即今酒泉县也。执大守赵彝，东应裴苞。寔回师讨之，斩儒等。左督护阴预与苞战狭西，大破之。苞奔凶桑坞。未详。刘曜寇北地，见第二章第二节。轨又遣参军麹陶领三千人卫长安。

建兴二年，五月，轨卒。州人推寔摄父位。愍帝以为都督凉州诸军事，西中郎将、凉州刺史、领护羌校尉、西平公。刘曜逼长安，寔遣王该率众援京城。帝嘉之，拜都督陕西诸军事。及帝将降于刘曜，下诏进寔凉州牧、侍中、司空、承制行事。寔以天子蒙尘，冲让不拜。使协赞琅邪王，而寔不许其叔父肃攻刘曜，致肃悲愤而卒，已见第五节。

盖其志在割据，一如其父也。寔遣大府司马韩璞等督步骑一万，东赴国难。命讨虏将军陈安，安故大守贾骞，安故，汉县，晋省，张氏复置，并置郡，故城在今甘肃临洮县南。陇西大守吴绍，各统郡兵，为璞等前驱。璞次南安，见第二章第二节。诸羌断路。相持百余日，粮竭矢尽。会张阆率金城军继至，金城，见第二章第二节。乃夹击败之。焦嵩、陈安逼上邽，见第三章第三节。南阳王保遣使告急。寔使金城大守窦涛率步骑二万赴之。时保谋称尊号。破羌都尉张说言于寔曰："南阳王忘大耻而欲自尊，终非济时救难者也，不如推崇晋王。"从之。

然元帝即位，寔犹称建兴年号。南阳王保欲奔寔，寔遣将声言翼卫，而实御之，盖既专制一方，亦不欲人之上之矣。京兆人刘弘，挟左道，客居天梯山，在姑臧南。受道者千余人，寔左右皆事之。帐下阎沙，牙门赵仰，皆弘乡人。密与寔左右十余人谋杀寔，奉弘为主。寔潜知其谋，收弘杀之。沙等不知，以其夜害寔。此据《晋书·寔传》。《通鉴考异》曰：阎沙、赵仰，《晋春秋》作阎涉、赵印。又寔既死，所遣收刘弘者史初乃镮弘。案《载记》言寔收弘杀之，犹言寔遣人收弘，杀之二字，乃终言其事，不必弘之见杀，在寔见害前也。时大兴三年六月也。子骏年幼，州人推寔弟茂摄事。诛阎沙及党与数百人。

第八节　鲜卑之兴

五胡种落，鲜卑为大，盖匈奴自降汉后，聚居并州；乌丸附塞久，亦不复乡北开拓；朔垂万里，遂悉为鲜卑所据也。晋世鲜卑之大者：曰慕容氏，曰段氏，曰宇文氏，曰拓跋氏，曰秃发氏，曰乞伏氏。秃发、乞伏二氏，仅割据一隅，无关大局。慕容、段、拓跋三氏，与北方大局，关系较深；而宇文氏与慕容氏地近，相龉龁最烈，宇文氏之败，则慕容氏之所由兴也。今先述此四氏缘起如左：

《晋书·载记》曰：慕容廆，昌黎棘城鲜卑人也。昌黎，见第二章第二节。胡三省曰：棘城，在昌黎县界。曾祖莫护跋，魏初，率其诸部，居辽西，从宣帝伐公孙氏有功，拜率义王，始建国于棘城之北。时燕、代多冠步摇冠，莫护跋见而好之，乃敛发袭冠，诸部因呼之为步摇，其后音讹，遂为慕容焉。案此说似近附会。

胡三省谓《魏书》：汉桓帝时，檀石槐分其地为三部，中部大人曰柯最阙，居慕容寺为大帅，案《三国·魏志·鲜卑传注》引之。是则慕容氏之始，《通鉴》卷八十一晋武帝大康二年《注》。说当近之。慕容寺盖亦地以部族名者也。祖木延，左贤王。父涉归，以全柳城之功，柳城，汉县，后汉省，在今辽宁兴城县西南。进拜鲜卑单于，迁邑于辽东北。辽东，秦郡，晋为国，治襄平，今辽宁辽阳县。涉归死，弟耐篡位，耐，《通鉴》依范亨《燕书》作删。系此事于大康四年。《考异》以大康二年十月寇昌黎为涉归之事。案其事已见第二章第二节。将谋杀廆，廆亡潜以避祸。后国人杀耐，迎廆立之。《通鉴》系大康五年。

《北史》称宇文莫槐为匈奴。云出辽东塞外，其先南单于之远属也。世为东部大人。其语与鲜卑颇异，人皆翦发，而留其顶上，以为首饰。案宇文氏为周之先。

《周书·文帝纪》云：其先出自炎帝。神农氏为黄帝所灭，子孙遁居朔野。有葛乌菟者，雄武多算略，鲜卑慕之，奉以为主，遂总十二部落，世为大人。其后曰普回，因狩得玉玺，三纽，有文曰皇帝玺。普回心异之，以为天授。其俗谓天曰宇，谓君曰文。因号宇文国，并以为氏焉。普回子莫那，自阴山南徙，始居辽西。一曰匈奴，一曰鲜卑者。悦般为匈奴后，《北史》谓其翦发齐眉，以锑糊涂之，实与宇文氏翦发而留其顶上同俗，足征其出于匈奴。语言颇异鲜卑，尤为铁证。然东方本鲜卑之地，盖南单于远属，君临鲜卑者，故云鲜卑奉以为主也。

《周书》云：普回九世至侯豆归，为慕容晃所灭，据《北史》，自莫槐至逸豆归凡七君，则即以莫槐承莫那。然普回、莫那，恐均子虚、亡是之流也。莫槐虐用其人，为部下所杀。更立其弟普拨为大人。普拨死，子丘不勤立。娶拓跋郁律女。魏平帝，见下。丘不勤死，子莫廆立。《北史》云：本名犯魏道武讳。《晋书·慕容廆载记》作莫圭。始与慕容氏构兵。

《北史》云：徒河段就六眷，徒河，汉县，在今辽宁锦县西北。出于辽西。其伯祖日陆眷，因乱，被卖为渔阳乌丸子大乌丸之大人。库辱官家奴。其后渔阳大饥，渔阳，秦郡，魏废之，晋复置，在今河北密云县西南。库辱官以日陆眷为健，使将人诣辽西逐食，招诱亡叛，遂至强盛。日陆眷死，弟乞珍代立。乞珍死，子务目尘代立，即就六眷父也。据辽西之地而臣于晋。其所统三万余家，控弦上马四五万骑。

慕容涉归有憾于宇文，廆将修先君之怨，表请讨之。晋武帝弗许。廆怒，入寇辽西，杀略甚众。帝遣幽州诸军讨廆。战于肥如，汉县，今河北卢龙县北。廆众大败。自后复掠昌黎，每岁不绝。又率众伐夫余。夫余王依虑自杀。廆遂夷其国城，驱万余人而归。东夷校尉何龛，遣督护贾沈，迎立依虑之子。廆遣其将孙丁率骑邀之。沈力战，斩丁，遂复夫余之国。廆谋于其众，遣使来降。帝嘉之，拜为鲜卑都督。廆事参看第二章第二节。宇文、段部为寇略，廆卑辞厚币以抚之。

大康十年，廆又迁于徒河之青山。元康四年，移居大棘城。大安初，宇文莫圭遣弟屈云寇边城。云别帅大素延，《通鉴考异》曰：《燕书纪传》皆谓之素怒延，然则怒延是其名也。攻掠诸郡，廆亲击，败之。素延怒，率众十万围棘城。廆出击之，素延大败。永嘉初，廆自称鲜卑大单于。辽东大守庞本，以私憾杀东夷校尉李臻。附塞鲜卑素连、木津托为臻报仇，攻陷诸县，杀掠士庶。廆讨连、津，斩之。二部悉降。徙之棘城。立辽东郡而归。建兴中，愍帝遣使拜廆昌黎、辽东二国公。

拓跋氏之初，盖亦匈奴败亡后北方鲜卑之南徙者。其后得志，造作先世事实以欺人，史事之真为所蔽者久矣，然即其所造作之语而深思之，其中真迹，固犹可微窥也。《魏书·序纪》云：昔黄帝有子二十五人，或内列诸华，或外分荒服。昌意少子，受封北土，国有大鲜卑山，因以为号。其后世为君长，统幽都之北，广漠之野。畜牧迁徙射猎为业，淳朴为俗，简易为化。不为文字，刻木结绳而已。世事远近，人相传授，如史官之纪录焉。黄帝以土德王，北俗谓土为托，谓后为跋，故以为氏。其裔始均，入仕尧世，逐女魃于弱水之北，民赖其勋，帝舜嘉之，命为田祖，爰历三代，以及秦、汉，獯粥、猃允、山戎、匈奴之属，累代残暴，作害中州，而始均之裔，不交南夏，是以载籍无闻焉。

积六十七世，至成皇帝毛。聪明武略，远近所推。统国三十六，大姓九十九，威振北方，莫不率服。崩，节皇帝贷立。崩，庄皇帝观立。崩，明皇帝楼立。崩，安皇帝越立。崩，宣皇帝推寅立。南迁大泽，方千余里，厥土昏冥沮洳，谋更南徙，未行而崩。景皇帝利立。崩，元皇帝俟立。崩，和皇帝肆立。崩，定皇帝机立。崩，僖皇帝盖立。崩，威皇帝侩立。崩，献皇帝邻立。时有神人，言于国曰："此土荒遐，未足以建都邑，宜复徙居。"帝时衰老，乃以位授子圣武皇帝诘汾，命南移。山谷高深，九难八阻。于是欲止。有神兽，其形如马，其声类牛，先行导引，历年乃出，始居匈奴故地。其迁徙策略，多出宣、献二帝，故人并号曰推寅，盖俗云钻研之义。

初圣武帝尝率数万骑，田于山泽。欻见辎耕，自天而下。既至，见美妇人，侍卫甚盛。帝异而问之。对曰："我天女也，受命相偶。"遂同寝宿。旦请还，曰："明年周时，复会此处。"言终而别，去如风雨。及期，帝至先所田处，果复相见。天女以所生男授帝曰："此君之子也。善养视之，子孙相承，当世为帝王。"语讫而去，即始祖也。故时人谚曰："诘汾皇帝无妇家，力微皇帝无舅家。"案云统国三十六者，四面各九国也。云大姓九十九者，与已为百姓也。自受封至成帝六十七世，又五世至宣帝，又七世至献帝，再传而至神元，凡八十一世，九九之积也。自成帝至神元十五世，三与五之积也。九者，数之究也。三与五，盖取三才、五行主义，比拟于三皇、五帝。无文字而能悉记历代之名；而世数及所统国数，无一非三、五、九之积；有是理乎？成帝讳毛，毛无也；诘汾皇帝无妇家，力微皇帝无舅家，造作者盖已微以其情示后人矣。

《卫操传》云：桓帝崩后，操为立碑以颂功德，云魏为轩辕苗裔。按操等皆乃心华夏，其于拓跋氏，特欲借其力以犄匈奴耳，何事为之造作虚辞，以诬后世？况拓跋氏当此时，亦未必敢以帝王自居也。道武定国号诏曰："昔朕远祖，总御幽都，控制遐国，虽践王位，未定九州。"此盖其造作之始。其自托于轩辕者，以从土德；所以从土德者，则以不欲替赵、秦、燕而承晋故也，说更详后。抑此实有跻诸胡以并华夏之意，或已出于后来。其初自视微而仰望汉族更深，或且欲祧曹魏而承汉，如汉人之以秦为闰位者，故神元元年，实与魏之建国同岁也。《记》曰：“人藏其心，不可测度也。”况于故为矫诬者乎？然其马矫诬，终不可以掩天下后世之目也。

《晋书·秃发乌孤载记》云：其先与后魏同出。八世祖匹孤，率其部自塞北迁于河西。《魏书·源贺传》：贺秃发傉檀子，傉檀亡奔魏。世祖谓贺曰：“卿与朕源同，因事分姓，今可为源氏。”足征《晋书》之说不诬。乌孤五世祖树机能在晋初，以三十年为一世计之，匹孤当在后汉中叶，正北匈奴败亡，鲜卑徙居其地时也。

《乌洛侯传》云：真君四年来朝。《本纪》事在三月。称其国西北，有国家先帝旧墟。石室南北九十步，东西四十步，高七十尺。室有神灵，民多祈请。世祖遣中书侍郎李敞告祭焉，刊祝文于室之壁而还。此盖天然石窟，《礼志》亦载此事，而云凿石为庙，则诬矣。乌洛侯在地豆干之北。其国西北有完水，东北流合于难水。其地大小水，皆注于难，东入于海。又西北二十日行，有于已尼大水，所谓北海也。难水今嫩江，完水今额尔古讷河，北海即贝加尔湖，于已尼盖入湖之巨川。魏人编发，故称索虏；而乌洛侯绳发；地豆干在失韦西千余里，失韦丈夫索发；可见自失韦以西北，其俗皆同。《晋书·慕容廆载记》：宇文乞得龟击廆，廆遣子皝距之，以裴嶷为右部都督，率索头为右翼。此非即拓跋氏，盖亦此等民族南出者也。故知当时，此等民族南迁者颇多。

魏人曾居黑龙江、贝加尔湖之间，必不诬也。此盖推寅以后所处。自此南迁，故有山岳高深，九难八阻之说也。今西伯利亚之地：自北纬六十五度以北，地理学家称为冻土带，自此南至五十五度曰森林带；又南曰旷野带；极南曰山岳带；逾山则至漠北矣。冻土带极寒，人不能堪之处甚多。森林带多蚊虻，旷野带卑湿多疫疠，亦非乐土。魏之先，盖自冻土带入旷野带，又越山岳带而至漠北者邪？

《宋书·索虏传》云：其先，汉将李陵后也。陵降匈奴，有数百千种，各立名目，索虏亦其一也。

《齐书·魏虏传》云：匈奴种也。匈奴女名托跋，妻李陵。胡俗以母名为姓，故虏为李陵之后。虏甚讳之，有言其是陵后者辄见杀。胡俗以母名为姓，说无征验。若援前赵改姓刘氏为征，则入中国已久，非其故俗矣，况亦母姓而非其名也。匈奴与鲜卑相溷，事确有之。

《魏书·官氏志》有须卜氏、林氏其证。然不得云拓跋氏为匈奴种也。然有云其是陵后者辄见杀，何以言之者如是其多？汉人岂欲以此诬鲜卑哉？抑当时以华夏为贵种，称拓跋氏为陵后，是褒之，非抑之也，汉人岂乐为此？如其为之，正当为鲜卑所乐闻，而又何以见杀？案《隋书·李穆传》云：自云陇西成纪人，成纪，汉县，今甘肃秦安县北。汉骑都尉陵之后也。陵没匈奴，子孙代居北狄，其后随魏南迁，复归汧、陇。祖斌，以都督镇高平，见第二章第二节。因家焉。此其出于依托，自不待言。魏之初，盖亦以攀附华夏为荣，又未敢依附中原华胄，曾自托于陵后，后则以与其所造轩辕之后之说不符，而说既流行，众口相传，势难遽戢，则又一怒而欲以杀僇止之也。亦可谓暴矣。

《魏书·序纪》云：始祖神元皇帝力微元年，岁在庚子。魏文帝黄初元年。先是西部内侵，国民离散，依于没鹿回部大人窦宾。后与宾攻西部，军败，失马步走。始祖使人以所乘骏马给之。宾归，令其部内求与马之人，当加重赏。始祖隐而不言。久之，宾乃知，大惊，将分国之半，以奉始祖。始祖不受，乃进其爱女。宾犹思报恩，固问所欲。始祖请率所部，北居长川。在今察哈尔兴和县境。宾乃敬从。积十数岁，德化大洽。诸旧部民，咸来归附。

二十九年，魏齐王芳正始九年。宾临终，戒其二子，使谨奉始祖。其子不从，乃阴谋为逆。始祖召杀之，尽并其众。《神元皇后传》云：宾临终，戒其二子速侯、回题，令善事帝。及宾卒，速侯等欲因帝会丧为变。语颇漏泄，帝乃先图之。伏勇士于宫中。晨起，以佩刀杀后。驰使告速侯等，言后暴崩。速侯等惊走来赴，因执而杀之。案神元之狡且忍如此，其以忧死，非不幸矣。诸部大人悉皆款服。三十九年，魏高贵乡公甘露元年。迁于定襄之盛乐。定襄，汉郡，治成乐，后汉移治善无。成乐，后汉曰盛乐，在今和林格尔境。善无，在右玉县南。

夏，四月，祭天。诸部君长，皆来助祭。惟白部大人观望不至，于是征而戮之。远近肃然，莫不震慑。与魏和亲。四十二年，遣子文帝如魏，且观风土。魏景元二年也。文皇帝讳沙漠汗，以国太子留洛阳。魏、晋禅代，和好仍密。始祖春秋已迈，帝以父老求归，晋武帝具礼护送。

四十八年，泰始三年。至自晋。五十六年，帝复如晋。其年冬，还国。行达并州，晋征北大将军卫瓘，以帝为人雄异，恐为后患，乃密启晋帝，请留不遣。晋帝难于失信，不许。瓘复请以金锦赂国之大人，令致间隙，使相危害。晋帝从之，遂留帝。于是国之执事及外部大人，皆受瓘货。

五十八年，方遣帝。始祖闻帝归，大悦。使诸部大人诣阴馆迎之。阴馆，汉县，在今山西代县西北。酒酣，帝仰视飞鸟，谓诸大人曰："我为汝曹取之。"援弹飞丸，应弦而落。时国俗无弹，众咸大惊。乃相谓曰："大子风采被服，同于南夏；兼奇术绝世；若继国统，变易旧俗，吾等必不得志。不若在国诸子，习本淳朴。"咸以为然；且离间素行；乃谋危害，并先驰还。始祖问曰："我子既历他国，进德何如？"皆对曰："大子才艺非常，引空弓而落飞鸟，是似得晋人异法怪术，乱国害民之兆，惟愿察之。"自帝在晋之后，诸子爱宠日进，始祖年逾期颐，颇有所惑。闻诸大人之语，意有所疑，因曰："不可容者，便当除之。"诸大人乃驰诣塞南，矫害帝。既而始祖甚悔之。

其年，始祖不豫。乌丸王库贤，亲近任势。先受卫瓘之货，故欲沮动诸部。因在庭中砺钺斧。诸大人问欲何为？答曰："上恨汝曹谗杀大子，今欲尽收诸大人长子杀之。"大人皆信，各各散走。始祖寻崩。

案神元五十六年，为晋武帝咸宁元年，《纪》于是年六月，书鲜卑力微遣子来献，《魏书》谓是年文帝如晋，盖依附此文。至魏世与力微言和，其子入侍于洛，则史无可征。

《三国・魏志・鲜卑传》：东部大人，有素利弥加厥机，建安中，因阎柔上贡献通市，大祖表宠以为王。厥机死，又立其子沙末汗为亲汉王。名虽相似，而事迹与年代皆不合，不知为两人名同欤？抑力微实即厥机部落，造魏史者不敢明言，乃姑留此间隙，以待后人之寻索也？

卫瓘之督幽州，纪在泰始七年八月，《本纪》于咸宁三年正月，书使瓘讨力微，则即《魏书》神元崩之岁也。观《魏书》所载事迹，而知《瓘传》谓瓘用离间之策而力微以忧死之说不诬矣。参看第二章第二节。

《魏书・序纪》又云始祖崩，章皇帝悉鹿立，始祖之子也。诸部离叛，国内纷扰，飨国九年而崩。咸宁四年至大康七年。平皇帝绰立，章帝之少弟也。雄武有智略，威德复举。飨国七年而崩。大康八年至惠帝元康三年。思皇帝弗立，文帝之少子也。飨国一年而崩。元康四年。

昭皇帝禄官立，始祖之子也。分国为三部：帝自以一部居东，在上谷北，濡源之西，上谷，汉郡，治沮阳，在今察哈尔怀来县东南。濡水，今滦河。东接宇文部。以文帝之长子桓帝猗㐌统一部，居代郡之参合陂北。在今山西大同县东南。或云：在阳高县东北。以桓帝之弟穆帝猗卢统一部，居定襄之盛乐故城。自始祖以来，与晋和好。

是岁，元康五年。穆帝始出并州，迁杂胡北徙云中、五原、朔方。盖始叛晋，略其边民也。云中，秦郡，即今之托克托城。五原，汉郡，今绥远五原县。朔方，汉郡，故城在今绥远临河县境。《晋书·地理志》云：后汉灵帝末，羌、胡大扰，定襄、云中、五原、朔方、上郡等五郡，并流徙分散。建安十八年，省并州入冀州。魏黄初元年，复置并州。自陉岭以北弃之。至晋，因而不改。故此三郡，在当时皆为戎狄之地，其后刘琨弃陉北，仅徙马邑、阴馆、楼烦、繁峙、崞五县之民而已。上郡，陉岭，皆见第二章第二节。马邑，汉县，今山西朔县。楼烦，汉县，在雁门关北。晋徙今崞县东。繁峙，崞，皆汉县，皆在今浑源县西。又西渡河，击匈奴、乌桓诸部。自杏城以北八十里迄长城原，夹道立碣，与晋分界。杏城，在今陕西中部县西北。

二年，元康六年。葬文帝及皇后封氏。初思帝欲改葬，未果而崩，至是述成前意焉。远近来赴者，二十万人。《皇后传》云：文帝皇后封氏，生桓、穆二帝，早崩，昭帝立，乃葬焉。高宗初，穿天渊池，获一石铭，称桓帝葬母封氏，远近赴会二十余万人。有司以闻，命藏之大庙。《魏书》之所依据，盖即高宗初所造作也。然自力微末年扰乱，至此复获小安，则可想像而得矣。三年，元康七年。桓帝度漠北巡，因西略诸国，积五年乃还。拓跋氏之形势，至此盖稍张，晋与匈奴相争，遂思藉其众以为用。

第九节　荆扬丧乱

读史者多以武帝不能徙戎，及去州郡兵备，为晋室致乱之原，其实亦不尽然。五胡杂处，特晋初隐患之一端，而非谓其时所忧，遂止于此。至于除去兵备，则正为弭乱之方。自初平以至大康，为时将近百载，人习于分崩离析者既久，资之以兵，适使其恣睢自擅耳。

当吴、蜀荡平之时，为长治久安之计，所忧者自不在草野之窃发，而在牧守之专擅也。晋初急务，在得良吏以抚安海内，使久罹兵革之苦者，欣然有乐生之心；而又有信臣精卒，据要害之处，示天下以形势，以潜消其反侧之念；不在凡州郡皆有兵也。凡州郡皆有兵，必不能皆精，亦不能皆得信臣以将之，难免弭乱则不足，召乱则有余矣。诚能如是，历数十年，则海宇晏安，而五胡之乱，亦可徐图消弭。

不然，纵使徙戎之计获行，能否安然卒事，不至中途生变，尚未可知；即谓能之，而内乱既兴，群思借外力以自助，既徙者安保不引之复来？自汉以降，中国所畏忌者，莫如匈奴。晋初虽遭丧乱，而刘渊见羁，卒未肯释，即其明证。然逮东海兵起，成都即卒因欲得五部之援而纵之矣。故知内乱之与五胡，其为当时隐患，正亦未易轩轾也。北方惟刘渊崛起，颇有匈奴人思自立之意，然其所用者仍多中国人；石勒则一中国之盗贼耳；王弥等更不待论矣；故五胡之乱，虽似外患，实亦与内乱相杂也。

当晋初，吴、蜀皆平定未久，自难尽消其反侧之心，而吴之情形，又与蜀异。蜀地险而富乐，自古少外患，故其民弱，而为秦、雍之流民所乘。吴则当春秋、战国时，其人即轻死好斗，历两汉之世，此风未改，第一章已言之。故自吴平之后，其民之叛晋者讫不绝。

据《晋书·帝纪》所载：武帝大康二年，九月，有吴故将莞恭、帛奉举兵反，攻害建业令，遂围扬州。晋初扬州治寿春，大康初移治建业。

八年，十月，有南康平固县吏李丰反。南康，晋郡，治雩都，在今江西雩都县东北。后徙治赣，在今江西赣县西南。平固，吴县，在今江西赣、兴国两县间。

十一月，有海安令萧辅聚众反。海安，晋县，当在广东旧肇庆府境。

十二月，又有吴兴人蒋迪聚党反。后汉汉兴县，吴改称吴兴，今浙江吴兴县。至元帝大兴元年，尚有孙皓子璠，以谋反伏诛。《五行志》云：武帝平吴后，江南童谣曰："局缩肉，数横目，中国当败吴当复。"又曰："宫门柱，且当朽，吴当复，在三十年后。"又曰："鸡鸣不拊翼，吴复不用力。"于时吴人皆谓在孙氏子孙，故窃发为乱者相继。可见为《纪》所不书者尚多矣。

《刘颂传》：颂除淮南相，在郡上疏曰："封幼稚皇子于吴、蜀，臣之愚虑，谓未尽善。自吴平以来，东南六州将士，更守江表，此时之至患也。内兵外守，吴人有不自信之心，宜得壮王以镇抚之，使内外各安其旧。又孙氏为国，文武众职，数拟天朝，一旦堙替，同于编户，灾困逼身，自谓失地，用怀不靖。今得长王以临其国，随才授任，文武并叙，士卒百役，不出其乡；求富贵者，取之国内。内兵得散，新邦乂安，两获其所，于事为宜。"

《华谭传》：大康中，刺史嵇绍举谭秀才。武帝策之曰："吴、蜀恃险，今既荡平，蜀人服化，无携贰之心，而吴人趑睢，屡作妖寇。岂蜀人敦朴，易可化诱，吴人轻锐，难安易动乎？”谭对曰：“吴阻长江，旧俗轻悍。所安之计，当先畴其人士，使云翔閶阖。进其贤才，待以异礼。明选牧伯，致以威风，轻其赋敛”云云。皆可见当时江表之枭兀，而晋之所以镇抚之者，不免掉以轻心也。

荆楚之风气，不如吴会之劲悍，然其地累经丧乱，故亦易动而难安，而张昌遂为乱首焉。昌，义阳蛮。义阳，见第二章第二节。李流之寇蜀也，昌聚党数千人，诈言台遣其募人讨流。会壬午诏书，发武勇以赴益土，号曰壬午兵。自天下多难，数术者云：“当有帝王，兴于江左。”及此调发，人咸不乐西征。昌党因之，诳惑百姓，各不肯去，而诏书催遣严速，遂屯聚为劫掠。时江夏大稔，江夏，见第四节。流人就食者数千口。大安二年，昌于安陆县石岩山屯聚。安陆，汉县，今湖北安陆县北。诸流人及避戍役者，多往从之。昌乃变姓名为李辰。据有江夏。造妖言云：“当有圣人出。”山都县吏丘沈，山都，秦县。在今湖北襄阳县西北。遇于江夏，昌名之为圣人，立为天子，易姓名为刘尼，称汉后。以昌为相国。

又流言云：“江、淮已南，当图反逆，官军大起，悉诛讨之。”群小互相扇动，人情皇惧，江、沔间一时焱起，旬月之间，众至十三万。时豫州刺史刘乔，据汝南以御贼。汝南，见第二章第三节。前将军赵骧，助平南将军羊伊守宛。见第四节。新野王歆见第三节。督荆州。昌遣其将黄林向豫州，乔遣将击破之。林东攻弋阳，汉国，魏为郡，今河南潢川县。亦不克。而马武破武昌，吴郡，今湖北鄂城县。害大守。昌西攻宛，破赵骧，害羊伊。进攻襄阳，见第四节。害新野王歆。别率石冰破江、扬。临淮人封云举兵应之，临淮，汉郡，后汉废，晋复置，后改为盱眙，今安徽盱眙县。自阜陵寇徐州。阜陵，汉县，晋废，在今安徽全椒县东。昌又遣将攻长沙、湘东、零陵诸郡。此据本传。《本纪》云：陷武陵、零陵、豫章、长沙。长沙，秦郡，今湖南长沙县。湘东，吴郡，治酃，在今湖南衡阳县东，晋移治临烝，即今衡阳县也。零陵，武陵，皆见第六节。豫章，汉郡，今江西南昌县。昌虽跨带五州，而树立牧守，皆盗桀小人，但以劫掠为务，人情渐离。朝以刘弘督荆州。初进，败于方城。山名，在今河南叶县南。弘遣司马陶侃等进据襄阳，遂讨昌于竟陵。晋郡，今湖北钟祥县。刘乔又遣兵向江夏。侃等与昌苦战，破之，纳降万计，昌窜于下俊山。谓下俊县山中。下俊，汉县，在今湖南沅陵县东北。明年秋，乃禽斩之。

张昌虽速亡，而乱势遂蔓衍于下流。陈敏者，庐江人。庐江，晋郡，今安徽霍邱县西。少有干能。以部廉吏补尚书仓部令史。及赵王伦篡逆，三王起义，兵久屯不散，京师仓廪空虚，敏建议漕南方谷以济中州，朝廷从之，以敏为合肥度支。合肥，汉县，今安徽合肥县。迁广陵内史。广陵，汉国，后汉为郡，治江都，今江苏江都县。晋初移治淮阴，今江苏淮阴县。

大安二年，十一月，扬州秀才周玘，处子。潜结前南平内史王矩，吴南郡，晋改曰南平，治作唐，在今湖南安乡县北，后移治江安，在今湖北公安县东北。共推吴兴大守顾秘都督扬州四郡军事，以讨石冰。冰退，自临淮趋寿阳。见第四节。都督刘准忧惧，计无所出。敏谓准："请合率运兵，公分配众力，破之必矣。"准乃益敏兵击之。敏以少击众，每战皆克。与玘攻冰于建业。冰北走，投封云。敏回讨云。云将张统斩云、冰降。时永兴元年三月也。

会稽贺循，会稽，秦郡，治吴，后汉移治山阴。吴，今江苏吴县。山阴，见第二章第二节。亦合众应玘等。移檄冰大将杭宠。宠遁走，所置会稽相、山阴令皆降，一郡悉平。敏以功为广陵相。时惠帝幸长安，四方交争，敏遂有割据江东之志。父亡去职。东海王越当西迎大驾，承制起敏为右将军，假节，前锋都督。越讨刘乔，敏引兵会之，与越俱败于萧。见第三节。

敏因中国大乱，遂请东归。收兵据历阳。秦县，晋置郡，今安徽和县。丹阳甘卓，丹阳，秦县，今安徽当涂县东。亦弃官东归，与敏遇于历阳，共图纵横之计。假称皇大弟命，拜敏为扬州刺史。敏为息取卓女，并假江东首望顾荣等四十人为将军、郡守。荣，吴人，吴丞相雍之孙。

是时州内豪桀，咸见维絷，惟贺循齐曾孙，邵子。与吴郡朱诞，不与其事。扬州刺史刘机，丹阳大守王旷等，皆弃官奔走。敏弟昶，将精兵数万据乌江。在今安徽和县东北，晋于此置乌江县。恢率钱端等南寇江州，时治豫章。刺史应邈奔走。斌东略诸郡。遂据有吴、越之地。永兴二年十二月。

敏命寮佐以己为都督江东军事，大司马，楚公，封十郡，加九锡。列上尚书：称"自江入河，奉迎銮驾"。敏分置子弟为列郡，收礼豪桀，有孙氏鼎峙之计，而刑政无章，不为英俊所服；且子弟凶暴，所在为患。周玘、顾荣之徒，常惧祸败。东海王军谘祭酒华谭，广陵人。又遗荣等书。玘、荣乃遣使密报刘准："遣兵临江，己为内应。"准遣刘机等出历阳，敏使弟昶及将军吴广次乌江以距之。又遣弟闳戍牛渚。山名，即采石，以临江，亦称采石矶，在今安徽当涂县西北。广，玘乡人也，广，吴兴人，家在长城。长城，晋县，在今浙江长兴县东。玘潜使图昶。广遣其属白事，昶倾头视书，挥刀斩之。敏遣甘卓出横江，在和县东南，与牛渚相对。坚甲利器，尽以委之。

玘、荣又说卓，卓遂背敏。敏与卓战，未获济，顾荣以白羽扇麾之，众溃。敏单骑东奔，至江乘，秦县，吴省，晋复置，在今江苏句容县北。为义兵所获，斩于建业。时永嘉元年三月也。会稽诸郡，并杀敏诸弟无遗焉。恢据武昌，自称荆州刺史，见《朱伺传》。刘弘使陶侃等讨平之。

王敦之叛也，或说甘卓："且伪许敦，待其至都而讨之。"卓曰："昔陈敏之乱，吾亦先从后图，而论者谓惧逼而谋，虽情本不尔，而事实有似，心恒愧之，今若复尔，谁能明我？"此非诚语，惧逼反噬，乃其实情。且非独卓，顾荣、周玘等，恐无不如是也。亦可见是时吴人之心矣。

陈敏之叛也，吴兴人钱璯，亦起义兵。东海王越命为建武将军，使率其属会于京都。璯至广陵，闻刘聪逼洛阳，畏懦不敢进。元帝时镇江左，促以军期。璯乃谋反。永嘉四年，二月，劫孙皓子充，立为吴王。既而杀之，寇阳羡。汉县，在今江苏宜兴县南。元帝遣将军郭逸、都尉朱典等讨之，并以兵少未敢前。三月，周玘率合乡里义众，与逸等俱进，斩之。

刘弘以光熙元年卒。明年，为怀帝永嘉元年，三月，以高密王简督荆州，镇襄阳。此据《本纪》。本传名略，字元简，谥孝，文献王子，而东海王越之弟也。文献王见第二节。三年，三月，薨。以尚书左仆射山简督荆、湘、交、广，寻又加督宁、益。简优游卒岁，惟酒是耽。先是王衍说东海王越：谓"中国已乱，当赖方伯。"乃以弟澄为荆州，族弟敦为青州。谓澄、敦曰："荆州有江、汉之固，青州有负海之险，卿二人在外，而吾留此，足以为三窟矣。"澄既至镇，日夜纵酒，虽寇戎急务，亦不以在怀。

及四年九月，而王如反于宛。如，新丰人。新丰，见第五节。初为州武吏，遇乱，流移至宛。时诸流人有诏并遣还乡里，如以关中荒残，不愿归，简与南中郎将杜蕤各遣兵送之，而促期令发，如遂潜结诸无赖少年，夜袭二军，破之。自号大将军，司、雍二州牧。大掠汉、沔。南安庞寔，此据《如传》。《本纪》作新平。南安，新平，皆见第二章第二节。冯翊严嶷，冯翊，亦见第二章第二节。长安侯脱，各率其党攻诸城镇，多杀令长以应之。时京师危逼，简、澄、蕤并遣兵入援，及如战于宛，皆大败。澄独以众进。前锋至宜城，汉县，今湖北宜城县南。遣使诣简，为严嶷所获。嶷伪使人从襄阳来，言“城破，已获山简矣”。阴缓澄使令亡。澄以为信然，散众而还。简为嶷所逼，迁于夏口。今汉口。如又破襄城。见第四节。时石勒济河，如遣众一万屯襄城以距勒。勒击败之，尽俘其众。

至南阳，屯于宛北山。如惧勒攻己，使犒师，结为兄弟。勒纳之。侯脱据宛，与如不协，如说勒攻脱。旬有二日而克。严嶷救脱无及，遂降于勒。勒斩脱；囚嶷，送于平阳；尽并其众。南寇襄阳，攻陷江西壁垒三十余所。率精骑三万还攻如。惮如之盛，复趋襄城。如遣弟璃犒师，实欲袭勒。勒迎击，灭之。复屯江西。旋北上。如军中大饥，其党互相攻击，官军进讨，各相率来降。如计无所出，归于王敦。如降无年月，《通鉴》以其余党入汉中在建兴元年，乃系之永嘉六年。后为敦所杀。如余党李运、杨武等，自襄阳将三千余家入汉中。初，陈敏作乱，朝廷以张光为顺阳大守，顺阳，晋郡，在今河南光化县北，后移淅川县东南。率步骑五千诣荆州讨之，有功，迁梁州刺史。先是秦州人邓定等二千余家饥饿，流入汉中，保于城固。汉成固县，今陕西城固县西北。渐为抄盗。梁州刺史张殷，遣巴西大守张燕讨之。巴西，见第六节。定窘急，伪降。并馈燕金银。燕喜，为之缓师。定密结李雄，雄遣众救定，燕退。定逼汉中。大守杜正冲东奔魏兴。见第六节。

殷亦弃官而遁。光止于魏兴，结诸郡守，共谋进取。燕唱言不可。光怒，斩燕。却镇汉中。及运、武至，光遣参军晋邈距之。邈受运重赂，劝光纳运。光从邈言，使居城固。既而邈以运多珍货，又欲夺之，言于光曰：“运之徒属，不事佃农，但营器杖，意在难测，可掩而取之。”光又信焉。遣邈讨运，不克。

光乞师于氐王杨茂搜，茂搜遣子难敌助之。难敌求货于光，光不与。杨武乃厚赂难敌，谓之曰：“流人宝物，悉在光处，今伐我，不如伐光。”难敌大喜，声言助光，内与运同。光弗之知也，遣息援助邈。运与难敌夹攻邈等，援为流矢所中，死。贼遂大盛。光婴城固守，愤激成疾卒。建兴元年，十一月，武陷梁州。明年，二月，大略汉中，奔于李雄。

张昌妖妄，王如粗才，皆不足道，杜弢则非其伦矣。其叛既非本心，且其材颇可用，而为诸将贪功者所间隔，卒陷于叛逆以死，弢一身不足惜，然恢复之所以难成，所用不过二等人物，亦为其一大因，此则非细故也。

弢，成都人，以才学著称，州举秀才。遭李庠之乱，避地南平。大守应詹，爱其才而礼之。后为醴陵令。醴陵，汉侯国，后汉为县，今湖南醴陵县。时巴、蜀流人汝班、蹇硕等数万家，布在荆、湘间，为旧百姓所侵苦，并怀怨恨。会蜀贼李骧，此又一李骧，非前蜀李特之弟。杀县令，屯聚乐乡，城名，吴陆抗所筑，在今湖北松滋县东。众数百人。弢与应詹击骧，破之。

蜀人杜畴、蹇抚等复扰湘州。参军冯素，与汝班不协，言于刺史荀眺曰："流人皆欲反"，眺以为然，欲尽诛流人。班等惧死，聚众以应畴。时弢在湘中，贼众共推为主。弢自称梁、益二州牧、领湘州刺史，攻破郡县。眺委城走广州。治番禺，今广东南海县。时永嘉五年五月也。以上据《杜弢传》。《王澄传》云：巴、蜀流人，散在荆、湘者，与土人忿争，遂杀县令，屯聚乐乡。澄使成都内史王机讨之。贼请降。澄伪许之。既而袭之，以其妻子为赏，沈八千余人于江中。于是益、梁流人四五万家，一时俱反，推杜弢为主。

广州刺史郭讷遣始兴大守严佐攻弢，始兴，吴郡，今广东曲江县。弢逆击破之。王澄遣王机击弢，败于巴陵。晋县，今湖南巴陵县。弢遂纵兵肆暴，伪降于山简。简以为广汉大守。广汉，见第六节。眺之走也，州人推安城大守郭察领州事。安城，吴郡，在今江西安福县东南。因率众讨弢。反为所败，察死。弢遂南破零陵，东侵武昌，害长沙、宜都、邵陵大守。宜都，见第六节。邵陵，汉昭陵县，吴置郡，晋郡县俱改曰邵陵，今湖南宝庆县。

王澄出军击弢，次于作唐。山简参军王冲叛于豫州，自称荆州刺史。澄惧，使杜蕤守江陵，汉县，今湖北江陵县。迁于孱陵。汉县，在今湖北公安县南。寻奔沓中。胡三省曰：盖在孱陵东。初，澄命武陵诸郡同讨弢，天门大守扈瑰，天门，吴郡，晋置澧阳县为郡治，今湖北石门县。次于益阳。汉县，在今湖南益阳县西。武陵内史武察，为其郡吏所害。瑰以孤军引还。澄怒，以杜曾代瑰。

曾，新野人，新野，见第三节。蕤之从祖弟也。骁勇绝人。始为新野王歆镇南参军。历华容令，华容，汉县，今湖北监利县西北。至南蛮司马。永嘉之乱，荆州荒梗，故镇南府牙门将胡亢聚众竟陵，自号楚公。永嘉六年正月。假曾竟陵大守。及是，澄使代扈瑰。瑰故吏袁遂，托为瑰报仇，举兵逐曾。澄使司马毌丘邈讨之，为遂所败。

时元帝镇江东，以军谘祭酒周𫖮刺荆州，而征澄为军谘祭酒。𫖮始到州，建平流人傅密等叛，迎弢。弢别将王真袭沔阳，颢狼狈失据。武昌大守陶侃救之，乃得免，奔建康。建兴元年八月。时王敦都督征讨诸军事，遣侃及豫章大守周访等讨弢，而敦进住豫章，为诸军继援。

敦表拜侃荆州，镇于沌口，沌水自湖北潜江县由汉水分枝，东南出，经江陵、监利至汉阳入江。又移入沔江。先是胡亢与其党，自相猜贰，诛其骁将数十人。杜曾心不自安，潜图之。会王冲屡遣兵抄亢所统，亢患之，问计于曾。曾劝令击之，亢以为然。曾因城中空虚，斩亢而并其众。自号南中郎将，领竟陵大守。冲据江陵。

陶侃参军王贡，为侃告捷于王敦，还至竟陵，矫侃令，以曾为前锋大督护，进军斩冲，悉降其众。侃召曾不到，贡又恐矫命获罪，遂与曾举兵反。侃欲退入涢中，涢水，出湖北随县，在汉阳西北入江。部将张奕，将贰于侃，诡说曰："贼至而动众，不可。"侃惑之，贼至，为所败，坐免官。奕奔于贼。《本纪》：建兴二年，三月，杜弢别将王真袭侃于林障，侃奔滠中。林障，《水经注》：在江夏沌阳县。案沌阳县，齐置，在今汉阳县西。《水经注》涢水过安陆，东南流，分为二水：东通滠水，西入于沔。王敦表侃以白衣领职。侃复率周访等进军入湘。使都尉杨举为先驱，击杜弢，大破之。

敦于是奏复侃官。弢前后数十战，将士多物故，于是请降。元帝不许。弢乃遗应詹书，求复北方或夷李雄以自效。詹启呈弢书，言"弢益州秀才，素有清望。李骧为变，弢时出家财，招募忠勇，登坛歃血，义诚慷慨。乡人推其素望，遂相冯结，论弢本情，非首作乱阶者也。"元帝乃使前南海大守王运受弢降。南海，秦郡，治番禺。加弢巴东监军。巴东，见第六节。弢受命之后，诸将殉功者攻击之不已，弢不胜愤，遂杀运，而使王真领精卒三千为奇兵，出江南向武陵，断官军运路。陶侃使郑攀等夜趣巴陵，掩其不备，大破之。真步走湘城。湘州治长沙。弢将张彦陷豫章。王敦遣督护缪蕤、李恒受周访节度，共击破之，临陈斩彦。访复以舟师造湘城。而弢遣杜弘出海昏，汉县，今江西永修县。湓口骚动。湓口，湓水入江处，在今江西九江县西。访步出柴桑，汉县，在九江西南。与贼战，破之。围弘于庐陵。庐陵郡，孙策所置，晋治石阳，在今江西吉水县东北。弘突围出，奔于临贺。汉县，吴置郡，今广西贺县。此处据《周访传》。《本纪》事在建兴三年二月，而误合破张彦、杜弘焉一事。贼中离沮。杜弢逆疑张奕而杀之，众情益惧，降者滋多。侃等诸军齐进。王真降，众党散溃。弢遁逃，不知所在。此依《弢传》。《本纪》云：弢败走，道死。时建兴三年七月也。

张光之卒也，愍帝以侍中第五琦为荆州刺史，监荆、梁、益、宁四州，出自武关。见第三节。杜曾迎琦于襄阳，为兄子娶琦女，遂分据沔、汉。陶侃新破杜弢，乘胜击曾，轻之，围曾于石城，竟陵郡治。为所败。建兴元年十月。时荀崧督荆州，镇宛，曾攻之。崧求救于周访及襄城大守石览。访使子抚会览救之，曾不能克，引兵向江陵。王敦左转陶侃为广州刺史以从弟廙刺荆州。侃将郑攀、苏温、马俊等上书请留侃，此据《侃传》。《王廙传》作马俊。敦不许。攀等时屯结涢口，涢水入江之口。遂进距廙。廙奔江安。吴公安县，晋改为江安，今湖北公安县东北。

建武元年，九月，王敦使武昌大守赵诱，襄阳大守朱轨，陵江将军黄峻讨琦。攀等士众疑沮，复散还横桑口。在今湖北天门县东南。惧诛，以司马孙景造谋，斩之降。而诱等大败于女观湖，在江陵东北。皆为曾所杀。曾遂逐廙，径造沔口。王敦遣周访讨之，破其众于沌阳，遂定沔、汉。曾走固武当。山名，在今湖北均县南。汉时置武当县，在今均县北。访屡战不能克。潜遣人缘山开道，出不意袭之，曾众溃。马俊、苏温等执曾诣访降，并获第五琦。访斩曾，送琦于王敦，敦斩之。时大兴二年五月也。兼据《本纪》及《周访》《陶侃》《王廙》《朱伺》《杜曾传》。

王机，长沙人。父毅，广州刺史，甚得南越之情。王澄与之友善，内综心膂，外为牙爪。杜弢之灭也，王敦以元帅加都督江、扬、荆、湘、交、广六州，江州刺史，镇豫章。王澄赴召，过诣敦。澄夙有盛名，出于敦右，兼勇力绝人，素为敦所惮。澄犹以旧意侮敦，敦益忿怒，令力士扼杀之。机惧祸及；又属杜弢所在发墓，而独为机守冢，机益自疑；就敦求广州。敦不许。会广州人背郭讷迎机。机遂将奴、客、门生千余人入广州。州部将温邵率众迎机。机自以篡州，惧为敦所讨，乃更求交州。晋交州，治龙编，在今越南河内省。杜弘自临贺送金数千两与机，求讨桂林贼自效。晋桂林郡治，在今广西马平县东南。机为列上，朝廷许之。

时交州刺史王谅为贼梁硕所陷。据《陶侃传》。王敦以机难制，又欲因机讨硕，故以降杜弘之勋，转机为交州刺史。硕禁州人不许迎之，机遂住郁林。汉郡，治布山，今广西贵县。杜弘破桂林贼还，遇机于道。机劝弘取交州，弘素有意，于是机与弘及温邵、交州秀才刘沈等并反。寻陶侃为广州，先讨温邵、刘沈，皆杀之。遣督护许高讨机。机走，病死于道。高宝进击梁硕，平之。杜弘诣零陵大守尹奉降。奉送弘与敦。敦以为将，见宠待焉。

钱琀之平也，元帝以周玘为吴兴大守。又以玘频兴义兵，勋诚并茂，乃以阳羡及长城之西乡，丹阳之永世，别为义兴郡，以彰其功。治阳羡。玘宗族强盛，人情所归，帝疑惮之。于时中州人士，左右王业，玘自以为不得调，内怀怨望。复为刁协轻之，耻恚愈甚。时镇东将军祭酒东莱王恢，亦为周顗所侮。乃与玘阴谋，诛诸执政，推玘及戴渊与诸南士，共奉帝以经纬世事。戴渊，广陵人。先是流人率夏铁等寓于淮、泗。恢阴书与铁，令起兵，己当与玘以三吴应之。丹阳、吴兴、吴郡。

建兴初，铁已聚众数百人。临淮大守蔡豹斩铁以闻。恢闻铁死，惧罪，奔于玘。玘杀之，埋于豕牢。帝闻而秘之。召玘为镇东司马。未到，复改授南郡大守。秦郡，治江陵，吴移治公安，晋还治江陵。玘既南行，至芜湖，汉县，在今安徽芜湖县东。又下令，以为军谘祭酒。玘忿于回易，又知其谋泄，遂忧愤发背而卒。将卒，谓子勰曰："杀我者诸伧，子能复之，乃吾子也。"吴人谓中州人曰伧，故云。

勰常缄父言，时中国亡官失守之士，避乱来者，多居显位，驾御吴人，吴人颇怨。勰因之欲起兵。潜结吴兴功曹徐馥。馥家有部曲，勰使馥矫称叔父札命以合众。豪侠乐乱者，翕然附之。以讨王导、刁协为名。孙皓族人弼，亦起兵于广德以应之。广德，吴县，今安徽广德县东。

建兴三年，正月，馥杀吴兴大守袁琇。有众数千，将奉札为主。札闻而大惊，乃告乱于义兴大守孔侃。勰知札不同，不敢发兵。馥党惧，攻馥杀之。孙弼众亦溃，宣城大守陶猷灭之。宣城，晋郡，治宛陵，今安徽宣城县。札兄靖之子筵，时为黄门侍郎，筵族兄续，亦聚众应馥。元帝议欲讨之。王导以为兵少则不足制寇，多遣则根本空虚，筵为一郡所敬，意谓直遣筵，足能杀续。于是诏以力士百人给筵，使轻骑还阳羡。筵既至郡，逼续共诣侃，杀之。筵因欲诛勰，札拒不许，委罪于从兄邵，诛之。

元帝以周氏奕世豪望，吴人所宗，故不穷治，抚之如旧。然其后王敦内犯，札守石头，六朝时建业有三城：中台城，为帝居。西石头，为宿兵之所，攻战时恒据此。东东府，凡宰相录尚书事兼扬州刺史者居之，实甲常数千人，如晋会稽王道子、宋武帝、齐高帝是也。开门纳之，盖未尝不衔旧怨？而周氏卒仍为敦辈所忌，可见当时南北之不相容也。

注释：

①践阼[jiàn zuò]：同“践祚”，即位，登基。

②嬖宠[bì chǒng]：特指受君主宠爱的妃嫔。

③挫衄[cuò nǜ]：沮丧。

第四章

东晋初年形势

第一节　元帝东渡

惠末大乱，怀、愍崎岖北方，卒无所就，而元帝立国江东，遂获更衍百年之祚，此盖自初平以来，久经丧乱，民力凋敝，朝廷纪纲，亦极颓败，其力不复能戡定北方，而仅足退守南方以自保，大势所趋，非一人一事之咎也。元帝名睿，为宣帝曾孙。嗣为琅邪王。东海王越收兵下邳，使帝监徐州诸军事。俄督扬州。越西迎大驾，留帝居守。永嘉初，移镇建业。周馥表请迁都，帝受东海王越之命，击走之。皆已见第三章第四节。

及怀帝蒙尘，司空荀藩，移檄天下，推帝为盟主。江州刺史华轶不从。轶，歆之曾孙。东海王越牧兖州，引为留府长史。永嘉中，历江州刺史。在州甚有威惠。时天子孤危，四方瓦解，轶每遣贡献入洛，不失臣节。谓使者曰："若洛都道断，可输之琅邪王，以明吾之为司马氏也。"然轶自以受洛京所遣，而为寿春所督，时扬州刺史治寿春，见第三章第九节。时洛京尚存，不能只承元帝教命。

元帝遣周访屯彭泽以备轶。彭泽，汉县，吴置郡，在今江西湖口县东。访过姑熟。城名，今安徽当涂县。著作郎干宝，见而问之。访曰："华彦夏轶字有忧天下之诚，而不欲录录受人控御，顷来纷纭，粗有嫌隙，今又无故以兵守其门，将成其衅。吾当屯寻阳故县，汉寻阳县，在今湖北黄梅县北。晋置郡，治柴桑，即今江西九江县，始移于江南。既在江西，可以捍御北方，又无嫌于相逼也。”

初陈敏之乱，刘弘以陶侃为江夏大守。江夏，见第三章第四节。后以母忧去职。服阕，参东海王越军事。轶表侃为扬武将军，使屯夏口。见第三章第九节。又以侃兄子臻为参军。臻恐难作，托疾而归。侃怒，遣臻还轶。臻遂东归元帝。帝大悦，命臻为参军。加侃奋威将军。侃乃与轶绝。及元帝承制，改易长史，轶又不从命。于是遣左将军王敦都督甘卓、周访、宋典、赵诱讨之。

前江州刺史卫展，不为轶所礼，心常鞅鞅。至是，与豫章大守周广为内应，潜军袭轶。轶众溃，奔于安城。见第三章第九节。追斩之，及其五子，传首建业。愍帝即位，加帝左丞相。岁余，进位丞相，大都督中外诸军事。已见第三章第五节。建兴五年，二月，平东将军宋哲至，宣愍帝遗诏，使帝摄万几。三月，即晋王位，改元建武。明年，建兴六年，元帝大兴元年。愍帝崩问至，乃即帝位。

《王导传》云：导参东海王越军事。时元帝为琅邪王，与导素相亲善，导知天下已乱，遂倾心推奉，帝亦雅相亲重，契同友执。帝之在洛阳也，导每劝令之国。会帝出镇下邳，请导为安东司马。军谋密策，知无不为。及徙镇建康，吴人不附，居月余，士庶莫有至者，导患之。

会敦来朝。导谓之曰：“琅邪王仁德虽厚，而名论犹轻，兄威风已振，宜有以匡济之。”会三月上巳，帝亲观禊[①]，乘肩舆，具威仪，导及诸名胜皆骑从。吴人纪瞻、顾荣，皆江南之望，窃觇视之，见其如此，咸惊惧，乃相率拜于道左。导因进计曰：“古之王者，莫不宾礼故老，存问风俗，虚己心以招俊乂，况天下丧乱，九州分裂，大业草创，急于得人者哉？顾荣、贺循，此土之望，未若引之，以结人心。二子既至，则无不来矣。”帝乃使导躬造循、荣。二人皆应命而至。由是吴会风靡，百姓归心焉。

自此之后，渐相崇奉，君臣之礼始定。俄而洛京倾覆，中州士女，避乱江左者十六七。导劝帝收其贤人君子，与之图事。时荆、扬晏安，户口殷实。导为政，务在清静。每劝帝克己厉节，匡主宁邦。于是尤见委杖，情好日隆。朝野倾心，号为仲父。此传颇能道出东晋建国之由。三言蔽之，曰：能调和南方人士，收用北来士大夫，不竭民力而已。史言“惠皇之际，王室多故，帝每恭俭退让，以免于祸。沈敏有度量，不显灼然之迹，故时人未之识焉。”深沈有余，雄略不足，是则元帝之为人也。帝之本志，盖仅在保全江表，而不问北方，即王导之志亦如此，故能志同道合。东晋之所以能立国江东者以此，其终不能恢复北方者亦以此。以建国之规模一定，后来者非有大才，往往不易更变也。

第二节　北方陷没

天下之患，莫大于中枢之失驭。中枢失驭，则虽有诚臣，亦无能为力矣。晋世北方，惟并州败坏最甚；幽、冀、青、兖，皆未尝不足有为；而凉州亦足为秦、雍之援；得雄主而用之，五胡之乱，固未尝不可戡定；即不然，亦可以相枝拄。惠帝既失驭；怀、愍处不可为之时；元帝又绝意于北略；遂至河西一隅而外，无不为异族所蹂躏矣。《诗》曰：“其何能淑，载胥及溺。”岂不哀哉？

惠帝西迁以后，能号令中原者，自莫如河南之行台。然荀藩等实手无斧柯，故迄不能振作。藩以建兴元年九月薨，愍帝以其弟组行留事。元帝大兴初，以为石勒所逼，率其属数百人，自许昌渡江而东。许昌，见第三章第二节。

时北方征镇，以青州苟晞、幽州王浚为较强，而丁绍为冀州刺史，亦能捕诛境内之羯贼。晞为石勒所灭，已见第三章第五节。绍以永嘉三年卒，王斌继之，十一月，为勒所害。王浚复兼冀州，然力实不足以守之也。

王弥之入洛阳也，纵兵大掠，刘曜禁之，弥不从。曜斩其牙门王延以徇。弥怒，与曜阻兵相攻。旋以长史张嵩谏，诣曜谢，结分如初。然曜本怨弥先入洛不待己，嫌隙遂构。弥引众东屯项关。在项县。司吏刘暾，暾东莱掖人。王弥入洛，百官歼焉，惟暾为弥乡里宿望，得免。东莱，见第三章第四节。掖，汉县，今山东掖县。说弥还据青州。弥然之。使左长史曹嶷还乡里招诱，且迎其室。后暾又劝弥征曹嶷，藉其众以诛石勒。于是弥使暾诣青州，令曹嶷引兵会己，而诈要勒共向青州。暾至东阿，汉县，今山东阳谷县东北。为勒游骑所获。勒见弥与嶷书，大怒，乃杀暾，诡请弥宴，手斩之，而并其众。弥在群盗中，较有智略，其声势亦亚于勒，既见并，勒更无所忌惮矣。

永嘉五年，十月，勒既没苟晞，并王弥，南寇豫州，至江而还。屯于葛陂，在今河南新蔡县。缮室宇，课农造舟，将寇建业。会霖雨，历三月不止。

六年，二月，元帝上尚书，檄四方讨勒。江南之众，大集寿春。见第三章第四节。勒军中饥疫，死者大半。勒会诸将计之。右长史刁膺，劝勒送款，待军退之后，徐更计之。勒愀然长啸。其谋主张宾曰："将军攻陷帝都，囚执天子，杀害王侯，妻略妃主，擢将军之发，不足以数将军之罪，奈何还相承奉乎？邺有三台之固，《水经注》：邺城西北有三台，皆因城为之基。魏武所起，中曰铜雀台，高十丈。其后石虎更增二丈。南则金虎台，高八丈。北则冰井台，亦高八丈。西接平阳，宜北徙据之。晋之保寿春，惧将军之往击耳。今卒闻回军，必欣于敌去，未遑奇兵掎击也。辎重径从北道，大军向寿春，辎重既过，大军徐回，何惧进退无地乎？"勒攘袂鼓髯[②]曰："宾之计是也。"于是退膺为将军，擢宾为右长史，号曰右侯。发自葛陂。遣从子虎率骑二千距寿春。

会江南运船至，获布米数十艘，将士争之，不设备，晋伏兵大发，败虎于巨灵口，赴水死者五百余人。奔退百里，及于勒军。军中震扰，谓王师大至。勒陈以待之。晋惧有伏兵，退还寿春。勒虽剽悍，此时实尚同流寇。前此所破者，皆晋饥疲之军，非精练之士也。此时勒军饥疫，而晋士饱马腾，形势适相反。一奋击破之，勒必无力骤取蓟州，王浚幽州之众，亦尚可资犄角，北方之情势一变矣。任其越逸，岂不惜哉？

然勒之危机，犹未已也。勒所过路次，皆坚壁清野，采掠无所获，军中大饥，士众相食。行达东燕，《水经注》：河水东北过延津，又径东燕县故城北。按《两汉志》：东郡有燕县，无东燕县，盖作史者用当时地名书之。延津，见第三章第四节。闻汲郡向冰，有众数千，壁于枋头。汲郡，见第三章第三节。枋头，城名，在今河南浚县西南。勒将于棘津北渡，棘津，在今河南延津县东北。惧冰邀之，会诸将问计，张宾请简壮勇千人，诡道潜渡，袭取其船，以济大军。勒从之，又因其资，军遂丰赈，长驱寇邺。时刘舆子演守三台。

张宾进曰："刘演众犹数千，三台险固，攻守未可卒下。王彭祖、浚字。刘越石，琨字。大敌也，宜及其未有备，密规进据，西禀平阳，扫定并、蓟。且游行羁旅，人无定志，难以保万全，制天下。邯郸、秦县，在今河北邯郸县西南。襄国，秦信都县，项羽改曰襄国，在今河北邢台县西南。赵之旧都，可择都之。"勒曰："右侯之计是也。"于是进据襄国。

宾又言于勒曰："闻广平诸县，广平，见第二章第二节。秋稼大成，可分遣诸将，收掠野谷。遣使平阳，陈宜镇此之意。"勒又然之，于是上表于刘聪，分命诸将攻冀州郡县，壁垒率多降附，运粮以输勒。勒盖至是始免于为流寇，而有建国之规模，皆张宾之谋也。

张宾者，赵郡中丘人。中丘，汉县，在今河北内邱县西。尝自拟子房，谓历观诸将，独胡将军可与共成大事，乃提剑军门，自媒于勒者也。王浚使督护王昌，率段疾六眷亦作就六眷。及其弟匹磾，文鸯，从弟末杯，亦作末波。功勒于襄国。勒袭执末杯，因以为质，请和于疾六眷。疾六眷使文鸯与石虎盟而还。浚所恃惟鲜卑，鲜卑叛而浚势摇矣。

当刘渊崛起之际，拓跋氏亦渐强。晋人乃思藉其力以犄匈奴焉。永兴元、二年间，东嬴公腾，已再用拓跋氏之众距刘渊。见《魏书·序纪》。永兴二年，猗㐌死，永嘉元年，禄官又死，猗卢遂合三部为一。

是岁，腾迁镇邺，刘琨刺并州。时并土饥荒，百姓随腾南下，余户不满二万。寇贼纵横，道路断塞。琨募得千余人，转斗至晋阳。见第三章第四节。琨在路上表曰："道险山峻，胡寇塞路。辄以少击众，冒险而进。顿伏艰危，辛苦备尝。即日达壶口关。臣自涉州疆，目睹困乏。流移四散，十不存二。携老扶弱，不绝于路。及其在者，鬻卖妻子，生相捐弃。死亡委厄，白骨横野。哀呼之声，感伤和气。群胡数万，周匝四山。动足遇掠，开目睹寇，惟有壶关，可得告籴。而此二道，九州之险，数人当路，则百夫不敢进。公私往反，没丧者多。婴守穷城，不得薪采。耕牛既尽，又乏田器。以臣愚短，当此至难，忧如循环，不皇寝食。"并州此次荒歉，《晋史》记载不详，然其灾情实极重，刘琨始终不能自立，实由于此。壶口关，在今长治县东南，汉于此置壶关县，见第三章第四节。府寺焚毁，僵尸蔽地。存者饥羸，无复人色。荆棘成林，豺狼满道，寇盗互来掩袭，恒以城门为战场。百姓负楯以耕，属鞬而耨，琨抚循劳来，甚得物情。在官未期，流人稍复，鸡犬之音，复相接矣。

《晋书·怀帝纪》：永嘉五年，十一月，猗卢寇大原，见第二章第二节。刘琨不能制，徙五县百姓于新兴，事见第三章第八节。新兴，见第二章第二节。以其地与之。

《魏书·序纪》，事在其前一年。穆帝三年。云琨遣使以子遵为质，帝嘉其意，厚报馈之。白部大人叛入西河，铁弗刘虎举众于雁门以应之，西河、雁门，皆见第二章第二节。攻琨新兴、雁门二郡。琨来乞师。帝使弟子平文皇帝将骑一万，助琨击之。大破白部。次攻刘虎，屠其营落。虎收其余烬，西走渡河，窜居朔方。见第三章第八节。晋怀帝进帝大单于，封代公。帝以封邑去国县远，民不相接，乃从琨求陉北之地。琨乃徙马邑、阴馆、楼烦、繁畤、崞五县之民于陉南，更立城邑，尽献其地。

据《晋书·刘琨传》：琨之表猗卢为代公，乃在晋阳失陷，乞师于猗卢之时。盖拓跋氏本无记注，先世事迹，皆依附中国史籍而成，故年代殊不审谛也。《魏书·铁弗刘虎传》云：南单于之苗裔，左贤王去卑之孙，北部帅刘猛之从子。居于新兴虑虒之北。虑虒，汉县，在今山西五台县北。北人谓胡父鲜卑母为铁弗，因以为号。猛死，子副仑来奔。虎父诰升爰，代领部落。诰升爰死，虎代焉。刘猛之叛，已见第二章第二节。

《刘渊载记》：渊欲援成都王颖，刘宣等谏曰："晋为无道，奴隶御我，是以右贤王猛，不胜其忿。属晋纲未弛，大事不遂，右贤涂地，单于之耻也！"然则铁弗为匈奴强部，且与晋有世仇，其助刘渊以攻琨，亦固其所。琨之免于两面受敌，实藉鲜卑之力。拓跋氏自力微以来，与晋亦为世仇，而琨能用之，其智计亦足尚矣。

《魏书·序纪》又云：是年，贾疋、阎鼎共立秦王业为大子，于长安称行台。帝复戒严，与琨更刻大举，命琨自列晋行台，部分诸军。帝将遣十万骑从西河鉴谷南出，晋军从蒲阪东度，蒲阪，见第三章第四节。会于平阳，就食聪粟，迎复晋帝。事不果行。盖琨欲用鲜卑，与关中共攻河东也。计虽未行，琨之志亦壮矣。然晋阳实荒瘠，不足与河东敌。

六年，琨杀奋威护军令狐盛，盛子泥奔刘聪。聪以为乡道，遣子粲陷晋阳。琨父母并遇害。琨奔常山，见第三章第四节。乞师于猗卢。猗卢使子利孙赴琨，不得进。猗卢自将六万骑，次于盂城。盂，汉县，在今山西阳曲县西北。《魏书·序纪》云：遣长子六修，桓帝子普根，及卫雄、范班、箕澹等为前锋，帝躬统大众二十万为后继，乃侈辞。普根，《刘琨集》作扑速根。箕澹，《刘聪载记》《魏书》《通鉴考异》引《十六国春秋》皆作姬澹。粲遁走。琨收其遗众，保于阳曲。见第二章第二节。此据《晋书·本纪》。《刘琨传》云：琨引猗卢并力攻粲，大败之，死者十五六。琨乘胜追之，更不能克。猗卢以为聪未可灭，遗琨牛羊、车马而去，留其将箕澹、段繁戍晋阳。《刘聪载记》云：猗卢遣子日利孙、宾六须及将军卫雄、姬澹等率众数万攻晋阳，琨收散卒千余，为之乡道。猗卢率众六万，至于狼猛。曜及宾六须战于汾东，曜坠马，中流矢，身被七创。曜入晋阳，夜与刘粲等略百姓逾蒙山遁归。猗卢率骑追之，战于蓝谷，粲败绩。琨收合离散，保于阳曲，猗卢城之而还。案是时猗卢之众，盖号称六万。琨众不过千余，可以见其寡弱。宾六须，《通鉴考异》云：《十六国春秋》作宥六须。狼猛，汉县，在阳曲东北。蒙山，在大原西北。蓝谷，在蒙山西。

王浚遣祁弘讨石勒，为勒所杀。刘琨与浚争冀州，使宗人刘希还中山合众。中山，汉国，今河北定县。代郡、上谷、广宁三郡人，皆归于琨。代郡、上谷，皆见第三章第八节。广宁，汉县，晋置郡，在今察哈尔宣化县西北。浚患之，遂辍讨勒之师，与琨相拒。浚遣燕相胡矩燕国，治蓟，今河北蓟县。督护诸军，与疾六眷并力攻破希，驱略三郡士女出塞。琨不复能争浚：遂欲讨勒。使子婿枣嵩督诸军屯易水。召疾六眷，将与之俱攻襄国。疾六眷自以前后违命，恐浚诛之；石勒亦遣使厚赂疾六眷等；由是不应召。浚怒，以重赂诱猗卢子日律孙，令攻疾六眷。反为所破。浚矜豪日甚，不亲为政，所任多苛刻。加亢旱灾蝗；下不堪命，多叛入鲜卑，士卒衰弱。勒用张宾计，诈降于浚。浚喜勒附己，不复设备。建兴二年，三月，勒袭执浚，送诸襄国，斩之。

《浚传》云：浚将谋僭号。浚虽妄，未必至是。《石勒载记》谓勒遣其舍人，多赍珍宝，奉表推崇浚为天子，表有"伏愿殿下，应天顺时，践登皇阼"之语，盖勒以是饵浚，后遂以是诬之也。浚固骄而寡虑，然谓其遂信勒之推奉为真，有是理哉？

《浚传》云：勒遣使刻日上尊号于浚，浚许之。勒屯兵易水。督护孙纬疑其诈，驰白浚，而引军逆勒。浚不听，使勒直前。众议皆曰："胡贪而无信，必有诈，请距之。"浚怒，欲斩诸言者，众遂不敢复谏。盛张设以待勒。勒至城，复纵兵大掠。浚左右复请讨之，不许。及勒登听事，浚乃走。出堂皇，勒众执以见勒。勒遂与浚妻并坐，立浚于前。浚骂曰："胡奴调汝公，何凶逆如此？"勒数浚不忠于晋，并责以百姓馁乏，积粟五十万斛而不振给。遂遣五百骑先送浚于襄国，收浚麾下精兵万人，尽杀之。停二日而还，孙纬遮击之，勒仅得免。夫浚即愚痴，岂有勒纵兵大掠，尚不御之之理。勒众几何？敢甫入城即散之大掠乎？孙纬遮击之，勒尚仅得免，使浚少有备，勒安能得志？故知勒是役必以轻兵掩袭，浚必绝未之知也。勒兵必甚少，故不敢久停，孙纬能遮击败之者亦以此，以少兵能于二日之间收杀浚精兵万人，事亦可疑。浚虽务聚敛，恐积粟亦未能至五十万。盖当时之人，憾浚不能振施，乃为是过甚之辞也。

浚初以田徽为兖州，李恽为青州，徽为勒将孔苌所害。建兴元年六月。恽为勒所杀，浚以薄盛代之。盛执渤海大守刘既，渤海，汉郡，治浮阳，今河北沧县。后汉移治南皮，今河北南皮县。率户五千降于勒。浚既败，勒以晋尚书刘翰行幽州刺史，戍蓟，置守宰而还。翰叛勒，奔于段匹磾。匹磾遂领幽州刺史。盖勒虽能冒险袭杀王浚，兵力实未能及幽州，故段氏复乘虚据之也。匹磾究为异族，且亦无大略，刘琨至此，乃以一身与二虏相枝拄矣。

《石勒载记》云：勒将袭王浚，而惧刘琨及鲜卑、乌丸，为其后患。张宾进曰："刘琨、王浚，虽同名晋藩，其实仇敌。若修笺于琨，送质请和，琨必欣于得我，喜于浚灭，终不救浚而袭我也。"于是轻骑袭幽州，遣张虑奉笺于琨，陈己过深重，求讨浚以自效。琨既素疾浚，乃檄诸州郡，谓"勒知命思愆，收累年之咎，求拔幽都，效善将来。今听所请，受任通和。"一若勒之害浚，琨实与之通谋者，此诬辞也。

琨之与浚争冀州，特以当时朝命不及，州郡本无适主，兵争之际，各求广地以自强，此亦未为非法，非遂与浚相攻伐也，安得谓之仇敌？勒之袭浚，仅停二日，琨虽欲救援，亦无所及，况其力实寡弱乎？浚谋僭号，既属诬辞，虽非信臣，亦无逆节，安得指勒之求拔幽都，为效善之征乎？其为诬罔，又不待辩而自明矣。

是岁，琨表愍帝曰："臣前表当与鲜卑猗卢，刻今年三月，都会平阳。会浚为勒所虏，勒势转盛，欲来袭臣，城坞骇惧，志在自守。又猗卢国内，欲生奸谋。幸卢警虑，寻皆诛灭，遂使南北顾虑，用愆成举。勒据襄国，与臣隔山。寇骑朝发；夕及臣城，同恶相求，其徒实繁。自东北八州，勒灭其七，先朝所授，存者惟臣，是以勒朝夕谋虑，以图臣为计。窥伺间隙，寇抄相寻。戎士不得解甲，百姓不得在野。自守则稽聪之诛，进讨则勒袭其后。进退惟谷，首尾狼狈"云云。琨之备勒如此，而岂信其归诚，与之谋浚者哉？

是岁，为魏穆帝猗卢七年。《魏书·序纪》云：帝复与刘琨约期，会于平阳。会石勒禽王浚，国有匈奴，杂胡万余家，多勒种类，闻勒破幽州，乃谋为乱，欲以应勒。发觉伏诛。讨聪之计，于是中止，盖不徒不能进取平阳，并陉北亦受其震撼矣。故知王浚之亡，实当时北方一大变也。自是之后，刘琨亦力竭于御勒，不暇更图匈奴矣。

建兴三年，为魏穆帝之八年。《魏书·序纪》云：晋愍帝进帝为代王，置官属，食代、常山二郡。帝忿聪、勒之乱，志欲平之。先是国俗宽简，民未知禁。至是，明刑峻法，诸部民多以违命得罪。凡后期者，皆举部戮之。或有室家相携，而赴死所。人问何之？答曰："当往就诛。"其威严伏物，皆此类也。

盖猗卢歆于爵赏，又贪虏获之利，欲迫其众南下，而其下不欲也。峻刻如此，亦无怪其召祸矣。先是猗卢城盛乐以为北都，见第三章第八节。修故平城以为南都。在今山西大同县东。更南百里，于㶟水之阳黄瓜堆筑新平城。在今山西山阴县北。猗卢少子比延有宠，欲以为后，故使长子六修出居新平城，而黜其母。四年，猗卢召六修，六修不至。猗卢怒，伐之。不利，与比延皆遇害。猗㐌子普根，先守外境，闻难来赴，攻六修灭之。普根立，月余而薨。普根子始生，桓帝后立之。其冬，又薨。

《晋书·刘琨传》云：猗卢父子相图，卢及兄子根皆病死。观猗卢病死之非其实，则普根及其子，恐亦未必善终也。初代人卫操，为卫瓘牙门，数使于拓跋氏。力微死后，操与从子雄及其宗室、乡亲姬澹等数十人，同往奔焉。说猗㐌、猗卢招纳晋人。晋人附之者稍众。猗㐌以为辅相，任以国事。刘渊、石勒之乱，操劝猗㐌助晋。东嬴公腾闻而善之，表加将号。稍迁至右将军，封定襄侯。

永嘉四年，卒。雄、澹，猗卢并以为将。操卒后为左右辅相。及是，与刘琨任子遵，率乌丸、晋人三万，牛羊十万来归。琨闻之，大悦。率数百骑，驰如平城抚纳之。琨由是复振。当时以晋人入代，而乃心华夏者，尚有莫含。《魏书·含传》云：雁门繁峙人也。家世货殖，赀累巨万。刘琨为并州，辟含从事。含居近塞下，常往来国中。穆帝爱其才器，善待之。及为代王，备置官属，求含于琨。琨遣入国。含心不愿，琨谕之曰：当今胡寇滔天，泯灭诸夏。百姓流离，死亡涂地。主上幽执，沈溺丑虏。惟此一州，介在群胡之间。以吾薄德，能自存立者，赖代王之力，是以倾身竭宝，长子远质，觊灭残贼，报雪大耻。卿为忠节，亦是奋义之时。何得苟惜共事之诚，以忘出身之大益？入为代王腹心，非但吾愿，亦一州所赖。含乃入代，参国官。后琨徙五县之民于陉南，含家独留。含甚为穆帝所重，常参军国大谋。观是时晋人用事于代者之多，而知刘琨之能用拓跋氏，为有由也。其心亦良苦矣。

会石勒攻乐平，见第二章第二节。大守韩据请救于琨。琨以士众新合，欲因其锐以威勒。箕澹谏曰："此虽晋人，久在荒裔，未习恩信，难以法御。今内收鲜卑之余谷，外抄残胡之牛羊，且闭关守险，务农息士，既感化服义，然后用之，则功可立也。”琨不从。悉发其众，命澹领步骑二万为前驱，琨自为后继。勒先据险要，设伏以击澹，大败之。一军皆没。孔苌追澹于桑干，汉县，在今察哈尔蔚县东北。攻代郡，澹死。并土震骇。寻又灾旱。琨穷蹙不能复守。段匹磾数遣使要琨，欲与同奖王室。琨由是率众赴之，从飞狐入蓟。飞狐口，在蔚、涞源二县间。匹磾见之，甚相崇重。与琨结昏，约为兄弟。

箕澹之败，论者或咎琨之躁进。然琨死后，朝廷以匹磾尚强，当为国讨石勒，不举琨哀。琨故从事中郎卢谌、崔悦等上表理琨，曰：“并州刺史东嬴公腾，以晋川荒匮，移镇临漳。见第三章第三节。大原、西河，尽徙三魏。皆见第二章第二节。琨受并州，属承其弊，到官之日，遗户无几。当易危之势，处难济之土，鸠集伤夷，抚和戎狄，数年之间，公私渐振。会京都失守，群逆纵逸，边萌顿仆，苟怀晏安。咸以为并州之地，四塞为固，且可闭关守险，畜资养徒。抗辞厉声，忠亮奋发。以为天子沈辱，而不陨身死节，情非所安。遂乃跋履山川，东征西讨。屠谷乘虚，晋阳沮溃。琨父母罹屠戮之殃，门族受歼夷之祸。向使琨从州人之心，为自守之计则圣朝未必加诛，而族党可以不丧。及猗卢败乱，晋人归奔。琨于平城，纳其初附。将军箕澹，又以为此虽晋人，久在荒裔，难以法整，不可便用。琨又让之，义形于色。假从澹议，偷于苟存，则晏然于并土，必不亡身于燕、蓟也。”

当海内俶扰之时，手握兵权者，往往心存自保，而大局之所以败坏，则正此等自便私图者为之，闻刘琨之风，亦可以少愧矣。成败本难逆睹，即仅图自守，亦岂必终能自全乎！

建武元年，刘琨与段匹磾期讨石勒。匹磾推琨为大都督。檄诸方守，俱集襄国。琨、匹磾进屯固安，汉县，今河北易县东南。以俟众军。涉复辰、疾六眷、末杯等三面俱集。勒遣间使厚赂末杯。末杯间匹磾于涉复辰、疾六眷，涉复辰等引还。琨、匹磾亦退如蓟。

会疾六眷病死，匹磾从蓟奔丧，至于右北平。汉郡，治平刚，今热河平泉县。后汉治土垠，在今河北丰润县东。晋改曰北平，见第二章第二节。末杯宣言匹磾将篡，出军击败之。末杯遂害涉复辰及其子弟党与二百余人，自立为单于。《石勒载记》云：段末杯杀鲜卑单于截附真，立忽跋邻为单于。段匹磾自幽州攻末杯，末杯逆击败之。匹磾奔还幽州，因害大尉刘琨。琨遣世子群送匹磾，为末杯所得。末杯厚礼之。许以琨为幽州刺史，与结盟而袭匹磾。密遣使赍群书，请琨为内应。而为匹磾逻骑所得。时琨别屯故征北府小城，胡三省曰：盖征北将军所治。不之知也。因来见匹磾，匹磾以群书示琨，曰："意亦不疑公，是以白公耳。"琨曰："与公同盟，志奖王室，若儿书得达，亦终不以一子负公也。"匹磾雅重琨，初无害琨意，将听还屯。其中弟叔军曰："吾胡夷耳，所以能服晋人者，畏吾众也。今我骨肉构祸，是其良图之日。若有奉琨以起，吾族尽矣。"匹磾遂留琨。

琨庶长子遵惧诛，与琨左长史杨桥，并州治中如绥闭门自守。匹磾谕之不得，因纵兵攻之。琨将龙季猛，迫于乏食，遂斩桥、绥而降。琨被拘经月，远近愤叹。匹磾所署代郡大守辟闾嵩，与琨所署雁门大守王据，后将军韩据连谋，密作攻具，欲袭匹磾。韩据女为匹磾儿妾，闻其谋而告之。匹磾于是执王据、辟闾嵩及其徒党，悉诛之。会王敦密使匹磾杀琨；匹磾又惧众反己；遂称有诏，收琨缢之。时大兴元年五月也。

卢谌、崔悦之理琨曰："琨自以备位方岳，纲维不举，无缘虚荷大任，坐居三司。是以陛下登阼，便引愆告逊。前后奉表，具陈诚款。寻令从事中郎臣续澹，以章绶节传，奉还本朝。与匹磾使荣邵，期一时俱发。又匹磾以琨王室大臣，惧夺己威重，忌琨之形，渐彰于外。琨知其意如此，虑不可久，欲遣妻息大小，尽诣京城，以其门室，一委陛下。有征举之会，则身充一卒。若匹磾纵凶慝，则妻息可免。具令臣澹，密宣此旨。求诏敕路次，令相逆卫会王成从平阳逃来，说南阳王保，称号陇右，士众甚盛，当移关中。匹磾闻此，私怀顾望。停留荣邵，欲遣前兼鸿胪边邈奉使诣保。怀澹独南，言其此事，遂不许引路。丹诚赤心，卒不上达。匹磾兄眷丧亡，嗣子幼弱，欲因奔丧，夺取其国。又自以欺国陵家，怀邪乐祸，恐父母宗党，不容其罪，是以卷甲櫜弓，阴图作乱，欲害其从叔鳞，从弟末波等，以取其国。疾六眷之死，《匹磾本传》及《刘琨传》，皆仅云匹磾前往奔丧，盖时惟阴谋篡夺，未尝讼言攻战也。《北史》云：就六眷死，其子幼弱，匹磾阴卷甲而往，欲杀其叔羽鳞及末波而夺其国，所据盖即此表？此自为当时情实。《石勒载记》之截附真，疑即疾六眷，当时曾讹传为末杯所杀；忽跋邻疑即疾六眷之子，末杯尝一立之，或始终以之袭号，而实权则在末杯也。疾六眷久贰于石勒，而匹磾殷勤招致刘琨，疑正欲藉琨之力，以图疾六眷等。若然，则段氏骨肉之间，自相携贰久矣。疾六眷既贰于勒，而固安之次，仍赴琨之期者，盖以琨为王室大臣，未敢显贰；抑亦虑琨之奉辞伐己，而匹磾为之助也。然卒擅引而去，使襄国之伐不成，琨之助匹磾以图之也固宜。匹磾亲信，密告骣、波，骣、波乃遣人距之，匹磾仅以身免。百姓谓匹磾已没，皆冯向琨。若琨于时有害匹磾之情，则居然可禽，不复劳于人力。此语或失之夸，然使以石勒处此，则必转而图匹磾矣。干戈扰攘之际，忍而无信者多成，守义者多败，此其所以有害于民德也。自此之后，上下并离。匹磾遂欲尽勒胡、晋，徙居上谷。琨深不然之。劝移厌次，见下。南冯朝廷。匹磾不能纳。反祸害父息四人。从兄二息，同时并命。琨未遇害，知匹磾必有祸心。语臣等云：受国厚恩，不能克报，虽才略不及，亦由遇此厄运。人谁不死？死生命也，惟恨下不能效节于一方，上不得归诚于陛下。辞旨慷慨，动于左右。匹磾既害琨，横加诬谤，言琨欲窥神器，谋图不轨。此亦足证谓王浚谋称尊号之诬。岂有可加之于琨，而不可加之于浚？匹磾所能为，而石勒不能为者哉？琨免述、嚣顽凶之思，又无信、布惧诛之情，踦跂乱亡之际，夹肩异类之间，而有如此之心哉？虽臧获之愚，厮养之智，犹不为之，况在国士之列，忠节先著者乎？”匹磾之怀贰，与琨之孤忠，皆可见矣。琨为赵王伦子荂姊婿，与父兄并为伦所委任，论者或以是少之。然于晋氏非纯臣，以效忠民族论，则志节炳然矣。《记》曰：“内乱不与焉，外患弗辟也。”内乱外患，又岂可以同日语哉？

匹磾既害刘琨，晋人离散。匹磾不能自固，乃南依邵续。《北史》云：匹磾既杀刘琨，与羽鳞、末波，自相攻击，部众乖离，欲拥其众，徙保上谷。平文帝闻之，阴严精骑将击之。匹磾恐惧，南奔乐陵。乐陵，见第三章第四节，此时移治厌次，见下。厌次，汉县，晋治在今山东阳信县东。续，魏郡安阳人。见第三章第三节。初为成都王颖参军。后为苟晞参军。除沁水令。汉县，今河南济源县东北。时天下渐乱，续去县还家。纠合亡命，得数百人，王浚假续乐陵大守，屯厌次。以续子乂为督护。续绥怀流散，多归附之。石勒既破浚，遣乂还招续。续以孤危无援，权附于勒。勒亦以乂为督护。既而匹磾在蓟，遗书招续，俱归元帝。续从之。其下谏曰：“今弃勒归匹磾，任子危矣。”续垂泣曰：“我出身为国，岂得顾子而为叛臣哉？”遂绝于勒。勒乃害乂。《刘胤传》曰：续徒众寡弱，谋降于石勒。胤言于续。续从之，乃杀异议者数人，遣使江南。此乃归美于胤之辞。以续之忠，其归期，必不待胤之说也。

帝以续为平原、乐安大守，平原、乐安，皆见第二章第三节。冀州刺史。匹䃅攻末杯，石勒知续孤危，遣石虎围续。续为虎所得。虎使续降其城。续呼兄子竺等曰："吾志雪国难，不幸至此；汝等努力，便奉匹䃅为主，勿有二心！"时大兴三年二月也。部曲文武，共推其息缉为营主。诏一以续本位授缉。虎送续于勒，后为勒所害。匹䃅还，闻续已没众惧而散。文鸯以亲兵数百人力战，乃得入城。与竺、缉及续兄子存等婴城距寇。明年四月，见获。惟存得溃围南奔，在道为贼所杀。匹䃅至襄国，经年，国中谋推为主，事露，被害。文鸯亦遇鸩死。初石虎攻邺，邺溃，刘演奔于廪丘。见第三章第三节。时在建兴元年。虎又攻之。续使文鸯救演，演奔鸯军，随鸯屯厌次，遇害。

王弥之死也，曹嶷仍为刘聪青州刺史。推众十余万，有雄据全齐之志。石勒请讨之。聪惮勒并齐，弗许。嶷后叛聪，南禀王命。朝廷以为青州刺史。嶷以建业县远，声势不接，惧勒袭之，遣使通和。勒授嶷青州牧。嶷尝遣使于勒，请画河为界；而时人议论，亦有以嶷与勒并称者：如刘聪大史令康相，见第五章第一节。盖在东方尚称强大，然勒声势日盛，嶷亦终无以自立已。

明帝大宁元年，勒使石虎统步骑四万攻嶷。时嶷居广固，城名，在今山东益都县西北。此城为嶷所筑，见《晋书·地理志》。尝议徙海中，保根余山，未详。会疾疫甚，未及就。虎围广固，嶷降。送于襄国，杀之。坑其众三万。青州郡县壁垒尽陷。

时东晋晏然，无意援应北方，惟范阳祖逖，以一军北上。汉涿郡，魏改为范阳，今河北涿郡。逖轻财好侠，慷慨有节尚。北方之乱，率亲党数百家，避地淮、泗，元帝用为徐州刺史。寻征为军谘祭酒。居丹徒之京口。丹徒，汉县，在今江苏镇江县东南，孙权尝居此，号其城为京城，后徙建业，乃于其地置京口镇。逖以社稷倾覆，常怀振复之志。其宾客义徒，皆暴桀勇士，逖遇之如子弟。

逖说元帝曰："晋室之乱，非上无道而下怨叛也。由藩王争权，自相诛灭，遂使戎狄乘隙，毒流中原。今遗黎既被残酷，人有奋击之志。大王诚能发威命将，使若逖等，为之统主，则郡国豪桀，必因风向赴；沈溺之士，欣于来苏；庶几国耻可雪。愿大王图之。"帝乃以逖为豫州刺史。给千人廪，布三千匹，不给铠杖，使自召募。仍将本流徙部曲百余家渡江。中流，击楫而誓曰："祖逖不能清中原而复济者，有如大江。"辞色壮烈，众皆慨叹。

屯于淮阴。秦县，今江苏淮阴县。起冶铸兵器，得二千余人而后进。《通鉴》在建兴元年。初流人坞主张平、樊雅等在谯，见第三章第三节。刘演署平为豫州刺史，雅为谯郡大守，各据一城，众数千人。又有董瞻、于武、谢浮等十余部，众各数百，皆统属平。

铚人桓宣，铚，秦县，在今安徽宿县西南。为元帝丞相舍人。帝以宣信厚，又与平、雅同州里，转宣为参军，使说平、雅。平、雅遣军主簿随宣诣丞相府受节度。帝皆加四品将军，即其所部，使扞御北方。逖出屯芦洲，在今安徽亳县东。遣参军殷乂诣平、雅。乂意轻平。平怒，斩乂，阻兵固守。逖诱浮使取平。浮谲平与会，遂斩以献逖。帝嘉逖勋，使运粮给之，而道远不至，军中大饥。

进据大丘。汉敬丘县，后汉改称大丘，在今河南永城县西北。张平余众助樊雅攻逖。逖求助于南中郎将王含，又求救于蓬陂坞主陈川。在俊仪。俊仪见第三章第四节。川遣将李头援之。桓宣时为王含参军，含遣宣领兵五百助逖。宣复说下雅。石虎围谯，含又遣宣救之，虎退。宣遂留助逖，讨诸屯坞之未附者。李头感逖恩遇，每叹曰："若得此人为主，吾死无恨。"川闻而怒，遂杀头。

头亲党冯宠，率其属四百人归于逖。川益怒，遣将掠豫州诸郡，逖遣将邀击，尽获所掠者。川大惧，遂以众附石勒。逖率众伐川。石虎领兵五万救川。逖设奇以击之，虎大败，收兵掠豫州，徙陈川还襄国，留桃豹守川故城，住西台。逖遣将韩潜等镇东台。

相守四旬，豹宵遁，退据东燕。见第二节。逖使潜进屯封丘，汉县，今河南封邱县。冯铁据二台。逖镇雍丘，汉县，今河南杞县。数遣军要截石勒。勒屯戍渐蹙，归附者甚多。逖爱人下士，虽疏交贱隶，皆恩礼遇之，由是黄河以南，尽为晋土。河上堡固，先有任子在胡者，皆听两属。时遣游军伪抄之，明其未附。诸坞主感戴，胡中有异谋，辄密以闻。前后克获，亦由此也。

其有微功，赏不逾日。躬自俭约，劝督农桑。克己务施，不畜资产。子弟耕耘，负儋樵薪。又收葬枯骨，为之祭醊。百姓感悦。尝置酒大会，耆老中坐流涕曰："吾等老矣，更得父母，死将何恨？"其得人心如此。

石勒不敢窥兵河南，使成皋县见第三章第四节。修逖母墓，因与逖书，求通使交市。逖不报书，而听互市，收利十倍。于是公私丰赡，士马日滋。此据《逖传》。《石勒载记》曰：逖善于抚纳，自河以南，多背勒归顺。勒惮之，不敢为寇。乃下幽州，修祖氏坟墓，为置守冢二家，逖闻之，甚悦。遣参军王愉使于勒，赠以方物，修结和好。勒厚赏其使，遣左常侍董树报聘，以马百匹，金五十斤答之。自后兖、豫乂安，人得休息矣。又曰：祖逖牙门童建，害新蔡内史周密，遣使降于勒。勒斩之，送首于逖，曰："天下之恶一也。"逖遣使报谢。自是兖、豫垒壁叛者，逖皆不纳。二州之人，率多两属矣。力既未能戡定，遣使往来，自所不免，不得以越境之交责之也。新蔡，见第三章第四节。

会朝廷将遣戴渊为都督，逖以渊吴人，已翦荆棘，收河南地，而渊雍容一旦来统之，意甚怏怏，且闻王敦与刘隗等构隙，虑有内难，大功不遂；感激发病。营缮虎牢城，虎牢，即成皋。未成，而逖病甚。大兴四年，九月，卒于雍丘。逖之未卒也，河南义师李矩、郭默，降将赵固等咸受节度。逖卒，弟约继之，无绥驭之才，不为士卒所附，后又与苏峻俱叛，退屯寿春，卒奔后赵，矩等之势益孤矣。

李矩，平阳人。为梁王彤牙门。伐齐万年有殊功。刘渊攻平阳，百姓奔走，矩素为乡人所爱，乃推为坞主，东屯荥阳。见第二章第二节。后移新郑。秦县，晋省，今河南新郑县北。东海王越以为汝阴大守。汉郡，魏废。晋复置，今安徽阜阳县。荀藩承制，假矩荥阳大守。矩招怀离散，远近多附之。

藩表元帝，以矩领河东、平阳大守。河东，见第二章第二节。郭默，河内怀人。河内，见第二章第二节。怀，汉县，在今河南武陟县西南。少微贱。以壮勇事大守，为督将。永嘉之乱，默率遗众，自为坞主。以渔舟抄东归行旅，积年，遂致巨富。流人依附者渐众，使谒刘琨。琨假默河内大守。默为刘渊所逼，乞归于矩。矩使其甥郭诵迎致之。后刘聪遣其从弟畅攻矩。矩夜掩破之。畅仅以身免。先是聪使其将赵固镇洛阳，长史周振，与固不协，密陈固罪。矩之破畅也，帐中得聪书，敕畅平矩讫，至洛阳，收固斩之，以振代固。矩送以示固。固即斩振父子，率骑一千来降。矩还令守洛。固、默攻河东，至于绛邑。汉绛县，后汉改称绛邑，在今山西曲沃县西南。聪遣其大子粲率刘雅等攻固，固奔阳城山。在今河南登封县北。矩遣郭诵救之，诵袭破粲。元帝嘉其功，除矩都督河南三郡军事、荥阳大守。

大兴元年，七月，聪死，粲即伪位。八月，靳准杀粲，遣使归矩。矩驰表于帝。帝遣大常韩胤等奉迎梓宫。未至，而准已为石勒、刘曜所没。帝践阼，以矩为都督司州诸军事、司州刺史。

时刘曜弘农大守尹安，弘农，见第二章第二节。振威将军宋始等四军并屯洛阳，各相疑阻，莫有固志。矩、默各遣千骑至洛以镇之。安等乃同谋告石勒。勒遣石生率骑五千至洛阳。矩、默军皆退还。俄而四将复背勒，遣使乞迎。默又遣步卒五百入洛。石生以四将相谋，不能自安，乃虏宋始一军，渡河而北。百姓相率归矩，洛中遂空。矩乃表郭诵为阳翟令，阳翟，见第三章第三节。阻水筑垒，且耕且守。

赵固死，石生攻诵，诵辄破之。郭默欲攻祖约，矩禁之，不可。为约所破。石勒遣其养子匆袭默，默战败。矩转蹙弱。默惮后患未已，将降于刘曜，使诣矩谋之。矩不许。后勒遣其将石良率精兵五千袭矩，矩逆击，不利。

郭诵弟元，复为贼所执。石生屯洛阳，大略河南，矩、默大饥。默复说矩降曜。矩从默计，遣使于曜。曜遣从弟岳军于河阴，见第三章第四节。与矩谋攻生。后默为石匆所败，自密南奔建康。密县，见第三章第五节。刘岳以外救不至，降于石虎。矩所统将士，有阴欲归勒者，矩知之而不能讨，乃率众南走，将归朝廷。众皆道亡，惟郭诵等百余人弃家送矩。至于鲁阳，汉县，今河南鲁山县。矩坠马卒。时明帝大宁三年夏也。

魏浚，东郡东阿人。东郡，见第三章第三节。寓居关中。初为雍州小史。河间王颙败乱之后，以为武威将军。后为度支校尉。永嘉末，与流人数百家，东保河阴之硖石。津名，在今河南孟津县西。洛阳陷，屯于洛北石梁坞。今在洛阳县东。抚养遗众，渐修军器。其附贼者，皆先解喻。

有恃远不宾者，遣将讨之，服从而已，不加侵暴，于是远近感悦，襁负至者甚众。刘琨承制，假浚河南尹。荀藩建行台，在密县，浚诣藩咨谋军事。藩甚悦，要李矩同会。浚因与矩相结而去。刘曜忌浚得众，率军围之。刘演、郭默遣军来救，曜邀破之。浚夜遁走，为曜所得，死之。《通鉴》在建兴元年。族子该领其众。该，刘曜攻洛阳，随浚赴难，先领兵守金墉城，见第三章第二节。曜引去，余众依之。时杜预子尹为弘农大守，屯宜阳界一泉坞，宜阳见第三章第三节。一泉坞，在今宜阳县西。数为诸贼所抄掠，尹要该共距之。该遣其将马瞻将三百人赴尹。瞻知尹无备，夜袭杀之，迎该据坞。乃与李矩、郭默相结以距贼。荀藩即以该为武威将军，统城西雍、凉人，使讨刘曜。元帝承制，以为河东大守，督护河东、河南、平阳三郡。后渐饥弊。曜寇日至。欲率众南徙。众不从。该遂单骑走。

至南阳，帝又以为雍州刺史。马瞻率该余众降曜。曜征发既苦，瞻又骄虐，部曲遣使呼该。该密往赴之。其众杀瞻而纳该。该迁于新野。见第三章第三节。率众助周访讨平杜曾。《成帝纪》：咸和元年，十月，刘曜将黄秀、帛咸寇酂，该率众奔襄阳。酂，汉县，在今湖北光化县北。诏以为顺阳大守。见第三章第九节。苏峻反，率众救台，病笃，还屯，卒于道。

郗鉴，高平金乡人。高平，见第二章第二节。金乡，后汉县，今山东金乡县。仕为中书侍郎。京师不守，鉴归乡里。时所在饥荒，州中之士，共推为主，举千余家，避难于鲁之峄山。今山东邹县东南之山，古或称为邹山，或称为峄山，又或兼称为邹峄，盖山本名峄，而在邹境也。元帝初镇江东，承制假鉴兖州刺史，镇邹山。时荀藩用李述，刘琨用兄子演，并为兖州。各屯一郡，以力相倾。阖州编户，莫知所适。

又徐龛、石勒，左右交侵。外无救援。百姓饥馑，或掘野鼠、蛰燕而食之，终无叛者。三年间，众至数万。刘遐，广平易阳人。广平，见第二章第二节。易阳，汉县，在今河北永年县西。性果毅，便弓马。直天下大乱，遐为坞主，冀方比之张飞、关羽。邵续深器之，以女妻焉。遂壁于河、济之间。贼不敢逼。遐间道遣使受元帝节度，帝以为平原内史。平原，见第二章第三节。建武初，又以为下邳内史。下邳，见第三章第四节。

初沛人周坚，一名抚，沛，见第三章第一节。与同郡周默，各为坞主。朝以抚为彭城内史，彭城，见第三章第三节。默为沛国内史。默降祖逖，抚怒，袭杀默，以彭城叛。时大兴元年十二月也。诏遐领彭城内史，与徐州刺史蔡豹、泰山大守徐龛讨之。泰山，见第三章第四节。

二年，二月，龛斩抚，传首京师。及论功，而遐先之，龛怒，以泰山叛。攻破东莞大守侯史旄而据其坞。东莞，见第三章第一节。石虎伐之，龛惧，求降。元帝许焉。既而复叛归石勒。勒遣其将王伏都、张景等数百骑助之。司徒王导，以大子右卫率羊鉴，是龛乡里冠族，必能制之，请遣北讨。鉴深辞才非将帅。郗鉴亦表鉴非才，不宜妄使。导不纳，强启授以征讨都督，与豹、遐等共讨之。遐时为临淮大守。临淮，见第三章第九节。诸将畏耎，顿兵下邳不敢前。豹欲进军，鉴固不许。龛使请救于石勒，勒辞以外难，而多求于龛；又王伏都等淫其室。

三年，五月，龛杀之，复求降。元帝恶其反覆，不纳。敕豹、鉴以时进讨。鉴、遐等并疑惮不相听从。于是遣治书侍御史郝嘏为行台催摄。尚书令刁协奏免鉴官，委豹为前锋，以鉴兵配之。豹进据卞城，卞，汉县，在今山东泗水县东。欲以逼龛。石虎屯巨平，汉县，在今山东泰安县西南。将攻豹，豹退守下邳。豹既败，将归谢罪。北中郎将王舒止之。元帝闻豹退，使收之。

使者至，王舒夜以兵围豹。豹以为他难，率麾下击之，闻有诏，乃止。舒执豹送建康，斩之。豹在徐土，内抚将士，外怀诸众，甚得远近情，闻其死，多悼惜之。四年，二月，龛又来降。石虎以精卒四万攻之。龛坚守不战。列长围守之。永昌元年，七月，执龛，送之襄国。勒囊盛于百尺楼，自上擽杀之。坑其降卒三千。郗鉴亦退屯合肥。见第三章第九节。

以上所述，为自关以东，幽、并、青、冀、徐、兖、司、豫八州之地。其自关以西，雍、秦二州之地，则以南阳王保为大。模之死也，保在上邽。见第三章第三节。后贾疋死，裴苞为张轨所杀，保全有秦州。模之败也，都尉陈安归于保。保命统千余人以讨羌，宠遇甚厚。保将张春等疾之，谮安有异志，请除之。保不许。春等辄伏刺客以刺安。安被创，驰还陇城。陇，汉县，晋废，在今甘肃清水县北。

大兴二年，保闻愍帝崩，自称晋王。俄而陈安叛，氐、羌皆应之。保窘迫，迁于祁山。在今甘肃西和县西北。张寔遣韩璞率五千骑赴难。安退保绵诸。汉道，后汉省。在今甘肃天水县东。保归上邽。屠各路松多，起兵于新平、扶风，皆见第二章第二节。附保，保以其将杨曼为雍州刺史，王连为扶风大守，据陈仓。见第三章第三节。张颉为新平大守，周庸为安定大守，安定，见第二章第二节。据阴密。见第三章第五节。松多下草壁，在阴密之东。秦、陇氐、羌多归之。

刘曜遣刘雅、刘厚攻陈仓，不克。曜率中外精锐以赴之。曼、连谋曰："吾粮廪少，无以支久，不如率见众一战，如其胜也，关中不待檄而至；如其败也，等死，早晚无在。"遂尽众背城而陈。为曜所败，连死之，曼奔南氐。曜进攻草壁，又陷之，松多奔陇城。进陷安定。时上邽大饥，张春奉保之南安。见第二章第二节。陈安自号秦州刺史，称藩于曜。

三年，正月，张春奉保奔桑城，在甘肃狄道县南。将投张寔。寔以其宗室之望，若至河右，必动物情，遣将阴监逆之，声言翼卫，实御之也。是岁，保病殁。《纪》在五月，云为张春所害。春立宗室司马瞻奉保后。陈安举兵攻春，春走。瞻降于安。安送诣刘曜，曜杀之。陈安至大宁元年，为曜所灭。详见第五章第一节。

第三节　东晋初年内乱

当九州云扰之际，克奏戡定之烈者，必为文武兼资之材。武人为于大君，夫人而知其不可矣，而温恭有恪，仅足守文者，亦不足以戡大难。

《晋书·王鉴传》：鉴为琅邪国侍郎。杜弢作逆，王敦不能制，鉴疏劝元帝征之。有曰："当五霸之世，将非不良，士非不勇，征伐之役，君必亲之。故齐桓免胄于邵陵，晋文擐甲于城濮。昔汉高、光武二帝，征无远近，敌无大小，必手振金鼓，身当矢石；栉风沐雨，壶浆不赡；驰骛四方，匪皇宁处；然后皇基克构，元勋以融。今大弊之极，剧于曩代。崇替之命，系我而已。欲使銮旍无野次之役，圣躬远风尘之劳，而大功坐就，鉴未见其易也。魏武既定中国，亲征柳城，扬旍卢龙之岭，顿辔重塞之表。非有当时烽燧之虞，盖一日纵敌，终己之患，虽戎辂蒙崄，不以为劳，况急于此者乎？刘玄德躬登汉山，而夏侯之锋摧；吴伪祖亲溯长江，而关羽之首县；袁绍犹豫后机，挫衄三分之势；刘表卧守其众，卒亡全楚之地；历观古今，拨乱之主，虽圣贤，未有高拱闲居，不劳而济者也。"此言深能道出历代兴亡成败之由，盖戡定之勋，必资武力，而师之武、臣之力者，大都非孝子顺孙，非兼信、布之才，良、平之智，固无以御之也。晋元帝惟不足以语此，故虽能立国江东，而卒以内忧诒后嗣。

王敦，导从父兄。尚武帝女襄城公主。王衍用为青州刺史，已见第三章第九节。后东海王越以为扬州刺史。元帝召为安东军谘祭酒，会扬州刺史刘陶卒，帝复以为扬州刺史，都督征讨诸军事。《敦传》曰："帝初镇江东，威名未著，敦与导等同心翼戴，以隆中兴。时人为之语曰：王与马，共天下。"盖不自为政，当其初起之时，已有大权旁落之势矣。上流经营，敦为元帅。

杜韬灭后，为江州刺史都督江、扬、荆、湘、交、广六州，专擅之迹渐彰。时诸将中较有才望者，为陶侃与周访。敦初表拜侃为荆州刺史，及杜韬平，侃将还江陵，诣敦别，敦遂留之，左转为广州刺史，而以其从弟廙刺荆州。廙在州，大诛戮侃时将佐，人情乖沮。元帝乘机，征廙，以周访为荆州。敦又迁之梁州，而自领荆州。访大怒，阴欲图之。访善于抚纳，士众皆为致死，敦颇惮之。

大兴三年，八月，访卒。帝以湘州刺史甘卓代之。卓本非纯臣，加以老耄，不复为敦所忌，敦欲以其从事中郎陈颁代卓，此据《敦传》。《谯闵王传》云：敦欲以沈充为湘州。帝又违之，而用谯王承。承亦作永，谥闵。刚王逊之子。逊，宣帝弟进之子。逊卒，子定王随立。卒，子邃立。没于石勒。元帝以承嗣逊。然湘州承蜀寇之余，公私困弊，亦不足以掣敦之肘矣。

时帝又以刘隗、刁协、戴渊、周颉等为腹心。大兴四年，七月，以渊为司州刺史，镇合肥。见第三章第九节。隗为青州刺史，镇淮阴。见第二节。其明年，为永昌元年，正月，敦以诛隗为名，举兵武昌。见第三章第九节。吴兴人沈充，初为敦参军，亦起兵以应之。吴兴，见第三章第九节。帝征渊、隗入卫。使大子右卫率周筵统兵三千讨充，右将军周札守石头。见第三章第九节。以陶侃领江州，甘卓领荆州，使各率所统，以蹑敦后。

四月，敦前锋攻石头，周札开门应之。戴渊、刘隗攻敦，王导、周颉等三道出战，皆大败。帝令隗、协避难。协行至江乘，见第三章第九节。为人所杀，送首于敦。隗至淮阴，为刘遐所袭，奔石勒，后卒于勒。戴渊、周颉奉诏诣敦，为敦所杀。刁协时为尚书令，周颉为尚书左仆射。

敦之称兵也，使告甘卓。卓伪许之而不赴，使参军乐双谏止敦。敦曰：“吾今下，惟除奸凶耳。卿还言之。事济，当以甘侯作公。”双还报，卓不能决。时谯王承遣主簿邓骞说卓。敦虑卓在后为变，遣参军乐道融要卓俱下。道融忿敦逆节，说卓伪许应命，而驰袭武昌。卓得道融说，乃决，露檄讨敦。遣罗英至广州，与陶侃刻期。虞冲与邓骞至长沙，见第三章第九节。令谯王坚守。侃得卓信，即遣参军高宝率兵下，而卓计复犹豫，军次睹口，在今湖北沔阳县。累旬不前。敦大惧，遣卓兄子行参军印求和。时王师败绩，卓乃曰：“吾师临敦上流，亦未敢便危社稷，若径据武昌，敦势逼，必劫天子以绝四海之望。不如还襄阳，见第三章第四节。时梁州治此。更思后图。”即命旋军。

都尉秦康说卓曰：“今分兵取敦不难，但断彭泽，见第一节。上下不得相越，自然离散，可一战禽也。将军既有忠节，中道而废，更为败军将，恐将军之下，亦各求其利，欲求西归，亦不可得也。”乐道融亦日夜劝卓速下，卓不能从。

卓性先宽和，忽便强塞。径还襄阳。意气骚扰，举动失常。方散兵大佃，而不为备。襄阳大守周虑，密承敦意，袭害卓，传首于敦。谯王承欲起义，众心疑惑。惟长史虞悝赞之。乃起兵，使悝弟望讨诸不服，斩敦姊夫湘东大守郑澹。湘东，见第三章第九节。敦遣南蛮校尉刘乂等甲卒二万攻承。相持百余日，城没。

乂槛送承荆州。刺史王廙承敦旨害之。廙，帝姨弟，帝使喻敦，敦留之，复以为荆州刺史者也。廙寻卒。敦还屯武昌。以兄含为荆州刺史，督沔南。敦又自督宁、益。

是岁，闰月，十一月。元帝崩。大子绍立，是为明帝。帝有文武才略，又习武艺，善抚将士。王敦欲诬以不孝而废焉，不果。明年，为大宁元年，敦讽朝廷征己。帝乃手诏征之。四月，敦移镇姑孰。见第一节。转王导为司徒，自领扬州牧。帝以郗鉴刺兖州；都督扬州江西诸军，镇合肥。敦忌之。

八月，表鉴为尚书令。十一月，徙王含都督扬州江西诸军。以从弟舒为荆州，彬为江州，邃为徐州。以沈充、钱凤为谋主。凤、充同郡人，充荐之于敦。诸葛瑶、邓岳、周抚、李恒、谢雍为爪牙。充等并凶险骄恣，共相驱扇，杀戮自己。又大起营府，侵人田宅；发掘古墓；剽掠市道；士庶解体。周札之应敦也，敦转为光禄勋。寻补尚书。顷之，迁会稽内史。会稽，见第三章第九节。

时札兄靖之子懋，为晋陵大守，晋陵，晋郡，今江苏武进县。清流亭侯。未详。懋弟筵，为吴兴内史。筵弟赞，大将军从事中郎，武康县侯。后汉永安县，晋改曰武康，今浙江武康县。赞弟缙，大子文学，都乡侯。未详。次兄子勰，临淮大守，见第三章第九节。乌程公。乌程，秦县，在今浙江吴兴县南。一门五侯，札本封东迁县侯。东迁，晋县，今吴兴之东迁镇。并居列位。吴士贵盛，莫与为比。敦深忌之。敦疾，钱凤说敦曰："今江东之豪，莫强周、沈。公万世之后，二族必不静矣。周强而多俊才，宜先为之所。"敦纳之。

时有道士李脱者，以妖术惑众。自言八百岁，故号李八百。自中州至建邺，以鬼道疗病；又署人官位；时人多信事之。弟子李弘，养徒灊山，在今安徽潜山县北。云应谶当王。故敦使庐江大守李恒，庐江，见第三章第九节。告札及其诸兄子与脱谋图不轨。

时筵为敦谘议参军，即营中杀筵及脱、弘。又遣参军贺鸾就沈充，尽掩杀札兄弟子。既而遣军会稽袭札。札先不知，卒闻兵至，率麾下数百出拒之。兵散，见杀。是役也，史谓由钱凤欲自托于充，以周氏宗强，谋灭之，使充得专威扬土。案周氏宗强，而与中朝士大夫瑕衅已深，充、凤等欲有所图，正可藉以为用，顾先加以诛翦；敦又从而听之；且任其割剥黎庶此其所为，与后来宋武帝、刘穆之正相反，安能有成？可见其本无远略矣。敦无子，养含子应。及敦病甚，拜为武卫将军以自副。钱凤谓敦曰："脱有不讳，便当以后事付应？"敦曰："非常之事，岂常人所能？且应年少，安可当大事？我死之后，莫若解众放兵，归身朝廷，保全门户，此计之上也。退还武昌，收兵自守，贡献不废；亦中计也。及吾尚存，悉众而下，万一侥幸，计之下也。"凤谓其党曰："公之下计，乃上策也。"遂与沈充定谋，须敦死后作难。

初，大原温峤大原，见第二章第二节。为刘琨谋主。琨妻，峤之从母。琨使奉表诣元帝劝进。留仕朝廷。为大子中庶子，与明帝为布衣之交。帝即位，拜侍中。俄转中书令。敦忌之，请为左司马。峤缪为勤敬，综其府事。干说密谋，以附其欲。深结钱凤，为之声誉。敦乃表补峤丹阳尹，见第三章第九节。使觇伺朝廷。峤至，具奏敦之逆谋，请先为之备。

帝欲讨敦，知其为物情所畏服，六月，伪言敦死，下诏讨钱凤。敦病转笃，不能御众，使凤及邓岳、周抚等率众三万向京师。以含为元帅。七月朔，至于南岸。温峤移屯水北，烧朱雀桁以挫其锋。朱雀桁，跨秦淮河上，在台城之南。台城正南门名朱雀门，故称朱雀桁，亦称南桁，又称大桁。帝躬率六军出次。夜募壮士，遣千人渡水，掩其未备，破之越城。在秦淮南。俄而敦死。应秘不发丧。沈充自吴兴率众万余人至，与含等合。充司马顾飏说充曰："今举大事，而天子已扼其喉，情离众沮，锋摧势挫，持疑犹豫，必至祸败。今若决破栅塘，因湖水，玄武湖。灌京邑，肆舟舰之势，极水军之用，此所谓不战而屈人之兵，上策也。藉初至之锐，并东南众军之力，十道俱进，众寡过倍，理必摧陷，中策也。转祸为福，因败为成，召钱凤计事，因斩之以降，下策也。"充不能用。飏逃归于吴。时兖州刺史刘遐、临淮大守苏峻等帅精卒万人以至。贼济水至宣阳门，台城南门。遐、峻等横击，大破之。

贼烧营宵遁。周抚弟光，捕钱凤诣阙赎罪。充归吴兴，其故将吴儒杀之。含、应乘单舸奔荆州，王舒使人沈之于江。诏王敦群从，一无所问。以陶侃代王舒，迁舒广州刺史。舒疾病，不乐越岭，朝议亦以其有功，不应远出，乃徙为湘州。彬亦见原，征拜光禄勋。时制王敦纲纪除名，参佐禁锢，以温峤言罢之。顾飏反于武康，攻烧城邑，州县讨斩之。周抚、邓岳亡入蛮中，明年，诏原敦党，乃出。

王敦乃一妄人。《敦传》言：时王恺、石崇，以豪侈相尚。恺尝置酒，敦与导俱在坐。有女伎，吹笛小失声均，恺便殴杀之。一坐改容，敦神色自若。

他日，又造恺。恺使美人行酒。以客饮不尽，辄杀之。酒至敦、导所。敦故不肯持，美人悲惧失色，而敦傲然不视。导素不能饮，恐行酒者获罪，遂勉强尽觞。又云：武帝尝召时贤，共言技艺之事。人人皆有所说。惟敦都无所关，意色殊恶。自言知击鼓。因振袖扬袍，音节谐均。神气自得，旁若无人。

《晋书》好采小说家言，小说家言，多附会失实。然亦必有其由。敦之为人，盖残贼而傲狠，残贼则敢行不义，傲狠则不肯下人。

《王导传》言：元帝初，群臣及四方劝进，敦惮帝贤明，欲更议所立，导固争乃止。夫元帝则何足惮之有？且敦亦尝倾心以辅之矣。故知敦之与帝，非有夙嫌也。且亦非有觊觎天位之心。

《祖逖传》言：敦久怀逆谋，畏逖不敢发，逖卒，始得肆意。逖之兵力，岂敦之匹？然一甘卓犹为所惮，则《逖传》之语，似不尽诬。观含、应丧败之速，知敦不死，亦未必能有所为。敦欲使应归身朝廷，保全门户，自其自知之审；含、应既已丧败，王氏犹并见原，苟其束身自归，自可不虞后患，此又敦知朝廷之审也。然则敦实非夙有叛志，不过傲狠之习，为其君所不能堪，君臣之间，因生嫌隙；嫌隙既生，既不肯屈己求全，又不能急流勇退，遂至日暮途远，倒行逆施耳。以睚眦之衅，而酿滔天之祸，其是之谓欤？邦分崩离析，而北伐之志荒矣。

明帝聪明有机断，惜在位仅三年。崩，大子衍立，是为成帝。年方六岁。大后庾氏临朝。司徒王导，与后兄中书令亮，参辅朝政。大宰西阳王羕汝南文成王亮之子，亮见第二章第二节。及温峤、郗鉴、陆晔、卞壶等，并预顾命。羕弟南顿王宗，明帝时为左卫将军，元敬皇后弟虞胤为右卫将军，并为帝所亲昵。宗连结轻侠，以为腹心，导、亮并以为言，帝以其戚属，每容之。及帝疾笃，宗等谋废大臣，规共辅政。亮排闼入，升御床，流涕言之。帝始悟，转宗为骠骑将军，胤为大宗正。

咸和元年，十月，宗复谋废执政。庾亮使右卫将军赵胤收之。宗以兵距战，为胤所杀。贬其族为马氏。羕亦坐免官，降为弋阳县王。虞胤左迁为桂阳大守。汉郡，今湖南郴县。及苏峻作乱，羕诣峻称述其勋。峻大悦。矫诏复羕爵位。峻平、赐死。世子播、播弟充及息崧皆伏诛。

苏峻者，长广掖人。长广，晋郡，治不其，在今山东即墨县南。掖，见第二节，盖尝来属。永嘉之乱，百姓流亡，所在屯聚，峻纠合，得数千家，结垒于本县。曹嶷领青州，表为掖令。峻辞疾不受，嶷恶其得众，将讨之。峻率所部数百家泛海南渡。讨王敦有功，进历阳内史。历阳，见第三章第九节。峻有锐卒万人，器械甚精，朝廷以江外寄之，而峻潜有异志。抚匿亡命。得罪之家，有逃死者，峻辄蔽匿之。众力日多，皆仰食县官。运漕者相属。稍有不如意，便肆忿言。庾亮乃出温峤督江州，镇武昌。又修石头，以为之备。

咸和二年，十一月，亮征峻为大司农。峻遂举兵反。初王敦举兵，祖约归卫京都。率众次寿阳，见第三章第四节。逐敦所署淮南大守任台。以功封五等侯，进号镇西将军。使屯寿阳，为北境藩扞。约自以名辈不后郗、卞，而不豫顾命；又望开府，及诸所表请，多不见许，遂怀怨望。石聪尝以众逼之，约屡表请救，而官军不至。聪既退，朝议又欲作涂塘以遏胡寇，涂塘，在今和县、六合县间。约谓为弃己，弥怀愤恚。及峻举兵，推崇约而罪执政。约闻而大喜。从子智及衍，并倾险好乱，又赞成其事。于是命逖子沛内史涣，沛国，见第三章第一节。女婿淮南大守许柳以兵会峻。逖妻，柳之姊也，固谏，不从。

十二月，峻将韩晃入姑孰，屠于湖。晋县，在今安徽当涂县南。以庾亮为征讨都督。赵胤为历阳大守，与左将军司马流距峻。战于慈湖，在当涂北，流败，死之。峻济自横江，见第三章第九节。次于陵口。戍名，在当涂北。

三年，二月，至蒋山。即钟山，在首都东朝阳门外。卞壶帅六师战于西陵，此据《本纪》。《壶传》云：峻至东陵口，壶与战于陵西。败绩。峻攻青溪栅，青溪，在首都东北。因风纵火，王师又大败，壶等皆死之。庾亮又败于宣阳门外。亮奔温峤。峻遂陷宫城。纵兵大掠。侵逼六宫，驱役百官。裸剥士女，皆以坏席、苫草自鄣，无草者以土自覆，哀号之声，震动内外。时官有布二十万匹，金、银五千斤，钱亿万，绢数万匹，他物称是，峻尽费之。大官惟有烧余米数石，以供御膳而已。

温峤闻难作，即下屯寻阳。见第一节。遣督护王愆期、西阳大守邓岳、西阳，汉县，晋置郡，在今湖北黄冈县东。鄱阳内史纪睦等为前锋。鄱阳，吴郡，治鄱阳，今江西鄱阳县。晋移治广晋，在今鄱阳县北。使要陶侃，共赴国难。侃不许。峤屡说不能回，更遣使顺侃意曰："仁公且守，仆宜先下。"遣信已二日，峤参军毛宝别使还，闻之，说峤曰："师克在和，不闻以异。假令可疑，犹当外示不觉，况自作疑邪？宜急追信，改旧书，说必应俱征。若不及前信，宜更遣使。"峤意悟，即追信改书。峤欲推庾亮为都统，亮固辞。乃与峤推侃为盟主。侃乃遣督护龚登率兵诣峤。已复追登还。峤重与侃书，告以"首启戎行，不敢有辞。假令此州不守，约、峻树置官长，荆楚之危，乃当甚于此州今日。”时峻杀侃子瞻，峤又以此激之。侃乃率所统，与峤、亮同赴京师。

至寻阳，议者咸谓侃欲诛执政以谢天下，亮甚惧。及见侃，引咎自责，风止可观，侃不觉释然。乃谓亮曰：“君侯修石头以拟老子，今日反见求邪？”五月，峻闻峤将至，逼大驾幸石头。侃等戎卒六万，直指石头。次于蔡洲。在首都西南江中。时峻军多马，南军杖舟楫，不敢轻与交锋，用将军李根计，据白石，在今师子山下。筑垒以自固，庾亮以二千人守之。峻步兵万余，四面来攻。众皆震恐。

亮激厉将士，并殊死战。峻军乃走。义军屡战失利。峤军食尽，贷于陶侃。侃怒曰：“使君前云：不忧无将士，惟得老仆为主耳。今数战皆北，良将安在？荆州接胡、蜀二虏，仓廪当备不虞。若复无食，仆便欲西归，更思良算。”峤曰：“天子幽逼，社稷危殆，峤等与公，并受国恩，是致命之日。今之事势，义无还踵，骑猛虎安可中下哉？公若违众独反，人心必沮，沮众败事，义旗将回指于公矣。”侃无以对。竟陵大守李阳又说侃，乃以米五万石供军。竟陵，见第三章第九节。九月，侃督水军向石头。亮、峤等率精甲一万，从白石挑战。峻劳其将士，因醉突阵，马蹶，为李阳部将彭世所斩。峻司马任让等共立峻弟逸为主。

先是郗鉴为徐州刺史，镇广陵，见第三章第九节。城孤粮绝，人情业业，莫有固志。鉴乃设坛场，刑白马，大誓三军。遣将军夏侯长等间行谓温峤曰：“今贼谋欲挟天子，东入会稽，宜先立营垒，屯据要害。既防其越逸，又断贼粮运，然后静镇京口，见第二节。清壁以待贼。贼攻城不拔，野无所掠，不过百日，必自溃矣。”峤深以为然。始将征峻也，王导出王舒为会稽内史，舒时为尚书仆射。以为外援。

及峻作逆，乃假舒节，都督，行扬州刺史。峻遣韩晃入义兴，见第三章第九节。张健、管商、弘征等入晋陵。庾亮弟冰，为吴兴内史，弃郡奔舒。舒使御史中丞谢藻，率众一万，与冰俱渡浙江。前义兴大守顾众，众从弟护军参军飏等，起义军以应舒。舒使众督护吴中军，飏监晋陵军事。舒率众次郡之西江，为冰、藻后继。冰、飏等遣前锋进据无锡。汉县，吴省，晋复置，今江苏无锡县。遇张健等数千人。战，大败。冰、飏退钱塘。秦县，后汉省，吴复，今浙江杭县。藻守嘉兴。秦由拳县，吴改曰嘉兴，今浙江嘉兴县。贼遂入吴。烧府舍，掠诸县，所在涂炭。韩晃又攻宣城，见第三章第九节。害大守桓彝。舒更以顾众督护吴、晋陵军，屯兵章埭。未详。

吴兴大守虞潭率所领讨健，屯乌苞亭。未详。并不敢进。时暴雨，大水，管商乘船旁出，袭潭及众。潭退保吴兴，众退守钱唐。贼转攻吴兴，潭诸军复退。贼复掠东迁、余杭、秦县，今浙江余杭县。武康诸县。

舒遣兄子允之等，以精锐三千，邀贼于武康，出不意，破之。韩晃既破宣城，转入故鄣、秦鄣郡，汉废为故鄣县，在今浙江安吉县西北。长城，见第三章第九节。允之遣兵击之，战于于湖，以强弩射之，晃等乃退。临海、新安诸山县，并反为贼，舒分兵讨平之。临海，吴郡，今浙江临海县东南。新安，吴新都郡，晋改为新安，今浙江淳安县西。

时陶侃进郗鉴都督扬州八郡军事，王舒、虞潭，皆受节度。鉴率众渡江，与侃会于茄子浦。未详。胡三省曰：盖其地宜茄子，人多于此树艺，因以名浦。时尚书左丞孔坦奔陶侃，侃引为长史。坦言：“本不应召郗公，遂使东门无限。今宜遣还。虽晚，犹胜不也。”侃等犹疑。坦固争甚切，始令鉴还据京口，立大业、曲阿、庱亭三垒以距贼。曲阿，秦县，今江苏丹阳县。大业，里名，在曲阿北。庱亭在吴兴。

郭默守大业，张健攻之。城中乏水，默窘迫，突围出，三军失色。贼之攻大业，陶侃将救之。长史殷羡曰：“若步战不如峻，则大事去矣。但当急攻石头，峻必救之，大业自解。”侃从之。及峻死，大业之围乃解。韩晃闻峻死，引兵赴石头。管商诣庾亮降。初峻使匡术守苑城。即台城。侍中钟雅，右卫将军刘超，与术及建康令管旆等密谋，欲奉帝出。未及期，事泄。峻使任让收超及雅害之。

四年，正月，匡术以苑城降。韩晃与苏逸等并力攻术，不能陷。温峤等选精锐将攻贼营。峻子硕，率骁勇数百，渡淮而战。淮，谓秦淮河。于阵斩硕。晃等震惧。以其众奔张健于曲阿。二月，诸军攻石头。李阳与苏逸战于祖浦，即查浦，在首都西。军败。建威长史滕含以锐卒击之，逸等大败。含奉帝御于温峤舟。苏逸以万余人自延陵将入吴兴，延陵，晋县，今丹阳县南之延陵镇。王允之与战于溧阳，秦县，在今江苏溧阳县西北。获之。管商之降也，余众并归张健。健疑弘徽等不与己同，尽杀之。更以舟、车自延陵向长塘。湖名，亦作长荡，在今江苏宜兴县西北。小大二万余口。金银财物，不可胜数。王允之与吴兴诸军击健，大破之。健与马雄、韩晃等轻军走。郗鉴督护李闳追之，及于岩山，胡三省曰：当在溧阳界。斩晃。健等降。并枭其首。

祖约叛后，颍川人陈光攻之，颍川，见第三章第三节。误禽约左右貌类约者，约逾垣得免。光奔石勒。约诸将复阴结勒，请为内应。勒遣石聪攻之。三年，七月，约奔历阳。四年，正月，赵胤遣将攻之。约以数百人奔石勒。后为勒所杀，并其亲戚中外百余人悉灭之。

苏峻者，骄暴之武夫，其将士亦皆盗贼。盖丧乱之际，结合自保者，固多忠义之士，亦多桀黠之徒也。邵续、郗鉴、李矩、魏浚等，皆端人正士，郭默则非其伦矣。默之归朝也，明帝授为征虏将军。刘遐卒，以默为北中郎将，监淮北军事。朝廷将征苏峻，召默，拜后将军，领屯骑校尉。大业之围既解，征为右军将军。默乐为边将，不愿宿卫。初被征距苏峻也，下次寻阳，见豫章大守刘胤。豫章，见第三章第九节。胤参佐张满等轻默，或裸露见之，默常切齿。温峤东下，留胤守湓口。见第三章第八节。

咸和四年，四月，峤卒，胤代为江州刺史。位任转高，矜豪日甚。纵酒耽乐，不恤政事。大殖财货，商贩百万。是时朝廷空罄，百官无禄，惟资江州运漕，而胤商旅继路，以私废公。有司奏免胤官。默赴召，谓胤曰："我能御胡，而不见用。若疆场有虞，被使出征，方始配给，将卒无素，恩信不著，以此临敌，少有不败矣。时当为官择才，若人臣自择官，安得不乱乎？"胤曰："所论事虽然，非小人所及也。"默当发，求资于胤，胤不与。

时胤被诏免官，不即归罪，方自申理，而骄侈更甚，远近怪之。侨人盖肫，先略取祖涣所杀孔炜女为妻，炜家求之，张满等使还其家，肫不与，因与胤、满有隙。至是，肫谓默曰："刘江州不受免，密有异图，与长史、司马张满、荀楷等日夜计谋，反逆已形。惟忌郭侯一人，云当先除郭侯，而后起事。祸将至矣，宜深备之。"默既怀恨，便率其徒，诈称被诏，袭杀胤，传首京师。时十二月也。掠胤女及诸妾并金宝还船。初云下都，俄遂停胤故府。王导惧不可制，乃大赦天下，枭胤首于大桁，以默为豫州刺史。武昌大守邓岳驰白陶侃。侃闻之，投袂起，曰："此必诈也。"即日率众讨默。导闻之，乃收胤首，诏庾亮助侃讨默。默欲南据豫章，而侃已至城下。明年，五月，默将宋侯等缚默降，斩于军门。

苏峻之叛，论者颇咎庾亮激变，此非其实。当时纪纲，颓废甚矣，以峻之骄暴，而居肘腋之地，夫安可以不除？咎亮者不过谓峻若无衅，未能遽称兵以叛耳。不知峻乃粗才，岂有远虑？峻兵一起，西阳王即依附之；彭城王雄、康王释子，释见第三章第三节。章武王休，义阳成王望玄孙。望见第三章第二节。亦叛奔峻；则当时乱源，潜伏非一，峻欲称兵，岂虑无所藉口？听其肆诛求以自封殖，何异藉寇兵而赍盗粮哉？廷议之际，亮谓"今日征之，纵不顺命，为祸犹浅；若复经年，为恶滋蔓，不可复制"；此必确有所见，非苟为危辞以耸听也。

或又咎亮一战而北，委君父而奔逃，此亦未审兵势。以峻兵之精，加以虏掠饵其下，其锋自未易当。当时奔北，岂亮一人？若责其委弃君父，则社稷为重君为轻，以身徇一人，纵博忠义之名，夫岂宰相之事？况亦何救于君父之患哉？兵力之不敌，征峻时固早知之，出温峤以为外援，正为此也。然亮亦非略无备豫。

温峤闻峻不受诏，便欲下卫京都，三吴又欲起义兵；三吴，见第三章第九节。亮并不听，而报峤书曰："吾忧西陲，过于历阳，足下无过雷池一步也。"雷池，在今安徽望江县。大雷水所积。郗鉴欲率所领东赴，诏亦以北寇不许。盖亮必自度兵力，尚可坚守以待外援，故尔。其后一败不能复固，则非始料所及。兵事变化甚多，固难责其一一逆料。观其守白石，以少击众，终摧方张之寇，以全形要之地，夫固非无将帅之才。视郭默之突围苟免者何如哉？然默虽骄横，固亦嚄唶宿将也。则知亮之未足深咎也。

《孔坦传》云：苏峻反，坦与司马陶回白王导曰："及峻未至，宜急断阜陵之界，阜陵，见第三章第九节。守江西当利诸口。当利，浦名，在和县东南。彼少我众，一战决矣。若峻未至，可往逼其城。今不先往，峻必先至。先人有夺人之功，时不可失。"导然之。庾亮以为峻脱径来，是袭朝廷虚也。故计不行。峻遂破姑孰，取盐米，亮方悔之。

《陶回传》云：峻将至，回复谓亮曰："峻知石头有重戍，不敢直下，必向小丹阳南道步来。小丹阳在秣陵南。秣陵在今首都东南。宜伏兵要之，可一战而禽。"亮不从。峻果由小丹阳经秣陵，迷失道，逢郡人，执以为乡道。时峻夜行，甚无部分。亮闻之，深悔不从回等之言，一似亮之坐失机宜者。然以峻兵之精，夫岂一战可决？往逼其城，峻岂不能以少兵守御，悉劲卒东出？观韩晃、张健等之豕突难御可知。然则亮虞峻径来，正是深虑。峻之行军，亦岂略无部分者？史于庾氏多谤辞。西阳、南顿，罪状昭著，尚议亮裁翦宗室，其他则更何论？悠悠之辞，岂可据为信谳也？

庾亮言忧西垂过于历阳，所忧者盖在陶侃也。侃之讨苏峻也，一若君为庾亮之君，民为温峤之民，恝然无与于已者。及讨郭默，则大异乎是。闻默杀胤，即遣将据湓口，自以大军继进。默写中诏呈侃，参佐多谏曰："默不被诏，岂敢为此？进军宜待诏报。"侃厉色曰："国家年小，不出胸怀。且刘胤为朝廷所礼，虽方任非才，何缘猥加极刑？郭默虓勇，所在暴掠。以大难新除，威网宽简，欲因隙会，骋其纵横耳。"即发使上表讨默。与王导书曰："郭默杀方州，即用为方州，害宰相，便为宰相乎？"导答曰："默居上流之势，加有船舰成资，故包含隐忍，使有其地。一月潜严，足下军到，是以得风发相赴。岂非遵养时晦，以定大事者邪？"侃省书笑曰："是乃遵养时贼也。"夫郭默所传之诏虽伪，王导所发之令则真。藉口国家年少，不出胸怀，遂不遵奉，则当主少国疑之际，不亦人人可以自擅乎？郭默既死，诏侃都督江州，领刺史，侃因移镇武昌，得毋所欲正在是邪？

《侃传》言侃媵妾数十，家僮千余，珍奇宝货，富于天府。富自何来？岂必愈于郭默？传又云：或云：侃少时渔于雷泽，网得一织梭，以挂于壁，有顷雷雨，自化为龙而去。又梦生八翼，飞而上天。见天门九重。已登其八，惟一门不得入。阍者以杖击之，因坠地，折其左翼。及寤，左腋犹痛。

又尝如厕，见一人朱衣介帻，敛板曰："以君长者，故来相报。君后当为公，位至八州都督。"有善相者师圭，谓侃曰："君左手中指有竖理，当为公。若彻于上，贵不可言。"侃以针决之，见血，洒壁而为公字。以纸裛手，公字愈明。及都督八州，据上流，握强兵，潜有窥窬之志，每思折翼之祥，自抑而止。天门九重，仅登其八，指理不彻，位止于公；盖侃终于人臣后，传述者改易而为是辞，其本所造作，则不知其作何语矣。

讨峻之役，处分规略，一出温峤，岂必有藉于侃？然峤既殷勤于前，毛宝又固争于后，得毋虑其据上流之势，而其心不可测邪？世惟有异志者畏人之疑，庾亮修石头而侃谓其拟己，情见乎辞矣。亮之忧之，安得不过于历阳也？然其终能自抑者何也？

《侃传》云：侃早孤贫，为县吏鄱阳。侃本鄱阳人，吴平，徙家庐江之寻阳。孝廉范逵尝过侃。时仓卒，无以待宾。其母乃截发，得双髲，以易酒肴，乐饮极欢，虽仆从亦过所望。及逵去，侃追送百余里。逵曰："卿欲仕郡乎？"侃曰："欲之，困于无津耳。"逵过庐江大守张夔，称美之。夔召为督邮。迁主簿。会州部从事之郡，欲有所按。侃闭门部勒诸吏。谓从事曰："若鄙郡有违，自当明宪直绳，不宜相逼。若不以礼，吾能御之。"从事即退。

夔妻有疾，将迎医于数百里。时正寒雪，诸纲纪皆难之。侃独曰："资于事父以事君，小君犹母也，安有父母之疾而不尽心乎？"乃请行。夔察侃为孝廉。至洛阳，数诣张华。华初以远人，不甚接遇，侃每往，神无忤色。华后与语，异之。除郎中。伏波将军孙秀，以亡国支庶，府望不显，中华人士，耻为掾属，以侃寒宦，召为舍人。时豫章国郎中令杨晫，侃州里也，为乡论所归。侃诣之。晫与同乘，见中书郎顾荣。吏部郎温雅谓晫曰："奈何与小人共载？"然则侃本寒素，其为人也，善于事人，亟于求进，所欲不过富贵。

当时庶族，望贵胄之一嚬一笑，皆若天上。讨苏峻之际，侃之骄蹇，可谓极矣，一见庾亮，便尔释然，职由于此。自待既卑，所志又小，加以衰耄，复安能有所作为？然又敢于偃蹇者何也？武人无学，器小易盈，志得意满，遂流于骄蹇而不自觉耳。侃世子瞻，既为苏峻所害，更以夏为世子。及送侃丧还长沙，夏与斌及称，各拥兵数千以相图。既而解散。斌先往长沙。悉取国中器使财物。侃封长沙郡公。夏至，杀斌。庾亮欲放黜之，表未至都，而夏病卒。称，为东中郎将，南平大守，南平，见第三章第九节。南蛮校尉。

咸康五年，庾亮以为监江夏、随、义阳三郡军事，南中郎将，江夏相。江夏，见第三章第四节。随，汉县，晋置郡，今湖北随县。义阳，见第二章第三节。至夏口见亮，为亮所杀。亮疏言其罪曰："擅摄五郡，自谓监军。辄召王官，聚之军府。故车骑将车刘弘曾孙安，寓居江夏。及将杨恭、赵韶，并以言色有忤，称放声当杀。安、恭惧，自赴水而死。韶于狱自尽。将军郭开，从称往长沙赴丧。称疑开附其兄弟。乃反缚，悬头于帆樯，仰而弹之，鼓棹渡江，二十余里。观者数千，莫不震骇。又多藏匿府兵，收坐应死。臣犹未忍直上，且免其司马。称肆纵丑言，无所顾忌。要结诸将，欲阻兵构难。诸将皇惧，莫敢酬答。由是奸谋，未即发露"云云。其纵恣，岂不远甚于后来之桓玄？然称之声势，果何自来哉？亮之虞侃，亦其宜矣。

第四节　成康穆间朝局

东晋国势之不振，实由当时风气之泄沓，而此种风气，王导实为之魁，读第一节所述，已可见之。王导死后，庾氏兄弟，相继执政，颇能综核名实，足矫当时之弊。惜其秉权不久。是时朝臣门户之见颇深，外藩专擅之习亦未革，遂使桓温，乘机跋扈，内外相猜，坐视北方之丧乱而不能乘，恢复良机，成为画饼矣。岂不惜哉？

苏峻平后，庾亮领豫州刺史、宣城内史，镇芜湖。宣城、芜湖皆见第三章第九节。咸和七年，陶侃卒，亮领江、豫、荆三州刺史，移镇武昌。见第三章第九节。是时政柄仍在王导之手。亮尝欲举兵废之。

《亮传》曰：时王导辅政，主幼时艰，务存大纲，不拘细目；委任赵胤、贾宁等，诸将并不奉法，大臣患之。陶侃尝欲起兵废导，而郗鉴不从，乃止。至是，亮又欲率众黜导，又以谘鉴，而鉴又不许。

亮与鉴笺曰："昔于芜湖反覆，谓彼罪虽重，而时弊国危；且令方岳道胜，亦足有所镇压；故共隐忍，解释陶公。自兹迄今，曾无悛改。主上自八九岁以及成人，入则在宫人之手，出则惟武官小人，读书无从受音句，顾问未尝遇君子。侍臣虽非俊士，皆时之良也，岂与殿中将军、司马督同年而语哉？不云当高选侍臣，而云高选将军、司马督，岂合贾生愿人主之美，翼以成德之意乎？秦政欲愚其黔首，天下犹知其不可，况乃欲愚其主哉？主之少也，不登进贤哲，以辅道圣躬。春秋既盛，宜复子明辟，不稽首归政，甫居师傅之尊。成人之主，方知师臣之悖，主上知君臣之道，不可以然，而不得不行殊礼之事。万乘之君，寄坐上九，亢龙之爻，有位无人。挟震主之威，以临制百官，百宫莫之敢忤。是先帝无顾命之臣，势屈于骄奸而遵养之也。赵、贾之徒，有无君之心，是而可忍，孰不可忍？且往日之事，含容隐忍，谓其罪可宥，良以时弊国危，兵甲不可屡动；又冀其当谢往衅，惧而修己。如顷日之纵，是上无所忌，下无所惮。谓多养无赖，足以维持天下。公与下官，并蒙先朝厚顾，荷托付之重，大奸不扫，何以见先帝于地下？愿公深惟安国家、固社稷之远算；次计公与下官负荷轻重；量其所宜。"

鉴又不许，故其事得息。案藩臣称兵，入废宰辅，自非美事。鉴之不许，自是持重之见。然朝政则益以因循紊乱矣。

《孔坦传》云：成帝既加元服，犹委政王导。坦每发愤，以国事为己忧。尝从容言于帝曰："陛下春秋以长，圣敬日跻，宜博纳朝臣，谘诹善道。"由是忤导，出为廷尉。坦本为侍中。

《孔愉传》云：咸和八年，诏给愉亲信十人禀赐。愉上疏固让，优诏不许。重表曰："方今强寇未殄，疆埸日骇。政烦役重，百姓困苦。奸吏擅威，暴人肆虐。大弊之后，仓库空虚，功劳之士，赏报不足，困悴之余，未见拯恤，呼嗟之怨，人鬼感动。宜并官省职，贬食节用，勤抚其人，以济其艰。不敢横受殊施，以重罪戾。"从之。

王导闻而非之，于都坐谓愉曰："君言奸吏擅威，暴人肆虐，为患是谁？"愉欲大论朝廷得失，陆玩抑之，乃止。后导将以赵胤为护军，愉谓导曰："中兴以来，处此官者，周伯仁顗、应思远詹耳。今诚乏才，岂宜以赵胤居之邪？"导不从。其守正如此，由是为导所衔。贾宁者，本苏峻腹心，与路永、匡术，同降于导者也。见导及《袁耽传》。导尝欲褒显之，为温峤所拒而止。见《峤传》。

时卞敦为湘州刺史。温峤、庾亮，移檄征镇，同赴京都，敦拥兵不下，又不给军粮，惟遣督护荀璲领数百人随大军而已。朝野莫不怪叹，虽陶侃亦切齿忿之。峻平之后，有司奏其阻军顾望，不赴国难，无大臣之节，请槛收付廷尉。导以丧乱之后，宜加宽宥，转为广州刺史。

时宗庙宫室，并为灰烬。温峤议迁都豫章。见第三章第九节。三吴之豪，三吴，见第三章第九节。请都会稽。见第三章第九节。二论纷纭，未有所适。导曰："建康古之金陵，旧为帝里。又孙仲谋、刘玄德俱言王者之宅。古之帝王，不必以丰俭移都。苟弘卫文大帛之冠，则无往不可；若不绩其麻，则乐土为墟矣。且北寇游魂，伺我之隙。一旦示弱，窜于蛮越，求之望实，惧非良计。今特宜镇之以静，群情自安。"由是峤等谋并不行。此事论者皆美其能镇定。其实迁会稽有远窜之嫌，迁豫章则更可进据上流，实于恢复之计为便。三吴之豪，不免乡里之见，温峤则纯出于公忠体国之诚。导之所以不肯迁都者，迁都则必有新起握权之人，不如率由旧章，便于把持也。

《导传》云：庾亮以望重地逼，出镇于外。南蛮校尉陶称，间说亮当举兵内向。或劝导密为之防。导曰："吾与元规，亮字。休戚是同。悠悠之谈，宜绝智者之口。则如君言，元规若来，吾便角巾还第，复何惧哉？"又与称书，以为

“庾公帝之元舅，宜善事之”。于是谗间遂息。时亮虽居外镇，而执朝廷之权。既据上流，拥强兵，趣向者多归之。导内不能平。尝遇西风尘起，举扇自蔽，徐曰：“元规尘污人。”

《孙盛传》曰：导执政，亮以元舅居外，陶称谗构其间，导、亮颇怀疑贰。盛密谏亮曰：“王公神情朗达，常有世外之怀，岂肯为凡人事邪？此必佞邪之徒，欲间内外耳。”导贼周顗而作色于蔡谟，世外之怀安在？《周顗传》：王敦之举兵也，刘隗劝帝尽除诸王。导率群从诣阙请罪。值顗将入，导呼顗谓曰：“伯仁，以百口累卿。”顗直入不顾。既见帝，言导忠诚，申救甚至。帝纳其言。顗喜饮酒，致醉而出。导犹在门，又呼顗。顗不与言，顾左右曰：“今年杀诸贼奴，取金印如斗大系肘。”既出，又上表明导，言甚切至。导不知救己，而甚衔之。敦既得志，问导曰：“周顗、戴若思，南北之望，当登三司，无所疑也？”导不答。又曰：“若不三司，便应令、仆邪？”又不答。敦曰：“若不尔，正当诛尔。”导又无言。导后料检中书故事，见顗表救己，殷勤款至。导执表流涕，悲不自胜。告其诸子曰：“我虽不杀伯仁，伯仁由我而死，幽冥之中，负此良友。”案顗亦元帝腹心，未必真以导为可信。所以救导者，盖当时事势，或以尽除王氏为宜，或谓宜姑容之，所见有不同耳。然顗之救导，虽不为私交，而导授意于敦而杀之，则其忌刻为已甚矣。若思，戴渊字。唐人修《晋书》，于避讳者多称其字，如称刘渊为元海，石虎为季龙是也。今于引元文者皆仍之。《导传》云：导妻曹氏性妒，导甚惮之，乃密营别馆，以处众妾。曹氏知，将往焉。导恐妾被辱，遽令命驾。犹恐迟之，以所执麈尾柄驱牛而进。蔡谟闻之，戏导曰：“朝廷欲加公九锡。”导弗之觉，但谦退而已。谟曰：“不闻余物，惟有短辕犊车，长柄麈尾。”导大怒，谓人曰：“吾往与群贤共游洛中，何曾闻有蔡克儿也。”案晋世名士，往往外若高旷，内实忌刻。《王羲之传》云：王述少有名誉，与羲之齐名，而羲之甚轻之，由是情好不协。述先为会稽，以母丧居郡境。羲之代述，止一吊，遂不重诣。述每闻角声，谓羲之当候己，辄洒扫而待之，如此者累年，而羲之竟不顾，述深以为恨。及述为扬州刺史，将就征，周行郡界，而不过羲之，临发，一别而去。先是羲之尝谓宾友曰：“怀祖正当作尚书耳，投老可得仆射，更求会稽，便是邈然。”及述蒙显授，羲之耻为之下，遣使诣朝廷，求分会稽为越州，行人失辞，大为时贤所笑。既而内怀愧叹，谓其诸子曰：“吾不减怀祖，而位遇悬邈，当由汝等不及坦之故邪？”述后检察会稽郡，辨其刑政，主者疲于简对，羲之深耻之，遂称病去郡，于父母墓前自誓，曰：“自今之后，敢渝此心，贪冒苟进，是有无尊之心而不子也。子而不子，天地所不覆载，名教所不得容。信誓之诚，有如皦日。”其热中躁进，褊隘忌克，鄙夫耻之矣。怀祖，述字，坦之，述之子也。

外宽和而内深阻，当时名士，固往往如是，然导居元辅之位，因贪权嗜利，好谀恶直之故，遂不恤败坏国事以徇之，则所诒之害弥大矣。

咸康五年，四月，导卒，征庾亮为司徒、扬州刺史，录尚书事。时亮方谋恢复中原，固辞。乃以其弟冰为中书监、扬州刺史，与何充参录尚书事。充，导妻之姊子；充妻，又明穆皇后之妹也；故少与导善，明帝亦友昵之，导与亮并称举焉。

明年，正月，亮卒，冰弟翼刺荆州。八年，六月，成帝崩。子丕、奕俱幼。庾冰舍之，而立其母弟琅邪王岳，是为康帝。

《充传》云：庾冰兄弟，以舅氏辅王室，虑易世之后，戚属转疏，每说成帝，以国有强敌，宜须长君。帝从之。充建议曰：“父子相传，先王旧典。忽妄改易，惧非长计。”冰等不从。康帝立，临轩，冰、充侍坐。帝曰：“朕嗣鸿业，二君之力也。”充对曰：“陛下龙飞，臣冰之力也。若如臣议，不睹升平之世。”充与庾氏立异，盖自兹始？

明年，为建元元年，充出刺徐州，镇京口。京口，见第二节。以避诸庾。顷之，庾翼将北伐，庾冰出镇江州，征充入领扬州。

二年，九月，帝疾笃。冰、翼意在简文帝，而充建议立子聃为大子。帝崩，大子立，是为穆帝。冰、翼甚恨之。

是岁，十一月，冰卒。明年，为永和元年，七月，翼又卒。表以后任委息爰之。论者并以诸庾世在西藩，人情所归，宜依翼所请，以安物情。充曰：“荆楚国之西门，户口百万。北带强胡，西邻劲蜀。经略险阻，周旋万里。得贤则中原可定，势弱则社稷同忧。所谓陆抗存则吴存，亡则吴亡者。岂可以白面年少，猥当此任哉？桓温英略过人，有文武识度。西夏之任，无出温者。”议者又曰：“庾爰之肯避温乎？如令阻兵，耻惧不浅。”充曰：“桓温能制之，诸君勿忧。”乃使温西。爰之果不敢争。

于是上流事权，暂握于中枢信臣之手者，自陶侃卒后。复成分争角立之象已。此东晋政局之一大变也。史于庾氏多贬辞，平心论之，或失其实。庾氏之立康帝，可谓欲扶翼其所自出，其欲立简文帝，果何为哉？庾氏弟兄，皆有志于恢复，然则其谓国有强敌，宜立长君，或非虚语也。

《成帝纪》云：帝少而聪敏，有成人之量。南顿王宗之诛也，帝不之知。及苏峻平，问庾亮曰："常日白头公何在？"亮对以谋反伏诛。帝泣，谓亮曰："舅言人作贼，便杀之，人言舅作贼，复若何？"亮惧，变色。

庾怿亮弟。尝送酒于江州刺史王允之，允之与犬，犬毙，惧而表之。帝怒曰："大舅已乱天下，小舅复欲尔邪？"怿闻，饮药而死。怿本传略同。夫南顿王之伏诛，事在咸和元年九月；苏峻入犯，庾亮出奔，事在三年三月；峻败而帝御温峤舟，亮获入见，乃在四年二月，而弋阳王即以此时伏诛，帝苟欲问南顿王，何待苏峻平后？故或谓此实弋阳王之误，然是时之弋阳，叛状显著，成帝果聪明，不应复有此问；且亦无缘诛之而不使帝知也。

《纪》又言帝少为舅氏所制，不亲庶政，而赫然一怒，庾怿遽惧而自裁，有是理乎？妨帝不亲庶政者王导也，于庾氏乎何与？而谤转集于庾氏，何哉？史称王导辅政，以宽和得众，而亮任法裁物，颇以此失人心；又言王导辅政，每从宽惠，而冰颇任威刑；此庾氏所以招谤，而导之虚誉，所由流溢与？恶直丑正，实繁有徒；民之多幸，国之不幸；悠悠之口，岂足听哉？不惟庾氏，即刘隗、刁协，颇为史所讥评，其故亦然。《隗传》云：与协并为元帝所宠，欲排抑豪强。诸刻碎之政，皆云隗、协所建。《协传》云：协性刚悍，与物多忤。每崇上抑下，故为王氏所疾。又使酒放肆，侵毁公卿，见者莫不侧目。然悉力尽心，志在匡救，帝甚信任之。其故可深长思矣。

翼尝与冰书曰："大较江东，政以伛舞豪强，以为民蠹③，时有行法，辄施之寒劣。如往年偷石头仓米一百万斛，皆豪将辈，而直打杀仓督监以塞责。山遐作余姚半年，而为官出二千户，政虽不伦，公强官长也，而群共驱之，不得安席。纪睦、徐宁，奉王使纠罪人，船头到渚，桓逸还复，而二使免官。虽皆前宰之惛缪，江东事去，实此之由也。兄弟不幸，横陷此中，自不能拔脚于风尘之外，当共明目而治之。"风格峻嶒，时之所须，正此等人也。何充居宰相，史言其无澄正改革之能。虽凡所选用，皆以功臣为先，不以私恩树亲戚，然所昵庸杂，信任不得其人，朝政复稍衰矣。

穆帝即位，年仅二岁，大后褚氏临朝。后父裒，苦求外出。于是以会稽王昱元帝少子，即简文帝也。录尚书六条事，复开宗亲秉政之端。

注释：

①禊：古代于春秋两季在水边举行的清除不祥的祭祀。

②鼓髯[gǔ rán]：鼓动胡须。

③民蠹[mín dù]：指对人民有害的人。

第五章

东晋中叶形势上

第一节　刘石兴亡

刘渊以永嘉四年六月死，子和嗣伪位。其卫尉西昌王刘锐、宗正呼延攸和，攸之甥。说和攻其弟鹿蠡王聪、齐王裕、鲁王隆、北海王乂。此据《晋书·载纪》，《通鉴》依《十六国春秋》作乂。斩裕及隆，而和为聪所攻杀。聪让位于其弟乂。乂与公卿涕泣固请，聪乃僭位，而以乂为皇大弟，盖以乂为渊后单氏所生也。聪烝于单氏，乂屡以为言，单氏惭恚而死，乂之宠因之渐衰，然犹追念单氏，未便黜废。

聪后呼延氏死，纳其大保刘殷二女为左右贵嫔，女孙四人为贵人。六刘之宠，倾于后宫。聪稀复出外，事皆中黄门纳奏，左贵嫔决之。尝以小刘贵人赐怀帝，及弑怀帝，复以为贵人。立左贵嫔为皇后。已而死。

聪如中护军靳准第，纳其二女为左右贵嫔，大曰月光，小曰月华。数月，立月光为皇后。后又以为上皇后，立贵妃刘氏为左皇后，贵嫔刘氏为右皇后。靳氏有淫行，御史大夫陈元达奏之，聪废靳，靳惭恚自杀。聪追念其姿色，深仇元达。元达，聪之诤臣也，后自杀。

聪立上皇后樊氏，张氏之侍婢也。张氏亦聪后。时四后之外，四后盖兼中皇后言之，见下。史文左右采获，叙述不必皆以次也。佩皇后玺绶者七人。中常侍王沈养女，年十四，有妙色，聪立为左皇后。尚书令王鉴，中书监崔懿之，中书令李恂等谏，皆斩之。

又立其中常侍宣怀养女为中皇后。聪尝欲为刘后起凰仪殿，陈元达谏，聪大怒，欲斩之，已而止。然又作大庙，内兴殿观四十余所。游猎无度，晨出晚归。观渔于汾，以烛继昼。立市于后庭，与宫人燕戏，或三日不醒。荒淫之行备矣。

聪大定百官。以其子粲为丞相，领大将军，录尚书事，封晋王。后又以为相国，总百揆，而省丞相。乂大师卢志，大傅崔玮，大保许遐劝乂袭粲，乂弗从。东宫舍人荀裕告之。于是收志、玮、遐，假他事杀之。使冠威卜抽监守东宫。中常侍王沈、宣怀、俞容，中宫仆射郭猗，中黄门陵修等，皆宠幸用事。聪游燕后宫，或百日不出，群臣皆因沈等言事，多不呈聪，以其意爱憎决之。或有勋旧功臣，弗见叙录，奸佞小人，数日便至二千石者。军旅无岁不兴，而将士无钱帛之赏，后宫之家，赐赉及于僮仆，动至数千万。沈等车服、宅宇，皆逾于诸王。

子弟中表，布衣为内史、令、长者三十余人，皆奢僭贪残，贼害良善。靳准合宗内外，谄以事之。聪临上秋阁，诛其特进綦毋达，大中大夫公师彧，尚书王琰、田歆，少府陈休，左卫卜崇，大司农朱诞等，皆群奄所忌也。郭猗有憾于乂，谓粲："乂将以三月上巳，因燕作难，宜早为之所。"初，靳准从妹为乂孺子，淫于侍人，乂怒，杀之，而屡以嘲准，准深惭恚，说粲："缓东宫之禁固，勿绝大弟宾客，使轻薄之徒，得与交游，然后下官为殿下露表其罪，主上必以无将之罪罪之。"于是粲命卜抽去东宫。

粲使谓乂曰："适奉中诏，云京师将有变敕裹甲以备之。"乂以为信然。准白之。于是使粲围东宫。粲使王沈、靳准收氐、羌酋长十余人穷问之，皆悬首高格，烧铁灼目，乃自诬与乂同造逆谋。于是诛乂素所亲厚大臣及东宫官属数十人，废乂为北部主。粲使准贼杀之。坑士众万五千余人，平阳街巷为空。氐、羌叛者十余万落，以靳准行车骑大将军以讨之。立粲为皇大子，领相国、大单于，总摄朝政如前。

大兴元年，七月，聪死，粲嗣伪位。粲自为宰相，威福任情。性严刻无恩惠。好兴造宫室，相国之府，放象紫宫。在位无几，作兼昼夜。饥困穷叛，死亡相继，粲弗之恤也。既嗣伪位，尊聪后靳氏为皇大后。樊氏号弘道皇后，宣氏号弘德皇后。靳等皆年未满二十，粲晨夜烝淫于内。

聪死时，上洛王刘景为大宰，济南王刘骥为大司马，昌国公刘颉为大师，朱纪为大傅，呼延晏为大保，并录尚书事。大尉范隆守尚书令，靳准为大司空，领司隶校尉，皆迭决尚书奏事。准私于粲曰："诸公将行伊、霍之事，谋先诛大保及臣，以大司马统万几。"粲诛景、顗、骥及骥母弟吴王逞，大司徒齐王刘劢等。纪、隆奔长安。以靳准为大将军、录尚书事。粲荒耽酒色，游宴后庭，军国之事，一决于准。准勒兵入宫，执粲，数而杀之。刘氏男女，无少长，皆斩于东市。发渊、聪墓，焚烧其宗庙。自号大将军汉天王，置百官，遣使称藩于晋。

自来创业之主，必能躬擐甲胄，四征不庭，独胡刘则不然。当渊之世，即蛰居河东，不能一出。盖渊特以左贤王之后，为众所推，其人本非才武。《晋书·载记》于渊多美辞，特沿袭旧史，不足信也。其时倾覆晋室者，实王弥、石勒等为之，其于胡刘，特文属而已。群盗中以石勒为最狡悍，故东方悉为所并；胡刘种姓中，惟刘曜较有材力，关中实其所陷；故刘粲既没，曜与勒遂成东西对峙之势焉。

初聪之立也，以勒为并州刺史。后又以曜为雍州牧，镇长安。而以王弥为大将军，封齐公。勒杀弥，聪大怒，使让其专害公辅，然仍以弥部众配之，势固无如勒何也。其时惟曹嶷声势较盛，故勒请讨嶷而聪弗许，盖欲藉以牵制勒。

然《聪载记》又云：勒与嶷相结，规为鼎峙之势，则嶷即存，亦未必能为聪用，且亦难保其不挠而从勒也。要之东方之局，实非刘氏所能控驭而已。聪时，平阳大饥，流叛死亡，十有五六。勒遣石越率骑二万，屯于并州，以怀抚叛者。聪使让勒，勒不奉命。司隶部人，奔于冀州者，二十万户。聪大史令康相，尝言于聪曰："石勒鸱视赵、魏，曹嶷狼顾青、齐；鲜卑之众，星布燕、代。今京师寡弱，勒众精盛。若尽赵、魏之锐，燕之突骑，自上党而东；上党，见第二章第二节。曹嶷率三齐之众以继之；陛下将何以抗之？"当时情势之危急，可以想见矣。

及刘粲见杀，刘曜自长安赴之。至赤壁，胡三省曰：《水经注》：河东皮氏县西北有赤石川。案皮氏，秦县，在今山西河津县西。僭即皇帝位。石勒亦统精锐五万讨准，据襄陵北原。襄陵，汉县，在平阳东南。准遣侍中卜泰降于勒。勒与曜竞有招怀之计，乃送泰于曜，使知城内无归曜之意。曜谓泰曰："司空若执忠诚，早迎大驾者，政由靳氏，祭则寡人。"与泰结盟，使还平阳，宣慰诸屠谷。勒疑泰与曜有谋，欲斩泰以速降之。诸将皆曰："今斩泰，准必不复降。就令泰宣汉要盟于城中，使将率诛准，准必惧而速降矣。"勒久乃从诸将议，遣之。

泰还平阳，具宣曜旨。准自以杀曜母兄，沈吟未从。寻而乔泰、王腾、靳康、准从弟。马忠等杀准，推尚书令靳明为盟主，明亦准从弟。遣卜泰奉传国六玺降于曜。勒闻之，怒甚，增兵攻之。明战累败，求救于曜。曜使刘雅、刘策等迎之。明率平阳士女万五千归于曜。曜诛明。靳氏男女，无少长皆杀之。曜西奔粟邑。汉县，在今陕西白水县西北。勒焚平阳宫室而还。曜旋徙都长安，改国号曰赵。

《曜载记》云：曜隐迹菅涔山，即管涔山。《清一统志》云：诸书皆作管，惟《寰宇志》作菅，言山多菅草也。案《晋书·载记》亦作菅。在今山西宁武县西南。尝夜间居，有二童子入，跪曰："菅涔王使小臣奉谒赵皇帝。"献剑一口，置前，再拜而去。以烛视之，剑长二尺，光泽非常，赤玉为室，背上有铭曰："神剑御，除众毒。"曜遂服之。剑随四时而变为五色。盖特造作妖言，以示其当王赵而已，此所以讽示石勒也。然尚不能定平阳，安能有赵？石勒又岂妖言所能慑，名号所可束缚者邪？

刘曜豕突，本在关中，故僭号之后，仍以雍、秦为务。曜长水校尉尹车谋反，潜结巴酋徐库彭。曜诛车，囚库彭等五十余人，欲杀之。其光禄大夫游子远谏，曜怒，幽之，而尽杀库彭等。于是巴氐尽叛，推巴归善王句渠知为主。四山羌、氐、巴、羯，应之者三十余万。关中大乱，城门昼闭。乃释子远，用其计，大赦境内，而使子远讨平之。先是上郡氐、羌十余万落，保险不降。上郡，见第二章第二节。酋大虚除权渠，自号秦王。子远又破禽其子伊余，降之。西戎之中，权渠部最强，皆禀其命而为寇暴，权渠既降，莫不归附。后曜又亲征氐、羌。《通鉴》系永昌元年。仇池杨难敌，率众来距，曜前锋击败之。仇池者，山名，在今甘肃成县西。以山巅有池，故曰仇池，池盖今所谓火山湖也。

略阳清水氐杨氏，略阳，见第二章第二节。秦、汉以来，世居陇右为豪族。汉献帝建安中，有杨腾者，为部落大帅。腾子驹，勇健多计略，始徙仇池。仇池地方百顷，因以百顷为号。四面斗绝高平。地方二十余里。羊肠盘道，三十六回。山上丰水泉，煮水成盐。驹后有名千万者，拜为百顷氐王。与兴国氐王阿贵，兴国，城名，在今甘肃秦安县东北。俱从马超为乱。超破之后，阿贵为夏侯渊攻灭，千万西南入蜀。千万孙飞龙，渐强盛，晋武帝假征西将军。《魏书·氐传》作平西将军。还居略阳。无子，养外甥令狐氏子为子，名戊搜。

惠帝元康六年，避齐万年之乱，率部落四千家，还保百顷，自号辅国将军右贤王。关中人士奔流者多依之。愍帝以为骠骑将军左贤王。时南阳王保在上邽，又以戊搜子难敌为征南将军。

建兴五年，戊搜卒，难敌袭位。与弟坚头分部曲。难敌号左贤王，屯下辨，汉道，后汉为县，在成县西。坚头号右贤王，屯河池。汉县，在今甘肃徽县西。以上据《宋书·氐传》及《三国志·四裔传注》引《魏略》。难敌为曜所败，退保仇池。仇池诸氐、羌，多降于曜。曜西讨杨韬于南安。韬，南阳王保之将。南安，见第二章第二节。韬惧，与陇西大守梁勋等降于曜。陇西，见第二章第二节。曜又进攻仇池。

时曜寝疾，兼疠疫甚，乃遣使说难敌。难敌即遣使称藩。陈安请朝，曜以疾笃不许。安怒，且以曜为死也，遂大掠而归。曜乘马舆还，使其将呼延寔监辎重于后，安要击，没之。又使将袭拔汧城。汉汧县，在今陕西陇县南。西州氐、羌悉从安。安士马雄盛，众十余万。

大宁元年，安攻曜征西刘贡于南安。休屠王石武，先以桑城降曜，桑城，见第二章第四节。及是，自桑城将攻上邽，以解南安之围。安驰归，贡追败其后军。安又驰还赴救，而武骑大至。安众大溃，以骑八千奔陇城。见第四章第二节。贡围之。曜又亲征。安突围出，欲引上邽、平襄之众，还解陇城之围。平襄，汉县，在今甘肃通渭县西南。而上邽被围，平襄已败，乃南走陕中。陕同陿，在陇城南。曜使将追斩之。陇、上邽降。氐、羌悉下，并送质任。

杨难敌闻安平，内怀危惧，奔于汉中。《宋书》本传云：与坚头俱奔晋寿，臣于李雄。《晋书·成帝纪》：咸和六年，七月，李雄将李寿侵阴平、武都，氐帅杨难敌降之。《李雄载记》：难敌兄弟为刘曜所破，奔葭萌，遣子入质。晋寿，见第三章第六节。阴平，汉道，魏为县，又置郡，在今甘肃文县西北。武都，见第二章第二节。葭萌，见第三章第六节。曜以其大鸿胪田崧为益州刺史，镇仇池。先是，《晋书·张茂传》事在大兴四年，《通鉴》系大宁元年。

曜遣其将刘咸攻张茂将韩璞于冀城，冀，汉县，晋废，在今甘肃甘谷县南。呼延寔攻宁羌护军阴鉴于桑壁。胡三省曰：当在南安东。临洮人翟松、石琮等逐令长，以县应曜。临洮，秦县，今甘肃岷县。河西大震。茂出次石头，胡三省曰：在姑臧城东。姑臧，见第三章第七节。遣参军陈珍击走之。遂复南安。永昌初，茂使韩璞取陇西、南安之地，以置秦州。及曜平陈安，刘岳方与茂相持于河上。

曜自陇上长驱至河，戎卒二十八万五千，临河列营，扬声欲百道俱渡，直至姑臧。茂惧，遣使称藩。曜拜为凉州牧凉王。

大宁三年，茂卒，无子，寔子骏嗣，曜复以茂官爵授之。咸和初，骏遣武威大守窦涛、金城大守张阆、武兴大守辛岩、扬烈将军宋辑等曾韩璞讨秦州诸郡。武威、金城，皆见第二章第二节。武兴郡，惠帝永宁中，张轨表合秦、雍流移人所置，在姑臧西北。曜遣其将刘胤来距。璞军溃。胤乘胜追奔，济河，攻陷令居，汉县，今甘肃永登县西北。入据振武。胡三省曰：在姑臧东南。河西大震。曜复攻枹罕。汉县，晋废，今甘肃导河县。护军辛晏告急。骏使韩璞、辛岩率步骑二万击之。战于临洮，大为曜军所败。璞等退走。骏遂失河南之地。

刘曜兵锋，看似锐利，实则所遇者皆小敌，以之戡定秦、雍，慑服凉州，尚虞不足，况欲长驱中原邪？而曜且荒淫无度。曜之徙都也，起光世殿于前，紫光殿于后。缮宗庙、社稷、南北郊。又立大学、小学。起酆明观。立西宫。建陵霄台于滈池。在长安西南。又将于霸陵西南营寿陵，霸陵，汉文帝陵，在长安之东。周回四里。下深二十五丈。以铜为棺椁，黄金饰之。侍中乔豫、和苞谏，曜乃停之，封豫安昌子，苞平舆子，并领谏议大夫。省酆明囿，以与贫户。然将葬其父及妻也，复亲如粟邑，以规度之。负土为坟。其下周回二里。作者继以脂烛。怨呼之声，盈于道路。游子远谏，不纳。后复遣使增其父及妻墓高九十尺。其侈，亦几与刘聪无异矣。

石勒之破靳明也，遣其左长史王修献捷于曜。曜遣郭汜等署勒大宰，进爵赵王。勒舍人曹平乐，因使留仕于曜，言于曜曰："勒遣修等来，外表至虔，内觇大驾强弱。谋待修之返，将轻袭乘舆。"时曜势实残弊，惧修宣之。曜大怒，追汜等还，斩修粟邑，停大宰之授。勒大怒，下令曰："孤兄弟之奉刘家，人臣之道过矣。石虎，勒之从子，勒父幼而子之，故或称勒弟，勒此令亦以弟视之，盖胡人不甚重昭穆也。勒杖虎以专征之任，其克定四方，虎战功颇多，故有是言。观是言，便知虎非勒所能制。勒身后之祸，盖势有必至矣。赵王赵帝，孤自为之，名号大小，岂其所节邪？"

大兴二年，勒伪称赵王。勒将石他，自雁门出上郡，雁门，见第二章第二节。袭北羌王盆句除，俘获而归。曜大怒，投袂[①]而起，次于渭城。见第三章第三节。遣刘岳追之。曜次于富平，魏县，今陕西富平县。为岳声援。岳及石他战于河滨，败之，斩他。上郡距襄国远，声势不相接，故勒不能报。大宁二年，勒遣石生屯洛阳。

明年，四月，李矩等并溃归。于是关内、河东，皆虞逼处，刘、石兵争始棘矣。生攻曜河内大守尹平于新安，河内，见第二章第二节。新安，见第三章第三节。斩之。曜遣刘岳攻生于洛阳。配以近郡甲士五千，宿卫精卒一万，济自孟津。见第二章第二节。镇东呼延谟，率荆、司之众，胡三省曰：时荆州仍属晋，司州之地，多入后赵，刘曜得其民处之关中。或曰：刘聪以洛阳为荆州，此所谓荆、司，皆晋司州之众也。自崤、渑而东。崤山，在河南洛宁县西北，西接陕县，东接渑池。渑池之西北，则渑坂也。岳围石生于金墉。见第三章第二节。

石虎率步骑四万，入自成皋关。见第三章第四节。战于洛西，岳师败绩。岳中流矢，退保石梁。见第四章第二节。虎遂堑栅列围。又败呼延谟，斩之。曜亲率军援岳。虎率骑三万来距。曜次于金谷，在洛阳西北。夜无故大惊，军溃，退如渑池。汉县，在今洛宁县西。夜中又惊，士卒奔溃，遂归长安。虎执岳，送于襄国，坑士卒万六千。此可见曜之不整，其士卒实无战心，不足以临大敌矣。

咸和三年，七月，勒遣虎率众四万，自轵关入，在今河南济源县西北。伐曜河东，进攻蒲坂。见第三章第四节。八月，曜尽中外精锐，水陆赴之。自卫关北济。在今河南汲县。虎惧，引退。追之，及于高候，胡三省曰：杜佑曰：今绛州闻喜县北有高候原。闻喜，今山西闻喜县。大战，败之，斩其将石瞻，枕尸二百余里，收其资杖亿计。

虎奔朝歌。见第三章第三节。曜遂济自大阳，见第三章第四节。攻石生于金墉。荥阳、野王皆降，荥阳，见第二章第二节。野王，汉县，今河南沁阳县。时后赵皆以为郡。襄国大震。十二月，勒命石堪、石聪及其豫州刺史桃豹等会荥阳，石虎进据石门。《水经注》：汉灵帝于敖城西北，垒石为门，以遏浚仪渠口，谓之石门。而荥渎受河水，亦有石门。案敖城，在荥阳西北敖山上。勒统步骑四万赴金墉。诸军集于成皋，步卒六万，骑二万七千。诡道兼路，出于巩、訾之间。巩，东周畿内国，今河南巩县。訾，周邑，在巩县西南。

曜摄金墉之围，陈于洛西。勒攻之，曜军大溃。曜少而淫酒，末年尤甚，将战，饮酒数斗，比出，复饮酒斗余，昏醉奔退，为堪所执，送于襄国，后为勒所杀。曜子熙、胤等，胤本曜世子，靳准之乱，没于黑匿郁鞠部。曜僭位，遂立熙为大子。后胤自言，郁鞠送之。曜以熙为后妻羊氏所生，羊有宠，哀之，遂未更易。议西保秦州。尚书胡勋曰："今虽丧主，国尚全完；将士情一，未有离叛；可共并力距险，走未晚也。"胤怒其沮众，斩之。

四年，二月，率百官奔于上邽。关中扰乱。将军蒋英、辛恕，拥众数十万，据长安，遣使招勒。勒遣石生率洛阳之众以赴之。胤及刘遵，率众数万，将攻石生于长安。九月，勒使虎率骑二万距胤。战于义渠，秦县，后汉省，在今甘肃宁县西北。为虎所败。胤奔上邽。虎乘胜追之，上邽溃，虎执熙、胤并将相诸王等，及其诸卿校公侯已下三千余人，皆杀之。前赵亡。五年，勒僭号赵天王，行皇帝事。是岁，八月，遂僭即皇帝位。《晋书·载记》云：勒自襄国都临漳。即邺，晋避愍帝讳，改为临漳县。以成周土中，汉、晋旧都，复有移都之意，乃命洛阳为南都。然勒实并未能都邺也。

第二节　后赵盛衰

在五胡之中，石勒确可称为一人物，以其性虽剽狡，而于中国之情形，颇能晓解也。羯本小种，所以能纵横中原，几至尽并北方者非其种姓之强大，实由勒在诸胡中剽狡独绝，勒死之后继之者无复雄材；而石虎之淫暴，且为诸胡之冠；而胡、羯遂忽焉以尽矣。

石勒之戕苟晞，杀王浚，破刘琨，没邵续，执段匹磾，害徐龛，皆已见前。时刘遐为兖州刺史，自邹山退屯下邳。邹山，见第四章第二节。下邳，见第三章第三节。琅邪内史孙默叛降于勒。永昌元年八月。琅邪，见第二章第三节。于是冀、并、幽州，辽西以西诸屯结，皆陷于勒。徐、兖间壁垒，亦多送任请降。及曹嶷亡，而青州诸郡县壁垒亦尽陷。祖约退屯寿春，见第三章第四节。勒复使其将王阳屯于豫州。先是朝廷以王邃督青、徐、幽、平，镇淮阴。见第四章第二节。卞敦为徐州刺史，镇泗口。在今清河县境。

大宁元年，三月，勒陷下邳，敦退保盱眙。见第三章第九节。明年，正月，石瞻复寇下邳。东莞大守竺珍，东海大守萧诞，皆叛降勒。东莞，见第三章第一节。东海，见第三章第三节。刘遐又自下邳退保泗口。卞敦以畏懦征。邃、约、遐亦以王敦之乱，还卫京师。乱平，以遐为徐州刺史，代邃镇淮阴。檀赟为兖州刺史，仍守邹山。檀赟从《本纪》，《载记》作斌。

三年，四月，石良攻邹山，陷之。石良亦据《本纪》，《载记》作石瞻。朝以郗鉴督青、兖，仅镇广陵而已。广陵，见第三章第九节。时李矩等亦皆溃归，都尉鲁潜，以许昌叛降于勒。许昌，见第三章第二节。勒遂尽陷司、兖及徐、豫滨淮州郡。

咸和元年，五月，刘遐卒，以郗鉴领徐州刺史，郭默为北中郎将，领遐部曲。遐妹夫田防，及遐故将史迭、卞咸、李龙等不乐他属，共立遐子肇，袭遐故位以叛。诏郭默等讨之。始上道，临淮大守刘矫，临淮，见第三章第二节。率将士数百，掩袭遐营，迭等进走，斩防及咸，又追斩迭、龙于下邳。十一月，石聪攻寿春，不克，遂侵逡遒、阜陵。汉浚遒县，晋作逡遒，今安徽合肥县东。阜陵，见第三章第九节。历阳大守苏峻遣将韩晃击走之。历阳，见第三章第九节。济岷大守刘闿，将军张阖等叛，胡三省曰："《晋志》曰：或云：魏平蜀，徙其豪将家于济河北，为济岷郡。《大康地志》无此郡，未详。"害下邳内史夏嘉，以下邳降于石生。明年，峻与祖约俱反。三年，四月，勒攻宛，南阳大守王国叛降于勒。宛、南阳，见第三章第四节。石瞻攻河南大守王羡于邾，陷之。河南，见第二章第二节。邾，汉县，在今湖北黄冈县西北。七月，石聪、石堪陷寿阳，祖约奔历阳。四年，二月，苏峻败，约降于勒。五年，五月，勒将刘征，聚众数千，浮海寇南沙，晋县，在今江苏常熟县西北。进入海虞。晋县，在常熟东。六年，正月，复寇娄县，汉县，在今江苏昆山县东北。掠武进。晋县，在今江苏武进县西北。朝以郗鉴戍京口，见第四章第二节。督扬州之晋陵、吴郡诸军事，讨平之。晋陵，见第四章第三节。吴郡，见第三章第九节。勒又使其荆州监军郭敬，南蛮校尉董功寇襄阳，见第三章第四节。南中郎将周抚奔武昌。见第三章第九节。中州流人，悉降于勒。敬毁襄阳，迁其百姓于沔北，城樊城以戍之。樊城，在襄阳对岸。王师复戍襄阳。七年，四月，敬又攻陷之。遂南略江西。七月，陶侃遣子斌与江夏相桓宣乘虚克樊城。江夏，见第三章第四节。侃兄子臻，与竟陵大守李阳拔新野、襄阳。竟陵，见第三章第九节。新野，见第三章第三节。敬旋师救樊，大败，宣复镇襄阳。

咸康五年，郗鉴卒，以蔡谟都督徐、兖、青三州，及扬州之晋陵、豫州之沛郡诸军事，领徐州刺史。沛郡，见第三章第一节。时石虎于青州造船数百，掠缘海诸县，所在杀戮。谟所统七千余人，所戍东至土山，在江宁县东。西至江乘，见第三章第九节。几于缘江设守已。

石勒世子兴早死，以第二子弘为世子，僭位后立为大子。弘，程遐之甥也，勒以遐为右长史，总执朝政。又令弘省可尚书奏事，使中常侍严震参综可否，征伐刑断乃呈之。又使弘镇邺，配以禁兵万人；车骑所统五十四营，悉以配之；又以骁骑领门臣祭酒王阳专统六夷以辅之；《通鉴》：愍帝建兴二年《注》曰："六夷，盖胡、羯、鲜卑、氐、羌、巴蛮，或曰：乌丸非巴蛮也。"穆帝永和六年《注》曰："六夷，胡、羯、氐、羌、段氏及巴蛮也。"窃疑当时虽有六夷之名，其种姓并无一定，故前史亦无的说。盖所以备石虎，然积重之势，断非如是遂能挽救也。

咸和八年，七月，勒死。虎执弘。收遐下廷尉。召其子邃率兵入宿卫。文武靡不奔散。弘大恐，让位于虎。虎逼立之。勒妻刘氏谓石堪曰："皇祚之灭，不复久矣，王将何以图之？"堪曰："先帝旧臣，皆已斥外，众旅不复由人，宫殿之内，无所措筹。臣请出奔兖州，据廪丘，见第三章第三节。挟南阳王为盟主，南阳王恢，勒少子。宣大后诏于牧守、征镇，令各率义兵，同讨桀逆。"于是微服轻骑袭兖州，失期不克。遂南奔谯城。见第三章第三节。

虎遣其将郭大等追击之，获堪于城父，汉县，在今安徽亳县东南。送襄国，炙而杀之。征石恢还襄国。刘氏谋泄，虎杀之。尊弘母程氏为皇大后。时石生镇关中，石朗镇洛阳，皆起兵。虎留子邃守襄国，统步骑七万，攻朗于金墉。见第三章第二节。金墉溃，获朗，刖②而斩之。

进师攻长安。以石挺为前锋大都督。生遣将军郭权，率鲜卑涉璝斤众二万为前锋拒之。大战潼关，见第三章第三节。挺死，虎退奔渑池，汉县，在今河南洛宁县西。枕尸三百余里。鲜卑密通于虎，背生而击之。生奔长安，潜于鸡头山。《括地志》：鸡头山，在成州上禄县东北二十里，在长安西南九百六十里。胡三省曰：原州平高县西百里亦有笄头山，在长安西八百里。按上禄，在今甘肃成县西南。平高，即汉高平，北周改名，见第二章第二节。虎进攻长安，旬余，拔之。生为部下所杀。郭权据上邽归顺，上邽，见第三章第三节。京兆、新平、扶风、冯翊、北地皆应之。皆见第二章第二节。虎遣郭敖及其子斌等率步骑四万讨之，次于华阴。见第三章第三节。

九年，四月，上邽豪族害权以降。虎废弘为海阳王，并程氏及勒子秦王宏、南阳王恢，幽诸崇训宫，寻杀之。弘时年二十二。虎称居摄赵天王。咸康元年，九月，迁于邺。三年，僭称大赵天王。永和五年，僭即皇帝位。

石虎本以兵起，故僭位之后，仍志在穷兵，然时胡、羯之势，已成强弩之末，而鲜卑、氐、羌日大，虎之穷兵，遂适以自促其亡矣。诸部落中，鲜卑慕容氏尤盛。建武初，元帝承制，拜慕容廆都督辽左杂夷、流人诸军事、大单于、昌黎公，昌黎，见第二章第二节。廆让而不受。已遣长史浮海劝进。帝即位，重申前命，廆固辞公封。时二京倾覆，幽、冀沦陷，廆刑政修明，虚怀引纳，流亡士庶多归之。廆乃立郡以统流人；推举贤才，委以庶政。平州刺史东夷校尉崔毖，王浚妻舅浚所用，见《浚传》。意存怀集，而流亡莫赴，毖意廆拘留，乃阴结高句丽及宇文、段氏，谋灭廆而分其地。

大兴初，三国伐廆，攻棘城。见第三章第八节。廆以计间之。二国引归，宇文悉独官独留，为廆所败。于其营候获玉玺三纽，遣长史裴嶷送于建康。《本纪》，事在大兴三年二月。《北史》云：莫廆死，子逊昵延立。攻廆于棘城，为廆所败，乃卑辞厚币，遣使朝贡于昭帝。帝嘉之，以女妻焉。亦见《魏书》本纪。悉独官，即逊昵延也。

二年，十一月，崔毖奔高句丽。元帝使拜廆平州刺史。四年，十二月，加牧，进封辽东郡公，承制海东，置平州守宰。段匹磾之败，末杯仍据辽西。末杯初统其国而不设备，廆遣子皝袭之，入令支，汉县，在今河北迁安县西。收其名马、宝物而还。石勒遣使通和廆距之，送其使于建业。勒怒。时逊昵延死，子乞得龟立。

大宁元年，勒遣龟击廆。廆克之。乘胜入其国，收其资用亿计，徙其人数万户以归。其后廆与陶侃笺，说宜北伐之意。并赍东夷校尉、辽东相等三十余人疏上侃府，求封廆为燕王。朝议未定。咸和八年，五月，廆卒。皝嗣。皝，廆第三子也。宇文乞得龟为其别部逸豆归所逐，奔死于外。皝讨之。逸豆归惧，请和。皝庶兄翰，骁武有雄才，素为皝所忌。母弟仁、昭，并有宠于廆，皝亦不平之。廆卒，并惧不自容。段末杯卒，弟牙嗣。大宁三年三月。牙卒，就六眷之孙辽立。《通鉴》事在大宁三年，云：慕容廆与段氏方睦，为段牙谋，使之徙都。牙从之，即去令支。国人不乐。段疾陆眷之孙辽，欲夺其位，以徙都为牙罪，十二月，帅国人攻而杀之。辽《魏书》作护辽。

自末杯至辽，晋皆以为幽州刺史。翰出奔辽。仁劝昭举兵废皝。皝杀昭。仁归平郭，汉县，晋废，在今辽宁盖平县南。尽有辽东之地。宇文归、段辽及鲜卑，并为之援。九年，成帝遣谒者拜皝平州刺史、大单于、辽东公。皝自征辽东，克襄平。汉县，为辽东郡治，在今辽宁辽阳县北。咸康初，皝乘海讨仁，擒仁，杀之。三年，十一月，皝僭即燕王位。使称藩于石虎，陈段辽宜伐，请尽众来会。虎许之。四年，虎使桃豹、王华统舟师十万出漂渝津。在今河北天津县北。支雄、姚弋仲羌酋，见下节。统步骑十万为前锋以伐辽。雄长驱入蓟。见第四章第二节。辽恐，弃令支，奔于密云山。在今河北密云县南。皝攻令支以北诸城，掠五千余户而归。虎怒其不会师，进军击之。攻棘城，不克。

虎迁辽户二万余于司、雍、兖、豫，以李农为营州牧，镇令支。段辽自密云山使降于虎，又降于皝。虎使麻秋迎辽，皝子恪伏兵袭败之，拥辽及其部众以归。辽谋叛，皝诛之。其子兰，《魏书》作郁兰。为宇文归所执，降于虎。

虎谋伐昌黎，遣曹伏将青州之众渡海戍蹋顿城，未详。无水而还。因戍于海岛，运谷三百万斛以给之。又以船三百艘，运谷三十万斛诣高句丽，使典农中郎将王典率众二万，屯田于海滨。又令青州造船千艘。后又令司、冀、青、徐、幽、并、雍兼复之家，五丁取三，四丁取二，合邺城旧军，满五十万。具船万艘，自河通海，运谷、豆千一百万斛于安乐城，安乐，汉县，在今河北顺义县西南。以备征军之调。

自幽州东至白狼，汉县，在今热河凌源县南。大兴屯田，然师出无功，《本纪》：咸康六年，二月，慕容皝及石成战于辽西，败之，献捷于京师。建元元年，六月，石季龙帅众伐慕容皝，皝大败之。皝反自蠮螉塞入，今居庸关。长驱至蓟，进渡武遂津，武遂，汉县，在今河北武强县东北。入高阳，晋国，今河北蠡县南。所至焚烧积聚，徙幽、冀三万余户以归。七年，二月，皝遣其长史刘祥献捷京师，兼言推假之意。并请大举讨平中原。表言朝廷任庾亮之私，又与庾冰书责之。冰以其绝远，非所能制，遂与何充等奏听皝称燕王。

是年，皝迁都龙城。皝筑龙城于柳城北，改柳城为龙城县。柳城故城，在今辽宁兴城县西南。龙城，今热河朝阳县。段辽之败也，慕容翰奔于宇文归。皝遣商人招之，翰携其二子还。皝使与子垂为前锋，伐克高句丽。建元二年，二月，皝伐逸豆归，仍以翰及垂为前锋归远遁漠北，遂奔高句丽。皝开地千余里，徙其部人五万余落于昌黎。宇文部自是散灭。归而赐翰死。于是内忧外患皆除，益得专力于石氏矣。

刘曜之败也，张骏复收河南地，至于狄道。汉县，今甘肃临洮县西南。置武街、石门、候和、漒川、甘松五屯护军，与石勒分境。武街，晋县，在今临洮县东。石门，在今导河县西南。候和，在今固原县北。漒川、甘松，皆在今青海东南境，前凉曾置甘松郡，后西秦又置漒川郡。勒使拜骏官爵，骏不受，留其使。后惧勒，遣使称臣，贡方物，遣其使归。虎之世，骏亦遣其别驾马诜朝之。虎大说。及览其表，辞颇蹇敖，又大怒，使张伏都帅步骑三万击之。与骏将谢艾战于河西，败绩。建元元年。

永和二年，骏卒，子重华嗣。虎又遣麻秋伐之。秋与伏都伐金城，见第二章第二节。大守张冲以郡降。重华使谢艾击破之。秋又陷大夏，汉县，晋废，张轨复置，骏又置郡，在今甘肃临夏县东南。围枹罕，见上节。欲城长最，城名，在今甘肃永登县南。亦为艾所败。三年，虎使石宁率并、司兵二万余人，为秋后继。秋又据枹罕，进屯河内。遣王擢略地晋兴、广武。皆前凉郡。晋兴，在今青海乐都县东南。广武，在永登县东南，后秃发乌孤都此。越洪池岭，在武威东南。至曲柳。地名，在洪池岭北。姑臧大震。姑臧，见第三章第七节。重华又使艾距破之。虎此时之用兵，乃如搏牛之虻，不可以破虮虱[3]，徒自劳敝而已。

胡、羯之中，石勒少知治体，然亦未尝不淫侈。初据襄国，即命徙洛阳晷影，列之庭立桑梓苑。起明堂、辟雍、灵台。令少府任汪，都水使者张渐等监营邺宫。及虎僭位，淫侈更甚。

咸康二年，使牙门将张弥徙洛阳钟虡、九龙、翁仲、铜驼、飞廉于邺。又纳解飞之说，于邺正南投石于河，以起飞桥，功费数千亿万，桥卒不成。于襄国起大武殿，于邺造东西宫。大武殿基高二丈八尺，以文石綷之。下穿伏室，置卫士五百人于其中。东西七十五步，南北六十五步。皆漆瓦金铛，银楹金柱，珠帘玉壁，穷极技巧。

又起灵风台九殿于显阳殿后，选士庶之女以充之。后庭服绮縠、玩珍奇者万余人。虎畋猎无度，晨出夜归。又多微行，躬察作役之所。志在穷兵。以其国内少马，乃禁畜马，匿者要斩。收百姓马四万余匹，以入于公。兼盛营宫室。于邺起台观四十余所，营长安、洛阳二宫，作者四十余万人。

又敕河南四州，具南师之备，胡三省曰：河南四州，洛、豫、徐、兖也。并、朔、秦、雍，严西讨之资。《晋志》曰：石勒平朔方，置朔州。青、冀、幽州，三五发卒。三丁发二，五丁发三。诸州造甲者五十余万人。兼公侯牧宰，竞兴私利。百姓失业，十室而七。船夫十七万人，为水所没，猛虎所害，三分而一。制征士五人，车一乘，牛二头，米各十五斛，绢十匹，调不办者以斩论，将以图江表。

于是百姓穷窘，粥子以充军制，犹不能赴，自经于道路，死者相望，而求发无已。性既好猎，其后体重，不能跨鞍，乃造猎车千乘，辕长三丈，高一丈八尺，置高一丈七尺。格虎车四十乘，立三级行楼二层于其上。克期将校猎。自灵昌津南至荥阳，东极阳都，使御史监察其中禽兽，有犯者罪至大辟。灵昌津，即延津，见第三章第四节。《水经注》云：石勒袭刘曜出此，以冰泮为神灵之助，因号灵昌津。荥阳，见第二章第二节。阳都，汉县，在今山东沂水县南。御史因之，擅作威福。百姓有美女、好牛马者，求之不得，便诬以犯兽，论死者百余家。海岱、河济间，人无宁志矣。又发诸州二十六万人修洛阳宫。发百姓牛二万余头配朔州牧官。增置女官二十四等。东宫十有二等。诸公、侯七十余国，皆为置女官九等。先是大发百姓女，二十已下，十三已上，三万余人，为三等之第，以分配之。郡县要媚其旨，务于美淑。夺人妇者，九千余人。百姓妻有美色，豪势因而胁之，率多自杀。虎子宣及诸公及私令采发者，亦垂一万。总会邺宫。虎临轩简第诸女，大悦，封使者十二人皆为列侯。自初发至邺，诸杀其夫及夺而遣之缢死者三千余人。荆楚、扬、徐间，流叛略尽。宰、守坐不能绥怀下狱诛者，五十余人。

金紫光禄大夫逯明，因侍切谏，虎大怒，遣龙腾拉而杀之。虎募骁勇，拜为龙腾中郎。自是朝臣杜口，相招为禄仕而已。麻秋之伐张重华，尚书朱轨，与中黄门严生不协，会大雨霖，道路陷滞不通，生因谮轨不修道，又讪谤朝政，虎遂杀之。于是立私论之条，偶语之律，听吏告其君，奴告其主。威刑日滥。公卿已下，朝会以目。吉凶之问，自此而绝。

沙门吴进言于虎曰："胡运将衰，晋当复兴，宜苦役晋人，以厌其气。"此晋字犹今言中国，晋人犹今言中国人也。虎于是使尚书张群，发近郡男女十六万，车十万乘，运土筑华林苑及长墙于邺北，广长数十里。起三观四门。三门通漳水，皆为铁扉。暴风大雨，死者数万人。

凿北城，引水于华林园。当即华林苑。城崩，压死者百余人。命石宣祈于山川，因而游猎。乘大辂，羽葆，华盖，建天子旌旗。十有六军，戎卒十八万，出自金明门。《水经注》：邺城有七门：南曰凤阳门，中曰中阳门，次曰广阳门，东曰建春门，北曰广德门，次曰厩门，西曰西明门，盖即金明门也。

虎从其后宫，升陵霄观望之，笑曰："我家父子如是，自非天崩地陷，当复何愁？但抱子弄孙，日为乐耳。"宣既驰逐无厌，所在陈列，行宫四面，各以百里为度，驱围禽兽，皆暮集其所。文武跪立，围守重行。烽炬星罗，光烛如昼。命劲骑百余，驰射其中。宣与嬖姬显德美人乘辇观之嬉娱忘返，兽殚乃止。其有禽兽奔逸，当之者坐，有爵者夺马，步驱一日，无爵者鞭之一百。峻制严刑，文武战栗。士卒饥冻而死者，万有余人。宣弓马衣食，皆号为御，有乱其间者，以冒禁罪罪之。

所过三州十五郡，胡三省曰：宣所过三州，盖司、兖、豫也。资储靡有孑遗。虎复命子韬亦如之，出自并州，游于秦、晋，《通鉴》作出自并州，至于秦、雍。敖既长，欲既纵，志既满，乐既极，而天崩地陷之祸，起于萧墙之内矣。

第三节　冉闵诛胡

一时一地，必有其俗，然此特以大较言之，行事之见于此时此地者，不必其皆风同而道一也。殷、周之世，距今数千岁矣，而其遗俗，犹或见于西南部族之中；欧、非二洲，距美洲皆数千里，而拉丁、条顿诸族，以及黑人之俗，乃错见于新大陆之上；则其明证。

一部二十五史，荒淫暴虐之主，以东晋、南北朝之世为多，是何也？则以五胡之所行，固非中国之道也。斯时既有此俗，汉人自亦不免渐染，见废弑之主，人因亦以此等语诬之。然汉人虽染胡俗，其纵恣，究不若胡人之甚。故此等记载，宜分别观之。

大抵汉人为君而失德者，史之所载，必诬罔之辞较多，实迹较少，胡人之僭窃者，则反是也。五胡淫暴，胡、羯为甚，而胡、羯之中，尤以石虎父子为甚。其纵恣之深，杀戮之惨，有非中国人所能想像者。然后知天下之大，无奇不有，而拘墟之士，不足以语于通方也。

石虎之称居摄赵天王也，立其子邃为大子。使邃省可尚书奏事，选牧守，祀郊庙，惟征伐、刑断，乃亲览之。邃自总百揆，荒酒淫色，骄恣无道。或盘游于田，县管而入。或夜出宫臣家，淫其妻妾。妆饰宫人美淑者，斩首洗血，置于盘上，传共视之。

又纳诸比丘尼有姿色者，与之交，亵而杀之。合牛羊肉，煮而食之。亦赐左右，欲以识其味也。河间公宣、乐安公韬，有宠于虎，邃疾之如仇。虎荒耽内游，威刑失度。邃以事为可呈，呈之，虎恚曰："此小事，何足呈也？"时有所不闻，复怒曰："何以不呈？"诮责杖捶，月至再三。邃甚恨。私谓常从无穷长生、中庶子李颜等曰："官家难称，吾欲行冒顿之事，卿从我乎？"颜等伏不敢对。邃称疾不省事。率宫臣文武五百余骑，宴于李颜别舍。谓颜等曰："我欲至冀州杀石宣，有不从者斩。"行数里，骑皆逃散，李颜叩头固谏，邃亦昏醉而归。

邃母郑氏闻之，私遣中人责邃。邃怒，杀其使。虎闻邃有疾，遣所亲任女尚书察之。邃呼前与语，抽剑击之。虎大怒，收李颜等诘问。颜具言始末。诛颜等三十余人。幽邃于东宫。既而赦之，引见大武东堂。邃朝而不谢，俄而便出。虎遣使谓邃曰："大子应入朝中宫，何以便去？"邃径出不顾。虎大怒。废邃为庶人。其夜，杀邃及妻张氏，并男女二十六人，同埋于一棺之中。诛其宫人支党二百余人。废郑氏为东海大妃。立宣为天王皇大子，宣母杜昭仪为天王皇后。《通鉴》据《十六国》《晋春秋》，系咸康三年。《考异》云：《燕书》在四年。以宣为大单于，韬为大尉，与宣迭日省可尚书奏事。右仆射张离，领五兵尚书，专总兵要，而欲求媚于宣，因说之曰："今诸公侯吏兵过限，宜渐削弱，以盛储威。"宣素疾韬宠，甚悦其言。乃使离奏夺诸公府吏，余兵悉配东宫。于是诸公咸怨。

虎又命宣、韬，生杀、拜除，皆迭日省决，不复启。宣使所幸杨杯、牟皮、牟成、赵生等杀韬，欲因虎亲临杀虎。虎将出，其司空李农谏，乃止。事觉，幽宣于席库。藏席之所。以铁环穿其颔而锁之。作数斗木槽，和羹饭，以猪狗法食之。虎取害韬刀箭舐其血，哀号震动宫殿。积柴邺北，树标于其上，标末置鹿卢，穿之以绳，倚梯柴积。送宣于标所。使韬所亲宦者郝稚、刘霸拔其发，抽其舌，牵之登梯，上于柴积。郝稚以绳贯其颔，鹿卢绞上。刘霸断其手足，斫眼、溃腹，如韬之伤。四面纵火，烟炎际天。虎从昭仪已下数千，登中台以观之。中台，即铜雀台，在三台之中，故称。见第四章第二节。火灭，取灰分置诸门交道中。杀其妻子九人。宣小子年数岁，虎甚爱之，抱之而泣，欲赦之，其大臣不听，遂于抱中取而戮之，儿犹挽虎衣而大叫，虎因此发病。

又诛其四率已下三百人，宦者五十人，皆车裂节解，弃之漳水。洿其东宫养猪牛。东宫卫士十余万人，皆谪戍凉州。胡三省曰：赵未得凉州，置凉州于金城，谪使戍凉州之边也。金城，见第三章第二节。先是散骑常侍赵揽言于虎曰："中宫将有变，宜防之。"及宣之杀韬也，虎疑其知而不告，亦诛之。废宣母杜氏为庶人。贵嫔柳氏，尚书耆之女也，以才色特幸，坐其二兄有宠于宣，亦杀之。虎追其姿色，复纳耆少女于华林园。见第三章第一节。此疑即虎用吴进说在邺所筑之华林苑，见上节。初，戎昭张豺破上邽，获刘曜幼女，年十二，有殊色，虎得而嬖之。生子世，封齐公。方十岁，立为大子。刘氏为皇后。时永和四年也。

五年，虎僭即皇帝位，大赦。故东宫谪卒高力等万余人，石宣简多力之士，以卫东宫，号曰高力，置督将以领之。行达雍城。见第三章第五节。既不在赦例；又敕雍州刺史张茂送之，茂皆夺其马，令步推鹿车，致粮戍所。高力督梁犊等，因众心之怨，谋起兵东还。阴令胡人頡独鹿微告戍者，戍者皆踊抃大呼。梁犊乃自称晋征东大将军，率众攻陷下辩。见第一节。逼张茂为大都督大司马，载以轺车。

秦、雍间城戍，无不摧陷。斩二千石长吏，长驱而东。高力等皆多力善射，一当十余人。虽无兵甲，所在掠百姓大斧，施一丈柯，攻战若神。所向崩溃。戍卒皆随之。比至长安，众已十万。虎子乐平王苞，时镇长安，尽锐拒之，一战而败。犊遂东出潼关，见第三章第三节。进如洛川。虎以李农为大都督，行大将军事，统卫军张贺、征西张良、征虏石闵等，率步骑十万讨之。战于新安，见第三章第三节。农师不利。战于洛阳，又败。乃退壁成皋。见第三章第四节。犊东掠荥阳、陈留诸郡。荥阳，见第三章第三节。陈留，见第三章第四节。虎大惧，以其子燕王斌为大都督中外诸军事，率精骑一万，统姚弋仲、苻洪等击犊于荥阳东，大败之，斩犊首而还。讨其余党，尽灭之。姚弋仲者，南安赤亭羌人。南安，见第二章第二节。赤亭，在今陇西县西。

《晋书·载记》云：其先有虞氏之苗裔。禹封舜少子于西戎，世为羌酋。其后烧当，雄于洮、罕之间。七世孙填虞，汉中元末，寇扰西州，为杨虚侯马武所败，徙出塞。虞九世孙迁那，率种人内附，汉朝嘉之，假冠军将军、西羌校尉、归顺王。处之于南安之赤亭。那玄孙柯回，为魏镇西将军、绥戎校尉、西羌都督。回生弋仲。永嘉之乱，东徙榆眉。亦作隃麋，汉县，晋废，在今陕西汧阳县东。刘曜平陈安，以弋仲为平西将军，封平襄公，邑之于陇上。石虎徙秦、雍豪杰于关东，弋仲率部众数万，迁于清河。汉郡，今河北清河县东。苻洪者，略阳临渭氐人。略阳，见第二章第二节。临渭，魏县，在今甘肃秦安县东南。

《晋书·载记》云：始其家池中蒲生，长五丈，五节，如竹形，时咸谓之蒲家，因以为氏焉。又谓其降晋后，有说洪称尊号者，洪亦以谶文有草付应王；又其孙坚背有草付字；遂改姓苻氏。案《晋书·宣帝纪》：魏明帝青龙三年，有武都氐王苻双、强端，帅其属六千余人来降；武都，见第二章第二节。

又《李特载记》：有氐苻成，与特弟庠俱归赵廞；则苻之为氏，由来已久；且非洪一族，《载记》之言，其不足信，无待深辩。又云：其先盖有扈氏之苗裔，则又当时五胡酋长，自托于神明之胄之积习也。洪父怀归，为部落小帅。永嘉之乱，宗人蒲光、蒲突推为盟主。刘曜僭号长安，洪归曜，拜率义侯。《魏书》云：徙之高陆。高陆，汉高陵县，魏改曰高陆，隋复曰高陵，今仍为县，属陕西。曜败，洪西保陇山。石虎将攻上邽，洪又请降。《本纪》，事在咸和三年。虎灭石生，徙关中豪杰及羌戎，以洪为流人都督，处于枋头。见第四章第二节。关中为氐、羌窟穴，虎徙其种落及豪杰而东，盖以为便于制驭，且可抚而用之，然至风尘澒洞时，则乘机崛起，有非胡、羯所能制者矣。石闵者，本姓冉，内黄人，内黄，汉县，今河南内黄县。为虎养孙。闵善谋策，勇力绝人。虎之败于昌黎，闵军独全，由此大显；及败梁犊，威声弥振；胡、夏宿将，莫不惮之，亦非虎所能畜矣。

平梁犊未几，虎疾甚，以子遵为大将军，镇关右；斌为丞相，录尚书事；张豺为镇卫大将军，领军将军，吏部尚书；并受遗辅政。刘氏惧斌之辅政也害世，与张豺谋诛之。斌时在襄国，乃遣使诈斌曰："主上患已渐损，王须猎者，可小停也。"斌性好酒耽猎，遂游畋纵饮。刘氏矫命，称斌无忠孝之心，免斌官，以王归第。使张豺弟雄率龙腾五百人守之。石遵自幽州至邺，敕朝堂受拜，配禁兵三万遣之。张豺使弟雄等矫虎命杀斌。刘氏又矫命，以豺为大保，都督中外诸军，录尚书事。加千兵百骑，一依霍光辅汉故事。俄而虎死。《纪》在永和五年四月。世即伪位。尊刘氏为皇大后，临朝。进张豺为丞相。豺与张举谋诛李农。举与农素善，以豺谋告之。农惧，率骑百余奔广宗，率乞活数万家，保于上白。广宗，汉国，后汉为县，在今河北威县东。刘氏使张举等统宿卫精卒围之。豺以张离为镇军大将军，监中外诸军事，司隶校尉，为己之副。石遵闻虎死，屯于河内。

姚弋仲、苻洪、石闵等既平秦、洛，班师而归，遇遵于李城，《续汉志》：河内平睾县有李城。平睾，在今河南温县东。说遵讨张豺。遵从之。以闵为前锋。张离率龙腾二千，斩关迎遵。斩张豺，夷其三族。遵僭即伪位。罢上白围。封世为谯王，废刘氏为大妃，寻皆杀之。世立凡三十三日。此据《载记》。《十六国春秋》同。《通鉴考异》云：四月己巳至五月庚寅，凡二十二日。遵以石斌子衍为皇大子。石闵督中外诸军事，辅国大将军，录尚书事，辅政。石冲时镇于蓟，见第四章第二节。留沐坚戍幽州，帅众五万，自蓟讨遵。传檄燕、赵，所在云集。比及常山，见第三章第四节。众十余万。遵使石闵与李农等率精卒十万讨之。战于平棘，汉县，今河北赵县。冲师大败。获冲于元氏，汉县，今河北元氏县西北。赐死。坑其士卒三万余人。

石苞时镇长安，谋帅关中之众攻邺。苞性贪而无谋，雍州豪右，知其无成，并遣使告晋梁州刺史司马勋。勋率众赴之，去长安二百余里。参看第四章第四节。遵遣车骑王朗，率精骑二万，外以讨勋为名，因劫苞，送之于邺。遵谋诛闵。石鉴以告闵。鉴亦虎子。闵劫李农及右卫王基杀遵。诛遵母郑氏，及其大子衍。遵在位百八十三日。鉴僭位。使石苞及中书令李松、殿中将军张才等夜诛闵、农，不克。鉴恐闵为变，伪若不知者，夜斩松、才，并诛苞。时石祗在襄国，与姚弋仲、苻洪等通和，连兵檄诛闵、农。鉴遣石琨为大都督，琨，虎少男。永和八年，将妻妾数人奔京师。敕收付廷尉。俄斩之于建康市。与张举及侍中呼延盛，率步骑七万，分讨祗等。中领军石成，侍中石启，前河东大守石晖谋诛闵、农，闵、农杀之。河东，见第二章第二节。龙骧孙伏都、刘铢等，结羯士三千，伏于胡天，祆祠。亦欲诛闵等。时鉴在中台，伏都率三十余人，将升台挟鉴以攻之。

鉴临问其故，曰："卿是功臣，好为官陈力，朕从台观，卿勿虑无报也。"于是伏都及铢率众攻闵、农，不克。屯于凤阳门。闵、农率众数千，毁金明门而入。凤阳、金明，皆邺城门，见上节。鉴惧闵之诛己也，驰招闵、农，开门纳之，谓曰："孙伏都反，卿宜速计之。"闵、农攻斩伏都等。宣令"内外六夷，敢称兵杖者斩之"。胡人或斩关，或逾城而出者，不可胜数。令城内曰："与官同心者住，不同者各任所之。"敕城门不复相禁。

于是赵人百里内悉入城，胡、羯去者填门。闵知胡之不为己用也，班令内外："赵人斩一胡首送凤阳门者，文官进位三等，武职悉拜牙门。"一日之中，斩首数万。闵躬率赵人，诛诸胡羯，无贵贱、男女、少长，皆斩之。死者二十余万。《天文志·天变史传验事》言：闵杀诸胡十万余人。尸诸城外，悉为野犬、豺狼所食。屯据四方者，所在承闵书诛之。高鼻多须，滥死者半。

《儒林传》言：闵署韦謏为光禄大夫。时闵拜其子胤为大单于，而以降胡一千，处之麾下。謏谏曰："胡、羯本为仇敌，今之款附，苟全性命耳。或有刺客，变起须臾，败而悔之，何及？愿诛降胡，去单于之号，深思帝王苞桑之诫。"闵志在绥抚，锐于澄定，闻其言，大怒，遂诛之，并杀其子伯阳。当时立单于之号，乃所以统诸胡。闵既诛胡、羯，而又杀谏臣以媚之，则本非有民族内外之见。

盖当时五胡，习以汉族以外诸异族为斗士，攻闵者所用多其人，故闵觇知其不为己用而诛之，所翦除者异己，非有锄去非种之心也。然各任所之之令一下，胡、羯去而赵人悉来，则民族同异亲疏之义，虽未光大，终阴行于不自知之间，而闵不能引而伸之，以成功而远祸，亦可惜矣。为闵计者当奈何？

《隐逸传》言：当时有狄道辛谧者，狄道见上节。性恬静，不妄交游。累征不起。永嘉末，以谧兼散骑常侍，慰抚关中。谧以洛阳将败，故应之。及长安陷，没于刘聪。聪拜谧大中大夫，固辞不受。历石勒、石虎之世，并不应辟命。及闵僭号，复备礼，征为大常。谧遗闵书，言“物极则变，致高则危，宜因兹大捷，归身本朝”。因不食而卒。

夫谧，抗志于海宇清晏之时，而受命于洛京危急之日，盖非与世相忘者。峻辞刘、石之命，而独殷勤诒书于闵，盖亦嘉其能除胡、羯，以绥华夏矣。谧岂有拒闵之心哉？所以不食而卒者，盖度闵在北方，终不可以有为，且必不能免于祸，故自杀以坚其归晋之心也。谧亦有心人哉！闵虽非拨乱之才，自不失为一战将。

当时在北方，同心大寡，树敌大多，故卒无所成而及于祸。使能归朝而挟晋之所有以为资，杖其名义而北，其情形，自与当日大不相同矣。然则谧之所言，实闵自处之上策，而惜乎闵之不能用也。

《载记》言闵僭位后，曾遣使临江告晋曰：“胡逆乱中原，今已诛之，若能共讨者，可遣军来也”，则亦非无意求援于晋。然既已称尊，更求晋援，则在家天下之世，其势有所不行，故晋遂置诸不答。抑晋当日，君臣习于宴安，荆、扬又相猜忌，必不能奋迅出师，以为闵援，为闵计者，自不如善刃而藏，以为后图之为得，惜乎闵锐于廓清，而短于知计，终不能用智士之言也。

《通鉴》：永和六年，正月，赵大将军闵，欲灭去石氏之迹，托以谶文有继赵李，更国号曰卫，易姓李氏，大赦改元。盖亦有意于伸民族之义，以收民心。然其时民族之义，尚未光大，欲恃是以求多助而摧强敌，实未可恃，况又徒更其名号邪？

时则张举及诸公侯、卿校、龙腾等万余人，出奔襄国。石琨奔据冀州。赵冀州，治信都，今河北冀县。抚军张沈屯滏口，在今河北磁县境。张贺度据石渎，胡三省曰：魏收《地形志》：邺县有石窦堰。建义段勤据黎阳，勤末杯子。黎阳，汉县，今河南浚县。宁南杨群屯桑壁，胡三省曰：《括地志》：易州遂城县界有桑丘城。又《水经注》：常山蒲吾县东南有桑中县故城。按遂城，隋县，在今河北徐水县西。蒲吾，汉县，在今河北平山县东南。刘国据阳城，胡三省曰：后国自繁阳会石琨击闵，则此阳城乃繁阳城也。按繁阳，汉县，在今河南内黄县东北。段龛据陈留，龛，兰子。《魏书》云：慕容皝杀护辽，郁兰奔石虎，虎以所徙鲜卑五千人配之，使屯令支。郁兰死，子龛代之。时盖徙据陈留。姚弋仲据混桥，在邺东北。苻洪据枋头，众各数万。

王朗、麻秋自长安奔于洛阳。秋承闵书，诛朗部胡千余。朗奔于襄国。苻洪使子雄击麻秋，获之。据《洪载记》。《石虎载记》云：秋率众奔于洪。案秋既承冉闵书诛王朗部胡，则非与闵为敌者，无缘奔抗闵之洪也。石琨及张举、王朗率众七万伐邺。闵率骑千余，拒之城北。闵执两刃矛，驰骑击之，皆应锋摧溃。斩级三千。琨等大败，归于冀州。闵与李农率骑三万讨张贺度。石鉴密遣宦者召张沈等，使乘虚袭邺。宦者以告闵、农。闵、农驰还，废鉴，杀之。诛石虎孙三十八人。尽殪石氏。鉴在位百三日。鉴之死，《本纪》在永和六年闰月。《通鉴考异》云：《三十国》《晋春秋》皆云闰正月。按长历闰二月。《帝纪》闰月有丁丑、己丑，是岁正月癸酉朔，若闰正月，即无丁丑、己丑。闵即皇帝位，国号魏。复姓冉氏。旋诛李农及其三子。

冉闵之百战百胜，颇似项籍、孙策，使与石氏遗孽相角，虽不必其有成，亦未必其遽败，而前燕自辽西而入，挟其方兴之势以临之，其气完，其力厚，则非闵之所能御矣，是亦其所遭之不幸也。慕容皝以永和四年九月死，子俊嗣伪位。明年而石虎死。又明年，俊南伐幽州。石虎刺史王午走，留其将王他守蓟。见第四章第二节。俊攻陷其城，斩他。势遂逼近冀州。石鉴之死也，石祗僭称尊号于襄国。六夷据州郡拥兵者皆应之。祗遣其相国石琨，率众十万伐邺。进据邯郸。见第四章第二节。

镇南刘国，自繁阳会之。闵大败琨于邯郸。国还屯繁阳。张贺度、段勤与刘国、靳豚会于昌城，魏收《地形志》：魏郡昌乐县有昌城。昌乐，后魏县，在今河北南乐县西北。将攻邺。闵遣尚书左仆射刘群为行台都督。使其将王泰、崔通、周成等帅步骑十二万，次于黄城。未详。闵躬统精卒八万继之。战于苍亭，胡三省曰：在河上，西南至东阿六十里。东阿，见第四章第二节。贺度等大败。追斩豚于阴安乡。汉阴安县，在今河北清丰县北。尽俘其众，振旅而归。戎卒三十余万；旌旗钟鼓，绵亘百余里；史称“虽石氏之盛，无以过之”，盖以是示强也。

然惟中不足者，乃欲藉虚声以慑敌，此亦未足以欺敌矣。史又言“闵至自苍亭，行饮至之礼。清定九流，准才受任，儒学后门，多蒙显进，于时翕然，方之魏、晋之初”，可见闵非粗才，惜其所值之敌，大多大逼，不及施展也。闵率步骑十万，攻石祗于襄国。百余日。祗大惧，去皇帝之号，称赵王，使诣慕容俊、姚弋仲乞师。会石琨自冀州援祗，弋仲复遣子襄率骑三万八千，俊遣将军悦绾率甲卒三万至。三方劲卒，合十余万。闵将出击之。卫将军王泰谏曰：“穷寇固迷，希望外援。今强救云集，欲吾出战，腹背击我。宜固垒勿出，观势而动，以挫其谋。今陛下亲戎，如失万全，大事去矣。”闵将从之。

道士法饶进曰：“大白经昴，当杀胡王，一战百克，不可失也。”闵攘袂大言曰：“吾战决矣，敢谏者斩。”于是尽众出战。姚襄、悦绾、石琨等三面攻之，祗冲其后。闵师大败，与十余骑奔邺。降胡栗特康等执冉胤及左仆射刘琦等送于祗，尽杀之。

百官及诸将士，死者十余万人，于是人物歼矣。贼盗蜂起。司、冀大饥，人相食。自石虎末年，而闵尽散仓库，以树私恩。与羌、胡相攻，无月不战。青、雍、幽、荆州徙户，及诸氐、羌、胡、蛮，数百余万，各还本土。道路交错，互相杀掠；且饥疫死亡；其能达者，十有二三。

诸夏纷乱，无复农者。闵悔之。诛法饶父子，支解之。赠韦謏大司徒。石祗使刘显率众七万攻邺。去邺二十三里。闵召王泰议之。泰恚其谋之不从，辞以创甚。闵亲临问之，固称疾笃。闵怒，还宫，顾谓左右曰：“巴奴，乃公岂假汝为命邪？”此亦六夷不与闵同心之一证。要将先灭群胡，却斩王泰。于是尽众而战，大败显军。追奔及于阳平。见第二章第二节。斩首三万余级。

显惧，密使请降，求杀祗为效。闵振旅而归。会有告王泰招集秦人，将奔关中。闵怒，诛泰，夷其三族。刘显果杀祗，传首于邺，送质请命。骠骑石宁奔于柏人。汉县，今河北唐山县西。刘显复率众伐邺。闵击败之。显还，称尊号于襄国。率众伐常山。见第三章第四节。闵留其大将军蒋干等辅其大子智守邺，亲率骑八千救之。击显，败之。追奔及于襄国。显大将曹伏驹开门为应，遂入襄国，诛显及其公卿已下百余人。焚襄国宫室，迁其百姓于邺。《纪》八年正月。《通鉴考异》曰：《十六国春秋钞》在二月。《燕书》在三月己酉。先是慕容彪陷中山，见第四章第二节。杀闵宁北白同。幽州刺史刘准降于慕容俊。俊略地至于冀州。闵距之。与慕容恪相遇于魏昌。汉苦陉县，后汉改曰汉昌，魏改曰魏昌，今河北无极县东北。十战皆败之。俄而众寡不敌，溃围东走。行二十余里，马无故而死，为恪所禽。时永和八年四月也。俊送闵龙城，斩于遏陉山。恪进据常山，遂进攻邺。俊又遣慕容评围邺。九月，执闵妻董氏、大子智送蓟。参看第六节。俊遂僭帝位于中山。

第四节　庾氏经营北方

石虎自毙，实为晋室恢复北方之一好机会，以斯时北方，骤失统一；氐苻、羌姚，皆一侨居部落，其力甚薄；前燕气力，虽较雄厚，亦甫及河北也。然晋下游兵力不振；上游兵虽较强，而不能专意于北，遂至坐失良机，恢复之图，终成画饼矣。此则积年之因循，与内外之相猜为之也。今略述其事如左：

石勒之死也，石聪以谯来降。谯，见第三章第三节。聪，勒之养子也。孔坦与之书，说以反族归正，图义建功。然时石虎尚能控制其境内，晋朝不能出师，而望聪之自奋，亦难矣。石生起关中，遣使来降；生败，其将郭权，又来归顺；晋亦未能应接。石虎既自立，其徐州从事朱纵，又斩其刺史郭祥，以彭城来降。彭城，汉郡，今江苏铜山县。虎遣王朗击之，纵奔淮南。

咸康元年，虎自率众，南寇历阳。见第三章第九节。加王导大司马，假黄钺，都督诸军以御之。虎临江而还。又使石遇寇中庐。汉县，在今湖北襄阳县西南。遂围桓宣于襄阳。见第三章第四节。荆州之众救之。攻守二旬，遇军中饥疫，乃还。

初周访据襄阳，颇有宣力中原之意。访死，甘卓以老耄继之。王敦居荆州，则意在作逆，而不在于敌。敦败，荆州入于陶侃之手。侃本非有远志，加亦衰耄。尝使长史王敷聘于石勒。见《载记》。苏峻将冯铁，杀侃子，奔于勒，勒以为戍将，侃告勒以故，勒召而杀之，志在与勒相安而已。时桓宣镇襄阳。史称其招怀初附，劝课农桑，能得众心。

十余年间，石虎再遣骑攻之，每以寡弱距守。论者以为次于祖逖、周访。然区区一镇之力，又承残破之余，能自守已不易矣。逮陶侃卒，庾亮代镇荆州，慨然有开复中原之志，而上流之形势乃一变。

咸康五年，庾亮解豫州，以授毛宝。使与西阳大守樊峻，以精兵一万，俱戍邾城。西阳，见第四章第三节。邾，见本章第二节。亮弟翼为南蛮校尉，南郡大守，镇江陵。见第三章第九节。以武昌大守陈嚣为梁州刺史，趣子午。武昌，见第三章第九节。子午谷，在陕西长安、洋县间。北口曰子，在长安南百里。南口曰午，在洋县东百六十里。亮当率士众十万，据石头城，此石头城在襄阳。为诸军声援。上疏欲并佃并守，修进取之备。比及数年，乘胜齐进，以临河、洛。又言淮泗、寿阳，见第三章第四节。所宜进据。帝下其议。王导与亮意同。郗鉴议以资用未备，不可大举。大常蔡谟，则力言石虎之强，不宜远进。导非有志于恢复者，是时之同亮，盖不欲与亮立异也。

郗鉴之论，自是老成持重之见，然亮意本云俟诸数年之后。至蔡谟之论，则似持重而实怯耎。国之强弱，不在一人。谟谓贼之强弱，在虎之能否，其说先已不通，况其所夸称，如拔金墉，斩石生等，非必虎之强邪？谟谓“王师与贼，水陆异势，便习不同。寇若送死，虽开江延敌，以一当十，犹吞之有余。宜诱而致之，以保万全。若弃江远进，以我所短击彼所长，惧非庙胜之算”。其只图画江，不图进取之意，昭然可见矣。

而朝议同谟，亮遂不果移镇。时石虎使夔安统五将、步骑七万寇荆、扬北鄙。其将张貉陷邾城，因寇江夏、义阳，江夏，见第三章第四节。义阳，见第二章第三节。毛宝、樊峻及义阳大守郑进并死之。夔安等进围石城，竟陵大守李阳距战破之。竟陵郡，治石城，见第三章第九节。安乃退，略汉东，拥七千余家，迁于幽、冀。史称亮感慨发疾，明年正月卒。案夔安之寇，晋虽有所丧，未为大挫。亮之恢复，本不计近功，何乃因此发疾，遂至于死？史于庾氏多诬辞，恐此说亦不足信也。亮既卒，以翼为荆州刺史，督江、荆、司、雍、梁、益六州，镇武昌。

时郗鉴亦寝疾，上疏逊位。言“臣所统错杂，率多北人。或逼迁徙，或是新附。百姓怀土，皆有归本之心。臣宣国恩，示以好恶，处与田宅，渐得少安。闻臣疾笃，众情骇动。若当北渡，必启寇心。大常臣谟，平简贞正，素望所归，谓可以为都督徐州刺史。臣亡兄息晋陵内史迈，晋陵，见第四章第三节。谦爱养士，甚为流亡所宗；又是臣门户子弟，堪任兖州刺史”。疏奏，以蔡谟为鉴军司。鉴卒，咸康五年八月。遂以谟为徐州刺史。

观鉴所陈，可见当时下流兵力之弱，以骄蹇如谟者处之，庸有济乎？穆帝时，谟迁侍中司徒，固让。皇大后遣使喻意。自永和四年冬至五年末，诏书屡下，谟固守所执。六年，复上疏，以疾病乞骸骨。帝临轩，遣征谟，谟陈疾笃，使主簿谢攸对。自旦至申，使者十余反，而谟不至。时帝年八岁，甚倦，问左右曰：“所召人何以至今不来？临轩何时当竟？”君臣俱疲弊。皇大后诏：“必不来者宜罢朝。”中军将军殷浩奏免吏部尚书江彪官。简文时为会稽王，命曹曰：“蔡公傲违上命，无人臣之礼。若人主卑屈于上，大义不行于下，亦不知所以为政矣。于是公卿奏谟悖慢傲上，罪同不臣。臣等参议，宜明国宪。请送廷尉，以正刑书。”谟惧，率子弟素服，诣阙稽颡，躬到廷尉待罪。皇大后诏依旧制，免为庶人。前倨后恭，可发一噱。《荀羡传》：羡自镇来朝。时谟固让司徒不起。殷浩欲加大辟，以问于羡。羡曰：“蔡公今日事危，明日必有桓文之举。”此谟之所以敢于骄蹇也。凡骄蹇于内者，必屈伏于外，甚有不恤降敌以快其反噬之心者矣。王敦、桓温，徒以傲上，不能敌忾，况谟乎?

时左卫将军陈光上疏请伐胡。诏令攻寿阳。谟上疏曰：“寿阳城小而固。自寿阳至琅邪，见第二章第三节。城壁相望，其间远者，裁百余里，一城见攻，众城必救。且王师在路，五十余日，大军未至，声息久闻，贼之邮驿，一日千里，河北之骑，足以来赴。停船水渚，引兵造城，前对坚敌，顾临归路，此兵法之所诫也。”仍是怯弱退守之计而已。

庾翼戎政严明，经略深远。数年之中，公私充实，人情翕然。自河以南，皆怀归附。建元元年，七月，石虎汝南大守戴开率数千人诣翼降。汝南，见第二章第三节。翼遣使东至辽东，西到凉州，要结二方，欲同大举。慕容皝、张骏并报使请期。

九月，翼移镇安陆。见第三章第九节。并使桓宣进取丹水，以摇秦、雍。时以宣为梁州刺史。上疏请令桓温渡戍广陵，见第三章第九节，时温为徐州刺史。何充移据淮泗、赭圻，赭圻，岭名，在今安徽繁昌县西。充时为扬州刺史。路永进屯合肥。见第三章第九节。帝及朝士，皆遣使譬止。翼违诏辄行。至夏口，见第三章第九节。复上表徙镇襄阳。表言所调借牛马，来处皆远。百姓所畜，谷草不充，并多羸瘠，难以涉路。加以向冬，野草渐枯，往反二千，或容踬顿。辄便随事筹量，权停此举。又山南诸城，每至秋冬，水多燥涸，运漕用功，实为艰阻。计襄阳荆楚之旧，西接益、梁，与关、陇咫尺。北去洛、河，不盈千里。土沃田良，方城险峻。水路流通，转运无滞。进可以扫荡秦、赵，退可以保据上流。是以辄量宜入沔，徙镇襄阳。史言翼本欲向襄阳，虑朝廷不许，故以安陆为辞。当时朝臣，率多怯耎，疆臣欲任事者，诚亦非易，此亦激成王敦、桓温不臣之一端也。时举朝谓之不可，惟翼兄冰意同。桓温及谯王无忌，丞子，丞见第四章第三节。亦赞成其计。

十月，以冰为江州刺史，镇武昌，以为翼援。翼令桓宣进伐石虎将李罴，为所败。翼怒，贬其秩，使移戍岘山。在襄阳南。宣发愤，明年八月，卒。翼以长子方之为义成大守，代领宣众。《宣传》云：陶侃使宣镇襄阳，以其淮南部曲立义成郡，《地理志》及《宋书·州郡志》并云郡孝武时立，盖中废复置？《宋志》：义成郡治均州，当在今湖北光化县西北。《隋志》谓谷城县即义成改置，不知何时移治。谷城，今湖北谷城县也。司马应诞为襄阳大守，司马勋为梁州刺史，戍襄阳。宣帝弟恂子遂，封济南王。二子：耽、缉。耽嗣。徙封中山。薨，无子，缉继。成都王颖使距王浚，没于陈，无子，国除。勋为刘曜将令狐泥所养。咸和六年，自关右还，自列云是恂之玄孙，遂之曾孙，略阳大守瓘之子，其信否不可知也。

十一月，庾冰卒。翼留方之戍襄阳，还镇夏口。诏使翼还督江州。翼欲移镇乐乡，见第三章第九节。诏不许。翼缮修军器，大佃积谷，欲图后举。永和元年，七月，卒。

部将干瓒、戴义等作乱，翼长史江虨、司马朱焘、将军袁真等共诛之。翼表以第二子爰之行荆州刺史，朝以桓温代翼，又以刘惔代方之。方之、爰之，皆徙于豫章。见第三章第九节。于是上流事权，入于桓温之手矣。已见第四章第四节。

庾翼之北伐，举朝异议。中书侍郎范汪，为亮佐吏十余年，亦上书固谏。其说则谓奉师之费，皆当出于江南，运漕不继；又桓宣招怀携贰，待之以至宽，御之以无法，其众实不可用；而东军不进，势甚孤悬也。其说自非无见。然时中国，丧乱方剡，厚集其力，自必有乘时大举之机。亮、翼经营上流，历时一纪，荆、江强富，职此之由。其后桓温北征，颇致克捷，所因者实亮、翼之成资也。然温意在自营，故不克罄其力于北略。使以亮、翼之公忠，处温之时势，其所成就，必与温大异矣，而惜乎其兄弟之皆无年也。

第五节　桓温灭蜀

晋室东渡，虽云偏安，然其时叛者，实不过胡、蜀耳。胡强蜀弱，庾氏兄弟，志在平胡，其于蜀，特于咸康五年，遣偏师伐之，执其荆州刺史及巴郡大守而已。巴郡，见第三章第六节。桓温之志，在于自张权势，欲张权势，必立功名；欲立功名，必先其易者；故平胡之谋，一变而为伐蜀。

李氏诸子，本尚不足语于奸雄，特乱民之窃据者耳。然其时海内大乱，而蜀独无事，故归之者亦相寻。李雄性宽厚，能简刑约法。其赋：男子岁谷三斛，女丁半之。户调绢不过数丈，绵数两。事少役希，百姓富实。闾门不闭，无相侵盗。颇获休养生息之效焉。然雄意在招致远方，国用不足，诸将每进金银珍宝，多有以之得官者。又国无威仪，官无禄秩；行军无号令，用兵无部对；战胜不相让，败不相救；攻城破邑，动以虏获为先，故卒不能有所为。盖李氏本不知治体，加以居偏僻之区，故其无规模如此也。

李氏骨肉相争，实自李雄、李流时已然，已见第三章第六节。雄立兄荡之子班为大子。李骧谏，不听。退而流涕曰："乱自此始矣。"咸和八年，雄死，据《载记》。《本纪》在九年。班嗣伪位。以骧子寿录尚书事，辅政。明年，雄子越杀班于殡宫。以弟期为雄妻任氏所养，让位焉。期诛班弟都。使寿伐都弟玝于涪。见第三章第六节。玝弃城降晋。期以越为相国、大将军、录尚书事。期外任尚书令景骞，尚书姚华、田褒，内信宦竖许涪等，国之刑政，希复关之卿相。诬其尚书仆射李载谋反，下狱死。

咸康二年，晋遣司马勋安集汉中，期遣李寿攻陷之，遂置守、宰，戍南郑。秦县，今陕西南郑县东。雄子霸、保，并不病而死，皆云期鸩杀之。于是大臣怀惧，人不自安。期多所诛夷，籍没妇女资财，以实后庭。内外凶凶，道路以目。

李寿代李玝屯涪，期谋袭之。已而鸩杀寿养弟攸。寿率步骑一万回成都，杀越及景骞等。矫任氏令，废期，幽之别宫。期自缢死。雄子皆为寿所杀。初巴西龚壮，巴西，见第三章第六节。与乡人谯秀齐名。父、叔为李特所害。寿聘秀，以为宾客。数礼聘壮。壮虽不应聘，然数往见寿。寿每问壮以自安之术。壮欲假手报仇，因说寿并有西土，称藩于晋。寿然之。阴与长史略阳罗恒、巴西解思明共谋，略阳，见第二章第二节。以李奕为先登，袭克成都。恒、思明、奕、王利等劝寿称益州牧、成都王，称藩于晋。而任调与司马蔡兴、侍中李艳及张烈等劝寿自立。

寿遂僭即伪位。《载记》：期自杀在咸康三年，寿僭位在四年。《本纪》：四年，四月，李寿杀李期，僭即伪位，国号汉，盖两事并书之。以安车束帛，聘龚壮为大师，壮固辞，特听缟衣素带，居师友之位。有告广汉大守李乾与大臣通谋，欲废寿者，寿令其子广与大臣盟于前殿，徙乾为汉嘉大守。广汉、汉嘉，皆见第三章第六节。寿遣其散骑常侍王嘏、中常侍王广聘于石虎。先是虎遗寿书，欲连横入寇，约分天下。

寿大悦。乃大修船舰，严兵缮甲，吏卒皆备糇粮。以其尚书令马当为六军都督，大阅军士七万余人。舟师溯江而上。过成都，鼓噪盈江。寿登城观之。其群臣咸曰："我国小众寡，吴会险远，图之未易。"解思明又窃谏恳至。寿于是命群臣陈其利害。龚壮谏曰："陛下与胡通，孰若与晋通？胡豺狼国也，晋既灭，不得不北面事之，若与之争，则强弱势异。愿陛下熟虑之。"群臣以壮之言为然，叩头泣谏。寿乃止。士众咸称万岁。此可见蜀人之无战心矣。

初张骏遣使遗雄书，劝去尊号，称藩于晋。雄复书曰："吾过为士大夫所推，然本无心于帝王也。进思为晋室元功之臣，退思共为守藩之将，扫除氛埃，以康帝宇。知欲远遵楚、汉，尊崇义帝，《春秋》之义，于斯莫大。"后骏、遣傅颖假道于蜀，通表京师，雄弗许。

骏又遣治中从事张淳称藩于蜀，托以假道。雄大悦，谓淳曰："贵主英名盖世，土险兵强，何不自称帝一方？"淳曰："寡君以乃祖世济忠良，未能雪天下之耻，解众人之倒悬，日昃忘食，枕戈待旦。以琅邪中兴江东，故万里翼戴，将成桓、文之事，何言自取邪？"雄有惭色，曰："我乃祖乃父，亦是晋臣。往与六郡，避难此地，为同盟所推，遂有今日。琅邪若能中兴大晋于中夏，亦当率众辅之。"史又言巴郡尝告急，云有东军，雄曰："吾尝虑石勒跋扈，侵逼琅邪，以为耿耿，不图乃能举兵，使人欣然。"雄之雅谭，多如此类。

盖李氏本羁旅之人，无有大志，而又处闭塞之地，不知外间情形，遂至忽自卑、忽自大如此也。李寿久为将帅，似有才能，然其不知治体，亦与前人相类。其将李宏，奔于石虎，寿致书请之，题曰赵王石君。虎不悦，付外议之。中书监王波议宜书答之，并赠以楛矢，使寿知我遐荒毕臻也。

宏既至，寿欲夸其境内，下令曰："羯使来庭，贡其楛矢。"虎闻之，怒甚，黜王波，以白衣守中书监。后荧惑守房，又追以此罪要斩之，及其四子，投于漳水以厌之。寿后病，解思明等复议奉王室，寿不从。李演自越嶲上书，越嶲，见第三章第六节。劝寿归正返本，释帝称王。寿怒，杀之，以威龚壮、思明等。壮作诗七篇，托言应璩以讽寿。寿报曰："省诗知意。若今人所作，贤哲之话言也，古人所作，死鬼之常辞耳。"动慕汉武、魏明之所为，耻闻父兄时事，上书者不得言先世政化，自以胜之，可谓沐猴而冠者也。

寿既不知治体，而又颇任威刑。闻石虎虐用刑法，王逊亦以杀罚御下，并能控制邦邑，寿心欣慕，人有小过，辄杀以立威。又以郊甸未实，都邑空虚；工匠械器，事未充盈；乃徙旁郡户三丁已上，以实成都；兴尚方御府，发州郡工巧以充之。广修宫室，引水入城，务于奢侈。又广大学，起谯殿。百姓疲于役使，呼嗟满道，思乱者十室而九矣。其左仆射蔡兴切谏，寿以为诽谤，诛之。右仆射李嶷，数以直言忤旨，寿积忿非一，托以他罪，下狱杀之。

咸康八年，寿死。亦据《载记》，《本纪》在建元元年八月。子势立。弟大将军汉王广，以势无子，求为大弟。势弗许。马当、解思明以势兄弟不多，若有所废，则益孤危，固劝许之。势疑当等与广有谋，遣其大保李奕袭广于涪城，命董皎收马当、思明斩之，夷其三族。贬广为临邛侯。临邛，秦县，今四川邛徕县。广自杀。李奕自晋寿举兵反之。晋寿，见第三章第六节。蜀人多有从奕者，众至数万。势登城距战。奕单骑突门，门者射而杀之，众乃溃散。初蜀土无僚，至此始从山而出，北至犍为、梓潼，皆见第三章第六节。布在山谷，十余万落，不可禁制，大为百姓之患。

势既骄吝，而性爱财色，常杀人而取其妻。荒淫不恤国事。夷僚叛乱，军守离缺，境宇日蹙，加之荒俭。性多忌害，诛害大臣，刑狱滥加，人怀危惧。而其势不可支矣。盖偏方之国，天泽之分未严，觊觎之情不戢，君臣上下，相煎日急；而又奕世之后，浸趋骄侈，其初年恃宽俭与民相安之风日衰，以至于此也。

桓温欲伐蜀，谋之于众，众以为不可。惟江夏相袁乔劝之。谓今天下之难，二寇而已。蜀虽险固，方胡为弱，将欲除之，先从易者。蜀人自以斗绝一方，不修攻战之具。若以精卒一万，轻军速进，比彼闻之，我已入其险要，李势君臣，不过自力一战，禽之必矣。蜀土富实，号称天府。袭而取之，有其人众，此国之大利也。江夏，见第三章第四节。

永和二年，十一月，温乃使乔领二千人为军锋。师次彭模，今四川彭山县。议者欲两道并进，以分贼势。乔曰："今分为两军，万一偏败，则大事去矣。不如弃去釜甑，赍三日粮，全军而进。"温以为然。命参军周楚、孙盛等守辎重，自将步卒，直指成都。势遣李福与昝坚从山阳趣合水距温。山阳，谓青衣山之南也。山在今乐山县东。合水，青衣江入江处。诸将欲设伏于江南，以待王师，坚不从，从江北向犍为。而温于山阳出江南。坚到犍为，方知与温异道，回从沙头津北渡。沙头津，当在犍为东。及至，温已造成都之才里陌，坚众自溃。势悉众与温战于笮桥，在成都东南。大溃。势走葭萌，见第三章第六节。请降。时三年正月也。送于建康，封归义侯。升平五年，死于建康。四月，势将邓定、隗文等反，入据成都，七月，立范长生子贲为帝。十二月，征西督护萧敬文又反，据涪城，自号益州牧。遂取巴西，通于汉中。时以周抚为益州刺史。五年，四月，抚与龙骧将军朱焘击范贲，获之。讨萧敬文，不能克。温又使司马勋会之。敬文固守。自八年二月至于八月，乃降。斩之，传首京师。蜀平。

第六节　殷浩桓温北伐

永和五年，四月，石虎死。五月，石遵废石世自立。六月，其扬州刺史王浃以寿春来降。寿春，见第三章第四节。褚裒表请北伐。

七月，裒率众三万，径造彭城。见第四节。河朔士庶，归降者日以千计。裒先遣督护王龛伐沛，见第三章第一节。王龛《裒传》作徐龛，今从《本纪》。获伪相支重。鲁郡山有五百余家，亦建义请救。鲁郡，见第三章第四节。裒建龛领锐卒三千迎之。军次代陂，未详。或云：当在沛县境。为李农所败，李农，《裒传》作李菟，今从《本纪》。《载记》与《本纪》同。龛死之。

八月，诏裒退屯广陵。见第三章第九节。西中郎将陈逵焚寿春而遁。时遣户二十万口渡河将归顺，会裒已还，威势不接，莫能自拔，死亡咸尽。《裒传》。元文尚有"为慕容皝及苻健之众所掠"句，《通鉴》删之。《考异》云："是时慕容皝卒已逾年，永和六年，慕容俊始率众南征；石鉴即位，苻洪始有众十万，永和六年，洪死，健始嗣位；皆与裒相接，今不取。"裒忧慨发病，十二月，卒。以荀羡为徐州刺史。先是桓温亦出屯安陆，见第三章第九节，时在六月。遣诸将讨河北。石遇攻宛，陷之，执南阳大守郭启。十月。南阳治宛，见第三章第四节。雍州豪杰召司马勋，勋出骆谷，在陕西盩厔县西南。进次县钩。《晋书》云：去长安二百余里。时在十月。遣部将刘焕攻长安。关中郡县，皆杀大守、令、长以应勋。而勋兵少，未能自固，为王朗所距，释县钩，拔宛而还。参看第三节。

是岁，十一月，石鉴杀石遵自立，六年，闰月，冉闵诛鉴；至八年四月，而为慕容俊所灭，北方每每大乱，苻洪、永和六年闰月来降。段龛、时东屯广固，永和七年正月来降。广固，见第四章第二节。张遇、冉闵豫州牧。永和七年八月，以许昌来降。许昌，见第三章第二节。姚弋仲、永和七年十一月来降。魏脱、《本纪》云冉闵将，永和七年十一月来降。《载记》作魏统，云闵兖州刺史。周成、《本纪》与高昌、乐立、李历均云石虎将，以永和七年十二月来降。成时屯廪丘。《载记》云：成为冉闵徐州刺史。廪丘，见第三章第三节。高昌、时屯野王。野王，见第五章第一节。乐立、时屯许昌。李历、时屯卫国。卫国，见第三章第四节。吕护、《载记》云：闵平南高崇，征虏吕护，执洛州刺史郑系，以三河归顺。此洛州为石氏所置，治洛阳。护先尝据鲁口，见下。王擢等擢，《纪》云石虎故将。以永和八年七月降。先后来降。晋初不能应接，更无论挟以攻战矣。故北方纷纷，仍不能为晋有。

北方诸豪中，首先自立者为苻秦，以关中本氐、羌巢穴，其时较诸东方，稍觉宁静，而苻氏先据之也。苻洪之降晋也，晋授以征北大将军、都督河北诸军事、冀州刺史。子健，假节，监河北诸军事。洪自称大将军、大单于、三秦王。

永和六年，三月，麻秋因宴鸩洪，将并其众。健收斩秋。去秦王之号，称晋爵，告丧于京师，且听王命。时京兆杜洪据长安，京兆，见第二章第二节。自称晋雍州刺史，戎、夏多归之。

八月，健自称晋征西大将军、都督关中诸军事、雍州刺史，尽众西行。《洪载记》曰：洪谓博士胡文曰："孤率众十万，居形胜之地，冉闵、慕容俊，可指辰而殄。姚襄父子，克之在吾数中。孤取天下，有易于汉祖。"又曰：洪将死，谓健曰："所以未入关者，言中州可指时而定。今见困竖子，中原非汝兄弟所能办，关中形胜，吾亡后，便可鼓行而西。"此乃苻氏自夸之辞。观洪自称三秦王，便知其早有入关之意。《载记》又言：麻秋说洪西都长安，洪深然之，更可见此中消息。当时诸种落被迁者，原皆急欲乘乱归故土也。洪盖欲西归而未及耳。弟雄率步骑五千入潼关，见第三章第三节。兄子菁自轵关入河东。轵关，见第一节。自统大众，继雄而进。至长安，洪奔司竹在今陕西盩厔县东南。汉有竹丞，魏置司守之。健入都之。遣使献捷京师，并修好于桓温。

七年，正月，健僭称天王、大单于。杜洪招司马勋，勋率步骑三万入秦川。四月，健败之于五丈原。在今陕西郿县东南。

八年，五月，健僭即皇帝位。杜洪屯宜秋，县名，在今陕西泾阳县西北。为其将张琚所杀。琚自立为秦王。健率步骑二万攻琚，斩其首。据《载记》。《司马勋传》云：永和中，张琚据陇东，遣使招勋。勋复入长安。初，京兆人杜洪，以豪族陵琚，琚以勇侠侮洪。洪知勋惮琚兵强，因说勋曰："不杀张琚，关中非国家有也。"勋乃伪请琚，于坐杀之。琚弟走池阳，合众攻勋。勋频战不利，请和，归梁州。《晋书·勋传》，语多不确，今不取。池阳，见第三章第五节。使苻雄攻王擢，擢奔凉州。关中粗定矣。

姚弋仲归晋较晚，晋授以六夷大都督，都督江、淮诸军事，车骑大将军、大单于，而以其子襄督并州，为并州刺史。永和八年，弋仲卒。襄秘丧，率户六万，南攻阳平、见第二章第二节。元城、汉县，今河北大名县。发干，汉县，今山东堂邑县西南。皆破之。

至荥阳，见第三章第三节。乃发丧成服。与高昌、李历战于麻田，胡三省曰：荥、洛之间，地名有豆田、麻田，各因人所种艺而名之。马中流矢死，赖其弟苌以免。晋处襄于谯城，见第三章第三节。遣五弟为任。

《载记》言襄"少有高名，雄武冠世。好学博通，雅善谈论。英济之称，著于南夏"。又言"襄前后败丧，众知襄所在，辄扶老携幼，奔驰而赴之。其为桓温所败也，或传襄创重不济，温军所得士女，莫不北望挥涕"。虽或过誉，当非全虚，其才略或在苻健之上。然寄居晋地，四面迫敌，不如健之入关，有施展之地矣。

时河南一片土，为秦、燕所共觊觎。永和八年，二月，张遇叛，使其党上官恩据洛阳。四月，豫州刺史谢尚帅姚襄与遇战于诫桥，在许昌。败绩。苻健使弟雄援遇，因袭遇，虏之。仍以为豫州刺史，镇许昌。是月，冉闵为慕容俊所灭。俊复遣兵围邺。蒋干遣侍中缪嵩、詹事刘猗奉表归顺，且乞师。

初，谢尚使濮阳大守戴施据枋头。濮阳，见第三章第四节。枋头，见第四章第二节。及是，自仓垣次于棘津，仓垣，见第三章第四节。棘津，见第四章第二节。止猗不听进，而责其传国玺。猗使嵩还邺复命。干沈吟未决。施乃率壮士百余入邺，助守三台。三台，见第四章第二节。此据《载记》。《谢尚传》云：施遣参军何融率壮士百人入邺，登三台助戍。谲之曰："且出玺付我。今凶寇在外，道路不通，未敢送也，须得玺，当驰白天子耳。闻玺已在吾处，信卿至诚，必遣军粮，厚相救饷。"干以为然，乃出玺付之。施宣言使督护何融迎粮，阴令怀玺送于京师，而冉氏长水校尉马愿、龙骧田香开门降慕容评。施、融与干，悬缒而下，奔于仓垣。于是燕人亦浸浸南下矣。

秦、燕交侵，而晋人不能北师者，则以其内外相持，不徒不能协力，且互相牵制也。初长平殷浩，长平，晋县，属陈郡，未详今地所在。弱冠有美名。三府辟，皆不就。庾亮引为记室参军，累迁司徒左长史。庾翼复请为司马，除侍中、安西军司，并称疾不起。

于时拟之管、葛。王濛、谢尚，常伺其出处，以卜江左兴亡。因相与省之。知浩有确然之志，既返，相谓曰："深源不起，当如苍生何？"深源，浩字。庾翼诒浩书曰："当今江东，社稷安危，内委何、褚诸君，外托庾、桓数族，恐不得百年无忧。足下少标令名；十余年间，位经内外，而欲潜居利贞，斯理难全。且夫济一时之务，须一时之胜，何必德均古人，韵齐先达邪？王夷甫，先朝风流士也，然吾薄其立名非真，而始终莫取。若以道非虞、夏，自当超然独往，而不能谋始，大合声誉，极致名位。正当抑扬名教，以静乱源，而乃高谈庄、老，说空终日，虽云谈道，实长华竞。及其末年，人望犹存，思安惧乱，寄命推务，而甫自申述，徇小好名，既身囚胡虏，弃言非所。凡明德君子，遇会处际，宁可然乎？而世皆然之，益知名实之未定，弊风之未革也。"史言浩善玄言，为风流谈论者所宗，世多以成败论人，遂以浩为虚名无实。其实清谈者或无实济，有实济者不必皆不善玄言。

梁武帝尝讲经、舍身，陈武帝亦然，二帝可同日语乎？庾翼、谢尚，皆干济之才，翼兄弟尤尚综核名实，而其慕浩如此；翼与浩书，极论王衍之失，正见浩非其俦；知浩非沽名养望之流也。穆帝初，庾冰兄弟及何充等相继卒，充卒于永和二年正月。简文帝时在藩，始综万几，褚裒荐浩，征为扬州刺史。浩频陈让，自三月至七月，乃受拜。桓温灭蜀，威势转振，朝廷惮之。简文以浩有盛名，朝野推服，引为心膂以抗温。为是与温颇相疑贰。会遭父忧，去职，时以蔡谟摄扬州以俟浩。服阕，征为尚书仆射，不拜。复为扬州刺史。遂参综朝权。颍川荀羡，少有令闻，浩擢为义兴、吴郡，以为羽翼。颍川，见第三章第三节。义兴，晋郡，今江苏宜兴县。吴郡，见第三章第九节。王羲之密说浩、羡，令与桓温和同，浩不从。温与朝廷，是时已成无可调和之势。晋朝欲振饬纪纲，自不得不为自强之计。羲之性最怯耎，其说浩、羡与温和同，亦不过为苟安目前之计，然亦未能必温之听从也。而世或以不能和温为浩罪，则瞽矣。

六年，闰月，浩加督扬、豫、徐、兖、青五州。桓温欲率众北征，上疏求议水陆之宜，久不报。温知朝廷杖浩抗己，甚忿之。虽有君臣之迹，羁縻而已。八州士众、资调，殆不为国家用。胡三省曰：永和元年，温督荆、司、雍、益、梁、宁六州。五年，遣滕畯帅交、广之兵伐林邑，盖是时已加督交、广矣。

七年，十二月，声言北伐。拜表便行。顺流而下，行达武昌。众四五万。或劝浩引身告退。吏部尚书王彪之言于会稽王曰："若殷浩去职，人情崩骇，天子独坐，当有任其责者，非殿下而谁？"又谓浩曰："彼抗表问罪，卿为其首。事任如此，猜衅已构，欲作匹夫，岂有全地邪？且当静以待之。令相王与手书，示以款诚，陈以成败。当必还旆。若不顺命，即遣中诏。如复不奉，当以正义相裁。无事匆匆，先自猖獗。"王与温书，温即还镇。

是时未有衅端，温必不敢遽冒天下之大不韪，特欲以虚声恐动，冀朝廷自堕其术中耳。知其情而不为所动，则其技穷矣。殷浩固非不知此，即简文亦非绝无能为，其不为所动，亦未必必待彪之之教也。八年，九月，冉智亡，浩帅众北伐。次于寿阳。即寿春，见第三章第四节。

《浩传》云：浩潜诱苻健大臣梁安、雷弱儿等，使杀健，许以关右之任。初魏脱卒，弟憬代领部曲，姚襄杀憬；并其众，浩大恶之，使刘启守谯，启，石氏兖州刺史，永和六年五月来奔。迁襄于梁。见第二章第三节。《襄载记》云：浩惮襄威名，乃因襄诸弟，频遣刺客杀襄，刺客皆推诚告实，襄待之若旧。浩潜遣魏憬袭襄，襄乃斩憬而并其众。乃诬罔之辞。既而魏氏兄弟，往来寿阳，襄猜惧。襄部曲有欲归浩者，襄杀之。浩于是谋诛襄。

会苻健杀其大臣，健兄子眉，即黄眉。自洛阳西奔，浩以为梁安事捷，意健已死，请进屯洛阳，修复园陵。使襄为前驱。冠军将军刘洽镇鹿台，建武将军刘遁据仓垣。此据《浩传》。《本纪》云：遣河南大守戴施据石门，荥阳大守刘遁戍仓垣，其事当在此前。鹿台，在今河南淇县。石门，见第五章第一节。又求解扬州，专镇洛阳。诏不许。一似浩绝无能为，徒事句结敌将，以求侥幸者。

然《苻健载记》云：张遇自许昌来降，健纳遇后母韩氏为昭仪。每于众中谓遇曰："卿吾子也。"遇惭恨。引关中诸将，欲以雍州归顺。乃与健中黄门刘晃谋夜袭健，事觉，遇害。于是孔特起池阳，特，《通鉴》作持。刘珍、夏侯显起鄠，汉县，今陕西鄠县。乔景起雍，景，《通鉴》作秉。雍见第三章第五节。胡阳赤起司竹，呼延毒起霸城，汉霸陵县，晋改曰霸城，在今陕西长安县东。众数万人，并遣使诣桓温、殷浩请救。而梁安、雷弱儿，后皆为苻生所杀。

弱儿，南安羌酋也，生并诛其九子、二十七孙，其为强族可知。则秦是时，实非无衅，惜浩之兵力，未足长驱，而桓温又不肯于此时出兵，与之协力，诸起兵者，遂不久皆为苻健所灭也。据《通鉴》：孔特之败，在永和九年十一月，刘珍、夏侯显在十二月，胡阳赤在十年正月，惟乔景至八月始败，而温伐秦之兵，以十年二月出。

九年，十月，浩进次山桑。汉县，今安徽蒙城县北。使姚襄为前锋。襄叛，反击浩。浩弃辎重，退保谯城。十一月，浩启遣刘启、王彬之讨襄于山桑，并为襄所杀。桓温上疏罪状浩。十年，二月，遂废浩为庶人。徙东阳之信安县。东阳，吴郡，今浙江金华县。新安，在今浙江衢县境。于是朝右无人，不复能与温抗矣。案殷浩之败，实败于兵力之不足。

《孔严传》言：浩引接荒人，谋立功于阃外。严言于浩曰："降附之徒，皆人面兽心，贪而无亲，难以义感，而聚著都邑，杂处人间，使君常疲圣体以接之，虚府库以拯之，足以疑惑视听耳。"浩深纳之。然则姚襄等之不足恃，浩非不知之，所以终用之者，夫固有所不得已也。下流兵力之不足，由来已久，固非浩之咎。抑兵力之不足；由于民寡而地荒，而浩开江田、畽田千余顷，以为军储。浩殁后，其故吏顾悦之上疏讼之，谓其"驱豺狼，翦荆棘，收罗向义，广开屯田，沐雨栉风，等勤台仆"，其忠勤亦至矣。

当时不欲出师者，大抵养尊处优，优游逸豫，徒能言事之不可为，而莫肯出身以任事，闻浩之风，能无愧乎？浩所任者：陈逵、蔡裔为军锋。裔，史称其有勇气，声若雷震。尝有二偷入室，裔拊床一呼，而盗俱陨。徒勇固不足尚，要不失为摧锋陷阵之良。谢尚、荀羡为督统，虽非上材，自亦一时之选也。浩自见黜废，遂"自摈山海，杜门终身，与世两绝"。顾悦之讼浩之辞。史既称其"夷神委命，谈咏不辍，虽家人不见其有流放之戚"，乃又言："后桓温将以浩为尚书令，遗书告之，浩欣然许焉。将答书，虑有缪误，开闭者数十，竟达空函。大忤温意，由是遂绝。"姑无论热中躁进，矫情镇物者不为，而温之忌浩，至于毒流后嗣，见下节。又安肯及其身而起用之邪？

殷浩既败，桓温之师遂出。永和十年，二月，温统步骑四万发江陵。见第三章第九节。水军自襄阳入均口。在湖北光化县境。至南乡，后汉县，魏置郡，晋废，后复置，在今河南淅川县东南。步自淅川，以征关中。命司马勋出子午道。见第四节。别军攻上洛，见第三章第五节。获苻健荆州刺史郭敬。进击青泥，城名，在今陕西蓝田县南。破之。健遣其子生、此据《温传》，《载记》作子苌。

弟雄《载记》云率雄、青等。众数万屯峣柳愁思堆《载记》作尧柳城愁思唯，在蓝田东南。以距温。温军力战，生众乃散。《本纪》：四月，温及苻健子苌战于蓝田，大败之。雄与温弟冲战于白鹿原，《地形志》：在蓝田。又为冲所败。《本纪》在六月，云王师败绩。《载记》同。案雄苟败，未必能再驰袭司马勋，《温传》恐不足信。

雄驰袭司马勋，勋退次女娲堡。未详。温进至霸上。在长安东。健以五千人深沟自固。居人皆安堵复业。持牛酒迎温于路者十八九。耆老感泣曰："不图今日，复见官军。"初温恃麦熟，取以为军资，而健芟苗清野，军粮不足。

九月，收三千余户而还。案温即克长安，关中沦陷久，氐、羌多，亦非旦夕可以清定；而河北、河东，皆为犬羊窟穴，更非荆、襄一隅之力，所能扫荡也。东西齐力，犹虞不济，而温必逼废殷浩，然后出师，论其形势，实同孤军独进。事小敌如蜀，偷可用也，欲以戡定北方，则难矣。然则温之无成，亦温之自取之也。

姚襄自破殷浩，济淮，屯于盱眙。见第三章第九节。招掠流人，众至七万。流人郭敎等执堂邑内史刘仕降于襄。此据《载记》。《本纪》：永和十年，五月，江西乞活郭敞等执陈留内史刘仕而叛。疑仕为陈留内史，而时在堂邑也。堂邑，汉侯国，后置县，晋升为郡，故城在今江苏六合县北。朝廷大震。以吏部尚书周闵为中军将军，缘江备守。谢尚亦自历阳还卫京师。历阳，见第三章第九节。襄将佐、部众皆北人，咸劝襄北还。

永和十一年，四月，襄寇外黄，汉县，在今河南杞县东。为晋将高季所败。襄收散卒，勤抚恤之，复振。十二年，三月，襄入许昌。先是周成反，袭洛阳，河南大守戴施奔于鲔渚。永和十年正月。鲔渚，在河南巩县北。及是，襄将如河东，以图关右，自许攻洛阳，逾月不克。桓温请修复园陵，移都洛阳，表疏十余上，不许，而以温为征讨大都督，督司、冀二州，委以专征之任。温遣督护高武据鲁阳，见第四章第二节。戴施屯河上，勒舟师以逼许、洛。

四月，温自江陵伐襄。八月，战于伊水北，大败之。襄走平阳。见第二章第二节。徙其众三千余家于江、汉之间，执周成而归。使毛穆之、陈午、戴施镇洛阳。姚襄寻徙北屈，汉县，今山西吉县。进屯杏城。见第三章第八节。时苻健已死，子生嗣伪位。襄攻其平阳大守苻产于匈奴堡。胡三省曰：在平阳见安帝义熙十二年《注》。苻柳救之，为襄所败，引还蒲阪。见第三章第四节。襄遂攻堡，克之，杀产。遣使从生假道，将还陇西。生将许之。苻坚谏，乃止。命将张平御之。平更与襄通和。襄遣其从兄兰略地鄜城，汉鄜县，后汉省，在今陕西洛川县东南。兄益生及将军王钦卢招集北地。见第二章第二节。生遣苻飞距战，兰败，为飞所执。襄进据黄落。聚名，在今陕西同官县南。生遣苻黄眉、苻坚、邓羌率步骑万五千讨之。战于三原，今陕西三原县东北。苻坚于此置三原护军，后周乃置县。斩襄。襄弟苌，率诸弟降生。时升平元年五月也。六月，而苻坚杀生自立。

石赵之乱也，段勤鸠集胡、羯，得万余人，保枉人山，在今河南浚县西北。自称赵王，附于慕容俊。俄为冉闵所败，徙于绎幕。汉县，在今山东平原县西北。僭即尊号。俊遣慕容恪击闵，慕容垂击勤。恪禽闵，进据常山，见第三章第四节。勤惧而降。王午据鲁口，城名，在今河北饶阳县南。称安国王。死，吕护袭其号。恪进攻之，护奔野王。《通鉴》在永和十年三月。

晋宁朔将军荣期，以彭城、鲁郡叛归俊。兰陵、济北、建兴诸郡皆降。兰陵，晋郡，在今山东峄县东。济北，汉国，在今山东长清县境。建兴，未详。苻生河内、黎阳大守，亦以郡归俊。《通鉴》在永和十一年二月。河内，见第二章第二节。黎阳，见第三章第四节。永和十一年，十二月，慕容恪寇广固。十二年，五月，段龛败之，恪退据安平。见第二章第三节。后复攻之。朝廷使荀羡救之。次于琅邪，见第二章第三节。不敢进。

升平元年，正月，广固陷。《通鉴》在永和十二年十一月。龛降，俊毒其目而杀之，坑其徒三千余人。留慕容尘镇广固。冉闵之僭号也，李历、张平、高昌等，并率所部，称藩于俊。既而归顺，结援苻坚，并受爵位。又上党冯鸯，上党，见第二章第二节。自称大守，附于张平。平屡言之。俊以平故，赦其罪，以为京兆大守。

吕护之走野王也，遣弟奉表谢罪，俊以为河内大守。护、鸯亦阴通京师。《本纪》：永和十一年，十二月，上党人冯鸯自称大守，背苻生，遣使来降。张平跨有新兴、雁门、西河、大原、上党、上郡之地，诸郡皆见第二章第二节。垒壁三百余，胡、晋十余万户，遂拜置征镇，为鼎峙之势。《本纪》：升平元年，七月，苻坚将张平以并州降，遂以为并州刺史。俊自龙城迁于蓟，又迁于邺。《通鉴》在升平元年十一月。遣慕容评讨张平，平奔平阳。慕舆根讨冯鸯，鸯奔野王。《本纪》：升平二年，六月，张平为苻坚所逼，奔于平阳，坚追败之。慕容恪进据上党，冯鸯以众叛归慕容俊。阳骛讨高昌，昌走荥阳。《本纪》：在升平三年七月。慕容臧攻李历，历奔邵陵。见第三章第九节。俊于是复图入寇，兼欲经略关西，乃命州郡校阅见丁，精覆隐漏。率户留一丁，余悉发之。欲使步卒满一百五十万。期明年大集，此明年当为升平二年。将临洛阳，为三方节度。武邑刘贵，武邑，汉县，晋置郡，今河北武邑县。上书极谏，乃改为三五占兵，见第二节。宽戎备一周，悉令明年冬赴集邺都。此明年为升平三年。

四年，正月，俊死，子暐嗣。《通鉴》：四年，正月，癸巳，燕主俊大阅于邺，欲使大司马恪、司空阳骛将之入寇。会疾笃，乃召恪、骛及司徒评、领军将军慕容根等受遗诏辅政。甲午，卒。戊子，大子暐即皇帝位。《注》云："按长历，是年正月甲戌朔，今俊以甲午卒，则戊子在甲午前，即位恐是戊戌。"按甲午为癸巳之明日，俊以甲午死，无缘癸巳尚能大阅，即谓大阅可不亲临，亦无缘尚有入寇之意也。日恐误。于是燕势衰矣，然其侵寇仍不戢。

谢尚以升平元年五月卒。六月，以谢奕为豫州刺史。二年，三月，慕容俊陷冀州诸郡。诏奕及荀羡北伐。俊尽陷河北之地。八月，奕卒。以谢万为豫州刺史。时荀羡亦有疾，以郗昙为军司。昙，鉴子。《本纪》：二年，八月，以昙为北中郎将，徐、兖二州刺史，而十二月又有北中郎将荀羡及慕容俊战于山茌之文。《通鉴考异》曰："《昙传》云：荀羡有疾，以昙为军司，顷之，羡征还，除昙北中郎将刺史。《燕书》：十二月，荀羡寇泰山，杀大守贾坚。《载记》杀贾坚下云败绩，复陷山茌，故知八月昙未为徐、兖二州，恐始为军司耳。"羡攻山茌，汉茌县，魏曰山茌，在今山东长清县东北。拔之，斩俊泰山大守贾坚。俊青州刺史慕容尘遣司马悦明救之，羡师败，山茌复陷。羡以疾笃征还，以郗昙为徐、兖二州刺史，镇下邳。见第三章第三节。

三年，泰山大守诸葛攸晋泰山郡，治奉高，在今山东泰安县东北。率水陆二万讨俊。入自石门，此石门在今山东平阴县北。屯于河渚。使部将匡超进据碻磝，山名，在今山东东阿县南。萧馆屯于新栅。未详。又遣督护徐冏，率水军三千，泛舟上下，为东西声势。俊遣慕容评、傅颜等统步骑五万，战于东阿，见第四章第二节。王师败绩。十月，俊寇东阿。遣谢万次下蔡，汉县，今安徽凤台县。郗昙次高平以救之。高平，晋郡，治昌邑，在今山东金乡县西北。万矜豪傲物，未尝抚众，诸军恨之。昙以疾笃，退还彭城，万以为贼盛致退，便引军还。众遂溃散，狼狈单归。废为庶人。慕容恪入寇河南，汝、汝南，见第二章第三节。颍、颍川。谯、沛皆陷。

五年，正月，郗昙卒。二月，以范汪为徐、兖二州刺史。四月，桓温镇宛。

使其弟豁取许昌。五月，穆帝崩，时年十九。成帝长子琅邪王丕立，是为哀帝。七月，慕容恪陷野王，吕护退保荥阳。九月，护叛，奔慕容暐，暐待之如初。因遣傅颜与护据河阴。见第三章第四节。桓温命范汪出梁国，以失期，十月，免为庶人。

隆和元年，三月，以庾希为徐、兖二州刺史，镇下邳。希，冰子。袁真为豫州刺史，镇汝南。四月，吕护寇洛阳，戴施奔宛。五月，桓温遣庾希及竟陵大守邓遐以舟师救洛阳。七月，护等退小平津。在河南孟津县北。护中流矢死。将军段荣，收军北渡，屯于野王。遐进屯新城。汉新成县，后汉作新城，在洛阳南。八月，袁真进次汝南，运米五万斛，以馈洛阳。十二月，庾希退镇山阳。晋县，今江苏淮安县。袁真退镇寿阳。

兴宁元年，四月，慕容忠寇荥阳，大守刘远奔鲁阳。见第四章第二节。五月，燕兵又陷密，见第三章第五节。远再奔江陵。桓温请还都洛阳。自永嘉之乱，播流江表者，一切北徙，以实河南。诏改授司、冀、并三州，以交、广辽远，罢都督。温辞不受。又加侍中、大司马、都督中外诸军事，假黄钺。

是岁，慕容尘攻陈留大守袁披于长平，汝南大守朱斌乘虚袭许昌，克之。二年，二月，慕容评袭许昌，颍川大守李福死之。评遂侵汝南，朱斌奔寿阳。又围陈郡，见第三章第四节。大守朱辅固守，桓温遣江夏相刘岵击退之。帝断谷，饵长生药，中毒，不识万几。

三月，崇德大后康献褚皇后。复临朝摄政。四月，慕容暐将李洪侵许昌，王师败绩于县瓠。城名，今河南汝南县。朱斌奔淮南，朱辅退保彭城。慕容尘复屯许昌。桓温帅舟师次于合肥。见第三章第九节。加温扬州牧，录尚书事。使侍中颜旄宣旨，召温入参朝政。

八月，温至赭圻，见第四节。诏又使尚书车灌止之。温遂城赭圻而居之。固让内录，遥领扬州牧。慕容暐寇洛阳。时陈祐守洛阳，众不过二千。沈充子劲，哀父死于非义，志欲立勋，以雪先耻，表求配祐效力。因以劲补祐长史，令自募壮士，得千余人。助祐击贼，频以寡制众。而粮尽援绝。祐惧不能保全，以救许昌为名，奔新城，留劲以五百人守城。

三年，二月，以桓豁为荆州刺史。桓冲为江州刺史。是月，帝崩，母弟琅邪王奕立，是为废帝。三月，慕容恪陷洛阳，沈劲死之。燕以慕容筑为洛州刺史，镇金镛。见第三章第二节。慕容垂为荆州牧，配兵一万，镇鲁阳。初梁州刺史司马勋，为政暴酷，常怀据蜀之志。桓温务相绥怀，以其子康为汉中大守。勋逆谋已成，惮益州刺史周抚，未敢发。是岁，抚卒。十月，勋遂反。自称成都王。十一月，帅众入剑阁，攻涪。剑阁、涪，皆见第三章第六节。围益州刺史周楚于成都。楚，抚子。桓温遣江夏相朱序救之。

大和元年，三月，以桓秘监梁、益二州征讨诸军事。秘亦温弟。三月，桓豁遣督护桓罴攻南郑。见第五节。魏兴人毕钦举兵应罴。魏兴，见第三章第六节。五月，勋众溃。朱序执勋，斩之。十二月，南阳人赵弘、赵忆反，大守桓澹走保新野。见第三章第三节。慕容暐遣其南中郎将赵槃自鲁阳戍宛。暐将慕容厉又陷鲁郡、高平。二年，四月，慕容尘寇竟陵，见第三章第九节。大守罗崇击破之。五月，桓豁击赵忆，走之。赵槃奔鲁阳，遣轻骑追执之，戍宛而归。庾希以鲁、高平之没免官。《本纪》：大和二年，正月，庾希有罪，走入于海。按希入海在海西废后，见下节。是时特免官耳。今从本传。九月，以郗愔为徐、兖二州刺史。愔，昙之兄也。

四年，三月，愔以疾解职，又以温领徐、兖。《愔传》曰：温以愔与徐、兖有故义，乃迁愔领徐、兖。温北伐，愔请督所部出河上，用其子超计，以己非将帅才，不堪军旅，固辞解职，劝温并领己所统。《超传》云徐州人多劲悍，温恒云：京口酒可食，兵可用，深不欲愔居之。而愔暗于事机，遣笺诣温，欲共奖王室，修复园陵。超取视，寸寸毁裂。乃更作笺，自陈老病，乞闲地自养。温得笺，大喜，即转愔为会稽大守。会稽，见第三章第九节。此皆亿度附会之辞。愔事天师道，栖心绝谷，绝非将帅之才。温所以暂用之者，正以其易去耳，断不待超之进计也。袁真后虽背叛，当时则久附于温。至愔去上下流之事势，皆归于温，篡势已成，只待立功以饰观听矣。故北伐之师旋出。

是岁，四月，温率弟冲及袁真步骑五万北伐。郗超谏，以为道远，汴水又浅，运道不通。温不从。军次湖陆。秦湖陵县，后汉为国，改名湖陆。在今山东鱼台县东南。攻暐将慕容忠，获之。进次金乡。见第四章第二节。时亢旱，水道不通，乃使参军毛穆之凿巨野三百余里，以通舟运，自清水入河。巨野泽，在今山东巨野县北。本济水所入。王莽末，济渠涸，不复绝河，而菏泽与汶水合流，亦蒙清水之名。

超又进策曰："清水入河，无通运理。若寇不战，运道又难，因资无所，实为深虑。今盛夏悉力，径造邺城，彼伏公威略，必望阵而走，退还幽朔矣。若能决战，呼吸可定。设欲城邺，难为功力，百姓布野，尽为官有。易水以南，必交臂请命。此计轻决，公必务其持重，便当顿兵河、济，控引粮运，令资储充备，足及来夏。虽如赊迟，终亦济克。若舍此二策，而连军西进，进不速决，退必愆乏。贼因此势，日月相引。黾勉秋冬，船道涩滞。北土早寒，三军裘褐者少，恐不可以涉冬，此大限阂，非惟无食而已。”温又不从。

七月，慕容厉距温，温击败之。厉，《本纪》误作垂，令从《载记》。九月，邓遐、朱序遇傅末波于林渚，在今河南新郑县北。又大破之。遂至枋头。温先使袁真伐谯、梁，开石门以通运。石门，见第五章第一节。真讨谯、梁，皆平之，而不能开石门。军粮竭尽。温焚舟步退。自东燕出仓垣，经陈留，凿井而饮，行七百余里。东燕，见第四章第二节。慕容垂以八千骑追之，战于襄邑，温军败绩，死者三万人。襄邑，秦县，在今河南睢县西。十月，温收散卒，屯于山阳。归罪于袁真，表废为庶人。真据寿阳叛。十二月，温城广陵而居之。明年，二月，袁真死。陈郡大守朱辅立真子瑾，求救于慕容暐。是岁，暐为苻坚所灭。又明年，正月，坚遣王鉴援瑾。桓伊逆击，大破之。温克寿阳，斩瑾。然恢复之计，则无从说起矣。

穆、哀、海西之际，事势与咸和之末，大不相同。咸和末石勒之死，北方虽云丧乱，然不久即平，石虎仍袭全盛之势；其人亦久历戎行，颇有威望；诚非可以旦夕平地。若穆、哀、海西之际，则自永和五年石虎之死，至大和六年秦灭前燕，凡历十九年。冉闵之盛强，既如昙花一见；氐苻仅粗定关中，慕容氏亦未能占有河北，晋于是时，纵未能廓清旧境，河南之可全有，则无足疑也，河南定而关中、河北，亦可徐图矣。秦、燕兵力，实无足称，观桓温两次北伐，皆所向克捷可知。

当时司、冀沦陷，浸及徐、豫，且扰及荆州北鄙者，实缘晋之大军不出，所与周旋者皆偏师，力薄而无后援耳。此十九年中，与其谓敌势之方张，无宁谓晋人之养寇，而养寇之责，则桓温实尸之。

永和八年，秦有衅而不能乘；其后虽不得已一平姚襄，而仍置河南于不问，一任燕人之蚕食，皆其显而易见者也。殷浩之败也，王羲之遽欲弃淮守江。羲之本怯耎之尤，殊不足论。其与殷浩书，谓尝时“割剥遗黎，刑徒竟路，殆同秦政”。

又与会稽王笺，谓今“转运供继，西输许、洛，北入黄河，虽秦政之弊，未至于此。以区区吴、越，经营天下十分之九，不亡何待？”亦近深文周纳，危辞耸听。然长江下游之凋敝，则于此可以见之。当时恢复之计，在于步步为营，徐图进取，殷浩所为，颇近于此，而积弱既久，功效非旦夕可期。

桓温欲移都洛阳，孙绰上疏曰："丧乱以来，六十余年，苍生殄灭，百不遗一。河、洛丘墟，函夏萧条。井堙木刊，阡陌夷灭。生理茫茫，永无依归。播流江表，已经数世。存者长子老孙，亡者丘陇成行。虽北风之思，感其素心，目前之哀，实为交切。一朝拔之，顿驱蹙于空荒之地，提挈万里，逾险浮深。离坟墓，弃生业。富者无三年之粮，贫者无一餐之饭。田宅不可复雠，舟车无从而得。舍安乐之国，适习乱之乡。出必安之地，就累卵之危。将顿仆道途，飘溺江川，仅有达者。臣之愚计，以为且可更遣一将，有威名资实者，先镇洛阳。扫平梁、许，清一河南。运漕之路既通，然后尽力于开垦，广田积谷，渐为徙者之资。如此，贼见亡征，势必远窜。如其迷逆不化，复欲送死者，南北诸军，风驰电赴，若身手之救痛痒，率然之应首尾。山陵既固，中夏小康。陛下且端委紫极，增修德政。去小惠，节游费，审官人，练甲兵，以养士灭寇为先，十年行之，无使隳废，则贫者殖其财，怯者充其勇，人知天德，赴死如归。以此致政，犹运诸掌。何故舍百胜之长理，举天下而一掷哉？"

绰之言，非引日之虚辞，实审时之至计。所云更遣一将，先镇洛阳，膺斯任者，自莫如温。然温徒表请迁都，而终不肯奋身出镇者，其意固别有在也。

《王述传》云：桓温平洛阳，议欲迁都。朝廷忧惧，将遣侍中止之。述曰："温欲以虚声威朝廷，非事实也。但从之，自无所至。"事果不行。又议欲移洛阳钟虡。述曰："永嘉不竞，暂都江左。今当荡平区宇，旋轸旧京。若其不尔，宜改迁园陵，不应先事钟虡。"温竟无以夺之。然则温之屡请迁都，不过知朝士之苟安，而以此胁之耳。世皆讥宋武帝急于图篡，平长安而不能留镇，致关右复陷于戎狄。然宋武当时，以一身任举国之重，刘穆之死，后事诚有可忧。设或差池，所系实不仅一身一家之计，返旆之急，庸或非尽恤其私。若桓温距郗超之谋，不肯为赊迟之计者，则诚除图篡外无他故耳。然卒以此致败，后来图篡所以不成，亦由丧败既甚，究有惭德，不能决然自取，致为谢安、王坦之迂缓之计所败耳。狐埋之而狐搰之，是以无成功，岂不信哉？《孙盛传》曰：盛著《晋阳秋》，辞直而理正，咸称良史焉。既而桓温见之。怒，谓盛子曰："枋头诚为失利，何至如尊君所说？若此史遂行，自是关君门户事。"其子遽拜谢，谓请删改之。时盛年老还家，性方严，有轨宪。虽子孙斑白，而庭训愈峻。至此，诸子乃共号泣稽颡，请为百口切计。盛大怒。诸子遂窃改之。盛写两定本，寄于慕容俊。大元中，孝武帝博求异闻，始于辽东得之，以相考校，多有不同，书遂两存。盛为长沙大守，曾以臧私，为温所按，于温容有私怨。然《晋阳秋》既称辞直理正，必不能过为曲笔。惟谓其寄定本于慕容俊，则于理既有未可，而于势亦有未能；且当枋头败时，慕容俊死已数年矣；而此战之后，慕容氏亦不久即亡；足见此说之不足信。盖所谓得诸辽东之定本，实不出于盛，乃他人所改定，而托之于盛者，其人知枋头之丧败，必更详于盛。然即盛之元本，所言枋头丧败之情形，亦必不止如今史之所传也。此战之失利，诚可谓甚矣。

第七节　桓温废立

桓温篡志，蓄之已久，满拟伐燕一捷，归而即尊，枋头丧败，事出虑外，而篡窃之谋，已如骑虎之势，不得下矣，于是废立之计起焉。《温传》云：“温久怀异志，欲先立功河朔，还受九锡，既逢覆败，名实顿减，于是参军郗超进废立之计。”

大和六年，十一月，温自广陵屯于白石。胡三省曰：此白石当在牛渚西南。牛渚，见第三章第九节。旋诣阙，以崇德大后令，废帝为东海王。其罪状，则谓帝在藩夙有痿疾，嬖人相龙、计好、朱灵宝等参侍内寝，而二美人田氏、孟氏生三男，欲建树储藩，诬罔祖宗，倾移皇基也。《纪》云：惮帝守道，恐遭时议，以宫闱重闷，床笫滋笫易诬，乃言帝为阉，遂行废辱。又以大后诏立会稽王昱，是为简文帝。

大宰武陵王晞，元帝子。有武干，为温所忌。温乃表晞聚纳轻剽，包藏亡命。又息综矜忍，虐加于人；袁真叛逆，事相连染。请免晞官，以王归藩，免其世子综官。又遣弟秘逼新蔡王晃，东嬴公腾，见第二章第二节。腾后改封新蔡王，被害，谥武哀。子庄王确立。卒，无子，以汝南文成王亮曾孙邈嗣。卒，子晃嗣。亮亦见第二章第二节。自诬与晞、综及著作郎殷涓，大宰长史庾倩，从本传，《本纪》作籍。掾曹秀，舍人刘疆等谋逆，收付廷尉，请诛之。帝不许。乃废晞，及其三子徙于新安，见第三章第三节。晃废徙衡阳，吴郡，今湖南湘潭县西。而族诛殷涓等。涓，浩之子，倩及其弟散骑常侍柔，皆冰之子，希之弟，冰女则东海王妃也。杀东海王二子及其母。废王为海西公。

明年，咸安二年。四月，徙居吴。见第三章第九节。庾倩之死也，其兄广州刺史蕴，饮鸩而死。东海大守友，东海，见第三章第三节。子妇温弟秘之女也，故得免。希与子邈及子攸之，逃于海陵陂泽中。海陵，晋郡，今江苏泰县。故青州刺史武沈，希之从母兄也，潜饷给希，经年。温后知之，遣兵捕希。

是岁，六月，沈子遵，约希聚众海滨，略渔人船，夜入京口，见第四章第二节。称海西公密旨除凶逆。七月，温遣东海内史周少孙讨禽之。希、邈及子侄五人斩于建康市。遵及党与皆伏诛。惟友及蕴诸子获全。是月，简文帝崩。子昌明立，是为孝武帝。十一月，妖贼卢悚，遣弟子殿中监许龙，晨到海西公门，称大后密诏，奉迎兴复。海西公初欲从之，纳保母谏而止。悚突入殿庭，游击将军毛安之等讨禽之。海西公深虑横祸，乃杜塞聪明，终日酣畅；耽于内宠，有子不育。朝廷以其安于屈辱，不复为虞。大元十一年，十月，卒于吴。

简文帝崩时：桓温仍镇姑孰。帝遗诏以温辅政，依诸葛亮、王导故事。《王坦之传》曰：简文帝临崩，诏大司马温依周公居摄故事。坦之自持诏入，于帝前毁之。坦之，述子，时领右卫将军。帝曰："天下傥来之运，卿何所嫌？"坦之曰："天下宣、元之天下，陛下何得专之？"帝乃使坦之改诏焉。

《王彪之传》曰：简文崩，群臣疑惑，未敢立嗣。或云当须大司马处分。彪之正色曰："君崩大子代立，大司马何容得异？若先面谘，必反为所责矣。"于是朝议乃定。彪之时为尚书仆射。及孝武帝即位，大皇大后令：以帝冲幼，加在谅阇，令温依周公居摄故事。事已施行。彪之曰："此异常大事，大司马必当固让，使万几停滞，稽废山陵，未敢奉令。"谨具封还内请停。事遂不行。

《温传》曰：温初望简文临终，禅位于己，不尔便为周公居摄。事既不副所望，故甚愤怨。与弟冲书曰："遗诏使吾依武侯、王公故事耳。"孝武帝即位，诏"内外众事，关温施行"。复遣谢安征温入辅。安时为吏部尚书，中护军。

宁康元年，二月，温入朝。停京师十有四日，归于姑孰。遂寝疾不起。七月，卒。《温传》言温讽朝廷加己九锡，累相催促，谢安、王坦之闻其病笃，密缓其事，锡文未及成而薨。时年六十二。

《彪之传》曰：温遇疾，讽朝廷求九锡。袁宏为文，以示彪之。彪之谓宏曰："卿固大才，安可以此示人？"时谢安见其文，又频使宏改之。宏遂逡巡其事。既屡引日，乃谋于彪之。彪之曰："闻彼病日增，亦当不复支久，自可更小迟回。"宏从之。温亦寻薨。案简文帝自永和二年何充卒秉政，至其立，已二十五年。引用殷浩，以与温抗者，即简文也。

《纪》言帝初即位，温撰辞欲自陈述，帝引见，对之悲泣，温惧不能言。有司奏诛武陵王晞，帝不许。温固执，至于再三。帝手诏报曰："若晋祚灵长，公便宜奉行前诏。如其大运去矣，请避贤路。"温览之，流汗变色，不敢复言。又言帝践阼，荧惑入大微，帝甚恶焉。时中书郎郗超在直。帝乃引入，谓曰："命之修短，本所不计，故当无复近日事邪？"及超请急省其父，帝谓之曰："致意尊公，国家之事，遂至于此，由吾不能以道匡济，愧叹之深，言何能喻？"因咏庾阐诗云："志士痛朝危，忠臣哀主辱。"遂泣下沾襟。然则帝之于温，初无所畏。

《纪》又谓帝神识恬畅，而无济世大略；故谢安称为惠帝之流，清谈差胜耳；谢灵运迹其行事，亦以为赧、献之辈；盖非笃论也。《晋书》好博采而辞缺断制，往往数行之间，自相矛盾，要在知其体例，分别观之耳。作者意在博采，原不谓其所著皆可信也。

据《本纪》：孝武之立为大子，实与简文之崩同日，然则《王彪之传》谓君崩大子代立，大司马何容得异？语亦有误。其所争者，盖非大子之当立与否，而孝武之当为大子与否也。然则《晋书》记载，多不容泥，谓简文视天下为傥来之运，恐亦诬辞矣。然则桓温图篡虽急，而朝廷拒之甚坚，且镇之以静，终不为其虚声所动，盖自其举兵欲胁废殷浩以来，至于孝武之初，始终若一，初非谢安、王坦之、王彪之等数人之力也。简文之才力，亦实有足称矣。此又见庾氏之欲推立之，实非为私意也。

温四弟：云、豁、秘、冲。六子：熙、济、歆、祎、伟、玄。熙初为世子，后以才弱，使冲领其众。温病，熙与秘谋杀冲。冲知之，先遣力士拘录熙、济，而后临丧。熙、济俱徙长沙，见第三章第九节。秘亦废弃。云前卒。豁时刺荆州，加督荆、扬、雍、交、广。扬当作梁。冲督扬、豫、江三州，为扬州刺史，镇姑孰。豁子竟陵大守石秀竟陵，见第三章第九节。为江州刺史，镇寻阳。见第四章第一节。八月，崇德大后临朝摄政。九月，以王彪之为尚书令，谢安为仆射，刁彝为徐、兖二州刺史，镇广陵。彝协子。二年，正月，彝卒。二月，以王坦之代之。三年，五月，坦之卒。以桓冲为徐州刺史，镇丹徒。见第四章第二节。谢安领扬州刺史。

大安元年，大后归政。安为中书监，录尚书事。二年，八月，为司徒。桓豁卒。十月，以桓冲为荆州刺史。王蕴为徐州刺史，督江南晋陵诸军。蕴，孝武后父。晋陵见第四章第三节。谢玄为兖州刺史，广陵相，监江北诸军。玄，安兄子。于是下流之势渐重矣。《王彪之传》云：谢安不欲委任桓冲，故使大后临朝，献替专在于己。

《冲传》云：冲既代温居任，则尽忠王室。或劝冲诛除时望，专执权衡，冲不从。谢安以时望辅政，为群情所归，冲惧逼，宁康三年，乃解扬州，自求外出。桓氏党与以为非计，莫不扼腕苦谏；郗超亦深止之；冲皆不纳。桓温尚无所成，而况于冲？其不敢为非分之图，亦固其所。然冲之为人，雅与温异，颇有公忠之心，其不为非分之图，亦非尽由才之不及，势之不可也。温据上流久，且夙怀反侧之心，其余毒，自非一朝所能消弭，故桓玄卒资之以构逆。然当苻坚入寇时，晋之克弘济于艰难者，实赖上下游之无衅，其时上下游之无衅，则冲实为之，冲亦可谓贤矣。

注释：

①投袂[tóu mèi]：挥袖，甩袖。表示立即行动。

②刖[yuè]：古代的一种酷刑，把脚砍掉。

③搏牛之虻，不可以破虮虱：搏：拍击。原意是说主要目标应像击杀牛背上的虻虫一样去灭掉秦国，而不是像消除虮虱那样去与别人打仗。后来比喻其志在大而不在小。

第六章

东晋中叶形势下

第一节　秦灭前燕

晋自怀、愍倾覆，元帝东渡以来，中原形势，盖尝三变：刘、石东西对峙，其后刘卒并于石，一也。石虎死后，燕、秦又东西对峙，其后燕卒并于秦，二也。前秦丧败，后燕、后秦，又成东西对峙之局，其力莫能相尚，宋武夷南燕，破后秦，功高于桓、谢矣，然关中甫合即离，其后陵夷衰微，北方遂尽入于拓跋氏；三也。前章所述，为后赵吞并北方，及其分裂之事，此章所述，则前秦吞并北方，及其分裂之事也。

桓温之入关也，苻健大子苌中流矢而死，健立其第三子生为大子。明年，六月，健寝疾。健兄子菁，勒兵入东宫，将杀生自立。时生侍健疾，菁以健为死，回攻东掖门。健闻变，升端门陈兵。众皆舍杖逃散。执菁杀之。

数日，健死。生僭即皇帝位。生为史所称无道之主，载其淫暴之迹甚多，然实未可与刘聪、石虎，等量齐观，故刘知几谓“秦人不死，知苻生之厚诬”也。即就史所载者观之，其消息，仍有可以微窥者。

史称健临死，诫生曰：“酋帅、大臣，若不从汝命，可渐除之”，即可知其所诛夷，多出于不得已。今观其所杀者：大傅毛贵，车骑尚书梁楞，左仆射梁安，皆受遗辅政者也。左光禄大夫张平，生母之弟也。侍中丞相雷弱儿，司空王堕，侍中大师录尚书事鱼遵，亦皆大臣。弱儿之死也，及其九子二十七孙；遵及其七子十孙；皆可知其族之强大。

梁安、雷弱儿，据上章第六节所述，实有通晋之嫌，其余亦可推想。然则生之行诛，亦诚有所不得已，而造谤者则自此起矣。生杀其妻梁氏，盖亦以其族之逼，然皇后且然，更何有于妾媵？于是谓其所幸妻妾，少有忤旨便杀之，流其尸于渭水矣。舅氏既诛，自可谓其母系忧恨而死。生眇一目，造谤者遂谓其不足、不具、少无、缺伤、残毁、偏只之言，皆不得道，左右忤旨而死者，不可胜纪；且谓其使大医令程延合安胎药，问人参好恶并药分多少，延曰："虽小小不具，自可堪用。"生以为讥其目，凿延出目，然后斩之矣。

当时用刑，率多酷滥，遂谓其常弯弓露刃，以见朝臣，锤钳锯凿，不离左右；又谓宗室勋旧，亲戚忠良，杀害殆尽；王公在位者，悉以疾告归；人情危骇，道路以目矣。他如怠荒、淫秽，自更易诬。

《金史·海陵本纪》，述其不德之辞，连章累牍，而篇末著论，即明言其不足信，正同一律。史家之文，惟恐其自己出，断不能以己之所是，著诸篇章；前人之辞，虽明知其不足信，又不容抹杀之不传于后；若一一辩之，则势将不可胜辩；此则不能不望好学深思者之心知其意者也。参看前章第三节。五胡之主，史传其淫暴者，实录居多，惟苻生则系被诬，当与南朝诸主一例。当时苻秦，君与贵戚猜疑之深，至于如此，自非一人之力，所克翦除，故黄眉虽以谋杀生自立，事发伏诛，而生卒为雄子坚及其庶兄法所弑，时姚襄死之翼月也。

苻坚既弑苻生，以伪位让其兄法，法自以庶孽不敢当，坚乃僭称大秦天王。旋杀法。其骨肉相屠，亦可谓烈矣。坚为五胡中雄主，读史者多美其能用王猛，其实猛之功烈，亦止在能摧抑豪强；其于政事，庸有综核之才，然史氏所传，实多溢美；至于灭燕，则燕之自亡，直其时，能成其功者甚多，无足称也。

《猛传》云：坚僭位，以猛为中书侍郎。时始平多枋头西归之人，始平，见第二章第二节，枋头，见第四章第二节。豪右纵横，寇盗充斥，乃转猛为始平令。猛下车，明法峻刑，鞭杀一吏。百姓上书讼之。有司劾奏。槛车征下廷尉诏狱。坚亲问之，曰："夷吾、子产之俦也。"赦之。岁中五迁，权倾内外。宗戚旧臣，皆害其宠。尚书仇腾，丞相长史席宝，数谮毁之。坚大怒，黜腾为甘松护军，甘松，见第五章第二节。宝白衣领长史。尔后上下咸服，莫敢有言。

《坚载记》云：猛亲宠愈密，朝政莫不由之。特进樊世，氐豪也，有大勋于苻氏，负气倨傲，众辱猛。猛言之于坚。坚怒曰："必须杀此老氐，然后百寮可整。"俄而世入言事。坚谓猛曰："吾欲以杨壁尚主，壁何如人也？"世勃然曰："杨壁臣之婿也，婚已久定，陛下安得令之尚主乎？"猛让世。世怒，起将击猛。左右止之。世遂丑言大骂。坚由此发怒，命斩之于西厩。诸氐纷纭，竞陈猛短。坚恚甚，嫚骂，或鞭挞于殿庭。自是公卿已下，无不惮猛。

又曰：以猛为京兆尹。其特进强德，健妻之弟也。昏酒豪横，为百姓之患。猛捕而杀之，陈尸于市。其中丞邓羌，性鲠直不挠，与猛协规齐志。数旬之间，贵戚强豪，诛死者二十有余人。于是百僚震肃，豪右屏气。此盖苻生未竟之绪也。必贵戚慑服，然后政令行而民获小康，且可用其力以竞于外，此秦之所以骤强；而是时之燕，适与之相反，其不格明矣。

慕容儁之死也，群臣欲立其弟恪。皝第四子。恪辞，乃立其大子暐。时年十一。以恪为大宰，录尚书，行周公事。慕容评为大傅，副赞朝政。慕舆根为大师。慕容垂为河南大都督、兖州牧、荆州刺史，镇梁国。垂，皝之第五子。梁国，见第二章第三节。孙希为并州刺史。傅颜为护军将军。慕舆根与左卫慕舆干潜谋诛恪及评，入白大后可足浑氏，可足浑氏将从之，暐使其侍中皇甫真与傅颜收根等斩之。大和元年，慕容恪有疾，召暐兄乐安王臧，告以司马职统兵权，吾终之后，必以授垂。又以告评。月余而死。

初恪之攻拔洛阳也，略地至于崤、渑。见第五章第一节。苻坚惧其入关，常亲屯陕城以备之。陕，汉县，今河南陕县。其后苻双据上邽，双坚弟。上邽，见第三章第三节。苻柳据蒲坂，见第三章第四节。叛于坚。苻廋据陕城，苻武据安定，并应之。安定，见第二章第二节。柳、廋、武，皆健子。将共伐长安。廋降于暐。坚恐暐乘胜入关，乃尽锐以备华阴。见第三章第三节。暐群下议欲遣兵救廋，因图关右，评固执不许，乃止。双等之叛，《通鉴》在大和二年十月。双等皆为坚所讨杀。

枋头之役，为暐使乞师于坚，请割虎牢以西。虎牢，见第四章第二节。坚遣其将苟池率步骑二万救暐。王师引归，池乃还。可足浑氏与评谋杀垂。垂惧，奔坚。王师既旋，暐悔割虎牢之地。坚以垂为向导，遣王猛等步骑三万，攻慕容筑于洛阳，暐遣慕容臧精卒十万救之，败于荥阳。见第二章第二节。筑以救兵不至，降于猛。《通鉴》从《燕书》系大和五年正月。《十六国秦春秋》在四年十二月，见《考异》。

大和五年，九月，坚又遣王猛率杨安等步骑六万伐暐。猛克上党，见第二章第二节。又令杨安陷晋阳。见第三章第四节。暐遣慕容评等率中外精卒四十余万距之。屯于潞川。潞水，今浊漳水。评以猛悬军深入，利在速战，议以持久制之。猛遣其将郭庆，以锐卒五千，夜从间道，出评营后，并山起火，烧其辎重，火见邺中。暐惧，遣使让评，催其速战。评与猛战于潞川，大败，死者五万余人。评等单骑走还。猛遂长驱至邺。坚复率众十万会之。暐散骑常侍徐蔚等率扶余、句丽及上党质子五百余人，夜开城门，以纳坚军。暐与评等数十骑奔昌黎。见第二章第二节。坚遣郭庆追暐，及于高阳，见第五章第二节。执之。

先是慕容桓以众万余，为评等后继，闻评败，引屯内黄，见第五章第三节。后退保和龙。慕容皝所起宫名，在龙城。及是，庆追评、桓于和龙。桓杀其镇东慕容亮而并其众，攻其辽东大守韩稠于平州。此当指晋平州所治之肥如县，见第三章第八节。庆遣将军朱嶷击桓执之。《本纪》在咸安二年二月。评奔高句丽，高句丽缚而送之。坚以王猛刺冀州，镇邺。郭庆刺幽州，镇蓟。徙暐及其王公已下并鲜卑四万余户于长安。

前燕之亡，论者多归罪于慕容评。然评在俊世，亦尝数专征伐，非不知兵者。潞川密迩邺都，一败则不可为悔，秦兵方锐，持重以老其师，未为非计。速战之议，出自燕朝，暐年尚幼，未知谁实主之，评因惧罪而曲从，固违将在外君命有所不受之义，然以丧师之咎，专责诸评，则非平情之论。

《垂载记》云：垂本名霸，恩遇逾于世子俊，故俊不能平之。少好畋游，因猎坠马，折齿，俊僭即王位，改名𫀢，外以慕却𫀢为名，内实恶而改之。寻以谶记之文，乃去夬，以垂为名焉。此说或出附会，然垂之见忌，由来已久，则由此可知。暐之世，盖政出多门，莫能相尚，其时忌垂者非评一人。且一木焉能支大厦之倾，垂即不去，燕岂能终存邪？

《暐载记》云：时外则王师及苻坚交侵，兵革不息。内则暐母乱政，评等贪冒，政以贿成，官非才举。其尚书左丞申绍上疏，言“守宰或擢自匹夫、兵将之间，或因宠戚，借缘时会。又无考绩，黜陟幽明。贪惰为恶者，无刑戮之惧，清勤奉法者，无爵赏之劝。百姓穷弊，侵赇无已。兵士逋逃，乃相招为贼盗。后宫四千有余；僮侍厮养，通兼十倍；日费之重，价盈万金；绮縠罗纨，岁增常调。戎器弗营，奢玩是务。令帑藏虚竭，军士无襜褕之资。宰相侯王、迭以侈丽相尚。风靡之化，积以成俗。卧薪之喻，未足甚焉。”此盖自俊入中原已来，惑于纷华靡丽，积渐至此，并非必至時之世而后然也。五胡窃据，本无深根固柢之道，一遇劲敌，而其亡也忽焉，亦无足异矣。

第二节 秦平凉州仇池

前凉全盛，盖在张茂、张骏之时，而其衰机亦自此始。史称茂雅有志节，能断大事。凉州大姓贾摹，寔之妻弟也，势倾西土，茂诱而杀之，于是豪右屏迹，威行西域。骏初统任年十八。少卓越不羁，而淫纵无度。然有计略。统任后，厉操改节，勤修庶政；总御文武，咸得其用。自轨据凉州，属天下之乱，所在征伐，军无宁岁，至骏，境内渐平。

又使其将杨宣伐龟兹、鄯善，西域并降。分州西界三郡置沙州，治敦煌，见第二章第二节。东界六郡置河州。治枹罕，见第二章第一节。戊己校尉赵贞，不附于骏，骏击禽之，以其地为高昌郡。今新疆吐鲁番县。虽尝为刘曜所败，失河南地，旋即复之。盖前凉之极盛也。

然自茂已筑灵钧台，围轮八十余堵，基高九仞。尝以谏者中止，后卒复营之。且大城姑臧。骏又于姑臧城南筑城。起谦光殿，画以五色，饰以金玉穷尽珍巧。殿之四面，各起一殿。东曰宜阳青殿，以春三月居之。章服、器物，皆依方色。南曰朱阳赤殿，夏三月居之。西曰政刑白殿，秋三月居之。北曰玄武黑殿，冬三月居之。其旁皆有直省内官寺署，一同方色。末年任所游处，不复依四时而居。

盖河右通市西域，商货流衍，物力颇丰，而其文明程度亦高，故能侈靡如此也。骏子重华，任用谢艾，屡破劲敌。见第五章第二节。王擢为苻健所逼，来奔，重华使攻秦州，克之。永和九年四月。秦州治上邽，见第三章第三节。重华好与群小游戏，政事始衰；及其卒也，复重之以内乱；而思启封疆者，狡焉伺于其侧矣。

重华以永和九年十月卒。传言其在位十一年，据《本纪》，其立以永和二年五月，则止八年。子曜灵嗣。年十岁。伯父长宁侯祚，性倾巧，善承内外。初与重华宠臣赵长、尉缉等结为异姓兄弟。长等遂矫重华遗令，以祚辅政。又言时难未夷，宜立长君。祚先烝重华母马氏，马氏遂从缉议，废曜灵而立祚。祚寻使害曜灵。祚淫虐不道。又通重华妻裴氏。自阁内媵妾，及骏、重华未嫁子女无不暴乱。凉州历世以来皆受晋朝官爵，虽不用中兴年号，迄称建兴若干年，晋迄未与以王封，然张骏时，境内皆称之为王；骏舞六佾，建豹尾，所置官寮府寺，皆拟于王者，而微异其名；然亦未敢更行上僭；骏且尝称藩于蜀，假道以达京师；见第五章第五节。究不能谓其不守臣节也。

及祚，乃用长、缉等议，僭即帝位，永和十年。亦可谓妄矣。桓温入关，王擢时镇陇西，驰使言温善用兵，意在难测。祚既震惧，又虑擢反噬，大聚众，声欲东征，实欲西保敦煌，会温还而止。更遣其秦州刺史牛霸击擢，破之。擢奔苻健。其妄自尊大，而实怯懦，又多疑忌如此。祚宗人张瓘镇枹罕，祚恶其强，遣其将易揣、张玲袭之。又遣张掖大守索孚代瓘。张掖，汉郡，今甘肃张掖县。孚为瓘所杀。玲等又为瓘兵所破。瓘军蹑之，祚众震惧。敦煌人宋混，与弟澄等聚众以应瓘。赵长等惧罪，入阁，呼重华母马氏出殿，拜曜灵庶弟玄靓为主。时年七岁。揣等率众入殿，伐长杀之。瓘弟琚及子嵩，募市人数百，扬声言张祚无道，我兄大军，已到城东，敢有举手者诛三族。祚众披散，祚被杀。时永和十一年七月也。

废祚所建和平年号，复称建兴四十三年。诛祚二子。以张瓘为卫将军，领兵万人，行大将军事。陇西李俨，陇西，见第二章第二节。诛大姓彭姚，自立于陇右。玄靓遣牛霸讨之。未达，西平人卫琳又据郡叛。西平，见第二章第二节。霸众溃，单骑而还。瓘遣琚领大众征琳，败之。西平田旋，要酒泉大守马基应琳。酒泉，见第三章第七节。瓘遣司马张姚、王国伐基，败之。斩基、旋首，传姑臧。瓘兄弟强盛，负其勋力，有篡立之谋。宋混与弟澄共讨瓘，尽夷其属。玄靓以混辅政。混卒，又以澄代之。右司马张邕，恶澄专擅，杀之，遂灭宋氏。玄靓以邕为中护军，叔父天锡为中领军，共辅政。邕自以功大，骄矜淫纵。又通马氏，树党专权。天锡又杀之，悉诛其党。天锡专掌朝政。始改建兴四十九年，奉升平之号。升平五年。

兴宁元年，骏妻马氏卒，玄靓以其庶母郭氏为大妃，郭氏以天锡专政，与大臣张钦等谋讨之。事泄，钦等被杀。七月，天锡率众入禁门，潜害玄靓，宣言暴薨。此从《晋书·帝纪》。《通鉴》从《晋春秋》在八月。天锡立。荒于声色，不恤政事。安定梁景，敦煌刘肃，并以门胄，总角与天锡友昵。张邕之诛，肃、景有勋，天锡深德之。赐姓张氏，以为己子，俱参政事。人情怨惧。初苻生闻张祚见杀，玄靓幼冲，命其征东苻柳，参军阎负、梁殊使凉州，以书喻之。时张瓘新辅政，河西所在兵起，惧秦师之至，乃言于玄靓，遣使称藩。

大和二年，羌敛岐自称益州刺史，敛岐从《苻坚载记》。《天锡传》作廉岐。率略阳四千家，背苻坚就李俨。略阳，见第二章第二节。天锡自往讨之。时苻坚亦遣王猛等讨岐。俨遣使谢，并求救于坚。坚遣杨安会猛救俨。及天锡将杨遹战于枹罕东，猛不利。然卒禽敛岐。天锡归，猛又袭俨，执之而还。坚遂以其将彭越为凉州刺史，镇枹罕。参据《本纪》及《坚载记》。

时坚强盛，每攻凉州，兵无宁岁。天锡甚惧，献书桓温，刻六年夏大举，盖谓天锡之六年。已而不果。咸安二年，苻坚陷仇池。先是王猛获天锡将阴据及甲士五千，至是，悉送所获还凉州。天锡惧，遣使谢罪称藩。大元元年，坚遣苟苌、毛盛、梁熙、姚苌等率骑十三万伐天锡。又遣其秦州刺史苟池，河州刺史李辩，凉州刺史王统率三州之众以继之。天锡拒战不利，遂降。坚以梁熙为凉州刺史，领护西羌校尉，镇姑臧。徙豪右七千余户于关中。

刘曜之与石勒连兵也，杨难敌自汉中还袭仇池，克之，执田崧，杀之。咸和九年，难敌卒，子毅立。自号左贤王下辨公。以坚头子槃为右贤王河池公。下辨、河池，皆见第五章第一节。咸康元年，遣使称藩于晋。三年，毅族兄初袭杀毅，并有其众，自立为仇池公，臣于石虎，后复遣使称藩。永和三年，以为雍州刺史、平羌校尉、仇池公。十年，改封天水公。子国为武都大守。武都，见第二章第二节。十一年，毅小弟宋奴，使姑子梁式玉，《本纪》作梁式。因侍直手刃杀初。国率左右诛式玉及宋奴。桓温表为秦州刺史、平羌校尉，而以其子安为武都大守。十二年，国从父杨俊复杀国自立。安奔苻生。俊遣使归顺。升平三年，以为平羌校尉、仇池公。四年，卒，子世立。复以其爵授之。

大和三年，迁秦州刺史。以其弟统为武都大守。五年，世卒。统废其子纂自立。纂一名德。纂聚党杀统。遣使自陈，复以为秦州刺史、平羌校尉、仇池公。初世尝降于苻坚。坚亦署为秦州刺史仇池公。既而归顺于晋。至纂，遂与坚绝。

咸安元年，坚遣其将苻雅、杨安与益州刺史王统率步骑七万取仇池。雅等次于鹫陕。《通鉴》作鹫峡。《注》云：在仇池北。纂率众五万，晋梁州刺史杨亮，遣督护郭宝，率骑千余救之，战于陕中，为雅等所败。纂收众奔还。雅进攻仇池，纂降。

秦以王统为南秦州刺史。加杨安都督，镇仇池。王统，《苻坚载记》作杨统。《殿本考证》云：杨，《十六国春秋》作王，案作王者是也。《宋书·氐传》明言统为纂所杀，纂遣使诣晋自陈，其言不得无据。《苻坚载记》漏叙统为纂所杀之事，其误遂不易见。坚使取仇池之杨安，是否即杨国之子，本无确说。以予观之，似乎非是。坚之取仇池，乃为攻梁、益开路，其后益州陷没，坚乃以杨安为益州牧，镇成都，王统为南秦州刺史，镇仇池，苟为杨国之子，任之恐未必如是之重也。空百顷之地，徙其民于关中。纂后为杨安所杀。语见《宋书·氐传》，此杨安当为杨国之子。此节以《宋书》为主，兼据《晋书·刘曜》及《苻坚载记》。《晋书·本纪》：咸安二年，苻坚陷仇池，执秦州刺史杨世，则必误也。

第三节　秦平铁弗氏拓跋氏

自前赵、前燕之亡，幽、并之匈奴、鲜卑，能有所表见者颇鲜，其较为强大者，则河西之铁弗氏，代北之拓跋氏也。苻秦盛时，二部亦尝为所慑服。此二部为世仇，其事迹相关极密。《魏书·序纪》，叙述较详。今以之为主，而以他篇所载，附益订正之。《序纪》讳饰之辞，自不难洞见也。

《魏书·序纪》：穆帝死后，普根立，月余而薨。普根子始生，桓帝后立之，其冬又薨。思帝子郁律立，是为平文帝。元年，岁在丁丑，晋元帝建武元年也。二年，元帝大兴元年。刘虎据朔方，见第三章第八节。来侵西部。帝逆击，大破之。其从弟路孤，率部落内附，帝以女妻之。《铁弗传》言：虎归附刘聪，聪以虎宗室，拜安北将军、监鲜卑诸军事、丁零中郎将，则聪实使虎统辖鲜卑也。

《序纪》又云：帝闻晋愍帝为刘曜所害，顾谓大臣曰：“今中原无主，天其资我乎？”刘曜遣使请和，帝不纳。三年，大兴二年。石勒自称赵王，遣使乞和，请为兄弟，帝斩其使以绝之。五年，大兴四年。治兵讲武，有平南夏之意。

桓帝后以帝得众心，恐不利于己子，害帝，遂崩。大臣死者数十人。《平文皇后传》曰：王氏，广宁人也。年十三，因事入宫。生昭成帝。平文崩，昭成在襁褓，时国有内难，将害诸王子。后匿帝于袴中，惧人知，祝曰："若天祚未终，使汝无声。"遂良久不啼。得免于难。广宁，见第四章第二节。惠帝贺傉立，桓帝中子也。未亲政事，大后临朝，遣使与石勒通和，时人谓之女国使。案王浚见杀，穆帝之众，有欲谋乱以应石勒者，见第四章第二节。然则拓跋部落中，胡、羯党类颇多，平文之死，似亦因其与刘、石构难，而桓帝后因而倾覆之者。使称女国使，可见是时拓跋氏实别无所谓君长也。

四年，明帝大宁二年。帝始临朝。以诸部人情，未悉款顺，乃筑城于东木根山，徙都之。在今绥远凉城县北。河西有木根山，而此在东，故曰东木根山。五年，大宁三年。帝崩，炀帝纥那立，惠帝之弟也。三年，成帝咸和二年。石勒遣石虎率骑五千，来寇边部。帝御之于句注陉北，见第二章第二节。不利，迁于大宁。即广宁。时烈帝名翳槐，平文长子。居于舅贺兰部，帝遣使求之。贺兰部帅蔼头，拥护不遣。帝怒，召宇文部，并势击蔼头。宇文众败，帝还大宁。

五年，咸和四年。帝出居于宇文部。贺兰及诸部大人共立烈帝。石勒遣使求和，烈帝遣弟昭成帝名什翼犍，平文次子。如襄国，见第四章第二节。从者五千余家。七年，元康元年。蔼头不修臣职，召而戮之，国人复贰。炀帝自宇文部还入，诸部大人复奉之。烈帝出居于邺。

三年，咸康三年。石虎遣将李穆，率骑五千，纳烈帝于大宁。国人六千余落叛炀帝，炀帝出居于慕容部。烈帝城新盛乐城，在故城东南十里。见第三章第八节。崩，顾命曰："必迎立什翼犍，社稷可安。"帝弟孤，平文第四子。乃自诣邺奉迎，与帝俱还。

《孤传》曰：群臣咸以新有大故，内外未安，昭成在南，来未可果，比至之日，恐生变诈，宜立长君，以镇众望。次弟屈，刚猛多变，不如孤之宽和柔顺。于是大人梁盖等杀屈，共推孤。孤曰："吾兄居长，自应继位，我安可越次而处大业？"乃自诣邺奉迎，请身留为质。石虎义而从之。昭成即位，乃分国半部以与之。薨，子斤失职怀怨，构寔君为逆，死于长安。见下。

观《魏书》所叙，知拓跋氏是时，内争甚烈，诸部亦多未服，而依倚中原者常克有成，其力固未足与内地敌也。烈帝死后，必立昭成，或亦以结援后赵之故。

昭成即位时年十九。二年，咸康五年。始置百官，分掌众职。朝诸大人于参合陂。见第三章第八节。议欲定都灅源川，灅水，今桑干河支流。连日不决，从大后计而止。

《平文皇后传》曰：昭成初，欲定都于灅源川，筑城郭，起宫室。议不决。后闻之曰："国自上世，迁徙为业，今事难之后，基业未固，若城郭而居，一旦寇来，难卒迁动？"乃止。

然三年，咸康六年。卒移都于云中之盛乐宫。四年，咸康七年。又筑盛乐城于故城南八里。昭成盖居邺久，故稍染华风邪？是时之拓跋氏，城郭而居，自无所利，然拓跋氏更内乱久，昭成在位，颇称小康，或亦由其曾居内地，少知治法之故邪？昭成与慕容氏，三世为昏，《序纪》：二年，聘慕容元真妹为皇后。四年，皇后慕容氏崩。慕容元真遣使朝贡，并荐其宗女。六年，慕容元真遣使请荐女。七年，遣大人长孙秩迎后慕容元真之女于境。皇后至自和龙。慕容元真遣使奉聘，求交昏，帝许之，以烈帝女妻之。十九年，慕容俊亦请昏，许之。二十年，慕容俊奉纳礼币。二十三年，皇后慕容氏崩。二十五年，慕容暐荐女备后宫。元真即皝，魏书避恭宗讳，故称其字。和龙，见第一节。而仍与石虎通使。九年，石虎遣使朝贡。十年，遣使诣邺观衅。

十二年，穆帝永和五年。石虎死。十三年，永和六年。冉闵杀石鉴。十四年，永和七年。帝曰："石胡衰灭，冉闵肆祸，中州纷梗，莫有匡救，吾将亲率大军，廓定四海。"乃敕诸部：各率所统，以俟大期。诸大人谏，乃止。案魏自穆帝以来，屡图进取中原，而其下皆不欲。穆帝及平文之死，盖皆以其违众之故。昭成盖性较宽和，故能从众议而止也。然虽未勤民于远，而卒为肘腋之患所中，则以铁弗氏地实相逼也。

昭成四年，咸康八年。十月，刘虎寇西境。帝遣军逆讨，大破之。虎仅以身免。虎死，子务桓立，始来归顺，帝以女妻之。

《铁弗传》曰：务桓，一名豹子。招集种落，为诸部雄。潜通石虎。虎拜为平北将军、左贤王。盖时铁弗、拓跋二氏之势相埒。十九年，永和十二年。正月，务桓死，弟阏头立，《铁弗传》作阏陋头。潜谋反叛。二月，帝西巡，因临河，使人招喻。阏头从命。二十一年，升平二年。阏头部民多叛，惧而东走。渡河，半济而冰陷，后众尽归阏头兄子悉勿祈。务桓子。初阏头之叛，悉勿祈兄弟十二人，在帝左右，尽遣归，欲其自相猜离。至是，悉勿祈夺其众，阏头穷而归命。帝待之如初。盖务桓死后，铁弗内相猜携，昭成因而构之也。二十二年，升平三年。四月，悉勿祈死，弟卫辰立。

《昭成皇后传》曰：昭成遣悉勿祈还，后戒之曰："汝还，必深防卫辰。辰奸猾，终当灭汝。悉勿祈死，其子果为卫辰所杀。"盖卫辰枭桀，故能为拓跋氏之患也。然其初立时，承内乱之后，势尚不竞，且其兄弟初尝依倚拓跋氏；故是岁八月，《序纪》言卫辰遣子朝贡。二十三年，升平四年。六月，皇后慕容氏崩。七月，卫辰来会葬，因而求昏，许之。二十四年，升平五年。春，卫辰遣使来聘。二十八年，正月，卫辰谋反，东渡河。帝讨之，卫辰惧而遁走。十二月，苻坚遣使朝贡。是年，为晋兴宁三年。

《晋书·本纪》云：七月，匈奴左贤王卫辰，右贤王曹毂，帅众二万，侵苻坚杏城。见第三章第八节。

《坚载记》云：匈奴左贤王卫辰，遣使降于坚，遂请田内地，坚许之。云中护军贾雍，遣其司马徐斌，率骑袭之，因纵兵掠夺。坚怒，免雍官，以白衣领护军。遣使修和，示之信义。辰于是入居塞内，贡献相寻。兴宁三年，右贤王曹毂及卫辰叛，率众二万，攻其杏城已南郡县，屯于马兰山。在今陕西白水县西北。索虏乌延等，亦叛坚而通于辰、毂。坚率中外精锐以讨之。以其前将军杨安、镇军毛盛等为前锋都督。毂遣弟活距战，安大败之，斩活。毂惧而降。坚徙其酋豪六千余户于长安。进击乌延，斩之。邓羌讨卫辰，禽之于木根山。坚自骢马城如朔方，骢马城，在今陕西米脂县北。巡抚夷狄。以卫辰为阳夏公，以统其众。毂寻死。分其部落：贰城已西二万余落，封其长子玺为骆川侯，贰城已东二万余落，封其小子寅为力川侯；号东西曹。贰城，胡三省曰：贰县城，在杏城西北，平凉东南。平凉，苻秦郡，北周改为县，清为府，民国复为县，属甘肃。胡《注》见义熙五年。

《序纪》：二十九年，大和元年。五月，遣燕凤使苻坚。三十年，大和二年。十月，帝征卫辰。卫辰与宗族西走。收其部落而还。

《铁弗传》曰：卫辰既立之后，遣子朝献。昭成以女妻卫辰。卫辰潜通苻坚。坚以为左贤王。遣使请田内地，春来秋去。坚许之。后掠坚边民五十余口为奴婢，以献于坚，坚让归之。乃背坚，专心归国。举兵伐坚。坚遣其建节将军邓羌讨禽之。坚至自朔方，以卫辰为阳夏公，统其部落。卫辰以坚还复其国，复附于坚。帝讨卫辰，大破之，收其部落十六七焉。卫辰奔苻坚。坚送还朔方，遣兵戍之。

《序纪》昭成攻卫辰在正月，卫辰侵秦在七月，安得云以专心归国而伐坚？盖卫辰附坚，而昭成侵之耳。坚当是时，理宜助卫辰，因边衅起，故不果，且伐之。昭成因是与坚通使，冀共犄卫辰。然卫辰附坚久，故一降伏，坚即复戍之，而昭成转为所犄也。

《魏书·序纪》：昭成三十六年，孝武帝宁康元年。五月，遣燕凤使苻坚。三十七年，宁康二年。帝征卫辰，卫辰南走。三十八年，宁康三年。卫辰求援于苻坚。三十九年，大元元年。苻坚遣其大司马苻洛，率众二十万，及朱彤、张蚝、邓羌等诸道来寇，侵逼南境。十一月，白部、独孤部御之，败绩。南部大人刘库仁走云中。帝复遣库仁率骑十万，逆战于石子岭，在云中盛乐西南。不利。帝时不豫，群臣莫可任者，乃率国人，避于阴山之北。高车杂种尽叛，四面寇钞，不得刍牧，复度漠南。坚军稍退，乃还。十二月，至云中。旬有二日，帝崩。

《昭成子孙传》云：初昭成以弟孤让国，乃以半部授孤。孤卒，子斤失职怀怨，欲伺隙为乱。是时献明皇帝及秦明王翰皆先终，大祖年六岁。昭成不豫，慕容后子阏婆等虽长，而国统未定。斤因是说寔君昭成庶长子。曰：“帝将立慕容所生，而惧汝为变，欲先杀汝。是以顷日以来，诸子戎服，夜持兵杖，绕汝庐舍，伺便将发。吾愍而相告。”时苻洛等军犹在君子津，在云中西南。夜常警备，诸皇子挟杖，旁皇庐舍之间。寔君视察，以斤言为信。乃率其属，尽害诸皇子。昭成亦暴崩。其夜，诸皇子妇及宫人奔告苻洛军。坚将李柔、张蚝勒兵内逼。部众离散。苻坚闻之，召燕凤问其故。以状对。坚曰：“天下之恶一也。”乃执寔君及斤，轘之于长安西市。

《晋书·苻坚载记》曰：坚既平凉州，又遣其安北将军幽州刺史苻洛为北讨大都督，率幽州兵十万，讨代王涉翼犍。又遣后将军俱难与邓羌等率步骑二十万，东出和龙，西出上郡，见第二章第二节。与洛会于涉翼犍廷。翼犍战败，遁于弱水。据《魏书》《序纪》，当在阴山北。苻洛逐之。势窘迫，退还阴山。

其子翼圭，缚父请降。洛等振旅而还。坚以翼犍荒俗，未参仁义，令入大学习礼。以翼圭执父不孝，迁之于蜀。散其部落于汉鄣边故地，立尉监行事官寮领押，课之治业营生。三五取丁。优复三年无税租。其渠帅岁终令朝献。出入行来，为之制限。

坚尝至大学，召涉翼犍问曰："中国以学养性，而人寿考，漠北啖牛羊，而人不寿，何也？"翼犍不能答。又问："卿种人有堪将者？可召为国家用。"对曰："漠北人能捕六畜，善驰走，逐水草而已，何堪为将？"又问："好学否？"对曰："若不好学，陛下用教臣何为？"坚善其答。

《宋书·索虏传》云：犍为苻坚所破，执送长安。后听北归。犍子开，字涉珪代之。

《齐书·魏虏传》云：苻坚遣伪并州刺史苻洛伐犍，破龙庭，禽犍还长安。为立宅，教犍书学。分其部党居云中等四郡。诸部主帅，岁终入朝。并得见犍。差税诸部以给之。坚败，子珪，字涉圭，随舅慕容垂据中山，见第四章第二节。遂领其部案。

《魏书·皇后列传》言：昭成皇后慕容氏，生献明帝及秦明王。

《序纪》云：昭成三十四年春，长孙斤谋反，拔刃向御坐，大子献明皇帝讳寔格之，伤胁，夏，五月，薨。秋，七月，皇孙珪生。

《皇后传》：献明皇后贺氏，父野干，东部大人。后少以容仪，选入东宫。生大祖。苻洛之内侮也，后与大祖及故臣吏避难北徙。俄而高车奄来钞掠。后乘车，与大祖避贼而南。中路失辖。后惧，仰天而告曰："国家胤胄，岂止尔绝灭也？惟神灵扶助。"遂驰。轮正不倾。行百余里，至七介山南，而得免难。案《苻坚载记》，明载坚与什翼犍问答，则禽犍之说，必非虚诬。《魏书》记载，自不如中国史籍之可信。疑执昭成者即其大子，魏人讳言其事，乃伪造一献明，以为道武父，既讳昭成之俘囚，又讳其元子之悖逆，并讳道武之翦灭舅氏，其弥缝亦可谓工矣。然献明、秦明，皆羌无事迹可征；阏婆更无可考见；而为献明所格者，其氏实为魏枝子之氏，而其名又与昭成弟孤之子同，其为子虚乌有之流，更可想见；终不能逃明者之目矣。《魏书·昭成子孙传》：寔君为昭成庶长子，秦明王翰为第三子，又有寿鸠、纥根、地干、力真、窟咄。惟《窟咄传》云：昭成崩，苻洛以其年良，逼徙长安，苻坚礼之，教以书学，因乱，随慕容永东迁，此外皆无事迹可考。《通鉴》言犍世子寔及弟翰早卒，寔子珪尚幼，慕容妃之子阏婆、寿鸠、纥根、地干、力真、窟咄皆长，盖即据《魏书》为辞，非别有所据。其实诸子是否慕容氏所生，亦难质言也。《魏书》欲伪造寔君悖逆之事，则不得不谓其为慕容氏所生耳。

《魏书·大祖纪》云：年六岁，昭成崩，苻坚遣将内侮，将迁帝于长安，既而获免，语在《燕凤传》。

《凤传》云：大祖将迁长安，凤以大祖幼弱，固请于苻坚曰："代主初崩，臣子亡叛，遣孙冲幼，莫相辅立。其别部大人刘库仁，勇而有智；铁弗卫辰，狡猾多变；皆不可独任。宜分诸部为二，令此两人统之。两人素有深仇，其势莫敢先发，此御边之良策。待其孙长，乃存而立之，是陛下施大惠于亡国也。"坚从之。

《库仁传》云：母平文皇帝之女，昭成皇帝复以宗女妻之，为南部大人。苻坚以库仁为陵江将军、关内侯，令与卫辰分国部众而统之。自河以西属卫辰，自河以东属库仁。于是献明皇后携大祖及卫、秦二王，卫王仪，秦明王翰子。秦愍王觚，后少子。自贺兰部来居焉。库仁尽忠奉事，不以兴废易节。抚纳离散，恩信甚彰。此中谓大祖少依库仁，亦属虚辞，说见第七节。苻坚当日，盖欲以铁弗部人统河东诸部，然又虑其不为诸部所服，故择一拓跋氏之婿而用之，俾与卫辰可以无猜，而拓跋旧部，亦不至疑怨，所谓御边良策者如此，此或燕凤所教，《凤传》所载之辞，则亦非情实也。

第四节　肥水之战

苻坚之陷仇池也，使杨安镇之。其明年，为宁康元年，梁州刺史杨亮，遣子广袭仇池。与安战，败绩。安进寇汉川。坚又遣王统、朱彤、毛当、徐成等助之。亮距战，不利，奔西城。汉县，后汉末置郡，晋改为魏兴，见第三章第六节。彤遂陷汉中。成攻陷二剑。谓大小二剑山，在剑阁北，见第三章第六节。杨安进据梓潼。见第三章第六节。益州刺史周仲孙距之绵竹。见第三章第六节。闻毛当将袭成都，奔于南中。于是梁、益二州皆陷。桓冲使毛穆之督梁州三郡军事，以益州刺史领建平大守，戍巴郡。穆之宝子。建平、巴郡，皆见第三章第六节。又以其子球为梓潼大守。穆之与球攻秦，至巴西，以粮乏，退屯巴东。巴西、巴东，见第三章第六节。穆之病卒。

二年，五月，蜀人张育、杨光等起兵，与巴僚相应。晋益州刺史竺瑶，威远将军桓石虔豁子。率众三万据垫江。见第三章第六节。育乃自号蜀王，遣使归顺。与巴僚酋帅李重、尹万等围成都。寻育与万争权，举兵相持。

七月，邓羌与杨安攻灭之。瑶、石虔退屯巴东。坚之攻凉州也，徐州刺史桓冲，遣宣城内史朱序宣城，见第三章第九节。豫州刺史桓伊向寿阳；见第三章第四节。淮南大守刘波，淮南，见第二章第四节。泛舟淮、泗。旋又遣序与江州刺史桓石秀亦豁子。溯流禀荆州刺史桓豁节度。豁遣督护桓熊与序等游军沔、汉，以图牵制。然相隔大远，声势不接，凉州卒陷没。诏遣中书郎王寻之诣豁，谘谋边事。豁表以梁州刺史毛宪祖监沔北军；朱序为梁州刺史，镇襄阳。时大元二年，三月也。

八月，桓豁卒。十月，以桓冲为荆州刺史。冲以坚强盛，欲移阻江南，乃徙镇上明。城名，在今湖北松滋县西。谢玄为兖州刺史，多募劲勇。彭城刘牢之等，以骁猛应选。玄以牢之为参军，使领精锐为前锋，百战百胜，号为北府兵。时称京口为北府。下流兵力始强矣。坚使其子丕等围襄阳，久不拔。坚欲亲率众助之。苻融等谏，乃止。

四年，二月，襄阳陷，朱序见执。遂陷顺阳。见第三章第九节。晋沛郡大守戴逯，沛郡，见第三章第一节。以卒数千戍彭城，见第五章第四节。坚兖州刺史彭超请攻之，愿更遣重将讨淮南诸城。坚乃使超攻彭城，俱难寇淮阴、盱眙。淮阴，见第四章第二节。盱眙，见第三章第九节。又使其梁州刺史韦钟寇魏兴。

四月，魏兴陷，大守吉挹死之。

五月，俱难陷淮阴，彭超陷盱眙。进攻幽州刺史田洛于三阿，幽州侨置。三阿，地名，在今江苏高邮县北。去广陵百里。广陵，见第三章第九节。京都大震，临江列戍。毛当、王显，初随苻丕攻襄阳，及是亦来会。谢玄遣兵败之。难、超等连弃盱眙、淮阴，退屯淮北。坚闻之，大怒，槛车征超下狱。超自杀。难免为庶人。是役也，秦盖丧败颇甚，史失其详矣。然晋卒罢彭城、下邳二戍。坚以毛当为雍州刺史，镇彭城；毛盛为兖州刺史，镇胡陆；王显为扬州刺史，戍下邳。下邳，见第三章第四节。胡陆，见第五章第六节。《通鉴考异》曰：《帝纪》及诸传，皆不言此年彭城陷没，而《十六国秦春秋》云：彭超据彭城；又云：超分兵下邳，留徐褒守彭城；至七月，以毛当为徐州刺史，镇彭城；王显为扬州刺史，戍下邳；是二城俱陷也。案二城或一时陷没，难、超败，秦复弃之，晋亦弃不戍，而秦乃又取之也。

六年，十二月，坚荆州刺史都贵，遣其司马襄阳大守阎振，中兵参军吴仲寇竟陵。桓冲遣南平大守桓石虔，竟陵大守郭铨距破之，斩振及仲。竟陵、南平，皆见第三章第九节。

七年，九月，冲使朱绰讨襄阳。焚沔北田谷。又遣上庸大守郭宝伐魏兴、上党。上庸，见第三章第三节。上党，见第二章第二节。

八年，冲又率众攻襄阳。遣刘波、桓石虔、石民等攻沔北。石民亦豁子。杨亮伐蜀，拔伍城，蜀汉县，今四川中江县东。进攻涪城。见第三章第六节。胡彬攻下蔡。见第五章第六节。郭铨攻武当。汉县，晋侨置始平郡于此，见第三章第九节。是时，秦之用兵，并不得利。盖梁、益为晋兵力最弱之处，故秦取之甚易；荆州兵力本强，下流亦新振作，故秦所向辄沮也。此时秦欲取晋，非用大兵不可，而肥水之战作矣。

苻坚在诸胡中，尚为稍知治体者，然究非大器。尝悬珠帘于正殿，以朝群臣。宫宇、车乘、器物、服御，悉以珠玑、琅玕、奇宝、珍怪饰之。虽以尚书裴元略之谏，命去珠帘，且以元略为谏议大夫，然此特好名之为，其诸事不免淫侈，则可想见矣。

坚之灭燕也，慕容冲姊为清河公主，年十四，有殊色，坚纳之，宠冠后庭。冲年十二，亦有龙阳之姿，坚又幸之。冲俊子。姊弟专宠，宫人莫进。长安歌之曰："一雌复一雄，双飞入紫宫。"咸惧为乱。王猛切谏，坚乃出冲。其荒淫如此。时西域诸国，多入朝于坚，坚又使吕光征之。苻融固谏，坚不听。盖一欲夸耀武功，一亦贪其珍宝也。

燕之平也，以王猛为冀州牧，镇邺；郭庆为幽州刺史，镇蓟。后以猛为丞相，苻融代牧冀州。及陷襄阳，以梁成为荆州刺史镇之。而以苻洛为益州牧，镇成都。命从伊阙，自襄阳溯汉而上。伊阙在洛阳南。洛，健之兄子。雄勇多力，而猛气绝人，坚深忌之，故常为边牧。时镇和龙。见第一节。

洛疑坚使梁成害之，遂举兵。苻重镇蓟，亦尽蓟城之众，会洛兵于中山。见第四章第二节。坚遣窦冲、吕光讨之，以苻融为大都督。冲等执洛。吕光追讨苻重于幽州。坚徙洛于凉州。征融为大将军，领宗正，录尚书事。引其群臣于东堂，议曰："凡我族类，支胤弥繁，今欲分三原、九嵕、武都、汧、雍十五万户于诸方要镇，诸君之意如何？"三原，见第五章第六节。九嵕，山名，在今陕西醴泉县北。武都，见第二章第二节。汧，见第二章第一节。雍，见第三章第五节。皆曰："此有周所以祚隆八百，社稷之利也。"于是分四帅子弟三千户，以配苻丕，坚庶长子。镇邺。分幽州置平州，以石越为刺史，领护鲜卑中郎将，镇龙城。见第五章第二节。大鸿胪韩胤领护赤沙中郎将，移护乌桓府于代郡之平城见第四章第二节。中书梁谠为幽州刺史，镇蓟。毛兴为河州刺史，镇枹罕。见第五章第一节。王腾为并州刺史，领护匈奴中郎将，镇晋阳。见第三章第四节。苻晖为豫州牧，镇洛阳。苻叡为雍州刺史，镇蒲阪。见第三章第四节。晖、叡，皆坚子。坚之分氐户而留鲜卑也，论者皆以为坚致败之原，实亦未可一概而论。

《坚载记》言：慕容垂奔坚，王猛劝坚除之，坚不听。后其大史令张孟，又言彗起尾箕，扫东井，为燕灭秦之象，劝坚诛慕容暐及其子弟，坚不纳。更以暐为尚书，垂为京兆尹，冲为平阳大守。京兆、平阳，皆见第二章第二节。

苻融闻之，上疏谏，坚又不听。其分氐户于诸镇也，坚送丕于霸上，见第五章第六节。流涕而别。诸戎子弟，离其父兄者，皆悲号哀恸，酸感行人，识者以为丧乱流离之象。赵整因侍，援琴而歌曰："阿得脂，阿得脂，博劳旧父是仇绥，尾长翼短不能飞。远徙种人留鲜卑，一旦缓急语阿谁？"坚笑而不纳。一似当年留种人而锄异族，即可措国基于磐石之安者，此事后附会之辞也。

当时五胡，降下异族，徙之腹地者甚多。后赵之于苻洪、姚弋仲，即其一证。盖使之远离巢穴，处我肘腋之下，则便于监制；又可驱之以从征役也。坚之灭燕也，徙关东豪桀及诸杂夷十万户于关中，处乌丸杂类于冯翊、北地，皆见第二章第二节。丁零翟斌于新安；参看下节。新安，见第三章第三节。及平凉州，又徙豪右七千余户于关中；意亦如此。

此亦未为非计。抑坚在当日，或更有所不得已者。坚甫篡立，即杀其兄法。其后苻双、苻柳、苻廋、苻武复叛。苻融在坚诸弟中，最见宠信。其代王猛镇邺也，史言坚母苟氏，以融少子，甚爱之，比发，三至霸上，其夕，又窃如融所，内外莫知。心本无他，而为人所牵率，致终陷于叛逆者，有之矣。然则苻洛甫平，融即见征而代之以丕，盖亦有所不得已也。

大元七年，法子东海公阳，与王猛子散骑侍郎皮谋反。事泄，坚问反状。阳曰："礼云：父母之仇，不同天地。臣父哀公，死不以罪。齐襄复九世之仇，而况臣也？"坚赦不诛，徙阳于高昌，见第二节。皮于朔方之北。朔方，见第三章第八节。苻融以位忝宗正，不能肃遏奸萌，请待罪私藩，坚不许。坚且能忍于法，而何有于阳？然终不能明正其罪者，势固有所不可也。

宗族猜嫌之深，至于如此，安得不使己诸子，各据重镇？欲使诸子各据重镇，安得不配以腹心？然则氐户在当日，不得不分者势也。新平王雕，新平，见第二章第二节。尝以图谶，劝坚徙汧、陇诸氐于京师，置三秦大户于边地，其说正与王猛合，猛顾以雕为左道惑众，劝坚除之，然则谓结聚氐户，而遂可恃以为安，即猛亦不作是说也。

五胡在中国，皆为小种，欲专恃己力以与人角，正是尾长翼短之象。尾长则所曳者重而难举，翼短则振起之力微也。外示宽容，阴图消弭，未尝非计之得，特彼此未能融合时，己族亦不可无以自立耳。此则坚之所以败也。然大一统之局未成，负嵎之势先失，固由氐户之散布，实亦肥水一败，有以启之，否则慕容垂、姚苌等，虽怀报复之心，安敢一时俱起？故伐晋之举，实为坚之一大失策。惟此事之真相，亦非如史之所云。

史言坚欲伐晋，引群臣议之，群臣皆以为不可。权翼，坚之心腹；石越其大将也；及坚弟阳平公融、大子宏、少子中山公诜皆谏。坚皆弗听，而惟慕容垂、姚苌及良家少年之言是从。坚最信释道安，群臣争不能得，则使安止之。安争又弗能得，乃劝其止洛阳，勿远涉江、淮，坚又弗听。自谓“以吾众旅，投鞭于江，足断其流”。夫晋非慕容暐、张天锡之比，坚不容不知。坚即好谀，亦不容引慕容垂、姚苌为心膂，视良家子为蓍蔡。然则坚之必欲犯晋，盖尚别有其由。

《唐书》载大宗之伐高句丽也，曰：“今天下大定，惟辽东未宾，后嗣因士马强盛，谋臣道以征讨，丧乱方始，朕故自取之，不遗后世忧也。”此辞经史家润饰，非其本，实则句丽自隋以来，屡寇辽西，大宗知其为劲敌，度非后嗣所克戡定，故欲自取之耳。然则坚谓“每思桓温之寇，江东不可不灭”，乃其由衷之言。彼其心未尝不畏晋，又知命将出师，必难克捷，故不恤躬自犯顺，而不知其丧败之更大而速也。

苻融谏坚伐晋曰：“鲜卑、羌、羯，布诸畿甸；旧人族类，斥徙遐方。今倾国而去，如有风尘之变者，其如宗庙何？监国以弱卒数万，留守京师，鲜卑、羌、羯，攒聚如林，此皆国之贼也，我之仇也。臣恐非但徒返而已，亦未必万全。臣智识愚浅，诚不足采，王景略一时奇士，陛下每拟之孔明，其临终之言，不可忘也。”

《猛传》云：猛疾笃，坚亲临省病，问以后事。猛曰：“晋虽僻陋，正朔相承。亲仁善邻，国之宝也。臣没之后，愿不以晋为图。鲜卑、羌虏，我之仇也，终为人患，宜渐除之，以便社稷。”言终而死。此说亦不免事后附会。

然猛围邺时，坚留大子宏守长安，自率精锐会之，猛潜至安阳迎坚，曰：“监国冲幼，銮驾远临，脱有不虞，其如宗庙何？”此则初非危辞耸听，宇文泰河桥一败，而长安、咸阳，寇难蜂起，即其明证。然则苻融之论，实非无病而呻，而惜乎坚之不知虑也。要之伐晋而胜，风尘之变，自可无虞，一败，则其后患亦有不可胜言者。坚知晋之终为秦患，命将出师之不足以倾晋，而未知躬自入犯之更招大祸，仍是失之于疏；而其疏，亦仍是失之于骄耳。

大元八年，苻坚大举入寇。坚先使苻朗守青州。又以裴元略为西夷校尉、巴西、梓潼二郡大守，令与王抚备舟师于蜀。已又下书：悉发诸州公私马。人十丁遣一。兵门在灼然者，为崇文义从。良家子年二十已下、武艺骁勇，富室材雄者，皆拜羽林郎。遣苻融、张蚝、苻方、梁成、慕容暐、慕容垂率步骑二十五万为前锋。坚发长安，戎卒六十余万，骑二十七万。前后千里，旌鼓相望。坚至项城，见第三章第三节。凉州之兵，始达咸阳；苻秦郡，今陕西泾阳县。蜀、汉之军，顺流而下；幽、冀之众，至于彭城；东西万里，水陆齐进。

融等攻陷寿春。见第三章第四节。垂攻陷项城。梁成与其梁州刺史王显，弋阳大守王咏等，率众五万，屯于洛涧，在安徽怀远县西南。栅淮以遏东军。晋以谢石为征讨都督，与谢玄、桓伊、谢琰等，水陆七万，相继距融，去洛涧二十五里。龙骧将军胡彬，先保硖石，在安徽凤台县西南，淮水经其中。为融所逼，粮尽，潜遣使告石等曰：“今贼盛粮尽，恐不复见大军。”融军人获而送之。融乃驰使白坚，曰：“贼少易俘，但惧其越逸。宜速进众军，犄禽贼帅。”坚大悦，舍大军于项城，以轻骑八千，兼道赴之。令军人曰：“敢言吾至寿春者拔舌。”故石等弗知。

刘牢之率劲卒五千，夜袭梁成垒，克之，斩成及王显、王咏等十将，士卒死者万五千。谢石等以既败梁成，水陆继进。坚与苻融，登城而望王师。见部阵齐整，将士精锐。又望八公山上草木，皆类人形。八公山，在凤台县东南。顾谓融曰：“此亦劲敌也，何谓少乎？”怃然有惧色。坚遣朱序说石等以众盛，欲胁而降之。序谓石曰：“若秦百万之众皆至，则莫可敌也。及其众军未集，宜在速战。若挫其前锋，可以得志。”石闻坚在寿春，惧，谋不战以疲之。谢琰劝从序言。遣使请战，许之。

时张蚝败谢石于肥南，谢玄、谢琰勒卒数万，陈以待之，蚝乃退。坚列陈逼肥水，王师不得渡。玄遣使谓融曰："君悬军深入，置阵逼水，此持久之计，岂欲战者乎？若小退师，令将士周旋，仆与君公，缓辔而观之，不亦美乎？"坚众皆曰："宜阻肥水，莫令得上。我众彼寡，势必万全。"坚曰："但却军令得过，而我以铁骑数十万，向水逼而杀之。"融亦以为然。遂麾使却阵。众因乱，不能止。玄与琰、伊等，以精锐八千，涉渡肥水。石军距张蚝，小退。琰、玄仍进。决战肥水南。坚中流矢。临阵斩融。此据《谢玄传》。《坚载记》云：融驰骑略阵，马倒被杀。坚众奔溃。自相蹈藉，投水死者，不可胜计，肥水为之不流。余众弃甲宵遁，闻风声鹤唳，皆以为王师已至，草行露宿，重以饥冻，死者十七八。坚遁归淮北。时十月也。肥水之战，苻坚实败于徒欲以众慑敌，而别无制胜之方。

《坚载记》云：朝廷闻坚入寇，会稽王道子以威仪鼓吹，求助于钟山之神，在首都朝阳门外。亦名蒋山。相传汉末，蒋子文为秣陵尉，逐贼至此，为贼所伤而死。屡著灵异，人因祀以为神。六朝人最信之。奉以相国之号。及坚之见草木状人，若有力焉。足见谓坚望八公山上草木皆类人形，怃然有惧色者，乃附会之谈。顾坚众十倍于晋，理应雍容暇豫；乃一闻晋兵少易取，而苻融欣喜，急于驰白；坚又轻骑以赴之；既至，则欲以虚声胁降敌军；及战，又急求一决，而不肯阻遏淮水；何其急遽乃尔？无他，自觉绝无制胜之方，故亟思侥幸也。用少众尚不可以侥幸制胜，况大战邪？

第五节　后燕后秦之兴

苻坚之败于肥水也，诸军悉溃，惟慕容垂一军独全。坚以千余骑赴之。垂子宝，劝垂杀坚。此据《坚载记》。《垂载记》：垂弟德亦劝之。垂不从，以兵属坚。坚收集离散，比至洛阳，众十余万。至渑池，见第五章第二节。垂请巡抚燕、岱，并求拜墓。坚许之。权翼固谏，不从。寻惧垂为变，遣石越率卒三千戍邺，张蚝率羽林五千戍并州，留兵四千配毛当戍洛阳。坚遂归长安。坚子丕先在邺。垂至，丕馆之于邺西。初，丁零翟斌，世居康居，后徙中国。咸和五年，斌入朝于后赵，后赵以为句町王。

永和十九年，又有翟鼠，率所部降燕，燕封为归义王。翟氏本居中山，见

第四章第二节。苻坚灭燕，徙之新安。见第四章第三节。斌仕秦，为卫军从事中郎。翟斌、翟鼠，事据《通鉴》。丁零本北方部落，翟斌则西域种人。自魏、晋以后，西域种人，入北荒部落，与之杂居，且为其渠帅者众矣。俟叙述四裔事时，当再论之。咸和五年朝赵之翟斌，《通鉴考异》曰："《晋书》《春秋》作翟真，按秦亡后慕容垂诛翟斌，斌兄子真北走，故知此乃斌也。"乃是叛。

聚众谋逼洛阳。事在大元八年十二月，《本纪》误作翟辽。丕弟晖以告。丕配垂兵二千，遣其将苻飞龙率氐骑一千，为垂之副以讨斌。丕诫飞龙曰："卿王室肺腑，年秩虽卑，其实帅也。垂为三军之统，卿为谋垂之将。用兵制胜之权，防微杜贰之略，委之于卿。卿其勉之。"苻晖遣毛当击翟斌，为斌所败，当死之。垂至河内，见第二章第二节。杀飞龙，悉诛氐兵。召募远近，众至三万。

翟斌闻垂将济河，遣使推垂为盟主。垂距之。垂至洛阳，晖闭门死守。斌又遣长史郭通说垂。垂乃许之。垂谋于众曰："洛阳四面受敌；北阻大河，控驭燕、赵，非形胜之便。不如北取邺都，据之以制天下。"众咸以为然。乃引师而东。

垂之发邺，中子农及兄子楷、绍，弟子宙为苻丕所留。及诛飞龙，遣田生密告农等，使起兵赵、魏以相应。于是农、宙奔列人，汉县，今河北肥乡县东。楷、绍奔辟阳。汉县，今河北冀县东南。众咸应之。丕遣石越讨农，为农所败，斩越于阵。垂引兵至荥阳。见第二章第二节。以大元八年，自称大将军、大都督、燕王，承制行事。以翟斌为建义大将军，封河南王；翟檀斌弟。为柱国大将军，封弘农王。

九年，二月，垂引丁零、乌丸之众二十余万，长驱攻邺。农、楷、绍、宙等皆会。慕容暐弟燕故济北王泓，先为北地长史，北地，见第二章第二节。闻垂攻邺，亡命奔关东。收诸马牧鲜卑，众至数千。遂屯华阴。见第三章第三节。暐乃潜使诸弟及宗人起兵于外。坚遣将军强永击泓，为泓所败。泓众遂盛。坚以子熙为雍州刺史，镇蒲阪。见第三章第四节。征子叡为都督中外诸军事，配兵五万，以窦冲为长史，姚苌为司马，讨泓于华泽。胡三省曰：华阴之泽。

平阳大守慕容冲，起兵河东，冲亦暐弟。平阳，见第二章第二节。有众二万。进攻蒲阪。坚命窦冲讨之。泓闻苻叡至，惧，将奔关东。叡驰兵要之。姚苌谏，弗从。战于华泽，叡败绩，被杀。苌遣使诣坚谢罪。坚怒，杀之。苌惧，奔渭北。遂如马牧。西州豪族，推为盟主。

苌以大元九年四月，自称大将军、大单于、万年秦王。时慕容冲与苻坚相攻，众甚盛。苌将西上，恐冲遏之，乃遣使通和，以子崇为质。进屯北地，厉兵积粟，以观时变。坚率步骑二万讨之，败绩。窦冲击慕容冲于河东，大破之。冲奔泓军。泓众至十余万。遣使谓坚曰："秦为无道，灭我社稷。今天诱其衷，使秦师倾败，将欲兴复大燕。吴王已定关东。时泓自称都督陕西诸军事、雍州牧、济北王，推垂为丞相、都督陕东诸军、冀州牧、吴王。可速资备大驾，奉送家兄皇帝并宗室功臣之家。泓当率关中燕人，翼卫皇帝，还反邺都。与秦以虎牢为界，虎牢，见第四章第二节。分王天下，永为邻好，不复为秦之患也。"坚大怒，召暐责之。已而复其位，待之如初。命以书招谕垂及泓、冲，使息兵。

暐密遣使者谓泓曰："吾既笼中之人，必无还理。吾罪人也，不足复顾。可以吴王为相国；中山王冲。为大宰，领大司马；汝可为大将军，领司徒，承制封拜。听吾死问，汝便即尊位。"泓于是进向长安。泓谋臣高盖、宿勤崇等，以泓德望后冲，且持法苛峻，乃杀泓，立冲为皇大弟，承制行事。自相署置。苻坚闻冲去长安二百余里，引归。时苻晖率洛阳、陕城之众七万，归于长安。陕城，见第一节。坚使苻方戍骊山。在今陕西临潼县东南。配晖兵五万，使距冲。以苻琳为后继。晖败绩。坚又以尚书姜宇为前将军，与琳率众三万，击冲于霸上。见第五章第六节。为冲所败。冲遂据阿房城。亦称阿城，在长安西北。

十二月，僭即皇帝位。进逼长安。慕容垂攻邺，拔其郛。苻丕固守中城。垂堑而围之。分遣老弱，于魏郡肥乡筑新兴城，以置辎重。肥乡，魏县，今河北肥乡县西。壅漳水以灌邺。丕粮竭，马无草，削松木而食之。而翟斌求为尚书令，垂弗许，斌怒，密应丕，使丁零决防溃水。事泄，垂诛之。《通鉴》：并诛其弟檀、敏。斌兄子真，率其部众，北走邯郸。见第四章第二节。引兵向邺，欲与丕为内外之势。垂令其大子宝及子隆击破之。真自邯郸北走。慕容楷追之，战于下邑，《十六国疆域志》谓即梁国之下邑县，案下邑县故城，在今江苏砀山县，东乡方不合，恐非。为真所败。真遂屯于承营。《通鉴》云：真北趋中山，屯于承营，则其地当在中山。中山，见第四章第二节。

垂谓诸将曰："苻丕穷寇，必死守不降。丁零叛扰，乃我心腹之患。吾欲迁师，开其逸路。"于是引师去邺，北屯新城。丕始具西问，知苻叡等丧败，长安危逼。乃遣其阳平大守邵兴，率骑一千，将北引重合侯苻谟、高邑侯苻亮、阜城侯苻定于常山；见第三章第四节。固安侯苻鉴、中山大守王兖于中山；以为己援。垂遣张崇要兴，获之。丕又遣其参军封孚，西引张蚝及并州刺史王腾于晋阳。见第三章第四节。蚝、腾以众寡不赴。丕进退路穷。谋于群僚。司马杨膺唱归顺之计。丕犹未从。会黎阳为王师所克，乃变计。黎阳，见第五章第三节。

肥水之捷，刘牢之进克谯城。见第三章第三节。明年，正月，桓冲使部将伐新城、魏兴、上庸三郡，克之。新城，见第五章第六节。魏兴，见第三章第六节。上庸，见第三章第三节。二月，冲卒。荆、江二州并缺。物论以谢玄勋望，宜以授之。谢安恐为朝廷所疑；又惧桓氏失职；又虑桓石虔骁猛，居形胜之地，终或难制。乃以桓石民为荆州，移豫州刺史桓伊刺江州，伊宣子。而以石虔为豫州。

四月，竟陵大守赵统伐襄阳，克之。竟陵，见第三章第九节。襄阳，见第三章第四节。朝以谢玄为前锋都督，率桓石虔径造涡、颍，经略旧都。玄次下邳，见第三章第三节。苻坚徐州刺史赵迁弃彭城奔还，彭城，见第五章第四节。玄进据之。遣参军刘袭攻坚兖州刺史张崇于鄄城，克之。九月。鄄城，见第三章第四节。

进伐青州。遣淮陵大守高素向广固，淮陵，汉县，晋置郡，在今安徽盱眙县西北。广固，见第四章第二节。降坚刺史苻朗。十月。又进伐冀州。遣刘牢之、济北大守丁匡据碻磝；济北，见第五章第六节。碻磝，城名，在今山东茌平县西南。济阳大守郭满据滑台；《晋志》，兖州有济阳郡，实济阴郡之讹。《宋志》云：晋惠帝分陈留为济阳郡，则《晋志》缺之。郡当治济阳县，在今河南开封县东北。滑台，城名，今河南滑县。奋武将军颜雄渡河立营。此据《谢玄传》。《本纪》及《载记》作颜肱。苻丕遣将桑据屯黎阳，玄命刘袭袭据，走之。

丕惧，乃遣弟就与参军焦逵请救于玄。丕书称"假途求粮，还赴国难。须军援既接，以邺与之。若西路不通，长安陷没，请率所领，保守邺城。"文降而已。逵与参军姜让，密说杨膺："正书为表。若王师至而丕不从，可逼缚与之。”膺素轻丕，自以力能逼之，乃改书而遣逵等。玄许之。馈丕米二千斛。遣晋陵大守滕恬之守黎阳。晋陵，见第四章第三节。三魏皆降。三魏，见第二章第二节。

时桓石虔以母忧去职，朱序为豫州刺史。肥水之战，坚众小却，序时在其军后，唱云坚败，众遂大奔，序乃得归。玄欲令序镇梁国，见第二章第三节。自住彭城，北固河上，西援洛阳。朝议以征役既久，宜置戍而还，使玄还镇淮阴，见第四章第二节。序镇寿阳。见第三章第四节。慕容垂谓其弟范阳王德曰：“苻丕，吾纵之不能去，方引晋师，规固邺都，不可置也。”进师又攻邺，而开其西奔之路。焦逵至，朝廷欲征丕任子，然后出师。逵固陈丕款诚无贰，并宣杨膺之意。乃遣刘牢之等率众二万，水陆运漕救邺。牢之至枋头，见第四章第二节。苻丕征东参军徐义、宦人孟丰告丕：杨膺、姜让等谋反。丕收膺、让戮之。牢之般桓不进。

十年，四月，乃至邺。垂逆战，败绩。撤邺围，退屯新城。又自新城北走。牢之追之。行二百里，至五桥泽，胡三省曰：在临漳县北。案当在肥乡垂所筑新城之北。争趣辎重，稍乱，为垂所击，败绩。士卒歼焉。牢之策马跳五丈涧得免。会苻丕救至，因入临漳，即邺，见第三章第三节。集亡散，兵复少振。以军败征还。

先是梁州刺史杨广伐蜀，遣巴西大守费统为前锋。巴西，见第三章第六节。苻坚益州刺史王广，遣其巴西大守康回拒之。数败，回退还成都。梓潼大守垒袭以涪城来降。梓潼、涪城，皆见第三章第六节。坚梁州刺史潘猛弃汉中奔长安。以上《通鉴》在大元九年。王广使江阳大守李丕守成都，江阳，见第三章第六节。率所部奔陇西。其蜀郡大守任权，斩丕来降。大元十年二月。于是梁、益二州皆复。然于大局无甚关系也。

慕容暐之遣诸弟起兵于外也，苻坚防守甚严，暐谋应之而无因。时鲜卑在城者，犹有千余人，暐密结之，诈称子婚三日，请坚幸其第，欲伏兵杀之。谋泄，坚诛暐父子及其宗族。城内鲜卑，无少长，及其妇女皆杀之。长安大饥，人相食。坚与慕容冲战，各有胜负。苻晖屡为冲所败，坚让之。晖愤恚，自杀。

大元十年，三月，坚使奉表请迎。四月，谢安自率众救之。然特以避会稽王道子而已，非真有意于北略也。见第七章第一节。时长安城中，有书曰《古符传信录》，载“帝出五将久长得”。先是又谣曰：“坚人五将山长得。”坚大信之，告其大子宏曰：“既如此言，天或导予。今留汝兼总戎政，勿与贼争利。吾当出陇，收兵运粮以给汝。”遂将其少子中山公诜、张夫人，率骑数百，出如五将。《本纪》在五月。五将山，在今陕西岐山县东北。宣告州郡，期以孟冬救长安。宏寻将母妻、宗室男女数千骑出奔。百寮逃散。慕容冲入长安，《本纪》在六月。纵兵大掠，死者不可胜计。宏归其南秦州刺史杨璧于下辩。见第五章第一节。璧距之。乃奔武都氐豪张兴，武都，见第二章第二节。假道归顺。朝廷处宏于江州。桓玄篡位，以宏为凉州刺史。义熙初，以叛诛。见第七章第三节。

八月，谢安卒。姚苌屯北地，闻慕容冲攻长安，议进取之计。群下咸曰：“宜先据咸阳。”见上节。苌曰：“燕因怀旧之士而起兵，若功成事捷，咸有东归之思，安能久固秦川？吾欲移兵岭北，胡三省曰：“谓九嵕之北，凡新平、北地、安定之地皆是。”九嵕，见第四节。新平、安定，皆见第二章第二节。广收资实，须秦敝燕回，然后垂拱取之。”乃遣诸将攻新平，克之。因略地至安定。岭北诸城尽降。苻坚入五将山，苌遣将军吴忠围坚。坚众奔散。苌如新平，忠执坚送之。苌缢坚于佛寺。中山公诜及张夫人皆自杀。时八月也。慕容冲畏垂之强，不敢东归。课农筑室，为久安之计。鲜卑咸怨。

十一年，二月，冲左将军韩延，因众心不悦，攻杀冲。立冲将段随为燕王。三月，冲仆射慕容恒、尚书慕容永袭杀随。永，廆弟运之孙。立宜都王子颉。帅鲜卑男女四十余万口，去长安而东。恒弟护军韬诱颉，杀之于临晋。见第三章第七节。恒怒，舍韬去。永与武卫刁云攻韬。韬败，奔恒营。恒立冲子瑶。众皆去瑶奔永。永执瑶杀之。立泓子忠。至闻喜，汉县，今山西闻喜城西南。闻垂已称尊号，不敢东。筑燕熙城而居之。在闻喜北。

六月，刁云又杀忠。推永为河东王。称藩于垂。以上叙西燕事兼据《北史》及《通鉴》。《晋书》于西燕事始末不具。《本纪》于大元十一年正月，书慕容冲将许木末杀冲于长安。《慕容盛载记》曰：冲为段木延所杀。木末、木延，盖皆韩延之党也。鲜卑既东，长安空虚。卢水胡郝奴卢水胡，见第二章第二节。帅户四千入之，称帝。姚苌攻奴，降之。苌遂据长安，僭即皇帝位。姚苌僭位，《晋书·载记》在大元十一年，《通鉴》系于四月。《晋书·本纪》书其事于十年八月，盖因苻坚死连书之。十一年正月，慕容冲尚在长安，苌必不能于十年八月入长安称帝也。冲死而鲜卑众乃东下，《姚苌载记》谓冲率众东下而长安空虚，亦误。

苻坚之死也，苻丕复入邺城，将收兵赵、魏，西赴长安。会其幽州刺史王永，平州刺史苻冲，频为慕容垂将平规所败，乃遣昌黎大守宋敞，焚烧和龙、蓟城宫室，率众三万，进屯壶关。昌黎，见第二章第二节。壶关，见第三章第四节。遣使招丕。丕乃去邺，率男女六万余口，进如潞川。见第一节。张蚝、王腾迎之，入据晋阳。始知坚死问。

大元十年，九月，丕僭即皇帝位于晋阳。苻定、苻绍据信都，见第四章第二节。苻谟、苻亮据常山，慕容垂之围邺城也，并降于垂，闻丕称尊号，遣使谢罪。中山大守王兖，固守博陵，见第三章第三节。与垂相持。左将军窦冲，秦州刺史王统，河州刺史毛兴，益州刺史王广，南秦州刺史杨璧，卫将军杨定，并据陇右，遣使招丕，请讨姚苌。

丕大悦，各加官爵。已而定、绍、谟、亮，复降于垂。垂子驎陷中山，王兖及固安侯苻鉴，并为所杀。王广攻毛兴于枹罕，见第五章第一节。为所败，奔其兄统于秦州，为陇西鲜卑匹兰所执，送诣姚苌。苌疾笃，姚兴杀之。兴谋伐王统，枹罕诸氐，皆疲不堪命，乃杀兴，推卫平为刺史。已以其年老，复废之，而推苻坚之族孙登。王统亦降于姚苌。见《苌载记》。

丕率众四万，进据平阳。慕容永恐不自固，使求假道还东。丕弗许。初苻坚尚书令苻纂，自关中奔丕。及是，丕遣王永及纂攻慕容永。大败，王永死之。纂之奔丕也，部下壮士三千余人。丕猜而忌之。及王永败，惧为纂所杀，率骑数千，南奔东垣。城名，在今河南新安县东。荆州刺史桓石民，遣将军冯该，自陕要击，临陈斩丕。时大元十一年，十月也。执其大子宁、长乐王寿，送于京师。丕之臣佐，皆投慕容永。永乃进据长子，见第三章第四节。僭称尊号。苻纂及弟师奴，率丕余众数万，奔据杏城。见第五章第八节。丕尚书寇遗，奉丕子渤海王懿、济北王昶，自杏城奔苻登。

十一月，登僭即皇帝位。立懿为皇大弟。后又自立其子崇为皇大子。遣使拜纂都督中外诸军事，进封鲁王。师奴为并州牧朔方王。纂怒，谓使者曰："渤海王世祖之孙，世祖，坚伪庙号。先帝之子，南安王何由不立而自尊乎？"纂长史王旅谏曰："南安已立，理无中改。贼虏未平，不可宗室之中，自为仇敌。愿大王远踪光武推圣公之义，枭二虏之后，徐更图之。"纂乃受命。

登冯翊大守兰犊，冯翊，见第二章第二节。与纂首尾，将图长安。师奴劝纂称尊号。纂不从。乃杀纂，自立为秦公。兰犊绝之。慕容永攻犊，犊请救于姚苌。苌自往赴之。师奴距苌，大败，苌尽俘其众。又禽兰犊。苻登能战而寡谋，且极残暴。登初与姚苌弟硕德相持，时岁旱众饥，道殣相望，登每战杀贼，名为熟食，谓军人曰："汝等朝战，夕便饱肉，何忧于饥？"士众从之，啖死人肉。与苌相持积年，关、陇豪右及氐、羌，各有所附。

大元十八年，十月，苌死。登闻之，喜。留其弟广守雍，见第三章第五节。大子崇守胡空堡，在今陕西邠县西南。登据新平与苌相持最久。后其将金槌以新平叛降苌，登乃转据雍。自雍尽众而东。苌子兴，使尹纬拒之。登败，单马奔雍。广、崇闻登败，出奔，众散，登至，无所归，遂奔平凉，苻秦郡，今甘肃平凉县西北。收集遗弃，入马毛山。亦作马髦，《十六国春秋》作马屯山，在今甘肃固原县西南。遣子汝阴王宗质于乞伏乾归，结昏请救。乾归遣骑二万救登。登引军出迎，与姚兴战于山南，被杀。崇奔湟中，僭称尊号。为乾归所逐而死。前秦遂亡。时大元十九年也。

慕容垂以大元十一年正月僭位，定都中山。遣慕容楷等攻苻坚冀州牧苻定，镇东苻绍，幽州牧苻谟，镇北苻亮。定等悉降。先是翟真自承营徙屯行唐。今河北行唐县。真司马鲜于乞杀真。尽诛翟氏。自立为赵王。营人攻杀乞。迎立真从弟成。真子辽奔黎阳。《通鉴》系大元十年四月。成长史鲜于得斩成降垂。垂入行唐，悉坑其众。《通鉴》在七月。垂僭位之月，段辽据黎阳反，执大守滕恬之。

三月，泰山大守张愿叛降辽，河北骚动。谢玄自以处分失所，上疏求解所职。时玄督徐、兖、青、司、冀、幽、并七州。诏慰劳，令且还镇淮阴。以朱序为青、兖二州刺史，代玄镇彭城。序求镇淮阴，许之。大元十二年正月。先是翟辽寇谯，又使其子钊寇陈颍，见第三章第三、第四节。序皆击走之。而高平人翟畅，高平，见第二章第二节。又执大守，以郡降辽。慕容垂攻之。辽请降。已而复叛。

十三年，四月，以朱序为雍州刺史，戍洛阳。河南大守杨佺期，南阳大守赵睦，各领兵千人隶序。河南，见第二章第二节。南阳，见第三章第四节。谯王恬之刺青、兖。《传》作恬。承之孙。承见第四章第三节。五月，翟辽徙屯滑台。七月，其将翟发寇洛阳。河南大守郭给距走之。十四年，四月，辽寇荥阳，执大守郑卓。十五年，正月，谯王恬之薨。时刘牢之复戍彭城。与翟辽及张愿战于泰山，败绩。苻坚将张遇遣兵击破金乡，见第四章第二节。围泰山大守羊迈。泰山，见第三章第四节。八月，牢之遣兵击走之。遂进平泰山。追翟钊于鄄城。钊走河北，获张遇以归。十五年，正月，慕容永率众向洛。朱序自河阴北济，河阴见第三章第四节。与永将王次等战于沁水，次败走。赵睦与江夏相桓不才追永，破之于大行。永归上党。序追至上党之白水。相持二旬，闻翟辽欲向金墉，见第三章第二节。乃还。攻钊于石门。见第四章第三节。遣参军赵蕃攻辽于怀县，见第四章第二节。辽宵遁。序还襄阳。

十六年，正月，慕容永寇河南，杨佺期击破之。十月，翟辽死，钊代立。

十七年，六月，慕容垂袭钊于黎阳，败之。钊奔慕容永。岁余，谋叛永，永杀之。初姚苌将窦冲归顺，拜为东羌校尉。冲复反，入汉川，袭梁州。安定人皇甫钊，京兆人周勋等谋纳之。梁州刺史周琼告急于朱序。序遣将军皇甫真赴之。钊、勋散走。序以老病去。十月，擢郗恢为雍州刺史。恢昙子。时巴、蜀在关中者，多背姚苌，据弘农以结苻登。登署窦冲为左丞相，徙屯华阴。冲氐人，故欲借之以抚巴、蜀。杨佺期遣上党大守荀静戍皇天坞以距之。未详。冲数来攻。郗恢遣赵睦守金墉，佺期次湖城，见第三章第三节。讨冲走之。

十八年，十一月，慕容垂伐慕容永。

十九年，五月，败其兵。六月，围长子。永穷蹙，遣其子弘求救于恢。恢陈“垂若并永，其势难测。今于国计，谓宜救永。”孝武帝以为然，诏王恭、兖州。庾楷豫州。救之。未发，八月，长子陷，永为垂所杀。垂使慕容农略地河南。攻廪丘、见第三章第三节。阳城，汉县，晋尝置郡，后罢，在今河南登封县东南。皆陷之。泰山、琅邪见第二章第三节。诸郡，皆委城奔溃。农进师临海，置守宰而还。垂告捷于龙城之庙。

姚兴以大元十九年，僭即帝位于槐里。见第三章第五节。是岁，苻登死。而兴安南强熙、镇速杨多叛，推窦冲为盟主，所在扰乱。兴率诸将讨之。军次武功，汉县，今陕西武功县。多兄子良国，杀多而降。冲弟彰武，与冲离贰，冲奔强熙。熙闻兴将至，率户二千奔秦州。窦冲奔汧川，汧川氐仇高执送之。冲从弟统，率其众降于兴。强熙围上邽，兴秦州牧姚硕德击破之。熙南奔仇池，遂假道归顺。慕容永灭，其河东大守柳恭等各阻兵自守。河东，见第二章第二节。兴遣姚绪讨之。恭势屈，请降。徙新平、安定新户六千于蒲阪。

隆安元年，兴率众寇湖城。弘农大守陶仲山，华山大守董迈降于兴。弘农，见第二章第二节。华山，胡三省云：“晋分弘农之华阴，京兆之郑，冯翊之夏阳置。”盖东晋所置也。郑县，见第三章第三节。夏阳，秦县，在今陕西韩城县西南。兴遂如陕城。进寇上洛，见第三章第五节。陷之。先是晋平远将军护氐校尉杨佛嵩，率胡、蜀三千余户，降于姚苌。杨佺期、赵睦追之。苌遣姚崇赴救，大败晋师，斩睦。苌以佛嵩为镇东将军。及是，兴遣崇与佛嵩寇洛阳。大守夏侯宗之固守金墉。崇攻之，不克。乃陷柏谷，坞名，在河南偃师县西南。徙流人二万余户而还。

三年，十月，佛嵩卒陷洛阳，执大守辛恭静。洛阳既陷，淮、汉以北诸城，多请降送任于兴。顺阳大守彭泉，亦以郡降。顺阳，见第三章第九节。兴遣杨佛嵩与其荆州刺史赵曜迎之。遂寇陷南乡，后汉侯国，魏为郡，晋废，旋复置，在今河南淅川县东南。略地至梁国而归。

肥水战后，诸胡纷纷，其力，无一足以占据北方者，实为晋人恢复之好机会。然晋于是时，初不能出师经略。若不得已而出师，则谢玄、刘牢之、朱序等兵力皆嫌不足；谢安更无论矣。盖晋之君臣，本无远略；肥水之战，在秦虽有取败之道，在晋亦为幸胜；故其情势如此也。然则后燕、后秦之克分据北方，非其力足自立，乃晋实纵之耳。参看第八第九两节自明。

第六节　秦凉分裂

前凉建国，武功文治，均无足观，特以地处偏隅，为中原控制之力所不及，遂获割据自立者七十余年。苻坚丧败，姚苌继据关中，其驾驭之力，自又在前赵及前秦之下。于是西北一隅，割据者复纷纷而起矣。

吕光，略阳氐人。略阳，见第二章第二节。《载记》云：“其先吕文和，汉文帝初，自沛避难徙焉，世为酋豪。”此五胡诸种自托于汉族之故智，不足信也。光为苻坚将，数有战功。前凉之亡也，坚以梁熙为凉州刺史，镇姑臧。见第二节。熙遣使西域，称扬坚之威德，并以采缯赐诸国王。于是朝献者十有余国。后鄯善王休密驮，车师前部王弥寘来朝。大宛献汗血马，天竺献火浣布。

康居、于寘及海东诸国，凡六十有二王，皆遣使贡其方物。西域朝献之事，《晋书·坚载记》前后三叙。其实初十余国来朝是一次，此初通时事；后六十二王来朝，则系总括既通以后之事。《晋书》叙述误缍。坚初慕汉文之返千里马，命群臣赋《止马诗》，所献马悉返之。寘等请年年贡献。坚以西域路遥，不许。

令三年一贡，九年一朝，以为永制。

寘等又乞依汉置都护。坚乃以光为持节都督西讨诸军事，与姜飞、彭晃、杜进、康盛等，配兵七万，以讨定西域。苻融固谏，朝臣又屡谏，皆不纳。

光以大元八年发长安。行至高昌，见第二节。闻坚寇晋，欲更俟后命。杜进劝之，光乃进。至焉耆，其王泥流，率其旁国请降。龟兹王帛纯距光，光破之，入其城。诸国贡款属路。光以驼二万头，致外国珍宝及奇伎异戏、殊禽怪兽千有余品，骏马万余匹而还至宜禾，晋县，在今甘肃安西县境。梁熙谋闭境距之。

高昌大守杨翰请"守高梧谷口，而夺其水。彼既穷渴，自然投戈。如以其远，伊吾之关，亦可距也。此据《苻丕载记》。《光载记》云：请守高桐、伊吾二关。胡三省曰："高梧谷口，当在高昌西界。"伊吾，汉伊吾卢地，晋置伊吾县，在今甘肃安西县西北。若度此二要，虽有子房之策，难为计矣"。熙弗从。

美水令犍为张统，美水，未详。犍为，见第三章第六节。说熙奉行唐公洛为盟主，以摄众望。则光无异心，可资其精锐以东。熙又不从。杀洛于西海。苻秦郡，今宁夏居延县。使子胤率众五万，距光于酒泉。见第三章第七节。光至高昌，杨翰以郡迎降。初光闻翰之说，恶之；又闻苻坚丧败，长安危逼；谋欲停师。

杜进谏曰："梁熙文雅有余，机鉴不足，终不能纳善从说也。闻其上下未同，宜在速进。"光从之。敦煌大守姚静，晋昌大守李纯，以郡降光。敦煌，见第二章第二节。晋昌，见第三章第七节。光以彭晃、杜进、姜飞等为前锋，击胤于安弥，汉绥弥县，后汉曰安弥，在今甘肃酒泉县东。大败之。胤轻将麾下数百骑东奔，杜进追禽之。武威大守彭济执熙迎光，光杀之。武威，见第二章第二节。西郡大守索泮，酒泉大守宋皓等，并为光所杀。西郡，见第二章第二节。

光入姑臧，自领凉州刺史、护羌校尉。《光载记》。《本纪》：大元九年，十月，吕光称制于河右，自号酒泉公。十年，九月，吕光据姑臧，自称凉州刺史。光主簿尉祐，奸佞倾薄人也。与彭济同谋执梁熙。光深见宠任。乃谮诛南安姚皓，天水尹景等名士十余人，南安、天水，皆见第二章第二节。远近颇以此离贰。光寻擢祐为金城大守。金城，见第二章第二节。祐次允吾，见第三章第五节。袭据外城以叛。祐从弟随据鹯阴以应之。汉鹑阴县，后汉曰鹯阴，在今甘肃靖远县西北。光遣其将魏真讨随。随败，奔祐。姜飞又击败祐。

祐奔兴城，胡三省曰："当在允吾之西。"扇动百姓，夷夏多从之。初苻坚之败，张天锡南奔，其世子大豫，为长水校尉王穆所匿。及坚还长安，穆将大豫奔秃发思复鞬。秃发思复鞬送之魏安。前凉郡，在今甘肃古浪县东。魏安人焦松、齐肃、张济等起兵数千，迎大豫于揖次。汉揟次县，《晋书》作揖次，盖讹文也。在古浪县北。陷昌松郡。汉苍松县，后汉作仓松，前凉置昌松郡，在古浪县西。光遣杜进讨之，为大豫所败。

大豫遂进逼姑臧。王穆谏曰："吕光粮丰城固，甲兵精锐，逼之非利。不如席卷岭西，岭谓洪池岭，见第五章第二节。厉兵积粟，东向而争，不及朞年，可以平也。"大豫不从。乃遣穆求救于岭西诸郡。建康大守李隰，祁连都尉严纯及阎袭起兵应之。《唐书·地理志》：张掖西北有祁连山，北有建康军。张掖，见第二节。大豫进屯城西。王穆率众三万，及思复鞬子奚干等陈于城南。光出击，破之，斩奚干等。《通鉴》在大元十一年。大豫自西郡诣临洮，见第五章第一节。驱略百姓五千余户，保据俱城。在临洮界。彭晃、徐炅攻破之。大豫奔广武，见第五章第二节。穆奔建康。广武人执大豫送之，斩于姑臧市。《通鉴》在大元十二年。

光于是自称凉州牧酒泉公。《通鉴》在大元十一年十二月。王穆袭据酒泉，自称大将军、凉州牧。时谷价踊贵，斗直五百，人相食，死者大半。光西平大守康宁，自称匈奴王，阻兵以叛。西平，见第二章第二节。光屡遣讨之，不捷。

初光之定河西也，杜进有力焉。以为武威大守。既居都尹，权高一时。出入羽仪，与光相亚。光甥石聪，至自关中。光曰："中州人言吾政化何如？"聪曰："止知有杜进耳，实不闻有舅。"光默然，因此诛进。徐炅与张掖大守彭晃谋叛。光遣师讨炅。炅奔晃。晃东结康宁，西通王穆。光议将讨之。诸将咸曰："今康宁在南，阻兵伺隙。若大驾西行，宁必乘虚，出于岭左。晃、穆未平，康宁复至，进退狼狈，势必大危。"光曰："事势实如卿言。今而不往，当坐待其来。晃、穆共相唇齿，又同恶相救，东西交至，城外非吾之有。若是，大事去矣。今晃叛逆始尔，宁、穆与之情契未密。及其仓卒，取之为易。且隆替命也，卿勿复言。"光于是自率步骑三万倍道兼行。既至，攻之。

二旬，晃将寇颉斩关纳光。光诛晃。王穆以其党索嘏为敦煌大守，既而忌其威名，率众攻嘏。光闻之，率步骑二万攻酒泉，克之。进次凉兴。胡三省曰："凉兴郡，河西张氏置，在唐瓜州常乐县界。"按唐常乐县，在今甘肃安西县西。穆引师东还，路中众散，穆单骑奔骍马。晋县，在今甘肃玉门县境。骍马令郭文斩首送之。《通鉴》在大元十二年。大元十四年，光僭即三河王位。南羌彭奚念入攻白土，后汉县，今西宁东南之白土城。光遣讨之，大败。乃亲讨之。攻克枹罕。见第五章第一节。又以子覆为西域大都护，镇高昌。大元二十一年，光僭即天王位。

乞伏国仁，陇西鲜卑人也。在昔有如弗斯、出连、叱卢三部，自漠北南出大阴山。遇一巨虫于路，状若神龟，大如陵阜。乃杀马而祭之，祝曰："若善神也，便开路；恶神也，遂塞不通。"俄而不见，乃有一小儿在焉。时又有乞伏部，《魏书》本传云："其先如弗，自漠北南出。"则乞伏当属三部中之如弗部。如弗与女勃音近，窃疑当居女勃水畔。有老父无子者，请养为子。众咸许之。老父欣然，自以有所依冯，字之曰纥干。

纥干者，夏言依倚也。年十岁，骁勇善骑射，弯弓五百斤。四部服其雄勇，推为统主。号曰乞伏可汗托铎莫何。

托铎者，言非神非人之称也。其后有祐邻者，即国仁五世祖也。泰始初，率户五千，迁于夏缘。未详。部众稍盛。鲜卑鹿结，七万余落，屯于高平川。见第二章第二节。与祐邻迭相攻击。鹿结败，南奔略阳。祐邻尽并其众。因居高平川。

祐邻死，子结权立。徙于牵屯。山名，幵头之音转。幵头山，在今甘肃平凉县西，即崆峒山也。结权死，子利那立。利那死，弟祁埿立。祁埿死，利那子述延立。讨鲜卑莫侯于苑川，大破之，胡三省曰："苑川水，出天水勇士县之子城南山。东流，历子城川。又北，径牧师苑，故汉牧苑之地也，有东西苑城，相去七里。西城即乞伏所都也。"按勇士，汉县，在今甘肃榆中县东北。《胡注》见成帝咸和四年。降其众二万余落。因居苑川。述延死，子傉大寒立。会石勒灭刘曜，惧而迁于麦田元孤山。《水经注》："麦田山，在安定北界。山之东北有麦田城。又北有麦田泉。"按麦田城，在今甘肃靖远县东北。

大寒死，子司繁立。《通鉴》在咸和四年。始迁于度坚山。在今甘肃皋兰县东北，黄河西北。寻为苻坚将王统所袭，部众叛降于统，司繁乃诣统降于坚。坚署为南单于，留之长安。以司繁叔父吐雷为勇士护军，抚其部众。俄而鲜卑勃寒，侵斥陇右，坚以司繁为使持节都督讨西胡诸军事、镇西将军以讨之。勃寒惧而请降。司繁遂镇勇士川。《通鉴》在宁康元年。甚有威惠。司繁卒，国仁代镇。《通鉴》在大元元年。及坚兴寿春之役，征为前将军，领先锋骑。会国仁叔父步颓叛于陇西，坚遣国仁还讨之。步颓闻而大悦，迎国仁于路。国仁乃招集诸部；有不附者，讨而并之；众至十余万。

大元十年，自称大都督、大将军、大单于、秦、河二州牧，筑勇士城以居之。苻登署为苑川王。十三年，国仁死，子公府幼，群臣立其弟乾归。迁于金城。亦受署于苻登。登为姚兴所逼，遣使请兵，乾归遣骑二万救之。会登为兴所杀，乃还。

国仁、乾归，多服氐、羌、鲜卑杂部，尽有陇西、巴西之地。吕光遣吕方及其弟吕宝讨乾归。宝济河，为乾归所败，宝死之。光率众十万，将伐乾归。左辅密贵周，左卫莫者羖羝言于乾归，乾归乃称藩于光，遣子勃勃为质。既而悔之，诛周等。乾归从弟轲殚，与乾归弟益州不平，奔于光。光又伐之。咸劝其东奔成纪。见第三章第八节。乾归不从。

隆安元年，光次于长最，见第五章第二节。使子纂克金城，弟天水公延克临洮、武始、河关。晋狄道郡，张骏改为武始。狄道，见第五章第二节。河关，汉县，在今甘肃导河县西。乾归乃纵反间，称乾归众溃，东奔成纪。延信之，引师轻进。与乾归遇，败死。光还。乾归迁于苑川。姚兴使姚硕德率众五万伐之。兴僭师继发。乾归距之陇西，为兴所败。遁还苑川。遂走金城。率骑数百，驰至允吾。秃发利鹿孤遣弟傉檀迎之。隆安四年。

秃发乌孤，河西鲜卑人也。其先与后魏同出，已见第三章第八节。乌孤八世祖匹孤，率其部自塞北迁于河西。其地东至麦田、牵屯，西至湿罗，未详。南至浇河，在今青海巴燕县西，后凉尝置郡。北接大漠。匹孤卒，子寿阗立。

《魏书》云："初母孕寿阗，因寝产于被中，乃名秃发，其俗为被覆之义。"案秃发、拓跋，明系同音异译。《廿二史考异》云："古读轻唇如重唇，发从友得声，与跋音正相近。魏伯起书尊魏而抑凉，故别而二之。晋史亦承其说。"案此亦非魏收所为，盖魏人当日，有意将己与南凉之氏，异其译文也。

后土之说，既不足信，被覆之义，或反是真。特迁徙既始匹孤，则其与元魏之分携，亦当在此际，无缘至寿阗始得此氏。此或被覆之义为实，产于被中之说，出于附会；亦或产于被中之说并真，惟初不属于寿阗。传说之辗转淆讹，率多如此，不足怪也。

寿阗卒，孙树机能立。其事已见第二章第二节。树机能死，从弟务丸立。死，孙推斤立。死，子思复鞬立。部众稍盛。乌孤即思复鞬之子也。吕光署为河西鲜卑大都统、广武县侯。筑廉川堡都之。在今青海乐都县东。乌孤讨破诸部。光进其封为广武郡公。又遣使署为益州牧、左贤王。乌孤不受。

隆安元年，自称大都督、大将军、大单于、西平王。曜兵广武，攻克金城。光遣将军窦苟来伐，战于街亭，大败之。街亭，在今甘肃永登县北。降光乐都、湟河、浇河三郡。乐都、湟河，皆后凉郡。乐都即今乐都县。湟河在乐都东南。岭南数万落皆附之。后光将杨轨来奔，见下。乌孤更称武威王。

二年，据《本纪》。徙于乐都。署弟利鹿孤为西平公，镇安夷；汉县，在今青海西宁县东。傉檀为广武公，镇西平。见第二章第二节。阴有图姑臧之志。后又以利鹿孤为凉州牧，镇西平。

三年，八月，乌孤卒，利鹿孤即伪位。徙居西平。乞伏乾归之败，利鹿孤遣傉檀迎之，处之于晋兴。见第五章第二节。南羌梁弋等遣使招之。乾归将叛，谋洩，利鹿孤遣弟吐雷屯于扪天岭。胡三省曰："在允吾东南。"乾归惧为利鹿孤所害，送其子炽磐兄弟为质，而奔长安。隆安四年八月。姚兴大悦，署为河州刺史、归义侯。遣还镇苑川，尽以其部众配之。

沮渠蒙逊，张掖临松卢水胡人也。卢水胡，见第二章第二节。临松，前凉郡，在张掖之南。其先世为匈奴左沮渠，遂以官为氏。《晋书·载记》。羌之酋豪曰大，故又以大冠之焉。《宋书·大且渠蒙逊传》。《传》曰"以位为氏，以大冠之"，则大非氏。世居卢水为酋豪。祖祁复延，封狄地王。父法弘袭爵。苻氏以为中田护军。胡三省曰："中田护军，盖吕光所置，镇临松。"案苻氏时已有之，则非吕光所置也。胡《注》见安帝元兴二年。蒙逊代父领部曲，有雄略，多计数，为诸胡所推服。吕光自王于凉州，使蒙逊自领营人配箱直。又以蒙逊叔父罗仇为西平大守。

隆安元年，春，光遣子纂率罗仇伐乞伏乾归，为乾归所败。光委罪罗仇，杀之。此据《宋书·蒙逊传》。《晋书·蒙逊载记》，以罗仇与麴粥，皆为蒙逊伯父。从光征河南，光前军大败，麴粥劝兄罗仇叛光，罗仇不肯，俄而皆为光所杀。据《吕光载记》，罗仇为光尚书，麴粥为三河大守。三河，后凉郡，治白土。

四月，蒙逊求还葬罗仇，因聚众万余人叛光。杀临松护军，屯金山。在今甘肃山丹县西南。五月，为吕纂所破，将六七人逃山中。亦据《宋书》本传。《晋书·蒙逊载记》：蒙逊并杀光中田护军马邃，临松令井祥。《吕光载记》云纂败蒙逊于忽谷。胡三省曰："忽谷，当在删丹界。"蒙逊兄男成，先为将军，守晋昌。闻蒙逊起兵，逃奔赀虏，扇动诸夷，众至数千。酒泉大守垒成讨之，败死。男成进攻建康。说大守段业，业京兆人，为杜进记室。欲奉为主。业不从。

相持二旬，外救不至。业先与光侍中房晷、仆射王详不平，虑不自容，乃许之。男成等推业为凉州牧、建康公。光命吕纂讨业。蒙逊进屯临洮，为业声势。战于合离，亦作合黎，山名，在今张掖、山丹、高台、酒泉四县之北。纂师大败。光散骑常侍大常郭麐与王详谋叛，光诛详，麐据东苑以叛。姑臧有东西苑城。光驰使召纂，纂引还。麐推后将军杨轨为盟主。麐败，奔乞伏乾归。杨轨南奔廉川。光病甚，立其大子绍为天王，自号大上皇帝。以其二庶兄纂为大尉，弘为司徒。

十二月，光死。明年，纂叛，绍自杀。纂僭即天王位。弘起兵东苑，众溃，奔广武。吕方执弘系狱。驰使告纂。纂遣力士拉杀之。纂伐秃发利鹿孤，利鹿孤使傉檀距败之。纂西击段业，围张掖，略地建康。傉檀帅骑一万袭姑臧。纂闻之，乃还。

段业以沮渠男成为辅国将军，委以军国之任。王德以晋昌，孟敏以敦煌降业。男成及德围张掖，克之。业因据张掖。沮渠蒙逊率部曲投业，业以为临池大守。在今巴燕县西。王德为酒泉大守。寻又以蒙逊领张掖大守。

隆安二年，四月，业使蒙逊将万人攻吕光弟子纯于西郡，执之以归。四年，业以孟敏为沙州刺史，署李暠为效谷令。效谷，汉县。在今敦煌县西。敏卒，其下推暠为敦煌大守，称藩于业。业以暠为敦煌大守。已又以索嗣代之。暠遣其二子歆、让逆战，破之。嗣奔还张掖。暠罪状嗣于段业。沮渠男成恶嗣，因劝除之。业乃杀嗣，遣使谢暠。分敦煌之凉兴、乌泽，未详。晋昌之宜禾三县为凉兴郡，进暠持节都督凉兴已西诸军事。

晋昌大守唐瑶，移檄六郡，胡三省曰："盖敦煌、酒泉、晋昌、凉兴、建康、祁连也。"推暠为凉公，领秦、凉二州牧。遣宋繇东伐凉兴，并击玉门已西诸城，皆下之。玉门关，在今甘肃敦煌县西。时王德叛业，自称河州刺史，业使蒙逊西讨，德焚城，将部曲投唐瑶。蒙逊追德至沙头，汉池头县，后汉曰沙头，在今甘肃玉门关西南。大破之，虏其妻子部落而还。初业以门下侍郎马权代蒙逊为张掖大守。蒙逊谮之于业，业杀之。蒙逊谓男成曰："所惮惟索嗣、马权，今皆死矣。蒙逊欲除业以奉兄，何如？"男成曰："业羁旅孤飘，我所建立。有吾兄弟，犹鱼之有水。人既亲我，背之不详。"乃止。

及是，蒙逊请为西安大守。西安，后凉郡，在张掖东南。业许焉。蒙逊期与男成同祭兰门山。在今甘肃山丹县西南。密遣司马许咸告业曰："男成欲谋叛，以假日作逆。若求祭兰门山，臣言验矣。"至期日，果然。业收男成令自杀。蒙逊举兵攻业。业先疑其右将军田昂，幽之于内。至是，谢而赦之，使讨蒙逊。昂归于蒙逊。蒙逊至张掖，昂兄子承爱，斩关纳之。遂斩业。时隆安五年三月也。蒙逊自称凉州牧、张掖公。

吕纂游畋无度，荒耽酒色。隆安五年，二月，为光弟宝之子隆、超所弑，并杀其弟纬。隆僭即天王位。隆多杀豪望，以立威名。内外嚣然，人不自固。魏安人焦朗，使说姚兴将姚硕德，且遣妻子为质。硕德遂率众至姑臧。超出战，大败。隆收集离散，婴城固守。东人多谋外叛。将军魏益多，又唱动群心。乃谋杀隆、超。事发，诛之，死者三百余家。于是群臣表求与姚兴通好。隆弗许。超谏：以"连兵积岁，资储内尽，强寇外逼；百姓嗷然，无餬口之寄；张、陈、韩、白，亦无如之何"。隆乃请降。硕德表为凉州刺史、建康公。

于是遣母弟、爱子、文武旧臣五十余家质于长安。硕德乃还。姑臧谷价踊贵，斗直钱五千，人相食。城门昼闭，樵采路绝。百姓请出城，乞为夷虏奴婢者，日有数百。隆惧沮动人情，尽坑之。积尸盈于衢路。傉檀、蒙逊，频来伐之。隆以二寇之逼，遣超率骑二百，多赍珍宝，请迎于姚兴。兴遣其将齐难等步骑四万迎之。隆率户一万，随难东迁。后坐与子弼谋反，为兴所诛。后凉遂亡。时元兴二年八月也。据《通鉴》。

姚硕德之围姑臧也，沮渠蒙逊以吕隆既降于兴，酒泉、凉宁二郡又叛降李暠，凉宁，晋郡，在今甘肃玉门县境。乃遣弟建忠挐及牧府长史张潜见硕德于姑臧，请军迎接，率郡人东迁。硕德大悦，拜潜张掖大守，挐建康大守。潜劝蒙逊东迁。挐私于蒙逊曰："吕氏犹存，姑臧未拔，硕德粮竭将还，不能久也，何故违离桑梓，受制于人？"辅国臧莫孩曰："建忠之言是也。"蒙逊乃斩张潜。齐难迎吕隆，隆劝难伐蒙逊，难从之。莫孩败其前军。难乃结盟而还。兴使拜蒙逊镇西大将军、沙州刺史、西海侯。

秃发利鹿孤，以隆安五年僭称河西王，仍臣于姚兴。元兴元年，死，弟傉檀嗣。僭号凉王。迁于乐都。姚兴遣使拜为车骑将军、广武公。傉檀大城乐都。姚兴建节王松忩率骑助吕隆守姑臧。至魏安，为傉檀弟文真所围。众溃。执松忩，送于傉檀。傉檀大怒，送松忩还，归罪文真，深自陈谢。齐难之迎吕隆，傉檀摄昌松、魏安二戍以避之。

元兴三年，据《通鉴》。傉檀去其年号，罢尚书丞郎官，上表姚兴求凉州。兴不许。义熙二年，亦据《通鉴》。傉檀献马三千匹，羊三万头于兴。兴以为忠于己，乃署傉檀为凉州刺史，而征其镇姑臧之王尚还。四年，亦据《通鉴》。傉檀招秦河州刺史彭奚念，奚念阻河以叛。姚兴使其子弼伐之。弼济自金城，进拔昌松，长驱至姑臧。傉檀婴城固守，出兵击弼，败之。然仍遣使人诣兴谢罪焉。

乞伏炽磐以元兴元年，自西平奔长安。姚兴以为兴晋大守。治浩亹，见第二章第二节。寻遣使加乾归左贤王，遣随齐难迎吕隆于河西。兴虑乾归终为西州之患，因其朝也，留为主客尚书，《通鉴》在义熙三年。以炽磐行西夷校尉，监抚其众。炽磐以长安兵乱将始，乃招结诸部一万七千，筑城于嵻崀山，在甘肃洮沙县东南。据之。炽磐攻克枹罕。使告乾归，乾归奔还苑川。收众三万，迁于度坚。

义熙五年，七月，据《本纪》。僭称秦王。此从《载记》。《本纪》作西秦王，恐非。复都苑川。攻克姚兴金城、略阳、南安、陇西诸郡。兴力未能西讨，恐更为边害，使署为都督陇西、岭北匈奴、杂胡诸军事、河州牧，大单于、河南王。乾归方图河右，权宜受之，遂称藩于兴。而务征讨诸杂部及吐谷浑，以益其众。八年，五月，乾归为兄子公府所弑，并其诸子十余人。炽磐与乾归弟智达、木奕干讨禽，并其四子轘之。炽磐袭伪位。

姚硕德之破吕隆也，李暠亦遣使降于姚兴，兴拜为安西将军、高昌侯。义熙元年，暠遣舍人黄始、梁兴间行奉表诣阙。迁居酒泉。秃发傉檀来通好，暠遣使报聘。沮渠蒙逊侵寇，暠与通和立盟。蒙逊背盟来侵，暠遣世子歆要击败之。以前表未报，复遣沙门法泉间行奉表。初苻坚建元之末，坚建元元年，为晋兴宁三年，终于二十年，为晋大元九年。徙江、汉之人万余户于敦煌。中州之人有田畴不辟者，亦徙七千余户。郭黁之寇武威，武威、张掖已东之人，西奔敦煌、晋昌者数千户。及暠东迁，皆徙之于酒泉。分南人五千户置会稽郡，中州人五千户置广夏郡，余万三千户，分置武威、武兴、张掖三郡。筑城于敦煌南子亭，以威南虏焉。

后凉之兴，事势与前凉大异。前凉张氏，夙尝树德于河西；张轨之西也，凭借晋室之威灵，其人亦颇知治体；然凉州之大姓及诸郡守，尚多不服，久而后定，况于吕光，仅一武人，既无筹略，且迫昏耄者乎？光所以能戡定梁熙，暂据河右者，盖以其所率之兵颇精，且为思归之士故。然实未能据有凉州，且未能一日安也。

姚兴虽灭后凉，然特因其自亡，又迫勃勃之难，故更无余力西略。西秦、南凉、北凉、西凉，皆以文属而已。氐、胡、鲜卑，皆不知治体，惟段业、李暠为汉人，为治较有规模，然业以大阿倒持，终至颠覆；暠亦弱不自振。要之：西北一隅，脱离王化既久，一时不易收拾也。

第七节　拓跋氏再兴

《魏书》以昭成帝为子所弑，道武为昭成之孙，不如《晋书》及《宋》《齐》二书，以昭成为苻坚所禽，道武为昭成之子之可信，说已见第三节。而《宋书》云：秦后听什翼犍北归，犍死，涉归代立，又不如《齐书》云：坚败，珪随慕容垂，其后还领其部之可信。何者？犍苟还北，不应略无事迹可见；而珪初年御外侮，戡内乱，深得后燕之援，亦必非无因也。《魏书·道武帝纪》曰：苻坚使刘库仁、刘卫辰分摄国事，南部大人长孙嵩及元他等，尽将故民，南依库仁，帝于是转幸独孤部。《贺讷传》曰：昭成崩，诸部乖乱，献明后与大祖及卫、秦二王依讷。会苻坚使刘库仁分摄国事，于是大祖还居独孤部。

七年，晋大元八年。十月，苻坚败于淮南。是月，慕容文等杀库仁，库仁弟眷摄国部。九年，大元十年。库仁子显，杀眷而代之。乃将谋逆。商人王霸知之，履帝足于众中。帝乃驰还。是时故大人梁盖盆子六眷，为显谋主，尽知其计，密使部人穆崇驰告。《献明皇后传》云：帝姑为显弟亢埿妻，知之，密以告后。梁眷亦来告难。后乃令大祖去之。《奚牧传》云：眷使牧与穆崇至七介山以告。七介山，《献明后传》作七个山，在善无县。善无，见第三章第八节。帝乃阴结旧臣长孙犍、元他等。秋，八月，乃幸贺兰部。据《贺讷传》，贺兰部时在大宁。大宁见第三节。

《穆崇传》云：崇机捷便辟，少以盗窃为事。大祖之居独孤部，崇常往来奉给，时人无及者。刘显之谋逆也，平文皇帝外孙梁眷知之，密遣崇告大祖，大祖驰如贺兰部。道武之曾居独孤部，当非虚诬，然谓其早依库仁，则又难信。

《库仁传》云：慕容垂围苻丕于邺，又遣将平规攻坚幽州刺史王永于蓟。库仁自以受坚爵命，遣妻兄公孙希率骑三千助永击规，大破之。库仁复将大举以救丕，发雁门、上谷、代郡兵，次于繁畤。雁门，见第二章第二节。上谷、代郡、繁畤，皆见第三章第八节。

先是慕容文等当徙长安，遁依库仁部。常思东归其计无由。至是，知人不乐，乃夜率三郡人攻库仁。库仁匿于马厩，文执杀之。乘其骏马奔垂。窃疑道武之还独孤部，实在库仁助秦抗燕之时。盖库仁所统，本拓跋氏之旧部，故慕容垂于此时，释珪北归，以犄库仁；逮不为刘显所容，乃又遁居贺兰部也。贺兰、拓跋，旧为昏姻，其部落中自必有愿助珪者，珪乃得所凭依矣。

《神元平文诸帝子孙传》云：上谷公纥罗，神元曾孙。初从大祖自独孤部如贺兰部，招集旧户，得三百家，与弟建议劝贺讷推大祖为主。

《贺讷传》云：刘显谋逆，大祖轻骑北归，讷见大祖，惊喜，拜曰："官家复国之后，当念老臣。"味讷此语，一若不知珪之尚存；即知之，亦久不得其消息者；亦可见谓什翼犍死后珪即依贺兰部之诬。大祖笑曰："诚如舅言，要不忘也。"讷中弟染干粗暴，忌大祖，常图逆，每为皇姑辽西公主拥护，染干不得肆其祸心。讷祖纥，尚平文女。纥生野干，尚昭成女辽西公主。野干即讷与染干及献明皇后父也。《献明后传》曰：染干忌大祖之得人心，举兵围逼行宫。后出，谓染干曰："汝等今安所置我，而欲杀吾子也？"染干惭而去。《尉古真传》曰：大祖之在贺兰部，贺染干遣侯引、乙突等诣行宫，将肆逆，古真知之，侯引等不敢发。于是诸部大人，请讷兄弟：求举大祖为主。染干曰："在我国中，何得尔也？"讷曰："帝大国之世孙，兴复世业于我国中，当相持奖，立继统勋。汝尚异议，岂是臣节？"遂与诸人劝进。大祖登代王位于牛川，牛川，出绥远凉城西，经左云至大同入河。是为拓跋珪复有部众之始，《魏书》以是为登国元年，实晋大元十一年也。《魏书》谓是岁四月，珪又改称魏王。案《本纪》：天兴元年，晋隆安二年。六月，丙子，诏有司议定国号。群臣曰："昔周、秦以前，世居所生之土，有国有家，及王天下，即承为号。自汉以来，罢侯置守，时无世继，其应运而起者，皆不由尺土之资。今国家万世相承，启基云、代，臣等以为若取长远，应以代为号。"诏曰："昔朕远祖，总御幽都，控制遐国。虽践王位，未定九州。逮于朕躬，处百代之季，天下分裂，诸华乏主。民俗虽殊，抚之在德。故躬率六军，扫平中土。凶逆荡除，遐迩率服。宜仍先号，以为魏焉。"

《崔玄伯传》云：司马德宗遣使来朝，大祖将报之，诏有司博议国号。玄伯议曰："三皇五帝之立号也，或因所生之土，或即封国之名。故虞、夏、商、周，始皆诸侯，及圣德既隆，万国宗戴，称号随本，不复更立。惟商人屡徙，改号曰殷，然犹兼行，不废始基之称。故《诗》云：殷商之旅；又云：天命玄鸟，降而生商，宅殷土茫茫；此其义也。昔汉高祖以汉王定三秦，灭强楚，故遂以汉为号。国家虽统北方广漠之土，逮于陛下，应运龙飞。虽曰旧邦，受命惟新。是以登极之初，改代曰魏。又慕容永亦奉进魏土。夫魏者大名，神州之上国，期乃革命之征验，利见之玄符也。臣愚以为宜号为魏。”大祖从之，于是四方宾王之贡，咸称大魏矣。然则魏之定称为魏，实在破慕容氏取邺之后，前此尚魏、代杂称也。克邺称魏，事极寻常，尚居牛川之时，何缘以魏为号？

观玄伯慕容永奉进魏土之语，则知永实以是封珪，盖欲与之攻慕容垂，而以是为饵耳。狼子野心，且不欲受封于晋，而况于永？然在当日，仍不过抉择于此二者之间，不过聊去代称，以示不臣于晋耳。云议国号，亦属诬辞，在当日，不过议一对晋之称号耳。其后自大愈甚，乃并永封以魏土之事而刊削之。然如是，则魏之号无自来，乃又伪造一自行改称之事实。矫诬至此，叹观止矣。然终不能尽掩天下后世之目也。

《道武本纪》：道武即代王位，以长孙嵩为南部大人，叔孙普洛为北部大人。二月幸定襄之盛乐，见第三章第八节。息众课农。三月，刘显自善无南走马邑，见第三章第八节。其族奴真率所部来降。

《刘库仁传》云：奴真兄犍，先居贺兰部，至是，奴真请召犍而让部焉，大祖义而许之。犍既领部，自以久托贺讷，德之，乃使弟去斤遗之金马。讷弟染干因谓之曰：我待汝兄弟厚，汝今领部，宜来从我。去斤请之奴真，奴真杀犍及去斤。染干闻其杀兄，率骑讨之。奴真惧，徙部来奔。大祖自迎之。遣使责止染干。

《本纪》又云：五月，车驾幸陵石。胡三省云：在盛乐东。护佛侯部帅侯辰，乙弗部帅代题叛走。

七月，车驾还盛乐。代题复以部落来降。旬有数日，亡奔刘显。帝使其孙倍斤代领部落。是月，刘显弟亢泥率骑掠奴真部落。既而率以来降。初帝叔父窟咄，为苻坚徙于长安，因随慕容永。永以为新兴大守。新兴，见第二章第二节。

八月，刘显遣弟亢泥迎窟咄，以兵随之，来逼南境。于是诸部骚动，人心顾望。帝左右于植等与诸部人谋应之。事泄，诛造谋者五人，余悉不问。于植，《北史》作于桓。《魏书·窟咄传》作于桓，《穆崇传》作于植。《窟咄传》云：同谋人单乌于以告。大祖虑骇人心，沈吟未发。后三日，桓以谋白其舅穆崇，崇又告之。大祖乃诛桓等五人，余莫题等七姓，悉原不问。案题后仍见杀，见本传。帝虑内难，乃北逾阴山，幸贺兰部，阻山为固。遣行人安同、长孙贺使于慕容垂以征师。贺亡奔窟咄，见《窟咄传》。垂遣使朝贡。并令其子贺驎即慕容麟。帅步骑以随同等。《窟咄传》云：步骑六千。

十月，贺驎军未至，而寇已前逼。于是北部大人叔孙普洛等十三人及诸乌丸亡奔卫辰。帝自弩山迁幸牛川，弩山，未详。屯于延水。东洋河上源，出绥远兴和县东北。南出代谷，在句注北。句注，见第二章第二节。会贺驎于高柳。汉县，后汉末省，晋复置，在今山西阳高县西北。大破窟咄。窟咄奔卫辰。卫辰杀之。帝悉收其众。

十二月，慕容垂遣使朝贡。奉帝西单于印绶，封上谷王，上谷，见第三章第八节。帝不纳。二年，晋大元十二年。五月，遣行人安同征兵于慕容垂。垂使子贺驎帅众来会。六月，帝亲征刘显于马邑，南追至弥泽，在今山西朔县西南。大破之。显南奔慕容永。尽收其部落。《张衮传》云：时刘显地广兵强，跨有朔裔。会其兄弟乖离，共相疑阻。衮言于大祖曰："显志大意高，希冀非望。今因其内衅，宜速乘之。若轻师独进，或恐越逸，可遣使告慕容垂，共相声援。东西俱举，势必禽之。"大祖从之，遂破走显。《显传》云：大祖讨显于马邑，追至弥泽，大破之。卫辰与慕容垂通好，送马三千匹于垂，垂遣慕容良迎之，显击良军，掠马而去。垂怒，遣子驎、兄子楷讨之。显奔马邑西山。驎轻骑追之，遂奔慕容永于长子。部众悉降于驎。驎徙之中山。刘显败而拓跋氏之旧业复矣，而贺兰部之衅忽起。

《本纪》：登国四年，晋大元十四年。二月，道武讨叱突邻部，大破之。贺染干兄弟率诸部来救，与大军相遇，逆击，走之。

《贺讷传》言：大祖讨叱突邻部，讷兄弟遂怀异图。讷于大祖，素称忠勤，刘显之难，窟咄之患，实再借其力以济，及是，忽因一叱突邻部而启衅，其故安在，不可知矣。五年，大元十五年。三月，慕容垂遣子贺驎率众来会。四月，行幸意辛山，胡三省曰：在牛川北，贺兰部所居。与贺驎讨贺兰、纥突邻、纥奚诸部落，大破之。纥突驎、纥奚二部，常为寇于意辛山，见《高车传》。

六月，还幸牛川。卫辰遣子直力鞮寇贺兰部，围之。贺讷等请降告困。七月，帝引兵救之。至羊山，未详。直力鞮退走。《贺讷传》言：大祖遂徙讷部落及诸弟，处之东界。盖至是而贺兰部处于拓跋氏钳制之下，欲叛不能矣。然因此，复与慕容垂启衅。是岁，八月，遣秦王觚使于慕容垂。

六年，大元十六年。六月，《本纪》言慕容贺驎破贺讷于赤城，今察哈尔赤城县。帝引兵救之，驎退走。《讷传》云：讷又通于慕容垂，垂以讷为归善王，染干谋杀讷而代立，讷遂与染干相攻，垂遣子驎讨之，败染干于牛都。胡三省云：其地当在牛川东，夷人放牧，于此聚会，故名。破讷于赤城。

大祖遣师救讷，驎乃引还。讷与染干相争，慕容氏当有所右，而兼讨之者，盖欲慑服其部，特以讨乱为名而已。大祖为之出师，而慕容垂所图不遂，乃止元觚而求名马，大祖遂绝之，而遣使于慕容永。永使其大鸿胪慕容钧奉表劝进尊号。于是垂卵翼道武，永拥右刘显、染干，积年相敌者，局势一变。

其月，卫辰遣子直力鞮出棝阳塞，棝阳，汉县，今绥远固阳县。侵及黑城。九月，帝袭五原，见第三章第八节。屠之，收其积谷。十一月，卫辰遣子直力鞮寇南部。车驾出讨，大破直力鞮军于铁岐山南。未详。自五原金津南渡河，次其所居之悦跋城。即代来城，在今鄂尔多斯右翼境内。卫辰父子奔遁。诏诸将追之，禽直力鞮。

十二月，获卫辰尸，斩以徇。遂灭之。《铁弗传》云：卫辰单骑遁走，为其部下所杀。《昭成子孙传》：秦明王翰之子大原王仪获其尸。自河以南诸部悉平。卫辰子屈丐即赫连勃勃。《铁弗传》云：大宗改其名曰屈孑，屈孑者，卑下也。奔薛干部，征之，不送。八年，大元十八年。八月，帝南征薛干部帅大悉佛于三城。胡三省曰：魏收《地形志》：偏城郡广武县有三城，唐延州丰林县，古广武县地。案唐丰林县，在今陕西肤施县东。会其先出击曹覆，帝乘其虚，屠其城，徙其民。薛干部，《晋书·勃勃载记》作叱干，大悉佛作佗斗伏，参看第九节。曹覆盖东西曹之部落也。铁弗氏与拓跋氏相抗近百年，至是倾覆，拓跋氏遂独雄于代北矣，此则猗卢、什翼犍之世所未有之形势也。

第八节　后燕分裂灭亡

从来北狄之强盛，大率由于互相并兼。自刘显破而拓跋氏之旧业复，卫辰亡而其累代之大敌去，其势既日张矣；而道武又频年征讨北方诸部落，自登国三年至天兴元年，皆见《本纪》。得其畜足以为富，得其人足以为强，其势遂不可制。然中原之虚实，究非拓跋氏所深悉；慕容氏虽亟战兵疲，使其按兵不动，拓跋氏亦未敢遽犯之也；乃轻率出兵，而又任一不知兵之慕容宝，弟子舆尸，而灭亡之祸，遂迫眉睫矣。

慕容垂灭慕容永之明年，为晋大元二十年，命其子宝伐魏，大败于参合陂。见第三章第八节。是役也，据《晋书·载记》：宝及垂子农、麟，众凡八万，而德及垂兄子绍，以步骑万八千为后继。魏闻宝将至，徙往河西。宝进师临河，惧不敢济。还次参合。忽有大风，黑气状若堤防，或高或下，临覆军上。沙门支昙猛言于宝曰："风气暴迅，魏师将至之候，宜遣兵御之。"宝笑而不纳。昙猛固以为言，乃遣麟率骑三万马后殿。麟以昙猛言为虚，纵骑游猎。俄而黄雾四塞，日月晦明。是夜，魏师大至。三军奔溃。宝与德等数千骑奔免。士众还者十一二。绍死之。

据《魏书·本纪》：则宝以是年七月，来寇五原。见第三章第八节。帝遣许谦征兵于姚兴。先是慕容永来告急，遣陈留公元虔救之，因屯秀容。后魏县，郡亦治焉。北秀容，在今山西朔县西北。南秀容，在岚县南，即尔朱氏所居也。

其明年，大元十九年。又使东平公元仪屯田于河北五原，至于棝阳塞外。见上节。及是，元仪徙据朔方。见第三章第八节。八月，帝亲治兵于河南。九月，进师。是时元虔五万骑在东，以绝其左；元仪五万骑在河北，以承其后；略阳公元遵七万骑，塞其中山之路。十月，辛未，宝烧船夜遁。十一月，己卯，帝进军济河。乙酉，夕至参合陂。丙戌，大破之。

《宝传》云：寅烧船夜遁。是时河冰未合，宝谓大祖不能渡，故不设斥候。十一月，天暴风，寒，冰合。大祖进军济河。留辎重，简精锐二万余骑急追之。晨夜兼行。暮至参合陂西。宝在陂东，营于蟠羊山南水上。靳安言于宝曰："今日西北风劲，是追军将至之应，宜设警备，兼行速去，不然必危。"宝乃使人防后。先不抚循，军无节度，将士莫为尽心。行十余里，便皆解鞍寝卧，不觉大军在近。前驱斥候，见宝军营，还告。

其夜，大祖部分众军。诸将罗落东西，为掎角之势。约勒士卒，束马，口衔枚无声。昧爽，众军齐进。日出登山，下临其营。宝众晨将东引，顾见军至，遂惊扰奔走。大祖纵骑腾蹑，大破之。有马者皆蹶倒冰上，自相镇压，死伤者万数。四五万人，一时放仗，敛手就羁；遗迸去者，不过千余。生禽其王公、文武将吏数千；获器甲、辎重、军资、杂财十余万计。案燕是役，兵数不盈十万，元虔等果有十七万骑，罗其三面，尚何必征师于姚兴？大祖之蹑慕容宝，不过二万余骑，虽云简锐轻行，然代北饶于马骑，岂有舍大兵不用之理？

《魏书·张兖传》言：宝来寇，兖言于大祖曰："宝乘滑台之功，因长子之捷，倾资竭力，难与争锋。愚以为宜羸师卷甲，以侈其心。"大祖从之，果破之参合。是知魏人此时，众寡强弱，皆与燕不侔，《魏书·本纪》之言，必非实录也。

魏人获捷，实在避其朝锐，击其暮归，遂获乘天时之利；而宝自七月进兵，至于十月，既不能见可而进，又不能知难而退，遂至锐气隳尽，为敌所乘，其不知兵可知；一时警备之不周，盖尚其次焉者矣。是役在魏人亦为意外之捷，然魏人累世觊觎中原，至此，则益启其窥伺之心，遂为大举入塞之本。其于魏事，实为一大转折。道武时开化尚浅，《魏书》所记年号，疑多出后来追拟，于是年纪元为皇始，实有由也。

《晋书·慕容垂载记》曰：宝恨参合之败，屡言魏有可乘之机。慕容德亦曰："魏人狃于参合之捷，有陵大子之心，宜及圣略，摧其锐志。"垂从之。留德守中山，自率大众出参合。凿山开道，次于猎岭。胡三省曰："在夏屋山东北，魏都平城，常猎于此。"案夏屋山，在今山西代县东北。遣宝与农出天门。慕容隆、慕容盛逾青山，胡三省曰："青岭即广昌岭，所谓五回道也。其南即厓刺天，壁立直上，盖即天门也。"案五回岭，在今河北易县西南。袭魏陈留公泥于平城，泥，《魏书·本纪》作虔。陷之，收其众三万余人而还。垂次参合，见往年战处，积骸如山，设吊祭之礼。死者父兄，一时号哭。军中皆恸。垂惭愤呕血，因而成疾。乘马舆而进。

过平城北三十里，疾笃，筑燕昌城而还。《水经注》：在平城北四十里。宝等至云中，闻垂疾，皆引归。有叛者，奔告魏曰："垂病已亡，舆尸在军"；魏又闻参合大哭；以为信然，乃进兵追之，知平城已陷而退。垂至上谷之沮阳，死。沮阳，汉县，在今察哈尔怀来县南。

据《魏书·本纪》：垂之来攻，在大元二十一年三月。元虔既死，垂遂至平城，西北逾山结营。闻帝将至，乃筑城自守。则垂于是役，颇有犁庭扫穴之志，因疾笃而远；然其还师仍有警备；故魏之追师不敢逼也。此亦可见慕容宝以不知兵而败，而非其兵力之不足用矣。然燕于是役，实无所获，其气弥挫，而魏之势乃愈张；更有内乱授之以隙，而败亡之祸，不可逭矣。

慕容垂死于大元二十一年四月。宝匿丧，还至中山，乃僭立。垂临死，顾命以宝庶子清河公会为宝嗣，而宝宠爱少子濮阳公策，意不在会。宝庶长子长乐公盛，自以同生年长，耻会先之，乃盛称策宜为储贰，而非毁会。宝大悦。访其赵王麟、安阳王隆。麟等咸希旨赞成之。宝遂与麟等定计，立策母段氏为皇后，策为大子。时年十一。盛、会进爵为王。

是岁六月，魏遣将攻宝广宁大守刘亢埿，斩之。广宁，见第四章第二节。徙其部落。宝上谷大守慕容普邻捐郡奔走。八月，珪大举攻宝。南出马邑，踰于句注。马邑，见第三章第八节。句注，见第二章第二节。别将封真袭幽州，围蓟。见第四章第二节。九月，珪至阳曲，见第二章第二节。宝并州牧辽西王农弃城遁。宝引群臣议之。

中山公苻谟曰："魏军强盛，若逸骑平原，殆难为敌，宜杜险拒之。"中书令眭邃曰："魏军多骑，马上赍粮，不过旬日。宜令郡县，聚千家为一堡，深沟高垒，清野待之。不过六旬，自然穷退。"尚书封懿曰："今魏师十万，天下之勍敌也。百姓虽营聚，不足自固，是则聚粮集兵，以资强寇；且动众心，示之以弱。阻关距战，计之上也。"慕容麟曰："魏今乘胜气锐，其锋不可当，宜自完守设备，待其弊而乘之。"于是修城积粟，为持久之备。

十月，珪出井陉。在今河北井陉县东北，与获鹿县界。十一月朔，至真定。汉国，今河北正定县。自常山以南，守宰或走或降，惟中山、邺、信都三城不下。常山，见第三章第四节。信都，见第四章第二节。珪遣元仪五万骑攻邺，王建、李栗攻信都，而自进军围中山。不克，走之鲁口。见第五章第六节。

隆安元年，正月，围信都。宝冀州刺史宜都王慕容凤逾城走，信都降。宝步卒十二万，骑三万七千出攻魏，次于曲阳柏肆，败还。《晋书·载记》云：宝闻魏有内难，乃尽众出距。步卒十二万，骑三万七千，次于曲阳柏肆。魏军进至新梁。宝惮魏师之锐，乃遣征北隆夜袭魏师，败绩而还。魏军方轨而至，对营相持。上下凶惧，三军夺气。农、麟劝宝还中山，乃引归。魏军追击之。宝、农等弃大军，率骑三万奔还。时大风雪，冻死者相枕于道。宝恐为魏军所及，命去袍杖戎器，寸刃无返。《魏书·本纪》云：宝闻帝幸信都，乃趋博陵之深泽，屯滹沱水。二月，帝进幸杨城。丁丑，军巨鹿之柏肆坞，临滹沱水。其夜，宝悉众犯营。燎及行宫，兵人骇散。帝惊起，不及衣冠，跣出击鼓。俄而左右及中军将士，稍稍来集。帝设奇阵，列烽营外，纵骑冲之。宝众大败。戊寅，宝走中山。柏肆之役，远近流言，贺兰部帅附力眷，纥突邻部帅匿物尼，纥奚部帅叱奴根聚党反于阴馆。南安公元顺率军讨之，不克，死者数千。诏安远将军庾岳还讨叱奴根等，灭之。顺者，昭成孙，地干之子也。其《传》云：留守京师。柏肆之败，军人有亡归者，言大军奔散，不知大祖所在。顺闻之，欲自立，纳莫题谏乃止。是役，燕盖诇知珪营所在，悉力攻之，使能禽斩珪，事势必大变，惜乎其功亏一篑也。曲阳，汉上曲阳县，今河北曲阳县，时为巨鹿郡治。柏肆坞，在今河北藁城县北。新梁，未详。博陵，见第三章第三节。深泽，汉县，在今河北深泽县东南。杨城，《郡国志》在中山蒲阴县，蒲阴，在今河北完县东。阴馆，见第三章第八节。

三月，珪至卢奴。汉县，为中山郡治，《元和志》云：后燕都中山，改为弗违。宝遣使求和，请送元觚，割常山已西，许之。已而宝背约。辛亥，魏围中山。其夜，燕尚书慕容皓谋杀宝立麟，事觉，与同谋数十人斩关奔魏。麟惧不自安，以兵劫左卫将军北地王精，谋率禁旅弑宝。精以义距之。麟怒，杀精，出奔丁零。盖翟氏之部落。

初宝闻魏之来伐也，使慕容会率幽、平之众赴中山。麟既败，宝恐其逆夺会军，将遣兵迎之。麟侍郎段平子自丁零奔还，说麟招集丁零，军众甚盛，谋袭会军，东据龙城。宝与其大子策及农、隆等万余骑迎会于蓟，以开封公慕容详守中山。会步骑二万，迎宝蓟南。宝分其兵给农、隆。遣西河库辱官骥率众三千，助守中山。幽、平之士，不乐去会，请曰："清河王天资神武，权略过人，臣等与之，誓同生死。愿陛下与皇大子、诸王，止驾蓟宫，使王统臣等，进解京师之围；然后奉迎车驾。"宝左右谮而不许。众咸有怨言。

左右劝宝杀会。侍御史仇尼归闻而告会曰："兵已去手，恐无自全之理。盍诛二王，废大子，大王自处东宫，兼领将相，以匡社稷。"会不从。宝谓农、隆曰："观会为变，事当必然。宜早杀之。不尔，恐成大祸。"农等固谏，乃止。

会闻之，弥惧，奔于广都黄榆谷。胡三省曰：广都县，魏收《地形志》属建德郡，在汉白狼县界，隋省入柳城县。白狼，见第五章第二节。遣仇尼归等率壮士二十余人分袭农、隆。隆见杀，农中重创。既而会归于宝。宝意在诛会，诱而安之。潜使左卫慕容腾斩会，不能伤。会复奔其众。于是勒兵攻宝。宝率数百骑驰如龙城。会率众追之。遣使请诛左右佞臣，并求大子。宝弗许。

会围龙城。侍御郎高云夜率敢死士百余人袭会，败之。众悉逃散。会单马奔中山，逾围而入。为慕容详所杀。详僭称尊号。荒酒奢淫，杀戮无度。诛其王公已下五百余人。内外震局，莫敢忤视。四月，魏以军粮不继，罢邺围。五月，复罢中山之围。城中大饥，公卿饿死者数十人。

七月，详遣乌丸张骧率五千余人出城求食。麟自丁零中入于骧军，因其众复入中山，杀详而自立。此据《魏书·本纪》。《晋书》在九月，当由闻其事较迟也。拓跋珪至鲁口，遣长孙肥率千骑袭中山，据《魏书·本纪》。《肥传》作七千骑。入其郛而还。

八月，丙寅朔，珪自鲁口进军常山之九门。汉县，在今藁城县西北。时大疫，人、马、牛多死。珪问疫于诸将。对曰："在者才十四五。"时群下咸思还北。珪知其意，谓之曰："斯固天命，将若之何？四海之人，皆可以为国，在吾所以抚之耳，何恤乎无民？"群臣乃不敢复言。珪之虐用其下如此，使燕抗距之力少强，未有不为猗卢、郁律之续者，而惜乎燕之不足以语此也。珪又使元遵袭中山，芟其禾菜，入郛而还。九月，麟饥穷，率三万余人，出攻新市。汉县，在今河北新乐县西南。十月，珪进兵破之。麟单马走西山，中山之西山。遂奔邺。中山降魏。魏遣三万骑赴卫王仪，将以攻邺。

慕容垂临终，敕宝以邺城委慕容德。宝既嗣位，以德为冀州牧，镇邺，专总南夏。魏将拓跋章攻邺，此据《晋书·载记》，当郎魏卫王仪。德遣南安王慕容青等夜击败之。魏师退次新城。即慕容垂所筑，见第五节。青等请击之。

别驾韩谆言："魏利在野战，深入近畿，顿兵死地，前锋既败，后陈方固。彼众我寡，动而不胜，众心难固；且城隍未修，敌来无备。不如深沟高垒，以逸待劳。"德乃召青还师。魏又遣辽西公贺赖卢率骑与章围邺。章、卢内相乖争，各引军潜遁。德遣军追破章军，人心始固。贺赖卢，《魏书·外戚传》作贺卢。贺赖即贺兰异译。卢讷之弟。其传云：大祖遣卢会卫王仪伐邺，而卢自以大祖之季舅，不肯受仪节度。大祖遣使责之。卢遂忿恨。与仪司马丁建构成其嫌，弥加猜忌。会大祖敕仪去邺，卢亦引归。大祖以卢为广川大守。卢性雄豪，耻居冀州刺史王辅下，袭杀辅，奔慕容德。案此亦魏可乘之隙，而惜乎燕无以乘之也。贺兰此时之服于魏，盖犹力屈，非心服，卢之外叛，必非以争宠与骄纵也。广川，汉县，后燕置郡，故城在今河北枣强县东。

群臣议以慕容详僭号中山，魏师盛于冀州，未审宝之存亡，固劝德即尊号。德不从。会慕容达自龙城奔邺，称宝犹存，群议乃止。寻而宝以德为丞相，领冀州牧，承制南夏。麟奔邺，说德曰："中山既没，魏必乘胜攻邺。虽粮储素积而城大难固；且人心沮动，不可以战。及魏军未至，拥众南渡，就鲁阳王和，据滑台，见第五节。聚兵积谷，伺隙而动，计之上也。魏虽拔中山，势不久留，不过驱掠而返，人不乐徙，理自生变，然后振威以援之，魏则内外受敌，可一举而取也。”

先是慕容和亦劝德南徙，于是许之。率户四万，车二万七千乘，自邺徙于滑台。依燕元年故事称元年。隆安二年正月。慕容麟潜谋为乱，事觉，赐死。据《晋书·载记》。《本纪》云：麟为魏师所杀，误。魏克邺。拓跋珪至邺，有定都之意。已复自邺还中山。发卒万人治直道，自望都铁关凿恒岭至代，五百余里。望都，汉县，今河北望都县西北。徙山东六州民吏及徒河、高丽、杂夷三十六万，百工十余万而还。此时中原之民，未必心服，故珪不能遂留。被徙者自未必乐从，然燕无兵力援接，则人民虽欲自拔而末由矣。燕当是时，其破败之势，诚可伤悼也。

慕容德遣侍郎李延劝慕容宝南伐，宝大悦。慕容盛谏，宝将从之，而慕舆腾劝之。宝乃曰：“吾计决矣，敢谏者斩。”以腾为前军，慕容农为中军，宝为后军。步骑三万，发自龙城，次于乙连。未详。长上段速骨、宋赤眉，因众军之惮役也，杀司空乐浪王宙，逼立高阳王崇。隆子。《通鉴》云：速骨等皆隆旧队。宝单骑奔农。仍引军讨速骨。众咸惮征乐乱，投杖奔之。腾众亦溃。宝、农驰还龙城。

兰汗者，慕容垂之季舅，而慕容盛又汗之婿也。潜与速骨通谋。速骨进师攻城，农为汗所谲，潜出赴贼，为速骨所杀。众皆奔散。宝与盛、腾等南奔。兰汗奉慕容策承制。遣使迎宝，及于蓟城。宝欲还北。盛等以汗之忠款，虚实未明，今单马而还，汗有贰志者，悔之无及。宝从之，乃自蓟而南。

至黎阳，见第三章第四节。遣其中黄门令赵思召慕容钟来迎。钟，德之从弟。钟首议劝德称尊号，闻而恶之，执思付狱，驰使白德。慕舆护请驰问宝虚实。乃率壮士数百，随思而北。因谋杀宝。宝遣思之后，知德摄位，惧而北奔。护至，无所见，执思而还。德以思闲习典故，将任之。思不肯。德固留之。思责德不当自立。德怒，斩之。宝遣腾招散兵于巨鹿，盛结豪桀于冀州，段仪、段温收部曲于内黄，见第五章第三节。众皆响会，刻期将集，而兰汗遣迎宝。宝还至龙城。汗引宝入外邸，弑之。时隆安二年五月也。据《晋书·本纪》。汗又杀策及王公卿士百余人。

宝之如龙城，盛留在后，宝为兰汗所杀，盛驰进赴哀。将军张真固谏。盛曰：“我今投命，告以哀穷，汗性愚近，必顾念婚姻，不忍害我。旬月之间，足展吾志。”遂入赴丧。汗妻乙氏，泣涕请盛。汗亦哀之。遣其子穆迎盛，舍之宫内，亲敬如旧。汗兄提、弟难，劝汗杀盛，汗不从。慕容奇，汗之外孙也，汗亦宥之。奇入见盛，遂相与谋。盛遣奇起兵于外，众至数千。汗遣兰提讨奇。提骄狠淫荒，事汗无礼，盛因间之。汗发怒，收提诛之。遣其抚军仇尼慕率众讨奇。汗兄弟见奇之诛，莫不危惧，皆阻兵背汗。袭败盛军。汗大惧，遣穆率众讨之。穆又劝汗诛盛。汗欲引见察之。盛妻以告。于是伪称疾笃，不复出入。汗乃止。李旱、宦者，《魏书》作李早。卫双、刘志、张豪、张真，皆盛之旧昵，穆引为腹心。旱等屡入见盛，相与结谋。穆讨兰难等，斩之。大飨将士。汗、穆皆醉。

盛夜因如厕，袒而逾墙，入于东宫，与李旱等诛穆。众皆踊呼。进攻汗，斩之。汗二子鲁公和、陈公杨分屯令支、白狼，令支，见第五章第二节。遣李旱、张真袭诛之。时隆安二年七月也。《晋书·本纪》。盛以长乐王称制。慕容奇与丁零严生、乌丸王龙阻兵叛盛，盛击败之，执奇，斩龙生等百余人。盛于是僭即帝位。八月。后复去皇帝之号，称庶民大王。从《魏书》本传。《晋书·载记》作庶人，系唐人避讳改字。

晋南阳大守闾丘羡、宁朔将军邓启方率众二万伐燕，次于管城。在今河南郑县，后隋于此置管城县。慕容德遣其中军慕容法、抚军慕容和等拒之，王师败绩。隆安二年八月。初苻登为姚兴所灭，登弟广，率部落降于德，拜冠军将军，处之乞活堡。在今河北河间县北。广自称秦王，败德将慕容钟。

时德始都滑台，介于晋、魏之间，地无十城，众不过数万，及钟丧师，反侧之徒，多归于广。德乃留慕容和守滑台，亲率众讨广，斩之。慕容宝之至黎阳也，和长史李辩劝和纳之，和不从，辩惧谋泄，乃引晋军至管城，冀德亲率师，于后作乱。会德不出，愈不自安。及德此行也，辩又劝和。和不从。辩怒，杀和，以滑台降魏。

时将士家悉在城内，德将攻之，韩范言“人情既危，不可以战，宜先据一方，为关中之基，然后蓄力而图之”，德乃止。德右卫将军慕容云斩李辩，率将士家累二万余人而出。三军庆悦。德谋于众。张华劝德据彭城。见第五章第四节。

潘聪曰：“滑台四通八达，非帝王之居；且北通魏，西接秦，此二国者，未可以高枕待之也。彭城土旷人希，地平无险。晋之旧镇，必距王师。又密迩江、淮，水路通浚，秋夏霖潦，千里为湖，水战国之所短，吴之所长，今虽克之，非久安之计也。”劝德据广固。见第四章第二节。德乃引师而南。兖州北鄙诸县悉降。使喻齐郡大守辟闾浑，齐郡，见第二章第三节。浑不从。遣慕容钟率步骑二万击之。浑将妻子奔魏。德遣兵追斩之于莒城。莒，汉县，今山东莒县。德遂入广固。时隆安三年六月也。

燕辽西大守李朗，在郡十年，威制境内，慕容盛疑之，累征之，朗不赴。朗以母在龙城，未敢显叛，乃阴引魏军，将为自安之计。因表请发兵以距寇。盛知其诈，讨斩之。魏袭幽州，执刺史卢溥而去。溥本魏河间大守，就食渔阳，据有数郡，慕容盛以为幽州刺史。渔阳，见第三章第八节。遣孟广平援之，无及。盛率众三万伐高句丽，袭其新城、南苏，皆克之。《辽志》：苏州安复军，高句丽南苏州。辽苏州，今辽宁金县也。新城亦当在辽西。

散其积聚，徙五千余户于辽西。此谓燕之辽西郡，非泛指辽河以西。又讨库莫奚，大虏获而还。盛是时之力，未足以与魏争，而立国根本，复在龙城，句丽与奚，形势实逼，故先图攘斥之，抑亦利徙户、虏获，以强其众也。盛幼而羁贱流漂，长则遭家多难，夷险安危，备尝之矣。惩宝暗而不断，遂峻极威刑。纤芥之嫌，莫不裁之于未萌，防之于未兆。旧臣靡不夷灭。于是上下振局，人不自安。亲戚忠诚，亦皆离贰。

隆安五年，七月，《本纪》。盛左将军慕容国，与殿中将军秦舆、段讃等，谋率禁兵袭盛。事觉，诛之，死者五百余人。前将军思悔侯段玑，舆子兴，讃子泰等，因众心动摇，夜于禁中鼓噪大呼。盛闻变，率左右出战。众皆披溃。俄有一贼，从暗中击伤盛，遂死。初盛立其子辽西公定为大子。时以国多难，宜立长君。群望皆在平原公元，宝第四子。而河间公熙，垂少子。烝于大后丁氏，丁氏意在于熙。遂废定，迎熙入宫。熙僭即尊位。诛段玑、秦兴等，并夷三族。元以嫌疑赐死。并杀定。见《魏书》。熙宠幸苻贵人，丁氏怨恚呪诅，与兄子七兵尚书信谋废熙。熙闻之，大怒，逼丁氏令自杀，而葬以后礼。诛信。又尽杀宝诸子。

熙大筑龙腾苑，广袤十余里，役徒二万人。起景云山于苑内，基广五百步，峰高十七丈。又起逍遥宫、甘露殿，连房数百，观阁相交。凿天河渠，引水入宫。又为其昭仪苻氏凿曲光海、清凉池。季夏盛暑，士卒不得休息，暍死者大半。

立其贵嫔苻氏为皇后。昭仪苻氏死，伪谥愍皇后。二苻并美而艳，好微行游燕，熙弗之禁也。请谒必从。刑赏大政，无不由之。初昭仪有疾，龙城人王温称能疗之。未几而卒。熙忿其妄也，立于公车门，支解温而焚之。其后好游田，熙从之，北登白鹿山，《水经注》：白狼水出白狼县东南，北屈径白鹿山西，即白狼山也。白狼县，见第五章第二节。东逾青岭，胡三省曰：在龙城东南四百余里。南临沧海。百姓苦之。士卒为虎狼所杀及冻死者，五千余矣。

会高句丽寇燕郡，见第四章第二节。杀掠百余人，熙伐高句丽，以苻氏从。为冲车地道，以攻辽东。见第三章第八节。熙曰："待划平寇城，朕当与后乘辇而入。"不听将士先登。于是城内严备，攻之不能下。

会大雨雪，士卒多死，乃引归。拟邺之凤阳门作弘光门，累级三层。熙与苻氏袭契丹，惮其众盛，将还，苻氏弗听，遂弃其辎重，轻袭高句丽。周行三千余里。士马疲冻，死者属路。攻木底城，不克而还。《慕容皝载记》：慕容翰与高句丽王钊战于木底，大败之，乘胜遂入丸都。丸都，在今辽宁辑安县境，木底城，当在新宾县之东。为苻氏起承华殿，高承光一倍。负土于北门，土与谷同价。典军杜静，载棺诣阙，上书极谏。熙大怒，斩之。苻氏尝季夏思冻鱼脍，仲冬须生地黄，皆下有司切责，不得加以大辟。苻氏死，制公卿已下，至于百姓，率户营墓。费殚府藏。下锢三泉，周输数里。熙被发徒跣，步从苻氏丧，而变起于内矣。

冯跋，长乐信都人也。父安，慕容永时为将军。永灭，跋东徙和龙，《魏书》云：东徙昌黎。昌黎，见第二章第二节。家于长谷。跋母弟素弗，次丕，次弘，皆任侠不修行业，惟跋恭慎，勤于家产。慕容宝僭号，署跋中卫将军，熙以为殿中左监，稍迁卫中郎将。犯熙禁，与诸弟逃于山泽。左卫将军张兴，亦坐事亡奔。与跋从兄万泥等二十二人结盟，推慕容云为主。云本高氏，句丽支庶，袭败慕容会，宝命为子者也。发尚方徒五千余人，闭门拒守。熙攻之，败走，为人所执。云杀之，及其诸子。时为义熙三年。此从《本纪》。《通鉴》同。《载记》作二年。云僭即天王位，复姓高氏。署跋侍中，都督中外诸军事。云宠养壮士，以为腹心。离班、桃仁等，并专典禁卫，赏赐月至数千万，衣食卧起，皆与之同。五年，九月，离班、桃仁弑云。跋帐下督张泰、李桑讨杀之。众推跋为主。跋僭称天王于昌黎，不徙旧号，即国曰燕。据《本纪》。《载记》云大元二十年，误。万泥及跋从兄子乳陈据白狼以叛，跋弟弘讨斩之。尚书令孙护及弟叱支、乙拔，辽东大守务银提以有功怨望，并为跋所诛。

第九节　秦夏相攻

后燕、后秦，虽乘苻坚之丧败，幸复旧业，然其兵力皆无足观。后燕一遇后魏，遂至溃败决裂，不可收拾。后秦之内衅，不如后燕之深，故其溃败亦不如后燕之速，然亦一与魏遇，即为所败；其后与夏相持，又数为所苦。盖时中原凋敝已甚，一时不易振作，而塞北方兴之势，遂不可御矣。此东晋与南北朝事势之转折也。元魏、周、齐，所以能据有北方几二百年者，一由南朝依然不振，一亦由北方凋敝已甚，莫能起而与之抗也。

勃勃之奔叱干部也，叱干酋长佗斗伏欲送之于魏。兄子阿利谏，弗从。阿利乃潜遣劲勇，篡之于路，送诸没奕干。没奕干者，鲜卑部落，降于姚兴，兴以为高平公者也。没奕干以女妻勃勃。姚兴以勃勃为五原公，使镇朔方，盖仍复其旧业。

大元十八年，魏登国八年。魏道武袭败叱干。元兴元年，魏天兴五年。又使其常山公遵袭没奕干。没奕干弃其部众，率数千骑，与勃勃奔秦州。魏军进次陇西之瓦亭。在今甘肃固原县南。长安大震，诸城闭门固守。魏平阳大守贰尘入侵河东。兴遣姚平、狄伯支等率步骑四万伐魏。攻干城，陷之。干城，《魏书》作干壁，在河东。遂据柴壁。在今山西临汾县境。

八月，魏道武自将围之。兴遣其光远党娥、立节雷星、建忠王多等，率杏城及岭北突骑赴援。此岭谓九嵕山。越骑唐方、积弩姚良国，率关中劲卒，为平后继。姚绪统河东见兵，为前军节度。姚绍率洛东之兵，姚详率朔方之众，以会于兴。兴率戎卒四万七千，自长安赴之。魏闻兴至筑长围，以防平之出，拒兴之人。兴临汾西，卒不能救。

十月，平粮竭矢尽，将麾下三十骑赴汾水死。狄伯支等将卒四万，皆为魏所禽。魏军乘胜进攻蒲阪。姚绪固守不战，乃还。是役也，兴几于竭全力以赴之，而卒为魏所挫，秦遂为魏所轻矣。

《晋书·载记》云：拓跋珪送马千匹，求婚于兴。兴许之，以魏别立后，遂绝婚，故有柴壁之战。

至义熙二年，魏天赐三年。乃复与魏通和。魏放狄伯支等还。

五年，魏明元帝永兴元年。珪死，子明元帝嗣立，遣使聘于兴，且请婚。兴许之。《晋书·兴载记》。《魏书·本纪》云：兴遣使朝贡，并请进女，事系永兴五年，晋义熙九年也。

至十一年，魏神瑞二年。兴乃以西平长公主妻嗣，是为魏明元昭哀皇后。《魏书·帝纪》及《后妃传》皆云：以后礼纳之。《后妃传》云：后以铸金人未成，未升尊位，然帝宠幸之出入居处，礼秩如后。是后犹欲正位，而后谦让不当。泰常五年宋武帝永初元年。薨，帝追恨之，赠皇后玺绶，后加谥焉。此乃妄说。《魏书》讳饰之辞最多，《后妃传》尤甚，读至后文自见。道武而后，虽沐猴而冠，妄有制作，未必能行。彼其宫中，安有所谓礼秩，云以后礼纳之即后耳。

魏虽战胜，其视中原，犹如天上，故道武、明元，再世求昏于秦。大国之女下降，当时盖引为宠荣，安得不以后礼逆之？此犹之成吉思汗虽战胜，而仍尊礼卫绍王女也。后秦当时，盖无意北略；魏亦未遑南牧；匪寇昏媾，汔可小休，而匈奴之患起矣。

勃勃之为人也，可谓安忍无亲。初依没奕干，稍强，遂袭杀之而并其众。众至数万。

义熙三年，六月，僭称天王大单于。自以匈奴为夏后氏之苗裔也，称大夏。其年，讨鲜卑薛干等三部，破之，降其众万数千。《晋书·勃勃载记》。薛干即叱干，《晋书》杂采诸书，未加勘正，故其称名不画一也。《魏书·道武帝纪》：登国十年，大悉佛自长安还岭北，上郡以西皆应之，盖叱干部落，虽一破坏，旋仍复国，至是乃为勃勃所破。遂进攻姚兴三城已北诸戍，三城见第七节。诸将言高平险固，山川沃饶，可都。勃勃曰："我若专固一城，彼必并力于我，众非其敌，亡可立待。吾以云骑风驰，出其不意；救前则击其后，救后则击其前；使彼疲于奔命，我则游食自若，不及十年，岭北、河东，尽我有也。"于是侵掠岭北。

岭北诸戍，门不昼启。兴使左仆射齐难等率骑二万讨勃勃，为勃勃所禽。又遣其弟平北姚冲、征虏狄伯支、辅国敛曼嵬、镇东杨佛嵩率骑四万讨勃勃。冲次于岭北，欲回袭长安，伯支不从，乃止。冲惧其谋泄，遂鸩杀伯支。

兴自平凉如朝那，朝那，汉县，在今甘肃平凉县西北。赐冲死。兴如贰城。此据《兴载记》。《勃勃载记》云：姚兴来伐，至三城。诸军未集，勃勃骑大至，左将军姚文宗率禁兵，中垒齐莫统氐兵死战，勃勃乃退。兴留禁兵五千配姚详守贰城，自还长安。《通鉴》在义熙五年。

勃勃遣将胡金纂此据《兴载记》。《勃勃载记》作尚书金纂。万余骑攻平凉。兴如贰城，因救平凉，纂众大溃，生禽纂。勃勃又遣兄子提亦据《兴载记》。《勃勃载记》作罗提。攻陷定阳。汉县，在今陕西宜川县西北。又寇陇右。攻白崖堡，《十六国疆域志》曰：一作柏阳，又作伯阳，在清水。案清水，汉县，在今甘肃清水县西。破之。遂趣清水。

略阳大守姚寿都委守奔秦州。勃勃又收其众而归。兴自安定追之，安定，见第二章第二节。至寿渠川，《十六国疆域志》云：在临泾。案临泾，汉县，在今甘肃镇原县南。不及而还。《通鉴》义熙六年。

姚详镇杏城，为勃勃所逼，粮尽，委守，南奔大苏。《勃勃载记》云：详弃三城。大苏，《十六国疆域志》云在冯翊。冯翊，见第二章第二节。勃勃要之。《勃勃载记》云：遣平东鹿奕干要之。兵散，为勃勃所执。

兴遣卫大将军姚显迎详，详败，遂屯杏城。兴因令显都督安定、岭北二镇事。岭北镇，未详治所。以杨佛嵩为雍州刺史，率岭北见兵，以讨勃勃。为勃勃所执，绝亢而死。《通鉴》义熙七年。

义熙九年，勃勃以叱干阿利领将作大匠，发岭北夷夏十万人，于朔方水北、黑水之南，营起都城。勃勃自言：“朕方统一天下，君临万邦，可以统万为名。”统万城，在今陕西横山县西。阿利性工巧，然残忍刻薄。乃蒸土筑城，锥入一寸，即杀筑者而并筑之。

勃勃以为忠，故委以营缮之任。又造五兵之器，精锐尤甚。既成呈之，工匠必有死者。射甲不入，即斩工人，如其入也，便斩铠匠。又造百炼刚刀，为龙雀大环，号曰大夏龙雀。复铸铜为大鼓、飞廉、翁仲、铜驼、龙虎之属，皆以黄金饰之，列于宫殿之前。凡杀工匠数千。以是器物莫不精丽。案勃勃之世仇为魏；是时形势与之相逼者，亦莫如魏。

勃勃欲雪仇耻而求自安，惟有东向以与拓跋氏争一日之命。姚兴有德，可以为援，勃勃顾乘其衰敝而剽掠之，而于拓跋氏则视若无睹。此无他，觊关中之富厚，志在剽掠，而于仇耻则非所知耳。

《魏书·铁弗传》曰：屈孑性奢，好治宫室。城高十仞，基厚三十步，上广十步；宫墙五仞；其坚可以砺刀斧。台榭高大，飞阁相连，皆雕镂图画，被以绮绣，饰以丹青，穷极文采。世祖顾谓左右曰：“蕞尔国，而用民如此，虽欲不亡，其可得乎？”魏之用民力，不为不甚，而其惊心怵目于夏如此，夏之虐用其民可知，尚安有久长之理哉？

勃勃又下书曰："朕之皇祖，自北迁幽朔，姓改姒氏，音殊中国，故从母氏为刘。子而从母之姓，非礼也。古人氏族无常，朕将以义易之。帝王者，系天为子，是为徽赫，实与天连，今改姓曰赫连氏。系天之尊，不可令支庶同之，其非正统，皆以铁伐为氏，庶朕宗族子孙，刚锐如铁，皆堪伐人也。"案铁伐即铁弗异译，勃勃盖自造一氏，而枝庶则仍其旧耳。

勃勃攻姚逵于杏城，克之，执逵。姚弼救之，不及。勃勃又遣其将赫连建寇贰县。数千骑入平凉，遂入新平。姚弼讨之。战于龙尾堡，在今陕西岐山县东。大破之，禽建。初勃勃攻彭双方于石堡，未详。方力战，距守积年，不能克，闻建败，引还。时义熙十一年也。据《通鉴》。是岁姚兴病笃，明年死，内乱起，晋兵复至，而其国不可支矣。

兴初立其子泓为皇大子。天水姜纪，吕氏之叛臣，阿谄奸诈，好间人之亲戚。兴子广平公弼，有宠于兴，纪遂倾心附之。弼为雍州刺史，镇安定，与密谋还朝。令倾心事常山公显，树党左右。兴遂以弼为尚书令、侍中、大将军。既居将相，虚襟引纳，收结朝士，势倾东宫，遂有夺嫡之谋。姚文宗有宠于泓，弼深疾之，诬文宗有怨言，以侍御史廉桃生为证。兴怒，赐文宗死。是后群臣累足，莫敢言弼之短。

兴遣姚绍兴从弟。与弼率禁卫诸军镇抚岭北。弼宠爱方隆，所欲施行，无不信纳。乃以嬖人尹冲为给事黄门侍郎，唐盛为治书侍御史。左右机要，皆其党人。

义熙十年，据《通鉴》。兴寝疾，弼潜谋为乱。招集数千人，被甲伏于其第。兴子懿，自蒲坂将赴长安；镇东豫州牧洸，起兵洛阳；平西谌，起兵于雍。兴疾瘳，免弼尚书令，以将军公就第。懿等闻兴疾瘳[①]，各罢兵还镇。抗表罪弼，请致之刑法；懿、洸、宣、亦兴子。谌来朝，又请委之有司；兴皆弗许。

十一年，三月，亦据《通鉴》。弼潜宣于兴。宣司马权丕至长安，兴责以无匡辅之益，将戮之。丕性倾巧，因诬宣罪状。兴大怒，遂收宣于杏城，下狱，而使弼将三万人镇秦州。九月，兴药动，弼称疾不朝，而集兵于第。兴乃收弼。兴疾转笃，兴子南阳公愔，与其属率甲士攻端门。兴力疾临前殿，赐弼死。愔等奔溃，逃于骊山。

十二年，二月，兴死。《通鉴考异》云：《晋·本纪》《三十国晋春秋》皆云：义熙十一年二月，姚兴卒。《魏·本纪》《北史·本纪》《姚兴》《姚泓载记》，皆云十二年。按《后魏书·崔鸿传》：大祖天兴二年，姚泓改号，鸿以为元年，故《晋·本纪》《三十国晋春秋》，凡弘始后事，皆在前一年，由鸿之误也。案弘始，姚兴年号，天兴二年，晋隆安三年也。泓僭位。诛愔。命其齐公姚恢泓从弟。杀安定大守吕超，弼之党。恢久乃诛之，泓疑其有阴谋，恢自是怀贰，阴聚兵甲焉。

北地大守毛雍据赵氏坞以叛，《通鉴》大元九年《注》云：赵氏坞，据《晋书·载记》在北地，所据者盖即《姚泓载记》之文。姚绍讨禽之。姚宣时镇李闰，在冯翊东。未知雍败，遣部将姚佛生等来卫长安。宣参军韦宗说宣弃李闰，南保邢望。《括地志》：在李闰南四十里。宣既南移，诸羌据李闰以叛，绍进讨，破之。宣诣绍归罪，绍怒，杀之。

初宣在邢望，泓遣姚佛生谕宣，佛生遂赞成宣计，绍数其罪，又戮之。勃勃克上邽。进陷阴密。见第三章第五节。姚恢弃安定，奔于长安。

安定人胡俨、华韬等据城降于勃勃。勃勃留羊苟儿镇之，进攻姚谌于雍。谌奔长安。勃勃次郿。汉县，今陕西郿县东北。泓遣姚绍御之。勃勃退如安定。胡俨等袭杀羊苟儿，以城降泓。勃勃引归杏城。未几，晋师出。姚恢叛泓，率镇户内伐，勃勃遂据安定。岭北镇戍、郡县悉降。

注释：

①疾瘳[jí chōu]：病愈。

第七章

东晋末叶形势

第一节　道子乱政

晋孝武帝性甚愚柔，虽以苻坚之送死，幸致肥水之捷，此乃适值天幸，而非其有戡乱之才也。帝任会稽王道子，初封琅邪，大元十七年，徙封会稽。政治大乱；逮至大权旁落，又用王恭、殷仲堪以防之，所任亦非其人；致肇桓玄之篡窃，刘裕因之得政，而晋祚终矣。

道子者，帝母弟。大元五年为司徒，八年录尚书。十年，谢安卒，遂领扬州刺史，都督中外诸军事。数年，又领徐州刺史，为大子大傅。

《谢安传》言：安以道子专权，奸谄颇相扇构，出镇广陵之步丘以避之。今江苏江都县之邵伯镇。案是时扇构于安与道子之间者，为王国宝、王珣、王珉等。国宝坦之子，史言其少无士操，不修廉隅。妇父谢安，每抑而不用。而国宝从妹为道子妃，与道子游处，遂间毁安。珣与珉皆导孙。皆谢氏婿。以猜嫌致隙。安既与珣绝昏，又离珉妻，二族遂成仇衅。安卒后，珣迁侍中，孝武深杖之；而道子辅政，以国宝为中书令、中领军。

史言国宝谗谀之计行，而好利险诐之徒，以安功名盛极而构会之，嫌隙遂成。盖皆恩怨权利之私，非因国事而有异同也。然朝政则自此大紊矣。帝溺于酒色，为长夜之饮；又好佛法，立精舍于殿内，引诸沙门居之；《本纪》大元六年。而道子亦崇信浮屠，用度奢侈，下不堪命，为长夜之饮，蓬首昏目，政事多缺；盖二人之失德正同。帝不亲万几，但与道子酣歌为务。于是姏姆[①]尼僧，并窃弄其权。凡所幸接，皆出自小竖。如赵牙出自优倡，而道子以为魏郡大守；茹千秋本钱塘捕贼吏，而以为骠骑谘议参军。牙为道子开东第，筑山穿池，列树竹木，功用巨万。千秋则卖官贩爵，聚赀货累亿。官以贿迁，政刑缪乱。然郡守长吏，多为道子所树立；既为扬州、总录，势倾天下，朝野辐凑；其必又有构之于帝者势也。

时帝所任用者，为王恭、后兄，时为中书令。殷仲堪、尚书仆射，领吏部。王珣、徐邈、为中书舍人，迁散骑常侍。郗恢、王雅等。雅为丹阳尹。《王珣传》云："时帝性好典籍，珣与殷仲堪、徐邈、王恭、郗恢等，并以才学文章，见昵于帝。"盖帝所好者多文学之才，非经纶之器，故任之以事，多见覆餗也。《王国宝传》云："王雅有宠，荐王珣于帝。"

中书郎范宁，国宝舅也，深陈得失。帝渐不平于道子，然外每优崇之。宁劝帝黜国宝。国宝乃使陈郡袁悦之，为道子所亲爱者。因尼支妙音，致书大子母陈淑媛，说国宝忠谨，宜见亲信。帝知之，托以他罪杀悦之。国宝大惧，遂因道子谮毁宁。帝不获已，流涕出宁为豫章大守。豫章，见第三章第九节。

《王恭传》言悦之之诛由于恭。《恭传》作悦，盖其人名悦，字悦之。六朝人多以字行，史所书者，亦名字不一也。盖至是而主相之衅成矣。

《道子传》言：道子为皇大妃所爱，孝武及道子母李氏，本出微贱。孝武即位，尊为淑妃。大元三年，进为贵人。九年，又进为夫人。十二年，加为皇大妃。十九年，乃尊为皇大后。亲遇同家人之礼，遂恃宠乘酒，时失礼敬，帝益不能平。博平令闻人奭上疏，博平，汉县，今山东博平县西北。言茹千秋罪状。又言尼姏属类，倾动乱时。谷贱人饥，流殣不绝。

权宠之臣，各开小府，施置吏佐，无益于官，有损于国。疏奏，帝益不平，而逼于大妃，无所废黜。其实当时大阿已有倒持之势，亦非尽由大妃之逼也。

帝乃"出王恭为兖州，大元十五年二月。镇京口。殷仲堪为荆州；大元十七年十一月。镇江陵。本为荆州者王忱，国宝弟也，以是年十月卒。以王珣为仆射，王雅为大子少傅；以张王室而潜制道子"。《道子传》。

《王雅传》云：帝以道子无社稷器干，虑宴驾之后，王室倾危，乃选时望，以为藩屏。将擢王恭、殷仲堪等，先以访雅。雅言"恭秉性峻隘；仲堪亦无弘量，且干略不长；委以连率之重，据形胜之地，四海无事，足以守职，若道不常隆，必为乱阶”。帝以恭等为当时秀望，谓雅疾其胜己，故不从。此或事后附会之谈，然当时局势，外若无事，内实艰危，非恭与仲堪所能负荷，则殆不容疑也。

大元二十一年，九月，帝崩。《本纪》云：时张贵人有宠，年几三十，帝戏之曰：“汝以年当废矣。”贵人潜怒。向夕，帝醉，遂暴崩。时道子昏惑，元显专权，竟不推其罪人。《天文志》云：兆庶宣言，夫人张氏，潜行大逆。《五行志》云：帝崩，兆庶归咎张氏。《草妖》。又云：张夫人专幸，及帝暴崩，兆庶尤之。《雨雹》。

夫宫禁之事，氓庶何知焉？不推贼而广布流言，贼之所在可知矣。《魏书·僭晋传》云：昌明以嬖姬张氏为贵人，宠冠后宫，威行阃内。于时年几三十。昌明妙列伎乐，陪侍嫔少，乃笑而戏之云：“汝年当废，吾已属诸姝少矣。”张氏潜怒。昌明不觉，而戏逾甚。向夕，昌明稍醉，张氏乃多潜饮宦者、内侍而分遣焉。至暮，昌明沈醉卧，张氏遂令其婢蒙之以被。既绝而惧，货左右，云以魇死。其说较《晋书》为详，即当时所散布之流言也。此事大不近情理，然孝武绝于宦官宫妾之手，则似无足疑。观国宝句结能及于陈淑媛，则知当时宫禁之内，衽席之间，未始非危机之所伏也。

大子德宗立，是为安帝。以道子为大傅，摄政。明年，为隆安元年，帝加元服，道子归政。以王珣为尚书令，王国宝为左仆射。

《国宝传》云：弟忱为荆州卒，国宝自表求解职迎母，并奔忱丧。诏特赐假。而盘桓不时进发。为御史中丞褚粲所奏。国宝惧罪，衣女子衣，托为王家婢，诣道子告其事。道子言之于帝，孝武。故得原。

后骠骑参军王徽请国宝同燕。国宝素骄贵，使酒，怒尚书左丞祖台之，攘袂大呼，以盘盏、乐器掷台之。台之不复言，复为粲所弹。诏以国宝纵肆情性，甚不可长；台之懦弱，非监司体；并坐免官。顷之，复职。愈骄蹇，不遵法度。起斋侔清暑殿。帝恶其僭侈。国宝惧，遂谀媚于帝，而颇疏道子。道子大怒。尝于内省面责国宝，以剑掷之，旧好尽矣。是时王雅亦有宠，荐王珣于帝。帝夜与国宝及雅宴。帝微有酒，令召珣。将至，国宝自知才出珣下，恐至倾其宠，因曰：“王珣当今名流，不可以酒色见。”帝遂止。而以国宝为忠，将纳国宝女为琅邪王妃，即恭帝，安帝母弟。道子改封会稽，立为琅邪王。未婚而帝崩。

安帝即位，国宝复事道子。进从祖弟绪，为琅邪内史，亦以佞邪见知。道子复惑之，倚为心腹。国宝遂参管朝权，威震内外。迁尚书左仆射，领选，加后将军、丹阳尹。道子悉以东宫兵配之。案国宝果与道子中离，其复合，安得如是之易？孝武与国宝，猜隙已深，岂容忽以为忠？王珣与孝武久昵，亦岂国宝所能间？此皆不待深求，而知其非实录者也。是时地近而势逼者，自莫如王恭。《恭传》言：恭赴山陵，绪说国宝，因恭入觐相王，伏兵杀之。国宝不许。而道子亦欲辑和内外，深布腹心于恭，冀除旧恶。恭多不顺。每言及时政，辄厉声色。

道子知恭不可和协，王绪之说遂行。或劝恭因入朝，以兵诛国宝，而庾楷党于国宝，士马甚盛，恭惮之，不敢发。庾楷者，亮之孙，时为豫州刺史，镇历阳者也。历阳，见第三章第九节。王恭在是时，与道子决无可以调和之理。既终不能调和，则势必至于互相诛翦。以恭辞色之不顺，为不能和协之原因，则所见大浅矣。恭于是时，若能整兵入朝，推问孝武帝崩状，最为名正言顺，恭后罪状国宝曰："专宠肆威，将危社稷。先帝登遐，夜乃犯阎叩扉，欲矫遗诏。赖皇大后聪明，相王神武，故逆谋不果。"弑逆之罪，既纵而不问于先，遂不能更举之于其后矣。既有所忌而不敢发；道子等亦因有所顾虑，不敢诛恭，于是京邑蹀血之祸抒，方镇连衡之局起，而桓玄遂乘机肆逆矣。

桓玄者，温之孽子。温甚爱异之。临终，命以为嗣，袭爵南郡公。时玄年五岁。常负其才地，以雄豪自处。众咸惮之。朝廷亦疑而未用。玄年二十三，始拜大子洗马。时议谓温有不臣之迹，故折玄兄弟而为素官。大元末，出补义兴大守，郁郁不得志，弃官归国。殷仲堪惮其才地，深相要结；玄亦欲假其兵势，诱而悦之。王国宝谋削弱方镇，内外骚动。玄乃说仲堪曰："国宝与君诸人，素已为对。孝伯居元舅之地，必未便动之，惟当以君为事首。若发诏征君为中书令，用殷觊为荆州，见下，君何以处之？"仲堪曰："忧之久矣，君谓计将安出？"玄曰："君若密遣一人，信说王恭，宜兴晋阳之师，以内匡朝廷，己当悉荆楚之众，顺流而下。推王为盟主，仆等亦皆投袂，当此无不响应，此桓、文之举也。"仲堪迟疑未决。俄而王恭信至，招仲堪及玄，匡正朝廷。

仲堪以恭在京口，去都不盈二百，荆州道远，连兵势不相及，乃伪许恭，而实不欲下。恭得书，大喜。乃抗表京师，罪状国宝及绪。国宝皇遽，不知所为。绪说国宝：令矫道子命，召王珣、车胤杀之，以除群望，因挟主相，以讨诸侯。车胤者，以寒素博学，知名于世。宁康初，为中书侍郎，累迁侍中。后为护军将军。王国宝讽八坐，启以道子为丞相，加殊礼，胤称疾不署。

隆安初，为丹阳尹，迁吏部尚书。亦不附道子、国宝者也。国宝许之。珣、胤既至，而不敢害，反问计于珣。珣劝国宝放兵权以迎恭。国宝信之。又问计于胤。胤曰："朝廷遣军，恭必城守。若京城未拔，而上流奄至，君将何以待之？"国宝大惧。遂上疏解职，诣阙待罪。既而悔之。诈称诏复本官，欲收兵距王恭。道子既不能距诸侯，欲委罪国宝，乃遣谯王尚之恬子。时为骠骑谘议参军。恬见第五节。收国宝，付廷尉，赐死；并斩王绪于市以谢恭。恭乃还京口。

仲堪闻恭已诛国宝等，始抗表兴师。遣杨佺期次巴陵。见第三章第九节。道子遗书止之。仲堪乃还。仲堪既纳桓玄之说，乃外结雍州牧郗恢，内要从兄南蛮校尉觊，南郡相江绩等。恢、觊、绩并不同之。乃以杨佺期代绩。觊自逊位。觊以忧卒。江绩入为御史中丞。道子世子元显，夜开六门，绩与车胤，密启道子，欲以奏闻。道子不许。元显逼令自裁。

盖其时王国宝、王绪既诛，道子素懦弱；王恭、殷仲堪，本文学侍从之选，非有乐乱之心；而元显年十六，聪明多涉，志气果锐，附会者谓有明帝之风，恶王恭，尝请道子讨之；兵端之戢不戢，实不在道子、恭、仲堪而在元显，故绩与胤欲去其权，不可谓非关怀大局者也。

道子既不听，转拜元显为征虏将军，举其先卫府及徐州文武，悉以配之；桓玄求为广州，道子不欲使在荆楚，顺其意许之，玄亦受命不行；内外之衅仍结矣。

道子复引谯王尚之为腹心。尚之说道子曰："藩伯强盛，宰相权轻，宜密树置，以自藩卫。"道子深以为然。乃以其司马王愉为江州刺史，割豫州四郡，使愉督之。

庾楷怒，遣子鸿说王恭曰："尚之兄弟，专弄相权，欲假朝威，贬削方镇。及其议未成，宜早图之。"恭以为然。复以告仲堪、玄。玄等从之。推恭为盟主，刻期同赴京师。

时内外疑阻，津逻严急，仲堪之信，因庾楷达之，以斜绢为书，内箭干中，合镝漆之。楷送于恭。恭发书，绢文角戾，不复可识，谓楷为诈；又料仲堪去年已不赴盟，今无连理；乃先期举兵。隆安二年七月。上表，以讨王愉、司马尚之兄弟为辞。司马刘牢之谏，恭不从。

道子使人说庾楷。楷怒曰："王恭昔赴山川陵，相王忧惧无计，我知事急，即勒兵而至；去年之事，亦俟令而奋。既不能距恭，反杀国宝。自尔已来，谁敢复攘袂于君之事乎？"道子日饮醇酒，而委事于元显。以为征讨都督。王恭本以才地陵物，虽杖刘牢之为爪牙，但以行阵武将相遇，礼之甚薄。牢之深怀耻恨。

元显遣庐江大守高素说牢之，使叛恭。"事成，当即其位号。"牢之许焉。恭参军何淡之以其谋告恭。牢之与淡之有隙，故恭疑而不纳。乃置酒请牢之，于众中拜牢之为兄。精兵利器，悉以配之，使为前锋。行至竹里，在今江苏句容县北。六朝时京口至建康，恒取道于此。牢之背恭，遣其婿高雅之、子敬宣因恭曜军，轻骑击恭。恭败，奔曲阿。见第四章第三节。将奔桓玄，至长塘湖，见第四章第三节。湖浦尉收送京师，斩之。

恭信佛道，临刑犹诵佛经，自理须鬓，谓监刑者曰："我暗于信人，所以致此。原其本心，岂不忠于社稷？但令百代之下，知有王恭耳。"家无财货，惟书籍而已。其居心实可谅也。牢之遂代恭。谯王尚之讨庾楷。楷遣汝南大守段方逆战于慈湖，在今安徽当涂县北。大败，被杀。

楷奔桓玄。殷仲堪使杨佺期舟师五千为前锋。桓玄次之，自率兵二万，相继而下。佺期、玄至湓口，见第三章第九节。王愉奔于临川，吴郡，治临汝，今江西临川县。玄遣偏军追获之。佺期进至横江，见第三章第九节。谯王尚之退走。尚之弟恢之所领水军皆没。玄等至石头，仲堪至芜湖，皆见第三章第九节。忽闻王恭已死，刘牢之领北府兵在新亭，在今首都之南。玄等三军失色，无复固志，乃回师屯于蔡洲。见第四章第三节。仲堪素无戎略，军旅之事，一委佺期兄弟。玄从兄修冲子。告道子曰："西军可说而解也，修知其情矣。若许佺期以重利，无不倒戈于仲堪者。"此据《仲堪传》。《修传》云：修进说曰："殷、桓之下，专恃王恭，恭既破灭，莫不失色。今若优诏用玄，玄必内喜，则能制仲堪、佺期，使并顺命。"案是谋既败，江绩奏修承受杨佺期之言，交通信命，则此说似不如《仲堪传》之确。此时桓玄一人之力，亦未必能兼制仲堪与佺期也。道子纳之。乃以玄为江州，佺期为雍州，黜仲堪为广州，以桓修为荆州。仲堪令玄等急进军。玄等喜于宠授，并欲顺朝命，犹豫未决。仲堪弟遹，《桓玄传》云：遹仲堪从弟。为佺期司马，夜奔仲堪，说佺期受朝命，纳桓修。仲堪皇遽，即于芜湖南归。徇于玄等军曰："若不各散而归，大军至江陵，当悉戮余口。"仲堪将刘系，领二千人隶于佺期，辄率众归。玄等大惧，狼狈追仲堪。至寻阳，见第四章第一节。及之。仲堪与佺期以子弟交质。遂于寻阳结盟。玄为盟主。十月。并不受诏，申理王恭，求诛刘牢之、谯王尚之等。朝廷深惮之。诏仲堪还复本位。仲堪等乃奉诏，各还所镇。

桓玄之未奉诏也，欲自为雍州，以郗恢为广州。恢惧玄之来，问于众。咸曰："佺期来者，谁不戮力？若桓玄来，恐难与为敌。"既知佺期代己，乃谋于南阳大守闾丘羡，南阳见第三章第四节。称兵距守。佺期虑事不济，乃声言玄来人沔，而佺期为前驱。恢众信之，无复固志。恢军散，请降。

佺期入府，斩闾丘羡，放恢还都。抚将士，恤百姓；缮修城池，简练甲卒，甚得人情。初桓玄在荆州，豪纵，士庶惮之，甚于州牧。仲堪亲党劝杀之，仲堪不听。及还寻阳，资其声地，推为盟主。玄逾自矜重。

佺期为人骄悍，常自谓承藉华胄，江表莫比，而玄每以寒士裁之，佺期甚憾。《佺期传》云：弘农华阴人，汉大尉震之后也。曾祖准。自震至准，七世有名德。祖林，少有才望，直乱没胡。父亮，少仕伪朝，后归国，终于梁州刺史，以贞干知名。佺期沈勇果劲，而兄广及弟思、平等，皆强犷粗暴。自云门户承藉，江表莫比，有以其门第比王珣者，犹恚恨，而时人以其晚过江，婚宦失类，每排抑之。恒慷慨切齿，欲因事际以逞其志。弘农，见第二章第二节。华阴，见第三章第三节。即于坛所欲袭玄。仲堪恶佺期兄弟虓勇，恐克玄之后，复为己害，苦禁之。玄亦知佺期有异谋，潜有吞并之计，于是屯于夏口。见第三章第三节。

玄既与仲堪、佺期有隙，恒虑掩袭，求广其所统。朝廷亦欲成其衅隙，乃诏加玄都督荆州四郡，胡三省曰：谓长沙、衡阳、湘东、零陵。以其兄伟为南蛮校尉。佺期甚忿惧。仲堪亦虑玄跋扈，遂与佺期结昏为援。

会姚兴侵洛阳，佺期乃建牙，声云援洛，密欲与仲堪共袭玄。仲堪虽外结佺期，而疑其心，距而不许。犹虑弗能禁，复遣遹屯于北境以遏之。佺期既不能独举且不测仲堪本意，遂息甲。

南蛮校尉杨广，佺期之兄也，欲距桓伟。仲堪不听。乃出广为宜都、建平二郡大守。佺期从弟孜敬，先为江夏相，玄以兵袭而召之。既至，以为谘议参军。

玄于是兴军西征，亦声云救洛。与仲堪书，说佺期受国恩而弃山陵，宜共罪之。今亲率戎旅，径造金墉。使仲堪收杨广。仲堪知不能禁，乃曰："君自沔而行，不得一人入江也。"玄乃止。

隆安三年，荆州大水，仲堪振恤饥者，仓廪空竭。玄乘其虚而伐之。时梁州刺史郭铨之镇，路经夏口，玄授以江夏之众，使督诸军并进。密报兄伟，令为内应。伟皇遽，不知所为，乃自赍疏示仲堪。仲堪执伟为质，而急召佺期。佺期曰："江陵无食，可来见就，共守襄阳。"仲堪绐之曰："比来收集，已有储矣。"佺期信之，率众赴焉。步骑八千，精甲耀日。

既至，仲堪惟以饭饷其军。佺期大怒，曰："今兹败矣。"乃不见仲堪，与兄广击玄。殆获郭铨。会玄诸军至，佺期众尽没，单马奔襄阳。仲堪出奔酂城。玄遣将军冯该蹑佺期，获之。广为人所缚送。玄并杀之。仲堪闻佺期死，将以数百人奔姚兴。

至冠军，汉县，在今河南邓县北。为该所得。玄令害之。玄遂平荆、雍。表求领荆、江二州。诏以玄为荆州刺史，桓修为江州刺史。玄上疏固争，复领江州。玄又辄以伟为雍州刺史。时寇贼未平，朝廷难违其意，许之。玄于是树用腹心，兵马日盛。

第二节　孙恩之乱

殷仲堪等之举兵也，会道子有疾，加以昏醉，元显知朝望去之，谋夺其权，讽天子解道子扬州、司徒，而道子不之觉。元显自以少年，顿居权重，虑有讥议，于是以琅邪王领司徒，自为扬州刺史。道子酒醒，方知去职，而无如之何。

庐江大守张法顺，为元显谋主。元显性苛刻，生杀自己，法顺屡谏不纳。又发东土诸郡免奴为客者，号曰乐属，移京师以充兵役，东土嚣然。孙恩遂乘衅作乱。

孙恩，琅邪人，孙秀之族也。世奉五斗米道。恩叔父泰，师事钱唐杜子恭。子恭有秘术。尝就人借瓜刀。其主求之。子恭曰："当即相还耳。"既而刀主行至嘉兴，有鱼跃入船中，破鱼得瓜刀。其为神效，往往如此。子恭死，泰传其术；浮狡有小才；诳诱百姓，愚者敬之如神，皆竭财产，进子女，以求福庆。

王珣言于会稽王道子，流之于广州。广州刺史王怀之，以泰行郁林大守。南越以外皆归之。大子少傅王雅，先与泰善，言于孝武帝，以泰知养性之方，因召还。道子以为徐州主簿。犹以道术，眩惑士庶。稍迁新安大守。王恭之役，泰私合义兵，得数千人，为国讨恭。黄门郎孔道，鄱阳大守桓放之，骠骑谘议周勰等，皆敬事之。会稽世子元显，亦数诣泰，求其秘术。

泰见天下兵起，以为晋祚将终，乃扇动百姓，私集徒众。三吴士庶多从之。三吴，见第三章第九节。于时朝士，皆惧泰为乱，以其与元显交厚，咸莫敢言。会稽内史谢辅发其谋。道子诛之。恩逃于海。众闻泰死，皆谓蝉蜕登仙。就海中资给恩。恩聚合亡命，得百余人，志在复仇。

及元显纵暴，吴会百姓不安，吴会二字，初指吴与会稽言之，其后则为泛称。恩因其骚动，自海攻上虞，秦县，今浙江上虞县西。杀县令。因袭会稽，害内史王凝之。时隆安三年十一月也。

恩有众数万。于是会稽谢鍼，吴郡陆瑰，吴兴丘尫，义兴许允之，临海周胄，永嘉张永，永嘉，晋郡，今浙江永嘉县。及东阳、新安凡八郡，一时俱起，杀长吏以应之。

旬日之中，众数十万。恩据会稽，自号征东将军，号其党曰长生人。宣语令诛杀异己。有不同者，戮及婴孩。由是死者十七八。畿内诸县，处处蜂起。朝廷震惧，内外戒严。遣卫将军谢琰、镇北将军刘牢之讨之。吴会承平日久，人不习战；又无器械；故所在破亡。

诸贼皆烧仓廪，焚邑屋，刊木，堙井，虏掠财货，相率聚于会稽。其妇女有婴累不能去者，囊簏盛婴儿没于水，而告之曰："贺汝先登仙堂，我寻后就汝。"牢之遣将桓宝救三吴，子敬宣为宝后继。比至曲阿，吴郡内史桓谦此依《牢之传》。《本纪》同。《恩传》作桓谨。已弃郡走。牢之乃率众东讨，拜表辄行。

琰至义兴，斩贼许允。进讨丘尫，破之。牢之至吴兴，击贼屡胜。径临浙江。琰屯乌程，遣司马高素助牢之。牢之率众军济浙江。恩虏男女二十余万口，一时逃入海。惧官军之蹑，乃缘道多弃宝物、子女，时东土殷实，莫不粲丽盈目，牢之等遽于收敛，故恩复得逃海。朝廷以谢琰为会稽，率徐州文武戍海浦。琰本为徐州刺史。琰无抚绥之能，而不为武备。

四年，恩复入余姚，秦县，今浙江余姚县。破上虞，进至刑浦。此据《恩传》。《琰传》作邢浦，云在山阴北三十五里。琰遣参军刘宣之距破之。

既而上党大守张虔硕战败，群贼锐进。琰败绩。帐下督张猛，于后斫琰马，琰堕地，与二子俱被害。朝廷大震。遣冠军将军桓不才，辅国将军孙无终，宁朔将军高雅之击之。恩复还于海。于是复遣牢之东屯会稽。吴国内史袁山松筑扈渎垒，在今上海市北。缘海备恩。明年，二月，恩复入浃口。《东晋疆域志》云：在余姚、鄮县之间。鄮，汉县，在今浙江鄞县东。雅之败绩。牢之进击，恩复还于海。

五月，转寇扈渎，害袁山松。仍浮海向京口。牢之率众西击，未达，而恩已至。朝廷骇惧，陈兵以待之。牢之在山阴，使刘裕自海盐赴难。海盐，汉县，在今浙江平湖县东南。晋徙治今海盐县。牢之率大众而还。

裕兵不满千人，与贼战，破之。恩闻牢之已还京口，乃走郁州。今江苏灌云县东北之云台山，古在海中，称郁州，亦曰郁洲。高雅之击之，为贼所执。贼寇广陵，陷之。浮海而北。

刘裕与刘敬宣并军蹑之于郁州。累战，恩复大败。渐衰弱。复缘海还南。裕亦寻海要截。复大破恩于扈渎。恩遂远迸海中。及桓玄用事，恩复寇临海，大守辛景讨破之。恩穷蹙，乃赴海自沉。妖党及伎妾，谓之水仙，投水从死者百数。时元兴元年三月也。案恩之所为，与张角极相似。诳惑多而不能战。其诳惑士大夫之力，或犹过之，读本节所述即可见。沈约《宋书·自序》言：杜子恭通灵有道术，东土豪宗，及京邑贵望，并事之为弟子，执在三之敬。沈警累世事道，亦敬事子恭。子恭死，门徒孙泰，泰弟子恩传其业，警复事之。恩作乱，警子穆夫，为其前部参军，与弟仲夫、任夫、豫夫、佩夫并遇害。警等为人如何不必论，要亦士大夫之家也。此或由其本为衣冠中人而然。然其所用，仍多亡命之徒，故其残杀破坏极甚。《恩传》言：恩虏男女二十余万口，一时逃入海，虽曰缘道多弃子女，能从者当尚不下十余万人。又云：自恩初入海，所虏之口，其后战死及自溺，并流离被传卖者，至恩死时，裁数千人存；而恩攻没谢琰、袁山松，陷广陵，前后数十战，亦杀百姓数万人。则死亡者当在二十万以上矣。当时海岛，能容几何人？十余万人，安能一时入海？此自不免言之过甚，然其死亡之众，则必不诬也。五斗米道诳惑之力固大，然亦可见是时东土之不安也。

第三节　桓玄篡逆

孙恩之作乱也，加道子黄钺，以元显为中军以讨之。又加元显录尚书事。道子更为长夜之饮，政无大小，一委元显。时谓道子为东录，元显为西录，西府车骑填凑，东第门可设雀罗矣。

于是军旅洊兴，国用虚竭，自司徒已下，日廪七升，而元显聚敛不已，富过帝室。及谢琰为孙恩所害，元显求领徐州，加侍中、后将军、开府仪同三司，都督十六州诸军事。扬、豫、徐、兖、青、幽、冀、并、荆、江、司、雍、梁、益、交、广。

寻以星变解录，复加尚书令。桓玄屡上疏求讨孙恩，诏辄不许。其后恩逼京都，玄建牙聚众，外托勤王，实欲观衅而进。复上疏请讨恩。会恩已走，玄又奉诏解严。玄以兄伟为江州，镇夏口。见第三章第九节。司马刁畅镇襄阳。遣桓振、石虔子。皇甫敷、冯该戍湓口。自谓三分有二，势运所归，屡使人上祯祥，以为己瑞。致笺道子，语多侮嫚。元显大惧。张法顺言："桓氏世在西藩，人或为用。孙恩为乱，东土涂地，玄必乘此，纵其奸凶。及其始据荆州，人情未辑，宜发兵诛之。"元显以为然。遣法顺至京口，谋于刘牢之。

牢之以玄少有雄名，杖全楚之众，惧不能制；又虑平玄之后，不为元显所容；深怀疑贰。法顺还，说元显曰："观牢之颜色，必贰于我，未若召入杀之。不尔，败人大事。"元显不从。

元兴元年，正月，加元显侍中、骠骑大将军、开府，征讨大都督、督十八州诸军事，仪同三司，加黄钺、班剑二十人，以伐桓玄。以牢之为前锋，谯王尚之为后部。

法顺又言于元显曰："自举大事，未有威断，桓谦兄弟，每为上流耳目，宜斩之以孤荆州之望。谦冲子，时为元显谘议参军。且事之济不，系在前军，而牢之反覆；万一有变，则祸败立至；可令牢之杀谦兄弟，以示不贰；若不受命，当为其所。"元显曰："非牢之无以当桓玄。且始事而诛大将，人情必动。"法顺言之再三，元显不可，而以谦为荆州刺史，以安荆楚。

于时扬土饥虚，运漕不继，玄断江路，商旅遂绝，公私匮乏，士卒惟给粰橡。玄本谓扬土饥馑，孙恩未灭，朝廷必未皇讨己，可得蓄力养众，观衅而动。闻元显将伐之，甚惧，欲保江陵。

长史卞范之说曰："元显口尚乳臭，刘牢之大失物情，兵临近畿，土崩之势，翘足可待。何有延敌入境，自取蹙弱者乎？"玄大悦。乃留其兄伟守江陵，抗表率众，东下寻阳。移檄京邑，罪状元显。

檄至，元显大惧，下船而不敢发。玄既失人情，而兴师犯顺，虑众不为用，恒有众旆之计。既过寻阳，不见王师，意甚悦。其将吏亦振。庾楷以玄与朝廷构怨，恐事不克，祸及于己，密结元显，许为内应。谋泄，收絷之。至姑孰，使冯该等攻谯王尚之。尚之败，逃于涂中。涂同"滁"。十余日，为玄所得。

尚之弟休之镇历阳。以五百人出城力战，不捷，奔南燕。玄遣何穆说刘牢之。时尚之已败，人情转沮，牢之乃颇纳穆说，遣使与玄交通。其甥何无忌与刘裕固谏，不从。俄令子敬宣降玄。《宋书·敬宣传》云：牢之以道子昏暗，元显淫凶，虑平玄之后，乱政方始，欲假手于玄，诛除执政，然后乘玄之隙，可以得志于天下，将许玄降。敬宣谏曰："方今国家乱扰，四海鼎沸，天下之重，在大人与玄。玄借先父之基，据荆南之势，虽无姬文之德，实为三分之形。一朝纵之，使陵朝廷，威望既成，则难图也。董卓之变，将生于今。"牢之怒曰："吾岂不知今日取玄，如反覆手。但平玄之后，令我那骠骑何？"遣敬宣为任。案玄一平元显，即夺牢之兵权；旋窃大位；或非牢之当时计虑所及，然谓取玄如反覆手，则亦诬也。《晋书》谓牢之因尚之之败，人情转沮，乃颇纳何穆之说，自近于实。

玄至新亭，元显弃船，退屯国子学堂。明日，列阵宣阳门外。佐吏多散走。刘牢之遂降于玄。元显回入西阳门，牢之参军张畅之率众逐之。众溃。元显奔入相府。惟张法顺随之。玄遣收元显，送付廷尉，并其六子皆害之。张法顺亦见杀。又奏道子酣纵不孝，当弃市。诏徙安成郡。使御史杜竹林防卫，竟承玄旨鸩杀之。玄以刘牢之为会稽大守。牢之叹曰："始尔便夺我兵，祸将至矣。"时玄屯相府，敬宣劝牢之袭之。牢之犹豫不决。移屯班渎。将北奔广陵相高雅之，据江北以距玄。《宋书·敬宣传》曰：牢之与敬宣谋共袭玄，期以明旦，直尔日大雾，府门晚开，日旰，敬宣不至，牢之渭所谋已泄，率部众向白洲，欲奔广陵。白洲当即班渎。胡三省曰：班渎在新洲西南。案新洲，在今首都北江中。集众大议。

参军刘袭曰："事不可者莫大于反，而将军往年反王兖州，近日反司马郎君，今复欲反桓公，一人三反，岂得立也？"语毕趋出。佐吏多散走。敬宣先还京口援其家，失期不至，牢之谓为刘袭所杀，乃自缢而死。俄而敬宣至，不皇哭，奔高雅之，与雅之俱奔南燕。

桓玄入京师，矫诏加己总百揆，侍中，都督中外诸军事，丞相，录尚书事，扬州牧，领徐州刺史。害庾楷父子，谯王尚之，尚之弟丹阳尹恢之，广晋伯允之等。以兄伟为荆州刺史，领南蛮校尉。从兄谦为左仆射，领选。修为徐、兖二州刺史。石生为江州刺史。卞范之为丹阳尹。

玄让丞相，自署大尉，领豫州刺史。出居姑孰。固辞录尚书事，诏许之，而大政皆谘焉。小事则决于桓谦、卞范之。自祸难屡构，干戈不戢，百姓厌之，思归一统。及玄初至也，黜凡佞，擢俊贤，君子之道粗备，京师欣然。后乃陵侮朝廷，幽摈宰辅；豪奢纵欲，众务繁兴；于是朝野失望，人不安业。玄又害吴兴大守高素。辅国将军竺谦之，谦之从兄高平相朗之，高平，此时为侨置。辅国将军刘袭，袭弟彭城内史季武，冠军将军孙无终等，皆刘牢之党，北府旧将也。袭兄冀州刺史轨奔南燕。

二年，桓伟卒，以桓修代之。从事中郎曹靖之说玄：以修兄弟，职居内外，恐权倾天下。玄纳之，乃以南郡相桓石康为西中郎将、荆州刺史。石康豁子。玄所亲杖惟伟。伟死，玄乃孤危，而不臣之迹已著；自知怨满天下，欲速定篡逆。

殷仲文妻，玄之妹也，仲文，觊弟。玄使总录诏命，以为侍中，与卞范之又共促之。于是先改授群司。又矫诏加其相国，总百揆，封十郡，为楚王，加九锡。

南阳大守庾仄，殷仲堪党也，九月，乘桓石康未至，起兵。袭冯该于襄阳，走之。江陵震动。

桓济子亮，以讨仄为名，起兵罗县。汉县，在今湖南湘阴县东北。南蛮校尉羊僧寿，与石康攻襄阳，庾仄众散，奔姚兴。长沙相陶延寿以亮乘乱起兵，遣收之。玄徙亮于衡阳，诛其同谋桓奥等。

十二月，玄篡位。以帝为平固公，迁居寻阳。玄入建康。

刘牢之虽死，高素等虽见诛锄，然北府之人物未尽也，而是时为其首领者，实为刘裕。初孙恩之死也，余众推恩妹夫卢循为主。桓玄欲且辑宁东土，以循为永嘉大守。循虽受命，而寇暴不已。玄复遣裕东征。何无忌随至山阴，劝裕于会稽起义。裕以为玄未据极位；且会稽遥远，事济为难；不如俟其篡逆事著，于京口图之。据《宋书·武帝纪》。《孔靖传》以是为靖之谋。

玄既篡位，裕乃与其弟道规及刘毅、桓弘中兵参军。弘冲子，时为青州刺史，镇广陵。何无忌、魏咏之、殷仲堪客。檀凭之、桓修长流参军。孟昶、青州主簿。诸葛长民、豫州刺史刁逵左军府参军。王元德、名叡。弟懿，字仲德。兄弟名犯晋宣、元二帝讳，并以字称。辛扈兴、童厚之等谋讨之。

元兴三年，二月，裕托以游猎，与无忌等收集义徒，袭京口，斩桓修。刘毅潜就孟昶，起兵袭杀桓弘，因收众济江。诸葛长民谋据历阳，失期不得发，刁逵执之，送于桓玄。未至而玄败，送人共破槛出之，还趣历阳。逵弃城走，为其下所执，斩于石头。元德、扈兴、厚之谋于京邑攻玄，事泄，并为玄所杀。

玄召桓谦、卞范之等谋之。谦等曰："亟遣兵击之。"玄曰："不然。彼兵速锐，计出万死，遣少军不足相抗，如有蹉跌，则彼气成而吾事败矣。不如屯大众于覆舟山以待之。覆舟山，在首都大平门内，钟山之西足也。彼安行二百里，无所措手，锐气已挫；忽见大军，必惊惧。我案兵坚阵，勿与交锋。彼求战不得，自然走散，此计之上也。"

谦等固请，乃遣顿丘大守吴甫之、右卫将军皇甫敷北拒之。义众推刘裕为盟主，移檄京邑。三月，遇吴甫之于江乘，斩之。进至罗落桥。在江乘南。皇甫敷率数千人逆战。刘裕、檀凭之各御一队。凭之败死。裕进战弥厉，斩敷首。桓玄使桓谦屯东陵口，在覆舟山东。卞范之屯覆舟山西，众合二万。刘裕躬先士卒奔之，将士皆殊死战，谦等诸军，一时土崩。

玄将子侄浮江南走。裕镇石头，立留台总百官。以王谧导孙。录尚书事，领扬州刺史。裕督扬、徐、兖、豫、青、冀、幽、并八州，为徐州刺史。奉武陵王遵为大将军，承制。遵武陵威王晞子，晞元帝子。以刘毅为青州刺史，与何无忌、刘道规蹑玄。

桓玄经寻阳，江州刺史郭昶之备乘舆法物资之。玄收略，得二千余人，挟天子走江陵。何无忌、刘道规破玄将郭铨、何淡之及郭昶之等于桑落洲。在九江东北。众军进据寻阳。桓玄大聚兵众。召水军，造楼船、器械。率众二万，挟天子发江陵，浮江东下。与刘毅等遇于峥嵘洲。在湖北鄂城县东。众惮之，欲退还寻阳。刘道规曰："彼众我寡，强弱异势，畏懦不进，必为所乘，虽至寻阳，岂能自固？玄虽窃名雄豪，内实恇怯；加已经崩败，众无固心；决机两阵，将雄者克。"因麾众而进。毅等从之。大破玄军。玄弃其众，复挟天子还江陵。冯该劝更下战，玄不从。

欲出汉川，投梁州刺史桓希，而人情乖沮，制令不行。玄乘马出城，至门，左右于暗中斫之，不中。前后相杀交横。玄仅得至船。于是荆州别驾王康产奉帝入南郡府舍，大守王腾之率文武营卫。

初玄之篡位也，遣使加益州刺史毛璩散骑常侍、左将军。璩执留其使，不受命。玄以桓希为梁州刺史，使王异据涪，郭法戍宕渠，师寂戍巴郡，周道子戍白帝以防之。白帝，城名，在今四川奉节县东。璩传檄远近，列玄罪状。

遣巴东大守柳约之，建平大守罗述，征虏司马甄季之击破希等。仍率众次于白帝。初璩弟宁州刺史璠丧官，璩兄孙祐之及参军费恬，以数百人送丧葬江陵。会玄败，谋奔梁州。

璩弟子修之，时为玄屯骑校尉，诱使入蜀。玄从之。达枚回洲，在江陵南。恬与祐之迎击，益州督护冯迁斩玄并石康及玄兄子浚。玄子升，时年数岁，送江陵市，斩之。毛璩又遣将攻汉中，杀桓希。

玄之败于峥嵘洲，义军以为大事已定，追蹑不速，据《宋书·武帝纪》。《刘道规传》云：遇风不进。玄死几一旬，众军犹不至。桓振逃于华容之涌中。涌水在华容。华容、汉县，今湖北监利县西北。玄先令将军王稚徽戍巴陵，稚徽遣人招振，云桓歆已克京邑，歆玄兄，时聚众向历阳，为诸葛长民、魏咏之所破。冯稚等复平寻阳，稚玄将，尝袭陷寻阳，刘毅使刘怀肃讨平之。怀肃，裕从母兄。刘毅诸军并败于中路。振大喜，乃聚党数十人袭江陵。比至城，有众二百。桓谦先匿于沮川，亦聚众而出。遂陷江陵。闰五月。迎帝于行宫。王康产、王腾之皆被害。

桓振闻桓升死，大怒，将肆逆于帝。谦苦禁之，乃止。遂命群臣辞以楚祚不终，百姓之心，复归于晋，更奉进玺绶。以琅邪王镇徐州。振为都督八州、荆州刺史。

振少薄行，玄不以子姝齿之。及是，叹曰："公昔不早用我，遂致此败。若使公在，我为前锋，天下不足定也。今独作此，安归乎？"遂肆意酒色；暴虐无道，多所残害。

何无忌击桓谦于马头，在今湖北公安县东北。桓蔚于龙洲，皆破之。蔚秘子。义军乘胜竞进。桓振、冯该等距战于灵溪，《水经注》：江水自江陵东径燕尾洲北，会灵溪水。龙洲，在灵溪东。案龙洲，据《桓玄传》。《何无忌传》作龙泉。道规等败绩，死没者千余人。刘毅坐免官，寻原之。义军退次寻阳，更缮舟甲。进次夏口。冯该等守夏口，孟山图据鲁城，亦作鲁山城，在今湖北汉阳县东北。桓山客守偃月垒。据《桓玄传》。《宋书·刘道规传》作桓仙客。偃月垒，亦曰却月城，在汉水左岸。刘毅攻鲁城，道规攻偃月垒，二城俱溃。冯该走，禽山图、仙客。毅等平巴陵。十二月。

义熙元年，正月，南阳大守鲁宗之起义兵，袭襄阳，破伪雍州刺史桓蔚。何无忌诸军次马头。桓振拥帝，出营江津。戍名，在江陵南。请割荆、江二州，奉送天子。无忌不许。

鲁宗之破伪虎贲中郎将温楷，进至纪南。城名，在江陵北。振自击之，宗之失利。刘毅率何无忌、刘道规等破冯该于豫章口，在江陵东。推锋而前，遂入江陵。振见火起，知城已陷，遂与桓谦北走。是日，安帝反正。大赦天下，惟逆党就戮。诏特免桓胤一人。冲长子嗣之子。

三月，桓谦出自涢城，在云杜东南。云杜，汉县，在今湖北沔阳县北。袭破江陵。刘怀肃自云杜伐振，破之。广武将军唐兴临陈斩振。怀肃又讨斩冯该于石城。桓亮先侵豫章。

时刘敬宣自南燕还，刘裕以为江州刺史，讨走之。桓玄以苻宏为梁州刺史，与亮先后入湘中；其余拥众假号者以十数：皆讨平之。桓谦、桓怡、弘弟。桓蔚、桓谧、何淡之、温楷，皆奔于秦。诏徙桓胤及诸党与于新安诸郡。

三年，东阳大守殷仲文，桓玄峥嵘洲之败，留皇后王氏及穆帝后何氏于巴陵。仲文时在玄槛，求出别船，收集散卒，因奉二后奔夏口降。与永嘉大守骆球谋反，欲建桓胤为嗣，刘裕并其党收斩之。

桓玄乃一妄人，《晋书》言其缪妄之迹甚多，庸或不免附会，如谓玄篡位入宫，其床忽陷，群下失色，殷仲文曰："将由圣德深厚，地不能载。"玄大悦，此等几类平话。又谓其弃建康西走时，腹心劝其战，玄不暇答，直以策指天而已，亦与其据覆舟山待义兵之策，判若两人也。然其纵侈，玄之出镇姑孰，即大筑城府，台馆山池，莫不壮丽。性好畋游，以体大不堪乘马，乃作徘徊舆，施转关，令回动无滞。自篡盗之后，骄奢荒侈。游猎无度，以夜继昼；或一日之中，屡出驰骋。性又急暴，呼召严速，直官咸系马省前。贪鄙，好奇异，尤爱宝物，珠玉不离于手。人士有法书、好画及园宅者，悉欲归己。犹难逼夺之，皆蒲博而取。遣臣佐四出，掘果移竹，不远数千里。尝诈欲讨姚兴，初欲饰装，无他处分，先使作轻舸，载服玩及书画等物。或谏之。玄曰："书画服玩，既宜恒在左右；且兵凶战危，脱有不意，当使轻而易运。”众皆笑之。此等事或疑其非实，然纨袴子弟，习于纵侈，不知虑患，确有此等情形也。好虚名，元兴二年，玄诈表请平姚兴，又讽朝廷作诏不许。谓代谢之际，宜有祯祥，乃密令所在上临平湖开，又诈称江州甘露降。以历代咸有肥遁之士，已世独无，乃征皇甫谧六世孙希之为著作，并给其资用，皆令让而不受，号曰高士。败走后，于道作起居注，叙其距义军之事，自谓经略指授，算无遗策，诸将违节度，以致亏丧，非战之罪。于时不皇与群下谋议，惟耽思诵述，宣示远近。荆州郡守，以玄播越，或遣使通表，有匪宁之辞，玄悉不受，仍令所在表贺迁都焉。临平湖，在浙江杭县东北。故老相传：此湖塞，天下乱，此湖开，天下平。喜佞媚，《玄传》言玄信悦谄誉，逆忤谠言。吴甫之、皇甫敷败，玄闻之，大惧，问于众曰：“朕其败乎？”曹靖之曰：“神怒人怨，臣实惧焉。”玄曰：“卿何不谏？”对曰：“辇上诸君子，皆以为尧、舜之世，臣何敢言？”不知政理，玄尝议复肉刑，断钱货，回复改异，造革纷纭。临听讼观录囚徒，罪无轻重，多被原放。有干舆乞者，时或恤之。尚书答春蒐字误为春菟，凡所关署，皆被降黜。奔败之后，惧法令不肃，遂轻怒妄杀。虽少负雄名，而实则怯懦，峥嵘洲之战，义兵数千，玄众甚盛，而玄惧有败衄，常漾轻舸于舫侧，故其众莫有斗心。要非诬辞也。

玄之叛逆，不过当时裂冠毁冕之既久，势所必至，无足深异。晋室自东渡以后，上下流即成相持之局，而上流之势恒强，朝廷政令之不行，恢复大计之受阻，所关匪细，至桓玄败而事势一变矣。然中原丧乱既久，国内反侧又多，卒非一时所克收拾，此则宋武之雄才，所以亦仅成偏安之业也，亦可叹矣。而蜀中乘此扰攘，又成割据之局者数年，尚其至微末者也。

桓玄之死也，柳约之进军至枝江，汉县，在今湖北枝江县东。而桓振复攻没江陵，刘毅等还寻阳，约之亦退。俄而甄季之、罗述皆病。约之诣振伪降，欲袭振，事泄，被害。约之司马时延祖，涪陵大守文处茂等抚其余众，保涪陵。振遣桓放之为益州，屯西陵。峡名，在今湖北宜昌县西北。处茂距击破之。

毛璩闻江陵陷，率众赴难。使弟瑾、瑗顺外江而下。外水谓岷江，涪江曰内水，沱江曰中水。参军谯纵及侯晖等领巴西、梓潼军下涪水，与璩会巴郡。此据《毛璩传》。《谯纵传》云领诸县氐。

晖有贰志，因梁州人不乐东也，与巴西阳昧结谋，于五城水口，五城水，涪水支流，在广都入江。逼纵为主。攻瑾于涪城。城陷，瑾死之。纵乃自号梁、秦二州刺史。时朝廷新以此授瑾。《通鉴》，事在义熙元年二月。

璩时在略城，胡三省曰：据《晋书·毛璩传》，去成都四百里。遣参军王琼率三千人讨反者。又遣瑗领四千人继进。纵遣弟明子及晖距琼于广汉。琼击破晖等。追至绵竹，明子设二伏以待之，大败琼众，死者十八九。

益州营户李腾开城以纳纵。璩下人受纵诱说，遂共害璩及瑗，并子侄之在蜀者，一时殄没。纵以从弟洪为益州刺史。明子为巴州刺史，率其众五千人屯白帝。自称成都王。

瑾子修之，下至京师，刘裕表为龙骊将军，配给兵力，遣令奔赴。又遣益州刺史司马荣期及文处茂、时延祖等西讨。修之至宕渠，荣期为参军杨承祖所杀。修之退还白帝。《通鉴》义熙二年九月。承祖自下攻之，不拔。修之使参军严纲收兵，汉嘉大守冯迁率兵来会，讨承祖斩之。时文处茂犹在益郡，修之遣兵五百，与刘道规所遣千人俱进，而益州刺史鲍陋不肯进讨。《通鉴》在义熙三年。纵遣使称藩于姚兴。九月。且请桓谦为助。兴遣之。刘裕表遣刘敬宣率众五千伐蜀。分遣巴东大守温祚以二千人扬声外水，自率鲍陋、文处茂、时廷祖由垫江而进。达遂宁郡之黄虎，城名，在今四川射洪县东。谯道福等悉众距险。敬宣粮尽，军中多疾疫，姚兴又遣兵二万救纵，王师遂引还。纵遣使拜师，仍贡方物，兴拜为蜀王。

第四节　宋武平南燕

东晋国力，本不弱于僭伪诸国；而北方可乘之隙亦多；所以经略中原，迄无所就者，实以王敦、桓温等，别有用心，公忠之臣，如庾亮、殷浩等，又所值或非其时，所处或非其地，未获有所展布之故。

当五胡初起之时，中原丧乱未久，物力尚较丰盈；石虎、苻坚，又全据中原之地；图之庸或较难，至肥水战后，后燕、后秦诸国，则更非其伦矣。此时傥能北伐，奏绩自属不难；而其地近而易图者，尤莫如南燕，此所以桓玄平后仅五年，而刘裕遂奏削平之绩也。

刘敬宣等之奔南燕也，南燕侍中韩范上疏劝慕容德入寇。德命王公详议。咸以桓玄新得志，未可图，乃止。俄闻玄败，德乃以慕容镇为前锋，慕容钟为大都督，配以步卒二万，骑五千。刻期将发，而德寝疾，于是罢兵。

义熙元年，德死。此据《载记》，《通鉴》同，《本纪》在元兴三年十月。案《载记》记南燕之事，较《本纪》皆后一年。初，德兄北海王纳，苻坚破邺，以为广武大守。数岁去官，家于张掖。及慕容垂起兵，坚收纳及德诸子皆诛之。纳母公孙氏，以耄获免。纳妻段氏方娠，未决，囚于郡狱。狱掾呼延平，德故吏也，尝有死罪，德免之。

至是，将公孙及段氏逃于羌中，而生子焉。东归后，德名之曰超。超年十岁，公孙氏卒，平又将超母子，奔于吕光。吕隆降于姚兴，超随凉州人徙于长安。以诸父在东，深自晦匿。由是得去来无禁。德遣使迎之，超不告母妻而归。德无子，立超为大子。德死，超嗣伪位。

初，德从弟钟，累进策于德，德用之颇中，由是政无大小，皆以委之。超立，以为都督中外诸军、录尚书事。俄以为青州牧。外戚段宏为徐州。南燕五州：并州治阴平，汉侯国，后汉为县，晋废，在今江苏沭阳县西北。幽州治发干。徐州治莒。兖州治梁父，汉县，在今山东秦安县南。青州治东莱。而以公孙五楼为武卫将军，领屯骑校尉，内参政事。

钟、宏及兖州慕容法谋反。超遣慕容镇攻青州，慕容昱攻徐州，慕容凝、韩范攻兖州。钟奔后秦。宏奔魏。凝谋杀韩范，范知而攻之，凝奔法。范并其众，攻克兖州。凝奔后秦，法奔魏。公孙五楼为侍中、尚书，领左卫将军，专总朝政。兄归为冠军、常山公。叔父颓为武卫、兴乐公。五楼宗亲，皆夹辅左右。王公内外，无不惮之。

超母、妻先在长安，为姚兴所拘，兴责超称藩，求大乐诸妓。超送大乐百二十人。兴乃还其母、妻。《超载记》云：义熙五年，正旦，超朝群臣，闻乐作，叹音佾不备，悔送伎于兴，遣斛谷提、公孙归等入寇，陷宿豫，汉厹犹县，晋改曰宿豫，在今江苏宿迁县东南。大掠而去。简男女二千五百，付大乐教之。案兴责超称藩求伎时，又云："若不可，便送吴口千人。"超遣群臣详议，段宏主掠吴口与之，尚书张华主降号，超从华议，可见其非欲构衅于晋。宿豫之衅，未知其由，谓由掠生口以备伎乐，恐未必然。超所掠乃生口，非乐工，岂有南人可教，北人不可教之理邪？超又遣公孙归等入济南，汉郡，今山东历城县。执大守赵元，略男女千余人而去。于是刘裕出师讨之。

四月，舟师发京都，溯淮入泗。五月，至下邳。留船舰辎重，步军进琅邪。

所过皆筑城为守。超引见群臣，议距王师。

公孙五楼曰："吴兵轻果，所利在战，初锋勇锐，不可争也。宜据大岘，在今山东临朐县东南。使不得入。旷日延时，沮其锐气。徐简精骑二千，循海而南，绝其粮道；别敕段晖，率兖州之军，缘山东下，腹背击之，上策也。各命守宰，依险自固。校其资储，余悉焚荡。芟除粟苗，使敌无所资。坚壁清野，以待其衅，中策也。纵贼入岘，出城逆战，下策也。"

超曰："京都殷盛，户口众多，非可一时入守。青苗布野，非可卒芟。纵令过岘，至于平地，徐以精骑践之，此成禽也。"

慕容镇曰："若如圣旨，必须平原，用马为便。宜出岘逆战。战而不胜，犹可退守。不宜纵敌入岘，自诒窘逼。"超不从。

镇谓韩谟云："主上既不能芟苗守险，又不肯徙民逃寇，酷似刘璋矣。"超闻而大怒，收镇下狱。乃摄莒、梁父二戍。修城隍，简士马，蓄锐以待之。

《宋书·武帝纪》云：初公将行，议者以为"贼闻大军远出，必不敢战。若不断大岘，当坚守广固，刈粟清野，以绝三军之资。非惟难以有功，将不能自反。"公曰："我揣之熟矣。鲜卑贪，不及远。进利克获，退惜粟苗。谓我孤军远入，不能持久。不过进据临朐，汉县，今山东临朐县。退守广固。我一入岘，则人无退心。驱必死之众，向怀贰之虏，何忧不克？彼不能清野固守，为诸军保之。"公既入岘，举手指天曰："吾事济矣。"此等皆附会之谈。

此行也，晋兵力颇厚，宋武用兵，又极严整；观其所过筑城为守可知。简骑二千，安能绝其粮道？民难一时入守，苗非仓卒可芟，亦自系实情。战既不如，守又难固，即据大岘，安能必晋兵之不入？弃大岘而悉力逆战，盖所谓以逸待劳；不胜即退守广固，则所守者小，为力较专；此亦未为非计。慕容镇之下狱，必别有其由，非徒以退有后言也。王师次东莞。超遣段晖、贺赖卢等六将，步骑五万，进据临朐。

王师度岘，超率卒四万就晖等。临朐有巨蔑水，去城四十里，超告公孙五楼，急往据之。孟龙符奔往争之，五楼乃退。众军步进，有车四千乘，分为两翼，方轨徐行，又以轻骑为游军。未及临朐数里，贼铁骑万余，前后交至。刘裕命刘藩等齐力击之。日向昃，又遣檀韶直趋临朐。即日陷城。超闻临朐拔，引众走。裕亲鼓之，贼乃大破。斩段晖。超奔还广固。徙郭内人，入保小城。使其尚书郎张纲乞师于姚兴。赦慕容镇，进录尚书，都督中外诸军事，引见群臣谢之。

镇进曰："内外之情，不可复恃。如闻西秦，自有内难，恐不暇分兵救人。正当更决一战，以争天命。今散卒还者，犹有数万，可悉出金帛、宫女，饵令一战。不可闭门，坐受围击。"

慕容惠曰："今晋军乘胜，有陵人之气，败军之将，何以御之？秦虽与勃勃相持，不足为患；二国连衡；势成唇齿；今有寇难，秦必救我。但自古乞援，不遣大臣，则不致重兵。尚书令韩范，德望具瞻，燕、秦所重，宜遣乞援，以济时艰。"

于是遣范与王簿往。张纲自长安归，奔于刘裕。此据《晋书·载记》。《宋书·武帝纪》云：纲从长安还，泰山大守申宣执送之。右仆射张华，中丞封恺，并为裕军所获。裕令华、恺与超书，劝令早降。超乃诒裕书，请为藩臣，以大岘为界。并献马千匹，以通和好。裕弗许。

江南继兵，相寻而至。尚书张俊，自长安还，又降于裕。说裕密信诱韩范，啗以重利。"范来，则燕人绝望，自然降矣。"裕从之。表范为散骑常侍，遗书招之。时姚兴遣姚强率步骑一万，随范就姚绍于洛阳，并兵来援。会赫连勃勃大破秦军，兴追强还长安。范叹曰："天其灭燕乎？"会得裕书，遂降于裕。

《宋书·武帝纪》云：录事参军刘穆之，有经略才具，公以为谋主，动止必谘焉。

时姚兴遣使告公曰："慕容见与邻好；又以穷告急；今当遣铁骑十万，径据洛阳，晋军若不退者，便遣长驱而进。"

公呼兴使答曰："语汝姚兴：我定燕之后，息甲三年，当平关、洛。今能自送，便可速来。"穆之闻有羌使，驰入，而公发遣已去。

穆之尤公曰："常日事无大小，必赐与谋。此宜善详，云何卒尔？所答兴言，未能威敌，正足怒彼耳。若燕未可拔，羌救大至，不审何以待之？"

公笑曰："此是兵机，非卿所解，故不语耳。夫兵贵神速，彼若审能遣救，必畏我知，宁容先遣信命？此是见我伐燕，内已怀惧，自张之辞耳。"此亦附会之谈。夏寇虽急，秦未必待姚强所率万人以自救。

晋当时兵力颇厚，而洛阳距广固遥远，即合姚绍，复何能为？然则姚兴之遣姚强，特聊以自解于韩范，本未必有救燕之意。遣使为请，必当逊顺其辞，不得如史之所云也。

明年，二月，城陷。超出亡，被获。送建康市斩之。时年二十六。案慕容超之亡，实处于势不可救。刘敬宣之奔慕容德也，尝结青州大姓诸省封，并要鲜卑大帅免逵谋灭德，推司马休之为主。刻日垂发。高雅之欲要刘轨。时轨为德司空，大被委任。

敬宣曰："此公年老，有安齐志，不可告也。"雅之以为不然，告轨。轨果不从，谋颇泄，乃相与杀轨而去。至淮、泗间，会宋武平京口，即驰还。

当德之时，燕之易倾如此，超更何以自固乎？

《载记》谓超不恤政事，畋游是好，百姓苦之，此或在所不免，然五胡之酋，荒淫暴虐，十倍于超者，则有之矣。史又咎超信任公孙五楼，五楼之于南燕，盖亦在外戚之列，特较段宏辈年少耳，非佞幸也。观慕容钟、慕容法、段宏、慕容凝之一时俱叛，则超之任新进而弃旧臣，亦必有不得已者。即其严刑峻法亦然。慕容钟等之叛也，超收其党侍中慕容统、右卫慕容根、散骑常侍段封诛之，车裂仆射封嵩于东门之外。超尝议复肉刑，下诏曰："不忠不孝若封嵩之辈，枭斩不足以痛之，宜致烹、轘之法，亦可附之律条。"张纲为刘裕造攻具，超悬其母支解之。此固不免暴虐，亦有激而然也。

当危急时，其臣劝以出降，皆不肯听；及见执，刘裕数以不降之状，超神色自若，一无所言，惟以母托刘敬宣而已；在亡国之君中，固为有气节者。公孙五楼，始终尽忠于超；将亡之时，犹与贺赖卢为地道出战，使王师为之不利；亦为陈力授命之臣，未可以成败论也。

第五节　宋武平卢循谯纵

卢循，谌之曾孙，娶孙恩妹。恩作乱，与循通谋。恩亡，余众推为主。元兴二年，正月，寇东阳。八月，攻永嘉。刘裕讨循，至晋安，晋郡，今福建闽侯县东北。循窘急，泛海到番禺，秦县，今广东番禺县。寇广州，逐刺史吴隐之，自摄州事。三年十月。遣使贡献。

时朝廷新诛桓氏，中外多虞，乃权假循广州刺史。义熙元年。

刘裕伐慕容超，循所署始兴大守徐道覆，循之姊夫也，使人劝循乘虚而出。循不从。道覆乃自至番禺说循。循甚不乐此举，无以夺其计，乃从之。

初道覆密欲装舟舰，乃使人伐船材于南康山，南康，晋郡，治雩都，今江西雩都县北。后徙治赣，在今赣县西南。伪云将下都货之。后称力少，不能得致，即于郡贱卖之，价减数倍。居人贪贱，卖衣物而市之。赣石水急，出船甚难，皆储之。如是者数四。船版大积，而百姓弗之疑。

及道覆举兵，按卖券而取之，无得隐匿者。乃并力装之，旬日而办。遂举众寇南康、庐陵、豫章诸郡。守相皆委任奔走。道覆顺流而下，舟舰皆重楼。江州刺史何无忌距之，船小，为贼所败，无忌死之。

时刘毅为豫州刺史，镇姑孰，具舟船讨之，将发而疾笃，内外失色。朝廷欲奉乘舆北走就刘裕。寻知贼定未至，人情小安。裕班师，至下邳，以船运辎重，自率精锐步归。至山阳，闻何无忌被害，虑京邑失守，乃卷甲间行，与数千人至淮上，单船过江，进至京口，众乃大安。

四月，裕至京师，刘毅以舟师二万，发自姑孰。循之下也，使道覆向寻阳，自寇湘中诸郡。荆州刺史刘道规遣军至长沙，为循所败。循至巴陵，将向江陵。

道覆闻毅上，驰使报循曰："毅兵众甚盛，成败系之于此，宜并力摧之。根本既定，不忧上面不平也。"循即日发江陵，与道覆连旗而下。别有八艚舰九枚，起四层，高十二丈。

五月，毅败绩于桑落洲。初循至寻阳，闻刘裕已还，不信也既破毅，乃审凯入之问。循欲退还寻阳，进平江陵，据二州以抗朝廷。道覆谓宜乘胜径进。固争之，多日乃见从。毅败问至，内外汹扰。于时北师始还，多创夷疾病；京师战士，不盈数千。

贼既破江、豫二镇，战士十余万，舟车百里不绝。奔败还者，并声其雄盛。孟昶、诸葛长民欲拥天子过江，刘裕不听。昶仰药死。议者谓宜分兵守诸津要。

刘裕以为贼众我寡，分屯则测人虚实；且一处失利，则沮三军之心。乃移屯石头，栅淮，断查浦。此据《宋书·武帝纪》。《晋书·卢循传》作柤浦。道覆欲自新亭、白石，焚舟而上。循以万全为虑，固不听。裕登石头以望循军，初见引向新亭，顾左右失色。既而回泊蔡洲。道覆犹欲上，循禁之。自是众军转集。循攻栅，不利。焚查浦步上，屯丹阳郡，又为裕所败。乃进攻京口，寇掠诸县，无所得。循谓道覆曰："师老矣，可据寻阳，并力取荆州，徐更与都下争衡。"

七月，贼自蔡洲还屯寻阳。遣王仲德等追之。刘裕还东府，大治水军。皆大舰重楼，高者十余丈。先是以庾悦为江州刺史，自寻阳出豫章。循之走也，复遣索邈领马军步道援荆州。邈在道为贼所断，徐道覆败后方达。孙季高率众三千，自海道袭番禺。时谯纵遣使朝于姚兴，请大举入寇。遣桓谦、谯道福率众二万，东寇江陵，兴遣前将军苟林率骑会之。刘道规遣司马王镇之及檀道济、到彦之等赴援朝廷，至寻阳，为林所破。

卢循即以林为南蛮校尉，分兵配之，使伐江陵。扬声云：徐道覆已克京邑。林屯江津，谦屯枝江。荆楚既桓氏义旧，并怀异心。道规乃会将士告之曰：“桓谦今在近畿，闻诸长者，颇有去就之计。吾东来文武，足以济事。若欲去者，本不相禁。”因夜开城门，达晓不闭。众咸惮服，莫有去者。

雝州刺史鲁宗之率众数千来赴。或谓宗之未可测。道规乃单马迎之，宗之感悦。道规使宗之居守，驰往攻谦。水陆齐进。谦大败，单舸走，欲下就林。追斩之。遂至涌口，在江陵东。林又奔散。刘遵追林至巴陵，斩之。此据《宋书·道规传》。《武帝本纪》云追至竹町，竹町当在巴陵。《晋书·姚兴载记》则云：苟林惧，引而归。

先是桓歆子道儿逃于江南，出击义阳，与卢循相连结，循使蔡猛助之。道规遣参军刘基破道儿于大薄，未详。临阵斩猛。

桓石绥自洛甲口《通鉴》作洛口。《注》云：汉水过魏兴安阳县，东至涢城南，与洛谷水合，所谓洛口也。安阳，汉县，在今陕西城固县东。自号荆州刺史，征阳令王天恩自号梁州刺史。胡三省曰：征阳当作微阳。微阳，在今湖北竹山县西，梁州刺史傅韶使子弘之讨石绥等，并斩之。《宋书·傅弘之传》。

十月，刘裕治兵大办，率舟师南伐。是月，徐道覆率众三万寇江陵，刘道规又大破之。道覆走还湓口。见第三章第九节。卢循初自蔡洲南走，留其亲党范崇民五千人，高舰百余戍南陵。城名，在今安徽繁昌县西。王仲德等闻大军且至，乃进攻之。

十一月，大破崇民军，焚其舟舰。循广州守兵，不以海道为意。孙季高乘海奄至，焚贼舟舰，悉力而上，四面攻之，即日屠其城。循父以轻舟奔始兴。刘裕屯军雷池，虑贼战败，或于京江入海，遣王仲德以水舰二百，于吉阳断之。吉阳，矶名，在安徽东流县东北。

十二月，卢循、徐道覆率众二万，方舰而下。刘裕命众军齐力击之。军中多万钧神弩，所至莫不摧陷。贼舰悉泊西岸。岸上军先备火具，乃投火焚之，烟焰张天，贼军大败。循等还寻阳，悉力栅断左里。在江西都昌县西北。大军至，攻栅而进。循兵殊死战，弗能禁。诸军乘胜奔之。循单舸走。裕遣刘藩、孟怀玉轻兵追之。循收散卒，尚有数千人，据《宋书·武帝纪》。《晋书》云千余人。径还广州。道覆还保始兴。

七年，二月，循至番禺。孙季高距战。二十余日，循乃破走。追奔至郁林，会病，不能穷讨，循遂走向交州。至龙编，汉县，在今安南北境。刺史杜慧度诱而败之。循自投于水。徐道覆屯结始兴，孟怀玉攻围之，身当矢石，旬月乃陷，斩道覆。

卢循之乱，宋武帝之智勇，诚不可及，然史之所传，亦有颇过其实者。何无忌之败以船小；刘毅之败，以卢循、徐道覆并力而下；其兵力皆本不相敌。而宋武则大治水军而后战。船既高大，又有万钧神弩以助之，其兵力，盖在卢循、徐道覆之上。然则毅、无忌之败，宋武之胜，实由兵力之不同，非尽智勇之不若也。卢循之众虽盛，恐未必能战，何者？孙恩唱乱，实恃扇惑之广，即循亦然。

史言徐道覆大积船版而百姓弗之疑，然诸葛长民表言："贼集船伐木，而南康相郭澄之，隐蔽经年，又深相保明，屡欺无忌，罪合斩刑。"则其能阴造逆谋，实恃同党之隐蔽。桑落洲一败，而豫州主簿袁兴国，即据历阳以应贼，琅邪内史魏咏之遣将讨斩之。则刘毅肘腋之下，亦有循之党在焉。

《宋书·武帝纪》言贼不能力攻京都，犹冀京邑及三吴有应之者，盖此一带，本自杜子恭以来，扇惑最广之地也。孙恩覆灭，前辙昭然，乌合之众，其何能战？卢循始终欲据荆、江，不欲与晋大兵决战，后又不肯力攻京都者盖以此。

如史之所传，则循之败，全由其过于持重，使早从道覆之计，宋武将亦不能支，恐其实未必如此。以兵谋论，循之持重，或实胜于道覆之轻进也。

《晋书·卢循传》言循败于杜慧度，知不免，先鸩妻子十余人，又召伎妾问曰："我今将自杀，谁能同者？"多云："雀鼠贪生，就死实人情所难。"或云："官尚当死，某岂愿生？"于是悉鸩诸辞死者，因自投于水。此乃教外谤毁之辞。

《传》又言孙恩性酷忍，循每谏止之，人士多赖以济免，岂有仁于疏逖，而转忍于其所戚近者哉？自来所谓邪教者，其真相多不为世所知。然观其信从者之众，之死不相背负者之多，而知其实非偶然。试观张鲁，治国实颇有规模，可知其所以得众者，亦有由也。

谯纵据蜀，史言其本由迫胁，然其后则遂甘心作逆，屈膝羌虏，而与卢循等相景响焉。盖既无途自反，遂欲乘机作刘备者也。

义熙九年，宋武帝既诛刘毅，定荆州，乃以朱龄石为益州刺史，率臧熹、蒯恩、刘钟、朱林等凡二万人伐蜀。《通鉴》系八年十二月。龄石资名素浅，裕违众拔之，授以麾下之半。臧熹，裕妻弟也，位出其右，亦隶焉。

裕与龄石密谋曰："刘敬宣往年出黄虎无功，贼谓我今应从外水往，而料我当出其不意，犹从内水来也，必以重兵守涪城。若向黄虎，正陊其计。今以大众自外水取成都，疑兵出内水，此制敌之奇也。"于是众军悉从外水。

臧熹、朱林于中水取广汉。使羸弱乘高舰十余，由内水向黄虎。谯纵果备内水，使谯道福以重兵戍涪城。侯晖、谯诜等率众万余屯彭模，今四川彭山县。夹水为城。

六月，龄石至彭模，欲蓄锐养兵，伺隙而进。刘钟曰："前扬声大将由内水，故道福不敢舍涪。今重兵逼之，出其不意，侯晖之徒，已破胆矣。正可因其机而攻之。克彭模之后，自可鼓行而前，成都必不能守。若缓兵相持，虚实相见，涪军复来，难为敌也。"从之。

七月，龄石率刘钟、蒯恩等攻城，皆克，斩侯晖、谯诜。众军乃舍船步进。臧熹至广汉，病卒。此据《晋书·谯纵传》。《宋书·熹传》云：成都既平，熹乃遇疾。朱林至广汉，复破道福别军。纵投道福于涪。道福怒，投以剑，中其马鞍。纵去之，乃自缢。

道福散金帛以赐其众，众受之而走。道福独奔广汉。广汉人杜瑾缚送之，斩于军门。桓谦弟恬，随谦入蜀，为宁蜀大守，宁蜀，东晋郡。在今四川华阳县东南。至是亦斩焉。龄石遣司马沈叔任戍涪。蜀人侯产德作乱，叔任击斩之。此据《宋书·龄石传》。《沈演之传》：父叔任，为巴西梓潼大守，戍涪城。东军既反，二郡强宗侯励、罗奥聚众作乱，破平之。

第六节　宋武翦除异己

宋武帝起自细微，内戡桓玄，平卢循，定谯纵；外则收复青、齐，清除关、洛，其才不可谓不雄。然猜忌亦特甚。同时并起诸贤，几无不遭翦灭者。

虽国内以此粗定，然中原沦陷既久，非有才高望重者，不克当戡定之任。并时流辈，既已诛夷，而所卵翼成就者，不过战将，资名相埒，莫能相统，关中且以此不守，更无论进图恢复矣。诒元嘉以北顾之忧，不得谓非谋之不臧也。

宋武在北府诸将中，资名盖本当首屈，故义旗初建，即见推为盟主。既平桓玄，王谧与众议推裕领扬州，裕固辞，乃以谧录尚书，领扬州刺史。义熙三年，谧薨。

刘毅等不欲裕入，议以中领军谢混为扬州。或欲令裕于丹徒领州，而以内事付尚书仆射孟昶。遣尚书右丞皮沈以二议谘裕。裕参军刘穆之言："扬州根本所系，不可假人。惟应云：此事既大，非可悬论，便暂入朝，共尽同异。公至京，彼必不敢越公更授余人明矣。"裕从之。四年，遂入为扬州刺史，录尚书事。中枢政柄，至此始全入裕手。

五年，三月，裕北讨，以丹阳尹孟昶监留府事。卢循叛，青州刺史诸葛长民入卫。时镇丹徒。刘毅败问至，昶、长民欲拥天子过江，裕不听。昶固请不止。裕曰："我既决矣，卿勿复言。"昶乃为表曰："臣裕北讨，众并不同，惟臣赞裕行计。使强贼乘间，社稷危逼，臣之罪也。今谨引分，以谢天下。"乃仰药死。夫昶岂草间求活之人？

北迁之议，王仲德、虞丘进并以为不可，皆见《宋书》本传。岂昶之智而出其下？其欲出此，盖非以避卢循，而实以图裕也。昶之所以死可知矣。此为裕诛戮功臣之始。

资名才力，与裕相亚，而尤意气用事，不肯相下者，莫如刘毅。《宋书·武帝纪》云：初高祖家贫。尝负刁逵社钱三万，经时无以还。逵执录甚严。王谧造逵见之，密以钱代还，由是得释。高祖名微位薄，盛流皆不与相知，惟谧交焉。桓玄将篡，谧手解安帝玺绶，为玄佐命功臣。及义旗建，众并以谧宜诛，惟高祖保持之。刘毅尝因朝会，问谧玺绂所在，谧益惧。《刘敬宣传》云：毅之少也，为敬宣宁朔参军，时人或以雄杰许之。敬宣曰："毅性外宽而内忌，自伐而尚人，若一旦遭逢，亦当以陵上取祸耳。"毅闻之，深以为恨。及在江陵，知敬宣还，乃使人言于高祖曰："刘敬宣父子，忠国既昧，今又不豫义始，猛将劳臣，方须叙报，如敬宣之比，宜令在后。若使君不忘平生，欲相申起者，论资语事，正可为员外常侍耳。闻已授郡，实为过优；寻知复为江州，尤所骇惋。"案敬宣论毅之语，显系毅被祸后附会之谈，毅之怨敬宣，未必以此，特以其为高祖所左右耳。《传》又云：敬宣回师于蜀，毅欲以重法绳之。高祖既相任待。又何无忌明言于毅，谓"不宜以私怨伤至公。若必文致为戮，己当入朝，以廷议决之"。毅虽止，犹谓高祖曰："夫生平之旧，岂可孤信？光武悔之于庞萌，曹公失之于孟卓，公宜深虑之。"毅出为荆州，谓敬宣曰："吾忝西任，欲屈卿为长史、南蛮，岂有相辅意乎？”其敖慢陵上，且专与高祖为难可见。

裕素不学，而毅颇涉文雅，朝士有清望者多归之。与尚书仆射谢混，丹阳尹郗僧施尤深相结。裕之伐南燕也，朝议皆谓不可，毅尤固止之。见《宋书·谢景仁传》。

卢循之逼，毅欲往讨，裕与毅书曰：“吾往与妖贼战，晓其变态。今修船垂毕，将居前扑之。克平之日，上流之任，皆以相委。”又遣毅从弟藩往止之。毅大怒，谓藩曰：“我以一时之功相推耳，汝便谓我不及刘裕也？”投书于地，遂以舟师发姑孰。卢循自蔡洲南走，毅固求追讨。长史王诞密白裕曰：“毅与公同起布衣，一时相推耳。既已丧败，不宜复使立功。”其欲争立功名，以收物望，彼此亦相若也。

卢循平后，毅求督江州，裕即如所欲与之。时江州刺史为庾悦，毅数相挫辱，悦不得志，遂以疽发背卒。史言毅微时为悦所侮，以此致憾，其实亦未必然，悦为裕所亲任，毅或有意相摧折耳。

义熙八年，四月，刘道规以疾求归，以毅刺荆，道规刺豫。毅至江陵，乃以其辄取江州兵及留西府文武万余不遣，又告疾，请兖州刺史刘藩为副为罪状，自往讨之。时藩入朝，收之，及谢混并于狱赐死。遣参军王镇恶前发，诈称刘兖州上袭毅。毅自缢死。裕至江陵，又杀郗僧施焉。时为南蛮校尉。

裕之讨刘毅，以诸葛长民监留府事，而加刘穆之建武将军，置佐吏，配给资力以防之。长民诒刘敬宣书曰：“异端将尽，世路方夷，富贵之事，相与共之。”敬宣使以呈裕。

九年，二月，裕自江陵还。前刻至日，辄差其期。既而轻舟径进，潜入东府。明旦，长民至门，裕伏壮士丁旿于幔中，引长民进语，旿自后拉而杀之。并诛其弟黎民。小弟幼民，逃于山中，追禽戮之。

司马休之之自南燕还也，裕以为荆州刺史。桓振复袭江陵，休之战败，免官。刘毅诛，复以休之为荆州刺史。休之宗室之重，又得江、汉人心。其子文思，嗣休之兄尚之，袭封谯王。在京师，招集轻侠。

十年，裕诛其党，送文思付休之。休之表废文思，与裕书陈谢。雍州刺史鲁宗之，常虑不为裕所容，与休之相结。

十一年，正月，裕收休之次子文宝、兄子文祖，并于狱赐死。率众军西讨。

宗之自襄阳就休之，共屯江陵。使文思及宗之子竟陵大守轨距裕。江夏大守刘虔之邀之，军败见杀。裕命彭城内史徐逵之、逵之，湛之父。《宋书·湛之传》作达之，《胡藩传》及《南史》诸传并作逵之。参军王允之出江夏口，在今湖北公安县东。复为轨所败，并没。时裕军泊马头，见第三节。即日率众军济江。江津岸峭，壁立数丈，休之临岸置阵，无由可登。裕呼参军胡藩令上。藩有疑色。裕怒，命左右录来，欲斩之。藩不受命，顾曰："藩宁前死耳。"以刀头穿岸，少容脚指，于是径上。随之者稍多。既得登岸，殊死战。贼不能当，引退。因而乘之，一时奔散。休之等先求援于秦、魏。秦遣姚成王、司马国璠率骑八千赴之。国璠者，安平献王孚后，先与弟叔璠俱奔秦者也。至南阳，魏辰孙嵩至河东，闻休之败，皆引归。休之、文思、宗之、轨等并奔于秦。姚兴将以休之为荆州刺史，任以东南之事。休之固辞，请与鲁宗之等扰动襄、阳、淮、汉。乃以休之为镇南将军扬州刺史。宗之等并有拜授。

及裕平姚泓，休之等复奔魏长孙嵩军。时魏遣援泓者。月余，休之死嵩军中。据《魏书》。《晋书》本传云：休之将奔于魏，未至道卒，谓其未至魏都，非谓未至魏军也。又云：文思为裕所败而死，则误。时与休之同投魏者，尚有新蔡王道赐。族属未详。晃废后以道赐袭。自行归魏者，又有汝南王亮之后准，准弟景之、国璠、叔璠，及自云元显子之天助。

国璠，魏爵为淮南公，道赐爵池阳子。文思与国璠等不平，而伪亲之，引与饮燕。国璠性疏直，因醉，语文思：将与温楷亦与休之同奔魏。及三城胡酋王珍、曹栗等外叛。因说魏都豪强可与谋者数十人。文思告之，皆坐诛。然则文思似确有凶德，非尽刘裕诬之也。又有司马楚之者，宣帝弟大常馗之八世孙。刘裕诛夷司马氏戚属，楚之叔父宣期、兄贞并见杀。楚之亡匿诸沙门中。济江，西入竟陵蛮中。休之败，亡于汝、颍之间。楚之少有英气，能折节待士，与司马顺明、道恭等所在聚党。参看下节。

及裕代晋，楚之收众据长社。秦县，在今河南长葛县西。归之者常万余人。裕遣刺客沐谦刺之。楚之待谦甚厚，谦遂委身事之。

宋永初三年，魏奚斤略地河南，楚之遂请降，助之猾夏。案宋武帝之兴，实能攘斥夷狄；即以君臣之义论，"布衣匹夫，匡复社稷"，司马休之表语。其功亦为前古所未有。

孔子之称齐桓也，曰："微管仲，吾其被发左衽矣。"宋武当之，盖无愧焉。不念其匡维华夏之功，徒以一姓之私，事仇而图反噬，休之等之罪，固不容于死矣。当时晋宗室为宋武所诛者，尚有梁王珍之、逢孙，逢武陵威王晞子。珣之。西阳王羕玄孙，为会稽思世子道生后。道生简文帝之子也。

义熙中，有称元显子秀熙，避难蛮中而至者。道子妃请以为嗣。宋武意其诈，案验之，果散骑郎滕羡奴也。坐弃市。道子妃哭之甚恸。此事之真伪，亦无以言之，然观于休之等之纷纷反噬，则除恶固不可不务尽也。

第七节　宋武暂平关中

《晋书·姚兴载记》云：刘裕诛桓玄，遣参军衡凯之诣姚显请通和，显遣吉默报之，自是聘使不绝。晋求南乡诸郡，兴许之，遂割南乡、顺阳、新野、舞阴等十二郡归于晋。舞阴，汉县，在今河南泌阳县北。此等皆兴置以为郡。

盖时桓氏遗孽，归秦者多，刘裕恐其为患，故欲暂与通和；而兴亦外患方殷，未能恶于晋；所置诸郡，亦本非其所能守也。然桓氏遗孽，兴卒加以卵翼；谯纵、司马休之等叛徒，兴亦无不与相影响者；其终不可以久安审矣。故荆、雍既定，兴又适死，而经略关、洛之师遂出。

义熙十二年，刘裕伐秦。八月，发京师。九月，次彭城。使王仲德督前锋诸军事，以水师入河。檀道济、王镇恶向洛阳。刘遵考、沈林子出石门。朱超石、胡藩向半城。亦作畔城。据魏收《地形志》，在平原郡聊城县。案聊城，汉县，在今山东聊城县西北。咸受统于仲德。

道济、镇恶自淮、肥步向许、洛。羌缘道城守，皆望风降服。沈林子自汴入河。攻仓垣，伪兖州刺史韦华率众归顺。仲德从陆道至梁城。魏兖州刺史尉建弃州北渡。仲德遂入滑台。十月，众军至洛阳。王师之出，秦姚绍、姚恢等方讨勃勃，取安定。

绍还长安，言于泓曰："安定孤远，卒难救卫，宜迁诸镇户，内实京畿，可得精兵十万。"左仆射梁喜曰："关中兵马，足距晋师。若无安定，虏马必及于郿、雍。"泓从之。

吏部郎懿横言："恢于广平之难有忠勋，未有殊赏。今外则置之死地，内则不豫朝权；安定人自以孤危逼寇，思南迁者，十室而九；若恢拥精兵四万，鼓行而向京师，得不为社稷之累乎？宜征还朝廷。"泓曰："恢若怀不逞之心，征之适所以速祸耳。”又不从。

王师至成皋，姚洸时镇洛阳，驰使请救。泓遣其越骑校尉阎生率骑三千赴之。武卫姚益男将步卒一万，助守洛阳。又遣其征东并州牧姚懿，南屯陕津，懿时镇蒲阪。为之声援。洸部将赵玄说洸：“摄诸戍兵士，固守金墉。金墉既固，师无损败，吴寇终不敢越我而西。”

时洸司马姚禹，潜通于檀道济；主簿阎恢、杨度等，皆禹之党，固劝洸出战。洸从之。乃遣玄率精兵千余，南守柏谷坞；广武石无讳东戍巩城。会阳城及成皋、荥阳、虎牢诸城悉降，道济等长驱而至。无讳至石关，胡三省曰：偃师县西南有汉广野君郦食其庙，庙东有二石阙。奔还。玄与毛德祖战，败死。德祖，王镇恶之司马。姚禹逾城奔于王师。道济进至洛阳。洸惧，遂降。

时阎生至新安，益男至湖城，遂留不进。新安，湖城，皆见第三章第三节。姚懿司马孙畅，劝懿袭长安，诛姚绍，废泓自立。懿纳之。乃引兵至陕津，散谷帛以赐河北夷夏。泓遣姚赞及冠军司马国璠、建义蛇玄屯陕津，武卫姚驴屯潼关。懿遂举兵僭号。姚绍入蒲阪，执懿，囚之诛孙畅等。明年，姚恢率安定镇户三万八千趋长安。移檄州郡，欲除君侧之恶。姚绍、姚赞赴难，击破之，杀恢及其三弟。

是岁，正月，刘裕以舟师发彭城。王镇恶至宜阳。檀道济、沈林子攻拔襄邑堡。胡三省曰：在秦所分立之河北郡河北县，晋属河东。泓建威薛帛奔河东。道济自陕北渡，攻蒲阪。泓遣姚驴救蒲阪，胡翼度据潼关。又进姚绍督中外诸军，使率武卫姚鸾等步骑五万，距王师于潼关。姚驴与泓并州刺史尹昭夹攻檀道济，道济深壁不战。

沈林子说道济曰：“蒲阪城坚，非可卒克。攻之伤众，守之引日。不如弃之，先事潼关。潼关天限，形胜之地，镇恶孤军，势危力寡，若使姚绍据之，则难图矣。如克潼关，尹昭可不战而服。”道济从之，弃蒲阪，南向潼关。姚赞率禁兵七千，自渭北而东，进据蒲津。

王仲德之入滑台也，宣言“本欲以布帛七万匹，假道于魏，不谓魏之守将，便尔弃城。”魏明元帝闻之，诏其相州刺史叔孙建自河内向枋头，以观其势。仲德入滑台月余，又诏建渡河曜威，斩尉建，投其尸于河。然建亦不能制仲德。

明元帝令建与刘裕相闻，以观其意。裕亦答言：“军之初举，将以重币假途会彼边镇弃守。”明元帝诏群臣议之。外朝公卿咸曰：“函谷天险，裕舟船步兵，何能西入？脱我乘其后，还路甚难；北上河岸，其行为易；扬言伐姚，意或难测。宜先发军，断河上流，勿令西过。”又议之内朝，咸同外计。

明元帝将从之。崔浩曰：“如此，裕必上岸北侵，则姚无事而我受敌。今蠕蠕内寇，民食又乏，不可发军。未若假之水道，纵其西入，然后兴兵，塞其东归之路。使裕胜也，必德我假道之惠，令姚氏胜也，亦不失救邻之名。夫为国之计，择利而为之，岂顾婚姻酬一女子之惠哉？”议者犹曰：“裕西入函谷，则进退路穷，腹背受敌；北上岸，姚军必不出关助我；扬声西行，意在北进，其势然也。”明元帝遂从群议，遣长孙嵩发兵拒之。时魏泰常二年，即晋义熙十三年二月也。

三月，朱超石前锋入河。魏遣黄门郎鹅青，此据《宋书·朱龄石传》。《魏书》作娥清。安平公乙旃眷，襄州刺史托跋道生，青州刺史阿薄干步骑十万屯河北。常有数千骑，缘河随大军进止。

时军人缘河南岸牵百丈，河流迅急，有漂渡北岸者，辄为虏所杀略。遣军才过岸，虏便退走，军还即复东来。刘裕乃遣白直队主丁旿，率七百人，及车百乘，于河北岸上。去水百余步，为却月阵，两头抱河。车置七仗士。事毕，使竖一白毦。虏见数百人步牵车上，不解其意，并未动。

裕先命朱超石驰往赴之。并赍大弩百张。一车益二十人，设彭排于辕上。虏见营阵既立，乃进围之。超石先以软弓小箭射虏。虏以众少兵弱，四面俱至。明元帝又遣其南平公托跋嵩三万骑至。托跋嵩即长孙嵩。魏人后来改氏，史家于其未改时，亦多依所改者书之。遂肉薄攻营。于是百弩俱发。

又选善射者丛箭射之。虏众既多，不能制。超石初行，别赍大链并千余张稍，乃断稍长三四尺，以链链之。一稍辄洞贯三四虏。虏众不能当，一时奔溃。临阵斩阿薄干首。虏退还半城。超石率胡藩、刘荣祖等追之，复为所围。奋击尽日，杀虏千计。虏乃退走。

此战也，以少击众，实可谓为一奇捷，晋可谓师武、臣力矣。魏师既败，遂假晋以道。盖索虏是时，亦破胆矣。《魏书·长孙嵩传》：大宗假嵩节，督山东诸军事。传诣平原，缘河岸列军。次于畔城，军颇失利。诏假裕道。《于栗磾传》：镇平阳。刘裕之伐姚泓也，栗磾虑其北扰，遂筑垒于河上，亲自守焉。裕遗栗磾书，假道西上。栗磾表闻，大宗许之。

魏人既许假道，刘裕遂至洛阳。使沈田子入上洛。进及青泥。姚泓使姚和都屯尧柳以备之。姚绍以大众逼檀道济。道济固垒不战。绍欲分军据阌阳，乡，属湖县，今河南阌乡县。断其粮道。胡翼度言军势宜集，若偏师不利，则人心骇惧，绍乃止。绍旋呕血死，以后事托姚瓒。众力犹盛。刘裕至湖城，瓒乃引退。

七月，裕次陕城。遣沈林子从武关入，会田子于青泥。姚泓欲自击大军，虑田子袭其后，欲先平田子，然后倾国东出。八月，使姚裕率步骑八千距田子，躬将大众随其后。裕为田子所败，泓退还霸上。关中郡县，多潜通于王师。刘裕至潼关。薛帛据河曲叛泓，裕遣朱超石、徐猗之会帛攻蒲阪，克之。贼以我众少，复还攻城。猗之遇害，超石奔潼关。

王镇恶率水军入渭。姚强屯兵河上，姚难屯香城，在渭水北蒲津口。为镇恶所逼，引而西。姚泓自霸上还，次石桥以援之。石桥，在长安东北。姚强、姚难陈于泾上。镇恶遣毛德祖击强，强战死。难遁还长安。镇恶直至渭桥，在长安北。弃船登岸。

时姚丕守渭桥，为镇恶所败，泓自逍遥园赴之。逍遥园，在长安东北。逼水地狭，因丕之败，遂相践而退。泓奔石桥。瓒众亦散。泓将妻子诣垒门降。瓒率子弟、宗室百余人亦降。刘裕尽诛之。余宗迁于江南。送泓于建康，斩于市。

秦之未亡也，晋齐郡大守王懿降于魏，上书陈计，谓刘裕在洛，以军袭其后路，可不战而克。魏明元帝善之。《魏书·崔浩传》。姚瓒亦遣司马休之及司马国璠自轵关向河内，引魏军以蹑裕后。于是明元帝敕长孙嵩："简精兵为战备。若裕西过，便率精锐，南出彭、沛。如不时过，但引军随之。彼至崤、陕间，必与姚泓相持，一死一伤，众力疲敝，比及秋月，徐乃乘之。"于是嵩与叔孙建自成皋南济。裕克长安，乃班师。盖魏人不意秦之亡如是其速也。然明元帝亦不武，不如勃勃之慓锐，故刘裕不能久驻长安，而关中遂入于夏。

《宋书·武帝纪》云：公之初克齐也，欲停镇下邳，清荡河、洛，以卢循之乱不果。及平姚秦，又欲息驾长安，经略赵、魏，以刘穆之卒，乃归。穆之者，东莞莒人，世居京口。高祖起兵，为府主簿。从平京邑。高祖始至，诸大处分，仓卒立定，并所建也。遂委以心腹之任，动止谘焉。

穆之才甚敏，本传云：穆之与朱龄石，并便尺牍。常于高祖坐与龄石答书，自旦至中，穆之得百函，龄石得八十函，而穆之应对无废。又言高祖伐秦时，穆之内总朝政，外供军旅，决断如流，事无壅滞。宾客辐凑，求诉百端，内外谘禀，盈阶满室，目览辞讼，手答笺书，耳行听受，口并酬应，不相参涉，皆悉赡举。而亦竭节尽诚，无所遗隐。从征广固，还拒卢循，常居幕中画策，决断众事。

高祖西讨刘毅，以诸葛长民监留府，总摄后事，留穆之以辅之，加建威将军，置佐吏，配给资力。西伐司马休之，以中弟道怜知留任，事无大小，一决穆之。十二年北伐，留世子为中军将军，监大尉留府，转穆之左仆射，领监军、中军二府军司将尹。盖恃为留守之长城矣。

穆之以十三年十一月卒，以司马徐羡之代管留任。于时朝廷大事，当决穆之者，并悉北谘；穆之前军府文武二万人，以三千配羡之建威府，余悉配世子中军府；其倚任，远非穆之之比矣。穆之之殁，高祖表天子曰："岂惟谠言嘉谋，溢于民听。若乃忠规远画，潜虑密谋，造膝诡辞，莫见其际。功隐于视听，事隔于皇朝，不可胜记。"此与魏武帝之惜荀文若正同。一代革易之际，必以武人位于大君，此不过借其犷悍之气，以肃清寇盗，驾驭武夫，至于改弦更张，所以扫除秽浊，而开百年郅治之基者，必借有文学之士以为之辅。此其功，与武人正未易轩轾，特不如武人之赫赫在人耳目耳。然当革易之际，能为大君而开一代之治者，亦必非犷悍寡虑之流，不过武功文治，各有专长，不得不借文人以为之辅。既相须之孔殷，自相得而益彰，其能相与有成，亦断非徒为一身之计也。《宋书·王弘传》言：弘从北征，前锋已平洛阳，而未遣九锡，弘衔使还京师，讽旨朝廷。时刘穆之掌留任，而旨从北来，穆之愧惧，发病，遂卒。此真以小人之腹，度君子之心，与谓荀文若不得其死者无异。《张邵传》言：武帝北伐，邵请见曰："人生危脆，必当远虑。穆之若邂逅不幸，谁可代之？"可见穆之罹疾已久矣。《南史》言武帝受禅，每叹忆穆之，曰："穆之不死，当助我理天下。可谓人之云亡，邦国殄瘁。"又岂专为一身起见哉！

十二月，裕发长安。以第二子义真为雍州刺史，留镇，而留腹心将佐以辅之。以王修为长史。义真时年十二耳。

十四年，正月，裕至彭城，复以刘遵考为并州刺史，镇蒲阪。遵考，裕族弟也，裕时诸子并弱，宗族惟有遵考，故用焉。赫连勃勃闻裕东归，大悦。问取长安之策于王买德。买德教以置游兵，断青泥、上洛之路，杜潼关、崤、陕，而以大兵进取长安。

勃勃善之。以子璝都督前锋诸军事，率骑二万，南伐长安，子昌屯兵潼关；

买德南断青泥；而勃勃率大军继发。义真中兵参军沈田子与司马王镇恶拒之北地。田子素与镇恶不协，矫刘裕令，请镇恶计事，于坐杀之。王修收杀田子。治中从事史傅弘之击赫连璝，大破之，夏兵退。

义真年少，赐与不节，王修每裁减之，左右并怨，白义真曰："镇恶欲反，故田子杀之，修今杀田子，是又欲反也。"义真乃使左右刘包等杀修。修既死，人情离骇，无相统一。于是悉召外军，入于城中，闭门距守。关中郡县，悉降于夏。勃勃进据咸阳，见第六章第四节。长安樵采路绝，不可守矣。

十月，刘裕遣朱龄石代义真。敕龄石："若关右必不可守，可与义真俱归。"诸将竞敛财货，多载子女，方轨徐行。傅弘之谓宜弃车轻行，不从。

《晋书·勃勃载记》云："义真大掠而东，百姓遂逐朱龄石，而迎勃勃入于长安。"岂不痛哉？赫连璝率众三万，追击义真。至青泥，为所及。蒯恩断后，被执，死于虏中。恩时遣入关迎义真者。毛修之、傅弘之并没于虏。修之夏亡没于魏。弘之，勃勃逼令降，不屈，时天寒，裸之，叫骂，见杀。王敬先戍潼关之曹公垒，朱龄石率余众就之。虏断其水道，众渴不能战，城陷。被执至长安，皆见杀。

刘裕遣朱超石慰劳河、洛，始至蒲阪，直龄石弃长安去，济河就之，亦与龄石并陷虏见杀。刘遵考南还，代以毛德祖，义真中兵参军。勃勃遣其将叱奴侯提率步骑三万攻之，德祖奔洛阳。关中遂没。

《宋书·武三王传》曰：高祖闻青泥败，未得义真审问。有前至者，访之，并云："暗夜奔败，无以知其存亡。"高祖怒甚，刻日北伐。谢晦谏，不从。及得段宏启事，知义真已免，乃止。宏义真中兵参军，以义真免者。此浅之乎测丈夫者也。高祖即善怒，岂以一子，轻动干戈？

《郑鲜之传》云：佛佛虏陷关中，高祖复欲北讨，鲜之上表谏曰："虏闻殿下亲御大军，必重兵守潼关。若陵威长驱，臣实见其未易；若舆驾顿洛，则不足上劳圣躬。贼不敢乘胜过陕，远慑大威故也。若舆驾造洛而反，凶丑更生揣量之心，必启边戎之患。江南颙颙，忽闻远伐，不测师之深浅，人情恐惧，事又可推。往年西征，刘钟危殆；伐司马休之时，以刘钟领石头戍事，屯冶亭，有盗数百夜袭之，京师震骇，钟讨平之。冶亭，在建康东。前年劫盗破广州，人士都尽；三吴心腹之内，诸县屡败，皆由劳役所致。又闻处处大水，加远师民敝，败散自然之理。殿下在彭城，劫盗破诸县，事非偶尔，皆是无赖凶慝。凡顺而抚之，则百姓思安；违其所愿，必为乱矣。”此当时不克再举之实情。

《王仲德传》云：高祖欲迁都洛阳，众议咸以为宜，仲德曰：“非常之事，常人所骇。今暴师日久，士有归心，固当以建业为王基，俟文轨大同，然后议之可也。”帝深纳之。

《武三王传》亦言：高祖之发长安，诸将行役既久，咸有归愿，止留偏将，不足镇固人心，故以义真留镇。洛阳不能久驻，而况长安？将士不免思归，而况氓庶？势之所限，虽英杰无如之何。

《南史·谢晦传》言：武帝闻咸阳沦役，欲复北伐，晦谏以士马疲怠，乃止，与《武三王传》之言适相反，固知史之所传，不必其皆可信也。

世皆訾宋武之南归，由其急于图篡，以致“百年之寇，千里之土，得之艰难，失之造次，使丰、鄗之都，复沦寇手”，司马光语，见《通鉴》。此乃王买德对赫连勃勃之辞，非敌国诽谤之言，则史家附会之语，初非其实。

宋武代晋，在当日，业已势如振槁，即无关、洛之绩，岂虑无成？苟其急于图篡，平司马休之后，径篡可矣，何必多此伐秦一举？武帝之于异己，虽云肆意翦除，亦特其庸中佼佼者耳，反侧之子必尚多。

刘穆之死，后路无所付托，设有窃发，得不更诒大局之忧？欲攘外者必先安内，则武帝之南归，亦不得訾其专为私计也。

义真虽云年少，留西之精兵良将，不为不多。王镇恶之死，事在正月十四日，而勃勃之图长安，仍历三时而后克，可见兵力实非不足。长安之陷，其关键，全在王修之死。义真之信谗，庸非始料所及，此尤不容苛责者也。惟其经略赵、魏，有志未遂，实为可惜。

当时异族在中原之地者，皆已力尽而毙，惟铁弗、拓跋二虏，起于塞北，力较厚而气较雄；而拓跋氏破后燕后，尤为土广而人众。所以清定之者，实不当徒恃河南为根基，而断当经营关中与河北，以非如是则势不相及也，此观于后来元嘉之丧败而可知。

武帝平秦之日，拓跋氏实无能为；铁弗氏之兵力，亦极为有限。拓跋氏虽因力屈假道，初实为秦形援，后又侵扰河南，伐之实为有辞。铁弗氏必不敢动。秦凉诸国，一闻王师入关，早已胆落。乞伏炽磐曾使求自效。沮渠蒙逊，猾夏最深，然朱龄石遣使招之，亦尝上表求为前驱。

当时此诸国者，未尝不可用之以威勃勃，而铁弗氏与拓跋氏，本属世仇；勃勃惟利是视；苟有事于拓跋氏，亦未必不可驱之，使与我相掎角。然则宋武设能留驻北方二三年，拓跋嗣或竟为什翼犍之续，亦未可知也。惟即如是，五胡乱华之祸，是否即此而讫，亦未可定。

崔浩之为拓跋嗣策中国也，曰：“秦地戎夷混并，虎狼之国，刘裕亦不能守之。孔子曰：善人为邦百年，可以胜残去杀，今以秦之难制，一二年间，岂裕所能哉？且可治戎束甲，息民备境，以待其归，秦地亦当终为国有。”浩实乃心华夏者，其为此言，盖所以息索虏之觊觎，而非为之计深远，说别详后。然于关中之情形，亦颇有合。

宋武之平姚秦，已迫迟暮，其能竟此大业与否，亦可疑也。宋武之所缺，仍在于其度量之不弘。大抵人勋业所就，恒视乎其所豫期。长安之所以不守，实由将士之思归，及其贪暴，《王镇恶传》：是时关中丰盈，仓库殷积，镇恶极意收敛，子女玉帛，不可胜计。观于义真败后，诸将尚竞敛财货，多载子女，方轨徐行，则平时极意收敛者，正不止镇恶一人也。而其所以如此，则平时之所以自期待者使之。

神州陆沈，既百年矣，生斯土者，孰非其奇耻大辱？使为之率将者，果有恢复境壤，拯民涂炭之心，自不以消除关洛为已足；上之所好，下必甚焉，为其所卵翼裁成者，自亦不敢启思归之念，怀欲货之思矣。

王镇恶之至潼关也，姚绍率大众距险，深沟高垒以自固。镇恶悬军远入，转输不充，将士乏食。驰告高祖，求发粮援。

时高祖缘河，索虏屯据河岸，军不得前。高祖初与镇恶等期：克洛阳后，须大军至，及是，呼所遣人，开舫北户，指河上虏示之曰：“我语令勿进，而轻佻深入，岸上如此，何由得遣运？”此时王师实为一大危机，而镇恶亲到弘农，督上民租，百姓竞送义粟，军遂复振。

高祖将还，三秦父老，诣门流涕诉曰：“残民不沾王化，于今百年。始睹衣冠，方仰圣泽。长安十陵，是公家坟墓，咸阳宫殿数千间，是公家屋宅；舍此欲何之？”

义真进督东秦，时陇上流人，多在关中，望因大威，复归本土，及置东秦，父老知无复经略陇右、固关中之意，咸共叹息。王镇恶之死也，沈田子又杀其兄弟及从弟七人，惟镇恶弟康，逃藏得免。与长安徙民张旴丑、刘云等唱集义徒，得百许人。驱率邑郭侨户七百余家，共保金墉，为守战之备。

时有邵平，率部曲及并州乞活千余户屯城南，迎亡命司马文荣为主。又有亡命司马道恭，自东垣率三千人屯城西。亡命司马顺明，五千人屯陵云台。顺明遣刺杀文荣，平复推顺明为主。

又有司马楚之屯柏谷坞。索虏野坂城主黑弰公即于栗磾。游骑在芒上。北邙山，在洛阳东北。攻逼交至。康坚守六旬，救军至，诸亡命乃各奔散。

盖遗黎之可用如此：关中诚如崔浩言，戎夷混并，然汉人之能为国宣力者实更多。即戎夷亦非无可用，此又证以后来柳元景之出师，盖吴之反魏而可知者也。

义真之归也，将镇洛阳，而河南萧条，未及修理，乃改除扬州刺史。毛德祖全军而归，以为荥阳、京兆大守，寻迁司州刺史，戍虎牢。此等兵力，其不足以固河南审矣。郑鲜之言：“西虏或为河、洛之患，今宜通好北虏，则河南安，河南安则济、泗静。”盖至此而徒保河南，弃置河北之势成矣。哀哉。

第八节　魏并北方

宋武帝既弃关中，其明年，遂受晋禅，受禅后三年而崩。子少帝立，为徐羡之等所废。文帝继位，初则谋诛永平逆党，继又因彭城王专权，尽力谋诛刘湛等，经略之事，匪皇顾虑；而其时北魏大武帝继立，剽悍之气，非复如明元之仅图自守，北方诸国，遂悉为所并，欲图恢复益难矣。

自晋义熙十四年弃关中，至宋元嘉十六年魏灭北凉，尽并北方，其间凡二十二年，中国实坐失一不易再得之机会也。今略述北方诸国及其为魏所并之事，以终晋世北方分裂之局。

秃发傉檀既得姑臧，征集戎夏之兵五万余人，大阅于方亭。地属显美。显美，汉县，在今甘肃永昌县东。遂伐沮渠蒙逊，入西陕。蒙逊率众来距。战于均石，为蒙逊所败。蒙逊攻西郡，陷之。胡三省曰：均石，在张掖之东，西陕之西，盖西郡界。赫连勃勃初僭号，求昏于傉檀，傉檀勿许。勃勃怒，率骑二万伐之。自阳非至于支阳，三百余里，杀伤万余人，驱掠二万七千口，牛、马、羊数十万而还。阳非亭，在今甘肃永登县西。支阳，汉县。胡三省引刘昫曰：唐兰州广武县，杜佑曰：唐会州会宁县。会宁，在今甘肃靖远县东北。

傉檀率众追之。战于阳武，峡名，在靖远县境。为勃勃所败。将佐死者十余人。傉檀与数骑奔南山，胡三省曰：支阳之南山，《本纪》事在义熙三年十一月。几为追骑所得。

傉檀惧东西寇至，徙三百里内百姓，入于姑臧。国中骇怨。屠谷成七儿，因百姓之扰，率其属三百人叛。军谘祭酒梁裒，辅国司马边宪等七人谋反，傉檀悉诛之。

姚兴乘机，遣其子弼及敛成等率步骑三万来伐，又使姚显为弼等后继。遗傉檀书，云遣齐难讨勃勃，惧其西逸，故令弼等于河西邀之。傉檀以为然，遂不设备。弼陷昌松，至姑臧，屯于西苑。姑臧有东西苑城。州人王钟、宋钟、王娥等密为内应。候人执其使送之。

傉檀欲诛其元首。前军伊力延侯曰："今强敌在外，内有奸竖，兵交势蹙，祸难不轻，宜悉坑之，以安内外。"傉檀从之，杀五千余人，以妇女为军赏。命诸郡县，悉驱牛羊于野。敛成纵兵虏掠。傉檀遣十将率骑分击，大败之。姚弼固垒不出。姚显闻弼败，兼道赴之。委罪敛成，遣使谢傉檀，引师而归。傉檀于是僭即凉王位。《纪》在义熙四年十一月。遣其左将军枯木、驸马都尉胡康伐沮渠蒙逊，掠临松人千余户而还。蒙逊大怒，率骑五千，至于显美方亭，徙数千户而还。傉檀大尉俱延伐蒙逊，又大败归。傉檀将亲伐之。

尚书左仆射赵晁及大史令景保谏。傉檀曰："吾以轻骑五万伐之。蒙逊若以骑兵距我，则众寡不敌；兼步而来，则舒疾不同。救右则击其左，赴前则攻其后，终不与之交兵接战，卿何惧乎？"既而战于穷泉，《十六国疆域志》云：在昌松。傉檀大败，单马奔还。《纪》义熙六年三月。蒙逊进围姑臧。

百姓惩东苑之戮，即王钟等之诛。悉皆惊散。傉檀遣使请和，以司隶校尉敬归及子他为质。归至胡坑逃还，他为追兵所执。胡坑，胡三省曰：在姑臧西。蒙逊徙八千余户而归。右卫折掘奇镇据石驴山以叛。胡三省曰：石驴山，在姑臧西南，属晋昌郡界。案晋昌，晋郡，在今甘肃安西县东。傉檀惧为蒙逊所灭，又虑奇镇克岭南，乃迁于乐都。今青海乐都县。留大司农成公绪守姑臧。

焦谌等闭门作难，推焦朗为大都督，谌为凉州刺史。蒙逊攻克之。《通鉴》在义熙七年二月。《晋书》云宥朗。《宋书·蒙逊传》云：义熙八年，蒙逊攻焦朗，杀之，据姑臧。盖因蒙逊迁居姑臧而追叙其攻克之事。遂伐傉檀。围乐都，三旬不克。傉檀以子安周为质，蒙逊引归。傉檀又将伐蒙逊。邯川护军孟恺谏，不从。邯川城，在今青海巴燕县黄河北岸。五道俱进。

至番和、茗藿，掠五千余户。番和，汉县，后凉置郡，在今甘肃永昌县西。茗藿，在张掖东。其将屈右，劝其倍道还师，早度峻险。卫尉伊力延曰："彼徒我骑，势不相及。若倍道还师，必捐弃资财，示人以弱，非计也。"俄而昏雾风雨，蒙逊军大至，傉檀败绩而还。蒙逊进围乐都。

傉檀婴城固守，以子染干为质，蒙逊乃归。久之，蒙逊又攻乐都，二旬不克。蒙逊迁于姑臧。义熙八年，僭即河西王位。傉檀弟湟河大守文支降蒙逊，蒙逊又来伐。傉檀以大尉俱延为质，蒙逊引还。《通鉴》在义熙九年四月。傉檀议欲西征乙弗。孟恺谏曰："连年不收，上下饥弊，远征虽克，后患必深。不如结盟炽磐，通籴济难；慰喻杂部，以广军资。畜力缮兵，相时而动。"

傉檀谓其大子虎台曰：虎台从《魏书》。《晋书》作武台，乃唐人避讳改。"今不种多年，内外俱窘，事宜西行。以拯此弊。蒙逊近去，不能卒来。旦夕所虑，惟在炽磐，彼名微众寡，易以讨御。吾不过一月，自足周旋。汝谨守乐都，无使失坠。"乃率骑七千袭乙弗，大破之，获牛、马四十余万。

炽磐果率步骑二万，乘虚来袭。抚军从事中郎尉肃言于虎台曰："外城广大，难以固守，宜聚国人于内城，肃等率诸晋人，距战于外。如或不捷，犹有万全。"虎台惧晋人有贰心也，乃召豪望有谋勇者，闭之于内。孟恺泣曰："恺等进则荷恩重迁，退顾妻子之累，岂有二乎？今事已急矣，人思自效，有何猜邪？"一旬而城溃。

乌孤子樊尼，自西平奔告傉檀。傉檀谓众曰："今乐都为炽磐所陷，男夫尽杀，女妇赏军，虽欲归还，无所赴也。卿等能与吾借乙弗之资，取契汗以赎妻子，是所望也。不尔即归炽磐，便为奴仆矣，岂忍见妻子在他人抱中？"遂引师而西。众多逃返。

遣镇北段苟追之，苟亦不还。于是将士皆散。惟中军纥勃、后军洛肱、安西樊尼、散骑侍郎阴利鹿在焉。傉檀曰："蒙逊与吾，名齐年比，炽磐姻好少年，俱其所忌，势皆不济。与其聚而同死，不如分而或全。樊尼长兄之子，宗部所寄，吾众在北者，户垂二万，蒙逊方招怀遐迩，存亡继绝，汝其西也。纥勃、洛肱，亦与尼俱。吾年老矣，所适不容，宁见妻子而死。"遂归炽磐。惟阴利鹿随之。岁余，为炽磐所鸩。案好战者必亡，其傉檀之谓乎？

《晋书·载记》云："乌孤以安帝隆安元年僭立，至傉檀之世，凡十九年，以安帝义熙十年灭。"

《本纪》亦系傉檀之亡于义熙十年六月。案自隆安元年至义熙十年，止十八年。

《乞伏炽磐载记》云："炽磐以义熙六年袭伪位。"《本纪》在八年。又云："僭立十年而入乐都。"则当为元熙元年，年岁相距大远矣。疑僭立二字衍，而《秃发氏载记》之"凡十九年"，当作十八也。

《通鉴》云：傉檀之死也，沮渠蒙逊遣人诱虎台，许以番禾、西安二郡处之；西安，后凉郡，在张掖东南。且借之兵，使伐秦，报其父仇，复取故地。虎台阴许之。事泄而止。炽磐后，虎台妹也，炽磐待之如初。后密与虎台谋曰："秦本我之仇雠，虽以昏姻待之，盖时宜耳。先王之薨，又非天命，遗令不治者，欲全济子孙故也。胡三省曰：不治，谓被鸩而不解也。为人子者，岂可臣妾于仇雠，而不思报复乎？"乃与武卫将军越质洛成谋弑炽磐。后妹为炽磐左夫人，知其谋而告之。炽磐杀后及虎台等十余人。事在宋景平元年。

乞伏炽磐既兼秃发傉檀，兵强地广。沮渠蒙逊遣其将运粮于湟河，自率众攻克炽磐之广武郡。以运粮不继，自广武如湟河，度浩亹。炽磐遣将距之，皆为蒙逊所败。蒙逊以弟汉平为湟河大守，乃引还。炽磐率众三万袭湟河，汉平降。义熙十一年。

炽磐攻漒川，西秦郡，在今青海东南境。师次沓中。在今甘肃临潭县西。蒙逊攻石泉以救之，石泉，县名，《十六国疆域志》云：属漒川。炽磐引还。蒙逊亦归。遣使聘于炽磐，遂结和亲。

西凉立国酒泉，与蒙逊形势甚逼。《晋书》本传云："蒙逊每年侵寇不止，玄盛志在以德抚其境内，但与通和立盟，弗之校也。寻而蒙逊背盟来侵，玄盛遣世子士业要击，败之，暠世子谭早卒，立次子歆为世子，歆字士业。获其将沮渠百年。《本纪》在义熙七年十月。玄盛谓张氏之业，指期而成，河西十郡，岁月而一，既而秃发傉檀入据姑臧，且渠蒙逊基宇稍广，于是慨然，著《述志赋》焉。"盖其势实最弱也。

义熙十三年，二月，暠卒，子歆嗣。此据《晋书·本纪》。《宋书·且渠蒙逊传》云五月。蒙逊遣其张掖大守且渠广宗诈降诱歆。歆遣武卫温宜等赴之，亲勒大军，为之后继。

蒙逊帅众三万，伏于蓼泉。胡三省曰：《新唐书·地理志》：张掖郡西北百九十里有祁连山，山北有建康军，军西百二十里有蓼泉守捉城。歆闻之，引兵还，为蒙逊所逼，歆亲贯甲先登，大败之。《宋书·蒙逊传》云：歆伐蒙逊，至建康。蒙逊拒之。歆退走。追到西支涧，蒙逊大败，死者四千余人。乃收余众，增筑建康城，置兵戍而还。《晋书·蒙逊载记》云：蒙逊为李士业败于解支涧，复收散卒欲战，前将军成都谏，蒙逊从之，城建康而归。解支涧，胡三省曰："《晋书》作鲜支涧，当从之。"然今《晋书》作解支涧，《十六国疆域志》亦同。

明年，蒙逊大伐歆。歆将出距之。左长史张体顺固谏，乃止。蒙逊大芟禾稼而还。《通鉴》在义熙十四年。歆用刑颇峻，又缮筑不止。从事中郎张显，主簿汜称疏谏，并不纳。

永初元年，七月，据《宋书·且渠蒙逊传》。蒙逊东略浩亹，歆承虚攻张掖。其母尹氏及宋繇固谏，并不从。繇，暠臣，受顾命者。遂率步骑三万东伐，次于都渎涧。《十六国疆域志》引《通志》云：在蓼泉西。蒙逊自浩亹来距。战于坏城，《十六国疆域志》云：在福禄县。为蒙逊所败。勒众复战，又败于蓼泉，被害。蒙逊遂入酒泉。歆弟敦煌大守恂，据郡自称大将军。十月，蒙逊遣世子正德攻之，不下。

明年，正月，蒙逊自往，筑长堤，引水灌城，数十日，又不下。三月，恂武卫将军宋丞，广武将军弘举城降。恂自杀。李氏亡。歆之亡在永初元年。本传云：士业立年而宋受禅，误。故又云，其灭在永平元年，皆误多三年。

赫连勃勃既陷长安，遂僭称皇帝。《魏书》在泰常三年，即晋义熙十四年。《北史》在泰常四年，即晋元熙元年。群臣劝都长安。勃勃曰："荆吴僻远，势不能为人之患。东魏与我同境，去北京裁数百余里。若都长安，北京恐有不守之忧。诸卿适未见此耳。"乃于长安置南台，以其大子璝领雍州牧，录南台尚书事，而还统万。《魏书》云：以长安为南都。案云荆吴不足为患，姚泓之灭，岂特殷鉴不远？知东魏为心腹之忧，则终勃勃之世，何不闻以一矢东向相加遗邪？知此等皆史家附会之辞，非其实也。

勃勃性凶暴好杀。其在长安也，尝征隐士韦祖思，既至，恭惧过礼，勃勃怒曰："吾以国士征汝，奈何以非类处吾？汝昔不拜姚兴，何独拜我？我今未死，汝犹不以我为帝王，我死之后，汝辈弄笔，当置吾何地？"遂杀之。其猜忌汉人如此。常居城上，置弓剑于侧，有所嫌忿，便手自杀之。群臣忤视者毁其目，笑者决其唇，谏者谓之诽谤，先截其舌而后斩之。夷夏嚣然，人无生赖。议废其长子璝，璝自长安起兵攻勃勃。勃勃中子昌破璝，杀之。勃勃以昌为大子。《通鉴》元嘉元年。

元嘉二年，勃勃死，昌僭立。三年，九月，魏遣奚斤袭蒲阪，周几袭陕城。十月，魏大武帝西伐，临君子津。十一月，以轻骑一万八千济河袭昌，略居民，徙万余家而还。奚斤东至蒲阪，昌守将赫连乙升弃城西走。昌弟助兴守长安，乙升复与助兴西走安定。奚斤遂入蒲阪，西据长安。

四年，正月，昌遣其弟平原公定率众二万向长安。五月，魏大武帝乘虚西伐。济君子津，轻骑三万，倍道兼行。群臣咸谏曰："统万城坚，非十日可拔。今轻军讨之，进不可克，退无所资。不若步兵攻具，一时俱往。"

大武曰："夫用兵之术，攻城最下，不得已而用之。如其攻具一时俱往，贼必惧而坚守。若攻不时拔，则食尽兵疲，外无所掠，非上策也。朕以轻骑至其城下，彼先闻有步兵，而徒见骑至，必当心闲。朕且羸师以诱之，若得一战，禽之必矣。所以然者，军士去家二千里，复有黄河之难，所谓置之死地而后生也。"遂行。

次于黑水。去统万三十余里。分军伏于深谷，而以少众至其城下。昌将狄子玉来降，说"昌使人追定，定曰：城既坚峻，未可攻拔，待禽斤等，然后徐往，内外击之，何有不济？昌以为然"。大武恶之。退军城北，示昌以弱。

会军士负罪，亡入昌城，言"魏军粮尽，士卒食菜，辎重在后，步兵未至，击之为便"。昌信其言，引众出城。大武收军伪北，分骑为左右以犄之，昌军大溃。不及入城，奔于上邽。遂克其城。《魏书·本纪》在六月。

是役也，昌虽寡谋，魏亦幸胜。其时魏兵不足二万，而昌众步骑三万；大武引而疲之，行五六里，冲其阵，尚不动；及战，大武坠马，流矢中掌，其不败者亦幸耳。娥清以五千骑攻赫连定，定亦走上邽。奚斤追之，至雍，不及而还。大武诏斤班师。斤请益铠马平昌，不许。抗表固请，乃许之。给斤万人，遣将军刘拔送马三千匹与斤。

五年，魏神䴥元年。二月，昌退屯平凉。斤进军安定。马多疫死，士众乏粮，乃深垒自固。遣大仆丘堆等督租于民间，为昌所败。昌日来侵掠，刍牧者不得出，士卒患之。

监军侍御史安颉请募壮勇出击。斤言"以步击骑，终无捷理"，欲须救骑至。颉曰："今兵虽无马，将帅所乘，足得二百骑，就不能破，可折其锐。且昌狷而无谋，每好挑战，众皆识之，若伏兵掩击，昌可禽也。”斤犹难之。

颉乃阴与尉眷等谋，选骑待焉。昌来攻垒，颉出应之。昌于阵前自接战，军士识昌，争往赴之。会天大风，扬尘，昼昏，众乱。昌退。颉等追击，昌马蹶而坠，遂禽昌。《通鉴考异》曰：“《十六国春秋钞》云：承光三年，五月，战于黑渠，为魏所败。昌与数千骑奔还，魏追骑亦至。昌河内公费连乌提守高平，徙诸城民七万户于安定以都之。四年，二月，魏军至安定。三城溃。昌奔秦州。魏东平公娥青追禽之，送于魏。与《后魏纪传》不同，今从《后魏书》。”案承光赫连昌年号，承光三年，宋元嘉四年也。

观此，弥知魏大武之克统万为幸胜，当时设与之坚持，未有不以乏粮为患者也。昌余众立定，走还平凉。奚斤耻功不在己，轻赍三日粮，追定于平凉。娥清欲寻水而往，斤不从。定知其军无粮乏水，邀其前后。斤众大溃。与娥清、刘跋，俱为定所禽，士卒死者六七千人。丘堆先守辎重在安定，闻斤败，弃甲东走蒲阪。定复入长安，魏大武诏安颉镇蒲阪以拒之。又诏颉斩丘堆。

六年，五月，定侵统万，至侯尼城而还。胡三省曰：侯尼城，在平凉东。

七年，九月，定遣弟谓以代攻鄜城，魏始平公隗归击破之。定又将数万人东击归。十一月，魏大武帝亲率轻骑袭平凉。定救平凉。登鹑觚原，鹑觚，汉县，在今甘肃灵台县东北。方阵自固。大武四面围之，断其水草。定引众下原。击之，众溃。定被创单骑走，收余众西保上邽。诸将乘胜进军，遂取安定。十二月，定弟社干、度洛孤出降。长安、临晋、武功守将皆奔走。关中遂入于魏。

当刘裕伐秦之际，乞伏炽磐尝遣使诣裕求效力，拜为西平将军河南公。《宋书·武帝本纪》。及魏伐夏之岁，炽磐又遣使于魏，请伐赫连昌。《魏书·本纪》始光三年正月。盖皆欲乘时以徼利也。及魏克统万，炽磐乃遣其叔泥头、弟度质于平城。

元嘉五年，炽磐死，子暮末嗣伪位。暮末依《晋书》。《宋》《魏书》及《十六国春秋》皆作茂蔓。炽磐之死，《晋书》在元嘉四年。下文云：暮末在位三年，为赫连定所杀，在元嘉七年。又云：始国仁以孝武大元十年僭位，至暮末四世，凡四十有六载，数亦相合。然据《魏书·本纪》：暮末之灭，在神䴥四年正月，则当为元嘉八年，《宋书·大沮渠蒙逊传》亦同。考《魏书·本纪》，赫连定之奔上邽，在神䴥三年十一月，似其年内未必能亡暮末，疑《晋书》纪事，误移前一年也。

明年，沮渠蒙逊攻枹罕。暮末大破之，禽其世子兴国。暮末政刑酷滥，内外崩离。为赫连定所逼，遣使请迎于魏。魏大武许以安定以西、平凉以东封之。

暮末乃焚城邑，毁宝器，率户万五千至高田谷。胡三省曰：当在南安郡界。为赫连定所拒，遂保南安。魏大武遣使迎之。暮末卫将军吉毗固谏，以为不宜内徙，暮末从之。赫连定遣其北平公韦代当即谓以代。率众一万攻南安。城内大饥，人相食。暮末及宗族五百余人出降，送于上邽。时元嘉八年正月也。从《魏书》，《通鉴》同。

是岁，六月，赫连定北袭沮渠蒙逊，为吐谷浑慕璝所执。明年，二月，送于魏，魏杀之。《宋书·沮渠蒙逊传》：元嘉七年，四月，定奔上邽。十一月，茂蔓闻定败，将家户及兴国东征，欲移居上邽。八年，正月，至南安。定率众御茂蔓，大破之。杀茂蔓，执兴国而还。四月，定避拓跋焘，欲渡河西击蒙逊。五月，率部曲至治城峡口。渡河，济未半，为吐谷浑慕璝所邀，见获。兴国被创，数日死。其事迹与《魏书》多牴牾，似不甚审。治城，胡三省曰："魏收《地形志》：凉州东阹郡有治城县，其地当在黄河南。又凉州有建昌郡，亦有治城县。"案东阹郡之治城，当在旧凉州府境，建昌郡之治城，当在旧兰州府境。胡《注》见元嘉六年。赫连昌尚魏始平公主，封为秦王。元嘉十一年，叛魏，西走河西，为候将所格杀。魏人并杀其群弟。

冯跋在僭伪诸国中，颇称有道。尝下书除前朝苛政，命守宰当垂仁惠，无得侵害百姓。兰台都官，明加澄察。分遣使者，巡行郡国。孤老久病，不能自存者，振谷帛有差。孝弟力田，闺门和顺者，皆褒显之。

又下书省徭薄赋。堕农者戮之，力田者褒赏。命尚书纪达，为之条制。每遣守宰，必亲见东堂，问为政事之要。令极言无隐，以观其志。又下书，令百姓人植桑一百根，柘二十根。禁厚于送终，贵而改葬。蠕蠕勇斛律遣使求跋女伪乐浪公主，群下议前代旧事，皆以宗女妻六夷，乐浪公主不宜下降非类，跋不听。库莫奚虞出库真献马请交市，许之。

契丹库莫奚降，署其大人为归善王。凡兹厚抚四夷，亦皆欲以息民也。史称冯氏出自中州，有殊异类。虽旧史称其信惑妖祀，斥黜谏臣，然能育黎萌，保守疆宇二十余年，实人事而非天意。信不诬也。跋于夷夏之际，亦深有抉择。晋青州刺史申永遣使浮海来聘，跋使其中书郎李扶报之。

魏明元帝遣谒者于什门往使，为跋所留。明元帝使长孙道生率众二万攻之，以其有备，不克而还。魏泰常三年，即晋义熙十四年。可谓明于去就矣。惜亦以内乱不终，是则当上下交征、不夺不餍之世，积习不易挽也。

跋长弟素弗，任侠放荡，惟交结时豪为务。当世侠士，莫不归之。史称跋之伪业，实素弗所建。故高云死时，众推跋为主，跋曾以让素弗，而素弗不可。跋僭位，以为宰辅。素弗谦虚恭慎，虽厮养之贱，皆与之抗礼。车服务于俭约。修己率下，百僚惮之。惜跋之七年即死。义熙十一年。

元嘉七年，跋有疾。跋长子永先死，立次子翼为世子，摄国事。翼勒兵以备非常。跋妾宋氏，规立其子，谓之曰："主上疾将瘳，奈何代父临国乎？"翼遂还。宋氏矫绝内外，遣阉人传问。惟中给事胡福，独得出入，专掌禁卫。

跋疾甚，福虑宋氏将成其计，乃言于跋季弟弘。弘勒兵而入。跋惊怖死。弘袭位。翼勒兵出战，不利，遂死。跋有男百余人悉为弘所杀，亦可谓甚矣。然弘仍不肯屈志于魏。

九年，魏延和元年。六月，魏大武伐之。七月，围之。弘婴城固守。其营丘、辽东、成周、乐浪、带方、玄菟六郡皆降。胡三省曰：燕自慕容已来，分置郡县于辽西，其后或省或并，为郡为县，皆不可考。大武徙其三万余户于幽州。

弘先废其元妻王氏，黜世子崇，令镇肥如，汉县，在今河北卢龙县北。以后妻慕容氏子王仁为世子。崇母弟广平公朗、乐陵公邈出奔辽西，劝崇降魏。崇纳之。遣邈入魏。魏大武拜崇为幽、平二州牧，封辽西王。弘遣其将封羽围崇。

十年，魏延和二年。正月，魏遣其永昌王健救崇。封羽以凡城降魏。凡城，在今热河平泉县境。徙三千余家而还。六月，健又往攻和龙。十一年，魏延和三年。闰三月，弘上表称藩于魏，乞进女。魏大武帝许之，而征王仁入朝。弘不遣。魏又屡遣兵往攻。弘密求迎于高句丽。十三年，魏大延二年，句丽遣将葛卢等率众迎之。五月，弘拥其城内士女，入于句丽。句丽处之于平郭。寻徙北丰。在今辽宁沈阳县西北。魏使散骑常侍封拨如句丽征送弘。句丽不听。

大武议欲击之，纳乐平王丕计而止。弘素侮句丽，政刑赏罚，犹如其国。句丽乃夺其侍人，质任王仁。初弘于宋岁献方物。及是，表求迎接。文帝遣王白驹、赵次兴迎之，并令句丽料理资遣。

句丽王琏不欲使弘南，而魏又征弘于句丽，句丽乃遣将孙漱、高仇等袭杀之。时元嘉十五年三月也。魏大延四年。白驹等率所领七千余人掩讨，禽漱，杀高仇等二人。琏以白驹等专杀，遣使执送之。

上以远国，不欲违其意，白驹等下狱见原。其明年，文帝北讨，诏琏送马，琏献马八百匹，盖帝方有事于索虏，不欲以一人伤一国之好也，然于北燕，则有违字小之仁矣。

《沮渠蒙逊载记》云：晋益州刺史朱龄石遣使来聘，蒙逊遣舍人黄迅报聘，因表曰："承车骑将军刘裕，秣马挥戈，以中原为事，可谓天赞大晋，笃生英辅。若六军北轸，克复有期，臣请率河西戎为晋右翼前驱。"

盖龄石遣使，喻以夹攻后秦也。及刘裕灭姚泓，蒙逊闻之，怒甚。其门下校郎刘祚言事，蒙逊曰："汝闻刘裕入关，敢研研然也？"遂杀之。可谓非我族类，其心必异矣。然蒙逊既据河西之地，故其文明程度究较高。

义熙十四年，遣使奉表称藩。晋以为凉州刺史。宋世亦累受爵命。蒙逊之灭西凉，以唐瑶之子契为晋昌大守。契，李暠孙宝之舅也。叛蒙逊。蒙逊遣其世子正德攻契。

景平元年，三月，克之。契奔伊吾。八月，芮芮来抄。蒙逊遣正德拒之。军败，见杀。乃以次子兴国为世子。又为乞伏暮末所禽。蒙逊送谷三十万斛以赎之，暮末不遣。蒙逊乃立兴国弟菩提为世子。

元嘉十年，四月，蒙逊死。众议以菩提年幼，推立其弟三子茂虔。《宋书》及《十六国春秋》同。《魏书》作牧犍。十一年，上表告私谥蒙逊为武宣王。诏仍加封授。十四年，表献方物，并献书百五十四卷，求书数十件。文帝赐之。

《魏书·本纪》：蒙逊以始光三年内附。元嘉三年。其后神䴥元年、三年，元嘉五年、七年。皆书蒙逊遣使朝贡。而《蒙逊传》载神䴥中蒙逊表辞曰："前后奉表，贡使相望，去者杳然，寂无还反，未审津途寇险，竟不仰连？为天朝高远，未蒙齿录？往年侍郎郭祗等还，奉被诏书，三接之恩始隆，万里之心有赖。"又云"商胡后至，奉公卿书，援引历数安危之机，厉以窦融知命之美"云云。则当赫连氏败亡之时，蒙逊求通于魏颇切，而魏初不甚省录。

后蒙逊又遣子安周入侍于魏，魏大武乃于神䴥四年元嘉八年。九月，遣使册为凉州牧凉王。及茂虔立，自称河西王，大武即如所称册之。

先是大武遣李顺迎蒙逊女为夫人，会蒙逊死。茂虔受蒙逊遗意，送妹于平城，拜右昭仪。而茂虔取大武妹武威公主。

《魏书》本传言：牧犍淫嫂李氏，兄弟三人传嬖之。李与牧犍姊共毒公主。上遣解毒医乘传救公主，得愈。上征李氏，牧犍不遣，厚送，居于酒泉。

然《外戚传》言：世祖平凉州，颇以公主通密计。《西域传》言：初世祖每遣使西域尝诏牧犍令护送。至姑臧，牧犍恒发使导路，出于流沙。后使者自西域还，至武威，牧犍左右谓使者曰：我君承蠕蠕吴提妄说，云去岁魏天子自来伐我，士马疫死，大败而还，我禽其长弟乐平王丕。我君大喜，宣言国中。又闻吴提遣使告西域诸国，称魏已削弱，今天下惟我为强，若更有魏使，勿复恭奉。诸国亦有贰者。牧犍事主，稍以慢惰。使还，具以状闻。世祖遂议讨牧犍。此亦可见武威远嫁，实为内间。不然，世岂有河西中毒，闻于代北，遣医往救，犹获全济者邪？蒙逊猾虏，更事颇多，其于索虏，未尝不心焉鄙之，然强弱不敌，蒙逊知之甚明，故其事魏颇谨，魏人欲伐之而无由，乃为是阴谋诡计，终则其所据为口实者，仍支离不可究诘也。

元嘉十六年，魏大延五年。六月，大武自将攻茂虔。茂虔婴城自守。九月，城陷，乃降。时茂虔弟仪德守张掖，仪德从《宋书》，《魏书》作宜得。无讳守酒泉，从子丰周守乐都，从《宋书》，《魏书》作弟安周。从弟唐儿守敦煌。仪德烧仓库，西奔酒泉，丰周南奔吐谷浑。魏奚眷讨张掖，遂至酒泉。

无讳、仪德复奔晋昌，西就唐儿。初秃发傉檀亡，其子保周奔蒙逊，后奔魏，魏以为张掖公。延和元年，宋元嘉九年。及是，进其爵为王，遣谕诸部鲜卑。保周因率诸部叛于张掖。

十七年，魏大平真君元年。正月，无讳、仪德围酒泉。三月，克之。四月，攻张掖，不克。保周屯于删丹，汉县，今甘肃山丹县。魏永昌王健攻之。七月，保周遁走，自杀。八月，无讳降。

十八年，魏大平真君二年。正月，拜为凉州牧、酒泉王。三月，复封沮渠万年为张掖王。万年，牧犍兄子。五月，唐儿反无讳。无讳留从弟天周守酒泉，与仪德讨唐儿，杀之，复据敦煌。七月，魏奚眷围酒泉。十月，城中饥，万余口皆饿死。天周杀妻以食战士。食尽，城乃陷。执天周至平城，杀之。《魏书·本纪》：四月，诏奚眷征酒泉，获沮渠天周，乃终言之。

于是虏兵甚盛，无讳众饥馑不自立。十一月，遣弟安周五千人伐鄯善。鄯善王恐惧，欲降，魏使者劝令拒守。安周连战不能克，退保东城。盖鄯善之东城，为安周所据者。

十九年，魏大平真君三年。鄯善王比龙西奔且末，其世子乃从安周。

四月，无讳渡流沙，据鄯善。士卒渡流沙，渴死者大半。初李宝随唐契奔伊吾，臣于芮芮。其遗民归附者，稍至二千。至是，自伊吾归敦煌，遣弟怀远奉表于魏。魏拜怀远敦煌大守，授宝沙州牧、敦煌公。真君五年，即元嘉二十一年，因其入朝留之。唐契攻高昌。高昌城主阚爽告急。

八月，无讳留丰周守鄯善，自将家户赴之。未至，芮芮遣部帅阿若救高昌，杀唐契。其部曲奔无讳。

九月，无讳遣将卫寮袭高昌，阚爽奔芮芮。无讳复据高昌。遣常侍氾俊奉表京师，献方物。宋文帝以为凉州刺史、河西王。《本纪》在六月，则其遣使在据高昌之前。

《魏书·西域传》云：无讳兄弟渡流沙，鸠集遗人，破车师国。真君十一年，元嘉二十七年。车师王车夷落遣使琢进、薛直上书，言臣国自为无讳所攻击，经今八岁。人民饥荒，无以存活。贼今攻臣甚急，臣不能自全，遂舍国东奔。三分免一。即日已到焉耆东界。思归天阙，幸垂振救。于是下诏抚慰，开焉耆仓给之。

自真君十一年上溯八年，则元嘉十九、二十年间也。二十一年，魏真君五年。无讳病死，安周代立。宋仍以无讳官爵授之。《魏书·车伊洛传》曰：焉耆胡也。世为东境部落帅，恒修职贡。世祖录其诚款，延和中，授伊洛平西将军，封前部王。《通鉴》作车师前部王。伊洛大悦。规欲归阙。

沮渠无讳断路，伊洛与无讳连战，破之。时无讳卒，其弟天周，夺无讳子干寿兵，规领部曲。伊洛前后遣使招谕干寿等，率户五百余家来奔，伊洛送之京师。又招谕李宝弟钦等五十余人，送诣敦煌。伊洛又率部众二千余人伐高昌，讨破焉耆东关七城。伊洛征焉耆，留其子歇守城。安周乘虚，引蠕蠕三道围歇。歇固守，连战，久之，外无救援，为安周所陷，走奔伊洛。伊洛收集遗散一千余家，归焉耆镇。

《唐和传》言：和契之弟。契与阿若战殁，和收余众奔前部王。时沮渠安周屯横截城，和攻拔之，斩安周兄子树。又克高宁、白力二城，斩其戍主。后与前部王车伊洛击破安周，斩首三百。此为无讳末年，安周初年之事。

大平真君六年，宋元嘉二十二年也，魏大武诏万度归发凉州以西兵袭鄯善。

《鄯善传》言：其王真达面缚出降，度归释其缚，留军屯守，与真达诣京都。是岁，拜韩牧为鄯善王以镇之，赋役其人，比之郡县。丰周亡于此时，抑已先亡，则不可考矣。

《魏书·高昌传》云：和平元年，宋大明四年。安周为蠕蠕所并，蠕蠕以阚伯周为高昌王。《宋书·氐胡传》言：世祖大明三年，安周奉献方物，实其灭亡前之一岁也，亦可哀矣。茂虔亦为魏所害，事别见后。

注释：

① 姏姆[mán mǔ]：乳母。

第八章

宋初南北情势

第一节　宋初内衅

晋安帝以义熙十四年十二月见弑。史称帝不惠。自少及长，口不能言。虽饥饱寒暖，无以辨也。凡所动止，皆非己出。桓玄之篡，因此获全。刘裕将为禅代，以谶云“昌明之后有二帝”，乃使中书侍郎王韶之缢之，而立其弟恭帝德文，以应谶焉。元熙二年，六月，禅位于裕，是为宋高祖武皇帝。以恭帝为零陵王。永初二年，九月，使其后弟褚淡之弑之。

宋武帝七子：长少帝义符，次庐陵孝献王义真，次文帝义隆，次彭城王义康，次江夏文献王义恭，次南郡王义宣，次衡阳文王义季。帝以荆州上流形胜，地广兵强，遗诏诸子次第居之。《宋书·义宣传》。又以京口要地，去都邑甚迩，非宗室近戚，不得居焉。《刘延孙传》。

永初三年，五月，帝崩。少帝立。司空徐羡之，中书监傅亮，领军将军谢晦辅政。

景平二年，废南豫州刺史庐陵王义真为庶人。南豫州，治历阳。徙新安郡，旋使使诛之。时年十八。五月，江州刺史檀道济，扬州刺史王弘入朝。皇大后令：废帝为营阳王。幽之吴郡。六月，见弑。时年十九。迎立荆州刺史宜都王义隆，是为大祖文皇帝。时年十八。

史称少帝有失德。于华林园为列肆，亲自酤卖。华林园本在洛阳，此东渡后所营，在台城内。又开渎聚土，以象破冈埭。破冈渎，在今江苏丹阳县境。与左右引船唱呼，以为欢乐。夕游天泉池，本在洛阳，此亦东渡后所开。即龙舟而寝，其朝未兴而兵至。见《本纪》，亦见《徐羡之传》。案自古帝王，纵恣者多矣，少帝未逮弱龄，即有失德，未至不可谏诲也，何至遽行废立？况又以帝废则次立者应在义真而先废之，且杀之乎？亦可谓甚矣。

范泰谓所亲曰："吾观古今多矣，未有受遗顾托，而嗣君见杀，贤王婴戮者也。"诚哉其然也。羡之等果何所恃而敢为此？抑亦何所迫而遽出此哉？时傅亮实奉迎文帝，帝以少帝见害，不敢下。

司马王华曰："先帝有大功于天下，四海所服。徐羡之中材寒士，傅亮布衣诸生，非有晋宣帝、王大将军之心明矣。废主若存，虑将来受祸；又畏庐陵严断，必不自容；殿下宽叡慈仁，远近所知，越次奉迎，冀以见德。悠悠之论，殆必不然。且三人势均，莫相推伏，就怀不轨，势必不行。不过欲握权自固，以少主仰待耳。今日就征，万无所虑。"兼采《宋书》《南史》本传。此言可谓洞见事情。

时到彦之为南蛮校尉，文帝欲使领兵前驱，彦之曰："了彼不贰，便应朝服顺流，若使有虞，此师既不足恃，更开嫌隙之端。"亦逆料诸人之无异心，非敢无备也。文帝引见傅亮。哭泣，哀动左右。既而问义真及少帝薨废本末，悲号呜咽，侍侧者莫能仰视。亮流汗沾背，不能答。于是布腹心于到彦之、王华等。及至都，徐羡之问："帝可方谁？"亮曰："晋文、景以上人。"羡之曰："必能明我赤心。"亮曰："不然。"少帝之废，徐羡之即以谢晦为荆州刺史。晦虑不得去，甚忧皇。

及发新亭，顾望石头城，喜曰："今得脱矣。"至江陵，亦深结王华，冀以免祸。观此诸事，羡之等在当日，实求自全之意多，觊覦非分之想，可谓绝无。然敢行灭族之事，何也？

《范泰传》载泰谏少帝之辞曰："伏闻陛下，时在后园，颇习武备。"

《义真传》云：义真聪明爱文义，而轻动无德业。与谢灵运、颜延之、慧琳道人，并周旋异常。云得志之日，以灵运、延之为宰相，慧琳为西豫州都督。即豫州，亦曰北豫州。

在历阳，多所求索，羡之等每裁量不尽与。深恶执政。表求还都。而少帝失德，羡之等密谋废立，则次第应在义真。因其与少帝不协，乃奏废之。

《谢灵运传》曰：灵运为性褊激，多愆礼度。朝廷惟以文义处之。自谓才能，宜参机要。既不见知，常怀愤愤。少帝即位，权在大臣，灵运构扇异同，非毁执政，徐羡之等患之。灵运时为大子左卫率，因此出为永嘉大守。

《颜延之传》云：时尚书令傅亮，自以文义之美，一时莫及，延之负其才辞，不为之下，亮甚疾焉。庐陵王义真，颇好辞义，待接甚厚。徐羡之等疑延之为同异，意甚不悦。延之时为大子中舍人。

盖少帝年少，羡之等不免专权。延之、灵运，皆轻躁之徒，疏于虑患，遂乘机构扇义真，兄弟合谋，欲除其逼。后园之习武备，淮左之求入朝，所图正是一事。云庐陵与少帝不协，则适得其反矣。

宋初杀机未启，非如后来之君臣动辄相屠，羡之等即或见废，亦不过免官归第，何至遽行灭族之事？此无他，利令智昏，贪恋权势而不肯去，所谓苟患失之，无所不至也。废立大事，虽威权闻望，十倍于羡之等者，犹或无以善其后，况如羡之等之植根浅薄者乎？

《谢晦传》云：晦与羡之、亮谋自全之计，以晦据上流，而檀道济镇广陵，各有强兵，以制持朝廷；羡之、亮于中秉权；可以持久。此等计虑，又安足恃乎？羡之等之废立，盖深得王弘及檀道济之力，以弘门第高华，弘，导之曾孙，珣子。道济先朝旧臣，威服殿省，且有兵众也。见《羡之传》。

然弘实非首谋，其弟昙首，又为文帝所亲委。道济素与弘善，弘时被遇方深，道济弥相结附。文帝乃用二人以携其党。

元嘉三年，正月，下诏诛羡之及亮。使中领军到彦之及道济讨晦。雍州刺史刘粹，断其走伏。雍州时治襄阳。羡之走出郭，自缢死。时年六十三。亮被收付廷尉，伏诛。晦问计于记室何承天。

承天曰："大小既殊，逆顺又异。境外求全，上计也。以腹心领兵戍义阳，将军率众于夏口一战，若败，即趋义阳，以出北境，此其次也。"

晦良久曰："荆楚用武之国，且当决战，走不晚也。"其昧险冒利，犹故智也。于是率军二万，发自江陵。舟舰列自江津，至于破冢。戍名，在江陵东南。旍旗相照，蔽夺日光。

然本非将才，徒眩耳目而已。到彦之至彭城洲，在今湖南岳阳县东北。为晦军所败，退保隐圻。在今湖南临湘县东北。而道济继至。晦闻羡之等死，谓道济必不独全，及闻率众来上，皇惧无计。西人离沮，无复斗心，遂一时溃散。晦夜投巴陵，得小船还江陵，与七骑北走。至安陆延头，为戍主所执，送京师，伏诛。

时文帝亲征，至芜湖，闻晦破，乃还。帝遣中书舍人谓傅亮曰：“以公江陵之诚，当使诸子无恙。”亮长子演先卒，演弟悝、湛并逃亡，徙湛弟都于建安。吴郡，今福建建瓯县。

羡之子乔之，尚高祖第六女富阳公主，及弟乞奴并从诛。兄子佩之，逵之兄。逵之尚高祖长女会稽长公主。高祖以其姻戚，累加宠任。

景平初，以羡之秉权，颇与政事。与吴兴大守王韶之，侍中程道惠，中书舍人邢安泰、潘盛相结。

时谢晦久病连灸，不堪见客，佩之等疑其托疾有异图，与韶之、道惠同载诣傅亮，称羡之意，欲令亮作诏诛之，亮不可，乃止。羡之既诛，大祖特宥佩之，免官而已。其年冬，佩之又结殿中监茅亨谋反，亨密以闻，乃收斩之。豪家子弟之轻妄好乱如此。

文帝之为人也，颇深沈有谋，而其度量失之不广。帝之见迎也，众皆疑沮，惟王华、王昙首、到彦之赞之，故即位，即征彦之为中领军，而以华、昙首与殷景仁、刘湛并为侍中。

景仁、湛皆历职武帝之世，景仁为少帝黄门侍郎，湛则随义真、义康于豫、南豫二州为长史，并以干用名于时者也。谢晦之败，义康继为荆州，而王弘为侍中，扬州刺史，录尚书事。平陆令成粲及范泰，并劝弘让权义康。弘从之，固自陈请。

元嘉六年，遂征义康为侍中，司徒，南徐州刺史，南徐州，治京口。与弘分录。弘既多疾，且每事推谦，内外众务，遂一断之义康。九年，弘薨，义康又领扬州刺史。时为文帝所任者，尚有孔宁子。初为镇西谘议参军，及即位，以为黄门侍郎。

《王华传》言：宁子与华，并有富贵之愿。宁子以元嘉二年病卒，而王弘辅政，弟昙首，为大祖所任，与华相埒。华常谓已力用不尽。每叹息曰：“宰相顿有数人，天下何由得治？”文帝之所任者，亦皆非局量恢宏之人，然观华此言，亦可见帝之猜忌不能专有所任，知成粲范泰之劝王弘引退，为有由也。

帝有虚劳疾，寝顿积年。每意有所想，便觉心中痛裂。属纩者相系。而义康好吏职，锐意文案。聪识过人，一闻必记。常所暂遇，终身不忘。又自强不息，无有懈倦。虽位卑人微，皆被引接。大权遂为所窃。

史称其“专总朝权，事决自己。生杀大事，以录命断之。凡所陈奏，入无不可。方伯已下，并委任用。由是朝野辐凑，势倾天下。凡朝士有才用者，皆引入己府，无施及忤旨者，即度为台官。私置僮部六千余人，不以言台。”盖已成尾大不掉之势矣。王华以元嘉四年，王昙首以七年卒。

义康之入，义恭代镇江陵，刘湛出为长史。八年，殷景仁引湛还朝，共参政事。召为大子詹事。

《湛传》云：“湛与景仁素款，又以其建议征之，甚相感悦。及俱被时遇，猜隙渐生。以仁专管内任，谓为间己。昔为义康上佐，遂以旧情，委心自结。欲因宰相之力，以回主心，倾黜景仁，独当时务。义康屡构之于大祖。其事不行。”语曰：与其媚于奥，宁媚于灶，谓湛是时之结义康，乃欲借其力以回主眷，其谁信之?

《义康传》云：“南阳刘斌，湛之宗也。有涉俗才用。为义康所知，自司徒右长史擢为左长史。从事中郎王履，谧之孙。主簿刘敬文，祭酒孔胤秀，并以倾侧自入。见大祖疾笃，皆谓宜立长君。斌等遂结朋党，伺察省禁。有尽忠奉国，不与己同志者，必构造愆衅，加以罪黜。每采拾景仁短长，或虚造异同以告湛。”其欲去景仁之故，盖可知矣。

九年，景仁迁尚书仆射。湛代为中领军将军。十二年，景仁复迁中书令。湛愈忿怒。景仁乃称疾解职。上使停家养病。湛议遣人若劫盗者于外杀之。上微闻之，迁景仁密迩宫府，故其计不行。十三年，义康杀檀道济。道济自谢晦诛后，仍为江州。

《传》云：“道济立功前朝，威名甚重；左右腹心，并经百战；诸子又有才气；朝廷疑畏之。大祖寝疾累年，屡经危殆，义康秉政，虑宫车晏驾，道济不可复制。十二年，上疾笃，会索虏为边寇，召道济入朝。既至，上间。十三年，春，将遣还镇，已下船矣，会上疾动，召入祖道，收付廷尉，及其子八人并伏诛。又收司空参军薛彤付建康伏法。又遣至寻阳收道济子三人及司空参军高进之诛之。彤、进之并道济腹心，有勇力，时以比张飞、关羽。”案道济本无远志；既与景平之逆，后来虽自湔洗，亦未必能为文帝纯臣；然犹忌而诛之，可见事势之亟矣。十七年，十月，收刘湛付廷尉伏诛。子黯、亮、俨从诛，弟素徙广州。又诛刘斌及刘敬文、孔胤秀等。王履废于家。义康改授江州刺史，出镇豫章。征虏司马萧斌，昔为义康所昵，刘斌等害其宠，谗斥之，乃以斌为谘议参军，领豫章大守。事无大小，皆以委之。

《景仁传》言："景仁卧疾者五年。虽不见上，而密表去来，日中以十数。朝政大小，必以问焉。影迹周密，莫有窥其际者。收湛之日，景仁使拂拭衣冠。寝疾既久，左右皆不晓其意。其夜，上出华林园延贤堂召景仁。犹称脚疾，小床舆以就坐。诛讨处分，一皆委之。"

《湛传》言：是岁湛"所生母亡。时上与义康，形迹皆乖，衅难将结，湛亦知无复全地。及至丁艰，谓所亲曰：今年必败。常日正赖口舌争之，故得推迁耳。今既穷毒，无复此望，祸至其能久乎？《南史》云：'湛伏甲于室，以待上临吊，谋又泄，竟弗之幸。'案此时似不易行此事，其说恐不足信。湛生女辄杀之，为士流所怪"，盖亦逆知其将败，不欲其辱为婢妾也。其君臣之藏机于深以相图如此，岂不哀哉？

义康既出，殷景仁代为扬州刺史，月余卒。征义恭为侍中，司徒，录尚书。奉行文书而已。帝乃安之。时帝之所任者，为沈演之、范晔、庾炳之、何尚之等。演之为右卫将军，晔为左卫将军，对掌禁旅，同参机密。炳之为尚书吏部郎。尚之为吏部尚书。

演之者，劲曾孙，亦义康寮属。史称其与殷景仁素善，尽心于朝廷。晔，泰少子。尝为义康参军。后为尚书吏部郎，以事为义康所左迁，意好乖离。炳之者，冰之孙。《传》言时"朝士游殷氏者不入刘氏之门，独炳之游二人之间，密尽忠于朝廷。景仁称疾不朝见者历年，大祖常令炳之衔命去来，湛不疑也。"尚之为大祖所知，为侍中。

元嘉十三年，义康欲以刘斌为丹阳尹，上不许，而以尚之为之。尚之女适刘湛子黯，而湛与尚之，意好不笃。湛欲领丹阳，乃徙尚之为祠部尚书，领国子祭酒，尚之甚不平。盖一时所用，莫非与义康为敌者矣，然难殊未已。

鲁国孔熙先，博学，有纵横才志。为员外散骑侍郎，不为时所知，久不得调。其父默之，为广州刺史，以臧货得罪下廷尉，义康保持之，故得免。范晔外甥谢综，义康大将军记室参军。父述，亦为义康所遇。综弟约，又为义康女夫。丹阳尹徐湛之，逵之子也。素为义康所爱。虽为舅甥，恩同子弟。与刘湛等颇相附协。及湛得罪，事连湛之。大祖大怒，将致大辟，以其母故得全。《湛之传》曰：会稽公主，身居长嫡，为大祖所礼，家事大小，必咨而后行。高祖微时，贫陋过甚。尝自新洲伐荻，有纳布衫袄等衣，皆敬皇后手自作。高祖既贵，以此衣付公主，曰："后世若有骄奢不节者，可以此衣示之。"及是，湛之忧惧无计，以告公主。公主即日入宫。既见大祖，因号哭下床，不复施臣妾之礼，以锦囊盛纳衣掷地以示上，曰："汝家本贫贱，此是我母为汝父作此纳衣。今日有一顿饱便欲害我儿子。"上亦号哭。湛之由此得全。后复为丹阳尹。熙先倾身事综，以交于晔。

《晔传》言：晔素有闺庭论议，朝野所知，故门胄虽华，而国家不与姻娶，熙先因以此激之。晔与沈演之并为上所知待，每被见多同。晔若先至，必待演之俱入，演之先至，常独被引，晔又以此为怨。

综随镇豫章，还申义康意于晔，求解晚隙，复敦往好。大将军府史仲承祖，义康旧所信念，屡衔命下都，亦潜结腹心，规有异志。闻熙先有诚，密相结纳。承祖结事湛之，告以密计。申义康意于萧思话及晔。思话，孝懿皇后武帝继母。弟子，时为侍中，领大子左卫率。有法略道人，先为义康所供养，粗被知待；又有王国寺法静尼，亦出入义恭家；皆感激旧恩，规相拯拔。并与熙先往来。使法略罢道。本姓孙，改名景玄。以为臧质宁远参军。

质，武敬皇后弟子，尝为义恭抚军参军，时为徐、兖二州刺史。法静尼妹夫许耀，领队在台，宿卫殿省，许为内应。

豫章胡遵世，为臧质宁远参军，去职还家，与法略甚款，密相酬和。湛之谓晔等："臧质岁内当还，已报质，悉携门生义故。质与萧思话款密，当使要之。二人并受大将军眷遇，必无异同。思话三州义故，众力亦不减质。郡中文武，及合诸处侦逻，亦当不减千人。不忧兵力不足，但当勿失机耳。"

元嘉二十二年，九月，衡阳王义季、南平王铄文帝子。出镇。上于武帐冈祖道，武帐冈，在建康广莫门外。晔等期以其日为乱，而差互不得发。十一月，湛之上表告之。晔及熙先、综、仲承祖、许耀并伏诛。免义康及子女为庶人，绝属籍，徙付安成郡。以沈邵为安成公相，领兵防守。遵世，藩第十四子。藩庶子六十人，多不遵法度。大祖以藩功臣，不欲显其事，使江州以他事收杀之。二十四年，藩第十六子诞世，第十七子茂世，率群从二百余人，攻破郡县，欲奉义康。直交州刺史檀和之至豫章，讨平之。于是徙义康广州，仍以沈邵行广州事。未行，直邵病卒。索虏来寇瓜步，天下骚动，上虑异志者或奉义康为乱，二十八年，正月，遣赐义康死。

盖义康之事，推波助澜，前后凡二十余年焉。其中范晔谋乱一节，事极可疑。何者？国家不与姻娶，并非当时士大夫所耻。若耻闺庭为人论议，为乱岂足雪之？晔蒙文帝眷顾，不为不深，即与沈演之厚薄稍殊，亦何至深怨，冒险而行赤族之事？

是时之义康，岂易扶翼，况晔意好夙离，迥非刘湛之比邪？王鸣盛言："熙先说诱蔚宗，晔字。蔚宗始则执意不回，终乃默然不答，其不从显然，反谓其谋逆之意遂定；蔚宗言于上，以义康奸衅已彰，将成乱阶，反谓其欲探时旨；此皆求其故而不得，从而为之辞。乃云：武帐冈祖道，蔚宗等期以其日为乱，区区文士，欲作寿寂之、姜产之伎俩，是何言与？案《宋书》记此事，但云差互不得发而已。《南史·晔传》则云：许耀侍上，扣刀以目晔，晔不敢视，俄而坐散，差互不得发。夫当时兵权在耀，耀而欲发，何必请命于晔？此真所谓求其故而不得，从而为之辞者也。史事真相不传者，后人往往以意附会，为之弥缝。看似可信，实则愈离其真。《南史》《北史》所采，固有足补正旧史处，然此等处亦不少，不可不分别观之也。初被收，不肯款服，自辩云：今宗室磐石，蕃岳张峙，设使窃发侥幸，方镇便来讨伐，几何而不诛夷？且臣位任过重，一阶两级，自然必至，如何以灭族易此？又云：久欲上闻，逆谋未著；又冀其事消弭，故推迁至今。然则蔚宗特知情不举，乃竟以为首乱之人，何哉？《宋书》全据当时锻炼之辞书之，而犹详载其自辩语，《南史》并此删之，则蔚宗冤竟不白矣。"《十七史商榷》。案王氏之言是也。

《宋书》言晔不即首款，上复遣问曰："熙先近在华林门外，宁欲面辩之乎？"晔辞穷，乃曰："熙先苟诬引臣，臣当如何？"熙先闻晔不服，笑谓殿中将军沈邵之曰："凡诸处分，符檄书疏，皆范晔所造及治定，云何于今，方作如此抵蹋邪？"上示以墨迹，晔乃具陈本末，曰："久欲上闻"云云。见上。

其夜，上使尚书仆射何尚之视之，问曰："卿事何得至此？"晔曰："君谓是何？"尚之曰："卿自应解。"晔曰："外人传庾尚书庾炳之。见憎，计与之无恶。谋逆之事，闻孔熙先说此，轻其小儿，不以经意，今忽受责，方觉为罪。君方以道佐世，使天下无冤，弟就死之后，犹望君照此心也。"

夫使符檄书疏，皆出于晔，尚何得喋喋呫呫？观其对何尚之之言，则是逆谋惟闻诸熙先，此外罪状，悉属诬妄矣。

王氏谓《宋书》所据，皆当日锻炼之辞，诚不诬也。此狱主谋，实惟熙先，熙先非端人，其必欲诬引晔，或正以其不同而怨之，而陷之邪？此亦不能为作《宋书》者咎。

史家行文，不能以己意为事实，亦断不能事事附以己意，加之辨正；据所传旧文书之，而其真伪则待后人自辨，固作史之道应尔；后人误以狱辞为事实，此自后人无识，作史者不任咎也。惟如《南史》之轻于刊落，则实不免粗疏耳。

《徐湛之传》言：晔等谋逆，湛之始与之同，后发其事，所陈多不实，为晔等款辞所连，乃诣廷尉归罪，上慰遣令归郡。其后湛之仍见信任。

《何尚之传》言：晔任参机密，尚之察其意趣异常，白大祖："宜出为广州。若在内衅成，不得不加以斧钺，屡诛大臣，有亏皇化。"上曰："始诛刘湛等，方欲超升后进。晔事迹未彰，使豫相黜斥，万方将谓卿等不能容才，以我为信受谗说。但使共知如此，不忧致大变也。"观此二事，亦可见晔之罪状，必非真实也。《何尚之传》语，乃事后附会之辞。尚之或欲出晔，必不能逆亿其有逆谋。苟逆亿其有逆谋，而文帝以如此之辞拒之，尚之又何以自容邪？

然晔虽未与逆谋，谓非知情不举固不可。而当日之知情不举者，又何止晔一人？君亲无将，将而必诛，此义在君主专制之世，固不能谓为非正，而当时之人，乃视犯上作乱，恬不为怪如此，此其君臣相杀之祸，所以史不绝书与？义康一案，《宋书》所载者，颇多义康一面之辞。如《义康传》云：素无术学，暗于大体。自谓尽弟至亲，不复存君臣形迹。在安成，读书，见淮南厉王事，废书叹曰："前代乃有此，我得罪为宜也。"夫义康之得罪，非以不存形迹也。即以形迹论，义康与文帝，非田舍兄弟也，身居总录，又长吏职，而可诿为不知乎？此意存回护者也。《殷景仁传》言：诛刘湛后，为扬州刺史，拜毕，便觉其情理乖错，月余卒，或云见刘湛为崇，此为湛不平者所造作也。观此等，亦可见当时私党之盛，及其时天泽之分之不严。

范晔诛后，庾炳之以为何尚之所奏免官。沈演之、何瑀之并卒。文帝所任者，为江湛及徐湛之，湛，元嘉二十五年为侍中，任以机密。二十七年，转吏部尚书。湛之，范晔之败，出为南兖州刺史。二十六年，复入为丹阳尹。二十七年，索虏至瓜步，湛之领兵置佐，与皇大子分守石头。二十八年，转尚书右仆射，领护军将军。何尚之虽为令，而朝事悉归湛之。世谓之江、徐。史称炳之内外归附，势倾朝野。领选既不辑众论，又颇通货贿。何尚之密奏其"诸恶纷纭，过于范晔，所少贼一事耳”。又云：“历观古今，未有众过藉藉，受货数百万，更得高官厚禄如今者也。”

二十五年，乃免官。而江湛则极清廉。尝为上所召，直浣衣，称疾经日，衣成然后赴。后来元凶之难，亦能守节不移。则文帝所任之人，亦得失互见也。

第二节　拓跋氏坐大上

晋之末叶，北方诸国，相次衰颓，拓跋氏兴于代北，气力较完，诸国遂悉为所并，说已见前。是时拓跋氏初兴，虽有食牛之气，未成封豕之形；且其内衅甚多，可乘之隙实不少。惜乎中国亦多故；且自东渡已来，未尝以恢复为务，在北方之实力大薄，遂无以乘之，而听其坐大也。

拓跋氏之初兴，即有觊觎中原之意，观前所述猗卢、郁律、什翼犍之事可知。道武中兴，所注意者似在魏，其时与西燕且似有成约，说亦见前。

天兴元年，晋安帝隆安二年。克邺，史称其有定都之意，然卒徙山东六州民吏及徒何、高丽、杂夷三十六万，百工技巧十余万口而北。是岁七月，遂定都平城。时于邺置行台，至天兴四年，即晋隆安五年四月，亦罢之。盖其力实未足控制中原，故不敢自安也。

天兴四年，以长孙肥为兖州刺史，给步骑二万，南徇许昌，略地至彭城，亦不过钞掠而已。其明年，晋安帝元兴元年。道武自将破姚兴于干壁。又明年，元兴二年。桓玄篡晋。

《魏书·本纪》言：是岁五月，大简车徒，将略江、淮，平荆、扬之乱。其明年，为天赐元年，元兴三年。四月，使公孙表使于江南，以观桓玄之衅，直玄败而还。是秋，江南大乱，流民繦负而奔淮北者，行道相寻。《魏书》之言，固多夸侈，然是时江南有衅，则系实情，而魏迄不能有所举动，固知其力实有限也。

道武末年，似病狂易。史云由寒食散发。盖代北风气，本尚野蛮，道武性又暴戾，更益之以药力，遂至不可收拾矣。其天赐六年，晋义熙五年也，为其子绍所杀。子嗣，戡乱自立，是为大宗明元帝。

《魏书·道武纪》云：初帝服寒食散，药数动发，至此逾甚。或数日不食，或不寝达旦。归咎群下，喜怒乖常。谓百寮左右，人不可信。虑如天文之占，或有肘腋之虞。追思既往成败得失，终日竟夜，独语不止，若旁有鬼物对扬者。朝臣至前，追其旧恶，皆见杀害。其余或以颜色变动，或以喘息不调，或以行步乖节，或以言辞失措，帝皆以为怀恶在心，变见于外，乃手自殴击。死者皆陈天安殿前。于是朝野人情，各怀危惧。有司懈怠，莫相督摄。百工偷劫，盗贼公行。巷里之间，人为希少。

帝亦闻之，曰："朕纵之使然，待遇灾年，当更清治之耳。"夫所杀果止朝臣，何至巷里之间，人为希少？说不足信，无俟深辩。

《宋书·索虏传》言：先是有神巫，诫开：《索虏传》：道武名开，字涉珪。"当有暴祸，惟诛清河，杀万民，乃可以免。"开乃灭清河一郡；常手自杀人，欲令其数满万。或乘小辇，手自执剑，击担辇人脑，一人死，一人代。每一日，死者数十。夜恒变易寝处，人莫得知，惟爱妾名万人知其处。万人与开子清河王私通。虑事觉，欲杀开。令万人为内应，夜伺开独处，杀之。

开临死，曰："清河、万人之言，乃汝等也。"敌国传闻，固难尽审，然道武所杀，必不止于朝臣，则可信矣。此皆中国之遗黎，沦没不能自拔者也。哀哉！道武所杀朝臣，如和跋、奚牧、莫题、庾岳、贺狄干、李栗等，其罪名皆莫须有，传见《魏书》卷二十八。晁崇及其弟懿，见《术艺传》。

《魏书·清河王绍传》云：绍凶很险悖，不遵教训。好轻游里巷，劫剥行人，斫射犬豕，以为戏乐。大祖尝怒之，倒悬井中，垂死乃出。大宗常以义方责之，遂与不协。恒惧其为变。而绍母夫人贺氏有谴，大祖幽之于宫，将杀之。会日暮，未决。贺氏密告绍曰："汝将何以救吾？"绍乃夜与帐下及宦者数人，逾宫犯禁。

《大宗纪》云：初帝母刘贵人赐死，大祖告帝曰："昔汉武帝将立其子，而杀其母，不令妇人后与国政，使外家为乱。汝当继统，故吾远同汉武，为长久之计。"

帝素纯孝，哀泣不能自胜。大祖怒之。帝还宫，哀不自止，日夜号泣。大祖知而又召之。帝欲入。左右曰："今陛下怒盛，入或不测。不如且出，待怒解而进，不晚也。"帝惧，从之。乃游行，逃于外。

《皇后传》云：魏故事，后宫产子，将为储贰，其母皆赐死。大祖末年，后以旧法薨。夫魏自道武以前，安有建储之事？果系故事，道武但云上遵祖制可矣，何必远征汉武？《后传》之说，其为诬罔，不辩自明。综观始末，似大宗先因母咎获谴，而绍又继之也。

绍母为献明皇后道武母。妹，实道武之从母。贺氏即贺兰氏，在代北故为强部，道武倚以复国，而其后为好不卒，致动干戈，实力服而非心服。是役也，《绍传》言肥如侯贺护，举逢于安阳城北，汉代郡东安阳县城，在今察哈尔蔚县西北。故贺兰部人皆往赴之。其余旧部，亦率子弟，招集族人，往往相聚。护，《外戚传》作泥，为讷从父弟悦之子。《传》称贺兰部人至大宗即位乃罢，盖几酿成大变矣。大宗闻变乃还。《绍传》。惟东宫旧臣王洛儿、车路头从之。

《洛儿传》云：大宗昼居山岭，夜还洛儿家。洛儿邻人李道，潜相奉结。绍闻，收道斩之。洛儿犹冒难，往返京都，通问于大臣。大臣遂出奉迎。百姓奔赴。

《绍传》云：大宗潜于山中，使人夜告北新侯安同。众皆响应。至城西，卫士执送绍。于是赐绍母子死。诛帐下阉官、宫人为内应者十数人。其先犯乘舆者，群臣于城南都街生脔割而食之。绍时年十六。

《北史》言昭成帝九子：庶长曰寔君，次曰献明帝，次曰秦王翰，次曰阏婆，次曰寿鸠，次曰纥根，次曰地干，次曰力真，次曰窟咄。献明帝似无其人，窟咄尝与道武争国，皆已见前。

秦王翰子曰卫王仪，曰阴平熹王烈，曰秦愍王觚。寿鸠子曰常山王遵。纥根子曰陈留桓王虔。虔子曰朱提王悦，陈留景王崇。地干子曰毗陵王顺。力真子曰辽西公意烈。翰早卒。阏婆、寿鸠、纥根、地干、力真，皆无事迹可见。觚为慕容驎所杀，事亦见前。

《遵传》云：好酒色。天赐四年，晋义熙三年。坐醉乱，失礼于大原公主，赐死。顺，柏肆之败欲自立，亦已见前。其《传》云：道武好黄、老，数召诸王及朝臣，亲为说之。在坐莫不只肃。惟顺独坐寐，不顾而唾。帝怒，废之。以王薨于家。夫道武岂能知黄、老者？即谓所谓黄、老，乃方士所托，道武好服食，故知其名，亦安能说其义？且方士之为药物者，亦曷尝有义可说？是顺之废，其罪状不可知也。

《意烈传》云：先没于慕容垂，道武征中山，弃妻子，迎于井陉。及平中原，有战获勋，赐爵辽西公，除广平大守。时和跋为邺行台，意烈性雄耿，自以帝属，耻居跋下，遂阴结徒党，将袭邺。发觉，赐死。此时而欲袭邺，云以耻居和跋下，其谁信之？卫王仪，在道武之世，战功最多。又尝使于慕容氏。及道武破燕，将还代都，置中山行台，诏仪守尚书令以镇之。寻征仪，以丞相入辅。《仪传》云：上谷侯岌、张衮，代郡许谦等，有名于时。初来入军，闻仪待士，先就仪。仪并礼之，共谈当世之务。谦等三人曰："平原公有大才，不世之略，吾等宜附其尾。"平原公，仪初封。

道武以仪器望，待之尤重。数幸其第，如家人礼。仪矜功恃宠，遂与宜都公穆崇伏甲谋乱。崇子逐留，在伏士中。道武召之，将有所使。逐留闻召，恐发，逾墙告状。帝秘而恕之。《崇传》云：天赐三年薨。先是卫王仪谋逆，崇豫焉，大祖惜其功而秘之。及有司奏谥，大祖亲览谥法，至述义不克曰丁，大祖曰："此当矣。"乃谥曰丁公。案刘显之谋，窟咄之难，大祖皆赖崇以免，可谓心膂之臣，而亦与仪通谋，大祖且不敢举发，仪之声势可知矣。

天赐六年，天文多变。占者云："当有逆臣，伏尸流血。"帝恶之。颇杀公卿，欲以厌当天灾。仪内不自安，单骑遁走。帝使人追执之，遂赐死。观下文所引《陈留景王崇传》，仪之死，恐亦未必如史之所云也。

《悦传》云：悦袭封后为宗师。悦恃宠骄矜，每谓所亲王洛生之徒曰："一旦宫车晏驾，吾止避卫公，除此谁在吾前？"初姚兴之赎耿伯支，悦送之，路由雁门，悦因背诱奸豪，以取其意。后遇事谴逃亡，投雁门，规收豪杰，欲为不轨。为土人执送。帝恕而不罪。

明元即位，引悦入侍。仍怀奸计。说帝云："京师杂人，不可保信，宜诛其非类者。"又云："雁门人多诈，并可诛之。"欲以雪其私忿。帝不从。悦内自疑惧。怀刃入侍，谋为大逆。叔孙俊疑之。窃视其怀，有刃。执而赐死。案《安同传》云：大宗在外，使夜告同，令收合百工技巧，众皆响应奉迎。所谓百工技巧，疑即天兴元年所徙，此亦当在京师杂人之列。是时贺兰部屯聚安阳，诸部亦往往相聚，盖皆内怀疑贰，大宗不获用代北诸部，乃借新徙之汉人，以倾清河也。

《烈传》云：元绍之逆，百僚莫敢有声，惟烈行出外，诈附绍，募执明元。绍信之。自延秋门出，遂迎立明元。

《崇传》云：卫王死后，道武欲敦宗亲之义，诏引诸王子弟入宴。常山王素等三十余人，咸谓与卫王相坐，疑惧，皆出逃遁，将奔蠕蠕。素，遵子。惟崇独至。道武见之，甚悦。厚加礼赐，遂宠敬之。素等于是亦安。

然则当时宗室之中，不怀疑叛者，惟烈、崇二人而已，犹未知其果出本心，抑事势邂逅，不得不然也。拓跋氏亦危矣哉！清河之变，盖不减六修之难。然六修之难，卫雄、箕淡，能率晋人南归，而清河之变，播迁之百工技巧，只为明元之奉，则以六修难时，刘琨在北，声势相接，清河变时则不然也。兼弱、攻昧，取乱、侮亡，武之善经也，亦必我有以兼之、攻之、取之、侮之而后可。不然，纵机会日至，亦何益哉？

明元雄略，迥非道武之伦，故宋武戡定关中，审慎迟回，卒不敢救。然明元亦非忘情猾夏者，故宋武一死，而兵衅遂启，其事别见第四节。明元旋死，子焘立，是为魏世祖大武皇帝，而其猾夏弥甚矣。

《魏书·明元纪》：泰常七年，宋武帝永初三年。四月，甲戌，封皇子焘为泰平王。初帝素服寒食散，频年动发，不堪万儿。五月，诏皇大子临朝听政。当时实未立大武为大子，疑当作皇长子。是月，泰平王摄政。八年，宋少帝景平元年。十有一月，帝崩于西宫。大武监国后，明元避居之处，见下。时年三十二。

《世祖纪》云：大宗明元皇帝之长子也。母曰杜贵嫔。《皇后传》云：明元密皇后杜氏，魏郡邺人，阳平王超之妹也。初以良家子选入大子宫。有宠。生世祖。及大宗即位，拜贵嫔。泰常五年，永初元年。薨。世祖保母窦氏，初以夫家坐事诛，与二女俱入宫。大宗命为世祖保母。性慈仁，勤抚导。世祖感其恩训，奉养不异所生。及即位，尊为保大后。后尊为皇大后。

《齐书·魏虏传》云：佛狸母是汉人，为木末所杀。佛狸以乳母为大后。自此已来，大子立，辄杀其母。

《宋书·索虏传》云：焘年十五六，不为嗣所知，遇之如仆隶。嗣初立慕容氏女为后，又娶姚兴女，并无子，故焘得立。

《魏书·外戚传》：杜超，泰常中为相州别驾，魏于邺置相州。奉使京师。时以法禁，不得与后通问。

始光中，宋文帝元嘉元年至四年。世祖思念舅氏，以超为阳平公，尚南安长公主，拜驸马都尉。以法禁不得通问，乃讳饰之辞。焘母在魏宫，盖并无位号，后又因事为明元所杀。焘非借窦氏保全之力，则得其长育之功，故感之甚深也。然其获建为继嗣，则又深得崔浩之力。

《浩传》云：大宗恒有微疾，怪异屡见，乃使中贵人密问于浩曰："朕疾弥年，疗治无损，恐一旦奄忽，诸子并少，将如之何？"浩曰："自圣化隆兴，不崇储贰，是以永兴之始，社稷几危。今宜早建东宫，选公卿忠贤，陛下素所委仗者，使为师傅，左右信臣，简在圣心者，以充宾友；入总万几，出统戎政，监国抚军，六柄在手；则陛下可以优游无为，颐神养寿，进御医药。万岁之后，国有成主，民有所归，则奸宄息望，旁无觊觎。此乃万世之令典，塞祸之大备也。今长皇子焘，年渐一周，明叡温和，众情所系，时登储副，则天下幸甚。立子以长，礼之大经。若须并待成人而择，倒错天伦，则生履霜坚冰之祸。自古以来，载籍所记，兴衰存亡，鲜不由此。”大宗纳之。

于是使浩奉策告宗庙，命世祖为国副主，居正殿临朝。司徒长孙嵩、山阳公奚斤、北新公安同为左辅，坐东厢西面。浩与大尉穆观，散骑常侍丘堆为右弼，坐西厢东面。百官总已以听焉。

大宗避居西宫。时隐而窥之。听其决断，大悦。谓左右侍臣曰：“以此六人辅相，吾与汝曹游行四境，伐叛柔服，可得志于天下矣。”会闻宋武之丧，遂欲取洛阳、虎牢、滑台。浩谏，不听。后卒自将南下。见第四节。世岂有不堪听政，而可以即戎者？然则谓明元传国，由于疾作，又魏史讳饰之辞也。其后献文传位孝文，亦自将出击柔然，然则以一人主国政，一人事征伐，盖拓跋氏之成法。《序纪》言禄官、猗㐌、猗卢三人，同时并立，禄官坐守，而猗㐌、猗卢，并出经略，亦其类也。

明元时，道武诸子，多先后殂谢，道武十男：明元、清河而外，曰浑，曰聪，皆早死，未封。曰河间王修，曰长乐王处文，皆死于泰常元年，即晋义熙十二年；曰阳平王熙，死于泰常六年；曰河间王曜，死于泰常七年，即宋永初二年，三年；皆在大武监国之前。惟广平王连，至大武始光元年，即宋元嘉元年；京兆王黎，至大武神麚元年，即宋元嘉五年乃死。而与大武并生者六人：曰乐平戾王丕，母大慕容夫人。曰安定殇王弥，母氏缺。曰乐安宣王范，母慕容夫人。曰永昌庄王健，母尹夫人。曰建宁王崇，曰新兴王俊。母氏并缺。

《刘洁传》云：世祖监国，洁与古弼等选侍东宫，对综机要，洁典东部事，弼典西部。敷奏百揆。世祖即位，委以大任。超迁尚书令。鹿浑谷之役，见下节。洁私谓亲人曰：“若军出无功，车驾不返者，吾当立乐平王。”洁又使右丞张嵩求图谶，问：“刘氏应王，继国家后，我审有名姓否？”对曰：“有姓而无名。”穷治款引。搜嵩家，果得谶书。洁与南康公狄邻及嵩等皆夷三族，死者百余人。《丕传》云：坐刘洁事以忧薨。子拔袭爵，后坐事赐死，国除。

丕之薨及日者董道秀之死也，高允遂著《筮论》，曰：“昔明元末起白台，其高二十余丈。乐平王尝梦登其上，四望无所见。王以问道秀。筮之，曰：‘大吉。’王默而有喜色。后事发，遂忧死，而道秀弃市。”

《范传》云：刘洁之谋，范闻而不告。事发，因疾暴薨。健子仁，与濮阳王闾若文谋为不轨。发觉，赐死。崇子丽，文成时封济南王。后与京兆王杜文宝谋逆，父子并赐死。俊坐法削爵为公。俊好酒色，多越法度。又以母先遇罪，而己被贬削，恒致怨望。渐有悖心。事发，赐死。然则大武兄弟六人，始终无异意者，安定殇王一人而已，得毋以其殇故邪？

乐平王之觊觎，早在明元之末，则明元之使大武监国，必非由于疾病。六人之母，未必无贵于大武者，大武之得立，盖实以其长，崔浩盖以是动明元也。《北史·长孙嵩传》云：明元寝疾，问后事于嵩。嵩曰：“立长则顺，以德则人服。今皇长子贤而世嫡，天所命也，请立。”乃定策，诏大武临朝监国。浩实乃心华夏者，岂以大武母为汉人而辅立之与？然大武乃纯以鲜卑人自居。大武与宋文帝书曰：“彼年已五十，未尝出户，虽自力而来，如三岁婴儿，复何知我鲜卑常马背中领上生活。”见《宋书·索虏传》。

《魏书·本纪》言其“性清俭率素。服御饮膳，取给而已。不好珍丽。食不二味。所幸昭仪、贵人，衣无兼采。每以财者军国之本，无所轻费。赏赐皆是死事勋戚之家，亲戚爱宠，未尝横有所及”。岂以其少见遇如仆隶，故习于俭素与？又云：“临敌常与士卒同在矢石之间，左右死伤者相继，而帝神色自若，是以人思效命，所向无前。命将出师，指授节度，从命者无不制胜，违爽者率多败失。性又知人，拔士于卒伍之中，惟其才效所长，不论本末。”言虽溢美，然《宋书·索虏传》亦言其“壮健有筋力，勇于战斗，攻城临敌，皆亲贯甲胄。”则其长于用兵，自非虚言。于是南吞僭伪诸国，北攘柔然、高车，而祸之中于中国者亦弥深矣。

第三节　拓跋氏坐大下

从来北狄之盛强，率以其裹胁之众，前已言之。拓跋氏此等经略，始于道武而盛于大武，实其盛强之大原因也。今略述其事如下：

漠南北之地，秦、汉之世，为匈奴所居；后汉匈奴西徙，则鲜卑继其后，其事已详《秦汉史》。晋世鲜卑侵入中国，踵其后者，实惟铁勒。铁勒之地，自天山之北，越两海而接拂菻，其蔓衍盖甚广。其最近中国者，则高车也。

《北史》云：高车，初号为狄历，北方以为敕勒，诸夏以为高车、丁零。其语略与匈奴同，而时有小异。或云：其先匈奴之甥也。其种有狄氏、袁纥氏、案此即回纥之异译。斛律氏、解批氏、护骨氏、异奇斤氏。后文云：高车之族，又有十二姓：一曰泣伏利氏，二曰吐卢氏，三曰乙旃氏，四曰大连氏，五曰窟贺氏，六曰达薄氏，七曰阿仑氏，八曰莫允氏，九曰俟分氏，十曰副伏罗氏，十一曰乞袁氏，十二曰右叔沛氏。

俗云：匈奴单于生二女，姿容甚美，国人皆以为神。单于曰："我有此女，安可配人？将以与天。"乃于国北无人之地筑高台，置二女其上，曰："请天自迎之。"经三年，其母欲迎之。单于曰："不可，未彻之间耳。"

复一年，乃有一老狼，昼夜守台嗥呼，因穿台下为空穴，经年不去。其小女曰："吾父处我于此，欲以与天，而今狼来，或是神物，天使之然。"将下就之。其姊大惊曰："此是畜生，无乃辱父母？"妹不从，下为狼妻而产子。后遂滋繁成国。故其人好引声长歌，又似狼嗥。铁勒与突厥同族，此观突厥神话亦托于狼可知。高车一枝，则铁勒之最东而与匈奴混者，故其语同，而其神话亦与匈奴相涉也。

《北史》又云：无都统大帅，当种各有君长。为性粗猛，党类同心。至于寇难，翕然相依。斗无行阵，头别冲突。乍出乍入，不能坚战。盖其部族未能统一，亦无法制，故不能为患。然有能抚而有之者，则其众固足用矣。其地在鹿浑海西北百余里。鹿浑海，盖今蒙古三音诺颜汗部之桑金达赖泊也。在右翼右末旗之西。

铁勒部落近于魏者，尚有吐突邻、解如、纥突邻、纥奚、侯吕邻、薛干、即赫连勃勃所奔。黜弗、素古延、越勤倍泥等。道武时多为魏所破。时又讨库莫奚、袁纥、即上高车六种之一。叱奴、豆陈等部，破之。其事在登国三年至八年间，晋孝武帝大元十三至十八年。皆见《魏书·大祖纪》及《高车传》：此实魏之所以骤强。然亦有始终不服者，则柔然是也。

《北史·蠕蠕传》云：姓郁久闾氏。始神元之末，掠骑有得一奴，发始齐肩，亡本姓名，其主字之曰木骨闾。木骨闾者，首秃也。木骨闾与郁久闾声近，故后子孙因以为氏。此盖魏人造作之说，以奴虏诬柔然之先。

木骨闾既壮，免奴为骑卒。穆帝时，坐后期当斩。亡匿广漠溪谷间，收合逋逃，得百余人，依纯突邻部。当系纥突邻之误。木骨闾死，子车鹿会，雄健，始有部众，自号柔然。后大武以其无知，状类于虫，故改其号为蠕蠕。案蠕蠕与柔然，实即一音之异译。故《宋书》作芮芮。此非更其名，乃易其字耳。清人每诋语汉人好以丑恶字样译外族人名，乃举旧史译名，妄加更改，并滥及地名及他译名。

观魏大武此举，则知此等褊见，实仍出自塞外小部族人，中原无是也。

《蠕蠕传》又云：车鹿会既为部帅，岁贡马畜、貂豽皮。冬则徙度漠南，夏则还居漠北。车鹿会死，子吐奴傀立。吐奴傀死，子跋提立。跋提死，子地粟袁立。地粟袁死，其部分为二：地粟袁长子匹候跋，继父居东边，次子缊纥提，别居西边。

及昭成崩，缊纥提附卫辰而贰于魏。登国中讨之。蠕蠕遁走。长孙肥追之，至涿邪山。《汉书·匈奴传》：汉使因杅将军出西河，与强弩都尉会涿邪山，亡所得，其地当在河套西北。匹候跋请降。获缊纥提子曷多汗，及曷多汗兄诰归之、社仑、斛律等。缊纥提西遁，将归卫辰。道武追之。至跋那山，据下文在上郡。缊纥提复降。

九年，晋大元十九年。曷多汗与社仑率部众弃其父西走。长孙肥追之。至上郡跋那山，斩曷多汗。社仑奔匹候跋。匹候跋处之南鄙，令其子四人监之。社仑执四子而叛。袭执匹候跋。匹候跋诸子收余众，亡依高车斛律部。社仑欲聚而歼之，释匹候跋。匹候跋归其诸子。社仑密举兵袭杀匹候跋。匹候跋子十五人，归于道武。

社仑掠五原以西诸部，北度大漠。侵高车，深入其地。势益振。北徙弱洛水。即《勿吉传》之如洛瓌水。其下文又作洛孤水。今之西辽河也。始立军法。千人为军，军置将一人。百人为幢，幢置帅一人。先登者赐以虏获，退懦者以石击首杀之，或临时捶挞。无文记，将帅以羊矢粗计兵数。后颇知刻木为记。其西北有匈奴余种，国尤富强。部帅曰拔也稽，举兵击社仑。社仑逆战于頞根河，今鄂尔坤河。大破之。后尽为社仑所并，号为强盛。随水草畜牧。其西则焉耆之地；东则朝鲜之地；北则渡沙漠，穷瀚海；南则临大碛。其常所会庭，敦煌、张掖之北。小国皆苦其寇钞，羁縻附之。于是自号豆代可汗。豆代，犹魏言驾驭开张也。道武谓尚书崔宏曰："蠕蠕之人，昔来号为顽嚚。每来钞掠，驾牸牛奔遁，驱犍牛随之。牸牛伏不能前。异部人有教以犍牛易之者；蠕蠕曰：其母尚不能行，而况其子？终于不易。遂为敌所虏。今社仑学中国，立法，置战阵，卒成边害。道家言圣人生，大盗起，信矣。”案弱洛水距敦煌、张掖甚远，社仑之北徙弱洛水，与其立庭于敦煌、张掖之北，盖非一时事。观《北史》所述疆域四至，实已尽据漠北，跨及西域。盖时北方更无强部，故其开拓之易如此。

西域诸国，文化较高，柔然之能立法整军，实由于此，非必学自中国也。然非吞并高车诸部，其众骤增，亦断不能及此。故柔然与魏为敌，不啻高车与魏为敌，实突厥兴起之先声也。

天兴五年，晋元兴元年。社仑闻道武征姚兴，遂犯塞。入自参合陂，南至豺山及善无北泽。胡三省云：豺山，在善无。时遣常山王遵以万骑追之，不及。天赐三年，晋义熙二年。夏，社仑寇边。永兴元年，义熙五年。冬，又犯塞。二年，义熙六年。明元讨之。社仑遁走。道死。其子度拔，年少，未能御众。部落立社仑弟斛律，号蔼苦盖可汗。魏言姿质美好也。斛律畏威自守，不敢南侵，北边安静。

神瑞元年，与冯跋和亲。跋聘斛律女为妻。斛律长兄子步鹿真，大臣树黎共谋，令勇士夜就斛律穹庐后伺其出执之，与女俱嫔于和龙。步鹿真立。委政树黎。

初高车叱洛侯，叛其渠帅，导社仑破诸部。社仑德之，以为大人。步鹿真与社仑子社拔，共至叱洛侯家，淫其少妻。少妻告步鹿真：“叱洛侯欲举社仑季父仆浑之子大檀为主。”步鹿真闻之，归发八千骑，往围叱洛侯。叱洛侯焚其珍宝，自刎死。多珍宝，亦见其与西域交通之密。步洛真遂掩大檀。大檀发军执步鹿真及社拔，绞杀之。

大檀先统别部，镇于西界，能得众心，国人推戴之。号牟汗曷升盖可汗。魏言制胜也。大檀率众南徙犯塞。明元亲讨之。大檀遁走。遣奚斤追之。遇寒雪，士众冻死及堕指者十二三。魏史讳饰之辞最多，如此等处，皆可知其实败绩也。

明元崩，大武即位，大檀闻而大喜。

始光元年，宋元嘉元年。秋，乃寇云中。大武亲讨之。大檀围大武五十余重，骑逼马首，相次如堵焉。二年，宋元嘉二年，大武大举。东西五道并进。至漠南，舍辎重，轻骑赍十五日粮，绝漠讨之。大檀部落骇惊，北走。

神䴥二年，宋元嘉六年。五月，大武又分两道袭之。大檀焚烧庐舍，绝迹西走，莫知所至。于是国落四散，窜伏山谷。畜产野布，无人收视。大武缘栗水西行，栗水，今翁金河。过汉将窦宪故垒。六月，次菟园水。今三音诺颜部之拜达里克河。分军搜讨。东至瀚海，西至张掖水，北度燕然山。即窦宪故垒所在也。东西五千余里，南北三千余里。高车诸部，杀大檀种类，前后归降者，三十余万。俘获首虏及戎马百余万匹。

八月，大武闻东部高车屯已尼陂，《乌洛侯传》云：其西北二十日行，有于己尼大水，所谓北海也。北海，即今贝加尔湖。己尼陂，当在今三音诺颜部，当入贝加尔湖诸水之源。人畜甚众，去官军千余里，遣左仆射安原等往讨之。高车诸部，望军降者数十万。大檀部落衰弱，因发疾而死。子吴提立。号敕连可汗。魏言神圣也。

四年，宋元嘉八年。遣使朝献。延和三年，元嘉十一年。二月，以吴提尚西海公主。又遣使者纳吴提妹为夫人，又进为左昭仪。大延二年，元嘉十三年。绝和犯塞。四年，元嘉十五年。又分三道征之。不见蠕蠕而还。时漠北大旱，无水草，军马多死。五年，元嘉十六年。大武西伐沮渠牧犍。宜都王穆寿崇孙。辅景穆居守。长乐王嵇敬、建宁王崇二万人镇漠南，以备蠕蠕。吴提果犯塞。寿素不设备。贼至七介山，京邑大骇，争奔中城。司空长孙道生拒之吐颓山。未详。吴提之寇也，留其兄乞列归与北镇诸军相守。胡三省曰：北镇即魏六镇，以在平城之北，故曰北镇。或曰：即怀朔镇。敬、崇等破之阴山之北，获乞列归。吴提闻而遁走。道生追之，至于漠南而还。

《穆寿传》云：舆驾行次云中，将济河，宴诸将。世祖别御静室，召寿及司徒崔浩，尚书李顺。世祖谓寿曰："蠕蠕吴提，与牧犍连和，今闻朕征凉州，必来犯塞。若伏兵漠南，殄之为易。朕故留壮兵肥马，使卿辅佐大子。收田既讫，便可分伏要害，以待虏至。引使深入，然后击之，禽之必矣。凉州路远，朕不得救卿。若违朕指授，为虏侵害，朕还斩卿。崔浩、李顺为证，非虚言也。"

寿顿首受诏。寿信卜筮之言，谓贼不来，竟不设备。《公孙表传》：表子质，初为中书学生，稍迁博士。寿雅信任，以为谋主。质信好卜筮，筮者咸云寇必不来，故不设备。由质几至败国。而吴提果至，侵及善无，京师大骇。寿不知所为，欲筑西郭门，请恭宗避保南山。惠大后不听，乃止。保大后谥惠。遣司空长孙道生等击走之。世祖还，以无大损伤，故不追咎。

夫以世祖之酷，寿果违命，安不致诛？《寿传》之不足信，不待言也。乞列归之见获也，叹曰：“沮渠陷我！”而《牧犍传》亦言：牧犍闻蠕蠕内侵，幸车驾返旆，遂婴城自守；则吴提是役，确为救沮渠氏而来，可见其与西方关系之密。是役也，寇入颇深，魏史习于讳饰，乃造作引使深入之言，聊以解嘲耳。然亦可见吴提兵锋之锐矣。

真君四年，元嘉二十年。大武又分军四道：乐安王范、建宁王崇各统十二将出东道。乐平王督十五将出西道。车驾出中道。中山王辰领十五将，为中军后继。车驾至鹿浑谷，胡三省曰：即鹿浑海之谷，本高车袁纥部所居。其地在平城西北，其东即弱洛水。与贼相遇。吴提遁走。追至頞根河，破之。车驾至石水而还。石水，今色楞格河。

《恭宗纪》云：真君四年，从世祖讨蠕蠕。至鹿浑谷，与贼相遇。虏皇怖，部落扰乱。

恭宗言于世祖曰：“今大军卒至，宜速进击，掩其不备，破之必矣。”尚书令刘洁固谏，以为“尘盛贼多，出至平地，恐为所围，须军大集，然后击之可也”。

恭宗谓洁曰：“此尘之盛，由贼恇扰，军人乱故。何有营上，而有此尘？”世祖疑之，遂不急击。蠕蠕远遁。

既而获虏候骑，世祖问之，对曰：“蠕蠕不觉官军卒至，上下皇惧，引众北走。经六七日，知无追者，始乃徐行。”世祖深恨之。

《洁传》云：时议伐蠕蠕，洁意不欲，群臣皆从其议。世祖决行，乃问于崔浩，浩固言可伐。世祖从浩议。既出，与诸将期会鹿浑谷。而洁恨其计不用，欲沮诸将，乃矫诏更期，故诸将不至。

时虏众大乱，恭宗欲击之，洁执不可。停鹿浑谷六日，诸将犹不进。贼已远遁。追至石水，不及而还。师次漠中，粮尽，士卒多死。洁阴使人惊军，劝世祖弃军轻还。世祖不从。洁以军行无功，奏归罪于崔浩。

世祖曰：“诸将后期，及贼不击，罪在诸将，岂在于浩？”浩又言洁矫诏，事遂发。舆驾至五原，收洁幽之。

《宋书·索虏传》：元嘉二十年，焘伐芮芮，大败而还，死者十六七。不听死家发哀，犯者诛之。

《魏书·世祖纪》：真君五年，元嘉二十一年。二月，辛未，中山王辰等八将，以北伐后期，斩于都南。综观诸文，大武是役，实以轻出致败，被围谷中者六日。

当时盖几至不免，故刘洁有欲立乐平王之议也。见上节。亦足见其丧败之甚矣。真君五年，大武复幸漠南，欲袭吴提。吴提远遁，乃止。吴提死，子吐贺真立。号处可汗，魏言唯也。

十年，元嘉二十六年。正月，大武北伐。吐贺真远遁。九月，又北伐。高昌王那出东道，略阳王羯儿出中道，与诸军期会于地弗池。未详。吐贺真悉国精锐，军资甚盛，围那数十重。那掘长围坚守。相持数日。吐贺真数挑战，辄不利。以那众少而固，疑大军将至，解围夜遁。那引军追之，九日九夜。吐贺真益惧，弃辎重逾穹隆岭远遁。穹隆岭，未详。那收其辎重，引军还，与大武会于广泽。未详。羯儿尽收其人户畜产百余万。自是吐贺真遂单弱远窜，边疆息警矣。

大安四年，宋孝武帝大明二年。大武北征。骑十万，车十五万两，旌旗千里。遂渡大漠。吐贺真远遁。刊石纪功而还。大武征伐之后，意存休息；蠕蠕亦怖威北窜，不敢复南。魏初与柔然之交涉，至此为一结束。

魏史善讳饰，观上文所考辨可知。魏攻柔然，实始终未获大捷，然其时魏人兵力颇盛，屡次大举，柔然避之，渐趋西北，自系实情。北边抒，而魏益得专力于南矣。

魏之经略高车，亦始道武之世。《北史·高车传》云：部落强大。常与蠕蠕为敌，亦每侵盗于魏。魏道武袭之，大破其诸部。后复渡弱洛水西行。至鹿浑海，简轻骑西北袭破之。虏获生口，牛、马、羊二十余万。分命诸将，为东西二道；亲勒军从中道；自驳髯水西北徇，驳髯水，在今绥远陶林县西北。略其部。

诸军同时云合，破其杂种三十余落。卫王仪别督诸将，从西北绝漠千余里，复破其遗迸七部。道武自牛川南引，大校猎。以高车为围，骑徒遮列，周七百余里。聚杂兽于其中。因驱至平城，以高车众起鹿苑。南因台阴，北距长城，东包白登之西山。白登，山名，在今山西大同县东。寻而侄利曷莫弗敕力健，率其众九百余落；后马车解批莫弗幡豆建，复率其部三十余落内附。

已尼陂之役，《传》称高车诸部，望军而降者数十万落，获马、牛、羊六百余万。皆徙置漠南千里之地。乘高车，逐水草，牧畜蕃息。数年之后，渐知粒食。岁致献贡。由是国家马及牛、羊，遂至于贱；毡皮委积。

文成时，五部高车，合聚祭天，众至数万。大会走马，杀牲游绕，歌吟忻忻。其俗称自前世以来，无盛于此会。高车诸部，是时尚未能自立共主，魏人柔服之，既可增益众力，又于富厚有裨，实于魏之盛强，更有关系也。

第四节　宋初与魏兵衅

宋武帝之伐姚秦，魏明元虽以屈于兵力，未能救，然其心实未尝一日而忘南牧，故武帝甫崩，而兵衅即起。

《宋书·索虏传》云：高祖西伐长安，嗣先取姚兴女，乃遣十万骑屯结河北以救之，大为高祖所破。于是遣使求和。自是使命岁通。高祖遣殿中将军沈范、索季孙报使。反命，已至河，未济，嗣闻高祖崩问，追范等，绝和亲。大祖即位，方遣范等归。

《魏书·崔浩传》言：明元使大武监国后，闻宋武崩，欲取洛阳、虎牢、时为司州治。滑台。时为兖州治。浩曰："陛下不以刘裕歘起，纳其使贡；裕亦敬事陛下；不幸今死，乘丧伐之，虽得之不令。宜遣人吊祭，存其孤弱，恤其凶灾，怖义风于天下。若此，则化被荆、扬，南金、象齿、羽毛之珍，可不求而自至。裕新死，党与未离，兵临其境，必相率拒战，功不可必。不如缓之，待其恶稔。如其强臣争权，变难必起，然后命将扬威，可不劳士卒，而收淮北之地。"

大宗锐意南伐，诘浩曰："刘裕因姚兴死而灭其国，裕死，我伐之，何为不可？"浩固执曰："兴死，二子交争，裕乃伐之。"大宗大怒，不从浩言，遂遣奚斤南伐。观此，可知其处心积虑，欲图河南矣。

南伐既决，议于监国之前，曰："先攻城也？先略地也？"奚斤曰："请先攻城。"浩曰："南人长于守城，苻氏攻襄阳，经年不拔。今以大国之力，攻其小城，若不时克，挫损军势，敌得徐严而来，我怠彼锐，危道也。不如分军略地，至淮为限。列置守宰，收敛租谷。滑台、虎牢，反在军北，绝望南救，必沿河东走。若或不然，即是囿中之物。"公孙表请先图其城。

《表传》云：大宗以为掠地至淮，滑台等三城，自然面缚。表固执宜先攻城。大宗从之。观宋、魏后来兵事，浩议似是，然是时宋兵力尚强，魏兵力亦有限，既以徐严而来，我怠彼锐为惧，即略地至淮，又安能守？况未必能略地至淮邪？是时用兵，必争河南数重镇，其势然也。观明元自将南下，仍力攻滑台、虎牢可知。

往史所载名臣言论，颇多事后附会之谈。《浩传》所载浩先略地之议，盖鉴于瓜步之役，佛狸横肆杀掠，六州荒残，河南遂不可守，乃为是言，实则明元时所谓略地，不过如道武时长孙肥之所为，师速而捷，安足以决胜负？浩盖不欲虏之得志也，亦可见其乃心华夏矣。

魏南伐之将，为奚斤、周几、公孙表。永初三年，魏泰常七年。十月，斤等济河。攻滑台，不拔。求济师。明元遂自将南下。十一月，魏安颉等陷滑台。奚斤留公孙表守辎重，自率轻兵，徇下兖、豫。遂围虎牢。司州刺史毛德祖欲击之，虏退还滑台。十二月，明元至冀州。遣叔孙建等徇青、兖。兖州刺史徐琰奔彭城。建围青州刺史竺夔及济南大守垣苗于东阳。青州本治广固，武帝平南燕，夷其城，迁治东阳，在今山东益都县东。奚斤、公孙表复向虎牢。

景平元年，魏泰常八年。正月，魏将于栗磾破金墉，见第三章第二节。河南大守王涓之弃城走。斤等遂进围虎牢。明元帝自率大众至邺，分兵击青州，又遣兵益虎牢之围。宋豫州刺史刘粹，时治县瓠。遣步骑五百据项，兖州刺史郑顺之戍湖陆；兵力皆薄。

南兖州刺史檀道济，徐州刺史王仲德率水军北救。至彭城，以青、司并急，而所领不多，不足分赴，青州道近，竺夔兵弱，乃先救青州。

四月，虏闻道济将至，焚攻具走。时东阳被攻日久，城转毁坏，战士多死伤，旦暮且陷，虽以救至获免，然其城遂不可守，竺夔乃移镇不其。汉县，在今山东即墨县西南。虏军径趋滑台。道济、仲德步兵乏粮，追之不及，停于湖陆。

明元帝率大众至虎牢。自督攻城，不能下。留三千人益奚斤，自向洛阳。遂渡河北归。滑台兵亦就奚斤，共攻虎牢。毛德祖劲兵战死殆尽。昼夜相拒，将士眼皆生疮。德祖恩德素结，众无离心。公孙表旋见杀。

《宋书·索虏传》云：表有权略，德祖以间杀之。《魏书·表传》则云：表以攻虎牢士卒多伤死获罪。二说自当以《魏书》为确，亦可见德祖拒守之功矣。然孤城无援，至闰四月，卒陷。德祖后殁于虏中。德祖初从武帝北伐，为王镇恶司马，为前锋。

史云：镇恶克立大功，盖德祖之力，实良将也，以无援弃之，亦可惜矣。魏既陷虎牢，使周几镇枋头而北归。奚斤之围虎牢也，尝南下许昌。颍川大守李元德败走。虏用庾龙为大守。刘粹遣兵袭斩之。至是，元德复戍许昌。仍除荥阳大守，督二郡军事。谓荥阳、颍川二郡。

十一月，周几遣军，并招集亡命攻许昌。元德奔项。虏又破汝阳、汉县，在今河南商水县西北。邵陵，汉县，见第三章第九节。毁钟离而还。钟离，汉县，在今安徽凤阳县东北。宋是时盖内衅正结，莫或以北方为意，故魏得以乘其隙也。自武帝灭南燕以来，江东之声势，未尝不震动北方，至此，虏始有以窥中国之浅深矣。

宋文帝与魏大武，同年建元。元嘉、始光。宋方尽力于景平逆党，魏亦北伐柔然，西攻赫连，故其初年，疆埸无事。至元嘉七年，魏神䴥三年。文帝乃欲大举以复河南。是岁，三月，诏到彦之统徐州刺史王仲德、兖州刺史竺灵秀舟师入河。段宏精骑八千，直指虎牢。

豫州刺史刘德，劲勇一万，与相犄角。长沙王义欣武帝仲弟长沙景王道怜之子。出镇彭城，监诸军事。

文帝先遣殿中将军田奇告魏："河南旧是宋土，中为彼所侵。今当修复旧境。不关河北。"

大武大怒，谓奇曰："我生头发未燥，便闻河南是我家地，此岂可得？必进军，权当敛戍相避，须冬行地净，河冰合，自更取之。"

彦之进军，虏悉敛河南戍归北。彦之留朱修之序孙。守滑台，尹冲守虎牢，杜骥守金墉，而自还东平。汉国，治无盐，在今山东东平县东。晋治须昌，在今东平县西北。

十一月，虏将叔孙建、长孙道生济河。彦之将回师，垣护之以书谏，护之时以殿中将军随彦之北伐。谓宜使竺灵秀进滑台，助修之固守，而大军进拟河北。彦之不听，自历城焚舟，弃甲，南走彭城。历城，汉县，今山东历城县。时为兖州治。

竺灵秀亦弃须昌奔湖陆。于是洛阳、金墉、虎牢，并为魏将安颉及司马楚之所陷。杜骥奔走。尹冲众溃而死。颉与楚之遂攻滑台。宋遣檀道济往援。叔孙建、长孙道生拒之。道济兵寡，不得进。

八年，魏神䴥四年。二月，滑台陷。修之没虏。道济仅于历城全军而还。初遣彦之，资实甚盛，及还，凡百荡尽，府藏为空。下狱免。竺灵秀以弃军伏诛。

宋师出虽无功，然魏人是时，亦未能经营河南，徒借数降人以守之而已。诸降人中，丧心病狂，甘心为虎作伥者，为司马楚之及刁雍。楚之，当司马休之之败，亡命汝、颍之间。后复收众据长社。奚斤略地河南，楚之请降。魏假以荆州刺史。大武初，征入朝。南藩诸将，表宋欲为寇，使楚之屯颍川以距之。

元嘉七年，到彦之溯河而西，楚之列守南岸，至于潼关。遂以其众从安颉。既破滑台，上疏请扫除南中，平一区宇。大武以兵久劳，不许。

刁雍，《魏书·传》云：兄逵，以刘裕负社钱，执而征焉。及裕诛桓玄，先诛刁氏。雍为畅故吏所匿，奔姚兴。泓灭，与司马休之等归魏。求于南境自效，大宗许之。遂于河、济之间，招集流散，扰动徐、兖。

泰常八年，大宗南幸邺，给五万骑，使别立军。遣助叔孙建攻东阳。雍招集谯、梁、彭、沛民五千余家，彭即彭城。置二十七营。迁镇济阴。汉梁国，后改为济阴郡，晋曰济阳。延和二年，宋元嘉十年。立徐州于外黄，置谯、梁、彭、沛四郡、九县，以雍为刺史。在镇七年，至大延四年，宋元嘉十五年。乃征还京师。真君十年，宋元嘉二十六年。复授徐、豫二州刺史。历五年乃去。时又有王慧龙者，其《传》云：自云愉之孙。刘裕微时，愉不为礼。及得志，愉合家见诛。

慧龙年十四，为沙门僧彬所匿。西上江陵，依叔祖忱故吏荆州前治中习辟疆。时刺史魏咏之卒，辟疆与江陵令罗修等谋举兵，推慧龙为盟主，袭州城。刘裕遣其弟道规为荆州，众遂不果。罗修将慧龙又与僧彬北诣鲁宗之。宗之资给，自虎牢奔姚兴。姚泓灭归国。鲁轨云：慧龙是王愉家竖，僧彬所通生也。

崔浩弟恬，以女妻之。大宗以为洛城镇将，配兵三千人，镇金墉。十余日，大宗崩，世祖即位，咸谓南人不宜委以师旅，遂停前授。久之，抗表愿得南垂自效。崔浩固言之，乃授南蛮校尉，安南大将军左长史。谢晦起兵，引为援。慧龙进围项城。晦败，乃班师。王玄谟寇滑台，与安颉等同讨之。拜荥阳大守。在位十年。

真君元年，宋元嘉十七年。拜虎牢镇都副将。未至镇卒。寇谠者，姚泓灭，秦、雍人千余家推为主，归魏。拜河南郡大守。其后秦、雍人来奔河南、荥阳、河内者，户至万数。拜谠南雍州刺史，于洛阳立雍之郡县以抚之。在州十七年。案慧龙为崔浩所拥右。

史言其自以遭难流离，常怀忧悴，乃作《祭伍子胥文》以见意。生一男一女，遂绝房室。布衣疏食，不参吉事。时制南人归国者，皆葬桑干，而慧龙临殁，乞葬河内。虽重私仇，似非全不知夷夏之辨者。

寇谠者，谦之之兄。观第六节所述，崔浩及谦之，皆有心于覆虏，则慧龙及谠，亦未必能为虏效死也。此外如司马天助、自云元显之子，魏尝以为青徐，又以为青、兖二州刺史。司马灵寿等，灵寿叔璠子，亦尝从安颉。则更微末不足道矣。此等人即不论其立心如何，其力亦不足用。故魏人是时，亦不能守河南，宋师至，即不得不敛戍以避。而惜乎宋之兵力，未能一举而大创之，使其马首不敢复南乡也。

第五节　义民抗魏上

自永嘉丧乱，至于晋末，中原沦陷，已逾百年。是时民族意识，尚未光昌，史家仅录官书，或载士大夫言行、家世；又好文饰，往往以辞害意，失事实之真；以致异族野蛮横暴，及我民族吞声饮泣，冒死反抗之迹，可考者甚希。

然谓我人民遂甘心屈服于异族，则决无此理。当时坞堡之主，山泽之雄，切齿腐心，誓锄非种，而名湮没而不彰者，盖不知凡几矣！

魏起北方，本极残虐；拓跋氏在塞外时，即极残虐，观第四章第二节所述穆帝之事，可见一斑。其入中原，残虐尤甚。《魏书·王建传》云：从破慕容宝于参合陂。大祖乘胜，将席卷南夏，于是简择俘众，有才能者留之，其余欲悉给衣粮遣归，令中州之民，咸知恩德。乃召群臣议之。建曰："不如杀之。"诸将咸以建言为然，建又固执，乃坑之。及围中山，慕容宝走和龙，徒河人共立慕容普驎为主。大祖悉众攻之，连日不拔。使人登巢车临城招之。其众皆曰："群小无知，但恐复为参合之众，故求全日月之命耳。"大祖闻之，顾视建而唾其面。此乃归过于下之辞，观大祖"何恤无民"之言，其待俘虏，尚安有恩德之可言邪？知其虐杀之事，为史所不载者必多矣。既入中原，不知吏治，守宰无禄，贪残弥甚；故抗之者尤多。魏守宰贪残之甚，观其《本纪》所载整顿吏治之事之频繁，即可见之。魏人非知吏治者，政令之峻切，不足见其恤民之心，只足见其官方之坏耳。道武都平城之岁，即遣使循行郡国，举奏守宰不如法者，亲览察黜陟之，此犹可诿曰：戡定之初也。明元帝神瑞元年，十一月，诏使者巡行诸州，校阅守宰资财。非自家所赍，悉簿为臧，守宰不如法者，听百姓诣阙告之，可见贪取及违法者之多。二年，三月，诏以刺史守宰，率多逋惰，今年赀调县违者，谪出家财以充，不听征发于民，又可见其下既病民，上又病国也。大武帝始光四年，十二月，行幸中山，守宰以贪污免者十数人。神䴥元年，正月，以天下守令多非法，精选忠良悉代之。大延三年，五月，诏天下吏民，得举告守令之不如法者。真君四年，六月，诏复民赀赋三年，其田租岁输如常，牧守不得妄有征发。可见至大武之世，吏治亦迄未尝善也。道武甫破后燕，叛者即群起。道武平邺北还，至恒山之阳，博陵、渤海、章武，即群盗并起。其年，九月，乌丸张骧子超，又收合亡命，聚党二千余家，据南皮。此等虽旋即破灭，然继起者仍不绝。最大者，如河西之山胡白龙，自延和三年至大延三年，即自宋元嘉十一年至十四年乃灭。渤海，汉郡，治浮阳，今河北沧县。后汉移治南皮，今河北南皮县。章武，晋国，今河北大城县。

明元时，亦所在屯聚，用崔宏言大赦，乃获暂安。见《宏传》。魏人是时，盖如厝火积薪之下而寝其上矣。而大武时盖吴举义，声势尤大。

《魏书·本纪》：大平真君六年，宋元嘉二十二年。九月，卢水胡盖吴聚众反于杏城。

十月，长安镇副将元纥讨之，为吴所杀。吴党遂盛。民皆渡渭奔南山。渭水南岸之山。于是发高平敕勒骑赴长安。高平，后魏郡，今甘肃固原县。诏将军叔孙拔乘传领摄并、秦、雍，兵屯渭北。

十一月，吴遣其部落帅白广平西略。新平、安定诸夷酋，皆聚众应之。杀汧城守将。吴遂进军李闰堡，分兵略临晋已东。将军章直与战，大败之。兵溺死于河者，三万余人。吴又遣兵西掠。至长安，将军叔孙枝与战于渭北，大破之。斩首三万余级。河东蜀薛永宗，聚党盗官马数千匹，驱三千余人入汾曲。西通盖吴，受其位号。秦州刺史周鹿观讨之，不克而还。魏秦州治上封，即上邽县之更名也。诏殿中尚书元处真，尚书慕容嵩二万骑讨薛永宗，殿中尚书乙拔率五将三万骑讨盖吴，寇提三将一万骑讨白广平。盖吴自号天台王，《宋书·索虏传》：吴于杏城天台，举兵反虏。署百官。车驾西征。

七年，宋元嘉二十三年。正月，次东雍州。魏神䴥中置，治正平，今山西新绛县。孝昌后治郑，今陕西华县。围薛永宗营垒。永宗出战，大败。六军乘之，永宗众溃。永宗男女无少长赴汾水死。车驾南幸汾阴，临戏水。在陕西临潼县东。盖吴退走北地。

二月，幸盩厔，汉县，在今陕西盩厔县东。诛叛民耿青、孙温二垒与盖吴通谋者。军次陈仓，诛散关氏害守将者。散关，在今陕西宝鸡县西南。诸军乙拔等大破盖吴于杏城，吴弃马遁走。三月，车驾旋轸。幸洛水，分军诛李闰叛羌。是月，金城边冏、天水梁会反，据上邽东城。秦州刺史封敕文击之，斩冏。众复推会为帅。五月，闾根率骑诣上邽，与敕文讨梁会。会走汉中。盖吴复聚杏城，自号秦地王。假署山民，众旅复振。于是遣永昌王仁、高凉王那督北道诸军同讨之。六月，发定、冀、相三州兵二万人屯长安南山诸谷，以防越逸。八月，盖吴为其下人所杀，传首京师。《魏书·陆俟传》云：俟督秦、雍二州诸军事，为长安镇大将，与高凉王那击盖吴于杏城，大破之。获吴二叔，诸将欲送京师。俟独不许，曰："吴一身藏窜，非其亲信，谁能获之？若停十万之众，以追一人，非上策也。不如私许吴叔，免其妻子，使自追吴。"高凉王那亦从俟计。遂遣吴二叔，与之期。及期，吴叔不至。诸将咎俟。俟曰："此未得其便耳，必不背也。"后数日，果斩吴以至。《宋书·索虏传》云：屠各反叛，吴自攻之，为流矢所中死。吴弟吾生，率余众入木面山，皆寻破散。夫吴即丧败，何至挺身而走？即谓如是，其二叔亦安能必禽之？知《陆俟传》之言不实。盖时吴已死，众败散，吴叔降魏，俟乃建议使之归，侥幸可得吴首耳。永昌王仁平其遗烬。高凉王那破白广平，生禽屠各路那罗，斩于京师。

八年，宋元嘉二十四年。正月，吐京胡阻险为盗。吐京，后魏郡，在今山西孝义县西。诏武昌王提、淮南王他讨之，不下。山胡曹仆浑等渡河西，保山以自固，招引朔方诸胡。朔方，后魏县，今陕西清涧县。提等引军讨仆浑。二月，高凉王那等自安定讨平朔方胡。因与提等合军，共攻仆浑，斩之。其众赴险死者以万数。九年，宋元嘉二十五年。二月，西幸上党，诛潞叛民二千余家，徙西河离石民五千余家于京师。案自魏、晋以降，所谓胡者，种类极杂，而要以西域胡之程度为最高。割据诸国，抗魏最烈者，莫如沮渠氏，即以其多与西域交通故也。

盖吴为卢水胡，实与沮渠氏同族；而其部帅白广平之白，亦西域姓；盖皆西域种类，不则深受其陶融者。是役也，汉族而外，响附之者，有氐，有羌，有屠谷，有蜀，有新平、安定诸夷酋，吐京、朔方诸胡，及诸山民，与山胡杂居者。盖几合北方诸族而与魏为敌矣。

据《宋书·索虏传》：吴起义时，年仅二十有九；魏大武累遣兵攻之辄败；自将攻之，又大小数十战不能克；可谓奇材。吴上表归顺，辞旨斐然。

其第一表云：“伏愿陛下：给一旅之众，北临河、陕。赐臣威仪，兼给戎械。进可以厌扞凶寇，覆其巢穴，退可以宣国威武，镇御旧京。”其辞可谓甚壮。

第二表曰：“虏主二月四日，倾资倒库，与臣连营。接刃交锋，无日不战。摧贼过半，伏尸蔽野。伏愿特遣偏师，赐垂拯接。”盖时亲与虏主，旗鼓相当，故望宋发兵为援也。

元嘉二十七年之役，诸路丧败，惟关陕一军，所向克捷，足见关中民气之可用。《魏·本纪》：真君八年，六月，西征诸将元处真等，坐盗没军资，所在虏掠，臧各千万计，并斩之。当师徒桡败，敌焰方张之日，而其所为如此，其为中国驱除亦至矣。而宋文帝于此，仅加吴以爵号，使雍、梁遣兵界上援接，竟亦不出，可谓之善乘机者邪？

《魏书·薛辩传》曰：其先自蜀徙于河东之汾阴，汉县，在今山西荣河县北，因家焉。祖陶，与薛祖、薛落等分统部众，世号三薛。父强，复代领部落。而祖、落子孙微劣，强遂总摄三营。善绥抚，为民所归。历石虎、苻坚，常冯河自固。仕姚兴，为镇东将军，入为尚书。强卒，辩复袭统其营。为兴尚书郎、建威将军、河北大守。此时盖于此置郡。刘裕平姚泓，辩举营降裕。拜为宁朔将军，平阳大守。及裕失长安，辩来归国。仍立功于河际。大宗授平西将军、雍州刺史，赐爵汾阴侯。

泰常七年，宋永初三年。卒。子谨，初授河东大守，后袭爵，迁秦州刺史。真君五年，为都将，从驾北讨，以后期，与中山王辰等斩于都南。

《宋书·薛安都传》云：河东汾阴人。世为强族，同姓有三千家。父广，为宗豪。高祖定关、河，以为上党大守。安都少以勇闻，身长七尺八寸，便弓马。索虏使助秦州刺史北贺泊击反胡白龙子，灭之。由是为伪雍、秦二州都统。州各有刺史，都统总其事。

元嘉二十一年，索虏主拓跋焘击芮芮，大败。安都与宗人薛永宗起义。永宗营汾曲，安都袭得弘农。会北地人盖吴起兵，遂连衡相应。焘自率众击永宗，灭其族，进击盖吴。安都料众寡不敌，率壮士辛灵度等归国。大祖延见之。求北还，构扇河、陕，招聚义众。上许之。给锦百疋，杂缯三百疋。复袭弘农，虏已增戍，城不可克；盖吴又死；乃退还上洛。

《魏书》辩子《初古拔传》云：安都为其族叔，则安都于谨为族兄弟。安都、永宗之叛魏，殆以谨被杀故邪？

《魏书·安都传》云：真君五年，与东雍州刺史沮渠秉谋逆，事发，奔于刘义隆，则是役尚牵涉沮渠氏，其结合可谓甚广。永宗举义，实在盖吴之前一年，特其声势不如吴之盛，故《魏书》但视作吴之附从耳。

薛为河东强族，本无归虏之志。薛谨见戮，永宗又举宗赴义，其仇耻可谓甚深。故安都归国，报雪之志甚坚。宋用之不能尽其材，后且因内乱，仍殴之归虏亦可惜也。初古拔当大武亲讨盖吴、永宗时，诏其纠合宗乡，壁于河际，断二寇往来之路，绝不闻其投袂奋起，此或迫于兵势，不得不然，然其后迄仍仕魏，则可谓忘不共之仇矣。

《魏书·沮渠牧犍传》云：牧犍淫嫂李氏，兄弟三人传嬖之。李与牧犍共毒公主，上征李氏，牧犍不遣，已见前。又云：既克，犹以妹婿待之。其母死，以王大妃礼葬焉。又为蒙逊置守墓三十家。授牧犍征西大将军，王如故。

初官军未入之间，牧犍使人斫开府库，取金、银、珠、玉及珍奇器物，不更封闭，小民因之入盗，巨细荡尽。有司求贼不得。真君八年，其所亲人及守藏者告之。上乃穷竟其事。搜其家中，悉得所藏器物。

又告牧犍父子，多畜毒药，前后隐窃杀人，乃有百数。姊妹皆为左道，朋行淫佚，曾无愧颜。始罽宾沙门曰昙无谶。东入鄯善。自云能使鬼治病，令妇人多子。与鄯善王妹曼头陁林私通。发觉，亡奔凉州。蒙逊宠之，号曰圣人。

昙无谶以男女交接之术，教授妇人。蒙逊诸女、子妇，皆往受法。世祖闻诸行人言昙无谶之术，乃召昙无谶。蒙逊不遣。遂发露其事，拷讯杀之。至此，帝知之。于是赐昭仪沮渠氏死。蒙逊女。诛其宗族。惟万年及祖，皆牧犍兄子。以前先降得免。

是年，人又告牧犍犹与故臣民交通，谋反，诏司徒崔浩就公主第赐牧犍死。案牧犍果听其嫂与姊共毒公主，则于公主恩义已绝，降下之日，即不追举其罪，亦必使之离昏。

乃牧犍之死，史言其与主诀良久乃自裁，此犹可曰不必果有恩义也，而牧犍既死，公主改适李盖，惠之父，见《外戚传》。及其死，仍与牧犍合葬，此何为者邪？且魏法最酷，牧犍罪衅，果如史之所云，其待之，又安得如是其厚乎？府库所藏，巨细荡尽，有司求贼不得可也，并斫开府库，不更封闭之事而不知，则无是理，安待降下既久，所亲人及守藏者告之乎？

昙无谶，据《释老志》所载，实为戒行高僧。

《释老志》之言，固难尽信，以其为宗教家言。然使其果以通于房中术而见求，岂复以是为罪？又何必惧而杀之？

《李顺传》言谶有方术，世祖诏顺：令蒙逊送之京邑，顺受蒙逊金，听其杀之，世祖克凉州，闻而嫌顺。顺之死，在真君三年，宋元嘉十九年。与此云世祖至是始知之者，又不相符。

《释老志》云：谶历言他国安危，多所中验，蒙逊每以国事谘之，其见求当正以此耳。所以以淫佚诬之者？

《释老志》又言：盖吴反杏城，关中骚动。帝西伐，至于长安。先是长安沙门，种麦寺内，御驺牧马于麦中。帝入观马，沙门饮从官酒，从官入其便室，见大有弓矢矛盾，出以奏闻。帝怒曰："此非沙门所用，当与盖吴通谋，规害人耳。"命有司案诛一寺。阅其财产，大得酿酒具及州郡牧守、富人所寄藏物，盖以万计。又为窟室，与贵室女私行淫乱。帝既忿沙门非法，崔浩时从行，因进其说，遂有诛长安沙门，焚破佛象，敕留台下四方，一依长安行事之举。然则佛法见废，实由见疑与盖吴通谋，谓由崔浩进说者，尚未知其真际也。

《释老志》又言凉州自张轨后世信佛教，大延中，凉州平，徙其国人于京邑，沙门、佛法皆俱东，象教弥增矣。

《本纪》：牧犍之亡，凉州人被徙者三万余家，而凉州人多不服魏。据《魏书·北史列传》：张湛，宗钦，段承根，皆凉州人，皆与崔浩善。钦、承根皆与浩俱死。湛赠浩诗、颂，浩常报答。及浩被诛，湛惧，悉烧之。闭门却扫，庆吊皆绝，仅乃得全。湛兄铣，浩礼之与湛等。承根父晖，大武闻其名，颇重之，以为上客。后从大武至长安，或告晖欲南奔。问曰："何以知之？"曰："晖置金于马鞯中，不欲逃亡，何由尔也？"大武密遣视之，果如告者之言，遂斩之于市，暴尸数月。崔浩实乃心华夏者，见下节，诸人皆与浩善，可见其志之所在矣。然则沙门之见疑，牧犍之以与故臣民交通见告，宜也。然虏待牧犍素厚，又以人反之为讳，不欲明言其叛，乃不得不造作莫须有之辞以诬之。

《本纪》言大武克姑臧，收其珍宝，不可胜计，而此时可以斫开府库见告，则知隐窃杀人，朋行淫佚，同为求其罪而不得而为之辞。所以必见诬以淫佚者？以是时沙门适有淫佚之事，而昙无谶先见召不至，遂牵连之以诬牧犍。然鲜卑亦素行渎乱，后人不知其说之诬，乃又亿测谶之见求，必以其通于房中术之故，而诬人者转以自诬矣，岂不诡哉？万年与祖，初虽叛国，后亦以谋叛魏见诛，则牧犍之有反谋，亦不足异也。

第六节　义民抗魏下

盖吴之叛，为人民之抗魏，而当时之士大夫，亦多不服魏者。道武之破后燕也，以卢溥为幽州刺史，而溥叛之，事已见前。溥与张衮同乡里，衮数谈荐之，其叛也，衮因之获罪。

时又有中山大守仇儒，不乐内徙，亡匿赵郡，推群盗赵准为主，连引丁零，扇动常山、巨鹿、广平诸郡，事见《魏书·长孙肥传》。此皆士大夫之抗魏者也。长安之亡也，毛修之没于夏，夏亡，又入魏。魏以为吴兵将军。滑台之陷，朱修之亦没焉。大武以宗室女妻之，以为云中镇将。

元嘉九年，大武伐和龙，二人皆从。朱修之与同没人邢怀明，谋率吴兵，袭杀大武。又有徐卓者，亦欲率南人以叛。修之以告毛修之，毛修之不听，乃止。

《魏书·毛修之传》云：是时诸军攻城，宿卫之士，多在战阵，行宫人少，是日无修之，大变几作，焘亦危矣，徐卓事泄被杀。朱修之与邢怀明奔北燕，后获南归。毛修之虽沮大计，然史言朱修之之见俘，修之经年不忍问家消息，久之乃访焉。修之具答。并云："贤子亢娇，甚能自处。"修之悲不得言。直视良久，乃长叹曰：乌乎！自此一不复及。其心固未尝忘中国也，亦可悲矣。是时之不听朱修之，殆势固有所不可邪？当时士大夫中，此等人必多矣。而处心积虑，密图覆虏，历数十年；当其不得已而立虏朝时，亦随事匡救，为中国谋；不幸所图不成，遂至所志不白者，尤莫如崔浩。千五百年之后，考其行事，想见其为人，犹未尝不使人感激兴起也。

元嘉七年战后，宋、魏复通好，信使每年不绝。盖宋文帝虽志复河南，而身既婴疾，又为介弟所逼，内忧未弭，未有长策；魏方以柔然为事，北方割据诸国，亦尚未尽灭；故彼此暂获相安也。

二十年，魏伐柔然，有鹿浑谷之败；继以薛永宗、盖吴之举义；其势孔亟，顾于二十二年，使永昌王仁、高凉王那略淮、泗以北，各迁数千户而去，其意盖以示强。

至二十七年，魏真君十一年。魏内忧既淡，北寇亦抒，二月，魏主乃自将入寇。攻汝南。陈、南顿大守郑琨，南顿，汉县，晋置郡，在今河南项城县北。汝南、颍川大守郭道隐并委守走。虏钞略淮西六郡，杀戮甚多。因围县瓠。

南平王铄时镇寿阳，遣陈宪行郡事。时城内战士，不满千人，而宪婴城固守，四十余日，所杀伤万计，虏卒不能克，其功亦伟矣。大武遣永昌王仁步骑六万，将所略六郡生口，北屯汝阳。

时武陵王骏镇彭城，文帝敕遣千骑赍三日粮袭之，以参军刘泰之《魏书》作刘坦之。为帅。杀三千余人，烧其辎重。虏众一时散走。而汝南城南，有虏一幢，登城望见泰之无继，又有别帅自虎牢至，因引出击之。泰之败死。

大武惟恐寿阳有救兵，不以彭城为虑，及闻汝阳败，又传彭城有系军，大惧，谓其众曰："今年将堕人计中。"即烧攻具欲走，会泰之死问续至，乃停。

文帝遣臧质轻往寿阳，即统其兵。南平王铄遣司马刘康祖与质救县瓠。大武乃烧营遁走。

是役也，虏虽未克县瓠，而虏掠甚多，南师屡无功，为所轻侮，乃与文帝书曰："彼今若欲保全社稷，存刘氏血食者，当割江以北输之，摄守南度。如此，释江南，使彼居之。不然，可善敕方镇、刺史、守宰，严供张之具，来秋当往取扬州。大势已至，终不相纵。顷者往索真珠裆，略不相与，今所馘截髑髅，可当几许珠裆也？彼往日北通芮芮，西结赫连、蒙逊、吐谷浑，东连冯弘、高丽，凡此数国，我皆灭之，以此而观，彼岂能独立？芮芮吴提已死，其子菟害真，袭其凶迹，以今年二月复死。我今北征，先除有足之寇。彼若不从命，来秋当复往取。以彼无足，故不先致讨。北方已定，不复相释。"盖其大举入犯之志决矣。崔浩起义图于此时，诚可谓得其当也。

崔浩者，宏子。宏，清河东武城人。东武城，汉县，在今山东武城县西。少仕苻坚。后又仕慕容垂，为高阳内史。魏道武伐后燕，次常山，宏弃郡，东走海滨。

道武素闻其名，遣骑追求，执送军门。与语，悦之。以为黄门侍郎。与张衮对总机要，草创制度。后迁吏部尚书。及置八部大人，以拟八坐，宏通署三十六曹，如令、仆统事。深为道武所任。大和中，孝文追录先朝功臣，以宏配享庙庭焉。

然《宏传》云：始宏因苻坚乱，欲避地江南，于泰山为张愿所获，本图不遂，乃作诗以自伤，而不行于时，盖惧罪也。及浩诛，高允受敕收浩家，始见此诗，允知其意。允孙绰，录于允集。则宏亦乃心华夏者。

《传》又言：宏未尝蹇谔忤旨，及大祖季年，大臣多犯威怒，宏独无谴，盖其仕虏原非本心，故亦不为之尽力也。浩当道武时，给事秘书，转著作郎，不过以工书常置左右而已。

及明元立，拜博士祭酒。明元好阴阳术数，而浩能为《易》筮，通天文，又善说《洪范》五行，始与军国大谋，甚为宠密。浩劝立大武为大子，大武监国，浩为右弼，已见前。大武立，左右共排毁之，以公归第。

后议伐赫连昌，群臣皆以为难，惟浩赞之，乃稍见信任。出入卧内。加侍中。后迁司徒。恭宗总百。揆复与宜都王穆寿辅政。盖汉人中甚得虏亲任者。

元嘉二十七年，六月，浩被诛。史言其以史事，云：初大祖诏尚书郎邓渊著国记十余卷，编年次事，体例未成。逮于大宗，废而不述。

神䴥二年，宋元嘉六年。诏集诸文人，撰录国书。浩及弟览、高谠、邓颖、晁继、范亨、黄辅等共参著作，叙成国书三十卷。及平凉州之后，复命浩监秘书事，以中书侍郎高允、散骑侍郎张伟参著作，续成前纪。

著作令史闵湛、郗标，素谄事浩，乃请立石铭，刊载国书，并勒所注《五经》。浩赞成之。恭宗善焉。遂营于天郊东三里，方百三十步，用功三百万乃讫。

浩尽述国事，备而不典，而石铭显在衢路，往来行者，咸以为言，事遂闻发。此《魏书》之辞。《北史》云："北人咸悉忿毒，相与构浩于帝。"其辞较《魏书》为重。盖浩之死实非以史事，后人不知其真，以其见戮之酷，谓其触忌必深，传之久，不免增益其辞；李延寿亦不知其真，遂采之以改《魏书》也。有司案验浩，取秘书郎、吏及长麻生数百人意。状浩伏受赇。其秘书郎、吏以下尽死。

夫魏史之伪造不足信旧矣。以魏威刑之峻，浩安敢显触其忌？浩若欲传其真，自可以作私史。果触其忌，闵湛、郗标，安敢请刊？恭宗亦焉得而善之？且史事之发，与浩同作者，皆一无所问；仅高允，于浩被收时召入诘责，旋亦见释。其后允久典史事，史称其所续者仍浩故事也。然则浩书亦迄未尝废，触北人之怒者安在？而浩之诛也，清河崔氏无远近，范阳卢氏，大原郭氏，河东柳氏，皆浩之姻亲，尽夷其族。浩幽执，置之槛内，送于城南，使卫士数十人溲其上，呼声嗷嗷，闻于行路。史称自宰司之被戮辱，未有如浩者。此岂似以史事获罪者乎？

《宋书·柳元景传》云：元景，河东解人。解，汉县，在今山西临晋县西南。曾祖卓，自本郡迁于襄阳。从祖弟光世，先留乡里，索虏以为河北大守。光世姊夫伪司徒崔浩，虏之相也。

元嘉二十七年，拓跋焘南寇汝、颍，浩密有异图，光世要河北义士为浩应。浩谋泄被诛，河东大姓坐连谋夷灭者甚众。光世南奔得免。其说决非虚诬矣。

《魏书·卢玄传》言：玄，浩之外兄。玄子度世，以浩事，弃官，逃于高阳郑罴家。罴匿之。使者囚罴长子，将加捶楚。罴戒之曰："君子杀身以成仁，汝虽死勿言。"子奉父命，遂被考掠；至乃火爇其体，因以物故；卒无所言。

度世四子：渊、敏、昶、尚。初玄有五子，嫡惟度世，余皆别生。浩之难，其庶兄弟常欲害之，度世常深忿恨。及度世有子，每戒约令绝妾孽，以防后患。至渊兄弟，婢贱生子，虽形貌相类，皆不举接，为识者所非。郑罴不闻以侠名，何至以亡命之人而弃其子。疑浩之义图，玄与罴皆与焉。

孝文迁洛后，元丕子隆、超谋叛，丕亦心许之，而丕后妻之子不与。杨侃与庄帝密图尔朱荣，尔朱兆入洛，侃时休沐，得潜窜归华阴。后尔朱天光遣侃子妇父招慰之，立盟许恕其罪。侃从兄昱，恐为家祸，令侃出应。"假其食言，不过一人身死，冀全百口。"侃往赴之，遂为天光所害。其事实颇与度世、罴类也。《宋书》之为实录，不待言矣。

是役也，盖汉族之士大夫，大结合以谋虏。虏自知窃据，最讳人之反之，乃隐匿其事。适会是时，有不快于浩之国书者，乃借是以杀浩，又多杀郎吏，以掩人耳目，其谋可谓甚拙，而其事则亦酷矣。

乃天下后世，竟为所欺，司马公作《通鉴》，亦以《宋书》为不足信而不之取，何哉？见《考异》。至于高允召问时之辞，则又多半出于后来之附会者也。《允传》载游雅之言，谓诏责时，崔浩声嘶股战不能言，而允敷陈事理，申释是非，辞义清辨，音韵高亮。斯言未知信否，即谓为信，亦正可见浩之获罪，不以史事，故允虽被责而不惧也。《传》又云：世祖敕允为诏，自浩已下，僮吏已上，百二十八人，皆夷五族。允持疑不为。频诏催切。允乞更一见，然后为诏。诏引前。允曰："浩之所坐，若更有余衅，非臣敢知。直以犯触，罪不至死。"世祖怒，命介士执允。恭宗拜请。世祖曰："无此人忿朕，当有数千口死矣。"浩竟族灭，余皆身死。观"直以犯触，罪不至死"之言，浩所坐非史事，灼然可见矣。国书犯触，戮及僮吏，魏法虽酷，亦不至是，况本无所犯触邪？所以为是淫刑者？不过欲以极刑加于谋叛之人，而又讳言其事，乃为是以掩人耳目耳。滥杀如此，其视汉人，岂特草芥之不若邪？

浩称虏朝名臣，然细观所言，便见其设谋画策，无一非为中国计者。神瑞二年，晋义熙十一年。秋，谷不登，魏大史令王亮、苏坦劝明元帝迁邺，浩与特进周淡固争之，盖不欲虏荐居中国，抑虑其因饥而至，诒害于民也。

宋武之伐姚秦，魏内外朝臣咸欲断河上流，勿令西过；王懿降魏，又劝绝宋武后路，明元因欲遣精骑南袭彭城、寿春；宋武崩，又欲乘丧取洛阳、虎牢、滑台：浩皆力争之，后又阻其攻城之议。皆已见前。

大武欲用兵于柔然及割据诸国，浩无不力赞之者，盖欲引其力以外向，使不得专于中国，且以疲之也。神麚二年之役，朝臣内外，尽不欲行，保大后尤固止之。时宋方议北伐，论者谓吴贼南寇，舍之北伐，师行千里，其谁不知？此固不得谓为过虑，而浩力反之。其后南镇诸将，表宋大严，欲犯河南，请兵三万，先其未发逆击之，因诛河北流民之在界上者，绝其乡道，此亦事势应尔，浩又訾诸将欲南抄以取赀财，为国生事，非忠臣。

大武闻赫连定与宋遥分河北，欲先事定，诸将以宋师犹在河中为疑，胡三省曰：谓在河之中流。浩又决其不来。其心存中国，显然可见。伐赫连昌之役，实为幸胜，说亦见前。将伐沮渠牧犍也，奚斤、李顺等三十余人沮之，浩赞之。

顺等之言曰："自温圉河以西，温圉，《北史》作温围。至于姑臧城南天梯山上，冬有积雪，深十余丈，至春夏消液，下流成川，引以溉灌。彼闻军至，决此渠口，水不通流，则致渴乏。去城百里之内，赤地无草，又不任久停军马。"

浩则曰："《汉书·地理志》，凉州之畜，为天下饶，若无水草，何以畜牧？又汉人为居，终不于无水草之地筑城郭，立郡县也。"

夫顺等所言，乃姑臧城外之事，浩所引，止足明凉州一州，非无水草耳。所攻在于姑臧，城外军马难停，一州水草纵饶，何益于事？若谓汉家郡县，不应立于无水草之地，则自汉至魏，水道岂无变迁？大武之攻姑臧，亦幸而牧犍未能坚守耳，使其能之，而决渠以绝水道，未知将何以善其后也？鹿浑谷之役，浩说大武潜军轻出，致为敌所围，信臣见诛，薛谨又以此死，卒招薛永宗、安都之叛，浩之所以误虏者深矣。

凉州之下，浩劝不徙其民，大武不听。后蒐于河西，召浩议军事，浩仍欲募徙豪强大家，以实凉土，军举之日，东西齐势，以击蠕蠕，其欲引虏力以外向，且以疲之，犹曩志也。浩不信佛，亦不好老、庄之言，而独信寇谦之。

《释老志》言：谦之以始光初奉其书而献之，时朝野闻之，若存若亡，未全信也，浩独异其言，上疏赞明其事。

《浩传》言：浩父疾笃，浩乃翦发截爪，夜在庭中，仰祷斗极，为父请命，求以身代，叩头流血，岁余不息。及得归第，欲修服食养性之术，而谦之有《神中录图新经》，浩因师之。此岂似浩之所为？

《释老志》又言：谦之尝遇仙人成公兴，谓谦之未便得仙，政可为帝王师耳。又谓老君玄孙李谱文为牧土宫主，领治三十六土人鬼之政，地方十八万里有奇，而以嵩岳所统平土方万里授谦之。

《浩传》载谦之谓浩："受神中之诀，当兼修儒教，辅助大平真君。"因属浩撰列王者治典，并论其大要。其非忘情于世可知。攻赫连昌及神䴥二年之役，浩赞之，谦之亦赞之，二人之势若檠榜，可以概见。虏迷信素深，浩与谦之，殆欲以是愚之邪？

《浩传》又言：浩从大宗幸西河，与同寮论五等郡县之是非，考秦始皇、汉武帝之违失，好古识治，人服其言。及受谦之之属，乃著书二十余篇，上推大初，下尽秦汉，大致先以复五等为本。

夫封建之不可复，浩宁不知之？然而为是言者？当时世家豪族，欲驱虏者盖多，然皆手无斧柯，故卒无所成就。使魏用浩之说以行封建，则如柳光世、薛永宗、安都之辈，必有膺茅受土者，合从缔交，圜视而起，而其情势大异矣。

《高允传》言：浩荐冀、定、相、幽、并之士数十人，各起家郡守，恭宗不可，浩固争而遣之，岂欲多所树置，为登高一呼，四山皆应之计邪？或与其主复封建同一用意也？浩为人写《急就章》以百数，必称冯代强，《急就篇》有冯汉强之语，魏以汉强为讳，故易之。其藏机于深如此，而所谋卒泄，岂非天哉！其事因魏人讳匿之深，遂无可考见，然仍有可微窥者。

《卢玄传》言：浩大欲齐整人伦，分明姓族。玄劝之曰："夫创制立事，各有其时。乐为此者，讵几人也？宜其三思。"浩当时虽无异言，然竟不纳。浩败颇亦由此。则浩之谋，似仍为汉人所泄也，亦足忿疾矣。

第七节　魏大武南寇

元嘉二十七年，七月，宋文帝大举北伐，命王玄谟率沈庆之、申坦前驱入河，青、冀二州刺史萧斌为之统帅。臧质勒东宫禁兵，统王方回、刘康祖、梁坦径造许、洛。徐、兖二州刺史武陵王骏，豫州刺史南平王铄，东西齐举。大尉江夏王义恭，出次彭城，为众军节度。

又诏梁、南、北秦三州刺史刘秀之统杨文德及巴西、梓潼二郡大守刘弘宗，震荡汧、陇。萧思话部枝坦、刘德愿由武关。玄谟取碻磝[1]。进攻滑台，积旬不克。九月，魏大武自将南下。十月，渡河。

时玄谟军众亦盛，器械甚精。垣护之驰书劝其急攻，护之时为钟离大守，随玄谟入河。不从，遽奔退。麾下散亡略尽。护之时以百舸据石济，魏军悉牵玄谟水军大艚，连以铁锁三重，断河以绝其还路。河水迅急，护之中流而下，每至铁锁，以长柯斧断之，惟失一舸，留戍麋沟。城名。沈庆之与萧斌留碻磝。斌遣庆之率五千人往救。庆之曰："玄谟兵疲众老，虏寇已逼，各军营万人，乃可进耳。少军轻往，必无益也。"斌固遣之，而玄谟已退。斌以前驱败绩，欲死固碻磝。庆之固争，乃退还历城。

玄谟自以退败，求戍碻磝。江夏王以为不可守，召令还。二十八年正月，亦至历城。魏大武自碻磝而南。永昌王仁《宋书》作库仁真。发关西兵趋汝、颍，高凉王那《宋书》作高渠王阿斗埿。自青州道并南出。诸镇悉敛民保城。

十一月，大武至邹山。戍主崔邪利败没。虏众进趋彭城。彭城众力虽多，而军食不足，历城众少而食多。沈庆之欲以车营为函箱，陈精兵为外翼，奉二王直趋历城。义恭长史何勖欲席卷奔郁洲，自海道还都。骏长史张畅言："食虽少，旦夕未至窘乏。一摇动，则奔溃不可止矣。"骏然之，义恭乃止。南平王铄遣兵克长社，大、小索。大索城，今河南荥阳县。小索城在其北。时铄遣刘康祖继进，而文帝命其速返。虏众八万，与之相及于尉武。亭名，在安徽寿县西。

康祖众仅八千，大战一日夜，杀虏填积。康祖中矢死，军遂败，自免者裁数十人。虏焚马头、钟离，马头，宋郡，今安徽怀远县东南。进胁寿阳。铄保城固守。虏遂过寿阳而东。其向青州之兵攻东阳。

文帝遣申恬往援之，萧斌又遣解荣之与垣护之往援，与齐郡大守庞秀之保城。

虏遂东略清河，从东安、东莞出下邳。东安，汉县，在今山东沂水县东。东莞，汉县，即今沂水县治。下邳大守垣阆，亦仅能闭城拒守而已。大武自彭城南出。十二月，于盱眙渡淮。盱眙，见第三章第九节。文帝遣臧质率万人往救。至盱眙，大武已过淮。其所属胡崇、臧澄之、毛熙祚并战殁。质众亦奔散，以七百人入盱眙，与大守沈璞共守。大武留数千人守盱眙，自率大众南向。其中书郎鲁秀出广陵，高凉王出山阳，永昌王出横江，所过莫不残害。大武至瓜步，山名，在今江苏六合县东南。发民室屋，及伐蒹苇，于滁口造箄筏，声欲渡江。文帝大具水军，为防御之备。

自采石至于暨阳，暨阳，晋县，在今江苏江阴县东。船舰盖江，旌甲星烛。大武使饷文帝橐驼名马，求和请昏。上遣田奇饷以珍羞异味。

大武以孙儿示奇，曰："至此非惟欲为功名，实是贪结姻缘。若能酬酢，自今不复相犯秋豪。"又求嫁女与武陵王骏。见《宋书·索虏传》。《魏书·世祖纪》言：宋请进女于皇孙，以求和亲，大武以师婚非礼，许和而不许婚，此非实录。魏此时虽战胜，其视中原，尚如天上。姚兴嫁女与明元，明元以后礼纳之，况于天朝乎？

《宋书·江湛传》云：文帝大举北伐，举朝以为不可，惟湛赞成之。虏遣使求婚，上召大子劭以下集议。众并谓宜许。湛曰："戎狄无信，许之无益。"劭怒，谓湛曰："今三王在厄，讵宜苟执异议？"声色俱厉。劭又谓上曰："北伐败辱，独有斩江湛，可以谢天下。"上曰："北伐自我意，江湛但不异耳。"

明年，虏自彭城归，复求互市，亦无成议，至孝武世乃通之。文帝虽无武略，恢复之志自坚；一二密勿之臣，亦与之志同道合；安有屈辱求婚之事邪？

二十八年，魏正平元年。正月朔，掳略民户、烧邑屋而去。复围盱眙。大武使就臧质求酒，质封溲便与之。大武怒甚。筑长围，一夜便合。开攻道趣城东北，运东山土石填之。又恐城内水路遁走，乃引大船作浮桥，以绝淮道。

大武与质书，质答曰："王玄谟退于东，梁坦散于西，尔谓何以？不闻童谣言邪？虏马饮江水，佛狸死卯年，此期未至，以二军开饮江之径耳，冥期使然，非复人事。尔若有幸，得为乱兵所杀；尔若不幸，则生相锁缚，载以一驴，直送都市。我本不图全，若天地无灵，力屈于尔，齑之粉之，屠之裂之。如此，未足谢本朝。尔识知及众力，岂能胜苻坚邪？即时春雨已降；四方大众，始就云集；

尔但安意攻城，莫走。粮食缺乏者，告之，当出廪相诒。得所送剑刀，欲令我挥之尔身邪？”

大武大怒。乃作铁床，于其上施铁镵，云破城得质，当坐之此上。然力攻三旬不能克。闻彭城断其归路，京邑遣水军入淮；且疾疫，死者甚众；二月二日，乃解围去。自彭城北还。义恭震惧不敢追。

四月，其荆州刺史鲁爽归顺。爽，宗之孙，轨之子也。虏以轨为荆州刺史、襄阳公，镇长社。武陵王骏镇襄阳，轨遣人奉书，规欲归南，以杀刘康祖、徐湛之父不敢。

文帝累遣招纳，许以为司州刺史。轨死，爽袭其官爵。爽粗中使酒，数有过失，大武怒，将诛之，爽惧，密怀南归计。次弟秀，以军功为中书郎，以事为大武所诘，复恐惧。大武入寇，秀从。先是殿中将军程天祚，助戍彭城，为虏军所获。事在元嘉二十七年。

天祚善针术，深被大武赏爱。恒劝秀南归，秀纳之。及大武北还，遂与爽俱来奔。诏以爽为司州刺史。复领义阳内史，北镇义阳。义阳，本治新野，见第二章第三节。晋末移治仁顺，在今河南信阳县南。秀为荥阳、颍川二郡大守。虏是役，凡破南兖、徐、兖、豫、青、冀六州，杀掠不可胜数。

《宋书·索虏传》述其残破之状曰：“自江、淮至于清、济户口数十万，自免湖泽者，百不一焉。村井空荒，无复鸣鸡吠犬。至于乳燕赴时，衔泥靡托，一枝之间，连窠十数，春雨载至，增巢已倾。甚矣，覆败之至于此也！”亦可哀矣。

东路虽云丧败，西路之军，则颇致克捷。时随王诞为雍州刺史。二十七年，八月，诞遣尹显祖出赀谷，鲁方平、薛安都、庞法起入卢氏，卢氏，汉县，今河南卢氏县。赀谷，在县南山之南。田义仁入义阳，中兵参军柳元景总统群帅。外兵参军庞季明，年七十三，秦之冠族，羌人多怀之。求入长安，招怀关、陕。乃自赀谷入卢氏。卢氏人赵难纳之。

闰十月，法起、安都、方平诸军入卢氏。以难为卢氏令。难驱率义徒，为众军乡道。季明出自本城，与法起会，遂入弘农。元景度熊耳山。在卢氏县南。安都顿军弘农。法起进据潼关。季明率方平、赵难向陕西七里谷。十一月，元景众至弘农。以元景为大守。元景命安都等并造陕下。虏洛州刺史张是提众二万，度崤来救。大战，斩之。法起率众次潼关。

先是华山大守刘槐，纠合义兵攻关城，拔之，力少不固，顷之，又集众以应王师，法起次潼关，槐亦至，即据之。卢蒲城镇主遣伪帅何难于封陵自列三营，以拟法起。封陵自，在今山西永济县南。何难欲济河以截军后。法起回军临河，纵兵射之，贼退散。关中诸义徒，处处蜂起；四山羌、胡，咸皆请奋。而王玄谟等败退，虏遂深入，文帝以元景不宜独进，且令班师，元景等乃还。

震荡汧、陇之师，亦小有功绩。初仇池杨宋奴之死也，二子佛奴、佛狗，逃奔关中。苻坚以佛奴为右将军，佛狗为抚夷护军。后以女妻佛奴子定，以定为尚书领军将军。坚败于淮南，关中扰乱，定尽力奉坚。

坚死，乃将家奔陇右。徙治历城。城在西县界，去仇池百二十里。西汉县，在今甘肃天水县西南。置仓储于百顷。招合夷、晋，得千余家，自号平羌校尉，仇池公，称藩于晋。孝武帝即以其号假之。求割天水之西县，武都之上禄为仇池郡，见许。

大元十五年，又以定为秦州刺史。其年，进平天水、略阳郡，遂有秦州之地。十九年，攻乞佛干归，军败，见杀。后杨盛谥为武王。无子。佛狗子盛，先为监国，守仇池，袭位。安帝以为仇池公。宋武帝永初三年，改封武都王。文帝元嘉二年，六月，卒。私谥惠文王。世子玄立。以为北秦州刺史、武都王。明年，玄附魏。又明年，魏以为梁州刺史、南秦王。六年，卒。私谥孝昭王。弟难当，废玄子保宗一名羌奴。而自立。宋仍以为秦州刺史、武都王。七年。难当使保宗镇宕昌，在今甘肃岷县南。次子顺镇上邽。保宗谋袭难当，事泄，收系之。

先是流民许穆之、郝恢之投难当，并改姓司马。穆之自云名飞龙，恢之自云名康之，云是晋室近戚。康之寻为人所杀。益州刺史刘道济，粹弟。委任长史费谦等，聚敛兴利，民皆怨毒。

九年，《氐胡传》作十年，此从《道济传》。难当以兵力资飞龙，使人蜀为寇。道济遣军击斩之。初道济以五城人帛氐奴、梁显为参军，即伍城，见第六章第四节。督护费谦，固执不与。

远方商人多至蜀土，资货或有直数百万者。谦等限布、丝、绵等各不得过五十斤。马无善恶，限蜀钱二万。府又立冶，一断民鼓铸，而贵卖铁器。商旅吁嗟，百姓咸欲为乱。氐奴既怀忿恚，因聚党为贼盗。

其年，七月，及赵广等诈言司马殿下犹在阳泉山中。阳泉，蜀汉县，在今四川德阳县西。蜀土侨旧，翕然并反。道济婴城自守。赵广迎道人程道养，诈称飞龙。众十余万。四面围城。道济使中兵参军裴方明击破之。贼溃还广汉、涪城。时道济疾已笃。

十年，正月，贼复大至。道济卒。裴方明等秘丧。击贼，败之。荆州刺史临川王义庆遣兵往援，破贼。道养等仍藏窜为寇盗不绝。十三年，文帝遣萧汪之往讨，降帛氐奴。十四年，四月，赵广等亦降。道养为其下所杀。乱乃定。盖前后历六年焉。时梁州刺史甄法护，亦刑法不理。十年，文帝使萧思话代任。难当因法护下，思话未至，举兵袭梁州，遂有汉中之地。魏拜为南秦王。

十一年，思话使司马萧承之讨平之。先是桓玄篡晋，以桓希为梁州，希败走，杨盛据有汉中，刺史范元之、傅歆悉治魏兴，惟得魏兴、上庸、新城三郡。其后索邈为刺史，乃治南城。汉中之苞中县。及是，南城为贼所焚烧，不可固，思话乃还治南郑。难当使奉表谢罪，诏宥之。

十二年，难当释保宗，遣镇童亭。即董亭，在今天水县东南。《魏书》作薰亭，盖董之字误。保宗奔魏。魏大武帝以为南秦王，遣袭上邽。顺退守下辨。

十三年，三月，难当自立为大秦王。然犹奉朝廷，贡献不绝。是岁，五月，难当据上邽。七月，魏使乐平王丕攻之。九月，至略阳。难当奉诏摄上邽守。

十六年，魏以保宗为秦州牧武都王，镇上邽。难当攻之，为魏镇将元勿头所却。

十七年，其国大旱，多灾异，降大秦王，复为武都王。

十八年，十月，倾国南寇，规有蜀土。十一月，陷葭萌，犹晋寿大守申坦。遂围涪城。十余日不克，乃还。

十九年，正月，文帝遣裴方明等甲士三千人，又率荆、雍二州兵讨之。难当将妻子奔魏。后死于魏。仇池平。以胡崇之为秦州刺史，守仇池。魏使古弼督陇右诸军及殿中虎贲，与杨保宗从祁山南入。祁山，在今甘肃西和县东北。皮豹子与司马楚之等督关中诸军，从散关西入。司马文思督洛、豫诸军事，南趋襄阳；刁雍东趋广陵；邀方明归路。

二十年，正月，崇之至浊水，去仇池八十里。遇魏将拓跋齐等，败殁。余众奔还汉中。保宗谋叛魏，被执，送平城。三月，顺司马苻达，难当从事中郎任朏等起义，立保宗弟文德。拓跋齐闻兵起，遁走。追击，斩之。诏以文德为北秦州刺史，封武都王。文德既受朝命，进戍葭芦。城名，在今甘肃武都县东南。

二十五年，魏皮豹子攻之，文德奔汉中。时武陵王骏镇襄阳，执文德，归之京师。以失守，免官，削爵土。

二十七年，起文德为辅国将军，率军自汉中西入，摇动汧、陇。文德宗人杨高，率阴平、平武群氐来拒。平武，汉刚氐道，蜀汉分置广平县，晋改曰平武，在今四川平武县西北。文德大破追斩之。阴平、平武悉平。又遣文德伐啖提氐，未详。不克。秀之执文德送荆州，而使文德从兄头戍葭芦焉。

二十九年，二月，魏大武帝死。其六月，文帝复命徐、兖二州刺史萧思话北伐。以张永为冀州刺史，督王玄谟、申坦等经略河南。攻碻磝，十八日不能拔。

八月七日夜，虏开门，烧楼及攻车。士卒烧死及为虏所杀甚众。永即夜撤围退军，不报诸将。众军惊扰，为虏所乘，死败涂地。鲁爽、秀及程天祚并荆州军四万出许、洛。克长社，大、小索。进攻虎牢。欲舟师入河，断其水门。碻磝败退，水军不至，亦收众还。

帝又以臧质为雍州刺史，使率所统向潼关。质顿兵近郊，不时发。及爽攻虎牢，乃使司马柳元景率薛安都等北出。至关城，关城主弃戍走，即据之。元景至洪关，在今河南灵宝县西南。欲与安都济河攻蒲坂。会爽退，亦还。

自景平之初，至于元嘉之末，宋、魏战争，历三十年，宋多败衄[②]，北强南弱之形势，由此遂成，此实关系南北朝百六十年之大局，非徒一时之得失也。

综其失策，凡有数端：夫以大势言之，则拓跋氏实当五胡之末运。然占地既广，为力自雄；又代北距中原远，欲一举而覆其巢穴，殊非易事；故宋欲锄魏，实未可以轻心掉之。夫欲攻代北者，非徒自江、淮出兵，远不相及也，即河南犹虞其声势之不接，故欲攻代北，非以河北及关中为根据不可。

当元嘉五年之时，谢灵运尝上书劝伐河北。其言有曰："北境自染逆虏，穷苦备罹。征调赋敛，靡有止已。所求不获，辄致诛殒。身祸家破，阖门比屋。""或惩关西之败，而谓河北难守，二境形势，表里不同。关西杂居，种类不一，河北悉是旧户，差无杂人。"灵运固非经略之才，斯言则不能谓为无理。

盖吴举义，元景西征，胡、蜀、氐、羌，莫不响应，关中如此，岂况河北？故谓河北、关中不可复者非也。然河北、关中虽可取，亦必我有以取之。

欲取河北，必先固河南，欲固河南，必先实淮土；而欲取关中，则必经营宛、洛与蜀、汉。自晋之东渡，置北方于度外久矣。宋武虽锄南燕，覆后秦，然受命已在末年，经略未遑远及。史家病其"绵河置守，兵孤援阔"，《何承天传论》。景平丧败，职此之由。

孝武初，周朗上书，有云："毒之在体，必割其缓处。函、渭灵区，阒为荒窟；伊、洛神基，蔚成茂草；岂不可怀？历下、泗间，何足独恋？议者必谓胡衰不足避，而不知我之病甚于胡矣。空守孤城，徒费财役。虏但发轻骑三千，更互出入，春来犯麦，秋至侵禾，水陆漕输，居然复绝，于贼不劳，而边已困，不至二年，卒散民尽，可跻足而待也。"当时河南形势之恶如此。斯时当务之急，实在于自固藩翰，而宜戒轻率出兵。故何承天作论，谓"安边固守，于计为长"。而其安边固守之方：则一曰"移远就近，以实内地"；二曰"浚复城隍，以增阻防"；三曰"纂耦车牛，以饰戎械"；城不可固，则以车为藩，平行趋险，贼不能干。故纂耦车牛，与浚复城隍同意。四曰"计丁课仗，勿使有缺"。周朗亦言："缘淮城垒，皆宜兴复，使烽鼓相达，兵火相连。"承天又病"有急之日，民不知战。广延赏募，奉以厚秩。发遽奔救，天下骚然。方伯、刺史，拱守坐听，自无经略，惟望朝廷遣军"。谓非"大佃淮、泗，内实青、徐，使民有赢储，野有积谷，精卒十万，一举荡夷，则不足稍勤王师，以劳天下"。朗亦言："须办骑卒四十万而国中不扰，取谷支二十岁而远邑不惊，然后可越淮穷河，跨陇出漠。"此诚老成谋国之至计也。乃宋之君臣，恢复之壮志空存，而于生聚教训之谋，则讫未尝及。

元嘉二十七年之役，兵一动，即减百官俸三分之一。至大明六年二月始复。罢国子学。王公、妃主，及朝士、牧、守，各献金帛等物。富室小民，亦有献私财至数十万者。又以兵力不足，用何尚之议，发南兖州三五民丁。又募天下弩手，不问所从，若有马步众艺，武力之士应科者，皆加厚赏。有司又奏军用不充，扬、南徐、兖、江四州，富有之民，家赀满五千万，僧尼满二千万者，并四分换一，过此率讨，事息即还。临事张皇如此，安可以兴大役乎？

二十九年之役，青州刺史刘兴祖建议伐河北，曰："河南阻饥，野无所掠，脱意外固守，非旬月可拔，稽留大众，转输方劳。伐罪吊民，事存急速。今伪帅始死，兼逼暑时，国内猜扰，不暇远赴；关内之众，财足自守。愚谓宜长驱中山，据其关要。冀州已北，民人尚丰，兼麦已向熟，资因为易。向义之徒，必应响赴。若中州震动，黄河以南，自当消溃。臣城守之外，可有二千人，今更发三千兵，使别驾崔勋之，直冲中山。申坦率历城之众，可有二千，骆驿俱进。较略二军，可得七千许人。既入其心腹，调租发车，以充军用。若前驱乘胜，张永及河南众军，便宜一时济河，使声实兼举。愚计谬允，宜并建司牧，抚柔初附。定州刺史取大岭，未详。冀州刺史向井陉，并州刺史屯雁门，幽州刺史塞军都，岭名，在今河北昌平县西北。相州刺史备大行。若能成功，清一可待；若不克捷，不为大伤。”上意止存河南，不纳。论者或以为惜。

然魏于河南，尚不肯舍，况于河北，窥其腹心，岂有不以死力争之之理？而可以七千人侥幸邪？孔子曰：“暴虎，冯河，死而无悔者，吾不与也，必也临事而惧，好谋而成者也。”

宋之君臣，不度德、量力，而好轻举如此，安得而不丧败哉？此以远计言之也。专就战事论之，其失亦有可得而言者。

魏大武与文帝书曰：“彼尝愿欲共我一过交战，我亦不痴，复不是苻坚，何时与彼交战？昼则遣骑围绕，夜则离彼百里宿去。彼人民好降我者驱来，不好者尽刺杀之。彼吴人正有斫营技，我亦知彼情，离彼百里止宿。虽彼军三里安逻，使首尾相次，募人财五十里，天自明去，此募人头何得不输我也？彼谓我攻城日当掘堑围守，欲出来斫营，我亦不近城围彼，止筑堤引水灌城取之。彼扬州城南北门有两江水，此二水引用，自可如人意也。”此书所云，均系实语，并非虚辞，观其屡攻城不能克；又其战胜，若兵力相当，则恒由宋将帅怯懦，不则宋人恒能以少制众，杀伤过当可知。

然则魏人攻城既非所长，野战亦无把握，论其兵力，实尚不逮南朝，而宋顾屡为所困者？魏人于中国无所爱惜，恃其骑兵剽捷，专以杀掠为务。

故宋与之遇，师徒之覆败，所损尚浅，而人民之涂炭，受祸实深。经其剽略之地，元气大伤，不徒进取，即守御亦不易言矣。故魏欲避战，而宋斯时之长策，则在与之决战。欲与之决战，则非有骑兵不可。

《宋书·索虏传》论，谓彼我胜负，一言可蔽，由于走不逐飞。周朗亦云：“今人知不以羊追狼，蟹捕鼠，而令重车弱卒，与肥马悍胡相逐，其不能济固宜。汉之中年能事胡者，以马多也，胡后服汉者，亦以马少也。既兵不可去，车骑宜蓄。”其言可谓深切著明。

终南北朝之世，北方非无可乘之机，而南方迄不能大捷，恢复境土者，无骑兵与之决胜于中原，实为一大原因，非徒宋世如此也。元嘉二十七年之役，沈庆之固陈不可，亦以马步不敌为言。

文帝顾云：“虏所恃惟马。夏水浩汗，河水流通，泛舟北指，则碻磝必走。滑台小戍，易可覆拔。克此二戍，馆谷吊民，虎牢、洛阳，自然不固。比及冬间，城守相接，虏马过河，便成禽也。”

何其言之易也？岂忘景平之覆辙邪？不特此也，文帝非不恭俭，然实非能用兵之人，而尤暗于择将。

王玄谟，怯懦之夫也，帝乃谓殷景仁曰：“问玄谟陈说，使人有封狼居胥意。”此以口舌官人也。

檀道济最称持重，帝乃谓其养寇自资。到彦之逗桡不前，帝则恕以中途疾动。

张永者，涉猎书史，能为文章，善隶书，晓音律，骑射杂艺，触类兼通，又有巧思，纸及墨皆自营造，此乃文学之士，艺术之徒，帝顾谓其堪为将，授以专阃。用人如此，安得而不覆败？沈庆之谏北伐，帝使徐湛之、江湛难之。

庆之曰：“治国譬如治家，耕当问奴，织当问婢。陛下今欲伐国而与白面书生辈谋之，事何由济？”观其用张永，则并白面书生而不逮矣。

二十九年之役，庆之又固谏，不从，以立议不同，遂不使北出，好同恶异如此，安可用人？身未尝履行阵，而出军行师，每好悬授兵略，见《徐爰传》。至于攻战日时，莫不仰听成旨，《本纪》赞。此尤用兵之大忌，而帝又犯之，尚安有成功之望邪？

注释：

①碻磝[qiāo áo]：古津渡，南北朝时军争要塞。故址在今山东茌平西南古黄河东岸，城在津东。

② 败衄[nǜ]：战败。

吕思勉历史全集

两晋南北朝史 二

吕思勉 著

哈尔滨出版社
HARBIN PUBLISHING HOUSE

图书在版编目（CIP）数据

两晋南北朝史 / 吕思勉著.—哈尔滨：哈尔滨出版社，2019.5
（吕思勉历史全集）
ISBN 978-7-5484-4422-0

Ⅰ.①两… Ⅱ.①吕… Ⅲ.①中国历史 - 研究 - 魏晋南北朝时代 Ⅳ.①K235.07

中国版本图书馆CIP数据核字（2018）第274412号

书　　名：两晋南北朝史
LIANG JIN NAN BEI CHAO SHI

作　　者：吕思勉　著
责任编辑：付中英　翟嫦娥
责任审校：李　战
封面设计：里奥设计工作室

出版发行：哈尔滨出版社（Harbin Publishing House）
社　　址：哈尔滨市松北区世坤路738号9号楼　　邮编：150028
经　　销：全国新华书店
印　　刷：哈尔滨久利印刷有限公司
网　　址：www.hrbcbs.com　　www.mifengniao.com
E-mail：hrbcbs@yeah.net
编辑版权热线：（0451）87900271　87900272
销售热线：（0451）87900202　87900203
邮购热线：4006900345　（0451）87900256

开　　本：787mm × 1092mm　1/16　印张：82.25　字数：1382千字
版　　次：2019年5月第1版
印　　次：2019年5月第1次印刷
书　　号：ISBN 978-7-5484-4422-0
定　　价：198.00元（全四册）

目录

第十一章　元魏盛衰

第十二章　元魏乱亡

第十三章　梁陈兴亡

第十四章　周齐兴亡

第十五章　南北统一

第九章

宋齐兴亡

第一节 元凶弑逆

文帝北伐，虽云丧败，然其时境域如故，使有大有为之君，吊死扶伤，厉兵秣马，固未尝不可徐图恢复也。乃北伐未几，身死逆子之手，兵端既启，骨肉相屠，卒授异姓以篡夺之隙。丧乱弘多，自不暇于外攘，不惟河南不可复，即淮北亦不能守矣。哀哉！

宋世宗戚之祸，实始于义康之谋夺宗，而发于元凶之弑逆。文帝后袁氏，生子劭及东阳献公主英娥。劭姊。上待后恩礼甚笃。后潘淑妃有宠，后愤恚成疾。元嘉十七年，崩。劭以元嘉六年三月，立为大子。

潘淑妃生浚。一说：浚为淑妃所养。封始兴王。劭深疾潘氏及浚。浚虑将来受祸，曲意事劭。劭与之遂善。文帝务在本业，敦劝农桑，使宫内皆蚕，欲以风厉天下。有女巫严道育，本吴兴人。自言通灵，能役使鬼物。夫为劫，坐没入奚官。

东阳公主应阁婢王鹦鹉白公主。主乃白上，托云善蚕，求召入。见许。主及劭并信惑之。浚与劭并多过失，虑上知，使道育祈请，欲令过不上闻。后遂为巫蛊。初主有奴陈天兴，鹦鹉养以为子，而与之淫通。鹦鹉、天兴及宁州所献黄门陈庆国，并预巫蛊事。劭以天兴补队主。

东阳主薨，鹦鹉应出嫁。劭虑言语难密，与浚谋之。时吴兴沈怀远，为浚府佐，见待异常。乃嫁鹦鹉与怀远为妾。不以启上。虑后事泄，因临贺公主微言之。

上后知天兴领队，遣阉人奚承祖诘让劭曰：“临贺公主南第，先有一下人欲嫁，又闻此下人养他人奴为儿，而汝用为队主，抽拔何乃速？汝间用主、副，并是奴邪？欲嫁置何处？”

劭惧，驰书告浚。并使告临贺主：“上若问嫁处，当言未有定所。”

鹦鹉既适怀远，虑与天兴私通事泄，请劭杀之。劭密使人害天兴。庆国谓宣传往来，惟有二人，虑将见及，乃具以其事白上。上惊惋，即遣收鹦鹉，封籍其家。得劭、浚书数百纸，皆咒诅巫蛊之言。得所埋上形像于宫内。道育变服为尼，逃匿东宫。浚往京口，浚时为南徐州刺史。又载以自随。或出止民张旿家。劭东宫置兵，本与羽林等。

元嘉二十八年，彗星起毕昴，入大微，扫帝坐端门，灭翼轸。二十九年，荧惑逆行守氐。自十一月霖雨、连雪，大阳罕曜。三十年，正月，大风飞霰，且雷。上忧有窃发，辄加劭兵众。东宫实甲万人。车驾出行，劭入守，使将白直队自随。

其年，二月，浚自京口入朝，当镇江陵，时改刺荆州。复载道育还东宫，欲将西上。有告上云：“京口民张旿家有一尼，服食、出入征北府内，似是严道育。”上初不信。试使掩录，得其二婢。云道育随征北还都。上惆怅惋骇。乃欲废劭，赐浚死。

而第三子武陵王骏不见宠，故累出外藩；第四子南平王铄，第七子建平王宏，并为上所爱，铄妃江湛妹，湛劝上立之，自寿阳征入朝，时为豫州刺史。

既至，又失旨；欲立宏，嫌其非次；是以议久不决。此据《徐湛之传》。《王僧绰传》云：随王诞妃，湛之妹，湛之欲立之。案文帝诸子，孝武帝次三，南平王次四，帝既不欲立之，庐陵王绍次五，出后义真，次六即诞，湛之之欲立之，或亦未必尽出私意也。而以语潘淑妃。淑妃具以告浚。浚驰报劭。劭因有异谋。每夜辄飨将士，或亲自行酒。王僧绰者，昙首子，即尚东阳献公主者也。

元嘉二十八年，迁侍中，时年二十九。帝颇以后事为念，以其年少，欲大相付托，朝政小大，皆与参焉。劭于东宫夜飨将士，僧绰具以启闻，劝上速断。不听。

劭乃使斋帅张超之等集素所蓄养兵士二千余人。诈云受敕有所收讨。超之等数十人驰入，拔刀径上合殿。时上与徐湛之屏人共言论，或连日累夕。每夜，常使湛之自秉烛绕壁检行，虑有窃听者。

劭入弑之旦，其夕，上与湛之屏人语，至晓，犹未灭烛。超之手行弑逆，二月甲子。并杀湛之。遣人杀江湛及其五子。又杀帝亲信左右数十人。转王僧绰为吏部尚书，委以事任。顷之，劭料检帝巾箱及江湛等书疏，得僧绰所启飨士并废诸王事，乃收害焉。

案文帝猜忌大甚，而又多疑少决，此皆非君德，宜其及祸也。既知劭、浚逆谋，不能去劭之兵，仍谓荆州上流之重，宜有至亲，而以浚居之。徐湛之再与逆谋，仍极亲任，不过以甥舅故耳。《王僧绰传》云：父昙首，与王华并为大祖所任。华子嗣，人才既劣，信遇亦轻。僧绰尝谓中书侍郎蔡兴宗曰："弟名位应与新建等，超至今日，盖以姻戚所致也。"此诚言，非谦辞也。此皆足征文帝之偏私。新建，嗣之封。

劭之将弑逆也，召前中庶子右军长史萧斌斌父摹之，源之之从父弟，源之，思话父也。及左卫率袁淑等告之。淑不从，被杀。斌初亦谏，后为所胁，与之同载。劭遣人谓鲁秀曰："徐湛之常欲相危，我已为卿除之矣。"湛之父为鲁轨所杀。爽、秀归顺。湛之以为庙算远图，特所奖纳，不敢苟申私怨，乞屏居田里，不许。使秀与屯骑校尉庞秀之对掌军队。

秀之，斌故吏也，甚加信委。时武陵王骏刺江州，文帝使步兵校尉沈庆之等伐缘江蛮，使骏总统诸军，方次西阳之五洲，五洲，在今湖北蕲水县西。即率众入讨。

荆州刺史南谯王义宣，雍州刺史臧质，并举义兵。劭分浙江东为会州，以会稽大守随王诞为刺史。诞将受命，其参军沈正说司马顾琛，俱入说诞。诞犹豫未决。会武陵王骏使至，乃起兵。豫州刺史刘遵考亦起义。遵考，武帝族弟。劭以萧思话为徐、兖二州刺史，思话还彭城，亦起义。武陵王骏以柳元景为前锋。浚及萧斌劝劭勒水军自上决战；不尔，则保据梁山。在今安徽当涂、和县间。

江夏王义恭虑义兵仓卒，船舫陋小，不宜水战，乃进策曰："贼骏年小，未习军旅，远来疲弊，宜以逸待之。今远出梁山，则京都空弱，东军乘虚，或能为患。若分力两赴，则兵散势离。不如养锐待期，坐而观衅。"

劭善其议。萧斌厉色争之，不纳。劭疑朝廷旧臣，悉不为己用，厚接王罗汉、鲁秀，悉以兵事委之。罗汉先为南平王铄右军参军，劭以为有将用，故以心膂委焉。

或劝劭保石头城。劭曰："昔人所以固石头，俟诸侯勤王耳。我若守此，谁当见救？惟应力战决之，不然不克。”时义军船率小陋，虑水战不敌。至芜湖，柳元景大喜，倍道兼行。闻石头出战舰，乃于江宁步上。晋分秣陵置临江县，更名江宁，在今首都西南。潜至新亭，依山建垒。

时四月也。劭使萧斌、鲁秀、王罗汉等精兵万人攻垒。将士怀劭重赏，皆为力战。元景蓄力以待其衰，击破之。劭又率腹心，自来攻垒。元景又破之。萧斌、王罗汉皆降。斌于军门伏诛。罗汉后亦死。斌弟简，为南海大守，世祖使讨之，经时乃克。斌、简诸子并诛灭。庞秀之、鲁秀等亦各南奔。义军遂克京城。劭、浚皆伏诛。时五月也。武陵王骏至新亭，即位。是为世祖孝武皇帝。

元凶之变，《宋书》谓“自赫胥以降，未闻斯祸。惟荆、莒二国，弃夏即戎；武灵胡服，亦背华典；然后有之。生民得无左衽，亦为幸矣”。

其实世禄之家，争夺相杀，乃其恒事，宋史之论，殊不免于拘墟也。劭之杀潘淑妃也，谓浚曰：“潘淑妃遂为乱兵所害。”浚曰：“此是下情，由来所愿。”

按《宋书·文九王传》，以浚为淑妃所生，《南史·文帝诸子传》总叙处亦同，而《劭传》又云：浚母卒，使潘淑妃养之，《宋书·二凶传》无此语。盖李延寿兼采异说。

浚果淑妃所生，二凶虽悖，其言或未必如是。延寿所采异说盖是。然淑妃即浚阿保，出此语亦悖矣。劭又与文帝第四女海盐公主私通。见《宋书·赵伦之传》。其无伦理如此。

劭之攻新亭垒而败也，以辇迎蒋侯神像于宫内，稽颡乞恩。拜为大司马；封钟山郡王，食邑万户；加节钺。苏侯为骠骑将军。其无知识又如此：纨袴子弟，又曷可教哉？

劭之行弑逆也，出坐东堂，呼中书舍人顾瑕问曰：“共欲见废，何不早启？”未及答，斩之。徐湛之子聿之，及江夏王义恭子十二人皆见杀。庞秀之南奔，子弟为劭所杀者，亦将十人。见《南史·萧思话传》。

又以宿恨杀长沙悼王瑾，景王之孙。临川王晔，武帝少弟临川烈武王道规无子，以长沙景王弟二子义庆嗣。是为康王。晔康王子。桂阳侯觊，景王子义融之子。新渝侯玠。义庆弟子。

又欲杀三镇士庶家口，义恭及何尚之说之，乃止。其好杀如此。而义军之惨酷，亦未尝末减。劭、浚及劭四子，浚三子，并枭首大航。暴尸于市。又投劭、浚尸首于江。

劭妻殷氏，赐死廷尉。浚妻褚氏，丹阳尹湛之女，湛之南奔，即见离绝，故免于诛。其余子女、妾媵，并于狱赐死。张超之为乱兵所杀，割肠刳心，脔剖其肉，诸将生啖之，焚其头骨。严道育、王鹦鹉并都街鞭杀，于石头四望山下焚其尸，扬灰于江。四望山，在今首都西南。

杀机一启，而后来者益变本加厉不可止矣，哀哉！

第二节　孝武世诸王之祸

文帝兄弟，自义康废后，尚有义恭、义宣、义季三人。义康之废，义恭入为总录，已见前。元凶弑逆，使义恭入住尚书下省，挟以出战，恒录在左右，故不能自拔。

战败后，使义恭于东堂简将，乃得单马南奔。至新林，浦名。在今首都西南。即上书劝孝武即位。孝武以义恭为大尉，录尚书六条。事宁，进位大傅，领大司马。仍以空名尊之而已。初武帝遗诏，诸子以次居荆州。谢晦平后，以授义康。义康入相，义恭居之。

临川王义庆，宗室令望，而烈武王有大功于社稷，又居之。其后应在义宣。文帝以义宣人才素短，不堪居上流，元嘉十六年，以义季代义庆，而以义宣为南徐州刺史。会稽公主每以为言。

上迟回久之，二十一年，乃以义宣刺荆州，而以义季为南兖州刺史。二十二年，迁徐州。义季自义康废后，为长夜之饮，遂以成疾。迁徐州之明年，索虏侵边，北境骚动，义季无他经略，惟饮酒而已。二十四年薨。而义宣至镇，勤自课厉，政事修理。在镇十年，兵强财富。

《宋书·义宣传》云："义宣首唱大义，威名著天下。"案《恩幸传》言：董元嗣与戴法兴、戴明宝，俱为世祖南中郎将典签。

元嘉三十年，奉使还都。直元凶弑立，遣元嗣南还，报上以徐湛之等反。上时在巴口，在今湖北黄冈县东。元嗣具言弑状。上遣元嗣下都，奉表于劭。既而上举义兵。劭责元嗣。元嗣答曰："始下未有反谋。"劭不信，备加考掠。不服。遂死。

《南史·沈庆之传》曰：孝武出次五洲，总统群帅。庆之从巴水出，至五洲谘受军略。会孝武典签董元嗣自建业还，陈元凶弑逆，时元凶密与庆之书，令杀孝武。

庆之入求见，孝武称疾不敢见。庆之突前，以元凶手书呈简。孝武泣，求入内与母辞。庆之曰："下官受先帝厚恩，尝愿报德。今日之事，惟力是视。殿下何疑之深？"帝起，再拜曰："家国安危，在于将军。"庆之即勒内外处分。府主簿颜竣，延之子。闻庆之至，驰入见帝，曰："今四方尚未知义师之举，而劭据有天府。首尾不相应赴，此危道也。宜待诸镇唇齿，然后举事。"

庆之厉声曰："今方兴大事，而黄头小儿皆参预，此祸至矣。宜斩以徇众。"

帝曰："竣何不拜谢？"竣起再拜。庆之曰："君但当知笔札之事。"于是处分，旬日，内外皆整办。时谓神兵。《义宣传》云：元凶弑立以义宣为中书监、大尉、领司徒。义宣闻之，即时起兵。征聚甲卒，传檄远近。会世祖入讨，义宣遣参军徐遗宝，率众三千，助为前锋。元嗣之还，与元凶下荆州之令，抵达先后，不能甚远。

孝武当日，尚遣元嗣奉表于劭；庆之处分，虽云神速，亦绵旬日；而义宣闻命即起，则似义宣义举，实在孝武之前。但观颜竣之语，则当孝武与庆之定谋之时，尚未知羲宣义问耳。当天崩地拆之时，称兵者孰甘为牛后？即拥戴之者亦然。

观沈庆之叱颜竣之语，其欲立功名之心，显然可见。果不知江陵义举，抑或知之而故不相承奉，亦殊难言之矣。父死子继，邦之旧典。

孝武于文帝诸子，次居第三，二凶既行弑逆，孝武以讨贼居位，原不能谓为不正，然欲义宣甘心承奉，则其势甚难，而诸臣就素所亲昵者而各有所奉，亦势也。

《臧质传》云：质始闻国祸，便有异图。以义宣凡暗，易可制勒，欲外相推奉，以成其志，以义宣已推崇世祖，故其计不行。《柳元景传》云：质潜报元景，使率所领西还。元景即以质书呈世祖。谓其使曰："臧冠军当是未知殿下义举耳。方应伐逆，不容西还。"质以此恨之。此皆诬辞。臧质、鲁爽，盖皆与义宣素洽。观义宣兵一起，二人即俱往江陵可知。质女为义宣子采妇，自尤易相结也。

孝武既即位，改封义宣为南郡王，以为丞相、扬州刺史。随王诞为竟陵王，以为荆州刺史。而以臧质刺江州。沈庆之刺南兖州。柳元景刺雍州，垣护之刺冀州。迁鲁爽刺南豫州。鲁秀刺司州。刘秀之刺益州。徐遗宝刺兖州。王玄谟刺徐州。

义宣不肯就征，诞亦固求回改，谓位号正与浚同。乃以诞为扬州，义宣仍刺荆州。臧质建议：爪牙不宜远出。上重违其言，更以柳元景为领军将军，而以朱修之为雍州。

孝建元年，义宣与臧质、鲁爽、徐遗宝同举兵反。《义宣传》云：义宣报爽及遗宝，本刻秋冬举兵，而爽狂酒失旨，正月便反，遗宝亦勒兵向彭城，义宣及质，狼狈举兵。此亦可惑。爽虽狂酒，刻反期何等事，而可失旨？况爽即失旨，岂遗宝亦失旨邪？

《通鉴考异》曰："《宋本纪》：二月，庚午，爽、臧质、南郡王义宣、徐遗宝举兵反。《义宣传》云：其年正月便反。《宋略》云：二月，义宣等反。按爽之反，帝犹遣质收鲁弘，则非同日反明矣。又按《长历》：是月戊辰朔，然则庚午三日也。《义宣传》起兵在二月二十六日，但不知爽反在正月与二月耳。"案义宣之反，若在二月二十六日，则狼狈举兵之说似可信，然爽起兵必以承奉义宣为言，义宣恐未必能迟至是时始举兵也。

质使鲁弘东下大雷，义宣遣谘议参军刘湛之就之。又使鲁秀攻朱修之。而自率众十万，会质俱下。鲁爽使弟瑜据小岘，自次大岘。小岘在其西。帝以兵力配历阳大守张幼绪，使薛安都率步，又别遣水军援之。幼绪恇怯，引还。下之狱。而征沈庆之督统诸军。

爽以食少引退，庆之使安都轻骑追之。及于小岘。爽亲断后。及战，爽饮酒过醉，为安都刺杀。瑜亦为部下所杀。遂平寿阳。时又以夏侯祖权为兖州刺史。徐遗宝袭彭城，祖权击破之。

遗宝，垣护之妻弟也。初与护之书，劝使同逆。护之驰使以闻，而自率步骑袭湖陆。时为兖州治。遗宝弃城奔鲁爽。爽败，逃东海郡界，为土人所杀。义宣等至鹊头，山名，在今安徽铜陵县西北。而爽、遗宝败问至。

时上以王玄谟为豫州刺史，率舟师顿梁山。征垣护之据历阳。使柳元景为大统。元景屯姑熟，《垣护之传》作南州，即姑熟也。使郑琨、武念戍南浦。在今安徽当涂县境。臧质径入梁山。义宣屯芜湖。

质欲以万人取南浦，万人缀玄谟，浮舟直指石头。义宣将从之。刘谌之曰："质求前驱，此志难测。不如尽锐攻梁山，事克然后长驱，万全之计也。"乃止。

五月十九日，质攻梁山，克其西垒。欲仍攻东垒。义宣党颜乐之曰：“质若复拔东城，则大功尽归之矣，宜遣麾下自行。”乃遣刘谌之就质。案此时义宣所猜，是否在质，已有可疑；且质以十九日克西城，而义宣之至梁山在二十一日，相距不过二日耳，尚何虑质专其功？又质欲攻东城，何必请命于义宣？故此说殊未必实也。质遣庞法起等攻南浦，败绩。

二十一日，义宣至梁山。质出军东岸。玄谟使垣护之、薛安都等出垒奋击，大败之。护之等因风纵火。船舰先见焚烧，延及西岸营垒。众遂奔溃。质欲见义宣计事，义宣密已出走矣。质不知所为，亦走。

鲁秀之攻襄阳，朱修之断马鞍山道，《水经注》：稷溪水出襄阳西柳子山下，东为鸭湖，湖在马鞍山东北。秀不得前，乃退。刘秀之遣参军韦山松袭江陵，为秀所杀。

及是，义宣步向江陵。秀及其司马竺超民等，仍欲收合余烬，更图一决。而义宣惛垫，无复神守。左右腹心，相率奔散。欲随秀北走，复与秀相失。未出郭，将士逃散尽，复还向城。超民乃送之就狱。

时孝武已以朱修之为荆州刺史矣，至江陵，于狱尽之。子十八人，除竢、悉、达早卒外，皆死。秀众叛且尽，为刘秀之所射，中箭赴水死。臧质至寻阳，焚烧府舍，载伎妾西奔。使所宠何文敬领兵居前。

至西阳，西阳大守鲁方平，质之党也，怀贰，诳文敬曰：“诏书敕旨，惟捕元恶一人，余并无所问。”文敬弃众而走。质先以妹夫羊冲为武昌郡，往投之，已为郡丞胡庇之所杀。质无所归，入南湖在武昌东。逃窜，为追兵所杀。

豫章大守任荟之，临川内史刘怀之，鄱阳大守林仲儒，为质尽力，皆伏诛。孝武又欲杀竺超民及质长史陆展兄弟，尚书令何尚之言之，乃得原。

案臧质数有战功，拒虏尤著绩；鲁爽，史称其少染殊俗，无复华风，亦不失为一战将；秀之才略，尤优于其兄；不能用以拒虏，而俱毙于内战，实可惜也。

义宣既败，义恭乃上表省录尚书。又与竟陵王诞奏裁诸王、侯车服、器用、乐舞、制度，凡九事。有司附益，为二十四条。时西阳王子尚孝武次子。有盛宠，义恭又解扬州以避之。

《义恭传》言其性嗜不恒，日移时变。自始至终，屡迁第宅。与人游款，意好亦多不终。而奢侈无度，不爱财宝。左右亲幸者，一日乞与，或至一二百万。

小有忤意，辄追夺之。

大明时，资供丰厚，而用常不足。赊市百姓物，无钱可还，民有通辞求钱者，辄题后作原字。善骑马。解音律。游行或三五百里。盖亦故为是以避祸也。

初晋氏南迁，以扬州为京畿，谷帛所资皆出焉。以荆州为重镇，甲兵所聚尽在焉。常使大将居之。二州户口，居江南之半。上恶其强大，分扬州浙东五郡会稽、东阳、永嘉、临海、新安。置东扬州，治会稽。荆、湘、江、豫州之八郡荆江夏、武陵、天门、竟陵、随，湘巴陵，江武昌，豫西阳。置郢州。治江夏。罢南蛮校尉，迁其营于建康。荆、扬并因此虚耗。何尚之建言复合二州，上不许。

南平穆王铄，初领兵戍石头。元凶弑立，以为中军护军将军。世祖入讨，劭屯兵京邑，使铄巡行抚劳。以为南兖州刺史。柳元景至新亭，劭亲自攻之，挟铄自随。江夏王义恭南奔，使守东府。义军入宫，铄与浚俱归世祖。铄素不推事世祖，又为元凶所任使，世祖以药纳食中毒杀之。

武昌王浑，文帝第十子。少而凶戾。尝出石头，怨左右人，援防身刀斫之。孝武即位，授南彭城东海二郡大守，出镇京口。孝建元年，迁雍州刺史。浑至镇，与左右人作文檄，自号楚王，号年为永光元年，备置百官，以为戏笑。孝武闻之，逼令自杀。时年十七。时为义宣叛之明年，越五年而竟陵王之祸作。

竟陵王诞，文帝第六子。其《传》云：义宣之反，有荆、江、兖、豫四州之力，势震天下。孝武即位日浅，朝野大惧。上欲奉乘舆法物，以迎义宣。诞固执不可，然后处分。上流平定，诞之力也。

此亦诬罔之辞。以孝武之猜鸷，安肯慑于虚声，遽弃大位？当时盖有是语而非由衷之言，诞亦知旨而执之，及后既叛，乃以是为功，好诞者因以为实事耳。当时史文，固多如是，不可不分别观之也。诞叛后，为表投之城外云："丞相构难，臧、鲁协从，朝野恍忽，咸怀忧惧。陛下欲百官羽仪，星驰推奉。臣前后固执，方赐允俞。社稷获全，是谁之力？"

诞造立第舍，穷极工巧，园池之美，冠绝一时。多聚才力之士，实之第内。精甲利器，莫非上品。此等又皆孝武一面之辞，其信否亦不可知也。上意不平。

孝建二年，出诞为南徐州刺史。大明元年，又徙之南兖州，而以刘延孙为南徐，与之合族。高祖遗诏，非宗室近戚，不得居京口。《延孙传》云：延孙与帝室，虽同是彭城人，别属吕县。刘氏居彭城县者，又分为三里：帝室居绥舆里，左将军刘怀肃居安上里，豫州刺史刘怀武居丛亭里。及吕县为四刘。虽同出楚元王，由来不序昭穆。延孙于帝室，本非同宗。时竟陵王诞为徐州，上深相畏忌，不欲使居京口，迁之于广陵，广陵与京口对岸，使腹心为徐州，据京口以防诞，故以南徐授延孙，而与之合族，使诸王序亲。吕，汉县，在今江苏铜山县北。

诞既见猜，亦潜为之备。因索虏寇边，修治城隍，聚粮治杖。嫌隙既著，道路常云诞反。

三年，建康民陈文绍，吴郡民刘成，豫章民陈谈之上书告诞有反谋。四月，上使有司奏诞罪状，贬爵为侯，遣令之国，而以垣阆为兖州刺史，配以羽林禁兵，遣给事中戴明宝随阆袭之。事泄，为诞所败。阆遇害，明宝奔还。上乃遣沈庆之率大众讨诞。庆之进广陵。豫州刺史宗悫，徐州刺史刘道隆并率众来会。诞见众军大集，欲弃城走，而其众并不欲去，乃复还。

时垣护之、崔道固、庞孟虬、殷孝祖等破索虏还，时使北援青州。至广陵，上使并受庆之节度。又遣屯骑校尉谭金，前虎贲中郎将郑景玄率羽林兵隶庆之。庆之填堑治攻道，直夏雨不得攻城，上玺书催督，前后相继。及晴，又使大史择发日，将自济江。大宰江夏王义恭表谏，乃止。

七月，庆之攻广陵，克之，杀诞。诞初使黄门吕昙济，与左右素所信者，将世子景粹，藏于民间。出门，并各散走。惟昙济不去。十余日，乃为沈庆之所捕得，斩之。贬诞姓为留氏。帝命城中无大小并斩。沈庆之执谏，乃自五尺以下全之。杀城内男为京观，死者数千。女口为军赏。初义宣之反也，义恭参军宗越，亦隶行间。追奔至江陵。

时朱修之未至，越多所诛戮；又逼略义宣子女；坐免官，系尚方。寻被宥，复官。诞之叛，越以长水校尉领马军隶庆之。及孝武命杀城内男丁，越受旨行诛。躬临其事。莫不先加捶挞，或有鞭其面者，而越欣欣然若有所得。诞之初叛也，孝武忿其左右腹心，同籍期亲并诛之，死者以千数，或有家人已死，方自城内叛出者。

琅邪王玙之，五子悉在建业。玙之常乘城，沈庆之缚其五子，示而招之。许以富贵。玙之曰：“吾受主王厚恩，不可以二心。三十之年，未获死所耳，安可以私亲诱之？”五子号叫，于外呼其父。及城平，庆之悉扑杀之。诞遣使要结远近。

山阳内史梁旷，家在广陵，诞执其妻子，而旷斩使拒诞。诞怒，灭其家。刘遵考子琨之，为诞主簿。诞作乱，以为中兵参军。不就。系狱数十日，终不受。诞杀之。彭城邵领宗在城内，阴结死士欲袭诞，事泄，诞支解之。一时君臣之酷虐如此，人理不几于灭绝邪？

海陵王休茂，文帝第十四子。大明二年，为雍州刺史。司马庾深之行府事。休茂性急疾，欲自专，深之及主帅每案之，常怀忿怒。左右张伯超多罪过，主帅常加呵责。伯超惧罪，劝休茂杀行事及主帅，且举兵自卫。“此去都数千里，纵大事不成，不失入虏中为王。”休茂从之。

夜挟伯超及左右，率夹毂队杀深之及典签。集征兵众，建牙驰檄。参军尹元庆起义禽斩之。《宋书·本纪》云：义成大守薛继考讨斩之。《休茂传》云：继考为休茂尽力攻城，及休茂死，诈称立义，乘驿还都，事泄，伏诛。旧史盖据其事未泄前之诡辞，而修《宋书》者误袭之也。《南史》云：尹元庆起义斩之，当得其实。

时五年四月也。休茂时年十七。母、妻皆自杀。同党悉伏诛。休茂既死，义恭上表言：“诸王贵重，不应居边。华州优地，时可暂出。既已有州，不须置府。若位登三事，止于长史、掾属。若宜镇御，别差押城大将。若情乐冲虚，不宜逼以武事。若舍文好武，尤宜禁塞。僚佐文学，足充话言，游梁之徒，一皆勿许。文武从镇，以时休止，妻子室累，不烦自随。百僚修诣，宜遵晋令，悉须宣令齐到，备列宾主之则。衡泌之士，亦无烦干候贵王。器甲于私，为用盖寡，自金银装刀剑战具之服，皆应输送还本。曲突徙薪，防之有素，庶善者无惧，恶者止奸。”其所以闲之者弥密，然人心好乱，枭桀乘机，徒恃具文终不足树维城之固也。

第三节　前废帝之败

凡置君如弈棋之世，往往君臣上下，彼此相猜。因相猜而相图，则君位之不固弥甚。而其相猜亦弥甚。迭相为因，而争夺相杀之祸，不绝于时矣。刘宋之所以败，正坐此也。

宋文帝之为人，已不免失之猜忌，而孝武及明帝二世尤甚。

《南史·本纪》言：孝武帝末年，为长夜之饮。每旦寝兴，盥漱毕，仍复命饮。俄顷数斗。凭几惛睡，若大醉者。或外有奏事，便肃然整容，无复酒色。外内服其神明，无敢弛惰。是其人未尝无监察之小才。

然性严暴，睚眦之间，动至罪戮。《佞幸·戴法兴传》。又好狎侮群臣，随其状貌，各有比类。如多须者谓之羊；颜师伯缺齿号之曰齴；刘秀之俭吝，呼为老悭。宠一昆仑奴，常在左右，令以杖击群臣，自柳元景以下，皆罹其毒。《王玄谟传》。

江智渊初为竟陵王诞从事中郎。诞将为逆，智渊悟其机，请假先返。诞事发，即除中书侍郎。迁尚书吏部郎。智渊爱好文雅，辞采清赡。上初深相知待，恩礼冠朝。后以方退，渐不会旨，见出，以忧卒。

沈怀文为侍中，随事纳谏，匡正尤多，帝多不听。帝每宴集，在坐者咸令沈醉，怀文素不饮酒，又不好戏，帝谓故为异己，遂以事收付廷尉赐死。其好狎侮如此。

即位之初，普责百官谠言，而庐陵内史周朗，以上书忤旨，大明四年，使有司奏其居丧无礼，传送宁州，于道杀之。颜竣旧为僚佐；讨劭之役，上发寻阳，便有疾，竣常出入卧内，断决军机；即位，为侍中，转吏部尚书；义宣、臧质反，诸子藏匿建康、秣陵、湖熟、江宁县界，湖熟，汉县，在今江宁县东南。又以为丹阳尹，可谓股肱心膂之臣。而以谏诤恳切，借竟陵王诞之叛陷之，先打折足，然后于狱赐死。

沈怀文与竣及周朗素善，帝尝谓之曰："竣若知我杀之，亦当不敢如此。"及怀文被系，其三子行谢，情哀貌苦，见者伤之。

柳元景欲救怀文，言于帝曰："沈怀文三子，涂炭不可见，愿陛下速正其罪。"帝曰："宜急杀之，使其意分。"竟杀之。其好谀恶直，刻薄寡恩又如此。

其所任者：颜师伯，帝为徐州时主簿。以善于附会，大被知遇。

及践阼，以为黄门侍郎。累迁侍中、吏部尚书为尚书右仆射。戴法兴、戴明宝、蔡闲，皆为南台侍御史，兼中书通事舍人。巢尚之，亦为中书通事舍人。选授、迁转、诛赏大处分，皆与法兴、尚之参怀。内外诸杂事，多委明宝。蔡闲早卒。

师伯居权日久，天下辐凑。游其门者，爵位莫不逾分。多纳货贿家产丰积。伎妾声乐，尽天下之选。园池第宅，冠绝当时。法兴、明宝，亦大通人事，多纳货贿。明宝骄纵尤甚。所任如此，安有可托孤寄命之臣邪？身死未几，而嗣子遽败，固其所也。

大明八年，闰五月，孝武帝崩。大子子业立，是为前废帝。时年十六。遗诏：江夏王义恭解尚书令，加中书监。柳元景领尚书令，入住城内。事无巨细，悉关二公。大事与沈庆之参怀。若有军旅，可为总统。尚书中事委颜师伯。外监所统委王玄谟。

废帝即位，复置录尚书，以义恭为之。颜师伯迁尚书右仆射，领丹阳尹。元景、庆之、师伯、玄谟，固皆孝武帝所视为亲信之臣者也，然未再期而变起。

景和元年，八月，免戴法兴官，旋赐死。巢尚之亦解舍人。转颜师伯为尚书仆射，而以王景文为右仆射，分其台任。景文名彧，与明帝名同，以字行。其妹为明帝后。观废帝用人，可知其不尽与诸叔立异也。又夺其丹阳尹。义恭、元景、师伯等忧惧，谋废帝而立义恭。以告沈庆之。庆之发其事。帝亲率宿卫诛之。

《佞幸传》言：帝即位，法兴迁越骑校尉。时义恭录尚书事，任同总己，而法兴执权日久，威行内外，义恭积相畏服，至是慑惮尤甚。废帝未亲万几，凡诏敕施为，悉决法兴之手；尚书中事无大小专断之；师伯、义恭，守空名而已。《传》又云：前废帝即祚，权任悉归法兴，而明宝轻矣。一似义恭、师伯，与法兴各不相干者。

然又云：帝所爱幸阉人华愿儿，有盛宠，赐与金帛无算。法兴常加裁减，愿儿甚恨之。帝常使愿儿出市里，察听风谣。而道路之言，谓法兴为真天子，帝为应天子。应，《南史》作赝。

愿儿因此告帝曰："外间云：宫中有两天子，官是一人，戴法兴是一人。官在深宫中，人物不相接。法兴与大宰颜、柳一体。吸习往来，门客恒有数百。内外士庶，莫不畏服之。法兴是孝武左右，复久在宫闱，今将他人作一家，深恐此坐席非复官许。"则法兴与义恭等，实已互相交关，愿儿于法兴，纵有私怨，然其告前废帝之语，必不能凭空造作，史固云道路先有法兴为真天子，帝为应天子之语，而后愿儿因之进说也。此语亦非史家所能造，即或传述出于附会，亦必当时实有此情形，附会者乃能为是说也。故法兴死而义恭等之变遂作。

夫南北朝之主，所以好用寒人者？一以其时之士大夫，优游不能任事；一亦由其时争夺相杀，习为故常，寒人分望有限，不至觊觎非分耳。今戴法兴等亦与义恭等相交关，又曷怪废帝之欲加以翦除哉？

史言帝年渐长，凶志转成。欲有所为，法兴每相禁制。每谓帝曰：“官所为如此，欲作营阳邪？”一似法兴虽无礼于其君，意实在防闲其非者。然废帝即位，年已十六，欲有所为，何待期年之后？则此说不足信也。期年之中，不蜚不鸣，而一旦发之仓卒；而征讨之师，且继之而出；则知废帝非绝无能为，且非轻躁之流矣。

晋熙王昶者，文帝第九子，时为义阳王，晋熙乃其投北后明帝所改封。为徐州刺史。

《昶传》云：昶轻訬褊急，不能祗事世祖，大明中，常被嫌责。民间喧然，常云昶当有异志。

永光、景和中，废帝初改元为永光，诛义恭后，又改元为景和，实一年也。此声转甚。废帝既诛群公，弥纵狂悖。常语左右曰：“我即大位来，遂未尝戒严，使人邑邑。”义恭诛后，昶表请入朝，遣典签蘧法生衔使。《魏书》作虞法生。

帝谓法生曰：“义阳与大宰谋反，我正欲讨之，今知求还，甚善。”又屡诘问法生：“义阳谋反，何故不启？”法生惧祸，叛走还彭城。帝因此北讨。亲率众过江。

法生既至，昶即聚众起兵。统内诸郡，并不受命；将佐文武，悉怀异心。昶知其不捷，乃夜与数十骑开门北奔索虏。时九月也。昶之必叛，读其传文可见，更不得归咎于废帝之激变矣。

《孝武十四王传》云：始平孝敬王子鸾，孝武帝第八子。

大明四年，年五岁，封襄阳王。仍为东中郎将、吴郡大守。其年，改封新安王。五年，迁北中郎将，为徐州刺史，领南琅邪大守。南琅邪，东晋以江乘侨置，齐徙治白下。母殷淑仪，宠倾后宫，子鸾爱冠诸子。凡马上所盼遇者，莫不入子鸾之府、国。及为南徐州刺史，又割吴郡以属之。六年，丁母忧。追进淑仪为贵妃，班亚皇后。谥曰宣。上自临南掖门临过丧车，悲不自胜。拟《汉武帝李夫人赋》。又讽有司，创立新庙。葬毕，诏子鸾摄职，以本官兼司徒。又加都督南徐州诸军事。八年，加中书令，领司徒。前废帝即位，解中书令，领司徒，加持节之镇。帝素疾子鸾有宠，既诛群公，乃遣使赐死。时年十岁。

子鸾临死，谓左右曰：“愿身不复生王家。”同生弟、妹并死。与子鸾同生者：孝武帝第十四子齐敬王子羽，大明三年卒。第十九子晋陵孝王子云，六年卒。是时死者，为第二十二子南海哀王子师，及第十二皇女。

案孝武宫闱，颇多遗行。孝武所生路淑媛，即位之后，尊为皇大后。《传》云：上于闺门之内，礼敬甚寡。有所御幸，或留止大后房内。故民间喧然，咸有丑声。

《南史·后妃传》云：淑仪南郡王义宣女。义宣败后，帝密取之，假姓殷氏。左右宣泄者多死。故当时莫知所出。或云：是殷琰家人，入义宣家，义宣败入宫云。《宋书目录》孝武文穆皇后下有宣贵妃，而《传》无其文。《江智渊传》云：上宠姬宣贵妃殷氏卒，使群臣议谥，智渊上议曰怀，上以不尽嘉号，甚衔之。后车驾幸南山，乘马至殷氏墓，群臣皆骑从。上以马鞭指墓石柱谓智渊曰："此上不容有怀字。"智渊益惶惧。大明七年，以忧卒。即此人也。

《袁顗传》云：大明末，新安王子鸾以母嬖有盛宠，大子在东宫多过失，上微有废大子立子鸾之意，从容颇言之。顗盛称大子好学，有日新之美。《南史》此下又云："帝怒，振衣而入，顗亦厉色而出。左丞徐爰言于帝，请宥之，帝意解。"则子鸾在孝武时实有夺宗之势，府国人才既多，容有居为奇货者，废帝之除之，或亦有所不得已邪？愿身不复生王家言，非十岁小儿所能作，即其徒党所造作也。

《宋书·后妃传》云：前废帝何皇后，父瑀，尚高祖少女豫章康长公主。豪竞于时。子迈，尚大祖第十女新蔡公主。迈少以贵戚居显宦，好犬马驰逐。多聚才力之士。有墅在江乘县界，去京师三十里，迈每游履，辄结驷连骑，武士成群。

大明末，为豫章王子尚抚军谘议参军。废帝纳公主于后宫，伪言薨殡，杀一婢，送出迈第殡葬行丧礼。常疑迈有异图。迈亦招聚同志，欲因行幸废立。事觉，废帝自出讨迈，诛之。时十一月三日也。

孝武帝第三子晋安王子勋，时为江州刺史。其《传》云：迈谋因帝出行为变，迎立子勋。事泄，帝自率宿卫兵诛迈，使八坐奏子勋与迈通谋。又手诏子勋曰："何迈欲杀我立汝，汝自计孰若孝武邪？可自为其所。"遣左右朱景云送药赐子勋死。

景云至盆口，停不进，遣信报长史邓琬。琬等因奉子勋起兵，以废立为名。

案迈旧为子尚僚属，子尚是时，近在京邑，而齿长于子勋，迈欲行废立，何不拥戴之，乃远迎子勋邪？即此一端观之，而知此段史事，全不足信矣。既杀何迈，遂诛沈庆之。

《庆之传》云：帝凶暴日甚，庆之犹尽言谏争，帝意稍不说。及诛何迈，虑庆之不同，量其必至，乃闭清溪诸桥以绝之。庆之果往，不得度而还。帝乃遣庆之从子攸之赍药赐庆之死。此非实录，自不待言。

庆之此时，年已八十，当其七十时，已于娄湖今首都东南。广开田园之业，俨然一田舍翁矣，尚安有远志？且庆之于孝武，始终尽忠。既发义恭之谋，又从废帝度江讨义阳王昶，则于废帝亦非怀贰。既无侵逼之虞；而且借其声望，足资镇慑；其于废帝，可谓有害无利，乃亦从而杀之，此实最不可解者也。案废帝事之真相，全在袁顗、蔡兴宗、徐爰三人传中。

《顗传》言其沮孝武帝废立之意，已见前。又云：世祖又以沈庆之才用不多，言论颇相蚩毁，顗又陈庆之忠勤有干略，堪当重任。由是前废帝深感顗，庆之亦怀其德。

景和元年，诛群公，欲引进顗，任以朝政。迁为吏部尚书。又下诏曰："宗社多故，衅因冢司。景命未沦，神祚再乂。自非忠谋密契，岂伊克殄？侍中祭酒领前军将军新除吏部尚书顗，游击将军领著作郎兼尚书左丞徐爰，诚心内款，参闻嘉策，匡赞之效，实监朕怀。宜甄茅社，以奖义概。顗可封新隆县子，爰可封吴平县男，食邑各五百户。"是诛群公之际，顗与爰皆参与密谋也。

徐爰《宋书》入《恩幸传》，前人久议其失矣。爰乃学人，而史谓其便辟善事人，能得人主微旨。既长于附会，又饰以典文，故为大祖所任遇。大明世委寄尤重。朝廷大礼仪，非爰议不行。虽复当时硕学，所解过人者，既不敢立异，所言亦不见从。此皆文致周内之辞也。又云：前废帝凶暴无道，殿省旧人，多见罪黜，惟爰巧于将迎，始终无迕。诛群公后，以爰为黄门侍郎，领射声校尉。宠待隆密，群臣莫二。帝每出行，常与沈庆之、山阴公主同辇，爰亦预焉。可以见其君臣之相契矣。

《传》又云：俄而意趣乖异，宠待颇衰。始令顗与沈庆之、徐爰参知选事，寻复反以为罪，使有司纠奏，坐白衣领职。从幸湖熟，往返数日，不被唤召。顗虑及祸，诡辞求出。沈庆之为顗固陈，乃见许。除建安王休仁长史、襄阳大守。

休仁不行，即以颉为雍州刺史。

颉舅蔡兴宗谓之曰："襄阳星恶，岂可冒邪？"颉曰："白刃当前，不救流矢，事有缓急故也。今者之行，本愿生出虎口。且天道辽远，何必皆验？如其有征，当修德以禳之耳。"于是狼狈上路。恒虑见追，行至寻阳，喜曰："今始免矣。"夫一州之主，岂足以当星象？颉之出，乃废帝所以树外援。然则废帝非真疏颉；颉之遄征，亦非所以避废帝；灼然可见矣。其出也，又安待庆之为之请？然既曰庆之为之请，则庆之是时之参与密谋，又可见也。

然庆之发义恭等反谋，史言以与义恭等素不厚故，夫使庆之与义恭等果素不厚，义恭等安敢以反谋告之？则庆之与义恭等，亦非无交关。庆之是时，年老矣，气衰矣，专为免祸计而已矣，其发义恭之谋也，安知非逆料其事之不能成？然则势有可畏甚于义恭者，安保其不依违两可，甚且折而从之邪？

《蔡兴宗传》云：兴宗为吏部尚书。前废帝即位，兴宗时亲奉玺绶。嗣主容色自若，了无哀貌。兴宗出，谓亲故曰："鲁昭在戚而有嘉容，终之以衅结大臣，昭子请死，国家之祸，其在此乎？"时义恭引身避事，政归近习。

戴法兴、巢尚之专制朝权，威行远近。兴宗每至上朝，辄与令、录以下，陈欲登进贤士之意。又箴规得失，博论朝政。义恭素性恇桡，阿顺法兴，常虑失旨。闻兴宗言，辄战惧无计。

先是大明世奢侈无度，多所造立，赋调烦严，征役过苦。至是，发诏悉皆削除。由是紫极殿、南北驰道之属，皆被毁坏。《本纪》：景和元年，八月，乙丑，复南北二驰道。

自孝建已来，至大明末，凡诸制度，无或存者。

兴宗于都坐慨然谓颜师伯曰："先帝虽非盛德主，要以道始终。三年无改，古典所贵。今殡宫始彻，山陵未远，而凡诸制度、兴造，不论是非，一皆刊削，虽复禅代，亦不至尔，天下有识，当以此窥人。"师伯不能用。

兴宗每陈选事，法兴、尚之等辄点定回换，仅有在者。

兴宗于朝堂谓义恭及师伯曰："主上谅闇，不亲万几，而选举密事，多被删改，复非公笔，亦不知是何天子意？"旋以选事忤义恭，出为吴郡大守。固辞郡。执政愈怒，又转为新安王子鸾辅军司马南东海大守，南东海，宋郡，今江苏丹徒县。行南徐州事。又不拜。苦求益州。义恭于是大怒，表陈其失。诏除兴宗新昌大守。新昌，吴郡，在今越南境。郡属交州，朝廷莫不嗟骇。

先是兴宗纳何后寺尼智妃为妾，姿貌甚美，有名京师。迎车已去，而师伯密遣人诱之，潜往载取。兴宗迎人不觉。及兴宗被徙，论者并云由师伯。师伯甚病之。法兴等既不欲以徙大臣为名，师伯又欲止息物议，由此停行。顷之，法兴见杀，尚之被系，义恭、师伯诛，复起兴宗为临海王子顼前军长史、南郡大守，行荆州事。不行。

时前废帝凶暴，兴宗外甥袁颛为雍州刺史。劝兴宗行，曰："朝廷形势，人所共见。在内大臣，朝夕难保。舅今出居陕西，当时人称荆州为陕西。为八州事；颛在襄、沔，地胜兵强，去江陵咫尺，水陆通便；若朝廷有事，可共立桓、文之功。岂与受制凶狂，祸患不测，同年而语乎？"

兴宗曰："吾素门平进，与主上甚疏，未容有患。宫省内外，人不自保，会应有变。若内难得弭，外衅未必可量。汝欲在外求全，我欲居内免祸，各行所见，不亦善乎？"

综观传文，兴宗盖夸者死权之徒，所深憾者在于戴法兴、巢尚之，而于义恭及颜师伯，并无积怒深怨。朝廷以其尝为义恭、师伯所蹶，又于袁颛为甥舅，欲用为荆州，使与颛协力，而兴宗则初无尽忠于废帝之心。且其人之好恶，颇与人殊。

景和革孝建、大明之奢，平心论之，必不能谓非善政，而兴宗亦以为非，则其于废帝，实早存一疾视之成见。职是一念，遂为大宗所中，其答袁颛，尚仅以自全为念者，未几即与大宗为徒党，而为之四出说诱焉。

《兴宗传》又曰：重除吏部尚书。大尉沈庆之，深虑危祸，闭门不通宾客。尝遣左右范羡诣兴宗属事。

兴宗谓羡曰："公闭门绝客，以避悠悠请托耳，身非有求，何为见拒？"还造庆之。庆之遣羡报命，要兴宗令往。兴宗因说之曰："公威名素著，天下所服。今举朝皇皇，人人危怖，指麾之日，谁不景从？如其不断，旦暮祸及。"

庆之曰："仆比日前虑，不复自保，但尽忠奉国，始终以之，正当委天任命耳。加老罢私门，兵力顿缺，虽有其意，事亦无从。"

兴宗曰："殿内将帅，正听外间消息。若一人唱首，则俯仰可定。况公威风先著，统戎累朝。诸旧部曲，布在宫省。宗越、谭金之徒，出公宇下，并受生成；攸之、恩仁，公家口子弟耳；谁敢不从？且公门徒义附，并三吴勇士；宅内奴童，人有数百。陆攸之今入东讨贼，又大送铠杖，在青溪未发。攸之公之乡人，骁勇有胆力，取其器杖，以配衣宇下，使攸之率以前驱，天下之事定矣。仆在尚书中，自当率百僚案前世故事，更简贤明，以奉社稷。今若迟疑不决，当有先公起事者，公亦不免附从之祸。车驾屡幸贵第，醉酣弥留，又闻屏左右独入阁内，此万世一时，机不可失。”

庆之曰：“此事大，非仆所能行。事至，故当抱忠以殁耳。”

时领军王玄谟，大将有威名，邑里讹言，云已见诛，市道喧扰。此讹言盖欲为变者所为。玄谟典签包法荣，家在东阳。兴宗故郡民也。为玄谟所信。见使至。

兴宗因谓曰：“领军殊当忧惧。”法荣曰：“领军此日，殆不复食，夜亦不眠。常言收已在门，不保俄顷。”兴宗曰：“领军忧惧，当为方略那得坐待祸至？”初玄谟旧部曲，犹有三千人。废帝颇疑之，彻配监者。玄谟大息深恨。启留五百人岩山营墓。岩山，在秣陵。事犹未毕，帝欲猎，又悉唤还城。岩兵在中堂。在台城外、秦淮北，见元嘉元年《通鉴注》。

兴宗劝以此众举事，曰：“当今以领军威名，率此为朝廷唱始，事便立克。领军虽复失脚，自可乘轝处分。祸殆不测，勿失事机。君还可白领军如此。”玄谟遣法荣报曰：“此亦未易可行，期当不泄君言。”大宗践阼，玄谟责所亲故吏郭季产、女婿章希真等曰：“当艰难时，周旋辈无一言相扣发者。”

季产曰：“蔡尚书令包法荣所道，非不会机，但大事难行耳，季产言之亦何益？”玄谟有惭色。

右卫将军刘道隆，怀肃弟子。怀肃，武帝从母兄。为帝所宠信，专统禁兵。乘舆常夜幸著作佐郎江敩宅，兴宗马车从，道隆从车后过，兴宗谓曰：“刘公，比日思一闲写。”道隆深达此旨，掐兴宗手曰：“蔡公勿多言。”

乌乎！自有史籍以来，未见是处游说，劝人行逆如兴宗者也。兴宗自恃素门平进，与主甚疏，可以无患，其敢于四出游说者以此。大宗之用之，盖亦以此。庆之固尝发义恭之事矣，而是时缄口不言；玄谟亦相期不泄；可见大宗非如义恭之易与也。

《沈文秀传》云：文秀，庆之弟子。前废帝即位，为射声校尉。

景和元年，迁青州刺史。将之镇部曲，出屯白下。城名，在今江宁县北。说庆之曰：“主上狂暴如此，土崩将至，而一门受其宠任，万物皆谓与之同心。

且此人性情无常，猜忌特甚，将来之祸，事又难测。今因此众力，图之易于反掌。千载一时，万不可失。”庆之不从。文秀固请非一，言辄流涕。终不回。

文秀后亦尽忠于子勋，且尽力以抗虏，其人似非无气节者，《传》所云不知信否，然危而不能持，颠而不能扶，有先之起事者，即不免受附从之祸，为一身一家计，则诚如兴宗之言，有可深念者矣。文秀得毋门户之计深，而进是说于庆之邪？八十田舍翁，安知不为所动？

抑《攸之传》言：攸之随庆之征广陵有功，事平当加厚赏，为庆之所抑，攸之甚恨之。从来门内之衅，恒酷于门外。攸之是时，与宗越、谭金、童大壹，同为废帝腹心，谗构庆之，固自易易，庆之得毋为所中欤？是则不可知已。宗戚外叛，嬖幸内离，而独恃数武人以御侮，此废帝之所以终败欤？

南平穆王铄三子：敬猷，敬渊，敬先。《铄传》云：帝召铄妃江氏入宫，使左右于前逼迫之。江氏不受命。谓曰：“若不从，当杀汝三子。”江氏犹不肯。于是遣使于第杀敬猷、敬渊、敬先，鞭江氏一百。其夕，废帝亦殡。案宋氏宫闱，极为混乱，此等淫亵之事，固难保其必无。

然《休仁传》言：帝尝于休仁前，使左右淫逼休仁所生杨大妃。左右并不得已顺命。以至右卫将军刘道隆，道隆欢以奉旨，尽诸丑状。

及大宗立，道隆为护军，休仁请解职，曰：“臣不得与此人同朝。”上乃赐道隆死。

乍观之，其言似未必诬，更一观《蔡兴宗传》，则道隆乃兴宗欲构使为逆而不果者，则又安知其以何罪死邪？穆王三子之见杀，岂以其父为孝武所杀，虑其报复故欤？江氏之见逼迫纵不虚，三子之见杀，亦未必以其母之不受命也。

文帝之子，是时存者，尚有六人：东海王祎，湘东王彧，明帝。始安王休仁，晋平剌王休祐，桂阳王休范，巴陵哀王休若也。

《休仁传》言：废帝忌惮诸父，并囚之殿内，殴捶凌曳，无复人理。休仁及大宗、休祐，形体并肥壮，帝乃以竹笼盛而称之。以大宗尤肥，号为猪王。号休仁为杀王，休祐为贼王。以三王年长，尤所畏惮，常录以自近不离左右。祎凡劣，号为驴王；休范、休若年少；故并得从容。

尝以木槽盛饭，纳诸杂食，搅令和合，掘地为坑阱，实之以泥水，裸大宗纳坑中，和槽食置前，令大宗以口就槽中食，用为欢笑。欲害大宗及休仁、休祐，前后以十数。休仁多计数，每以笑调佞谀说之，故得推迁。

时廷尉刘矇，妾孕临月，迎入后宫，冀其生男，欲立为大子。《本纪》：景和元年，十一月，丁未，皇子生，少府刘胜之子也，与《休仁传》不合。《南史》作少府刘矇。《通鉴考异》云：《宋略》同。案废帝是时，年仅十七，是月十三日，壬寅，始立皇后，岂有急欲立大子之理？疑废帝后宫实有子，明帝绝之，而以非种诬之也。

大宗尝忤旨，帝怒，乃裸之，缚其手脚，以杖贯手脚内，使人檐付大官，曰："即日屠猪。"休仁笑谓帝曰："猪今日未应死。"帝问其故。休仁曰："待皇大子生，杀猪取其肝肺。"帝意乃解，曰："且付廷尉。"一宿出之。帝将南游荆、湘二州，明旦欲杀诸父便发，其夕，大宗克定祸难。

《本纪》云：先是讹言云：湘中出天子，帝将南巡荆、湘以厌之，先欲诛诸叔，然后发引。大宗与左右阮佃夫、王道隆、李道儿密结帝左右寿寂之、姜产之等十一人，谋共废帝。戊午夜，戊午二十九日。帝于华林园竹林堂射鬼。

时巫觋云此堂有鬼，故帝自射之。寿寂之怀刀直入，姜产之为副。帝欲走，寂之追而殒之。

《恩幸传》云：阮佃夫，大宗初出阁，选为主衣。永光中，又请为世子师。甚见信待。景和末，大宗被拘于殿内，住在秘书省。佃夫与王道隆、李道儿及帝左右淳于文祖共谋废立。时直阁将军柳光世，亦与帝左右缪方盛、周登之有密谋，未知所奉。登之与大宗有旧，方盛等乃使登之结佃夫。佃夫大悦。

先是帝立皇后，普暂彻诸王奄人。大宗左右钱蓝生，亦在其列。事毕未被遣。密使蓝生候帝，虑事泄，蓝生不欲自出，帝动止辄以告文祖，令文祖报佃夫。

十一月二十九日晡时，帝出幸华林园。休仁、休祐、山阴公主并侍侧。大宗犹在秘书省，不被召，益忧惧。佃夫以告外监典事朱幼；又告主衣寿寂之，细铠主姜产之；产之又语所领细铠将王敬则；幼又告中书舍人戴明宝；并响应。

幼豫约勒内外，使蓝生密报休仁等。时帝欲南巡，腹心直阁将军宗越等其夕并听出外装束，惟有队主樊僧整防华林阁，是光世乡人，光世要之，僧整即受命。产之又要队副聂庆，及所领壮士富灵符、俞道龙、宋逵之、田嗣。并聚于庆省。

时巫觋云后堂有鬼，其夕，帝于竹林寺与巫共射之。寂之抽刀先入，产之随其后。文祖、方盛、登之、灵符、庆、嗣、敬则、道龙、逵之又继进。休仁闻行声甚疾，谓休祐曰："事作矣。"相随奔景阳山。帝见寂之至，引弓射之，不中，乃走。寂之追而殒之。

案废帝是时，无欲幸荆、湘之理。观其出袁顗为雍州，又欲使其舅蔡兴宗为荆州，而后来湘州行事何惠文，亦尽忠于子勋，则是时建业形势，殆甚危急，废帝欲用上流，以戡祸难也。果如史之所言，大宗与休仁、休祐，其死久矣，尚安得从容要结，以成其谋乎？

《后废帝纪赞》云：“前废帝卑游亵幸，皆龙驾帝饰，传警清路，苍梧王则藏玺怀绂，鱼服忘返，危冠短服，匹马孤征。”则知帝于戒备初未尝疏，图之实非易易。故蔡兴宗历说沈庆之、王玄谟、刘道隆，皆欲借重于兵力，逮三人皆不见听，乃不得已而用寿寂之等，为铤而走险之计也，其成亦幸矣。

《本纪》言：帝少好讲书，颇识古事，自造世祖诔及杂篇章，往往有辞采，与袁顗之言，颇相符会。

《佞幸传》言：大明中，有奚显度者，官至员外散骑侍郎。常使主领人功。苛虐无道，动加捶扑。暑雨寒雪，不听暂休。人不堪命，有自经死者。人役闻配显度，如就刑戮。前废帝戏言：“显度刻虐，为百姓所疾，比当除之。”左右因唱喏，即日宣旨杀焉。时人比之孙皓之杀岑昏。此实废帝有意除之，比诸孙皓乃诬谤之辞耳。更观其能革孝建、大明之侈靡，自不失为干父之蛊，而蔡兴宗亦以为罪，天下岂有真是非哉？

戴法兴之死也，帝杀其三子。又截法兴棺焚之。义恭子十二人先为元凶劭所杀，至废帝，又杀其四子。颜师伯六子，柳元景九子皆见杀。元景弟侄在京邑、襄阳从死者又数十人。又断义恭支体；分裂肠胃；挑取眼睛，以蜜渍之，为鬼目精。

此等语不知皆实否，即谓皆实，亦一时风气如此，不能独责一人也。

第四节　子勋败亡

前废帝既死，湘东王彧以大皇大后令即帝位，大皇大后，孝武母路淑媛。是为大宗明皇帝。其明日，杀豫章王子尚及山阴公主楚玉，并废帝同母也。废帝同母五人：子尚、楚玉及临淮康哀公主楚佩、皇女楚琇、康乐公主修明也。

子尚，《传》称其凶慝有废帝风，而不能举其实迹，盖近于诬。楚玉，《传》言其肆情淫纵。以褚渊貌美，请以自侍十日。废帝许之。渊虽承旨而行，以死自固，楚玉不能制也。此事《废帝纪》亦载之。

又云：主谓帝曰：“妾与陛下，虽男女有殊，俱托体先帝。陛下六宫万数，而妾惟驸马一人，事不均平，一何至此？”帝乃为主置面首左右三十人。

此更不近情矣，世岂有肆情淫纵之人，而必持男女平权之论者邪？宗越、谭金、童大壹谋作难，以告沈攸之。攸之具白明帝。明帝即收越等下狱杀之。攸之之为人可知矣。然明帝虽肆意翦除，卒不能弭寻阳之难。

《袁顗传》曰：顗至寻阳，与邓琬款狎，相过常请间，必尽日穷夜。顗与琬人地本殊，众知其有异志矣。既至襄阳，便与刘胡颜谘议参军。缮修兵械，纂集士卒。盖朝旨使顗要结琬，为勤王之备也。

《琬传》云：大宗定乱，进子勋车骑将军、开府仪同三司。令书至，诸佐史并喜，造琬曰："暴乱既除，殿下又开黄阁，实为公私大庆。"琬以子勋次居第三；又以寻阳起事；有符世祖，理必万克。乃取令书投地曰："殿下当开端门，黄阁是吾徒事耳。"众并骇愕。

此乃诬罔之辞。子勋非反废帝，说已见前，其举兵盖实在此时也。

于是郢州刺史安陆王子绥，孝武帝第四子。荆州刺史临海王子顼，孝武帝第七子。会稽大守寻阳王子房，孝武帝第六子。雍州刺史袁顗，梁州刺史柳元怙，元景从兄。益州刺史萧惠开，思话子。广州刺史袁昙远，徐州刺史薛安都，青州刺史沈文秀，冀州刺史崔道固，湘州行事何惠文，吴郡大守顾琛，吴兴大守王昙生，晋陵大守袁标，义兴大守刘延熙，并与之同。

四方贡计，并诣寻阳。此中固有废帝豫行布置者，然临时承奉者必多也，亦可见顺逆之自在人心矣。

明帝遣王玄谟领水军南讨，吴兴大守张永为其后继。又使沈攸之、江方兴、刘灵遗屯虎槛。洲名，在芜湖西南。建安王休仁总统诸军。而东兵之势尤急。

初明帝征子房为抚军，领大常，其长史孔觊不受命。帝使故佐庾业代觊，都水使者孔璪入东慰劳。璪劝觊起兵，业亦与同。军至晋陵，部阵甚盛。明帝乃使沈怀明、张永东讨，巴陵王休若总众军。殿中侍御史吴喜，请得精兵三百，致死于东。明帝大悦。简羽林士配之。

又使任农夫为之助。喜进平义兴，刘延熙投水死。帝又使江方兴等助破晋陵军。喜进平吴兴。至钱唐，斩庾业。上虞令王晏起兵攻郡，杀孔觊，执子房送京都。孔璪为其门生所杀。顾琛、王昙生、袁标诣喜谢罪。喜皆宥之。东事不久即平，乃得专力于西矣。

邓琬初遣孙冲之以万人据赭圻，冲之，巴东、建平二郡大守，方之郡，邓琬逆用之，使与陶亮并统前军。又使陶亮统诸州兵合二万人，一时俱下。亮，子勋录事参军。时统郢、荆、湘、梁、雍五州之兵。

时朝廷惟保丹阳一郡，永世县旋又反叛，吴永平县，晋更名永世，在今江苏溧阳县南。时县令为孔景宣，寻为本县人徐崇之起兵所杀。义兴兵垂至延陵，内外忧危，咸欲奔散。兖州刺史殷孝祖外甥司徒参军葛僧韶建议征孝祖入朝，明帝遣之。孝祖率文武二千人，随僧韶还都，并伧楚壮士，人情乃安。明帝使孝祖督前锋诸军向虎槛。陶亮屯军鹊洲。在今安徽繁昌县东北江中。

三月三日，水陆攻赭圻。孝祖为流矢所中死，军败。时江方兴复还虎槛，休仁遣领孝祖军，沈攸之代孝祖为前锋都督。孙冲之欲直取京都，陶亮不从。攸之进战，破之。冲之等于湖、白口筑二城，胡三省曰：巢湖及白水口也。

又为军主张兴世所拔。陶亮惧，呼冲之还鹊尾，渚名，在今安徽无为县境。留薛常宝守赭圻。邓琬又遣刘胡，率众三万，铁骑二千，来屯鹊尾。胡宿将屡有战功，攸之等惮之。常宝粮尽，告胡求援。胡运米饷之。为攸之所败。

四月四日，常宝突围走。休仁进据赭圻。时胡等兵众强盛，袁觊又悉雍州之众来赴。

六月十八曰，率楼船千艘据鹊尾。张兴世建议越鹊尾上据钱溪，亦名梅根河，在今安徽贵池县东。沈攸之、吴喜赞之。刘胡累攻之，不能克。攸之、喜因进攻浓湖。在繁昌西。袁觊驰召胡还。胡军亦乏食。邓琬大送资粮，至南陵，戍名，在繁昌西北。梁置县，唐移治今南陵。不敢下。胡遣兵迎之，又为钱溪所破，资实覆没都尽，烧米三十万斛。

八月二十四日，胡遂委觊奔走。觊闻胡去，亦走。至鹊头，与戍主薛伯珍步取青林，山名，在今安徽当涂县东南。欲向寻阳，为伯珍所杀。胡至竟陵，郡丞陈怀真杀之。初废帝使荆州录送长史行事张悦。畅弟。至湓口，邓琬称子勋命释之。以为司马，与琬共掌内外众事。

及是，杀琬诣休仁降。蔡那为明帝将，子道渊，被系作部，因乱脱锁入城，执子勋囚之。沈攸之诸军至，杀之。及其母。子勋时年十一。诸军分向荆、郢、雍、湘及豫章，皆平之。梁州亦降。袁昙远为其将李万周所杀。始兴士人刘嗣祖，据郡为明帝。昙远遣万周讨之。嗣祖诳万周云：寿阳已平。万周信之，还袭杀昙远。

初邓琬征兵巴东，巴东大守罗宝称持疑未决。会暴病死。巴东人任叔儿起兵据白帝。萧惠开遣巴郡大守费欣寿攻之，败殁。

更遣州从事程法度领三千人步出梁州，又为氐贼杨僧嗣所断。惠开为治，多任刑诛，蜀土咸怀猜怨。晋原遂反。汉江原县，李雄置郡，并县改曰汉原。蜀平后，郡改称晋原，而县复曰江原。在今四川崇庆县东。诸郡悉应之。并来围城。闻子勋平，蜀人并欲屠城，以望厚赏。惠开每遣兵出战，未尝不捷，而外众逾合，胜兵者十余万人。

明帝以蜀土险远，赦其诛责，遣惠开弟惠基步道使蜀，具宣朝旨。至涪，蜀人遏留不听进。惠基率部曲破其渠帅，然后得前。惠开奉旨归顺，城围得解。

而时明帝又遣惠开宗人宝首水路慰劳益州，宝首欲以平蜀为功，更奖说蜀人。于是处处蜂起。凡诸离散，一时还合。惠开遣战，大破之，生禽宝首，蜀乱乃平。

案孝武以讨元凶立，实不得谓为不正，孝武正则子业亦正；所云淫虐，事既多诬；则明帝实为篡弑，此所以四方同契，不谋而咸奉寻阳也。寻阳兵之起也，萧惠开集将佐谓之曰："湘东大祖之昭，晋安世祖之穆，其于当璧，并无不可。但景和虽昏，本是世祖之嗣，不任社稷，其次犹多。吾奉武、文之灵，并荷世祖之眷，今便当投袂万里，推奉九江。"

此固义正辞严。葛僧韶说殷孝祖曰："国乱朝危，宜立长主。群小相扇，贪利幼弱。使天道助逆，群凶事申，则主幼时艰，权柄不一，兵难互起"云云。此当时推奉明帝者之议论也，然不得谓为正。史称邓琬性鄙暗。贪吝过甚。财货酒食，皆身自量校。此正见其综窍名实，赏罚不苟。

至是，父子并卖官鬻爵，使婢仆出市道贩卖。酣歌博弈，日夜不休。大自矜遇。宾客到门者，历旬不得前。群小横恣，竞为威福。士庶忿怨，内外离心。此皆故为訾讆之辞。

又云：张悦呼琬计事，琬曰："正当斩晋安王、封府库以谢罪耳。"则尤为厚诬君子。袁觊之与薛伯珍俱走也，夜止山间，杀马劳将士，顾谓伯珍曰："我举八州，以谋王室，未一战而败，岂非天邪？非不能死，望一至寻阳，谢罪主上，然后自刎耳。"因慷慨叱左右索节，无复应者。何惠文才兼将吏，干略有施。

时衡阳内史王应之，起兵袭长沙，与惠文交手战，为惠文所杀。明帝特加原宥。惠文曰："既陷逆节，手刃忠义，天网虽复恢恢，何面目以见天下之士？"卒不食而死。孔觊为王晏所得，晏谓之曰："此事孔璪之为，无豫卿事。可作首辞，当相为申上。”觊曰：“江东处分，莫不由身，委罪求活，便是君辈行意耳。”晏乃斩之东閤外。

袁颉初以粮仗未足，且欲奉表明帝，其子戬曰：“一奉表疏，便为彼臣，以臣伐君，于义不可。”颉从之，便建牙驰檄，奉表劝子勋即大位，与邓琬书，使勿解甲。

然则一时臣卫，莫匪执德不回，琬年已六十，白头举事，复何所图？岂有反卖晋安以求活者邪？琬与袁颉、孔觊等，皆非能用兵之人。刘胡虽号宿将，功仅在于平蛮，亦不足当大敌，且不免于偃蹇。《邓琬传》云：袁颉本无将略，性又怯挠。在军中，未尝戎服，语不及战阵，惟赋诗谈义而已。不能抚绥诸将。刘胡每论事，酬对甚简。由此大失人情。胡常切齿恚恨。虽近诬诋，然谓颉本无将略，当非全虚；即刘胡与颉不协，亦系实情，观其弃颉而走可知也。特不如史所言之甚耳。

薛安都、崔道固、沈文秀皆将才，而去京邑远，势不相及。明帝所用诸将帅，年较少，气较锐。沈攸之既陷逆节，兵败便无所容，其致死也，盖非徒尽忠，亦谋自卫。

吴喜、张兴世辈，则欲乘时以立功名。上流及东方诸将，自谓奉顺，且恃势大，不免疎虞，自非其敌。然成败之分，固非逆顺所在也。

先是孝武帝时，山阳王休祐为豫州刺史，废帝景和元年，入朝，以长史殷琰行府州事。明帝以休祐为荆州，即以琰为豫州刺史。以西汝阴大守庞道隆为琰长史，西汝阴，宋郡，今安徽阜阳县。殿中将军刘顺为司马。顺劝琰同子勋。

琰家累在京邑，欲奉明帝，而士人杜叔宝等咸劝琰同子勋。琰素无部曲，门义不过数人，受制于叔宝等。叔宝者，坦之子，既土豪乡望，内外诸军事并专之。汝南、新蔡二郡大守周矜，起兵县瓠为明帝，袁颉遣信诱矜司马常珍奇，珍奇即日斩矜，送首诣颉。颉以珍奇为汝南、新蔡二郡大守。

明帝以义阳内史庞孟虬为司州刺史，孟虬不受命，起兵同子勋。子勋召孟虬出寻阳，以其子定光行义阳郡事。明帝知琰逼迫士人，事不获已，犹欲羁縻之。

泰始二年，正月，乃遣刘勔率吕安国西讨，休祐出镇历阳，为诸军总统。

是月，刘顺等以八千人东据宛唐，亭名。此据《殷琰传》。《黄回》《王敬则传》并作死虎。《水经注》作死虖，在今安徽定远县西南。与勔相持。叔宝本谓台军停住历阳不办进，顺等至无不瓦解，惟赍一月粮。既与勔相持，军食尽。报叔宝送食。安国间道袭其米车，烧之。顺众溃，奔还寿阳。三月一日。仍走淮西就常珍奇。勔于是方轨而进。叔宝敛居民及散卒婴城自守。琰本无反心，叔宝等亦有降意，而众心持疑，莫能相一，婴城愈固。

六月，弋阳西山蛮田益之攻庞定光，子勋以孟虯为司州刺史，率精兵五千救义阳，并解寿阳之围。益之奔散。孟虯向寿阳。七月，至弋阳，见破，走向义阳，义阳已为王玄谟子昙善起兵所据，乃逃于蛮中。

先是刘胡遣薛道标渡江扇动群蛮，规自庐江袭历阳。攻合肥，陷之。寻阳平定，道标突围走常珍奇。寿阳人情危惧，将请救于索虏。主簿夏侯详说殷琰曰："今日之举，本效忠节。社稷有奉，便当归身朝廷。何可屈身，北面异域？"琰许之，即使详诣刘勔，详请勔解围退舍，勔亦许之。遣到城下。详呼城中人，语以勔辞。即日琰及众俱出，时十二月也。

第五节　宋失淮北

凡群疑众难之际，最忌欲借杀戮以立威。

《宋书·蔡兴宗传》言：明帝之初，诸方举兵，朝廷所保，惟丹阳、淮南数郡，其间诸县，或已应贼，东兵已至永世，宫省危惧。上集群臣，以谋成败。

兴宗曰："今普天同逆，人有异志，当镇以静，以至信待人。比者逆徒亲戚，布在宫省，若绳之以法，则土崩立至。宜明罪不相及之义。物情既定，人有战心。六军精勇，器甲犀利，以待不习之兵，其势相万耳。愿陛下勿忧。"

此言实深协事宜，而明帝能从之，此其所以获胜也。《孔觊传》言：帝之遣兵东讨也，将士多是东人，父兄子弟，皆已附逆，上因送军，普加宣示，曰："朕方务德简刑，使四罪不相及，助顺同逆者，一以所从为断，卿等当深达此怀，勿以亲戚为虑也。"众于是大悦。

《本纪》言：上即大位，以宽仁待物。诸军有父兄子弟同逆者，并授以禁兵，委任不易，故众为之用，莫不尽力。平定天下，逆党多被全。其有才能者，并见授用，有如旧臣。此皆明帝能用兴宗之言之征也。

不特此也，《吴喜传》言：喜孝武世见驱使，常充使命。性宽厚，所至人并怀之。及东讨，百姓闻吴河东来，便望风解散，故喜所至克捷。

《殷孝祖传》言：孝祖负其诚节，凌轹诸将。台军有父子兄弟在南北，孝祖并欲推治。由是人情乖离，莫乐为用。刘勔之攻寿阳也，明帝使中书为诏譬殷琰。蔡兴宗曰："天下既定，是琰思过之日，陛下宜赐手诏数行，以相私慰。今直中书为诏，彼必疑诏非真，未是所以速清方难也。"不从。琰得诏，谓刘勔诈造，果不敢降。及城下，勔并抚宥，无所诛戮。自将帅以下，财物资货，皆以还之。约令三军，不得妄动。城内士民，秋豪无所失。百姓感悦，生为立碑。用能抗拒索虏，卒不陷没。并可见宽仁与残暴之得失也。

然帝天姿本刻薄，故仅能用之危急之际，及力所不及穹远之区，如蜀。所全者亦不过无足深忌之人，逮祸患一纾，而措置遂迥异矣。卒因此而失淮北及豫西。孟子曰："不嗜杀人者能一之。"又曰："以力服人者非心服。"诚百世之龟鉴也。

薛安都从子索儿，前废帝景和中为前将军，直阁，从诛诸公。明帝即位，以为左将军，直阁如故。右将军柳光世，本豫废立，及宗越、谭金诛，光世惧，亦与安都通谋。见《宋书·光世传》附《柳元景传》。

泰始二年，正月，索儿、光世携安都诸子及家累，席卷北奔。初沈庆之死，前废帝遣直阁江方兴领兵诛沈文秀。未至，明帝已篡立，驰驿驻之。方兴既至，为文秀所执。寻见释，遣还京师。帝征兵于文秀，文秀遣刘弥之、张灵庆、崔僧琁三军来赴。安都遣使报文秀，文秀又令弥之等回应安都。崔道固亦遣子景征及傅灵越往应。弥之等南出下邳，灵越自泰山道向彭城。

时济阴大守申阐守睢陵，睢陵，汉县，今江苏睢宁县。宋侨治，在今安徽盱眙县西。应明帝，索儿率灵越等攻之。弥之等至下邳，归顺明帝。僧琁不同，率所领归安都。索儿闻弥之有异志，驰赴下邳。弥之等溃，为所执，见杀。

明帝以申令孙为徐州代安都。令孙北投索儿。索儿使令孙说申阐，阐降。索儿执阐及令孙并杀之，引军渡淮。明帝以萧道成为前锋，北讨。桂阳王休范总统诸军。道成击索儿，破之。索儿走向乐平县界，汉清县，后汉改曰乐平，在今山东堂邑县东南。为申令孙子孝叔所杀。

时王广之隶刘勔，攻殷琰于寿阳。傅灵越奔逃，为广之军人所禽，送诣勔。勔躬自慰劳，诘其叛逆。对曰："九州唱义，岂独在我？"

勔又问："四方阻逆，主上皆加以旷荡，即其才用，卿何不早归天阙？"答曰："薛公举兵淮北，威震天下，不能专任智勇，委付子侄，致败之由，实在于此。然事之始末，备皆参豫，人生归于一死，实无面求活。"勔壮其意，送还京师。明帝欲加原宥。灵越辞对如一，终不回改，乃杀之。亦足见当时是非所在矣。

山阳内史程天祚，据郡同安都，攻围弥时，然后归顺。《纪》在六月。索儿之死也，安都使柳光世守下邳，亦率所领归降。子勋既败，安都亦遣使归款。

明帝以四方已平，欲示威于淮外，遣张永、沈攸之以重军迎之。蔡兴宗言："安都势必疑惧，或能招引北虏，为患不测。彭城险固，兵强将勇，围之既难，攻不可拔，臣为朝廷忧之。"时张永已行，不见从。安都惧，乃遣信要引索虏。

时常珍奇亦乞降，明帝以为司州刺史，而珍奇虑不见纳，亦求救于索虏。《魏书》云：子勋败，珍奇遣使驰诣长社镇请降。而南北之兵端遂起。

南朝之孝武帝，略与北朝之文成帝同时。《宋书·索虏传》言：世祖之立，索虏求互市，江夏王义恭、竟陵王诞、建平王宏、何尚之、何偃以为宜许，柳玄景、王玄谟、颜竣、檀和之、褚湛之以为不宜许，时遂通之，盖亦有意于绥抚矣。

大明元年，虏寇兖州。明年，又寇青州。孝武遣庞孟虬、殷孝祖往援，受青州刺史颜师伯节度，击破之。四年，三月，虏寇北阴平。东晋郡，今四川梓潼县西北。其十二月，遣使请和。自是使命岁通。

《魏书·文成帝纪》言：世祖经略四方，内颇虚耗，高宗与时消息，静以镇之，其时固无大兵革也。

明帝泰始二年，文成帝死，子献文帝立，主少国疑，内忧颇切，亦岂有意于远略？乃因薛安都、常珍奇之叛，卒招魏人南牧之师，内忧之引致外患也，诚可痛矣。

魏使尉元、孔伯恭出东道，救彭城，使元石、张穷奇出西道，救县瓠。元石进至上蔡，汉县，在今河南上蔡县西。宋徙治县瓠。常珍奇率文武来迎。既相见，议欲顿兵汝北。

参军事郑羲曰："珍奇虽来，意未可量，不如直入其城，夺其管籥，据有府库。"石从之。

城中尚有珍奇亲兵数百人，在珍奇宅内。

羲谓石曰："观珍奇，甚有不平之色，可严兵设备，以待非常。"

其夜，珍奇果使人烧府厢屋，欲因救火作难。以石有备，乃止。虏骑救殷琰，至师水，出湖北随县，经河南信阳县至罗山县入淮。闻城陷，乃破义阳，杀掠数千人而去。珍奇引虏西河公、即元石。长社公攻汝阴大守张景远，景远与军主杨文苌拒击，大破之。景远寻病卒，以文苌代为汝阴大守。刘勔为豫州刺史。

泰始四年，淮西人贾元友上书，劝明帝北攻县瓠，可收陈、南顿、汝南、新蔡四郡之地。上以所陈示刘勔。勔言其不足信。且曰："自元嘉以来，伧荒远人，多干国议；负儋归阙，皆劝讨虏；从来信纳，皆诒后悔。界上之人，惟视强弱。王师至境，必壶浆候涂，才见退军，便抄截蜂起。首领回师，何尝不为河畔所弊？"明帝纳之，元友议遂寝。

勔与常珍奇书，劝令反虏。珍奇乃与子超越，羽林监式宝，于谯杀虏子都公费拔等，凡三千余人。勔驰驿以闻。

上大喜，以珍奇为司州刺史，超越为北豫州刺史，式宝为陈、南顿二郡大守。珍奇为虏所攻，引军南出。虏追击，破之。珍奇走依山，得至寿阳。超越、式宝，为人所杀。此据《宋书·刘勔传》。《魏书·珍奇传》云：魏以珍奇为豫州刺史。珍奇表请图南服。虽有虚表，而诚款未纯。岁余，征其子超。超母胡氏，不欲超赴京师，密怀南叛。时汝、徐未平，元石自出攻之，珍奇乘虚，于县瓠反叛。烧城东门，斩三百余人。虏掠上蔡、安城、平舆三县居民。屯于灌水。石驰往讨击，大破之。会日暗，放火烧其营。珍奇乃匹马逃免。其子超，走到苦城，为人所杀。小子沙弥，囚送京师，刑为阉人。灌水，出河南商城县，东北至固始县入史河。安城、平舆，皆汉县，在今河南汝南县东南。苦亦汉县，在今河南鹿邑县东。

初明帝遣毕众敬诣兖州募人。众敬，孝武帝时，为泰山大守。至彭城，薛安都使行兖州事。

时殷孝祖留其妻子，使司马刘文石守城。众敬率众取瑕丘，汉县，晋省，在今山东滋阳县西。杀文石。州内悉附。惟东平大守申纂据无盐，汉县，在今山东东平县东。不与之同。

明帝授纂兖州刺史。安都降虏，众敬不同其谋。子元宾，以母并百口，悉在彭城，日夜啼泣，遣请众敬。众敬犹未从之。众敬先已表谢明帝，帝授以兖州刺史，而以元宾有他罪，犹不舍之。此据《魏书·众敬传》。《通鉴》从《宋略》，云元宾先坐他罪诛。

众敬拔刀斫柱曰："皓首之年，惟有此子，今不原贷，何用独全？"及尉元至，遂以城降。元遣将入城。事定，众敬悔恚，数日不食焉。

毕众敬既下，申纂亦诈降，尉元遂长驱而进。

《魏书·李灵传》云：军达九里山，在今江苏铜山县北。安都率文武出迎。元不加礼接。安都还城，使遂不至。元令李璨与高闾入城说之。安都乃与俱载赴军。元等入城收管籥。

《安都传》云：元等既入彭城，安都中悔，谋图元等，欲遂以城叛。会元知之，不果发。安都因重货元等，委罪于女婿裴祖隆。元乃杀祖隆而隐安都谋。

《宋书·安都传》则云：祖隆谋杀尉元，举城归顺，事泄见诛。案安都果欲归罪，不患无人，何必自杀其女婿？《宋史》之言是也。

安都盖本同祖隆之谋，虏亦惧激变，不敢穷治耳，不必由贪其贿也。张永、沈攸之屯下礚，其辎重在武原，汉县，在下邳北。米船在吕梁，《水经注》：泗水自彭城东南过吕县南，泗水之上，有石梁焉，故曰吕梁。为元所破。永、攸之引退，为虏所乘，大败于吕梁之东。

时泰始三年正月也。攸之留长水校尉王玄载守下邳，积射将军沈韶守宿豫，睢陵、淮阳，晋郡，在今江苏淮阴县西南，亦皆置戍，而身还淮阴。东安、东莞二郡大守张谠守团城，在彭城东北。始同安都，末亦归顺，明帝以为徐州刺史；兖州刺史王整，兰陵大守桓忻。

保险自固；至是亦皆降于虏。尉元表言："贼向彭城，必由清、泗过宿豫，历下邳；趋青州，路亦由下邳入沂水，经东安。汉县，晋置郡，在今山东沂水县西北。今若先定下邳，平宿豫，镇淮阳，戍东安，则青、冀诸镇，可不攻而克。若四处不服，青、冀虽拔，百姓狼顾，犹怀侥幸之心。宜释青、冀之师，先定东南之地。"

八月，明帝复令沈攸之进围彭城。攸之以清、泗既干，粮运不继，固执以为非宜。往返者七。上大怒。攸之惧，乃进军。至下邳，尉元使孔伯恭步骑一万拒之。军主陈显达，攸之使守下邳，引兵迎攸之。

至睢清口，胡三省曰：清水合于泗水，故泗水亦得清水之名。《水经注》：泗水过下邳县西，又东南，得睢水口。泗水又东南入于淮水，故谓之睢清口。为虏所破。攸之弃众南奔。王玄载狼狈夜走。宿豫、淮阳，皆弃城而遁。魏乃以高闾与张谠对为东徐州刺史，李璨与毕众敬对为东兖州刺史，而拜尉元为徐州刺史。东徐州，治下邳。东兖州，治瑕丘。徐州，治彭城。

刘弥之为青州强姓，门族甚多。弥之既降明帝，诸宗从相率奔北海，据城以拒沈文秀。北海，汉郡，宋治平寿，在今山东潍县西南。平原、乐安大守王玄默据琅邪，清河、广川大守王玄邈据盘阳，汉县，晋省，今山东淄川县。高阳、渤海大守刘乘民据灵济，汉狄县，后汉改曰临济，在今山东高苑县西北。并应明帝。

文秀遣攻北海，陷之。乘民从弟伯宗，合率乡兵，复克北海。因向东阳。文秀拒之，伯宗战败见杀。明帝遣青州刺史明僧暠，东安、东莞大守李灵谦伐文秀。玄邈、乘民、僧暠等并进军攻城。每战，辄为文秀所破，离而复合者十余。寻阳平定，上遣文秀弟文炳诏文秀。

泰始三年，二月，文秀归命请罪。即安本任。崔道固为土人起兵所攻，屡战失利，闭门自守。上遣使宣慰。道固亦奉诏归顺。二人先俱遣使引虏。虏使长孙陵、侯穷奇赴之。又使慕容白曜督骑五万，次于碻磝，为东道后援。

白曜攻申纂，三月，克之。纂为乱兵所伤，走出，被禽，送于白曜。城中火起，纂创重不能避，烧死。清河房法寿，少轻率勇果，结群小为劫盗。与王玄邈起兵，西屯合讨道固。玄邈以为司马。道固既归明帝，乃罢兵。道固虑其扇乱百姓，切遣之。法寿不欲行。

其从祖兄弟崇吉，为沈文秀中兵参军。大原戍守傅灵越南赴，文秀以崇吉行郡事。大原，晋县，亦曰升城，宋置郡，在今山东长清县东北。崇吉背文秀，同于明帝。其母、妻在历城，为道固所拘。道固既归明帝，乃出其母。

明帝以崇吉为并州刺史，领大原大守，戍升城。慕容白曜遣人招之，崇吉不降，遂闭门固守。升城至小，胜仗者不过七百人。白曜侮之，遣众陵城，不克。乃筑长围三重，更造攻具，日夜攻击。

自二月至四月，粮矢俱尽。崇吉突围走。母、妻见获。崇吉东归旧邨，阴募壮士，欲篡其母，还奔河南。白曜知其如此，守备严固。崇吉乃托法寿为计。时道固以兼治中房灵宾督清河、广川郡事，广川，汉县，后汉为国，今河北枣强县。宋侨治今山东长山县。戍盘阳。法寿恨道固逼切，遂与崇吉潜谋，袭克之。仍归款于白曜，以赎母、妻。

魏以法寿与韩麒麟对为冀州刺史，督上租粮，而以其从兄弟为诸郡大守。白曜先已攻克垣苗、麋沟二戍。皆在大原县界。于是长孙陵、尉眷东讨青州，白曜进攻历城。时三年八月也。道固固守拒之。虏每进，辄为所摧。

然孤城无援，至四年二月，卒陷。道固兄子僧祐，明帝使领众数千，从淮海扬声救援。将至不其，闻道固败，母、弟入魏，徘徊不进。白曜使道固子景徽往喻，僧祐遂降。

幽州刺史刘休宾，乘民之兄弟也。镇梁邹。汉县，晋省，今山东邹平县。白曜军至升城，遣人说之。休宾不从。龙骧将军崔灵延，行渤海郡房灵建等数十家，皆入梁邹，同举休宾为兖州刺史。明帝即以授之。

休宾妻，崔邪利女也，邪利守邹山败没。生一男，字文晔，与邪利俱入魏。白曜表请崔与文晔。既至，以报休宾。又于北海执休宾兄弟延和妻子，送至梁邹，巡视城下。

休宾答白曜，许历城降当即归顺。密遣兼主簿尹文达向历城，观魏军形势。白曜使至升城见休宾妻子。文曜攀援文达，哭泣号咷。以爪发为信。

文达回还，复经白曜，誓约而去。还谓休宾曰："升城已败，历城匪朝则夕，公可早图之。"

休宾抚爪发泣涕曰："吾荷南朝厚恩，受寄边任，今顾妻子而降，于臣节足乎？"然密与兄子闻慰为降计。

闻慰曰："此故当文达诳诈耳。年常抄掠，岂有多军也？"休宾又遣文达出，与白曜为期，刻日许送降款。白曜许城内贤豪，随人补授，文达即为梁邹城主。

初白曜之表取休宾妻子也，魏献文帝以道固既叛，诏授休宾冀州刺史。至是，付文达诏策。文达还，谓休宾曰："白曜信誓如此，公可早为决计。恐攻逼之后，降悔无由。"休宾于是告闻慰：早作降书。闻慰执不作。遂差本契。

白曜寻遣夜至南门下，告城上人曰："汝语刘休宾，何由遣文达频造仆射，许送降文，违期不来？"

于是门人唱告，城内悉知，遂相维持，欲降不得。寻被攻逼，经冬至春。历城降下，白曜遣道固子景业与文晔至城下。休宾知道固降，乃出。

历城既下，白曜遂围东阳。先是沈文秀既受朝命，乘虏无备，纵兵掩击，杀伤甚多。及虏围城，文秀善于抚御，将士咸为尽力。每与虏战，辄催破之。掩击营砦，往无不捷。

明帝所遣救兵，并不敢进。乃以文秀弟文静统高密、北海、平昌、长广、东莱五郡军事，海道救青州。高密，宋郡，在今山东胶县西南。至不其，为虏所断遏，不得进，因保城自守。又为虏所攻。屡战辄克。

四年，城陷，文静见杀。文秀被围三载，外无援军，士卒为之用命，无离叛者。日夜战斗，甲胄生虮虱。五年，正月二十四日，城为虏所陷。文秀解释戎衣，缓服静坐。命左右取所持节。虏既入，兵刃交至。问曰："青州刺史沈文秀何在？"文秀厉声曰："身是。"因执之。牵出听事前，剥取衣服。

时白曜在城西南角楼，裸缚文秀至曜前。执之者令拜。文秀曰："各二国大臣，无相拜之礼。"曜命还其衣服，设酒食，锁送桑干。此据《宋书·文秀传》。《魏书·白曜传》云，克城之日，以沈文秀抗踞，不为之拜，忿而捶挞。《文秀传》云：白曜忿之，乃至挝挞。后还其衣，为之设馔。

是岁，五月，虏徙青、齐民于平城，置升城、历城民望于下馆，此据《白曜传》。《道固传》云：初在平城西，后徙治旧阴馆之西。置平齐郡、怀宁、归安二县以居之。自余悉为奴婢，分赐百官。薛安都大见礼重。子侄群从，并处上客，皆封侯。至于门生，无不收叙。

又为起第宅，馆宇崇丽。资给甚厚。房法寿为上客，崇吉为次客，崔、刘为下客。法寿供给，亚于安都等。沈文秀与长史房天乐、司马沈嵩等锁送平城。面缚，数罪，宥死。待为下客，给以粗衣疏食。

安都、道固、文秀、众敬皆没于魏。崇吉，停平城半岁南奔。夫妇异路。薙发为沙门，改名僧达。投其族叔法延。住岁余，清河张略之，亦豪侠士也，崇吉遗其金帛，得以自遣。妻从幽州南出，亦得相会。崔僧祐与法寿诸人皆不穆。法寿等讼其归国无诚，拘之岁余，因赦乃释。后坐与沙门谋反，见杀。

青、冀、兖、徐，至是皆陷，并失豫州之淮西。明帝乃侨立兖州于淮阴，徐州于钟离。青、冀二州，共一刺史，治郁州。初刘道隆刺徐州，辟垣崇祖为主簿，厚遇之。

景和世，道隆求出为梁州，与之同行，使还下邳召募。明帝立，道隆被诛。薛安都使将裴祖隆、王世雄据下邳，祖隆引崇祖共拒战。会刘弥之归降，祖隆士众沮散。崇祖与亲近数十人夜救祖隆，与俱走还彭城。虏既陷徐州，崇祖仍为虏将游兵琅邪间，不复归，虏不能制。

崇祖密遣人于彭城迎母，欲南奔。事觉，虏执其母为质。崇祖妹夫皇甫肃，兄妇薛安都之女，故虏信之。肃乃将家属及崇祖母奔朐山。在今江苏东海县南。崇祖因将部曲据之。遣使归命。萧道成镇淮阴，版为朐山戍主，送其母还京师。明帝纳之。

崇祖启明帝曰："淮北士民，力屈胡虏，南向之心，日夜以冀。崇祖父、伯，崇祖，护之弟子。并为淮北州郡，门族布在北边，百姓所信。一朝啸咤，事功可立。乞假名号，以示远近。"明帝以为北琅邪、兰陵二郡大守。数陈计算，欲克复淮北。

时虏声当寇淮南。明帝以问崇祖。崇祖因启："宜以轻兵深入，出其不意，进可立不世之勋，退可绝窥窬之意。"帝许之。崇祖将数百人，入虏界七百里，据蒙山，在今山东蒙阴县南。扇动郡县。虏率大众攻之。崇祖败追者而归。

泰豫元年，以崇祖行徐州事，徙戍龙沮。在东海县南六十里。崇祖启断水，清平地，以绝虏马。帝以问刘怀珍，云可立。崇祖率将吏塞之。未成，虏主谓伪彭城镇将平阳公曰："龙沮若立，国之耻也，以死争之。"数万骑奄至。崇祖马稍陷阵，不能抗，乃筑城自守。会天雨十余日，虏乃还。龙沮竟不立。

淮北之陷，全误于明帝及沈攸之等，志仅在于阋墙，而不在于御侮。寻阳之起，建康仅保丹阳、淮南数郡，然卒能摧折强敌，足见其时之兵力，非不足用。

综观战事始末，知沈攸之等之将才，亦有足取。使能并力北向，何至以方数千里之地，拱手授人？乃争于内则征兵遣将，络绎于途，而其将帅亦能彼此和衷，殷孝祖之死也，人情震骇，并谓沈攸之宜代孝祖为统。时建安王休仁遣江方兴、刘灵遗各率三千人赴赭圻。攸之以为孝祖既死，贼有乘胜之心，若不更攻，则示之以弱，方兴名位相亚，必不为己下，乃率诸军主诣方兴，推为统。方兴甚悦。明旦进战，遂致克捷。此事非攸之所能为，所以能为之者，实以既叛废帝，败则无地自容，迫而出此也。知计迭出；如张兴世建议，越鹊尾上据钱溪。战于外则将帅皆逗桡不前，庙堂亦熟视无睹，攻围虽久，应接终希；此何哉？

寻阳得志，则君若臣皆无地自容，淮北陷没，不过蹙国弃民，君若臣之安富尊荣如故也。不但此也，沈文秀等皆嚄唶宿将，智勇兼人，始同子勋，穷而归顺，安知非明帝所忌？亦安知非攸之等所疾？而故借虏手以除之乎？

此非深文周内之辞，综观明帝及攸之等之为人，固令人不得不作此想也。陷虏诸人，其才皆有可用，其心亦无一愿投虏者。有之，则惟一少为劫盗之房法寿耳。而民心尤为可恃。刘休宾欲降虏，而为其城民所持。

常珍奇降虏，淮西七县之民，并连营南奔。尉元请攻下邳云：“彭城、下邳，信命未断。此城之人，元居贼界，心尚恋土。辄相诳惑，希幸非望。南来息耗，壅塞不通。虽至穷迫，仍不肯降。”明帝遣明僧暠北征，又使刘怀珍缘海救援。

至东海，僧暠已退保东莱。怀珍进据朐城。众心汹惧，或欲且保郁州。怀珍曰：“卿等传沈文秀厚赂胡师，规为外援，察其徒党，何能必就左衽？”遂进至黔陬。汉县，在今山东胶县西南。

然则文秀之能固守，岂独其抚驭之才，亦以人同此心，不愿陷虏故也。人心如此，而以君若臣之仅图私计弃之，岂不痛哉？

第六节　明帝诛戮宗室大臣

明帝之猜忌好杀，尤甚于孝武帝。

《南史·孝武帝母路大后传》云：明帝少失所生，为大后所摄养，抚爱甚笃。及即位，供奉礼仪，不异旧日。有司奏宜别居外宫，诏欲亲奉晨昏，尽欢闱禁，不如所奏。

及闻义嘉难作，义嘉，子勋年号。大后心幸之。延上饮酒，置毒以进。侍者引上衣，上寤，起以其卮上寿，是日，大后崩。

案大后果欲毒杀帝，必不能与外间一无牵连，而当时绝未闻有此，其说恐不足信，而帝之毒后则真矣。

孝武帝二十八男：前废帝，豫章、晋安、始平、南海四王，事已见前。皇子子深、子凤、子玄、子衡、子况、子文、子雍皆早夭。齐敬王子羽，晋陵孝王子云，淮阳思王子霄，皆卒于大明世。安陆王子绥，松滋侯子房，十一岁。临海王子顼，十一岁。皆以同子勋见杀。邵陵王子元，为子勋所留，事平赐死。九岁。永嘉王子仁，十岁。始安王子真，十岁。淮南王子孟，八岁，南陵王子产，庐陵王子兴，东平王子嗣，四岁。皇子子趋、子期、子悦，亦皆见杀。《南史·后废帝纪》云：“孝武帝二十八男，明帝杀其十六，余皆帝杀之。”误。钱大昕《廿二史考异》云：泰始六年诏曰：世祖继体，陷宪无遗，则孝武之嗣，绝于明帝之世，史固有明文矣。

长沙景王之孙袛，为南兖州刺史，谋应子勋；瞻为晋安大守，弼为武昌大守，并与子勋同，皆死。韫为宣城大守，弃郡赴朝廷。韫人才凡鄙，以此特为帝所宠。袭为安城大守，据郡拒子勋，亦以庸鄙封侯焉。

明帝兄弟：东海王祎，本为司空，帝即位，进大尉，改封庐江王。

泰始五年，河东柳欣慰谋反，欲立祎，祎与相酬和，降为南豫州刺史，出镇宣城。上遣腹心杨运长领兵防卫。明年，六月，逼令自杀。子充明，废徙新安歙县。今安徽歙县。大祖诸子，祎尤凡劣，诸兄弟并蚩鄙之，其实未必能谋反也。

山阳王休祐，帝初命其刺荆州。寻改江州、南豫州。又改豫州，督刘勔等讨殷琰。琰未平，又徙荆州。改封晋平王。休祐素无才能，强梁自用。大明世，年尚少，未得自专。至是，贪淫好财色。裒刻所在，多营财货。民不堪命。

泰始六年，征为南徐州刺史，留之京邑，遣上佐行府州事。休祐很戾强梁，前后忤上非一。上积不能平；且虑其将来难制。

七年，二月，因其从射雉，遣寿寂之等杀之，讳云堕马。

是年，五月，遂杀建安王休仁。休仁年与帝邻亚，俱好文籍，素相友爱。及废帝世，同经危难，史云：大宗资其权谲之力。又云：大宗甫陨废帝，休仁即日推崇，便执臣礼，盖谋之有素矣。及即位，以为司徒、尚书令、扬州刺史。大勋克建，任总百揆，朝野四方，莫不辐凑。上渐不悦。

休仁悟其旨，五年，冬，表解扬州。及杀晋平王，休仁忧惧转切。其年，上疾笃，与杨运长为身后之计，五月，遂杀之。下诏谓其"规逼禁兵，谋为乱逆，申诏诰厉，辨核事原，惭恩惧罪，遽自引决。"有司又奏休祐与休仁共为奸谋，乃追免休祐为庶人，十三子并徙晋平郡。晋晋安郡，泰始四年，改为晋平。休仁降始安县王。子伯融，听袭封爵。伯猷，先绍江夏国，令还本，赐爵乡侯。

后废帝时，建平王景素为逆，杨运长等称诏赐之死。伯融时年十九，伯猷年十一。

休仁之死也，上与诸方镇及诸大臣诏曰："休仁既经南讨，与宿卫将帅习狎。共事相识者，布满外内。常日出入，于厢下经过，与诸相识将帅，都不交言。及吾前积日失适，休仁出入殿省，诸卫主帅，裁相悉者，无不和颜，厚相抚劳。"此或是实语。杀机既动，彼此相猜，不必冀幸非常，即为免祸计者，亦或不得不尔也。

而诏又云："为诏之辞，不得不云有兵谋，非事实也。"则又虑四方因休仁有异意而生觊觎，故曲讳之，转非其实矣。

史云：上与休仁素厚，至于相害，虑在后嗣不安。休仁既死，痛悼甚至。谓人曰："我与建安，年时相邻，少便狎从。景和、泰始之间，勋诚实重。事计交切，不得不相除。痛念之至，不能自已。欢适之方，于今尽矣。"因流涕不自胜。亦云苦休若，初刺雍州。

四年，迁湘州。休祐入，改荆州。休祐被杀，休仁见疑，京邑讹言：休若有至贵之表，帝以言报之。休若闻，甚忧惧。会被征代休祐为南徐州，腹心将佐，咸谓还朝必有大祸。

中兵参军王敬先因陈不宜入。劝割据荆楚，以距朝廷。休若伪许之。敬先既出，执录，驰使白之。敬先坐诛死。休若至京口，休仁见害，益怀危虑。上以休若和善，能谐辑物情，虑将来倾幼主。欲遣使杀之，虑不奉诏，征入朝又恐猜骇；乃伪迁休若为江州刺史，征还召拜。手书殷勤，使赴七月七日。即于第赐死。于是文帝之子，存者惟一休范矣。

帝之猜忌好杀，不徒在同姓诸王也，袁颛忠于所事，当其对敌，不得不事翦除，事平，固无所谓恩怨，乃流其尸于江；徐爰亦何能为，乃徙之交、广，亦可谓酷矣。其所任者，为阮佃夫、王道隆、杨运长之徒。

史称其并执权柄，亚于人主，巢、戴大明之世，方之蔑如也。佃夫大通货贿。宅舍园池，诸王邸第莫及。伎女数千，艺貌冠绝当时。金玉锦绣之饰，宫掖不逮。每制一衣，造一物，京邑莫不法效。仆从附隶，皆受不次之位。

道隆亦家产丰积。惟杨运长不事园池，不受饷遗。李道儿亦执权要。寿寂之则见杀。史称寂之为南泰山大守，治南城。多纳货贿，请谒无穷。有一不从，切齿骂詈。常云：利刀在手，何忧不办？鞭尉吏，斫逻将。

七年，为有司所奏，徙送越州。宋置，治临漳，今广东合浦县东北。行至豫章，谋欲逃叛，乃杀之。案寂之罪固当诛，然明帝诛之，则亦未足以服其心也。而吴喜尤枉。喜实有大功于帝。

史云：初喜东征，白大宗：得寻阳王子房及诸贼帅，即于东枭斩。东土既平，喜见南方贼炽，虑后翻覆受祸，乃生送子房还都，凡诸大主帅顾琛、王昙生之徒，皆被全活。上以喜新立大功，不问也，而内密嫌之。

及平荆州，恣意剽虏，臧私万计。又尝对宾客言："汉高、魏武，本是何人？"益不悦。其后诛寿寂之，喜内惧，因启乞中散大夫，上尤疑骇。会上有疾，为身后之虑，以喜素得人情，疑其将来不能事幼主，乃赐死。

此所言罪状，并据帝与刘励、张兴世、萧道成诏辞，多非其实。喜之贪残罔极，罪固当诛，然帝之诛之，则亦初不以此也。喜平东土之时，本不利多杀，此乃明帝之深谋，安有衔之之理？诏又谓张灵度与柳欣慰等谋立刘袆，使喜录之，而喜密报令去，则尤诬矣。以明帝之猜忌，果有此事，安能容忍历年？

汉高、魏武，本属何人之语，尤不足辨。喜乃小人，不过欲乘时以取富贵，安有此大志哉？喜之大罪，在其残暴。

诏云："喜军中诸将，非劫便贼。惟云：贼何须杀，但取之，必得其用。"又云："喜闻天壤间有罪人死或应系者，必启以入军。""劳人义士，共相叹息。"

然又云："义人虽忿喜不平，又怀其宽弛。""其统军，宽慢无章，放恣诸将，无所裁检，故部曲为之尽力。"盖喜专收集群不逞之徒，恣其残民而用之也。

诏又云："喜自得军号以来，多置吏佐，是人加板，无复限极。为兄弟子侄，及其同堂群从，乞东名县，连城四五。皆灼然巧盗，侵官夺私。他县奴婢，入界便略。百姓牛犊，辄牵啖杀。喜兄茹公等，悉下取钱，盈村满里。诸吴姻亲，就人间征求，无复纪极。喜具知此，初不禁呵。""西救汝阴，纵肆兵将掠暴居民。奸人妇女。逼夺鸡犬。虏略纵横。百姓吁嗟，人人失望。近段佛荣求还，欲用喜代之西人闻其当来，皆欲叛走。"

此等纵或加甚，必非全诬，惟明帝之杀之，初不以此耳，喜之罪固不容于死矣，诏又谓其"妄窃善称，声满天下"，盖其宗族、交游、部曲，相与称颂之，非人民之感戴之也。

王景文为帝后兄，任扬州刺史。上虑一旦晏驾，皇后临朝，则景文自然成宰相，门族强盛，借元舅之重，岁暮不为纯臣。

泰豫元年，春，上疾笃，乃遣使送药杀之。手诏曰："与卿周旋，欲全卿门户，故有此处分。"

案景文乃一坐谈玄理之人，而亦忌而杀之，天下尚有可信之人邪？帝每杀兄弟及大臣，必为手诏赐臣下自解说，其言多有理致，而景文求解扬州时答诏，言贵不必难处，贱不必易安，遭遇参差，莫不由命，其言尤为通达，帝盖亦长于玄理者。

然史言帝好小数，异于常伦，《本纪》云：帝末年好鬼神，多忌讳。言语文书，有祸败凶丧及疑似之言应回避者，数百千品。有犯必加罪戮。改䯄字为马边瓜，亦以䯄字似祸字故也。以南苑借张永，云且给二百年，期讫更启，其事类皆如此。

宣阳门，民间谓之白门。上以白门之名不祥，甚讳之。尚书右丞江谧尝误犯，上变色曰："白汝家门。"谧稽颡谢，久之方释。大后停尸漆床，先出东宫。上尝幸宫，见之，怒甚，免中庶子官，职局以之坐者数十人。内外尝虑犯触，人不自保。宫内禁忌尤甚。移床、治壁，必先祭土神，使文士为文辞祝策，如大祭飨。

《后废帝江皇后传》云：泰始五年，大宗访求大子妃，而雅信小数，名家女多不合。后弱小，门无强荫，以卜筮最吉，故为大子纳之。

盖顾虑祸福大甚，遂至于此耳。名士之不免忌刻，此亦其一证也。又案明帝之为人，似有心疾而失其常度者。《本纪》言：泰始、泰豫之际，更忍虐好杀，左右失旨、忤意，往往有斮刳断截者。此时帝固去死不远矣。《南史·本纪》云：夜梦豫章大守刘愔反，遣就郡杀之，此非有心疾者，何至于是邪？《明恭王皇后传》云：尝官内大集，而羸妇人观之，以为欢笑。宋世宫闱，虽习于无礼，然帝苟为医家所谓平人，亦不至于是也。

第七节　宋治盛衰

宋氏开国，政事粗有可观，实由武、文二世之恭俭，而孝武帝及明帝坏之。

《宋书·良吏传》云："高祖起自匹庶，知民事艰难。及登庸作宰，留心吏职。而王略外举，未遑内务。奉师之费，日耗千金。播兹宽简，虽所未暇。而绌华屏欲，以俭抑身。左右无幸谒之私，闺房无文绮之饰。故能戎车岁驾，邦甸不扰。

"大祖幼而宽仁，入纂大业。及难兴陕方，六戎薄伐；命将动师，经略司、兖；费由府实，役不及民。自此区宇晏安，方内无事。

"三十年间，氓庶蕃息。奉上供徭，止于岁赋。晨出莫归，自事而已。守宰之职，以六期为断。虽没世不徙，未及曩时，而民有所系，吏无苟得。家给人足，即事虽难，转死沟渠，于时可免。凡百户之乡，有市之邑，歌谣舞蹈，触处成群，盖宋氏之极盛也。

"暨元嘉二十七年，北狄南侵，戎役大起，倾资扫稸，犹有未供，于是深赋厚敛，天下骚动。自兹至于孝建，兵连不息。以区区之江东，地方不至数千里，户不盈百万，荐之以师旅，因之以凶荒，宋氏之盛，自此衰矣。

“晋世诸帝，多处内房。朝宴所临，东西二房而已。孝武末年，清暑方构。高祖受命，无所改作。所居惟称西殿，不制嘉名。大祖因之，亦有合殿之称。及世祖承统，制度奢广。犬马余菽粟，土木衣锦绣。追陋前规，更造正光、玉烛、紫极诸殿。雕栾绮饰，珠窗网户。嬖女幸臣，赐倾府藏。竭四海不供其欲，单民命未快其心。

“大宗继祚，弥笃浮侈。恩不恤下，以至横流。莅民之官，迁变岁属。蒲、密之化，事未易阶。岂徒吏不及古，民伪于昔，盖由为上所扰，致治莫从。”

案治道之隆污，系于君心之敬肆。高祖以衲衣付会稽长公主，使戒后嗣之奢。

史又言：“上清简寡欲，严整有法度。未尝视珠玉舆马之饰后庭无纨绮丝竹之音。宁州尝献虎魄枕，光色甚丽。时将北征，以虎魄治金创，上大悦，命捣碎，分付诸将。财帛皆在外府，内无私藏。宋台既建，有司奏东西堂施局脚床、银涂钉，上不许，使用直脚床，钉用铁。诸主出适，遣送不过二十万，无锦绣金玉。内外奉禁，莫不节俭。”

又云：微时躬耕于丹徒，及受命，耨耜之具，颇有存者，皆命藏之，以留于后。文帝幸旧宫，见而问焉。左右以实对。文帝色惭。及孝武大明中，坏高祖所居阴室，江左诸帝既崩，以其所居为阴室。于其处起玉烛殿。与群臣观之。床头有土障。壁上挂葛灯笼、麻蝇拂。侍中袁颉，盛称上俭素之德。

孝武不答，独曰：“田舍公得此，以为过矣。”盖文帝已稍陵夷，至孝武而尽忘其本矣。史称文帝性存俭约，不好奢侈。其邻乎侈者，惟元嘉二十三年筑北堤，立玄武湖于乐游苑，兴景阳山于华林园，史云役重人怨。然是岁固大有年也。以视孝武，其奢俭不可以道里计矣。

至于明帝，则尤有甚焉。史称其时经略淮、泗，军旅不息。荒弊积久，府藏空竭。内外百官，并日料禄奉，而上奢费过度，务为雕侈。每所造制，必为正御三十，副御、次御，又各三十，须一物辄造九十枚。天下骚然，民不堪命。

废帝元徽四年，尚书右丞虞玩之表陈时事曰：“天府虚散，垂三十年。江、荆诸州，税调本少，自顷已来，军募多乏，其谷帛所入，折供文武。豫、兖、司、徐，开口待哺；西北戎将，裸身求衣；委输京都，益为寡薄。天府所资，惟有淮海，民荒财单，不及曩日。而国度引费，四倍元嘉。二卫台坊人力，五不余一。都水材官朽散，十不两存。备豫都库，材竹俱尽。东西二埏，砖瓦双匮。敕令给赐，悉仰交市。尚书省舍，日就倾颓。第宅府署，类多穿毁。视不遑救，知不暇及。寻所入定调，用恒不周，既无储稸，理至空尽。积弊累耗，钟于今日。”盖实自孝武以来，积渐所致也。

《沈昙庆传》言：元嘉十三年，东土潦浸，民命棘矣。大祖省费减用，开仓廪以振之。病而不凶，盖此力也。大明之末，积旱成灾。虽敝同往困，而救非昔主。所以病未半古，死已倍之。并命比室，口减过半。《宋书·本纪》：大明八年，去岁及是岁，东诸郡大旱，甚者米一斗数百，都下亦至百余，饿死者十有六七。一斗，《南史》作一升。案作一斗者是也。《宋书·孔觊传》亦云：都邑一斗将百钱。政事之隆污，系于君心之敬肆，而民生之舒惨，即系于政事之隆污，可不戒哉。

高祖又非徒恭俭而已。《宋书·本纪》云：先是朝廷承晋氏乱政，百司纵弛。桓玄虽欲厘革，而众莫从之。高祖以身范物，先以威禁。内外百官，皆肃然奉职。二三日间，风俗顿改。元兴三年。又云：晋自中兴以来，治纲大弛。权门并兼，强弱相陵，百姓流离，不得保其产业。桓玄颇欲厘改，竟不能行。公既作辅，大示轨则。豪强肃然，远近知禁。义熙七年。

《刘穆之传》云：从平京邑。时晋纲宽弛，威禁不行。盛族豪右，负势陵纵。小民穷蹙，自立无所。重以司马元显政令违舛，桓玄科条繁密。穆之斟酌时宜，随方矫正。不盈旬日，风俗顿改。

《赞》曰：“晋纲弛紊，其渐有由。孝武守文于上，化不下及；道子昏德居宗，宪章坠矣；重之以国宝启乱；加之以元显嗣虐；而祖宗之遗典，群公之旧章，莫不叶散冰离，扫地尽矣。主威不树，臣道专行。国典人殊，朝纲家异。编户之命，竭于豪门。王府之蓄，变为私藏。由是祸基东妖，难结天下。荡荡然王道，不绝者若綖。高祖一朝创义，事属横流。改乱章，布平道。尊主卑臣之义，定于马棰之间。威令一施，内外从禁。以建武、永平之风，变大元、隆安之俗。此盖文宣公之为也。为一代宗臣，配飨清庙，岂徒然哉？”

然则江左之不振，非徒兵力之衰颓，政散民流，实为其本。虽桓玄犹未尝不知此义，而卒莫之能革。高祖一朝矫之，此其所以能扫荡青、齐，廓清关、洛欤？孝武以后，佞幸专朝，毒流氓庶，而此风息矣，岂不惜哉？

第八节　后废帝之败

凡好用权术驾驭者，无不思为万全之谋，然终不能收万全之效，以此知智计之有时而穷，不如道义之足任矣。宋明帝是也。明帝诛锄宗戚，翦伐大臣，于可疑者，可谓除之殆尽，然卒失之于萧道成。

道成破薛索儿后，迁巴陵王休若。卫军司马，随镇会稽。又除桂阳王休范。征北司马，行南徐州事。张永沈攸之败，出镇淮阴。泰始六年，征为黄门侍郎，领越骑校尉。

《南史·帝纪》云：明帝嫌帝非人臣相，而人间流言，帝当为天子，明帝愈以为疑。遣吴喜留军破釜，《齐书·本纪》云：以三千人北使。破釜，湖名，即今之洪泽湖也。在当时为一小湖。隋炀帝经此，亢旱得雨，改名洪泽。宋熙宁中，开渠通淮，金时河夺淮流，此湖始大。自持银壶酒赐帝。帝戎衣出门迎，惧鸩不敢饮，将出奔。喜告以诚，先饮之，帝即酌饮之。喜还，明帝意乃悦。《齐书·本纪》云：大祖戎衣出门迎，即酌饮之，乃讳饰之辞。

《王玄邈传》云：仕宋，位青州刺史。齐高帝之镇淮阴，为宋明帝所疑，乃北通魏。遗书结玄邈。玄邈长史房叔安进曰："夫布衣韦带之士，衔一餐而不忘，义使之然也。今将军居方州之重，托君臣之义，无故举忠孝而弃之三齐之士，宁蹈东海死耳，不敢随将军也。"玄邈意乃定。仍使叔安使建业，发高帝谋。

高帝于路执之。并求玄邈表。叔安答曰："寡君使表上天子，不上将军。且仆之所言，利国家而不利将军，无所应问。"荀伯玉劝杀之。高帝曰："物各为主；无所责也。"玄邈罢州还，高帝途中要之，玄邈严军直过。还都，启宋明帝，称高帝有异谋，帝不恨也。

《垣崇祖传》云：高帝威名已著，宋明帝尤所忌疾，征为黄门郎，规害高帝，崇祖建策以免。由是甚见亲，参与密谋。元徽末，高帝惧祸，令崇祖入魏。崇祖即以家口托皇甫肃，勒数百人入魏界，更听后旨。崇祖所建之策，盖即通魏。

《齐书·王玄邈传》，无高帝通魏语，亦无使房叔安于建业事；《垣崇祖传》，亦无崇祖建策以免语；盖皆为高帝讳。

《南史·荀伯玉传》云：为高帝冠军刑狱参军。高帝为宋明帝所疑，被征为黄门郎，深怀忧虑。伯玉劝帝遣数十骑入魏界，安置标榜。魏果遣游骑数百，履行界上。高帝以闻。犹惧不得留，令伯玉占。伯玉言不成行，而帝卒复本任。由是见亲待。《齐书·伯玉传》同。

游骑履行，恐为年常恒有之事，高帝未必因此获留，盖亦不免讳饰也。道成是时，盖有降魏之谋而未敢显叛，非事势迫急，亦不欲遽入魏。明帝或亦鉴于薛安都之覆辙，未敢遽迫之，故获复安本任。然至明年，卒复征还京师。

《齐书·本纪》曰部下劝勿就征。大祖曰："诸卿暗于见事。主上自诛诸弟，为大子稚弱，作万岁后计，何关他族？惟应速发，缓必见疑。今骨肉相害，自非灵长之运，祸难将兴，方与卿等僇力耳。"此亦事后附会之谈。

明帝既复道成本任，越一岁而复征之，必复有所措置。当时谋叛亦非易；若单骑入虏，则非有大志者所肯出；故复冒险就征耳。既至京师，拜散骑常侍，左卫率。

泰豫元年，四月，明帝崩，长子昱即位，是为后废帝。年十岁。尚书令袁粲，颉从弟。护军将军褚渊湛之子。同辅政。遗诏以道成为右卫将军，领卫尉。寻解卫尉，领石头戍军事。

是时之道成，尚非权重所寄。刘勔守尚书右仆射，为中领军。勔为明帝心腹宿将。道成之不就征，勔出镇广陵，似使之防道成者。勔不死，道成恐未必能以兵权雄于建业也。乃元徽二年，五月，江州刺史桂阳王休范反，而道成之机会至矣。

《宋书·休范传》云：休范素凡讷，少知解，不为诸兄所齿遇。大宗晚年，休祐以狠戾致祸，休仁以权逼不见容，休若素得人情，又以此见害，惟休范谨涩无才能，不为物情所向，故得自保。

又云：大宗晏驾，主幼时艰，素族当权，近习秉政，休范自谓宗戚莫二，应居宰辅，事既不至，怨愤弥结。招引勇士，缮治器械。行人经过寻阳者，莫不降意折节，重加问遗；留则倾身接引，厚相资结。于是远近同应，从者如归。其言未免自相矛盾。

盖当习于觊觎非分之世，又当上下互相猜忌之时，虽素谨愿者，亦将怵于祸而求自全；而其下又有轻躁之士，欲翼戴之以立功名，而其祸不可逭矣。休范虽凡讷，翼戴之者似颇有人才。其叛也，大雷戍主杜道欣驰下告变，至一宿，休范已至新林，朝廷震动。

《齐书·本纪》曰：大祖与护军褚渊，征北张永，领军刘勔，仆射刘秉，长沙景王孙。游击将军戴明宝，骁骑将军阮佃夫，右军将军王道隆，中书舍人孙千龄，员外郎杨运长集中书省计议。莫有言者。

大祖曰："昔上流谋逆，皆因淹缓，至于覆败，休范必远惩前失，轻兵急下，乘我无备。今应变之术，不宜念远。若偏师失律，则大沮众心。宜顿新亭、白下，坚守宫掖、东府以待贼。千里孤军，后无委积，求战不得，自然瓦解。我请顿新亭以当其锋。征北可以见甲守白下。中堂旧是置兵地，领军宜屯宣阳门，为诸军节度。诸贵安坐殿中。右军诸人，不须竞出。我自前驱，破贼必矣。"因索笔下议，并注同。

当时情势，欲不守建业不可得，《齐书》之云，恐亦事后附会之谈也。道成出次新亭，刘勔及前兖州刺史沈怀明据石头，张永屯白下，袁粲、褚渊、刘秉等入卫殿省。休范于新林步上。

及新亭垒，自临城南，仅以数十人自卫。屯骑校尉黄回见其可乘，乃与越骑校尉张敬儿同往诈降。敬儿遽夺休范防身刀斩其首。休范左右数百人皆惊散。然休范所遣丁文豪、杜墨蠡等不相知闻。墨蠡急攻新亭垒，文豪直至朱雀桁。

王道隆率羽林兵在朱雀门外，急召刘勔。勔至，命开桁。道隆怒曰："贼至但当急击，宁可开桁自弱邪？"勔不敢复言，遂战没。墨蠡等乘胜至朱雀门道隆为乱兵所杀。于是张永弃众于白下，沈怀明于石头奔散，抚军典签茅恬开东府纳贼。《通鉴》云：抚军长史褚澄开东府门纳南军。《考异》曰："《宋书》作抚军典签茅恬，《齐书》作车骑典签茅恬，盖皆为褚澄讳耳。今从《宋略》。"案澄，渊之弟，尚文帝女庐江公主。墨蠡径至杜姥宅。晋成帝杜皇后之母裴氏，立第于南掖门外，世谓之杜姥宅。宫省恇扰，无复固志。

萧道成遣军主陈显达、任农夫、张敬儿、周盘龙等入卫。袁粲慷慨谓诸将帅曰："寇贼已逼，而众情离沮。孤子受先帝顾托，本以死报，今日当与诸护军同死社稷。"因命左右被马，辞色哀壮。于是显达等感激出战，斩墨蠡、文豪等。朝廷先以晋熙王燮刺郢州，明帝第六子，继晋熙王昶，时年四岁。以长史王奂行府州事，配以兵力，出镇夏口，本所以防休范也。

至是，燮遣兵平寻阳。黄回之诈降也，休范以二子德宣、德嗣付回为质，至即斩之。德嗣弟青牛、智藏并伏诛。自来上流叛乱，建康形势，未有危于是役者，虽获戡定，只可云幸胜耳。然刘勔既死，张永又弃军，杀休范及回援宫城，功皆成于萧道成一人之手，遂尔乘时崛起矣。是役之后，道成遂与袁粲、褚渊、刘秉更日入直决事，号为四贵。

休范难平后二年，又有建平王景素之叛。景素，文帝第七子建平宣简王宏之子。宏好文籍，有贤名，景素亦有父风。

泰始二年，为南徐州刺史。《传》云：时大祖诸子尽殂，众孙惟景素为长。建安王休祐诸子并废徙，无在朝者。景素好文章书籍，招集才义之士，倾身礼接。由是朝野翕然。后废帝凶狂失道，内外皆谓景素宜当神器。此言盖景素之党所造。惟废帝所生陈氏亲戚疾忌之。而杨运长阮佃夫，并大宗旧隶，贪幼少以久其权，虑景素立，不见容于长主，深相忌惮。

元徽三年，景素防阁将军王季符失景素旨，单骑奔京邑，告运长、佃夫云：景素欲反。运长等便欲遣军讨之。齐王萧道成。及袁粲以下并保持之。景素亦驰遣世子延龄还朝，具自申理。运长等乃徙季符于梁州，景素稍为自防之计。

与司马何季穆，录事参军殷沵，记室参军蔡履，中兵参军垣庆延，左右贺文超等谋之。以参军沈颙、毌丘文子、左暄，州西曹王潭等为爪牙。季穆荐从弟豫之为参军。景素遣豫之、潭、文超等去来京邑。多与金帛，要结才力之士。

由是冠军将军黄回，游击将军高道庆，辅国将军曹欣之，前军韩道清，长水校尉郭兰之，羽林监垣祗祖，并皆响附。其余武人失职不得志者，莫不归之。时废帝单马独出，游走郊野。曹欣之谋据石头，韩道清、郭兰之欲说齐王使同，若不回者图之。候废帝出行，因众作难，事克奉景素。景素每禁驻之，未欲悤悤举动。

四年，七月，垣祗祖率数百人奔景素，云京邑已溃乱，劝令速入。景素信之，即便举兵。运长等声祗祖叛走，便纂严备办。

齐王出屯玄武湖。在首都北。任农夫、黄回、李安民各领步军，张保率水军北讨。

南豫州刺史段佛荣为都统。其余众军相继进。齐王知黄回有异图，故使安民、佛荣俱行以防之。景素欲断竹里，以拒台军。垣庆延、祗祖、沈颙等曰：“今天时旱熟，台军远来疲困，引之使至，以逸待劳，可一战而克也。”殷沵等固争，不能得。农夫等既至，放火烧市邑。而垣庆延等各相顾望，并无斗志。景素本乏威略，恇扰不知所为。

时张保水军泊西渚。京口城西。景素左右勇士数十人，并荆楚快手。自相要结击水军，应时摧陷，斩张保。而诸将不相应赴，复为台军所破。台军既薄城池，沈颙先众叛走。垣祗祖次之。其余诸军，相系奔散。左暄骁果有胆力，欲为景素尽节，而所配兵力甚弱。犹力战不退。于万岁楼下横射台军，不能禁，然后退散。

右卫殿中将军张倪奴，前军将军周盘龙攻陷京城。倪奴禽景素斩之。时年二十五。子延龄及二少子并从诛。垣庆延、祇祖、左暄、贺文超并伏诛。殷沵、蔡履徙梁州。何季穆先迁官，故不及祸。其余皆逃亡，直赦得免。景素既败，曹欣之反告韩道清、郭兰之之谋。道清等并诛。黄回、高道庆等，齐王抚之如旧。至九月，道庆乃伏诛。见《本纪》。

前废帝之败也，以佞幸亦叛，则无复腹心，而专恃数武人，故卒以粗疏偾事，后废帝亦然。

《阮佃夫传》云：时废帝好出游走。始出宫，犹整羽仪，引队仗。俄而弃部伍，单骑与数人相随。或出郊野，或入市廛。内外莫不惧忧。佃夫密与直阁将军申伯宗、步兵校尉朱幼、于天宝，谋共废帝立安成王。即顺帝。

五年，春，帝欲往江乘射雉。帝每北出，常留队仗在乐游苑前，弃之而去。乐游苑，在今首都东北。佃夫欲称大后令，唤队仗还，闭城门，分人守石头、东府，遣人执帝废之，自为扬州刺史辅政。与幼等已成谋。

会帝不成向江乘，故其事不行。于天宝因以其谋告帝。帝乃收佃夫、幼、伯宗于光禄外部赐死。佃夫、幼罪止身，其余无所问。盖以其党与众多故也。时为元徽五年四月。

至六月，乃诛其党司徒左长史沈勃，散骑常侍杜幼文，游击将军孙超之，长水校尉杜叔文。

《佃夫传》云：佃夫矜敖无所降意，入其室者，惟沈勃、张淡等数人而已。幼文者，骥子。

《骥传》云：幼文所莅贪横，家累千金。女伎数十人，丝竹昼夜不绝。与沈勃、孙超之居止接近，常相从。又并与阮佃夫厚善。佃夫死，废帝深疾之。

帝微行夜出，辄在幼文门墙之间，听其弦管。积久，转不能平。于是自率宿卫兵诛幼文、勃、超之。幼文兄叔文及诸子侄在京邑、方镇者并诛，惟幼文兄季文、弟希文等数人逃亡得免。案此可见废帝之出行，非徒游戏，实意在觇司诛杀也。

于天宝以发佃夫之谋为清河大守、右军将军。升明元年，出为山阳大守。萧道成以其反覆，赐死。阮佃夫之力，似不足独行废立，观此举，则佃夫当日，似与道成有交关也。故佃夫之党甫除，而道成之谋遂亟矣。

《南史·齐高帝纪》曰：休范平后，苍梧王渐行凶暴，屡欲害帝。常率数十人直入镇军府。

时暑热，帝昼卧裸袒。苍梧王立帝于室内，画腹为射的，自引满将射之。帝神色不变，敛板曰："老臣无罪。"

苍梧左右王天恩谏曰："领军腹大，是佳射堋。一箭便死，后无复射。不如以雹箭射之。"乃取雹箭。一发即中帝脐。苍梧投弓于地，大笑曰："此手何如？"

建平王举兵，帝出屯玄武湖，事平乃还。帝威名既重，苍梧深相猜忌。刻木马帝形，画腹为射堋。自射之。又命左右射，中者加赏。皆莫能中。

时帝在领军府，苍梧自来烧之，冀帝出因作难。帝坚卧不动。苍梧益怀忿恚。所见之物，呼之为帝，加以手自磨铤，曰："明日当以刃萧道成。"陈大妃骂之曰："萧道成有大功于国，今害之，谁为汝尽力？"故止。此等类乎平话之谈，固不足信。

然《豫章王嶷传》曰：大祖在领军府，嶷居青溪宅。苍梧王夜中微行，欲掩袭宅内。嶷令左右舞刀戟于中庭。苍梧从墙间窥见，以为有备，乃去。其后苍梧见弑，王敬则将其首驰诣大祖，大祖尚疑为苍梧所诳，不敢开门。见《敬则传》。则苍梧是时，有轻行掩袭之计，似不诬也。

《嶷传》又曰：大祖带南兖州，镇军府长史萧顺之在镇，忧危既切，期渡江北起兵。据此，顺之当同大祖渡江之谋。《南史·梁本纪》谓齐高谋出外，顺之以为一旦奔亡，则危几不测，不如因人之欲，行伊、霍之事，齐高深然之，与此岐异。彼盖梁人文饰之辞，不足信也。

嶷谏曰："主上凶狂，人不自保。单行道路，易以立功。外州起兵，鲜有克胜。物情疑惑，必先人受祸。今于此立计，万不可失。"

《垣崇祖传》曰：元徽末，大祖欲渡广陵。荣祖谏曰："领府去台百步，公走人岂不知？若单行轻骑，广陵人一旦闭门不相受，公欲何之？公今动足下床，便恐有叩台门者，公事去矣。"

《幸臣·纪僧真传》曰：大祖欲度广陵起兵。僧真启曰："主上虽复狂衅，虐加万民，而累世皇基，犹固磐石。今百口北度，何必得俱？纵得广陵城，天子居深宫，施号令，目明公为逆，何以避此？如其不胜，则应北走胡中。窃谓此非万全策也。"

《刘善明传》曰：元徽三年，出为西海大守，行青、冀二州刺史。从弟僧副，大祖引为安城王抚军参军。苍梧肆暴，大祖忧恐，常令僧副微行，伺察声论。

使僧副密告善明及东海大守垣崇祖曰：“多人见劝，北固广陵，恐一旦动足，非为长算。今秋风行起，卿若能与垣东海微共动虏，则我诸计可立。”

善明曰：“宋氏将亡，愚智所辨，胡虏若动，反为公患。公神武世出，惟当静以待之，因机奋发，功业自定。不可远去根本，自诒猖獗。”遣部曲健儿数十人随僧副还诣领府。大祖纳之。

《柳世隆传》云：为晋熙王安西司马。时世祖为长史，与世隆相遇甚欢。大祖之谋渡广陵也，令世祖率众下，同会京邑，世隆与长流萧景先等戒严待期。事不行。

综观诸传，道成当时，渡江之计颇切。如能动虏而以朝命还镇淮阴，实为上计。然废帝不必堕其计中。如此，则惟有据广陵起兵，而使萧赜帅江州之师，顺流而下矣。其计之不易遂，诚如诸人之说。又时李安民行会稽郡事，欲于东奉江夏王跻起兵，明帝子。则弥不得地利，亦弥不合人心矣。故诸计皆不行，而肘腋之变作。

时王敬则为直阁将军，结废帝左右杨玉夫、杨万年、陈奉伯等二十五人。七月七日夕，玉夫与万年同人，以帝防身刀弑帝。

《南史·齐高帝纪》云：斎首，使奉伯藏衣袖中，依常行法，称敕开承明门出，囊贮之，以与敬则。敬则驰至领军府叩门，大声言报帝。门犹不开。敬则自门室中以首见帝。帝犹不信。乃于墙上投进其首。帝索水洗视。敬则乃逾垣入。帝跣出。敬则叫曰：事平矣。帝乃戎服夜入殿中。殿中惊怖。及知苍梧死，咸称万岁。

明旦，召袁粲、褚彦回、刘彦节入议。彦回渊字，彦节秉字。《南史》避唐讳，故书其字。帝以事让彦节。彦节未答。帝须髯尽张，眼光如电。次让袁粲，又不受。敬则乃拔刀在床侧跃，麾众曰：“天下之事，皆应关萧公。敢有开一言者，血染敬则刀。”仍呼虎贲剑戟羽仪，手自取白纱帽加帝首，令帝即位，曰：“今日谁敢复动？事须及热。”帝正色呵之曰：“卿都自不解。”

粲欲有言，敬则又叱之，乃止。帝乃下议，迎立顺帝。《齐书·王敬则传》略同。《褚渊传》云：袁粲、刘秉既不受任，渊曰：“非萧公无以了此。”手取书授大祖，大祖曰：“相与不肯，我安得辞？”事乃定。

顺帝者，明帝第三子安成王准也。明帝次子法良，早夭未封。时年九岁。追废后废帝为苍梧王。后废帝之为人，盖颇材武，史言其好缘漆帐竿，去地丈余，如此者半食久乃下，亦可见赶其趫捷[①]之一端。

然其轻率寡谋，远较前废帝为甚，宜其败也。至史所言诸失德，则大抵皆过甚其辞。史言帝年渐长，喜怒乖节。左右有失旨者，辄手加扑打。徒跣蹲踞，以此为常。常著小袴褶[②]，未尝服衣冠。或有忤意，辄加以虐刑。有白梧数十枚，各有名号。钳、凿、锥、锯，不离左右。尝以铁椎椎人阴破。左右人见之，有敛眉者。昱大怒，令此人袒胛正立，以矛刺胛洞过。阮佃夫腹心人张羊，佃夫败叛走，后捕得，自于承明门以车轹杀之。

杜延载、沈勃、杜幼文、孙超，皆手运矛铤，躬自脔割。执幼文兄叔文于玄武湖北，昱驰马执矟，自往刺之。天性好杀，以此为欢，一日无事，辄惨惨不乐。内外百司，人不自保。殿省忧惶，夕不及旦。又云：帝初嗣位，内畏大后，外惮诸大臣，犹未得肆志。自加元服，变态转兴。内外稍无以制。三年秋冬间，便好出游行。大妃每乘青篾车，遥相检摄。昱渐自放恣，大妃不复能禁。单将左右，弃部伍，或十里，二十里，或入市里，或往营署，日暮乃归。四年春夏，此行弥数。

自京城克定，意志转骄，于是无日不出。与左右人解僧智、张五儿恒相驰逐。夜出开承明门。夕去晨返，晨出暮归。从行并执铤矛，行人男女，及犬、马、牛、驴，值无免者。民间扰惧，昼日不敢开门。道上行人殆绝。又云：制露车一乘，其上施篷，乘以出入。从者不过数十人。羽仪追之恒不及。又各虑祸，不敢近寻，惟整部伍，别在一处瞻望而已。果如所言，除之正自易易，尚安待深谋秘计邪？

又谓帝非明帝子，盖亦有惭德者之加诬，不足信也。《废帝纪》云：先是民间讹言，谓大宗不男。陈大妃本李道儿妾，道路之言，或云道儿子也。昱每出入去来，常自称刘统，或自号李将军。

《后妃传》则云：陈贵妃经世祖先迎入宫，在路大后房内。经二三年，再呼不见幸。大后因言于上，以赐大宗。始有宠。一年许衰歇。以乞李道儿。寻又迎还，生废帝。故民中皆呼废帝为李氏子。废帝后每自称李将军，或自谓李统。又云：大宗晚年痿疾，不能内御。诸弟姬人有怀孕者，辄取以入宫。及生男，皆杀其母，而以与六宫所爱者养之。顺帝，桂阳王休范子也，以陈昭华为母焉。

《齐书·刘休传》云：帝素肥，痿不能御内。诸王妓妾怀孕，使密献入宫，生子之后，闭其母于幽房，前后十数。顺帝，桂阳王休范子也。苍梧王亦非帝子。陈大妃先为李道儿妾，故苍梧微行，常自称为李郎焉。案宫禁之事，民间何知焉？明帝仇诸弟特甚，又安肯杀其父而畜其子邪？

第九节　齐高篡宋

萧道成之得政，盖纯出一时之劫持，其无以善其后明矣。《齐书·高帝纪》：苍梧废，刘秉出集议，于路逢弟韫，韫开车迎问秉曰："今日之事，固当归兄邪？"秉曰："吾等已让领军矣。"韫槌胸曰："君肉中讵有血。"可见当时非以兵力劫持，政柄原无属道成之理也。故得政未几，而内外之难交作。

沈攸之以泰始五年刺郢州。明帝崩，与蔡兴宗同在外蕃豫顾命。兴宗时为会稽大守。会巴西民李承明反，执大守张淡，蜀土骚扰。

时荆州刺史建平王景素被征，蔡兴宗新除荆州刺史，未之镇，乃遣攸之权行荆州事。攸之既至，会承明已平，乃以攸之为荆州刺史。攸之自在郢州，便缮治船舸，营造器甲。

至荆州，聚敛兵力。养马至千余。已皆分赋戍逻将士，使耕田而食，廪财悉充仓储。荆州作部，岁送数千人仗，攸之割留之，簿上云供讨四山蛮。装战舰数千艘，沈之灵溪裹。朝廷疑惮之。累欲征入，虑不受命，乃止。

初张敬儿欲诈降休范，道成言："卿若能办，当以本州相赏。"敬儿，南阳冠军人。冠军，汉县，在今河南邓县西北。及敬儿既杀休范，道成以其人地既轻，不欲便使为襄阳重镇。敬儿求之不已，乃微动道成曰："沈攸之在荆州，公知其欲何所作？不出敬儿以防之，恐非公之利也。"道成笑而无言。乃以敬儿为雍州刺史。时元徽三年闰三月也。

四年，又以其长子赜行郢州事。初元嘉中，巴东、建平二郡，军府富实，与江夏、竟陵、武陵，并为名郡。世祖于江夏置郢州，郡罢军府。竟陵、武陵，亦并残坏。为峡中蛮所破。

至是，民人流散，存者无几。其年春，攸之遣军人峡讨蛮帅田五郡等。及景素反，攸之急追峡中军。巴东大守刘攘兵、建平大守刘道欣，并疑攸之自有异志，阻兵断峡，不听军下。

时攘兵元子天赐，为荆州西曹。攸之遣天赐譬说之，令其解甲，一无所问。攘兵见天赐，知景素实反，乃释甲谢愆。攸之待之如故。复以攘兵为府司马。刘道欣坚守建平，攘兵譬说不回，乃与伐蛮军攻之，破建平，斩道欣。台直阁高道庆，家在江陵。

攸之初至州，道庆时在家。牒其亲戚十余人，求州从事西曹。攸之为用三人。道庆大怒，自入州，取教毁之而去。此据《宋书·攸之传》。《南史》同。又云：道庆素便马，攸之与宴饮，于听事前合马矟。道庆矟中攸之马鞍。攸之怒，索刃槊。道庆驰马而出。

至都，云攸之聚众缮甲，奸逆不久。杨运长等常相疑畏，乃与道庆密遣刺客。赍废帝手诏，以金饼赐攸之州府佐吏，进其阶级。案《佞幸传》云：攸之反，运长有异志，以此见诛，则运长实与攸之声势相倚，当时建业所患，固不在荆州也。高道庆亦为道成所杀。故此说殊不足信。《南史》云：道庆请以三千人袭之，朝议虑其事难济，高帝又保持不许。夫攸之兵备甚雄，岂三千人所可袭？其说更不足辩矣。

废帝既殒，顺帝即位，遣攸之长子司徒左长史元琰赍废帝刳斮之具，以示攸之。元琰既至江陵，攸之便有异志。腹心议有不同，故其事不果。

其年十一月，乃发兵反叛。《南史》云：齐高帝遣元琰赍废帝刳斮之具以示之。攸之曰："吾宁为王凌死，不作贾充生。"尚未得即起兵，乃上表称庆，并与齐高帝书推功。攸之有素书十余行，常韬在两当角，云是宋明帝与己约誓。又皇大后使至，赐攸之烛十挺，割之，得大后手令，曰："国家之事，一以委公。"明日遂举兵。案攸之之反，《宋史·本纪》在十二月丁巳，《南史》同。

沈攸之之兵既起，袁粲遂图谋于内。时道成居东府，粲镇石头。升明元年八月。刘秉为丹阳尹；大后兄子王蕴，素好武事；皆与粲相结。将帅黄回、任候伯、农夫弟。孙昙瓘、王宜兴、彭文之、卜伯兴等，并与粲合。蕴本为湘州刺史，与沈攸之结厚。及道成辅朝政，蕴、攸之便连谋。

会遭母忧，还都，停巴陵十余日，更与攸之成谋。欲至郢州，因萧赜下慰之为变，据夏口，与荆州连横。赜觉其意，称疾不往，又严兵自卫。蕴计不得行，乃下。及是，道成入屯朝堂。

秉从父弟领军将军韫入直门下省。卜伯兴为直阁。黄回诸将皆率军出新亭。粲谋先日矫大后令，使韫、伯兴率宿卫兵攻道成于朝堂，回率军来应。秉、候伯等并赴石头。本期夜发。

秉素恇怯，骚动不自安，再铺后，便自丹阳郡车载妇女，尽室奔石头。部曲数百，赫奕满道。由此事泄。先是道成遣将薛渊、苏烈、王天生等领兵戍石头，云以助粲，实御之也。

又领王敬则为直阁，与卜伯兴共总禁兵。王蕴闻刘秉已奔，叹曰："今年事败矣。"时道成使蕴募人，已得数百。乃狼狈率部曲向石头。本期开南门，时已暗夜，薛渊等据门射之，蕴谓粲已败，即便散走。道成以报敬则，率所领收刘韫杀之。韫弟述出走，追禽杀之。并诛卜伯兴。

又遣军主戴僧静向石头助薛渊，杀粲。刘秉逾城出走，于雒檐湖见禽，雒檐湖，《通鉴》作额檐湖。与二子承、俣并死。秉弟遐，为吴郡大守，道成遣张瑰诛之。瑰，永子。王蕴逃斗鸡场，见禽杀。时升明元年即元徽五年。十二月也。

沈攸之之举兵也，遣其中兵参军孙同等三万人为前驱，司马刘攘兵等二万人次之。又遣王灵秀等骑二千出夏口，据鲁山。攸之乘轻舸，从数百人，先大军下。住白螺洲。在今湖北监利县东南。以上据《齐书·柳世隆传》。

闰十二月四日，攸之至夏口。时晋熙王燮征为扬州刺史。萧赜亦征为左卫将军，与燮俱下。闻攸之举兵，即据湓口城。武陵王赞为郢州，道成令周山图领兵卫送，赜为西讨都督，启山图为军副。攸之有顺流之志，府主簿宗俨之劝攻郢州。功曹臧寅，以为攻守势异，若不时举，挫锐损威。不从。

初道成之谋渡广陵也，令赜率众东下。刘怀珍白道成曰："夏口是兵冲要地，宜得其人。"道成纳之。与赜书曰："汝既入朝，当须文武兼资人，与汝合意者，委以后事。柳世隆其人也。"于是赜举世隆自代。转为郢州行事。及是，世隆随宜拒应，攻者披却。黄回军至西阳。

攸之素失人情，初发江陵，已有叛者，至是稍多。攸之大怒。令军中有叛者，军主任其罪。于是一人叛，遣十人追，并去不反。莫敢发觉。咸有异计。刘攘兵射书与世隆请降。世隆开门纳之。攘兵烧营而去。时升明二年正月十九日也。众于是离散，不可复制。

攸之还向江陵。闻城已为张敬儿所据，乃与第三子文和至华容之鳜头林，投州吏家。村人欲取之。与文和俱自经死。村人斩首送之。攸之初下，留元琰守江陵。张敬儿克城，元琰逃走。《南史》云：奔宠洲见杀。

第二子懿先卒。第五子幼和，幼和弟灵和，及攸之孙四人，并为敬儿所禽，伏诛。攸之弟登之，为新安大守。初沈庆之之死，其子文叔谓其弟文季曰："我能死，尔能报。"遂自缢。文季挥刀驰马去，收者不敢追，遂得免。至是为吴兴大守，道成使督吴兴、钱塘军事，收斩登之，诛其宗族。升明元年闰十二月。登之弟雍之，雍之弟荣之，皆先攸之卒。

文和娶道成女，早死，有二女，道成迎还第内。后以雍之孙僧照为之后焉。攸之之举兵也，使要张敬儿及梁州刺史范柏年，司州刺史姚道和，湘州行事庾佩玉，巴陵内史王文和等。敬儿、文和斩其使，驰表以闻。柏年、道和、佩玉持两端，密相应和。

攸之既平，遣王玄邈代柏年。柏年先诱降晋寿亡命李乌奴，乌奴劝柏年据汉中不受命。柏年计未决，玄邈已至。柏年迟回魏兴不肯下。时道成孙长懋为雍州刺史，遣使说之，许启为府吏。柏年乃进襄阳。因执诛之。道和，后秦主兴之孙也。被征。以周盘龙代为刺史。时升明二年三月。令有司奏其罪，诛之。见《齐书·张敬儿传》。

佩玉，王蕴为湘州时，为其宁朔长史、长沙内史。蕴去职，南中郎将王翙未之镇，权以佩玉行府州事。朝廷先遣南中郎将、中兵参军、临湘令韩幼宗领军戍防湘州，临湘，后汉县，在今湖南长沙县南。与佩玉共事不美。

攸之难作，二人各相疑阻。幼宗密图佩玉。佩玉知其谋，袭杀之。黄回至郢州，遣任候伯行湘州事，又杀佩玉。道成以吕安国为湘州刺史，收候伯诛之。

袁粲之举事也，黄回闻石头鼓噪，率兵赴之，而朱雀桁有戍军，受道成节度，不听夜过。会石头已平，因称救援。道成知而不言，抚之愈厚。遣其西上，流涕告别。回与王宜兴素不协，虑或反告，因其不从处分，斩之。不乐停郢，固求南兖，遂率部曲辄还。改南兖州刺史。

升明二年，四月，赐死。回之固求南兖，岂仍欲于肘腋之下，有所作为邪。彭文之先于二月下狱赐死。孙昙瓘于石头叛走，逃窜经时，至十月，乃于秣陵县禽获伏诛。沈攸之反，杨运长有异志，道成遣骠骑司马崔文仲讨诛之。

攸之本反覆小人，为政刻暴，《传》云：或鞭士大夫。上佐以下有忤意，辄面加詈辱。将吏一人亡叛同籍符伍充代者十余人。赋敛严苦，攸之平后，道成次子嶷为荆州刺史。《齐书》本传云：初沈攸之欲聚众，开民相告，士庶坐执役者甚众，一月遣三千余人。见囚五岁刑以下，不连台者皆原遣。以市税重滥，更定坞格，以税还民。禁诸市调及苗籍。二千石官长，不得与人为市。诸曹吏听分番假。百姓大悦。

徒以军备充足，自谓可冀有成，实则久溺晏安，加以年衰气索，宜其亡不旋踵也。《南史》本传云：富贵拟于王者。夜中，诸厢都然烛达旦。后房服珠玉者数百人，皆一时绝貌。攸之既败，袁粲复亡，黄回等诸将帅，亦诛锄殆尽。萧道成于是莫予毒也已。

升明二年，四月，萧道成受宋禅，是为齐大祖高皇帝。封宋顺帝为汝阴王，居丹阳宫。

建元元年，五月，监人杀王，而以疾赴。宋宗室抗齐者：有明帝子晋熙王燮，齐受禅后。江夏王跻，齐受禅后。衡阳文王孙伯玉，长沙景王曾孙晃，临川烈武王曾孙绰，升明三年三月。及晋平剌王子十三人，升明三年。案剌王诸子皆徙晋平。元徽元年，听还都。皆无成。明恭王皇后，《南史·传》云：刘晃、刘绰、卜伯兴等有异志，大后颇与相关。顺帝禅位，迁居丹阳宫，拜汝阴王大后。顺帝殂，更立第都下。建元元年，薨于第。盖亦非良死也。《齐·本纪》言：“宋之王侯，无少长皆幽死。”亦云酷矣。

注释：

①趫捷[qiáo jié]：矫健敏捷。

②袴褶[kù xí]：古代的一种军服。上穿褶而下着袴，其外加裘裳。始于汉末，北朝时最流行。

第十章

齐梁兴亡

第一节　齐武文惠猜忌杀戮

凡朝代之革易，其力有自外至者，亦有自内出者。自外至者，非敌国则乱民，往往杀人盈城，僵尸蔽野。然操政权者既悉易其人，政事之改观自易。自内出者，恒为前代之权臣。望实既归，托诸禅让。市朝无改，宗社已移。兵燹之灾，于兹可免。

然人犹是人，政犹是政，欲望其除旧布新则难矣。故以社会之安宁论，革易自内者较优，以政治之改革论，革易自外者较善也。萧齐一代之事迹，几与刘宋孝建以后无殊，则足以证吾说矣。

齐高帝代宋后，四年而崩。大子赜立，是为世祖武皇帝。

高帝十九男：长武帝。次为豫章文献王嶷。与武帝同母，且有贤名。高帝创业之际，亦尝出作方州，入参密计。

《南史·荀伯玉传》云：建元元年，为豫章王司空谘议。时武帝居东宫，自以年长，与高帝同创大业，朝事大小，悉皆专断多违制度。左右张景真，偏见任遇，又多僭侈。

武帝拜陵还，景真白服乘画舴艋坐胡床，观者咸疑是大子。内外只畏，莫敢言者。骁骑将军陈胤叔，先已陈景真及大子前后得失。伯玉因武帝拜陵之后密启之。上大怒。豫章王嶷素有宠。政以武帝长嫡，又南郡王兄弟并列，文惠大子，初封南郡王。故武帝为大子。

至是，有改易之意。武帝东还，遣文惠大子、闻喜公子良宣敕诘责。并示以景真罪状，使以大子令收杀之。胤叔因白武帝，皆言伯玉以闻。武帝忧惧，称疾月余日。上怒不解。昼卧大阳殿。王敬则直入叩头，启请往东宫以慰大子。高帝无言。

敬则因大声宣旨往东宫，命装束。又敕大官设馔。密遣人报武帝令奉迎。因呼左右索舆。高帝了无动意。敬则索衣以衣高帝，仍牵上舆。遂幸东宫。召诸王宴饮。因游玄圃园。高帝大饮，赐武帝以下酒，并大醉。尽欢，日暮乃去。

是日无敬则，则东宫殆废。高帝重伯玉尽心，愈见信使。掌军国密事，权动朝右。武帝深怨伯玉。高帝临崩，指伯玉以属。武帝即位，伯玉忧惧。上闻之，以其与垣崇祖善，崇祖田业在江西，虑相扇为乱，加意抚之，伯玉乃安。永明元年，与崇祖并见诬伏诛。而胤叔为大子左率。

《崇祖传》曰：武帝即位，为五兵尚书，领骁骑将军。初豫章王有盛宠，武帝在东宫，崇祖不自附。及破魏军，建元二年。诏使还朝，与共密议。武帝疑之，曲加礼待。酒后谓曰："世间流言，我已豁怀抱，自今已后，富贵见付也。"崇祖拜谢。及去后，高帝复遣荀伯玉敕以边事。受旨夜发，不得辞东宫。武帝以为不尽诚，心衔之。

永明元年，诏称其与荀伯玉构扇边荒，诛之。又《江谧传》曰：齐建元元年，位侍中。既而骠骑豫章王嶷领湘州，以谧为长史。三年，为左户尚书。寻迁掌吏部。

高帝崩，谧称疾不入。众颇疑其怨不豫顾命。武帝即位，谧又不迁官，以此怨望。时武帝不豫，谧诣豫章王嶷，语间曰："至尊非起疾，东宫又非才，公今欲何计？"武帝知之，出谧为南东海大守。未几，使御史中丞沈冲奏谧前后罪恶，请收送廷尉。诏赐死。

《嶷传》言：建元中，武帝以事失旨，帝颇有代嫡之意，而嶷事武帝，恭悌尽礼，未尝违忤颜色，故武帝友爱亦深。盖高、武同起艰难，高帝鉴于宋代之所以亡知骨肉相争，为祸至烈，故不敢轻于易储；观下以长沙王晃属武帝语可见。而嶷亦小心谨慎，初虽或有夺宗之谋，继以知难而退，无足畏忌故得以荣禄终也。

高帝第三子临川献王映，史称其善骑射，解声律，应接宾客，风韵韶美，其性质盖近乎文，亦不足忌。

第四子长沙威王晃，少有武力。为豫州刺史，尝执杀其典签。史称高帝临崩，以晃属武帝，“处以辇毂近蕃，勿令远出”。

永明元年，以晃为南徐州刺史。入为中书监。时诸王蓄仗，在京都者，惟置捉刀左右四十人。晃爱武饰，罢徐州还，私载数百人仗。为禁司所觉，投之江中。帝闻之，大怒。将纠以法。豫章王嶷稽首流涕曰：“晃罪诚不足宥，陛下当忆先朝念白象。”白象，晃小字也。上亦垂泣。

高帝大渐时，戒武帝曰：“宋氏若不骨肉相屠，他族岂得乘其衰弊？汝深戒之。”故武帝终无异意。然晃亦不被亲宠。当时论者，以武帝优于魏文，减于汉明。自此以下诸弟，年皆幼，更不足忌矣。

然当时待藩邸颇严急。诸王不得读异书，五经之外，惟得看孝子图而已。又制诸王年未三十，不得娶妾，皆见《南史·齐高帝诸子传》。其为纳之轨物邪？抑节其蕃育？未可知也。要之一时之人心，不易骤变，故武帝虽鉴于宋氏之灭亡，勉自抑制，然其于诸弟，终不能泯其猜忌之心也。

武帝之猜忌，亦见之于异姓之臣。垣崇祖既死，复杀张敬儿。永明元年，五月。

案敬儿在南北朝武人中，最为贪残好杀，沈攸之反，遣使报敬儿。敬儿劳接周至，为设酒食。谓之曰：“沈公那忽使君来？君殊可念。”乃列仗于听事前斩之。

及攸之败，其留府司马边荣见敬儿。敬儿问曰：“边公何不早来？”荣曰：“沈公见留守，而委城求活，所不忍也。本不蕲生，何须见问？”敬儿曰：“死何难得？”命斩之。泰山程邕之，素依随荣，至是，抱持荣曰：“与边公周旋，不忍见边公前死，乞见杀。”兵不得行戮，以告敬儿。敬儿曰：“求死甚易，何为不许？”先杀邕之，然后及荣。其至江陵也，诛攸之亲党，没入其财物数十万，悉以入私。在雍贪残。人间一物堪用，莫不夺取。于襄阳城西起宅聚物货，宅大小殆侔襄阳。又欲移羊叔子堕泪碑，于其处置台。纲纪谏曰：“羊大傅遗德，不宜迁动。”敬儿曰：“大傅是谁？我不识也。”以此等人莅民，民之受其荼毒，不待言矣。

至此死晚矣。然武帝谓其招扇群蛮，规扰樊、夏，敬儿时为内任。妄设征祥，潜图问鼎：则莫须有之辞也。

高、武艰难创业，所期望于后嗣者至深。武帝子文惠大子长懋，当武帝镇盆城时，即使之劳接将帅。时年二十。事宁遣还都，高帝又命通文武宾客。敕出行日城中军悉受节度。将受禅，以襄阳兵马重地，不欲处他族，出为雍州刺史。

会北虏南侵，上虑当出樊、沔，建元二年，乃征为中军将军，置府，镇石头。武帝即位，立为大子。

大子善立名尚。礼接文士，蓄养武人，皆亲近左右，布在省闼。与同母弟竟陵文宣王子良，俱好释氏，立六疾馆以养穷民。而性颇奢丽。宫内殿堂，皆雕饰精绮，过于上宫。开拓玄圃园，与台城北堑等。其中起土山、地阁。楼观、塔宇，穷极奇丽。费以千万。多聚奇石，妙极山水。

虑上宫望见，乃傍门列修竹，内施高鄣。造游墙数百间，施诸机巧，宜须鄣蔽，须臾成立，若应毁彻，应手迁徙。善制珍玩之物。织孔雀毛为裘，光采金翠，过于雉头远矣。以晋明帝为大子时立西池，乃启武帝，引前例，求于东田起小苑。上许之。

永明中，二宫兵力全实，大子使宫中将吏，更番役作。营城包巷，制度之盛，观者倾都。上性虽严，多布耳目，大子所为，无敢启者。后上幸豫章王宅，还过大子东田，见其弥互华远，壮丽极目。大怒，收监作主帅。大子惧，皆藏匿之。由是见责。

大子素多疾，体又过壮，常在宫内，简于遨游。玩弄羽仪，多所僭拟。虽咫尺宫禁，而上终不知。十一年，薨。年三十六。武帝履行东宫，见大子服玩过制，大怒，敕有司随事毁除，以东田殿堂为崇虚馆。

《南史·豫章王嶷传》云：嶷薨后，忽见形于沈文季，曰："我未应便死，皇大子加膏中十一种药，使我痈不瘥；汤中复加药一种，使利不断。吾已诉先帝，先帝许还东邸，当判此事。"因胸中出青纸文书示文季，曰："与卿少旧，因卿呈上。"俄失所在。

文季秘而不传，甚惧此事。少时，大子薨。据《本纪》：嶷薨于永明十年四月，大子薨于十一年正月。说虽不经，亦可见大子之猜忌矣，而鱼服侯子响之事，遂为亡齐之本。

子响，武帝第四子。豫章王嶷无子，养子响。后有子，表留为嫡。有司奏子响宜还本。乃封巴东郡王。子响勇力绝人。初为豫州刺史，后为江州，永明七年，迁荆州。

子响少好武。居西豫时，自选带仗左右六十人，皆有胆干。至镇，数在斋内杀牛、置酒，与之聚乐。令内人私作锦袍、绛袄，欲饷蛮交易器仗。长史刘寅等连名密启。上敕精检。寅等惧，欲秘之。子响闻台使至，不见敕，召寅及司马席恭穆，谘议参军江愈、殷昙粲，中兵参军周彦，典签吴修之、王贤宗、魏景渊杀之。

上闻之，怒。遣卫尉胡谐之，游击将军尹略，中书舍人茹法亮领斋仗数百人，此据《宋书》。《南史》作羽林三千。检捕群小。敕子响："若束手自归，可全其性命。"

《齐书》云：谐之等至江津，筑城燕尾洲。胡三省曰：在江津西，江水至此合灵溪水。遣传诏石伯儿入城慰劳。子响曰："我不作贼，长史等见负，今政当受杀人罪耳。"乃杀牛、具酒馔响台军。而谐之等疑畏，执录其吏。

子响怒，遣所养数十人收集府州器仗。令二千人从灵溪西渡，刻明旦与台军对阵南岸。子响自与百余人袍骑将万钧弩三四张宿江堤上。明日，凶党与台军战。子响于堤上放弩，亡命王冲天等蒙楯陵城。台军大败。尹略死之。官军引退。上又遣丹阳尹萧顺之领兵继至。子响部下恐惧，各逃散。子响乃白服降。赐死。时年二十二。

《南史》则云：谐之等至江津，筑城燕尾洲。子响白服登城，频遣信与相闻，曰："天下岂有儿反？身不作贼，直是粗疏，今便单舸还阙，何筑城见捉邪？"尹略独答曰："谁将汝反父人共语？"子响闻之，惟洒泣。又送牛数十头，酒二百石，果馔三十舆。略弃之江流。子响胆力之士王冲天不胜忿，乃率党渡洲攻台军，斩略，而谐之、法亮，单艇奔逸。

上又遣丹阳尹萧顺之领兵继之。子响即日将白衣左右三十人乘舴艋中流下都。初顺之将发，文惠大子素忌子响，密遣不许还，令便为之所。子响及见顺之，欲自申明，顺之不许，于射堂缢之。及顺之还，上心甚怪恨。百日于华林为子响作斋，上自行香，对诸朝士嚬蹙。及见顺之，呜咽移时。左右莫不掩涕。

他日，出景阳山，见一猿，透擲悲鸣。问后堂丞："此猨何意？"答曰："猨子前日堕崖致死，其母求之不见，故尔。"上因忆子响，歔欷良久不自胜。顺之惭惧成病，遂以忧卒。案子响击败台军之事，恐当以《齐书》之言为真。

《茹法亮传》云：子响杀僚佐，上遣军西上，使法亮宣旨慰劳，安抚子响。

法亮至江津，子响呼法亮，法亮疑畏不肯往。又求见传诏，法亮又不遣。故子响怒，遣兵破尹略军。然则激变之咎，实在法亮，特尹略已死，无可质证，乃以罪归之耳。至于遣破台军，则发踪指示，自由子响，《南史》举其罪而蔽诸王冲天，又讳饰之辞也。

《齐书》亦云：上怜子响死，后游华林园，见猿对跳子鸣啸，上留目久之，因呜咽流涕，则《南史》所云上有憾于萧顺之者自真。顺之盖非良死？梁武篡齐，固与报父仇无涉，然其助明帝以倾武帝之嗣，则不能谓非复仇一念使然也。争夺相杀之祸，推波助澜，至于如此，可惊，亦可哀矣。

第二节 郁林王之败

文惠大子之死也，武帝立其长子昭业为大孙。

永明十一年，七月，武帝崩。昭业立，是为郁林王。时年二十。竟陵王子良，为文惠母弟。少有清尚。礼才好士，倾意宾客，天下才学，皆游集焉。宋末守会稽。

高帝建元二年，为丹阳尹。武帝即位，刺南徐州。

永明二年，入为护军将军，兼司徒。十年，领尚书令。为扬州刺史。寻解尚书令，加中书监。数陈政事。又尝集学士，钞五经、百家，依《皇览》例，为《四部要略》千卷。招致名僧，讲论佛法。造经呗新声。道俗之盛，江左未有。论其地位声望，本可继文惠为储贰。然史称文惠薨，武帝检行东宫，见服御、羽仪，多过制度，以子良与大子善，不启闻，颇加嫌责。盖二人之罪，本相牵连；而竟陵之为人，亦文惠一流；武帝固知之，故卒舍之而立孙也。

《南史·子良传》曰：武帝不豫，诏子良甲仗入延昌殿侍医药，日夜在殿内，大孙间日入参。武帝暴渐，内外惶惧，百僚皆已变服，物议疑立子良。俄顷而苏。问大孙所在。因召东宫器甲皆入。遗诏使子良辅政，明帝知尚书事。子良素仁厚，不乐时务，乃推明帝。诏云："事无大小，悉与鸾参怀。"子良所志也。

大孙少养于子良妃袁氏，甚著慈爱。既惧前不得立，自此深忌子良。大行出大极殿，子良居中书省，帝使虎贲中郎将潘敞二百人仗屯大极殿西阶之下。成服之后，诸王皆出，子良乞停至山陵，不许。进位大傅，加侍中。隆昌元年，加殊礼。进督南徐州。其年，疾笃，寻薨。四月。

高帝第五子《武陵昭王晔传》曰：大行在殡，竟陵王子良在殿内，大孙未至，众论喧疑。晔众中言曰："若立长则应在我，立嫡则应在大孙。"郁林立，甚见冯赖。

《王融传》曰：融弘曾孙。魏军动，竟陵王子良于东府募人，板融宁朔将军、军主。融文辞捷速，有所造作，援笔可待，子良特相友好。晚节大习骑马，招集江西伧楚数百人，并有干用，融特为谋主。

武帝病笃暂绝，子良在殿，大孙未入，融戎服绛衫，于中书省阁口断东宫仗不得进。欲矫诏立子良，诏草已立。

上重苏，朝事委西昌侯鸾。俄而帝崩，融乃处分，以子良兵禁诸门。西昌侯闻，急驰到云龙门，不得进，乃曰："有敕召我。"仍排而入。奉大孙登殿，命左右扶出子良。指麾音响如钟，殿内无不从命。融知不遂，乃释服还省。叹曰："公误我。"郁林深怨融。

即位十余日，收下廷尉狱。朋友、部曲，参问北寺，相继于道。请救于子良，子良不敢救。西昌侯固争不能得。诏于狱赐死。《十七史商榷》曰："融乃处分至无不从命一段，《齐书》所无，《南史》所添也。描摹情事，颇觉如绘。但李延寿既知此，则下文西昌侯固争不得一句，亦《齐书》所无，延寿何意又添此一句乎？"

案此可见古人史例，凡众说皆网罗之，虽相矛盾，亦不刊落，以待读者之自参。因当时行文通例如此，故不必更加解释。后人动以矛盾驳杂议古人，实非也。抑表里之不必如一久矣，鸾虽隐与子良为敌，何尝不可显争融之死乎？王氏之言，未为达也。

《南史·李安民传》：子元履，为司徒竟陵王子良法曹参军，与王融游狎。及融诛，郁林敕元履随右将军王广之北征，密令于北杀之。广之先为安人所厚，又知元履无过，甚拥护之。会郁林败死。元履拜谢广之曰："二十二载，父母之年，自此以外，丈人之赐也。"此段亦《齐书》所无。

夫果武帝生时，即有召东宫器甲皆入之命，又有使子良辅政、明帝知尚书事之遗诏，何至大行在殡，众论犹疑？且绝而复苏，尚能问大孙所在，何以未弥留之际，一任子良昼夜在内，大孙间日入参乎？然则绝而复苏一节，必非情实明矣。殆子良欲自立而未果，且防卫未周，仓卒之间，明帝乃以东宫器甲，入而败之邪？

《齐书·高祖十二王传》曰："世祖以群王少弱，未更多难，高宗清谨，同起布衣，故韬末命于近亲，寄重权于疏戚。子弟布列，外有强大之势；支庶中立，可息觊觎之谋；表里相维，足固家国。"以为末命真出世祖，则为明帝所欺矣。

西昌侯鸾者，高帝次兄始安贞王道生之子也。时为右卫将军。郁林既立，鸾以遗诏为侍中、尚书令。王晏为尚书右仆射，转左仆射。萧谌为后军将军，领殿内事。萧坦之为射声校尉。

晏等并武帝旧人，郁林深加委信，而皆转附于鸾。晏本随世祖盆城。即位后，犹以旧恩见宠。领大孙右卫率。徐孝嗣领左卫率。世祖遗旨，以尚书事付晏及孝嗣，令久于其职。谌于大祖为绝服族子。

元徽末，世祖在郢州，欲知京邑消息，大祖遣谌就世祖宣传谋计，留为腹心，世祖在东宫，谌领宿卫。即位，为步兵校尉，斋内兵仗悉付之。心膂密事，皆使参掌。及卧疾延昌殿，敕谌在左右宿直。

上崩，遗敕领殿内事如旧。坦之与谌同族，世祖时，亦以宗族见驱使。郁林深委信谌。谌每请急出宿，帝通夕不寐，谌还乃安。坦之亦见亲信，得入内见皇后。高宗辅政，有所匡谏，惟遣谌及坦之，乃得闻达。郁林被废日，闻外有变，犹密敕呼谌焉。

徐孝嗣为右仆射，转丹阳尹；孝嗣，聿之子。沈文季为护军将军，转领军；亦无所可否。惟中书舍人綦毋珍之、朱隆之，直阁将军曹道刚、周奉叔，并为帝羽翼。帝又用阉宦徐龙驹为后阁舍人，亦为帝心腹。鸾先启诛龙驹，帝不能违。奉叔者，盘龙子，父子并以勇名。

《齐书》言帝谋诛宰辅，出奉叔为青州刺史，以为外援。高宗虑其一出不可复制，与萧谌谋，称敕召奉叔，于省内杀之。

《南史》则云：明帝令萧谌、萧坦之说帝，出奉叔为外镇树腹心。又说奉叔以方倍之重，奉叔纳其言。夫是时郁林所患，近在肘腋之间，青州孤寄海中，安能为援？《齐书》之言，其不实明矣。殆使谌、坦之胁帝出之，又乘奉叔自谓出外则可以无患，出不意而杀之也。

《南史·恩幸传》云：有杜文谦者，吴郡钱塘人。帝为南郡王，文谦侍五经文句。谓綦毋珍之曰："天下事可知灰尽粉灭，匪朝伊夕。不早为计，吾徒无类矣。"珍之曰："计将安出？"答曰："先帝故人，多见摈斥，今召而使之，谁不慷慨？近闻王洪范与赵越常、徐僧亮、万灵会共语，皆攘袂捶床。君其密报周奉叔：使万灵会、魏僧勔杀萧谌，则宫内之兵，皆我用也。即勒兵入尚书斩萧令，两都伯力耳。其次则遣荆卿、豫让之徒，因谘事左手顿其胸，则方寸之刃，足以立事，亦万世一时也。今举大事亦死，不举事亦死，二死等耳，死社稷可乎？”珍之不能用。果收送廷尉，与奉叔、文谦同死。

观此，知郁林羽翼，为鸾所翦除者多矣。时中书令何胤，以皇后从叔见亲，使直殿省。郁林与胤谋诛鸾，令胤受事，胤不敢当，依违杜谏，帝乃止。

谋出鸾于西州。扬州刺史治所。在台城西，故称西州。中敕用事，不复关谘。帝谓萧坦之曰：“人言镇军与王晏、萧谌欲共废我，鸾时领镇军将军。似非虚传，兰陵所闻云何？”坦之尝作兰陵令，故称之。

坦之曰：“天下宁当有此？谁乐无事废天子邪？昔元徽独在路上走，三年，人不敢近，政坐枉杀孙超、杜幼文等，故败耳。官有何事，一旦便欲废立？朝贵不容造此论，政当是诸尼师母言耳。岂可以尼媪言为信？官若无事除此三人，谁敢自保？安陆诸王在外，宁肯复还？道刚之徒，何能抗此？”

坦之之言，既以无废立之虞，宽譬郁林，又以有外患怵之，此郁林所以不敢有所举动也。然帝又曰：“兰陵可好听察，作事莫在人后。”其信坦之亦至矣。鸾既与谌、坦之定谋，曹道刚疑外间有异，密有处分，谌未能发。

始兴内史萧季敞，南阳大守萧颖胄，并应还都。谌欲待二萧至，借其威力以举事。鸾虑事变，以告坦之。坦之驰谓谌曰：“废天子古来大事。比闻曹道刚、朱隆之等转已猜疑，卫尉明日若不发，事无所复及。”谌皇遽。明日，谌领兵先入，杀曹道刚、朱隆之。时道刚直阁省，谌先入，若欲论事，兵随后奄进，以刀刺之，洞胸死。因进宫内废帝。直后徐僧亮甚怒，大言于众曰：“吾等荷恩，今日应死报。”又见杀。

王晏、徐孝嗣、萧坦之、陈显达、王广之、沈文季系进。后宫斋内仗身，素隶服谌，莫有动者。此据《齐书·谌传》。《郁林纪》：谌初入殿，宿卫将士，皆操弓楯欲拒战。谌谓之曰：“所取自有人，卿等不须动。”宿卫信之。及见帝出，各欲自奋。帝竟无一言。案帝时已以帛缠颈矣，又安能有言邪？遂弑帝而立其弟新安王昭文，是为海陵恭王。时隆昌元年七月二十二日也。

郁林之败，与宋之前后废帝相似而又不同。宋前后废帝皆多所诛戮，郁林则未戮一人。往史诬蔑之辞虽多，然细观之，犹可见其有性情，善容止其文德实远在宋二废帝之上。《南史·本纪》曰：帝少美容止，好隶书。武帝特所钟爱。敕皇孙手书，不得妄出以贵之。进退音吐，甚有令誉。生而为竟陵文宣王所摄养，常在袁妃间。竟陵王移住西州，帝亦随住焉。性甚辩慧，哀乐过人。接对宾客，皆款曲周至。矫情饰诈，阴怀鄙慝。与左右无赖群小二十许人共衣食，同卧起。

妃何氏，择其中美貌者，皆与交欢。密就富市人求钱，无敢不与。及竟陵王移西邸，帝独住西州，每夜，辄开后堂阁，與诸不逞小人至诸营署中淫宴。凡诸小人，并逆加爵位。皆疏官名号于黄纸，使各囊盛以带之。许南面之日，即便施行。

又别作籥钩，兼善效人书，每私出还，辄扃籥封题如故，故人无知者。师史仁祖，侍书胡天翼闻之，相与谋曰："若言之二宫，则其事未易，若于营署为异人所殴打，及犬、物所伤，岂直罪止一身？亦当尽室及祸。年各已七十，余生宁足吝邪？"

数日中，二人相系自杀，二宫不知也。文惠大子每禁其起居，节其用度。帝谓豫章王妃庾氏曰："阿婆，佛法言有福生帝王家，今见作天王，便是大罪。左右主帅，动见拘执，不如市边屠酤富儿百倍。"

文惠大子自疾及薨，帝侍疾及居丧，哀容号毁，旁人见者，莫不呜咽。才还私室，即欢笑酣饮，备食甘滋。葬毕，立为皇大孙。问讯大妃，截壁为阁，于大妃房内往何氏间，每入辄弥时不出。武帝往东宫，帝迎拜号恸，绝而复苏，武帝自下舆抱持之。宠爱日隆。

又在西州令女巫杨氏祷祀，速求天位。及文帝薨，谓由杨氏之力，倍加敬信，呼杨婆。宋氏以来，人间有《杨婆儿哥》，盖此征也。武帝有疾，又令杨氏日夜祷祈，令宫车早晏驾。

时何妃在西州，武帝未崩数日，疾稍危，与何氏书，纸中央作一大喜字，而作三十六小喜字绕之。侍武帝疾，忧容惨戚，言发泪下。武帝每言及存亡，帝辄哽咽不自胜。武帝以此，谓为必能负荷大业。谓曰："五年中一委宰相，汝勿厝意。五年以后，勿复委人。若自作无成，无所多恨。"

临崩，执帝手曰："若忆翁，当好作。"如此再而崩。大敛始毕，乃悉呼武帝诸伎，备奏众乐。素好狗马。即位未逾旬，便毁武帝所起招婉殿，以材赐阉人徐龙驹，于其处为马埒。驰骑坠马，面额并伤，称疾不出者数日。多聚名鹰、快犬，以梁肉奉之。

及武帝梓宫下渚，帝于端门内奉辞，辒辌车未出端门，便称疾迁内。裁入閤，即于内奏胡伎，鞞铎之声，震响内外。自山陵之后，便于閤内乘内人车问讯，往皇后所生母宋氏间。因微服游走市里。

又多往文帝崇安陵隧中，与群小共作诸鄙亵，掷涂、赌跳、放鹰、走狗，杂狡狯。极意赏赐左右，动至百數十万。每见钱，曰："我昔思汝，一个不得，今日得用汝未？"武帝聚钱上库五亿万，斋库亦出三亿万，金银布帛，不可称计，即位未期岁，所用已过半，皆赐与诸不逞群小。诸宝器以相击剖破碎之，以为笑乐。

及至废黜，府库悉空。其在内，常裸袒，著红紫锦绣新衣、锦帽、红縠裈、杂采袙服。好斗鸡，密买鸡至数千价。武帝御物甘草杖，宫人寸断用之。徐龙驹为后宫舍人，日夜在六宫房内。帝与文帝幸姬霍氏淫通，改姓徐氏。龙驹劝长留宫内，声云度霍氏为尼，以余人代之。皇后亦淫乱，斋閤通夜洞开，外内淆杂，无复分别。

史之所言如此，虽极诬诋之能事，然其性情真挚，容仪温雅，固仍有隐然可见者。其诬罔，亦稍深思之即可知，不待一一辩正也。

《南史·江夏王锋传》曰：工书，为当时蕃王所推。南郡王昭业亦称工，谓武帝曰："臣书固应胜江夏王？"武帝答："阇梨第一，法身第二。"法身昭业小名，阇梨锋小名也。此足与郁林善隶书之说相证明。工书之说不诬，知其哀乐过人，接对宾客，款曲周至等语，皆不虚矣。武帝之欲立孙，非偶然也。

《安陆王子敬传》云：初子敬为武帝所留心。帝不豫，有意立子敬为大子代大孙。子敬与大孙俱入，参毕同出，武帝目送子敬，良久曰："阿五钝。"由此代换之意乃息。其说恐不足据。天王，胡三省曰："谓天家诸王。"见《通鉴》齐明帝建武元年《注》。文帝，即文惠大子，郁林立追尊，庙号世宗。

乃亦多作淫辞以诬之；不惟诬其身，抑且及其后；《南史·郁林王何妃传》云：妃禀性淫乱。南郡王所与无赖人游，妃择其美者，皆与交欢。南郡王侍书人马澄，年少色美，甚为妃所悦，常与斗腕较力，南郡王以为欢笑，又有女巫子杨珉之，亦有美貌，妃尤爱悦之，与同寝处如伉俪。

及大孙即帝位，珉之为帝所幸，常居中侍。明帝为辅，与王晏、徐孝嗣、王广之并面请，不听。又令萧谌、坦之固请。皇后与帝同席坐，流涕覆面，谓坦之曰："杨郎好，年少无罪过，何可枉杀？"坦之耳语于帝曰："此事别有一意，不可令人闻。”帝谓皇后为阿奴，曰：“阿奴暂去。”坦之乃曰：“外间并云：杨珉之与皇后有异情，彰闻遐迩。”帝不得已，乃为敕。坦之驰报明帝，即令建康行刑，而果有敕原之，而珉之已死。此等记载，岂近情理乎？正足见其胁君专杀耳。

天下尚安有直道？使即以其言为实，天下又安有信史邪？

第三节 明帝诛翦高武子孙

海陵既立，明帝遂大杀宗室，而其祸始于鄱阳王锵。锵，高帝第七子也。

隆昌元年，迁侍中、骠骑将军，开府仪同三司，领兵置佐。锵雍容得物情，为郁林所依信。郁林心疑明帝，诸王问讯，独留锵，谓曰：“闻鸾于法身何如？”锵曰：“臣鸾于宗戚最长，且受寄先帝，臣等年皆尚少；朝廷之干，惟鸾一人，愿陛下无以为虑。”郁林退，谓徐龙驹曰：“我欲与公共计取鸾，公既不同，我不能独办，且复小听。”及郁林废，锵竟不知。

延兴元年，海陵年号，即郁林之隆昌元年也。进位司徒，侍中如故。明帝镇东府，权威稍异。锵每往，明帝屣履至车迎锵，语及家国，言泪俱下，锵以此推信之。

而宫、台内皆属意于锵，劝令入宫发兵辅政。制局监谢粲说锵及随王子隆曰：“殿下但乘油壁车入宫，出天子置朝堂，二王夹辅号令，粲等闭城门上仗，谁敢不同？宣城公政当投井求活，岂有一步动哉？海陵即位，明帝封宣城公。东城人政共缚送耳。”子隆欲定计，锵以上台兵力，既悉度东府，且虑难捷，意甚犹豫。

马队主刘巨，武帝时旧人，诣锵请间，叩头劝锵立事。锵命驾将入，复还回内，与母陆大妃别，日暮不成行。典签知谋告之。数日，明帝遣二千人围锵宅害锵，谢粲等皆见杀。凡诸王被害，皆以夜遣兵围宅，或斧斫关、排墙，叫噪而入，家财皆见封籍焉。遂杀子隆及安陆王子敬。

子隆，武帝第八子，子敬，武帝第五子也。武帝诸子中，子隆最以才貌见惮，故与锵同夜见杀。时年二十一。子敬年二十三。第三子庐陵王子卿，代锵为司徒，寻复见杀。时年二十七。于是晋安王子懋起兵。

子懋，武帝第七子也。武帝末刺雍州。隆昌元年，移刺江州。闻鄱阳、随郡二王见杀，欲起兵赴难。与参军周英、防冏陆超之议，传檄荆、郢，入讨君侧。

防冏董僧慧攘袂曰："此州虽小，孝武亦尝用之。今以勤王之师，横长江，指北阙，以请郁林之过，谁能对之？"于是部分兵将。母阮在都，遣书密欲迎上。阮报同产弟于瑶之为计。

瑶之驰告明帝。于是纂严。遣中护军王玄邈、平西将军王广之南北讨。使军主裴叔业与瑶之先袭寻阳。声云为郢府司马。子懋知之，遣三百人守盆城。叔业溯流直上，袭盆城。子懋闻叔业得盆城，乃据州自卫。

子懋部曲多雍土人，皆踊跃愿奋，叔业畏之，遣于瑶之说子懋曰："今还都必无过忧，政当作散官，不失富贵也。"子懋既不出兵攻叔业，众情稍沮。中兵参军于琳之，瑶之兄也，说子懋重赂叔业。子懋使琳之往。琳之因说叔业，请取子懋。

叔业遣军主徐玄庆将四百人随琳之入城。琳之从二百人仗自入斋。子懋笑谓之曰："不意渭阳，翻成枭獍。"琳之以袖障面，使人害之。时年二十三。

高帝第十五子南平王锐，时为湘州刺史。叔业仍进湘州。锐防冏周伯玉大言于众曰："此非天子意。今斩叔业，举兵匡社稷，谁敢不同？"锐典签叱左右斩之。锐见害。伯玉下狱诛。郢州刺史晋熙王銶，高帝第十八子。时年十六。

南豫州刺史宜都王铿，高帝第十六子。时年十八。皆见杀。时九月也。

十月，复杀桂阳王铄，高帝第八子。衡阳王钧，高帝第十一子，出继衡阳元王道度。道度，高帝长兄也。钧时年二十二。江夏王锋，高帝第二子。锋有武力。明帝杀诸王，锋与书诘责，左右不为通。明帝深惮之。不敢于第收锋，使兼祠官于大庙，夜遣兵庙中收之。锋出登车。兵人欲上车防勒，锋以手击却数人，皆应时倒地。遂逼害之。时年二十。建安王子贞，武帝第九子，时年十九。巴陵王子伦。武帝第十三子。时年十六。

是月，以皇大后令，称帝早婴尪疾，降封为海陵王，而鸾即位，是为高宗明皇帝。改元建武。十一月，称王有疾，数遣御觇视，乃殒之。时年十五。明年，建武二年。六月，诛西阳王子明，武帝第十子。年十七。南海王子罕，武帝第十一子。年十七。邵陵王子贞。武帝第十四子。年十五。

永泰元年，正月，复杀河东王铉，高帝第十九子。明帝诛高帝诸子，铉初以才弱年幼得全。及年稍长，建武四年，诛王晏，以谋立铉为名，铉免官，以王还第。

禁不得与外人交通。永泰元年，明帝暴疾甚，乃见害。二子在孩抱，亦见杀。

临贺王子岳，武帝第十六子。明帝诛武帝诸子，惟子岳及弟六人在后，时呼为七王。朔望入朝，上还后宫，辄叹息曰："我及司徒诸儿子皆不长，高、武子孙日长大。"永泰元年，上疾甚，绝而复苏，于是诛子岳等。延兴、建武中，凡三诛诸王，每一行事，明帝辄先烧香，呜咽涕泣，众以此辄知其夜当杀戮也。子岳死时年十四。司徒，胡三省曰：指帝弟安陆昭王缅。

西阳王子文，武帝第十七子。年十四。

衡阳王子峻，武帝第十八子。年十四。

南康王子琳，武帝第十九子。年十四。

永阳王子珉，武帝第二十子，明帝以继衡阳元王为孙。年十四。

湘东王子建，武帝第二十一子。年十三。

南郡王子夏，武帝第二十三子。年七岁。

巴陵王昭秀，文惠大子第三子。年十六。

桂阳王昭粲，文惠大子第四子。年八岁。

于是高、武之子孙尽矣。高帝十九男：武帝外，豫章文献王嶷、临川献王映、长沙威王晃、安成恭王暠、始兴简王鉴，皆没于永明世。第九、第十三、第十四、第十七皇子皆早亡。其至郁林世者，惟武陵昭王晔殁于隆昌元年，系善终。余皆为明帝所杀。

武帝二十三男：文惠大子、竟陵王子良、鱼复侯子响，事已见前。第六、第十二、第十五、第廿二皇子早亡。余亦皆为明帝所杀。文惠大子四子，郁林、海陵外，即昭秀、昭粲也。王鸣盛曰：通计高帝之子孙及曾孙三世，为明帝所杀者凡二十九人，而其子之见于史者，独有铉之二子，其实所杀必不止此数，当以其幼稚而略之也。

《南史·齐武帝诸子传》曰：高帝、武帝，为诸王置典签帅，一方之事，悉以委之。每至觐接，辄留心顾问。刺史行事之美恶，系于典签之口。莫不折节推奉，恒虑弗及。于是威行州部，权重蕃君。

武陵王晔为江州，性烈直不可忤，典签赵渥之曰："今出郡易刺史。"及见武帝，相诬，晔遂免还。南海王子罕戍琅邪，此系南琅邪，治白下，见《齐书·本传》。

欲暂游东堂，典签姜秀不许而止。还，泣谓母曰："儿欲移五步亦不得，与囚何异？”秀后辄取子罕屐伞、饮器等，供其儿昏，武帝知之，鞭二百，系尚方，然而擅命不改。邵陵王子贞尝求熊白，厨人答典签不在，不敢与。

西阳王子明，欲送书参侍读鲍僎病，典签吴修之不许，曰：“应谘行事。”乃止。言行举动，不得自专。征求衣食，必须谘访。

永明中，巴东王子响杀行事刘寅等，武帝闻之，谓群臣曰：“子响遂反。”戴僧静大言曰：“诸王都自应反，岂惟巴东？”

武帝问其故。答曰：“天王无罪，而一时被囚。天王，释见上节。取一挺藕、一杯浆，皆谘签帅，不在则竟日忍渴。诸州惟闻有签帅，不闻有刺史。”

竟陵王子良尝问众曰：“士大夫何意诣签帅？”

参军范云答曰：“诣长史以下皆无益，诣签帅便有倍本之价，不诣谓何？”子良有愧色。及明帝诛异己者，诸王见害，悉典签所杀，竟无一人相抗。

又《恩幸传》曰：故事，府州部内论事，皆签前直叙所论之事，后云谨签，日月下又云某官某签，故府州置典签以典之。本五品吏，宋初改为士职。宋氏晚运，多以幼少皇子为方镇，时主皆以亲近左右领典签，典签之权稍重。

大明、泰始，长王临蕃，素族出镇，莫不皆内出教命，刺史不得专其任也。宗悫为豫州，吴喜公为典签。悫刑政所施，喜公每多违执。悫大怒曰：“宗悫年将六十，为国竭命，政得一州如斗大，不能复与典签共临。”

喜公稽颡流血，乃止。自此以后，权寄弥隆。典签递互还都，一岁数反，时主辄与间言，访以方事。刺史行事之美恶，系于典签之口。莫不折节推奉，恒虑不及。于是威行州郡，权重蕃君。

刘道济、柯孟孙等奸慝发露，虽即显戮，而权任之重不异。明帝辅政深知之，始制诸州急事，宜密有所论，不得遣典签还都，而典签之任轻矣。

案《萧谌传》言：谌回附明帝，劝行废立，密召诸王典签约语之，不许诸王外接人物，谌亲要日久，众皆惮而从之。

然则明帝之翦戮诸王，内外皆得典签之力，故能深知其弊，而思所以渐戢之也。众建亲戚，不过欲借作屏藩，至于以幼小莅之，则其权不得不更有所寄；即长大而昏愚者，亦何独不然；于是本意失而更滋他祸矣。

私天下之制，亦何一而可哉？吴喜公即吴喜，其人饶权略，亦有武干，而已不能制一衰迟之宗悫，果有桀骜欲擅土者，典签又岂足以制之？而不见童騃之子响，畏葸之子懋乎？

高、武子孙虽尽，而萧谌及王晏，亦旋见诛夷，并及其子弟亲族。谌以建武二年六月诛。兄诞，为司州刺史，以梁武帝为别驾，使诛之。弟诔，与谌同豫废立，时方领军解司州围，于其还日诛之。晏之诛以四年正月。《晏传》云：高宗虽以事际须晏，而心相疑斥。初即位，始安王遥光便劝诛晏，帝曰："晏于我有勋，且未有罪。"遥光曰："晏尚不能为武帝，安能为陛下？"帝默然变色。时帝常遣心腹左右陈世范等出涂巷，采听异言。伧人鲜于文粲，与晏子德元往来，密探朝旨，告晏有异志。

世范等又启上云："晏谋因四年南郊，与世祖故旧主帅于道中窃发。"未郊一日，敕停行。元会毕，乃召晏于华林省诛之。子德元、德和俱被诛。晏弟诩，为广州刺史，上遣南中郎将司马萧季敞袭杀之。大祖从子景先，与世祖款昵，常相随逐。建武世为中领军。其子毅，性奢豪，好弓马，为高宗所疑。晏败，并陷诛之。华林省，胡三省曰：省在华林园，故名。惟徐孝嗣爱好文学，不以权势自居，故得见容于建武之世焉。晏诛，以孝嗣为尚书令。

王敬则以隆昌元年，出为会稽大守。帝既多杀害，敬则自以高、武旧臣，心怀忧恐。帝虽外厚其礼，亦内相疑备。闻其衰老，且以居内地，故得少安。

三年中，萧坦之将斋仗五百人行武进陵，敬则诸子在都，忧怖无计。上知之，遣敬则世子仲雄入东安慰之。

永泰元年，帝疾，屡经危殆。以张瑰为平东将军吴郡大守，置兵密防敬则。内外传言："当有异处分。"

敬则闻之，窃曰："东今有谁？只是欲平我耳。"诸子怖惧。

第五子幼隆，遣正员将军徐岳，密以情告徐州行事谢朓，朓敬则女夫。为计若同者，当往报敬则。朓执岳驰启之。敬则乃起兵。率实甲万人过江。

张瑰遣将吏三千人迎拒于松江，闻敬则军鼓声，一时散走。瑰弃郡逃民间。朝廷遣左兴盛、刘山阳等三千余人筑垒于曲阿长冈。沈文季为持节都督，屯湖头湖谓玄武湖。备京口路。敬则以旧将举事，百姓儋篙荷锸随逐之，十余万众。遇兴盛、山阳二砦，尽力攻之。官军不敌，欲退，而围不开，各死战。

马军主胡松领马军突其后。白丁无器仗，皆惊散。敬则军大败。兴盛军容袁文旷斩之。《梁书·丘仲孚传》：为曲阿令，王敬则反，乘朝廷不备，反问始至，而前锋已届曲阿。仲孚谓吏民曰："贼乘胜虽锐，而乌合易离。今若收船舰，凿长冈埭写渎水以阻其路，得留数日，台军必至，则大事济矣。"敬则军至，值渎涸，果顿兵不得进，遂败散。

子世雄、季哲、幼隆、少安在京师，皆见杀。长子元迁，领千人于徐州击虏，敕徐州刺史徐元庆杀之。

敬则事起，南康侯子恪在吴郡，子恪，豫章文献王嶷子。高宗虑有同异，召诸王侯入宫。晋安王宝义及江陵公宝览等住中书省，宝义，明帝长子。宝览，安陆昭王缅之子。高、武诸孙住西省。敕人各两左右自随，过此依军法。孩抱者乳母随入。其夜，大医煮药，都水办数十具棺材，须三更当悉杀之。

子恪奔归，二更达建阳门。刺启时刻已至，而帝眠不起。中书舍人沈徽孚与帝所亲左右单景隽共谋，少留其事。

须臾，帝觉，景隽启子恪已至。惊问曰："未邪？"景隽具以事答。明日，悉遣王侯还第。《齐书·竟陵王子良传》。《南史·豫章王嶷传》云：子恪，建武中为吴郡大守。敬则反，以奉子恪为名，而子恪奔走未知所在。始安王遥光劝上并诛高、武诸子孙。于是并敕竟陵王昭胄等六十余人入永福省。令大医煮椒二斛。并命办数十具棺材。

谓舍人沈徽孚曰："椒熟则一时赐死。"期三更当杀之。会上暂卧，主书单景隽启依旨毙之。徽孚坚执，曰："事须更审。"尔夕三更，子恪徒跣奔至建阳门。上闻，惊觉曰："故当未赐诸侯命邪？"徽孚以答。上抚床曰："遥光几误人事。"及见子恪，顾问流涕。诸侯悉赐供馔。以子恪为大子中庶子。说少不同，恐不如《齐书》之可信。明帝之猜忌好杀，初无待于遥光之教。又士大夫之见解，往往右护同类，而薄视所谓佞幸者流，实则贤不肖之相去，其间亦不能以寸耳。观《南史》以高、武诸孙之获全，悉归功于沈徽孚，而谓单景隽早欲相毙，亦可见其说之久经传述，已遭改易也。

第四节　齐治盛衰

萧齐诸主，猜忌杀戮，固略与刘宋相同，而其政事之得失，亦复相类。齐高帝性极节俭。当其辅政时，即罢御府，省尚方诸饰玩。

升明二年，又上表禁民间华伪，凡十七条。即位后，诏二宫诸王，悉不得营立邑邸，封略山湖。停大官池籞之税。

《陈显达传》云：上即位，御膳不宰牲。显达上熊烝一盘，上即以充饭。

《本纪》言：帝身不御精细之物。敕中书舍人桓景真曰：“主衣中似有玉介导。此制始自大明末后泰始尤增其丽，留此置主衣，政是兴长疾源，可即时打碎。凡复有可异物，皆宜随例也。”

后宫器物、阑槛以铜为饰者，皆改用铁。内殿施黄纱帐。宫人著紫皮履。华盖除金华瓜，用铁回钉。每曰：“使我治天下十年，当使黄金与土同价。”

欲以身率天下，移风易俗云。庶几媲美宋武帝矣。然及武帝，即稍陵夷。武帝永明元年，诏还郡县丞、尉田秩。又诏莅民之职，一以小满为限。《南史·恩幸传》云：晋、宋旧制，宰人之官，以六年为限。近世以六年过久，又以三周为期，谓之小满。而迁换去来，又不依三周之制。送故迎新，吏人疲于道路。

五年，诏“远邦尝市杂物，非土俗所产者，皆悉停之。必是岁赋攸宜，都邑所乏，可见直和市，勿使逋刻。”此皆不得谓非善政。然帝性实猜忌、刻薄。故史虽称其为治总大体，以富国为先，然又云：颇不喜游宴雕绮之事，言尝恨之，未能遽绝。

《南史·豫章王嶷传》言：帝奢侈，后宫万余人，嶷后房亦千余人，则《本纪》之言，已为婉约矣。而帝之失德，尤在拒谏。

《嶷传》又言：颍川荀丕，献书于嶷，极言其失。嶷咨嗟良久，为书答之，为之减遣。而丕后为荆州西曹书佐，上书极谏，其言甚直，竟于州狱赐死。

《齐书·竟陵王子良传》言：帝好射雉，左卫殿中将军邯郸超上书谏，帝虽为止，久之，超竟被诛。此则绝似宋孝武矣。其施政亦近严酷。

永明三年，冬，富阳人唐宇之，以连年检籍，百姓怨望，聚党连陷桐庐、富阳、钱塘、盐官、诸暨、余杭。富阳，秦富春县，晋改曰富阳，今浙江富阳县。桐庐，吴县，在今浙江桐庐县西。盐官，吴县，今浙江海宁县。诸暨，秦县，今浙江诸暨县。

明年，遂僭号于钱塘。帝遣禁兵数千人平之。台军乘胜，百姓颇被掠夺。上闻之，收军主陈天福弃市，刘明彻免官、削爵，付东冶。天福，上宠将也，既伏诛，内外莫不震肃。《齐书·沈文季传》。

此诚可谓能整饬纲纪。然豫章王嶷因此陈检籍之非，上答曰：“欺巧那可容？宋世混乱，以为是不？蚊蚁何足为忧？已为义勇所破，官军昨至，今都应散灭。吾正恨其不辨大耳，亦何时无亡命邪？”又曰：“宋明初九州同反。鼠辈但作，看萧公雷汝头。”亦见《沈文季传》。此则殊非仁者之言也。

明帝亦颇节俭。在位时，尝罢世祖所起新林苑，以地还百姓。建武元年十一月。废文惠大子所起东田，斥卖之。建武二年十月。断远近上礼。建武元年十月。又诏："自今雕文篆刻，岁时光新，可悉停省。蕃、牧、守、宰，或有荐献，事非任土，严加禁断。"

十一月，诏曰："邑宰禄薄俸微，不足代耕，虽任土恒贡，亦为劳费，自今悉断。"

是月，立皇大子，又诏"东宫肇建，远近或有庆礼，可悉断之。"二年，十月，纳皇大子妃褚氏，亦断四方上礼。

细作、中署、材官、车府诸工，悉开番假，递令休息。建武元年十一月。申明守宰六周之制。建武三年正月。诏所在结课屋宅田桑，详减旧价。建武四年十一月。

《本纪》言：帝于永明中舆、辇、舟乘，悉剔取金银还主衣库。世祖掖庭中宫殿、服御，一无所改。

《皇后传》言：大祖创命，宫禁贬约。毁宋明之紫极，革前代之逾奢。衣不文绣，色无红采。永巷贫空，有同素室。世祖嗣位，运藉休平。寿昌前兴，凤华晚构，香柏文柽，花梁绣柱。雕金镂宝，颇用房帷。赵瑟吴趋，承闲奏曲。岁费旁恩，足使充牣。事由私蓄，无损国储。高宗仗素矫情，外行俭陋，内奉宫禁，曾莫云改。

《萧颖胄传》云：上慕俭约，欲铸坏大官元日上寿银酒铊。尚书令王晏等咸称盛德。颖胄曰："朝廷盛礼，莫过三元，此一器既是旧物，不足为侈。"帝不悦。后豫曲宴，银器满席。颖胄曰："陛下前欲坏酒铊，恐宜移在此器也。"帝甚有惭色。此等颇近深文。

《南史·本纪》言：帝用皂荚讫，授余泺与左右，曰："此犹堪明日用。"大官进御食有裹蒸，帝十字画之，曰："可四片破之，余充晚食。"此虽高帝，何以尚之？要之帝之俭德，实在武帝之上，更无论宋孝武、明帝也。帝亦有吏才。

《本纪》云：持法无所借。制御亲幸，臣下肃清。

《良政传》云："永明继运，垂心治术，仗威善断，犹多漏网。明帝自在布衣，晓达吏事。君临亿兆，专务刀笔，未尝枉法申恩守宰以之肃震。"一家哭何如一路哭，当时之人民，必有实受其益者矣。

《传》又云："永明之世，十许年中，百姓无鸡鸣犬吠之警。都邑之盛，士女富逸。歌声舞节，袨服华妆，桃花绿水之间，秋月春风之下，盖以百数。及建武之兴，虏难猋急，征役连岁，不遑启居，军国糜耗，从此衰矣。”此则时会为之，不能归咎于人事也。惟帝之迷信，亦与宋明帝同。

史言其每出行幸，先占利害。南出则唱云西行，东游则唱云北幸。简于出入，竟不南郊。初有疾，无辍听览，秘而不传。及寝疾甚久，敕台省府署文簿求白鱼以为治，外始知之。自衣绛衣，服饰皆赤，以为厌胜。

巫觋云：后湖水头径过宫内，致帝有疾。后湖，玄武湖。帝乃自至大官行水沟。左右启：大官无此水则不立。帝决意塞之，欲南引淮流，秦淮。会崩，事寝。此则亦由顾虑祸福大甚，有以致之也。

齐世政事，亦皆在佞幸手中。《幸臣传》云：“中书之职，旧掌机务。汉元以令、仆用事，魏明以监令专权。及在中朝，犹为重寄。晋令舍人，位居九品。江左置通事郎，管司制诰。其后郎还为侍郎，而舍人亦称通事。

宋文世，秋当、周纠，并出寒门。孝武以来，士庶杂选。及明帝世，胡母颢、阮佃夫之徒，专为佞幸矣。齐初亦用久劳，及以亲信关谳表启，发署诏敕。颇涉辞翰者，亦为诏文。侍郎之局，复见侵矣。

建武世，诏命殆不关中书，专出舍人。省内舍人四人，所置四省。其下有主书令史，旧用武官，宋改文吏，人数无员，莫非左右要密。天下文簿、板籍，入副其省。万机严秘，有如尚书。

外司领武官，有制局监，领器仗、兵役，亦用寒人被恩幸者。”

其“尚书八坐、五曹，各有恒任。系以九卿、六府，事存副职。咸皆冠冕缙绅，任疏人贵。伏奏之务既寝，趋走之劳亦息”矣。

《幸臣传》所列者，为纪僧真、刘系宗、茹法亮、吕文显、吕文度五人。僧真、系宗，并高帝旧人，与于禅代之事。法亮，武帝江州典签。文显亦逮事高帝。文度则武帝镇盆城时知军队杂役者也。

僧真、系宗，高帝世已为中书舍人，法亮、文显，则武帝时为舍人，其任遇并历明帝世无替。文度则武帝时为制局监云。

《幸臣传》言：吕文显与茹法亮等，迭出入为舍人，并见亲幸。四方饷遗，岁各数百万。并造大宅，聚山开池。《南史·法亮传》云：广开宅宇。杉斋光丽，与延昌殿相埒。延昌殿、武帝中斋也。宅后为鱼池、钓台，土山、楼馆。长廊将一里。竹林、花、药之美，公家苑囿，所不能及。

郁林即位，除步兵校尉。时有綦毋珍之，居舍人之任。凡所论荐，事无不允。内外要职及郡丞、尉，皆论价而后施行。货贿交至，旬月之间，累至千金。帝给珍之宅，宅边又有空宅，从取、并取，辄令材官营作，不关诏旨。

《赞》又言其“贿赂日积，苞苴岁通，富拟公侯，威行州郡。”《南史·吕文显传》云：时中书舍人四人，各住一省，世谓之四户。既总重权，势倾天下。四方守宰饷遗，一年咸数百万。

舍人茹法亮，于众中语人曰：“何须觅外禄？此一户内，年办百万。”盖约言之也。其后玄象失度，史官奏宜修祈禳之礼。王俭闻之，谓上曰：“天文乖忤，此祸由四户。”仍奏文显等专擅愆和，极言其事。上虽纳之，而不能改也。

案《齐书·倖幸传》云：永明中，敕亲近不得辄有申荐，人士免官，寒人鞭一百。上性尊严。吕文显尝在殿侧咳声高，上使茹法亮训诘之，以为不敬。故左右畏威承意，非所隶，莫敢有言也。虎贲中郎将潘敞，掌监功作，上使造禅灵寺，新成，车驾临视，甚悦。敞喜，要吕文显私登寺南门楼。上知之，系敞尚方，而出文显为南谯郡守，久之乃复。不能总揽事权，徒恃是等小数，诚无益耳。

“制局小司，专典兵力。领护所摄，示总成规。若征兵动众，大兴民役，行留之仪，请托在手。断割牢廪，卖弄文符。害政伤民，于此为蠹”云。案江左士大夫，大抵优哉游哉，不亲细务，欲求政事之修举，诚不能不任寒人；而此曹综核之才，亦容有过人者。明帝言：“学士不堪治国，惟大读书耳，一刘系宗足持如此辈五百人。”其言自非无因。

然此辈徒能厘务，不识远猷；持守文法或有余，开拓心胸则不足，欲与之大有为则难矣。齐初所尊者褚渊，所任者王俭，皆赞成禅让，以取富贵之徒，不徒不逮刘穆之，尚远在宋文帝所任诸臣之下也。此其为治之规模，所以尚不若宋氏欤？

第五节　东昏时内外叛乱

永泰元年，七月，明帝崩。帝长子巴陵隐王宝义，少有废疾，故立次子宝卷为大子。及是即位，是为东昏侯。明帝兄始安靖王凤卒于宋世。三子：曰遥光，遥欣，遥昌。遥光袭爵。

《齐书·遥光传》云：高宗篡立，遥光多所规赞。性惨害。上以亲近单少，憎忌高、武子孙，欲并诛之，遥光计画参议，当以次施行。河东等七王一夕见杀，遥光意也。遥欣，建武元年，为荆州刺史。

《齐书》本传云：高宗子弟弱小，宝义有废疾，故以遥光为扬州，居中，遥欣居陕西，在外。

永泰元年，以雍州虏寇，诏遥欣领刺史，移镇襄阳，虏退不行。

《梁书·刘季连传》云：季连，思考子。思考，遵考从父弟也。季连为遥欣长史。遥欣至州，多招宾客，厚自封殖，明帝甚恶之。季连族甥琅邪王会，为遥欣谘议参军。遥欣遇之甚厚。会多所慠忽。于公坐与遥欣竞侮季连。季连憾之。乃密表明帝，称遥欣有异迹。明帝纳焉。乃以遥欣为雍州刺史。

明帝心德季连，四年，建武。以为益州刺史，令据遥欣上流。盖明帝虽忌遥欣，然任其兄弟久，故未能遽去之也。江祏者，姑为景皇后，始安贞王妃追尊。少为高宗所亲，恩如兄弟。

高宗之崩，祏为右仆射，弟祀为侍中，刘暄为卫尉，暄，明帝后弟。遥光为中书令，徐孝嗣为尚书令，萧坦之为领军将军，六人更日帖敕，时呼为六贵。高宗虽顾命群公，而意寄多在祏兄弟。

至是，更直殿内，动止关谘。帝稍欲行意，孝嗣不能夺，坦之虽时有异同，而祏坚意执制，帝深忿之。帝失德既彰，祀议欲立江夏王宝玄明帝第三子。刘暄初为宝玄郢州行事，执事过刻，不同祏议。欲立建安王宝寅。明帝第六子。密谋于遥光。遥光自以年长，属当鼎命，微旨动祏。祀以少主难保，劝祏立遥光。暄以遥光若立，己失元舅之望，不肯同。故祏迟疑久不决。

初谢朓以启王敬则反谋，明帝甚嘉赏之，迁尚书吏部郎。祏与祀密谓朓曰："江夏年少轻脱，不堪负荷神器，不可复行废立。始安年长，入纂不乖物望。非以此要富贵，政是求安国家耳。"

遥光又遣亲人刘沨，《南史·沨传》云：沨妹适江祏弟禧。与祏兄弟异常。自尚书比部郎为遥光谘议，专知腹心任。时遥光任当顾托，朝野向沨如云，沨忌之，求出为丹阳丞。虽外迁，而意任无改。

密致意于朓，欲以为肺腑。朓自以受恩高宗，非沨所言，不肯答。少日，遥光以朓兼知卫尉。朓惧见引，即以祏等谋告左兴盛、刘暄。兴盛不敢言。祏闻，以告遥光。遥光大怒。乃称敕召朓，仍回车付廷尉，与孝嗣、祏、暄等连名启诛朓。

案朓本疏逖，特以文章见知，祏、祀、遥光等，何必与之谋议？则朓初必参与密计可知。云以受恩高宗，不答刘沨，恐非其实也。

朓临败，叹曰："我虽不杀王公，王公由我而死。"夫敬则子虽有命，敬则则未有反谋，小子何能为？朓遽告之，其倾险可想。一时人士皆如此，安得不乱哉？江祏既不决，遥光大怒，遣左右黄昙庆于青溪道中刺暄。昙庆见暄部伍人多，不敢发。事觉，暄告祏谋。帝处分收祏兄弟，同日见杀。祀弟禧早卒。有子廞，年十二，闻收至，赴井死。时永光元年七月也。

遥光与遥欣密相影响。遥光当据东府号令，使遥欣便星速急下。潜谋将发，而遥欣病死，江祏被诛。帝召遥光入殿，告以祏罪。遥光惧，还省，便阳狂号哭。自此称疾不复入台。

遥昌先卒寿春，豫州部曲，皆归遥光。及遥欣丧还葬武进，停东府前渚，荆州众送者甚盛。帝诛江祏后，虑遥光不自安，欲转为司徒还第，召入喻旨。遥光虑见杀。

八月十二日，晡时，收集二州部曲，召刘沨及诸伧楚，欲以讨刘暄为名。夜遣数百人破东冶出囚，尚方取仗。又召骁骑将军垣历生。历生随信便至。劝遥光，令率城内兵夜攻台。城谓东府城。《南史·刘沨传》云：及遥光举事旦方召沨。沨以为宜悉呼佐史。沨之徙丹阳丞也，遥光以萧懿第四弟畅为谘议，领录事。

及召入，遥光谓曰："刘暄欲有异志，今夕当取之。"遥光去岁暴风，性理乖错，多时方愈。畅曰："公去岁违和，今欲发动。"顾左右急呼帅视脉。遥光厉声曰："谘议欲作异邪？"因诃令出。须臾，沨入。畅谓曰："公昔年风疾今复发。"沨曰："卿视今夕处分云何，而作此语？"及迎垣历生至，与沨俱劝夜攻台。既不见纳，沨、历生并抚膺曰："今欲作贼，而坐守此城，今年坐公灭族矣。"遥光意疑不敢出。天稍晓，遥光戎服出听事，停轝处分，上仗登城，行赏赐。历生复劝出军。遥光不肯，望台内自有变。至日中，台军稍至，围东城三面。

十五日，遥光谘议参军萧畅与抚军长史沈昭略，庆之孙，文叔子。潜自南出，济淮还台。人情大沮。

十六日，垣历生从南门出战，因弃稍降曹虎军。虎命斩之。遥光大怒，于床上自竦踊。使杀历生儿。其晚，台军射火箭烧东北角楼。至夜，城溃。遥光还小斋，帐中著衣帢坐，秉烛自照。令人反拒斋阁，皆重关。左右并逾屋散出。遥光闻外兵至，吹灭火，扶匐下床。军人排阁入，于暗中牵出斩首。时年三十二。

此等人而亦作贼，岂不哀哉？刘沨遁走，还家园，为人所杀。此据《齐书·遥光传》，乃当时情实也。

《南史·沨传》云：父绍，仕宋，位中书郎。沨母早亡，绍被敕纳路大后兄女为继室。沨年数岁，路氏不以为子。奴婢辈捶打之无期度。沨母亡日，辄悲啼不食，弥为婢辈所苦。

路氏生溓，沨怜爱之，不忍舍，恒在床帐侧。辄被驱捶，终不肯去。路氏病经年，沨昼夜不离左右。每有增加，辄流涕不食。路氏病差，感其意，慈爱遂隆。路氏富盛，一旦为沨立斋宇、筵席，不减侯王。

溓有识，事沨过于同产。事无大小，必谘兄而后行。及遥光败，沨静坐围舍。溓为度支郎，亦奔亡。遇沨，仍不复肯去。沨曰："吾为人作吏，自不避死。汝可去，无相守同尽。"答曰："向若不逢兄，亦草间苟免。今既相逢，何忍独生？"因以衣带结兄衣。俱见杀。何胤闻之，叹曰："兄死君难，弟死兄祸，美哉！"此则加以文饰矣。

《南史·遥光传》曰："天下知名之士：刘沨，沨弟溓，陆闲，闲子绛，司马端，崔庆远皆坐诛。"亦此等议论也。沨之为乱党无疑，其弟盖亦邂逅致死耳。其内行之矫伪，不问可知。乃当时之人，曲称美之如此，其时安得不乱哉？诏敛葬遥光尸，原其诸子。

《南史·遥光传》云："东昏为儿童时，明帝使与遥光共斋居止，呼遥光为安兄，恩情甚至。及遥光诛后，东昏登旧宫土山望东府，怆然呼曰：安兄，乃呜咽，左右不忍视。见思如此。"此可见东昏之性情，尚颇温厚，而遥光之罪不容诛也。

江祏兄弟之欲立遥光也，密谓萧坦之。坦之曰："明帝取天下已非次，天下人至今不服。今若复作此事，恐四海瓦解。我期不敢言耳。"持母丧还宅。宅在东府城东。遥光起事，遣人夜掩取坦之。坦之科头著裈逾墙走。间道还台。假节督众军讨遥光。

事平二十余日，帝遣延明主帅黄文济延明，殿名。领兵围坦之宅，杀之。子赏亦伏诛。遂杀曹虎及刘暄。虎武帝腹心，明帝本忌之，故亦见杀焉。诸子长成者皆伏诛。时九月也。

遥光之反也，遣三百人于宅掩取尚书右仆射沈文季，欲以为都督。而文季已还台。明日，与徐孝嗣守卫宫城，戎服共坐南掖门上。孝嗣欲要文季以门为应。

四五目之，文季辄乱以他语，乃止。

虎贲中郎将许准劝孝嗣行废立。孝嗣欲候东昏出游，闭城门，召百僚集议废之。虽有此怀，终不能决。

文季托老疾，不预朝机。兄子昭略谓曰："阿父年六十，为员外仆射，谓为仆射而不与事。欲求自免，岂可得乎？"文季笑而不答。十月与孝嗣俱被召入华林园，赐药。昭略亦被召。骂孝嗣曰："废昏立明，古今令典，宰相无才，致有今日。"孝嗣曰："始安事吾欲以门应之，贤叔若同，无今日之恨。"

孝嗣长子演，尚武帝女武康公主；三子况，尚明帝女山阴公主；俱见杀。昭略弟昭光，闻收兵至，家人劝逃去，昭光不忍舍母，入执母手悲泣，遂见杀。

昭略兄子昙亮，已得逃去，闻昭光死，乃曰："家门屠灭，独用生何为？"又绝吭死。哀哉！是时之君臣，可谓俱不保其命矣。

六贵皆除，自宋以来，屠戮宗戚、大臣，未有若此之全胜者也，而患又起于外。敌可尽乎？于以见猜防杀戮之终无益，而执权势者当以与人同利害为尚矣。明帝之末，索虏寇雍州，诏大尉陈显达往救。

永元元年，二月，败绩于马圈。东昏以显达为江州刺史。初王敬则事起，遥光启明帝，虑显达为变，欲追军还。事寻平，乃寝。显达亦怀危怖。及东昏立，弥不乐还京师。得此授甚喜。已闻京师大相杀戮，又知徐孝嗣等皆死，传闻当遣兵袭江州，惧祸。

十一月，十五日，举兵。破台军于采石。十二月十三日，至新林。潜军渡取石头。北上袭宫城。显达马稍，从步军数百人，于西州前与台军战，再合大胜。官军继至，显达不能抗，退走，被杀。时年七十三。诸子皆伏诛。

陈显达年老气衰，且夙无大略，其举兵，乃欲以急速侥幸于一胜耳，自未足为大患，而梁武帝萧衍据雍州，遂为齐室之大敌焉。衍顺之子。史言其欲助齐明倾齐武之嗣，以雪心耻，故当齐明篡夺之际，衍颇与其谋。然其志不止于此也。

建武四年，魏孝文帝自率大军逼雍州，刺史曹虎渡沔守樊城。虎旧武帝腹心，明帝忌之，欲使刘暄为雍州。暄不愿出外，因江祏得留。乃以衍监雍州。

明帝崩，遗诏以衍为刺史。陈显连之围建业也，豫州刺史裴叔业遣司马李元护率军来赴，实应显达也，显连败而还。东昏徙叔业为南兖。叔业以其去建业近，不欲。茹法珍等疑其有异志。去来者并云叔业将北入。

叔业兄子植、飏、粲等，并为直閤、殿内驱使，弃母奔寿阳。说叔业以朝廷必见掩袭。法珍等以其既在疆场，急则引虏，且欲羁縻之，遣其宗人中书舍人长穆慰诱之，许不复回换。

叔业忧惧不已，遣亲人马文范访衍曰："天下之事，大势可知，恐无复自立理。雍州若能坚据襄阳，辄当戮力自保。若不尔，回面向北，不失作河南公。"

衍遣文范报曰："群小用事，岂能及远？多遣人相代，力所不办；少遣人，又于事不足；意计回惑，自无所成。惟应遣家还都以安慰之，自然无患。若意外相逼，当勒马步二万，直至横江，以断其后，则天下之事，一举可定也。若欲北向，彼必遣人相代，以河北一地相处，河南公宁可复得？如此，则南归之望绝矣。"衍之言如此，可见其早有异图，而其志又非叔业之比也。

叔业遣子芬之等还质京师。又遣信诣虏豫州刺史薛真度，魏豫州此时治县瓠。具访入虏可否。真度答书劝以早降。云"临迫而来，便不获多赏。"数反，真度亦遣使与相报复，乃遣芬之及兄女夫韦伯昕等奉表降虏。

永元二年，正月，虏以为豫州刺史。二月，以萧懿为豫州刺史往征。懿，衍之兄也。叔业寻死。植以寿春降虏。三月，朝廷复遣护军崔慧景往征，而变故复起。

时慧景以年宿位重，不自安。江夏王宝玄镇京口。宝玄娶徐孝嗣女，孝嗣被诛离绝，恨望，密有异计。闻慧景北行，遣左右余文兴说其北取广陵，身举州以相应。慧景响应。

时庐陵王宝源，明帝第五子。长史萧寅、司马崔恭祖守广陵。慧景以宝玄事告恭祖。恭祖先无宿契，口虽相和，心实不同。还以事告寅，共为闭城计，慧景袭取之。慧景子觉，为直閤将军，慧景密与之期，及是至，使领兵袭京口。

宝玄本谓大军并来，见人少，失望，拒觉，走之。已而恭祖及觉以精兵八千济江。恭祖心本不同，至蒜山，在今江苏丹徒县西。欲斩觉，以军降，不果。觉等军器精严。谘议柳灯、长史沈佚复劝宝玄应觉。

帝闻变，以右卫将军左兴盛督都下水陆众军。慧景率大众一时济江趣京口。宝玄仍以觉为前锋，恭祖次之，慧景领大都督，为众军节度。东府、石头、白下、新亭诸城皆溃。左兴盛走，慧景禽杀之。称宣德皇后令，文惠大子妃王氏。

废帝为吴王。

先是陈显达起事，王侯复入宫，竟陵王子良子巴陵王昭胄，惩往时之惧，谓王敬则事起，明帝召诸王侯入宫。与弟永新侯昭颖，逃奔江西，变形为道人。慧景举兵，昭胄兄弟出投之。慧景意更向之，故犹豫未知所立。此声颇泄，灯、恭祖始贰于慧景。

萧懿自历阳步道征寿阳，时在小岘。帝遣密使告之。懿率军主胡松、李居士等自采石济，顿越城。慧景遣觉将精甲数千人度南岸，大败。人情离沮。崔恭祖与骁骑刘灵运诣城降。慧景乃将腹心数人潜去。

至蟹浦，在白下西南。投渔人大叔荣之。荣之故慧景门人，时为蟹浦戍。为所斩。时年六十三。觉亡命，为道人，见执，伏法。宝玄逃奔，数日乃出，杀之。昭胄兄弟投奔胡松，各以王侯还第。不自安。子良故防阁桑偃，为梅虫儿军副，结前巴西大守萧寅，谋立昭胄。遣人说胡松。松许诺。事泄，昭胄兄弟与同党皆伏诛。

崔慧景之难甫平，萧懿之祸又起。《梁书·武帝纪》云：东昏即位，高祖谓从舅张弘策曰："政出多门，乱其阶矣。"时高祖长兄懿罢益州还，仍行郢州事。乃使弘策诣郢，陈计于懿："宜召诸弟，以时聚集。郢州控带荆、湘，西注汉、沔，雍州士马，呼吸数万，虎视其间，以观天下，可得与时进退。"

懿闻之，变色，心弗之许。弘策还，高祖乃启迎弟伟及憺至襄阳。

《南史·懿传》言：懿之讨裴叔业，武帝遣典签赵景悦说懿："兴晋阳之甲，诛君侧之恶。"懿不答。及崔慧景入寇，驰信召懿，懿时方食，投箸而起，率锐卒三千入援。

武帝驰遣虞安福下都说懿曰："诛贼之后，则有不赏之功，当明君贤主，尚或难立，况于乱朝，何以自免？若贼灭之后，仍勒兵入宫，行伊、霍故事，此万世一时。若不欲尔，便放表还历阳，托以外拒为事，则威振内外，谁敢不从？一朝放兵，受其厚爵，高而无人，必生后悔。"长史徐曜甫亦苦劝，并不从。

案《梁书》无懿传，懿事见其子《长沙嗣王业传》，与《南史·懿传》，均无懿罢益州行郢州之文；而《南史·懿传》，将武帝遣虞安福说懿之事，叙在懿破慧景之前，其事决不容如是之速；故颇启后人疑窦。《廿二史劄记》谓懿在历阳，闻诏即赴，一二日已达京师，败慧景，时武帝方在襄阳，距京师二千里，岂能逆知其事，而遣使在未平慧景之先？然《南史·懿传》，初无武帝遣使，在未平慧景之先之明文，不过叙次失当；又其叙景福语，亦若在未平慧景之先者然，此则简策所载，原非唇吻所宣，不过约举其意，不容以此为难；罢益州行郢州事，《梁书·张弘策传》亦云然；似不应疑其子虚也。可见武帝之图齐久矣。

然懿亦非必纯臣。懿既平慧景，授侍中、尚书右仆射。未拜，仍迁尚书令，都督征讨水陆诸军事。弟畅为卫尉，掌管籥。《梁书·安成康王秀传》。

《梁书·安成康王秀传》云：东昏日夕逸游，出入无度，众颇劝懿，因其出举兵废之，懿不听。《长沙嗣王业传》云：茹法珍等说东昏曰："懿将行隆昌故事，陛下命在晷刻。"东昏信之，将加酷害。而懿所亲知之，密具舟江渚，劝令西奔。懿曰："自古皆有死，岂有叛走尚书令邪？"遂遇祸。

《南史·懿传》，以具舟江渚者为徐曜甫。云懿寻见留省赐药，与弟融俱陨。谓使者曰："家弟在雍，深为朝廷忧之。"一似懿为愚忠之徒者。其实人能自拔于风气之外者甚鲜，一时之人，处相同之境地中，其情每不甚相远。当南北朝之世，上下交征，习于争夺相杀，安得有此纯臣？况懿与齐氏有不共之仇乎？

《梁书·安成康王秀传》言：帝左右既恶懿勋高，又虑废立，并间懿。懿亦危之。自是诸王侯咸为之备。及难作，临川王宏以下诸弟侄，各得奔避。方其逃也，皆不出京师，而罕有发觉。惟桂阳王融及祸。

高祖义师至新林，秀与诸王侯并自拔赴军。高祖兄弟九人：长沙宣武王懿，桂林简王融，为齐东昏侯所杀。永阳昭王敷，衡阳宣王畅，皆前卒。南平元襄王伟，始兴忠武王憺，高祖启迎至襄阳。临川静惠王宏，安成康王秀，鄱阳忠烈王恢，皆高祖兵至新林乃出迎。可见其非无备豫；且其在京师，党羽未尝不众多也。东昏之作事，诚不可不谓之速，然敌不可尽，而荆、雍之兵旋起矣。

第六节　梁武代齐

梁武在雍州，颇饬武备，《本纪》云：至襄阳，潜造器械，多伐竹木，沈于檀溪，密为舟装之备。及建牙，收集得甲士万余人，马千余匹，船三千艘，出檀溪竹木装舰。

然其地距建业远，且荆、郢扼其冲，使荆、郢与建业同心，武帝虽有雄图，亦未必能有所为也。乃荆州旋与之同，而风云遂急。此则当时事势之艰难，不能不为身当其局者扼腕者矣。

萧懿之死也，东昏侯先遣巴西、梓潼二郡大守刘山阳，领兵三千，就萧颖胄共袭雍州。颖胄者，高帝从祖弟赤斧之子。时明帝第八子南康王宝融为荆州刺史，颖胄为长史，行府、州事。

《齐书·颖胄传》云：梁王将起义兵，虑颖胄不识机变，遣王天虎诣江陵，声云山阳西上，并袭荆、雍，书与颖胄。或劝同义举。颖胄意犹未决。山阳至巴陵，迟回十余日不进。梁王复遣天虎赍书与颖胄，陈设其略。

是时或云山阳谋杀颖胄，以荆州同义举。颖胄乃与梁王定契。斩天虎首，送示山阳。发百姓牛、车，声云起步军征襄阳。十一月十八日，山阳至江津，单车白服，从左右数十人诣颖胄。颖胄伏兵斩之。驰驿送山阳首于梁王。

《梁书·颖胄传》云：山阳不敢入城，颖胄计无所出，夜呼席阐文、柳忱闭斋定议。

阐文曰："萧雍州蓄养士马，非复一日。江陵素畏襄阳人，人众又不敌，取之必不可制：制之，岁寒复不为朝廷所容。今若杀山阳，与雍州举事，立天子以令诸侯，则霸业成矣。山阳持疑不进，是不信我。今斩送天虎，则彼疑可释，至而图之，罔不济矣。"

忱亦劝焉。《忱传》语意略同。既畏襄阳，复虞建业，此为荆州同雍之实情，而山阳之畏懦不前，亦有以授之隙。

《梁书·本纪》云：高祖遣参军王天虎、庞庆国诣江陵，遍与州、府书。及山阳西上，高祖谓诸将曰："我能使山阳至荆，便即授首，诸君试观何如。"山阳至巴陵，高祖复令天虎赍书与颖胄兄弟。谓张弘策曰："近遣天虎往，州、府人皆有书。今段乘驿甚急，止有两封书与行事兄弟，云天虎口具，及问天虎，而口无所说，行事不得相闻，不容妄有所道。天虎是行事心膂，彼闻，必谓行事与天虎共隐其事，则人人生疑。山阳惑于众口，判相疑贰。则行事进退无以自明，必漏吾谋内。是驰两空函定一州矣。"一似颖胄、山阳，全落武帝度内者，此则夸侈附会之辞，非其实也。

颖胄既杀刘山阳，乃传檄京邑，声东昏侯之罪。以梁武为左将军，都督前锋诸军事；颖胄为右将军，都督行、留诸军事。

《梁书武帝纪》：颖胄使告高祖：时月失利，当须来年二月，乃可进兵。高祖答以"坐甲十万，粮用自竭。况所藉一时骁锐，若顿兵十旬，必生悔吝。"

然高祖实仍至明年二月，然后进兵。

而《纪》又载曹景宗及王茂，劝迎南康王于襄阳然后进军之说，则荆、雍兵之东下，并不甚速，且二州间亦不无猜疑，惜乎东昏之无以乘之也。

永元三年，即和帝中兴元年。宝融称相国。三月，称帝于江陵，是为和帝。以颖胄为尚书令，监八州军事，行荆州刺史。

梁武帝以二月发襄阳。以王茂、曹景宗为前军。时张冲为郢州刺史，东昏遣薛元嗣等领兵及粮运百四十余船送冲。竟陵大守房僧寄被代，还至郢，东昏敕留守鲁山。

僧寄谓冲曰："臣虽未荷朝廷深恩，实蒙先帝厚泽，荫其树者不折其枝，实欲微立尘效。"冲深相许诺，共结盟誓。乃分部拒守。冲遣军主孙乐祖数千人助僧寄，据鲁山岸立城垒。茂等至汉口，轻兵济江逼郢城。冲置陈据石桥浦。茂等与战，不利。诸将议欲并军围郢，分兵以袭西阳、武昌。

梁武言：汉口不阔一里，若悉众前进，贼必绝我军后。乃命王茂、曹景宗济岸，与荆州所遣邓元起等会于夏首，而自筑汉口城以守鲁山。命水军游遏江中，绝郢、鲁信使。

三月，张冲卒，众推薛元嗣及冲长史程茂为主。荆州又遣萧颖达领兵来会。颖达，颖胄弟。五月，东昏遣吴子阳等十三军救郢州，进据巴口。六月，西台遣卫尉席阐文劳军。斎颖胄等议，谓高祖曰："今顿兵两岸，不并军围郢，定西阳、武昌，取江州，此机已失。莫若请救于魏，与北连和，犹为上策。"

高祖曰："汉口路通荆、雍，控引秦、梁，粮运资储，听此气息。所以兵厌汉口，连络数州。今若并军围城，又分兵前进，鲁山必阻沔路，所谓搤喉。若粮运不通，自然离散，何谓持久？

"邓元起近欲以三千兵往定寻阳，彼若欢然悟机，一郦生已足，脱距王师，故非三千能下，进退无据，未见其可。西阳、武昌，取便得耳，得便应镇守，守两城不减万人，粮储称是，卒无所出。

"脱贼军有上者，万人攻一城，两城势不得相救，若我分军应援，则首尾俱弱，如其不遣，孤城必陷，一城既没，诸城相次土崩，天下大事，于是去矣。若郢州既拔，席卷沿流，西阳自然风靡，何遽分兵散众，自诒其忧？北面请救，以自示弱，彼未必能信，徒诒我丑声，此之下计，何谓上策？卿为我白镇军：前途攻取，但以见付，事在目中，无患不捷，恃镇军静镇之耳。"此言缘饰非事实。

《南史·吕僧珍传》言：武帝攻郢州久不下，咸欲走北，僧珍独不肯，累日乃见从，则当时实有情见势绌者。盖武帝之顿兵汉口，非徒与敌争锋，亦欲自通运路。

济师益镶，持此为枢，势固不容轻释。然顿兵坚城，实犯兵家之忌。敌军援至，锐气方新，决战既无必胜之机，出奇又苦兵力不足。使不能一战而胜，成败正未可知也。

子阳进据加湖，去郢三十里，傍州带水，筑栅垒以自固。加湖，《南史·韦叡传》作茄湖，在今湖北黄陂县东南。房僧寄死，众推助防张乐祖代之。

七月，高祖命王茂等袭加湖。子阳大溃，窜走。众尽溺于江，茂虏其余而还。于是郢、鲁二城，相视夺气。张乐祖、程茂、薛元嗣相继请降。先是东昏遣陈伯之镇江州，为子阳等声援。加湖之捷，命搜所获俘囚，得伯之幢主苏隆之，厚加赏赐，使说伯之。反命，求未便进军。

高祖曰："伯之此言，意怀首鼠。及其犹豫，急往逼之。"乃命邓元起率众，即日沿流。

八月，高祖登舟，命诸将以次进路。《梁书·张弘策传》曰：郢城平，萧颖达杨公则诸将，皆欲顿军夏口，高祖以为宜乘势长驱，直指京邑。以计语弘策。弘策与高祖意合。又访宁远将军庾域，域又同。乃命众军即日上道。按是时兵势已强，下流之兵，新遭摧挫，卒难更集，风利不泊，愚智所知，断无顿兵不进之理，盖颖达等皆为荆州，不欲高祖遽成大功也。

伯之收兵，退保湖口，鄱阳湖入江之口。留其子虎牙守盆城。高祖至，乃束甲请罪。于是上流兵势，如风利不得泊矣，其关键，实全在加湖一战也。

时外患未平，而内乱又作。张欣泰者，兴世子。崔慧景围城，欣泰入城领军守备。东昏侯以为雍州刺史。欣泰与弟欣时密谋，结大子右率胡松，前南谯大守王灵秀，南谯，宋郡，在今安徽巢县东。直阁将军鸿选等十余人并同契。

会帝遣中书舍人冯元嗣监军救郢，茹法珍、梅虫儿及大子右率李居士，制局监杨明泰等相送中兴堂。宋孝武帝即位新亭，改新亭曰中兴堂。欣泰等使人怀刀，于坐斫杀元嗣、明泰。虫儿亦被创。居士逾墙得出。法珍散走还台。

时明帝第六子建安王宝寅镇石头，灵秀往迎，率城内将吏、见力，载向台城。至杜姥宅，城上人射之，众散。欣泰初闻事发，驰马入宫，冀法珍等在外，城内处分，必尽见委，表里相应，因行废立。既而法珍得返，处分闭门上仗，不配欣泰兵。选在殿内，亦不敢发。

少日，事觉，欣泰、松等皆伏诛。宝寅逃亡之曰，戎服诣草市尉。胡三省曰：台城六门之外，各有草市，置尉司察之。尉驰以启帝。帝迎宝寅入宫问之。宝寅涕泣，称尔日不知何人，逼使上车，仍将去，制不自由。帝笑，复其爵位。

江州既破，梁武帝遂乘胜东下。时东昏侯以申胄监豫州事，屯姑熟。张瑰镇石头。李居士总督西讨诸军事，屯新亭。

九月，梁武前军次芜湖，申胄弃姑熟走。军东进，李居士迎战，败绩。新亭城主江道林出战被禽，余众散走，退保朱爵，即朱雀门。冯淮以自固。十月，东昏侯遣王珍国三万人陈于航南。珍国，广之子，时为青、冀二州刺史，梁武兵起，召还京师。三万人据《齐书·东昏侯纪》。《梁书·武帝纪》云十余万人，乃侈辞也。开航背水，以绝归路。又败绩。投淮死者，积尸与航等。

后至者乘之以济。朱爵诸军望之皆溃。东昏悉焚烧门内，驱逼营署官府并入城，有实甲七万。亦据《东昏纪》。《梁书·武帝纪》云：有众二十万。梁武命诸军筑长围。时张稷以侍中兼卫尉，都督城内诸军，稷，瑰之弟。王珍国结其腹心直阁张齐以要之，稷许诺。

十二月，珍国于卫尉府勒兵入弑帝，奉首归梁武。时年十九。和帝之立，遥废帝为涪陵王，至是，又以宣德大后令，废为东昏侯。胡三省曰：荆、雍在西，谓帝以昏虐居东。

南北朝时，史所言无道之主甚多，其胪举罪状，连篇累牍，尤未有若东昏之甚者，然其见诬亦恐最甚也。

史所言者：曰好弄而荒于政事也。《南史·本纪》云：帝在东宫，便好弄，不喜书学。尝夜捕鼠达旦，以为笑乐。又云：自江祏、遥光等诛后，无所忌惮。日夜于后堂戏马鼓噪为乐。合夕便击金鼓，吹角，令左右数百人叫，杂以羌、胡横吹诸伎。常以五更就卧，至晡乃起。王侯以下，节朔朝见，晡后方前，或际暗遣出。台阁案奏，月数十日乃报，或不知所在。阉竖以纸包裹鱼肉还家，并是五省黄案。

二年元会，食后方出，朝贺才竟，便还殿西序寝，自巳至申。百僚陪位，皆僵仆菜色。比起就会，忽遽而罢。又云：于苑中立店肆模大市。日游市中，杂所货物，与宫人阉竖，共为裨贩。以潘妃为市令，自为市吏录事，将斗者就潘妃罚之。

帝小有得失，潘则予杖。乃敕虎贲威仪，不得进大荆子，阁内不得进实中获。虽畏潘氏，而窃与诸姊妹淫通。每游走，潘氏乘小舆，宫人皆露裈著缘丝篨，帝自戎服骑马从后。又开渠立埭，躬自引船。埭上设店，坐而屠肉。

曰四出游走也。《南史·纪》又云：大子所生母黄贵嫔早亡，令潘妃母养之。拜潘氏为贵妃。乘卧舆，帝骑马从后。著织成袴褶、金薄帽。执七宝缚矟。又有金银校具、锦绣诸帽数十种，各有名字。戎服急装，缚袴上著绛衫，以为常服。不变寒暑。陵冒雨雪，不避坑阱。驰骋渴乏，辄下马解取要边蠡器酌水饮之，复上驰去。马乘具用锦绣处患为雨所湿，织杂采珠为覆蒙，备诸雕巧。教黄门五六十人为骑客。

又选营署无赖小人善走者为逐马。鹰犬左右数百人，常以自随，奔走往来，略不暇息。置射雉场二百九十六处。翳中帷帐及步障，皆袷以绿红锦。金银镂弩，牙玳瑁帖箭。每出，辄与鹰犬队主徐令孙、媒翳队主俞灵韵齐马而走，左右争逐之。

又云：陈显达卒，渐出游走。不欲令人见之，驱斥百姓，惟置空宅而已。

是时率一月二十余出。既往无定处，尉司常虑得罪，东行驱西，南行驱北，应旦出，夜便驱逐。吏司奔驱，叫呼盈路，打鼓蹋闹，鼓声所闻，便应奔走。临时驱迫，衣不暇披，乃至徒跣走出。犯禁者应手格杀。百姓无复作业，终日路隅。

从万春门由东宫以东至郊外数十里，皆空家尽室。巷陌县幔为高障，置人防守，谓之屏除。高障之内，设部伍羽仪。复有数部，皆奏鼓吹羌、胡伎、鼓角、横吹。夜反，火光照天。每三四更中，鼓声四出，幡戟横路。

百姓喧走，士庶莫辨。或于市肆左侧过亲幸家。环绕宛转，周遍都下。老小震惊，啼号塞道。处处禁断，不知所过。疾患困笃者，悉扨移之。无人扨者，扶匐道侧，吏司又加捶打，绝命者相系。从骑及左右因之入富家取物，无不荡尽。工商莫不废业，樵苏由之路断。至于乳妇、昏姻之家，移产寄室。或舆病弃尸，不得殡葬。有弃病人于青溪边者，吏惧为监司所问，推至水中，泥覆其面，须臾便死，遂失骸骨。

前魏兴大守王敬宾，新死未敛，家人被驱，不得留视，及家人还，鼠食两眼都尽。如此非一。又尝至沈公城，有一妇人当产不去，帝入其家，问何独在？答曰："临产不得去。"因剖腹看男女。又长秋卿王儇病笃，不听停家，死于路边。

丹阳尹王志被驱急，狼狈步走，惟将二门生自随，藏朱雀航南酒垆中，夜方得羽仪而归。喜游猎，不避危险。至蒋山定林寺，一沙门病不能去，藏于草间，为军人所得，应时杀之。

左右韩晖光曰："老道人可念。"帝曰："汝见麞鹿，亦不射邪？"仍百箭俱发。故贵人富室，皆数处立宅，以为避围之舍。每还宫常至三更，百姓然后得反，禁断又不即通，处处屯咽，或泥涂灌注，或冰冻严结，老幼啼号，不可闻见。时人以其所围处号为长围。及建康城见围，亦名长围，识者以为谶焉。

曰宫室、服御，恣为骄奢，因兴苛敛也。《南史纪》又云：三年，殿内火。合夕便发。其时帝犹未还，宫内诸房阁已闭，内人不得出，外人又不敢辄开。比及开，死者相枕。领军将军王莹率众救火，大极殿得全。内外叫唤，声动天地。帝三更中方还，先至东宫，虑有乱，不敢便入，参觇审无异，乃归。其后出游，火又烧璿仪、曜灵等十余殿及柏寝。北至华林，西至秘阁，三千余间皆尽。左右赵鬼，能读《西京赋》，曰："柏梁既灾，建章是营。"

于是大起诸殿，芳乐、芳德、仙华、大兴、含德、清曜、安寿等殿。又别为潘妃起神仙、永寿、玉寿三殿。皆匝饰以金碧。其玉寿中作飞仙帐，四面绣绮，窗间尽画神仙。又作七贤，皆以美女侍侧。凿金银为书字。灵兽神禽，风云华炬，为之玩饰。椽桷之端，悉垂铃佩。江左旧物有古玉律数枚，悉裁以钿笛。

庄严寺有玉九子铃，外国寺佛面有光相，禅灵寺塔诸宝珥，皆剥取以施潘妃殿饰。又凿金为莲华，以帖地，令潘妃行其上，曰："此步步生莲华也。"涂壁皆以麝香。锦幔珠帘，穷极绮丽。絷役工匠，自夜连晓，犹不副速，乃剔取诸寺佛刹殿藻井仙人骑兽，以充足之。

武帝兴光楼上施青漆，世人谓之青楼，帝曰："武帝不巧，何不纯用瑠璃？"潘氏服御，极选珍宝。主衣库旧物，不复周用，贵市人间，金银宝物，价皆欺倍。琥珀钏一只直百七十万。都下酒租，皆折输金，以供杂用。犹不能足，下扬、南徐二州桥桁、塘埭丁，计功为直，敛取见钱，供大乐主衣杂费。

由是所在塘渎，悉皆隳废。又订出雄雉头、鹤氅、白鹭缞。百品千条，无复穷已。亲幸小人，因缘为奸，科一输十。又各就州县，求为人输，准取见直，不为输送。守宰惧威，口不得道，须物之虑，以复重求。如此相仍，前后不息。百姓困尽，号泣道路。少府大官，凡诸市买，事皆急速，催求相系。吏司奔驰，遇便虏夺。市廛离散，商旅靡依。又以阅武堂为芳乐苑，穷奇极丽。当署种树，朝种夕死，死而复种，卒无一生。

于是征求人家，望树便取。毁彻墙屋，以移置之。大树合抱，亦皆移掘。插叶系华，取玩俄顷。划取细草，来植阶庭，烈日之中，至便焦燥。纷纭往还，无复已极。山石皆涂以采色。跨池水立紫阁。诸楼壁上，画男女私亵之象。明帝时多聚金宝。至是金以为泥，不足周用，令富室买金，不问多少，限以贱价，又不还直。

曰赋役严急也。《南史·纪》又云：自永元以后，魏每来伐，继以内难，扬、南徐二州人丁，三人取两，以此为率。远郡悉令上米准行，一人五十斛。输米既毕，就役如故。又先是诸郡役人，多依人士为附隶，谓之属名。又东境役苦，百姓多注籍诈病。遣外医巫，在所检占诸属名，并取病身。凡属名多不合役，止避小小假，并是役廨之家。凡注病者，或已积年，皆摄充将役。又追责病者租布，随其年岁多少。衔命之人，皆给货赂，随意纵舍。又横调征求。皆出百姓。

曰迷信鬼神也。《南史·纪》又云：又偏信蒋侯神，迎来入宫，昼夜祈祷。左右朱光尚，诈云见神，动辄谘启，并云降福。始安之平，遂加位相国。末又号为灵帝。车服羽仪，一依王者。又曲信小祠，日有十数。师巫魔媪，迎送纷纭。光尚辄托云神意。后东入乐游，人马忽惊，以问光尚。光尚曰“向见先帝大瞋，不许数出。”帝大怒，拔刀与光尚等寻觅。既不见处，乃缚菰为明帝形，北向斩之，县首苑门上。

曰不接朝士，乐近鄙人，群小恣为威福也。《南史·纪》又云：性讷涩少言，不与朝士接。又云：潘妃放恣，威行远近。父宝庆，与群小共逞奸毒。富人悉诬为罪，田宅赀财，莫不启乞。或云寄附隐藏，复加收没。计一家见陷，祸及亲邻。又虑后患，男口必杀。

帝年未弱冠，好弄容或有之，然必不至如史所言之甚。果如所言，则是童骙，岂能诛戮宰执，翦除方镇？《齐书·江祏传》：祏既死，帝于后堂骑马致适，顾谓左右曰：江祏若在，我当复能骑此否？不能免于好弄，而亦未至于不可谏诲，东昏之为人，大致如此。

四出游走，害至如史所言之烈，京师岂复可一日居？以当时之裂冠毁冕，习为故常，其见弑，何待兵临城下之日？宫室、服御，恣为奢侈，岂特东昏一人？文惠之孔雀裘，史固言其过于雉头。其东田之华美，恐亦非东昏诸宫殿之比矣。

《王敬则传》言：敬则为会稽大守，会土边带湖海，民丁无士庶，皆保塘役，敬则以功力有余，悉评敛为钱送台库，以为便宜，武帝许之，此与东昏下扬、南徐二州桥航塘埭丁，计功为直，敛取见钱何异？赋役严急，恐自明帝已来即然。尼媪纷纭，群小恣横，亦不自东昏始。

《纪》言帝初任徐世檦为直阁，凡有杀戮，皆其用命，后稍恶其凶强，遣禁兵杀之，然则帝所用小人，或且自除之也。要之，史于帝之所为，皆附会为罪状；明明人所共有之事，于帝则指为罪大恶极；此真所谓文致。

然其锻炼并不甚工。如云：帝尤惜金钱，不肯赏赐，茹法珍叩头请之，帝曰："贼来独取我邪？何为就我求物？"后堂储数百具榜，启为城防，帝曰："拟作殿。"竟不与城防巧手，而悉令作殿，昼夜不休。

又催御府细作三百人精仗，须围解以拟屏除。金银雕镂杂物倍急于常。此岂似能坚守围城者之所为？且与他诸奢侈之事，何由相容乎？

帝之性，盖颇近材武；《南史·纪》言：帝甚有筋力，牵弓至三斛五斗。能担幢。初学担幢，每倾倒，在幢杪者必致踠伤。其后白虎幢七丈五尺，齿上担之，折齿不倦。始欲骑马，未习其事，俞灵韵为作木马，人在其中，行动进退，随意所适，其后遂为善骑。皆可见其材武。围城之际，被大红袍，登景阳楼望，弩几中之，亦非怯弱者所能为也。而其作事，亦能敏以赴机，《纪》云：明帝临崩，属后事，以隆昌为戒，曰："作事不可在人后。"故委任群小，诛诸宰臣，无不如意。案此亦由以近事为殷鉴使然也。

故宰执竟为所斩艾。然方镇又相继背叛，荆、雍厚集其力，合从缔交，则其势实有不易抗者，帝之亡，亦非战之罪也。遥光之死，罪不及孥，宝夤见胁，亦遭宽释，宝玄、昭胄，则固罪有应得也。

崔慧景之败也，收得朝野投宝玄及慧景军名，帝令烧之，曰："江夏尚尔，岂复可罪余人？"其措置实颇有思虑。郢、鲁二城，死者相积，竟无叛散，时以张冲及房僧寄比臧洪。席谦镇盆城，闻梁武兵东下，曰："我家世忠贞，陨死不二。"为陈伯之所杀。《齐书·张冲传》。马仙琕为豫州刺史，梁武使其故人姚仲宾说之，仙琕斩以徇。

梁武兵至新林，仙琕尚持兵于江西，日抄运漕。建康陷，号哭经宿，乃解兵归罪。凡此效忠者之多，固不必悉由东昏之善用，然亦可见其非不可辅。加湖未捷之际，西师实颇蹈危机，一时败亡之君，支持危局，未有若是其坚凝者，正未可以成败论也。

萧颖胄之起兵也，遣杨公则下湘州。公则留长史刘坦行州事，而身率湘府之众，会于夏口。

时义阳大守王抚之天门大守王智逊，武陵大守萧强等，并不从命，颖胄遣吉士瞻讨平之。巴西大守鲁休烈，巴東大守萧惠训亦不从。

颖胄遣刘孝庆进峡口拒之。为休烈及惠训子璝所破，进至上明。江陵大震。颖胄驰告梁武：宜遣公则还援。梁武不听。颖胄遣蔡道慕屯上明以拒之，久不决。颖胄忧虑成气，十二月，病卒。

《梁书·柳忱传》云：郢州平，颖胄议迁都夏口，忱谏以为巴峡未宾，不宜轻舍根本，摇动民志。颖胄不从。俄而巴东兵至硖口，迁都之议乃息。论者以为见机。

盖当时荆雍之间，亦未尝不相忌，梁武之必厚集其力而不肯分兵，或并非但虞郢、鲁二城也。梁武之下也，留弟伟守襄阳，而以杜陵人韦爱为司马。秦杜县，汉曰杜陵。时州内储备及人皆虚竭，魏兴大守裴师仁。齐兴大守颜僧都，齐兴、始平二郡，皆侨治武当。并据郡不受命，举兵将袭雍州。州内惊扰。爱素为州里所信服，乃推心抚御，率募乡里，得千余人，与僧都等战于始平郡南，大破之，百姓乃安。

和帝司马夏侯详，与萧颖胄同创大举，凡军国大事，颖胄多决于详。时为尚书仆射。建议征兵雍州。遣卫尉席阐文往。伟乃割州府将吏，配弟憺赴之。璝等闻建康将下，皆降。详又让荆州刺史于憺，荆州遂折而入雍。东昏侯之死也，宣德大后令：以梁武帝为大司马，录尚书事，扬州刺史，承制。

中兴二年，正月，后临朝。二月，湘东王宝晊兄弟有异谋，被杀。安陆昭王缅三子：宝晊，宝览，宝宏。《齐书·本传》云：东昏废，宝晊望物情归之，坐待法驾。既而城内送首诣梁王，宣德大后临朝，以宝晊为大常。宝晊不自安，谋反。兄弟皆伏诛。

《南史·王亮传》：亮为尚书左仆射。东昏遇杀，张稷等仍集亮于大极殿前西钟下坐议。欲立齐湘东嗣王宝晊。领军王莹曰："城闭已久，人情离解，征东在近，何不谘问。"张稷又曰："桀有昏德，鼎迁于殷，今实微子去殷，项伯归汉之日。"亮默然。朝士相次下床。乃遣国子博士范云斋东昏首送石头。又杀邵陵王宝攸，明帝第九子。晋熙王宝嵩，明帝第十子。桂阳王宝贞，明帝第十一子。鄱阳王宝寅奔虏。和帝东下，至姑熟，禅位于梁。旋死，年十五。

初萧颖胄弟颖孚在京师，庐陵人修灵祐，窃将南上，于西昌县山中，聚兵二千袭郡。此据《齐书》。《梁书·萧颖达传》云：颖孚自京师出亡，庐陵人循景智潜引与南归，至庐陵，景智及宗人灵祐与起兵。西昌，吴县，今江西泰和县。

内史谢纂奔豫章。颖孚、灵祐据郡求援。颖胄遣范僧简入湘州南道援之。僧简进克安成，以为内史，颖孚为庐陵内史，合二郡兵出彭蠡口。东昏遣军主彭盆、刘希祖三千人受陈伯之节度，南讨二郡，仍进取湘州。颖孚走。

希祖至安成，僧简见杀。颖孚收散卒据西昌。谢纂又遣兵攻之。颖孚奔湘州，寻卒。希祖移檄湘部。始兴内史王僧粲应之。此据《梁书·刘坦传》。始兴，《齐书·萧颖胄传》作湘东。湘部诸郡并起。僧粲遣军袭湘州，西朝行事刘坦拒之，屡战不胜。及闻建康下，僧粲散走，乃斩之。杨公则还州，群贼乃散。刘希祖亦以郡降。

陈伯之本为劫盗，后随王广之。建康平，遣还镇。伯之不识书，得文牒辞讼，惟作大诺而已。有事典签传口语，与夺决于主者。伯之与豫章人邓缮，永兴人汉诸暨县，吴改名永兴。戴永忠并有旧。及在州，用缮为别驾，永忠为记室参军。河南褚缙，京师之薄行者。齐末为扬州西曹，遇乱居闾里。时轻薄互能自致，惟缙不达。

高祖即位，缙频造尚书范云。云不好缙，坚拒之。缙益怒，私语所知曰："建武以后，草泽底下，悉化成贵人，吾何罪而见弃？今天下草创，饥馑不已，丧乱未可知。陈伯之拥强兵在江州，非代来臣，有自疑意。且荧惑守南斗，讵非为我出？今者一行。事若无成，入魏何遽减作河南郡？"遂投伯之书佐王思穆事之。大见亲狎。

及伯之乡人朱龙符为长流参军，并乘伯之愚暗，恣行奸险。刑政通塞，悉共专之。伯之子虎牙，时为直阁将军，高祖手疏龙符罪，亲付虎牙。虎牙封示伯之。

高祖又遣代邓缮。伯之并不受命。缮于是日夜说伯之云："台家府库空竭，复无器仗，三仓无米，东境饥流，此万代一时也，机不可失。"缙、永忠等每赞成之。伯之于是集府、州佐史，谓曰："奉齐建安王教，建安王，宝寅。率江北义勇十万，已次六合，今江苏六合县。见使以江州见力运粮速下。"时天监元年五月也。

高祖遣王茂讨伯之。伯之趣豫章，大守郑伯伦坚守。伯之攻之，不能下。茂前军至，伯之表里受敌，败走。伯之之叛也，遣信还都报虎牙兄弟。虎牙等走盱眙。及是，伯之间道亡命出江北，与虎牙及褚缙俱入魏。

四年，临川王宏北讨，命记室邱迟与伯之书，伯之乃于寿阳拥众八千来归。《纪》在五年三月。虎牙为魏人所杀。褚緭在魏，魏人欲擢用之，魏元会，緭戏为诗曰："帽上著笼冠，袴上著朱衣。不知是今是不知非昔非？"魏人怒，出为始平大守。魏始平郡，当在今陕西境。日日行猎，堕马死。一怒而北走胡、南走越者，可以鉴矣。

刘季连为益州，贪鄙无政绩，又严愎酷狠，郡县多叛乱。季连讨之，不克。高祖遣送季连弟及二子喻旨慰劳。季连受命，饬还装。

高祖以邓元起为益州刺史。元起南郡人，季连为南郡时薄之。元起典签朱道琛，尝为季连府都录，无赖小人，季连欲杀之，逃免。

至是，说元起曰："益州乱离已久，公私府库，必多耗失。刘益州临归空竭，岂复能远遣候递？道琛请先使检校，缘路奉迎。不然，万里资粮，未易可得。"元起许之。

道琛既至，言语不恭。又历造府州人士，见物辄夺之。有不获者，语曰："会当属人，何须苦惜？"于是军府大惧，谓元起至必诛季连，祸及党与。竞言之于季连。季连亦以为然。又恶昔之不礼于元起也，益愤懑。遂矫称齐宣德皇后令，聚兵复反。收朱道琛杀之。

天监元年，六月，元起至巴西。季连遣将拒战，互有得失。久之，乃败退。季连驱略居人，闭城固守。元起稍进围之。城中食尽，升米三千，亦无所籴，饿死者相枕。季连食粥累月。饥窘无计。

二年，正月，高祖遣宣诏降季连，季连肉袒请罪。四月，元起入成都，蜀平。

第十一章

元魏盛衰

第一节　冯后专朝

元魏之国情，实至孝文迁洛而一大变。孝文之为人，盖全出文明大后所卵育，其能令行于下，亦大后专政时威令夙行，有以致之；故后实北魏一朝极有关系之人物也。欲知后之得政，又必先知其前此两朝继嗣时之争乱。

《魏书》：大武皇帝十一男：贺皇后生景穆皇帝。越椒房生晋王伏罗。舒椒房生东平王翰。初封秦王。弗椒房生临淮王谭。初封燕王。伏椒房生楚王建间。后改封广阳王。《北史》但名建。石昭仪生南安王余。其小儿、猫儿、虎头、《北史》作彪头，避唐讳。龙头，并缺母氏，皆早薨；无传。

《殿本考证》云："凡十人，而云十一男者？盖其一不特缺母氏，并未有名，故不可得纪也。"

案《北史》猫儿下多一真，则足十一之数矣。景穆帝为其子高宗文成帝浚即位后追谥。庙号恭宗。名晃。以大武帝延和元年，宋文帝元嘉九年。立为大子。时年五岁。真君五年，元嘉二十一年。监国。正平元年，元嘉二十八年。死。

《魏书·阉官传》云：宗爱，不知其所由来。以罪为阉人。历碎职，至中常侍。

正平元年，正月，世祖大会于江上，班赏群臣，以爱为秦郡公。恭宗之监国也，每事精察，爱天性险暴，行多非法，恭宗每衔之。给事中仇尼道盛，《北史》作侯道盛。案此等系或从本姓或据后所改之姓追书。侍郎任平城等，任事东宫，微为权势，世祖颇闻之。二人与爱并不睦。爱惧道盛等案其事，遂构告其罪。诏斩道盛等于都街。世祖震怒，恭宗遂以忧薨。是后世祖追悼恭宗，爱惧诛，遂谋逆。

二年，元嘉二十五年。春，世祖暴崩，二月甲寅。爱所为也。尚书左仆射兰延，侍中和疋、薛提等秘不发丧。延、疋议以高宗冲幼，时年十三。欲立长君。征秦王翰，置之秘室。提以高宗有世嫡之重，不可废所宜立，而更求君。延等犹豫未决。

爱知其谋。始爱负罪于东宫，而与吴王余素协。乃密迎余，自中宫便门入。矫皇后令皇后赫连氏，屈丐女。征延等。延等以爱素贱，弗之疑，皆随之入。爱先使阉竖三十人持仗于宫内，以次收缚，斩于殿堂。执秦王翰，杀之于永巷。而立余。余以爱为大司马、大将军、大师、都督中外诸军事，领中秘书，封冯翊王。

爱既立余，位居元辅，录三省，兼总戎禁。坐召公卿，权恣日甚。内外惮之。群情咸以爱必有赵高、阎乐之祸。余疑之，遂谋夺其权。爱愤怒，使小黄门贾周等夜杀余。事在十月丙午朔。

高宗立，诛爱、周等，皆具五刑，夷三族。《余传》云：余自以非次而立，厚赏群下，取悦于众。为长夜之饮，声乐不绝。旬月之间，帑藏空罄。尤好弋猎，出入无度。边方告难，余不恤之。百姓愤惋，而余宴如也。宗爱权恣日甚，内外惮之，余疑爱将谋变，夺其权，爱怒，因余祭庙，夜杀余。

《刘尼传》云：拜羽林中郎。宗爱既杀南安王余于东庙，秘之，惟尼知状。尼劝爱立高宗。

爱自以负罪于景穆，闻而惊曰："君大痴人。皇孙若立，岂忘正平时事乎？"尼曰："若尔，今欲立谁？"

爱曰："待还宫，擢诸皇子贤者而立之。"尼惧其有变，密以状告殿中尚书源贺。秃发傉檀子。本名破羌，大武赐姓，后又赐名。贺时与尼俱典兵宿卫。仍共南部尚书陆丽谋。于是贺与尚书长孙渴侯严兵守卫，尼与丽迎高宗于苑中。丽抱高宗于马上，入京城。

尼驰还东庙，大呼曰："宗爱杀南安王，大逆不道。皇孙已登大位。有诏：宿卫之士，皆可还宫。"众咸唱万岁。贺及渴侯登执宗爱、贾周等。勒兵而入，奉高宗于宫门外入登永安殿。

《宋书·索虏传》云：初焘有六子：长子晃，字天真，为大子。次曰晋王。焘所住屠苏为疾雷击，屠苏倒，见厌殆死，左右皆号泣，晋王不悲，焘怒，赐死。《魏书》：晋王死于真君八年，即宋元嘉二十四年。

次曰秦王乌奕干。与晃对掌国事。晃疾之，愬其贪暴。焘鞭之二百，遣镇枹罕。次曰燕王。次曰吴王，名可博真。次曰楚王，名树洛真。焘至汝南、瓜步，晃私取诸营卤获甚众。焘归闻知，大加搜检。晃惧，谋杀焘。焘乃诈死，使其近习召晃迎丧，于道执之。

及国，罩以铁笼。寻杀之。《通鉴考异》引《宋略》云：焘既南侵，晃淫于内，谋欲杀焘。焘知之。归而诈死，召晃迎丧。晃至，执之。罩以铁笼，捶之三百，曳于丛棘以杀焉。以乌奕干有武用，以为大子。会焘死，使嬖人宗爱立博真为后。宗爱、博真恐为奕干所危，矫杀之而自立。博真懦弱，不为国人所附。

晃子浚，字乌雷直勤，素为焘所爱。燕王谓人曰："博真非正，不宜立，真勤嫡孙应立耳。"乃杀博真及宗爱，而立浚为主。《魏书》之非实录不俟辩，自当以《宋书》为据。

《魏书·高允传》云：恭宗季年，颇亲近左右，营立田园，以取其利。允谏不纳，则恭宗颇好贿，私取卤获，说自不诬。仇尼道盛、任平城，盖即其左右之见亲者。

秦王既为大子，则本所当立，薛提非持正之论，反为干纪之人，故兰延、和疋疑不敢应；高宗即位，乃以其有谋立之诚，特诏其弟浮子袭兄爵也。宗爱虽为郡公，究属阉宦，安能为所欲为？观《宋书》之说，则知南安之立，本由大武乱命，故虽据非其所，仍能绵历八阅月也。

《魏书·本纪》：文成即位之后，以元寿乐为大宰，都督中外诸军，录尚书事。寿乐，章帝之后。《传》云：有援立功。长孙渴侯为尚书令，加仪同三司。

十一月，二人争权，并赐死。是月，临淮王谭薨。平南将军宋子侯周忸进爵乐陵王。陆丽为平原王。十二月，以周忸为大尉，陆丽为司徒，杜元宝为司空。遣子。遗，密皇后兄超之从弟。

建业公陆俟进爵东平王。俟，丽之父。《丽传》云：封平原王。频让再三。诏不听。丽又启曰："臣父历奉先朝，忠勤著称，今年至西夕，未登王爵，愿裁过恩，听遂所讲。"高宗曰："朕为天下主，岂不能得二王封卿父子也？"乃以其父俟为乐平王。

广平公杜遗进爵为王。周忸有罪，赐死。濮阳公闾若文进爵为王。明年，正月，杜元宝进爵京兆王。是月，杜遗薨。尚书仆射东安公刘尼进爵为王。封建宁王崇子丽为济南王。崇，明元帝子。尚书西平公源贺进爵为王。二月，杜元宝谋反，伏诛。建宁王崇，崇子济南王丽为元宝所引，各赐死。三月，安丰公闾虎皮进爵为河间王。七月，闾若文、永昌王仁谋反，仁，明元子永昌庄王健之子。赐仁死于长安，若文伏诛。又古弼与张黎，恭宗摄政时俱为辅弼。吴王立，弼为司徒，黎为大尉。

高宗立，二人俱以议不合旨免。弼有怨谤之言，家人告其巫蛊，伏法。黎亦同诛。凡此，皆当与当时争位之事有关，其详则不可考矣。

文成帝在位十三年，以宋明帝泰始元年五月死。大子弘立，是为显祖献文皇帝。时年十一。车骑大将军乙浑矫诏杀尚书杨保年、平阳公贾爱仁、南阳公张天度于禁中。侍中司徒陆丽自汤泉入朝，浑又杀之。此汤泉在代郡，见《丽传》。以浑为大尉，录尚书事。

七月，为丞相。位居诸王上。事无大小，皆决于浑。

《顺阳公郁传》云：郁，桓帝后。高宗时，位殿中尚书。高宗崩，乙浑专权，隔绝内外，百官震恐，计无所出。郁率殿中卫士数百人，从顺德门入，欲诛浑。浑惧，逆出问郁曰："君入何意？"郁曰："不见天子，群臣忧惧，求见主上。"浑窘怖，谓郁曰："今大行在殡，天子谅阴，故未接百官，诸君何疑？"遂奉显祖临朝。后浑心规为乱，朝臣侧目。郁复谋杀浑，为浑所诛。《宜都王目辰传》云：为侍中尚书左仆射。与兄郁议欲杀浑，事泄，郁被诛，目辰逃隐得免。观此，则浑在当日，殆有废立之谋而未克遂也。至明年，正月，乃为文明皇后所杀。

《文成文明皇后传》云：冯氏，长乐信都人也。父朗，秦、雍二州刺史。母乐浪王氏。乐浪，汉武定朝鲜所置四郡之一，治今平壤，此时已没于高句丽矣。后生于长安。朗坐事诛，后遂入宫。

世祖左昭仪，后之姑也。雅有母德，抚养教训。年十四，高宗践极，以选为贵人。后立为皇后。高宗崩，故事，国有大丧，三日之后，御服、器物，一以烧焚，百官及中宫，皆号泣而临之，后悲叫，自投火中，左右救之，良久乃苏。

案此事极可异，其时殆有欲杀后者？其即乙浑邪？抑非也？《传》又云：显祖即位，尊为皇大后。丞相乙浑谋逆，显祖年十三，居于谅闇，大后密定大策，诛浑。遂临朝听政。《列帝玄孙丕传》云：显祖即位，累迁侍中。丞相乙浑谋反，丕以奏闻，诏丕帅元贺、牛益得收浑诛之。乙浑事之可考者，如是而已。浑妻庶姓，而求公主之号，为贾秀所拒，见《秀传》，其事无甚关系。魏史之缺略，诚令人如堕五里雾中也。

献文帝在位五年，以天安六年，即孝文帝延兴元年，宋明帝泰始七年。传位于子宏，是为高祖孝文皇帝。又五年而死。孝文帝承明元年，宋后废帝元徽四年。

《文明后传》云：高祖生，大后躬亲抚养，是后罢令不听政事。大后行不正，内宠李奕，显祖因事诛之，大后不得意。

显祖暴崩，时言大后为之也。此十一字，《北史》作"遂害帝"三字。《通鉴考异》引元行冲《后魏国典》云："大后伏壮士于禁中，大上入谒，遂崩。"李奕者，顺之子。其见诛在皇兴四年，即宋明帝泰始六年，献文传位之前一年也。

奕兄敷、式，敷次子仲良，敷从弟显德，妹夫宋叔珍，同时俱死。敷长子伯和，走窜岁余，为人执送，杀之。惟奕别生弟冏，逃避得免；伯和庶子孝祖，年小藏免。实当时一大狱也。敷之获罪，由李䜣列其罪恶二十余条，大和初，大后追念奕兄弟，乃诛䜣而存问式子宪等焉。敷之诛，《帝纪》与慕容白曜连书。

《白曜传》云：高宗崩，与乙浑共秉朝政。初乙浑专权，白曜颇所依附，缘此追以为责。及将诛也，云谋反叛，时论冤之。白曜之诛，非以依附乙浑，无待于言，或正以其与李奕等交关耳。白曜陷青、冀有功，在当时应有威望，然则奕之见诛，恐尚不仅以其为大后所宠也。

案高祖之生，在皇兴元年八月，宋泰始三年。其时显祖年仅十三，能否生子，实有可疑。后来后专朝政，高祖拱手不得有为，且几遭废黜，《高祖纪》云：文明大后以帝聪圣，后或不利于冯氏，将谋废帝。乃于寒月单衣闭室，绝食三朝。召咸阳王禧，将立之。元丕、穆泰、李冲固谏，乃止。帝初不有憾，惟深德丕等。《天象志》云：大后将危少主者数矣，帝春秋方富，而承事孝敬，故竟得无咎。

然讫无怨言。比其死也，方修谅阴之仪，致史家讥其昧于《春秋》之义。《天象志》云：献文暴崩，实有鸩毒之祸焉。其后文明皇大后崩，孝文皇帝方修谅阇之仪，笃孺子之慕，竟未能述宣《春秋》之义，而惩奸人之党。是以胡氏循之，卒倾魏室。岂不哀哉？又高祖之母思皇后李氏，绝无事迹可见。

《文明后传》言："讫后之崩，高祖不知所生。"夫后之于高祖，绝非如宋章献后之于仁宗，何以为此讳匿？思皇后为李惠女，惠家遭文明后屠戮，后死后绝无平反。

且高祖于冯氏甚厚，李氏甚薄，至世宗时犹然。李惠者，盖之子，盖即尚沮渠牧犍之妻武威公主者也。《外戚传》云：惠素为文明大后所忌。诬惠将南叛，诛之。惠二弟初、乐，与惠诸子同戮。后妻梁氏，亦死青州。尽没其家财。惠本无衅，天下冤惜焉。此事在大和元年，即宋顺帝之升明二年也。惠时为青州刺史。

《传》又云：惠从弟凤，为定州刺史安乐王长乐主簿。后长乐以罪赐死，时卜筮者河间邢谠辞引凤，云长乐不轨，凤为谋主，伏诛。惟凤弟道念与凤子及兄弟之子皆逃免。后遇赦乃出。案凤之死在大和三年，即齐高帝建元元年也。

长乐，文成帝子。《传》又云：大和十二年，高祖将爵舅氏，诏访存者，而惠诸从以再罹孥戮，难于应命。惟道念敢先诣阙。乃申后妹及凤兄弟子女之存者。于是赐凤子屯爵柏人侯，安祖浮阳侯，兴祖安喜侯，道念真定侯，从弟寄生高邑子，皆加将军。

十五年，安祖昆弟四人以外戚蒙见。诏谓之曰："卿之先世，内外有犯，得罪于时。然官必用才，以亲非兴邦之选。外氏之宠，超于末叶。从今已后，自非奇才，不得复以外戚，谬班抽举。既无殊能，今且可还。"后例降爵，安祖等改侯为伯，并去军号。高祖奉冯氏过厚，于李氏过薄，舅家了无叙用，朝野人士，所以窃议。大常高闾，显言于禁中。及世宗宠隆外家，并居显位，乃惟高祖舅氏，存已不沾恩泽。其事皆不可解。

然则高祖果思后子邪？抑非思后子也？窃谓文明后为好专权势之人，岂有因生孙而罢政？且亦何必因此而罢政？岂高祖实后私生之子，后因免乳，乃不得不罢朝欤？此事固无证据可举，然以事理推之，实不得不作如是想。此等事，固永无证据可得也。冯朗为北燕末主弘之子。冯跋，史虽云其家于昌黎，遂同夷俗，然观其政事，即知其大与胡虏不同。乐浪王氏，亦久为衣冠之族。

《齐书·魏虏传》亦云：冯氏黄龙人。又载一异说云："冯氏本江都人，江都，汉县，今江苏江都县。佛狸元嘉二十七年南侵，略得冯氏。浚以为妾。"其说恐不足信。即谓可信，其为以文明人入野蛮部族，亦与燕、魏之为婚媾同也。

高祖之教育，盖全受诸文明后，与佛狸母虽汉人，教育则全受诸鲜卑者大异，此其所以能去腥膻之乡，践礼教之域，毅然独断，大革胡俗欤？

《北史·薛聪传》云：帝曾与朝臣论海内姓地人物，戏谓聪曰："世人谓卿诸薛是蜀人，定是蜀人不？”

聪对曰：“臣远祖广德，世仕汉朝，时人呼为汉人。九世祖永，随刘备入蜀，时人呼为蜀臣。今事陛下，是虏非蜀也。”

帝抚掌笑曰：“卿幸可自明非蜀，何乃遂复苦朕？”彼其胸中，盖无复丝豪以虏自居之意矣。谓非实有以吕易嬴之事，而彼且自知之，得乎？

孝文受禅时，年五岁。史言献文本欲传位于京兆王子推，景穆子。以任城王云亦景穆子。及元丕、源贺、陆馛、倈子。高允、赵黑固谏，乃止。此自为表面文字。献文死，文明后为大皇大后，临朝称制。

至大和十四年齐武帝永明八年。乃死。称制凡十五年。自乙浑诛至此，则二十五年矣。

《后传》云：自大后临朝专政，高祖雅性孝谨，不欲参决，事无巨细，一禀于大后。大后多智略。猜忍，能行大事。生杀赏罚，决之俄顷，多有不关高祖者。是以威福兼作，震动内外。杞道德、即抱嶷，见《阉官传》。王遇、张祐、苻承祖等，拔自寒阉，岁中而至王公。大后所宠阉人，尚有赵黑。尝为选部尚书。出为定州刺史。又为尚书左仆射。李䜣之死，黑有力焉。又有剧鹏、李丰、王质、李坚、孟鸾等，皆见《阉官传》。

王叡出入卧内，数年便为宰辅。赏赍财帛，以千万亿计。金书铁券，许以不死之诏。《叡传》云：出入帷幄，大后密赐珍玩、缯采，人莫能知。率常以夜，帷车载往，阉官防致。前后巨万，不可胜数。加以田园、奴婢、牛马、杂畜，并尽良美。大臣及左右，因是以受赍锡，外示不私，所费又以万计。

至其子椿，《传》犹称其僮仆千余，园宅华广，声伎自适，无乏于时。叡弟谌之孙超，史亦称其每食必穷水陆之味焉。

《阉官传》云：李丰之徒数人，皆被眷宠，积赀巨万，第宅华壮。文明大后崩后，乃渐衰矣。又云：张祐岁月赏赐，家累巨万。王遇与抱嶷，前后赐奴婢数百人，马、牛、羊他物称是。二人俱号富室。

王叡疾病，高祖、大后，每亲视疾。侍官省问，相望于道。将葬于城东，高祖登城楼以望之。诏为叡立祀，于都南二十里大道右起庙，以时祭荐。并立碑铭，置守冢五家。京都士女，谄称叡美，造新声而弦歌之，名曰中山王乐，诏班乐府，合乐奏之。

初叡女妻李冲兄子延宾，次女又适赵国李恢子华，女之将行也，先入宫中，其礼略如公主、王女之仪。大后亲御大华殿，寝其女于别帐。叡与张祐侍坐。叡所亲及两李家丈夫、妇人；列于东西廊下。及车引，大后送过中路。

时人窃谓天子、大后嫁女。张祐，大后为造甲宅，宅成，高祖、大后，亲率文武往燕会焉。抱嶷，幼时陇东人张乾王反叛，家染其逆，及乾王败，父睹生逃避得免，嶷独与母没入京师，遂为宦人。大后既宠之，乃征睹生，拜大中大夫。赏赐衣马。睹生将退，见于皇信堂，高祖执手谓之曰："老人归途，几日可达？好慎行路。"其上下渎乱如此，宜乎《天象志》谓大后专朝且多外嬖，虽天子犹依附之也。

李冲虽以器能受任，亦由见宠帷幄。密加锡赉，不可胜数。《冲传》云：冲为文明大后所幸，恩宠日盛，赏赐月至数十万。密致珍宝御物，以充其第，外人莫得而知焉。冲家素清贫，至是始为富室。后性严明，假有宠待，亦无所纵。左右纤芥之愆，动加捶楚，多至百余，少亦数十。

然性不宿憾，寻亦待之如初；或因此更加富贵。是以人人怀于利欲，至死而不思退。外礼民望元丕、游明根等，颁赐金帛、舆马。每至褒美王叡等，皆引丕等参之，以示无私。又自以过失，惧人议己，小有疑忌，便见诛戮。如李䜣、李惠之徒，猜嫌覆灭者十余家，死者数百人，率多枉滥，天下冤之。

案后奢侈之事见于史者，不可枚举。即以营建论：高祖尝为后经始灵塔；罢鹰师曹，以其地为报德佛寺。

后与高祖游于方山，在今山西大同县北。顾瞻川阜，有终焉之志。高祖乃诏有司营建寿陵于方山，又起永固石室，将终为清庙焉。大和五年起作，齐建元三年。八年而成。刊石立碑，颂大后功德。大后又立宣王庙于长安，大后父。燕思佛图于龙城；皆刊石立碑。

后之侈，未知视胡灵后何如，杀戮则过之矣，而没身无患，至于孝文，犹称魏之盛世，岂不以距开创未久，兵力尚强，而代北之地，风气质朴，莫敢称兵以叛邪？至于南迁，而情势又异矣。

第二节　孝文迁洛

魏初风俗至陋。《齐书·魏虏传》述其情形云：什翼珪始都平城，犹逐水草，无城郭。木末明元帝。始土著居处。佛狸破凉州、黄龙，徙其居民，大筑城邑。《魏书·天象志》：天赐三年，六月，发八部人自五百里内缮修都城。魏于是始有邑居之制度。天赐三年，晋安帝之义熙二年也。

截平城西为宫城。四角起楼女墙。门不施屋。城又无堑。南门外立二土门。内立庙。开四门，各随方色。凡五庙，一世一间瓦屋。其西立大社。佛狸所居云母等三殿，又立重屋，居其上。饮食厨名阿真。厨在西，皇后可孙，恒出此厨求食。殿西铠仗库，屋四十余间。殿北丝、绵、布、绢库，土屋一十余间。

伪大子宫在城东，亦开四门，瓦屋，四角起楼。妃妾住皆土屋。婢使千余人，织绫锦，贩卖，酤酒，养猪、羊，牧牛、马，种菜逐利。大官八十余窖，窖四千斛，半谷半米。又有悬食瓦屋数十间。置尚方作铁及木。其袍衣，使宫内婢为之。

伪大子别有仓库。其郭城绕宫城南，悉筑为坊。坊开巷。坊大者容四五百家，小者六七十家。城西南去白登山七里。山边别立祖父庙。城西有祠天坛，立四十九木人，长丈许，白帻、练裙、马尾被立坛上。

常以四月四日，杀牛马祭祀，盛陈卤簿，边坛奔驰，奏伎为乐。城西三里，刻石写《五经》及其国记，于邺取石虎文石屋基六十枚，皆长丈余以充用。

国中呼内左右为直真。外左右为乌矮真。曹局文书吏为比德真。檐衣人为朴大真。带仗人为胡洛真。通事人为乞万真。守门人为可薄真。伪台乘驿贱人为拂竹真。诸州乘驿人为咸真。杀人者为契害真。为主出受辞人为折溃真。贵人作食人为附真。三公贵人，通谓之羊真。

佛狸置三公、大宰、尚书令、仆射、侍中，与大子共决国事。殿中尚书知殿内兵马、仓库。乐部尚书知伎乐及角史、伍伯。驾部尚书知牛、马、驴、骡。南部尚书知南边州郡。北部尚书知北边州郡。又有俟勤地何，比尚书。

莫堤，比刺史。郁若，比二千石。受别官，比诸侯。诸曹府有仓库，悉置比官。皆使通虏、汉语，以为传译。兰台置中丞、御史，知城内事。又置九豆和官，宫城三里内民户籍不属诸军戍者悉属之。其车服：有大小辇，皆五层，下施四轮，三二百人牵之，四施绠索备倾倒。轺车建龙旗，尚黑。妃后则施杂采幰，无幢络。

大后出，则妇女著铠骑马，近辇左右。虏主及后妃常行乘银镂羊车，不施帷幔。皆偏坐，垂脚辕中。在殿上亦跂据。正殿施流苏帐、金博山、龙凤朱漆画屏风、织成幌。坐施氍毹。褥前施金香炉、琉璃钵、金碗、盛杂食器。设客长盘一尺。御馔圆盘广一丈。为四轮车，元会日六七十人牵上殿。蜡日逐除；岁尽，城门磔雄鸡；苇索、桃梗如汉仪。自佛狸至万民，献文帝。世增雕饰。

正殿西筑土台，谓之白楼。万民禅位后，常游观其上。台南又有伺星楼。正殿西又有祠屋，琉璃为瓦。宫门稍覆以屋，犹不知为重楼。并设削泥采，画金刚力士。

又规画黑龙相盘绕，以为厌胜。其文化，盖兼受诸中国及西域，然究不脱北狄本色，《魏虏传》云："佛狸已来，稍僭华典，胡风、国俗，杂相揉乱。"此胡风指西域言，国俗则鲜卑之本俗也。欲革之于旦夕之间，固非迁徙不为功矣。

孝文知北人之不乐徙也，乃借南伐为名以胁众。

齐武帝永明十一年，虏大和十七年也。八月，孝文发代都，声言南伐。九月，至洛阳。自发代都，霖雨不霁，孝文仍诏发轸。群臣稽颡马前。孝文乃言："今者兴动不小，动而无成，何以示后？若不南行，即当移都于此。"

众惮南征，无敢言者。遂定迁都洛阳之计。其事详见《魏书·李冲传》。孝文此举，必有参与密谋者，今不可考，以意度之，必为汉臣，李冲当即其一也。

当南伐时，即起宫殿于邺西，十一月，移居焉。而委李冲以新都营构之任。明年，齐明帝建武元年。二月，北还。诏谕其下以迁都意。闰月，至平城。三月，临大极殿，谕在代群臣以迁移之略。其事详见《魏书·东阳公丕传》。

《传》谓孝文诏群下各言其意，然无敢强谏者，盖逆知其不可回矣。当时赞孝文南迁，并为开谕众人，镇抚旧京者，有任城王澄、南安王桢、广陵王羽及李韶等，亦不过从顺其意而已，非真乐迁也。《于烈传》云：人情恋本，多有异议。高祖问烈，"卿意云何？"烈曰："陛下圣略渊深，非愚管所测。若隐心而言，乐迁之与恋旧，惟中半耳。"似直言，实亦巽辞也。

明帝建武二年，大和十九年。六月，诏迁洛之民，死葬河南，不得还北。《文成五王传》：广川王略子谐，大和十九年薨，有司奏王妃薨于代京，未审以新尊从于卑旧，为宜卑旧来就新尊？诏曰：迁洛之人，自兹厥后，悉可归骸邙岭，皆不得就茔恒、代。其有夫先葬在北，妇今丧在南，妇人从夫，宜还代葬。若欲移父就母，亦得任之。其有妻坟于恒、代，夫死于洛，不得以尊就卑。欲移母就父，宜亦从之。若异葬，亦从之。若不在葬限，身在代丧，葬之彼此，皆得任之。其户属恒、燕，身官京洛，去留之宜，亦从所择。其属诸州者，各得任意。其年九月，遂尽迁于洛阳。

孝文之南迁，旧人多非所欲也，遂致激成反叛。

《魏书·高祖纪》：大和二十年，齐建武三年。十有二月，废皇大子恂为庶人。恒州刺史穆泰等在州谋反，道武都平城，于其地置司州，迁洛后改为恒州。遣任城王澄案治之。澄景穆子任城王云之子。乐陵王思誉坐知泰阴谋不告，削爵为庶人。景穆子乐陵王胡儿无子，显祖诏胡儿兄汝阴王天赐之第二子永全后之，袭封。后改名思誉。

《恂传》云：恂不好书学。体貌肥大。深忌河、洛暑热，意每追乐北方。中庶子高道悦数苦言致谏，恂甚衔之。高祖幸崧岳，大和二十年八月。恂留守金墉，于西掖门内与左右谋，欲召牧马，轻骑奔代。手刃道悦于禁中。领军元俨，勒门防遏，夜得宁静。厥明，尚书陆琇驰启高祖于南。

高祖闻之骇惋。外寝其事，仍至汴口而还。引见群臣于清徽堂。高祖曰：“古人有言，大义灭亲。今恂欲违父背尊，跨据恒、朔，今日不灭，乃是国家之大祸。”乃废为庶人。置之河阳。汉县，晋省，魏复置，在今河南孟县西。以兵守之。服食所供，粗免饥寒而已。恂在困踬，颇知咎悔。恒读佛经，礼拜，归心于善。高祖幸代，遂如长安。大和二十一年四月，齐建武四年。中尉李彪，承间密表，告恂复与左右谋逆。高祖在长安，使中书侍郎邢峦与咸阳王禧献文子。奉诏赍椒酒诣河阳赐恂死。

二十二年，齐明帝永泰元年。冬，御史台令史龙文观坐法当死，告廷尉：称恂前被摄之日，有手书自理不知状，而中尉李彪，侍御史贾尚，寝不为闻。尚坐系廷尉。时彪免归，高祖在邺，尚书表收彪赴洛，会赦，遂不穷其本末。贾尚出系，暴病数日死。

案恂死时年十五，废时年仅十四，安知跨据恒、朔？则其事必别有主谋可知。穆泰之叛也，史云：泰时为定州刺史，魏于中山置定州。自陈病久，乞为恒州，遂转陆叡为定州，以泰代焉。泰不愿迁都，叡未发而泰已至，遂潜相扇诱，与叡及安陆侯元隆、抚冥镇将鲁郡侯元业、骁骑将军元超，隆、业、超皆丕子。

阳平侯贺头，射声校尉元乐平，前彭城镇将元拔，代郡大守元珍，镇北将军乐陵王思誉等谋，推朔州刺史阳平王颐为主。朔州，魏置，今山西朔县。颐，景穆子阳平幽王新成之子。颐伪许以安之，而密表其事。高祖乃遣任城王澄发并、肆兵以讨之。并州治晋阳，今山西阳曲县。肆州治九原，在今山西忻县西。

澄先遣治书侍御史李焕单车入代，出其不意。泰等惊骇，计无所出。焕晓谕逆徒，示以祸福。于是凶党离心，莫为之用。泰自度必败，乃率麾下数百人攻焕郭门，冀以一捷。不克，单马走出城西，为人禽送。《澄传》：高祖遣澄，谓曰："如其弱也，直往禽翦。若其势强，可承制发并、肆兵殄之。"澄行达雁门，大守夜告："泰已握众，西就阳平城下聚结。"澄闻便速进。右丞孟斌曰："事不可量。须依敕召并、肆兵，然后徐动。"澄不听，而倍道兼行。又遣李焕先赴，至即禽泰。

澄亦寻到，穷治党与。《澄传》云：狱禁者凡百余人。高祖幸代，《纪》：大和二十一年正月北巡，二月至平城。亲见罪人，问其反状。泰等伏诛。陆叡赐死于狱。

《新兴公丕传》：自高祖南伐以来，迄当留守之任。后又迁大傅，录尚书。冯熙薨于代都，熙，文明后兄。丕表求銮驾亲临。诏曰："今洛邑肇构，跂望成劳。开辟迄今，岂有以天子之重，亲赴舅国之丧？朕纵欲为孝，其如大孝何？纵欲为义，其如大义何？天下至重，君臣道悬，岂宜苟相诱引，陷君不德？令、仆已下，可付法官贬之。"《陆叡传》：叡表请车驾还代，亲临冯熙之丧，坐削夺都督恒、肆、朔三州诸军事。又诏以丕为都督，领并州刺史。

丕前妻子隆，同产数人，皆与别居，后得宫人，所生同宅共产，父子情因此偏。丕父子大意不乐迁洛。高祖之发平城，大子恂留于旧京。及将还洛，丕前妻子隆，与弟超等，密谋留恂，因举兵断关，规据陉北。时丕以老居并州，虽不与其始计，而隆、超咸以告丕。丕外虑不成，口虽致难，心颇然之。及高祖幸平城，推穆泰等首谋，隆兄弟并是党。隆、超与元业等兄弟，并以谋逆伏诛。有司奏处孥戮。诏以丕应连坐，但以先许不死之身，躬非染逆之党，听免死，仍为大原百姓。其后妻二子听随。隆、超母弟及余庶兄弟，皆徙敦煌。

案冯熙死于大和十九年三月。是岁，六月，诏恂赴平城宫。九月，六宫及文武，尽迁洛阳。

《恂传》云：二十年，改字宣道。迁洛，诏恂诣代都。及恂入辞，高祖曰："今汝不应向代，但大师薨于恒壤，朕既居皇极之重，不容轻赴舅氏之丧，欲使汝展哀舅氏"云云。此与十九年六月之诏，当即一事，叔于二十年改字之后，盖《传》之误。

《丕传》所谓高祖发平城，大子留于旧京者，当即此时。高祖若至代都，称兵要胁之事，其势必不可免，代都为旧人聚集之地，势必难于收拾，故高祖拒而不往；又虑群情之滋忿也，乃使恂北行以慰抚之；自谓措置得宜矣，然魏以大子监国，由来旧矣；禅代，献文又特创其例矣。泰等是时，盖犹未欲显叛高祖，特欲挟大子据旧都，胁高祖授以监国之任？禅代盖尚非其意计所及。

高祖本使恂往，意在消弭衅端，不意恂亦为叛党所惑，还洛之后，犹欲轻骑奔代也。然此必非恂所能为，洛京中人，必又有与叛党通声气者矣，亦可见其牵连之广也。

恂既废，叛党与高祖调停之望遂绝，乃又谋推阳平，亦所谓相激使然者邪？穆泰者，崇之玄孙。以功臣子孙尚章武长公主。文明大后欲废高祖，泰切谏，乃止。

高祖德之，锡以山河，宠待隆至。陆叡，俟之孙。沈雅好学，折节下士。年未二十，时人便以宰辅许之。又数征柔然有功。实肺肤之亲，心膂之任，乔木世臣，民之望也，而皆躬为叛首。

《于烈传》言：代乡旧族，同恶者多，惟烈一宗，无所染预而已。当时情势，亦危矣哉？南迁之计，于虏为损乎？为益乎？

《齐书·王融传》：永明中，虏遣使求书，朝议欲不与，融上疏曰："今经典远被，诗史北流，冯、李之徒，必欲遵尚，直勒等类，居致乖阻。何则？匈奴以毡骑为帷床，驰射为馔粮。冠方帽则犯沙陵雪，服左衽则风骧鸟逝。若衣以朱裳，戴之玄冕，节其揖让，教以翔趋，必同艰桎梏，等惧冰渊，婆娑蹁躚，困而不能前已。

及夫春水草生，阻散马之适；秋风木落，绝驱禽之欢；息沸唇于桑墟，别踶乳于冀俗；听韶雅如聋聩，临方丈若爰居；冯、李之徒，固得志矣，虏之凶族，其如病何？于是风土之思深，愎戾之情动；拂衣者连裾，抽锋者比镞；部落争于下，酋渠危于上；我一举而兼吞，卞庄之势必也。"其于魏末丧乱，若烛照之矣。

《魏书·孙绍传》：绍于正光后表言："往者代都，武质而治安，中京以来，文华而政乱。故臣昔于大和，极陈得失；延昌、正光，奏疏频上。"今其所陈不可悉考，然谓武质而安，文华而乱，固已曲尽事情。

离乎夷狄而未即乎中国，固不免有此祸。然遂终自安于夷狄可乎？子曰："朝闻道，夕死可矣"，一人如是，一族亦然。鸟飞准绳，岂计一时之曲直？是则以一时言，南迁于虏若为害，以永久言，于虏实为利也。孝文亦人杰矣哉！

《昭成子孙传》云：高祖迁洛，在位旧贵，皆难于移徙，时欲和合众情，遂许冬则居南，夏便居北。世宗颇惑左右之言，外人遂有还北之问。至乃榜卖田宅，不安其居。

昭成玄孙晖，乃请间言："先皇移都，为百姓恋土，故发冬夏二居之诏，权宁物意耳。乃是当时之言，实非先皇深意。且北来迁人，安居岁久，公私计立，无复还情。陛下当终高祖定鼎之业，勿信邪臣不然之说。"世宗从之。

《肃宗纪》：熙平二年，梁武帝天监十六年。十月，诏曰："北京根旧，帝业所基。南迁二纪，犹有留住。怀本乐业，未能自遣。若未迁者，悉可听其仍停。"

此可见孝文虽雷厉风行，实未能使代都旧贵，一时俱徙，且于既徙者亦仍听其往还也。然以大体言之，南迁之计，固可谓为有成矣。

迁都之后，于革易旧俗，亦可谓雷厉风行。

大和十八年，齐建武元年。十二月，革衣服之制。明年，六月，诏不得以北俗之语，言于朝廷。若有违者，免所居官。又明年，正月，诏改姓元氏。又为其六弟各聘汉人之女，前所纳者，可为妾媵，事见《咸阳王禧传》。

《传》又载：孝文引见群臣，诏之曰："今欲断诸北语，一从正音。年三十以上，习性已久，容或不可卒革，三十以下，见在朝廷之人，语音不听仍旧。若有故为，当降爵、黜官。所宜深戒。"又曰："朕尝与李冲论此，冲言四方之语，竟知谁是？帝者言之，即为正矣，何必改旧从新？冲之此言，应合死罪。"乃谓冲曰："卿实负社稷，合令御史牵下。"又引见王公卿士，责留京之官曰："昨望见妇女之服，仍为夹领小袖。我徂东山，虽不三年，既离寒暑，卿等何为，而违前诏？"

案民族根柢，莫如语言，语言消灭，未有不同化于他族者，不则一切取之于人，仍必岿然独立为一民族。就国史观之，往昔入居中原诸族，及久隶我为郡县之朝鲜、安南，即其明证。

人无不有恋旧之心，有恋旧之心，即无不自爱其语言者。孝文以仰慕中国文化之故，至欲自举其语言而消灭之，其改革之心，可谓勇矣。其于制度，亦多所厘定，如立三长之制，及正官制，修刑法是也，别于他章述之。史称孝文"雅好读书，手不释卷。《五经》之义，览之便讲。学不师授，探其精奥。史传、百家，无不该涉。善谈庄、老，尤精释义。才藻富赡，好为文章。诗赋铭颂，任兴而作。有大文笔，马上口授，及其成也，不改一字。自大和十年已后，诏册皆帝之文也。"此自不免过誉，然其于文学，非一无所知审矣。亦虏中豪桀之士也。

拓跋氏之任用汉人，始于桓、穆二帝。其时之卫操、姬淡、卫雄、莫含等，虽皆乃心华夏，非欲依虏以立功名，然于虏俗开通，所裨必大，则可想见。六修之难，晋人多随刘琨任子南奔，虏之所失，必甚巨也。《卫操传》云：始操所与宗室、乡亲入国者：卫勤、卫崇、卫清、卫沈、段业、王发、范班、贾庆、贾循、李台、郭乳。六修之难，存者多随刘琨任子遵南奔。

昭成愚戆，观其见获后对苻坚之语可知。其能用汉人，盖尚不逮桓、穆。其时汉人见用，著于魏史者，惟许谦、燕凤而已。据《魏书·传》：凤为昭成代王左长史，谦为郎中令，兼掌书记。道武性质，更为野蛮。

破燕以后，不得不任用汉人，然仍或见诛夷，或遭废黜，实不能谓为能用汉人也。《道武本纪》谓参合陂之捷，始于俘虏之中，擢其才识，与参谋议。及并州平，初建台省，置百官，尚书郎已下，悉用文人。又云：帝初拓中原，留心慰纳。诸士大夫诣军门者，无少长，皆引入赐见，存问周悉，人得自尽。苟有微能，咸蒙叙用。此不过用为掾史之属而已，无与大计也。

道武所用汉人，较有关系者，为许谦、燕凤、张衮、崔宏、邓渊、崔逞。谦、凤皆昭成旧人，其才盖非后起诸臣之敌。渊以从父弟晖与和跋厚善见杀。逞使妻与四子归慕容德，独与小子留平城，道武嫌之，遂借答晋襄阳戍将书不合杀之。张衮以先称美逞及卢溥，亦见黜废。

《逞传》言：司马休之等数十人，为桓玄所逐，皆将来奔，至陈留南，分为二辈一奔长安，一归广固。大祖初闻休之等降，大悦。后怪其不至，诏兖州寻访。获其从者，皆曰："闻崔逞被杀，故奔二处。"大祖深悔之。自是士人有过者，多见优容。此亦不过一时之悔而已，以道武之猜忍好杀，又安知惩前毖后邪？

然既荐居中国之地，政务稍殷，终非鲜卑所能了，故汉人之见任者，亦稍多焉。崔浩见信于明元、大武二世，浩以谋覆虏诛，而大武仍任李孝伯；孝伯为顺从弟。《传》云：自崔浩诛后，军国之谋，咸出孝伯，世祖宠眷亚于浩。高允与立文成，初不见赏，《允传》云：高宗即位，允颇有谋焉，司徒陆丽等皆受重赏，允既不蒙褒异，又终身不言。

文明后诛乙浑，乃引允与高闾入禁中，共参朝政；即可见此中消息。然允等之见任，实不过职司文笔而已，《允传》云：自高宗迄于显祖，军国书檄，多允文也。末年乃荐高闾以自代。《闾传》云：文明大后甚重闾，诏令书檄，碑铭赞颂皆其文也。

《齐书·王融传》融上疏曰："虏前后奉使不专汉人，必介以匈奴，备诸觋获。且设官分职，弥见其情。抑退旧苗，扶任种戚。师保则后族冯晋国，总录则邽姓直勒渴侯，台鼎则丘颓、苟仁端，执政则目凌钳耳。至于东都羽仪，四京簪带，崔孝伯、程虞虬久在著作，李元和、郭季祐止于中书，李思冲饰虏清官，游明根泛居显职。"虏之遇汉人如何，当时固人知其情也。

《允传》言：允谏诤，高宗常从容听之。或有触迕，帝所不忍闻者，命左右扶出。事有不便，允辄求见。高宗知允意，逆屏左右以待之。礼敬甚重。晨入暮出，或积日居中，朝臣莫知所论。

或有上事陈得失者，高宗省而谓群臣曰："君父一也。父有是非，子何为不作书于人中谏之，使人知恶，而于家内隐处也？岂不以父亲，恐恶彰于外也？今国家善恶，不能面陈，而上表显谏，此岂不彰君之短，明己之美？至如高允者，真忠臣矣。朕有是非，常正言面论。

"至朕所不乐闻者，皆侃侃言说，无所避就。朕闻其过，而天下不知其谏，岂不忠乎？汝等在左右，曾不闻一正言，但伺朕喜时，求官乞职。汝等把弓刀侍朕左右，徒立劳耳，皆至公王，此人把笔匡我国家，不过著作郎，汝等不自愧乎？"于是拜允中书令，著作如故。夫以言不忍闻，遂令左右扶出，所谓礼遇甚重者安在？

高宗之爱允，不过以不彰其过而已，此实好谀恶直，岂曰能容谏臣？允之谏诤，史所举者，营建宫室，及婚娶丧葬，不依古式，此并非听者所不乐闻；又以不显谏自媚；而其见宠，尚不逮把持弓刀之人，虏之视汉人何等哉？

然史又言："魏初法严，朝士多见杖罚，允历事五帝，出入三省，五十余年，初无谴咎"，盖允虽貌若蹇直，实不肯触虏之忌，其不欲尽忠于虏，犹崔宏之志也。

《传》又言：高宗既拜允中书令，司徒陆丽曰："高允虽蒙宠待，而家贫，布衣，妻子不立。"高宗怒曰："何不先言？今见朕用之，方言其贫。"是日，幸允第。惟草屋数间，布被缊袍，厨中盐菜而已。

初与允同征游雅等，多至通官，封侯，及允部下吏百数十人，亦至刺史、二千石，而允为郎二十七年不徙官。时百官无禄允常使诸子樵采自给。又云：是时贵臣之门，皆罗列显官，而允子弟皆无官爵。盖允之仕虏，特不得已求免死而已。

虽不逮崔浩之能密图义举，视屈节以求富贵者，其犹贤乎？允之见征，在大武神䴥四年，宋文帝元嘉八年也。史云至者数百人，皆差次叙用，盖大武之世征用汉人最盛者也。事见《魏书·本纪》。即李冲见宠衽席之上，实亦佞幸之流，高祖特以大后私昵，虚加尊礼，非真与谋军国大计也。

此外李彪、宋弁、郭祚、崔亮之徒，或佐铨衡，或助会计，碌碌者更不足道。虏之桢干，仍在其种戚之手。此辈一骄奢疲苶，而其本实先拨矣。此则非迁都所能求益，抑且助长其骄淫，所谓离乎夷狄，而未即乎中国也。

第三节　齐魏兵争

南北之兵争，至宋末而形势一变。宋初，中国尚全有河南，魏大武之南伐，中国虽创巨痛深，然虏亦仅事剽掠，得地而不能守也。及明帝篡立，四境叛乱，淮北沦陷，魏人始有占据河南之心，至孝文南迁，而虏立国之性质亦一变；于是所争者西在宛、邓，中在义阳，东在淮上矣。

淮北沦没之后，宋、魏之使命仍通。后废帝元徽元年，魏孝文帝延兴三年也。

《魏书·本纪》云：十月，大上皇帝亲将南讨，诏州郡之民，十丁取一，以充行户，然其后南巡，仅至怀州而还。怀州，后魏置，治野王，今河南沁阳县。

明年，九月，《纪》又云：以刘昱内相攻战，诏将军元兰等五将三万骑，及假东阳王丕为后继伐蜀汉，而《列传》及《宋书》，皆不载其事，《通鉴》因此未书其事，见《考异》。盖兵实未出也。

及齐高帝建元元年，乃命元嘉出淮阴，大武子广阳王建闾之子，时为假梁王。《齐书·垣崇祖传》作伪梁王郁豆眷。元琛出广陵，薛虎子出寿春。代人。《北史》避唐讳作彪子。初，高帝策虏，必以送刘昶为名出兵，所攻必在寿春，徙垣崇祖为豫州刺史以防之。

明年，二月，元嘉、刘昶马步号二十万攻寿春，《通鉴》：魏将薛道标趋寿阳，上使齐郡大守刘怀慰作将军薛渊书以招之。魏人闻之，召道标还，使梁郡王嘉代之。为崇祖所破。攻钟离，又为徐州刺史崔文仲所败。虏又遣兵向司州。分兵出兖、青界，围朐山。

戍主玄元度固守。青、冀二州刺史卢绍之遣子奂往援。潮水至，虏淹溺，元度出兵奋击，大破之。虏乃遣冯熙迎嘉等还。

是岁，七月，角城戍主降魏。角城晋县，在今江苏淮阴县南。魏诏徐州刺史元嘉赴接。

十月，又命冯熙为西道都督，与桓诞出义阳。诞者，大阳蛮酋，大阳，戍名，在今湖北蕲春县西北。自云桓玄之子，以宋明帝末降魏者也。时李安民行淮、泗诸戍。

三年，魏大和五年。正月，破虏军于淮阳。冯熙向司州，冯熙，《齐书·魏虏传》作冯莎。荒人桓天生说熙云：诸蛮皆响应。熙至，蛮竟不动。熙大怒，于淮边猎而去。高帝未遑外略，既克，乃遣后军参军车僧朗北使。

先是宋使殷灵诞、苟昭先在虏。闻高帝登极，灵诞谓虏典客曰："宋、魏通好，忧患是同，宋今灭亡，魏不相救，何用和亲？"及虏寇豫州，灵诞因请为刘昶司马，不获。

僧朗至北，虏置之灵诞下，僧朗立席言曰："灵诞昔是宋使，今成齐民，实希魏主，以礼见处。"灵诞交言，遂相忿詈。刘昶赂客贾奉君，于会刺杀僧朗。虏即收奉君诛之。殡敛僧朗，送丧随灵诞等南归，厚加赠賻。

世祖践阼，昭先具以启闻。灵诞下狱死。灵诞既欲尽忠于宋，即宜终殁虏廷，乃复顾恋家园，随丧南返，足见外托尽忠一姓之名，而忘夷夏之大界者，必无端人正士也。

永明元年，魏大和七年。魏使李彪来，齐使刘缵报聘，使命复通。

五年，魏大和十一年。桓天生与雍、司蛮虏相扇动，据南阳故城，攻舞阴。见《齐书·陈显达传》。舞阴，汉县，后魏置郡，在今河南泌阳县西北。虏遣骑万余人助之。至比阳，亦作沘阳，汉县，在今河南泌阳县西。为戴僧静等所破。天生亦为舞阴戍主殷公愍所破。明年，天生复引虏出据隔城，在今河南桐柏县西北。遣曹虎讨拔之。

十一年，魏大和十七年。二月，雍州刺史王奂辄杀宁蛮长史刘兴祖。上怒，遣中书舍人吕文显、直阁将军曹道刚领斋仗五百人收奂，镇西司马曹虎从江陵步道会襄阳。奂第三子彪，闭门拒守。司马黄瑶起，宁蛮长史裴叔业于城内起兵攻奂，斩之。彪及弟爽、弼，女婿殷叡皆伏诛。长子融，融弟琛，于都弃市。琛弟肃、秉并奔魏。奂，景文兄子，蕴之兄也，武帝本疑之，以王晏言得解，及是诛灭焉。

是岁，七月，魏孝文借南伐为名，定迁都之计。

《齐书·魏虏传》云：北地人支酉，聚数千人，于长安城北西山起义。使告梁州刺史阴智伯。秦州人王广，起义应酉，攻获伪刺史刘藻。《魏书·藻传》藻为秦州刺史。孝文南伐，以为东道都督。秦人纷扰。诏藻还州，人情乃定。不知宋人传闻不实邪？抑魏人自讳其丧败也。

秦、雍间七州民皆响震，众至十万，各自保壁望救。宏遣弟伪河南王干、尚书卢阳乌击秦、雍义军，大败。时虏使赵郡王干督关右诸军事，卢渊为副。干，献文子。西进至咸阳北浊谷，围伪司空长洛王缪老生，《魏书》穆亮。大破之，老生走还长安。阴智伯遣数千人应接。

酉等进向长安，所至皆靡。会世祖崩，宏闻关中危急，乃称闻丧退师。遣杨大眼等数万人攻酉。酉、广等皆见杀。案孝文此次南伐，虽云意在迁都，然其人初非无意于猾夏者，盖既欲迁都京洛，则宛、邓、义阳，皆迫圻甸，其形势，迥非立国平城时比矣。故《魏书·王肃传》，谓肃降魏，劝以大举，而其图南之志转锐也。

明年，为明帝建武元年，魏大和十八年。齐使雍州刺史曹虎诈降，以刺魏情。魏遂使薛真度出襄阳，刘昶出义阳，元衍出钟离，刘藻出南郑。孝文亦自将南伐，至县瓠。

又明年，建武二年，魏大和十九年。齐使王广之督司，萧坦之督徐，沈文季督豫以拒之。又使青、冀二州刺史张冲出兵，分其军势。魏孝文自渡淮攻钟离，为徐州刺史萧惠休所破。乃借冯诞死为名，诞，熙子，时为司徒。遣使临江，数明帝杀主自立之罪而还。刘昶与王肃围义阳，司州刺史萧诞固守。

王广之遣萧衍等间道先进，内外合击，破之。元英围南郑，英，景穆子南安惠王桢之子。刺史萧懿固守，自春至夏六十余日。懿又使氐人杨元秀还仇池，说氐起兵，断虏运道。英乃退入斜谷。斜谷，在今陕西郿县西南。

四年，魏大和二十一年。魏孝文又大举入寇。过赭阳、南阳，留兵攻之，而自南至新野。赭阳，后魏县，在今河南叶县西南。

十月，四面进攻，不克，乃筑长围守之。曹虎与南阳大守房伯玉不协，顿兵樊城不进。齐遣萧衍、张稷救雍州。

十二月，又遣崔慧景总督众军。明年，为永泰元年，魏大和二十二年。

正月，新野大守刘思忌，煮土为粥，而救兵不至。城陷。虏缚思忌问之曰："今欲降未？"思忌曰："宁为南鬼，不为北臣。"乃杀之。

于是湖阳、赭阳、舞阴、顺阳诸戍并弃城走。湖阳，汉县，在今泌阳县南。舞阴城主，即黄瑶起也。虏军追获之。王肃募人脔食其肉，亦可谓行如野番矣。

二月，房伯玉降虏。初薛真度南侵，为伯玉所破。

《齐书·魏虏传》言：魏孝文因此怒，以南阳小郡，誓取灭之，故自率军向雍州。

案孝文是役，似因先不得志于淮上而然，谓其甘心于南阳一城，似未必确，然其至南阳，使数伯玉三罪，而败薛真度居其一，则其未能忘情于丧败可知也。伯玉虽力屈而降，然虏以为龙骧将军，不肯受。高宗知其志，月给其子希哲钱五千，米二十斛。

后伯玉就虏求南边一郡，为冯翊大守，此冯翊郡当在今河南境。生子，幼便教其骑马，常欲南归。永元末，希哲入虏，伯玉大怒曰："我力屈至此，不能死节，犹望汝在本朝，以报国恩。我若从心，亦欲间关求返。汝何为失计？"遂卒虏中。亦可哀矣。

齐又遣陈显达救雍州。崔慧景至襄阳，五郡已没，胡三省曰：五郡，谓南阳、新野、南乡、北襄城，并西汝南、北义阳二郡大守也。案南乡即顺阳郡治。北襄城治堵阳。西汝南，在今泌阳县西北。北义阳，在今河南信阳县南。乃分军助戍樊城。

三月，慧景与萧衍等五千余人进行邓城。汉邓县，晋分置邓城县，在今湖北襄阳县北。虏以大军乘之。慧景败绩。孝文帝自追之。

至樊城，曹虎固守。虏耀兵襄阳而还。先是明帝令徐州刺史裴叔业援雍州。叔业启：北人不乐远行，惟乐侵伐虏界，则雍、司之贼，自然分张。上从之。

徙叔业为豫州刺史。叔业围涡阳，后魏县，今安徽蒙城县，时为其南兖州治。分兵攻龙亢戍。在今安徽怀远县西北，虏马头郡治此。虏徐州刺史广陵王率二万人、骑五千匹至龙亢，叔业大败之。

时王肃方攻义阳，孝文帝闻之，使解围赴涡阳。叔业见兵盛，委军遁走。明日，官军奔溃。虏追之，伤杀不可胜数。叔业还保涡口。是岁，七月，明帝崩。九月，孝文称礼不伐丧，自县瓠还。

明年，为东昏侯永元元年，魏大和二十三年。陈显达督崔慧景等军四万围南乡界马圈城。在今河南邓县东北。四十日，取之。遣兵进取南乡。三月，孝文复南伐，至马圈。显达走均口。均水入汉之口。《梁书》《南史》皆作汋均口，汋当作沟，均乃后人旁注，误入正文。台军缘道奔退，死者三万人。孝文帝旋死，子宣武帝立。

明年，裴叔业降魏。魏使奚康生、杨大眼入据，又以彭城王勰领扬州刺史，与王肃勒步骑十万赴之。齐以萧懿为豫州刺史。懿屯兵小岘，使胡松、李居仕据死虎，为肃所破。交州刺史李叔献屯合肥，亦为魏兵所禽。陈伯之又以水军败于肥口。寿春遂入于魏，魏置兵四万以戍之。

案齐自高帝至明帝三世，皆颇有意于恢复。高帝尝敕垣崇祖曰："卿视吾，是守江东而已邪？所少者食。卿但努力营田，自然平殄残丑。"淮北义民桓磊块，于抱犊固与虏战，大破之。抱犊山，在今山东峄县北。徐州刺史崔文仲驰启。上敕曰："北间起义者众，深恐良会不再至，卿善奖沛中人，若能一时攘袂，当遣一佳将直入也。"事在建元三年，见《齐书·崔祖思传》。

淮阳之捷，徐州人桓摽之、兖州人徐猛子等合义众数万，砦险求援。诏李安民赴救。安民留迟，虏急攻标之等，皆没，上甚责之。周山图为兖州刺史，淮北四州起义，谓宋明帝时所失青、冀、徐、兖之地。上使自淮入清，倍道应赴。敕曰："若不借此平四州，非丈夫也。"义众已为虏所没，山图仅拔三百家还淮阴。

又以彭、沛义民起，遣曹虎领六千人入涡，王广之出淮上。广之家在彭、沛，启求招诱乡里、部曲，北取彭城。上许之，以为徐州刺史。广之引军过淮，无所克获，坐免官。武帝尝于石头造灵车三千乘，欲自步道取彭城。见《魏虏传》。又使毛惠秀画《汉武北伐图》，置琅邪城射堂壁上，游幸辄观览焉。见《王融传》。孔稚珪表劝明帝遣使与虏言和，帝不纳。

永明中，祖冲之造《安边论》，欲开屯田，广农殖。建武中，明帝使冲之巡行四方，兴造大业可以利百姓者。会连有军事，事竟不行。

四年，徐孝嗣又以缘淮诸镇，皆取给京师，费引既殷，漕运艰涩，聚粮待敌，每若不周，表立屯田。事御见纳。时帝已寝疾，又兵事未已，亦竟不施行。盖三主御宇，仅二十年，又非闲暇之时，故虽有志而未逮也。至东昏失寿春，而形势愈恶矣。

《魏书·高闾传》：孝文攻钟离，未克，将于淮南修故城而置镇戍，以抚新附之民，赐闾玺书，具论其状。闾表曰："昔世祖以回山倒海之威，步骑数十万，南临瓜步，诸郡尽降，而班师之日，兵不戍一郡，土不辟一廛。夫岂无民？以大镇未平，不可守小故也。堰水先塞其原，伐木必拔其本。寿阳、盱眙、淮阴，淮南之原本也。三者不克其一，而留兵守郡，不可自全明矣。既逼敌之大镇，隔深淮之险，少置兵不足自固，多留众粮运难充。

又欲附渠通漕，路必由于泗口；溯淮而上，须经角城；淮阴大镇，舟船素蓄，敌因先积之资，以拒始行之路，若元戎旋旆，兵士挫怯，夏雨水长，救援实难。”孝文乃止。及还，告闾，谓以彼诸将，并列州镇，至无所获。

盖时淮北虽亡，而淮南之形势，尚称完固如此。魏孝文之渡淮，兵力不为不厚，而迄未能得志，乃裴叔业一叛，举寿春拱手而授诸人，内乱之招致外侮，诚可惧也。

第四节 梁初与魏战争

齐末荆、雍之衅既启，魏人颇有欲乘机进取者。元嵩时为荆州刺史，嵩，任城康王云之子。魏荆州，初置于上洛，今陕西商县。大和中改为洛州，移荆州于鲁阳，今河南鲁山县。后又移治穰城，今河南邓县。

表言：“流闻萧懿于建业阻兵，与宝卷相持，荆、郢二州刺史，并是宝卷之弟，必有图衍之志。臣若遣书相闻，迎其本谋，冀获同心，并力除衍。一衍之后，彼必还师赴救丹阳，当不能复经营疆垂，全固襄、沔，则沔南之地，可一举而收。缘汉曜兵，示以威德。思归有道者，则引而纳之；受疑告威者，则援而接之。总兵竚锐，观衅伺隙。若其零落之形已彰，怠懈之势已著，便可顺流摧锋，长驱席卷。”

诏曰：“所陈嘉谋，深是良计。如当机可进，任将军裁之。”

已而无所举动，盖以荆、郢已一故也。及梁武帝起兵，元英时在洛阳，又请躬指沔阴，据襄阳，进拔江陵；又命扬、徐俱举。英时行扬州事。事寝不报。英又奏欲取义阳。尚书左仆射源怀亦以为请。以梁武已克，遂停。此于魏为失机，若当时乘机进取，则齐、梁相持颇久，魏纵不能大有所获，中国亦必不能一无所失矣。内乱之招致外患，诚可惧也。

魏宣武帝即位时，年尚幼，诸王又颇有觊觎之心，国家未宁，实不能更图南牧。故其用兵，绝无方略。齐、梁相毙，既失乘衅之机，逮梁事已定，乃又信降人而轻动干戈焉。

梁武帝天监二年，魏宣武帝景明四年。四月，时萧宝夤在魏，宝寅，《魏书》及《北史》皆作宝夤。伏诉阙下，请兵南伐，陈伯之亦请兵立效；魏乃以宝夤为扬州刺史，配兵一万，令且据东城，宋县，当在今江苏境。待秋冬大举；而以伯之为江州刺史，戍扬石。亦作羊石，城名，在今安徽霍丘县南。以任城王澄总督二镇，授之节度。澄云子。

澄表言："萧衍频断东关，在今安徽巢县。欲令巢湖泛溢。若贼计得成，则淮南诸戍，必同晋阳之事。寿阳去江，五百余里，众庶皇皇，并惧水害。事贵应机，经略须早。纵混一不可必，江西自是无虞。"

于是发冀、定、瀛、相、并、济六州二万人，马一千五百匹，令中秋之中，毕会淮南，魏冀州，治信都。瀛州，治乐成，今河北河间县。济州，治碻磝。并寿阳先兵三万，委澄经略。

三年，魏正始元年。三月，宝夤行达汝阴，东城已陷，遂停寿春。澄遣统军傅竖眼等进攻大岘、东关、九山、淮陵等地。九山在盱眙。淮陵侨县，在今安徽凤阳县境。澄总勒大军，络绎相接。既而遇雨，淮水暴长，澄引归寿春。

《魏书·澄传》云：失兵四千余人，然有司奏夺其开府，又降三阶，恐所失必不止此矣。

元英以天监二年八月，进攻义阳。明年，围之。时城中众不满五千，食才支半岁。魏军攻之，昼夜不息。刺史蔡道恭，随方抗御，皆应手摧却。相持百余日，前后斩获，不可胜计。虏甚惮之，将退。

会道恭疾笃，乃呼兄子僧勰，从弟灵恩，及诸将帅，谓曰："吾受国厚恩，不能破灭寇贼，今所苦转笃，势不支久，汝等当以死固节，无令没有遗恨。"又令取所持节。谓僧勰曰："禀命出疆，冯此而已。即不能奉以还朝，方欲携之同逝，可与棺柩相随。"众皆流涕。

五月，卒。虏知道恭死，攻之转急。先是朝廷遣郢州刺史曹景宗，及后将军王僧昞步骑三万救义阳。僧昞二万据凿岘，当在合肥与大小岘之间。景宗一万继后。僧昞军为元英所破。

景宗亦不得前。马仙琕继之，尽锐决战，一日三交，皆不克。据《魏书·元英传》。八月，义阳粮尽，城陷。三关之戍闻之，亦弃城走。三关：东曰武阳；西曰平靖；中曰黄岘，亦作广岘；在今河南信阳县南。

于是魏封英为中山王，而梁以南义阳置义州。南义阳，在今湖北安乡县西南。先一月，角城戍主柴广宗，亦以城降魏。淮水上下游，同时告警矣，而梁州之变又起。

时有夏侯道迁者，谯国人。仕宋明帝。随裴叔业至寿春，为南谯大守。两家虽为姻好，而亲情不协，遂单骑奔魏。又随王肃至寿春。肃死，魏景明二年，齐和帝中兴元年。

道迁弃戍南叛。梁武帝以庄丘黑为梁、秦二州刺史，镇南郑。黑请道迁为长史，带汉中郡。黑死，武帝以王珍国为刺史。未至，道迁阴图归魏。初杨头之戍葭芦也，宋复以杨保宗子元和为征虏将军。孝武帝孝建二年。

元和继杨氏正统，群氐欲相宗推，而年少才弱，不能绥御。头母妻子弟，并为索虏所执，而头至诚奉顺，无所顾怀。雍州刺史王谟，请授头西秦州，假节，孝武帝不许。后立元和为武都王，治白水。《魏书·氐传》云：以为白水大守。白水，齐县，在今四川剑阁县东南。不能自立，复走奔索虏。

元和从弟僧嗣自立，还戍葭芦。《魏书》云：僧嗣为元和从叔。案僧嗣为文度兄，文度与文德、文弘，当系昆弟，则作从叔为是。宋以为仇池大守。后又以为北秦州刺史、武都王。明帝泰始二年。卒，弟文度自立。

泰豫元年，以为略阳大守，封武都王。文度贰于魏，魏献文帝授以武兴镇将。武兴，城名，在今陕西略阳县。既而复叛魏。

后废帝元徽四年，以为北秦州刺史。文度遣弟文弘伐仇池。文弘，《魏书》避献文讳，书其小名曰杨鼠。顺帝升明元年，以文弘为略阳大守。魏使皮欢喜等攻葭芦，破之，皮欢喜，豹子子。《魏书·本传》但名喜。斩文度首。难当族弟广香，先奔虏，及是，虏以为阴平王、葭芦镇主。

文弘退治武兴。宋以为北秦州刺史，袭封武都王。文弘亦使谢罪于魏。魏以为南秦州刺史、武都王。齐高帝建元元年，广香反正。以为沙州刺史。范柏年诛，李乌奴奔叛，文弘纳之。帝以文弘背叛，进广香为西秦州刺史，子炅为武都大守。以难当正胤后起为北秦州刺史、武都王，后起为文弘从兄子，则系难当之孙。镇武兴。

三年，文弘归降，复以为北秦州刺史。魏孝文帝亦以文弘爵授后起，而以文弘子集始为白水大守。广香病死，氐众半奔文弘，半诣梁州刺史崔慧景。文弘遣后起进据白水。

四年，后起卒，诏以集始为北秦州刺史、武都王，后起弟后明为白水大守。魏亦以集始为武都王。集始朝于魏，魏又以为南秦州刺史、武兴王。武帝永明十年，集始反，率氐、蜀、杂虏寇汉川。刺史阴智伯遣兵击败之。集始入武兴，以城降虏。氐人苻幼孙起义攻之。

明帝建武二年，氐、虏寇汉中。梁州刺史萧懿，遣后起弟子元秀收合义兵。氐众响应。断虏运道。虏亦遣伪南梁州刺史仇池公杨灵珍据泥山，以相拒格。

元秀病死，苻幼孙领其众。杨馥之聚义众屯沮水。出今陕西中部县，东流入洛。集始遣弟集朗迎拒州军，大败。集始走下辨。馥之据武兴。虏军寻退。馥之留弟昌之守武兴，自引兵据仇池。以为北秦州刺史、仇池公。

四年，杨灵珍据城归附。攻集始于武兴，杀其二弟集同、集众。集始穷急，请降。以灵珍为北梁州刺史、仇池公、武都王。

东昏侯永元二年，复以集始为北秦州刺史。梁武帝天监初，亦以为北秦州刺史、武都王。死，子绍先袭。魏亦以为南秦州刺史、武兴王。

初，齐武帝以杨炅为沙州刺史、阴平王。《齐书·氐传》。下文又云：隆昌元年，以炅为沙州刺史，未知孰是。

明帝建武三年，死，子崇祖袭。崇祖死，子孟孙立。及是，以孟孙为沙州刺史、阴平王。

二年，以灵珍为北梁州刺史、仇池王。《南史·氐传》。《魏书·夏侯道迁传》云：以为征虏将军，假武都王，或在此授之后邪？灵珍助戍汉中，有部曲六百余人，道迁惮之。时绍先年幼，委事二叔集起、集义。

武兴私署侍郎郑洛生至汉中，道迁使报绍先并集起等，请其遣军以为腹背。集起、集义贪保边蕃，不欲救之，而集朗还至武兴，使与道迁密议。据道迁叛后上魏主表，表又言："中于寿阳，横为韦绩所谤，理之曲直，并是杨集朗、王秉所悉。"则集朗与道迁同在寿阳。又案《魏书·道迁传》云：年十七，父母为结昏韦氏。道迁云：欲怀四方之志，不欲取妇。家人咸谓戏言。及至昏日，求觅不知所在。于后访问，乃云逃入益州。道迁之与武兴相勾结，当在此时。当狡焉思启之时，实不应令此等人在于疆埸也。

梁使吴公之等至南郑，知其谋，与府司马严思、臧恭，典签吴宗肃、王胜等共杨灵珍父子谋诛之。道迁乃伪会使者，请灵珍父子。灵珍疑而不赴。道迁乃杀五人。驰击灵珍，斩其父子。并送五首于魏。即遣驰告集朗求援。

白马戍主尹天宝围南郑。阳平关，在今陕西沔县西北，南北朝时谓之白马戍。武兴军蹑其后。天宝之众宵溃。依山还白马。集朗禽斩之。道迁遂据城归魏。时天监四年正月也。魏正始元年闰十二月。魏授道迁豫州刺史，时魏豫州治县瓠。而以尚书邢峦督梁、汉诸军事。

邢峦至汉中，遣兵陷关城。此关城亦曰阳平关，在今陕西宁羌县西北。又遣统军李义珍攻晋寿。晋寿大守王景胤宵遁。时梁益州刺史邓元起，以母老乞归供养，诏许焉，以西昌侯渊藻代之。长沙嗣王业之弟。

《梁书·元起传》云：元起以乡人庾黔娄为录事参军，又得荆州刺史萧遥欣故客蒋光济，并厚待之，任以州事。黔娄甚清洁，光济多计谋，并劝为善政。

元起之克刘季连也，城内财宝无所私；勤恤民事，口不论财色；性本能饮酒，至一斛不乱，及是绝之；蜀土翕然称之。元起舅子梁矜孙，性轻脱，与黔娄志行不同，乃言于元起曰："城中称有三刺史，节下何以堪之？"

元起由此疏黔娄、光济，而治迹稍损。夏侯道迁叛，尹天宝驰使报蜀，东西晋寿，并遣告急。此处于《梁书》元文有删节。元文云："夏侯道迁以南郑叛，引魏人。白马戍主尹天宝驰使报蜀。魏将王景胤、孔陵寇东西晋寿，并遣告急。"

《南史》则云："道迁以南郑叛，引魏将王景胤、孔陵攻东西晋寿，并遣告急。"据《魏书·邢峦传》，则王景胤为梁晋寿大守，孔陵亦梁将，为王足所破者。

疑《梁书》元文，当作魏将某某寇东西晋寿，大守王景胤，某官孔陵并遣告急，文有夺佚，传写者以意连属之，以致误缪，《南史》误据之，而又有删节也。东晋寿在今四川广元县，西晋寿在今四川昭化县境。

众劝元起急救之。元起曰："朝廷万里，军不卒至。若寇贼浸淫，方须扑讨，董督之任，非我而谁？何事匆匆便救？"黔娄等苦谏，皆不从。高祖亦假元起都督征讨诸军，将救汉中。比是，魏已攻陷两晋寿。渊藻将至，元起颇营还装，粮储器械，略无遗者。以上《南史》同。渊藻入城，甚怨望。因表其逗留不忧军事。收付州狱。于狱自缢。

《南史》则云：萧藻入城，《南史》避唐讳，单称渊藻为藻。求其良马。元起曰："年少郎子，何以马为？"藻恚，醉而杀之。元起麾下围城哭，且问其故。藻惧，曰："天子有诏。"众乃散。遂诬以反。帝疑焉。故吏广汉罗研诣阙讼之。帝曰："果如我所量也。"使让藻曰："元起为汝报仇，胡三省曰：谓协力诛东昏，报其父仇。汝为仇报仇，忠孝之道如何？"

观史传之文，谓元起逗留不救汉中，必系渊藻之诬蔑。观下引邢峦及罗研所言蜀中空尽之状，盖因军资不足，欲遄征而未果也。于是魏以邢峦为梁、秦二州刺史。巴西人严玄思附魏，攻破其郡，杀大守庞景民。魏统军王足，频破梁军，遂入剑阁，围涪城。

峦表曰：扬州、成都，相去万里。陆途既绝，惟资水路。萧衍兄子渊藻，去年四月十三日发扬州，今岁四月四日至蜀。水军西上，非周年不达。外无军援，一可图也。益州顷经刘季连反叛，邓元起攻围，资储散尽，仓库空竭，今犹未复。兼民人丧胆，无复固守之意。二可图也。萧渊藻是裙屐少年，未洽治务。今之所任，并非宿将重名，皆是左右少年而已。三可图也。蜀之所恃，惟在剑阁。既克南安，宋郡，今四川剑阁县。已夺其险。从南安向涪，方轨任意。前军累破，后众丧魂。四可图也。渊藻是萧衍兄子，逃亡当无死理。脱军克涪城，复何宜城中坐而受困？若其出斗，庸、蜀之卒，惟便刀矟，弓箭至少，假有遥射，弗至伤人。五可图也。

今若不取，后图便难。辄率愚管，庶几殄克。如其无功，分受宪坐。且益州殷实，户余十万，寿春、义阳，三倍非匹。可乘、可利，实在于兹。”

诏曰：“若贼敢窥窬，观机翦扑；如其无也，则安民保境，以悦边心；子蜀之举，更听后敕。”

峦又表曰：昔邓艾、钟会，率十八万众，倾中国资给，裁得平蜀，所以然者，斗实力故也。况臣才绝古人，智勇又缺，复何宜请二万之众，而希平蜀？所以敢者？正以据得要险，士民慕义；此往则易，彼来则难；任力而行，理有可克。

今王足前进，已逼涪城。脱得涪城，益州便是成禽之物，但得之有早晚耳。且梓潼已附，民户数万，朝廷岂得不守之也？若守也，直保境之兵，则已一万，臣今请二万五千，所增无几。

且臣之意算，正欲先图涪城，以渐而进。若克涪城，便是中分益州之地，断水陆之冲。彼外无援军，孤城自守，复何能持久？臣今欲使军军相次，声势连接，先作万全之计，然后图彼。得之则大克，不得则自全。

又巴西、南郑，相离一千四百，去州迢递，恒多生动。昔在南之日，以其统绾势难，故增立巴州，镇静夷獠。梁州借利，因而表罢。彼土民望，严、蒲、何、杨，非唯三五。

族落虽在山居，而多有豪右。文学笺启，往往可观。冠带风流，亦不为少。但以去州既远，不能仕进。至于州纲，无由厕迹。巴境民豪，便是无梁州之分。是以郁怏，多生动静。

比建义之始，严玄思自号巴州刺史，克城已来，仍使行事。巴州广袤一千，户余四万。若彼立州，镇摄华、獠，则大帖民情，从垫江已还，不复劳征，自为国有。世宗不从。

又王足于涪城辄还。足事《魏书》附见《崔延伯传》。云隶邢峦伐蜀，所在克捷，诏行益州刺史。遂围涪城，蜀人大震。世宗复以羊祉为益州，足闻而引退，后遂奔萧衍。遂不能定蜀。峦遣军主李仲迁守巴西。仲迁得梁将张法养女，有美色，甚惑之。散费兵储，专心酒色。公事谘承，无能见者。峦忿之切齿。仲迁惧，谋叛。城人斩其首，降梁将谯希远。遂复巴西。

杨集义恐武兴不得久存，扇动诸氐，推绍先僭号。集起、集义并称王。引梁为援。邢峦遣传竖眼攻武兴，克之，执绍先，送于魏都。遂灭其国，以为武兴镇。复改镇为东益州。《北史·氐传》云：前后镇将唐法乐，刺史杜纂、邢豹，以威惠失衷，氐豪相率反叛，朝廷以西南为忧。正光中，魏子建为刺史，以恩信招抚，风化大行，远近款附，如内地焉。后唐永代子建为州，氐人悉反，永弃城东走，自此复为氐地。魏末，天下乱，绍先奔还武兴，复自立为王。周文定秦、陇，绍先称藩，送妻子为质。死，子辟邪立。

大统十一年，于武兴置东益州，以辟邪为刺史。废帝二年，讨平之。先是氐酋杨法深据阴平称王，亦盛之苗裔也。从尉迟迥定蜀。军回，法深与其宗人崇集、陈侳各拥众相攻，乃分其部落，更置州郡以处之。

案西魏大统十一年，为梁武帝大同十一年，废帝二年，元帝承圣二年也。《南史·武兴传》：杨孟孙死，子定袭封爵。绍先死，子智慧立。大同元年，克复汉中，智慧上表，求率户四千内附，诏许焉，即以为东益州。杨氏传世始末，大略如此。

案恢复之略，必宜规取秦川，规取秦川，蜀、汉实其根本，而其地又据荆、郢上流，方舟而下，实有建瓴之势，从来立国江东者，不得巴、蜀，未有能久存者也。

魏孝文时，元英攻梁州，召雍、泾、岐三州兵六千人，魏雍州治长安。泾州治今陕西泾县。岐州治雍，今陕西凤翔县。拟戍南郑，克城则遣。李冲表谏，言“敌攻不可卒援，食尽不可运粮，南郑于国，实为马腹。”乃止。

盖南山之未易逾如此。乃道迁一叛，举梁州拱手而授诸人，而益州且几至不保，内奸之为祸，亦云烈矣。然亦非徒一二内奸，遂能为祸也。

《南史·罗研传》：附《邓元起传》后。齐苟儿之役，临汝侯嘲之曰：“卿蜀人乐祸贪乱，一至于此。”临汝侯渊猷，渊藻弟。齐苟儿，当时叛者，尝以十万众攻州城。

对曰：“蜀中积弊，实非一朝。百家为村，不过数家有食。穷迫之人，十有八九；束缚之使，旬有二三。贪乱乐祸，无足多怪。若令家畜五母之鸡，一母之豕，床上有百钱布被，甑中有数升麦饭，虽苏、张巧说于前，韩、白按剑于后，将不能使一夫为盗，况贪乱乎？”其时蜀中民生之困如此。

据《魏书·本纪》所载，王足入蜀，所向摧陷，梁诸将败亡相系，奏报之辞，固难尽信，然蜀中兵力之不竞，则百喙莫能解矣。如此局势，犹使裙屐少年处之，梁武帝可谓知兵，可谓能用人乎？而未已也，犹子方失地于西，介弟又舆尸于东。

天监四年，魏正始二年。十月，武帝诏大举北伐。以临川王宏为都督。

明年，魏正始三年。三月，陈伯之自寿阳率众来降。五月，张惠绍克宿豫。此时为魏南徐州治。昌义之克梁城。东晋时侨立之梁郡，在今安徽凤阳县西南。韦叡克合肥。六月，迁豫州于此。裴邃克羊石。又克霍丘。戍名。隋时置县，即今安徽霍丘县也。六月，桓和克朐山。七月，又取孤山、固城。固城，或云即抱犊崮城。

魏以中山王英督扬、徐二道诸军，又以邢峦督东讨诸军事。峦复陷宿豫及淮阳。临川王宏次洛口，在凤阳西南，梁城之东。所领皆器械精新，军容甚盛。北人以为百数十年所未之有。而宏部分乖方，多违朝制。

诸将欲乘胜深入，宏闻魏援近，畏懦不敢进。召诸将，议欲还师。诸将多不同。宏不敢便违群议，停军不前。吕僧珍欲遣裴邃分军取寿阳，大众停洛口。宏固执不听。乃令军中曰：“人马有前行者斩。”自是军政不和，人怀愤怒。

九月，洛口军溃。宏弃众走。其夜，暴风雨，军惊，宏与数骑逃亡。诸将求宏不得，众散而归。弃甲投戈，填满水陆。捐弃病者，强壮仅得脱身。张惠绍次下邳，闻洛口败，亦退。案是时梁人之兵力，必非不能敌魏，然以如是不和之众而与敌遇，则必无幸矣，亦无怪宏之不敢战也。然诸将所以不和，实因元帅不得其人之故，梁武此举，几于视国事如儿戏矣。

洛口之师既败，魏人遂乘机进取。十一月，围钟离。众号百万。连城四十余。钟离城北阻淮水，魏人于邵阳州两岸作浮桥，跨淮通道。邵阳州，在今安徽凤阳县北。元英据东岸，杨大眼据西岸以攻城。

时城中众才三千。昌义之督率之，随方抗御。魏军乃以车载土填堑，使其众负土随之，严骑自后蹙焉。人有未及回者，因以土迮之。俄而堑满。英与大眼，躬自督战，昼夜苦攻。分番相代，坠而复升，莫有退者。又设飞楼及冲车以撞之。然不能克。魏诏邢峦帅师会之。峦言钟离不可取，弗听。峦又表言："征南军士，元英时为征南将军。从戎二时，疲敝死病，量可知已。彼牢城自守，不与人战；城堑水深，非可填塞；空坐到春，则士自疲苦。若信臣言也，愿赐臣停；若谓臣难行，求回所领兵统，悉付中山，任其处分。"又不许。峦累表求退，乃许之。更命萧宝夤往。

《魏书·范绍传》云：任城王澄请征钟离，敕绍诣寿春，共量进止。澄曰："须兵十万。往还百日。"绍曰："十万之众，往还百日，须粮百日。顷秋已乡末，方欲征召，兵仗可集，恐粮难至。有兵无粮，何以克敌？"澄沈思良久，曰："实如卿言。"盖欲克钟离，必于春水生前，故自秋末以百日计也。时又诏绍诣钟离，与元英论攻取形势。英固言必克。绍观其城隍形势，劝令班师。英不从。

魏朝诏英有云："师行已久，士马疲瘠，贼城险固，卒难攻屠。"盖动于绍与邢峦之说也，而英自诡四月必克，亦可谓贪功矣。梁武帝诏曹景宗往援，又诏韦叡会焉。进顿邵阳州。

六年，魏正始四年。三月，春水生，淮水暴长六七尺。武帝先诏景宗等逆装高舰，使与魏桥等，为火攻计。及是，令景宗与叡，各攻一桥。景宗攻其南，叡攻其北。斗舰竞发，皆临敌垒。以小船载草，灌之以膏，从而焚其桥。敢死之士，拔栅斫桥。

倏忽间，桥尽坏。军人奋勇，呼声动天地。魏人大溃。悉弃其器甲，争投水死。淮水为之不流。昌义之出逐元英，至于洛口。英以匹马入梁城。缘淮百余里，尸骸枕藉。生禽五万余。收其军粮、器械，积如山岳，牛、马、驴、骡，不可胜计。

此为南北交战以来南朝所未有之一大捷，洵足寒鲜卑之胆已。元英、萧宝夤皆坐除名；任城王澄夺开府，降三阶；杨大眼徙营州为兵；魏营州，治和龙。亦可见其丧败之烈矣。司州之陷也，魏人以为郢州，以司马楚之之孙悦为刺史。后以为豫州，而以娄悦行郢州事。

天监七年，魏宣武帝永平元年。九月，魏郢州司马彭增，治中督荣祖潜引梁军。三关之戍并降。娄悦婴城自守。十月，魏阳关主许敬增以城内附。诏大举北伐。使始兴王憺入清，王茂向宿豫。县瓠镇主白皂生《魏书》作早生。杀司马悦，《梁书·马仙琕传》作司马庆增。按《魏书·列传》，悦字庆宗。

推乡人胡逊为刺史，以城内附。诏司州刺史马仙琕赴之。又遣直阁将军武会超、马广为援。仙琕进顿楚王城。在今河南新蔡县境。遣别将齐苟儿，《南北史》同。《魏书》作苟仁。以兵三千，助守县瓠。广、会超等守三关。魏中山王英以步骑三万赴之。与邢峦共攻县瓠。十二月，陷之。斩皂生，执苟儿。宁朔将军张道凝屯楚王城，弃城南走。英追击，斩之。八年，魏永平二年。

正月，进攻武阳关，禽马广。遂攻黄岘、西关，武会超等亦退散。魏人遂复据三关。是月，魏镇东参军成景儁斩宿豫戍主严仲宝，以城内属。魏使杨椿以四万人攻之，不克。

二月，其楚王城主李国兴亦复内附。白皂生之叛也，魏使其中书舍人董绍慰劳。至上蔡，被执，囚送江东。武帝放还，令通好，许以宿豫还魏，而要魏以汉中见归。魏人不许。

天监十年，魏永平四年。梁复有朐山之捷。是岁，三月，琅邪民王万寿据《魏书·本纪》。杀琅邪、东莞大守刘晰，《梁书·马仙琕传》《魏书·本纪》同。《梁书·本纪》作邓晰。以朐山降魏。魏徐州刺史刘昶，使琅邪戍主傅文骥入据。梁使马仙琕攻之。魏使其荥阳大守赵遐及萧宝夤等先后往赴，皆无功。

十一月，文骥以城降。昶退。诸军相寻奔遁。遇大寒雪，军人冻死及落手足者，三分之二。自朐山至于郯城，汉县，今山东郯城县。二百里间，僵尸相属。论者谓自魏经营江左，以钟离之败及是役，失利为最甚焉。《萧宝夤传》云：惟宝夤全师而归。

《魏书》于是役，颇归咎于刘昶。然《游肇传》：肇，明根子。肇言："梁于朐山，必致死而争之。假令必得，亦终难全守。知贼将屡以宿豫，求易朐山，臣谓此言可许。"世宗将从之，寻而昶败。则亦不能全为昶咎，盖以地利论，朐山固非魏所能争也。

初郁州接近边垂，民俗多与魏人交市，及朐山叛，或与魏通，不自安；而张稷为青、冀二州刺史，宽弛无备，僚吏又颇侵渔。

天监十二年，魏宣武帝延昌二年。二月，州人徐文角，从《梁书·康绚传》。《魏书·本纪》作徐玄明。《游肇传》云系军主。夜袭州城，害稷，以郁州降魏。魏使前兖州刺史樊鲁率众赴之。游肇复谏："以间远之兵，攻逼近之众，其势不敌。"世宗不纳。梁北兖州刺史康绚，遣司马茅荣伯讨平之。北兖州，在今江苏淮安县东南。

时魏以李崇为扬州刺史，守寿春。崇，文成元皇后兄诞之子。

是岁，天监十二年。五月，寿春大水。裴叔业长兄之子绚，为扬州治中，与别驾郑祖起等谋反正。诏假以豫州刺史。遣马仙琕赴之，不及。绚投水死。祖起等皆遇害。

十三年，魏延昌三年。魏降人王足陈计，求堰淮水，以灌寿阳。高祖以为然。使水官陈承伯，材官将军祖暅视地形。咸谓淮内沙土，漂轻不坚实，其功不可就。高祖弗纳。发徐、扬人，率二十户取五丁以筑之。假大子石卫率康绚节，都督淮上诸军事，并护堰作。役人及战士，有众二十万。于钟离南起浮山，北抵巉石，在今盱眙县西。《昌义之传》称为荆山堰。案王足引北方童谣曰："荆山为上格，浮山为下格。"依岸以筑土，合脊于中流。

十四年，魏延昌四年。堰将合，淮水漂疾，辄复决溃。众患之。或谓"江、淮多有蛟，能乘风雨，决坏崖岸，其性恶铁。"因是引东西二冶铁器数千万斤，沈于堰所。犹不能合。乃伐树为井干，填以巨石，加土其上。缘淮百里内，冈陵木石，无巨细必尽。负担者肩上皆穿。夏日疾疫，死者相枕，蝇虫昼夜声相合。是冬，又寒甚，淮、泗尽冻。

十一月，魏遣杨大眼扬声决堰。绚命诸军撤营，露次以待之。遣其子悦挑战，斩魏咸阳王府司马徐方兴，魏军小却。先是九月。梁将赵祖悦袭据西硖石。今安徽凤台县北夹淮水之山曰硖石。西硖石在淮北岸。又遣昌义之、王神念水军溯淮而上，以逼寿春。李崇请援，表至十余。魏使崔亮救硖石，萧宝夤于堰上流，决淮东注。

十二月，亮围硖石，不克。又与李崇乖贰。十五年，魏明帝熙平元年。正月，魏以李平为行台，节度诸军。与崔亮及李崇所遣水军李神合攻硖石。别将崔延伯、伊瓮生挟淮为营，舟舸不通，梁兵不能赴救。祖悦力屈降，被杀。

李平部分诸军，将水陆并进以攻堰，而崔亮以疾请还，随表而发，魏师乃还。《梁书·康绚传》：十四年，十二月，魏遣其尚书仆射李昙定督众军来战，绚与徐州刺史刘思祖等距之。高祖又遣昌义之、鱼弘文、曹世宗、徐元和相次距守。昙定，李平字。《通鉴考异》曰："《魏纪》：十五年正月，乃遣李平节度诸军，《绚传》误也。"

十五年，四月，堰成。其长九里。下阔一百四十丈。上广四十五丈。高二十丈。深十五丈九尺。夹之以堤。并树杞柳。军人安堵，列居其上。其水清洁，俯视居人坟墓，了然皆在其下。或谓绚曰："四渎天之所以节宣其气，不可久塞。若凿湫东注，则游波宽缓，堰得不坏。"绚然之。开湫东注。

又纵反间曰："梁人所惧开湫，不畏野战。"魏人信之，果凿山深五丈，开湫北注。水日夜分流，湫犹不减。《魏书·萧宝夤传》云：宝夤于堰上流更凿新渠，引注淮泽，水乃小减。案魏人是时，既不能坏梁所作之堰，则惟有自凿渠以泄水，亦未必中梁反间之计也。其月，魏军竟溃而归。水之所及，夹淮方数百里。

魏寿阳城戍，稍徙顿于八公山。《魏书·李崇传》云：崇于八公山之东南，更起一城，以备大水，州人号曰魏昌城。北南居人，散就冈垄。初堰起于徐州界，刺史张豹子，宣言于境，谓己必尸其事，既而绚以他官来监，豹子甚惭。俄而敕豹子受绚节度，每事辄先咨焉。由是遂谮绚与魏交通。

高祖虽不纳，犹以事毕征绚。绚还后，豹子不修堰。

至其秋八月，淮水暴长，堰悉决坏，奔流于海。魏以任城王澄为大都督，勒众十万，将出彭、宋，会堰自坏，遂不行。案淮堰大逆自然之势，即能勤修，恐亦无久而不坏之理。况四月成而八月即坏，又安能归咎于失修邪？用兵当取远势，不当斤斤于一地之得失。

自寿阳而北，梁、楚之郊，所谓车骑之地，若能挫魏于此，则寿阳反在军后，其势自不可守。此正与佛狸南略江、淮，而洛阳、虎牢、滑台遂不可固同。与其疲民力以筑堰，曷不以其暇日，大简车徒，以奇兵出襄、邓拟许、洛，而正兵出于陈、宋之郊，与虏一决胜负之为得邪？

魏宣武帝之用兵，可谓绝无方略。既违邢峦之计，舍蜀不取，及其末年，乃复听降人淳于诞、李苗之说，而兴伐蜀之师焉。

天监十三年，十一月，以高肇为大将军、平蜀大都督。步骑十五万，分四路出师。傅竖眼出巴北，羊祉出涪城，奚康生出绵竹，甄琛出剑阁。即以诞、苗为乡道。

明年，正月，宣武帝死，兵罢。先是王足之寇蜀也，高祖使张齐往救，未至而足退。齐进戍南安。

天监七年，魏永平元年。秋，使齐置大剑、寒冢二戍。大剑戍，当在大剑山上。迁巴西大守。初南郑没于魏，乃于益州西置南梁州。《隋志》云：梁于巴西郡置南梁州，不得云益西。《梁书·齐传》：齐以天监十四年，迁巴西、梓潼二郡大守。十七年，迁持节都督南梁州诸军事、南梁州刺史。南梁州当以是时，迁于巴西也。

州镇草创，皆仰益州取足。齐上夷獠义租，得米二十万斛；又立台传，兴冶铸，以应赡南梁。

十二年，魏延昌元年。魏将傅竖眼寇南安，齐率众距之，竖眼退走。及是，高祖遣宁州刺史任大洪，从阴平入益州北境，欲扰动氐、蜀，以绝魏运路。此阴平为晋时所侨置，在今四川梓潼县西北。梁时曰北阴平郡，仍置阴平县，为郡治。

魏军既还，大洪率氐、蜀数千，围逼关城，胡三省云：即白水关城。为魏益州刺史傅竖眼遣军所破。魏益州，时治晋寿。孝明既立，竖眼屡请解州，乃以元法僧代之。法僧既至，大失民和。葭萌人任令宗，因众之患魏也，杀魏晋寿大守，以城归款。益州刺史鄱阳王恢，遣齐帅众三万迎令宗。克葭萌、小剑诸戍。进围州城。

明年，魏孝明帝熙平元年。五月，魏驿征傅竖眼于淮南，仍以为益州刺史。

七月，齐兵少，不利，引还。葭萌复没于魏。小剑、大剑诸戍，亦捐城走。鄱阳王与张齐，较诸前人，差能经略，然蜀事败坏已久，亦非一时所能振起也。

李苗之劝魏取蜀也，曰：“巴、蜀孤悬，去建业辽远，偏兵独戍，溯流十千。牧守无良，专行劫剥。官由财进，狱以货成。士民思化，十室而九。若命一偏将，可传檄而定。”其说略与邢峦同。

然魏至宣武、孝明之时，亦实已衰敝，蜀纵可取，魏亦未必能取之矣。宣武非有志于拓土者，末年之伐蜀，颇疑高肇欲借此以立功名也。

第十二章 元魏乱亡

第一节 魏政荒乱上

魏孝文帝既废大子恂，大和二十一年，齐明帝建武四年。立子恪为皇大子，即世宗宣武皇帝也。母曰昭皇后，高氏，肇之妹。案废大子恂之母为贞皇后，林氏。

《魏书·皇后传》云：后平原人。叔父金闾，起自阉官，有宠于常大后。高宗乳母即位尊为保大后，后尊为皇大后。官至尚书、平凉公。金闾兄胜，为平凉大守。

金闾，显祖初为定州刺史。未几，为乙浑所诛。兄弟皆死。胜无子，有二女，入掖庭。后容色美丽，得幸于高祖，生皇子恂。以恂将为储贰，大和七年，齐武帝永明元年。后依旧制薨谥曰贞皇后。及恂以罪赐死，有司奏追废后为庶人。

案恂之立，在大和十七年齐永明十一年。六月，其死以二十一年，传云年十五，则即生于大和七年。使其甫生即有建为储贰之意，何以迟至十七年始立？若云建储之计，决于十七年前后，何以甫生即杀其母？其事殊为可疑。

案孝文之立皇后，事在大和十七年四月，是为废皇后冯氏，大师熙之女。二十年齐建武三年。七月废。

明年，七月，立昭仪冯氏为皇后，是为幽皇后。亦熙女。

《皇后传》云：母曰常氏。本微贱，得幸于熙。文明大皇大后欲家世贵宠，乃简熙二女，俱入掖庭，时年十四。其一早卒。后有姿媚，偏见爱幸。未几，疾病。文明大后乃遣还家为尼。高祖犹留意焉。几余而大后崩。高祖服终，颇存访之。又闻后素疹痊除，遣阉官玺书劳问。遂迎赴洛阳。及至，宠爱过初。专寝当夕，宫人希复进见。拜为左昭仪。后立为皇后。废后之废，《传》云由后谮构也。

又《昭后传》云：冯昭仪宠盛，密有母养世宗之意。后自代如洛阳，暴薨于汲郡之共县。汉县，今河南辉县。或云：昭仪遣人贱后也。世宗之为皇大子，三日一朝幽后。后拊念，慈爱有加。高祖出征，世宗入朝，必久留后宫，亲视栉沐。母道隆备。

魏初固无嫡庶之别，即长幼之别，亦不甚严。宣武死时年三十三，溯其生年，亦在大和七年，与废大子长幼之别实微，而宣武母贵矣，何以当时即有立恂为储贰之意而杀其母邪？废大子有无叛逆之意不可知，然在河阳，则必无能为，高祖非好杀者，其废恂既待自归，杀恂何如是之果？然则恂之死，殆亦由于幽后之谗构邪？

《齐书·魏虏传》云：初伪大后冯氏兄昌黎王冯莎二女：大冯美而有疾，为尼。小冯为宏皇后。生伪大子询。后大冯疾差，宏纳为昭仪。宏初徙都，询意不乐，思归桑干。宏制衣冠与之，询窃毁裂，解发为编，服左衽。大冯有宠，日夜谗询。宏出邺城马射，询因是欲叛北归，密选宫中御马三千匹置河阴渚。皇后闻之，召执询，驰使告宏。宏徙询无鼻城，在河桥北二里。寻杀之，以庶人礼葬。立大冯为皇后。便立伪大子恪。是岁，伪大和二十年也。

依此说，则实无所谓贞皇后其人者，不知信否。然魏世皇后略无事迹者，其有无实皆有可疑，正不独贞后一人也。

废后虽废，幽后亦不久即败。《魏书·皇后传》云：后始遣归，颇有失德之闻。高祖频岁南征，后遂与中宫高菩萨私乱。及高祖在汝南，不豫，后便公然丑恣。中常侍双蒙等为其心腹。

是时，彭城公主，高祖妹。宋王刘昶子妇也，年少嫠居。北平公冯夙，后之同母弟也，后求婚于高祖。高祖许之。公主志不愿。后欲强之。婚有日矣，公主密与侍婢及家僮十余人，乘轻车、冒霖雨赴县瓠，案高祖以大和二十二年三月至县瓠，九月自县瓠返，十一月至邺，明年五月还洛。奉谒高祖。自陈本意。因言后与菩萨乱状。高祖闻而骇愕，未之全信。而秘匿之。惟彭城王侍疾左右，具知其事。彭城王勰，高祖弟。

此后，后渐忧惧，与母常氏，求托女巫，祷厌无所不至。愿高祖疾不起，一旦得如文明大后辅少主称命者，赏报不赀。又取三牲宫中妖祠，假言祈福。专为左道。母常，或自诣宫中，或遣侍婢与相报答。

高祖自豫州北幸邺，后虑还见治检，弥怀危怖。骤令阉人托参起居。皆赐之衣裳，殷勤托寄，勿使漏泄。亦令双蒙充行，省其信不。惟小黄门苏兴寿，密陈委曲。《阉官刘腾传》云：高祖之在县瓠，腾使诣行所。高祖问其中事，腾具言幽后私隐，与陈留公主所告符协。

高祖问其本末，戒以勿泄。至洛，执问菩萨等六人，迭相证举，具得情状。高祖以疾卧含温室，夜引后，并列菩萨等于户外。后临入，令阉人搜衣中，稍有寸刃便斩。后顿首泣谢。乃赐坐东楹。去御筵二丈余。高祖令菩萨等陈状。又让后曰："汝母有妖术，可具言之。"后乞屏左右，有所密启。

高祖敕中侍悉出，惟令长秋卿白整在侧，取卫直刀拄之。后犹不言。高祖乃以绵坚塞整耳，自小语呼整，再三，无所应，乃令后言。事隐，人莫知之。

高祖乃唤彭城、北海二王，亦高祖弟。令入坐，言"昔是汝嫂，今乃他人，但入勿避。"二王固辞不获命。及入，高祖云："此老妪乃欲白刃插我肋上，可穷问本末，勿有所难。"高祖深自引过，致愧二王。又曰："冯家女不能复相废逐，且使在宫中空坐，有心乃能自死，汝等勿谓吾犹有情也。"高祖素至孝，犹以文明大后故，未便行废。

良久，二王出，乃赐后辞，死诀，再拜稽首，涕泣歔欷，令入东房。及入宫后，帝命阉人有所问于后。后骂曰："天子妇亲面对，岂令汝传也？"高祖怒，敕召后母常入，示与后状。后挞之百余，乃止。高祖寻南伐，后留京师，虽以罪失宠，而夫人嫔妾，奉之如法，惟令世宗在东宫无朝谒之事。

案高祖引问幽后之后，召彭城、北海王入，二王犹固辞，何以彭城公主言后淫乱时，彭城王独不屏退？《高祖本纪》言其少而善射，有膂力。年十余岁，能以指弹碎羊髆骨。及射禽兽，莫不随所志毙之。说虽非实，不合全虚。

观其东征西讨，不皇宁处，确非荏弱之人，虽曰病卧，既已搜幽后之身，无复寸刃矣，何必令白整以刀拄之乎？观高祖谓二王之言，所深憾者，似在常之厌魅，何以后又召其入宫？云以文明大后故，冯家女不能相废逐，又何以废废后如扫落叶邪？其可疑岂直一端而已。

高祖弟六人：曰咸阳王禧，曰赵郡灵王干，曰广陵惠王羽，曰高阳文穆王雍，曰彭城武宣王勰，曰北海平王详。干与高祖同年殁。羽，世宗景明二年，齐和帝中兴元年。以淫员外郎冯俊兴妻，为俊兴所击死。高祖时，勰最见信任，《勰传》言：高祖草创，勰以侍中长直禁内，参决军国大政，万几之事，无不豫焉。而任城王澄亦次之。

据《本纪》：大和二十三年，齐东昏侯永元元年。二月，陈显达陷马圈。三月，庚辰，车驾南伐。丙戌，不豫。勰侍疾禁中，且摄百揆。丁酉，车驾至马圈。戊戌，与显达等战，破之。庚子，帝疾甚，北次谷塘原。当在今邓县、南阳间。

甲辰，诏赐皇后冯氏死。诏司徒勰征大子，于鲁阳践阼。以北海王详为司空公，王肃为尚书令，广阳王嘉为尚书左仆射，嘉，建闾子。尚书宋弁为吏部尚书，与侍中大尉公禧，尚书右仆射任城王澄等六人辅政。四月，丙午朔，帝崩于谷塘原之行宫。至丁巳而世宗即位于鲁阳，史称其居谅阇，委政宰辅焉。

《勰传》言：高祖前在县瓠不豫，勰内侍医药，外总军国之务。密为坛于汝水之滨，依周公故事，乞以身代。为此矫诬，意欲何为，殊不可测。《任城王澄传》云：陈显达入寇汉阳，是时高祖不豫，引澄入见清徽堂，诏曰："显达侵乱，沔阳不安，朕不亲行，莫攘此贼。朕疾患淹年，气力惙敝，如有非常，委任城大事。是段任城必须从朕。"夫气力惙敝，犹必亲行，元魏当时情形，何至危急如此？

《勰传》言：行次淯阳，淯水，今白河。高祖谓勰曰："吾患转恶，汝其努力。"车驾至马圈，去贼数里，显达等出战，诸将大破之。孝文疾患如此，而勰等犹敢以之冒进，至去敌仅数里，有如此大胆之臣子乎？杀后之事，据《后传》曰：高祖疾甚，谓勰曰："后宫久乖阴德，自绝于天，若不早为之所，恐成汉末故事。吾死之后，可赐自尽别宫，葬以后礼，庶掩冯门之大过。"

高祖崩，梓宫达鲁阳，乃行遗诏。北海王详奉宣遗旨。长秋卿白整入授后药。后走呼，不肯引决，曰："官岂有此也？是诸王辈杀我耳。"整等执持强之，乃含椒而尽。殡以后礼。梓宫次洛南，咸阳王禧知审死，相视曰："若无遗诏，我兄弟亦当作计去之，岂可令失行妇人，宰制天下，杀我辈也？"

夫此时之受遗旨及奉宣遗旨者，即前此彭城公主陈后淫乱时独得在侧与闻，及高祖引问后后，唤令入坐之人；其授药者，亦即引后时敕中侍悉出，惟令在侧以刀拄后者也。然则与后罪状相终始者，惟此三人耳。

生则六宫奉以后礼，死犹以后礼殡之，终莫能言其罪状，然则史所载后之罪状，其可信乎？而其载后临命及咸阳王之辞，则可谓婉而彰矣。《任城王澄传》：

弟嵩。高祖疾甚，将赐后死，曰："使人不易可得。"顾谓澄曰："任城必不负我，嵩亦当不负任城，可使嵩也。"于是引嵩入内，亲诏遣之。《通鉴考异》曰："按《冯后传》，梓宫至鲁阳，乃行遣诏赐后死，安有高祖遣嵩之事？"

《勰传》言：勰受顾命时，泣言震主之声必见忌。高祖久之曰："吾寻思汝言，理实难夺。"乃手诏世宗曰："吾百年之后，其听勰辞蝉舍冕，遂其冲挹之性。"世宗即位，勰跪授高祖遗敕数纸。咸阳王禧疑勰为变，停在鲁阳郡外，久之乃入，谓勰曰："汝非但辛勤，亦危险至极。"东宫官属，多疑勰有异志，窃怀防惧。

既葬，世宗固以勰为宰辅。勰频口陈遗旨，请遂素怀。世宗对勰悲恸，每不许之。勰频烦表闻，辞义恳切。世宗难违遗敕，犹逼以外任，乃以勰为定州刺史。所谓遗敕，盖即出勰时所造也。勰既内侍医药，外总军国之务，岂有反不与于顾命之理？然则与于顾命之人，其遗诏又可信乎？而赐幽后死之诏视此矣。然究极言之，即高祖之死，尚有可疑，而遗诏更不足论矣。

彭城既出，任城旋亦被排。《澄传》云：世宗初，有降人严叔懋者，告王肃潜通宝卷，澄信之，乃表肃将叛，辄下禁止。咸阳、北海二王奏澄擅禁宰辅，免官归第。

《肃传》言：肃与禧等参图谋谟。自鲁阳至于京洛，行途丧纪，委肃参量。禧兄弟并敬而昵之。惟澄以其起自羁远，一旦在己之上，以为憾焉。然则当时禧与详为一党，肃亦附和之，而澄孤立也。在孝文时，最有权力者为勰，次则澄，至此则局面一变矣。

孝文死之明年，为宣武之景明元年，齐东昏侯永元二年也。裴叔业以寿阳叛，勰与王肃同赴之。

是年，十月，复以勰为司徒，录尚书事。明年，宣武帝景明二年，齐和帝中兴元年。正月，宣武始亲政，听勰以王归第，而以详为大将军，录尚书事。

《勰传》云：时咸阳王禧，渐以骄矜，颇有不法，北海王详阴言于世宗，世宗深忌之。又言勰大得人情，不宜久在宰辅，劝世宗遵高祖遗敕。

禧等又出领军于烈为恒州，非烈情愿，固强之，烈深以为忿。烈子忠，尝在左右，密令忠言于世宗云："诸王等意不可测，宜废之，早自览政。"时将礿祭，王公并斋于庙东坊，世宗遣于烈将宿卫壮士六十余人召禧、勰、详等。卫送至于帝前。诸公各稽首归政。而烈复为领军。自是长直禁中，机密大事，皆所参焉。

五月，禧与妃兄兼给事中黄门侍郎李伯尚谋反，事泄遁逃，诏烈遣直阁叔孙侯将虎贲三百人追执之，赐死私第。

越三年，为正始元年梁武帝天监三年也。五月，详见杀。《详传》言详贪冒无厌，多所取纳。公私营贩，侵剥远近。嬖狎群小，所在请托。珍丽充盈，声色侈纵。建节第宇，开起山池，所费巨万矣。又于东掖门外大路之南，驱逼细人，规占第宅。至有丧柩在堂，请延至葬而不见许，乃令舆榇巷次。行路哀嗟。

详母高大妃，颇亦助为威虐，亲命殴击，怨响嗷嗷。妃宋王刘昶女，不见答礼。宠妾范氏，爱等伉俪。及其死也，痛不自胜。乃至葬讫犹毁隧视之。又蒸于安定王燮妃高氏。燮，景穆子安定靖王休之子。高氏即茹皓妻姊。详既素附于皓，又缘淫好，往来稠密。

详虽贪侈聚敛，朝野所闻，而世宗礼敬尚隆，冯寄无替。军国大事，总而裁决。每所敷奏，事皆协允。详常别住华林园之西隅，与都亭宫馆，密迩相接。亦通后门。世宗每潜幸其所，肆饮终日。与高大妃相见，呼为阿母。伏而上酒，礼若家人。临出，高每拜送，举觞祝言："愿官家千万岁寿，岁岁一至妾母子舍也。"

初世宗之亲政也，详与咸阳王禧、彭城王勰并被召入，共乘犊车，防卫严固，高时皇迫，以为详必死，亦乘车傍路，哭而送至金墉。及详得免，高云："自今而后，不愿富贵，但令母子相保，共汝扫市作活也。"

至此，贵宠崇盛，不复言有祸败之理。后为高肇所谮，云详与皓等谋为逆乱。于时详在南第，世宗召中尉崔亮入禁，敕纠详贪淫，及茹皓、刘胄、常季贤、陈扫静等专恣之状。夜即收禁皓等南台。又虎贲百人，围守详第。至明，皓等皆赐死。详单车防守，还华林之馆。十余日，徙就大府寺。诏免为庶人。

别营坊馆，如法禁卫，限以终身。遂别营馆于洛阳县东北隅。二旬而成。将徙详居之。会其家奴数人，阴结党辈，欲劫出详。密抄名字，潜托侍婢通于详。详始得执省，而门防主司，遥见突入，就详手中，揽得陈奏。

至夜，守者以闻；详哭数声而暴死。详贪淫之迹，固非必由于虚构，然世宗宠寄甚隆，则知其诛之初不以此。亲政之际，咸阳、彭城，皆遭黜斥，而详反膺宠寄，则知二王之黜，实由详之谗构。

当此之际，岂特无被祸之虞？高大妃顾哭而送之，非未知其事之真，则史传之失实也。

《咸阳王禧传》云：禧性骄奢，贪淫财色。姬妾数十，意尚不已。衣被绣绮，车乘鲜丽。远有简娉，以恣其情。由是诛求货贿。奴婢千数。田业盐铁，遍于远近。臣吏僮隶，相继经营。世宗颇恶之。然其诛之则亦并不以此也，亦可见其纲纪之废弛矣。

茹皓等事，并见《魏书·恩幸传》。皓为直阁，率常居内，留宿不还。传可门下奏事。领华林诸作，多所兴立。为山于天渊池西。采掘北邙及南山佳石；南山，谓洛阳南方之山。徙竹汝、颍；罗峙其间。经构楼馆，列于上下。树草栽木，颇有野致。世宗心悦之，以时临幸。皓资产盈积。起宅宫西，朝贵弗之及也。皓旧吴人，既宦达，自云本出雁门。雁门人谄附者，因荐皓于司徒，请为肆州大中正。

府、省以闻，诏特依许。娶仆射高肇从妹，于世宗为从母。又为弟娉安丰王延明妹。延明，文成子安丰匡王猛之子。延明耻非旧流，不许。详劝解之，云"欲觅官职，如何不与茹皓昏姻也？"延明乃从焉。初赵修及皓之宠，详皆附纳之，又直阁将军刘胄，本为详所荐，常感详恩，密相承望，并共来往。

高肇乃构之世宗，云皓等将有异谋。世宗乃召崔亮，令奏皓、胄、常季贤、陈扫静四人擅势纳贿及私乱诸事。季贤起于主马。世宗初好骑乘，用是获宠。与茹皓通知庶事。势望渐隆。引其兄为朝请、直寝，娶武昌王鉴妹；季贤又将娶洛州刺史元拔女；并结托帝戚，以为荣援云。

扫静为世宗典栉疏；又有徐义恭，善执衣服；并以巧便，旦夕居中，爱幸相伴。二人皆承奉茹皓，皓亦并加接眷，而扫静偏为亲密，与皓常在左右，略不归休。义恭小心谨慎，谦退少语。

皓等死后，弥见幸信。长侍左右，典掌秘密。世宗不豫，义恭昼夜扶侍，崩于怀中。此外，世宗朝佞幸见于《传》者，尚有王仲兴、寇猛、赵邕，而赵修最横。修本给事东宫，为白衣左右，颇有膂力。世宗践阼，仍充禁侍，爱遇日隆。亲政旬月之间，频有转授。每受除设宴，世宗亲幸其宅，诸王公卿士百寮悉从。

世宗亲见其母。修之葬父也，百寮自王公以下，无不吊祭。酒犊祭奠之具，填塞门街。于京师为制碑铭，石兽、石柱，皆发民车牛，传致本县，财用之费，悉自公家。凶吉车乘将百两，道路供给，亦皆出官。

时将马射，世宗留修过之。帝如射宫，修又骖乘。修恐不逮葬日，驿赴窆期。左右求从及特遣者数十人。修道路嬉戏，殆无戚容。或与宾客奸掠妇女裸观。从者噂喈喧哗，诟詈无节。莫不畏而恶之。

是年，又为修广增宅舍，多所并兼。洞门高堂，房庑周博，崇丽拟于诸王。其四面邻居，赂入其地者，侯天盛兄弟，越次出补长史大郡。修起自贱伍，暴致富贵，奢敖无礼，物情所疾。因其在外，左右或讽纠其罪。

自其葬父还也，旧宠少薄。初王显只附于修，后因忿阋，密伺其过，列修葬父时路中淫乱不轨，又云与长安人赵僧擲谋匿玉印。高肇、甄琛等构成其罪，乃密以闻。诏鞭之一百，徙敦煌为兵。琛与显监决其罚，遂杀之。

仲兴与修，并见宠任。世宗游幸，仲兴常侍从，不离左右。外事得径以闻。百寮亦耸体而承望焉。仲兴世居赵郡，自以寒微，云旧出京兆霸城，故为雍州大中正。

寇猛以膂力为千牛备身，历转遂至武卫将军。出入禁中，无所拘忌。自以上谷寇氏，得补燕州大中正。魏燕州，治今河北昌平县。家渐富侈。宅宇高华，妾隶充溢。赵邕以赵出南阳，徙属荆州，为南阳中正，父为荆州大中正，邕后亦为荆州大中正。

世宗崩后，出为幽州刺史。魏幽州治蓟。在州贪纵，与范阳卢氏为婚，范阳，魏郡，晋废，后魏复为郡，治今河北涿县。女父早亡，其叔许之，而母不从。母北平阳氏，携女至家，藏避规免，邕乃考掠阳叔，遂至于死。

案宣武之溺于群小，纲纪荡然，实自文明大后之世，相沿而来，不得独为宣武咎，然其驾驭之才，不如文明大后，则群小之纵恣弥甚矣。白龙豫且，困于鱼服，诸人既皆托于帝戚，又安知其不有觊觎之心哉？高肇之发其谋，恐不得云莫须有也。

永平元年，梁武帝天监七年。宣武弟京兆王愉反，彭城王亦因之见杀。愉，大和二十一年，齐明帝建武四年。为徐州刺史。世宗初，为护军将军。迁中书监。

《愉传》云：世宗为纳顺皇后妹为妃，顺皇后，世宗后，于烈弟劲之女。而不见礼答。在徐州，纳妾李氏。本姓杨，东郡人，夜闻其歌，悦之，遂被宠嬖。罢州还京，欲进贵之，托右中郎将赵郡李恃显为之养父，就之礼逆。顺皇后召李入宫，毁击之，强令为尼于内，以子付妃养之。李产子宝月。岁余，后父于劲，以后久无所诞，乃上表劝广嫔侍，因令后归李于愉。旧爱更甚。

愉好文章，时引才人宋世景等，共申燕喜；招四方儒学宾客严怀真等数十人，馆而礼之；所得谷帛，率多散施；又崇信佛道；用度常至不接。与弟广平王怀，颇相夸尚，竞慕奢丽，贪纵不法。于是世宗摄愉禁中推案，杖愉五十，出为冀州刺史。

愉既势劣二弟，广平王及清河王怿。潜怀愧恨；又以幸妾屡被顿辱；在州谋逆。遂杀长史羊灵引及司马李遵。《北史·羊祉传》：弟灵引，甚为高肇所昵。京兆王愉，与肇深相嫌忌。及愉出镇冀州，肇以灵引为愉长史，以相间伺。灵引恃肇势，每折愉。及愉作逆，先斩灵引于门。时论云：非直愉自不臣，抑亦、由肇及灵引所致。此亦私曲之论。愉乃妄人，其为州，自不得不有人以监之，灵引之折愉，或系裁抑其非法也。

称得清河王密疏，云高肇谋杀害主上。遂为坛于信都之南，信都，冀州治。柴燎告天，即皇帝位。立李氏为皇后。世宗诏尚书李平讨愉。愉出拒，频败，遂婴城自守。愉知事穷，携妾及四子数十骑出门，诸军追之，见执。

诏征赴京师，申以家人之训。愉每止宿亭传，必携李手，尽其私情。虽锁絷之中，饮食自若，略无愧惧之色。至野王，愉语人曰："虽主上慈深，不忍杀我，吾亦何面目见于至尊？"于是歔欷流涕，绝气而死。或云：高肇令人杀之。

《勰传》云：言于朝廷，以其舅潘僧固为冀州乐陵大守。京兆王愉构逆，僧固见逼从之。尚书令高肇，性既凶愎，贼害贤俊；又肇之兄女，入为夫人，顺皇后崩，世宗欲以为后，勰固执以为不可；肇于是屡谮勰于世宗。世宗不纳。因僧固之同逆，诬勰北与愉通，南招蛮贼。

勰国郎中令魏偃，前防阁高祖珍，希肇提携，构成其事。肇初令侍中元晖昭成六世孙。以奏世宗，晖不从。令左卫元珍言之。珍，平文第四子。高，凉王孤六世孙。世宗访之于晖。晖明勰无此。世宗更以问肇。肇以偃、祖珍为证，世宗乃信之。召勰及高阳王雍、广阳王嘉、清河王怿、广平王怀及肇等人，宴于禁中。至夜，皆醉，各就别所消息。俄而元珍将武士赍毒酒杀之。愉、怿皆反状明白，史皆以为高肇诬构，其非实录明矣。

《魏书·世宗纪》言其雅性俭素。又云：雅爱经史，尤长释氏之义，每至讲论，连夜忘疲。

案《邢峦传》称峦当世宗初，奏曰："粟帛安国，育民之方；金玉虚华，损德之物。故先王深观古今，去诸奢侈。服御尚质，不贵雕镂。所珍在素，不务奇绮。至乃以纸绢为帐扆，铜铁为辔勒。轻贱珠玑，示其无设。府藏之金，裁给而已，更不买积，以费国资。逮景明之初，承升平之业，四疆清宴，远迩来同，于是蕃贡继路，商贾交入，诸所献贸，倍多于常。虽加以节约，犹岁损万计。珍货常有余，国用恒不足。若不裁其分限，便恐无以支岁。”无政事则财用不足，虽躬行俭素何益？况其嬖溺近幸如此，所谓俭素者，又安在邪？溺情释氏，则亦只足以废事而已矣。

第二节　魏政荒乱下

世宗怠荒已甚，当其时，在朝诸臣，几无一乃心君国者，然有一独立不倚之人焉，曰高肇。肇者，世宗母文昭皇后之兄也。世宗初立皇后于氏，景明三年，梁武帝天监元年。大尉烈弟劲之女也，是为顺皇后。生子昌。后以正始元年梁天监三年。十月死。

永平元年，梁天监七年。三月，昌亦死。七月，立夫人高氏为皇后。文昭皇后弟偃之女也。

《肇传》云：景明初，世宗追思舅氏，征肇兄弟等录尚书事。未几，为尚书左仆射，领吏部，冀州大中正。尚世宗姑高平公主。迁尚书令。肇出自夷土，肇自云本渤海蓨人。五世祖顾，晋永嘉中避乱入高丽。父飏，孝文初入魏。蓨，汉县，《汉书·地理志》作蓨，《景帝纪》《周亚夫传》作条，在今河北景县境。时望轻之。及在位居要，留心百揆，孜孜无倦，世咸谓之为能。

世宗初，六辅专政，后以咸阳王禧无事构逆，由是遂委信肇。肇既无亲族，颇结朋党。附之者旬月超升，背之者陷以大罪。以北海王详位居其上，构杀之。又说世宗防卫诸王，殆同囚禁。

时顺皇后暴崩，世议言肇为之。皇子昌薨，佥谓王显失于医疗，承肇意旨。及京兆王愉出为冀州刺史，畏肇恣擅，遂至不轨。肇又谮杀彭城王勰。由是朝野侧目，咸畏恶之。因此专权，与夺任己。又尝与清河王怿，于云龙门外庑下忽忿诤，大致纷纭。大尉高阳王雍和止之。高后既立，愈见宠信。

肇既当衡轴，每事任己。本无学识，动违礼度。好改先朝旧制，出情妄作；减削封秩，抑黜勋人；由是怨声盈路矣。

延昌初，梁天监十一年。迁司徒。虽贵登台鼎犹以去要，快快形乎辞色。众咸嗤笑之。

案北海、京兆、彭城三王之事，其死是否肇之所致？其叛是否由肇激成无俟深辩。愉之叛，以其妾被顿辱，顿辱其妾者，顺皇后也，顺皇后者，于忠之从妹，忠则害肇之人也。

《勰传》言肇欲构勰而元晖不从。

《晖传》言：晖为侍中，领有卫将军，深被亲宠。凡在禁中要密之事，晖别奉旨藏之于柜，惟晖入乃开，其余侍中、黄门，莫有知者。侍中卢昶，亦蒙恩眄，故时人号曰饿虎将军、饥鹰侍中。迁吏部尚书，纳货用官，皆有定价，出为冀州刺史。下州之日，连车载物，发信都至汤阴间，首尾相继，道路不断。其车少脂角，即于道上所逢之牛，截去角以充其用。其为人何如邪？又晖尝欲害其从弟寿兴，事见《昭成子孙传》，而独厚于勰乎？信都，冀州治。汤阴，即荡阴。

《勰传》言：世宗诏宿卫队主率羽林虎贲幽守诸王，乃由京兆、广平，暴虐不法，如京兆、广平之所为，欲无防禁得乎？

《怿传》云：肇谋去良宗，屡谮怿及愉等，愉不胜忿怒，遂举逆冀州；因愉之逆，又构杀勰；怿恐不免。肇又录囚徒，以立私惠。怿因侍宴酒酣，乃谓肇曰："天子兄弟，讵有几人，而炎炎不息？"又言于世宗曰："臣闻唯名与器，不可以假人，减膳录囚，人君之事，今乃司徒行之，讵是人臣之义？"所谓忿争，盖亦此类。

世宗耽于游宴，故肇为之录囚，此亦未必僭逆，此自怿之褊衷。史云肇屡谮怿，怿究何尝见害乎？可见诸王之不终，与肇无涉，至以顺皇后母子之死，归罪于肇，则更所谓莫须有者矣。附之者超升，背之者陷罪，以及予夺任己等辞，则居尚书中者，固易加以此等罪状也。减削封秩，抑黜勋人，正见其能综核名实，予夺不苟耳。《张彝传》云：陈留公主寡居，彝意愿尚主，主亦许之，高肇亦望尚主，主意不可，肇怒，谮彝于世宗，称彝擅立刑法，劳役百姓，此亦近乎诬罔。彝之为人，本近严酷也。

延昌四年，梁天监十四年。正月，宣武帝死。其第二子翊，母曰胡充华。生于永平三年，梁天监九年。

延昌元年，梁天监十一年。立为大子。领军将军于忠，与侍中崔光，迎翊即位，是为肃宗孝明皇帝。时高肇为大都督，伐蜀。忠与门下省议：引高阳王雍入居西柏堂，省决庶政；任城王澄为尚书令，总摄百揆。奏中宫，请即敕授。御史中尉王显，与中常侍、给事中孙伏连等寝门下之奏，欲以高肇录尚书事。忠于殿中收显杀之。

入蜀兵罢，肇还，雍与忠潜备壮士十余人于舍人省，肇入省，壮士搤而拉杀之。忠既居门下，又总禁卫，遂秉朝政，权倾一时。尚书左仆射郭祚，尚书裴植，叔业兄子。劝雍出忠，忠并矫诏杀之。又欲杀雍，崔光固执，乃免雍大尉，以王还第。自此之后，诏命生杀，皆出于忠。先是尊皇后高氏为皇大后，胡充华为皇大妃。及高肇死，皇大后出俗为尼。神龟元年，死于瑶光寺，梁天监十七年也。

至是，遂尊皇大妃为皇大后，居崇训宫。忠又领崇训卫尉。为尚书令。大后旋临朝称制。解忠侍中及崇训卫尉。未几，出忠为冀州刺史。

史云：世宗崩后，高大后将害灵大后。胡后谥。中常侍刘腾以告侯刚。刚以告忠。忠请计于崔光。光曰："宜置胡嫔于别所，严加守卫，理必万全。"忠等从之。具以此意启灵大后。故大后深德腾等。熙平二年，梁天监十六年。四月，复以为尚书右仆射。神龟元年，三月，复仪同三司。旋死。

案高后之为人，未必能杀胡后，此说恐亦不足信也。后聪明多才艺。能亲览万机，手笔断决。道武玄孙叉，京兆王黎之曾孙。后妹夫也，为侍中、领军将军，深为后所信委。

大傅清河王怿，参决机事，以叉恃宠骄盈，裁之以法，叉遂令通直郎宋维告司染都尉韩文殊欲谋逆立怿。怿坐禁止。后穷治无实，得免，犹以兵卫守于宫西别馆。此据《叉传》。

《维传》云：告文殊父子欲谋逆立怿，怿坐被录禁中。文殊父子惧而逃遁，鞫无反状，以文殊亡走，县处大辟。置怿于宫西别馆，禁兵守之。维应反坐。叉言于大后，欲开将来告者之路，乃黜为燕州昌平郡守。及叉杀怿，征为散骑侍郎。大后反政，以叉党除名。寻追其诬告清河王事，赐死。

《怿传》则云：叉党人宗准爱，希叉旨告怿谋反，禁怿门下，讯问左右及朝贵，贵人分明，乃得雪释。昌平，汉县，后魏初省，后复置郡。今河北昌平县。

久之，叉恐怿终为己害，乃与侍中刘腾密谋。《腾传》云：吏部尝望腾意，奏其弟为郡，带戍，人资乖越，怿抑而不与，腾以为恨，遂与叉害怿。后在嘉福，未御前殿，腾诬怿欲害帝。肃宗闻而信之。

案肃宗时年十一耳，怿之诛非自为政可知。然《怿传》及他篇，多以怿为正人，而《灵后传》云：后逼幸怿，恐得其实，则觊觎之意，亦不敢保其必无也。乃御显阳殿。腾闭永巷门，灵大后不得出。怿入，叉使人防守之。腾称诏召集公卿，议以大逆论。

咸畏惮叉，无敢异者。夜中杀怿。于是假为灵大后辞逊之诏，幽之北宫。时正光元年，七月，梁普通元年也。腾自执管钥，肃宗亦不得见，才听传食而已，大后不免饥寒。叉遂与高阳王雍等辅政。以腾为司空公。叉为外御，腾为内防。迭直禁闼，共裁刑赏。

相州刺史中山王熙起兵讨叉、腾，熙，英子。为其长史柳元章等所执。叉遣尚书左丞卢同杀之，传首京师。大后从子都统僧敬，此据《后传》。《外戚传》：名虔，字僧敬。与备身左右张车渠等谋杀叉，复奉大后临朝，不克。

僧敬坐徙边，车渠等死。胡氏多废黜。初奚康生领右卫将军，与叉同谋废后。子难，娶左卫将军侯刚女，刚长子，即叉妹夫也。叉以其通姻，深相委托。三人多俱宿禁内，时或迭出。叉以难为千牛备身。康生性粗武，叉稍惮之，见于颜色。

明年，正光二年，梁普通二年。肃宗朝后于西林园。文武侍坐，酒酣迭舞。康生顾视大后，为杀缚之势。大后解其意而不敢言。日暮，大后欲携肃宗宿宣光殿。侯刚曰："至尊已朝讫，嫔御在南，何劳留宿？"康生曰："至尊陛下儿，随陛下将东西，更复访问谁？"群臣莫敢应。

后自起，援肃宗臂，下堂而去。肃宗引前入閤，左右竞相排，閤不得闭，康生夺难千牛刀斫直后元思辅，乃得定。肃宗既上殿，康生时有酒势，将出处分，遂为叉所执，锁于门下。处斩刑。难以侯刚子婿，恕死徙安州。魏置，在今河北密云县东。后尚书卢同为行台，又令杀之。

时灵大后、肃宗同升于宣光殿。左右侍臣，俱立西阶下。康生既被囚执，内侍贾彝给大后曰："侍臣怀恐不安，陛下宜亲安慰。"大后信之。

适下殿，粲便扶肃宗，于东序前御显阳，还闭大后于宣光殿。武卫将军于景，忠弟。亦以谋废叉，黜为怀荒镇将。怀荒，六镇之一。初叉之专政，矫情自饰。劳谦待士。时事得失，颇以关怀。而才术空浅，终无远致。得志之后，便骄愎。耽酒好色，与夺任情。政事怠惰，纲纪不举。

刘腾尤骄恣。八坐九卿，旦造其宅，参其颜色，方赴省府。亦有历日不能见者。公私属请，惟在财货。舟车之利，水陆无遗。山泽之饶，所在固护。剥削六镇，交通互市，岁入利息，以巨万计。逼夺邻居，广开宅宇。天下咸患苦之。

正光四年，梁普通四年。三月，腾死，防卫微缓。叉亦颇自宽，时宿于外。每日出游，留连他邑。灵大后微察知之。

五年，梁普通五年。秋，后对肃宗谓群臣曰："隔绝我母子，不听我往来儿间，复何用我为？放我出家，我当永绝人间。”欲自下发。

肃宗与群臣大惧，叩头泣涕，殷勤苦请，后意殊不回。肃宗乃宿于嘉福殿。积数日，遂与后密图叉。后嗔忿之言，欲得往来显阳，皆以告叉。叉殊不为疑，乃劝肃宗从大后意。于是大后数御显阳，二宫无复禁碍。

丞相高阳王雍，虽位重于叉，而甚畏惮，欲进言于肃宗而事无因。会大后与肃宗，南巡洛水，雍邀请车驾，遂幸雍第。

日晏，肃宗及大后至雍内室，从者莫得人，遂定图叉之计。解叉领军。后叉出宿，又解其侍中。

孝昌元年，梁普通六年。四月，大后复临朝。刘腾追夺爵位；发其冢，散露骸骨；没入财产。叉除名为民。未几，有人告叉及其弟爪谋反，并赐死于家。出贾粲为济州刺史。未几，遣使驰驿杀之。叉之解领军也，灵大后以其腹心尚多，恐难卒制，权以侯刚代之，寻出为冀州刺史，在道又加削黜焉。

灵后再临朝后，朝政疏缓，威刑不立，牧守所在贪惏。郑俨污乱宫掖，与徐纥并为中书舍人，共相表里，势动内外。俨本大后父胡国珍司徒参军，得幸于后。纥，世宗时即为舍人，谄附赵修。修诛，坐党徙枹罕。后复见用。又事元叉，得其欢心。至此，复曲事郑俨，因得总摄中书门下之事。

李神轨崇子。亦领中书舍人，时云见幸帷幄，与俨为双，莫能明也。高阳王雍以大师录尚书事，后又进位丞相；东平王略，中山王英子，熙之弟。城阳王徽，景穆子城阳王长寿之孙。先后为尚书令；亦惟谄附俨、纥而已。后性奢侈，又信佛法。

自其初听政时，即锐于缮兴，在京师起永宁等佛寺，外州各造五级浮图。又数为一切斋会，施物动至万计。兼曲赉左右，日有数千。《任城王澄传》。

正光后，四方多事，加以水旱，国用不足。预折天下六年租调而征之。《食货志》。

孝昌二年，梁普通七年。十一月，税京师田租亩五升，借赁公田者亩一斗。闰月，税市人出入者各一钱。店舍为五等。三年，梁大通元年。二月，诏凡输粟瀛、定、岐、雍四州者，官斗二百斛赏一阶；入二华州者，华州，钱大昕云：盖初治李闰堡，世宗时移治古冯翊。北华州，治杏城。五百石赏一阶。不限多少，粟毕授官。盖其财政，已至山穷水尽之境矣。

案肃宗在位十二年，而胡灵后之见幽者凡六年，以魏事败坏，悉蔽其罪于后，实非平情之论。魏之败坏，乃其政权始终在亲贵及代北旧人手中所致，自文明大后以来，非一朝一夕之故矣。观元魏之乱亡，而知《春秋》之讥世卿，为有由也。

第三节　北方丧乱

自道武至大武之世，人民之叛魏者甚多。此等叛乱，至孝文、宣武之朝，迄仍不绝。

孝文大和五年，即齐高帝建元三年，沙门法秀谋反，伏诛。

十三年，即齐武帝永明七年，兖州人王伯恭聚众劳山，自称齐王，东莱镇将孔伯孙讨斩之。

十四年，即齐永明八年，沙门司马御惠自言圣王，谋破平原郡，禽获伏诛。

二十一年，即齐明帝建武四年，先是定州人王金钩讹言，自称应王，州郡捕斩之。

二十三年，即齐东昏侯永元元年，幽州人王惠定聚众反，自称明法皇帝，刺史李肃捕斩之。

宣武景明元年，即齐永元二年，齐州人柳世明聚众反，齐、兖二州讨平之。

正始二年，即梁武帝天监五年，秦州人王智等聚众，自号王公，寻推秦州主簿吕苟儿为主。二月，诏右卫将军元丽等讨，七月，降之，秦、泾二州平。案时反于泾州者为屠谷陈瞻，苟儿则羌也，见《杨椿传》。

正始四年，即梁天监六年，夏州长史曹明谋反，伏诛。

永平二年，即梁天监八年，泾州沙门刘慧汪聚众反，诏华州刺史奚康生讨之。

三年，即梁天监九年，秦州沙门刘光秀谋反，州郡捕斩之。秦州陇西羌杀镇将赵俊反，州军讨平之。

四年，即梁天监十年，汾州刘龙驹聚众反，诏谏议大夫薛和讨之。

延昌三年，即梁天监十三年，幽州沙门刘僧绍聚众反，自号净居国明法王，州郡捕斩之。

四年，即梁天监十四年，沙门法庆聚众反于冀州，杀阜城令，自称大乘，元遥破斩之。

明帝熙平二年，即梁天监十六年，余贼复相聚攻瀛州，刺史宇文福讨平之。

神龟元年，即梁天监十七年，秦州羌、东益州南秦州氐皆反。河州人却铁忽聚众反，自称水池王。后诣行台源子恭降。

正光二年，即梁普通二年，东益、南秦州氐反，河间王琛讨之，失利。至五年，即梁普通五年，而破六汗拔陵反，时局不可收拾矣。魏兖州，初治滑台。后移瑕丘，是称东兖，而滑台称为西兖。大和中，又于涡阳置兖州，是为南兖。劳山，在今山东即墨县东南。东莱镇，后改为光州，今山东掖县。平原郡，后魏治聊城，在今山东平原县南。齐州，治历城，今山东历城县。夏州，治岩绿，在今陕西横山县西。汾州，治蒲子，在今山西隰县东北。阜城，汉县，在今河北阜城县东。南秦州，治骆谷，在今甘肃成县西南。河州，今甘肃导河县。

《魏书·良吏传》云：“魏初，拥节分符，多出丰、沛，政术治风，未能咸允。虽动诒大戮，而贪虐未悛。亦由网漏吞舟，时挂一目。高祖肃明纲纪，赏罚必信，肇革旧轨。时多奉法。世宗优游而治，宽政遂往。大和之风，颇以陵替。肃宗驭运，天下淆然。其于移风革俗之美，浮虎还珠之政，九州百郡，无所闻焉。”

然则魏之吏治，实以孝文之时为最整敕，然据《本纪》所载：则大和十二年，齐永明六年。梁州刺史临淮王提，魏梁州，初治仇池，夏侯道迁降魏，乃移治南郑。提，大武子临淮王谭之子。坐贪纵配北镇。

十三年，齐永明七年。夏州刺史章武王彬，又以贪财削封。彬，景穆子章武王大洛之子。汝阴王天赐、南安王桢，并坐臧贿，免为庶人。天赐、桢，皆景穆子。

十五年，齐永明九年。济阴王郁，以贪残赐死。郁，景穆子济阴王小新成之子。此等皆系亲贵，获罪较难，而终不免于获罪，可见其贪残之甚；抑此等皆系亲贵，故其获罪得以备书于史，俾后人有所考见，此外地位较微，为史所不载者，盖不知凡几矣，又可见其贪残者之多也。

大和七年，齐永明元年。二月，诏曰：“朕每思知百姓疾苦，以增修宽政，故具问守宰苛虐之状于州郡使者。今秀、孝、计掾，对多不实，甚乖朕虚求之意。宜案以大辟，明罔上必诛。然情犹未忍，可恕罪听归。申下天下，使知复犯无恕。”以死罪胁秀、孝、计掾，举发州郡罪状，可谓闻所未闻。

明年，齐永明二年。正月，诏陇西公琛、尚书陆叡为东西二道大使，褒善罚恶。是岁，始颁官禄。禄行之后，臧满一匹者死。虏何爱于中国人？观其用法之严，而知其吏治之恶矣。

州郡如此，镇将尤甚。魏旧制，缘边皆置镇，都大将统兵备御。《官氏志》。其后则内地亦置之。肃宗正光五年改镇为州诏曰："大祖道武皇帝，应期拨乱，大造区夏；世祖大武皇帝，纂戎丕绪，光阐王业；躬率六师，扫清逋秽。诸州镇城人，本充牙爪，服勤征旅。契阔行间，备尝劳剧。逮显祖献文皇帝，自北被南，淮、海思乂。便差割强族，分卫方镇。高祖孝文皇帝，远遵盘庚，将迁嵩、洛。规遏北疆，荡辟南境。选良家酋帅，增戍朔垂。戎捍所寄，实惟斯等。"此魏置镇之大略也。

《魏书·袁翻传》：翻于正始、熙平之间，议选边戍事曰："自比缘边州郡，官至便登；疆场统戍，阶当即用。或值秽德凡人，或遇贪家恶子。不识字民温恤之方，惟知重役残忍之法。广开戍逻，多置帅领，或用其左右姻亲，或受人财货请属，皆无防寇御贼之心，惟有通商聚敛之意。其勇力之兵，驱令钞掠，若值强敌，即为奴虏；如有执获，夺为己富。其羸弱老小之辈，微解金铁之工，小闲草木之作，无不搜营穷垒，苦役百端。自余或伐木深山，或耘草平陆；贩贸往还，相望道路。此等禄既不多，资亦有限，皆收其实绢，给其虚粟；穷其力，薄其衣；用其工，节其食；绵冬历夏，加之疾苦，死于沟渎者，常十七八焉。是以吴、楚间伺，审此虚实，皆云粮匮兵疲，易可乘扰，故驱率犬羊，屡犯疆场。频年以来，甲胄生虮，十万在郊，千金日费。为弊之深，一至于此。皆由边任，不得其人，故延若斯之患。贾生所以痛哭，良有以也。"此南边诸镇之情形也。

北边则尤有甚焉。《世宗纪》：景明四年，梁天监二年。十一月，诏尚书左仆射源怀抚劳代都、北镇，随方拯恤。

《怀传》载怀表曰："景明已来，北蕃连年灾旱。案观下文所言，当时北蕃饥荒，恐不尽系天灾，而实由于人事。延昌二年，梁天监十一年也，二月，以六镇大饥，开仓振赡，可见其饥荒久而未抒矣。高原陆野，不任营殖。惟有水田，少可菑亩。主将参寮，专擅腴美。瘠土荒畴，以给百姓。因此困敝，日月滋甚。诸镇水田，请依《地令》，分给细民。先贫后富。若分付不平，令一人怨讼者，镇将已下，连署之官，各夺一时之禄；四人已上，夺禄一周。北镇边蕃，事异诸夏，往日置官，全不差别。沃野一镇，沃野，汉县，魏置镇，在今绥远临河县境黄河西岸。自将已下，八百余人，黎庶怨嗟，佥曰烦猥。边隅事尠，实少畿服。请主帅吏佐，五分减二。"

《传》云：时细民为豪强陵压，积年枉滞，一朝见申者，日有百数。所上事宜，便于北边者，凡四十余条。可见其积弊之深，民生之困矣。而身为将士者，亦未尝不抑郁思乱。

《北齐书·魏兰根传》曰：正光末，李崇为都督，讨茹茹，以兰根为长史。因说崇曰："缘边诸镇，控摄长远。昔时初置，地广人稀。或征发中原，强宗子弟；或国之肺腑，寄以爪牙。中年已来，有司乖实，号曰府户。役同厮养。官婚班齿，致失清流。而本宗旧类，各各荣显。顾瞻彼此，理当愤怨。更张琴瑟，今也其时。静境宁边，事之大者。宜改镇立州，分置郡县。凡是府户，悉免为民。入仕次叙，一准其旧。文武兼用，威恩并施。此计若行，国家庶无北顾之虑矣。"崇以奏闻，事寝不报。

逮破六汗拔陵既叛，崔暹败于白道，广阳王渊又上书曰：渊，嘉之子。渊《北史》避唐讳作深，《魏书·本纪》作渊，《列传》亦作深，盖后人所改。《通鉴》亦依《北史》作深。

"昔皇始以移防为重。盛简亲贤，拥麾作镇。配以高门子弟，以死防遏。不但不废仕宦，至乃偏得复除。当时人物，忻慕为之。及大和在历，仆射李冲，当官任事。凉州土人，悉免厮役；丰、沛旧门，仍防边戍。自非得罪当世，莫肯与之为伍。征镇驱使，但为虞候、白直。一生推迁，不过军主。

然其往世房分留京者，得上品通官，在镇者便为清途所隔。或投彼有北，以御魑魅。多复逃胡乡。乃峻边兵之格，镇人浮游在外，皆听流兵捉之。于是少年不得从师，长者不得游宦，独为匪人，言者流涕。

"自定鼎伊、洛，边任益轻。惟底滞凡才，出为镇将。转相模习，专事聚敛。或有诸方奸吏，犯罪配边，为之指踪。过弄官府。政以贿立，莫能自改。及阿那瑰背恩，纵掠窃奔，命师追之，十五万众度沙漠，不日而还。边人见此援师，便自意轻中国。

"尚书令臣崇，时即申闻，求改镇为州。将允其愿，抑亦先觉。朝廷未许。今日所虑，非止西北，将恐诸镇，寻亦如此。天下之事，何易可量？"

《渊传》云：时不纳其策。东西敕勒之叛，朝议更思渊言，遣兼黄门侍郎郦道元为大使，欲复镇为州，以顺人望。会六镇尽叛，不得施行。六镇，在代郡北塞，东至濡源。其自西徂东之次，曰怀朔，曰武川，曰抚冥，曰柔玄，曰怀荒，曰御夷。怀朔，在今绥远固阳县境。抚冥，镇城所在未详。柔玄，在今察哈尔兴和县境。怀荒、御夷二镇，后改为蔚州，蔚州，即今察哈尔蔚县也。六镇自西徂东之次，依胡三省说，见《通鉴》齐明帝建武元年注。

案崔暹之败，事在正光五年七月。其年八月，《纪》载诏诸州军贯，元非犯配者，悉免为民。镇改为州，依旧立称。

《郦道元传》云：肃宗以沃野、怀朔、薄骨律、在今宁夏灵武县西南。武川、抚冥、柔玄、怀荒、御夷诸镇，并改为州。其郡县戍名，令准古城邑。诏道元持节兼黄门侍郎，与都督李崇，筹宜置立。裁减去留，储兵积粟，以为边备。

而《李崇传》言：临淮王彧、李叔仁败，诏引丞相、令、仆、尚书、侍中、黄门于显阳殿，使陈良策。吏部尚书元修义景穆子汝阴王天赐之子。谓宜得重贵，镇压恒、朔。诏欲遣崇。然仍责其改镇为州之表，开诸镇非异之心，致有今日之事。则魏朝当日，始终不甚以此策为然；加以六镇尽叛，政令格不能行，诏旨自成虚语矣。然此时即能行之，恐于势亦已无及也。

魏明帝正光五年，梁武帝之普通五年也。三月，沃野镇人破洛韩拔陵反，杀镇将。诏临淮王彧讨之。彧，提之孙。五月，败于五原。朔州治。安北将军李叔仁寻败于白道。在今绥远归绥县北。武川陷。诏尚书令李崇为大都督。崔暹出东道，广阳王渊出北道，皆受崇节度。崇至五原。七月，崔暹大败于白道之北。贼遂并力攻崇。

崇与渊力战相持，至冬，乃引还平城。渊表崇长史祖莹，诈增功级，盗没军资，崇坐免官爵，征还，以后事付渊。崇之将班师也，留别将费穆守朔州。穆招离聚散，颇得人心。时北境州镇，悉皆沦没，惟穆独据一城，四面抗拒。久之，援军不至；兼行路阻塞，粮仗俱尽；亦弃城南走。

明年，魏孝昌元年，梁普通六年。三月，拔陵别帅王也不卢等攻陷怀朔。至六月，乃为柔然主阿那瓌所破，南移渡河。而恒州卒于又明年七月失陷，孝昌二年，梁普通七年。行台元纂南走。代北遂不可收拾矣。而杜洛周、鲜于修礼复起。

初李叔仁为破六韩拔陵所逼，求援。广阳王渊赴之。前后降附二十万人。渊与元纂，表求于恒州北别立郡县，安置降户，随宜振赉，息其乱心。不从。而遣黄门侍郎杨昱，分散之于冀、定、瀛三州就食。渊谓纂曰："此辈复为乞活矣。"

孝昌元年，八月，柔玄镇人杜洛周反于上谷。此依《魏书·本纪》。《梁书·侯景传》作吐斤六周，云柔玄镇兵。攻没郡县。南围燕州。九月，诏幽州刺史常景为行台，征虏将军元谭为都督讨之。谭，献文子赵郡灵王干之子。

二年，正月，谭次军都，燕州治。为洛周所败。以别将李琚代谭。四月，又败没于蓟城之北。蓟，幽州治。五月，燕州刺史崔秉南走中山。定州治。七月，洛周遣其别帅曹纥真寇掠幽州。常景遣都督于荣邀于栗园，胡三省曰：当在固安县界。大破之，斩纥真。九月，景又破洛周，斩其武川王贺拔文兴，别帅侯莫陈升。然至十一月，幽州卒陷，景被执。

鲜于修礼，本怀朔镇兵，据《梁书·侯景传》。为五原降户。以孝昌二年，正月，反于定州。诏长孙稚为大都督，稚，字承业，史或书其字。《北史》作名幼。与河间王琛讨之。齐郡顺王简子，继河间孝王若。简、若，皆文成子。琛与稚有隙，前到呼沱，稚未欲战，而琛不从。稚至五鹿，在河北濮阳县南。为修礼所邀，琛不赴。贼总至，遂大败。稚与琛并除名。修礼及杜洛周之叛也，其余降户，犹在恒州，欲推广阳王渊为主，渊上书乞还京师，令左卫将军杨津代为都督。

及是，五月。复以渊为大都督，章武王融为左都督，融，彬子。裴衍为右都督，衍，植之弟。北讨。初朔州毛普贤，为渊统军，后与修礼同反。见《甄琛传》。修礼常与葛荣谋，《梁书·侯景传》云：荣怀朔镇将。后稍信普贤，荣常衔之。渊使人喻普贤，普贤乃有降意。又使录事参军元晏说贼程杀鬼，果相猜贰。葛荣遂杀普贤、修礼而自立。此据《渊传》。《本纪》云：八月，贼帅元洪业斩鲜于修礼请降，为贼党葛荣所杀。

荣以新得大众，上下未安，遂北度瀛洲。渊便率众北转。荣东攻。章武王融战败于白牛逻，《纪》云在博野。博野，今河北蠡县。殁于陈。渊退走，趋定州。闻刺史杨津疑其有异志，止于州南佛寺。召都督毛谧等六七人，臂肩为约，危难之际，期相拯恤。谧疑渊意异，乃密告津，云渊谋不轨。津遣谧讨渊。渊走。逢贼游骑，引诣葛荣。为荣所杀。

三年，梁大通元年。荣陷殷州。在今河北隆平县东。东围冀州。先是以安乐王鉴为相州刺史、北讨大都督，鉴，文成子安乐王长乐之孙。与裴衍共救信都。冀州治。鉴谋反，降荣。

八月，都督源子邕怀子。此据《本纪》。《列传》作子雍。与衍合围鉴，斩首传洛。十一月，信都陷。时除子邕冀州刺史。子邕上书曰："贼中甚饥，专仰野掠。今朝廷足食，兵卒饱暖。高壁深垒，勿与争锋。彼求战不得，野掠无所获。不盈数旬，可坐制凶丑。"时裴衍复表求行。诏子雍与衍速进。子雍重表固请，不听。遂与衍俱进。至阳平郡东北漳曲，荣率贼十万，来逼官军。子邕、衍并战殁。

明年，武泰元年，梁大通二年。正月，杜洛周陷定州，瀛州亦降。二月，为荣所并。三月，荣陷沧州。在今河北南皮县东南。遂独雄于河北矣。

破洛韩拔陵之叛也，高平酋长胡琛，亦起兵攻镇以应之。正光五年，四月。高平镇，后为原州，今甘肃固原县。别将卢祖迁击破之，琛北遁。时秦州刺史李彦，刑政过猛，为下所怨。

六月，城民薛珍、刘庆、杜超等禽彦，推其党莫折大提为帅。据《彦传》。《萧宝夤传》杜超作杜迁。诏雍州刺史元志讨之。南秦州城人孙掩、张长命、韩祖香据城，杀刺史崔游，以应大提。大提遣城人卜朝《通鉴》作卜胡。袭克高平。大提寻死，子念生代立。据《萧宝夤传》，念生为大提第四子。僭称天子。

七月，诏元修义为西道行台，率诸将西讨。李苗上书，以为“食少兵精，利于速战；粮多卒众，事宜持久。今陇贼猖狂，非有素蓄；虽据两城，本无德义；其势在于疾攻，日有降纳，迟则人情离沮，坐受崩溃。今宜且勒大将，深沟高垒，坚守勿战；别命偏师，精卒数千，出麦积崖，在今甘肃天水县东南。以袭其后；则汧、岐之下，群妖自散”。于是诏苗为统军，与别将淳于诞出梁、益，隶行台魏子建。念生遣其兄天生下陇东寇。据《本纪》。《宝夤传》及《梁书·羊侃传》：皆云天生为念生子。

八月，元志大败于陇东，退守岐州。元修义性好酒，遂遇风病，神明昏丧，虽至长安，竟无部分之益。九月，更以萧宝夤为西道行台、大都督，率崔延伯、北海王颢西讨。颢，详子。十一月，天生攻陷岐州，执元志。遂寇雍州，屯于黑水。在今陕西城固县北，南流入汉。十二月，魏子建招降南秦氐、民，复六郡、十三戍，斩韩祖香。张长命畏逼，乃告降于萧宝夤。

先是凉州幢帅于菩提、呼延雄执刺史宋颖，据州反。七月。吐谷浑主伏连筹讨之。于菩提弃城走，追斩之。城民赵天安复推宋颖为刺史。是月，莫折念生遣兵攻凉州，天安复执颖以应之。魏凉州，治姑臧。

孝昌元年，梁普通六年。正月，萧宝夤、崔延伯击天生，破之黑水。天生退走入陇西。泾、岐及陇东悉平。先是高平人攻杀卜朝，共迎胡琛。正光五年十一月。琛遣其将万俟丑奴、宿勤明达寇泾州。延伯、宝夤会于安定。甲卒十二万，铁马八千，军威甚盛。四月，延伯为丑奴所败，战殁。延伯与奚康生、杨大眼并称名将，其死也，朝野叹惧焉。

十月，吐谷浑复讨赵天安，降之。天水吕伯度兄弟，始与莫折念生同逆。后保于显亲，后汉侯国，后为县，在今甘肃天水县西北。聚众讨念生。战败，降于胡琛。琛资其士马，还征秦州。大败念生将杜粲于成纪。又破其金城王莫折普贤于水洛城。在今甘肃庄浪县南。遂至显亲。念生身自拒战，又大奔败。

伯度乃背胡琛，袭琛将刘拔，破走之。遣其兄子忻和率骑东引魏军。念生事迫，乃诈降于萧宝夤。魏朝嘉伯度之功，授以泾州刺史。而元修义停军陇口，久不西进。念生复反。伯度终为万俟丑奴所杀。贼势更盛，萧宝夤不能制。胡琛与念生交通，事破六韩拔陵浸慢。拔陵遣其臣费律至高平，诱琛斩之。其众尽并于万俟丑奴。

孝昌三年，梁大通元年。正月，宝夤大败于泾州。北海王颢寻亦败走。岐、豳、东秦、北华州俱陷。豳州，今陕西邠县。东秦州，秦州陷后，置于汧城。汧，汉县，后魏曰汧阴，在今陕西陇县南。宝夤还雍州。莫折天生乘胜寇雍州。宝夤部将羊侃隐身堑中射之，毙，其众乃溃。有司奏处宝夤死罪，诏恕为民。四月，复以为雍州刺史、西讨大都督。自关以西，皆受节度。九月，念生为其常山王杜粲所杀，合门皆尽。粲据州，请降于宝夤。十二月，粲又为骆超所杀，亦遣使归魏。南秦州城民辛琛，亦自行州事，遣使归罪。

十月，魏朝复宝夤旧封。而宝夤自以出军累年，糜费尤广，一旦覆败，内不自安。魏朝颇亦疑阻。乃遣御史中尉郦道元为关中大使。宝夤谓密欲取己，弥以忧惧。长安轻薄之徒，因相说动。

道元行达阴槃驿，阴槃，汉县，在今陕西长武县西北。宝夤密遣其将郭子恢等攻杀之。遂叛魏，自号为齐。遣子恢东攻潼关，张始荣围华州。魏诏尚书仆射行台长孙稚讨之。

初宝夤之败，北地功曹毛洪宾，据郡引寇，钞掠渭北。时杨椿为雍州刺史，其兄子侃为录事参军，请讨之。洪宾通书送质，乞自效。

及是，与其兄遐，纠率乡义，将攻宝夤。宝夤遣其将卢祖迁击遐，为遐所杀。又遣其将侯终德攻遐。时薛凤贤反于正平，后魏郡，在今山西新绛县西南。薛修义屯聚河东，分据盐池，攻围蒲坂，东西连结，以应宝夤。

杨侃为稚行台左丞。稚军次弘农，侃劝其“北取蒲坂，飞棹西岸。置兵死地，人有斗心。华州之围，可不战而解；潼关之贼，必望风溃散。诸处既平，长安自克。”稚从之。令其子子彦等领骑于弘农北渡。围城之寇，各自散归。修义亦即逃遁。子恢为官军所败。稚又遣子彦破始荣于华州。终德因此势挫，还图宝夤。宝夤战败，奔万俟丑奴。时武泰元年梁大通二年。正月也。

以上皆孝明之世叛乱之较大者；其较小者：在清河则有崔畜。在广川则有傅堆。孝昌元年，三月，畜杀大守董遵，堆执大守刘莽反。青州刺史安乐王鉴讨平之。

在朔州则有鲜于阿胡、库狄丰乐。孝昌二年四月据城反。

在平原则有刘树、刘苍生。孝昌二年十一月反。州军破走之。刘树奔梁。

在徐州则有任道棱。孝昌三年，正月，袭据萧城。州军讨平之。萧，今江苏萧县。

在东郡则有赵显德。东郡，魏治滑台。显德，孝昌三年二月反。诏都督李叔仁讨之。四月，别将元斌之斩显德。

在齐州则有刘钧、房须。孝昌三年，三月，钧执清河大守邵怀，须屯据昌国城。六月，诏李叔仁讨钧，平之。须，《彭城王勰传》作顷。昌国，汉县，在今山东淄川县东北。

在陈郡则有刘获、郑辨。孝昌三年，七月，反于西华。州军讨平之。西华，汉县，在今河南西华县南。

在营州则有刘安定、就德兴。安定、德兴，正光五年，据城反。城人王恶儿斩安定以降。德兴东走，自号燕王。孝昌二年，九月，攻陷平州。至孝庄帝永安元年，十一月，乃遣使来降。平州，治肥如，今河北卢龙县北。

在巩县一带，又有李洪。《本纪》：武泰元年，二月，群盗烧劫巩县以西，关口以东，公路涧以南。诏李神轨为都督，讨平之。《神轨传》云：蛮帅李洪，扇动诸落。伊阙以东，至于巩县，多被烧劫。关盖谓函谷关。虽为患不广，然是处蜂起，势成燎原矣。

叛乱之兴，固非仅恃兵力所能戡定，然即以兵力论，其不足恃亦已甚。神龟二年，梁天监十七年。征西将军张彝第二子仲瑀上封事，求铨别选格，排抑武人，不使预在清品。羽林虎贲千余人焚彝第，殴伤彝，烧杀其长子始均。彝亦旋死。官为收掩羽林凶强者八人斩之，不能穷诛群竖，即为大赦，以安众心。

史云："有识者知国纪之将坠矣。"论当时兵事者：路思令曰："窃以比年以来，将帅多是宠贵子孙；军幢统领，亦皆故义托附。贵戚子弟，未经戎役。衔杯跃马，志逸气浮。轩眉攘腕，便以攻战自许。及临大敌，怖惧交怀。雄图锐气，一朝顿尽。乃令羸弱在前以当锐，强壮居后以安身。兼复器械不精，进止不集。任羊质之将，驱不练之兵，当负险之众，敌数战之虏。是以兵知必败，始集而先逃；将又怖敌，迁延而不进。国家便谓官号未满，重爵屡加；复疑赏赍之轻，金帛日赐。帑藏空虚，民财殚尽。致使贼徒更增，胆气益盛；生民损耗，荼毒无聊。"

辛雄曰："秦、陇逆节，将历数年；蛮左乱常，稍已多战；凡在戎役，数十万人。三方师众，败多胜少。迹其所由，不明赏罚故也。兵将之勋，历稔不决；亡军之卒，宴然在家；致令节士无所劝慕，庸人无所畏慑。进而击贼，死交而赏赊，退而逃散，身全而无罪。赏罚陛下之所易，尚不能全而行之，攻敌士之所难，欲其必死，宁可得也？"

高谦之曰："自正光已来，边城屡扰，命将出师，相继于路，军费戎资，委输不绝。至于弓格赏募，咸有出身；槊刺斩首，又蒙阶级；故四方壮士，愿征者多。若使军帅必得其人，赏勋不失其实，何贼不平？何征不捷？而诸守帅，或非其才。多遣亲者，妄称入募，虚受征官，身不赴阵，惟遣奴客充数而已，对寇临敌，曾不弯弓。则是王爵虚加，征夫多缺。贼虏何可殄除？忠贞何以劝诫也？"以此政令，用此将士，无怪契胡一入，莫之能御矣。

第四节　尔朱荣入洛

两晋之世，五胡作害中州，不久皆力尽而毙，而元魏崛起北方，独获享祚几百五十年者？自道武登国元年，即晋孝武帝大元十一年，至明帝武泰元年，即梁武帝大通二年，凡百四十三年。以是时中原之地，丧乱方剡，代北僻处一隅，与于战争之事较少，民力较完，抑且风气较质朴，便于战斗故也。

元魏南迁以来，此等情形，迄未尝变，故及其衰敝，而尔朱、高、宇文诸氏，又起自代北，纷纷南下焉，而六镇则其先驱也。魏之所以兴，正其所以亡也。

尔朱荣，北秀容人。其先居尔朱川，因为氏。常领部落，世为酋帅。高祖羽健，登国初，为领民酋长。率契胡武士千七百人，从平晋阳，定中山。胡三省曰："尔朱氏，契胡种也。"又曰："契胡，尔朱之种人也。"见《通鉴》梁武帝中大通二年《注》：案昔人于中国言姓氏，于夷狄言种姓。契胡，盖其氏族或部落之名也。以居秀容川，诏割方三百里封之，长为世业。曾祖郁德，祖代勤，父新兴，继为酋长。家世豪强。财货丰赢。牛羊驼马，色别为群，谷量而已。

魏朝每有征讨，辄献私马，兼备资粮，助裨军用。

正光中，四方兵起，荣遂散畜牧，招合义勇，给其衣马。秀容内附胡民乞伏莫干破郡，杀大守，魏秀容郡，治秀容，在今山西忻县北。南秀容牧子万于乞真反叛，杀大仆卿陆延；事在正光五年八月，见《纪》。并州牧子素和婆崘崄作逆；荣前后讨平之。内附叛胡乞部落，坚胡刘阿如等作乱瓜、肆；魏瓜州，治敦煌。敕勒北列步若反于沃阳；汉县，后汉省，后魏复置，在今察哈尔凉城县西。荣并灭之。

敕勒斛律洛阳作逆桑干，事在孝昌二年三月，见《纪》。西与费也头牧子迭相犄角，荣率骑破洛阳于深井，逐牧子于河西。孝昌二年，梁普通七年。八月，荣率众至肆州。刺史尉庆宾畏恶之，闭城不纳。荣怒，攻拔之。乃署其从叔羽生为刺史，执庆宾于秀容。自是荣兵威渐盛，朝廷亦不能罪责也。

鲜于修礼之叛也，荣表东讨。杜洛周陷中山，明帝声将北讨，以荣为左军，不行。及葛荣吞洛周，荣表求遣骑三千，东援相州，不许。荣遣兵固守滏口。大行陉名，在今河南武安、河北磁县之间。复上书，求慰喻阿那瑰，直趋下口，胡三省曰："盖指飞狐口。"案飞狐口，在今河北涞源、察哈尔蔚县间。以蹑其背；北海王颢之兵，镇抚相部，以当其前；而自诡自井陉以北，滏口以西，分防险要，攻其肘腋。并严勒部曲，广召义勇，北捍马邑，东塞井陉。荣之意，是时惟在中原，所苦者，未能得间而入耳。

胡灵后与明帝，母子之间，嫌隙屡起。帝所亲幸者，大后多以事害焉。

武泰元年，梁大通二年。正月，潘充华生女。郑俨与大后计，诈以为男，大赦改元。二月，明帝死。事出仓卒，时论咸言郑俨、徐纥之计。大后乃奉潘嫔女即位。经数日，见人心已安，始言潘嫔本实生女，今宜更择嗣君。遂立故临洮王宝晖世子钊。宝晖，高祖孙。年始三岁。

初李崇北讨，高凉王孤六世孙天穆，孤，平文帝第四子。奉使慰劳诸军。路出秀容，尔朱荣见其法令齐整，深相结托。天穆遂为荣腹心。及是，荣与天穆等密议，乃抗表请赴阙，问侍臣帝崩之由；以徐、郑之徒，付之司败；然后更召宗亲，推立年德。

大后甚惧，以李神轨为大都督，将于大行杜防。荣抗表之始，遣从子天光、亲信奚毅、及仓头王相入洛，与从弟世隆，密议废立。天光乃见长乐王子攸，彭城王勰第三子。具论荣心。子攸许之。天光等还北，荣发晋阳，犹疑所立，乃以铜铸高祖及咸阳王禧等六王子孙像，此据《魏书·荣传》。《北史》六王作五王。惟子攸独就。师次河内，重遣王相，密迎子攸。子攸与兄彭城王劭、弟始平王子正潜渡赴之。时四月九日也。

十一日，荣奉子攸为主，是为敬宗孝庄皇帝。废帝朗中兴二年，谥为武怀皇帝。孝武帝大昌元年，改谥孝庄，庙号敬宗。以荣为使持节、都督中外诸军事、大将军、开府、尚书、领军将军、领左右、谓领左右千牛备身。大原王。是日，荣济河。大后乃下发入道。内外百官，皆向河桥迎驾。荣惑武卫将军费穆之言，谓天下乘机可取。《魏书·穆传》：穆弃朔州南走，投荣于秀容。既而诣阙请罪。诏原之。荣向洛，灵大后征穆，令屯小平。

及荣推奉孝庄帝，河梁不守，穆遂弃众先降。穆素为荣所知，见之甚悦。穆潜说荣曰："公士马不出万人。今以京师之众，百官之盛，一知公之虚实，必有轻侮之心。若不大行诛罚，更树亲党，公还北之日，恐不得度大行而内难作矣。"荣心然之。及元颢入洛，穆降，颢以河阴酷滥，事起于穆，引入诘让，出而杀之。一似荣之滥杀，由穆指踪，更无疑义者。

然《北齐书·慕容绍宗传》言：荣称兵入洛，私告绍宗曰："洛中人士繁盛，骄侈成俗，若不加除翦，恐难制驭。吾欲因百官出悉诛之，尔谓可不？"则其翦戮朝士之计，早定于入洛之先矣。

《魏书·荣传》云：荣性好猎。元天穆从容谓荣曰："大王勋济天下，四方无事，惟宜调政养民，顺时蒐狩。"荣便攘肘谓天穆曰："大后女主，不能自正，推奉天子者，此是人臣常节。葛荣之徒，本是奴才，乘时作乱，妄自署假，譬如奴走，禽获便休。顷来受国大宠，未能开拓境土，混一海内，何宜今日，便言勋也？如闻朝士，犹自宽纵。今秋欲共兄戒勒士马，校猎高原，令贪污朝贵，入围搏虎。仍出鲁阳，历三荆，悉拥生蛮，北填六镇。回军之际，因平汾胡。明年，简练精骑，分出江、淮。萧衍若降，乞万户侯；如其不降，径度数千骑，便往搏取。待六合宁一，八表无尘，然后共兄奉天子巡四方，观风俗，布政教，如此乃可称勋耳。今若止猎，兵士懈怠，安可复用也？"

此段言辞，多出附会，然欲令朝贵入围搏虎之语则真。荣本不知中国情形，意谓但借杀戮立威，即可以胁众戴己，此其本怀。费穆多亦不过附和之，不能匡正而已。谓其谋本出于穆，恐未必然也。元颢之杀穆，或以其不为己用，或则当时有构之者耳，不能以此证实穆之罪状也。延兴初，于安昌置南荆州，在今河南信阳县西北，与沘阳之东荆，谓之三荆。乃谲朝士，共相盟誓。

将向河阴西北三里。至南北长堤，悉令下马西度。即遣胡骑四面围之。妄言丞相高阳王欲反。杀百官、王公、卿士二千余人，皆敛手就戮。此据《北史》。《魏书·荣传》云：十三日，荣引迎驾百官于行宫西北，云欲祭天。列骑围绕。责天下丧乱，明帝卒崩之由，云皆缘此等贪虐，不相匡弼所致。因纵兵乱害。王公卿士，皆敛手就戮。死者千三百余人。皇弟、皇兄，亦并见害。又命二三十人拔刀走行宫。庄帝及彭城王、霸城王俱出帐。此处亦采《北史》。庄帝兄劭，本封彭城王，弟子正为霸城公。庄帝即位后，以劭为无上王，子正为始平王。上文采《魏书》，于渡河之际，已书子正为始平王，与《北史》此处称子正为霸城王，皆非也。

荣先遣并州人郭罗察，《通鉴》察作刹。共西部高车叱列杀鬼，在帝左右，相与为应。及见事起，假言防卫，抱帝入帐。余人即害彭城、霸城二王。乃令四五十人迁帝于河桥。沈灵大后及少主于河。

时又有朝士百余人后至，仍于堤东被围。遂临以白刃，唱云："能为禅文者出，当原其命。"御史赵元则出作禅文。荣令人诫军士，言"元氏既灭，尔朱氏兴"。其众咸称万岁。荣遂铸金为己像，数四不成。时荣所信幽州人刘灵助善卜占，言今时人事未可。荣乃曰："若我作不去，当迎天穆立之。"灵助曰："天穆亦不吉，惟长乐王有王兆耳。"荣亦精神恍惚，不自支持。遂便愧悔。至四更中，乃迎庄帝。《魏书·荣传》云：外兵参军司马子如等切谏，陈不可之理。荣曰："愆误若是，惟当以死谢朝廷。今日安危之机，计将安出？"献武王等曰："未若还奉长乐，以安天下。"于是还奉庄帝。十四日，舆驾入宫。

《北齐书·神武纪》云：神武恐谏不听，请铸像卜之，乃止。

《周书·贺拔岳传》云：荣既杀害朝士，时齐神武为荣军都督，劝荣称帝。左右多同之。岳进言，荣寻亦自悟，乃尊立孝庄。岳又劝荣诛齐神武，以谢天下。左右咸言："高欢虽言不思难，今四方尚梗，事借武臣，请舍之，收其后效。"荣乃止。史家文饰之辞，敌国诽谤之语，皆不足信。神武是时，位卑言轻，未必能与于是议；即或有言，亦不过随众附和；断无诛之可以谢天下之理也。望马首叩头请死。其士马三千余骑。既滥杀朝士，乃不敢入京，即欲向北，为移都之计。

持疑经日，始奉驾向洛阳宫。及上北芒视宫阙，复怀畏惧，不肯更前。武卫将军汎礼苦执，不听。复前入城，不朝戍。北来之人，皆乘马入殿。诸贵死散，无复次序。庄帝左右，惟有故旧数人。荣犹执移都之议，上亦无以拒焉。又在明光殿重谢河桥之事，誓言无复二心。庄帝自起止之。因复为荣誓言无疑心。荣喜。因求酒。及醉，熟寐。帝欲诛之，左右苦谏，乃止。即以床轝向中常侍省。荣夜半方寤，遂达旦不眠。自此不复禁中宿矣。

荣女先为明帝嫔，欲上立为后。帝疑未决。给事黄门侍郎祖莹曰："昔文公在秦，怀嬴入侍，事有反经合义，陛下独何疑焉？"上遂从之。荣意甚悦。于时人间犹或云荣欲迁都晋阳，或云欲肆兵大掠，迭相惊恐。人情骇震。京邑士子，十不一存。率皆逃窜，无敢出者。直卫空虚，官守旷废。荣闻之，上书谢愆。请追尊无上王帝号。后追尊为孝宣皇帝。诸王、百官及白身，皆有追赠。

又启帝，遣使巡城劳问。于是人情遂安。朝士逃亡者，亦稍来归阙。

五月，荣还晋阳，乃令元天穆向京，为侍中、大尉公，录尚书事、京畿大都督、兼领军将军、封上党王。树置腹心在列职。举止所为，皆由其意。

七月，诏加荣柱国大将军。是时之庄帝，盖不但仅亦守府而已。荣之将入洛也，郑俨走归乡里。俨，荥阳人也，其从兄仲明，先为荥阳大守。俨与仲明欲据郡起众，寻为其部下所杀。徐纥走兖州，投泰山大守羊侃，说令举兵。魏攻侃，纥说侃乞师于梁，遂奔梁。

尔朱荣乃粗才，必不能定中原，成大业，然其用兵则颇饶智勇，以其出自代北，习于战斗也。此可见代北劲悍之风，尚未全替，周、齐继元魏之后，复能割据中原数十年，为有由矣。

时中原叛者尚多，孝庄帝永安元年，即明帝武泰元年也。五月，齐州人贾结聚众反，夜袭州城，会明退走。七月，光州人刘举，聚众数千，反于濮阳，八月，讨平之。二年，梁武帝中大通元年，二月，燕州人王庆祖，聚众上党，尔朱荣讨禽之。而西方之万俟丑奴，东方之葛荣，及新起之邢杲，声势最大。

永安元年，六月，葛荣使其仆射任褒，率车三万余乘，南寇沁水。魏以元天穆为大都督讨之。八月，荣围相州，刺史李仁轨闭门自守。贼锋过汲郡。所在村坞，悉被残略。尔朱荣启求讨之。

九月，乃率精骑七千，马皆有副，倍道兼行，东出滏口。葛荣自邺以北，列阵数十里，箕张而进。荣潜军山谷为奇兵，身自陷阵，出于贼后，表里合击，大破之。于阵禽葛荣。余众悉降。

荣以贼徒既众，若即分割，恐其疑惧，或更结聚。乃普告勒："各从所乐，亲属相随，任所居止。"于是群情喜悦，登即四散。数十万众，一朝散尽。待出百里之外，乃始分道押领，随便安置，咸得其宜。擢其渠帅，量才授用。新附者咸安。时人服其处分机速。于是冀、定、沧、瀛、殷五州悉平。

十月，槛送葛荣于洛阳，斩于都市。邢杲者，河间人。河间，汉县，后魏为郡，在今河北河间县西南。魏兰根之甥。见《北齐书·兰根传》。为幽州平北府主簿。杜洛周、鲜于修礼为寇，瀛、冀诸州人多避乱南向。杲拥率部曲，屯据鄚城，鄚，汉县，在今河北任邱县北。以拒洛周、葛荣，垂将三载。

广阳王渊等败后，杲南度，居青州北海界。灵大后命流人所在，皆置郡县，选豪右为守令以抚镇之。时青州刺史元世俊表置新安郡，以杲为大守，未报，会台以杲从子子瑶资荫居前，乃授河间大守，杲深耻恨。

永安元年，六月，反。所在流人，先为土人陵忽，率来从之。旬朔之间，众逾十万。东掠光州，尽海而还。遣李叔仁讨之。十月，失利于潍水。时泰山大守羊侃反正，行台于晖攻之，十二月，诏晖回师讨杲，次于历下。是岁，葛荣余党韩楼复据幽州反。

明年，永安二年，梁中大通元年。正月，晖所部都督彭乐，率二千余骑，北走于楼，乃班师。三月，诏元天穆与高欢讨杲。破之济南，杲降。送洛阳，斩于都市。于是大敌之未平者，惟一万俟丑奴，而南方之师，乘虚至矣。

第五节　梁武政治废弛

孟子曰："国家闲暇，及是时，明其政刑，虽大国，必畏之矣；及是时，般乐怠敖，是自求祸也。"斯言也，观于梁世而益信。

南北朝时，南北兵争，论者皆谓北强南弱，其实不然。当时兵事，南方惟宋元嘉二十七年一役，受创最巨，然魏亦无所得。此后宋明帝之失淮北，齐东昏之失寿春，皆内乱为之，非魏之力征经营也。梁武得国，魏政日衰，继以内乱。

自此至东西分裂，凡三十三年；至高欢死，侯景叛魏，则四十六年。此数十年，实为南方极好之机会。生聚教训，整军经武；恢复国土，攘除奸凶；在此时矣。乃不徒不能发愤为雄，并政刑亦甚废弛，致有可乘之机会而不能乘，而反以招祸，此则可为痛哭流涕者也。

梁武帝之为人也，性甚恭俭，亦能勤政恤民，《梁书·本纪》云：帝“勤于政务，孜孜无怠。每至冬月，四更竟，即敕把烛看事。执笔触寒，手为皴裂。日止一食。膳无鲜腴，惟豆羹、粝食而已。身衣布衣。木绵皂帐。一冠三载，一被二年。后宫衣不曳地，旁无锦绮。不饮酒。不听音声。非宗庙、祭祀、大会、飨宴及诸法事，未尝作乐。历观古昔，人君恭俭庄敬，艺能博学，罕或有焉。”此非虚语。又其敕责贺琛自述之辞，虽或过实，亦必不能全虚也。

然实非政事之才，故绝不能整饬纲纪。其时散骑常侍贺琛，尝启陈事条，读之最可见当时政俗之弊，今节录其辞如下；其一事曰：“户口减落，诚当今之急务。虽是处凋流，而阙外弥甚。郡不堪州之控总，县不堪郡之裒削①，更相呼扰，莫得治其政术，惟以应赴征敛为事。百姓不能堪命，各事流移。或依于大姓，或聚于屯封。盖不获已而窜亡；非乐之也。

“国家于关外，赋税盖微？乃致年常租课，动致逋积，而民失安居，宁非牧守之过？东境户口空虚，皆由使命繁数。大邦大县，舟舸衔命者，非惟十数。穷幽之乡，极远之邑，亦皆必至。每有一使，属所搔扰。驽困邑宰，则拱手听其渔猎；桀黠长吏，又因之而为贪残。纵有廉平，郡犹掣肘。

“故邑宰怀印，类无考绩。细民弃业，流冗者多。虽年降复业之诏，屡下蠲赋②之恩，而终不得反其居也。”

案流移之弊，当时实为极甚。天监十七年，正月朔，诏曰：“夫乐所自生，含识之常性；厚下安宅，驭世之通规。朕矜此庶氓，无忘待旦。亟弘生聚之略，每布宽恤之恩。而编户未滋，迁徙尚有。轻去故乡，岂其本志？资业殆缺，自返莫由。巢南之心，亦何能弭。今开元发岁，品物惟新，思俾黔黎，各安旧所。将使郡无旷土，邑靡游民；鸡犬相闻，桑柘交畛。凡天下之民，有流移他境，在天监十七年正月一日以前，可开恩半岁，悉听还本。蠲课三年。其流寓过远者，量加程日。若有不乐还者，即使著土籍为民。准旧课输。若流移之后，本乡无复居宅者，村司、三老及余亲属，即为诣县告请村内官地、官宅，令相容受，使恋本者还有所托。凡坐为市、埭诸职，割盗、衰灭，应被封籍者，其田宅、车牛，是民生之具，不得悉以没入皆优量分留，使得自止。其商贾富室，亦不得顿相兼并。遁叛之身，罪无轻重，并许首出，还复民伍。若有拘限，自还本役。并为条格，咸使知闻。”

其后大通元年，大同元年、十年，中大同元年，大清元年，皆有逋叛流移，听复宅业，蠲课役五年之诏。

而大同七年，诏曰："凡是田桑、废宅没入者，公创之外，悉以分给贫民，皆使量其所能，以受田分。如闻顷者，豪家富室，多占取公田，贵价僦税，以与贫民。伤时害政，为蠹已甚。自今公田悉不能假与豪家"。

又诏："州牧多非良才，守宰虎而傅翼。至于民间，诛求万端。或供厨帐，或供厩库，或遣使命，或待宾客，皆无自费，取给于民。又复多遣游军，称为遏防。奸盗不止，暴掠繁多。或求供设，或责脚步，又行劫纵，更相枉逼。良人命尽，富室财殚。此为怨酷，非止一事。亦频禁断，犹自未已。外司明加听采，随事举奏。又复公私传屯、邸冶，爰至僧尼，当其地界，止应依限守视。乃至广加封固，越界分断，水陆采捕，及以樵苏。遂至细民，措手无所。凡自今，有越界禁断者，禁断之身，皆以军法从事。若是公家创内，止不得辄自立屯，与公竞作，以收私利。至百姓樵采，以供烟爨者，悉不得禁；及以采捕，亦勿诃问。若不遵承，皆以死罪结正。"

先是天监七年，已有"薮泽山林，毓材是出，斧斤之用，比屋所资，而顷世相承，普加封固，岂所谓与民同利，惠兹黔首？凡公家诸屯戍见封熂者，可悉开常禁"之诏。

及大同十二年，又诏："四方所立屯传、邸冶、市埭、桁渡、津税、田园，新旧守宰，游军戍逻，有不便于民者，尚书州郡，各速条上，当随言除省，以舒民患。"其求民瘼，未尝不勤。

然《南史·郭祖深传》，载祖深舆榇诣阙上封事，言"朝廷擢用勋旧，为三垂州郡。不顾御人之道，惟以贪残为务。迫胁良善，害甚豺狼。江、湘之人，尤受其弊。自三关以外，是处遭毒。而此勋人，投化之始，但有一身。及被任用，皆募部曲。而扬、徐之人，逼以众役，多投其募。利其货财，皆虚名上簿。止送出三津，名在远役，身归乡里。又惧本属检问，于是逃亡他境。侨户之兴，良由此故。"则所以致民流移者，实即当时之官吏也。空言无施，虽切何补？况又有害之者乎？

其二事曰："今天下宰守，所以皆尚贪残，罕有廉白者？良由风俗侈靡，使之然也。淫奢之弊，其事多端。粗举二条，言其尤者。今之燕喜，相竞夸豪。积果如山岳，列肴同绮绣。露台之产，不周一燕之资。而宾主之间，才取满腹，未及下堂，已同臭腐。又歌姬舞女，本有品制。今虽庶贱，皆盛姬、姜。务在贪污，争饰罗绮。故为吏牧民者，竞为剥削。虽致赀巨亿，罢归之目，不支数年，便已消散。乃更追恨向所取之少，今所费之多。如复傅翼，增其搏噬。一何悖哉？其余淫侈，著之凡百。习以成俗，日见滋甚。欲使人守廉隅，吏尚清白，安可得邪？”

其三事曰：“斗筲之人，藻棁[3]之子，既得伏奏帷扆，便欲诡竞求进。不说国之大体。不知当一官，处一职，贵使理其紊乱，匡其不及；心在明恕，事乃平章。但务吹毛求疵，擘肌分理。运挈瓶之智，徼分外之求。以深刻为能，以绳逐为务。迹虽似于奉公，事更成其威福。犯罪者多，巧避滋甚。旷官废职，长弊增奸，实由于此。”

其四事曰：“自征伐北境，帑藏空虚。今天下无事，而犹日不暇给者，良有以也。夫国弊则省其事而息其费。事省则养民，费息则财聚。止五年无事，必能使国丰民阜；若积以岁月，斯乃范蠡灭吴之行，管仲霸齐之由。今应内省职掌，各检所部。凡京师治署、邸肆应所为，或十条宜损其五，或三条宜除其一。

“及国容戎备，在昔宜多，在今宜少；虽于后应多，即事未须；皆悉减省。应四方屯传、邸冶，或旧有，或无益，或妨民，有所宜除除之，有所宜减减之。凡厥兴造，凡厥费财，有非急者，有役民者；又凡厥讨召，凡厥征求，虽关国计；权其事宜，皆息费休民。不息费则无以聚财，不休民则无以聚力。

“故蓄其财者，所以大用之也；息其民者，所以大役之也。若言小事不足害财，则终年不息矣；以小役不足妨民，则终年不止矣。扰其民而欲求生聚殷阜，不可得矣。耗其财而务赋敛繁兴，则奸诈盗窃弥生。是弊不息，而其民不可使也，则难可以语富强而图远大矣。

“自普通已来，二十余年，刑役荐起，民力凋流。今魏氏和亲，疆埸无警，若不及于此时，大息四民，使之生聚；减省国费，令府库蓄积；一旦异境有虞，关、河可扫，则国弊民疲，安能振其远略？事至方图，知不及矣。”

观其言，当时政俗之弊，略可见矣。

《梁书·良吏传》曰：“齐末昏乱，政移群小。赋调云起，徭役无度。守宰多倚附权门，互长贪虐，掊克聚敛，侵愁细民。天下摇动，无所措其手足。高祖在田，知民疾苦。及梁台建，仍下宽大之书，昏时杂调，咸悉除省。

“于是四海之内，始得息肩。逮践皇极，躬览庶事。日昃听政，求民之瘼。乃命輶轩，以省方俗。

“《本纪》：帝即位之后，即分遣内侍，周省四方。天监三年，六月，又诏可分将命，巡行州部。其有深冤巨害，抑郁无归，听诣使者，依源自列。置肺石以达穷民。

“《本纪》：天监元年，诏可于公车府谤木、肺石旁，各置一函。若肉食莫言，山阿欲有横议，投谤木函。若从我江、汉，功在可策；次身才高妙，摈压莫通；大政侵小，豪门陵贱；若欲自申，并可投肺石函。六年，诏四方士民，若有欲陈言刑政，可各诠条，布怀于刺史、二千石。有可申采，大小以闻。

“大同二年，诏画可外牒，或致纰缪。凡政事不便于民者，州、郡、县即时皆言，勿得欺隐。如使怨讼，当境任失。而今而后，以为永准。务加隐恤，舒其急病。

“元年，始去人赀，计丁为布。身服浣濯之衣。御府无文饰。宫掖不过绫采，无珠玑锦绣。大官撤牢馔，每日膳菜蔬。饮酒不过三盏。以俭先海内。每选长吏，务简廉平。皆召见御前，亲勖治道。”

又著令：“小县有能，迁为大县；大县有能，迁为二千石。”剖符为吏者，往往承风焉。帝之志在恤民，盖无疑义。然徒法不能自行。

当时后军参军郭祖深，又尝诣阙上封事，言“愚辈各竞奢侈，贪秽遂生，颇由陛下，宠勋大过，驭下大宽，故廉洁者自进无途，贪苛者取人多径。直弦者沦溺沟壑，曲钩者升进重沓。饰口利辞，竞相推荐；讷直守信，坐见埋没。劳深勋厚，禄赏未均；无功侧入，反加宠擢。昔宋人卖酒，犬恶致酸，陛下之犬，其甚矣哉！”则帝于督责之术，实有所未尽也。

《魏书·岛夷传》曰：“衍所部刺史、郡守，初至官者，皆责其上礼。献物多者，便云称职；所贡微少，言为弱惰。故其牧守在官，皆竞事聚敛，劫剥细民，以自封殖。多妓妾、粱肉、金绮。百姓怨苦，咸不聊生。又发召兵士，皆须锁械，不尔便即逃散。其王侯贵人，奢淫无度。弟兄子侄，侍妾或及千数，至乃回相赠遗。其风俗颓丧，纲维不举若此。”虽敌国诽谤之辞，亦不能谓其全属子虚也。

帝所任者，周舍、徐勉。舍豫机要二十余年，性极俭素，身后更蒙褒奖。勉当王师北伐时，候驿填委，参掌军书，劬劳夙夜，动经数旬，乃一还宅；而亦不营产业，家无蓄积。可谓股肱心膂之臣。

然终不能有裨于时者，盖其所为，亦不免贺琛所谓以深刻为能，绳逐为务，即能尽其用，已不克大有所为，况帝又宽纵于上乎？周舍卒后，朱异代掌机密，

《南史·朱异传》云：自徐勉、周舍卒后，外朝则何敬容，内省则异。敬容质悫无文，以纲维为己任。异文华敏洽，曲营世誉。二人行异，而俱见幸。

《敬容传》云：自晋、宋以来，宰相皆文义自逸，敬容独勤庶务。简文频于玄圃，自讲老、庄，学士吴孜，每日入听，敬容谓孜曰："昔晋氏丧乱，颇由祖尚虚玄，胡贼遂覆中夏，今东宫复袭此，殆非人事，其将为戎乎？"免职出宅，无余财货。其为人，亦可谓庸中佼佼者，然亦不过能应簿书期会而已。周舍卒于普通五年，徐勉卒于大同元年。

居权要二十余年，徒以善窥人主意旨，曲能阿谀闻，而又贪冒财贿，《南史》本传，言其产与羊侃相埒。《恩幸传》云：陆验、徐驎，并吴人。验，朱异故尝有德，言于武帝拔之，与驎递为少府丞、大市令，并以苛刻为务，百贾畏之。异尤与之昵。世人谓之三蠹。观下引鱼弘之事，可谓文臣武将，取之各有其道矣。遂酿大清之祸。

盖帝至晚岁，实已耄荒，而又不免于自满，国内、国外，情形如何，实非所深悉也。贺琛书奏，帝大怒，召主书于前，口授敕责琛。其辞多自辩白，实则饰非拒谏而已。訑訑之声音颜色，拒人于千里之外，尚安能自闻其过哉？郭祖深言：当时"执事，皆同而不和，答问唯唯而已。入对则言圣旨神衷，出论则云谁敢逆耳"。好谀恶直者，固势必至此也。《魏书·岛夷传》曰："衍好人佞己，末年尤甚。或有云国家强盛者，即便忿怒；有云朝廷衰弱者，因致喜悦。朝臣左右，承其风旨，莫敢正言。"此其所以招侯景之祸也。

当时将帅，亦极骄横。羊侃可谓乃心华夏者，侯景作乱，台城被围时，守御惟侃是杖，亦可谓有将帅之才。然史言其豪侈，乃殊出意计之外。《南史·侃传》云：性豪侈。善音律。姬妾列侍，穷极奢靡。初赴衡州，于两艖䑲起三间通梁水斋，饰以珠玉，加之锦绣。盛设帷屏，列女乐。乘潮解缆，临波置酒。缘塘傍水，观者填咽。

大同中，魏使阳斐、与侃在北尝同学，有诏命侃延斐。同宴宾客，三百余人，食器皆金玉杂宝。奏三部女乐。至夕，侍婢百余人，俱执金花烛。侃不饮酒，而好宾游，终日献酬，同其醉醒。以贺琛之言衡之，其所费为何如邪？衡州，梁置，治含洭，在今广东英德县西。

夫侃，晚而归国；其归国也，乃在败逋之后；势不能多有所携，而其富厚如此，何所取之，实不能令人无惑。观于鱼弘之贪暴，《南史·弘传》：尝谓人曰："我为郡有四尽：水中鱼鳖尽，山中獐鹿尽，田中米谷尽，村里人庶尽。"而知当时武将之剥民，或更甚于文吏矣。此等人，尚安能驱之使立功业哉？

帝于诸王，宽纵尤甚，遂为异日之祸根。帝八子：长昭明大子统，以天监元年立，中大通三年卒。有五子：曰华容公欢，曰枝江公誉，曰曲江公詧，曰謍，曰鉴。次子豫章王综，实齐东昏侯子也。三子晋安王纲，昭明大子母弟也。

昭明大子之薨，帝犹豫，自四月上旬至五月二十一日，乃决立纲为大子。而封欢为豫章郡王，誉为河东郡王，詧为岳阳郡王，謍为武昌郡王，鉴为义阳郡王，以慰其心。昭明大子母曰丁贵嫔，以普通七年卒。

《南史·大子传》曰：大子遣人求得善墓地。将斩草。有卖地者，因阉人俞三副求市。若得三百万，许以百万与之。三副密启帝，言大子所得地，不如今所得地于帝吉。帝末年多忌，便命市之。葬毕，有道士，善图墓，云"地不利长子，若厌伏，或可申延。"乃为蜡鹅及诸物，埋墓侧长子位。

宫监鲍邈之、魏雅，初并为大子所爱，邈之晚见疏于雅，密启帝云：雅为大子厌祷。帝密遣检掘，果得鹅等物，大惊，将穷其事。徐勉固谏，得止。于是惟诛道士。由是大子迄终，以此惭慨。故其嗣不立。

后邵陵王临丹阳郡，因邈之与乡人争婢，议以为诱略之罪，牒宫。简文追感大子冤，挥泪诛之。案此事为《梁书》所无。不足以消弭争端，而复授以争夺之资，同室操戈之机，伏于此矣。第四子曰南康简王绩，第五子曰庐江威王续，并先帝卒。绩卒于大通三年，续卒于中大同二年。第六子曰邵陵携王纶。第七子曰湘东王绎，即元帝也。第八子曰武陵王纪。

史惟于绩无贬辞。于续即言其贪财，而纶悖戾尤甚。《南史·纶传》：普通五年，摄南徐州事。在州轻险躁虐，喜怒不恒。车服僭拟，肆行非法。遨游市里，杂于厮隶。尝问卖䱉者曰："刺史何如？"对者言其躁虐。纶怒，令吞䱉以死。

自是百姓皇骇，道路以目。尝逢丧车，夺孝子服而著之，匍匐号叫。签帅惧罪，密以闻。帝始严责。纶不能改。于是遣代。纶悖慢愈甚。乃取一老公短瘦类帝者，加以衮冕，置之高坐，朝以为君。自陈无罪。使就坐，剥褫，棰之于庭。忽作新棺木，贮司马崔会意，以辒车挽歌，为送葬之法，使妪乘车悲号。会意不堪，轻骑还都以闻。帝恐其奔逸，以禁兵取之。将于狱赐尽。昭明大子流涕固谏，得免。免官，削爵土，还第。大通元年，复封爵。中大通四年，为扬州刺史。纶素骄纵，欲盛器服，遣人就市赊买锦采丝布数百匹，拟与左右职局防阁为绛衫，内人帐幔。百姓并关闭邸店不出。台续使少府市采，经时不能得。敕责，府丞何智通具以闻。因被责还第。恒遣心腹马容、戴子高、戴瓜、李撤、赵智英等于路寻何智通。于白马巷逢之，以矟刺之，刃出于背。智通以血书壁作邵陵字乃绝。

帝悬钱百万购贼。西州游军将宋鹊子条姓名以启。敕遣舍人诸昙粲领斋仗五百人围纶第。于内人槛中禽瓜、撤、智英。子高骁勇，逾墙突围，遂免。纶锁在第。昙粲并主帅领仗身守视，免为庶人。经三旬，乃脱锁。顷之，复封爵。

后预饯衡州刺史元庆和，于坐赋诗十二韵，末云："方同广川国，寂寞久无声。"大为武帝所赏，曰："汝人才如此，何虑无声？"旬日间，拜郢州刺史。

初昭明之薨，简文入居监抚，纶不谓德举，而云时无豫章，故以次立。及庐陵之没，纶觖望滋甚。于是伏兵于莽，用伺车驾。而台舍人张僧胤知之，其谋颇泄。又纶献曲阿酒百器，上以赐寺人，饮之而毙。上乃不自安，颇加卫士，以警宫内。而纶亦不惧。帝竟不能有所废黜。

案《南史》言诸王之恶，多为旧史所无；其中邵陵王纶，当侯景难作后，差能尽忠君父，而史乃言其再谋弑逆；故颇有疑其不实者。然其辞必不能尽诬。而帝之宽纵，又不但己子，于昆弟，于昆弟之子，无不如是者。

史所载者：如临川静惠王宏，《南史·本传》云：宏自洛口之败，常怀愧忆。都下每有窃发，辄以宏为名。屡为有司所奏。帝每贯之。

十七年，帝将幸光宅寺，有士伏于骠骑航，待帝夜出。帝将行，心动，乃于朱雀航过。事发，称为宏所使。帝泣谓宏曰："我人才胜汝百倍，当此犹恐颠坠，汝何为者？我非不能为周公、汉文，念汝愚故。"宏顿首曰："无是无是。"于是以罪免。而纵恣不悛。奢侈过度。修第拟于帝宫。后庭数百千人，皆极天下之选。所幸江无畏，服玩拟于齐东昏潘妃，宝屧直千万。好食鲭鱼头，常日进三百。其佗珍膳，盈溢后房，食之不尽，弃诸道路。宏未几复为司徒。普通元年，迁大尉、扬州刺史，侍中如故。

七年，薨。宏恣意聚敛。库室垂有百间，在内堂之后，关籥甚严。有疑是铠仗者，密以闻。宏爱妾江氏，寝膳不能暂离。

上佗日送盛馔与江，曰："当来就汝欢宴。"惟携布衣之旧射声校尉丘佗卿往，与宏及江大饮。半醉后，谓曰："我今欲履行汝后房。"便呼后阁舆，径往屋所。宏恐上见其贿货，颜色怖惧。上意弥言是仗。屋屋检视。宏性爱钱，百万一聚，黄牓标之；千万一库，悬一紫标。如此三十余间。

帝与佗卿屈指计，见钱三亿余万。余屋贮布、绢、丝、绵、漆、蜜、纻、蜡、朱沙、黄屑、杂货，但见满库，不知多少。帝始知非仗，大悦，曰："阿六，汝生活大可。"方更剧饮，至夜，举烛而还。宏都下有数十邸，出悬钱立券。每以田宅、邸店，悬上文券，期讫便驱券主，夺其宅。都下、东土百姓，失业非一。帝后知，制悬券不得复驱夺，自此后，贫庶不复失居业。宏又与帝女永兴主私通。因是遂谋弑逆。许事捷以为皇后。帝尝为三百斋，诸主并豫。

永兴乃使二僮，衣以婢服。僮逾阈失屦，阁帅疑之，密言于丁贵嫔。欲上言，惧或不信，乃使宫帅图之。帅令内舆人八人，缠以纯锦，立于幕下。斋坐散，主果请间。帝许之。主升阶，而僮先趋帝后，八人抱而禽之。帝惊，坠于扆。搜僮得刀。辞为宏所使。帝秘之。杀二僮于内。以漆车载主出。主恚死，帝竟不临之。宏性好内乐酒，沈湎声色。侍女千人，皆极绮丽。如南平元襄王伟，《南史·本传》云：齐世青溪宫，改为芳林苑。天监初，赐伟为第。又加穿筑。果木珍奇，穷极雕靡，有侔造化。立游客省，寒暑得宜，冬有笼炉，夏设饮扇，每与宾客游其中。命从事中郎萧子范为之记。梁蕃邸之盛无过焉。如临贺王正德，临川靖惠王子。《南史·本传》云：少而凶慝。招聚亡命，破冢屠牛。兼好弋猎。齐建武中，武帝胤嗣未立，养以为子。及平建康，生昭明大子，正德还本。自谓应居储嫡，心常怏怏。

普通三年，奔魏。魏不礼之。又逃归。武帝泣而诲之，特复本封。正德志行无悛。常公行剥掠。东府有正德及乐山侯正则，潮沟有董当门子暹，南岸有夏侯夔世子洪，为百姓巨蠹。多聚亡命。黄昏杀人于道，谓之打稽。时勋豪子弟多纵恣，以淫盗屠杀为业，父祖不能制，尉逻莫能御。

后正则为劫杀沙门徙岭南死。洪为其父奏系东冶，死于徙。暹坐与永阳王妃王氏乱诛。三人既除，百姓少安，正德淫虐不革。六年，为轻车将军，随豫章王北伐，辄弃军走，为有司所奏，下狱，免官削爵土，徙临海郡。未至，道追赦之。八年，复封爵。

大通四年，特封临贺郡王。后为丹阳尹，坐所部多劫盗，复为有司所奏，去职。出为南兖州，在任苛刻，人不堪命。广陵沃壤，遂为之荒，至人相食啖。既累试无能，从是黜废，转增愤恨，乃阴养死士，常思国衅。正则，正德弟也。恒于第内私械百姓令养马。又盗铸钱。

大通二年，坐匿劫盗，削爵，徙郁林。与西江督护靳山顾通室。招诱亡命，将袭番禺。未及期而事发，遂鸣鼓会将攻州城。刺史元景仲命长史元孝深讨之。正德败逃于厕。村人缚送之。诏斩于南海。番禺，南海郡治，亦广州治。其罪恶无不骇人听闻。有一于此，纲纪已不可问，况其多乎？帝之不诛齐室子孙，颇为史家所称道，事见《南史·齐高帝诸子传》。

《廿二史劄记》曰："宋之于晋，齐之于宋，每当革易，辄取前代子孙尽殄之。梁武父顺之，在齐时，以缢杀鱼复侯子响事，为孝武所恶，不得志而死，故梁武赞齐明帝除孝武子孙以复私仇，然亦本明帝意，非梁武能主之也。后其兄懿又为明帝子东昏侯所杀，故革易时亦尽诛明帝子以复之，所谓自雪门耻也。至于齐高子孙，犹有存者，则皆保全而录用之。"又云："高、武子孙，已为明帝杀尽，惟豫章王一支尚留。"

案齐明帝十一男：长巴陵隐王宝义，次东昏侯，三江夏王宝玄，五庐陵王宝源，六鄱阳王宝寅，八和帝，九邵陵王宝攸，十晋熙王宝嵩，十一桂阳王宝贞。史云余皆早夭，谓第四、第七二皇子也。东昏侯、和帝外，宝玄为东昏侯所杀。宝攸、宝嵩、宝贞，皆以中兴二年见杀。宝玄亦死于是年，史书薨，然恐实非良死也。宝寅奔虏。宝义封巴陵郡王，奉齐后，天监七年薨，盖以幼有废疾，故独得全也。宝攸，《南史》本传作宝修，《本纪》亦作宝攸。

然其纵恣亲贵，诒害于民如此，以一家哭何如一路哭之义衡之，觉列朝之诛戮功臣、亲贵者，其流毒，反不若是之巨矣。

帝之诒讥后世者，为信佛法。其实信佛法而无害于政事，初未足以召乱，帝之所以召乱者，亦以其纲纪之废弛耳。

郭祖深言："都下佛寺，五百余所，穷极侈丽。僧尼十余万，资产丰沃。所在郡县，不可胜言。道人又有白徒，尼则皆畜养女，皆不贯人籍。天下户口，几亡其半。而僧尼多非法。养女皆服罗纨。蠹俗伤法，抑由于此。请精加检括。若无道行，四十已下，皆使还俗附农。罢白徒养女，听畜奴婢。婢惟著青布衣。僧尼皆令蔬食。如此，则法兴俗盛，国富人殷。不然，恐方来处处成寺，家家剃落，尺土一人，非复国有。"

僧尼之害治如此，崇信之者，复何以为国哉？

帝之学问，在历代帝王中，自当首屈一指。当其在位时，修饰国学，增广生员；立五经馆，置五经博士；又撰吉、凶、军、宾、嘉五礼一千余卷。

史称“自江左以来，年逾二百，文物之盛，独美于兹”，《南史·本纪》赞。良亦有由，然粉饰升平之为，终非所以语于郅治之实也。

第六节　梁纳元颢

魏至明帝之朝，政事紊乱，干戈四起，势已不能与梁竞。

为梁人计者，实宜厚集其力，为一举廓清之计，而不宜轻用其锋。以北朝是时之衰乱，梁苟能出全力以乘之，河北、河东，纵难全复；河南、关中，必可全而有也。梁若有力以出关中，必非萧宝寅、万俟丑奴等所能御。河南、关中既下，秣马厉兵，再接再厉，而六合之澄清有望矣。然梁武本非能用兵之人，亦未尝实有恢复之志。疆埸无事，偷安岁久，兵力之不振，实更甚于其有国之初。

故北方虽有机可乘，而梁人用兵，仍不越乎淮上。若言大举，则始终思借降人之力。独不思降人若本无能为，辅之安能有济？若有雄略，又安肯为我不侵不叛之臣？辅而立之，岂非自树一敌邪？

梁武帝普通五年，魏孝明帝正光五年也。武帝复谋北伐。使裴邃率骑三千，先袭寿春。邃时为豫州刺史镇合肥。入其郛。以后军失道不至，拔还。时诸将北征，多所克获。魏遣河间王琛援寿春，安乐王鉴援淮阳。初魏徐州刺史元法僧，据镇自立。法僧，道武子阳平王熙之曾孙。

《梁书》本传云：普通五年，魏室大乱，法僧遂据镇称帝。诛锄异己。立诸子为王部署将帅，欲议匡复。既而魏乱稍定，将讨法僧。法僧惧，乃遣使归款，请为附庸。欲议匡复，乃其归梁后之饰说。

法僧乃一妄人，刺益州时，杀戮自任，威怒无恒，致合境皆叛，招引外寇，具见《北史》本传。且归梁时年已七十有二矣，复何能为？梁乃赐之甲第，女乐金帛，前后不可胜数，谓方事招携，欲以抚悦初附，何不回此赀财，以饷战士邪？

法僧之叛，《魏书·本纪》谓其自称宋王，其本传及《北史》皆云称尊号，与《梁书》合。

《通鉴考异》云：法僧立诸子为王，则必称帝，其说是也。时又有元略者，中山王英之第四子也。其兄熙起兵而败，略奔梁。梁封为中山王。法僧降，以为大都督，令诣彭城诱接初附。寻与法僧同征还。后豫章王综入魏，长史江革及将士五千人，悉见禽虏，魏明帝悉遣还以征略。梁乃备礼而遣之。

魏人将讨之，法僧惧，六年，魏孝昌元年。正月，遣使归款，请为附庸。魏安乐王鉴攻之，不克。魏又使临淮王彧、安丰王延明、尚书李宪讨之。法僧请还朝。高祖遣朱异迎之，而使豫章王综顿彭城，总督诸军。

五月，裴邃卒于军。诏中护军夏侯亶代焉。与魏河间王琛、临淮王彧等相拒，频战克捷。时方修宿豫堰，又修曹公堰于济阴，宋郡，在今安徽盱眙县西。有密敕：班师合肥，以休士马，须堰成复进。而豫章王之变起。

初综母吴淑媛，本在齐东昏侯宫，后得幸于武帝，七月而生综。综自信为东昏侯子。《南史》本传云：在西州，于别室岁时设席，祠齐氏七庙。又累微行至曲阿，拜齐明帝陵。闻俗说：以生者血沥死者骨，渗即为父子，综乃私发齐东昏墓，出其骨沥血试之。既有征矣，在西州生次男，月余日，潜杀之，既瘗，夜遣人发取其骨，又试之。每武帝有敕疏至，辄忿恚形于颜色。徐州所有练树，并令斩杀，以帝小名练故。降意下士，以伺风云之会。

又为入北之备。《南史》本传又云：轻财好士，分施不辍。常于内斋，布沙于地，终日跣行，足下生胝。日能行三百里。于徐州还，频载表陈便宜，求经略边境。累致意尚书仆射徐勉，求出镇襄阳。为南兖，颇勤于事，而不见宾客；其辞讼则隔帘理之；方辐出行，垂帷于舆；每云恶人识其面也。

诸侯王、妃、主及外人，并知此怀，惟武帝不疑。帝性严，群臣不敢轻言得失，综所行，帝亦弗之知也。尝使人入北，与萧宝寅相知，呼为叔父，许举镇归之。及是，敕综退军，综惧南归则无因复与宝寅相见，乃与数骑夜奔延明。此据《梁书》。

《南史》本传云：武帝晓别玄象，知当更有败军失将，恐综为北所禽，手敕综令拔军，每使居前，勿在人后，综恐帝觉其意，遂奔。又云：综至魏，改名缵。追服齐东昏斩衰。八月，有司奏削爵土，绝其属籍。改子直姓悖氏。

未及旬日，有诏复属籍。封直永新侯。久之乃策免。吴淑媛俄遇鸩而卒，有诏复其品秩，谥曰敬。使直主其丧。及萧宝寅据长安反，综复去洛阳欲奔之。魏法：度河桥不得乘马，综乘马而行，桥吏执之，送洛阳。陈庆之之至洛也，送综启求还。

时吴淑媛尚在，敕使以综小时衣寄之。信未达而庆之败。未几，终于魏。后梁人盗其柩来奔，武帝犹以子礼，祔葬陵次。案陈庆之至洛时，吴淑媛尚在，不得云俄遇鸩，此亦古人博采兼存，不加注释之一证。或谓俄遇鸩之俄字，乃承上久之二字而言，则于语气不合也。

于是众军皆溃。魏人遂复据彭城。时魏扬州刺史长孙稚，拥强兵而久不决战，议者疑其有异图。魏之遣河间、临淮二王及李宪，外声助稚，实防之也。

七年，魏孝昌二年。鲜于修礼反，遂调稚北讨。初魏咸阳王禧之死也，其长子通亦见杀。通窃入河内，大守陆琇，初与通情，闻禧败，乃杀之。通弟翼，会赦，诣阙上书，求葬其父；又频年泣请；世宗不许。翼乃与弟昌、晔来奔。翼弟显和，昌弟树，后亦来奔。武帝封翼为咸阳王，以为青、冀二州刺史。翼谋举州归魏，为武帝所移。树，武帝封为魏郡王，后改封鄴王，数为将。

是夏，淮堰水盛，寿阳将没，帝乃使树北道军稍进。夏侯亶通清流涧，在今安徽滁县西北。韦放自北道会焉。放，叡子。两军既合，所向皆下，凡克城五十二。十一月，魏扬州刺史李宪降。于是久为敌据之寿春克复。诏依前代，于寿阳置豫州，以合肥为南豫州。以夏侯亶为二州刺史。大通三年，卒于镇。

明年，为大通元年，魏孝昌三年。正月，司州刺史夏侯夔出义阳道，夔，亶弟。攻平静、穆陵、阴山三关，克之。平静，即平靖。穆陵，亦作木陵，在今湖北麻城县北。阴山，在麻城县东北。

时谯州刺史湛僧智围魏东豫州刺史元庆和于广陵，今河南息县。夔自武阳会焉。武阳，义阳三关之一。九月，庆和降。诏以僧智领东豫州，镇广陵。又遣领军曹仲宗攻涡阳。涡阳城主王伟降。诏以涡阳置西徐州。

二年，魏明帝武泰，孝庄帝永安元年。二月，魏孝明帝死，国大乱。四月，其郢州刺史元愿达以义阳降。愿达，明元孙，《南史》作显达。诏改为北司州。以夏侯夔为刺史。四月，魏北海王颢、临淮王彧、汝南王悦孝文子。并来奔。

时魏以颢为相州刺史，御葛荣。颢至汲郡，属尔朱荣入洛，推奉庄帝，遂盘桓顾望，图自安之策。先是颢启其舅范遵为殷州刺史，遵以葛荣见逼，未得行，颢令遵权停于鄴。颢既怀异谋，乃遣遵行相州事，代前刺史李神，为己表里之援。

相州行台甄密，先受朝旨，委其守鄴。知颢异图，恐遵为变，遂相率废遵，还推李神，摄理州事。然后遣军候颢逆顺之势。颢遂与子冠受来奔。彧时为东道行台，以尔朱荣杀害元氏，故来奔。旋北还。悦则清狂不惠。故三人中惟颢为梁所资焉。

六月，魏北青州刺史元世俊，南荆州刺史李志皆以城降。胡三省曰：“魏北青州治东阳，去梁境甚远。《五代志》：东海郡，梁置南北二青州，郡领怀仁县。又《注》云：梁置南北二青州，意元世俊以怀仁之地来降也。”案怀仁，东魏县，在今江苏赣榆县西。

泰山大守羊侃，后魏泰山郡，治巨平，在今山东泰安县西南。祖规，为宋徐州从事，以薛安都降北陷魏。父祉，每有南归之志。常谓诸子曰：“人生安可久淹异域？汝等可归奉本朝。”侃至是，将举河、济，以成先志。兖州刺史羊敦，魏兖州，初治滑台，后移瑕丘。亦称东兖，而称滑台为西兖。大和中，于涡阳置兖州，正光中移于谯城，谓之南兖。西兖，孝昌三年，尝移于定陶，后复。定陶，秦县，在今山东定陶县西北。

侃从兄也，密知之，据州拒侃。侃率精兵三万袭之，弗克。仍筑十余城守之。魏主闻之，使授侃骠骑大将军、司徒、泰山郡公，长为兖州刺史。侃斩其使以徇。魏人大骇。

十月，以于晖为行台，与徐、兖行台崔孝芬，大都督刁宣等攻之。南军不进。侃乃溃围南奔。是月，魏豫州刺史邓献以地降。治县瓠。此时梁用兵颇致克捷，惟曹义宗围魏荆州，为费穆所破，义宗被禽。

益州刺史萧渊猷，长沙宣武王子。遣樊文炽、萧世澄围小剑戈，魏益州刺史邢虬，遣子子达，行台魏子建，遣别将淳于诞拒破之。禽世澄等十一人，文炽为元帅，先走获免。事在普通六年。魏遂分安康置东梁州，以诞为刺史。事在大通元年。安康，汉安阳县，晋改曰安康，在今陕西汉阴县西。则梁仍为失利：此魏孝明之世南北构兵之大略也。

大通二年，北方既大乱，梁武帝乃立元颢为魏主，遣东宫直阁将军陈庆之卫送北归。颢于涣水即魏帝号。涣水，出陈留，入宿县，至灵壁县入淮。今上流已湮，下流即永城以东之浍河也。授庆之前军大都督。发自铚县。秦县，在今安徽宿县西南。进拔荥城。胡三省曰：“《春秋》沙随之地，杜预《注》以为即梁国宁陵县北之沙阳亭，俗谓之堂城。荥堂字相近，意即此地而字讹也。”案宁陵，汉县，在今河南宁陵县南。遂至睢阳。秦县，在今河南商邱县南。魏将邱大千，有众七万，分筑九城以距。庆之攻之。

自旦至申，陷其三垒。大千乃降。济阴王元晖业景穆子济阴王小新城之曾孙。率二万人，来救梁、宋，进屯考城。汉县，在今河南考城县东南。庆之攻陷其城，生禽晖业。仍趋大梁，今河南开封县。望旗归款。时中大通元年魏永安二年。五月朔也。

魏乃以杨昱椿子。为东南道大都督，镇荥阳，尚书仆射尔朱世隆。镇虎牢；尔朱世承荣从弟。镇崿阪。本传云：守轘辕。

初元颢之北也，魏元天穆方总众以讨邢杲。颢据鄚城。天穆集文武议所先。议者咸以杲众甚盛，宜先经略。行台尚书薛琡，以为邢杲聚众无名，虽强犹贼；元颢皇室昵亲，来称义举，此恐难测；宜先讨颢。天穆以群情不欲，遂先讨杲。此据《北齐书·琡传》。《魏书·尔朱荣传》云：朝廷以颢孤弱，不以为虑，诏穆先平齐地，然后回师征颢。

及是，庆之率众而西，攻荥阳，未能拔，而天穆大军将至。士众皆恐。庆之乃解鞍秣马，宣喻众曰："吾至此以来，屠城略地，实为不少；君等杀人父兄，略人子女，又为无算；天穆之众，并是仇雠。我等裁有七千，虏众三十余万。今日之事，义不图存。虏骑不可争力平原，及未尽至，须平其城。"一鼓悉使登城，克之。执杨昱。时五月二十二日。俄而魏阵外合，庆之率骑三千，背城逆战。大破之。

天穆单骑获免。进赴虎牢，尔朱世隆弃城走。不暇追报世承，寻为元颢所禽，杀之。于是孝庄帝出奔。五月二十三日。二十四日至河内。其临淮王彧、安丰王延明率百僚迎颢入洛阳。二十五日。元天穆率众四万，攻陷大梁；分遣王老生、费穆兵二万据虎牢，刀宣、刀双入梁、宋。庆之随方掩袭，并皆降款。

天穆与十余骑北渡河。《周书·杨宽传》：邢杲反，宽以都督从元天穆讨平之。属元颢入洛，天穆惧，计无所出，集诸将谋之。宽曰："吴人轻佻，非王之敌；况悬军深入，师老兵疲，强弩之末，何能为也？愿径取成皋，合兵伊、洛，戮带定襄，于是乎在。此事易同摧朽，王何疑焉？"天穆然之，乃引军趣成皋。寻以众议不同，乃回赴石济。盖魏是时军气不振，故天穆未能悉力与庆之决战也。自发铚县，至于洛阳，十四旬，平三十二城，四十七战，所向无前，其兵锋可谓锐矣。

然魏之兵力，未大损也。初元颢之逼虎牢也，或劝魏孝庄帝赴关西。孝庄以问其中书舍人高道穆。道穆对曰："关西残荒，何由可往？元颢兵众不多，乘虚深入，由将帅征提，不得其人耳。陛下若亲率宿卫，高募重赏，背城一战，破颢孤军，必不疑矣。如恐成败难测，便宜车驾北渡，循河东下，征天穆合于荥阳，向虎牢；别征尔朱荣军，令赴河内，以犄角之。旬月之间，何往不克？"帝曰：

“高舍人议是。”

尔朱荣闻庄帝渡河，即时驰传，与之会于长子。于是魏人重来之计决，而元颢之势危矣。

《梁书·陈庆之传》云：初元子攸止单骑奔走，宫卫嫔侍，无改于常。颢既得志，荒于酒色，乃日夜宴乐，不复视事。《魏书·颢传》云：颢以数千之众，转战辄克，据有都邑，号令自己，天下人情，想其风政。而自谓天之所授，颇怀骄怠。宿昔宾客近习之徒，咸见宠待，干扰政事。又日夜纵酒，不恤军国。所统南兵，陵窃市里。朝野莫不失望。时又酷敛，公私不安。

案颢固非能有为之人，然其猜忌陈庆之，则亦势所必至，无足为怪。当日情势，遣兵大少，非不足定颢，则颢位既定之后，必反为所戕，其事至显，而梁当日，一遣庆之，遂无后继，此其举措，所以为荒缪绝伦也。

又《杨昱传》：谓昱之败，陈庆之等三百余人伏颢帐前请曰：“陛下渡江，三千里无遗镞之费，昨日一朝杀伤五百余人，求乞杨昱以快意。”颢不可，而曰：“自此之外，惟卿等所请。”于是斩昱下统帅三十七人，皆令蜀兵刳腹取心食之。则南兵骄横残暴，亦自实情。实非吊民伐罪之师。遣此等兵，虽善战，亦不能定国也。

与安丰、临淮，共立奸计，将背朝恩。庆之心知之，乃说颢曰：“今远来至此，未伏尚多。若知人虚实，方更连兵。宜启天子，更请精兵。并勒诸州：有南人没此者，悉须部送。”颢欲从之。

元延明说颢曰：“陈庆之兵不出数千，已自难制，今增其众，宁复肯为用乎？”颢乃表高祖曰：“河北河南，一时已定，惟尔朱荣尚敢跋扈，臣与庆之，自能禽讨。今州郡新服，政须绥抚，不宜更复加兵，摇动百姓。”高祖遂诏众军，皆停界首。颢前以庆之为徐州刺史，因固求之镇。

颢曰：“主上以洛阳之地，全相任委。忽闻舍此朝寄，欲往彭城，谓君遽取富贵，不为国计。手敕频仍，恐成仆责。”庆之不敢复言。惟有坐待丧败矣。

《王规传》言：庆之克复洛阳，百僚称贺，规退曰：“孤军无援，深入寇境；威势不接，馈运难继。将是役也，为祸阶矣。”此固人人之所知，而梁武漫不加省，举朝亦莫以为言，怠荒至此，何以为国？况求克敌乎？

元颢入洛后二日，魏行台崔孝芬、大都督刁宣即破颢后军都督侯暄于梁国，斩之。及尔朱荣与孝庄帝会，即日反旆。旬日之间，兵马大集。资粮器仗，继踵而至。于是魏军声势骤盛。颢都督宗正珍深、河内大守元袭固守不降。荣攻克之，斩以徇。孝庄如河内。荣与颢相持于河上。颢令延明缘河据守。荣无舟船。有夏州人为颢守河中渚，求破桥立效。荣率军赴之。及桥破，应接不果，皆为颢所屠。荣怅然，将图还计。黄门侍郎杨侃及高道穆，并固执不可。以为大军若还，失天下之望。并教以缚筏造船，处处遣渡。属马渚诸杨，云有小船，求为乡道。《周书·杨𢷬传》：元颢入洛，孝庄欲往晋阳就尔朱荣，诏𢷬率其宗人，收船马渚。𢷬未至，帝已北度大行，𢷬遂匿所收船，不以资敌。及尔朱荣奉帝南讨，至马渚，𢷬乃具船以济王师。马渚，在硖石东。

七月，荣乃令尔朱兆等率精骑夜渡。兆，荣从子。颢子冠受，率马步五千拒战，兆大破禽之。延明闻冠受见禽，遂自逃散。颢率麾下数百骑及南兵勇健者，自轘辕而出。至临汝，部骑分散，为临颍县卒所斩。临颍，汉县，在今河南临颍县西北。颖弟顼，潜窜，为人执送，斩于都市。

延明南奔，后死于江南。陈庆之马步数千，结阵东反。荣亲自来追。直嵩高山水洪溢，军人死散。庆之乃落发为沙门，间行至豫州。豫州程道雍等潜送出汝阴，乃得归。

第七节　孝庄帝杀尔朱荣

元颢败后，尔朱荣复继平内乱。其年，九月，侯渊讨韩楼于蓟，破斩之。幽州平。《周书·宝炽传》：葛荣别帅韩娄、郝长众数万人据蓟城不下，以炽为都督，从骠骑将军侯深讨之，炽手斩娄。深即渊，避唐讳改字。明年，梁中大通三年，魏庄帝永安三年，长广王晔建明元年，前废帝即节闵帝普泰元年，后废帝中兴元年。

正月，东徐州城民吕文欣、王赦等杀刺史元大宾，据城反。魏东徐州，治下邳。以樊子鹄为行台讨之。

二月，克之。东徐平。事亦见《魏书·鹿悆传》。万俟丑奴以去年夏僭号。从《尔朱天光传》。《本纪》在七月，盖魏朝至此始闻之。

九月，陷东秦州。是岁，除尔朱天光雍州刺史，率贺拔岳、侯莫陈悦等讨之。

天光初行，惟配军士千人。诏发京城已西路次民马给之。时东雍赤水蜀贼断路胡三省曰：东雍州时治郑县。赤水，《水经注》：在郑县北。诏侍中杨侃先行晓喻。蜀持疑不下。天光遂入关击破之。简取壮健，以充军士。悉收其马。

至雍，又税民马。合得万匹。以军人寡少，停留未进。荣遣责之，杖天光一百。而复遣二千人往赴。天光令贺拔岳率千骑先驱。至岐州界长城，与丑奴行台尉迟菩萨遇，破禽之。丑奴弃岐州，走还安定。置栅于平亭。平亭，在泾州北。天光至岐，与岳合势。于汧、渭之间，停军牧马。宣言待至秋凉，别量进止。

丑奴谓为实，分遣诸军，散营农稼。天光袭破之。丑奴弃平亭，欲趋高平。天光遣岳轻骑急追，禽之。天光逼高平，城内执送萧宝夤。因送魏都。斩丑奴，赐宝夤死。泾、豳、二夏，北至灵州，并来归降。二夏，谓夏州及东夏州。东夏州，在今陕西北境。其党万俟道洛、费连少浑犹据原州。天光使造高平李贤，令图道洛。贤给道洛出城。天光至，遂克之。遣都督长孙邪利率二百人行原州事。道洛袭杀邪利。天光与岳、悦驰赴之。道洛还走入山，西依牵屯。

荣责天光失邪利，不获道洛，复使杖之一百。天光与岳、悦等复赴牵屯。道洛入陇，投略阳贼帅白马龙涸胡王庆云。龙涸，亦作龙鹄，今四川松潘县。道洛骁果绝伦，庆云得之甚喜。乃自称皇帝，以道洛为将军。《纪》在六月。天光率诸军入陇。至庆云所居水洛城，禽庆云、道洛。悉坑其众，死者万七千人。分其家口。于是三秦、河、渭、瓜、凉、鄯善，咸来归顺。据《魏书·天光传》。

《周书》鄯善作鄯州。三秦，秦州。东秦、南秦、河、凉州。渭州，后魏置于陇西郡。鄯州，治西都，今青海乐都县。贼帅宿勤明达，降天光于平凉，复北走，收聚部类，攻降人叱干麒麟。麒麟请救。天光遣岳讨之。未至，明达走于东夏。岳闻尔朱荣死，不追之，还泾州以待天光。天光亦下陇，与岳图入洛之策。迨前废帝立，乃复出夏州，遣将讨禽之焉。

尔朱荣破葛洪后，为大丞相，进位大师。及平元颢，又造立名目，称为天柱大将军。荣寻还晋阳，遥制朝廷。亲戚腹心，皆补要职、百寮，朝廷动静，莫不以申。至于除授，皆须荣许，然后得用。庄帝虽受制权臣，而勤于政事。朝夕省纳，孜孜不已。以选司多滥，与吏部尚书李神俊议正纲纪。

荣乃大相嫌责。曾关补定州曲阳县令，神俊以阶悬不奏，别更拟人，荣大怒，即遣其所补者，往夺其任。荣使入京，虽复微蔑，朝贵见之，莫不倾靡。及至阙下，未得通奏，恃荣威势，至乃忿怒。神俊遂上表逊位。荣欲用其从弟世隆摄选，世隆时为尚书左仆射。上亦不违。荣曾启北人为河内诸州，欲为犄角势，上不即从。

元天穆入见论事，上犹未许。天穆曰：“天柱有大功，为国宰相。若请普代天下官属，恐陛下亦不得违。如何启数人为州，便停不用？”

帝正色曰：“天柱若不为人臣，朕亦须代；如犹存臣节，无代天下百官理。”

荣闻，大怒，曰：“天子由谁得立？今乃不用我语。”皇后复嫌内妃嫔，甚有妒恨之事。帝遣世隆语以大理。后曰：“天子由我家置立，今便如此。我父本即自作，今亦复决。”世隆曰：“兄止自不为。若本自作，臣今亦得封王。”

荣见帝年长明晤，为众所归，欲移自近，皆使由己。每因醉云：“入将天子拜谒金陵，后还复恒、朔”；而侍中朱元龙，辄从尚书索大和中迁京故事；于是复有移都消息。荣乃暂来向京，言看皇后娩难。帝惩河阴之事，终恐难保，乃与城阳王徽，侍中杨侃、李彧，尚书右仆射元罗谋。皆劝帝刺杀之。惟胶东侯李侃晞、济阴王晖业言：荣若来，必有备，恐不可图。李彧，庄帝舅延寔之子。尚帝姊丰亭公主。任侠交游。尔朱荣之死，武毅之士，皆彧所进。孝静初被杀。延寔为青州刺史，尔朱兆入洛，亦见害。侃晞，凤之孙。与鲁安等同杀荣。后奔梁。皆见《魏书·外戚传》。又欲杀其党与，发兵拒之。帝疑未定。而京师人怀忧惧。中书侍郎邢子才之徒，已避之东出。

荣乃遍与朝士书，相任留。中书舍人温子升以书呈帝。帝恒望其不来，及见书，以荣必来，色甚不悦。武卫将军奚毅，建义初，建义，亦孝庄年号，后乃改永安。往来通命，帝每期之甚重，然以为荣通亲，不敢与之言。毅曰：“若必有变，臣宁死陛下难，不能事契胡。”帝曰：“朕保天柱无异心，亦不忘卿忠款。”

是年，八月，荣将四五千骑向京。时人皆言其反，复道天子必应图之。九月初，荣至京。有人告云：“帝欲图之。”荣即具奏。帝曰：“外人亦言王欲害我，岂可信之？”于是荣不自疑，每入谒帝，从人不过数十，皆不持兵仗。帝欲止。城阳王曰：“纵不反亦何可耐，况何可保邪？”北人语讹尔朱为人主，上又闻其在北言我姓人主。先是长星出中台，扫大角。

恒州人高荣祖，颇明天文，荣问之曰：“是何祥也？”答曰：“除旧布新象也。”荣闻之悦。又荣下行台郎中李显和曾曰：“天柱至那无九锡？安须王自索也？亦是天子不见机。”都督郭罗察曰：“今年真可作禅文，何但九锡？”参军褚光曰：“人言并州城上有紫气，何虑天柱不应？”荣下人皆陵侮帝左右，无所忌惮，事皆上闻。

奚毅又见求闻。帝即下明光殿与语。帝又疑其为荣，不告以情。及知毅赤诚，乃召城阳王及杨侃、李彧，告以毅语。荣小女嫁与帝兄子陈留王，小字伽邪，荣尝指之曰：“我终当得此女婿力。”徽又云：“荣虑陛下终为此患，脱有东宫，必贪立孩幼；若皇后不生大子，则立陈留，以安天下。”并言荣指陈留语状。

十五日，天穆到京。《魏书·荣传》云：帝既图荣，荣至入见，即欲害之，以天穆在并，恐为后患，故隐忍未发。驾迎之。荣与天穆并从入西林园宴射。荣乃奏曰：“近来侍官皆不习武，陛下宜将五百骑出猎，因省辞讼。”先是奚毅言：“荣因猎挟天子移都，至是，其言相符。”

十八日，召温子升，告以杀荣状。并问以杀董卓事。子升具道本末。上曰：“王允若即赦凉州人，必不应至此。”良久，语子升曰：“朕之情理，卿所具知。死犹须为，况不必死？宁与高贵乡公同日死，不与常道乡公同日生。”上谓杀荣、天穆，即赦其党，便应不动。应诏王道习曰：“尔朱世隆、司马子如、自云晋南阳王模之后，时为金紫光禄大夫。朱元龙，比来偏被委付，具知天下虚实，谓不宜留。”城阳王及杨侃曰：“若世隆不全，仲远、天光，岂有来理？”仲远，荣从弟。帝亦谓然，无复杀意。城阳曰：“荣数征伐，要间有刀，或能很戾伤人，临事愿陛下出。”乃伏侃等十余人于明光殿东。

其日，荣与天穆并入。坐食未讫，起出。侃等从东阶上殿，见荣、天穆已至中庭，事不果。十九日是帝忌日。二十日荣忌日。二十一日，暂入，即向陈留王家。饮酒极醉。遂言病动，频日不入。上谋颇泄。世隆等以告荣。荣轻帝，不谓能反。

《魏书·荣传》云：荣启将入朝，世隆与荣书，劝其不来。荣妻北乡郡长公主亦劝不行。荣并不从。

《世隆传》云：庄帝将图荣，或榜世隆门，以陈其状。世隆封以呈荣，劝其不入。荣自恃威强，不以为意。遂手毁密书，唾地曰：“世隆无胆，谁敢生心？”

《北史》则云：庄帝之将图荣，每屏人言。世隆惧变，乃为匿名书，自榜其门，曰：“天子与侍中杨侃，黄门马道穆等为计，欲杀天柱。”以此书与北乡郡公主。并以呈荣，劝其不入。又劝其速发。皆不见从。案当时恐无肯泄密谋于尔朱氏者，且谁能榜世隆之门？

《北史》所言盖是，此可见荣之难于告语矣。北乡郡，《魏书·帝纪》作乡郡，当从之。《五代志》：上党郡乡县，石勒置武乡郡，后魏去武字为乡郡。魏收《志》无北乡郡。

二十五日旦，荣、天穆同入。其日大欲革易。上在明光殿东序中，西面坐。荣与天穆，并御床西北小床上南向坐。城阳入，始一拜，荣见光禄卿鲁安等持刀从东户入，即驰向御坐。帝拔千牛刀手斩之。《魏书·荣传》云：帝先横刀膝下，遂手刃之。安等乱斫，荣与天穆、菩提，同时并死。时年三十八。得其手板，上有数牒启，皆左右去留人名。非其腹心，悉在出限。帝曰："竖子若过今日，便不可制。"天穆与荣子菩提亦就戮。

于是内外喜叫，声满京城。既而大赦。以上叙荣事，以《北史·本传》为主。案荣本粗才，无可成大业之理。《北史·荣传》云：性甚严暴。弓箭刀矟不离于手。每有嗔嫌，即行忍害。左右恒有死忧。曾欲出猎，有人诉之，披陈不已，荣怒，即射杀之。又云：荣好射猎，不舍寒暑。法禁严重，若一鹿出，乃有数人殒命。曾有一人，见猛兽便走，谓曰："欲求活邪？"即斩之。

自此猎如登战场。曾见一猛兽，在穷谷中，乃令余人，重衣空手搏之，不令伤损。于是数人被杀，遂禽得之。列围而进，虽险阻不得回避。其为人，盖与魏道武相类。然道武行之代北可也，荣行之中原，则不可一日居矣。然北魏本出窃据，非如后汉之足以维系人心；况尔朱氏安知名分？徒恃大赦，欲安反侧，安可得邪？

尔朱氏之族：天光较有才略，然时方督师下陇，与洛邑声势不相接；仲远刺徐州，去洛邑亦较远，且其人本无能为；惟兆刺汾州。去晋阳、洛邑皆近，兆又夙从荣征伐，故荣一死，而兆之师即至焉。庄帝之杀荣，遣奚毅、崔渊镇北中。北中郎府城，在河桥北岸。今河南孟县南。

是夜，尔朱世隆奉乡郡长公主，率荣部曲，焚西阳门出走。便欲还北。司马子如曰："事贵应机，兵不厌诈。天下汹汹[④]，惟强是视。于此际会，不可以弱示人。若必走北，即恐变故随起。不如分兵守河桥，回军向京。出其不意，或可离溃。假不如心，犹足示有余力，使天下观听，惧我威强。"世隆从之。

还攻河桥，禽奚毅等害之。据北中城，南逼京邑。庄帝以杨津为并州刺史，北道大行台，经略并、肆。李叔仁为大都督，讨世隆。魏兰根为河北行台，节度定、相、殷三州。后代以薛昙尚。

帝临大夏门，集群臣博议。百寮恇惧，计无所出。李苗请断河桥。城阳王及高道穆赞成其计。苗乃募人，以火船焚河桥。官军不至，苗战殁。然世隆因此退走。至建州，后魏置，今山西晋城县东北。刺史陆希质拒守。城陷，世隆尽屠之，以泄其忿。停高都，后魏郡，在晋城东北。尔朱兆自晋阳来会。共推大原大守行并州刺史长广王晔为主。景穆子南安王桢之孙。

尔朱仲远亦率众向京师。庄帝使源子恭镇大行丹谷。在晋城东南。郑先护为大都督，与贺拔胜等拒仲远。胜与仲远战于滑台东，失利，遂降之。先护部众逃散。尔朱兆攻丹谷，都督崔伯凤战殁，羊文义、史仵龙降，源子恭奔退。兆轻兵倍道，与尔朱度律荣从父弟。自富平津上，富平津，即孟津。率骑涉渡。《北史·景穆十二王传》：任城王云之孙世俊，尔朱兆寇京师，为都督，守河桥。兆至河，世俊便隔岸遥拜。遂将船五艘迎兆军，兆因得入。京都破残，皆世俊之罪，时论疾之。《魏书》无“遂将船”以下二十一字。案世俊虽无守意，然兆之得济，必不能恃其所将之五船也。

十一月三日，大风鼓怒，黄尘涨天。骑叩宫门，宿卫乃觉。弯弓欲射，袍拨弦，矢不得发。一时散走。庄帝步出云龙门，为兆骑所系。兆先令卫送晋阳。留洛旬余，扑杀皇子，污辱妃嫔，纵兵虏掠，乃归晋阳。

十三日，害帝于五级寺。时年二十四。并害陈留王览。即伽邪。城阳王徽走山南。至故吏寇弥宅。弥怖徽云：“官捕将至。”令避他所，使人于路邀害之，送尸于兆。

史言尔朱荣死后，徽总统内外，算略无出，忧怖而已。性多嫉妒，不欲人居其前。每入参谋议，独与帝决。朝臣有上军国筹策者，并劝帝不纳。乃云：“小贼何虑不除？”又吝惜财物。有所赏赐，咸出薄少。或多而中减，与而复追。徒有糜费，恩不感物。

案徽诚非匡济之才，然时事势实艰难，亦不能为徽咎也。庄帝先以高道穆为南道大行台，外托征蛮，阴为不利则南行之计，未及发，为尔朱世隆所害。

长广王之立也，以世隆为尚书令，先赴京师。世隆与兆会于河阳。兆让世隆曰：“叔父在朝多时，耳目应广，如何不知不闻，令天柱受祸？”按剑瞋目，声色甚厉。世隆逊辞拜谢，然后得已。深恨之。时尔朱度律留镇洛阳，仲远亦自滑台入京，世隆乃与兄弟密谋，别行拥立。

广陵王恭，献文子广陵惠王羽之子。以元叉专权，托称瘖病，绝言垂一纪。居于龙华佛寺，无所交通。世隆欲立之。而度律意在南阳王宝炬。孝文子京兆王愉之子。乃曰："广陵不言，何以主天下？"世隆兄彦伯，密相敦喻。又与度律同往龙华佛寺，知其能言。三月晔至邙南，世隆等遂废之而立恭。是为《魏书》所谓前废帝。《北史》从西魏追谥，称为节闵帝。

兆以己不与谋，大恚，欲攻世隆。诏令华山王鸷兼尚书仆射、北道大使慰喻之，兆犹不释。鸷，平文子高凉王孤之六世孙。《魏书》以为尔朱氏党。云：兆为乱，庄帝欲率诸军亲讨，鸷与兆阴通，乃劝帝曰："黄河万仞，宁可卒渡？"帝遂自安。及兆入殿，鸷又约止卫兵。帝见逼，京邑破，皆由鸷之谋。

案时魏朝兵力，自不足用，庄帝即亲讨，亦何能为？逮兆既入殿，又岂卫兵所能格邪？此等传说，自近虚诬。然观此时特令鸷喻止兆，则其为尔朱氏之党不疑也。世隆复遣彦伯自往喻之，兆乃止。

《北史·世隆传》曰：世隆与兄弟密谋。虑元晔母干豫朝政，伺其母卫氏出行，遣数十骑如劫贼，于京巷杀之。寻又以晔疏远，欲推立节闵帝。夫当时元魏之君，奚翅仅亦守府？况于其母？既视置君如弈棋矣，亲疏又何择焉？

《天光传》言：兆入京后，天光曾轻骑向都见世隆等，乃还雍，世隆等议废立，遣告天光，天光亦与定策。然则当时之废立，盖专以犄兆，即无神武之兵，尔朱氏之内难亦必作。然其毒痡四境，使人人有时日曷丧之怀，则并其内难之作而亦有所不能待矣。

时天光控关右，仲远居大梁，仲远时仍为徐州刺史，不之镇而居大梁，后又移屯东郡。兆据并州，世隆处京邑，各自专恣。除天光史言其"差不酷暴"，彦伯史言其"差无过患"外，均极贪虐，而仲远尤甚。

于大家富族，诬之以反，没其家口；簿籍财物，皆以入己；丈夫死者，投之河流；如此者不可胜数。诸将妇有美色者，莫不被其淫乱。东南牧守，下至民俗，比之豺狼。世隆既总朝政，生杀自由。公行淫佚。信任近小，随其与夺。度律亦所至为百姓患毒。

世隆之入洛也，主者欲追李苗赠封，世隆曰："吾尔时群议：更一二日，便欲大纵兵士，焚烧都邑，任其采掠，赖苗京师获全，天下之善士也，不宜追之。"尔朱兆既纵掠京邑，先令卫送庄帝于晋阳，乃自于河梁监阅财货。贪暴如此，虽与之天下，岂能一朝居？况乎怨仇者之日伺其侧邪？

第八节　齐神武起兵

尔朱世隆等既立节闵帝，是月，镇远将军崔祖螭即聚青州七郡之众围东阳。刘灵助时为幽州刺史，亦起兵于蓟。幽州治。渤海蓨人高翼，魏渤海郡，因宋侨置之旧，治灵济城，在今山东高苑县西北。为山东豪右，葛荣乱作，魏朝即家拜为渤海大守。至郡未几，贼徒愈盛，翼部率合境，徙于河、济之间。魏因置东冀州，以翼为刺史。尔朱荣弑庄帝，翼保境自守，谓诸子图之。事未辑而卒。

翼三子：乾、昂、季式，皆轻侠。孝庄居藩，乾潜相托附。及立，遥除龙骧将军、通直散骑常侍。乾兄弟皆受葛荣官爵。庄帝寻遣右仆射元罗巡抚三齐，乾兄弟相率出降。孝庄以乾为给事黄门侍郎。尔朱荣以乾前罪，不应复居近要，庄帝乃听乾解官归乡里。乾与昂俱在乡里，阴养壮士。尔朱荣闻而恶之。密令刺史元仲宗此据《北齐书·昂传》。《魏书》《北史·本纪》皆作嶷。案嶷为昭成孙常山王遵之玄孙，字子仲，见《魏书·昭成子孙传》。《北史》同。诱执昂，送于晋阳。

庄帝末，荣入洛，以昂自随，禁于驼牛署。荣死，庄帝即引见劳勉之。乾闻荣死，驰赴洛阳。庄帝以为河北大使，令招集乡闾，为表里形援。昂亦请还乡里，招集部曲。尔朱兆入洛，遣其监军孙白鹞至冀州，托言普征民马，欲待乾兄弟送马，因收之。乾乃潜勒壮士，袭据州城。杀白鹞。执元仲宗，推封隆之行州事。隆之亦蓨人。为河内大守。尔朱兆入洛，隆之持节东归。与乾等定计，袭克州城。受刘灵助节度。

灵助本以方技见信尔朱荣。其举兵也，《魏书》言其驯养大鸟，称为己瑞；又妄说图谶；作诡道厌祝之法。然又言幽、瀛、沧、冀之民悉从之。

《北齐书·叱列延庆传》亦云：诸州豪右咸相结附；如李元忠宗人愍及安州刺史卢曹等皆是，见《北齐书·元忠传》。卢曹，《北史》作卢胄。则其声势亦颇盛。灵助本幽州大侠，非徒恃邪术惑民者也。灵助至博陵之安国城，今河北安国县。与魏侯渊及定州刺史叱列延庆、延庆，尔朱世隆姊婿，时为山东行台。殷州刺史尔朱羽生等战，败死。

四月，尔朱仲远使其都督魏僧勖等攻崔祖螭，斩之。《通鉴考异》曰：《北齐·李浑传》：普泰中，崔社客反于海、岱，攻围青州，以浑为征东将军都官尚书行台赴援。而社客宿将多谋，诸城各自保固，坚壁清野。诸将议有异同。浑曰："社客贼之根本。若简练骁勇，衔枚夜袭，径趋营下，出其不意，咄嗟之间，便可禽殄。如社客就禽，则诸郡可传檄而定。"诸将迟疑。浑乃速行。未明达城下。贼徒惊骇。禽社客，斩首送洛阳。按其年时事迹，与祖螭略同。未知社客即祖螭，为别一人也？然齐神武之兵旋起矣。

北齐高祖神武皇帝高欢，亦渤海蓨人。祖谧，魏侍御史，坐法徙居怀朔镇。神武累世北边，习其俗，遂同鲜卑。神武深沈有大度。轻财重士，为豪侠所宗。

初给镇为队主。转为函使。后从杜洛周。与尉景、善无人，神武姊夫。段荣、武威人。祖信，仕沮渠氏。入魏，以豪族徙北边。家于五原。蔡俊广宁石门人。父普，北方扰乱，奔走五原，守战有功。俊豪爽有胆气，高祖微时，深相亲附。广宁，后魏郡，石门，后魏县，在今山西寿阳县境。图之，不果。奔葛荣。又亡归尔朱荣于秀容。从荣徙并州。

荣以为亲信都督。又以为晋州刺史。晋州，东雍州改，今山西临汾县。尔朱兆将赴洛，召神武。神武使长史孙腾，辞以绛蜀、汾胡欲反，不可委去。兆恨焉。及兆入洛，执庄帝以北，神武闻之，大惊。《魏书·兆传》：腾还具报。王曰："兆等猖狂，举兵犯上，吾今不同，猜忌成矣。今也南行，天子列兵河上，兆进不能度，退不得还，吾乘山东下，出其不意，此徒可以一举而禽。"俄而兆克京师，孝庄幽絷，都督尉景，从兆南行，以书报王，王得书，大惊。

又使孙腾伪贺兆，因密觇孝庄所在，将劫以举义，不果。《魏书·兆传》：王得书大惊，召腾示之，曰："卿可驰驿诣兆。示以谒贺。密观天子，今在何处？为随兆军府？为别送晋阳？脱其送并，卿宜驰报，吾当于路要迎。"腾晨夜驱驰，已遇帝于中路。王时率骑东转，闻帝已渡，于是西还。案神武此时，兵力实未足与兆敌，史所传恐未必可信也。神武之所以兴者，实缘得六镇之众，而其所以得此众者，则史之所传又互异。

《北齐书·本纪》云：费也头纥豆陵步藩入秀容，逼晋阳。兆征神武。神武将往。贺拔焉过儿请缓行以弊之。神武乃往，逗留，辞以河无桥，不得渡。步藩军盛，兆败走。初孝庄之诛尔朱荣，知其党必有逆谋，乃密敕步藩，令袭其后。步藩既败兆等，兵势日盛。兆又请救于神武。神武内图兆，复虑步藩之难除，乃与兆悉力破之，藩死。兆深德神武，誓为兄弟。

葛荣众流入并、肆者二十余万，为契胡陵暴，皆不聊生。大小二十六反，诛夷者半，犹草窃不止。兆患之，问计于神武。神武曰："六镇反残，不可尽杀。宜选王素腹心者，私使统焉。若有犯者，直罪其帅，则所罪者寡。"兆曰："善。谁可行也？"贺拔允时在坐，请神武。神武拳殴之，折其一齿，曰："生平天柱时奴辈伏处分如鹰犬，今日天下，安置在王，而阿鞠泥敢诬下罔上，请杀之。"兆以神武为诚，遂以委焉。

神武以兆醉，恐醒后或致疑贰，遂出。宣言"受委统州镇兵，可集汾东受令"。乃建牙阳曲川，陈部分。兵士素恶兆而乐神武，莫不皆至。居无何，又使刘贵请兆：以"并、肆频岁霜旱，降户掘黄鼠而食之，皆面无谷色，徒污人国土。请令就食山东，待温饱而处分之"。

兆从其议。其长史慕容绍宗谏曰："今四方扰扰，人怀异望，高公雄略，又握大兵，将不可为。"兆曰："香火重誓，何所虑也？"绍宗曰："亲兄弟尚尔难信，何论香火？"时兆左右已受神武金，因谮绍宗与神武旧有隙。兆乃禁绍宗而催神武发。

神武乃自晋阳出滏口。路逢尔朱荣妻北乡长公主自洛阳来，马三百匹，尽夺易之。兆闻，乃释绍宗而问焉。绍宗曰："犹掌握中物也。"于是自追神武。

至襄垣，汉县，后魏置郡，在今山西襄垣县北。会漳水暴长，桥坏。神武隔水拜曰："所以借公主马，非有他故，备山东盗耳。王受公主言，自来赐追。今渡河而死不辞，此众便叛。"兆自陈无此意。因轻马渡，与神武坐幕下。陈谢。遂授刀引头，使神武斫己。神武大哭曰："自天柱薨背，贺六浑更何所仰？愿大家千万岁，以申力用。今旁人构间至此，大家何忍复出此言？"兆投刀于地，遂刑白马而盟，誓为兄弟。留宿夜饮。

尉景伏壮士欲执之。神武啮臂⑤止之，曰："今杀之，其党必奔归聚结，兵饥马瘦，不可相支。若英雄崛起，则为害滋甚。不如且置之。兆虽劲捷，而凶狡无谋，不足图也。"旦日，兆归营，又召神武。神武将上马诣之。孙腾牵衣，乃止。兆隔水肆詈，驰还晋阳。兆心腹念贤，领降户家累别为营。神武伪与之善，观其佩刀，因取之以杀其从者，从者尽散。于是士众咸悦，倍愿附从。神武遂前行，屯邺。

《魏书·尔朱兆传》云：初荣既死，庄帝诏河西人纥豆陵步蕃等，令袭秀容。兆入洛后，步蕃兵势甚盛，南逼晋阳。兆所以不暇留洛，回师御之。兆虽骁果，本无策略，频为步藩所败。于是部勒士马，谋出山东。令人频征献武王于晋州。乃分三州、六镇之人，令王统领。既分兵别营，乃引兵南出，以避步蕃之锐。步蕃至于乐平郡，治沾城，在今山西昔阳县西南。王与兆还讨破之，斩步蕃于秀容之石鼓山。其众退走。兆将数十骑诣王，通夜宴饮。

后还营招王。王知兆难信，未能显示，将欲诣之。临上马，长史孙腾牵衣而止。兆乃隔水责骂腾等。于是各去。王还自襄垣东出，兆归晋阳。谓欢受兆命统众，在破步蕃之前，亦无请就食山东之事，与《齐书·本纪》异。

《齐书·慕容绍宗传》云：纥豆陵步藩逼晋阳，尔朱兆击之，累为所破，欲以晋州征高祖，共图步藩。绍宗谏曰："今天下扰扰，人怀觊觎，高晋州才雄气猛，英略盖世，譬诸蛟龙，安可借以云雨？"兆怒曰："我与晋州，推诚相待，何忽辄相猜阻，横生此言？"便禁止绍宗，数日方释。遂割鲜卑隶高祖。其谓分众在平步蕃之前与《魏书》同，而又谓所分者为鲜卑。今案费也头为河西强部。

《北史·尔朱荣传》曰：庄帝恒不虑外寇，惟恐荣为逆。常时诸方未定，欲使与之相持，及告捷之日，乃不甚喜。

《魏书·尔朱天光传》言：前废帝立后，天光复出夏州，遣将讨宿勤明达，禽之送洛，时费也头帅纥豆陵伊利、万俟受洛干等据有河西，未有所附，天光以齐献武王起兵，内怀忧恐，不复北事伊利等，但微遣备之而已。费也头盖北方诸部中仅存而未服于尔朱氏者，故庄帝因而用之也。庄帝诛尔朱荣后，所遣经略防守之兵甚多，无一能奏效者，牵制之师，盖以此为最尽力矣。然谓其能南逼晋阳，亦似大过。

《魏书·孝庄纪》：永安三年，十二月，河西人纥豆陵步蕃、破落韩常大败尔朱兆于秀容，此即兆入洛而步蕃犄其后之事，其战事固犹在代北也。当时抗尔朱氏者，刘灵助、高乾兄弟，皆在山东，尔朱兆部勒士马欲东出，盖以此故？步蕃盖以此时踵其后而逼晋阳？晋阳为尔朱氏根本之地，兆自不得不回师御之。

其所统者，盖即《魏书·兆传》所云六镇之兵，亦即《齐书·慕容绍宗传》所谓鲜卑？三州，盖谓并、肆及兆所刺之汾州？其兵盖多出六镇？固非必鲜卑种人，然亦必所谓累世北边，习其俗，遂同鲜卑者。其中葛荣降众必多，皆有家累，故《齐书·神武纪》侈言其数为二十余万也。其分属神武，自当在破步蕃之前。兆回攻步蕃所以屡败者，盖正以所将者为此曹，心怀怨恨之故。故一分诸神武而即克。然则兆之分兵，实迫于势不得已，非因醉而然也。

《齐书·神武纪》，叙此于既破步蕃之后，实为大误。然其建牙而东，则必在求就食山东得请之后，《魏书》叙神武得众之时虽不误，而漏去请就食山东一节，一似神武既平步蕃，径行东出者，当时情事，亦不可见矣。

神武在尔朱荣时已为晋州，而《齐书·慕容绍宗传》谓兆欲以晋州征高祖，一似以此为共图步蕃之报者？盖兆征神武入洛而神武不从，嫌隙已构，兆于是时，盖有欲夺神武晋州之意，至此，乃又以许仍旧贯为并力之报也。

绍宗谏兆，未知究在何时，然必非因其征神武而发。何则？征神武，则神武且为兆用，而又何猜焉？兆所分诸神武者，未知究有若干人，然必不能甚众。观韩陵战时，神武众尚不满三万可知。然此众虽寡弱，而于尔朱氏蓄怨甚深，故神武得因之而起也。

节闵帝普泰元年，梁武帝中大通三年也。二月，神武军次信都。冀州治。高乾、封隆之开门以待，遂据冀州。尔朱度律白节闵帝，封神武为渤海王，征使入觐。神武辞。神武自向山东，养士缮甲，禁侵掠，百姓归心。乃诈为书，言尔朱兆将以六镇人配契胡为部曲。众皆愁怨。

又为并州符，征兵讨步落稽。发万人，将遣之。孙腾、尉景为请留五日。如此者再。神武亲送之郊，雪涕执别。人皆号恸，哭声动地。神武乃喻之曰：“与尔俱失乡客，义同一家。不意在上，乃尔征召？直向西，已当死；后军期，又当死；配国人，又当死；奈何？”众曰：“惟有反耳。”神武曰：“反是急计，须推一人为主。”众愿奉神武。神武曰：“尔乡里难制。不见葛荣乎？虽百万众，无刑法，终自灰灭。今以吾为主，当与前异。不得欺汉儿，不得犯军令，生死任吾则可；不尔，不能为，取笑天下。”众皆顿颡，“死生惟命。”

明日，椎牛飨士[6]，喻以讨尔朱之意。六月，庚子，遂建义于信都。尚未显背尔朱氏。赵郡柏人李元忠，善方技，见有疾者，不问贵贱，皆为救疗。家素富实。其家人在乡，多有举贷求利，元忠每焚契免责。乡人甚敬重之。

永安初，就拜南赵郡大守。南赵郡，大和时分赵郡置，在今河北隆平县东。直洛阳倾覆，元忠弃官还家，潜图义举。会神武率众东出，便自往奉迎。时高乾亦将十数骑迎谒。神武密遣元忠举兵逼殷州，令乾伪往救之。

乾入见尔朱羽生，羽生与乾俱出，因禽之。遂平殷州。斩羽生首来谒。神武抚膺曰：“今日反决矣。”乃以元忠为殷州刺史。《本纪》云：镇广阿。案广阿，汉侯邑，后废，后魏置县，在今河北隆平县东。八月，尔朱兆率步骑二万出井陉。元忠弃城还信都。孙腾以为朝廷隔绝，不权立天子，则众望无所系。

十月，举章武王融子渤海大守朗为帝。《魏书》称曰后废帝，《北史》但曰废帝。于时度律、仲远之军，皆与兆会。屯于广阿，众号十万。神武乃广纵反间，或云世隆兄弟谋欲害兆，复言兆与神武同图仲远等。

于是两不相信，各致猜疑，徘徊不进。仲远等频使斛斯椿、贺拔胜喻兆。兆轻骑三百，来就仲远。同坐幕下。兆性粗犷，意色不平。手舞马鞭，长啸凝望。深疑仲远等有变，遂趋出驰还。仲远遣椿、胜等追而晓譬，兆遂拘迫将还，经日放遣。仲远等于是奔退。神武乃进击兆军，兆大败。十一月，神武攻邺。

明年，梁中大通四年，魏孝武帝永熙元年。正月，拔之。二月，后废帝如邺。

尔朱氏中，世隆、天光，较有智计。齐神武之起兵也，仲远、度律等，皆不以为虑，惟世隆独深忧恐。广阿战后，兆与仲远、度律，遂相疑阻，久而不和。世隆请前废帝纳兆女为后，兆乃大喜。世隆厚礼喻兆赴洛。深示卑下。随其所为，无敢违者。又累使征天光，天光不从。

《周书·贺拔岳传》：天光将率众距齐神武，遣问计于岳。岳报曰："王家跨据三方，士马殷盛，高欢乌合之众，岂能为敌？然师克在和，但愿同心戮力耳。若骨肉离隔，自相猜贰，则图存不暇，安能制人？如下官所见：莫若且镇关中，以固根本，分遣锐师，与众军合势，进可以克敌，退可以克全。"此说不知岳当日果有是言，抑系后来附会？然使当日，天光不尽众东出，则必可以后亡，当时事势，神武欲进取关中，固不易也。后令斛斯椿苦要之，曰："非王无以克定，岂可坐视宗家之灭也？"天光不得已，东下。

《北史·椿传》：椿谓贺拔胜曰："天下皆怨毒尔朱，吾等附之，亡无日矣。不如图之。"胜曰："天光与兆，各据一方，俱禽为难。"椿曰："易致耳。"乃说世隆追天光等赴洛讨齐神武。此非实录。在尔朱、高二氏之间，椿与胜皆忠于尔朱氏者也。于是兆与天光、度律，更自信约。

闰三月，天光自长安，兆自并州，度律自洛阳，仲远自东郡，同会于邺。众号二十万。神武马不满二千，步兵不至三万，乃于韩陵为圆阵，连牛驴以塞归道，四面赴击，大败之。韩陵，山名，在今河南安阳县东北。

《北齐书·高昂传》云：韩陵之战，高祖不利，军小却，兆等方乘之，高岳、韩匈奴等以五百骑冲其前，斛律敦收散卒蹑其后。昂与蔡俊以千骑自栗园出，横击兆军，兆众由是大败。是日无昂等，高祖几殆。

《北史·贺拔胜传》云：韩陵之役，尔朱兆率铁骑陷阵，出齐神武后，将乘其背而击之。度律恶兆之骁悍，惧其陵己，勒兵不进。胜以其携贰，遂以麾下降齐神武。度律军以此免退，遂大败。案此役胜负，固在几微之间，然尔朱氏积失人心，而又自相乖离，欲求幸胜，实不易也。于是兆趋并州，仲远奔东郡。天光、度律，将赴洛阳，斛斯椿与都督贾显智倍道先还。

四月朔，椿等据河桥。世隆请出收兵，前废帝不许。此据《魏书》。《北史》则云：彦伯欲领兵屯河桥，世隆不从。世隆令其外兵参军阳叔渊单骑驰赴北中。简阅败众，以次纳之。斛斯椿诡说叔渊曰："天光部下，皆是西人，闻其欲掠京邑，迁都长安，宜先内我，以为其备。"叔渊信而纳之。椿既至桥，尽杀世隆党附。度律欲攻之，会大雨，士马疲顿，弓矢不能施用，遂西走。于灅波津为人禽执。灅波津，在河桥西。天光亦被执。囚送于齐神武。神武攻尔朱兆时，致之洛阳，斩之。

斛斯椿令行台长孙稚诣阙奏状，别使贾显智、张劝率骑掩执世隆与其兄彦伯，俱斩之。叱列延庆时为定州刺史，亦在军中，与仲远走渡石济。仲远奔梁。延庆北降齐神武。

后为孝武帝中军大都督。神武入洛，杀之。青州刺史尔朱弼，亦欲奔梁为其部下所杀。神武至河阳，使魏兰根观察前废帝。兰根，庄帝末为定州，为侯渊所败，走依高乾。乾以兰根宿望，深礼遇之。大仆卿綦俊主仍前废帝，而兰根与高乾及黄门侍郎崔悛固主废之。时梁武帝复遣兵送汝南王悦，置之境上，乃遣使迎之。

既至，清狂如故，乃舍之，是岁十二月，悦被杀。而立平阳王修。修，广平文穆王怀子，孝文帝孙也。是为孝武帝，《魏书》谓之出帝。神武还邺。七月，神武入自滏口，大都督库狄干入自井陉，讨尔朱兆。

兆大掠晋阳，北走秀容。并州平，神武以晋阳四塞，乃建大丞相府而定居焉。兆既至秀容，分兵守险，出入寇抄。神武扬声讨之，师出而止者数四。兆意怠。神武揣其岁首当宴会，遣窦泰以精骑驰之，一日一夜行三百里，而自以大军继之。

明年，孝武帝永熙二年，梁中大通五年。正月，泰奄至兆庭。军人因宴休堕，忽见泰军，惊走。追破之于赤洪岭。胡三省曰：杜佑曰：石州离石县有赤洪水，即离石水，赤洪其别名也，高欢破尔朱兆于赤洪岭，盖近此。案离石，今山西离石县。兆自缢。兆弟智虎，前废帝以为肆州刺史，与兆俱走。神武禽之于岢岚南山。岢岚，后魏县，在今山西岚县北。赦之。后死于晋阳。尔朱荣子菩提，与荣俱死。叉罗、文殊皆早卒。

文畅，姊为魏孝庄帝后，神武纳之，待其家甚厚。文畅及弟文略皆素侈。文畅与丞相司马任胄，主簿李世林，都督郑仲礼、房子远等相狎，谋害神武，事捷共奉文畅。

谋泄，以姊宠，止坐文畅一房。任胄，延敬子。延敬初从葛荣，荣败，降。随神武起兵。后为魏尚书左仆射，斛斯椿衅发，弃家北走。胄少在神武左右。兴和末，神武攻玉壁，还，以晋州西南重要，留西河公岳为行台镇守，以胄隶之。胄饮酒游纵，不勤防守。神武责之。胄惧，遂潜遣使送款于周。为人纠列。穷治未得其实。神武特免之。谓胄曰："我推诚于物，谓卿必无此理。且黑獭降人，首尾相继，卿之虚实，于后何患不知。"胄内不自安，乃谋害神武。事发，及子弟并诛。时武定三年也。文畅时年十八。

静帝使人往晋阳，欲拉杀文略，神武特奏免之。遗令恕文略十死。恃此益横。后为齐文宣所杀。尔朱氏自荣入中国，至兆之死，凡六年。席有为之资，值可为之时，而其运祚短促至此，诚蛮夷不知中国情形，徒肆暴戾者之殷鉴也。

第九节　魏分东西

高欢虽灭尔朱氏，然时北方诸族，不为欢下者尚多，如斛斯椿，如贺拔氏兄弟，皆其佼佼者也。而宇文氏遭遇时会，遂获创立基业，与欢对峙。

后周之先，为匈奴之裔君临鲜卑部落者。侯豆归子陵，仕燕。魏道武攻中山，陵从慕容宝御之，宝败，归魏。

天兴中，随例迁武川。陵生系。系生韬。韬生肱。破六汗拔陵作乱，其伪署王卫可孤，徒党最盛。肱纠合乡里，斩可孤，其众乃散。后避地中山，陷于鲜于修礼。为定州军所破，没于陈。

四子：长颢，与卫可孤战殁。次连，与肱俱死。次洛生，葛荣破鲜于修礼，以为渔阳王，领肱余众。尔朱荣禽葛荣，定河北，随例迁晋阳。次泰，字黑獭，即周大祖文皇帝也。荣诛洛生，复欲害泰。泰自理家冤，辞旨慷慨，荣感而免之。泰与贺拔岳有旧，岳讨元颢，以别将从。

孝武帝图高欢，以斛斯椿及岳兄弟为心腹。岳长兄允为侍中，胜为荆州刺史。初尔朱天光入洛，使岳行雍州，侯莫陈悦行华州事。

普泰中，梁中大通三年。以岳为雍州，悦为岐州刺史。天光率众赴洛，岳与悦下陇赴雍，禽其弟显寿，以应高欢。《周书·文帝纪》：天光东拒齐神武，留弟显寿镇长安。秦州刺史侯莫陈悦，为天光所召，将军众东下。岳知天光必败，欲留悦共图显寿，而计无所出。大祖谓岳曰："今天光尚迩，悦未有二心，若以此事告之，恐其惊惧。然悦虽为王将，不能制物。若先说其众，必人有留心。进失尔朱之期，退恐人情变动，乘此说悦，事无不遂。"岳大喜。即令大祖入悦军说之。悦遂不行。乃相率袭长安。令大祖轻骑为前锋。大祖策显寿怯懦，闻诸军将至，必当东走，恐其远遁，乃倍道兼行。显寿果已东走。追至华山，禽之。此说恐出文饰。观悦后附齐神武，此时恐已有叛尔朱氏之心，不待大祖之计也。华山，后魏郡，今陕西大荔县。孝武即位，加岳关中大行台。

《北史·薛孝通传》曰：齐神武起兵河朔，尔朱天光自关中讨之，孝通以关中险固，秦、汉旧都，须预谋镇遏，以为后计。纵河北失利，犹足据之。节闵深以为然。问谁可任者？孝通与贺拔岳同事天光，又与周文帝有旧，二人并先在关右，因并推荐之。乃超授岳关西大行台、雍州牧，周文帝为左丞，孝通为右丞，赍诏书驰驿入关授岳等，同镇长安。后天光败于韩陵，节闵遂不得入关，为齐神武幽废。观此，知以关中为退据之资，当时事势实尔，东西魏之分立，非偶然矣。

永熙二年，梁中大通五年。孝武密令岳图欢。岳自诣北境，安置边防。率众趣平凉西界。先是费也头万俟受洛干，铁勒斛拔弥俄突、纥豆陵伊利等，并拥众自守，至是皆款附。

秦、南秦、河、渭四州刺史，又会平凉，受岳节度。惟灵州刺史曹泥不应召，而通使于欢。南秦州、河州、灵州，即薄骨律镇。

《周书·文帝纪》：大祖谓岳曰："今费也头控弦之骑，不下一万；夏州刺史斛拔弥俄突，胜兵之士，三千余人；及灵州刺史曹泥；并恃其僻远，常怀异望。河西流民纥豆陵伊利等，户口富实，未奉朝风。今若移军近陇，扼其要害，示之以威，服之以德，即可收其士马，以实吾军。西辑氐、羌，北抚沙塞，还军长安，匡辅魏室，此桓、文举也。”此言不知果出周文以否，然实当时西方之形势也。欢乃遣左丞翟嵩使至关中，间岳及悦。

三年，梁中大通六年。岳召悦曾于高平。原州治。将讨曹泥，令悦为前驱。悦诱岳入营，令其婿元洪景斩岳于幕中。岳左右奔散。悦遣人安慰，云：“我别禀意旨，止在一人，诸君勿怖。”众皆畏服，无敢拒遣。悦心犹豫，不即抚纳。乃还入陇，止水洛城。其士众散还平凉。诸将以都督寇洛年最长，推总兵事。洛素无雄略，威令不行。岳之为关西大行台，以泰为左丞，领府司马。及次平凉，表为夏州刺史。于是大都督赵贵言于众，共推泰。

《周书·赫连达传》：少从贺拔岳征讨，有功，拜都将。及岳为侯莫陈悦所害，军中大扰。赵贵建议迎大祖。诸将犹豫未决。达曰：“宇文夏州昔为左丞，明略过人，一时之杰。今日之事，非此公不济。赵将军议是也。达请轻骑告哀，仍迎之。”诸将或欲南追贺拔胜，或云东告朝廷。达又曰：“此皆远水，不救近火，何足道哉？”贵于是谋遂定，令达驰往。泰乃率帐下轻骑，驰赴平凉。

贺拔胜使其大都督独孤信入关，抚岳余众，泰已统岳兵矣。孝武帝闻岳被害，遣武卫将军元毗宣旨慰劳，追岳军还洛阳。亦敕追侯莫陈悦。悦不应召。泰表言：“军士多是关西之人，不愿东下。乞少停缓，徐事诱导。”孝武诏泰即统岳众。且曰：“今亦征侯莫陈悦。若其不来，朕当亲自致罚。宜体此意，不过淹留。”泰奉此诏后，表有“臣以大宥既颁，忍抑私憾”之语，则时孝武已赦悦罪。泰又表乞少停缓。而与悦书，约同东下。不则“枕戈坐甲，指日相见”。

悦诈为诏书，与秦州刺史万俟普拨，《北齐书》本传：名拨，字普拨。令与悦为党援。普拨疑之，封诏呈泰。泰表言：“今若召悦，授以内官，臣亦列旆东辕，匪伊朝夕。若以悦堪为边扞[7]。乞处以瓜、凉一藩。不然，则终致猜虞，于事无益。”初原州刺史史归，为岳所亲任。河曲之变，反为悦守。

悦遣其党王伯和、成次安将兵二千人助归镇原州。泰遣都督侯莫陈崇率轻骑一千袭归，禽之。并获次安、伯和等。表崇行原州事。万俟普拨又遣骑二千来从军。三月，泰进军。四月，出陇。留兄子导镇原州。导，颢之子。军出木峡关，在今甘肃固原县西南。大雨雪，平地二尺。泰知悦怯而多猜，乃倍道兼行，出其不意。悦果疑其左右有异志者。左右亦不安。众遂离贰。闻大军且至，退保略阳。留一万余人，据守水洛。

泰至，围之，城降。即率轻骑数百趋略阳。悦召其部将议之。皆曰："此锋不可当。"劝悦退保上邽。悦弃城，南据山水之险，设阵候战。悦先召南秦州刺史李弼，从《周书》。《魏书》作李景和。景和，弼字也。弼妻，悦之姊也，特为悦所信委。弼遣人诣泰，密许翻降。至暮，乃勒所部，使上驴驼。复给悦帐下云："仪同欲还秦州，汝等何不装办？"众谓为实，以次相惊。皆散走，趋秦州。弼先驰据城门，以慰辑之。遂拥众以归泰。

悦由此败。案悦之败，似由众皆欲走秦州，而悦逆之，故然。弼果有意叛悦？抑众已溃散，乃不得已而率之投泰，乃以摇惑军心为功；尚未可知也。悦之失，首在不能抚纳岳众；次则不敢与泰决战，而欲避入险僻之区，致逆众心，其失在于无勇。若能奋力迎战，泰之兵力，实亦有限，非不可敌也。与子弟及麾下数十骑遁走。泰曰："悦本与曹泥应接，不过走向灵州。"乃令导要其前，都督贺拔颖等追其后。

至牵屯山，追及悦，斩之。《魏书·悦传》云：悦部众离散，猜畏旁人。不听左右近己。与其二弟并儿及谋杀岳者八九人，弃军迸走。数日之中，盘回往来，不知所趣。左右劝向灵州，而悦不决。言下陇之后，恐有人所见。乃于中山令从者悉步，自乘一骡，欲向灵州。中路，追骑将及望见之，遂缢死野中。弟、息、部下，悉见禽杀。惟先谋杀岳者悦中兵参军豆卢光走至灵州，后奔晋阳。案《周书·李贤传》，大祖令导追悦，以贤为前驱。转战四百余里。至牵屯山，及之。悦自刭于阵。贤亦被重创，马中流矢。则《魏书》之言，似失其实。

泰入上邽。令李弼镇原州，夏州刺史跋也恶蚝镇南秦州，渭州刺史可朱浑元还镇渭州，《元传》在《北齐书》，云：悦走，元收其众，入据秦州，为周攻围苦战，结盟而罢。后仍奔高欢。赵贵行秦州事。征豳、泾、东秦、岐四州粟以给军。《周书·刘亮传》：悦之党豳州刺史孙定儿据州不下，泾、秦、灵等州，悉与相应，大祖令亮袭斩之，于是诸州皆即归款。自关以西，大致平定。

是岁，正月，高欢西伐费也头，虏纥豆陵伊利，迁其部于河东。欢所得于西方者，如是而已。是时孝武帝志欲与欢决战，其欲并召泰及侯莫陈悦东下盖以此？使泰从命而东，不过行间之一将，且其势未必能与欢敌，在关西则有负嵎之势，且可自擅于远，泰固筹之熟矣。然当时欲与欢抗，自以持重为善，泰之计固未为失也。

秦州既捷，孝武征二千骑镇东雍州，仍令泰稍引军而东。泰乃遣大都督梁御，率步骑五千，镇河、渭合口，为图河东之计。泰之讨侯莫陈悦也，悦使请援于高欢。欢使其都督韩轨，将兵一万据蒲坂。雍州刺史贾显度送船与轨，请轨兵入关。泰因梁御之东，乃逼召显度赴军。御遂入雍州。

孝武进泰关西大都督。于是以寇洛为泾州刺史，李弼为秦州刺史，前略阳守张献为南岐州刺史。南岐州，《魏书·地形志》不言治所。钱大昕曰：以《隋志》考之，当治固道郡之梁泉县。按梁泉，后魏县，今陕西凤县。南岐州刺史卢待伯拒代，遣轻骑袭禽之。待伯自杀。

时斛斯椿为侍中，密劝孝武帝置阁内都督、部曲。又增武直人数百；直阁已下，员别数百；皆选天下轻剽以充之。又说帝数出游幸，号令部曲。别为行阵，椿自约勒[8]，指挥其间。军谋、朝政，一决于椿。尔朱荣之败，汝南王悦在梁，椿归之；后又归尔朱兆；兆败，与贾显智等覆尔朱氏；及是又图高欢；一似其人反覆无常者。史于椿尤多贬辞。

然原其心而论之，椿实忠于魏朝，亦未尝不睠睠于尔朱氏，观其力谋和解兆与世隆、度律等可知。尔朱氏既不可辅，爱其身以有为，而不忍轻于一掷，此亦厚自期许者宜然，不能以硁硁小节责之也。贺拔胜始降尔朱仲远，又降高欢，又与武帝图欢，迹亦与椿相似，亦当以此观之。尔朱荣之死，胜与田怡等奔赴荣第。

时宫殿之门，未加严防，怡等议即攻门。胜止之曰："天子既行大事，必当更有奇谋，吾众旅不多，何轻尔？"怡乃止。乃世隆夜走，胜随至河桥，以为臣无仇君之义，遂勒所部还都。于轻重之际，尤有权衡，非徒激于意气者比。要之椿与胜，以古义衡之，俱可谓有君子之风也。

初后废帝之立也，以高乾为侍中，又拜司空。时乾遭丧，未得终制。

及孝武立，乃表请解职，行三年之礼。诏听解侍中。既去内侍，朝廷罕所关知，居常怏怏。帝望乾为己用。华林园宴罢，独留乾。谓曰："司空奕世忠良，今日复建殊效。相与虽则君臣，实亦义同兄弟。宜立盟约，以敦情契。"殷勤逼之。

乾不谓帝便有异图，遂不固辞，亦不启高欢。及帝置部曲，乾乃启欢。欢召乾诣并州，面论时事。启乾复为侍中。屡启，诏书竟不施行。乾知变难将起，求为徐州。将发，帝知乾漏泄前事，乃诏欢云："曾与乾邕，乾字。私有盟约，今复反覆两端。”欢便取乾前后启论时事者，遣使封送帝。

帝遂赐乾死。乾弟慎、昂皆奔欢。封隆之、孙腾为侍中，皆逃归乡里。欢召隆之至晋阳。腾亦奔晋阳。娄昭，欢妻弟也，亦辞疾归晋阳。于是孝武与欢之相图，如箭在弦上矣。帝以斛斯椿兼领军。分置督将及河南关西诸刺史。华山王鸷在徐州，欢使邸珍夺其管籥。建州刺史韩贤，济州刺史蔡俊济州，治碻磝。皆欢党，帝省建州以去贤，而以贾显智为济州。俊拒之。

五月，帝下诏云将南伐。发河南诸州兵。增宿卫守河桥。六月，帝密诏欢：言“宇文黑獭，事资经略，故假称南伐”。欢谋迁帝于邺。遣骑三千镇建兴。益河东及济州兵。于白沟虏船，不听向洛。白沟，在今河南阳武、封丘二县间。诸州和籴粟，运入邺城。于是孝武下诏罪状欢，欢亦宣告诛斛斯椿，而兵事作。欢以高昂为前锋。武帝征兵关右。召贺拔胜赴行在所。遣大行台长孙稚、大都督颍川王斌之安乐王鉴弟。共镇虎牢。汝阳王暹镇石济。

行台长孙子彦稚子。帅前弘农大守元洪略镇陕。贾显智率豫州刺史斛斯元寿椿弟。伐蔡俊。欢使窦泰与莫多娄贷文逆显智，韩贤逆暹。元寿军降。泰、贷文与显智遇于长寿津。在今河南滑县东北。显智阴约降，引军退。军司元玄菟觉之，驰还请益师。孝武遣大都督侯几绍赴之。战于滑台东，显智以军降，绍死之。

七月，孝武躬率大众屯河桥。欢至河北十余里，再遣口申诚款。孝武不报。欢乃引军渡河。孝武问计于群臣。或云南依贺拔胜，或云西就关中，或云守洛口死战。帝未决，而元斌之与斛斯椿争权，弃椿径还，绐帝曰：“欢兵至矣。”乃决西行。

《周书·王思政传》曰：齐神武潜有异图，帝以思政可任大事，拜中军大将军大都督，总宿卫兵。思政乃言于帝曰：“高欢之心，行路所共知矣。洛阳四面受敌，非用武之地。关中有崤、函之固，一人可御万夫。且士马精强，粮储委积。进可以讨除逆命，退可以保据关、河。宇文夏州，纠合同盟，愿立功效。若闻车驾西幸，必当奔走奉迎。借天府之资，因已成之业；一二年间，习战阵，劝耕桑，修旧京；何虑不克？”帝深然之。

《北史·裴侠传》：孝庄授侠东郡大守。及孝武与齐神武有隙，征兵，侠率所部赴洛阳。王思政谓曰：“当今权臣擅命，王室、日卑，若何？”侠曰：“宇文泰为三军所推，居百二之地，所谓已操戈矛，宁肯授人以柄？虽欲抚之，恐是据于蒺藜也。"思政曰："奈何？"侠曰："图欢有立至之忧，西巡有将来之虑，且至关右，日慎一日，徐思其宜耳。"思政然之。

《周书·柳庆传》云：魏孝武将西迁，除庆散骑侍郎，驰传入关。庆至高平，见大祖，共论时事。大祖即请奉迎舆驾，仍命庆先还复命。时贺拔胜在荆州。帝屏左右谓庆曰："高欢已屯河北，关中兵既未至，朕欲往荆州，卿意何如？"庆对曰："荆州地非要害，众又寡弱，外迫梁境，内拒欢党，危亡是惧，宁足以固鸿基？"帝深纳之。合此三者观之，具见当日西行实非良图，然舍此又无他策。

《北史·斛斯椿传》云：帝以椿为前驱大都督。椿因奏请率精骑二千，夜渡河掩其劳弊。帝始然之。黄门侍郎杨宽曰："高欢以臣伐君，何所不至？今假兵于人，恐生他变。今度河，万一有功，是灭一高欢，生一高欢矣。"帝遂敕椿停行。椿叹曰："顷荧惑入南斗。今上信左右间构，不用吾计，岂天道乎？"此非实录。孝武与椿，相信有素，何至临时，更生疑忌？椿即掩击克捷，亦岂能遽为高欢？

《周书·文帝纪》云：齐神武稍逼京邑，魏帝亲总六军，屯于河桥，令左卫元斌之、领军斛斯椿镇武牢，遣使告大祖。大祖谓左右曰："高欢数日行八九百里，晓兵者所忌，正须乘便击之，而主上以万乘之重，不能决战，方缘津据守。且长河万里，扞御为难，若一处得度，大事去矣。"此乃附会之谈。决战须视兵力，岂能借万乘之空名侥幸？荡阴之役，晋惠帝独非万乘乎？战而不捷，则并关西亦不可得至矣。孝武当日，前驱之师，无不迎降、奔北者，人心士气，亦既可知，岂能侥幸于一捷？决战尚不可恃，况以二千骑掩袭？即获小胜，又何裨于大局邪？

《北史·魏宗室传》：常山王遵之曾孙毗，武帝少亲之。及即位，出必陪乘，入于卧内。帝与齐神武有隙，议者各有异同，惟毗数人，以关中帝王桑梓，殷勤叩头请西入。策功论赏，与领军斛斯椿等十三人为首。然则劝入关者，椿固十三之一也。事势所限，虽有善者，亦如之何哉？以为由于元斌之之一言，则愈疏矣。

孝武帝之征兵于西也，宇文泰令前秦州刺史骆超，率精骑一千赴洛，而传檄方镇，罪状高欢。

七月，泰发自高平。前军至于弘农，欢稍逼京邑，泰又以赵贵为别道行台，自蒲坂济，趋并州；遣大都督李贤将轻骑一千赴洛。是月，孝武帝自洛阳率轻骑入关。高欢入洛阳，以清河王亶为大司马，居尚书下舍，承制决事。亶，孝文子清河文献王怿之子。欢归至弘农。

初北地三原人毛鸿宾，世为豪右。与兄遐，共起兵以拒萧宝夤。明帝改北地郡为北雍州，以鸿宾为刺史；改三原县为建中郡；以旌其兄弟。孝武与高欢隙，令鸿宾镇潼关，为西道之寄。

九月，欢攻潼关，克之，执鸿宾。至并州，以忧恚卒。命长史薛瑜守之。此从《北齐书》。《周书·大祖纪》作薛瑾，《北史》同。大都督库狄温守封陵。于蒲津西岸筑城，以守华州，以薛绍宗为刺史。使高昂行豫州事。还至洛阳，立清河世子善见，亶之世子。是为孝静帝。时年十一。

魏于是分为东西。欢以孝武既西，恐逼崤、陕；洛阳复在河外，接连梁境；北向晋阳，形势不能相接；乃议迁邺。诏下三日便发。四十万户，狼狈就道。欢留洛阳部分毕，乃还晋阳。自是军国政务，皆归相府已。孝武帝至关中，闰十二月，见弑，立南阳王宝炬，是为西魏文帝。

贺拔胜至广州，治鲁阳，今河南鲁山县。犹豫未进，武帝已入关。胜还军南阳，令长史元颖行州事，自率所部，将赴关中。进至淅阳，今河南淅川县。闻高欢已平潼关，乃还荆州。州人邓诞，执元颖，引欢军。

时欢已遣行台侯景、大都督高昂赴之。胜战败，奔梁。在南三年，乃还长安。其兄允，为欢所杀。樊子鹄据兖州不服欢。南青州刺史大野拔率众就之。南青州，今山东沂水县。欢遣娄昭等攻之。大野拔斩子鹄以降。侯渊之平韩楼，为平州刺史，镇范阳。

尔朱荣死，大守卢文伟，诱渊出猎。闭门拒之。渊帅部曲，屯于郡南，为荣举哀，勒兵南向。庄帝使东莱王贵平为大使，慰劳燕、蓟，渊乃诈降，执贵平自随。元晔立授渊定州刺史。后随尔朱兆拒高欢于广阿。

兆败，渊从欢，破尔朱氏于韩陵。永熙初，除齐州刺史。孝武末，渊与樊子鹄及青州刺史东莱王贵平相连结，又遣使通诚于高欢。及孝武入关，复还顾望。清河王亶承制，以汝阳王暹为青州刺史。渊不时迎纳。城人刘桃符等，潜引暹入据西城。渊争门不克，率骑出奔。会承制以渊行青州事，渊乃复还。贵平自以斛斯椿党，不受代。

渊率轻骑夜趣青州。城人执贵平出降。渊自惟反覆，虑不获安，遂斩贵平，传首于邺，明不同于斛斯椿。及樊子鹄平，诏以封延之为青州刺史。渊既不获州任，情又恐惧，遂劫光州库兵反。其部下督帅叛拒之。渊奔梁。达南青州境，为卖浆者所杀，传首于邺。

第十节　东西魏争战

东西魏分立后，高欢、宇文泰，剧战凡十余年，各不逞志，于是东西分立之局定；而高欢死后，侯景背叛，祸转中于梁矣。

高欢还军之后，宇文泰进攻薛瑜，虏其卒七千。梁武帝大同元年，西魏文帝大统元年，东魏孝静帝天平二年也。正月，西魏渭州刺史可朱浑道元率所部降于东魏。东魏将司马子如攻潼关。宇文泰军于霸上。子如回军，自蒲津攻华州。刺史王罴击走之。

二年，西魏大统二年，东魏天平三年。正月，高欢袭夏州，禽其刺史斛拔弥俄突，留将张琼、许和守之，迁其部落五千户以归。灵州刺史曹泥，与其女夫凉州刺史刘丰请内属于东魏。宇文泰遣兵围之，水灌其城，不没者四尺。高欢命阿至罗虏绕出西魏军后，西魏军乃还。欢迎泥、丰，拔其户五千以归。二月，欢又令阿至罗逼秦州，自以众应之。三月，其刺史万俟普拨亦归于东魏。宇文泰勒轻骑追之，不及。此时关中形势，已颇完固，非挑诱一二叛人，所能倾覆矣。

是岁，十二月，高欢自晋阳西伐，次于蒲津。使高昂趋上洛，窦泰入潼关。三年，西魏大统三年，东魏天平四年。宇文泰军于广阳，县名，在今陕西大荔县境。召诸将曰："贼今犄吾三面，又造桥于河，示欲必渡，是欲缀吾军，使窦泰得西入耳。欢起兵以来，泰每为先驱，其下多锐卒，屡胜而骄。今出其不意袭之，必克。克泰，则欢不战而自走矣。"

诸将咸曰："贼在近，舍而远袭，事若蹉跌，悔无及也。"泰曰："欢前再袭潼关，吾军不过霸上；今者大来，亦未出郊，贼顾谓但自守耳。又狃于得志，有轻我之心。乘此击之，何往不克？贼虽造桥，不能径渡。此五日中，吾取窦泰必矣。"《周书·达奚武》《苏绰传》，均谓泰此策惟武及绰同之，《宇文深传》又谓大祖将袭泰，诸将咸难之，大祖乃隐其事，阳若未有谋者，而独问策于深，深劝其袭泰，恐未必可信。于是率骑六千还长安，声言欲保陇右，而潜出军。

窦泰卒闻军至，惶惧，依山而阵。未及成列，泰纵兵击破之。尽俘其众万余人。斩泰，传首长安。《北齐书》云：泰自杀。高昂陷洛州，执刺史泉企。闻泰殁，弃城走。高欢亦撤桥而退。企子元礼归复洛州。是为东魏西征一小挫。

是岁，六月，宇文泰遣于谨取杨氏壁。胡三省曰：盖华阴诸杨遇乱筑壁以自守者。七月，征兵会咸阳。今陕西咸阳县。八月，率李弼等十二将东伐。取弘农。高欢率众十万出壶口，山名，在今山西临汾县西南。趋蒲坂。又遣高昂以三万人出河南。是岁，关中饥。泰既平弘农，因馆谷五十余日。时战士不满万人。闻欢将渡，乃引军入关。欢遂渡河，逼华州。刺史王罴严守。乃涉洛，军于许原西。许原，在洛南。

泰据渭南，征诸州兵皆未会。乃召诸将谓之曰："高欢越山渡河，远来至此，吾欲击之，何如？"诸将咸以众寡不敌，请待欢更西，以观其势。泰曰："欢若得至咸阳，人情转扰。今及其新至，便可击之。"即造浮桥于渭。令军人赍三日粮，轻骑渡渭。辎重自渭南夹渭而西。

十月，至沙苑。在今陕西大荔县南。距欢军六十余里。欢闻泰至，引军来会。李弼曰："彼众我寡，不可平地置阵。此东十里有渭曲，可先据以待之。"遂进军。

至渭曲，背水东西为阵。命将士皆偃戈于葭芦中，闻鼓声而起。欢军至，大破之。欢夜遁。追至河上，复大克获。虏其卒七万。留其甲士二万，余悉纵归。收其辎重、兵甲。《北齐书·神武纪》云：弃器甲十有八万。还军渭南，所征诸州兵始至。乃于战所准当时兵士，人种树一株，以旌武功。

案此役，东魏之兵力，远优于西魏；且已得渡河；当时西魏形势，实极危迫，纵不至举陇以东而弃之，然长安不守，则意中事。何者？东魏兵数既多，无论屯聚或分道而进，其势皆不易遏止也。长安若陷，所征之兵能集与否？集而能整与否？俱不可知；即曰能之，东魏遂不能久据关中，复收众而返，而西魏之受创已深矣。故曰：此役为西魏一大危机也。然东魏遂一蹶不振者，实失之恃众而寡虑。

《北齐书·斛律羌举传》曰：从高祖西讨。大军济河，集诸将议进趣之计。羌举曰："黑獭聚凶，强弱可知。若欲固守，无粮援可恃。今揣其情，已同困兽。若不与战，径趣咸阳，咸阳虚空，可不战而克，拔其根本，彼无所归，则黑獭之首，悬于军门矣。”诸将议有异同，遂战于渭曲，大军败绩。

又《薛琡传》云：高祖大举西伐，将度蒲津，琡谏曰：“西贼连年饥馑，无食可啗，故冒死来入陕州，欲取仓粟。今高司徒已围陕城，粟不得出。但置兵诸道，勿与野战，比及来年麦秋，人民尽应饿死。宝炬、黑獭，自然归降。愿王无渡河也。”侯景亦曰：“今者之举，兵众极大，万一不捷，卒难收敛。不如分为二军，相继而进。前军若胜，后军合力；前军若败，后军乘之。”高祖皆不纳，遂有沙苑之败。夫如薛琡之说，则失之轻进；如羌举之说，则失之轻战；如侯景之说，则又失之于临战之时；一人三失，其败宜矣。自经此挫，东魏遂不复能渡河、入关矣。

然西魏欲图进取，力亦不足，此东西所以遂成相持之局也。宇文泰既捷于沙苑，遣左仆射冯翊王元季海为行台，与开府独孤信，率步骑二万向洛阳。洛州刺史李显趋荆州。贺拔胜、李弼渡河围蒲坂。牙门将高子信开门纳胜军，事亦见《周书·薛善传》。东魏将薛崇礼弃城走。胜等追获之。泰遂进军蒲坂，略定汾、绛。于是许和杀张琼，以夏州降。

初泰自弘农入关，高昂围弘农，闻军败，退守洛阳。独孤信至新安，昂复走渡河，信遂入洛阳。东魏颍州长史贺若统，贺若统，从《周书·本纪》。《北齐书·尧雄传》作贺若徽。《周书·宇文贵传》亦作统，而云刺史。与密县人张俭，《北史·本纪》云：俭荥阳人。执刺史田迅，举城降。西魏都督梁回入据之。荥阳郑荣业、郑伟等攻梁州，禽其刺史鹿永吉；清河崔彦穆、檀深攻荥阳，禽其郡守苏定；皆附西魏。

东魏将尧雄、赵育、是云宝《北齐书·尧雄传》作是育宝。《北史》作是宝。《梁书·陈庆之传》作元云宝，一本作是元宝。《周书·文帝纪》作是云宝。《通鉴》同。案《魏书·官氏志》有是云氏，后改是氏。出颍川，治颍阴，今河南许昌县。欲复降地。泰遣宇文贵、梁迁等逆击，大破之。赵育降。

东魏复遣将任祥，率河南兵与尧雄合。西魏将怡峰，复与贵、迁等击破之。又遣韦孝宽取豫州。《北齐书·尧雄传》：雄都督郭丞伯、程多宝等举豫州降敌，执刺史冯邕。是云宝杀其阳州刺史邢椿，以州降。

四年，西魏大统四年，东魏元象元年。东魏贺拔仁攻南汾州，今山西吉县。拔之。任祥、尧雄与侯景、高昂、万俟受洛取颍州，梁回等遁走。二月，尧雄又取阳州。七月，侯景、高昂围独孤信于金墉。西魏文帝与宇文泰来救。东魏使库狄干率诸将先驱，高欢总众继进。八月，宇文泰至谷城，汉谷成县，后汉曰谷城，晋省，在洛阳西北。莫多娄贷文、可朱浑元来逆。临阵斩贷文。元单骑遁免，悉虏其众。送弘农。遂进军瀍东。

是夕，景等解围夜去。及旦，泰率轻骑追之，至于河桥。景等北据河桥，南属邙山为阵。战，东魏将高昂、李猛、宋显等皆死，而西魏右军独孤信、李远，左军赵贵、怡峰并不利，皆弃其卒先归。后军李虎、念贤遇信等，亦与俱还。由是班师。洛阳亦失守。留长孙子彦守金墉，高欢渡河，亦弃城。西魏军至弘农，守将皆已西走，所虏降卒在弘农者，因相与闭门拒守。进攻，拔之，诛其魁首数百人。关中留守兵少，而前后所虏东魏士卒，皆散在民间，乃谋为乱。

李虎等至长安，计无所出，乃与公卿辅魏大子钦出次渭北。沙苑所俘军人赵青雀、雍州民于伏德等遂反。青雀据长安子城。伏德保咸阳，与大守慕容思庆各收降卒，以拒还师。长安大城民皆相率拒青雀，每日接战。华州刺史宇文导袭咸阳，斩思庆，禽伏德。南渡渭，与泰会。攻青雀，破之。关中乃定。此数年中，西魏经营东方，不为不力；兵锋亦甚锐利；然终至挫衄[⑨]，关中且几致大乱者，失之力小而任重也。观于此，而知西魏之只足自保，不能进取矣。

是岁，十一月，侯景攻陷广州。十二月，是云宝袭洛阳，东魏将王元轨弃城走。赵刚袭广州，拔之。自襄广以西城、镇，复为西魏。襄州，今河南叶县。

六年，西魏大统六年，东魏兴和二年，侯景出三鸦，在今河南南召县北，接鲁山县界。将侵荆州。宇文泰遣李弼、独孤信各率骑五千出武关，景乃退还。盖东魏兵力，重于河北，故在河南，尚不能与西魏争也。初河桥战后，王思政镇弘农，以玉壁险要，请筑城移镇之。在今山西稷山县西南。八年，西魏大统八年，东魏兴和四年。十月，高欢出兵围之。不能克。大寒，士卒多死，乃还。是为东魏出河北又一挫衄。

九年，西魏大统九年，东魏武定元年。二月，东魏北豫州刺史高慎，与吏部郎中崔暹有隙，暹时被高欢子澄委任，慎恐其构己，每不自安。东魏又遣镇城奚寿兴典兵事，慎但知民务而已。遂执寿兴，以虎牢归西魏。据《周书·李棠传》。宇文泰以慎所据辽远，难为应接。诸将亦皆惮行。惟李远曰："北豫远在贼境，高欢又屯兵河阳，常理实难救援。但兵务神速，事贵合机，古人有言：不入虎穴，安得虎子？若以奇兵，出其不意，事或可济。脱有利钝，故是兵家之常。如其顾望不行，便无克定之日。”泰喜曰：“李万岁所言，万岁，远字。差强人意。”乃授远行台尚书，前驱东出。

泰率大兵继进。远乃潜师而往，拔慎以归。泰围斛律金于河阳。三月，高欢至河北。泰还军瀍上。欢渡河，据邙山为阵。泰夜登山，未明击之。中军右军皆捷，而左军赵贵不利，遂败退。欢追至陕，西魏使达奚武御之。

《北齐书·封子绘传》曰：高祖总命群僚，议其进止。子绘言曰：“贼帅才非人雄，偷窃名号。遂敢驱率亡叛，送死伊、瀍，天道祸淫，一朝瓦解。虽仅以身免，而魂胆俱丧。混一车书，正在今日。天与不取，反得其咎。伏愿大王不以为疑。”高祖深然之，但以时既盛暑，方为后图，遂命班师。

《陈元康传》曰：大会诸将，议进退之策。咸以为野无青草，人马疲瘦，不可远追。元康曰：“两雄交战，岁月已久。今得大捷，便是天授。时不可失，必须乘胜追之。”高祖曰：“若遇伏兵，孤何以济？”元康曰：“王前涉沙苑还军，彼尚无伏，今奔败若此，何能远谋？”高祖竟不从。及疾笃，谓世宗曰：“邙山之战，不用元康之言，方诒汝患，以此为恨，死不瞑目。”此非实录。沙苑尚致丧败，况此时尚未入关，人马疲瘦，又迫盛暑邪？然西魏东略之不易得志，则观于是役而弥可见矣。欢使刘丰生追奔，拓地至弘农而还。北豫、洛皆复入东魏。

中大同元年，西魏大统十二年，东魏武定四年。春，西魏凉州刺史宇文仲和反。瓜州民张保，害刺史成庆以州应仲和。宇文泰遣独孤信讨之。

五月，禽仲和。迁其民六千余家于长安。瓜州都督令孤延起兵，禽张保。瓜州亦平。此为西魏之小衅，东魏自不能乘机也。邙山之败，宇文泰命王思政镇弘农，命举代己者。思政进所部都督韦孝宽。是岁，九月，高欢自邺西伐，围玉壁。孝宽拒守六旬，不能下。会欢有疾，烧营而退。明年，正月朔，欢死，其后嗣不复能为吞并之计，西魏力亦不足，东西战争之势杀矣。

注释：

①裒[póu]削：搜刮。

②蠲[juān]赋：免除赋役。

③藻棁[zhuó]：浮夸浅薄。

④洶洶：喧扰不安的样子。

⑤啮[niè]臂：咬臂出血，以示诚信。

⑥椎[chuí] 牛飨士：犒劳作战官兵。

⑦边扞[hàn]：边防。

⑧约勒：约束。

⑨挫衄[cuò nǜ]：挫折，失败。

第十三章

梁陈兴亡

第一节　侯景乱梁上

侯景，朔方人，或云雁门人。此据《梁书·景传》。《南史》云：景怀朔镇人。少而不羁，见惮乡里。及长，骁勇，有膂力，善骑射。《南史》云：景右足短，弓马非其长。案景右足短之说，他无所见，恐非其实。以选为北镇戍兵，《南史》云：为镇功曹史。稍立功效。

尔朱荣自晋阳入，景始以私众见荣。荣甚奇景，即委以军事。会葛贼南逼，荣自讨，命景先驱。以功擢为定州刺史，大行台。自是威名遂著。齐神武入洛，景复以众降之。仍为神武所用。《南史》云：高欢微时，与景甚相友好。及欢诛尔朱氏，景以众降。仍为欢用，稍至吏部尚书。

景性残忍酷虐。驭军严整，然破掠所得财宝，皆班赐将士，故咸为之用，所向多捷。总揽兵权，与神武相亚。魏以为司徒、南道行台，案事在大同八年，即东魏兴和四年。拥众十万，专制河南。

《南史》云：欢使拥兵十万，专制河南，杖任若己之半体。又云：时欢部将高昂、彭乐，皆雄勇冠时。景常轻之，言似豕突尔，势何所至？案欢所用，战将多而有谋略者少；又欢居晋阳，去河南较远，势不能不专有所任；此景之所以有大权也。

神武疾笃，谓子澄曰："侯景狡猾多计，反覆难知，我死后，必不为汝用。”乃为书召景。景知之，虑及于祸，《南史》云：将镇河南，请于欢曰："今握兵在远，奸人易生诈伪，大王若赐以书，请异于他者。”许之。每与景书，别加微点，虽子弟弗之知。及欢疾笃，其世子澄矫书召之。景知，惧祸，因用王伟计求降。

《北齐书·神武纪》亦云：世子为神武书召景。景先与神武约，得书书背微点乃来。书至无点，景不至。又闻神武疾，遂拥兵自固。案神武猜忌性成，从未闻以将帅为腹心，而自疏其子弟；况文襄在神武世，与政已久，神武与景有约，文襄安得不知？说殆不足信也。

大清元年，西魏大统十三年，东魏武定五年。乃遣其行台郎中丁和来，上表请降。《本纪》事在二月。云：景求以豫章、广、颍、洛阳、西扬、东荆、北荆、襄、东豫、南兖、西兖、齐等十三州内属。

《景传》载景降表，则云与豫州刺史高成，广州刺史郎椿，襄州刺史李密，兖州刺史邢子才，南兖州刺史石长宣，齐州刺史许季良，东豫州刺史丘元征，洛州刺史朱浑愿，扬州刺史乐恂，北荆州刺史梅季昌，北扬州刺史无神和等。

《廿二史考异》云："豫章之章字衍。洛阳之阳当作扬。广州刺史下，夺'暴显颍州刺史司马世云荆州刺史'十四字，当据《通鉴考异》补。朱浑愿，当依《考异》作尔朱浑愿。《纪》有西扬，《传》作北扬；《纪》有东荆，《传》但云荆；未审谁是。”

广州，后移襄城，今河南方城县。北荆，魏收《志》不言治所。或云治其首郡伊阳，在今河南嵩县东北。南兖州，正光中移治谯城。西兖州，治定陶，在今山东定陶县西北。后移左城，在今定陶县西南。北扬州，治项城。

景之叛也，颍州刺史司马世云应之。景入据颍城。诱执豫、襄、广诸州刺史。高澄遣韩轨等讨之。景以梁援未至，又请降于西魏。

三月，宇文泰遣李弼援之。《魏书》作李景和，弼字。轨等退去。《周书·文帝纪》云：景请留收辑河南，遂徙镇豫州。于是遣王思政据颍川，弼引军还。

七月，景密图附梁。大祖知其谋，追还前后所配景将士。景惧，遂叛。案景之降梁，在降西魏之先，事甚明白，安得云此时始有是谋？盖至此乃与西魏绝耳。

《周书·王悦传》云：侯景据河南来附，大祖先遣韦法保、贺兰愿德等率众助之。悦言于大祖，大祖纳之，乃遣追法保等。而景寻叛。

《裴宽传》言：宽从法保向颍川。景密图南叛，军中颇有知者，以其事计未成，外示无贰。景往来诸军间，侍从寡少。军中名将，必躬自造。至于法保，尤被亲附。宽谓法保曰："侯景狡猾，必不肯入关。虽托款于公，恐未可信。若杖兵以斩之，亦一时之计也。如曰不然，便须深加严警。不得信其诳诱，自诒后悔。"法保纳之。然不能图景，但自固而已。

盖时西魏欲召景入关，而景不肯，遂至彼此相图。西魏兵力，未足取景，然其将帅严警有备，景亦不能图之，故弃颍川而走豫州也。景非不侵不叛之臣，此自西魏所知。为之出师，原不过相机行事。而当时事机，并不甚顺。必欲乘衅进取，势非更出大兵不可。然此时西魏，亦甚疲敝；兼之景既不易驾驭，又须抗拒东魏及梁；利害纷纭，应付非易，故西魏始终以谨慎出之。此自不失为度德量力。而梁之贪利冒进者，乃自诒伊戚矣。

梁武帝既纳元颢而无成，其年，中大通元年，魏孝庄帝永安二年。十一月，魏巴州刺史严始欣以城降。遣萧玩等援之。

明年，中大通二年，魏永安三年。正月，始欣为魏所破斩。玩亦被杀。是岁，六月，又遣元悦还北。高欢欲迎立之而未果，事已见前。其明年，中大通三年，魏节闵帝普泰元年。魏诏有司不得复称伪梁，罢细作之条；无禁邻国还往；盖颇有意于与南言和矣。是年，南兖州城民王买德，逼前刺史刘世明以州降。十一月，梁使元树入据。

四年，魏孝武帝永熙元年。二月，复以元法僧为东魏王。盖欲并建法僧与树。魏以樊子鹄为东南道行台，率徐州刺史杜德讨元树。树城守不下。七月，子鹄使说之。树请委城南还。子鹄许之。树恃誓约，不为战备。杜德袭禽之。送魏都，赐死。时梁以羊侃为兖州刺史，随法僧还北。行次官竹，《水经注》：睢水自睢阳东南流，历竹圃，世人谓之梁王竹园。官收其利，因曰官竹。闻树丧师，军亦罢。十二月，魏尔朱仲远来奔。以为定洛将军，封河南王，北侵。随所克土，使自封建。亦无所成。

五年，魏永熙二年。四月，青州人耿翔，袭据胶州，《魏志》云：治东武陵。陵字当系城字之讹。东武，汉县，今山东诸城县。杀刺史裴粲，来降。六月，魏以樊子鹄为青、胶大使，督济州刺史蔡俊讨之。师达青州，翔拔城走。是月，魏建义城主兰保，杀东徐州刺史崔祥，以下邳降。《魏书·纪》云：东徐州城民王早、简实等杀刺史崔庠，据州入萧衍。

六年，魏永熙三年。十月，以元庆和为镇北将军，封魏王，率众北侵。闰十二月，据濑乡。胡三省曰：即陈国苦县之赖乡。案其地在今河南鹿邑县东。是岁，魏始分为东西。

明年，为大同元年，西魏文帝大统元年，东魏孝静帝天平二年。东魏东南道行台元宴击元庆和，破走之。六月，庆和又攻南顿，为东魏豫州刺史尧雄所破。北梁州刺史兰钦攻汉中，西魏梁州刺史元罗降。《北史》在七月，《梁书》在十一月。

二年，西魏大统二年，东魏天平三年。九月，魏以侯景节度诸军入寇。十月，梁亦下诏北伐。侯景攻楚州，治楚城，在今河南息县西。刺史桓和陷没。景仍进兵淮上，陈庆之击破之。十一月，诏北伐众军班师。十二月，与东魏通和。自此岁通使聘，直至侯景来降，而兵衅始启。《北史·本纪》：东魏孝静帝武定二年，二月，徐州人刘乌黑聚众反，遣行台慕容绍宗讨平之。《北齐书·慕容绍宗传》云：梁刘乌黑入寇徐方，《北史》作梁人刘乌黑。此特人民之叛魏，非两国有战事。

侯景之来降也，高祖诏群臣廷议。尚书仆射谢举及百辟等议，皆云纳景非宜。高祖不从。

《梁书·景传》。下文又云：初大同中，高祖尝夜梦中原牧守，皆以地来降。旦见朱异，说所梦。异曰："此岂宇内方一，天道前见其征乎？"及景归附，高祖欣然自悦，谓与神通。乃议纳之。而意犹未决。曾夜出视事，至武德阁，独言："我国家犹若金瓯，无一伤缺。今便受地，讵是事宜？脱致纷纭，非可悔也。"异接声而对曰："侯景据河南十余州，分魏土之半，输诚送款，远归圣朝，若拒而不容，恐绝后来之望。此诚易见，愿陛下无疑。"高祖深纳异言，又信前梦，乃定议纳景。《异传》略同。此乃归罪于异之辞，不足为信，观前文叙廷议事，无并异欲纳景之说可知。高祖是时，于北方降者，无所不纳，何独至于景而疑之？

《南史·谢举传》云：侯景来降。帝询诸群臣。举及朝士，皆请拒之。帝从朱异言纳之，以为景能立功赵、魏。举等不敢复言。《南史》后出，但主博采，亦不足信也。乃下诏：封景为河南王，大将军、使持节、董督河南北诸军事、大行台，承制辄行，如邓禹故事。遣北司州刺史羊鸦仁，督土州刺史桓和之，土州，治龙巢，在今湖北随县东北。仁州刺史湛海珍，仁州，治己吾，在今河南宁陵县南。精兵三万，趋县瓠应接。

七月，鸦仁入县瓠。诏以县瓠为豫州，寿春为南豫州。改合肥为合州，北广陵为淮州，项城为殷州，合州为南合州。以西阳大守羊思建为殷州刺史。高澄以书喻侯景云："若能卷甲来朝，当授豫州刺史，即使终君之世；所部文武，更不追摄；宠妻爱子，亦送相还。"景报书曰："为君计者，莫若割地两和，三分鼎峙。燕、卫、晋、赵，足相奉禄；齐、曹、宋、鲁，悉归大梁。"观此，知景之意，亦仅在于河南，无意进取河北也。

六月，以鄱阳王范总督汉北征讨诸军事。范，鄱阳忠烈王恢之子。八月，命群帅大举北伐。以南豫州刺史渊明为大都督。渊明，长沙宣武王懿之子。

《南史·范传》云：为雍州刺史。范作牧莅人，甚得时誉；抚循将士，尽获欢心。于是养士马，修城郭，聚军粮于私邸。时庐陵王续。为荆州，既是都督府，又素不相能，乃启称范谋乱。范亦驰启自理。武帝恕焉。时论者犹谓范欲为贼。又童谣云："莫匆匆，且宽公。谁当作人主？草覆车边己。"

时武帝年高，诸王莫肯相服。简文虽居储贰，亦不自安。而与司空邵陵王纶，特相疑阻。纶时为丹阳尹，威震都下，简文乃选精兵，以卫宫内。兄弟相贰，声闻四方。范以名应谣言，而求为公。未几，加开府仪同三司。范心密喜，以为谣验。武帝若崩，诸王必乱，范既得众，又有重名，谓可因机，以定天下。乃更收士众，希望非常。

大清元年，大举北侵，初谋元帅，帝欲用范。时朱异取急外还，闻之，遽入曰："嗣王雄豪盖世，得人死力，然所至残暴非常，非吊人之材。昔陛下登北顾亭以望，谓江右有反气，骨肉为戎首。今日之事，尤宜详择。"帝默然曰："会理何如？"南康简王续子。对曰："陛下得之，臣无恨矣。"会理懦而无谋。所乘襻舆施版屋，冠以牛皮。帝闻，不悦。行至宿豫，贞阳侯明《南史》避唐讳，渊明但称明。请行，又以代之，而以范为征北大将军，总督汉北征讨诸军事。内相乖离如此，安冀克捷？况范与会理、渊明等，无一为将帅之才，而必用为元帅，安得不召舆尸之祸邪？

《明传》云：代为都督，趋彭城。《敕》曰："侯景志清邺、洛，以雪仇耻，其先率大军，随机抚定。汝等众军，可止于寒山，在今江苏铜山县东南。筑堰引清水，以灌彭城。大水一沈，孤城自殄，慎勿妄动。"观此，知武帝欲以扫荡北方之责，全委诸侯景，即使克捷，景又安可制邪？

《传》又云：明师次吕梁，作寒山堰，以灌彭城。水及于堞，不没者三版。

魏遣将慕容绍宗赴援。时魏以绍宗为东南道行台，与高欢从父弟清河王岳及潘乐共御渊明。明谋略不出，号令莫行。诸将每谘事，辄怒曰："吾自临机制变，勿多言。"众乃各掠居人。明亦不能制，惟禁其一军，无所侵略。

绍宗至，决堰水，明命诸将救之，莫肯出。魏军转逼，人情大骇。胡贵孙谓赵伯超曰："不战何待？"伯超惧不能对。贵孙乃入阵苦战。伯超拥众弗敢救。乃使具良马，载爱妾自随。贵孙遂没。伯超子威方将赴战，伯超使人召之，遂相与南还。明醉不能兴，众军大败。明见俘执。十一月。北人怀其不侵略，谓之义王。《羊侃传》云：大举北侵，以侃为冠军将军，监作寒山堰。堰立，侃劝明乘水攻彭城，不见纳。既而魏援大至。侃频言乘其远来可击；旦日，又劝出战；并不从。侃乃率所领顿堰上。及众军败，侃结阵徐还。观此，知当日梁兵，真同儿戏，他时台城被围，援军四集而不能救，而徒以扰民，其机已兆于此矣。渊明既败，慕容绍宗进围潼州。治夏丘，今安徽泗县。刺史郭凤弃城走。

十二月，景围谯城，不下。攻城父，拔之。遣其行台左丞王伟、左民郎中王则诣阙献策：求诸元子弟，立为魏主，辅以北伐。诏遣元贞为咸阳王，贞，树子。须渡江，许即伪位。乘舆副御，以资给之。齐遣慕容绍宗追景。景退入涡阳。相持于涡北。景军食尽。士卒并北人，不乐南渡。其将暴显等，各率所部，降于绍宗。景军溃。与腹心数骑，自硖石济淮。稍收散卒，得马步八百人，奔寿春。羊鸦仁、羊思建并弃城，魏进据之。恢复河南，遂成画饼矣。

侯景之去颍川也，王思政分布诸军，据其七州、十二镇。景既败，东魏使高岳、慕容绍宗、刘丰生攻之。宇文泰遣赵贵帅军至穰，并督东西诸州兵，以救思政。东魏起堰，引洧水以灌城。自颍川以北，皆为陂泽，兵不得至。贵还。

大清三年，西魏大统十五年，东魏武定七年。四月，绍宗、丰生共乘楼船，以望城内。大风暴起，船飘至城下。城上人以长钩牵船，弓弩乱发。绍宗穷急，赴水死。丰生浮向土山，复中矢而毙。陈元康劝高澄自以为功。澄从之，自将而往。六月，陷之。思政见俘。

《周书·崔猷传》言：思政初赴景，大祖与书曰："崔宣猷智略明赡，有应变之才。若有所疑，宜与量其可否。"思政初顿兵襄城，后欲于颍川为行台治所，遣使人魏仲奉启陈之，并致书于猷。猷复书曰："襄城控带京、洛，实当今之要地。如有动静，易相应接。颍川既邻寇境，又无山川之固。贼若充斥，径至城下。莫若顿兵襄城，为行台治所；颍川置州，遣郭贤镇守；则表里胶固，人心易安。纵有不虞，岂能为患？”仲见大祖，具以启闻。大祖即遣仲还，令依猷之策。

思政重启，求与朝廷立约：“贼若水攻，乞一周为断；陆攻请三岁为期；限内有事，不烦赴援。过此以往，惟朝廷所裁。”大祖以思政既亲其事，兼复固请，遂许之。及颍川没，大祖深追悔焉。

案颍川之败，实败于无援。小敌之坚，大敌之禽，若终无援师，即据襄城何益？自侯景之败，思政即势成孤悬，不拔之还，即宜豫筹救援之策。赵贵之兵，纵云沮于水不得至，岂出他道牵掣之师，亦不能筹画邪？而当时绝不闻有是，是弃之也。岂思政为孝武腹心，宇文泰终不免于猜忌欤？亦可异矣。

第二节　侯景乱梁中

侯景之济淮也，莫适所归。时鄱阳王范为南豫州刺史，未至，马头戍主刘神茂，为监州韦黯所不容，驰谓景曰：“寿阳去此不远，城池险固。王次近郊，黯必郊迎，因而执之，可以集事。得城之后，徐以启闻，朝廷喜王南归，必不责也。”景执其手曰：“天教也。”及至，而黯授甲登陴。景谓神茂曰：“事不谐矣。”对曰：“黯懦而寡知，可说下也。”乃遣豫州司马徐思玉夜入说之。黯乃开门纳景。据《南史·景传》。

《梁书·景传》云：监州韦黯纳之，其辞较略。《萧介传》云：高祖敕防主韦黯纳之，则恐非其实也。景遣于子悦驰以败闻，自求贬削。优诏不许。复求资给。即授南豫州刺史。光禄大夫萧介表谏，言“景必非岁暮之臣。今既亡师失地，直是境上一匹夫。陛下爱匹夫而弃与国之好，臣窃不取也。”不听。而以鄱阳王范为合州刺史，镇合肥。其措置，实不免于姑息矣。

《梁书·傅岐传》云：大清二年，渊明遣使还，述魏人欲更通和好。敕有司及近臣定议。朱异言：“且得静寇息民，于事为便。”议者并然之。岐独曰：“高澄既新得志，其势非弱，何事须和？此必是设间，故令贞阳遣使，令侯景自疑：当以贞阳易景。景意不安，必图祸乱。今若许澄通好，正是堕其计中。且彭城去岁丧师，涡阳新复败退，今便就和，益示国家之弱。”朱异等固执。高祖遂从异议。

《南史·侯景传》云：魏人更求和亲，帝召公卿谋之，张绾、朱异咸请许之。景闻，未之信，乃伪作鄴人书，求以贞阳侯换景。帝将许之。舍人傅岐曰："侯景以穷归义，弃之不祥。且百战之余，宁肯束手受縶？"谢举、朱异曰："景奔败之将，一使之力耳。"帝从之。复书曰："贞阳朝至，侯景夕返。"景谓左右曰："我知吴儿老公薄心肠。"案鄴人之书，似不易伪为；即能伪之，武帝复书，亦未必轻率至是；此说殆不足信。不则景妄为此言，以激怒其众也。然即不以渊明易景，当时与北言和，亦非所宜。傅岐之议，可谓洞烛事机。史言岐在禁省十余年，机事密勿，亚于朱异，而武帝于此，独不用其议，盖偷安苟且之念，入之深矣。

是岁，六月，遣使通好于北。侯景累启绝和，及请追使。又致书朱异，辞意甚切。异但述敕旨以报之。案和议合宜与否，别是一事。国家和战之计，要非降人所得与。若如景之所为，是国家当守小谅，为匹夫报仇也，其悖亦甚矣。既决意言和，而景有此请，便宜乘机，加以诛责，乃又优容不断，又曷怪景之生心乎？鄱阳王及羊鸦仁累启称景有异志，朱异并抑不奏闻。异盖以常理度之，谓景必不能叛也。然事有出于意计之外者，而其变化，遂非恒情所能测度矣。故曰："日中必熭，操刀必割"也。

是岁八月，侯景举兵反。《南史·景传》：景上言曰："高澄狡猾，宁可全信？陛下纳其诡语，求与通和，臣亦所窃笑也。臣行年四十有六，未闻江左有佞邪之臣，一旦入朝，乃致嚣谗[1]。宁堪粉骨，投命仇门？请乞江西一境，受臣控督。如其不许，即领甲临江，上向闽越。非惟朝廷自耻，亦是三公旰食。"

帝使朱异宣语答景使曰："譬如贫家，畜十客五客，尚能得意，朕惟有一客，致有忿言，亦是朕之失也。"景又知临贺王正德怨望朝廷，密令要结，正德许为内应，景遂发兵反。以诛朱异等为辞。攻马头木栅，执大守刘神茂、戍主曹璆等。武帝闻之，笑曰："是何能为？吾以折箠笞之。"于是诏鄱阳王范为南道都督，封山侯正表临川靖惠王子，正德之弟。时为北徐州刺史，治钟离。为北道都督，柳仲礼为西道都督，裴之高邃兄子。为东道都督。又令邵陵王纶董督众军。

景闻之，谋于王伟。伟曰："莫若直掩扬都，临贺反其内，大王攻其外，天下不足定也。兵闻拙速，不闻工迟，即今便须进路。不然，邵陵及人。"案景乃羁旅之臣，众又寡弱，即极剽悍，安敢遽犯京师？纵使幸胜，亦将何以善其后乎？景上武帝书，虽绝悖慢[2]，然其"表疏跋扈，言辞不逊"，亦《南史·景传》语。为朝廷所优容久矣，实未可指为反迹，故武帝不以为意，及其既叛，尚以谈笑处之也。然则无正德之许，景必不敢遽叛。

《正德传》云：正德阴养死士，常思国衅。侯景反，知其有奸心，徐思玉在北，经与正德相知，至是，景遣思玉至建业，具以事告。又与正德书曰："今天子年尊，奸臣乱国，以景观之，计日必败。大王属当储贰，中被废辱，天下义士，窃所愤慨，岂得顾此私情，弃兹亿兆？景虽不武，实思自奋。"正德得书大喜，曰："侯景之意，暗与人同，天赞我也。"遂许之。谓景之要结正德，在其举兵之后，必不然矣。

九月，景发寿春，声云游猎，伪向合肥，遂袭谯州。南谯州，今安徽滁县。助防董绍先开城降之。高祖闻之，遣大子家令王质率兵三千，巡江遏防。景进攻历阳，大守庄铁又降。帝问羊侃以讨景之策。侃求以二千人急据采石，令邵陵王袭取寿春。使景进不得前，退失巢窟，乌合之众，自然瓦解。议者谓景未敢便逼都城，遂寝其策。陈庆之子昕，为临川大守，敕召之还。昕启云："采石急须重镇，王质水军轻弱，恐虏必济。"乃版昕为云骑将军，代质，而追质为丹阳尹。

时正德都督京师诸军，屯丹阳郡，先遣大船数十艘，伪称载荻，实拟济景。景至江将渡，虑王质为梗，俄而质退，而陈昕尚未下渚，景遂自采石济。马数百匹，兵八千人。京师不之觉。景分袭姑熟，遂至慈湖。

皇大子见事急，入启帝曰："请以事垂付，愿不劳圣心。"帝曰："此是汝事，何更问为？"大子仍停中书省指授。于是以宣城王大器都督城内诸军事，大器，简文帝长子，即哀大子也。羊侃为军师将军副焉。十二月，侃卒。朱异以明年正月卒。正德守朱雀航。景至，正德率所部与之合。石头、白下皆弃守。景百道攻城，不克。伤损甚多。乃筑长园，以绝内外。

十一月，景立正德为帝。攻陷东府城。于城东西各起土山，以临城内。城内亦作两山以应之。材官将军宋嶷降贼，又为贼立计，引玄武湖水以灌城。阙前御街，尽为洪波矣。

十二月，景造诸攻具，百道攻城，又不克。时梁兴四十七年，在位及闾里士大夫，莫见兵甲；宿将已尽，后进少年，并出在外，城中惟羊侃、柳津、韦黯，津老疾，黯懦而无谋，军旅指拘，一决于侃，《南史·羊侃传》。而侃又卒，平荡之事，自不得不期望援军。

援军最先至者，为南徐州刺史邵陵王纶。直指钟山，为贼所败。退奔京口。已而鄱阳世子嗣、范子。西豫州刺史裴之高、司州刺史柳仲礼、前衡州刺史韦粲、宣猛将军李孝钦、南陵大守陈文彻等皆至。共推仲礼为大都督。仲礼者，津子。

《南史·仲礼传》云简文帝为雍州，津为长史。及入居储宫，津从，仲礼留在襄阳，马仗、军人悉付之。稍迁司州刺史。侯景潜图反噬，仲礼先知之，屡启求以精兵三万讨景，朝廷不许；及景济江，朝野便望其至；兼畜雍、司精卒，见推总督；景素闻其名，甚惮之。

《梁书·韦粲传》云：粲建议推仲礼为大都督。报下流众军。裴之高自以年位，耻居其下，累日不决。粲乃抗言于众曰："今者同赴国难，志在除贼。所以推柳司州者？政以久捍边疆，先为侯景所惮；且士马精锐，无出其前。若论位次，柳在粲下；语其年齿，亦少于粲；直以社稷之计，不得复论。今日形势，贵在将和。若人心不同，大事去矣。裴公朝之旧齿，年德已隆，岂应复挟私情，以沮大计？粲请为诸君解释之。"乃单舸至之高营，切让之。于是诸将定议。仲礼方得进军。军次新亭。贼列阵于中兴寺。相持至晚，各解归。

是夜，仲礼入粲营部分。令粲顿青塘。青塘当石头中路，粲虑栅垒未立，贼必争之，颇以为惮。仲礼使直阁将军刘叔胤助粲。直昏雾，军人迷失道，比及青塘，夜已过半，垒栅至晓未合。景登禅灵寺门阁望粲营未立，便率锐卒来攻。军副主王长茂劝据栅待之，粲不从。令军主郑逸逆击之，刘叔胤以水军截其后。叔胤畏懦不敢进逸遂败。贼乘胜入营。左右牵粲避贼，粲不动。犹叱子弟力战。兵死略尽，遂见害。子尼，及三弟助、警、构，从弟昂皆战死，亲戚死者数百人。

《南史·仲礼传》曰：韦粲见攻，仲礼方食，投箸，被练驰之。骑能属者七十。比至，粲已败。仲礼因与景战于青塘，大败之。景与仲礼交战，各不相知。仲礼稍将及景，贼将支伯仁自后砍仲礼，中肩，马陷于淖。贼聚稍刺之。骑将郭山石救之以免。自此壮气外衰，不复言战。神情敖很，凌蔑将帅。邵陵王纶亦鞭策军门，每日必至，累刻移时，仲礼亦弗见也。

纶既忿叹，怨隙遂成。而仲礼常置酒高会，日作优倡。毒掠百姓。污辱妃主。父津，登城谓曰"汝君父在难，不能尽心竭力，百代之后，谓汝为何？"仲礼闻之，言笑自若。晚又与临城公大连不协。大连，亦简文子，时为东扬州刺史，以兵至。东扬州，治会稽。景尝登朱雀楼与之语，遗以金环。是后开营不战。众军日固请，皆悉拒焉。案谓仲礼一战而伤，遂气索不敢复战，殊不近情；谓其与侯景通，亦近溢恶：《南》《北史》主博采，鲜别择，所言固不尽可信也。

当日者，诸军独力皆不足破景，欲解台城之围，非齐力决战不可。然将骄卒惰，久成痼疾，不有严令，孰肯向前？而一时诸将，无一材望足资统率者。不得已，就兵之最强者求之，柳仲礼遂以小器出承其乏。得之既不以其道，自为众情所不服，虽膺都督之任，依然号令不行，欲决战，仍非独力前进不可，此自非仲礼所乐为；诸军亦无不如是；如其向前，亦徒为韦粲耳，然并此亦无第二人也。遂成相杖不战之局矣。

此正与寒山之役，齐师决堰，诸军莫肯出战同。故曰：观于寒山，而知台城之围之不可解也。时邵陵王之兵，与临城公大连再至南岸，亦无功。荆州刺史湘东王绎，遣世子方等、司马吴晔、天门大守樊文皎下援。与鄱阳世子，及永安侯确，邵陵王纶子。前高州刺史李迁仕，前司州刺史羊鸦仁共破东府前栅，营青溪东。旋为景将宋子仙所破，文皎死之。《南史·景传》云：是时邵陵王与柳仲礼，甚于仇敌；临城公与永安侯，逾于水火。诸军之情形，固如出一辙也。

时城中疾疫，死者大半。景军亦饥，不能复战。东城东府城。有积粟，其路为援军所断；且闻湘东王下荆州兵；彭城刘邈，乃说景乞和，全师而返。景与王伟计，遣任约至城北，拜表伪降，以河南自效。帝曰："吾有死而已，宁有是议？且贼凶逆多诈，此言云何可信？"既而城中日蹙，简文乃请帝许和，更思后计。帝大怒曰："和不如死。"迟回久之，曰："尔自图之，无令取笑千载。"乃听焉。

景请割江右四州之地，谓南豫州、西豫州、合州、光州。西豫州，今安徽怀宁县。光州，今河南潢川县。并求宣城王大器出送，然后解围济江。仍许遣其仪同于子悦、左丞王伟入城为质。傅岐议：以宣城王嫡嗣之重，不容许之，乃请石城公大款出送。大款，大器弟。诏许焉。遂于西华门外设坛为盟誓。遣尚书仆射王克，兼侍中上甲乡侯韶，散骑常侍萧瑳，与于子悦、王伟等登坛共盟。武卫将军柳津出西华门下，景出其栅门，与津遥相对，刑牲歃血。韶，长沙宣武王懿孙。时大清三年二月也。

景之渡江也，武帝召封山侯正表入援。正表率众次广陵，闻正德为景所推，遂托舫粮未集，盘桓不进。景以正表为南兖州刺史，封南郡王。正表既受景署，遂于欧阳立栅，欧阳，在今江苏仪征县境。以断援军。又欲进攻广陵。南兖州刺史南康王会理遣军击破之。正德走还钟离，遂降魏。

会理与前青、冀二州刺史湘潭侯退，鄱阳忠烈王恢子。西昌侯世子彧西昌侯渊藻，长沙宣武王懿子，时为南徐州刺史。率众三万，至于马卬州。在台城北。

景虑其自白下而上，断其江路，请悉勒聚南岸；又启称永安侯、赵威方频隔栅诟臣，乞召入城；敕并从之。《南史·本传》云：确知此盟多贰，欲先遣赵威方入，确因南奔。纶闻之，逼确使入。后与景猎钟山，引弓将射景，弦断不得发，贼觉，杀之。景运东城米于石头，食遂足。

湘东王绎师于武城，在湖北黄陂县南。湘州刺史河东王誉次巴陵，前信州刺史桂阳王慥顿江津，慥，桂阳简王融之子。未进，亦有敕班师。景知援军号令不一，终无勤王之效。

又闻城中死疾转多，谓必有应之者。王伟又说景曰："王以人臣，举兵背叛，围守宫阙，已盈十旬，逼辱妃主，陵秽宗庙，今日持此，何处容身？愿且观其变。"景然之。乃抗表陈帝十失。请诛君侧之恶臣，清国朝之秕政，然后还守藩翰。

三月朔旦，城内以景违盟，举烽鼓噪。景决石阙前水，胡三省曰：景前决玄武湖水积于此。百道攻城，昼夜不息，城遂陷。景矫诏遣石城公大款解外援军。于是诸军并散。

《南史·柳仲礼传》：仲礼及弟敬礼、羊鸦仁、王僧辩、赵伯超，并开营降贼。僧辩者，湘东王使督舟师援台者也，才至而宫城陷。景留敬礼、鸦仁，而遣仲礼、僧辩西上，各复本位。饯于后渚。敬礼谓仲礼曰："景今来会，敬礼抱之，兄便可杀，虽死无恨。"仲礼壮其言，许之。及酒数行，敬礼目仲礼，仲礼见备卫严，不敢动，遂不果。后景征晋熙，敬礼与南康王会理谋袭其城，刻期将发，建安侯萧贲告之，遂遇害。贲者，正德弟正立之子。正德为侯景所立，贲出投之。专监造攻具，以攻台城。常为贼耳目。后贼恶其反覆，杀之。羊鸦仁出奔江西，将赴江陵，于路为人所害。惟赵伯超为贼用。

景降萧正德为大司为。撤二宫侍卫，而使其党防守，武帝忧愤感疾。五月，崩。年八十六。景密不发丧。二十余日，乃迎皇大子即位，是为大宗简文皇帝。正德知为贼所卖，密书与鄱阳王，期以兵入，贼遮得，矫诏杀之，时六月也。

先是景以武帝手敕召南康王会理，而使其党董绍先据南兖州。会理僚佐咸劝距之。会理用其典签范子骞计，谓处江北功业难成，不若身赴京师，图之肘腋，遂以城输绍先。至都，景以为司空，兼尚书令。祖皓起义，期以会理为内应，景矫诏免会理官。后景往晋熙，都下虚弱，会理与柳敬礼谋取王伟，事觉，与弟通理皆遇害。祖皓起义。又使萧邕代西昌侯渊藻据南徐州。以任约为南道行台，镇姑熟。使李贤降宣城。于子悦、张大黑入吴。大守袁君正迎降。子悦、大黑，肆行毒虐，吴人各立城栅拒守。景又遣侯子鉴入吴。收子悦、大黑还京诛之。

戴僧逷据钱唐，东扬州刺史临城公大连据州，吴兴大守张嵊据郡，景使宋子仙、赵伯超、侯子鉴、刘神茂等攻破之。文成侯宁于吴西乡起兵，亦为景党孟振、侯子荣所破杀。景又以郭元建为北道行台，总江北诸军，镇新秦。宋郡，今江苏六合县。前江都令祖皓起兵，袭杀董绍先，亦为景所破，更以侯子鉴监南兖州。

鄱阳王范弃合肥，出东关，请兵于魏，遣二子为质。魏人据合肥，竟不出师助范。范屯于栅口，今安徽裕溪口，在芜湖东北。待援兵总集，欲俱进。江州刺史寻阳王大心闻之，遣要范西上，以湓城处之。大心，简文子。湓城，即湓口城。景出顿姑熟。范将裴之悌、夏侯威生以众降。景以之悌为合州刺史，威生为南豫州刺史。

范至湓城，以晋熙为晋州，晋熙，晋郡，治怀宁，今安徽潜山县。遣子嗣为刺史。江州郡县，辄更改易。寻阳政令所行，惟存一郡。初庄铁降景，又奉其母奔大心。大心以铁旧将，厚为其礼。军旅之事，悉以委之。仍以为豫章内史。铁据豫章反。大心令中兵参军韦约等击之。铁败绩，又乞降。嗣先与铁游处，请援之。范从之。乃遣将侯瑱，率精甲五千救铁。夜袭破韦约等营。于是二藩衅起，人心离贰。

范居湓城，商旅不通，音使距绝。范数万之众，皆无复食，人多饿死。范恚，发背薨。嗣犹据晋熙。城中食尽，士乏绝。简文帝大宝元年，七月，任约、卢晖略攻晋熙。嗣中流矢，殁于阵。约进袭江州。大心遣司马韦质拒战，败绩。时帐下犹有勇士千余人，咸说大心轻骑往建州，以图后举。此建州置于苞信县，在今河南商城县西。劝往此者，盖以便于入齐也。而大心母陈淑容不肯行。大心乃止。遂与约和。于是景之兵锋，直逼荆、郢矣。

第三节　侯景乱梁下

先是上流之地，湘东王绎刺荆州，岳阳王詧刺雍州，武帝内弟张缵刺湘州。缵，弘策子，出后伯父弘籍。

大清二年，征缵为领军，俄改雍州刺史，而以河东王誉刺湘州。缵素轻少王，州府迎候及资待甚薄。誉深衔之。至州，遂托疾不见缵，仍检校州、府庶事，留缵不遣。侯景寇京师，湘东王绎军于武城，誉饬装当下援，缵密报绎曰："河东起兵，岳阳聚米，将来袭江陵。"绎惧，沈米、断缆而归。因遣谘议周弘直至誉所，督其粮、众。三反，誉不从。绎大怒。

七月，遣世子方等讨誉。方等，绎长子也。母曰徐妃，以嫉妒失宠。而绎第二子方诸母王氏，以冶容幸嬖。王氏死，绎归咎徐妃。方等意不自安。绎闻之，又恶方等。方等益惧。

时武帝年高，欲见诸王长子，绎遣方等，方等欣然登舟。遇侯景乱，绎召之。方等启曰："昔申生不爱其死，方等岂顾其生？"绎省书，知无还意，乃配步骑一万，使援台城。贼每来攻，方等必身当矢石。及是，求征誉。临行，谓所亲曰："吾此段出征，必死无二。死而获所，吾岂爱生？"及至麻溪，在今湖南长沙县北。军败溺死。绎遣鲍泉继之。

初绎命所督诸州并发兵下，岳阳王詧遣司马刘方贵为前军，出汉口。及将发，绎又使喻詧自行。詧辞颇不顺。绎怒。而方贵先与詧不协，潜与绎相知，刻期袭詧。未及发，会詧以他事召方贵。方贵疑谋泄，遂据樊城拒命。詧遣军攻之。

时张缵弃所部，单舸赴江陵。绎乃厚资遣缵，若将述职，而密援方贵。缵次大堤，胡三省曰：《沈约志》：华山郡，治大堤。《五代志》：襄阳郡汉南县，宋置华山郡。唐并汉南入宜城。曾巩曰：宋武帝筑宜城之大堤为城。案宜城，今湖北宜城县。樊城已陷。詧禽方贵兄弟及党与，并斩之。缵因进至州。

詧迁延不受代，而密图之。缵惧，请绎召之。绎乃征缵于詧。詧留不遣。州助防杜岸兄弟绐缵曰："岳阳殿下，势不仰容。不如且往西山，以避此祸。使君既得物情，远近必当归集。以此义举，事无不济。"缵深以为然。因与岸等结盟誓，又要雍州人席引等于西山聚众。缵服妇人衣，乘青布轝，与亲信十余人出奔。引等与杜岸驰告詧。詧令中兵参军尹正与岸等追讨，并禽之。缵惧不免，因请为沙门。詧以誉危急，率众三万，骑千匹伐江陵以救之。

大雨暴至，众颇离心。绎与岸弟岃有旧，密要之。岃乃与兄岸，弟幼安及杨混各率其众降。詧夜遁。初詧囚张缵于军，至是，先杀缵而后退焉。杜岸之降也，请以五百骑袭襄阳。詧至，岸奔其兄巘于广平。晋渡江，侨置广平郡于襄阳，宋以汉南阳郡之朝阳为实土。案朝阳，在今河南邓县东南。詧遣尹正、薛晖等攻之，获巘、岸等。并其母、妻、子女杀之。尽诛诸杜宗族、亲旧。其幼稚疏属下蚕室。又发掘其坟墓，烧其骸骨，灰而扬之。其酷虐如此。鲍泉围湘州，久未能拔，绎命王僧辩代之。

大宝元年，四月，克湘州，斩誉。詧自称梁王，称蕃于魏。魏遣兵助戍襄阳。台城之陷也，邵陵王纶奔禹穴，在今浙江绍兴县。东土皆附。南郡王大连惧，图之。纶觉，去至寻阳。寻阳王大心欲以州让之，纶不受。至郢州，刺史南平王恪以州让之，恪，南平元襄王伟之子。纶又不受。河东王誉请救，纶欲往救之，以军粮不继而止。与绎书劝止之。绎不听。纶大修器甲，将讨侯景。绎闻其盛，八月，遣王僧辩帅舟师一万逼之，纶走。于是侯景之兵锋，绎实当之矣。

江州之陷，绎遣徐文盛率众军下武昌。文盛，宁州刺史，闻国难，召募得数百人来赴。是岁，九月，侯景率舟师上皖口。皖水入江之口，在今安徽怀宁县西。十二月，绎又遣尹悦、王珣、杜幼安助文盛。任约以西台益兵，告急于景。

二年，闰三月，景自率众二万，西上援约。至西阳，徐文盛不敢战。文盛妻石氏，先在建业，至是，景载以还之。文盛深德景，遂密通信使，都无战心。众咸愤怨。初郢州之平，绎以子方诸为刺史，鲍泉为长史，行府、州事。方诸与泉，不恤军政，惟蒱酒自乐。

景访知其无备，兵少，四月，遣宋子仙袭陷之，执方诸及泉。尽获武昌军人家口。文盛等大溃，奔归江陵。王珣、尹悦、杜幼安并降于贼。景遂乘胜西上。绎先遣王僧辩东下代文盛，军次巴陵，会景至，僧辩因坚壁拒之。景设长围，筑土山，昼夜攻击，不克。军中疾疫，死伤大半。绎遣胡僧祐、陆法和援巴陵。景遣任约以精卒数千逆击，六月，僧祐等击破之，禽约。王僧辩督众军追景，而陈霸先之兵亦来会。

陈霸先，吴兴长城人。为广州刺史萧映僚佐。映，始兴忠武王憺子。讨破交州叛贼李贲。映卒，以霸先为交州司马，与刺史杨瞟讨贲，平之。除西江督护、高要大守。高要，汉县，梁置郡，今广东高要县。时大清元年也。

二年，冬，侯景寇京师，霸先将率兵赴援。广州刺史元景仲，法僧子也，欲图霸先。《北史·道武七王传》云：侯景遣诱召之，许奉为主，景仲将应之。霸先知其计，与成州刺史王怀明，成州，今广西苍梧县。行台选郎殷外臣等密议戒严。

三年，七月，集义兵于南海，驰檄以讨景仲。景仲穷蹙，自缢死。霸先迎定州刺史萧勃镇广州。定州，治郁林。勃，武帝从弟吴平侯昺之子。初衡州刺史韦粲，自解还都征侯景，以临贺内史欧阳頠监衡州。衡州，治曲江，今广东曲江县。京城陷后，岭南互相吞并。高卅刺史兰裕，攻始兴内史萧绍基，夺其郡。

高州，治高凉，在今广东阳江县西。裕以兄钦与颜有旧，遣招之。颜不从。裕攻之。颜请援于勃。勃令霸先救之，悉禽裕等。仍监始兴郡。

十一月，霸先遣杜僧明、胡颖将二千人顿于岭上。僧明，广陵临泽人。梁大同中，卢安兴为广州南江督护，僧明与兄天合及周文育，并为所启，与俱行。安兴死，僧明复副其子子雄。及李贲反，逐交州刺史萧谘，谘奔广州。台遣子雄与高州刺史孙冏讨贲。时春草已生，瘴疠方起，子雄请待秋。广州刺史萧映不听。谘又促之。子雄不得已，遂行。

至合浦，死者十六七。众并惮役溃散，禁之不可，乃引其余兵退还。萧谘启子雄及冏与贼交通，逗留不进。梁武帝敕于广州赐死。子雄弟子略、子烈，并雄豪任侠，家属在南江，天合乃与周文育等率众结盟，奉子略为主，以攻萧映。霸先时在高要，闻事起，率众来讨，大破之。杀天合。禽僧明及文育等，并释之，引为主帅。案陈武生平，用降将最多，详见《廿二史劄记》，其气度必有大过人者，僧明、文育，特其一耳。颍，吴兴东迁人，为广州西江督护。霸先与其同郡，待之甚厚。萧谘，鄱阳王范之子。临津，宋县，在今江苏高邮县东北。合浦，汉郡，治徐闻，今广东海康县。后汉治合浦，今广东合浦县。梁、陈间复治徐闻。东迁，晋县，今为镇。属浙江吴兴县。

并结始兴豪杰，同谋义举。郡人侯安都、张偲等率千余人来附。萧勃闻之，遣说停霸先。霸先不听。使间道驰往江陵，秉承军期节度。时蔡路养南康土豪。起兵据南康，勃遣腹心谭世远为曲江令，与路养相结，同遏义军。

大宝元年，霸先发自始兴，次大庾岭。在今江西大庾县、广东南雄县之间。路养出军顿南野，秦县，在今江西南康县西南。依山水立四城以拒。霸先与战，大破之。路养脱身窜走。霸先进顿南康。六月，修崎头古城，在大庾县东。徙居焉。高州刺史李迁仕据大皋，在江西吉安县南。遣主帅杜平虏等率千人入赣石、鱼梁。赣石，指赣江十八滩，在今江西赣县至万安县间。鱼梁，在万安县南。迁仕之兵，盖以援台至此。

霸先命周文育击走之。迁仕奔宁都。吴阳都县，晋更名，今江西宁都县。宁都人刘蔼等资迁仕舟舰、兵仗，将袭南康。霸先遣杜僧明等率二万人据白口，《通鉴考异》引《大清纪》云：于雩都县连营相拒，则其地当在雩都。雩都，汉县，今江西雩都县东北。筑城以拒之。迁仕亦立城以相对。

二年，三月，僧明等攻拔其城，生禽迁仕送南康。霸先斩之。湘东王绎命霸先进兵定江州，仍授江州刺史。九月，又以王僧辩刺江州，而以霸先为东扬州刺史。侯景之东还也，以丁和为郢州刺史，留宋子仙、时灵护等助和守御。以支化仁、阎洪庆等守鲁山城。王僧辩率巴陵诸军，沿流讨景。攻鲁山，化仁降。攻郢，禽灵护。

子仙行战行走。至白杨浦，胡三省曰：盖去郢城未远。大破之，生禽子仙送江陵。鄱阳王范及其子嗣之死也，侯瑱领其众，依于庄铁。铁疑之。瑱惧，诈引铁谋事，因而刃之。据有豫章。侯景将于庆南略，至豫章，瑱穷蹙，降于庆。庆送瑱于景。景以瑱与己同姓，托为宗族，待之甚厚。留其妻子及弟为质，遣瑱随庆平定蠡南诸郡。蠡南，谓彭蠡湖以南。及是，瑱起兵袭之，庆败走。景尽诛瑱妻、子及弟。湘东王绎授瑱南兖州刺史。

七月，僧辩军次湓城，贼行江州事范希荣弃城走。八月，晋熙人王僧振、郑宠起兵袭城，伪刺史夏侯威生、仪同任延遁。绎命僧辩且顿江州，须众军齐集。顷之，命江州众军，悉同大举。于是发江州。命侯瑱率锐卒轻舸，袭南陵、鹊头等戍，至即克之。三年，元帝承圣元年。二月，霸先与僧辩会于白茅洲，在江西德化县北，与安徽宿松县接界。登坛盟誓。

侯景之东还也，二年，八月，废大宗为晋安王，幽于永福省。害皇大子大器、寻阳王大心、西阳王大钧、武宁王大威、建平王大球、义安王大昕、绥建王大挚，皆简文子。及寻阳王诸子二十人。矫为大宗诏，禅位于豫章嗣王栋。欢子。遣使害南海王大临于吴郡，南郡王大连于姑孰，安陆王大春于会稽，新兴王大壮于京口。亦皆简文子。大壮，《南史》作大庄。

初景既平京邑，便有篡夺之心，以四方须定，且未自立。既巴陵失律，江、郢丧师，猛将外歼，雄心内沮，便欲伪僭大号，遂其奸心。其谋臣王伟云："自古移鼎，必须废立。"故景从之。其大尉郭元建闻之，目秦郡驰还，谏景曰："四方之师，所以不至者？政为二宫万福。若遂行弑逆，结怨海内，事几一去，虽悔无及。"王伟固执不从。此据《梁书·景传》。

《南史》则云元建谏废简文，景意遂回，欲复帝位，以栋为大孙，王伟固执不可。又《南史·简文纪》云：景纳帝女溧阳公主。公主有美色，景惑之，妨于政事。王伟每以为言。景以告主，主出恶言。伟知之，惧见谗，乃谋废帝而后间主，苦劝行弑，以绝众心。此亦不根之谈。伟小人，安知远虑。知远虑，不事景矣。

十月，景弑大宗。十一月，遂废栋而自立。先是张彪起义于会稽若邪山，事在大宝元年，《纪》在十一月，《景传》在十二月。彪，南郡王前中兵参军。若邪山，在今浙江绍兴县南。攻破浙东诸县。景遣田迁、赵伯超、谢答仁等东伐彪。

是年，正月，彪遣别将寇钱唐、富春。富春，即富阳，晋避大后讳改。田迁进军与战，破之。十月，景司空东道行台刘神茂，仪同尹思合、刘归义、王晔，云麾将军桑干王元頵等据东阳归顺。仍遣元頵及别将李占、赵惠朗下据建德江口。建德，秦县，今浙江建德县。尹思合收景新安大守元义，夺其兵。张彪攻永嘉，永嘉大守秦远降。十一月，景以赵伯超为东道行台，镇钱唐。遣田迁、谢答仁等东征神茂。十二月，答仁等至建德，攻元頵、李占栅，大破之。执頵、占送景。

明年，大宝三年，即元帝承圣元年。谢答仁攻刘神茂。刘归义、尹思合等弃城走。神茂孤危，复降。初海宁程灵洗，吴海阳县，晋曰海宁，在今安徽休宁县东。据黟、歙以拒景。汉黝县，宋曰黟，在今安徽黟县东。景军据有新安，新安大守西乡侯隐奔依灵洗，灵洗奉以主盟。刘神茂建义，灵洗攻下新安，与之相应。及是，景偏帅吕子荣进攻新安，灵洗复退保黟、歙。景败，子荣走，灵洗复据新安，进军建德。

二月，王僧辩军至芜湖。芜湖城主宵遁。景遣史安和、宋长贵等率兵二千，助侯子鉴守姑熟。追田迁还京师。三月，景往姑熟，巡视垒栅。诫子鉴曰："西人善水战，不可与争锋。若得马步一交，必当可破。汝但坚壁，以观其变。"子鉴乃舍舟登岸，闭营不出。僧辩等遂停军十余日。贼党大喜，告景曰："西师惧吾之强，必欲遁走。不击，将失之。"景复命子鉴为水战之备。子鉴乃率万余人渡洲，并引水军俱进。僧辩逆击，大破之。子鉴仅以身免。

僧辩进军次张公洲。景以卢晖略守石头，纥奚斤等守捍国城。在今江苏江宁县南。悉逼百姓及军士家累入台城。僧辩焚景水栅，入淮。至禅灵寺渚。景大惊，乃缘淮立栅。自石头迄青溪十余里，楼雉相接。僧辩遣杜崱问计于陈霸先。霸先曰："前柳仲礼数十万，隔水而坐，韦粲之在青溪，竟不渡岸，贼乃登高望之，表里俱尽。今围石头，须渡北岸。诸将若不能当锋，请先往立栅。"

霸先即于石头城西横陇筑栅。众军次连八城，直出西北。贼恐西州路断，亦于东北果林筑五城，以遏大路。景自率侯子鉴、于庆、史安和、王僧贵等拒守。使王伟、索超世、吕季略守台城。景列阵挑战，僧辩率众军奋击，大破之。侯子鉴、王僧贵各弃栅走。卢晖略、纥奚斤并以城降。

景既退败，不入宫，敛其散兵，屯于阙下。遂将逃窜。王伟揽辔谏曰："自古岂有叛天子？今宫中卫士，尚足一战，宁可便走？弃此欲何所之？”景曰：“我在北，打贺拔胜，败葛荣，扬名河朔，与高王一种人。今来南，渡大江，取台城如反掌，打邵陵王于北山，破柳仲礼于南岸，皆乃所亲见。今日之事，恐是天亡。乃好守城，我当复一决耳。”仰观石阙，逡巡叹息。

久之，乃以皮囊盛二子《通鉴》云：江东所生。挂马鞍，与其仪同田迁、范希荣等百余骑东奔。王伟委台城窜逸。侯子鉴等奔广陵。王僧辩命众将入据台城，侯瑱、裴之横率精甲五千，东入讨景。景至晋陵，劫大守徐永，东奔吴郡。进次嘉兴。赵伯超据钱唐拒之。景退还吴郡。达松江，而侯瑱军奄至。景众未阵，皆举幡乞降。景不能制，乃与腹心数十人单舸走。推堕二子于水，自沪渎入海。

羊侃第三子鹍，随侃台内，城陷，窜于阳平，景呼还，待之甚厚。及景败，鹍密图之，乃随其东走。景于松江战败，惟余三舸下海，欲向蒙山。在今山东蒙阴县。会景倦，昼寝，鹍语海师：“此中何处有蒙山？汝但听我处分。”遂直向京口。至胡豆洲，此据《羊侃传》。《景传》作壶豆洲。在今江苏镇江县北。

景觉，大惊。问岸上人，云郭元建犹在广陵。景大喜，将依之。鹍拔刀叱海师，使向京口。景欲投水，鹍抽刀斫之。景乃走入船中，以小刀抉船底。鹍以矟入，刺杀之。送尸于王僧辩。传首西台。僧辩收贼党王伟等二十余人，送于江陵。赵伯超降于侯瑱，亦送江陵。陈霸先出广陵，郭元建奔齐。

侯景之为人也，可谓酷虐无伦。其犯建康，初至便望克定，号令甚明，不犯百姓。既攻城不下，人心离沮；又恐援军总集，众必溃散；乃纵兵杀掠。交尸塞路。富室豪家，恣意裒剥。子女玉帛，悉入军营。及筑土山，不限贵贱。昼夜不息，乱加殴棰。疲羸者因杀之以填山。号哭之声，响动天地。时百姓不敢藏隐，并出从之，旬日之间，众盈数万。

东府之陷，景使卢晖略率数千人持长刀夹城门，悉驱城内文武，裸身而出，贼交兵杀之。死者二千余人。台城之陷，悉卤掠乘舆服玩，后宫嫔妾。初城中积尸，不暇瘗埋；又有已死而未敛，或将死而未绝者；景悉聚而烧之，臭气闻十余里。性残忍，好杀戮，恒以手刃为戏。方食，斩人于前，言笑自若，口不辍餐。或先断手足，割舌，劓鼻，经日乃杀之。于石头立大舂碓，有犯法者捣杀之。又禁人偶语，不许大酺，有犯则刑及外族。

东阳人李瞻起兵，为贼所执，送诣建业，景先出之市中，断其手足，剖析心腹，破出肝肠。祖皓之败，射之，箭遍体，然后车裂以徇。城中无少长皆斩之。

此据《梁书·景传》。《南史》作埋而射之。元頵、李占被执送京口，景截其手足，徇之，经日乃死。刘神茂降，送建康，景为大剉碓，先进其脚，寸寸斩之，至头方止，使众观之以示威。每出师，戒诸将曰："若破城邑，净杀却，使天下知吾威名。"故诸将以杀人为戏笑。百姓虽死，亦不从之。

然景之南奔也，高澄悉命先剥景妻子面皮，以大铁镬盛油煎杀之。女以入宫为婢。男三岁者并下蚕室。后齐文宣梦猕猴坐御床，乃并煮景子于镬。其子之在北者歼焉。则初非景一人如是，盖代北之风气然也。魏道武等，亦特此风气中之一人耳。

简文帝时，景尝矫诏自加宇宙大将军，都督六合诸军事。及僭位，王伟请立七庙，并请七世讳，敕大常具祭祀之礼。景曰："前世吾不复忆，惟阿爷名摽；且在朔州；伊那得来啖是？"床上常设胡床及筌蹄，著靴垂脚坐。或跂户限。或走马敖游，弹射鸦鸟。自为天子，王伟不许轻出，郁快更成失志，曰："吾不事为帝，与受摈不殊。"岂特沐猴而冠而已。

是时王师杀掠之酷，亦几不减于景。台城之被围也，援兵至北岸，百姓扶老携幼以候之，才得过淮，便竞剥掠。贼党有欲自拔者，闻之咸止。景之走，王克开台城引裴之横入宫，纵兵蹂掠。时都下户口，百遗一二，大航南岸，极目无烟，老小相扶竞出，才度淮，王琳、杜龛军人掠之，甚于寇贼，号叫彻于石头。王僧辩谓为有变，登城问故，亦不禁也。是役也，可谓江南一浩劫。台城初被围，男女十余万，贯甲者三万，及景违盟，疾疫且尽，守埤者止二三千人，并悉羸懦。

景攻台时，食石头常平仓，既尽，便掠居人。尔后米一升七八万钱，人相食，有食其子者。此据《南史·景传》。《梁书》云：米斛数十万，人相食者十五六。《魏书·岛夷传》云：城内大饥，人相食。米一斗八十万。皆以人肉杂牛、马肉而卖之。军人共于德阳堂前立市，屠一牛得绢三千匹，卖一狗得钱二十万。皆熏鼠、捕雀而食之。至是，雀、鼠皆尽，死者相枕。

大宝元年，时江南大饥，江、扬弥甚。旱蝗相系，年谷不登。百姓流亡，死者涂地。父子携手，共入江、湖；或弟兄相要，俱缘山岳；芰实荇花，所在皆罄；草根木叶，为之凋残；虽假命须臾，亦终死山泽。其绝粒久者，鸟面鹄形，俯伏床帷，不出户牖，莫不衣罗绮，怀金玉，交相枕藉，待命听终。于是千里绝烟，人迹罕见，白骨成聚，如丘垄焉。代北残暴之风，江南淫靡之俗，合而成此大灾，只可谓人类所造之恶业，人类还自受之而已矣。

第四节　江陵之变

简文帝之崩也，四方劝进于湘东者相属。湘东以巨寇未平，未欲即位。然简文之立，湘东谓其制于贼臣，始终仍用大清年号，则其怀自立之心久矣。《南史·豫章王栋传》云：栋既废，及二弟桥、樛，并锁于密室。

景败走，兄弟相扶出。初王僧辩之为都督，将发，谘元帝曰："平贼之后，嗣君万福，未审有何仪注？"帝曰："六门之内，自极兵威。"僧辩曰"平贼之谋，臣为己任，成济之事，请别举人。"由是帝别敕宣猛将军朱买臣，使行忍酷。会简文已被害，栋等与买臣遇见，呼往船共饮，未竟，并沈于水。

案王僧辩乃一热中之士，惟思乘时以立功名，《梁书·僧辩传》：赵伯超降于侯瑱，送至，既出，僧辩顾坐客曰："朝廷昔惟知有赵伯超耳，岂识王僧辩？社稷既倾，为我所复，人之兴废，亦复何常？"器小易盈，情见乎辞矣。于逆顺之际，初无所择。故一战而败，即不惜屈膝于异族，以奉渊明。而何爱于简文及豫章？

况元帝为人，猜忍至极，僧辩征陆纳时，以欲待部下之集，见疑规避，几遭诛戮。《僧辩传》曰：世祖斫之，中其左髀，流血至地。僧辩闷絶，久之方苏。即送付廷尉。并收其子侄，并皆系之。会岳阳王军袭江陵，人情骚扰，未知其备。世祖遣左右往狱，问计于僧辩。僧辩具陈方略，乃赦为城内都督。

此时又安敢批其逆鳞邪？故谓湘东授意僧辩，使贼嗣君，而僧辩不肯从者，必失实之辞也。然朱买臣之贼豫章，即非承湘东之旨，亦必窥其意而为之，则无疑矣。

大宝三年，十一月，湘东即位于江陵，是为世祖孝元皇帝。

柳仲礼之入援也，竟陵郡守孙暠，以郡降西魏。宇文泰使符贵往镇之。及台城陷，仲礼降景，景遣西上，湘东王以为雍州刺史，使袭襄阳。仲礼方观成败，未发。及南阳围急，杜岸请救，仲礼乃以别将夏侯强为司州刺史，守义阳，自帅众如安陆。使司马康昭讨孙暠，暠执符贵以降。仲礼命其将王叔孙为竟陵大守，军副马岫为安陆大守，置孥于安陆，而以轻兵师于漴头，在湖北安陆县西北。将侵襄阳。岳阳王詧告急于魏，遣妃王氏及世子嶚为质。宇文泰遣杨忠、长孙俭救之。陷随郡，进围安陆。

大宝元年，西魏大统十六年。正月，仲礼来援，忠逆击，破禽之。马岫以城降。王叔孙亦斩孙暠降。元帝遣子方略为质。并送载书，请魏以石城为限，石城，竟陵郡治。梁以安陆为界。忠乃旋师。据《周书·杨忠传》。《南史·梁本纪》：是年，正月，使少子方略质于魏。魏不受质，而约为兄弟。《元帝诸子传》云：方略年数几。至长安，即得还。魏命詧发丧嗣位，策命为梁王。邵陵王纶之败也，与子确等十余人轻舟走武昌。时纶长史韦质，司马姜律，先在于外，闻纶败，驰往迎之。于是复收散卒，屯于齐昌。齐郡，在今湖北蕲春县西北。

将引魏军共攻南阳。任约闻之，使铁骑二百袭纶。纶无备，又败。走定州。治蒙茏城，在今湖北麻城县西。定州刺史田龙祖迎纶。纶以龙祖荆镇所任，惧为所执，复归齐昌。行至汝南，《隋志》：安陆郡吉阳，梁立汝南郡，在今湖北应山县北。西魏所署汝南城主李素，纶之故吏，闻纶败，开城纳之。纶乃修浚城池，收集士卒，将攻竟陵。

西魏安州刺史马岫闻之，报于西魏。安州，安陆。西魏遣杨忠、侯几通率众赴焉。二年，西魏大统十七年。二月，忠等至于汝南。纶婴城自守。会天寒大雪。忠等攻之，不能克，死者甚众。后李素中流矢卒，城乃陷。忠等执纶，纶不为之屈，遂害之。《周书·杨忠传》云：纶与前西陵郡守羊思达，要随、陆土豪段珍宝、夏侯珍治合谋，送质于齐，欲来寇掠。汝南城主李素，纶故吏也，开门纳焉。梁元帝密报大祖，大祖乃遣忠督众讨之。诘旦陵城，日昃而克。禽纶，数其罪而杀之。忠间岁再举，尽定汉东之地，于是汉东之地，入于西魏矣。

初大同元年，魏梁州民皇甫圆、姜宴反正，《周书·杨乾运传》。北梁州刺史兰钦因攻汉中，魏梁州刺史元罗降，梁遂复梁州。是岁，十月，宇文泰遣王雄出子午，伐上津、在今湖北郧西县北，路通陕西之山阳县。魏兴；达奚武出散关，伐南郑。

明年，大宝三年，即元帝承圣元年。西魏废帝元年，不立年号。春，王雄陷上津、魏兴，以其地置东梁州。达奚武围南郑，梁梁州刺史宜丰侯循鄱阳忠烈王恢子。《南北史》皆作修。力屈降。八月，东梁州民叛魏，围州城。泰复遣王雄攻之。

明年，承圣二年，魏废帝二年。春，平之。迁其豪帅于雍州。事见《周书·泉企传》。于是汉中之地，亦入于西魏矣。其东方之地，则东魏于大清二年，东魏武定六年。以辛术为东徐州刺史、淮南经略使。术本为东南道行台，与高岳等同破侯景及渊明。

明年，大清三年，武定七年。萧正表以北徐州降魏。侯景使王显贵守寿阳，亦降魏青、冀二州刺史明少遐，东徐州刺史湛海珍，北青州刺史王奉伯，各举州附于魏。《隋志》：东海郡怀仁县，梁置南北二青州。下邳郡，梁置东徐州。案怀仁，东魏县，在今江苏赣榆县西。

初北兖外刺史定襄侯祗，南平元襄王伟子。与湘潭侯退，及前潼州刺史郭凤，同起兵，将赴援，至是，凤谋以淮阴应景，祗等力不能制，并奔魏。景以萧弄璋为北兖州刺史。州民发兵拒之。景遣厢公丘子英，直阁将军羊海赴援。海斩子英，率其众降于魏。魏人遂据淮阴。

鄱阳王范出东关，魏又据合肥。柳仲礼使夏侯强守司州，魏又使潘乐取之。城镇先后附魏者二十余州。辛术遂移镇广陵。大宝元年，齐文宣帝天保元年。齐篡东魏。明年，大宝二年，齐天保二年。五月，齐合州刺史斛斯显攻历阳，陷之。江北之地尽矣。

《南史·元帝纪》云："自侯景之难，州郡大半入魏。自巴陵以下至建康，以江为限。荆州界北尽武宁，东晋郡，今湖北荆门县北。西拒峡口。自岭以南，复为萧勃所据。文轨所同，千里而近。人户著籍，不盈三万。中兴之盛，尽于是矣。"其形势实至蹙也。

武陵王纪，以大同三年为益州刺史，至是已十六年矣。纪在蜀，南开宁州、越嶲，越嶲，汉郡，治邛都，在今四川西昌县东南。晋徙治会无，今四川会理县。宋还治邛都。齐没于獠。西通资陵、吐谷浑；内修耕桑、盐铁之功；外通商贾远方之利；故能殖其财用，器甲殷积。

大宝元年，六月，纪遣世子圆照领兵三万东下，受元帝节度，元帝命且顿白帝。七月，元帝遣报武帝崩问。十一月，纪总戎将发，元帝又书止之曰："蜀中斗绝，易动难安，弟可镇之，吾自灭贼。"又别纸云："地拟孙、刘，各安境界，情深鲁、卫，书信恒通。"三年，四月，纪称帝。元帝遣万州刺史宋簉袭圆照于白帝。万州，治石城，今四川达县。纪第二子圆正，时为西阳大守，召至，锁于省内。

承圣二年，五月，纪东下，次西陵。元帝命陆法和立二城于峡口，名七胜城，锁江以断峡。湘州刺史王琳，本兵家，元帝居藩，琳姊妹并入后庭见幸，琳由此未弱冠得在左右。少好武，遂为将帅。琳果劲绝人，又能倾身下士。麾下万人，多是江、淮群盗。平景之功，与杜龛俱为第一。恃宠纵暴于建业。王僧辩禁之不可，惧将为乱，启请诛之。琳亦疑祸，令长史陆纳率部曲前赴湘州，身径上江陵。将行，谓纳等曰："吾若不返，子将安之？"咸曰："请死相报。"泣而别。

及至，帝以下吏，而以子方略为湘州刺史。时承圣元年十月也。于是陆纳及其将潘乌累等反。袭陷湘州。十一月，纳遣潘乌累等攻破衡州。此衡州治衡阳，今湖南衡阳县。十二月，分兵袭巴陵，为湘州刺史萧循所破。循降魏后，宇文泰使还江陵。营州刺史李洪雅，营州，治营阳，今湖南道县。自零陵率众出空灵滩，零陵，汉郡，治零陵，在今广西全县北。后汉徙治泉陵，在今湖南零陵县北。空灵滩，据《王僧辩传》，《本纪》作空云，在今湖南湘潭县北。称助讨纳。朝廷未达其心，深以为虑。乃征王僧辩兵上，就循南征。

二年，二月，李洪雅降贼。贼将吴藏等据车轮，洲名，在湖南湘阴县北。夹岸为城，前断水势。士卒骁猛，皆百战之余。僧辩乃不战以骄之。五月，因其无备，陷其二城。贼归保长沙。时武陵拥众上流，内外骇惧，元帝乃遣王琳以和解之。六月，湘州平。僧辩旋于江陵，因被诏会众军西讨，而武陵之难已平矣。初兴势杨乾运，兴势，晋县，今陕西洋县。为方隅豪族，魏除安康郡守。

汉中之复，乾运亦来归。求为梁州刺史，不得，而以为潼州刺史。此从《南史·纪传》。《周书·乾运传》云：纪称尊号，以乾运威服巴、渝，拜梁州刺史，镇潼州。潼州，今四川绵阳县。乾运兄子略，说乾运送款关中。乾运深然之。乃令略将二千人镇剑阁。又遣其婿乐广镇安州。今四川剑阁县。

会宇文泰遣乾运孙法洛及使人牛伯友等至，略即夜送乾运，乾运乃使入关送款。氐酋杨法琛，求为黎州刺史，不得，以为沙州刺史，亦遣使通西魏。大同元年汉中之复，法琛为北益州刺史阴平王，见《梁书·本纪》。《通鉴》：大宝元年，黎州民攻刺史张贲，贲弃城走，州民引法琛据黎州，命王、贾二姓诣纪，请法琛为刺史。纪深责之，囚其质子。使杨乾运攻之。法琛使降魏，而据剑阁以拒乾运。明年，乾运破之，焚平兴。平兴，法琛治所也。胡三省曰：魏以武兴为东益州，梁盖以为北益州。平兴，宋县，在今四川昭化县西北。黎州，今四川广元县。沙州，胡三省曰：盖即以平兴为之。

时元帝以纪东下，请救于魏，又请伐蜀。据《周书·尉迟迥传》。宇文泰与群公会议。诸将多有异同。惟尉迟迥以为"纪既尽锐东下，蜀必空虚，王师临之，必有征无战。”乃令迥督甲士一万二千，骑万匹伐蜀。

承圣二年，春，前军临剑阁。乐广降。杨乾运又降。六月，迥至潼州，大飨将士，引之而西。纪之次西陵也，军容甚盛。时陆纳未平，蜀军复逼，元帝甚忧。陆法和告急，旬日相继。帝乃拔任约于狱，以为晋安王司马，撤禁兵以配之，并遣宣猛将军刘棻，共约西赴。六月，纪筑连城，攻绝铁锁。元帝复于狱拔谢答仁为步兵校尉，配众一旅上赴。纪顿兵日久，频战不利，师老粮尽，智力俱殚；又魏人入剑阁，成都虚弱；忧懑不知所为。

先是元帝已平侯景，执所俘馘，频遣报纪。圆照镇巴东，留执不遣。启纪云：“侯景未平，宜急征讨。已闻荆镇，为景所灭，疾下大军。”纪谓为实然，故仍率众沿江急进。于路方知侯景已平，便有悔色，召圆照责之。圆照曰：“侯景虽诛，江陵未服，宜速平荡。”纪亦以既居尊位，宣言于众：“敢谏者死。”蜀中将卒，日夜思归。所署江州刺史王开业进曰：“宜还救根本，更为后图。”江州，治犍为，今四川彭山县。诸将佥以为然。圆正、刘孝胜独言不可，孝胜，纪长史，纪僭号，以为尚书仆射。纪乃止。

闻王琳将至，潜遣将军侯叡，傍险出陆法和后，临水筑垒，以御琳及法和。元帝书遗纪，遣使喻意，许其还蜀，专制岷方。纪不从。既而侯叡为任约、谢答仁所破；又陆纳平，诸军并西赴；纪频败，知不振，遣往江陵，论和缉之计。元帝知纪必破，遂拒而不许。于是两岸十余城俱降。七月，陆法和揣纪师老卒惰，令将樊猛，率骁勇三千，轻舸百余，乘流直上，出不意薄之。纪众惊骇，不及整列，皆弃舰登岸，赴水死者以千数。获纪及其第三子圆满，俱杀之于峡口。法和收圆照兄弟三人。圆照及纪第四子圆普，第五子圆肃。

《南史·圆照传》云：次弟圆正，先见锁在江陵，元帝使谓曰：“西军已败，汝父不知存亡。”意欲使其自裁，频看知不能死，又付廷尉狱，并命绝食，于狱啮臂啖之，十三日死。并命绝食，当兼指圆正及圆照兄弟三人言之也。纪之东下，留永丰侯㧑为益州刺史，㧑，武帝弟安成康王秀之子。见兵不满万人。仓库空竭，军无所资。尉迟迥至，乃为城守之计。迥进军围之。纪至巴郡，闻迥来侵，遣谯淹回援，为迥分兵所破。㧑前后战数十合，皆不克，乃降。时八月也。

案纪果有觊觎天位之心，则当台城被围时，宜倾蜀中之众东下，以图一决，其时元帝未必能阻，乃裴回不进，至景已将平，忽又称帝，岂不进退失据？史言其东下时，黄金一斤为饼，百饼为篮，至有百篮；银五倍之；其他锦罽缯采称是。每战，则悬金帛以示将士，终不赏赐。宁州刺史陈知祖请散金银募勇士，不听，恸哭而去。自是人有离心，莫肯为用。岂非妄庸人哉？然唇亡齿寒，蜀既亡，江陵亦益危矣。

时东方寇氛，亦甚炽烈。郭元建之奔齐也，陈霸先纳其部曲三千人而还。王僧辩启霸先镇京口。承圣元年，齐天保三年。三月，齐以其清河王岳为南道大都督，潘乐为东南道大都督，及行台辛术，率众南伐。五月，术围严超达于秦郡。霸先命徐度领兵，助其固守。齐众七万，填堑，起土山，穿地道，攻之甚急。霸先自率万人解其围。纵兵四面击之。

齐平秦王中流矢死，斩首数百级。齐人乃收兵而退。七月，广陵侨民朱盛、张象潜结兵袭齐刺史温仲邕，遣使来告。霸先率众济江以应之。会齐人来聘，求割广陵之地，王僧辩许焉，仍报霸先，霸先乃引还。元帝承制授霸先南徐州刺史。及王僧辩征陆纳，又命霸先代镇扬州。

二年，齐天保四年。九月，齐遣郭元建率众二万，大列舟舰于合肥，谋袭建业，又遣其大将邢景远、步大汗萨、东方老等继之。霸先驰报江陵。元帝诏王僧辩次于姑孰，即留镇焉。十一月，僧辩遣侯瑱帅精甲三千人筑垒于东关，征吴郡大守张彪，吴兴大守裴之横继之。十二月，宿豫土民东方光，东方光，《齐书》作东方白额。据城归化。江西州郡，皆起兵应之。

三年，齐天保五年。正月，霸先攻广陵。秦州刺史严超达围泾州。治石梁戍，在今安徽天长县西北。侯瑱出石梁，为其声援。霸先遣杜僧明助东方光。三月，齐将王球攻宿豫，僧明逆击，大破之。六月，齐遣步大汗萨救泾州。又征其冀州刺史段韶攻宿豫。韶留兵围守，自将步骑数千人，倍道赴泾州，破严超达。回赴广陵，霸先亦引还。韶遣辩士喻东方光。光请盟。盟讫，韶执而杀之。图江北之事，更无所成，而精兵良将，已萃于下游矣。

武陵王之败也，元帝授王琳衡州刺史，又改广州。琳友人主书李膺，帝所任遇，琳告之曰："琳蒙拔擢，常欲毕命以报国恩。今天下未平，迁琳岭外，如有不虞，安得琳力？何不以琳为雍州刺史，使镇武宁？琳自放兵作田，为国御捍也。"膺然其言，而不敢启。王琳虽无足取，自不失为一战将，琳去，上游弥空虚矣。

承圣三年，西魏废帝三年。九月，魏遣于谨、宇文护、杨忠、韦孝宽等步骑五万入寇。其启衅之因：《周书·于谨传》云：帝密与齐氏通使，将谋侵轶。

《文帝纪》则云：梁元帝遣使请据旧图，以定疆界；又连结于齐，言辞悖慢。此皆所谓强为之辞。

《长孙俭传》：俭除荆州刺史，密陈攻取之谋，于是征俭入朝，问其经略。俭对曰："湘东即位，已涉三年，观其形势，不欲东下。国家既有蜀土，若更平江、汉，抚而安之，收其贡赋，以供军国，天下不足定也。"此当是启衅之实情。江陵陷后，以俭元谋，赏奴婢三百口，遂令镇江陵。而《于谨传》言岳阳王詧"仍请王师"，或亦足以促其生心耳。

十月，丙寅，虏兵至襄阳。萧詧帅众会之。元帝征王僧辩及王琳，仓卒皆不得至，惟徐世谱、任约以军次马头岸。世谱，鱼复人。善水战。从陆法和讨任约，随王僧辩攻郢州，皆有功。仍随僧辩东下，恒为军锋。时为衡州刺史。江陵陷后，世谱、约皆退巴陵，约后降于齐。鱼复，汉县，以鱼复浦名，在今四川奉节县东，后移治白帝。于是树木栅于外城，广轮六十里。以领军胡僧祐都督城东、城北诸军事，左仆射王褒都督城西、城南诸军事。

虏以十一月丙申至，悉众围城。戊申，胡僧祐、朱买臣等出战，买臣败绩。辛亥，魏军大攻。帝出枇杷门，亲临阵督战。胡僧祐中流矢薨，军败。反者斩西门守卒，以纳魏军。帝见执。如萧詧营，甚见诘辱。他日，见长孙俭，谲俭云："埋金千斤于城内，欲以相赠。"俭乃将帝入城。此可见魏人之贪。帝因述詧相辱状。谓俭曰："向聊相谲，欲言耳，岂有天子自埋金乎？"俭乃留帝于主衣库。

十二月，辛未，魏人戕帝。据《南史·本纪》。其下文云：梁王詧遣尚书傅准监行刑，帝谓之曰："乡幸为我宣行。"准捧诗流泪不能禁，进土囊而殒之。詧使以布帊缠尸，敛以蒲席，束以白茅，以车一乘，葬于津阳门外。盖魏欲戕帝，而使詧行之也。詧诚可谓枭獍矣。

愍怀大子元良帝第四子方矩更名。及始安王方略等皆见害。简文子临川王大款、桂阳王大成亦遇害。惟汝南王大封，《南史·传》云：魏克江陵遇害则误。《北史·萧大圜传》云：元帝令大封充使，大圜副焉，其实质也。周保定二年，大封为晋陵县公。《南史·元帝纪》亦云：大封为俘归长安，与传异。大圜，亦简文子。于谨收府库珍宝，及宋浑天仪，梁日晷，铜表，魏相风乌，铜蟠螭趺，大玉径四尺、围七尺，及诸轝辇法物以归。虏百官及士民十余万人，没为奴婢，其免者二百余家而已。兼据《周书·文帝纪》及《于谨传》。《梁书·本纪》云："乃选百姓男女数万口，分为奴婢，驱入长安，小弱者皆杀之。"数字上疑夺十字。

元帝之亡，论者多咎其不肯迁都建业，其实亦不尽然。当时江陵、建业，皆隔江是敌，形势之浅露正同，而江陵，元帝居之有年矣，其完富，亦非建业新遭兵燹者比，江陵不可守，岂建业独可守乎？

敬帝即位之后，齐氏大举入犯，其兵力，曷尝薄于西魏之师，若如元帝之所为，建业亦安有不亡者哉？《南史·元帝纪》云：武陵之平，议者欲因其舟舰，迁都建业。宗懔、黄罗汉皆楚人，不愿移。帝及胡僧祐，亦俱未欲动。仆射王褒，左户尚书周弘正，骤言即楚非便。宗懔及御史大夫刘懿，以为建业王气已尽，且渚宫洲已满百，于是乃留。及魏军逼，朱买臣按剑进曰：“惟有斩宗懔、黄罗汉，可以谢天下。”帝曰：“曩实吾意，宗、黄何罪？”渚宫洲已满百者？下文云：江陵先有九十九洲，古老相承，云洲满百当出天子。桓玄之为荆州，内怀篡逆，乃遣凿破一洲，以应百数，随而崩散，竟无所成。宋文帝在蕃，一洲自立，俄而纂统。后遇元凶之祸，此洲还没。大清末，枝江杨之阁浦复生一洲，群公上疏称庆，明年而帝即位。承圣末，其洲与大岸相通，惟九十九云。此本不足信之说，不欲迁者，不过姑借以为言，元帝亦未必真信此也。

《周书·王褒传》云：元帝以建业凋残，方须修复，江陵殷盛，便欲安之。又其故府臣寮，皆楚人也，并愿即都荆、郢。尝召群臣议之。领军将军胡僧祐，吏部尚书宗懔，大府卿黄罗汉，御史中丞刘毂等曰：“建业虽是旧都，王气已尽。且与北寇邻接，止隔一江，若有不虞，悔无及矣。臣等又尝闻之：荆南之地，有天子气，今陛下龙飞缵业，其应斯乎？天时人事，征祥如此，臣等所见，迁徙非宜。”元帝深以为然。时褒及尚书周弘正咸侍坐，乃顾谓褒等曰：“卿意以为何如？”褒性谨慎，知元帝多猜忌，弗敢公言其非，当时唯唯而已。后因清闲密谏，言辞甚切。元帝颇纳之。然其意好荆楚，已从僧祐等策。

明日，乃于众中谓褒曰：“卿昨日劝还建业，不为无理。”褒以宣室之言，岂宜显之于众，知其计之不用也，于是止不复言。谓建业凋残，方须修复，又与寇止隔一江，皆系实情，当时梁与齐干戈日接，与西魏则固和好也。然则主不迁者，实未必专为卿里之私。迁之利究何在，求之于史，并无切实之说。则以不迁为失计者，特事后追咎之辞，或竟出于欲迁者之附会，亦未可知也。

帝之失，首在信敌国过深。夫狡焉思启封疆者，何国蔑有？况在巴蜀已亡，襄阳作伥，武宁而外，即为敌境之时乎？而帝信魏人之和好，将精兵良将，尽行遣往下流，剩一王琳，又迁诸岭外，于是江陵宿将，惟一胡僧祐，精兵盖无一人焉，此而可恃以为安乎？元帝敕王僧辩曰：“国家猛将，多在下流，荆、陕之众，悉非劲勇。”此是实情。御武陵时，即须拔任约、谢答仁而用之，可见其将才之乏也。然江陵兵力虽薄，谓当时即有必亡之势，则又未必然，此又误于帝之不能坚守。

《周书·于谨传》云：谨率众出讨，大祖饯于青泥谷，长孙俭问谨曰：“为萧绎之计将如何？”谨曰：“耀兵汉、沔，席卷渡江，直据丹阳，今湖北枝江县境。是其上策。移郭内居民，退保子城，峻其陴堞，以待援至，是其中策。若难于移动，据守罗郭，是其下策。”俭曰：“揣绎定出何策？”谨曰：“必用下策。”俭曰：“何也？”对曰：“萧氏保据江南，绵历数纪，属中原多故，未遑外略；又以我有齐氏之患，必谓力不能分；且绎懦而无谋，多疑少断，愚民难与虑始，皆恋邑居，既恶迁移，当保罗郭；所以用下策也。”夫弃城而逆走，安能必所走者之必可守？攻者不足，守者有余，南北朝时，以重兵攻一小城而不能下者多矣。然则谨所谓上策，特史家文饰，侈其兵威之辞，所谓中策，乃上策也。

《梁书·王僧辩传》曰：世祖遣李膺征僧辩，僧辩命侯瑱等为前军，杜僧明等为后军。处分既毕，乃谓膺云：“秦兵骁猛，难与争锐，众军若集，吾便直指汉江，截其后路。千里馈粮，尚有饥色，况贼越数千里者乎？此孙膑克庞涓时也。”此亦良谋。魏师至凡二十八日而城败，《南史·本纪》。从来下流应援，本无如是之速，即僧辩亦未料及江陵之遂破也。或咎下流应援之过迟，又非其实矣。江陵之守，若更能绵亘旬月，于谨即不为庞涓，亦必敛兵而退。谨谓梁人以我有齐患，谓力不能分，此乃当时实在情势。

观长孙俭观其形势，不欲东下之语，则魏人本意，原冀元帝迁都建业，乃乘虚而取江陵，其不能用甚厚之兵力可知，一大创之，则此后不敢复至，而江陵安如泰山矣。故曰：元帝之失策，不在不迁建业，而在不能坚守江陵也。

《南史·本纪》曰：魏人烧栅，朱买臣、谢答仁劝帝乘暗溃围，出就任约。帝素不便驰马，曰：“事必无成，徒增辱耳。”答仁又求自将。帝以问王褒。褒曰：“答仁侯景之党，岂是可信？成彼之勋，不如降也。”答仁又请守子城，收兵可得五千人。帝然之，即授城内大都督，以帝鼓吹给之，配以公主。既而又召王褒谋之，答仁请入不得，呕血而去。遂使皇大子、王褒出质请降。论者或又以是为帝之失计，此又不然。

《周书·王褒传》云：褒本以文雅见知，一旦总戎，深自勉厉，尽忠勤之节。被围之后，上下猜惧，元帝惟于褒深相委信，此必非偶然。又言褒从元帝入子城，犹欲固守，然则谓元帝听其言，致误溃围、守城之计，非传者之诬，则必任约、谢答仁，有其灼然不可信者在也。

元帝猜忌，自难为辩，然传述之辞，亦多过其实。帝多杀戮，自系实录，然当时如此者实非帝一人，如萧詧其忍虐，岂不更甚于帝乎？杀机既动矣，亲戚相屠，既已成习矣，徒为徐偃、宋襄，岂遂有裨于大局？《南史·本纪》云：帝性好矫饰。多猜忌。于名无所假人，微有胜己者，必加毁害。帝姑义兴昭长公主子王铨，兄弟八九人，有盛名，帝妒害其美，遂改宠姬王氏兄王珩名琳，以同其父名。忌刘之遴学，使人鸩之。如此者甚众。改宠姬兄名同人父名，何以能败其名。有学问者多矣，杀一刘之遴何益？此等皆传者之过也。

《侯景传》云：王伟及吕季略、周石珍、严亶俱送江陵。伟尚望见全，于狱为诗赠元帝下要人，又上五百字诗于帝。帝爱其才，将舍之。朝士多忌，乃请曰："前日伟作檄文，有异辞句。"元帝求而视之。《檄》云："项羽重瞳，尚有乌江之败；湘东一目，宁为四海所归？"帝大怒，使以钉钉其舌于柱，剜其肠，仇家脔其肉至骨，方刑之。石珍及亶，并夷三族。其杀之之法诚酷矣，杀之之由，是否如史之所云，亦难遽断。且当时用此等酷刑者，亦非帝一人也。

观其于任约、谢答仁，尚能释而用之，临难时又能擢王褒于文臣之中，则亦非全不能用人者，惟究非豁达大度之流，故其下可任之才甚少，如陈武帝，帝即用之未尽其才也。洒落君臣契，飞腾战伐名，杜陵所以慨想于孙吴之世欤？

江陵既亡，宇文泰命萧詧主梁嗣，居江陵东城，资以江陵一州之地。其襄阳所统，尽入于魏。詧乃称皇帝于其国。惟上疏则称臣，奉正朔。仍置江陵防主，统兵居于西城，名曰助防，外示助詧备御，内实兼防詧也。

江陵陷时，宿将尹德毅谓詧曰："人主之行，与匹夫不同。魏虏贪惏，肆其残忍，多所诛夷；俘囚士庶，并充军实；此等戚属，咸在江东，痛心疾首，何日能忘？悠悠之人，不可户说，涂炭至此，咸谓殿下为之。殿下既杀人父兄，孤人子弟，人尽仇也，谁与为国？魏之精锐，尽萃于此。若殿下为设享会，固请于谨等为欢，彼无我虞，当相率而至。豫伏武士，因而毙之。分命果毅，掩其营垒，斩馘逋丑，俾无遗噍[③]。江陵百姓，抚而安之。文武官寮，随即铨授。魏人慑息，未敢送死。僧辩之徒，折简可致。然后朝服济江，入践皇极，缵尧复禹，万世一时。晷刻之间，大功可立。愿殿下恢弘远略，勿怀匹夫之行。”詧不从。

既而阖城长幼，被掳入关，又失襄阳之地，詧乃追悔曰：“恨不用尹德毅之言。”居常怏怏，遂以忧愤，发背而死。乌乎！哀莫大于心死，梁武当攻郢不下，进退惟谷之际，尚不肯求援于异族，虽裴叔业欲入虏，亦劝止之，而詧托庇于非类，以主其祀，春秋飨祭，祝史将何辞以告？而詧亦何颜以入其父祖之庙乎？

第五节 陈武帝却齐师

江陵既陷，建业复危，斯时之中国，几于不国矣。梁任公曰：“旷观我国之历史，每至群阴交构，蜩螗沸羹[④]之际，则非常之才出焉。”则陈武帝其人也。

梁元帝第九子晋安王方智，为江州刺史。江陵既陷，王僧辩与陈霸先奉为梁王，大宰、承制，奉迎还建康。江陵陷之明年，敬帝绍泰元年，齐天保六年。二月，即位，是为敬帝。时年十三。而齐即以是月，遣其上党王涣，神武第七子。纳贞阳侯渊明为梁主。齐文宣与王僧辩书，属其迎接。渊明亦频与僧辩书。僧辩不纳。

三月，涣陷谯郡。至东关。裴之横拒之。营垒未周，齐军大至，兵尽矢穷，没于阵。案是时下流兵力，未为甚乏，僧辩何以遣之横孤军迎敌，不筹应援，甚可疑也。之横既死，僧辩遂谋纳渊明。具启定君臣之礼。渊明复书，许齐师不渡江。僧辩又报书，许遣其第七子显，显所生刘，并弟子世珍为质。仍遣左民尚书周弘正至历阳奉迎，因求以敬帝为大子。渊明许之。又许众军不渡。僧辩遂使送质于邺。渊明求渡卫士三千，僧辩止受散卒千人。

七月，渊明自采石济，入京师，即伪位。以敬帝为皇大子。此时齐人若果有吞并江南之心，其师必不临江而返。齐人当日，盖亦如梁之纳元颢，以偏师要幸而已。其兵锋，尚不及陈庆之之锐也。有何不可拒，而必迎立之哉？僧辩在梁世，功名不为不高，而其晚节不终如此，小人岂知自爱哉？渊明既即伪位，大赦，惟宇文黑獭、贼詧等不在赦例，是时之中国，则纯乎一齐而已矣。

时陈霸先为南徐州刺史，镇京口。九月，江、淮人报云：齐兵大举至寿春。王僧辩谓齐军必出江表，遣记室参军江旰报霸先，仍使整舟舰器械。霸先因与薛安都谋袭之。使安都率水军，自京口趋石头，自率马、步，从江乘罗落会之。自江乘至罗落桥，为自京口趋建康之大路。安都至石头北，弃舟登岸。僧辩弗之觉也。石头城北接冈阜，雉堞不甚危峻，安都被甲、带长刀，军人捧之，投于女垣内。众随而入。进逼僧辩卧室。霸先大军亦至。

僧辩正视事，与其子頠走出阁，据南门楼，乞命拜请。霸先命纵火焚之。方共頠下就执。尔夜斩之。

《南史·僧辩传》云：陈武宿有图僧辩志，及闻命，留江盱城中，衔枚而进，知谋者惟侯安都、周文育而已。外人但谓盱征兵扞北。时寿春竟无齐军，又非陈武之谲，殆天授也。然陈武亦可谓善于乘机矣。

《传》又云：僧辩平建业，遣陈武守京口，推以赤心，结廉、蔺之分；且为第三子頠许娶陈武章后所生女，未婚而僧辩母亡，然情好甚密，可见陈武此举，纯出公义。抑《梁书·僧辩传》言：僧辩既就执，陈武谓之曰："我有何辜，公欲与齐师致讨？"此语最堪注意。

陈武既不能屈膝于异族，僧辩倒行逆施，何所不至？寿春虽无齐师，安知不忽焉而有？陈武果听其调遣而出江西，安知不为裴之横之续邪？要之陈武之于中国，有存亡绝续之功，则不可诬矣。僧辩既伏诛，陈武乃黜渊明，复立敬帝。封渊明为建安郡王，后复以为大傅。

《齐书·渊明传》云：霸先奉表朝廷，云僧辩阴谋篡逆，故诛之。方智请称臣，永为蕃国。齐遣行台司马恭及梁人盟于历阳。明年，诏征明，霸先犹称藩将，遣使送明，会疽发背死。明以疽发背死，不知信否，则方智请称臣为蕃国，其说之信否，亦不可知矣。即谓为信，是时之臣齐，亦文而非实，而膺惩之师，且旋起矣。

吴兴大守杜龛，崱兄岑之子，王僧辩婿也。僧辩以吴兴为震州，以龛为刺史。霸先诛僧辩，密使兄子蒨还长城立栅以备之。蒨，陈武帝兄始兴昭烈王道谈子。十月，龛与义兴大守韦载同举兵反。据《陈书·本纪》。《载传》云：高祖诛王僧辩，乃遣周文育轻兵袭载。未至而载先觉，乃婴城自守。案陈武生平，用降将最多，其豁达大度，实古今罕匹。载降后陈武重用之，载亦为陈武尽力。载虽久随僧辩，似不至遣兵袭之也。

时蒨收兵才数百人，战备又少。龛遣其将杜泰领精兵五千，乘虚掩至。日夜苦攻。蒨激厉将士，身当矢石。相持数旬，泰乃退走。周文育攻韦载。载所属县卒，并霸先旧兵，多善用弩。载收得数十人，系以长锁，命所亲监之。约曰：

“十发不两中则死。”每发辄中，所中皆毙。文育军稍却。因于城外据水立栅相持。霸先闻文育军不利，自将征之，克其水栅，而齐寇至。

时徐嗣徽为秦州刺史，秦州，即秦郡。其从弟嗣先，王僧辩之甥也，与嗣徽弟嗣宗、嗣产，俱逃就嗣徽。嗣徽据其城以入齐。又要南豫州刺史任约，共举兵应杜龛、韦载。南豫州时治宣城。齐人资其兵食。嗣徽等以京师空虚，率精兵五千，掩至阙下。时侯安都宿卫宫省，闭门偃旗帜，示之以弱。夜令士卒，密营御敌之具。

将旦，贼骑又至。安都率甲士三百人，开东西掖门与战，大败之。贼乃退还石头。霸先遣韦载族弟翙，赍书喻载以诛王僧辩之意，并奉梁敬帝敕，敕载解兵。载得书，乃以众降。霸先厚加抚慰。即以翙监义兴郡。所部将帅，并随才任使。引载恒置左右，与之谋议。而卷甲还都。命周文育进讨杜龛。

十一月，己卯，齐遣兵五千，渡据姑孰。霸先命徐度于冶城寺立栅，南抵淮渚。冶城，在今江苏江宁县西。齐又遣其安州刺史翟子崇、楚州刺史刘仕荣、淮州刺史柳达摩安州，治定远，在今安徽定远县东。楚州，治钟离。淮州，治淮阴。

领兵万人，于胡墅渡。胡墅，在今江苏江浦县南。米粟三万，马千匹。入于石头。时萧轨为大都督，至江而还。霸先问计于韦载。载曰：“齐军若分兵先据三吴之路，略地东境，则时事去矣。今可急于淮南即侯景故垒筑城，以通东道转输。别令轻兵，绝其粮道，使进无所虏，退无所资，则齐将之首，旬日可致。”霸先从其计。

癸未，霸先遣侯安都领水军夜袭胡墅，烧齐船千余艘。周铁虎率舟师断齐运输。仍遣韦载于大航筑城，使杜稜据守。齐人又于仓门、水南立二栅，以拒官军。仓门，石头仓城门，水南，秦淮河之南。甲辰，嗣徽等攻冶城栅。霸先领铁骑精甲，出自西明门袭击之。贼众大溃。嗣徽留柳达摩等守城，自率亲属、腹心往采石迎齐援。

十二月，癸丑，霸先遣侯安都领舟师袭嗣徽家口于秦州，俘获数百人。官军连舰塞淮口，断贼水路。丙辰，霸先尽命众军，分部甲卒，对冶城立航渡兵，攻其水南二栅。柳达摩等渡淮置阵。霸先督兵疾战。纵火烧栅，烟尘涨天。贼溃。争舟相排挤，死者以千数。时百姓夹淮观战，呼声震天地。军士乘胜，无不一当百。尽收其船舰。贼军慑气。是日，嗣徽、约等领齐水步万余人还据石头。霸先遣兵往江宁，据要险以断贼路。贼水步不敢进，顿江宁浦口。霸先遣侯安都领水军袭破之。嗣徽等乘单舸脱走。尽收其军资器械。

丁巳，拔石头南岸栅，移渡北岸，起栅以绝其汲路[⑤]。又堙塞东门故城中诸井。齐所据城中无水，水一合贸米一升，米一升贸绢一疋。己未，官军四面攻城。自辰讫酉，得其东北小城。及夜，兵不解。庚申，柳达摩使侯子钦、刘仕荣等诣霸先请和。霸先许之。乃于城门外刑牲盟约。其将士部曲，一无所问，恣其南北。辛酉，霸先出石头南门，陈兵数万，送齐人归北者。

是月，杜龛以城降。明年，敬帝大平元年，齐天保七年。正月，癸未，诛龛于吴兴。据《陈书·本纪》。《梁书·龛传》云：龛闻齐兵还，乃降。案齐兵之还在辛酉，而《陈书·本纪》纪龛之诛在癸未，相距二十一日，明是龛降后得朝命乃诛之。乃《南史·龛传》云：龛好饮酒，终日恒醉。勇而无略。部将杜泰，私通于文帝，说龛降，龛然之。其妻王氏曰："霸先仇隙如此，何可求和？"因出私财赏募，复大败文帝军。后杜泰降文帝，龛尚醉不觉，文帝遣人负出项王寺前斩之。其言野矣。

《梁书·龛传》云：龛遣军副杜泰攻陈蒨于长城，反为蒨所败，与《陈书·文帝纪》合。又云：霸先遣将周文育讨龛，龛令从弟北叟出距，又为文育所破，走义兴，亦与《陈书·武帝纪》合。乃《南史·龛传》谓其频败陈文帝军，又谓其妻出私财赏募，又大败文帝军，是又不根之辞也。

《梁书》云：龛以霸先既非贵素，兵又猥杂，在军府日，都不以霸先经心；及为本郡，每以法绳其宗门，无所纵舍；霸先衔之切齿。《南史》略同。然则陈武帝之诛龛，乃所以报私怨者邪？抑龛岂能用法之人乎？是皆所谓自比于逆乱，设淫辞而助之攻者也。

初僧辩之诛，弟僧智举兵据吴郡。霸先遣黄他攻之，不能克。又使裴忌讨之。忌勒部下精兵，轻行倍道，自钱唐直趋吴郡。夜至城下，鼓噪薄之。僧智疑大军至，轻舟奔杜龛。后奔齐。僧愔，亦僧辩弟，亦奔齐。

《梁书·侯瑱传》：瑱为江州刺史，王僧辩使僧愔率兵与瑱共讨萧勃。及高祖诛僧辩，僧愔阴欲图瑱而夺其军。瑱知之，尽收僧愔徒党。僧愔奔齐。《南史·瑱传》同。其《僧辩传》则云：僧愔为谯州刺史，征萧勃。及闻兄死，引军还。吴州刺史羊亮，隶僧愔下，与僧愔不平，密召侯瑱，见禽。僧愔以名义责瑱。瑱乃委罪于将羊鲲，杀之。僧愔复得奔齐。未知孰是。谯州，即谯郡。吴州，治鄱阳。

初张彪攻侯子鉴，不克，仍走向剡。汉县，今浙江嵊县。及侯景平，王僧辩遇之甚厚。引为爪牙，与杜龛相似，世谓之张、杜。渊明篡立，以为东扬州刺史。是时亦起兵围临海，大守王怀振遣使求救。此从《陈书·世祖纪》。《南史·彪传》云：剡令王怀之不从，彪自征之。

陈蒨与周文育轻兵往会稽掩彪。彪将沈泰等与长史谢岐迎蒨。彪因其未定，逾城入。蒨走出。文育时顿城北香岩寺，蒨夜往赴之。因共立栅。彪来攻，不能克。还入若邪山。蒨遣章昭达以千兵往，重购之。若邪村民斩彪，传其首。于是僧辩余孽，在肘腋间者略尽矣，而齐师又至。

大平元年，二月，陈霸先遣侯安都、周铁虎率舸舰备江州，仍顿梁山起栅。是月，齐人来聘。使侍中王廓报聘。

三月，戊戌，齐遣水军仪同萧轨、库狄伏连、尧难宗、东方老，侍中裴英起，东广州刺史独孤辟恶，洛州刺史李希光，并任约、徐嗣徽等，据《陈书·本纪》。《南史》徐嗣徽下又有王僧愔。

《梁书·敬帝纪》则但书齐大将萧轨。《北齐书·高乾传》云：命仪同萧轨，率李希光、东方老、裴英起、王敬宝。又云：五将名位相侔。英起以侍中为军师。萧轨与希光，并为都督。军中抗礼，不相服御。竞说谋略，动必乖张。故致败亡。率众十万出栅口。向梁山。帐内荡主黄丛逆击败之，烧其前军船舰。齐顿军保芜湖。霸先遣沈泰、裴忌就侯安都，其据梁山以御之。

四月，丁巳，霸先诣梁山军巡抚。五月，甲申，齐兵发自芜湖。丙申，至秣陵故治。今江宁县南之秣陵关。霸先遣周文育顿方山，在江宁东南。徐度顿马牧，胡三省曰：牧马之地。杜棱顿大航南。己亥，霸先率宗室、王侯，及朝臣、将帅，于大司马门外白虎阙下刑牲告天，以齐人背约。发言慷慨，涕泗交流，同盟皆莫能仰视。士卒观者益奋。辛丑，齐军于秣陵故县跨淮立桥栅，引渡兵马。其夜，至方山。

侯安都、周文育、徐度等各引还京师。癸卯，齐兵自方山进及儿塘。在方山西北。游骑至台。周文育、侯安都顿白土冈。在方山北。旗鼓相望，都邑震骇。霸先潜撤精卒三千配沈泰，渡江袭齐行台赵彦深于瓜步。获舟舰百余艘，陈粟万斛。即日，天子总羽林禁兵顿于长乐寺。

六月，甲辰，齐兵潜至钟山龙尾。龙尾，在钟山东北。丁未，进至幕府山。在今首都北，长江南岸。霸先遣钱明领水军出江乘，要击齐人粮运，获其船米。齐军大馁，杀马驴而食之。庚戌，齐军逾钟山。霸先众军分顿乐游苑东及覆舟山北，断其冲要。乐游苑，在覆舟山南。壬子，齐军至玄武湖西北，幕府山南，将据北郊坛。众军自覆舟东移，顿郊坛北，与齐人相对。其夜，大雷震电，暴风拔木，平地水深丈余。齐军昼夜坐立泥中，悬鬲以爨。而台中及潮沟北，水退路燥，官军每得番休。引玄武湖水，南径台城，入秦淮支流，曰潮沟。

是时食尽，调市人馈军，皆是麦屑为饭，以荷叶裹而分给，间以麦饼，兵士皆困。会陈蒨遣送米三千石，鸭千头。霸先即炊米煮饭，誓申一战。士及防身，计粮数脔，人人裹饭，混以鸭肉。据《南史·本纪》。

《陈书·孔奂传》云：齐军至后湖，都邑骚扰；又四方壅隔，粮运不继，三军取给，惟在京师；乃除奂建康令。时累岁兵荒，户口流散，勍敌忽至，征求无所，高祖刻日决战，乃令奂多营麦饭，以荷叶裹之。一宿之间，得数万裹。军人旦食讫，弃其余，因而决战，遂大破贼。案时建康荒残已甚，虽战于我境，敌军反饱，我众反饥，齐师初至时，韦载重护东路，陈武运筹，每重断敌粮道以此。此亦可见梁元不欲迁都为有由也。

甲寅，少霁，霸先命众军秣马蓐食，通明攻之。乙卯，自率帐内麾下出幕府山南，吴明彻、沈泰等众军，首尾齐举，纵兵大战。侯安都自白下引兵横出其后。齐师大溃。斩获数千人。相蹂藉而死者，不可胜计。

生执徐嗣徽及其弟嗣宗，斩之以徇。追奔至于临沂。晋县，在今首都东北。江乘、摄山、钟山诸军，相次克捷。摄山，今江宁栖霞山。虏萧轨、东方老、裴英起等将帅凡四十六人。据《陈书·本纪》。《南史》此处多一王僧智。其《僧辩传》云：僧辩既亡，僧智得就任约，约败走，僧智肥不能行，又遇害。其军士得窜至江者，缚荻筏以济，中江而溺，流尸至京口，翳水弥岸。《北齐书·高乾传》云：是役将帅俱死；士卒得还者十二三；所投器械军资，不可胜纪。《南史》云：惟任约、王僧愔得免。《僧辩传》同。

先是童谣云："虏万夫，入五湖，城南酒家使虏奴。"自晋、宋以后，经绛在魏境，江、淮以北，南人皆谓为虏。是时以赏俘贸酒者，一人才得一醉。亦可见其荒残之甚已。处如比困境，而能克敌卫国，陈武帝诚可谓天锡智勇，观于此，而知人定胜天，而笑王僧辩等之徒自怯也。裴之横一战而败，遽迎渊明，僧辩何至怯弱如此？故其先已通敌与否，终有可疑，惟无明确证据耳。

丁巳，众军出南州，烧贼船舰。己未，斩刘归义、徐嗣产、傅野猪于建康市。《南史·王僧辩传》：徐嗣徽与任约、王晔、席皋渡江。及战败，嗣徽堕马，嗣宗援兄见害，嗣产为陈武军所禽死，任约、王晔得北归。是日，解严。庚申，萧轨、东方老、王敬宝、李希光、裴英起皆伏诛。初齐师之去石头，求霸先子侄为质。霸先遣弟子昙朗往。霸先母弟南康忠壮王休先之子。

《陈书·昙朗传》云：时四方州郡，并多未宾；京都虚弱，粮运不继；在朝文武，咸愿与齐和亲。高祖难之，而重违众议。乃言于朝曰："今在位诸贤，且欲息肩偃武，若违众议，必谓孤惜子侄。今决遣昙朗，弃之寇庭。且齐人无信，窥窬⑥不已，谓我浸弱，必当背盟。齐寇若来，诸君须为孤力斗也。"高祖虑昙朗惮行，或奔窜东道，乃自率步骑往京口迎之，以昙朗还京师。仍使为质于齐。

齐果背约，复遣萧轨等随嗣徽渡江。高祖与战，大破之，虏萧轨、东方老等。齐人请割地，并入马牛以赎之。高祖不许。及轨等诛，齐人亦害昙朗于晋阳。

案萧轨等以乙卯见获，庚申伏诛，相距仅五日，齐朝且不及闻败报，安能遣使？割地求赎之请，其出于军中败将可知。二月使节犹通，三月大军遽至，齐朝信誓如此，况于败将？匹夫不可狃，况国乎？无怪陈武之不许也。陈武明知昙朗之不返，而决遣之，此时又不以私爱害公义，其公忠体国为何如？以视梁武帝惜一渊明，遽欲与北言和者，其度量之相越，岂可以道里计哉？

明年，二月，遣徐度入东关。度至合肥烧齐船三千艘。是月，南豫州刺史沈泰奔齐，齐亦不能更为之援矣。

大平二年，即陈武帝永定元年。十月，陈霸先受梁禅，是为陈高祖武皇帝。从来人君得国，无如陈武帝之正者。记曰："礼，时为大。尧授舜，舜授禹；汤放桀，武王伐纣；时也。"人君之责，在于内安外攘而已。

当强敌侵陵，干戈遍地之际，岂可以十余龄之稚子主之哉？陈武帝与宋武帝，并有外攘之功，陈武之所成就，似不如宋武之大，然此乃时势为之，论其功绩，则陈武实在宋武之上。且宋武自私之意多，陈武则公忠体国。

宋武乃一武夫，陈武则能幸庄严寺讲经，可见其于学问非无所知；而又非如梁武帝之仅长于学问，而不宜于政事。宋武于并时侪辈，无不诛夷，陈武则多能收用降将，其度量之宽广，盖又有大过人者。陈武诚文武兼资，不世出之伟人哉！敬帝逊位后，旋死。

《南史·刘师知传》云：陈武帝入辅，以师知为中书舍人，掌诏诰。梁敬帝在内殿，师知常侍左右。及将加害，师知诈令帝出。帝觉，绕床走曰："师知卖我，陈霸先反。我本不须作天子，何意见杀？”师知执帝衣，行事者加刃焉。既而报陈武帝曰：“事已了。”武帝曰：“卿乃忠于我，后莫复尔。”一武夫岂不足了敬帝，而待师知执衣；观乃忠于我，后莫复尔之言，又似武帝初不之知者；有是理乎？师知后为宣帝所诛，此言盖宣帝之党造作以诬之也。敬帝之见杀，自不能谓非陈武之意，然此乃革易之际，事势不得不然。萧庄尚有居为奇货者，况敬帝乎？是时情势，兀臬已甚，使有借其名而起者，又必九州云扰，且至牵引外寇矣。周余黎民，靡有孑遗，黄台之瓜，岂堪三摘？又安能顾一人而诒忧大局乎？

第六节　陈平内乱上

国门之外，强敌虽除，然梁室遗孽，尚思蠢动；又是处武夫专横，土豪割据，陈氏开创之艰难，实十倍于宋、齐、梁三朝而未有已也。

陈武帝之迎萧勃为广州刺史也，梁元帝力不能制，遂从之。江表定，以王琳代为广州。琳至小桂岭，当在曲江县北。遣其将孙玚监州。勃率部下至始兴，以避琳兵锋。《陈书·欧阳頠传》。孙玚闻江陵陷，弃州还。勃复据广州。

大平二年，二月，勃举兵自广州度岭，顿南康。初梁元帝承制，以始兴为东衡州，以欧阳頠为刺史。勃至始兴，頠别据一城，不往谒，闭门高垒，亦不拒战。勃怒，遣兵袭頠，尽收其赀财马仗。寻赦之，还复其所，复与结盟。

荆州陷，頠委质于勃。及是，勃以頠为前军都督，顿豫章之苦竹滩。在今江西丰城县西北。使傅泰据墌口城。在今江西南昌县西南。新吴洞主余孝顷，据《陈书·周文育传》。《纪》作南江州刺史，盖即新吴置南江州耳。新吴，汉县，在今江西奉新县西。举兵应勃。遣其弟孝劢守郡城，自出豫章，据于石头。《水经注》：赣水经豫章郡北，水之西岸有石盘，谓之石头。勃使其子孜将兵与孝顷会。使周文育讨之。于豫章立栅。官军食尽，并欲退还。文育不许。

周迪者，临川南城人也。南城，汉县，今江西南城县。少居山谷，有膂力，能挽强弩，以弋猎为事。侯景之乱，迪宗人周续，起兵于临川，梁始兴王萧毅，以郡让续，迪召募乡人从之。续所部渠帅，皆郡中豪族，稍骄横，续颇禁之，渠帅等并怨望，乃相率杀续，推迪为主。迪乃据有临川之地，筑城于工塘。在今江西临川县东南。

大平元年，除临川内史。文育讨勃，迪按甲保境，以观成败。文育使长史陆山才说迪。迪乃大出粮饷，以资文育。文育烧所立栅伪退。孝顷望之，大喜，因不设备。文育由间道兼行，信宿达芊韶。在今江西新建县南。芊韶上流则欧阳頠、萧勃，下流则傅泰、余孝顷，文育据其中间，筑城飨士。贼徒大骇。欧阳頠乃退入泥溪，在今江西新淦县南。作城自守。文育遣周铁虎与陆山才袭禽之。

三月，前军丁法洪生俘傅泰。萧孜、余孝顷退走。萧勃在南康，闻之，众皆股栗，莫能自固。其将谭世远斩勃欲降。四月，勃故主帅兰敳袭杀世远，敳仍为夏侯明彻所杀。《梁本纪》云：亡命夏侯明彻，《陈书·周文育传》云：明彻世远军主。明彻持勃首以降。萧孜、余孝顷犹据石头。高祖遣侯安都助文育攻之。孝顷弃军走。孜请降。豫章平。五月，孝顷亦遣使诣丞相府乞降。文育送欧阳頠于高祖，高祖释之。萧勃死后，岭南扰乱，乃授頠衡州刺史。未至岭南，頠子纥，已克定始兴。及頠至，岭南皆慑伏。乃进广州，尽有越地。改授广州刺史。

萧勃乃一妄人，附从之者，亦皆土豪之流，出其境则无能为，未足惮也，而王琳则异是。西魏之寇江陵也，梁元帝请援于齐。齐使其清河王岳为西南道大行台，统潘乐等救江陵。明年，敬帝绍泰元年，齐天保六年。正月，次义阳，荆州已陷。因略地，南至郢州，获刺史陆法和。

齐朝知江陵陷，诏岳旋师。岳留慕容俨据郢。梁使侯瑱都督众军攻之。俨食尽请和。瑱还镇豫章。据《陈书·瑱传》。此实录也。《北齐书·俨传》，侈陈瑱攻击之烈，俨守御之坚，无一语在情理之中，真可发一大噱。俨，廆后。《梁书·侯瑱传》作恃德，乃其字也。及敬帝立，齐文宣以城在江表，据守非便，诏还之。于是上流之齐师亦退矣，而王琳窃发。

初梁元帝征琳赴援，除琳湘州刺史。琳师入长沙，知魏已陷江陵，立萧詧，乃为元帝举哀，遣别将侯平率舟师攻梁。琳屯兵长沙，传檄诸方，为进趋之计。时长沙蕃王萧韶。及上游诸将，推琳主盟。

侯平虽不能渡江，频破梁军；又以琳兵威不接；翻更不受指麾。琳遣将讨之，不克。又师老兵疲，不能进。乃遣使奉表诣齐，并献驯象。又使献款于魏，《周书·权景宣传》：梁将王琳在湘州，景宣遗之书，谕以祸福，琳遂遣长史席壑，因景宣请举州款附。求其妻子。亦称臣于梁。陈武帝立敬帝，以侍中、司空征之，琳不从命。乃大营楼舰。

大平二年，八月，遣周文育、侯安都率众讨之。时两将俱行，不相统摄，因部下交争，稍不平。十月，战于沌口，败绩。安都、文育，并为琳所禽。后自琳所逃归。琳乃移湘州军府就郢城。又遣樊猛袭据江州。梁元帝孙永嘉王庄，方等子。江陵陷时，年七岁，逃匿民家。后琳迎还湘中，卫送东下。及敬帝立，出质于齐。琳乃请纳庄为梁主。齐文宣遣兵援送。仍册拜琳为梁丞相、都督中外诸军、录尚书事。琳乃遣兄子叔宝，率所部十州刺史赴邺，奉庄纂梁祚于郢州。据《北齐书·琳传》。《文宣纪》：天保九年，十一月，王琳遣使请立萧庄为梁主，仍以江州内属，令庄居之。《通鉴考异》云：琳时在湓城，盖始居江州，后迁郢州耳。时永定二年齐天保九年。三月也。

先是侯瑱据中流，兵甚强盛；又以本事王僧辩；虽外示臣节，未有入朝意。余孝顷初为豫章大守，及瑱镇豫章，乃于新吴县别立城栅，与瑱相拒。瑱留军人妻子于豫章，令从弟奫知后事，悉众以攻孝顷。自夏及冬，弗能克。乃长围守之。尽收其禾稼。奫与其部下侯平不协，平率所部攻奫，虏掠瑱军府妓妾、金玉，归于高祖。瑱既失根本，兵众皆溃，轻归豫章，豫章人拒之，乃趋溢城，投其将焦僧度。

僧度劝瑱投齐。瑱以高祖有大量，必能容己，乃诣阙请罪。高祖复其爵位。大平元年七月。及是，诏瑱与徐度率舟师为前军以讨琳。七月，又遣吏部尚书谢哲谕琳。诏临川王蒨西讨，以舟师五万发京师。谢哲反命，琳请还镇湘川，诏追众军，缓其伐。盖时内忧外患孔多，故高祖不欲竟其诛也。

扶风郿人鲁悉达，侯景之乱，纠合乡人保新蔡，新蔡，秦县，晋置郡，今河南新蔡县。梁侨置，在今安徽霍丘县东。力田蓄谷。时兵荒饥馑，京都及上川，饿死者十八九，有存者，皆携老幼以归之，悉达分给粮廪，所济活者甚众。仍于新蔡置顿以居之。招集晋熙等五郡，尽有其地。使其弟广达，领兵随王僧辩讨侯景。景平，梁元帝授悉达北江州刺史。梁北江州，在今湖北黄冈县。抚绥五郡，甚得民和。士卒皆乐为之用。王琳授悉达镇北将军，高祖亦授以江州刺史，陈北江州，治南陵。各送鼓吹女乐。悉达两受之，迁延顾望，皆不就。

高祖使沈泰潜师袭之，不能克。琳欲图东下，以悉达制其中流，恐为己患，频遣使招诱。悉达终不从。琳不得下，乃连结于齐，共为表里。齐遣其清河王岳助之。相持岁余，悉达裨将梅天养惧罪，引齐军入城。悉达勒麾下数千人，济江而归高祖。

永定三年，六月，遣临川王蒨往皖口皖水入江之口，在今安徽怀宁县西。置城栅，使钱道戢守焉。是月，高祖崩。帝第六子昌，帝为长城侯时，尝立为世子。帝一至五子皆无考。逮平侯景，镇京口，梁元帝征帝子侄入侍，与兄子顼俱西。顼，始兴昭烈王第二子。荆州陷，又与顼俱迁关右。武帝即位，频遣使请诸周，周人许之，而未即遣，及武帝崩，乃遣之，而王琳梗于中流，未得还。

皇后章氏，与中书舍人蔡景历等定议迎立蒨，是为世祖文皇帝。时王琳辅萧庄，次于濡须口。即栅口。齐遣扬州道行台慕容俨率众临江，为其声援。十一月，琳寇大雷。遣侯瑱、侯安都、徐度御之。瑱为都督。又遣吴明彻袭湓城，为琳将任忠所败。瑱与琳相持百余日，未决。

天嘉元年，周武成二年，齐天保十年。二月，东关春水稍长舟舰得通。琳引合肥、巢湖之众，舳舻相次而下，其势甚盛。瑱率军进虎槛洲。战，琳军稍退，却保西岸。是时西魏遣大将史宁蹑其上流，瑱闻之，知琳不能持久，收军却据湖浦，《北齐书·琳传》云：引军入芜湖。以待其敝。及史宁至，围郢州，琳恐众溃，乃率船舰来下，去芜湖十里而泊。

明日，齐人遣兵数万助琳。琳引众向梁山，欲越大军，以屯险要。齐行台刘伯球，率兵万余人助琳水战；慕容俨子子会，领铁骑二千，在芜湖西岸博望山南，为其声势。瑱令军中晨炊蓐食，顿芜湖洲尾以待之。

将战，有微风至自东南，众军施拍纵火。章昭达乘平虏大舰，中江而进，发拍中于贼舰。其余冒突、青龙，各相当直。又以牛皮冒蒙冲小船，以触贼舰，并镕铁洒之。琳军大败。其步兵在西岸者，自相蹂践。马骑并淖于芦荻中，弃马脱走以免者十二三。尽获其舟舰、器械。并禽刘伯球、慕容子会。自余俘馘以万计。琳与其党潘纯陁等乘单舴艋冒陈走。《北齐书·琳传》云：时西南风忽至，琳谓得天道，将直取扬州。侯瑱等徐出芜湖蹑其后。比及兵交，西南风翻为瑱用。琳兵放火燧以掷船者，皆反烧其船。琳船舰溃乱，兵士投水死者十二三，其余皆弃船上岸，为陈军所杀殆尽。

至湓城，犹欲收合离散，众无附者，乃与妻妾、左右十余人入齐。初琳命左长史袁泌，御史中丞刘仲威同典兵侍卫萧庄。及兵败，泌降。仲威以庄投历阳。琳寻与庄同降邺都。先是萧詧遣其大将王操，略取琳之长沙、武陵、南平等郡。永定二年。琳亦遣其将雷文柔袭陷监利。永定三年。武陵，汉郡，治义陵，在今湖南溆浦县南。后汉移治临沅，在今湖南常德县西。南平，吴南郡，晋改曰南平。南齐治孱陵，在今湖北公安县南。陈后移治作唐，在今湖南安乡县北。监利，吴县，后梁是时为郡，今湖北监利县。及琳与陈相持，称蕃乞师于詧，詧许之，师未出而琳败。

从来论琳者，或以为忠于梁室而恕之，且有称之者。曾亦思渊明之入，中国既不国矣！拯中国于被发左衽者谁乎？即以忠于一姓论：陈武自立之后，琳亦立萧庄，犹可说也，当其立敬帝时，何名拒之？萧詧者，亲结虏以剚刃⑦于琳之君之腹者也，琳顾称臣焉；且以妻子之故而献款于虏焉；忠臣顾如是乎？国士顾如是乎？阳托效忠一姓之名，阴行割据自私之实，惟利是视，琳之谓矣，又何取焉？

王琳之入寇也，以孙玚为郢州刺史，总留府之任。史宁奄至，助防张世贵举外城以应之。玚兵不满千人，乘城拒守，周人苦攻不能克。及闻大军败王琳，乘胜而进，周兵乃解。玚于是尽有中流之地，遣使奉表诣阙。先是齐军守鲁山，至是，亦弃城走。诏南豫州刺史程灵洗守之。分荆、郢置武州，治武陵，以吴明彻为刺史，而以玚为湘州刺史。玚怀不自安，固请入朝。不忠于一姓，而忠于民族、国家；且举可以自擅之地而奉诸朝廷；可谓君子矣。时三月也。

江陵陷后，巴、湘之地，并属于周，周遣梁人守之。至是，陈人围逼湘州，遏绝粮援。《周书·贺若敦传》云：陈将侯瑱、侯安都等围逼湘州，遏绝粮援，考诸《陈书·纪传》，实敦等先犯巴、湘，乃遣侯瑱等出讨，其初围逼湘州之师，非瑱等自行也。周使贺若敦率步骑六千，渡江赴救。八月，敦率马、步一万，奄至武陵。吴明彻不能拒，引军还巴陵。九月，周将独孤盛领水军，将趣巴、湘，与敦水陆俱进。侯瑱自寻阳往御。遣徐度率众会瑱于巴丘。在今湖南岳阳县西南。十月，瑱袭破独孤盛于杨叶洲，在湘江口。尽获其船舰。盛收兵登岸，筑城以保之。十二月，周巴陵城主尉迟宪降，遣巴州刺史侯安都守之。巴州，治巴陵。独孤盛收余众遁。

明年，天嘉二年，周保定元年。正月，周湘州城主殷亮降，湘州平。二月，以侯瑱为湘州刺史。三月，瑱薨，以徐度为之。四月，分荆州置南荆州，镇河东，晋侨郡，今湖北松滋县。以吴明彻为刺史。七月，贺若敦自拔遁归，人畜死者十七八。据《陈·本纪》。此实录也。《周书·敦传》，侈陈敦守御之功，与《北齐书·慕容俨传》，同一可笑。其尤甚者，乃云：相持岁余，瑱等不能制，求借船送敦度江。敦虑其或诈，拒而弗许。瑱复遣使谓敦曰："骠骑在此既久，今欲给船相送，何为不去？"敦报云："湘州是我国家之地，为尔侵逼，敦来之日，欲相平殄，既未得一决，所以不去。"

瑱后日复遣使来，敦谓使者云："必须我还，可舍我百里，当为汝去。"瑱等留船于江，将兵去津路百里。敦觇知非诈，徐理舟楫，勒众而还。夫瑱死在三月，而敦之遁在七月，乃絮絮述其使命往复如此，敦岂共鬼语邪？武陵、天门、南平、义阳、东晋分南平郡置，在今湖南安乡县西南。河东、宜都郡悉平。陈始获以江为界矣，然东南之地，仍多未定。

第七节　陈平内乱中

王琳之叛，不徒招引齐寇，扰乱缘江也，于今闽、浙之地，牵引亦广。时周迪欲自据南川，胡三省曰：自南康至豫章之地，谓之南川。乃总召所部八郡守宰结盟，声言入赴。朝廷恐其为变，因厚抚慰之。琳至湓城，余孝顷举兵应琳，琳以为南川诸郡，可传檄而定，乃遣其将李孝钦、樊猛等南征粮饷。猛等与余孝顷合，众且二万，来趋工塘，连八城以逼迪。

临川周敷，为郡豪族。性豪侠，轻财重士，乡党少年任气者咸归之。周迪之代周续也，以素无簿阀，恐失众心，倚敷族望，深求交结。敷未能自固，事迪甚恭。迪大冯杖之。渐有兵众。迪据临川之工塘，敷镇临川故郡。黄法氍者，巴山新建人。巴山，梁郡，在今江西崇仁县西南。新建，吴县，亦在崇仁西南境。侯景之乱，于乡里合徒众。大守贺诩下江州，法氍监知郡事。高祖将逾岭入援，李迁仕作梗中途，侯景又遣于庆至豫章，法氍助周文育破之。梁元帝以为新淦县令。新淦，汉县，在今江西清江县北。

敬帝大平元年，割江州四郡置高州，以法氍为刺史，镇于巴山。萧勃遣欧阳頠攻法氍，法氍与战，破之。及是，率兵援迪。迪使周敷顿临川故郡，截断江口。出战，屠八城，生禽李孝钦、樊猛、余孝顷，送于京师。收其军实器械山积，并虏其人马，迪并自纳之。时永定二年七月也。

孝顷子公飏，弟孝劢，犹据旧栅，扇动南土。十月，高祖复遣周文育及迪、法氍讨之。熊昙朗者，豫章南昌人。南昌，汉县，在今江西南昌县东。世为郡著姓。侯景之乱，稍聚少年，据丰城县为栅，吴富城县，晋改曰丰城，在今江西丰城县西南。桀黠劫盗多附之。梁元帝以为巴山大守。荆州陷，昙朗兵力稍强，劫掠邻县，缚卖居民，山谷之中，最为巨患。侯瑱据豫章，昙朗外示服从，阴欲图瑱。侯平之反瑱，昙朗为之谋主。瑱败，昙朗获瑱马仗、子女甚多。及萧勃逾岭，欧阳颁为前军，昙朗绐颁共往巴山袭黄法氍。又报法氍，期共破颁。约曰："事捷，与我马仗。"及出军，与颁犄角而进，又绐颁曰："余孝顷欲相掩袭，须分留奇兵，甲仗既少，恐不能济。"颁乃送甲三百领助之。

及至城下，将战，昙朗伪北，法氍乘之，颁失援，狼狈退归，昙朗取其马仗。时巴山陈定，亦拥兵立寨，昙朗伪以女妻定子。又谓定曰："周迪、余孝顷，并不愿此婚，必须以强兵来迎。"定乃遣精甲三百，并土豪二十人往迎。既至，昙朗执之，收其马仗，并论价折赎。盖土豪中最反覆桀黠者也。

大平元年，以桂州刺史资领丰城县令。及是，亦率军来会。众且万人。文育遣吴明彻为水军，配周迪运粮。自率众军入象牙江，城于金口。在今江西新建县西南。金口，金溪口，奉新县小溪。公飏领五百人伪降，谋执文育。事觉，文育囚之，送于京师。以其部曲分隶众军。乃舍舟为步军，进据三陂。在金口西南。王琳遣将曹庆，率兵二千人，以救孝劢。庆分遣主帅常众爱与文育相拒，自率所领径攻周迪、吴明彻军。迪等败绩。文育退据金口。昙朗因其失利，害之。时永定三年，五月也。

时令侯安都继攻孝劢及曹庆、常众爱等。安都自宫亭湖出松门，蹑众爱后。宫亭湖，鄱阳湖罂子口以南。松门，山名，在新建县北。文育见害，安都回取大舰，值琳将周炅、周协南归，与战，破之。生禽炅、协。孝劢弟孝猷，率部下四千家，欲就王琳，遇炅、协败，乃诣安都降。安都进军禽奇洲，破曹庆、常众爱等。焚其船舰。《本纪》：侯安都败众爱等于左里，禽奇洲当距左里不远。众爱奔庐山，为村人所杀。余众悉平。

熊昙朗既杀周文育，据豫章。将兵万余人袭周敷，径至城下。敷与战，大败之。昙朗尽执文育所部诸将，据新淦县，带江为城。王琳东下，世祖征南川兵，周迪、黄法氍欲沿流应赴，昙朗乃据城列舰断遏。迪等与法氍，因率南川兵筑城围之，绝其与琳信使。及王琳败走，昙朗党援离心，迪等攻陷其城，虏其男女万余口。昙朗走入村中，村民斩之，传首京师。于是尽收其党族，无少长皆弃市，时天嘉元年三月也。

留异，东阳长山人。长山，后汉县，今浙江金华县。世为郡著姓。异为乡里雄豪，多聚恶少，陵侮贫贱，守宰皆患之。梁代为蟹浦戍主，历晋安、安固二县令。吴东安县，晋改曰晋安，今福建南安县。汉安阳县，晋改曰安固，今浙江瑞安县。侯景之乱，还乡里召募士卒。东阳郡丞与异有隙，异引兵诛之，及其妻子。大守沈巡援台，让郡于异。异使兄子超监知郡事，率兵随巡出都。

及京城陷，异随临城公萧大连。大连板为司马，委以军事。景将宋子仙济浙江，异奔还乡里。寻以其众降于子仙。大连趣东阳之信安岭，后汉新安县，晋改曰信安，今浙江衢县境。欲之鄱阳，异乃为子仙乡道，令执大连。侯景署异为东阳大守，收其妻子为质。刘神茂拒景，异外同神茂，而密契于景。及神茂败绩，为景所诛，异独获免。侯景平后，王僧辩使异慰劳东阳。仍纠合乡闾，保据岩阻。其徒甚盛，州郡惮焉。元帝以为信安令。荆州陷，王僧辩以异为东阳大守。世祖平定会稽，异虽转输粮馈，而拥擅一郡，威福在己。

大平元年，除缙州刺史，领东阳大守。又以世祖长女丰安公主配异第三子贞臣。永定二年，征异为南徐州刺史。异迁延不就。世祖即位，改授缙州刺史，领东阳大守。异频遣其长史王澌为使入朝，澌每言朝廷虚弱，异信之，虽外示臣节，恒怀两端，与王琳潜通信使。琳又遣使往东阳署守宰[⑧]。及琳败，世祖遣沈恪代异为郡，实以兵袭之。异出下淮抗御。当在今兰溪县。恪与战，败绩，退还钱唐。异乃表启逊谢。是时众军方事湘、郢，乃降诏书慰喻，且羁縻之。

异知朝廷终讨于己，乃使兵戍下淮及建德，以备江路。湘州平，世祖乃下诏命侯安都讨之。天嘉二年十二月，异本谓官军自钱唐江而上，安都乃由会稽、诸暨步道袭之。异闻兵至，大恐，弃郡奔桃支岭，在今浙江缙云县境。立栅自固。明年，春，《纪》在三月。安都大破其栅。异与第二子忠臣奔陈宝应。异党向文政，据有新安，程灵洗子文季为新安大守，随安都讨异，降之。文政，新安人，见《陆缮传》。

熊昙朗之亡，周迪尽有其众。王琳败后，世祖征迪出镇湓城，又征其子入朝。迪趑趄[⑨]顾望，并不至。豫章大守周敷，本属于迪，至是，与黄法氍率其所属诣阙，世祖录其破昙朗之功，并加官赏。迪闻之，甚不平，乃阴与留异相结。及王师讨异，迪疑惧不自安，乃使其弟方兴袭周敷。敷与战，破之。又别使兵袭华皎于湓城。皎时为寻阳大守，监江州事。事觉，尽为皎所禽。

天嘉三年，三月，以吴明彻为江州刺史，都督众军，与黄法氍、周敷讨之。明彻至临川，攻迪，不能克，乃遣安成王顼总督讨之。此据《迪传》。《本纪》：九月，迪请降，诏安成王顼督众军以招纳之。迪众溃，妻子悉禽，脱身逾岭依陈宝应。《纪》：四年，正月，临川平。东昌县人修行师应迪，东昌，吴县，在今江西泰和县西。攻庐陵大守陆子隆。子隆击败之。行师乞降。送于京师。以黄法氍为江州刺史，周敷为临川大守。六年，征法氍为中卫将军。

陈宝应，晋安侯官人也。晋安，晋郡，在今福建闽侯县东北。侯官，汉治县，后汉改曰侯官，亦在今闽侯县境。世为闽中四姓。父羽，有材干，为郡雄豪。梁代晋安数反，累杀郡将，羽初并扇惑，合成其事，后复为官军乡道破之，由是一郡兵权，皆自己出。侯景之乱，晋安大守宾纪侯萧云以郡让羽。羽年老，但治郡事，令宝应典兵。是时东境饥馑，会稽尤甚，死者十七八，平民男女，并皆自卖，而晋安独丰沃。宝应自海道寇临安、永嘉及会稽、余姚、诸暨；后汉临水县，晋改曰临安，在今浙江杭县北。又数载米粟，与之贸易，多致玉帛子女；其有能致舟乘者，亦并奔归之；由是大致资产，士众强盛。

侯景平，元帝因以羽为晋安大守。高祖辅政，羽请归老，求传郡于宝应。高祖许之。时东西岭道，寇贼拥隔，宝应自会稽趋于海道贡献。高祖受禅，授闽州刺史，领会稽大守。世祖嗣位，命宗正录其本系，编为宗室。并遣使条其子女，无大小，并加封爵。其宠可谓盛矣。而宝应取留异女为妻，侯安都之讨异也，宝应遣助之。又以兵资周迪。留异又遣第二子忠臣随之。

天嘉四年，秋，迪复越东兴岭。东兴、南城、永城县民，皆迪故人，复共应之。东兴，吴县，在今江西黎川县东北。永城，吴县，在今黎川县北。世祖遣章昭达征迪。迪又散于山谷。《纪》在十一月。诏昭达由建安南道度岭，又命益州刺史领信义大守余孝顷都督会稽、东阳、临海、永嘉诸军，自东道会之。《纪》在十二月。时益州地已入周，陈盖命孝顷遥领。信义，梁县，在今江苏昆山县东，时盖以为郡。昭达逾东兴岭，顿于建安。

宝应据建安之湖际，此据《宝应传》。《昭达传》云：据建安、晋安二郡之界。水陆为栅。昭达与战，不利。因据其上流，命兵士伐木带枝叶为筏，施拍于其上。缀以大索，相次列营，夹于两岸。宝应数挑战，昭达按甲不动。俄而暴雨，江水大长，昭达放筏冲突宝应水栅，水栅尽破。又出兵攻其步军。方大合战，余孝顷出自海道适至，因并力乘之。宝应大溃。奔山草间，窘而就执。并其子弟二十人及留异送都，斩于建康市。异子侄及同党无少长皆伏诛，惟贞臣以尚主获免。《纪》天嘉五年十一月。

侯景之乱，百姓皆弃本业，群聚为盗，惟周迪所部，独不侵扰。并分给田畴，督其工作。民下肆业，各有赢储。政教严明，征敛必至。余部乏绝者，皆仰以取给。迪性质朴，不事威仪。轻财好施。凡所周赡，毫厘必均。讷于语言，而襟怀信实。临川人皆德之，并共藏匿，虽加诛戮，无肯言者。

章昭达度岭，与陈宝应相抗，迪复收合出东兴。时宣城大守钱肃镇东兴，以城降迪。以吴州刺史陈详为都督，讨迪。吴州，治鄱阳。至南城，与贼相遇，战败，死之。迪众复振。时周敷又从军，至定川县，与迪相对，迪绐敷共盟，敷许之，为迪所害。世祖遣都督程灵洗击破之。迪又与十余人窜于山谷。日月转久，相随者亦稍苦之。复遣人潜出临川郡市鱼鲑。足痛，舍于邑子。邑子告临川大守骆牙。《南史》作骆文牙。牙执之，令取迪自效。因使心腹勇士，随入山中。诱迪出猎，伏兵于道旁斩之。传首京师。《纪》在天嘉六年七月。

淳于量当梁元帝时，出为桂州刺史。桂州，今广西桂林县。荆州陷，量保据桂州。王琳拥割湘、郢，累遣召量，量外虽与琳往来，而别遣使从间道归于高祖。琳平后，频请入朝。天嘉五年，征为中抚大将军。量所部将士，多恋本土，并欲逃入山谷。世祖使湘州刺史华皎征衡州界黄洞，且以兵迎量。天康元年，至都。至此，武人及豪右之割据者略尽矣，而以宣帝之篡，复召湘、广之变。

第八节　陈平内乱下

继嗣之争，乃南北朝之世召祸之最烈者也，而陈氏亦以此致变。陈文帝之立，实已非正，然时武帝之子未归，君位不可久旷；且文帝究有功于天下，为众所服；故未至大变，至宣帝则异是矣。

文帝之被征也，侯安都随之还朝。《安都传》云：时世祖谦让弗敢当；大后又以衡阳王故，未肯下令；群臣犹豫不能决。安都曰："今四方未定，何暇及远？临川王有功天下，须共立之。今日之事，后应者斩。"便按剑上殿，白大后出玺，又手解世祖发，推就丧次。其情形，实与迫胁无异。

昌之还也，居于安陆。明年，王琳平，二月，乃由鲁山济江。百僚表以为湘州牧，封衡阳王。诏可。三月，入境。诏令主书舍人，缘道迎接。济江，中流船坏，以溺薨。

《安都传》云：昌之将入也，致书于世祖，辞甚不逊。世祖不怿，乃召安都从容言曰："大子将至，须别求一蕃，吾将老焉。"安都对曰："自古岂有被代天子？臣愚不敢奉诏。"因自请迎昌。昌济汉而薨。武帝有再造华夏之功，安都事帝亦久，而以逢迎时主之故，绝其胤嗣，亦酷矣。《蔡景历传》云：高祖崩时，外有强寇，世祖镇于南皖，朝无重臣，宣后呼景历及江大权、杜稜定议，《稜传》云：侯瑱、侯安都、徐度等并在军中，朝廷宿将，惟稜在都，独典禁兵。乃秘不发丧，疾召世祖。景历躬共宦者及内人，密营敛服。时既暑热，须治梓官，恐斤斧之声，或闻于外，仍以蜡为秘器。文书诏诰，依旧宣行。

荀朗者，颍川颍阴人。颍阴，汉县，今河南许昌县。侯景之乱，招率徒旅，据巢湖间，无所属。台城陷后，简文帝密诏授朗豫州刺史，令与外蕃讨景。景使宋子仙、任约等频往征之。朗据山立砦自守，子仙不能克。时京师大饥，百姓皆于江外就食。朗更招致部曲，解衣推食，以相振赡。众至数万人。侯景败于巴陵，朗出自濡须，截景，破其后军。王僧辩东讨，朗遣其将范宝胜及弟晓领兵二千助之。

承圣二年，率部曲万余家济江，入宣城郡界立顿。齐寇据石头城，朗自宣城来赴，与侯安都等大破齐军。时亦随世祖拒王琳于南皖。宣大后与景历秘不发丧，晓在都微知之，乃谋率其家兵袭台。事觉，景历杀晓，仍系其兄弟。世祖即位，并释之。因厚抚慰朗，令与侯安都等共拒王琳。荀晓是时，权位尚微，衡阳未归，袭台纵克，将何所奉？

观世祖既还，大后犹以衡阳故不肯下诏，则晓之谋袭台，究系自有异志？抑承大后之旨而为之？亦殊难言之矣。朗亦鲁悉达之伦，当时缘江尚未平定，其未致召变者亦幸也。景历之有功于世祖，盖不让安都，然以其为文人，故不为世祖所忌，而安都卒不终。

《安都传》云：自王琳平后，安都勋庸转大，又自以功安社稷，渐用骄矜。数招聚文武之士，或射御驰骋，或命以诗赋，第其高下，以差次赏赐之。斋内动至千人。部下将帅，多不遵法度。检问收摄，则奔归安都。世祖性严察，深衔之。安都弗之改，日益骄横。每有表启，封讫，有事未尽，乃开封自书之，云又启某事。及侍燕酒酣，或箕踞倾倚。尝陪乐游禊饮，乃白帝曰："何如作临川王时？"帝不应。安都再三言之。帝曰："此虽天命，抑亦明公之力。"燕讫，又启便借供帐水饰，将载妻妾，于御堂欢会。世祖虽许其请，甚不怿。

明日，安都坐于御坐，宾客居群臣位，称觞上寿。初重灵殿灾，安都率将士带甲入殿，帝甚恶之，自是阴为之备。又周迪之反，朝望当使安都讨之，帝乃使吴明彻讨迪。又频遣台使，案问安都部下，检括亡叛。安都内不自安。

天嘉三年，冬，遣其别驾周弘实，自托于舍人蔡景历，并问省中事。景历录其状具奏之，希旨称安都谋反。世祖虑其不受制，明年，春，乃除安都江州刺史。自京口还都，部伍入于石头。世祖引安都燕于嘉德殿。又集其部下将帅，会于尚书朝堂。于坐收安都，囚于嘉德西省。又收其将帅，尽夺马仗而释之。因出景历表以示于朝。明日，于西省赐死。安都固非纯臣，然史所载之罪状，其辞多诬，则至易见矣。文帝之诛安都，可谓谋之至深，稍或不慎，其召变亦易耳。

文帝长子曰伯宗，立为大子。帝弟安成王顼，与衡阳献王同迁关右，事已见前。永定元年，遥袭封始兴郡王。世祖嗣位，以本宗乏飨，徙封安成郡王，而自封其第二子伯茂为始兴王，以奉昭烈王祀，荥阳毛喜，与顼俱往江陵，俱迁关右。世祖即位，喜自周还，进和好之策。朝廷乃遣周弘正等通聘。事在天嘉元年，周明帝武成二年。周命杜杲来使。世祖遣使报聘，并赂以黔中数州之地，仍请画界分疆。周使杲再来。陈以鲁山归周。周拜顼柱国大将军，使杲送之还国。喜于郢州奉迎。顼之入关，妻柳氏，子叔宝、叔陵并留于穰。魏荆州治。又遣喜入关，以家属为请。仍迎之还。时天嘉三年也。

顼既还，授侍中、中书监。寻授扬州刺史。大康元年，授尚书令。是岁，四月，文帝崩。大子立，是为废帝。顼与仆射到仲举，中书舍人刘师知、阴不佞等并受遗诏辅政。师知与仲举，恒居禁中，参决众事。顼为扬州刺史，与左右三百人入居尚书省。

师知、仲兴、不佞与尚书右丞王暹谋，矫敕顼还东府。众人犹豫，未敢先发。不佞素以名节自立，又受委东宫，世祖以为东宫通事舍人。乃驰诣相府，面宣敕令。毛喜时为顼骠骑府谘议参军，领中记室，止之曰："今若出外，便受制于人，譬如曹爽，愿作富家翁，不可得也。"顼使与吴明彻筹焉。明彻时为丹阳尹。明彻曰："殿下亲实周、召，德冠伊、霍，社稷至重，愿留中深计，慎勿致疑。"顼乃称疾。召师知，留之与语，使喜先入，言之于后。世祖沈皇后。后曰："此非我意。"喜又言于废帝。帝曰："此自师知等所为。"

喜出报顼，顼因囚师知，自入见后及帝，草敕请画，以师知付廷尉。其夜，于狱中赐死。暹、不佞并付治。顼素重不佞，特赦之，免其官而已。乃以仲举为贞毅将军、金紫光禄大夫。仲举子郁，尚文帝女信义长公主。官至中书侍郎。出为宣城大守，文帝配以士马。

是年，迁为南康内史。以国哀未之任。仲举既废，居私宅，与郁皆不自安。右卫将军韩子高，少为文帝亲侍。及长，稍习骑射，颇有胆决，愿为将帅。帝配以士卒。子高亦轻财礼士，归之者甚众。将士依附之者，子高尽力论进，文帝皆任使焉。郁每乘小舆，蒙妇人衣，与子高谋。前上虞令陆昉及子高军主告言其事。顼收子高、仲举及郁，并付廷尉，于狱赐死。

《子高传》言其求出为衡、广诸镇。《毛喜传》云：子高始与仲举通谋，其事未发，喜请高宗曰："宜简选人马，配与子高；并赐铁炭，使修器甲。"高宗惊。喜曰："子高甚轻狷，脱其稽诛，或愆王度，宜推心安诱，使不自疑，图之一壮士力耳。"高宗深然之，卒行其计。盖时四方平定未久，故深虑外州之有变也。然外变卒不可免。

光大元年，三月，《纪》书南豫州刺史余孝顷谋反伏诛。其后高祖章后废废帝之诏曰："韩子高小竖轻佻，推心委杖，阴谋祸乱，决起萧墙。元相虽持，但除君侧。又以余孝顷密迩京师，便相征召。殃慝之咎，凶徒自禽。宗社之灵，祆氛自灭。"则孝顷之变，实继子高而作，《子高传》谓其死在光大元年八月者误也。《华皎传》云：子高诛后，皎不自安，乃有反谋，《纪》亦书其反于光大元年五月，疑子高之死，实在天康元年八月，《纪》误后一年。子高谋之于内而败，孝顷谋之于近畿而亦败而上流之变作矣。

华皎，晋陵暨阳人。世为小吏。皎，梁代为尚书比部令史。侯景之乱，事景党王伟。高祖南下，文帝为景所囚，皎遇之甚厚。景平，文帝为吴兴大守，以皎为都录事，军府谷帛，多以委之。及平杜龛，仍配以人马甲仗，犹为都录事。稍擢为暨阳、山阴令。王琳东下，皎随侯瑱拒之。琳平，镇湓城，知江州事。时南州守宰，多乡里酋豪，不遵朝宪，文帝令皎以法驭之。王琳奔散，将卒多附于皎。后随吴明彻征周迪，授湘州刺史。

皎起自下吏，善营产业。湘川地多所出，所得并入朝廷。又征伐川洞，多致铜鼓，并送于京师。韩子高诛后，皎内不自安，密启求广州，以观时主意。顼伪许之，而诏书未出。皎亦遣使勾引周兵，又崇奉萧岿为主。士马甚盛。诏乃以吴明彻为湘州刺史，实欲以轻兵袭之。时光大元年五月也。

是时虑皎先发，乃前遣明彻率众三万，乘金翅直趋郢州。又遣淳于量帅众五万，乘大舰以继之。又令徐度与杨文通，别从安城步道出茶陵，汉安成县，晋改曰安复，今江西安福县西。茶陵，汉县，今湖南茶陵县东。巴山大守黄法慧，别从宜阳出澧陵，汉宜春县，晋避大后讳，改曰宜阳，今江西宜春县。澧陵，汉侯国，后汉为县，今湖南醴陵县。与郢州程灵洗，参谋讨贼。

先是萧詧以天嘉三年死，伪谥宣皇帝，庙号中宗。子岿嗣。伪谥孝明皇帝，庙号世宗。及是，皎与巴州刺史戴僧朔，并附于岿。皎遣子玄响为质，仍请兵伐陈。岿上其状于周。周武帝命其弟卫公直督荆州总管权景宣、大将军元定等赴之，因而南伐。岿亦遣其柱国王操，率水军二万，会皎于巳陵。直屯鲁山，定攻围郢州。皎于巴州之白螺，列舟舰与王师相持。未决，闻徐度趋湘州，乃率兵自巴、郢因便风下战。淳于量、吴明彻等大败之。权景宣统水军，与皎俱下，一时奔北，船舰器仗，略无孑遗。皎与戴僧朔单舸走。至巴陵，不敢登岸，径奔江陵。时九月也。

元定等无复船渡，步趋巴陵。巴陵城邑为官军所据，乃向湘州。至水口，不得济，食且尽，诣军请降。俘获万余人，马四千余匹，送于京师。程灵洗出军蹑定，因进攻周沔州，克之，禽其刺史裴宽。周沔州，在今湖北汉川县东南。陆子隆督武州诸军事，皎以子隆居其心腹，频遣使招诱，子隆不从，皎因遣兵攻之，不能克。及皎败，子隆出兵以袭其后，因与王师相会。寻迁荆州刺史。是时荆州新置，治于公安，蜀汉县，在今湖北公安县东北。城池未固，子隆修建城郭，绥集夷夏，甚得民和焉。宇文直既败，归罪于萧岿柱国殷亮，岿不敢违命，遂诛之。吴明彻乘胜攻克岿之河东郡。

明年，光大二年，周天和三年。明彻进攻江陵，引江水灌城。岿出顿纪南，以避其锐。周江陵副总管高琳，与岿尚书仆射王操拒守。岿马军主马武、吉彻等击明彻，明彻退保公安，岿乃还江陵。宣后废废帝诏曰："密诏华皎，称兵上流，国祚忧惶，几移丑类。乃至要招远近，协力巴、湘；支党纵横，寇扰黟、歙。又别敕欧阳纥等，攻逼衡州，岭表纷纭，殊淹弦望。"当时牵动之广，声势之盛可知，此举败而顼之篡势成矣。

宣后废废帝诏又曰："张安国蕞尔凶狡，穷为小盗，仍遣使人蒋裕，钩出上京，即置行台，分选凶党。贼皎妻吕，春徒为戮，纳自奚官，藏诸永巷，使其结引亲旧，规图戕祸。荡主侯法喜等，大傅麾下，恒游府朝，啗以深利，谋兴肘腋。适又荡主孙泰等，潜相连结，大有交通，兵力殊强，指期挺乱。皇家有庆，厤数遐长，天诱其衷，同然开发。"

《世祖沈皇后传》云：后忧闷，计无所出，乃密赂宦者蒋裕，令诱建安人张安国，使据郡反，冀因此以图高宗。安国事觉，并为高宗所诛。时后左右近侍，颇知其事，后恐连逮党与，并杀之。案建安距京邑大远，势不相及，故《通鉴》

疑其事而不取，见《考异》。窃疑当时欲使安国据以建义者，实非建安郡，《后传》之文，非史氏言之不审，则传写或有佚夺也。使据郡反一语，使据之下，容有夺文。此次外钩盗党，内结武夫，实为废帝亲党最后之一举，其计亦败，事乃无可为矣。

光大二年，十一月，以大皇大后令，废帝为临海郡王。大建二年，四月薨，时年十九。顼立，是为高宗孝宣皇帝。刘师知等之矫诏出高宗也，始兴王伯茂劝成之。师知等诛后，高宗恐伯茂扇动朝廷，令入居禁中，专与废帝游处。蒋裕与韩子高等谋反，伯茂并阴预其事。案既入居禁中，复何能为？此语亦必诬也。既废帝为临海王，其日，又下令降伯茂为温麻侯。时六门之外有别馆，以为诸王冠婚之所，名曰婚第，至是，命伯茂出居之，于路遇盗，殒于军中。

世祖第三子鄱阳王伯山，本为南徐州刺史，高宗不欲令处边，光大元年，徙为东扬州。废帝后父王固，为侍中、金紫光禄大夫，妳媪往来禁中，颇宣密旨。事泄。比将伏诛，高宗以固本无兵权，且居处清洁，止免所居官，禁锢。《废帝纪》曰：帝仁弱，无人君之器，世祖忧虑不堪继业，既居冢嫡，废立事重，是以依违积载。及疾将大渐，召高宗谓曰："吾欲遵泰伯之事。"高宗初未达旨，后寤，乃拜伏涕泣固辞。其后宣大后依诏废帝焉。

《孔奂传》：奂为五兵尚书，世祖不豫，台阁众事，并令到仲举共奂决之。及世祖疾笃，奂与高宗及仲举，并吏部舍人袁枢，中书舍人刘师知等，入侍医药。世祖尝谓奂等曰："今三方鼎峙，生民未乂，四海事重，宜须长君。朕欲近则晋成，远隆殷法，卿等须遵此意。"奂流涕歔欷而对曰："皇大子春秋鼎盛，圣德日跻，安成王介弟之尊，足为周旦，若有废立之心，臣等愚诚，不敢闻诏。"世祖曰："古之遗直，复见于卿。"天康元年，乃用奂为大子詹事。此等则皆高宗之党所造作之言语也。

欧阳𬱖之至广州也，王琳据有中流，𬱖自海道及东岭，奉使不绝。时𬱖弟盛为交州刺史，次弟邃为衡州刺史，合门显贵，名振南土。又南致铜鼓、生口，献奉珍异，前后委积，颇有助于军国焉。

天嘉四年，薨，子纥嗣。大建元年，征纥为左卫将军。其部下多劝之反。遂举兵攻衡州，始兴之衡州。刺史钱道戢告变。遣章昭达讨纥。《纪》在十月。昭达倍道兼行，达于始兴。纥出顿洭口。洭水、溱水合口，在今广东英德县西南。多聚沙石，盛以竹笼，置于水栅之外，用遏舟舰。昭达败之，禽纥，送于京师。

《纪》大建二年二月。以沈恪为广州刺史。四年，征还。

萧引者，思话曾孙，侯景之乱，与弟彤及宗亲百余人奔岭表。时欧阳頠为衡州刺史，引往依焉。章昭达平番禺，始北还。大建十二年，时广州刺史马靖，甚得岭表人心，而兵甲精练，每年深入俚洞，又数有战功，朝野颇生异议。高宗以引悉岭外物情，且遣引观靖，审其举措，讽令送质。既至番禺，靖即悟旨，尽遣儿、弟下都为质。

然至后主至德二年，卒以临池县侯方庆为广州刺史，方庆，南康愍王昙朗之子。袭靖诛之。章昭达子大宝，为丰州刺史，胡三省曰：陈丰州治闽县。案闽，隋县，今福建闽侯县。在州贪纵。三年，后主以大仆卿李晕代之。大宝袭杀晕；举兵反。《纪》在三月，《传》云四月。遣将杨通寇建安。建安内史吴慧觉据郡城距之。通累攻不克。官军稍近，人情离异，大宝计穷，乃与通俱逃。台军主陈景祥追禽之。于路死。传首，夷三族。

注释：

①嚣讟[dú]：众口诽谤，怨言。

②悖慢：违逆不敬；悖理傲慢。

③遗噍[jiào]：幸存者。

④蜩螗沸羹：比喻声音喧杂。

⑤汲路：取水通道。

⑥窥窬[yú]：觊觎。

⑦剚[zì]刃：用刀剑刺入。

⑧守宰：地方长官。

⑨趑趄[zī jū]：疑惧不决，犹豫观望。

第十四章

周齐兴亡

第一节　齐篡东魏

北齐基业，虽创自神武，而其能整顿内治，则颇由于文襄。文襄者，神武长子，名澄，文宣篡魏后，追谥为文襄皇帝，庙号世宗。武明皇后娄氏所生也。后为神武微时妃。

《齐书》本传云：少明悟。强族多聘之，并不肯行。及见神武于城上执役，惊曰："此真吾夫也。"乃使婢通意。又数致私财，使以聘己。父母不得已而许焉。盖实奸通，非聘娶也。

《传》又云：神武既有澄清之志，倾产以结英豪，密谋秘策，后恒参与，此乃妄说。《传》又云：神武逼于茹茹，欲娶其女而未决，后曰："国家大计，愿不疑也。"及茹茹公主至，后避正室处之。

《北史·彭城大妃尔朱氏传》云：荣之女，魏孝庄后也。神武纳为别室，敬重逾于娄妃。

《冯翊大妃郑氏传》云：名大车。初为魏广平王妃，迁邺后，神武纳之。宠冠后庭。神武之征刘蠡升，文襄蒸于大车。神武还，一婢告之，二婢为证。神武杖文襄一百而幽之。武明后亦见隔绝。时彭城尔朱大妃有宠，生王子浟，神武将有废立意。

文襄求救于司马子如。子如来朝，伪为不知者，请武明后。神武告其故。子如曰："消难亦奸子如妾，如此事正可覆盖。妃是王结发妇，常以父母家财奉王；王在怀朔被杖，背无完皮，妃昼夜供给看创；后避葛贼，同走并州，贫困，然马矢，自作靴；恩义何可忘？夫妇相宜；女配至尊，男承大业；又娄领军勋；何宜摇动？一女子如草芥，况婢言不必信？"神武因使子如鞫之。子如见文襄，尤之曰："男儿何意畏威自诬？"因告二婢反辞，胁告者自缢。乃启神武曰："果虚言。"神武大悦，召后及文襄。

武明后遥见神武，一步一叩头，文襄且拜且进，父子夫妻，相泣，乃如初。观此数事，神武于父子夫妻之际薄矣。北夷本不严嫡庶之别，所重特在贵族，娄后之家世，自远不逮尔朱氏等，然神武不替文襄者？创业之际，长子未可轻动；抑文襄颇有吏才，政事实赖之；又娄后女配至尊，其弟昭，即子如所谓娄领军者，亦有勋绩：此正如汉高不替吕后、惠帝，为有种种牵制故也。

《后传》又云：文宣将受魏禅，后固执不许，帝所以中止，此又妄说。文宣欲受禅，岂其谋及于后？且后亦曷尝能终止文宣之篡乎？其后孝昭、武成之篡，后若成之，则其地位使然，且亦二王势力已成，非真后之能有所作为也。读史者或以后为能通知政事，能豫政，其说实误，故一辩之。北夷入中国，多以不知政理败，如尔朱荣即是，齐神武虽有才，政事尚不能不藉文襄为助，况于娄后邪？早豫军国筹策。

天平三年，梁武帝大同二年。入辅朝政。时年十六。元象元年，梁大同四年。摄吏部尚书。《北齐书·本纪》云：魏自崔亮以后，选人常以年劳为制，文襄乃厘改前式，铨擢惟在得人。又沙汰尚书郎，妙选人地以充之。至于才名之士，咸被荐擢。假有本居显位者，皆致之门下，以为宾客。盖颇能于武人、勋贵之外，有所任用矣。

《纪》又云：兴和二年，梁大同六年。加大将军，领中书监，仍摄吏部尚书。自正光以后，天下多事，在任群官，廉洁者寡。文襄乃奏吏部郎崔暹为御史中尉，纠劾权豪，无所纵舍。于是风俗更始，私枉路绝。

案《孙腾传》云：腾早依附高祖，契阔[①]艰危，勤力恭谨，深见信待。及高祖置之魏朝，寄以心腹，遂志气骄盈，与夺由己。求纳财贿，不知纪极。生官死赠，非货不行。府藏银器，盗为家物。亲狎小人，专为聚敛。在邺，与高岳、高隆之、司马子如号为四贵。非法专恣，腾为甚焉。腾、隆之、子如皆为尚书令、仆，岳为京畿大都督。

《论》曰："高祖以晋阳戎马之地，霸图攸属，治兵训旅，遥制朝权，京台机务，委寄深远。孙腾等俱不能清贞守道，以治乱为怀。厚敛货财，填彼溪壑。赖世宗入辅，责以骄纵，厚遇崔暹，奋其霜简[②]。不然，则君子属厌，岂易间焉？"

《循吏传》曰："高祖以战功诸将，出牧外藩。不识治体，无闻政术。非惟暗于前言往行，乃至始学依判、付曹。聚敛无厌，淫虐不已。虽或直绳，终无悛革[③]。此朝廷之大失。"可见当时内外皆残民以逞之徒矣。

《高隆之传》云：入为尚书右仆射。时初给民田，贵势皆占良美，贫弱咸受瘠薄。隆之启高祖，悉更反易，乃得均平。魏自孝昌已后，天下多难，刺史、大守，皆为当部都督。虽无兵事，皆立佐僚，所在颇为烦扰。隆之表请：自非实在边要，见有兵马者，悉皆断之。

自军国多事，冒名窃官者，不可胜数。隆之奏请检括，获五万余人。而群小喧嚣，隆之惧而止。夫隆之等虽贪暴，然遇有益于公，无损于私者，则亦未尝无整顿之心，此实自古暴君污吏皆然。委寄深远，宜若可行其志，然犹以群情弗顺，有所慑惮而止，可见整顿之不易矣。

文襄作辅，于崔暹之外，又任宋游道、卢斐、毕义云等，加以直绳。三人皆见《北齐书·酷吏传》。游道初为殿中侍御史，以风节著。孝庄即位，除左兵郎中，与尚书令临淮王彧相失，上书告之，解职。后除司州中从事。神武自大原来朝，见之曰："此人宋游道邪？常闻其名，今日始识其面。"迁游道别驾。

后日，神武之司州飨朝士，举觞属游道曰："饮高欢手中酒者大丈夫，卿之为人，合饮此酒。"及还晋阳，百官辞于紫陌，神武执游道手曰："甚知朝贵中有憎忌卿者，但用心，莫怀畏虑，当使卿位与之相似。"于是启以游道为中尉。文襄执请，乃以崔暹为御史中尉，以游道为尚书左丞。

文襄谓暹、游道曰："卿一人处南台，一人处北省，当使天下肃然。"游道入省，劾大师咸阳王坦，大保孙腾，司徒高隆之，司空侯景，录尚书元弼，尚书令司马子如，官贷金银，催征酬价，虽非指事赃贿，终是不避权豪。又奏驳尚书违失数百条。省中豪吏王儒之徒，并鞭斥之。始依故事，于尚书省立门名，以记出入早晚。

令、仆已下皆侧目。为高隆之所诬，处其死罪，朝士皆分为游道不济，而文襄闻其与隆之相抗之言，谓杨遵彦曰："此真是鲠直，大刚恶人。"遵彦曰："譬之畜狗，本取其吠，今以数吠杀之，恐将来无复吠狗。”诏付廷尉，游道坐除名。文襄使元景康谓曰：“卿早逐我向并州，不尔，他经略杀卿。”游道后至晋阳，以为大行台吏部。卢斐，文襄引为相府刑狱参军。毕义云为尚书都官郎中。

文襄令普句伪官，专以车辐考掠，所获甚多，然大起怨谤。会为司州吏所讼，文襄以其推伪众人怨望，并无所问，乃拘吏数人斩之，因此锐情讯鞫，威名日盛。紫陌，在邺城西北五里。遵彦，愔字。神武虽间以旧恩，有所纵舍，如尉景司马子如是也。

《景传》云：景以勋戚，每有军事，与库狄干常被委重，而不能忘怀财利，神武每嫌责之。转冀州刺史，又大纳贿。发夫猎，死者三百人。库狄干在神武坐，请作御史中尉。神武曰：“何意下求卑官？”干曰：“欲捉尉景。”神武大笑。令优者石董桶戏之。董桶剥景衣，曰：“公剥百姓，董桶何为不剥公？”神武诫景曰：“可以无贪也？”景曰：“与尔计，生活孰多？我止人上取，尔割天子调。”神武笑不答。历位大保、大傅。

坐匿亡人见禁止、使崔暹谓文襄曰：“语阿惠：儿富贵，欲杀我邪？”神武闻之，泣诣阙曰：“臣非尉景，无以至今日。”三请，帝乃许之。于是黜为骠骑大将军、开府、仪同三司。神武造之。景恚，卧不动，叫曰：“杀我时趣邪？”常山君谓神武曰：“老人去死近，何忍煎迫至此？”又曰：“我为尔汲水胝生。”因出其掌。神武抚景，为之屈膝。先是景有果下马，文襄求之，景不与，曰：“土相扶为墙，人相扶为王，一马亦不得畜而索也？”神武对景及常山君责文襄而杖之。常山君泣救之。景曰：“小儿惯去，放使作心腹，何须干啼湿哭，不听打邪？”常山君，景妻，神武姊也。

《北史·司马子如传》曰：文襄辅政，以贿为崔暹劾在狱，一宿而发尽白。辞曰：“司马子如本从夏州策一杖投相王，王给露车一乘，犞牸牛犊。犊在道死，惟犞角存，此外皆人上取得。”神武书敕文襄曰：“马令是吾故旧，汝宜宽之。”文襄驻马行街，以出子如，脱其锁。子如惧曰：“非作事邪？”于是除削官爵。神武后见之，哀其憔悴，以膝承其首，亲为择虱。赐酒百瓶，羊五百口，粳米五百石。然文襄能行其意者盖多。

《宋游道传》曰：兖州刺史李子贞，在州贪暴，游道案之。文襄以贞豫建义勋，意将含忍。游道疑陈元康为其内助，密启云：“子贞、元康交游，恐其别有请属。”文襄怒，于尚书都堂集百僚扑杀子贞。则虽豫建义之勋者，亦不必尽蒙宽宥；而亲要如元康，亦时有不能庇右者矣。

《崔暹传》言：暹前后表弹尚书令司马子如，及尚书元羡，雍州刺史慕容献。又弹大师咸阳王坦，禧子。并州刺史可朱浑道元罪状极笔。并免官。其余死黜者甚众。

高祖书与邺下诸贵曰："咸阳王、司马令，并是吾对门布衣之旧。尊贵亲昵，无过二人，同时获罪，吾不能救，诸君其慎之。"高祖如京师，群官迎于紫陌，高祖握暹手而劳之曰："往前朝廷岂无法官？而天下贪婪，莫肯纠劾。中尉尽心为国，不避豪强，遂使远迩肃清，群公奉法。冲锋陷阵，大有其人，当官正色，今始见之。今荣华富贵，直是中尉自取。高欢父子，无以相报。"赐暹良马，使骑之以从。且行且语。

暹下拜，马惊走，高祖亲为拥之而授辔。魏帝宴于华林园，此邺下之华林园。谓高祖曰："自顷朝贵，牧、守、令长，所在百司，多有贪暴，侵削下人。朝廷之中，有用心公平，直言弹劾，不避亲戚者，王可劝酒。"高祖降阶跪而言曰："惟御史中丞崔暹一人。谨奉明旨，敢以酒劝。并臣所射赐物千匹，乞回赐之。"其所以风厉之者至矣。

自是之后，诸勋贵亦颇知敛迹，如尉景获罪后，授青州刺史，史言其操行颇改。司马子如起行冀州事，亦能自厉改。不可谓非整顿之效也。从来恶直丑正之论，无如《北齐书·杜弼传》之甚者，不可不辞而辟之。

《传》曰：弼以文武在位，罕有廉洁，言之于高祖。高祖曰："弼来，我语尔。天下浊乱，习俗已久。今督将家属，多在关西，黑獭常相招诱，人情去留未定。江东复有一吴儿老翁萧衍者，专事衣冠礼乐，中原士大夫望之，以为正朔所在。我若急作法网，不相饶借，恐督将尽投黑獭，士子悉奔萧衍，则人物流散，何以为国？尔宜少待，吾不忘之。"

及将有沙苑之役，弼又请先除内贼，却讨外寇。高祖问内贼是谁？弼曰："诸勋贵掠夺万民者皆是。"高祖不答，因令军人皆张弓挟矢，举刀按矟以夹道。使弼冒出其间，曰："必无伤也。"弼战栗汗流。高祖然后喻之曰："箭虽注不射，刀虽举不击，矟虽按不刺，尔犹顿丧魂胆，诸勋人身触锋刃，百死一生，纵其贪鄙，所取处大，不可同之，循常例也。"弼于时大恐，因顿颡谢曰："愚痴无智，不识至理，今蒙开晓，始见圣达之心。"

夫兵之所以可畏者，以其将杀伤人也，若明知其注而不射，举而不击，按而不刺，则人孰未尝见兵？弼即畏懦，何至战栗汗流？高欢乃一犷悍之夫，安知衣冠礼乐为何事？且果如所言，其任高澄以裁勋贵，又何为乎？稍深思之，即知此传所云，并非实录，而为不快于督责之治者所造作矣。

《北史·文襄纪》云：少壮气猛，严峻刑法。高慎西叛，侯景南翻，非直本怀很戾，兼亦有惧威略，亦此等人所造作也。其《论》曰：“文襄志在峻法，急于御下，于前王之德，有所未同。盖天意人心、好生恶杀，虽吉凶报应，未皆影响，总而论之，积善多庆。然文襄之祸生所忽，盖有由焉。”此论亦必有本，可谓怨毒之情，形于辞表矣。果如此曹之意，则欲求辅弼者，必纵其虐民而后可乎？此真所谓盗憎主人者也。

又案《陈元康传》云：高仲密之叛，高祖知其由崔暹故也，将杀暹，世宗匿而为之谏请，高祖曰：“我为舍其命，须与苦手。”世宗乃出暹而谓元康曰：“卿若使崔暹得杖，无相见也。”暹在廷，解衣将受罚，元康趋入，历陛而升，且言曰：“王方以天下付大将军，有一崔暹，不能容忍邪？”高祖从而宥焉。又云：侯景反，世宗逼于诸将，欲杀崔暹以谢之。密语元康。元康谏曰：“今四海未清，纲纪已定。若以数将在外，苟悦其心，枉杀无辜，亏废刑典，岂直上负天神，何以下安黎庶？晁错前事，愿公慎之。”世宗乃止。

《暹传》云：显祖初嗣霸业，司马子如挟旧怨，言暹罪重，谓宜罚之。高隆之亦言：宜宽政网，去苛察法官，黜崔暹，则得远近人意。显祖从之。及践阼，谮毁之者犹不息。帝乃令都督陈山提等搜暹家。甚贫匮，惟得高祖、世宗与暹书千余纸，多论军国大事。帝嗟赏之。仍不免众口。乃流暹于马城。昼则负土供役，夜则置地牢。岁余，奴告暹谋反，锁赴晋阳。无实。释而劳之。寻迁大常卿。帝谓群臣曰：“崔大常清正，天下无双，卿等不及。”

《崔季舒传》云：时勋贵多不法，文襄无所纵舍，外议以季舒及崔暹等所为，甚被怨疾。及文襄遇难，文宣将赴晋阳，黄门郎阳休之劝季舒从行，曰：“一日不朝，其间容刀。”季舒性爱声色，心在闲放，遂不请行，欲恣其行乐。司马子如缘宿憾，及尚食典御陈山提等共列其过状，由是季舒及暹，各鞭二百，徙北边。

天保初，文宣知其无罪，追为将作大匠。再迁侍中。俄兼尚书左仆射，仪同三司。大被恩遇。夫文宣犹知季舒、暹之无罪，况于神武及文襄？然当武夫构变之时，暹即几罹不测；至文宣，则竟为所胁，而暹、季舒并不免流徙、鞭责之祸，可见当时恶直丑正之徒，其势甚可畏也。

《元康传》又云：世宗入辅京室，崔暹、崔季舒、崔昂等并被任使，张亮、张徽纂并高祖所待遇，然委任皆出元康之下，时人语曰："三崔二张，不如一康。"又云：元康溺于财利，受纳金帛，不可胜纪，放责交易，遍于州郡，为清论所讥。然则当时暹等虽云锋利，而真被宠任之徒，仍有为霜简所不及者矣。划除贪暴，其难如此，而岂得如《弼传》所云，复故纵舍之哉，马城，汉县，晋废，在今察哈尔怀安县北。

文襄之为中书监也，移门下机事，总归中书。《北齐书·崔季舒传》。以其中兵参军崔季舒为中书侍郎，令监察魏主动静。

武定五年，梁武帝大清元年。正月，神武死，文襄秘丧，至六月乃发。七月，魏主诏以文襄为使持节、大丞相、都督中外诸军、录尚书、大行台、渤海王，而以其母弟洋为尚书令、中书监、京畿大都督。八月，文襄朝于邺，固辞丞相。魏主诏复前大将军，余如故。

《魏书·孝静帝纪》曰：文襄尝侍饮，大举觞曰："臣澄劝陛下酒。"帝不悦曰："自古无不亡之国，朕亦何用此活？"文襄怒曰："朕朕，狗脚朕。"文襄使季舒殴帝三拳，奋衣而出。明日，使季舒劳帝，帝亦谢焉。赐绢。季舒未敢受，以启文襄。文襄使取一段。帝束百匹以与之，曰："亦一段耳。"帝不堪忧辱，咏谢灵运诗曰："韩亡子房奋，秦帝鲁连耻。本自江海人，忠义动君子。"常侍侍讲荀济知帝意，乃与华山王大器、鸷子。鸷高凉王孤六世孙。元瑾密谋，于宫内为山，而作地道向北城。至千秋门，门者觉地下响动，以告文襄。

文襄勒兵入宫，曰："陛下何意反邪！臣父子功存社稷，何负陛下邪？"将杀诸妃。帝正色曰："王自欲反，何关于我？我尚不惜身，何况妃嫔？"文襄下床叩头，大啼谢罪。于是酣饮，夜久乃出。居三日，幽帝于含章堂。大器、瑾等皆见烹于市。《荀济传》云：燔杀之。见《北史·文苑传》。盖时侯景尚未平，故文襄未能遽篡也。

六年，梁大清二年。正月，侯景败；七年，梁大清三年。六月，颍川亦平；于是篡谋转急。七月，文襄如邺。八月，为盗所杀。时年二十九。

《北齐书·文襄纪》云：初梁将兰钦子京，为东魏所虏，王命以配厨。钦请赎之，王不许。京再诉，王使监厨苍头薛丰洛杖之，曰："更诉当杀尔。"

京与其党六人谋作乱。将欲受禅，与陈元康、崔季舒等屏斥左右署拟百官。

京将进食，王却之。谓诸人曰："昨夜梦此奴斫我，宜杀却。"京闻之，置刀于盘，冒言进食。王怒曰："我未索食，尔何遽来？"京挥刀曰："来将杀汝。"王自投伤足，入于床下。贼党去床，因而见杀。《北史》略同。案此卷《齐书》实亡，盖后人取《北史》补之。

《陈元康传》云：世宗将受魏禅，元康与杨愔、崔季舒并在世宗坐，将大迁除朝士，共品藻之。世宗家苍头奴兰固成，《北史·元康传》云：固成，一名京。先掌厨膳，甚被宠昵。先是世宗杖之数十。其人性躁，又恃旧恩，遂大忿恚。与其同事阿改，《北史》云弟阿改。谋害世宗。阿改时事显祖，常执刀随从。云若闻东斋叫声，即加刃于显祖。

是日，东魏帝初建东宫，《魏书·本纪》：八月，辛卯，诏立皇子长仁为皇大子。案时齐将篡而为魏立大子者，盖欲先行废立，后乃禅代也。群官拜表，事罢，显祖出东止车门，别有所之，未还而难作。固成因进食，置刀于盘下，而杀世宗。元康以身扞蔽，被刺伤重，至夜而终。杨愔狼狈走出。季舒逃匿于厕。盖魏人阴谋，欲并澄与洋而歼之也。而洋以邂逅得脱，乃入诛京等。旋归晋阳。

明年，梁简文帝大宝元年，魏武定八年，齐文宣天保元年。五月，如邺，遂废魏主而自立。明年，十二月，遇鸩死。是为北齐显祖文宣皇帝。文宣之篡，高德政与杨愔实成之。时德政从文宣于晋阳，愔居邺。史言娄大后及勋贵多弗顺，然时篡势已成，必无人能阻之者，德政与愔，亦乘已成之势而成之耳，非能有所作为也。事见《北史·文宣纪》及《齐书·德政传》，以其无甚关系，今略之。

第二节　文宣淫暴

自元魏分裂以来，东西南三方，遂成鼎峙之势，地广兵强，实推东国，然其后齐反灭于周者，则以北齐诸主，染鲜卑之习大深，以致政散民流，不能自立也。北齐乱君，实以文宣为首。

《北史·文宣纪》云：帝沈敏有远量，外若不远，内鉴甚明。文襄年长英秀，神武特所爱重，百僚承风，莫不震惧，而帝善自晦迹，言不出口，恒自贬退，言咸顺从，故深见轻，虽家人亦以为不及。文襄嗣业，帝以次长见猜嫌。帝后李氏，色美，每预宴会，容貌远过靖德皇后，文襄弥不平焉。帝每为后私营服玩，小佳，文襄即令逼取。后恚，有时未与，帝笑曰："此物犹应可求，兄须何容吝？”文襄或愧而不取，便恭受，亦无饰让。

每退朝还第，辄闭阁静坐，虽对妻子，能竟日不言。或袒跣奔跃，后问其故，对曰：“为尔慢戏。”此盖习劳而不肯言也。及登极之后，神明转茂。外柔内刚，果于断割，人莫能窥。又特明吏事，留心政术。简靖宽和，坦于任使。故杨愔等得尽匡赞，朝政粲然。兼以法驭下，不避权贵。或有违犯，不容勋戚。内外莫不肃然。

至于军国机策，独决怀抱，规谋宏远，有人君大略。又以三方鼎峙，缮甲练兵。左右宿卫，置百保军士。每临行阵，亲当矢石。锋刃交接，惟恐前敌不多。屡犯艰厄，常致克捷。既征伐四克，威振戎夏，六七年后，以功业自矜，遂留情耽湎，肆行淫暴。

或躬自鼓舞，歌讴不息，从旦通宵，以夜继昼。或袒露形体，涂敷粉黛，散发胡服，杂衣锦彩，拔刀张弓，游行市肆。勋戚之第，朝夕临幸。时乘鹿车，白象、骆驼、牛、驴，并不施鞍勒。或盛暑炎赫，日中暴身；隆冬酷寒，去衣驰走；从者不堪，帝居之自若。街坐巷宿，处处游行。多使刘桃枝、崔季舒负之而行。或担胡鼓而拍之。亲戚贵臣，左右近习，侍从错杂，无复差等。征集淫妪，悉去衣裳，分付从官，朝夕临视。或聚棘为马，纽草为索，逼遣乘骑，牵引来去，流血洒地，以为娱乐。凡诸杀害，多令支解，或焚之于火，或投之于河。

沈酗既久，弥以狂惑。每至将醉，辄拔剑挂手，或张弓附矢，或执持牟槊，游行市廛。问妇人曰：“天子何如？”答曰：“颠颠痴痴，何成天子？”帝乃杀之。或驰骋衢路，散掷钱物，恣人拾取，争竞喧哗，方以为喜。三台构木，高二十七丈，两栋相距二百余尺，工匠危怯，皆系绳自防，帝登脊疾走，都无怖畏；时复雅舞，折旋中节；旁人见者，莫不寒心。又召死囚，以席为翅，从台飞下，免其罪戮。果敢不虑者，尽皆获全；危怯犹豫者或致损跌。

沈酗既久，转亏本性。怒大司农穆子容，使之脱衣而伏，亲射之，不中，以橛贯其下窍，入肠。虽以杨愔为宰辅，使进厕筹。以其体肥，呼为杨大肚。马鞭鞭其背，流血浃袍。以刀子剺其腹。崔季舒托俳言曰：“老小公子恶戏，”因掣刀子而去之。又置愔于棺中，载以辒车，几下钉者数四。

曾至彭城王浟宅，谓其母尔朱曰：“忆汝辱我母婿时，何由可耐？”手自刃杀。又至故仆射崔暹第，谓暹妻李曰：“颇忆暹否？”李曰：“结发义深，实怀追忆。”帝曰：“若忆时，自往看也。”亲自斩之，弃头墙外。尝在晋阳，以稍戏刺都督尉子耀，应手而死。在三台大光殿上，锯杀都督穆嵩。又幸开府暴显家，有都督韩哲无罪，忽众中召斩之数段。

魏安乐王元昂，后之姊婿，其妻有色，帝数幸之，欲纳为昭仪，召昂令伏，以鸣镝射一百余下，凝血垂将一石，竟至于死。后帝自住吊，哭于丧次，逼拥其妻。仍令从官脱衣助缝，兼钱彩，号为信物，一日所得，将逾巨万。后啼不食，乞让位于姊，大后又为言，帝意乃释。所幸薛嫔，甚被宠爱，忽意其轻与高岳私通，无故斩首，藏之于怀。于东山宴，劝酬始合，忽探出头投于柈上。支解其尸，弄其髀为琵琶。一坐惊怖，莫不丧胆。帝方收取，对之流泪，云“佳人难再得，甚可惜也”。载尸以出，被发步哭而随之。至有闾巷庸猥人无识知者，忽令召斩。

邺下系徒，罪至大辟，简取随驾，号为供御囚，手自刃杀，持以为戏。兼以外筑长城，内营宫殿，赏赉过度，天下骚然。内外僭僭，各怀怨毒。而素严断临下，加之默识强记，百寮战栗，不敢为非。案文宣本性，或尚较文襄为深沈，其吏才亦不让文襄。

《文襄纪》言其情欲奢淫，动乖制度。尝于宫西造宅，墙院高广，听事宏壮，亚大极殿，神武入朝责之乃止，使其获登大位，亦未必愈于文宣也。文宣淫暴之事，多在天保六七年后，非徒本性，实亦疾病使然，观其冒犯寒暑，临履危险，多为人所不堪可知，《本纪》又云：至于末年，每言见诸鬼物，亦云闻异音声，亦其有疾之一证。即其耽于曲糵，亦未必非病状也。特有狂易之疾者，发为何种行动，仍系习染使然，文宣虽云有疾，非染于鲜卑之俗，其淫暴，亦当不至如是其甚耳。

《北齐书·本纪》述文宣淫虐之事云：诸元宗室，咸加屠剿。永安、上党，并致冤酷。高隆之、高德政、杜弼、王元景、李蒨之等，皆以非罪见害。案诸元被戮，见于史者，有咸阳王禧之子坦，高阳王雍之子斌，济阴王小新成之曾孙晖业，临淮王彧之弟孝友，昭成五世孙景皓，无上王之子彭城王韶。

坦之死，以其子酒醉诽谤，妄说图谶，坦因此配北营州，和龙。死于配所。斌，天保二年从讨契丹，还至白狼河，今大凌河。以罪赐死，未知罪状为何。晖业亦死于是年，以骂元韶“不及一老妪，背负玺与人，何不打碎之？”晖业在魏宗室中，颇有学问、气节。其在晋阳，无所交通，而撰魏蕃王家世，为《辨宗录》三十卷，盖不胜其宗国之痛焉。

孝友与之俱死。孝友，史亦称其明于政理，盖皆忌之也。景皓：天保时，诸元帝室亲近者，多被诛戮，疏宗如景安之徒，议欲请姓高氏，景皓不肯，曰：“岂得弃本宗，逐他姓？大丈夫宁可玉碎，不能瓦全。”景安以此言白文宣，遂被诛，家属徙彭城。元韶：齐神武以孝武帝后配之。

《传》云：韶性行温裕。以高氏婿，颇膺时宠。能自谦退。临人有惠政。好儒学，礼致才彦。爱林泉，修第宅，华而不侈。可谓曲意求全矣，然亦卒不免。《传》又云：文宣剃韶须髯，加以粉黛，衣妇人服以自随，曰：“我以彭城为嫔御。”讥元氏微弱，比之妇女。

十年，天保十年。大史奏云：“今年当除旧布新。”文宣谓韶曰：“汉光武何故中兴？”韶曰：“为诛诸刘不尽。”乃诛诸元以厌之。遂以五月诛元世哲、景武等二十五家。余十九家，并禁止之。韶幽于京畿地牢，绝食，啖衣袖而死。及七月，大诛元氏。自昭成已下，并无遗焉。或父祖为王，或身尝贵显，或兄弟强壮，皆斩东市。其婴儿，投于空中，承之以矟。前后死者，凡七百二十一人。悉投尸漳水。剖鱼多得爪甲，都下为之久不食鱼。《北史》同。

又云：世哲从弟黄头，使与诸囚自金凤台各乘纸鸱以飞。黄头独能飞至紫陌。仍付御史狱，毕义云饿杀之。《本纪》纪五月诛二十五家、禁止十九家，并同《韶传》，而无七月大屠剿之事。《北史》则诛二十五家、禁止十九家之下又云：“寻并诛之，男子无少长皆斩，所杀三千人，并投漳水，”与《韶传》所云七百二十一人者，多寡悬殊。

《纪》又书八月癸卯，诏诸军民：“或有父祖改姓，冒入元氏，或假托携认，妄称姓元者，不问世数远近，悉听改复本姓，”《北史》亦同，岂《传》之所云，特就二十五家、十九家言之，《纪》则并当时滥及者数之，故其数不同邪？弃本宗，逐他姓，而卒遭骈戮之惨，亦可哀矣。

然虽如是，元氏之获漏网者，仍非无之。景安以改姓获免。赐姓高氏。景安叔父种之子豫，景安告景皓时，漫言引之，云相应和。豫占云：“尔时以衣袖掩景皓口，云兄莫妄言。”及问景皓，所列符同，亦获免。元文遥者，昭成六世孙。文襄时为大将军府功曹。齐受禅时为中书舍人。后被幽执，不知所由。积年，文宣自幸禁狱释之。遂见任用，历武成、后主之世焉。

元蛮者，江阳王继之子，孝昭元皇后之父，十年大诛元氏，孝昭为之苦请，因是追原之，赐姓步六孤氏，见《北齐书·外戚传》。昭成之后，又有名士将者，武成时位将作大匠，见《北史·魏诸宗室传》。即元坦家属徙彭城，亦未闻其更行追戮也。

《十七史商榷》云："《新唐书·宰相世系表》，序元魏之后，闻于唐世者甚多，然所列者，皆是后周韩国公谦及隋兵部尚书平昌公岩之后，则知元氏惟西魏尚有存者，而东魏已绝，"其说实为非是。惟屠戮多而所存廑耳。

王氏又云："《洛阳伽蓝记》第四卷云：河阴之役，诸元歼尽，王侯第宅，多题为寺，未及三十年，而元氏子孙三千人，又被高洋尽杀之；且前代之翦灭，不过阴行鸩害，此则骈斩于市"云云，则诚蛮夷猾夏者百世之龟鉴矣。

永安简平王浚，神武第三子；上党刚肃王涣，神武第七子；其被祸俱在天保九年。陈永定二年。史言浚小时本与文宣有隙，后又以直谏被祸；涣之被祸，则以术士言亡高者黑衣，文宣问左右："何物最黑？"对曰："莫过漆。"帝以涣第七为当之；此皆非其真。史又言浚豪爽有气力，善骑射；涣材武绝伦，尝率众送萧渊，破东关，斩裴之横，威名甚盛；则或其见杀之由耳。

先一年，文宣在晋阳，浚时为青州刺史，涣录尚书事。文宣征浚，浚谢疾不至。文宣怒，驰驿收之。又使库直都督破六韩伯升之邺征涣。涣至紫陌桥，杀伯升以逃，冯河而渡，土人执以送帝。既至，盛以铁笼，俱置北城地牢下。饮食溲秽，共在一所。是年，帝亲将左右，临穴歌讴，令浚等和之。浚等皇怖且悲，不觉声战。帝为怅然，因泣，将赦之。

长广王湛，神武第九子，即武成帝。先与浚不睦，进曰："猛虎安可出穴？"帝默然。浚等闻之，呼长广小字曰："步落稽，皇天见汝。"左右闻者，莫不悲伤。浚与涣皆有雄略，为诸王所倾服，帝恐为害，乃自刺涣，又使壮士刘桃枝就笼乱刺。稍每下，浚、涣辄以手拉折之，号哭呼天。于是薪火乱投，烧杀之。填以石土。后出，皮发皆尽，尸色如灰。帝以浚妃陆氏配仪同刘郁捷，涣妃李氏配冯文洛，皆帝家旧奴，令杀浚、涣，故以配焉。

神武第十二子博陵文简王济，尝从文宣巡幸，在路忽忆大后，遂逃归，帝怒，临以白刃，因此惊恍。又清河王岳，为高归彦所构，归彦，神武族弟。属文宣召邺下妇人薛氏入宫，即《纪》所云薛嫔。而岳先尝唤之至宅，由其姊也，帝悬薛氏姊而锯杀之，让岳，以为奸民女。岳曰："臣本欲取之，嫌其轻薄不用，非奸也。"帝益怒。

天保六年，梁敬帝绍泰元年。十一月，使归彦就宅切责之。岳忧悸不知所为，数日而死。时论纷然，以为遇鸩焉。案观长广王猛虎不可出穴之语，则知高氏弟兄相忌，初非独文宣一人，此当时风气使然，无足为怪，至其杀之之惨酷，则自由文宣有狂易之疾故也。

高隆之：齐受禅，进爵为王，寻以本官录尚书事。天保五年，梁元帝承圣三年。见杀。《传》云：初世宗委任崔暹、崔季舒等，及世宗崩，隆之启显祖，并欲害之，不许。显祖以隆之旧齿，委以政事，季舒等仍以前隙，乃谮云："隆之每见诉讼者，辄加哀矜之意，以示非己能裁。"显祖以其委过要名，非大臣义，禁止尚书省。隆之曾与元昶宴饮，酒酣，语昶曰："与王交游，当生死不相背。"人有密言之者。又帝未登庸之日，隆之意常侮帝，帝将受魏禅，大臣咸言未可，隆之又在其中，帝深衔之，因此遂大发怒，令壮士筑百余下放出。渴将饮水，人止之，隆之曰："今日何在？"遂饮之。因从驾死于路。

帝末年追忿隆之，诛其子德枢等十余人，并投漳水。又发隆之冢，出其尸，斩截骸骨，投之漳流。高德政：受禅之日，除为侍中。

天保七年，迁尚书右仆射，仍兼侍中。其《传》云：德政与尚书令杨愔纲纪政事，多有弘益。显祖末年，纵酒酣醉，所为不法，德政屡进忠言，帝不悦。谓左右云："高德政恒以精神凌逼人。"德政甚惧，乃称疾，屏居佛寺，兼学坐禅，为退身之计。帝谓杨愔曰："我大忧德政，其病何似？"愔以禅代之际，因德政言情切至，方召致诚款，常内忌之，由是答云："陛下若用作冀州刺史，病即自差。"帝从之。

德政见除书而起。帝大怒，召德政谓之曰："闻尔病，我为尔针。"亲以刀子刺之，血流沾地。又使曳下斩去其趾。刘桃枝捉刀不敢下。帝起临阶砌，切责桃枝曰："尔头即堕地。"因素大刀自带，欲下阶。桃枝乃斩足之三指。帝怒不解，禁德政于门下。其夜，开城门，以毡舆送还家。

旦日，德政妻出宝物满四床，欲以寄人。帝奄至其宅，见而怒曰："我府藏犹无此物。"诘其所从得，皆诸元赂之也。遂曳出斩之。时妻出拜，又斩之。并其子祭酒伯坚。德政死后，显祖谓群臣曰："高德政常言宜用汉人，除鲜卑，此即合死。又教我诛诸元，我今杀之，为诸元报仇也。"

案德政之死，在天保十年八月，正大诛诸元之后，德政乘机胁取其赂，而仍不能为之救解；如文宣言，则且从而下石焉；亦可谓险巇矣，足见伪朝之无正士也。

杜弼亦以是年夏见杀。弼时为胶州刺史。其《传》云：弼性质直。前在霸朝，多所匡正。及显祖作相，致位僚首。初闻揖让之议，犹有谏言。显祖尝问弼云："治国当用何人？"对曰："鲜卑车马客，会须用中国人。"显祖以为讥我。高德政在要，不能下之，德政深以为恨，数言其短。又令主书杜永珍密启弼：在长史日，受人请属，大营婚嫁。显祖内衔之。弼恃旧，仍有公事陈请。上因饮酒，遂遣就州斩之。既而悔之，驿追不及。

王元景，名昕，猛六世孙。为秘书监。《传》云：显祖以昕疏诞，骂之曰："好门户，恶人身。"又有谗之者曰："王元景每嗟水运不应遂绝。"帝愈怒，乃下诏徙幽州。后征还，判祠部尚书事。帝怒临漳令嵇晔，及舍人李文师，以晔赐薛丰洛，文师赐崔士顺为奴。郑子默私诱昕曰："自古无朝士作奴。"昕曰："箕子为之奴，何言无也？"子默遂以昕言启显祖，仍曰："王元景比陛下于殷纣。"帝后与朝臣酣饮，昕称病不至，帝遣骑执之，见其方摇膝吟咏，遂斩于御前，投尸漳水。亦天保十年也。李蒨之事，其详无所见。

案高隆之、高德政，位高权重，皆有取死之道焉，史所言致死之由，不必实也。其杀王昕、杜弼，自为淫刑，然观高德政、杜弼，皆以讥鲜卑获罪，文宣种族之见，亦可谓深矣，安得尽委之于狂易哉？

文宣之营三台，《本纪》书其事于天保九年八月，云：先是发丁匠三十余万，营三台于邺下，因其旧基而高博之。大起宫室及游豫园。至是，三台成，改铜雀曰金凤，金兽曰圣应，冰井曰崇光云。此为文宣侈靡之一端，至其起长城，则意在守御北方，虽曰劳民，不能尽目为暴政也。

文宣亦薄有武略。惟其时关西无隙可乘；南方陈武帝崛兴，力亦足以攘外，始纳渊明，继辅萧庄，皆致失利；故其力，仅用之于北边焉。魏世北边大敌，本为柔然。宣武帝时，柔然衰乱，其主阿那瑰奔魏，魏人辅之还北，一时颇见驯伏。六镇乱作，魏人始畏柔然。逮东西既分，乃竞与结好。

西魏文帝，以元昱之女，称为化政公主，昱孝武时舍人。妻阿那瑰兄弟塔寒。又自纳阿那瑰女为后。加以金帛诱之。阿那瑰遂留东魏使元整，不报信命。又掠范阳、秀容，杀元整，转谋侵害。孝静帝元象元年，梁武帝大同四年。神武志在绥抚。会阿那瑰女妻文帝者遇疾死，因遣相府功曹参军张徽纂使阿那瑰，间说之云："文帝及周文，既害孝武；又杀阿那瑰之女；妄以疏属假公主之号，嫁彼为亲。又阿那瑰渡河西讨时，周文烧草，使其马饥，不得南进。"又论"东魏正统所在。言其往者破亡归命，魏朝保护，得存其国。若深念旧恩，以存和睦，当以懿亲公主，结成姻媾；为遣兵将，伐彼叛臣。”阿那瑰乃归诚于东魏。

东魏以常山王骘妹乐安公主妻之，改封为兰陵郡长公主。兴和三年，梁大同七年。阿那瑰以其孙女号邻和公主，妻神武第九子长广王湛。兴和四年，梁大同八年。又以其爱女，号为公主妻神武。武定四年，梁中大同元年。自此东魏边塞无事。至武定末，贡献相寻。齐受禅，亦岁时来往不绝。

天保三年，梁元帝承圣元年。阿那瑰为突厥土门所破。突厥，自其初起时，即亲附西魏，西魏尝以长乐公主妻之。大统十七年，梁简文帝大宝二年，即文宣天保二年也。

案西魏文帝后本乙弗氏，以纳蠕蠕主故，废而杀之。《北史·后传》云：年十六，帝纳为妃。及帝即位，以大统元年，册为皇后。生男女十二人。多早夭，惟太子及武都王戊存焉。帝更纳悼后，命后逊居别宫，出家为尼。悼后犹怀猜忌，复徙后居秦州，依子刺史武都王。帝虽限大计，恩好不忘。后密令养发，有追还之意。然事秘禁，外无知者。

六年，春，蠕蠕举国渡河，颇有言虏为悼后之故兴此役。帝曰：“岂有百万之众，为一女子举也？虽然，致此物论，朕亦何颜以见将帅邪？”乃遣中常侍曹宠赍手敕，令后自尽。年三十一。及文帝山陵毕，手书云：万岁后欲令后配飨。公卿乃议追谥曰文皇后，祔于大庙。

案后之废，在大统四年，年二十九。自其十六归帝，至此仅十有四年，而生男女十二人，足见其情好之笃。而帝竟不能庇其命，亦可哀矣。

《蠕蠕传》云：阿那瑰率众度河，以废后为言，文帝不得已，遂敕废后自杀，与《后妃传》歧异。观下述阿那瑰以蠕蠕公主妻神武，而敕秃突佳留住，待见外孙乃归，恐以《蠕蠕传》之言为信；抑非蠕蠕有是言，当时魏朝，亦未必有欲害文后者也。然以惮于御敌之故，而使文后死于非命，魏之军人，亦可耻矣。

兰陵公主之适蠕蠕也，自晋阳北迈，资用器物，神武亲自经纪，咸出丰渥。蠕蠕公主之来也，阿那瑰女妻神武者，号曰蠕蠕公主。武明皇后亦避正室以处之。阿那瑰使其弟秃突佳来送女，仍戒曰：“待见外孙，然后返国。”神武尝有病，不得往公主所，秃突佳怨恚，神武即自射堂舆疾就之。

观此诸事，可见当时宇文、高氏畏北狄之甚。齐既与柔然睦，而柔然为突厥所破，突厥又夙睦于西魏，固无怪文宣之欲经略之也。又宇文氏为慕容氏所破，别种窜于松漠之间者为奚、契丹，至南北朝末，亦渐强盛，能犯塞。此等虽未必大敌，然必边塞安，乃能尽力于西南二方，文宣乘闲暇之时，出兵经略，固不能谓为非计也。

文宣之用兵于北垂，事起天保三年。梁承圣元年。《北齐书·本纪》：是岁，三月，讨库莫奚于代郡，大破之。获杂畜十余万，分赉将士各有差。以奚口付山东为民。二月，阿那瓌为突厥所破，自杀。其太子菴罗辰，及瓌从弟登注俟利发，注子库提，并拥众来奔。茹茹余众，立注次子铁伐为主。九月，帝自并州幸离石。十月，至黄栌岭。在今山西汾阳县西北，接离石县界。仍起长城，北至社干戍，胡三省云：此长城盖起于唐石州，北抵武州之境。案唐石州，今山西离石县，武州，今山西五寨县。社干戍，《通鉴》作社平戍，胡《注》云：《齐纪》作社干。四百余里。立三十六戍。

四年，梁承圣二年。二月，送铁伐、登注、库提还北。铁伐寻为契丹所杀。国人立登注为主，仍为其大人阿富提等所杀。国人复立库提。九月，契丹犯塞。帝北讨。十月，至平州。从西道趋长堑。胡三省曰：曹操征乌丸，出卢龙塞，堑山堙谷，五百余里，后人因谓之长堑。案卢龙塞，在今河北迁安县北。诏司徒潘相乐率精骑五千，自东道趋青山。复诏安德王韩轨率精骑四千，东趋断契丹走路。

帝至阳师水，胡三省曰：《唐志》：贞观三年，以契丹，室韦部落置师州及阳师县于营州之废阳师镇，即此。倍道兼行，掩袭，大破之。虏获十余万口，杂畜数十万头。乐又于青山大破契丹别部。所虏生口，皆分置诸州。十二月，突厥复攻茹茹。茹茹举国南奔。帝自晋阳北讨突厥，迎纳茹茹。乃废库提，立菴罗辰，置之马邑。亲追突厥于朔州。突厥请降，许之而还。

五年，梁承圣三年。三月，菴罗辰叛。帝亲讨，大破之。辰父子北遁。四月，茹茹寇肆州。帝自晋阳讨之。至恒州黄瓜堆，在今山西山阴县北。虏骑散走。五月，北讨茹茹，大破之。六月，茹茹率部众东徙，将南侵。帝率轻骑于金山下邀击之。茹茹闻而远遁。十二月，北巡。至达速岭，在今山西平鲁县西北。览山川险要，将起长城。

六年，梁绍泰元年。六月，亲讨茹茹。七月，顿白道，留辎重，亲率轻骑五千追茹茹，及于怀朔镇。帝躬当矢石，频大破之。遂至沃野。获口二万余，牛、羊数十万头。是年，发夫一百八十万人筑长城，自幽州北夏口胡三省云：盖即居庸下口。案居庸关，在今河北昌平县察哈尔延庆县之间。至恒州，九百余里。据《赵郡王琛传》，筑城时在六月。十二月，先是自西河总秦戍。筑长城，东至于海。前后所筑，东西凡三千余里，率十里一戍，其要害置州镇，凡二十五所。

八年，陈永定元年。于长城内筑重城，自库洛拔而东，至于坞纥戍，库洛拔，《通鉴》作库洛枝。坞纥戍，《通鉴》作坞纥戍。凡四百余里。八年筑城之役，亦见《赵郡王叡传》。经略北边之事，盖至此而粗毕，故自是不复北出，亦无复大举矣。

史所称帝之雄武，大抵皆指此诸役言之。《纪》于天保四年伐契丹之役云："帝亲逾山岭，为士卒先，指麾奋击。"又云："是行也，帝露头袒膊，昼夜不息，行千余里，惟食肉饮水，壮气弥厉。"五年四月之役云："大军已还，帝率麾下千余骑，遇茹茹别部数万，四面围逼。帝神色自若，指画形势，虏众披靡，遂纵兵溃围而出。虏走，追击之。伏尸二十里。获菴罗辰妻子及生口三万余人。"前所引《北史·本纪》，谓帝每临行阵，亲当矢石云云，即檃栝是诸役而为言也。

当时北边安静，远国来朝贡者颇多，此数年中，奚、契丹、突厥外，尚有肃慎、地豆干亦来朝，皆见《本纪》。其功绩似不无足称，然亦不过使北边暂告安静而已。当时之茹茹、突厥及奚、契丹，兵力皆不甚强；史于文宣武功，又不免铺张扬厉；实亦无甚足称也。

第三节　孝昭武成篡夺

北齐之事，始坏于文宣，而大坏于武成。文宣嗣子幼弱，致启孝昭、武成二世之争夺，自此宗室之中，猜忌觊觎，互相屠戮，奸臣因之窃柄。孝昭在兄弟中，似较修饬，然享年不永；武成荒淫，实更甚于文宣；诒谋不臧，至后主而益昏荡。政治内紊，强敌外陵，于是大宁之后，不及二十年，而齐祚迄矣。

文宣母弟四人：常山王演，神武第六子。襄城王淯，神武第八子。长广王湛，博陵王济神武第十二子。是也。襄城为人，盖无能为；博陵年幼；故惟常山、长广二王为亲逼。

常山：天保五年，梁元帝承圣三年。除并省尚书令。七年，梁敬帝大平元年。从文宣还邺。文宣以尚书奏事，多有异同，令与朝臣先论定得失，然后敷奏。八年，陈武帝永定元年。转司空，录尚书事。九年，陈永定二年。除大司马，仍录尚书。

《孝昭纪》云：文宣溺于游宴，帝密撰事条将谏，其友王晞以为不可，帝不从，因间极言，遂逢大怒。帝性颇严，尚书郎中，剖断有失，辄加捶楚；令史奸慝，并即考竟。文宣乃立帝于前，以刀环拟胁；召被罚者，临以白刃，求帝之短，咸无所陈，方见解释。后赐帝魏时宫人，醒而忘之，谓帝擅取，遂以刀环乱筑，因此致困。皇大后日夜啼泣。文宣不知所为。先是禁王晞，乃舍之，令侍帝。

《晞传》云：文宣昏逸，常山王数谏，帝疑王假辞于晞，欲加大辟。王私谓晞曰："博士，明日当作一条事，为欲相活，亦图自全，宜深体勿怪。"乃于众中杖晞二十。帝寻发怒，闻晞得杖，以故不杀，髡钳鞭配甲坊。居三年，王又因谏争，大被殴挞，闭口不食。大后极忧之。帝谓左右曰："傥小儿死，奈我老母何？"于是每问王疾。谓曰："努力强食，当以王晞还汝。"乃释晞令往。后王承间苦谏，遂至忤旨。帝使力士反接，拔白刃注颈，骂曰："小子何知？欲以吏才非我。是谁教汝？"催遣捶楚[④]。乱杖挟数十。会醉卧得解，盖常山当文宣之世，实已屡濒于危，特以大后故得免耳。

十年，陈永定三年。十月，文宣死于晋阳。大子殷立，是为废帝。尚书令杨愔，与左仆射平秦王归彦，侍中燕子献，黄门侍郎郑子默，名颐。同受遗诏辅政。愔在文宣朝，称为贤相，史称自天保五年以后，维持匡救，实有赖焉。尚大原长公主。归彦，文宣诛高德政，金宝财货，悉以赐之，盖亦颇得宠信。子献，尚阳翟长公主。子默，文宣为大原公时，为东阁祭酒。与宋钦道特相友爱。

钦道为文宣大将军主簿。后令在东宫教大子习事。钦道文法吏，不甚谙识古今，而子默以文学见知，有疑事必询焉。二人幸于两宫，虽诸王大臣，莫不敬惮，盖又与废帝关系较深者也。并以二王威望先重，咸有猜忌之心。

初在晋阳，以大行在殡，天子谅闇，议令常山王在东馆。欲奏之事，皆先谘决。二旬而止。仍欲以常山王随梓宫至邺，留长广王镇晋阳。执政复生疑贰，而王又俱从至于邺。子献立计，欲处大皇大后于北宫，武明后。政归皇大后。文宣后李氏。

自天保八年以来，爵赏多滥，愔先自表解其开封王，诸叨窃恩荣者，皆从黜免，由是嬖宠失职之徒，尽归心二叔。归彦初虽同德，寻以疏忌之迹，尽告两王。《归彦传》云：济南自晋阳之邺，杨愔宣敕，留从驾五千兵于西中，阴备非常，至邺数日，归彦乃知之，由是阴怨杨、燕。杨、燕等欲去二王，问计归彦，归彦诈喜，请共元海量之，元海亦口许心违，驰告长广。元海者，上洛王思宗子，思宗，神武从子也。可朱浑天和道元季弟。尚东平公主。时为领军大将军。又每云："若不诛二王，少主无自安之理。"钦道面奏帝：称"二叔威权既重，宜速去之。"帝不许，曰："可与令公共详其事。"愔等议出二王为刺史，以帝仁慈，恐不可所奏，乃通启皇大后，具述安危。

宫人李昌仪者，胡三省曰：昌仪盖亦内职，而《北史·后妃传》无之，盖大后女官之名。高仲密之妻，坐仲密事入宫，大后以昌仪宗情，甚相昵爱，以启示之，昌仪密启大皇大后，愔等又议不可令二王俱出，乃奏以长广王为大司马、并州刺史，常山王为大师、录尚书事。及二王拜职，于尚书省大会百僚，愔等并将同赴，子默止之，不听。长广旦伏家僮数十人于录尚书后室。仍与席上勋贵数人相知。并与数勋胄约："行酒至愔等，我各劝双杯。彼必致辞。我一曰捉酒，二曰捉酒，三曰何不捉？尔辈即捉。"及宴，如之。

于是愔及天和、钦道，皆被拳杖乱殴击，头面血流。各十人持之。子献素多力，头又少发，排众走出省门。斛律光逐而禽之。使执子默于尚药局。《孝昭纪》云：帝戎服，与平原王段韶、平秦王高归彦、领军刘洪徽入自云龙门。于中书省前遇散骑常侍郑子默，又执之。二叔率高归彦、贺拔仁、斛律金拥愔等唐突入云龙门。见都督叱利骚，招之，不进，使骑杀之。

开府成休宁拒门，归彦喻之，乃得入。《孝昭纪》：帝至东阁门，都督成休宁抽刃呵帝，帝令高归彦喻之，休宁厉声大呼不从。归彦既为领军，素为兵士所服，悉皆弛杖，休宁乃叹息而罢。《归彦传》云：孝昭将入云龙门，都督成休宁列仗拒而不纳，归彦喻之，然后得入。进而柏阁、永巷，亦如之。送愔等于御前。

长广王及归彦在朱华门外。大皇大后临昭阳殿。大后及帝侧立。常山王以砖叩头，进而言曰："臣与陛下，骨肉相连。杨遵彦等欲擅朝权，威福自己。王公以还，皆重足屏气，共相唇齿，以成乱阶。若不早图，必为宗社之害。臣与湛等为国事重；贺拔仁、斛律金等惜献皇帝基业；共执遵彦等领入宫。未敢刑戮。专辄之失，罪合万死。"帝时默然。

领军刘桃枝之徒陛卫，叩刀仰视，帝不睨之。大皇大后令却仗，不肯。又厉声曰："奴辈即今头落。"乃却。《孝昭纪》：时庭中及两廊下卫士二千余人，皆被甲待诏。武卫娥永乐，武力绝伦，又被文宣重遇，抚刃思效。废帝性吃讷，兼仓卒不知所言；大皇大后又为皇大后誓言帝无异志，惟去逼而已；高归彦敕劳卫士解严，永乐乃纳刀而泣。帝乃令归彦引侍卫之士向华林园，以京畿军入守门阁，斩娥永乐于园。与《杨愔传》不同，当以《孝昭纪》为确，观永乐被害，桃枝安然无患可知。《武成纪》帝既与孝昭谋诛诸执政，迁大傅，录尚书事，领京畿大都督，正使之守御门阁也。乃让帝曰："此等怀逆，欲杀我二儿，次及我，尔何纵之？"帝犹不能言。

大皇大后怒且悲。王公皆泣。大皇大后又曰："岂可使我母子受汉老妪斟酌？"大后拜谢。常山王叩头不止。大皇大后谓帝曰："何不安慰尔叔？"帝乃曰："天子亦不敢与叔惜，岂敢惜此汉辈？但愿乞儿性命，儿自下殿去，此辈任叔父处分。"遂皆斩之。长广王以子默昔谗己，作诏书，故先拔其舌，截其手焉。以上据《杨愔传》。时废帝乾明元年二月也。即孝昭帝皇建元年，陈文帝天嘉元年。以赵彦深代总机务。

彦深者，幼孤贫，司马子如用为尚书令史。后荐诸神武，为大丞相功曹参军，专掌机密。历文襄、文宣之世。以温柔谨慎称。盖委蛇自保之流，故能历武成、后主之世而无患。杨愔固非端人，至彦深，则每况愈下矣。

后主时，赵郡王俨作乱，率京畿军士三千余人屯千秋门。广宁、安德二王广宁王孝珩，文襄第二子。安德王延宗，文襄第五子。适从西来，欲助成其事，曰："何不入？"中常侍刘辟疆曰："人少。"安德王顾众而言曰："孝昭帝杀杨遵彦，止八十人，今乃数千，何言人少？"孝昭杀杨遵彦止八十人，未知信否，然时二王非有兵权，徒党必不能多；勋胄特以利合，或则年少好事，岂能为之力战？陛卫之士，自足御之，而废帝吃讷不能发言，遂使二王幸而获济矣。

《废帝纪》云：文宣登凤台，召大子使手刃囚，大子恻然有难色，再三不断其首。文宣怒，亲以马鞭撞大子三下。由是气悸语吃，精神时复昏扰。然则教之杀人者，适所以使之见杀于人也。亦可哀矣。

杨愔等既死，于是以常山王演为大丞相、都督中外诸军、录尚书事，长广王湛为大傅、录尚书、京畿大都督。演寻如晋阳。有诏：军国大政，咸谘决焉。八月，大皇大后令废帝为济南王。演即位于晋阳，是为孝昭皇帝。

孝昭之诛杨愔等，谓长广王湛曰："事成，以尔为皇大弟。"及践阼，乃使湛在邺主兵，立子百年为皇大子。湛甚不平。时留济南于邺，除领军库狄伏连为幽州刺史，以斛律丰乐光弟，名羡。为领军，以分湛之权。

湛留伏连，不听丰乐视事。乃与河阳王孝瑜伪猎，谋于野，暗乃归。孝瑜，文襄长子。本传云：孝瑜养于神武宫中，与武成同年相爱，将诛杨愔等，孝瑜豫其谋。及武成即位，礼遇特隆。《孝昭纪》云：帝以尊亲而见猜斥，乃与长广王期猎，谋之于野，疑即与武成谋之传误也。既而大史奏言："北城有天子气。"孝昭以为济南应之，使平秦王归彦之邺，迎济南赴并州。

时高元海以散骑常侍留邺典机密，湛先咨焉，并问自安之计。元海说梁孝王惧诛入关事。请以数骑入晋阳，先见大后求哀，后见主上，请去兵权，以死为限，求不干朝政，必保泰山之安，此上策也。若不然，当且表云：威权大重，恐取谤众口，请青、齐二州刺史，沈静自居，必不招物议，此中策也。更问下策。曰："发言即恐族诛。"逼之。答曰："济南世嫡，主上假大后令而夺之，孝昭即位，武明后复为大后，文宣后降居昭信宫，称昭信大后。

今集文武，示以此敕，执丰乐，斩归彦，尊济南，号令天下，以顺讨逆，此万世一时也。"湛大悦，狐疑竟未能用，乃令数百骑送济南于晋阳。既至，孝昭杀之。时皇建二年九月也。陈天嘉二年。十一月，孝昭死，征湛入即位，是为世祖武成皇帝。

孝昭之篡也，高归彦以司空兼尚书令。孝昭死，归彦迎武成于邺，进位大傅，领司徒。武成以前翻复之迹，渐忌之。河清元年，陈天嘉三年。二月，出为冀州刺史。至州，不自安，谋逆。望车驾入晋阳，乘虚入邺。为其郎中令吕思礼所告。诏段诏袭之。城破，归彦单骑北走，至交津，《水经注》：白马河入衡漳之口，在武隧县南。武隧，汉县，后汉曰武遂，北齐省，在今河北武强县东北。见获，锁送邺，并子孙十五人皆弃市。

明年，河清二年，陈天嘉四年。高元海亦被捶马鞭六十，出为兖州。先是已杀文宣次子大原王绍德。及是，复杀河南王孝瑜，及其弟河间王孝琬。孝琬弟延宗，亦被捶几死。

绍德之死，《后妃传》谓由武成淫其母，生女，绍德愠，母惭，杀其女，即昭信皇后也。《传》云：武成践阼，逼后淫乱，云："若不许，我当杀尔儿。"后惧，从之。后有娠，绍德至阁，不得见，愠曰："儿岂不知邪？姊姊腹大，故不见儿。"后闻之，大惭，由是生女不举。帝横刀诟曰："尔杀我女，我何不杀尔儿？"对后前筑杀绍德。后大哭。帝愈怒。裸后乱挝挞之。号天不已。盛以绢囊，流血淋漉，投诸渠水，良久乃苏。犊车载送妙胜尼寺。后性爱佛法，因此为尼。《南阳王绰传》云：绰兄弟皆呼父为兄兄，嫡母为家家，乳母为姊姊，妇为妹妹。本传谓系修旧怨，《传》云：武成因怒李后，骂绍德曰：“尔父打我时，竟不来救。”以刀环筑杀之。其说两岐，盖特以其为废帝母弟而杀之；至孝瑜之见杀，则其故自与归彦、元海之见忌同也。

《孝瑜传》云：武成尝使和士开与胡后对坐握槊，孝瑜谏曰：“皇后天下之母，不可与臣下接手。”帝深纳之。后又言赵郡王父死非命，不可亲。由是叡及士开皆侧目。士开密告其奢僭。叡又言“山东惟闻河南王，不闻有陛下。”帝由是忌之。尔朱御女，名摩女，本事大后，孝瑜先与之通，后因大子婚夜，孝瑜窃与之言。武成大怒。顿饮其酒三十七杯。使娄子彦载以出，鸩之于车。至西华门，烦热躁闷，投水而绝。赵郡王叡，琛子，琛，神武弟，以乱后庭，因杖而毙。武成后通和士开，可信与否，尚在疑似之间，谓孝瑜因谏后与士开握槊而招怨，更不足信矣。孝琬，文襄第三子。

《传》云：突厥与周师入大原，武成将避之而东，孝琬叩马谏，请委赵郡王部分之，必整齐，帝从其言。孝琬免胄将出，帝使追还。孝琬以文襄世嫡，骄矜自负。河南王之死，诸王在宫内，莫敢举声，惟孝琬大哭而出。又怨执政，为草人而射之。和士开与祖珽谮之云：“草人拟圣躬也。又前突厥至州，孝琬脱兜鍪抵地，云岂是老妪？须著此？此言属大家也。”

初魏世谣言：“河南种谷河北生，白杨树头金鸡鸣。”珽以说曰：“河南河北，河间也。金鸡鸣，孝琬将建金鸡而大赦。”帝颇惑之。时孝琬得佛牙，置于第内，夜有神光照室，玄都法顺请以奏闻，不从。帝闻，使搜之，得镇库矟幡数百。帝闻之，以为反状。讯其诸姬。有陈氏者，无宠，诬对曰：“孝琬画作陛下形哭之。”然实是文襄像，孝琬时时对之泣。

帝怒，使武卫赫连辅玄倒鞭挞之。孝琬呼阿叔。帝怒曰：“谁是尔叔？敢唤我作叔？”孝琬曰：“神武皇帝嫡孙，文襄皇帝嫡子，魏孝静皇帝外孙，何为不得唤作叔也？”帝愈怒，折其两胫而死。

案文襄第二子广宁王孝珩，第四子兰陵王长恭，一名孝瓘，武成世皆无患；第五子安德王延宗，虽被挞几死，亦获保全；而孝琬独见杀者？盖由其以文襄世嫡自负，故为武成所忌也。

《延宗传》云：河间死，延宗哭之泪赤。又为草人以像武成，鞭而讯之，曰：“何故杀我兄？”奴告之。武成覆卧延宗于地，马鞭挞之二百，几死。

其明年，河清三年，陈天嘉五年。遂杀孝昭大子乐陵王百年。《百年传》云：河清三年，五月，白虹围日再重，又横贯而不达；赤星见，帝以盆水承星影而盖之，一夜盆自破；欲以百年厌之。会博陵人贾德胄教百年书，百年尝作数敕字，德胄封以奏。帝乃发怒，使召百年。

百年被召，自知不免，割带玦留与妃斛律氏。见帝于玄都苑凉风堂。使百年书敕字，验与德胄所奏相似。遣左右乱捶击之。又令人曳百年绕堂，且走且打，所过处血皆遍地。气息将尽，曰："乞命，愿与阿叔作奴？"遂斩之。弃诸池，池水尽赤。于后园亲看埋之。妃把玦哀号，不肯食，月余亦死。玦犹在手，拳不可开。时年十四。其父光自擘之，乃开。

《孝昭纪》云：初帝与济南约不相害。及舆驾在晋阳，武成镇邺，望气者云邺城有天子气，帝尝恐济南复兴，乃密行鸩毒。济南不从，乃扼而杀之。后颇愧悔。初苦内热，频进汤散。

时有尚书令史，姓赵，于邺城见文宣从杨愔、燕子献等西行，言相与复仇。帝在晋阳，与毛夫人亦见焉。遂渐危笃。备禳厌[5]之事。诸厉方出屋梁，骑栋上，歌呼自若，了无惧容。时有天狗下，乃于其所讲武以厌之。有兔惊马，帝坠而绝肋。大后视疾，问济南所在者三。帝不对。大后怒曰："杀之邪？不用吾言，死其宜矣。"临终之际，惟扶服床枕，叩头求哀。遣使诏追长广王入纂大统，手书云："宜将吾妻子，置一好处，勿学前人也。"《百年传》亦云：帝临崩，遗诏传位于武成，并有手书，其末曰："百年无罪，汝可以乐处置之，勿学前人。"

说虽荒诞，谓孝昭杀济南而悔，及其临死属武成之语则或真，亦可哀矣。《废帝纪》云：初文宣命邢邵制帝名殷，字正道，帝从而尤之曰："殷家弟及，正字一止，吾身后儿不得也。"邵惧，请改焉。文宣不许，曰："天也。"因谓孝昭帝曰："夺时但夺，慎勿杀也。"与史纪孝昭属武成之语颇相类，此则殊不足信。大抵帝王必有所私昵之人，丧败之后，私昵为之不平，又感激私恩，乃造作此等言语，以见其能前知，流俗无识，则亦相与传之云尔。其实富贵中人，大多神识昏瞀，不能悬鉴未来，亦且不暇豫虑后事也。

是岁，又杀神武第四子平阳靖翼王淹。《淹传》云：河清三年，薨于晋阳，或云以鸩终。神武第五子彭城景思王浟，车驾临幸常留邺，是岁，二月，群盗田子礼等谋劫浟为主，不从，遇害。

因宗室之间，猜忌甚深，遂有传位大子之举。武成后胡氏，生子纬，以河清元年，立为大子。次子曰东平王俨。

《祖珽传》云：皇后爱少子，愿以为嗣。武成以后主体正居长，难于移易。珽私于和士开曰："君之宠幸，振古无二，宫车一日晚驾，欲何以克终？"士开因求策焉。珽曰："宜说主上云：襄、宣、昭帝子俱不得立，今宜命皇大子早践大位，以定君臣之分。若事成，中宫、少主皆德君，此万全计也。君此且微说，令主上粗解，珽当自外论之。"士开许诺。因有彗星出，大史奏云除旧布新之征，珽于是上书，帝从之。

河清四年，即后主天统元年，陈天嘉六年。四月，传位于纬，是为后主。时年十岁。案武成时年二十有九，何至虑及其将死？则《珽传》之言，不足信也。帝盖亦自有此意？其不肯废长立幼亦以此？然君臣之位，又岂可以虚名定哉？

第四节　武成后主荒淫

神武诸子，孝昭才性，似为最优。《本纪》云：帝聪敏有识度。深沈能断，不可窥测。自居台省，留心政术。闲明簿领，吏所不逮。及正位宸居，弥所刻厉。轻徭薄赋，勤恤人隐。内无私宠，外收人物。日昃临朝，务知人之善恶。每访问左右，冀获直言。曾问舍人裴泽在外议论得失。泽率尔对曰："陛下聪明至公，自可远侔古昔，而有识之士，咸言伤细，帝王之度，颇为未弘。"

帝笑曰："诚如卿言。朕初临万几，虑不周悉，故致尔耳。此事安可久行？恐后又嫌疏漏。"泽因被宠遇。其乐闻过如此。雄断有谋。于时国富兵强，将雪神武遗恨，意在顿驾平阳，为进取之策，远图不遂，惜哉！说虽过情，然其视文襄、文宣为优，则必不诬矣。至武成而大坏。

《恩幸传》云：高祖、世宗，情存庶政，文武任寄，多桢干之臣，惟郭秀小人，有累明德。秀事高祖，为尚书右丞。天保五年之后，虽罔念作狂，所幸之徒，惟左右驱驰，内外亵狎，其朝廷之事，一不与闻。大宁之后，奸佞浸繁，盛业鸿基，以兹颠覆。

《后主纪》云："武成爱狎庸竖，委以朝权；帷薄之间，淫侈过度；灭亡之兆，其在斯乎？后主以中庸之姿，怀易染之性。永言先训，教匪义方。始自襁褓，至于传位，隔以正人，闭其善道。养德所履，异乎春诵夏弦。过庭所闻，莫非不轨不物。辅之以中宫妳媪，属之以丽色淫声。纵韝绁[6]之娱，恣朋淫之好。语曰：从恶若崩，盖言其易。”然则后主之荒淫，亦不翅武成为之也。武成诚亡齐之罪魁矣。

武成、后主之世，嬖幸极多，其乱政最甚者，实为和士开、穆提婆、高阿那肱、韩长鸾等数人。士开：初为武成开府参军，甚相亲狎。文宣知其轻薄，责以戏狎过度，徙长城。后武成复请为京畿士曹参军。及践阼，累除侍中，又除右仆射。武成寝疾，士开入侍医药。武成谓其有伊、霍之才，殷勤属以后事。

临崩，握士开之手曰：“勿负我也。”仍绝于其手。士开虽小人，然不能谓其无才。《齐书·佞幸传》谓其说世祖云：“自古帝王，尽为灰烬，尧、舜、桀、纣，竟复何异？陛下宜及少壮，恣意作乐，纵横行之，即是一日快活敌千年；国事分付大臣，何虑不办？无为自勤苦也。”世祖大悦。又谓寿阳陷没，后主使于黎阳临河筑城戍，曰：“急时且守此，作龟兹园子。更可怜人生如寄，惟当行乐，何因愁为？”此乃其时士大夫见解如此，乃附会为此说耳。自古荒淫之人，皆惟溺其事，安论其理邪？

武成好握槊，士开善于此戏，以此得幸。《胡后传》又谓士开每与后握槊，因此与后奸通云。案观下文所述，后之见禁，实以赵王俨之故，则史所叙后淫乱之迹，不必尽信。

穆提婆，本姓骆，后其母陆令萱佞媚穆昭仪，养之为女，乃改姓穆氏。令萱以配入掖庭。后主襁褓之中，令其鞠养，谓之干阿妳。遂大为胡后所昵爱。令萱奸巧多机辩，取媚百端。宫掖之中，独擅威福。天统初，奏引提婆，入侍后主。朝夕左右，大被亲狎。

高阿那肱：父市贵，从高祖起义，那肱为库典，从征讨，以功勤，擢为武卫将军。妙于骑射，便辟善事人。每宴射之次，大为世祖所爱重。又谄悦和士开，尤相亵狎，士开每为之言，弥见亲待。韩凤，字长鸾。有膂力，善骑射。稍迁都督。后主居东宫，世祖简都督二十人，送令侍卫，凤在其数，数唤共戏云。

此外又有宦官、神武时，宦者惟阍内驱使，不被恩遇。历天保、皇建之朝，亦不至宠幸，但渐有职任。武成时，有至仪同、食干者，而邓长颙任参宰相，干豫朝权。又有陈得信，亦参时宰。与长颙并开府、封王。后主朝，多授开府，罕止仪同，亦有加光禄大夫，金章紫绶者。多带侍中、中常侍，此二职乃至数十人。

史称其“败政虐民，古今未有。”“一戏之赏，动逾巨万；丘山之积，贪吝无厌”焉。苍头，高祖时有陈山提、盖丰乐、刘桃枝等。天保、大宁之朝，渐以贵盛。至武平时，皆以开府封王。其不及武平者，则追赠王爵。又有何海及子洪珍皆为王，尤为亲要。洪珍侮弄权势，鬻狱卖官。

胡小儿，史丑多之徒胡小儿等数十，咸能舞工歌，亦至仪同、开府，封王。眼鼻深险，排突朝贵，尤为人士之所疾恶。及以音乐、沈过儿，官至开府、仪同。王长通，年十四五，便假节通州刺史。使鬼等见幸者，时又有开府薛荣宗，常自云能使鬼。及周兵之逼，言于后主曰：“臣已发遣斛律明月，将大兵在前去。”帝信之。经古冢，荣宗谓舍人元行恭：“是谁冢？”行恭戏之曰：“林宗冢。”复问：“林宗是谁？”行恭曰：“郭元贞父。”荣宗前奏曰：“臣向见郭林宗从冢出，著大帽吉莫靴，插马鞭，问臣：我阿贞来否？”是时群妄多类此。以上据《北齐书》及《北史·佞幸传》。皆盛于武成之朝，而诒诸后主者也。武成传位元子，名号虽殊，政犹己出，及其身，朝局尚无大变动，至武成死而波澜迭作矣。

武成死于天统四年十二月。陈废帝光大二年。时年三十二。黄门侍郎胡长粲，武成皇后从兄。领军娄定远，昭子。录尚书赵彦深，左仆射和士开、高文遥，即元文遥赐姓。领军綦连猛、高阿那肱，右仆射唐邕同知朝政，时人号为八贵。武成之死也，和士开秘丧三日不发。黄门侍郎冯子琮，其妻，胡皇后之妹也。

《子琮传》云：子琮素知和士开忌赵郡王叡及娄定远，恐其矫遗诏，出叡外任，叡时为大尉，录尚书事。夺定远禁卫之权，乃谓士开曰：“但令在内贵臣，一无改易，王公已下，必无异望。”乃发丧。文遥以子琮大后妹夫，恐其奖成大后干政，说赵郡王及士开出之，拜郑州刺史。郑州，治颍阴。至州未几，大后为齐安王纳子琮长女为妃，齐安王廓，武成第四子。子琮因请假赴邺，遂授吏部尚书，俄迁右仆射，乃摄选。观此，知武成甫死，大后与赵郡王，业已互相龃龉矣。

明年，天统五年，陈宣帝大建元年。正月，杀定州刺史博陵王济。济，神武第十二子也。其传云：天统五年，在州语人云，“计次第亦应到我。”后主闻之，阴使人杀之。案是时神武第十子任城王湝尚存，济安得作此语？济之死，必别有其故可知矣。至二月而赵郡王之变作。

《和士开传》云：叡与娄定远等谋出士开，引诸贵人，共为计策。《北史》云：仍引任城、冯翊二王及段韶、安吐根，共为计策。冯翊王润，神武第十四子也。安吐根，安息胡人。曾祖入魏，家于酒泉。吐根，魏末充使蠕蠕。天平初，蠕蠕使至晋阳。吐根密启本蕃情状，神武得为之备。神武以其忠款，厚加赏赉。其后与蠕蠕和亲，结成婚媾，皆吐根为行人也。在其本蕃，为人所谮，投奔神武。

属大后觞朝贵于前殿，叡面陈士开罪失。大后曰："先帝在时，王等何不道？今日欲欺孤寡邪？但饮酒，勿多言。"叡辞色愈厉。或曰：《北史》作"安吐根继进曰。""不出士开，朝野不定。"叡等或投冠于地，或拂衣而起，言辞咆勃，无所不至。明日，叡等共诣云龙门，令文遥入奏。大后不听。段韶呼胡长粲传言："大后曰：梓宫在殡，事大铢匆促，欲王等更思量。"赵郡王等遂并拜谢，更无余言。《北史》云：长粲复命，大后谓曰："成妹母子家计者，兄之力也。"厚赐叡等而罢之。

大后及后主召见问士开。士开曰："先帝群官之中，待臣最重。陛下谅闇始尔，大臣皆有觊觎心。若出臣，正是翦陛下羽翼。宜谓叡等曰：令士开为州，待过山陵，然后发遣。《北史》作"宜谓叡等云：文遥与臣，同是任用，岂得一去一留？并可以为州，且依旧出纳，待过山陵，然后发遣。"叡等谓臣真出，必心喜之。"后主及大后然之，告叡等如士开旨。以士开为兖州刺史。《北史》多文遥为西兖州刺史句。

山陵毕，叡等促士开就路。士开载美女、珠帘，及条诸宝玩，诣定远谢。定远喜，谓士开曰："欲得还入不？"士开曰："在内久，常不自安，今得出，实称本意，不愿更入，但乞王保护，长作大州刺史。今日远出，愿得一辞觐二宫。"定远许之。

士开由是得见大后及后主。进说曰："观朝贵意，势欲以陛下为乾明，济南年号。臣出之后，必有大变。"因恸哭。帝及大后皆泣。问计将安出？士开曰："臣已得入，复何所虑？正须数行诏书耳。"于是诏出定远为青州刺史；责叡以不臣之罪，召入而杀之。《叡传》云：入见大后，出至永巷，遇兵被执，送华林园，于雀离佛院令刘桃枝拉而杀之。时年三十六。复除士开侍中、尚书、右仆射。定远归士开所遗，加以余珍赂之。

武平元年，陈宣帝大建二年。封淮阳王。除尚书令，录尚书事，复本官，悉得如故。观此传所言，叡不臣之迹，较然甚明。段韶、娄定远，特劫于势无可如何，初非与之为党，亦显而易见。士开藉定远之力乃得入见，可见叡之跋扈。当日者，与谓齐之社稷，与叡共安危，毋宁谓大后、后主，与士开同利害，曷怪武成临终，殷勤托付哉？《叡传》所言，叡之邪正，适与此传反，其不足信亦明矣。

文遥、定远既出，唐邕专典外兵，綦连猛、高阿那肱别总武任，惟胡长粲常在左右，兼宣诏令。从幸晋阳，后主富于春秋，庶事皆归长粲。胡长仁者，武成皇后长兄也。言于后，发其阴私，请出为州，后主不得已，从焉。

长仁初以内戚，历位尚书左仆射，尚书令。武成崩，参豫朝政。封陇东郡王。左丞郦孝裕，郎中陆仁惠、卢元亮，厚相结托，人号为三佞。孝裕劝其求进。和士开深疾之。于是奏除孝裕为章武郡守，元亮为淮南郡守，淮南郡，治寿春。仁惠为幽州长史。孝裕又说长仁曰："王阳卧疾，和士开必来，因而杀之，入见大后，不过百日失官，便代其处。"士开知其谋，更徙孝裕为北营州建德郡守。建德，后魏郡。长仁每干执事，求为领军。将相文武，抑而不许，以本官摄选。长仁意犹未尽。

天统五年，陈大建元年。从驾自并还邺。夜发滏口。帝以夜漏尚早，停于路旁。长仁后来，谓是从行诸贵，遂遣门客程牙驰骑呼问。帝遣中尚食陈德信问是何人。牙不答而走。帝命左右追射之。既而捉获。令壮士扑之，决马鞭二百。牙一宿便死。士开因此，遂令德信列长仁倚亲骄豪，无畏惮。据《北史·长仁传》。《北齐书》云："后长仁倚亲骄豪，无畏惮"，则以德信之弹文为事实矣。由是除齐州刺史。

及辞，于昭阳列仗引见，长仁不敢发语，惟泣涕横流。到任，启求暂归，所司不为奏。怨愤，谋令人刺士开。其弟告之。士开密与祖孝征珽字。议之。孝征引汉文帝杀薄昭故事，于是敕遣张固、刘桃枝驰驿诣齐州，责长仁谋害宰辅，遂赐死。

案长仁亲大后兄，而其死也，大后不能庇，恐其罪状，亦不止于欲谋杀士开矣。《祖珽传》：珽以言禅事，拜秘书监，加仪同三司，大被亲宠。既见重二宫，因志于宰相。先与黄门侍郎刘逖友善，乃疏赵彦深、和士开罪状，令逖奏之。逖惧不敢通，其事颇泄。彦深等先诣帝自陈。武成。帝大怒，鞭二百，配甲坊。寻徙于光州。为深坑置诸内，桎梏不离其身。夜中以芜青子烛熏眼，因此失明。武成崩，后主忆之，就除海州刺史。东魏改青州为海州，治龙沮。

是时陆令萱外干朝政，其子穆提婆爱幸，珽乃遗陆媪弟悉达书。和士开亦以珽能决大事，欲以为谋主，故弃除旧怨，虚心待之。与陆媪言于帝。珽由是入为银青光禄大夫、秘书监，加开府仪同三司。盖时士开势亦甚危，故明知珽之倾险，而亦欲引以自助也，然卒不免于赵郡王之祸。

赵郡王俨，在武成时，已拜开府、侍中、中书监、京畿大都督、领军大将军，领御史中丞，迁大司徒、尚书令、大将军、录尚书事、大司马。帝幸并州，俨常居守。《传》云：帝每称曰："此黠儿也，当有所成。"以后主为劣，有废立意。此与《和士开传》谓胡后欲立俨，而武成以后主体正居长，难于移易者又又不同，足见史说多不尽信。和士开、骆提婆忌之。

武平二年，陈大建三年。出俨居北宫，五日一朝，不得复每日见大后。每日，《北史》作无时。四月，诏除大保，余官悉解。犹带中丞，督京畿。以北城有武库，欲移俨于外，然后夺其兵权。治书侍御史王子宜，与俨左右开府高舍洛，中常侍刘辟疆说俨曰："殿下被疏，正由士开间构。何可出北宫，入百姓丛中也？"俨谓侍中冯子琮曰："士开罪重，儿欲杀之。"

子琮心欲废帝而立俨，因赞成其事。俨乃令子宜表弹士开罪，请付禁推。子琮杂以他文书奏之。后主不审省而可之。俨诳领军库狄伏连曰："奉敕令领军收士开。"伏连以谘子琮，且请覆奏。子琮曰："琅邪王受敕，何须重奏？"伏连信之。伏五十人于神虎门外，诘旦，执士开送御史。俨使冯永洛就台斩之。

俨徒本意，惟杀士开，及是，因逼俨曰："事既然，不可中止。"俨遂率京畿军士三千余人，屯千秋门。后主急召斛律光。光入见后主于永巷。帝率宿卫者步骑四百授甲将出战。光曰："小儿辈弄兵，与交手即乱。至尊宜自至千秋门，琅邪必不敢动。"皮景和亦以为然。景和时为领军将军。后主从之。光步道使人走出曰："大家来。"俨徒骇散。帝驻马桥上呼之。俨犹立不进。光就谓曰："天子弟杀一汉，何所苦？"执其手，强引以前。帝拔俨带刀环乱筑辫头，良久，乃释之。收伏连及高舍洛、王子宜、刘辟疆、都督翟显贵于后园，帝亲射之而后斩。皆支解，暴之都街下。文武职吏，尽欲杀之。

光以皆勋贵子弟，恐人心不安；赵彦深亦云：《春秋》责帅；于是罪之各有差。自是大后处俨于宫内，食必自尝之。陆令萱说帝；何洪珍与和士开素善，亦请杀之；未决，以食舆密迎祖珽问之。珽称周公诛管叔，季友鸩庆父，帝纳其言。以俨之晋阳。九月下旬，帝启大后曰："明日欲与仁威出猎，仁威，俨字。须早出早还。"是夜四更，帝召俨，使刘桃枝杀之。时年十四。有遗腹四男，皆幽死。

《北史·冯子琮传》云：和士开居要日久，子琮旧所附托，中虽阻异，其后还相弥缝。时内外除授，多由士开奏拟，子琮既恃内戚，兼带选曹，自擅权宠，颇生间隙。时陆媪势震天下，大后与之结为姊妹，而和士开于大后有丑声，子琮欲阴杀陆媪及士开，因废帝而立琅邪王俨。以谋告俨，俨许之。乃矫诏杀士开。及俨见执，言子琮教己。大后怒，又使执子琮，遣右卫大将军侯吕芬就内省以弓弦绞杀之。此与《俨传》谓俨徒本意惟欲杀士开者绝异。

《胡后传》言：后自武成崩后，数出诣佛寺，又与沙门昙献通。乃置百僧于内殿，托以听讲，日夜与昙献寝处。以献为昭玄统。帝闻大后不谨而未之信。后朝大后，见二少尼，悦而召之，乃男子也。于是昙献事亦发。皆伏法。

帝自晋阳奉大后还邺，至紫陌，卒遇大风雪，舍人魏僧伽明风角，奏言即时当有暴逆事。帝诈云邺中有急，弯弓缠矟，驰入南城。令邓长颙幽大后北宫。仍有敕：内外诸亲，一不得与大后相见。久之，帝迎复大后。

大后初闻使者至，大惊，虑有不测。每大后设食，帝亦不敢尝。周使元伟来聘，作《述行赋》，叙郑庄公克段而迁姜氏，文虽不工，当时深以为愧。然则冯子琮之死，究出大后意？抑其逆谋竟与大后相连？又不可知矣。

要之，和士开虽小人，然当时倾侧冒利之徒，其不知利害，罔顾大局，恐尚皆出士开下也。《封隆之传》：隆之弟子孝琰，为通直散骑常侍，以本官兼尚书左丞，其所弹射，多承意旨。有僧尼以他事诉竟者，辞引昙献，上令有司推劾，孝琰案致极法，由是正授左丞，仍令奏门下事。

赵王既死，南阳王绰遂见杀。《绰传》云：绰实武成长子，以五月五日辰时生，至午时，后主乃生，武成以绰母李夫人非正嫡，故贬为第二，其见忌宜矣。绰时为定州刺史。《绰传》言其好微行，游猎无度，恣情强暴，云学文宣伯为人。后主闻之，诏锁赴行在所。至而宥之。问在州何者最乐？对曰："多取蝎，将蛆混看极乐。"后主即夜索蝎一斗。比晓，得三二升。置诸浴斛，使人裸卧斛中，号叫宛转。帝与绰临观，喜噱不已。谓绰曰："如此乐事，何不早驰驿奏闻？"绰由是大为后主宠，拜大将军，朝夕同戏。韩长鸾闻之，除绰齐州刺史。

将发，长鸾令绰亲信诬告其反。奏云："此犯国法，不可赦。"后主不忍显戮，使宠胡何猥萨后园与绰相扑，扼杀之。其说非实，显而易见。

武成第四子齐安王廓，《传》云：性长者，无过行，其为人盖无足忌，故免于患。第五子北平王贞，武成行幸，总管留台事积年。阿那肱承旨，令冯士干劾系于狱，夺其留后之权。第六子高平王仁英，第七子淮南王仁光，位清都尹。次河西王仁几，次乐平王仁邕，次颍川王仁俭，次安乐王仁雅，次丹阳王仁直，次东海王仁谦。皆养于北宫。琅邪死后，诸王守禁弥切。武平末年，仁邕以下，始得出外。供给俭薄，取充而已。

赵王俨之变，所以戡定甚易，盖颇有赖于斛律光，然未几，光亦遭族诛之惨，立乱朝者，诚无以自全哉！光父金，先世本朔州敕勒部人。高祖倍侯利，道武时率户内附。父那瑰，为领民酋长。金初从破六韩拔陵，后诣云州降。后魏正光中，改朔州为云州。稍南出，为杜洛周所破，与兄平脱身归尔朱荣。后从神武为将。金老寿。光，神武时久刺晋州，后移朔州，乾明后刺并州。弟羡，字丰乐，久刺幽州。

《北齐书·光传》，侈陈光之功绩，几于为齐之长城，其实所争者不过汾州、宜阳间之小戍，且亦无大克捷，《光传》盖阿私斛律氏者之所为，不足信也。光之所以见忌者，徒以仍世贵显，男尚公主，女为皇后，又兄弟并膺边任故耳。

武平二年，陈大建六年。周人围宜阳，光赴之，还军未至邺，敕令便放兵散。光以为军人多有功勋，未得慰劳，乃密通表请使宣旨，军仍且进。朝廷发使迟留，军还将至紫陌，光仍驻营待使。帝心甚恶之。急令舍人追光入见，然后宣劳散兵。拜光左丞相。光忿祖珽。

穆提婆求娶光庶女，不许。帝赐提婆晋阳之田，光言于朝曰："此田神武以来，常种禾饲马数千匹，以拟寇难，今赐提婆，无乃缺军务也？"由是祖、穆积怨。周将韦孝宽忌光，乃作谣言，令间谍漏其文于邺。祖珽因续之，令小儿歌之于路。提婆闻之，以告其母。遂相与协谋，以谣言启帝，曰："斛律累世大将；明月声震关西；明月，光字。丰乐威行突厥；女为皇后，男尚公主，谣言甚可畏也。"帝以问韩长鸾，长鸾以为不可，事寝。

祖珽又见帝请间。惟何洪珍在侧。帝曰："前得公启，即欲施行，长鸾以为无此理。"珽未对，洪珍进曰："若本无意则可，既有此意，而不决行，万一泄露，如何？”帝曰：“洪珍言是也。”犹豫未决。

会丞相府佐封士让密启云：“光前西讨还，敕令放兵散，光令军逼帝京，将行不轨，事不果而止。家藏弩甲，奴僮千数；每遣使丰乐、武都处，武都，光长子。阴谋往来，若不早图，恐事不可测。”启云军逼帝京，会帝所疑亿。谓何洪珍云：“人心亦大圣，我前疑其欲反，果然。”

帝性至怯耎[⑦]，恐即变发，令洪珍驰召祖珽告之。又恐追光不从命。珽因云：“正尔召之，恐终不肯入。宜遣使赐其一骏马，云明日将往东山游观，王可乘此马同行。光必来奉谢，因引入执之。”帝如其言。

顷之，引入凉风堂，刘桃枝自后拉而杀之。于是下诏称光谋反，今已伏法，其余家口，并不须问。寻而发诏尽灭其族。敕使中领军贺拔伏恩等十余人驿捕羡。遣领军大将军鲜于桃枝、洛州行台仆射独孤永业便发定州骑卒续进，仍以永业代羡。伏恩等至，羡出见，遂执之，死于长史听事。

光四子：长武都，梁、兖二州刺史，遣使于州斩之。次须连，先卒。次世雄，次恒伽，并赐死。少子钟，年数岁，获免。羡之死，及其五子世达、世迁、世辨、世酋、伏护，余年十五以下者宥之。案光虽再世为将，兄弟又并握兵，然自乾明以来，中朝政变迭乘，光皆若不闻者；亦不闻有人与之相结；光女为乐陵王妃，死状甚惨，光亦无怨怼意；其不足忌可知，而后主畏忌之如是，可见其度量之不广矣。

斛律光以武平三年陈大建四年。七月死，八月，其女为皇后者遂废。拜右昭仪胡氏为皇后，长仁女也。十月，又拜弘德夫人穆氏为左皇后。十二月，废胡后为庶人。明年，武平四年，陈大建五年。二月，拜穆氏为皇后。《后妃传》云：穆氏名邪利，本斛律后从婢也。母名钦霄，本穆子伦婢也，转入侍中宋钦道家，奸私而生后，莫知氏族。或云后即钦道女子也。钦道伏诛，因此入宫。有幸于后主。陆大姬知其宠，养以为女。《佞幸传》云：穆后立，令萱号曰大姬，此即齐朝母氏之位号也，则此时尚未有大姬之号。

武平元年，六月，生皇子恒。虑皇后斛律氏怀恨，先令母养之，立为皇大子。陆以国姓之重，穆、陆相对，又奏赐姓穆氏。斛律后废，陆媪欲以穆夫人代之，大后不许。祖孝征请立胡昭仪。其后陆媪于大后前作色而言曰：“何物亲侄女？作如此语言。”大后问有何言？曰：“不可道。”固问之，乃曰：“语大家云：大后多行非法，不可以训。”大后大怒，唤后出，立剃其发，送令还家。

案大后见幽，不知此时已迎复不？即已迎复，与后主猜忌甚深，安能立剃后发，即送回家？其不足信可知。《北史·穆提婆传》曰：令萱，自大后已下，皆受其指麾。斛律皇后之废也，大后欲以胡昭仪正位后宫，力不能遂，乃卑辞厚礼，以求令萱，说较《后妃传》为近理。

《祖珽传》云：和士开死后，仍说陆媪出赵彦深，以珽为侍中。在晋阳，通密启请诛琅邪王。其计既行，渐被任遇。大后之被幽也，珽欲以陆媪为大后，撰魏大后故事，为大姬言之。大姬亦称珽为国师、国宝。由是拜尚书左仆射。斛律光甚恶之。常谓诸将云："边境消息，处分兵马，赵令尝与吾等参论之，盲人掌机密以来，全不共我辈语，正恐误他国家事。"珽颇闻其言，因其女皇后无宠，以谣言闻上。令其妻兄郑道盖奏之。

珽又附陆媪，求为领军。后主许之。诏须覆奏，取侍中斛律孝卿署名。孝卿密告高元海。元海语侯吕芬、穆提婆云："孝征汉儿，两眼又不见物，岂合作领军也？"明旦，面奏具陈珽不合之状。并书珽与广宁王孝珩交结，无大臣体。珽亦求面见。帝令引入。珽自分疏。并云："与元海素相嫌，必是元海谮臣。"帝弱颜，不能讳，曰："然。"

珽列元海共司农卿尹子华、大府少卿李叔元、平准令张叔略等结朋树党。遂除子华仁州刺史，仁州，梁置，后入魏。治赤坎城，在今安徽灵壁县东南。叔元襄城大守，叔略南营州录事参军。魏孝昌中，营州陷，永熙二年，置南营州，治英雄城，在今河北徐水县西南。陆媪又唱和之，复除元海郑州刺史。珽自是专主机衡，总知骑兵外兵事。委任之重，群臣莫比。

《元海传》云：河清二年，元海为和士开所谮，被棰马鞭六十，出为兖州刺史。元海后妻，陆大姬甥也，故寻被追任使。武平中，与祖珽共执朝政。元海多以大姬密语告珽。珽求领军，元海不可，珽乃以其所告报大姬。大姬怒，出元海为郑州刺史。

《珽传》又云：自和士开执事以来，政体隳坏，珽推崇高望，官人称职，内外称美。复欲增损政务，沙汰人物。始奏罢京畿府，并于领军。案此事在武平二年十月，正琅邪王俨死后，盖因俨以此作乱故也。事连百姓，皆归郡县。宿卫、都督等，号位从旧。官名、文武章服，并依故事。又欲黜诸阉竖及群小辈，推诚延士，为致治之方。

陆媪、穆提婆议颇同异。珽乃讽御史中丞丽伯律，令劾主书王子冲纳贿，知其事连穆提婆，欲使臧罪相及，望因此坐，并及陆媪。犹恐后主溺于近习，欲因后党为援，请以皇后兄胡君瑜为侍中、中领军，又征君瑜兄梁州刺史君璧，欲以为御史中丞。陆媪闻而怀怒，百方排毁。即出君瑜为金紫光禄大夫，解中领军，君璧还镇梁州。

皇后之废，颇亦由此。王子冲释而不问。珽日益以疏。又诸宦者更共谮毁之。后主问诸大姬。闵默不对。三问。乃下床曰："老婢合死。本见和士开道孝征多才博学，言为善人，故举之。比来看之，极是罪过。人实难知，老婢合死。"后主令韩长鸾检案，得其诈出敕受赐十余事。以前与其重誓，不杀，遂解珽侍中、仆射，出为北徐州刺史。

珽求见后主。韩长鸾积嫌于珽，遣人推出柏阁。珽固求见面，坐不肯行。长鸾乃令军士曳牵而出，立珽于朝堂，大加诮责。上道后，令追还，解其开府、仪同、郡公，直为刺史。观此，知胡、穆之兴替，实祖珽与陆令萱、穆提婆母子之争耳。

祖珽小人，安得忽有整顿政事之想？盖居机衡之地者，无论如何邪曲，其所为，终必有为群小所不便之处，故韩长鸾及诸阉宦，群起而攻之，此乃势所不免，而非珽之能出身犯难也。珽虽无行，究系士人，珽败，穆提婆遂为尚书左仆射；高阿那肱录尚书，后且进位丞相；韩长鸾为领军大将军；共处衡轴，朝局益不可问矣。段韶之弟孝言，为吏部尚书，抽擢之徒，非贿则旧。祖珽执政，将废赵彦深，引为助。又托韩长鸾，共构祖珽之短。及珽出，除尚书右仆射，仍掌选举。恣情用舍，请谒大行。富商大贾，多被铨擢。所用人士，咸是倾险放纵之流。寻迁左仆射，特进，侍中如故。

是时王师来讨，江、淮失陷，于是兰陵王长恭见杀，武平四年五月。盖忌之也。无几，又有崔季舒等见杀之事。十月。季舒时待诏文林馆，监撰《御览》。《后主纪》：武平三年，二月，敕撰《玄洲苑御览》，后改名《圣寿堂御览》。八月，《圣寿堂御览》，成敕付史阁。后改名《修文殿御览》。季舒素好图籍，暮年转更精勤，实已无意于政事。

祖珽受委，奏季舒总监内作。珽被出，韩长鸾以为珽党，亦欲出之。属后主将适晋阳，季舒与张雕虎议，张雕虎从《本纪》。本传作张雕，《北史》作张雕武，皆避唐讳也。以为寿春被围，大军出拒，信使往还，须禀节度；兼道路小人，或相惊恐，云大驾向并，畏避南寇；若不启谏，必动人情。遂与从驾文官，连名进谏。

时贵臣赵彦深、唐邕、段孝言等，初亦同心，临时疑贰。季舒与争，未决。长鸾遂奏云："汉儿文官，连名总署，声云谏止向并，其实未必不反，宜加诛戮。"帝即召已署表官人集含章殿。以季舒、张雕虎、侍中。刘逖、封孝琰、皆散骑常侍。裴泽、郭遵等皆黄门侍郎。为首，并斩之殿庭。长鸾令弃其尸于漳水。自外同署，将加鞭挞，赵彦深执谏获免。季舒等家属男女徙北边，妻、女、子妇配奚官，小男下蚕室，没入赀产。

张雕虎者，见《齐书·儒林传》中。尝入授后主经书。后主甚重之，以为侍读，与张景仁并被尊遇。其《传》云：胡人何洪珍，有宠于后主，欲得通婚朝士，以景仁在内，官位稍高，遂为其兄子娶景仁第二息子瑜之女。因此表里，恩遇日隆。雕以景仁宗室，自托于洪珍。倾心相礼，情好日密。公私之事，雕尝为其指南。

时穆提婆、韩长鸾与洪珍同侍帷幄，知雕为洪珍谋主，甚忌恶之。洪珍又奏雕兼国史。寻除侍中，加开府，奏度支事。大被委任，言多见从。特敕奏事不趋，呼为博士。雕自以出于微贱，致位大臣，厉精在公，有匪躬之节。论议抑扬，无所回避。宫掖不急之费，大存减省。左右纵恣之徒，必加禁约。数讥切宠要，献替帷扆。上亦深倚杖之。方委以朝政。雕便以澄清为己任，意气甚高。长鸾等虑其干政不已，阴图之。

刘逖见《文苑传》，云：初逖与祖珽，以文义相待，结雷、陈之契。又为弟俊聘珽之女。珽之将免赵彦深等也，先以造逖，仍付密契，令其奏闻。彦深等颇知之，先自申理。珽由此疑逖告其所为。及珽被出，逖遂遣弟离婚，其轻交易绝如此。然则季舒等之见杀，其中又有赵彦深、祖珽之争焉，真匪夷所思矣。张雕虎亦非正士，而为韩长鸾所疾，其故，正与祖珽之见疾同，要而言之，则不容有政治耳。

武平五年，陈大建六年。二月，南安王思好反。思好本浩氏子，上洛王思宗元海之父。养以为弟。累迁朔州刺史，甚得边朔人心。《传》云：后主时，斫骨光弁奉使至州，思好迎之甚谨，光弁倨敖，思好衔恨，遂反。帝闻之，使唐邕、莫多娄敬显、刘桃枝、中领军库狄士连驰之晋阳，帝敕兵续进。思好兵败，投水死。其麾下二千人，桃枝围之，且杀且招，终不降以至尽。此岂似徒有憾于斫骨光弁者耶？北齐是时，即无外患，内乱亦必作，然外患既迫，内乱且欲起而不及矣。

《后主本纪》总述当时荒淫之状云：帝言语涩呐，无志度。不喜见朝士。自非宠私昵狎，未尝交语。性懦不堪，人视者即有忿责。其奏事者，虽三公、令、录，莫得仰视，皆略陈大旨，惊走而出。每灾异、寇盗、水旱，亦不贬损，惟诸处设斋，以此为修德。雅信巫觋，解祷无方。

盛为无愁之曲，帝自弹胡琵琶而唱之，侍和之者以百数。人间谓之无愁天子。尝出见群厉，尽杀之。或剥人面皮而视之。任陆令萱、和士开、高阿那肱、穆提婆、韩长鸾等宰制天下，陈德信、邓长颙、何洪珍参预机权。各引亲党，超居非次。官由财进，狱以赂成。其所以乱政害人，难以备载。诸官奴婢、阉人、商人、胡户、杂户、歌舞人、见鬼人滥得富贵者将万数，庶姓封王者百数，不复可纪。开府千余，仪同无数，领军一时二十。连判文书，各作依字，不具姓名，莫知谁也。

诸贵宠祖祢追赠官，岁一进，位极乃止。宫掖婢皆封郡君。宫女宝衣玉食者，五百余人。一裙直万疋，镜台直千金。竞为变巧，朝衣夕弊。《穆后传》云：武成时，为胡后造真珠裙袴，所费不可称计，被火所烧。后主既立穆皇后，复为营之。属周武遭大后丧，诏侍中薛孤、康买等为吊使，又遣商胡赍锦采三万疋，与吊使同往，欲市真珠，为皇后造七宝车。周人不与交易。然而竟造焉。

颜之推《观我生赋注》云："武成奢侈，后宫御者数百人，食于水陆贡献珍异，至乃厌饱。裈衣悉罗缬锦绣珍玉织成，五百一段。尔后宫掖遂为旧事。"故曰：后主之侈靡，其原实自武成开之也。

承武成之奢丽，以为帝王当然。乃更增益宫苑。造偃武修文台。其嫔嫱诸宫中，起镜殿、宝殿、玳瑁殿。丹青雕刻，妙极当时。又于晋阳起十二院，壮丽逾于邺下。所爱不恒，数毁而又复。夜则以火照作，寒则以汤为泥，百工困穷，无时休息。凿晋阳西山为大佛像，一夜燃油万盆，光照宫内。又为胡昭仪起大慈寺。未成，改为穆皇后大宝林寺。穷极工巧。运石填泉，劳费亿计。人牛死者，不可胜纪。

《文襄六王传》云：初文襄于邺东起山池游观，时俗眩之。孝瑜遂于第作水堂、龙舟，植幡矟于舟上。数集诸弟，宴射为乐。武成幸其第，见而悦之，故盛兴后园之玩。于是贵贱慕斅，处处兴造。则后主之侈于宫室，亦自武成启之也。

御马则藉以毡罽，食物有十余种。将合牝牡，则设青庐、具牢馔而亲观之。狗则饲以粱肉。马及鹰、犬，乃有仪同、郡君之号。犬于马上设褥以抱之。斗鸡亦号开府。犬、马、鸡、鹰，多食县干。鹰之入养者，稍割犬肉以饲之，至数日乃死。又于华林园立贫穷村舍，帝自弊衣为乞食儿。又为穷儿之市，躬自交易。尝筑西鄙诸城，使人衣黑衣为羌兵鼓噪陵之，亲率内参临拒。或实弯弓射人。

自晋阳东巡，单马驰骛，衣解发散而归。又好不急之务。曾一夜索蝎，及旦得三升。特爱非时之物，取求火急，皆须朝征夕办。当势者因之，贷一而责十焉。赋敛日重，徭役日繁。人力既殚，帑藏[8]空竭，乃赐诸佞幸卖官。或得郡两三，或得县六七。各分州郡。下逮乡官，亦多降中者。故有敕用州主簿，敕用郡功曹。于是州县职司，多出富商大贾。竞为贪纵，人不聊生。

爰自邺都，及诸州郡，所在征税，百端俱起。凡此诸役，皆渐于武成，至帝而增广焉。然未尝有帷薄淫秽，惟此事颇优于武成云。

案后主虽荒淫，不甚暴虐，谓其尽杀群厉，剥人面皮，似近于诬。一夜索蝎，与《南阳王传》所言，似即一事，其说之不足信，前已辨之矣。后主受病之根，在于承武成而以为帝王当然一语，故曰诒谋之不臧也。

第五节　周篡西魏

从来北狄入中国者，其能否有成，恒视其能否通知中国之情形。以此言之，则尔朱荣不如高欢，高欢又不如宇文泰。欢之任其子澄以绳抑勋贵，特因诸勋贵纵恣大甚，纲纪荡然，不得不如是耳，非真能留意政事也，而泰则颇知治体。泰之平侯莫陈悦也，周惠达归之。惠达初从贺拔岳。

泰任以后事。营造戎仗，储积食粮，简阅士马，时甚赖焉。赵青雀之叛，辅魏大子出渭桥以御之者，即惠达也。时惠达辅魏大子居守，总留台事。史称自关右草创，礼乐缺然，惠达与礼官损益旧章，仪轨稍备，其人盖亦粗知治制。为大行台仆射，荐行台郎中苏绰于泰。泰与语，悦之。即拜大行台左丞，参典机密。后又授大行台度支尚书，领著作，兼司农卿。辅泰凡十二年。自大统元年至十二年，即自梁大同元年至中大同元年。

史称绰之见泰，指陈帝王之道，兼述申、韩之要。指陈帝王之道，不过门面语，兼述申、韩之要，则实为当时求治之方，盖为治本不能废督责，而当文武官吏，竞为贪虐之乱世为尤要也。

绰始制文案程式，朱出墨入；及计帐、户籍之法。又减官员，置二长。并置屯田，以资军国。又为六条诏书，奏施行之。一治心身，二敦教化，三尽地利，四擢贤良，五恤狱讼，六均赋役。牧、守、令长，非通六条及计帐者，不得居官。饬吏治以恤民生，可谓得为治之要矣。泰于绰，实能推心委任。凡所荐达，皆至大官。泰或出游，常豫署空纸以授绰，须有处分，随事施行，及还，启之而已。泰又欲放《周官》改官制，命绰专掌其事。未几而绰卒，令卢辩成之。辩亦累世以儒学名者也。泰又立府兵之制，以整军戎。建国之规模粗备。

西魏文帝，以大统十七年死。梁简文帝大宝二年。大子钦立，是为废帝。废帝二年，梁元帝承圣二年，废帝不建年号。尚书元烈谋杀宇文泰，事泄而死。废帝仍欲谋泰。时泰诸子皆幼；犹子章武公导、中山公护，复东西作镇，故惟托意诸婿，以为心膂。李远子基，李弼子晖，于谨子翼，俱为武卫将军，分掌禁旅，故密谋遂泄。据《周书·李远传》。案泰长子毓，即明帝，当魏恭帝元年，年已二十一，不为甚幼，盖其人本无能为，故泰不得不以后事属宇文护也。泰使尉迟纲典禁旅，密为之备。纲者，迥之弟。其父俟兜，娶泰姊昌乐长公主。迥与纲少孤，依托舅氏。

明年，泰废帝，立齐王廓，宝炬第四子。是为恭帝。仍以纲为中领军，总宿卫。是年，泰死，梁敬帝之大平元年也。泰长子宁都郡公毓，其妻，独孤信之女也。次子曰宋献公震，前卒。第三子略阳郡公觉，母魏孝武帝妹，立为世子。

《周书·李远传》云：大祖嫡嗣未建，明帝居长，已有成德，孝闵处嫡，年尚幼冲，乃召群公谓之曰："孤欲立嫡，恐大司马有疑。"大司马即独孤信，明帝敬后父也，众皆默，未有言者。远曰："夫立子以嫡不以长，《礼经》明义，略阳公为世子，公何所疑？若以信为嫌，请即斩信。"便拔刀而起。大祖亦起曰："何事至此？"信又自陈说。远乃止。于是群公并从远议。出外，拜谢信曰："临大事不得不尔。"信亦谢远曰："今日赖公，决此大议。"案信在诸将中不为特异，大祖何至惮之？疑传之非其实也。

泰长兄邵惠公颢，与卫可孤战死。次兄曰杞简公连，与其父俱死定州。三兄曰莒庄公洛生，为尔朱荣所杀。颢长子什肥，连子光宝，洛生子菩提，皆为齐神武所害。颢次子导，夙从泰征伐，死魏恭帝元年。导弟护，泰初以诸子并幼，委以家务，故泰死，宇文氏之实权集于护。

《周书·于谨传》曰："大祖崩，孝闵帝尚幼，中山公护虽受顾命，《护传》云：大祖西巡，至牵屯山，遇疾，驰驿召护。护至泾州见大祖，而大祖疾已绵笃。谓护曰："吾形容若此，必是不济。诸子幼小，寇贼未宁。天下之事，属之于汝。宜勉力以成吾志。"护涕泣奉命。行至云阳而大祖崩。护秘之，至长安，乃发丧。而名位素下，群公各图执政，莫相率服。护深忧之。密访于谨。谨曰："夙蒙丞相殊眷，情深骨肉，今日之事，必以死争之。若对众定策，公必不得辞让。"

明日，群公会议。谨曰："昔帝室倾危，人图问鼎，丞相志任匡救，投袂荷戈，故得国祚中兴，群生遂性。今上天降祸，奄弃群寮。嗣子虽幼，而中山公亲则犹子，兼受顾托，军国之事，理须归之。"辞色抗厉，众皆悚动。护曰："此是家事，素虽庸昧，何敢有辞？"谨既大祖等夷，护每申礼敬，至是，谨乃趋而言曰："公若统理军国，谨等便有所依。"遂再拜。群公迫于谨，亦再拜。因是众议始定。

观此，便知泰死后宇文氏急于图篡之故，盖不篡则魏相之位，人人可以居之，不徒若护之名位素下者，不能久据，即宇文氏亦且濒于危；既篡则天泽之分定，而护亦居亲贤之地，不复以名位素下为嫌矣。于是泰既葬，护使人讽魏恭帝，恭帝遂禅位于觉，是为周孝闵皇帝。

然众究不可以虚名劫也，于是赵贵、独孤信之谋起焉。《贵传》云：孝闵帝即位，晋公护摄政，贵自以元勋佐命，每怀怏怏，有不平之色。乃与信谋杀护。及期，贵欲发，信止之。寻为开府宇文盛所告，被诛。信以同谋坐免。居无几，晋公护又欲杀之，以其名望素重，不欲显其罪，逼令自尽于家。时闵帝元年二月也。陈武帝永定元年，闵帝亦不建年号。

及九月而闵帝亦废。《纪》云：帝性刚果，见晋公护执政，深忌之。司会李植，军司马孙恒，以先朝佐命，入侍左右，亦疾护之专。乃与宫伯乙弗凤、贺拔提等潜谋，请帝诛护。帝然之。又引宫伯张光洛同谋。光洛密白护。护乃出植为梁州刺史，恒为潼州刺史。潼州，今四川绵阳县。凤等遂不自安。更奏帝，将召群公入，因此诛护。光洛又白之。

时小司马尉迟纲统宿卫兵，护乃召纲，共谋废立。令纲入殿中，诈呼凤等论事。既至，以次执送护第，并诛之。纲乃罢散禁兵。帝方悟无左右。独在内殿，令宫人持兵自守。护又遣大司马贺兰祥逼帝逊位。遂幽于旧邸。月余日，以弑崩。时年十六。植、恒等亦遇害。

观闵帝欲召群公而诛护，则知是时朝贵之不服护者仍多矣。李植者，远之子，护并逼远令自杀。植弟叔谐、叔谦、叔让亦死。惟基以主婿，又为季父穆所请得免。远兄贤，亦坐除名。

贺兰祥者，父初真，尚大祖姊建安长公主，祥年十一而孤，长于舅氏。与护中表，少相亲爱，军国之事，护皆与祥参谋。亦尉迟纲之流也。时与纲俱掌禁旅，递直殿省者，尚有蔡祐。祐父事大祖。闵帝谋害护，祐常泣谏，不从。盖时闵帝尚在幼冲，欲图摇动护，实非易也。闵帝既废，护乃迎大祖长子毓而立之，是为世宗明皇帝。

明年，建元武成。陈永定三年。正月，护上表归政。许之。军国大政，尚委于护。帝性聪睿，有识量，护深惮之。有李安者，本以鼎俎得幸于护，稍被升擢，至膳部下大夫。二年，陈文帝天嘉元年。四月，护密令安因进食加以毒药弑帝。于是迎立大祖第四子鲁公邕，是为高祖武皇帝。百官总己，以听于护。

自大祖为丞相，立左右十二军，总督相府。大祖崩后，皆受护处分。凡所征发，非护书不行。护第屯兵禁卫，盛于宫阙。事无巨细，皆先断后闻。保定元年，陈天嘉二年。以护为都督中外诸军事。令五府总于天官。

二年，陈天嘉三年。侯莫陈崇从高祖幸原州，高祖夜还，京师窃怪其故。崇谓所亲曰："吾昔闻卜筮者言：晋公今年不利，车驾今忽夜还，不过是晋公死耳。"于是众皆传之。有发其事者。高祖召诸公卿于大德殿责崇。崇惶恐谢罪。其夜，护遣使将兵就崇宅逼令自杀。

《崇传》云："初魏孝庄帝以尔朱荣有翊戴之功，拜荣柱国大将军，位在丞相上。荣败后，此官遂废。

大统三年，梁大同三年。魏文帝复以大祖建中兴之业，始命为之。其后功参佐命，望实俱重者，亦居此职。自大统十六年梁大宝元年。以前，任者凡有八人。大祖位总百揆，督中外军。魏广陵王欣，元氏懿戚，从容禁闱而已。欣，献文子广陵王羽之子。此外六人，各督二大将军，分掌禁旅，当爪牙御侮之寄。当时荣盛，莫与为比。故今之言门阀者，咸推八柱国家云。"六人者，李虎、李弼、独孤信、赵贵、于谨及崇也，而为护所杀者三焉。初大祖创业，即与突厥和亲，谋为掎角，共图高氏。

是年，乃遣杨忠与突厥东伐。期后年更举。先是护母阎姬，与皇第四姑，及诸戚属，并没在齐，皆被幽系。护居宰相之后，每遣间使寻求，莫知音息。至是并许还朝。

四年，陈天嘉五年。皇姑先至，护母亦寻还。周为之大赦。护与母睽隔多年，一旦聚集，凡所资奉，穷极华盛。每四时伏腊，高祖率诸亲戚，行家人之礼，称觞上寿。荣贵之极，振古未闻。是年，突厥复率众赴期。护以齐氏初送国亲，未欲即事征讨，复虑失信蕃夷，更生边患，不得已，遂请东征。护性无戎略，此行又非本心，遂至败绩。

天和二年，陈废帝光大元年。护母薨。寻有诏起令视事。高祖以护暴慢，密与卫王直图之。

七年，诛护后改元建德。陈宣帝大建四年。三月十八日，护自同州还。魏华州，西魏改为同州。帝御文安殿见护讫，引护入含仁殿朝大后。帝以玉珽自后击之。护踣于地。又令宦者何泉以御刀斩之。泉惶惧，斫不能伤。时卫王直先匿于户内，乃出斩之。初帝欲图护，王轨、宇文神举、宇文孝伯颇豫其谋。是日轨等并在外，更无知者。杀护讫，乃召宫伯长生览等告之。即令收护诸子及党与，于殿中杀之。李安亦豫焉。齐王宪白帝曰："李安出自皂隶，所典惟庖厨而已，既不预时政，未足加戮。"高祖曰："公不知耳，世宗之崩，安所为也。"

护世子训，为蒲州刺史，蒲州，周置，今山西永济县。征赴京师，至同州，赐死。昌城公深使突厥，遣赍玺书就杀之。

《于翼传》言：翼迁大将军，总中外宿卫兵事，晋公护以帝委翼腹心，内怀猜忌，转为小司徒，拜柱国，虽外示崇重，实疏斥之。武帝之图护，盖未尝用一兵；并王轨等数人，临事亦无所闻；可谓藏之深而发之卒矣。卫王直，大祖第四子，帝母弟也。大祖第五子齐王宪，才武。世宗时为益州刺史。后为雍州牧。数与齐人战。护雅相亲委，赏罚之际，皆得豫焉。护诛，以宪为大冢宰，实夺其权也。直请为大司马，帝以为大司徒。

建德三年，陈大建六年。帝幸云阳宫，直在京师举兵反。袭肃章门。宫门。司武尉迟运纲子。时辅大子居守。闭门拒守。直不得入，遁走。追至荆州，获之。免为庶人。囚于别宫。寻诛之，及其子十人。宇文护虽跋扈，亦不可谓无才。

《周书·护传论》曰："大祖崩殂，诸子冲幼，群公怀等夷之志，天下有去就之心，卒能变魏为周，俾危获乂者，护之力也。"大祖诸子，较长者无才，有才者多幼，微护，宇文氏之为宇文氏，盖有不可知者矣。其居相位时，政事亦似未大坏。《传》言护"凡所委任，皆非其人；兼诸子贪残，寮属纵逸，恃护威势，莫不蠹政害民"；或死后加罪之辞也。至周武帝之为人，则性极雄武。

《周书·本纪》云：“帝沈毅有智谋。初以晋公护专权，常自晦迹，人莫测其深浅。及诛护之后，始亲万机。克己厉精，听览不怠。用法严整，多所罪杀。号令恳恻，惟属意于政。群下畏服，莫不肃然。性既明察，少于恩惠。凡布怀立行，皆欲逾越古人。身衣布衣，寝布被，无金宝之饰。

诸宫殿华绮者，皆撤毁之，改为土阶数尺，不施栌栱。其雕文、刻镂，锦绣、纂组，一皆禁断。后宫嫔御，不过十余人。劳谦接下，自强不息。以海内未康，锐情教习。校兵阅武，步行山谷，履涉勤苦，皆人所不堪。平齐之役，见军士有跣行者，亲脱靴以赐之。每宴会将士必自执杯劝酒，或手付赐物。

至于征伐之处，躬在行阵。性又果决，能断大事。故能得士卒死力，以弱制强。破齐之后，遂欲穷兵极武，平突厥，定江南，一二年间，必使天下一统，此其志也。”帝之为人，盖极宜于用兵。周之政治，本较齐为修饬，而帝以雄武乘齐人之昏乱，遂成吞并之势矣。

第六节　周齐兵事

当高欢、宇文泰之世，东西仍岁战争，而彼此地丑德齐，莫能相尚。及文宣篡魏，宇文泰遂以其年东伐。盖以有辞可藉，姑出兵以尝之也。是岁，九月，泰发长安。时连雨，自秋及冬，诸军马驴多死。十一月，至陕城。于弘农北造桥济河。

文宣亲戎，次于城东。晋阳城东。泰闻其军容严盛，自蒲坂还。河南自洛阳，河北自平阳以东，皆入于齐。尔后八年，西魏用兵于南，取蜀，陷江陵；齐则用兵于柔然、突厥、奚、契丹；魏、齐初无甚争战，盖彼此皆知敌之无衅可乘也。

陈敬帝大平元年，齐天保七年，魏恭帝三年。宇文泰死。《北齐书·文宣纪》云：“尝于东山游燕，以关、陇未平，投杯震怒，召魏收于御前，立为诏书，宣示远近，将事西伐。是岁，周文帝殂，西人震恐，常为度陇之计。”此乃侈辞。沙苑之战，神武尚致丧败，况西魏此时，立国已久，根基已固邪？文宣盖亦明知其事之难，故兵竟不出也。

明年，陈武帝永定元年，齐天保八年，周闵帝元年。周闵帝篡魏。

又明年，陈永定二年，齐天保九年，周明帝元年。三月，齐北豫州刺史司马消难降于周。北豫州，治虎牢。消难，子如子也。尚神武女。在州不能廉洁，为御史所劾。又与公主情好不睦，主谮诉之。文宣在并，驿召上党王涣，涣斩使者东奔，朝士私相谓曰："上党亡叛，似赴成皋，若与司马北豫州连谋，必为国患。"言达文宣，文宣颇疑之。消难惧，故降周。周使达奚武、杨忠拔之以归。此亦徒得一齐之叛臣耳。

又明年，陈永定三年，齐天保十年，周明帝武成元年。齐文宣死，孝昭立，《纪》谓其意在顿驾平阳，为进取之计。按《北齐书·卢叔武传》云：叔武，《北史》作叔彪，实名叔虎，避唐讳。肃宗即位，召为大子中庶子，问以世事。叔武劝讨关西，曰："强者所以制弱，富者所以兼贫。大齐比之关西，强弱不同，贫富有异，而戎马不息，未能吞并，此失于不用强富也。

轻兵野战，胜负难必，是胡骑之法，非深谋远算，万全之术也。宜立重镇于平阳，与彼蒲州相对。深沟高垒，运粮积甲，筑城戍以属之。彼若闭关不出，则取其黄河以东。长安穷蹙，自然困死。如彼出兵，非十万以上，不为我敌。所供粮食，皆出关内。我兵士相代，年别一番；谷食丰饶，运送不绝。彼来求战，我不应之；彼若退军，即乘其弊。

自长安以西，民疏城远，敌兵来往，实有艰难，与我相持，农作且废，不过三年，彼自破矣。"帝深纳之。又愿自居平阳，成此谋略。令元文遥与叔武参谋，撰《平西策》一卷。未几，帝崩，事遂寝。此《本纪》之言所由来也。

案关、陇户口，或较少于东方；然西魏之地，本逾函谷，扼三鸦，攻守之计，非但蒲津一路；况周是时，已取全蜀，并襄阳，兵馕所资，又岂必专恃关、陇？则叔虎之言，亦失之夸矣。然使孝昭在位，虽不足言兼并，或可与周相抗，孝昭死而武成荒淫，志不在敌，至后主昏乱弥甚，于是东西构兵，只有东略之师，更无西入之计矣。

陈文帝天嘉二年，齐武成之大宁元年，而周武帝之保定元年也。周于玉壁置勋州，以韦孝宽为刺史。

案东魏及齐，国都在邺，其兵马重镇，则在晋阳。自潼关东出，取洛阳，度河北上，以摇动邺与晋阳较难，而自蒲津度河东出较易；自东方西入，欲图摇动长安者亦然。故神武之攻西魏，始终重在汾北；周武帝亦卒出此而后成功；而此时齐孝昭欲顿驾平阳，周亦注重于此一路之防守也。

四年，齐河清二年，周保定三年。九月，周杨忠率骑一万，与突厥伐齐。十二月，复遣达奚武率骑三万出平阳以应忠。武成自邺赴救。明年，陈天嘉四年，齐河清三年，周保定四年。正月，杨忠至晋阳，战，大败。齐段韶追之，出塞而还。

《周书·杨忠传》云：朝议将与突厥伐齐，公卿咸曰："非十万不可"，忠独曰："师克在和，不在众，万骑足矣"，与《本纪》言忠率骑一万相合；而《齐书·本纪》言：忠率突厥阿史那木可汗等二十余万人；《段韶传》言突厥从北结阵而前，东距汾河，西被风谷；山名，在大原西，接交城县界。则周兵寡而突厥颇众。然《韶传》又言：周人以步卒为先锋，从西山而下；而《杨忠传》谓突厥引上西山不肯战；则突厥此役，实未与于战事，故杨忠以寡弱而败也。

《北齐书·武成纪》言：突厥自恒州分为三道，杀掠吏人。《周书·杨忠传》言：突厥纵兵大掠，自晋阳至栾城，后汉县，晋省，魏复置，北齐又废，在今山西栾城县北。七百余里，人畜无遗；则周虽丧败，而齐之受创亦深矣。齐使斛律光御达奚武。武闻杨忠败，亦还。武成归宇文护之母以通好。突厥复率众赴期，护不欲行，又恐失信突厥，或生边患，不得已，征二十四军及左右厢散隶，暨秦、陇、蜀之兵，诸蕃国之众，凡二十万，十月，复东征。

至潼关，遣尉迟迥以精兵十万为先锋。权景宣率山南之兵出豫州，县郗。杨檦出轵关。大行八陉之一，在今河南济源县西北。护连营渐进，屯军弘农。尉迟迥围洛阳。十二月，与齐救兵战于邙山，大败。

《周书·宇文护传》云：护本令堑断河阳，遏其救兵，然后同攻洛阳。诸将以为齐兵必不敢出，惟斥候而已。直连日阴雾，齐骑直前。围洛之军，一时溃散。惟尉迟迥率数十骑扞敌，齐公宪又督邙山诸将拒之，乃得全军而返。

《齐炀王宪传》云：晋公护东伐，以尉迟迥为先锋，围洛阳。宪与达奚武、王雄等军于邙山。自余诸军，各分守险要。齐兵数万，奄至军后。诸军恇怯，并各退散。惟宪与王雄、达奚武拒之，而雄为齐人所毙，三军震惧。

《达奚武传》言：至夜收军，宪欲待明更战，武欲还，固争未决。武曰："洛阳军散，人情骇动，若不因夜速还，明日欲归不得。武在军旅久矣，粗见形势，大王少年未经事，岂可将数营士众，一旦弃之乎？"宪从之，乃全军而返。

《齐书·段韶传》云：尉迟迥等袭洛阳，诏遣兰陵王长恭、大将军斛律光击之。军于邙山之下，逗留未进。世祖召谓曰："今欲遣王赴洛阳之围，但突厥在北，复须镇御，王谓如何？"韶曰："北狄侵边，事等疥癣，西羌窥边，便是膏肓之病，请奉诏南行。"世祖曰："朕意亦尔。"乃令韶督精骑一千，发自晋阳。五日便济河。韶旦将帐下二百骑，与诸军共登邙阪，聊观周军形势。至大和谷，邙山谷名。便直周军。即遣驰告诸营，追集兵马。乃与诸将结阵以待之。韶为左军，兰陵王为中军，斛律光为右军。周人仍以步人在前，上山逆战。韶以彼徒我骑，且却且引，待其力弊，乃下马击之。短兵始交，周人大溃。其中军所当者，亦一时瓦解，投坠溪谷而死者甚众。洛城之围，亦即奔遁。尽弃营幕。从邙山至谷水，三十里中，军资器物，弥满川泽。

综观诸传之文，周军当日，实以斥候不明而败，谓其未断河阳之路，尚属恕辞。何者？长恭与光，至邙山已久，并非仓卒奄至也。至已久而逗留不进，必待段韶迫之，然后能战，则齐之将帅，亦并无勇气，而周竟丧败如此，谓其同于儿戏，亦不为过矣。此实由元戎威令不行，诸将治军不肃，有以致之，《宇文护传》谓其性无戎略，信哉！

时权景宣已降豫州，闻败，亦弃之。杨檦以战败降齐。杨忠出沃野，应接突厥，闻护退，亦还。周与突厥无能为如此，而武成一遭侵伐，即急还护母以言和；《段韶传》言：宇文护因边境移书，请还其母，并通邻好。世祖遣黄门徐世荣乘传赍周书问韶。韶以“护外托为相，其实王也，既为母请和，不遣一介之使，申其情理，乃据移书，即送其母，恐示之弱。如臣管见，且外许之，待通和后，放之未晚。”不听。

《周书·护传》言：护报阎姬书后，齐朝不即发遣，更令与护书，要护重报，往返再三，而母竟不至，朝议以其失信，令有司移齐，移书未送而母至，则齐终据护私书而还其母也。亦可见武成求和之亟矣。邙山捷后，亦不闻乘胜更有经略；其无能为，实更甚矣。

陈废帝光大二年，齐后主天统四年，周天和三年。两国遂通和。是岁，武成死。宣帝大建元年，齐天统五年，周天和四年。周盗杀孔城防主，以其地入齐，孔城，后魏新城郡治，在今河南洛阳县南。两国衅端复起。齐兰陵王长恭、斛律光，周齐王宪等互争宜阳及汾北之城戍。至三年齐武平二年，周天和六年。四月，而周陈公纯等取宜阳，六月，齐段韶取汾州。

然初无与于胜负之大计；而此数年中，两国使命，亦仍相往来；则特疆埸上衅而已，《周》《齐》两书诸列传，侈陈战绩，乃邀功、夸敌之辞，不足信也。是岁，九月，段韶卒。明年，陈大建四年，齐武平三年，周建德元年。三月，周杀宇文护。六月，齐杀斛律光。

《周书·于翼传》曰：先是与齐、陈二境，各修边防，虽通聘好，而每岁交兵，然一彼一此，不能有所克获。高祖既亲万机，将图东讨，诏边城镇并益储偫，加戍卒。二国闻之，亦增修守御。翼谏曰：“宇文护专制之日，兴兵至洛，不战而败，所丧实多。数十年委积，一朝糜散。虽为护无制胜之策，亦由敌人有备故也。且疆埸相侵，互有胜败，徒损兵储：非策之上者。不若解边严，减戍防，继好息民，以待来者。彼必喜于通和，懈而少备，然后出其不意，一举而山东可图。若犹习前踪，恐非荡定之计。”帝纳之。于是周、齐之争，内急而外缓，而齐人是时，荒纵已甚，敌皆能识其情，而陈人经略之师起矣。

第七节　陈取淮南

华皎之乱，陈与梁、周启衅。大建二年，周天和五年。章昭达复伐梁。时萧岿与周军，大蓄舟舰于青泥中。昭达遣偏将钱道戢、程文季袭之，焚其舟舰。周军于峡下南岸筑垒，峡，谓西陵峡。名曰安蜀城。于江上横列大索，编苇为桥，以度军粮。昭达命军士为长戟，施于楼船之上，仰割其索。索断粮绝。因纵兵以攻其城，降之。

岿告急于周襄州总管卫公直。直令赵訚、李迁哲救之，并受江陵总管陆腾节度。迁哲守江陵外城，程文季与雷道勤夜袭入之。迁哲不能抗。陆腾遣甲士出击，道勤中流矢死，文季仅以身免。昭达又决龙川宁朔堤，引水灌城。《水经注》：纪南城西南有赤坂冈，冈下有渎水，东北流入城，又东北出城，西南注于龙陂。陂在灵溪东。迁哲塞北堤以止水。腾率将士战于西堤，陈兵不利。昭达乃还。

周武帝使杜杲来，论保境息民之意。宣帝许之。使命复通。三年，齐武平二年，周天和六年。帝遣使如齐谋伐周。齐人弗许。四年，齐武平三年，周建德元年。杜杲复来。帝使谓之曰：“若欲合从图齐，当以樊、邓见与，方可表信。”杲答曰：“合从图齐，岂惟敝邑之利？必须城镇，宜待得之于齐，先索汉南，使臣不敢闻命。”是岁，华皎朝于周。至襄阳，谓卫公直曰：“梁主既失江南诸郡，人少国贫，望借数州，以裨梁国。”直然之，遣使言状。武帝许之。以基、平、鄀三州归于岿。基州，西魏置，在今湖北钟祥县南。平州，周置，今湖北当阳县。鄀州，西魏置，在今湖北荆门县北。盖周之意，始终在翼梁以敌陈也。是时周无衅可乘，而齐政荒乱，宣帝乃舍西而图东。

大建五年，齐武平四年。三月，分命众军北伐。以吴明彻都督征讨诸军事，出秦郡。黄法氍出历阳。齐遣其历阳王步骑来援，于小岘筑城。法氍遣樊毅御之大岘，大破其军。吴明彻至秦郡，克其水栅。初王琳之归齐也，齐孝昭帝遣琳出合肥，鸠集义故，更图进取。琳乃缮舰，分遣招募。淮南伧楚，皆愿戮力。

陈合州刺史裴景晖，琳兄珉之婿也，请以私属，道引齐师。孝、昭委琳与行台右丞卢潜率兵应赴。沈吟不决。景晖惧事泄，挺身归齐。孝昭令琳镇寿阳。其部下将帅，悉听以行。乃除琳扬州刺史。琳水陆戒严，将观衅而动。属陈氏结好于齐，齐乃使琳更听后图。琳在寿阳，与行台尚书卢潜不协，更相是非。被召还邺。武成置而不问。及是，敕领军将军尉破胡等出援秦州，令琳共为经略。

《北齐书·源文宗传》云：赵彦深密访文宗。文宗，贺曾孙，名彪，《齐书》《北史》皆称其字，疑实名虎，以避唐讳改也。文宗曾为泾、秦二州刺史，知江、淮间事，故彦深访之。文宗曰："朝廷精兵，必不肯多付诸将，数千已下，复不得与吴、楚争锋，命将出军，反为彼饵。尉破胡人品，王之所知。进既不得，退又未可，败绩之事，匪伊朝夕。国家待遇淮南，得失同于蒿箭。如文宗计者：不过专委王琳，淮南招募三四万人，风俗相通，能得死力。兼令旧将，淮北捉兵，足堪固守。且琳之于昙顼，不肯北面事之明矣。窃谓计之上者。若不推赤心于琳，别遣余人掣肘，更成速祸，弥不可为。"彦深叹曰："弟此良图，足为制胜千里。但口舌争来十日，已不见从。时事至此，安可尽言？"因相顾流涕。

案王琳一人，岂有足御陈大军之理？盖齐人是时，已决弃淮南，特以琳委之于陈，胜则为意外之捷，不胜则于齐无所损耳。所以决弃淮南者？以一与陈连兵，则恐周人乘衅而至，其精兵之不肯多付诸将者以此。然则陈宣大举，亦系乘周、齐之衅而动。此固兵机宜然，然克捷之后，遂忘其本来，而自谓兵力足恃则误矣。此其所以旋败于周邪？琳背父母之邦而投戎狄，而敌人乃更令其代己受祸。为汉奸者，亦可以憬然悟矣。

琳进战，大败，单马突围仅免。还至彭城，后主令便赴寿阳，并许召募。明彻既破破胡，遂降秦郡。五月。进兵仁州。六月。至于峡口。七月。进围寿阳。堰肥水以灌其城。时魏皮景和等屯于淮南，竟不赴救。十月，城陷，琳被执，明彻斩之。皮景和等遁去。此盖源文宗所谓淮南得失，同之蒿箭，但令旧将，固守淮北者，乃齐人是时已定之策，非必景和等之驽怯也。

史称琳有忠义之节，已辩于前。又称其"轻财爱士，得士卒之心"。其败也，"吴明彻欲全之，而其下将领，多琳故吏，争来致请，并相资给，明彻由此忌之，故及于难”。又言“琳被执，百姓泣而从之，明彻恐其为变，杀之，哭者声如雷。有一叟，以酒脯来，号酹尽哀，收其血，怀之而去。田夫野老，知与不知，莫不为之歔欷流泣。观其诚信感物，虽李将军之恂恂善诱，殆无以加焉”。此真所谓淫辞。

夫琳，不过一轻侠之徒。其在建业，既因恃功为暴，虽王僧辩之宽纵，亦不能舍之。张载之见害也，陆纳等抽其肠，系诸马脚，使绕而走，肠尽气绝，又脔割，备五刑而斩之。琳之徒党，所为如是，曾是百姓，冒死以从此等人，而为之流泣乎？王僧辩之子颁，随琳入齐，为竟陵郡守。闻琳死，乃出郡城南，登高冢上号哭，一恸而绝。汉奸末路，亦可悲矣。时黄法氍亦克历阳，五月。进取合州。六月。诸军所向克捷。淮南之地尽复。于是南豫州还治历阳，先治宣城。豫州还治寿阳，而于黄城置司州。明彻进攻彭城。七年，齐武平六年。九月，大败齐师于吕梁。时周人攻齐之师，亦已起矣。

第八节　周灭北齐

陈取淮南，齐人所以视同蒿箭者，以备周也，然亦因此而更启周人之轻视。《周书·韦孝宽传》云：武帝志在平齐，孝宽上疏陈三策。

其第一策曰：“臣在边积年，颇见间隙。不因际会，难以成功。是以往岁出军，徒有劳费。长淮以南，旧为沃土，陈氏以破亡余烬，犹能一举平之，齐人历年赴救，丧败而返。内离外叛，力尽计穷。《传》不云乎？仇有衅焉，不可失也。

“今大军若出轵关，方轨而进；兼与陈氏，共为犄角；并令广州义旅，出自三鸦；又募山南骁锐，沿河而下；复遣北山稽胡，北山，谓稽胡所据之山，在长安之北。绝其并、晋之路；凡此诸军，仍命各募关、河以外劲勇之士，厚其爵赏，使为前驱；岳动川移，雷骇电激，百道俱进，并趋虏廷，必当望旗奔溃，所向摧殄。一戎大定，实在此机。”

其第二策曰：“若国家更为后图，未即大举，宜与陈人，分其兵势。三鸦以北，万春以南，胡三省曰：《新唐志》：武德五年，析龙门置万春县，盖以旧地名名县也。案万春，今山西河津县。广事屯田，豫为贮积；募其骁悍，立为部伍。彼既东南有敌，戎马相持，我出奇兵，破其疆埸。彼若兴师赴援，我则坚壁清野，待其去远，还复出师。常以边外之师，引其腹心之众。我无宿舂之费，彼有奔命之劳。一二年中，必自离叛。然后乘间电扫，事等摧枯。”

其第三策曰：“大周土宇，跨据关、河，南清江、汉，西龛巴、蜀，塞表无虞，河右底定，惟彼赵、魏，独为榛梗。今若更存遵养，且复相时，臣谓宜还崇邻好，申其盟约。安人和众，通商惠工。蓄锐震威，观衅而动。斯则长策远驭，坐自兼并也。”

此三策，洵为当时进取之良图。周武帝气锐才雄，遂取其第一策。

齐氏政治虽乱，兵力夙强，非一举摧破其大军，终难期廓清底定，故周武攻取之方，乃在攻其所必救，以致其一战。

建德四年，齐武平六年，陈大建七年也。七月，武帝召大将军已上于大德殿，告以出师方略，曰：“今欲数道出兵，水陆兼进。北拒大行之路，东扼黎阳之险。若攻拔河阴，汉平阴县，三国魏改曰河阴，在今河南孟津县东。兖、豫则驰檄可定。然后养锐享士，以待其至。但得一战，则破之必矣。王公以为何如？”群臣咸称善。

于是部分诸军。使齐王宪以二万人出黎阳，于翼以二万人出陈、汝，侯莫陈芮以一万人守大行，李穆以三万人守河阳。又使杨坚以舟师三万，自渭入河。而自率众六万，直指河阴。八月，攻其大城，克之。进攻子城，未克。闰月，齐大丞相高阿那肱自晋阳御之，师次河阳。九月，周师还。齐王宪、李穆、于翼降拔三十余城，皆弃不守。水师亦焚舟而退。是役也，周武帝谓有疾故退师，恐系托辞。或谓以浅攻尝之，亦未必然。以予观之，似以河阴距长安较远，应接非易，恐战或不捷，复为邙山之续，故宁知几而退也。

明年，周建德五年，陈大建八年。十月，武帝谓群臣曰：“前入贼境，备见敌情。观彼行师，殆同儿戏。晋州本高欢所起，控扼要重，今往攻之，彼必来援。吾严军以待，击之必克。然后乘破竹之势，鼓行而东。足以穷其窟穴，混同文轨。”诸将多不愿行。帝曰：“若有沮吾军者，当以军法裁之。”遂复总戎东伐。分兵守诸要害。癸亥，自攻晋州。壬申，克之。以梁士彦为刺史，留精兵一万守之。时齐主猎于祁连池，即天池，山名，在今山西宁武县西南。闻之，乃还晋阳，自将来救。

十一月，己卯，周主班师，留齐王宪为后拒。是日，齐主至晋州。宪亦引军度汾。齐师遂围晋州。癸巳，周主至长安。丁酉，复东伐。十二月，戊申，至晋州。庚戌，战于城南，齐师大败。

《周书·文帝纪》曰：初齐攻晋州，恐王师卒至，于城南穿堑，自乔山属于汾水。帝率诸军八万人置阵，东西二十余里。齐主亦于堑北列阵。申后，齐人填堑南引。帝大喜，勒诸军击之。齐人便退。齐主与其麾下数十骑走还并州。齐众大溃。军资甲仗，数百里间，委弃山积。

《齐书·高阿那肱传》曰：周师逼平阳，后主于天池校猎，晋州频遣驰奏，从旦至午，驿马三至。肱曰："大家正作乐，何急奏闻？"至暮，使更至，云平阳城已陷，贼方至，乃奏知。明早，且即欲引，淑妃又请更合一围。及军赴晋州，令肱率前军先进，仍留节度诸军。后主谓肱曰："战是邪？不战是邪？"肱曰："勿战，却守高梁桥。"在今山西临汾县北。安吐根曰："一把贼，马上刺取掷汾河中。"帝意未决。诸内参曰："彼亦天子，我亦天子，彼尚能远来，我何为守堑示弱？"帝曰："此言是也。"于是渐进。

后主从穆提婆观战，东偏颇有退者，提婆怖曰："大家去，大家去。"帝以淑妃奔高梁。开府奚长乐谏曰："半进半退，战之常体。今兵众齐整，未有伤败，陛下舍此安之？御马一动，人情惊乱，且速还安慰之。"武卫张常山自后至，亦曰："军寻收回，甚整顿。围城兵亦不动。至尊宜回。不信臣言，乞将内参往视。"帝将从之。提婆引帝肘曰："此言难信。"帝遂北驰。

《北史·冯淑妃传》曰：淑妃名小怜，大穆后从婢也。穆后爱衰，以五月五日进之，号曰续命。慧黠，能弹琵琶，工歌舞，后主惑之。晋州告亟，帝将还，淑妃请更杀一围，帝从其言。及帝至晋州，城已欲没矣。作地道攻之，城陷十余步。将士乘势欲入。帝敕且止，召淑妃共观之。淑妃妆点，不获时至。周人以木拒塞城，遂不下。

旧俗相传：晋州城西石上有圣人迹，淑妃欲往观之。帝恐弩矢及桥，故抽攻城木造远桥。监作舍人以不速成受罚。帝与淑妃度桥，桥坏，至夜乃还。称妃有功勋，将立为左皇后，即令使驰取袆翟等皇后服御。仍与之并骑观战。东偏少却，淑妃怖曰："军败矣。"帝遂以淑妃奔还。至洪洞戍，在今山西洪洞县北。淑妃方以粉镜自玩，后声乱唱贼至，于是复走。

内参自晋阳以皇后衣至，帝为按辔，命淑妃著之，然后去。其言颇类平话，未必尽信。综全局而观之，齐师不能坚战，自为致败之由，然其大失，尚不在此。周人是时，欲诱齐师一战之策，仍与去年无异，特所攻者近而少，则兵力益得厚集，且应援较易，决战更有把握耳。《隋书·赵煚传》：武帝出兵巩、洛，欲收齐河南之地。叟谏曰："河南洛阳，四面受敌，纵得之不可以守。请从河北直指大原，倾其巢穴，可一举以定。"帝不从，师竟无功。《宇文弼传》：武帝将出兵河、洛以伐齐，弼进策曰："齐氏建国，于今累叶，虽曰无道，藩屏之寄，尚有其人。今之用兵，须择其地。河阳冲要，精兵所聚，尽力攻围，恐难得志。如臣所见；彼汾之曲，戍小山平，攻之易拔，用武之地，莫过于此。愿陛下详之。"帝不纳，师竟无功。

《鲍宏传》：帝尝问宏取齐之策。宏对曰："先皇往日，出师洛阳，彼有其备，每不克捷。如臣计者；进兵汾、潞，直指晋阳，出其不虞，斯为上策。"帝从之。此等庸有事后附会之谈，然攻平阳胜于攻洛阳，则无足惑，以其道里近而地势亦较平坦也。

周人既厚集其力而来，齐人自亦宜厚集其力以待之。平阳虽云重镇，必难当周举国之师，则救之宜如沃焦捧漏。乃周师既发七日，齐主尚猎于天池；周师以己酉发，齐主以丙辰猎于天池。又七日，周主已至晋州，齐主乃以其日还晋阳；又七日，乃自晋阳南下，庚午。则发二日而晋州已陷矣。此误于赴救之大迟也。

周人是时，盖以晋州委齐，诱使攻城，以敝其力。故不特周主引还，即齐王宪亦渡汾不战。晋州若陷，所失不过梁士彦万人，不下而齐力已敝，则决战之机至矣。为齐人计者：度能速下晋州而所伤不多，则宜攻之，不则当别思方略。乃遂引兵急攻，此则为周人所致矣。而攻之又不能下。齐人以己卯至，即攻城，至庚戌战，凡三十二日。顿兵坚城，主反为客，锐气已堕，故周武度其可破，引兵再来。是时之计，盖以高阿那肱不战而却守高梁桥之说为较得，此又所以挫周人新锐之气也。乃后主又不能用，则不战而先自败矣。故曰：战不能坚，尚其失之小焉者也。

战之明日，辛亥。周武帝至晋州，仍率诸军追齐主。诸将固请还师。帝曰："纵敌患生，卿等若疑，朕将独往。"诸将乃不敢言。武帝盖度齐之不能整，而亦使之不及整也。高阿那肱守高壁，岭名，在今山西灵石县东南。望风退散，周师遂至并州。

齐师之败也，后主弃军先还。后三日，入晋阳。癸丑。谓朝臣曰："周师甚盛，若何？"群臣咸曰："一得一失，自古皆然。宜停百赋，安慰朝野。收拾遗兵，背城死战，以存社稷。"帝意犹豫，欲向北朔州。乃留安德王延宗、广宁王孝珩等守晋阳。若晋阳不守，即欲奔突厥。群臣皆曰不可。帝不从。密遣送皇大后、皇大子于北朔州。丙辰，帝幸城南军劳将士。其夜，欲遁。诸将不从。

丁巳，穆提婆降周。陆令萱自杀。诏除安德王延宗为相国，委以备御。延宗流涕受命。帝乃夜斩五龙门而出。欲幸突厥。从官多散。领军梅胜郎叩马谏，乃回之邺。在并将卒，咸请于延宗曰：“王若不作天子，诸人实不能出死力。”延宗不得已，即皇帝位。

《北齐书·唐邕传》曰：周师来寇，丞相高阿那肱率兵赴援，邕配割不甚允，因此有隙。肱谮之。遣侍中斛律孝卿宣旨责让，留身禁止。寻释之。车驾将幸晋阳，敕孝卿总知骑兵、度支，事多自决，不相谘禀。邕自霸朝以来，常典枢要，历事六帝，恩遇甚重，一旦为孝卿所轻，负气郁怏，形于辞色。

帝平阳败后，狼狈还邺都，邕惧那肱谮之，恨孝卿轻己，遂留晋阳，与莫多娄敬显等宗树安德王为帝。信宿城陷，邕遂降周。然则当日立延宗者，亦未必皆无私意。然以大体言之，则失望于后主，而欲别图拥戴以拒敌者必多也。

邕初为高祖直外兵曹，擢为世宗大将军府参军。世宗崩，事出仓卒，显祖部分将士，镇压四方，夜中召邕支配，造次便了。显祖甚重之。显祖频年出塞，邕必陪从，专掌兵机。识悟闲明，承变敏速。自督将以还，军吏以上，劳效由绪，无不谙练。每有顾问，占对如响。或于御前简阅，虽三五千人，邕多不执文簿，暗唱官位姓名，未尝缪误。

凡是九州军士，四方勇募，强弱多少，番代往还，及器械精粗，粮储虚实，精心勤事，莫不谙知。史所言者如此，虽或过情，其为本兵长才，则决无疑义，乃以高阿那肱之私憾，斛律孝卿之骄纵而失之，用人如比，此亦齐之所以速亡欤？众闻之，不召而至者相属。

延宗倾覆府藏，及后宫美女，以赐将士。籍没内参千余家。见士卒，皆亲执手，陈辞自称名，流涕呜咽。众争为死。周军围晋阳，望之如黑云四合。庚申，延宗拥兵四万出城。周武帝率诸将合战。齐军退。帝乘胜逐北，际昏，率千余骑入东门。诏诸军绕城置阵。至夜，延宗与莫多娄敬显自门入，夹击之。延宗本命敬显拒城南，亲当周主于城北。城中军却，人相蹂践，大为延宗所败，死伤略尽。齐人欲闭门，以阍下积尸，扉不得合。帝从数骑，崎岖危险，仅得出门。时四更也。

齐人既胜，皆入坊饮酒，延宗不复能整。诘旦，周武帝还攻东门，克之。

又入南门。延宗战，力屈，走至城北，于民家见禽。晋阳遂陷。以上兼采《周书·武帝纪》及《齐书·延宗传》。《延宗传》曰：周武帝出城，饥甚，欲为遁逸计。齐王宪及柱国王谧谏，以为去必不免。延宗叛将段畅，亦盛言城内空虚。周武帝乃驻马鸣角收兵，俄顷复振。案是时，周、齐兵力，相去悬殊，齐人仅一小捷，何益于事？周人所失，不过入城之千人耳，其绕城置阵之兵自在也，武帝何遽欲走？又何至走即不免？果其奔溃者众，又岂俄顷所能振邪？后十三日，癸酉。武帝率军趋邺。

后主以延宗出战之日入邺。后四日，甲子。皇大后从北道至。引文武一品已上入朱雀门，赐酒食，给笔纸，问以御周之方。群臣各异议。帝莫知所从。《广宁王孝珩传》曰：后主自晋州败奔邺，诏王公议于含光殿。孝珩以“大敌既深，事藉机变。宜使任城王领幽州道兵入土门，扬声趋并州；独孤永业领洛州兵趋潼关，扬声趋长安；臣请领京畿兵出滏口，鼓行逆战。敌闻南北有兵，自然溃散”。又请出宫人、珍宝，以赐将士。帝不能用。案是时周师方锐，断非虚声所能慑之使退；齐锐气已堕，孝珩逆战，亦必不能胜也。又引高元海等议，依大统故事，以明年陈大建九年，周建德六年。正月朔，传位于大子恒，是为幼主。时年八岁。

周军续至。人皆汹惧，无有斗心。朝士出降，昼夜相属。清河王岳之子劢奏后主曰：“今所翻叛，多是贵人，至于卒伍，犹未离贰。请追五品已上家属，置之三台，因胁之曰：若战不捷，即退焚台。此曹顾惜妻子，必当力战。且王师频北，贼徒轻我，背城一决，理必破之。”后主不能用。于是黄门侍郎颜之推，中书侍郎薛道衡，侍中陈德信等劝后主往河外募兵，更为经略。若不济，南投陈国。从之。《之推传》曰：帝窘急，计无所从。之推因宦者侍中邓长颙进奔陈之策。仍劝募吴士千余人，以为左右，取青、徐路，共投陈国。帝甚纳之。以告丞相高阿那肱等。肱不愿入陈，乃云：“吴士难信，不须募之。”劝帝送珍宝、累重向青州，且守三齐之地，若不可保，徐浮海南度。

丁丑，大皇大后、大上皇后主。先趋济州。癸亥，幼主又自邺东走。壬辰，周武帝至邺。癸巳，围之。遂入邺。遣尉迟勤率骑二千追后主。后主以乙亥渡河，入济州。其日，幼主禅位于任城王湝。为任城诏，尊后主为无上皇，幼主为守国天王。留大皇大后于济州，遣高阿那肱留守。大上皇并皇后携幼主走青州。韩长鸾、邓长颙等数十人从。大上皇既至青州，即为入陈之计。而高阿那肱召周军，约生致齐主。屡使人告："贼军在远，已令人烧断桥路。"大上所以停缓。

《肱传》：后主自晋州北驰，有军士告称肱遣臣招引西军，今故闻奏。后主令侍中斛律孝卿检校。孝卿云：此人妄语。还至晋阳，肱腹心告肱谋反，又以为妄，斩之。乃颠沛还邺。侍卫逃散，惟肱及内官数十骑从行。后主走度大行，令肱以数千人投齐州，仍遣觇候，每奏云：周兵未至，且在青州集兵，未须南行。及周将军尉迟迥至关，肱遂降。时人皆云肱表款周武，必仰生致齐主，故不速报兵至，使后主被禽。然则谓肱约降而卖后主，特时人测度之辞。肱虽不忠，此说似属诬蔑；谓其在晋州时即有叛意，尤必无之理也。周军奄至青州，大上窘急，将逊于陈，与长鸾、淑妃等十数骑至青州南邓村，为尉迟勤所获。送邺。

任城王湝，时为瀛州刺史，后主奔邺，加大丞相。安德王称尊号，使修启于湝，湝执送邺。幼主禅位，令斛律孝卿送禅文及玺绂，不达。此从《湝传》。《后主纪》云：孝卿以之归周，《周书·武帝纪》则云：被执送邺。初幼主即位，以广宁王孝珩为大宰，孝珩与呼延族、莫多娄敬显、尉相愿同谋，期正旦五日，孝珩于千秋门斩高阿那肱，相愿在内以禁兵应之，相愿时为领军。族与敬显自游豫园勒兵出，废后主而立孝珩。

既而阿那肱从别宅取便路入宫，事不果。乃求出拒西军。肱及韩长鸾恐其为变，出为沧州刺史。至州，以五千人会任城王于信都。召募，得四万余人。周遣齐王宪、杨坚讨之。战败，湝、孝珩俱被禽。周武帝以湝已下大小三十王归长安。孝珩以十月卒。是月，周诬后主与穆提婆等谋反，与湝、延宗等数十人无少长皆赐死。惟高平王仁英以清狂，安乐王仁雅以喑疾获免。俱徙蜀。神武子孙，存者一二而已。时惟文宣第三子范阳王绍义及齐疏属高宝宁能拒周。

绍义，后主奔邺，以为尚书令、定州刺史。周武帝克并州，以封辅相为北朔州总管。北朔州齐之重镇，诸勇士多聚焉。前卒长赵穆，司马王当万等谋执辅相，迎任城王于瀛州。事不果。便迎绍义。绍义至马邑，辅相及其属韩阿各奴等数十人，皆齐叛臣。及肆州以北城戍二百八十余从辅相者，皆反为齐。

绍义与灵州刺史袁洪猛引兵南出，欲取并州。至新兴，而肆州已为周守。前队二仪同以所部降周。周兵击显州，后魏置，在今山西孝义县西。执刺史陆琼。又攻陷诸城。绍义还保北朔。周将宇文神举军逼马邑，绍义遣杜明达拒之，大败。绍义曰："有死而已，不能降人。"遂奔突厥。众三千家，令之曰："欲还者任意。"于是哭拜别者大半。突厥他钵可汗谓文宣为英雄天子，以绍义重踝似之，甚见爱重。凡齐人在北者，悉隶绍义。

高宝宁，《齐书》本传云：代人也，不知其所从来，《北史》同，而其《阴寿传》及《周书·文帝纪》则皆云宝宁为齐之疏属。武平末，为营州刺史，镇黄龙。周师将至邺，幽州行台潘子晃征黄龙兵，保宁率骁锐并契丹、靺鞨万余骑将赴救，至北平，后魏郡，今河北卢龙县。知子晃已发蓟，又闻邺都不守，便归营州。周武帝遣使招慰，不受，而上表绍义劝进。绍义遂即皇帝位。署宝宁为丞相，以赵穆为天水王。

他钵闻宝宁得平州，亦招诸部各举兵南向，云共立范阳王作齐帝，为其报仇。周武帝大集兵于云阳，将亲北伐，遇疾暴崩。绍义闻之，以为天赞已，范阳人卢昌期亦叛周，表迎绍义。俄为宇文神举攻灭。保宁引绍义集夷夏兵数万骑来救。至潞河，神举已屠范阳，绍义乃回入突厥，宝宁还据黄龙。周人购之于他钵，又使贺若义往说之。他钵伪与绍义猎于南境，使义执之。流于蜀，死蜀中。宝宁至隋世，尚与突厥合兵为寇。

开皇三年，陈后主至德元年。幽州总管阴寿出塞击之。宝宁弃城奔碛北。寿班师，留开府成道昂镇之。宝宁寻引契丹、勿吉之众来攻。寿患之，以重赏购之，又遣人阴间其所亲任者。宝宁走契丹，为其麾下所杀。北边平。

第九节　陈失淮南

甚哉，陈宣帝之不度德、不量力也，闻齐亡而遽欲进取淮北也。周之攻齐也，凡四阅月而齐亡，建德五年十月，至六年正月入邺。而陈之攻齐也，则历二年而仅得淮南之地耳。自大建五年三月至七年二月。且周之攻齐也，是存亡生死之争也，而陈之攻齐，则齐讫视淮南如蒿箭。陈之与周，强弱见矣。不争之于齐未亡之日，而争之于齐既亡之后乎？陈果欲复淮北，则齐师败于晋州之后，即当亟起与周分功。齐必不能分兵捍御，淮北之地，唾手可得。进取山东，后主可以卵翼，藉其名以抚用任城、广宁、范阳、高宝宁等，周虽强，必不能取之如拉枯朽也。

大建七年九月，陈已有吕梁之捷，此后一年余，周、齐之争方剧，陈竟熟视若无睹，至齐地已定，周人之锐气方新，乃忽欲进取淮北，是诚何心哉？于时蔡景历谏，以为“师老将骄，不宜过穷远略”。毛喜亦谏，以为“淮左新平，边民未乂，周氏始吞齐国，难与争锋，岂以敝卒疲兵，复加深入？且弃舟楫之工，践车骑之地，去长就短，非吴人所便。不若安民保境，寝兵复约，然后广募英奇，顺时而动”。帝皆不听。且以景历为沮众，出为豫章内史。未行，为飞章所劾，以在省之月，臧污狼籍，免官、削爵土，徙居会稽。盖度出兵之举，弗顺者必多，故以是威众也。史官论之曰：“李克以为吴之先亡，由数战数胜，数战则民疲，数胜则主骄，以骄主驭疲民，未有不亡者也。”岂不信哉！

大建九年，周建德六年。以吴明彻为大都督，北伐。十月，军至吕梁。周徐州总管梁士彦拒战，明彻频破之。士彦守城不敢复出。明彻仍迮清水，以灌其城。环列舟舰于城下，攻之甚急。周以王轨为行军总管救之。轨轻行，自清水入淮口。横流竖木，以铁锁贯车轮，遏断船路。欲密决其堰。诸将闻之，甚恐。议欲破堰拔军，以舫载马。马主裴子烈曰：“若决堰下船，船必倾倒，不如前遣马出，于事为允。”适会明彻苦背疾甚笃，知事不济，遂从之。乃遣萧摩诃率马军数千前还，明彻仍自决其堰，乘水势以退军。

及至清口，水势渐微，舟舰并不得渡。众军皆溃。明彻穷蹙就执。时大建十年二月也。周宣政元年。寻以忧愤遘疾，卒于长安。时年六十七。明彻之败，实不得谓非人谋之不臧也。

《陈书·萧摩诃传》：摩诃谓明彻曰：“闻王轨始断下流，其两头筑城，今尚未立。公若见遣击之，彼必不敢相拒。水路未断，贼势不坚。彼城若立，吾属且为虏矣。”明彻奋髯曰：“搴旗陷阵，将军事也，长算远略，老夫事也。”摩诃失色而退。一旬之间，周兵益至。摩诃又请曰：“今求战不得，进退无路，潜军突围，未足为耻。愿公引步卒乘马舉徐行，摩诃领铁骑数千，驱驰前后，必当使公安达京邑。”明彻曰：“弟之此计，乃良图也。然步军既多，吾为总督，必须身居其后，相率兼行，弟马军宜须在前，不可迟缓。”

摩诃因率马军夜发。先是周军长围既合，又于要路下伏数重。摩诃选精骑八十，率先冲突，自后众骑继焉。比旦，达淮南。明彻兵力，不为不厚，任王轨断其下流，且合长围，而不出兵力争，殊不可解。

《周书·王轨传》言：是役惟萧摩诃以二千骑先走得免，则摩诃之能突围不虚。长围既合，尚能突走，况于筑城未立之际乎？明彻固拒其请，何哉？无他，骄耳。明彻本非将才，迹其生平用兵，败多胜少，况于是时，衰迟不振，陈宣用之，实为失策。

《陈书·徐陵传》云：废帝即位，高宗入辅，谋黜异志者，引陵豫其谋。大建元年，除尚书右仆射。二年，迁左仆射。陵抗表推周弘正、王劢等。高宗苦属之。陵乃奉诏。及朝议北伐，高宗曰："朕意已决，卿可举元帅。"众议以中权将军淳于量位重，共署推之。陵独曰："不然。吴明彻家在淮左，悉彼风俗，将略人才，当今亦无过者。"于是争论，累日不能决。都官尚书裴忌曰："臣同徐仆射。"陵应声曰："非但明彻良将，裴忌即良副也。"是日，诏明彻为大都督，令忌监军事。遂克淮南数十州之地。高宗因置酒举杯属陵曰："赏卿知人。"夫徐陵非知兵之人，其举明彻，岂有真知灼见？当时盈廷争论，至于累日不决，必有深知其不可者，高宗顾违众而用之，岂以篡立之际，陵与明彻，皆尝与谋，故其言易入邪？决策如彼，用人如此，不败何待？

明彻既败，乃分命众军以备周。淳于量为大都督，总水陆诸军事。孙玚都督荆、郢水陆诸军事。樊毅都督清口上至荆山缘淮众军。清口，泗水入淮口。荆山，在今安徽怀远县西南。任忠都督寿阳、新蔡、霍州等众军。霍州，治灊县，在今安徽霍山县北。樊毅遣军渡淮北，对清口筑城。霖雨，城坏，自拔而还。是岁，六月，周武帝死，宣帝立。十二月，周以滕王逌为行军元帅，南伐。

明年，陈大建十一年，周大象元年。正月，杀王轨，停南伐诸军。九月，复以韦孝宽为行军元帅，率杞国公亮及梁士彦南伐。然仍遣杜杲来使。盖周在是时，亦无意于大举也。陈复遣淳于量、樊毅、任忠等拒之，皆无功。豫州、寿阳。霍州相继陷。南北兖、南兖治广陵，北兖治淮阴。晋三州，晋州，治怀宁。及盱眙、山阳、阳平、在今江苏宝应县西。马头、秦、历阳、沛、治石梁，在今安徽天长县东北。北谯、今安徽全椒县。南梁等九郡，胡三省曰：南梁，自《宋志》有之，不知其实土。梁冯道根行南梁大守，戍阜陵，盖自是为实土。并自拔还京师。谯、涡阳。北徐州又陷。淮南之地，遂尽没于周矣。

注释：

①契阔：辛苦。

②霜筒：古代御史弹劾大臣的奏章。

③悛革：悔改。

④捶楚：木棒和荆杖。古代杖刑用具。

⑤禳厌：消除邪恶灾祸。

⑥韝绁[gōu xiè]：韝以蹲鹰，绁以牵狗。借指纨袴子弟放浪的生活。

⑦怯耎[ruǎn]：胆小，懦弱。

⑧帑[tǎng]藏：国库。

第十五章

南北统一

第一节　隋文帝代周

周武帝之生平，颇与后周世宗相似。武帝之灭齐，犹世宗之破北汉也；其破陈，取淮南，犹世宗之破南唐也；破陈而即伐突厥，犹世宗之破南唐而即伐契丹也；而其北伐遇疾，赍志身死，国祚旋移，二者亦无不相类。史事不能相同也，而其相类至于如此，岂不异哉。

武帝宣政元年，陈宣帝之大建十年也，五月，北伐突厥。至云阳，遇疾。六月，还京。其夜，死于途。时年三十六。大子赟立，是为宣帝。武帝生平，所最信任者，为宇文孝伯。孝伯，安化县公深之子，深文帝族子也。孝伯与高祖同日生，大祖甚爱之，养于第内。及长，又与高祖同学。高祖即位，欲引置左右，托言与孝伯同业受经，思相启发，由是晋公护弗之猜也，得入为右侍上士。恒侍左右，出入卧内。朝之机务，皆得与焉。次则王轨及宇文神举。神举，文帝族子。诛宇文护之际，惟三人者颇得与焉。

而尉迟运平卫剌王之乱，总宿卫军事，亦称帝之信臣。武帝寝疾，驿召孝伯赴行在所。帝执其手曰："吾自量必无济理，以后事付君。"是夜，授司卫上大夫，总宿卫兵马事。又令驰驿入京镇守，以备非常。而尉迟运总侍卫兵还京师。

宣帝之为皇大子，武帝尝使巡西土，因讨吐谷浑。轨与孝伯并从。

《轨传》云：军中进止，皆委轨等，帝仰成而已。时宫尹郑译、王端等并得幸。帝在军中，颇有失德，译等皆与焉。军还，轨等言之于高祖。高祖大怒，乃挞帝，除译等名，仍加捶楚。后轨与孝伯等屡言宣帝之短，神举亦颇与焉。《神举传》。而轨言之最切。

《周书》诸人列传，谓皆由宣帝多过失，《隋书·郑译传》，则谓轨欲立武帝第三子秦王贽，未知事究如何，要之，诸人当武帝时，皆有权势，其见忌于宣帝，自有其由；王轨等之死，亦是一疑案。《轨传》云：轨尝与小内史贺若弼言："皇大子必不克负荷。"弼深以为然，劝轨言之。轨后因侍坐，乃谓高祖曰："皇大子仁孝无闻，复多凉德，恐不了陛下家事。愚臣短暗，不足以论是非，陛下恒以贺若弼有文武奇才，识度宏远，而弼比每对臣，深以此事为虑。"

高祖召弼问之。弼乃诡对曰："皇大子养德春宫，未闻有过，未审陛下何从得闻此言？"既退，轨诮弼曰："平生言论，无所不道，今者对扬，何得乃尔翻覆？"弼曰："此公之过也。皇大子国之储副，岂易攸言？事有蹉跌，便至灭门之祸。本谓公密陈臧否，何得遂至昌言？"轨默然。

久之，乃曰："吾专心国家，遂不存私计。向者对众，良实非宜。"后轨因内宴上寿，又捋高祖须曰："可爱好老公，但恨后嗣弱耳。"高祖深以为然。但汉王次长，又不才，此外诸子并幼，故不能用其说。

《孝伯传》：孝伯为东宫左宫正，白高祖曰："皇大子四海所属，而德声未闻。臣忝宫官，实当其责。且春秋尚少志业未成。请妙选正人，为其师友，调护圣质，犹望日就月将，如或不然，悔无及矣。"帝曰："正人岂复过君？"于是以尉迟运为右宫正，孝伯仍为左宫正。寻拜宗师中大夫。及吐谷浑入寇，诏皇大子征之，军中之事，多决于孝伯。

俄授京兆尹。入为左宫伯。转右宫伯。尝因侍坐，帝问之曰："我儿比来，渐长进不？"答曰："皇大子比惧天威，更无罪失。"及王轨因内宴捋帝须，言大子之不善，帝罢酒，责孝伯曰："公常语我云大子无过，今轨有此言，公为诳矣。"孝伯再拜曰："臣闻父子之际，人所难言。臣知陛下不能割情忍爱，遂尔结舌。"帝知其意，默然。久之，乃曰："朕已委公矣，公其勉之。"

《隋书·贺若弼传》，谓弼知大子不可动摇，故诡辞以对，与《孝伯传》不能割情忍爱之说合，则《轨传》谓高祖深以轨言为然者不雠矣。孝伯虽言大子之失，而其辞甚婉。

《尉迟运传》云：运为宫正，数进谏，帝不能纳，反疏忌之。时运又与王轨、宇文孝伯等皆为高祖所亲待，轨屡言帝失于高祖，帝谓运与其事，愈更衔之，是运实未尝言帝之失。

《神举传》亦不过谓其颇与焉而已。乐运以强直称，其《传》云高祖尝幸同州，召运赴行在所。既至，谓曰：“卿来日见大子不？”运曰：“臣来日奉辞。”高祖曰：“卿言大子何如人？”运曰：“中人也。”时齐王宪以下，并在帝侧，高祖顾谓宪等曰：“百官佞我，皆云大子聪明睿知，惟运独云中人，方验运之忠直耳。”因问运中人之状。运对曰：“班固以齐桓公为中人，管仲相之则霸，竖貂辅之则乱，谓可与为善，亦可与为恶也。”高祖曰：“我知之矣。”遂妙选宫官以匡弼之。运之言，亦不过如宇文孝伯耳。然则始终力言大子之不善者，王轨一人而已。

《宣帝纪》云：帝惮高祖威严，矫情修饰，以是过恶遂不外闻，与孝伯大子比惧天威，更无罪失之说合，则宣帝在武帝世，实无大过恶。宣帝为武帝长子，次汉王赞，次秦王贽，《轨传》云武帝以汉王不才，故不能用其说，而《隋书·郑译传》，谓轨欲立秦王，其说亦隐相符合，然则轨之力毁大子，又恶知其意果何在邪?

《译传》云：轨每劝帝废大子而立秦王，由是大子恒不自安。其后诏大子西征吐谷浑，大子乃阴谓译曰：“秦王上爱子也，乌丸轨上信臣也，今吾此行，得毋扶苏之事乎？”译曰：“愿殿下勉著仁孝，毋失子道而已，勿为佗虑。”大子然之。既破贼，译以功最，赐爵开国子，邑三百户。后坐亵狎皇大子，帝大怒，除名为民。大子复召之，译戏狎如初。因言于大子曰：“殿下何时可得据天下？”大子悦而益昵之。夫译以功最受赏，则谓军中之事，皆由轨及宇文孝伯者为不雠矣。何时得据天下之言，又何其与勉著仁孝之语，大不相类也?

而齐王宪，自武帝之世，即专征伐，见猜疑，《宪传》云：宪自以威名日重，潜思屏退。及高祖欲亲征北蕃，乃辞以疾。高祖变色曰：“汝若惮行，谁为吾使？”宪惧曰：“臣陪奉銮舆，诚为本愿，但身婴疹疾，不堪领兵。”帝许之。果宪欲屏退，抑帝不欲其领兵，亦不可知也。其不能见容于宣帝，自更不待言矣。

帝即位未逾月，即杀宪。《宪传》云：高祖未葬，诸王在内治服，司卫长孙览总兵辅政，而诸王有异志，奏令开府于智察其动静。及高祖山陵还，诸王归第，帝又命智就宅候宪。因是告宪有谋。帝乃遣小冢宰宇文孝伯诏宪：晚共诸王俱至殿门。宪独被引进。帝先伏壮士于别室，执而缢之。宪六子：贵，先宪卒。质、賨、贡、乾禧、乾洽，并与宪俱被诛。

《孝伯传》云：帝忌齐王宪，意欲除之，谓孝伯曰："公能为朕图齐王，当以其官位相授。"孝伯叩头曰："先帝遗诏，不许滥诛骨肉，齐王陛下之叔父，戚近功高，社稷重臣，栋梁所寄。陛下若妄加刑戮，微臣又顺旨曲从，则臣为不忠之臣，陛下为不孝之子也。"帝不怿。因渐疏之。乃与于智、王端、郑译等密图其事。后令智告宪谋逆，遣孝伯召宪入，遂诛之。孝伯既不肯害宪矣，何以召宪时必遣孝伯？孝伯又何以肯承命召宪？岂真全不知帝之将杀之邪？

明年，宣帝大成元年。及传位，改元大象。陈宣帝大建十一年。

二月，又杀王轨。神举时为并州总管，使人鸩诸马邑。又赐宇文孝伯死。尉迟运求外出，为秦州总管，亦以忧死。《孝伯传》曰：帝诛轨，尉迟运惧，私谓孝伯曰："吾徒必不免祸，为之奈何？"孝伯对曰："今堂上有老母，地下有武帝，为人臣子，知欲何之？且委质事人，本徇名义，谏而不入，将焉逃死？足下若为身计，宜且远之。"于是各行其志。运出为秦州总管。《运传》云：运至州，犹惧不免，大象元年，二月，遂以忧薨于州。

宣帝，史以为无道之主，然其人初非大恶，特武帝束之大严，《纪》云：帝之在东宫也，高祖虑其不堪承嗣，遇之甚严。朝见进止，与诸臣无异。虽隆寒盛暑，亦不得休息。性既嗜酒，高祖遂禁醪醴不许至东宫。帝每有过，辄加捶朴。尝谓之曰："古来大子，被废者几人？余儿岂不堪立邪？"于是遣东宫官属录帝言语动作，每月奏闻。此等如束湿薪之教往往一纵弛即不可收拾。而实未亲正人，又年少无学识，其举动遂多可笑耳。《纪》言其每对臣下，自称为天。以五色土涂所御天德殿，各随方色。又于后宫与皇后等列坐，用宗庙礼器罇彝珪瓒之属以饮食。此等皆孩稚所为耳。

史所谓侈君者，亦有二科：其一惟务行乐，他无所知。一则颇欲有所兴作，厘正制度。然生长深宫，不知世务。所兴所革，皆徒眩耳目，不切实际。非惟无益，反致劳民伤财。二者之诒害或惟均，然原其本心，固不可同日而语。汉武帝即属于后一类，周宣帝亦其伦也。

《本纪》言帝于国典朝仪，率情变改；又云：后宫位号，莫能详录，可见其所改之多。变改必不能专于后宫，史不能详记耳。又言其每召侍臣论议，惟欲兴造变革；又云：未尝言及治政，盖意在创制立法，而不重目前之务也。王莽以为制定则天下自平，与公卿旦夕论议，不省狱讼，亦系此等见解。此等人往往阔于事情，然谓其规模不弘远，不可得也。即可见其欲兴作，厘正制度。其所行者，亦不得谓无善政。

如即位之岁，即遣大使巡察诸州。又诏制九条，宣下州郡，一曰：决狱科罪，皆准律文。二曰：母族绝服外者听昏。三曰：以杖决罚，悉令依法。四曰：郡县当境贼盗不禽获者，并仰录奏。五曰：孝子顺孙，义夫节妇，表其门闾。才堪任用者，即宜申荐。六曰：或昔经驱使，名位未达；或沈沦蓬荜，文武可施，宜并采访，具以名奏。七曰：伪齐七品以上，已敕收用，八品以下，爰及流外，若欲入仕，皆听豫选，降二等授官。八曰：州举高才博学者为秀才，郡举经明行修者为孝廉，上州上郡岁一人，下州下郡三岁一人。九曰：年七十以上，依式授官。鳏寡困乏，不能自存者，并加禀恤。此即苏绰制六条诏书之意。

明年，正月，受朝于露门，帝服通天冠，绛纱袍，群臣皆服汉、魏衣冠，一洗代北之俗。胡三省《通鉴注》曰：以此知周之君臣，前此盖胡服也。

又明年，大象二年，陈大建十二年。二月，幸露门学，行释奠之礼。三月，追封孔子为邹国公，立后承袭。别于京师置庙，以时祭享。皆可见其能留意于文教：此盖自文帝以来，即喜言创制改革，故帝亦习染焉而不自知也。然其亡谓且有害之事亦甚多。即位之明年，二月，即传位于大子衍。后更名阐。自称天元皇帝。所居称天台。

冕二十有四旒。车服、旗鼓，皆以二十四为节。皇帝衍称正阳宫。衍时年七岁耳。帝耽酗于后宫，或旬日不出。公卿、近臣请事者，皆附奄官奏之。初诏营邺宫。

大象元年，二月，停之，而发山东诸州兵，增一月功为四十五日役，起洛阳宫。常役四万人，迄于晏驾。史言帝所居宫殿帷帐，皆饰以金玉珠宝，光华炫耀，极丽穷奢，及营洛阳宫，虽未成毕，其规模壮丽，逾于汉、魏远矣。

为大子时，立妃杨氏，隋文帝之女也。即位后立为皇后。传位后，改称天元大皇后。

是年四月，立妃朱氏为天元帝后。朱氏，静帝所生母也。吴人。坐事没入东宫。年长于帝十余岁，疏贱无宠，以静帝故，特尊崇之。帝所宠元氏，魏宗室晟之女。陈氏，高氏隶山提之女。陈山提，《北史》云尔朱氏之隶，误。西阳公温，杞国公亮之子也。妻尉迟氏，迥之孙女，有容色。以宗妇例入朝，帝逼而幸之。

亮方为行军总管伐陈，闻之惧，因谋反。还至豫州，夜将数百骑袭行军元帅韦孝宽营，为孝宽所击斩。帝即诛温，追尉迟氏入宫，立为妃。七月，取法于后妃四星，改称朱氏为天皇后，立元氏为天右皇后，陈氏为天左皇后。

明年，二月，又取五帝及土数惟五之义，以杨后为天元大皇后，朱后为天大皇后，陈氏为天中大皇后，元氏为天右大皇后，而立尉迟氏为天左大皇后焉。尝遣使简京兆及诸州士民之女，以充后宫。事在大象元年五月，见《本纪》。又诏仪同以上女，不许辄嫁。致贵贱同怨，声溢朝野。乐运所陈帝八失之一，见《运传》。

帝好出游。即位之年，八月，幸同州。十月乃还。明年，正月，东巡狩。三月乃还。八月，幸同州。十一月，幸温汤。又幸同州。十二月，幸洛阳。帝亲御驿马，日行三百里。四皇后及文武侍卫数百人，并乘驿以从。仍令四后方驾齐驱。或有先后，便加谴责。人马顿仆相属。

又明年，三月，行幸同州。增候正前驱戒道为三百六十重。自应门至于赤岸泽，在长安北。数十里间，幡旗相蔽，鼓乐俱作。又令虎贲持钑马上称警跸，以至于同州。四月，幸中山祈雨。中山，亦作仲山，在云阳西。至咸阳宫，雨降，还宫。令京城士女于衢巷作音乐迎候。其后游戏无恒，出入不饰，羽仪仗卫，晨出暮还，陪侍之官，皆不堪命。

武帝时尝断佛、道二教，经像悉毁。

大象元年，初复佛像及天尊像。十月，帝与二像俱南面而坐，大陈杂戏，令京城士民纵观。十二月，御正武殿，集百官及宫人、内外命妇，大列伎乐。又纵胡人乞寒，用水浇沃为戏。散乐杂戏，鱼龙烂漫之伎，常在目前。好令京城少年为妇人服饰，入殿歌舞，与后宫观之，以为戏乐。

京兆郡丞乐运，舆榇诣朝堂，言帝八失，有云："都下之民，徭赋稍重。必是军国之要，不敢惮劳，岂容朝夕征求，惟供鱼龙烂漫，士民从役，只为俳优角觝？纷纷不已，财力俱竭，业业相顾，无复聊生。"则其游戏举动，诰害于人民甚烈矣。游戏无节如此，度支自不免竭蹶。

大象二年，正月，乃税入市者人一钱。此盖史纪其征敛之至苛者，其为史所不载者，又不少矣。

乐运之陈帝八失也，帝大怒，将戮之。内史元岩给帝曰："乐运知书奏必死，所以不顾身命者，欲取后世之名。陛下若杀之，乃成其名也。"帝然之，因而获免。翼日，帝颇感悟，召运谓之曰："朕昨夜思卿所奏，实是忠臣。先皇明圣，卿数有规谏，朕既昏暗，卿复能如此。”乃赐御食以赏之。则帝亦不尽拒谏。

《颜之仪传》云：周祖初建储宫，盛选师傅，以之仪为侍读。大子后征吐谷浑，在军有过行，郑译等并以不能匡弼坐谴，惟之仪以累谏获赏。即拜小宫尹。宣帝即位，迁御正中大夫。帝后刑政乖僻，昏纵日甚，之仪犯颜骤谏。虽不见纳，终亦不止。深为帝所忌。然以恩旧，每优容之。及帝杀王轨，之仪固谏，帝怒，欲并致之法。后以其谅直无私，乃舍之。

案帝于之仪，任之甚重，谓其欲致之法，恐亦莫须有之辞也。斛斯征者，高祖以其治经有师法，令教授皇子。帝时为鲁公，与诸皇子等咸服青衿，行束脩之礼。及即位，迁大宗伯。上疏极谏。帝不纳。郑译因谮之。遂下征狱。狱卒张元哀之，以佩刀穿狱墙出之。此虽酷暴，然征因遇赦获免，亦未闻帝之更事追求也。然帝之用刑确不详，而又偏于严酷。

初高祖作《刑书要制》，用法严重。及帝即位，以海内初平，恐物情未附，乃除之。

大象元年，八月，大醮于正武殿，又告天而行焉。乐运初以帝数行赦宥，上疏极谏，及其陈帝八失，则云：“变故易常，乃为政之大忌，严刑酷罚，非致治之弘规。若罚无定刑，则天下皆惧，政无常法，则民无适从。岂有削严刑之诏，未及半祀，便即追改，更严前制？今宿卫之官，有一人夜不直者，罪至削除，因而逃亡者，遂便籍没，此则大逆之罪，与十杖同科，虽为法愈严，恐人情转散。请遵轻典，并依大律，则亿兆之民，手足有所措矣。”

《本纪》言：帝摈斥近臣，多所猜忌。常遣左右，伺察群臣。动止所为，莫不钞录。小有乖违，辄加其罪。自公卿已下，皆被楚挞。其间诛戮、黜免，不可胜言。每笞棰人，皆以百二十为度，名曰天杖。宫人内职亦如之。后妃嫔御，虽被宠嬖，亦多被杖背。于是内外恐惧，人不自安。皆求苟免，莫有固志。重足累息，以逮于终。盖帝之为人，凡事皆任情而动，又承武帝酷法之后，遂致有斯弊耳。

鲜卑立国，本无深根固柢之道，周武帝虽云英武，亦仅能致一时之富强耳，故嗣子不令，国祚即随之倾覆焉。大象二年，五月，宣帝死。帝之即位也，以郑译为内史下大夫，委以朝政。俄迁内史上大夫。译颇专擅。帝幸东京，译擅取宫材，自营私第，坐是复除名为民。刘昉数言于帝，帝复召之，顾待如初。

刘昉者，武帝时以功臣子入侍皇太子，及帝嗣位，以技佞见狎，出入宫掖，宠冠一时。授大都督。迁小御正。与御正中大夫颜之仪，并见亲信。译与杨坚，有同学之旧，昉亦素知坚。宣帝不悆，召昉及之仪俱入卧内，属以后事。昉遂与译谋，引坚辅政。

《周书·颜之仪传》云：宣帝崩，刘昉、郑译等矫遗诏，以隋文帝为丞相，之仪知非帝旨，拒而弗从。昉等草诏署记，逼之仪连署。之仪厉声谓昉等曰："主上升遐，嗣子冲幼，阿衡之任，宜在宗英。方今贤戚之内，赵王最长，以亲以德，合膺重寄。公等备受朝恩，当思尽忠报国，奈何一旦，欲以神器假人？之仪有死而已，不能诬罔先帝。"昉等知不可屈，乃代之仪署而行之。

案隋文帝在周世，既无大权，亦无重望，之仪安知其将篡？《传》所载之仪之言，必非实录。

《隋书·郑译传》，谓之仪与宦者谋，引大将军宇文仲辅政，仲已至御坐，译知之，遽率开府杨惠及刘昉、皇甫绩、韦孝宽外孙。为宫尹中士。卫剌王作乱，城门已闭，百寮多有遁者，绩闻难赴之。于玄武门遇皇大子。大子下楼，执续手，悲喜交集。武帝闻而嘉之。迁小宫尹。宣政初，拜畿伯下大夫。累转御正下大夫。柳裘俱入，柳裘本仕梁。梁元帝为魏军所逼，遣裘请和于魏。俄而江陵陷，遂入关中。时为御史大夫。宣帝不悆，留侍禁中。仲与之仪见译等，愕然，逡巡欲出，高祖因执之，则更东野人之言矣。

《隋书·高祖纪》：宣帝即位，以后父，征拜上柱国、大司马。大象初，迁大后丞、右司武。俄转大前疑。每巡幸，恒委居守。位望益隆，帝颇以为忌。帝有四幸姬，并为皇后，诸家争宠，数相毁谮。帝每忿怒，谓后曰："必族灭尔家。"因召高祖，命左右曰："若色动即杀之。"高祖既至，容色自若，乃止。

大象二年，五月，以高祖为扬州总管。将发，暴有足疾，不果行。

《郑译传》云：高祖为宣帝所忌，情不自安。尝在永巷，私于译曰："久愿出藩，公所悉也。敢布心腹，少留意焉。"译曰："以公德望，天下归心。欲求多福，岂敢忘也？谨即言之。"时将遣译南征。译请元帅。帝曰："卿意如何？"译对曰："若定江东，自非懿戚重臣，无以镇抚。可令隋公行。且为寿阳总管，以督军事。"帝从之。乃下诏，以高祖为扬州总管，译发兵俱会寿阳以伐陈。谓高祖为宣帝所忌，全系事后附会之谈，实则当日伐陈，尚系以郑译为主，高祖但以宿将懿戚，与之偕行耳。

《李德林传》云：郑译、刘昉，初矫诏召高祖受顾命，辅少主，总知内外兵马事。诸卫既奉敕，并受高祖节度。译、昉议欲授高祖冢宰，译自摄大司马，昉又求小冢宰。高祖私问德林曰："欲何以见处？"德林曰："即宜作大丞相，假黄钺，都督内外诸军事。不尔，无以压众心。"及发丧，便即依此。以译为相府长史，带内史上大夫，昉但为丞相府司马。译、昉由是不平，观此，便知译、昉所以引高祖之故，而亦知高祖所以克成大业之由。

盖译、昉之意，原欲与高祖比肩共揽朝权，而不意高祖究系武人，兵权既入其手，遂抑译、昉为僚属也。此译、昉之所以不终。抑高祖位望素轻，当日安知其将篡？此又尉迟迥等之起，韦孝宽等之所以为高祖尽力欤？彼固以为扶翼周朝，不以为助成高祖之篡夺。抑尉迟迥等之。

起兵，未尝非觊觎权势，亦未必知高祖之将篡，而志在扶翼周朝也。及迥等既败，则高祖之权势坐成，而其篡夺，转莫之能御矣。此乃事势邂逅使然，即高祖，亦未必自知其成大业如此之易也。自来篡夺之业，必资深望重，大权久在掌握而后克成，而高祖独以资浅望轻获济，此又得国者之一变局矣。

高祖之骤获大权，实得武人拥戴之力。《隋书·卢贲传》：贲转司武上士，时高祖为大司武，贲知高祖非常人，深自推结。及高祖初被顾托，群情未一，乃引贲置于左右。高祖将之东第，百官皆不知所去，高祖潜令贲部伍仗卫，因召公卿谓曰："欲求富贵者，当相随来。"往往偶语，欲有去就。贲严兵而至，众莫敢动。出崇阳门至东宫，门者拒不纳。贲谕之，不去。瞋目叱之，门者遂却。既而高祖得入。

贲恒典宿卫。当日之情形，实类陈兵劫迫，此周之宗戚，所以束手而不敢动也。观此，而知周宣帝之废尉迟运为自诒伊戚矣。东宫即正阳宫也，时以为丞相府，而静帝入居天台。汉王赞为右大丞相，高祖为左大丞相。百官总己，以听于左大丞相。

《刘昉传》云：时汉王赞居禁中，每与高祖同帐而坐。昉饰美妓进于赞，赞甚悦之。昉因说赞曰："大王先帝之弟，时望所归。孺子幼冲，岂堪大事？今先帝初崩，群情尚扰，王且归第，待事宁之后，入为天子，此万全之计也。"赞时年未弱冠，性识庸下，闻昉之说，以为信然，遂从之。其说未知信否，然赞即居禁中亦未必能与高祖相持也。于是京城之大权，尽归于高祖矣。

时尉迟迥为相州总管。高祖令迥子惇赍诏书以会葬征迥，以韦孝宽代之。迥留惇举兵。迥弟子勤，时为青州总管，亦从迥。众数十万。荥州刺史宇文胄，荥州，魏之北豫州。胄，什肥子。申州刺史李惠，申州，江左之司州，后魏之郢州也。东楚州刺史费也利进，东魏东楚州，治宿豫，后周改泗州，盖史以旧名称之。东潼州刺史曹惠达，《五代志》：下邳郡夏丘县，梁置潼州，盖时尚未废。夏丘，汉县，今安徽泗县。各据州以应迥。高祖以韦孝宽为元帅讨之。惇率众十万入武陟。今河南武陟县。为孝宽所败。

孝宽乘胜进至邺。迥与子惇、祐等悉其卒十三万阵于城南。勤率众五万，自青州来赴，以三千骑先至。战，又败。迥自杀。勤、惇、祐东走，并追获之。郧州总管司马消难，郧州，周置，今湖北安陆县。闻迥不受代，举兵应迥。使其子泳质于陈以求援。高祖命襄州总管王谊讨之。消难奔陈。

王谦者，雄之子，时为益州总管，亦举兵。隆州刺史阿史那瑰为画三策，梁南梁州，西魏改曰隆州，今四川阆中县。曰："亲率精锐，直指散关，上策也。出兵梁、汉，以顾天下，中策也。坐守剑南，发兵自卫，下策也。"谦参用其中下二策，遣兵镇始州。西魏置，今四川剑阁县。

高祖以梁睿为行军元帅讨之。益州刺史达奚惎，总管长史乙弗虔等攻利州，西魏置，今四川广元县。闻睿至，众溃。密使诣睿，请为内应以赎罪。谦不知，并令守成都。睿兵奄至，谦自率众迎战，又以惎、虔之子为左右军。行数十里，军皆叛。谦以二十骑奔新都。汉县，今四川新都县。县令王宝斩之。惎、虔以成都降。高祖以其首谋，斩之。阿史那瑰亦诛。皆七月中事也。

尉迟迥时已衰暮；王谦徒借父勋，本无筹略，司马消难则一反覆之徒耳：《消难传》云：性贪淫，轻于去就，故世之言反覆者，皆引消难云。韦孝宽时亦年老无奢望，孝宽平迥后即死，时年七十二。且事出仓卒，诸镇即怀异志，亦不及合谋；而高祖所以驾驭之者，亦颇得其宜；此其戡定之所以易也。

《隋书·李德林传》：韦孝宽为沁水泛涨，兵未得度，长史李询上密启云：大将梁士彦、宇文忻、崔弘度并受尉迟迥饷金，军中慅慅，人情大异。高祖得询启，深以为忧。与郑译议，欲代此三人，德林独进计曰："公与诸将，并是国家贵臣，未相伏驭，以挟令之威使之耳。安知后所遣者能尽腹心，前所遣者独致乖异？又取金之事，虚实难明。即令换易，彼将惧罪。恐其逃逸，便须禁锢。然则郧公以下，必有惊疑之意。且临敌代将，自古所难。如愚所见：但遣公一腹心，明于智略，为诸将旧来所信服者，速至军所，观其情伪，纵有异志，必不敢动。”丞相大悟，即令高颎驰驿往军所，为诸将节度，竟成大功。

《柳裘传》云：尉迥作乱，天下骚动，并州总管李穆，颇怀犹豫，高祖令裘往喻之，穆遂归心，高祖。

《周书·穆传》云：尉迟迥举兵，穆子荣欲应之，穆弗听。时迥子谊为朔州刺史，穆执送京师。此等皆隋事成败之关键。

周文帝子十三人：长明帝。次宋献公震，前卒。次闵帝。次武帝。次卫剌王直，以谋乱并子十人被诛，次齐炀王宪，与子并为宣帝所杀；已见前。次赵僭王招。次谯孝王俭。次陈惑王纯。次越野王盛。次代奰王达。次冀康公通。次滕闻王逌。俭与通亦前卒。赵、陈、越、代、滕五王，大象元年五月，各之国。

宣帝疾，追入朝。《隋书·高祖纪》曰：周氏诸王在藩者，高祖恐其生变，以赵王招将嫁女于突厥为辞征之。比至，帝已死。五王与明帝长子毕剌王贤谋作乱。高祖执贤斩之，并其子弘义、恭道、树孃等。寝赵王等之罪。因诏五王剑履上殿，入朝不趋，用安其心。

九月，赵王伏甲以宴高祖，《周书·招传》云：招邀隋文帝至第，饮于寝室；《隋书·元胄传》亦云：招要高祖就第；其说当是。《高祖纪》云：高祖赍酒肴造赵王第，欲观所为，恐非。为高祖从者元胄所觉，获免。胄，魏昭成帝六代孙。齐王宪引致左右，数从征伐，官至大将军。高祖初被召入，将受顾托，先呼胄，次命陶澄，并委以腹心。恒宿卧内。及为丞相，每典军在禁中。又引弟威俱入侍卫。于是诛招及盛，并招子员、贯、乾铣、乾铃、乾鉴，盛子忱、悰、恢、惇、忻。

十月，复诛纯及其子谦、让、议。十一月，诛达及其子执、转，逌及其子祐、裕、礼、禧。而俭之子乾恽，毕剌王之弟酆王贞及其子德文，宋王寔，出后宋献公。闵帝子纪厉王康之子湜，康武帝世为利州刺史，有异谋，赐死。

宣帝弟汉王赞并其子道德、道智、道义，秦王贽并其子靖智、靖仁，曹王允，道王充，蔡王兑，荆王元，静帝弟郧王衎，从《本纪》。《传》作衍，则与静帝初名同矣。郢王术亦皆被杀。于是宇文泰之子孙尽矣。泰三兄，惟邵惠公颢有后。颢长子什肥，为齐神武所害；第三子护，武帝时与诸子皆被诛；亦已见前。什肥被害时，子胄，以年幼下蚕室。

天和中，与齐通好，始得归。举兵应尉迟迥，战败被杀。

颢次子导，有五子：曰广、亮、翼、椿、众。广、翼皆前死。亮，宣帝时以反诛，子明、温皆坐诛。温出后翼。广子洽、椿、众，椿子道宗、本仁、邻武、子礼、献，众子仲和、孰伦，亦皆被杀。惟德帝从父兄仲之孙洛，静帝死后，封介国公，为隋国宾云。

周于元氏子孙，无所诛戮，见《周书·元伟传》。且待之颇宽，《周书·明帝纪》：闵帝元年，十二月，诏元氏子女，自坐赵贵等事以来，所有没入为官口者，悉宜放免。而高祖于宇文氏肆意屠翦，读史者多议其非，然宇文氏代魏时，元氏已无能为，而隋高祖执权时，宇文氏生心者颇众，势亦有所不得已也。《廿二史劄记》云：隋文灭陈，不惟陈后主得善终，凡陈氏子孙，自岳阳王叔慎以抗拒被杀外，其余无一被害者，皆配往陇右及河西诸州，各给田业以处之。同一灭国也，于宇文氏则殄灭之，于陈则悉保全之，盖隋之篡周，与宇文有不两立之势，至取陈则基业已固，陈之子孙，又皆孱弱不足虑，故不复肆毒也。

内外之敌皆除，隋高祖遂以陈大建十二年二月代周。周静帝旋见杀。隋室之先，史云弘农华阴人，汉大尉震之后，此不足信。高祖六世祖元寿，仕魏，为武川镇司马，因家焉，盖亦代北之族。然高祖时胡运既讫，文化大变，高祖所为，皆以汉人自居，不复能以胡人目之，五胡乱华之局，至此终矣。

第二节 陈后主荒淫

甚哉，积习之不易变也！荒淫、猜忌，为江左不振之大原，陈武帝崛起岭峤，豁达大度，今古罕俦；且能以恭俭自厉；至文帝，尚能守其遗风；《高祖纪》言：升大麓之日，居阿衡之任，恒崇宽政，爱育为本。有须调发军储，皆出于事不可息。加以俭素自率。常膳不过数品。私飨曲宴，皆瓦器蚌盘；肴核庶羞，才令充足而已；不为虚费。初平侯景，及立绍泰，子女玉帛，皆班将士。其充闱房者，衣不重采，饰无金翠。歌钟女乐，不列乎前。及乎践阼，弥厉恭俭。

《世祖纪》云：世祖起自艰难，知百姓疾苦。国家资用，务从俭约。常所调敛，事不获已者，必咨嗟改色，若在诸身。主者奏决，妙识真伪，下不容奸，人知自厉矣。一夜内刺闺取外事分判者，前后相续。每鸡人伺漏，传更签于殿中，乃敕送者："必投签于阶石之上，令铮然有声。"云"吾虽眠，亦令惊觉也。"始终梗概，若此者多焉。《后妃传》云：世祖性恭俭，嫔嫱多缺。庶几积习可以渐变矣。乃至后主，卒仍以此败，岂不哀哉！

大建十四年，正月，陈宣帝崩。大子叔宝立，是为后主。宣帝次子始兴王叔陵，性强梁。尝刺江、湘二州，又为扬州，皆极暴横。宣帝初不之知，后虽稍知之，然素爱叔陵，责让而已，不能绳之以法也。第四子长沙王叔坚，亦桀黠凶虐。与叔陵俱招聚宾客，各争权宠，甚不平。文帝第五子新安王伯固，性轻率。与叔陵共谋不轨。

宣帝弗豫，叔坚、叔陵等并从后主侍疾。叔陵阴有异志。乃令典药吏曰："切药刀甚钝，可砺之。"及宣帝崩，仓卒之际，又命其左右于外取剑。左右弗悟，乃取朝服所佩木剑以进。叔陵怒。叔坚在侧闻之，疑有变，伺其所为。及翼日小敛，后主哀顿俯服，叔陵袖剉药刀趋进，斫后主中项。后主闷绝于地。又斫大后数下。宣帝后柳氏。后主乳媪吴氏，乐安君。

时在大后侧，自后掣其肘。后主因得起。叔陵仍持后主衣。后主自奋得免。叔坚手搤叔陵，夺去其刀。仍牵就柱，以其褶袖缚之。时吴媪已扶后主避贼。叔坚求后主所在，将受命焉。

叔陵因奋袖得脱。此据《叔陵传》。《叔坚传》云：叔坚自后扼叔陵，禽之。并夺其刀，将杀之。问后主曰："即尽之，为待邪？"后主不能应。叔陵旧多力，须臾，自奋得脱。突走出云龙门，驰车还东府。放囚以充战士。又遣人往新林，追其所部兵马。仍自被甲、著白布帽，登城西门，招募百姓。召诸王将帅，莫有应者，惟伯固闻而赴之。伯固时为扬州刺史。

是时众军并缘江防守，台内空虚。叔坚乃白大后，使大子舍人司马申以后主命召萧摩诃，令讨之。摩诃时为右卫将军。叔陵聚兵仅千人，自知不济，遂入内，沈其妃沈氏及宠妾七人于井，率人马数百，自小航渡，秦淮上航，当东府门。欲趋新林，以舟舰入北。为台军所邀，与伯固皆被杀。叔陵诸子，即日并赐死。一场叛乱，不过自寅至巳而已，真儿戏也。

叔陵既平，叔坚以功进号骠骑将军，为扬州刺史。寻迁司空，将军、刺史如故。时后主患创，不能视事，政无大小，悉委叔坚决之，于是势倾朝廷。叔坚因肆骄纵，事多不法。后主由是疏而忌之。

至德元年，出为江州刺史。未发，又以为骠骑将军，重为司空，实欲去其权势。叔坚不自安。稍怨望。乃为左道厌魅，以求福助。其年冬，有人上书告其事。案验并实。此据《陈书·本传》。《南史》云：阴令人造其厌魅，又令人上书告其事，案验令实。后主召叔坚，囚于西省，将杀之。其夜，令近侍宣敕，数之以罪。叔坚对曰："臣之本心，非有他故，但欲求亲媚耳。臣既犯天宪，罪当万死。臣死之日，必见叔陵，愿宣明诏，责于九泉之下。"后主感其前功，乃赦之。

司马申以功除大子左卫率，兼中书通事舍人。迁右卫将军。申历事三帝，内掌机密，颇作威福。性忍害，好飞书谮毁，朝之端士，遍罹其殃。性又果敢。善应对。能候人主颜色。有忤己者，必以微言谮之，附己者因机进之。是以朝廷内外，皆从风而靡。

初宣帝委政于毛喜。喜数有谏争，事并见从。自吴明彻败后，帝深悔不用其言，谓袁宪曰："一不用喜计，遂令至此。"由是益见亲重。喜乃言无回避。

时后主为皇大子，好酒，每共亲幸人为长夜之宴，喜尝言之宣帝，后主遂衔之。即位后，稍见疏远。及被始兴王伤，创愈置酒，引江总以下，展乐赋诗。醉酣而命喜。

于时山陵初毕，未及逾年，喜见之不怿。欲谏而后主已醉。乃佯为心疾，升阶，仆于阶下。移出省中。后主醒乃疑之。谓江总曰："我悔召毛喜。知其无疾，但欲阻我欢宴，非我所为耳。"乃与申谋曰："此人负气，我欲将乞鄱阳兄弟，鄱阳王伯山，文帝第三子。听其报仇，可乎？"对曰："终不为官用，愿如圣旨。"傅縡争之曰："若许报仇，欲置先皇何地？"后主乃曰："当乞一小郡，勿令见人事耳。"乃以喜为永嘉内史。

傅縡者，亦为中书舍人。性木强。不持检操。负才使气，陵侮人物，朝士多衔之。会施文庆、沈客卿以便佞亲幸，专制衡轴，而縡益疏。文庆等因共谮縡受高丽使金。后主收縡下狱。縡素刚，因愤恚，于狱中上书。略云："陛下顷来，酒色过度。小人在侧，宦竖弄权。恶忠直若仇雠，视生民如草芥。后宫曳绮绣，厩马余菽粟。百姓流离，僵尸蔽野。货赂公行，帑藏损耗。神怒民怨，众叛亲离。恐东南王气，自斯而尽。"

书奏，后主大怒。顷之，意稍解，遣使谓縡曰："我欲赦卿，卿能改过否？"縡对曰："臣心如面，臣面可改，则臣心可改。"后主益怒。令宦者李善度穷治其事，遂赐死狱中。时又有章华者，亦以不得志，祯明初上书极谏。书奏，后主大怒，即日命斩之。

施文庆者，家本吏门，至文庆，好学，颇涉书史。后主之在东宫，文庆事焉。及即位，擢为中书舍人。大被亲幸。自大建以来，吏道疏简，百司弛纵，文庆尽其力用，无所纵舍，分官联事，莫不振惧。又引沈客卿、阳惠朗、徐哲、暨惠景等，云有吏能。后主信之。然并不达大体，督责苛碎，聚敛无厌。王公大人，咸共疾之。后主益以文庆为能，尤亲重内外众事，无不任委。

客卿，至德初为中书舍人，兼步兵校尉，掌金帛局。旧制：军人、士人，二品清官，并无关市之税。后主盛修宫室，穷极耳目，府库空虚，有所兴造，恒苦不给。客卿每立异端；惟以刻削百姓为事。奏请不问士庶，并责关市之估，而又增重其旧。于是以阳慧朗为大市令，暨慧景为尚书金仓都令史。二人家本小吏，考校簿领，豪厘不差。纠谪严急，百姓嗟怨。而客卿居舍人，总以督之。每岁所入，过于常格数十倍。后主大悦。寻加客卿散骑常侍、左卫将军，舍人如故。惠朗、慧景奉朝请。

祯明三年，客卿遂与文庆俱掌机密。案为治之道，必不能废督责，而督责之术，惟无朋党者为能施之。南朝君主，好言吏事，好用寒人，实不能谓为无理。其为史所深诋者，则史籍皆出于士大夫之手，正所谓朋党之论也。然以此求致治则可，以此事聚敛而中人主之欲，则为民贼矣。不龟手之药一也，或以封，或不免于洴澼絖，则其所以用之者异也，夫恶可以不审？况乎出于文法之外，而使之参与大计哉？

抑督责之家，每戒主劳而臣逸，谓不可躬亲细务，而遗其大者远者耳，非谓自求逸豫也。若其自求逸豫，则为有天下而不恣睢，命之曰桎梏之邪说。南朝君主，多好吏事而不治，病正坐此，而后主亦然。以江总为尚书令，不持政务，日与后主游宴后庭。共陈暄、孔范、王瑗等十余人，当时谓之狎客。国政日颓，纲纪不立。有言者，辄以罪斥之。于是危亡迫于眉睫而不自知矣。而其时女谒尤盛。

后主皇后沈氏，贤而无宠，而宠张贵妃及龚、孔二贵嫔。后无子，孙姬生子胤。姬因产卒，后哀而养之，以为己子。时后主年长，未有胤嗣，宣帝因命以为嫡孙。大建五年。后主即位，立为皇大子。后卒废之而立张贵妃之子深焉。祯明二年。据《袁宪传》，大子颇不率典训，然后主之废之，则初不以此。后主第八子会稽王庄，性严酷，数岁，左右有不如意，辄剟刺其面，或加烧爇，以母张贵妃有宠，后主甚爱之。

《陈书·后妃传》述后主之恶德云：魏征考览记书，参详故老，云：后主初即位，以始兴王叔陵之乱，被伤卧于承香阁下，时诸姬并不得进，惟张贵妃侍焉。

至德二年，乃于光照殿前起临春、结绮、望仙三阁。阁高数丈，并数十间。其窗牖、壁带、悬楣、栏、槛之类，并以沈檀香木为之。又饰以金玉，间以珠翠。外施珠帘，内有宝床、宝帐。其服玩之属，瑰奇珍丽，近古所未有。每微风暂至，香闻数里；朝日初照，光映后庭。其下积石为山，引水为池；植以奇树，杂以花药。后主自居临春阁，张贵妃居结绮阁，龚、孔二贵嫔居望仙阁，并复道交相往来。

又有王、李二贵人，张、薛二淑媛，袁昭仪、何婕妤、江修容等七人，并有宠，递代以游其上。以宫人有文学者袁大舍等为女学士。后主每引宾客，对贵妃等游宴，则使诸贵人及女学士与狎客共赋新诗，互相赠答。采其尤艳丽者，以为曲词。被以新声，选宫女有容色者以千百数，令习而歌之，分部迭进，持以相乐。其曲有《玉树后庭花》《临春乐》等，大指所归，皆美张贵妃、孔贵嫔之容色也。

张贵妃才辩强记，善候人主颜色。是时后主怠于政事，百司启奏，并因宦者蔡脱儿、李善度进请。后主置张贵妃于膝上共决之。李、蔡所不能记者，贵妃并为条疏，无所遗脱。《南史》此下又云：因参访外事，人间有一言一事，贵妃必先知白之。由是益加宠异，冠绝后庭。而后宫之家，不遵法度，有挂于理者，但求哀于贵妃，贵妃则令李、蔡先启其事，而后从容为言之。大臣有不从者，亦因而谮之。所言无不听。

于是张、孔之势，熏灼四方。《南史》此下云：内外宗族多被引用。大臣、执政，亦从风而靡。阉宦、便佞之徒内外交结。贿赂公行、赏罚无章，纲纪瞀乱矣。术家所坊，同床其一后主引张贵妃共决事，方自谓有裨治理，而恶知其弊之至于此哉？

第三节　隋并梁陈

自周灭北齐之后，北方吞并之形势已成，隋文帝篡立之初，内忧未弭，故与陈仍敦邻好。然开皇元年，陈大建十三年。三月，以贺若弼为楚州总管，镇广陵；此据《隋书·本纪》。《弼传》楚州作吴州。韩禽虎为庐州总管，镇庐江；已稍为用兵之备矣。司马消难之来降也，陈以樊毅督沔、汉诸军事，使任忠趋历阳，宜阳侯慧纪高祖从孙。为前军都督，趋南兖州。诸军并无甚功绩。惟樊毅等据甑山，镇名，消难以之来降，在今湖北汉川县南。周罗睺攻陷胡墅。

大建十四年，隋开皇二年。九月，隋以长孙览、元景山为行军元帅，来伐。仍命高颎节度诸军。景山出汉口，甑山守将弃城遁。

明年，陈后主至德元年，隋开皇三年。陈遣使请和于隋，归隋胡墅。高颎乃以礼不伐丧，奏请班师。盖隋是时之志，仅在复消难叛时所失之地而已。

至德三年，隋开皇五年。梁主萧岿死，伪谥孝明皇帝，庙号世宗。子琮嗣。初尉迟迥等起兵，岿将帅皆密请兴师，与迥等为连衡之势，进可以尽节周氏，退可以席卷山南。岿以为不可。

《隋书·柳庄传》：庄仕后梁，为鸿胪卿。高祖辅政，萧岿令庄奉书入关。时三方构难，高祖惧岿有异志，庄还，执手使申意于梁主。庄言于岿曰："尉迥虽曰旧将，昏耄已甚；消难、王谦，常人之下者；非有匡合之才。况山东、庸、蜀，从化日近，周室之恩未洽。在朝将相，多为身计，竞效节于杨氏。以臣料之，迥等终当覆灭，隋公必移周国。未若保境息民，以观其变。"岿深以为然。众议遂止。未几，消难奔陈，迥及谦相次就戮。岿谓庄曰："近者若从众人之言，社稷已不守矣。"

案高祖初辅政时，未必有篡周之势。庄之说，乃事后附会之谈，不待深辨。梁欲尽节于周，本无此理；即谓欲尽节，在当时，亦岂易辨高祖与尉迟迥等之顺逆邪？然使迥等而成，必不能责萧岿之不协力；岿即与之协力，亦未必能遂据山南；迥等而败；则祸不旋踵矣。利害明白，中智所知，又岂待庄之决策也。

开皇二年，隋文帝纳岿女为晋王妃；晋王广，即炀帝。又欲以其子玚尚兰陵公主；由是罢江陵总管，岿专制其国。及琮立，复置总管以监之。

后二岁，陈祯明元年，隋开皇七年。隋征琮入朝，遣崔弘度将兵戍之。军至都州，琮叔父岩及弟瓛等虏居民奔陈。宜黄侯慧纪时为荆州刺史，以兵迎之。隋遂废梁国。先是隋已以杨素为信州总管，今四川奉节县。及梁亡，而顺流之势成矣。

祯明二年，隋开皇八年也。十月，隋置淮南行台于寿春，以晋王广为尚书令。旋命晋王广、秦王俊、文帝第三子。清河公杨素并为行军元帅以伐陈。于是晋王广出六合，秦王俊出襄阳，杨素出信州，荆州刺史刘仁恩出江陵，王世积出蕲春，汉县，北齐以为齐昌郡。韩禽虎出庐江，贺若弼出吴州，燕荣出东海。东魏海州，隋改为东海郡，今江苏东海县。合总管九十，兵五十一万八千，皆受晋王节度。

萧岩、萧瓛之至也，后主忌之，远散其众，以岩为东扬州，瓛为吴州刺史。使领军任忠出守吴兴，欲以襟带二州。使南平王嶷镇江州，永嘉王彦镇南徐州。皆后主子。寻诏二王赴明年元会，命缘江诸防船舰，悉从二王还都，为威势以示梁人之来者。由是江中无一斗船。上流诸州兵，皆阻杨素军不得至。然都下甲士，尚十余万人。及闻隋军临江，后主曰："王气在此，齐兵三度来，周军再度至，无不摧没，虏今来者必自散。"

《南史·施文庆传》曰：时湘州刺史晋熙王叔文，高宗第十二子。在职既久，大得人和，后主以其据有上流，阴忌之。自度素与群臣少恩，恐不为用，无所任者，乃擢文庆为都督、湘州刺史，配以精兵，欲令西上。仍征叔文还朝。文庆深喜其事。然惧居外后执事者持己短长，因进沈客卿以自代。

尚书仆射袁宪，骠骑将军萧摩诃及文武群臣共议，请于京口、采石，各置兵五千；并出金翅二百，缘江上下；以为防备。文庆恐无兵从己，废其述职；而客卿又利文庆之任，己得专权；俱言于朝曰："必有论议，不假面陈，但作文启，即为通奏。"宪等以为然。

二人赍启入白后主，曰："此是常事，边城将帅，足以当之，若出人船，必恐惊扰。"及隋军临江，间谍数至，宪等殷勤奏请，至于再三。文庆曰："元会将逼，南郊之日，大子多从，今若出兵，事便废缺。"后主曰："今且出兵，若北边无事，因以水军从郊，何为不可？"又对曰："如此，则声闻邻境，便谓国弱。"后又以货动江总。总内为之游说。后主重违其意，而迫群官之请，乃令付外详议。又抑宪等。由是未决而隋师济江。

《孔范传》云：时孔贵人极爱幸，范与结为兄妹，宠遇优渥，言听计从，朝廷公卿咸畏。范因骄矜，以为文武才能，举朝莫及。从容白后主曰："外间诸将，起自行伍，匹夫敌耳，深见远虑，岂其所知？"后主以问施文庆。文庆畏范，益以为然。自是将帅微有过失，即夺其兵，分配文吏。隋师将济江，群官请为备防，文庆沮坏之，后主未决，范奏曰："长江天堑，古来限隔，虏军岂能飞度？边将欲作功劳，妄言事急。臣自恨位卑，虏若能来，定作大尉公矣。”或妄言北军马死。范曰：“此是我马，何因死去？”后主笑以为然，故不深备。

案史所言施文庆、沈客卿罪状，皆近深文周内。二人者盖文法之吏。凡文法吏，往往不知大局，即遇非常之事，亦以寻常公务视之，此等人吾数见不鲜矣。谓孔范自负才能，亦非其实。如范者，岂知以才能自负？徒知取媚而已。文法之吏，狃于故常；谐臣媚子，惟知谐媚；承当时上下相猜之习，惟求中于时主之心，大兵压境，灭亡在即，而仍无所委任，无所措置，此则当时朝局之真相。

故曰：猜忌与荒淫，同为江左灭亡之大原因也。谐臣媚子，惟知谐媚，即国亡家破，彼亦漠然无所动于其中，此真隋文帝所谓全无心肝者。文法之吏，似愈于彼矣，然狃于故常，罔知大局，虽国事由彼而败坏，彼尚以为世运如此，吾之所为固未尝误也。野老早知今日事，朝臣犹护昔年非，处存亡绝续之交，而以国事付诸此等人之手，诚使旁观者不胜其叹息矣。

祯明三年，隋开皇九年。正月，乙丑朔，贺若弼自广陵济京口。韩禽虎趣横江济采石，自南道将会弼军。丙寅，采石戍主徐子建驰启告变。丁卯，召公卿入议军旅。以萧摩诃、樊毅、鲁广达并为都督。遣南豫州刺史樊猛帅舟师出白下。散骑常侍皋文奏将兵镇南豫州。庚午，贺若弼攻陷南徐州。

辛未，韩禽虎又陷南豫州。时樊猛第六子巡摄行州事，及家口并见执。猛与左卫将军蒋元逊、南康嗣王方泰领水军于白下游奕，以御隋六合兵。隋行军元帅长史高颎溯流当之。猛及元逊并降。方泰所部将士离散，乃弃船走。方泰，昙朗子。文奏败还。隋军南北道并进。辛巳，贺若弼进据钟山。初弼镇广陵，后主以萧摩诃为南徐州刺史，委以备御之任。

是年元会，征摩诃还朝，弼乘虚济江袭京口。摩诃请兵逆战。后主不许。及弼进军钟山，摩诃又请曰：“贺若弼悬军深入，声援犹远；且其营垒未坚，人情皇惧；出兵掩袭，必大克之。”后主又不许。任忠入赴，后主召摩诃以下于内殿定议。忠执议曰：“客贵速战，主贵持重，宜且益兵坚守宫城，遣水军分向南豫州及京口，断寇粮道。待春水长，上江周罗睺等众军，必沿流赴援。此良计也。”而众议不同。任蛮奴请不战而己度江攻其大军。

司马消难言于后主曰：“弼若登高举烽，與韩禽虎相应，鼓声交震，人情必离。请急遣兵北据蒋山，南断淮水。质其妻子，重其赏赐。陛下以精兵万人，守城莫出。不过十日，食尽，二将之头，可致阙下。”孔范冀欲立功，志在于战，案此说亦未必实。范在此时，不过束手无策，乃姑徇后主之意请战而已。乃曰：“司马消难狼子野心，任蛮奴淮南伧士，语并不可信。”事遂不行。隋军既逼，蛮奴又欲为持久计。范又奏请作一决，“当为官勒石燕然。”后主从之。

案隋当是时，兵力固较任约、徐嗣徽等为厚，而陈是时兵力，亦远厚于武帝时。武帝之御任约、徐嗣徽，其得策，全在断其后路，而陈此时乃徒为孤注一掷之计，其轻亦甚矣。轻为用兵之大忌，此陈之所以速亡也。甲申，后主遣众军与贺若弼合战。中领军鲁广达陈兵白土冈，居众军之南偏，与弼旗鼓相对。任忠次之。樊毅、孔范又次之。萧摩诃最居北。众军南北亘二十里，首尾进退，各不相知。

广达躬擐甲胄，手执桴鼓，率厉敢死，冒刃而前。隋军退走。逐北至营，杀伤甚众。如是者数四。弼分军趣北。孔范出战，兵交而走。诸将支离，阵犹未合，骑卒溃散，驻之弗止。萧摩诃无所用力，为隋军所执。后同汉王谅反，见杀。弼乘胜至乐游苑。广达犹督散兵力战，不能拒。弼进攻宫城，烧北掖门。广达督余兵苦战，斩获数十百人。会日暮，乃解甲，面台再拜恸哭，谓众曰：“我身不能救国，负罪深矣。”士卒皆涕泣歔欷。于是就执。入隋，遘疾不治卒。

是时韩禽虎自新林至石子冈。在今江宁县南。任忠驰入台见后主言败状。启云：“陛下惟当具舟楫，就上流众军，臣以死奉卫。”后主信之，敕忠出部分。忠辞云：“臣处分讫，即当奉迎。”后主令宫人装束以待忠，久望不至。忠乃率数骑往石子冈降韩禽虎。仍引禽虎经朱雀航趣宫城。自南掖门入。台城遂陷。后主闻兵至，自投于井。及夜，为隋军所执。

丙戌，晋王广入据京城。三月，己巳，后主与王公、百司，发自建业，入于长安。隋仁寿四年，十一月，薨于洛阳。隋师之至也，宗室王侯在都者百余人。后主恐其为变，乃并召入，令屯朝堂，使豫章王叔英宣帝第三子。总督之，而又阴为之备。及六军败绩，相率出降。因从后主入关。至长安，隋文帝并配于陇西及河西诸州，各给田业以处之。

大业二年，炀帝以后主第六女女婤为贵人，绝爱幸，因召陈氏子弟尽还京师，随才叙用，由是并为守宰，遍于天下焉。《陈书·世祖九王传》。

隋师之济江也，荆州刺史宜黄侯慧纪率将士三万，船舰千余，沿江而下，欲趣台城。遣南康大守吕肃将兵据巫峡，《南史·慧纪传》。案巫峡恐系西陵峡之误。杨素击之。肃力战，久之乃败。慧纪至汉口，为隋秦王俊所拒，不得进。闻肃败，尽烧公安之储，公安，时为荆州治。伪引兵东下。时晋熙王叔文自湘州还朝，因推为盟主，而叔文已请降于隋矣。

水军都督周罗睺，与郢州刺史荀法尚守江夏。时为郢州治。晋王广遣使以慧纪子正业来谕。又使樊猛喻罗睺。上流城戍悉解甲。慧纪及巴州刺史毕宝巴州，治巴陵，今湖南岳阳县。乃恸哭俱降。罗睺亦降。王世积以舟师自蕲水趣九江。与陈将纪瑱战于蕲口，蕲水入江之口。破之。建业平，世积乃移书告谕。陈江州司马黄偲弃城走。南川守将并诣世积降。杨素兵下荆门，山名，在今湖北宜都县西北，与江北岸虎牙山相对。别遣庞晖略地，南至湘州。刺史岳阳王叔慎，宣帝第十六子。与助防遂兴侯正理诈降，缚晖斩之。招合士众，数日之中，兵至五千人。

衡阳大守樊通，武州刺史邬居业武州今湖南常德县。皆请赴难。隋遣薛胄为湘州刺史，闻庞晖死，请益兵。隋遣行军总管刘仁恩救之。未至，薛胄兵次鹅羊山，叔慎遣正理及樊通等拒之。战，自旦至于日昃，隋兵迭息迭战，正理兵少不敌，于是大败。胄乘胜入城，禽叔慎。时邬居业来赴，刘仁恩亦至。战，居业又败。仁恩虏叔慎、正理、居业及其党与十余人，秦王斩之汉口。叔慎时年十八。

初后主除王勇为东衡州刺史，《南史》作王猛，云本名勇。清子。清为新野、东阳二郡大守，文帝攻杜龛，龛告难于清，清引兵援之。欧阳頠初同清，中更改异，杀清而归陈武帝。猛终文帝世，不听音乐，蔬食布衣，以丧礼自处，宣帝立，乃求位。见《王淮之传》。领始兴内史，与广州刺史陈方庆共取马靖，祯明二年，徙镇广州。未之镇，而隋师济江。勇遣高州刺史戴智烈迎方庆，欲令承制，总督征讨诸军事。

是时隋行军总管韦洸帅兵度岭，宣文帝敕云："若岭南平定，留勇与丰州刺史郑万顷且依旧职。"方庆闻之，恐勇卖己，乃率兵以拒智烈。智烈与战，败之。斩方庆于广州，虏其妻子。勇又令其将王仲宣、曾孝武迎西衡州刺史衡阳王伯信。文帝第七子。伯信惧，奔清远。汉县，梁置郡，今广东清远县。孝武追杀之。时韦洸兵已上岭。

郑万顷初居周，深被隋文帝知遇，万顷随司马消难奔陈。乃率州兵拒勇，遣使由间道降于隋军。而陈将徐憕，以南康拒守，韦洸至岭下，逡巡不敢进。初高凉冼氏，高凉，高州治。世为南越首领。罗州刺史冯融，治石龙郡，在今广东化县东北。为其子高凉大守宝聘其女为妻。融本北燕苗裔。大父业，以三百人浮海归宋，留于新会。宋郡，今广东新会县。自业及融，三世为守牧。他乡羁旅，号令不行。夫人诫约本宗，使从民礼。自此政令有序，人莫敢违。

李迁仕据大皋口，遣召宝，夫人止宝勿往，而自袭破其将杜迁虏，与陈武帝会于灨石。及宝卒，岭表大乱，夫人怀集百越，新州晏然。欧阳纥反，夫人发兵拒境，帅百越迎章昭达。时夫人子仆为石龙大守，诏册夫人为石龙大夫人。

至德中，仆卒。陈亡，岭南未有所附，数郡共奉夫人，号为圣母，保境安民。晋王广遣陈后主遗夫人书，谕以国亡，令其归化。夫人遣其孙魂迎韦洸入广州。王勇计无所出，乃降。萧瓛、萧岩拥兵拒守。隋行军总管宇文述讨之。燕荣以舟师自海至。陈永新侯君范，自晋陵奔瓛。瓛战败，彼执。岩、君范降。送长安斩之。南方悉平。

吕思勉历史全集

两晋南北朝史 三

吕思勉 著

哈尔滨出版社
HARBIN PUBLISHING HOUSE

图书在版编目（CIP）数据

两晋南北朝史 / 吕思勉著.—哈尔滨：哈尔滨出版社，2019.5
（吕思勉历史全集）
ISBN 978-7-5484-4422-0

Ⅰ.①两…　Ⅱ.①吕…　Ⅲ.①中国历史－研究－魏晋南北朝时代　Ⅳ.①K235.07

中国版本图书馆CIP数据核字（2018）第274412号

书　　名：两晋南北朝史
LIANG JIN NAN BEI CHAO SHI

作　　者：吕思勉　著
责任编辑：付中英　翟嫦娥
责任审校：李　战
封面设计：里奥设计工作室

出版发行：哈尔滨出版社（Harbin Publishing House）
社　　址：哈尔滨市松北区世坤路738号9号楼　　邮编：150028
经　　销：全国新华书店
印　　刷：哈尔滨久利印刷有限公司
网　　址：www.hrbcbs.com　　www.mifengniao.com
E-mail：hrbcbs@yeah.net
编辑版权热线：（0451）87900271　87900272
销售热线：（0451）87900202　87900203
邮购热线：4006900345　（0451）87900256

开　　本：787mm×1092mm　1/16　印张：82.25　字数：1382千字
版　　次：2019年5月第1版
印　　次：2019年5月第1次印刷
书　　号：ISBN 978-7-5484-4422-0
定　　价：198.00元（全四册）

凡购本社图书发现印装错误，请与本社印制部联系调换。
服务热线：（0451）87900278

目录

第十六章

晋南北朝四裔情形

第一节　东方诸国

中国文化之传播，莫盛于东方，东方诸国，能承受中国之文化者，莫如貉族。貉族之立国北方者曰夫余，使夫余而能日益昌大，则白山、黑水之区，可早成文明之域，惜乎塞北苦寒，崎岖于鲜卑、靺鞨之间，至竟不能自立；尔后貉族之展布，日趋于东南；而辽东、西以北之地，为鲜卑、靺鞨所据，遂与漠南北游牧之民，同为侵掠之族矣。近人撰《东北史纲》，谓此一转变，关系之大，不让中央亚细亚自印度日耳曼人之手转入突厥人之手，诚不诬也。

公孙康因夫余介居句丽、鲜卑之间，妻以宗女。此时之夫余，形势盖已颇危殆，然中国之声威，未尽失坠，为蕃国者，究不敢明目张胆，互相吞并也。及晋初而形势又恶。

《晋书·夫余传》云：武帝时，频来朝贡。大康六年，为慕容廆所袭破，其王依虑自杀，《廆载记》云：廆夷其国城，驱万余人而归。子弟走保沃沮。今朝鲜咸镜道之地。帝为下诏曰："夫余王世守忠孝，为恶虏所灭，甚愍念之。若其遗类足以复国者，当为之方计，使得存立。"有司奏护东夷校尉鲜于婴不救夫余，失于机略。诏免婴，以何龛代之。

明年，夫余后王依罗遣诣龛，求率见人，还复旧国。仍请救。龛上列，遣督邮贾沈以兵送之。廆又要之于路。沈与战，大败之。廆众退，罗得复国。《廆载记》云：廆遣沈迎立依虑之子为王，廆遣其将孙丁率骑邀之，沈力战斩丁，遂复夫余之国。尔后每为廆掠其种人，卖于中国。帝愍之。又发诏以官物赎还。下司、冀二州，禁市夫余之口。

《隋书·高丽传》谓朱蒙曾孙莫来并夫余，《北史》同，其说殊误。莫来尚在宫之前，其误立见。《魏书·句丽传》但云莫来征夫余，夫余大败，遂统属焉；《周书》亦但云莫来击夫余而臣之；其说盖是。然亦一时之事，非谓自此以后，夫余遂永为句丽之臣属也。不然，宫犯玄菟时，夫余王又何缘遣子与州郡并力邪？

《晋书·慕容皝载记》：永和三年，皝遣其世子俊与恪率骑万七千东袭夫余，克之，虏其王及部众五万余口以还。案慕容氏是时用兵，盖专务俘略以益其众，故其所虏至于如是之多，参观其伐句丽时之俘略可见。经一次见侵，则人众寡弱一次，此夫余之所以卒难复振。夫余距辽东、西近，又其地平夷，无险可扼，而句丽则反之，此又夫余之所以难于自全，句丽之克避凶锋，终至昌大也。是其国当晋穆帝之世，犹自有王也。

《慕容暐载记》：苻坚攻邺，散骑侍郎徐蔚率扶余、高句丽及上党质子五百余人，夜开城门，以纳坚军，是其国当海西公之世，仍与句丽比肩而事燕也。

《魏书·高宗纪》：大安三年，十二月，于阗、夫余等五十余国各遣朝献。大安三年，为宋孝武帝大明三年，则其国至宋世仍能自达于中原。然所居似已非故地。

《魏书·高句丽传》：世祖时，遣员外散骑侍郎李敖使其国。敖至其所居平壤城，访其方事。云其地北至旧夫余。

《豆莫娄传》云：在勿吉国北千里，旧北夫余也。在室韦之东，东至于海，方二千里。下文述其法俗，全与前史《夫余传》同，其为夫余遗种无疑。

《唐书》云：达末娄，自言北夫余之裔，高丽灭其国，遗人度那河，因居之。达末娄即豆莫娄，那河，今嫩江也。句丽疆域，南北不过千余里，亦李敖所说。似不能至此。则所谓旧夫余者，必在靺鞨之南或在今图们江流域。若后汉以来之夫余，则在句丽之西北而不在其北，且句丽境界，亦不能至此。

疑夫余自遭破败，分为两支：一北走，居靺鞨之北，是为豆莫娄；一南出，居句丽、靺鞨之间，其后又经丧败，乃并此而失之，则此所谓旧夫余之地也。南出之夫余，失此旧夫余之地后，播迁何处，今难质言，但知其地仍产黄金。何者？

《高句丽传》又云：正始中，世宗于东堂引见其使芮悉弗，芮悉弗进曰："高丽系诚天极，累叶纯诚，地产土毛，无愆王贡。但黄金出自夫余，珂则涉罗所产，今夫余为勿吉所逐，涉罗为百济所并，国王臣云，惟继绝之义，悉迁于境内。二品所以不登王府，实两贼是为。"

案句丽当世祖时，岁致黄金二百斤，白银四百斤。高祖时贡献倍前，赏赐亦稍加焉。黄金之缺贡，当在世宗之朝。则夫余当是时，又经一破败，并其既失旧夫余后所居之地而失之，而为句丽封内之寓公矣。其祭祀绝于何时不可考。

《北史》言豆莫娄、地豆干、乌洛侯等国，历齐、周及隋，朝贡遂绝，则豆莫娄虽唐世犹存，亦必式微已甚矣。东国史籍，自句丽、百济以前悉亡佚，今所谓古史者，类皆出于后人之附会，不尽可据。据其说：则夫余国王有曰解夫娄者，用其相阿兰弗之言，迁于加叶原，是为东夫余。其族人解慕漱，代主旧国，是为北夫余。

中国史所述夫余之事，彼皆以为北夫余之事。而所谓东夫余者，则以齐明帝建武元年，为靺鞨所逐，降于句丽。据朝鲜金于霖《韩国小史》。核以中国史籍，说亦不相矛盾，但夫余国王，似应氏夫余而不应氏解耳。观百济出于夫余，而以夫余为氏可见。

夫余虽敝，貉族之移殖于南者，则日益昌大，则句丽、百济是也。《魏书》述句丽缘起。《魏书》又云：朱蒙在夫余时，妻怀孕，朱蒙逃后生一子，字始闾谐。及长，知朱蒙为国王，即与母亡而归之。名之曰闾达，委之国事。朱蒙死，闾达代立。闾达死，子如栗代立。如栗死，子莫来代立。后汉时之句丽王宫，《魏书》谓为莫来裔孙，而不能详其世数。

清光绪七年，辽东怀仁县今日桓仁。发见《高句丽永乐大王碑》，称句丽之始祖为邹牟王，即朱蒙音转；新罗僧无亟所作《东事古记》，亦称朱蒙为邹牟。称朱蒙之子为儒留王，则音与始闾谐及闾达皆不合。然碑为称颂功德之作，亦不必其所言者较中国史籍为可信也。宫及其子遂成、孙伯固、曾孙伊夷模、玄孙位宫之事。

《魏书》云：位宫玄孙乙弗利，利子钊。《梁书》云：钊频寇辽东，慕容廆不能制。据《晋书·廆载记》：平州刺史东夷校尉崔毖，尝结高句丽及宇文、段国等，谋灭廆而分其地。

大兴初，三国伐廆，攻棘城。廆行反间之策，二国疑宇文同于廆，引归，宇文悉独官遂败绩。崔毖亦奔句丽。然其明年，句丽复寇辽东。又《石季龙载记》：季龙谋伐昌黎，见第二章第二节。尝以船三百艘运谷三十万斛诣高句丽。

俱可见句丽之日渐强大，而足为慕容氏之患。然句丽究系小部，崎岖山谷之间，故其势尚不足与大举之鲜卑敌。廆之世，使其庶长子翰镇辽东。见《翰传》。廆死，子皝嗣，翰奔段辽，皝母弟仁，又据辽东以叛，故皝不能逞志于句丽。已而皝袭仁，杀之；翰亦复归，皝乃以咸康七年伐句丽。

率劲卒四万，入自南陕，使翰及子垂为前锋。又遣长史王宇等勒众万五千，从北置而进。南陕、北置，盖从辽东趋木底、丸都之南北两道，今难确指。钊谓皝军从北路，遣其弟武，统精锐五万距北置。躬率将卒，以防南陕。翰与钊战于木底，大败之。乘胜遂入丸都。句丽都城，在今辽宁辑安县境。钊单马而遁。皝掘钊父利墓，载其尸，并其母、妻、珍宝，掠男女五万余口，《皝载记》载其记室参军封裕谏皝之辞曰："句丽、百济，及宇文、段部之人，皆兵势所徙，非如中国慕义而至，咸有思归之心。今户垂十万，狭凑都城，恐方将为国家之患。宜分其兄弟、宗属，徙于西境诸城，抚之以恩，检之以法使不得散在居人，知国之虚实。"合前慕容廆虏夫余人之事观之，可见慕容氏是时用兵，极重俘掠人口。焚其宫室，毁丸都而归。

明年，钊遣使称臣于皝，贡其方物。乃归其父尸，而使慕容恪镇辽东。见《恪传》。钊于是沦为慕容氏之臣属矣。《慕容俊载记》：俊僭位后，高句丽王钊遣使谢恩，贡其方物，俊以钊为营州诸军事、征东大将军、营州刺史，封乐浪公，王如故。钊后为百济所杀。《魏书·高句丽传》。自钊以后，句丽与晋及拓跋魏，皆无交涉，故其世次史亦不详。据东史，则钊称故国原王，殁于晋简文帝咸安元年。子小兽林王丘夫立，殁于孝武帝大元九年。弟故国壤王伊连立，殁于大元十五年。子广开土王谈德立，即所谓永乐大王也。

燕之亡也，慕容评奔句丽，郭庆追至辽海，句丽缚评送之，《苻坚载记》。此事尚在钊之世。其后苻洛谋叛，征兵于鲜卑、乌丸、高句丽、百济，及薛罗、休忍等，诸国不从，亦见《坚载记》，事在大元五年。则在小兽林王之世矣。自前燕入中原，辽东守御之力稍薄，句丽之势，盖至此而稍张；至苻秦亡而益盛。

《晋书·慕容垂载记》：高句丽寇辽东，垂平北慕容佐遣司马郝景救之，为所败，辽东、玄菟遂没。建节将军徐岩叛，据令支。慕容农攻克之，斩岩兄弟。

进伐高句丽，复辽东、玄菟二郡。此事据《北史》在大元十年。然据《慕容熙载记》：高句丽寇燕郡，杀掠百余人，熙伐高句丽，以苻氏从，为冲车地道，以攻辽东，不能下。又与苻氏袭契丹，惮其众，将还，苻氏弗听，遂弃其辎重，轻袭高句丽。周行三千余里，士马疲冻，死者属路。攻木底城，不克而还。

此二事，《通鉴》系诸义熙元、二年，则不及二十年，而辽东复陷矣。《冯跋载记》有辽东大守务银提，以谋外叛见杀，《通鉴》系义熙十一年，冯氏未闻用兵于东方，其时之辽东，恐系侨置或遥领，未必仍在故地也。《北史·句丽传》：慕容垂死，子宝立，以句丽王安为平州牧，封辽东、带方二国王。安始置长史、司马、参军官。后略有辽东郡，不言其年代。

《韩国小史》：辽东之陷，在隆安元年，至元兴元年，又陷平州，皆在广开土王之世。王殁于义熙八年。东史叙事已不足据，纪年更无论也。钊之曾孙琏，始复见于中国史。据东史，为广开土王之子。

《魏书》云：琏以大和十五年死，齐武帝永明九年。年百余岁，故东史称为长寿王焉。子云立，东史文明咨王罗云。天监十七年卒。子安立，东史大安藏王兴安。普通七年卒。子延立，东史安原王宝延，云系安藏王之弟。大清二年卒。子成立。东史阳原王平成。成卒，东史在永定三年。子汤立，东史平原王阳成。而南北朝之世遂终。自琏至汤，皆兼通贡于南北朝，受封爵。

然魏大武帝诏琏送冯弘，琏不听。后文明大后以显祖六宫未备，敕琏荐其女，琏始称女已出嫁，求以弟女应旨，及遣送币，则又称女死，魏遣使切责之，云若女审死者，听更选宗淑，琏虽云当奉诏，会显祖死，事遂止，设显祖不死，亦未必其女之果至也。云之立，高祖诏其遣世子入朝，云亦惟遣其从叔升于随使诣阙而已，诏严责之，终亦不闻其至也。而宋大祖欲北讨，诏琏送马，琏即献马八百匹。盖句丽之于虏，特畏其无道，不得不姑与周旋，于中国，则心悦诚服者也，此则不可以力致者也。

半岛诸国，嗣受中国之文化者，在晋、南北朝之世，似当以百济为嫡乳。高句丽虽系出夫余，然以高为氏，似系夫余之支庶，百济以夫余为氏，则似系夫余之正支也。《周书·百济传》云：王姓夫余氏。《北史》作余氏，即夫余氏之略称。如其王余映、余毗等，余皆其氏也。句丽名城曰沟娄，见《三国志·本传》，北沃沮一名置沟娄，盖犹言置城。句丽二字，疑仍系沟娄异译，高句丽亦犹言高氏城耳。百济开国神话，见于《隋书》。

《隋书》云：百济之先，出自高丽国。《北史》作出自索离国。索疑橐之误。其国王有一侍婢，忽怀孕，王欲杀之。《北史》：其王出行，其侍儿于后妊娠，王还欲杀之。婢云“有物状如鸡子，来感于我，故有娠也。”《北史》：侍儿曰：“前见天上有气，如大鸡子来降感，故有娠。”王舍之。后遂生一男。弃之厕溷，久而不死。《北史》：王置之豕牢，豕以口气嘘之，不死，后徙于马栏，亦如之。以为神，命养之。名曰东明。

及长，高丽王忌之。《北史》：及长，善射，王忌其猛，复欲杀之。东明惧，逃至淹水，夫余人共奉之。《北史》：东明乃奔走，南至淹滞水，以弓击水，鱼鳖皆为桥，东明乘之得度，至夫余而王焉。东明之后，有仇台者，笃于仁信，始立其国于带方故地。带方，汉县，公孙康以为郡，在今朝鲜锦江流域。

汉辽东大守公孙度以女妻之，渐以昌盛，《北史》无此四字。为东夷强国。初以百家济海，《北史》无海字。因号百济。与夫余、句丽开国传说略同，盖系貉族所共。然云夫余人共奉之，则所君者仍系夫余人，与自夫余出走，而为他族之大长者异矣。

云初以百家济海，则其播迁至带方旧壤，实系浮海而来，此语自为仇台之事，乃史实而非神话也。东明传说，乃貉族之所共，仇台则诚百济始祖，故百济岁四祠之，见《周书》本传。《隋书》以百家济海之语，《北史》删一海字，出入甚大，作史之不可轻于增删如此。

案《晋书》尚只有《三韩传》。其《马韩传》云：武帝大康元年、二年，其王频遣使入贡方物。七年、八年、十年又频至。大熙元年，诣东夷校尉何龛上献。咸宁三年，复来。明年，又请内附。

《辰韩传》云：大康元年，其王遣使献方物。二年，复来朝贡。七年，又来。弁辰十二国，属于辰韩，故不能径通于中国。盖皆以马韩及辰韩之名自通，则百济、新罗之大，必在武帝以后也。新罗出于辰韩，辰韩，前史言为秦人避役者，然至晋、南北朝之世，则似新罗之中国人反少，而百济反多。

《梁书·百济传》云：今言语、服章，略与高丽同，行不张拱，拜不申足则异。《魏书·句丽传》云：立则反拱，拜曳一脚，行步如走。《隋书》云：拜则曳一脚，立各反拱，行必摇手。拜申足，即满洲人之打跧，乃夷俗，而百济无之。

《梁书》又云：呼帽曰冠，襦曰复衫，袴曰裈，其言参诸夏，亦秦韩之遗俗云。而新罗则冠曰遗子礼，襦曰尉解，袴曰柯半，靴曰洗其；拜及行与高丽相类。则秦韩遗俗，不在新罗，顾在百济矣。

观史所载三国法俗，文化程度，似以百济为最高。百济法俗，《北史》言之最详。其官制较之句丽，即远近于中国。昏取之礼，略同华俗。其王每以四仲月祭天及五帝之神；都下有方，分为五部，部有五巷，士庶居焉；亦中国法也。俗重骑射，兼爱文史，秀异者颇解属文。新罗则《梁书》本传言其无文字，刻木为信，语言且待百济而后通也。日本之文化，据彼国史籍，受诸百济者，亦较句丽、新罗为多，其以是欤？

《宋书·百济传》云：本与高丽俱在辽东之东千余里，其后高丽略有辽东，百济略有辽西。百济所治，谓之晋平郡晋平县。

《梁书》云：晋世句丽既略有辽东，百济亦据有辽西、晋平二郡地矣。自置百济郡。

《宋书》云：义熙十二年，以百济王余映为使持节都督百济诸军事、镇东将军、百济王。百济二字，盖即据其自置之郡也。百济是时之都，应在辽西。

《周书》云：百济治固麻城；《隋书》云：其都曰居拔城，则其迁归半岛后之所居也。自带方故地遵陆而至辽西非易；且句丽未必容其越境；疑其略有辽西，亦浮海而至也。

据《梁书》，则晋大元中，其王须，已遣使献生口。余映之后余毗，于宋元嘉七年，复修贡职。毗死，子庆立。庆死，子牟都立。都死，子牟大立。

天监元年，进号。寻为高句丽所破，衰弱者累年，迁居南韩地。普通二年，王余隆始复遣使奉表，称累破句丽，今始与通好。

《梁书》云：百济更为强国，然辽西之地，则似未能恢复也。

《魏书·百济传》云：延兴二年，宋泰豫元年。其王余庆始遣使上表，云：“臣与高句丽，源出夫余。先世之时，笃崇旧款。其祖钊，轻废旧好。亲率士众，陵践臣境。臣祖须，整旅电迈，应机驰击，矢石暂交，枭斩钊首。自尔已来，莫敢南顾。自冯氏数终，余烬奔窜，丑类渐盛，遂见陵逼。构怨连祸，三十余载。财殚力竭，转自孱踧。若天慈曲矜，远及无外，速遣一将，来救臣国。当奉送鄙女，执帚后宫，并遣子弟，牧圉外厩；尺壤匹夫，不敢自有。”

又云：“今琏有罪，国自鱼肉，大臣强族，戮杀无已，罪盈恶积，民庶崩离，是灭亡之期，假手之秋也。且冯族士马，有鸟畜之恋；乐浪诸郡，怀首丘之心。天威一举，有征无战。臣虽不敏，志效毕力，当率所统，承风响应。”

又云：“去庚辰年后，庚辰当系宋元嘉十七年，即魏大平真君元年。臣西界小石山北国海中见尸十余，并得衣器、鞍勒。视之非高丽之物。后闻乃是王人，来降臣国，长蛇隔路，以沈于海。今上所得鞍一，以为实验。”显祖遣使者邵安与其使俱还。

诏曰：“前所遣使，浮海以抚荒外之国，从来积年，往而不返，存亡达否，未能审悉。卿所送鞍，比校旧乘，非中国之物。不可以疑似之事，生必然之过。”又曰：“高丽称藩先朝，共职日久，于彼虽有自昔之衅，于国未有犯令之愆。卿使命始通，便求致伐，寻讨事会，理亦未周。故往年遣礼等至平壤，余礼，百济使。欲验其由状。然高丽奏请频烦，辞理俱诣，行人不能抑其请，司法无以成其责，故听礼等还。若今复违旨，则过咎益露，后虽自陈，无所逃罪，然后兴师讨之，于义为得。”又诏琏护送安等。安等至高句丽，琏称昔与余庆有仇，不令东过。安等于是皆还。案余庆表有“投舫波阻，搜径玄津”之语，则其使本自海至。乃下诏切责之。

五年，宋元徽三年。使安等从东莱浮海东莱，见第三章第四节。赐余庆玺书。至海滨，遇风飘荡，竟不达而返。

案自延兴二年上溯三十六年，为宋文帝元嘉十三年，魏大武帝大延二年。冯弘实以其岁走句丽。百济之事势，盖自此逐渐紧急。观此，知句丽不肯送冯弘于魏，又不肯听其归宋，盖欲留其众以为用也。冯氏在十六国中兵力不为强盛，然句丽一得其众，百济之事势，即形紧急，则知是时半岛诸国之兵力，远非中国之敌，此其所以自慕容氏以前，累为辽东所弱欤？

《永乐大王碑》言：王以丙申之岁伐百济，取城五十八，部落七百。己亥之岁，百济违誓，与倭连和，新罗请救。庚子，王以步骑五万救新罗，倭退。移师伐百济，取质而归。丙申为晋孝武帝大元二十一年，己亥为安帝隆安三年，庚子为其四年，又在冯弘亡前四十载。钊之用兵于百济，当在其见败于慕容氏之后，慕容皝之入丸都，下距大元二十一年，凡五十四年。丽、济之构衅，可谓旧矣。

《隋书》称钊为昭烈帝，似系其国之私谥。观此，知其人好黩武，虽始丧师于北，继且殒命于南，亦必自有其功烈，故能窃帝号以自娱，而其国人亦被之以大名也。《梁书》：隆以普通五年死，复诏其子明袭其爵号。

《北史》云：齐受禅，其王隆亦通使焉，齐受禅上距普通五年二十有六载，疏矣。或传写误邪？隆之后为昌，尝通使于陈，天嘉三年，光大元年，大建九年，至德二年，皆见《纪》。亦通使于齐、周。见《北史》本传。

《梁书·新罗传》云：新罗者，其先本辰韩种也。辰韩始有六国，后稍分为十二，新罗则其一也。魏时曰新卢，宋时曰新罗，或曰斯罗。其国小，不能自通使聘。普通二年，王名慕泰，始使随百济奉献方物。

《隋书》则云：新罗居汉时乐浪之地，或称斯罗。魏将毌丘俭讨高句丽，奔沃沮，其后复归故国，留者遂为新罗焉。故其人杂有华夏、高丽、百济之属。兼有沃沮、不耐、韩、涉之地。其王本百济人，自海逃入新罗，遂王其国。传祚至金真平，开皇十四年，遣使贡方物。

又云：其先附庸于百济，后因百济征高丽，高丽人不堪戎役，相率归之，遂致强盛。因袭百济，附庸于迦罗国。《北史》说同《梁书》，又列《隋书》之说于后为或说。案沃沮为今朝鲜咸镜道，乐浪为平安南道、黄海道、京畿道之地，辰韩则庆尚道地，疆域既各不相干。《梁书》之王名募泰，《南史》作姓募名泰，当有所据。

《陈书·本纪》：大建二年、三年、十年，新罗并遣使贡方物，不言其王之姓名。

《北齐书》武平三年，亦但云遣使朝贡，而河清四年，《纪》载以其国王金真兴为乐浪郡公、新罗王，与《隋书》王氏金者相合。金之与募，亦各不相干。

又据《梁》《隋》二书，一则君民皆属辰韩，一则民杂华夏、句丽、百济、沃沮、韩、涉，而君为百济人，亦若风马牛之不相及。迦罗当即《齐书》之加罗，云：三韩种也。

建元元年，国王荷知使来献。三韩在半岛中，势较微末，未必能拓土而北。

加罗既能自通于上国，盖其中之佼佼者，故新罗曾附庸焉。则新罗与今庆尚道之地有交涉矣。窃疑《梁书》所谓新罗，与《隋书》所谓《新罗》，本非一国。新罗本辰韩十二国之一，其王氏募，在梁普通二年至齐河清四年，即陈天嘉六年之间，凡四十四年。

自百济浮海逃入乐浪故地之金氏，拓土而南，兼并其国，而代募氏为王。《梁书》只知募氏时事，《隋书》又不知有募氏，夺去中间一节，故其说龃龉而不可通也。

东史云：辰韩有二种：一曰辰韩本种，一曰秦韩，是为杨山、高墟、大树、珍支、加利、明活六村，今庆州之地也。新罗始祖曰赫居世。其生也，蒙胞衣而出，其状似瓠，方言呼瓠为朴，故以朴为姓。

年十三，高墟部长与诸部推尊之，赫居世乃即王位。卒，子南解立。南解子曰儒理，婿曰昔脱解。南解遗命：继嗣之际，于朴、昔二姓中，择年长者立之。于是二姓迭承王位。第十一世王曰助贲，婿曰金仇道。助贲卒，弟沾解立。沾解传位于仇道之子味邹，而复归于助贲之子儒理。儒理传其弟子基临。基临传昔氏之族讫解。讫解传味邹兄子奈勿。自此新罗王位，遂永归于金氏。

《隋书》之金真平，东史称为金平王，名伯净，为新罗第二十六王。

《北史》云：新罗传世三十至真平，说差相近，或不尽无据。然即有据，亦必居乐浪故地金氏之世系，以之牵合于辰韩则误矣。岂金氏之于朴氏，实如莒之于鄫，非以力取邪？迦罗，东史作驾洛，云：少昊金天氏之裔八人，自中国之莒县，见第六章第八节。之辰韩之西，人称其地曰八莒，今之星洲也。其后有名首露者，弁韩九干立为君。干尊称。案此说出金海《金氏谱》。

金氏又有恼室朱日者，别开国曰大加耶，今高灵。或曰任那。说出崔致远《释利贞传》。或曰：驾洛之始，有兄弟六人，皆美好长大，众推其兄为驾洛之主，余五人则分为大、小、阿罗、古宁、碧珍五加耶焉。小加耶，今固城。阿罗加耶、古宁加耶，皆今咸安。碧珍加耶，今星洲。此说出新罗僧无亟《东事古记》。

首露神圣，在位凡百五十八年，乃死。自后汉光武帝建武十八年至献帝建安四年。其后传九世，合首露十世。至梁中大通四年，乃降于新罗。加耶则尝为日本所据。彼国史有所谓神功皇后者，拟为我国史之卑弥呼者也。

据彼国史，尝渡海伐新罗，新罗降，得金帛八十艘。其后日本遂定任那之地，置府驻兵。据朝鲜史籍，则陈文帝天嘉三年，大加耶为新罗所灭，日本所置府亦毁。以上所述朝鲜事，亦据金于霖《韩国小史》。《永乐大王碑》亦载王援新罗却倭人之事，则朝鲜、日本史籍所载，不尽子虚，可知是时三韩、日本，隔海相对，日本之势，较之三韩为少强也。

日本在晋、南北朝之世，与中国交涉颇繁。卑弥呼、壹与之事。

《晋书·倭传》云：宣帝之平公孙氏也，其女王遣使至带方朝见，其后贡聘不绝。及文帝作相，又数至。

泰始初，遣使重译入贡。《晋帝纪》：魏正始元年，东倭重译纳贡。《武帝纪》：泰始二年，倭人来献方物。

《梁书·倭传》云：其后复立男王。其事在于何时，则不可考矣。《南史·倭传》云：晋安帝时，有倭王赞，遣使朝贡。《晋书·本纪》在义熙九年，云高句丽、倭国及西南夷铜头大帅并献方物。

《宋书·倭传》云：高祖永初二年，诏曰："倭赞万里修贡，远诚宜甄，可赐除授。"而不言所除授者为何。

元嘉中，赞死，弟珍立。遣使贡献。自称使持节，都督倭、百济、新罗、任那、秦韩、慕韩即马韩。六国诸军事，安东大将军。表求除正。诏除安东将军、倭国王。二十年，倭国王济遣使贡献。复以为安东将军、倭国王。

二十八年，乃加使持节、都督倭、新罗、任那、加罗、秦韩、慕韩六国诸军事。济死，世子兴遣使贡献。

世祖大明六年，诏除安东将军、倭国王。兴死，子武立。自称使持节、都督倭、百济、新罗、任那、加罗、秦韩、慕韩七国诸军事、安东大将军、倭国王。

顺帝升明二年，遣使上表曰："封国偏远，作藩于外。自昔祖祢，躬擐甲胄，跋涉山川，不遑宁处。东征毛人，五十五国；西服东夷，六十六国；渡平海北，九十五国；王道融泰，廓土遐畿，累叶朝宗，不愆于岁。臣虽下愚，忝胤先绪。驱率所统，归崇天极。道径百济，装治船舫。而句丽无道，图欲见吞。掠抄边隶，虔刘不已。每致稽滞，以失良风。虽曰进路，或通或否。臣亡考济，实忿寇仇，壅塞天路。控弦百万，义声感激。方欲大举，奄丧父兄，使垂成之功，不获一篑。居在谅暗，不动兵甲，是以偃息，未捷至今。欲练甲治兵，申父兄之志。义士虎贲，文武效功，白刃交前，亦所不顾。若以帝德覆载，摧此强敌，克靖方难，无替前功。窃自假开府、仪同三司，其余咸假受，以劝忠节。诏除武使持节、都督倭、新罗、任那、加罗、秦韩、慕韩六国诸军事、安东大将军、倭王。"《宋书·本纪》：元嘉七年、十五年、二十年，大明四年，升明元年，皆书倭国王遣使献方物。齐建元元年，进号为镇东大将军。梁高祖即位，进号征东将军。《纪》在天监元年。

案观倭武表辞，可知是时句丽为倭强敌。倭人自假所督诸国，中国除百济外，皆如其所请与之，又可见是时中国视百济与倭相等夷，余则皆下于倭也。黄公度《日本国志邻交志》曰："源光国作《大日本史》，青山延光作《纪事本末》，皆谓通使实始于隋，而于《魏志》《汉书》所叙朝贡、封拜，概置弗道。

“揣其意，盖因推古以降，稍习文学，略识国体，观于世子草书，自称天皇；表仁争礼，不宣帝诏；其不肯屈膝称臣，始于是时，断自隋、唐，所以著其不臣也。彼谓推古以前，国家并未遣使，汉史所述，殆出于九州国造任那守帅之所为。余考委奴国印，出于国造，是则然矣。

“《魏志》《汉书》所谓女皇卑弥呼，非神功皇后而谁？武帝灭朝鲜而此通倭使，神功攻新罗而彼受魏诏，其因高丽为乡道，情事确凿，无可疑者。神功既已上表贡物，岂容遽停使节？且自应神已还，求缝织于吴，求《论语》、《千文》、佛像、经典于百济，岂有上国朝廷，反吝一介往来之理？宋顺帝时，倭王上表，称东征毛人，五十五国；西服众夷，六十六国；渡平海北，九十五国；谓有国造、守帅，能为此语者乎？

“惟《宋》《齐》《梁》诸书所云倭王，考之倭史，名字、年代，皆不相符，然日本于推古时始用甲子，始有纪载，东西辽远，年代舛异，译音辗转，名字乖午，此之不同，亦无足怪。按此自黄氏时之见解，由今言之，日本、朝鲜、安南等之古史，皆凭借中国史籍，附会而成，治此诸史者，反当以中国史为据，理极易明，不待更说也。

“日本人每讳言臣我，而中土好自夸大，辄视为属国。余谓中古之时，人文草昧，礼制简质，其时瞻仰中华，如在天上，慕汉大而受封，固事之常，不必讳也。隋、唐通使，往多来少，中国未尝待以邻礼，而新、旧《唐书》，不载一表，其不愿称臣、称藩，以小朝廷自处，已可想见。

“五代以后，通使遂希。而自元兵遇飓，倭寇扰边以来，虽足利义满，称臣于明，树碑镇国，赐服封王，而不知乃其将军，实为窃号。神宗之封秀吉，至于裂冠毁冕，掷书于地，此又奚足夸也？史家旧习，尊己侮人，索虏、岛夷，互相嘲骂。

“中国列日本于《东夷传》，日本史亦列隋、唐为《元蕃传》；中国称为倭王，彼亦书隋主、唐主，譬之乡邻交骂，于事何益？”

此论可谓极其持平，足以破拘墟狭隘之见矣。

《北史·倭传》云：“居于耶摩堆，则《魏志》所谓邪马台者也。”亦可见与我往还者，确为其共主也。

第二节　南方诸异族之同化

内地诸异族之同化，为晋、南北朝之世之一大事，第一章已言之。此等异族之同化，固由汉族入山，与之杂居，亦由地方丧乱，旷土增多，诸蛮族逐渐出居平地。当政事紊乱、防务空虚之日，自不免苦其扰害，然易一端而论之，则同化之功，正因之而加速，长江流域之全辟，实深有赖于兹，史事利害，繁赜难明，固不容偏执一端也。

曷言乎斯时之开拓，深有赖于诸异族之出居平地也？大抵当九州鼎沸，群龙无首之日，海内之扰乱必甚，可谓几无一片干净土，若犹有一政府，则暴政虽曰亟行，疆场虽曰多故，较之群龙无首之世，终必有间。故后汉之末，华人相率入山者，至晋、南北朝之世，则又相率而出焉。其出也，不徒一身，必有稍已同化之蛮民，与之偕出，势也。又不徒在其附近之地，而必分播于较远之区。何哉？丧乱之后，旷土增多，迁徙者必追踪而往，一也。新居不必安靖，甫奠居者或又将转徙，二也。如是，故其为数滋繁，而所至亦颇远。

《宋书》分蛮为荆雍州蛮及豫州蛮。《齐书》则云：布荆、湘、雍、郢、司五州界。《魏书》云：在江、淮之间。依托险阻，部落滋蔓，布于数州。东连寿春，西通上洛，北接汝、颍，往往有焉。其地实包今湖南、湖北、江西、安徽、河南、陕西六省。《宋书》以荆雍州蛮为槃瓠后，豫州蛮为廪君后；《魏书》亦云：蛮之种类，盖盘瓠[①]之后。夫槃瓠、廪君，皆不过一小部落，安能散布至于如是之广？《齐书》云：蛮言语不一；又言其俗或椎髻，或翦发；即可见其种类之多。然观其一出山即可列为编户，又可见其中汉人实不少；即本为蛮族，其同化于汉，亦必已甚深。《三国·魏志·四裔传注》引《魏略·西戎传》，谓氐人多知中国语，由与中国错居故也，其自还种落间，则自氐语，《齐书》谓蛮言语不一，当亦如是，非遂不知华语也。

《宋书·荆雍州蛮传》云：结党连群，动有数百千人，州郡力弱，则起为盗贼。《豫州蛮传》云：历世为盗贼，北接淮、汝，南极江、汉，地方数千里。《齐书》云：蛮俗善弩射，皆暴悍，好寇贼。《魏书》云：魏氏之时，不甚为患。至晋之末，稍以繁昌，渐为寇暴。自刘、石乱后，诸蛮无所忌惮，故其族类，渐得北迁；陆浑以南，满于山谷；宛、洛萧条，略为丘墟矣。观此诸语，一似华夏与诸蛮，日在争战之中者，其实不然。

《宋书·荆雍州蛮传》云：蛮民顺附者，一户输谷数斛，其余无杂调，而宋民赋役严苦，贫者不复堪命，多逃亡入蛮。蛮无徭役，彊者又不供赋税。然则蛮人之扰乱，仍是中国贫民，铤而走险耳。当两国相争之时，彼此咸借蛮以为用。平时则资其捍蔽，战时则用为前驱。又或使其扰乱敌后，阻塞道路。蛮族之桀黠者，遂得叛服于二国之间焉。

《北齐书·元景安传》言：景安除豫州刺史。管内蛮多华少，景安被以威恩，咸得宁辑。招慰生蛮，输租赋者数万户。豫州中原之地，而至于蛮多华少者？干戈数动，则民卒流亡，惟蛮人依据险阻，又质直，能耐劳苦，不虑危难，故其荡析离居，转不如汉人之甚也。土满者岂曰能有其土？疆场之控扼，不能谓其无成劳矣。即内争之际，亦有引以为助者。而战败之士，亡命之徒，又或借为逋逃之薮。史所记者，本以兵事为多，遂觉杀伐之气，满于纸上矣。然其同化，实仍在平和中逐渐致之。

综观晋、南北朝之世，所谓诸蛮，大烦征讨者，不过三役：一为宋文帝、孝武世之于沔中蛮及西阳蛮。沔中蛮，亦曰缘沔蛮，即雍州蛮。元嘉七年，刘道产为雍州刺史，诸蛮悉出，缘沔而居。十九年，道产卒，群蛮大动，朱修之讨之失利，沈庆之乃讨破之。二十二年，孝武帝为雍州，庆之又随之西上，率柳元景、宗悫等，前往讨击。

汉西阳县，本在今河南光山县境，晋世为蛮所据，乃于今湖北黄冈县西立西阳郡。元嘉末，为亡命司马黑石等所诳动，自淮、汝至于江、沔，咸罹其患。孝武时为江州刺史，与沈庆之往讨之，会元凶弑逆，旋师起义，至孝建四年，庆之乃复往讨定，事见《宋书》诸人本传。二周文帝之于峡中蛮。详见《周书·蛮传》。

三魏明帝之末，三鸦蛮人，大肆扰乱，明帝至欲亲征，后卒未果，而遣临淮王彧讨之。事在孝昌元年，见《纪》。前二役诚用兵力戡定，后一役仍不过徒有其名，此外则皆州郡及理蛮之官，晋武帝于荆州置南蛮校尉，雍州置宁蛮校尉，皆治襄阳。江左省。寻置南蛮校尉，治江陵。孝武帝又置宁蛮校尉，以授鲁宗之。宋世祖罢南蛮，而宁蛮如故。事见第九章第二节。武帝又置南夷校尉，治宁州，江左改曰镇蛮校尉，见《宋书·百官志》。广州西南二江，川源深远，别置督护，专征讨之任，见《齐书·州郡志》。此等皆理蛮之官也。随宜讨伐而已。

诸蛮既与汉人习狎，抚之者自以能行德化为上。《梁书·良吏传》：孙谦擢为巴东、建平二郡大守。郡居三峡，恒以威力镇之。谦将述职，敕募千人自随。谦曰："蛮夷不宾，盖待之失节耳，何烦兵役，以为国费。"固辞不受。至郡，布恩惠之化，蛮、獠怀之。

又《文学传》：臧严，历监义阳、武宁郡。累任皆蛮左，前郡守常选武人，以兵镇之。严独以数门生单车入境，群蛮悦服，遂绝寇盗。此皆治蛮不必用兵力之证也。然能如是者卒鲜，往往滥施讨伐；而其行军且极残酷。

《宋书·夷蛮传》曰：自元嘉将半，寇盗弥广，于是命将出师，恣行诛讨。自江、汉以北，庐江以南，搜山荡谷，穷兵罄武。系颈囚俘，盖以数百万计。至于孩年、耋齿，执讯所遗，将卒申好杀之愤，干戈穷酸惨之用，虽云积怨，为报已甚。按俘虏之多，盖利其可输税租，服力役，甚且没为奴婢耳。亦有无所利而肆情诛杀者，如陈显达为益州刺史，使责大度村獠租赕，獠帅杀其使，显达分部诸将，声言出猎，夜袭之，男女无少长皆斩，此则所谓申好杀之愤者也。此实将帅之贪功徼利，谓蛮非讨伐不可，固不其然。抑虽如是，真能深入其阻者，亦卒鲜也。

当时诸蛮之出山，固有胁以兵力者；又有由于俘获，迫令迁移者；然其慕化内徙，或酋长身来归顺者，亦属不少。慕化内徙，即同齐民。酋长内附，往往设置郡县，即以其人为守令，多有仍行世袭之制者，然数世之后，终必别简人以代之，此亦无形之改土归流也。

《隋书·南蛮传》云："南蛮杂类，与华人错居，曰蜒，曰獽，曰俚，曰獠，曰㐌，俱无君长；既同于齐民，则无复君长耳，非本无君长也。随山洞而居，古所谓百越是也。浸以微弱，稍属于中国，皆列为郡县，同之齐人，不复详载。"可见晋、南北朝之世所谓蛮者，至隋、唐时，多已泯然无迹矣。使其言语风俗，判然与我不同，岂能泯然于一旦？可见民族早已同化，觉其不同者，特时势之不安谧，激之使然耳。然则民族之同化，实皆社会自为之，政治之所能为力者甚鲜也。

梁、益二州情形，则较荆、雍、豫州为恶。以荆、雍、豫州，汉末以来，丧乱较烈，华人之入山者较多，梁、益二州则不然；观此二州无所谓山越，史间言山獠亦甚希可知。又荆、雍、豫州，去大川及平地近，其人之出山较易，梁、益地势较险，夷人自深山而出者，仍依山并谷故也。《魏书》云："自汉中达于邛、笮，川洞之间，所在皆有。"

獠即今所谓仡佬[2]，见《秦汉史》第九章第四节。虽处山谷，其初本来自海滨，《魏书》言其“能卧水底，持刀刺鱼”。又曰：“报怨相攻击，必杀而食之。俗畏鬼神，尤尚淫祀。所杀之人，美须髯者，必剥其面皮，笼之于竹，及燥，号之曰鬼，鼓舞祀之，以求福利。至有卖其昆季妻孥尽，乃自卖以供祭者。”此缘海之马来人，即古所谓越族者食人之俗也。详见《先秦史》。

因所居深阻，罕与华人交接，故其旧俗沿袭尚多，而其文明程度亦较低焉。《魏书》云：“种类甚多，散居山谷。略无氏族之别。又无名字，所生男女，惟以长幼次第呼之，其丈夫称阿謩、阿段，妇人称阿夷、阿等之类，皆语之次第称谓也。依树积木，以居其上，名曰干栏。干栏大小，随其家口之数。往往推一长者为王，亦不能远相统摄。父死则子继，若中国之贵族也。

獠王各有鼓角一双，使其子弟自吹击之。好相杀害，多不敢远行。性同禽兽，至于忿怒，父子不相避，惟手有兵刃者先杀之。若杀其父，走避，求得一狗，以谢其母，母得狗，不复嫌恨。若报怨相攻，必杀而食之。平常劫掠，卖取猪狗而已。亲戚比邻，指授相卖。被卖者号哭不服，逃窜避之。乃将买人捕逐，指若亡叛，获便缚之。但经被缚者，即服为贱隶，不敢称良矣。亡失儿女，一哭便止，不复追思。惟执盾持矛，不识弓矢。”案干栏之名，与后印度诸国同，亦可见其初居海滨也。

《魏书》云：“李势之时，诸獠始出，攻破郡县，为益州大患。桓温破蜀之后，力不能制；又蜀人东流，山险之地多空，獠遂挟山傍谷。此谓华人所居山谷之地，獠自深山迁此。

与夏人参居者，颇输租赋。在深山者，仍不为编户。萧衍梁、益二州，岁岁伐獠，以自裨润，公私颇借为利。”夏侯始迁之叛也，魏以邢峦为梁、益二州刺史，颇得獠和。后以羊祉、元恒、元子真为梁州，傅竖眼为益州。竖眼颇得物情。祉性酷虐，恒、子真并无德绩，诸獠苦之。魏以梁、益二州，统摄险远，又立巴州，以统诸獠，《魏书·地形志》：巴州郡县缺。

《隋书·地理志》：清化郡，旧置巴州，今四川巴中县。以巴酋严始欣为刺史。又立隆城镇，盖因梁之隆城郡，在今四川仪陇县北。所绾獠二十万户。隆城所统，谓之北獠，岁输租布，又与外人交通贸易。巴州生獠，并皆不顺，其诸头王，每于时节，谒见刺史而已。

孝昌初，诸獠以始欣贪暴，相率反叛，攻围巴州。时魏子建为山南行台，勉谕之，乃得散罢。始欣虑获罪谴，谋来附，而其族子恺为隆城镇将，归心于魏。魏子建启以镇为南梁州，以恺为刺史。发使执始欣，囚于南郑。遇子建见代，傅竖眼为行台，竖眼久病，其子敬绍，纳始欣重贿，使得还州，始欣乃起众攻恺屠灭之，据城南叛。梁将萧玩，率众援接，为魏梁、益二州兵所破斩。魏攻陷巴州，执始欣，然梁州未久即入梁。其后梁、益皆陷于周。

《周书》云："每岁命随近州镇，出兵讨之，获其口以充贱隶，谓之压僚。后有商旅往来者，亦资以为货。公私逮于民庶之家，有僚口者多矣。"其虐，亦无以异于梁也。又云："其种类滋蔓，保据岩壑，依林走险，若履平地，虽屡加兵，弗可穷讨。性又无知，殆同禽兽。诸夷之中，最难以道义招怀者也。"可见其同化，远较豫、荆、雍州蛮为后矣。

交、广、宁三州，情形较梁、益二州为尤恶。案此三州，西通缅甸，东包东京湾为内海，实为中国向南拓展之枢机，惜距中原较远，民族拓展之力，一时有所不及，而政事尤欠清明，遂至越南之地，终于分裂以去，而自云南西南出之路，亦未能尽力经营也。

中国之稍知注意于交土，似自后汉中叶以来。《晋书·地理志》云：顺帝永和九年，交趾大守周敞交趾，今越南河内。求立为州，朝议不许，即拜敞为交趾刺史。建安八年，张津为刺史，士燮为交趾大守，共表立为州，乃拜津为交州牧。

十五年，移治番禺。《三国·吴志·孙策传注》引《江表传》，谓策欲杀于吉，诸将连名陈乞，策曰："昔南阳张津，为交州刺史，舍前圣典训，废汉家法律，常著绛帕头，鼓琴烧香，读邪俗道书，云以助化，卒为南夷所杀。此甚无益，诸君但未悟耳。"又引虞喜《志林》：喜推考桓王之薨，在建安五年四月四日，是时曹、袁相攻，未有胜负，夏侯元让与石威则书，袁绍破后也，书云："授孙贲以长沙，业张津以零、桂。"此为桓王于前亡，张津于后死，不得相让譬言津之死意矣。裴松之案："大康八年，广州大中正王范上《交广二州春秋》，建安六年，张津犹为交州牧，《江表传》之虚，如《志林》所云。"此云津拜交州在建安八年，又与《交广春秋》不合。案当时任疆寄者，多自刺史进为州牧，津盖本为交趾刺史，至八年乃进为牧也。桓王引津死事，以譬将吏，自为虚辞，古人轻事重言，此等处多不审谛，不足深较也。

《宋书·州郡志》云：交州刺史，本治龙编，见第七章第五节。汉献帝建安八年，改曰交州，治苍梧广信县，广信，汉县，为苍梧郡治，隋时改县曰苍梧，今广西苍梧县。十六年，徙治南海番禺县。州甫立而治所即内移，可见中朝威柄之失坠矣。观下引《薛综疏》，津或因欲与刘表争，以致无暇顾及交土也。

是时交土实权，乃入于士燮之手。《三国·吴志》：燮苍梧广信人。其先本鲁国汶阳人，汶阳，汉县，在今山东宁阳县东北。王莽之乱，避地交州，六世至燮。燮父赐，桓帝时为日南大守。日南，今越南义安。燮为交趾大守。交州刺史朱符为夷贼所杀，州郡扰乱，燮乃表弟壹领合浦大守，合浦，见第十三章第三节。次弟䵋领九真大守，九真，今越南清华。䵋弟武领南海大守。

兄弟并为列郡，雄长一州。偏在万里，威尊无上。武先病殁。朱符死后，汉遣张津为交州刺史。津后为其将区景所杀。而荆州牧刘表，遣零陵赖恭代津。零陵，见第三章第六节。是时苍梧大守史璜死，表又遣吴巨代之，与恭俱至。汉闻张津死，赐燮玺书曰："交州绝域，南带江海，上恩不宣，下义壅隔。知逆贼刘表，又遣赖恭，窥看南土。今以燮为绥南中郎将，董督七郡，领交阯大守如故。"后巨与恭相失，举兵逐恭。恭走还零陵。

建安十五年，孙权遣步骘为交州刺史。建安七年，权尝表朱治为九真大守，见《治传》。骘到，燮率兄弟奉承节度。而吴巨怀异心。骘斩之。据《骘传》事在建安十六年。燮又诱导益州豪姓雍闿等，率郡人民，使遥内附。益州，汉郡，蜀汉改曰建宁，在今四川晋宁县东。权益嘉之。燮在郡四十余岁，黄武五年，魏文帝黄初七年。年九十卒。

权以交趾县远，乃分合浦以北为广州，吕岱为刺史，交趾以南为交州，戴良为刺史。又遣陈时代燮为交趾大守。岱留南海，良与时俱前。行到合浦，而燮子徽，自署交趾大守，发宗兵拒良。时以徽领九真大守，见《吕岱传》。宗即賨，賨乃夷人所出赋税之名，用为种族之名，实借字耳。《三国志》多作宗。以上据《士燮传》。吕岱督兵三千人浮海，与良共讨平之。杀徽兄弟六人，见《士燮传》。于是除广州，复为交州如故。《吕岱传》。

交、广之分，交州业已还治龙编，《宋书·州郡志》。至是，则复举七郡之地，通以龙编为控制之所矣，可谓内地威柄之一振也。黄龙三年，魏明帝大和五年。以南土清定，召岱还。竹邑薛综，竹邑，后汉县，属沛郡，在今安徽宿县北。少依族人，避地交州。孙权除为合浦、交趾大守。岱之讨伐，综与俱行。

及是，上疏曰："昔帝舜南巡，卒于苍梧，秦置桂林、南海、象郡，然则四国之内属也，有自来矣。案汉武帝平南越，以其地为儋耳、珠崖、南海、苍梧、郁林、合浦、交阯、九真、日南九郡。昭帝时罢儋耳。元帝时又罢珠崖。孙权之分交、广，以南海、苍梧、郁林三郡为广州，交趾、日南、九真、合浦四郡为交州，见《晋书·地理志》。此云四国，指交趾、日南、九真、合浦也。

“秦赵佗起番禺，怀服百越之君，珠官之南是也。孙权黄武七年，改合浦为珠官郡。汉武帝诛吕嘉，开九郡，设交阯刺史以镇监之。山川长远，习俗不齐。言语同异，重译乃通。民如禽兽，长幼无别。椎髻徒跣，贯头左衽。长吏之设，虽有若无。自斯以来，颇徙中国罪人，杂居其间。稍使学书，粗知言语。使驿往来，观见礼化。

“及后锡光为交阯，任延为九真大守，乃教其耕犁，使之冠履，为设媒官，始知聘娶，建立学校，导之经义。由此以降，四百余年，颇有似类。参看《秦汉史》第九章第六节。自臣昔客，始至之时，珠崖今广东琼山县。除州县，嫁娶皆须八月引户，人民集会之时，男女自相可适，乃为夫妻，父母不能止。

“交阯糜泠、九真都庞二县，皆在今安南境。皆兄死弟妻其嫂，世以此为俗，长吏恣听，不能禁制。日南郡男女裸体，不以为羞。由此言之，可谓虫豸，有靦面目耳。然而土广人众，阻险毒害。易以为乱，难使从治。县官羁縻，示令威服。田户租赋，裁取供办贵致远珍，名珠、香药、象牙、玳瑁、珊瑚、琉璃、鹦鹉、翡翠、孔雀奇物，充备宝玩，不必仰其赋入，以益中国也。然在九甸之外，长吏之选，类不精核。

“汉时法宽，多自放恣，故数反违法。珠崖之废，起于长吏，睹其好发，髡取为髲。及臣所见：南海黄盖，为日南大守，下车以供设不丰，挝杀主簿，仍见驱逐。

“九真大守儋萌，为妻父周京作主人，并请大吏。酒酣作乐，功曹番歆，起舞属京，京不肯起，歆犹迫强，萌忿杖歆，亡于郡内。歆弟苗，帅众攻府，毒矢射萌，萌至物故。交阯大守士燮，遣兵致讨，卒不能克。

“又故刺史会稽朱符，多以乡人虞褒、刘彦之徒，分作长吏。侵虐百姓，强赋于民。黄鱼一枚，收稻一斛。百姓怨叛。山贼并出，攻州突郡。符走入海，流离丧亡。次得南阳张津，与荆州牧刘表为隙，兵弱敌强，岁岁兴军，诸将厌患，去留自在，津小检摄，威武不足，为所陵侮，遂至杀没。后得零陵赖恭，先辈仁谨，不晓时事。表又遣长沙吴巨为苍梧大守，巨武夫轻悍，不为恭服，所取相怨，恨逐出恭，求步骘。

“是时津故将夷廖、钱博之徒尚多，骘以次锄治，纲纪适定，会仍召出。吕岱既至，有士氏之变，越军南征。平讨之日，改置长吏，章明王纲。威加万里，大小承风。由此言之，绥边抚裔，实有其人。牧伯之任，既宜清能，荒流之表，祸福尤甚。

“今日交州，虽名粗定，尚有高凉宿贼。高凉，见第十五章第三节。其南海、苍梧、郁林、珠官四郡界未绥，郁林，今广西贵县。依作寇盗，专为亡叛逋逃之薮。若岱不复南，新刺史宜得精密检摄八郡，高凉郡，汉末吴所分置，并前所言七郡为八郡。方略智计，能稍稍以治高凉者，假其威宠，借之形势，责其成效，庶几补复。如但中人，近守常法，无奇数异术者，则群恶日滋，久远成害。故国之安危，在于所任，不可不察也。”

读此疏，可略知交、广民生、吏治之情形矣。

赤乌二年，魏明帝景初三年。十月，将军蒋秘，南讨夷贼，所领都督廖式，杀临贺大守严纲等，与弟潜共攻零陵、桂阳，汉郡，今湖南郴县。及摇动交州、苍梧、郁林诸郡，众数万人。《孙权传》。吕岱时在武昌，自表辄行。孙权遣使追拜岱交州牧，及遣诸将唐咨等络绎相继。攻讨一年，破之，斩式等。《吕岱传》。

十一年，魏齐王芳正始九年。交阯、九真夷贼攻没城邑，交部骚动。以陆胤为交州刺史、安南校尉。胤入南界，喻以恩信，务崇招纳，交域清泰。至孙休永安元年魏高贵乡公甘露三年。乃征还。《胤传》。五年，魏常道乡公景元三年。休使察战到交阯调孔雀、大猪。注：察战，吴官号。案其人姓名，似即《晋书·本纪》之邓句，《陶璜传》之邓荀，见下。

先是交阯大守孙谞，科郡上手工千余人送建业，察战至，恐复见取，郡吏吕兴等，因此扇动兵民，招诱诸夷，杀谞。使使如魏请大守及兵。《休传》。《晋书·陶璜传》云：谞贪暴，为百姓所患，会察战邓荀至，擅调孔雀三千头送秣陵，兴杀谞及荀，及郡内附。七年，八月后为孙皓元兴元年。魏常道乡公咸熙元年。吴复分交州置广州。《孙休传》。仍统南海、苍梧、郁林三郡，见《晋志》。

九月，魏以吕兴为使持节都督交州诸军事。诏曰：“孙休遣使邓句敕交趾大守锁送其民，发以为兵。吴将吕兴，因民心忿怒，又承王师平定巴蜀，即纠合豪桀，诛除句等。驱逐大守长吏，抚和吏民，以待国命。九真、日南，亦齐心响应，与兴协同。兴移书日南州郡，开示大计。兵临合浦，告以祸福。遣都尉唐谱等诣进乘县，因南中都督护军霍弋上表自陈。”案蜀以李恢为建宁大守，遥领交州刺史，晋平蜀，亦以弋遥领交州，见《晋书·地理志》。策命未至，兴为下人所杀。《魏志·本纪》。然是岁，魏所置交阯大守之郡。《孙皓传》。案《华核传》：宝鼎二年，核上疏言交州诸郡，国之南土，交阯、九真二郡已没，日南孤危，存亡难保，则其时日南尚属吴。然《晋书·武帝纪》：泰始五年，五月，曲赦交趾、九真、日南三岁刑，则日南亦属晋矣。

孙皓宝鼎三年，晋武帝泰始四年。遣交州刺史刘俊、前部督修则等入击交阯。为晋毛炅等所破，皆死。兵散还合浦。《皓传》。《晋书·武帝纪》：泰始四年，十月，吴将顾容寇郁林，大守毛炅大破之，斩其交州刺史刘俊，将军修则。《陶璜传》：吕兴为功曹李统所杀，帝更以建宁爨谷为交阯大守。谷又死，更遣巴西马融代之。融病卒。南中监军霍弋又遣犍为杨稷代融。与将军毛炅、九真大守董元等自蜀出交阯。破吴军于古城，斩大都督修则、交州刺史刘俊。建衡元年，晋泰始五年。

十一月，遣监军虞汜、威南将军薛珝、苍梧大守陶璜由荆州；监军李勖、督军徐存从建安海道；建安，见第八章第一节。皆就合浦击交阯。二年，晋泰始六年。春，李勖以建安道不通利，杀导将冯斐，引军还。四月，勖及徐存家属皆伏诛。

三年，晋泰始七年。汜、璜破交阯，禽杀晋所置守将，九真、日南皆还属。《孙皓传》。《晋书·本纪》：四月，九真大守董元为吴将虞汜所攻，军败，死之。七月，吴将陶璜等围交趾，大守杨稷与郁林大守毛炅，及日南等三郡降于吴。案谓稷、炅降吴者，说出《汉晋春秋》。《华阳国志》则云：稷至合浦呕血死，炅不屈，为吴所杀。见《三国志·孙皓传注》。《晋书·陶璜传》兼采二说。又云：炅密谋袭璜。事觉，被诛。

吴因用璜为交州刺史。九真郡功曹李祚保郡，璜遣攻之，逾时乃拔。皓以璜为交州牧。武平、九德、新昌，九德，吴分九真郡立。破交趾后，又分交趾为新昌郡。诸将破扶严夷，置武平郡。皆在今越南境。土地阻险，夷僚劲悍，历世不宾，璜征讨，开置三郡及九真属国三十余县。征璜为武昌都督，以合浦大守修允代之。交土人请留璜以千数，于是遣还。《晋书·璜传》。

天纪三年，晋武帝咸宁五年。夏，修允转桂林大守，疾病，住广州，先遣部曲督郭马将五百兵至郡，安抚诸夷。允死，兵当分给，马等累世旧军，不乐离别；皓时又科实广州户口；马与部曲将何典、王族、吴述、殷兴等，因此恐动兵民，会聚人众，攻杀广州督虞授。马自号都督交、广二州诸军事，兴广州刺史，述南海大守。典攻苍梧，族攻始兴。

八月，以滕修领广州牧，率万人从东道讨马。与族遇于始兴，未得前。皓又遣徐陵督陶浚璜弟。将七千人从西道。命交州牧陶璜部伍所领，及合浦、郁林诸郡兵，当与东西军共击马。陶浚至武昌，闻北军大出，停驻不前。《孙皓传》。滕修赴难，至巴丘。而皓已降，乃还，与广州刺史闾丰、苍梧大守王毅各送印绶。诏以修为广州牧，委以南方事。修在南积年，为边夷所附。大康九年，卒。《晋书·修传》。

皓既降晋，手书遣璜息融敕璜归顺。诏复本职。晋减州郡兵，璜上言曰："交土荒裔，斗绝一方，或重译而言，连山带海。又南郡去州，海行千有余里，外距林邑，才七百里，夷帅范熊，世为逋寇，自称为王，数攻百姓。且连接扶南，种类猥多，朋党相倚，负险不宾。往隶吴时，数作寇逆，攻破郡县，杀害长吏。臣以尪驽[3]，昔为故国所采，偏戍在南，十有余年。虽前后征讨，翦其魁桀，深山僻穴，尚有逋窜。又臣所统之卒，本七千余人，南土温湿，多有气毒；加累年征讨，死亡减耗；其见在者，二千四百二十人。

今四海混同，无思不服，当卷甲消刃，礼乐是务，而此州之人，识义者寡，厌其安乐，好为祸乱。又广州南岸，周旋六千余里，不宾属者，乃五万余户。及桂林不羁之辈，复当万户。至于服从官役，才五千余家。二州唇齿，惟兵是镇。

又宁州兴古，见下。接据上流，去交阯郡千六百里，水陆并通，互相维卫。州兵未宜约损，以示单虚。"又以合浦郡土地硗确，无有田农，百姓惟以采珠为业，商贾去来，以珠货米，而吴时珠禁甚严，虑百姓私散好珠，禁绝来去，人以饥困。又所调猥多，限每不充。今请上珠三分输二，次者输一，粗者蠲除。自十月讫二月，非采上珠之时，听商旅往来如旧。并从之。

璜在南三十年，威恩著于殊俗。及卒，朝廷以员外散骑常侍吾彦代璜。《彦传》：在镇二十余年，威恩宣著，南州宁静。彦卒，又以员外散骑常侍顾秘代彦。秘众父，见《众传》。秘卒，州人逼秘子参领州事。参寻卒。参弟寿求领州，州人不听，固求之，遂领州。寿乃杀长史胡肇等。又将杀帐下督梁硕。硕走得免，起兵讨寿，禽之。付寿母，令鸩杀之。硕乃迎璜子苍梧大守威领刺史。在职甚得百姓心。三年卒。

璜父基，吴交州刺史。威弟淑，子绥，后并为交州。自基至绥四世，为交州者五人。《璜传》。威，《晋书·忠义王谅传》作咸，云：新昌大守梁硕，专威交土，迎立陶咸为刺史。咸卒，王敦以王机为刺史。硕发兵距机，自领交阯大守。乃迎前刺史修则子湛行州事。敦以谅为交州刺史。谅既到境，湛退还九真。广州刺史陶侃遣人诱湛来诣谅，谅斩之。硕率众围谅于龙编。以上《谅传》。大宁元年，五月，龙编陷，谅死之。六月，陶侃遣参军高宝攻硕，斩之。《本纪》。参看第三章第九节。

大元五年，十月，初九真大守李逊，父子勇壮有权力，威制交土。闻刺史滕逊之当至，分遣二子，断遏水陆津要。

杜瑗者，朱鸢人，汉朱鸢县，《晋志》作朱鸢，在今河内东南。本属京兆，祖元为宁浦大守，宁浦，晋郡，今广西横县西南。遂居交趾。瑗仕州府，为日南、九德、交趾大守。是时为交趾大守。收众斩逊，州境获宁。逊之居州十余年及北还，以瑗为交州刺史。参看下节。

义熙六年，年八十四卒。府州纲佐，共推瑗第五子慧度行州府事。辞不就。七年，除交州刺史。诏书未至，卢循袭破合浦，径向交州。李逊子奕、脱等；引诸俚帅，众五六千人，受循节度。慧度与弟交趾大守慧期，九真大守章民讨破之。循中箭赴水死。斩李脱等。慧度俭约质素；为政纤密，有如治家；由是威惠沾洽，奸盗不起。宋少帝景平元年，卒。以慧度子弘文为刺史。亦以宽和得众。大祖元嘉四年，以廷尉王徽为交州刺史。弘文就征。会得重疾，行到广州，卒。《宋书·慧度传》。二十年，以檀和之为刺史。二十三年，伐林邑，破之，事见下节。

《齐书·南夷传》云：泰始初，刺史张牧卒，交趾人李长仁杀牧北来部曲，《宋书·徐爰传》云：悉诛北来流寓，无或免者。爰时徙交州，长仁素闻爰名，爰又以智计诳诱，乃得无患。据交州叛。数年，病死。从弟叔献嗣事，号令未行，遣使求刺史。宋朝以南海大守沈焕为交州刺史，以叔献为焕宁远司马、武平、新昌二郡大守。叔献得朝命，人情服从，遂发兵守险，不纳焕。焕停郁林，病卒。

大祖建元元年，仍以叔献为交州刺史，就安慰之。案《宋书·本纪》：泰始四年，三月，以孙奉伯为交州刺史。交州人李长仁据州叛。妖贼攻广州，杀刺史羊南，陈伯绍讨平之。八月，以刘勃为交州刺史。五年，七月，以陈伯绍为交州刺史。

七年，二月，置百梁、在今广东合浦县东。怅苏、在合浦东北。永宁、在今广东阳江县境。安昌、在合浦北。富昌、未详。南流郡，今广西郁林县。又分广、交州三郡广之临漳，交之合浦、宋寿。立越州。《齐志》：镇临漳。案临漳，宋郡，在今合浦东北。盖孙奉伯、刘勃、陈伯绍皆未能之镇，故立越州以规交土也。

《齐书·大祖纪》：即位后遣使分行四方，以交、宁道远不遣使。《刘善明传》：善明表陈时事，以为“交州险敻④，要荒之表，宋末政苛，遂至怨叛，今大化创始，宜怀以恩德，未应远劳将士，摇动边氓。且彼土所出，惟有珠宝，实非圣朝所须之急，讨伐之事，谓宜且停。”盖大祖本意在息民，又时交州惟有珠宝，大祖性俭，非其所重，故遂以姑息处之也。

《南夷传》又云：叔献受命。既而断割外国，贡献寡少。世祖欲讨之。永明元年，以司农刘楷为交州刺史，发南康、庐陵、始兴郡兵征交州。南康，见第七章第五节。庐陵，见第三章第九节。叔献间道自湘川还朝。

六年，以始兴大守房法乘代楷。法乘至镇，属病不理事。好读书。长史伏登之因此擅权，改易将吏。录事房季文白之。法乘大怒，系登之于狱。十余日，登之厚赂法乘妹夫崔景叔得出。将部曲袭执法乘。启法乘心疾动，不任亲事。世祖仍以登之为交州刺史。盖终不免于姑息矣。

梁武帝天监四年，二月，交州刺史李凯据州反，长史李畟讨平之。十五年，交州刺史李畟斩州反者阮宗孝，传首京师。普通四年，六月，分交州置爱州。治九真。皆见《本纪》。

大同七年，先是武林侯萧谘为交州刺史，以裒刻失众心。土人李贲连结数州豪杰，同时反，攻谘。谘输赂，得还越州。台遣高州刺史孙冏、新州刺史卢子雄将兵击之。兼采梁、陈《书·本纪》。高州治高凉，见第十五章第三节。新州梁置，今广东新兴县。时春草已生，瘴疠方起，子雄请待秋讨之。

广州刺史新渝侯萧映不听，谘又促之。时谘亦至广州。子雄等不得已，遂行。至合浦，死者十六七。众并惮役溃散，禁之不可，乃引其余兵退还。谘启子雄及冏与贼交通，逗留不进。武帝敕于广州赐死。《陈书·杜僧明传》。子雄弟子略，与冏子侄及其主帅杜天合、杜僧明共举兵，执南江督护沈颢，进寇广州。《陈书·武帝纪》。其事详见《杜僧明传》。

陈高祖时为西江督护，讨平之。时又遣越州刺史陈侯、罗州刺史宁巨、安州刺史李智、爱州刺史阮汉同征贲。罗州，见第十五章第三节。安州，未详。

九年，四月，林邑王破德州，治九德。攻贲。贲将范修破走之。十年，正月，贲于交趾窃位号，署置百官。《梁书·本纪》。诏陈高祖为交州司马，领武平大守，与刺史杨瞟南讨。

十一年，六月，军至交州，破贲。中大同元年，四月，克交趾嘉宁城。贲窜入僚洞。屈獠斩贲，传首京师。《陈书·高祖纪》在大清元年，《梁书·本纪》在二年三月，盖贲死于元年，《纪》于其传首至京之日书之。贲兄天宝，遁入九真。与劫帅李绍隆收余兵二万，杀德州刺史陈文戒；进围爱州。高祖仍率众讨平之。

越南国史，称贲为前李氏。谓其七世祖为中国人，徙居大平。以大同十年自立，国号万春，年号天德。贲死后，天宝自立为桃郎王。有赵光复者，亦于大清三年，自立为越王。敬帝绍泰元年，天宝死，无子，诸臣共立其族人李佛子。

陈宣帝大建二年，袭禽赵光复。至隋文帝仁寿三年降隋。据冯承钧译迦节《越南世系》，在《史地丛考续编》中，商务印书馆本。案李佛子之降，事见《隋书·本纪》及《刘方传》。越南古史，原系依附中国史籍而成，其不足据，与朝鲜、日本之古史正同也。陈世交、广之域，欧阳氏实擅大权，欧阳頠为广州刺史，及其子纥之事已见前。頠弟盛为交州刺史。纥之平，交阯夷僚，往往相聚为寇抄，阮卓奉使招慰，交趾多金翠珠贝珍怪之产，前后奉使者皆致之，惟卓挺身而还，衣装无他，时论咸服其廉焉。

以上所言，为交、广缘海之地，为文明及财富所萃，政权亦托于是。大抵能树威德者，皆久居其地之豪族，单车孤往，则形同羁旅，即使清能，亦多无以善其后，而贪暴者更无论矣。此其所以势同割据，五代后卒至分裂而去也。至远海之区，则启辟尤厓。

《齐书·州郡志》言："广州民户不多，而俚、獠猥杂，皆楼居山险，不肯宾服。""越州俚、獠丛居，隐伏岩障，寇盗不宾，略无编户。元徽二年，以陈伯绍为刺史，始立州镇，穿山为城门，威服俚、獠。土有瘴气杀人。汉世，交州刺史每暑月辄避处高，今交土调和，越瘴独甚。刺史尝事戎马，惟以战伐为务。"此可见广州之启辟，不如交州，越州又落广州之后。盖其文化皆自海道传来，交州眏出海中，故其启辟较易也。

琼州一岛，汉武帝时，置儋耳、今广东儋县。珠崖二郡，昭帝时罢儋耳，元帝时又罢珠崖，已见《秦汉史》第五章第十六节。孙权欲取夷洲及珠崖，陆逊、全琮皆谏，详见第五节。然赤乌五年，卒遣将军聂权、校尉陆凯以兵三万讨珠崖、儋耳。《三国·吴志·权传》。是岁，遂置珠崖郡。晋平吴，省入合浦。宋文帝元嘉八年，又立珠崖。

《南夷传》云：世祖大明中，合浦大帅陈檀归顺。四年，檀表乞官军征讨未附。乃以檀为高兴大守，罗州治。遣前朱提大守费沈，龙骧将军武期率众南伐，并通朱崖道。并无功。辄杀檀而返。沈下狱死。则亦仅等诸羁縻而已。

宁州之地，距中原穹远[⑤]，与交、广无异，而又无海路可通，故其闭塞尤甚。自两汉开辟之后，迄于南北朝，惟蜀汉之世，颇能控制之，则以其相距较近；又蜀土褊狭，军资国用，势不能不有借于此；故能尽力经营也。晋世宁州之地，后汉时分越巂、见第十三章第四节。益州、牂牁、今贵州平越县。永昌今云南保山县。四郡，而以庲降为控扼之所。

《三国·蜀志·李恢传注》云：臣松之讯之蜀人，云庲降地名，去蜀二千余里。时未有宁州，号为南中，立此职以总摄之。晋泰始中，始分为宁州。案《马忠传》言：初建宁郡杀大守正昂，缚大守张裔于吴，故都督常住平夷县，至忠乃移治味县，似庲降都督本治益州也。平夷，今云南曲靖县。

雍闿之乱，杀大守正昂。蜀以张裔为大守，闿又执之，送于吴。吴遥置闿为永昌大守，《三国·蜀志·吕凯传》。而以刘璋子阐为益州刺史，处交、益界首。诸葛亮平南中，阐还吴，为御史中丞，见《蜀志·二牧传》。越巂夷王高定，牂牁大守朱褒亦叛。惟永昌五官掾功曹吕凯，与丞王伉闭境拒闿。诸葛亮欲自征之。长史王连谏：以为不毛之地，疫疠之乡，不宜以一国之望，冒险而行。亮为留连久之。建兴三年，三月，卒自行。时李恢为庲降都督，领交州刺史，住平夷。

亮由越巂，恢案道向建宁。诸县大相纠合，围恢军于昆明。未详。恢给以官军粮尽，欲引还，乘其怠出击，大破之。追奔逐北，南至槃江，谢钟英《三国疆域志补注》云：即今南盘江。东接牂牁，与亮声势相连。

时亮发在道，而雍闿为高定部曲所杀。亮至南，改益州为建宁，分建宁、永昌置云南，治弄栋，今云南姚安县。建宁、牂牁置兴古。治温，今云南罗平县。表吕凯为云南大守，会为叛夷所害，子祥嗣。王伉为永昌大守。军还，南夷复叛，杀害守将。李恢身往扑讨，锄尽恶类，徙其豪帅于成都。赋其叟、濮耕牛、战马、金、银、犀革，充继军资，于时费用不乏。案《诸葛亮传》称亮南征之功，亦曰“军资所出，国以富饶”，可见当时之用兵，固欲绝后顾之忧，实亦利其赋入也。七年，以交州属吴，解恢刺史，更领建宁大守。九年，张翼为庲降都督。持法严，不得殊俗之欢心。

十一年，耆帅刘胄作乱。翼讨之，不克。以马忠代之，乃讨斩胄。移治味县。越嶲叟夷数反，杀大守龚禄、焦璜，是后大守不敢之郡。只住安定县，去郡八百余里。安定治所未详。除张嶷为大守。嶷诱以恩信，讨其不服。在官三年，徙还故郡。

定莋、在今四川盐源县南。台登、在今四川冕宁县东。卑水在今四川会理县东北。三县，旧出盐、铁及漆，夷徼久自锢食，嶷率所领夺取，署长吏焉。郡有旧道，经旄牛中旄牛，汉县，在今四川汉源县南。至成都，既平且近，绝已百余年，更由安上，既险且远。安上，谢钟英云：当在峨边、越嶲间。亦获开通，复古亭驿。嶷在郡十五年，至延熙十七年乃还。永昌郡夷僚不宾，以霍弋领大守，率偏军讨之，斩其豪帅，郡界宁静。弋后领建宁大守，统南郡事。蜀亡降魏，仍拜南中都督，委以本任，使救吕兴，事已见前。

案马谡攻心之论，诸葛亮七纵七禽之说，古今侈为美谈，《三国·蜀志·马谡传注》引《襄阳记》曰：亮征南中，谡送之数十里。亮曰：“虽共谋之历年，今可更惠良规。”谡对曰：“南中恃其险阻，不服久矣。虽今日破之，明日复反耳。今公方倾国北伐，以事强贼，彼知官势内虚，其叛亦速。若殄尽遗类，以除后患，既非仁者之情，且又不可仓卒也。夫用兵之道，攻心为上，攻城为下；心战为上，兵战为下；愿公服其心而已。”亮纳其策，赦孟获以服南方，故终亮之世，南方不敢复反。

《亮传注》引《汉晋春秋》曰：亮在南中，所在战捷，闻孟获为夷汉所服，募生致之。既得，使观于营阵之间，问曰：“此军何如？”获对曰：“向者不知虚实，故败。今蒙赐观看营阵，若只如此，即定易胜耳。”亮笑，纵使更战。七纵七禽，而亮犹遣获。获止不去，曰：“公天威也，南人不复反矣。”遂至滇池。南中平，皆即其渠帅而用之。或以谏亮。亮曰：“若留外人，则当留兵，兵留则无所食，一不易也。加夷新伤破，父兄死丧，留外人而无兵者，必成祸患，二不易也。又夷累有废杀之罪，自嫌衅重，若留外人，终不相信，三不易也。今吾欲使不留兵，不运粮，而纲纪粗定，夷汉粗安故耳。”粗安、粗定四字，最可注意，所能期望者，原不过如此也。

其实反施未几，叛旗复举，重烦讨伐，又历多年，知志在赋取者，终非如厚往薄来之可以无猜也。邓艾入阴平，或以为南中七郡，阻险斗绝，易以自守，宜可奔南。谯周言：“若至南方，外当拒敌，内供服御，费用张广，他无所取，耗损诸夷必甚，甚必速叛。”事乃已。

晋既定蜀，泰始七年，建为宁州。大康三年，废宁入益，置南夷校尉以护之。《三国·蜀志·霍峻传注》引《汉晋春秋》：弋之孙彪，为晋越嶲大守；《吕凯传注》引《蜀世谱》：凯子祥，为晋南夷校尉；祥子及孙，世守永昌；又《马忠传注》：子修，修弟恢，恢子义，皆为晋建宁大守；盖皆用旧人以抚之，故获相安。惠帝大安二年，复立宁州。巴氏乱作，声教始隔。

永嘉元年，南夷校尉李毅卒，宁州遂陷。治中毛孟求刺史于京都，诏以李逊为之。逊仍据州与李雄相拒。逊死，州人立其子坚。陶侃使尹奉代之。至成帝咸和八年，乃为李寿所陷，已见第三章第六节。

咸康二年，广州刺史邓岳，遣督护王随击夜郎，晋郡，今贵州石阡县西南。新昌大守陶协击兴古，并克之。加督宁州。五年，岳又伐蜀，建宁人孟彦执李寿将霍彪以降。寿遣李奕攻牂牁，大守谢恕固守，奕粮尽引还。后八岁，李氏灭，宁州还属晋朝。苻坚陷益州，《载记》言西南夷邛、筰、夜郎等皆归之，盖尝致其献见，然坚实未能有其地也。

宋世萧惠开督益、宁，大明八年。《传》言其欲收牂牁、越嶲，以为内地，绥讨蛮、濮，开地征租，然有志而未逮。梁世武陵王纪居蜀，史言其南开宁州、越嶲，故能殖其财用，已见第十三章第四节，此亦意在赋敛而已。其时徐文盛为宁州，《传》云：州在僻远，所管群蛮，不识教义，贪欲财贿，劫篡相寻，前后刺史莫能制。文盛推心抚慰，示以威德，夷僚感之，风俗遂改。当时自边徼举兵勤王者，实惟文盛与陈高祖二人，其人盖亦异才，惜乎未竟其用也。《齐书·州郡志》云：宁州道远土瘠，蛮夷众多，齐民甚少。诸爨氏强族，恃远擅命，故数有土反之虞。盖客籍官于宁能举其职亦少，故其后地遂为两爨所擅焉。

第三节　林邑建国

秦、汉之开南越，所至之地，不为不远，然其地陆路阻塞，交通皆借海道，其南境，海道距印度近而距中国已开发之地远，故越三四百年，其地之民族，遂有承袭印度之文化而谋自立者，林邑是也。

《晋书·林邑传》曰：林邑国，本汉时象林县，则马援铸柱之处也。汉象林县，在今越南之广南。其地有茶荞古城，考古者云即林邑之都，见鄂卢梭《占城史料补遗》，在《西域南海史地考证译丛续编》中，商务印书馆本。《水经·温水注》云：建武十九年，马援树两铜柱于象林南界，与西屠国分，汉之南疆也。土人以其流寓，号曰马流，世称汉子孙也。又云：秦徙余民，染同夷俗，日南旧风，变易俱尽。盖其地华人甚少，故渐为夷所同化。

后汉末，功曹姓区，有子曰连，《梁书》作达，《水经注》作逵。杀令，自立为王。子孙相承。《水经注》云：白区逵以后，国无文史，失其年代，世数难详。其后王无嗣，外孙《梁书》作外甥，《隋书》作其甥。范熊代立。熊死，子逸立。自孙权以来，不朝中国。至武帝大康中，始来贡献。

咸康二年，《梁书》《南史》作三年。范逸死，奴文篡位。文，日南西卷县夷帅范椎奴也。《齐》《梁书》《南史》皆作范稚。西卷县，在今越南承天府附近。尝牧牛涧中，获二鲤鱼，化成铁，用以为刀。刀成，乃对大石鄣而祝之曰："鲤鱼变化，冶成双刀，石鄣破者，是有神灵。"进斫之，石即瓦解。文知其神，乃怀之。

随商贾往来，《梁书》《南史》云：范稚常使之商贾。见上国制度。至林邑，遂教逸作宫室、城邑及器械。《梁书》《南史》作及兵车器械。逸甚爱信之，使为将。文乃谮逸诸子，或徙或奔。及逸死，无嗣，文遂自立为王。《梁书》《南史》云：文伪于邻国迎王子；置毒于浆中而杀之，遂胁国人自立。于是乃攻大岐界、小岐界、式仆、徐狼、屈都、乾鲁、扶单等诸国，并之。《梁书》云：举兵攻旁小国，皆吞灭之。有众四五万人。

近世治南洋史者，谓林邑即唐之环王，五代后之占城，在我虽有异名，在彼则迄以占婆自号，《唐书》：环王，亦名占婆。《西域记》名摩诃瞻波。《南海寄归内法传》作占波。未尝有所谓林邑者。冯承钧译马司培罗《占婆史序》。商务印书馆本。

案《大平寰宇记》卷百七十六。云：林邑国，本秦象郡林邑县地，汉为象林县，属日南郡，而《水经注》述林邑事，有"后去象林、林邑之号"之文，则占婆建国之初，实曾以中国县名，为其国号也。《三国·吴志·吕岱传》，谓岱既定交州，遣从事南宣国化，徼外扶南、林邑、明堂诸王各遣使奉贡，则《晋书》

谓自孙权以来，不朝中国者实非；或其所谓中国，乃指汉、魏而言也。

《后汉书·南蛮传》：和帝永元十二年，四月，日南象林县蛮夷二千余人，寇掠百姓，燔烧官寺。郡县发兵讨击，斩其渠率，余众乃降。于是置象林将兵长史，以防其患。

顺帝永和二年，日南象林徼外蛮夷区怜等数千人攻象林县，烧城寺，杀长吏。交阯刺史樊演发交阯、九真二郡兵万余人救之。兵士惮远役，遂反。攻其府。会侍御史贾昌使在日南，即与州郡并力讨之，不利。遂为所攻围。明年，用李固议，拜祝良为九真大守，张乔为交阯刺史，乃讨平之。后张津为区景所杀，事见上节。然则象林徼外蛮夷，为患已久，而区氏为象林魁桀，故终至杀令而自立也。

占婆古碑，尚有存者。马司培罗谓考诸碑文，占婆有史以来第一王为释利魔罗（Çri Mara），或即区连云。见《占婆史》第二章。范为中国姓，抑系译音，近人多有异说。伯希和云：占婆碑文，国王名号，无一与范字相类者；马司培罗谓范为Varnan对音；详见费郎《叶调斯调与爪哇》，在《西域南海史地考证译丛续编》中。其言似亦有理，然究不能谓中国史所载林邑诸王，必见于占波碑文中也。予谓范文之知识，尚系得诸中国，则自此以前，以中国人入占波作大长，于势甚顺。范熊、范文，不必论其种姓如何，视为中国民族，固无不可也。

陶璜言范熊世为逋寇，则林邑之为边患，由来已旧，及范文立而愈烈。《晋书·林邑传》言：文遣使通表入贡，其书皆胡字，此与《本纪》所书咸康六年十月，林邑献驯象，当即一事。后七年而兵端启。《传》云：永和三年，文率其众，攻害日南。陷大守夏侯览。杀五六千人。余奔九真。以览尸祭天。铲平西卷县城。遂据日南。告交州刺史朱蕃，《梁书》作朱藩。求以日南北鄙横山为界。

初徼外诸国，尝赍宝物，自海路来货贿，而交州刺史、日南大守多贪利侵侮，十折二三。至刺史姜壮时，《梁书》《南史》皆作姜庄。使韩戢领日南大守，戢估较大半，又伐船调桅，声云征伐，由是诸国恚愤。且林邑少田，贪日南之地。戢死，继以谢擢，《梁书》作谢稚。侵刻如初。及览至郡，《梁书》云：台遣览为大守。酖荒于酒，政教愈乱，故被破灭。既而文还林邑。

是岁，朱蕃使督护刘雄戍于日南，文复攻陷之。四年，文又袭九真，害士庶十八九。明年，征西督护滕畯率交、广之兵伐文于卢容，县名，当在承天府之南。为文所败，退次九真。其年，文死，子佛嗣。升平末。广州刺史滕含率众伐之。佛惧，请降。含与盟而还。含，修之孙，见《修传》。

《梁书·林邑传》云：文杀夏侯览，留日南三年，乃还林邑。朱蕃后遣刘雄戍日南，文复屠灭之。进寇九德，残害吏民。遣使告蕃：愿以日南北境横山为界。蕃不许。

又遣督护陶缓、李衢讨之。文归林邑。寻复屯日南。五年，文死，子佛立。犹屯日南。桓温遣督护滕畯、九真大守灌邃帅交、广州兵讨之。佛婴城固守。邃令畯盛兵于前，邃率劲卒七百人自后逾垒而入。佛众惊溃奔走。邃追至林邑。佛乃请降。留日南三年句，乃总其前后而言之，自永和三年至五年。此处所谓乃还林邑，与下文之文归林邑，正是一事。

然云寻复屯日南；又云文死，子佛立，犹屯日南；则自永和三年之后，林邑之兵，实迄未尝去日南矣。惟范文初还，刘雄未败时尝暂复，此时文实尚未据日南也。

滕畯之兵，《晋书》在范文时言其败，而《梁书》在范佛时言其胜者？《水经注》言：永和五年，桓温遣督护滕畯，率交、广兵伐范文于旧日南之卢容县，为文所败，退次九真，更治兵。文被创死，子佛代立。

七年，畯与交州刺史杨平复进。军寿泠浦。在区粟城之南。区粟城，《水经注》云：即西卷县。入顿郎湖。在四会浦口之西。四会浦口，今顺安海。讨佛于日南故治。佛蚁聚，连垒五十余里。畯、平破之。佛逃窜山薮，遣大帅面缚，请罪军门。遣武士陈延劳佛，与盟而还。则畯征林邑，实经再驾，始败终胜，范文既以创死，则初役亦不得谓全败。《晋书》漏书其后一役，《梁书》又漏书其前一役也。

《本纪》：永和九年，三月，交州刺史阮敷讨佛于日南，破其五十余垒。《梁书·传》云：升平初，复为寇暴，刺史温放之讨破之。放之，峤子。《晋书·峤传》云：放之以贫求为交州，朝廷许之。既至南海，甚有威惠。将征林邑，交趾大守杜宝，别驾阮朗并不从，放之以其沮众，诛之。勒兵而进。遂破林邑而还。《水经注》事在升平二年，云水陆累战，佛保城自守，重求请服，听之。

《本纪》：三年，十二月，放之又讨林邑参离、耽潦，盖林邑属夷。并降之。此数事《晋书·传》亦漏书。《传》又云：至孝武宁康中，遣使贡献。至义熙中，每岁又来寇日南、九真、九德诸郡，杀伤甚众。交州遂致虚弱，而林邑亦用疲弊。

佛死，子胡达立，上疏贡黄金盘碗及金钲等物。一似佛死胡达立，在义熙之后者，其误殊甚。《杜慧度传》：慧度父瑗，平李逊之乱，交州刺史滕逊之乃得至州，已见上节。

《传》又云：逊之在前十余年，与林邑累相攻伐。逊之将北还，林邑王范胡达攻破日南、九德、九真三郡，遂围州城。时逊之去已远。瑗与第三子爰之，悉力固守。多设权策，累战，大破之。追讨于九真、日南，连捷。故胡达走还林邑。乃以瑗为交州刺史。义熙六年，年八十四，卒。

李逊之叛，事在大元五年十月，其见杀在六年七月，逊之到官，必在六七年间，在州十余年，约当大元之末，佛死而胡达继，必在升平二年至大元末年之间。

《梁书·传》云：安帝隆安三年，佛孙须达，复寇日南，执大守炅源。又进寇九德，执大守曹炳。交阯大守杜瑗遣都督邓逸等击破之。即以瑗为刺史。则隆安三年，林邑王位，又嬗于须达矣。

《晋书·本纪》：大元七年，三月，林邑范熊献方物，此时在位者为佛为胡达不可知，要不得更有范熊，疑熊乃号而非名也。

《梁书·传》又云：义熙三年，须达复寇日南，杀长史，瑗遣海逻督护阮斐讨破之，斩获甚众。九年，须达复寇九真。行郡事杜慧期慧度弟。与战，斩其息交龙王甄知，及其将范健等。生俘须达息那能，及虏获百余人。

《本纪》：是年三月，林邑范湖达寇九真，交州刺史杜慧度斩之，湖达盖即甄知，亦号而非名也。

《梁书·传》云：自瑗卒后，林邑无岁不寇日南、九德诸郡，杀荡甚多。交州遂致虚弱。

《杜慧度传》云：高祖践阼之岁，慧度率文武万人，南讨林邑。所杀过半。前后被钞略，悉得还本。林邑乞降。是役盖亦一大举，然兵端仍不戢。

《宋书·林邑传》云：高祖永初二年，林邑王范阳迈遣使贡献，即加除授。大祖元嘉初，侵暴日南、九德诸郡。八年，又遣楼船百余寇九德，入四会浦口。交州刺史阮弥之，遣队主相道生三千人赴讨。攻区粟城，不克而还。林邑欲伐交州，借兵于扶南，扶南不从。

十年，阳迈遣使上表献方物，求领交州。诏答以道远，不许。十二、十五、十六、十八年，频遣贡献，而寇盗不已。所贡亦陋薄。大祖忿其违傲。二十三年，使交州刺史檀和之伐之。遣大尉振武将军宗悫受和之节度。和之遣府司马萧景宪为军锋，悫仍领景宪军副。向区粟城，克之。乘胜进讨，即克林邑。阳迈父子，并挺身奔逃。所获珍异，皆是未名之宝。此役之后，林邑寇盗遂息，或谓中国之兵威，有以慑之，核其实，亦未必然。

《齐书·林邑传》云：永初二年，林邑王范杨迈，初产，母梦人以金席藉之，光色奇丽，中国谓紫磨金，夷人谓之杨迈，故以为名。杨迈死，子咄立，纂其父，复改名杨迈。下叙檀和之征林邑事。其下云：杨迈子孙相传为王，未有位号。夷人范当根纯攻夺其国，篡立为王。

永明九年，遣使贡献金簟等物。诏可持节都督缘海诸军事、安南将军、林邑王。范杨迈子孙范诸农，率种人攻当根纯，复得本国。十年，以诸农为持节都督缘海诸军事、安南将军、林邑王。永泰元年，诸农入朝，海中遭风溺死。以其子文款为假节、都督缘海诸军事、林邑王。

《梁书》则云：须达死，子敌真立。其弟敌铠，携母出奔。敌真追恨不能容其母、弟，舍国而之天竺，传位于其甥。国相藏驎固谏，不从。其甥既立，而杀藏驎。藏驎子又攻杀之，而立敌铠同母异父之弟曰文敌。文敌后为扶南王子当根纯所杀。大臣范诸农，平其乱而自立为王。诸农死，子阳迈立。宋永和二年，遣使贡献，以阳迈为林邑王。阳迈死，子咄立。纂其父，复曰阳迈。下乃叔元嘉以来侵暴，及檀和之讨伐之事。

案自义熙九年至永初二年，其间仅八年，似未能容敌真、敌铠、藏驎、文敌、范当根纯、范诸农之争夺相杀，及诸农后两世之传袭。永明九年、十年之除授，明有当根纯及诸农之名，必不致误。

《齐书·扶南传》：永明二年，其王阇邪跋摩上表曰："臣有奴名鸠酬罗，委臣逸走，别在余处，构结凶逆。遂破林邑，仍自立为王。伏愿遣军，讨伐凶逆。臣亦自效微诚，助朝廷翦扑。若欲别立余人为彼王者，伏听敕旨。脱未欲灼然兴兵者，伏愿特赐敕在所，随宜以少军助臣，乘天之威，殄灭小贼。"

此所谓鸠酬罗，与当根纯当即一人。一云奴，一云王子者？或奴而见养为子；或实奴而诈称王子；或又讳子叛父，称之为奴也。然则《梁书》此段叙述必误。

阳迈本号而非名，《占婆史》云：阳迈（yan mah），意言金王也。故人人可以之自称也。《齐书》死于永初二年之杨迈，似即须达；《梁书》范诸农之子阳迈，则即《齐书》之文款也。林邑在宋、齐之际，盖内既有衅，外又遭扶南贼子之侵寇，故无暇陵犯边邑矣。

《梁书》又云：孝武建元、当作孝建。大明中，林邑王范神成，累遣长史，奉表贡献。明帝泰豫元年，又遣使献方物。齐永明中，范文赞累遣使贡献。神成、文赞，似即敌真、文敌。二人皆须达之子，而未受封拜，故《齐书》云阳迈子孙相传为王，未有位号也。

阇邪跋摩之表在永明二年，则当根纯之篡夺林邑，必尚在其前，永明中文赞似不容累使贡献，或国都虽见夺于当根纯，范文之子孙，仍能据一隅自守，诸农乃借之而起，亦如后世新、旧阮之事邪？

《梁书》又云：天监九年，文赞子天凯奉献白猴。诏以为持节都督缘海诸军事、林邑王。十三年，天凯累遣使献方物，俄而病死，子弼毳跋摩立，奉表贡献。普通七年，王高式胜铠遣使献方物。

中大通二年，行林邑王高式律陁罗跋摩遣使贡献。诏皆以为持节督缘海诸军事、绥南将军、林邑王。文赞果即文敌，则天凯非以子继父乃继文款之后，要仍为范文之子孙，弼毳跋摩之名，忽易而为侏离之语，云系文赞之子，或不可信。当时史籍，于四裔世次多误，参看第七节吐谷浑、第八节高昌等可见。自此以后，林邑诸王名号皆然。疑其国更有变故，而为史所不详。

王林邑者，自中国民族易而为印度民族，或即在斯时也。林邑之自立，实由占婆民族，受印度文化之濡染，程度稍高，不忍官吏之贪暴而叛去。

《晋书·林邑传》云：人皆保露徒跣，以黑色为美；《隋书传》云：其人深目高鼻，发拳色黑；可见其民纯系马来人。其文化：如居处为阁，名曰干栏，门户皆北向；男女皆以横幅吉贝绕要以下，谓之干漫，亦曰都缦；不设刑法，有罪者使象蹋杀之；《梁书》本传。自系马来旧俗。然谓师君为婆罗门；《齐书》本传。其大姓亦号婆罗门；《宋书》本传。女嫁者由婆罗门率婿与妇，握手相付；《齐书》。其王著法服，加璎珞，如佛像之饰；事乾尼道，铸金、银人像，大十围；檀和之销其金人，得黄金数十万斤。《宋书》。人皆奉佛；文字同于天竺；《隋书》本传。则纯为来自印度之文化矣。

种族既不相同，文化又复岐异，为之大长之范氏，即果系中国人，其不能持久，亦其宜也，况益以官吏之贪暴乎？既服于我之民族，复叛而去，论者恒以为可惜。然政治之管辖，仅一时之事，惟社会合同而化，乃可以长治久安。苟其不然，兵力虽强，政令虽酷，终不能永远束缚也。

文化本所以谋乐利，我之文化，果优于彼，彼自乐从。若其不然，安能强人以从我？文化既不相同，安能禁人之谋自立？若谓彼借我之力而稍开化，转图叛我，实为孤恩。则我之启发彼，果为我欤？抑为彼也？此世所谓先进之民族，不应不抚心自问者也。果以大公无我为心，则人自不知求自立而至于知求自立，正见我牖启之功，以先知先觉自任者，正当欣然而笑耳。

第四节　海南诸国

《梁书·海南传》云：海南诸国，大抵在交州南及西南大海洲上。相去近者三五千里，远者二三万里。其西与西域诸国接。汉元鼎中，遣伏波将军路博德开百越，置日南郡，其徼外诸国，自武帝以来皆朝贡。后汉桓帝世，大秦、天竺，皆由此道遣使贡献。及吴孙权时，遣宣化从事朱应，中郎康泰通焉。其所经及传闻，则有百数十国。因立记传。晋代通中国者盖尠，故不载史官。

及宋、齐，至者十有余国，始为之传。自梁革运，其奉正朔，修贡职，航海岁至，逾于前代矣。今采其风俗粗著者，缀为《海南传》云。案史官记载之多少，由于诸国修贡职者之多少，诸国修贡职者之多少，特其与朝廷交际之多少，民间航海之盛衰，则初不系乎此也。《传》以林邑居首，今以其本为中国郡县，别为一节，其余诸国，则著之于此。

海南诸国，扶南为大。扶南，今柬埔寨也。《晋书·扶南传》云：西去林邑三千余里，在海大湾中。《齐书》云：在日南之南大海西蛮中，蛮盖弯之误。《梁书》云：在日南郡之南海西大湾中，去日南可七千里，在林邑西南三千余里。乍观之，极似指今之泰国，故中外史家，多有以泰国释之者，然非也。法艾莫涅《扶南考》曰："凡中国史家所载扶南事迹，证之柬埔寨，全相吻合，然从未有一端合于暹罗者。"艾莫涅《扶南考》，在《国闻译证》第一册中，开明书店本。记扶南事者，以《梁书》为详。

其《传》云：扶南国俗本裸，文身被发，不制衣裳。以女人为王，号曰柳叶。《晋书》作叶柳。年少壮健，有似男子。其南有徼国，齐书作激国，《南史》同。《晋书》但云外国人。有事鬼神者字混填。《晋书》作混溃。梦神赐之弓，乘贾人舶入海。混填晨起，即诣庙。于神树下得弓。便依梦乘船入海。遂入扶南外邑。《晋书》云：梦神赐之弓，又教乘舶入海。混溃旦诣神祠得弓，遂随贾人泛海至扶南外邑。《齐书》云：梦神赐弓二张。柳叶人众见舶至，欲取之。

混填即张弓射其舶，穿度一面，矢及侍者。《齐书》云：贯船一面，通中人。柳叶大惧，举众降。混填乃教柳叶穿布贯头，形不复露。遂治其国。

伯希和《越南半岛中国史文》引《吴时外国传》曰：扶南之先，女人为主，名柳叶。有摸趺国人，字混慎，好事神，一心不懈。神感至意。夜梦人赐神弓一张，教载贾人舶入海。混慎晨入庙，于神树下得弓，便载大船入海。神回风令至扶南。柳叶欲劫取之。混慎举神弓而射焉，贯船通渡。柳叶惧伏。混慎遂王扶南。此文见《大平御览》卷三百四十七。

伯希和云：《吴时外国传》，即康泰《行记》之一名。柳叶似非译音。若云译意，柬埔寨无柳树，何来柳叶？恐是椰叶之误。明陈继儒《珍珠船》云：诃陵以柳花为酒，柳花酒必是已见唐人记载之椰子花酒。设女王实名椰叶，则可推想扶南亦有一椰树部落，与古占城同矣。混慎，他书作填或滇，康泰元文似作瑱，此为Kaundinya之汉译无疑也。摸趺不见他书，必有误。

《御览》又引康泰《扶南土俗》多条，大半在第七百八十七卷中。有一条，言混填初载贾人大舶入海之国名乌文国，其元名似系Uman或Umun，然亦无考。一条云：横趺国，在优钹之东南。又云：优钹国在天竺之东南，可五千里。城郭、珍玩、谣俗，与天竺同。横趺、摸趺，字形相类，明是一国。以古来译例求之，元名似系摸趺。此处所云天竺，设指全印度，则其东南五千里之优钹，应在恒河以东。摸跋在优跋东南，似当求之马来半岛东岸。乌文亦在此处。惟未将康泰《行记》一切残文及他可助考证文字详考，不能尽废在印度东岸之说也。伯希和此篇，在冯承钧《西域南海史地考证译丛》中。占婆古有二大部落：一曰槟榔，在宾童龙，一曰椰子，在其北，见冯译《占婆史》第一章。

纳柳叶为妻。生子分王七邑。其后王混盘况，以诈力间诸邑，令相疑阻，因举兵攻并之。乃遣子孙，分治诸邑，号曰小王。盘况年九十余乃死。立中子盘盘。以国事委其大将范蔓。盘盘立三年死。国人共举蔓为王。蔓勇健，有权略。复以兵威攻伐旁国，咸服属之。自号扶南大王。乃治作大船，穷涨海，费郎云：即东起琼州，西至麻六甲海峡之中国海，见所著《苏门答剌古国考·苏门答剌史草》篇。冯承钧译，商务印书馆本。攻屈都昆、九稚、典孙等十余国，开地五六千里。

次当伐金邻国，伯希和《扶南考》云：屈都昆之名，他处未见，仅见屈都乾、都昆、都军等。屈都乾见《齐书·林邑传》及《大平御览》卷七百九十。《水经注》卷三十六引《林邑记》，省称屈都。此处之屈都昆，应即都昆。《通典》卷百八十八，《御览》卷八百八十八，有边斗一云班斗，都昆一云都军，拘利一云九离，比嵩四国。云：并隋时闻焉。扶南度金邻大湾，南行三千里，有此四国。都昆，应在马来半岛。九稚，盖九离之讹，亦即《御览》卷七百九十之句稚。典孙，即顿逊。金邻，《御览》七百九十引《异物志》云：一名金陈，去扶南可二千余里。又引《外国传》云：从扶南西去金陈二千余里。《水经注》卷一引竺芝《扶南记》云：林阳国，陆地距金邻国二千里。《御览》卷七百八十七引康泰《扶南土俗》云：扶南之西南，有林阳国，去扶南七千里。又引《南州异物志》云：林阳，在扶南西七千余里。义净《南海寄归内法传》，亦有金邻之名，日本僧人注解，谓即此传之金洲，则为梵文之Suvarnadvipa，今之Palembang矣。伯希和此篇，亦冯承钧译，在《史地丛考续编》中。蔓遇疾，遣大子金生代行。蔓姊子旃，时为二千人将，因篡蔓自立。遣人诈金生而杀之。蔓死时，有乳下儿，名长，在民间。至年二十，乃结国中壮士袭杀旃。旃大将范寻，又杀长而自立。

吴时，遣中郎将康泰、宣化从事朱应使于寻国。国人犹裸，惟妇人著贯头。泰、应谓曰："国中实佳，但人亵露可怪耳。"寻始令国内男子著横幅。横幅，今干缦也。

案《三国·吴志·孙权传》：赤乌六年，十二月，扶南王范旃遣使献乐人及方物，《吕岱传》言扶南奉贡，已见上节。岱之召还，在黄龙三年，则扶南入贡，应在黄龙三年以前。惟史家叙事，不能皆具年月，《岱传》或系要其终而言之，则扶南初入贡，或即在此年，亦未可知也。则范旃篡立，略当吴大帝之时。其先须容一老寿之盘况及盘盘三年；自此上溯，必尚有数世；则混填年代，必不得甚近。扶南之建国，尚当在林邑之先也。

《晋书·扶南传》云：武帝泰始初，遣使贡献。大康中，又频来。《武帝纪》：泰始四年，扶南、林邑各遣使来献。此后书其至者，为大康六年、七年、八年。《梁书》云：晋武帝大康中，寻始遣使贡献，误。穆帝升平初，复有竺旃檀称王，遣使贡驯象。帝以殊方异兽，恐为人患，诏还之。此事《纪》在升平元年，竺旃檀作天竺旃檀，竺盖天竺之省称也。其后《纪》于大元十四年，又书其来献方物，而不言其王为何人。

《梁书》亦叙竺旃檀贡驯象事，下云：其后王憍陈如，本天竺婆罗门也。有神语曰：应王扶南。憍陈如心悦。南至盘盘。见下。扶南人闻之，举国欣戴，迎而立焉。复改制度，用天竺法。按竺旃檀当是印度人，当其时，天竺治法，必已颇行于扶南矣，特至憍陈如而更盛耳。

《梁书》又云：憍陈如死，后王持梨陀跋摩，宋文帝世，奉表献方物。《宋书·夷蛮传》云：元嘉十一、十二、十五年，国王持黎跋摩遣使奉献。《齐书·南夷传》云：宋末，扶南王姓憍陈如，名阇邪跋摩，遣商货至广州。天竺道人那伽仙附载欲归国。遭风至林邑，掠其财物皆尽。那伽仙间道得达扶南。案此叙事即系据其表辞。

永明二年，阇邪跋摩遣那伽仙上表，已见上节。梁天监二年，跋摩复遣使送珊瑚佛像，并献方物。诏以为安南将军、扶南王。十年、十三年，跋摩累遣使贡献。其年死。庶子留陁跋摩杀其嫡弟自立。其后十六年、十八年、普通元年、中大通二年、大同元年、五年，又遣使来，皆见本传。陈高祖永定三年，宣帝大建四年，后主祯明二年，皆使献方物，见《本纪》。

艾莫涅《扶南考》，谓中国于四裔，同时或时极相近者，多以异名称之，层见叠出。使能名号归一，国数必可大减。彼谓《文献通考》纪狼牙修事云：立国以来，四百余年。后嗣衰弱。王族有贤者，国人归之。王闻，乃加囚执。其锁无故自断。王以为神，不敢害。逐出境。遂奔天竺。天竺妻以长女。俄而狼牙修王死，大臣迎还为王。二十余年死。子婆加达多立。天监十四年，遣使阿撒多奉表。案此亦《梁书·海南传》之文。

狼牙修即扶南，贤王即憍陈如，此说似大早计。彼又谓憍陈如之印度名曰甘婆（Kambu），从大自在天神（Śiva）处得一妇，即柬埔寨梵文碑之班罗（Perá）。

因此，古代传说，其国名甘婆地（Pays de Kambu），教徒名甘婆阇（Kambujas）。意即系出甘婆之人。此为其五世纪时之名，后遂以甘白智名国云。甘白智，柬埔寨古名。憍陈如登位后，号持留陁跋摩（Śrutavarman），意即圣经之保卫者。柬埔寨列王，皆以跋摩（Varman）字为尊号结尾，自此王启之也。

持梨陁跋摩（Śresthavarman）意为善人与婆罗门教士之保护者。后代碑文，称其居持梨陁补罗（Śresthapura），意即婆罗门城。留陁跋摩（Rudravarman）自附于憍陈如之女之统系，必持梨陁跋摩之戚属而非其子。碑刻中亦颂扬其功烈云。

《梁书·扶南传》云：其南界三千余里有顿逊国。在海崎上。地方千里。城去海十里。有五王，并羁属扶南。艾莫涅云：史莱格（Schlegel）谓即今答纳萨利或旦那赛林，是也，惟南境当展至麻六甲半岛。顿逊之东界通交州，其西界接天竺、安息。徼外诸国，往还交市。所以然者？顿逊回入海中千余里，涨海无崖岸，船舶未曾得径过也。其市东西交会，日有万余人。珍物宝货，无所不有。

顿逊之外，大海洲中，又有毗骞国。去扶南八千里。艾莫涅曰：即白古。言距扶南八千里者，自扶南之毗骞，当绕行麻六甲半岛全部也。伯希和云：此国似在Iraouaddy江及印度洋缘岸。传其王身长丈二，头长三尺，自古来不死，莫知其年。王神圣，国人善恶，及将来事，王皆知之，是以无敢欺者。南方号曰长颈王。

《南史·刘杳传》：沈约云："何承天纂文奇博，其载张仲师及长颈王事，此何所出？"杳曰："仲师长尺二寸，惟出《论衡》；长颈是毗骞王，朱建安《扶南以南记》云：古来至今不死。"约即取二书寻检，一如杳言。朱建安《扶南以南记》，即朱应《扶南异物志》也。

国俗有室屋、衣服，啖粳米。其人言语，小异扶南。艾莫涅曰：此犹言猛种（Mons）或白古种（Pégouans）言语，与吉蔑族（Khmers）言语相似也，至今日始知其确。国法刑罪人，并于王前啖其肉。国内不受估客，有往者亦杀而啖之，是以商旅不敢至。王常楼居，不血食，不事鬼神。其子孙生死如常人，惟王不死。扶南王数遣使与书相报答。王亦能作天竺书。书可三千言，说其宿命所由，与佛经相似，并论善事。

又传扶南东界即大涨海。海中有大洲。洲上有诸薄国。国东有马五洲。复东行涨海千余里，有自然火洲。其上有树生火中。洲左近人，剥取其皮，纺绩作布。极得数尺，以为手巾。与焦麻无异，而色微青黑。若小垢污，则投火中，复更精洁。或作灯炷，用之不知尽。案此即火浣布，乃石绵所制，昔人不知其故，自然火洲，盖上有火山，因附会而为此说也。《苏门答剌古国考》云：《通典》卷百十八，《御览》卷七百八十八，有国名杜薄。在扶南东涨海中，直渡海数十日而至。伯希和以为社薄之讹。社薄，古音读如Jabak，为阇婆迦（Jāvaka）、阇婆格（Zābag）之对音。印度《罗摩延书》（Rāmāyana）有耶婆洲（Yavadvipa），耶婆（Yava）之名，昔人释为爪哇，然中有七国庄严，黄金为饰之语，南海西部诸洲，有金矿者惟一苏门答剌。苏门答剌昔名耶婆，转为阇婆，又转为阇婆迦，诸薄古音读若Cubak，应亦为阇婆迦之讹译，则亦应在苏门答剌矣。凡此诸国，殆皆因扶南而传闻者也。

其自宋至陈，来朝贡者：

有诃罗陁、元嘉七年来献。史载其表辞。王名坚铠。所遣二人，一名毗纫，一名婆田。呵罗单国，元嘉七年亦来献，无表文及王与使者之名。十年奉表，王名毗沙跋摩。后为子所篡夺。十三年，又上表求买铠仗、袍袄及马，所遣使者，亦名毗纫。颇疑诃罗陁、呵罗单实一国，而史误析为二也。

呵罗单、元嘉七年、十年、十三年来。后又一来。二十六年，与媻皇、媻达同被除授。二十九年又来。治阇婆洲。《本纪》纪其十一年、十四年来，而无十三年来之事。十年有阇婆洲来，疑亦即呵罗单，而史误析之也。

媻皇、元嘉二十八年，孝建三年，大明三年、八年，泰始二年来。《纪》载其元嘉十九、二十六年来，孝建之来在二年。媻达、元嘉二十六年来，二十八年再来。《纪》十二年来，而二十八年只一来。

阇婆婆达、元嘉十二年来。《纪》作阇婆娑达，《南史》作阇婆达。

盘盘、元嘉、孝建、大明中，大通元年、四年来。四年《南史》作六年。陈宣帝大建四年，后主至德二年来，见《纪》。《唐书》：盘盘，北与环王，南与狼牙修接。艾莫涅云：今之槃直（Padjai[Phonthiet]）、邦利（Panri）、邦朗（Panrang）诸谷道，皆从盘盘一名，变化而来。

丹丹、中大通二年、大同元年来。陈宣帝大建四年来，十三年来，后主至德二年来。见《纪》。

干陁利、宋孝武世，梁天监元年、十七年，普通元年来。陈文帝天嘉十年来，见《纪》。此国或云在爪哇，或云在苏门答剌。艾莫涅云：即后之赤土，居湄南江下游，今泰国之地也。

狼牙修、天监十四年来。《纪》又载其普通四年、中大通三年来。陈废帝光大元年来，见《纪》。

婆利、天监十六年、普通三年来，艾莫涅云：即安南古著作家所记之Balsi，为扶南之别名。其遣使之年，皆与扶南同。《传》云：王姓憍陈如，自古未通中国，问其先及年数，不能记焉，而言白净王夫人即其国女也。艾莫涅云：白净王夫人即柳叶，案此似近武断。

投和，《陈书·后主纪》：至德元年十二月，头和国来，当即此。冯承钧云：此国在湄南江流域。大抵在今马来半岛、苏门答剌、爪哇之境。

诸国人皆黑色，中国谓之昆仑，入奴籍者颇多。

《晋书·孝武文李大后传》：为宫人，在织坊中，形长而色黑，宫人皆谓之昆仑，此以黑色者为昆仑也。《宋书·王玄谟传》：孝武宠一昆仑奴子，常在左右，令以杖击群臣，此以昆仑为奴之证。然用昆仑为奴者，初不必帝王之家，故唐人小说，多有所谓昆仑奴者。《齐书·王琨传》：父怿不慧，侍婢生琨，名为昆仑，盖几于以奴视之矣。

《南史·孔范传》：后主多出金帛，募人立功，范素于武士不接，莫有至者，惟负贩轻薄多从之；高丽、百济、昆仑诸夷并受督。当时外人流入中国为奴者固多，时又习以奴从军也。马来人肤色虽黑，其骨格仍有类白种人者，则亦谓之胡。《宋书·邓琬传》，刘胡以颜面坳黑似胡，故以为名是也。

近人《唐人用黑奴考》云：今日欧洲各国，通称黑人曰尼刻罗（Negro）。此字出于西班牙。非洲黑人，种类甚多。所谓尼刻罗者，居于赤道线，北至撒哈拉，西至几内亚缘岸，东至阿比西尼亚。自古贩卖黑奴者，以几内亚缘岸为大市。今几内亚海岸缘非洲热带，有黑人曰刻罗（Kroo），或称刻弄门（Krumen）。西班牙所谓尼革罗，其原盖出于此。本专称一种，后乃为泛称耳。唐人诗“生下昆仑儿”，昆字读入声，犹麒麟儿之麒读入声也。

然其文明程度，并不甚低。如扶南初虽裸体，然此乃因其地气候炎热，无须乎衣，非不能制衣也。《晋书》言其性质直，不为寇盗，以耕种为务，则已进于耕农矣。又言其好雕文刻镂，亦有书记、府库。

《齐书》云：伐木起屋。国王居重阁。以木栅为城。海边生大箬叶，长八九尺，编其叶以覆屋。人民亦为阁居。为船八九丈，广才六七尺，头尾似鱼。则其营造之技，亦不可谓拙。以善造船，故能航海。

《齐书·荀伯玉传》言：张景真度丝锦与昆仑营货。《北齐书·魏收传》：收以托附陈使封孝琰，牒令其门客与行，遇昆仑舶得奇货，罪当死，以赎论。可见是时，昆仑人在海道经商亦颇盛也。大抵皆得诸印度者也。

《宋》《梁书》所载各国表文，多可见其信佛。毗骞王能作天竺书，已见前。《晋书·扶南传》云：文字有类于胡，即非天竺文，亦必出于天竺文者也。那伽仙之来也，言其国俗事摩醯首罗天神，神常降于摩耽山。《梁书·扶南传》云：俗事天神，天神以铜为像，二面者四手，四面者八手，手各有所持，或小儿，或鸟兽，或日月，即是物也。此亦天竺人所奉事。《摩醯首罗》，名见阿育王经。

此时交州既多丧乱，官吏又习于侵刻，故来广州者渐多，《齐书·东南夷传》云："（扶南人）不便战，常为林邑所侵暴，不得与交州通，故其使罕至。"扶南未必自陆道通交州，此所侵击者亦海舶也。诃罗陁坚铠之表曰："臣国先时，人众殷盛，不为诸国，所见陵迫。今转衰弱，邻国竞侵。伏愿圣主，远垂覆护；并市易往返，不为禁闭。若见哀念，愿时遣还，令此诸国，不见轻侮，亦令大王，名声普闻。扶危救弱，正是今日。今遣二人，是臣同心，有所宣启，诚实可信，愿敕广州，时遣舶还，不令所在，有所陵夺。"其渴望通商，而又厚有望于广州可见。朝贡之盛，亦未必不由于此也。

斯时南海之航业，盖以印度为最盛，故其与中国之往还亦渐烦。《梁书》云：汉和帝时，天竺数遣使贡献。后西域反叛，遂绝。至桓帝延熹二年、四年，频从日南徼外来献。魏、晋世绝不复通。

惟吴时，扶南王范旃，遣亲人苏物使其国。从扶南发投拘利口，循海大湾正西北入，历海边数国，可一年余，到天竺江口，此当指恒河。逆水行七千里乃至焉。天竺王惊曰："海滨极远，犹有此人？"即呼令观视国内。仍差陈宋等二人，以月支马四匹报旃，遣物等还。积四年方至。

其时吴遣中郎康泰使扶南，及见陈宋等，具问天竺土俗，云："佛道所兴国也。左右嘉维舍卫、叶波等十六大国，去天竺或二三千里，共尊奉之，以为在天地之中也。"天监初，其王屈多，遣长史竺罗达奉表献琉璃唾壶、杂香、吉贝等物。《本纪》：中天竺，天监二年来，盖即此国。又有北天竺，天监三年来。《陈书·纪》：宣帝大建四年，天竺来。

案《宋书》载天竺迦毗梨国国王月爱，元嘉五年，遣使奉表，亦见《本纪》。其表辞，与屈多之表，几于全同，明系一国。迦毗黎与嘉维舍卫，皆即《佛国记》所谓迦维罗卫。其城东五十里为佛生处。吕澂《印度佛教史略》曰："释迦族住处，在罗泊提河（Rapti）东北，面积约三百二十方里。卢呬尼河（Rohini）今Kohāna河。贯其间，遂分十家，各为一小城主。

河西北劫比罗伐窣睹（Kapilavastu）最强，即释尊家也。劫比罗伐窣睹，在今毕拍罗婆（Piprava）。西历千八百九十八年一月，佩毗（W. C. Peppé）于尼波罗（Nepal）南境，北纬二十七度三十七分，东经八十三度八分之地，掘得一石匮。中藏石瓶、石函等物。有一瓶，纳于铁、水晶等层叠之函内，以黄金华叶安置佛骨。观其名，则佛陀世尊舍利之函，而释迦族所供养者也。石匮所在，正当法显所指之迦比罗卫，劫比罗伐窣睹之俗称。因得定佛之生地焉。”

然则中国与佛国之交通，由来旧矣。《宋书》于迦毗黎国之下，又载苏摩黎、元嘉十八年来。斤陁利、孝建二年来。婆黎元徽元年来。三国，似以为属于天竺者，然斤陁利似即干陁利；婆黎《本纪》作婆利，恐即一国，冯承钧云：“婆利一作薄利，即今爪哇东之Bali岛，则皆非印度之地也。”冯说见《苏门答剌古国考·附录》。师子国，今锡兰。晋义熙初，宋元嘉六年、此据《梁书》。《宋书》云元嘉五年，《南史》同。十二年，梁大通元年皆来贡。

汉桓帝时，大秦遣使自日南徼外通中国，已见《秦汉史》第九章第四节。《梁书》云：汉世惟一通焉。其国人行贾，往往至扶南、日南、交趾。其南徼诸国人，少有到大秦者。孙权黄武五年，有大秦贾人字秦论，来到交趾。交趾大守吴邈遣送诣权。权问方土谣俗，论具以事对。时诸葛恪讨丹阳，获黝、歙短人，黝、歙，见第十三章第三节，第九章第六节。论见之，曰：“大秦希见此人。”权以男女各十人，差吏会稽刘咸送论。咸于道物故。论乃径还本国。自此至南北朝末，史迄未更记大秦之来，盖其人仅至交阯，不诣扬郡，故其事迹无传于后也。

第五节　海道交通

凡物，有可欲，则人从而求之。《宋书·夷蛮传》曰：“晋氏南移，河、陇夐隔，戎夷梗路，外域天断。若夫大秦、天竺，回出西溟，二汉衔投，特艰斯路，而商货所资，或出交部。泛海陵波，因风远至，山琛水宝，由兹自出。通犀、翠羽之珍，蛇珠、火布之异，千名万品，并世主之所虚心。故舟舶继路，商使交属。大祖以南琛不至，远名师旅。此可见宋文帝之征林邑，不尽因其侵掠边境也。泉浦之捷，威震沧溟，未名之宝，入充府实。”

《齐书·东南夷传》亦曰：“南夷杂种，分屿建国，四方珍怪，莫此为先。藏山隐海，瑰宝溢目，商舶远至，委输南州，故交、广富实，牣积王府。”然则不徒彼求通商贾、利赐与而来，即时主亦未尝不甘心焉，欲益财用而充玩好矣。此其往还之所以盛欤？然当时海路所通，初不止此。

《三国·吴志·孙权传》：黄龙二年，遣将军卫温、诸葛直将甲士万人，浮海求夷洲及亶洲。亶洲在海中。长老传言：秦始皇帝遣方士徐福，将童男、童女数千人，入海求蓬莱神山及仙药，止此洲不还，世相承有数万家。其上人民，时有至会稽货市；会稽东县人，亦有遭风流移至亶洲者。所在绝远，卒不可得至，但得夷洲数千人还。

《陆逊传》云：权欲遣偏师取夷洲及珠崖，皆以谘逊。逊上疏曰："臣愚以为四海未定，当须民力，以济时务。今兵兴历年，见众损减，陛下忧劳圣虑，忘寝与食，将远事夷洲，以定大事，臣反覆思惟，未见其利。万里袭取，风波难测。民易水土，必致疾疫。今驱见众，经涉不毛，欲益更损，欲利反害。又珠崖绝险，民犹禽兽，得其民不足济事，无其兵不足亏众。

今江东见众，自足图事，但当畜力而后动耳。昔桓王创基，兵不一旅，而开大业；陛下承运，拓定江表。臣闻治乱讨逆，须兵为威；农桑衣食，民之本业；而干戈未戢，民有饥寒，臣愚以为宜养育士民，宽其租赋；众克在和，义以劝勇，则河、渭可平，九有一统矣。"权遂征夷洲，得不补失。

《全琮传》曰：权将图珠崖及夷洲，皆先问琮。琮曰："以圣朝之威，何向而不克？然殊方异域，隔绝瘴海，水土气毒，自古有之，兵入民出，必生疾病，转相污染，往者惧不能反。所获何可多致？猥亏江岸之兵，以冀万一之利，愚臣犹所不安。"

权不听。军行经岁，士众疾疫，死者十有八九，权深悔之。是则，权之劳师，志在益众，二洲必非绝远，且必多有华人可知。《后汉书·东夷传》，述夷洲、亶洲事，略同《权传》，盖所本者同。惟末云"所在绝远，不可往来"则误。又《后书》亶作澶，乃因其在海中而加水旁耳。亶、澶之音，当与掸同，乃民族之名，与逞、蜀、賨、叟等，说见《秦汉史》第九章第四节。

又云："会稽海外有东鳀人，分为二十余国，"此疑在今舟山群岛中。《注》引沈莹《临海水土志》曰："夷洲在临海东南，去郡二千里。土地无霜雪，草木不死。四面是山溪。人皆髡发穿耳，女人不穿耳。土地饶沃，既生五谷，又多鱼肉。有犬，尾短如麇尾状。此夷舅姑子妇，卧息共一大床，略不相避。地有铜铁，惟用鹿格为矛以战斗，摩砺青石以作弓矢。取生鱼肉，杂贮大瓦器，以盐卤之，历月余日乃啖食之，以为上肴也。"

述其风俗、物产甚悉，且有乡方、道里可稽，可见民间必多往来。亶洲人能时至会稽，所在亦必非绝远，但将卒惮劳，不能至耳。

沈莹述夷洲居民，全为夷族，而二将所掠，即得数千人，珠崖曾为郡县者可知，陆逊之言，必非其实，此孙权所以甘心焉而后卒复立为郡也。然则吴朝遣将，虽云无功，人民之移殖海外者，则不少矣。世多以徐福不归为止于日本，此特以日本与所谓三神山者，差堪比拟，而姑妄言之；日本纪伊国有徐福祠，熊野山有徐福墓，亦其欲自托于我时之附会；观孙权欲取夷洲、亶洲事，便知其诬。何者？吴时日本，与南方尚无往来，权既志在益众，使长老传言，其地果与日本相近，必不肯劳师远征也。

《淮南王书》亦载徐福事；吴中父老，又有止于澶洲之说，且其说得诸其人之来货市者，非尽无稽；则徐福所将之众，或竟在会稽、临海之表，未可知也，特难凿指为今何地耳。将来设在海岛中掘得古迹，亦未必其终不可知也。

《隋书·倭传》：炀帝遣文林郎斐清使于其国。度百济。行至竹岛，南望聃罗国。聃，《北史》作耽，今济州岛。经都斯麻国，回在大海。又东至一支国。今壹岐。又东至竹斯国。又东至秦王国。其人同于华夏，以为夷洲，疑不能明也。此自亿测，不足为据，然当时华人有移植于日本之地者，则又可见矣。故知海路所通，史之所志，实十不及一也。

东北海路，所至亦不为不远，但非自吴往耳。《梁书·倭传》云：其南有侏儒国，人长三四尺。又南有黑齿国、裸国，去倭四千余里，船行可一年。又西南万里有海人，身黑眼白，裸而丑，其肉美，行者或射而食之。案此说亦系旧闻。

《三国志·倭传》云：女王国东渡海千余里，复有国，皆倭种。《后汉书》云：自女王国东，度海千余里至拘奴国，虽皆倭种，而不属女王。又有侏儒国，在其南，人长三四尺，去女王四千余里。《后书》云：自女王国南四千余里至朱儒国。又有裸国、黑齿国，复在其东南，船行一年可至。《后书》云：自朱儒东南行船，一年，至裸国、黑齿国。此《梁书》所本也。然如《国志》之说，侏儒在倭东之国之南，不得径云在倭南；裸国、黑齿国，更在侏儒之东南，更不得云在倭南；《梁书》之措辞，为不审矣。

侏儒之种，中国自古有之，上节所述黝、歙短人，即其一事。唐世道州尚有矮民，以之充贡，阳城为州，乃奏免之，事见《唐书·城传》。白居易《新乐府》，亦有一章咏其事。希勒格《中国史籍中未详诸国考证》，冯承钧译，商务印书馆本。谓此种人散布于鄂霍次克海、日本海缘岸，如黑龙江流域、朝鲜、日本北海道、千岛、堪察加、库页等地皆是。

《三国·魏志·韩传》云：又有州胡，在马韩之西海中大岛上。济州。其人差短小。言语不与韩同。皆髡头如鲜卑。但衣韦。好养牛及猪。其衣有上无下。《后书》说同，而辞较略。

希勒格引司特莱（Steller）《北堪察加游记》，谓千岛列岛之国后岛，土人仅衣海鸟皮所制上衣，与此相符。又米耳尼（S. Milne）于日本亚洲协会记录中，记占守岛之民，亦谓其上衣为鸟皮所制，下服则仰给于过往船舶，盖犹其遗俗云。案近岁有在圣劳伦斯发见千五百年前短人之村落者，其遗物皆与西伯利亚缘海居民同。而据最近所发见，则琼州列岛中，尚有此等短人。

民国二十五年十一月二十五日，《上海大美晚报》译《大陆报》，谓有中国人三，与一海关英员，乘快艇入海。遥见一小洲，即赴之，登岸游览。未数武，即有短人迎面而来。短人见生人，即以信号告其同侪。顷刻间，短人集者数百。其人最长者不及三尺。皆嗜酒。岛中乏盐，然有一种植物，可取盐汁。人极和善。日用所须，皆能自给云。知古者僬侥、靖人等记载，为不诬矣。黑齿盖南海之民，有涅齿之俗者。裸国则热带中人，固多如是。此等国盖皆在今北大平洋中。记载者虽未尝身至其地，然既有此传闻，则必有曾至其地者无疑。然东行海路之所极，尚不止此。

《梁书·东夷传》云：文身国，在倭东北七千余里。人体有文如兽。其额上有三文，文直者贵，文小者贱。土俗欢乐。物丰而贱。行客不赍粮。有屋宇，无城郭。其王所居，饰以金银珍丽。绕屋为堑，广一丈，实以水银，雨则流于水银之上。市用珍宝。犯轻罪者则鞭杖，犯死罪则置猛兽食之，有枉则猛兽避而不食，经宿则赦之。大汉国，在文身国东五千余里。无兵戈，不攻战。风俗并与文身国同，而言语异。

扶桑国者：齐永元元年，其国有沙门慧深，来至荆州，说云：扶桑在大汉国东二万余里，地在中国之东。其土多扶桑木，故以为名。扶桑叶似桐，而初生如笋，国人食之。实如梨而赤。绩其皮为布，以为衣，亦以为绵。作板屋，无城郭。有文字，以扶桑皮为纸。无兵甲，不攻战。其国法有南北狱。若犯轻者入南狱，重罪者入北狱。有赦则赦南狱，不赦北狱。

在北狱者，男女相配，生男八岁为奴，生女九岁为婢，犯罪之身，至死不出。贵人有罪，国乃大会，坐罪人于坑，对之宴食，分诀若死别焉。以灰绕之，其一重则一身屏退，二重则及子孙，三重则及七世。名国王为乙祁。贵人，第一者为大对卢，第二者为小对卢，第三者为纳咄沙。国王行有鼓角导从。其衣色随年改易，甲乙年青，丙丁年赤，戊己年黄，庚辛年白，壬癸年黑。有牛，角甚长，以角载物，至胜二十斛。车有马车、牛车、鹿车。国人养鹿，如中国畜牛，以乳为酪。为桑梨，经年不坏。多蒲桃。其地无铁，有铜，不贵金银。市无租估。

其婚姻：婿往女家门外作屋，晨夕洒扫。经年而女不悦，即驱之。相悦，乃成婚。婚礼大抵与中国同。亲丧，七日不食；祖父母丧，五日不食；兄弟、伯叔、姑姊妹，三日不食。设灵为神像，朝夕拜奠。不制衰绖。嗣王立，三年不视国事。其俗旧无佛法，宋大明二年，罽宾国[⑥]有比丘五人，游行至其国，流通佛法经像，教令出家，风俗遂改。

慧深又云：扶桑东千余里有女国。容貌端正，色甚洁白。身体有毛，发长委地。至二三月，竞入水，则妊娠，六七月产子。女人胸前无乳。项后生毛，根白，毛中有汁，以乳子。一百日能行，三四年则成人矣。见人惊避，偏畏丈夫。食咸草如禽兽。咸草叶似邪蒿，而气香、味咸。

天监六年，有晋安人晋安，见第十三章第七节。渡海，为风所飘，至一岛。登岸，有人居止。女则如中国，而言语不可晓。男则人声而狗头，其声如吠。其食有小豆。其衣如布。筑土为墙，其形圆，其户如窦云。文身、大汉、扶桑三国，以乡方、道里核之，其必在今美洲无疑。顾仍有创异说者。《中国史乘中未详诸国考证》，以文身为千岛群岛中之得抚岛，大汉为堪察加，扶桑为库页岛。其论扶桑木即楮；蒲桃为玫瑰果；长角载重之牛为驯鹿；南北狱为虾夷之法；以及居室之制婚丧之礼，皆可见之于库页、堪察加及虾夷；说似甚辩。然谓扶桑在大汉东二万余里之大汉；乃《唐书》斛薛条下之大汉，地在今列那河及叶尼塞河流域，则未谙中国文史义例，乃外人读中国书隔膜处，其说必不可通。

旧史之道里、乡方，固不审谛，史家亦自言之，《宋书·夷蛮传》云：“南夷、西南夷，大抵在交州之南及西南，居大海中洲上。相去或三五千里，远者二三万里。乘舶举帆，道里不可详知。外国诸夷，虽言里数，非定实也。”案史籍所载道里，有得之经行之人者，有得诸传闻之辞者。得诸传闻者，其辞或近实，或夸侈、讹缪，其信否不能一律，要在探其原而审核之，不能一笔抹杀，视作毫无根据之谈也。得诸经行之人者，其言大抵近实，惟古里较今里小，又所言者皆人行之道，非天空鸟迹，故乍观之恒觉其夸侈耳。近今西洋史家治中国史者，亦多谓此等记载，并无大差。其折算之法，大致平地五里合一英里，山地六里合一英里。然其误亦有所极，必不能大缪不然，至于如此也。

文身、大汉，盖皆古之越族。扶桑则对卢之名，婿屋之俗，皆同句骊；《三国·魏志·高句丽传》：其置官，有对卢则不置沛者，有沛者则不置对卢。其俗作婚姻，女家作小屋于大屋后，名婿屋。婿暮至女家户外，自名跪拜，乞得就女宿。如是者再三，女父母乃听。使就小屋中宿。旁顿钱帛。至生子已长大，乃将妇归家。嗣王立三年不亲政事尤为殷代谅闇遗制；必貉族之东迁者无疑。文身、大汉、扶桑之法俗、物产，虽可见诸今之千岛、堪察加、库页，不能谓今千岛、堪察加、库页之法俗、物产，不能见诸古之美洲也。

希勒格又论："所谓女国者，实海兽而非人。海熊、海狗等产乳海滨，此入水则妊娠之说所由来也。此种海兽，无乳房，乳头有四，两两隐布于下腹厚毛之中，此胸前无乳之说所由来也。海狮除五月十五至六月十五日交尾、产子之时，见人即避，则偏畏丈夫之说所由来也。所食咸草为海带。声如狗吠，欧洲游历之人及治博物之学者亦云然。项后生毛，似指虾夷。食赤[7]而土户如窦，则堪察加人如是。慧深此所言者，非得诸亲历，而闻诸虾夷，故实事与神话相杂云。"其说颇为精审。然必实指其地为千岛，则亦有可商。

今所见诸一地之事物，不能谓自古已来，必限于此一地也。居无城郭，市无租估，行不赍粮，国无攻战，未之逮也，而有志焉，读之能无穆然罣然于大道之行乎？古女国非一。《三国·魏志·沃沮传》云：王颀别遣追讨宫，尽其东界。问其耆老："海东复有人不？"耆老言："国人尝乘船捕鱼，遭风见吹，数十日，东得一岛。上有人，言语不相晓。其俗尝以七月取童女沈海。"又言："有一国，亦在海中，纯女无男。"又说："得一布衣，从海中浮出，其身如中国人衣，其两袖长三丈。"又得一破船，随波出在海岸边，有一人，项中复有面，生得之，与语不相通，不食而死。其域皆在沃沮东大海中。《后汉书》云：又说海中有女国，无男人。或传其国有神井，窥之辄生子云。希勒格《扶桑国考证》云："两袖长三丈，或三尺之误。虾夷衣袖甚长。"其《女人国考证》云："神井窥之辄生子，盖矿泉可治不孕之传讹，此俗日本及欧洲皆有之。"其说良是。惟谓两袖长三丈为三尺之讹，似尚未审。三丈固侈言之，然三尺则不足异矣。

移殖西半球者，固以越、貉二族为最早，然中国人之至西半球，亦远在哥伦布之前。章大炎《法显发见西半球说》云：近法兰西《蒙陁穆跌轮报》言：始发见亚美利加洲者，非哥伦布而为支那人。自来考历史者，皆见近不见远，徒以高名归哥氏。

案纪元四百五十八年，支那有佛教僧五众，自东亚海岸直行六千五百海里而上陆。其主僧称法显。纪元五百二年，公其行记于世，今已传译至欧洲。据其所述，上陆地确即今墨西哥。今考墨西哥文化，尚有支那文物、制度之蜕形。见有婆罗门装饰，又有大佛像等，不知何年制造。今案所谓行记者，则《佛国记》。其发见美洲之迹，当在东归失路时。

录其元文如下：弘始二年，岁在己亥，与慧景、道整、慧应、慧嵬等同契至天竺寻求戒律。初发长安，六年到中印国。停经六年，到师子国。同行分披，或留或亡。即载商人大舶上，可有二百余人。得好信风东下。三日，便直大风，舶漏水入。商人大怖。命在须臾。如是大风，昼夜十三日，到一岛边。潮退之后，见船漏处，即补塞之。于是复前。大海弥漫无边，不识东西，惟望日月、星宿而进。若阴雨时，为逐风去，亦无所准。当夜暗时，但见大浪相搏，晃若火色。商人荒遽，不知那向。海深无底，又无下石住处。

至天晴已，乃知东西，还复望正而进。若直伏石，则无活路。如是九十许日，乃到一国，名耶婆提。其国外道、婆罗门兴盛，佛法不足言。停此国五月日，复随他商人大舶上，亦二百许人。赍五十日粮。以四月十六日发。东北行趣广州。一月余日，夜鼓二时，遇黑风暴雨。于时天多连阴，海师相望僻误，遂经七十余日。即便西北行求岸。昼夜十二日，到长广郡界牢山南岸。得好水菜，知是汉地。或言未至广州，或言已过，莫知所定。即乘小舶入浦觅人。得两猎人，即将归，令法显译语问之。答言此青州长广郡界，统属晋家。是岁甲寅，晋义熙十二年矣。

案师子国即今锡兰，本欲自锡兰东归广州，乃反为风所播，东向耶婆提国。耶婆提者，以今对音拟之，即南美耶科陁尔国（Ecuador），直墨西哥南，而东滨大平洋。科音作婆者？六代人婆、和两音多相溷，如婆薮槃豆一译作和修槃头是。耶婆提正音耶和提，明即耶科陁尔矣。世传墨西哥旧为大国，幅员至广，耶科陁尔在当时，为墨西哥属地无疑。所以知耶婆提必在美洲，非南洋群岛者？

自师子国还向广州，为期不过四十六日。据《唐书·地理志》：广州东南海行，二百里至屯门山。乃帆风西行。二日至九州石。又南，二日至象石。又西南，二日行，至占大劳山。山在环王国东二百里海中。又南行，二日至陵山。又一日行，至门毒国。又一日行，至古笪国。又半日行，至奔陁浪洲。又两日行，到军突弄山。又五日，至海硖，蕃人谓之质。东行，四五日至诃陵国。又西出硖，三日至葛葛僧祇国。四五日行，至胜邓洲。又西五日行，至婆露国。又六日行，至婆国伽蓝洲。又北，四日行，至师子国。法显失道，商舶赍五十日粮，盖仍依师子、广州水程为准。是则由师子国至广州，最迟不过五十日也。

今据法显所述：遭大风，昼夜十三日，始至一岛，又九十日而至耶婆提国，合前三日计之，已得一百六十日，是东行倍程可知。况南洋与师子国闲，途次悉有洲岛，往往相属。当时帆船，皆旁海岸而行，未有直放大洋者。今言海深无底，不可下石，而九十日中，又不见附海岛屿，明陷入大平洋中，非南洋群岛。

逮至耶婆提国，犹不知为西半球地，复向东北取道，又行百余日，始折而西。夫自美洲东行又百许日，则还绕大西洋而归矣。当时海师，不了地体浑圆，惟向东方求径，还绕泰西，行进既久，乃轶青州海岸之东，始向西北折行，十二日方达牢山南岸，是显非特发见美洲，又旋绕地球一匝也。不然，由师子国至广州，程途只五十日，而东行一百六日，乃至耶婆提国，复由耶婆提国东行一百余日，始达中国近海，是为期已二百余日，不应迂回至此。由此知《蒙陁穆跌轮报》所说可信。

哥伦布以求印度妄而得此，法显以返自印度妄而得此，亦异世同情哉！然据《佛国记》，耶婆提国已先有婆罗门，特无佛法，则法显以前，必有印度人遇风漂播至此者，故婆罗门教得传其地，特所谓大佛像者，或法显停留五月时所遗耳。

又观美洲山脉，横贯南北者，在北美曰落迦（Rocky Mountains），至南美则曰昂底斯（Andes）。落迦本印度称山之语，如补陁落迦咀落迦、弹多落迦、揭地落迦是也。落迦义本为见，引伸则为世界。落迦冈底斯为西藏大山，即葱岭所自起，以绵亘万里得名。美之山脉，莫长于昂底斯，正与葱岭等。明昂底斯亦即冈底斯之音转。斯皆以梵语命山，益明婆罗门尝先至美洲，特以姓名不著，而尸其名者独在法显，斯可为梵土前哲悲，亦为汉土尊宿幸矣。《大炎文录别录》二。长广，见第四章第三节。章氏之说如此，信否难遽质言，然墨西哥、秘鲁等美洲古文明之国，发见中国人像、佛像、寺庙、宅舍遗迹，及他古物者，实非一次。

华人之至美洲在哥伦布之先，实无足疑，特不知较印度人先后何如耳。又无论中国人印度人至美洲先后如何，必皆在貉族之后，即一二人先之，成群移殖，亦必落其后。亦似无足疑也。近人笔记云：《梁书》扶桑国，近西人诺哀曼（Neumann）推度其地，谓即墨西哥，未知确否。特墨西哥建国甚早，与闽、粤缘海诸地同纬线，在齐、梁时，亦非不可与中华交通。《梁书》言扶桑叶似桐，初生如笋，绩其皮为布，以为衣，亦以为绵，其文字以扶桑皮为纸。今考墨西哥特产，植物有摩伽（Maguey），其学名曰Agave Americane，土人亦名百岁花，谓经百岁始一花。其物多纤维，古墨西哥象形文字，皆书于摩伽叶。此犹印度之贝叶，埃及之巴比利叶。谓摩伽即扶桑，亦近附会。但齐、梁时东行二万余里，果有文物之国，墨西哥外，实无地以当之，此诺哀曼氏所以疑扶桑为墨西哥也。

第六节　北方诸异族之同化

晋南北朝之世，为我族同化异族最盛之时，无南北一也。世之论者，恒谓南北民族，强弱不同；北方诸族，性质强悍，故能割据土地，篡窃政权；南方诸族，则只能蟠据山谷，窃出为患而已。其实不然。北方地形平坦，利合大群；又政治枢机，列代在北；一遇变乱，异族之桀黠者，自亦能操戈而起。

南方则社会之进化较迟，又非政治枢机所在，大局变乱之际，其扰攘远不如北方之烈，异族之未同化者，多自成一区，不与汉人相杂，既有自安之地，何苦厕身变乱之中？此其割据土地，篡窃政权之事，所以绝无而仅有也。然不论何族，好争斗者总只少数，此乃境遇使然，失其本性，其大多数，固皆安居乐业，自谋生理，与世无争者也。明乎此，则知所谓五胡者，看似日以搏噬为事，实亦仅其少数人，其大多数，固仍在平和中同化矣。

五胡之中，入居塞内最早者为匈奴。《晋书·北狄传》云："呼韩邪失国，携率部落，入臣于汉。汉嘉其意，割并州北界以安之。于是匈奴五千余落，入居朔方诸郡，与汉人杂处。其部落，随所居郡县，使宰牧之，与编户大同，而不输贡赋。"此等人多能从事田作，如石勒微时，为郚敬、宁驱力耕是也，见第二章第二节。当时诸胡所以可执卖者，亦以其能事田作也。史又言勒与李阳邻居，岁争麻地，互相殴击。《王恂传》言大原诸郡，以匈奴人为田客，动有百数。此皆入居内地者。刘卫辰请田内地，春来秋去，则近塞者，亦稍事耕农矣。事见第六章第三节。使大局安定，未始不可在平和中同化，无如杨、贾、八王，纷纷构难，于是匈奴之本可安居乐业者，遂亦见牵率而日事斗争矣，史所载屠谷、休屠诸种是也。匈奴杂居内地者，晋、南北朝诸史，不复以匈奴称之，而多称其种姓。其中屠谷扰乱最烈，盖以其旧为单于，统领诸种故也。其自安生理者，则亦如南方诸蛮，相率为入山必深，入林必密之计。

史家为特立一传者，为《周书》之稽胡，余则统称为山胡，其种类亦非寡少也。《稽胡传》曰：“稽胡，一曰步落稽。盖匈奴别种，刘元海五部之苗裔也。或云：山戎、赤狄之后。”二说自当以前说为是。若如后说，两汉、三国史家，不得一言不及也。

《传》又云：“自离石以西，安定以东，方七八百里，居山谷间，种类繁炽。离石，见第三章第四节。安定，见第二章第二节。其俗土著，亦知种田。又与华民错居，其渠帅颇识文字。然语类夷狄，因译乃通。虽分统郡县，列于编户，然轻其徭赋，有异齐民。山谷阻深者，又未尽役属，而凶悍、恃险，数为寇乱。”此等情形，实所谓山胡者之所同，而非稽胡之所独，盖稽胡原不过山胡之一，特以占地较广，种落较繁，史家乃特为之传尔。

稽胡酋长，声势最盛者，为魏末之刘蠡升。孝昌中，梁武帝普通六年至大通二年。居云阳谷，在今山西左云县境。自称天子，立年号，署百官。属魏氏政乱，力不能讨，蠡升遂分遣部众，抄掠居民。汾、晋之间，略无宁岁。汾州，见第十二章第三节。晋州，见第十二章第八节。齐神武迁邺，始密图之。伪许以女妻其大子。蠡升信之，遣其子诣邺。神武厚为之礼，缓其婚期。蠡升既恃和亲，不为之备。大统元年，陈文帝天嘉六年。三月，神武潜师袭之。蠡升率轻骑出外征兵，为其北部王所杀。其众复立其第三子南海王为主，率兵拒战。神武击灭之。

建德五年，陈宣帝大建八年。周高祖败齐师于晋州，乘胜逐北，齐人所弃甲仗，未暇收敛，稽胡乘间窃出，并盗而有之。乃立蠡升孙没铎为主，号圣武皇帝。六年，高祖定东夏，将讨之。议欲穷其巢穴。齐王宪以为种类既多，又山谷阻绝，王师一举，未可尽除，且当翦其魁首，余加慰抚。高祖然之。乃以宪为行军元帅，督赵王招、谯王俭、滕王逌等讨之。招禽没铎。刘蠡升一支之患，盖自此而息。其居河西者，亦稍为周所讨破，皆见《传》。

山胡之烦大举者，在魏世有白龙，白龙在西河，魏延和二、三年，即宋元嘉十年、十一年讨灭之，事见《魏书·本纪》及《娥清》《奚眷》《陈建》等传。薛安都亦尝与于是役，见《宋书》本传。在齐世有石楼。石楼，山名，在今山西石楼县东南。《北齐书》云：其山绝险，自魏世所不能至。文宣于天保五年，即梁元帝承圣三年讨平之，见《本纪》及《薛循义传》。此皆其特强大者，故重烦兵力而后服，余则皆假以岁月，逐渐同化者也。

《魏书·景穆十二王传》：京兆王子推之子遥，肃宗初，迁冀州刺史。冀州，见第十一章第四节。以诸胡先无籍贯，悉令造籍。既设籍，遂欲税之，以充军用。胡人不愿，乃共构遥。

《刘洁传》：洁与建宁王崇，于三城胡部中，三城，见第六章第七节。简兵六千，将以戍姑臧。胡不从命，千余人叛走。洁与崇击诛之，虏其男女数千人。

《周书·杨忠传》：保定四年，陈天嘉四年。命忠出沃野以应突厥。事见第十四章第六节。时军粮少，诸将忧之，忠曰："当权以济事耳。"乃招稽胡诸首领咸会，使王杰盛军容，鸣鼓而至。忠阳怪而问之。杰曰："大冢宰已平洛阳，天子闻银、夏之间，生胡扰乱，使杰就公讨之。"银州，周置，在今陕西米脂县北。夏州，见第十二章第三节。又令突厥使者驰至，告曰："可汗留兵十余万在长城下，故遣问公，若有稽胡不服，欲来共公破之。"坐者皆惧。忠慰喻而遣之。于是诸胡相率归命，馈输填积。此可见胡人皆能从征戍，供赋役，伐胡者之所利，正在此也。

齐文宣九锡之命曰："胡人别种，蔓延山谷，酋渠万族，广袤千里，冯险不共，恣其桀黠，有乐淳风，相携叩款，粟帛之调，王府充积。"其所以招徕之之故，情见乎辞矣。刘蠡升之亡也，《魏书》云获逋逃二万余户，《北史》云胡、魏五万户，则所谓逋逃者，实专指汉人言之。《隋书·侯莫陈颖》传：周武帝时，从滕王逌击龙泉文成叛胡，龙泉，周郡，在今山西隰县北。文成，城名，在今山西吉县北。与豆卢勣分路而进。先是稽胡叛乱，辄略边人为奴婢。至是，诏胡有厌匿良人者诛，籍没其妻子。有人言为胡村所隐，勣将诛之，以颖言而止。

然则山胡中汉人实不少，其情形正与山越同，此其所以一出山即能列为编户也。然诛胡虽有利，能入山穷讨者亦少，多恃其自出耳。此观于有能以德意招抚，山民自乐出山者之多而可知也。

《周书·韩果传》云：从大军破稽胡于北山。胡地险阻，人迹罕至，果进兵穷讨，散其种落，稽胡惮果劲健，号为著翅人，可见深入穷搜者之少。

《韦孝宽传》言：汾州之北，离石之南，悉是生胡，钞掠居人，阻断河路。孝宽深患之，而地入于齐，无方诛翦。乃当要处，置一大城，遣开府姚岳监筑之。云地入于齐，无方诛翦，乃借口之辞，其实即在境内，亦不过如是。

《隋书·郭荣传》：宇文护以稽胡数为寇，使荣绥集之，荣于上郡延安筑五城，遏其要路，即其证也。当时诛翦山胡者，杀戮殊惨。如石楼之平，《齐书》

云斩首数万级，《北史》云男子自十二以上皆斩，即其一例。然叛乱初不因此而减，可见虐杀之无益。

《魏书·尉拔传》：拔为杏城镇将，在任九年，大得民和，山民一千余家，上郡屠各、卢水胡八百余落，尽附为民。合第二节所言刘道产之事观之，可见南北之无异情也。延安，西魏广安县，隋世改曰延安，此盖作史者依当时地名书之。唐时复改曰延长，即今陕西延长县也。杏城，见第三章第八节。故曰：北之山胡，南之山越，名虽殊，其实一也。

氐、羌二族，居处相杂，故其种姓，殆不可分。如仇池本氐地，然当时述仇池事者多连称氐、羌，《魏书·吕罗汉传》云：仇池氐、羌反，其一例也。其散布之区，实较匈奴为广。风尘动荡之际，几于无役不与焉。

如大兴四年刘曜攻凉州，张茂参军陈轸谓其精卒寡少，多是氐、羌乌合之众。茂以轸为平虏护军，轸发氐、羌之众击曜，走之。咸和初，张骏遣辛岩等会韩璞攻秦州诸郡，曜遣刘胤拒之。岩谓我拥众数万，借氐、羌之锐，宜速战以灭之，不可以久，久则变生。璞不听。胤闻之，大喜。后璞遣岩分兵运粮，胤遂乘机击破之。其策璞，谓其羌、胡皆叛，不为之用。璞既败，胤遂乘胜济河，攻陷令居，入据振武，河西大震。骏遣皇甫该拒之。

会刘曜东讨石生，长安空虚，骏欲袭秦、雍。索询谏，谓曜虽东征，胤犹守本，虑其冯氐、羌以拒。是凉、赵相争，彼此皆借氐、羌为用也。宋高祖至长安，傅弘之于姚泓驰道内缓服戏马，羌、胡观者数千人，并惊惋叹息。奚斤据长安，秦、陇氐、羌，多叛赫连昌诣斤降，昌遂卒无以自立。元嘉二十七年之役，庞季明以秦之冠族，羌人多怀之，求入长安，招徕关、陕。及其有功，四山羌、胡，咸皆请奋。此等事不胜枚举。令居，见第五章第一节。振武，城名，在今甘肃永登县西北。然其山居自力于衣食者，亦不为少。

《魏书·刘藻传》言：藻为秦州刺史。秦州，见第十一章第三节。秦人恃险，率多粗暴。或拒课输，或害长吏。目前守宰，率皆依州遥领，不入郡县。藻开示恩信，诛戮豪横，羌、氐惮之。守宰始得居其旧所。

《李洪之传》言：洪之为秦、益二州刺史。益州，见第十一章第四节。赤葩渴郎羌，深居山谷，虽相羁縻，王人罕到。洪之芟山为道，广十余步，示以军行之势。乃兴军临其境。山人惊扰。洪之将数十骑至其里间，抚其妻子，问其疾苦，因资遗之。众羌喜悦，求编课调，所入十倍于常。此等虽曰梗化，实皆自安耕凿，内乱不与焉者也。当时官吏务出之者，亦不过利其赋役。

《周书·达奚寔传》云：大军伐蜀，以寔行南岐州事，南岐州，见第十二章第九节。兼都军粮。先是山氐生犷，不共赋役，历世羁縻，莫能制御。寔导之以政，氐人感悦，并从赋税。于是大军粮饩，咸取给焉。

《赵昶传》云：拜安夷郡守，带长蛇镇将。安夷，见第六章第六节。氐族荒犷，世号难治。昶威怀以礼，莫不悦服。期岁之后，乐从军者千余人。

《刘璠传》：璠左迁同和郡守，后魏临洮郡，西魏改曰同和，在今甘肃岷县东北。善于抚御，涖职未期，生羌降附者五百余家。蔡公广时镇陇右，嘉璠善政，及迁镇陕州，后魏置，今河南陕县。欲取璠自随，羌人乐从者七百人，闻者莫不叹异。皆其事也。

蜀人居处，本与氐人相杂，当时亦有北迁者，以河东薛氏为大宗，事见第八章第五节。薛永宗之败，蜀人可谓受一大创，然其声势仍不减。尔朱兆召齐神武，神武辞以山蜀未平，尔朱天光入关，仍患蜀贼断路可见。

五胡之中，鲜卑入山者似最少。尉元以彭城戍兵，多是胡人，欲换取南豫州徙民，又以中州鲜卑，增其兵数，见《魏书》本传。

《通鉴》言：高欢善调和汉、鲜卑人。语鲜卑则曰："汉民是汝奴，夫为汝耕，妇为汝织，输汝粟帛，令汝温饱，汝何为陵之？"语华人则曰："鲜卑是汝作客，得汝一斛粟，一匹绢，为汝击贼，令汝安宁，汝何为疾之？"梁武帝大同三年。韩陵之战，高昂自领乡人部曲，欢欲参以鲜卑。详见第一章。文宣简六坊之人，每一人必当百人。任其临阵必死，然后取之，谓之百保鲜卑。《隋书·食货志》。《北齐书·文宣纪》但云左右宿卫，置百保军士，《北史》同。然《隋志》又云：简华人之勇力绝伦者，谓之勇夫，以备边要，则宿卫之士，自系简任鲜卑也。皆可见当时斗兵，实以鲜卑为主。即可推想鲜卑人多以从军为务。此盖魏与周、齐酋长皆系鲜卑人使然，然鲜卑之死于锋镝者，亦恐视他胡人为独多矣。

五胡之众，非至南北朝之末，悉行同化也，隋、唐之世，存者实犹多。隋高祖开皇元年，尝发稽胡修筑长城。豆卢勣之子毓，为汉王谅主簿，谅反，毓闭城拒之，遣稽胡守堞。《隋书·虞庆则》《宇文庆》《侯莫陈颖》《慕容三藏》诸传，多载其征抚山胡之事。

隋末，离石胡刘苗王叛，见《隋书·本纪》大业十年。其子季真、六儿，相继攘窃，至唐初始平。《唐书》有传。唐兵之起也，稽胡五万略宜春，谓宜春苑，在长安南。窦轨讨破之。又有刘迦论者，据雕阴，隋郡，唐改为绥州，今陕西绥德县。与稽胡刘鹞子声势相倚，见《旧唐书·屈突通传》。至大宗取泾阳，隋县，今陕西泾阳县。乃击破之。

马三宝从平京师，亦别击破叛胡刘拔真于北山。稽胡大帅刘仚成，部落数万，为边害，隐大子讨之，破之鄜州，今陕西鄜县。诈诛六千余人。事在武德三、四年，见《新书·本纪》。仚成降梁师都，师都信谗杀之，其下乃多叛来降。时又扬言将增置州县，须有城邑，课群胡执版筑，而阴勒兵执杀之。新、旧书《隐大子传》。

高宗永淳三年，绥州城平县人白铁余率步落稽以叛，程务挺讨禽之。据《旧书·务挺传》，《新书》云绥州步落稽白铁余。城平，县名，今陕西清涧县。仆固怀恩上书，尚有鄜、坊稽胡草扰之语，坊州，今陕西中部县。是所谓山胡、稽胡者，唐中叶后，尚未尽同化也。

《隋书·地理志》言：汉阳、后魏郡，今甘肃礼县。临洮、宕昌、今甘肃岷县南。武都、今甘肃武都县东南。同昌、今甘肃文县西北。河池、今陕西凤县。顺政、今陕西略阳县。义城、今四川广元县。平武、今四川平武县。汶山今四川茂县。诸郡，皆连杂氐、羌，人尤劲悍，性多质直，是秦、陇间之氐、羌，未同化者尚多也。

《豆卢勣传》言：周武帝嗣位，拜邛州刺史，邛州，周置，今四川邛徕县。未之官，渭源烧当羌因饥馑作乱，汉首阳县，西魏改曰渭源，在今甘肃渭源县东北。以勣有才略，转渭州刺史。渭州，见第十二章第七节。《唐书·薛举传》：岷山羌钟利俗，以众三万降。夫烧当与钟，乃羌种姓之甚古者，而至南北朝末唐初犹存。又《隋书·地理志》言：上洛、隋郡，见第三章第五节。弘农，今河南陕县。本与三辅同俗，自汉高发巴、蜀之人定三秦，迁巴之渠帅七姓，居于商、洛之地，由是风俗不改其壤。其人自巴来者，风俗犹同巴郡。见第三章第六节。淅阳、隋郡，今河南淅川县东南。淯阳隋郡，今河南南阳县北。亦颇同其俗云。

以商、洛之异俗，溯源于汉初之移民，似失之远，然晋、南北朝之世，所谓河东蜀者，迄未尽化，则可见也。

又《旧唐书·吐蕃传》：大历四年，九月，以吐蕃侵扰，豫为边备，降敕令郭子仪以上郡、即鄜州。北地、今甘肃宁县。四塞、未详。五原未详。义渠、稽胡、鲜卑杂种步马五万，严会栒邑。今陕西栒邑县。义渠种人，此时尚有存焉者不，事甚可疑，稽胡、鲜卑之未尽化，则统观史迹，不足疑也。同化之全功，亦可谓难竟矣。此等部族，读史者多淡焉若忘，史家亦无复记载，何哉？海内一统，风尘不扰，诸部落皆安居乐业，与华人以平和相处，固无复形迹可见也。然则谓五胡入中国，而中国必为之扰乱者，岂理也哉？

第七节　羌浑诸国

地形平坦之处，交通易而利合大群，故其民之进化速，山岭崎岖之地则反是。匈奴、西羌，同为强悍善战之民族，而其国势强弱不同，由此也。

至晋世，乃有漠南游牧之族，移居西羌故地者，时曰吐谷浑。吐谷浑者，慕容廆庶兄。以与廆不协，西附阴山。

《宋书》云：奕洛韩有二子：长曰吐谷浑，少曰若洛廆。若洛廆别为慕容氏。浑庶长，廆正嫡。父在时，分七百户与浑。浑与廆二部俱牧马，马斗相伤，廆怒，遣信谓浑曰："先公处分，与兄异部牧马，何不相远，而致斗争相伤？"浑曰："马是畜生，食草饮水，春气发动，所以致斗。斗在于马，而怒及人邪？乖别甚易，今当去汝万里。"于是拥马西行，日移一顿。顿八十里。经数顿，廆悔悟，深自咎责，遣旧父老及长中乙那楼追浑令还。浑曰："我乃祖以来，树德辽右；又卜筮之言：先公有二子，福祚并流子孙；我是卑庶，理无并大，今以马致别，殆天所启。诸君试拥马令东，马若还东，我当相随去。"楼喜，拜曰："处可寒。"虏言处可寒，宋言尔官家也。即使所从二千骑共遮马令回。不盈三百步，欻然悲鸣突走，声若颓山。如是者十余辈，一向一远。楼力屈，又跪曰："可寒，此非复人事。"浑谓其部落曰："我兄弟子孙，并应昌盛。廆当传子及曾孙、玄孙，其间可百余年，我乃玄孙间始当显耳。"于是遂西附阴山。

《晋书》记此事，情节同而辞较略。奕洛韩作涉归。《北史》云：涉归，一名奕洛韩。七百户，《魏书》《北史》皆同，《晋书》作一千七百家。吐谷浑开国之事，人事也，而颇带神话性质矣。观此，可知野蛮部族之先祖，稍附会为神者之所由也。

属永嘉之乱，度陇而西，据今甘肃、青海、四川三省间地。

《晋书》云：其后子孙据有西零以西，甘松之界，极乎白兰数千里。

《宋书》云：浑既上陇，出罕开、西零。西零今之西平郡，罕开今枹罕县。

自枹罕以东千余里，暨甘松，西至河南，南界昴城、龙涸。自洮水西南极白兰。

《齐书》云：其南界龙涸城，去成都千余里。大戍有四：一在清水川，一在赤水，一在浇河，一在吐屈真川，皆子弟所治。其王治慕驾川。

《梁书》云：度枹罕，出凉州西南，至赤水而居之。其地则张掖之南，陇西之西。在河之南，故以为号。其界东至叠州，西邻于阗，北接高昌，东北通秦岭，方数千里。案西零即先零，与罕开皆羌种名。甘松，见第五章第二节。西平，见第二章第二节。枹罕，见第五章第一节。昴城，未详。龙涸，亦作龙鹄，在今四川松潘县。清水川，丁谦《齐书·夷貉传考证》云："即湟水上源博罗克克河，《隋书》作伏罗川。"

又云："赤水在青海西，今乌阑乌苏，乌阑译言赤，乌苏译言水。"浇河，见第六章第六节。吐屈真川，《宋书》作屈真川，云有盐池。丁谦云："吐字疑衍。今青海有柴集河，西流入盐池。"《宋书》又云：其国虽随水草，大抵治慕驾州。丁谦云："驾字为贺字之讹。《晋书》作莫何川，今青海东南谟和尔布拉克河。"叠州，周置，在今青海东南境。

西北杂种，谓之阿柴虏，或号为野虏。《晋书》之文。《齐书》云："汉建武中，匈奴奴婢亡匿在凉州界杂种数千人，虏名奴婢为赀，一谓之赀虏。"柴、赀似一音之转。《通典》作阿赀虏。吐谷浑年七十二卒。有子六十人，长曰吐延，嗣。性酷忍，为羌酋姜聪所刺。属其将纥拔泥；抚其子叶延，速保白兰。叶延嗣位，史称其颇识书记，《梁书》之文。《魏书》云："颇视书传。"《晋书》云："好问天地造化、帝王年历。"《晋书·吐谷浑传》，缘饰失实最甚，然其言亦必有因，其人盖颇有思想。曰："《礼》云：公孙之子，得以王父字为氏，"遂以吐谷浑为氏焉。卒，长子辟奚嗣。此据《晋书》本传。《宋书》作碎奚，《魏书》同。《晋书·苻坚载记》亦作碎奚。三弟皆专恣，长史钟恶地诛之。据《晋书》。《宋书》云："诸大将共诛之。"辟奚以忧卒。辟奚始受拜于苻坚。为安远将军。卒，子视连立。

通聘于乞伏乾归。乾归拜为白兰王。史言视连以父以忧卒，不知政事，不饮酒游田者七年，又载钟恶地谏辞，盖大权仍在恶地之手矣。视连卒，长子视罴[8]嗣。据《晋书》。《魏书》云弟。乞伏乾归拜为都督龙涸以西诸军事、沙州牧、白兰王。《宋书》云："其国西有黄沙，南北一百二十里，东南七十里，不生草木，沙州因此为号。"《魏书》云："部内有黄沙，周回数百里。"胡三省云：

黄沙在浇河郡西南一百七十里，见《通鉴》义熙元年《注》。不受。遣众击之。视罴大败，退保白兰。

晋、南北朝时四裔封爵，多就所居部族，锡以王号，观此，知吐浑自叶延以后，迄保白兰，视罴盖复图进取，故为乾归所忌也。视罴卒，子树洛干年少，传位于弟乌纥提。一名大孩。性耎弱。耽酒淫色，不恤国事。乞伏乾归之入长安也，乌纥提屡抄其境。乾归怒，率骑讨之。乌纥提大败，亡失万余口。

按视罴自言：控弦之士二万。游牧部族，丁男皆能控弦，其数约当口数五之一。观两《汉书》所载南匈奴与西域诸国口数及胜兵人数可见。此等小国及不甚进化之部族，户口之数，恒较翔实也。亡失万余口，则失其众十一矣。乌纥提保于南凉，遂卒于胡国。树洛干立，率所部数千家奔归莫何川。自称大都督、车骑大将军、大单于、吐谷浑王。化行所部，众庶乐业。号为戊寅可汗。沙、漒杂种，莫不归附。《清一统志》云：洮水出漒台山，兼漒川之名，其地亦谓之洮漒。其西接黄河，亦谓之沙漒。乞伏乾归甚忌之。率骑二万，攻之于赤水。树洛干大败。遂降乾归。乾归拜为赤水都护。观乾归此授，知树洛干是时居于赤水也。后屡为乞伏炽槃所败，又保白兰，惭愤发病而卒。

据《晋书》所载：叶延在位二十三年，辟奚二十五年，视连十五年，视罴十一年，乌纥提八年，树洛干九年。《宋书》云："树洛干立，自称车骑将军，义熙初也。"姑以为义熙元年。前此列代年数，以逾年改元之例推之，则叶延元年为晋元帝永昌元年，辟奚元年为穆帝永和二年，视连元年为简文帝咸安元年，视罴元年为孝武帝大元十一年，乌纥提元年为安帝隆安元年，而树洛干卒于义熙九年。若以当年改元之法计之，则叶延元年为成帝咸和二年，辟奚元年为永和五年，视连元年为孝武帝宁康二年，视罴元年为其大元十三年，乌纥提元年为隆安二年。案乞伏乾归之立，在大元十三年，如逾年改元之例所推，则视连不及受其封拜。然则吐谷浑历主，应以当年改元也。

树洛干死，《晋书》云：世子拾虔嗣，《宋书》云：弟阿豺立。案阿豺三传之后，其位仍归于树洛干之子拾寅，见下。或谓拾虔乃拾寅之误，然《魏书·吐谷浑传》，多同《宋书》，盖其所本者同。《魏书》记阿豺临死，召诸子弟告之曰："先公车骑，舍其子虔，以大业属吾，吾岂敢忘先公之举而私于纬代，"则拾虔确有其人，岂其暂立而为阿豺所废邪？谯纵乱蜀，阿豺遣其从子敕来泥拓土至龙涸、平康。平康，周县，属松州，在今四川松潘县西。此据《宋书》本传。

案谯纵亡于义熙九年，正阿豺立之岁，豺盖乘纵之亡而拓土也。《魏书》云：阿豺兼并氐、羌，地方数千里，号为强国。

少帝景平中，《本纪》在元年。阿豺遣使上表献方物。诏以为沙州刺史、浇河公。未及拜受，大祖元嘉二年，又诏加除命。未至而阿豺死。《魏书》云在元嘉三年，《通鉴》系元嘉元年十月。弟慕璝立。据《宋书》。《魏书》云："乌纥提立，而妻树洛干母，生二子：慕璝、利延，"则慕璝为阿豺同母异父弟，下文又云：兄子慕璝立，盖前史有此异说，而《魏书》杂采之也。慕璝，《宋书·文帝纪》元嘉九年作慕容璝，则慕为慕容之略。吐谷浑之后，亦以慕容为氏，《传》云若洛廆别为慕容氏，非矣。

七年，以为沙州刺史、陇西公。九年进为王。慕璝前后屡遣兵击乞伏茂蔓。茂蔓率部落东奔陇右。慕璝据有其地。赫连定为索虏所攻，拥秦户口十余万，西次罕开，欲向凉州。慕璝拒击，大破之，生禽定。拓跋焘使求定，慕璝与之。《魏书·本纪》，事在延和元年，宋元嘉九年也。《魏书》云：慕璝招集秦、凉亡业之人，及羌戎、杂夷，众至五六百落。南通蜀汉，北交凉州、赫连，部众转盛。魏封为西秦王。神䴥四年，宋元嘉八年。元嘉十二年，卒。《魏书》：慕璝卒于大延二年，则为十三年。

弟慕利延立。《宋书·文帝纪》作慕容延，见元嘉十五、十六年。十六年，改封河南王。魏改封为西平王。《魏书》云："世祖征凉州，慕利延惧，率其部人，西遁沙漠。世祖以慕利延兄有擒赫连定之功，遣使宣喻，乃还。"

案吐谷浑是时，既受封拜于魏，何所猜疑，而欲遁逃？足见虏行师之暴也。《魏书》又云："慕利延兄子纬代，惧慕利延害己，与使者谋，欲归国，慕利延觉而杀之。纬代弟叱力延等八人，逃归京师请兵。世祖拜叱力延归义王，诏晋王伏罗率诸将讨之。慕利延走白兰。事在真君五年，即宋元嘉二十一年。后复遣高凉王那等讨之。慕利延遂入于阗。真君六年，宋元嘉二十二年，据《魏书·本纪》，是役擒其世子被囊。杀其王，死者数万人。南征罽宾。遣使通刘义隆求援，献乌丸帽、女国金酒器、胡王金钏等物。义隆赐以牵车。七年，遂还旧土。"

《宋书》记此事在元嘉二十七年，云："慕延遣使上表，云若不自固者，欲率部曲入龙涸越嶲门。大祖许以虏至不自立，听入越嶲。"盖慕延得此许，乃敢归国也。慕延之归国，当在元嘉二十八年，魏正平元年。慕延卒，树洛干子拾寅立。始邑于伏罗川。《梁书》云："乃用书契，起城池，筑宫殿。其小王并立宅。”《魏书》云：“其居止出入，窃拟王者。”其文明，盖得诸于阗、罽宾邪？宋仍封为河南王，魏亦封为西平王。

《魏书》云：后拾寅自恃险远，颇不恭命。高宗时，定阳侯曹安表：拾寅今保白兰，多良牛马，若击之，可以大获。议者咸以先帝再征，竟不能克。今在白兰，不犯王塞，不为人患。若遣使招慰，必求为臣妾，可不劳而定。安曰：“臣昔为浇河戍将，与之相近，明其意势。若分军出其左右，拾寅必走南山。谓其所居南方之山。不过十日，牛马草尽，人无所食，众必溃叛，可一举而定也。”从之。

诏阳平王新城等出南道，南郡公李惠、给事中公孙拔及安出北道。拾寅走南山。诸军济河追之，多病，引还。魏大安元年，宋孝武帝孝建二年也。拾寅，《魏书·本纪》作什寅。显祖复诏上党王长孙观等率州郡兵讨拾寅。军至曼头山，在今青海东北境。胡三省曰：“河源郡有曼头城，盖因山得名也。”案河源，隋炀帝平吐谷浑所置四郡之一。拾寅来逆战。观等纵兵击败之。拾寅宵遁。《纪》在皇兴四年，宋明帝泰始六年。于是思悔，复修藩职。遣别驾康盘龙奉表朝贡。

显祖幽之，不报其使。拾寅部落大饥，屡寇浇河。诏皮欢喜为前锋，长孙观为大都督以讨之。观等军入拾寅境，刍其秋稼。拾寅窘怖，遣子诣军，表求改过。观等以闻。显祖下诏切责之，征其任子。拾寅遣子斤人侍。《本纪》作费斗斤。此次用兵，事在大和三、四年，齐高帝建元元、二年也。时显祖为大上皇。又《魏书·纪》：大和六年，白兰王吐谷浑翼世以诬罔伏诛，其事他无所见。显祖寻遣斤还。拾寅后复扰掠边人，遣其将良利守洮阳。晋县，后周置郡，今甘肃临潭县。枹罕镇将杨钟葵诒书责之。拾寅表求令洮阳贡其土物。显祖许之。自是岁修职贡。统观魏文成、献文二世之用兵，盖纯出于边将之贪功徼利，屡勤师旅，卒无成功，反蹙洮阳之戍，亦可笑矣。

齐高帝建元三年，魏大和五年。拾寅卒，子度易侯立。此从《梁书》《魏书》同。《齐书》作易度侯。伐宕昌。魏让之。令所掠口累，部送时还。度易侯奉诏。卒，子休留茂立。《齐书》云：永明八年，授爵号。《梁书》作休留代。本传、《本纪》皆同。《本纪》见天监元年。《魏书》无此一世，云度易侯死，子伏连筹立。《梁书》伏连筹作休运筹。

案《周书》言自吐谷浑至伏连筹一十四世，明《魏书》夺此一世。盖休留茂与魏无交涉，魏史遂有此误也。《魏书》云：“伏连筹内修职贡，外并戎狄，塞表之中，号为强富。准拟天朝，树置官司，称制诸国，以自夸大。”《梁书》载其表于益州立九层佛寺。又云：“其地与益州邻，常通商贾。民慕其利，多往从之。教其书记，为之辞译，稍桀黠矣。”盖又渐染中国之文化矣。

伏连筹修洮阳、泥和，胡三省曰：即《水经注》迷和城，洮水径其南，又径洮阳城东。置戍。魏师讨之，二戍请降。事在大和十五年，见《纪》。齐武帝永明九年。《魏书》云：“终世宗世，至于正光，梁普通元年至五年。牦牛蜀马及西南之珍，无岁不至。后莫折念生反，河西路绝。凉州城人万干菩提等东应念生，囚刺史宋颖。颖密求援于伏连筹。伏连筹亲率大众救之，遂获保全。自尔以后，关徼不通，贡献路绝。”《梁书》伏连筹后，有呵罗真、伏连筹子，大通三年除授。《本纪》中大通元年作阿罗真。佛辅呵罗真子。《本纪》见中大通二年。二世，而《魏书》云“伏连筹死，子夸吕立，”其致误之由，盖亦与其夺休留茂一世同也。

《魏书》言夸吕始自号为可汗。居伏俟城，在青海西十五里。地兼鄯善、且末。东西三千里，南北千余里。盖其极盛之时。又云：“齐献武王作相，招怀荒远。蠕蠕既附于国，夸吕遣使致敬。献武王征其朝贡。夸吕乃遣使人假道蠕蠕频来。又荐其从妹。静帝纳以为嫔。遣员外散骑常侍傅灵檦使于其国。《文苑·温子升传》云：“阳夏大守傅标使吐谷浑，见其国王床头有书数卷，乃是子升文也，”则夸吕亦通文墨。夸吕又请婚。乃以济南王匡孙女为广乐公主以妻之。此后朝贡不绝。”其于西魏：大统中，梁大同元年至大宝二年。再遣使献马及牛羊等。然犹寇抄不止，缘边多被其害。

废帝二年，梁承圣二年夸吕通使于齐。源州刺史史宁，觇知其还，率轻骑袭之于州西赤泉，获其仆射乞伏触、扳将军翟潘密，商胡二百四十人，驼骡六百头，杂采丝绢以万计。恭帝二年，梁绍泰元年，突厥木汗可汗假道凉州袭吐谷浑。周大祖令宁率骑随之。至番禾，番禾，见第七章第八节。后魏置郡，后周废郡置镇。吐浑已觉，奔于南山。木汗将分兵追之，宁说其取树敦、贺真二城，木汗从之。宁入树敦，木汗破贺真。史言树敦是浑旧都，多诸珍藏，木汗亦大获珍宝，盖皆志在剽掠而已。

武成初，陈武帝永定三年。贺兰祥攻拔其洮阳、洪和二城，洪和，疑即泥和。置洮州而还。天和初，陈文帝天嘉元年。其龙涸王莫昌率众降，以其地为扶州。建德五年，陈宣帝大建八年。其国大乱。高祖诏皇大子征之。军渡青海，至伏俟城。夸吕遁走。虏其余众而还。案夸吕以隋开皇十一年卒，《隋书》言其在位百年，则此时夸吕年已老。隋世吐谷浑屡有内衅，盖皆其耄荒使然，此时已肇其端矣。

《晋书》云：吐谷浑有城郭而不居，随逐水草，庐帐为屋，以肉酪为粮。《魏书》云：亦知种田。有大麦、粟、豆。北界气候多寒，惟得芜菁、大麦。《齐书》云：多畜，逐水草，无城郭，后稍为宫室，而人民犹以毡庐百子帐为行屋。《梁书》云：有屋宇，杂以百子帐，即毡庐也。盖虽略知稼穑，终以畜牧为主。《晋书》又言其国无常税，调用不给，辄敛富室商人，取足而止，此纯乎羌人之习。其慕效中国或又取法乎西域，盖皆其王室、贵人所为，不能逮下也。其所重者商贾，所贪者货财。《宋书》谓其“徒以商译往来，故礼同北面，”“虽复贡篚岁臻，事惟贾道，”然则《梁书》言其使或岁再三至，或再岁一至，盖正以贾道故，乃为是纷纷然。

慕璝曾表魏朝，言“爵秩虽崇，而土不增廓，车骑既饰，而财不周赏，”魏朝令公卿会议，不肯多与，自是贡献颇简；其通齐之使，实与商胡俱；俱可为《宋书》之言作左证。《宋书》又云：“金罽毡毦，非用斯急；送迓烦扰，获不如亡。”盖慨乎言之矣。或曰：《齐书·芮芮传》，言中国与之通使，常由河南道抵益州。建元元年，大祖遣王世武拜授拾寅，仍往芮芮，赐书云：“想即资遣，使得时达。”

永明三年，又遣给事中丘冠先往使，并送芮芮使。其殷勤于河南，盖欲借通芮芮，其欲通芮芮，则所以牵制索虏也。然芮芮牵制索虏，为力几何，江东君臣，不应不知。丘冠先之往使也，得玉长三尺二寸，厚一尺一寸，史家颇艳称之，则天朝士夫，亦曷尝不重异物？冠先后拜授休留茂，并行吊礼，遂不得其死。史云：“休留茂逼令先拜，冠先厉色不肯，休留茂耻其国人，执冠先，于绝岩上推堕深谷而死。”吐谷浑非夜郎自大者流，既徒志在赐与，安得争此虚文？然则冠先之死，又恶知其究因何事邪？

吐谷浑为外来之族，故其文明程度稍高，其邻近诸族，则仍多率其榛狉[⑨]之旧。诸族最近吐浑者为白兰。《周书》云：“白兰，羌之别种也。其地东北接吐谷浑，西北至利模徒，南界郁鄂。风俗、物产，与宕昌略同。”其与中国通，惟周保定元年，陈天嘉二年。曾一遣使献犀甲、铁铠而已。

《北史》云：“吐谷浑北有乙弗勿敌国。《魏书》作乙弗敌国。国有屈海，周回千余里。众有万落。风俗与吐谷浑同。然不识五谷，惟食鱼及苏子。苏子状若中国枸杞子，或赤或黑。有契翰一部，风俗亦同。白兰山西北，又有可兰国。《魏书》作阿兰国。风俗亦同。目不识五色，耳不问五声，是夷蛮戎狄中之丑类也。土无所出，直大养群畜，而户落亦可万余。人顽弱，不知斗战。忽见异人，举国便走。性如野兽。体轻工走，逐不可得。”此皆今青海东南境之部族也。利模徒、郝鄂，地皆无考。《宋书》云：吐谷浑之地，自甘松及洮水西南极白兰，则白兰当在今松潘县西北四川、青海界上。白兰山盖即其所居之地，则可兰当在青海东南境；乙弗勿敌当在青海北境，南山之南。屈海不易实指。丁谦《魏书·外国传考证》以玉门县东北花海子当之，恐非。玉门乃西域商胡往来孔道，居其地者，断不至不识五谷也。

其在川、甘界上者，有宕昌、邓至，程度稍高。《魏书·宕昌传》云：“其地东接中华，西通西域，南北数千里。姓别自为部落。酋帅皆有地分，不相统摄。宕昌即其一也，”此包今川、甘、青海界上之地而总言之。又云：“其地自仇池以西，东西千里，席水以南，南北八百里。地多山阜。人二万余落。”则专指宕昌言之也。《水经注》：羌水径宕昌城，又东南径武阶，武阶今武都县，宕昌在武都西北，即今西固县地。羌水，今白龙江也。

此一大区域中之情况，《魏书》总述之曰：“俗皆土著，居有屋宇。其屋，织牦牛尾及羖羊毛覆之。国无法令，又无徭赋。惟战伐之时，乃相屯聚，不然，则各事生业，不相往来。皆衣裘褐。牧养牦牛、羊、豕，以供其食。父子、伯叔、兄弟死，即以继母、叔母、及嫂、弟妇等为妻。俗无文字，但候草木荣落，记其岁时。三年一相聚，杀牛、羊以祭天。”其进化之迟滞，盖全因其所居之闭塞也。宕昌盖因地近仇池，故开发较早。

《魏书》本传曰：“有梁勤者，《周书》作梁勒。世为酋帅，得羌豪心，乃自称王焉。勤孙弥忽，世祖初，遣子弥黄奉表求内附。世祖嘉之，遣使拜弥忽为宕昌王，赐弥黄爵甘松侯。弥忽死，孙虎子立。”《北史》作彪子，避唐讳。案《世祖纪》：大平真君九年，宋元嘉二十五年。宕昌羌酋梁瑾慈遣使内附，并贡方物。《宋书·孝武帝纪》：大明元年，以梁瑾葱为河州刺史，宕昌王。《梁书》本传作梁瓘匆。《南史》作梁瑾忽。五年，以宕昌王梁唐子为河州刺史。瑾葱、瑾慈，似即弥忽；唐子似即虎子也。

《魏书·传》又云：“虎子死，弥治立。虎子弟羊子，先奔吐谷浑。吐谷浑遣兵送羊子，欲夺弥治位。弥治遣使请救。世祖诏武都镇将宇文生救之。羊子退走。弥治死，子弥机立。”《宋书·后废帝纪》：元徽四年，十月，以宕昌王梁弥机为河、凉二州刺史，此除授，或在其纂立之初也。南朝自此率以河、凉二州刺史、宕昌王授其主，齐武帝永明元年，亦以此授弥机。

《齐书·武帝纪》：永明三年，以行宕昌王梁弥颉为河、凉二州刺史。本传同。是岁为魏孝文帝大和九年。《魏书·本纪》：七月，遣使拜宕昌王梁弥机兄子弥承为其国王。《穆崇传》：崇玄孙亮，为仇池镇将。时宕昌王梁弥机死，子弥博立。为吐谷浑所逼，来奔仇池。亮以弥机蕃教素著，矜其亡灭；弥博凶悖，氐、羌所弃；弥机兄子弥承，戎民归乐，表请纳之。高祖从焉。于是率骑三万，次于龙涸，击走吐谷浑，立弥承而还。

《齐书·本纪》：永明六年，亦以弥承为河州刺史，而不详魏替弥博立弥承之事，然弥颉尝一继位，则《魏书》又不详，疑其为弥博出亡后吐谷浑所立也。十年，魏大和十六年。弥承朝于魏。又使求军仪及伎、杂书于齐。诏军器致之未易；内伎不堪涉远；秘阁图书，例不外出；赐以《五经》集注、论各一部。《梁书·武帝纪》：天监元年，宕昌王梁弥颔进号，颔盖颉之误；四年，四月，以行宕昌王梁弥博为河、凉二州刺史宕昌王；本传同。则弥承之后，弥颉、弥博，复相继在位，《齐书》谓“弥颉卒，乃以弥承为王，”疏矣。弥博死，子弥泰立。大同十年，复授以父爵位。

《周书·宕昌传》云：自弥忽至仚定九世，弥忽、虎子、弥治、弥机、弥承、弥颉、弥博、弥泰、仚定。每修职贡不绝。后见两魏分隔，遂怀背诞。永熙末，梁中大通六年。乃引吐谷浑寇金城。仚定，《文帝纪》作企定，云引吐谷浑寇金城。渭州及南秦州氐、羌连结，所在蜂起。金城，见第二章第二节。渭州，见第十二章第七节。南秦州，见第十二章第三节。大统初，又率其种人入寇。行台赵贵督仪同侯莫陈顺等击破之。仚定惧，称藩请罪。大祖舍之，拜抚军将军。

四年，梁大同四年。以仚定为南洮州刺史。后改洮州为岷州，仍以仚定为刺史。七年，梁大同七年。仚定又举兵入寇。独孤信时镇陇右，诏信率众便讨之。军未至而仚定为其下所杀。信进兵破其余党。《信传》亦作企定，云企定子弟收其余众。朝廷方欲招怀殊俗，乃更以其弟弥定为宕昌王。十六年，弥定宗人獠甘袭夺其位。弥定来奔。

先是羌酋傍乞铁忽等，因仚定反叛之际，遂拥众据渠林川。《宇文贵传》作渠株川。云纳弥定后，于渠株川置岷州，不知本宕昌地为铁忽所据？抑铁忽平后，岷州移治也？与渭州民郑五丑，扇动诸羌，阻兵逆命。至是，诏大将军宇文贵、豆卢宁，凉州刺史史宁等率兵讨獠甘等，并擒斩之纳弥定而还。此亦见《宇文贵》《豆卢宁》《史宁》《赵刚》《赵昶传》。保定四年，陈天嘉五年。弥定寇洮州，管李贤击走之。是岁，弥定又引吐谷浑寇石门戍。甘肃临潭县南有石门山。贤复破之。高祖怒，诏大将军田弘讨灭之。以其地为宕州。见上节。

邓至，《魏书》云：白水羌也。世为羌豪。因地名号，自称邓至。其地自亭街以东，平武以西，汶岭以北，宕昌以南。亭街，未详。平武，汉县，在今四川平武县东。汶岭即岷山。《水经注·漾水篇》：白水东南径邓至城南，又东南径阴平故城南，则邓至城在阴平西北。土风、习俗，亦与宕昌同。其王像舒治，遣使内附。高祖拜龙骧将军、邓至王。遣贡不绝。案其见于《魏书·本纪》者：又有像舒彭。

大和十七年，齐永明十一年。遣子旧诣阙朝贡，并求以位授旧。诏许之。世宗永平二年，梁天监八年。八月，丁未，邓至国遣使朝献。戊申，以邓至国世子像览蹄为其国王。盖其初立时也。

《梁书》亦有传，云：宋文帝时，王象屈躭遣使献马。《齐书》附《宕昌传》，云：建元元年，征虏将军西凉州刺史羌王像舒彭进为持节平西将军，后叛降虏。然《武帝纪》：永明元年，二月，以东羌王像舒彭为西凉州刺史，则复来归顺矣。梁天监元年，始封为邓至王。五年，遣使来献。见《纪》及本传。

《周书》云：自舒治至檐桁十一世。魏恭帝元年，梁承圣三年。檐桁失国来奔。大祖令章武公导率兵送复之。《魏书》云：邓至之西，有赫羊等二十国，时遣使朝贡，朝廷皆授以杂号将军、子男、渠帅之名。《北史》云：赫羊部内，初有一羊，形甚大，色至鲜赤，故因为国名，其说似近附会。又举诸国之名曰：东亭街、大赤水、寒宕、石河、薄陵、下习山、仓骧、覃水，云风俗粗犷，与邓至国不同焉。亦不能备二十之数也。

第八节　西域诸国

两汉之世，中国与西域之交通，可谓极盛，其后虽遭丧乱，往还实迄未尝绝，不过记载有详略而已。晋迁江左，与西域之交通，自不能如建都长安、洛阳时之盛。据有凉州之国，往还虽密，然偏隅割据，运祚短促，记载不详。惟魏据北方较久，故其记载，亦较翔实焉。

《魏书·西域传》：《魏书》此卷亡，实皆录自《北史》。世祖时，遣董琬、高明等出使，见下。还，具言凡所经见及传闻旁国，云：“西域自汉武时五十余国，后稍相并，至大延中，为十六国。分其地为四域：自葱岭以东，流沙以西为一域；葱岭以西，海曲以东为一域；者舌以南，者舌，今塔什干。月氏以北为一域；两海之间，两海，谓咸海、里海。水泽以南为一域。内诸小渠长，盖以百数？其出西域，本有二道，后更为四：出自玉门，见第六章第六节。渡流沙，西行，二千里至鄯善，在今罗布泊南。为一道；自玉门渡流沙，北行，一千二百里至车师，前部在广安城西，后部在济木萨南。为一道；从莎车西行，莎车，今莎车县。百里至葱岭，西一千三百里至伽倍，故月氏休密翕侯地，见下。为一道；自莎车西南五百里，葱岭西南千三百里，至波路，《西域记》钵露罗，今Balti。为一道。”

案四域之中，第一为天山南路，第二包今波斯、阿富汗及印度，海曲之海，指波斯湾。第三指天山北路及咸海以东土耳其斯单，第四，谓咸海、里海间地，皆汉世所已通。四道中之第一、第二两道，汉世不之数；第三、第四两道，实即汉世之南道；故其名增于汉，而实减之。然此自指使译所经，民间商旅之往来，未必有异于故也。

四域之中，与中国关系最密者，自为第一域。《魏书》云至大延中为十六国者，盖专指此域言之。惟董琬、高明之还，西域与之俱来者凡十六国，则未知当时天山南路国数果为十六？抑因其来朝之数，姑妄言之？《魏书》记载大荒。见下。实令人不能无疑也。汉、魏之世，诸国互相吞并之事，已见《秦汉史》第十二章第十节。至晋世，天山南路之国，以车师、鄯善、焉耆、今焉耆县。龟兹、今库车县。疏勒、今疏勒县。于阗今和阗县南。为大。

都护之职，自汉衰而废，魏世，以凉州刺史领戊己校尉，护西域，而晋因之，亦见《秦汉史》第十二章第十节。故是时中国与西域之交通，以凉州为关键。张氏割据河西，至骏之世，始有事于西域。时戊己校尉赵贞，不附于骏，骏击禽之。又使其将杨宣出讨。

《晋书·焉耆传》云：武帝大康中，其王龙安，遣子入侍。安夫人，狯胡之女。狯胡，未详。娠身十二月，剖胁生子曰会。立为世子。会少而勇桀。安病笃，谓会曰："我尝为龟兹王白山所辱，不忘于心，汝能雪之，乃吾子也。"及会立，袭灭白山。遂据其国，遣子熙归本国为王。会有胆气筹略，遂霸西胡。葱岭以东，莫不率服。然恃勇轻率。尝出宿于外，为龟兹国人罗云所杀。

其后张骏遣沙州刺史杨宣前凉沙州，治敦煌。率众疆理西域。宣以部将张植为前锋，所向风靡。军次其国。熙距战，为植所败。率其群下四万人肉袒降于宣。案《张骏传》言：骏使宣伐龟兹、鄯善，《龟兹传》不载其事，鄯善则无传，《本纪》亦但书骏伐焉耆降之，穆帝永和元年。盖其勤兵力者，惟焉耆为大?

《骏传》言：西域诸国献汗血马、火浣布、封牛、孔雀、巨象及诸珍异二百余品，此等非徒葱岭以东所能致；《石勒载记》言：骏使送高昌、见第六章第二节。于寘、鄯善、大宛使，献其方物；则其与葱岭以西诸国，往还必密。《龟兹传》云惠、怀末，以中国乱，遣使贡方物于张重华，重华不在惠、怀之世，其说必误，疑其间有夺文。然其贡方物于重华，当不虚也。亦可见张氏与西域交通之盛矣。

张氏亡，苻坚据有凉州，遣吕光讨定西域，已见第六章第六节。时则鄯善王休密驮、车师前部王弥置为光乡导。光进至焉耆，其王泥流，率其旁国请降。此据《光载记》：《焉耆传》述熙降杨宣事后云："吕光讨西域，复降于光，及光僭位，熙又遣子入侍，"两举熙名，不应皆误，盖泥流其蕃名，熙其汉名也。龟兹王帛纯距光。此亦据《光载记》。《龟兹传》作白纯。

光进攻城。帛纯倾国财宝，请救狯胡。狯胡弟呐龙侯将馗率骑二十余万，并引温宿、尉头等国王，合七十余万以救之。温宿、尉头皆在今乌什县。战于城西，大败之。帛纯收其珍宝而走。王侯降者三十余国。诸国惮光威名，贡款属路。此指龟兹旁国。乃立帛纯弟震为王以安之。桀黠胡王，昔所未宾者，不远万里，皆来归附，上汉所赐节传。此指较远之国。光皆表而易之。坚闻光平西域，以为都督玉门已西诸军事、西域校尉，道绝不通。《坚载记》同。

光既平龟兹，有留焉之志。乃大飨文武，博议进止。众咸请还。乃以驼二万余头，《魏书·光传》作二千余头。致外国珍宝及奇伎异戏，殊禽怪兽，千有余品，骏马万余匹而还。上文云："光见其宫室壮丽，命参军段业著《龟兹宫赋》以讥之。胡人奢侈，厚于养生。家有蒲桃酒，或至千斛，经十年不败。士卒沦没酒藏者相继矣。"然则光之欲留，乃溺其繁盛耳。肆掠东归，何殊盗贼？然非独光如此，古来通西域者，盖无不有贪其财宝之意存焉。苻坚初慕汉文，却大宛天马之贡，卒违群臣之谏而用兵，亦如是而已矣。见第六章第四节及第六节。

群议以高昌虽在西垂，地居形胜，外接胡虏，易生翻覆，宜命子弟镇之。光乃以子覆为都督玉门已西诸军、西域大都护，镇高昌，命大臣子弟随之。后凉分裂，敦煌为李暠所据，击玉门已西诸城，皆下之。遂屯玉门、阳关，在敦煌西。广田积谷。鄯善、前部王皆遣使贡其方物。沮渠蒙逊灭李氏，鄯善王比龙入朝，西域三十六国，皆称臣贡献。《宋书·氐胡传》之文。案是时西域，葱岭以东，实无三十六国，若合葱岭以西言之，则又不止此数，此特沿袭旧文，犹言故三十六国之地之诸国耳。《苻坚载记》云："吕光讨平西域三十六国，所获珍宝以万万计，"亦此例也。茂虔亡，无讳据鄯善，又袭据高昌，安周又陷车师，已见第七章第八节。至此而割据诸国与西域之关系终矣。

魏通西域，始于大武时。大延元年，宋文帝元嘉十二年。五月，遣使二十辈使西域。二年，宋元嘉十三年。八月，又遣使六辈使西域。自是来者颇多。据《本纪》。

《西域传》曰：大祖初，经营中原，未暇及于四表。既而西戎之贡不至，有司奏依汉氏故事，请通西域，可以振威德于荒外，又可致奇货于天府。大祖曰：汉氏不保境安人，乃远开西域，使海内虚耗，何利之有？今若通之，前弊复加百姓矣。遂不从。历大宗世，竟不招纳。

大延中，魏德益以远闻，西域龟兹、疏勒、乌孙、悦般、渴槃陁、鄯善、焉耆、车师、粟特诸国王始遣使来献。世祖以西域汉世虽通，有求则卑辞而来，无欲则骄慢王命，此其自知绝远，大兵不可至故也，若报使往来，终无所益。欲不遣使。有司奏九国不惮遐险，远贡方物，当与其进，安可豫抑后来？乃从之。于是始遣行人王恩生、许纲等西使。恩生出流沙，为蠕蠕所执，竟不果达。又遣散骑侍郎董琬、高明等多赍金帛，出鄯善，招抚九国，厚赐之。初琬等受诏：便道之国，可往赴之。

琬过九国，北行至乌孙国，其王得朝廷所赐，拜受甚悦。谓琬曰：传闻破洛那、者舌，皆思魏德，欲称臣致贡，但患其路无由耳。今使君等既到此，可往二国，副其慕仰之诚，琬于是自向破洛那，遣明使者舌。乌孙王为发导译达二国。琬等宣诏慰赐之。已而琬、明东还，乌孙、破洛那之属，遣使与琬俱来贡献者，十有六国。自后相继而来，不间于岁。国使亦数十辈矣。此文之善于涂饰，真可发一大噱。据《本纪》：鄯善之来，在大延元年六月，粟特之来在八月，均在使出之后，世祖岂逆知其将至而欲不报？有司岂逆知其将至，而请勿抑其后来邪？曲笔献媚如此，真可谓秽史矣。

沮渠牧犍亡，无讳据敦煌。真君三年，宋元嘉十九年。又渡流沙据鄯善，西域为所隔，历年不至。五年，宋元嘉二十一年。无讳卒。六年，宋元嘉二十二年。遣万度归袭鄯善，执其王。以韩拔为西戎校尉、鄯善王以镇之。

《西域传》即在是年，《本纪》在九年。事见第七章第八节。《西域传》云：凉州既平，鄯善国以为唇亡齿寒，自然之道也。今武威为魏所灭，次及我也。若通其使人，知我国事，取亡必近。不如绝之，可以支久。乃断塞行路。西域贡献，历年不入。后平鄯善，行人复通。

据《本纪》：大延五年，尚有鄯善、龟兹、疏勒、焉耆、粟特，渴槃陁、破洛那、悉居半等遣使朝贡，真君元年至四年，则绝无之，五年三月，乃遣使者四辈使西域，是岁十二月，乃书粟特国遣使朝贡，盖全为无讳所隔也。鄯善是时，国且为武威遗孽所据，岂有因其灭亡，转虑唇亡齿寒之理？真所谓向壁虚造，信口幵河者矣。

《鄯善传》云："无讳谋渡流沙，遣其弟安周击鄯善。王比龙恐惧欲降。会魏使者自天竺、罽宾还，俱会鄯善，劝比龙拒之。遂与连战。安周不能克，退保东城。后比龙惧，率众西奔且末，其世子乃应安周。鄯善人颇剽劫之，令不得通。"鄯善人颇剽劫之上有夺文，此所剽劫者，非魏通西域则西域朝贡之使，其事初非鄯善人所为，故魏伐鄯善，其王真达出降，魏人仍厚待之也。

九年，宋元嘉二十五年。又遣万度归讨焉耆。《传》云：恃地多险，颇剽劫中国使。其王鸠尸卑那奔龟兹。鸠尸卑那，龟兹婿。度归遂讨龟兹，《传》云：其东关城戍，寇窃非一。大获驼马而还。自是西域复通。然西域要害，在于伊吾，见第六章第六节。汉世实恃此以卫凉州，魏世，柔然蟠据西北，形势极逼，乃其重镇不过敦煌。文成大安二年，宋孝武帝孝建三年。敦煌镇将尉眷击伊吾，虽克其城，然眷子多侯，仍为镇将，上疏求取伊吾，断蠕蠕通西域之路，高祖善其计，卒不能用。

高昌自张轨以来为郡县，至魏世乃自立为国，而受制于柔然。显祖末，柔然攻于阗，于阗遣使求救，魏亦不能出兵。然则魏世守备之规，经略之计，不逮汉朝远矣。《食货志》言：万度归伐焉耆，其王单骑奔龟兹，举国臣民，负钱怀货，一时降款，此乃胁夺其钱货耳。获其奇宝异玩以巨万，驼马、杂畜，不可胜数。《传》云：焉耆为国，斗绝一隅，不乱日久，获其珍奇异玩，殊方谲诡不识之物，橐驼、马、牛、杂畜巨万。度归遂入龟兹，复获其殊方瑰诡之物亿万已上。又言：自魏德既广，西域、东夷，贡其珍物，充于王府，神龟、正光之际，府藏盈溢。虏除货财、玩好之外，岂有所知邪？

高昌之立国于西域，其事颇有关系。《魏书传》云：世祖时，有阚爽者，自为高昌大守。大延中，遣散骑侍郎王恩生等使高昌，为蠕蠕所执。真君中，爽为沮渠无讳所袭，夺据之。无讳死，弟安周代立。和平元年，宋孝武帝大明四年。为蠕蠕所并。蠕蠕以阚伯周为高昌王。其称王自此始也。

大和初，伯周死，子义成立。岁余，为其兄首归所杀，自立为高昌王。五年，齐高帝建元三年。高车王可至罗杀首归兄弟，以敦煌人张孟明为王。后为国人所杀，立马儒为主。以巩顾礼、麹嘉为左右长史。二十一年，齐明帝建武四年。遣司马王体玄奉表朝贡，请师迎接，求举国内徙。高祖纳之。遣明威将军韩安保率骑千余赴之。至羊榛水，儒遣礼、嘉率步骑一千五百迎安保，去高昌四百里，而安保不至。礼等还高昌，安保亦还伊吾。安保遣韩兴安等十二人使高昌。儒复遣顾礼将其世子义舒迎安保。至白棘城，去高昌百六十里。而高昌旧人，情恋本土，不愿东迁，相与杀儒，而立麹嘉为王。

嘉字灵凤，金城榆中人。榆中，汉县，今甘肃榆中县西北。既立，又臣于蠕蠕那盖。顾礼与义舒随安保至洛阳。及蠕蠕主伏图为高车所杀，嘉又臣高车。初前部胡人，悉为高车所徙，入于焉耆，焉耆又为哌哒所破灭，国人分散，众不自立，请王于嘉。嘉遣第二子为焉耆王以主之。永平元年，梁武帝天监十年。嘉遣兄子私署左卫将军、田地大守孝亮朝京师，田地城，汉之柳中，今鲁克沁。仍求内徙，乞军迎援。于是遣龙骧将军孟威发凉州兵三千人迎之。至伊吾，失期而反。于后十余遣使，款诚备至。惟赐优旨，卒不重迎。

延昌中，梁天监十一年至十四年。以嘉为持节、平西将军、瓜州刺史、泰临县开国伯，私署王如故。熙平初，梁天监十五年。遣使朝献。诏曰：卿地隔关山，境接荒漠，频请朝援，徙国内迁，虽来诚可嘉，即于理未怗。何者？彼之甿庶，是汉、魏遗黎。自晋氏不纲，因难播越，成家立国，世积已久。恶徙重迁，人怀恋旧。今若动之，恐异同之变，爰在肘腋，不得便如来表。神龟元年，梁天监十七年。冬，孝亮复表求援内徙。朝廷不许。嘉又遣使奉表。自以边遐，不习典诰，求借五经、诸史，并请国子助教刘燮以为博士。肃宗许之。嘉死，子坚立。坚，《梁书》作子坚。永熙后乃隔绝。

《周书》：大统十四年，诏以其世子玄喜为王。恭帝二年，又以其田地公茂嗣位。《隋书》云：坚死，子伯雅立。案《梁书》言麴嘉在位二十四年，自其立之年齐明帝建武四年起计，当卒于梁普通元年，下距《隋书》所记大业五年伯雅来朝之岁，凡九十年。嘉先仕马儒，立年不得甚少；嘉非早世，则坚之继位，亦非冲龄；伯雅能入朝于隋，亦必尚未衰眊；其间似不能历九十年之久，必《隋书》误夺也。《梁书》言大同中子坚遣使来献，大同纪元，与西魏之大统恰同，然则坚之死，当在大统十三、四年间，即梁之大清元、二年也。

《梁书·高昌传》云：国人言语，与中国略同。有五经、历代史、诸子、集。《周书》云：文字亦同华夏，兼用胡书。有《毛诗》《论语》《孝经》，置学官弟子，以相教授。虽习读之，而皆为胡语。案《魏书》言其国有八城，皆有华人，盖华人自华言，胡人自胡语也。然《梁书》又言其人面貌类高丽，则实非深目高鼻之族，特久居胡中，习其言语耳。

《魏书·于阗传》云："自高昌以西，诸国人等，深目高鼻，惟此一国，貌不甚胡，颇类华夏。"案汉世西域，胡人虽多，华人亦不少，说见《秦汉史》第五章第四节。据《魏书》此文，似魏、晋以后，华人颇减，胡人稍增，盖其移殖有难易使然。

晋、南北朝之世，华人之居西域者，必以高昌、于阗为巨擘矣。《梁书》云：其官有四镇将军及杂号将军、长史、司马、门下校郎、中兵校郎、通事舍人、通事令史、谘议、校尉、主簿，置四十六镇；婣有六礼；《周书》云：其刑法、风俗、婚姻、丧葬，与华夏小异而大同；可见其法俗尚多承中华之旧。惟辫发垂之于背，《梁书》又云：女子头发，辫而不垂，《周书》云：丈夫从胡法，妇人略同华夏，盖指此。实为胡俗。然伯雅朝隋归国，曾下令国中，解辫削衽，虽云竟畏铁勒不敢改，《隋书》本传。其心固未尝忘华夏也。

葱岭以西之地，始擅于大月氏，而后入于哌哒。《后汉书·大月氏传》曰：初月氏为匈奴所灭，遂迁于大夏，分其国为休密、双靡、贵霜、肸顿[10]、都密，凡五部翕侯。

《汉书》：休密治和墨城，双靡治双靡城，贵霜治护澡城，肸顿治薄茅城，高附治高附城。《后书》高附作都密，余同。《魏书》：伽倍，故休密翕侯，都和墨城，在莎车西。折薛莫孙，故双靡翕侯，都双靡城，在伽倍西。钳敦，故贵霜翕侯，都护澡城，在折薛莫孙西。弗敌沙，故肸顿翕侯，都薄茅城，在钳敦西。阎浮，故高附翕侯，都高附城，在弗敌沙南。

沙畹《大月氏都城考》云：休密，即唐之护密，今之Wakhân。双靡，即宋云《行记》之赊弥，玄奘《西域记》之商弥，今之Tchitral。贵霜，在健驮罗（Gandhara）北境。弗郎克（Franke）云即健驮罗。肸顿，在喀布尔河（Kaboul rond）支流Pandjshir河之Parwân地方。都密，在喀布尔附近，惟与喀布尔有别。见冯承钧《史地丛考》。

白鸟库吉云：休密，即Sarik-Chaupan。贵霜为Wakhan之西部。合二者为Wakhan，即《魏书》之钵和，《唐书》之镬侃。双靡为Mastoj。薄茅当作薄第，为Badaxshan。高附为Jamgan。见羽溪了谛《西域之佛教》第二章。贺昌群译，商务印书馆本。

后百余岁，贵霜翕侯丘就却攻灭四翕侯，自立为王，国号贵霜王。此王字疑涉下"诸国称之皆曰贵霜王"而衍。侵安息，取高附地。又灭濮达、《西域之佛教》第二章云：即乌弋山离，今阿富汗南境及旁遮普之一部。罽宾，克什米尔之西北，今健驮罗地方。悉有其国。丘就却年八十余死，子阎膏珍代为王。复灭天竺，置将一人监领之。月氏自是之后，最为富盛。诸国称之，皆曰贵霜王。汉本其故号，言大月氏云。《三国志·四裔传注》引《魏略·西戎传》曰：罽宾国、大夏国、高附国、天竺国，皆并属大月氏，说与此合。

丘就却与阎膏珍之年代，不易确定，要当在后汉安帝以前，以《后书·西域传·序》，自云本于安帝末班勇所记也。西域史籍亦乏，近世治月氏史者，多珍视其泉币。谓丘就却之名，与见于泉币之Kujula Kadphises相当；阎膏珍之名，与Wema Kadphises相当。

此外尚有迦腻色迦（Kaniska）、胡韦色迦（Huviska）、韦苏特婆（Vâsudeva）三王。近年在马图剌（Mathura）及山虮（Sââchi），得有刻文，又有韦西斯迦（Vâsishka：Vasashka：Vasushka）之名，或谓其当次迦腻色迦、或胡韦色迦之后，或谓即韦苏特婆。诸王中，迦腻色迦为传布佛教名王，苦心探索其年代者尤多。或谓在丘就却、阎膏珍之前，或谓在其后。或又谓迦腻色迦有二：一在丘就却、阎膏珍之前，一在其后。众说纷纭，莫衷一是。

日本羽溪了谛所撰《西域之佛教》第二章第二节，曾撮举其大要，读之可见其概。欲与中国史籍相印合，尚不易毫发无遗憾。要之谓大月氏之兴起，在两汉之际，其强盛迄于晋初，当无大差也。柔然兴，月氏乃稍见侵削。

《魏书·大月氏传》云：都卢监氏城。《史记》《后汉书》作蓝氏城，《汉书》作监氏城，《北史》作剩监氏城，今班勒纥（Balkh）。北与蠕蠕接，数为所侵，西徙都薄罗城。冯承钧译沙畹《西突厥史料》第四篇注云："沙畹原以哌哒都城为Badhaghis，后又改订为Faizabad，第《北史》有"盖王舍城也"一语，印度境外，有王舍城之号者，祇缚喝罗（Balkh），此亦即大月氏都城薄罗，兹为改正于此。"商务印书馆本。其王寄多罗勇武，遂兴师越大山，南侵北天竺，自乾陁罗以北五国，尽役属之。盖其势初蹙于北，而犹盛张于南焉。及哌哒兴，月氏复为所蚕食，而其势不可支矣。

《北史》云：康国者，康居之后也。迁徙无常，不恒故地。自汉以来，相承不绝。其王本姓温，月氏人也。旧居祁连山北昭武城，因被匈奴所破，西逾葱岭，遂有其国。《唐书》：一曰萨末鞬，亦曰飒秣建，元魏所谓悉万斤者，今之撒马儿罕也。枝庶分王。故康国左右诸国，并以昭武为姓，示不忘本也。

其所举诸国，曰安，《唐书》：安，一曰布豁，又曰捕喝，元魏谓忸密者，今布哈尔。曰钹汗，《唐书》：宁远，本拔汗那，或曰拨汗，元魏时谓破洛那。案今《魏书》《北史》传文皆夺破字，云洛那国，故大宛国也，都贵山城，在疏勒西北。沙畹云：拔汗那，今之Ferghanah见《西突厥史料》第三篇。白鸟库吉云，汉贵山城，在Khodjend东北约百三十英里之Kâsân，见桑原骘藏《张骞西征考》。杨链译，商务印书馆本。曰米《唐书》：或曰弥末，又曰弭秣贺。冯承钧云：Maimargh之对音，见所著《新唐书·西域羁縻府州考》，在《史地丛考》中。曰史，《唐书》：或曰佉沙，又曰羯霜那。冯承钧云：今之Shehrsebz。曰曹，《唐书》有东、西、中曹，云西曹者，隋时曹也，治瑟底痕城。冯承钧云：lschtikhan之对音。曰何，《唐书》：或曰屈霜你迦，又曰贵霜匿，即康居小王附墨城，永徽时，以其地为贵霜州。冯承钧云：此贵霜为Koschâna，非昔贵霜翕侯治地，亦非《唐书·地理志》大汗都督府之附墨州。曰乌那遏，《隋书》云：都乌浒水南。乌浒水，今阿母河。曰穆，《隋书》云：都乌浒水西。曰漕，烈维、沙畹《罽宾考》云：即《大唐西域记》之漕矩吒，在今Ghazni地方。此篇亦在《史地丛考》中。凡九。

《唐书》则以康及安、曹、石、或曰柘支，曰柘折，曰赭时。冯承钧曰：今之塔什干。米、何、火寻、或曰货利习弥，又曰过利。冯承钧曰：即Kharism之对音。居乌浒水之阳，即今之Urgeny。戊地、冯承钧曰：即《西域记》之伐地，古之木鹿，今之Merv。史为昭武九姓，而云康之始为突厥所破。

案昭武汉县，属张掖。《后书·梁慬传注》云：昭武故城，在张掖西北，其地属今之高台县，乃月氏故地，非康居故地，云康为康居之地可，云康为康居之后则误，且与其王为月氏人之说，自相矛盾矣。月氏西迁，盖自今伊犁河域达妫水之滨，未尝经葱岭，云西逾葱岭亦误。《唐书》觉其不合，改匈奴为突厥，然逮突厥之兴，祁连山北，久无月氏矣。楚固失之，齐亦未为得也。月氏西迁之后，只闻分国为五部翕侯，未闻以枝庶分王各邑。然则昭武诸国之立，乃在月氏西迁又遭破坏之后，无复共主，乃分崩离析而为是诸小国也。

或曰：《魏略·西戎传》言："敦煌、西域之南山中，从婼羌西至葱岭西数千里，有月氏余种，"《三国·魏志·四裔传注》引。所谓西逾葱岭者，安知非指此种人言之；案《后书·羌传》云："湟中月氏胡，其先大月氏之别也。旧在张掖、酒泉地。月氏王为匈奴冒顿所杀，余种分散，西逾葱岭。其羸弱者南入山阻，依诸羌居止。遂与共婚姻。及霍去病破匈奴，取西河地，开湟中，于是月氏来降。与汉人错居。被服、饮食、言语，略与羌同。亦以父名母姓为种。"此文亦必有所本，西逾葱岭，明指月氏初破败时言之，此乃古人措辞不审，不必曲为之讳。湟中月氏胡，特其来降之一小支，其余盖皆在南山羌中。《魏略》下文云："葱茈羌，白马、黄牛羌，各有酋豪，北与诸国接，不知其道里广狭"。

然则云自婼羌至于葱岭皆有月氏余种，亦不过约略之辞，盖以月氏与羌同处，乃以羌之所至，即为月氏之所至，其实月氏踪迹，能否西抵葱岭，尚有可疑也。与羌同居之月氏，皆为羌所化。其处境闭塞，故其文明程度甚低。然四塞之区，外兵罕至，故其处境实甚宽闲，从古不闻迁徙。与谓昭武诸国，系此等月氏余种，迁徙而去，似不如谓为月氏西迁之后，更遭破败，乃离析而成此诸国之为得也。

𠿕哒，《梁书》谓之滑国，其缘起史甚茫昧。《梁书·滑国传》云：车师之别种也。汉永建元年，八滑从班勇击北虏有功，勇上八滑为后部亲汉侯。事见《后书·西域车师传》。自魏、晋以来，不通中国。至天监十五年，其王厌带夷栗陁始遣使献方物。普通元年，又遣使献黄师子、白貂裘、波斯锦等物。

七年，又奉表贡献。元魏之居桑干，见第四章第二节。滑犹为小国，属芮芮。后稍强大。征其旁国波斯、盘盘、《宋书》芮芮附《索虏传》后，云：其东有槃槃国、赵昌国，渡流沙万里，即此国也。《西突厥史料》云：“盘盘南海国名，不应列入西域诸国之间，疑有错简，”误。罽宾、焉耆、龟兹、疏勒、姑墨、今阿克苏县。于阗、句盘疑即渴槃陀，今蒲犁县。等国，开地千余里。案滑国距车师甚远，果其本居后部，其迁徙而西，安得一无事迹可见？

《梁书》又有白题国，云：其先盖匈奴之别种胡也。汉灌婴与匈奴战，斩白题骑一人。今在滑国东，去滑六日行，西极波斯，其可疑亦与滑国同。今案《裴子野传》云：西北徼外，有白题及滑国，遣使由岷山道入贡。白题入贡，事在普通三年，见本传。此二国历代弗宾，莫知所出。子野曰：“汉颍阴侯斩胡白题将一人，服虔《注》曰：白题胡名也；又汉定远侯击虏，八滑从之，此其后乎？”时人服其博识。然则以滑国为八滑之后，特穿凿附会之谈，作史者据为典要，傎矣。《梁书》又有末国，云：“汉世且末国也，北与丁零，东与白题，西与波斯接，”其地理亦全然不合。丁谦《梁书·夷貉传考证》谓即米国，说颇似之，乃因末字附会为且末，亦裴子野之智也。

《滑国传》云：少女子，兄弟共妻。《魏书·嚈哒传》云：其俗兄弟共一妻。夫无兄弟者，其妻戴一角帽，若有兄弟者，依其多少之数，更加角焉。《隋书·挹怛传》略同。《梁书》云：头上刻木为角，长六尺，以金银饰之。一妻多夫之俗，较一夫一妻、一夫多妻为少，苟其有之，必同族也。《嚈哒传》云：大月氏之种类也。《隋书》同。亦曰高车之别种。其原出于塞北，自金山而南。金山，今阿尔泰山。与《梁书》以滑国为八滑之后，同一无据。

《通典·边防典》云：按刘璠《梁典》，滑国姓嚈哒，后裔以姓为国号，转讹又谓之挹怛焉。《注》云：其本原：或云车师之种，或云高车之种，或云大月氏之种。又韦节《西蕃记》云：亲问其国人，并自称挹阗。

又按《汉书》：陈汤征郅支，康居副王挹阗钞其后，则此或康居之种类。然传自远国，夷语讹舛，年代绵邈，莫知根实，不可得而辨也。以挹怛为康居之后，正与裴子野之智同。韦节亲闻，说自可据。因此知哒怛二字，音与阗同；于邑双声，于于同字；嚈哒、挹怛，殆于阗之异译也。其王名厌带夷栗陁，厌带盖其姓。《唐书·地理志》：突厥羁縻州葛逻州，以葛逻挹怛部置，盖挹怛余众，属于葛逻者也。《西突厥史料》第四篇云：五世纪中叶，嚈哒居乌浒河域，渐强大，为波斯大敌。四百八十四年，其王Akschounwar，大败波斯，波斯王Pirouz战死。此王在Théophanede Byzance著述中，名Ephthalanos。彼谓嚈哒

（Hephthalites）之名，即出此王。《梁书·滑国传》：其王厌带夷栗陁。《唐书》云：哌哒王姓也，后裔以姓为国。合此三证，知哌哒之称，惟见于五世纪末年之故。盖以适当Akschounwar战胜之后，此王之姓，不作Hephthal，即作Hethailit也。案四百八十四年，为齐武帝永明二年。

据《梁书·诸夷传》所载：滑国法俗，有类于阗者三焉：王与妻并坐接客，一也。滑女人被裘，于阗妇人皆辫发，衣裘袴，二也。《滑传》云：其跪一拜而止，此事无甚足异，史家未必特著其文，《于阗传》云：其人恭，相见则跪，其跪则一膝至地，疑《滑传》文有讹误，其俗实与于阗同，此非东夷之拜则曳一足，乃古武坐致右宪左之类。三也。

又《渴盘陁传》云：风俗与于阗相类，著长身小袖袍、小口袴，而《滑传》亦云：著小袖长身袍。又《高昌传》云：著长身小袖袍、缦裆袴，《武兴传》云：长身小袖袍、小口袴；则此为甘肃南境之通俗，蔓延于南山之北，葱岭之西。《芮芮传》亦云：小袖袍、小口袴、深雍靴。靴为胡俗，小袖袍、小口袴，或受诸高昌等。滑，“言语待河南人译然后通，”《梁书》本传。又云：无文字，以木为契，与旁国通，则使旁国胡为胡书，此亦足证谓其出于车师、高车、月氏等之误，诸国皆久与文明之国接，非复刻木为契者矣。《魏书》云：其语与蠕蠕及高车诸胡不同，又足证其非同族。其来又自岷山道，其故居所在，自略可推测。

一妻多夫，易行女系，女系固非即女权，然女权究易昌大，且女子易为族长，因此亦易为国主。

《魏书·吐谷浑传》云：北又有女王国，以女为主，人所不知，其传云然，谓女王国在吐谷浑北，显有讹误。或北为误字，或系编次之误，或则传写简错。此条若不在此处，则“北又有”之文，非谓其在吐谷浑之北矣。

《北史》云：白兰西南二千五百里，隔大岭，又度四十里海，有女王国，与其《西域传》谓于阗南去女国二千里，《隋书·女国传》谓其在葱岭之南者相符，其地盖在今后藏。此女国在后藏境，而西川之西。尚有一女国。在唐西山八国中。西山八国：曰女，曰诃陵，曰南水，曰白狗，曰逋租，曰弱水，曰清远，曰咄霸。见《唐书·韦皋传》，云皆因皋请入朝。据《旧书·本纪》，事在德宗贞元九年，惟云六蛮，无清远、咄霸，盖二国之附在后也。又诃陵作哥邻。

《北史》言女国土著，宜桑麻，熟五谷。而《魏书》言哌哒无城邑，依随水草，以毡为屋，夏迁凉土，冬逐煖处。

《梁书》亦云：滑无城郭，毡屋为居，东向开户。盖藏地一妻多夫之族，有耕农，有游牧，游牧者迁徙较易，北出天山南路，先陷于阗，乃越葱岭而西，至于《魏书》所云嚈哒之都拔底延城。巴达克山之异译。谓之滑国者？

《唐书·地理志》：大汗都督府，以嚈哒部活路城置，此即《西域记》之活国，Aboulféda地志云：为吐火罗都城，旧为嚈哒国，《西突厥史料》第三篇。梁武帝时其主盖居焉，而以其名自通，故《梁书》称为滑国也。《梁书》又有周古柯、呵跋檀、胡密丹三国，周古柯，未详。呵跋檀，或云即渴盘陁。胡密丹，即护蜜。云皆滑旁小国。普通元年，使使随滑来献方物。

又云：凡滑旁之国，衣服、容貌，皆与滑同，盖其相率俱出者。此国之强盛，盖当南北朝之初。《魏书》言：西域康居、于阗、沙勒、即疏勒。安息，及诸小国三十许，皆役属之。《周书》云：于阗、安息等大小二十余国皆役属之。《朱居波》、沙畹云：今哈尔噶里克（Karghalik），见《西突厥史料》第二篇。《传》云：役属嚈哒。《渴盘陁》《传》云：附于嚈哒。《钵和》《传》云：亦为嚈哒所统。《赊弥》《传》云：亦附嚈哒。《传》言其皆臣附焉。

《乾陁传》云：乾陁，即健驼罗。本名业波，为嚈哒所破，因改焉。其王本是敕勒，临国已三世矣，盖嚈哒所树置也。焉耆见破，事已见前。嚈哒又与柔然合从，以攻高车，事见下节。皆可见其威力之广：其破亡在南北朝之末。

《周书》云：大统十二年，梁武帝中大同元年。遣使献其方物。魏废帝二年，梁元帝承圣二年。明帝二年，陈武帝永定三年。并遣使来献。后为突厥所破，部落分散，职贡遂绝。其事当在陈文帝之世也。《西突厥史料》第四篇云："突厥既灭蠕蠕，嚈哒失一大外援。波斯王Khosrou Anouschirwan，欲雪其祖败亡之耻，乃娶突厥可汗女，与盟，共谋嚈哒。陀拔（Tabari）《纪年》云：Sindjibou，为突厥最勇健之可汗，统军最众。败嚈哒而杀其王者，即此人。弥南（Menandre）《希腊史残卷》，谓Silziboul与嚈哒战甫终，即宣告将往击Avares，事在五百六十二年。又谓五百六十八年，Dizaboul可汗使告嚈哒已灭。则嚈哒之灭，应在五百六十三至五百六十七年。"案五百六十三年，乃陈文帝天嘉四年，五百六十七年，则陈废帝光大元年也。嚈哒灭亡之年，东西史籍相合。Silziboul与Dizaboul即系一人，沙畹云：即《隋书》之室点密，见下节。

在《魏书》所云第三、第四两域中，引起轩然大波者，似为匈奴。《魏书·悦般传》云：在乌孙西北。其先，匈奴北单于之部落也。为窦宪所逐。北单于度金微山，西走康居。其羸弱不能去者，住龟兹北。地方数千里，众可二十余万。凉州人犹谓之单于王。其风俗、言语，与高车同，而其人清洁于胡。俗翦发齐眉，以醍醐涂之，昱昱然光泽。日三澡漱，然后饮食。与蠕蠕结好。其王尝将数千人入蠕蠕国，欲与大檀相见。入其界百余里，见其部人不浣衣，不绊发，妇人舌舐器物。王谓其从臣曰："汝曹诳我，入此狗国中。"乃驰还。大檀遣骑追之，不及。自是相仇雠，数相征讨。

真君九年，宋文帝元嘉二十五年。遣使朝献。并送幻人，称能割人喉脉令断，击人头令骨陷，皆血出，或数升，或盈斗，以草药内其口中，令嚼咽之，须臾血止，养创一月复常，又无瘢痕。世祖疑其虚，乃取死罪囚试之，皆验。云中国诸名山，皆有此草。乃使人受其术而厚遇之。是岁，再遣使朝贡，求与官军东西齐契讨蠕蠕。世祖嘉其意，命中外诸军戒严，以淮南王他为前锋，袭蠕蠕。仍诏有司：以其鼓舞之节，施于乐府。自是每使贡献。

案汉世西北诸国，大者曰康居，曰大宛，曰乌孙，曰奄蔡。《后汉书》无康居传。《晋书》有之，云：在大宛西北，可二千里。与粟弋、伊列邻接。其王居苏薤城。泰始中，其王那鼻遣使上封事，并献方物。苏薤城乃史国之都，为康居小王故地，洪氏钧谓"是昭武之分王，非康居之统主，苏薤在大宛西不及二千里，《晋书》但引《史记》，而不知与已说剌缪，"《元史译文证补·西北古地考康居奄蔡》。其说良是。然则康居旧国已亡。

大宛，《晋书·传》云：其国"有大小七十余城。大康六年，武帝遣使杨颢拜其王蓝庾为大宛王。卒，其子摩之立，遣使贡汗血马。"似尚为泱泱大风。然自此而后，亦无闻焉。乌孙惟《魏书》有传，云："其国数为蠕蠕所侵，西徙葱岭山中，无城郭，随畜牧，逐水草，"则更微不足数矣。悦般之地，自龟兹之北至乌孙西北，盖包巴勒哈什湖而抵咸海。自此以西北，亦更无强部。故或谓"《后书》无康居传者，其地已入悦般也。

《后书》有粟弋国，又有严国，在奄蔡北，奄蔡，改名阿兰聊国，皆云属康居，即属于匈奴矣。"《三国·魏志·四裔传注》引《魏略》：乌孙、康居，本国无增损也。北乌伊别国，在康居北。又有柳国；又有岩国；又有奄蔡国，一名阿兰；皆与康居同俗。西与大秦，东南与康居接。故时羁属康居，今不属也。说亦可通。

《魏书》："粟特国，在葱岭之西，古之奄蔡，一名温那沙，居于大泽，在康居西北，先是匈奴杀其王而有其国，至王忽倪已，三世矣。"此亦一匈奴战胜攻取之迹。然若是者甚寥寥，何也？今案匈奴是时，兵锋盖深入欧洲，故在亚洲，其可见之战功甚少也。

洪氏钧又云：《魏书》以粟特即奄蔡。《后汉书》分粟弋、奄蔡为二，曰粟弋国属康居。《通典》以粟弋即粟特，而亦与奄蔡分为二国。且曰粟弋附庸小国，四百余城。似非一国。《元史类编·西域传》引《十三州志》云：奄蔡、粟特，各有君长，而魏收以为一国，误矣。

《汉书·陈汤传》：郅支单于遣使责阖苏、大宛诸国岁遗。师古曰：胡广云：康居北可一千里，有国名奄蔡，一名阖苏，然则阖苏即奄蔡也。《史记正义》引《汉书解诂》曰：奄蔡即阖苏也。名称互岐，诸说不一，折衷考异，爰采西书。当商、周时，古希腊国人已至黑海，行舟互市，筑室建城。秦、汉之时，罗马继之。故亚洲西境部族，播迁欧洲者，惟希腊、罗马古史，具载梗概。今译其书，谓里海以西，黑海以北，先有辛卑尔族居之，盖东方种类，城郭而兼游牧者。厥后有粟特族，越里海北滨，自东而西，夺辛卑尔地。辛卑尔人四散。大半窜于今之德、法、丹、日等地。有众入罗马，为罗马击杀无遗。东汉时，有郭特族人，亦自东来。其王曰亥耳曼。粟特族人败溃不复振。

晋时，匈奴西徙。其王曰阿提拉。用兵如神，所向无敌。亥耳曼自杀。其子威尼达尔，率郭特人西窜，召集流亡，别立基业。阿提拉复引而西。战胜攻取，威震欧洲。罗马亦惮之。立国于今马加之地。希腊、罗马、郭特之人，多为其所抚用。与西国使命往来，坛坫称盛。有诗词歌咏，皆古时匈奴文字。

罗马史称阿提拉仁民爱物，信赏必罚。在军中，与士卒同甘苦。子女玉帛，一不自私。邻国贡物分颁其下。筵宴使臣以金器皿，而自奉俭约，樽簋以木。将士被服饰金，而己则惟衣皮革。是以遐迩咸服，人乐为用。宋文帝元嘉二十八年，阿提拉西侵佛郎克部。罗马大将峨都思，率郭特、佛郎克等众御之。战于沙隆之野，两军死者五十万人。阿提拉败归。南侵罗马，毁数城而去。寻卒，诸子争立，国内乱，遂为罗马所灭。

当郭特之未侵粟特也，有部落曰耶仄亦，居里海西，高喀斯山北，亦东来族类，而属于粟特。厥后郭特、匈奴，相继攘逐，独耶仄亦部河山四塞，恃险久存。后称阿兰，亦曰阿兰尼；又曰阿思，亦曰阿兰阿思；皆见东罗马书。今案耶仄亦即汉奄蔡，元阿速。昔时俄罗斯人称阿速曰耶细，为耶仄亦变音。阿速于明后始为俄罗斯所并，享国之久，可谓罕见。

奄蔡一国，粟特一国，一为大部，一为附庸，《后汉书》《通典》《十三州志》说合。其曰粟弋者？仅一粟字，嫌切音未足，因增弋字，当作粟弋特而删特字也。其曰阖苏者？阖字为启口时语助之音，西方文字，往往而有。战国时希腊人海洛犊特之书，其言粟特，音如阖苏，故知是也。

郭特之名，华书无征，《魏书·粟特传》："匈奴杀其王而有其国，传至王忽倪已三世，稽其时序，似即郭特王亥耳曼自戕之事，而不合者多，难于论定。"案近哥伦比亚大学教授夏德氏（Hirth），考定忽倪已即Hernae，实阿提拉少子继为芬王者。忽倪已以文成时通好于魏，文成在位，当西历四百五十二年至四百五十六年，忽倪已之即位，则在四百五十二年也。然则匈奴虽深入欧洲，其于亚洲西北，固未尝不陆詟[①]而水栗矣。特以大体言之，则是时之匈奴，已稍为西胡所同化，非复好斗嗜杀之民族矣。然亚洲西北，固犹为其所羁制。此等情形，盖历晋、南北朝之世，未之有改，直至其末叶突厥兴而始一变也。

西域诸国，见于《魏书》者，除前所述外，尚有且末、都且末城，今且末县。后役属鄯善。蒲山、故皮山。居皮城，今皮山县。后役属于阗。悉居半、故西夜国，一名子合。治呼犍谷，在今叶城县南。权于摩、故乌秅。居乌秅城，今巴连克山。渠沙、居故莎车城，今莎车县。且弥、都天山东于大谷。此汉之西且弥，在今呼图壁河至玛纳斯河间。本役属车师。姑默、居南城，即姑墨，见上。役属龟兹。温宿、居温宿城，见上。役属龟兹。尉头、居尉头城，见上。役属龟兹。者至拔、都者至拔城，在疏勒西。迷密、都迷密城，在者至拔西。悉万斤、都悉万斤城，见上。忸密、都忸密城，在悉万斤西，见上。洛那、即破洛那，见上。伏卢尼、都伏卢尼城，在波斯北。色知显、都色知显城，在悉万斤西北。伽色尼、都伽色尼城，在悉万斤南。薄知、都薄知城，在伽色尼南。牟知、都牟知城，在忸密西南。阿弗大汗、都阿弗大汗城，在忸密西。呼似密、都呼似密城，在阿弗大汗西。案此国即唐之火寻，见上。诺色波罗、都波罗城，在忸密南。案此国即唐之那色波，亦曰小史，在佉沙西百五十里。早伽至、都早伽至城，在忸密西。伽不单、都伽不单城，在悉万斤西北。者舌、见上。阿钩羌、在莎车西南。波路、见上。罽宾，都善见城，见上。吐呼罗、沙畹云：在巴达克山。见所著《大月氏都城考》，在《史地丛考》中。副货、东至阿副使且国，西至没谁国，中间相去一千里。南有连山，不知名。北至奇沙国，相去一千五百里。其所在并所接之国均未详。或云：奇沙即佉沙。波知、在钵和西南。钵卢勒。在赊弥东。或通朝贡，或否。其国名多与都城同，盖本一城之主，盛时则能自通中国，衰即隶属于人矣。

大秦，《晋书》《魏书》皆有传。《晋书》云：武帝大康中，其王遣使贡献，《魏书》仅袭前史之文，无事迹，盖自大康后无往还。是时安息微而波斯之萨山朝兴。

《魏书》云：神龟中，梁武帝天监十七、十八年。遣使上书贡物，自此每使贡献。而安息之名亦仍存，在葱岭西，都蔚搜城。北与康居，西与波斯相接。在大月氏西北。丁谦《魏书·西域传考证》云："巴而特亡后，尚有一小国，在里海南山中。大食先灭波斯，后灭此国。据此，安息国即《唐书》所谓陀拔斯单。安息本在月氏西南，此国滨近里海，故云在月氏西北。蔚搜城，当是今萨里城。"周天和二年，陈废帝光大元年。尝遣使来献。盖陆路之交通，至亚洲西境而极。

印度陆路之交通，《魏书》所载，有南天竺国。世宗时，齐东昏侯永元二年至梁武帝天监十四年。其国王婆罗化遣使献骏马、金银，自此每使朝献。南天竺去代三万一千里，次南天竺之下者为叠伏罗，去代三万一千里，其国当亦在印度。世宗时，其国王伏陁末多尝遣使献方物。次叠伏罗之下者为拔豆，去代五万一千里，其相去似大远，岂五万为三万之讹，其国亦在印度欤？在赊弥南之乌苌，即《西域记》之乌仗那，其国在北印，《魏书》不言其有所交通。其西之乾陁，即健陁罗，则为哌哒所羁制矣。

中国东南面海，西北连陆，北方多游牧民族，惟事侵略，西方则不然，其国多系文明之国，我之文明，能裨益彼者诚不少，彼之文明，能裨益我者亦孔多也。近年英、俄、法、德考古家，在新疆发见古书，有与印度欧罗巴语类者，以其得之之地，名之曰焉耆语、龟兹语，焉耆语行于天山之北，龟兹语行于天山之南，予疑龟兹语为塞种语，焉耆语为乌孙等游牧民族语，已见《秦汉史》第五章第四节。

烈维《龟兹语考》云：据迈埃（Meillet）研究，其语特近意大利色特（Italo-Celtes）、斯拉夫（Slaves）、希腊（Héllénes）诸语，实难纳诸一类语言。与印度伊兰语，又不相类。中国初译佛经，在二世纪时，其语，有非印度元文所能对照，必用龟兹语，始能解其音译者，此文亦在《史地丛考》中。此可见西域诸国自有其文化，非尽受之于人，而其有裨于我者为至大也。

当时西域诸国文明富厚之情形，读前文所述龟兹、焉耆之事，已可概见。王国维《西胡考》曰：魏、晋以来，草木之名，冠以胡字者，其实皆西域物。予谓不仅此。《续汉书·五行志》曰："灵帝好胡服、胡帐、胡床、胡坐、胡饭、胡箜篌、胡笛、胡舞，京都贵戚，皆竞为之，此服妖也。"凡一种文明，由贵族传入者，在当时恒为侈靡之事，久之，流衍于民间，则为全群之乐利矣。此等器物、技艺，有益于我者，实亦甚深，参观以下各章可见。

西域诸国人入中国者亦甚多。胡本匈奴之名，久之，中国人乃贻以称北方诸民族。在匈奴之东者曰东胡，乌丸、鲜卑之先是也。在匈奴之西者曰西胡，亦曰西域胡。匈奴亦黄种，容貌与中国人同，一同化即不可复别，西胡则为深目高鼻之族，文化虽已交融，容貌不能骤变，魏、晋而后，胡名遂稍为所专。既惟称此种人为胡，则东西之名，可以不立。此说详见予所撰《胡考》。在《燕石札记》中，商务印书馆本。知此，则知西域人入中国者之多，亦知中国与西域关系之密矣。又不特中国，北方之游牧民族，与西胡关系亦深，此事须统观隋、唐以后史实，方能明之，然观第八章第三节及下节，亦可见其端倪也。

第九节　柔然突厥兴亡

魏初与柔然、高车之交涉，已见第八章第三节。《魏书·蠕蠕传》曰：和平五年，宋孝武帝大明八年。吐鲁真死，子予成立，号受罗步真可汗，魏言惠也。自称永康元年。率部侵塞，北镇游军，大破其众。北镇，见第八章第三节。皇兴四年，宋明帝泰始六年。予成犯塞。车驾北讨。诸将会车驾于女水之滨。丁谦《魏书·外国传补考证》云：女水，今坤都伦河。虏众奔溃。改女水曰武川。延兴五年，宋废帝元徽三年。予成求通婚聘。大和时，复以为请。高祖诛之。予成虽岁贡不绝，而款约不著，婚事亦停。九年，齐武帝永明三年。予成死，子豆仑立，号伏古敦可汗，魏言恒也。自称大平元年。

柔然实倚铁勒以为强，故至豆仑之世，铁勒叛而柔然遂中衰。《魏书·高车传》曰：先是副伏罗部为蠕蠕所役属。豆仑之世，蠕蠕乱离，国部分散。副伏罗阿伏至罗与从弟穷奇，俱统高车之众十余万落。大和十一年，齐永明五年。豆仑犯塞，阿伏至罗固谏，不从。怒，率所部西叛。至前部西北，自立为王。车师前部，见上节。国人号之曰侯娄匐勒，犹魏言大天子也。穷奇号候倍，犹魏言储主也。二人和穆，分部而立。阿伏至罗居北，穷奇在南。豆仑追讨之，频为阿伏至罗所败，乃引众东徙。

十四年，齐永明八年。阿伏至罗遣商胡越者至京师，以二箭奉贡。云："蠕蠕为天子之贼，臣谏之不从，遂叛来至此，而自竖立，当为天子讨除蠕蠕。"高祖未之信也，遣使者于提观虚实。阿伏至罗与穷奇遣使者簿颉随于提来朝。诏员外散骑侍郎可足浑长生复与于提往使。《蠕蠕传》曰：豆仑性残暴好杀。其臣侯医垔石洛候数以忠言谏之，又劝与国通和，勿侵中国。豆仑怒，诬石洛候谋反，杀之，夷其三族。

十六年，齐永明十年。八月，高祖遣阳平王颐、左仆射陆叡并为都督，领军斛律恒等十二将七万骑讨豆仑。部内高车阿伏至罗率众十余万落西走，自立为王。豆仑与叔父那盖为二道追之。豆仑出自浚稽山北而西，汉大初二年，赵破奴出朔方二千余里至浚稽山。汉朔方郡，在今绥远临河县境。那盖出自金山。见上节。豆仑频为阿伏至罗所败，那盖累有胜捷。国人咸以那盖为天所助，欲推为主。那盖不从。众乃杀豆仑母子，以尸示那盖。那盖乃袭位。

那盖号候其伏代库者可汗，魏言悦乐也。自称大安元年。是时盖魏与高车协谋，以犄蠕蠕也。《梁书·芮芮传》云：永明中，为丁零所破，更为小国，而南移其居，当在此时。其移居何地，则不可考矣。

《魏书》又云：那盖死，子伏图立，号他汗可汗，魏言绪也。自称始平元年。正始三年，梁武帝天监三年。伏图遣使纥奚勿六跋朝献，请求通和。世宗不报其使。诏有司敕勿六跋曰："蠕蠕远祖社仑，是大魏叛臣，往者包容，暂时通使，今蠕蠕衰微，有损畴日，大魏之德，方隆周、汉，通和之事，未容相许。若修藩礼，款诚昭著者，当不孤尔也。"永平元年，梁天监七年。伏图又遣勿六跋奉函书一封，并献貂裘。世宗不纳，依前喻遣。观此，知魏与柔然，迄用邻敌之礼来往，此时乘其衰弱，乃欲胁以称臣也。然高车旋复为柔然所破。

《高车传》云：穷奇后为嚈哒所杀，虏其子弥俄突等。其众分散，或来奔附，或投蠕蠕。阿伏至罗长子蒸阿伏至罗余妻，谋害阿伏至罗。阿伏至罗杀之。阿伏至罗又残暴，大失众心。众共杀之，立其宗人跋利延为主。岁余，嚈哒伐高车将纳弥俄突。国人杀跋利延迎之。弥俄突既立，复遣使朝贡。世祖诏之曰：

“蠕蠕、哌哒、吐谷浑所以交通者，皆路由高昌，犄角相接。今高昌内附，遣使迎引，蠕蠕往来路绝”云云。观此，知魏与高车协谋柔然，柔然又与哌哒协谋高车也。《高车传》又曰：弥俄突寻与蠕蠕主伏图战于蒲类海北，今巴尔库勒泊，在新疆镇西县西北。为伏图所败。西走三百余里。伏图次于伊吾北山。伊吾，见第六章第六节。

先是高昌王麹嘉，表求内徙，世宗遣孟威迎之，至伊吾。蠕蠕见威军，怖而遁走。弥俄突闻其离骇，追击，大破之，杀伏图于蒲类海北，割其发，送于孟威。弥俄突此战，可谓幸胜耳。

《蠕蠕传》云：伏图死，子丑奴立，号豆罗伏跋豆伐可汗，魏言彰制也。自称建昌元年。熙平元年，梁天监十五年。西征高车，大破之。禽弥俄突，杀之。尽并叛者。国遂强盛。《高车传》云：肃宗初，弥俄突与蠕蠕主丑奴战败被禽，丑奴系其两脚于驽马之上，顿曳杀之，漆其头为饮器。《梁书》云：天监中，始破丁零，复其旧土，在此时也。然丑奴实非拨乱之主，故不久而内难复作。

《蠕蠕传》云：豆岺之死也，伏图纳其妻候吕陵氏，生丑奴、阿那瑰等六人。丑奴立后，忽亡一子，字祖惠。求募不得。副升牟妻是豆浑地万，年二十许，为医巫，假托神鬼，先尝为丑奴所信，出入去来。乃言此儿今在天上，我能呼得。丑奴母子欣悦。后岁中秋，在大泽中施帐屋，斋洁七日，祈请天神。

经一宿，祖惠忽在帐中。自云恒在天上。丑奴母子抱之悲喜。大会国人，号地万为圣女。纳为可贺敦。授夫副升牟爵位，赐牛、马、羊三千头。地万既挟左道，亦有姿色，丑奴甚加重爱，信用其言，乱其国政。如是积岁。祖惠年长，其母问之。祖惠言“我恒在地万家，不曾上天，上天者，地万教也。”其母具以状告丑奴。丑奴言“地万悬鉴远事，不可不信，勿用谗言也。”既而地万恐惧，谮祖惠于丑奴，丑奴阴杀之。正光初，梁武帝普通元年。丑奴母遣莫何去汾李具列等绞杀地万。丑奴怒，欲诛具列等。又阿至罗侵丑奴，丑奴击之，军败。还，为母与其大臣所杀。

立丑奴弟阿那瑰。立经十日。其族兄俟力发示发率众数万以伐阿那瑰。阿那瑰战败，将弟乞居伐轻骑南走归国。阿那瑰母候吕陵氏及其二弟，寻为示发所杀。案豆岺之死，国人亦并杀其母，则似柔然之母可贺敦，习于干政，盖浅演之国，法制不立使然。候吕陵氏盖谋立其少子而行弑逆也。《宋书》言芮芮僭称大号，岁时遣使诣京师，与中国抗礼。《宋书·芮芮传》附《索虏传》后。观其自予成以后，每主皆建年号，知其言之不诬。至此，乃以内难故入臣于魏矣。

阿那瑰既至，魏封为朔方郡公、蠕蠕主。阿那瑰乞求兵马，还向本国。诏议之。时朝臣意有同异，或言听还，或言不可。领军元叉为宰相，阿那瑰私以金百斤货之，遂归北。阿那瑰东奔之后，其从父兄俟力发婆罗门率数万人入讨示发，破之。示发奔地豆干，为其下所杀。推婆罗门为主，号弥偶可社句可汗，魏言安静也。

二年，梁普通二年。二月，肃宗诏旧经蠕蠕使者牒云具仁往喻婆罗门迎阿那瑰之意。婆罗门殊自骄慢，无逊让之心。责具仁礼敬。具仁执节不屈。婆罗门遣大官莫何去汾、俟斤丘升头六人将兵一千，随具仁迎阿那瑰。

五月，具仁还镇，论彼事势。阿那瑰虑不敢入，表求还京。会婆罗门为高车所逐，见下。率十部落诣凉州归降。于是蠕蠕数万，相率迎阿那瑰。七月，阿那瑰启云："投化蠕蠕二人到镇，云国土大乱，往往别住，迭相抄掠。乞依前恩，赐给精兵一万，还令督率，送臣碛北，抚定荒人。"

九月，蠕蠕后主俟匿伐来奔怀朔镇。见第十二章第三节。阿那瑰兄也。列称规望乞军，并请阿那瑰。十月，录尚书事高阳王雍等奏阿那瑰宜置吐若奚泉，在怀朔镇北。婆罗门宜置西海郡。在敦煌北。魏时盖未能定阿那瑰，故与婆罗门俱就境内安置之也。婆罗门寻与部众谋叛投哌哒，哌哒三妻，皆婆罗门妹。州军讨禽之。

四年，梁普通四年。阿那瑰众大饥，入塞寇钞。肃宗诏尚书左丞元孚兼行台尚书持节喻之。为其所执。以孚自随，驱掠良口二千，公、私驿马、牛、羊数十万北遁。谢孚放还。诏李崇等率骑十万讨之。出塞三千余里，至瀚海，不及而还。是时之阿那瑰，安能远引；此非崇等规避，即魏史之夸辞也。破六韩拔陵反，诸镇相应，孝昌元年，梁普通六年。春，阿那瑰率众讨之，从武川西向沃野，武川、沃野，皆见第十二章第三节。频战克捷。阿那瑰部落既和，士马稍盛，乃号敕连头兵豆伐可汗，魏言把揽也。

初弥俄突之死也，其部众悉入哌哒。经数年，哌哒听弥俄突弟伊匐还国。伊匐复大破蠕蠕。蠕蠕主婆罗门走投凉州。伊匐后与蠕蠕战，败归。其弟越居杀伊匐自立。天平中，梁中大通六年至大同三年。越居复为蠕蠕所破。伊匐子比适，复杀越居而自立。兴和中，梁大同五年至八年比适又为蠕蠕所破。自是高车复衰，柔然独雄于漠南北矣。魏氏既乱，所以待柔然者，复异于前。建义初，梁武帝大通二年。孝庄诏阿那瑰赞拜不言名，上书不称臣。东西既分，彼此竞结姻好，柔然浸骄，事已见前。然柔然是时，实已不振，遂为新兴之突厥所灭。

突厥缘起，凡有数说：《周书》云：突厥者，盖匈奴之别种，姓阿史那氏，别为部落。后为邻国所破，尽灭其族。有一儿，年且十岁，兵人见其小，不忍杀之，乃刖其足，弃草泽中。有牝狼，以肉饲之。及长，与狼合，遂有孕焉。彼王闻此儿尚在，重遣杀之。使者见狼在侧，并欲杀狼。狼遂逃于高昌国之北山。山有洞穴，穴内有平壤茂草，周围数百里，四面俱山。狼匿其中，遂生十男。十男长，外托妻孕，其后各有一姓，阿史那即一也。子孙蕃育，渐至数百家。经数世，相与出穴，臣于茹茹。居金山之阳，为茹茹铁工。金山形似兜鍪[12]，其俗谓兜鍪为突厥，遂因以为号焉。此一说也。

又云：或云：突厥之先，出于索国。在匈奴之北。其部落大人曰阿谤步。兄弟十七人。其一曰伊质泥师都，狼所生也。阿谤步等性并愚痴，国遂被灭。泥师都既别感异气，能征召风雨。娶二妻，云是夏神、冬神之女也。一孕而生四男：其一变为白鸿。其一国于阿辅水、剑水之间，号为契骨。契骨，即汉之坚昆，唐之黠戛斯。剑水，《唐书》作剑河，即《元史》之谦河，在唐努乌梁海境内，见《元史译文证补·地理志·西北地附录释地下吉利吉思撼合纳谦州益兰州等处》条。其一国于处折水。其一居践斯处折施山，即其大儿也。山上仍有阿谤步种类，并多寒露，大儿为出火温养之，咸得全济，遂共奉大儿为主，号为突厥，即讷都六设也。讷都六有十妻，所生子皆以母族为姓，阿史那是其小妻之子也。讷都六死，十母子内欲择立一人，乃相率于大树下共为约，曰："向树跳跃，能最高者即推立之。"阿史那子年幼，而跳最高，诸子遂奉以为主，号阿贤设。此又一说也。

《隋书》则云：突厥之先，平凉杂胡也。平凉，苻秦郡，见第六章第三节。后魏徙治鹑阴，在今平凉县西南。后周废。隋复置，治平高，今甘肃固原县。姓阿史那氏。后魏大武灭沮渠氏，阿史那以五百家奔茹茹。世居金山，工于铁作。金山状如兜鍪，俗呼兜鍪为突厥，因以为号。下乃叙其先为邻国所灭，惟余一男，与狼交而生十子，后出穴臣于蠕蠕之事，与《周书》略同。惟云其先国于西海之上，不云为匈奴别种，则《周书》之第一说析为二，而以出穴者为阿贤设，则转与《周书》之第二说相沟通矣。《北史》略同《隋书》，又列《周书》之第二说，是共得三说也。

今案诸说虽异，亦有可相沟通者。大约突厥之先，尝处于一海子之上；其海在高昌之西；其国为邻国所破遁居高昌北山中；出山之后，转徙而至平凉；沮渠氏亡，再奔茹茹；茹茹处之金山；其人工于铁作，故为茹茹所倚重。其国凡有十姓，孑遗一儿，与狼交而生十子之说，为其族之神话；逮居金山，邻近本有契骨诸族，亦自有其神话，二者稍相糅合，于是阿贤设之前，更有所谓讷都六设，而其故国，亦自无名号变而有索国之称矣。以凉州附塞之族，播迁于漠北荒瘠之区，其能抚用其众，稍致盛强，固其所也。

《周书》云：其后曰土门，其后之其字，当指阿贤设言。《隋书》云：有阿贤设者，率部落出于穴中，世臣茹茹。至大叶护，种类渐强。当后魏之末，有伊利可汗云云。《唐书·西突厥传》云：其先讷都陆之孙吐务，号大叶护。长子曰土门伊利可汗。次子曰室点密，一曰瑟帝米。瑟帝米之子曰达头可汗，亦曰步迦可汗，始与东突厥分乌孙故地有之。部落稍盛，始至塞上市缯絮，愿通中国。大统十一年，梁武帝大同十年。大祖遣酒泉胡安诺槃陁使焉。其国皆相庆，曰：“今大国使至，我国将兴也。”

十二年，梁中大同元年。土门遂遣使贡方物。时铁勒将伐茹茹，土门率所部邀击，破之，尽降其众五万余落。恃其强盛，乃求婚于茹茹。茹茹主阿那瑰大怒，使人骂辱之曰：“尔是我锻奴，何敢发是言也？”土门亦怒，杀其使者。遂与绝，而求婚于我。大祖许之。十七年，梁简文帝大宝二年。六月，以魏长乐公主妻之。魏废帝元年，梁元帝承圣元年。正月，土门发兵击茹茹，大破之于怀荒北。怀荒，见第十二章第三节。阿那瑰自杀。其子菴罗辰奔齐。余众复立阿那瑰叔父邓叔子为主。土门遂自号伊利可汗。

土门死，子科罗立，号乙息记可汗。又破叔子于沃野北木赖山。科罗死，弟俟斤立，号木汗可汗。《隋书》云：伊利可汗卒，弟逸可汗立。又破茹茹。病且卒，舍其子摄图，立其弟俟斗，称为木杆可汗。案俟斗当作俟斤，突厥官号也。《北史》云：乙息记可汗舍其子摄图，立其弟俟斤，是为木杆可汗。乙息记与逸可汗，当即一人。案他钵死后，摄图继立，以其子雍虞闾性懦，遗令立其弟处罗侯，雍虞闾使迎之，处罗侯曰：“我突厥自木杆可汗以来，多以弟代兄，以庶夺嫡，失先祖之法，不相敬畏，汝当嗣位，我不惮拜汝也，”则弟兄相及，似始木杆，乙息记似以从《周书》作土门子为是。俟斤，一名燕都，性刚暴，务于征伐。乃率兵击邓叔子，灭之。叔子以其余烬来奔。俟斤又西破哌哒，东走契丹，北并契骨，威服塞外诸国。其地：东自辽海以西，西至西海，万里；南自沙漠以北，北至北海，五六千里，皆属焉。俟斤部众既盛，乃遣使请诛邓叔子等。大祖许之，收叔子以下三千人，付其使者，杀之于青门外。此事据《北史·蠕蠕传》，在西魏恭帝二年，齐文宣之天保六年也。梁敬帝绍泰元年。

《北史》又云：天保三年，阿那瑰为突厥所破，自杀。其大子菴罗辰，及瑰从弟登注俟利，登注子库提，并拥众奔齐。其余众立注次子铁伐为主。四年，齐文宣送登注及子库提还北。铁伐寻为契丹所杀。其国人仍立登注为主。又为大人阿富提等所杀。其国人复立库提为主。是岁，复为突厥所攻，举国奔齐。文宣乃北讨突厥，迎纳蠕蠕，废库提，立菴罗辰为主。致之马邑川。亲追突厥于朔方。突厥请降，许之而还。于是蠕蠕贡献不绝。

五年，三月，菴罗辰叛，文宣亲讨，大破之。菴罗辰父子北遁。四月，寇肆州，帝自晋阳讨之，至恒州黄瓜堆，虏散走。五月，帝又北讨。六月，蠕蠕帅部众东徙，将南侵，帝帅轻骑邀击。蠕蠕闻而远遁。六年，又亲讨蠕蠕，至沃野。是后遂无记事，其时恰与邓叔子之死同年，盖柔然自是遂亡矣。其国运，亦可谓与后魏相终始也。齐文宣与柔然之交涉，可参看第十四章第二节。

是时周人之计，盖欲助突厥以倾柔然，齐人则与之相反，欲辅柔然以拒突厥。然柔然卒不可辅，于是突厥强而周、齐二国，复不得不倾心以奉之矣。《周书》云：时与齐人交争，戎车岁动，故每连结之以为外援。初魏恭帝世，俟斤许进女于大祖，契未定而大祖崩。寻而俟斤又以他女许高祖。未及结纳，齐人亦遣求婚。俟斤贪其币厚，将悔之。诏遣凉州刺史杨荐、武伯王庆等往结之。庆等至，谕以信义。俟斤遂绝齐使而定婚焉。仍请举国东伐。其事已见第十四章第六节。

杨忠言于高祖曰："突厥甲兵恶，爵赏轻，首领多而无法令，何谓难制驭？正由比者使人，妄道其强盛，欲令国家厚其使者，身往重取其报。以臣观之，前后使人，皆可斩也。"高祖不纳。周朝是时之畏葸，亦可云甚矣。保定五年，陈文帝天嘉六年。诏陈公纯等往逆女。

天和二年，陈废帝光大元年。陈公纯等至，俟斤复贰于齐。会有风雷变，乃许纯等以后归。俟斤死，弟他钵可汗立。自俟斤以来，其国富强，有陵轹中夏志。朝廷既与和亲，岁给缯、絮、锦采十万段。突厥在京师者，又待以优礼，衣锦食肉者，常以千数。齐人惧其寇掠，亦倾府藏以给之。他钵弥复骄傲，至乃率其徒属曰："但使我在南两个儿孝顺，何忧无物邪？"齐灭，他钵立高绍义，已见第十四章第八节。周武帝欲讨之，会死，见第十五章第一节。直至隋文帝出，乃加以惩创焉。

第十节　东北诸国

鲜卑之众，当五胡扰乱时，几尽相率而入中国，然仍有遗留于今热河境内者，时曰奚、契丹。《魏书》曰：库莫奚之先，东部宇文之别种也。初为慕容元真所破，遗落者窜匿松漠之间。今热河境内，古有一大松林。白鸟库吉云：此松林以巴林部为中心，东北及阿尔沁部、札鲁特部，西南及克什克腾部。案巴林旗为今林西、林东二县地，阿尔沁为天山设治局地，札鲁特为开鲁县及鲁北设治局地，克什克腾为经棚县地。白鸟氏说，见所著《地豆干及霫考》，在《东胡民族考》中，方壮猷译，商务印书馆本。又云：契丹，在库莫奚东，异种同类，俱窜于松漠之间。登国中，大破之。遂逃迸，与奚分背。经数十年，稍滋蔓，有部落于和龙之北数百里。和龙，见第五章第二节。

奚：高宗、显祖世，岁致名马、文皮。高祖初，遣使朝贡。大和四年，齐高帝建元二年。辄入塞内，辞以畏地豆干钞掠。诏书切责之。二十二年，齐明帝永泰元年。入寇安州，见第十二章第二节。营、见第十一章第四节。燕、幽皆见第十二章第一节。三州兵击走之。后复款附。每求入塞交易。诏曰："库莫奚去大和二十一年以前，与安、营二州边民参居，交易往来，并无疑贰。至二十二年叛逆以来，遂尔远窜。今虽款附，犹在塞表。不容依先任其交易，事宜限节。交市之日，州遣上佐监之。"自是已后，岁常朝献，至于武定末梁武帝大清三年。不绝。

《周书》云：其众分为五部：一曰辱纥主，二曰莫贺弗，三曰契个，四曰木昆，五曰室得。每部置俟斤一人。有阿会氏，最为豪帅，五部皆受其节度。役属于突厥，而数与契丹相攻。大统五年，梁武帝大同五年。遣使献其方物。

契丹：《魏书》云：多为寇盗。真君以来，真君元年，宋文帝元嘉十七年。岁贡名马。显祖时，使莫弗纥何辰奉献，得班飨于诸国之末。于是悉万丹部、何大何部、伏弗郁部、羽陵部、日连部、匹絜部、黎部、吐六于部等，各以其名马、文皮，入献天府。遂求为常。皆得交市于和龙、密云之间。密云，后魏县，并置郡，今河北密云县。贡献不绝。

大和三年，齐高帝建元元年。高句丽窃与蠕蠕谋，欲取地豆干以分之，契丹惧其侵轶，其莫弗贺勿干率其部落车三千乘、万余口，驱徙杂畜，求入内附。止于白狼水东。白狼水，今大凌河。自此岁常朝贡。后告饥，高祖矜之，听其入关市籴。及世宗、肃宗时，恒遣使贡方物。至齐受禅常不绝。齐文宣征之，已见第十四章第二节。案奚、契丹之处境，颇似汉世之乌丸，故能渐次开化，至唐末遂为名部也。

自奚、契丹而东北，以失韦及勿吉为大宗。《魏书》云：失韦国，《北史》作室韦，云室或作失，《隋》《唐书》皆作室韦。在勿吉北千里。路出和龙。北千余里，入契丹国。又北行十日至啜水。又北行三日，有盖水。《北史》作善水。又北行三日，有犊了山。其山高大，周回三百余里。又北行三日，有大水，名屈利。又北行三日，至刃水。又北行五日，到其国。有大水从北而来，广四里余，名捺水。捺水，旧以嫩江释之。白鸟库吉《失韦考》云：啜水，今绰尔河。屈利水，今嫩江。捺水，今黑龙江。失韦在和龙北千余里，又二十七日程，假日行百里，则在今朝阳北三千七百余里，当在今爱珲、海兰泡境。案《魏书》所述，全程皆北行，如是说则变为东行，古人乡方，纵不审谛，不应大误至此。且此荒漠之境，必不能日行百里。此捺水，即勿吉使者至中国乘船溯难河西上之难河，见下。勿吉使者自难河入大沵河，大沵河今洮儿河，难河明为今嫩江，失韦之地，不过在今黑龙江南境耳。白鸟氏之作，亦在《东胡民族考》中。语与库莫奚、契丹、豆莫娄国同。颇有粟、麦及穄。惟食猪、鱼，养牛、马。俗又无羊。夏则城居，冬逐水草。

武定二年，梁大同十年。始遣使献其方物。迄武定末，贡使相寻。及齐受禅，亦岁时朝聘。地豆干，在室韦西千余里。白鸟氏《地豆干及霫考》云：此国即唐时之霫，与铁勒十五部之白霫有别。其地北以洮儿河与乌洛侯接；南以西喇木伦连奚契丹；东隔沙陀，与高句丽属地夫余邻；西以兴安岭与柔然接壤。多牛、羊，出名马。无五谷，惟食肉酪。

延兴二年，宋明帝泰豫元年。八月，遣使朝贡。至于大和六年，齐高帝建元四年。贡使不绝。十四年，齐武帝永明八年。频来犯塞，诏阳平王颐击走之。自后时朝京师。迄武定末，贡使不绝。《魏书》本传。及齐受禅，亦来朝贡。《北史》本传。乌洛侯国，在地豆干之北。其国西北有完水，东北流，合于难水。其地小水，皆注于难，东入于海。又西北二十日行，有于已尼大水，所谓北海也。完水、于已尼大水，皆见第三章第八节。

世祖真君四年，宋元嘉二十年。来朝，称其国西北有国家先世旧墟，已见第三章第八节。其土下湿，多雾气而寒。冬则穿地为室，夏则随原阜畜牧。多豕。有谷、麦。无大君长。部落莫弗，皆世为之。民尚勇，不为奸窃，好猎射。《魏书》本传。此今吉、黑二省西境之情形也。

《晋书》云：肃慎氏，一名挹娄。在不咸山北。去夫余可六十日行。东滨大海，西接寇漫汗国，未详。北极弱水。今松花江。其土界广袤数千里。居深山穷谷。其路险阻，车马不通。夏则巢居，冬则穴处。父子世为君长。无文墨，以言语为约。有马不乘，但以为财产而已。无牛、羊，多畜猪，食其肉，衣其皮，绩毛以为布。无井、灶，作瓦鬲受四五升以食。坐则箕踞。以足挟肉而啖之。得冻肉，坐其上，令暖。土无盐、铁。烧木作灰，灌取汁而食之。俗皆编发。以布作襜，径尺余，以蔽前后。贵壮而贱老，性凶悍，以无忧哀相尚。父母死，男子不哭，哭者谓之不壮。相盗窃，无多少皆杀之，案此盖谓异部之间。故虽野处而不相犯。

有石砮、皮骨之甲。檀弓三尺五寸，楛矢长尺有咫。其国东北有山出石，其利入铁。将取之，必先祈神。周武王时，献其楛矢、石砮。逮于周公辅成王，复遣使入贡。尔后千余年，虽秦、汉之盛，莫之致也。及文帝作相，魏景元末，来贡楛矢、石砮、弓、甲、貂皮之属。魏帝诏归于相府。赐其王傉鸡锦、罽、丝、帛。至武帝元康初，复来贡献。元帝中兴，又诣江左，贡其石砮。至成帝时，通贡于石季龙。事亦见第五章第五节。《宋书·高句丽传》曰：大明三年，献肃慎氏楛矢、石砮。

《魏书·勿吉传》曰：旧肃慎国也。邑落自有君长，不相统一。其人劲悍，于东夷最强。言语独异。常轻豆莫娄等国，诸国亦患之。自和龙北二百余里，有善玉山。山北行十三日，至祁黎山。又北行七日，至如洛瑰水。水广里余。见第八章第三节。

又北行十五日，至大鲁水。即大洢河。又东北行十八日，到其国。国有大水，阔三里余，名速末水。今松花江。其地下湿。筑城穴居。屋形似冢，开口于上，以梯出入。其国无牛，有车马。案此较诸晋时之有马而不乘，已有进矣。佃则耦耕。车则步推。有粟及麦、穄。俗以人溺洗手面。头插虎、豹尾。善射猎。弓长三尺。箭长尺二寸，以石为镞。常七八月造毒药傅箭镞，射禽兽，中者便死。煮药毒气，亦能杀人。

延兴中，宋明帝泰始七年至废帝元徽三年。遣使乙力支朝献。大和初，大和元年，宋顺帝升明元年。又贡马五百匹。乙力支称初发其国，乘船溯难河西上。至大洣河，沈船于水，南出陆行。渡洛孤水。即如洛瑰水。从契丹西界达和龙。自云：其国先破高句丽十落，密共百济谋从水道并力取高句丽，遣乙力支奉使大国，请其可否。诏敕三国同是藩附，宜共和顺，勿相侵扰。乙力支乃还。从其来道，取得本船，泛达其国。

九年，齐武帝永明三年。复遣使侯尼支朝献。明年，复入贡。其旁有大莫卢国、覆钟国、莫多回国、库娄国、素和国、具弗伏国、匹黎尔国、拔大何国、郁羽陵国、库伏真国、鲁娄国、羽真侯国，前后各遣使朝献。大和十二年，齐永明六年。勿吉复遣使贡楛矢、方物于京师。迄于正光，梁武帝普通元年至五年。贡使相寻。尔后中国纷扰，颇或不至。兴和二年，梁武帝大同六年。六月，遣使石久云等贡方物。至于武定梁大同九年至简文帝大宝二年。不绝。《北史》云：以至于齐，朝贡不绝。

案勿吉，《隋书》作靺鞨，云：其渠帅曰大莫弗瞒咄，靺鞨二字，疑仍瞒咄之异译。明世，满洲人自称其酋长曰满住，明人误为部族之称，满人亦即以为国名，而改其字为满洲，说见日本稻叶君山《清朝全史》及孟森《心史史料》。满住亦即瞒咄，白鸟氏《室韦考》云：乃蒙古语Baghatur义为勇士，勇猛。之转音，突厥语Bâtur之对音。至其民族之名，则自为肃慎，即后世所谓女真。秦、汉之盛莫之致，盖为夫余所隔？故晋世夫余亡而肃慎复通矣。此今吉林省东境之情形也。

《晋书》又云：裨离国，在肃慎西北，马行可二百日。领户二万。养云国，去裨离马行又五十日。领户二万。寇莫汗国，去养云国又百日行。领户五万余。一群国，去莫汗又百五十日。计去肃慎五万余里。其风俗、土壤并未详。泰始三年，各遣小部献其方物。述此等国之里程，自不免于恢侈，然其国必当在今西伯利亚境内也。

又云：至大熙初，复有牟奴国帅逸芝、惟离模卢国帅沙支臣芝、于离末利国帅加牟臣芝、蒲都国帅因末、绳余国帅马路、沙娄国帅钐加，各遣正副使诣东夷校尉何龛归化。此等国并不能知其所在，然其相距当较近也。《三国·魏志·韩传》：弁辰亦十二国，又有诸小别邑，各有渠帅，大者名臣智，臣芝疑与臣智一语；又句丽五族：曰涓奴部、绝奴部、顺奴部、灌奴部、桂娄部，亦与牟奴、沙娄之名相似；则此诸国或丽、韩族类。”

注释：

①盘瓠[pán hù]：中国古代神话中的人物。传说远古高辛帝时，“时帝有畜狗，其毛五采，名曰盘瓠”。

②仡佬[gē lǎo]：即仡佬族。中国少数民族之一。主要分布于贵州省，少数散居于云南省和广西省。

③尪弩[wāng nú]：比喻孱弱无能。

④险夐[xiǎn xiòng]：险阻而遥远。

⑤窎远[diào yuǎn]：遥远。

⑥罽[jì]宾国：又作凛宾国、劫宾国、羯宾国，为汉朝时之西域国名。

⑦尗[shú]：本义指“由上而下、从大到小”排列。后引申为“豆子”。

⑧罴[pí]：熊的一种。俗称人熊或马熊。

⑨榛狉[zhēn pī]：形容未开化。

⑩肸顿[xī dùn]：中亚地区在大夏管治时期的五翕侯之一，首都在薄茅城。

⑪陆詟[lù zhé]：通常与水栗搭配使用，意为声威远播，四方畏服。

⑫兜鍪[dōu móu]：古代战士戴的头盔。

第十七章

晋南北朝社会组织

第一节　昏制

去古渐远，则一切社会制度随社会组织而有变迁。古者贵族之家，皆有妾媵，然其以一人拘多女，实反不如后世富者之甚，故诸侯不再娶之礼，与其一娶九女并存。逮于后世，封建之制既绝，于是继娶之礼兴，而前娶与后继，皆为适室矣。陈舒谓："自秦、汉以来，废一娶九女之制，近世无复继室之礼，先妻卒则更娶，苟生加礼，则亡不应贬。"见《晋书·礼志》。《魏律》正杀继母与亲母同，见《晋书·刑法志》。《北史·节义·刘孝翊传》引《令》，为人后者，父母殁并解官，申其心丧，父卒母嫁，为父后者虽不服，亦申心丧，继母嫁不解官，此自因继母非天属之亲，嫁则恩义不存故尔，非其地位与正室有殊也。此自社会渐趋平等使然，然一切制度，不能一变则其余与之俱变，故其彼此之间，转有不能和协者。

《颜氏家训·后娶篇》云："江左不讳庶孽，丧室之后，多以妾媵终家事。疥癣蚊蝱，或未能免，限以大分，故希斗阋之耻。河北鄙于侧出不豫人流，是以必须重娶至于三四，《北史·李叔彪传》：孙象，丧妻无子，终竟不娶，论者非之。母年有少于子者。后母之弟，与前妇之兄，衣服、饮食，爰及婚、宦，至于士庶、贵贱之隔，俗以为常。身殁之后，辞讼盈公门，谤辱彰道路。子诬母为妾，弟黜兄为佣；播扬先人之辞迹，暴露祖考之长短；以求直己者，往往而有。"

又曰：“凡庸之性，后夫多宠前夫之孤，后妻必虐前妻之子。非惟妇人怀嫉妒之情，丈夫有沈惑之辟，亦事势使之然也。前夫之孤，不敢与我子争家，提携鞠养，积习生爱，故宠之。前妻之子，每居己生之上，宦学、婚嫁，莫不为防焉，故虐之。异姓宠则父母被怨，继亲虐则兄弟为仇，家有此者，皆门户之祸也。”盖嫡妾之别，其分自明，至前后妻则贵贱相等，而其子之争斯起矣。此封建之世妻妾之制既更，而承袭之制，不随之而俱变，有以致之也。

继室之礼既废，为妾媵者，可升为正嫡乎？《晋书·武帝纪》：泰始十年，诏曰：“嫡庶之别，所以辨上下，明贵贱，而近世以来，多阶内宠，登妃后之职，乱尊卑之序。自今以后，皆不得登用妾媵，以为嫡正。”此非指并后、匹嫡言，乃谓正妻亡殁、离绝，仍不得以妾媵继之也。孙腾妻死，正其妾贾为妻；夏侯道迁不娶正室，惟有庶子数人；自中国人言之，其非礼甚矣。

《晋书·后妃传》：元帝简文宣郑大后，嘉平时，群臣希旨，谓应配食元帝。徐邈言：“子孙岂可为祖考立配？崇尊尽礼，由于臣子，故得称大后，祔葬配食，义所不可。”从之。《宋书·臧焘传》：孝武帝追崇庶祖母宣大后，议者或谓宜配食中宫，焘亦以为不可。则虽死后，亦不容侪于嫡室矣。当时诸王之所生母，率缘母以子贵之义，班秩视子为序，故多封为其国大妃。然亦有并此而不得者，魏齐郡王简之子祐，母常氏孝文帝以纳不以礼，不许为妃是也。宣武以母从子贵，特拜为齐国大妃，此自中国人观之，已为非礼。至北齐高归彦封为平秦王，嫡妃康及所生母王氏并为大妃，则更为礼所不容矣。

二嫡为礼所不许，然时直非常，则有非常之事，即礼、律亦有难言之者。《晋书·礼志》：大康元年，东平王楙上言：“王昌父毖，本居长沙，有妻息。汉末使入中国直吴叛，仕魏为黄门郎，与前妻息生死隔绝，更娶昌母。今江表一统，昌闻前母久丧，当追成服，求平议。”其时议者：谢衡以为“虽有二妻，盖有故而然，不为害于道，宜更相为服”。张恽谓“《尧典》以釐降二女为文，不殊嫡媵，而传记亦以妃、夫人称之，明不立正后。”盖皆以为无妨于二嫡者也。

然二嫡实礼所不许，以其有故而许之，能保无故者之不矫托于有故乎？于是有欲强绝其一者：虞溥谓“未有遭变而二嫡，更娶则绝前之证，故昌父更娶之辰，是前妻义绝之日”。许猛以为地绝。卫恒谓地绝、死绝无异。李胤谓“大义灭亲，毖为黄门侍郎，江南已叛，不得以故妻为妻”。皆欲强求其说者也。然昌母何故当义绝？说不可通。故议者或谓当同之于死而义不绝。

地绝亦难质言，且亦难免狡诈者之藉口，而刘卞谓“地既通何故追绝之”，于义为尤允矣。然则毖妻未故而地通，又将如何？大义灭亲，说尤牵强。江南叛，非毖之妻叛也。果如所言，有擅土而叛者，则一竟之民，未能自拔者，夫妇皆当离绝乎？虞溥谓毖“妻专一以事夫，夫怀贰以接己，开伪薄之风，伤贞信之义”；卫恒谓“绝前为夺旧与新，为礼、律所不许，人情所不安”；于义实协。然人情非有妃匹，不能久安其处，当求归不得之日，而必责以守信独居，亦事之难行者也。

当时又有陈诜者，先娶零陵李繁姊。产四子而遭贼。于贼请活姑命。贼略将李去。诜更娶严氏。生三子。繁后得姊消息，往迎还诜。诜籍注二妻。及李亡，诜疑制服，以事言征西大将军庾亮。府司马王愆期议曰：“诜有老母，不可以莫之养，妻无归期，纳妾可也。李虽没贼，尚有生冀，诜寻求之理不尽，而便娶妻，诚诜之短。其妻非犯七出。临危请活姑命，可谓孝妇矣。议者欲令在没略之中，必全苦操，有陨无二，是望凡人皆为宋伯姬也。”

夫社会之于贞节，恒偏责诸女子，李繁姊在贼中，盖已不能全节，而愆期之议犹如此，况王昌之母，未尝失节者乎？愆期又曰：“后子不及前母，故无制服之文，然礿祠蒸尝，未有不以前母为母者。亡犹母之，况其存乎？若能下之，则赵姬之义，若云不能，官当有制。先嫡后继，有自来矣。”

干宝议毖事云：“同产无嫡侧之别，而先生为兄；同爵无等级之差，而先封为长。二妻无贵贱之礼，则宜以先后为秩。今生而同室者寡，死而同庙者众，及其神位，故有上下也。《春秋》贤赵姬遭礼之变而得礼情。朝廷于此，宜导之以赵姬，齐之以诏命，使先妻恢含容之德，后妻崇卑让之道，室人达少长之序，百姓见变礼之中。若此，可以居生，又况于死乎？”说与愆期同，似协于义。刘卞云：毖于南为邦族，于北为羁旅，以此名分言之，前妻为元妃，后妇为继室，于义似不甚安。然赵姬之美，非可责诸人人，使王昌之母，不甘为妾，议者亦无以难也，而可强抑之乎？

时又有吴国朱某，娶妻陈氏，生子东伯。入晋，晋赐之妻某氏，生子绥伯。大康中，某已亡，绥伯将母以归邦族，兄弟交爱敬之道，二母笃先后之序；及其终也，二子交相为服；可谓能行宝与愆期之议矣。然虞溥云：“伯夷让孤竹，不可以为后王法。”

又安丰大守程谅，先已有妻，后又娶，遂立二嫡。前妻亡，后妻子勋疑所服。荀勖议曰："昔乡里郑子群，娶陈司空从妹。后隔吕布之乱，不复相知存亡，更娶乡里蔡氏女。徐州平定，陈氏得还，遂二妃并存。蔡氏之子元衅，为陈氏服嫡母之服，事陈公以从舅之礼。而族兄宗伯，责元衅谓抑其亲。"此亦不能责后妻之子若其亲属，不持此议也。于道为又穷矣。此诚礼律之所难言者也。此亦非礼律之过。有制度则必有所穷。所谓礼律者，亦不过据一时之社会组织，而为之制度耳，原不能通于万变也。故曰："失道而后德，失德而后仁，失仁而后义，失义而后礼；"又曰："礼者，忠信之薄而乱之首"也。

此等非常之事，亦有以法令济其穷者，然终不能餍于人心也。沛国刘仲武，先娶毌丘氏，生子正舒、正则。毌丘俭败，仲武出其妻。娶王氏，生陶。仲武为毌丘氏别舍而不告绝。及毌丘氏卒，正舒求祔葬焉，而陶不许。舒不释服，讼于上下。泣血露骨，衰裳缀落。数十年不得从，以至死亡。此于舒为可哀，于陶不受责也。

《贾充传》：充前妻李氏，生二女：褒、裕。褒一名荃，裕一名濬。父丰诛，李氏坐流徙。后娶郭配女，名槐，封广城君。武帝践祚，李以大赦得还。帝特诏充置左右夫人。充母亦敕充迎李氏。郭槐怒，攘袂数充。充乃答诏，托以谦冲，不敢当两夫人盛礼。而荃为齐王攸妃，欲令充遣郭而还其母。

时沛国刘含母，及帝舅羽林王虔前妻，皆毌丘俭孙女。此例既多，质之礼官，皆不能决。虽不遣后妻，多异居私通。充自以宰相，为海内准则，乃为李筑室于永年里而不往来。荃、濬每号泣请充，充竟不往。会充当镇关右，公卿供帐祖道，荃、濬惧充遂出，乃排幔出，于坐中叩头流血，向充及群僚陈母应还之意。众以荃王妃，皆惊起而散。充甚愧愕，遣黄门将宫人扶去。既而郭槐女为皇大子妃，帝乃下诏，断如李比皆不得还。充薨，李氏二女欲令其母祔葬，贾后弗之许，及后废，李氏乃得合葬焉。此等法令，随朝局之转移而转移，终非人心之所安也。

晋武帝敕贾充置左右夫人，已为非礼，魏收娶其舅女崔昂之妹，产一女，无子，魏大常刘芳孙女，中书郎崔肇师女，夫家坐事，齐文宣并赐收为妻，时人比之贾充，则更为非礼矣。虏主固不足责也。收卒无子，后病甚，恐身后嫡媵不平，乃放二姬。然北人二妻者颇多。

陆丽二妻：长杜氏，次张氏。长子定国，杜氏所生。娶河东柳氏，生子安保。后纳范阳卢度世女，生昕之。二室俱为旧族，而嫡妾不分。定国亡后，两子争袭父爵。仆射李冲，有宠于时，与度世子泉，此据《魏书·丽传》，《北史》作伯源，皆避唐讳也。据《魏书·卢玄传》，其人实名渊。昏亲相好，遂左右申助昕之，由是承爵、尚主，职位赫奕。安保沈废贫贱，不免饥寒。

李洪之微时，妻张氏，助其经营赀产，自贫至贵，多所补益，有男女几十人。洪之后得刘氏，刘芳从妹。《北史》作姊。洪之钦重，而疏薄张氏。为两宅别居，偏厚刘室。由是二妻妒竞，互相讼讦，两宅母子，往来如仇。此则较之遭变更娶，或有君命者，更无以自解矣。魏尚书仆射范阳卢道虞女，为右卫将军郭琼子妇，以琼死罪没官，齐高祖启以赐陈元康为妻，元康乃弃故妇李氏。

东平王元匡妾张氏，薛琡初与奸通，后纳以为妇，逐前妻于氏，不讱其子，家内怨忿，竟相告列。崔道固兄子僧深，坐兄僧祐与沙门法秀谋反徙薄骨律镇。后位南青州刺史。元妻房氏，生子伯驎、伯骥。后薄房氏，纳平原杜氏，与俱徙。生四子：伯凤、祖龙、祖螭、祖虬。僧深得还之后，绝房氏，遂与杜氏及四子寓青州。

伯驎、伯骥与母房居冀州。虽往来父间，而心存母氏。孝慈之道，顿阻一门。僧深卒，伯驎奔赴，不敢入家，寄哭寺门。祖龙刚躁，与兄伯驎讼嫡庶，并以刀剑自卫，若怨仇焉。此等皆近于薄。魏故事：前妻虽有子，后赐之妻，子皆承嫡；见《魏书·毕众敬传》。又有因尚主而出妻者；如李盖是，见《外戚传》。其政令固有以启之也。

古代昏礼，大抵废坠，如不贺、不举乐，虽尚沿袭其文，而已罕存其实是矣。

《晋书·礼志》：穆帝升平元年，将纳皇后何氏，大常王彪之，大引经传及诸故事，以定其礼。以娶妇之家，三日不举乐，而咸康群臣贺为失礼，故但依咸宁上礼，不复贺。八年，台符问迎皇后大驾应作鼓吹不？博士胡讷议："临轩仪注阙，无施安鼓吹处所，又无举麾鸣钟之条。"彪之以为"昏礼不乐，鼓吹亦乐之总名，仪注所以无者依婚礼。今宜备设而不作。"时用此议。永和二年，纳后，议贺不。王述云："昏是嘉礼。《春秋传》曰：娶者大吉非常吉。又《传》曰：郑子罕如晋贺夫人，邻国犹相贺，况臣下邪？此便应贺，但不在三日内耳。今因庙见成礼而贺，亦是一节也。"

彪之议云："昏礼不乐、不贺，《礼》之明文。《传》称子罕如晋贺夫人，既无《经》文，又《传》不云礼也。《礼》取妇三日不举乐，明三日之后自当乐，至于不贺，无三日之断，恐三日之后，故无应贺之礼。”又云：“《礼记》所以言贺取妻者，是因就酒食而有庆语也。愚谓无直相贺之礼，而有礼贶共庆会之义，今世所共行。”于时竟不贺。此晋朝典礼，犹守不乐、不贺之故实也。然云礼贶共庆会，其去贺之实几何？

《宋书·文五王传》：南平王铄早薨，子敬渊婚，庐江王祎白世祖藉伎，世祖答曰：“婚礼不举乐，且敬渊等孤苦，倍非宜也。”当时虽为世祖所格，然祎有此藉，可见时俗举乐，习为故常。王公如此，况于氓庶？

《魏书·高允传》：允言“前朝屡发明诏，禁诸婚娶不得作乐，而俗不革变。今诸王纳室，皆乐部给伎，而独禁细民，此一异也。”《周书·崔猷传》云：时婚姻礼废，嫁娶之辰，多举音乐。可见南北皆然矣。

徐孝嗣云：“三加废于王庶，六礼限于天朝，”《齐书·礼志》。信矣。连礼之失，大抵在于奢侈，致嫁娶不能及时。当时政令，深以蕃民为急，于此屡加督劝，然亦文具而已。《宋书·周朗传》：朗上书曰：“女子十五不嫁，家人坐之。特维可以聘妻妾，大布可以事舅姑。若待足而行，则有司加纠。凡宫中女隶，必择不复字者。庶家内役，皆令各有所妃。要使天下不得有终独之生，无子之老。”此欲蕃民者之议论也。

《晋书·武帝纪》：泰始九年，十月，制女年十七父母不嫁者，使长吏配之。《齐书·海陵王纪》：延兴元年，十月，诏曰：“督劝婚嫁，宜严更申明；必使禽币以时，摽梅息怨。”《魏书·高祖纪》：大和二十年，七月，诏，“男女失时者，以礼会之。”

《世宗纪》：正始元年，六月，诏“男女怨旷，务令媾会。”《肃宗纪》：正光二年，七月，诏“男女怨旷，务令会偶。”《周书·武帝纪》：建德三年，正月，诏“自今已后，男年十五，女年十三已上，爰及鳏寡，所在军民，以时嫁娶，务从节俭，勿为财币稽留。”此蕃民之政令也。官为妃合，惟间施诸军士，每致诒害闾阎。此固虐民以奉军，非真能行蕃民之政也。武定三年，齐神武请释芒山俘桎梏，配以民间寡妇。天保七年，十月，发山东寡妇二千六百人，以配军士。有夫而滥夺者，五分之一。皆见《北齐书·本纪》。《北史·本纪》，五分之一作十二三。又天保六年，三月，发寡妇以配军士。

史传所载昏嫁之年颇早，梁武帝纳丁贵嫔，时年十四。《魏书·高允传》：允言“今诸王十五，便赐妻别居，然所妃者或长少差外，或罪人掖廷。往年及今，频有检劾，诚是诸王遇酒致责，迹其元起，亦由色衰相弃，致此纷纭。”盖既求满淫欲，又欲急求子嗣，故不得取女之年长者也。孝文将为废大子恂娶冯诞女，以其年幼，先为聘刘长文、郑懿女为左右孺子，则其一证，时恂年十三四。帝欲使旦出省经传，食后还内，晡时复出，日夕而罢。崔光言：“血气未定，戒之在色。大子幼年涉学，不宜于正昼之时，舍害御内。又非所以安柔弱之体，固永年之命。”帝以为然，乃不令恂昼入内。此已为有节限者。

若齐乐陵王百年死时，妃年不过十四；琅邪王俨死时年十四，已有遗腹四男矣，或尚有女，为史所不载者也。尚主者年亦多小：如梁张缵，年十一，尚高祖女富阳公主。魏穆绍，年十一，尚琅邪长公主。齐文襄十二，尚魏孝静帝妹冯翊长公主。又神武为武成聘柔然大子菴罗辰女，武成时仅八岁。此等固或别有原由，不可以常格论，然贵族之习于早婚，则亦因此可见矣。其非王公贵人，则杜有道妻严氏，皮京妻龙氏，出适年皆十三，见《晋书·列女传》。

史映周妻出适年十七；魏溥、董景起之死，妻年皆十六；张洪部之死，妻年十七；见《魏书·列女传》。宇文护母与护书，言“吾十九入汝家”，则多系贵族。不则民间为子取妇，利其勤劳，且为颇迟者矣。冀早育，乃求女之年长者，参观下文可知也。孤贫不立之士，则有三十不昏如颜延之者矣。财产私有之世，女子若货物然，皆聚于多财之家，固事之无可如何者也。

职是故，当时之世家大族，虽高自位置，陵蔑庶姓，而贪其财利，与结昏姻者仍甚多。《北齐书·封述传》：述为息娶陇西李士元女，大输财聘。及将成礼，犹竞悬违。述忽取供养像对士元打像为誓。士元笑曰：“封公何处常得应急像，须誓便用？”一息娶范阳卢庄之女，述又经府诉云：“送骡乃嫌脚跛，平田则云咸薄，铜器又嫌古废。”史以此讥述之吝啬，实则卢、李二家之求取，正因此而可知。此诚颜之推所谓“卖女纳财，买妇输绢，比量父祖，计较锱铢，责多还少，市井无异”者矣。《颜氏家训·治家篇》。嫁女既欲得财，取妻自望送赠。“为子取妇，恨其生赀不足，倚作舅姑之尊，毒口加诬，不识忌讳”，《归心篇》。又曷足怪乎？

《抱朴子·弭讼篇》，载其姑子刘士由之论，谓“末世举不修义，许而弗与，讼阋秽辱，烦塞官曹。今可使诸争婚者，未及同牢，皆听义绝，而倍还酒礼，归其币帛。其尝已再离者，一倍裨聘；其三绝者，再倍裨聘”。已则谓“责裨聘倍，贫者所惮，后所许者，或能富殖，助其裨聘，必所甘心，先家拱默，不得有言，血刃之祸，于是将起”。欲使“女氏受聘，即日报板，使时人署姓名于别板，必十人已上，以备远行及死亡。又令女之父兄若伯叔，答婿家书，必手书一纸。若有变悔而证据明者，女氏父母兄弟，皆加刑罚罪”。当时变悔者之多可见。

《晋书·刑法志》述贾充等定律云：“崇嫁娶之要，一以下聘为正，不理私约，”盖亦以其纷纭变幻，不可胜理也。梁武帝时，富阳满璋之，为息觅婚。东海王源，嫁女与之。璋之下钱五万，以为聘礼。源先丧妇，又以所聘余直纳妾。中丞沈约奏弹之云：“自宋氏失御，礼教凋衰，衣冠之族，日失其序。姻娅沦杂，罔计厮庶；贩粥祖曾，以为贾道；明目腆颜，曾无愧畏。若夫盛德之胤，世业可怀；栾、郤之家，前徽未远；既壮而室，窃资莫非皂隶；结褵以行，箕帚咸失其所；志士闻而伤心，耆老为之叹息。”可见贵族之贪利结昏，与庶民无异矣。

古代昏姻自由之风，斯时尚未尽泯。《晋书·王濬传》云：濬美姿貌。州郡辟河东从事。刺史燕国徐邈，有女才淑，择夫未嫁。邈乃大会佐吏，令女于内观之。女指濬告母，邈遂妻之。隋开皇初，乐平公主周宣帝后，隋文长女。有女娥英，妙择昏对。敕贵公子弟集弘圣宫，日以百数。公主选取李敏。贤孙，见《北史·贤传》。

可见自魏至隋，匹对皆许男女自择。贾充有女，通于韩寿，即以妻之；魏大原长公主寡居，与裴询私奸，肃宗仍诏询尚焉；亦顺本人之意，非如后世谓女重从一，虽曰奸通，亦不容改适也。

《晋书·潘岳传》云：岳美姿仪，少时常挟弹出洛阳道，妇人遇之者，皆连手萦绕，投之以果，遂满载而归，亦可见当时妇女之自由也。惟昏姻由父母主持者究多，故指腹为昏等事，南北朝之世，亦时有所见焉。《梁书·韦放传》：放与吴郡张率，皆有侧室怀孕，因指为昏姻。其后各产男女，未及成长而率亡。遗嗣孤弱，放尝赡恤之。及为北徐州，有贵族请姻者。放曰：“吾不失信于故友。”乃以息岐娶率女，又以女适率子。时称放能笃旧。《魏书·王慧龙传》：子宝兴。尚书卢遐妻，崔浩女也。初宝兴母及遐妻俱孕。浩谓曰：“汝等将来所生，皆我之自出，可指腹为亲。”

离昏尚颇容易。张稷长女楚琼，适会稽孔氏，无子归宗，是无子即可去也。刘瓛妻王氏，椓壁挂履，土落瓛母孔氏床上，孔氏不悦，瓛即出其妻。孙谦从兄灵庆，尝病寄于谦，谦出行，还问起居，灵庆曰："向饮冷热不调，即时犹渴，"谦退，遣其妻。此等似失之轻易，然与其强合，无宁听其离绝之为愈。

《宋书·王微传》：微弟僧谦卒，微以书告其灵曰："弟由来意谓妇人虽无子，不宜践二庭，此风若行，便可家有孝妇"，此乃欲束缚妇人，使不得去，则不敢不尽其孝敬，乃压制之加深，非能体念妇女也。然无子即去，在当时尚颇通行，则亦由此可见。

《陈书·徐陵传》：陵第三弟孝克，事所生母陈氏，尽就养之道。梁末，侯景寇乱，京邑大饥，饿死者十八九，孝克养母，饘粥不能给。妻东莞臧氏，领军盾之女也，甚有容色。孝克乃谓之曰："今饥荒如此，供养交缺，欲嫁卿与富人，望彼此俱济，于卿意如何？"臧氏弗之许也。时有孔景行者，为侯景将，富于财。孝克密因媒者陈意。景行多从左右，逼而迎之。臧涕泣而去。所得谷帛，悉以供养。孝克又剃发为沙门，改名法整，兼乞食以充给焉；臧亦深念旧盟，数致馈饷；故不乏绝。后景行战死，臧伺孝克于途中，累日乃见。谓曰："往日之事，非为相负。今既得脱，当归供养。"孝克默然无答。于是归俗，更为夫妻。学道之人，举动自异流俗，然亦可见当时视妇女名节，尚不甚重也。

改嫁实为恒事。后妃、公主，改嫁者亦甚多，魏孝武帝后，改适彭城王勰之孙韶，见《北史·献文六王传》。孝静帝后改适杨愔。齐孝昭后元氏，齐亡入周氏宫中，隋文帝作相，乃放还山东。后主后斛律氏，齐亡，嫁为开府元仁妻。胡氏后亦改嫁，皆见《北史·后妃传》。齐琅邪王俨妃，李祖钦女也，俨死，谥为楚恭哀帝，以慰大后，后进为楚帝后，齐亡亦改嫁，见《北齐书》本传。齐文襄长子河间王孝瑜之母，本魏颍川王斌之妃，为文襄所纳。文宣以永安王浚妃配刘郁捷，上党王涣妻配冯永洛，皆高氏奴，此固由乱命，亦不闻其抗节不屈也。公主中如魏陈留长公主，本刘昶子妇，改适王肃，又冯翊长公主嫠居，孝武以之归周文。而民间无论矣。

改嫁有出自愿者，《南史·徐孝嗣传》：父被害，孝嗣在孕，母年少，欲更嫁，不愿有子，自床投地者无算，又以捣衣杵舂其要，并服堕胎药，胎更坚，及生，故小字遗奴。亦有为亲族所迫者，《齐书·孝义传》：晋陵吴康之妻赵氏，少时夫亡，家欲更嫁，誓死不贰。义兴蒋俊之妻黄氏，夫亡不重嫁，逼之，欲赴水自杀，乃止。此逼迫之出于夫家者也。又韩灵敏兄灵珍亡，无子，妻胡氏，守节不嫁，虑家人夺其志，未尝告归。《北史·列女传》：巨鹿魏溥妻房氏，慕容垂贵乡大守房湛女也。年十六而溥卒。及将大敛，房氏操刀割左耳，投之棺中。姑刘氏辍哭谓曰："新妇何至于此？"对曰："新妇少年，不幸早寡，实虑父母，未量至情，觊持此自誓耳。"于时子缉生未十旬，鞠养于后房之内，未尝出门。缉年十二，房父母仍存，于是归宁。父兄尚有异议。缉窃闻之，启其母。房命驾，绐云他行，因而遂归。其家弗之知也，行数十里，方觉。兄弟来追，房哀叹而不返。其执意如此。又：荥阳刁思遵妻，鲁氏女也。始笄，为思遵所聘，未逾月而思遵亡。其家矜其少寡，许嫁已定。鲁闻之，以死自誓。父母不达其志，遂经郡诉，称刁氏吝护寡女，不使归宁。鲁乃与老姑徒步诣司徒府自告情状，此逼迫之出于母家者也。盖终不免有因以为利之意也。

以不再醮而见旌表者，亦时有之。刁思遵妻，普泰初有司闻奏，诏依式标榜，是旌表有式也。《齐书·孝义传》：吴翼之母丁氏，丁长子妇王氏，守寡执志不再醮，州郡上言，诏表门闾，蠲租税。《南史·孝义传》：霸城王整之姊，嫁为卫敬瑜妻，年十六而敬瑜亡，父母舅姑，咸欲嫁之，誓而不许，乃截耳置盘中为誓，乃止。西昌侯藻嘉其美节，起楼于门，题曰贞义卫妇之间。又表于台。《梁书·止足传》：顾宪之除豫章大守。有贞妇万晞者，少孀居，无子，事舅姑尤孝。父母欲夺而嫁之，誓死不许。宪之赐以束帛，表其节义。

《魏书·高祖纪》大和九年，八月，诏"自大和六年已来，买定、冀、幽、相四州饥民良口者，尽还所亲。虽聘为妻妾，遇之非礼，情不乐者亦离之。"此与后汉光武、明帝诏饥民遭乱为贼所略，或依托人为下妻，边人遭患为内郡人妻者，得以恣去颇相似见《秦汉史》第十四章第一节。政令固应尔也。

同姓不昏，古本论姓而不论氏，然至后世，则古义渐亡，以姓氏之别已亡故也。《晋书·刘颂传》：颂嫁女临淮陈矫，矫本刘氏子，与颂近亲，出养于姑，改姓陈氏，中正刘友讥之。颂曰："舜后姚、虞、陈、田，本同根系，而世皆为婚，礼、律不禁，今与此同义，为婚可也。"友欲列上，为陈骞所止，故得不劾。姚、虞、陈、田为婚，为古义所不许，而礼、律不之禁者以世皆仅知尚存之氏，而不能溯已亡之姓，禁之势有不行也。

《刘聪载记》：聪后呼延氏死，将纳其大保刘殷女，其弟乂固谏。聪更访之于大宰刘延年、大傅刘景。景等皆曰："臣常闻大保自云周刘康公之后，与圣氏本原既殊，纳之为允。"聪大悦。使其兼大鸿胪李弘拜殷二女为左右贵嫔。又纳殷女孙四人为贵人。谓弘曰："大保于朕，实自不同，卿意安乎？"

弘曰："大保胤自有周，与圣原实别。陛下正以姓同为恨耳。且魏司空东莱王基，当世大儒，岂不达礼乎？为子纳司空大原王沈女，以其姓同而源异故也。"聪大悦，赐弘黄金六十斤，曰："卿当以此意谕吾子弟辈。"刘景、李弘之意，庸或以取媚于聪，其言则是也。然又以此为疑，而聪亦不能不以为恨，可见流俗讥平之所在矣。

魏初不禁同姓昏，至大和七年，乃诏禁之。见《纪》。《北史·长孙绍远传》曰：出为河州刺史。河右戎落，向化日近，同姓昏姻，因以成俗。绍远道之以礼，大革弊风。河州，见第十二章第三节。玩因以成俗一语，当时同姓为昏者，实不仅戎落为然，盖戎多华少之地，华人亦稍化于戎矣。然此等处实不多，其俗亦不能持久也。

亲族禁昏，本当兼论母系。魏文帝大统九年，尝禁中、外及从母姊妹为昏。周武帝建德六年，亦诏自今以后，悉不得娶母同姓以为妻妾。其已定未成者，即令改聘。然宣帝即位，诏制九条，宣下州郡，二曰母族绝服外者听昏，则其制之不能行审矣。盖恒情于父母统系，恒只能论其一也。

姬妾之数，大抵富贵者为多。宋胡藩有庶子六十人。南郡王义宣后房千余，尼媪数百，男女三十人。梁鄱阳王恢有男女百人。魏咸阳王禧姬妾数十，犹欲远有简聘。奚斤有数十妇，子男二十余人。齐神武既纳建明皇后，小尔朱。又纳孝庄皇后彭城大妃。及魏广平王妃。冯翊大妃。高阳大妃游氏，父京之，为相州长史，神武克邺，欲纳之，京之不许，遂牵曳取之，京之寻死，皆见《北史·后妃传》。可见是时贵人之暴横矣。然土豪之纵恣者亦不乏。

《北史·李迁哲传》云：迁哲累叶雄豪，为乡里所服。迁哲安康人，安康，见第十二章第六节。性复华侈，能厚自奉养。妾媵至有百数，男女六十九人。缘汉千余里间，第宅相次，姬媵之有子者，分处其中，各有僮仆、侍婢，阍人守护。迁哲每鸣笳侍从，往来其间，纵酒欢燕，尽生平之乐。子孙参见，忘其年名者，披簿以审之。此其豪纵，恐尚有过于王公也。

贺琛之言曰："歌姬舞女，本有品制。二八之锡，良待和戎。今无等秩，虽复庶贱微人，皆盛姬姜。务在贪污，争饰罗绮。"可见富人之纵恣，亦不下于朝贵矣。亦有欲为立限节者，如齐永明中，制诸王年未三十，不得畜妾；《南史·齐高帝诸子传》。又敕位未登黄门郎，不得畜女伎《齐书·王晏传》。是也。然此等法令之不能行，则显而易见矣。

伎本与妾有别，然畜伎者既务宣淫，其下渔自无节限。《魏书·高聪传》云：聪有伎十余人，有子无子，皆注籍为妾，以悦其情，可见伎妾之别，特其名焉而已。当时贵族，多以伎妾回相赠遗，见第十二章第五节。又有鬻卖以为利者。

《隋书·李谔传》：谔见礼教凋敝，公卿薨亡，其爱妾侍婢，子孙辄嫁卖之，遂成风俗，上书曰："如闻朝臣之内，有父祖亡后，日月未久，子孙无赖，便分其妻妾，《北史》作伎妾。嫁卖取财。有一于此，实损风化。妾虽微贱，亲承衣履，服斩三年，古今通式。岂容遽褫[①]衰绖，强傅铅华，泣辞灵几之前，送付他人之室？凡在见者，犹致伤心，况乎人子，能堪斯忍？复有朝廷重臣，位望通贵，平生交旧，情若弟兄，及其亡殁，杳同行路，朝闻其死，夕规其妾，方便求聘，以得为限，无廉耻之心，弃友朋之义"云云。上览而嘉之。五品已上妻妾不得改醮，始于此也。

案此事在开皇十六年，《纪》云："诏九品已上妻，五品已上妾，夫亡不得改嫁。"谔陈子孙嫁卖，朋旧规取之非，诏乃禁及再嫁，可谓答非所问矣。案《梁书·高祖三王传》：南康简王绩子乂理，生十旬而简王薨，至三岁而能言。见内人分散，涕泣相送，乂理问其故。或曰："此简王宫人，丧毕去耳。"乂理便号泣，悲不自胜。诸宫人见之，莫不伤感，为之停者三人焉。然则丧终而伎妾分散，实为当时通法，而北朝子孙嫁卖，友朋规取，皆在其人方死之初，此其所以为人所嫉恶也。李元护弟静，兄亡未敛，便剥夺诸伎服玩及余财物，与鬻卖取利者，可谓正同。然如高聪病，不欲他人得其妾，并令烧指吞炭，出家为尼，其不法，实更甚于规取及嫁卖者矣。

广罗姬妾以纵淫欲者，贵人也，而限止贵人，使之不得畜妾纵淫者，亦贵人女。比而观之，真使人叹淫之与妒，皆为贵族所独擅矣。魏临淮王谭之曾孙孝友，以通于政理称，尝奏表曰："古诸侯娶九女，士有一妻二妾。《晋令》诸王置妾八人，郡公侯六人。《官品令》：第一、第二品有四妾，第三、第四有三妾，第五、第六有二妾，第八有一妾。而圣朝将相，多尚公主；王侯亦娶后族；故无妾媵，习以为常。妇人多幸，生逢今世，举朝略是无妾，天下殆皆一妻。设令人强志广娶，则家道离索，身事迍邅，内外亲知，共相嗤怪。凡今之人，通无准节。父母嫁女，则教之以妒；姑姊逢迎，必相劝以忌。持制夫为妇德，以能妒为女工。自云不受人欺，畏他笑我。王公犹自一心，已下何敢二意？

夫妒忌之心生，则妻妾之礼废；妻妾之礼废，则奸淫之兆兴；斯臣之所以毒恨者也。请以王公第一品娶八，通妻以备九女，二品备七，三品、四品备五，五品、六品，则一妻二妾。限以一周，悉令充数。若不充数，及待妾非礼，使妻加捶挞，免所居官。其妻无子而不娶妾，斯则自绝，无以血食祖父，请科不孝之罪，离遣其妻。”

案《魏书·皇后传》言：“昭成之前，世崇俭质，妃嫱嫔御，率多缺焉，惟以次第为称”，盖鲜卑本止一妻，故无嫡庶之别。酋长如此，岂况凡民？尚公主、娶后族者，其数不能甚众，而孝友言举朝略是无妾，有娶者即共相嗤笑，至于家道离索，身事迍邅，便可见其俗本无妾。颜之推言北人妻死，必须重娶，盖以此也。

娶妾既非旧俗，有行之者，其妻之父母、姑姊，自必教之以妒，劝之以忌矣。淫乱之生，由于饱暖逸居而无教。世家巨室，与民隔绝，内淫易而外淫较难，故当时贵人之家，若累世同居之义门，帷薄往往不修。

贵家淫乱者：如宋始安王休仁之妃殷氏，因疾召祖翻视脉，遂与之通。荀伯玉姊当嫁，明日应行，今夕随人逃去。魏北海王详，蒸于安定王燮之妃高氏。孝静帝姑博陵长公主，女为元景献妻，祖珽以货物致之，与诸狎游者递寝。大族内乱者：如袁翻弟飏死后，飏弟升，通于其妻，翻惭恚，为之发病，升终不止。

李元护子会顽騃，其妻，南阳大守清河房伯玉女也，甚有姿色。会不答之。房乃通于其弟机。因会饮醉杀之。机与房遂如夫妇。积十余年，房氏色衰，乃更婚娶。卢元明妻郑氏，与元明兄子士启淫污，元明不能离绝。卢氏同居共财，自祖至孙，家内百口。自渊兄弟亡，渊子道将卒后，家风衰损，子孙多非法，帷薄淫秽，为论者所鄙。

《毕众敬传》云：“诸毕当朝，不乏荣贵，但帷薄不修，为时所鄙。”《郑羲传》云：“自灵大后豫政，淫风稍行，及元义擅权，公为奸秽，自此素族名家，遂多乱杂，法官不加纠治，婚宦无贬于世，有识者咸叹息矣。”其实此时不过舆论纠谪稍宽，其秽乱，未必始于此时也。巨族家风，亦有修饬者，如羊烈闺门修饰，为世所称，一门女不再醮是也，然此等恐甚寡，且亦不足尚也。秽乱之甚者，如北之抱嶷，南之临贺王正德，至于易室而奸，见第十一章第一节，第十二章第五节。此与不娶妾何与？而孝友欲以置妾塞奸淫，可谓扬汤止沸矣。

《宋书·后妃列传》曰：宋世诸主，莫不严妒。大宗每疾之。湖孰令袁滔妻以妒忌赐死。使近臣虞通之撰《妒妇记》。江湛孙敩，当尚世祖女，上乃使人为敩作表让昏，曰：“自晋氏以来，配尚王姬者，虽累经美胄，亟有名才，至如王敦慑气，桓温敛威，真长阳愚以求免，子敬灸足以违诏，王偃无仲都之质，而裸露于北阶，何瑀缺龙工之姿，而投躯于深井，谢庄殆自同于蒙室，殷冲几不免于强鉏，数人者非无才意，而势屈于崇贵，事隔于闻览，吞悲茹气，无所逃诉。制勒甚于仆隶，防闲过于婢妾。往来出入，人理之常，当宾待客，朋友之义，而令扫辙息驾，无窥门之期，废筵抽席，绝接对之理，非惟交友离异，乃亦兄弟疏阔。

第令受酒肉之赐，制以动静，监子荷钱帛之私，节其言笑。姆妳争媚，相劝以严，妮媪竞争，相谄以急。第令必凡庸下材，监子皆葭萌愚竖，议举止则未闲是非，听言语则谬于虚实。姆妳敢恃耆旧，惟赞妒忌，妮媪自唱多知，务检口舌。其间又有应答问讯，卜筮师母。乃至残余饮食，诘辩与谁，衣被故敝，必责头领。

又出入之宜，繁省难衷，或进不获前，或入不听出，不入则嫌于欲疏，求出则疑有别意，召必以三晡为期，遣必以日出为限，夕不见晚魄，朝不识曙星，至于夜步月而弄琴，昼拱袂而披卷，一生之内，与此长乖。又声影裁闻，则少婢奔迸，裾袂向夕，则老丑丛来。左右整刷，以疑宠见嫌，宾客未冠，以少容致斥。礼则有列媵，象则有贯鱼，本无慢嫡之嫌，岂有轻妇之诮？况今义绝旁私，虔恭正匹？而每事必言无仪适，设辞辄言轻易我。

又窃闻诸主聚集，惟论夫族，缓不足为急者法，急则可为缓者师，更相扇诱，本其恒意，不可贷借，固实常辞。虽曰家事，有甚王宪，发口所言，恒同科律。王藻虽复强佷，颇经学涉，戏笑之事，遂为冤魂；褚暖忧愤，用致夭绝；伤理害义，难以具闻。夫螽斯之德，实致克昌，专妒之行，有妨繁衍，是以尚主之门，往往绝嗣，驸马之身，通离衅咎”云云。大宗以此表遍示诸主。

《齐书·刘休传》云：明帝憎妇人妒，尚书右丞劳彦远以善棋见亲，妇妒伤其面，帝曰：“我为卿治之，何如？”彦速率尔应曰：“听圣旨。”其夕，遂赐药杀其妻。休妻王氏亦妒。帝闻之，赐休妾，敕与王氏二十杖，令休于宅后开小店，使王氏亲卖扫帚、皂荚以辱之。此等刑罚，并为失衷，然大势所趋，卒亦非一二失衷之刑赏所能挽也。

当时尚主者固多罹祸，而主之还罹其祸者亦多，所谓其何能淑，载胥及溺而已。

尚主而罹祸者：如张琼之子欣，尚魏平阳公主，与主情好不笃，遂为孝武所害。其两受其弊者：如刘昶之子辉，尚魏兰陵长公主，世宗第二姊也。辉尝私幸主侍婢有身，主笞杀之，剖其孕子，节解，以草装实婢腹，裸以示辉。辉遂忿憾，疏薄公主。公主姊因入听讲，言其故于灵、大后。大后敕清河王怿穷其事。怿与高阳王雍、广平王怀奏其不和之状，无可为夫妇之理，请离婚。大后从之。

公主在宫周岁，高阳王及刘腾等为言，听复旧义。大后流涕送公主，诫令谨慎。正光初，辉又私淫张、陈二氏女，公主更不检恶。主姑陈留公主共相扇奖，遂与辉复致忿争。辉推堕主床，手脚殴蹈，主遂伤胎。辉惧罪逃逸。灵大后召清河王怿决其事。二家女髡笞付宫，兄弟皆坐鞭刑，徙配敦煌为兵。公主因伤致薨。大后亲临恸哭。出葬城西，亲送数里，尽哀而还。谓侍中崔光曰："向哭所以过哀者？追念公主为辉顿辱非一，乃不关言，能为隐忍，古今宁有此？此所以痛之。"后执辉，幽于司州，将加死刑，会赦得免。

又卢度世孙道虔，尚高祖女济南长公主，公主骄淫，声秽遐迩，先无疹患，仓卒暴薨，时云道虔所害。世宗秘其丑恶，不苦穷治。后灵大后追主薨事，乃黜道虔为民，终身不仕。崔暹子达拏，尚齐文襄女乐安公主。文宣问主："达拏于汝何如？"答云："甚相敬，惟阿家憎儿。"文宣令宫人召达拏母入而杀之，投漳水。齐灭，达拏杀主以复仇。此皆祸之至酷者。

南朝究系礼义之邦，故其惨酷不如北朝之甚；然如赵伦之之孙倩，尚宋文帝第四女海盐公主，主甚爱重倩，而倩因言戏，以手击主，事上闻，帝怒，离婚，倩父伯符惭惧，遂发病卒，梁武帝与殷叡极少故旧，以女永兴公主妻其子钧。钧形貌短小，为主所憎。每被召入，先满壁为殷叡字，钧辄流涕以出，主命婢束而反之。钧不胜怒，而言于帝。帝以犀如意击主，碎于背，然犹恨钧。诚所谓人莫知其子之恶矣。江敩表辞，固由授意，然如晋荀崧子羡，将尚寻阳公主，远遁去，监司追之，不获已乃出；又如宋高祖第五女新安公主，先适大原王景深，离绝，当适王景文，景文固辞以疾；则惧而逃之者，实非无人也。司马消难之叛，固由其反覆无常，而与公主情好不睦，为主所诉，亦为其原因之一，其为祸不亦博乎？

饱暖思淫欲，事理之常，故当时贵家妇女，亦多淫恣。其公然行之者，宋废帝为山阴公主置面首左右三十人，已见第九章第三节。读史者以为异闻，然据

《南史·后妃传》：郁林王尝为文安王皇后置男左右三十人，则行之者实不仅主一人也。面首者，年少貌美之意。《齐书·恩幸传》：茹法亮选白衣左右八十人，皆面首富室是也。

嫡庶兄弟之相争，祸实更甚于前后妻之子。如卢度世以庶兄弟欲相危害，遂戒绝妾孽是也。见第八章第六节。为妾者多出贱族，然较高之门第，亦时有之。

《晋书·列女传》：周顗母李氏，字络秀，淮南人也。少时在室，顗父浚为安东将军，求为妾。其父兄不许。络秀曰："门户殄悴，何惜一女？若连姻贵族，将来庶有大益矣。"父兄许之。遂生顗及嵩、谟。顗等既长，络秀谓之曰："我屈节为汝家作妾，门户计耳。汝不与我家为亲亲者，吾亦何惜余年？"顗等从命。由此李氏为方雅之族。

《后妃传》：简文宣郑大后，河南荥阳人，世为冠族。后少孤，无兄弟，惟姊妹四人。后最长，先适渤海田氏，生一男而寡。元帝为丞相，敬后先崩，纳为琅邪王贵人，甚有宠。后虽贵幸，而恒有忧色。帝问其故。对曰："妾有妹，中者已适长沙王褒，余二妹未有所适，恐姊为人妾，无复求者。"帝因从容谓刘隗曰："郑氏二妹，卿可为求佳对，使不失旧。"隗举其从子佣娶第三者，以小者适汉中李氏，皆得旧门。李与郑固非贱族也。然出于贱隶者究多。《齐书·孔稚珪传》：兄仲智妾李氏，骄妒无礼，稚珪白大守王敬则杀之。盖律杀奴婢，不过先以白官，见《秦汉史》第十四章第二节。妾与婢无异，故其杀之之易如是也。

妾既多出贱族，庶生之子，自不易与嫡出者并，故贱视庶孽及遇庶兄弟无礼之事，史屡见之。

《晋书·王沈传》：子浚，母赵氏妇，良家女也，贫贱，出入沈家，遂生浚。沈初不齿之。年十五，沈薨，无子，亲戚共立浚为嗣。

《魏书·崔道固传》：道固贱出，嫡母兄攸之、目连等轻侮之。父辑谓攸之曰："此儿姿识如此，或能兴人门户，汝等何以轻之？"攸之等遇之弥薄，略无兄弟之礼。时刘义隆子骏为徐、兖二州刺史，将辟他州民为从事，辑乃资给道固，令其南仕。既至彭城，骏以为从事。青州刺史新除过彭城，骏谓之曰："崔道固人身如此，岂可为寒士至老乎？而世人以其偏庶，便相陵侮，可为叹息。"

《北齐书·高乾传》：从兄永乐子长命贱出，年二十余，始被收举。《魏收传》：收有贱生弟仲固，先未齿录，及崔㥄将加弹劾，收因此怖惧。《北史·李䜣传》：䜣母贱，为诸兄所轻。《高允传》：始神䴥中，允与从叔济俱被征。济子遵贱出，其兄矫等常欺侮之。及父亡，不令在丧位，遵遂驰赴平城归允。允为作计，乃为遵父举哀，以遵为丧主。京邑无不吊集，朝贵咸识之。徐归奔赴。免丧后为营官路。遵感成益之恩，事允如诸父。此等事未易枚举。褚渊庶生，其母，宋高祖第五女吴郡宣公主也，以渊有才，表为嫡嗣，此等事不易多觏矣。

《颜氏家训·治家篇》云："江东妇女，略无交游。婚姻之家，或十数年未相识，惟以信命赠遗致殷勤焉。邺下风俗，专以妇持门户。争讼曲直，造请逢迎，车乘填街衢，绮罗盈府寺，代子求官，为夫诉屈，此乃恒、代之遗风乎？南间贫素，皆事外饰，车乘衣服，必贵齐整，家人妻子，不免饥寒。河北人事，多由内政，绮罗金翠，不可废缺，羸马悴奴，仅充而已。唱和之礼，或尔汝之。"又曰："河北妇人，织纴组紃之事，黼黻、锦绣、绮罗之工，大优于江东也。"乍观之，似北方妇女，生利之力，较强于南，故其地位亦优于南者。

然《抱朴子·疾谬篇》云："今俗妇女，休其蚕织之业，废其玄紞之务，不绩其麻，士也婆娑。舍中馈之事，修周旋之好，更相从诣，之适亲戚。承星举火，不已于行。多将侍从，晫晔盈路。婢使吏卒，错杂如市，寻道亵谑，可憎可恶。或宿于他门，或冒夜而返。游戏佛寺，观视渔畋。登高临水，出境庆吊。开车褰帏，周章成邑。杯觞路酌，弦歌行奏。转相高尚，习非成俗。"其所言，与颜氏适相反，则颜氏所云，恐非恒、代之遗风，实京、洛之弊俗也。参观第十八章第三节自明。

至于僻陋阻塞之区，则葛屦履霜之风特甚。《隋书·地理志》述豫章之俗云："其君子善居室，小人勤耕稼。衣冠之人，多有数妇，暴面市廛②，竞分铢以给其夫。及举孝廉，更要富者。前妻虽有积年之勤，子女盈室，犹见放逐，以避后人。"又言其地"一年蚕四五熟，勤于纺绩，有夜浣纱而旦成布者，俗呼为鸡鸣布。"勤劳如此，而其见弃遗如彼，"非以贫而为奴，乃以为奴而贫"，信矣！

《南史·蔡廓传》：廓孙樽，为吴兴大守。初樽在临海，百姓杨元孙，以婢采兰，贴与同里黄权，约生子酬乳哺直。权死后，元孙就权妻吴赎婢母子五人。吴背约不还。元孙诉樽，判还本主。吴能为巫，出入樽内，以金钏赂樽妾，遂改判与之。元孙挝登闻鼓讼之，为有司所劾。当时民间之于妇女，利其作力之情形可见矣。

贵人之家，虽多畜女伎，然民间妇女为倡伎者，亦非无之，而贵人亦时遨游于其间。《隋书·地理志》言："齐郡俗好教饰子女。淫哇之音，能使骨腾肉飞，倾诡人目。俗云齐倡，本出此也。”《北齐书·祖珽传》云：珽丰于财产，又自解弹琵琶，能为新曲。招城市年少，歌舞为娱。游集诸倡家。与陈元康、穆子容、任胄、元士亮等为声色之游，即是物矣。

《晋书·五行志》云：“自咸宁大康之后，男宠大兴，甚于女色，士大夫莫不尚之，天下相仿效，或至夫妇离绝，怨旷妒忌者。”《宋书·五行志》同。其事之见于史者：苻坚与慕容冲，已见第六章第四节。《石季龙载记》：勒为聘将军郭荣妹，季龙惑优僮郑樱桃，杀郭氏。更纳清河崔氏女，樱桃又谮而杀之。《北史·卢鲁元传》：少子内，给侍东宫，景穆深昵之，常与卧起，同衣食。正平初，宫臣伏诛，大武以鲁元故，惟杀内而厚抚其兄弟。此皆虏主，不足责。然如辛德源，士大夫也，而史称裴让之特相爱好，兼有龙阳之重。亦见《北史》。

《宋书·谢方明传》：子惠连，先爱会稽郡吏杜德灵，及居父忧，赠以五言诗十余首，文行于世，坐被徙废塞，不豫荣伍。尚书殷景仁爱其才，因言次白大祖：“臣小儿时便见世中有此文，而论者云是谢惠连，其实非也。”大祖曰：“若如此，便应通之。”似其见讥徒以居忧作诗者。然《宗室传》：长沙景王子义宗，元嘉八年，坐门生杜德灵放横打人，还第内藏，义宗隐蔽之免官。德灵雅有姿色，为义宗所爱宠，本会稽郡吏，谢方明为郡，子惠连爱幸之，为之赋诗十余首，《乘流归渚篇》是也。则惠连见讥之深，其故自别有在矣。

《南史·王僧达传》：族子确，少美姿容，僧达与之相款。确叔父休，为永嘉大守，当将确之郡，僧达欲逼留之。确知其意，避不往。僧达潜于所住屋后作大坑，欲诱确来别杀埋之。从弟僧虔知其谋，禁呵乃止。

又《梁宗室传》：长沙宣武王弟子韶，为幼童，庾信爱之，有断袖之欢。衣食所资，皆信所给。遇客，韶亦为信传酒。后为郢州，信西上江陵，途经江夏，韶接信甚薄。坐青油幕中，引信入宴。坐信别榻，有自矜色。信稍不堪。因酒酣，乃径上韶床，践蹋肴馔。直视韶面，谓曰：“官今日形容，大异近日。”时宾客满坐，韶甚惭耻。读之俱令人骇笑。此亦当时贵族堕落，不可救药之一端也。

第二节 族制

聚族而居，范围之大小，必视生计情势以为衡。自氏族散为家族，其势日趋于分，读《先秦史》第十二章第二节，《秦汉史》第十三章第二节，可见其概。

晋、南北朝之世，社会情势，实与前无异。惟其时去古较近，各地方强宗巨家，尚有存者；又直丧乱之际，移徙者多与亲族相偕，初至异邦，与当地之人，未能融洽，或仍聚族而居；于是家族之大者，往往有之。

此就全国言之，实为特异之象；又昔时之人，狃于成见，不知社会贵化除畛域，而以亲族互相依倚为美谈，政令既加以褒扬，舆论又群相称道；史家自必勤于记录。读者不察，遂谓其时社会情形，与今迥异矣。其实以中国之大，历朝史籍所占年代之长，有此区区，正如凤毛麟角耳。大家族不见记载者，自亦有之，且其数必不少，然即具记之，在全社会中，亦必仍微不足道，则理有可信者也。

《北史·韦孝宽传》：孝宽欲筑城汾北，画地形具陈其状，宇文护谓使人曰："韦公子孙虽多，数不满百，遣谁固守？"事遂不行，可见子孙百人，在当时犹以为少。《周·法尚传》：法尚为顺州刺史，司马消难作乱，遣兵攻围之，法尚弃城走，虏其母弟及家累三百人。法尚在当时，未闻为著名大族，而其家累至于三百，可见其时士大夫家口之众矣。此等家口，并不以后世所谓同姓为限。

《晋书·朱伺传》：杜曾遣说伺云："马隽等感卿恩，尽以君家内外百口付隽，隽已尽心收视，卿可来迎。"《祖约传》：石勒诈约，并其亲属中外百余人悉灭之。《宋书·沈庆之传》：庆之有园舍在娄湖，一夜移子孙徙居之。又移亲戚中表于娄湖，列门同闬。《自序》言：沈林子赏赐重叠，皆散于亲故，家无余财，中表孤贫悉归焉。

《魏书·袁翻传》：父宣，为沈文秀府主簿，随文秀入国，刘昶每提引之，言是其外祖淑之近亲。又《高祐传》：孙谅，造亲表谱录四十余卷，自五世已下，内外曲尽，览者服其博记。盖古代亲亲，原不限于父族；如九族之制是也，详见《先秦史》。又其两姓恒交昏，而又继之以世；故夫之父母，与母之兄弟，父之姊妹同称，详见《先秦史》。故中表之情为尤亲。次则从母之子，自亦为母族中之最亲者。自此展转推之，其范围自有甚广者矣。

《魏书·卢玄传》：无盐房崇吉母傅氏，度世玄子。继外祖母兄之子妇也。兖州刺史申纂妻贾氏，崇吉之姑女也。皆亡破军途，老病憔悴。度世推计中表，致其供恤。每觐见傅氏，跪问起居。随时奉送衣被、食物。亦存振贾氏，供其服、膳。青州既陷，诸崔堕落，多所收赎。及渊、昶等，皆度世子。并循父风。远亲疏族，叙为尊行长者，莫不崇拜致敬。闺门之礼，为世所称。其一事也。

沈充之败也，亡失道，误入故将吴儒家。儒欲杀之。充曰："尔以大义存我，我宗族必厚报汝。若必杀我，汝族灭矣。”儒遂杀之。充子劲，竟灭吴氏。劲固强果，然其能复仇，必得其宗族之助，则可推知。宋明帝之杀王景文也，手诏曰：“与卿周旋，欲全卿门户，故有此处分。”景文门生焦度忿怒，发酒覆地，曰：“大丈夫安能坐受死？州中文武，可数百人，足以一奋。”

景文曰：“知卿至心。若见念者，为我百口计。”王奂之见收也，子彪议闭门拒命，长史殷叡，奂女婿也，谏曰：“百世门户，宜思后计，孰与仰药自全？”董峦讨益州，为魏所执，并其子景曜。魏以峦为越骑校尉，景曜为员外郎。峦谋南叛，坐徙朔州。孝文南寇，召峦从军。军次鲁阳，峦单骑南走。至境首，北向哭呼景曜云：“吾百口在彼，事理须还，不得顾汝一子也。”《魏书·田益宗传》。当时亲族关系之密如此，故苟有刑诛，必致波及。

孝文之南寇也，董景曜亦被召，至洛阳，密陈其父必当南叛，及峦南走，仍锁诣魏主所，数而斩之。袁瑾之死也，并其宗族数十人。魏孝武入关，以韦子粲为南汾州，城陷不能死难，阖门百口，悉在西魏，多致诛灭。盖聚族既众，则其为力强，虑以怨毒、不自安之情，或致反侧，故其措置如此。晋、南北朝之世，刑法酷滥，实由此也。

是时之迁徙者，亦多率族而行。如黄泓率宗族归慕容廆；《晋书·艺术传》。张昌之乱，王僾、吕蕤，密将宗室奔汝南；樊毅随叔父文皎援台，文皎战死，毅将宗族子弟赴江陵皆是。魏孝庄帝徙河北，执杨侃手曰：“卿尊卑百口，若随朕行，所累处大，卿可还洛，寄之后图。”侃曰：“宁可以臣微族，顿废君臣之义？”固求陪从。及帝图尔朱荣，侃豫其谋。

尔朱兆入洛，侃时休沐，遂得潜窜，归于华阴。普泰初，天光在关西，遣侃子妇父韦义远招慰之，立盟许恕其罪。侃从兄昱，侃，播子。昱，播弟椿之子。令侃出应。“假其食言，不过一人身殁，冀全百口。”侃遂赴之，为天光所害。元颢入洛，昱出镇荥阳，见擒。又椿弟顺，顺子仲宣，兄子保，弟子遁，并在河北，为颢嫌疑。以椿家世显重，恐失人望，未及加罪。时人助其忧怖。或劝椿携家避祸。椿曰：“吾内外百口，何处逃窜？正当坐任运耳。”当时亲族、中外，互相依倚如此，此族诛之刑，所由足累其心与？

《魏书·源子恭传》云：萧衍亡人许周，自称为衍给事黄门侍郎，朝士翕然，咸共信待。子恭奏其“履历清华，名位高达，计其家累，应在不轻，今者归化，何其孤迥？设使当时匆遽，不得携将，及其来后，家赀产业，应见簿敛；尊卑口累，亦当从法；而周兄弟怡然，曾无忧虑”。以是为怪，可见当时巨家，多历显宦，有厚产矣。《晋书·文苑传》：应贞，汝南南顿人，魏侍中璩之子也。自汉至魏，世以文章显。轩冕相袭，为郡盛族。此以门第显者也，《习凿齿传》云：宗族富盛，世为乡豪，此以财力雄者也。

职是故，其人在地方，多有声势。使能教养其民，原未尝不足为善。《北史·李灵传》：孙显甫，豪侠知名。集诸李数千家，于殷州西山开李鱼川，方五六十里居之，显甫为其宗主。是其力足以养民也。又《李士谦传》：李氏宗党豪盛，每春秋二社，必高会极宴，无不沈醉喧乱。尝集士谦所，盛馔盈前，而先为设黍。谓群从曰：“孔子称黍为五谷之长，荀卿亦云：食先黍、稷，古人所尚，宁可违乎？”少长肃然，无敢弛惰。退而相谓曰：“既见君子，方觉吾徒之不德也。”是其力足以教民也。无如世禄之家，鲜克由礼，能善导其民者少，而恃势武断乡曲者多。如卞恔以门盛轻郤诜，相视如仇，诜后为中丞，卒奏陷卞氏，见《晋书·卞壸传》。而当风尘澒洞之时，尤易启其轻狡之念。

张轨割据河右，晋昌张越，凉州大族、密图代之。又有贾摹者，寔之妻弟，亦凉州大姓，势倾西土。时有谣曰：“手莫头，图凉州。”其居心可想。张茂诱而杀之，于是豪右屏迹，威行凉域。此虽未成割据之业，而实有割据之心者也。薛氏之在河东，羁旅之族也，然犹同姓三千家，宋高祖不得不用为大守，虏亦不得不用为都统，见第八章第五节。此则无割据之名，而有割据之实者也。

苏峻之乱，临平人范明，率宗党五百人，合诸军讨其将张健。见《晋书·顾众传》。宋景平中，富阳孙氏，聚合门宗，谋为逆乱。见《宋书·褚叔度传》。义康之徒也，胡藩子诞世、茂世，率群从二百余人，攻破郡县谋奉之。见第八章第一节。刘弥之青州强姓，门族甚多故其宗从，能相合率以拒沈文秀。见第九章第五节。侯景之乱，沈众表梁武帝，称家世所隶义故部曲，并在吴兴，求还召募以讨贼。武帝许之。

及景围台城，众率宗族及义附五千人入援。王广攻毛兴于枹罕，兴遣卫平率其宗人千七百袭败之。后枹罕诸氏，以平年老，不可以成事业，议废之，而惮其宗强，连日不决。有啖青者，挺身而起，乃获废平而推苻登。见《晋书·苻丕载记》。郝温举义于杏城，盖鲜率宗族为虏讨之。《魏书·世祖纪》大平真君六年。独孤信东伐，赵肃率宗人为之乡道。魏孝武西迁，猗氏樊、王二姓举兵，为东魏所诛。《周书·儒林樊深传》。

此等虽顺逆不同，而其隐若敌国则一。南北疆埸，一彼一此，亦多有此等豪族，参与其间，非尽恃兵力也。又有保险劫掠，行同盗贼者。

《宋书·朱龄石传》：迁武康令。丧乱之际，武康人姚系祖，招聚亡命，专为劫盗。所居险阻，郡县畏惮不能讨。龄石至县，伪与亲厚，召为参军。系祖恃其兄弟徒党强盛，谓龄石必不敢图己，乃出应召。龄石潜结腹心，知其居止途径。乃要系祖宴会，叱左右斩之。率五人驰至其家，掩其不备。悉斩系祖兄弟，杀数十人。自是一郡得平。

《魏书·李仲琁传》：为弘农大守。先是宫、牛二姓，阻险为害。仲琁示以威惠，并即归伏。

《薛辨传》：河北郡带山河路多盗贼。有韩、马两姓，各二千余家，恃强冯险，最为狡害。劫掠道路，侵暴乡间。

《酷吏传》：灵丘罗思祖，宗门豪溢，家处险隘，多止亡命，与之为劫。显祖怒之，戮其家。思祖宗党，相率寇盗。

《北史·宋隐传》：弟子世良，拜清河大守。郡东南有曲堤，成公一姓，阻而居之，群盗多萃于此。人为之语曰："宁度东吴会稽，不历成公曲堤。"世良施八条之制，盗奔他堤。此等皆地方之大害。梁、陈间诸割据者，亦不过此等人中之佼佼者耳，读第十三章第六、七、八节可知也。

然此等巨族，究为特异之象，以大势论之，则仍日趋于分。《晋书·刑法志》言：魏世制法，"除异子之科，使父子无异财也"。《宋书·周朗传》：朗上书言："今士大夫之家，父母在而兄弟异计，十室而七矣；庶人父子殊产，亦八家而五矣。甚者危亡不相知，饥寒不相恤。又嫉谤谗害，不可称数。宜明其禁，以革其风。"可见时人疾恶分异之烈。然参考史事，则宗族之能同居者实少。

兄弟白首不分异，业已侈为美谈；《北史·甄琛传》：与弟僧林，誓以同居没齿。《山伟传》：伟弟少亡，伟抚家训孤，同居二十余载，恩义甚笃。《周书·崔谦传》：与弟谌特相友爱。虽复年事并高，名位各重，所有赀产，皆无私焉。《寇俊传》：兄祖训、祖礼及俊，并有志行，闺门雍睦，白首同居。观此等亦侈为美谈，知当时兄弟同居者已少。群从同居者更寡；《晋书·忠义传》：嵇绍与从子含等五人共居，抚恤如所同生。《魏书·韩麒麟传》：孙子熙，少孤，为叔显宗所抚养。及显宗卒，子伯华又幼，子熙友爱，等于同生。长犹共居，车马赀财，随其费用，未尝见于颜色。《北史·辛绍先传》：孙少雍，妻王氏，有德义。少雍与从弟怀仁，兄弟同居。怀仁等事之甚谨。闺门礼让，人无间焉。又《寇俊传》：笃于仁义。期功之中，有孤幼者，衣食丰约，并与之同。

其更广于此者，则真如凤毛麟角矣。宗族百口，累世同居者，多见诸史《孝义》《节义》等传。此外如《晋书·儒林传》：氾毓，奕世儒素，敦睦九族。客居青州，逮毓七世，时人号其"儿无常父，衣无常主"。《北史·许彦传》：曾孙子恂，闺门雍睦，三世同居。《周书·辛威传》：家门友义，五世同居。

而好生分及不能相恤之事则甚多。

《南史·袁粲传》：粲幼孤，祖哀之，名之曰愍孙。伯叔并当世荣显，而愍孙饥寒不足。

《魏画·裴伯茂传》：伯茂先出后其伯仲规，与兄景融别居，景融贫窘，伯茂了无振恤，殆同行路。

此犹在平时，其在流离颠沛之中者：《李宝传》：李氏自初入魏，人位兼举，因冲宠遇，遂为当世盛门。而仁义吉凶，情义浅薄。期功之服，殆无惨容。相视窘迫，不加拯济。此犹曰李氏入魏，即蒙恩宠也。韦子粲阖门诛灭，入魏获存者，惟子粲与弟道谐二人，而粲富贵之后，遂捐弃道谐，令其异居。所得廪禄，略不相及。当时于此等事，不惟舆论群相责难，即法律亦或加以惩处。

如《魏书·岛夷传》言：萧鸾宣德大仆刘朗之，游击将军刘璩之，坐不赡给兄子，使其随母他嫁，免官禁锢是也。然究何益哉？生分之俗，南方较北方为甚。

《魏书·裴叔业传》云：叔业兄子子植，虽自州送禄奉母及赡诸弟，而各别赀财，同居异爨，一门数灶，盖亦染江南之俗也，是其证。

《晋书·隐逸传》：陶潜与子书曰："虽不同生，当思四海皆弟兄之义。鲍叔、敬仲，分财无猜，归生、伍举，班荆道旧，遂能以败为成，因丧立功。他人尚尔，况共父之人哉。"可见其强相维系，懔乎若朽索之驭六马矣。

《南史·蔡兴宗传》：父廓，罢豫章郡还，起二宅。先成东宅，以与兄轨。轨罢长沙郡还，送钱五十万，以裨宅直。兴宗年十一，白母曰："一家由来，丰俭必共，今日宅直，不宜受也。"母悦而从焉。轨深有愧色。谓其子淡曰："我年六十，行事不及十岁小儿。"此事不足见时人之能共丰俭，正足见其习于分异耳。然谓北方能不分异者，亦非其实。杨昱第六叔早丧，有一男六女。及终丧，妻元氏请别居。昱父椿，集亲姻泣谓曰："我弟不幸早终。今男未婚，女未嫁，何便求别居？”不听，崔挺三世同居，门有礼让，于后频直饥年，亦卒分析。义门如此，况在恒人？

《北史·薛慎传》：保定初，出为湖州刺史。蛮族昏娶之后，父母虽在，即与别居。慎乃亲自诱导，示以孝慈。并遣守令，各喻所部。有数户蛮，别居数年，遂还侍养；及行得果膳，归奉父母。慎以其从善之速，具以状闻。有诏蠲其赋役。于是风化大行，有同华俗。

又《儒林·乐游传》：授湖州刺史。人多蛮左，未习儒风。蛮俗生子长大，多与父母异居。逊每加劝导，多革前弊。当时蛮左，实多华人，具见第十六章第二、第六节。此盖仕宦之家，亲族多互相依倚，平民之多田产者，亦能聚族而居，其贫苦者则不然，非关华夷之异也。

《隋书·食货志》言：山东承齐俗，避役惰游者十六七。四方疲人，或诈老诈小，规免租赋。高祖令州县大索、貌阅。户口不实者，正长远配。而又开相纠之科。大功已下，兼令析籍，各为户头，以防容隐。既狃于成见而责其合，又利其赋役而迫之分，狐埋狐搰，谓之何哉？

其以敦睦称者，又或别有所为。

《晋书·儒林传》：范隆生而父亡。年四岁，又丧母。单孤无缌功之亲。疏族范广，愍而养之。迎归教书。为立祠堂。隆奉广如父。

《周书·薛憕传》：河东汾阴人也。曾祖弘敞，值赫连之乱，率宗人避地襄阳。孝昌中，杖策还洛阳。先是憕从祖真度，与族祖安都，拥徐、兖归魏。其子怀俊，见憕，甚相亲善。

《北史·独孤信传》：子罗，为高氏所囚，及信为宇文护所诛，罗始见释。寓居中山，孤贫无以自给。齐将独孤永业，以宗族故，哀之，为买田宅，遗以资畜。此等似乎甚厚。

然《宋书·王懿传》言：北土重同姓，并谓之骨肉。有远来相投者，莫不竭力营赡。若不至者，以为不义，不为乡里所容。懿闻王愉在江南，是大原人，乃往依之，愉礼之甚薄。则其相周恤，特迫于人言耳，非出本心也。

《北史·胡叟传》：卒，无子，无家人营主凶事。胡始昌迎殡之于家，葬于墓次，即令弟继之袭其爵。叟与始昌虽宗室，性气殊诡不相附。其存，往来甚简。及亡而收恤甚厚。议者以为非敦哀疏宗，或缘求利品秩也。可谓肺肝如见矣。刘昶令袁宣与其府谘议参军袁济为宗，宣时孤寒，甚相依附。及翻兄弟官显，与济子洸、演，遂各陵竞。洸等乃经公府以相排斥。以利合者，固无以善其终也。然后知社会演进之大势，终不可逆也。

语曰：“求忠臣必于孝子之门。”此由古所谓忠臣者，多尽力于一人一姓，而古所谓国者，本与家同物，特大小有殊而已。至于后世，则国之与家，性质大异。尽忠于国者，非当异族冯陵之际，以国家为民族之藩卫，视君主为主权之表征；则廑己饥己溺之怀，思得政权以遂其拯民于涂炭之志。

若此者，知识既高，愿力亦大，岂仅尽心于一小抟体者之所知？不宁惟是，小抟体之利害，往往与大抟体不相容。顾虑身家之念重，尽忠君国之义自轻。赵氏翼尝讥：“江左高门大族，雍容令仆，裙屐相高。与时推迁，自保家世。朝市革易，而我之门第如故。”《廿二史劄记·江左世族无功臣》条。所以致此，虽其道多端，然家室之累，实其大者。然则即以忠君旧义论，笃于宗族者，亦未必遂可托孤寄命矣。

不宁惟是，行以中庸为贵，而流俗之所称美者，则大抵非行庸德、谨庸言之徒。吾尝见居丧尽礼，有过恒人，而性情乖戾，为乡里所患苦者矣。高宗，殷之贤王也。《记》称之曰：“继世即位，而子良于丧，当此之时，殷衰而复兴，礼废而复起。”然实杀孝己。与宠姜女而替大伯之古公，溺骊姬而杀申生之晋献正相类。此中消息，殊耐寻思。特非方内之士所敢道耳。《魏书·裴叔业传》：叔业孙谭，粗险好杀。然孝事诸叔，尽于子道，国禄岁入，每以分赡，世以此称之。古今人情，固不甚相远也。

凡大族，能历时稍久者，必自有其法度。《陈书·王玚传》云：玚兄弟三十余人，居家笃睦。每岁时馈遗，遍及近亲。敦诱诸弟，并禀其规训。《魏书·卢玄传》言：玄子度世，及孙渊、昶，并循父风。父母亡后，同居共财。自祖至孙，家内百口。在洛时有饥年，无以自赡，然尊卑怡穆，丰俭同之。亲从昆弟，常旦省谒诸父，出坐别室，至暮乃入。

《崔挺传》言：挺三世同居，门有礼让。挺有子六人，长曰孝芬，弟孝玮等奉之，尽恭顺之礼。一钱尺帛，不入私房。吉凶有须，聚对分给。诸妇亦相亲爱，有无共之。始挺与弟振同居，振亡之后，孝芬等承奉叔母李氏，若事所生。旦夕温凊，出入启觐。家事巨细，一以咨决。每兄弟出行，有获财物，尺寸已上，皆纳李氏之库。四时分赉，李自裁之。如此者二十余岁。

《杨播传》言：播家世纯厚，并敦义让。昆季相事，有若父子。播刚毅，椿、津并播弟。恭谦。兄弟旦则聚于厅堂，终日相对，未曾入内。有一美味，不集不食。厅堂间往往帏幔隔障，为寝息之所。时就休偃，还共谈笑。椿、津年过六十，并登台鼎，而津尝旦暮参问。子侄罗列阶下。椿不命坐，津不敢坐。椿每近出，或日斜不至，津不先饭。椿还然后共食，食则津亲授匙箸，味皆先尝。椿命食，然后食。一家之内，男女百口，缌服同爨，庭无闲言。魏世已来，惟有卢渊及播昆季，当世莫逮焉。

《节义传》言：李几七世共居同财。家有二十二房，一百九十口。长幼济济，风礼著闻。至于作役，卑幼竞进。夫抟结多人，不可无法，家国之理一也。此等法度，实此等巨家之所以能持久也。然果足尚乎？子弟率教之谨，最为拘墟之士所艳称。然如是，则身居其间者，将绝少自由，于才性之发扬，所损实巨。而身家之念大重，则尽忠于国家、民族、社会之念自轻，前已言之矣。即以一家论，亦未必终为其利何者？此等大族，抟结之始，必以生计之互相依倚为之因。

此盖一时事势使然。久之，事势改变，大族生利之力虽强，终不如一切与全社会相依，而更扩其分工协力之范围为得计矣。此其所以终于离析欤？卢氏自渊亡后，家风衰损，已见上节。崔氏频遭饥年，家遂分析，说亦见前。庄帝还宫，杨椿频乞归老，临行诫子孙曰："吾兄弟若在家，必同盘而食，若有近行不至，必待其还。如闻汝等，兄弟时有别斋独食，此又不如吾等一世也。"可见其家法亦浸浸不能维持矣。

凡权势之家，据权势愈久，则其自私而思保守之愈甚。历代帝王之家，所谓敦宗睦族者，原其朔，则不过如是而已。《魏书·景穆十二王传》：京兆王推之子遥，大功昆弟，皆是恭宗之孙，至肃宗而本服绝，故除遥等属籍。

遥表曰："《律》云议亲者，非惟当世之属亲，历谓先帝之五世。谨寻斯旨，将以广帝宗，重磐石。先皇所以变革事条，为此别制者？大和之季，方有意于吴、蜀，经始之费，虑深在初，割减之起，当出暂时也。古人有言：百足之虫，至死不僵，以其辅己者众。大宗一分，则天子属籍，不过十数人而已。

在汉，诸王之子，不限多少，皆列土而封，谓之曰侯。至于魏、晋，莫不广胙河山，称之曰公。臣去皇上，虽是五世之遥，于先帝，便是天子之孙。今朝廷犹在遏密之中，便议此事，实用未安。"诏付尚书博议。令任城王澄、左仆射元晖奏同遥表。灵大后不从。据此，拓跋氏之待宗室，实较汉、魏以来为薄，一由其互相猜忌，一亦由其演进本浅，故其自私，转不如中国之甚也。亦可见一切弊政，皆由积渐而致矣。

小史之职既废，谱牒之作，只为私家之事，自晋以降，国家乃复起而干与之，则以其时严士庶之别故也。《晋书·挚虞传》曰：虞以汉以来丧乱，谱牒多亡失，虽其子孙，不能言其先祖，撰《族姓昭穆》十卷，上疏进之，以为足以备物致用，广多闻之益。此为谱学之权舆。

《齐书·文学传》：贾渊，祖弼之，世传谱学。竟陵王子良使撰《见客谱》。先是谱学未有名家。弼之广集百氏谱记，专心治业。晋大元中，朝廷给弼之令史、书吏，撰定缮写藏秘阁，仍迁左民曹。《南史》作“及左户曹”。民作户避唐讳。渊父及渊，三世传学。

凡十八州士族谱，合百帙，七百余卷，该究精悉，当世莫比。永明中，卫军王俭，抄次百家谱，与渊参怀撰定。渊撰《氏族要状》及《人名书》，并行于世。《南史·王僧孺传》：知撰谱事。先是尚书令沈约，以为“晋咸和初苏峻作乱，文籍无遗。后起咸和二年，以至于宋，所书并皆详实。并在下省左户曹前厢，谓之晋籍，有东西二库。此籍既并精详，实可宝惜位宦高卑，皆可依案。宋元嘉二十七年，始以七条征发。既立此科，人奸互起。伪状巧籍，岁月滋广。以至于齐，患其不实。于是东堂校籍，置郎、令史以掌之。竞行奸货，以新换故。昨日卑细，今日便成士流。宋、齐二代，士庶不分，杂役减缺，职由于此。窃以晋籍所余，宜加宝爱”。参看第三节。武帝以是留意谱籍，州郡多罹其罪。因诏僧孺改定百家谱。

始晋大元中，员外散骑侍郎平阳贾弼，即弼之。笃好簿状。乃广集众家，大搜群族。所撰十八州，一百一十六郡，合七百一十二卷。凡诸大品，略无遗缺。藏在秘阁，副在左户。及弼子大宰参军匪之，匪之子长水校尉深，即渊，《南史》本传书其字曰希镜，此处则改为深。《唐书·儒学柳冲传》云：希镜传子执，执更作《姓氏英贤》一百篇。又著《百家谱》，广两王所记。执传其孙冠，冠撰《梁国亲王大子序亲谱》四篇。世传其业。

大保王弘，领军将军刘湛，并好其书。弘日对千客，不犯一人之讳。湛为通曹，始撰百家，以助铨序，而伤于寡略。齐卫将军王俭，复加去取。得繁省之衷。僧孺之撰，通范阳张等九族，以代雁门解等九姓。其东南诸族，别为一部，不在百家之数焉。《集十八州谱》七百一十卷，《百家谱集抄》十五卷，《东南谱集抄》十卷，并行于世。是南方谱学，实以贾氏为名家，其后官私撰述，并承其余绪也。

梁、陈二代，通谱学者，亦有其人。《梁书·徐勉传》：勉居选官时，该综百氏，皆为避讳。《傅昭传》：博极古今，尤善人物。魏、晋以来官宦簿伐，姻通内外，举而论之，无所遗失。《陈书·陆琼传》：迁吏部尚书，详练谱牒。“后魏迁洛，有八氏十姓，咸出帝族；又有三十六族，则诸国之从魏者；九十二姓，世为部落大人；并为河南洛阳人。《周书·文帝纪》：魏恭帝元年，魏氏之初，统国三十六，大姓九十九，后多绝灭。至是，以诸将功高者为三十六国后，次功者为九十九姓后。所统军人，亦改从其姓。其中国士人，则第其门阀，有四海大姓，郡姓，州姓，县姓。及周大祖入关，诸姓子孙有功者，并令为其宗长。仍撰谱录，记其所承。又以关内诸州，为其本望。”《隋书·经籍志》。

北魏宗室及诸臣，亦有通谱学者。《北史·景穆十二王传》：济阴王小新成曾孙晖业，撰魏藩王家世，号为《辨宗录》，四十卷，行于世。《宋隐传》：弟子世良，撰《宋氏别录》十卷。周武帝敕鲍宏修皇室谱一部。

《隋书·经籍志》史部谱系门，著录四十一部三百六十卷；通计亡书，则五十三部一千二百八十卷云。《齐书·王晏传》：武帝欲以高宗代晏领选，手敕问之。晏启曰：“鸾清干有余，然不谙百氏，恐不可居此职。”上乃止。

《北史·魏收传》：收撰《魏书》。杨愔谓曰：“此谓不刊之书，传之万古。但恨论及诸家，枝叶亲姻，过为繁碎，与旧史体例不同耳。”收曰：“往因中原丧乱，人士谱牒，遗逸略尽，是以具书其枝派，望公观过知仁。”可见当时视此之重已。

然时虽致谨于族姓，而自诬其祖者仍多，此又大势所趋，无可如何者也。刘延孙于宋室，本非同宗，而孝武与之合族，见第九章第二节。此执政柄者之自乱其例也。

《晋书·惠羊皇后传》：贾后既废，孙秀议立后，后外祖孙旂，与秀合族，又诸子自结于秀，故以大安元年，立为皇后。

《南史·周弘正传》：台城陷，弘正谄附王伟，又与周石珍合族，此趋炎附势之为也。

《齐书·贾渊传》：渊迁长水校尉。荒伧人王泰宝，买袭琅邪谱。尚书令王晏，以启高宗。渊坐被收，当极法。子棲长谢罪，稽颡[3]流血，朝廷哀之，乃得免罪。此以财货诱引者也。《晋书·石苞传》：苞曾孙朴，没于胡，石勒以与朴同姓，俱出河北，引为宗室，特加优宠。《北齐书·高隆之传》：本姓徐氏，云出自高平金乡。父干，为姑婿高氏所养，因从其姓。隆之后有参议之功，高祖命为从弟，仍云渤海蓨人。此异族之攀援也。

侯景僭位，以汉司徒侯霸为始祖，晋征士侯瑾为七世祖。李贤，自云陇西成纪人，汉骑都尉陵之后。陵没匈奴，子孙因居北狄。后随魏南迁，复归汧陇。窦炽，自云扶风平陵人，汉大鸿胪章十一世孙。章子统，灵帝时为雁门大守，避窦武之难，亡奔匈奴，遂为部落大人。后魏南徙，子孙因家于代，赐姓纥豆陵氏。当时此等诬辞，盖又不知凡几矣。读《唐书·宰相世系表》，尚有可见者。

元魏入中国，赐姓命氏，其事不一。其后改易，多有与中国同者。详见《魏书·官氏志》。而赐姓又多。赐姓魏、周、齐皆有之，而周尤盛。甚有如令狐整，宗人二百余户，并列属籍者。女子亦有赐姓者，高祖及齐王宪之在襁褓，以避忌不利居官中，大祖令于李贤家处之，六载乃还官，因赐贤妻吴姓宇文氏，养为侄女是也。静帝大象元年，诏诸改姓者悉令复旧，然不复者必多矣。华之与夷，盖混淆不可辨矣。然同是圆颅方趾之伦，优劣本无区别；又凡诸民族，血统孰不混淆？此固不足计也。

当时之人，皆非以异姓为后，即法律亦所不许，见下。然随所养而改姓者仍多。如高隆之之父即是。《陈书》：高祖宣皇后章氏，本姓钮，父景明，为章氏所养，因改焉。周文育，本姓项氏，为寿昌浦口戍主周荟所养。纪少瑜，本姓吴，养于纪氏，因而命族。又独孤永业，本姓刘，母改适独孤，永业随母，为独孤家所养，遂从其姓，皆其事也。

父母之恩，本不在生而在养，此又不足怪也。北族之养子弟，则非因其幼小无依，而特为臣主之间，以恩相结，盖由不知君臣有朋友之谊，而惟知有亲族关系使然，又与中国之养子殊科矣。《北史·齐宗室诸王传》：上洛王思宗弟思好，本浩氏子也，思宗养以为弟。又《蔡祐传》：周文帝谓祐曰："吾今以尔为子，尔其父事我。"《张奫传》：隋文帝谓曰："卿可为朕儿，朕为卿父。"又《宇文述传》：性贪鄙，知人有珍异物，必求取。富商大贾，及陇右诸胡子弟，皆接以恩意，呼之为儿。由是竞加馈遗，珍宝累积。又有赵行枢者，本大常乐户，家财亿计，述谓为儿，受其赂遗。此为认义子者之又一变格，然亦北族之俗，有以作之俑也。

《晋书·贾充传》云：充妇广城君郭槐，性妒忌。充子黎民，年三岁，乳母抱之当阁，黎民见充入，喜笑，充就而拊之，槐望见谓充私乳母，即鞭杀之，黎民恋念，发病而死。后又生男，过期，复为乳母所抱，充以手磨其头，郭疑乳母，又杀之，儿亦思慕而死。充遂无胤嗣。及薨，槐辄以外孙韩谧为黎民子，奉充后。郎中令韩咸，中尉曹轸谏，不从。咸等上书求改立嗣，事寝不报。

槐遂表陈：是充遗意。帝乃诏曰："周之公旦，汉之萧何，或豫建元子，或封爵元妃，盖尊显勋庸，不同常例。大宰索取外孙韩谧为世子黎民后。吾退而断之，外孙骨肉至近，推恩计情，合于人心。其以谧为鲁公世孙，以嗣其国。自非功如大宰，始封无后如大宰，所取必以己自出如大宰，皆不得以为比。"及下礼官议充谥，博士秦秀，援莒人灭鄫之文，谓"充绝父祖之血食，开朝廷之祸门，谥法，昏乱纪度曰荒，请谥荒公"，不从。《秀传》。

案贾充固非正人，《晋书》所载之辞，则亦多诬蔑。三岁遇朞之儿，安知恋念乳母而死？即日知之，而二子之死，其事若一，理可通乎？莒人灭鄫，虽曰《春秋》之义，然时异势殊，宁可拘执。当时议者，亦借此以攻充耳，意初不在礼律，此参观第三章第一节而可知者也。然其事至烦武帝特下诏书，亦可见旧习入人之深矣。又古之为人后者，仅主其祭祀，而非利其财产。

《宋书·谢弘微传》：从叔峻，司空琰第二子也，无后，以弘微为嗣。义熙初，袭峻爵建昌县侯。弘微家素贫俭，而所继丰泰。惟受书数千卷，国吏数人而已。遗财禄秩，一不关豫。八年，混以刘毅党见诛。妻晋陵公主，改适琅邪王练。公主虽执意不行，而诏与谢氏离绝。公主以混家事，委之弘微。混仍世宰辅，一门两封，田业十余处，僮仆千人。惟有二女，年并数岁。弘微经纪生业，事若在公。一钱尺帛，出入皆有文簿。高祖受命，晋陵公主降为东乡郡君。以混得罪前代，东乡君节义可嘉，听还谢氏。自混亡至是九载，而室宇修整，仓库充盈；门徒业使，不异平日；田畴垦辟，有加于旧。

元嘉九年，东乡君薨，资财巨万，园宅十余所；又会稽、吴兴、琅邪诸处，大傅安，司空琰时事业，奴僮犹有数百人。公私咸谓室内赀财，宜归二女，田宅僮仆，应属弘微。弘微一无所取，自以私禄营葬。案琰，安子，峻、混皆琰之子。弘微，安弟万之孙。

案议者谓田宅僮仆，应属弘微者？盖谓此与封爵相联，乃古圭田之例，然弘微并此而不取，则可见继其宗祧者，原不必袭其财产。

《梁书·阮孝绪传》：孝绪七岁出后从伯胤之，胤之母周氏卒，有遗财百余万，应归孝绪，孝绪一无所纳，尽以归胤之姊琅邪王晏之母，此则又非亲生女之比矣。

《晋书·殷仲堪传》言：仲堪以异姓相养，礼、律所不许，子孙继亲族无后者，惟令主其烝尝，不听别籍以避役，此又见按诸礼、律，承嗣本与财产无关，足以告后世之与为人后而有所冀者矣。

第三节　户口增减

中国历代，史所记户口之数，多寡悬殊，晋、南北朝之世，则其寡少殊甚。《晋书·地理志》云：大康元年平吴，大凡户百四十五万九千八百四十，口一千六百一十六万三千八百六十三。《隋书·地理志》云：大康时，户二百六十余万。此后无总数可考。桓温尝言："户口凋寡，不当汉之一郡"，则东晋之世，民户之寡少可知。《南史·本纪》言：梁元帝时，人户著籍，不盈三万，详见第十三章第四节。其寡少尤为可骇。

《隋书·地理志》言：陈世户数，为六十万。《北史·隋本纪》：陈国平，户五十万，口二百万。《隋书·本纪》无。盖昔人好举成数，其户数，当在五十、六十万之间也。北朝以正光以前为全盛，其数倍于晋之大康。孝昌以后，耗减且将大半。《魏书·地形志》。元孝友当魏末，谓"计见管之户，应二万余族"，族二百家，是有二百万户也。

《周书·武帝纪》：关东平，得户三百三十万二千五百二十八，口二千万六千六百八十六。《隋志》载北齐户数本之，而谓隋世户数，为八百九十万七千五百四十六，口数为四千六百一万九千九百五十六云。僭伪诸国，户口之数可考者：《苻坚载记》，谓坚灭前燕，入邺官，阅其名籍，户二百四十五万八千九百六十九，口九百九十八万七千九百三十五。《慕容垂载记》，载翟钊所统七郡户数为三万八千，慕容永所统新旧八郡户数为七万六千八百。此外皆无所见。

案乱离分裂之世，户口之数，自当少于统一全盛之时。然据当时记载，仅山阴一县，户数即已三万；《宋书·顾觊之》及《良吏·江秉传》。其课户为二万，见《齐书·顾宪之传》。魏孝静帝迁邺，户四十万，狼狈就道；《北齐书·神武纪》。陈国虽褊小，岂有仅二十倍于山阴；魏末虽丧乱，岂有仅五倍于邺都之理？其非实数，显而易见。盖史之所记，原不过当时占著之数，非以为生齿之实也。然以考生齿之数虽不足，以考人民占籍之情形，则有可见者矣。

著籍之数，何以寡少？其原因盖有多端。《晋书·武帝纪》，载帝平吴，得户五十二万三千，吏三万三千，兵二十五万，男女口二百三十万，则吏之与兵，皆在民户之外。《慕容宝载记》：宝嗣伪位，遵垂遗令，校阅户口，罢诸军营，分属郡县。《宋书·州郡志》：南彭城蕃县、薛县，皆义旗初免军户所立。

《刘粹传》：弟道济，为益州刺史，蜀土侨旧，翕然并反，道济皇惧，免吴兵三十六营，以为平民，分立宋兴、宋宁二郡。《隋书·食货志》：周武帝建德二年，改军士为侍官，募百姓充之，除其县籍。

《高祖纪》：开皇十年，五月，乙未，诏曰："魏末丧乱，宇县瓜分，役车岁动，未遑休息，兵士军人，权置坊府。南征北伐，居处无定。家无完堵，地罕苞桑。恒为流寓之人，竟无乡里之号。朕甚愍之。凡是军人，可悉属州县。垦田帐籍，一与民同。"遂罢山东、河南及北方缘边新置军府。是晋、南北朝之世，有兵籍者，多在民户之外也。

《南史·郭祖深传》：祖深以为"都下佛寺，五百余所，僧尼十余万。所在郡县，不可胜言。道人又有白徒，尼则皆畜养女，皆不贯人籍。天下户口，几亡其半"。《魏书·释老志》言：大和十年，有司奏前被敕：以勒籍之初，愚民侥幸，假称入道，以避输课，其无籍僧尼，罢遣还俗。又沙门统昙曜奏：平齐户宋明帝失淮北，虏徙青、齐民于平城，置平齐郡以居之，其民谓之平齐户，见第九章第五节。及诸民，有能岁输谷六十斛入僧曹者，即为僧祇户。又请民犯重罪及官奴为佛图户，以供诸寺扫洒。此等盖亦如僧尼之不贯民籍矣。

《阉宦·仇洛齐传》言：魏初禁网疏阔，民户隐匿漏脱者多。东州既平，绫罗户民乐葵，因是请采漏户，供为纶绵。自后逃户占为细茧、罗縠者非一。于是杂、营户帅，遍于天下。不属守宰，发赋轻易。民多私附。户口错乱，不可检括。洛齐奏议罢之，一属郡县。

《隋书·刑法志》言：自魏、晋相承，死罪重者，妻子皆以补兵。魏虏西凉之人，没入名为隶户。魏武入关，隶户皆在东魏。后齐因之，仍供厮役。建德六年齐平后，武帝欲施轻典于新国，乃诏凡诸杂户，悉放为百姓。事亦见《周书·本纪》。

《魏书·世祖纪》：真君五年，北部民杀衡阳公莫孤，率五千余落北走，追击于漠南，杀其渠帅，余徙居冀、定、相三州为营户。《高祖纪》：延兴元年，沃野、统万二镇敕勒叛，诏源贺追击，至枹罕，灭之，徙其遗迸于冀、定、相三州为营户。二年，连川敕勒谋叛，徙配青、徐、齐、兖四州为营户。此等亦皆不贯民籍者。

《梁书·武帝纪》：天监十七年，八月，诏以兵驺、奴婢，男年登六十，女年登五十，免为平民。《南史》作男年六十六，女年六十，免为编户。则奴婢亦在编户之外。《魏书·景穆十二王传》：京兆王子推之子遥，迁冀州刺史。以诸胡先无籍贯，悉令造籍，遂欲税之，为胡所构，则诸胡又莫非漏籍之人也。无籍及不属州县者既多，民户自见其少。然此等为数，究属有限，其大使民户减少者，则人民之漏籍，豪强之隐占也。

漏籍之弊，南北皆然。《晋书·庾冰传》：冰为扬州刺史，隐实户口，料出无名万余人，以充军实。《陈书·文学·褚玠传》：除山阴令。县民张次的、王休达等，与诸猾吏贿赂通奸，全丁大户，类多隐没。玠乃锁次的等，具状启台。高宗手敕慰劳，并遣使助玠搜括，所出军民八百余户。《魏书·韩茂传》：显祖以五州民户殷多，编籍不实，五州，据上文观之，当为冀、定、相、青、东青。诏茂子均检括，出十余万户。足见其数之多。

诸漏籍之人，有竟不占著者，《隋书·食货志》言："江左无贯之人，不乐州县编户者，谓之浮浪人"是也。有隐蔽于大户之中者，虞玩之谓"抱子并居，竟不编户"；《魏书·李冲传》言：旧无三长，惟立宗主督护民多隐冒，五十、三十家，方为一户是也。齐建元二年诏曰："黄籍民之大纪，国之理端。自顷氓俗巧伪，为日已久。至乃窃注爵位，盗易年月，增损三状，贸袭万端。或户存而文书已绝，或人在而反托死叛。停私而云隶役，身强而称六疾。编户齐家，少不如此。"《齐书·虞玩之传》。

《魏书·昭成子孙传》：元晖上书，言"国之资储，惟藉河北。饥馑积年，户口逃散。生长奸诈，因生隐藏。出缩老小，妄注死失。收人租调，割入于己。人困于下，官损于上"。近世论户籍者，或谓"饥时散振，平时服役之书，必不足用，更须重造，可见编审之无谓"，此言实不啻自承其户籍之不实。

《魏书·高祖纪》：大和十一年，七月，诏"年谷不登，听民出关就食，遣使者造籍，分遣去留"。九月，又诏曰："去夏以岁旱民饥，须遣就食，旧籍杂乱，难可分简，故依局割民，阅户造籍，欲令去留得实，振贷平均。乃者以来，犹有饿死衢路，无人收识。良由本部不明，籍贯未实，廪恤不周，以至于此。”是其振饥册籍，亦临时编造，而又不能善其事也。

又近世所谓编审者，初非阅实户口，只是量度一州县赋役，合取丁钱多少，摊派之于有田之家耳。所谓丁随粮行也。一条鞭之法行后，举国皆渐行此法，故其生齿虽盛，而户口不增。清圣祖诏盛世滋生人丁，永不加赋，正窥破此中消息也。

《北史·李义深传》：弟幼廉，为瀛州长史。齐神武行经异部，总合河北六州文籍，商榷户口增损。亲自部分。多在马上，征责文簿。幼廉应机立成，恒先期会。为诸州准的。版籍苟实，何容以意增损？其所谓增损者，盖亦随赋役为盈虚耳。又编审之难，在于官不能亲历闾阎；又不能令民抱子携妻，赴公堂而听点。

而《齐书·顾宪之传》，宪之谓“比众局检校，首尾寻续，横相质累者，亦复不少。一人被摄，十人相追；一绪裁萌，千孽互起；蚕事弛而农业废，贱取庸而贵举责；应公赡私，日不暇给”。则凡近世之弊，南北朝时，已皆有之矣。《隋书·食货志》述北齐文宣时事云：旧制未娶者输半床租调，阳翟一郡，户至数万，籍多无妻。版籍不实之情形，真可发一大噱。

《晋书·食货志》：武帝泰始五年，正月，敕戒郡国计吏：豪势不得侵役寡弱，私相置名。《高阳王睦传》：武帝受禅，封中山王。咸宁三年，睦使募徙国内八县，受逋逃、私占，及变易姓名，诈冒复除者七百余户。有司奏事在赦前应原。诏不许，贬为县侯。可见豪强隐蔽，晋初其弊已甚。

东渡之际，百姓遭难流移，多芘大姓为客。时不能正，乃定给客之制。然仍有不可检实者。见《齐书·州郡志》南兖州。《隋书·食货志》云：都下人多为诸王公贵人左右、佃客、典计、衣食客之类，皆无课役。客皆注家籍。案给客之数，随官爵大小为差，详见《志》。此为法之所许，然违法隐占者实多。《陈书·宣帝纪》：大建二年，诏籍有巧隐，并王公百司辄受民为程荫，解还本属，即其事也。又有擅募部曲，及逼人为左右者。参看第十二章第五节所引郭祖深之言。《陈书·始兴王叔陵传》：迁湘州刺史，潇、湘以南，皆逼为左右。廛里殆无遗者。其中脱有逃窜，辄杀其妻子。其暴横如比。

《慕容德载记》：其尚书韩谆上疏，言“百姓因秦、晋之弊，迭相荫冒。或百室合户，或千丁共籍。依托城社，不避熏烧。宜隐实黎民，正其编贯”。德纳之。遣慕容镇率骑三千，缘边严防，备百姓逃窜，而以谇为行台尚书，巡郡县隐实。得荫户五万八千，其数亦可谓多矣。《山涛传》：涛孙遐，为余姚令。时江左初基，法禁宽弛，豪族多挟藏户口，以为私附。遐绳以峻法。到县八旬，出口万余。诸豪强莫不切齿。遂陷其罪。遐与会稽内史何充笺："乞留百日，穷翦逋逃，退而就罪，无恨也。"充申理不能得，竟坐免官。可见整顿之不易矣。

流亡之多，亦使户籍大损。《宋书》美元嘉之治曰："家给人足，即事虽难，转死沟渠，于时可免"，亦不过美其民不流亡而已。详见第九章第七节。《晋书·王彪之传》，称彪之为会稽内史，居郡八年，亡户归者三万余口，可见流亡者之多。《齐书·柳世隆传》：尚书符罪状沈攸之曰："窜叛入境，辄加拥护；逋亡出界，必遣穷追。"是行暴政者既迫民使流亡，又开他境之民之流亡也。

历代开亡叛自首之途者甚多，《宋书·武帝纪》：永初元年，八月，开亡叛。赦限内首出，蠲租布二年。先有资状，黄籍犹存者，听复本注。孝武帝大明二年、五年，明帝泰始二年，皆有原赦逃亡之诏，见《纪》。梁武帝时，诏令尤烦，见第十二章第五节。然实惠未必逮下。

《魏书·韩茂传》言：魏因河外未宾，民多去就，权立东青州，为招怀之本，新附之民，咸受优复，旧人奸逃者，多往投焉，是宽政亦有流弊也。然能行宽政者究少，大抵皆严于追捕。

《晋书·王羲之传》：羲之遗谢安书曰："自军兴以来，征役、充运，死亡、叛散，不返者众。虚耗至此，补代循常。所在凋困，莫知所出。上命所差，上道多叛，则吏及叛者，席卷同去。又有常制，辄令其家及同伍课捕。课捕不擒，家及同伍，寻复亡叛。"

《宋书·羊玄保传》言：刘式之为宣城，立吏民亡叛制。一人不禽，符伍里吏，送州作部。若获者赏位二阶。

《南史·郭祖深传》言："梁兴以来，发人征役，号为三五。及投募将客，主将无恩，存恤失理，多有物故，辄刺叛亡。或有身殒战场，而名在叛目。监符下讨，称为逋叛。录质家丁；合家又叛，则取同籍；同籍又叛，则取比伍；比伍又叛，则望村而取；一人有犯，则合村皆空。"其虐可谓甚矣。

《宋书·州郡志》曰："《晋书》济岷郡，魏平蜀，徙蜀豪将家于济河，故立此郡，安帝义熙中土断，并济南。"此即侨郡。盖古之为治，习于属人，侨居之民，与当地之民，不易浃洽，故特立郡县以抚安之也。

五胡之乱，迁移者既多，侨州郡县遂盛，而其有害政理，亦缘之而甚焉。范宁陈其弊曰："圣王作制，籍无黄白之别。昔中原丧乱，流寓江左，庶有旋反之期，故许其挟注本郡。自尔渐久，人安其业，丘陇坟柏，皆已成行，虽无本邦之名，而有安土之实。

今宜正其封疆，以土断人户，明考课之科，修闾伍之法。难者必曰：人各有桑梓，俗自有南北。一朝属户，长为人隶，君子则有土风之慨，小人则怀下役之虑。斯诚并兼者之所执，而非通理者之笃论也。古者失地之君，犹臣所寓之主；列国之臣，亦有违适之礼。且今普天之人，原其氏出，皆随世迁移，何至于今，而独不可？凡荒郡之人，星居东西，远者千余，近者数百，而举召役调，皆相资须，期会差遣，辄致严坐。

今荒小郡县，皆宜并合。不满五千户，不得为郡；不满千户，不得为县。"读此而当时新徙之民，狃于自私，规避政役之情形可见矣。散居为当时侨人大弊。《齐书·州郡志》：南兖州，永明元年，刺史柳世隆奏："尚书符下土断条格，并省侨郡县。凡诸流寓，本无定憩。十家五落，各自星处。一县之民，散在州境，西至淮畔，东届海隅。今专罢侨邦，不省荒邑，杂居舛止，与先不异，虽为区断，无革游滥。谓应同省，随界并帖。若乡屯里聚，二三百家，井甸可修，区域易分者，则别详立。"于是济阴郡六县，下邳郡四县，淮阳郡三县，东莞郡四县，以散居无实土，官无廨舍，寄止民村，及州治立见省，民户帖属。《隋书·食货志》曰：元帝寓居江左，百姓之自拔南奔者，并谓之侨人，皆取旧壤之名，侨立郡县，往往散居，无有土著。

欲图治理，自非严行土断不可。其事始于晋成帝之咸康七年。《本纪》："实编户，王公已下皆正，土断白籍。"胡三省《通鉴注》曰："时王公庶人，多自北来，侨寓江左，今皆以土著为断，著之白籍。白籍者，户口版籍。宋、齐以下有黄籍。"案既云土断白籍，则晋时已有黄籍矣，观范宁之言，尤为晓然。胡氏之意，盖谓晋世虽有此政，宋、齐以下，仍有黄籍也。至哀帝兴宁二年复行之，谓之庚戌制。《本纪》："三月，庚戌朔，大阅户人，严法禁，称为庚戌制。"彭城穆王之玄孙玄，以匿五户，为桓温所表，收付廷尉，可见其行法之严。然至末造，其法复坏。

《宋书·武帝纪》：帝于义熙九年表论之曰："在汉西京，大迁田、景之族，以实关中，即以三辅为乡闾，不复系之于齐、楚。自永嘉播越，爰托淮海，朝有匡复之算，民殷思本之心，经略之图，日不暇给，是以宁民绥治，犹有未遑。及至大司马桓温，以民无定本，伤治为深，庚戌土断，以一其业。于时财阜国丰，实由于此。自兹迄今，弥历年载，画一之制，渐用颓弛。杂居流寓，闾伍弗修。王化所以未纯，民瘼所以犹在。自非改调解张，无以济治。请准庚戌土断之科。”于是依界土断。惟徐、兖、青三州居晋陵者，不在断例。诸流寓郡县，多被并省。其后孝武帝大明元年，土断雍州诸侨郡县。

时王玄谟为雍州刺史，民不便之。柳元景弟僧景为新安大守，恃元景之势，至欲发兵以讨玄谟，赖玄谟处之以静，得以无事。亦可见恶直丑正者之实繁有徒矣。废帝元徽元年，八月，诏曰：“圣武造运，道一闳区，诒长世之规。申土断之制。而夷险相因，盈晦递袭，岁馑凋流，戎役惰敝，违乡寓境，渐至繁积。宜式遵鸿轨，以为永宪。”可见宋初之制，至是已渐隳坏矣。

《齐书·吕安国传》：建元二年，虏寇边，上遣安国出司州，安集民户。诏曰：“郢、司之间，流杂繁广，宜并加区判，定其隶属”，此亦土断之意。梁武帝天监元年，四月，土断南徐州诸侨郡县。陈文帝天嘉元年，七月，诏曰：“自顷丧乱，编户播迁，言念余黎，良可哀惕。其亡乡失土，逐食流移者，今年内随其适乐，来岁不问侨旧，悉令著籍，同土断之例。”《魏书·张普惠传》：除东豫州刺史。淮南九戍、十三郡，犹因萧衍前弊，别郡异县之民，错杂居止。普惠乃依次括比，省减郡县。上表陈状。诏许之。

综观诸文，则土断之政，终南北朝之世未息，终亦未能弊绝风清，盖以其时内乱外患，迄未宁静也。《陈书·宣帝纪》：大建十一年，三月，诏“淮北义人率户口归国者，建其本属旧名，置立郡县，即隶近州，赋给田宅，唤订一无所豫”。此与公违土断者何异？以是为宽恤之政，土断之所以难行者可知矣。

《魏书·大祖纪》：天赐元年，初限县户不满百罢之，而甄琛当世宗时，仍表言边外小县，所领不满百户，可见北朝亦有斯患。《隋书·杨尚希传》：尚希于隋初上表曰：“当今郡县，倍多于古。或地无百里，数县并置；或户不满千，二郡分领。具寮以众，资费日多，吏卒又倍，租调岁减。清干良才，百分无二，动须数万，如何可觅？”请“存要去闲，并小为大”。文帝鉴而嘉之，遂罢天下诸郡。盖侨州郡县之弊，至是始除，亦以其时海内宁一故也。

籍分黄白，而弊窦随之。《齐书·虞玩之传》：玩之承建元二年之诏，上表曰：“宋元嘉二十七年八条取人，孝建元年书籍，众巧之所始也。

元嘉中，故光禄大夫傅隆，年出七十，犹自书籍，躬加隐校。古之共治天下，惟良二千石。今欲求治取正，其在勤明令长。凡受籍县，不加检合，但封送州。州检得实，方却归县。吏贪其赂，民肆其奸。奸弥深而却弥多，赂愈厚而答愈缓。

自泰始三年至元徽四年，扬州等九郡四号黄籍，共却七万一千余户。于今十一年矣，而所正者犹未四万。神州奥区，尚或如此，江、湘诸郡，倍不可念。愚谓宜以元嘉二十七年籍为正。民惰法既久。今建元元年书籍，宜更立明科，一听自悔。迷而不反，依制必戮。使官长审自检校。必令明洗，然后上州。永以为正。若有虚昧，州县同咎。今户口多少，不减元嘉，而版籍顿缺，良亦有以。

自孝建已来，入勋者众。其中操干戈卫社稷者，三分殆无一焉。勋簿所领，而诈注辞籍，浮游世要，非官长所拘录，复为不少。寻苏峻平后，庾亮就温峤求勋簿，而峤不与，以为陶侃所上，多非实录。物之怀私，无世不有，宋末落纽，此巧尤多。又将位既众，举恤为禄，实润甚微，而人领数万。如此二条，天下合役之身，已据其大半矣。又有改注籍状，诈入仕流，昔为人役者，今反役人。又生不长发，便谓为道，填街溢巷，是处皆然。或抱子并居，竟不编户。迁徙往来，公违土断。属役无满，流亡不归。宁丧终身。疾病长卧。法令必行，自然竞反。”云云。

上省表纳之。乃别置校籍官，置令史，限人一日得数巧，以防懈怠。于是货赂因缘。籍注虽正，犹强推却，以充程限。至世祖永明八年，谪巧者戍缘淮各十年。百姓怨望。世祖乃诏：“既往之愆，不足追咎。自宋升明以前，皆听改注。其有谪役边疆，各许还本。此后有犯，严加翦治。”永明六年，唐宇之之乱，实因检籍而作，事见第十章第四节。梁武帝时，王僧孺言晋籍宜加宝爱，武帝因诏僧孺改定《百家谱》，已见上节。

案役籍既与户籍并为一谈，士人又得特邀宽典，势自不能无弊。《魏书·孙绍传》，延昌中，绍表言：“中正卖望于下里，主案舞笔于上台，使门齐身等，而泾、渭奄殊，类应同役，而苦乐悬异。”《北齐书·高隆之传》：自军国多事，冒名窃官者，不可胜数。隆之奏请检括，获五万余人。而群小喧嚣，隆之惧而止。可见南北情弊，如出一辙也。特有黄白籍之别，俾得所藉手，则其弊更甚耳。

魏初惟立宗主督护，民多隐冒，已见前。李冲创三长之制上之。五家立邻长，五邻立里长，五里立党长。文明大后览而称善，引见公卿议之。或以为不可。或谓事属有益。惟有事之月，校比民户，民必劳怨。请过今秋，至冬闲月。冲曰："若不因调时，百姓徒知立长校户之勤，未见均徭省赋之益，心必生怨。宜及课调之月，令知赋税之均。"于是遂立三长。史称公私便之。盖前此隐漏虽多，利仍在于包荫者也。此事在大和十年。

先是延兴三年，九月，诏遣使者十人，循行州郡，检括户口。其有仍隐不出，州郡县户主，并论如律。此所谓户主者，盖即《李冲传》所谓宗主，督责虽勤，收效盖寡。及大和十四年，十二月，诏依准丘井之式，遣使与州郡宣行条制。隐口漏丁，即听附实。若朋附豪势，陵抑孤弱，罪有常刑。此时必责成三长，其收效当较弘。魏之户口，获倍于大康，盖在此时也。丧乱以后，隐匿遂多，一切之政复作。孝静帝武定二年，孙腾、高隆之为括户大使，凡获逃户六十余万，侨居者各勒还本属，史称租调之入有加焉。见《魏书·本纪》及《隋书·食货志》。

《北齐书·循吏传》：宋世良为殿中侍御史，诣河北括户，大获浮惰。还，孝庄劳之曰："知卿所括，得十倍于本帐，若官人皆如此用心，便是更出一天下也"，可见其数之众矣。周行《刑书要制》，正长隐五户及十丁已上，皆至死刑，《北史·周本纪》建德六年，《隋书·食货志》。李冲所创之制，亦徒便于作茧丝耳。

著籍之少，固非必生齿之减，然谓是时户口不凋耗，则又不可得，此观于其时嫁娶者之减，自残及生子不举者之多而可知也。《晋书·五行志》云：义熙中，东阳人莫氏，生女不养，埋之数日，于土中啼，取养遂活。此犹曰：世俗重男轻女，故有生女不养之事也。然《王濬传》言：濬除巴郡大守，郡边吴境，兵士苦役，生男多不养，则亦不以女为限矣。

《范宁传》：宁上疏曰："古之使人，岁不过三日，今之劳扰，殆无三日休停。至有残形、翦发，要求复除；生儿不复举养；鳏寡不敢妻娶。"

《刘毅传》：毅转江州都督，表言："江州以一隅之地，当逆顺之冲。自桓玄以来，驱蹙残败，至乃男不被养，女无匹对。"

《宋书·周朗传》：朗上书曰："自华夷争杀，戎夏竞威，破国则积尸竟邑，屠将则覆军满野，海内遗生，盖不余半？重以急政严刑，天灾岁疫。贫者但供吏，死者弗望埋。鳏居有不愿娶。生子每不敢举。又戍淹徭久，妻老嗣绝。及淫奔所孕，皆复不收。是杀人者日有数途，生人者岁无一理。不知复百年间，将尽以草木为世邪？”

《良吏传》：徐豁为始兴大守，言“郡大田武吏，年满十六，便课米六十斛；十五以下至十三，课米三十斛；一户内随丁多少，悉皆输米。且十三岁儿，未堪田作：或是单迥，无相兼通；年及应输，便自逃逸。或乃断截支体，产子不养。户口岁减，寔此之由”。

《齐书·竟陵王子良传》：子良启言：其时之民，“有畏失严期，自残躯命；亦有斩绝手足，以避徭役；生育弗起，殆为恒事”。可谓惊心动魄矣。

《晋书·列女传》：郑休妻石氏。休前妻女既幼，又休父布临终，有庶子沈生，命弃之。石氏曰：“奈何使舅之胤不存乎？”遂养沈及前妻女。力不兼举，九年之中，三不举子。

《宋书·孝义传》：郭世道，家贫无产业，庸力以养继母。妇生一男，夫妻共议曰：“勤身供养，力犹不足，若养此男，则所费者大。”乃垂泣瘗之。又：严世期，会稽山阴人也。同里张迈三人，妻各产子，时岁饥俭，虑不相存，欲弃不举。世期闻之，驰往拯救。分食解衣，以赡其乏。三子并得成长。此犹闾阎贫苦之家。

至如《颜氏家训·治家篇》云：“大公曰：养女大多，一费也。陈蕃云：盗不过五女之门。女之为累，亦以深矣。然天生烝民，先人传体，其如之何？世人多不举女，贼行骨肉，岂当如此，而望福于天乎？吾有疏亲，家饶妓媵。诞育将及，便遣阍竖守之。体有不安，窥窗倚户。若生女者，辄持将去。母随号泣，莫敢救之。”此则淫佚之夫，徒以欲保财产之故，而亦忍行杀害，可谓天理所不容矣。然亦可见其时行此者之多，故习以成俗也。

《南史·刘怀肃传》言：宋武帝产而皇妣殂，孝皇帝贫薄，无由得乳人，议欲不举。帝从母生怀敬未期，乃断怀敬乳而自养帝。怀肃，武帝从母兄，怀敬，怀肃弟。乌乎！如可赎兮，人百其身，历来弃而不举之子，安知其中无宋武帝之俦哉？“法有禁杀子之科，设早娶之令”。周朗之言。

历代政府，留意于此者亦多，早娶之令，可参看第一节。禁杀子或加惠于其父母者：如《王濬传》言：濬因巴郡生男多不养，乃严其科条；宽徭课；其产育者，皆与休复；所全活者数千人。《齐书·武帝纪》：永明七年，诏曰：“今产子不育，虽炳常禁，比闻所在，犹或有之。宜节以严威，敦以惠泽。主者寻旧制，详量附定。蠲恤之宜，务存优厚。”《南史》云：申明不举子之科，若有产子者，复其父。《齐书·明帝纪》：建武四年，正月，诏民产子者，蠲其父母调役一年，又赐米十斛，新婚蠲夫役一年。《南史·任昉传》：出为宜兴大守。时产子者不举。昉乃严其制，罪同杀人；孕者供其资费；济者千家。《北史·邢邵传》：除中书令。旧格制生两男者赏羊五口，不然则绢十匹。仆射崔暹奏绝之。邵曰："此格不宜辄断。句践以区区之越，赏法：生三男者给乳母，况以天下之大，而绝此条？舜藏金于山，不以为乏。今藏之于民，复何所损！"诏从之。皆其事也。然此岂法令所能挽哉？

第四节　人民移徙

两汉之世，移民之政颇详。虽其行之之善否，未知如何，然国家于土满、人满之间，时思加以调剂；且欲以是振起风俗；树立边防；则彰彰然也。晋、南北朝之世，此等用意，几于不可复见。移民之举，非计疆场之利，则为镇压之图而已。

当时行军，多事俘掠。有以外夷而掠中国者，如石虎使夔安等略汉东，拥七千余家，迁于幽、冀是也。《晋书·成帝纪》咸康五年。《石季龙载记》作七万户，盖侈辞。有以外夷而略外夷者，如慕容皝伐宇文归，徙其部人五万余落于昌黎；石虎伐段辽，迁其户二万余于雍、司、兖、豫是也。皆见《载记》。不惟外夷，即中国人之用兵，亦往往如是，如邵续攻石勒之渤海，虏三千余人；见《勒载记》。桓温败姚襄，徙其余众三千余家于江、汉之间，《穆帝纪》永和十二年。攻苻健，健芟苗清野，军粮不足，乃收三千余口而还是也。《温传》。

当时割据之国，初兴之时，多务俘掠，或则逼徙其民，以益其众，慕容氏、拓跋氏、沮渠氏、秃发氏尤甚，读《晋书·载记》及《魏书·本纪》自见。如有率众归之者，自亦为其所乐受，如司马楚之、刁雍、寇讚等之附魏皆是。《周书·司马裔传》：大祖令山东诸将，能率众入关者，并加重赏，裔领户千室先至，大祖欲遂以封之，可见其招徕之亟矣。

勇于战斗之民，及地方豪右，亦为割据者所欲徙。刘曜时，上郡氐、羌十余万落保险不下，大酋虚除权渠自号秦王，游子远降之，徙其部落二十余万口于长安。及讨杨韬，又迁陇右万余户。平陈安，则徙秦州大姓杨、姜诸族二千余户于长安。后赵灭前赵，徙关东流人、秦、雍大族九千余人于襄国。皆见《刘曜载记》。《石勒载记》：勒灭前赵，徙氐、羌十五万落于司、冀。

先是石勒已徙平原乌丸三万余户于襄国。其攻靳准，又迁巴帅及诸羌、羯十余万落于司州。秦州休屠王羌反，徙其夷豪五千余户于雍州。石虎破石生，徙雍、秦华戎十余万户于关东。慕容恪克广固，徙鲜卑、胡、羯三千余户于蓟。苻坚灭慕容暐，徙鲜卑四万余户于长安。又徙关东豪桀及诸杂夷十万户于关中，处乌丸杂类于冯翊、北地，丁零翟斌于新安。齐神武虏纥豆陵伊利，迁其部落于河东。周文帝破曹泥，迁其豪帅于咸阳。大统十二年，字文仲和反，独孤信讨禽之，迁其民六千余家于长安。东梁州平，亦迁其豪帅于雍州。皆其荦荦大者也。

此等异族，大抵勤事生产，不如汉人，而颇乐于战斗，故欲逼迁之以绝后患，然则华人之习于战斗者，自亦为其所欲徙，故周建德六年，有移并州军人四万户于关中之举焉。地方豪右，恒反覆于疆场之际，一彼一此之间，亦为割据者之所忌。在一地方有势力者，易地则无能为，故当时于降户，有移之甚远者，如魏徙鲁阳叛蛮于幽、并诸州是也。见《魏书·李柔传》。然此等举措，多无以善其后。如梁定州刺史田超秀附魏，魏恐致边役，未许，会超秀死，其部曲相率附魏，魏徙之六镇、秦、陇，遂致所在反叛，《魏书·蛮传》。其一事已。

移民以实都邑若形要之地者亦有之。刘曜之移民于长安，石勒之移民于襄国，即兼有此意者也。李寿以郊甸未实，都邑空虚，工匠械器，事未充盈，乃徙旁郡户三丁已上，以实成都。宋文帝元嘉二十六年，诏曰："京口皇基旧乡，地兼蕃重，宜令殷阜，式崇形望。可募诸州乐移者数千家，官给以田、宅，并蠲复。"此皆专为充实地方起见。

并有因此而出于俘掠者，如《魏书·世祖纪》：大平真君六年，使永昌王仁、高凉王那南掠淮、泗以北，徙青、徐之民，以实河北是也。《崔浩传》：世祖蒐于河西，诏浩诣行在所议军事。浩表曰："昔平凉州，臣愚以为北贼未平，征役不息，可不徙其民。案前世故事，计之长者。若迁民人，则土地空虚，虽有镇戍，适可御边而已，至于大举，军资必乏。陛下以事阔远，竟不施用。如臣愚意，犹如前议。募徙豪强大家，充实凉土，军举之日，东西齐势，此计之得者。"浩为乃心华夏之人，其为虏画策，庸或别有深意，见第八章第六节。然其理自不诬。

魏人于西域，守御之规，不逮前世远甚；而其于柔然，终不能一大创之者，亦以其根据实在西北，而魏凉州兵力大弱故也。参看第十六章第八、第九节。延兴中，尚书以敦煌介远西北，寇贼路冲，虑或不固，欲移就凉州，赖韩秀力争乃罢。使行尚书之议，则西北守御之规弥隘矣。此亦误于初平凉州时逼迁其民之故。反观之，移民以实形要之地，其利自明。然晋、南北朝之世，能行此而收其利者，则绝未之见也。河南之不可复，实误于淮南之不能充实，即其大者，自东晋以来，弊皆如此。

《晋书·宣帝纪》：魏正始七年，吴寇沮中，夷夏万余家避寇北渡沔。帝以沔南近贼，若百姓奔还，必复致寇，宜权留之。曹爽不从。贼果袭破沮中，所失万计。有民而不能卫，则反为敌资，此兵争之世，缘边之所以多旷土也。

《宋书·州郡志》论淮南云：三国时，江、淮为战争之地，其间不居者各数百里。此诸县并在江北淮南，虚其地无复民户。吴平，民各还本，故复立焉。其后中原乱，胡寇屡南侵，淮南民多南渡。成帝初，苏峻、祖约为乱于江、淮，胡寇又大至，民南渡江者转多，乃于江南侨立淮南郡及诸县。此最可见兵争而缘边旷废之情形也。

于是有度不能守而豫弃之者，《晋书·五行志》：孝武帝大元五年，大水，去年氐贼攻没襄阳，又向广陵，于是逼徙江、淮民，悉令南渡，三州失业，道殣相望，即其事也。

何承天以青、兖旧民，冀州新附，在界首者，为寇之资，欲悉徙之泰山以南，参看第八章第七节。姚苌僭即帝位，徙安定五千余户于长安，又以安定地狭，且逼苻登，使姚硕德镇之，而徙安定千余家于阴密，亦此意也。

然此等迁徙，无以善其后者多。秃发傉檀伐沮渠蒙逊而败，又为赫连勃勃所破，虑东西寇至，乃徙三百里内百姓，入于姑臧，遂召屠各成七儿之叛；宋武帝征姚泓，姚绍言于泓曰："豫州、安定孤远，卒难救卫，宜迁诸镇户，内实京畿，可得精兵十万"，泓以疑忌姚恢，未用其策，见第七章第七节。然即用之，亦未必能作困兽之斗也。有虽丧其地而仍欲迁其民者，如刘琨徙陉北五县之民，而以其地畀鲜卑；陈亡淮南，而徙三州、九郡之民是也。亦有地经残破，不复可守，而为移民之计者，如宋元嘉二十八年徙彭城流民于瓜步，淮西流民于姑熟是也。此等皆随军事为进退，不足语于移民之计也。

徙户虽云颠沛，亦必薄有赀财，移徙之间，多致丧失，此人民之所以视迁徙为畏途也。

《晋书·秃发傉檀载记》：傉檀伐沮渠蒙逊，掠五千余户而归。其将屈右进曰："徙户赀财，盈溢衢路，宜倍道还师，早度峻险。"卫尉伊力延曰："彼徒我骑；势不相及。若倍道还师，必捐弃赀财，示人以弱。”

俄而昏雾风雨，蒙逊军大至，傉檀败绩而还。骑步势不相及，而傉檀卒致败绩者，以徙户为赀财所累，不能速行也。然即使徐行，安然而返，亦未必能一无所损。故徙户多困穷。李平崇从弟。表宣武，言代人之迁洛者，“赀产罄于迁移，牛畜毙于辇运，陵大行之险，历长津之难，辛勤备经，得达京阙，富者犹损大半，贫者可以意知”，则其明证。

《魏书·高允传》：显祖平青、齐，徙其族望于代。时诸士人，流移远至，率皆饥寒。徙人之中，多允姻媾[4]，皆徒步造门。允散财竭产，以相赡振；慰问周至；无不感其仁厚。傅永为崔道固城局参军，与道固俱降，入为平齐百姓。父母并老，饥寒十数年。赖其强于人事，戮力佣丐，得以存立。此其幸而获济者。其不能自强，又莫相振恤，以至流离死亡者，盖不知凡几矣！

故移民极易召变。慕容麟说慕容德曰：“魏虽拔中山，势不久留，不过驱掠而返。人不乐徙，理自生变。然后振威以援之，魏则内外受敌，可一举而取。”其后魏果致仇儒之变，见第八章第六节。惜乎燕势大弱，无以乘之，使其少能自振，因惮迁之民，以犄思归之众，魏未必能遂有赵、魏也。

《北史·崔宏传》：明元以郡国豪右，为人蠹害，优诏征之。人多恋本，而长吏逼迁之。轻薄少年，因相扇动，所在聚结。西河、建兴，盗贼并起，守宰讨之不能禁。帝引宏及安同、叔孙建、元屈等问焉。宏欲大赦以纾之。屈曰：“不如先诛首恶，赦其党类。”宏曰：“王者临天下，以安人为本，何顾小曲直也。”明元从之。使从元屈之议，其乱恐非一时所能定也。

《魏书·崔玄伯传》言：道武还代京，亲登山顶，抚慰新民。适遇玄伯，扶母登岭，赐以牛米。因诏诸徙人不能自进者，给以车牛。此等事特出偶然，况其口惠而实不至？而督促之人，却有极暴虐者，如略阳王羯儿与永昌王健讨秃发保周，徙张掖数百家于武威，与诸将私自没入是也。《魏书·道武七王传》。又《周观传》：真君初，诏观讨秃发保周，徙其民百家，将置于京师，至武威，辄与诸将私分之。

流移之民，往往为旧民所轻侮，杜弢、邢杲，皆以是致叛，然亦有新民转苦旧民者，如《魏书·娥清传》言：徙何民散居三州，颇为民害，诏青徙之平城是也。当时之于人民，一徙之后，或继之以再徙，如姚兴徙新平、安定新户六千于蒲阪；吕光徙西海郡人于诸郡，以其相扇动，复徙之于西河是。孝静帝之迁邺，徙邺旧人西径百里，以居新迁之民，是又因移新民而累及旧人矣。

移民之烦扰如此，民安得不视为畏途哉？《晋书·石季龙载记》：镇远王擢，表雍、秦二州望族，自东徙以来，遂在戍役之例，既衣冠华胄，宜蒙优免。从之。自是皇甫、胡、梁、韦、杜、牛、辛十有七姓，蠲其兵贯，一同旧族；随才铨叙；思欲分还桑梓者听之。其非此等，不得为例。

《魏书·世祖纪》：大延元年，二月，诏长安及平凉民徙在京师，其孤老不能自存者，听还乡里。《刘昞传》：世祖平凉州，士民东迁，夙闻其名，拜乐平王从事中郎，世祖诏诸年七十已上，听留本乡，一子扶养。昞时老矣，在姑臧岁余，思乡而返。至凉州西四百垂韭谷窟，遇疾而卒。以听还乡里为惠，可知新民之不安。史暠谓秃发利鹿孤曰："今不以绥宁为先，惟以徙户为务，安土重迁，故有离叛"，当时如是者，正不止利鹿孤一人。迁徙者既久而不安，故压力一弛，即相率遁归本土，此冉闵之所以亡，蒲洪、姚弋仲，亦此等思归戎落之大酋耳。参看第五章第三节。《宋书·天文志》：永和七年，刘显杀石祗及诸胡帅，中土大乱，戎、晋十万数，各还旧土，互相侵略，及病疫死亡，能达者十二三。

新旧侨民，既难浃洽，则绥抚之者，不得不设侨州、郡、县。宋南徐州备有徐、兖、幽、冀、青、并、扬七州郡邑，《宋书·州郡志》。则其一例。不独华人，即于戎落，亦或如是。《魏书·昭成子孙传》：道武时，休屠郁原等叛，寿鸠之子素讨之，徙千余家于涿鹿之阳，立平原郡以处之，是其事也。侨州、郡、县之置，实为政理之害，已见上节。

移多就寡，实为移民之首务，此所以调剂土满与人满也，然能行之者绝少。《宋书·孔靖传》：子灵符，大明初入为丹阳尹。山阴县土境褊狭，民多田少，灵符表徙无赀之家于余姚、鄞、鄮三县界，垦起湖田。上使公卿博议。公卿多不以为然。上违议从其徙民，并成良业。移多就寡，有成效者，恐惟此而已。

封裕之谏慕容皝也，曰："九州之人，塞表殊类，襁负万里，流人之多旧士，十倍有余，人殷地狭，无田者十四"，其窘困之情可想。魏初徙民，多给田业。天兴元年，二月，诏给内徙民耕牛，计口授田；永兴五年，七月，奚斤等破越勤倍泥部落，徙二万家于大宁，计口授田则其事。盖代北地广人希，故能如是。然鲜卑实昧于政理，恐亦未必能善其事也。《隋书·食货志》言：北齐天保八年，议徙冀、定、瀛无田之人于范阳宽乡，而百姓惊扰。土满人满之不易调剂，由来旧矣。

官家移民，虽多无以善其后，然士大夫则仍有能为之率将者。《晋书·徐邈传》：东莞姑幕人也。祖澄之，为州治中，属永嘉之乱，与乡人臧环等，率子弟并闾里士庶千余家南渡江，家于京口。《祖逖传》云：京师大乱，逖率亲党数百家，避地淮、泗。以所乘车马，载同行老疾，躬自徒步。药物衣粮，与众共之。又多权略。是以少长咸宗之，推为行主。郗鉴之寝疾也，上疏曰："臣所统错杂，率多北人。或逼迁徙，或是新附。百姓怀土，皆有归本之心。臣宣国恩，示以好恶，处与田宅，渐得少安。闻臣疾笃，众情骇动。若当北渡，必启寇心。"因荐蔡谟为徐州刺史，兄子迈为兖州刺史。逖与鉴之能保土立功，其故盖可思矣。

《孝友·庾衮传》云：明穆皇后伯父也。诸父并贵盛，惟父独守贫约。衮躬亲稼穑，以给供养。齐王冏之唱义也，张弘等肆掠于阳翟，衮乃率其同族及庶姓，保于禹山。是时百姓安宁，未知战守之事。衮曰："孔子云：不教而战，是为弃之。"乃集群士而谋曰："古人有言，千人聚而不以一人为主，不散则乱矣，将若之何？"众曰："善。今日之事，非君而谁？"衮乃誓之曰："无恃险，无怙乱，无暴邻，无抽屋，无樵采人所植，无谋非德，无犯非义。戮力一心，同恤危难。"众咸从之。

于是峻险厄，杜蹊径，修壁坞，树藩障，考功庸，计丈尺，均劳逸，通有无，缮完器备，量力任能，物应其宜。使邑推其长，里推其贤而身率之。分数既明，号令不二。及贼至，衮乃勒部曲，整行伍，皆持满而勿发。贼挑战，晏然不动，且辞焉。贼服其慎而畏其整，是以皆退。如是者三。

及冏归于京师，逾年不朝。衮曰："晋室卑矣，寇难方兴。"乃携其妻子适林虑山。比及期年，而林虑之人归之，咸曰庾贤。及石勒攻林虑，父老谋曰："此有大头山，九州之绝险也，上有古人遗迹，可共保之。"惠帝迁于长安，衮乃相与登于大头山，而田于其下。年谷未熟，食木实，饵石蘂，同保安之。及将收获，命子怞与之下山，中途目眩瞀，坠崖而卒。此传称美，庸或过当，然其人必田畴、管宁之伦，则可信矣。当时山泽之主，堡坞之雄，此等人必不少也。官亦有能率民以徙者：柳庆五世祖恭，仕后赵为河东郡守，以秦、赵丧乱，率民南徙，居于汝、颍之间；高翼为渤海大守，率合境徙于河、济之间是其事。

播迁之众，能犯波涛，移殖海外者，亦颇有之。《晋书·庾翼传》言：时东土多赋役，百姓乃从海道入广州。刺史邓岳，大开鼓铸，诸夷因此知造兵器。翼表陈："夷人常伺隙，若知造铸之利，将不可禁。"此自一时之边防言为可虑，自长久之计言之，则夷人之开化，正有借于此等播迁之民矣。

《冯跋载记》：河间人褚匡言于跋曰："陛下至德应期，龙飞东夏，旧邦崇族，倾首朝阳，以日为岁。若听臣往迎，致之不远。"跋曰："隔绝殊域，阻回数千，何可致也？"匡曰："章武郡临海，船路甚通，章武，见第八章第五节。出于辽西临渝，不为难也。"跋许之。匡寻与跋从兄买、从弟睹自长乐率五千余户来奔。

《陈书·萧允传》：侯景之乱，梁元帝为荆州刺史，朝士多往归之。允弟引曰："诸王力争，祸患方始。今日逃难，未是择君之秋。吾家再世为姑兴郡，遗爱在民，正可南行，以存家门耳。"于是与弟肜及宗亲百余人奔岭表。观此，知当时南至交、广，北至辽东、西，人民之浮海而往者，皆不少也。

第五节 各地方风气

汉世风俗，见于《汉书·地理志》，晋、南北朝风俗，则见于《隋书·地理志》。《隋志》多承《汉志》立论，虽其说不必尽确，然总可见其变迁之大略也。

《隋志》论雍州云：京兆王都所在，隋京兆，治今西京。俗具五方。人物混淆，华戎杂错。去农从商，争朝夕之利；游手为事，竞锥刀之末；贵者崇侈靡，贱者薄仁义；豪强者纵横，贫窭者窘蹙；桴鼓屡惊，盗贼不禁；此乃古今之所同焉。

自京城至于外郡，得冯翊、扶风，冯翊，魏时为同州，见第十四章第五节。扶风，本岐州，见第十一章第四节。是汉之三辅，其风大抵与京师不异。安定、本泾州，见第十一章第四节。北地、本豳州，见第十二章第三节。上郡、本北华州，见第十二章第二节。陇西、本渭州，见第十二章第七节。天水、本秦州，见第十一章第三节。金城，今甘肃皋兰县。于古为六郡之地，其人性犹质直，然尚俭约，习仁义，勤于稼穑，多畜牧，无复寇盗矣。雕阴、今陕西绥德县。延安、魏东夏州，见第十二章第七节。弘化，西魏朔州，见第十一章第二节。连接山胡，性多木强，皆女淫而妇贞，盖俗然也。平凉、本原州，见第十二章第三节。朔方、本夏州，见第十二章第三节。盐川、今宁夏盐池县北。灵武、魏灵州，见第十二章第三节。榆林、今绥远托克托县境。五原，今绥远五原县。地接边荒，多尚武节，亦习俗然焉。河西诸郡，其风颇同，并有金方之气矣。

论梁州云：汉中之人，质朴无文，不甚趋利。性嗜口腹，多事田渔，虽蓬室柴门，食必兼肉。好祀鬼神，尤多忌讳，家人有死，辄离其故宅。崇重道教，犹有张鲁之风焉。傍南山，杂有僚户，富室者颇参夏人为婚，衣服、居处、言语，殆与华不别。西城、今陕西安康县。房陵、今湖北竹山县，清化、本巴州，见第十六章第二节。通川、今四川达县。宕渠，今四川渠县。地皆连接，风俗颇同。

汉阳、魏南秦州，见第十二章第三节。临洮、周洮阳郡，后立洮州，见第十六章第七节。宕昌、周宕州，见第十六章第七节。武都、今甘肃武都县东南。同昌、今甘肃文县西北。河池、魏南岐州，见第十二章第九节。顺政、魏东益州，见第十一章第四节。义城、西魏利州，见第十五章第一节。平武、今四川平武县东南。汶山，今四川茂县。皆连杂氐、羌，人尤劲悍，性多质直，皆务于农事，工习猎射，于书计非其长矣。

蜀郡、见第三章第六节。临邛、今四川雅安县。眉山、今四川乐山县。隆山、今四川仁寿县。资阳、今四川资中县北。泸川、今四川泸县。巴东、见第三章第六节。遂宁、今四川遂宁县。巴西、西魏隆州，见第十五章第一节。新城、今四川三台县。金山、西魏潼州，见第十四章第五节。普安、西魏始州，见第十五章第一节。犍为、今四川宜宾县西南。越嶲、今西康西昌县。牂柯、今贵州德江县西。黔安，今四川彭水县。得蜀之旧域。其地四塞，山川重阻，水陆所凑，货殖所萃，盖一都之会也。

昔刘备资之以成三分之业；自金行丧乱，四海沸腾，李氏据之于前，谯氏依之于后；当梁氏将亡，武陵冯险而取败；后周之末，王谦负固而速祸；故孟门不祀，古人所以诫焉。其风俗大抵与汉中不别。其人敏慧轻急，貌多蕞陋；颇慕文学，时有斐然；多溺于逸乐，少从宦之士，或至耆年白首，不离乡邑。人多工巧，绫锦、雕镂之妙，殆侔于上国。贫家不务储蓄，富家专于趋利。其处家，则女勤作业，而士多自闲。聚会宴饮，尤足意钱之戏。小人薄于情礼，父子率多异居。其边野富人，多规固山泽，以财物雄使夷獠，故轻为奸藏，权倾州县，此亦其旧俗乎？又有獽、狿、蛮、賨，其居处、风俗、衣冠、饮食，颇同于獠，而亦与蜀人相类。

论豫州云：洛阳，其俗尚商贾，机巧成俗，故《汉志》云：周人之失，巧伪趋利，贱义贵财，此亦自古然矣。荥阳今河南郑县。古之郑地，梁郡，见第二章第三节。梁孝王故都，邪辟敖荡，旧传其俗。今则好尚稼穑，重于礼文，其风皆变于古。谯郡、魏南兖州，见第十三章第一节。济阴、今山东曹县西北。襄城、今河南临汝县。颍川、魏郑州，见第十四章第四节。汝南、治县瓠，见第五章第六节。淮阳、今河南淮阳县。汝阴，今安徽阜阳县。其风颇同。

南阳见第三章第四节。古帝乡，搢绅所出。自三方鼎立，地处边疆，戎马所萃，失其旧俗。上洛、见第十六章第六节。弘农，见第十六章第六节。本与三辅同俗。自汉高发巴、蜀之人定三秦，迁巴之渠帅七姓，居于商、洛之地，由是风俗不改其壤，其人自巴来者，风俗犹同巴郡。见第三章第六节。淅阳、见第十六章第六节。淯阳，见第十六章第六节。亦颇同其俗云。参看第十六章第六节。

论兖州云：东郡、见第十二章第三节。东平、见第三章第三节。济北、旧济州，治碻磝，见第十二章第九节。武阳、今河北大名县东。平原今山东陵县。等郡，兼得邹、鲁、齐、卫之交。旧传大公、康叔之教，亦有周、孔遗风。其人多好尚儒学，质直怀义，有古之风烈矣。

论冀州云：信都、旧冀州，见第十一章第四节。清河、今河北清河县北。河间、旧瀛州，见第十一章第四节。博陵、旧定州，见第十一章第二节。恒山、周恒州，见第十一章第二节。赵郡、今河北赵县。武安、今河北永年县。襄国，见第四章第二节。其俗颇同。人性多敦厚，务在农桑，好尚儒学，而伤于迟重。前代称幽、冀之士钝如椎，盖取此焉。俗尚气侠，好结朋党。其相赴死生，亦出于仁义。故班《志》述其土风，悲歌慷慨；椎剽掘冢，亦自古之所患焉。前谚云：仕宦不偶遇冀部，实弊此也。

魏郡，魏相州，见第八章第二节。邺都所在，浮巧成俗。雕刻之工，特云精妙。士女被服，咸以奢丽相尚。其性所尚习，得京、洛之风矣。语曰：魏郡、清河，天公无奈何，斯皆轻狡所致。汲郡、今河南濬县西南。河内，旧怀州，见第十一章第三节。得殷之故壤。考之旧说，有纣之余教；汲又卫地，习仲由之勇；故汉之官人，得以便宜从事，其多行杀戮，本以此焉。今风俗颇移，皆向于礼矣。

长平、旧建州，见第十二章第七节。上党，今山西长治县。多重农桑，性尤朴直，盖少诬诈。河东、周蒲州，见第十四章第五节。绛郡、今山西新绛县。文城、今山西吉县。临汾、旧晋州，见第十二章第八节。龙泉、今山西隰县。西河，今山西临汾县西。土地沃少堉多，以是伤于俭啬。其俗刚强，亦风气然乎？

大原山川重复，实一都之会。本虽后齐别都，人物殷阜，然不甚机巧。俗与上党颇同。人性劲悍，习于戎马。离石、见第三章第四节。雁门、今山西代县。

马邑、旧朔州，见第十一章第二节。定襄、今山西平鲁县西北。楼烦、今山西静乐县。涿郡、今河北涿县。上谷、今河北易县。渔阳、今河北蓟县。北平、今河北卢龙县。安乐、今河北密云县东北。辽西，旧营州，见第十一章第四节。皆连接边郡，习尚与大原同。故自古言勇侠者，皆推幽、并云。然涿郡、大原，自前代以来，皆多文雅之士，虽俱曰边郡，风教不为比也。

论青州云：在汉之时，俗弥侈泰。织作冰纨绮绣纯丽之物，号为冠带衣履天下。始大公以尊贤、尚智为教，故士庶传习其风，莫不矜于功名，依于经术；阔达多智，志度舒缓。其为失也，夸奢朋党，言与行缪。齐郡，旧曰济南，见第十二章第三节。其俗好教饰子女，淫哇之音，能使骨腾肉飞，倾诡人目，俗云齐倡，本出此也。大抵数郡风俗，与古不殊。君子多务农桑，崇尚学业。其归于俭约，则颇变旧风。东莱本胶州，见第十三章第一节。人尤朴鲁，故特少文义。

论徐州曰：其在列国，则楚、宋及鲁之交。考其旧俗，人颇劲悍轻剽；其士子则挟任节气，好尚宾游；此盖楚之风焉。案此指彭城言。大抵徐、兖同俗，故其余诸郡，皆得齐、鲁之所尚，莫不贱商贾，务稼穑，尊儒慕学，得洙、泗之俗焉。

论扬州云：江都、旧广陵，见第二章第九节。弋阳、今河南光山县。淮南、见第十四章第四节。钟离、见第八章第四节。蕲春、今湖北蕲春县西北。同安、今安徽潜山县。庐江、今安徽合肥县。历阳，见第三章第九节。人性并躁劲，风气果决。包藏祸害，视死如归，战而贵诈，此则其旧风也。

自平陈之后，其俗颇变，尚淳质，好俭约，丧纪婚姻，率渐于礼，其俗之敝者，稍愈于古焉。丹阳旧京所在，人物本盛，小人率多商贩，君子资于官禄。市廛列肆，埒于二京。人杂五方，故俗颇相类。京口东通吴会，南接江湖，西连都邑，亦一都会也。其人本并习战，号为天下精兵。俗以五月五日为斗力之戏，各料强弱相敌，事类讲武。

宣城、见第三章第九节。毗陵、今江苏武进县。吴郡、见第三章第九节。会稽、见第三章第九节。余杭、今浙江杭县西。东阳，见第五章第六节。其俗亦同。然数郡川泽沃衍，有海陆之饶，珍果所聚，故商贾并凑。其人，君子尚礼，庸庶敦庞，风俗澄清，而道教隆洽，亦其风气所尚也。

豫章见第三章第九节。之俗，颇同吴中。其君子善居室，小人勤耕稼。衣冠之人，多有数妇，暴面市廛，竞分铢以给其夫。及举孝廉，更要富者。前妻虽有积年之勤，子女盈室，犹见放逐，以避后人。俗少争讼，而尚歌舞。一年蚕四五熟。勤于纺绩。亦有夜浣纱而旦成布者，俗称为鸡鸣布。新安、今安徽歙县。永嘉、今浙江丽水县东南。建安、今福建闽侯县。遂安、晋新安郡，见第四章第三节。鄱阳、见第四章第三节。九江、今江西九江县。临川、见第七章第一节。庐陵、见第三章第九节。南康、见第七章第五节。宜春，见第十三章第八节。其俗又颇同豫章。而庐陵人庞淳，率多寿考。

然此数郡，往往畜蛊，而宜春偏甚。其法：以五月五日聚百种虫，大者至蛇，小者至蝨，合置器中，令自相啖，余一种存者留之，蛇则曰蛇蛊，蝨则曰蝨蛊。行以杀人。因食入人腹内，食其五藏。死则其产移入蛊主之家。三年不杀他人，则畜者自钟其弊。累世子孙，相传不绝，亦有随女子嫁焉。干宝谓之为鬼，其实非也。自侯景乱后，蛊家多绝，既无主人，故飞游道路之中则殒焉。

自岭以南二十余郡，大抵土地下湿，皆多瘴疠，人尤夭折。南海、交趾，各一都会也，参看第十六章第二节。并所处近海，多犀象、玳瑁、珠玑、奇异珍玮，故商贾至者，多取富焉。其人性并轻悍，易兴逆节。椎结、踑踞，乃其旧风。其俚人则质直尚信，诸蛮则勇敢自立，皆重贿轻死，惟富为雄。巢居崖处，尽力农事。刻木以为符契。言誓则至死不改。父子别业。父贫，乃有质身于子，诸獠皆然。并铸铜为大鼓。初成，悬于庭中，置酒以招同类。来者有豪富子女，则以金银为大钗，执以叩鼓，竟，乃留遗主人，名为铜鼓钗。俗好相杀，多构仇怨，欲相攻则鸣此鼓，到者如云。有鼓者号为都老，群情推服。

论荆州云：其风俗、物产，颇同扬州。其人率多劲悍决烈，亦天性然也。南郡、见第三章第九节。夷陵、今湖北宜昌县西北。竟陵、见第三章第九节。沔阳、今湖北沔阳县。沅陵、今湖南沅陵县。清江、今湖北恩施县东。襄阳、见第三章第四节。舂陵、魏南荆州，见第十二章第四节。汉东、今湖北钟祥县西北。安陆、今湖北安陆县。永安、今湖北黄冈县西北。义阳、见第八章第七节。九江、江夏今湖北武昌县。诸郡，多杂蛮、左。其与夏人杂居者，则与诸华不别。其僻处山谷者，则言语不通，嗜好、居处全异，颇与巴渝同俗。

诸蛮，本其所出，承盘瓠之后。故服章多以班布为饰。其相呼以蛮，则为深忌。自晋氏南迁之后，南郡、襄阳，皆为重镇，四方凑会，故益多衣冠之绪，稍尚礼义、经籍焉。九江襟带所在，江夏、竟陵、安陵，各置名州，为藩镇重寄，人物乃与诸郡不同。大抵荆州率敬鬼，尤重祠祀之事。昔屈原为制《九歌》，盖为此也。

屈原以五月望日赴汨罗，土人追至洞庭，不见，湖大船小，莫得济者，乃歌曰：何由得渡湖？因尔鼓櫂争归，竞会亭上。习以相传，为竞渡之戏。其迅楫齐驰，櫂歌乱响，喧振水陆，观者如云，诸郡率然，而南郡、襄阳尤甚。二郡又有牵钩之戏，云从讲武所出。楚将伐吴，以为教战，流迁不改，习以相传。钩初发动，皆有鼓节，群噪歌谣，振惊远近。俗云以此厌胜，用致丰穰。其事亦传于他郡。

梁简文之临雍部，发教禁之，由是颇息。其死丧之纪，虽无被发袒踊，亦知号叫哭泣。始死，即出尸于中庭，不留室内。敛毕，送至山中。以十三年为限。先择吉日，改入小柩，谓之拾骨。拾骨必须女婿。蛮重女婿，故以委之。拾骨者，除肉取骨，弃小取大。当葬之夕，女婿或三数十人，集会于宗长之宅。著芒心接䍦，名曰茅绥。各执竹竿，长一丈许，上三四尺许，犹带枝叶。其行伍前却，皆有节奏；歌吟叫呼，亦有章曲。传云：盘瓠初死，置之于树，乃以竹木刺而下之，故相承至今，以为风俗。隐讳其事，谓之刺北斗。

既葬设祭，则亲疏咸哭。哭毕，家人既至，但欢饮而归，无复祭哭也。其左人则又不同。无衰服。不复魄。始死，置尸馆舍。邻里少年，各持弓箭，绕尸而歌，以箭扣弓为节。其歌辞说平生乐事，以至终卒，大抵亦犹今之挽歌。歌数十阕，乃衣衾棺敛，送往山林。别为庐舍，安置棺柩。亦有于村侧瘗之，待二三十丧，总葬石窟。长沙郡见第三章第九节。又杂有夷蜒，名曰莫徭。自云其先祖有功，常免徭役，故以为名。其男子但著白布裈、衫，更无巾、袴。其女子青布衫，班布裙。通无鞋屩。婚嫁用铁钴鉧为聘财。武陵、今湖南常德县。巴陵、见第三章第九节。零陵、今湖南零陵县。桂阳、今湖南郴县。澧阳、今湖南澧县。衡山、今湖南衡阳县。熙平、今广东连县。皆同焉。其丧葬之节，颇同于诸左云。

《隋志》之言如此：综而论之：北方之俗，大体质朴厚重；而河东俭啬，幽、冀椎鲁，齐、鲁文儒，缘边之地，多尚武节，又各因其所处之境而殊；大致尚与《汉志》所言相类，然如邺都为都邑所在；梁郡则菁华已竭，褰裳去之；而其风气亦即随之而异，则又可见风俗之随人事而变迁者为不少矣。

以大体言之，北方之文教，可谓颇有增进。六郡无复寇盗；汲郡之桀骜，化为驯良；青州之侈靡，归于节俭；涿郡、大原，亦日习于文雅；皆其验也。江、淮之俗，本称劲悍。自晋室东渡，衣冠之族，为土人所慕效，武风乃渐就衰颓。后世江域之风气，转较河域为弱，盖始于此。

然如京口之习兵，荆域之狎于水战，其流风遗烈，盖犹有存焉。《记》曰：

“季春出火，为焚也。然后简其车赋，而历其卒伍，而君亲誓社，以习军旅。左之右之，坐之起之，以观其习变也。而流示之禽，而盐诸利，以观其不犯命也。求服其志，不贪其得，故以战则克，以祭则受福。”古于生活大有关系之事，必有大祭，聚众既多，则因以习武，牵钩、竞渡，其原皆出于此，云以追屈原等，则附会之谈耳。

淮南则因丧乱而习于战斗。《晋书·伏滔传》：滔从桓温伐袁真，至寿阳，以淮南屡叛，著论二篇，名曰《正淮》。其上篇曰：“爰自战国，至于晋之中兴，六百有余年，保淮南者九姓，称兵者十一人，皆亡不旋踵，祸溢于世，而终莫戒焉。其俗尚气力而多勇悍；其人习战争而贵诈伪；豪右并兼之门，十室而七；藏甲挟剑之家，比屋而发；然而仁义之化不渐，刑法之令不及，所以屡多亡国也。”以淮南之多叛，归咎于其地之人，可谓因果傎倒矣。《齐书·地理志》：刘毅复镇姑孰，上表曰：“西界荒余，密迩寇虏。北垂萧条，土气强犷。民不识义，惟战是习。逋逃不逞，不谋日会。”可见其致此之由。

当时南风之强劲，实不在北方之下。使能善用之，夫岂五胡所能格？惜乎政柄迄在北来贵族之手，淫靡脆弱，徒作新亭之对泣也。蜀为沃土，故其民耽于逸乐而颇尚文。其地阻塞，故安土而不乐与外境往来。民不习战而即安，故有割据其地者，其人皆不能抗，然割据者亦不能用其人以有为也。

此时代中，汉族与异族，关涉最繁。异族众多之区，汉族亦间染其习尚，如雕阴等郡则是。然以大体言之，固皆异族同化于我，彼之风俗，终不能以久存矣。殊方之俗，至此时始见记载，如竞渡至此始见正史。可见彼我交涉之繁。此等风俗，其后有遂不可见者；如畜蛊之俗，据《隋志》，今江西地方最盛，后世则惟西南诸省有之矣。亦有久存而并为汉人所效法者，如竞渡即其一事。然亦全非故意矣。

风气之迁移，必随乎生计。汉族资生之法，较诸异族，演进实深，彼我相遇，彼自不得不舍其旧而从我。自蜀至于豫章，皆女劳而男逸，此盖浅演之世，女事生产，男事战斗，其后干戈日澹，而男女职业，不复转变使然，此亦一种社会组织也，而其后遂不可复见，杜甫《负薪行》咏夔州之俗云：“土风坐男使女立，应门当户女出入，十犹八九负薪归，卖薪得钱应供给。”又云：“筋力登危集市门，死生射利兼盐井。”则至唐世犹有其风，然虽有存焉者寡矣。而蜀人之处边郡者，且能规固山泽，役使夷獠，可见生计之变迁，彼皆舍其旧而从我矣。

资生之法变，则日用行习，一切随之而变，而风气迥殊矣。野蛮社会，人皆讥为野蛮，实则其组织自有法度，相处乃极安和，而文明社会，则适与之相反，风尚迁流，俗亦随之而薄，固其所也。此亦一古今之升降也。

特世鲜通方之士，于我之古变为今，则哀之惜之，于彼则庆其自野蛮进于文明，自诩牖启之功，且以是为彼幸，为可笑耳。南北分疆之世，华夷错处之时，际会之区，风气自极错杂，《梁书·大祖五王传》：南平元襄王伟之子恭，除雍州刺史，大宗手令曰："彼士流肮脏，有关辅余风；黔首扞格，但知重剑轻死；降胡惟尚贪惏；边蛮不知敬让。"可以见其一班。一统之后，乃稍归于一焉，亦非一朝一夕之故也。

斯时代之大事，尤莫如南北意见之渐见融和。吴亡之后，叛晋者之多，已见第三章第九节。《晋书·周浚传》云：吴之未平也，浚在弋阳，南北为互市，而诸将多相袭夺以为功。吴将蔡敏，守于沔中，其兄珪，为将在秣陵，与敏书曰："古者兵交，使在其间，军国固当举信义以相高，而闻疆场之上，往往有袭夺互市，甚不可行，弟慎无为小利而忘大备也。"候者得珪书，以呈浚。浚曰："君子也。"及渡江，求珪得之，问其本，曰．"汝南人也。"浚戏之曰："吾固疑吴无君子，而卿果吾乡人。"

陆玩者，机之从弟，元帝引为丞相参军，时王导初至江左，思结人情，请婚于玩。玩对曰："培塿无松柏，薰莸不同器。玩虽不才，义不能为乱伦之始。"导乃止。玩尝诣导，食酪，因而得疾，与导笺曰："仆虽吴人，几为伧鬼。"王献之尝经吴郡，闻顾辟疆有名园，先不相识，乘平肩舆径入。

时辟疆方集宾友，而献之游历既毕，旁若无人。辟疆勃然，数之曰："傲主人，非礼也；以贵骄士，非道也；失是二者，不足齿之伧耳。"便驱出门。献之傲如也，不以屑意。丘灵鞠乌程人。领骁骑将军，灵鞠不乐武位，谓人曰："我应还东掘顾荣冢。江南地方数千里，士子风流，皆出此中，顾荣忽引诸伧辈渡，妨我辈途辙，死有余罪。"《齐书·文学传》。观此数事，当时南北人士相疾之情，实不可谓之不深刻。

案是时北人岐视南人颇甚。《晋书·儒林传》：文立，蜀时游大学，师事谯周。泰始初，拜济阴大守。入为大子中庶子。上表请以诸葛亮、蒋琬、费祎等子孙，流徙中畿，宜见叙用，一以慰巴、蜀之心，其次倾吴人之望。事皆施行。又以立为散骑常侍。是晋之于蜀，颇能收用其人。乃吴亡则大不然。

《顾荣传》云：吴平，与陆机兄弟同入洛，时人号为三俊。《薛兼传》云：少与同郡纪瞻，广陵闵鸿，吴郡顾荣，会稽贺循齐名，号为五俊。初入洛，司空张华见而奇之，曰："皆南金也。"此皆南士之宜见收用者也。

乃《贺循传》言：循以无援于朝，久不进序。陆机上疏荐循曰："伏见武康令贺循，前烝阳令郭讷，皆出自新邦，朝无知己，居在遐外，志不自营，年时倏忽，而邈无阶绪，州党愚智，所为恨恨。臣等伏思：台郎所以使州州有人，非徒以均分显路，惠及外州而已。诚以庶士殊风，四方异俗，壅隔之害，远国益甚。至于荆、扬二州，户各数十万，今扬州无郎，而荆州江南，乃无一人为京城职者，诚非圣朝待四方之本心。"

《顾荣传》：齐王冏召为大司马主簿，荣惧及祸，以情告友人长乐冯融。融为荣说冏长史葛屿曰："以顾荣为主簿，所以甄拔才望，委以事机，不复计南北亲疏，欲平海内之心也。"

《陆晔传》曰：大兴元年，元帝以侍中皆北士，宜兼用南人，晔以清贞著称，遂拜侍中。

《齐书·张绪传》：大祖欲用绪为右仆射，以问王俭。俭曰："南士由来，少居此职。"褚渊在坐，启曰："俭年少，或不尽忆，江左用陆玩、顾和，皆南人也。"俭曰："晋氏衰政，不可以为准则。"上乃止。

《沈文季传》：世祖谓文季曰："南士无仆射，多历年所。"合第三章第九节所引刘颂、华谭之言观之，可见北人岐视南人之甚。

此固由朝士把持权利之私，然南北意见，未尽融和，亦必不能为之曲讳；抑北人之岐视南人，此等成见，或且隐为之祟也。自元帝东渡至陈末，历二百七十年，岁月既深，侨居者渐成土著，而此等意见，浸以消融矣。此亦我民族合同而化之一重要关键也。

异族既已同化，则习焉而忘其初相处之难，遂忘古人提携诱掖之劳，此亦未足知人论世也。今试引二事，以见当时异族风气与汉人相去之远。

《齐书·焦度传》曰：南安氐人也。明帝时，补晋熙王燮防阁，随镇夏口。武陵王赞代燮为郢州，度仍留镇。沈攸之大众至夏口，将直下都，度于城楼上肆言辱骂攸之，至自发露形体秽辱之，故攸之怒，改计攻城。后度见朝廷贵戚，说郢城事，发露如初。杨大眼者，武都氐难当之孙也。仕魏，以勇名。

《魏书》本传云：大眼妻潘氏，善骑射。战阵游猎之际，大眼令潘戎装，或齐镳战场，或并驱林壑。及至还营，同坐幕下。对诸僚佐，言笑自得。时指之谓人曰："此潘将军也。"大眼有三子：长甑生，次领军，次征南，皆潘氏所生。大眼徙营州，以钟离之败，见第十一章第四节。潘在洛阳，颇有失行。及为中山，永平中，世宗追其前勋，起为试守中山内史。大眼侧生女夫赵延宝言之于大眼。大眼怒，幽潘而杀之。后娶继室元氏。

大眼之死也，甑生等问印绶所在。时元始怀孕，自指其腹，谓甑生等曰："开国当我儿袭之，汝等婢子，勿以为望。"甑生深以为恨。及大眼丧将还京，大眼为荆州刺史死。出城东七里，营车而宿。夜二更，甑生等开大眼棺。延宝怪而问之。征南射杀之。元怖，走入水。征南又弯弓射之。甑生曰："天下岂有害母之人？"乃止。遂取大眼尸，令人马上抱之，左右扶掖以叛。奔于襄阳，遂归萧衍。此等举动，自汉人观之，直是匪夷所思，无怪当时暴主如石虎、高洋辈，淫虐出人意外也。使其洗心革面，岂易事哉？

注释：

①遽褫[jù chǐ]：快速脱下衣服。

②市廛[shì chán]：市区中的店铺。

③稽颡[qǐ sǎng]：古代一种跪拜礼，屈膝下拜，以额触地，表示极度的虔诚。

④姻媾[yīn gòu]：姻亲。

第十八章

晋南北朝社会等级

第一节　门阀之制上

魏、晋、南北朝之世，崇尚门阀之风极盛。论其事者，以唐柳芳为最详，今录其辞如下：芳之言曰："氏族者，古史官所记也。昔周小史，定系世，辨昭穆。故古有《世本》，录黄帝以来至春秋时所记诸侯、卿、大夫名号、继统。

左丘明传《春秋》，亦言天子建德，因生以赐姓，胙之土，命之氏；诸侯以字为氏，以谥为族；下及三代，官有世功，则有官族，邑亦如之。后世或氏于国，则齐、鲁、秦、吴；氏于谥，则文、武、成、宣；氏于官，则司马、司徒；氏于爵，则王孙、公孙；氏于字，则孟孙、叔孙；氏于官，则东门、北郭；氏于志，则三乌、五鹿；氏于事，则巫、乙、匠、陶；于是受姓命氏，粲然众矣。秦既灭学，公侯子孙，失其本系。

汉兴，司马迁父子，乃约《世本》修史记，因周谱明世家，乃知姓氏之所由出。虞、夏、商、周、昆吾、大彭、豕韦、齐桓、晋文，皆同祖也。更王迭霸，多者千祀，少者数十代。先王之封既绝，后嗣蒙其福，犹为强家。汉高帝兴徒步，有天下，命官以贤，诏爵以功；先王公卿之胄，才则用，不才弃之；不辨士与庶族，然则始尚官矣。然犹徙山东豪桀，以实京师。齐诸田，楚屈、景，皆右姓也。其后进拔豪英，论而录之，盖七相、五公之所由兴也。

魏氏立九品，置中正，尊世胄，卑寒士，权归右姓已。其州大中正、主簿，郡中正、功曹，皆取著姓士族为之，以定门胄，品藻人物，晋、宋因之，始尚姓已。然其分别贵贱、士庶，不可易也。于时有司选举，必稽谱籍而考其真伪。故官有世胄，谱有世官。

贾氏、王氏谱学出焉。由是有谱局，令史职皆具。过江则为侨姓，王、谢、袁、萧为大。东南则为吴姓，朱、张、顾、陆为大。山东则为郡姓，王、崔、卢、李、郑为大。关中亦号郡姓，韦、裴、柳、薛、杨、杜首之。代北则为虏姓，元、长孙、宇文、于、陆、源、窦首之。虏姓者？魏孝文帝迁洛，有八氏、十姓、三十六族、九十二姓。八氏、十姓，出于帝宗属，或诸国从魏者。三十六族、九十二姓，世为部落大人。并号河南洛阳人。郡姓者？以中国士人差第阀阅为之制。

凡三世有三公者曰膏粱，有令、仆者曰华腴，尚书、领、护而上者为甲姓，九卿若方伯者为乙姓，散骑常侍、大中大夫者为丙姓，吏部正员郎为丁姓。凡得入者，谓之四姓。又诏代人诸胄，初无族姓，其穆、陆、奚、于，下吏部勿充猥官，得视四姓。北齐因仍，举秀才、州主簿、郡功曹，非四姓不在选。故江左定氏族，凡郡上姓第一则为右姓。太和以郡四姓为右姓。齐浮屠昙刚类例，凡甲门为右姓。周建德氏族，以四海通望为右姓。隋开皇氏族，以上品茂姓，则为右姓。唐贞观《氏族志》，凡第一等，则为右姓。路氏著《姓略》，以盛门为右姓。柳冲《姓族系录》，凡四海望族，则为右姓。不通历代之说，不可与言谱也。今流俗独以崔、卢、李、郑为四姓，加大原王氏号五姓，盖不经也。

夫文之弊至于尚官，官之弊至于尚姓，姓之弊至于尚诈。隋承其弊，不知其所以弊，乃反古道，罢乡举，离地著，尊执事之吏。于是乎士无乡里，里无衣冠，人无廉耻，士族乱而庶人僭矣。故善言谱者，系之地望而不惑，质之姓氏而无疑，缀之昏姻而有别。山东之人质，故尚昏娅，其信可与也。江左之人文，故尚人物，其智可与也。关中之人雄，故尚冠冕，其达可与也。代北之人武，故尚贵戚，其泰可与也。及其弊，则尚昏娅者先外族后本宗，尚人物者进庶孽退嫡长，尚冠冕者略伉俪慕荣华，尚贵戚者徇势利亡礼教。四者俱敝，则失其所尚矣。人无所守，则士族削，士族削，则国从而衰。管仲曰：为国之道，利出一孔者王，二孔者强，三孔者弱，四孔者亡。故冠昏者人道大伦。

周、汉之官人，齐其政，一其门，使下知禁，此出一孔也，故王。魏、晋官人，尊中正，立九品，乡有异政，家有竞心，此出二孔也，故强。江左、代北，诸姓纷乱不一，其要无归，此出三孔也，故弱。隋氏官人，以吏道治天下，人之行不本乡党，政烦于上，人乱于下，此出四孔也，故亡。唐承隋乱，宜救之以忠。忠厚则乡党之行修；乡党之行修，则人物之道长；人物之道长，则冠冕之绪崇；冠冕之绪崇，则教化之风美；乃可与古参矣。《唐书·儒学·柳冲传》。据其所说，魏、晋已后士庶之别，实原于古封建之世。

封建之世，士庶之别，本自厘然，秦并六国，父兄有天下，子弟为匹夫，其等级业已夷灭。汉高祖起徒步，有天下，亦未尝复张其焰。然此特法律如是。古士庶之别，在民间实不得遽泯；而强宗大家，尤为人所尊敬，则政令初无如之何。惟习为故常之事，每为论议记载所不及，故后之读史者，遂觉两汉之世，社会平夷无等级耳。

东汉季世，九域分崩，如蜩如螗[①]，如沸如羹，士流播迁，皆失其所。凡在一地方习为人所尊敬者，易一地焉则人莫之知，乃不得不高标郡望，以自矜异。亦会其时，五胡云扰，异族纷纷，入据中国，神明之裔，耻胤胄之殽杂，而欲明其所自出者，亦或有之。然其关系，恐尚较本族之中士庶之别为浅。以当时人士，区别士庶之见颇深，而民族之义，则尚未昌明也。此等风气，使无法令以助长之，维持之，亦或不旋踵而灭，而九品中正之制，适起于此时；他法令之区别士庶者，又随之而俱起；则虚声与实利相合，而其势益盛，而其阅时亦益久矣。

然社会组织，既与封建之世殊科，区区政令之力，又安能逆之而行？胙土之制既废矣，同出一祖者，已不复能相维相系，安得不尚外族而后本宗？官人必取其才，安能常先嫡长而后庶孽？有权利者必为人所附，安得不崇冠冕，右贵戚；崇冠冕、右贵戚矣，略伉俪慕荣华，徇势利忘礼教之弊，又安得而不作乎？犹欲如封建之世，以士族为国之桢干，民之表率，安可得哉？乔木世臣，自孟子已慨其无有，况于千载之后乎？柳芳之见，亦适成其为柳芳之见而已。晋、南北朝之世，盖古封建遗孽回光返照之时也。

其所以能为是回光返照者，实以其冯藉政权之故。政权之冯藉，自以选举为大。《魏书·刘昶传》：高祖临光极堂大选，曰："朝因月旦，欲平魏典。夫典者，为国大纲，治民之柄，君能好典则国治，不能则国乱。我国家昔在恒、代，随时制作，非通世之长典，故自夏及秋，亲议条制。或言惟能是寄，不必拘门，朕以为不然。何者？当今之世，仰祖质朴，清浊同流，混齐一等，君子小人，名品无别，此殊为不可。我今八族以上，士人品第有九，九品之外，小人之官，复有七等。苟有其人，可起家为三公，正恐贤才难得，不可止为一人，浑我典制。故今班镜九流，清一朝轨。”《韩麒麟传》载高祖与其子显宗及李冲、李彪等论议，其意亦同。孝文虽渴慕中华，究系虏主，而其言如是，中国人之见解，可以概见。

斯时操选举之权，史称其能不偏于贵胄者，固非无人，然因“家世贵显，与物多隔，不能留心寒素”者，《梁书·王暕传》谓暕之语。恐实多矣。

贵胄出身既优，《晋书·阎缵传》：园子祭酒邹湛，以缵才堪佐著，荐于秘书监华峤。峤曰：“此职闲廪重，贵势多争之，不暇求其才。”遂不能用。

《宋书·谢弘微传》：晋世名家，身有国封者，起家多拜员外散骑侍郎。

《梁书·张缅传》：秘书郎有四员，宋、齐以来，为甲族起家之选，待次入补，其居职，例数十百日便迁任。

《宋书·江智渊传》：元嘉末，除尚书库部郎。时高流官序，不为台郎，智渊门孤援寡，独有此选，意甚不悦，固辞不肯拜。

《梁书·王筠传》：除尚书殿中郎。王氏过江以来，未有居郎署者。或劝逡巡不就。筠曰：“陆平原东南之美，王文度独步江东，吾将比踪昔人，何所多恨？”乃欣然就职。

《北史·穆崇传》：孝文欲以崇玄孙弼为国子助教，弼辞以为屈。帝曰：“朕欲敦厉胄子，屈卿先之。白玉投泥，岂能相污？”弼曰：“既遇明时，耻沈泥滓。”会司州牧咸阳王禧入，帝曰：“朕与卿作州督，举一主簿。”即命弼谒之。因为帝所知。此皆贵胄出身习于优异之事。

《梁书·王僧虔传》：迁御史中丞。甲族由来多不居宪台，王氏分支居乌衣者，位宦微减。僧虔为此官，乃曰：“此是乌衣诸郎坐处，我亦可试为耳。”是贵胄之中、又有高下也。

《齐书·王晏传》：时王俭虽贵而疏，晏既领选权，行台阁，与俭颇不平。俭卒，礼官议谥，上欲依王导，谥为文献。晏启上曰：“导乃得此谥，但宋已来不加素族。”则并虚名亦不相假矣。

《梁书·文学传》：庾于陵拜太子洗马。旧事：东宫官属，通为清选，洗马掌文翰，尤其清者，近世用人，皆取甲族有才望。时于陵与周舍，并擢充职。高祖曰：“官以人而清，岂限以甲族。”时论以为美。可见族望逊者膺清选之难。入官之年又早。

《梁书·武帝纪》：上表请立选簿云："且闻中间立格，甲族以二十登仕，后门以过立试吏，此实巨蠹，尤宜刊革。"然天监四年正月朔诏曰："今九流常选，年未三十，不通一经，不得解褐，若有才同甘、颜，勿限年齿。"则其制实未革也。《张缅传》：起家秘书郎，出为淮南大守，时年十八；缅弟缵，起家秘书郎，时年十七；可见贵胄出仕之早。

庶族则虽抱异才，执政柄，仍为人所轻视；《晋书·张华传》：声誉益盛，有台辅之望焉，而荀勖自以大族，恃帝恩深，憎疾之，每伺间隙，欲出华外镇，贾谧与后共谋，以华庶族儒雅，有筹略，进无逼上之嫌，退为众望所依，欲倚以朝纲，访以政事。蔡兴宗之位望，不为不高，然义恭诋其"起自庶族"，兴宗亦言："吾素门平进，与主上甚疏，未容有患。"则当时庶族，虽居高位，握重权，其分望究与贵胄有异也。齐高帝大渐诏曰："吾本布衣素族，念不到此。"而梁王琳谓李膺曰："今天下未平，迁琳岭北，如有不虞，安得琳力？忖官正疑琳耳，琳分望有限，可得与官争为帝乎？"宜矣。

《齐书·陈显达传》：自以人微位重，每迁官，常有愧惧之色。有子十余人，诫之曰："我本志不及此、汝等勿以富贵陵人。"谓其子曰："麈尾、扇是王、谢家物，汝不须捉此自随。"可见庶族之自视欿然也。其平流而进者，则内而丞、卿、曹掾，《魏书·张普惠传》：任城王澄嘉赏普惠，临薨启为尚书右丞。尚书诸郎以普惠地寒，不应便居管辖，相与为约，并欲不放上省，纷纭多日乃息。《良吏传》：窦瑗，除大宗正卿，宗室以其寒士，相与轻之。《北史·赵隐传》：齐文襄为尚书令，沙汰诸曹郎，隐以地寒被出。按隐即彦深，避齐庙讳，以字行。《吕思礼传》：普泰中，司马子如荐为尚书二千石郎中，寻以地寒被出。

外而州郡佐吏，《晋书·石苞传》：孙铄，河内怀人也。少为县吏。大守吴奋转以为主簿。铄自微贱登纲纪，时僚大姓，不与铄同坐。奋大怒，遂荐铄为司隶都官从事。

《郭奕传》：咸宁初，迁雍州刺史。时亭长李含有俊才，而门寒，为豪族所排，奕用为别驾。含后果有名位，时以奕为知人。

《忠义传》：易雄，为州主簿，迁别驾，自以门寒，不宜久处上纲，谢职还家。

《宋书·孝义传》：郭世道子原平。会稽重望计及望孝，盛族出身，不减秘、著。蔡兴宗欲举山阴孔仲智长子为望计，原平次息为望孝。仲智会上高门，原平一邦至行，欲以相敌。又：吴逵，大守王韶之擢补功曹史，逵以门寒，固辞不受。

《梁书·杨公则传》：湘俗单家以赂求州职，公则至，悉断之，所辟引皆州郡著姓，高祖班下诸州以为法。

《北史·贾思伯传》：弟思同，初为青州别驾。清河崔光韶，先为中从事，自恃资地，耻居其下，闻思同还乡，遂便去职。州里人物，为思同恨之。

《苏绰传》：为六条诏书，奏施行之。其四擢贤良，曰："今刺史、县令，悉有僚吏，皆佐助之人也。刺史府官，则命于天朝，其州吏以下，并牧守自置。自昔以来，州、郡大吏，但取门资，多不择贤良。"

《文苑传》：樊逊，字孝谦，崔暹大会客，大司马襄城王旭时亦在坐，欲命府僚。暹指逊曰："此人学富才高，兼之佳行，可为王参军也。"旭目之曰："岂能就邪？"逊曰："家无荫第，不敢当此。"天保八年，减东西二省官，更定选员不过三百，参者二三千人。杨愔言于众曰："后生清俊，莫过卢思道；文章成就，莫遇樊孝谦；几案断割，莫过崔成之。"遂以思道兼员外郎，三人并员外将军。孝谦辞曰："门族寒陋，访第必不成，乞补员外司马督。"愔曰："才高不依常例。"特奏用之。

案《梁书·武帝纪》：天监五年正月朔，诏凡诸郡国，旧邦族内无在朝位者，选官搜括，使郡有一人。七年，二月，又诏于州、郡、县置州望、郡宗、乡豪各一人，专掌搜荐。此所搜荐者，亦必多衣冠中人。

《齐书·王琨传》：琨出为会稽大守、本州中正。时王俭为宰相，属琨用东海郡迎吏。琨谓信人曰："语郎：三台、五省，皆是郎用人，外方小郡，当乞寒贱，省官何容复夺之？"遂不过其事。当时贵胄之与寒贱，出身之优劣，岂可以道里计邪？亦无不为人所挤排。

《魏书·高祖纪》：延兴二年，六月，诏曰："顷者州郡选贡，多不以实。今年贡举，尤为猥滥。自今所遣，皆门尽州郡之高，才极乡闾之选。"而韩显宗上言曰："今之州郡贡察，徒有秀孝之名，而无秀孝之实。而朝廷但检其门第，不复弹坐。如此，则可令别贡门望，以叙士人，何假冒秀孝之名也？"可见门尽州郡之高为实语，才极乡闾之选为虚言矣。秀孝察举，虽不限于未仕，究以未仕及仕而未达者为多，其为门望所占如此，寒贱宁复有奋扬之路？

梁初钟嵘上言：吏姓寒人，惟当听极门品，不当因军，遂滥清级。陈世，章华以素无阀阅，遭朝臣排抵，除大市令。见《陈书·傅縡传》。魏孝文以李彪为秘书令，至特为之下诏。寒族登进之艰可知。若夫执技事上之流，限其所至之途尤酷。

魏大和元年诏：户内有工役者，惟止本部丞已下，不得或染清流，已云酷矣，甚至如真君五年之诏：百工技巧、驺卒子息，不听私立学校，连者师身死，主人门诛，并其乡学之途而绝之焉。蒋少游因工艺自达，高允、李冲皆右之。高祖、文明大后谓百官曰："本谓少游作师耳，高允老公乃言其人士。"少游卒不迁移。张景仁实强毅有为，而史谓其"自仓颉以来，八体取进，一人而已"，讥议之意显然。

《颜氏家训·杂艺篇》言：吴郡顾士端父子，彭城刘岳，并妙丹青。士端父子，常被梁元帝所使，每怀羞恨。岳随武陵王入蜀，下牢之败，遂为陆护军画支江寺壁，与诸工巧杂处。向使三贤都不晓画，岂见此耻？又言琴足畅神情，惟不可令有称誉，见役勋贵，处之下坐，以取残杯冷炙之辱。当时士大夫，视曲艺之士，为何如哉？

世业之制破，则职业无复制限，人得尽其才性，以各赴其所长，此实古今之一大变，今之远胜于古者也。乃至南北朝之世，犹有欲行管子四民异居之说者，泥古而不察实，亦足异矣。

魏孝文之迁洛也，韩显宗上言曰："伏见洛京之制，居民以官位相从，不依族类。官位非常，有朝荣而夕悴，则衣冠沦于厮竖之邑，臧获腾于膏腴之里。物之颠倒，或至于斯。古之圣王必令四民异居者？欲其业定而志专，故耳目所习，不督而就，父兄之教，不肃而成。仰惟大祖道武皇帝，创基拨乱，日不暇给，然犹分别士庶，不令杂居，伎作屠沽，各有攸处。但不设科禁，卖买任情，贩贵易贱，错居混杂。假令一处弹筝吹笛，缓舞长歌，一处严师苦训，诵诗称礼，宣令童龀，任意所从，其走赴舞堂者万数，往就学馆者无一，此则伎作不可杂居，士人不宜异处之明验也。朝廷每选举人士，则校其一婚一宦，以为升降，何其密也？至于开伎作宦途，得与膏粱华望，接闬连甍，何其略也？今稽古建极，光宅中原，凡所徙居，皆是公地，分别伎作，在于一言，有何为疑，而缺盛美？"其言所就系于所习，诚与今教育家言教育当改造环境之义合，然百工伎作，何故当限其所至？而人心之不同如其面，又岂易强之以其所不欲，以就世业邪？

当时高门，皆不服役，故籍有黄白之别，已见第十七章第三节。《宋书·宗越传》：本为南阳次门。赵伦之镇襄阳，襄阳多杂姓，伦之使长史范觊之条次氏族，辨其高卑。觊之黜越为役门。

元嘉二十四年，启大祖求复次门。许之。所谓次门，盖尚克邀免役之宽典者也。兵亦役之一，故军户亦为贱辱，别于论兵制时详之。又刑罚亦因贵贱而异施。《齐书·竟陵王子良传》：子良启曰："夫狱讼惟平，画一在制。虽恩家得罪，必宜申宪，鼎姓诒愆，最合从网。若罚典惟加贱下，辟书必蠲世族，惧非先王立理之宗。"此法同而用之有异者也。

《幸臣传》：永明中，敕亲近不得辄有申荐，人士免官，寒人鞭一百。《魏书·源贺传》：贺子怀，景明二年，征为尚书左仆射。时有诏以奸吏犯罪，每多逃遁，因眚[②]乃出，并皆释然。自今已后，犯罪不问轻重，藏窜者悉远流。若永避不出，兄弟代役。源奏曰："守宰犯法，逃走者众。禄润既优，尚有兹失。及蒙恩宥，卒然得还。今独苦此等，恐非均一之法。"书奏，门下以成式既班驳奏不许。怀重奏曰："伏寻条制：勋品已下，罪发逃亡，遇恩不宥，仍流妻子。虽欲抑绝奸途，匪为通式。谨案事条：侵官败法，专据流外。岂九品已上，人皆贞白也？其诸州守宰，职任清流，至有贪浊，事发逃窜，而遇恩免罪。勋品已下，独乖斯例。如此，则宽纵上流，法切下吏，育物有差，惠罚不等。"书奏，世宗纳之。此等则立法亦有偏颇矣。

车服之殊，古本用以别贵贱。当时之人，既视士庶等级，判然不同，则其视车服之殊，自亦以为应然之事。

《晋书·良吏传》：王宏，大康中，代刘毅为司隶校尉。检察士庶，使车服异制。庶人不得衣紫绛及绮绣锦缋。《齐书·明帝纪》言帝明审有吏才，持法无所借。制御亲幸，臣下肃清。驱使寒人，不得用四幅伞。

《梁书·良吏传》：沈瑀起为余姚令。初至，富吏皆鲜衣美服，以自彰别。瑀怒曰："汝等下县吏，何自拟贵人邪？"悉使著芒屩粗布，侍立终日。足有蹉跌，辄相榜棰。史言："瑀微时尝自至此鬻瓦器，为富人所辱，故因以报焉。由是士庶骇怨。然瑀廉白自守，故得遂行其志。"可见当时视此等度制，不以为非，故怨家不得而中之也。

张祚禁四品已下不得衣缯帛，庶人不得畜奴婢，乘车马。苻坚时，商人赵掇、丁妃、邹瓮等，皆家累千金。车服之盛，拟则王侯。坚之诸公竞引之，为国国卿。黄门侍郎程宪言于坚。坚于是推检引掇等为国卿者，降其爵。乃下制：非命士以上，不得乘车马于都城百里之内。金银锦绣，工商皂隶妇女，不得服之。犯者弃市。慕容熙之败也，工人李训，窃宝而逃，赀至巨万。行货于冯跋吏部尚书马弗勤。弗勤以为方略令。既而失志之士，书之于阙下碑。冯素弗言之于跋。跋虽原马弗勤，而以李训小人，污辱朝士，命东市考竟。则虽偏隅小国，法令且甚峻切矣。

车服既殊，起居动作之间，庶族自不得与贵胄并。《齐书·东昏侯纪》言：帝每四更中，鼓声四出，幡戟横路，百姓喧走相随，士庶莫辨，则其本有辨可知。《梁书·文学传》：王籍以不得志，遂徒行市道，不择交游，则当时士大夫徒行者甚少。杨晫以陶侃州里，与同乘见顾荣，而人讥其与小人共载，宜矣。

《宋书·后妃传》：路淑媛，孝武帝母。弟子琼之，宅与大常王僧达并门。常盛车服卫从造僧达，僧达不为之礼。《南史·僧达传》云：琼之大后兄庆之孙。僧达将猎，已改服，琼之就坐，僧达了不舆语，谓曰："身昔门下驺人路庆之者，是君何亲？"遂焚琼之所坐床。琼之以诉大后。大后大怒，欲罪僧达。上曰："琼之年少，自不宜轻造诣，王僧达贵公子，岂可以此事加罪？"

又《张邵传》：子敷。中书舍人狄当、狄当作秋。《蔡兴宗传》《陆慧晓传》《恩幸传叙》皆作秋。《广韵·秋字注》："又姓，宋中书舍人秋当。"周赳，并管要务，以敷同省名家，欲诣之，赳曰："彼恐不相容接，不如勿往。"当曰："吾等并已员外郎矣，何忧不得共坐？"敷先设二床，去壁三四尺。二客就席，敷呼左右曰："移我床远客。"赳等失色而去。其自标遇如此。

又《蔡兴宗传》：被征还都。时右军将军王道隆，任参内政，权重一时。蹑履到前，不敢就席。良久方去，竟不呼坐。元嘉初，中书舍人秋当诣大子詹事王昙首不敢坐。其后中书舍人王弘，《南史》作中书舍人弘兴宗，盖传写之误，观下文言"弘还"与《宋书》同可知。为大祖所爱遇，上谓曰："卿欲作士人，得就王球坐，乃当判耳。殷、刘并杂，无所益也。若往诣球，可称旨就席。"球举扇曰："君不得尔。"弘还，依事启闻。帝曰："我便无如此何。"五十年中，有此三事。此八字，南史作"至是兴宗复尔"六字。

《南史·江敩传》：中书舍人纪僧真，幸于武帝，稍历军校，容表有士风。谓帝曰："臣小人，出自本县武吏，邀逢圣时，阶荣至此；为儿昏得荀昭光女；即时无复所须，惟就陛下乞作士大夫。"帝曰："由江敩、谢瀹，我不得措此意，可自诣之。"僧真承旨诣敩。登榻坐定，敩便命左右曰："移吾床让客。"

僧真丧气而退。告武帝曰："士大夫固非天子所命。"时人重敩风格，不为权幸降意。此数事相类，庸有附会之谈，然当时必有此等事，则可知也。

纪僧真等犹曰佞人，案《南史·江敩传》言：僧真容表有士风，《齐书·幸臣传》亦云：僧真容貌言吐，雅有士风，世祖当目送之，笑曰："人生何必计门户？纪僧真，堂堂贵人所不及。"则其人亦必非无可取也。徐爰则被服儒雅，乃宋文帝命王球及殷景仁与之相知，球辞曰："士庶区别，国之章也，臣不敢奉诏。"上改容谢焉。然则学问文章，举非所尚，而惟门第之崇矣。

《晋书·列女传》：王浑妻钟氏，字琰，颍川人，魏大傅繇曾孙也。浑弟湛妻郝氏，亦有德行。琰虽贵门，与郝雅相亲重。郝不以贱下琰，琰不以贵陵郝，时人称钟夫人之礼，郝夫人之法云。

《魏书·公孙表传》：初表与渤海封恺友善。后为子求恺从女，恺不许，表甚衔之。及封氏为司马国璠所逮，大宗以旧族欲原之，表固证其罪，乃诛封氏。表第二子轨，终得娶于封氏。生二子：斌，叡。轨弟质第二子邃。邃、叡为从父兄弟，而叡才器小优；又封氏之甥，崔氏之婿，邃母雁门李氏，地望悬隔。巨鹿大守祖季真，多识北方人物。每云："士大夫当须好婚亲。二公孙同堂兄弟耳，吉凶会集，便有士庶之异。"势利之见，存于骨肉之间，异哉！

《晋书·郗鉴传》：鉴陷于陈午，邑人张实，先求交于鉴，鉴不许，及是，实于午营来省鉴疾，既而卿鉴。鉴曰："相与邦壤，义不及通，何可怙乱至此？"实大惭而退。《齐书·王僧虔传》：徙为会稽大守。中书舍人阮佃夫，家在会稽，请假东归。客劝僧虔，以佃夫要幸，宜加礼接。僧虔曰："我立身有素，岂能曲意此辈？彼若见恶，当拂衣去耳。"佃夫言于宋明帝，使御史中丞孙敻奏僧虔前莅吴兴，多有谬命，又听民何系先等一百十家为旧门，委州检削，坐免官。

《南史·袁粲传》：大明七年，皇大子冠。上临宴东宫，与颜师伯、柳元景、沈庆之等并樗蒲[③]。愍孙劝师伯酒，粲少孤，祖哀之，名之曰愍孙。师伯不饮。愍孙因相裁辱，曰："不能与佞人周旋。"师伯见宠于上，上常嫌愍孙以寒素陵之，因此发怒，曰："袁濯儿不逢朕，粲父名濯。员外郎未可得也，而敢寒士遇物。"将手刃之。命引下席。愍孙色不变。沈、柳并起谢，久之得释。

此等事史并以为美谈，实亦客气用事耳。《朱异传》：异轻敖朝贤，不避贵戚。人或诲之。异曰："我寒士也，遭逢以至今日。诸贵皆恃枯骨见轻，我下之则为蔑尤甚，我是以先之。”实亦恃枯骨而骄人者，有以自取之也。

宋武帝微时，王愉不为礼，及得志，愉合家见诛，见《魏书·王慧龙传》。又《南史·庾悦传》：累迁建威将军、江州刺史。初刘毅家在京口，酷贫。尝与乡曲士大夫往东堂共射。时悦为司徒右长史，与府州僚佐出东堂。毅已先至，遣与悦相闻曰：“身并贫踬，营一游甚难，君如意人，无处不可为适，岂不能以此堂见让？”悦素豪，径前，不答毅。时众人并避，惟毅留射如故。悦厨馔甚盛，不以及毅。毅既不去，悦甚不欢。毅又相闻曰：“身今年未得子鹅，岂能以残炙见惠？”悦又不答。至是，毅表解悦都督、将军官，以刺史移镇豫章。以亲将赵恢领千兵守寻阳。建威府文武三千人，悉入毅将府。深相挫辱。悦不得志，疽发背，到豫章，少日卒。毅之挫折悦，庸或以非己党，欲去其权，然当时贵人，任意而行，贾怨寒士，自所不免也。

欲使族姓贵贱，恒久不变，则必婚姻不通而后可。故当时士庶之族，通婚颇难。

《陈书·儒林传》：王元规，大原晋阳人。八岁而孤。兄弟三人，随母依舅氏往临海郡。时年十二。郡土豪刘瑱者，资财巨万，欲以女妻之。元规母以其兄弟幼弱，欲结强援。元规泣请曰：“因不失亲，古人所重，岂得苟安异壤，辄昏非类？”母感其言而止。

《魏书·崔辩传》：孙巨伦，有姊明惠，有德行，因眇一目，内外亲族，莫有求者。其家议欲下嫁之。巨伦姑，赵国李叔胤之妻，闻而悲感，曰：“吾兄盛德，不幸早世，岂令此女，屈事卑族？”乃为子翼纳之。时人叹其义。观此二事，可知当时贵胄，不肯苟婚庶姓。

《宋书·褚叔度传》，谓诸尚公主者并因世胄，不必皆有才能。魏孝文帝以诸王婚多猥滥，为咸阳王禧聘陇西李辅女，河南王干聘代郡穆明乐女，广陵王羽聘荥阳郑平城女，颍川王雍聘范阳卢神宝女，始平王勰聘陇西李冲女，北海王详聘荥阳郑懿女。北齐世宗谓赵郡王叡曰：“我为尔娶郑述祖女，门阀甚高，汝何所嫌，而精神不乐？”

《崔悛传》：悛一门婚嫁，皆是衣冠之美，吉凶仪范，为当时所称。娄大后为博陵王纳悛妹为妃，敕中使曰：“好作法用，勿使崔家笑人。”观此诸事，可知当时帝王之家，求婚望族之切。

然《梁书·王峻传》：峻子琮，为国子生，尚始兴王女繁昌县主，不惠，为学生所嗤，遂离昏。峻谢王。王曰：“此是上意，仆极不愿如此。”峻曰：“臣大祖是谢仁祖外孙，亦不藉殿下姻构为门户。”则望族之于王室，转不以获居肺腑为荣矣。门望较下之家，尤以结婚望族为至幸。

《北史·孙骞传》：世寒贱。神武赐妻韦氏，既士人子女，又兼色貌，时人荣之。又《陈元康传》：左卫将军郭琼以罪死，子妇，范阳卢道虞女也，没官，神武启以赐元康为妻，元康地寒，时以为殊赏。

求之不得，则以为大怨。如前述公孙表之于封氏，即其一事。《北史·崔逞传》：逞六世孙叔义，父休，为青州刺史，放盗魁令出其党，遂以为门客，在洛阳，与叔义兄叔仁铸钱。事发，合家逃逸，叔义见执。时城阳王徽为司州牧，临淮王彧以非其身罪，数为致言，徽以求婚不得，遂停赦书而杀之。又《崔㥄传》：㥄为齐文襄所禁，谓邢子才曰：“卿知我属意大丘不？”子才出，告㥄子瞻曰：“尊公正应欲结姻于陈元康。瞻有女，乃许妻元康子。”元康为言于文襄，乃舍之。此又以许婚而见德者也。

甚有视为盛衰荣辱所关，出死力以争之者。《北史·房谟传》：谟与子结婚卢氏。谟卒后，卢氏将改适他姓。有平阳廉景孙者，少厉志节，以明经举郡孝廉，为谟所重，至是讼之台、府，不为理。乃持绳诣神庙前，北面大呼曰：“房谟清吏，忠事高祖，及其死也，妻子见陵，神而有知，当助申之，今引决诉于地下。”便以绳自经于树。卫士见之，救解送所司。朝廷哀其至诚，命女归房族。观此，而知当时士庶之间，限隔之峻也。

至于百工厮养之徒与士民通婚，则法本为之厉禁矣。《魏书·高宗纪》：和平四年十二月，制皇族、师傅、王公侯伯、及士民之家，不得与百工技巧卑姓为婚，犯者加罪。高祖大和元年五月，以百姓习常，仍不肃改，著之律令，永为定准，犯者以违制论。十七年九月，诏厮养户不得与庶士婚。有文武之才，积劳应进者，同庶族例听之。然贪财而与卑姓婚者仍多，见第十七章第一节。乃知社会演进之大势，卒不可逆也。

塚中枯骨，与人生荣辱升沈，关系之密如此，谱牒自不免于诬。《南史·齐本纪》云：“据齐、梁纪录，并云出自萧何，又编御史大夫望之，以为先祖之次。案何及望之，于汉俱为勋德，而望之本传，不有此言，齐典所书，便乖实录。近秘书监颜师古，博考经籍，注解《汉书》，已正其非，今随而改削云。”《南史》之言如此，而《齐书·本纪》，自萧何至高帝之父，凡二十三世，皆有官位、名讳，其诬亦可谓甚矣。

《陈书·高祖纪》云："其本甚微，自云汉大丘长寔之后也。"亦为不信之辞。梁武请立选簿表曰："谱牒讹误，诈伪多绪，人物雅俗，莫肯留心，是以冒袭良家，即成冠族，妄修边幅，便为雅士。"言之可谓深切矣。乃其谓俞药曰："俞氏无先贤，宜改姓喻。"见《南史·陈庆之传》。又何其习于诬罔，恬不为怪也？

门寒者虽或骤贵，仍不免见轻于人。《宋书·袁湛传》：朱龄石伐蜀，使袁豹为檄文曰："蕞尔谯纵，编户黔首。"《南史·张缵传》：大同五年，武帝诏曰："缵外氏英华，朝中领袖，司空已后，名冠范阳，可尚书仆射。"缵本寒门，以外戚显重，高自拟论，而诏有司空、范阳之言，深用为恨。以朱异草诏，与异不平。又《到溉传》：溉掌吏部尚书，时何敬容以令参选，事有不允，溉辄相执。敬容谓人曰："到溉尚有余臭，遂学作贵人。"溉祖彦之，初以担粪自给，故世以为讥云。皆其事也。

然亦有世实显贵，妄为人所挤排者。《晋书·杨佺期传》云：弘农华阴人，汉大尉震之后也。佺期沈勇果劲，而兄广及弟思平等，皆强犷粗暴。自云门户承藉，江表莫比。有以其门第比王珣者，犹恚恨。而时人以其晚过江，婚宦失类，每排抑之。恒慷慨切齿，欲因事际，以逞其志。《桓玄传》云：佺期为人骄悍，常自谓承藉华胄，江表莫比，而玄每以寒士裁之，佺期甚憾。

《宋书·杜骥传》：骥高祖预。曾祖耽，避难河西，因仕张氏。苻坚平凉州，父、祖始还关中。兄坦，高祖征长安，席卷随从南还。晚度北人，朝廷恒以伧燕遇之，虽复人才可施，每为清途所隔。坦以此慨然。尝与大祖言及史籍。上曰："金日磾忠孝淳深，汉朝莫及，恨今世无复如此辈人。"坦曰："日磾之美，诚如圣诏，假使生乎今世，养马不暇，岂办见知？"上变色曰："卿何量朝廷之薄也？"坦曰："请以臣言之。臣本中华高族。亡曾祖因晋氏丧乱，播迁凉土，世叶相承，不殒其旧。直以南度不早，便以荒伧赐隔。日磾胡人，身为牧圉，便超入内侍，齿列名贤。圣躬虽复拔才，臣恐未必能也。"上默然。

《梁书·羊侃传》：中大通四年，诏随大尉元法僧北讨。侃曰："北人虽谓臣为吴，南人已呼臣为虏。今与法僧同行，还是群类相逐。非止有乖素心，亦使匈奴轻汉。"

《魏书·李元护传》：辽东襄平人。八世祖胤，晋司徒、广陆侯。胤子顺、璠，及孙沈、智，皆有名宦。沈孙根，慕容宝中书监。根子后智等，随慕容德南渡河，居青州。数世无名位，三齐豪门多轻之。世族既以把持权利为事，自不免于互相挤排，故位宦深沈，虽冯家世，亦藉人事也。荀伯子通率好为杂语，敖游闾里，遂失清途。白建虽无他才伎，而勤于在公，以温柔自处。与唐邕俱以典执兵马，致位卿相。诸子幼弱，俱为州郡主簿。男婚女嫁，皆得胜流。平恒三子，并不率父业，好酒自弃。恒常忿其世衰，不为营事婚宦，故仕聘碎浊，不得及其门流。其明验矣。

门第优劣，亦有兼论名德者。《南史·王彧传》：彧曾孙克，仕侯景，景败，克迎候王僧辩。僧辩问克曰："劳事夷狄之君。"又诮之曰："王氏百世卿族，便是一朝而坠。"

《北史·郑羲传》言："自灵大后豫政，淫风稍行；及元叉擅权，公为奸秽；自此素族名家，遂多乱杂，法官不加纠正，昏宦无贬于时，有识者咸以叹息矣。"则其本有纠贬可知。此似较专论位宦者为优，然庸流无识，所纠贬者，亦多琐琐末节，无当于出处大节也。

《北齐书·羊烈传》：烈家传素业，闺门修饰，为世所称。一门女不再醮。天统中，与尚书毕义云争为兖州大中正。义云盛称门阀，云："我累世本州刺史，卿世为我家故吏。"烈答云："卿自毕轨被诛以还，寂无人物。近日刺史，皆是疆埸之上，彼此而得，何足为言？岂若我汉之河南尹，晋之大傅，名德、学行，百代传美；且男清女贞，足以相冠；自外多可称也？"盖讥义云之帷薄焉。窥观女贞，又何关于德业邪？

士庶利权，相去既远，故欲清厘之者，每以招怨。《晋书·慕容宝载记》言：宝以垂遗令，校阅户口。罢诸军营，分属郡县。定士族旧籍，明其官仪。而法峻政严，上下离德，百姓思乱者，十室而九焉。

《宋书·沈怀文传》言：孝武坏诸郡士族，以充将吏。并不服役，至悉逃亡。加以严罚不能禁。乃改用军法，得便斩之。莫不奔窜山湖，聚为盗贼。《魏书·道武七王传》：元法僧为益州刺史。素无治干，加以贪虐。杀戮自任，威怒无恒。王、贾诸姓，州内人士，法僧皆召为卒伍，无所假纵。于是合境皆反。民之多幸，国之不幸，固也，然政令本已非平，而更加之以操切，又曷怪怨叛之起邪？

第二节　门阀之制下

语曰："国于天地，必有与立。"晋、南北朝之世，所谓世族者，既居于率将之地，则国家之盛衰强弱，恒必由之。乃其人率多呰窳④莫能振拔，遂致神州陆沈，久而不复矣。《诗》曰："其何能淑？载胥及溺。"此则可为痛哭流涕者也。

此辈之见讥于世者，首为其不事事。《梁书》载姚察之论曰："魏正始及晋之中朝，时俗尚于玄虚，贵为放诞。尚书丞、郎以上，簿领文案，不复经怀，皆成于令史。逮乎江左，此道弥扇。惟卞壶以台阁之务，颇欲综经。阮孚谓之曰：卿尝无间暇，不乃劳乎？

《晋书·壶传》云：壶干实当官，以褒贬为己任。勤于吏事。欲轨正督世，不肯苟同时好。然性不弘裕，才不副意，故为诸名士所少，而无卓尔优誉。明帝深器之。于诸大臣，而最任职。阮孚每谓之曰："卿恒无闲泰，常如含瓦石，不亦劳乎？"壶曰："诸君以道德恢弘，风流相尚，执鄙吝者，非壶而谁？"时贵游子弟，多慕王澄、谢鲲为达。壶厉色于朝曰："悖礼伤教，罪莫斯甚。中朝倾覆，实由于此。"欲奏推之。王导、庾亮不从，乃止。然而闻者莫不折节。

宋世王敬弘，身居端右，未尝省牒。敬弘名裕之，名与宋武帝讳同，故以字行。元嘉三年，为尚书仆射。关署文案，初不省读。尝豫听讼，上问疑狱，敬弘不对。上变色，问左右："何故不以讯牒副仆射？"敬弘曰："臣乃得讯牒，读之正自不解。"上甚不悦。虽加礼敬，亦不以时务及之。见《南史》本传。风流相尚，其流遂远。望白署空，是称清贵；恪勤匪懈，终滞鄙俗。是使朝经废于上，职事隳于下。小人道长，抑此之由。呜呼！伤风败俗，曾莫之悟。永嘉不竞，戎马生郊，宜其然矣。"《何敬容传论》。

《陈书·后主纪论》曰："自魏正始、晋中朝以来，贵臣虽有识治者，皆以文学相处，罕关庶务。朝章大典，方参议焉。文案簿领，咸委小吏。浸以成俗。迄至于陈，后主因循，未遑改革。故施文庆、沈客卿之徒，专掌军国要务。奸黠左道，以哀刻为功。自取身荣，不存国计。是以朝经隳废，祸生邻国。"案当时论者，率以政事之败坏，归咎于人主之好用小人，实仍是士族偏私之见。此辈实不可谓无才；抑贵胄既不事事，人主虽欲不用此辈，亦不可得也。参看下引《颜氏家训》自明。

是时流风所扇，虽英君、哲相，亦不能免。《南史·郑鲜之传》云：宋武帝少事戎旅，不经涉学。及为宰相，颇慕风流。时或谈论。人皆依违不敢难。鲜之难必切至，未尝宽假。与帝言，要须帝理屈，然后置之。是虽雄才如宋武，亦未能免俗也。《宋书·袁粲传》云：粲与齐王、褚渊、刘秉入直，平决万几，时谓之四贵。粲间默寡言，不肯当事。主书每往咨决，或高咏。对之。宅宇平素，器物取给。好饮酒，善吟讽。独酌园庭，以此自适，居负南郭，时杖策独游。素寡往来，门无杂客。及受遗当权，四方辐凑，闲居高卧，一无所接。谈客文士，所见不过一两人。疏率如此，此粲之所以败也。甚至武人亦沿其流。《宋书·沈演之传》：家世为将，而演之折节好学，读《老子》日百遍，以义理业尚知名。《自序》：沈林子所著，有《论老子》一百二十一首。杜慧度以勋业名，《传》亦云其颇好庄、老。甚至如崔慧景，称兵内向，而顿法轮寺，对客高谈，卒以致败。习俗之误人，可谓深矣。

朝士旷职者，多见容恕。

《晋书·阮孚传》：避乱渡江，元帝以为安东参军，蓬发饮酒，不以王务婴心。时帝既用申、韩以救世，而孚之徒未能弃也，虽然，不以事任处之。转丞相从事中郎，终日酣纵，恒为有司所按，帝每优容之。

《南史·王裕之传》：宋武帝以为道规谘议参军。时府主簿宋协，亦有高趣。道规并以事外相期。其孙延之，在江州，独处斋内，未尝出户，吏人罕得见焉。延之子纶之，为安成王记室参军，偃仰召会，退居僚末。司徒袁粲闻而叹曰："格外之官，便今日为重。"贵游居此位者，遂以不掌文记为高，自纶之始也。可谓世有佚德矣。

《王球传》：彭城王义康谓刘湛曰："王敬弘、王球之属，竟何所堪？施为自富贵，复那可解。"殷景仁卒，球除尚书仆射。素有脚疾，多病还家，朝直甚少。录尚书江夏王义恭谓尚书何尚之曰："当今乏才，群下宜加戮力，而王球放恣如此，宜以法纠之。"尚之曰："球有素尚，加又多疾，公应以淡退求之，未可以文案责也。"义恭又面启文帝曰："王球诚有素誉，颇以物外自许，端任要切，或非所长。"帝曰："诚知如此，要是时望所归。昔周伯仁终日饮酒而居此任，盖所以崇素德也。"遂见优容。

《张率传》：为扬州别驾。率虽历居职务，未尝留心簿领。及为别驾，奏事，梁武帝览牒，问之，并无对，但云事在牒中。帝不悦。然亦不闻其有所惩也。即有愿治之主，或加屏弃；《南史·明山宾传》：诏使公卿举士。左卫将军江祏上书荐山宾才堪理剧。齐明帝不重学，谓祏曰："闻山宾谈书不辍，何堪官邪？"遂不用。

又《恩幸传》：齐武帝常云："学士辈不堪经国，惟大读书耳。经国一刘系宗足矣。沈约、王融数百人，于事何用。"持正之士，深致讥平；《梁书·何敬容传》：大宗频于玄圃，自讲《老》《庄》二书。学士吴孜，时寄詹事府，每日入听。敬容谓孜曰："昔晋代丧乱，颇由祖尚玄虚，胡贼殄覆中夏。今东宫复袭此，殆非人事，其将为戎乎？"《侯景传》：陶弘景尝为诗曰："夷甫任散诞，平叔坐谈空，不意昭阳殿，化作单于宫。"卒不能挽滔滔之俗也。

当时衣冠中人，亦间有明于政务，勤于职事者。如《宋书·王准之传》云：曾祖彪之，尚书令。彪之博闻多识，练悉朝仪。自是家世相传，并谙江左旧事。缄之青箱，世人谓之王氏青箱学。准之究识旧仪，问无不对。时彭城王义康录尚书事，每叹曰："何须高论玄虚？正得如王准之两三人，天下便治矣。"然寡乏风味，不为时流所重。撰仪注，朝廷至今遵用之。

《梁书·周舍传》云：虽居职屡徙，而常留省内，罕得休下。国史、诏诰、仪体、法律、军旅谋谟；皆兼掌之。日夜侍上，豫机密，二十余年，未尝离左右。《何敬容传》云：敬容久处台阁，详悉旧事；且聪明识治，勤于簿领，诘朝理事，日旰不休。自晋、宋以来，宰相皆文义自逸，敬容独勤庶务，为世所嗤鄙。时萧琛子巡者，颇有轻薄才，因制卦名离合等诗以嘲之，敬容处之如初，亦不屑也。然此等人甚少矣。

魏寇之动也，梁元帝犹于龙光殿述《老子》义，敌兵至襄阳，乃停讲，旋复续讲，百僚戎服以听。置祸福死生于度外，时人庸或以为高致，然膺民社之重者，其成败利钝，实非徒一身死生祸福之所关，而其轻心掉之，至于如此，尚何言哉？王衍之死也，顾而言曰："吾曹虽不如古人，向若不祖尚浮虚，戮力以匡天下，犹可不至今日。"桓温曰："神州陆沈，百年丘墟，王夷甫诸人，不得不任其责。"信矣。

此等弊风，前人每蔽其罪于清谈，而溯其原于正始。

《日知录》云：魏明帝殂，少帝即位，改元正始，凡九年。其十年，则大傅司马懿杀大将军曹爽，而魏之大权移矣。三国鼎立，至此垂三十年。一时名士风流，盛于雒下。乃其弃经典而尚《老》《庄》，蔑礼法而崇放达，视其主之颠危，若路人然，即此诸贤为之唱也。自此以后，竞相祖述。如《晋书》言王敦见卫玠，谓长史谢鲲曰："不意永嘉之末，复闻正始之音。"沙门支遁，以清谈著名，于时莫不崇敬，以为造微之功，足参诸正始。

《宋书》言羊玄保二子，大祖赐名曰咸曰粲。谓玄保曰："欲令卿二子有林下正始余风。"王微与何偃书曰："卿少陶玄风，淹雅修畅，自是正始中人。"《南齐书》言袁粲言于帝曰："臣观张绪，有正始遗风。"《南史》言何尚之谓王球，正始之风尚在。其为后人企慕如此，然而《晋书·儒林传序》云："摈阙里之典经，习正始之余论，指礼法为流俗，目纵诞以清高。"此则虚名虽被于时流，笃论未忘乎学者。是以讲明六艺，郑、王为集汉之终，演说《老》《庄》，王、何为开晋之始。以至国亡于上，教沦于下，羌戎互僭，君臣屡易，非林下诸贤之咎而谁咎哉？其实正始诸贤，初非无意于天下者，读《秦汉史》所述，已可见之。

谈玄亦学问之事，初不必其废事；即晋世所谓名士者，亦或废事或不废事，初非一染玄风，即遗俗务也。如《晋书·羊曼传》曰："曼任达颓纵，好饮酒。温峤、庾亮、阮放、桓彝，同志友善，并为中兴名士。时州里称阮放为宏伯，郗鉴为方伯，胡母辅之为达伯，卞壸为裁伯，蔡谟为朗伯，阮孚为诞伯，刘绥为委伯，而曼为黯伯，凡八人，号兖州八伯，盖拟古之八隽也。"此中温峤、庾亮、桓彝、郗鉴、卞壸、蔡谟，并功名志节之士也。故以晋、南北朝士大夫风俗之恶，蔽罪于清谈，溯原于正始，非笃论也。

晋、南北朝士大夫风俗之恶，实当溯其原于千载以前。盖自隆古之世，治人者与治于人者，等级既分，治人者遂日益纵恣淫佚，而其居心亦日益险诈卑鄙，其体魄遂日以委靡不振，终至于灭亡而后已。此乃一等级之将即消亡，固非一人一事之咎，亦非一朝一夕之故也。

晋、南北朝之世，士大夫之恶德，盖有多端。言之深切著明者，莫如葛洪。洪固有心人，其所著之《抱朴子》，《内篇》虽惑溺神仙，《外篇》则实足与王符之《潜夫论》并称也。今试略引其言，以见其时所谓贵胄者之情形焉。

其恶德之最浅而易见者，时曰淫酗。《酒诫篇》述其弊曰："贞良者流华督之顾眄；怯懦者效庆忌之蕃捷；迟重者蓬转而波扰；整肃者鹿踊而鱼跃。或奔车走马，赴坑谷而不惮；或登危蹋颓，虽堕坠而不觉；或肆忿于器物。或酗蓄于妻子。加枉酷于臣仆。用剡锋于六畜。炽火烈于室庐。掊宝玩于渊流。迁威怒于路人。加暴害于士友。亵严主以夷戮。犯凶人而受困。白刃抽而忘思难之虑。棓杖奋而罔顾前后。构漉血之仇。招大辟之祸。以少陵长，则乡党不相重矣。责辱人父兄，则子弟将推刃矣。发人所讳，则壮士不能堪矣。计数深刻，则醒者不能恕矣。其为祸败，不可胜载。”此等情形，设见于今日，宁非极下等无教化之人所为乎？今之论者，每谓“中国人之酒德，远胜于欧、美”，然此实后世之事，若稽诸古昔，则知其淫酗实与欧、美人同，此篇亦可为其证也。

此犹可诿曰酒实为之也，而其醒时之悖戾，亦有不减于醉时者。

《疾谬篇》曰：“嘲戏之谈，或及祖考，或逮妇女。往者必务其深焉。报者恐其不重焉。利口者扶强而党势。辩给者借镓以刺瞂。以不应者为拙劣，以先止者为负败。乃有使酒之客，及于难侵之性，不能堪之，拂衣拔棘，手足相及。丑言加于所尊。欢心变而成仇。绝交坏身，构隙致祸。”此其忿不思难，亦何异于醉客乎？夫行检之不修，实由其居心之不逊。

《疾谬篇》又曰：“或因变故，佻窃荣贵；或赖高援，翻飞拔萃；于是气陵云物，步高视远。顾瞻否滞失群之士，虽实英异，忽焉若草。或倾枕而延宾，或称疾以距客。欲令人士立门以成林，车骑填噎于闾巷。”更有“不治清德以取敬，而杖气力以求畏。其入众也，则亭立不坐，争处端上，作色谐声，逐人自安。其不得意，恚对不退。其行出入也，窄逼之地，耻于分涂，振策长驱，推人于险，有不即避，更加摅顿。”此非子舆氏所谓横逆之来，与禽兽奚择者乎？

《刺骄篇》曰：“生乎世贵之门，居乎热烈之势，率多不与骄期而骄自来矣。亦有出自卑碎，由微而著。便自轩昂，视人犹芥。或曲宴集，管弦嘈杂，后宾填门，不复接引。或于同造之中，偏有所见。复未必全得也，直以求之差勤，苞苴继到，壶榼不旷耳。”内贪婪而外悖慢，其恶德为何如哉？其夷居则不务德业，惟事游荡。

《疾谬篇》曰：“盛务惟在樗蒲弹棋。所论极于声色之间。举口不逾绮襦纨袴之侧。游步不去势利酒客之门。不闻清谈论道之言，专以丑辞嘲弄为先。”《交际篇》自言：“诸戏弄之事，弹棋、博、弈，皆所恶见；飞轻走迅，游猎遨览，咸所不为；殊不喜嘲亵。”则“亲交辽远”矣。

至其党类聚集，则《疾谬篇》又言之曰：“其相见也，不复叙离阔，问安否。宾则入门而呼奴，主则望客而唤狗。其或不尔，不成亲至，弃之不与为党。及好会则狐蹲牛饮，争食竞割，横拨森折，无复廉耻。以同此者为泰，以不尔者为劣。终日无及义之言，彻夜无箴规之益。”甚有如《刺骄篇》所言，“或乱项科头，或裸袒蹲夷，或濯脚于稠众，或溲便于人前”者。

其游遨也，则《疾谬篇》言之曰：“携手连袂，以遨以集。入他堂室，观人妇女。指玷修短，平论美丑。或有不通主人，便共突前，犯门折关，逾垝穿隙，有似抄劫之至也。其或妾媵，藏避不及，至搜索隐僻，就而引曳。落拓之子，无骨鲠而好随俗者，以通此者为亲密，距此者为不恭。

于是要呼愦杂，入室视妻；促膝狭室，交杯咫尺；弦歌淫冶之曲，以诛文君之心；载号载呶，戏谑丑亵，穷鄙极黩。”又有“戏妇之法”：“于稠众之中，亲属之前，问以丑言，责以慢对。其为鄙黩，不可忍论。”乃“或蹙以楚挞，或系脚倒悬，酒客酗蒉，不知限齐，至有伤于血流，踒折支体者”。此则直当归诸司败，威之齐斧矣。而其时之妇女，亦市也婆娑，习非成俗，已见第十七章第一节。

观于此，然后知宋孝武之狎侮，齐文宣之淫酗，宋、齐诸荒主之四出游走，梁世诸王、贵游之扰害人民，以及历朝佞幸之臣之权势熏灼，货贿丰盈，皆非一时之失政，一人之失德，而实为其时贵族社会之通病也。吾故曰：此实自降古以来，所谓治者阶级，积其纵恣淫欲，将趋于灭亡之候也。

或曰：无礼无义之徒，贵游之中，何世蔑有？安得以此诬当时之名士乎？则试与观当时之所谓名士者，其居心之忌刻，参看第四章第四节论王羲之，第九章第六节论宋明帝。交友之势利，《晋书·郗超传》：王献之兄弟，自超未亡，见愔常蹑履问讯，甚修舅甥之礼。及超死，见愔慢怠。展而候之，命席便迁延辞避。愔每慨然曰：“使嘉宾不死，鼠子敢尔邪？”接物之狂敖，《梁书·刘孝绰传》：孝绰少有盛名，而仗气负才，多所陵忽。有不合意，极言诋訾。领军臧盾，大府卿沈僧杲等，并被时遇，孝绰尤轻之。每于朝集会同，处公卿间，无所与语，反呼驺卒访道途间事，由此多忤于物。案南北朝时，狂敖之甚者，无过于谢灵运与王僧达，可参看《宋书》本传。立身之无礼，而且无行，《晋书·胡母辅之传》：性嗜酒任纵，不拘小节，子谦之，才学不及父，而傲纵过之。至酣醉，常呼其父字，辅之亦不以介意。辅之正酣饮，谦之窥而厉声曰：“彦国年老，不得为尔，将令我尻背东壁？”辅之欢笑，呼入与共饮。《毕卓传》：卓少希放达，为胡母辅之所知。大兴末，为吏部郎，常饮酒废职。比舍郎酿熟，卓因醉，夜至其瓮间盗饮之。为掌酒者所缚。明旦，视之，乃毕吏部也。遽释其缚。

卓遂引主人宴于瓮侧，致醉而去。此无礼也。《谢鲲传》：邻家高氏女有美色，鲲尝挑之，女投梭，折其两齿。时人为之语曰："任达不已，幼舆折齿。"鲲闻之，傲然长啸，曰："犹不废我啸歌"，则无行矣。《南史·张融传》：永明二年，总明观讲，敕朝臣集听。融扶入就榻，私索酒饮之。难问既毕，乃长叹曰："呜呼！仲尼独何人哉？"为御史中丞到撝所奏，免官。《文学传》：谢几卿，性通脱，会意便行，不拘朝宪。尝豫乐游宴，不得醉而还，因诣道边酒垆，停车褰幔，与车前三驺对饮。时观者如堵，几卿处之自若。后以在省署夜著犊鼻裈，与门生登阁道饮酒酣呼，为有司纠奏，坐免官。此皆无礼之尤。徐孝绰与到洽友善，同游东宫。孝绰自以才优于洽，每于宴坐；嗤鄙其文。洽衔之。及孝绰为廷尉正，携妾入官府，其母犹停私宅。洽寻为御史中丞，遣令史案其事，遂劾奏之，云"携少姝于华省，弃老母于下宅。"高祖为隐其恶，改姝为妹。坐免官。孝绰诸弟，时随藩皆在荆、雍，乃与书，论共洽不平者十事，其辞皆鄙。到氏又写别本，封呈东宫。昭明大子命焚之，不开视也。孝绰所携，果妾，高祖当究到洽之诬，不得但改姝为妹。鄙辞累及十事，凡鄙之所羞言，况于士君子邪？此真无行之尤矣。果有以异于乡之所云者乎？为此者果何人哉？

《抱朴子·疾谬篇》又曰："敢为此者，非必笃顽也。率冠盖之后，势援之门。素颇力行善事，以窃虚名。名既粗立，本情便放。或假财色以交权豪，或因时运以佻荣位，或以昏姻而连贵戚，或弄毁誉以合威柄。器盈志溢，态发病出。党成交广，志通步高，清论所不能制，绳墨所不能弹，遂成鹰头之蝇，庙垣之鼠"矣。其下于此者，《刺骄篇》云："既辱天官，又移染庸民。后生晚出，见其或以泾清之资，或佻窃虚名，而躬自为之，便谓立身当世，莫此为美。"乃转为其所污染者耳。

夫显为名者，未有不阴为利者也。《交际篇》谓此辈"能令壤虫群飞，斥鷃戾天。手捉刀尺。口为祸福"。《刺骄篇》云："所惠则得多。属托则常听。所欲则必副。言论则见饶。有患则见救。所论荐则蹇驴蒙龙骏之价。所中伤则孝己受商臣之谈。"此"小人之赴之"，所以"若决积水于万仞之高堤，而放烈火于云、梦之枯草"也。参观第二章第一节所引干宝、潘尼之言，而其所由来，可以思过半矣。

葛氏推原此等弊风，以为皆起于东汉。其所辞严义正、首致其诛者乃为最负高名之郭林宗。《正郭篇》曰："此人有机辩风姿，又巧自抗遇而善用；且好事者为之羽翼，延其声誉于四方，故能见推慕于乱世。所言所褒，则重于千金。游涉所经，则贤愚波荡。盖欲立朝则世已大乱，欲潜伏则闷而不堪。或跃则畏祸害，确乎则非所安。”故其“言行相伐，口称静退，心希荣利。”其“名称重于当世，美谈盛于既没”，则“其所得者世共传闻，所失者莫之有识”。“逋逃不仕也，则方之巢、许；废职待客也，则比之周公；养徒避役者，则拟之仲尼；弃亲依豪者，则同之游、夏”，使“世眩名实，大乱滋甚”。“朱家、郭解之乱世，曾不若是也”。葛氏之言如此，可谓禹鼎象物，魑魅罔两，无所遁其形矣。

《刺骄篇》又总论之曰：“汉末诸无行，自相品藻次第。群骄慢敖不入道检者，为都魁雄伯，四通八达。背叛礼教，而纵肆邪辟。谗毁真正，中伤非党。口习丑言，身行弊事。凡所云为，使人不忍论也。”此则汉世之所谓名士者，何一能免于葛氏之讥乎？

吾曹试一按往史，《三国·吴志·诸葛恪传》云：“恪父瑾，面长似驴，孙权大会群臣，使人牵一驴入，长检其面，题曰诸葛子瑜。恪跪曰：‘乞请笔益两字。’因听与笔。恪续其下曰之驴。举坐欢笑，乃以驴赐恪。”权“命恪行酒，至张昭前。昭先有酒色，不肯饮，曰：‘此非养老之礼也。’权曰：‘卿其能令张公辞屈，乃当饮之耳。’恪难昭曰：‘昔师尚父九十，秉旄仗钺，犹未告老也。今军旅之事，将军在后，酒食之事，将军在先，何谓不养老也？’昭卒无辞，遂为尽爵”。

后蜀使至，群臣并会，权谓使曰：“此诸葛恪，雅好骑乘，还告丞相，为致好马。”恪因下谢。权曰：“马未至而谢，何也？”恪对曰：“夫蜀者陛下之外厩，今有恩诏，马必至也，安敢不谢？”魏晋、南北朝使人，每好以口舌争胜，实为无礼之尤。魏孝文使卢昶、王清石聘于齐，谓清石曰：“凡使人以和为贵，勿迭相矜，见于辞色，失将命之体。”其所见，反出于中国君若臣之上也，亦可愧矣。

《蜀志·周群传》：蜀郡张裕，先主与刘璋会涪时，为璋从事，侍坐。其人饶须。先主嘲之曰：“昔吾居涿县，特多毛姓。东西南北，皆诸毛也。涿令称曰：诸毛绕涿居乎？”裕即答曰：“昔有作上党潞长，迁为涿令。涿令者去官还家。时人与书，欲署潞则失涿，欲署涿则失潞，乃署曰潞涿君。”先主无须，故裕以此及之。先主尝衔其不逊，后遂以事诛之。此即葛洪所云好相嘲谑，出辞鄙黩之俗也。

《魏志·武帝纪》注引《曹瞒传》曰：大祖为人，佻易无威重。时或冠帢帽以见宾客。每与人谈论，戏弄言诵，尽无所隐。及欢悦大笑，至以头没杯案中，肴膳皆沾污巾帻。其轻易如此：此即洪所谓狐蹲牛饮，争食竞割者也。又引孙盛《异同杂语》云：大祖尝私入中常侍张让室，让觉之，乃舞手戟于庭，逾垣而出。此即洪所云犯门折关，逾垝穿隙，有似抄劫者也。

《蜀志·庞统传》注引《襄阳记》云：司马德操尝造庞德公，直其渡沔，德操径入其室，呼德公妻子，使速作黍。“徐元直向云：有客当来就我与庞公谭”。其妻子皆罗列，拜于堂下，奔走供设。须臾，德公还，直入相就，不知何者是客也。此即洪所谓入门呼奴，入室视妻者也。有一起于正始之年者乎？即谓起于东京季世，亦非其情，此特吾曹之所知极于此耳。同一事也，誉之者则以为名士风流，疾之者则曰“左衽之所为”“羌、胡猾夏先著之妖怪”，《抱朴子·刺骄篇》。不博考诸家之记载，验以今日之人情，亦安往而能知史事之真哉？

六朝风俗之敝如此，顾论世之士，犹有称道之者，谓其尊严家讳，矜尚门地，慎重婚姻，区别流品，主持清议，皆非后世所能及也。清杨绳武之论，《日知录·正始》条《集释》引之。矜尚门地，慎重婚姻，区别流品，其不足取，读前所述，已可见之。清议之不足尚，当于述选举之时明之。尊严家讳，为时人所谓守礼之一端。六朝士夫，好讲礼学，亦多能宝其刍狗，其人率多以此自矜，其实乃极可笑。夫礼之所以可贵者，以其为人生之轨范耳。既为人生之轨范，则修之必因乎俗。《秦汉史》第五章第二节，已深明之。

在晋世，亦惟葛洪，深明此义，《抱朴子·省烦》之篇，实名论也。

其言曰：安上治民，莫善于礼，弥纶人理，诚为曲备，然冠婚饮射，何烦碎之甚邪？人伦虽以有礼为贵，但当足叙等威而表情敬，何在乎升降揖让之繁重，跽拜俯伏之无已邪？往者天下乂安，四方无事，好占官长，时或修之。至乃讲试累月，督以楚挞，昼夜修习，废寝与食。经时学之，一日试之，执卷从事，案文举动，黜谪之罚，又在其间，犹有过误，不得其意，而欲以为生民之常事，至难行也。此墨子所谓累世不能尽其学，当年不能究其事者也。

古人询于刍荛，博采童谣，狂夫之言，犹在择焉，墨子之论，不能废也。但其张刑网，开途径，浃人事，备王道，不能曲述耳。至于讥葬厚，刺礼烦，未可弃也。自建安之后，魏之文、武，送终之制，务在俭薄，此则墨子之道，有可行矣。予以为丧乱既平，朝野无为，王者所制，自今作古。可命精学洽闻之士，才任损益，免于居愚者，使删定三礼。割弃不要，次其源流，总合其事，类集以相从。其烦重游说，辞异而理同者，存之不可常行，除之无所伤损，卒可断约，勿令沈隐，复有凝滞。

其吉凶器用之物，俎豆觚觯之属，衣冠车服之制，旗章采色之美，宫室尊卑之品，朝飨宾主之仪，祭奠殡葬之变，郊祀禘祫之法，社稷山川之礼，皆可减省，务令俭约。夫约则易从，俭则用少；易从则不烦，用少则费薄；不烦则莅事者无过矣，费薄则调求者无苛矣。拜伏揖让之节，升降盘旋之容，使足叙事，无令小碎。条牒各别，易案用今。五礼混扰，杂饰纷错，枝分叶散，重出互见，更相贯涉。曲儒寻案，犹多所滞。驳难渐广，异同无已。殊理兼说，岁增月长。自非至精，莫不惑闷。治之勤苦，妨费日月，废弃他业。长致章句，多于本书。今若次比、删削，息学者万倍之役，弭诸儒争讼之烦，将来达者观之，当美于今之视周矣。此亦改烧石、去血食之比也。

顾其时朝廷之所修，晋、南北朝之世，修礼之盛业，当推梁世之五礼。其事起于齐之永明三年，至梁普通五年乃成。六年，徐勉表上之。见《梁书勉》及《司马褧》《儒林·贺玚》《处士·何胤传》。礼论先有八百卷，何承天删并为三百卷，见《南史·承天传》。士夫之所守，率多违人情而不可行。《颜氏家训·风操篇》云："江左朝臣，子孙初释服，朝见二宫，皆当泣涕，二宫为之改容。颇有肤色充泽无哀感者，梁武薄其为人，多被抑退。"又云："江南饯送，下泣言离。有王子侯，梁武帝弟，出为东郡，与武帝别。帝曰：'我年已老，与汝分张，甚心恻怆。'数行泪下。侯遂密云，赧然而出。坐此被责，飘飖舟渚，一百许日，卒不得去。"又云："江南凡遭重丧，若相知者同在城邑，三日不吊，则绝之，除丧虽相遇，则避之，怨其不已悯也。有故及道遥者，致书可也，无书亦如之。"此等既非人情，于事自亦多碍，不可行也。

即以避讳论：闻名心瞿之实不存焉，而以是自矜其知礼，其事已极无谓。乃度责罚之不加，则恣睢而废事；《颜氏家训·风操篇》云："《礼》云：见似目瞿，闻名心瞿。有所感触，恻怆心眼，若在从容平常之地，幸须申其情耳。必不可避，亦当忍之。伯叔、兄弟，酷类先人，可得终身肠断，与之绝邪？又临文不讳，庙中不讳，君所无私讳，盖知闻名须有消息，不必期于颠沛而走也。梁世谢举，闻讳必哭，为世所讥。又臧逢世，臧严之子也。孝元经牧江州，遣往建昌督事。郡县民庶，竞修笺书，朝夕辐凑，几案盈积。书有称严寒者，必对之流涕，不省取记。多废公事，物情怨骇。竟以不办而还。此并过事也。近在扬都，有一士人讳审，而与沈氏交结周厚。沈与其书，名而不姓。此非人情也。”此等皆有碍于事。

又云：“言及先人，理当感慕，古者之所易，今人之所难。江南事不获已，乃陈文墨；须言阀阅，必以文翰，罕有面论者。北人无何便尔话说，及相访问。如此之事，不可加于人也。人加诸己，则当避之。”此为颜氏所主张，然已不可行矣。《晋书·礼志》：大元十三年，召孔安国为侍中，安国表以黄门郎王愉名犯私讳，不得连署求解。

有司议云：“公义夺私情，王制屈家礼。尚书安众男臣先表中兵曹郎王祐名犯父讳，求解职，明诏爰发，听许换曹，盖是恩出制外耳。而顷者互用瞻式。源流既启，莫知其极。请一断之。”从之。是矣。然《江统传》：选司以统叔父春为宜春令，统因上疏曰：“故事：父祖与官职同名，皆得改选。身名所加，亦施于臣子。佐吏系属，朝夕从事，官位之号，发言所称。臣以为身名与官职同者，宜与触父祖名为比。”朝廷从之。

《王舒传》：舒父名会。舒授会稽内史，上疏辞以父名。朝议以字同音异，于礼无嫌。舒复陈：音虽异而字同，求换他郡。于是改会字为郐。《梁书·张稷传》：稷父名永，稷为新兴、永宁二郡大守，以郡犯私讳，改永宁为长宁。则因之以废事者，卒不少也。

逮富贵之可求，又借之以行谄；《齐书·礼志》：晋武大始二年，有司奏故事皇后讳与帝讳俱下。诏曰：“礼：内讳不出宫，近代讳之也。”此已为非礼之礼矣，犹曰皇后之尊也。乃如毛宝子穆之，字宪祖，小字武生。名犯王靖后讳，故行字，后又以桓温母名宪，乃更称小字。虞预本名茂，犯明穆皇后母讳，故改焉。徐爰本名瑗，后以与傅亮父同名，改为爰。荆州人为羊祜讳，屋室皆以门为称，改户曹为辞曹。则谄谀已甚矣。遂至有权势者，亦以此求之于人。桓玄平元显后，讽朝廷发诏为桓温讳。有姓名同者，一皆改之。姚兴班告境内及在朝文武：立名不得犯叔父绪及硕德之名，以彰殊礼。此并非法已甚。

《魏书·游肇传》：高肇以肇名与己同，欲令改易，肇以高祖所赐，秉志不许。高肇甚衔之，世宗嘉其刚梗。魏史于高肇，多溢恶之辞，所云或非其实，然亦当时实有此等事，故得肆其诋诬也。行比于宦官宫妾，礼不讳嫌名，二名不偏讳。

《颜氏家训·风操篇》云：“刘绍、缓、绥兄弟，父名昭，一生不为照字，惟依《尔雅》火旁作召。”是讳嫌名也。古之避讳者，讳其音非讳其义，炤岂无昭音乎？是并不达于礼矣。

《北齐书·杜弼传》：相府法曹辛子炎谘事，云须取署，子炎读署为树，高祖大怒曰：“小人都不知避人家讳”，杖之于前。弼进曰：“礼二名不偏讳，子炎之罪，理或可恕。”案《神武纪》其父名树，盖其字为后来所制，实非单名树也。

《颜氏家训》云：“江南至今不讳字，河北士人，全不辨之。”

《晋书·儒林传》：刘兆，字延世，尝有人著靴骑驴，至兆门外，曰：吾欲见刘延世，门人大怒。更可发笑。而其居心之悖傲、卑鄙，则更甚焉，不亦可羞矣乎？抑礼之非因乎人情者，虽不复足为人生之轨范，然情生文，文亦生情，果为众所共严，犹足维持一时之纲纪，如《秦汉史》第十九章第一节所论《后汉书·儒林传赞》之语，虽诬而实不可谓之诬是。此实当时社会仅存一线之纲维也。

乃自魏、晋已还，而此藩篱又毁。《日知录》又云：“有亡国，有亡天下。亡国与亡天下奚辨？曰：易姓改号，谓之亡国，仁义充塞，而至于率兽食人，人将相食，谓之亡天下。嵇绍之父，被杀于晋文王，至武帝革命，而山涛荐之入仕。绍时屏居私门，欲辞不就。涛谓之曰：为君思之久矣：天地四时，犹有消息，而况于人乎？一时传诵，以为名言，而不知其败义伤教，至于率天下而无父者也。

夫绍之于晋，非其君也。忘其父而事非其君，当其未死三十余年之间，为无父之人，亦已久矣！而荡阴之死，何足以赎其罪乎？自正始以来，而大义之不明，遍于天下。邪正之说，不容两立，何怪其相率臣于刘聪、石勒，观其故主青衣行酒，而不以动其心者乎？”亭林所谓亡国，即今所谓王室之兴亡，其所谓亡天下，则今所谓国家、民族之倾覆也。五胡云扰之时，民族实借国家以自卫，君主则为主权所寄托，而为国家之表征，君臣之义，荡焉如此，国家、民族，安得而不倾覆？本实既拨矣，而以琐琐末节，自矜其知礼，不益可羞矣乎？

当时君臣之义，何以荡焉如是？曰：此贵族争夺相杀必至之符，亦足证吾晋、南北朝士夫风俗之恶，实为其阶级将趋消亡之说也。

《齐书·褚渊传论》曰：“金、张世族，袁、杨鼎贵，委质服义，皆由汉氏。膏腴见重，事起于斯。魏氏君临，年祚短促。服褐前代，宦成后朝。晋氏登庸，与之后事。名虽魏臣，实为晋有。故主位虽改，臣任如初。自是世禄之盛，习为旧准。

羽仪所隆，人怀羡慕。君臣之节，徒致虚名。贵仕素资，皆由门庆。平流进取，坐至公卿。则知殉国之感无因，保家之念宜切。市朝亟革，宠贵方来。陵阙虽殊，顾眄如一，中行、智伯，未有异遇。夫爵禄既轻，有国常选。恩非己独，责人以死，斯固人主之所同谬，世情之过差也。”其于是时世族徒知自保，蔑视节义之原因，言之可谓深切矣。然若深求其原，则尚不止此。

夫君臣之义之最高者，彼此皆有拯民于水火之心，奠国于苞桑之念；或为元首，或为股肱，各因其才，以任其职，志事既彼此相同，死生自不相弃背，此义知之者盖罕。寻常所谓忠君者，则古封建之世，视土地人民为私有，为臣者乃受豢于其君，衣食既见解推，礼貌复云优异，乃为是感激意气之私。世变既殊，土地人民非一人一姓所私有，其义终将昌明而为之君者，亦日益骄淫纵恣，不复能有恩礼于其臣，或且视之如草芥；意气感激之念，复安得存？逐鹿、从龙，同为私利，苟为后义而先利，不夺不餍，固势之所必至也。梁武帝之受禅也，齐和帝之臣颜见远，不食而死。武帝闻之曰：“我自应天从人，何豫天下士大夫事，而颜见远乃至于此也？”《梁书·文苑·颜协传》。见远，协之父。不啻明言之矣。

丧乱之世，武人秉权，自尤不知忠义之可贵。宋竟陵王诞之叛也，其臣王玙之，五子悉在建业。玙之尝乘城，沈庆之缚其五子，示而招之。许以富贵。玙之曰：“吾受主王厚恩，不可以二心。三十之年，未获死所耳，安可以私亲诱之？”五子号叫，于外呼其父。及城平，庆之悉扑杀之。

沈攸之在郢州，州从事辄与府录事鞭，攸之免从事官，而更鞭录事五十，谓人曰：“州官鞭府职诚非体，要由小人陵侮士大夫。”仓曹参军事边荣，为府录事所辱，攸之为荣鞭杀录事。攸之自江陵下，以荣为留府司马守城。张敬儿将至，人或说之，使诣敬儿降。荣曰：“受沈公厚恩，共如此大事，一朝缓急，便改易本心，不能行也。”城败见敬儿，敬儿问曰：“边公何不早来？”荣曰：“沈公见留守城，而委城求活，所不忍也。本不蕲生，何须见问？”敬儿曰：“死何难得？”命斩之。欢笑而去，容无异色。

泰山程邕之者，素依随荣。至是，抱持荣曰：“与边公周旋，不忍见边公前死，乞见杀。”兵不得行戮，以告敬儿。敬儿曰：“求死甚易，何为不许？”先杀邕之，然后及荣。齐始安王遥光之叛也，府佐司马端为掌书记。曹虎谓之曰：“君是贼非？”端曰：“仆荷始安厚恩，今死甘心。”虎不杀，执送还台。徐世摽杀之。

《梁书·陆襄传》：父闲，为遥光扬州治中。遥光作乱，或劝闲去之。闲曰："吾为人吏，何所逃死？"台军攻陷城，闲见执。将刑，第二子绛求代死，不获，遂以身蔽刃，刑者俱害之。《南史》云：闲被收至杜姥宅，尚书令徐孝嗣启闲不与逆谋，未及报，徐世檦命杀之。

而各忠所事，实有碍于统一，为大君者，又从而摧残之。宋孝建二年，改革诸王车服制度，事见第九章第二节。上讽有司增广条目。奏曰："郡县内史、相及封内官长，于其封君，既非在三，罢官则不复追敬，不合称臣，宜止下官而已。"见《宋书·礼志》及《义恭传》。

《周书·齐炀王宪传》：开府裴文举，宪之侍读，高祖尝御内殿引见之，谓曰："近代以来，暂经隶属，便即礼若君臣，此乃乱代之权宜，非经国之治术。《诗》云：夙夜匪懈，以事一人，一人者止据天子耳。"积古所传君臣之义，安得不荡焉以尽？

《齐书·王延之传》云：宋德既衰，大祖辅政，朝野之情，人怀彼此，延之与尚书令王僧虔，中立无所去就。延之时为左仆射。时人为之语曰：二王持平，不送不迎。大祖以此善之。

《梁书·谢朏传》：齐高帝进大尉，以朏为长史。高帝方圆禅代，思佐命之臣，以朏有重名，深所钦属。论魏、晋故事，因曰："晋革命时事久兆，石苞不早劝晋文，死方恸哭，方之冯异，非知机也。"朏答曰："昔魏臣有劝魏武即帝位者，魏武曰：如有用我，其为周文王乎？晋文世事魏氏，将必身终北面。假使魏早依唐、虞故事，亦当三让弥高。"帝不悦，更引王俭为左长史。以朏为侍中，领秘书监。及齐受禅，朏当日在直，百僚陪位，侍中当解玺。朏阳不知，曰："有何公事？"传诏云："解玺授齐王。"朏曰："齐自应有侍中。"乃引枕卧。传诏惧，乃使称疾，欲取兼人。朏曰："我无疾，何所道？"遂朝服步出东掖门。乃得车，仍还宅。是日，遂以王俭为侍中解玺。既而武帝言于高帝，请诛朏。帝曰："杀之则逆成其名，正应容之度外耳。"遂废于家。后复起。为吴兴大守。

明帝谋入嗣位，朝之旧臣，皆引参谋策。朏内图止足，且实避事。弟瀹，时为吏部尚书。朏至郡，致瀹数斛酒。遗书曰："可力饮此，勿豫人事。"

《齐书·瀹传》曰：高宗废郁林，引兵入殿，左右惊走报瀹。瀹与客围棋，每下子，辄云其当有意。竟局，乃还斋卧，竟不问外事也。

《梁书·王志传》：志领右卫将军。义师至，城内害东昏，百僚署名送其首。志闻而叹曰："冠虽弊，可加足乎？"因取庭中树叶挼服之，伪闷不署名。高祖览笺无志署，心嘉之，弗以让也。此曹在当日，已为贤者矣，亦以其时篡夺者率重民望不敢害；又明知此曹无能为，不欲加害；可以沽名，可以避事，而不至于受祸，故相率而为此耳。

晋初名士，率计避祸。阮籍之事，已见第一章。《阮孚传》：明帝即位，迁侍中，转吏部尚书。及帝疾大渐，温峤入受顾命，过孚要与同行。升车乃告之曰："主上遂大渐，江左危弱，实资群贤，共康世务。卿时望所归，今欲屈卿，同受顾托。"孚不答，固求下车。峤不许。垂至台门，告峤内迫。求暂下，便徒步还家。咸和初，拜丹阳尹。谓所亲曰："今江东虽累世，而年数实浅。主幼时艰，运终百六，而庾亮年少，德信未孚。以吾观之，将兆乱矣。"遂苦求出。除广州刺史，未之镇卒。而阮放亦以其时求为交州，皆为避祸计也。

谢鲲为王敦大将军长史，从容讽议，卒岁而已。敦将为逆，谓鲲曰："刘隗奸邪，将危社稷，吾欲除君侧之恶，匡主济时，何如？"对曰："隗诚始祸，然城狐社鼠也。"敦怒曰："君庸才，岂达大理？"出鲲为豫章大守。又留不遣，藉其才望，逼与俱下。史称是时朝望被害，皆为其忧，而鲲推理安常，时进正言，亦以其本不当权，不虞见害，非真能持正犯难也。既避实祸，亦惜虚名，心法相传，至南北朝之末而未改。

《齐书·孝义传》：乐颐，隆昌末，谓丹阳尹徐孝嗣曰："外传藉藉，似有伊、周之事。君蒙武帝殊常之恩，荷托付之重，恐不得同人此举？人笑褚公，至今齿冷。"孝嗣心甚纳之。当时爱人以德之士，所期望于人者，亦不过如是而已。

其干没图利者，褚渊母与继母，皆为宋公主，王俭之母亦然；二人又皆尚主；而皆"不赖舅氏，遑恤国家"，《梁书·处士·何点传》：褚渊、王俭为宰相，点谓人曰："我作《齐书》赞云：渊既世族，俭亦国华，不赖舅氏，遑恤国家。"江、河日下之势，尚可以堤防止乎？斯时志节之士，所行亦有足称者，《晋书·张轨传》：张掖人吴咏，为护羌校尉马贤所辟。后为大尉庞参掾。参、贤相诬，罪应死，各引咏为证。咏计理无两直，遂自刎而死。参、贤惭悔，自相和释。《宋书·文五王传》：竟陵王诞闭门拒使，参军贺弼固谏。诞怒，抽刃向之，乃止。或劝弼出降。弼曰："公举兵向朝廷，既不可从；荷公厚恩，又义无违背；惟当以死明心耳。"乃服药自杀。然究见危授命，抑亦邂逅至此，尚有难言。朱龄石伯父宪及斌，并为袁真将佐。桓温伐真，真以宪兄弟与温潜通，并杀之。龄石父绰，逃走归温。寿阳平，真已死，绰辄发棺戮尸。温怒，将斩之。弟冲苦请得免。绰事冲如父。及冲薨，绰呕血而死。此乃意气感激之私，无与于君臣之义也。

陶侃，庐江大守张夔召为督邮，迁主簿。会州从事之郡，欲有所按。侃闭门部勒诸吏，谓从事曰："若鄙郡有违，自当明宪直绳，不宜相逼。若不以礼，吾能御之。"从事即退。

《晋书·忠义传》：王育，大守杜宣命为主簿。俄而宣左迁万年令。杜令王攸诣宣，宣不迎之。攸怒曰："卿往为二千石，吾所敬也，今吾侪耳，何故不见迎？欲以小雀遇我，使我畏死鹞乎？"育执刀叱攸曰："君辱臣死，自昔而然。我府君以非罪黜降，如日月之食耳。小县令敢轻辱吾君？汝谓吾刀钝邪？敢如是乎？"前将杀之。宣惧，跣下抱育，乃止。白此知名。亦侃此事之类也。

夔妻有疾，将迎医于数百里。时正寒雪，诸纲纪皆难之。侃独曰："资于事父以事君。小君犹母也，安有父母之疾而不尽心乎？"乃请行。众咸服其义。侃少本巧宦，老非纯臣，此之所为，乃正借以行谄耳。

《魏书》所载石文德、河中蒲阪人。真君初，县令黄宣在任丧亡，宣单贫无期亲，文德祖父苗，以家财殡葬，持服三年。奉养宣妻，二十余载。及亡，又衰经敛祔，率礼无缺。自苗逮文德，刺史、守、令卒官者，制服送之。石祖兴、常山九门人。大守田文彪、县令和真等丧亡，祖兴自出家绢二百余匹，营护丧事。邵洪哲、上谷沮阳人。县令范道荣，先自眴城归款，除县令。道荣乡人徐孔明，妄经公府，讼道荣非勋。道荣坐除名。羁旅孤贫，不能自理。洪哲不胜义愤。遂代道荣诣京师，申明曲直。经历寒暑，不惮劬劳。道荣卒得复雪。北镇反乱，道荣孤单，无所归附，洪哲兄伯川，复率乡人，来相迎接，送达幽州。以上皆见《节义传》。杜纂，常山九门人。少以清苦自立。时县令齐罗丧亡，无亲属收瘗，纂以私财殡葬。见《良吏传》。皆以齐民，尽忠守令，此则地方豪民，本有以获接官长为荣者；且可借此以立名；亦非中庸之行也。

姚泓将赵玄，与晋将毛德祖战败，被创十余，据地大呼。玄司马骞鉴，冒刃抱玄而泣。玄曰："吾创已重，君宜速去。"鉴曰："若将军不济，去将安之？"皆死于阵。《晋书·泓载记》。宋武帝讨司马休之，密书招其录事参军韩延之。延之报书曰："以平西之至德，宁可无授命之臣乎？假天长丧乱，九流浑浊，当与臧洪，游于地下，不复多云。”《宋书·武帝纪》。

王僧辩之诛也，所司收僧辩及其子頠尸，于方山同坎埋瘗。许亨以故吏，抗表请葬之。乃与故义徐陵、张种、孔奂等相率以家财营葬。凡七柩，皆改窆焉。王琳传首建康，悬之于市。琳故吏朱场，致书徐陵求琳首。仍与开府主簿刘韶慧等持其首还于淮南，权瘗八公山侧。此等虽久要无愧，而昧于民族大义，其愚忠又不足尚也。

胡藩参郗恢征虏军事。时殷仲堪为荆州刺史，藩外兄罗企生为仲堪参军。藩请假还，过江陵，省企生。仲堪要藩相见。藩因说仲堪曰：“桓玄意趣不常，每快快于失职。节下崇待大过，非将来之计也。”仲堪色不悦。藩退，谓企生曰：“倒戈授人，必至之祸。若不早规去就，后悔无及。”玄自夏口袭仲堪，藩参玄后军军事。仲堪败，企生果以附从及祸。义旗起，玄战败，将出奔，藩于南掖门捉玄马控曰：“今羽林射手，犹有八百，皆是义故西人，一旦舍此，欲归可复得乎？”玄直以马鞭指天而已。于是奔散，相失。追及玄于芜湖。桑落之战，藩舰被烧。义军既迫，不复得西，乃还家。其后复事宋武。

盖无所谓公义，亦无所谓私仇，有用之者，则委身焉，败则去之而已。为之君者，不亦难乎？不特此也，袁粲之死也，小儿数岁，乳母将投粲门生狄灵庆，灵庆抱以首。晋安王子懋之败，于琳之劝其僚佐陆超之逃亡，超之不可。王玄邈等以其义，欲将还都。超之门生姓周者，谓杀超之当得赏，乃伺超之坐，自后斩之。魏庄帝之败，城阳王徽走故吏寇弥宅。弥怖徽云：官捕将至，令避他所，而使人于路要害，送尸于尔朱兆。然则私恩亦无一足恃者矣。此无他，上下皆怀利以相接也。国家民族之义未昌，而君臣之义先敝，一时之人心，安得不如泛舟中流，靡知所届乎？

凡物之将腐者，未有虫不生之者也；木之既槁者，未有风不陨焉者也。积古相传之世族，既如朽木粪墙矣，遭直时变，安得不随风而靡？梁、陈之际是也。

《颜氏家训·涉务篇》曰：“晋朝南渡，优借士族。故江南冠带，有才干者，擢为令仆以下，尚书郎、中书舍人已上，典掌机要。其余文义之士，多迂诞浮华，不涉世务；纤微过失，又惜行捶楚；所以处于清名，盖护其短也。至于台阁令史、主书、监帅、诸王签省，并晓习吏用，济办时须；纵有小人之态，皆可鞭杖肃督；故多见委使，盖用其长也。人每不自量，举世怨梁武帝父子爱小人而疏士大夫，此亦眼不能见其睫耳。”

又曰："梁世士大夫，皆尚褒衣博带，大冠高履。出则车舆，入则扶侍，郊郭之内，无乘马者。周弘正为宣城王所爱，给一车下马，常服御之，举朝以为放达。乃至尚书郎乘马则纠劾之。及侯景之乱，肤脆骨柔，不堪行步；体羸气弱，不耐寒暑；坐死仓卒者，往往而然。"

《勉学篇》曰："梁朝全盛之时，贵游子弟，多无学术。至于谚云：上车不落则著作，体中何如则秘书。无不熏衣剃面，傅粉施朱。驾长簷车，跟高齿屐，坐棋子方褥，冯班丝隐囊，列器玩于左右。从容出入，望若神仙。明经求第，则顾人答策。三九公燕，则假手赋诗。当尔之时，亦快士也。

及离乱之后，朝市迁革。铨衡选举，非复曩者之亲。当路秉权，不见昔时之党。求诸身而无所得，施之世而无所用。孤独戎马之间，转死沟壑之际。当尔之时，诚驽材也。有学艺者，触地而安。自荒乱已来，诸见俘虏，虽百世小人，知读《论语》《孝经》者，尚为人师；虽千载冠冕，不晓书记者，莫不耕田养马；以此观之，安可不自勉邪？"观此，可知当时世族之无能，而亦可知其丧乱之际颠覆之惨矣。

承平之世，既因通婚、通谱而统系稍见混淆；丧乱之际，又以柔靡痴愚，而地位忽焉降落；恃选举以弋高位，则以其无能大甚，而其制度亦卒不得不变；于是一命以上，皆在选举，实权丧而积古沿袭之虚名，亦卒不可久矣。此亦世变必至之势，道之所符，而自然之验邪？

第三节　豪右游侠

从来为地方人民之患者，莫如豪右及游侠，而二者又恒相结。晋南北朝，为纲纪废弛之世，故此二者，为患尤甚焉。豪族有由于阀阅者，如《晋书·刘颂传》，言其为汉广陵厉王之后，世为名族，同郡有雷、蒋、穀、鲁四姓，皆出其下，时人为之语曰："雷、蒋、穀、鲁，刘最为祖"是也。

有由于多财者，如《忠义传》言：麹允金城人，与游氏世为豪族，西州为之语曰："麹与游，牛羊不数头，南开朱门，北望青楼。"是也。又有恃当路之权势者，如《梁书·谢朏传》言：朏弟子览，出为吴兴大守；中书舍人黄睦之，家居乌程，子弟专横，前大守皆折节事之是也。

《宋书·谢方明传》言：江东民户殷盛，风俗峻刻，强弱相陵。而《蔡兴宗传》言：会稽多诸豪右，不遵王宪；又幸臣近习，参半宫省，封略山湖，妨民害治，王公、妃、主，邸舍相望，挠乱在所，大为民患。子息滋长，督责无穷。

《梁书·良吏·沈瑀传》言：余姚大姓虞氏千余家，请谒如市，前后令长莫能绝。县南又有豪族数百家，子弟纵横，递相芘荫，厚自封殖，百姓甚患之。则数者兼有之矣。

当时豪族，有从事劫掠与盗贼无异者，如《南史·沈庆之传》言：诸沈为劫首者数十，人士患之，庆之诡为置酒，一时杀之，于是合境肃清，人皆喜悦。《魏书·李安世传》言：广平人李波，宗族强盛，残掠生民。刺史相州。薛道檦亲往讨之，波率其宗族拒战，大破檦军。遂为逋逃之薮，公私成患。百姓为之语曰："李波小妹字雍容，褰裙逐马如卷蓬，左射右射必叠双。妇女尚如此，男子那可逢？"则豪右、游侠，二者殆不可分矣。贵人子亦有为劫者：《晋书·戴渊传》言：渊少好游侠，不拘操行，遇陆机赴洛，船装甚盛，遂与其徒掠之。《北齐书·毕义云传》言：义云少粗侠，家在兖州北境，常劫掠行旅，州里患之。《北史·毕众敬传》言：众敬少好弓马射猎，交结轻果，常于疆境盗掠为业。此尚其小焉者。

其大者，如齐之阿伽郎君，《北齐书·阳州公永乐传》：弟长弼，小名阿伽。性粗武。出入城市，好殴击行路。时人皆呼为阿伽郎君。以宗室封广武王。时有天恩道人，至凶暴，横行闾肆。后入长弼党，专以斗为事。文宣并收掩付狱。天恩党十余人皆弃市。长弼鞭一百。寻为南营州刺史。在州无故自惊走，叛亡入突厥，竟不知死所。周之李居士，居士父名昶，在周尚公主，与隋高祖有旧，及受禅，甚见亲礼。居士为大子千牛备身。聚徒任侠，不遵法度。数得罪，上以昶故，每原之。居士转恣，每大言曰："男儿要当辫头反缚籧篨上作獠舞。"取公卿子弟膂力雄健者，辄将至家，以车轮括其颈而棒之，殆死。能不屈者，称为壮士，释而与交。党与三百人，其趫捷者号为饿鹘队，武力者号为蓬转队。每韝鹰绁犬，连骑道中，欧击路人，多所侵夺。长安市里无贵贱，见之者皆辟易。至于公卿、妃、主，莫敢与校者。有人告"居士与其徒游长安城，登故未央殿基，南向坐，前后列队，意有不逊。每相约曰：当为一死耳"。又时有人言："居士遣使引突厥令南寇，当于京师应之。"帝谓昶曰："今日之事，当复如何？"昶犹恃旧恩，不自引咎，直答曰："黑白在于至尊。"上大怒，下昶狱，捕居士党与治之。居士坐斩，昶赐死于家。见《隋书·列女传》。则其为人患尤甚矣。第十二章第五节所述梁诸王事亦此类，可以参观也。

此等豪暴之徒，徒能恃势倚众，犯法陵民，非能结合徒党，自成一队，如古所谓隐若一敌国者，实侠徒中之下焉者也。其能如此者，亦自有其人。《晋书·王衍传》：衍妻郭氏，贾后之亲，藉宫中之势，刚愎贪戾，聚敛无厌，好干豫人事。衍患之而不能禁。时有乡人幽州刺史李阳，京师大侠也，郭氏素惮之。衍谓郭曰："非但我言卿不可，李阳亦谓不可。"郭氏为之小损。李阳之势力可想。此等游侠魁首，遭逢丧乱，往往能挺戈而起，如王弥，史言其"少游侠京师"是也。

永和中，张琚据陇东，遣使招司马勋，勋复入长安。初，京兆人杜洪，以豪族陵琚，琚以勇侠侮洪。洪知勋惮琚兵强，因说勋曰："不杀张琚，关中非国家有也。"勋乃伪请琚，于坐杀之。琚弟走池阳，合兵攻勋。勋频战不利，乃请和归梁州。《晋书·济南惠王遂传》。侠徒之为重一方可见矣。

职是故，有志于建立勋业者，亦多藉其人以为用。《晋书·祖逖传》云：逖轻财好侠，慷慨有节尚。每至田舍，辄称兄意，散谷帛以周贫乏。乡党宗族，以是重之。后居丹徒之京口。以社稷倾覆，常怀振复之志。宾客义徒，皆暴桀勇士。逖遇之如子弟。时扬土大饥，此辈多为盗窃，攻剽富室。逖抚慰，问之曰："比复南塘一出不？"或为吏所绳，逖辄拥护救解之。谈者以此少逖，逖自若也。

《北齐书·高乾传》：乾父翼，豪侠有风神，为州里所宗敬。乾少时轻侠，数犯公法。长而修改，轻财重义，多所交结。弟昂，初以豪侠立名。为之羽翼者：刘海宝，少轻侠。东方老，少粗犷无赖，结轻险之徒，共为贼盗。

又《李元忠传》：元忠家素富，在乡多有出贷求利，元忠焚契免责。其宗人愍，少有大志。年四十，犹不仕州郡，惟招致奸侠，以为徒侣。洛京倾覆，愍率所部西保石门山，潜与刘灵助及高升兄弟、安州刺史卢曹等同契。助败，愍遂入石门。高祖建义，以书招愍，愍奉书，拥众数千人以赴。

又元忠族叔景遗，少雄武，有胆力。好结聚亡命，共为劫盗，乡里每患之。永安末，其兄南巨鹿大守无为，以臧罪为御史所劾，禁于州狱。景遗率左右十余骑，诈称台使，径入州城，劫无为而出之。州军追讨，竟不能制。由是以侠闻。及高祖举义信都，景遗赴军门。高祖素闻其名，接之甚厚。命与元忠举兵于西山。仍与大军俱会，擒刺史尔朱羽生。

又《毛遐传》：遐少任侠。弟鸿宾，尤轻财好施，遐虽早立，而名出其下。

又《外戚传》：李延寔长子彧，任侠交游，轻薄无行。尔朱荣之死，武毅之士，皆尔所进。知风尘澒洞之际，侠徒之为用，为不少矣。

游侠之大者，其党羽必散布各地，又必彼此互相交通，故道路艰阻之时，行人往还，或藉其力。房崇吉之南奔，赖张略之得达，已见第九章第五节。元亨父季海，魏司徒、冯翊王。遇周、齐分隔，遂仕长安。亨时年数岁，与母李氏在洛阳。齐神武禁锢之。亨母，魏司空李冲女也。素有智谋。诈称冻馁，请就食荥阳。齐人以其去关西尚远，老妇弱子，不以为疑，许之。李氏阴托大豪李长寿，携亨及孤侄八人，潜行草间，遂得至长安。魏孝庄帝时，盗贼蜂起。清河有五百人西戍，还经南赵郡，以路梗，共投李元忠。奉绢千余匹。元忠惟受一匹，杀五牛以食之。遣奴为导，曰："若逢贼，但道李元忠客。"如言，贼皆舍避。声气之广如此，此周亚夫得剧孟，所以若得一敌国欤?

侠徒之所以为侠，穷其本原，则既不能勤事生产，又不能淡泊自甘，乃不能不犯法以求食而已。捍法非一人所能为，则不得不相要结；欲相要结，则盗亦有道，又不得不互相振赡；此古今一辙者也。

《魏书·薛安都传》：少骁勇，善骑射，颇结轻侠。诸兄患之。安都乃求以一身分出不取片资。兄许之。居于别厩。远近交游者，争有送遗，马牛、衣服、什物，充满其庭。又《裴延俊传》：延俊从孙庆孙，任侠有气。乡曲壮士及好事者，多相依附，抚养咸有恩纪。在郡之日，值岁饥凶，四方游客，常有百余，庆孙自以家财赡之。

《冯元兴传》：家素贫约，食客恒数十人，同其饥饱，曾无吝色。

《北史·房法寿传》：少好射猎。轻率勇气，结诸群小为劫盗。宗族患之。弱冠，州迎主簿。后以母老，不复应州郡命。常盗杀猪羊以供母。招集勇士，恒有数百。及降虏，虏给以田宅奴婢，亲旧宾客，率同饥饱，坎壈常不丰足。

《毛遐传》：世为豪右，赀产巨亿，士流贫乏者，多被振赡。故中书郎檀翥、尚书郎公孙范等，常依托之。至于自供，衣食粗敝而已。鸿宾，昆季之中，尤轻财好施。尔朱天光自关中还洛，夷夏心所忌者，皆将自随。鸿宾亦领乡中壮武二千人以从。洛中素闻其名，衣冠贫冗者，竞与之交。寻拜西兖州刺史。羁寓倦游之辈，四坐常满。鸿宾资给衣食，与己悉同。私食不足，颇有公费。

《周书·韦祐传》：少好游侠。所与交游，皆轻猾亡命。正光末，四方云扰，王公避难者或依之，多得全济。此等皆侠徒之本色，不如是，殆不足为侠也。

既如是，安能不取非其有，此其所以终不免为盗跖之居民间者欤！亦有能振施而不为轻侠者：《晋书·隐逸·刘驎之传》云：驎之虽冠冕之族，而信义著于群小。凡厮伍之家，婚娶、葬送，无不躬自造焉。居于阳岐，在官道之侧。人物来往，莫不投之。驎之躬自供给。士君子颇以劳累，更惮过焉。凡人致赠，一无所受。去驎之家百余里，有一孤姥，病将死，叹息谓人曰："谁当埋我？惟有刘长史耳。何由令知？"驎之先闻其有患，故往候之。直其命终，乃身为营棺殡送之。此事甚类侠者之所为，然驎之名列《隐逸》之传，则非为侠者也。其汉郑当时之流乎？盖尚不逮王丹？见《秦汉史》第十四章第三节。然较诸盗跖之居民间者，则自贤矣。

能裁抑豪强者，莫如宋武帝，已见第九章第七节。《晋书·张辅传》：补蓝田令。不为豪强所屈。强弩将军庞宗，西州大姓。护军赵浚，宗妇族也，僮仆放纵，为百姓所患。辅绳之，杀其二奴。又夺宗田二百余顷，以给贫户。一县称之。转山阳令。大尉陈准家僮暴横，辅复击杀之。蔡兴宗守会稽，亦能绳之以法。谢览守吴兴，黄睦之子弟来迎。览逐去其船，杖吏为通者。自是睦之家杜门不出。沈瑀为余姚令，虞氏非讼诉无所通。召县南豪族老者为石头仓监，少者补县僮，皆号泣道路。自是权右屏迹。李安世设方略，诱李波及诸子侄三十余人，斩于邺市。境内肃然。泉企除东雍州刺史。部民杨羊皮，大保椿之从弟，恃托椿势，侵害百姓。守宰多被其陵侮，皆畏而不敢言。企收治之。将加极法。杨氏惭惧，宗族诣阁请恩。自此豪右屏迹，无敢犯法。此皆能不畏强御者。

《周书·宇文贵传》：除益州刺史。先是蜀人多劫盗。贵乃召任侠轻健者，署为游军，二十四部，令其督捕。由是颇息。又《韩褒传》：出为北雍州刺史。州带北山，多有盗贼。褒密访之，并豪右所为也。阳不之知，悉召桀黠少年，素为乡里所患者，署为主帅。分其地界，有盗发而不获者，以故纵论。诸被署者莫不皇惧。皆首伏曰："前盗发者，并某等为之。"所有徒侣，皆列其姓名。或亡命隐匿者，亦悉言其所在。褒乃取盗名簿藏之。因大榜州门曰："自知行盗者，可急来首，即除其罪。尽今月不首者，显戮其身，籍没妻子，以赏前首者。"旬月之间，诸盗咸悉首尽。褒取名簿勘之，一无差异。并原其罪，许以自新。由是群盗屏息。此亦能以方略除盗者也。

然良有司不易得，欲以是绝其根株，难矣。《魏书·大宗纪》：永兴五年，诏分遣使者，巡求俊逸。其豪门强族，为州闾所推者，各令诣京师。当随才叙用，以赞庶政。《崔玄伯传》云：大宗以郡国豪右，大为民蠹，乃优诏征之。民多恋本，而长吏逼遣。轻薄少年，因相扇动，所在聚结。西河、建兴，盗贼并起。守宰讨之不能禁。大宗引玄伯及安同、叔孙建、元屈等问曰："今犯者已多，不可悉诛，朕欲大赦以纾之，何如？"屈对曰："民逃不罪，而反赦之，似若有求于下。不如先诛首恶，赦其党类。"玄伯曰："王者治天下，以安民为本，何能顾小曲直也？赦而不改，诛之不晚。"大宗从之。即永兴五年事也。可见普加诛翦之不易矣。

《梁书·良吏·何远传》：迁东阳大守。远处职，疾强富如仇雠，视细民如子弟，特为豪右所畏惮。在东阳岁余，复为受罚者所谤，坐免归。《南史·范云传》：为始兴内史。郡多豪猾大姓，二千石有不善者，辄共杀害，不则逐之。边带蛮俚，尤多盗贼，前内史皆以兵刃自卫。云入境，抚以恩德。罢亭候，商贾露宿。郡中称为神明。迁广州刺史。时江祐姨弟徐艺为曲江令，祐深以托云。有谭俨者，县之豪族，艺鞭之，俨以为耻，至都诉云，云坐征还下狱。然则无论德化刑威，良吏之得行其志，要不易也。

第四节　奴客部曲门生

奴婢有官私之别。官奴婢在平世，皆以罪没入。争战之世，亦兼以俘虏为之。《晋书·孝武帝纪》：大元十四年正月，诏"淮南所获俘虏，付诸作部者，一皆散遣，男女自相配匹，赐百日廪"是也。又以之充军赏，诏又言"其没为军赏者，悉赎出之"是也。

终南北朝之世，屠戮丁男，而以老弱妇女充赏者极多。桓温禽袁瑾，瑾所侍养乞活数百人悉坑之，以妻子为赏。桓玄之败也，其宫女及逆党之家子女伎妾，悉为军赏，东及瓯越，北流淮、泗，人有所获。《晋》《宋书·五行志》。陈武帝之破齐军，以赏俘贸酒者，一人裁得一醉。详见第十三章第五节。吕弘之败，吕纂以东苑妇女赏军。弘之妻子，亦为士卒所辱。姚弼攻秃发傉檀，州人王钟等密为内应，傉檀杀五千余人，以妇女为军赏。乐都之溃，傉檀喻其众曰："若归炽磐，便为奴仆矣，岂忍见妻子在他人抱中？"赫连勃勃兄子罗提攻姚兴将姚都于定阳，克之，坑将士四千余人，以女弱为军赏。观此等记载，可见当时以俘虏充赏者之多。

宋孝武帝克广陵，悉诛城内男丁，以女口为军赏，论者以为至酷，其实孝武特不应以此施诸本国之民，至以此施诸敌国者，其事初不可一二数也。疆场之间，战阵之际，将帅以抄略自利者亦多。魏济阴王小新成之子丽，为秦州刺史，讨破吕苟儿、陈瞻，枉掠良善七百余人，则其一事，《北史·李崇传》：孝文初，为荆州刺史。边戍掠得齐人者，悉令还之。南人感德，仍送荆州口二百许人。两境交和，无复烽燧之警。

《周书·韩褒传》：保定三年，出为汾州刺史。先是齐寇数人，民废耕桑。褒伏击之，尽获其众。故事：获生口者并囚送京师。褒奏请放还，以德报怨。有诏许焉。自是抄兵颇息。此等事不易观矣。

以俘虏作奴婢者，尤莫如索虏之酷。魏初用兵，本为俘掠，已见第十七章第三节。其时以奴隶若隶户为赐者即甚多。后来吞并割据诸国，世祖之攻赫连氏及冯文通，皆以生口班赉，见《魏书·本纪》始光四年正月、五月，神䴥三年十一月，延和元年八月。《高宗纪》：兴安二年十二月，诛河间鄚民为贼盗者，男年十五以下为生口，班赐从臣各有差，则不惟施之敌国，亦且施之本国之民，不惟施之反叛，亦且施之盗贼矣。及其入犯中国，亦多如是。

《世祖纪》：真君十一年四月，正平元年三月，皆以南伐所获生口为赐。《高祖纪》大和三年六月，五年四月亦然。十八年十二月，诏寿阳、钟离、马头之师，所获男女之口，皆放还南；十九年二月，车驾至钟离，军士擒萧鸾卒三千，帝曰："在君为君，其民何罪？"于是免归；此盖一时之措置。故其后世宗永平元年十二月，肃宗熙平元年三月，孝静帝武定六年正月，即复以县瓠、硖石、寒山之俘分赐矣，皆见《纪》。段韶破东方白额，显祖以吴口七十为赏，见《北齐书·韶传》。尉迟迥之陷蜀，吏人等各令复业，惟收僮奴及储积，以赏将士，在虏之用兵，实为罕见。盖以蜀地险阻，虑其复叛也。隋文帝可谓恭俭之主。其平陈也，敕有司曰："亡国物我一不以入府。"然犹大陈奴婢、货贿，令王公、文武以射取之。积习之难改，可谓甚矣。事见《隋书·韩禽虎传》。

其尤甚者，则为青、兖及江陵二役。慕容白曜陷无盐，即欲尽以其人为军实，以郦范言得免。及青、兖州陷，卒徙其民望于下馆，置平齐郡以居之，其余则悉以为奴婢，分赐百官焉。江陵之陷，于谨选男女为奴婢，驱入长安，小弱者悉杀之，已见第十三章第四节。是役也，谨获赐千口。长孙俭以元谋，亦获赐三百口。谨子翼传云：谨平江陵，以所赐得军实分给诸子，翼一无所取，惟简赏口内名望子弟有士风者，别待遇之。

《唐瑾传》云：瑾南伐江陵，以瑾为元帅府长史。江陵既平，衣冠、士伍，并没为仆隶。瑾察其才行，有信善者，辄议免之。赖瑾获免者甚众。时论多焉。

《隋书·艺术·庾季才传》言：郢都之陷，衣冠士人，多没为贱。季才散所赐物，购求亲故。周文帝问何能若此？季才曰："仆闻魏克襄阳，先昭异度；晋平建业，喜得士衡；伐国求贤，古之道也。今郢都覆败，君信有罪，缙绅何咎，皆为贱隶？鄙人羁旅，不敢献言。诚切哀之，故赎购耳。"大祖乃悟，因出令免梁俘为奴婢者数千口。

然则以儒为驱，正不待胡元之人，而后有此酷矣。《周书·武帝纪》：保定五年六月，诏有"江陵人年六十五已上，为官奴婢者，已令放免"之言。建德元年十月，又诏"江陵所获俘虏充官口者，悉免为民"。然至六年十一月，仍有"平江陵之日，良人没为奴婢者，并宜放免"之诏，则其前此之令，未能尽行可知也，亦云酷矣。然沈璞之守盱眙，臧质收散卒千余人向城，众谓璞勿受，而璞叹曰："贼之残害，古今未有，屠剥之刑，众所共见，其中有福者，不过得驱还北国作奴婢耳，"《宋书·自序》。则儒之为驱，已为有幸矣，民族可无武备以自卫哉？

民间私奴，多因贫穷而粥卖。《晋书·惠帝纪》：元康七年，关中饥，米斛万钱，诏骨肉相卖者不禁。《陶回传》：迁吴兴大守，时人饥谷贵，三吴尤甚，诏欲听相粥卖，以拯一时之急。盖卖买奴婢，法本有禁，凶荒之际，粥卖者多，禁之既力有所穷，又不能纵而不问，乃为是权宜之计耳。其平时民间粥卖，不至彰著耳目者，则法之置诸不问久矣。故其事之见于史者颇多。

《晋书·忠义传》：王育少孤贫，为人佣牧羊。每过小学，必欷歔流涕。时有暇，即折蒲学书。忘而失羊，为羊主所责。育将粥己以偿之。同郡许子章，闻而嘉之。代育偿羊。给其衣食，使与子同学。

《齐书·孝义传》：公孙僧远，兄姊未婚嫁，乃自卖为之成礼。吴康之妻赵氏，父亡弟幼，值岁饥，母老病笃。赵诣乡里自卖，言辞哀切。乡里怜之，人人分升米相救。遂得免。吴达之，嫂亡无以葬，自卖为十夫客，以营冢椁。从祖弟敬伯夫妻，荒年被略卖江北，达之有田十亩，货以赎之，与之同财共宅。

《南史·孝义传》：朱文济自卖以葬母。《周书·王德传》：子庆，小名公奴。初德丧父，家贫无以葬，乃卖公奴并一女，以营葬事。因遭兵乱，不复相知。及德在平凉，始得之，遂名曰庆。皆其事也。

粥卖之多者，皆在兵荒之时。如《魏书·岛夷传》言：侯景渡江至陷城之后，江南之民，及王侯、妃、主，世胄子弟，为景军人所掠，或自卖粥，漂流入国者，盖以数十万口？陈宝应因东境饥馑，平民男女并皆自卖，多致玉帛子女是也。详见第十三章第七节。国家亦间有救正之策，如姚兴班命郡国，百姓因荒自卖为奴婢者，悉免为良人是，然其效盖微矣。

粥卖之外，又有以人为质者，亦谓之贴。《晋书·桓冲传》云：彝亡后，冲兄弟并少，家贫，母患须羊以解，无由得之？温乃以冲为质。羊主甚富，言不欲为质，幸为养买德郎。买德，冲小字也。及冲为江州，出射，羊主于堂边看，冲识之，谓曰："我买德也，"遂厚报之。

《宋书·何承天传》言：时有尹嘉者，家贫，母熊，自以身贴钱，为嘉偿责。《齐书·孝义传》：公孙僧远弟亡无以葬，身自贩贴与邻里，供敛送之费。《良政传》：明帝以故宅起湘宫寺。新安大守巢尚之罢郡还见。帝曰："卿至湘宫寺未？我起此寺，是大功德。"虞愿在侧，曰："陛下起此寺，皆是百姓卖儿贴妇钱，佛若有知，当悲哭哀愍，罪高佛图，有何功德？"皆其事也。

《齐书·陆澄传》：扬州主簿顾测，以奴就澄弟鲜质钱，鲜死，子晖诬为卖券，合第十七章第一节所述杨元孙以婢贴与黄权之事观之，可知卖与质之别也。

以力胁迫人为奴婢者曰掠。既胁迫之，而又粥卖之以取利曰掠卖。大者如熊昙朗之缚卖居民，见第十三章第七节。小者如《南史·柳仲礼传》言：其弟敬礼，少以勇烈闻，粗暴无行检，恒略卖人，为百姓所苦是也。亦有身为官吏，而为此不法之事者。

如《魏书·酷吏传》：羊祉为秦、梁二州刺史，坐掠人为奴婢，为御史中丞王显所弹免是也。据《魏书·刑法志》：盗律：掠人、掠卖人、和卖人为奴婢者皆死。和卖人法盖不能尽治，掠人及掠卖人，则尚不能置之不问。

《北史·高谦之传》：谦之弟道穆，正光中为御史，纠相州刺史李世哲事，大相挫辱，其家恒以为憾。至是，世哲弟神轨，为灵大后深所宠任。会谦之家奴诉良，神轨左右之。入讽尚书，判禁谦之于廷尉。时将赦，神轨乃启灵大后发诏，于狱赐死。此事虽出构陷，然合羊祉之事观之，可见胁迫人为奴婢者，其罪甚重也。

然官吏之不法者仍多。元暹为凉州，欲规府人及商胡富人财物。诈一台符，诳诸豪等，云欲加赏。一时屠戮。所有资财、生口，悉没自入。《魏书·景穆十二王传》。邢峦在汉中，因百姓去就，诛灭齐民，籍为奴婢者二百余口。冯熙为州，取人子女为奴婢，有容色者，则幸之为妾。此皆罪不容于死，然法固不能尽治也。因之掠卖人之事颇多。丧乱之际，虽贵胄亦不得免。如晋惠帝贾皇后女临海公主，洛阳之乱，为人所略，传卖与吴兴钱温是也。温以送女，女遇主甚酷，元帝镇建康，主诣县自言，元帝为诛温及女。亦可慨矣。

古之有奴婢者，皆使事生业，故其数可以甚多，说见《秦汉史》第十四章第二节。晋、南北朝之世，犹有此风。石崇之败也，有司簿阅，仓头八百余人。刁协孙逵，兄弟子侄，并不拘名行，以货殖为务。有田万顷，奴婢数千人。陶淡家累千金，僮客百数。

谢混一门两封，田业十余处，僮仆千人。东乡君薨，会稽、吴兴、琅邪诸处，大傅、司空琰时事业，奴僮犹有数百人。详见第十七章第二节。沈庆之奴僮千计。魏咸阳王禧，奴婢千数。高崇家资富厚，僮仆千余。王叡子椿，亦僮仆千余。赵黑及张宗之之后，皆家僮数百。老寿败后，妻常氏，收纪家业，稍复其旧，奴婢尚六七百人。北齐娄提，昭之祖。家僮千数，牛马以谷量。周薛善家素富，僮仆数百人。此中除一二豪侈之士，庸或多以之供使令外，如石崇等。使事生业者必多。故奴婢多者田业亦多。

《陈书·程灵洗传》，言其伎妾无游手，并督之纺绩，伎妾且然，况于奴婢乎？中人之家，则大抵有奴婢一二十人。王僧达请解职，自言“婢仆十余，粗有田入，岁时是课，足继朝昏”；《颜氏家训·止足篇》云：“常以为二十口家，奴婢盛多，不可出二十人。良田十顷。堂室才蔽风雨。车马仅代杖策。蓄财数万，以拟吉凶急速。不啻此者，以义散之；不至此者，勿非分求之。”是其证。陶潜与子书曰：“恨汝辈稚小，家贫无役，柴水之劳，何时可免？”此则家无仆役者。设有所蓄，亦不过一二人。又不逮中家之业矣。

私奴中亦有佳人被抑者。《晋书·熊远传》：远祖翘，尝为石崇仓头，而性廉直有士风，潘岳见而称异，劝崇免之，乃还乡里。《魏书·索敞传》：初敞在州之日，敞敦煌人，凉州平入魏。与乡人阴世隆文才相友。世隆至京师，被罪徙和龙。届上谷，困不能达，土人徐能抑掠为奴。敞因行至上谷，遇见世隆，语其由状，对泣而去，为诉理得免。是其证也。

《齐书·萧景先传》：景先遇疾，遗言曰：“三处田勤作自足供衣食，力少，更随宜买粗猥奴婢充使。”则奴婢之事力作者，初不求其俊巧。然权势之门，不必其皆如是。故《魏书·文苑传》言：温子升为广阳王渊贱客，在马坊教诸奴子书焉。《北史·恩幸传》言：赵邕以少年端谨，出入李冲家；颇给按摩奔走之役，冲令与诸子游处，人有束带谒冲者，时托之以自通。按摩奔走，盖去奴仆无几？而谒者托以自通，则权势之渐矣。

《颜氏家训·风操篇》云：“门不停宾，古所贵也。失教之家，阍寺无礼。或以主君寝食嗔怒，拒客未通。江南深以为耻。黄门侍郎裴之礼，号善为士大夫。有如此辈，对宾杖之。其门生、僮仆，接于他人，折旋俯仰，辞色应对，莫不肃敬，与主无别。”中国士大夫之风教，固非虏朝之士所能及也。

《魏书·恩幸传》：王仲兴兄可久在徐州，恃仲兴宠势，轻侮司马梁郡大守李长寿，遂至忿诤。可久乃令僮仆邀殴长寿，折其骨。《景穆十二王传》：济阴王小新成之孙诞，为齐州刺史，在州贪暴，家之奴隶，悉迫取良人为妇。则更不法之尤矣。

晋、南北朝之世，僮奴多习武事。盖由时值丧乱，畜奴者多武人，又地方豪右，亦藉僮奴以自卫故也。刘伯根之起也，王弥率家僮从之；法秀之乱，兰台御史张求等一百余人，招结奴隶，谋与相应；《魏书·高祖纪》大和五年。则藉其力且可以为乱矣。谢灵运因父祖之资，生业甚厚，奴僮既众，义故门生数百。尝自始宁南山，伐木开道，直至临海，临海大守王琇惊骇，谓为山贼。灵运非能为乱者，而其声势如此，武人及土豪可知。职是故，当时有奴客者，往往怀不逞之心，而亦易招疑忌。

蔡兴宗说沈庆之曰：“公门徒义附，并三吴勇士，宅内奴僮，人有数百。”封士让启斛律光曰：“家藏弩甲，奴僮千数。”胡灵后欲出张烈为青州，议者以烈家富殖，僮客甚多，虑其怨望，谓不宜出为本州，烈，元义党。宜矣。奴既习武，故亦可以从戎。尉迟迥之叛，梁士彦令家僮梁默等为前锋，而身继之，所当皆破，其著者也。职是故，充兵者或以奴自代，而朝廷亦时发私奴从军。

《晋书·何充传》：充入领扬州。先是庾翼悉发江、荆二州编户奴以充兵役，士庶嗷然。充复欲发扬州奴以均其谤。后以中兴时已发三吴，今不宜复发而止。所谓中兴时已发三吴者？《王敦传》言：“帝以刘隗为镇北将军，戴若思为征西将军，悉发扬州奴为兵，外以讨胡，实御敦也，”是其事。其后元显又发东土诸郡免奴为客者，号曰乐属，移置京师，以充兵役。《武十三王传》。此等勉强不得已之众，束缚驰骤而用之，夫安得不偾事？

《宋书·武帝纪》：永初元年八月，诏“先因军事所发奴僮，各还本主。若死亡及勋劳破免，亦依限还直”。案为奴者为国驱驰，苟非有功，即须仍还奴籍，安足为劝？而为之主人者，又以丧失财产为虑，主奴皆怨，其众复安可用邪？《魏书·高谦之传》：谦之上疏曰：“自正光已来，诸守帅或非其才。多遣亲者，妄称入募，别倩他人引弓格。虚受征官，身不赴阵。惟遣奴客充数而已，”此亦魏之兵力所以不振欤？

兵亦役也。发奴以从军，即责其主出奴以应役也。故亦可发奴以应他役。《晋书·食货志》：咸宁元年十二月，诏曰：“出战入耕，虽自古之常，然事力未息，未尝不以战士为念也。今以邺奚官奴婢著新城，代田兵种稻。奴婢各五十人为一屯，屯置司马，使皆如屯田法。”《惠帝本纪》：大安二年，张方决千金堨，水碓皆涸，乃发王公奴婢手舂，以给兵廪。《苻坚载记》：坚以关中水旱不时，议依郑、白故事，发其王侯已下及豪望富室僮隶三万人开泾水上源。凿山起堤，通渠引渎，以溉斥卤之田。及暮而成，百姓赖其利。梁武帝大同九年二月，使江州民三十家出奴婢一户，配送司州。此等苟能善用之，似较使从征戍为善也。

奴籍之免除，有行之以政令者。每丁丧乱之后，必多旷荡之恩。《晋书·元帝纪》：大兴四年，诏曰：“昔汉二祖及魏武，皆免良人；武帝时凉州覆败，诸为奴婢，亦皆复籍；此累代成规也。其免中州良人遭难为扬州诸郡僮客者，以备征役。”此举固未尝无利其可充征役之心，然大乱之后，被抑者多，为民生计，势亦不得不尔也。

周武帝建德元年八月，诏曰：“有刑止刑，以轻代重，罪不及嗣，皆有定科。杂役之徒，独异常宪。一从罪配，百代不免。罚既无穷，刑何以措？凡诸杂户，悉放为百姓。”是年十月，诏江陵所获俘虏充官口者，悉免为民。六年灭齐，诏：“自武平三年已来，河南诸州之民，伪齐掠为奴婢者，不问官私，并宜放免。”

是年十一月，又诏：“自永熙三年七月已来，去年十月已前，东土之民，被抄略在化内为奴婢者；及平江陵之后，良人没为奴婢者；并宜放免。所在附籍，一同民伍。若旧主人犹须共居，听留为部曲及客女。”宣政元年三月，诏：“豆卢宁征江南武陵、南平等郡，所有民庶为人奴婢者，悉依江陵放免。”此等行之虽未知如何，以政令论，固为度越前人之举也。

至于平时彝典，则为奴婢者，大抵以六十为限，故律、令有妇人六十已上免配之条，《北史·崔仲方传》：仲方从叔昂，从甥李公统，河清元年，坐高归彦事诛。依律：妇人年六十已上免配官。时公统母年始五十余，而称六十。公统舅宣宝求吏以免其姊，昂弗知。录尚书彭城王浟发其事，竟坐除名。案此事亦见《齐宗室诸王传》，云"依令：年出六十，例免入官。"而诏命亦时有免六十已上奴婢之举也。梁武帝天监十七年之诏，已见第十七章第三节。《北齐书·孝昭帝纪》：皇建元年八月，诏官奴婢年六十已上，免为庶人。《后主纪》：天统四年十二月，诏掖庭、晋阳、中山宫人等，及邺下并州大官官口二处，其年六十已上，及有癃患者，仰所司简放。

政令以外，亦有主人自行释放者，不则当以财赎。间有以人赎者，《魏书·崔光传》：皇兴初，有同郡二人，并被掠为奴婢，后诣光求哀，光乃以二口赎免是其事。抑勒不许赎者，其罚颇重。《魏书·高宗纪》：和平四年八月，诏曰："前以民遭饥寒，不自存济，有卖鬻男女者，尽仰还其家。或因缘势力，或私行请托，共相通融，不时检校。令良家子息，仍为奴婢。今仰精究，不听其赎，有犯加罪。若仍不检还，听其父兄上诉，以掠人论。"可见其一斑也。然被掠者亦须以财赎。吴达之赎从祖弟，已见前。《梁书·文学传》：刘峻，宋泰始初青州陷魏，峻年八岁，为人所略，至中山，中山富人刘实以束帛赎之，教以书学，亦其事也。

赎法亦通行于国际之间。《南史·刘善明传》：泰始五年，魏克青州，善明母在焉，移置代郡。善明少立节行，及累为州郡，颇黩财贿。所得金钱，皆以赎母。及母至，清节方峻。

《魏书·张谠传》：初谠妻皇甫氏被掠，赐中官为婢。皇甫遂乃诈痴，不能梳沐。后谠为刘骏冀州长史，以货千余匹，购求皇甫。高宗怪其纳财之多也，引见之。时皇甫年垂六十矣。高宗曰："南人奇好，能重室家之义。此老母复何所任？乃能如此致费也？"案此可见鲜卑人之思想。

《齐书·刘怀珍传》：子灵哲，嫡母崔氏，及兄子景焕，泰始中没虏。灵哲倾私产赎，累年不能得。世祖哀之，令北使告虏主，虏主送以还南。《北史·韦孝宽传》：兄子冲，从元定渡江，为陈人所虏，周武帝以币赎还之。复令冲以马千匹使陈，赎开府贺拔华等五十人及元定之柩而还。观此数事，则不论官私奴婢，皆可以财赎，且可公然求之于异国之君，实为国际间明认之法矣。

《南史·范云传》：云为始兴内史。旧郡界得亡奴婢，悉付作部曲，即货之买银输官。云乃先听为百姓志之，若百日无主，依判送台。卖买奴婢，既为法所不许，奴婢逃者，必其主人遇之不善，此当分别情事，或径放免，或则为赎，乃或因以为利，或则抑还其主，亦酷矣。虏以生口为利，故其酷尤甚。

《魏书·崔模传》：附《崔玄伯传》。为刘裕荥阳大守，戍虎牢。神䴥中平滑台，模归降。始模在南，妻张氏有二子：冲智、季柔。模至京师，赐妻金氏。生子幼度。冲智等以父隔远，乃聚货物，间托开境，规赎模归。张氏每谓之曰："汝父性怀，本自无决，必不能来也。"行人遂以财贿至都。当窃模还。模果顾念幼度等，指幼度谓行人曰："吾何忍舍此辈，令坐致刑辱？当为尔取一人，使名位不减于我。"乃授以申谟。谟刘义隆东郡大守，与朱修之守滑台，神䴥中被执入国，俱得赐妻，生子灵度。申谟闻此，乃弃妻子，走还江外。灵度刑为阉人。

《隋书·艺术传》：万宝常父大通，从梁将王琳归齐，后复谋还江南，事泄伏诛，由是宝常被配为乐户。然则没虏者虽可以财赎，而依常法并不能得，谋叛走者，则又当身死而刑其家累也，可谓无道矣。

中国人或掠外夷为奴婢，如第十六章第二节所言，南北朝皆有伐僚之事是也。《隋书·苏孝慈传》：兄子沙罗，检校益州总管长史。蜀王秀废，吏奏案沙罗云：秀调熟僚令出奴婢，沙罗隐而不奏，则虏掠之外，并有以人为赋者，其无道尤甚矣。《秀传》：秀废为庶人，幽内侍省，不得与妻子相见，令给僚婢二人驱使，盖尚携自蜀中者也。亦有外夷掠外夷之人，而卖诸中国者，如第十六章第一节所言，慕容廆掠夫余种人，卖诸中国是也。

《梁书·王僧孺传》：僧孺出为南海大守。郡常有高凉生口；及海舶每岁数至，外国贾人，以通货易；旧时州郡以半价就市，又买而即卖，其利数倍，历政以为常，僧孺并无所取。

又《良吏传》：孙谦为巴东、建平二郡大守，掠得生口，皆放还家。

《魏书·吕罗汉传》：高祖诏罗汉曰："赤水诸羌居边土，非卿善诱，何以招辑？仰所得口马，表求贡奉，朕嘉乃诚，便领纳。其马即付都牧，口以赐卿。"此并缘边之地，以夷口为利之事，已为无道，若其附塞或居塞内者，既经归化，即为中国边氓，而司马腾乃执卖诸胡以为利，则其无道更甚矣。芮芮之亡也，周文既听突厥之请，缚其主已下三千余人付突厥使斩之，又以其中男已下配王公家，茹柔而嗜利，尚复成何政体哉？

中国人为夷虏奴婢者亦多，第六章第六节所言，吕隆时姑臧被困，百姓请出城乞为夷虏奴婢者，日有数百；第十六章第六节引《侯莫陈颖传》言胡村厌匿汉人为奴皆其事。《北史·王慧龙传》：崔浩被诛，卢遐后妻，宝兴慧龙子。从母也，缘坐没官。宝兴亦逃避。未几得出。遐妻时官赐度斤镇高车滑骨。宝兴尽卖货产，自出塞赎之以归。则赎法亦通行于塞外。然丧乱之际，没身异域而不能归者，必甚众矣。

汉世杀奴婢者，不过先以白官，晋、南北朝之世，盖犹有此习，故孔稚珪杀其兄之妾，亦不过先白大守，已见第十七章第一节。然《宋书·沈文秀传》，坐为寻阳王鞭杀私奴免官，加杖一百，则似又不能擅杀也。《魏书·高谦之传》：世无髡黥奴婢。常称俱禀人体，如何残害？然《北史·魏本纪》：文帝大统十三年二月，诏亡奴婢应黥者，止科亡罪。又《房谟传》：前后赐其奴婢，率多免放。神武后赐其生口，多黥面为房字而付之。则黥法尚习为故常也。

《晋书·王敦传》言：王恺、石崇，以豪侈相尚。恺常置酒，敦与导俱在坐。有女伎，吹笛小失声韵，恺便殴杀之。一坐改容。敦神色自若。他日，又造恺。恺使美人行酒。以客饮不尽，辄杀之。酒至敦、导所。敦故不肯持，美人悲惧失色，而敦傲然不视。导素不能饮，恐行酒者得罪，遂勉强尽觞。

《崇传》：崇为客作豆粥，咄嗟便办。每冬得韭萍齑。尝与恺出游，争入洛城，崇牛迅若飞禽，恺绝不能及。恺每以此三事为恨。乃密货崇帐下，问其所以。答云："豆至难煮，豫作熟末，客来但作白粥以投之耳。韭萍齑是捣韭根，杂以麦苗耳。牛奔不迟，良由御者逐不及反制之，可听蹁辕则驶矣。"于是悉从之，遂争长焉。崇后知之，因杀所告者。

《北齐书·卢文伟传》：子宗道，性粗率，重任侠。尝于晋阳置酒，宾游满坐。中书舍人马士达，目其弹箜篌女伎云："手甚纤素。"宗道即以此婢遗士达。士达固辞。宗道便命家人，将解其腕。士达不得已而受之。将赴营州，于督亢陂大集乡人，杀牛聚会。有一旧门生，酒醉，言辞之间，微有疏失，宗道遂令沉之于水。纪纲废弛之世，人命真如草菅也。

部曲缘起，本因军事，见《秦汉史》第十四章第二节。故当丧乱之际，招募孔多，或藉之以为乱。遥光之叛，欲用遥欣、遥昌二州部曲。桑偃等谋立昭胄，亦以萧寅有部曲，大事皆以委之。皆见第十章第五节。殷琰无部曲，则受制于杜叔宝。见第九章第四节。刘秉之图齐高帝也，其弟遐为吴郡，潜相影响，齐高密令张瑰取遐。诸张世有豪气，瑰宅中常有父时旧部曲数百。遐召瑰，瑰伪受旨，与叔恕领兵十八人入郡，与防郡队主郭罗云进中斋取遐。遐逾窗而走。瑰部曲顾宪子手斩之。郡内莫敢动者。

夏侯夔在豫州七年，有部曲万人，马二千匹，并服习精强，为当时之盛。大同四年，卒于州。子谲，少粗险薄行，常停乡里领其父部曲，为州助防。刺史萧渊明引为府长史。渊明彭城战没，复为侯景长史。景反，谲前驱济江，顿兵城西士林馆，破掠邸第及居人富室，子女财货，尽掠有之。渊明在州有四妾，并有国色。渊明没，并还京第。谲至，破第纳焉。有部曲者之足以为患如此。

案《齐书·萧景先传》：景先北征，军未还，遇疾，遗言“周旋部曲，还都理应分张，其人旧劳勤者，应料理随宜启闻乞恩”，则部曲本不应传袭，而当时多听其子孙有之，此其所以诒祸也。《梁书·处士传》：张孝秀去职归山，居于东林寺，有田数十顷，部曲数百人，率以力田，此等人盖不多也。《齐书·李安民传》言，宋泰始以来，内外频有贼寇，将帅已下，各募部曲，屯聚京师。安民上表陈之，以为自非淮北常备，其外余军，悉皆轮遣。若亲近宜立随身者，听限人数，上大祖纳之，诏断众募，固不得不然矣。部曲亦为私属，故亦可以赏赐。《北史·窦炽传》：子荣定，为洛州总管，隋文帝受禅来朝，文帝赐以部曲八十户是其事。其等级较高于奴婢，故奴婢可免为部曲也。部曲之女曰客女。皆见上。

宾客虽云寄食，犹为敌体，说见《秦汉史》第十四章第二节。然其后亦成为部曲之流，敌体之义微矣。晋室东渡之际，百姓遭难流移，多庇大姓为客，时不能正，乃定给客之制，已见第十七章第三节。《隋书·食货志》云：都下人多为诸王公贵人左右、佃客、典计、衣食客之类，皆无课役。官品第一、第二，佃客无过四十户；第三品三十五户；第四品三十户；第五品二十五户；第六品二十户；第七品十五户；第八品十户；第九品五户；其佃谷皆与大家量分。

其典计：官品第一、第二置三人；第三、第四置二人；第五、第六及公府参军、殿中监、监军、长史、司马、部曲督、关外侯、材官、议郎已上一人；皆通在佃客数中。官品第六已上，并得衣食客三人；第七、第八二人；第九品及舉輦、迹禽、前驱、由基、强弩司马，羽林郎，殿中宂从武贲，持锥斧武骑、武贲，持鈒宂从、武贲，命中武贲、武骑一人。客皆注家籍。此即所谓给客之制，法所许为其私属者也。

《晋书·外戚传》云：魏氏给公卿已下租牛客户，数各有差。自后小人惮役，多乐为之。贵势之门，动有百数。又大原诸郡，亦以匈奴、胡人为田客。多者数千。武帝践位，诏禁募客。则客制实起于曹魏之世，晋初尝禁之，其后力不能胜，乃又从而许之也。魏世有僧祇户、佛图户，亦系私属，见第十七章第三节。

门生之地位，更高于部曲。其人盖古舍人之类，故亦可以入仕。《齐书·王琨传》：琨转吏部郎。更曹选局，贵要多所属请，琨自公卿下至士大夫，例为用两门生。《南史·陆慧晓传》：慧晓迁吏部郎。尚书令王晏选门生补内外要局，慧晓为用数人而止，晏恨之。《晏传》云：内外要职，并用周旋门义。又云：内外要职，并用门生。

《周书·李贤传》：高祖西巡，幸贤第，门生昔经侍奉者，二人授大都督，四人授帅都督，六人别将。则其入仕之途颇捷，时亦颇优；又依附公卿，人多视为荣幸；故富人子弟，亦慕为之，不惟无所利于其主，而且有所献纳焉。《南史·徐湛之传》言：湛之门生千余，皆三吴富人子，资质端美，衣服鲜丽。《梁书·顾协传》：有门生，始来事协，知其廉洁，不敢厚饷，止送钱二千。协发怒，杖二十。因此事者绝于馈遗。

又《江革传》：革除武陵王长史、会稽郡丞，行府、州事。革门生故吏，家多在东州，闻革应至，并赍持缘道迎候。革曰："我通不受饷，不容独当故人筐篚。"至镇惟资公费。则其证也。其人既系仕宦之流，故颇能通文墨。《北史·杨愔传》：愔所著诗赋、表奏、书论甚多，诛后散失，门生鸠集，所得者万余言，是其证也。其来也既多由趋炎附势，恣横自所不免。

周嵩嫁女，门生断道，斫伤二人，建康左尉赴变，又被斫，刘隗为御史中丞，劾其兄顗，顗坐免官。江敩出为豫章内史，还除大子中庶子，领骁骑将军，未拜，门客通臧利，至烦齐世祖遣使检核。何敬容既废，宾客门生，喧哗如昔。会稽谢郁致书戒之曰："踵君侯之门者，未必皆感惠怀仁，有灌夫、任安之义，乃戒翟公之大署，冀君侯之复用也。"则门生未尝不足为居官之累矣。《齐书·刘怀珍传》云：孝建初，为义恭大司马参军直阁将军。怀珍北州旧姓，门附殷积。启上门生千人充宿卫。孝武大惊。召取青、冀豪家私附，得数千人。土人怨之。此盖其特多者。然如范云之不畜私门生者，士夫中恐不易多觏矣。

注释：

①如蜩如螗[rú tiáo rú táng]：蜩为蝉的别名，螗为蝉的一种；比喻喧闹，

纷扰不宁。

②眚[shěng]：眼睛生翳。

③樗蒲[chū pú]：樗蒲是继六博戏之后，出现于汉末盛行于古代的一种棋类游戏，从外国传入。因博戏中用于掷采的投子最初是用樗木制成，故称樗蒲。

④呰窳[zǐ yǔ]：苟且懒惰；贫弱。

第十九章

晋南北朝人民生计

第一节　物价工赀赀产

欲知一时代中人民生计情形者，必先知其生活之所费，次知其所入几何，以供此费，为有余，抑为不足？若有余者，其余财用诸何方？而其俗之侈俭可知矣。一切费用，若能均以钱币计算，自为最便。苦于前代，钱之为用，不甚普遍；晋室东渡以后，又南北分离，币制既不统一，又皆不甚整饬，公家所铸之钱，不得民信，民间乃以他物代之；其所以为代之物，又不能画一；故其计算极难也。

语曰："食为民天。"欲知人民生活情形，自宜首知其谷价，而欲知谷价者，又必先考其度、量、衡。历代度、量、衡制，略见于正史之《律历志》，然与民间所用，实不甚相符。《隋书》所载晋、南北朝度制，以晋荀勖准《周礼》所造，即所谓晋前尺者，为计算之准。

此尺与《汉书·律历志》所载王莽时刘歆所造之铜斛尺，后汉之建武铜尺相符。魏杜夔所用之尺，较此长七厘。江东所用，谓之晋后尺，当此尺一尺六分二厘。宋民间所用之尺，传诸梁、陈者，当此尺一尺六分四厘，魏氏所用之尺，分前、中、后三种：前尺当晋前尺一尺二寸七厘。中尺当其一尺二寸一分一厘。后尺，亦即后周民间所用，当其一尺二寸八分一厘。又有所谓东魏尺者，为高齐所沿用，当晋前尺一尺五寸八毫。后周保定中，诏遣大宗伯卢景宣等累黍造尺，从衡不定。

后因修仓掘地得古玉斗，事在保定元年，见下。以为正器，据斗造律、度、量、衡。其所造者，谓之玉尺。《隋志》云：俗间见玉作名为玉尺，见铁作名为铁尺。与相承一铜籥云是蔡邕铜籥者，校计相符。实比晋前尺一尺一寸五分八厘。当时因此大赦，改元天和。《志》云：“百司行用，终于大象之末。”

然又云：“平齐后以宋氏尺同律、度、量，班于天下。”则玉尺仅官司用之而已。此尺以铁作，俗间名为铁尺。《志》又载宣帝时达奚震及牛弘等议，谓“今之铁尺，是大祖遣苏绰所造，验其长短，与宋尺符同，平齐之始，已用宣布，因而为定，弥合时宜”，则铁尺初非取诸宋氏。不知周氏讳言之而妄云为苏绰所造邪？抑绰之所造，实取正于上国也？《志》又云：“未及详定，高祖受终。”则其尺亦未尝行也。

量法：《隋志》引魏刘徽《九章商功注》：谓王莽铜斛，当魏九斗七升四合有奇。又云：梁、陈依古斗。齐以古升五升为一斗。后周武帝保定元年五月，晋国造仓，获古玉升。五年十月，准为铜升，班之天下。依甄鸾算术：玉升一升，得官斗一升三合四勺。开皇以古斗三升为一升。大业初依复古斗。

称法：梁、陈依古称。齐以古称一斤八两为一斤。周玉称四两，当古称四两半。开皇以古称三斤为一斤。大业中依复古称。案魏孝文、齐神武、周武帝，皆有厘正度、量、衡之举；隋炀帝大业三年，改度、量、权、衡，并依古式，尤为旷然一大变革；然实皆未行。

《魏书·本纪》：大和十九年六月，诏改长尺、大斗，依《周礼》制度，班之天下。

《北齐书·本纪》：天平三年八月，神武请均斗、尺，班于天下。《周书·本纪》：建德六年八月，议定权、衡、度、量，班于天下。其不依形式者，悉追停。

《隋书·本纪》：大业三年四月，改度、量、权、衡，并依古式。

案《魏书·张普惠传》：普惠以天下民调，幅、度长、广，尚书计奏复征绵、麻，上疏曰：“仰惟高祖，废大斗，去长尺，改重秤，所以爱万姓，从薄赋。万姓荷轻赋之饶，不适于绵麻而已，故歌舞以供其职，奔走以役其勤。自兹以降，渐渐长阔。百姓嗟怨，闻于朝野。宰辅不寻其本，而特放绵、麻之调，以悦天下之心，此所谓悦之不以其道。今宫人请调度造衣物，必度忖秤量。绢、布匹有丈尺之盈，一犹不计其广，丝、绵斤兼百铢之重，未闻依律罪州郡。若一匹之滥，一斤之恶，则鞭户主，连三长。今百官请俸，人乐长、阔，并欲厚、重，无复准极。得长、阔，厚、重者，便云其州能调绢、布，横发美誉，以乱视听。今若必复绵、麻者，谓宜先令四海，知其所由；明立严禁，复本幅、度。其在库绢、布并丝、绵，不依典制者，请遣一尚书，与大府卿，左、右藏令，依今官度、官秤，计其斤、两、广、长，折给请俸之人。”

后普惠表论时政得失，又以审法度、平斗尺为言；而任城王澄奏利国、济民，所宜振举者十条，亦以律、度、量、衡公私不同宜一为首。二人之论，皆在明帝之初，距大和十九年，不过二十年耳。则谓改制之始，民乐输将，后乃稍离其本，不过逊顺之辞，实则大和之诏，初未尝行也。

《通典》言梁武帝五铢钱实重四铢三参三黍，其百文重一斤二两，齐文襄五铢钱实重五铢，百文重一斤四两二十铢，较其多寡、重轻，两相符合，而《左氏》定公八年《正义》，谓魏、齐斗、称，于古二而为一；《隋志》谓其以古称一斤八两为一斤，此即公家定制，与民间所用，实不相符之证。后周则观《志》言其平齐后即班宋氏尺于天下，而达奚震等仍以为言，而可知其令之不行矣。历代之度、量、衡，盖无不徒有其名者。《晋书·律历志》言：荀勖新尺，惟以调音律，至于人间，未曾流布，故江左及刘曜仪表，并与魏尺略相依准；又言裴頠以医人命之急，而称、两不与古同，为害特重，宜改治权、衡，不见省；其明证也。

《左氏》定公八年《正义》，谓魏、齐斗、称，于古二而为一；周、隋斗、称，于古三而为一；盖据当时实在行用者，约略言之也。度、量、衡器，初非概由官制，民间自制，自不能无“增损、讹替”。语见《隋志》。而前世取民，多以实物，官司恒利于度之长，量之大，衡之重；民间交易，权操于豪强、商贾，其所利者，亦与官司同；故增损、讹替之余，度必渐增其长，量必渐增其大，衡必渐增其重。《日知录》云：“《汉书·货殖传》：黍千大斗。师古曰：大斗者，异于量米、粟之斗也，是汉时已有大斗，但用之量粗货耳。

《唐六典》：凡度：以北方秬黍中者一黍之广为分，十分为寸，十寸为尺，一尺二寸为大尺，十尺为丈。凡量：以秬黍中者容一千二百黍为龠，二龠为合，十合为升，十升为斗，三斗为大斗，十斗为斛。凡权、衡：以秬黍中者百黍之重为铢，二十四铢为两，三两为大两，十六两为斤。凡积秬黍为度、量、权、衡者，调钟律，测晷景，合汤药，及冠冕之制则用之；内外官司，悉用其大者。按唐时权、量，是古今、小大并行。大史、大常、大医用古，他有司皆用今。久则其今者通行，而古者废矣。”《大斗大两》条。自注引《通典》载诸郡土贡，亦有用小斤、小两者，然皆汤药之用，如上党郡贡人参三百小两，济阳郡贡阿胶二百小斤是也。

愚案《晋》《隋书》《律历志》引《九章商功法程》云：“粟一斛，积二千七百寸，米一斛，积一千六百二十七寸，菽、合麻、麦一斛，积二千四百三十寸，此据精粗为率，使价齐而不等其器之积寸也。以米斛为正，则同于《汉志》。”然则随物之精粗、贵贱而异其度、量、衡之器，民间本有此法。久之渐趋画一，取其一器以为正，如量粟、菽、麻、麦皆用米斛。而度量衡之长、大、重，亦随之而增矣。此较增损、讹替者，所增为巨。

《齐民要术·作酱法》云：“豆黄堆量不概，盐曲轻量平概。达奚震及牛弘等言：以上党羊头山黍依《汉书·律历志》度之：若以大者稠累，依数满尺，实于黄钟之律，须撼乃容；若以中者累尺，虽复小稀，实于黄钟之律，不动而满。”堆量、轻量；或概、或不概；或撼、或不动；虽同用一器，所得多少，又自不同。此等皆随俗而殊，断难画一。故计算历代之物价，总只能得其大较之大较也。商业兴盛之国，交易皆集于都会，小都会又取准于大都会，则度、量、衡及钱币等，皆易于画一。以农业为主之国，交易分成多区，区各有其取正之所，商人势不得不屈于其俗，欲定一尊甚难。中国历代，皆欲画一度、量、衡及钱币，而皆徒有其名，盖为此也。

以大较之大较言之：南朝之量与衡，视为与古略相放，北朝之量与衡，视为于古二而为一，或当相去不远也。据《隋志》所载尺法，惟东魏于古，二而为一，尚有奇零，余皆不逮颇多。然此系官家定制，民间所用，未必如是。正恐二而为一，由来已久，而官家乃从而用之也。又《梁书·庾诜传》，载诜尝乘舟从田舍还，载米一百五十石。有人寄载三十石。既至宅，寄载者曰：“君三十斛，我百五十石。”盖以诜之米为己之米，己之米为诜之米也。

魏大和五年班禄增调，《魏书·本纪》言谷二斛九斗，《食货志》言粟二石九斗。皆可证斛、石仍同。然《肃宗纪》：孝昌二年二月，诏有能输粟入瀛、定、岐、雍四州者，官斗二百斛赏一阶，入二华州者，五百石赏一阶，地方储积，固有多少之殊；运转亦有难易之别；官家须用，亦有缓急之不同；然酬奖之厚薄，似不应悬殊至是？则北方斛、石，似又因地而不同矣。此等亦难于详考也。

度、量、衡既略明，又宜进考其时之币价。汉献帝初平元年，董卓坏五铢钱铸小钱，实为钱法一大变。其后宋孝武帝孝建元年造四铢钱。三年，用徐爰议，收铜缮铸，私铸始甚。前废帝即位，改铸二铢；又用沈庆之说通私铸，而钱法大坏。史述其弊，至于“斗米一万，商贾不行”。梁武帝铸五铢及女钱，二品并行，亦卒为私钱所乱。后废铜钱，更铸铁钱，大同后遂至积如丘山，交易者不复计数，而惟论贯。北朝大和十九年，始行五铢钱，后世宗又铸之，其行皆不广。肃宗以后，私铸转甚。亦至风飘水浮，米斗几直一千。迄于齐、周，无以善其后。本节所论币制，宜与第二十章第四、五节参看。

以是言之，其时物价，宜极腾贵。顾史所载者，与前世并无大殊，钱价仍远较后世为贵，其故何也？曰：当时钱币之为用，本不普遍；恶钱虽与好钱并行，盖皆减折行使；论物价者，仍以好钱为准，而史从而书之，故觉其物价无甚变动也。

《晋书·食货志》云：“董卓铸小钱，货轻物贵，谷一斛至钱数百万。参看《秦汉史》第十六章第四节。魏武作相，罢之，还用五铢。是时不铸钱既久，货本不多，又更无增益，故谷贱无已。”夫民间果其通用，岂魏武一令所能罢？此观于历代私钱之难禁可知。盖董卓所铸之小钱，本已废而不行矣。

《志》又云：“黄初二年，魏文帝罢五铢钱，使百姓以谷、帛为市。至明帝，乃更立五铢钱。”钱之用便于谷、帛，不待再计而知。民间果其通用，更岂魏文一令所能废？《志》又载晋末桓玄议废钱，孔琳之驳之，谓“钱之不用，由于兵乱积久，自致于废”，此言最合事情。琳之去魏世近，盖必有所见，非慢然言之也。

《晋书·张轨传》：索辅言于轨曰：“古以金、贝、皮币为货，息谷物量度之耗。二汉制五铢钱，通易不滞。泰始中，河西荒废，遂不用钱。裂匹为段。缣布既坏，市易又难；徒坏女工，不任衣用；弊之甚也。今中州虽乱，此方安全。宜复五铢，以济通变之会。”轨纳之。立制准布用钱。钱遂大行，人赖其利。此为琳之之说之铁证。

盖前世钱贵，民间零星交易，并不甚用钱，参看《秦汉史》第十六章第四节。故钱之用，惟于商贾为最切，商贾不行，即浸至于废矣。《晋志》载琳之之议又曰：“魏明帝时，钱废谷用既久，以不便于人，乃举朝大议。精才达政之士，莫不以宜复用钱。下无异情，朝无异论。”“钱废谷用既久”句，《宋书·琳之传》作“钱废谷用，三十年矣”。《南史》作四十年矣。三、四二字，未知孰是，古人好举成数，逾于三十，即可言四十；又其言数不甚精密，虽迫近四十，仍可言三十也。而既久二字，则必为后人所改，盖作史者疑自黄初之世，至于明帝之时，不及三十年，而不知琳之此语，乃上溯汉献帝时言之也。此亦足证董卓所铸小钱，自致于废，而无待于魏武之令也。即谓有待于魏武之令，自初平元年至建安元年魏武作相，亦不过六年。宋自孝建三年五月铸四铢钱，下逮明帝泰始元年十二月罢之，及其明年三月断新钱专用古钱，亦不及十年也。参看第二十章第四节。

《隋书·食货志》云：陈初承梁丧乱之后，铁钱不行，似铁钱至梁亡始废。然其为用见于史者，仅《陈书·沈炯传》，谓其为宋子仙所逼，令掌书记，王僧辩购得之，酬所获者铁钱十万而已。此盖破败之余，铜钱缺乏，又或吝惜不出，而非其时铁钱之果行也。然则积如丘山，适足见其壅塞不行而已。当时短陌大行，最贵者京师以九十为陌，次则八十、七十，末年乃以三十五为陌。此即钱日贵，物日贱，向值百钱者，落至仅值九十、八十、七十，甚至仅值三十五也。钱日多而物日贱，钱之不行可知。

魏肃宗初，任城王澄上书论当时钱货，谓大和五铢，不入徐、扬之市，河北且无新造五铢，与此正可参证。大和五铢，不可谓之恶钱，且犹如此，况于梁之铁钱哉？齐初，孔觊上《铸钱均货议》，言："盗铸者摩泽淄染，始皆类故，交易之后，渝变还新，良民弗皆淄染，不复行矣。所粥卖者，皆徒失其物。盗铸者复贱买新钱，淄染更易。反覆生诈，循环起奸。"

观此，知当时私铸虽甚，而私钱之废而不行者亦多；且新旧二钱，判然异价；论物价者，安得不以旧钱为主？又宋文帝时，江夏王义恭欲以大钱一当两，沈演之议，谓："晋迁江南，疆境未廓，或土习其风，钱不普用，今王略开广，声教遐暨，金镪所布，爰逮荒服，悉皆流行之矣。"此说谓晋世钱货不行之地尚多是实，其谓宋世流行，则不过故甚其辞，以伸己说，故《隋志》谓梁初尚惟京师及三吴、荆、郢、江、湘、梁、益用钱也。钱且不行，况于新铸？其论物价之辞，必以旧钱为主，更不待言矣。

然则当时币价，果何如邪？案《齐书·王敬则传》载竟陵王子良启，谓"钱贵物贱，殆欲兼倍。凡在触类，莫不如兹。稼穑惟劬，斛直数倍。今机杼勤苦，匹裁三百。所以然者，实亦有由。年常岁调，既有定期，僮恤所上，咸是见直。民间钱多翦凿，鲜复完者。公家所受，必须员大。以两代一，困于所贸。鞭棰、质系，益复无聊。”

又谓“昔晋氏初迁，江左草创，绢布所直，十倍于今。赋调多少，因时增减。永初中，官布一匹，直钱一千，而民间所输，听为九百。渐及元嘉，物价转贱，私货则束直六千，官受则匹准五百。所以每欲优民，必为降落。今入官好布，匹堪百余。四民所送，犹依旧制。昔为损上，今为刻下。氓庶空俭，岂不由之？”

《子良传》载其启，又谓“泉铸岁远，类多翦凿。江东大钱，十不一在。公家所受，必须轮郭。遂买本一千，加子七百。犹求请无地，棰革相继。”然则当齐初，好恶钱之相比，为以两当一，或以十七当十。与所谓斗米一万，商贾不行者，相去何其远邪？足见此等情形，即有之亦为时甚暂也。物直自永初至元嘉，殆减其半，至齐初则仅十之一矣。合梁世短陌之数观之，略可见其时物直降落之情形也。

铜钱而外，金、银亦略具钱币之用。前世用金，皆以斤计，此时则多以两计，详见第二十章第五节。即其通行渐广之征。汉世黄金一斤直钱万。晋、南北朝之世，史无明文。然史亦未言其相异，则其比直或无甚变动。黄金一斤直钱万，则一两直钱六百二十五。新室币制，银八两为一流，直千，见《秦汉史》第七章第二节。当金价五分之一。是时若无变动，则银一两直钱百二十五也。

金、银为用不广，钱又不足于用，所资以交易者，实惟谷、帛为多。宋世周朗，亦主废钱币用谷帛者，其言曰：“自淮已北，万匹为市，从江以南，千斛为货，不患其难。”可见北多用帛，南多用谷。

欲计布帛之直，必先考其长、广。《宋书·律志》谓“布幅广二尺七寸，四十尺为匹”，较《汉书·食货志》所云“布帛广二尺二寸为幅，长四丈为匹”者少广。《魏书·食货志》云：“旧制民间所织绢布，皆幅广二尺二寸，长四十尺为一匹。”则与《汉志》符同。又云：“六十匹为一端。”案大和班禄之先，户以九品混通，各调帛二匹，又各入帛一匹二丈，委之州库，以供调外之费。详见第三节。一匹二丈，则六十尺。盖因有是调，乃有一端之称也。前世多言布帛，南北朝之世，则多言绢、布，盖以绢为丝织之总名。

《北齐书·李元忠传》云：元忠贡世宗蒲桃一盘，世宗报以百缣，又载世宗书辞曰：“聊用绢百匹，以酬清德。”上言缣，下言绢，其明征矣。是时铜钱日少，故绢价日廉。《晋书·石勒载记》：勒令公私行钱，而人情不乐，乃出绢市钱，限中绢匹一千二百，下绢八百。百姓私买，则中绢四千，下绢二千。

魏大和十九年行钱，内外官禄，皆准绢给钱，绢匹为钱二百。永安二年铸五铢，官欲贵钱，出藏绢，分使人于三市卖之，绢匹止钱二百，而私市者犹三百。盖官卖止收好钱，私市兼收恶钱。普泰元年，天下调绢四百一匹，此则利于多取，其时绢价未必至是也。

《北史·房谟传》云：魏朝以河南数州，乡俗绢滥，退绢一匹，征钱三百，人庶苦之，乃表请钱、绢两受，任人所乐，可见四百为多取也。自石勒之时，至于魏世，绢价约落至十分之一，亦颇与南朝情形相似矣。

史所载谷价，多在饥荒丧乱之时，实不足考人民生活情形。

晋、南北朝谷价异常者：《惠帝纪》：元康七年七月，关中饥，米斛万钱，时直齐万年之乱。大安二年十月，公私穷蹙，米石万钱，时直张方之乱。

《怀帝纪》：永嘉五年六月，百姓饥俭，米斛万余，时刘曜、王弥陷京师。

《愍帝纪》：建兴四年十月，京师饥甚，米斗金二两，人相食，死者大半，时刘曜自前月逼京师，《成帝纪》：咸和四年正月，苏峻子硕攻台城，城中大饥，米斗万钱。

《魏书·僭晋传》云：谷石数万。咸康元年，大旱，会稽、余姚尤甚，米斗五百。

《石季龙载记》：时众役繁兴，军旅不息，加以久旱，谷贵，金一斤，直米二斗。

《吕光载记》：光之称酒泉公，谷价腾踊，斗直五百，人相食，死者大半。吕隆之将亡也，姑臧谷价踊贵，斗值钱五千，人相食，饿死十余万。《魏书》本传同。

《秃发氏载记》云：隆为沮渠蒙逊所伐，遣使乞师，利鹿孤引群下议之，其尚书左丞婆衍仑曰："今姑臧饥荒残弊，谷石万钱。"则尚未至如《隆载记》所言之烈。盖其初危急时，与后极困弊时，谷价又有不同也。

《宋书·沈演之传》：元嘉十二年，东诸郡大水，民人饥馑。吴、义兴及吴郡之钱塘，升米三百。

《前废帝纪》：大明八年，去岁及是岁，东诸郡大旱，甚者米一升数百。京邑亦至百余。饿死者十有六七。一升，《南史》作一斗。

案《孔觊传》言：大明八年，东土大旱，都邑米贵，一斗将百钱，《南史》亦同，则作斗者是也。《梁书·武帝纪》：天监元年，大旱，米斗五千，人多饿死。《庾革传》亦言革以是时行会稽郡事，时承凋敝之后，百姓凶荒，所在谷贵，米斗数千，人多流散。《侯景传》言：景围台城时，食稍尽，米斛数十万，人相食者十五六。《南史·景传》云：景食石头常平仓既尽，便掠居人。尔后米一升七八万钱，人相食，有食其子者。《魏书·岛夷传》云：城内大饥，人相食。米一斗八十万。皆以人肉杂牛马而卖之。军人共于德阳前立市，屠一牛得绢三千匹，卖一狗得钱二十万。皆熏雀掘鼠而食之。案谷价之翔贵，由于水旱者实少，由于兵乱者特多且甚，此以见人祸之更烈于天灾也。

其稍近于常情者：《晋书·食货志》载户调之式，远夷不课田者，输义米户三斛，远者五斗，极远者输算钱人二十八文，此恐亦仅能取诸户主。课调既愈远而愈轻，则二十八文，必尚不及米五斗之价。此大粗略；且远夷情形，亦与中国不同；不足以考谷价。

《齐书·豫章王嶷传》：嶷为荆、湘二州刺史，以谷过贱，听民以米当口钱，优评斛一百，此条最可考见南朝谷价。荆、湘为产米之区，参看第二十章第一节。谷斛不及百钱，余瘠薄之地当较贵，则当在百钱左右也。梁天监四年，大穰，米斛三十，其必病农，自无疑矣。

然《魏书·食货志》言：天兴后比岁大熟，匹中八十余斛。《隋书·食货志》言：东魏元象、兴和之中，频岁大穰，谷斛至九钱。魏初绢匹，假依石勒时中绢为四千，斛得钱约五十，其斛傥与古量相同，已去天监之世不远。东魏之世，斗、称于古，既已二而为一，则古斛一斛，仅得四钱半，不惟视梁之米斛三十为廉，且较汉宣帝时谷石五钱犹下矣。岂其所谓斛，犹以古斛言之邪？然南北朝时，不论南北，粜价皆贱，则似不足疑。此当时论者，所由多以伤农为虑也。

日食之量，在前世为人五升，已见《秦汉史》第十五章第一节。晋、南北朝之世，似亦无甚差殊，此固不应有异也。《晋书·食货志》载邓艾论屯田之语曰："六七年间，可积三千万斛于淮北，此则十万之众五年食也。"十万之众，五年食三千万斛，则人年食六十斛，以三百六十日除之，日得一斗六升余，此似乎大多。

然《宋书·乐志》载晋成帝咸康七年，散骑常侍顾臻表谏伎乐之语，谓"兵食七升，忘身赴难"。又《宋书·刘勔传》，载勔策攻县瓠之语，谓"二万人岁食米四十八万斛，五年合须米二百四十万斛"，则人岁食米二十四斛。以三百六十日除之，日得六升又三分升之一。则与五升之数，相去不远矣。《后汉书·伏湛传》注引《九章算术》云：“粟五十粝率三十，一斛粟得六斗米为粝。”邓艾之语，盖据粟言之，一斗六升粟，得粝九升许，以稍精凿之米言之，则亦与顾臻、刘勔所云相去不远也。

《梁书·何胤传》：胤谓王果曰：吾年已五十七，月食四斗米不尽，何容得有宦情？《陈书·孝行传》：司马嵩丁父艰，日食薄麦粥一升。张昭及弟乾，父卒，并日食一升麦屑粥。此为衰者、毁者之食，不能以例常人。《梁书·江革传》：革为元延明所执，日给脱粟三升，仅余性命；《齐书·孝义传》：崔怀慎孤贫独立，宗党哀之，日敛给其升米；所以为至觳之养，免死之周也。此升皆近于古。《北齐书·库狄伏连传》：附《慕容俨传》后。家口百数，盛夏之日，料以食米二升，不给盐菜，常有饥色，若为南朝之量，必不能支。盖谓盛夏可以少食，故又略减于古之五升。亦足证魏、齐斗、称，于古二而为一也。

《晋书·何曾传》云：曾食日万钱，犹曰无下箸处。子劭，食必尽四方珍异。一日之供，以钱二万为限。时论以为大官御膳，无以加之。读史者皆以为极侈，其实亦不尽然。

《北齐书·韩轨传》：子晋明，好酒诞纵，招引宾客，一席之费，动至万钱，犹恨俭率，然则万钱为宴客之侈者。曾乃日食之，劭则又倍之耳。若寻常之食：则《宋书·衡阳王义季传》云：义季为荆州刺史，队主续丰，母老家贫，无以充养，遂断不食肉。义季哀其志。给丰每月米二斛，钱一千。并制丰啖肉。丰所啖肉，未必更由官给。然则日得钱三十三，足以啖肉，且不缺于甘旨之养矣。

《颜氏家训·治家篇》云：邺下有一领军，贪积已甚。朝夕肴膳，以十五钱为率。遇有客旅，更无以兼。独食月得四百五十钱，略半于义季所以周续丰者，亦不为甚俭矣。《南史·褚彦回传》云：时淮北属江南，无复鳆鱼。或有间关得至者，一枚直数千钱。人有饷彦回鳆鱼三十枚。彦回时虽贵，而贫薄过甚。门生有献计卖之，云可得十万钱。何曾所食，设有若彦回时鳆鱼者，但一味，已去万钱十之三四矣。故史事苟记载真实，而又参互详考之，无甚远于情理而不可解者也。

衣料：布帛价已见前。《宋书·沈怀文传》云：斋库上绢，年调巨万匹。绵亦称是。期限严峻。民间买绢，一匹至二三千。绵一两亦三四百。此虽异常之价，然二者横调既同，价之增当亦相近。假以绢一匹为钱二千五百，绵一两为钱三百五十，则绵一斤之价，当绢二匹又二十五分匹之六，绢匹三百，绵斤当得六百七十二文矣。

《齐书·褚渊传》：渊死后，弟澄以钱万一千，就招提寺赎大祖所赐渊白貂坐褥，坏作裘及缨。白貂盖为名裘，当时之貂，亦产于今之吉、黑。《魏书·勿吉传》曰：其父母春夏死，立埋之，若秋冬，以其尸捕貂，貂食其肉，多得之。《失韦传》曰：亦多貂皮。间关至中国殊不易。《三国志·鲜卑传》注引《魏书》谓其有貂、豽、鼲子，皮毛柔蠕，天下以为名裘，其地尚较勿吉、失韦为近也。质价固非卖价，然渊甚贫，所质必与卖价相近，以是度之，裘亦不能甚贵也。

《宋书·后妃传》：明帝陈贵妃，家在建康县界，有草屋两三间。上出行，问尉曰："御道边那得此草屋？当由家贫。"赐钱三万，令起瓦屋。则以草屋改为瓦屋，每间所费，为万至万五千钱。

《蔡兴宗传》：父廓，奉兄轨如父。罢豫章郡还，起二宅，先成东宅，与轨。廓亡而馆宇未立。轨罢长沙郡还，送钱五十万，以补宅直。造价若倍于改为，则五十万之赀，可得屋二十五间或十八九间也。造屋所费如是，买宅价亦相近。

《齐书·王琨传》：琨罢广州刺史还，宋孝武问还资多少，琨曰：臣买宅百三十万。《南史·吕僧珍传》：宋季雅罢南康郡，市宅居僧珍宅侧。僧珍问宅价，曰："一千一百万。"怪其贵。季雅曰："百万买宅，千万买邻。"千万买邻为虚言，百万买宅为实语，则其所费，倍于蔡廓耳。

广州固仕宦者膏腴之地，季雅亦以豪举称，故其所费较多也。崔慰祖卖宅四十五万，与蔡廓起宅所费略侔。桓闳弟子昙深，为临城县，罢归，得钱十万，买宅奉兄，见《南史·桓护之传》。则其人以行义称，故其所费为独少也。

《晋书·石勒载记》：勒将营邺宫，其廷尉续咸，上书切谏。勒怒，欲收之。其中书令徐光又谏。勒为之止，而叹曰："人家有百匹赀，尚欲市别宅，况有天下之富，万乘之尊乎？终当缮之耳。"勒时中绢之价为四千至千二百，下绢之价为二千至八百，已见前。百匹市宅，以中绢计，为钱十二万或四十万；以下绢计，为钱八万或二十万；亦与南朝相去不远也。

《晋书·食货志》言：惠帝荡阴反驾，囊钱三千，似至俭矣。然《魏书·萧宝夤传》言：宝夤脱本衣服，著乌布襦，要系千许钱以奔虏；又《司马楚之传》言：有上蔡董毛奴，赍钱五千，死于道路；则当时民间行旅，原不过赍钱数千，惠帝亦侪于氓庶耳。《魏咏之传》言：咏之生而兔缺，闻殷仲堪帐下有名医能疗之，贫无行装，遂赍数斛粟西上，以投仲堪。晋世布价，十倍齐初，粟价亦当十倍，数斛粟亦当得数千钱也。

《习凿齿传》：桓温追蜀人知天文者至，问国家运祚修短。答云："世祀方永。"温不悦，送绢一匹，钱五千文。星人驰诣凿齿曰："家在益州，被命远下。今受旨自裁，无由致其骸骨。缘君高义，乞为标揭棺木耳。"凿齿问其故。星人曰："赐绢一匹，令仆自裁，惠钱五千以买棺。"凿齿曰："君几误死，此以绢戏君，以钱供道中赀，是听君去耳。"以萧宝夤、魏咏之所赍例之，温之所赠，亦未为薄也。

不徒以为行赀不为菲也，即以为棺价亦然。《齐书·刘祥传》：祥从祖兄彪，以崇圣寺慧首剃头为尼，以五百钱为买棺材，以泥洹轝送葬刘墓，为有司所奏。又《张融传》：遗令以三千买棺。《梁书·刘歊传》；歊著《革终论》，欲死后以一千钱市治棺。二人固主薄葬者，然歊论言"积习生常，难卒改革，一朝肆志，傥不见从"，则亦非过于俭者。然则当时棺价，极亦不过数千钱耳。

后魏贾思勰著《齐民要术》，杂载物价颇多，今摘录如下：《种瓠篇》云：破以为瓢。其中白肤，以养猪致肥。其瓣以作烛致明。一本三实，一区十二实，一亩得二千八百八十实，十亩凡得五万七千六百瓢。瓢直十钱，并直五十七万六千文。用蚕矢二百石，牛耕功力直二万六千文，余有五十五万。肥猪、明烛，利在其外。《种胡荽篇》云：春种者五月子熟，拔取曝干格柯打出，作蒿篅盛之。冬月亦得入窖。夏还出之。但不湿。亦得五六年停。一亩收十石。都邑粜卖，石堪一匹绢。秋种者十月足霜乃收之。一亩两载，载直绢三匹。

《种桑柘篇》云：一枝直十文。此上有夺文。胡床一具直百文。十五年任为弓材，一张二百。亦堪作履，一两六十。裁截碎木，中作锥刀靶，一个直三文。二十年好作犊车材，一乘直万钱。欲作鞍桥者，生枝长三尺许，以绳系旁枝，木橛钉著地中，令曲如桥。十年之后，便是浑成柘桥。一具直绢一匹。欲作快弓材者，宜于山石之间北阴中种之。其高原、山田，土厚、水深之处，多掘深坑，于坑之中种桑柘者，随坑深浅，或一丈五，直上出坑，乃扶疏四散。此树条直，异于常材。十年之后，无所不任。一树直绢十匹。

《种榆白杨法》云：榆：三年春，可将荚叶卖之。五年之后，便堪作椽。不挟者即可砍卖，一根十文。挟者镟作独乐及盏，一箇三文。十年之后，魁、碗、瓶、榼、器皿，无所不任。一碗七文。一魁二十。瓶、榼、器皿，一百文也。十五年后，中为车毂及蒲桃瓫。瓫一直二百。车毂一具，直绢三匹。其岁岁料简剥治之功，指柴顾人，十束顾一人，无业之人，争来就作。卖柴之利，已自无资。岁出万束，一束三文，则三十贯。荚叶在外也。况诸器物，其利十倍。岁收三十万。砍后复生，不劳耕种，所谓一劳永逸。能种一顷，岁收千疋。惟留一人守护，指挥处分。既无牛耕、种子、人功之费，不虑水、旱、风、虫之灾。比之谷田，劳逸万倍。男女初生，各与小树二十株。比至嫁娶，悉任车毂。一树三具，一具直绢三匹，成绢一百八十匹。聘财、资遣，粗得充事。

白杨：一亩三垅，一垅七百二十株，一株两根，一亩四千三百二十株。案当作根。三年中为蚕樀，五年任为屋椽，十年堪为栋梁。以蚕樀为率：一根五钱，一亩岁收二万一千六百文。岁种三十亩，三年九十亩。一年卖三十亩，得钱六十四万八千文。周而复始，永世无穷。比之农夫，劳逸万倍。去山远者，实宜多种，千根以上，所求必备。

《种棠篇》云：八月初天晴时，摘叶薄布，晒令干，可以染绛。成树之后，岁收绢一匹。《种谷楮篇》云：三年便中斫。指地卖者，省功而利少；煮剥卖皮者，虽劳而利大；自能造纸，其利又多。种三十亩者，岁斫十亩，三年一遍，岁收绢百匹。

《种槐柳楸梓梧篇》云：杨柳：三岁成椽，一亩二千六百六十根，三十亩六万四千八百根，根直八钱，合收钱五十一万八千四百文。百树得柴一载，合柴六百四十八载，载合钱一百文，柴合收钱六万四千八百文。都合收钱五十八万三千二百文。岁种三十亩，三年种九十亩。岁卖三十亩，终岁无穷。箕柳：至秋任为簸箕，五条一亩，岁收万钱。柞：十年中可杂用，一根直十文。二十岁中屋樽，一根直百钱。

《种红花蓝花栀子篇》云：花，负郭良田种顷者，岁收绢三百匹。一顷收子二百斛，与麻子同价。既任车脂，亦堪为烛。即是直头成米，二百石米，已当谷田，三百匹绢，端然在外。此皆当时物价间可考见者也。

力作者以一人一日之所作，为计算之单位，此乃事理之自然。今俗语工夫二字，专指时间言之，乃其偏端之义。溯其原，则夫指人力；工亦作功，谓一人一日之所作也。《宋书·孝义传》：王彭，少丧母。元嘉初，父又丧亡。家贫力弱，无以营葬。兄弟二人，昼则佣力，夜则号感。乡里哀之，各出夫力助作砖。此为夫字之义。《晋书·文帝纪》：帝将伐蜀，谋众曰："略计取吴，作战船，通水道，当用千余万功，此十万人百数十日事也。"《刘曜载记》：曜葬其父母及妻，游子远谏，谓："计六万夫百日作，所用六百万功。"皆以一人一日所作为一工也。庸力者即准此论直。

《齐书·王敬则传》：敬则为会稽大守。会土边带湖、海，民丁无士庶，皆保塘役。敬则以功力有余，悉评敛为钱。送台库以为便宜。竟陵王子良启言：“塘丁所出，本不入官。均夫、订直，民自为用。今郡通课此直，悉以还台。租赋之外，更生一调。”均夫者，通计全工须用人力若干，均之各家。订直者，定一人一日之作，所直若干，有不能力作之人，许其出直以为代。史言士庶皆保塘役，士人未必能力作，必许其出直以为代也。民间订直，或不必皆以见钱，敬则则一以见钱计直而取之，故云评敛为钱。《东昏侯纪》言其下扬、南徐二州桥、桁、塘、埭丁，计功为直，敛取见钱，其所为亦犹是也。

民间有以夫力助人，亦有借人夫力而以夫力还之者。又有技艺者，其顾直与徒能力作者不同。《宋书·孝义传》：吴逵，经荒饥馑，系以疾疫，父母、兄弟、嫂及群从小功之亲，男女死者十三人。逵时病困，邻里以苇席裹之，埋于村侧。既而逵疾得瘳。亲族皆尽，惟逵夫妻得全。家徒壁立。冬无被袴。昼则佣赁，夜则伐木烧砖，期年中成七墓，葬十三棺。邻里嘉其志义，葬日悉出赴助。逵时逆取邻人夫直。葬毕，众悉以施之。逵一无所受。皆佣力报答焉。逆取谓暂未给直。施之则不取其直。佣力报答，则以夫直还夫直也。

又郭原平，性闲木功，庸赁以给供养。性谦虚。每为人作匠，取散夫价。父亡，以为奉终之义，情理所毕，营圹凶功，不欲假人。性虽智巧，而不解作墓。乃访邑中有营墓者，助人运力。经时展勤，久乃闲练。又自卖十夫，以供众费。葬毕，诣所买主，执役无懈。与诸奴分务，每让逸取劳。主人不忍使，每遣之。原平服勤，未曾暂替。所余私夫，佣赁养母。有余，聚以自赎。本性智巧，既学构冢，尤善其事。每至吉岁，求者盈门。原平所赴，必自贫始。既取贱价，又以夫日助之。

散夫，盖别无技艺，仅能力作之人。原平既闲木工，此即所谓作匠，原不应取散夫之价，故其取之为谦虚。构冢云取贱价，盖亦指此。客为依人之称，兼具隶属之义，故晋世佃客、衣食客，皆注家籍。参看第十八章第四节。十夫客受取买主之赀，盖亦同于奴婢，故有自卖之名。所异者，还其买价，即可自赎耳。

《宋书·自序》言：世祖出镇历阳，沈亮行参征虏军事。时营创城府，功课严促。亮病其以岁月之事，求不日之成。谓：“比见役人，未明工作，闭鼓乃休。呈课既多，理有不逮。至于息日，拘备关限。”公家役民，程课之法，亦必本诸习俗。彼此相况，则民间庸顾之法可明。虽受顾直，而其日可不工作，是为息日。非息日者，工作亦有定时，往必后于未明，罢必先于闭鼓。息日若未往之先，既罢之后，工力自仍为所自有。此时力作，是谓私夫。故原平得庸赁以养母，又得聚以自赎也。庸力得直，可使农民于稼穑之余，别有所人。无常职者，尤恃此为日食之资。程课宽严，平直高下，于民生舒蹙，所关实大。

《齐民要术》言：指柴十束顾一人，无业之人，争来就作；又言柴一束三文；则日得卅钱，已为顾直之优者矣。其《种红花蓝花栀子篇》又言："一顷收花，日须百人。一家手力，十不充一。但驾车地头，每旦当有小儿、僮女，百十余群，自来分摘。正须平量，中半分取。"则指物顾人，自为当时通法。盖由民间钱少故如此。日得钱三十，准诸谷价，不为不优。然此尚须卖出柴始得钱，而主人亦不更给食，故其平直如此耳。顾臻言"兵食七升，忘身赴难，过泰之戏，日廪五斗"，此盖当时伎乐庸直。伎乐之艺，自更优于匠人；且为侈靡之事；刺绣文不如倚市门，自古然矣，故其所得亦较优也。

李悝尽地力之教曰："一夫挟五口，治田百亩，岁收亩一石半，为粟百五十石。除十一之税十五石，余百三十五石。食：人月一石半，五人终岁，为粟九十石。余有四十五石。石三十，为钱千三百五十。除社、闾、尝新、春秋之祠，用钱三百，余千五十。衣：人率用钱三百，五人终岁用千五百。不足四百五十。不幸疾病、死丧之费，及上赋敛，又未与此。此农夫所以常困，有不劝耕之心。"此言计算农家生计，最为清晰。

不足四百五十，合粟十五石；疾病死丧之费，及上赋敛，假亦以粟十五石计；则五人终岁，当得粟百八十石，乃可勉支，此为至俭之率矣。魏、齐斗、称，于古二而为一，当得粟九十石。周、隋斗、称，于古三而为一，当得粟六十石。南朝斛、石，去古不远，米斛以百钱计，当得万八千钱；绢匹以三百计，当得六十匹绢也。今试本此，以观其时人之所入。

晋世，诸公及开府位从公者；食俸日五斛。大康二年，又给绢，春百匹，秋绢二百匹，绵二百斤。元康元年，给菜田十顷，驺十人。立夏后不及田者，食奉一年。奉日五斛，年得千八百斛，恰十倍于农家五人终岁之计。绢三百匹：依石勒时中绢官定之价，为钱三十六万；私价百二十万。下绢依官价，为钱二十四万；私价六十万。绵二百斤，据前所引沈怀文说，一斤之价，当绢二匹又二十五分匹之六，依石勒时中绢官价，斤得钱二千六百八十八；

私价得钱八千九百六十。下绢官价，斤得钱千七百九十二；私价得钱四千四百八十。以二百乘之，为钱五十三万七千六百，或一百七十九万二千，或三十五万八千四百，或八十九万六千。

合绵、绢二项，为钱六十九万七千六百，或三百九十九万二千，或五十九万八千四百，或百四十九万六千。以粟斛千钱计，又得八百九十七斛六斗，或二千九百九十二斛，或五百九十八斛四斗，或一千四百九十六斛。

菜田一顷，所入不易计算，以再食俸一年计，又得千八百斛。奉、绵绢、菜田三项合计，其所入，为四千四百九十七斛六斗，或六千五百九十二斛，或四千一百九十八斛四斗，或五千有九十六斛。当农家五口之计，二十四倍又百八十分之百七十七有六，或三十六倍又百八十分之百十二，或二十三倍又有八十分之五十八，或二十八倍又百八十分之百五十六也。特进，食奉日四斛；春服绢五十匹，秋绢百五十匹，绵一百五十斤；菜田八顷，驺八人。光禄大夫，食奉日三斛；春绢五十匹，秋绢百匹，绵百斤；菜田六顷，田驺六人。大子大傅、少傅同。尚书令，食奉月五十斛，绢春三十匹，秋七十匹，绵七十斤；菜田六顷，驺六人。依此可以类推。

《晋书·会稽王道子传》，谓其时军旅荐兴，国用虚竭，自司徒以下，日廪七升，盖以上公而受兵卒之饷，宜乎其穷蹙矣。《魏书·薛虎子传》：虎子除徐州刺史，上表言：在镇之兵，资粮之绢，人十二匹，盖月得一匹。匹以钱二百，谷以斛五十计，月得谷四斛，岁得谷四十八斛。《刘芳传》言：芳常为诸僧佣写经、论，笔迹称善，卷直以一缣，岁中能入百余匹，则侔于谷四百余斛。如此数十年，赖以颇振，宜矣。

若论赀产之数，则贫民所有，不过数千。《齐书·顾宪之传》：西陵戍主杜元懿请增诸埭税，宪之议言：山阴一县，课户二万，其民赀不满三千者，殆将居半，刻又刻之，犹且三分余一是也。富人则有千万倍于此者。元嘉北伐，有司奏军用不充，扬、南徐、兖、江四州之民，家赀满五千万，僧尼满二千万者，并四分换一，过此率讨；详见第八章第七节。

《南史·张敬儿传》：敬儿诬襄阳吴泰与袁颛同逆，收籍其家，僮役、财货，直数千万；此尚包括各项资财。若《晋书·郗鉴传》，言其子愔好聚敛，积钱数千万；《宋书·萧惠开传》，言其自蜀还资财二千余万；《齐书·豫章王嶷传》，言其荆州还资，评直三千余万；《曹虎传》言其在雍致见钱五千万；《南史》作七千余万。又云：悉厚轮大郭，他物称是。则尚非其赀产之全。其贪积最甚，若梁之临川王宏者，见第十二章第五节。则其赀财，更不可以称计矣。

财多如此，故其用财亦无节限。《齐民要术》言：男女嫁娶，得绢百八十匹，粗足充事。绢匹二百，不过钱三万六千。《宋书·武帝纪》言帝俭德，诸主出适，遣送不过二十万。《晋书·卞壸传》：言壸廉洁俭素，居甚贫约，息当婚，诏特赐钱五十万，既已数倍或十数倍于平民。而刘敬宣女嫁，武帝乃赐之钱三百万。萧惠开妹当适桂阳王休范，女又当适世祖子，发遣之资，须应二千万，乃以为豫章内史，听其肆意聚纳，则更不成语矣。婚嫁一端如此，其余诸事，又可推想也。

第二节 豪贵侈靡

晋、南北朝贵人豪族之侈靡，实为其时风俗之大弊，第二章第一节，已略言之。此盖自古以来，操治理之权者，积渐堕落，以至崩隤，非一人一事之失也。《晋书·文六王传》：齐献王攸奏议，言“都邑之内，游食滋多。巧伎末业，服饰奢丽，富人兼美，犹有魏之遗弊。”《王导传》：导言：“自魏氏以来，迄于大康之际，公卿世族，豪侈相高。政教陵迟，不遵法度。群公卿士，皆餍于安息。遂使奸人乘衅，有亏至道。”足见晋初之弊，皆沿自魏朝。

而魏世之弊，则又有沿诸秦、汉者。《江统传》：统转大子洗马，上书曰：“秦、汉以来，风俗转薄。公侯之尊，莫不殖园圃之田，而收市井之利。渐染相放，莫以为耻。今西园卖葵菜、蓝子、鸡、面之属，亏败国体，贬损令问。”夫商贾之事，古之士大夫，莫不视为大耻，今乃以大子之尊，而公然为之，封建之世，治人、食于人者之节概，扫地尽矣。此其所以五胡一起，遂如土崩瓦解而不可止欤？

当时奢侈之事，观史之所载，殆无不出于意表者。如王济食晋武帝，供馔悉贮琉璃器中，已见第二章第一节。《石崇传》云：崇与贵戚王恺、羊琇之徒，以奢靡相尚。武帝每助恺，尝以珊瑚树赐之，高三尺许，枝柯扶疏，世所罕比。恺以示崇，崇便以铁如意击之，应手而碎。恺既惋惜，又以为嫉己之宝，声色方厉。崇曰：“不足多恨，今还卿。”乃命左右悉取珊瑚树。有三四尺者六七株。条干绝俗，光采耀日，如恺比者甚众。恺恍然自失矣。琉璃、珊瑚，乃西域、南海之物，既路途遥远，又丧乱荐臻，宇县分隔，致之甚艰，而晋初君臣，乃能多致之如此，其骄淫矜夸，可以想见。当时以奢侈闻者，如竟陵王楙、何曾、夏侯湛、任恺、贾谧、贾模等，其事迹皆见《晋书》本传。王浚功名之士，而史称其平吴之后，不复素业自居，玉食锦衣，纵奢侈以自逸。习俗之移人，可谓深矣。

奢侈之极而无以供，则不得不竞为聚敛。如义阳成王望，《望传》云：望性俭吝，而好聚敛。身亡之后，金帛盈溢，以此获讥。望孙奇，亦好畜聚，不知纪极。遣三部使到交、广商货，为有司所奏，贬为三纵亭侯。和峤、杜预称峤有钱癖，见《预传》，亦见《峤传》。《王济传》云：峤性至俭。家有好李，武帝求之，不过数十。济候其上直，率少年诣园共啖，毕，伐树而去。王戎等是也。《戎传》云：性好兴利。广收八方园、田、水碓，周遍天下。积实聚钱，不知纪极。每自执牙筹，昼夜算计，恒若不足。而又俭啬，不自奉养。天下人谓之膏肓之疾。又云：家有好李，常出货之，恐人得种，恒钻其核。以此获讥于世。

俭以持身者，殆为凤毛麟角。当时以俭称者：如高密王泰、下邳王晃、刘寔、山涛、华恒等是，皆见《晋书》本传。然泰子新蔡王腾，史称邺中虽府库虚竭，而腾资用甚饶。性俭啬，无所振惠。临急，乃赐将士米可数升，帛各数尺。人不为用，遂致于祸矣。甚至身当戎马之际，日迫危亡之机，而犹不能自振焉。如罗尚，史称蜀中风谣，谓其富拟鲁、卫，辞固多诬，见第三章第六节，然谓尚不富亦不可得也。又如王浚，《裴楷传》言石勒簿其官寮、亲属，皆赀至巨万。浚之所以败，未必不由此也。

流风所被，则虽贤者亦不能独立，而不得不随俗波靡矣。如杜预饷遗洛中贵要，荀晞厚遗都下亲贵是也，见第二章第一节。刘毅等数劾奏何曾侈汰无度，武帝一无所问。益州监军位缺，朝议用武陵大守杨宗及唐彬。武帝以问散骑常侍文立。立曰：“宗、彬俱不可失，然彬多财欲，而宗好酒，惟陛下裁之。”帝曰：“财欲可足，酒者难改。”遂用彬。盖其视贪侈，亦习焉而不以为怪矣。曷怪其口言节俭，而卒不能董之以齐斧哉？参看第二章第一节。

当时之贵戚、功臣，非惟侈靡而已，其敖很又特甚。如石崇因其帐下泄其作豆粥、韭萍齑及御牛之法而杀其人，又吹笛小不韵而杀其伎是也。骄侈之极，则见恶于人，而身亦不免。

《晋书·何曾传》言：曾每宴见，不食大官所设，帝辄命取其馔。又云：人以小纸为书者，敕记室勿报。曾子劭，骄奢简贵，亦有父风。劭庶兄遵，性亦奢汰。遵四子：嵩、绥、机、羡。史惟于嵩无贬辞。于绥则云：自以继世名贵，奢侈过度。性既轻物，翰札简敖。城阳王尼见绥书疏，谓人曰：“伯蔚居乱，而矜豪乃尔，岂其免乎？”刘舆、潘协谮之于东海王越，越遂诛绥。于机则云：性亦矜敖。责乡里谢鲲等拜。或戒之曰：“礼敬年爵，以德为主，令鲲拜势，惧伤风俗。”机不以为惭。于羡则云：既骄且吝，陵驾人物，乡板疾之如仇。

永嘉之末，何氏灭亡无遗焉，得谓之偶然乎？《石崇传》云：贾谧诛，崇以党与免官。时赵王伦专权，崇甥欧阳建，与伦有隙。崇有伎曰绿珠，美而艳，善吹笛。孙秀使人求之。崇尽出其婢妾数十人，曰：“在所择。”使者曰：“本受命指索绿珠，不识孰是？”崇勃然曰：“绿珠吾所爱，不可得也。”使者曰：“君侯博古通今，察远照迩，愿加三思。”崇曰：“不然。”使者出而又返，崇竟不许。秀怒，乃劝伦诛崇、建。夫其所以召祸，亦未始非其敖很有以致之也，岂真以一伎哉？孔子曰：“人皆曰予知，驱而纳诸罟擭陷阱之中而莫之知辟也。”当时贵势中人，轻浅寡虑如此，而欲任之以家国之重，安可得乎？此其所以五胡一起，遂如土崩瓦解而不可止欤？

元帝渡江，奢侈之风，未之有改。《晋书·纪瞻传》云：瞻厚自奉养。立宅于乌衣巷，馆宇崇丽，园池竹木，有足赏玩焉。《谢安传》云：安于土山营墅，楼观林竹甚盛。每携中外、子侄，往来游集，肴馔亦屡费百金。世颇以此讥焉，而安殊不以屑意。则虽贤者亦不免焉。安弟石，遂以聚敛无厌，取讥当世，不可谓非父兄之教不先也。

武人如陶侃、刘胤，见第三章第三节，第四章第三节。世族如王国宝等，国宝，述之孙，坦之之子也。史言其聚敛不知纪极。后房伎妾以百数。天下珍玩，充满其家。不知礼义者，自更不足责。恭谨志节之士，不随俗波靡者，如周𫖮、卞壸、褚裒、庾冰、桓冲、王恭、殷仲堪等，其为凤毛麟角，亦与西晋之世无以异也。南方之豪，其贪纵鄙吝者如周札等，亦与北方之士无异。《札传》云：性贪财好色，惟以业产为务。兵至之日，库中有精仗，外白以配兵，札犹惜不与，以敝者给之。其鄙吝如此。故士卒莫为之用。此与新蔡王腾，可谓双绝矣。《谢安传》言：元帝始镇建业，公私窘罄。每得一㹠，以为珍膳。顶上一脔尤美，辄以荐帝，群下未尝敢食，于时呼为禁脔。江东之穷困如此，而北来新人，溺于故习，南方旧族，率其弊俗如此，欲求振起得乎？

凡政治，每随风俗为转移，而欲以政治之力，矫正风俗者，则往往仅能收效于一时，此事之无可如何者也。然使惩劝有方，亦尚能收一时之效。而晋、南北朝之世，则并此而无之。《晋书·范宁传》：宁上书曰："人性无涯，奢俭由势。今并兼之士，亦多不赡。非力不足以厚身，非禄不足以富家，是得之有由，而用之无节。蒱博永日，驰骛卒年。一宴之馔，费过十金。丽服之美，不可赀算。盛狗马之饰。营郑、卫之音。南亩废而不垦。讲诵缺而无闻。凡庸竞驰，敖诞成俗。"其弊可谓深矣。

然不赡者岂不穷而思反，合第十二章第五节所引贺琛之言观之，而知整饬之非遂无术也。乃谢石之死，范弘之议谥曰襄墨，此徒以虚名贬斥，而时尚不能用，况其进于此者乎？《王述传》云：述家贫，求试宛陵令，颇受赂遗，而修家具。为州司所检，有一千三百条。王导使谓之曰："名父之子，不患无禄，屈临小县，甚不宜尔。"述答曰："足自当止。"时人未之达也。比后屡居州郡，清洁绝伦。禄赐皆散之亲故。宅宇旧物，不革于昔。始为当时所叹。犯法至千三百条，而犹为当时所叹，可见时俗之波靡矣。而王导之徇私纵恶，其所犯，又奚啻千三百条而已哉？

纵侈之为，固多出于贵势，然纪纲既紊，则亦将延及平民。《宋书·周朗传》：世祖即位，普责百官谠言。朗上书曰："一体炫金，不及百两；一岁美衣，不过数袭；而必收宝连椟，集服累笥。逮至婢竖，皆无定科。一婢之身，重婢以使；一竖之家，列竖以役。瓦金、皮绣、浆酒、藿肉者，不可称纪。至有列軿以游敖，饰兵以驱叱，不亦重甚哉？且细作始并，以为俭节，而市造华怪，即传于民。如此，则迁也，非罢也。凡厥庶民，制度日侈。商贩之室，饰等王侯；佣卖之身，制均妃后。一袖之大，足断为两；一裙之长，可分为二。见车马不辨贵贱，视冠服不知尊卑。尚方今造一物，小民明已睥睨；宫中朝制一衣，庶家晚已裁学。侈丽之原，实先宫阃。"

梁武帝中兴二年下令曰："自永元失德，国命朝权，尽移近习。贩官粥爵，贿货公行。并甲第康衢，渐台广室。长袖低昂，等和戎之赐。珍羞百品，同伐冰之家。愚人因之，浸以成俗。骄艳竞爽，夸丽相高。至乃市井之家，貂狐在御；工商之子，缇绣是袭。日入之次，夜分未反；昧爽之朝，期之清旦。"可见侈靡之风，渐染氓庶矣。

武人不知礼义，所欲者不出于声色货利之间，故开创之后，不继之以文教者，敝俗必不能革。刘穆之，宋开国元臣也，而自奉不免奢豪；参看第九章第七节。《宋书》本传云：穆之性奢豪，食必方丈。尝白高祖曰："穆之家本贫贱，赡生多缺。自叨忝以来，虽每存约损，而朝夕所须，微为过丰。自此以外，一豪不以负公。"王镇恶，亦当时名将也，而入关哀敛无极。《镇恶传》云：是时关中丰全，仓库殷积。镇恶极意收敛。子女玉帛，不可胜计。高祖以其功大，不问也。此后贵戚、武人之伦，抑更不足论矣。宗室中如梁之诸王，已见第十二章第五节。此外如宋南郡王义宣、竟陵王诞、齐萧景先之子毅、陈始兴王叔陵；世族如谢灵运、虞悰；国戚、功臣之后，如宋之徐湛之、何勖、孟灵休，齐之到㧑等；史皆言其纵侈。武人如沈攸之，见第九章第九节。张敬儿，见第十章第一节。鱼弘、羊侃，见第十二章第五节。又沈庆之、夏侯夔、孙玚等，其事迹皆见本传。

世族既骄淫矜夸，其人遂不足用，乃不得不任所谓佞幸者流。此辈出身虽微，而既小有才，能把握事权，则其势焰熏灼，臧污狼籍，又非世族之无能为者比也。参看第九章第三节，第十章第四节。开创之君，大率多有俭德，然不一再传，即复流于纵侈。参看第九章第七节，第十章第四节。甚至迫其臣以贡献，《宋书·后妃传》云：大宗为后废帝立江皇后为妃，讽朝士、州郡令献物，多者将及百金。始兴大守孙奉伯止献琴书，其外无余物。上大怒，封药赐死，既而原之。《南史·齐武帝诸子传》云：南康王子琳，以母宠故，最见爱。大尉王俭因请婚。武帝悦而许之。群臣奉宝物、名好，尽直数百金。武帝为之报答，亦如此。盖几成例举矣。《崔慧景传》云：每罢州，辄倾赀献奉，动至数百万，武帝以此嘉之。《垣闳传》云：孝武帝即位，以为交州刺史，时交土全实，闳罢州还，赀财巨万。孝武末年贪欲，刺史二千石罢任还朝，必限使献奉，又以蒱戏取之，要令罄尽乃止。《魏书·岛夷传》云：梁武所部刺史、郡守，初至官者，皆责其上礼。献物多者，便云称职。所贡微少，言其弱惰。故其牧守在官，皆竞事聚敛，劫剥细民，以自封殖。多伎妾、粱肉、金绮。百姓怨苦，咸不聊生。梁武未必贪取于下，然其政事既废弛，则积习亦不易改也。

或取之以樗蒲，樗蒲永日，最为恶习，然在当时，几上下皆习之。《晋书·陶侃传》言：诸参佐或以谈戏废事者。乃命取其酒器、蒱博之具，悉投之于江。吏将则加鞭朴。曰："樗蒲者，牧猪奴戏耳。"可见东渡之初，此风已甚，后乃更借之以取财。《桓玄传》云：性贪鄙，好奇异。尤爱宝物，珠玉不离于手。人士有法书、好画及园、宅者，悉欲归己。犹难逼夺之，皆蒱博而取，当时如是者必非玄一人。《南史·朱修之传》云：修之立身清约。百城贶赠，一无所受。惟以蛮人宜存抚纳，有饷皆受。辄与佐史赌之，未尝入己。可见时俗渐靡，不以为非。《颜师伯传》云：孝武尝与师伯樗蒲，帝掷得雉。大悦，谓必胜。师伯后得卢。帝失色。师伯遽敛子曰："几得卢。"尔日师伯一输百万，此与逼夺又何异邪？且此风无间南北。《魏书·食货志》：和平二年冬，诏出内库绫、绵、布、帛二十万匹，令内外百官分曹赌射，此已为非礼。《北史·王思政传》：周文帝曾在同州与群公宴集，出锦、罽及杂绫、绢数千段，令诸将樗博取之。物尽，周文又解所服金带，令诸人遍掷，曰："先得卢者即与之。"则其恶风全与南朝无异矣。或径出于劫夺。《齐书·到㧑传》：㧑资藉豪富，厚自奉养。宅宇山池，京师第一。伎妾姿艺，皆穷上品。爱伎陈玉珠，明帝遣求不与，逼夺之。㧑颇怨望。帝令有司诬奏㧑罪，付廷尉，将杀之。㧑入狱数宿，须鬓皆白。免死系尚方。夺封与弟贲。㧑由是屏斥声玩，更以贬素自立。又《刘悛传》：悛既藉旧恩，尤能悦附人主，承迎权贵。宾客闺房，供费奢广。罢广、司二州，倾资贡献，家无留储。在蜀作金浴盆，余金物称是。罢任，以本号还朝，欲献之，而世祖晏驾。郁林新立，悛奉献减少。郁林知之，讽有司收悛付廷尉，将加诛戮。高宗启救之，见原，禁锢终身。又《张欣泰传》：父兴世，元徽中在家，拥雍州还资见钱三千万。苍梧王自领人劫之，一夜垂尽。兴世忧惧，感病卒。群下效之，相驱成俗。《南史·王僧达传》：为吴郡大守。吴郡西台寺多富沙门，僧达求须不称意，乃遣主簿顾旷率门义劫寺内沙门竺法瑶，得数百万。《北齐书·文襄六王传》：渔阳王绍信，行过渔阳，与大富人钟长命同床坐。大守郑道盖谒，长命欲起，绍信不听，曰："此何物小人，而主人公为起？"乃与长命结为义兄弟，妃与长命妻为姊妹。责其阖家幼长，皆有赠贿。钟氏因此遂贫。此亦与劫夺无以异也。

观于南北朝之弊风，而知罔不小大，草窃奸宄之非虚言也。京邑如此，边方自更无忌惮。《宋书·刘秀之传》言：梁、益二州，土境丰富，前后刺史，莫不大营聚畜，多者致万金。所携宾寮，并京邑贫士，出为郡县，皆以苟得自资。罗研言蜀中之民，百家为村，不过数家有食，见第十一章第四节。盖有由也。《南史·梁宗室传》言：邓元起在蜀，崇于聚敛，金玉珍物为一室，名曰内藏，绮縠锦绣为一室，号为外府。此盖萧渊藻诬蔑之辞。参看第十一章第四节。《梁书》无此语，盖知其不足信而不之采也。然亦必宦蜀者贪取已甚，乃能为是诬辞也。

梁、益如斯，交、广更不必论，其屡招外寇而激起土人之怨叛，亦宜矣。参看第十六章第二、第三节。

侈费甚则所入虽丰，仍苦不足，乃不得不厚自封殖。梁临川王夺人田宅、邸店，已见第十二章第五节。石崇之败也，有司簿阅崇水碓至三十余区，仓头八百余人，他珍宝、货贿、财物称是。其仓头，盖即使管治田宅、水碓等者，非以供使令也。参看第十八章第四节。田园之盛，观前所述谢氏世业，即可见之。见第十七章第二节。而此曹又多封固山泽，详见下节。《齐书·虞悰传》，言其治家富殖，奴婢无游手。《魏书·毕众敬传》，言其善持家业，尤能督课田产，大致储积。知当时豪富之徒，能持筹握算若王戎者，为不少矣。

沈庆之广开田园之业，每指地示人曰："钱尽在此中兴。"郑羲西门受羊酒，东门沽卖之。此盖田舍翁所不忍言，商贾人所不屑为，而当时士大夫，讼言之公行之而不以为耻。"民之轻死，以其奉生之厚"，盖亦有迫于不得已者在邪？梁之萧琛，频莅大郡，不治产业，有缺则取，不以为嫌，此所谓随身用度，悉仰于官也，古人如此者多。此已为贤者。周王思政不营赀产，尝被赐园池，出征后家人种桑果，及还，命左右拔而弃之，亦尚不失武士之风。若乃徐勉，虽居显贵，不营产业，家无蓄积。尝为书诫其子崧曰："显贵以来，将三十载。门人故旧，亟荐便宜：或使创辟田园，或劝兴立邸店，又欲舳舻运致，亦令货殖聚敛，若此众事，皆距而不纳，非谓拔葵、去织，且欲省息纷纭。"则一人而已矣。

既以不足为患，自不得不流于吝啬。案当时士夫，家口率多，参看第十七章第二节。江南士夫，又无田业，惟资俸禄以为食，见《颜氏家训·涉务篇》。其患不足，理固宜然。治生纤悉，容或势不得已，非尽可以为讥议。

《南史·王琨传》云：俭于财用。设酒不过两碗，辄云此酒难得。盐、豉、姜、蒜之属，并挂屏风；酒、浆悉置床下，内外有求，琨手自赋之。此非其性癖，即必有所不得已也。

《陈书·沈众传》云：众性吝啬。内治产业，财帛以亿计。无所分遗。其自奉养甚薄。每于朝会之中，衣裳破裂，或躬提冠屦。永定二年，兼起部尚书，监起大极殿，恒服布袍、芒屩，以麻绳为带，又携干鱼蔬菜饭独啖之。朝士共诮其所为。众性狷急，于是忿恨。遂历诋公卿，非毁朝廷。高祖大怒。以众素有令望，不欲显诛之，后因其休假还武康，遂于吴中赐死。众之死，有他故否难考，假其不然，亦以狷急致祸。史所采者积毁之辞，不足信也。

《魏书·崔亮传》：亮从父弟光韶，家足于财，而性俭吝，衣马敝瘦，食味粗薄。始光韶在都，同里人王蔓，于夜遇盗，害其二子。孝庄诏黄门高道穆；令加检捕。一坊之内，家别搜索。至光韶宅，绫、绢、钱、布，匮箧充积。议者讥其矫啬。然又云：其家资产，皆光伯所营，光伯亡，悉焚其契。河间邢子才，曾贷钱数万，后送还之。光韶曰："此亡弟相贷，仆不知也。"竟不纳。则光韶必非矫啬之人也。

又《张烈传》云：弟僧皓，好营产业，孜孜不已。藏镪巨万，他资亦称是。兄弟自供俭约，车马瘦敝，身服布裳，而婢妾纨绮。僧皓尤好蒲弈，戏不择人。是以获讥于世。则其兄弟皆非不用财之人，特不好饬车服耳。清节易招嫉忌；欲沾润泽而不得者，尤易造为诬谤之辞；不可不分别观之也。

然如北方之崔和，埋钱数百斛，母思堇惜钱不买，而其子乃盗钱百万亡走；又如《颜氏家训》所云邺下领军，朝夕肴膳，以十五钱为率者，见上节。后坐事伏法，籍其家产，麻鞋一屋，敝衣数库，其余财宝，不可胜言，则虽欲不谓之为吝啬而不可得矣。然真有俭德者，亦易见毁于人。朱修之之去荆州，秋豪无犯。计在州然油及牛、马、谷、草，以私钱十六万偿之，可不谓廉乎？

乃其《传》又云：性俭刻，少恩情。姊在乡里，饥寒不立，修之未尝供赡。尝往视姊，姊欲激之，为设菜羹粗饭。修之曰："此乃贫家好食。"致饱而去。先是新野庾彦达为益州刺史，携姊之镇，分禄秩之半以供赡之，西土称焉。耗公家之财以奉其姊，孰与躬履俭素，与九族同之之为爱人以德？史之所云，谓非恶直丑正得乎？

《魏书·良吏传》言：杜纂历任好行小惠，疏食敝衣，多涉诬矫，而轻财洁己，终无受纳，为百姓所思。夫轻财洁己，终无受纳，廉吏也，惟俭可以养廉，非疏食敝衣，安克致此？而乃以为诬矫，不亦难乎？然则清德之士，若宋之孔觊、顾觊之；齐之刘善明；梁之周舍、徐勉、江革、到溉、顾宪之、孙谦、夏侯亶；周之苏绰等；终不能谓非贤于人者也。

北方之俗，大体较南方为俭。

《颜氏家训·治家篇》云："生民之本，要稼穑而食，桑麻以衣。疏果之蓄，园场之所产。鸡豚之善，埘圈之所生。爰及栋宇、器械，樵苏、脂烛，莫非种植之物也。能守其业闭门而为生之具以足，但家无盐井耳。今北土风俗，率能躬俭节用，以赡衣食。江南奢侈，多不逮焉。"其明征矣。然此亦以大较言之，若居要势者之侈汰，则北朝初未未减于南朝，且恐其纵恣尤甚。虏本不知礼义，惟以富厚相夸。观其兼并他国，惟事略夺；有来朝贡，则肆诛求之可知。《魏书·食货志》云：自大祖定中原，世祖平方镇，收获珍宝，府藏盈积。又云：自魏德既广，西域、东夷，贡其珍物，充于王府。

《魏书·蠕蠕传》云：大和元年，遣莫河去汾比拔等来献良马、貂裘。比拔等称："伏承天朝珍宝，华丽甚积，求一观之。"乃敕有司：出御府珍玩、金玉、文绣、器物，御厩文马、奇禽、异兽，及人间所宜用者，列之京肆，令其历观焉。比拔见之，自相谓曰：大国富丽，一生所未见也。观此记载，而索虏之风尚可见矣。

职是故，其人亦惟知贪取。元志晚年耽好声伎，在扬州日，侍侧将百人。器服珍物，冠于一时。及在雍州，逾尚奢侈，聚敛无极。元晖在宣武世，深被亲宠。迁吏部尚书。纳货用官，皆有定价。天下号曰市曹。出为冀州刺史。下州之日，连车载物，发信都至汤阴间，首尾相属，道路不断。其车少脂角，即于道上所逢之牛，生截取角，以充其用。公孙轨之死也，大武谓崔浩曰："吾过上党，父老皆曰：公孙轨为将，受货纵贼，使至今余奸不除。其初来单马执鞭，及去，从车百两，载物而南。"刘洁既居势要，擅作威福。拔城破国，聚敛财货者，与洁分之。其败也，籍其家产，财盈百万。视俘掠所得为利薮，而君臣上下，共朋分之，此真鲜卑之文化也。

其嬖幸阉宦之纵恣，实亦更甚于南朝，读第十一章第一节、第十二章第二节可知。《周书·儒林传》载乐逊陈时宜之言曰："顷者魏都洛阳，一时殷盛。贵势之家，各营第宅。车服、器玩，皆尚奢靡。世逐浮竞，人习浇薄。终使祸乱交兴，天下丧失。"又言："其时富贵之家，为意稍广。无不资装婢隶，作车后容仪。服饰华美，眩耀街衢。使行者辍足，路人倾盖。"而《艺术传》载黎季明上书，且谓"汉文帝后官所幸，衣不曳地，方之今日富室之饰，曾不如婢隶之服"。是时关中实较东方为贫瘠，而其侈靡犹如此，而东方之俗可想矣。

第三节　地权不均情形

晋、南北朝时，豪族贵人，可谓极其奢侈，问其财自何来，则地权之不均，其大端也。近人钱氏穆曰：汉世租额，系十五税一，或三十税一。魏、晋租额，则《晋书·傅玄传》言：玄于泰始四年上便宜，云：“旧兵持官牛者，官得六分，士得四分；自持私牛者，与官中分。施行来久，众心安之。今一朝减持官牛者官得八分，士得二分；持私牛及无牛者，官得七分，士得三分。人失其所，必不欢乐。”

又《慕容皝载记》：皝以牧牛给贫家田于苑中，公收其八，二分入私。有牛而无地者，公收其七，三分入私。皝记室参军封裕谏，谓“魏、晋虽道消之世，犹削百姓不至于七八。持官牛田者，官得六分，百姓得四分；私牛而官田者，与官中分，百姓安之，人皆悦乐。”是魏、晋收租，以什六、什五为常，什七、什八为酷，盖私家租额本如是，官乃从而效之也。

至一人所种田数，及其所入租数，则可据屯田之制推之。《三国·魏志·邓艾传》，载艾策屯田之语曰：“令淮北二万人，淮南三万人，十二分休，常有四万人且田且守。计除众费外，岁完五百万斛，以为军资。六七年间，可积三千万斛于淮上。”四万人岁完五百万斛，是人岁输百二十五斛，此盖取其全数。《宋书·良吏·徐豁传》：豁为始兴大守，上言郡大田武吏，年满十六，便课米六十斛；十五以下至十三，皆课米三十斛。魏李彪请立农官，取州郡户十分之一，以为屯人，一夫之田，岁责六十斛；事在大和十二年，寻施行焉，见《魏书·食货志》。则半取之也。王莽谓豪民侵陵，分田劫假，厥名三十，实十税五，是时之政府，实自为豪民也。盖大乱之后，农民无所托命，不得不依附豪强，豪强遂因而虐取之，田虽非其所有，而取之遂同于其所有。至于屯田，则政府将无主之田，收为已有，分赋军人耕种，土地之所有权，又移于政府手中，故其取之又同于私租也。

晋武平吴，制户调之式。《晋书·食货志》述其制云：“丁男之户，岁输绢三匹，绵三斤。女及次丁男为户者半输。其诸边郡，或三分之二，远者三分之一。夷人输賨布，户一匹，远者或一丈。男子一人，占田七十亩，女子三十亩。其外：丁男课田五十亩，丁女二十亩；次丁男半之；女则不课。”男女占田合百亩，即古一夫百亩之制。其外二字，承上绵、绢之输而言，乃百亩之内以七十亩为课田，非百亩之外别给以七十亩，此仍是十七之税。其时又有官品占田之制：品第一者五十顷，第二品四十五顷，第三品四十顷，第四品三十五顷，第五品三十顷，第六品二十五顷，第七品二十顷，第八品十五顷，第九品十顷。又各以品之高卑，荫其亲族，多者及九族，少者三世。宗室、国宾、先贤之后及士人子孙亦如之。而又得荫人以为衣食客及佃客。见第十八章第四节。东渡后仍袭其制。

《隋书·食货志》谓都下人多为诸王公、贵人左右、佃客、典计、衣食客之类，皆无课役。其佃谷，皆与大家量分。客皆注家籍。此非授强宗豪族以私占之权，乃括其先已私占者以归于公，而为定一私占最多之数耳。此时租税：《晋书·食货志》云：咸和五年，成帝始度百姓田，取十分之一，亩税米三升。哀帝即位，乃减田租，亩收二升。孝武大元二年，除度田收租之制，王公已下，口税三斛。八年，又增税米口五石。亩税三升，为十分取一，则口税三斛，乃视为有田百亩。然王公有田必不止此数，其取诸佃户者，亦必不止什一，则仍获邀宽典也。

魏之所以救是失者，则为孝文时所行均田之制。《魏书·食货志》云："诸男夫十五以上，受露田四十亩。妇人二十亩。奴、婢依良丁。牛一头，受田三十亩。限四牛。所受之田率倍之，三易之田再倍之，以供耕作及还受之盈缩。诸民年及课则受田，老免及身没则还田。奴婢、牛随有无以还受。诸桑田不在还受之限，但通入倍田分。于分虽盈，没则还田，不得以充露田之数。不足者以露田充倍。

诸初受田者，男夫一人，给田二十亩，课莳余种：桑五十树，枣五株，榆三根。非桑之土，夫给一亩，依法课莳榆枣。奴各依良。限三年种毕。不毕，夺其不毕之地。于桑、榆地分杂莳余果及多种桑、榆者不禁。诸应还之田，不得种桑、榆、枣、果，种者以违令论，地入还分。

诸桑田皆为世业，身终不还。恒从见口，有盈者无受无还，不足者受种如法。盈者得卖其盈，不足者得买所不足。不得卖其分，亦不得买过所足。诸麻布之土，男夫及课，别给麻田十亩。妇人五亩。奴婢依良。皆从还受之法。诸有举户老小、癃残无授田者，年十一已上及癃者，各授以半夫田。年逾七十者，不还所受。寡妇守志者，虽免课，亦授妇田。诸还受民田，恒以正月。若始受田而身亡，及卖买奴婢、牛者，皆至明年正月，乃得还受。诸土广民希之处，随力所及。官借民种莳，役有土居者，依法封授。诸地狭之处，有进丁授田而不乐迁者，则以其家桑田为正田分。又不足，不给倍田。又不足，家内人别减分。无桑之乡，准此为法。

乐迁者听逐空荒，不限异州他郡。惟不听避劳就逸。其地足之处，不得无故而移。诸民有新居者，三口给地一亩，以为居室。奴婢五口给一亩。男女十五以上，因其地分，口课种菜五分亩之一。诸一人之分，正从正，倍从倍，不得隔越他畔。进丁受田者，恒从所近。若同时俱受，先贫后富。再倍之田，放此为法。诸远流、配谪、无子孙及户绝者，墟宅、桑榆、尽为公田，以供授受。授受之次，给其所亲。未给之间，亦借其所亲。诸宰民之官，各随地给公田：刺史十五顷，大守十顷，治中、别驾各八顷，县令、郡丞六顷。更代相付，卖者坐如律。”此为井田废坠以后疆理土田之一大举。其所由然，则与豪强争民也。

均田之制，与三长并行。三长之制，《食货志》述之云：魏初不立三长，故民多荫附。荫附者皆无官役。豪强征敛，倍于公赋。大和十年，给事中李冲上言：“宜准古五家立一邻长，五邻立一里长，五里立一党长。长取乡人强谨者。邻长复一夫，里长二，党长三。所复，复征戍，余若民。三载亡愆，则陟之一等。

其民调：一夫一妇帛一匹，粟二石。民年十五以上未娶者，四人出一夫一妇之调。案人帛四分之一匹，则一丈。粟五斗。奴任耕、婢任绩者，八口当未娶者四。案人帛八分之一匹，则五尺，粟二斗五升。耕牛二十头，当奴婢八。案耕牛一头，所出当奴婢一口所出十之四，则为帛二尺，粟一斗。《晋书·食货志》：杜预上疏，请分典虞、右典牧种牛付兖、豫二州将吏、士庶，谷登之后，头责三百斛。所分兼及士庶，必无全取之如前所言为百二十五斛之理。以六十斛计，则牛力五倍于人矣。故魏之所取于耕牛者至薄也。其麻布之乡，一夫一妇布一匹。下至牛，以此为降。案未娶者四之一则一丈，奴婢八之一则五尺。牛二尺。大率十匹为工调，二匹为调外费，三匹为内外百官俸，此外杂调。民年八十以上，听一子不从役。孤独、癃、老、笃疾、贫穷不能自存者，三长内迭养食之。”

书奏，诸官通议，称善者众。高祖从之。于是遣使者行其事。乃诏曰：“自昔以来，诸州户口，籍贯不实。包藏隐漏，废公罔私。富强者并兼有余，贫弱者糊口不足。赋税齐等，无轻重之殊。力役同科，无众寡之别。虽建九品之格，而丰埆之土未融。虽立均输之楷，而蚕绩之乡无异。致使淳化未树，民情偷薄。朕每思之，良怀深慨。今改旧从新，为里党之法。在所牧守，宜以喻民，使知去烦即简之要。”初百姓咸以为不若循常，豪富并兼者尤弗愿也。事施行后，计省昔十有余倍。于是海内安之。

《冲传》云：旧无三长，惟立宗主督护，所以民多隐冒。五十、三十家，方为一户。冲以三正治民，所由来远，于是创三长之制而上之。文明大后览而称善。引见公卿议之。中书令郑羲、秘书令高祐等不以为然。大尉元丕，则谓：“此法若行，公私有益。”而众又咸称：“方今有事之月，校比民户，新旧未分，民必劳怨。请过今秋，至冬闲月，徐乃遣使，于事为宜。”冲曰：“若不因调时，百姓徒知立长校户之勤，未见均徭省赋之益，心必生怨。宜及课调之月，令知赋税之均。既识其事，又得其利，因民之欲，为之易行。”著作郎傅思益又驳之。大后曰：“立三长则课有常准，赋有恒分；包荫之户可出，侥幸之人可止；何为而不可？”群议虽有乖异，然惟以变法为难，更无异议。遂立三长。公私便之。

案《食货志》言：大和八年，始准古班百官之禄，以品第各有差。先是天下户以九品混通，户调帛二匹，絮二斤，丝一斤，粟二十石。又入帛一匹二丈，委之州库，以供调外之费。至是，户增帛三匹，粟二石九斗，以为官司之禄。后增调外帛满二匹。如所言，以依旧制而征敛倍于公赋计之，包荫之家，可赢得帛七匹，絮四斤，丝二斤，粟四十石。若如新制所收，除完官调外，尽入包荫之家，则包荫三十家者，可得帛二十六匹半，粟四十石；包荫五十家者，可得帛四十六匹，粟八十石，宜乎其富厚矣。此均田之制，所以为与豪强大争其民也。

《李安世传》载安世疏曰：“窃见州郡之民，或因年俭流移，弃卖田宅，漂居异乡，事涉数世，三长既立，始返旧墟，庐井荒毁，桑榆改植，事已历远，易生假冒。强宗豪族，肆其侵陵，远认魏、晋之家，近引亲旧之验。又年载稍久，乡老所惑；群证虽多，莫可取据。各附亲知，互有长短。两证徒具，听者犹疑。争讼迁延，连纪不判。良畴委而不开，柔桑枯而不采。侥幸之徒兴，繁多之狱作。欲令家丰岁储，人给资用，其可得乎？愚谓今虽桑井难复，宜更均量。审其径术。令分艺有准，力业相称。细民获资生之利，豪右靡余地之盈。则无私之泽乃播均于兆庶；如阜如山，可有积于比户矣。又所争之田，宜限年断。事久难明，悉属今主。然后虚妄之民，绝望于觊觎；守分之士，永免于陵夺矣。”

《传》云：“高祖深纳之。后均田之制，起于此矣。”案均田之制，在大和九年，三长之立，在其十年二月，《疏》云三长既立，而《传》云均田之制起此，似乎有误。窃疑此《传》所云均田，非指九年定制，乃三长既立，民返旧墟，豪强不便而扞格之，犹欲肆其侵陵劫假之旧，安世乃复以为言，魏朝从之，立为年断，使事久难明者，悉属今主，俾贫民亦有田可耕，以是谓之均田也。世皆谓西晋户调之式，元魏均田之法，惟大乱之后，土田乏主，乃可行之。

今观魏之授田：一夫一妇，不及百亩，必土广民希，乃许随力所及；狭地则有以桑田为正，不给倍田，人别减受之法；即未至此，而同时授田，亦必先贫后富；可见中原之地，闲土无多。盖其所授者，本即其人之所耕，特其所属，并不分明，豪强获倍赋之利，则听其耕种，及其不获包荫，则将远认魏、晋之家，近引亲旧之验而争之，以如是而获直，则田复为其所有，而可遂其侵陵劫假之私也。然则均田制之所为，不过于细民所耕种者，确定二十亩为其所有，此外又给之以四十亩，俾免其求乞于豪强耳。此均田之制，所以为与豪强大争其民也。

然政府于豪贵之多田者，亦不夺之。钱氏又云："丁牛有限，而奴婢无限，又授田率一倍再倍。以一夫一妇、十奴、四牛计，其田已在千亩外。又北齐河清三年，令奴婢受田者：亲王止三百人，嗣王止二百人，第二品嗣王已下及庶姓王止一百五十人，正三品已上及王宗止一百人，七品已上，限止八十人，八品已下至庶人，限止六十人。案亦见《隋书·食货志》。据此以推元魏，可见奴婢受田者之多；且北齐尚有限制，而元魏则无之。

又《常爽传》谓三长皆豪门多丁为之，则政府之于豪强，虽夺其隐蔽私敛之权，初未尝使之屈居人下也。"虽与豪强大争其民，而其行之初不甚激，此其所以不至激成相抗之局欤？然举数百年来私擅于豪强之土地、人民而悉出之，终不可不谓之贤矣。以上引钱氏之论，见其所著《国史大纲》第十九、第二十两章（商务印书馆本）。惟皆系推衍其意，非录元文耳。

《颜氏家训》谓北土风俗，率能恭俭节用，以赡衣食，盐井而外，闭门而为生之具已足，已见上节。又云："江南朝士，因晋中兴南渡江，至今八九世，未有力田，悉资奉禄而食耳。假令有者，皆信僮仆为之。未尝目观起一拨土，耘一株苗；不知几月当种，几月当收；安识世间余务乎？"《涉务篇》。然则江南士夫，其于田业，实远在北方之下。《南史·江秉之传》：人有劝其营田，秉之正色答曰："食禄之家，岂可与农人竞利？"即之推之说之证也。前节所引沈庆之、虞悰等善于经纪者，盖不多观矣。

然虽不自经纪，而务广其封略者仍不少。《梁书·后妃传》：天监十一年，高祖于钟山造大爱敬寺。大宗简皇后王氏父骞，旧墅在寺侧，有良田八十余顷，即晋丞相王导赐田也。高祖遣主书宣旨，就骞求市，欲以施寺。骞答旨云："此田不卖。若是敕取，所不敢言。"酬对又脱略。高祖怒，遂付市评田价，以直逼还之。此其一事。

此或出于保守先业之意，然亦有借以营利者。《晋书·李班载记》：班以"古者垦田均平，贫富获所。今贵者广占荒田，贫者种殖无地，富者以己所余而卖之，此岂王者大均之义乎？"雄纳之。《梁书·武帝纪》：大同七年，诏谓："顷者豪家富室，多占取公田，贵价僦税，以与贫民。伤时害政，为蠹已甚。自今公田悉不得假与豪家。”详见第十二章第五节。此即所谓豪强侵陵，分田劫假者。

故虽不能自行田作，而以贵势逼夺民地者仍有之。如颜延之启买人田，拒捍余直，垂及周年，为尚书左丞荀赤松所奏是也。大抵膏腴之地，争夺者多，贫瘠之区，则又皆弃而不顾。孔灵符以山阴土地褊狭，民多田少，表徙无赀之家，见第十七章第四节。而江夏王义恭谓缘湖居民，鱼鸭为业，及有居肆，理无乐徙。义恭以是驳灵符，适足证山阴之田，尽为豪富所擅耳。《晋书·隐逸传》：郭翻家于临川，居贫无业，欲垦荒田，先立表题，经年无主，然后乃作，又可见荒瘠之区之无人过问也。

土田而外，豪富之于山泽，占据尤多。《晋书·职官志》言：“名山大泽不以封；盐、铁、金、银、铜、锡，始平之竹园，别都宫室、园囿，皆不为属国。”则山泽之不容封禁可知。此等禁令，历代有之。如《元帝纪》：建武元年七月，弛山泽之禁；《安帝纪》：义熙九年四月，弛湖池之禁皆是。

《宋书·武帝纪》：先是山湖川泽，皆为豪强所专，小民薪采渔钓，皆责税直，至是禁断之，即义熙九年事也。先一年，武帝至江陵，下书曰：“州、郡、县屯田、池塞，诸非军国所资，利入守、宰者，今一切罢之。”其整顿不为不力。然文帝元嘉十七年诏言：“山泽之利，犹或禁断。”则禁令等于具文矣。

《宋书·羊玄保传》云：玄保兄子希，大明初为尚书左丞。时扬州刺史西阳王子尚上言：“山湖之禁，虽有旧科，民俗相因，替而不奉。熂山封水，保为家利。自顷以来，颓弛日甚。富强者兼岭而占，贫弱者薪苏无托。渔采之地，亦又如兹。”有司检壬辰诏书：“占山护泽，强盗律论，赃一丈以上皆弃市。”希以“壬辰之制，其禁严刻，事既难遵，理与时弛。而占山封水，渐染复滋，更相因仍，便成先业，一朝顿去，易致嗟怨。今更刊革，立制五条。凡是山泽，先常熂爈，种养竹木、杂果为林；及陂湖江海，鱼梁、鳅鮆场，常加功修作者；听不追夺。官品第一、第二听占山三顷，第三、第四品二顷五十亩，第五、第六品二顷，第七、第八品一顷五十亩，第九品及百姓一顷。皆依定格，条上赀簿。若先已占山，不得更占；先占缺少，依限占足。若非前条旧业，一不得禁。犯者水、土一尺以上，并计赃依常盗律论。停除咸康二年壬辰之科。”从之。此制可谓极其迁就。

然大明七年七月诏言：“前诏江海、田池，与民共利，历岁未久，浸以弛替。名山大川，往往占固，有司严加检纠，申明旧制。”则犹之具文也。齐高帝初即位，崔祖思陈政事，即以“时罢山泽之威禁，深抑豪右之专擅”为言。建元元年四月，诏：“二宫诸王，悉不得营立屯邸，封略山湖，大官池籞，官停岁入，优量省置。”郁林王之立，亦省御府及无用池、田、邸、冶。梁武帝天监七年，有“公家屯戍，封炕者悉开常禁”之诏。大同七年，又“禁公私传屯邸冶，爰至僧尼，越界禁断”。详见第十二章第五节。然凡所禁止，实多成虚言。

《晋书·刘弘传》：旧制，岘、方二山泽中，不听百姓捕鱼。弘下教曰：“《礼》名山大泽不封，今公私并兼，百姓无复厝手地，当何谓邪？速改此法。”《王湛传》：子承，迁东海大守。小吏有盗池中鱼，纲纪推之。承曰：“文王之囿，与众共之，池鱼复何足惜邪？”承族子峤，王敦请为参军。敦在石头，欲禁私伐蔡洲荻，以问群下。时王师新败，士庶震惧，莫敢异议。峤独曰：“中原有菽，庶人采之，百姓不足，君孰与足？若禁人樵采，未知其可。”敦不悦。

《梁书·傅昭传》：出为临海大守。郡有蜜岩，前后大守，皆自封固，专收其利。昭以周文之囿，与百姓共之，大可喻小，乃教勿封。《陈书·宗元饶传》：迁御史中丞。时合州刺史陈裒，臧污狼籍。遣使就渚敛鱼，又于六郡乞米。元饶劾奏之。《南史·任昉传》：出为新安大守。郡有蜜岭及杨梅，旧为大守所采。昉以冒险多物故，即时停绝。吏人咸以百年未之有也。此官吏之固护者也。

《晋书·刁协传》：刁氏素殷富，奴客纵横，固吝山泽，为京口之蠹。《宋书·蔡兴宗传》：会稽多诸豪右，不遵王宪；又幸臣近习，封略山湖，妨民害治，兴宗皆以法绳之。

《孔灵符传》：灵符家本丰，产业甚广。又于永兴立墅，周回三十三里，水陆地二百六十五顷，含带二山。又有果园九处。为有司所纠。诏原之。而灵符答对不实，坐免官。

《谢灵运传》：会稽东郭有回踵湖，灵运求决以为田。大祖令州郡履行。此湖去郭近，水物所出，百姓惜之。大守孟顗，坚执不与。灵运既不得回踵，又求始兴岯蝗湖为田。顗又固执。灵运谓顗非存利民，正虑决湖多害生命，顗信佛。言论毁伤之。与顗遂构仇隙。

《梁书·顾宪之传》：行婺州事。时齐司徒竟陵王，于宣城、临城、定陵三县界立屯，封山泽数百里，禁民樵采。宪之固陈不可，言甚切直。王答曰：“非君无以闻此德音。”即命无禁。此贵豪之固护也。南方如是，北方亦然。

《晋书·石季龙载》记言：季龙解西山之禁，蒲苇、鱼、盐，除岁供之外，皆无所固。公、侯、卿、牧，不得规占山泽，夺百姓之利。又《慕容暐载记》言：慕容评性贪鄙，障固山泉，卖樵鬻水，积钱绢如丘陵。《苻坚载记》言：坚开山泽之利，公私共之。《姚兴载记》言：兴以国用不足，增关津之税；盐、竹、山木，皆有赋焉。群臣咸谏。兴曰："能逾关梁、通利于山水者，皆豪富之家，吾损有余以裨不足，有何不可？"乃遂行之。齐文襄秉政，亦禁贵豪之家，不得占护山泽。可见其情形与南方无异矣。

第四节　侈靡之禁

侈靡之禁，历代有之，惜行之不以其实。此固非政令所能为，然告朔饩羊，其意亦不可不知也。晋武帝即位之岁，即下诏大弘俭约；后又禁雕文绮组非法之物；已见第二章第一节。

《李重传》云：泰始八年己巳诏书，申明律令，诸士卒、百工已上，所服乘皆不得违制。若一县一岁之中，有违犯者三家，洛阳县十家已上，官长免。其法亦可谓严矣。

其时名臣议论：如刘颂云："古者封国，大者不过土方百里，然人数殷众，境内必盈其力，足以备充制度。今虽一国，周环将近千里，然力实寡，不足以奉国典。所遇不同，故当因时制宜，以尽事适。今宜令诸王：国容少而军容多。于古典所应有者，悉立其制，然非急所须，渐而备之，不得顿设也；须车甲、器械既具，群臣乃服采章；仓廪已实，乃营宫室；百姓已足，乃备官司；境内充实，乃作礼乐。"

此言实得古人制礼之精义。

又言："今天下自有事所必须，不得止已，或用功甚少，而所济至重，目下为之，虽少有费，而计终已大益；及有妨害，在始似如未急，终作大患，宜逆加功，以塞其渐。至夫修饰官署，凡诸作役，恒伤过泰，不患不举，此将来所不须于陛下而自能者也。"

此防名为兴利，实以自润者，亦言督责之术者所不可废也。

傅玄言："先王分士、农、工、商，以经国制事。天下之大，兆庶之众，无有一人游手。分数之法，周备如此。汉、魏不定其分。百官子弟，不修经艺而务交游，未知莅事而坐享天禄。农工之业多废，或逐淫利而离其事。徒系名于大学，然不闻先王之风。

“今圣明之政资始，而汉、魏之失未改。散官众而学校未设，游手多而亲农者少，工器不尽其宜。臣以为亟定其制；而通计天下，若干人为士，足以副在官之吏；若干人为农，三年足有一年之储；若干人为工，足其器用；若干人为商贾，足以通货而已。

“前皇甫陶上事，欲令赐拜散官，皆课使亲耕。今文武之官既众，而拜赐不在职者又多，加以服役为兵，不得耕稼，当农者之半；南面食禄者，参倍于前。使冗散之官农而收其租税，家得其实，而天下之谷，可以无乏矣。

“为政之要，计人而置官，分人而授事。果能精其防制，计天下文武之官足为副贰者使学，其余皆归之于农；若百工、商贾有长者，亦皆归之于农；务农若此，何有不赡乎？”

此言大偏重农业，自不脱古人见解。然其言分人授事，则仍得合全社会而通筹之意，与一任其迁流所届，而不能加以控驭者不同。

后世之人，知此义者鲜矣。抑计天下之人，他途皆取裁足，余尽驱之归农，似大不自由，而背于社会进化之理。然当大乱之后，四海困穷，生众食寡，为疾用舒，自为当务之急。暂举天下之人，迫使尽出于生利之一孔，固亦事势应尔，未可訾其狭隘酷烈也。惟此等论议，必也小国寡民，可由人力控驭，乃能行之。

卫文公等破败之后，易于复振，即由于此。在后世，则往往徒托诸空言耳。然行之以文者仍不绝。

苻坚因其诸公引商人赵掇等为国卿，而立非命士以上不得于都城百里内乘车马，工商、皂隶妇女不得服金银、锦绣之制，已见第十八章第一节。

《刘曜载记》：曜禁无官者不得乘马，禄八百石以上妇女乃得衣锦绣。季秋农功毕，乃听饮酒。非宗庙、社稷之祭，不得杀牛。犯者皆死。

《姚兴载记》：兴下书禁百姓造锦绣及淫祀。是虽夷狄之君，亦知制度之不可无也。南北朝诸主中，齐高帝最崇俭节。

宋顺帝升明二年三月，帝上表禁民间华伪，凡十七条。武帝虽不能自克，然于法令，亦能踵袭前规。永明七年四月，诏：“婚礼下达，人伦攸始。晚俗浮丽，历兹永久。宜为节文，颁之士庶。如故有违，绳之以法。”十月，又诏：“三季浇浮，旧章陵替，吉凶奢靡，动违矩则。可明为条制，严勒所在，悉使画一。如复违犯，依事纠奏。”

海陵王延兴元年，申明织成、金薄、采花、锦绣履之禁，则虽篡夺纷纭之际，此等禁令，亦不废弛矣。梁武帝于中兴二年下令述齐末之侈，已见上节。于是减损浮费，又命外详为条格。陈文帝天嘉元年八月，诏：“非兵器及国容所须，金银、珠玉、衣服杂玩，悉皆禁断。”

宣帝大建十一年十二月，下诏非军国资须，多所减省。并敕“内外文武，车马宅舍，皆循俭约，勿尚奢华。违我严规，抑有刑宪。具为条格，标榜宣示”。

后主即位，亦诏镂金银薄及庶物化生、土木人、采华之属，详为条制，并皆禁绝。是虽淫侈之主，亦能奉行故事也。虏朝亦多此等禁令。

魏世祖太平真君九年十月，以婚姻奢靡，丧葬过度，诏有司更为科限。高宗和平四年十二月，又诏有司为之条格，使贵贱有章，上下咸序，著之于令。高祖大和二年五月，又诏：“朕今宪章旧典，只案先制，著之律令，永为定准。犯者以违制论。”世宗延昌二年九月，以贵族豪门，崇习奢侈，诏尚书严立限级，节其流宕。

《献文六王传》：高阳王雍领司州牧，表请王公以下贱妾，不听用织成、锦绣、金玉、珠玑，违者以违旨论。奴婢悉不得衣绫绮缬[①]，止于缦缯[②]而已。奴则布服，并不得以金银为钗带。犯则鞭一百。

《周书·崔猷传》：猷以大统时迁京兆尹。时婚姻礼废，嫁娶之辰，多举音乐；又廛里富室，衣服奢淫，乃有织成、文绣者。猷请禁断。

周武帝建德二年九月，诏顷者婚嫁，竞为奢靡。有司宜加宣勒，使咸遵礼制。六年九月，初令民庶以上，惟听衣绸、绵绸、丝布、圆绫、纱、绢、绡、葛布等九种，余悉禁断。朝祭之服，不拘此例。皆其事也。此等皆朝廷之政令，亦有以有司而行诸一地方者。如晋范粲为武威大守，郡壤富实，珍玩充积，粲检制之，息其华伪，北齐苏琼为南清河大守，婚姻丧葬，皆教令俭而中礼是也。然其为效弥微，则亦不待言而可知矣。

空言无施，虽切何补？历代禁奢之政，似皆有名无实矣。然此特在今日为不可行，若一旦社会组织，涣然丕变，则其义仍有不可不知者。此固势不能行，非谓义不当尔也。而历代于违礼之物，不惜加以摧毁，绝不顾惜物力，则其陈义尤高。

《传》曰：“君不君，臣不臣，父不父，子不子，虽有粟，吾得而食诸？”历代奢丽之物，苟皆视作文明，其可珍者何限？然今竟安在哉？虽欲惜之，亦恶得而惜之？

况夫社会组织，苟极安和，此等物自将日出而不穷，其宏壮，其工巧，皆将十百千万于古而未有已。故此等物，除以为古迹而保存之外，他无足取。而至其时，则人人共享其利，与前世及今日，徒足少数人之淫欲，而竭多数人之血汗，或且糜其顶踵以为之，且因此而更引起少数人之淫欲者，大不同矣。

不足非天下之公患，天产与人工所为之物正同，又何恤而不摧毁之，以为矫正风俗之助哉？晋武帝焚雉头裘，已见第二章第一节。此事读史者以为美谈，其实若此之举，历代初不止一二。

《晋书·陆云传》：云拜吴王晏郎中，晏于西园，大营第室，云上书言："武帝训世以俭，屡发明诏，厚戒丰奢，清河王毁坏成宅，以奉诏命。"

《齐书·明帝纪》：建武二年十月，诏罢东田，毁兴光楼。

《皇后传》谓大祖毁宋明之紫极。

周武帝建德元年十二月，幸道会苑，以上善殿壮丽，遂焚之。六年正月，入邺，诏曰："伪齐叛涣，窃有漳滨。世纵淫风，事穷雕饰。朕菲食薄衣，以弘风教。追念生民之费，尚想力役之劳。方当易兹弊俗，率归节俭。其东山、南园及三台，可并毁撤。瓦、木诸物，凡入用者，尽赐下民。山、园之田，各还本主。"

六年五月，诏曰："往者冢臣专任，制度有违。正殿别寝，事穷壮丽。非直雕墙峻宇，深戒前王，而缔构弘敞，有逾清庙，不轨不物，何以示后？兼东夏初平，民未见德。率先海内，宜自朕始。其露寝、会义、崇信、含仁、云和、思齐诸殿等，农隙之时，悉可毁撤。雕斫之物，并赐贫民。缮造之宜，务从卑朴。"

又诏："京师宫殿，已从撤毁，并、邺二所，华侈过度，诚复作之非我，岂容因而弗革？诸堂殿壮丽，并宜除荡。甍宇杂物，分赐穷民。三农之隙，别渐营构。止蔽风雨，务在卑狭。"

《魏书·长孙道生传》言：道生廉约，第宅卑陋。出镇后，其子弟颇更修缮，起堂庑。道生还，切责之，令毁宅。此皆毁坏宫室者。诸奢侈之物，宫室营造，工力实为最多，而犹不惜毁坏，他更不足论矣。

《宋书·周朗传》：朗上书论革侈丽之俗曰："自今以去，宜为节目，若工人复造奇技淫器，则皆焚之而重其罪。"文惠大子薨后，齐武帝履行东宫，见大子服玩过制，大怒，敕有司随事毁除。

梁武帝受相国、梁公之命，亦焚东昏淫奢异服六十二种于都街。

陈宣帝大建七年四月，监豫州陈桃根表上织成罗文锦被裘各二，诏于云龙门外焚之。此皆与晋武帝之焚雉头裘无异。梁武帝天监四年正月，有司奏吴令唐佣铸盘龙火炉，翔凤砚盖，诏禁锢终身。

《魏书·韩秀传》：子务，为郢州刺史，献七宝床、象牙席。诏曰："晋武帝焚雉头裘，朕常嘉之，今务所献，亦此之类矣，可付其家人。此诏当出宣武。"此二者虽未毁其物，然其绝之之深，亦与毁其物者无以异也。

第五节　借贷振施

晋、南北朝之世，民间借贷，利率颇巨。

《晋书·张骏传》言：骏境内大饥，市长谭祥，请出仓谷与百姓，秋收三倍征之，则其时民间利率，必尚不止三倍。

《魏书》言骏以谷帛付民，岁收倍利，利不充者簿卖田宅。

《北齐书·卢叔武传》言：叔武在乡时，有粟千石，每至春夏，乡人无食者令自载取，至秋任其偿，都不计较，而岁岁常得倍余。盖平时借贷，自春及秋，偿之以倍，饥馑之时，则有过于三倍者也。

《魏书·高宗纪》：和平二年正月，诏曰："刺史牧民，为万里之表。自顷每因发调，逼民假贷。大商富贾，要射时利。旬日之间，增赢十倍。上下通同，分以润屋。为政之弊，莫过于此。其一切禁绝。犯者十匹以上皆死。"

《北史·齐本纪》言：后主特爱非时之物，取求火急，皆须朝征夕办，当势者因之，贷一而责十。

《周书·苏绰传》：绰为六条诏书，见第十四章第五节。其六均赋役曰："财货之生，其功不易。必须劝课，使豫营理。如其不豫劝戒，临时迫切，复恐稽缓，以为己过。棰朴[③]交至，取办目前，富商大贾，缘兹射利，有者从之贵买，无者与之举息，输税之民，于是弊矣。"其所言，即魏和平二年诏旨之所诫也。此等乘人之急者，其利率，又不可以常理论矣。

贵豪借贷，有为数颇巨者。

《晋书·庾敳传》：刘舆见任于东海王越，人士多为所构，惟敳纵心事外，无迹可间。后以其性俭家富，说越就换钱千万，冀其有吝，因此可乘。越于众坐中问敳。敳乃颓然已醉，帻堕枕上，以头就穿取，徐答云："下官家有二千万，随公所取矣。"舆于是乃服。周奉叔就王敬则换米二百斛。敬则以百斛与之。不受。敬则大惧。乃更饷二百斛，并金铪等物。梁武帝在戎多乏，就曹虎换借，未尝不得，遂至十七万。

又帝为荆州谘议时，刘之遴父虬，隐在百里洲，早相知闻。帝偶匮乏，遣就虬换谷百斛。之遴时在父侧，曰："萧谘议踬士，云何能得舂？愿与其米。"虬从之。及帝即位，常怀之。

此等非以市恩，即由慑势，与寻常借贷，实不尽同。至寻常借贷，则为数仍微，且多以物为质。褚渊以白貂坐褥质钱万一千，已见第一节。渊从父弟炫，罢江夏郡还，得钱十七万，于石头并分与亲族。病无以市药，以冠剑为质。

谢弘微曾孙侨，尝一朝无食，其子启欲以《班史》质钱，答曰："宁饿死，岂可以此充食乎？"庾诜，邻人有被诬为盗者，被劾妄款，诜矜之，乃以书质钱二万，令门生诈为其亲，代之酬备。

孙腾、司马子如尝诣李元忠，逢其方坐树下，葛巾拥被，对壶独酌，使婢卷两褥以质酒肉。及卒，又以金蝉质绢，乃得敛焉。祖珽亦尝以《华林遍略》数帙，质钱樗蒱[④]。此等盖皆谨守民间借贷之法者。

若其所负非一人，而为数颇巨者：则有若宋萧惠开为益州，府录事参军刘希微，负蜀人责将百万，为责主所制，不得俱还，惠开有马六十匹，悉以乞希微偿之，此恐其初亦不免恃势乞取。褚渊之没，负责数十万，则其位高而家本贫。

庾丹父景休，罢巴东郡，颇有资产。丹负钱数百万，责者填门，景休怒，不为之偿。既而朝贤之丹不之景休，景休悦，乃悉为还之。《南史·梁宗室传》。丹盖好交结者。

夏侯道迁子夬，沽卖饮啖，多所费用。父时田园，货卖略尽，人间债负，犹数千余匹。则其人本无行之徒也。宋江夏王义恭赊市百姓物，无钱可还，已见第九章第四节。

《南史·刘秀之传》：秀之徙丹阳尹。时赊买百姓物不还钱，秀之以为非宜，陈之甚切。虽纳其言，竟不用。当时所谓民间债负，盖多兼赊市言之，非必尽贷金钱也，然其倚势取求则一矣。

其真民间借贷，则为数甚微。

《南史·宋武帝纪》言：帝微时，尝负刁逵社钱三万，经时无以还，被执，王谧以己钱代偿，乃得释。《魏书》《刁雍》及《岛夷传》皆同。惟《北史·雍传》作一万。宋武虽贫窭，犹是豪杰之流，真闾阎细民，零星乞贷，必尚不及此数也。富人亦有能弃券已责者。

《宋书·王弘传》：弘父珣，颇好积聚，财物布在民间。珣薨，弘悉燔烧券书，一不收债。

又《顾觊之传》，言其子绰，私财甚丰，乡里士庶，多负其债。觊之每禁之，不能止。及后为吴郡，诱绰曰："我尝不许汝出责。定思贫薄亦不可居。民间与汝交关，有几许不尽？及我在郡，为汝督之。将来岂可得？凡诸券书皆何在？"绰大喜，悉出诸文券一大厨。觊之悉焚烧。宣语远近："负三郎责，皆不须还，凡券书悉烧之矣。"绰懊丧累日。

《齐书·崔慰祖传》：料得父时假贷文疏，谓族子纮曰："彼有自当见还，彼无吾何言哉。"悉焚之。魏崔光伯亡，其兄光韶悉焚其契，已见第二节。

《北齐书·李元忠传》：家素富厚，其家人多有举贷求利。元忠每焚契免责。此皆以钱物出贷者。

《魏书·卢义僖传》义僖少时，幽州频遭水旱。先有谷数万石贷民，义僖以年谷不熟，乃燔其契。

《北史·李士谦传》：士谦出粟万石，以贷乡人。属年谷不登，责家无以偿，皆来致谢。士谦曰："吾家余粟，本图振赡，岂求利哉？"于是悉召责家，为设酒食，对之燔契。

明年大熟，责家争来偿，士谦拒之，一无所受。此则以谷物为贷者也。此等人实不能多，而豪势且有恃官力放责者。

宋游道劾咸阳王坦、孙腾、高隆之、侯景、元弼、司马子如官贷金银，催征酬价，虽非指事臧贿，终是不避权豪，此借官之名以放责者也。陈元康放责交易，遍于州郡，为清论所讥，此恃官之势而放责者也。

《北齐书·卢潜传》云：诸商胡负官责息者，宦者陈德信纵其妄注淮南富家，令州县征债。

又《循吏·苏琼传》：迁南清河大守。道人道研，为济州沙门统，资产巨富。在郡多有出息，常得郡县为征。及欲求谒，度知其意，每见则谈问玄理，应对肃敬。研虽为责数来，无由启口。此则自放责而倚官力为之征偿者也。若民间豪右自行征偿者，则刁逵之执录宋武，其一事矣。皆可见责主之暴横也。

当时僧寺，实为借贷之所。褚渊以白貂坐褥质钱于招提寺，已见第一节。

《南史·循吏·甄法崇传》：法崇孙彬，尝以一束苎⑤就长沙寺库质钱。后赎苎还，于苎束中得五两金，送还寺库。道人惊云：“近有人以此金质钱，时有事不得举而失，檀越乃能见还？辄以金半仰酬。”往复十余，彬坚不受。

僧寺本以施济为事，施济不能遍及，乃推而为借贷，此亦便民之举。然在财产私有之世，惟牟利之事，为能遍行，能常行，此则事之无可如何者。故僧寺之借贷，亦渐变为求利之举焉。

《魏书·释老志》：永平二年冬，沙门统惠深上言：“比来僧尼，或因三宝，出贷私财。”是其事。如道研者，盖即其人也。

借贷者既多有质物，受其质者，自亦必有券契与之，使得凭以取赎。《齐书·萧坦之传》：坦之死，遣收其从兄翼宗。检家赤贫，惟有质钱帖子数百。

《通鉴》胡三省《注》曰：“质钱帖者，以物质钱，钱主给帖与之，以为照验，他日出子本钱收赎。”齐东昏侯永元元年。此即后世当票之权舆矣。

公家借贷于民者：宋元嘉二十七年，扬、南徐、兖、江四州富有之民及僧尼，并按赀财，四分换一，以充军用，已见第八章第七节。萧颖胄之起兵，史亦言其换借富赀，以助军费。晋、南北朝时所云换者，即今所谓借，既以换为名，自无不归还之理，此颇类今之公债。

魏宣武帝延昌元年五月，诏天下有粟之家，供年之外，悉贷饥人。又樊子鹄为殷州刺史，会岁旱俭，子鹄恐民流亡，乃勸有粟之家，分贷贫者。此虽以官力迫人出贷，而公家不以债户自居，不得以公债为比也。

振施之事，豪富之家，亦颇能行之。

《晋书·裴楷传》言：楷每游荣贵，辄取其珍玩，虽车马器物，宿昔之间，便以施诸穷乏。梁、赵二王，国之近属，贵重当时，楷岁请二国租钱百万，以散亲族。人或讥之。楷曰：“损有余，补不足，天之道也。”

郗愔好聚敛，积钱数千万。尝开库，任其子超所取。超性好施，一日中散与亲故都尽。超又好闻人栖遁，有能辞荣拂衣者，为起屋宇，作器服，畜仆竖，费百金而不吝。氾腾叹曰：“生于乱世，贵而能贫，乃可以免。”

散家财五十万，以施宗族。萧惠开自蜀还，赀财二千余万，悉散施道路，一无所留。崔慰祖，父庆绪为梁州，家财千万，慰祖散与宗族。邓元起，少时尝至其西沮田舍，有沙斗造之乞，元起有稻几二千斛，悉以施之。此等皆徒为豪举，其所惠，实不出于宗族、故旧之间，不则所识穷乏者得我耳，真能爱及矜人者鲜矣。其所施较广者：宋徐耕，元嘉二十一年大旱，民饥，诣县陈辞，以千斛助官振贷。

严成、王道盖，大明八年，东土饥旱，各以谷五百斛，助官振恤。

吴明彻，侯景寇京师，天下大乱，明彻有粟麦三千余斛，而邻里饥馁。乃白诸兄曰："当今草窃，人不图久，奈何有此而不与乡家共之？"于是计口平分，同其丰俭。李士谦，躬处节俭，每以振施为务。年饥，罄家财为之糜粥，赖以全活者万计。收埋骸骨，所见无遗。

至春，又出田粮种子，分给贫乏。凶年散谷至万余石。合诸药以救疾疠。如此积三十年。此则足当任恤之目者邪？然亦非有力者不能为也。若乃崔怀慎，孤贫特立，宗党哀之，日敛给其升米；沈约少孤贫，干宗党，得米数百斛；此则合众人之力以济一人，真为平民之互相救恤者矣。

振恤之政，古代本有恒典。爰及后世，事多废坠。其新起者，则多溺于佛说，欲事布施。此固不失慈爱之意，然小惠不遍，执政权者，不能修明旧典，而惟小惠是务，实不能无讥焉。

《宋书·礼志》云："汉安帝元初四年诏曰：月令：仲秋养衰老，授几杖，行糜粥。方今八月按比，方时郡县，多不奉行。虽有糜粥，糠秕泥土相和，半不可饮食。按此诏，汉时犹依月令施政事也。"

读此文，而知宋时此等政事，无复存焉者矣。

《魏书·释老志》：昙曜奏平齐户及诸民，有能岁输粟六十斛入僧曹者，即为僧祇户，粟为僧祇粟。至于俭岁，振给饥民。其意盖欲以僧曹行振恤之政。然中国佛寺，权力之大，赀财之富，均非欧洲基督教会之比，故其所成就亦微。

《齐书·文惠大子传》云：大子与竟陵王子良，俱好释氏，立六疾馆以养穷民。

《梁书·武帝纪》：普通二年正月，舆驾亲祀南郊，诏曰："凡民有单老孤稚，不能自存者，郡县咸加收养。赡给衣食，每令周足，以终其身。又于京师置孤独园，孤幼有归，华发不匮。若终年命，厚加料理。尤穷之家，分收租赋。"

《南平王伟传》云：性多恩惠，尤愍穷乏。常遣腹心左右，历访闾里人士。其有贫困吉凶不举者，即遣赡恤之。大原王曼颖卒，家贫无以殡敛。友人江革往哭之，其妻儿对革号诉。革曰："建安王当知，必为营理。"言未讫而伟使至。给其丧事，得周济焉。每祁寒、积雪，则遣人载樵米，随乏绝者，即赋给之。

《南史·昭明大子传》云：每霖雨、积雪，遣腹心左右，周行闾巷，视贫困家，及有流离道路，以米密加振赐，人十石。又出土衣绢帛，年常多作襦袴，各三千领，冬月以施寒者，不令人知。若死亡无可敛，则为备棺槥。

《梁宗室传》：始兴王憺子暎，为北徐州刺史，尝载粟帛游于境内，遇贫者即以振焉。此皆以布施行小惠。

《魏书·高祖纪》：大和二十一年九月，诏曰："可敕司州洛阳之民，年七十已上无子孙，六十已上无朞亲，贫不自存者，给以衣食。及不满六十，而有废痼之疾，无大功之亲，穷困无以自疗者，皆于别坊遣医救护。给医师四人，豫请药物以疗之。"其意，亦与梁普通二年之诏同也。惠而不知为政，天下之人，岂能耕而食之，绩而衣之邪？

然如北齐后主，武平七年正月，诏"去秋已来，水潦人饥。不自立者，所在付大寺及诸富户，济其性命。"以操切之道行之，其无济于事而易以滋弊，抑更不待言矣。

注释：

①绮缬[qǐ xié]：有花纹的丝织品。

②缦缯[màn zēng]：无花纹的丝织品。

③棰朴[chuí piáo]：盘剥。

④樗蒱[chū pú]：即樗蒲，赌博。

⑤苎[zhù]：苎麻，可做成纺织品。

第二十章

晋南北朝实业

第一节　农业

后汉之末，九州云扰，农业大丧，一时较能自立者，皆恃屯田，已见《秦汉史》第十六章第一节。晋初开创，于农业仍甚留意，盖时势使然也。

《石苞传》：苞为司徒，奏“州郡农桑，未有赏罚之制，宜遣掾属巡行，均其土宜，举其殿最，然后黜陟”。诏即使司徒督察州郡播殖。若宜有所循行者，其增置掾属十人，听取王官更练事业者。

扶风王骏，代汝南王亮镇关中，劝晋农桑与士卒分役。已及寮佐，并将帅兵士等，人限田十亩。具以表闻。诏遣普下州县，使各务农事。此等举措，具见一时君若臣之属望于农。然其行之之效，终不能副其所期，何哉？官田收租大重，而民不劝，一也。

傅玄言：“耕夫务多种而耕暵不熟，徒丧功力而无收。”又言：“古以步百为亩，今以二百四十步为亩，《齐民要术·杂说篇》言：齐地大亩为一顷三十五亩，则当时北方亩制，亦不画一。所宽过倍。近魏初课田，不务多其顷亩，但务修其功力，故百田收至十余斛，水田收十斛。自顷以来，日增顷亩之课，田兵益甚，功不能修理，至亩数斛以还，或不能偿种。”玄为御史中丞时陈便宜之语。

案武帝即位，段灼上疏追理邓艾，言其为区种之法，手执耒耜，率先将士，而《食货志》称其屯田之效曰：东南有事，大军出征，资食有储。

《郤诜传》言：诜母病，苦无车。及亡，家贫无以市马。乃于所住堂北壁假葬。养鸡种蒜，竭其方术。丧过三年，得马八匹，舆柩至家。

《隐逸传》言：郭文，河内轵人。洛阳陷，步担入吴兴余杭大涤山中穷谷无人之地，倚木于树，苫覆其上而居焉。区种菽麦，采竹叶、木实，贸盐以自供。食有余谷，辄恤穷匮。皆可见耕作精者收效之宏。

然土旷人希之时，农民每好多占顷亩，官家所课之田，又以顷亩多少为黜陟，督课者遂务虚张其数以为功；而甫田维莠之弊作矣，二也。又豪强占夺，屯官亦各恤其私，疆理之道，遂至不得其宜。

《束皙传》：时欲广农，皙上议，以为“州司十郡，土狭人繁，三魏尤甚。皙又言：“昔魏氏徙三郡人在阳平、顿丘界，今者繁盛，合五六千家。二郡田地逼狭，谓可迁徙西州，以充边土。”则当时以大体言之，虽苦土满。而土狭人繁之弊，仍在所不免，此皆调剂之未得其宜也。而猪、羊、马牧，布其境内。宜悉破废，以供无业。业少之人，虽颇割徙，在者犹多。田诸苑牧，不乐旷野，贪在人间，故谓北土不宜畜牧。此诚不然。可悉徙诸牧，使马、牛、猪、羊，龁草于空虚之田；游食之人，受业于赋给之赐。”是当时旷良田以为牧场也。

又言：“汲郡之吴泽，良田数千顷，泞水停洿，人不垦殖。闻其国人，皆谓通泄之功，不足为难；潟卤成原，其利甚重；而豪强大族，惜其鱼、蒲之饶，构说官长，终于不破。谓宜复下郡县，以详当今之计。荆、扬、兖、豫，污泥之土，渠坞之宜，必多此类。宜诏四州刺史，使谨按以闻。”

《食货志》载杜预咸宁三年疏，言：“今者水灾，东南特剧。下田所在停污，高地皆多硗塉[①]。宜大坏兖、豫州东界诸陂，随其所归而宣导之。”

又言：“诸欲修水田者，皆以火耕水耨为便，此事施于新田草莱，与百姓居相绝离者耳。往者东南草创人希，故得火田之利。自顷户口日增，而陂堨[②]岁决。良田变生蒲苇，人居沮泽之际，水陆失宜。放牧绝种，树木立枯，皆陂之害也。陂多则土薄水浅，潦不下润。故每有水雨，辄复横流，延及陆田。

“言者不思其故，因云此土不可陆种。臣计汉之户口，以验今之陂处，皆陆业也。其或有旧陂、旧堨，则坚完修固，非今所谓当为人害者也。臣前见尚书胡威启宜坏陂，其言垦至。中者又见宋侯相应遵上便宜，求坏泗陂，徙运送。

“时下都督，度支共处。各据所见，不从遵言。遵县领应佃二千六百口，可谓至少，而犹患地狭，不足肆力，此皆水之为害也。当所共恤。而都督、度支，方复执异。人心所见既不同，利害之情又有异。军家之与郡县，士大夫之与百姓，其意莫有同者。皆偏其利以忘其害。此理之所以未尽，而事之所以多患也。

“臣又案豫州界二度支所领佃者，州郡大军杂士，凡用水田七千五百余顷耳。计三年之储，不过二万余顷。以常理言之，无为多积无用之水。况于今者，水潦瓮溢，大为灾害？宜发明诏，敕刺史、二千石：其汉氏旧陂、旧堨，及山谷私家小陂，皆当修缮以积水。其诸魏氏以来所造立，及诸因雨决溢，蒲苇、马肠陂之类，皆决沥之。”

观此，而当时豪民、田官各恤其私，不顾大局之情形可见矣。利于此而害于彼，而害且余于其利，农业安得而兴？三也。

傅玄言：“先帝统百揆，分河堤为四部，并本凡五谒者，以水功至大，与农事并兴，非一人所周故也。今谒者一人之力，行天下诸水，无时得遍。伏见河堤谒者车谊，不知水势。宜转为他职，更选知水者代之。分为五部，使各精其方宜。”此在当日，实为当务之急，然未闻武帝能行之。

而齐献王言：“今地有余羡，而不农者众；加附业之人，复有虚假。宜严敕州郡，检诸虚诈害农之事，督实南亩。考绩黜陟，毕使严明。”

傅玄言：“昔汉氏以垦田不实，征杀二千石以十数。臣愚以为宜申汉氏旧典，以警戒天下，郡县皆以死刑督之。”

束皙言：“今天下千城，人多游食，废业占空，无田课之实。较计九州，数过万计。可申严此防，令监司精察。一人失课，负及郡县。”徒欲以操切之政，责诸守令而已。而不知劝课之效，非徒守令所能为也，亦何益哉？

东渡以后，荆、扬二州，农业大盛。此盖社会生计自然之演进，而政府之南迁，或亦有以促之也。

《宋书·孔靖传》论曰：“江南之为国盛矣。虽南包象浦，西括邛山，至于外奉贡赋，内充府实，止于荆、扬二州。自汉氏以来，民户凋耗。荆楚四战之地，五达之郊，井邑残亡，万不余一也。

“自元熙十一年马休之外奔，至于元嘉末，三十有九载，兵车弗用，民不外劳，役宽务简，氓庶繁息，至余粮栖亩，户不夜扃，盖东西之极盛也。既扬部分析，境极江南，考之汉域，惟丹阳、会稽而已。

“自晋氏迁流，迄于大元之世，百许年中，无风尘之警，区域之内晏如也。及孙恩寇乱，歼亡事极。

“自此以至大明之季，年逾六纪，民户繁育，将曩时一矣。地广野丰，民勤本业。一岁或稔，则数郡忘饥。会土带海傍湖，良畴亦数十万顷。膏腴上地，亩直一金，鄠、杜之间，不能比也。荆城跨南楚之富，扬部有全吴之沃，鱼、盐、杞梓之利，充牣八方，丝，绵、布帛之饶，覆衣天下。”

据其说，农事之最盛者，实今两湖间沼泽之区，及江、浙间之大湖流域也。

《陈书·裴忌传》：高祖诛王僧辩，僧辩弟僧智举兵据吴郡。高祖遣黄他攻之，不能克。高祖谓忌曰：“三吴奥壤，旧称饶沃，虽凶荒之余，犹为殷盛，而今贼徒扇聚，天下摇心，非公无以定之，宜善思其策。”忌乃勒部下精兵，袭据吴郡。

又《沈君理传》：高祖受禅，出为吴郡大守。是时兵革未宁，百姓荒弊，军国之用，咸资东境。君理招集士卒，修治器械，民下悦附，深以干理见称。韦载之策齐军曰：“若分兵先据三吴之路，略地东境，则时事去矣。可急于淮南筑城，以通东道运输。”此策于高祖之成功，所关实大。

凡此，皆可见当时之财富，惟东土是资也。侯景乱后尚如此，况于平时哉？而荆楚自东渡以来，即能以其独力，捍御北虏；庾翼、桓温等，且能因乘时会，震撼北方；亦必非徒以其兵甲之精也。实业之有造于国，讵不大哉？

然荆、扬虽云殷盛，而淮南北之地，则极荒芜，此于恢复之无成，所关亦大。

《齐书·徐孝嗣传》云：是时建武。连年虏动，军国虚乏。孝嗣表立屯田，曰：“窃见缘淮诸镇，皆取给京师，费引既殷，漕运艰涩。聚粮待敌，每若不图。利害之基，莫此为甚。臣比访之故老，及经彼宰、守。淮南旧田，触处极目。陂遏不修，咸成茂草。平原陆地，弥望尤多。

“今边备既严，戍卒增众，远资馈运，近费良畴，士多饥色，可为嗟叹。愚欲使刺史、二千石，躬自履行，随地垦辟。精寻灌溉之源，善商肥确之异。州、郡、县戍，主帅以下，悉分番附农。

“今水田既晚，方事菽、麦，菽、麦二种益是北土所宜，彼人便之，不减粳稻，开创之利，宜在及时。所启允合，请即使至徐、兖、司、豫，爰及荆、雍，各当境规度，勿有所遗。别立主曹，专司其事。田器、耕牛，台详所给。岁终殿最，明其刑赏。此功克举，庶有弘益。若缘边足食，则江南自丰，权其所饶，略不可计。”事御见纳。

时帝已寝疾，兵事未已，竟不施行。史臣论之曰：“江左以来，不暇远策。

王旅外出，未尝宿饱。四郊婴守，惧等松刍。县兵所救，经岁引日。凌风泙水，转漕艰长。倾窖民之储，尽仓敖之粟。流马木牛，尚深前弊，田积之要，惟在江、淮。郡国同兴，远不周急。故吴氏列戍南滨，屯农水右；魏世淮北大佃，而石横开漕，皆辅车相依，易以待敌。孝嗣此议，殆为空陈，惜矣。”

可见屯田之策，于恢复之图，所关实大也。

《魏书·薛虎子传》：虎子以大和四年，为彭城镇将。上表言：“在镇之兵，不减数万。资粮之绢，人十二匹。即自随身，用度无准。未及代下，不免饥寒。徐州左右，水陆壤沃。清、汴通流，足盈激灌。其中良田，十余万顷。若以兵绢市牛，分减戍卒，计其牛数，足得万头。兴力公田，必当大获粟稻。一岁之中，且给官食。半兵耨植，余兵尚众，且耕且守，不妨捍边。一年之收，过于十倍之绢。暂时之耕，足充数载之食。于后兵资，惟须内库。五稔之后，谷、帛俱溢。”高祖纳之。

又《范绍传》言：世宗时，有南讨之计，发河北数州田兵二万五千人，通缘淮戍兵，广开屯田。八坐奏绍为西道六州营田大使，加步兵校尉。绍勤于劝课，频岁大获。虏为之能收其利，而谓我不能为之哉?

北方诸胡，知留心农事者盖寡。惟苻坚，《晋书·载记》言其曾以境内旱，课百姓区种。又慕容皝以牧牛给贫家田苑中，已见上章第三节。

案封裕言：“自永嘉丧乱，百姓流亡。中原萧条，千里无烟。饥寒流陨，相继沟壑。先王以神武圣略，保全一方。故九州之人，塞表殊类，襁负万里，若赤子之归慈父。流人之多旧土，十倍有余。人殷地狭，故无田者十有四焉。”则当时流民之入辽西者甚众。

皝不能抚绥之，乃重征之以要利，亦可谓无远略矣，然较之刘、石等之徒知虐取者，尚较愈也。

《慕容宝载记》言：辽川先无桑，及廆通于晋，求种江南，平州桑悉由吴来。

《冯跋载记》云：跋励意农桑，勤心政事。乃下书，省徭薄赋。惰农者戮之，力田者褒赏，命尚书纪达，为之条制。

又下书曰：“今疆宇无虞，百姓宁业，而田亩荒秽，有司不随时督察，欲令家给人足，不亦难乎？桑、柘之益，有生之本。此土少桑，人未见其利。可令百姓：人殖桑一百根，柘二十根。”此等皆较能留心民事者，然十六国中，殊不多见也。

魏起陉北，至道武之世，乃知留心农事。

《魏书·食货志》言：大祖经略之先，以食为本。使东平公仪垦辟河北，自五原至于棝阳塞外为屯田。初登国六年破卫辰，收其珍宝、畜产，名马三十余万，牛、羊四百余万，渐增国用。既定中山，分徙吏民及徒河种人工技巧十万余家，以充京都。各给耕牛，计口授田。《纪》在天兴元年。案明元永兴五年，亦徙二万余家于大宁，计口授田。盖北方土旷，故能如是也。

天兴初，制定京邑。东至代郡，西及善无，南极阴馆，北尽参合，为畿内之田。其外四方、四维，置八部帅以监之。劝课农耕，量校收入，以为殿最。

自后比岁大熟，匹中八十余斛。是时戎车不息，虽频有年，犹未足以久赡矣。大宗永兴中，频有水旱。神瑞二年，又不熟。京畿之内，路有行馑。帝以饥，将迁都于邺。用博士崔浩计，乃止。于是简尤贫者就食山东。敕有司劝课留农者。自是民皆力勤，故岁数丰穰，畜牧滋息。世祖屡亲戎驾，而委政于恭宗。真君中，恭宗下令，修农职之教。此后数年之中，军国用足矣。

《恭宗纪》言其制有司课畿内之民，使无牛家以人力相贸，垦殖锄耨。其有牛家与无牛家一人种田二十二亩，偿以私锄功七亩，如是为差。至与小、老无牛家种田七亩，小、老者偿以锄功二亩。皆以五口下贫家为率，各列家别口数所劝种顷亩，明立簿目。所种者于地首标题姓名，以辨种殖之功。又禁饮酒、杂戏，弃本沽贩者。此等琐碎之政令，安能及于闾阎而收实效？史云“垦田大为增辟”，亦不过缘饰之辞耳。

《高祖纪》：延兴三年二月，诏：“牧、守、令长，勤率百姓，无令失时。同部之内，贫富相通。家有兼牛，通借无者。若不从诏，一门之内，终身不仕。守、宰不督察，免所居官。”

大和元年正月，诏：“牧民者若轻有征发，致夺民时，以侵擅论。民有不从长教，惰于农桑，加以罪刑。”三月，诏曰：“去年牛疫，死伤大半，耕垦之利，当有亏损。今东作既兴，人须肆业。其敕所在，督课田农。有牛者加勤于常岁，无牛者倍庸于余年。一夫制治田四十亩，中男二十亩。无令人有余力，地有遗利。”

四年四月，诏：“今农时要月，百姓肆力之秋，而愚民陷罪者众。宜随轻重决遣，以赴耕耘。”

五年五月，又诏："农时要月，民须余力。其敕天下，勿使留狱、久囚。"

案魏本一小部落，后来虽藉兵力，穷据中原，然实不知治体，其政令亦不甚能行，故至恭宗劝农，所留意者，仍不过畿内，至高祖世，乃勤勤诰诫牧、守，然以魏吏治之坏，此等空言，又岂能有验邪？

《韩麒麟传》：大和十一年，京都大饥。麒麟表陈时务曰：

"今京师民庶，不田者多。游食之口，三分居二。一夫不耕，或受其饥，况于今者，动以万计？自承平日久，丰穰积年，竞相矜夸，遂成侈俗。车服、第宅，奢僭无限。丧葬、婚娶，为费日多。贵富之家，童妾袨服[3]；工商之族，玉食锦衣。农夫餔糟糠，蚕妇乏短褐。故令耕者日少，田有荒芜，谷帛罄于府库，宝货盈于市里，衣食匮于室，丽服溢于路。饥寒之本，实在于斯。"

以魏所兢兢留意之畿内，而其情形至于如此，虏之所谓农政者可知矣。畜牧之利，北方确较南土为饶，此则地利为之也。

《魏书·食货志》所言道武破刘卫辰所收马、牛、羊之数，盖张侈之辞。然《尔朱荣传》，言其家世富有，牛、羊、驼、马，色别谷量。《北齐书·神武帝纪》：神武初见荣，说曰："闻公有马十二谷，色别为群，将此竟何用也？"案此所记神武初见荣时事，皆饰说不足信，然缘饰之辞，亦必揣度当时情势而为之，谓荣多马，则不诬也。又《广阳王深传》，言其刺恒州，多所受纳，政以贿成，私家有马千匹者，必取百匹；可见北方之马实多。

《北齐书·卢潜传》言：时敕送突厥马数千匹于扬州管内，令土豪贵买之。钱直始入，便出敕括江淮间马，尽送官厩。由是百姓骚扰，切齿嗟怨。又可见南方之马，多来自北方也。魏之服高车，徙诸漠南，此于魏之牧政，裨益甚大。

《食货志》云：泰常六年，诏六部民羊满百口调戎马一匹，亦可见北族牧利之饶。

《志》又云："世祖之平统万，定秦、陇，以河西水草善，乃以为牧地。畜产滋息，马至二百余万匹，橐驼[4]将半之，牛、羊则无数。高祖即位之后，复以河阳为牧场，恒置戎马十万匹，以拟京师军警之备。每岁自河西徙牧并州，以渐南转，欲其习水土而无死伤也。而河西之牧弥滋矣。正光以后，天下丧乱，遂为群盗所盗掠焉。"

案孝文南迁，主牧事者为宇文福。《福传》言：孝文"敕其检行牧马之所。福规石济以西，河内以东，拒黄河南北千里为牧地，事寻施行，今之马场是也。

及从代移杂畜于牧所，福善于将养，并无损耗”。以吾民衣食所资之地，旷为异族之牧场，使得游牝其间，厚其力以猾夏，亦可哀矣。

南北兵事之利钝，步骑之不敌，实为其大原因；南方欲图恢复，必有精骑以与虏决胜于中原。

《隋书·贺娄子干传》言：高祖以陇西频被寇掠，甚患之。彼俗不设村坞，敕子干勒民为堡，营田积谷，以备不虞。

子干上书曰：“陇西、河右，土旷民希，边境未宁，不可广为田种。比见屯田之所，获少费多，虚役人功，卒逢践暴。屯田疏远者，请皆废省。陇右之民，以畜牧为事，若更屯聚，弥不获安。只可严谨斥堠，岂容集聚人畜？请要路之所，加其防守。但使镇戍连接，烽堠相望，民虽散居，必谓无虑。”高祖从之。

案游牧之民，所以难于制驭者，以其迁徙易，不易根剿，而其来犯又极飘忽故也。我之所业与彼同，则不足为惮。淮上之地，既易为虏所扰，耕凿难安，曷不制其表为牧地，养马以备与虏驰驱乎？此古人未发之策，然言国防者似可参证也。

山泽之利，虽已不可专恃，然亦有时而相需甚殷。

杜预咸宁三年疏曰：“当今秋夏，疏食之时，而百姓已有不赡。前至冬春，野无青草，则必指仰官谷，以为生命。此乃一方之大事，不可不豫为思虑者也。臣愚谓既以水为困，当恃鱼、菜、螺蜯，而洪波泛滥，贫弱者终不能得。今者宜大坏兖、豫州东界诸陂，随其所归而宣导之。交令饥者，尽得水草之饶。百姓不出境界之内，旦暮野食。此目下日给之益也。”

《石季龙载记》言：其时众役繁兴，军旅不息；加以久旱；谷贵，金一斤直米二斗。使令长率丁，随山泽采橡、捕鱼，以济老弱。

《北齐书·卢潜传》言：高元海执政，断渔猎，而淮南人家，无以自资。可见疏食、渔、猎之利，亦与民生相关非浅矣。

丧乱之际，水利多不修举，此与农事，所关最大。

《晋书·苻坚载记》言：坚以关中水旱不时，议依郑、白故事。发其王侯已下及豪望富室僮隶三万人，开泾水上源，凿山起堤，通渠引渎，以溉冈卤之田。及暮而成，百姓赖其利。

《魏书·高祖纪》：大和十二年五月，诏六镇、云中、河西及关内六郡，各修水田，通渠溉灌。

十三年八月，诏诸州镇有水田之处，各通溉灌，遣匠者所在指授。此等政令，其效如何不可知，然即以政令论，南北朝之世，亦不多见也。

《周书·武帝纪》：保定二年正月，初于蒲州开河渠，同州开龙首渠，以广灌溉，此事当较有实际。

《魏书·崔楷传》：楷因冀、定数州，频遭水害，上疏曰："自比定、冀水潦，无岁不饥；幽、瀛川河，频年泛溢。岂是阳九厄会，百六钟期，故以人事而然，非为运极。"

欲"量其逶迤，穿凿涓浍，分立堤堨，所在疏通，豫决其路，令无停蹙。随其高下，必得地形。土木参功，务从便省。使地有金堤之坚，水有非常之备。钩连相注，多置水口，从河入海，远迩径过，泻其垅潟，泄此陂泽。

九月农罢，量役计功。十月昏正，立匠表度。县遣能工，麾画形势。郡发明使，筹察可不。审地推岸，辨其脉流。树板分崖，练厥从往。别使案检，分部是非，瞰睇川原，明审通塞。

当境修治，不劳役远。终春自罢，未须久功。即以高下营田，因于水陆，水种秔稻，陆蓺桑麻。必使室有久储，门丰余积。其实上叶御灾之方，亦为中古井田之利。即之近事，有可比伦。

江、淮之南，地势洿下。云雨阴霖，动弥旬月。遥途远运，惟有舟舻。南亩畬菑，微事耒耜。而众庶未为馑色，黔首罕有饥颜。岂天德不均，致地偏罚？故是地势异图，有兹丰馁"。

后世论者，每谓兴水利即所以除水害，故沟洫实为治水要图，楷之所论，已先发其义矣。河域水利，不如江域之饶，而文明启发，转在其先者？

沟洫之修举实为之，沟洫废而水灾兴，隋、唐以后，北方遂仰给于江、淮矣，此古今升降之一大端也。而其转移，实在晋、南北朝之世，丧乱与民生之关系，岂不大哉？

然南方水利，虽云得天独厚，人工亦未尝废，观会稽民丁，无士庶皆保塘役；扬、南徐二州桥、桁、塘、埭，亦有丁功可知。见第十九章第一节。

世岂有专恃天惠之事乎！又晋世水碓之利颇大。张方决千金堨，水碓皆涸，实为常山覆败之因，可见其与民生相关之切。然多为豪强所擅，石崇之败，有司簿阅其赀产，水碓至三十余区是也。

《晋书·魏舒传》，言其迟钝质朴，不为乡亲所重。从叔父吏部郎衡，有名当世，亦不之知，使守水碓。可见豪贵之擅此者颇多，细民亦必不免受其剥削矣。南方则似无此利，故至祖冲之始创为之，而后亦不闻其推行也，见下节。

矿业，当此时代，实极衰微。南北朝之世，所以迄欲铸钱而终不能善者，铜之乏，实为其大原。

《齐书·刘悛传》：悛于永明八年启武帝，言“南广郡界蒙山下，有城名蒙城，有烧炉四所。从蒙城渡水南百许步，平地掘土深二尺得铜。又有古掘铜坑。其地即秦之严道，汉文帝赐邓通铸钱之处。近唤蒙山獠出，云甚可经略。此议若立，润利无极”。

上从之，遣使入蜀铸钱，得千余万。功费多，乃止。南朝因铸钱而开矿之事，惟此一见而已。

《宋书·良吏传》：徐豁，于元嘉初为始兴大守。

三年，遣大使巡行四方，并使郡县各言损益。豁因此表陈三事。其二曰：“郡领银民三百余户。凿坑采砂，皆二三丈。功役既苦，不顾崩压。一岁之中，每有死者。官司检切，犹致逋违[5]。老少相随，永绝农业。千有余口，皆资他食。寻台邸用米，不异于银，谓宜准银课米，即事为便。”

其三曰：“中宿县俚民课银，一子丁输南银半两。寻此县自不出银。又俚民皆巢居鸟语，不闲货易之宜，每至买银，为损已甚。又称两受入，易生奸巧，山俚愚弱，不辨自伸。官所课甚轻，民以所输为剧。今若听计丁课米，公私兼利。”矿课之诒累于民，及其有名无实如此。北朝矿利，亦极微末。

《魏书·食货志》云：世宗延昌三年，春，有司奏长安骊山有银矿，二石得银七两。其年秋，恒州又上言：白登山有银矿，八石得银七两，锡三百余斤。诏并置银官，常令采铸。又汉中旧有金户三千余家，常于汉水沙淘金，年终总输。后临淮王彧为梁州刺史，奏罢之。

又云：熙平二年冬，尚书崔亮，奏恒农郡铜青谷有铜矿，计一斗得铜五两四铢。苇池谷矿，计一斗得铜五两。鸾帐山矿，计一斗得铜四两。河内郡王屋山矿，计一斗得铜八两。南青州苑烛山，齐州商山，并是往昔铜官，旧迹见在。谨案铸钱方兴，用铜处广，既有冶利，并宜开铸。诏从之。然亦徒因此而致私铸繁兴而已。

此时农学，亦极衰微。《隋书·经籍志》载农家之书五种：《氾胜之书》二卷，《四人月令》一卷，后汉崔寔撰。尚皆汉人之作。《禁苑实录》一卷，不著撰人名字。惟《齐民要术》十卷，为后魏贾思勰撰。《春秋济世六常拟议》五卷，杨瑾撰。瑾始末不详，或亦此时人也。

《志》又云：梁有《陶朱公养鱼法》《卜式养羊法》《养猪法》《月政畜牧栽种法》各一卷，亡。《通志·艺文略·食货豢养类》：卜式《月政畜牧栽种法》一卷。姚振宗《隋书经籍志考证》云：此盖承上文亦以为卜式书，未必真有依据也。

案此三书及《氾胜之书》《四民月令》，《齐民要术》皆引之，盖其书采摭颇博。贾思勰固当时农学一大家也。前世农书传于后世完好者，今亦以此书为最古。

第二节　工业

中国于工业，不甚重视，然巧思之士，亦历代有之。在晋、南北朝之世，似当以祖冲之为巨擘。

《齐书·冲之传》云：初宋武平关中，得姚兴指南车，有外形而无机巧，每行，使人于内转之。升明中，大祖辅政，使冲之追修古法。冲之改造铜机，圜转不穷，而司方如一。马钧以来未有也。时有北人索驭驎者，亦云能造指南车。大祖使与冲之各造。使于乐游苑对共校试，而颇有差僻，乃毁焚之。

案《刘休传》云：宋末，上造指南车，以休有思理，使与王僧虔对共监试，则休亦必有巧思。索驭驎之智巧，未知视冲之如何。其所为虽无成，然若冲之因姚兴成制，而驭驎无所因循，则其制作实较冲之为难，不得以成败为优劣也。

《冲之传》又云：永明中，竟陵王子良好古，冲之造欹器献之。《南史》同，而上多“晋时杜预有巧思，造欹器三改不成”十四字，下多“与周庙不异”五字。

案《晋书·预传》云：周庙欹器，至汉东京，犹在御坐。汉末丧乱不复存，形制遂绝。预创意造成，奏上之。帝甚嘉叹焉。预所作若无成，必无由奏上；又周器形制无存，冲之所作，后人安知其同异？《南史》盖杂采众说而失之也。

《周书·薛憕传》云：大统四年，宣光清徽殿初成，憕为之颂。魏文帝又造二欹器：一为二仙人共持一钵，同处一盘。钵盖有山，山有香气。一仙人又持金瓶，以临器上。以水灌山，则出于瓶而注乎器。烟气通发山中。谓之仙人欹器。

一为二荷，同处一盘，相去盈尺。中有莲，下垂器上。以水注荷，则出于莲而盈乎器。为凫雁、蟾蜍以饰之。谓之水芝欹器。二盘各处一床。钵圆而床方，中有人，言三才之象也。皆置清徽殿前。器形似觥而方，满则平，溢则倾。慳各为作颂。魏文欹器，必非古制。杜预所作，宋末盖亦已无存，冲之乃又以意创为之也。

《冲之传》又云：以诸葛亮有木牛流马，乃造一器，不因风水，施机自运，不劳人力。又造千里船，于新亭江试之，日行百余里。于乐游苑造水碓磨，世祖亲自临视。又特善算，注《九章》。造《缀述》数十篇。冲之之才，盖诚能利物前民者。建武中，明帝使巡行四方，兴造大业可以利百姓者，可谓用当其材，而会连有军事，事竟不行，惜矣。

《南史》云：冲之子暅之，少传家业，究极精微。亦有巧思。入神之妙，般、倕无以过也。当其诣微之时，雷霆不能入。尝行遇仆射徐勉，以头触之，勉呼乃悟。父所改何承天历，时尚未行，梁天监初，暅之更修之，始行焉。暅之子皓，少传家业，善算历。可谓世济其美矣。

《梁书·江革传》：革为镇北豫章王长史。魏徐州刺史元法僧降附，革被敕随府、王镇彭城。城既失守，革素不便马，乃泛舟而还。途经下邳，遂为魏人所执。

魏徐州刺史元延明，闻革才名，厚加接待。革称患脚不拜。廷明将加害焉，见革辞色严正，更相敬重。时祖暅同被拘执，延明使暅作欹器、漏刻铭。

革骂暅曰："卿荷国厚恩，已无报答，今乃为虏立铭，孤负朝廷？"延明闻之，乃令革作丈八寺碑、并祭彭祖文。革辞以囚执既久，无复心思。延明逼之逾苦，将加箠扑。

革厉色而言曰："江革行年六十，不能杀身报主，今日得死为幸，誓不为人执笔。"延明知不可屈，乃止。日给脱粟三升，仅余性命。值魏主讨中山王元略反北，乃放革及祖暅还朝。祖暅巧矣，江革之气节，尤国之宝也。

北方有巧思者，当以蒋少游为最。《魏书·术艺传》云：少游乐安博昌人。慕容白曜之平东阳，见俘。入于平城，充平齐户。后配云中为兵。性机巧，颇能画刻，有文思。遂留寄平城，以佣写书为业。而名犹在镇。后被召为中书写书生。与高聪俱依高允。允爱其文用，遂并荐之。与聪俱补中书博士。骤被引命。屑屑禁闼，以规矩刻缋为务。

因此大蒙恩锡，超等备位，而亦不迁陟也。及诏尚书李冲与冯诞、游明根、高闾等议定衣冠于禁中，少游巧思，令主其事。亦访于刘昶。二意相乖，时致诤竞。积六载乃成。始班赐百官。冠服之成，少游有效焉。后于平城将营大庙、大极殿，遣少游乘传诣洛，量准魏、晋基址。后为散骑侍郎，副李彪使江南。

《齐书·魏虏传》，谓孝文议迁都洛京，于永明九年，遣李道固、蒋少游报使。少游有机巧，密令观京师宫殿楷式。清河崔元祖启世祖曰："少游臣之外甥，特有公输之思。宋世陷虏，处以大匠之官。今为副使，必欲模范宫阙。岂可令毡乡之鄙，取象天宫？臣谓且留少游，令使主反命。"

世祖以非通和意，不许。然则少游是行，乃专为窥觇宫殿来也。

《少游传》又云：高祖修船乘，以其多有思力，除都水使者。迁前将军，兼将作大匠，仍领水池湖泛戏舟檝之具。及华林殿治，修旧增新；改作金墉门楼；皆所措意，号为妍美。又为大极立模范，与董尔、王遇等参建之，皆未成而卒云。

此外巧思之士，如南朝之张永。

《晋书·石季龙载记》云：季龙游于戏马观，观上安诏书，五色纸在木凤之口，鹿卢回转，状若飞翔焉。

《南史·齐本纪》云：东昏侯始欲骑马，未习其事，俞灵韵为作木马，人在其中，行动进退，随意所适。其后遂为善骑。

《陈书·长沙王叔坚传》，言其刻木为偶人，衣以道士之服，施机关，能拜跪，昼夜于日月下醮之，咒诅于上。此皆能为机捩者。又《孙玚传》，言其巧思过人，为起部尚书，军国器械，多所创立。

《魏书·术艺传》云：高宗时，郭善明甚机巧。北京宫殿，多其制作。高祖时，青州刺史侯文和，亦以巧闻。为要舟，水中立射。世宗、肃宗时，豫州人柳俭，殿中将军关文备、郭安兴并机巧。洛中制永宁寺九层佛图，安兴为匠也。

《恩幸传》云：王叡子椿，雅有巧思。凡所营制，可为后法。

正光中，元叉将营明堂、辟雍，欲征椿为将作大匠。椿闻而以疾固辞。椿僮仆千余，园宅华广，声伎自适，无乏于时。或有劝椿仕者，椿笑而不答。盖溺于宴安者，非欲远元叉也。又云：茹皓性微工巧，多所兴立。为山于天渊池西，世宗悦之。此等亦皆有巧思之士。

若乃赫连勃勃，以叱干阿利领将作大匠。蒸土作城，锥入一寸，即杀作者而并筑之。又造五兵之器。射甲不入，即斩弓人，如其入也，便斩铠匠。既成呈之，工匠必有死者。又造百刚刀，为龙雀大环，号曰大夏龙雀。复铸铜为大鼓、飞廉、铜仲、铜驼、龙、兽虎字避唐讳改。之属，皆以黄金饰之，列于宫殿之前。凡杀工匠数千。此则徒为虐杀而已。史谓阿利性尤工巧，然残忍刻薄，残忍刻薄诚有之，工巧或转未必也。

争战之世，能造兵器者必多，盖以趋时用也。

《宋书·武帝纪》云：大军进广固，即屠大城，慕容超退保小城。于是设长围守之。公方治攻具。城上人曰："汝不得张纲，何能为也？"纲者，超伪尚书郎，有巧思。会超遣纲称藩于姚兴，乞师请救，纲从长安还，泰山大守申宣执送之。乃升纲于楼上，以示城内。城内莫不失色。于是使纲大治攻具。成，设诸奇巧。飞楼、木幔之属，莫不毕备。城上火、石、弓矢，无所用之。此事或言之大过，然纲必机巧之士，则无疑也。

《陈书·徐世谱传》，言其领水军，从陆法和与侯景战，时景军甚盛，世谱乃别造楼船、拍舰、火舫、水车，以益军势。高祖之拒工琳，水战之具，悉委世谱。世谱性机巧，谙解旧法。所造器械，并随机损益，妙思出人。其巧思，亦未必逊于张纲矣。

《北齐书·方技传》云：綦母怀文造宿铁刀。其法：烧生铁精，以重柔铤，数宿则成刚。以柔铁为刀脊。浴以五牲之溺，淬以五牲之脂。斩甲过三十札。今襄国冶家所铸宿柔铤，乃其遗法。作刀犹甚快利，但不能截三十札也。此制，当尚胜于叱干阿利之百刚刀也。

《魏书·食货志》云：铸铁为农器、兵刃，在所有之，然以相州牵口冶为工，故常炼锻为刀，送于武库。可见魏于兵器，亦甚留意矣。

此时公家铜、铁甚乏，颇为考工之累。铜之乏，别见第四节。《晋书·刑法志》，云："魏国建，定甲子科，犯钛左右趾者，易以木械。是时乏铁，故易以木焉。"

《南阳王模传》云：模代河间王颙镇关中。时关中饥荒，百姓相啖，加以疾疠，盗贼公行。模力不能制，乃铸铜人、钟鼎为釜、器以易谷。议者非之。模之所为，乃以铜代铁，可见铁之乏矣。然乏于官者必散之民，民间之械器，正可因此而益修也。

《晋书·陶璜传》：吴用璜为交州刺史。滕修数讨南贼，不能制。璜曰：

“南岸仰吾盐铁，断勿与市，皆坏为田器。如此二年，可一战而灭也。”修从之，果破贼。

《庾翼传》言：时东土多赋役，百姓乃从海道入广州。刺史邓岳，大开鼓铸，诸夷因此知造兵器。冀表陈夷人常伺隙，若知造铸之利，将不可禁。可见铁之多少，关系于工业者大矣。

《宋书·礼志》云：“天子坐漆床，居朱屋。史臣按：《左传》丹桓宫之楹，何休注《公羊》，亦有朱屋以居，所从来久矣。漆床亦当是汉代旧仪，而《汉仪》不载。寻所以必朱必漆者，其理有可言焉。夫珍木嘉树，其品非一，莫不植根深阻，致之未易。藉地广之资，因人多之力，则役苦费深，为敝滋重。是以上古圣王，采椽不斫。斫之则惧刻桷雕楹，莫知其限也。哲人悬鉴微远，杜渐防萌。知采椽不惬后代之心，不斫不为将来之用。故加朱施漆，以传厥后。散木凡材，皆可入用。远探幽旨，将在斯乎？”

案汉人言舜造漆器，谏者七人，其言虽不足信，可见其时尚以施漆为侈靡之事，此则转以为俭矣。

《齐书·文学传》：崔慰祖父庆绪，永明中为梁州刺史，家财千万。慰祖散与宗族。漆器题为日字，日字之器，流乎远近。则不独宫禁用之，臣下之家，亦多有之矣。可见社会生计之逐渐进步也。

奇巧之制，来自西域者颇多。魏文欹器，疑亦西域巧工所制，仙人瓶钵等固皆西域意匠也。然此等奇技，惟淫侈之家，用为玩弄，故不久而即绝。何者？闲其事者少；且千金屠龙，成亦无益，故其传不广也。

《北史·元韶传》云：齐神武以孝武帝后配之，魏室奇宝，多随后入韶家。有二玉钵，相盛转而不可出；马脑榼容三升，玉缝之；皆称西域鬼作也。此等物果何所用之邪？王济以琉璃器贮馔享晋武帝，帝色为不平。

《晋书·崔洪传》云：洪口不言货财，手不执珠玉。汝南王亮尝燕公卿，以琉璃钟行酒，酒及洪，洪不执。亮问其故。对曰：“虑有执玉不趋之义。”当时之重琉璃如此，以其来自外国，难得故也。

《魏书·大月氏传》云：世祖时，其国人商贩京师，自云能铸五色琉璃，于是采矿山中，于京师铸之。既成，光泽乃美于西方来者。乃诏为行殿。容百余人。光色映彻。观者见之，莫不惊骇，以为神明所作。

自此中国琉璃遂贱，人不复珍之。则其技曾传入中国矣。然《北史·何稠传》言：稠开皇中累迁大府丞。稠博览古图，多识旧物。波斯尝献金织锦袍，组织殊丽。上命稠为之。稠锦成，逾所献者。上甚悦。时中国久绝琉璃作，匠人无敢措意。稠以绿瓷为之，与真不异。则琉璃之制，传入未久而又绝矣。

稠以博览古图，多识旧物而能作波斯锦，则异物之可仿制者正多。然不特实物不能久存，即图亦终归覆瓿[6]，则一技之传，非成为寻常之事，其物能供众人之用，终必不久而旋绝耳。平心论之，其绝亦正不足惜也。珍贵之物，果为众人所能用者，则始虽为贵豪所专有，久必渐流于民间。

《魏书·高祖纪》：大和十一年十月，诏罢起部无益之作。出宫人不执机杼者。魏初绫锦，皆由宫中婢使自造。

十一月，诏罢尚方锦绣绫罗之工。四民欲造，任之无禁。其御府衣服、金银、珠玉、绫罗锦绣，大官杂器，大仆乘具，内库弓矢，出其大半，班赉百官及京师士庶，下至工商、皂隶，逮于六镇戍士，各有差。此事与历代以车服别贵贱之禁令正相反。可见其物果为众人所能用，虽以法令禁之亦无益，此生计之情势使然也。

《隋书·地理志》言：魏郡雕刻之工，特云精妙。又言梁州绫锦、雕镂之妙，殆侔上国。知凡侈靡之地，富厚之邦，民间工作，亦无不精进矣。

第三节　商业

晋、南北朝之时，沿袭旧见，尚多贱视商业，发为崇本抑末之论。如晋武帝泰始五年，申戒郡国计吏、守相、令长，务尽地利，禁游食商贩；魏恭宗监国，欲课农功，亦禁弃本沽贩是也。

然商业总只有随时而日盛。当海宇分崩，苛政亟行之际，往来既多艰阻，税敛又苦烦苛，故惟有势力者便于营商。王公大臣，外至方镇，遂多乘时要利者。虽为舆论所鄙，弗恤也。

晋义阳成王望之孙奇，尝遣使到交、广贩货，宋前废帝即位，诏藩王贸货，壹皆禁断。

《沈怀文传》言：西阳王子尚等，皆置邸舍，逐什一之利，为患遍天下，怀文言之，不听，此诏盖即为此而发，然无益也。

《孔觊传》云：觊弟道存，从弟徽，颇营产业。二弟请假东还，觊出渚迎之。辎重十余船，皆是绵、绢、纸、席之属。觊见之，伪喜，谓曰："我比困乏，得此甚要。"因命上置岸侧。既而正色谓道存等曰："汝辈忝与士流，何至还东作贾客邪？"命左右取火烧之。烧尽乃去。当时士大夫，鄙视商业之情形，可以想见。

然《谢庄传》言：孝武践阼，欲弘宣风则，下节俭诏书。庄虑此制不行，言曰："诏云：贵戚竞利，兴货廛市者，悉皆禁制，此实久惬民听。其中若有犯违，则应依制裁纠。若废法申恩，便为令有所缺。此处分伏愿深思。无缘明诏既下，声实乖爽。臣愚谓大臣在禄位者，尤不宜与民争利，不审可得在此诏不？"则当时朝臣逐利之情形，亦与藩王无异矣。

齐临川王映为雍州，尝致钱还都买物。有献计于江陵买货，至都还换，可以微有所增。映笑曰："我是贾客邪？乃复求利？"似贤矣。

然《豫章王嶷传》载嶷启言："伏见以诸王举货，屡降严旨。少拙营生，已应上简。府、州、郡邸舍，非臣私有。今巨细所资，皆是公润。臣私累不少，未知将来。罢州之后，或当不能不试营觅以自赡。"以严旨申禁之事，尚敢明文求乞，况于阴行违犯？无怪谢庄以声实乖爽为虑矣。

刘峻兄孝广，为青州刺史，峻请假省之，坐私载禁物，为有司所奏，免官。王莹少子实，为新安大守。实从兄来郡就求告。实与铜钱五十万，不听于郡及道散用。从兄密于郡市货，还都求利。去郡数十里，实乃知。命追之。呼从兄上岸，盘头，令卒予杖。搏颊乞原，劣得免。

张畅为南蛮校尉，遣门生荀僧宝下都，因颜竣陈义宣衅状。僧宝有私货，停巴陵不时下。会义宣起兵，津路断绝，遂不得去。褚渊，或饷之鳆鱼，门生有献计卖之。庾仲文在尚书中，令奴沽酃酒。徐度恒使僮仆屠沽。邓琬起兵，史言其父子并卖官粥爵，使婢仆出市道贩卖，其辞盖诬，前已辩之，然其婢仆，安知不乘时要利邪？

柳世隆为湘州，亦以在州立邸、兴生，为御史所奏。当时无上无下，无内无外，可谓无不以贩粥求利为事者矣。向靖无园田商货之业，徐勉拒兴立邸店，舳舻[7]运致，史安得不以为美谈邪？

南方如是，北方更甚。魏大和八年，始班官禄，《魏书·本纪》载孝文诏书云："置官班禄，行之尚矣。自中原丧乱，兹制中绝。先朝因循，未遑厘改。朕永鉴四方，求民之瘼，夙兴昧旦，至于忧勤。故宪章旧典，始班俸禄。罢诸商人，以简民事。户增调三匹，谷二斛九斗，以为官司之禄。均豫调为二匹之赋，即兼商用。虽有一时之烦，终克永逸之益。禄行之后，臧满一匹者死。变法改度，宜为更始，其大赦天下，与之惟新。”

然则魏当未班官禄之前，实有隶官商人。盖名为市买以供官用，实则有司藉以营利，可谓作法于贪者矣。其制虽随班禄而罢，然积习既成，自难一旦革绝。

恭宗禁民沽贩，而高允即诤其贩酤市廛，与民争利，上行下效，贪风其安克戢？故其北海王详，公私营贩，侵剥远近。刘腾交通互市，岁入利息，以巨万计。贵近如是，外方自将效尤。邢峦，志欲平蜀者也，而至汉中岁余，即商贩聚敛。

李崇，南边之大将也，而贩肆聚敛，营求不息。其缘边州郡，疆埸统戍，惟有通商聚敛之意，驱其羸弱，贩贸往还，抑更无足为怪矣。

《封懿传》言：郑云谄事刘腾，得为安州刺史，谓懿族曾孙回曰：“彼土治生，何事为便？”回答之曰：“封回不为商贾，何以相示？”此等人盖亦如凤毛麟角矣。

明帝正光三年十二月，以牧、守店肆、商贩，诏中尉端衡，肃厉威风，以见事纠劾。七品、六品，禄足代耕，亦不听锢帖店肆，争利城市。可见大小官吏，竞行贩粥。陈元康放责交易，遍于州郡。

周齐公宪出镇剑南，以裴文举为益州总管府中郎。蜀土富饶，商贩百倍，或以是劝文举。又可见周、齐之朝，风气无异于元魏也。

职是故，当时之达官贵人，多喜与商贾往来。苻坚诸公，引商人赵掇等为国卿。

《北史·齐宗室诸王传》言：齐氏诸王，选国臣府佐，多取富商群小；又段孝言掌选，富商大贾，多被铨擢[8]，则此等事曾不足为异矣。

《和士开传》言其富商大贾，朝夕填门。朝士不知廉耻者，多相附会，甚者为其假子，与市道小人，同在昆季行列。

《封隆之传》言：士开母丧，托附者咸往奔哭。邺中富商丁邹、严兴等，并为义孝。而刘昉亦富商大贾，朝夕盈门。

《杨愔传》言：大保平原王隆之，与愔邻宅，愔尝见其门外有富胡数人，谓左右曰：“我门前幸无此物。”可见不为此者之少矣。士夫之与此辈往来，不过利其货贿，自不待言，而专制之世，富豪多以名器为荣，故亦乐于攀附。

观王辨祖训，以行商致富，而当魏世，以出粟助给军粮，为假清河大守可知。《隋书·辨传》。故一至昏乱之朝，富商即夤缘⑨并进，而官方为之大坏也。

此等巨贾，亦颇有势力。刘道济之乱蜀，实以费谦等限止商利之故。其规模较小者：如《梁书·贺琛传》言其伯父玚没后，家贫，尝往还诸暨，贩粟以自给。琛山阴人。

《南史·恩幸传》言：陆验少而贫苦，邑人郁吉卿，贷以钱米，验借以商贩，遂致千金。此等必躬逐微利，非如王公贵人，安坐持筹，而使门生、奴婢辈为之营运者矣。

《梁书·王僧孺传》：僧孺幼贫，其母鬻纱布以自业。尝携僧孺至市，道遇中丞卤簿，驱迫沟中。

《文学·刘勰传》言：勰自重其文，欲取定于沈约。约时贵盛，无由自达。乃负其书，候约出，干之于车前，状若货鬻者。此则贩夫、贩妇之伦也。

《魏书·赵柔传》：有人与柔铧数百枚，柔与子善明鬻之于市。有从柔买，索绢二十匹。有商人知其贱，与柔三十匹。善明欲取之。柔曰："与人交易，一言便定，岂可以利动心也？"遂与之。

《北史·寇俊传》：家人曾卖物与人，剩得绢一匹，俊访主还之。此等则偶然鬻卖，并不得谓之商人也。

达官贵人经商，其事虽多见于史，然此特旧时史籍，只有此等人之传记，故其事之可考者较多耳，非谓经商者皆此等人也。

《隋书·地理志》言：洛阳俗尚商贾；丹阳小人，率多商贩，市廛列肆，埒于二京。

《北史·魏诸宗室传》云：河东俗多商贾，罕事农桑，人有年三十不识耒耜者，可见小民从事贸易者之多矣。抑亦非仅限于都会。桓玄与晋朝构衅，断江路，商旅绝，公私匮乏，士卒惟给麸橡。陈宝应载米粟与会稽贸易，遂致富强。

《陶侃传》言：侃迁武昌大守。时天下饥荒，山夷多断江劫掠。侃令诸将作商船以诱之。生获数人，乃是西阳王羕之左右。

《莫含传》言其家世货殖，赀累巨万。含，雁门繁峙人。然则南暨江海，北邻沙塞，商路罔不通利，虽遭丧乱，曾不足以阻之矣。

南北虽云分隔，商贾实无时而不通。石勒求交市于祖逖，逖不报书，而听其互市。索虏求互市于宋世祖，众议不一，而时遂通之。

《魏书·食货志》言：魏于南垂立互市，以致南货，羽毛齿革之属，无远不至，可见其贸易实为经常之事矣。亦有无许通市之明文，而仍相交往者。

《苻健载记》言：苻雄遣苻菁掠上洛郡，于丰阳立荆州，以引南金奇货，弓、竿、漆、蜡，通关市，来远商，于是国用充足，异贿盈积；《魏书·崔宽传》：附《崔玄伯传》。宽为陕城镇将，弘农出漆、蜡、竹、木之饶，路与南通，贩贸来往，家产丰富是也。并有冒禁令而为之者。

《北齐书·高季式传》，言其随潘乐征讨江、淮之间，私使乐人于边境交易，还京坐被禁止；《崔季舒传》言其出为齐州刺史，坐遣人渡淮互市，亦有臧贿事，为御史所劾是也。

《循吏传》：苏琼行徐州事。旧制以淮禁，不听商贩辄渡。琼以淮南岁俭，启听淮北取籴。后淮北人饥，复请通籴淮南。遂得商估往还，彼此兼济。水陆之利，通于河北。此则名为利民，实则违禁图利者矣。南北使节往返，亦为交市之机。

《北齐书·李绘传》云：武定初，为聘梁使主，前后行人，皆通启求市，绘独守清尚，梁人重其廉洁，可见其习为故常。

《崔暹传》言：魏、梁通和，要贵皆遣人随聘使交易，暹惟寄求佛经，则交市者尚不仅使臣也。惟其所市者，似以珍异之物为多。

《魏书·李安世传》言：国家有江南使至，多出藏内珍物，令都下富室好容服者货之，使任情交易。

《北齐书·魏收传》言：收托附陈使封孝琰，令其门客与行，遇昆仑舶至，得奇货猓然褥表、美玉盈尺等数十件，罪当流，以赎论；又收之副王昕使梁还，高隆之求南货于昕、收，不能如志，遂讽御史中尉高仲密禁止昕、收于其台，久之乃得释；皆其证。其寻常笨重之货，当仍由民间贩粥耳。

《周书·韦孝宽传》言：齐人遣使至玉壁，求通互市，则当北方分裂时，彼此贸迁，亦不利于隔绝矣。

附塞部落，亦贸易多通。库莫奚请市于冯跋。又与魏交易于安、营二州。吐谷浑以商译往来，故礼同北面。突厥以至塞上市缯絮，乃通西魏。

慕容翰之奔宇文归也，皝遣商人王车阴使察之。还言翰欲来。乃遣车遗翰弓矢。翰乃窃归骏马，携其二子而还。刘显之欲杀魏道武也。

《魏书·本纪》言：商人王霸知之，履帝足于众中，帝乃驰还。慕容永之纳窟咄，道武奔贺兰部，遣安同及长孙贺乞援于慕容垂。安同者，辽东胡人。其先祖曰世高，汉时以安息侍子入洛阳。

历魏至晋，避乱辽东，遂家焉。父屈，仕慕容玮。玮灭，屈友人公孙眷之妹没入苻氏宫，出赐刘库仁为妻，库仁贵宠之，同因随眷商贩，亦商人也。长孙贺亡奔窟咄，同间行达中山。垂遣贺骥步骑六千随之。同与垂使人兰纥俱，窟咄兄子意烈捍之。同隐藏于商贾囊中，至暮，乃入空井得免。仍奔贺骥。当时商贾在北夷中活动之情形可见。

盖惟此辈多往来于各部落中，熟习道路及各地之人情风俗，且多与其酋豪往还，故能知其机事，并可为间谍，可衔使命也。阿那瓌之返国也，其人大饥，相率入塞。瓌表请振给。诏元孚为北道行台，诣彼振恤。

孚陈便宜云："北人阻饥，命悬沟壑，公给之外，必求市易，彼若愿求，宜见听许。"可见通易相需之殷。

《南史·河南王传》言：其地与益州邻，常通商贾。陶侃之守武昌，立夷市于郡东，大收其利。可见近塞部落，皆利交易，南北正无二致矣。

域外通商，所至亦远。《梁书·中天竺国传》云：其国人行贾，往往至日南、交趾。又扶南王尝遣商货至广州，诃罗陁，元嘉七年，表求市易往反，不为禁闭。可见自南方来者颇多。

《北史·粟特国传》云：其国商人，先多诣凉土贩货。及魏克姑臧，悉见虏。文成初，粟特王遣使请赎之，诏听焉。又可见自西北来者之远也。

诸外国中，西域与中国通商特盛，西域人在中国经商者亦颇多，实为极可注意之事，此盖由其文明程度特高使然，西胡与中国关系之密，正不待唐、元之世矣。

《隋书·食货志》言：南北朝时，河西诸郡，或用西域金银之钱。即此一端，已可见西域贸易之盛。

《魏书·景穆十二王传》：京兆王子推之子暹，除凉州刺史，贪暴无极。欲规府人及商胡富人财物，诈一台符，诳诸豪云欲加赏，一时屠戮，所有资财、生口，悉没自入，可见凉州富贾之多。

《周书·韩褒传》：除西凉州刺史，羌、胡之俗，轻贫弱，尚豪富。豪富之家，侵渔小民，同于仆隶。褒乃悉募贫人，以充兵士。优复其家，蠲免徭赋。又调富人财物，以振给之。每西域商货至，又先尽贫者市之。于是贫富渐均，户口殷实。可见通商为利之厚。

又《韦瑱传》云：除瓜州刺史。州通西域，蕃夷往来。前后刺史，多受赂遗。胡寇犯边，又莫能御。瑱雅性清俭，兼有武略。蕃夷赠遗，一无所受。胡人畏威，不敢为寇。公私安静，夷夏怀之。此又足征西域来者之众也。

齐后主欲为穆后造七宝车，遣商胡赍锦采市真珠于周。诸商胡负官责息者，宦者陈德信纵其妄注淮南富家，令州县征责。此皆西域商人留居中国，仍以经商为事者。

《周书·异域传》言：周承丧乱之后，属战争之日，定四表以武功，安三边以权道。赵、魏尚梗，则结姻于北狄；厩、库未实，则通好于西戎。由是卉服毡裘，辐凑于属国；商胡贩客，填委于旗亭。则其于国计，亦略有裨益。

然《魏书·食货志》言：正光后四方多事，加以水旱，国用不足，有司奏断百官常给之酒，而远蕃使客，不在断限。尔后帑藏益以空竭，有司又奏内外百官及诸蕃客禀食及肉，悉二分减一。计终岁省肉百五十九万九千八百五十六斤，米五万三千九百三十二石。蕃客何人，讵非商贾？则其耗费亦不少矣。其干乱政事者：北齐后主宠信胡户。

《恩幸传》言胡小儿眼鼻深险，盖其人虽习华风，形貌则犹未变其深目高鼻之旧也。高思好与并州诸贵书，言后主昵近凶狡，商胡丑类，擅权帷幄。案和士开之先，为西域商胡，姓素和氏，思好是言，盖有所指。

《魏书·李昕传》：昕为相州刺史，以受纳民财及商胡珍宝得罪，商胡之乱政，又不独宫禁之中，朝宁之上矣。然《隋书·儒林·何妥传》言：其父细胡，通商入蜀，遂家郫县，本梁武陵王纪，主知金帛，因致巨富，号为西州大贾，则好任用贾胡者，又不独北方为然也。

《魏书·崔浩传》言：世祖攻蠕蠕，沿弱水西行，至涿邪山，诸大将疑深入有伏兵，劝世祖停止。后闻凉州贾胡言："若复前行二日，则灭之矣。"世祖殊恨之。此说殊不足信。然北荒多有贾胡，则于此可见。阿伏至罗求击蠕蠕商胡越者，实为衔命，此亦犹安同之为道武使慕容垂。

《宋书·芮芮传》云：献师子皮袴褶。皮如虎皮，色白，毛短。时有贾胡在蜀见之云：此非师子皮，乃扶拔皮也。此又细胡之伦也。商人之无远弗届，亦可惊异矣。

古者商业未盛，贸易皆有定时定地，《易》称神农氏日中为市；《记》言四方年不顺成，八蜡不通是也。晋、南北朝之世，久非其时，然人心仍习于旧，故其立市犹有定地，而贸易之盛，亦或尤在农隙之时焉。

《晋书·乐志》：《拂舞歌诗》云："孟冬十月，北风徘徊。""耨镈停置，农收积场，逆旅整设，以通贾商。"此虽沿袭旧说之辞，亦或于当时情景，略有按合也。

《晋书·地理志》：河南郡洛阳，置尉五，部三市，东西七里，南北九里。

《齐王冏传》，谓其大筑一第馆，北取五谷市。

《隋书·食货志》言：晋过江后，淮北有大市百余，小市十余所。此皆立市之可考者：然亦非谓市之外遂无贸易，故魏韩显宗称道武"分别士庶，使技作屠沽，各有攸处"，而又病其"不设科禁，买卖任情，贩贵易贱，错居混杂"也。无市之处，官为置市，亦足以广招徕。

《晋书·良吏传》言：鲁芝转天水大守，郡邻于蜀，数被侵掠，户口减削，寇盗充斥，芝倾心镇卫，更造城市，数年间旧境悉复是矣。

《宋书·自序》言：沈邵出为钟离大守，郡先无市，江夏王义恭为南兖州置立焉，盖为此也。市皆设官管治，兼司收税。

《隋志》谓江东大市，备置官司，税敛既重，时甚苦之。齐东昏于苑中立店肆，模大市，以潘妃为市令，自为市吏。然其善者，亦足收平亭之效。

《晋书·陆云传》言：云出补浚仪令，县居都会之要，名为难理，而云到官肃然，下不能欺，亦无二价是其事。其不善者，乃借以牟利。

《魏书·李崇传》，言其子世哲为相州刺史，无清白状，邺、洛市廛，收擅其利，为时论所鄙是也。

《齐书·竟陵王子良传》：子良启言："司市之职，自昔所难。顷来此役，不由才举。并条其重赀，许以贾衒。前人增估求侠，后人加税请代。如此轮回，终何纪极？兼复交关津要，共相唇齿。愚野未闲，必加陵诳。罪无大小，横没赀载。凡求试谷帛，类非廉谨，未解在事，所以开容？"此阳慧朗所以为人所疾恶欤？

《齐书·良政传》言：少府管掌市易，与民交关，有吏能者，皆更此识，此其意原在以才举，然其后不流于聚敛者，殆未之有也。此时商贾之事，尚为士大夫所不齿，故市亦为其所罕到。吕僧珍姊适于氏，住在市西，小屋临路，与列肆杂处，僧珍尝道从卤簿到其宅，不以为耻，则史以为美谈；李输好自入市肆，高价买物，则虽商贾，亦共嗤玩之矣。见《北齐书·魏收传》。然又未尝不歆其利，此好立邸店者之所以多也。

《隋书·李德林传》云：大象末，高祖以逆人王谦宅赐之，文书已出至地官府，忽复改赐崔谦。上语德林曰："夫人欲得将与其舅，于公无形迹，不须争之。可自选一好宅。若不称意，当为营造。并觅庄店作替。"德林乃奏取高阿那肱卫国县市店八十坂，为王谦宅替。

开皇九年，车驾幸晋阳，店人上表诉称地是民物，高氏强夺，于内造舍。上命有司料还价直。遇追苏威自长安至，奏云："高阿那肱是乱世宰相，以谄媚得幸，枉取民地造店赁之，德林诬罔，奏以自入。"李圆通、冯世基等又进云："此店收利，如食千户，请计日追臧。"上因责德林。德林请勘逆人文簿及本换宅之意。上不听。乃悉追店给所住者。

后出德林为湖州刺史，犹以罔冒取店为罪状焉。可见店舍为利之厚矣。魏孝武给斛斯椿店数区，耕牛三十头，椿以国难未平，不可与百姓争利，辞店受牛，日烹一头，以飨军士，诚不愧武士之风也。

第四节 钱币上

晋、南北朝，为币制紊乱之世，其所由然，则以钱不足用，官家乏铜，既不明于钱币之理，政事又不整饬，铸造多苟且之为，有时或且借以图利，私铸因之而起，遂至不可收拾矣。此等情形，实历隋、唐之世而未能大变，至宋世行用纸币，乃又成一新景象焉。今述晋、南北朝币制之略如左：

《晋书·食货志》云：献帝初平中，董卓铸小钱，由是货轻而物贵，谷一斛至钱数百万。魏武为相，罢之，还用五铢。是时不铸钱既久，货本不多，又更无增益，故谷贱无已。

及黄初二年，魏文帝罢五铢钱，使百姓以谷帛为市。至明帝世，钱废谷用既久，人间巧伪渐多，竞湿谷以要利，作薄绢以为市，虽处以严刑而不能禁也。司马芝等举朝大议，以为用钱非徒丰国，亦所以省刑。今若更铸五铢钱，则国丰刑省，于事为便。魏明帝乃更立五铢钱。

至晋用之，不闻有所改创。案民间果其通行，岂魏武一令所能废。当时钱之不用，实由兵乱积久使然。自此至于江东，仍以钱少为患。

《志》又云：元帝过江，用孙氏旧钱。大者谓之比输，中者谓之四文。吴兴沈充，又铸小钱，谓之沈郎钱。钱既不多，由是稍贵。

安帝元兴中，桓玄辅政，立议欲废钱用谷帛。孔琳之驳之，朝议多同，玄议乃不行。

案自南北朝以前，时有废钱而用谷帛之议，固由其时钱币之理，尚未大明，然钱法之敝，实亦有以致之。钱法之敝，钱少而不足于用，以致钱贵物贱，其大端也。当此之时，欲善币制，实非鼓铸不可。然鼓铸迄不能善，币制之坏，遂与南北朝相始终矣。

宋高祖时，言事者多以钱货减少，国用不足，欲悉市民铜，更造五铢钱，未果。见《宋书·范泰传》。

文帝元嘉七年十月，立钱署，铸四铢钱，是为南朝铸钱之始。二十四年六月，以货贵，制大钱一当两。明年五月，罢之。见《南史·本纪》。

《宋书·何尚之传》云：先是患货重，铸四铢钱。民间颇盗铸，翦凿古钱以取铜，上患之。

二十四年，录尚书江夏王义恭建议，以一大钱当两，以防翦凿。尚之议曰："伏鉴明命，欲改钱制，不劳采铸，其利自倍。若今制遂行，富人赀货自倍，贫者弥增其困。又钱之形式，大小多品。直云大钱，未知其极。若止于四铢、五铢，则文皆古篆，既非下走所识，加或漫灭，尤难分明。公私交乱，争讼必起。"

中领军沈演之，以为"采铸久废，兼丧乱累承，糜散湮灭，何可胜计？晋迁江南，疆境未廓，或土习其风，钱不普用，其数本少，为患尚轻。今王略开广，声教遐暨，金镪所布，爰逮荒服。昔所不及，悉已流行之矣。案此说非尽实。

用弥广而货愈狭；加复竞窃翦凿，销毁滋繁，刑禁虽重，奸避方密；遂使岁月增贵，贫室日剧。若以大钱当两，则国传难朽之宝；家赢一倍之利；不俟加宪，巧源自绝。施一令而众美兼；无兼造之费；莫盛于兹矣"。上从演之议，遂以一钱当两。行之经时，公私非便，乃罢。孝武帝孝建元年正月，更铸四铢钱。

《前废帝纪》：大明八年，去岁及是岁，东诸郡大旱，甚者米一升数百，升，当依《南史》作斗。京邑亦至百余，饿死者十有六七。孝建以来，又立钱署铸钱，百姓因此盗铸，钱转薄小，商货不行。永光元年二月，铸二铢钱。九月，开百姓铸钱。明帝泰始元年即前废帝永光元年。十二月，罢二铢钱。见《南史·本纪》。二年三月，断新钱，专用古钱。

《颜悛传》云：元嘉中铸四铢钱，轮廓形制，与五铢同，用费损无利，故百姓不盗铸。案《何尚之传》言民间颇盗铸，此云不盗铸者，盖虽有盗铸而未甚也。及世祖即位，又铸孝建四铢。

三年，尚书右丞徐爰议：“货薄民贫，公私俱困，不有革造，将至大乏。谓宜式遵古典，收铜缮铸。纳赎刊刑，著在往策。今宜以铜赎刑，随罚为品。”诏可。

所铸钱形式薄小，轮郭不成。于是民间盗铸者云起。杂以铅锡，并不牢固。又翦凿古钱，以取其铜。钱转薄小，稍违官式。虽重制严刑，民、吏、官长坐免死者相系，《刘怀慎传》：怀慎弟孙亮，大明中为武康令，时境内多盗铸钱，亮掩讨无不禽，所杀以千數。《顾琛传》：大明四年，为吴兴大守，坐郡民多翦钱及盗铸免官。而盗铸弥甚。

百物踊贵，民人患苦之。乃立品格，薄小无轮郭者，悉加禁断。

沈庆之立议：“宜听民铸钱。郡县开置钱署。乐铸之家，皆居署内。平其杂式，去其杂伪。官敛轮郭，藏之以为永宝。去春所禁新品，一时施用，今铸悉依此格。万税三千。严检盗铸。并禁翦凿。数年之间，公私丰赡。铜尽事息，奸伪自止。”上下其事公卿。义恭及竣皆驳之。

时议者又以铜转难得，欲铸二铢钱。竣又驳之。然及前废帝即位，卒铸二铢钱。形式转细，官钱每出，民间即模效之，而大小、厚薄，皆不及也。无轮郭，不磨鑢，如今之翦凿者，谓之来子。

景和元年，亦即永光元年。沈庆之启通私铸。由是钱货乱败。一千钱长不盈三寸，大小称此，谓之鹅眼钱。劣于此者，谓之綖环钱。入水不沈，随手破碎。市井不复料数，十万钱不盈一掬。斗米一万，商贾不行。大宗初，惟禁鹅眼、綖环，其余皆通用。复禁民铸。官署亦废工。寻复并断，惟用古钱云。

案宋世圜法之敝，铸造之不善，固其大端，而铜之乏所关亦巨。惟铜乏，故议铸造者皆不免爱铜，既减五铢为四，又减四铢为二，甚至欲以一为两，名实溷淆，民听眩惑，遂至不可收拾也。铜之乏，散入民间，以之制器，盖为其大原因。三国时，吴铸当五百、当千大钱，刘备亦铸当五百大钱，已见《秦汉史》第十六章第四节。

《齐书·崔祖思传》：祖思言刘备取帐钩铜以铸钱。吴为产金之区，蜀为富饶之地，铜之乏且如是，况于他邦？盖自董卓毁坏五铢，所铸小钱，本不得民信，又为魏武所废；至魏文则并五铢而废之；其时民间用钱本少，又值丧乱，商贾不行；向为钱币之铜，遂多转而为械器矣。

《齐书·高帝纪》言帝俭德云：后宫器物、栏槛，以铜为饰者，皆改用铁。宋孝武帝孝建三年，禁人车及酒器用铜。

《北齐书·杨愔传》言其一门四世同居，昆季就学者三十余人。宅内有茂竹，其季父暐，为愔于林边别葺一室，命独处其中。常以铜盘具盛馔以饭之。因以督厉诸子，曰："汝辈但如遵彦谨慎，自得竹林别室，铜盘重肉之食。"何远素器物无铜漆，则史以为清操。可见上自宫禁，下至民间，以铜为器物者之多。盖每经丧乱，则公家之藏，流入民间，而民间生计，后裕于前，遂能用之以制器，亦与金、银之散入民间，同一理也。

《晋书·食货志》：孝武帝大元三年，诏曰："钱国之重宝。小人贪利，销坏无已。监司当以为意。广州夷人，宝贵铜鼓，而州境素不出铜。闻官私贾人，皆于此下，贪比输钱斤两差重，以入广州，货与夷人，铸败作鼓。其重为禁制，得者科罪。"中国之铜已少，况又有流入异域者邪?

梁武东下，用度不足，南平王伟时守襄阳，取寺铜佛，毁以为钱。北齐王则为洛州刺史，亦毁旧京诸像以铸钱。此固军旅倥偬之时，官方败坏之际，然亦可见其时铜之难得也。

《齐书·刘悛传》云：宋代大祖辅政，有意欲铸钱，以禅让之际，未及施行。

建元四年，奉朝请孔觊上《铸钱均货议》，辞证甚博。其略以为："三吴国之关阃，比岁被水潦而籴不贵，是天下钱少，非谷穰贱，不可不察也。铸钱之弊，在轻重屡变。重钱患难用，而难用为累轻，轻钱患盗铸，而盗铸为祸深。民所盗铸，严法不禁者，由上铸钱惜铜、爱工也。惜铜、爱工者，谓钱无用之器，以通交易，务欲令轻而数多，使省工而易成，不详虑其为患也。自汉铸五铢，至宋文帝，历五百余年，制度世有废兴，而不变五铢钱者，明其轻重可法，得货之宜。以为宜开置泉府，方牧贡金，大兴镕铸，钱重五铢，一依汉法。"不爱铜、不惜工之论，实与今之言泉币者，立说相符。

泉币通行之后，用之者固皆计其数，不复论其重，当其未行之时，则民之信否，恒视其重轻之名实相符与否，此四铢、二铢之所以不行。五铢行用最久，准其轻重，亦为下令于流水之原。

孔觊诚明于钱法之利弊者也。时议者亦多以钱货转少，宜更广铸；重其铢两，以防民奸。大祖使诸郡大市铜、炭。会晏驾，事寝。

永明八年，悛启世祖：蒙山有古铜坑，上使入蜀铸钱，功费多，乃止。此时钱价之贵，十倍宋初；好恶钱相贸，好钱一当恶钱二，或十当其十七。

梁、陈相继，圜法之紊乱如故。

《隋书·食货志》云：梁初惟京师及三吴、荆、郢、江、湘、梁、益用钱，其余州郡，则杂以谷、帛交易。交、广之域，全以金银为货。武帝乃铸钱，肉好周郭，文曰五铢，重如其文。而又别铸，除其肉郭，谓之女钱。二品并行。

百姓或私以古钱交易。有直百五铢、五铢女钱、大平百钱、定平一百、五铢雉钱、五铢对文等号。轻重不一。天子频下诏书，非新铸二种之钱，并不许用。而趣利之徒，私用转甚。

至普通中，乃议尽罢铜钱，更铸铁钱。《本纪》事在四年十二月。《南史》云：用给事中王子云议。人以铁钱易得，并皆私铸。及大同已后，所在铁钱，遂如丘山。物价腾贵。交易者以车载钱，不复计数而惟论贯。商旅奸诈，因之以求利。

自破岭以东，黄汝成《日知录·短陌条集释》云；破岭无此地名，破或庾字之讹。案《志》言梁初惟京师及三吴、荆、郢、江、湘、梁、益用钱，乃指其都会之地，非谓尽其辖境。庾岭在当时，恐非用钱之所。破岭疑即破冈。八十为百，名曰东钱。江、郢以上，七十为百，名曰西钱。京师以九十为百，名曰长钱。中大同元年，天子乃诏通用足陌。有犯，男子谪运，女子质作，并同三年，见《纪》。

诏下而人不从，钱陌愈少，至于末年，遂以三十五为陌云。《南史·梁敬帝纪》云：武帝末年，都下用钱，每百皆除其九，谓为九陌。及江陵将覆，每百复除六文，称为六陌。

案钱币贵于画一，梁武顾不恤自乱其例，铸女钱与五铢并行，盖利于去其周郭？其后又议铸铁钱，盖亦以铜少故也？

《周书·艺术姚僧垣传》：梁元帝尝有心腹疾，以从僧垣进大黄得愈，元帝大喜，时初铸钱，一当十，乃赐钱十万，实百万也，则元帝曾铸当十钱。然此外更无所见，盖其钱亦未行也。

《隋志》又云：陈初承梁丧乱之后，铁钱不行。始梁末又有两柱钱及鹅眼钱，于时人杂用，其价同，《梁书·敬帝纪》：大平元年三月，班下远近，并杂用古今钱。二年四月，己卯，铸四柱钱，一准二十。壬辰，改四柱钱一准十。丙申，复用细钱。但两柱重而鹅眼轻，私家多镕钱，又间以锡、铁，兼以粟、帛为货。

至文帝天嘉五年，改铸五铢。《纪》在三年闰二月。初出一当鹅眼之十。

宣帝大建十一年，又铸大货六铢，以一当五铢之十，与五铢并行。《陈书·本纪》：大建十一年七月，辛卯，始用大货六铢钱。后还当一。人皆不便，乃相与讹言曰："六铢钱有不利县官之象。"未几而帝崩，遂废六铢而行五铢，竟至陈亡。其岭南诸州，多以盐、米、布交易，俱不用钱。

案《志》言交、广之域全以金、银为货，又云：岭南诸州，多以盐、米、布交易，盖商贾用金、银，人民自用盐、米、布也。此亦足证当时钱币之用，尚不周遍。

北朝圜法之坏，其情形亦与南朝略相似。

《魏书·食货志》云：魏初至于大和，钱货无所周流，高祖始诏天下用钱焉。

十九年，冶铸粗备，文曰大和五铢。诏京师及诸州镇皆通行之。内外百官禄，皆准绢给钱。在所遣钱工，备炉冶。民有欲铸，听就铸之。铜必精练，无所和杂。世宗永平三年冬，又铸五铢钱。肃宗初，京师及诸州镇，或铸或不。或止用古钱、不行新铸。致商货不通，贸迁颇隔。

熙平初，尚书令任城王澄上言："大和五铢，虽利于京邑之肆，而不入徐、扬之市。土货既殊，贸粥亦异。便于荆、郢之邦者，则碍于兖、豫之域。致使贫民有重困之切，王道诒隔化之讼。

"去永平三年，都坐奏天下用钱不依准式者。时被敕云：不行之钱，虽有常禁，其先用之处，权可听行，至年末悉令断之。谨寻不行之钱，律有明式。指谓鸡眼、环凿，更无余禁。

"计河南诸州，今所行者，悉非制限。昔来绝禁，愚窃惑焉。又河北州镇，既无新造五铢，设有旧者，而复禁断，并不得行，专以单丝之缣，疏缕之布，狭幅促度，不中常式，裂匹为尺，以济有无。

"徒成杼轴之劳，不免饥寒之苦。良由分截布帛，壅塞钱货，实非救恤冻馁，子育黎元。谨惟自古已来，钱品不一，前后累代，变易无常；且钱之为名，欲泉流不已。

"愚意谓今之大和，与新铸五铢，及诸古钱，方俗所便用者，虽有大小之异，并得通行。贵贱之差，自依乡价。庶货环海内，公私无壅。其不行之钱，及盗铸毁大为小，巧伪不如法者，据律罪之。"

诏曰："钱行已久，今东尚有事，且依旧用。"澄又奏：大和五铢，乃大魏之通货，不朽之恒模，宁可专贸于京师，不行于天下？但今戎马在郊，江疆未一，东南之州，依旧为便。

至于京西、京北、域内州镇未有钱处，行之则不足为难，塞之则有乖通典。请并下诸方州镇：其大和及新铸五铢，并古钱内外全好者，不限大小，悉听行之。鸡眼、环凿，依律而禁。

河南州镇，先用钱者，既听依旧，不在断限。惟大和、五铢二钱，得用公造新者。其余杂种，一用古钱。生新之类，普同禁约。诸方之钱，通用京师。其听依旧之处，与大和钱及新造五铢并行。若盗铸者，罪重常宪。符旨一宣，仍不遵用者，刺史、守、令，依律治罪。诏从之。而河北诸州，旧少钱货，犹以他物交易，钱略不入市也。

案魏大和、永平五铢，盖所铸甚少，不足周用，故河北竟无新钱，即京西、京北，亦有无钱之处也。在所遣钱工、备炉冶，民有欲铸，听就铸之，颇近今世自由铸造之制，此私铸之所以不行。既用任城之议，则通行之地稍广，所需愈多。明年，又从崔亮议，于有冶利处开铸。私铸遂因之而兴。

《志》云：自后所行之钱，民多私铸，稍就小薄，价用弥贱。《肃宗纪》：孝昌三年正月，诏峻铸钱之制。建义初，重盗铸之禁，开纠赏之格。

至永安二年秋，诏更改铸，文曰永安五铢。《魏书·杨侃传》：时所用钱，人多私铸，稍就薄小。乃至风飘、水浮，米斗几直一千。侃奏曰："昔马援至陇西，尝上书求复五铢钱。事下三府，不许。后援征入为虎贲中郎，亲对光武，申释其趣，事始施行。臣顷在雍州，亦表陈其事。听人与官并铸五铢钱，使人乐为而俗弊得改。旨下尚书，入坐不许，以今况昔，即理不殊。求取臣前表，经御披析。"侃乃随事剖辨。孝庄从之。乃铸五铢钱，如侃所奏。

《高谦之传》：朝议铸钱以谦之为铸钱都将长史。乃上表求铸三铢钱，曰："钱之轻重，世代不同。夫以西京之盛，钱犹屡改，并行小大，轻重相权。况今寇难未除，州郡沦败，民物凋零，军国用少；别铸小钱，可以富益，何损于政，何妨于人也？臣今此铸，以济交乏。五铢之钱，任使并用。脱以为疑，求下公卿博议，如谓为允，即乞施行。"诏将从之，事未就，会卒。则初亦有铸轻钱之议，而后未果行也。

官自立炉，起自九月，至三年正月而止。利之所在，盗铸弥众。巧伪既多，轻重非一。四方州镇，用各不同。迁邺之后轻滥尤多。

武定初，齐文襄奏革其弊。于是诏遣使人，诣诸州镇，收铜及钱，悉更改铸，其文仍旧。然奸侥之徒，越法趋利，未几之间，渐复细薄。

六年，文襄王以“钱文五铢，名须称实，宜称钱一文重五铢者，听入市用，计百钱重一斤四两二十铢，自余皆准此为数。其京邑二市，天下州镇、郡、县之市，各置二称，悬于市门。私民所用之称，皆准市称，以定轻重。凡有私铸，悉不禁断，但重五铢然后听用。虽重五铢，而多杂铅镴，并不听用。若有辄以小薄杂钱入市，有人纠获，其钱悉入告者。其小薄之钱，若即禁断，恐人交乏绝，畿内五十日，外百日为限”。

群官参议，咸以时谷颇贵，请待有年，上从之而止。

此时之操切，可谓至极，然不能禁绝私铸，而欲称其轻重以为用，亦只可谓之无策耳。《隋志》云：齐神武霸政之初，承魏犹用永安五铢。迁邺已后，百姓私铸，体制渐别，遂各以为名：有雍州青赤，梁州生厚、紧钱、吉钱，河阳生涩、天柱、赤牵之称。冀州之北，钱皆不行，交贸者皆绢布。神武帝乃收境内之铜及钱，仍依旧文更铸，流之四境。未几之间，渐复细薄，奸伪竞起。此即《魏志》所云文襄奏革其弊者，事虽系之神武，谋实出自文襄也。

《志》又云：文宣受禅，除永安之钱，改铸常平五铢。《本纪》在天保四年正月。重如其文。其钱甚贵，且制造甚精。

至乾明、皇建之间，往往私铸。邺中用钱，有赤熟、青熟、细眉、赤生之异。河南所用，有青薄、铅锡之别。青、齐、徐、兖、梁、豫州，辈类各殊。武平已后，私铸转甚。或以生铁和铜。

至于齐亡，卒不能禁。又云：后周之初，尚用魏钱。《北史·文帝纪》：大统六年二月，十二年三月，皆铸五铢钱。及武帝保定元年七月，乃更铸布泉之钱，以一当五，与五铢并行。亦见《周书·本纪》。时梁、益之境，又杂用古钱交易；河西诸郡，或用西域金银之钱，而官不禁。

建德三年六月，更铸五行大布钱，以一当十，与布泉钱并行。四年七月，又以边境之上，人多盗铸，乃禁五行大布不得出入四关，布泉之钱听入而不听出。五年二月，以布泉渐贱而人不用，遂废之。《本纪》事在正月。初令私铸者绞，从者远配为户。亦见《本纪》。

齐平已后，山东之人，犹杂用齐氏旧钱，至宣帝大象元年十一月，又铸永通万国钱，以一当十，与五行大布及五铢，凡三品并用。《本纪》但云与五行大布并行。

北齐圜法之弊，全与魏同，盖承魏之敝，欲变焉而未能者。后周则思铸大钱以救钱荒，而卒亦扞格，其为弊，又与三国时之吴、蜀及宋之文帝同也。

民间苦铜钱不足，公家及豪富人，则有藏钱颇多者。《晋书·苏峻传》，峻陷宫城，得官省之钱亿万。齐武帝聚钱上库五亿万，齐库亦出三亿万。白曜之破东阳，获铜五千斤，钱十五万。此公家之藏也。江禄为武宁郡，积钱于壁，壁为之倒。曹虎在雍州，致见钱七千万。梁临川王宏性爱钱，百万一聚，黄榜标之，千万一库，悬一紫标，如此者三十余间。曹景宗弟羲宗，富人向姓，以其为方伯之弟，豪强之门，出见钱百万，以妹适之。魏崔和子轨，盗钱百万，背和亡走。

梁南平王伟，于富僧藏镪者，多加毒害。此豪富之所藏也。

《晋书·王导传》：子悦，先导卒。先是导梦人以百万钱买悦，潜为祈祷者数矣。寻掘地得钱百万，意甚恶之，一皆藏闭。

《齐书·祥瑞志》：永明七年，《南史·本纪》在六年七月。齐兴大守刘元宝治郡城，于堑中获钱百万，《南史》作三十七万。形极大，《南史》云：皆轮厚径一寸半。以献台为瑞。世祖班赐朝臣以下各有差。

十年，齐安郡民王摄掘地，得四文大钱一万二千七百十枚，品制如一。古人本有埋钱之风，当恶钱盛行之日，必更有甚焉者，此亦钱乏之一因欤？

金属为币，其弊在于私铸、私销之难禁。终南北朝之世，币制之坏，可谓皆由于私铸。

《魏书·辛子馥传》：绍先孙。天平中，长白山连接三齐瑕丘，数州之界，多有盗贼。子馥受使检覆。因辨山谷要害，宜立镇戍之所。又诸州豪右，在山鼓铸，奸党多依之，又得密造兵仗，亦请破罢诸冶。朝廷善而从之。可见豪右铜冶，胥为私铸之媒。

又崔悛尝私铸钱。而南朝梁高祖从父弟昱，亦坐于宅内铸钱，为有司所奏，下廷尉，免死徙临海郡。临川王宏之子，亦尝盗铸钱。又可见冒利而为之者之众矣。不爱铜、不惜工之论，可以止私铸，不能止私销。若欲禁绝私销，非如昔人之言，举铜冶而尽禁之不可，此岂可行之事哉？此则以金属为币，无可救正之弊也。

第五节　钱币下

铜钱缺乏之世，所以代之者，北方多用绢布，南方则兼用谷。《晋书·石勒载记》：勒铸丰货钱，人情不乐，乃出公绢市钱；《石季龙载记》：季龙下书，令刑赎之家，得以钱代财帛，无钱听以谷麦；盖所以省帛之用。则北方之用绢布，由来旧矣。

《魏书·辛绍先传》：绍先子穆，初随父在下邳，与彭城陈敬文友善。敬文弟敬武，少为沙门，从师远学，经久不返。敬文病临卒，以杂绫二十匹，托穆与敬武。穆久访不得。经二十余年，始于洛阳见敬武，以物还之，封题如故。世称其廉信。

又《冯元兴传》：齐郡曹昂，有学识。举秀才。永安中为大学博士，兼尚书郎。常徒步上省，以示清贫。忽遇盗，大失绫缣。时人鄙其矫诈。是收藏者皆用绢布也。赵柔卖铧，索绢二十匹，后有商人与之三十匹，而柔不肯背约；寇俊家人卖物，剩得绢五匹，访主还之，是卖买者皆以绢布也。

《赵柔传》又云：柔尝在路，得人所遗金珠一贯，价直数百缣，柔呼主还之，是估价者皆以绢布也。

《鹿悆传》言：悆尝诣徐州，马瘦，附船而至大梁。夜睡，从者上岸，窃禾四束，以饲其马。船行数里，悆觉，问得禾之处。从者以告。悆大忿。即停船上岸，至取禾处，以缣三丈，置禾束下而还。则虽乡僻之地，亦以绢为交易之资矣。

此行旅所以多赍绢布为资，如《杨播传》言：播弟津为岐州刺史，有武功民赍绢三匹，去城十里，为贼所劫也。播弟椿，又尝受命驰驿诣并、肆，赍绢三万匹，募召恒、朔流民，拣充军士，后未行。可见绢布为用之广。

若南方，则《晋书·魏咏之传》言：咏之生而兔缺，闻殷仲堪帐下有名医能疗之，贫无行装，遂赍数斛米西上，以投仲堪。是缘途皆可以谷为用。

此等事，北方记载绝罕见。河北交易，虽云杂用谷帛，盖以谷济帛之穷，免于尺寸分裂而已。握粟出卜，以粟易械器，实为最古之俗，岂南方生计，演进较迟，故古俗之存者较多欤?

孔琳之驳桓玄废钱之议曰："据今用钱之处，不以为贫，用谷之处，不以为富。"以钱谷对举，可见用谷处之多。南方论议，不甚病布帛之翦截，盖为此也。若北方则此弊殊甚。

《魏书·食货志》云：旧制，民间所织绢布，皆幅广二尺二寸，长四十尺为一匹，六十尺为一端，此由调外又入帛一匹二丈。令任服用。后乃渐至滥恶，不依尺度。高祖延兴三年七月，更立严制，令一准前式，违者罪各有差，有司不检察，与同罪。

《肃宗纪》：熙平二年正月，诏遣大使巡行四方，绢布缯采，长短合式，亦为所奉诏条之一。任城王澄刺定州，禁造布绢不任衣者，此即其熙平初上表所云单丝之缣，疏缕之布，狭幅促度，不中常式者也。

既以为交易之资，势必至此而后已，禁之又何益邪？然当时官司之虐民，所调绢布，务求长广厚重，实较民间之单丝疏缕，狭幅促度者，其弊为尤甚。张普惠表。

《魏书・卢同传》：同于熙平初转尚书左丞。时相州刺史奚康生，征民岁调，皆七八十尺，以邀奉公之誉，部内患之。同于岁禄，官给长绢。同乃举按康生度外征调。书奏，诏科康生之罪，兼褒同奉公之绩。调绢加长，至倍定式，而反获奉公之誉，可为张普惠之言之证。

辛穆转汝阳大守，值水潦民饥，上表请轻租赋，从之，遂敕汝阳一郡，听以小绢为调；北齐苏琼，迁南清河大守，蚕月豫下绵、绢度样于部内；此等循吏，盖不易多觏矣。此亦以绢布代钱之一弊也。

金银为用亦稍广。旧日史家，率言汉世黄金多，后世渐少，由于佛事之消耗，说不足信。黄金之渐少，实由流入民间者之渐多。

《晋》《宋书・礼志》言：汉高后制聘后，黄金二百斤，夫人金五十斤，魏氏聘后、王取妃、公主嫁之礼，用绢百九十匹。晋兴，故事用绢三百匹。穆帝纳何皇后，孝武纳王皇后，纳征皆以绢三百匹。

魏与东晋姑勿论，西晋初之侈靡何所不至，而必舍金而用绢，足见当时黄金实少。苏峻之陷宫城，官有金银五千斤，可谓其细已甚。梁武陵王之多金，为史所艳称，然实不过有金万斤，银五万斤。

较之王莽亡时，省中黄金万斤为一匮者，尚有六十匮，黄门、钩盾、藏府、中尚方，各有数匮；董卓区区，犹有金二三万斤，银八九万斤者；亦微末不足道矣。齐武帝，史称其聚钱上库五亿万，齐库亦出三亿万，金银、布帛，不可称计，此乃约略之辞，未必其藏金之果多也。

而民间：则《南史・侯景传》言其攻台城时，援兵至北岸，百姓扶老携幼，以候王师，才过淮，便竞剥略，征责金银；其后江南大饥，江、扬弥甚，百姓流亡，死者涂地，不出户牖者，莫不衣罗绮，怀金玉，交相枕藉，待命听终；此固非下贫之家，然民间多有金银，则于此可见。

《齐书・萧颖胄传》言：长沙寺僧业富，沃铸黄金为龙，数千两，埋土中，历相传付，称为下方黄铁，莫有见者，及颖胄起兵，乃取充军资；《魏书·释老志》言：世祖之废佛法，恭宗言虽不用然犹缓宣诏书，远近皆豫闻知，得各为计，金银宝物，及诸经论，大得秘藏。僧寺财自何来，宁非民间所布施邪？

《南史·东昏侯纪》，言其潘妃服御，极选珍宝，贵市人间，金银宝物，价皆数倍。都下酒租，皆折输金，又令富室买金。

《魏书·任城王传》亦言：灵大后锐于缮兴，金银之价，为之踊上；可见民间金银交易，已极盛行矣。

前世用金，皆以斤计，此时则多以两计，即可见藉以为用者之多。

晋、南北朝之世，用金以斤计者：晋购石季龙首金五十斤。《元帝纪》建武元年。

祖逖遣参军王愉使于石勒，赠以方物，勒遣董树报聘，以马百匹、金五十斤答之。

王弥与刘曜，阻兵相攻，弥长史张嵩谏止之，弥与曜各赐嵩金百斤。

刘聪欲纳刘殷之女，李弘引王基为子纳王沈女，以见姓同源异，无碍婚姻，聪大悦，赐之黄金六十斤。

佛狸伐入寇，宋购斩其头者赏金银各百斤。《宋书·索虏传》。邓琬奉子勋起兵，传檄京师，赐大宗金银五百斤。梁陆杲子罩，为大子中庶子，以母老求去，皇大子简文。赐之黄金五十斤。元略自梁返魏，梁武帝赐之金银百斤。魏豆代田，以战功赐黄金百斤，银百斤。赵郡王干除冀州刺史，高祖密赐黄金十斤。抱睹生死，嶷之父。赐黄金八十斤，以供丧用。齐文襄蒸于冯翊大妃，见幽，司马子如全之，神武赐子如黄金百三十斤。《北史·后妃传》。陈元康进慕容绍宗，遂破侯景，世宗赏金五十斤。时段韶留守晋阳，世宗还，赐之金十斤。

案汉世赏赐，即有虽言金而实与之钱者，《魏书·术艺传》：徐謇以疗高祖，赐钱一万贯。又诏曰：钱府未充，须以杂物，乃以绢二千匹、杂物一百匹、谷二千斛、奴婢十口、马十匹与之。则古来赏赐，原未尝不可以他物充代。大和为铸钱之世，万贯之赐，尚不能具，可见魏铜钱之乏。

又《北史·高昂传》：西魏赏斩昂首者布绢万匹，岁岁稍与之，周亡犹未充，则又不必一时皆给。然则史所言赏赐、购募等，虽云金银若干斤，恐未必皆如数登与之矣。

张茂以黄金三百八十斤、银七百斤献刘曜。吐谷浑辟奚以金银五百斤献苻坚。

《晋书》本传。《坚载记》亦记其事，而作碎奚，《宋书》《魏书》亦作碎奚。

乞伏炽磐贡黄金二百斤于魏，请伐赫连昌。沮渠牧犍尚魏武威公主，献黄金五百斤。车伊洛亦以金百斤为献。宋攻杨难当，难当奔上邦，魏假古弼节，督陇右诸军，诏弼悉送难当子弟，杨玄少子文德，以黄金四十斤赂弼，弼乃留之。此等皆以地近西域，与往来，故多金。

阿那瓌启请还国，朝臣意有异同，瓌以金百斤货元叉；周文使杨荐至蠕蠕，赐以黄金十斤，亦以蠕蠕稍徙西北，多与西域往来，故知以金银为用也。苻坚灭张天锡，税百姓金银一万三千斤，以赏军士，则其数虽多，敛之固以锱铢。

《周书·柳庆传》言：有贾人持金二十斤诣京师交易，为一沙弥所窃，其人盖大贾，故持金较多。

《晋书·艺术传》言：隗炤临终，书版授其妻曰："吾亡后当大荒穷，虽尔，慎莫卖宅也。却后五年春，当有诏使，来顿此亭，姓龚，此人负吾金，即以此版往责之，勿违言也。"

炤亡后，其家大困乏。欲卖宅，忆夫言辄止。期日，有龚使止亭中，妻遂赍版往责之。使者执版惘然。良久而悟，谓曰："贤夫何善？"妻曰："夫善于易，而未曾为人卜筮也。"使者曰："噫！可知矣。"乃命取蓍筮之。卦成，告炤妻曰："贤夫自有金耳。知亡后当暂穷，故藏金以待大平。所以不告儿妇者，恐金尽而困无已也。知吾善《易》，故书版以寄意耳。金有五百斤，盛以青瓮，覆以铜柈，埋在堂屋东头，去壁一丈，入地九尺。"妻遂掘之，皆如卜焉。其言诞谩不足信。

《隋书·艺术传》言：或有金数两，夫妻共藏之，于后失金，夫意妻有异志，将逐之，其妻称冤，以诣杨伯丑。伯丑为筮之，曰："金在矣。"悉呼其家人，指一人曰："可取金来。"其人赧然，应声而取之。其言之诞谩与隗炤事同，然言藏金不过数两而已。

梁元帝谲长孙俭，言埋金千斤于城内。

《周书·王思政传》：思政为荆州刺史，州境卑湿，城堑多坏，思政命都督蔺小欢督工匠缮治，掘得黄金三十斤，亦必贵富者所埋矣。是时公家用金，亦多以两计者：如宋明帝欲以金千两赎晋熙王昶于魏；隋文帝践极，遣赐萧岿金五百两，银一千两是也。杜弘奔临贺，送金数千两与王机，求讨桂林贼自效：侯景饷朱异金二百两；则贵富人相赠遗，亦以两计矣。

《晋书·食货志》言愍皇时斗米二金，而《帝纪》云米斗金二两，此为当时用金，多以两计之确证。

《石季龙载记》言：其时金一斤直米二斗，则又四倍愍皇时，米贵似不应至此。颇疑《载记》之斤字，实当作两，非传写之误，则载笔者习熟旧史言金以斤计重之文，下笔时偶尔失检也。此疑如确，则凡他言金若干斤者，又安知其不有为两字之误者邪？史之言金，又有不著其为斤抑为两者，如第十九章第二节所引：范宁言并兼之士，一宴之馔，费过十金；《谢安传》言其肴馔屡费百金是也。

汉时黄金一斤直钱万，晋、南北朝之世，或无甚变动。何曾食日万钱，时人已视为极侈，《范宁》《谢安传》所云，若以斤计则其所费，又将十百于曾，虽侈不容至是，其必以两计可知。

《北齐书·慕容俨传》言：俨斩侯瑱骁将张白石首，瑱以千金赎之，《俨传》之辞，全不足信，说已见前，即谓造作言语，亦当按切情势，仍可考见事实，则以宋明帝赎晋熙王之事例之，亦必以两计无疑。至如第一节所引会土膏腴上地亩直一金等，则系循行文之便，约略言之，不容凿求其数也。

黄金有常形制，或为挺，或为饼，武陵王纪黄金以一斤为饼，杨运长等密以金饼赐沈攸之佐吏。

《北齐书·陈元康传》言，世宗以元康进计征颍城而克，赏以金百挺。

《祖珽传》言：文襄遇害，元康被伤，使珽作书属家累事，并云：祖喜边有少许物，宜早索取。珽乃不通此书，唤祖喜私问，得金二十五挺，惟与喜二挺，余尽自入。

《北史·李幼廉传》：《北齐书》之李稚廉。出为南青州刺史，主簿徐乾，富而暴横，幼廉收系之，乾密通疏，奉黄金百挺。则挺、饼二者，晋、南北朝之世，固犹通行。窃意此等沿袭旧形制之金，其重必以斤计。

此等惟公家或豪富之家藏之，赏赐、购募，赠遗、货赂，间或藉以为用。民间所用，并是散碎，则皆以两计。亦犹近世富家藏金薄、银挺，人间寻常用碎银也。

金银零星使用见于史者，以兵乱时赏赐将士者为最多，即此可以推见民间使用之情形矣。

宋明帝泰始三年九月，戊午，以皇后六宫以下杂衣千领，金钗千枚，班赐北征将士。《宋书·本纪》。《天文志》事在八月癸卯。休范之叛，皇大后、大妃剔取宫内金银器物以充用。

侯景之难，羊侃副宣城王都督城内诸军事，诏送金五千两，银万两，绢万匹，以赐战士。时有一小儿，请以飞鸱传致消息。乃作数千丈绳，缀纸鸱于绳端，缚书其背，又题鸱口：若有得鸱送援军者，赏银百两。《魏书·岛夷传》。

陈高祖讨王僧辩，密具袍数千领，及采帛、金银，以为赏赐之具。淳于量、吴明彻等讨华皎，募军中小舰，多赏金银，令先出当贼大舰，受其拍。周罗睺平山贼，宣帝赐之金银二千两。

叔陵作乱，呼其甲士，散金银以赏赐。贺若弼进钟山，后主多出金帛赋诸军，以充赏赐。及战，弼躬当鲁广达，窘而复振。而陈兵得人头，皆走后主，求赏金银。弼更趣孔范，范兵势交，便败走，陈军遂溃。任忠驰入台见后主。

后主与之金两滕，曰："为我南岸募人，犹可一战。"

周武帝伐齐，齐王宪上金宝一十六件，以助军资。及入并州，出齐官中金银，班赐将士。皆战时用金银赏赐之事也。

徐陵之迁吏部尚书也，冒进求官者，喧竞不已，陵乃为书宣示，曰："永定之时，圣朝草创，白银难得，黄札易营，权以官阶，代于钱绢。"

可见赏赐本以钱绢为主，不得已乃代之以金银，又不得已，乃代之以官阶矣。此等赏赐，必不能用铤饼，必皆用金钗及器物等以充之，其物既小，分赋又多，其不能以斤计而以两计，亦势使然也。

而民间之使用金银视此矣。金银本无用之物，贵族之宝之，大抵皆用为装饰。装饰有为礼制所许者，如晋之五路，皆饰以金；又汉自天子至百官，无不佩剑，其后惟朝带剑，至晋乃代之以木，贵者用玉首，贱者则以蚌、金、银、玳瑁为雕饰是也。见《晋书·舆服志》。

《齐书·舆服志》云：衮衣，汉世出陈留、襄邑所织，宋末用绣及织成。明帝以织成重，乃采画为之，加饰金银薄，盖反以为俭矣。然非礼之用实多。

《齐书·萧颖胄传》：高宗慕俭约，欲坏大官元日上寿银酒铯，尚书令王晏等咸称盛德。颖胄曰："朝廷盛礼，莫遇三元，此一器既是旧物，未足为侈。"帝不悦。

后与曲宴，银器满席。颖胄曰："陛下前欲坏银酒铯，恐宜移在此器也。"帝甚有惭色。曲宴银器，固为非礼，元日上寿，又何以必用银酒铯邪?

宋明帝将杀吴喜，召入内殿，赐以名馔，并金银御器，则金银之器，又不徒宫禁中用之矣。然此尚非其至侈者。齐武帝至刘悛宅，昼卧，觉，悛自奉金澡罐受四升水以沃盥，因以与帝，则真骇人听闻矣。然一时君若臣以金银器物赏赐、贡献、馈遗者殊多。如齐高帝送金钗二十枚与周盘龙爱妾杜氏，武帝以金镂柄银柱琵琶赐褚渊，王敬则以金铪饷周奉叔是也。索虏不知礼义，故其奢侈尤甚。

元嘉二十七年之役，刘泰之等袭汝阳虏营，营内食具，皆是金银，事见《宋书·索虏传》。战时如此，平时可知。辽西公意烈之曾孙库汗，尝从大武北巡，有兔起乘舆前，命射之，应弦而毙，大武悦，赐一金兔，以旌其能，此似偶然之事。然孝武在洛，以银酒卮容二升许，悬于百步外，命善射者十余人共射，中者即以赐之；西魏文帝在天游园，亦以金卮置候上，命公卿射：事见《北史·魏诸宗室》《周书·宇文贵传》。造次颠沛之间，而犹如此，则其以金银器充赏，亦习为故常矣，臣下之藏金银器饰者：黄权母吴，以金钏赂蔡樽妾。梁庐陵王续临终，上金银器千余件。徐君蒨侍妾数十，服玩悉以金银。鱼弘侍妾百余人，不胜金翠。有眠床一张，通用银镂金花寿福两重为饰。陶侃宴阳斐，宾客三百余人，器皆金玉杂宝。

阮孝绪七岁，出继从伯胤之，胤之母周氏卒，遗财百余万，孝绪一无所纳，乳人辄窃玉羊、金兽与之，皆可见其所藏器饰之多。其北方：则周大祖破侯莫陈悦，左右窃其银镂瓮。

周武帝克晋州，使招北齐行台右仆射傅伏，以金、马碯二酒钟为信，伏不受，后降，又以金酒卮赐之。可朱浑元归齐，齐高祖使持金环一枚以赐。后主亦以金银酒钟各一赐慕容俨。其甚者：毕义云私藏工匠，家有十余机织锦，并造金银物，因被禁止。杨钧造银食器十具，以饷元叉，见《北史·杨昱传》。以孙腾、达奚武之功名，而腾盗府藏银器为家物，武为大司寇，库有万钉金带，因入库取之以归，几于廉耻扫地矣。

此等事本有禁令，然大抵成为具文。《宋书·礼志》言：诸在官品令第二品以上者，其非禁物，皆得服之，而纯金银器，列为禁物之一。第六品以下，加不得服金镆绫锦，金钗、镮、铒，及以金校饰器物，张绛帐。士卒百工，加不得以银饰器物，张帐。奴婢、衣食客，加不得服金黄银钗、镮、铃、鑷、铒。诸王皆不得私作禁物，及罽碧校鞍，珠玉、金银，错刻雕饰无用之物。

宋武帝永初二年正月，断金银涂。

齐东昏侯永泰元年十一月，尚书令徐孝嗣议：王侯贵人昏连卺以真银卮，盖出近俗。今除金银连锁。自余新器，悉用埏陶。

陈世祖天嘉元年八月，诏雕镂淫饰，非兵器及国容所须，金银、珠玉，衣服，杂玩，悉皆禁断。

后主大建十四年四月，诏禁镂金银薄。魏高阳王雍领司州牧，请王公以下贱妾，悉不听用织成、锦绣，金玉、珠玑，奴婢并不得以金银为钗、带。此等法令，几于无代不有，然观法令之陈陈相因，即可知其久成具文矣。

民间相与慕效，而金银之流散者遂多。豪富之家，至缓急之际，乃亦藉之以为用，而其用愈溥矣。谷帛为币，耗损殊多，且病滞重；铜钱不易周用，亦非把握可藏；以金银济其穷，以钱币演进之理言之，自亦未为非计。然则金银之流衍民间，实化无用为有用也。论者或反致慨于公家所藏之少，实为不连此义矣。

《日知录·黄金》条引宋大宗问杜镐曰："两汉赐与，多用黄金，后代遂为难得之货，何也？"答曰："当时佛事未兴，故金价甚贱。"

此本漫然之语，而亭林引《三国·吴志·刘繇传》：笮融大起浮图祠，以铜为人，黄金涂身，衣以锦采；《魏书·释老志》：天安中，于天宫寺造释迦立像，高四十三尺，用赤金十万斤，黄金六百斤。谓镐之言颇为不妄。

《廿二史劄记》承其说，谓后世黄金日少，金价亦日贵，盖由中土产金之地，已发掘净尽，而自佛教入中国后，塑像涂金，大而通都大邑，小而穷乡僻壤，无不有佛寺，即无不用金涂，以天下计之，无虑几千万万；加以风俗侈靡，泥金写金，帖金作榜，积少成多，日消月耗。《汉多黄金条》。

夫金银为贵重之物，用后仍可还元，亭林引《草木子》，谓金一为箔，无复还元；瓯北述故老言：谓涂金、泥金，不复还本；皆非是。不能遂目为消失。抑且佞佛如魏献文，可谓甚矣，而所耗亦不过六百斤，此于中国，奚啻九牛一毛？

故谓黄金以佛入中国而耗损者，必非其实也。抑且中国之金，不徒不因与西域、南海通而有所耗损也，且必因此而增多。

《晋书·大秦传》云：以金银为钱，银钱十，当金钱之一。

《北史·波斯传》，谓其赋税准地输银钱。

《高昌传》云：赋税计田输银钱，无者输麻布。则银钱自西海至高昌，皆极通用，故能流入河西。

《周书·李贤传》：贤为瓜州刺史，高祖西巡，使往瓜州，赐以银钱一万，盖即因其通用而赐之。

《北齐书·王昕传》言：魏汝南王悦辟为骑兵参军。悦数散钱于地，令诸佐争拾之，昕独不拾。悦又散银钱以目昕，昕乃取其一。盖亦自西域而来，可见其流衍之远。然尚不止此。

《晋书·地理志》日南郡象林县云：自此南有四国，贡金为税。所谓四国，盖指日南所属庐容、朱吾、西卷、比景而言。其俗至蛮野，何来黄金？而《扶南传》亦言其以金银、珠、香为贡赋。此外海南诸国，史记其产金银，以金银为器饰，来献其金银若金银器物者甚多。其开化之程度，似未能至是。

案《晋书·大秦传》又言：其邻国使到，辄廪以金钱，盖凡商旅所通之地，皆可持金银以通市易，故虽蛮野之国，亦知宝之，能用之，浸假且能取之于地矣。

《南史·吕僧珍传》言：僧珍生子，宋季雅往贺，署函曰钱一千，阍人少之，弗为通。强之乃进。僧珍疑其故，亲自发，乃银钱也。河西金银之钱，流衍至南方非易，季雅曾为南康郡，此银钱傥自交、广来欤？此说如不缪，则《隋志》谓梁时交、广之域，全以金银为货，亦未必皆生金银矣。李万周之杀袁昙远也，交州刺史檀逸被代，还至广州，资货巨万。万周诬以为逆，袭而杀之。遂劫掠公私银帛。籍袁、檀珍货，悉以自入。

《梁书·止足传》：陶季直祖愍祖，宋广州刺史。季直早慧，愍祖甚爱异之。尝以四函银列置于前，令诸孙各取。季直时甫四岁，独不取。

《陈书·欧阳頠传》：交州刺史袁昙缓，密以金五百两寄頠，令以百两还合浦大守龚芀，四百两付兒智矩。此等皆交、广金银之入中国者。宋文帝之征林邑，史云因其所贡陋薄，盖未尝无利之之心？故檀和之之克捷，所取金宝颇多。

《齐书·东南夷传论》，谓其商舶远至，委输南州，故交、广富实，牣积王府，则其自贡献、市易而来者，又不少也。

《陈书·周文育传》：文育与王劢俱下，至大庾，宿逆旅，有贾人求与文育博，文育胜之，得银二千两，此交、广以金银为货之明征。抑尚不止此。颜竣在蜀作金浴盆；邓元起在蜀，亦致崇于聚敛，史有称其以金玉珍帛为内藏之诬辞。

蜀中财自何来？观武陵王纪之富，由于南开宁州、越嶲，西通资陵、吐谷浑，而知其所由然矣。

魏曹安表求击拾寅曰："拾寅今保白兰，多金银、牛马，击之可以大获。"吐浑安有金银，而况白兰？非来自西域而何自乎？蜀汉先主之入成都也，取城中金银，以赐将士，其时赏诸葛亮、法正、关羽、张飞者，即各金五百斤，银千斤。铜之乏，至于取帐钩以铸钱，而金银之饶如是，何欤？

《南史·齐高帝诸子传》：始兴简王鉴为益州刺史，于州园得古冢，无复棺，但有石椁，珍宝甚多，金银为蚕蛇形者数斗，则蜀之多金银旧矣。果自何来哉？观《秦汉史》言自蜀至印、缅之路之夙通，而其所由来，可以想见也。

《魏书·食货志》云：自魏德既广，西域、东夷，贡其珍物，充于王府。又云：和平二年秋，诏中尚方作黄金合盘十二具。径二尺二寸。镂以白银，钿以玫瑰。其铭曰：九州致贡，殊域来宾，乃作兹器，错用具珍。则魏之金银，得自贡献者不少。句丽贡金于虏。

又《邢峦传》：峦于世宗初奏言："先皇深观古今，去诸奢侈。轻贱珠玑，示其无设。府藏之金，裁给而已。更不买积，以费国赀。逮景明之初，承升平之业。四疆清晏，远迩来同。于是蕃贡继路，商贾交入。诸所献贸，倍多于前。虽加以节约，犹岁损万计。珍货常有余，国用恒不足。若不裁其分限，便恐无以支岁。自今非为要须者，请皆不受。"

世宗从之。则其买自贾人者，又不少矣。阿伏至罗之立，魏以金银宝器奉之。见《北史·节义朱长生传》。按朱长生，《高车传》作可足浑长生。

弥俄突之立，以金方一、银方一、金杖二为献，后又遣使献金银。北夷之知宝金银如此，谓非与西域交往致然，其谁信之？西域之金银，尚能至北夷，岂况中国？故曰：中国与西域、南海通，不徒金银不致耗损，且必有所增益也。

注释：

①硗埆[qiāo jí]：坚硬贫瘠的土地。

②陂堨[bēi ài]：蓄水塘。

③袨服[xuàn fú]：华美的服饰。

④橐驼[tuó tuó]：骆驼。

⑤逋违[bū wéi]：不守法令。

⑥覆瓿[fù bù]：毫无价值，不被重视。

⑦舳舻[zhú lú]：首尾衔接的船只。

⑧铨擢[quán zhuó]：选拔起用。

⑨夤缘[yín yuán]：攀附权贵，向上巴结。

第二十一章

晋南北朝人民生活

第一节　饮食

晋、南北朝之世，稍见南北食性之殊。大抵南多食稻，北多食菽麦等。然北方之人，亦未尝不以稻米为贵。

《晋书·惠帝纪》：王浚遣乌丸骑攻成都王颖于邺，颖与帝单车走洛阳。服御分散，仓卒上下无赍。侍中黄门被囊中赍私钱三千，诏贷用。所在买饭，以供宫人。止食于道中宫舍。宫人有持升余糠米饭及燥蒜、盐豉，以进帝，帝啖之。次获嘉，市粗米饭，盛以瓦盆，帝啖两盂。

《宋书·孝义传》：何子平，事母至孝。扬州辟从事史，月俸得白米，辄货市粟麦。人或问曰："所利无几，何足为烦？"子平曰："尊老在东，子平世居会稽。不办常得生米，何心独享白粲？"

《南史·徐孝克传》：陈亡，随例入长安。家道壁立。所生母患，欲粳米为粥，不能常办。母亡后，孝克遂常啖麦。有遗粳米者，孝克对而悲泣，终身不复食焉。

《魏书·安同传》：同长子屈，大宗时典大仓事，盗官粳米数石，欲以养亲。同大怒，奏求戮屈。自劾不能训子请罪。大宗嘉而恕之。遂诏长给同粳米。

又《卢玄传》：曾孙义僖，性清俭，不营财利。虽居显位，每至困乏。麦饭、蔬食，忻然甘之。

《周书·裴侠传》：除河北郡守。躬履俭素，爱民如子，所食惟菽麦、盐菜而已。

又《刘璠传》：左迁同和郡守。前后郡守，多经营以致赀产，惟璠秋豪无所取。妻子并随羌俗，食麦、衣皮，始终不改。并当时南北皆贵稻米之征。齐师之来寇，孔奂多营麦饭，以饷战士，盖以其时四方壅隔，粮运不继，三军取给，惟在都下故也。然徐孝嗣论屯田，谓菽麦为北土所宜，彼人便之，不减粳稻，则其利民初无以异矣。北人食麦，率多以之作饼。

《晋书·何曾传》：蒸饼上不拆作十字不食。

《周书·王罴传》：罴性俭率，不事边幅。尝有台使，罴为其设食，使乃裂其薄饼缘。罴曰："耕种收获，其功已深；舂簸造成，用力不少；乃尔选择，当是未饥。"命左右撤去之。使者愕然，大惭。

《北史·胡叟传》：不事产业，常苦饥贫，然不以为耻。养子字螟蛉，以自给养。每至贵胜门，恒乘一牸车，敝韦袴褶而已。作布囊，容三四斛，饮啖醉饱，盛余肉饼，以付螟蛉。皆其征也。

《南史·后妃传》："永明九年，诏大庙四时祭，宣皇帝荐起面饼、鸭臛，孝皇后荐笋、鸭卵、脯酱炙白肉，高皇帝荐肉脍、菹羹，昭皇后荐茗、粣、炙鱼，并生平所嗜也。"

《通鉴》胡三省《注》云："起面饼，今北人能为之。其面浮软。以卷肉啖之，亦谓之卷饼。案此即今山东薄饼。其实今江南人所为，尤较山东为薄而浮软也。程大昌曰：起面饼，入教面中，令松松然也。教，俗书作酵。"盖因多食面，故发明此法。然观胡氏之言，则其时南人犹未知作教也。

疏食之事，空乏之时，偏僻之地，亦间有之。

《魏书·崔逞传》云：大祖攻中山，未克，六军乏粮，民多匿谷。问群臣以取粟方略。逞曰："取椹可以助粮，故飞鸮食椹而改音，《诗》称其事。"

大祖虽嫌其侮慢，然兵既须食，乃听以椹当租。逞又曰："可使军人及时自取，过时则落尽。"

大祖怒曰："内贼未平，兵人安可解甲仗入林野乎？"以中山未拔，故不加罪。后乃以答晋襄阳戍将书事杀之。

案飞鸮食椹，道武知为何语？逞安得引此以对？盖其意，不欲虏敛谷以扰民，并不欲其劳民以取椹，道武以是憾之耳。然在当时，卒不得不听民以椹当租，可见谷必乏，民必有以椹为食者也。

又《羊敦传》言：敦雅性清俭。转广平大守，属岁饥馑，家馈未至，使人外寻陂泽，采藕根而食之。遇有疾苦，家人解衣质米以供之。

《周书·李迁哲传》：大祖令迁哲留镇白帝。信州先无仓储，军粮匮乏。迁哲乃收葛根造粉，兼米以给之。迁哲亦自取供食。此并空乏之时，仰给疏食者也。

《齐民要术·非中国物篇》引《吴录》云：交趾有欀木，其皮中有如白米屑者，干捣之，以水淋之，似面，可作饼。又引《蜀志》云莎树出面，一树出一石。正白而味似桄榔。出兴古。又引刘欣期《交州记》曰：都句树，似拼榈，木中出屑如面，可啖。

贾氏此篇，自言聊存名目，记其怪异，其所引据，不皆可信，然可信者亦多。桄榔可食，见《后汉书·夜郎传》，说非虚诬。欀、莎、都句，盖亦其类。此启辟较迟之地，本仰给于疏食者也。

古惟贵者、老者肉食，晋、南北朝之世，犹有其遗风。

《魏书·高宗纪》：大安元年，遣尚书穆伏真等三十人巡行州郡，观察风俗，诏云："入其境，耆老饭蔬食，少壮无衣褐，则聚敛烦数，匮于财也。"

虽循旧文立说，然观杨椿械子孙谓："我家入魏之始，即为上客，给田宅，赐奴婢、马、牛、羊，遂成富室。自尔至今二十年，二千石、方伯不绝，禄恤甚多。亲姻、知故，吉凶之际，必厚加赠襚；来往宾寮，必以酒肉饮食；是故亲、姻、朋友无憾焉。"则虽富厚之家，平时亦不必皆肉食矣。魏末减百官及诸蕃客廪食及肉。

据所纪，终岁省肉百五十九万九千八百五十六斤，米五万三千九百三十二石。则给米一石者，给肉三十斤弱，即升米得肉五两弱。魏、齐斗、称，于古二而为一，假令人日食二升半，则得肉十一两余，此已非常人之食矣。

《晋书·陆晔传》：晔弟子纳，出为吴兴大守，将之郡，先至姑熟辞桓温。因问温曰："公至醉可饮几酒？食肉多少？"温曰："年大来饮三升便醉，白肉不过十脔。卿复云何？"纳曰："素不能饮，止可二升。肉亦不足言。"后伺温闲，谓之曰："外有微礼，方守远郡，欲与公一醉，以展下情。"温欣然纳之。时王坦之、刁彝在坐。及受礼，惟酒一斗，鹿肉一柈。坐客愕然。纳徐曰："明公近云饮酒三升，纳止可二升。今有一斗，以备杯酌。余沥温及宾客。"并叹其率素。更敕中厨设精馔，酣饮极欢而罢。

案《北齐书·卢叔武传》言：魏收曾来诣之，访以洛京旧事，不待食而起，云“难为子费”。叔武留之。良久，食至，但有粟飧、葵菜，木碗盛之，片脯而已。则陆纳所馈，已不为菲，桓温更敕中厨设精馔，则已侈矣。肉食者北方多有牛羊，南方颇饶鹅鸭，而鸡、彘及鱼，仍为常食。何以知之？

《北齐书·元晖业传》云：晖业以时运渐谢，不复图全，惟事饮啖，一日一羊，三日一犊，此固信陵君醇酒、妇人之意，然亦可见北人之习食牛羊。南方则食牛有禁。

《南史·王僧孺传》云：出为南海大守。南海俗杀牛曾无限忌，僧孺至便禁断。

《梁书·傅昭传》：子妇尝得家饷牛肉，以进昭，昭召其子曰：“食之则犯法，告之则不可。”取而埋之。是其证。《晋书·虞预传》。咸和初，夏旱，诏众官各陈致雨之意。预议曰：“老牛不牺，礼有常制，而自顷众官，拜授祖赠，转相夸尚，屠杀牛犊，动有十数。”乃犯法之事也。食羊亦罕见记载。

晋惠帝之次获嘉，有老父献蒸鸡。亦见《本纪》。郤诜母亡，无马舆柩，养鸡、种蒜以致之，已见第二十章第一节。苻坚遁还淮北，或进壶飧、豚髀。

《北史·良吏传》：孟信为赵平大守，山中老人，以豘酒馈之。并民间以鸡豚为常食之证。间取野味，如陆纳以鹿肉饷桓温，盖亦非常食。河北旧制，有渔猎夫三十人，以供郡守，裴侠曰：“以口腹役人，吾不为也，”乃悉罢之，盖非之也。

《隋书·地理志》言：梁州人多事佃渔，虽蓬室柴门，食必兼肉，盖特异之俗矣。刘毅在京口，与乡曲士大夫往东堂共射，庾悦为司徒左长史，暂至京，亦要府州僚佐，共出东堂。悦厨馔甚盛，不以及毅。毅遣与相闻曰：“身今年未得子鹅，《齐民要术·养鹅鸭篇》云：供厨者鹅百日以外，子鸭六七十日佳，过此肉硬。岂能以残炙见惠。”而齐大庙所荐，有鸭臛、鸭卵。

陈武帝之御齐寇，陈蒨遣送米三千石，鸭千头。并南人多食鹅鸭之证。

《齐书·武陵王晔传》云：尚书令王俭诣晔，晔留设食，柈中菘菜、鲍鱼而已。

《梁书·良吏·何远传》云：江、浙多水族，甚贱。远每食，不过干鱼数片。

《南史·孔休源传》云：休源初到都，寓于宗人少府孔登。曾以祠事入庙，侍中范云，一与相遇，深加褒赏。后云命驾到少府，登便拂筵整带，谓当诣之，备水陆之品。云驻筋，命休源。及至，命取其常膳。止有赤仓米饭、蒸鲍鱼。云食休源食，不举主人之馔。高谈尽日，同载还家。登深以为愧。沈众监起大极殿，携干鱼、菜饭独啖之。

《齐书·孝义乐颐传》：吏部郎庾杲之常往候，颐为设食，枯鱼、菜菹而已。杲之曰："我不能食此。"母闻之，自出常膳鱼羹数种。杲之曰："卿过于茅季伟，我非郭林宗。"盖鱼为俭者之食，而干鱼则为尤俭，以鱼不劳饲养，干鱼又可于闲时取之，不费人力也。

常食以盐菜为主。《魏书·高允传》言：高宗幸允第，厨中惟盐菜；《周书·裴侠传》言：侠所食惟菽麦、盐菜是也。《晋书·皇甫谧传》：城阳大守梁柳，谧之姑子也。当之官，人劝谧饯之。谧曰："柳为布衣时过吾，吾送迎不出门，食不过盐菜。贫者不以酒肉为礼。今作郡而送之，是贵城阳大守而贱梁柳，岂中古人之道？是非吾心所安也。"是贫家饭客，亦不过盐菜也。

《宋书·孝义传》：郭原平，佣赁以给供养。主人设食，原平自以家贫，父母不办肴味，惟飧盐饭而已。库狄伏连家口百余，盛夏人料仓米二升，不给盐菜。则有并盐菜而不能具者。案古人言疏食食之主，又言疏食、菜羹，盖羹为食之所必备，余肴则为增设。

《魏书·石虎传》言：石宣杀石韬后，虎以铁镮穿宣颔而锁之，作数斗木槽，和以羹饭，以猪、狗法食之，犹是以羹饭为食之主。常食盐菜者，菜盖以之作羹也。又有以之为菹者，《齐书·虞杲之传》言：杲之清贫自业，食惟有韭菹、瀹韭、生韭、杂菜是也。

赵平老人之馈孟信也，信和颜接引，殷勤劳问。乃自出酒，以铁铛温之。素木盘盛芜菁菹，惟此而已。又以一铛借老人。但执一杯，各自斟酌，申酬酢之意。谓老人曰："吾至郡来，无人以一物见遗，今卿独有此饷；且食菜已久；欲为卿受一豘髆耳。酒既自有，不能相费。"老人大悦，再拜擘豘进之。酒尽方别。肉食者鄙，与民并耕而食，饔餐而治，不亦清明在躬，不为口腹所累乎？

葱韭等物，仍为时人所嗜，豉亦为调和之资，故惠皇失御，宫人以燥蒜、盐豉进；郤诜亦事种蒜也。

《梁书·吕僧珍传》：为南兖州刺史。平心率下，不私亲戚。从父兄子宏，以贩葱为业。僧珍至，乃弃业，欲求州官。僧珍曰："吾荷国厚恩，无以报效，汝等自有常分，岂可妄求叨越？但当速反葱肆耳。"可见嗜之者多，故能以贩粥为业也。

宴客之侈，《北齐书·元孝友传》：孝友当魏末，上言："夫妇之始，王化所先。共食合瓢，足以成礼。而今之富者弥奢。同牢之设，甚于祭槃。累鱼成山，山有林木，林木之上，鸾凤斯存。徒有烦劳，终成委弃。"观是言，亦可想见祭槃之侈。

孔琳之论宴会之侈曰："所甘不过一味，而陈必方丈。适口之外，皆为悦目之资。"饰祭槃以悦生人之目，不亦厚诬其祖乎？又当时宴客者，必并其从者而亦宴之，其所费亦不赀。

如《晋书·何曾传》言：曾都督河北诸军，将之镇，文帝使武帝、齐王攸辞送数十里，曾盛为宾主，备大牢之馔，侍从吏驺，莫不醉饱是也。卢叔武以粟飧、菜、片脯食魏收，所将仆从，亦尽设食，一与此同，斯为美已。

《宋书·武三王传》云：高祖性俭约，诸子食不过五盏盘。

《齐书·宣孝陈皇后传》言：后大祖之母。大祖虽从宦，而家业本贫。为建康令时，高宗等冬月犹无缣纩。而奉膳甚厚。后每撤去兼肉，曰："于我过足矣。"其实口腹之欲，亦不过如是而已。"积果如山岳，列肴同绮绣，未及下堂，已同臭腐，"果何为哉？

烹饪之法，贵家妇女，盖颇习之。《魏书·崔浩传》：浩著《食经》，叙曰："予自少及长，耳目闻见，诸母、诸姑，所修妇功，无不蕴习酒食。朝夕养舅姑；四时祭祀；虽有功力，不任僮使，尝手自亲焉。昔遭丧乱，饥馑荐臻，饘蔬糊口，不能具其物，十余年间，不复备设。先妣虑久废忘，后生无知见，而少不习业书，乃占授为九篇。"

此盖所以供宾、祭、奉养。至侈于饮食者，则别有其相传之方。

《晋书·何曾传》，言其厨膳滋味，过于王者。每燕见，不食大官所设，帝辄命取其食。子劭，食必尽四方珍异，时论以为大官御膳，无以加之。

而《齐书·虞悰传》云：悰善为滋味，和齐皆有方法。豫章王嶷盛馔享宾，谓悰曰："今日肴羞，宁有所遗不？"悰曰："恨无黄颔臛，何曾《食疏》所载也。"足见曾之厨膳，为大官所不及，非偶然矣。

《北齐书·崔㥄传》：子瞻，在御史台，恒宅中送食，别室独飧，盖亦曾之类也。

《虞悰传》又云：世祖幸芳林园，就悰求扁米栅，悰献栅及杂肴数十轝，大官鼎味不及也。上就悰求诸饮食方，悰秘不肯出。上醉后体不快，悰乃献醒酒鲭酢一方而已。

孟子曰："饮食之人，则人贱之矣，"食方是秘，不亦贱丈夫矣乎？

贺琛谏书奏，高祖大怒，召主书于前，口授敕责琛，曰："若以此指朝廷，我无此事。昔之牲牢，久不宰杀。朝中会同，菜蔬而已。意粗得奢约之节。若复减此，必有蟋蟀之讥。若以为功德事者，皆是园中之所产育。功德之事，亦无多费。变一瓜为数十种，食一菜为数十味。不变瓜菜，亦无多种。以变故多，何损于事？"

夫能变一瓜为数十种，食一菜为数十味，其烹饪之方必极精。梁武欲自鸣其俭，而不知适以自暴其侈也。

《魏书·胡叟传》言：高闾曾造其家，值叟短褐曳柴，从田归舍，为闾设浊酒蔬食，皆手自办集。其馆宇卑陋，园畴褊局，而饭菜精洁，醯酱调美。叟亦饮食之人也。饮食之侈俭，岂系乎肉食疏食哉？

《齐书·刘瓛传》：瓛弟琎，建元初，为武陵王晔冠军征虏参军。晔与僚佐饮，自割鹅炙。琎曰："应刃落俎，膳夫之事，殿下亲执鸾刀，下官未敢安席。"因起请退。

《梁书·循吏传》：孙谦从子廉，便辟巧宦。贵要每食，必日进滋旨。皆手自煎调，不辞勤剧。遂得为列卿、御史中丞、晋陵、吴兴大守。

《魏书·毛修之传》：修之能为南人饮食。手自煎调，多所适意。世祖亲待之。常在大官，主进御膳。此乃左右便嬖之职。朱修之欲袭诛佛狸，以告修之，而修之不听，佛狸遂得漏网。见第八章第六节。饮食之人，为人所贱，又何怪乎？

外国食法，亦有流传中国者。

《齐民要术·笨曲饼酒篇》载《博物志》胡椒酒法：以好春酒五升，干姜一两，胡椒七十枚，皆捣末，好美安石榴五枚，押取汁，内著酒中，云：此胡人所谓荜拨酒也。其作和酒法，用荜拨六枚，《蒸缹法篇》载胡炮法，亦用荜拨，则荜拨酒胡人必以荜拨制之，中国乃改用姜、椒、安石榴等耳。然胡椒、安石榴，亦异域物也。此外《作酢篇》有外国苦酒法，《飧饭篇》有胡饭法。

《晋书·五行志》：泰始之后，中国相尚用胡床、貊槃，及为羌煮、貊炙。贵人富室，必蓄其器。吉享嘉会，皆以为先。则外国食法，流传中国者多矣。

《宋书·武三王传》言：义恭爱宠异常。求须果食，日中无算。得未尝啖，悉以乞与傍人。庐陵诸王，未尝敢求，求亦不得。此《内则》所谓孺子食无时，俗语谓之杂食，亦曰零食，今又谓之间食者也。此等物味甘者居多，其时中国似尚未有蔗饧，皆用米、麦所制之饧及蜜。故颜悛上言：谓禁粝一月，息米近万斛。

《武三王传》又言：废帝挑取义恭眼睛，以蜜渍之，为鬼目精。精，《南史》作粽。《通鉴》从之。

胡三省《注》曰："宋人以蜜渍物曰粽。卢循以益智粽遗武帝，即蜜渍益智也。"此即今之蜜饯也。

《齐民要术》有《饧餔篇》，所用亦皆谷类。其《非中国物篇》有甘蔗，云："雩都县土壤肥沃，偏宜甘蔗。味及采色，余县所无。"则雩都附近，颇有甘蔗。然不云可制饧。又引《异物志》云："甘蔗远近皆有。交趾所产特醇好。斩而食之既甘。笮取汁如饴饧，名之曰糖，益复珍也。又煎而曝之，既凝而冰破如砖，其食之入口消释，时人谓之石蜜者也。"

此即今之冰糖。然其物恐交、广以外，未必有之。《通鉴》：陈文帝天嘉元年，周晋公护使李安寘毒于糖䭔，以弑世宗。《注》云："䭔，丸饼也。江陵未败时，梁将陆法和有道术，先具大䭔、薄饼，及江陵陷，梁人入魏，果见䭔、饼，盖北食也。今城市间元宵所卖焦䭔即其物，但较小耳。糖出南方，煎蔗为之，绝甘。"

案齐明帝，大官进御食裹蒸，帝十字画之，曰："可四片破之，余充晚食。"已见第十章第四节。

《通鉴注》云："今之裹蒸，以糖和糯米，入香药、松子、胡桃仁等，以竹箨裹而蒸之，大才二指许，不劳四破也。"建武三年。以糖和糯米粉入松子、胡桃仁蒸食，今所谓嘉、湖细点中犹有之，吾乡呼为玉带糕，但无香药，不以竹箨裹之耳，此古裹蒸之变也。

盖米麦糖所制之物，不宜冷食，故齐明帝时之裹蒸，于朝食时进之，今人改用蔗糖，则以为无时之食矣。此说若不误，则南方尚用米麦所制之糖，北方安得有蔗糖？胡《注》释糖䭔之糖为蔗糖，恐失之矣。又齐大庙荐茗粣，《通鉴注》曰："粣，《类篇》云：色责翻，糁也；又侧革翻，粽也。

《南史》：虞悰作扁米粣，盖即今之馓子是也，可以供茶。"侧革翻，似即今蜜饯之饯字之音，但上入异耳。以之供茶，实今之称点心为茶食之本。女真初兴时，其所谓茶食者固尚以蜜涂也。

贵人饮食虽侈，然居丧则能守礼者尚多。

《魏书·房法寿传》：法寿族子景伯，母亡居丧，不食盐菜。遂为水病，积年不愈。

《周书·孝义传》：皇甫遐母丧，食粥枕凷。远近闻其至孝，竞以米、面遗之。遐皆受而不食，以营佛斋。皆其事。并有能持之以久者，如何子平母丧去官，属大明末东土饥荒，继以师旅，八年不得营葬，日以数合米为粥，不进盐菜。

杨愔遭离家难，常以丧礼自居，所食惟盐菜是也。甚有如甄恬，数岁丧父，哀感有若成人，家人矜其小，以肉汁和饭饲之不肯食者，《梁书·孝行传》。皆当时风气使然也。

酿酒多用秫谷。《晋书·孔愉传》：愉从弟群，性嗜酒，尝与亲友书曰："今年田得七百石秫米，不足了曲糵事。"又《隐逸传》：陶潜为彭泽令，在县公田，悉令种秫谷，曰："令吾常醉于酒足矣。"妻子固请种粳，乃使一顷五十亩种秫，五十亩种粳。是其事。酿酒耗谷颇多。

魏正光后国用不足，有司奏断百官常给之酒，计一岁所省，合米五万三千五十四斛九升，糵谷六千九百六十斛，面三十万五百九十九斤。《魏书·食货志》。官给之酒，所耗如此，私酿所费之广，不言可知。故历代皆有酒禁，其法且有颇酷者。

《晋书·孝武帝纪》：大元八年十二月，开酒禁。

《安帝纪》：隆安五年，是岁饥，禁酒。义熙三年三月，除酒禁。《刘曜载记》：曜制季秋农事毕，乃听饮酒。

《石勒载记》：勒以百姓始复业，资储未丰，重制禁酿。郊祀宗庙，皆以醴酒。行之数年，无复酿者。

《宋书·文帝纪》：元嘉二十一年正月，南徐、南豫州、扬州之浙江西并禁酒。二十二年九月，开酒禁。

《齐书·武帝纪》：永明十一年五月，诏水旱成灾，谷稼伤弊，京师二县，朱方、姑熟，可权断酒。

《魏书·高宗纪》：大安四年正月，丙午朔，初设酒禁。

《刑罚志》云：是时年谷屡登，士民多因酒致酗讼，或议王政，帝恶其若此，故一切禁之。酿、沽、饮皆斩之。吉凶、亲宾，则开禁，有日程。

《孝静帝本纪》：天平四年闰九月，禁京酤酒。元象元年四月，齐献武王请开酒禁。

《北齐书·武成帝纪》：河清四年二月，以年谷不登，禁酤酒。

《后主纪》：天统五年十一月，诏禁造酒。

《上洛王思宗传》，言其子元海为右仆射，说后主禁屠宰，断酤酒，当即此时事也。武平六年闰月，开酒禁。

《周书·武帝纪》：保定二年二月，以久不雨，京城三十里内禁酒。案历代酒禁，史之所载，未必能具也。

然《抱朴子·酒戒篇》论当时禁酒情形云：曩者饥年荒谷；贵人有醉者相杀；牧伯因此，辄有酒禁。严令重申，官司搜索。收责榜徇者相续，制鞭而死者大半。防之弥峻，犯者至多。至乃穴地而酿，油囊怀酒。民之好此，可谓笃矣。

又临民者虽设其法，而不能自断斯物。缓己急人，虽令不从。沽卖之室，废弃则困。遂修饰赂遗，依冯权右。所属吏不敢问。无力者独止，而有势者擅市。张墟专利，乃更倍雠。从其酤买，公行靡惮。法轻利重，安能免乎哉？

以葛氏之言推之，历代酒禁，恐皆利少弊多矣。

《魏书·列女传》：乐部郎胡长命妻张氏，事姑王氏甚谨。大安中，京师禁酒。张以姑老且患，私为酝之。为有司所纠。王氏诣曹自告，曰：“老病须酒，在家私酿，王所为也。”张氏曰：“姑老抱患，张主家事，姑不知酿，其罪在张。”

有司疑其罪，不知所处。平原王陆丽以状奏，高宗义而赦之。法过严者不能行，势非至于屈法纵舍不止，立之复何益哉？要之风俗之所由成，其道恒隐曲多端，断非一切之法所能政也。

造酒之法，《齐民要术》第六十三至六十七篇详之。中有《祝曲文》，启五方、五土之神，东方青帝、土公、青帝威神，南方赤帝、土公、赤帝威神，西方白帝、土公、白帝威神，北方黑帝、土公、黑帝威神，中央黄帝、土公、黄帝威神。求使“出类绝踪，穴虫潜影”，则今酿酒者之迷信，由来旧矣。

《晋书·刘弘传》：弘为荆州刺史，下教曰：“酒室中云斋中酒、听事酒、猥酒，同用曲米，而优劣三品。投醪当与三军同其薄厚，自今不得分别。”酒之优者盖较厚，故其性亦较烈。

《齐民要术·笨曲饼酒篇》云：“穄米酎，先能饮好酒一斗者，惟禁得升半。饮三升大醉。三升不浇，大醉必死。凡人大醉，酩酊无知，身体壮热如火者，作热汤，以冷解，名曰生熟汤。汤令均，小热得通人手，以浇醉人。汤淋处即冷。不过数斛汤，回转翻覆，通头面痛淋，须臾起坐。与人此酒，先问饮多少，裁量与之。若不语其法，口美不能自节，无不死矣。一斗酒醉二十人。得者无不传饷亲知以为恭。"

黍米酎，"悉同穄酎法，芬香美酿，皆亦相似。酿此二酝，常宜谨慎，多喜杀人。以饮少，不言醉死，正疑药杀。尤须节量，勿轻饮之。"

观此二酝，当时名酒，盖多味厚性烈者，此亦酒祸之所由滋欤?

茗饮始见正史者，为《三国・吴志・韦曜传》。《困学纪闻》言荼字有三义：谁谓荼苦，苦菜也。有女如荼，茅秀也。以薅荼蓼，陆草也。

《日知录》言：荼字中唐始变作茶。同声异韵之字，减一画而化为两字，中华造字，旧有此法，实即六书中之转注也。

《齐民要术》论茶，引《尔雅》"槚，苦荼。"郭璞《注》云："树小似栀子。冬生叶，可煮作羹饮。今呼早采者为荼，晚取者为茗。一名荈。蜀人名之苦荼。"盖茶味亦苦，故藉苦菜之名以名之，久乃变其韵而析为二语也。

《日知录》云："王褒《僮约》云：武都买茶；张载《登成都白菟楼诗》云：芳荼冠六清；孙楚诗云：姜、桂、荼、荈出巴蜀；《本草衍义》：晋温峤上表贡茶千斤，茗三百斤：是知自秦人取蜀而后，始有茗饮之事。"据其说，茗饮盖始于蜀而浸淫于吴、楚。

《齐民要术》列茶于《非中国物篇》中，又引《荆州地记》曰：浮陵茶最好。盖其所谓中国，限于北方，故云尔。然亦可见是时北方尚未有茶也。又引《博物志》云：饮真茶令人少眠，则其时已有伪物矣。

第二节　仓储漕运籴粜

钱币之用愈微，则实物之储愈富，故古代仓廪，恒较后世为充实。晋承丧乱之后，然赵王伦篡逆，三王起义，兵久屯不散，京师仓廪空虚，陈敏建议，谓南方米谷，皆积数十年，将欲腐败，而不漕运以济中州，非所以救患周急，朝廷从之，转漕颇有成效，可见南方储谷之多。

北方虽云丧乱，而离石大饥，刘渊迁于黎亭，以就邸阁谷，留其大尉刘宏、护军马景守离石，又使其大司农卜豫运粮以给之，则亦未至全乏也。

晋迁江东，《隋书・食货志》云："其仓：京都有龙首仓，即石头津仓也。台城内仓，南塘仓，常平仓，东、西大仓，东宫所贮，总不过五十余万。在外有豫章仓，钓矶仓，钱唐仓，并是大贮备之处。自余州郡、台传，亦各有仓。"

《晋书·五行志》：海西公大和中，郗愔为会稽大守。六月，大旱。灾火烧数千家。延及山阴仓米数百万斛。

《虞潭传》：潭转吴国内史。徙会稽。未几，复还吴郡。是时军荒之后，苏峻乱后。百姓饥馑，死亡涂地。潭乃表出仓米振救。

《陶回传》：回迁吴兴大守。时人饥谷贵，三吴尤甚。诏欲听相粥卖，以拯一时之急。回上疏，言不如开仓廪以振之。乃不待报，辄便开仓。及割府郡军资数万斛米，以救乏绝。由是一境获全。既而下诏，并敕会稽、吴郡，依回振恤。二郡赖之。

《王羲之传》：羲之为会稽内史。时东土饥荒，羲之辄开仓振贷。

《良吏·邓攸传》：攸守吴郡，时郡中大饥。攸表振贷。未报，辄开仓救之。

《外戚·王蕴传》蕴补吴兴大守。属郡荒人饥，辄开仓赡恤。赖蕴全者十七八。此等事，具见地方贮备之丰。三吴固富庶之区，在辇毂之下，然桓玄乘殷仲堪振恤饥者，仓廪空竭而伐之；又《王长文传》言：大康中，蜀土荒馑，开仓振贷，长文居贫贷多，后无以偿，郡县切责，送长文到州，刺史徐干舍之，长文不谢而去；则偏远之区，振贷亦未遂成为具文也。

拓跋焘之南侵也，江夏王义恭次彭城，众力虽多，而军食不足。沈庆之、何勖，咸欲弃城逆奔。以张畅言而止。

《宋书·畅传》载畅之言曰：“今军仓虽寡，朝夕犹未窘罄。量其欲尽，临时更为便宜。岂有舍万安之术，而就危亡之道？”则其时仓谷实未大乏，庆之等自怯懦耳。

《传》又云：时大祖遣。徐爰乘驿至彭城，取米谷定最。爰既去，城内遣骑送之。焘闻知，即遣数百骑急追。爰已过淮，仅得免。初爰去，城内闻虏遣追，虑爰见禽，失米最，虏知城内食少。义恭忧惧无计，犹欲奔走。会虏大众至，乃不果。则当时城内之人，视其粮储，实已岌岌，然彭城初未奔溃。

《梁书·庾域传》：长沙宣武王为梁州，以为录事参军，带华阳大守。时魏军攻围南郑。州有空仓数十所；域封题，指示将士云：“此中粟皆满，足支二年，但努力坚守。”众心以安。是当时梁州，粟亦空乏。然萧懿坚守六十余日，未曾失陷。则虽空乏，亦未至于绝无。故能以空言安众心也。

《宋书·沈庆之传》：南新郡蛮帅田彦生反叛，攻围郡城。庆之遣柳元景赴之。未至，郡已被破。焚烧城内仓储及廨舍荡尽。是凡有兵备之处，仓谷皆略有存储。

《隋书·食货志》言：南朝自侯景之乱，国用常褊。京官文武，月别惟得廪食，多遥带一郡县官而取其禄秩。此与《晋书·会稽王道子传》言其时军旅洊兴，国用虚竭，自司徒以下，日廪七升之事，可以参观。各种给赐皆绝，而米廪犹存，可见其仓储实较后世为充实。若在后世，则即财政宽裕之时，京官亦不能皆给米粟也。

《魏书·韩麒麟传》：大和十一年，京都大饥，麒麟表陈时务曰："往年校比户贯，租赋轻少。臣所统齐州，租粟才可给俸，略无入仓。虽于民为利，而不可长久。脱有戎役，或遭天灾，恐供给之方，无所取济。可减绢布，增益谷租。年丰多积，岁俭出振。所谓私民之谷，寄积于官。官有宿积，则民无荒年矣。"

又《李彪传》：彪上封事七条，其三曰："顷年山东饥，去岁京师俭。内外人庶，出入就丰。既废营产，疲而乃达。若先多积谷，安而给之，岂有驱督老弱，糊口千里之外？臣以为宜析州郡常调九分之二，京都度支岁用之余，各立官司，年丰籴积于仓，时俭则加私之二，粜之于人。如此，民必力田以买官绢，又务贮财以取官粟。年登则常积，岁凶则直给。又别立农官，取州郡户十分之一为屯人。相水陆之宜，料顷亩之数。以臧赎杂物余财，市牛科给，令其肆力。一夫之田，岁责六十斛。蠲其正课，并征戍杂役。行此二事，数年之中，则谷积而人足，虽灾不为害。"

彪之封事，据《食货志》，事在大和十二年。《志》谓孝文览而善之，寻施行焉，自此公私丰赡，虽时有水旱不为灾。则魏当大和大饥以前，积贮之情形甚恶，自此以后，乃颇有更革。故至宣武延昌元、二、三年，复遭饥馑，颇能有所振施也。见《纪》。

仓储虽云有备无患，然死藏其谷，不能生利，亦非计之得者。得轻重敛散之意者，莫如常平。故历代论者，多主行之也。

《晋书·武帝纪》：咸宁三年九月，起大仓于城东，常平仓于东、西市。

《杜预传》谓预拜度支尚书，乃奏兴常平仓，五十余条，皆纳焉，盖即此时事。

《刘颂传》：颂上疏言："仓廪欲实，实在利农，利农在平籴。平籴已有成制，其未备者，可就周足。"所谓成制，盖亦常平之类也。

《宋书·沈昙庆传》云：时岁有水旱，昙庆议立常平仓，以救民急，大祖纳其言而事不行。史臣谓“大明之末，积旱成灾，口减过半，若常平之议，兴于中年，或不至是”。可见其相需甚殷。然又谓“若篜以平价，则官苦民优，议屈当时，盖由于此”。盖主其事者，未能计及远利也。

魏立常平仓，事在大和二十年，见《纪》。常平之所患者，谷物之贸迁已盛，而公家之资本较微，不足以制其轻重。李彪之议，年丰籴积，时俭出粜，亦即常平之意，而析州郡常调，分京都度支以为之，资力较雄，此其所以能收公私丰赡之效欤？然则大和以后资储之充实，所恃者转不在常平之司矣。北齐河清定令：诸州郡皆别置富人仓。

初立之日，准所领中下户口数，得支一年之粮。逐当州谷价贱时，斟量割当年义租充入。谷贵下价粜之。贱则还用所粜之物，依价籴贮。周司仓，掌辨九谷之物，以量国用。国用足，即蓄其余以待凶荒。不足则止余。用足则以粟贷人，春颁之，秋敛之。皆见《隋书·食货志》。亦皆常平之意也。

《魏书·释老志》：沙门统昙曜奏平齐户及诸民，有能岁输谷六十斛入僧曹者，即为僧祇户。粟为僧祇粟。至于俭岁，振给饥民。又请民犯重罪及官奴，以为佛图户，以供诸寺扫洒，岁兼营田输粟。高宗并许之。于是僧祇户粟及寺户，遍于州镇矣。

又云：世宗永平四年夏，诏曰：“僧祇之粟，本欲济施。俭年出贷，丰则收入。山林僧尼，随以给施。民有窘敝，亦即振之。但主司冒利，规取赢息。及其征责，不计水旱。或偿利过本。或翻改券契。侵蠹贫下，莫知纪极。细民嗟毒，岁月滋深。自今已后，不得传委维那都尉。可令刺史，共加监括。尚书检诸有僧祇谷之处，州别列其元数，出入赢息，振给多少，并贷偿岁月，见在未收，上台录记。若收利过本，及翻改初券，依律免之，勿复征责。或有私债，转施偿僧，即以丐民，不听收检。后有出贷，先尽贫穷。征责之科，一准旧格。富有之家，不听辄贷。脱仍冒滥，依法治罪。”

又尚书令高肇奏言：谨案故沙门统昙曜，昔于永明元年，奏凉州军户赵苟子等二百家为僧祇户。立课积粟，拟济饥年。不限道俗，皆以振施。又依内律，僧祇户不得别属一寺。而都维那僧暹、僧频等，进违成旨，退乖内法。肆意任情，奏求逼召。致使吁嗟之怨，盈于行道。弃子伤生，自缢溺死，五十余人。遂令此等，行号巷哭，叫诉无所。至乃白羽贯耳，列讼宫阙。请听苟子等还乡课输。俭乏之年，周给贫寡。若有不虞，以拟边捍。其暹等违旨、背律、谬奏之愆，请付昭玄，依僧律推处。”诏曰：“暹等可特原之，余如奏。”

案《志》载昙曜元奏，本谓俭岁振给饥民；高肇奏辞，亦云不限道俗；而世宗诏谓山林僧尼，随以给施，民有窘敝，亦即振之，则其振施似以僧尼为主。竭民力以奉僧尼，已为无理，况又强取民户，规图赢息，其弊至于不可究诘乎？而僧暹等犹见特原，亦可谓无政事矣。

世宗诏令出贷先尽贫穷，富有之家，不听辄贷，是当时僧祇之粟，反有贷于富家者也。近世农民银行之兴，富家或以微息贷之于行，而加重之以贷于民。

主行事者，利富家易于征偿；又总贷之于数富家，而听其转贷贫民则事简；富家又或饵以微利；遂乐贷之于富家，今古之情弊正同也。诏又言或有私债，转施偿僧，此又民间放债，征责不得，而藉僧祇之力，为之索取者。

僧人之举动如此，可谓不法极矣。货币用微之世，实物之储蓄恒多。凡物皆然，米谷尤甚。故在前世，不惟官家仓廪，较后世为充实，即民间之存谷亦多。

《宋书·孝义·徐耕传》：元嘉二十一年，大旱，民饥，耕以千斛助官振贷。诣县陈辞曰：“此郡虽弊，耕晋陵延陵人。犹有富室。承陂之家，处处而是，并皆保熟，所失盖微。陈积之谷，皆有巨万。旱之所弊，实钟贫民。温富之家，各有财宝。谓此并宜助官，得过俭月。所损至轻，所济甚重。今敢自厉，为劝造之端。”

又《自序》言：沈亮转西曹主簿。时三吴水潦，谷贵民饥。刺史彭城王义康，使立议以救民急。亮议以“东土灾荒，民凋谷踊，富民蓄米，日成其价。宜班下所在，隐其虚实。令积蓄之家，听留一年储，余皆劝使粜货，为制平价。此所谓常道行于百世，权宜用于一时也”。此皆凡民虽饥，富家自有藏粟之证。齐竟陵王子良为丹阳尹，开私仓以振属县贫人。

刘怀珍族弟善明，元嘉末，青州饥荒，人相食，善明家有积粟，躬食饘粥，开仓以救乡里，多获全济，百姓呼其家田为赎命田。可见富贵之家，仓储亦自充足。此等人若能如徐耕之助官振贷，卢叔武之听民赊借，自为最善。然能如是者卒少，而剥削贫民者实多。

《魏书·世宗纪》：延昌元年五月，诏天下有粟之家，供年之外，悉贷饥民。

《周书·武帝纪》：建德三年正月，诏以往岁年谷不登，民多乏绝。令公私、道俗，凡有积贮粟麦者，皆准口听留，以外尽粜。此即沈亮之议，以理论，虽无可訾，然行之恐不易也。

《北齐书·循吏传》：苏琼为南清河大守。天保中，郡界大水。琼普集郡中有粟之家，自从贷粟，给付饥者。此亦贤智之过，不能常行、遍行。无已，则仍惟有乞灵于通粜。故饥荒之岁，商贩最宜使之流通。

宋孝武帝大明八年正月，诏东境去岁不稔，远近贩粥米粟者，可停道中杂税，其以仗自防者悉勿禁，即以此也。然遏粜者亦殊多。

《南史·崔祖思传》：青州刺史张冲启：淮北频岁不熟，今秋始稔。此境邻接戎寇，弥须沃实。乞权断谷过淮南。南徐、兖、豫、司诸州，又各私断谷米，不听出境。自是江北荒俭，有流亡之弊。

元祖祖思叔父景真之子。乃上书，谓宜丰俭均之。即其一事也。夫遏粜非徒有害于邻境也，在本境亦为谷贱伤农。平时行之犹不可，况频岁不熟之后，饥疲之民，亟待振起之际乎？于此而遏其流通，亦可谓不达于政矣。

张冲言青州邻接戎寇，弥须沃实，是也，然亦有宜慎者。兵戈之际，往往民食不足，而兵家之蓄有余。

《晋书·石勒载记》：勒将图王浚，引其舍人王子春问之。子春曰："幽州自去岁大水，人不粒食，浚积粟百万，不能赡恤，此亡期之至也。"

《浚传》：勒既执浚，责以百姓馁乏，积粟五十万斛而不振给。则浚当时藏粟实多。然究何益哉？

《刘聪载记》：刘曜攻郭默于怀城，收其米粟八十万斛。

《宋书·索虏传》：历城建武府司马申元吉破碻磝[①]，获虏地仓四十二所，粟五十余万斛。城内居民私储，又二十万斛。

《梁书·夏侯亶传》：亶合韦放出兵，降城五十二，获米二十万石。弟夔出兵，凡获粟六十万斛。军中奏报，固多夸大之辞，然必不能全虚，则缘边要害之地，储粟无不充实矣。梁武帝以雍州为边镇，运数州之粟以实之。见《南史·南平王伟传》。后周之世，以澧州粮储乏少，每令荆州递送。《周书郭彦传》。

《周书·王罴传》：罴镇华州，时关中大饥，征税民间谷食，以供军费，或隐匿者，令递相告，多被篣棰，以是人有逃散。盖其取之之虐如此。然究何益哉？

元嘉二十七年之役，《宋书·臧质传》谓虏初南出，后无资粮，惟以百姓为命。及过淮，食平越、石鳖二屯谷。至是，钞掠无所，人马饥困，闻盱眙有积粟，欲以为归路之资，故悉力以攻之。

《魏书·卢玄传》：玄孙渊，曹虎遣使请降，高祖使督前锋诸军，径赴樊、邓。及知虎降之诈，诏渊进取南阳。渊以兵少粮乏，赭阳近叶仓，表求先攻之。高祖许焉。

《慕容白曜传》言：白曜之陷肥城，获粟三十万斛；破垣苗，得粟十余万斛，由是军粮充足。克东阳后，史又最其凡云：获仓粟八十五万斛，米三千斛。邢峦攻破宿豫、淮阳二戍，获米四十余万石。侯景之围台城，亦食石头常平仓。凡此皆赍盗粮而已。即不为敌所因，亦有不能自保者。

《晋书·武帝纪》：咸宁四年十月，扬州刺史应绰伐吴皖城，焚谷米百八十万斛。据《王浑传》，所焚又有稻苗四千余顷。稻苗固难刈获，积谷亦未易迁移，然独不能自焚之乎？使佛狸南犯之时，是处坚壁清野，其不能守又不能移者，悉行焚荡；虏马虽健，能以饥军纵横于无人之地乎？固知焦土为御敌之上策矣。

《晋书·王羲之传》：羲之为会稽内史，遗谢安书曰："仓督监耗盗官米，动以万计。吾谓诛翦一人，其后便断，而时意不同。近检校诸县，无不皆尔。余姚近十万斛。重敛以资奸吏，令国用空乏，良可叹也。"

《周书·裴侠传》："侠迁民部中大夫。时有奸吏，主守仓储，积年隐没至千万者。及侠在官，厉精发摘。数旬之内，奸盗略尽。"仓储之难于管理如此，故后世积谷，多改储银钱。其弊则在荒歉之际，无由易为粮食。

社仓之制，分谷诸社，令人民自行掌管，善矣，然民或不能自理，而至移之于县，则其弊亦与官所设仓同。愚谓各地仓屋，宜悉由官造。商人之贩易米谷者，皆不许自建仓屋，而责其必僦储于官仓。

官所造仓，易于合式，米谷存储，难于变坏，其善一也。可度远近适中，水陆利便之地造焉，平时既利转输，战时亦易移徙，其善二也。

商人之营米业者，储谷于官仓若干，则官责其代管官谷若干，凡出陈易新，及严防耗坏之事悉属焉。此系以国权责成米商，不许辞避。存谷可分定期、不定期二种，一如银行存款。需用提取，悉按定章。

寇至，责其运至后路，费由官给。不能运者，亦即责其焚毁。民间亦可存谷与商人，一如存钱于银行。如此，官民皆省管理之劳，而度年岁上下，外路来源多少，以定存谷之多少，悉由熟悉情形之商人为之，其计画必较徒事敷衍之官吏，不习其事之人民为精。不须存留，即可运用。不虞空乏，又免死藏；寇至易于运走，否亦不至资敌；一举而数善备焉。逮天之未阴雨，彻彼桑土，绸缪牖户，此在今后，允宜惩前而毖后者也。

耕九余三之制，昔人侈为美谈，然此特小国寡民，一切悉恃自给之世为然耳，交通便则通工易事之范围广，与就一地方而调其丰歉，自不如合各地方而剂其盈虚矣。夫如是，则转漕必不可免。其利害，亦有宜详度者。魏显祖因民贫富，为输租三等九品之制：千里内纳粟，千里外纳米。上三品户入京师，中三品入他州要仓，下三品入本州。《魏书·食货志》。

北齐河清三年定令：垦租送台，义租纳郡。垦租皆依贫富为三枭：上枭输远处，中枭输次远，下枭输当州。仓租入台者，五百里内输粟，五百里外输米，入州镇者输粟。《隋书·食货志》。此为经常之制。

魏孝文大和七年正月，诏青、齐、光、东徐四州之民，户运仓粟二十万石，送瑕丘、琅邪，复租算一年，此则临时之措置：凡所以均漕转之劳也。然此究不易均平，且其间极易丛弊。

《魏书·李䜣传》：䜣为大仓尚书，用范檦、陈端等计，令千里之外，户别转运，诣仓输之。使所在委滞，停延岁月。百姓竞以货赂，各求在前。远近大为困弊。此其显而易见者矣。韩麒麟言绢布之输，于民为利，盖以此也。欲救此弊，则宜多置仓及于紧要之地置仓。

齐神武迁邺之后，于诸州缘河津济，皆官仓贮积，以拟漕运。废帝乾明中，尚书左丞苏珍芝议修石鳖等屯，岁收数万石，自是淮南军防，粮廪充足。

孝昭皇建中，平州刺史稽晔建议，开幽州督亢旧陂，长城左右营屯，岁收稻粟数十万石，北境得以周赡。又于河内置怀义等屯，以给河南之费，自是稍止转输之劳。则其事也。《隋书·食货志》。然终不易使各地方一皆丰足，而一有荒歉，则穷僻之地，仰转输以资接济，为尤难焉。

《北齐书·李元忠传》：天平四年，元忠除光州刺史。时州境灾俭，人皆菜色。元忠表求振贷，俟秋征收。被报听用万石。元忠以为万石给人，计一家不过升斗而已，徒有虚名，不救其弊。遂出十五万石以振之。夫一光州，薄振即须如是，而论积贮，则东晋京都诸仓，总计不过五十余万，欲求振给之遍，岂不难哉？故在北方，偏多移民就谷之举。

神瑞二年之困，从崔浩、周澹议，分民诣山东三州。大和十一年之旱，亦诏听民就丰。行者十五六。道路给粮廪。至所在，三长赡养之。遣使者时省察焉。《魏书·食货志》。此岂不重为烦费？

延昌元年，诏河北民就谷燕、恒二州，又诏饥兵就谷六镇，则其相违弥远矣。相违愈远，则其旋反愈难，宜乎李彪之病之也。故欲谋是处之丰足，仍赖商贾之流通。官家亦有自为买卖者，是为和籴。魏世韦朏为荆、郢和籴大使，见《魏书·韦阆传》。

孙绍为徐、兖和籴使，鹿悆为河北五州和籴大使，特以使臣主其事，视之可谓颇重。齐神武谋迁邺，运诸州和籴粟入邺城，《北齐书·本纪》。盖其所积者实不少也。迁邺之后，常调外逐丰稔之处，折绢籴粟，以充国储，《隋书·食货志》。则行之亦有常典矣。

《鹿悆传》言：元子直出镇梁州，悆随之州，州有兵粮和籴，和籴者靡不润屋，悆独不取，子直强之，终不从命，则其事亦不能无弊矣。

第三节　衣服

服饰之变迁，大抵随乎风尚。

《抱朴子·讥惑篇》云：“丧乱以来，事物屡变。冠履衣服，袖袂裁制，日月改易，无复一定。乍长乍短，一广一狭，忽高忽卑，或粗或细，所饰无常，以同为快。其好事者，朝夕放效，所谓京辇贵大眉，远方皆半额也。”此等风尚，盖今古皆然。

《晋书·五行志》云：孙休后衣服之制，上长下短。元帝大兴中又上短，带才至于腋。晋末皆冠小而衣裳博大，风流相放，舆台成俗。并葛氏之言之证。然此特小小之变迁耳，通长期而观之，则其变迁，仍有渐趋于美善者，此演进自然之势也。

王后六服皆袍制，见于《周官·郑注》，其说未知信否，然后汉妇人，必多衣袍，则可见矣。《释名》云：“袍，丈夫著下至跗者也。袍，苞也，苞内衣也。”则著袍者初不必妇人。然外必加以衣裳，盖旧习不易卒变也。

深衣之制，连衣裳而一之，实足证外服以通长为便。便于通长，而仍必备衣裳之式，此亦不过泥古而已，别无深意也。事物必日趋简易，久之，去衣裳而径以袍衫为外服，即成后世之式矣。

此等变迁，始于东汉，而成于魏、晋、南北朝之世。任大椿《深衣释例》曰：“古以殊衣裳者为礼服，祭服及朝朔之服是也；不殊衣裳者为燕服，深衣是也。后世自冕服外，以不殊衣裳者为礼服，以殊衣裳者为燕服，此古今之异制也。

《续汉志》云：若冠通天冠，服衣深衣制，有袍，随五时色。梁刘昭《注》曰：今下至贱吏、小史，皆通制袍、禅衣、皂缘领袖中衣为朝服云。盖古者天子以白布衣、素裳为朝服，诸侯以缁布衣、素裳为朝服，皆衣裳殊。后汉始以袍为朝服，不殊衣裳。故司马彪谓袍为古之深衣。

晋、宋以后，以绛纱皂袍、五色纱袍、纱朱衣、绛单衣、绛皂襩衣为朝服。具服、从省服，《隋志》亦云制本深衣。然则不殊衣裳，古以为便服，汉、晋以为礼服矣。《隋志》：乘舆鹿皮弁服，徘大襦，白罗裙，在宫听政则服之。

《北史·柳世隆传》：令王著白纱高顶帽，傧从皆裙襦袴褶。

《长孙俭传》曰：晚著裙襦纱帽，引客宴于别斋。上襦而下裙，即殊衣裳之制也。然则六朝时转以殊衣裳者为便服矣。”又曰：“妇人以深衣之制为礼服，不殊衣裳。故内司服《注》：妇人尚专一，德无所兼，连衣裳不异其色。则《周礼》王后六服，制度皆本深衣。

《通典》载宋制：大后、皇后入庙，服袿襡大衣，谓之袆衣。公、特进、列侯夫人，卿、校世妇，二千石命妇年长者，入庙佐祭，皂绢上下；助蚕则青绢上下。自皇后至命妇二千石，皆以蚕衣为朝服。

齐、梁以后并同。即《续汉志》所云深衣制，徐广所云单衣也。其不殊衣裳，古今无异。然古乐府《陌上桑》曰：缃绮为下裳，紫绮为上襦，襦与裳不相连者也。繁钦《定情诗》曰：何以合欢欣？纨素三条裾。

《西河记》：西河无蚕桑，妇女著碧缬裙，加细布裳。

《东观记》：鲍宣之妻，悉归侍御，更著短布裳。又云：王良为司徒，妻布裙徒跣。此皆别言裙裳，可知衣裳之殊矣。然则汉时妇人朝祭之服，制同深衣，燕闲之服，衣裳自殊，亦犹丈夫以袍、单衣为礼服，而其便服雅尚裙襦。

《通典》载后周命妇服制云：诸命秩之服曰公服，盖即制本深衣，不殊衣裳者也。又云：其余裳服曰私衣，盖即衣裙异著者也。”然则以袍衫为外服，妇人且较早于丈夫矣。

去衣裳而又短其袍，是为袴褶之服，其实即与襦袴无异矣。

《宋书·礼志》云：“袴褶之制，未详所起，近代车驾亲戎，中外戒严之服。”

《急就篇》注云：“褶，谓重衣之最在上者也。其形若袍，短身而广袖。一曰左衽之袍也。”案即戎行役若服劳者，必以短衣为便，今古皆然。

《曲礼》：童子不衣裘裳。

《内则》：十年，衣不帛，襦袴。襦袴即不裳之谓。所以不裳者？郑《注》云：为其便易，此服劳役者之短衣也。

《左氏》昭公二十五年，师己称童谣曰：“公在乾侯，征褰与襦。”

《说文》：褰，袴也。此行役者之短衣也。又成公十六年，有靺韦之跗注。杜《注》云：“跗注，戎服，若袴而属于跗。”云若袴，则亦有踦，此即戎者之短衣也。

戴德《丧服变除》云：“童子当室，谓十五至十九，为父后，持宗庙之重。其服深衣不裳。”

《内则》二十可以衣裘帛，与上十年衣不帛襦袴互相备。二十可以衣帛，则亦二十而后裳。所以二十而裳者？二十而冠，冠而责成人之礼焉。然则裳者礼服。礼不下庶人，故庶人即以深衣为吉服，明其不裳，与当室者同。则其平时固皆襦袴矣。

褶若袍而短，而于重衣最在上，与径以襦为外衣，其实何异？云左衽者，盖胡人之服？疑褶之名实袭诸胡，中国易其左衽为右衽，又改其制若中国之袍，而特袭其短身？胡人之褶盖小袖，中国则易为广袖也？必广袖者，古以侈袂为贵，且中国不如胡中之寒，无取乎小袖也。

虽有此服，当时谓非礼容，惟供驱使及好狡狯者服之。故《宋书·后废帝纪》：讥其常著小袴褶，未尝服衣冠。

《齐书·吕安国传》云：安国被征为光禄大夫，加散骑常侍，欣有文授，谓其子曰：“汝后勿作袴褶驱使，单衣犹恨不称，当为朱衣官也。”

《魏书·胡叟传》：叟于高元馆见中书侍郎赵郡李璨，贫老衣褐，璨颇忽之。叟谓之曰：“老子今若相许，脱体上袴褶衣帽，君欲作何计也？”

又《礼志》：博士孙惠蔚上书，言：“臣窃解童子不衣裳之记，是有闻之言。将谓童子时甫稚龄，未就外传，出则不交族人，内则事殊长者，馂旨父母之前，往来慈乳之手，故许其无裳，以便易之。若在志学之后，将冠之初，年居二九，质并成人，受道成均之学，释菜上庠之内，将命孔氏之门，执烛曾参之室，而惟有掩身之衣，无蔽下之裳，臣愚未之安矣。又女子未许嫁，二十则笄，观祭祀，纳酒浆，助奠庙堂之中，视礼至敬之处，其于婉容之服，宁无其备？以此推之，则男女虽幼，理应有裳。但男子未冠，礼谢三加，女子未出，衣殊狄褖，无名之服，礼文罕见。”

此说显与记意相背，将亦有激而云然欤？戎装谓之急装，皆缚其袴。《通鉴》齐明帝永泰元年《注》。

《齐书·虞悰传》：郁林废，悰窃叹曰：“王、徐遂缚袴废天子，天下岂有此理邪？”

《宋书·袁淑传》：元凶劭左右引淑等袴褶。又就主衣取锦，裁三尺为一段，又中破，分萧斌、淑及左右，使以缚袴。此缚袴之法之可考者也。

凡戎装者皆短衣，《南史·梁宗室传》谓见理性甚凶粗，长剑短衣，出入廛里，不为宗室所齿是也。此自古短衣楚制之伦，与袴褶无涉。

王国维《胡服考》以袴褶全为胡服，有袴褶，中国乃有短衣，误矣。胡人多衣皮。刘璠妻子随羌俗衣皮是也。见第一节。然中国人亦自有衣皮者。

《晋书·魏舒传》，谓其性好骑射，著韦衣入山泽，以渔猎为业；又《隐逸传》：郭文，余杭令顾飏与葛洪共造之，携与俱归，飏以文山行，或须皮衣，赠以韦袴褶一具是其事。此亦以其强韧，不如缯絮之易裂弊，非关胡服也。诸服中确出自胡者惟鞾。

《广韵》八戈引《释名》云：“鞾本胡名也，赵武灵王所服。”《大平御览》六百九十八引《释名》云：“鞾本胡名也，赵武灵王始服之。”案《说文》无鞾字。《革部》：鞮，革履也。

《韵会》引下，有“胡人履连胫，谓之络鞮”九字，不知为元文以否？即谓为元文，亦似中国名革履为鞮，以胡人履连胫，乃加一络字以别之，《说文·糸部》：“络，絮也。”不训茝络。茝络字汉人多作落。则叔重时尚无鞾名。赵武灵王所服，不得至后汉时尚无其字，则谓鞾为赵武灵王所服者，必附会之辞。世皆以鞾字为古，靴字后起。

然《北齐书·徐子才传》谓武明后病，童谣有“惟得一量紫綖靴”之语，之才弟之范，以问之才，之才曰：“靴者革旁化，宁是久物？”则南北朝时，其字久作靴矣。疑鞾之名稍行于东汉之世，其字则鞾靴杂作也。

《隋书·礼仪志》云：“靴为胡履，施于戎服。”

今案《晋书·毛宝传》，谓宝与祖焕战，血流满靴。《北齐书·慕容俨传》，谓俨为侯瑱等所攻，煮靴、皮带、觔、角等物而食之。《周书·武帝纪》，谓帝平齐之役，见军士有跣行者，亲脱靴以赐之。并靴为戎服之证。然北俗非即戎亦多服之。《魏书·慕容永传》：永徙于长安，家贫，夫妻卖韡于市。《北史·后妃传》：司马子如谓齐神武："安妃是王结发妇，避葛贼同走并州，贫困，然马矢自作靴，恩义何可忘？"《北齐书·乐陵王百年传》：后主时，改九院为二十七院，掘得一小尸，绯袍，金带，一髻一解，一足有靴，诸内参窃言百年大子也，或言大原王绍德。

《琅邪王俨传》：俨死，不脱靴，裹以席，埋于室内。《任城王湝传》：天统三年，拜并州刺史。时有妇人，临汾水浣衣，有乘马人，换其新靴，驰而去。妇人持故靴诣州言之。湝召城外诸妪，以靴示之。诈曰："有乘马人在路被贼劫害，遗此靴，得无亲属乎？"一妪抚膺哭曰："儿昨著此靴向妻家。"如其语捕获之。

《北史·陈元康传》：文襄之被害，杨愔狼狈走出，遗一靴。并北人常著靴之证。若南方则著者较少。《齐书·豫章王嶷传》云：嶷性泛爱，不乐闻人过失，左右有投书相告，置韡中，竟不视，取火焚之。《梁书·萧琛传》：起家齐大学博士。时王俭当朝，琛年少，未为俭所识，负其才气，欲候俭。时俭燕于乐游苑，乃著皮靴，策桃枝杖，直造俭坐。俭与语，大悦。

《南史·陈庆之传》：子暄。陈大康中，徐陵为吏部尚书，精简人物，缙绅之士，皆乡慕焉。暄以玉帽簪插髻，红丝布裹头，袍拂踝，靴至膝，不陈爵里，直上陵坐。陵不之识，命吏持下。暄徐步而去。举止自若，竟无怍容。作书谤陵，陵甚痛之。

赵翼《陔余丛考》，谓南朝著靴，见于史者，止此数事。今案萧琛之于王俭，陈暄之于徐陵，皆有意为之，以自表见。

《晋书·儒林·刘兆传》：尝有人著韡，骑驴至兆门外，曰："吾欲见刘延世。"亦视为野哉之流。

《南史·恩幸传》：简文之立，严亶学北人著靴上殿，无肃恭之礼。有怪之者。亶曰："吾岂畏刘禅乎？"

《贼臣传》言：侯景自篡立后，床上常设胡床及筌蹄，著靴垂脚坐。则尤为裂冠毁冕之行，负乘致寇之伦。信乎南人著靴者之不多也。

《陔余丛考》又云："古人席地而坐，故登席必脱其屦，《礼记》所谓户外有二屦是也。然臣见君，则不惟脱屦，兼脱其袜。《诗》：赤芾在股，邪幅在下，邪幅行縢，袜去，故行縢见也。《左传》：卫出公辄为灵台，与诸大夫饮酒，褚师声子袜而登席，公怒，对曰：臣有疾，若见之，君将㱿之，是以不敢。公愈怒，欲断其足。

“杜《注》云：古者臣见君解袜，然则古人以跣足为至敬也。汉制脱袜虽无明文，宋绵初《释服》云：“凡自外入内者，必解屦然后升堂。既解屦，则践地者袜也，久立地或渍污，故有解袜就席之礼，失之亦为不敬。解袜见逼，《诗》曰：邪幅在下，正燕饮而跣以为欢之时也。其仪制汉时已亡。”《日知录》曰：“古人之袜，大抵以皮为之。今之村民，往往行縢而不袜，古人之遗制也。吴贺邵为人美容止，常著袜，希见其足，则汉、魏之世，不袜而见足者多矣。”然优礼萧何，特命剑履上殿，则群臣上殿，犹皆脱屦可知。

“卫宏《汉官旧仪》：掾吏见丞相脱屦，丞相立席后答拜。《魏志》：曹操令曰：祠庙上殿当解屦，吾受命剑履上殿，今有事于庙而解屦，是尊先公而替王命也，故吾不敢解屦。可见是时祭先祖，见长官，尚皆脱屦。宋改诸王国制度，内有藩国官正冬不得跣登国殿一条。

“梁天监中，尚书议云：礼跣袜登席，事由燕坐，今则极敬之所，莫不皆跣。清庙崇严，既绝恒礼，凡履行者，应皆跣袜。曰极敬之所，莫不皆跣，则是时朝会、祭祀，犹皆跣袜，陈祥道《礼书》所谓汉、魏以后，朝祭皆跣也。

“《唐书》：刘知几以释奠皆衣冠乘马，奏言冠履只可配车，今袜而蹬，跣而鞍，实不合于古，是唐时祭祀，亦尚有跣袜之制。至寻常入朝，则已有著履者。

“《唐书》：棣王琰有二妾争宠，求巫者密置符琰履中，或告琰厌魅，帝伺其朝，使人取其履验之，果然，是也。盖古者本以脱袜为至敬，其次则脱履，至唐则祭祀外无脱履之制，然朝会亦尚著履，此唐初之制也。”

案《宋书·孝义传》：龚颖，益州刺史毛璩辟为劝学从事。璩为谯纵所杀，故佐吏尽逃亡，颖号哭奔赴，殡送以礼。纵后设宴，延颖，不获已而至。乐奏，颖流涕起曰：“北面事人，亡不能死，何忍闻举乐，蹈迹逆乱乎？”纵大将谯道福引出将斩之。道福母即颖姑，跣出救之，得免。

《齐书·谢超宗传》：司徒褚渊送湘州刺史王僧虔，阁道坏坠水；仆射王俭，尝牛惊跣下车；超宗抚掌笑戏曰：“落水三公，堕车仆射。”又《徐孝嗣传》：泰始二年，西讨解严，车驾还宫，孝嗣登殿不著袜，为治书侍御史蔡准所奏，罚金二两。则是时跣者尚多。

《隋书·礼仪志》云："案图云：复下曰舄，单下曰履，夏葛冬皮。近代或以重皮而不加木，失于乾腊之义。今取乾腊之理，以木重底。冕服者色赤，冕衣者色乌，履同乌色。诸非侍臣，皆脱而升殿。凡舄，惟冕服及具服著之，履则诸服皆用，惟褶服以靴。"案时人亦不皆著履。

《晋书·隐逸·陶潜传》：潜无履，王弘顾左右为之造履是也。为便于行走者恒著屩。

《宋书·张畅传》：畅于城上与魏尚书李孝伯语。孝伯曰："君南土膏粱，何为著屩？君且如此，将士云何？"畅曰："戎阵之间，不得缓服。"

《梁书·良吏传》：沈瑀为余姚令，富吏皆鲜衣美服，以自彰别。瑀怒，悉使著芒屩粗布。

《陈书·沈众传》：众监起大极殿，恒服布袍芒屩是也。

《梁书·处士传》：张孝秀尝冠谷皮巾，蹑蒲履，盖亦芒屩伦。俭者亦著屐。

《齐书·虞玩之传》：大祖镇东府，朝野致敬，玩之犹蹑屐造席。大祖取屐视之，讹黑斜锐，蒵断以芒接之。问曰："卿此屐已几载？"玩之曰："幼释褐拜征北行佐买之，著已二十年，贫士竟不办易。"大祖善之。夫亦可谓久矣。屐有齿，然遇崎岖之地，亦或去之。

《晋书·宣帝纪》：青龙二年，诸葛亮病卒，诸将烧营遁走，帝出兵追之。关中多蒺藜，帝使军士二千人著软材平底木屐前行，蒺藜悉著屐，然后马步俱进是也。

《宋书·礼志》云："汉承秦制，冠有十三种，魏、晋以来，不尽施用。"

又云："《傅玄子》曰：汉末王公名士，多委王服，以幅巾为雅，是以袁绍、崔钧之徒，虽为将帅，皆著缣巾。"

又云："魏武以天下凶荒，赀财乏匮，拟古皮弁，裁缣帛以为帢，合乎简易随时之义。以色别其贵贱。本施军饰，非为国容也。通以为庆吊服。巾以葛为之，形如帢而横著之。古尊卑共服也。今国子、大学生冠之，服单衣，以为朝服。居士、野人，皆服巾焉。"

又云："徐爰曰：帽名犹冠也，义取于蒙覆其首。其本纚也。古者有冠无帻，冠下有纚，以缯为之。后世施帻于冠，因裁纚为帽。自乘舆宴居，下至庶人无冠者皆服之。"

史臣案："晋成帝咸和九年，制听尚书八坐丞郎，门下三省侍郎，乘车白帢低帻，出入掖门；又二宫直宫著乌纱帢；然则士人宴居，皆著帢矣。而江左时野人已著帽，士人亦往往而然，但其顶员耳。后乃高其屋云。”

案《吕览·上农》曰：“古者庶人不冠弁。”《仪礼·丧服注》曰：“庶人不冠爵弁，则冠素委貌。”

《诗都人士正义》曰：“庶人冠缁布冠或玄冠。”盖惟行礼时或用之，平时则不。

《释名》曰：“二十成人，士冠，庶人巾。”巾以覆髻则曰帻，《说文》“发有巾曰帻”，《广雅》“帻，巾覆结”是也。

《独断》曰：“帻者，古之卑贱执事不冠者之所服也，或以巾。”

《三国·魏志·文帝纪注》引《魏书》，谓杨彪著布单衣皮弁以见，则虽单衣亦不用巾。

《后汉书·蔡义传》：诏事逼切，不得已解巾之郡。

《周书·崔彦穆传》：子君肃，解巾为道王侍读。

《后汉书·逸民传》：韩康遁入霸陵山中，博士、公车连征不至。桓帝乃备玄纁之礼，以安车聘之。使者奉诏造康，康不得已，乃许诺。辞安车，自乘柴车，冒晨先使者发。至亭，亭长以韩征君当过，方发人、牛修道、桥。及见康，柴车幅巾，以为田叟也，使夺其牛。并居士、野人服巾之证。

《后书·郭泰传注》引周迁《舆服杂事》云：“巾，以葛为之，形如帢。”《玉篇》曰：“帢，帽也，绢，帻也。”则巾近于帽。

《说文》云：“帽，小儿、蛮夷头衣也。”

《书大传》曰：“古之人，衣上有冒而句领者。”《注》曰：“冒，覆也。”

《淮南氾论》曰：“古者有鍪而绻领。”《注》曰：“鍪，头著兜鍪帽，言未知制冠也。”盖冠弁等皆后起之饰，帽则诚所以覆头者。

《宋书·舆服志》曰：“帻者，古贱人不冠者之服也。汉元帝额有壮发，始引帻服之，王莽顶秃，又加其屋也。”

说或附会，然《魏书·辛绍先传》，谓其丁父忧三年，口不甘味，头不栉沐，发遂落尽，故常著垂裙皂帽，则帽确可以覆发。用无慊乎冠弁，而视冠弁为简易矣。去冠弁而著帽，抑可谓反古复始，变文从质者也。《释名》：“帻，赜也，下齐眉赜然也。”其制齐眉，故可掩额发矣。

《北史·萧詧传》，言其恶见人发白，事之者必方便避之，担舆者冬月必须裹头，夏月则加莲叶帽，亦帽可覆发之证。

然《隋书·崔赜传》：大业四年，从驾汾阳宫，次河阳镇，蓝田令王昙，于蓝田山得一玉人，长三尺四寸，著大领衣，冠帻，奏之。诏问群臣，莫有识者。赜答曰："谨案汉文帝已前，示有冠帻，即是文帝已来所制作也。"然则帻自景帝而有，初不待元帝矣。

《通鉴》：齐明帝建武四年，魏主攻宛，宛城东南隅沟上有桥，魏主引兵过之，南阳大守房伯玉使勇士数人衣斑衣，戴虎头帽，伏于窦下，突出击之，魏主人马俱惊。注："虎头帽者，帽为虎头形。"此与莲叶帽皆随时所制，足见帽之通行，为甚广也。

古三属之甲，此时亦稍变为直垂，是为两当，遂为后世所谓背子者之本，此亦犹衣裳之易而为袍衫也。《深衣释例》曰："裲裆甲，一名裲裆衫，《宋书》薛安都惟著绛衲两当衫；案见《柳元景传》。《隋书·舆服志》：正直绛衫，从则裲裆衫是也。案当作《礼仪志》，直阁将军、诸殿主帅之服。

"考《宋史·舆服志》曰：大祖建隆四年，范质议云：《开元礼》：武官陪立大仗，加螣蛇裲裆，如袖，无身，以覆其膊胳。

"《释文》《玉篇》相传曰：其一当胸，其一当背，谓之两当。请兼存两说，择而用之。今剧演将帅所被金银甲，即所谓其一当胸，其一当背者也。裲裆甲古既称裲裆衫，安有无身之衫乎？

"刘孝标《乐府》：裲裆双心共一抹，帕腹两边作一撮。盖一当胸，一当背，故曰双心。属合两边，以固前后；又曰帕腹，则《广雅》所谓裲裆谓之帕腹也。"

又曰："《隋书·舆服志》：案亦当作《礼仪志》。诸将军侍从之服，一曰紫衫金玳瑁装裲裆甲，一曰紫衫金装裲裆甲，一曰绛衫银装裲裆甲，盖外著裲裆甲，内衷紫绛衫，衫制短小，为裲裆之衬，尤便捷也。《南史·齐·崔慧景传》：恭祖秃马绛衫，手刺倒敬则，直以衫代裲裆矣。古之甲，自身至要，自要至胫，分而为三，以组属之，故曰三属之甲。裲裆不殊上下，自肩直垂，此深衣之制，便于军旅者也，故曰可以武也。"

案《北史·阳休之传》：武定二年，除中书侍郎。时魏收为散骑常侍，领兼侍郎，与休之参掌诏命。齐受禅，除散骑常侍，监修起居注。顷之，坐诏书脱误，左迁骁骑将军。文宣郊天，百寮咸从，休之衣裲裆甲，手持白棓。

时魏收为中书令，嘲之曰：“义真服未？”休之曰：“我昔为常伯，首戴蝉冕，今处骁游，身被衫甲，允文允武，何必减卿？”可见是时裲裆南北皆为武人之服。

《石林燕语》曰：“余见大父时，家居及燕见宾客，率多顶帽而系勒帛，犹未甚服背子。帽下戴小冠簪。以帛作横幅约发，号额子。处室中则去帽见冠簪，或用头巾也。古者士皆有冠，帽乃冠之遗制，头巾贱者不冠之服耳。勒帛亦垂绅之意，虽施之外不为简，背子本半臂，武士服，何取于礼乎？或云：勒帛不便于搢笏，故稍用背子。然须用上襟，腋下与背子垂带。余大观间见宰执接堂吏，押文书，犹冠帽用背子，今亦废矣。而背子又引为长袖，与半臂制亦不同。裹贱者巾，衣武士服，而习俗之久，不以为异，古礼之废，大抵类此也。”则裲裆又变为文人之服矣。今之裲裆，北人谓之坎肩，吴语则谓之马甲，似犹溯其源而言之。

然《说文》：无袂衣谓之褙，《三国·魏志·杨阜传》：阜见明帝披缥绫半袖，则裲裆之制，似又不始于武人。盖俗本有短袖或无袖之衣，武人乃仿之制为衫，又因衫而制为甲耳。短袖无袖，动作最便，亦衣服变迁，趋于简便适用之一端也。

此时衣料，絮为最贵。齐大祖为建康令时，高宗等冬月犹无缣纩，已见第一节。《宋书·孝义传》：朱百年，家素贫。母以冬月亡，衣并无絮，自此不衣绵帛。尝寒时就孔凯宿，衣悉夹布。饮酒醉眠，凯以卧具覆之，百年不觉也。既觉，引卧具去体。谓凯曰：“绵定奇温。”因流涕悲恸。凯亦为之伤感。

《晋书·孝友传》：王延，继母卜氏，遇之无道，恒以蒲穰及败麻头与延贮衣。《梁书·良吏传》：孙谦，居身俭素。床施蘧蒢屏风。冬则布被、莞席。夏日无帱帐，而夜卧未尝有蚊蚋，人多异焉。《魏书·高允传》：高宗幸允第，惟布被缊袍。具见绵之难得。

《宋书·孔琳之传》：琳之建言曰：“昔事故饥荒，米谷、绵绢皆贵，其后米价登复，而绢于今一倍。绵绢既贵，蚕业者滋，勤厉兼倍，而贵犹不息。愚谓致此，良有其由。昔事故之前，军器正用铠而已，至于袍袄裲裆，必俟战阵，实在库藏，永无损毁。今仪从直卫，及邀罗使命，有防卫送迎，悉用袍袄之属。非惟一府，众军皆然。绵帛易败，势不支久。又昼以御寒，夜以寝卧；曾未周年，便自败裂。

每丝绵新登，易折租以市。又诸府竞收，动有千万。积贵不已，实由于斯。愚谓若侍卫所须，固不可废。其余则依旧用铠。小小使命送迎之属，止宜给仗，不烦铠袄。用之既简，则其价自降。”

案木绵未兴以前，欲以絮纩供举国之用，其势必不能给，此绵价之所以恒贵，况又有滥用之者乎？

《魏书·焉耆传》云：养蚕不以为丝，惟充絮纩。西域诸国，酷爱中国之缯帛，而焉耆养蚕顾不以为丝，亦可见絮纩为用之亟矣。

《陔余丛考》曰：“古时未有绵布，凡布皆麻为之，《记》曰：治其麻丝，以为布帛是也。木绵作布，邱文庄谓元时始入中国。而张七泽《浔梧杂佩》，引《通鉴》梁武帝送木绵皂帐事，据史炤《释文》：木绵以二三月下种，至夏生黄花，结实，及熟时，其皮四裂，中绽出如绵；土人以铁铤碾去其核取绵，以小竹弓弹之，细卷为筒，就车纺之，自然抽绪，织以为布，谓即此物。

“按史炤《释文》所云，正是今棉花所织之布，则梁武时已有此布矣。说者谓《汉书注》孟康曰：闽人以棉花为吉贝，而《正字通》及《通雅》，俱云吉贝木绵树也；《南史·林邑传》亦云：吉贝者树名也，其花如鹅毳，抽其绪，纺之作布，与纻布不殊；是六朝以前，木绵布乃吉贝树之花所成，系木本而非草本。

“今粤中木棉树，其花正红，及落时则白如鹅毳，正《南史》所云吉贝树也。但其花只可絮茵褥，而不可织布。

“按《南史·林邑传》，以吉贝为树，《旧唐书·南蛮传》则云吉贝草缉花作布，名曰白氎，《新唐书·林邑传》并不曰吉贝而曰古贝，谓古贝者草也，然则《南史》所谓吉贝之树，即《唐书》所谓古贝之草。其初谓之木绵者，盖以别于蚕茧之绵，而其时绵花未入中土，不知其为木本草本，以南方有木绵树，遂意其即此树之花所织。

“逮宋子京修《唐书》时，已知为草本，故不曰木而曰草耳。史炤北宋人，元注：见《文彦博传》。又在子京之后，并习知其碾弹、纺织之技，故注解益详。以此推之，则梁武木绵皂帐，即是草本之绵所成，而非木绵树也。

“更进而推之，《禹贡》厥篚织贝，蔡九峰《注》：今南夷木绵之精好者，谓之吉贝，则夏之织贝，亦即今草绵布，是三代时已有之矣。案此说之不确，自不待辩。

“其见于记传者：《南史》姚察，有门生送南布一端，察曰：吾所衣者止是麻布，此物吾无所用。白乐天《布裘诗》云：桂布白似雪。又《以布裘赠萧、殷二协律诗》云：吴绵细软桂布白。曰桂布者，盖桂管所出也。孙光宪《南越诗》：晓厨烹淡菜，春杼织橦花。元注：草绵亦名橦花。李琮诗：腥味鱼吞墨，衣裁木上绵。东坡诗：东来贾客木绵裘。以及《五代史》：马希范作地衣，春夏用角簟，秋冬用木绵。《宋史·崔与之传》：琼州以吉贝织为衣衾，工作出自妇人。皆此物也。然则绵花布自古有之，何以邱文庄谓元初始入中国？

“盖昔时绵花布惟交、广有之，其种、其法，俱未入中土。观姚察门生所送只一端，白乐天以此送人，并形之歌咏，其为罕而珍重可知。逮宋末元初，其种传入江南，而布之利遂衣被天下耳。”

案门生以南布送姚察，事见《陈书》察传。云：尝有私门生，不敢厚饷，止送南布一端，花练一匹。察谓之曰：“吾所衣著，止是麻布、蒲练，此物于吾无用，既欲相款接，幸不烦尔。”此人逊请，犹冀受纳。察厉色驱出。因此伏事者莫敢馈遗。门生献媚，固事所恒有，然既明言不敢厚饷，则其物必非甚贵可知。

《梁书·武帝纪》，称帝身衣布衣，木绵皂帐，一冠三载，一被二年，亦以为俭德，非以为侈而能致异物也。

《海南诸国传》云：林邑，男女皆以横幅吉贝，绕要以下，谓之干漫，亦曰都缦。狼牙修，男女皆以吉贝为干缦。婆利，国人披吉贝如帊，及为都缦。

然则《扶南传》言：范寻令国内男子著横幅，横幅今干缦也，大家乃截锦为之，贫者乃用布，其所谓布，亦必吉贝所织矣。《渴槃陀传》云：衣吉贝布，则其流传已及西域。《晋书·王戎传》：南郡大守刘肇，赂戎筒巾细布五十端。巾，元板作中。《十七史商榷》云：“筒中布名，《后汉书·王符传注》引扬雄《蜀都赋》曰：筒中黄润，一端数金，作中是。”

此亦绵布也。更证以《史记·货殖列传》：番禺为果、布之凑，布亦疑是绵布，则其入中国实已久。然越五岭而北者卒少；即交、广亦罕事种植、纺织；固知文明之传播，自有其时，时未至不容强也。

衣服材料最奢侈者，为销金及织成，时遭禁止。《通鉴》宋文帝元嘉三十年《注》云：“炫金，今之销金是也。”晋成帝咸康二年，石虎以女骑千人为卤簿，皆著五文织成靴。案事见《晋书·载记》。《注》云：五文，五色成文也。《广雅》曰：天竺国出细织成。《魏略》曰：大秦国用水羊毛、木皮、野茧丝作织成皆好。”则织成初来自西域，而中国仿为之也。切于民生日用者，绵、麻之外为毡，北人多用之。

《晋书·慕容熙载记》：熙将以慕容隆妻张氏为苻氏之殉，欲以罪杀之，乃毁其襚，靴中有敝毡，遂赐死。

《北齐书·赵隐传》：即赵彦深。初为尚书令司马子如贱客，供写书。子如善其无误，欲将入观省舍。隐靴无毡，衣帽穿弊。子如给之。用为尚书令史。可见作靴无不用之。即南人亦有以之御寒者。

《梁书·江革传》：谢朓尝宿卫还过候革，时大雪，见革弊絮单席，而耽学不倦，嗟叹久之，乃脱所著襦，并手割半毡与革充卧具而去是也。

《北史·文苑传》樊逊兄仲，以造毡为业，可见其为用之广矣。卉服，野人亦间有用之者。

《晋书·隐逸传》：孙登，夏则编草为裳，冬则被发自覆。

《魏书·逸士传》：郑修，少隐于岐南山谷中，耕食水饮，皮冠草服。是其事。御雨之具，谓之黄油。张稷等弑齐东昏，以黄油裹其首，送诣石头。

《通鉴注》曰：“黄绢施油，可以御雨，谓之黄油。以黄油裹物，表可见里，盖欲萧衍易于省视也。”

《隋书·炀帝纪》：帝为晋王时，尤自矫饰。尝观猎遇雨。左右进油衣。上曰：“士卒皆沾湿，我独衣此乎？”乃令持去。即此黄油所为矣。

《抱朴子》言其为囊可以盛酒，则其制颇工矣。

虏起北方，本皆编发、左衽，故中国人号为索虏。其稍事改革，则起于道武之朝，而成于孝文之世。《魏书·礼志》：“大祖天兴六年，诏有司制冠服，随品秩各有差。时事未暇，多失古礼。世祖经营四方，未能留意，仍世以武力为事，取于便习而已。至高祖大和中，始考旧典，以制冠服。百寮、六宫，各有差次。早世升遐，犹未周洽，肃宗时，又诏侍中崔光、安丰王延明及在朝名学更议之，条章粗备焉。”孝文时议改服制，蒋少游、刘昶等实与其事。

《魏书·阉官·张宗之传》云：始宗之纳南来殷孝祖妻萧氏，刘义隆仪同三司思话弟思度女也。多悉妇人仪饰、故事。大和中，初制六宫服章，萧被命在内，豫见访采，数蒙赐赉。此又参虏制作之一人也。

《献文六王传》：高祖引见王公卿士，责留京之官曰：“昨望见妇女之服，仍为夹领小袖。我徂东山，虽不三年，既离寒暑。卿等何为，而违前诏？”《任城王澄传》云：高祖还洛，引见公卿曰："朕昨入城，见车上妇人冠帽而著小襦袄者，若为如此？尚书何为不察？"澄曰："著犹少于不著者。"高祖曰："深可怪也，任城意欲令全著乎？一言可以丧邦，斯之谓欤？可令史官书之。"其改革之心，可谓至切。然制衣冠与伪大子询，询即窃毁裂，解发为编，服左衽。《齐书·魏虏传》。

出帝大发士卒，狩于嵩、少之南，旬有六日，帝与从官，皆胡服而骑。《魏书·自序》。齐文宣末年，亦数为胡服，微行市里。《隋书·五行志》。彼其习所便安，固未易以卒革也。

《北齐书·王纮传》云：纮性机敏，应对便捷。年十五，随父在北豫州。行台侯景与人论掩衣法为当左为当右。

尚书敬显俊曰："孔子曰：微管仲，吾其被发左衽矣，以此言之，右衽为是。"纮进曰："国家龙飞朔野，雄步中原，五帝异仪，三王殊制，掩衣左右，何足是非？"景奇其早慧，赐以名马。可见左衽之习，至南北朝之末而未变也。褚缉之嘲魏人曰："帽上著笼冠，袴上著朱衣。"则即其仿效中国时，亦不免南北杂糅，非驴非马也。周武帝保定四年，初令百官执笏，见《纪》。《齐王宪传》：宪死时掷笏于地。似有志于仿效中国。

然建德三年正月，初服短衣，享二十四军督将以下，试以军旅之法，纵酒尽欢。见《纪》。《隋书·礼仪志》云："后周之时，咸著突骑帽，如今胡帽，垂裙覆带，盖索发之遗象也。"则其积习亦未能遽变。

直至宣帝大象元年，受朝露门，乃用汉、魏衣冠焉。亦有处腥膻之朝，守儒雅之俗者，《隋书·李礼成传》言：周时贵公子皆竞习弓马，被服多为军容，礼成虽善骑射，而从容儒服，不失素望是也。被服本各从所便，彼此不足相非，然当两民族相争之时，亦或视为民族性之所寄。一切改而从人，则浸忘其故。故雄猜之主，往往欲举所征服之族之习尚而尽变之。

清人以酷法迫汉族剃发易服，盖为是也。齐王融言："中原士庶，虽沦慑殊俗，至于婚、葬之日，犹巾褠为礼。而禁令苛刻，动加诛镮。"

夫不获申其志于平日，而犹存其礼于婚丧之时，此亦清世明之遗民，所谓"男降女不降""生降死不降"之意欤？

婚姻者人伦之始，丧葬者人事之终，于此而寄其微意焉，何其悲也？

虏乃于此加以诛夷，其用心又何其刻也？谁谓浅演之族而不知猾夏哉？

晋世杜预创短丧之说，为礼家一重公案，今于此附论之。预之议，因武元杨皇后崩大子应否终服而发。谓天子诸侯，事异士庶，不得以服丧而废事，当遵魏氏既葬而除之典，以心丧终三年，古谅阴即心丧之谓也。其说详见《晋书·礼志》。

议礼之家，多以预为薄，甚且诋为名教罪人。然行礼者不惟其名惟其实，三年之丧，或可行于邃古，而必不能行于后世。何者，生活异，则人情因之而异也。观儒书言能行之者之少，而知其时之习俗，已不相容，况秦、汉而后乎？夫衰麻哭泣，丧之文也，不饮酒食肉居于内，丧之实也，后世之士大夫，执亲之丧，孰不饮酒食肉居于内？亦曷尝衰麻在身？较之杜氏谓天子犹当以心丧终三年者，为过薄矣，而敢议杜氏乎？即不论此，亦可行乎平治之世，而不可行于丧乱之时；可行于贵富之家，而不可行于贱贫之子。

“不言而事行者，扶而后能起；言而后事行者，杖而后能起；身自执事而后行者，面垢而已，”儒家固自言之矣。

《宋书·礼志》引《尸子》云：“禹治水，为丧法，曰：毁必杖，哀必三年，是则水不救也。故使死于陵者葬于陵，死于泽者葬于泽；桐棺三寸，制丧三日。”此即墨者薄葬之论。儒家力攻墨氏，然事势所迫，却有同于墨氏而不自知者。

《记》曰：“久而不葬者，惟主祭者不除。”魏氏东关之役，失亡尸柩，葬礼无期，遂不得不制令释服，使其子弟不废婚宦，《晋书·礼志》。江左亦不得不申明其制矣。见《陈书·儒林·沈洙传》。

善夫！郑鲜之之言之也，曰：“求礼当先远大。沧海横流，家国同其沦溺。若不仕也，则人有余力，人有余力，则国可至乎亡，家可至乎灭。当斯时也，匹妇犹忘其身，况大丈夫哉？”《宋书》本传。夫亦安得因丧而废事也？

第四节 宫室

晋、南北朝之世，贵富之家，居室颇侈，而平民之居，则仍甚简陋。斯时之奢侈者：一为无道之主，及逾侈之贵族，竞营宫室、苑囿，一则贵族及士大夫之较有雅致者，经营园圃，是为后世园林之本。又佛教东来，寺塔亦大盛，别于论佛教时述之。

晋武帝泰始二年，始营大庙，其侈。大康五年五月，宣帝庙地陷，梁折。八年正月，大庙又陷。改作庙，筑基及泉。其年九月，遂更营新庙。远致名材，杂以铜柱。陈勰为匠，作者六万人。十年四月乃成。十一月，梁又折。见《宋书·五行志》。《晋书·礼志》亦言其穷极壮丽。盖其规制过于崇闳，而营造之技，不足以副之，故其基址不能坚实也。孝武帝大元十六年，改作大庙，堂集方石，庭以砖。见《宋书·礼志》。此在当时，亦为已侈，皆武帝之作法于贪，有以启之也。

偏方割据之国，如张茂、张骏、石虎、赫连勃勃、慕容熙；南北朝偏安之世，如宋孝武帝、明帝、《齐书·王俭传》云：宋明帝紫极殿，珠帘绮柱，饰以金玉，江左所未有。齐文惠大子、梁昭明大子以贤称，然史亦言其性爱山水，于玄圃穿筑，更立庭馆。东昏侯、陈后主、魏胡灵后、齐文宣帝、后主、周宣帝；亦皆盛营宫室、苑囿，其事已述于前，斯时之奢靡者，不独人主，即人臣亦多侈丽其居，甚至人主反爱乐之，足见其土木之功为已侈也。

士大夫寻常居宅，大抵为屋数十间。《晋书·山涛传》：涛死，左长史范晷等上言：涛旧第屋十间，子孙不相容，武帝为之立宅。《王沈传》云：沈素清俭，不营产业，帝使所领兵马作屋五十间。《良吏传》：鲁芝，素无居宅，武帝亦使军兵为作屋五十间。合第十九章第一节所述观之，可见士大夫居室之大概。

其时亦有俭素者，如李重死，宅宇狭小，无殡敛之地，诏于典客署营丧。裴佗宅不过三十步，又无田园。《魏书·良吏传》。

孙谦每去官，辄无私宅，常藉官空车厩居焉。《梁书·良吏传》。

鹿悆虽任居通显，而自无居宅，常假赁居止皆是。然此等人似不多，而务于侈靡者则不少。有专务壮丽，僭拟宫殿者：如晋齐王冏大筑第馆，使大匠营制，与西宫等。

梁南平王伟，广营第宅，重斋步榈，模写宫殿。北齐清河王岳，于城南造宅，高归彦奏其僭拟帝官，制为永巷，惟无阙是也。

《周书·韦夐传》：晋公护执政，广营第宅。尝召夐至宅，访以政事。夐仰视其堂，徐而叹曰："酣酒嗜音，峻宇雕墙，有一于此，未或不亡。"其侈丽盖亦此类矣。

而好经营园圃者尤多。古苑囿率因山泽为之，虽占地颇广，而劳人力穿筑之事则不多。其诒祸于人者，不过如齐宣王之囿，杀其麋鹿者，如杀人之罪，孟子讥其方四十里为阱于国中。又谓尧、舜既殁，圣人之道衰，暴君代作，坏宫室以为污池，民无所安息，弃田以为园囿，使民不得衣食耳。其弊在乎弃地，而不在乎劳人也。

晋、宋以后，官私苑囿，占地多者亦有之。如石虎欲校猎，自灵昌津南至荥阳，东极阳都，使御史监察其中禽兽；慕容熙大筑龙腾苑，广袤十余里；孔灵符于永兴立墅，周围三十三里，含带二山皆是。

《北齐书·阳斐传》：东郡大守陆士佩，以黎阳关河形胜，欲因山即壑，以为公家苑囿，此犹是古制之遗。

《齐书·高逸传》：员外郎刘思效表陈谠言，谓贵势之流，货室之族，亭池第宅，竞趣高华，至于山泽之人，不敢采饮其水草，其诒害亦不可谓不深。然私家之居，占地究不易甚广，故就田庐之地，加以经营者尤多。其苟完苟美如徐勉者，原亦未足为过。然或踵事增华，则其所耗之人力物力，为不少矣。

《晋书·会稽王道子传》云：嬖人赵牙，为道子开东第。筑山穿池，列树竹木，功用巨万。帝尝幸其宅，谓道子曰："府内有山，因得游瞩，甚善也，然修饰大过，非示天下以俭。"道子无以对，唯唯而已。左右侍臣，莫敢有言。帝还宫，道子谓牙曰："上若知山是板筑所作，尔必死矣。"可见其劳人之甚。

然贵戚若嬖幸，如是者实不少。如《宋书·徐湛之传》：言其室宇园池，贵游莫及。《竟陵王诞传》，言其造立第舍，穷极工巧。园池之美，冠于一时。《刘勔传》，言其经始钟岭之南，以为栖息。聚石蓄水，仿佛丘中。朝士爱素者，多往游之。

《恩幸传》言：阮佃夫宅舍园池，诸王邸第莫及。于宅内开渎，东出十余里，塘岸整洁，泛轻舟，奏女乐。

《齐书·刘悛传》，言其宅盛治山池，造瓮牖。世祖著鹿皮冠，被悛菟皮衾，于牖中宴乐。

《南史·谢弘微传》，言其曾孙举，宅内山斋，舍以为寺。泉石之美，殆若自然。

《孔珪传》，言其居宅盛营山水。齐衡阳嗣王钧往游焉。见《齐宗室传》。

《武陵昭王晔传》：豫章王于邸起土山，列种桐竹，号为桐山。武帝幸之，置酒为乐。顾临川王映："王邸亦有嘉名否？"映曰："臣好栖静，因以为称。"又问晔。晔曰："臣山卑，不曾栖灵昭景，惟有薇蕨，且号首阳山。"可见诸王之邸，多有假山，道子之劳人，亦不足为异矣。

《朱异传》言：异起宅东陂，穷乎美丽。晚朝来下，酣饮其中。又言异及诸子，自潮沟列宅至青溪。其中有台池玩好。每暇日与宾客游焉。

《陈书·孙玚传》，言其庭院穿筑，极林泉之致。歌钟舞女，当世罕俦。宾客填门，轩盖不绝。此等皆慕为雅致，而又极奢纵者。此外若梁南平王伟，齐吕文度、茹法亮、吕文显等，其宅第之侈，并已见前。即隐沦恬退之士，亦多以此为务者。如戴颙，以桐庐僻远，难以养疾，乃出居吴下。吴下士人，共为筑室。聚石引池，植林开涧。少时繁密，有若自然。《宋书·隐逸传》。

沈道虔，居县北石山下。道虔，吴兴武康人。孙恩乱后，饥荒。县令庾肃之，迎出县南，为立小宅。临溪有山水之玩。刘慧斐，起家为安成王法曹行参军。尝还都，途经寻阳，游于匡山。过处士张孝秀，相得甚欢，遂有终焉之志。因不仕，居于东林寺。又于山北构园一所，号曰离垢园。《梁书·处士传》。

裴之平，陈世祖即位，除光禄大夫，慈训宫卫尉，并不就。乃筑山穿池，植以卉木。居处其中，有终焉之志。《陈书·裴忌传》。

张讥，所居宅营山池，植花果。《陈书·儒林传》。阮卓，退居里舍，改构亭宇，修山池卉木。招致宾友，以文酒自娱。《陈书·文学传》。皆是。雕梁画栋，自不如竹木山池之美，渐近自然。

故虽帝王，亦顾而乐之。乃从而效之。如东昏侯芳乐苑，当暑种树，又划取细草，来植阶庭；陈后主临春、结绮、望仙三阁，下亦积石为山，引水为池，植以奇树，杂以花药是也。

北朝风气，亦与南朝相似。北海王详及赵修、茹皓之事，又如王叡子椿，史言其园宅华广。赵猛，史言其宅宇高华。薛谨之曾孙裔，史言其盛营园宅，宾客声伎，以恣嬉游。郑述祖，所在好为山池，松竹交植。盛肴馔以待宾客，将迎不倦。《北史·郑羲传》。

夏侯道迁，于京城西水次市地，大起园池，植列蔬果。延致秀彦，时往游适。李元忠，园庭之内，罗种果药。亲朋寻诣，必留连宴赏。段孝言，时苑内须果木，科民间及僧寺备输，悉分向私宅种植。殿内及园中须石，差车从漳河运载，复分车回取。皆可见其好尚所在。茹皓之所经构，为魏世宗所悦。

齐文襄于邺东起山池游观，时俗眩之。河南王孝瑜，遂于第作水堂龙舟，植幡矟于舟上，数集诸王，宴射为乐。武成幸其第，见而悦之，故盛兴后园之玩。其上下相师之情形，亦与南朝同也。

《宋书·五行志》云：晋武帝大康后，天下为家者，移妇人于东方，空莱北庭，以为园圃，可见经营园圃，实为当时普遍之好尚。居宅与园圃相连，则空气清新，且可略知稼穑，诚为有益之事，惜为之者多富厚之家，遂致踵事增华，重劳人力，有失初意也。

别业之本，既系园圃，故其地之广者，仍可种植以获利。《北史·献文七王传》：广陵王羽之子欣，好营产业，多所树艺，京师名果，皆出其园。又《庾岳传》：置相州，拜岳为刺史。邺旧有园池，时果初熟，承吏送之，岳不受，曰："果未进御，吾何得先尝？"

《周书·萧大圜传》：大圜尝云："筑蜗舍于丛林，构环堵于幽薄。果园在后，开窗以临花卉。蔬圃居前，坐檐而看灌畎。"皆其证也。

《王思政传》：思政尝被赐园地，出征后家人种桑果，及还，见而怒曰："匈奴未灭，去病辞家，况大贼未平，何事产业？"命左右拔而弃之。此固不失武士之风，然孳孳为利固不可，以暇从事于种植，亦未必遂为小人之事也。

因务广居宅，遂有侵夺官私之地者。齐王冏大筑第馆，北取五谷市，南开诸署，毁坏庐舍以万数。宋孝武帝使有司奏竟陵王诞云：以广拓宅宇，地妨艺植，辄逼徐湛之遗孤，顿相驱徙。又缘溪两道，积代通衢，诞拓宇开垣，擅断其一，致使经途壅隔，川陆阻碍。又以临川武烈王道规，庙居宅前，固请毁换，诏旨不许，怨怼弥极。孝武之杀竟陵，固非以其贪纵，然此等罪状，则众目昭彰，非可虚构也。

《晋书·贺循传》：廷尉张闿，住在小市。将夺左右近宅，以广其居。乃私作都门，早闭晏开。人多患之，讼于州府，皆不见省。会循出至破冈，连名诣循质之。循曰："见张廷尉，当为言及之。"闿闻而遽毁其门，诣循致谢，其为世所敬服如此。此事可谓不法已极。贺循一耳，张闿正多，民之不得安其居、保其业者，盖不少矣。

《魏书·高道穆传》：正光中出使，相州刺史季世哲，尚书令崇之子，贵盛一时，多有非法。逼买民宅，广兴屋宇，皆置鸱尾。又于马埒堠上为木人，执节。道穆绳纠，悉毁之。然不闻其于所逼买之宅，迫使还民也。又梁临川王宏、魏北海王详及赵修，咸有占夺民地之事。

民间屋宇，多为草舍。宋明帝陈贵妃，家有草屋。

《晋书·桓冲传》：冲子嗣，为江州刺史，修所住斋，应作版檐，嗣命以茅代之，版付船官。

《孔愉传》：出为会稽内史。在郡三年，乃营山阴湖南候山下数亩地为宅，草屋数间，便弃官居之。

《江逌传》：苏峻之乱，屏居临海，绝弃人事。翦茅结宇，耽玩载籍，有终焉之志。

《儒林传》：范宣，家于豫章。大守殷羡，见宣茅茨不完，欲为改宅。宣固辞之。

《文苑传》：罗含，转州别驾。以廨舍喧扰，于城西池小洲上立茅屋。伐木为材，织苇为席。布衣蔬食，宴如也。

《宋书·臧焘传》：虽外戚贵显，而弥自冲约。茅屋蔬餐，不改其旧。

《孝义传》：何子平，所居屋败，不蔽雨日。兄子伯兴，采伐茅竹，欲为葺治。子平不肯，曰："我情事未申，天地一罪人耳，屋何宜覆？"以母未葬。

《隐逸传》：孔淳之，草屋蓬户。

《梁书·陆倕传》：于宅内起两间茅屋。杜绝往来，昼夜读书。如此者数载。

《裴子野传》：无宅。藉官地二亩，起茅屋数间。

《陈书·马枢传》：鄱阳王为南徐州刺史，卑辞厚意，令使者邀之。王别筑室以处之。枢恶其崇丽，乃于竹林间自营茅茨而居焉。

《南史·刘善明传》：所居茅斋，斧木而已。

《刘瓛传》：兄弟三人共处。蓬室一间，为风所倒，无以葺之。怡然自乐，习业不废。

《贺琛传》：幼孤，伯父玚授其经业。初玚于乡里聚徒教授，四方受业者三千余人。玚天监中亡，至是复集。琛乃筑室郊郭之际，茅茨数间。年将三十，便事讲授。

《魏书·高允传》：高宗幸允第，惟草屋数间。

《胡叟传》：叟家于密云，蓬室草筵。此等皆士大夫之家，而犹如此，细民自不必论。

《宋书·王玄谟传》：玄谟之围滑台，城内多草屋，众求以火箭烧之，玄谟恐损亡军实，不从。城中即撤坏之，空地以为窟室。

《魏书·甄琛传》：鲜于修礼、毛普贤等率北镇流民，反于定州西北之左人城。屠村掠野，引向州城。州城之内，先有燕、恒、云三州避难之户，皆依傍市廛，草茅攒住。修礼等声云欲收此辈，共为举动。

《隋书·高颎传》：上尝问颎取陈之策。颎曰："江南土薄，舍多竹茅。所有储积，皆非地窖。密遣行人，因风纵火。待彼修立，复更烧之。"可见南北皆多草舍。

《宋书·周朗传》：朗上书言："取税之法，宜计人为输，不应以赀。乃令桑长一尺，围以为价；田进一亩，度以为钱；屋不得瓦，皆责赀实。民以此树不敢种；土畏妄垦；栋焚榱露，不敢加泥。"是则公家苛政，亦有阻民修筑者。然以大体言之，则其时生活程度，固只如此也。农家之屋，亦有必须草覆者，如《齐民要术·作豉篇》言："屋必以草盖，瓦则不佳。"是也。然右所引者，多为人居。

《南史·陆澄传》：王俭尝问澄曰："崇礼门有鼓而未尝鸣，其义安在？"答曰："江左草创，崇礼门皆是茅茨，故设鼓，有火则扣以集众，相传至今。"可想见北人东渡时之情形矣。

营造之材，仍以土木为主。观道子山由版筑，萧嶷亦于邸起土山可知。桓嗣以茅茨代版檐，而以版付船官，则时材木似颇难得。梁大宗幽系之后，无复侍者及纸，乃书壁及板障，为诗及文数百篇。

《通鉴注》云："柱间不为壁，以板为障，施以丹漆，因谓之板障。"大宝二年。此制恐不能多。

观《魏书·杨播传》言：播兄弟旦则聚于厅堂，终日相对，未曾入内，厅堂间往往帏幔隔障，为寝息之所，不言障之以板可知也。

《周书·王罴传》：授西河内史，辞不拜。时人谓之曰："西河大邦，俸禄殷厚，何为致辞？"罴曰："京洛材木，尽出西河。朝贵营第宅者，皆有求假。如其私办，力所不堪若科民间，又违法宪，以此辞耳。"西河材木，不必甚多，其为京洛所取资，盖以其相去之近。

真饶于材木者，必在偏僻之区。如《南史·隐逸传》言：邓郁隐居衡山，立小板屋两间；《齐书·氐传》言：仇池无贵贱，皆为板屋土墙是也。

《北史·张耀传》：天平初，迁邺草创，右仆射高隆之，吏部尚书元世俊奏曰："南京宫殿，毁撤送都。连筏竟河，首尾大至。自非贤明一人，专委受纳，则恐材木耗损，有关经构。燿清直素著，有称一时，臣等辄举为大将。"诏从之。

《周书·若干惠传》：大祖尝造射堂，新成，与诸将宴射。惠窃叹曰："亲老矣！何时办此乎？"大祖闻之，即日徙堂于惠宅。所以不恤劳人，屡事迁徙，似亦以材木难得故也。

当时能为窟室者颇多。

《晋书·隐逸传》：孙登，于郡北山为土窟居之。登汲郡共人。张忠，永嘉之乱，隐于泰山。服气，餐芝，饵木，修道养之法。其居依崇严幽谷，凿地为窟室。弟子亦以窟居。立道坛于窟上，每旦朝拜之。郭瑀，隐于临松薤谷，凿石窟而居。瞿硎先生，大和末，常居宣城郡界文脊山中。桓温尝往造之。既至，见先生被鹿裘，坐于窟室。

《宋书·武三王传》：南郡王义宣反问至，其子恺，于尚书寺内著妇人衣、乘问讯车投临汝公盖诩。诩于妻室内为地窟藏之。事觉，收付廷尉。诩伏诛。此等似因其时之人，遗穿地窖而然。虏大官有八十余窖，高颎言江南储积，多非地窖，则北方地窖正多。此滑台之围，所以能于造次之间，撤草屋而为窟室也。

《魏书·奚斤传》：父箪，有宠于昭成皇帝。时国有良马，曰騧骝，一夜忽失，求之不得。后知南部大人刘库仁所盗，养于窟室。箪闻而驰往取焉。则北方之人，并有为窟室以养马者。又《景穆十二王传》：济阴王小新成之孙弼，入嵩山，以穴为室。此则自然洞穴，不待开凿者。盖当时人民，亦本有穴居者也。

其时民居，又有极简陋者。《魏书·封回传》：除安州刺史。山民愿朴，父子宾旅，同寝一室。回下车，勒令别处。其俗遂改。此必因屋少而然也。

《北齐书·神武帝纪》言：帝从尔朱荣徙据并州，抵扬州邑人庞苍鹰，止团焦中。苍鹰母数见团焦赤气赫然属天。及得志，以其宅为第，号为南宅。虽门巷开广，堂宇崇丽，其本所住团焦，以石垩涂之，留而不毁。至文宣时遂为宫。团焦盖极简陋之室，其营造如何，何以名为团焦，则不可知矣。北人多居毡帐，有极大者。

《颜氏家训·归心篇》云：“昔在江南，不信有千人毡帐，及来河北，不信有二万斛船。”可见毡帐之大，能容千人也。

民居虽甚简陋，贵人所用营建材料，却有极贵者。琉璃之贵，而东昏侯诮武帝兴光楼何不纯用琉璃，则南方室屋，亦有用琉璃者，即兴光楼亦颇用之矣。《晋书·外戚传》言：王恺用赤石脂泥壁。《宋书·百官志》言：明光殿以胡粉涂壁，画古贤烈士。以丹朱色地，谓之丹墀。东昏侯涂壁皆以麝香。王肃之归虏，虏为起宅舍，亦以香涂壁。此等皆妄为奢侈，无益实际者也。

时所营构，有甚高者。魏明元帝起白台，高二十余丈，亦见《本纪》泰常二年。齐文宣营三台，构木高二十七丈。《梁书·处士传》：陶弘景止于句容之句曲山，中山立馆。

永元初，更筑三层楼，弘景处其上，弟子居其中，宾客至其下。《北史·崔辩传》：辩曾孙弘度，膂力绝人。年十七，周大冢宰宇文护引为亲信，累转大都督。时护子中山公训为蒲州刺史，令弘度从焉。尝与训登楼，至上层，去地四五丈，俯临之。训曰："可畏也。"弘度曰："此何足畏？"欻掷下至地，无所损。训大奇之。此楼亦必不止一层也。

虏起朔方，本非居国，故昭成欲定都灅源川，筑城郭，起宫室，而平文后尼之，道武再兴，始于平城附近筑城郭，立市里，起宫庙。又营台观苑囿，穿池引渠。所至之处，又多建离宫。

自此至孝文迁洛之前，仍世皆有增造。其事具见《本纪》。然平城规制，实尚简陋。

《魏书·莫含传》：含孙题，大祖欲广宫室，规度平城四方数十里，将模邺、洛、长安之制。运材数百万根。以题机巧，征令监之。召入与论兴造之宜。题久侍颇怠，赐死。足见其规模离邺、洛、长安犹远也，而劳民则已颇甚。

《高允传》：给事中郭善明，性多机巧，欲逞其能，劝高宗大起宫室。允谏曰："臣闻大祖既定天下，始建都邑。其所营立，非因农隙，不有所兴。今建国已久，宫室已备。若广修壮丽为异观者，宜渐致之，不可仓卒。计斫材运工，及诸杂役，须二万人。丁夫充作，老弱供饷，合四万人，半年可讫。其所损废，亦已多矣。"

虏之滥用民力，可以见矣。孝文迁洛，用蒋少游等以司营造，然其事实未大成。

《魏书·大武五王传》：广阳王建闾之子嘉，表请于京四面筑坊三百二十，各周一千二百步。乞发三正复丁，以充兹役。虽有暂劳，奸盗永止。诏从之。

《世宗纪》：景明二年九月，发畿内夫五万五千人筑京师三百二十坊，四旬而罢，即此事。是至世宗之时，坊里之制，犹未备也。

《景穆十二王传》：任城王澄奏都城府寺，犹未周悉。请取诸职人及司州郡县犯十杖已上，百鞭已下收赎之物，绢一匹输砖二百，以渐修造。

《李崇传》：崇于肃宗时上表曰："窃惟皇迁中县，垂二十祀。而明堂礼乐之本，乃郁荆棘之林。胶序德义之基，空盈牧竖之迹。城隍严固之重，阙砖石之工。墉堞显望之要，少楼榭之饰。加以风雨稍侵，渐致亏坠。又府寺初营，颇亦壮美，然一造至今，更不修膳，厅宇凋朽，墙垣颓坏，皆非所谓追隆堂构，仪刑万国者也。以臣愚量，宜罢尚方雕靡之作，颇省永宁土木之功；并减瑶光材瓦之力，兼分石窟镌琢之劳，及诸事役非急者，三时农隙，终此数条。”

则洛邑工程，不徒未完，且浸有毁损矣。迁邺之役，尝发众七万六千人营新宫，又发畿内民夫十万人城邺城，四十日罢，见《魏书·孝静帝纪》。

度地居氏之法，在营建新都时易，而因旧则难，以新都一切皆出新构，无毁旧之足惜；又地皆在官，易于措置也。晋、南北朝之世，在官廛里，似已不如汉代之多，故赐宅之事较少，如裴子野之藉官地以造宅者，不多见也。亭传亦已芜废，故行旅或一时无宅者，不复能如汉世之藉寓，而多以佛寺为棲托之所，如李翥，晚节贫无居宅，寄止佛寺；见《北史·李义深传》。

侯景平后，萧大圜归建康，寓居善觉佛寺是也。好兴土木者虽多，然皆徒为私计，罕能为地方为人民计者。

《梁书·良吏传》：何远在官，好开途巷，修茸墙屋。民居，市里，城隍，厩库，所过若营家焉。此等人不易多观矣。

主营造之事者，历代各有其职。

《宋书·百官志》云：材官将军一人，司马一人，主工匠土木之事。汉左右校令其任也。魏右校又置材官校尉，主天下材木事。晋江左改材官校尉曰材官将军。又罢左校令。令材官隶尚书起部及领军。此南朝司空之职也。

《北齐书·高隆之传》：领营构大将军，京邑制造，莫不由之。

《周书·窦炽传》：宣帝营建东京，以炽为京洛营作大监，宫苑制度，皆取决焉。此皆随事设职。受任之人，亦颇有克举其职者。

蒋少游事，《南史·崔祖思传》言：少游之至，祖思从弟元祖欲留之，上不从，少游果图画而归。

《魏书·李业兴传》言：迁邺之始，起部郎中辛术奏曰：“今皇居徙御，百度创始。营构一兴，必宜中制。上则宪章前代，下则模写洛京。今邺都虽旧，基址毁灭；又图记参差，事宜审定。臣虽曰职司，学不稽古。国家大事，非敢专之。通直散骑常侍李业兴，硕学通儒，博闻多识。万门千户，所宜访询。今就求之，披图按记，考定是非。参古杂今，折中为制。召画工并所须调度，具造新图，申奏取定。庶经始之日，执事无疑。”

诏从之。则当时司营造者，已能先立图样，按图从事矣。高隆之之为营构大将军也，史称其增筑南城，周回二十五里。以漳水近于帝城，起长堤以防泛溢之患。又凿渠引漳水周流城郭，造治碾硙，并有利于时。可谓颇有缔造之才。

《魏书》言王遇性巧，强于部分。世宗初，兼将作大匠。北都方山、灵泉道俗居宇，及文明大后墓园、大极殿及东西两堂内外诸门制度，皆遇监作。虽年在耆老，朝夕不倦，跨鞍驱驰，与少壮者均其劳逸。此亦强干之材。然使此等人主持工事，往往易媚上而虐下，亦不可不知也。

公家功力，往往为私人所占用。如《南史·恩幸·綦母珍之传》言：帝给珍之宅，宅边又有空宅，从取、并取，辄令材官营作，不关诏旨，其一事也。晋武帝为王沈、鲁芝立宅，皆使军人；文惠大子起苑东田，亦役宫中将吏，似能以兵代民役，然劳民之时卒多。

《魏书·成淹传》云：于时宫殿初构，经始务广。兵民运材，日有万计。伊、洛流澌，苦于厉涉。淹遂启求都水造浮航。高祖赏纳之。合高允谏高宗之语观之，而知运转之弊已深，构造之艰，可勿论矣。而于劳民逞志之外，又或为嬖幸而役民，如《赵修传》言：修以罪徙之后，“家宅作徒，即仰停罢”是也，其厉民亦可谓深矣。

室屋固多版筑，即城郭之作，用砖石者亦少，李崇谓洛都城隍阙砖石之工是也。然砖石之工，亦不必较版筑为固。

《宋书·臧质传》言：虏攻盱眙，以冲车攻城，城土坚密，每至，颓落不过数升。此阿利蒸土筑城，所由自诩其固也。

《齐书·州郡志》言：宋自淮北没虏，青州寄治郁州。刘善明为刺史，以海中易固，不峻城雉，累石为之，可见石城转不逮版筑之坚已。其用力则当较版筑为省。

《南史·梁宗室传》：长沙王业，历位南兖州刺史，运私米僦人作甓以砌城，武帝善之，盖亦以其劳民者浅也。

中国长城之修筑，凡有数期。大抵北边安静时，无事于此，如清代是也。有大敌时，亦无事于此，以其不能恃此以御之也，如汉、唐之世，匈奴、突厥方张之时是也。惟有小小寇贼，释之不可，防之不胜其劳，则长城之修筑急焉。

五胡乱后，北方较大之部落，多已侵入中国，所遗皆零星小部。诸胡侵入中国后，浸失其轻悍之风，向之好侵扰人者，今转虑人之侵扰，而修筑长城之事起矣。

《魏书·本纪》：明元帝泰常八年二月，筑长城于长川之南，起自赤城，西至五原，延袤二千余里，备置戍卫。

《天象志》云：以备蠕蠕也。是为魏修长城之始。大武帝真君七年六月，发司、幽、定、冀四州十万人筑畿上塞围，起上谷，西至于河，广袤皆千里。九年二月乃罢。其时盖吴声势方盛，盖虑蠕蠕乘机入塞，故以是防之也。

大武屡出塞击敌，于长城相须尚不甚殷，至孝文迁洛以后，而情势又异矣。其时高闾上表曰：

“北狄悍愚，同于禽兽。所长者野战，所短者攻城。若以狄之所短，夺其所长，则虽众不能成患，虽来不能内逼。六镇势分，倍众不斗，互相围逼，难以制之。

“昔周命南仲，城彼朔方，赵灵、秦始，长城是筑，汉之孝武，踵其前事。此四代之君，皆帝王之雄杰，所以同此役者，非智术之不长，兵众之不足，乃防狄之要事，其理宜然故也。

“今宜依故，于六镇之北筑长城，以御北虏。虽有暂劳之勤，乃有永逸之益。如其一成，惠及百世。即于要害，往往开门。造小城于其侧。因地却敌，多置弓弩。

“狄来，有城可守，有兵可捍。既不攻城，野掠无获，草尽则走，终必惩艾。宜发近州武勇四万人，及京师二万人，合六万为武士，于苑内立征北大将军府。

“七月，发六部兵六万人，各备戎作之具。敕台北诸屯仓库，随近作米，俱送北镇。至八月，征北部率所领，与六镇之兵，直至碛南，扬威漠北。狄若来拒，与之决战。若其不来，然后散分其地，以筑长城。计六镇之地，不过千里，若一夫一月之功，当三步之地，三百人三里，三千人三十里，三万人三百里，则千里之地，强弱相兼，计十万人，一月必就。

“运粮一月，不足为多。人怀永逸，劳而无怨。计筑长城，其利有五罢游防之苦，一也。北部放牧，无抄掠之患，二也。登城观敌，以逸待劳，三也。省境防之虞，息无时之备，四也。岁常游运，永得不匮，五也。”

宣武帝正始元年九月，有告蠕蠕率十二万骑，六道并进，欲直趋沃野、怀朔，南寇恒、代。诏源怀以本官加使持节、侍中，出据北蕃，指授规略。随须征发。诸所处分，皆以便宜从事。怀至云中，蠕蠕亡遁。怀旋至恒、代，案视诸镇左右要害之地，可以筑城置戍之处，皆量其高下，揣其厚薄，及储粮、积仗之宜，犬牙相救之势，凡表五十八条。

《表》曰："蠕蠕不羁，自古而尔。游魂鸟集，水草为家。中国患者，皆斯类耳。历代驱逐，莫之能制。虽北拓榆中，远临瀚海，而智臣勇将，力算俱竭，胡人远遁，中国以疲。

"于时贤哲，思造化之至理，推生民之习业，量夫中夏粒食邑居之民，蚕衣儒步之士，荒表茹毛饮血之类，鸟宿禽居之徒，亲校短长，因宜防制，知城郭之固，暂劳永逸。代表诸蕃，比因高车外叛，寻遭旱俭，戎马甲兵，十分缺八。

"去岁复镇阴山，庶事荡尽。遣尚书郎中韩贞、宋世量等检行要险，防遏形便。谓准旧镇，东西相望，令形势相接，筑城置戍，分兵要害，观农积粟，警急之日，随便翦讨。

"如此，则威形增广，兵势亦盛。且北方沙漠，夏乏水草，时有小泉，不济大众。脱有非意，要待秋冬，因云而动。若至冬日，冰沙凝厉，游骑之寇，终不敢攻城，亦不敢越城南出。如此，北方无忧矣。"

《怀传》云："世宗从之，今北镇诸戍东西九城是也。"

案魏于六镇，所集兵力甚厚，而仍不能无藉于长城，可见长城之于备御，为用甚宏。故至南北朝之末，东西分争，北戎是惧，而其功愈亟。

孝静帝武定元年八月，齐神武命于肆州北山筑城，西自马陵戍，东至土磴，四十日罢。明年十月，复上言：幽、安、定三州，北接奚、蠕蠕，请于险要修立城戍以防之。躬自临履，莫不严固。

文宣天保三年、六年、八年修筑长城，与其事者，有元景安、赵郡王叡、卢询祖、张纂、阳斐等。

后主天统中，斛律羡为幽州刺史，以北虏屡犯边，须备不虞，自库堆戍东拒于海，随山屈曲，二千余里，其间二百里中，凡有险要，或斩山作城，或断谷起障，并置立戍逻五十余所。

周宣帝大象元年六月，发山东诸州民修长城。《于翼传》云：大象初，诏翼巡长城，立亭障。西自雁门，东至碣石，创新改旧，咸得其要。凡以防侵轶而省戍逻也。

隋文帝开皇元年四月，发稽胡修筑长城，二旬而罢。所发者为南汾州胡，见《韦冲传》。三年三月，城榆关。

《长孙晟传》云：开皇元年，摄图曰："我周家亲也，今隋公自立而不能制，复何面目见可贺敦乎？"因与高宝宁攻陷临榆镇，约诸面部落，谋共南侵。

高祖新立，由是大惧。修筑长城，发兵屯北境。命阴寿镇幽州，虞庆则镇并州，屯兵数万人，以为之备。《突厥传》云：高祖受禅，待之甚薄，北夷大怨。会营州刺史高宝宁作乱，沙钵略与之合军，攻陷临渝镇。上敕缘边修保障、峻长城以备之。仍命重将，出镇幽、并。

《崔仲方传》云：高祖受禅，令发丁三万，于朔方、灵武筑长城，东至黄河，西拒绥州，南至勃出岭，绵亘七百里。

明年，上复令仲方发丁十五万，于朔方已东缘边险要筑数十城，以遏胡寇。此时之情势，尚与周、齐时无异。其后突厥因乱，为中国所绥服，故六年二月，发丁男十一万，七年二月，发丁男十万余修筑长城之后，皆二旬而罢。遂无复劳役焉。及炀帝世，乃复有修筑之举。

大业三年六月，帝幸榆林，朝启民。七月，发丁男百余万筑长城。西距榆林，东至紫河，一旬而罢，史言其死者十五六。四年三月，幸五原，因出塞巡长城。七月，发丁男二十余万筑长城，自榆林谷而东。

《五行志》言其时百姓失业，道殣相望焉。此时中国全盛，欲绥服突厥，自有其长驾远驭之规，初不必劳民以事修筑。

《宇文恺传》言：长城之役，诏恺规度，恺固善为侈大，以逢君之恶者。而贺若弼、宇文弢、高颎，皆于是时见杀，苏威亦于是时免官。诸臣之获罪，夫固别有其由。然《弼传》云：弼以飨启民大侈，与颎、弢等私议得失，为人所奏伏诛。

《弢传》云：弢言长城之役，幸非急务，有人奏之，竟坐诛死。

《颎传》云：时帝遇启民可汗恩礼过厚，颎谓大府卿何稠曰："此虏颇知中国虚实，恐为后患。"复谓观王雄曰："近来朝廷，殊无纲纪。"有人奏之。帝以为谤讪朝政，于是下诏诛之。

《威传》云：颎、弼等之诛，威坐与相连免官。则诸人之获罪亦不能谓与修筑长城，全无关系。盖徒慕为侈大之规，而于实际有无裨益，则初非所计也。

席地而坐之风，此时盖几绝，故义宣之败，入南郡空廨，无床，席地至旦，史记之，以为罕有之事，见《宋书》本传。而胡床尤盛行。

《晋书·戴若思传》言：若思少好游侠，遇陆机赴洛，船装甚盛，遂与其徒掠之。若思登岸据胡床，指麾同旅。

《张重华传》言：谢艾与麻秋战，下车据胡床，指挥处分。

《秃发利鹿孤载记》：吕纂来伐，使傉檀拒之。纂士卒精锐，进度三堆，三军扰惧。傉檀下马据胡床而坐，众心乃安。

《梁书·杨公则传》：大军至新林，公则自越城移屯领军府垒北楼，与南掖门相对。尝登楼望战，城中遥见麾盖，纵神锋弩射之，矢贯胡床。

《韦放传》：高祖遣曹仲宗等攻涡阳，又以放为明威将军，帅师会之。魏大将费穆帅众奄至。放军营未立，麾下止有三百余人。众请放突去。放厉声曰："今日惟有死耳。"乃免胄下马，据胡床处分。于是士皆殊死战。魏军遂退。放逐北至涡阳。

《王僧辩传》：围陆纳于长沙。僧辩出坐垄上。贼党吴藏、李贤明等率锐卒千人，奄出，蒙楯直进，径趋僧辩。带甲从者，止百余人。僧辩尚据胡床，不为之动。

《南史·梁本纪》：袁粲之据石头，黄回与之通谋。皇考闻难作，率家兵据朱雀桥。回觇人还告曰："朱雀桥南一长者，英威毅然，坐胡床南向。"回曰："萧顺之也。"遂不敢出。

《柳世隆传》：沈攸之先大军下，住白螺州，坐胡床以望其军，有自骄色。是虽军旅之际，亦恒携胡床也。是时众人共处，胡床盖惟尊者据之。故齐武帝在东宫宠张景真，拜陵还，景真白服乘画舴艋坐胡床，观者咸疑是大子。《南史·荀伯玉传》。

魏孝武帝与齐神武构衅，使温子升草敕，子升逡巡未敢，帝据胡床拔剑作色。《北齐书·神武纪》。然此特体制所限，苟其不然，则几于无不用之者。张镜与客谈，颜延之取胡床坐听。《南史·张裕传》。刘巘游诣故人，惟一门生持胡床随后，主人未通，便坐问答，可谓造次不离矣。

《魏书·裴叔业传》：叔业兄子粲，为胶州刺史，属时亢旱，士民劝令祷于海神。粲惮违众心，乃为祈请。直据胡床，举杯而言曰："仆白君。"左右曰："前后例皆拜谒。"粲曰："五岳视三公，四渎视诸侯，安有方伯而致礼海神也？"卒不肯拜。然则虽祀神，犹携胡床以行矣。

《晋书·王猛传》：猛少贫贱，以粥畚为业。尝货畚于洛阳。乃有一人，贵买其畚，而云无直。自言家去此不远，可随我取直。猛利其贵而从之。行不觉远，忽至深山。见一父老，须发皓然，踞胡床而坐。左右十许人。有一人引猛进拜之。父老曰："王公何缘拜也？"乃十倍偿畚直，遣人送之。猛既出，顾视，乃嵩高山也。

《隋书·尔朱敞传》：彦伯子。齐神武韩陵之捷，尽诛尔朱氏。敞小，随母养于宫中。及年十二，自窦而走。至于大街，见童儿群戏者。敞解所著绮罗金翠之服，易衣而遁。追骑寻至。初不识敞，便执绮衣儿。比究问知非，会日已暮，由是得免。遂入一村，见长孙氏踞胡床而坐，敞再拜求哀。长孙氏愍之，藏于复壁三年，乃资而遣之。此二事均不足信，然可见时人之所想像，虽深山僻壤，亦有胡床也。

《晋书·五行志》谓泰始后中国相尚用胡床，信不诬矣。《通鉴》胡三省《注》曰："胡床，即今之交床。隋恶胡字，改曰交床，今之交倚是也。"梁武帝大通元年。今日举国皆用卓椅之风，实成于是时，此亦中外文化交相融洽之一端也。

第五节　葬埋

厚葬之弊，至秦、汉之世而大著，故自后汉以来，薄葬稍成为舆论。至魏武、文二帝，乃大革其弊。晋世亦因仍之。

《晋书·礼志》云：魏武豫自制送终衣服四箧，题识其上，春、秋、冬、夏，日有不讳，随时以敛。金、珥、珠、玉、铜、铁之物，一不得送。文帝遵奉，无所增加。及受禅，刻金玺追加尊号，不敢开埏，乃为石室，藏玺埏首，以示陵中无金银诸物也。汉礼明器甚多，自是皆省之矣。

魏文帝黄初三年，又自作终制，曰：寿陵因山为体，无封树，无立寝殿，造园邑，通神道。此诏藏之宗庙，副在尚书、秘书、三府。明帝亦遵奉之。

明帝性虽崇奢，然未遽营陵墓之制也。宣帝豫自于首阳山为土藏，不坟不树。作顾命终制，敛以时服，不设明器。《本纪》又云：后终者不得合葬。景、文皆遵奉成命，无所加焉。景帝崩，丧事制度，又依宣帝故事。

武帝泰始四年，文明王皇后崩，将合葬，开崇阳陵，使大尉司马望奉祭进皇帝密玺绶于便房神坐。魏氏金玺，此又俭矣。江左元、明崇俭，且百度草创，山陵奉终，省约备矣。

案江左惟元帝葬其子琅邪悼王焕，颇失之侈，焕年仅二岁。又《江逌传》：穆帝崩，山陵将用宝器，逌谏曰：

"宣皇顾命终制，山陵不设明器，以贻后则，景帝奉遵遗制。逮文明皇后崩，武皇帝亦承前制，无所施设，惟脯糒之奠，瓦器而已。昔康皇帝玄宫，始用宝剑、金舄。此盖大妃罔己之情，实违先旨累世之法。今外欲以为故事。臣请述先旨，停此二物。”

书奏，从之。则康帝之葬，亦稍违礼，此外无以泰侈闻者。

南朝淫侈之主虽多，亦未闻有厚葬之事。不可谓非经验所积，自然之革进也。

又《晋书·武帝纪》：泰始二年十月，诏曰：“昔舜葬苍梧，农不易亩；禹葬成纪，《宋书·礼志》作会稽。市不改肆。上惟祖考清简之旨，所徙陵十里内居人，动为烦扰，一切停之。”其后宋宣大后陵，虽移徙禁内坟瘗，然给其葬直，蠲复家丁，亦与前代之肆行扰累者异也。见《宋书·明帝纪》泰始二年。

北方僭伪诸国，其葬有颇侈者。如刘曜之葬其父妻，慕容熙之葬其妻是也。《吕纂载记》言：即序胡安据盗发张骏墓，得真珠簏、琉璃榼、白玉樽、赤玉箫、紫玉笛、珊瑚鞭、马脑钟，水陆奇珍，不可胜纪，则张氏之葬亦颇侈。盖由地接西域，多宝物使然。

后魏文明后以侈靡称，然其葬尚未甚泰，《后传》载孝文帝诏曰：“山陵之节，亦有成命。内则方丈，外裁揜坎。脱于孝子之心，有所不尽者，室中可二丈，坟不得过三十余步。今以山陵万世所仰，复广为六十步。其幽房大小，棺椁质约，不设明器，至于素帐、缦、茵，瓷瓦之物，亦皆不置，此则遵先志，从册命”云云。而胡灵后葬其父母甚侈，则以其智识又不及文明后也。见《魏书·外戚传》。

魏、周、齐三朝，周人于中国之文化，最能了解，故其葬亦最俭，观周明帝、武帝遗命可知。胡人处中国，多有自疑之心，乃为虚葬之法。

《晋书·石勒载记》言：勒母王氏死，潜窆山谷，莫详其所。既而备九牢之礼，虚葬于襄国城南。勒死，亦夜瘗山谷，莫知其所。备文物虚葬，号高平陵。

《慕容德载记》云：德死，夜为十余棺，分出四门，潜葬山谷，竟不知其尸之所在。

《宋书·索虏传》云：死则潜埋，无坟陇处所。至于葬送，皆虚设棺柩，立冢椁。然则虚葬实为诸胡成法矣。齐神武之死，亦潜凿成安鼓山石窟佛寺之旁为穴，纳其柩而塞之，杀其群匠。及齐之亡也，一匠之子知之，发石取金而逃。《通鉴》梁武帝大清元年。欺人自欺，究何益哉？

《晋书·礼志》云：古无墓祭之礼。汉承秦，皆有园寝。魏武葬高陵，有司依汉立陵上祭殿。至文帝黄初三年，乃诏曰：先帝躬履节俭，遗诏省约。子以述父为孝，臣以继事为忠。古不墓祭，皆设于庙。高陵上殿皆毁坏，车马还厩，衣服藏府，以从先帝俭德之志。文帝自作终制，又曰：寿陵无立寝殿，造园邑。自后园邑、寝殿遂绝。

齐王在位九年，始一谒高平陵，而曹爽诛，其后遂废，终于魏世。及宣帝遗诏，子弟、群官，皆不得谒陵。于是景、文遵旨。至武帝，犹再谒崇阳陵，文帝陵。一谒峻平陵，景帝陵。然遂不敢谒高原陵。宣帝陵。至惠帝复止也。

逮于江左，元帝崩后，诸公始有谒陵辞告之事。盖由眷同友执，率情而举，非洛京之旧也。《王导传》：自汉、魏以来，群臣不拜山陵。导以元帝睠同布衣，匪惟君臣而已，每一崇进，皆就拜，不胜哀戚。由是诏百官拜陵，自导始也。案此可谓非礼之非礼，抑其僭亦甚矣。导之恣睢偃蹇，其为此，所以示小忠小信邪抑仍率其恣睢偃蹇之旧也。

成帝时，中宫亦年年拜陵。议者以为非礼，于是遂止。以为永制。穆帝时，褚大后临朝，又拜陵，帝幼故也。至孝武崩，骠骑将军司马道子曰：今虽权制服，至于朔望诸节，自应展情陵所，以一周为断。于是至陵。变服单衣。烦黩无准，非礼意也。

安帝元兴元年，尚书左仆射桓谦奏：百僚拜陵，起于中兴，非晋旧典。积习生常，遂为近法。寻武皇帝诏，乃不使人主、诸王拜陵，岂惟百僚？谓宜遵奉。于是施行。及义熙初，又复江左之旧。”

《宋书·礼志》曰：“宋明帝又断群臣初拜谒陵，而辞如故。自元嘉以来，每岁正月，舆驾必谒初宁陵，武帝陵。复汉仪也。世祖、大宗，亦每岁拜初宁、长宁陵。”文帝陵。

案墓祭最为非礼，而自魏、晋至宋，终不能尽革，可见有其举之，正之正不易矣。魏武终令曰：“《周礼》冢人葬公墓之地，凡诸侯居左右以前，卿大夫居后。汉制亦谓之陪陵。其公卿、大臣、列将有功者，宜陪寿陵。其广为兆域，使足相容。”《宋书·礼志》。

此本于礼有据，然《晋书·刘毅传》言：毅子暾妻前卒，先陪陵葬，子更生初婚，家法妇当拜墓，携宾客亲属数十乘，载酒食而行。则于礼有据之事，转以启非礼之渐矣。皆过重茔墓之风，有以启之也。

守墓之风，汉世极盛，魏、晋来亦稍衰，然犹有行之者。

《魏书·王慧龙传》言：宋文帝遣刺客吕玄伯购慧龙首二百户男，绢一千匹。玄伯伪为反间来，求屏人有所论。慧龙疑，使人探其怀，有尺刀。玄伯叩头请死。慧龙曰："各为其主也。"舍之。及慧龙死，玄伯感全宥之恩，留守墓侧，终身不去。此或出于意气感激之私，不可以常理论。

《周书·孝义传》：荆可葬母之后，遂庐于墓侧。可家旧墓，茔域极大，榛芜至深，去家十余里，而可独宿其中，与禽兽杂处。哀感远近，邑里称之。此则近于矫伪矣。

又《柳霞传》：《北史》作柳遐。萧詧涖雍州，选为治中。寻迁别驾。及詧于襄阳承制，授霞吏部郎、员外散骑常侍。俄迁车骑大将军、仪同三司、大都督。赐爵闻喜县公。寻进位持节、侍中、骠骑大将军，开府、仪同三司。

及萧詧践帝位于江陵，以襄阳归于我，霞乃辞詧曰："自晋氏南迁，臣宗族盖寡。从祖大尉，世父仪同，从父司空，并以位望隆重，遂家于金陵。惟留先臣，独守坟柏。常诫臣等，不违此志。今襄阳既入北朝，臣若陪随銮跸，进则无益尘雾，退则有亏先旨。伏愿曲垂照鉴，亮臣此心。"

詧重违其志，遂许之。夫詧之于霞，恩顾不为不厚，而竟违之于流离颠沛之中，臣节岂云无缺？此亦重视坟墓大甚之弊也。

因时直非常，遂有所谓招魂葬者。观议礼之家，多以为非，而知重视形魄，不应过甚矣。

《晋书·东海王越传》言：裴妃欲招魂葬越，元帝诏有司详议。博士傅纯曰："圣人制礼，以事缘情。设冢椁以藏形，而事之以凶，立庙祧以安神，而奉之以吉；送形而往，迎精而还；此墓庙之大分，形神之异制也。至于宗庙寝祊，祭非一处，所以广求神之道，而独不祭于墓，明非神之所处也。今乱形神之别，错庙墓之宜，连礼制义，莫大于此。"于是下诏不许。裴妃不奉诏，遂葬越于广陵。大兴末墓毁，又改葬于丹徒。

案古人未尝不重形魄，谓形魄不足重者，盖一二哲人之见。然法古者固当法哲人，不当法流俗也。

《晋书·五行志》云："孝武晏驾，而天下骚动，刑戮无数，多丧其元。至于大敛，皆刻木及蜡，或缚菰草为头。"夫非其形体，又何藏焉？乃若所为，则并亡其躯者，又可制刍偶以代之欤？其惑亦甚矣。又代北之俗，兵死者不入墓域。

隋文帝仁寿元年，为之下诏，谓其"亏孝子之意，伤人臣之心。"又曰："人庙祭祀，并不废缺，何至坟茔，独在其外？自今已后，战亡之徒，宜入墓域。”

案禁兵死不入墓域，盖谓先人之灵，恒棲丘陇，恶见子孙之伤残，与汉人受刑者不上丘墓，张猛不欲其头过华阴历先人之墓同，亦重视形魄之见也。

以骨肉归复于土，魂气则无不之之义言之，客死者原不必归葬。魏孝文诏迁洛之民，死葬河南，不得迁北，未为非义也。然世俗则多重归葬。

《魏书·孝感传》：赵琰，天水人。初为兖州司马。转团城副将。还京，为淮南王他府长史。时禁制甚严，不听越关葬于旧兆。琰积三十余年，不得葬二亲。及蒸尝拜献，未尝不婴慕卒事。每于时节，不受子孙庆贺。年余耳顺，而孝思弥笃。慨岁月推移，迁窆无期，乃绝盐、粟，断诸滋味，食麦而已。年八十卒。迁都洛阳，子应等乃还乡葬焉。

又齐州人崔承宗，其父于宋世仕汉中，母丧，因殡彼。后青、徐归国，遂为隔绝。承宗性至孝，万里投险，偷路负丧还京师。张谠之死也，子敬伯，求致父丧，出葬冀州清河旧墓。久不被许。停柩在家，积五六年。后父丧得葬旧墓，乃还属清河。《北史》本传。

《颜氏家训·终制篇》云：“先君、先夫人，皆未还建业旧山，旅葬江陵东郭。承圣末，启求扬都，欲营迁厝。蒙诏赐银百两。已于扬州小郊北地烧砖。便直本朝沦没。流离如此。数十年间，绝于还望。今虽混一，家道困穷，何由办此奉营资费？自咎自责，贯心刻髓。计吾兄弟，不当仕进。但以门衰，骨肉单弱，五服之内，旁无一人，播越他乡，无复资荫，使汝等沈沦厮役，以为先世之耻，故靦冒人间，不敢坠失；兼以北方政教严切，全无隐退者故也。今年老疾侵，傥然奄忽，岂求备礼乎？”

又曰：“孔子之葬亲也，云古者墓而不坟，丘东西南北之人也，不可以弗识也，于是封之，崇四尺。然则君子应世行道，亦有不守坟墓之时，况为事际所逼也？吾今羁旅，自若浮云，竟未知何乡是吾葬地，惟当气绝便埋之耳。汝曹宜以传业扬名为务，不可顾恋朽壤，以取湮没也。”

其言未尝不达，然因不得归葬，创痛之情，终溢于言表焉。中国士大夫之见解如此，虏所由以必葬桑干胁之欤？

《魏书·王慧龙传》：临没，谓功曹郑晔曰：“吾羁旅南人，恩非旧结，蒙圣朝殊特之慈，得在疆场效命。誓愿鞭尸吴市，戮坟江阴。不谓婴此重疾，有心莫遂。修短命也，夫复何言？身没后乞葬河内州县之东乡，依古墓而不坟，足藏发齿而已。庶魂而有知，犹希结草之报。”

时制南人入国者，皆葬桑干。晔等申遗意，诏许之。《韩延之传》云：初延之曾来往柏谷坞，省鲁宗之墓，有终焉之志。因谓子孙云：“河、洛三代所都，必有治于此者，我死，不劳向代北葬也，即可就此。”及卒，子从其言，遂葬于宗之墓次。延之死后五十余年而高祖徙都。

延之固忠义之士。慧龙，史言其自以遭难流离，常怀忧悴，乃作祭伍子胥文以寄意。生一男一女，遂绝房室。布衣蔬食，不参吉事。其人亦尚非全无心肝者流。盖以家难不得已而臣虏，尚未自绝于中国者。其乞葬河南之语，特其饰辞。延之之言，其为假托，尤显而易见。

盖皆不欲葬北者也。虏岂易欺，度其必葬桑干之法，本亦不能尽行耳。然为所牵制者必多矣。此法盖所以胁中国之士夫不敢叛之，并不能舍之而去也。然后来孝文之所以胁其族人南迁者，亦正是法也。南迁而鲜卑之亡也忽焉矣。天道好还，讵不信欤?

合葬之法，亦为使人必求归葬之一端。宣王终制，既云后终者不得合葬。皇甫谧作《笃终论》，亦云：“亡有前后，不得移祔。祔葬自周公来，非古制也。”

魏子建疾笃，顾敕二子曰：“吾生平契阔，前后三娶。合葬之事，抑又非古。且汝二母，先在旧茔，坟地久固，已有定别，惟汝次母墓在外耳。可迁入兆域，依班而定行于吾墓之后。如此足矣，不须祔合。”《魏书·自序》。

此已非流俗之见，然虽不祔合，而仍必同茔域，则仍无补于客死者之必求归葬也。况流俗之见，尚有不以同域为已足者乎?

《宋书·孝武帝纪》：大明六年十月，诏上林苑内民庶丘墓欲还合葬者勿禁。此所以顺民心，即可见民间求合葬之切矣。周、齐之分隔也，裴文举叔父季和为曲沃令，卒于闻喜川。而叔母韦氏卒于正平县属。东西分隔，韦氏坟陇，遂在齐境。

及文举在本州，保定三年，迁绛州刺史。每加赏募。齐人感其孝义，潜相要结，以韦柩西归，竟得合葬。文举私痛，齐人何与焉?盖特贪其重募，而裴氏子孙，乃妄为之辞耳。

厚葬之事，既已靡财，又因贫者慕效，至使停丧不葬，其诒害实为甚巨，故历代多有禁令。

齐永明七年十月，诏曰：“三季浇浮，旧章陵替，吉凶奢靡，动违矩则。至斑白不婚，露棺累叶。苟相夸衒，罔顾大典。可明为条制，严勒所在，悉使画一。如复违犯，依事纠奏。”其一事也。

《晋书·冯跋载记》：跋下书曰：“厚于送终，贵而改葬，皆无益亡者，有损于生。是以祖考，因旧立庙，皆不改营陵寝。申下境内，自今皆令奉之。”则虽偏方之主，亦知之矣。

一时士大夫，能为薄葬之论，若豫立终制，敕子弟遵奉者亦不少，并有生以侈闻，殁亦知遵俭德者。如夏侯湛，史言其族为盛门，性颇豪侈，侯服玉食，穷滋极珍，及将殁，顾遗命小棺薄敛，不修封树是也。厚葬之无益于亡者，夫固中人知之矣。然俗之既成，能自拔者卒少。

《魏书·高允传》：允条列时事，言：“今国家营葬，费捐巨亿，一旦焚之，以为灰烬。《宋书·索虏传》云：生时车马器用，皆烧之以送亡者。上为之不辍，而禁下民之必止，此三异也。”元孝友言：“今人生为皂隶，葬拟王侯，存殁异途，无复节制。崇壮丘垅，盛饰祭仪，邻里相荣，称为至孝。”其上下波靡之情形，可以想见。

王濬，功名之士也，而其葬也，大营茔域，葬垣周四十五里。刘昶，奔亡之余也，而豫营墓于彭城西南，与三公主同茔而异穴，发石累之，坟崩压杀十余人，后复移改，为公私费害。

张缅母刘氏，以缅父没家贫，葬礼有缺，遂终身不居正室，不随子入官府。

河南辛普明，侨居会稽。兄将葬，邻人赙助甚多。普明初受，后皆反之。赠者甚怪。普明曰：“本以兄墓不周，故不逆来意，今何忍以亡者余物为家财邪？”《齐书·孝义传》。此即君子不家于丧之义，其人实非流俗，然犹兢兢于营墓，况其下此者乎？

《魏书·外戚传》，讥高肇父兄封赠虽久，竟不改瘗，此当时士大夫之舆论，而史家采之者也，其识乃出冯跋下矣。以厚葬为孝，已为识者所非，况又有如赵修之徒，焜耀道路，伤风败俗者哉？见第十二章第一节。

附棺、附身之物，求其必诚必信，固为礼之所许，然踵事增华，终必至于以死伤生而后已，故其激者，乃欲并衣衾棺椁而去之。

皇甫谧《笃终》之论曰：“尸与土并，反真之理也。然则衣衾所以秽尸，棺椁所以隔真。故吾欲朝死夕葬，夕死朝葬。不设棺椁。不加缠敛。不修沐浴。不造新服。殡含之物，一皆绝之。吾本欲露形入坑，以身亲土。或恐人情，染俗来久，顿革理难。今故粗为之制。奢不石椁，俭不露形。气绝之后，便即时服，幅巾故衣。以蘧蒢裹尸，蘧蒢，芦蒢。麻约二头，置尸床上。择不毛之地，穿坑深十尺，长一丈五尺，广六尺。坑讫，举床就坑。去床下尸。平生之物，皆无自随。蘧蒢之外，便以亲土。土与地平。还其故草，使生其上。无种树木。削除使生迹无处，自求不知。”

《南史·刘歊传》：大中大夫琅邪王敬胤，以天监八年卒，遗命“不得设复魄旌旐。一芦蒢藉下，一枚覆上。吾气绝，便沐浴。篮舆载尸，还忠侯大夫隧中。若不行此，则戮吾尸于九泉。”敬胤外甥许慧诏因阮研以闻。

诏曰：“此达生之格言，贤夫玉匣、石椁远矣。然子于父命，亦有所从有所不从。今从素若申遗意，土周浅薄，属辟不施。一朝见侵狐鼠，戮尸已甚。父可以训子，子亦不可行之。外内易棺，此自奉亲之情；藉土而葬，亦通人之意；宜两舍两取，以达父子之志。棺周于身，土周于椁。去其牲奠。敛以时服。一可以申情，二可以称家。礼教无违，生死无辱，此故当为安也。”

此子孙不能奉行遗制，而藉王命以断之者也。然如是之制，能行之者已少矣，固知变俗之难也。

衣之与棺，所以防狐狸之食，蝇蚋姑之嘬，故曰毋使土亲肤。形魄既终归于地，则如是亦足矣，不必更厚为之隔也。

王祥遗令，谓西芒上土自坚贞，勿用甓石，实协于理。

颜之推欲还葬其父母，豫于扬州烧砖，盖亦以扬都下湿之故。亦《终制篇》中语。

杜预自表营洛阳城东首阳之南小山，皆用洛水圆石，已非达者矣。然吴逵葬其家十三丧，夜烧砖甓，王彭营葬父母，乡里亦出夫力助作砖；则以砖甓葬者极多。

《周书·孝义传》：皇甫遐遭母丧，庐于墓侧，负土为坟。后于墓南作一禅窟。阴雨则穿窟，晴明则营墓。晓夕勤力，未尝暂停。积以岁年，坟高数丈，周回五十余步。禅窟重台两匝，总成十有二室。中间行道，可容百人。

吴逵、王彭固贫士，遐亦累世寒微，而其所为如是，当时营葬之厚，诚非今人所能想像已。

其更侈于此者，则为石室、石兽、碑铭之属。所费既广，且易开虚美之风，长导谀之习，故历代亦有禁令。

《宋书·礼志》曰：“汉以后天下送死奢靡，多作石室、石兽、碑铭等物。

建安十年，魏武帝以天下凋弊，下令不得厚葬，又禁立碑。

魏高贵乡公甘露二年，大将军参军大原王伦卒，伦兄俊作《表德论》，以述伦遗美，云只畏王典，不得为铭，乃撰录行事，就刊于墓之阴云尔，此则碑禁尚严也。此后复弛替。

晋武帝咸宁四年，又诏曰：石兽、碑、表，既私褒美，兴长虚伪。伤财害人，莫大于此。一禁断之。其犯者，虽会赦令，皆当毁坏。

至元帝大兴元年，有司奏故骠骑府主簿故恩营葬旧君顾荣，求立碑。诏特听立。自是后禁又渐颓。大臣长吏，人皆私立。义熙中尚书祠部郎中裴松之又议禁断，于是至今。”

《隋书·礼志》曰：“梁天监六年，申明葬制，凡墓不得造石人、兽、碑，惟听作石柱记名位而已。”惟记名位，似无虚美之嫌，然事易浸离其本，为防微杜渐计，似仍以一切断之为得也。

厚葬既终不能革，故发掘之事，亦终不能绝。

《晋书·张方传》言：方在洛既久，兵士暴掠，发哀献皇女墓。

《王机传》言：杜弢所在发墓。

《石季龙载记》言：勒及季龙，并贪而无礼。既王有十州之地，金帛珠玉及外国珍奇异货，不可胜纪，而犹以为不足。曩代帝王及先贤陵墓，靡不发掘而取其宝货焉。

《苻丕载记》：丕左丞相王永檄州郡，言姚苌残虐，慕容垂凶暴，所遇灭户夷烟，毁发丘墓。陈宣帝罪状薛安都之诏曰：“椎埋发掘，毒流泉壤。”

《南史·刘杳传》言：曹嶷于青州发齐景公冢。田益宗归魏被代，表言代者毁发坟墓，露泄枯骸。此皆在兵乱之际者，然平时亦所不免。

《晋书·何充传》：充为会稽内史，以墓被发，去都改葬。

《齐书·周山图传》：山图为淮南大守，有盗发桓温冢，大获宝物。

《高祖十二王传》，又言有盗发温女冢者。

《陈书·世祖九王传》言：征北军人，于丹徒盗发晋郗昙墓。

《北史·齐本纪》言：文宣帝死，先是霍州发楚夷王女冢，得珠襦玉匣，帝珍之，还以敛焉。

《周书·贺兰祥传》言：荆州境多古墓，其俗好行发掘。此皆在平时者也。甚有以贵人而躬椎埋之行者。

《宋书·前废帝纪》，谓其以魏武帝有发丘中郎将、摸金校尉，乃置此二官，以建安王休祐领之，其说不知信否。

《陈书·始兴王叔陵传》，言其好游冢墓间，遇有茔表主名可知者，辄令左右发掘，取其石志、古器，并骸、肘、胫，持为玩弄，藏之库中、府内，则说必不诬矣。

《南史·齐宗室传》：梁州有古墓，名曰尖冢，或云张骞坟。有欲发者，辄闻鼓角与外相拒，椎埋者惧而退。萧誉颖达第七子。谓无此理，求自监督。及开，惟有银镂铜镜方尺。此亦叔陵之类也。

《魏书·高宗纪》：大安四年十月，北巡，至阴山，有故冢毁废，诏曰："昔姬文葬骨，天下归仁，自今有穿毁坟陇者斩之。"其刑可谓甚峻。

《宋书·桓护之传》：护之伯父之子阆，元嘉中为员外散骑侍郎，母墓为东阿寺道人昙洛等所发，阆与弟殿中将军闳共杀昙洛等五人。

《齐书·孝义传》：朱谦之，年数岁，所生母亡，其父昭之假葬之于田侧，为族人朱幼方燎火所焚。同产姊密语之。谦之虽小，便哀戚如持丧。年长，不婚娶。永明中，手刃杀幼方。其相报亦可谓甚惨。然椎埋者踵相接也。故曰："使其中有可欲，虽锢南山犹有隙也。"

以发掘报怨、肆毒者，亦时有之。《魏书·毕众敬传》言：众敬为申纂所恨。会有人发众敬父墓，众敬疑纂所为。其弟众爱，乃亦遣人密至齐阴掘纂父墓，以相报答。此已为非理。鲁爽与弟秀南奔，魏毁其坟墓；北齐文宣帝以祈雨不应，毁西门豹祠，掘其冢；此则更尸帝王之名，而同盗贼之行已。其尤堪发指者，则为隋文帝纵王颁掘陈武帝墓事。

颁者，僧辩之子，其父固叛国当诛者也。颁仕周，后从韩擒虎灭陈。颁密召父时士卒，得千余人，对之涕泣。或曰："郎君仇耻已雪，而悲哀不止，将为霸先早死，不得手刃之邪？请发其丘陇，斫榇焚骨，亦可申孝心矣。"颁顿颡陈谢，额尽流血。曰："某为帝王，坟茔甚大，恐一宵发掘，不及其尸，更至明朝，事乃彰露，若之何？"诸人请具锹锸。一旦皆萃。

于是夜发其陵。颁遂焚骨取灰，投水而饮之。既而自缚，归罪于晋王。王表其状。高祖曰："朕以义平陈，王颁所为，亦孝义之道也，朕何可罪之？"舍而不问。天下有此义欤？武帝奋身以保中国，而国之人不能保其封树，是则中国民族之耻也。

中国人素重埋葬，实则弃尸不葬者甚多。此与其日言上天好生，父杀子为极恶，而生子实多不举同理。生计所迫，固非空言所能挽也。

《汉鼓吹铙歌曲》曰：“战城南，死郭北，野死不葬乌可食。为我谓乌：且为客豪。野死谅不葬，腐肉安能去子逃？”《宋书·乐志》。可见战死不葬者之多矣。

梁武帝中兴元年十二月，令曰：“朱爵之捷，逆徒送死者，特许家人殡葬。若无亲属，或有贫苦，二县长尉，即为埋掩。建康城内，不达天命，亦同此科。”陈宣帝大建五年四月，诏北伐众军，所杀齐兵，并令埋掩。

魏显祖皇兴二年十二月，诏敕郡县：张永军残废之士，听还江南。露骸草莽者收瘗之。此等似极宽仁，然文诰不必其能行也。

诸臣能收瘗战骸，若围城中积尸者，亦时有之，如梁之韦叡、《梁书》本传云：初郢城之拒守也，男女口垂十万。闭垒经年，疾疫死者十七八。皆积尸于床下，而生者寝处其上。每屋辄盈满。叡料简隐恤，咸为营埋。于是死者得埋藏，生者反居业，百姓赖之。

安成康王秀，《梁书》本传云：为郢州刺史。先是夏口常为兵冲，露骸积骨于黄鹤楼下。秀祭而埋之。一夜，梦数百人拜谢而去。魏之李神俊皆是。《魏书》本传：为荆州刺史。萧衍遣将曹敬宗来寇，攻围积时。又引水灌城，不没者数版。韶遣都督崔暹，别将王罴、裴衍等赴援。敬宗退走。时寇贼之后，城外多有露骸，神俊教令收葬之。

然如侯景聚尸而焚之之事，终在所不免，《梁书》本传：初城中积尸不暇埋瘗，又有已死而未敛，或将死而未绝，景悉聚而烧之，臭气闻十余里。尚书外兵郎鲍正疾笃，贼曳出焚之，宛转火中，久而方绝。其势固有所不给也。

此外凶荒、《齐书·本纪》：东昏侯永元元年七月，京师大水，死者众。诏赐死者材器，并振恤《梁书·萧景传》：为南兖州刺史。会年荒，死者给棺具。

《始兴王憺传》：为荆州刺史。天监六年，州大水。分遣诸郡，遭水死者给棺槥。

《魏书·高祖纪》：大和五年四月，诏时雨不沾，春苗萎悴，诸有骸骨之处，皆敕埋藏，勿令露见。

《世宗纪》：景明三年二月，诏阳旱积时，农民废殖，申下州郡：有骸骨暴露者，悉可埋瘗。

正始三年五月，诏时泽未降，春稼已旱，或有孤老馁疾，无人赡救，因以致死，暴露沟壑者，洛阳部尉依法棺埋。

《肃宗纪》：神龟二年二月，诏农要之月，时泽弗应，可敕内外：掩骼埋骼。冀、瀛之境，往往寇暴，死者既多，白骨横道，可遣专令收葬。

《孝静帝纪》：天平二年三月，以旱故，诏京邑及诸州郡县收瘗骸骨。三年十一月，诏尚书：可遣使巡检河北流移饥人。邢陉，滏口所经之处，若有死尸，即为藏掩。案遇旱则敕瘗埋，盖为魏氏之故事，然此等循例之文诰，亦多成具文而已。疾疫之际，《宋书·文帝纪》：元嘉四年五月，京师疾疫。遣使存问，给医药。死者若无家属，赐以棺器。

《孝武帝纪》：大明元年四月，京邑疾疫。遣使按行，赐给医药。死而无收敛者，官为敛埋。四年四月，诏都邑节气未调，疠疫犹众，其死亡者，随宜恤赡。

《梁书·止足传》：顾宪之，齐高帝即位，除衡阳内史。先是郡境连岁疾疫，死者大半。棺木尤贵，悉裹以苇席，弃之路旁。宪之下车，分告属县，求其亲党，悉令殡葬。其家人绝灭者，宪之为出公禄，使纲纪营护之。此良吏之真能从事掩埋者也。

贫弱无依之徒，《宋书·孝武帝纪》：大明二年二月，诏曰：政道未著，俗弊尚深。豪侈兼并，贫弱困窘。存缺衣裳，殁无敛槥。朕甚伤之。其明敕守宰，勤加存恤。赙赠之科，速为条品。以及犯法身陷牢狱者，《魏书·高祖纪》：延兴三年九月，诏自今京师及天下之囚，罪未分判，在狱致死，无近亲者，公给衣衾、棺椟，葬埋之，不得暴露。或死而未葬，《齐书·高帝纪》：建元元年六月，诏曰：宋末频年戎寇，兼灾疾凋损，或枯骸不收，毁榇莫掩，宜速宣下，埋藏营恤。若标题犹存，姓氏可识，可即运载，致还本乡。有司奏遣外监典事四人周行，离门外三十里为限。其余班下州郡。无棺器标题者，属所以台钱供市。按此诏所该，可谓甚广。

或葬而见发者，《齐书·明帝纪》：建武二年正月，诏京师二县，有毁发坟陇，随宜修理。咸蒙特下明诏，或则遣使分行，《周书·明帝纪》：二年六月，遣使分行州郡，理囚徒，察风俗，掩骼埋胔。按其时奉使，以此为诏条者甚多。《北齐书·循吏传》：宋世良为殿中侍御史，诣河北括户，还见汲郡城旁多骸骨，移书州郡，令悉收瘗，则不奉诏条者，亦或以便宜行之矣。甚有人主亲见，驻跸掩埋者。《魏书·高祖纪》：大和十九年八月，幸西宫，路见坏冢露棺，驻辇殣之。其于士卒，尤多致恩意。《晋书·姚兴载记》：兴下令：士卒战亡者，守宰所在埋藏之。求其所亲，为之立后。

《南史·梁武帝纪》：中兴二年正月，辛卯，令义师临阵致命，疾病死亡，并加葬敛，收恤遗孤。

《陈书·世祖纪》：天嘉五年十二月，讨陈宝应将士死王事，并给棺槥，送还本乡，并复其家。

《宣帝纪》：大建二年三月，诏讨周迪、华皎已来，兵交之所，有死亡者，并命收敛。并给棺槥，送还本乡。

《魏书·裴骏传》：子宣，世宗时上言："自迁都已来，凡战阵之处，及军罢兵还之道，所有骸骼无人覆藏者，请悉令州郡、戍逻，检行埋掩。并符出兵之乡，其家有死于戎役者，使皆招魂复魄，祔祭先灵。复其年租调。身被伤痍者，免其兵役。"朝廷从之。

案此等政令，皆有要结之意，非尽出于仁心也。然暴骨榛莽之象，卒仍随处可见，病源自别有在，夫岂小惠所能抔乎？

殉葬之风，中国久绝，而代北则犹有之。《魏书·叔孙建传》：子俊卒，大宗命其妻桓氏曰："夫生既共荣，殁宜同穴，能殉葬者可任意。"桓氏乃缢而死。遂合葬焉。《王洛儿传》：洛儿卒，大宗鸩其妻周氏，与合葬。亦可谓野蛮矣。

后世所谓堪舆之学者，晋以后渐盛。《廿二史劄记》云："古人但有望气之法。如秦始皇时，望气者谓东南有天子气，乃南巡以厌之。又谓金陵有王气，乃凿淮水以泄之。

"光武未贵时，望气者苏伯阿过南阳，望舂陵郭，唶曰：气佳哉！郁郁葱葱然。孙皓时，临平湖开，皓以问陈训，训曰：臣止能望气，不知湖之开塞。

"陈敏反，或曰：陈家无王气，不久当灭。此古来专以望气占吉凶，未尝有相墓之术也。相墓术相传始于郭璞。然《后汉书·袁安传》：安觅地葬父，有三书生指一处云：葬此当世为上公，从之，故累世隆盛。

"《晋书·羊祜传》：有相墓者言祜祖墓有帝王气。祜乃凿之。相者曰：犹当出折臂三公。后祜堕马折臂，果位三公。则又在璞之前。即璞本传载其卜筮灵验之处甚多，谓先有郭公者，精于卜筮，璞从受业，公授以青囊书九卷，遂洞五行、天文、卜筮之术，亦未尝及相墓也。

"又璞所著书，载其灵验事迹者曰《洞林》，抄京、费诸家最要者曰《新林》，又《卜韵》一篇，注《尔雅》《三苍》《方言》《穆天子传》《山海经》《楚辞》《子虚》《上林赋》，及所作诗、赋、诔、颂共数十万言，亦未有所谓葬经也。惟《传》内称璞葬母暨阳，去水百步，或以近水言之，璞曰：当即为陆矣，其后果沙涨数十里。

“又璞为人葬墓，晋明帝微服观之。问主人：何以葬龙角？主人曰郭璞云此葬龙耳，当致天子。帝曰：当出天子邪？主人曰：非出天子，能致天子至耳。此璞以相墓擅名，而后世皆以为葬术之始也。而葬术之行，实即由是时而盛。

“陶侃将葬父，家中忽失牛，有老父谓曰：前冈见有一牛，眠山污中，若葬之，位极人臣。又指一山曰：此亦其次，当出二千石。侃寻得牛，因葬其处。以所指别山与周访葬其父。后侃果为三公，访为刺史。宋武帝父墓在丹徒侯山，有孔恭者，善占墓，谓此非常地。后果为天子。

“齐高帝旧茔在武进彭山，冈阜相属，百里不绝，其上常有五色云。宋明帝恶之，遣占墓者高灵文往相之。灵文先给事齐高，乃诡曰：不过方伯耳。私谓齐高曰：贵不可言。后果登极。

“齐高之母刘氏，与夫合葬，时墓工始下锸，有白兔跳起，及坟成，又止其上。荀伯玉家墓，有相之者，谓当出暴贵而不久，伯玉官果至散骑常侍，坐事诛。案《南史》：相墓者又云：当出失行女子。顷之，伯玉姊当嫁，明日应行，今夕随人逃去。

“柳世隆晓术数。于倪塘创墓，与宾客往游，十往五往，常坐一处。及卒，正葬其地。富阳人唐宇之，祖父皆以图墓为业。梁武丁贵嫔薨；昭明大子求得善墓地，被俞三副以己地奏帝买葬之。有道士，谓其地不利长子，教以用蜡鹅诸物厌之。后事发，昭明以此惭惧而薨。

“杜嶷葬祖父，梁元帝忌之，命墓工恶为之，逾年而嶷卒。吴明彻葬父，有伊氏者，善占墓，谓其兄曰：葬日必有乘白马逐鹿者过此，此是最小子大贵之征。明彻后果大贵。此皆见于各列传者，可见六朝时此术已盛行。如《昭明传》曰不利长子，《明彻传》曰最小子大贵，则术家所云长房、小房之说，亦即起于是时矣。”

案郭璞事见于史者，又有《南史·张裕传》。云：初裕曾祖澄，尝葬父，郭璞为占墓地，曰：“葬某处，年过百岁。位至三司，而子孙不蕃。某处年几减半，位裁卿校，而累世贵显。”澄乃葬其劣处。年六十四而亡。其子孙遂昌。

又《宋书·符瑞志》：孙坚之祖名钟，家在吴郡富春。独与母居。性至孝。遭岁荒，以种瓜为业。忽有三少年，诣钟乞瓜。钟厚待之。三人谓钟曰：“此山下善，可作冢葬之，当出天子。君可下山百许步顾，见我去，即可葬也。”钟去三十步便反顾。见三人并乘白鹤飞去。钟死，即葬其地。地在县城东。冢上数有光怪。云气五色上属天，衍数里。父老相谓：“此非凡气，孙氏可兴矣。”案此说亦与望气相夹杂。

《南史·毛喜传》：言喜以母忧去职，陈宣帝遣员外散骑常侍杜缅图其墓，上亲与缅案图指画，其见重如此。此皆相墓之术见于史，而为赵氏征引所未及者也。又《晋书·羊祜传》言：祜都督荆州诸军事，时长吏丧官，后人恶之，多毁坏旧府。祜以死生有命，非由居室，书下征、镇，普加禁断。

《魏舒传》：少孤，为外家宁氏所养。宁氏起宅，相宅者云：当出贵甥。外祖母以魏氏甥小而慧，意谓应之。舒曰：“当为外氏，成此宅相。”

《宋书·王僧绰传》：初大社西空地一区，吴时丁奉宅，孙皓流徙其家。江左初为周颉、苏峻宅，其后为袁悦宅，又为章武王司马秀宅，皆以凶终。后给臧焘，亦颇遇丧祸。故世称为凶地。僧绰尝以正达自居，谓宅无吉凶，请以为第。始就造筑，未及居而败。此后世所谓阳宅者，以是占吉凶，其术亦盛于晋、南北朝之世矣。

《晋书·艺术传》：韩友能图宅、相冢；《北史·艺术传》：陆法和为人置宅、图墓，以避祸求福；皆兼是二术者。

《隋书·经籍志》：五行家有《宅吉凶论》三卷，《相宅图》八卷，《五姓墓图》一卷。又云：梁有《冢书》《黄帝葬山图》各四卷，《五音相墓书》五卷，《五音图墓书》九十一卷，《五姓图山龙》及《科墓葬不传》各一卷，《杂相墓》四十五卷，亡。

观其卷帙，南方远多于北方，则知其术南盛于北。此最为世所附会之郭璞，所以亦在南方欤？又有庾季才《地形志》，一家之中，两见著录，前作八十七卷，后作八十卷。盖系重出，而卷帙之数，传写有讹。季才以术数名家，所论者或不止一人一家之事。以地运推国家兴废，古来本有是说。江陵洲满百出天子。

《晋书·索靖传》：靖行见姑臧城南石地，曰：“此后当起宫殿。”至张骏，于其地立南城，起宗庙，建宫殿焉。

《齐书·州郡志》：益州，晋世以处武臣，宋世亦以险远，诸王不牧。泰始中，成都市桥忽生小洲。始康人邵硕有术数，见之曰：“洲生近市，当有贵王临境。”永明二年，而始兴王为刺史。皆其说之可考者也。

又《魏书·阉官传》言：刘腾以正光四年三月死。腾之初治宅也，奉车都尉周特为之筮，不吉，深谏止之。腾怒而不用。特告人曰：“必困于三月四月之交。”至是果死。听事甫成，陈尸其下。则北方占宅之吉凶者，尚并用卜筮，不尽恃今所谓堪舆之术也。

今所谓堪舆之术之兴，实缘廛里茔墓，皆无定地。去古浸远，一切度制，皆稍废坠，不徒冢人之职无存，如汉人之丛葬北邙者，亦不可复见矣。陪陵之制，兆域实有定地，然其所及者有限。当时又以墓地赐其臣，如晋武之于鲁芝，所赐乃至百亩，则益风其下，使之侈于营葬耳。

《魏书·肃宗纪》：神龟元年十二月，诏曰：“民生有终，下归兆域。京邑隐赈，口盈亿万。贵贱攸冯，未有定所。为民父母，尤宜存恤。今制乾脯以西，拟为九原。”此举颇得古司空度地之意，惜乎后世知此义者甚少，而在当时亦未必能行也。

第六节　交通

《廿二史考异》云：“古之贵者，不乘牛车，后稍见贵，自灵、献以来，天子至士，遂以为常乘。按古制：乘车、兵车、田车，皆曲辕驾驷马，惟平地任载之车驾牛，乃有两辕，《考工记》所谓大车之辕挚，其登又难者也。牛车本庶人所乘。

“《史记·平准书》：汉兴，接秦之敝，自天子不能具钧驷，而将相或乘牛车，则汉初贵者已乘之矣。晋时，御衣车、御书车、御轺车、御药车、画轮车皆驾牛，则并施于卤簿。

“《隋书·阎毗传》言：属车八十一乘，以牛驾车，不足以益文物，是自晋至隋，属车皆驾牛也。

“《石崇传》：崇与王恺出游，争入洛城，崇牛迅若飞禽，恺绝不能及。

“《王衍传》：衍引王导共载，在车中，揽镜自照，谓导曰：尔看吾，目光在牛背上矣。

“《王导传》：导营别馆以处众妾，妻曹氏将往焉，导恐妾被辱，遽命驾，犹恐迟之，以所执麈尾驱牛而进。

“《世说》：刘尹临终，外请杀车中牛祭神，答曰：某之祷久矣。

“《南史·刘瑀传》：与何偃同从郊祀，偃乘车在前，瑀蹋马及之，谓偃曰：君辔何疾？偃曰：牛骏御精，所以疾耳。

“《徐湛之传》：与弟淳之共车行，牛奔车坏。

“《朱修之传》：至建业，奔牛坠车折脚。

“《刘德愿传》：善御车。尝立两柱，使其中劣通车轴，乃于百余步上，振辔长驱，来至数尺，打牛奔从柱前直过。

“《梁本纪》：尝乘折角小牛车。

“《萧琛传》：郡有项羽庙，前后二千石皆于听拜祠，以轭下牛充祭。

“《北史·高允传》：特赐允蜀牛一头，四望蜀车一乘。

“《彭城王勰传》：登车入东掖门，度一小桥，牛伤，人挽而入。

“《北海王详传》：宣武之亲政，详与咸阳王禧、彭城王勰并召入，共乘犊车。

“《常景传》：齐神武以景清贫，特给车牛四乘，妻孥方得达邺。

“《元仲景传》：兼御史中尉，每向台，恒驾赤牛，时人号赤牛中尉。

“《尔朱世隆传》：今旦为令王藉车牛一乘，车入到省西门，王嫌牛小，系于阙下槐树，更将一青牛驾车。

“《毕义云传》：高元海遣犊车迎义云入北宫。

“《琅邪王俨传》：魏氏旧制，中丞出，千步清道，王公皆遥住车，去牛，顿轭于地，以待中丞过。其或迟违，则赤棒棒之。

“《和士开传》：遣韩宝业以犊车迎士开入内。

“《牛宏传》：弟弼，常醉射杀宏驾车牛。

“《艺术传》：天兴五年，牛大疫，舆驾所乘巨犗数百头，同日毙于路侧。此自晋至隋，王公、士大夫竞乘牛车之证也。”

案晋、南北朝之世，牛车盛行之事，出于钱氏所征引之外者尚多。

《齐书·武陵王晔传》，言冬节问讯，诸王皆出，晔独后来。上已还便殿，世祖。闻晔至，引见问之。晔称牛羸不能取路。上敕车府给副御牛一头。是天子常驾牛也。

《褚渊传》：渊死后，其弟澄赎渊常所乘黄牛。

《谢超宗传》：仆射王俭，尝牛惊跣下车，超宗抚掌笑戏曰：堕车仆射。详见第三节。是三公、尚书皆驾牛也。

《宋书·江湛传》：家甚贫约，牛饿，驭人求草，湛良久曰："可与饮。"

《颜延之传》言：延之子竣贵重，权倾一时，凡所资供，一无所受，常乘羸牛笨车。

《梁书·明山宾传》：家中常乏用，货所乘牛。

《陈书·徐陵传》：大建中，食建昌邑。邑户送米至于水次，陵亲戚有贫匮者，皆令取之。数日便尽。陵家寻致乏绝，府僚怪问其故，陵云："我有车牛、衣裳可卖，余家有可卖不？"

《魏书·胡叟传》言：叟每至贵胜之门，恒乘一悖牛。是士大夫之清贫者皆驾牛。然《南史·陈显达传》言：家既豪富，诸子与王敬则诸儿，并精车牛，丽服饰。当世快牛，称陈世子青，王三郎乌，吕文显折角，江瞿昙白鼻。

《宋书·五行志》言：元嘉三年，徐羡之大儿乔之行欲入广莫门，牛径将入廷尉寺，明日被收。合石崇、王恺争迅之事观之，是绒袴之子，豪富之徒，亦所精者在牛而不在马也。

《宋书·宗悫传》言：悫有佳牛，堪进御，官买不肯卖，坐免官。

《魏书·酷吏传》：张赦提为幽州刺史，颇纵妻段氏，多有受纳。中散李真香出使幽州，采访牧守政绩，验案其罪。其妻，姑为大尉东阳王丕妻，诣丕申诉求助。陈列真香：昔因假过幽州，知赦提有好牛，从索不果，挟前事威逼部下，证成诬罪。说虽未知信否，然佳牛为贪求者所垂涎，则当时必有其事矣。

《南史·王筠传》云：筠性俭啬，所乘牛常饲以青草，则当时贵富之家，饲牛必有不止于草者，恐率兽食人之事，亦在所难免矣。其时惟有关体制之事，尚贵马而贱他畜，以不用马为辱，如晋海西公、魏孝静帝见废，皆乘犊车而去；驾若弼令蔡征为陈叔宝作降笺，命乘骡车归己皆是。《魏书·王肃传》：肃兄子衍，为尔朱仲远所擒，以其名望，不害也，令骑牛从军，久乃见释。亦同。其余殆无不乘牛者。

《晋书·纪瞻传》言：召拜尚书郎，与顾荣同赴洛。至徐州，闻乱日甚，将不行。会刺史裴盾得东海王越书："若荣等顾望，以军礼发遣。"乃与荣及陆玩等各解船，弃车牛，一日一夜行三百里，得还扬州。

《魏书·崔玄伯传》：大祖还京师，次于恒岭，亲登山顶，抚慰新民，适遇玄伯扶老母登岭，大祖嘉之，赐以牛、米。因诏诸徙人不能自进者，给以车牛。

《外戚传》言：高宗保大后之母宋氏，就食和龙，无车牛，疲不能进。是取长途者皆以牛也。

《序纪》言：桓帝魁岸，马不能胜，常乘安车，驾大牛。

《北齐书·神武纪》言：神武与同志图杜洛周，不果而逃。为其骑所追。文襄及魏永熙后皆幼，武明后于牛上抱负。文襄屡落牛。神武弯弓，将射之以决去。后呼段荣求救。赖荣遽下取之以免。

《北史·蠕蠕传》：道武谓崔宏："蠕蠕之人，昔来号为顽嚚，每来钞掠，驾悖牛奔遁，驱犍牛随之，悖牛伏不能前，异部人教以犍牛易之，终于不易，遂为敌所虏。"详见第八章第三节。是虽代北多马，亦皆藉牛以为用矣。职是故，当时征发，亦遂多及于牛。

《晋书·食货志》：杜预上疏言："今典农右典牧种产牛，有四万五千余头，可分三万五千头，以付兖、豫二州将吏、士庶，使及春耕。谷登之后，得运水次成谷七百万斛。其所留好种万头，可并佃牧地，岁当复入数千万斛谷，牛又皆当调习，动可驾用。"

《石季龙载记》：季龙发百姓牛二万余头配朔州牧官。又制征士五人，车一乘，牛二头，米各十五斛，绢十匹，调不办者以斩论。

《宋书·殷琰传》：杜叔宝发车千五百乘载米饷刘顺，吕安国等抄之，烧米车，驱牛二千余头而还。魏道武天兴五年伐姚平，实以牛疫而还。见上引《北史·艺术传》。

《世祖纪》：始光二年五月，诏天下十家发大牛一头，运粟塞上。

《古弼传》：车驾畋于山北，大获麋鹿千头，诏尚书发车牛五百乘以运之。世祖寻谓从者曰："萧公必不与我，汝辈不如马运之速。"遂还。行百余里而弼表至，曰："今秋谷县黄，麻菽布野。猪鹿窃食，鸟雁侵费。风波所耗，朝夕参倍。乞赐矜缓，使得收载。"

《吕洛拔传》：张永遣将王茂向武原援其运车，尉元遣洛拔击之，夺车二百余乘，牛二百五十头。

《食货志》：大和十一年，牛疫，时有以马驴及橐驼供驾挽、耕载。

《北齐书·神武帝纪》：韩陵之战，连牛、驴以塞归道，于是将士皆有死志。

《隋书·卢恺传》：周武帝在云阳宫，敕诸屯简老牛，欲以享士，恺进谏，帝美其言而止。赵传葬父，石兽、石柱，皆发民车牛，传致本县。北齐后主起大宝林寺，运石填泉，人牛死者，不可胜纪，时殿内及园中须石，亦差车牛从漳河运载。盖战阵及平时，无不恃牛运转者，牛之为交通所资，此时实非他时之比也。

然北方畜马，究较南方为多，故以马为赏赐者，屡见于列传。若南方则几无其事矣。宋孝武帝幸南山，乘马至殷氏墓，此盖以山行故尔。

颜延之好骑马，敖游里巷，则不得志于时者之所为。齐豫章王嶷临终，召子子廉、子恪，命将所乘牛马送二宫及司徒。

萧景先遗言：私马有二十余匹，牛数头，可简好者十匹，牛二头上台。马五匹、牛一头奉东宫。大司马、司徒，各奉二匹。骠骑、镇军，各奉一匹。则以豫章贵宠，景先久豫军旅，故有马也。

《晋书·陈頵传》：父䜣立宅起门，頵曰："当使容马车。"䜣笑而从之。后頵仕为郡督邮，大守刘享拔为主簿，州辟部从事，果乘马车还家。此尚为体制起见。其乘马之事见于史者：元谧与妃乘赤马犯卤簿，为御史所弹。

王慧龙孙琼，道逢大保广平王怀，据鞍抗礼，自言马瘦。尝诣尚书令李崇，骑马至其黄阁。慕容恃德有疾，谓其子：持上骍马与卢潜，见《北史·卢玄传》。

卢辩单马从魏孝武入关。卢勇有马五百匹，遗启尽献之。《北史·卢同传》。祖珽所乘老马，常称骝驹。卢光为京兆。郡舍数有妖怪，前后郡守，无敢居者，光入居之。未几，光所乘马，忽升听事，登床，南首而立，光不以介怀。《周书·儒林传》。达奚武居重位，不持威仪，行常单马，左右止一人而已。皆北人乘马之事。

《魏书·杨机传》言：机家贫无马，常乘小犊车。《北史·常爽传》言：天平初，迁邺，收百官马，尚书丞、郎已下非陪从者，尽乘驴。足见北方士大夫以乘马为常也。是时南方颇奖劝畜马，北方则每有竭泽而渔之事。

周朗病当时用兵，令重车弱卒，与肥马悍胡相逐，谓宜募天下使养马。一匹者蠲一人役，三匹者除一人为吏，自此以进，阶赏有差。边亭徼驿，一无发动。此即古马复令之意。

孝武帝孝建三年五月，制荆、徐、兖、豫、雍、青、冀七州统内，家有马一匹者，蠲复一丁，可谓行朗之议者。若北方，则石季龙志在穷兵，以其国内少马，乃禁畜马，匿者要斩。收百姓马四万余匹，以入于公。

魏世宗正始四年十一月，禁河南畜牝马。延昌元年，乃通其禁。尔朱兆遣孙白鹞至冀州，托言普征民马，欲待高乾兄弟送马，因收之。《北齐书·乾传》。

齐后主时，敕送突厥马数千匹于扬州，令土豪贵买，钱直始入，便出敕括江淮间马。其于征发、括藉，盖习以为常矣。

河清三年，突厥入境，代、忻二牧，悉是细马，合数万匹，在五台山北柏谷中避贼。贼退后，敕白建就彼检校。续使人诣建间，领马送定州，付民养饲。建以马久不得食，瘦弱，远送恐多死损，遂违敕，以便宜从事。随近散付军人。则其牧养之事，亦不免劳扰军民也。孳殖之不蕃，不亦宜哉。

是时牧业，似以西北为盛，故魏之牧地在河西。吕光之入西域，以骏马万余匹还。

《姚兴载记》：秃发傉檀献兴马三千匹，羊三万头。兴以为忠于己，乃署傉檀为凉州刺史，征王尚还。凉州人申屠英等遣主簿胡威诣兴请留。兴弗许。威流涕曰："苟以马供国用，直烦尚书一符，三千余家，户输一匹，朝下夕办，何故以一方委此奸胡？"此虽非由衷之言，然可见凉州畜马之盛。

《北齐书·慕容俨传》：俨蒙赐胡马一匹。

《杜弼传》：萧明等入寇，高岳、慕容绍宗讨之。诏弼为军司，摄台左右。临发，世宗赐胡马一匹，语弼曰："此厩中第二马，孤恒自乘骑，今方远别，聊以为赠。"此胡马皆西域所产，非来自北方，以其时之人，习称西域人为胡也。

《齐书·魏虏传》言：虏驾部知牛、马、驴、骡。钟离之捷，收其牛、马、驴、骡，不可胜计。

《魏书·景穆十二王传》：元诞除齐州刺史，在州贪暴，大为人患，牛、马、骡、驴，无不逼夺。

《北齐书·文宣帝纪》，言其时乘䍐驼、牛、驴，不施鞍勒，盛暑隆冬，去衣驰骋。可见北方之畜，牛马而外，兼有驴、骡、橐驼。而驴似尤多。

《魏书·萧宝夤传》，言其北奔时遁匿山涧，赁驴乘之。

《北齐书·杨愔传》，言愔聪记强识，半面不忘。有选人鲁漫汉，自言猥贱，独不见识。愔曰："卿前在元子思坊，骑秃尾草驴，经见我不下，以方曲鄣面，我何不识卿？"漫汉惊服。

《儒林·权会传》言：会初任助教之日，恒乘驴上下。

《彭城王浟传》言：浟出为沧州刺史，为政严察，部内肃然。有一人从幽州来，驴驮鹿脯。至沧州，脚痛行迟，偶会一人为伴，遂盗驴及脯去。明旦告州。浟乃令左右及府僚吏分市鹿脯，不限其价。其主见脯识之，推获盗者。可见官民无不乘驴。

元嘉二十七年之役，柳元景督义租，并上驴、马，以为粮运之计。魏世祖将北征，发民驴以运粮，使公孙轨部诣雍州。轨令驴主皆加绢一匹，乃与受之，坐征还。其伐蠕蠕，诏司马楚之等督运以继大军。

时镇北将军封沓亡入蠕蠕，说令击楚之等。蠕蠕乃遣奸觇入楚之军，截驴耳而去。诸将莫能察。楚之曰："必是觇贼截之以为验耳，贼将至矣。"即使军伐柳为城，水灌之令冻。城立而贼至。冰峻城固，不可攻逼，贼乃走散。

吕苟儿、陈瞻等反，杨椿为别将讨之。贼入陇，守蹊自固。椿缓师不进。贼出掠，乃以军中驴、马饵之，不加讨逐。如是多日，阴简精卒，衔枚夜袭斩瞻。李弼之叛侯莫陈悦，勒其兵上驴、驼。齐文宣之篡，宇文泰东伐，出长安，以诸军马、驴多死，引还。

周武帝欲伐突厥，发关中公私驴、马悉从军。《本纪》宣政元年。则驴之于转输，亦亚于牛而不下于马也。侯莫陈悦之败，独乘一骡。齐人使宇文护之母作书报护，述其叔遣奴迎护，护与盛洛乘骡同去。

眭夸，高尚不仕，寄情丘壑。少与崔浩为莫逆之交。浩为司徒，奏征为其中郎。辞疾不赴。州郡逼遣，不得已，入京都与浩相见。浩虑夸即还，时乘一骡，更无兼骑，浩乃以夸骡内之厩中。夸遂托乡人输租者，谬为御车，乃得出关。骡之于服乘，盖又驴之亚也。橐驼惟沙碛之地用之，故吕光自西域还，以驼二万余头致外国珍宝，在中国，当较驴、骡马少也。

《宋书·礼志》："《晋令》曰：乘传出使，遭丧以上，即自表闻，听得白服乘骡车到，副使摄事。徐广《车服注》：传闻骡车者，犊车装而马车辕也。"盖时以驴为小人所乘，故定制不得乘马车者，则使乘骡车耳。贺若弼欲使陈叔宝乘骡车归己，亦此意也。

各种车制，见于历代舆服等志者，多备仪制，罕关实用。其最可贵者，为指南车及记里车。

《宋书·礼志》云："指南车，其始周公所作。以送荒外远使。地域平漫，迷于东西，造立此车，使常知南北。

"《鬼谷子》云：郑人取玉，必载司南，为其不惑也。至于秦、汉，其制无闻。后汉张衡，始复创造。汉末丧乱，其器不存。

"魏高堂隆、秦朗，皆博闻之士，争论于朝，云无指南车，记者虚说。明帝青龙中，令博士马钧更造之而车成。晋乱复亡。石虎使解飞，姚兴使令狐生又造焉。

“安帝义熙十三年，宋武帝平长安，始得此车。其制如鼓车，设木人于车上，手指南。车虽回转，所指不移。大驾卤簿，最先启行。此车戎狄所制，机数不精。虽曰指南，多不审正。回曲步骤，犹须人功正之。

“范阳人祖冲之有巧思，常谓宜更构造。宋顺帝升明末，齐王为相，命造之焉。车成，使抚军丹阳尹王僧虔、御史中丞刘休试之。其制甚精。百屈千回，未尝移变。晋代又有指南舟。索虏拓跋焘使工人郭善明造指南车，弥年不就。扶风人马岳又造。垂成，善明鸩杀之。”

又云：“记里车，未详所由来。亦高祖定三秦所获。制如指南。其上有鼓。车行一里，木人辄击一槌。大驾卤簿，以次指南。”

案指南之用，海尤亟于陆。近世西人，藉此以遍航世界。吾国当晋世已能用之于舟，为时不为不早。又测量旧法，共有三端：陆以人行、车行，水以舟行迟速为准。三法之中，车之所量，最为精审。记里车若能广用，亦可知通行道里精确之数。惜乎二者皆仅用之卤簿也。车之最速者为追锋车。

《宋志》云：“如轺车而驾马。”晋宣帝平辽东还，次白屋，有诏召之。三日之间，诏书五至。乃乘追锋车，昼夜兼行。四百余里，一宿而至焉。石季龙造猎车、格兽车，已见第五章第二节。事虽侈虐，然其制之高大，亦足异也。民间挽载，多用小车，谓之鹿车。

《北齐书·神武纪》：高乾死，其次弟慎在光州，弊衣推鹿车归渤海是也。

《魏书·世宗纪》：永平二年六月，诏曰：“江海方同，车书宜一。诸州轨辙，南北不等。今可申敕四方，使远近无二。”此诏规模颇远大，然其不能行，则亦不待论矣。

辇之变即成肩舆。《宋志》云：“辇车，《周礼》王后五路之卑者也。后宫中从容所乘，非王车也。汉制乘舆御之，或使人挽，或驾果下马。汉成帝欲与班倢伃同辇是也。未知何代去其轮。”

案《宋书·邓琬传》，谓琬取子勋所乘车除脚以为辇，可见辇之与车，其制仍极相近。既去其轮，则只得“以肩举之而行，故曰肩舆。亦曰平肩舆”。《通鉴》晋怀帝永嘉元年，梁武帝天监四年《注》。其舆捆施襻，则谓之襻舆。《通鉴》梁武帝大清元年《注》。以八人举之，则谓之八捆舆。《通鉴》齐东昏侯永元二年《注》。

《齐书·明七王传》：江夏王宝玄乘八掆舆，手执绛麾幡，随崔慧景至京师是也。桓玄欲造大辇，使容三十人坐，以二百人舆之，《魏书·岛夷传》。则八掆又不足言矣。其仍有轮而以人挽之者，谓之步辇，亦曰步挽车。

魏尉元，大和三年，进爵淮阳王，以旧老见礼，听乘步挽杖于朝，后行养老之礼，以元为三老，游明根为五更，又各赐步挽一乘是也。其时乘肩舆者颇多。

《晋书·王献之传》：献之尝经吴郡，闻顾辟疆有名园，先不相识，乘平肩舆而入。

《隐逸·陶潜传》：江州刺史王弘要之还州。问其所乘。答曰："素有脚疾，向乘篮舆，亦足自反。"乃令一门生、二儿轝之至州。此皆士大夫之暮气，不复知以桀乘人车为耻矣。亦有以道险不可车行而乘篮舆者。

《孝友传》：孙晷，吴国富春人。富春车道既少动径山川，父难于风波，每行乘篮舆，晷躬自扶侍是也。后世肩舆之盛行，大抵以此矣。又有用之军旅之际者。

《晋书·列女传》：谢道韫，遭孙恩之难，举厝自若。既闻夫及诸子已为贼所害，方命婢肩舆，抽刃出门。乱兵稍至，手杀数人，乃被虏。

《梁书·韦叡传》：叡素羸，每战未尝骑马，以板舆自载，督厉众军。又萧渊藻为益州刺史，州民焦僧护作乱，渊藻乘平肩舆巡行贼垒。此则希有之事也。

以人代马，盖取其可以即安，故梁武帝大同五年，贺琛奏南北二郊及籍田，往还并宜御辇，不复乘辂，盖以帝年高故也。诏从之。祀宗庙仍乘玉辇。其虽驾马而亦较安隐者，是为马轝。萧摩诃劝吴明彻帅步军乘马轝徐行。

《晋书·刘曜载记》：曜攻仇池，疾笃，马轝而还。及被禽，创甚，石勒亦以马轝载之。

《周书·崔猷传》：大军东征，大祖赐以马轝，命随军，与之筹议。皆用诸军旅之间者也。

士大夫拘于体制，多以徒行为耻。故《南史·颜协传》，谓其家虽贫素，而修饰边幅，非车马未尝出游。江泌见老翁步行，下车载之，躬自步去，《齐书·孝义传》。则史以为美谈矣。

《齐书·王琨传》：大祖崩，琨闻国讳，牛不在宅，去台数里，遂步行入宫。朝士皆谓琨曰："故宜待车，有损国望。"琨曰："今日奔赴皆应尔。"此特于国讳之时行之而已。然贫贱者及恭俭者，亦或步行。

《晋书·孝友传》：夏方，吴时拜仁义都尉，累迁五官中郎将，朝会未尝乘车，行必让路，此恭俭者也。

《梁书·文学传》：周兴嗣，尝步自姑孰，投宿逆旅；王籍不得志，遂徒行市道，不择交游，此贫贱者也。

路惟驰道为坦平，然其劳民特甚。故宋孝武帝立驰道，前废帝即位亟罢之。乃未几而又复之，盖以其功已立，劳民事已在前故也。《宋书·孝武帝纪》：大明五年九月，初立驰道，自阊阖门至于朱雀门，又自承明门至于玄武湖。《前废帝纪》：大明八年七月，罢南北二驰道。永光元年八月，复立南北二驰道。参看第九章第三节。

吕僧珍常以私车辇水洒御路，则虽御路，亦不过较为平坦，其尘沙飞扬，亦与他路无异。盖昔人不能善修路面也。路面不坚，故其路易坏。

《宋书·张茂传》：陆子真为海陵大守，中书舍人秋当，为大祖所信委，家在海陵，假还葬父，桥路毁坏，不通丧车，县求发民修治，子真不许，彭城王义康闻而善之。不为权幸所胁而劳民善矣，然桥路固所宜修，任其毁坏，亦非政理也。开通道路之事为史所特载者，大抵非以行军，即以游幸。如慕容儁闻石氏乱，凿山除道，入自卢龙，克蓟城而都之。《魏书》本传。

魏道武之伐燕，于栗磾开井陉路，袭慕容宝于中山。及道武将北还，又发卒治直道，自望都凿恒岭至代。后道武校猎河西，又诏张黎发定州七郡卒万二千通沙泉道。《本纪》大延二年。

高宗和平二年三月，发并、肆州五千人治河西猎道。

高祖大和六年七月，发州郡五万人治灵丘道。

世宗正始四年九月，开斜谷旧道。封子绘以晋州北界霍山，旧号千里径者，山阪高峻，大军往来，士马劳苦，启齐高祖，于旧径东谷，别开一路。皆其事。

大抵虏之用民力，较中国为多，以其本无所爱于中国人也。至民间因交通而修路，或地方长官因便于人民往来而修路者，则史几无所见。记载固不能无遗漏，然其事必极少可知。民政之废弛极矣。亭传之制，汉末乱后，废坠特甚。

《晋书·贺循传》：江东草创，盗贼多有，元帝思所以防之，以问于循。循答曰："沿江诸县，各有分界，分界之内，官长所任，自可度土分力，多置亭候，恒使徼行。汉制十里一亭，当今纵不能尔，要宜筹量，使力足相周。"可见晋时亭候，远非汉世之比矣。

《苻坚载记》：自长安至诸州，皆夹路树槐柳。二十里一亭，四十里一驿。

旅行者取给于途，工商贸贩于道。百姓歌之曰："长安大街，夹树杨槐。下走朱轮，上有鸾栖。英彦云集，诲我萌黎。"此乃虚美之辞，当其时，度不过长安附近，或能修饰表面耳。

《周书·韦孝宽传》：孝宽以废帝二年为雍州刺史。先是路侧一里置一土候经雨颓毁，每须修之。自孝宽临州，乃勒部内，当候处植槐树代之。既免修复，行旅又得庇荫。周文后见，怪问知之。曰："岂得一州独尔？当令天下同之。"于是令诸州夹道一里种一树，十里种三树，百里种五树焉。此等政令，亦必不能行也。

《梁书·张齐传》：巴西郡居益州之半，又当东道冲要，刺史经过，军府远涉，多所穷匮。齐缘路聚粮食，种蔬菜，行者皆取给焉。

《陈书·徐陵传》：梁元帝承制江陵，陵通使于齐，累求复命，终拘留不遣。陵乃致书于仆射杨道彦曰："本朝非隆平之时，游客岂皇华之势？轻装独宿，非劳聚柝之仪。微骑兼行，宁望辎轩之礼？归人将送，私具驴骡。缘道亭邮，惟希蔬菜。若曰留之无烦于执事，遣之有费于官司；或以颠沛为言；或云资装可惧；固非通论，皆是外篇。"然则行旅所须于缘道者，不过粮食、蔬菜，而公家则并此而不能供矣。

斯时上官出行，郡县或有盛为供帐者，如《梁书·良吏·何远传》言：远为武康令，大守王彬巡属县，诸县盛供帐以待，远独设糗水而已是也。民间往来者，盖多要结伴侣，或互相依托而行。

《梁书·孝行传》：荀匠，父法超，仕齐，中兴末为安复令，卒于官，匠奔丧，每宿江渚，商侣皆不忍闻其哭声，盖附商人以行也。

《宋书·王僧达传》：元凶弑立，僧达自候道南奔。

《通鉴注》云："候道，伺候边上警急之道也。今缘路列置烽台者，即候道。"盖亦取其为候骑所常经，或有薪米可资耳。亭候既废，行旅之困苦如此，顾仍有以罢遣亭候为美谈者。

《梁书·范云传》：云以齐明帝时，出为始兴内史。边带蛮俚，尤多盗贼。前内史皆以兵刃自卫。云入境，抚以恩德。罢亭候，商贾露宿。郡中称为神明。

《南史·王淮之传》：淮之玄孙猛，徙晋陵大守。威惠兼举，奸盗屏迹。富商野次，云以付王府君。郡人歌之，以比汉之赵广汉。此又见设置亭候，亦有烦扰，或又徒有其名也。

驿道之当冲要者，供给或仍甚周备，此又不免于烦民。

《周书·韦孝宽传》：孝宽代尉迟迥为相州总管，驰还，所经桥道，皆令毁撤，驿马悉拥以自随。又勒骑将曰："蜀公将至，可多备肴酒及刍粟以待之。"迥果遣仪同梁子康将数百骑追孝宽。驿司供设丰厚，所经之处，皆辄停留，由是不及。此等肴酒及刍粟，果何自来邪？

《梁书·鄱阳王恢传》：恢迁益州刺史。成都去新城五百里，陆路悉订私马，百姓患焉。累政不能改。恢乃市马千匹，以付所订之家。资其骑乘，有用则以次发之。百姓赖焉。

《北齐书·高季式传》：季式豪率好酒，又恃举家勋功，不拘检节。与光州刺史李元忠生平游款，在济州夜饮，忆元忠，开城门，令左右乘驿，持一壶酒往光州劝元忠。皆可见其扰累之甚。故宋前废帝省诸州台传，《本纪》永光元年正月。亦为便民之举也。

大抵边方之地，仍恃驿传以通往来。故周静帝初，豫、荆、襄三总管内诸蛮反，有焚烧村、驿之举。

《隋书·刑法志》载北齐律，盗及杀人而亡者，即悬名注籍，甄其一房配驿户，可见驿户之困矣。

讥察之政，多与税敛并为一谈。宋孝武帝大明八年，以东境去岁不稔，诏停道中杂税，并敕以仗自防者勿禁，其一事也。

《南史·循吏传》：郭祖深，普通七年，改南州津为南津校尉，以祖深为之。由来王侯势家，不忌宪纲，侠藏亡命。祖深搜检奸恶，不避强御，动致刑辟。此为讥察之司，克举其职者，然能如是者卒少，而多藉威权为扰累之资。甚至本以便民之举，亦变为厉民之政焉。

《齐书·顾宪之传》：杜元懿请增牛埭税，宪之议曰："寻始立牛埭之意，非苟逼僦以纳税也。当以风涛迅险，人力不捷，屡致胶溺，济急利物耳。既公私是乐，所以输直无怨。京师航渡，即其例也。而后之监领者，不达其本，各务己功，互生理外。或禁遏别道，或空税江行，或扑船倍价，或力周犹责。凡如此类，不经埭烦牛者，上详被报，格外十条，并蒙停寝，从来喧诉，始得暂弭。"然则牛埭初设，本所以利交通，收直原有定格，后乃变为婪索之资矣。

《梁书·安成康王秀传》：秀出为江州刺史。时盛夏水汛长，津梁断绝。外司请依旧僦度，收其价直。秀教曰："刺史不德，水潦为患，可利之乎？"给船而已。外司之请，亦顾宪之所云京师航渡之类，其事盖亦易滋弊，故秀不之许也。过所之制，北方仍有之。

《晋书·刘毅传》：毅辟司隶都官从事，将弹河南尹，司隶不许，投传而去。

《魏书·高祖纪》：延兴二年五月，诏军警给玺印传符，次给马印。大和七年三月，以冀、定二州民饥，弛关津之禁，任其去来。

《前废帝纪》：普泰元年，诏有司不得复称伪梁，罢细作之条，无禁邻国往还。

《神元平文诸子孙传》：高祖、文明大后引见公卿于皇信堂。大后曰："今京师旱俭，欲听饥贫之人，出关逐食，如欲给过所，恐稽延时日，不救灾窘，若任其外出，复虑奸良难辨，卿等可议其所宜。"元丕议："诸曹下大夫以上，人各将二吏，别掌给过所，州郡亦然，不过三日，给之便讫，有何难也？"高祖从之。四日而讫。皆其事之可考者也。

亭传既废，逆旅之业遂大盛。

《晋书·潘岳传》：时以逆旅逐末废农，奸淫亡命，多所依凑，败乱法度，敕宜除之。十里一官櫳，使老小、贫户守之。又差吏掌主，依客舍收钱。岳议曰："谨案逆旅久矣。其所由来，行者赖以顿止，居者薄收其直，交易贸迁，各得其所。官无役赋，因人成利，惠加百姓，而公无末费。《语》曰：许由辞帝尧之命，而舍于逆旅。

《外传》曰：晋阳处父过宁，舍于逆旅。魏武皇帝亦以为宜，其诗曰：逆旅整设，以通贾商。然则自尧到今，未有不得客舍之法，惟商鞅尤之，固非圣世所言也。

方今四海会同，九服纳贡。八方翼翼，公私满路。近畿辐凑，客舍亦稠。冬有温庐，夏有凉荫。刍秣成行，器用取给。疲牛必投，乘凉近进。发槅写鞍，皆有所憩。

又诸劫盗，皆起于回绝，止乎人众。十里萧条，则奸宄生心，连陌接馆，则寇情震慑。且闻声有救，已发有追。不救有罪，不追有戮。禁暴捕亡，恒有司存。凡此皆客舍之益，而官櫳之所乏也。

又行者贪路，告籴炊爨，皆以昏晨。盛夏昼热，又兼星夜。既限早闭，不及櫳门，或避晚关，进逐路隅，只是慢藏诲盗之原。苟以客舍多败法教，官守棘櫳，独复何人？彼河桥、孟津，解券输钱，高第督察，数入校出，品郎两岸相检，犹惧或失之，故悬以禄利，许以功报。

今贱吏疲人，独专檵税，管开闭之权，藉不校之势，此道路之蠹，奸利所殖也。率历代之旧俗，获行留之欢心，使客舍洒扫，以待征旅，择家而息，岂非众庶颙颙之望？”请曹列上，朝廷从之。

岳之议，可谓深切著明矣，而至隋初，苏威仍以临道店舍，事业污杂，非敦本之义，奏高祖欲遣归农，何其见解之陈旧也。亭传既废，行旅盖惟客舍是资，其事随处可见。

晋明帝因王敦将举兵内向，乘巴、滇骏马，微行至湖陵，熟察营垒而出。驰去，见逆旅卖食媪，以七宝鞭与之，曰：“后有骑来，可以此示也。”追者至，传玩，稽留遂久。桑虞尝行寄逆旅，同宿客失脯，疑虞为盗，虞默然无言，便解衣偿之。

梁武帝举兵，至姑熟，柳惔与兄恽及诸友朋于小郊候接。时道路犹梗，惔与诸人同憩逆旅食，俱去，行里余，惔曰：“宁我负人，不人负我。若复有追，堪憩此舍。”命左右烧逆旅舍，以绝后追。齐文宣追由吾道荣往晋阳，道荣恒野宿，不入逆旅。周兴嗣投宿逆旅，此亓可见往来要道逆旅之遍布。

《晋书·儒林传》：徐苗，曾祖华，尝宿亭舍，夜有神人告之：亭欲崩，遽出得免。苗祖邵为魏尚书郎，华当系汉末人。又《刘卞传》：少为县小吏。功曹夜醉如厕，使卞执烛，不从。功曹衔之，以他事补亭子。有祖秀才者，于亭中与刺史笺，久不成。卞教之数言，卓荦有大致。秀才谓县令曰：“卞公府掾之精者，云何以为亭子？”令即召为门下史。卞亦晋初人也。

《郑袤传》：子默，出为东郡大守，直岁荒人饥，默辄开仓振给，乃舍都亭，自表待罪。

《魏书·甄琛传》：琛子侃，随琛在京，以酒色夜宿洛水亭舍，殴击主人，为有司所劾。则以地近京邑，亭传或较整饬耳。要之如两汉之世，行旅之多止亭传者，魏、晋以后，几不可复睹矣。史所载是时逆旅之主，亦有非以营利为事者。如《晋书·刘寔传》言：寔少贫窭，杖策徒行，每所憩止，不累主人，薪水之事，皆自营给。

《隐逸·刘璘之传》言：璘之居于阳岐官道之侧，人物来往，莫不投之，璘之躬自供给，士君子颇以劳累，更惮过焉。

《魏书·崔光传》：光弟敬友，精心佛道。自景明已降，频岁不登，饥寒请丐者，皆取足而去。又置逆旅于肃然山南大路之北，设食以供行者。此等或有要结之心，或以利济为念，皆与以是为业者绝殊。可见偏僻之区，逆旅尚多未立。然此即至今日，亦尚是如此也。

逆旅既为牟利者所设，当时人之见，自未可以舍贵宾。国家宾馆既不修，士大夫家又无复馆客之事，故使节往来，江南多以僧寺停客。即贵人亦有寓居僧寺者。李翥、萧大圜事，《北史・自序》，载李师上从驾晋阳，亦与友好同以僧寺为寓也。

以运载为业者，是时无之，盖皆商贾所自营。

《晋书・袁宏传》言：宏少孤贫，以运租自业，盖惟米谷滞重之物为然，抑其自以此为业，或受顾于人，而为之奔走，尚未可知也。寄信亦无专业，故多托人携带。

《殷浩传》：父羡，为豫章大守，都下人士，因其致书者百余函。行次石头，皆投之水中，曰："沈者自沈，浮者自浮，殷洪乔羡字。不为致书邮。"豫章、建业，一水可通，而托其致书者如是之众，可见当时通讯之不易矣。公家则仍恃驿传。

《北齐书・神武帝纪》：自队主转为函使，尝乘驿过建兴，云雾昼晦，雷声随之，半日乃绝，函使盖乘驿以奉书函者也。贵人亦有自置驿使者。

《高归彦传》：归彦拜冀州刺史，谋逆，诏段韶袭之，归彦旧于南境置私驿，闻军将逼，报之，便婴城自守是其事。

《北史・斛律羡传》：羡虑祸，使人骑快骡迎至邺，无日不得音问，后二日，邺使不至，家人乞养忧之，亦私驿之类也。

交通以水路为便，自无疑义，而转漕尤甚。《魏书・刁雍传》：大延五年，雍为薄骨律镇将。七年，表曰："奉诏：高平、安定、统万及臣所守四镇，出车五千乘，运屯谷五十万斛付沃野镇，以供军粮。臣镇去沃野八百里，道多深沙，轻车来往，犹以为难。设令载谷，不过二十石。每涉深沙，必致滞陷。又谷在河西，转至沃野，越渡大河，计车五千乘，运十万斛，百余日乃得一返。大废生民耕垦之业。车牛艰阻，难可全至。一岁不过二运。五十万斛，乃经三年。今求于牵屯山河水之次，造船二百艘。二船为一舫。一船胜谷二千斛。一舫十人，计须千人。臣镇内之兵，率皆习水。一运二十万斛，方舟顺流，五日而至，自沃野牵上，十日还到，合六十日得一返。从三月至九月三返，运送六十万斛。计用人功，拟于车运，十倍有余。不废牛力。又不废田。"诏曰："非但一运，自可永以为式。今别下统万镇，出兵以供运谷。卿镇可出百兵为船工。岂可专废千人，须遣船匠。”

《食货志》云：自徐、扬内附之后，仍世经略江、淮，于是转运中州，以实边镇。百姓疲于道路。乃令番戍之兵，营起屯田。又收内郡兵资，与民和籴，积为边备。有司又请于水运之次，随便置仓。乃于小平、石门、白马津、漳涯、黑水、济州、陈郡、大梁凡八所，各立邸阁，每军国有须，应机漕引。自此费役微省。

三门都将薛钦上言：计京西水次，汾、华二州，恒农、河北、河东、正平、平阳五郡，年常绵绢及赀麻，皆折公物，顾车牛送京。道险人敝，费公损私。

略计华州一车，官酬绢八匹三丈九尺，别有私民顾价布六十匹。河东一车，官酬绢五匹二丈，别有私民顾价布五十匹。自余州郡，虽未练多少，推之远近，应不减此。

今求车取顾绢三匹，市材造船。不劳采斫。计船一艘举十三车，车取三匹，合有三十九匹，顾作手并匠及船上杂具食直，足以成船，计一船剩绢七十八匹，布七百八十匹。又租车一乘，官格四十斛成载，私民顾价，远者五斗布一匹，近者一石布一匹。准其私费，一车布远者八十匹，近者四十匹。造船一艘，计举七百石，准其顾价，应有一千四百匹。

今取布三百匹，造船一艘，并船上覆治杂事，计一船有剩布一千一百匹。又其造船之处，皆须锯材人功，并削船茹，依功多少，即给当州郡门兵，不假更召。

汾州有租调之处，去汾不过百里，华州去河不满六十，并令计程依旧酬价，车送船所。船之所运，惟达雷陂。其陆路从雷陂至仓库，调一车顾绢一匹，租一车布五匹，则于公私为便。

尚书崔休，以为“舟楫所通，远近必至。苟利公私，不宜止在前件。请诸通水运之处，皆宜率同前式。纵复五百三百里，车运水次，校计利饶，犹为不少。其钦所列州郡，如请兴造，东路诸州，皆先通水运，今年租调，悉用舟楫。若船数有缺，且赁假充事。其先未通流，宜遣检行，闲月修治”。

录尚书高阳王雍、尚书仆射李崇等奏曰：“运漕之利，今古攸同。舟车息耗，实相殊绝。钦之所列，关西而已。若域内同行，足为公私巨益。谨辄参量，备如前计。庶征召有减，劳止小康。若此请蒙遂，必须沟洫通流。即求开兴修筑。或先已开治，或古迹仍在，旧事可因，用功差易。此冬闲月，令疏通咸讫。

比春水之时，使运漕无滞。”

诏从之，而未能尽行也。案开通全国水路，谈何容易？元雍、李崇之奏，言之大易，自然徒托空言。然观刁雍、薛钦之所较计，则水陆劳佚息耗之差，可谓相去甚远矣，此诚言漕运者所宜留意也。

《李冲传》：高祖自邺还京，泛舟洪池，乃从容谓冲曰：“朕欲从此通渠于洛。南伐之日，何容不从此入洛，从洛入河，从河入汴，从汴入清，以至于淮。下船而战，犹开户而斗。此乃军国之大计，今沟渠若须二万以下，六十日有成者，宜以渐修之。”

《成淹传》：高祖幸徐州，敕淹与闾龙驹等主舟楫。将泛泗入河，溯流还洛。军次碻磝，淹以黄河峻急，虑有倾危，乃上疏陈谏。高祖敕淹曰：“朕以恒、代无运漕之路，故京邑民贫，今移都伊、洛，欲通运四方，而黄河急峻，人皆难涉，我因有此行。必须乘流，所以开百姓之心。”然则高祖之迁都，意亦贪水漕之便也。

海道往来，当时亦颇通利。石季龙谋伐昌黎，欲自青州运兵粮，桑虞，诸兄仕于石勒，咸登显位，惟虞耻臣非类，阴欲避地海东。后勒以为武城令，虞以密迩黄河，去海微近，将申前志，欣然就职。此自今山东泛海至辽东西之路也。

《宋书·朱修之传》言：魏屡伐冯弘，或说弘遣修之归求救，遂遣之泛海，此自辽东西通建业之路也。其余海道交通。

造船之技颇精。《晋书·王濬传》：武帝谋伐吴，诏濬修舟舰。濬乃作大船连舫，方百二十步，受二千余人。以木为城，起楼橹，开四出门。其上皆得驰马来往。卢循、徐道覆所以能肆扰，何无忌、刘毅所以败，宋武帝所以胜，实缘兵力厚薄之殊，而兵力厚薄之分，实决之于船舰之大小。

《南史·王僧辩传》：陆纳造大舰一，名曰三王舰。又造二舰：一曰青龙舰，一曰白虎舰。皆衣以牛皮，并高十五丈。

《隋书·杨素传》：素欲平陈，造大舰，名曰五牙。上起楼五层，高百余尺。左右前后置六拍竿并高五十尺。容战士八百人。旗帜加于上次曰黄龙，置兵六百人。合诸事观之，可见当时水战，大舰实为决胜之利器。

然亦有小而轻捷者，《梁书·王僧辩传》言：侯子鉴等以鹟舸千艘载士，两边悉八十棹，棹手皆越人，去来趣捷过风电是也。史惟载战阵之事，故但见兵舰制作之精，然以此推之，则民间运载之船，亦可想见矣。

颜子推言河北不信有二万斛船，见上节。则北方所用之船，不及南方之大。此自川流大小之殊，非关造船技有巧拙。石虎徙钟虡、九龙、翁仲、铜驼、飞廉于邺，钟一没于河，募浮没三百人入河，系以竹絙，牛百头鹿栌引之乃出，造万斛舟以渡之，则北方所造之船，亦不小也。

虎欲伐慕容氏，命青州造船千艘。魏世祖神䴥三年，闻王师将北讨，诏冀、定、相三州造船三千艘。可见滨河、缘海之地，造船之业靡不盛矣。

《梁书·安成王秀传》：秀出为江州刺史。主者将求坚船，以为斋舫。秀曰："吾岂爱财而不爱士？"乃教所由：以牢者给参佐，下者载斋物。既而遭风，斋舫遂破。似当时江行，船多窳败者。盖官所用船，或役民为之，技既不精，又出逼迫，故有此弊，观上引刁雍之言可见。《晋书·艺术传》：樊长宾为建昌令，发百姓作官船于建城山中。而非其时造船之技，止于如此也。

造桥之功，河、渭为大。《晋书·武帝纪》：泰始十年，立河桥于富平津。

《杜预传》：预以孟津渡险，有覆没之患，请建河桥于富平津。议者以为殷、周所都，历圣贤而不作者，必不可立故也。预曰："造舟为梁，则河桥之谓也。"及桥成，帝从百寮宴会，举觞属预曰："非君，此桥不立也。"

《魏书·于栗磾传》：大宗南幸孟津，谓栗磾曰："河可桥乎？"栗磾曰："杜预造桥，遗事可想。"乃编次大船，构桥于冶阪。六军既济，大宗深叹美之。

又《崔亮传》：除雍州刺史。城北渭水，浅不通船，行人艰阻。

亮谓寮佐曰："昔杜预乃造河桥，况此有异长河？且魏、晋之日，亦自有桥。吾今决欲营之。"或曰"水浅不可为浮桥，泛长无恒，又不可施柱，恐难成立。"

亮曰："昔秦居咸阳，横桥渡渭，以象阁道，此即以柱为桥。今惟虑长柱不可得耳。"会天大雨，山水暴至，浮出长木数百根。藉此为用，桥遂成立。百姓利之。至今犹号崔公桥。

此等皆大工程，非官力不克举，故获见于史。此外小小津梁，为人民所自营者，则其事不可尽考矣。

注释：

①碻磝[qiāo áo]：古津渡，两晋南北朝时的军争要地。

吕思勉历史全集

两晋南北朝史 四

吕思勉 著

哈尔滨出版社
HARBIN PUBLISHING HOUSE

图书在版编目（CIP）数据

两晋南北朝史 / 吕思勉著.—哈尔滨：哈尔滨出版社，2019.5
（吕思勉历史全集）
ISBN 978-7-5484-4422-0

Ⅰ.①两…　Ⅱ.①吕…　Ⅲ.①中国历史－研究－魏晋南北朝时代　Ⅳ.①K235.07

中国版本图书馆CIP数据核字（2018）第274412号

书　　名：两晋南北朝史
LIANG JIN NAN BEI CHAO SHI

作　　者：吕思勉　著
责任编辑：付中英　翟嫦娥
责任审校：李　战
封面设计：里奥设计工作室

出版发行：哈尔滨出版社（Harbin Publishing House）
社　　址：哈尔滨市松北区世坤路738号9号楼　　邮编：150028
经　　销：全国新华书店
印　　刷：哈尔滨久利印刷有限公司
网　　址：www.hrbcbs.com　　www.mifengniao.com
E－mail：hrbcbs@yeah.net
编辑版权热线：（0451）87900271　87900272
销售热线：（0451）87900202　87900203
邮购热线：4006900345　（0451）87900256

开　　本：787mm×1092mm　1/16　印张：82.25　字数：1382千字
版　　次：2019年5月第1版
印　　次：2019年5月第1次印刷
书　　号：ISBN 978-7-5484-4422-0
定　　价：198.00元（全四册）

目录

第二十四章　晋南北朝宗教

第二十二章

晋南北朝政治制度

第一节　政体

汉世执政权者称皇帝，皇则徒为尊称，晋、南北朝之世，此义仍存。石勒以大兴二年伪称赵王，咸和五年僭号赵天王，行皇帝事，后乃僭即皇帝位。盖称王犹同于人臣，称天王则已无所降屈，然其号犹未及皇帝之尊。

勒死后，子弘为季龙所替，群下劝称尊号。季龙下书曰："朕闻道合乾坤者称皇，德协人神者称帝，皇帝之号，非所敢闻。且可称居摄赵天王，以副天人之望。"其视天王之尊不如皇帝，较然可见。

咸康三年，史称其僭称大赵天王，盖去居摄之号也。勒之僭号赵天王也，尊其祖曰宣王，父曰元王，立其妻刘氏为王后，世子弘为大子。逮僭即皇帝位，乃追尊其高祖曰顺皇，曾祖曰威皇，祖曰宣皇，父曰世宗元皇帝，妣曰元昭皇大后，而立刘氏为皇后。

谥父为帝，已违汉人追谥定陶徒称共皇之义；季龙僭称大赵天王，乃追尊祖为武皇帝，父为大宗孝皇帝，则去古弥远；又立其妻郑氏为天王皇后，以子邃为天王皇大子，王皇并建，尤为不辞。

时又贬亲王之封为郡公，藩王为县公，则尤不可解。

《魏书》谓虎自立为大赵王，年号建武；又云：初虎衣衮冕，将祀南郊，照镜无首，大恐怖，不敢称皇帝，乃自贬为王；又云：虎又改称大赵天王；则当其僭称天王之前，实曾但自号为王，故贬其亲王、郡王之号，《晋书·载记》记事不具，又有错乱也。

石鉴之死也，石祇僭称尊号于襄国，逮为冉闵所攻，乃去皇帝之号，称赵王，使诣慕容儁、姚弋仲乞师，盖自同于人臣，故并不敢称天王。冉闵诛石鉴，便即皇帝位。后为慕容儁所获，立而问之曰：“汝奴仆下才，何自妄称天子？”闵曰：“天下大乱，尔曹夷狄，人面兽心，尚欲篡逆，我一时英雄，何为不可作帝王邪？”

闵盖以诛锄逆胡自负，故一得志即称尊，且始终无所降屈也。儁送闵龙城，斩于遏陉山，山左右七里草木悉枯，蝗虫大起，五月不雨，至于十二月，乃复遣使祀之，谥曰武悼天王，犹不与以皇帝之号也。

刘渊之至左国城也，其下刘宣等上以大单于之号，盖自谓恢复旧业。其后则以是为统御夷人之称，故石勒之称赵王，以其子为大单于，当时群臣请者，谓以镇抚百蛮也。

是时以季龙为单于元辅。及勒僭号，季龙谓大单于必在己，而勒更以授其子弘。季龙深恨之。私谓其子邃曰：“成大赵之业者我也，大单于之望，实在于我，而授黄吻婢儿，每一忆此，令人不复能寝食。待主上晏驾之后，不足复留种也。”

盖其时汉人不甚乐与夷狄之争斗，夷酋所恃以攘窃篡夺者，实以诸夷之众为主，故其争之甚力，争而不得，则怨毒形于辞色也。冉闵欲攘斥夷狄，而亦署其子为大单于，以降胡一千配为麾下，盖亦为此。

苻健之入长安，其下表为侍中大都督阙中诸军事大单于秦王，健不乐，改称天王大单于，盖亦不欲为人臣，然终不去单于之号者，盖亦欲抚用诸夷也。赫连勃勃称天王、大单于，意亦不过如此，彼非知民族之义者，未必有恢复旧业之意也。

苻坚初亦称大秦天王，盖其人少知治体，故未敢遽自尊大，姚兴，《晋书·载记》谓其以日月薄蚀，灾眚屡见，降号称王，下书令群公、卿、士、将、牧、守、宰各降一等。姚绪、姚硕德以兴降号，固让王爵，兴弗许。

案兴即欲自贬抑，无容与绪、硕德同号，《北史》云：兴去皇帝之号，降称天王，盖是？然则绪、硕德之让，即石虎时贬亲王、藩王之封之故事也。吕光初亦称天王。及病笃，立其大子绍为天王，乃自号大上皇帝。

案魏献文之禅位也，群公奏曰：“昔三皇之世，澹泊无为，故称皇，是以汉高祖既称皇帝，尊其父为大上皇，明不统天下。今皇帝幼冲，万机大政，犹宜陛下统之，谨上尊号大上皇帝。”其言颇合古义。吕氏未必知此；光既病笃，亦必不能更知政事；盖徒取皇帝、天王之称为尊卑之等差耳。

观吕纂、吕隆亦皆称天王，而隆追谥其父宝为文帝可见也。慕容云、冯跋亦称天王，盖亦以国小民寡，不敢自尊。慕容盛去皇帝之号，称庶人大王，庶人盖谓无爵，以知政事，故曰大王，则弥自贬损矣。

索虏非知故事者，而献文禅位时，群公之奏，顾颇合古义，盖臣虏士夫，知故事者尚多也。然虏终不免沐猴而冠。胡灵后之秉政也，追尊其母京兆郡君为秦大上君。及其父国珍死，追号为大上秦公，张普惠为谏议大夫，陈其不可。左右畏惧，莫敢为通。

会闻胡家穿圹，下有磐石，乃密表言之。大后览表，亲至国珍宅，集王、公、八坐、卿、尹及五品已上，博议其事。遣使召普惠，与相问答。然卒不用其言。孝庄之立，尊其考为文穆皇帝，庙号肃祖。妣为文穆皇后。将迁神主于大庙，以高祖为伯考。临淮王彧与吏部尚书李神俊表谏，不听。

时又尊其兄劭为无上王，寻遇害河阴，又追谥为孝宣皇帝。妻李氏为文恭皇后。彧又面谏，谓：“历寻书籍，未有其事。”帝不从，及神主入庙，复敕百官悉陪从，一依乘舆之式。彧上表，以为“爰自中古，迄于下叶，崇尚君亲，褒明功德，乃有皇号，终无帝名。今若去帝留皇，求之古义，少有依准”。又不纳。

胡三省曰：“自唐高宗以后，率多追谥其子弟为皇帝，作俑者魏敬宗也。”虏不足责，中国人亦因其失，则诚不免野哉之诮矣。前废帝之立，以魏为大魏，诏曰：“三皇称皇，五帝云帝，三代称王，迭冲挹也。自秦之末，竞为皇帝，忘负乘之深殃，垂贪鄙于万叶，今称帝已为褒矣，可普告令知。”盖亦以丧乱荐臻，故颇自贬损也。

周孝闵帝始篡魏，亦称天王。时则追尊考文公为王，妣为文后，至明帝武成元年八月，乃改天王称皇帝，追尊文王为帝。

《崔猷传》云：时依周礼称天王，又不建年号。猷以为世有浇淳，运有治乱，故帝王以之沿革，圣哲因时制宜。今天子称王，不足以威天下。请遵秦、汉称皇帝，建年号，朝议从之。盖时习以天王之称为卑于皇帝，后周制作，最为泥古，然卒不能变易世人之耳目，终不得不随之而变也。

宣帝之立，尊皇后为皇大后。阿史那氏，突厥木杆可汗女。又尊所生李氏为帝大后。静帝立，一称为大皇大后，一称为大帝大后。又称天元大皇后杨氏为皇大后，天大皇后朱氏静帝所生。为帝大后。盖亦以在位者为帝，帝之父为皇，正后系其夫所生系其子名之邪。

《抱朴子》有《诘鲍》之篇，载时人鲍敬言无君之论，而已驳之，其言在今日，已不足论，然亦可见其时好老、庄之书者之见地也。敬言之言曰："儒者曰：天生蒸民而树之君，岂其皇天谆谆言之，亦欲之者为之辞哉？夫强者陵弱，则弱者服之矣。知者诈愚，则愚者事之矣。服之故君臣之道起焉，事之故力寡之民制焉。然则隶属由争强弱而校愚知，彼苍天果无事也。"

又曰："天地之位，二气范物，乐阳则云飞，好阴则川处，各附所安，本无尊卑也。"此辟君臣之位出乎自然之说也。又曰："曩古之世，无君无臣。穿井而饮，耕田而食，日出而作，日入而息，泛然不系，恢尔自得。不竞不营，无荣无辱。川谷不通，则不相并兼。士众不聚，则不相攻伐。势利不萌，祸乱不作，干戈不用，城池不设。"

此言无君之世天下之晏然无患也。侈言君道之美者，每谓君之出令，乃所以使民获遂其生。

敬言则云："促辔衔镳，非马之性，荷轭运重，非牛之乐。穿本完之鼻，绊天放之脚，盖非万物并生之意？"治人者之所求，不过"役彼以养此"，"贵者禄厚，而民困矣"。

"下疲怨则知巧生"，乱之既作，乃以"忠义孝慈"救之，幸而有济，亦所谓"死而得生，不如乡无死"也，况乎"茅茨土阶，弃织拔葵"，不过"盗跖分财，取少为让"；其恩之及下，亦不过"陆处之鱼，相呴以沫"哉？

"关梁所以禁非，而猾吏因之以为非；衡量所以检伪，而邪人因之以为伪；大臣所以扶危，而奸臣恐主之不危；兵革所以靖难，而寇者盗之以为难"。

信乎"君臣既立，众慝日滋，而欲攘臂乎桎梏之间，愁劳于涂炭之中，犹辟滔天之源，激不测之流，而塞之以最壤，鄣之以指掌也"。

"桀纣穷骄淫之恶，用炮烙之虐，若令斯人，并为匹夫，性虽凶奢，安得施之？"

且夫"细人之争，不过小小，匹夫校力，亦何所至？无疆土之可贪；无城郭之可利；无金宝之可欲；无权柄之可竞；势不足以合徒众；威不足以驱异人；孰与王赫斯怒，陈师鞠旅，僵尸则动以万计，流血则漂卤丹野"哉？

此鲍生以世事之纷纭，举归咎于立君之大略也。其言善矣，然君臣之制，非孰欲立而立之也，其事亦出于自然。何策使之不作？既作矣，何道使之可替？于此无言，则论有君之弊，虽极深切著明，亦徒为空谈耳。

葛生诘鲍之辞，颇多拘墟之论，然亦有其可采者。如曰："远古质朴，盖其未变，譬彼婴孩，知慧未萌，非知而不为，欲而忍之。"

"有欲之性，萌于受气之初，厚己之情，著于成功之日，贼杀并兼，起于自然，必也不乱，其理何居？"

"橡芋可以生斗讼，藜藿[①]足用致侵夺。"则"私斗过于公战，木石锐于干戈"矣，作始也简，将毕也巨，乱源既伏，何计可止其迁流乎？

且也"古者生无栋宇，死无殡葬，川无舟楫之器，陆无车马之用；吞啖毒烈，以致殒毙；疾无医术，枉死无限。后世圣人，改而垂之，民到于今，受其厚惠。机巧之利，未易败矣"。

"大极浑沌，两仪无质"，固未若"玄黄剖判，七曜垂象，阴阳陶冶，万物群分"。

由斯言之，社会之开化，势固不可以已，昔贤心仪邃古之世人与人相处安和之美，疾后世之不仁，乃欲举物质之文明而并去之，岂不悖哉？然物质之文明，虽不可去，社会之组织，固未尝不可变，亦且不可不变，而昧者又欲并此而尼之，则其失，又二五之于一十也。

第二节　封建

晋初封建之制，及其时之人论封建之语，《晋书·地理志》云："古者有分土，无分民。若乃大者跨州连郡，小则十有余城，以户口为差降，略封疆之远近，所谓分民，自汉始也。"

案古之建国，本为理民，其后此意无存，而徒以封爵为荣禄，则终必至于此而后已。此亦欲藉封建为屏藩者，所以卒无所就也。斯时也，封君之朘取其民，诚不如古代之悉，然邑户粟米，尽归私室，徐陵食建昌，邑户送米至水次。仍有损于国计。故度支窘促之时，所以分其下者，亦不能厚。

《地理志》又云："江左诸国并三分食一。大兴元年，始制九分食一。"

《陈书·世祖高宗后主诸子传》云："江左自西晋相承，诸王开国，并以户数相差，为大小三品。武帝受命，自永定讫于祯明，惟衡阳王昌，特加殊宠，至五千户，其余大国不过二千户，小国千户而已。”盖为物力所限也。

以无治民之实，故王侯多不居其国，而朝聘之典亦浸荒。

《晋书·礼志》云：“魏制藩王不得朝觐。明帝时有朝者，皆由特恩，不得以为常。及泰始中，有司奏诸侯之国，其王公已下入朝者，四方各为二番，三岁而周。周则更始。若临时有故，却在明年。明年来朝之后，更满三岁乃复朝，不得违本数。不朝之岁，各遣卿奉聘。奏可。江左王侯不之国，其有受任居外，则同方伯、刺史、二千石之礼，亦无朝聘之制，故此礼遂废。”是其事也。

王侯兼膺方面之寄，似足以举屏藩之实，然西晋已事，徒成乱源；宋武欲以上流处诸子，亦开丧乱之端；其事皆已见前矣。齐世诸王，受祸尤酷。

《南史·齐武帝诸子传》：明帝遣茹法亮杀巴陵王子伦，子伦时镇琅邪城，有守兵，子伦英果，明帝恐不即罪，以问典签华伯茂，伯茂曰：“公若遣兵取之，恐不即可办，若委伯茂，一小吏力耳。”既而伯茂手自执鸩逼之，左右莫敢动者。

子伦整衣冠出受诏，谓法亮曰：“积不善之家，必有余殃。昔高皇帝残灭刘氏，今日之事，理数固然。”

举酒谓亮曰：“君是身家旧人，今衔此命，当由事不获已。此酒差非劝酬之爵。”因仰之而死。时年十六。法亮及左右皆流涕。

此盖当时之人，哀杀戮之甚，为此惨楚之辞，非必实录。如所记，子伦慷慨如此，何待伯茂执鸩逼之？故知《南史》此处，亦兼采两说也。然时制之极弊，则可想见矣。

李延寿论之曰：“齐氏诸王，并幼践方岳，故辅以上佐，简自帝心。劳旧左右，用为主帅。州国府第，先令后行。饮食游居，动应闻启。端拱守禄，遵承法度，张弛之要，莫敢厝言。行事执其权，典签掣其肘。处地虽重，行止莫由。威不在身，恩未接下。仓卒一朝，事难总集，望其释位扶危，不可得矣。

路温舒云：秦有十失，其一尚存，斯宋氏之余风，及在齐而弥弊。”然使诸王皆长大能自专，则又成梁世之祸矣。秉私心以定制，固无一而可哉！是时行事、典签，亦有因守正而为诸王所害者。

《南史·齐高帝诸子传》：长沙威王晃，为豫州刺史，每陈政事，辄为典签所裁，晃杀之。晃乃粗人，典签之裁之，未必不合于义。

又《梁武帝诸子传》：南康简王绩，子会理，为湘州刺史。多信左右。行事刘纳每禁之。会理心不平，证以臧货，收送建业。纳叹曰："我一见天子，使汝等知。"会理令心腹于青草湖杀之，百口俱尽。此则其曲必在会理矣。抑且不必会理所为也。大抵行事尚有正人，典签则多佞幸，故其弊更甚。

《江革传》：革为晋安王长史寻阳大守，行江州府事。徙庐陵王长史，大守行事如故。时少王行事，多倾意于签帅，革以正直自居，不与典签赵道智坐，道智因还都启事，面陈革惰事好酒，遂见代，可以见其一斑也。

《魏书·官氏志》云：皇始元年，始封五等。天赐元年，九月，减五等之爵，始分为四：曰王、公、侯、子，除伯、男二号。皇子及异姓元功上勋者封王。《北史·陆俟传》云：初尔朱荣欲循旧事庶姓封王，由是封子彰濮阳郡王，寻而诏罢，仍复先爵，则异姓封王之制久废。宗室及始蕃王皆降为公。诸公降为侯。侯、子亦以是为差。

于是封王者十人，公者二十二人，侯者七十九人，子者一百三人。王封大郡，公封小郡，侯封大县，子封小县。王第一品，公第二品，侯第三品，子第四品。延兴二年，五月，诏旧制诸镇将、刺史假五等爵及有所贡献而得假爵者，皆不得世袭。又云：旧制诸以勋赐官爵者，子孙世袭军号，大和十六年，改降五等，始革之，止袭爵而已。

《文献通考》云："元魏时封爵所及尤众。盖自道武兴于代北，凡部落大人与邻境降附者，皆封以五等，令其世袭，或赐以王封。中世以后，不缘功而封者愈多。

《程骏传》载献文崩，初迁神主于大庙，有司奏旧事庙中执事官例皆赐爵，今宜依旧。诏百寮详议，群臣咸以宜依旧事。骏独以为不可。

表曰：臣闻名器帝王所贵，山河区夏之重，是以汉祖有约，非功不侯，未闻与事于宗庙，而获赏于疆土。虽复帝王制作，弗相沿袭，然一时恩泽，岂足为长世之轨乎？书奏，从之，可见当时封爵之滥。

然高允在大武时以平凉州勋封汶阳子，至文成时，史言其为郎二十七年不徙官，时百官无禄，允第惟草屋，衣惟缊袍，食惟盐菜，恒使诸子采樵自给，则虽有受封之名，而未尝与之食邑。又道武以来，有建业公、丹阳侯、会稽侯、苍梧伯之类，此皆江南土地，可见当时五等之爵，多为虚封。

前史虽言魏制侯、伯四分食一，子、男五分食一，案《魏书·高祖纪》：大和十八年，十二月，诏王、公、侯、伯、子、男开国食邑者，王食半，公三分食一，侯、伯四分食一，子、男五分食一。然若真食五分之一，则不至如高允之贫。且受封丹阳、会稽、等处者，虽五分之一，亦于何取之乎？”

案《魏书·地形志》言：“魏自明、庄，寇难纷纠，攻伐既广，启土逾众，王公锡社，一地累封，不可备举，故总以为郡。”一地累封，食禄更于何取给？足证马氏所云之弊，至叔世而愈甚。

然《张普惠传》言：普惠为尚书右丞。时诏访冤屈，普惠上书言：“故尚书令臣肇，未能远稽古义，近究成旨，以初封之诏，有亲王二千户，始蕃一千户，二蕃五百户，三蕃三百户，谓是亲疏世减之法；又以开国五等有所减之言，以为世减之趣；遂立格奏夺，称是高祖遗意，仍被旨可。今诸王五等，各称其冤，七庙之孙，并讼其切，陈诉之案，盈于省曹，朝言巷议，咸云其苦。”

然则不给禄者乃汉人如高允之俦，彼其所谓亲戚、勋臣者，固未尝不朘我以生也，亦可见非我族类，其心必异矣。

周武帝保定二年，四月，诏曰：“比以寇难犹梗，九州未一。文武之官，立功效者，虽锡以茅土，而未及租赋。诸柱国等勋德隆重，宜有优崇。各准别制邑户，听寄食他县。”则初亦未能给禄也。

三年，九月，初令世袭州、郡、县者改为五等爵。州封伯，郡封子，县封男。此则以封建之名，去封建之实矣。

闵帝元年，正月，诏封李弼为赵国公，赵贵为楚国公，独孤信为卫国公，于谨为燕国公，侯莫陈崇为梁国公，中山公护为晋国公，邑各万户。

宣帝大象元年，五月，以洺州襄国郡为赵国，齐州济南郡为陈国，丰州武当、安富二郡为越国，潞州上党郡为代国，荆州新野郡为滕国，邑各一万户，令赵王招、陈王纯、越王盛、代王达、滕王逌并之国。

史论其事曰：大祖之定关右，日不暇给，既以人臣礼终，未遑藩屏之事。晋荡辅政，爰树其党。宗室长幼，并据势位，握兵权。虽海内谢隆平之风，而国家有磐石之固矣。高祖克翦芒刺，思弘政术。惩专朝之为患，忘维城之远图。外崇宠位，内结猜阻。自是配天之基，潜有朽壤之墟矣。宣皇嗣位，凶暴是闻。芟刈先其本枝，削黜遍于公族。虽复地惟叔父，亲则同生，文能附众，武能威敌，莫不谢卿士于当年，从侯服于下国。号为千乘，势侔匹夫。是以权臣乘其机，谋士因其隙，迁邑鼎速于俯拾，歼王侯烈于燎原。悠悠邃古，未闻斯酷。岂非摧枯拉朽易为力乎？”《周书·文闵明武宣诸子传论》。

周势之孤，诚如所论。然使武帝不能去其芒刺，周之乱，又宁俟静帝时乎？秉私心以定制，固无一而可哉？

第三节 官制

晋、南北朝之官制，盖承汉、魏而渐变。汉初官制，皆沿自秦，秦则沿自列国之世，不尽宜于统一之局，其后乃随事势而迁移，此自西京至南朝之末皆然。

拓跋氏起北方，其为部族时之规制。佛狸以降，模仿中国，稍有建置，实亦非驴非马。王肃北走，孝文用之，以定众职，则几与南朝无异矣。北齐因之。

后周大祖，以为汉、魏官繁，思法周礼。大统中，命苏绰掌其事。未成而绰卒，卢辩继之。依《周礼》建六官，置公、卿、大夫、士。并撰次朝仪，车服、器用，多依古礼，革汉、魏之法。于魏恭帝三年行之。其后世有损益。

此实不切于时务，故至宣帝嗣位，而内外众职，又用秦、汉以来之制焉。见《周书·文帝纪》魏恭帝三年及《卢辩传》。《辩传》云：先是已置六卿官，为撰次未成，众务犹归台阁，至是年毕，乃命行之。又《崔猷传》言：猷与卢辩创修六官。薛寘、裴政，亦尝参与其事，皆见本传。《武帝纪》：保定元年，正月，己巳，祠大庙，班大祖所述六官，盖至是而其制始大成也。

相国、丞相，自魏、晋以来，已非复寻常人臣之职。汉献帝建武十三年，置丞相，以魏武帝为之。文帝代汉，其官遂废。此后为之者，如晋之赵王伦、梁王肜、成都王颖、元帝、南阳王保、王敦、王导，宋南郡王义宣等，皆非寻常人臣。其为相国如晋景帝、宋武帝、齐高祖等，则篡夺之阶而已，齐世相国，与大宰、大保、大将军并为赠官。陈丞相、大傅、大司马，亦为赠官。

晋取《周官》之说，置大宰、以景帝讳，改大师为大宰。大傅、大保，而汉世三公之官仍存。大尉、司徒、司空。其大司马、大将军，汉世与大尉不并置者，汉灵帝末，以刘虞为大司马，而大尉如故，非恒典。至魏亦各自为官。

晋武帝即位之初，尝八公同时并置。而开府、仪同三司，骠骑、车骑、卫将军，伏波、抚军、都护、镇军、中军、四征、征东、征南、征西、征北。四镇、镇东、镇南、镇西、镇北。宋世又有安东、安南、安西、安北，谓之四安，平东、平南、平西、平北，谓之四平。龙骧、典军、上军、辅国等大将军，左、右光禄、光禄三大夫，开府者皆为位从公。

诸公及开府位从公者，皆得置官属，此实多费无谓，故自隋、唐以降，遂专以无官属之三师为荣宠也。后魏仿南朝之制，亦有三师、大师、大傅、大保。二大、大司马、大将军。三公、大尉、司徒、司空。特进、仪同、开府、左、右光禄、金紫、银青光禄及诸将军之号，以褒赏勋庸，而北齐因之。

孝庄初，拜尔朱荣为柱国大将军，位在丞相上。又拜大丞相、天柱大将军，而以元天穆为大宰，此亦非寻常人臣之职矣。

北齐乾明中，置丞相，河清中分为左、右。然赵彦深、元文遥、和士开同为宰相，皆兼侍中，则实权初不在是也。后周初置大冢宰。后置左、右丞相。大象二年，又以隋文帝为大丞相，而罢左、右丞相焉。

治理之权，实归台阁。尚书有令、仆。令职无不总，仆射副令，置二则为左、右仆射。令阙则左为省主。又与尚书分统诸曹。汉世尚书，虽有曹名，不以为号。灵帝以梁鹄为选部尚书，始见曹名。及魏，改选部为吏部，又有左民、客曹、五兵、度支，凡五曹尚书、二仆、一令为八坐。及晋，置吏部、三公、客曹、驾部、屯田、度支六曹。咸宁二年，省驾部。四年，又置。大康中，有吏部、殿中、五兵、田曹、度支、左民为六曹。惠帝世又有右民，尚书止于六曹，不知此时省何曹也。渡江有吏部、祠部、五兵、左民、度支五尚书。祠部尚书，常与右仆射通职，不恒置。宋高祖初增都官曹。其起部尚书，营宗庙宫室则置，事毕则省。

又有左、右丞，佐令、仆知省事。郎主作文书，分曹数十。魏世凡二十三，后为二十五。晋武帝时三十四，后为三十五。置郎二十三人，更相统摄。江左初十七，后十八，最后十五。宋初十九，后二十。梁二十二。下有都令史、令史等，分曹如尚书。

正始以降，俗尚玄虚，丞、郎以上，簿领文案，不复经怀，皆成于令史之手焉。姚察说。录则尚书权重者为之，不恒置也。尚书为庶政总汇，然自魏、晋以后，又不敌中书、门下之亲。

中书者，魏武帝为魏王，置秘书令、丞，以典尚书奏事。文帝代汉，改为中书。置监、令，以刘放、孙资为之。其后遂移魏祚。晋因之，各置一人。魏文帝又置通事郎，次黄门郎。黄门郎已署事过，通事乃署名。已署，奏以入，为帝省读书可。晋改曰中书侍郎。

晋初又置舍人及通事。江左令舍人通事，谓之通事舍人。掌呈奏案章。后省，以中书侍郎一人直西省，又掌诏命。宋初又置，而侍郎之任，遂浸轻焉。魏文之置中书令，秘书改令为监，以掌艺文图籍。

明帝大和中，置著作郎，隶中书省。晋武帝并秘书于中书，而著作之局不废。

惠帝复置秘书监，著作改隶焉。后别自置省，而犹隶秘书。郎一人，谓之大著作郎，专掌史任。又有佐著作郎八人。侍中之与机要，自宋文帝时始。侍中世呼为门下；给事黄门侍郎，与侍中俱管众事，世呼为小门下；遂以门下名其省。

散骑常侍者，秦置散骑，又置中常侍，汉东京省散骑，中常侍用宦者，魏黄初置散骑，合之于中常侍，是为散骑常侍。魏末又有在员外者，曰员外散骑常侍。晋武帝使二人与散骑常侍通员直，谓之通直散骑常侍。魏初又置散骑侍郎。晋武帝置员外散骑侍郎，元帝使二人与散骑侍郎通员直，谓之通直散骑侍郎。

自魏至晋，散骑常侍、侍郎与侍中、黄门侍郎共平尚书奏事，江左乃罢。给事中，西汉置，掌顾问应对。东汉省。魏世复置。奉朝请，本不为官。汉东京罢三公、外戚、宗室、诸侯，多奉朝请。晋武帝亦以宗室、外戚为奉车、驸马、骑三都尉而奉朝请焉。东晋罢奉车、骑二都尉，惟留驸马，诸尚主者为之，后遂沿为故事。

自散骑常侍以下，宋别为集书省，散骑侍郎、员外散骑侍郎、通直散骑侍郎，齐谓之直书省，而散骑常侍、员外、通直称东省官，其二卫、四军、四校、称西省官焉。魏、齐有中书、门下、集书、秘书诸省，设官略与南朝同。魏门下之官尤重，世呼侍中、黄门为小宰相。见《魏书·王慧龙传》。

尚书行台之制，起自魏末，晋文帝讨诸葛诞，散骑常侍裴秀、尚书仆射陈泰、黄门侍郎钟会等以行台从。

晋永嘉四年，东海王越率众许昌，亦以行台自随。后魏、北齐亦有之。

《隋书·百官志》云："行台在《令》无文。其官置令、仆射。其尚书、丞、郎，皆随权制而置员焉。其文未详。"行台兼统人事，自辛术始，见《北齐书》本传。留台之名，起自晋惠帝西迁时。置于洛阳，以总留事。

总众职者丞相，居列职者，则九卿一类之官也。自丞相之权，移于三省，而九卿亦浸失其职矣。魏世裴秀议改官制，以尚书三十六曹统事，准例不明，宜使诸卿任职。见《晋书》本传。

晋初刘颂上疏，言："秦、汉已来，九列执事，丞相都总，今尚书制断，诸卿奉成，于古制为重，事所不须。然今未能省并，可出众事付外寺，使得专之，尚书为其都统，若丞相之为。惟立法创制、死生之断、除名、流徙、退免大事，及连度支之事，台乃奏处。其余外官皆专断之。岁终，台阁课功校簿而已。于今亲掌者动受成于上，上之所失，不得复以罪下，岁终事功不建，不知所责也。”

荀勖议省官，亦谓九寺可并于尚书。皆可见九卿浸失其职：故其官亦时有省并。

晋世，大常、光禄勋、晋哀帝兴宁元年，并司徒，孝武帝宁康元年复置。尉卫、渡江省，宋孝建元年复置。大仆、渡江后或省或置，宋以来，郊祀权置执辔，事毕即省。廷尉、大鸿胪，江左有事权置，无事则省。宗正、晋哀帝省，并大常。大司农、晋哀帝省，并都水。孝武复置。少府、晋哀帝省，并丹阳尹。孝武复置。将作大匠、晋以来有事者置，无事则省。大后三卿、卫尉、少府、大仆，随大后宫为名，无大后则缺。大长秋，有后则置，无后则省。并为列卿。

宋、齐同。梁于诸名之下，皆加卿字。以大常、宗正、大司农为春卿，大府、少府、大仆为夏卿，卫尉、廷尉、大匠即将作大匠。为秋卿，光禄、即光禄勋。鸿胪、即大鸿胪。大舟都水使者，汉水衡之职。汉又有都水长、丞。东京省都水，置河堤谒者。魏因之。晋武帝省水衡，置都水使者，以河堤谒者为都水官属。江左省河堤谒者，都水置谒者六人。梁初称都水台，后改。为冬卿，北朝亦以大常、光禄、卫尉、宗正、大仆、廷尉、齐曰大理。鸿胪、司农、少府齐曰大府。为九卿，称为九寺。又有国子、长秋、将作三寺。又有昭玄寺，以掌诸佛教，亦有都水台之官。

自汉改御史大夫为司空，而中丞出外为台主，东京以后皆因之。其属官：有治书侍御史，汉宣帝所置也。见《秦汉史》第十八章第七节。魏又置治书执法，掌奏劾，而治书侍御史掌律令。晋惟置治书侍御史，与侍御史分掌诸曹。魏兰台遣二御史居殿中，伺察非法，晋遂置殿中侍御史，历代沿之。

魏、晋《官品令》，又有禁防御史；晋孝武大元中有检校御史，则其后无闻焉。符节御史，秦符玺令之职，汉因之，至魏别为一台。晋武帝省并兰台，置符节御史。梁、陈惟有符节令史而已。谒者，亦秦官，汉、魏因之，魏又置仆射，掌大拜授及百官班次，统谒者十人。

晋武帝省仆射，以谒者并兰台。汉世属光禄勋。江左复置仆射。后又省。宋大明中又置。魏、齐御史台，设官略同南朝，而谒者别为一台。

魏武帝为相，以韩浩为护军，史奂为领军。建安十二年，改为中领军、中护军。

文帝置领军将军，主五校、即汉世屯骑、步兵、越骑、长水、射声五校尉。中垒、武卫三营。护军将军，主武官选。隶领军，晋世不隶。

晋武帝省领军，使中军将军羊祜统二卫。晋文帝为相国，相府置中卫军，武帝受命，分为左、右。前、后、左、右、魏明帝时有左军将军，右及前、后，皆晋武帝置。骁骑骁骑、游击皆魏置，为内军。晋世以领、护、二卫、骁骑、游击为六军。七军，即领军之任也。祜迁罢，置北军中候。怀帝改曰中领军。

元帝永昌元年，省护军，并领军，改领军曰北军中候。寻复为领军。明帝大宁二年，复置护军。成帝世，领军又为北军中候。寻亦复焉。

魏、晋领、护各领营兵，江左以来，领军不复领营，但总统二卫、骁骑、游击诸营而已。资重者为领军护军将军，资轻者为中领军中护军。又有左、右中郎将，晋武帝省，宋大明中复置。虎贲中郎将，汉期门。冗从仆射，魏置。羽林监，汉有羽林中郎将，又有左右监，晋罢中郎将，又省一监。虎贲、冗从、羽林，是为三将。晋哀帝省。宋高祖复置，江右领营兵，江左则无。积射将军，强弩将军，晋大康十年，立射营、弩营，置积射、强弩将军主之。宋泰始后，多以军功得此官，无员。殿中将军，殿中司马督，晋武帝时，殿内宿卫，号曰三部司马，置此二官，分隶左右二卫。江右初员十人。孝武大元中改选，以门阀居之。宋高祖初，增为二十人。其后过员者谓之殿中员外将军、员外司马督。又其后并无复员。武卫将军，宋大明中置，代殿中将军之任。武骑常侍，宋大明中置。皆以分司丹禁，侍卫左右。

梁天监六年，置左右骁骑、左右游击将军。改旧骁骑曰云骑，游击曰游骑。又置朱衣直阁将军，以经方牧者为之。此外诸号将军甚多，皆无复统驭，《晋书·王廙传》：弟子彪之上议，谓无兵军校，皆应罢废。实即后世之武散官也。散官之名始于隋，古但不任事而已，非徒以为号。

宋、齐、梁、陈诸九品官，皆以将军为品秩，谓之加戎号。梁武帝以其高下舛杂，命加厘定。于是有司奏置百二十五号将军，备其班品，叙于百司之外焉。魏、齐禁卫设官，略同南朝。亦有诸号将军，无所统驭。柱国之职，后亦为散秩，如后世之勋官矣。

东宫官，汉世分属二傅及詹事。后汉省詹事，悉属少傅。晋武帝泰始三年，建大子大傅、少傅，事无大小皆属焉。

咸宁元年，以杨珧为詹事，二傅不复领官属。及珧为卫将军，领少傅，省詹事，惠帝元康元年复置，愍、怀建官，乃置六傅，通省尚书事。詹事文书，关由六傅。永康中，复不置詹事。

大安已来，置詹事。终孝怀之世。渡江后有大傅、少傅，不立师、保。王国：晋世置师、友、文学。师即傅也，景帝讳，故改师为傅。宋世复为师。改大守为内史。有中尉以领军。此外设官尚多。公、侯已下递损焉。北朝，东宫亦置六傅及詹事。王国置师一人。余官亦略同南朝。

司隶校尉，历东京、魏、晋不替，渡江乃罢。州置刺史；郡置大守，京师所在则曰尹，王国以内史掌大守之任；县大者曰令，小者置长，为国者为相；历代皆同。

魏、齐于司州，周于雍州，亦皆置牧。魏于代、河南，齐于清都，周于京兆皆置尹。魏州、郡、县皆分上中下，齐则于上中下之中，又分上中下，凡九等。周以户数为差。州分户二万已上，二万已上，一万已上，五千已上。郡分一万五千已上，一万已上，五千已上，一千已上，一千已下。县分七千已上，四千已上，二千已上，五百已上，五百已下。属官、佐史，皆随高下而异其员数。

魏旧制缘边皆置镇都大将，统兵备御，与刺史同。城隍、仓库，皆镇将主之。

北齐亦有三等镇、戍，各置镇将、戍主。此则专以兵力控扼为重者也。《魏书·韩茂传》：子均。广阿泽在定、相、冀三州之界，土广民希，多有寇盗，乃置镇以静之。以均在冀州，劫盗止息，除广阿镇大将，加都督三州诸军事。

晋、南北朝官制之弊，莫如刺史之握兵。《宋书·百官志》云："持节都督，无定员。前汉遣使，始有持节。

"光武建武初，征伐四方，始权时置督军御史，事竟罢。建安中，魏武帝为相，始遣大将军督军，二十一年征孙权还夏侯惇督二十六军是也。魏文帝黄初二年，始置都督诸州军事，或领刺史。三年，上军大将军曹真都督中外诸军事，假黄钺，则总统内外诸军矣。明帝大和四年，晋宣帝征蜀，加号大都督。高贵乡公正元二年，文帝都督中外诸军。寻加大都督。晋世则都督诸军为上，监诸军次之，督诸军为下。使持节为上，持节次之，假节为下。使持节得杀二千石以下，持节杀无官位人，若军事得与使持节同，假节惟军事得杀犯军令者。

江左以来，都督中外尤重，惟王导居之。以上《晋志》同。此句作“惟王导等权重者居之。”宋氏人臣则无也。江夏王义恭假黄钺，假黄钺则专戮节将，非人臣常器矣。

《齐书·百官志》云：“魏、晋世州牧隆重，刺史任重者为使持节都督，轻者为持节督。起汉顺帝时御史中丞冯赦讨九江贼，督扬、徐二州军事。而何、徐《宋志》云：起魏武遣诸州将督军；王珪之《职仪》云：起光武，并非也。晋大康中，都督知军事，刺史治民，各用人。惠帝末乃并任。非要州则单为刺史。”

案都督缘起，二说俱可通，不必深辩。晋初羊祜督荆州，别有刺史羊肇；王浑督扬州，别有刺史应绰；其后王浚督幽州，亦别有刺史石堪，皆都督刺史分职之证。然兼二职者究多，故刺史亦称州将。《通鉴》齐东昏侯永元二年《注》。

《晋书·温峤传》：峤代应詹为江州刺史，镇武昌。陈“古镇将多不领州，宜选单车刺史，别抚豫章，专理黎庶”。能言此者盖寡矣。其时州郡之增置日广，镇将之所督，亦即随之而增。然亦间有都督不兼州，如纪瞻以镇东将军长史加扬威将军都督京口以南至芜湖诸军事，非刺史。又有于某州但督其数郡者；而曰都督，曰监，曰督，曰使持节，曰持节，曰假节，权限亦各有不同。如檀道济监南徐、兖之江北、淮南诸郡军事，南兖州刺史，又都督江州之江夏，豫州之曲阳、新蔡、晋熙四郡诸军事，江州刺史。诸史皆各如其事书之。

《南》《北史》但曰某州刺史加都督，或曰都督某州刺史，而于所督不复详书，则求简而失其实矣。

周明帝武成元年，初改都督诸州军事为总管。自此史文但云某州总管，不云刺史。然齐王宪除益州总管益、宁、巴、卢等二十四州诸军事益州刺史，则但改都督之名为总管，而其责任初未尝异。《北史》亦间有全书者，如《长孙俭传》：授总管荆、襄等五十二州诸军事，行荆州刺史，转陕州总管七州诸军事陕州刺史是也。

以所任州冠于总管之上，但云某州总管，亦取文辞之简，而非当日结衔本然也。隋有扬、并、益、荆四大总管，又诸总管皆以某州为名，如蜀王秀以益州刺史总管二十四州诸军事，则其例仍与周同。《尉迟敬德碑》云：授襄、郡、邓、析、唐五州都督襄州刺史，贬使持节都督并、蔚、岚、代四州诸军事并州刺史，则唐制亦与隋同也。以上兼采《十七史商榷》《廿二史考异》。刺史握兵，易致疏于政事；本以武人为之者，尤偃蹇不易驾御；其弊不可胜穷。

《北齐书·高隆之传》云：魏自孝昌已后，天下多难，刺史大守，皆为当部都督，虽无兵事，皆立佐寮，所在颇为烦扰。隆之表请：自非实在边要：见有兵马者，悉皆断之。则有握兵之名者，已足扰民，而有其实者无论矣。

《通鉴》：晋安帝义熙二年，正月，魏主珪如豺山宫。诸州置三刺史，郡置三大守，县置三令长。刺史、令、长，各之州、县，大守虽置而未临民。功臣为州者，皆征还京师，以爵归第。此事他处不见，盖行之未久？《魏书·官氏志》云：自大祖至高祖初，内外百官，屡有减置，或事出当时，不为恒目。

淮北之亡，虏于东兖、东徐及冀州，皆并置两刺史，盖一以资镇慑，一以事抚绥；大守并不临民，则徒资其荣禄；疑当时三人并置，其意亦如此也。薛安都为伪雍、秦二州都统，州各有刺史，都统总其事。以军御政，亦犹南朝都督攘刺史之权也。

州、郡、县之增置，晋、南北朝，可云最剧。其原因，盖有由于控扼要重，户口滋殖，蛮夷乡化，政理殷繁者，如汉末及三国，多以诸部都尉为郡是也。《宋书·百官志》。

然其大端，则实由丧乱荐臻，人民荡析离居之故。盖斯时一统未久，属人之治犹盛，属地之义未昌，人民之转徙异地者，不得不别设官司以抚绥之，招徕之，而侨置之事多矣。

如康绚，本华山蓝田人。祖穆，宋永初中，举乡族三千余家入襄阳之岘南。宋为置华山郡蓝田县，以穆为秦、梁二州刺史。未拜卒。绚世父元隆，父元抚，并为流人所推。相继为华山大守。绚在齐世，亦除华山大守。此流人来归，即用其酋豪设郡县以抚之者也。

寇赞上谷人，因难徙冯翊万年。姚泓灭，秦、雍人千余家推赞为主，归魏拜绥远将军魏郡大守。其后秦、雍之民，来奔河南、荥阳、河内，户至数万，拜赞安远将军南雍州刺史轵县侯，治于洛阳，立雍州之郡县以抚之。由是流民褓负，自远而至，参倍于前。此抚其已至，兼以招其未来者也。

《宋书·诸志总序》云："魏、晋已来，迁徙百计。一郡分为四五，一县割成两三。或昨属荆、豫，今隶司、兖。朝为零、桂之士，夕为庐、九之民。去来纷扰，无暂止息。版籍为之浑淆，职方所不能记。自戎狄内侮，有晋东迁，中土遗氓，播迁江外，莫不各树邦邑，思复旧井。既而民单户约，不可独建。故魏邦而有韩邑，齐县而有赵民。且省置交加，日回月徙。寄寓迁流，迄无定托。邦名邑号，难或详书。”

可见斯弊，由来已久。然终以错杂为忧，则仍鲜治理之便矣。此土断之所以亟。张普惠省减郡县，史称宰守因此绾摄有方，奸盗不起，民以为便，可见侨置之有害于治理也。南北分张，此弊弥甚。

《魏书·韩麒麟传》：子显宗上言：“自南伪相承，窃有淮北，欲擅中华之称，且以招诱边民，故侨置中州郡县。皇风南被，仍而不改。凡有重名，其数甚众。”

《北齐书·文宣帝纪》：天保七年，十一月，诏曰：“魏自孝昌已来，豪家大族，鸠率乡部，托迹勤王，规自署置。或外家公主，女谒内成，昧利纳财，启立州郡。牧、守、令、长，虚增其数。求功录实，谅足为烦。损害公私，为弊殊久。且五岭内宾，三江回化。要荒之所，旧多浮伪。百室之邑，便立州名，三户之民，空张郡目。譬诸木犬，犹彼泥龙。今所并省，一依别制。”

于是并省三州、一百五十三郡、五百八十九县、三镇、二十六戍云。《通鉴》：梁武帝大同五年，十一月，朱异奏：“顷来置州稍广，而小大不伦。请分为五品。其位秩高卑，参僚多少，皆以是为差。”诏从之。于是上品二十州，次品十州，次品八州，次品二十三州，下品二十一州。

时上方事征伐，恢拓境宇。北逾淮、汝，东距彭城，西开牂牁，南平俚洞，纷纶甚众、故异请分之。其下品皆异国之人，徒有州名，而无土地。或因荒徼之民所居村落，置州及郡、县。刺史、守、令，皆用彼人为之。尚书不能悉领。山川险远，职责罕通。五品之外，又有二十余州，不知处所。凡一百七州。又以边境镇戍，虽领民不多。欲重其将帅，皆建为郡。或一人领二三郡大守。州郡虽多，而户口日耗矣。观此文，知齐文宣之诏，非过甚之辞也。

《晋书·傅玄传》：玄子咸上言：“旧都督有四，今并监军，乃盈于十。夏禹敷土，分为九州，今之刺史，几向一倍。户口比汉，十分之一，而置郡县更多。”晋初以是为病，况于南北朝之末？魏道武罢户不满百之县，《本纪》天赐元年。而后周以户数秩郡县，县下者亦不盈五百而已。奚啻十羊九牧哉？

外官僚属：郡、县各有旧俗，分曹往往不同。吏、卒皆有定员，视户口多少为差。晋初尝议省州、郡、县半吏，以赴农功。《晋书·荀勖传》。

苏绰六条诏书曰：“善官人者必先省其官。官省则善人易充，善人易充，则事无不理。官烦则必杂不善之人，杂不善之人，则政必有得失。故语曰：官省则事省，事省则民清，官烦则事烦，事烦则民浊。案今吏员，其数不少。昔民殷事广，尚能克济，况今户口减耗，依员而置，犹以为少？如闻在下州郡，尚有兼假。扰乱细民，甚为无理。悉宜罢黜，无得习常。”观此，知吏员虽云依户口而定，实未必能遵行也。

《晋志》云：县五百已上皆置乡。三千已上置二乡，五千已上置三乡，万已上置四乡。乡置啬夫一人。县率百户置里吏一人。其土广人希，听随宜置。里吏限不得减五十户。此等制度，宋、齐、梁、陈，度当沿之。

《魏书·大武五王传》：临淮王谭曾孙孝友表言：“今制百家为党族，二十家为闾，五家为比邻。百家之内，有帅二十五，征发皆免，苦乐不均。羊少狼多，复有蚕食。此之为弊久矣。京邑诸坊，或七八百家，惟一里正二史，庶事无缺，而况外州？请百家为四闾，闾二比。计族有十二丁，得十二疋赀绢。略计见管之户，应二万余族，一岁出赀绢二十四万疋，十五丁出一番兵，计得一万六千兵。此富国安人之道也。”

《隋书·食货志》：北齐河清三年定令，命人居十家为比邻，五十家为闾里，百家为族党，较魏制实省十二丁，即孝友之志也。苏绰六条之诏，谓“正长者治民之基，基不倾者上必安。党族、闾里，皆当审择，各得一乡之选，以相监统。”然暴政亟行之世，在上者之诛求愈烈，则在下者之困辱愈增，而其自视卑而不得有所为也亦愈甚。

刘曜为石勒所获，北苑市三老孙机上书求见曜，见《晋书·曜载记》。尚有新城三老遮说汉王，壶关三老上书讼戾太子之遗风，后此则无闻矣。

《魏书·高祖纪》：大和十一年，十月，诏曰：“孟冬十月，民间岁隙，宜于此时，导以德义。可下诸州：党里之内，推贤而长者，教其里人。”未尝不欲复前代之遗规，然其效卒不可睹也。

《北史·魏宗室传》：河间公齐之孙志，为洛阳令。员外郎冯俊，昭仪之弟，恃势恣挝所部里正。志令主史收系，处刑除官。由此忤旨，左迁大尉主簿。辇毂之下，里正之见陵如此，况其远者乎？

都邑之地，豪猾所萃，则击断之治尚焉。《晋志》：县皆置方略吏四人，而洛阳置六部尉。江左以后，建康亦置六部尉。余大县置二人，次县、小县各一人。此指方略吏言。《宋志》云：大祖元嘉十五年，县小者又省之。鄴、长安置吏如三千户以上之制。此等制度，历代亦当略同也。北朝尚击断尤甚。《魏书·甄琛传》：琛迁为河南尹。表言："国家居代，患多盗窃。世祖广置主司、里宰，皆以下代令、长及五等散男有经略者为之，又多置吏士，为其羽翼，崇而重之，始得禁止。迁都已来，天下转广。四远赴会，事过代都。五方杂沓，难可备简。寇盗公行，劫害不绝。此由诸坊混杂，厘比不精，主司暗弱，不堪检察故也。里正乃流外四品，职轻任碎，多是下才，人怀苟且，不能督察。故使盗得容奸，百赋失理。边外小县，所领不过百户，而令、长皆以将军居之。京邑诸坊，大者或千户、五百户；其中皆王公、卿尹，贵势、姻戚，豪猾仆隶，荫养奸徒，高门邃宇，不可干问；又有州郡侠客，荫结贵游，附党连群，阴为市劫。比之边县，难易不同。请取武官中八品将军已下，干用贞济者，以本官俸恤，领里尉之任，各食其禄。高者领六部尉，中者领经途尉，下者领里正。不尔，请少高里尉之品，选下品中应迁者为之。"

诏曰："里正可进至勋品，经途从九品，六部尉正九品。诸职中简取，何必须武人也？"琛又奏以羽林为游军，于诸坊巷司察盗贼。于是京邑清静，至今踵焉。

《高崇传》：子谦之，为河阴令。旧制，二县令得面陈得失。时佞幸之辈，恶其有所发闻，遂共奏罢。

谦之乃上疏曰："豪家支属，戚里亲媾，缧绁所及，举目多是。皆有盗憎之色，咸起怨上之心。县令轻弱，何能克济？先帝昔发明诏，得使面陈所怀。臣亡父先臣崇之为洛阳令，常得入奏是非。所以朝贵敛手，无敢干政。乞新旧典，更明往制。"崇奏在胡灵后时。此皆可见都邑之难治也。

北齐制：鄴令领右部、南部、西部三尉，又领十二行经途尉。凡一百三十五里，里置正。临漳领左部、东部二尉。左部管九行经途尉。凡一百一十四里，里置正。成安领后部、北部二尉。后部管十一行经途尉。七十四里，里置正。

刺史之设，本所以资巡察，其后浸成疆吏，则司巡察者又别有其人，此亦犹明代于巡按之外，复遣巡抚也。

《宋书·礼志》，谓古者巡守之礼，布在方策。秦、汉、曹魏，犹有巡幸之事，至晋世巡守遂废。引武帝泰始四年诏，谓："古之王者，以岁时巡守方岳，其次则二伯述职，不然则行人巡省，撢人诵志。今使使持节侍中副给事黄门侍郎，衔命四出，周行天下。亲见刺史、二千石长吏，申喻朕心恳诚至意。访求得失损益诸宜。观省政治，问人间患苦。还具条奏，俾朕昭然，鉴于幽远，若亲行焉。”

下叙宋武帝永初元年遣使，文帝元嘉四年、二十六年东巡之事，其视之犹甚重。然克举其实者似鲜。其事亦仅间有之。如宋元嘉三年、九年、三十年，明帝泰始元年，皆尝遣使。北朝则高宗大安元年，高祖延兴二年，大和八年、十四年，皆尝遣使。孝静帝天平二年，齐献武王以治民之官，多不奉法，请送朝士清正者，州别遣一人问疾苦。周武帝建德五年遣使，诏意亦颇重视，皆见《纪》。

至齐孝武，征求急速，以郡县迟缓，始遣台使，则擅作威福，其弊无穷，详见《齐书·竟陵王子良传》。后人所由訾遣使纵横，本非令典也。

晋武帝访王浑以元会问郡国计吏方俗之宜。浑言：“旧侍中读诏，诏文相承已久，非留心方国之意。请令中书，指宣明诏，不复因循常辞。又先帝时正会后东堂见征、镇长史、司马，诸王国卿，诸州别驾。今若不能别见，可前诣轩下，使侍中宣问，以审察方国。”其视之意亦甚重。然后亦浸成具文。北齐尚有其礼，见《隋书·礼仪志》。

晋武帝泰始三年，尝诏郡、国守、相，三载一巡行属县。然范宁为豫章大守，欲遣十五议曹下属城采求风政，并吏假还讯问长吏得失，而徐邈与书，谓：“非徒不足致益，乃是蚕渔所资。”“自古已来，欲为左右耳目者，无非小人。”则虽守、相，欲明目达聪，犹不易也，况天朝乎？

晋武帝置南蛮校尉于襄阳，西戎校尉于长安，南夷校尉于宁州。元康中，护羌校尉后汉官。为凉州刺史，西戎校尉为雍州刺史，南蛮校尉为荆州刺史。江左初，省南蛮校尉。寻又置于江陵。改南夷校尉曰镇蛮校尉。及安帝时，于襄阳置宁蛮校尉。以授鲁宗之。宋世祖孝建中，省南蛮校尉。齐建元元年复置。三年省。延兴元年置。建武省。护三巴校尉，宋置。建元二年，改为刺史。平蛮校尉，永平三年置，隶益州。护匈奴、羌戎、蛮夷、越四中郎将，晋武帝置，或领刺史，或持节为之。武帝又置平越中郎将，居广州，主护南越。

官品之制，盖始曹魏？故《通典》叙魏官，皆明列品第。《宋书·百官志》备列九品之官，谓其定自晋世，晋殆亦沿之于魏也？晋初限田及衣食客、佃客，皆以官品差多少。《隋书·经籍志》职官门，梁有徐宣瑜《晋官品》一卷。

梁武帝天监初，命尚书郎蔡法度定令为九品。至七年革选，徐勉为吏部尚书，又定为十八班。以班多为贵。将军叙于百司之外，分十品、二十四班。《南史·勉传》云：天监初，官名互有省置。勉撰立选簿，有诏施用。其制开九品为十八班。自是贪冒苟进者，以财货取通，守道沦退者，以贫寒见没。则班盖为选举而设。陈亦分十八班。皆见《隋志》。元魏九品，皆分正从，一品之中，复析为上中下，则一品而分为六矣。

大和二十三年，高祖次《职令》，世宗颁行之。四品已下，正从各分上下阶，一品犹析为四。北齐因之。周卢辩依《周礼》定官制，内外皆分九命，以多为贵，实亦九品也。《周书·文帝纪》：魏废帝三年，正月，始作九命之典，以叙内外官爵。以第一品为九命，第九品为一命。改流外品为九秩，亦以九为上。

《宋志》所载，杂流技术，亦皆入品。至陈世则《隋志》云：官有清浊，又有流外七班，寒微之人为之。

《魏书·刘昶传》载高祖临光极堂大选，亦言八族已上，士人品第有九，九品之外，小人之官，复有七等云。

官禄：《晋志》惟载诸开府位从公、食奉日五斛。大康二年，又给绢，春百匹，秋绢二百匹，绵二百斤。元康元年，给菜田十顷，驺十人。立夏后不及田者，食奉一年。特进、食奉日四斛。绢春五十匹，秋百五十匹，绵一百五十斤。菜田八顷，驺八人。光禄大夫、奉日三斛，绢春五十匹，秋百匹，绵百斤。菜田六顷，驺六人。尚书令、奉月五十斛，绢春三十匹，秋七十匹，绵七十斤。菜田六顷。驺六人。大子二傅同光禄大夫。五官。宋、齐、梁、陈，史皆不载。

北齐之制，见于《隋志》。齐制多循后魏，盖魏亦如是也。《通鉴》陈宣帝大建七年《注》，即以此为魏、齐之制。其制：

官一品，每岁禄八百匹，二百匹为一秩。从一品，七百匹，一百七十五匹为一秩。

二品六百匹，一百五十匹为一秩。从二品五百匹，一百二十五匹为一秩。

三品四百匹，一百匹为一秩。从三品三百匹，七十五匹为一秩。

四品二百四十匹，六十匹为一秩。从四品二百匹，五十匹为一秩。

五品一百六十匹，四十匹为一秩。从五品一百二十匹，三十匹为一秩。

六品一百匹，二十五匹为一秩。从六品八十匹，二十匹为一秩。

七品六十匹，十五匹为一秩。从七品四十匹，十匹为一秩。

八品三十六匹，九匹为一秩。从八品三十二匹，八匹为一秩。

九品二十八匹，七匹为一秩。从九品二十四匹，六匹为一秩。

禄率一分以帛，一分以粟，一分以钱。事繁者优一秩，平者守本秩，闲者降一秩。长兼、试守者，亦降一秩。官非执事、不朝拜者，皆不给禄。

又自一品已下，至于流外、勋品，各给事力。一品至三十人。下至流外、勋品，或以五人为等，或以四人、三人、二人、一人为等。繁者加一等，平者守本力，闲者降一等。

州、郡、县制禄之法：刺史、守、令下车，各前取一时之秩。上上州刺史，岁秩八百匹，与司州牧同，上中、上下，各以五十匹为差。中上降上下一百匹。中中及中下，亦以五十匹为差。下上降中下一百匹。下中、下下，亦各以五十匹为差。

上郡大守，岁秩五百匹，降清都尹五十匹。上中、上下，各以五十匹为差。中上降上下四十匹。中中及中下，各以三十匹为差。下上降中下四十匹。下中、下下，各以二十匹为差。上上县，岁秩一百五十匹，与邺、临漳、成安三县同。上中、上下，各以十匹为差。中上降上下三十匹。中中及中下，各以五匹为差。下上降中下二十匹。下中、下下，各以十匹为差。

州自长史已下，逮丁史吏，郡县自丞已下，逮于掾佐，亦皆以帛为秩。郡有尉者减丞之半。皆以其所出常调课之。其镇将、戍主、军主副、幢主副，逮于掾史，亦各有差。

诸州刺史、守、令已下，干及力皆听敕乃给。其干出所部之人，一干输绢十八匹，干身仿之。力则以其州、郡、县白直充。卢辩之制：下士一命。一百二十五石。中士再命。已上，至于上大夫上士三命，下大夫四命，中大夫五命，上大夫六命。各倍之。上大夫是为四千石。卿七命。二分，孤八命。三分，公九命。四分各益其一。

公因盈数为万石。其九秩一百二十石，八秩至于七秩，每二秩六分而下各去其一，二秩俱为四十石。凡颁禄，视年之上下。亩至四釜为上年，上年颁其正。三釜为中年，中年颁其半。二釜为下年，下年颁其一。无年为凶荒，不颁禄。

魏初百官无禄，读史者或以为异闻。然周制凶荒便不颁禄，与魏初亦何以异？历代丧乱之际，减禄或不颁禄者甚多，又不独一周世。《晋书·武帝纪》：泰始三年，九月，议增吏奉，赐王公已下帛有差。咸宁元年，又以奉禄薄，赐公卿已下帛有差。可见前此奉禄甚薄，是时虽增，亦不为厚。

《简文帝纪》：咸安二年，三月，诏曰："往事故之后，百度未充，群僚常奉，并皆寡约。今资储渐丰，可筹量增奉。"是东渡之初，又曾减于西都也。孝武帝大元四年，三月，诏以“年谷不登，百姓多匮，九亲供给，众官廪奉，权可减半。”

据《简文三子传》，是时司徒已下，仅月禀七升，则又不止于减半巳。宋文帝元嘉之治，见称江左，而二十七年二月，以军兴减百官奉三分之一。三月，淮南大守诸葛阐求减奉禄，同内百官，于是州及郡、县丞、尉，并悉同减。至孝武帝大明二年，正月，乃复郡县田秩，并九亲禄奉。

《齐书·武帝纪》：永明元年，正月，诏曰：“守宰禄奉，盖有恒准。往以边虞，沿时损益。今区宇宁宴，郡、县丞、尉，可还田秩。”则齐初又尝以兵事减外官奉，北魏班禄，始于大和八年，而及十九年，《纪》即言其减闲官禄以裨军国之用。

《于忠传》云：大和中，军国多事。高祖以用度不足，百官之禄，四分减一。忠既擅权，欲以自固，乃悉归所减之禄？则又不仅闲官。

《北史·齐本纪》，于文宣篡位后书：自魏孝庄已后，百官绝禄，至是复给焉，则其末造又尝无禄也。

盖行政经费，本在禄奉之外；而服官者当任职之时，随身衣食，悉仰于官，古人亦视为成法；则无禄者亦不过无所得耳，原不至不能自给，此凶荒之所由可绝禄也。郡县之官，取诸地方者，送迎之费为大。

《晋书·虞预传》：太守庾琛，命为主簿。预上记陈时政所失，曰：“自顷长吏，轻多去来。送故迎新，交错道路。受迎者惟恐船马之不多，见送者惟恨吏卒之常少。穷奢极费，谓之忠义，省烦从简，呼为薄俗。转相仿效，流而不反。虽有常防，莫肯遵修。加以王途未夷，所在停滞，送者经年，永失播殖。一夫不耕，十夫无食，况转百数，所妨不訾？愚谓宜勒属县：令、尉去官者，人船、吏侍，皆具条列，到当依法减省，使公私允当。”

曰有常防而莫肯遵修，欲使条列而为之减省，则因之为利，虽云贪黩，资以去来，原非违法，故《隋志》所载：梁世郡县吏有迎新送故之员，各因其大小而置；陈世郡县官之任、代下，有迎新送故之法，并以定令；可裁之以正而不能径去也。汉世黄霸，即以长吏数易，送故迎新。公私费耗为病。

《南史·恩幸传》云：晋、宋旧制，宰人之官，以六年为限。近世以六年过久，又以三周为期，谓之小满。而迁换去来，又不依三周之制。送故迎新，吏人疲于道路。

《魏书·高祖纪》：延兴二年十二月诏，亦以“官以劳升，未久而代，送故迎新，相属于路”为病。然此自迁代大数，送迎所费大多为之，于法、于理，之任、代下者，原不能令其自筹川费也。

居官时之所资，《齐书·豫章王嶷传》言之，曰：宋氏已来，州郡秩奉及供给，多随土所出，无有定准。嶷上表曰：

伏寻郡县长、尉，奉禄之制，虽有定科，其余资给，复由风俗。东北异源，西南各绪，习以为常，因而弗变。缓之则莫非通规，证之则靡不入罪。

臣谓宜使所在，各条公用。公田秩石，迎送旧典之外，守、宰相承，有何供调，尚书精加洗核，务令优衷。事在可通，随宜开许。损公侵民，一皆止却。明立定格，班下四方，永为恒制。

从之。此所谓其余资给，盖即后世之陋规。取之者虽或损公侵民，循其本原所以供公用，故亦可洗核而不可禁绝也。

《齐书·王秀之传》：出为晋平大守。至郡期年，谓人曰：“此邦丰壤，禄奉常充。吾山资已足，岂可久留，以妨贤路？”遂上表请代。夫曰丰壤禄奉常充，则瘠土有不给者矣。此亦所谓各由风俗者欤？

《南史·范云传》：迁零陵内史。旧政公田奉米之外，别杂调四千石。及云至郡，止其半。百姓悦之。此盖本供公用而浮取之者，能去其浮取之额，则为贤者矣。

《梁书·良吏传》：伏暅为东阳大守。郡多麻苎，家人乃至无以为绳。

《北齐书·裴让之传》：弟谳之，为许昌大守。客旅过郡，出私财供给，民间无所豫。是则当时守、令，日用交际，悉出民间。此似为非法，然禄既薄矣，不于此取之，将安取之？此亦未违随身衣食，悉仰于官之义。

朱修之为荆州刺史，去镇之日，计在州然油及私牛马食官谷草，以私钱六十万偿之。褚玠为山阴令，在任岁余，守奉禄而已，去官之日，不能自致，留县境种菜自给。俭不可遵，转未免贤知之过也。特资用不由官给而由自筹，因之贪取者必众，故以立法论则究非良规。

北魏崔宽，拜陕城镇将，诱接豪右，宿盗魁帅，得其忻心。时官无禄力，取给于民。宽善抚纳，招致礼遗，大有受取，而与之者无恨。此已为非道。

若《南史·宗元饶传》言：合州刺史遣使就渚敛鱼，又令人于六郡丐米；《梁书·宗室传》言：益州守、宰、丞、尉，岁时乞丐，躬历村里：则更不成事体矣。令长为真亲民之官，故其所取，皆在民间。若州郡则有更取之于县者。

《朱修之传》言其刺荆州时，百城贶赠，一无所受，可见时以有所受为常。

《南史·傅昭传》言：昭迁临海大守，县令尝饷粟，置绢于簿下，昭笑而遣之，此亦必非独饷昭者也。

侯景之乱，京官文武，月别惟得廪食，多遥带一郡县官而取其禄，《隋书·食货志》。则京官取资于外前世又早启其端矣。外官禄奉供给，取诸地方，盖随土所出，无画一之法。即内官亦或诸物杂给，但以钱论直。

《梁书·武帝纪》：大通元年，五月，诏曰："百官奉禄，本有定数。前代以来，皆多平准。顷者因循，未遑改革。自今已后，可长给见钱。依时即出，勿令逋缓。"

盖用实物者，平准或难优衷，故欲革其弊也。其给田者，亦病敛获之时，不能与在任之日相应。

《宋书·良吏阮长之传》言：时郡县田禄，以芒种为断，此前去官者，则一年秩禄，皆入前人，此后去官者，则一年秩禄，皆入后人。元嘉末始改此科，计月分禄。此皆沿用实物之弊也。

《隋书·苏孝慈传》云：先以百寮供费，台、省、府、寺，咸置廨钱，收息取给，孝慈以为官民争利，非兴化之道，上表请罢之。请公卿已下，给职田各有差。廨钱之制，当亦沿自南北朝时。盖许其回易，非如后世之存商取息，故以与民争利为病也。

第四节　选举

晋、南北朝选法，最受人诋諆者，九品中正之制也。《三国·魏志·陈群传》云：文帝即王位，徙为尚书，制九品官人之法，群所建也，则其制实始汉末。

魏时，弊即大著，夏侯玄极言之。晋初，刘毅、卫瓘、段灼、李重等又以为言。皆见《三国志》、《晋书》本传：然其制迄未能废。北朝亦仿之。至隋乃罢。《梁书·敬帝纪》：大平二年，正月，诏诸州各置中正，依旧访举，不得辄承单状序官，皆须中正押上，然后量授，此遭乱旷绝，非法废也。《魏书·官氏志》：正始元年，十一月，罢郡中正。正光元年，十二月，罢诸州中正，郡定姓族，后复。

其制：于州置大中正，郡置小中正，大中正亦称州都，《廿二史考异》云：由避隋讳，《隋书·韦师传》：以杨雄、高颎为州都督，乃校者不达，妄加督字，《北史》亦同误，其说是也。然刘毅疏中，即有州都之名，则似非始于隋。

《晋书·傅玄传》：子咸，迁司徒左长史。豫州大中正夏侯骏上言：鲁国小中正司马孔毓，四移病所，不能接宾，求以尚书郎曹馥代毓，旬日，复上毓为中正。司徒三却，骏故据正。咸以骏与夺惟意，乃奏免骏大中正。司徒魏舒，骏之姻属，屡却不署。咸据正甚苦，舒终不从。咸遂独上。舒奏咸激讪不直，诏转咸为车骑司马。

《孝友传》：盛彦本邑大中正，刘颂举为小中正。据此二事，小中正用舍，大中正似可参与。以他官或老于乡里者为之。说据《十七史商榷》。故其名不见于《职官志》。梁大平二年，诏选中正每求耆德该悉，以他官领之。北齐之制，州大中正以京官为之，见《北齐书·许惇传》。刘毅年七十告老，久之见许，后司徒举为青州大中正，此则老于乡里者也。

平骘人物，分为九品，而尚书据以选用。魏制三年一清定，晋世因之。《晋书·石季龙载纪》：季龙下书曰："魏始建九品之制，三年一清定。从尔以来，遵用无改。自不清定，三载于兹，主者其更铨论。"

九品中正之制，何自起乎？曰：古代用人，以德为主。德行必本诸实事，而行实必征之乡里，故汉世风气，最重乡平。"魏氏承颠覆之运，起丧乱之后，人士流移，考详无地"。卫瓘语。"铨衡之寄，任当台阁。由是仕冯借誉，学非为己"。《宋书·臧焘徐广傅隆传论》。此实选法之大弊。

又其时舆论所奖，率在虚名。负虚名者不必有才，即德行亦多出矫伪。故魏武下令，欲求盗嫂受金之士。《三国·魏志·武帝纪》建安十五年春、十九年十二月、二十二年八月令。顾亭林极诋之，谓"经术之治，节义之防，光武、明、章数世为之而未足，毁方败常之俗，孟德一人变之而有余。"见《日知录·风俗条》。不知汉世所谓经术之治，节义之防，举矫伪而不足信也。然此乃一时矫枉之为，未可用为恒典。

故何夔建议，谓自"军兴以来，用人未详其本，各引其类，时忘道德。自今所用，必先核之乡闾，使长幼顺叙，无相逾越"。

毛玠、崔琰典选，史称其所举用，皆清正之士。虽于时有盛名，而行不由本者，终莫得进。即欲核其行实，以破借誉之局也。欲核行实，必先使人有定居。人有定居，而中正之制可废矣。故李重言“九品始于丧乱，军中之政，非经国不刊之法”。病当时“人物播迁，仕无常朝，人无定处，郎吏蓄于军府，豪右聚于都邑”。欲除九品而开移徙，“明贡举之法，不滥于境外”。

卫瓘亦欲“荡除末法，一拟古制。以土断定，自公卿已下，皆以所居为正，无复悬客，远属异土，使举善进才，各由乡论”也。然人士流移，非一朝可复；而吴平未几，五胡之乱复起，南北隔越，侨置之州郡县遂多，土断之法，盖终晋、南北朝之世，未能尽行；此则九品中正之法，所以相沿而不废也。

九品中正之弊，果何如乎？论者皆曰：用人不容不论其才，才又各有攸宜，中正品平，皆不能具。若论考绩，尤不应舍功实而采虚名。

刘毅论九品曰：“人才异能，备体者寡。器有大小，达有早晚。前鄙后修，宜受日新之报。抱正违时，宜有质直之称。度远缺小，宜得殊俗之状。任直不饰，宜得清实之誉。行寡才优，宜获器任之用。是以三仁殊途而同归，四子异行而均义。陈平、韩信，笑侮于邑里，而收功于帝王。屈原、伍胥不容于人主，而显名于竹帛。是笃论之所明也。”

案此等玄鉴，知人则哲，存乎其人，实非可责诸凡为中正者。然毅又曰：“凡官不同事，人不同能。得其能则成，失其能则败。今品不就才能之所宜，而以九等为例。以品取人，或非才能之所长，以状取人，则为本品之所限。”

又曰：“既已在官，职有大小，事有剧易，各有功报，此人才之实效，功分之所得也。今则反之，于限当报，虽职之高，还附卑品，无绩于官，而获高叙，是为抑功实而隆虚名也。”此则确为中正之所负矣。

故中正之法，必不可用，似也。然中正之设，本所以核行实；而乡里清议，大都只能见其德行，论才任用，据功考课，本当别有专司；论九品之语甚多，其实夏侯玄之言，已尽之矣。玄谓“铨衡专于台阁，上之分也。孝行存乎闾巷，优劣任之乡人，下之叙也。夫欲清教审选，在明其分叙，不使相涉而已。”欲“令中正但考行伦辈，官长各以其属能否，献之台阁，台阁据之，参以乡间德行之次，拟其伦比。”即欲使中正惟论德行，余事委之他司也。以是为中正咎，中正不任受怨也。

中正之设，据行实以登下其品第，以是立名教之防，使知名勇功之士，不敢有裂冠毁冕之为；中正所论，惟在德行，尤重当时所谓名教之防。陈寿遭父丧，有疾，使婢丸药，客见之，乡里以为贬，坐是沈滞累年。阎缵父卒，继母不慈。缵恭事惟谨，而母疾之愈甚。乃诬缵盗父时金宝，讼于有司。遂被清议十余年。谢惠连爱幸郡吏杜德灵，居父忧，赠以五言诗十余首，坐废不豫荣伍。

《文献通考》引此三事，病其法大拘。此等事若悉举之，尚更仆难尽。

然如《晋书·孔愉传》：谓愉为司徒长史，以温峤母亡，遭丧不葬，乃不过其品。及苏峻平，峤有重功，愉往石头，诣峤，峤执愉手而流涕曰："天下丧乱，忠孝遂废，能持古人之节，岁寒不凋者，君一人耳。"时人咸称峤居公，而重愉之守正。愉之执持，曷尝有妨于峤之宣力，而使名教之防益峻，岂能谓为无益？若云其所谓名教者本不足存，此则别是一义，不能以责当时之士也。

抑且考论辈行，使登用雁行有序，则可以息奔竞之风；原不能谓为无益。所可惜者，其后并此而草能举。欲以息奔竞之风，而奔竞更甚。终至上品无寒门，下品无世族。刘毅语。中正之弊，盖以此为最深。《宋书·恩幸传》论其事曰："汉末丧乱，魏武始基，军中仓卒，权立九品，盖以论人才优劣，非为世族高卑。因此相沿，遂为成法，自魏至晋，莫之能改。州都、郡正，以才品人，而举世人才，升降盖寡，徒以冯藉世资，用相陵驾。都、正俗士，斟酌时宜，品目少多，随事俯仰。刘毅所谓下品无高门，上品无贱族者也。岁月迁讹，斯风渐笃。凡厥衣冠，莫非上品。自此以还，遂成卑庶。"

可见其法立而弊即生，且降而弥甚矣。中正之设，原欲以息奔竞，然刘毅讥其"随世兴衰，不顾才实，衰则削下，兴则扶上"；段灼亦谓"据上品者非公侯之子孙，则当涂之昆弟"；是益其奔竞也。

《魏书·世宗纪》，载正始二年诏，谓"中正所铨，惟在门第"，可谓南北一辙。然《孙绍传》：绍表言："中正卖望于乡里，主案舞笔于上台，真伪浑淆，知而不纠。"则并辨别姓族而有所不能矣。晋武帝咸熙二年，尝诏诸郡中正，以六条举淹滞，可知立法之意，正与后来之所行相反也。

而其人又或快意恩仇，《晋书·何曾传》：曾子劭薨，子岐嗣。劭初亡，袁粲吊岐，岐辞以疾，粲独哭而出，曰："今年决下婢子品。"王铨谓之曰："知死吊死，何必见生？岐前多罪，尔时不下，何公新亡，便下岐品，人谓中正畏强易弱"，粲乃止。使如粲意行之，则诚所谓衰则削下，兴则扶上者矣。受纳货贿，李宣茂兼定州大中正，坐受乡人财货，为御史所劾，除名为民，见《魏书·李灵传》。又阳尼，出为幽州平北府长史，带渔阳大守，未拜，坐为中正时受乡人财货免官。结交朋党，刘毅言："前九品诏书，善恶必书，以为褒贬。当时天下，少有所忌。今之九品，所下不彰其罪，所上不列其善，废褒贬之义，任爱憎之断，清浊同流，以植其私。故反违前品，大其形势，以驱动众人，使必归己。天下安得不解德行而锐人事？"案卫瓘亦言："魏立九品之制，其始造也，乡邑清议，不拘爵位，褒贬所加，足为劝厉，犹有乡论余风。中间渐染，遂计资定品。使天下观望，惟以居位为贵人。"是中正之初，尝有激扬之效，而后乃至于败坏也。然其败坏亦可谓速矣。而上之人选任之亦日轻。《晋书·李含传》：陇西狄道人，侨居始平。司徒选含领始平中正。擿傅咸表，含自以陇西人，虽户属始平，非所综悉，反覆言辞，是中正必以当地人为之也。《刘毅传》：司徒举毅为青州大中正。尚书以毅县车致仕，不宜劳以碎务。孙尹表言："臣州茂德惟毅，裁毅不用，则清谈倒错矣。"

《何充传》：领州大中正。以州有先达宿德，固让不拜。是中正必以耆德为之也。

然《魏书·文苑传》：聿修年十八而领本州中正，则几于乳臭矣。又恩幸，如王仲兴、茹皓、趙邕、侯刚、刚子详，奄官如平季、封津，皆为中正，则正人君子，必羞与为伍矣。仲兴世居赵郡，自以寒微，云旧出京兆霸城县，故为雍州大中正。皓旧吴人，父家居淮阳，上党。既官达，自云本出雁门。雁门人谄附者，因荐皓于司徒，请为肆州大中正。则并籍贯而不能理矣。

于是正论湮而怨讼敌仇之事且因之而起矣。《晋书·王戎传》：孙秀为琅邪郡吏，品于乡议。戎从弟衍将不许，戎劝品之。及秀得志，朝士有宿怨者皆被诛，而戎、衍获济。

刘毅论九品之弊曰："自王公以至于庶人，无不加法，置中正委以一国之事，无赏罚之防。人心多故，清平者寡，故怨讼者众。听之则告讦无已，禁绝则侵枉无极。与其理讼之烦，犹愈侵枉之害。今禁讼诉，则杜一国之口，培一人之势，使得纵横，无所顾惮"。

此已为非体，然能禁其讼诉，而不能禁其私相仇。故毅又谓其"恨结于亲亲，猜生于骨肉，当身困于敌仇，子孙罹其殃咎也。"其为祸可谓博矣。此亦行法者之弊，不能尽归咎于立法也。

秀、孝为州、郡常举，晋、南北朝，亦沿汉法。后汉避光武讳，改秀才曰茂才。魏复曰秀才。晋江左，扬州岁举二人；诸州举一人，或三岁一人，随州大小。并对策问。

孝廉：魏初制口十万以上岁一人，有秀异不拘户口。江左以丹阳、吴、会稽、吴兴并大郡，岁各举二人。《宋书·百官志》。

周宣帝诏制九条，宣下州郡。八曰州举高才博学者为秀才，郡举经明行修者为孝廉。上州、上郡岁一人，下州、下郡三岁一人。《周书·本纪》。高齐亦下州三岁一举秀才。见《北齐书·文苑樊逊传》。

策试之法，时有兴替。《晋书·孔坦传》云：先是以兵乱之后，务存慰悦，远方秀、孝，到不策试，普加除署。至是，帝元帝。申明旧制，皆令试经。有不中科，刺史、大守免官。

大兴三年，秀、孝多不敢行。其有到者并托疾。帝欲除署孝廉，而秀才如前制。坦奏议曰："古者且耕且学，三年而通一经。以平康之世，犹假渐渍，积以日月。自丧乱已来，十有余年，干戈载扬，俎豆礼戢，家废讲诵，国缺庠序，率尔责试，窃以为疑，然宣下已来，涉历三载。累遇庆会，遂未一试。

扬州诸郡，接近京都，惧累及君父，多不敢行。远州边郡，掩诬朝廷，冀于不试，冒昧来赴。既到审试，遂不敢会。臣愚以为不会与不行，其为缺也同。若当偏加除署，是为肃法奉宪者失分，侥幸投射者得官。王命无贰，宪制宜信。去年察举，一皆策试。如不能试，可不拘到，遣归不署。

又秀才虽以事策，亦泛问经义。苟所未学，实难暗通。不足复曲碎乖例，违旧造异。谓宜因不会，徐更革制。可申明前下，崇修学校，普延五年，以展讲习。"帝纳焉。听孝廉申至七年，而秀才如故。据此，申明试经旧制，事在建武、大兴之间。

《抱朴子·审举篇》曰："江表虽远，密迩海隅，然染道化，率礼教，亦既千余载矣。往虽暂隔，不盈百年，而儒学之事，亦未偏废。昔吴王初年，附其贡士，见偃以不试。今大平已近四十年，犹复不试，所以使东南儒业，衰于在昔也。"

自吴之亡，至大兴三年，凡四十年，葛氏此篇，当即作于建武、大兴之间。然则北方秀、孝之试，自八王构乱而旷绝，南方则晋世本未尝试也。尔后试法盖复，然亦有名无实，《五行志》：成帝咸和七年，正月，丁巳，会州、郡秀、孝于乐贤堂。有麇见于前，获之。自丧乱已后，风教陵夷，秀、孝策试，乏四科之实。麇兴于前，或斯故乎？其征也。

《宋书·武帝纪》：义熙七年，先是诸州、郡所遣秀才、孝廉，多非其人，公表天子，申明旧制，依旧策试，则晋末又尝旷绝矣。岂以桓玄之乱故欤？

此后清平时恒有策试之法，间亦有亲策之举，如宋武帝永初二年，齐武帝永明四年，魏孝文帝大和十六年，北齐武成帝河清二年是也。胡灵后亦尝亲策秀、孝及州、郡计吏于朝堂，见《魏书》本传。

马贵与言："自孝文策晁错之后，贤良方正，皆承亲策，上亲览而第其优劣。至孝昭，年幼未即政，故无亲策之事。乃诏有司，问以民所疾苦。然所问者，盐铁、均输、榷酤，皆当时大事。令建议之臣，与之反覆诘难，讲究罢行之宜。其视上下相应以义理之浮文者，反为胜之。

国家以科目取士，士以科目进身者，必如此，然后为有益人国耳。"又谓："汉武帝之于董仲舒也，意有未尽，则再策之，三策之，晋武帝之于挚虞、阮种也亦然。"

此论虽指贤良，然《晋书·王接传》云：永宁初学秀才。友人遗接书劝无行，接报书曰："今世道交丧，将遂剥乱，而识智之士，钳口韬笔。非荣斯行，欲极陈所见，冀有觉悟耳。"

是岁三王义举，惠帝复阼，以国有大庆，天下秀才，一皆不试。接以为恨。是凡对策者皆可极陈所见也。然观孔坦之言，则知秀才策试，亦已兼用经义，而孝廉无论矣。

《晋书·魏舒传》：年四十余，察孝廉。宗党以舒无学业，劝令不就，可以为高。舒不听。自课百日习一经，对策升第。其所试者，盖全为经生之业矣。

《石勒载记》言勒立秀孝试经之制，必有所受之也。其后秀才对策，又兼重文辞。南北皆然。此弊北朝尤甚。

《北齐书·儒林传》：刘昼，河清初举秀才，考策不第，乃恨不学属文，方复缉缀辞藻，马敬德，河间郡王将举其孝廉，固辞。乃诣州求举秀才。举秀才例取文士，州将以其纯儒，无意推荐。敬德请试方略。乃策问之。所答五条，皆有文理。乃欣然举选。至京，依秀才策问。惟得中第。乃请试经业。问十条并通。擢授国子助教。盖儒生之于文辞，究非专长也。南朝似尚不至此。

然《梁书·文学传》谓何逊举秀才，范云见其策，大相称赏。谓所亲曰："顷观文人，质则过儒，丽则伤俗，合清浊，中古今，得之何生矣。"则考策者虽非徒重文辞，亦非不重文辞矣。

《江淹传论》载姚察之辞曰："二汉求士，率先经术，近世取人，多由文史。”可以见其所偏矣。遂浸成考试之法，无复谘访之意矣。

惟魏孝文大和七年诏言：“朕每思知百姓之所疾苦，故具问守宰苛虐之状于州郡使者、秀孝、计掾。而对文不实，甚乖朕虚求之意。宜案以大辟，明罔上必诛。然情犹未忍。可恕罪听归。申下天下：使知后犯无恕。”所答虽不副所求，而其问之，则实得汉世策问贤良之意。盖以魏起代北，风气究较质朴故也。

言有发于千百年之前，而于千百年后之事若烛照而数计者，葛洪《选举》之篇是也。洪谓秀、孝皆宜如旧试经答策，而“防其所对之奸”。欲“使儒官才士，豫作诸策，禁其留草，殿中封闭，临试之时亟赋之。当答策者，皆会著一处。高选台省之官，亲监察之。又严禁之。其交关出入，毕事乃遣”。又设难曰：“能言不必能行，今试经对策虽过，岂必有政事之才乎？”而答之曰：“如其舍旃，则未见余法之贤乎此也。假令不能尽得贤才，要必愈于了不试也。自有学不为禄，味道忘贫，若法高卿、周生烈者，万之一耳。至于宁越、兒宽、黄霸之徒，所以强自笃厉，非天性也，皆由患苦困瘁，欲以经术自拔耳。使非汉武之世，朱买臣、严助之属，亦未必读书也。今若遐迩一例，明课考试，必多负笈千里，以寻师友；转其礼赂之费，以买记籍者。”故“试经法立，则天下可不立学官而人自勤学”。

案后世科举之利，在于官不立学，虽立亦徒有其名，而民自乡学，文教由是覃敷也。其制不足以必得才，而究愈于不试，而其试之则关防不得不严。

唐、宋、明、清之事，可以为证。而葛氏发之于千百年之前，亦可谓圣矣。何以克圣？理有必至，势有固然，察之者精，故言之者审也。汉世丞相，四科取士：一曰德行高妙，志节清白；二曰经中博士；三曰文中御史；四曰才任三辅令。一者德，四者才，二者儒学，三者文法之学也。德与才皆不可以言试，故左雄选孝廉之法，诸生试家法，文吏课笺奏，实即四科之二三。

黄琼以雄所上专于儒学、文吏，于取士之义，犹有所遗，奏增孝弟及能从政者，则欲补之以四科之一四耳。秀、孝试经，皆即儒学，文法之学，实切于用，而魏、晋以后，选士之制缺焉，故葛氏又欲取明律令者试之如试经。

当时试孝廉之法，实即后世明经之科，秀才之科，唐以后虽废绝，然南北朝末，人重文辞，唐进士科之所试，实即前此之所以试秀才者也。明法之科，则即汉世丞相取士四科之三，左雄之所以试文吏，而亦即葛氏所欲举者。惜其视之大轻，故葛氏所病弄法之吏，失理之狱，仍不绝于后世也。汉时射策之法，此即后世帖经、墨义之法所本，秀才试经，或异乎此，然亦即后世试大义之法也。

孝廉之举，本重行实，魏、晋而后，仍有此意。《宋书·孝义传》，吴兴大守王韶之发教：谓“孝廉之选，必审其人。虽四科难该，文质寡备，必能孝义迈俗，拔萃著闻者”。乃察潘综、吴逵为孝廉，并列上州台，陈其行迹，则其事矣：韶之初擢逵补功曹史，逵以门寒，固辞不受，乃举为孝廉。

又郭世通，会稽永兴人。大守孟𫖮察孝廉，其子原平，大守王僧朗察孝廉，皆不就，大守蔡兴宗，又欲举原平次息为望孝，与会土高门相敌。则孝廉之选，颇有不拘门第者。

故史臣谓“汉世士务治身，忠孝成俗，至于乘轩服冕，非此莫由，晋、宋以来，风衰义缺，刻身厉行，事薄膏腴，孝立闺庭，忠被史策，多发沟畎之中，非出衣簪之下”也。然此言实因果倒错。核其实，盖由斯时膏腴之士，别有出身，不藉行誉，故孝义获举，偏在穷檐耳。

《自序》言：沈邵为安成相，郡民王孚，有学业志行，见称州里，邵莅任未几而孚卒。邵赠以孝廉。其所以风厉之者，可谓至矣。然《袁粲传》言：粲坐纳山阴民丁彖文货，举为会稽郡孝廉免官。

《梁书·文学传》：高爽，齐永明中赠王俭诗，为所赏，及领丹阳尹，举爽孝廉，则藉贿赂、交游而得之者，亦在所不免矣。魏韩麒麟尝以州郡贡察，但检门望为病，则拔忠孝于沟畎之中，究亦罕有之事也。

特诏选举，晋初为盛。《武帝纪》：泰始四年，十一月，诏王公卿尹及郡、国守、相举贤良方正直言之士。五年，十二月，诏州、郡举勇猛秀异之才。七年，六月，诏公、卿以下举将帅各一人。八年，二月，诏内外群官举任边郡者各三人。大康九年，五月，诏内外群官举守、令之才。后世虽间有特诏，而希矣。《成帝纪》：咸和六年，三月，诏举贤良直言之士。十一月，诏举贤良。八年，正月，令诸郡举力人能举千五百斤以上者。

《马隆传》云：泰始中，将兴伐吴之役，下诏曰：“吴会未平，宜得猛士，以济武功。虽旧有荐举之法，未足以尽殊才。其普告州郡：有壮勇秀异，才力杰出者，皆以名闻。将简其尤异，擢而用之。苟有其人，勿限所取。”

兖州举隆才堪良将。此即《纪》所载五年十二月之诏也。观于凉州之役，隆诚不愧壮勇秀异之目矣。

《王衍传》：泰始八年，诏举奇材可以安边者。衍初好论纵横之术，故尚书卢钦举为辽东大守，不就。则非徒举其所知，亦且指所宜任，诚得举才之道矣。惜乎后世，此等举措不恒有也。以至孝等实行获举者，多见《孝义》等传中，此风厉之意多，求才之意少。北朝斯举亦罕。

惟魏孝文大和十九年，十月，尝诏州郡："诸有士庶，经行修敏，文思遒逸，才长吏治，堪干政事者，以时发遣。"出于常举之外。

马贵与云："任子法始于汉，尤备于唐。汉、唐史列传，凡以门荫入仕者，皆备言之。独魏、晋、南北史，不言门荫之法，列传中亦不言以门荫入仕之人。

"盖两汉入仕，或从辟召，或举孝廉，至隋、唐则专以科目。以门荫入仕者，皆不由科目与辟召者也。魏、晋以九品中正取人，所取多以世家为主。

"南北分裂，凡三百年，用人亦多取世族。南之王、谢，北之崔、卢，虽朝代推移，犹卬然以门地自负，上之人亦缘其门地而用之。其时仕者，或从辟召，或举孝廉，虽与两汉无异，而从辟召举孝廉之人，则皆贵胄也。史传不言以荫叙入官，盖以见当时虽以他途登仕版，居清要，亦皆世家也。"

案《魏书·房亮传》言：其时边州刺史，例得一子出身。荫叙之法可考者，惟此而已。

刘毅病晋武卖官，钱入私门，北齐后主赐佞幸卖官，皆弊政非弊法。

惟宋明帝泰始二年，三月，令人入米七百石者除郡，减此各有差。《南史·本纪》。

魏明帝孝昌三年，二月，诏凡能输粟入瀛、定、岐、雍四州者，官斗二百斛赏一阶。入二华州者，五百石赏一阶。不限多少，粟毕授官。《魏书·本纪》。

庄帝班入粟之制：输粟八千石赏散侯，六千石散伯，四千石散子，三千石散男。职人输七百石，赏一大阶，授以实官。白民输五百石，听依第出身，一千石加一大阶。无第者输五百石，听正九品出身，一千石加一大阶。诸沙门有输粟四千石入京仓者，授本州统。

若无本州者，授大州都。若不入京仓，入外州郡仓者，三千石畿郡都、统，依资格。若输五百石入京仓者，授本郡维那。其无本郡者，授以外郡。粟入外州郡仓七百石，京仓三百石者，授县维那。《魏书·食货志》。则皆卖官之法也。

回避之法，此时仍有之。《晋书·华表传》：子廙，妻父卢毓典选，难举姻亲，年三十五不得调。此犹曰人自避嫌，法无明禁也。刘弘之受敕选补荆部守宰也，见下。以襄阳授皮初，而朝廷用弘婿夏侯陟，弘乃表陟姻亲，旧制不得相监，卒以授初，则其制仍存矣。

《周书·柳敏传》：河东解县人，起家员外散骑侍郎，累迁河东郡丞。朝议以敏之本邑，故有此授。敏虽统御乡里，而处物平允，甚得时誉。然则统御乡里，处事易于不平，寻常选用，亦或有回避之科矣。

禁锢之科，清议特重。《隋书·刑法志》：谓梁士人有禁锢之科，亦以轻重为差。其犯清议，则终身不齿。陈重清议禁锢之科。若缙绅之族，犯亏名教，不孝及内乱者，发诏弃之，终身不齿。先与士人为婚者，许妻家夺之。

南朝惟革易之初，每加荡涤。魏胡灵后之立钊，亦诏清议禁锢，悉与蠲除焉。叛逆之家，亦待诏书而免。

《晋书·忠议传》：沈劲，年三十余，以刑家子，不得仕进。郡将王胡之深异之，及迁司州，将镇洛阳，上疏言："其门户累蒙旷荡，不审可得特垂沛然，许臣所上不？"诏听之。此特免一人者也。

《宋书·孝武帝纪》：孝建二年，九月，诏曰："在朕受命以前，犯衅之门，尚有存者，子弟可随才署吏。"则普与蠲除矣。盖所以安反侧也。

选授之权，实在吏尚。《宋书·蔡廓传》：征为吏部尚书。因傅隆问中书令傅亮："选事若悉以见付不论，不然，不能拜也。"亮以语录尚书徐羡之。羡之曰："黄门郎已下，悉以委蔡，吾徒不复厝怀。自此以上，故宜共参同异。"廓曰："我不能为徐干木署纸尾也。"干木羡之小字。选案黄纸，录尚书与吏部尚书连名，故廓云纸尾。遂不拜。

可见吏部尚书，虽"由来与录共选"，谢庄传孝武诏语。实权皆在尚书矣。遇猜忌之主，或近习专朝，则令、录、尚书，有共失其权者。宋孝武虑权移臣下，分吏部尚书置二人。见《宋书·谢庄、孔觊传》。前废帝时，蔡廓子兴宗掌吏部，义恭录尚书，兴宗每陈选事，戴法兴、巢尚之等辄点定回换。

《梁书·王亮传》，言其建武末为吏部尚书，右仆射江祏管朝政，多所进拔，为士子所归。亮自以身居选部，每持异议。及祏遇诛，群小放命，凡所除拜，悉由内宠，亮更弗能止。皆其事也。

山涛典选，史所称美，然又言其再居选职，十有余年，每一官缺，辄启拟数人，诏旨有所问，然后显奏，随帝意所欲为先，则逢迎人主，不任受德，亦不任受怨者耳。

《外戚传》：王蕴，迁吏部尚书郎。每一官缺，求者十辈。蕴无所是非。时简文帝为会稽王，辅政，蕴辄连状白之，曰：某人有地，某人有才。此亦山涛之类，而皆获美誉，足见毁誉多操诸庸夫之口也。北朝亦重吏部。

《魏书·任城王澄传》：从孝文幸邺宫，除吏部尚书。及幸代，车驾北巡，留邺铨简旧臣。初魏自公侯已下，迄于选臣，动有万数，冗散无事。澄品为三等，量其优劣，尽其能不之用，咸无怨者，其真允当与否不可知，其权则可谓大矣。

《晋书·刘弘传》：弘为荆州时，荆部守宰多缺，弘请补选，帝从之。其表文言被中诏，敕臣随资品选补诸缺吏。此则丧乱时事，不可视为常法者也。魏初尝置护军主武官选，《宋书·百官志》。晋景帝为中护军，为选用之法，见《本纪》。

汉世人才，萃于郎署。魏、晋以来，光禄勋无复三署郎，犹举四行，《宋书·百官志》。则徒有其名而已。吏部尚书，以一人之鉴，照察天下，魏崔亮语。夫安得尽其才？故当时论者，多欲使群官并举。

卫瓘论九品之疏曰："今除九品，则宜准古制，使朝臣共相举任。于出才之路既博，且可以厉进贤之公心，核在位之明暗。"刘寔作《崇让论》，欲使"人臣初除，各推贤能而让之，让之文，付主者掌之，有缺，择所让最多者而用之"。此名为让，其实荐也。

宋孔宁子陈损益，欲使天朝四品官，外及守牧，各举一人堪为二千石长吏者，以付选官，随缺叙用，得贤受赏，失举任罚。见《宋书·王华传》。

殷景仁亦建议：宜令百官举才，以所荐能否为黜陟。谢庄亦上表曰："九服之旷，九流之艰，提钧县衡，委之选部。一人之鉴易限，天下之才难原，以易限之鉴，镜难原之才，使国罔遗授，野无滞器，其可得乎？宜普命大臣，各举所知，以付尚书，依分铨用。若任得其才，举主延赏，有不称职，宜及其坐，重者免黜，轻者左迁。被举之身，加以禁锢。年数多少，随愆议制。若犯大辟，则任者刑论。"凡此建白。皆欲救以一人之鉴，照察天下之弊也。

保任连坐，似失之酷，然郤诜言："自顷长吏，有亡命而购县，有缚束而绞戮。贪鄙窃位，不知谁升之者，兽兕出槛，不知谁可咎者，网漏吞舟，何以过此？"则其时官方，败坏日甚，亦有所不得已也。然其事迄不能行也。选法既弊，奔竞之风大盛。

《晋书》所载，郤诜一对，刘颂、熊远二疏，陈頵与王导书，及刘寔《崇让》，王沈《释时》之论，沈见《文苑传》。《传》云：元康初，松滋令吴郡蔡洪作《孤奋论》，与《释时》意同，而不载其文。

言之最为痛切。

综其弊，则掌选者不守定法而冯人事，士不务学行而立虚誉，实仍季汉之余风耳。欲救其弊，范宁“验其乡党，考其业尚，试其能不”三言尽之。然终莫能行者，可见破除私党之难也。

选法之坏。齐末为最，《梁书·武帝纪》载帝中兴二年表曰：“谱牒讹误，诈伪多绪；人物雅俗，莫肯留心；是以冒袭良家，即成冠族；妄修边幅，便为雅士；负俗深累，遂遭宠擢，墓木已拱，方被徽荣。

故前代选官，皆立选簿。应在贯鱼，自有铨次。胄籍升降，行能臧否，或素定怀抱，或得之余论。此可见当日论才，虽冯衡鉴，平时亦有记注，不能临时冯亿进退也。临时冯亿进退，必为奸弊之原。

故得简通宾客，无事扫门。顷代陵夷，九流乖失。其有勇退忘进，怀质抱真者，选部或以未经朝谒，难于进用。或有晦善藏声，自埋衡荜，又以名不素著，绝其阶绪。必须画刺投状，然后弹冠。则是驱迫廉执，奖成浇竞。

愚谓自今选曹，宜精隐括，依旧立簿。使冠履无爽，名实不违。庶人识涯涘，造请自息。”此可见选曹守法之要，而夤缘奔竞之风，悉由掌选者先自毁法启之矣。梁世徐勉在选曹，亦撰《选品》五卷。

《魏书·景穆十二王传》：御史中尉东平王匡，奏请取景明元年以来，内外考簿，吏部除书，中兵勋案，并诸殿最，欲以案校窃阶盗官之人。灵大后许之，任城王澄不同而止。

《孝静帝纪》：武定六年，四月，吏部令史张永和，青州人崔阔等伪假人官，事觉纠检，首者六万余人。选司奸利，真足惊骇。丧乱之际，尤不可问。徐陵述陈初情形曰：“员外常侍，路上比肩，谘议参军，市中无数。”

《魏书·后废帝纪》：中兴元年，十一月，诏无识之徒，缪增军级，虚名显位，皆言前朝所授，则其事。高隆之奏请检括，卒以群小喧嚣，惧而中止，可见整顿之难矣。

刺史官属：《宋书·百官志》云：今有别驾、西曹，主吏及选举事。西曹，即汉之功曹书佐也。又云：宋大祖元嘉四年，复置郡官属，略如公府。无东西曹。《晋书·蔡谟传》：父克，成都王颖为丞相，擢为东曹掾。苟进之徒？望风畏惮。有功曹史主选举。

《晋书·刘毅传》云：少厉清节。然好臧否人物。王公贵人，望风惮之。侨居平阳，大守杜恕请为功曹，沙汰郡吏百余人，三魏称焉。为之语曰："但闻刘功曹，不闻杜府君。"王韶之擢吴逵为功曹史，逵以门寒，固辞不受，已见前。

《晋书·虞预传》：余姚风俗，各有朋党。宗人共荐预为县功曹，欲使沙汰秽浊。预书与其从叔父曰："邪党互瞻，异同蜂至。一旦差跌，众鼓交鸣。毫厘之失，差以千里。此古人之炯戒，而预所大恐也。"卒如其言，未半年，遂见斥退。可见功曹所系之重，而亦可见其不易为矣。

州郡用人，多不详审，观苏绰所为六条诏书可知。杨公则为湘州，所辟引皆州郡著姓，而梁武帝班下诸州以为法，是则明目张胆，惟论门资也。

《梁书·张稷传》：出为吴兴大守。下车存问遗老，引其子孙，置之右职。又《大祖五王传》：安成康王秀，出为江州刺史。闻前刺史取陶潜曾孙为里司，叹曰："陶潜之德，岂可不及后世？"即日辟为西曹。此名为养老尊贤，实亦以门阀用人也。甚有如隋文帝年十四而为功曹者。见《隋书·本纪》。尚可托以选用乎？门阀而外，势家干谒尤多。陶侃以范逵之言，庐江召为督邮。

《晋书·刘卞传》：本兵家子。少为县小吏。功曹夜醉如厕，使卞执烛，不从。衔之，以他事补亭子。有祖秀才者谓县令，令即召为门下史。卞兄为大子长兵，既死，兵例须代，功曹请以卞代兄役。令曰：祖秀才有言。遂不听。

《束晳传》：与兄璆俱知名。璆娶石鉴从女，弃之，鉴以为憾，讽州郡，公府不得辟，故晳等久不得调。

《李含传》：陇西狄道人也。侨居始平。两郡并举孝廉。安定皇甫商，州里年少，恃豪族，以含门寒微，欲与结交。含距而不纳。商恨焉。遂讽州，以短檄召含为门亭长。

《周书·柳庆传》：父僧习，为颍川郡。地接都畿，民多豪右，将选乡官，皆依倚贵势，竞来请托。可见其门如市之概矣。

《魏书·显祖纪》：和平六年，九月，诏曰："先朝以州牧亲民，宜置良佐，故敕有司，班九条之制，使前政选吏，以待俊乂。然牧司宽惰，不祗宪旨，举非其人，愆于典度。今制刺史、守、宰，到官之日，自举民望忠信，以为选官。不听前政，共相干冒。若简任失所，以罔上论。"

立法初意，盖以新任之官，不习当地情形，故委前政与之相参，而不意其遂为奸弊之薮也。州郡之职，本非志士所乐为，《魏书·李孝伯传》：父曾，郡三辟功曹不就。门人劝之。曾曰："功曹之职，虽云乡选高第，犹是郡吏耳。北面事人，亦何容易？”州辟主簿。到官月余，乃叹曰：“梁敬叔有云：州郡之职，徒劳人意耳。”遂还家讲授。故延高贤者或不屈以吏职。唐彬为雍州，延致处士皇甫申叔等四人，不屈以吏职，见《晋书》本传。而其轻之如此，尚安望得人乎？

门第用人，斯时为盛。大抵职闲廪重，则贵势交争，烦缛之职，皆非所乐处。参看第十八章第一节。至于吏姓寒人，侨杂伧楚，则其官位，皆有所极。

《梁书·文学传》：钟嵘于天监初上言，谓：“永元军官，是素族士人，自有清望；因斯受爵，一宜削除。若吏姓寒人，听极其门品，不当因军，遂滥清级。若侨杂伧楚，应在绥抚，正宜严断禄力，绝其妨正，直乞虚号而已。”敕付尚书行之。

《周书·薛憕传》：河东汾阴人。曾祖弘敞，直赫连之乱，率宗人避地襄阳。江表取人，多以世族。憕既羁旅，不被擢用。又贵族入仕极早。梁武虽欲革其弊，天监四年诏。亦卒不能除也。

《梁书·朱异传》：旧制，年二十五，方得释褐。异适二十一，特敕擢为扬州议曹从事史。此虽出特敕，然如张缅、张缵等起家之早，则仍沿旧习也。

《南史·顾协传》：张率尝荐之于梁武，帝问协年，率言三十有五。帝曰：“北方高凉，四十强仕，南方卑湿，三十已衰，如协便为已老。但其事亲孝，与友信，亦不可遗于草泽，卿可称敕唤出。”三十为老，前古未闻，特缘当时贵胄入仕，皆习于早，乃以三十为已老耳。

魏孝文谓刘昶：小人之官，别有七等，实为后世流内外分铨之原。《通鉴》齐明帝建武三年《注》。

《隋书·卢恺传》云：开皇初，拜礼部尚书，摄吏部尚书事。会国子博士何妥与右仆射苏威不平，奏威阴事，恺坐与相连，除名。自周氏以降，选无清浊。恺摄吏部，与薛道衡、陆彦师等甄别士流，故涉党固之谮。

《彦师传》云：转吏部侍郎。隋承周制，官无清浊。彦师在职，凡所任人，颇甄别于士庶，时论美之。则选法虽平，人心初不因之而变矣。

《魏书·肃宗纪》：熙平元年，八月，诏庶族子弟，年未十五，不听入仕。则北方入仕，虽庶族亦习于早。而贵胄尤甚，杨愔年十八，拜通直散骑侍郎。裴宽年十三，以选为魏孝明帝挽郎，吕思礼年十九举秀才。袁聿修九岁，崔瞻㥄子。年十五，封孝琰孝琬弟。年十六，皆州辟主簿。白建诸子幼稚，俱为州郡主簿。新君选补，必先召辟，皆其尤较然者矣。

选法之敝，外任必轻。史臣言：“汉氏官人，尚书郎出宰百里，晋朝设法，不宰县不得为郎。”《北史·元文遥传论》。则晋初尚视之甚重。然傅咸言：“中间选用，惟内是隆，外举既颓，复多节目，竞内薄外，遂成风俗。”则其实已渐轻矣。《晋书·袁甫传》：甫诣中领军何勖，自言能为剧县。勖曰：“惟欲宰县，不为台阁，何也？”

葛洪言：“三台九列，坐而论道，州牧郡守，操纲举领，烦剧所重，其惟百里。牧守虽贤，而令长不堪，则国事不举，万机有缺。”病其时“或父兄贵重，而子弟以闻望见迁；或高人属托，而凡品以无能见叙；或是所宿念；或亲戚匪他。庸猥之徒，器小志近，冒于货贿，惟富是图。在所司官，知其有足赖主人，举劾弹纠，终于当解，虑其结怨，反见中伤，不敢犯触，恣其贪残。黎庶安得不困毒而离叛？离叛者众，则不得不屯聚而为群盗矣”。《抱朴子·外篇·百里》。其为祸可谓博矣。

梁武帝尝著令：小县有能，迁为大县，大县有能，迁为三辅令，《梁书·良吏传》。《传》又云：何远为武康令，高祖闻其能，擢为宣城大守。自县为近畿大郡，近代未之有也。又《南史·循吏传》：傅琰，升明中自山阴令迁益州刺吏。自县迁州，近世罕有。虽设是令，行之盖寡。

《梁书·萧昱传》：因求边州不遂，表解黄门侍郎职。高祖手诏答曰：“昔汉光武兄子章、兴二人，并有名宗室。就欲习吏事，不过章为平阴令，兴为缑氏宰。政事有能，乃迁郡守。”昱高祖从父弟。其言善矣。然诸子弟，皆为大州，则亦徒能言之而已。北朝此弊，尤甚于南。

《魏书·辛雄传》：上疏言：“郡县选举，由来共轻，贵游俊才，莫肯居此，宜改其弊，以定官方。请上等郡县为第一清，中等为第二清，下等为第三清。”

而《北齐书·元文遥传》言：齐因魏朝，宰县多用厮滥。至于士流，耻居百里。文遥以县令为字人之切，遂请革选。于是密令搜扬贵游子弟，发敕用之。犹恐其披诉，总召集神武门，令赵郡王叡宣旨唱名，厚加慰喻。士人为县，自此始也。则其弊实至齐世，始克一革。

然其末流，粥爵卖官，郡县之乱，更为前世所未有。《颜氏家训·省事篇》曰：“齐之季世，多以财货，托附外家，喧动女谒，拜为守宰。印组光华，车骑辉赫，荣兼九族，取贵一时。而为执政所患，随而司察，既以得利，必以利治。

纵得免死，莫不破家。然后噬脐，亦复何及？”则此曹虽以诡遇，旋亦受祸。然朝政浊乱既甚，此亦不足以遏之也。

周大祖任苏绰，为六条诏书，牧守令长，非通六条及计帐者，不得居官。又盛选贤良，授以守令；见《周书·乐逊传》。可谓得为治之要。

然周世功臣多为刺史，未免暗于政务，亦仍是乱世之余习也。《周书·令狐整传》：晋公护谓整曰：“以公勋望，应得本州。但朝廷藉公委任，无容远出。然公门之内，须有衣锦之荣。”乃以其弟休为敦煌郡守。

《隋书·柳彧传》：迁治书侍御史。于时刺史多任武将，类不称职。彧上表曰：“伏见诏书，以上柱国和平子为杞州刺史。其人年垂八十，钟鸣漏尽。前任赵州，暗于职务。政由群小，贿赂公行。百姓吁嗟，歌谣满道。

古人有云：耕当问奴，织当问婢。平子弓马武用，是其所长，治民莅职，非其所解。如谓优老尚年，自可厚赐金帛。若令刺举，所损殊大。”上善之，平子竟免。则虽勤民如隋文，犹未能遽革其弊也。

郡县之不能善其政，与任期久暂，关系殊大。

《晋书·王戎传》：迁尚书左仆射，领吏部。戎始为《甲午制》，凡选举皆先治百姓，然后授用。而司隶校尉傅咸奏戎曰：“《书》称三载考绩，三考黜陟幽明。今内外群臣，在职未期，而戎奏还。既未定其优劣，且送故迎新，相望道路，巧诈由生，伤农害政。戎不仰依尧舜典谟，而驱动浮华，亏败风俗，非徒无益，乃有大损。”盖奔竞之俗，必不容有久处之官也。

《南史·谢庄传》：庄于孝建时表陈求贤之义，谓政平讼理，莫先亲人，亲人之要，是归守宰，莅人之职，官遵六年之限。

《传》言初文帝世限三十而仕，郡县六周乃迁代，刺史或十年余。至是皆易之，仕者不拘长少，莅人以三周为限。宋之善政，于是乎衰。然齐武帝永明元年诏言：“宋德将季，风轨陵迟。列宰庶邦，弥失其序。迁谢遄速，公私凋弊。莅民之职，一以小满为限。”《良政传》：永明郡县居职，以三周为小满。则其末造，并三周之制而亦不能守矣。

明帝建武三年，正月，诏申明守长六周之制。其法后亦破坏。魏守令以六年为限，见《魏书·房法寿传》。考课亦以六载为程。见《魏书·萧宝夤传》。

高祖延兴二年，十二月，诏曰：“顷者已来，官以劳升，未久而代。牧守无恤民之心，竞为聚敛。送故迎新，相属于路。非所以固民志，隆治道也。自今牧守温仁清俭，克己奉公者，可久于其任。岁积有成，迁位一级。其有贪残非道，侵削黎庶者，虽在官甫尔，必加黜罚。著之于令，永为彝准。”可见定法，亦徒空文也。

海宇分崩之际，用人者多特注意于抚绥，此虽不过为招徕新附，倾动敌人之计，然使僻陋之区，亦得有人与闻政事，则匪徒为治，抑亦敷化之良谟矣。

《晋书·儒林传》：文立，巴郡临江人。蜀时游大学，师事谯周。仕至尚书。入为大子中庶子。表请诸葛亮、蒋琬、费祎等子孙，流徙中畿，宜见叙用。一以慰巴蜀之心，其次倾吴人之望。事皆施行。并以立为散骑常侍。

及吴平，刘颂欲得壮王以镇抚之，使之随才授任，求富贵者取之国内。然《贺循传》：循以无援于朝，久不进叙。陆机上疏荐之，有云：“台郎所以使州州有人，非以均分显路，诚以庶士殊风，四方异俗，壅隔之害，远国益甚。荆、扬二州，户各数十万。今扬州无郎，而荆州江南，乃无一人为京城职者。诚非圣朝待四方之本心。”

《陶侃传》：侃察孝廉。至洛阳，数诣张华，华初以远人，不甚接遇。后与语，乃异之。除郎中。伏波将军孙秀，以三国支庶，府望不显，中华人士，耻为掾属，以侃寒宦，召为舍人。观此，知殊方人士，其受歧视尚颇甚。然此特仕途党援奔竞之私，朝廷立法，固未尝如此。且如元帝，渡江而东，亦卒不得不用王导之策，抚用其人也。

明帝大宁三年，八月，诏曰：“吴时将相名贤之胄，有能纂修家训；又忠孝仁义，务己守真，不闻于时者；州郡中正，亟以名闻，勿有所遗。”其汲引之，固犹未尝敢怠矣。

梁武帝天监五年，正月，诏曰：“在昔周、汉，取士方国。顷代凋讹，幽仄罕被。人地孤绝，用隔听览。士操沦胥，因兹靡劝。凡诸郡国旧族，邦内无在朝位者，选官搜括，使郡有一人。”此盖所以使登庸遍逮于僻陋之区。

七年，二月，诏于州郡县置州望、郡宗、乡豪各一人，专掌搜荐，其意亦犹是也。邢峦之寇巴西也，言其民望，族落虽在山居，而多有豪右，文学笺启，往往可观。

去州既远，不能仕进，是以郁怏，多生动静。欲立州以镇抚之。是则不徒天朝，即州郡，亦宜明扬侧陋，以舒其意气矣。抑僻陋如巴西，山居族落，犹有长于文学者，又足见文教之久已覃敷，登庸之不可不急也。

韩麒麟以孝文时为齐州刺史，以新附之人，未阶台宦，州郡局任又少，请守宰有缺，推用豪望，并增置吏员。李彪上封事，亦请擢河表七州门才，引令赴阙，依中州官比，随能序之，以怀江、汉，倾敌人，抚新附。可见疆场之间，一彼一此，皆不得不以招怀为务矣。惟劳人武夫，不知政术者，用为长吏，亦不免诒害于民，元嘉时淮西有此情形，长沙王道怜曾言之，见《宋书》本传。则又不可不慎也。

资格用人，世皆以为始于魏之崔亮，其实非也。刘寔作《崇让论》，言“能不浑杂，优劣不分，士无素定之价，官职有缺，主选之吏，不知所用，但案官次而举之。同才之人先用者，非势家之子，则必有势者之所念也。因其先用之资而复迁之，迁之无已，不胜其任之病发矣。观在官之人，政绩无闻，自非势家之子，率多因资次而进也”。

是当时用人，势家而外，仍重资格；即同为势家，进用之后，亦惟论其资格；此固势之所不能免也。王亮以江祏专朝，多所进拔，每持异议，已见前。及祏遇诛，群小放命。凡所除拜，悉由内宠。亮更弗能止。其所选用，拘资次而已。

《梁书・王泰传》：敕掌吏部郎事，俄即真。自过江，吏部郎不复典大选。令史以下，小人求竞者辐凑。前后少能称职。泰为之，不通关求。吏先至者即补，不为贵贱请属易意。天下称平。

《陈书・王玚传》：除吏部尚书。务在清静，谨守文案，无所抑扬。皆资格用人之法：蹈常习故，夫人所能，原无待于异才，藉口求才，转足便党援而开奔竞，此固古今一辙；而嬖幸竞进之世，尤非此无以拒之；此资格之所以不能不用也，夫崔亮则亦若是而已矣。

《魏书・张彝传》：彝第二子仲瑀上封事，求铨别选格，排却武人，不使与在清品。由是众口喧喧，谤嵩盈路。立榜大巷，克期会集，屠害其家。

《崔亮传》：亮迁吏部尚书。时羽林新害张彝，灵大后令武官得依资入选。官员既少，应选者多。尚书李韶，循常擢人，百姓大为嗟怨。亮乃奏为格制，不问士之贤愚，专以停辟日月为断。虽复官须此人，停日后者，终于不得。

庸材下品，年月久者，灼然先用。沈滞者皆称其能。亮外甥司空谘议刘景安以书规亮。

亮答书曰：昔有中正，品其才第，上之尚书，尚书据状，量人授职，此乃与天下群贤共爵人也，而汝犹云十收六七，况今日之选，专归尚书，以一人之鉴，照察天下，刘毅所云一吏部、两郎中而欲究竟人物，何异以管窥天而求其博哉？今勋人甚多，又羽林入选，武夫崛起，不解书计，忽令垂组乘轩，求其烹鲜之效。又武人至多，官员至少。设令十人共一官，犹无官可授，况一人望一官，何由可不怨哉？吾近面执，不宜使武人入选，既不见从，是以权立此格，限以停年耳。后甄琛、元修义、城阳王徽相继为吏部尚书，利其便己，踵而行之。自是贤愚同贯，泾渭无别。魏之失才，从亮始也。

案观亮答刘景安书，即微武人入选，吏部亦易得才？然则以失才归咎于亮，不过当时议论如此，未必得实也。

诤是法者，有辛雄及薛琡，琡谓“执簿呼名，一吏足矣”，然如亮之所言，以一人之鉴，照察天下，果何以求其所为之有异于吏哉？

雄病“委斗筲以共治，托硕鼠以百里”，致使“夷夏之民，相将为乱”，此亦入选者多勋人武夫之失，非资格之咎也。齐文襄始革是制，已见第十四章第一节。

《北齐书·高乾传》：乾弟慎，征为御史中尉，选用御史，多其亲戚、乡闾，不称朝望，世宗奏令改选焉。事权在手，则其志易行，此亦非可望诸亮也。

整饬官方，莫亟于严明考课。魏世尝使刘劭等为之，晋初杜预受诏为黜陟之课。

《晋书》本传曰：“其略曰：昔汉之刺史，亦岁终奏事，不制算课，而清浊粗举。魏氏考课，即京房之遗意。其文可谓至密。然由于累细，以违其体，故历代不能通。岂若去密就简，则简而易从也？

“今科举优劣，莫若委任达官。各考所统。在官一年以后，每岁言优者一人为上第，劣者一人为下第，因计偕以名闻。如此六载，主者总集采案。其六载处优举者超用之，六岁处劣举者奏免之，优多劣少者叙用之，劣多优少者左迁之。

“今考课之品，所对不钧，诚有难易。若以难取优，以易而否，主者固当准量轻重，微加降杀，不足复曲以法尽也。六年顿荐，黜陟无渐。今每岁一考，则积优以成陟，累劣以取黜。

“以士君子之心相处，未有无故六年六黜清能，六进否劣者也。监司亦将而弹之。若令上下公相容过，此为清议大颓，亦无取于黜陟也。”

此文似预上其所为之奏牍，其详则不可得闻矣。刘颂病晋武每精事始而略于考终，监司大纲不振而微过必举。颂之言曰：“今闾阎少名士，官司无高能，其故何也？清议不肃，人不立德，行在取容，故无名士。下不专局，又无考课，吏不竭节，故无高能。无高能则有疾世事，少名士则后进无准，故臣思立吏课而肃清议。”颂转吏部尚书，建九班之制。欲令百官居职希迁，考课能不，明其赏罚，贾、郭专朝，仕者欲速，竟不施行。

宋、齐、梁、陈四朝，考课之法不著。北魏则传者颇详。

《魏书·高祖纪》：大和十八年，九月，壬申朔，诏曰：“三考然后黜陟，可黜者不足为迟，可进者大成赊缓。是以朕今三载一考，考即黜陟。各令当曹，考其优劣为三等。六品已下，尚书重问，五品已上，朕将亲与公卿论其善恶。上上者迁之，下下者黜之，中中者守其本任。”壬午，帝临朝堂，亲加黜陟。明年，十月，壬戌，又诏诸州牧：“精品属官，考其得失，为三等之科以闻，将亲览而升降焉。”

《世宗纪》：永平四年，十二月，诏三载考察，政之明典。正始二年以来，于今未考。功过难易，宁无升降？从景明二年至永明四年，通考以闻。自景明二年至永明四年凡九年，似又复三考黜陟之旧，然其后又系三岁一考，则高祖之法固在，特时怠慢不举耳。

《崔鸿传》：延昌二年，将大考百僚，鸿建议曰：“二汉以降，大和以前，苟必官须此人，人称此职，或超腾升陟，数岁而至公卿，或长兼、试守，称允迁进。景明以来考格，三年成一考，三考转一阶。贵贱内外，万有余人，自非犯罪，不问贤愚，莫不上中。才与不肖，比肩同转。琴瑟不调，改而更张，虽明制已行，犹宜消息。”世宗不从。然《纪》言延昌三年八月甲申，帝临朝堂，考百司而加黜陟，则似又复孝文之法矣。

《萧宝夤传》：宝夤以正光四年上表曰：“自比已来，官罔高卑，人无贵贱，皆饰辞假说，用相褒举。谓之考功，事同泛陟。

“又在京之官，积年一考。其中或所事之主，迁移数四；或所奉之君，身亡废绝；或具寮离索；或同事凋零；虽当时文簿，记其殿最，日久月深，驳落殆尽，人有去留，谁复掌其勤惰？

“或停休积稔，或分隔数千，累年之后，方求追访声迹，立其考第，无不苟相悦附，饰垢掩疵，妄加丹素，趣令得阶而已。

“又守令考课，悉以六载为程，既而限满代还，复经六年而叙，是则岁周十二，始得一阶。而东西两省，文武闲职，公府散佐，无事冗官，及其考日，皆得四年为限，是则一纪之中，便登三级。何内外之相悬，令厚薄之如是？或充单介之使，始无汗马之劳；或说兴利之规，终惭什一之润；皆虚张无功，妄指赢益，坐获数阶之官，借成通显之贵。”

此非杜预所谓公相容过，清议大颓者邪？益以立法之诐，而是时之选政，不可问矣。

宝夤欲使“见居官者，每岁终，本曹皆明辨在官日月，具核才行能不，审其实用，而注其上下。列上尚书，覆其合不，庸短下第，黜凡以明法，干务忠清，甄能以记赏，总而奏之。经奏之后，考功曹别书于黄纸油帛。一通则本曹尚书与令、仆印署，留于门下，一通则以侍中、黄门印署，掌在尚书，严加缄密，不得开视。考绩之日，然后对共裁量。其内外考格，乞求博议，以为画一。若殊谋异策，事关废兴，遐迩所谈，物无异议者，自可临时斟酌，匪拘恒例。至如援流引比之诉，贪荣求级之请，谓宜明加禁断，以全至治。”诏付外博议，以为永式。竟无所定。

《肃宗纪》孝昌二年二月，诏每岁一终，郡守列令、长，刺史列守、相，以定考课，辨其能不。若有滥谬，以考功失衷论。是时朝纲方紊，亦非徒法所能济也。

第五节　赋税

汉世田租取粟，赋诸地；口税取钱，敛诸人。魏武平河北，下令收田租亩一升，户出绢二匹，绵二斤，而口钱始变为户调。此时未有授田之制，户调田租，犹析为二，至晋武帝平吴，而二者又合为一矣。

东晋之制，见于《隋书·食货志》，云：“晋自中原丧乱，元帝寓居江左，百姓之自拔南奔者，并谓之侨人。皆取旧壤之名，侨立郡县，往往散居，无有土著。而江南之俗，火耕水耨，土地卑湿，无有蓄积之资。诸蛮陬俚洞，沾沐王化者，各随轻重，收其赕物，以裨国用。又岭外酋帅，因生口、翡翠、明珠、犀、象之饶，雄于乡曲，朝廷多因而署之，以收其利。历宋、齐、梁、陈，皆因而不改。其军国所须杂物，随土所出，临时折课、市取，乃无恒法定令。列州、郡、县，制其任土所出，以为征赋。其无贯之人，不乐州县编户者，谓之浮浪人，乐输亦无定数任量，准《通典》《通考》皆作惟。所输，终优于正课焉。”

蛮夷收其赕物，盖各随其土之所出。岭外酋帅，则征其贡而非税其民。浮浪人所出，盖亦无定物，惟侨民虽云散居无土著，犹当与江南之民，同循户调之法耳。

《隋志》述其制云："其课：丁男调布绢各二丈，丝三两，绵八两，禄绢八尺，禄绵三两二分，租米五石，禄米二石。丁女并半之。男女年十六已上至六十为丁。男年十六亦半课，年十八正课，六十六免课。女以嫁者为丁，若在室，年二十乃为丁。其田亩税米二斗。盖大率如此。"

二斗，一本作二升，盖据哀帝时之制言之。《宋书·孝武帝纪》：大明五年，十二月，制天下民户，岁输布四疋，《通考》作尺。盖就旧法而增之。《晋书·李雄载记》云：其赋：男子岁谷三斛，女丁半之。户调绢不过数丈，绵数两。亦略循晋法也。

北魏孝文之制。《魏书·食货志》：肃宗孝昌二年，税京师田亩二升，借赁公田者亩一斗。

齐、周之制，亦见《隋志》。齐河清三年定令：男子十八以上，六十五以下为丁。十六已上，十七已下为中，六十六已上为老，十五已下为小。率以十八受田，输租调，二十充兵，六十免力役，六十六退田，免租调。

京城四面，诸坊之外，三十里内为公田，受公田者三县代迁户，执事官一品已下，逮于羽林，武贲各有差。其外畿郡，华人官第一品已下羽林、武贲已上各有差。

职事及百姓请垦田者，名为受田。《通典》作永业田。奴婢受田者，亲王止三百人，嗣王止二百人，第二品嗣王已下及庶姓王止一百五十人，正三品已上及王宗止一百人，七品已上，限止八十人，八品已下至庶人，限止六十人。

奴婢限外不给田者皆不输。其方百里外及州人：一夫受露田八十亩，妇人四十亩。奴婢依良人。限数与在京百官同。丁牛一头，受田六十亩。限止四牛。又每丁给永业田二十亩为桑田。其中种桑五十根，榆三根，枣五根，不在还受之限。非此田者，悉入还受之分。

土不宜桑者，给麻田如桑田法。率人一床调绢一疋，绵八两。凡十斤绵中，折一斤作丝。垦租二石，义租五斗。奴婢各准良人之半，牛调二尺，《通典》作丈。垦租一斗，义租五升。垦租送台，义租纳郡，以备水旱。诸州郡皆别置富人仓。初立之日，准所领中下户口数，得支一年之粮，逐当州谷价贱时，斟量割当年义租充入。谷贵下价粜之，贱则还用所粜之物，依价粜贮。

垦租皆依贫富为三枭。其赋税常调，则少者直出上户，中者及中户，多者及下户。上枭输远处，中枭输次远，下枭输当州仓。三年一校焉。租入台五百里内输粟，五百里外输米，入州镇者输粟。人欲输钱者，准上绢收钱。

案户调之式，及魏、齐之制，皆人人受田，而晋成、哀及魏肃宗之时，又别有田税者？晋成、哀时制。盖皆指公田言之，观北齐之制可明。此田盖王公贵人受者为多，故晋孝武改成、哀之制，史言自王公已下，口税若干。魏虏则又以此惠其所谓代来户也。

后周大祖作相，创制六官。司均掌田里之政令。凡人口十已上宅五亩，口九《通典》作七。已上宅四亩，口五已下宅三亩，有室者田百四十亩，丁者田百亩，司赋掌功赋《通典》作赋均。之政令。

凡人自十八以至六十有四与轻癃《通典》作疾。者皆赋之。其赋之法：有室者岁不过绢一疋，绵八两，粟五斛。丁者半之。其非桑土，有室者布一疋，麻十斤，丁者又半之。丰年则全赋，中年半之，下年三之，《通典》作一之。皆以时征焉。若艰凶札，则不征其赋。

租调所取，以粟帛为大宗，此外更有所取，则谓之杂调。《齐书·郁林王纪》，即位后诏曰："凡逋三调及众债，在今年七月三十日前，悉同蠲除。"《通鉴》胡三省《注》曰："三调，谓调粟、调帛及杂调也。"《魏书·任城王澄传》：澄奏利国济民所宜振举者十条，四曰五调之外，一不烦民，五调疑三调之误。

军国所须，不能以粟帛为限。除列州、郡、县制为征赋外，南朝此项征赋，颇于国用有关。当时淫纵之君，或迫臣下以贡献，未必不由此而驯致。然贪取虽为非法，任土自是彝。典观第十章第四节所引齐明帝建武元年十月诏可知。

是岁十一月，又诏"邑宰禄薄俸微，虽任土恒贡，自今悉断。"胡三省《通鉴注》曰："观此，则江左之政，县邑不由郡、州，亦得入贡天台矣。"此《隋志》所由以列州郡县并举也。

《宋书·明帝纪》：泰始二年，十一月，"诏方物职贡，各顺土宜，出献纳贡，敬依时令"。即当折课、市取，当时征敛，折易颇多。

《晋书·王廙传》：弟子彪之，为会稽内史，桓温以山阴折布米不时毕，郡不弹纠，上免之。

《宋书·孝武帝纪》：大明七年，以浙东诸郡大旱，听受杂物当租。

《齐书·武帝纪》：永明四年，五月，诏"扬、南徐二州今年户租，三分二取见布，一分取钱。来岁以后，远近诸州输钱处，并减布直，匹准四百，依旧折半，以为永制。”

《竟陵王子良传》言：时诏折租布，二分取钱。

《王敬则传》载子良启，谓：“民有杂物，是军国所须者，可听随价准直，不必一应送钱，于公不亏其用，在私实荷其渥。”此即所谓折课。

《宋书·武帝纪》：永初元年，七月，诏：“台府所须，皆别遣主帅，与民和市，即时裨直，不复责租民求办。”

《齐书·武帝纪》：永明五年，九月，诏曰：“自水德将谢，丧乱弥多，师旅岁兴，饥馑代有。军国器用，动资四表。不因厥产，咸用九赋。虽有交贸之名，而无润私之实。民咨涂炭，职此之由。京师及四方，出钱亿万，粜米、谷、丝、绵之属，其和价以优黔首。远邦尝市杂物，非土俗所产者，皆悉停之。必是岁赋攸宜，都邑所乏，可见直和市，勿使逋刻。”皆欲变赋敛为市取者也。

《豫章王嶷传》：其为荆州，禁二千石官长，不得与人为市，盖有借官市为名，行私市之实者。北朝亦有折征之制。

《魏书·前废帝纪》：僭位后诏天下调绢，四百一匹，此折绢为钱也。

《韩麒麟传》：在齐州，欲减绢布，增益谷租，此亦犹折帛为谷也。

《食货志》云：正光后四方多事，加以水旱，国用不足，预折天下六年租调而征之，其厉民，盖不徒在豫征而已。然其实并不能然。

《宋书·武帝纪》：义熙八年，十一月，公至江陵，下书“台调癸卯梓材，庚子皮毛，可悉停省”，即所谓杂调也。

《魏书·食货志》曰：显祖即位，亲行俭素，率先公卿，思所以振益黎庶。先是大安中，高宗以常赋之外，杂调十五，颇为烦重，将与除之。尚书毛法仁曰：“此是军国资用，今顿罢之，臣愚以为不可。”帝曰：“使地利无穷，民力不竭，百姓有余，吾孰与不足？”遂免之。未几，复调如前。

《高宗纪》：兴安二年，正月，诏与民杂调十五，盖至大安中复免其十五也。然《纪》不载其事，大安四年五月壬戌诏，亦仅言“比年以来，杂调减省”而已。盖其免之甚暂，故《纪》漏书。

《北史·魏诸宗室传》，以百姓不足君孰与足之言，出于常山王遵之子素，亦与《志》异。至是乃终罢焉。

于是赋敛稍轻，民复赡矣。《显祖纪》：和平六年，六月，诏诸有杂调，一以与民。此朝廷所取于民。《世祖纪》：真君四年，六月，诏："复民赀赋三年。其田租岁输如常。"赀赋盖谓按其赀产多少为赋，亦杂调也。

《任城王澄传》：转定州刺史。初民中每有横调，百姓烦苦。澄多所省减，民以忻赖。此地方之所取也。

赋税所取非一，故如有蠲免，亦随时而各不同。当时赋税减免，史所言者，名目不一。有曰户课者，《晋书·武帝纪》：大康五年，减天下户课三分之一是也。

有曰户调绵绢者，《晋书·惠帝纪》：永平元年，五月，除天下户调绵绢是也。

有曰户调田租者，《惠帝纪》：永兴元年，十二月，诏户调田租，三分减一是也。

有曰租税者，《宋书·孝武帝纪》：元嘉三十年，五月，曲赦京邑二百里内，并蠲今年租税；大明五年，二月，伐蛮之家，蠲租税之半是也。

有曰税调者，《宋书·文帝纪》：元嘉二十八年，二月，诏凡遭寇贼郡县，流寓江淮者，并听即属，并蠲复税调；《顺帝纪》：升明元年，雍州大水，八月，遣使振恤，蠲除税调是也。

有但言调者，《宋书·后废帝纪》：元徽四年，平建平王景素之乱，原京邑二县元年以前逋调；《顺帝纪》：升明元年八月，原除元年以前逋调是也。

有曰众调者，《宋书·明帝纪》，泰始二年，十一月，制使东土经荒流散，并各还本，蠲众调二年是也。

有曰田租者，《宋书·文帝纪》：元嘉二十四年，正月，蠲建康、秣陵二县田租之半：二十六年，车驾陆道幸丹徒，行所经蠲田租之半；《孝武帝纪》：大明七年，十二月，行幸历阳，蠲郡租十年；《前废帝纪》：永光元年二月，《明帝纪》：泰始四年四月，皆减郡县田租之半；《梁书·侯景传》：景既据寿春，属城居民，悉召募为将士，辄停责市估及田租是也。减免租布之事最多。

有以灾荒免者，《晋书·孝武帝纪》：宁康二年，四月，皇大后诏：三吴、义兴、晋陵及会稽遭水之县，尤甚者全除一年租布，其次听除半年；《宋书·孝武帝纪》：元嘉三十年，闰月，蠲寻阳、西阳租布三年是也。

有以流亡免者，《宋书·武帝纪》：永初元年，八月，开亡叛，赦限内首出，蠲租布二年是也。

有以京邑或兴王之地免者，是月，诏彭城桑梓本乡，优复之制，宜同丰、沛，沛郡，下邳，可复租布三十年；《文帝纪》：元嘉四年，二月，行幸丹徒，三月，诏丹徒桑梓绸缪，大业攸始，其蠲今年租布；二十六年，二月，幸丹徒，三月，复丹徒侨旧今岁租布之半是也。

有以行幸免者，《孝武帝纪》：大明七年，二月，大赦天下，行幸所经，无出今岁租布是也。

有以行义免者，《宋书·孝义传》：贾恩、潘综、王彭，皆蠲租布三世是也。

《刘道产传》：弟道锡，为巴西、梓潼二郡大守。元嘉十八年，为氐寇所攻，募吏民守城，复租布二十年。及贼退，朝议贼虽攻城，一战便走，听依本要，于事为优。右卫将军沈演之等谓宜随功劳裁量，不可全用本誓，多者不得过十年。从之。

案《齐书·高帝纪》：建元四年，正月，诏："建元以来战赏，蠲租布二十年，杂役十年。其不得收尸，主军保押，亦同此例。"则似蠲租布二十年，军中故有此例，道锡特援用大优耳。

杂物而外，粟帛似应皆取诸租调之中，然亦有别立名目多取之者。

《晋书·成帝纪》：咸康二年，二月，算军用税米，空县五十余万石，尚书谢褒以下免官。此尚可云即在常赋之中，特度支别立一目。

《陈书·世祖纪》：天嘉元年，三月，诏今岁军粮，通减三分之一。

《宣帝纪》：大建三年，三月，大赦天下。自大康元年讫大建元年逋余军粮、禄秩、夏调未入者悉原之。则其取诸民，亦别列一目矣。

《魏书·高祖纪》：延兴三年，十月，大上皇帝亲将南讨，诏州郡之民，十丁取一，以充行户，收租五十石，以备军粮，亦临时增取于民者也。《韩麒麟传》：慕容白曜表麒麟与房法寿对为冀州刺史。白曜攻东阳，麒麟上义租六十万斛。

《周书·王罴传》，罴镇华州。时关中大饥，征税民间谷食，以供军费。或隐匿者，令递相告。多被箠棰。以是人有逃散。惟罴信著于人，莫有隐者。得粟不少诸州，而无怨讟。亦皆增取于民，以供军食者也。

户调所征，悉系著籍之户，故所最虑者为漏籍。宋武帝至江陵，下书曰："江、荆二州,凡租税调役，悉宜以见户为正。"则税役有与户籍不符者。然如是者究少。

《魏书·食货志》云：先是禁网疏阔，民多逃隐。

天兴中，诏采诸漏户，令输纶绵。自后诸逃户占为细茧罗縠者甚众。于是杂营户帅，遍于天下。不隶守宰。赋役不周，户口错乱。始光三年，诏一切罢之，以属郡县。议出阉官仇洛齐。

《隋书·食货志》云：元象、兴和之中，百姓多离旧居，缺于徭赋。神武乃命孙腾、高隆之分括无籍之户，得六十余万。于是侨居者各勒还本属。租调之人有加焉。武定二年事。皆可见漏籍者多，赋税必缺也。

耕桑之民而外，北朝亦有他法以取之，如魏泰常六年，六部民羊满百口，调戎马一匹是也。此犹南朝于蛮俚则取其赕物矣。

田租有不入公家者。宋武帝江陵之令又曰："州县屯田，利入守宰者，一切除之。"

《晋书·安帝纪》：义熙九年，四月，罢临沂、湖熟皇后脂泽田四十顷，以赐贫人。皆其事也。

《魏书·高允传》：时多禁封良田，京师游食者众。允言："古人云：方一里，为田三顷七十亩，百里则三万七千顷，勤之则亩益三升，不勤则亩损三升，损益之率，为粟二百二十二万斛，况天下之广乎？"世祖善之，遂除田禁，悉以授民。禁封良田，夫何为哉？《传》又言恭宗季年，颇亲近左右，营立田园，以取其利。

《任城王澄传》云：在定州，减公园之地，以给无业贫口。

《北齐书·段韶传》：平高归彦，赐归彦果园千亩。非弃田以为园囿，则变官税为私租而已。

人民所苦，力役尤甚于租调。

《晋书·食货志》：武帝制户调之式，男女年十六已上至六十为正丁，十五已下至十三，六十一已上至六十五为次丁，十二已下，六十六已上为老、小，不事。

《范宁传》：宁陈时政曰："礼：十九为长殇，以其未成人也。十五为中殇，以为尚童幼也。今以十六为全丁，则备成人之役矣，以十三为半丁，所任者非复童幼之事。岂可伤天理，违经典，困苦万姓，乃至此乎？宜修礼文，以二十为全丁，十六至十九为半丁，则人无夭折，生长滋繁矣。"此法令所定成丁之年大早，诒害于民者也。

《宋书·王弘传》：弘上言："旧制民年十三半役，十六全役。体有强弱，不皆称年。且在家自随力所能堪，不容过苦，移之公役，动有定科。庸宰守常，已有勤剧，况直苛政，岂可称言？乃有务在丰役，增进年齿。孤远贫弱，其弊尤深。致令依寄无所，生死靡告。一身之功，逃窜求免。家人远计，胎孕不育。请以十五至十六为半丁，十七为全丁。”从之。

然《文帝纪》元嘉十七年诏，犹有“役召之品，遂及稚弱”之语，则苛政亟行，并有非法令所能限者矣。役法与户籍，关系最大。

《隋书·食货志》言：东晋之制，男丁岁役不过二十日，又率十八人出一运丁。其实役之远过于此。其取丁之法，通常三丁取二，五丁取三。

《南史·孝义传》：孙棘谓宋大明五年发三五丁；《郭祖深传》：祖深上封事，谓自“梁兴以来，发人征役，号为三五”是也。

《康绚传》：魏降人王足陈计，求堰淮水，以灌寿阳，发徐、扬人，率二十户取五丁以筑之。其取之之法，较三五少宽，盖以其役实重难故也。

《齐书·周颙传》：颙言：“山阴邦治，事倍余城，然略闻诸县，亦处处皆踬：惟上虞以百户一滂，大为优足。”则各地方之役法，亦有善恶之不同。然能善者盖甚鲜。酷者乃至役及女丁。

《宋书·元凶劭传》：劭拒义军时，男丁既尽，召妇女亲役，犹曰非常时事也。

《梁书·武帝纪》：大同七年，十一月，诏停在所役使女丁；《安成王秀传》：郢州当涂为剧地，至以妇人供役；则并习为恒事矣。

有恒役，有杂役。《魏书·高祖纪》：延兴三年，十一月，诏河南七州之民，有鳏寡孤独，贫不自存者，复其杂徭，大和二十年，七月，诏轻徭薄赋，君人常理，岁中恒役，具以状闻。《刘昺传》：正光三年，大保崔光奏乞敕尚书推检昺后，所属甄免碎役。四年，六月，诏其孙等三家，特可听免。碎役即杂役也。杂役厉民，远较恒役为甚。

《齐书·周颙传》：建元初为山阴令。县旧订滂民，以供杂使。颙言于大守闻喜公子良曰：“窃见滂民之困，困实极矣。役命有常，只应转竭。蹙迫驱催，莫安其所。险者窜避山湖，困者自经沟渎。亦有摧臂斫手，苟自残落，贩佣贴子，权赴急难。每至滂使发动，遵赴常促。辄有柤杖被录，稽颡阶垂，泣涕告哀，不知所振。”此云役命有常，乃谓有常程限，非谓所课者为常事也。

《晋书·庾亮传》言：亮为丹阳尹，除重役六十余事。可见杂役重难者甚多。

随意役民，本有禁令。如《魏书·高宗纪》：和平四年，三月，诏“内外诸司，州镇守宰，侵使兵民，劳役非一。自今擅有召役，逼雇不程，皆论同枉法。”

《高祖纪》：大和元年，诏“牧民者轻有征发，致夺民时，以侵擅论”是也。然其事卒非法令所能禁。

《梁书·武帝纪》：大同七年，十二月诏，谓："或供厨帐，或供厩库，或遣使命，或待宾客，皆无自费，取给于民。"其侵渔可谓甚矣。河北郡有渔猎夫三十人，以供郡守，又有丁三十人，供郡守役使，见《周书·裴政传》。

《魏书·安同传》：大宗诏与肥如侯贺护持节循察并、定二州，纠举守宰不法。同至并州，表刺史擅用御府针工，请案律治罪。善矣，然其东出井陉至巨鹿，乃发众四户一人，欲治大岭山，通天门关。又筑坞于宋子。

大宗以同擅征发于外，槛车征还。召群官议其罪。皆曰："同擅兴事役，劳扰百姓，宜应穷治，以肃来犯。"而大宗仍以同虽专命，本在为公，意无不善释之，则又何也？世祖将北征，发民驴以转运，使公孙轨诣雍州，轨令驴主皆加绢一匹，乃与受之。《魏书·公孙表传》。轨表第二子。亦不过坐征还而已。

役之事，征戍为大，而漕转次之。古人于役，最苦其远。晋、南北朝，亦未免斯弊。

《晋书·刘颂传》：颂上疏言："昔魏武帝分离天下，使人役居户，各在一方，既事势所须，且意有曲为，权假一时，以赴所务，非正典也。然逡巡至今，积年未改。吴平之日，天下怀静，而东南二方，六州郡兵，将士、武吏，戍守江表，或给京城运漕。父南子北，室家分离，咸更不宁，又不习水土，运役勤瘁，咸有死亡之患。"欲使"受百役者不出其国，兵备待事其乡；更不能，则静三分之二，吏役不出千里之外"，此诚当时靖民之急务也。

王羲之遗谢安书，论军兴以来征役及充运之弊。《魏书·食货志》言转运中州以实边镇之弊。又《杨椿传》：除定州刺史。州有宗子稻田，屯兵八百户。年常发夫三千，草三百车，修补畦堰。椿以屯兵惟输此田课，更无徭役，及至闲月，即应修治，不容复劳百姓，表罢之。有屯兵而转致劳民，尤见征戍之诒毒也。

兴筑之事，亦为劳民之一大端。高齐之筑长城。《北齐书·赵郡王叡传》云：先是役徒罢作，任其自返。丁壮之辈，各自先归。羸弱之徒，弃在山北。加以饥病，多致僵殒。叡于是亲率所部，与之俱还。

配合州乡，部分营伍，督率监领，强弱相持。遇善水草，即为停顿。分有余，赡不足。赖以全者十三四焉。肯留意抚绥者，不过十全三四，况视之如草芥者乎？韦孝宽于汾州、离石间置城。是役也，征徒至十万。可见营建劳民之甚矣。

补吏亦为民所深苦。宋武帝平江陵，下书："荆、雍二州西局蛮府吏，及军人年十二以还，六十以上，及抚养孤幼，单丁大艰，悉仰遣之。穷独不能存者，给其长振。府州久勤将吏，依劳铨序。”

《南史·张缵传》：为湘州刺史，解放老疾吏役，及关市、戍逻先所防人，一皆省并。此两事，可见与于役者，老稚，疾病，穷独，皆不得免焉。

《梁书·良吏传》：沈瑀为余姚令。县南有豪族数百家，百姓甚患之。瑀召其老者为石头仓监，少者补县僮。皆号泣道路。自是权右屏迹。此可见为吏之困辱，故法令于其召补，每加制限。如宋武帝平江陵，命州、郡、县吏皆依尚书定制实户置是也。

《孝武帝纪》：元嘉三十年，八月，武皇帝旧役军身，尝在斋内，人身犹存者，普赐解户。

《梁书·安成王秀传》：为郢州，主者或求召吏。秀曰：“此州凋残不可扰。”此等皆见称为宽政。

《谢方明传》：转会稽大守。前后征伐，每兵运不充，悉倩发士庶。事既宁息，皆使还本，而属所割害，或即以补吏，守宰不明，与夺乖舛，人事不至，必被抑塞。方明简汰精当，各慎所宜。虽服役十载，亦一朝从理。东土至今称咏之。此又可见补吏之事，其中弊窦孔多也。

事有必待专技，然后能为之者，古人以此设工官。后世乃亦召民为之。逮其身亡而役不免，而其业又未必能守之以世也，则遂变为杂役。

王羲之与谢安书曰：“百工、医寺，死亡绝后，家户空尽，差代无所，上命不绝。事起或十年十五年，弹举获罪无懈息，而无益实事。何以堪之？谓自今诸死罪原轻者及五岁刑，可以充此。其减死者可长充兵役，五岁者可充杂工医寺。皆令移其家，以实都邑。

“都邑既实，是政之本；又可绝其亡叛。不移其家，逃亡之患，复如初耳。今除罪而充杂役，尽移其家，小人愚迷，或以为重于杀戮，可以绝奸。此又可见当时杂役之重。刑名虽轻，惩肃实重，岂非适时之宜邪？”

百工医寺而可以五岁刑者充之，其徒为杂役审矣。然有待专技之事，究非夫人所能为也，乃又别召民为之。如《南史·齐本纪》言：东昏侯大起诸殿，䌓役工匠。

《陈书·高祖纪》：永定二年，十月，大极殿成，匠各给复。

《宋书·刘敬宣传》，言守宣城者，多调发工巧，造作器物。

《梁书·贺琛传》：琛启陈事条，高祖大怒，召主书于前，口授敕责之。有曰：“凡所营造，不关材官，及以国匠，皆资雇借，以成其事。”

《陈书·宣帝纪》：大建二年，八月，诏巧手于役死亡，不劳订补。

《魏书·高祖纪》：延兴二年，四月，诏工商、杂技，尽听赴农。

《任城王澄传》：澄奏利国济民所宜振举者十条，六日逃亡代输，去来年久者，若非伎作，任听即住。皆有专技之民，见役于官之事也。

王羲之欲以死罪原轻者充兵役，五岁刑充杂工医寺，盖谓永充大役。亦有事出一时者，齐武帝欲修白下城，难于动役，刘系宗启谪役东人随唐寓之作乱者，从之，其事也。

复除之事，有为经制者，如魏邻长复一夫，里长二，党长三是也。此制百二十五家之内，凡复三十八人。其后元孝友言：《令》制百家为党族，二十家为闾，五家为比邻，百家之内，有帅二十五，征发皆免，则其制已小异。见第三节。

其出临时措置者：或以丁多，如晋武帝咸宁元年，二月，以将士应已娶者多，家有五女者给复是也。大康元年，十月，除五女复。

或以产乳及新昏，如齐明帝建武四年，正月，诏民产子蠲其父母调役一年，又赐米十斛，新昏者蠲夫役一年是也。

或以劫后移徙，如晋武帝大康元年，孙氏大将战亡之家，徙于寿阳，将吏渡江复十年，百姓及百工复二十年是也。

或以劫后抚绥，如陈宣帝大建十一年，三月，诏淮北义人，率户口归国者，建其本属旧名，置立郡县，即隶近州，赋给田宅，唤订一无所豫是也。

或以旧恩，如晋元帝大兴三年，七年，诏琅邪国人在此者，近有千户，今立为怀德县，统丹阳郡。昔汉高祖以沛为汤沐邑；光武亦复南顿，优复之科，一依汉氏故事是也。

或以行义，如《宋书·孝义传》：严世期复身徭役，张进之诏在所蠲其徭役是也。

或以旧劳，如陈大极殿成，匠各给复，见上。世祖天嘉元年，二月，以讨王琳，舟舰输积，权倩民丁，蠲复丁身夫妻三年，于役不幸者，复其妻子是也。

《魏书·高祖纪》：大和十一年，五月。诏复七庙子孙及外戚缌服以上，赋、役无所与，三长复征戍，余若民。《孝感传》：阎元明复租、调、兵役，令终母年，此则所谓赋役无所与者也。《文明后传》：后制内属五庙之孙，外戚六亲缌麻，皆受复除，当即大和十一年事。此宗戚之特恩也。

《恩幸传》：王叡与东阳王丕同入八议，永受复除，此为臣下之异典。

《世祖纪》：神䴥四年，自破赫连定还，战士赐复十年，此所以优战士。

《高宗纪》：和平二年，三月，诏民年八十已上，一子不从政。

《高祖纪》：延兴三年，十一月，诏河南七州年八十已上，一子不从政。承明元年，十月，诏七十已上，一子不从政。大和四年，七月，诏会京师耆老，赐锦采、衣服、几杖、稻米、蜜、面，复家人不徭役。此则所以优老也。三长之制，民年八十已上，听一子不从役。

《前废帝纪》：僭位后诏：百杂之户，贷赐民名，官任仍旧。此则口惠而实不至矣。

凡士姓皆蠲役。《晋书·石季龙载记》：镇远王擢，表雍、秦二州望族，自东徙已来，遂在戍役之例。既衣冠华胄，宜蒙优免。从之。自是皇甫、胡、梁、韦、杜、牛、辛等十有七姓，蠲其兵贯。

《苻坚载记》：复魏、晋士籍，使役有常。则虽五胡，亦能守兹成法也。宋孝武帝坏诸郡士族，以充将吏。并不服役，至悉逃亡。加以严制不能禁。乃改用军法，得便斩之。莫不奔窜山湖，聚为盗贼。《宋书·沈怀文传》。

梁鄱阳王恢之子泰，为谯州刺史。遍发人丁，使担要舆、扇、伞等物，不限士庶。耻为之者，重加杖责。多输财者，即放免之。人皆思乱。及侯景至，人无战心，乃先覆败。《南史》本传。其为祸之烈如此。隶属于人者亦无役，如佃客、衣食客是也。张方决千金堨，水碓皆涸，乃发王公奴婢手舂给兵廪。时又发奴助兵。

成帝咸和六年，正月，以运漕不继，发王公已下千余丁，各运米六斛。穆帝升平三年，三月，诏以比年出军，粮运不继，王公已下，十三户借一人一年助运。此皆罕有之事。

《刁协传》言："以奴为兵，取将吏客使转运，皆协所建也，众庶怨望之。"可见积习之不易破矣。

《南史·齐东昏侯纪》言：诸郡役人，多依人士为附隶，谓之属名，见第十章第六节。亦有所不得已也。出家及疾病者，于法亦免，故范宁言人或残形翦发，要求复除，《东昏侯纪》亦谓东境役苦，百姓多注籍诈病焉。

赋与役，皆当视赀产之厚薄，以为重轻。苏绰《六条诏书》曰："租税之时，虽有大式，至于斟酌贫富，差次先后，皆事起于正长，而系之于守令，若斟酌得所，则政和而民悦，若检理无方，则吏奸而民怨。又差发徭役，多不存意。致令贫弱者或重徭而远戍，富强者或轻使而近防。守令用怀如此，不存恤民之心，皆王政之罪人也。”故平定物力之事，由之而起。

《晋书·刘超传》：超补句容令。常年赋税，主者常自四出，诘评百姓家赀。至超，但作大函，村别付之，使各自书家产投函中，讫送还县。百姓依实投上，课输所出，有余常年。此即宋世之手实法也。

《魏书·世祖纪》：延和三年，二月，诏令州、郡、县隐括贫富，以为三级。其富者租赋如常，中者复二年，下穷者复三年。大延元年，十二月，诏“州、郡、县不得妄遣吏卒，烦扰民庶。若有发调，县宰集乡邑三老，计赀定课。裒多益寡，九品混通，不得纵富督贫，避强侵弱。”盖始分为三级，继又曲分为九。

《隋书·食货志》言：齐文襄始立九等之户，富者税其钱，贫者役其力。实则九等定户，乃魏世之成法，文襄所创者，或税役之别耳。赀与力之相贸，盖事势不得不然。齐永元后，远郡之役，悉令上米准行。

史以是为东昏秕政，然《宋书·顺帝纪》：升明三年，正月，齐王表诸负官物质役者悉原除，所谓质役，盖负物不能偿，而出力以为代，事与上米准行相反，理则一也。顾宪之言：山阴有赀者，多是士人复除。此等人本未必能出力。税其钱，实开明世别银差于力差之先声，亦得宋王安石令无役者出助役钱之意。

《宋书·周朗传》：朗言：“取税之法，宜计人为输，不应以赀，云何使富者不尽，贫者不蠲？”盖病户等平定之不实。朗又云：“桑长一尺，围以为价，田进一亩，度以为钱，屋不得瓦，皆责赀实，民以此树不敢种，土畏妄垦，栋焚榱露，不敢加泥。”齐竟陵王子良言：“三吴守宰，务在裒克，围桑品屋，以准资课。致令斩树发瓦，以充重赋。破民财产，要利一时。”其弊，亦与后世无异矣。户调法行之后，本已无所谓丁税。

然《齐书·豫章王嶷传》：言其为荆、湘时，以谷过贱，听民以米当口钱；《王敬则传》载竟陵王子良启云：“建元初狡虏游魂，军用殷广，浙东五郡，丁税一千”；《梁书·良吏传》云：高祖元年，始去人赀，计丁为布；《陈书·宣帝纪》：大建九年，五月，原五年讫七年逋赀绢，盖亦计赀为绢。一似又有丁税者；盖亦或以之代役，或出临时调敛，后遂相沿不废也。

地方公共之事，人民往往能自立法而自治之，然亦往往为官府所破坏，会稽士庶，皆保塘役，而王敬则悉评敛为钱送台；东昏侯下扬、南徐二州，桥、桁、塘、埭丁，计功为直，敛取见钱。其事矣。

《晋书·刘颂传》：除淮南相。旧修芍陂，年用数万人。豪强兼并，孤贫失业。颂使大小戮力，计功受分，百姓歌其平。此等良吏，盖不可多得矣。

后周之法：司役掌力役之政令。凡人自十八以至五十有九，皆任于役。丰年不过三旬，中年二旬，下年一旬。凡起徒役，无过家一人。八十者一子不从役，百年者家不从役，废疾非人不养者，一人不从役。若凶札则无力征。见《隋书·食货志》：其立法可谓甚平，然其行之如何，则不可知也。

山泽之利，两晋及宋、齐、梁、陈，多为官吏贵豪所固护。此等皆非法之所许，然亦有不然者。

《梁书·萧颖达传》：御史中丞任昉奏曰："风闻颖达启乞鱼税，辄摄颖达宅督彭难当到台辨问。列称寻生鱼典税，先本是邓僧琰启乞，限讫今年五月十四日。主人颖达，于时谓非新立，仍启乞接代僧琰。即蒙降许。登税与史法论一年，收直五十万。"虽实为私奉养，而必启乞待许，即不啻官收其税矣。北朝情形，与南朝略同。

魏显祖皇兴四年，高祖大和六年，周静帝大象二年，皆尝弛山泽之禁。即北齐，亦仅后主武平六年，税关市、舟车、山泽、盐铁、店肆，开酒禁而已。然《魏书·酷吏传》：崔暹坐障吝陂苇，为王显所弹；《阉官传》言：刘腾于山泽之饶，所在固护；则其利为私家所擅者亦多。《北齐书·卢潜传》，言其为扬州行台时，高元海执政，断渔猎，人家无以自资，政令岂能真行？民家无以自资，豪势保无转因之以为利者邪？

鄣锢山泽，恶其夺民利而已，弃田以为园囿，其弊亦与之同，故晋法明列其不为属国焉。然其事亦卒不能免。北朝尤甚，以其君好田猎也。

《魏书古弼传》云：上谷民上书言苑囿过度，民无田业，乞减大半，以赐贫人，可见其占地之广。

《高祖纪》：延兴三年，诏关外苑囿，听民樵采。

大和十一年，又罢山北苑，以其地赐贫民。

《司马楚之传》：子跃，为云中镇将，朔州刺史。表罢河西苑封，与民垦殖。

有司执奏："此麋鹿所聚，大官取给。今若与民，至于奉献时禽，惧有所缺。”

诏曰：“此地若任稼穑，虽有兽利，事须废封。若是山涧，虞禁何损？寻先朝置此，岂苟藉斯禽，亮亦以俟军行薪蒸之用。其更论之。”跃固请宜以与民。高祖从之。此可见苑囿之立，实妨田业，又不徒鄣锢山泽而已。又魏于内地置牧场，占地甚广。

世宗正始元年，延昌二年，皆尝以其地赐代迁之民。可谓封豕长蛇，荐食上国已。

冶铸之利，作兵为亟，民用后焉。

《晋书·宣帝纪》：大和四年，兴京兆、天水、南安监冶。

《刑法志》云：“魏武帝时，定甲子科，犯钛左右趾者，易以木械。是时乏铁，故易以木焉。”盖斯时之铁，多以作兵，故乏于他用也。

《宋书·百官志》：卫尉一人，丞二人晋江右掌冶铸。领冶令三十九，户五千三百五十。冶皆在江北，而江南惟有梅根及冶塘二冶，皆属扬州，不属卫尉。卫尉，江左不置。宋世祖孝建元年复置。又云：东冶令一人，丞一人。南冶令一人，丞一人。汉有铁官。晋置令，掌工徒鼓铸，属卫尉。江左已来，省卫尉，度隶少府。宋世虽置卫尉，冶隶少府如故。江南诸郡县有者，或置冶令，或置丞，多是吴所置。

《王弘传》：弘建屯田之议曰：“伏见南局诸冶，募吏数百。虽资以廪赡，收入甚微。愚谓若回以配农，必功利百倍矣。然军器所须，不可都废。今欲留铜官大冶及都邑小冶各一所。重其功课，一准扬州。州之求取，亦当无乏。余者罢之，以充东作之要。”

弘建此议，在其为晋会稽王道子骠骑参军主簿时，可见江左冶政，专攻兵器，罕资民用，此其获利所以甚微。宋世刘道济刺益州，立冶断私民鼓铸，而贵卖铁器。又可见民用本不资官也。

《陈书·世祖纪》：天嘉二年，十二月，大子中庶子虞荔、御史中丞孔奂以国用不足，奏立煮海盐赋及榷酤之科。诏并施行。南朝言盐利者，亦惟此而已。

北方僭伪诸国：慕容德尝立冶于商山，置盐官于乌常泽，事见《晋书·载记》。拓跋氏于盐利颇详。

《魏书·食货志》云：河东郡有盐池，旧立官司，以收税利。是时罢之。而民有富强者，专擅其用，贫弱者不得资益。延兴末，复立监司，量其贵贱，节其赋入。于是公私兼利。世宗即位，政存宽简，复罢其禁，与百姓共之。其国用所资，别为条制，取足而已。自后豪贵之家，复乘势占夺；近池之民，又辄鄣吝；强弱相陵，闻于远近。

神龟初，大师高阳王雍、大傅清河王怿等奏："先朝置司，公私两宜，储益不少。后中尉甄琛，启求罢禁。被敕付议。尚书执奏，称琛启坐谈则理高，行之则事缺，请依常禁为允。诏依琛计。乃为绕池之民尉保光等，擅自固护。语其鄣禁，倍于官司。取与自由，贵贱任口。若无大宥，罪合推断。请依先朝之诏，禁之为便。"于是复置监官，以监检焉。其后更罢更立，以至于永熙。

自迁邺后，于沧、瀛、幽、青四州之境，傍海煮盐。沧州置灶一千四百八十四，瀛州置灶四百五十二，幽州置灶一百八十，青州置灶五百四十六。又于邯郸置灶四。计终岁合收盐二十万九千七百二斛四升。军国所资，得以周赡矣。

据《本纪》，高祖大和二十年，十二月，尝开盐池之禁，与民共之。世宗景明四年，七月，诏还收盐池利以入公。至正始三年四月，又诏罢盐池之禁。此事由甄琛之奏，具见《琛传》：其时尚书执奏之辞，亦谓"典司多怠，出入之间，事不如法，遂令细民怨嗟，商贾轻议"，则置监亦未必无弊也。

《长孙道生传》：曾孙稚，萧宝夤反，为行台讨之。时薛凤贤反于正平，薛修义屯聚河东，分据盐池，攻围蒲坂。东西连结，以应宝夤。稚乃据河东。时有诏废盐池税。稚表言："今四境多虞，府藏罄竭。冀、定二州，且亡且乱，常调之绢，不复可收。略论盐税，一年之中，准绢而言，犹不应减三十万匹。便是移冀、定二州，置于畿甸。今若废之，事同再失。臣前仰违严旨，不先讨关贼而解河东者，非是闲长安而急蒲阪，蒲阪一陷，没失盐池，三军口命，济赡理绝。天助大魏，兹计不爽。臣辄符司监、将尉，还率所部，依常收税，更听后敕。"观此，知河东盐利之厚。

《周书·寇俊传》云：孝昌中，朝议以国用不足，乃置盐池都将，秩比上郡，前后居职者，多有侵渔，乃以俊为之。是其时于此，资赖正深，而忽有废之之诏。虽为长孙稚所格，至前废帝即位，仍诏税市、税盐，可悉废之，可见税弊之深矣。《柳崇传》言：高祖时，河东、河北争境。其间有盐池之饶，虞阪之便，守宰及民，皆恐外割，公私朋竞，纷嚣台府，可见官吏豪强，同以为利。

《辛庆之传》：大祖东讨，为行台左丞。时初复河东，以本官兼盐池都将。

大统四年，魏攻正平郡，陷之，遂欲经略盐池，庆之守御有备，乃引军退。河桥之役，大军不利，河北守令弃城走，庆之独因盐池，抗拒强敌，时论称其仁勇。守令弃城，而监将犹能守土，岂亦以其利入厚，故能用其众欤？

《北史·崔昂传》：右仆射崔暹奏请海、沂煮盐，有利军国。文襄以问昂。昂曰："官煮须断人灶。官力虽多，不及人广。请准关市，薄为灶税。私馆官给，彼此有宜。"朝廷从之。则迁邺后四州官煮之外，他处仍有盐税也。周有掌盐，掌四盐之政令。一曰散盐，煮海以成之。二曰监盐，引池以化之。三曰形盐，物地以取之。四曰饴盐，于戎以取之。凡监盐、形盐，每地为之禁，百姓取之皆税焉。见《隋书·食货志》。

北朝冶铸，亦以作兵为急。

《魏书·大祖纪》：天赐元年，五月，置山东诸冶，发州郡徒谪造兵甲。

《周书·薛善传》：西魏于夏阳诸山置铁冶，令善为冶监，月役八千人，营造军器，皆其事也。供民用者，亦间有之。如《魏书·崔挺传》，言其为光州刺史，州内少铁器，用皆求之他境，挺表复铁官，公私有赖是已。

冶铸之业，盖以民营为多，故《食货志》言铸铁为农器兵刃，在所有之；咸阳王禧，史言其田业盐铁，遍于远近；而长白山亦为豪右鼓铸之地也。矿利。

《肃宗纪》：神龟元年，闰月，开恒州银山之禁，与民共之，则亦有弛禁之时。

酒税，除禁酿外，大都有之。东昏时，都下酒酤，皆折输金。陈时虞荔、孔奂请立榷酤，见前。北齐文宣帝天保八年，八月，制榷酤，见《北史·本纪》。《北齐书》不载。后主立酒禁，亦见前。

《宋书·文九王传》：世祖普责百官谠言，建平王宏上书称其弛榷酤，则似曾一时无税。

关市之征，历代皆有。《晋书·武帝纪》：受禅后复天下租赋及关市之税一年，可见魏时征税，遍于全境，晋亦因之。

渡江已后，《隋书·食货志》云：凡货卖奴婢、马牛、田宅，有文券，率钱一万，输估四百入官，卖者三百，买者一百。无文券者，随物所堪，亦百分收四，名为散估。

《晋书·王濬传》：濬上书自理云："臣将军素严，兵人不得妄离部阵。间在秣陵，诸军凡二十万众。臣军先至，为土地之主。百姓之心，皆归仰臣。臣切敕所领，秋豪不犯，诸有市易，皆有伍任证左，明从券契。有违犯者，凡斩十三人，皆吴人所知也。”

《北史·孟信传》：信去官，居贫无食惟有一老牛。其兄子卖之，拟供薪米。券契已讫。市法应知牛主住在所。信适从外来，见买牛人，方知其卖也。因告之曰：“此牛先来有病，小用便发，君不须也。”杖其兄子二十。观此二事，知当时货卖，多有文券也。

历宋、齐、梁、陈如此，此后世之契税也。又云：都西有石头津，东有方山津，各置津主一人，贼曹一人，直水五人，以检察禁物及亡叛者。其荻、炭、鱼、薪之类过津者，并十分税一以入官。其东路无禁，故方山津检察甚简。此后世之过税也。又云：淮水北有大市百余，小市十余所。大市备置官司，税敛既重，时甚苦之。此后世之住税也。

《晋书·孝武帝纪》：宁康元年，三月，诏除丹阳竹格等四桁税。

《宋书·武帝纪》：永初元年，以市税繁苦，优量减降。

《文帝纪》：元嘉十七年，十一月，诏州郡估税，所在市调，多有烦刻，自今咸依法令，务尽优允。

《孝武帝纪》：大明八年，正月，诏东境去岁不稔，宜广商货，远近贩粥米者，可停道中杂税。又《前废帝纪》：是年，六月诏，有“关市僦税，事施一时，而奸吏舞文，妄兴威福”之语。

《齐书·郁林王纪》：即位后，诏关市征赋，务从优减。

《明帝纪》：建武元年，十月，诏商旅税石头、后渚，及夫卤借倩，一皆停息。

《竟陵王子良传》：启论司市之职，谓“前人增估求侠，后人加税请代”。

《顾宪之传》：永明六年，行会稽郡事。时西陵戍主杜元懿启：“吴兴无秋，会稽丰登，商旅往来，倍多常岁。西陵牛埭税，官格日三千五百。元懿如即所见，日可一倍。盈缩相兼，略记年长百万。浦阳南北津及柳浦四埭，乞为官领摄，一年格外长四百许万。西陵戍前检税，无妨戍事。余三埭自举腹心。”

世祖敕示会稽郡：“此讵是事宜？可访察即启。”

宪之议曰：“吴兴频岁失稔，今兹尤馑。去乏从丰，良田饥棘。或征货贸粒，还拯亲累，或提携老弱，陈力糊口。埭司责税，依格弗降。旧格新减，尚未议登，格外加倍，将以何术？比见加格置市者，前后相属，非惟新加无赢，并皆旧格犹缺，愚恐元懿今启，亦当不殊。若事不副旨，惧诒遣诘，便百方侵苦，为公贾怨。元懿秉性苛刻，已彰往效，任以物土，譬以狼将羊。其所欲举腹心，亦当虎而冠耳。”

《梁书·武帝纪》：天监十五年，正月，诏关市之赋，或有未允。外时参量，优减定格。

大同十一年，三月，诏四方所立市、埭、桁、渡、津税，有不便于民者，尚书、州郡，各速条上。其时陆验、徐驎递为少府丞、大市令，并以苛刻为务。

《陈书·宣帝纪》：大建四年，闰月，诏姑熟自梁末兵灾，凋残略尽。自今有罢任之徒，许分留部下。其已在江外，亦令迎还。悉住南州，津里安置。有无交贸，不责市估。

十一年诏有“旗亭关市，税敛繁多，不广都内之钱，非供水衡之费，逼遏商贾，营谋私蓄”之语。《南史·陈本纪》，谓后主税江、税市，征取百端。其用沈客卿、阳慧朗。此皆关市政令，发自中枢，散见纪传者也：亦有由地方为之者：

《晋书·甘卓传》言：卓迁梁州刺史，估税悉除。又《儒林·杜夷传》言：刺史刘陶，告庐江郡，常以市租，供给其家人粮廪。

《齐书·豫章王嶷传》：徙荆州刺史，以市税重滥，更定樢格，以税还民。侯景据寿春，停责市估，已见前。景后抗表，有云“关市征税，咸悉停原，寿阳之民，颇怀优复”焉。

《梁书·陆法和传》：刺郢州，列肆之内，不立市丞，但以空槛籥在道间，上开一孔以受钱。贾客店人，随货多少，计其估限，自委槛中。行掌之司，夕方开取条其孔目，输之于库。此等兴替、增减，及其支用，悉由地方主之。可见当时关市之征，中枢所取，实有限也。

北方诸国：张重华尝除关税，见《晋书·载记》。姚兴增关津之税。《魏书·沮渠蒙逊传》：世祖诏公卿为书让牧犍，有“切税商胡，以断行旅”之语。《甄琛传》：琛论盐池表有云：“今伪弊相承，仍崇关廛之税，大魏恢博，惟受谷帛之输”，则魏初似无商税。肃宗时，税市人出入者各一钱，店舍为五等。

前废帝即位，市税与盐税并除，已见前。齐末，颜之推奏请立关市、邸店之税。开府邓长颙赞成之。后主大悦，以其所入供御府声色之费，军国之用不豫焉。未几而亡。见《隋书·食货志》。

周闵帝元年，初除市门税。宣帝即位，复兴入市之税，亦见《志》及《周书·本纪》。宣帝税入市者人一钱。静帝立，罢入市税钱，见《纪》。

第六节 兵制

晋、南北朝，为中国兵力衰微之世，其所由然，盖以取之、教之者，皆不得其宜也。民兵之制，虽自东汉来已废，然调发之制仍存。故《晋书·段灼传》：灼言晋人可差简丁强，如法调取，羌、胡非恩意告谕不可。

然调发人民时甚少，自三国至南北朝，皆别有所谓军户者。军户放免，其事甚难，《宋书·孝武帝纪》：大明二年，正月，韶先帝龙飞荆楚，奉迎文武、吏身，可赐爵一级，军户免为平民，此乃特典。帛氏奴之乱，刘道济免吴兵三十六营为平民；竟陵王诞之叛，孝武帝使垣阆袭之，诞焚兵籍，使壮士率之出击：亦危迫之际，非常之措施也。

而其困辱殊甚。《晋书·赵至传》：缑氏令初到官，至年十三，与母同观。母曰："汝先世本非微贱，世乱流离，遂为士伍耳。尔后能如此不？"至感母言，诣师受业。盖军户之困辱久矣。服役率取长上。长上之名，不始唐代。《通鉴》：晋安帝隆安二年，慕容宝长上段速骨，宋赤眉等作乱。《注》云："凡卫兵皆更番迭上，长上者，不番代也。唐官制，怀化执戟长上，归德执戟长上，皆武散阶，长上之官尚矣。"

案《宋书·张茂度传》：子永，以世祖孝建二年，入为尚书左丞。时将士休假，年开三番，纷纭道路。永建议：交代之限，以一年为制。则番代之期，有甚短者。遵行者盖渐少也。老稚亦不得免。《晋书·宣帝纪》：帝平公孙渊，奏军人年六十已上者罢遣千余人；《武帝纪》：平吴后，诏诸士卒年六十已上，罢归于家；此已为甚晚。

《宋书·自序》载沈亮启大祖，谓西府兵士，或见年八十而犹伏隶，或年始七岁而已从役，尤可见其使之之酷。晋明帝之讨王敦，诏敦之将士，单丁在军，无有兼重者，皆遣归家，终身不调，其余皆与假三年，亦危急时旷典也。身死又须补代。刘卞兄为太子长兵，死，兵例须代，功曹欲以卞代兄役是也。

于是人民规免者多，乃有以亡命、谪户或蛮夷充之者。逃叛、死亡，追代或及亲属，甚者及于邻伍。其虐，与明代之句军无异矣。《晋书·庾冰传》：冰隐实户口，料出无名万余人，以充军实，比以漏籍者为兵也，《毛璩传》：璩迁淮南大守，寻补镇北将军谯王恬司马。海陵县界，地名青蒲，四面湖泽，皆是菰葑，逃亡所聚。璩建议率千人讨之。时大旱，璩因放火，菰葑尽然。亡户窘迫，悉出自首。近有万户，皆以补兵。此以逃亡者为兵也。

《宋书·沈庆之传》：庆之前后获蛮，并移京邑，以为营户，此以夷隶为兵也。

《晋书·范宁传》：宁上疏言："官制谪兵，不相袭代。顷者小事，便以补役。一愆之违，辱及累世。亲戚旁支，罹其祸毒。"

《宋书·武帝纪》：永初二年，十月，诏曰："兵制峻重，务在得宜。役身死叛，辄考傍亲。流迁弥广，未见其极。遂令冠带之伦，沦陷非所。宜革以弘泰，去其密科。自今犯罪充兵，合举户从役者，便付营押领。其有户统及谪止一身者，不得复侵滥服亲，以相连染。"

《何承天传》：余杭民薄道举为劫。制同籍期亲补兵。其从弟代公、道生等，并为大功亲，而法以其母存为期亲，子宜随母补兵。皆可见其句补之酷。然据《南史·郭祖深传》，则当时追讨，并有滥及邻伍者，又不限于亲属矣。

征发之法，多用三五，亦有更密于此者。三五取丁，释见第五章第二节。此据《通鉴》晋成帝咸康八年《注》。然宋文帝元嘉二十七年《注》又云："三丁发其一，五丁发其二。"不知果有此两法邪？抑胡氏偶误也？

《晋书·石季龙载记》，言其将讨慕容皝，令司、冀、青、徐、幽、并、雍兼复之家，五丁取三，四丁取二，则前说似是。

《慕容俊载记》：俊图入寇，兼欲经略关西，乃令州郡校阅见丁，精覆隐漏。率户留一丁，余悉发之。封邑刘贵上书极谏，乃改为三五占兵。则三五取丁，殆为当时通制。苻坚入寇，诸州之民，十一遣一，盖以所发者广，故所取者少。佛狸临江，丹阳统内，尽户发丁。胡三省曰："凡人户见丁，无论多少尽发之。"此则危急时偶行之法也。

率先贫弱，转后殷强，其流弊滋大。《晋书·慕容時载记》：其尚书左丞申绍上疏曰："比赴敌后机，兵不速济。皆由赋法靡恒，役之非道。郡县守宰，每于差调之际，舍越殷强，首先贫弱。行留俱窘，资赡无所。人怀嗟怨，遂致奔亡。"

案《宋书·王弘传》：弘与八坐丞郎疏言："主守偷五匹，常偷四十匹，并加大辟，议者咸以为重。宜进主守偷十匹，常偷五十匹死，四十匹降以补兵。”左丞江奥议：“官及二千石，及失节士大夫，时有犯者，罪乃可戮，恐不可以补兵也。谓此制可施小人，士人自还用旧律。”

《梁书·处士沈颉传》，天监四年，大举北伐，订民丁。吴兴大守柳恽以颉从役。扬州别驾陆任以书责之。恽大惭，厚礼而遣之。则其时兵役，士人率遭优免，此亦舍越般强之一端也。

《慕容暐载记》又云：悦绾言于暐曰：百姓多有隐附，宜悉罢军封。暐纳之。出户二十余万。慕容评大不平，寻贼绾杀之。尤可见侥幸免役者之众。且斯时之民，久缺训练，发之无益于事，《宋书·武帝纪》：隆安五年，孙恩向沪渎。高祖弃城追之。海盐令鲍陋遣子嗣之，以吴兵一千，请为前驱。高祖曰：“贼兵甚精，吴人不习战，若前驱失利，必败我军，可在后为声援。”不从，果为贼所败。

又《自序》：元凶弑逆，分江东为会州，以隋王诞为刺史。沈正说诞司马顾琛，以江东义锐之众，为天下唱始。琛曰：“江东忘战日久，士不习兵，当须四方有义举，然后应之。”皆江东之民，久缺训练之证。

《齐书·沈文季传》：唐宇之叛，富阳但发男丁防县。文季时为会稽大守，发吴、嘉兴、海盐、盐官民丁救之，亦败。齐武帝遣禁兵数千人，马数百匹东讨。贼众乌合，一战便散，禽斩宇之。王敬则之叛，百姓从之者十余万，胡松以马军突其后，即惊散。皆民兵不可用之证。

齐初虏动，高帝欲发王公已下无官者为军，褚渊谏：以为无益实用，空致扰动，良有以也。然此等苟经训练，亦可成精兵。伐秦之役，宋武遣上河北岸距魏兵者，为白直队主丁旿。白直者，白丁之入直左右者也。亦可见兵之强弱，惟在训练矣。而或致激变，如张昌之乱是矣。

《晋书·山涛传》云：吴平之后，帝诏天下罢军役，示海内大安。州郡悉去兵，大郡置武吏百人，小郡五十人。帝尝讲武于宣武场。涛时有疾，诏乘步辇从。因与卢钦论用兵之本。以为不宜去州郡武备。其论甚精。

帝称之曰：“天下名言也。”而不能用。及永宁之后，屡有变难，寇贼猋起，郡国皆以无兵备不能制，天下遂以大乱，如涛言焉。涛之论今不可闻，然其时州郡握兵，实为天下之乱源。刘昭论之，最为痛切，见《续汉书·百官志注》。

晋之患，始于宗室诸王，而成于夷狄。当时州郡置兵，诚较王国为少，然八王之乱，非以其国之兵起也。五胡乱后，州郡曷尝无兵？果能戡乱定难欤？

综观当时诸家议论，亦多以人民缺于训练为言，如何承天《安边论》曰：“汉魏以来，蒐田非复先王之礼，治兵徒逞耳目之欲。有急之日，民不知战。至乃广延赏募，奉以厚秩。发遽奔救，天下骚然。方伯、刺史，自无经略，惟望朝廷遣军，此皆忘战之害，不教之失也。”而非以无经制之兵为患。《涛传》所云，非笃论也。

召募之制，意在选取精勇。马隆讨树机能，募要引弩三十六钧、弓四钧者。元嘉二十七年之役，募天下弩手，不问所从；有马步众艺、武力之士应科者，皆加厚赏；见第八章第七节。

《宋书·蒯恩传》：高祖征孙恩，县差为征民。充乙士。使负马刍。恩常负大束，兼倍余人。每舍刍于地，叹曰：“丈夫弯弓三石，奈何充马士？”高祖闻之，即给兵仗。恩大喜。可见军中武力之重矣。刘敬宣之伐蜀，国子博士周祇书谏高祖，谓官所遣皆乌合召募之人，师果无功。

《宋书·沈演之传》：子勃，泰始中欲北讨，使还乡里募人。勃多受货贿。上怒，下诏数之曰：“自恃吴兴土豪，比门义故，胁说士庶，告索无已。又辄听义将，委役还私。托注病叛，逐有数百。周旋门生，竞受财货。少者至万，多者千金。考计臧物，二百余万。”则召募之弊，亦甚大矣。

《晋书·刘超传》：出为义兴大守，征拜中书侍郎，会帝崩，穆后临朝，迁射声校尉。时军校无兵，义兴人多义随，超因统其众以宿卫，号为君子营。此亦召募之类。设其终属于超，即成私家之部曲矣。

部曲之制。《晋书·范宁传》：宁上疏言：“方镇去官，皆割精兵器仗，以为送故。米布之属，不可胜计，监司相容，初无弹纠。其中或有清白，亦复不见甄异。送兵多者，至于千余家，少者数十户。既力入私门，复资官廪布。兵役既竭，枉服良人，牵引无端，以相充补。若是功勋之臣，则已享裂土之祚，岂应封外，复置吏兵？送故之格，宜为节制，以三年为断。”

此等送故之兵，久假不归，即成私家之部曲矣。廪布既资官给，何必听属私家？然而部曲之制，卒不能革者？

《陈书·蔡征传》言：后主遣征收募兵士，自为部曲。征善抚恤，得物情，旬月之间，众近一万。征之抚恤，或不必专施于部曲，然部曲既属私家，其抚恤容有更周者。

《南史·郭祖深传》：梁武帝以祖深为南津校尉，使募部曲二千。所领皆精兵，令行禁止。有所讨逐，越境追禽。江中尝有贼，祖深自率讨之。大破贼。威振远近，长江肃清。或亦以其专属于己，故简择者精也。

《陈书·樊毅传》言：毅累叶将门。侯景之乱，率部曲随叔父文皎援台。文皎战殁，毅将宗族子弟赴江陵。高祖受禅，毅与弟猛举兵应王琳。琳败，奔齐，侯瑱遣使招毅，毅乃率子弟部曲还朝。

《鲁广达传》言：时江表将帅，各领部曲，动以千数，而鲁氏尤多。此等私家部曲，公家征战，亦多用之，几如辽人之有头下军州矣。范宁言送故多割器杖，则有部曲者即家有藏甲。

《宋书·范晔传》所以言周灵甫有家兵部曲，孔熙先欲奉义康，乃与以钱六十万，使于广州合兵，其征也。兵革藏于私家，非礼也，是谓胁君，此亦南北朝之世，篡乱之所由不绝欤?

为免扰累平民起见，时亦发奴客为兵。东晋时事，元帝所免僮客，以配刘隗、戴渊。又发投刺王官千人为军吏。见《戴若思传》。

王敦率众内向，抗疏曰："当陛下践阼之初，投刺王官，本以非常之庆，使豫蒙荣分，而更充征役，复依旧名。普取出客，从来久远，经涉年载。或死亡灭绝，或自赎得免，或见放遣，或父兄时事，身所不及。有所不得，辄罪本主。百姓哀愤，怨声盈路。"

敦攻刘隗，自难免于过当。然庾翼欲北伐，并发所统六州江、荆、司、雍、梁、益。奴及车、牛、驴、马，史亦云百姓嗟怨，则敦言亦不能尽诬。

宋武帝永初元年，八月，诏先因军事所发奴僮，各还本主。若死亡及勋劳破免，亦依限还直。盖奴婢亦为财产之一，不宜使其主人蒙损过大，故有此举。

《晋书·隐逸传》：翟汤、庾翼大发僮客，敕有司蠲汤所调。汤悉推仆使，委之乡吏。吏奉旨一无所受。汤依所调限，放免其仆，使编户为百姓，则调发亦不能无优免也。

《梁书·武帝纪》：普通五年，七月，赐北讨义客位阶。是梁世亦有奴客从军者。帛氏奴之乱，刘道济免道俗奴僮以充兵。

《晋书·列女传》：苏峻作乱，虞潭时守吴兴，又假节征峻。潭母孙氏，尽发家僮，随潭助战。则危急之际，地方亦有用之者也。

当时风气，称习战者必曰伧楚。子勋之叛，殷孝祖率二千人还朝，并伧楚壮士，人情大安；始安王遥光欲叛，召诸伧楚是也。吴人谓中州人曰伧。楚者，江西之地，皆楚之旧壤也。王融欲辅子良，招集江西伧楚。祖逖率亲党避地淮泗，后居京口，史言其宾客义徒，皆暴桀勇士。郗鉴寝疾，疏言所统错杂，率多北人。

此皆其时之所谓伧：《梁书·陈伯之传》：幼有膂力，年十三四，好著獭皮冠，带刺刀，候伺邻里稻熟，辄偷刈之。尝为田主所见，呵之曰："楚子莫动。"伯之因杖刀而进，将刺之，曰："楚子定何如？"此则时人习称剽悍者为楚也。淮南劲悍，自昔著闻。

淮南王允之攻赵王伦，史言其所将皆淮南奇材剑客，伦兵死者千余人。吕安国袭破杜叔宝饷刘顺军车，实为胜负所由判。详见第九章第四节。是役决胜，实由黄回。

史称其所领并淮南楚子，天下精兵。见《宋书·殷琰传》。刘牢之距苻坚之师，陈庆之送元颢之众，其中此曹，盖不少矣。然宋武之征南燕，公孙五楼策之曰："吴兵轻果，初锋勇锐不可当。"见《晋书·慕容超载记》。

伐秦之役，沈田子实奏青泥之烈，而史称其所领江东勇士，便习短兵。《宋书·自序》。则江东之士，亦未必遂弱。民风恒随处境而转移。当时江东以稼穑为重，而江西则为战地，此其风气之所以渐殊也。

士大夫之风气，南方亦较北方为弱。观第十八章第二节所引《颜氏家训·涉务篇》可知。

其《杂艺篇》又曰："江南以常射为兵射，冠冕儒生，多不习此。别有博射，弱弓长箭，施于准的。揖让升降，以行礼焉。防御寇难，了无所益。乱离之后，此术遂亡。河北人士，率晓兵射。"

士大夫者，民之率将，士大夫日趋文弱，无怪细民之稍益不振矣。颜氏之言则善矣，然而射不主皮，左射狸首，右射驺虞之意，则益微矣。可胜慨哉!

元魏丁男，亦有兵役。大宗永兴五年，正月，大阅，畿内男子十二以上悉集；高祖延兴三年，十月，大上皇帝亲将南讨，诏州郡之民，十丁取一是也。末造，常景病差丁不尽强壮，三长皆豪门多丁，求权发为兵。孝静帝兴和元年，六月，以司马子如为山东黜陟大使，寻为东北道大行台，差选勇士。奚思业为河南大使，简发勇士，盖亦取诸人民。惟此等在平时亦罕用，寻常充补，率于军户取之。

军户：有以俘虏为之者，如高聪徙入平城，与蒋少游为云中兵户是也。或以杂户充役，如《崔挺传》言河东郡有盐户，掌供州郡为兵是也。然要以罪谪者为多。征戍皆有之。《魏书·高祖纪》，大和二十一年，十二月，诏流徙之囚，皆勿决遣，登城之际，令其先锋自效。《周书·宣帝纪》：宣政元年，二月，滕王逌伐陈，免京师见徒，并令从军。此皆用于征战者也，用诸戍守者尤多。《魏书·高祖纪》：延兴四年，十二月，诏西征吐谷浑兵在匈律城初叛军者斩，次分配柔玄、武川二镇。《源贺传》：贺上书曰："自非大逆、赤手杀人之罪，其坐臧及盗与过误之愆。应入死者，皆可原命，谪守边境。"高宗纳之。六镇戍兵，本皆高门子弟，其后非得罪当世者，莫肯与之为伍，即由戍兵中此等人多故也。见第十二章第三节。

其遇之颇酷，欲免除甚难，逃亡之格又峻，终至激成六镇之叛焉。《魏书·任城王澄传》：澄以流人初至远镇，衣食无资，多有死者，奏并其妻子给粮一岁，从之。是当时谪戍，率并其家属徙之也。《高祖纪》：大和十二年，正月，诏曰："镇戍流徙之人，年满七十，孤单穷独，虽有妻妾，而无子孙，诸如此等，听解名还本。"可见其获免之难。《崔挺传》云：时以犯罪配边者，多有逃越，遂立重制，一人犯罪逋亡，合门充役。挺上书，辞甚雅切，高祖纳之。《郭祚传》：世宗诏以奸吏逃刑，县配远戍。若永避不出，兄弟代之。祚奏："若以奸吏逃窜，徙其兄弟，罪人妻子，复应徙之，此则一人之罪，祸倾二室。愚谓罪人在逃，止徙妻子。走者之身，县名永配。于眚不免，奸途自塞。"诏从之。此等皆可见其牵连之广。《李崇传》：定州流人解庆宾兄弟坐事俱徙扬州。弟思安，背役亡归。庆宾惧后役追责，规绝名贯。乃认城外死尸，诈称其弟为人所杀，迎归殡葬。又诬疑同军兵苏显甫、李盖等所杀，经州讼之。几成冤狱。其祸，亦原于追逃之酷也。末造六镇须改为州，事极明白，然正光五年所免者，犹是元非犯配之人也。见第十二章第三节。召募之法，亦间行之。如孔太恒等领募骑一千，南讨淮阳是。见《魏书·孔伯恭传》。末年乱事蜂起，赏募之格尤重。然赏格虽优，奉行不善，亦不能收其效也。见第十二章第三节引高谦之语。

宿卫之士，多出朔方。《魏书·高祖纪》：大和十九年，八月，诏选天下武勇之士十五万人为羽林、虎贲，以充宿卫，似不限其区域。然其明年十月，又诏以代迁之士，皆为羽林、虎贲矣。《地形志》言：恒、朔、云、蔚、显、廓、武、西夏、宁、灵十州，为永安以后禁旅所出，亦仍以北方之民为主也。禁兵间亦出征，并有从事戍守者，《魏书·和其奴传》：东平王道符反，诏其奴率殿中精甲万骑讨之。任城王澄言：羽林、虎贲，有事暂可赴战，常戍宜遣番兵。然其末年，骄悍殊甚，致有贼杀张彝之事，而京城附近，形势且甚岌岌，乃欲使四中郎将带郡守以为卫。亦见《任城王澄传》。固知兵愈骄则愈不可用矣。

调发人民，除大举时盖甚罕。《魏书·世祖纪》：真君六年，八月，车驾幸阴山之北。诏发天下兵，三分取一，各当戒严，以须后命。《高祖纪》：大和二十二年，四月，发州郡兵二十万人，限八月中旬集县瓠。《世宗纪》：景明四年，六月，发冀、定、瀛、相、并、济六州二万人，马千疋，增配寿春。正始三年，七月，发定、冀、瀛、相、并、肆六州十万人，以济南军。《献文六王传》：高祖将南讨，遣广陵王羽持节安抚六镇，发其突骑。周宇文护伐齐，征二十四军及左右厢散隶，暨秦、陇、蜀之兵，诸蕃国之众，凡二十万，见第十四章第六节。此等征发，所及较广，尚多故有兵籍者，不皆比户之民也。

征戍之士，更代本有定期，《魏书·高祖纪》：大和二十年，十月，司州之民，十二夫调一吏，为四年更卒。岁开番假。以供公私力役。《周书·武帝纪》：保定元年，三月，改八丁兵为十二丁兵。率岁一月役。事亦见《隋书·食货志》。胡三省《通鉴注》曰："八丁兵者，凡境内民丁，分为八番，递上就役。十二丁兵者，分为十二番，月上就役，周而复始。"

《魏书·薛虎子传》：为徐州。在州戍兵，每岁交代，必亲劳送，丧者给其敛帛。《北史·房谟传》：转徐州刺史。先是当州兵皆寮佐驱使。饥寒死病，动至千数。谟至，皆加检勒，不令烦扰。以休假番代。洗沐、督察，主司亲自检视。又使佣赁，令作衣服。终岁还家，无不温饱。全济甚多。伤夷亦许还本。《魏书·高祖纪》：大和十九年，八月，诏从征被伤者，皆许还本。

然役之每过其时，《魏书·皮豹子传》：为仇池镇将。兴安二年，表曰："臣所领之众，本自不多。惟仰民兵，专恃防固。其统万、安定二镇之众，从戎已来，经三四岁；长安之兵，役过期月；未有代期。衣粮俱尽，形颜枯瘁。窘切恋家，逃亡不已。既临寇难，不任攻战。"甚有死于道路者。《魏书·裴骏传》：骏子宣，于世宗时上言曰："自迁都已来，凡战阵之处，及军罢兵还之道，所有骸骼，无人覆藏者，请悉令州郡戍逻，检行埋掩。并符出兵之乡，其家有死于戎役者，使皆招魂复魂，祔祭先灵。复其年租调。身被伤夷者，免其兵役。"朝廷从之。以是兵无斗志，或转恃民兵以为固焉。

民兵盖本不在兵籍者，然当风尘澒洞之际，资其用者颇多，而据地自专，反侧于两国之间者，亦此曹也。乡兵之用，至东西魏分立而广。《周书·苏绰传》：弟椿，大统十四年，置当州乡帅，自非乡望允当众心，不得与焉。乃令驿追椿领乡兵。《韦瑱传》：征拜鸿胪卿，以望族兼领乡兵，加帅都督。《北史·李彦传》：迁虞部郎中。大统十二年，初选当州首望，统领乡兵，除帅都督，此统领之重其人也：又《魏玄传》：其先，任城人也，后徙于新安。每率乡兵，抗拒东魏。《泉企传》：子仲遵，率乡兵从杨忠讨柳仲礼，皆乡兵之与于战守者：虽高昂兄弟，所用亦乡兵也，见下。《颜氏家训·诫兵篇》曰："顷世乱离，衣冠之士，虽无身手，或聚徒众，违弃素业，侥幸战功。"又云："每见文士，颇读兵书，微有经略。若承平之世，睥睨宫闱，幸灾乐祸，首为逆乱，诖误善良。如在兵革之时，构扇反覆，纵衡说诱，不识存亡，强相扶戴。此皆陷身灭族之本也"：文士如此，武夫可知，衣冠之族且然，武断乡曲者更不必论矣。

北齐兵制，与后魏略同。《唐邕传》言：邕于九州军士，四方勇募，强弱多少，番代往还，莫不谙知。见第十四章第八节。九州军士，盖以军户为之，四方勇募，则籍外之士也。《孙搴传》言：高祖大括燕、恒、云、朔、显、蔚、二夏州、高平、平凉之民，以为军士。逃隐者身及主人，三长、守、令，罪以大辟，没入其家。所获甚众。搴之计也。此则比户取之矣。

东魏徙邺之后，置京畿府，专典兵马，齐文襄为大都督，见《周书·王士良传》：高祖作相，丞相府外兵曹、骑兵曹，分掌兵马。及天保受禅，诸司监咸归尚书，惟此二曹不废，令唐邕、白建主治，谓之外兵省。其后邕、建位望转隆，各为省主，令中书舍人分判二省事。亦见《北齐书·邕传》。北齐流罪，投于边裔，以为兵卒，见下节。

后周兵制，为五胡乱华以来一大变。五胡用兵，率以其本族若他异族人为主。高欢语鲜卑：谓汉人是汝奴，语汉人：谓鲜卑人是汝作客，已见第十六章第六节。《魏书·刘洁传》：南州大水，百姓阻饥。洁奏曰："郡国之民，虽不征讨，服勤农桑，以供军国，实经世之本，府库所资。应加哀矜，以鸿覆育。"皆可见汉人虽或充兵，并不以为劲旅。故韩陵之战，高欢谓高昂纯将汉儿，恐不济事，欲以鲜卑参之也。见第一章。是役也，欢之所将，实为葛荣余党，必不能尽是鲜卑，而薛孝通语贺拔岳，谓其以数千鲜卑，破尔朱百万之众。见《北史·薛辩传》。

盖凡乐于战斗者，其人虽非鲜卑，亦必已渐染鲜卑之习矣。既染鲜卑之习，必不复知民族之义。北方累经丧乱，可乘之机甚多，而汉人卒不能崛起光复旧地，盖以此也。自府兵之制兴，而兵权乃渐移于汉人矣。府兵之制，起自宇文泰。以六柱国督十二大将军，分掌禁旅。已见第十四章第五节。六军之置，事在大统八年三月，见《北史·本纪》。

《周书》又云：十二大将军，各统开府二人。每一开府领一军兵，是为二十四军。《北史》则云：每大将军督二开府，凡为二十四员，分团统领，是为二十四军。每一团仪同二人。自相督率，不编户贯。都十二大将军。十五日上，则门栏陛戟，警昼巡夜。十五日下，则教旗习战。无他赋役。每兵惟办弓刀一具，月简阅之。甲槊戈弩，并资官给。案魏世军人，多并家属屯聚一处，称之为府。六镇之兵，即见称为府户，见第十二章第三节。《魏书·杨椿传》言：自大祖平中山，多置军府，以相统摄。《北史·唐邕传》：邕奏河阳、晋州，与周连境，请于河阳、怀州、永桥、义宁、乌籍，各徙六州军人，并家立军府安置，以备机急之用。《周书·武帝纪》：天和元年，七月，筑武功、郿、斜谷、武都、留谷、津坑诸城，以置军人。五年，三月，初令宿卫官住关外者，将家累入京，不乐者解宿卫。建德六年，十二月，行幸并州宫，移并州军人四万户于关中，皆足见当时军人，多并家屯聚一处也。其军人，有专务教练者，亦有兼事耕屯者。

《北齐书·唐邕传》：邕以军民教习田猎，依令十二月月别三围，人马疲敝，奏请每月两围。世祖从之。此军民与后来军人二字同义，谓有兵籍属军府之人，非兼兵与寻常人民言之也。唐避大宗讳，改民为人，后遂相沿，而军人军民，其意各异矣，田猎月别三围，自无暇更及农事。然亦有兼事耕屯者。薛虎子欲以州镇戍兵资绢，市牛令耕，已见第二十章第一节。

《世宗纪》：正始元年，九月，诏缘淮南北，所在镇戍，皆令及秋播麦，春种粟稻。《源贺传》：诏都督三道诸军，屯于漠南，以备北寇，至春仲乃班师。贺以劳役京都，又非御边长计。请募诸州镇武健者三百人，复其徭赋，厚加振恤。分为三部。二镇之间筑城，城置万人，给强弩十二床，武卫三百乘。弩一床给牛六头，武卫一乘给牛二头。多造马枪及诸器械。使武略大将二人镇抚之。冬则讲武，春则种植。史言事寝不报，然观第十二章第三节所引《源怀传》，则北边镇戍，固未尝不事种植也。

魏世禁旅，以半月上番，半月教习，自无暇更事种植。然自周武帝以军士为侍官，募百姓充之，除其县籍。见第十七章第三节。《隋志》言“是后夏人半为兵矣”，而其制一变矣。《新唐书·兵志》云：“礼之谓之侍官，言侍卫天子也。”盖更其名以歆动夏人也。宇文泰所立府兵之制，《通鉴》系梁简文帝大宝元年，云：泰始籍民之才力者为府兵。身租、庸、调一切蠲之。以农隙讲阅战阵。马畜、粮糒，六家供之。合为百府。每府一郎将主之。分为二十四军。

《文献通考·兵考》则云：周大祖辅西魏时，用苏绰言，始放周典置六军。籍六等之民。择魁健才力之士，以为之首。尽蠲租、调，而刺史以农隙教之。合为百府。又云：凡柱国六员，众不满五万人。二书之说，盖同本于唐李泌之《邺侯家传》。农隙教练，与《北史》半月上番、半月教习之说不符。盖误以后来之制为初制。近人陈寅恪《隋唐制度渊源略论稿·兵制》。然云众不满五万，则似系初创时事。其时西方贫困，必无力能养多兵。周武募夏人为侍官，盖正以如是则可徒蠲其租调，而不必别出兵费也。斯固物力所限，然其时异族之民，必更同化于汉族，欲募以为兵，亦不可多得矣。此诚世局之一大转捩也。

部曲之兵，北朝亦有。尔朱荣死，魏庄帝引见高昂，劳勉之。昂请还本乡，招集部曲，其后韩陵之役，昂自领乡人部曲三千人。其弟季式，亦自领部曲千余人，马八百匹，戈甲器杖皆备。昂兄慎，迁光州刺史，亦听以本乡部曲数千人自随。封隆之子子绘，高祖崩，世宗以为渤海大守，亦听收集部曲一千人。此皆扰攘之际，听以腹心自卫也：清河王岳，与高祖经纶天下，家有私兵，并畜戎器，世宗未及文宣之世，频请纳之，皆未见许。及葬毕，乃纳焉。然岳之死实非良死也。斛律光之死也，何洪珍谮其家藏弩甲，奴僮千数，则私甲究非善制也。

行军所用牛马，魏制亦出自民间。《魏书·大宗纪》：永兴五年，正月，诏诸州六十户出戎马一匹。泰常六年，二月，调民二十户输戎马一匹，大牛一头。三月，制六部民羊满百口，输戎马一匹。《世祖纪》：始光二年，五月，诏天下十家发大牛一头，运粟塞上，是其事：此等虽遍及境内，然马之产，究以北边为多。尔朱荣家世豪强，牛马谷量，散畜牧招义勇，遂以起事，其兴，正拓跋氏之所由兴也。魏道武之追柔然也，柔然遁去，诸将请还。

道武问：“若杀副马为三日食，足乎？”《通鉴》胡三省《注》曰：“凡北人用骑兵，各乘一马，又有一马为副马。”晋孝武帝大元十六年，魏登国六年。宋文帝元嘉六年，魏主舍辎重，帅轻骑兼马，袭击柔然。大武神䴥二年。《注》曰：“兼马者，每一骑兼有副马也。”副马之制，蒙古亦有之，故胡氏言凡北人，以通古今。此胡骑之所以迅捷。《宋书·刘敬宣传》：刘牢之与孙恩之众战于虎畷。贼皆死战。敬宣请以骑并南山趣其后。吴贼畏马，又惧首尾受敌，遂大败。此南人不习骑战之征。皮豹子自言所领之众，不任攻战，见上。士民奸通，知臣兵弱，南引文德，共为唇齿。

文德去年八月，与义隆梁州刺史同征长安。闻台遣大军，势援云集，长安地平，用马为便，畏国骑军，不敢北出。骑步不敌，尤可概见。周朗所以言之痛也。见第八章第七节。南北强弱之机，实判于元嘉二十七年之役。此役南朝受创之深，实以六州残破之甚，魏人之能肆意摧残，则以其骑兵疾速，宋人不能阻御也。当时欲图恢复，非决一二大战不可，决战求胜，终不能无骑兵，梁武不知务此，是以卒无所成，说见第十一章第四节。

车亦间有用者，不过以将粮重、防冲突而已，不能恃以制胜也。宋武帝之讨南燕，以车四千乘为两翼，方轨徐行，而以轻骑为游军，见第七章第四节。魏大武之迫彭城，沈庆之欲以车营为函箱，陈精兵为外翼，奉武陵、江夏二王趋历城，见第八章第七节。檀道济之援青州也，刁雍言其畏官军突骑，以锁连车为函阵，见《魏书·雍传》。此皆以车为翼护：即丁旿之距魏军，亦仅藉车以自固，不能以之逐利也。吕梁之役，吴明彻成禽，而萧摩诃卒免，尤可见车骑之利钝。

兵器似多由官造，观上节所述可见。当时刑徒有配甲坊者，甲坊，谓造甲之所也。石季龙建丰国、渑池二冶，尝徙刑徒配之，见《晋书·载记》。

《魏书·司马悦传》：世宗初，除豫州刺史。汝南上蔡董毛奴，赍钱五千，死于道路。郡、县疑民张堤为劫。又于堤家得钱五千。堤惧考掠，自诬言杀。狱既至州，悦观色察言，疑其不实。引见毛奴兄灵之，谓曰："杀人取钱，当时狼狈，应有所遗，此贼竟遗何物？"灵之云："惟得一刀鞘而已。"悦取鞘视之，曰："此非里巷所为也。"乃召州城刀匠示之。有郭门者，前曰："此刀鞘门手所作，去岁与郭民董及祖。"悦收及祖诘之，及祖款引。

观此，知当时里巷作兵，不逮城市，此官立监冶，所由不可废欤？祖逖北征，屯淮阴，起冶铸兵而后进，见第四章第二节。何承天《安边论》曰："四曰课丁仗，勿使有缺。千家之邑，战士二千，随其便能，各自有仗。素所服习，铭刻由己。还保输之于库，出行请以自卫。弓干利铁，民不办得者，官以渐充之。"则当时作兵之材，民间亦有不能尽备者也。

攻战所施，强弩最称利器。卢循遣十余舰攻石头栅，宋武帝命神弩射之，发辄摧陷，循乃止。其后水战，又以军中多万钧神弩获胜。已见第七章第二节。杨公则攻东昏侯，登楼望战，城中遥见麾盖，纵神锋弩射之，矢贯胡床。神锋弩，盖即神弩也。周文育攻韦载，以载收得陈武旧兵善用弩不能克，见第十三章第五节。弩之难御如此，故庸、蜀之众，惟便刀矟，则邢峦轻之矣。见第十一章第四节。

水战，舟舰利于高大，说见第七章第二节。又有所谓拍者，水战多用之，间亦施之于车，用以攻城。《陈书·侯安都传》：留异奔桃枝岭，于岩口竖栅，以距王师。因其山陇之势，迮而为堰。夏潦水涨，安都引船入堰，起楼舰与异城等，放拍碎其楼雉。《侯瑱传》：与王琳战于芜湖，众军施拍纵火。章昭达乘平虏大舰，中江而进，发拍中于贼舰。《黄法氍传》：大建五年北伐，为拍车及步舰，竖拍以逼历阳。亲率士卒攻城，施拍加其楼堞，时又大雨，城崩，克之。

《章昭达传》：讨欧阳纥，装舻造拍，以临贼栅。《徐世谱传》：与侯景战于赤亭湖。景军甚盛。世谱乃别造楼船、拍舰、火舫、水军，以益军势。《吴明彻传》：讨华皎。募军中小舰，多赏金银，令先出当贼大舰，受其拍。贼舰发拍皆尽，然后官军以大舰拍之，贼舰皆碎，没于中流。《周书·裴宽传》：为汾州刺史，陈将程灵洗，以大舰临逼，拍竿打楼，应即摧碎。皆当时攻战，资拍为利器之事也。《隋书·杨素传》：素居永安，造舰名曰五牙。上起楼五层，高百余尺。左右前后，置六拍竿，并高五十尺。容战士八百人。拍之用不可详知，其制犹有可考，《读史兵略》以为即礮，则误矣。

第七节　刑法

古代法律，李悝《法经》，实集其大成，商君以之相秦，汉初犹沿用之。其时情伪滋繁，而法文大少，苦其不周于用，递有增益，更加之以令及比，既病芜秽，又伤错乱，奸吏遂得上下其手。汉世论者，多以删定为亟，然其事迄未能成。至魏世，乃命陈群等为之，制新律十八篇，晋文帝秉政，又命贾充等改定，为二十篇，至武帝泰始四年班行之。其事已见《秦汉史》第十八章第七节矣。

律既定，明法掾张裴《齐书》《隋志》皆作斐。为注表上之。其要，见于《晋书·刑法志》。其说绝精。后杜预又为注。泰始以来，斟酌参用。江左亦相承用之。齐武帝诏狱官详正旧注。永明七年，尚书删定郎王植撰定表奏之。取张注七百三十一条，杜注七百九十一条，二家两释，于义乃备者，一百七条。其注相同者一百三条。于是公卿八坐，参议考正。朝议不能断者，制旨平决。至九年，廷尉孔稚珪表上，请付外施行。《齐书·稚珪传》。东昏即位，又诏删省科律。《本纪》：永泰元年十月。

《隋书·刑法志》云：梁武帝承齐昏虐之余，刑政多辟。既即位，乃制权典，依周、汉旧事，有罪者赎。时欲议定律令。得齐时旧郎济阳蔡法度，家傅律学。云王植之集注张、杜旧律，事未施行，其文殆灭，法度能言之。于是以为兼尚书删定郎，使损益植之旧本，以为梁律。事在天监元年八月，《梁书·本纪》云：诏中书监王莹等八人参定律令。《隋志》云：咸使百司议其可否。法度请："皆咨列位，恐缓而无决。"于是以尚书令王亮、侍中王莹、尚书仆射沈约、吏部尚书范云，长兼侍中柳恽、给事黄门侍郎傅昭、通直散骑郎孔蔼、御史中丞乐蔼、大常丞许懋等参议断定，凡得九人。

二年，四月，法度表上新律。《梁纪》二十卷。又上令三十卷，科三十卷。《梁纪》作四十卷。帝以法度守廷尉卿，诏班新律于天下。又云：陈氏承梁季丧乱，刑典疏阔。武帝即位，思革其弊。求得梁时明法吏，令与尚书删定郎范泉参定律令。《陈书·本纪》：永定元年，十月，立删定郎，治定律令。又敕尚书仆射沈钦、吏部尚书徐陵、兼尚书左丞宗元饶、兼尚书右丞贺朗参知其事。制律三十卷，令律四十卷。《通典》作制律三十卷，科三十卷。《通考》作制律三十卷，科四十卷。

北方僭伪诸国，虽刑政无章，然以大体言之，亦当承用《晋律》。《晋书·石勒载记》：勒下书曰："今大乱之后，律令滋烦。其采集律令之要，为施行条制。"于是命法曹令史贯志造《辛亥制度》五千文。施行十余岁，乃用律令。可见时局稍定，即不能不率由旧章也。

《魏书·刑罚志》云："魏初礼俗纯朴，刑禁疏简。宣帝南迁，复置四部大人，坐王庭决辞讼。以言语约束，刻契纪事，无囹圄考讯之法。诸犯罪者，皆临时决遣。神元因循，亡所革易。穆帝时，刘聪、石勒，倾覆晋室，帝将平其乱，乃峻刑法。每以军令从事。民乘宽政，多以违命得罪，死者以万计。于是国落骚骇。平文承业，绥集离散。

昭成建国二年，当死者听其家献金、马以赎。犯大逆者，亲族男女无少长皆斩。男女不以礼交皆死。民相杀者，听与死家马、牛四十九头及送葬器物以平之。无系讯连逮之坐。盗官物一备五，私则备十。法令明白，百姓晏然。"此皆率其部族之旧。

又云："大祖既定中原，患前代刑网峻密，乃命三公郎王德，除其法之酷切于民者，约定科令，大崇简易。"《本纪》事在天兴元年。则始用中国之法矣。世祖即位，以刑禁重，神䴥中，《纪》在四年十月。诏司徒崔浩定律令。真君六年春，《纪》在三月。以有司断法不平，诏诸疑狱皆付中书，依古经义论决之。《纪》云：以经义量决。《高允传》：真君中，以狱讼留滞，始令中书以经义断诸疑事。允据律评刑，三十余载，内外称平。自狱付中书覆案后，颇上下法。延兴四年，罢之，狱有大疑，乃平议焉。

正平元年，诏曰："刑网大密，犯者更众，朕甚愍之。其详案律令，务求厥中，有不便于民者增损之。"于是游雅与中书侍郎胡方回等改定律制。《本纪》在六月。高宗又增律七十九章。以上亦据《刑罚志》。《高祖本纪》，大和元年，九月，诏群臣定律令于大华殿。《刑罚志》云："先是以律令不具，奸吏用法，致有轻重，诏中书令高闾集中秘官等修改旧文，随例增减。又敕群官参议厥衷。经御刊定。五年冬讫。凡三百八十二章。"

然据《本纪》：则十五年，五月，议改律令。八月，又议律令事。十六年，四月，颁新律令。而五月，即诏群臣于皇信堂更定律条流徒限制，帝亲临决之。《孙绍传》：延昌中，绍表言："先帝时律令并议，律寻施行，令独不出。"则修改律令之事，孝文世实未大成也。

《志》又云："世宗即位，意在宽政。正始元年，冬，《纪》在十二月。诏曰：先朝垂心典宪，刊革令轨。但时属征役，未之详究。施于时用，犹致疑舛。尚书、门下，可于中书外省论律令。诸有疑事，斟酌新旧，更加思理。增减上下，必令周备，随有所立，别以申闻。是时与议者十余人，刘芳为之主，见《北史·袁翻》及《芳传》。孝昌以后，天下淆乱，法令不恒，或宽或猛，及尔朱擅权，轻重肆意。在官者多以深酷为能。至迁邺，京畿群盗颇起，有司奏立严制。侍中孙腾，请悉准律令，以明恒宪。诏从之。"

然据《本纪》：出帝大昌元年，诏曰："前主为律，后主为令，历世永久，实用滋章。可令执事之官，四品已上，集于都省。取诸条格，议定一途。其不可施用者，当局停记。新定之格，勿与旧制相连。务在约通，无致冗滞。"则其时之律令，仍甚紊乱。

《孝静帝纪》：兴和三年，十月，癸卯，齐文襄王自晋阳来朝。先是，诏文襄王与群臣于麟趾阁议定新制，甲寅，班于天下。《北史·封述传》：天平中，为三公郎中。时增损旧事为《麟趾新格》，其名法、科条，皆述所删定。《李浑传》：文宣以魏《麟趾格》未精，诏浑与邢邵、崔㥄、魏收、王昕、李伯伦等修撰。盖至此又一清定。

案前世虽有法律，遵守初不甚严。《晋书·刑法志》云：“惠帝之世，政出群下，每有疑狱，各立私意。刑法不定，狱讼繁滋。及于江左，元帝为丞相。时朝廷草创，议断不循法律，人立异议，高下无状。”其时裴頠、刘颂、熊远等皆以是为言，其论绝精。平世如此，无怪乱离时之竞兴新制，弁髦旧法矣。石勒之别造条制，施行十余岁，乃用律令，正不得訾为沐猴而冠也。

《隋书·刑法志》云：“文宣天保元年，令群臣刊定魏朝《麟趾格》。既而司徒功曹张老上书，称大齐受命已来，律令未改，非所以创制垂法，革人视听。于是始命群官，议造齐律。积年不成，武成即位，频加催督。河清三年，尚书令赵郡王叡等奏上齐律十二篇。又上新令四十卷。其不可为定法者，别制权令二卷，与之并行。《北齐书·本纪》：是年三月，以律令颁下大赦。《北史·封述传》：河清三年，敕与录尚书赵彦深、仆射魏收、尚书阳休之、国子祭酒马敬德等议定律令。《齐律序》为陆俟玄孙仁崇之辞，见《北史·俟传》。后平秦王高归彦谋反，律无正条，遂有别条权格，与律并行。”

《志》又云：“周文帝之有关中也，典章多缺。大统元年，命有司斟酌今古通变，可以益时者，为二十四条之制奏之。《周书·本纪》在三月。云奏魏帝行之。七年，又下十二条制《纪》云十一月奏行。

十年，魏帝命尚书苏绰总三十六条，更损益为五卷，班于天下。《纪》在七月。其后以河南赵肃为廷尉卿，撰定法律。肃积思累年，遂感心疾而死。乃命司宪大夫拓跋迪掌之。至保定三年三月，《纪》作二月。庚子乃就，谓之《大律》，凡二十五篇。班之天下。其大略滋章，条流苛密。比于齐法，烦而不要。武帝用法严正。齐平后，以旧俗未改，又为《刑书要制》以督之。《纪》在建德六年十一月。宣帝大象元年，以其用法深重，除之。后又广之，而更峻其法，谓之《刑经圣制》。”《纪》在大象元年八月，参看第十五章第一节。

晋、南北朝定律之事，大致如此。章大炎有《五朝法律索隐》篇，见《大炎文录》卷一。盛称魏、晋、宋、齐、梁律之美。谓汉法贼深，唐律承袭齐、隋，有所谓十恶者，《隋志》：齐律刊重罪十条：一曰反逆。二曰大逆。三曰叛。四曰降。五曰恶逆。六曰不道。七曰不敬。八曰不孝。九曰不义。十曰内乱。犯者不在八议、论赎之限。皆刻深不可施行。惟此五朝之法，宽平无害。其说有偏激者，亦有卓然不同流俗者。

章氏美五朝法者：曰重生命：一父母杀子同凡论。二走马城市杀人者，不得以过失杀人论。曰恤无告：诸子姓仇复者勿论。曰平吏民：一部民杀长吏者同凡论。二官吏犯杖刑者论如律。曰抑富人：一商贾皆殊其服。二常人有罪不得赎。其说商贾皆殊其服曰："《广韵》引《晋令》曰：侩卖者皆当著巾白帖额，言所侩卖及姓名：一足白履，一足黑履。殊其章服，以为表旗，令并兼者不得出位而干政，在官者亦羞与商人伍，则今世行之便。或曰：其形谲怪，将为文明之辱。余以为求治者尚其实不尚其华，纵辱文明，则奸政、役贫之渐自此塞岂惮辱之？且商人工人，虑非有高下也。

今观日本。诸庸作者，织布为裋，大书题号其上，背负雕文，若神龟、毒冒焉。工人如是，未有以为谲怪者，顾独不可施诸商人邪？贵均平，恶专利，重道蓺，轻贪冒者，汉人之国性也。满洲始稍稍崇商贾。非直因以为市，彼商人固嗜利，而帝王与官吏亦嗜利，商人犹不以无道取，帝王官吏乃悉以无道取，若则帝王官吏，又不商人若也。既不若，又抑挫之，则不恕矣。其尊奖商人也则宜。易世而后，莫如行晋令便。"此说于社会、政治情势，几于茫无所知，而徒任情为说，所谓偏激不可行者也。其论走马城市曰："张裴《晋律序》曰：都城人众中走马杀人当为贼，贼之似也。余寻李悝《法经》，本有《轻狡》之篇，秦、汉因之。盖上世少单骑，车行有节，野外之驰，曰不过五十里，国中不驰。六国以降，单骑郁兴，驰骤往来，易伤行者，由是有轻狡律，《晋律》：众中走马者二岁刑，见《御览》六百四十二。都会殷赈，行人股脚肩背相摩，走马者亦自知易伤人。然犹僄佻自喜，不少陵谨，此明当附贼杀之律，与过失戏杀殊矣。藉令车骑在中，人行左右，横度者犹时不绝。若无走马杀人之诛，则是以都市坑阱人也。

自电车之作，往来凡轶，速于飞矢。仓卒相逢，不及回顾，有受车轹之刑而已。观日本一岁死电车道上者几二三千人，将车者财罚金，不大诃谴。汉土租界，主自白人，欲科以罚金且不得。夫电车只为商人增利，于民事无益豪毛。以为利贼杀人，视以轻狡贼杀人，其情罪当倍蓰。

如何长国家者，惟欲交欢富人，诡称公益，弛其刑诛？余以造用电车者，当比走马众中与二岁刑；因而杀人者，比走马众中杀人，商主及御夫皆殊死。秉《晋律》以全横目，汉土旧法，贤于拜金之国远矣。"论子姓仇复云："治吏断狱，必依左证，左证不具，虽众口所欲杀不得施。如是，狡诈者愈以得志，而死者无可申之地。前代听子姓复仇者，审法令有过毫踧，不足以尽得罪人，故任其自得捕戮；且不以国家之名分制一人也。”说虽亦有偏蔽，要自有其颠扑不破之理，非夫人之所能言、所敢言也。要之，当时南北法律之不同，自为法家一重公案也。

刑法：陈群等定魏律，依古义制为五刑。其死刑有三，髡刑有四，完刑、作刑各三，赎刑十一，罚金六，杂抵罪七。凡三十七名，以为律首。又改《贼律》，但以言语及犯宗庙、园陵谓之大逆无道要斩，家属从坐，不及祖父母孙。

至于谋反大逆，临时捕之，或污潴，或枭菹，夷其三族，不在律令。梁制，刑为十五等。弃市已上为死罪。大罪枭其首，其次弃市。刑二岁已上为耐罪，言各随技能而任使之也。有髡钳五岁刑，笞二百，收赎绢男子六十疋。

又有四岁刑，男子四十八疋。又有三岁刑，男子三十六疋。又有二岁刑，男子二十四疋。罚金一两已上为赎罪。赎死者金二斤，男子十六疋。赎髡钳五岁刑笞二百者金一斤十二两，男子十四疋。赎四岁刑者金一斤八两，男子十二疋。赎三岁刑者金一斤四两，男子十疋。赎二岁刑者金一斤，男子八疋。罚金十二两者男子六疋，罚金八两者男子四疋，罚金四两者男子二疋。罚金二两者男子一疋。罚金一两者男子二丈。女子各半之。五刑不简，正于五罚，五罚不服，正于五过，以赎论，故为此十五等之差。

又制九等之差：有一岁刑，半岁刑，百日刑，鞭杖二百，鞭杖一百，鞭杖五十，鞭杖三十，鞭杖二十，鞭杖一十。有八等之差：一曰免官加杖督一百，二曰免官，三曰夺劳百日、杖督一百，四曰杖督一百，五曰杖督五十，六曰杖督三十，七曰杖督二十，八曰杖督一十。

天监三年，八月，建康女子任提女坐诱口当死，其子景慈对鞫，辞云母实行此。法官虞僧虬启称：景慈陷亲极刑，伤和损俗，宜加罪辟。诏流于交州。至是复有流徒之罪。其年十月，除赎罪之科。十一年十月复开。

北齐刑名五：一曰死，重者轘之，其次枭首，并陈尸三日。无市者列于乡亭显处。其次斩刑，殊身首。其次绞刑，死而不殊。凡四等。二曰流刑。谓论犯可死，原情可降。鞭笞各一百，髡之，投于边裔，以为兵卒。未有道里之差。其不合远配者，男子长途，女子配舂，并六年。三曰刑罪，即耐罪也。有五岁、四岁、三岁、二岁、一岁之差，凡五等。各加鞭一百。其五岁者又加笞八十，四岁者六十，三岁者四十，二岁者二十。一岁者无笞。并锁输左校而不髡。无保者钳之。妇人配舂及掖庭织。四曰鞭。有一百、八十、六十、五十、四十之差，凡五等。五曰杖，有三十、二十、十之差，凡三等。大凡为十五等。《通鉴》系陈文帝天嘉五年。《注》曰："死四等，流一等，刑五等，鞭五等，杖三等，通十八等。今曰凡十五等，《通鉴》依《五代志》大凡为十五等之文也。"当加者上就次，当减者下就次。赎罪旧以金，皆代以中绢。

死一百疋，流九十二匹，刑五岁七十八匹，四岁六十四匹，三岁五十匹，二岁三十六匹。各通鞭笞论。一岁无笞，则通鞭二十四匹。鞭杖每十赎绢一疋，至鞭百则绢十疋。无绢之乡，皆准绢收钱。自赎笞十已上至死，又为十五等之差。当加减次如正决。

周制：一曰杖刑五，自十至五十。二曰鞭刑五，自六十至于百。三曰徒刑五，徒一年者鞭六十，笞十。徒二年者鞭七十，笞二十。徒三年者鞭八十，笞三十。徒四年者鞭九十，笞四十。徒五年者鞭一百，笞五十。四曰流刑五。流卫服去皇畿二千五百里者，鞭一百，笞六十。流要服去皇畿三千里者，鞭一百，笞七十。流荒服去皇畿三千五百里者，鞭一百，笞八十。流镇服去皇畿四千里者，鞭一百，笞九十。流蕃服去皇畿四千五百里者，鞭一百，笞一百。五曰死刑五，一曰磬，二曰绞，三曰斩，四曰枭，五曰裂。五刑之属各有五，合二十五等。

其赎：杖刑五，金一两至五两。赎鞭刑五，金六两至十两。赎徒刑五，一年金十二两，二年十五两，三年一斤二两，四年一斤五两，五年一斤八两。赎流刑一斤十二两。俱役六年，不以远近为差等。赎死罪金二斤。仲长统言肉刑之废，轻重无品，已见《秦汉史》第十八章第七节。晋世葛洪论此，意亦相同。见《抱朴子·周刑》篇。刑法之得衷，实由以徒流备五刑，其制大成于隋，启之实自南北朝之世也。

复肉刑之论，魏晋之世，尚多有之。《晋书·刑法志》言：晋初刘颂为廷尉，频表宜复肉刑，不见省。及元帝时，卫展为廷尉，又上言之。诏内外通议。王导、贺循、纪瞻、庾亮、梅陶、张嶷等是之。周𫖮、桓彝等非之。帝欲从展所上。王敦以为习俗日久，必验远近。且逆寇未殄，不宜有惨酷之声，以闻天下。乃止。桓玄辅政，又欲复斩左右趾以轻死，命百官议之。孔琳之用王朗、夏侯玄之旨，时论多与之同，故遂不行。琳之之议，《晋志》不载，《宋书》本传载之，亦赞以斩右趾代死，非全不同也。

慕容超亦尝议复肉刑，以群下多不同而止。超所下书，言光寿、建兴中，二祖已议复之，未及而晏驾。光寿者，慕容俊年号，伪号烈祖。建兴者，慕容垂年号也。伪号世祖。可见欲复肉刑者之多。此实以髡钳不足惩奸，鞭笞大多致死之故。欲救此弊，自以王朗倍其居作之说为至当。

晋后议者，惟刘颂针对此说立论。其言曰："今为徒者，类性元恶、不轨之族也。去家悬远，作役山谷，饥寒切身，志不聊生。虽有廉士介者，苟虑不首死，则皆为盗贼，岂况本性奸凶、无赖之徒乎？又今徒：富者输财，计日归家，乃无役之人也。贫者起为奸盗，又不制之虏也。徒亡日属，贼盗日烦。诸重犯亡者，发过三寸，辄重髡之，此以刑生刑；加作一岁，此以徒生徒也。亡者积多，系囚猥畜，后从而赦之，此谓刑不制罪，法不胜奸。"其说诚当。

然此自用刑者之不详，非以徒刑代肉刑之咎也。余人之论，如谓肉刑乃去其为恶之具，或谓人见其痛，将畏而不犯，皆言之不能成理。乃如王导等之议，既欲复肉刑，又虑人习所见，或未能服，欲于行刑之时，明申法令，任乐刑者刑，甘死者杀，则更灭裂不可行矣。宜其卒不能复也。

然肉刑之名，虽未尝复，其实则未尝不偏复。《宋书·明帝纪》：泰始四年，九月，诏曰："降辟差网，便暨钳挞，求之法科，差品滋远。自今凡窃执官仗，拒战逻司，或攻剽亭寺及害吏民者，悉依旧制。斩刑。五人已下相逼夺者，可特赐黥、刖，投畀四远。仍用代杀，方古为优。"此即魏晋来之论议，欲以放流、鲸刖，补死刑髡笞之不足者也。

《梁书·武帝纪》：天监十四年，正月，诏曰："前以劓、墨，用代重辟，犹念改悔，其途已壅，并可省除。"《隋书·刑法志》云："梁律劫身皆斩，遇赦降死者，黵面为劫字，详见下。天监十四年，除黵面之刑。"与《纪》所载当即一事，则梁亦以劓、墨代死刑也。宫刑亦间用之。《南史·杜崱传》：岳阳王詧诛诸杜，幼者下蚕室是也。北魏用之尤多，北齐亦然。

据《魏书·阉官传》所载，见阉者似以俘虏为多。段霸、赵黑、孙小，敌国之俘也。张宗之、抱嶷、平季、刘思逸，反者之俘也。杨范坐宗人劫贼。余皆但言因事。王温父冀为高邑令坐事被诛，温与兄继叔俱充宦者，则虽官吏亦不得免矣。其见于《阉官传》之外者：宋隐叔父洽之子顺训，亦敌俘。封懿之孙磨奴，常珍奇小子沙磨，亦皆以谋叛。

《崔玄伯传》：崔模入北，其子冲智等聚货物，间托开境，规赎之。而魏赐谟妻金氏，生子幼度。行人以财赎至都，当窃模归。模顾念幼度，指谓行人曰："吾何忍舍此辈，令坐致刑辱？当为尔取一人，使名位不减于我。"乃授以申谟。谟亦得赐妻，生子灵度。及此，弃妻子走还。灵度遂刑为阉人。是亡归敌国者，魏法皆刑其子也。周文帝定秦陇，兄子什肥，为齐神武所害，子胄，以年幼下蚕室，见《周书》本传。崔季舒、封隆之弟子孝琰之死，小男皆下蚕室，见《北齐书》本传。《北史·魏本纪》：文帝大统十三年，二月，诏自今应宫刑者直没官，勿刑。亡奴婢应黥者，止科亡罪。《齐本纪》：后主大统五年二月，诏应宫刑者普免刑为官口。盖宫刑至是始除。然则五刑之不用者腓耳，而又代之以刖，然则肉刑何尝废？而刑亦何尝平哉？

陈群制法，枭菹夷三族者，皆不在律令，是律已废此刑也。然卒不能禁其不复用，则胜残去杀，非徒法之所能为也。

刑之残者：如轘，魏轘卢溥及其子焕，见《魏书·大祖纪》天兴二年。轘赵准，见《长孙肥传》。此皆以反叛。萧宝夤少子凯，以害母南阳公主，见《宝夤传》。雁门人有害母者，八坐亦奏轘之，而潴其室，见《邢峦传》。

如烹，杜岸之诛，萧詧拔其舌，脔杀而烹之，见《南史·杜崱传》。魏静帝与华山王大器、元瑾谋攻齐文襄，大器等皆见烹，见第十四章第一节。妖贼郑子饶，烹于都市，见《北齐书·后主纪》武平六年及《皮景和传》。南安王思好以王尚之为长史，思好败，尚之烹于邺市，见《北史·齐宗室诸王传》。

如焚，思好之败，投火死。焚其尸，并其妻李氏。见《北齐书·后主纪》武平五年及《北史·后妃齐武成弘德夫人李氏传》。《北齐书·思好传》云：暴思好尸七日，然后屠剥焚之。

如支解，崔㥄妾冯氏，以厌蛊㥄、受纳狼籍，斩于都市，支解为九段，见《北史·崔暹传》。厍狄伏连与琅邪王俨杀和士开，亦受支解之刑。

如大刃锉杀，魏道武平中山，收议害秦愍王觚者，皆夷五族，以大刃锉杀之，见《魏书·昭成子孙传》。

如具五刑，魏宗爱夷三族，具五刑，见《魏书·阉官传》。

中国之暴主，亦间行之，而要以出于异族者为多。慕容超议复肉刑，又欲立烹、轘之法，附之律条，夷狄诚不知治体哉!三族之法，晋创业时用之最多。曹爽、《晋书·宣帝纪》嘉平元年。王凌、嘉平三年。夏侯玄、张缉、《景帝纪》正元元年。诸葛诞《文帝纪》甘露三年。及其支党，皆受此诛。虽附己者如成济，亦不得免焉。《文帝纪》景元元年。《荀勖传》：高贵乡公欲为变，时大将军掾孙佑等守阊阖门。文帝弟安阳侯干闻难欲入。佑谓曰："未有入者，可从东掖门。"干以状白。帝欲族诛佑。勖谏曰："成倅刑止其身，佑乃族诛，恐义士私议。"乃免佑为庶人，可见当时族诛之滥。

而杨、贾乱后，诛戮之酷由之矣。《杨骏传》：孟观等受贾后密旨，诛骏亲党，皆夷三族，死者数千人。据《惠帝纪》：是时夷三族者，有骏弟卫将军珧，大子大保济，中护军张劭，散骑常侍段广、杨邈，左将军刘预，河南尹李斌，中书令符俊，东夷校尉文淑，尚书武茂。

《骏传》言：武帝初聘武悼后，珧表曰："历观古今，一族二后，未尝以全，而受覆宗之祸。乞以表事，藏之宗庙。若如臣之言，得以免祸。"从之。珧临刑称冤。云事在石函，可问张华。当时皆谓宜为申理。而贾氏族党，待诸杨如仇，促行刑者遂斩之。虑乱朝者，诚无以自全矣。《赵王伦传》：伦矫敕三部司马曰："今使车骑入废中宫，汝等皆当从命，赐爵关内侯。不从诛三族。"孙秀劝伦杀张林，诬杀潘岳、石崇、欧阳建，皆夷三族，见《伦》及《岳传》。

齐王冏杀王舆，夷三族，见《惠帝纪》永宁元年。孟观为伦守，亦夷三族，见本传。《孙旂传》：旂子弼及弟子髦、辅、琰，与孙秀合族。及赵王伦起事，旂以弼等受署伪朝，遣小息责让。齐王冏起义，四子皆伏诛，襄阳大守宗岱承冏檄斩旂，夷三族。其滥亦可谓甚矣。冏之死，诸党属皆夷三族，见本传。成都王颖杀陆机，夷三族，见《颖传》。陈敏夷三族，见《周处传》。张昌同党并夷三族，见《昌传》。又《武帝纪》：泰始八年，六月，益州牙门张弘诬其刺史皇甫晏反，杀之，传首京师，弘坐伏诛，夷三族。其夷狄之君：则石勒杀曹平乐，夷其三族。见第五章第一节。

乞伏慕末尚书辛进，随炽盘游后园，弹鸟误伤暮末母面，暮末立，诛进五族二十七人。《北史》本传。魏道武平中山，收议害秦愍王觚者，皆夷五族。见上。崔浩之败，大武欲夷浩已下僮吏已上百二十八人五族，以高允持之而止。见第八章第六节。其后游雅且以论议长短，陷陈奇至族焉。《魏书·雅传》，参看下文。亦云酷矣。

《晋书·怀帝纪》：永嘉元年，正月，癸丑朔，大赦改元，除三族刑。盖陈群定法，虽蠲此刑，其后又尝著之也。《愍帝纪》：建兴三年，六月，盗发汉霸、杜二陵及薄大后陵。敕雍州掩骼埋胔，有犯者诛及三族，此或仅指一事言之。

然《明帝纪》：大宁三年，二月，又复三族刑。惟不及妇人，见下。《温峤传》：峤奏军国要务，其七曰："罪不相及，古之制也。近者大逆，诚由凶戾。凶戾之甚，一时权用，今遂施行，非圣朝之令典。宜如先朝除三族之制。"则又竟复之矣。《魏书·高祖纪》：延兴四年，六月，诏："自今以后，非谋反大逆，干纪外奔，罪止其身。"《刑罚志》：大和十一年，诏："前命公卿，论定刑典，而门房之诛，犹在律策，可更议之。"盖至是始从宽典。

然《北齐书·韦子粲传》：孝武入关，以为南汾州刺史。神武命将出讨，城陷，子弟俱被获，送晋阳。蒙放免，以粲为并州刺史。初子粲兄弟十三人，子侄亲属阖门百口，悉在西魏。以子粲陷城不能死难，多致诛灭。归国获存，惟子粲与弟道谐二人而已。则门房之诛，西魏犹行之也。

《魏书·源贺传》：贺上书曰："案律，谋反之家，其子孙虽养他族，追还就戮。其为劫贼应诛者，兄弟子侄在远道、隔关津皆不坐。窃惟先朝制律之意，以不同谋非绝类之罪，故特垂不死之诏。若年三十已下，家人首恶，计谋所不及，愚以为可原其命，没入县官。"高宗纳之。出养犹追还就戮，可见亲族连坐之酷。

然中国之法，女子出适者，亦不能免于连坐，其酷亦殊不减此也。曹爽支党之诛，姊妹女子子适人者皆杀，见《晋书·宣帝纪》。毌丘俭之诛，其子甸妻荀氏应坐死。其族兄颉，与景帝姻通，表魏帝以匄其命。诏听离昏。荀氏所生女芝，为颍川大守刘子元妻，亦坐死。以怀妊系狱。荀氏辞诣司隶校尉何曾乞恩，求没为官婢，以赎芝命。曾哀之，使主簿程咸上议。

言："父母有罪，追刑已出之女，夫党见诛，又有随姓之戮，一人之身，内外受辟。""宜改旧科"，"在室之女，从父母之诛，既醮之妇，从夫家之罚"。朝廷佥以为当。于是有诏改定律令。据《晋书·刑法志》及《何曾传》。潘岳之死，已出之女，亦一时被害，见《岳传》。

《解系传》云：弟结。孙秀乱关中，结在都坐，议秀罪应诛，秀由是致憾。及系被害，结亦同戮。女适裴氏，明日当嫁，而祸起。裴氏欲认活之。女曰："家既若此，我何活为？"亦坐死。朝廷遂议革旧制。女不从坐，由结女始也，则其时既醮之妇，已不从戮，后又并免在室之女矣。明帝复三族刑，《纪》亦云不及妇人。

游雅之贼陈奇，事见《魏书·儒林传》。云：有人为谤书，多怨时之言，颇称奇不得志。雅乃讽在事，云此书言奇不遂，当是奇假人为之。如依律文，造谤书皆及孥戮。遂抵奇罪。以口语而致斯祸，尤前世所未闻矣。然魏法之酷，实尚不止此。

《魏书·刑罚志》云："高宗大安四年，始设酒禁。是时年谷屡登，士民多因酒致酗讼，或议主政。帝恶其若此，故一切禁之。酿、酤、饮皆斩之。增置内外候官，伺察诸曹，外部州镇。至有微服杂乱于府寺间，以求百官疵失。其所穷治，有司苦加讯测。而多相诬逮。辄劾以不敬。诸司官臧二丈皆斩。"当时盖酒禁其名，监谤其实，故下文云"显祖即位，除口误，开酒禁"，以二者并言。见劾为不敬者，盖亦口过而非酒失也。候官者？

《官氏志》言："道武欲法古纯质，制定官号，多不依周、汉旧名。或取诸身，或取诸物，或以民事，皆拟远古云鸟之义。诸曹走使，谓之凫鸭，取飞之迅疾。以伺察者为候官，谓之白鹭，取其延颈远望。自余之官，义皆类此。"法古纯质，不依周、汉，犹云彼自创为，不用中国之法耳。候官之职，颇类魏、吴之校事，然亦以口语诬陷人，则又魏、吴之所未有矣。

《刑罚志》又云：高祖大和三年，下诏曰："治因政宽，弊由网密。今候职千数，奸巧弄威。重罪受赇不列，细过吹毛而举。其一切罢之。"于是更置谨直者数百人，以防喧斗于街术。此则如今警察之职矣。

敌国相争，士民各为其主，实与本国之叛逆者殊科，故降下之际，未有加以诛戮者。乃魏晋之际不然。晋宣帝之平公孙渊也，男子年十五已上七千余人皆杀之，以为京观。伪公卿已下皆伏诛。戮其将军毕盛等二千余人。《本纪》景初二年。其酷，亦前古所未有也。晋宣帝不足责，杜预粗知书传，而其传言：预初攻江陵，吴人知其病瘿，以瓠系狗颈示之。每大树似瘿，辄斫使白，题曰杜预颈。及城平，尽捕杀之。此何刑法乎？俗既成则莫知其非，事习焉则不以为怪，故武人之专横，实人心世道之大忧也。

谯纵之在晋世，固与公孙渊之在魏世不同。然其民则亦胁从耳。朱龄石入成都，所诛者止于纵同祖之亲，善矣。然其后蜀人侯产德作乱，又穷加诛翦，死者甚众，则又何也？宋孝武广陵之戮，不下于晋宣帝之于襄平，则更惨无人理矣。见第九章第二节。《宋书·沈怀文传》，谓其聚所杀人首于石头南岸，谓之髑髅山，即京观之俗称也。

逆乱而外，刑法峻重者，莫如劫及亡叛。此皆穷而无告者之所为，而又以严刑劫之，亦可哀矣。《宋书·武帝纪》：永初元年，七月，诏曰："往者军国务殷，事有权制，劫科峻重，施之一时。今王道维新，政和法简，可一除之，还遵旧条。反叛、淫、盗三犯补冶士，本谓一事三犯，终无悛革。主者顷多并数众事，合而为三，甚违立制之旨。普更申明。"

八月，又以"制有无故自残伤者补冶士，实由政刑烦苛，民不堪命，可除此条"。无故自残伤者，意亦欲以避役，实与亡叛同也。梁律：谋反、降、叛，大逆已上皆斩。父子、同产男，无少长皆弃市。母、妻、姊妹及应从坐弃市者，妻、子女、妾，同补奚官为奴婢。赀财没官。劫身皆斩，妻子补兵。遇赦降死者，黵面为劫字，髡钳补冶锁士终身。其下又谪运、谪配材官冶士、尚方锁士，皆以轻重差其年数。其重者或终身。《隋书·刑法志》。

劫科峻重，于此可见。此尚为朝廷法令，并有州郡自立严制，以劫其民者，如沈攸之在荆州，一人逃亡，阖宗捕逮是也。见《齐书·柳世隆传》。比伍保受，本为军刑，亦以劫及亡叛，蔓延滋广。

《宋书·谢庄传》：大明元年，起为都官尚书，奏改定刑狱，曰："顷年军旅余弊，劫掠犹繁。监司计获，多非其实。或规免咎，不虑国患。楚对之下，鲜不诬滥。身遭铁锧之诛，家婴孥戮之痛。比伍同闬，莫不及罪。"甚有如《宋书·自序》所载，以盗发冢罪近村民不赴救而同坐者。沈亮知其非理，亦不过欲使相去百步内赴告不时者一岁刑，自此以外，差不及罚而已，民尚何所措手足哉？

章大炎谓五朝之法，官吏犯杖刑者论如律，此特法令如是，论其实，则鞭杖之刑，及于士流者甚罕。颜之推谓梁武父子，好用小人，由可鞭杖肃督，已见第十八章第二节。《宋书·武帝纪》：永初二年，六月，诏曰："杖罚虽有旧科，然职务烦碎，推坐相寻。若皆有其实，则体所不堪；文行而已。又非设罚之意；可筹量粗为中否之格。"《齐书·陆澄传》云：宋泰始初为尚书殿中郎。郎官旧有坐杖，有名无实。澄在官，积前后罚，一日并受千杖。

《南史·萧琛传》：迁尚书左丞，时齐明帝用法严峻，尚书郎坐杖罚者，皆即科行。琛乃密启曰："郎有杖起自后汉。尔时郎官位卑，亲主文案，与令史不异，故郎三十五人，令史十五人。是以古人多耻为此职。自魏、晋以来，郎官稍重。今方参用高华，吏部又近于通贵。不应官高昔品，而罚遵曩科。所以从来弹举，虽在空文，而许以推迁，或逢赦恩，或入春令，便得息停。宋元嘉、大明中，虽有被罚者，别由犯忤主心，非关常准。

自泰始建元已来，未经施行。事废已久，人情未习。自奉敕之后，已行仓部郎江重欣杖督五十。人怀惭惧。兼有子弟成长，弥复难为仪适。其应行罚，可特赐输赎。使与令史有异，以彰优缓之泽。”帝纳之。自是应受罚者，依旧不行。此皆南朝杖罚，久以文行之证。《梁书·武帝纪》：天监元年，诏：“玩法惰官，动成逋弛。罚以常科，终未惩革。槚楚申威，盖代断趾。笞棰有令，如或可从。外详共评议，务尽厥理。”似有意于实行杖罚。然观颜之推之言，则亦未尝行诸士大夫也。

北朝则不然。魏初朝士，多见杖罚，见《魏书·高允传》。高阳王雍为司州牧，考杀奉朝请韩元昭，前门下录事姚敬豪，为任城王澄所奏，见《澄传》。北齐崔季舒，文宣时为司马子如所列，与崔暹各鞭二百，徙北边。武成时，又以诣广宁王宅，决马鞭数十。及谏后主适晋阳获罪，韩长鸾又将加其同署者以鞭挞，以赵彦深执谏获免，事见第十四章第四节。甚至唐邕为宰相，司空从事中郎封长业、大尉记室参军平涛为征官钱违限，邕各杖背二十。

史言齐时宰相，未有挝挞朝士者，至是甚骇物听。厍狄伏连，开府参军，多是衣冠士族，皆加捶挞，逼遣筑墙焉。伏连《北齐书》。附《慕容俨传》。无怪沈攸之“鞭箠国士”，史谓其“全用虏法”也。《齐书·柳世隆传》。魏自大和以降，陷大辟者多得归第自尽，此盖孝文浮慕中华，偶有是举。李彪乃因此上书，谓汉文纳贾谊之言，大臣有罪，皆自杀不受刑，至孝武时稍复入狱，良由行之当时，不为永制，欲使其著为长久之制。《魏书·彪传》。以是望虏，不亦远乎？《齐书·张融传》：融请假奔叔父丧，道中罚干钱敬道鞭杖五十，寄系延陵狱。大明五年制：二品清官行僮干杖不得出十，为左丞孙缅所奏，免官。则中国之法，鞭杖施诸僮干，亦有定限，断不得如唐邕、厍狄伏连之所为也。

鞭用革，杖用荆，长广皆有定法。枷锁杻械，亦有恒制。皆见《魏书·刑罚志》《隋书·刑法志》。又有测立之法，以施“臧验显然而不款”之人。其法：以土为垛，高一尺。上圆，劣容两足。鞭笞讫，著械扭上测，隔若干日一上，上测若干刻，皆有定法。

梁、陈之制，见《隋书·刑法志》及《陈书·儒林·沈洙传》。《洙传》载周弘正之说，谓“测人时节，本非古制”，疑其缘起颇晚，故汉、魏史籍，未及其事也。《南史·循吏传》：何远为人所讼，征下廷尉。被劾十数条。当时士大夫坐法，皆不受测。测，《梁书》作立。远度已无臧，就测。测，《梁书》亦作立。三七日不款。犹以私藏禁杖除名。

又《陈宗室诸王传》：南康愍王昙朗之子方泰，与亡命杨钟期等二十人微行往人间，淫淳于岑妻。为州长流所录，又率人仗抗拒，伤损禁司。为有司所奏。上大怒，下方泰狱。方泰初承行淫，不承拒格禁司。上曰："不承则上测。"《陈书》作行刑，疑浅人所改。方泰乃投列承引。则士大夫不受测，亦特相沿如是，而非法不得施也。《梁书·孝行传》：吉翂，天监初，父为吴兴原乡令，为奸吏所诬，逮诣廷尉。理虽清白，耻为吏讯，乃虚自引咎，罪当大辟。翂乃挝登闻鼓，乞代父命。高祖异之。敕廷尉卿蔡法度："幼童未必自能造意，卿可严加胁诱，取其款实。"法度盛陈徽纆，备列官司，厉色问翂，更和颜诱语。

翂初见囚，狱掾依法备加桎梏。法度矜之，命脱其二械，更令著一小者。翂弗听。法度具以奏闻。高祖乃宥其父。世固有画地为牢议不入，削木为吏计不对者；畏惨酷而自诬服，亦非无其人，乃更以威严，胁其请代之子，且加桎梏以苦之，以是而得狱情，无失出，与失入者孰多？高宗录尚书，议改测立之法，周弘正请先责取狱所测人，有几人款几人不款，廷尉监所列，款者初不较不款者为多。而盛权谓："旧制深峻，百中不款者一，新制宽优，十中不款者九。"则旧制之所得，必不免如弘正所云"无愆妄款"者矣。弘正云：人有强弱，断狱宜依准五听，不应全恣考掠，诚哉是言也。皆见《陈书·沈洙传》。

中国历代，皆以矜慎为恤狱之道；而昔时法学，非甚专门，恒以为审理之事，凡官吏皆能为之；故审理之级数易增，参与审理之官司，亦随之而日多。谢庄之奏改定刑狱也，谓"旧官长竟囚毕，郡遣督邮案验，仍就施刑。督邮贱吏，非能异于官长，有案验之名，而无研究之实。愚谓此制宜革。自今入重之囚，县考正毕，以事言郡，并送囚身，委二千石亲临核辨。必收声吞衅，然后就戮。若二千石不能决，乃度廷尉。神州统外，移之刺史。刺史有疑，亦归台狱。"

《齐书·武帝纪》：永明三年，七月，诏："丹阳所领及余二百里内见囚，同集京师。自此以外，委州郡决断。"此虑令长之不详而重州郡之责，又虑州郡之不详而重廷尉之权者也。非官司所能理者，得击登闻鼓上闻，如吉翂是。

《齐书·谢瀹传》：出为吴兴大守。长城县民卢道优家遭劫，诬同县殷孝悌等四人。瀹收付县狱考正。考悌母骆诣登闻诉，称："孝悌为道优所诽谤，横劾为劫。一百七十三人连名保征，在所不为申理。"瀹闻孝悌母诉，乃启建康狱覆。道优理穷款首，依法斩刑。有司奏免瀹官。

是其法，确亦有时能申理冤枉也。人君亲览狱讼，历代皆时有之。如宋文帝、孝武帝，皆每岁三临讯，见《南史·本纪》元嘉三年、大明元年。《魏书·孝庄帝纪》：建义元年，诏“自孝昌之季，法令昏泯。有诉人经公车注不合者，悉集华林东门，朕当亲理冤狱，以申积滞。”《出帝纪》：永熙二年，五月，诏“诸幽枉未申，事经一周已上，悉集华林，将亲览察。脱事已经年，有司不到者，听其人名自陈诉。若事连州郡，由缘淹岁者，亦仰尚书总集以闻。”虽当造次颠沛之际，仍不忘申理冤滞，即无实效，亦足见告朔饩羊之意也。

梁武帝天监元年，诏于公车府谤木、肺石旁各置一函。“理有皦然，受困包匭，大政侵小，豪门陵贱，四民已穷，九重莫达，若欲自申，并可投肺石函。”三年，六月，诏曰：“哲王宰世，每岁卜征。末代风凋，久旷兹典。可分将命，巡行州郡。其有深冤巨害，抑郁无归，听诣使者，依源自列。”五年，四月，诏“凡犴狱之所，可遣法官、近侍，递录囚徒。如有枉滞，以时奏闻。”皆见《本纪》。

陈制：常以三月，侍中、吏部尚书、尚书三公郎部都令史、三公录冤局。令御史中丞、侍御史、兰台令史亲行京师诸狱及治署，理察囚徒冤枉。《隋书·刑法志》。高祖永定三年，正月，诏临川王蒨省扬、徐二州辞讼。《本纪》。此等皆多开审理之途，期尽矜慎之意者也。此自有合于“一成而不可变故君子尽心焉”之义。然审级大多，岁月或致淹久；又错出干与之官，不必皆明法令，甚或生事护前；则亦不免有弊。

《魏书·高崇传》：子道穆，以庄帝时为御史中尉。上疏曰：“高祖大和之初，置廷尉司直，论刑辟是非。虽事非古始，交济时要。窃见御史出使，悉受风闻，虽时获罪人，亦不无枉滥。何者？守令为政，容有爱憎。奸猾之徒，恒思报恶。多有妄造无名，共相诬谤。御史一经检究，耻于不成。杖木之下，以虚为实，无罪不能雪者，岂可胜道哉？

如臣鄙见：请依大和故事，还置司直十人。名隶廷尉，秩以五品，选历官有称，心平性正者为之。御史若出纠劾，即移廷尉，令知人数。廷尉遣司直与御史俱发。所到州郡，分居别馆。御史检了，移付司直覆问。事讫与御史俱还。中尉弹闻，廷尉科按，一如旧式。若御史司直，纠劾失实，悉依所断狱罪之。听以所检，迭相纠发。如二使阿曲，有不尽理，听罪家诣门下通诉，别加按检。”诏从之，复置司直。观此，即足知错出干与之弊矣。

特异之人，治以特异之法鞫以特设之官者，前代亦间有之。石勒使中垒支雄、游击王阳并领门臣祭酒，专明胡人辞讼。《晋书·载记》。魏世宗永平元年，诏："缁素既殊，法律亦异。自今已后，众僧犯杀人以上罪者，仍依俗断。余犯悉付昭玄，以内律僧制之。"《魏书·释老志》。是其事也。此自各率其俗之意，与近世之领事裁判用意不同也。

葛洪欲立明法之科，已见第四节。齐建元元年，崔祖思启陈政事曰："汉末习律有家，子孙并世其业，聚徒讲授，至数百人。故张、于二氏，絜誉文、宣之世，陈、郭两族，流称武、明之朝。今廷尉律生，乃令史门户。族非咸、弘，庭缺于训。刑之不措，抑此之由。如详择笃厚之士，使习律令，试简有征，擢为廷尉僚属。苟官世其家，而不美其职者鲜矣，废其职而欲善其事，未之有也。"

永明九年，孔稚珪上所校律文，表言："古之名流，多有法学。今之士子，莫肯为业。纵有习者，世议所轻。将恐此书，永坠下走之手矣。今若弘其爵赏，开其劝募。课业宦流，班习胄子。拔其精究，使处内局；简其才良，以居外任；方岳咸选其能，邑长并擢其术；然后奸邪无所逃其刑，恶吏不能藏其诈。宜写律上国学，置律学助教。依五经例，国子生有欲读者，策试上过高第，即便擢用，使处法职，以劝士流。"诏报从纳。事竟不施行。皆见《齐书》本传。

至梁武帝天监四年，三月，乃置胄子律博士焉。《南史·本纪》。《晋书·姚兴载记》：兴立律学于长安，召郡县散吏以授之。其通明者，还之郡县，论决刑狱。其重视法学，转非中国之主所能逮也。《魏书·常景传》言：廷尉公孙良举为律博士，则魏律生亦属廷尉。

《隋书·刑法志》言：北齐定律之后，又敕仕门子弟，常讲习之，齐人多晓法律，盖由此也。此皆官学。其私家传业者：《晋书·高光传》言：光少习家业，明练刑理。光，魏大尉柔之子。武帝置黄沙狱，以典诏囚，以光历世明法，用为黄沙御史，秩与中丞同。迁廷尉。元康中，拜尚书，典三公曹。齐王冏辅政，复以光为廷尉。于时朝廷咸推光明于用法，故频典理官。

又《儒林传》：续咸，修陈、杜律，明达刑书。永嘉中，历廷尉平。后没石勒，以为理曹参军。《周书·赵肃传》言：肃久在理官，执心平允。凡所处断，咸得其情，廉慎自居，不营产业。时人以此称之。大祖命肃撰定法律，已见前。又云：时有高平徐招，少好法律。发言措笔，尝欲辨析秋豪。历职内外，有当官之誉。从魏孝武入关，为给事黄门侍郎、尚书右丞。时朝廷播迁，典章有缺，至于台阁轨仪，多招所参定。论者称之。皆明法之士，见称于时，获用于世者也。

《晋书·忠义传》：易雄，少为县吏。自念卑浅，无由自达，乃脱帻挂县门而去。因习律令及施行故事，交结豪右，州里稍称之。此等虽习律令，而不必明于其理，则为令史之俦矣。《晋书·刑法志》：张华表抄新律诸死罪条目，悬之亭传，以示兆庶。有诏从之。此乃古者悬法象魏之意，意在使民畏法，非欲使民明法也。

复仇之风，仍极惨烈。法令于此，本加禁断，《魏律》：贼斗杀人者，以劾而亡，许依古义，子弟得追杀之。会赦及过误相杀者，不得报仇，见《晋书·刑法志》，姚苌下书，有复私仇者皆诛之，见《载记》。《魏书·世祖纪》：大延元年，十二月，诏曰："尽力三时，黔首之所克济。自今已后，亡匿避难，羁旅他乡，皆当归还旧居，不问前罪。民相杀害，牧守依法平决，不听，私辄报者，诛及宗族。邻伍相助，与同罪。"盖以避仇失职者多，故为此一切之法也。《隋书·刑法志》云。周武帝除复仇之法，犯者以杀论。案其事见《周书·本纪》保定三年四月。

然舆论率称道之，执法者为其所动，遂亦多加原宥焉。刁协子彝，王敦诛后，斩仇人党，以首祭父墓。诣廷尉请罪，朝廷特宥之。见《晋书》本传。又《良吏传》：乔智明，为隆虑、共二县令。部人张兑，为父报仇。母老单身：有妻无子。智明愍之。停其狱岁余。令兑将妻入狱，兼阴纵之。于狱产一男，会赦得免。

《南史·孝义传》：张景仁，广平人。父为同县韦法所杀。景仁时年八岁，及长，志在复仇。普通七年，遇法于公田渚，手斩其首，以祭父墓，诣郡乞依刑法。大守蔡天起上言于州。时简文在镇，乃下教褒美之。原其罪。下属长蠲其一户租调，以旌孝行。又成景俊。父安乐，仕魏为淮阳大守。天监六年，常邕和杀安乐，以城内附。景俊谋复仇，因杀魏宿预城主，以地南入。普通六年，邕和为鄱阳内史。景俊购人刺杀之，未久，重购邕和家人杀其子弟，噍类俱尽。武帝义之，亦为屈法。

又李庆绪。父为人所害。庆绪九岁而孤，为兄所养。日夜号泣，志在复仇。投州将陈显达。仍于部伍，白日手刃其仇。自缚归罪。州将义而释之。《魏书·景穆十二王传》：任城王云之孙顺，尔朱荣害衣冠，出走，为陵户鲜于康奴所害。长子朗，时年十七，沈戈潜伏。积年，乃手刃康奴，以首祭于顺墓。然后诣阙请罪。朝廷嘉而不问。《周书·柳庆传》：庆兄桧，为魏兴郡守，为贼黄宝所害。桧子三人，皆幼弱。庆抚养甚笃。后宝率众归朝，朝廷待以优礼。居数年，桧次子雄亮，白日手刃宝于长安城中。晋王护闻而大怒，执庆及诸子侄皆囚之。然武帝卒特原雄亮，事又见《隋书·柳机传》。

当时之复仇者，往往蓄志积年，如张景仁、成景俊、李庆绪、元朗、柳雄亮皆是。不远千里。《宋书·孝义传》。长城奚庆思，杀同县钱仲期。仲期子延庆，属役在都，闻父死，驰还。于庚埔埭逢庆思，手刃杀之。自系乌程县狱。吴兴大守郗超表不加罪，许之。奚庆思，《南史》作庆恩。虽在蛮夷，身不能至，亦且伺隙而行其诛焉。《宋书·宗越传》：越为役门，出身补郡吏。父为蛮所杀。杀其父者尝出于郡，越于市中刺杀之。大守夏侯穆嘉其意，擢为队主。其酷者或及后嗣。谯闵王承为王廙所害，子烈王无忌，与丹阳尹桓景等饯江州刺史于板桥，廙子丹阳丞耆之在坐，无忌拔刀欲手刃之，救捍获免。御史中丞奏无忌欲专杀人，付廷尉科罪。成帝诏主者申明法令，自今已往，有犯必诛，而许无忌以赎论，此亦失刑也。桓彝为韩晃所害，泾令江播与焉。

彝子温，时年十五，志在复仇。至年十八，会播已终，子彪兄弟三人居丧，置刃杖中，以为温备。温诡称吊宾，得进刃彪于庐中。并追二弟杀之。时人称焉。沈庆之之死，攸之求行。及攸之反，文季督吴兴、钱唐军事。收攸之弟新安大守登之，诛其宗，亲党无吹火焉。史称君子以文季能报先耻。龚壮父叔为李特所害，壮说李寿以讨期；萧顺之为齐武帝所贼，梁武帝助明帝以倾其嗣，亦皆报诸后人者也。

即敌国相争，《晋书·陶璜传》：孙皓时，交趾内附。将军毛炅破吴军，斩其都督修则。则子允，随璜南征。城既降，允求复仇，璜不许。《宋书·徐湛之传》：父达之，高祖讨司马休之，使统军为前锋。休之遣鲁轨击破之，于阵见害。元嘉二十八年，轨子爽兄弟归顺。湛之以为庙算远图，特所奖纳，不敢苟申私怨，乞屏居田里。不许。此皆有合于义。

梁武帝之宥成景俊，则实失刑也。《周书·杜叔毗传》：仕梁，为宜丰侯萧循府中直兵参军。达奚武围循于南郑。循令叔毗诣阙请和。使未反。循中直兵参军曹策，参军刘晓谋以城降。时叔毗兄君锡为循中记室参军，从子映录事参军，映弟晰中直兵参军，并有文武材略，各领部曲数百人，策等忌之，惧不同己，诬以谋叛，擅加害焉。循寻讨策等，擒之，斩晓而免策。及循降，策至长安。叔毗朝夕号泣，具申冤状。朝议以事在归附之前，不可追罪。叔毗志在复仇，恐违朝宪，坐及其母，沈吟积时。母知其意，谓曰："若曹策朝死，吾以夕殁，亦所甘心。汝何疑焉？”叔毗感厉。后遂白日手刃策于京城。断首刳腹，解其支体。然后面缚就戮。大祖嘉其志气，特命赦之。夫自北朝言之，则策为首谋归降之人，虽天下之恶一，而叔毗报仇亦过当，周文亦失刑也。

若黄瑶起见获，而魏孝文以付王肃，听其私报，则更不俟论矣。徐达之，《南史》作逵之。伏法受诛者，亦不能免。《晋书·忠义传》：沈劲父充，与王敦构逆，众败而逃，为部曲将吴儒所杀。劲当坐诛，乡人钱举匿之得免。其后竟杀仇人。《充传》云：劲竟灭吴氏。劲后虽立忠义，此事则犯法之大者，晋人宥之，失刑甚矣。沈林子祖父警，累世事道。敬事杜子恭。其父穆夫，孙恩作乱，以为余姚令，恩为刘牢之所破，逃藏得免矣，宗人沈预，与警不协，以告官。警及穆夫，穆夫弟仲夫、任夫、预夫、佩夫并遇害。林子与兄渊子、云子、田子、弟虔子，逃伏草泽。

沈预家甚强富，志相陷灭。林子乃自归宋高祖。从克京城，进平都邑。时年十八。沈预虑林子为害，常被甲持戈。至是，林子与田子还东报仇。五月，夏节日至，预正大集会，子弟盈堂。林子兄弟，挺身直入。斩预首。男女无长幼悉屠之。以预首祭祖父墓。事见《宋书·自序》及《南史·沈约传》。林子兄弟，才或可用，亦诚有功，然宋武纵其报仇，亦非法也。甚或仇视官长，《梁书·刘季连传》：季连既降，出建阳门，为蜀人蔺道恭所杀。季连在蜀杀道恭父，道恭出亡，至是而报复焉。道恭，《南史》作相如。云季连杀其父，变名走建业。既杀道恭，乃面缚归罪。武帝壮而赦之。此犹在去官后，且季连本曾叛逆也。若《南史·孝义传》云：赵拔扈，新城人也。兄震动，富于财：大守樊文茂求之不已。震动怒曰：无厌将及我。文茂闻其语，聚其族诛之。拔扈走免。聚党至社树，咒曰：“文茂杀拔扈兄，今欲报之。若事克，斫处树更生，不克即死。”

三宿三蘖，生十丈余。人间传以为神，附者十余万。既杀文茂，转攻旁邑。将至成都十余日，战败，退保新城求降。此直是犯上作乱。恐其兄亦本系乱党，乃至族诛，不尽由于文茂之贪求也。此更不足厕于报仇之列矣。并及大君，《晋书·孝友传》：王裒父仪，为文帝司马，斩之。裒未尝西乡而坐，示不臣朝廷也。乡人管彦，少有才而未知名。裒独以为必当自达，拔而官之。男女各始生，便共许为婚。彦为西夷校尉，卒，葬洛阳。裒更嫁其女。彦弟馥问裒。裒曰：“吾薄志毕愿山薮，昔嫁姊妹皆远，吉凶断绝，每以此自誓，今贤兄子葬父于洛阳，此则京邑之人也。岂吾结好之本意哉？”此虽力不能报，仍守不共戴天之义也。

诸葛诞之死，子靓奔吴，为大司马。吴平，逃窜不出。武帝与靓有旧，靓姊又为琅邪王妃。帝知靓在姊间，因就见焉。靓逃于厕。帝又逼见之。谓曰："不谓今日，复得相见。"靓流涕曰："不能漆身皮面，复睹圣颜。"诏以为侍中。固辞不拜。归于乡里。终身不乡朝廷而坐。此虽不如王裒之姊妹断绝，亦犹裒之志也。苻坚兄法子东海公阳，与王猛子散骑侍郎皮谋反。事泄，坚问反状。阳曰："礼云：父母之仇，不同天地，臣父哀公，死不以罪。齐襄复九世之仇，而况臣也？"则竟公然欲报复矣。

行于亲族之间。宋时，剡县民黄初妻赵，打息载妻王死。遇赦。王有父母及息男称。息女叶。依法，应徙赵二千里外。临川王义庆及傅隆并谓律无仇祖之文，赵当避王期、功千里外耳。从之，然可见当时法家，有谓为母可以报王母者也。傅竖眼父灵越，有兄灵庆、灵根。萧斌、王玄谟攻碻磝，引灵庆为军主。灵庆遁还。而其从叔乾爱，为斌法曹参军，斌遣诱呼灵庆，密令壮健者随之。乾爱不知斌之欲图灵庆也。既至，对坐未久，斌所遣壮士执灵庆杀之，后灵越以母在南南走，卒毒杀乾爱，为兄复仇。事见《魏书·竖眼传》。王敬则为谢朓所告而死，敬则女为朓妻，常怀刃欲报朓，朓不敢相见。

北齐崔暹子达拏，显祖以亡兄女乐安公主降之，尝问公主："达拏于汝何似？"答曰："甚相敬重，惟阿家憎儿。"显祖召达拏母入内，杀之，投尸漳水。齐灭，达拏杀主以复仇。皆可见当时报仇，不以亲族而释也。且有因此而投敌国者。如王慧龙、土肃、王颁等是。朱龄石伯父宪及斌，并为袁真将佐。桓温伐真于寿阳，宪兄弟与温潜通，真杀之。龄石父绰，逃走归温，攻战常居先，不避矢石。寿阳平，真已死，绰辄发棺戮尸。

报复之际，或必求剸刃于其身，《魏书·列女传》：平原鄃县女子孙男玉。夫为灵县民所杀。追执仇人。男玉欲自杀之。其弟止而不听。男玉曰："女人出适，以夫为天。当亲自杀之，云何假人之手？"遂以杖殴杀之。有司处死以闻。显祖特恕之。或则食其所仇者之肉。孙恩入寇，谢琰败绩。帐下督张猛于后斫琰马，堕地。二子俱被害。后刘裕生禽猛，送琰小子混。混刳肝生食之。见《晋书·谢安传》。殷仲堪子简之，随义军蹑桓玄。玄败，简之食其肉。王廙将朱轨、赵诱为杜曾所杀。王敦遣周访讨之。其将执曾诣访降，访欲生致武昌。轨息昌，诱息胤皆乞曾以复冤。于是斩曾。昌胤脔其肉而啖之。

梁邵陵王纶遣马容、戴子高、戴瓜、李撤、赵智英等杀何智通。敕遣舍人诸昙粲领斋仗围纶第，禽瓜、撒、智英。智通了敞之割炙食之。即载出新亭。四面火炙之焦熟。敞车载钱，设盐，蒜，顾百姓食，一脔赏钱一千。张弘策为东昏余党孙文明等所害，官军捕文明，斩于东市。张氏亲属脔食之，魏道武见弑，其先犯乘舆者，群臣于城南都街生脔割而食之。王肃得黄瑶起，亦脔食之。李彦刺秦州，为城民所杀。萧宝夤西讨，彦子充为行台郎，募众而征。战捷，乃手刃仇人，啖其肝肺，见《北史·自序》。

其不能报，则以变礼终其身。《南史·循吏传》：沈瑀为萧颖达长史。瑀性屈强，每忤颖达，颖达衔之。天监八年，因入谘事，辞又激厉。是日于路为人所杀。多以颖达害之。子续累讼之。遇颖达寻卒，事不穷竟。续乃布衣蔬食终其身。怨仇之门，累世不通。《晋书·元四王传》：武陵威王烯，为桓温奏徙新安，卒。子忠敬王遵。桓伊尝诣遵。遵曰："门何为通桓氏？"左右曰："伊与桓温疏宗，相见无嫌。"遵曰："我闻人姓木边，便欲杀之，况诸桓乎？"由是少称聪慧。

《颜氏家训·风操篇》曰："江南诸宪司弹人，事虽不坐，而以教义见辱者，或被轻系而身死狱户者，皆为怨仇，子孙三世不交通矣。"能和解者殊鲜。《魏书·李冲传》：冲兄佐，与河南大守来崇，同自凉州入国。素有微嫌。佐因缘成崇罪，饿死狱中。后崇子护，又纠佐臧罪。佐及冲等悉坐幽系，会赦乃免。佐甚衔之。至冲宠贵，综摄内外。护为南部郎，深虑为冲所陷，常求退避。而冲每慰抚之。护后坐臧罪，惧必不济。冲乃具奏与护本末嫌隙，乞原恕之。遂得不坐。

又《术艺传》：王早。大宗时，有东莞郑氏，为同县赵氏所杀。后郑氏执得仇人赵氏，又克明晨会宗族就墓所刑之。赵氏求救于早。早为占候，并授以一符，曰："君今且还。选壮士十人，令一人为主者，佩此符。于鸡鸣时，伏在仇家宅东南二里许平旦，当有十人跟随向西北行。中有二人乘黑牛。一黑牛最在前，一黑牛应第七。但捉取第七者还，事必无他。"赵氏从之。果如其言，乃是郑氏五男父也。诸子并为其族所宗敬，故和解两家，赵氏竟免。此皆怨仇之克和解者，然能如是者恐甚少也。甚者毁坏坟墓，亦视同相杀之仇，而报复者亦毒及枯骨。桓阍杀昙落道人，朱谦之杀朱幼方，已见第二十一章第五节。

世祖虑相报复，遣谦之随曹虎西行。将发，幼方子恽，于津阳门伺杀谦之。谦之兄选之，又刺杀恽。有司以闻，世祖曰："此皆是义事，不可问。"悉赦之。宽纵如此，宜乎相报者之无已也。乃如李充，父墓中柏树，为盗贼所斫，充手刃之，由是知名，则并未伤及其坟墓也。羊鸦仁为荀晷所害，鸦仁兄子海珍知之，掘咎父、伯并祖及所生母合五丧。各分其半骨，共棺焚之，半骨杂他骨，作五袋盛之，铭袋上曰荀晷祖、父、母某之骨。报怨如此，信野番之所不为也。

风气所趋，虽妇人、《晋书·列女传》：王广女。广仕刘聪，为西扬州刺史。蛮帅梅芳攻陷扬州，广被杀。王时年十五，芳纳之。俄于暗室击芳，不中。芳惊起曰："何故反邪。"王骂，辞气猛厉。言终乃自杀。芳止之不可。此与第七章第八节所述秃发傉檀之女同烈矣。王敬则女欲报谢朓，杜叔毗母激厉其子，亦斯志也。《宋书·乐志》：魏陈思王《鼙舞歌精微篇》曰："关东有贤女，自字苏来卿。壮年报父仇，身没垂功名。女休逢赦书，白刃几在颈，俱上列仙籍，去死独就生。"亦必有其本事也。孺子，《晋书·孝友传》、王谈，年十岁，父为邻人宝度所杀。谈日夜伺度。至年十八，乃杀之。归罪有司。大守孔严嘉其义勇，列上宥之。《梁书·孝行传》：荀匠祖琼，年十五，复父仇于成都市。《南史·孝义传》：闻人夐，年十七，结客报父仇。为齐高帝所赏。《魏书·淳于诞传》：父兴宗，萧赜南安大守。诞生十二，随父向扬州。父于路为群盗所害。诞倾资结客。旬朔之内，遂得复仇。由是州里叹异之。《孝感传》：孙益德，母为人所害。益德童幼，为母复仇。还家哭于殡，以待县官。高祖、文明大后特免之。亦能自奋。司宪者不必皆平，舆论亦不必能抑强扶弱，不以名分制一人，其说诚有深意。然行之大过，得毋有借复仇之名，以报他怨，要称誉者乎？失仁后义，是非已极难言，况乎失义与礼，而徒矜懻以为信？风俗之弊，随举一端，病原皆极深远，固非就事论事，所能期其无憾也。

注释：

①藜藿[lí huò]：藜和藿，指粗劣的饭菜。

第二十三章

晋南北朝学术

第一节　学校

中国为崇尚文教之国，两汉而降，此风尤甚。晋、南北朝，虽为丧乱之世，然朝廷苟获小安，即思兴学；地方官吏，亦颇能措意于此；私家仍以教授为业；虽偏隅割据之区，戎狄荐居之地，亦莫不然。较之罗马丧乱之后，晦盲否塞之情形，大异其趣矣。此亦中西史事不同之一端欤？

晋初大学，沿自魏世。泰始八年，有司奏大学生七千余人，才任四品听留。诏已试经者留之，其余遣还。郡国大臣子弟堪受教者令入学。《宋书·礼志》。盖以魏世，来学者率为避役，高门子弟，耻非其伦，见《秦汉史》第十九章第一节。故有此举也。

《晋书·武帝纪》：咸宁二年，五月，立国子学。《宋书·礼志》作起国子学。《晋书·职官志》云：咸宁四年，武帝初立国子学，定置国子祭酒博士各一人，助教十五人，以教生徒。《齐书·礼志》：东昏侯立，领国子助教曹思文上表曰："今之国学，即古之大学。晋初大学生三千人，既多猥杂，惠帝时，欲辨其泾渭，故元康三年始立国子学，官品第五以上，得入国学。"

盖屋宇起于咸宁二年，教官定于四年，生徒入学之法，实至元康三年而后定也。《晋书·裴頠传》：时天下初定，頠奏修国学，刻石写经。皇大子既讲，释奠，祀孔子，饮飨射候，甚有仪序。此事在武帝时，皇大子即惠帝也。其时盖徒行礼，未有教学之事。经说本只有大学，自王大子以下皆入焉，与士齿，殊有平夷之美。《周官》有师氏，保氏，乃小学之职，据此别立国子学，以“殊士庶，异贵贱”，曹思文表语。误矣。

大康五年，修作明堂、辟雍、灵台。《宋书·礼志》。元帝初，王导请兴学。戴邈亦以为言。见《晋书》本传及《宋书·礼志》。建武元年十一月立大学，《本纪》。盖用其说。《宋书·百官志》云：大常博士，东京凡十四人。《易》施、孟、梁丘、京氏，《尚书》欧阳、大、小夏侯，《诗》齐、鲁、韩，《礼》大、小戴，《春秋》严、颜，各一博士。而聪明有威重者一人为祭酒。魏及晋两朝置十九人，江左初减为九人，皆不知掌何经。元帝末，增《仪礼》《春秋公羊》博士各一人，合为十一人。后又增为十六人，不复分掌五经，而谓之大学博士也。

又云：国子祭酒一人。国子博士一人。国子助教十人，《周易》《尚书》《毛诗》《礼记》《周官》《仪礼》《春秋左氏传》《公羊》《穀梁》，各为一经，《论语》《孝经》为一经，合十经，助教分掌。晋初置国子学以教生徒，而隶属大学焉。

晋初助教十五人。江左以来损其员，自宋世，若不置学，则助教惟置一人，而祭酒、博士常置也。《晋书·荀崧传》云：时简省博士，置《周易》王氏，《尚书》郑氏，《古文尚书》孔氏，《毛诗》郑氏，《周官》《礼记》郑氏，《春秋左传》杜氏、服氏，《论语》《孝经》郑氏博士各一人，凡九人。《宋书·礼志》云：《周易》王氏，《尚书》郑氏，古文孔氏，《毛诗》《周官》《礼记》《论语》《孝经》郑氏，《春秋左传》杜氏、服氏，各置博士一人。其《仪礼》《公羊》《穀梁》及郑《易》，皆省不置。崧以为不可，乃上疏言：“宜为郑《易》，郑《仪礼》，《春秋》《公羊》《穀梁》各置博士一人。”诏共博议者详之。议者多请从崧所奏。

诏曰：“《穀梁》肤浅，不足置博士，余如奏。”会王敦之难不行。《宋书·礼志》略同。以《百官志》之文参之，则所谓九人者：《周易》王氏一，《尚书》郑氏二，孔氏三，《毛诗》郑氏四，《周官》郑氏五，《礼记》郑氏六，《春秋左传》杜氏七，服氏八，《论语》《孝经》郑氏九，所增者《仪礼》《公羊》各一，合十一人也。

《本纪》：大兴二年，六月，置博士员五人，则所谓后又增为十六人者也。

不复分掌五经，盖不复事教授？《儒林传》言："元帝虽尊儒劝学，亟降纶音，而东序西胶，未闻弦诵。"其明征矣。《成帝纪》：咸康三年，正月，立大学。《袁瑰传》云：瑰时为国子祭酒，上疏请给宅地，备学徒，疏奏，成帝从之。国学之兴自瑰始。《宋书·礼志》以此疏为瑰与大常冯怀共上，云：疏奏，帝有感焉。由是议立国学，征集生徒。而世尚老、庄，莫肯用心儒训。

穆帝八年，殷浩西征，以军兴罢遣。则未有实效，旋又废坠。《孝武帝纪》：大元九年，四月，增置大学生百人。《车胤传》：大元中，增置大学生百人，以胤领国子博士。十年，二月，立国学。盖至是二学并置。《晋书·职官志》云：孝武大元十年，损国子助教员为十人。《宋志》云：十经由十助教分掌，盖在是时。《宋书·臧焘传》：晋孝武大元中，卫将军谢安始立国学，徐、兖二州刺史谢玄举焘为助教。

据《齐书·陆澄传》澄与王俭书，则是时《易》立王肃，《左氏》取服虔，而兼取贾逵《经》，《穀梁》有麋信《注》。至宋元嘉建学，《易》乃玄、弼两立。逮颜延之为祭酒，则黜郑置王，《左氏》则留服而去贾，《穀梁》益以范宁，而麋犹如故。澄谓《易》王、郑宜并存，《左氏》宜立杜，《穀梁》善范便当除麋。

又云："世有一《孝经》，题为郑玄注。观其用辞，不与注书相类。案玄自序所注众书，亦无《孝经》。"俭答云："《易》依旧存郑，高同来说。元凯注传，超迈前儒。《穀梁》小书，无俟两注。存麋略范，率由旧式。凡此诸议，并同雅论。惟《郑注》虚实，前代不嫌，意谓可安，仍旧立置。"

大元立学，议由谢石，事见《晋书》本传及《宋书·礼志》。《宋书》载其疏辞，谓上于大元元年，元疑九形近而误，故有"皇威遐震，戎车方静"之语。淝水之战在八年。石之死，范弘之议谥，深致贬损，而卒援是为恕辞，则晋人颇重其事。然《宋书·礼志》谓其品课无章，士君子耻与其列，则其实效，亦未可睹也。晋人立学，专欲以化贵胄。故晋初傅玄上疏，病"汉、魏百官子弟，不修经艺而务交游。今圣明之政资始，而汉、魏之失未改"。

王导言："人知士之贵由道存，则退而修其身，敦朴之业著，浮伪之竞息。"戴邈言："贵游之子，未必有斩将搴旗之才，亦未有从军征戍之役，不以盛年，讲肄道义，不亦可惜？"然粪墙朽木，素质已非，雕墁之功，云胡可就？其时特选公卿、二千石子弟为生，而祭酒殷茂言："学建弥年，而功无可名。惮业避役，存者无几。或假托亲疾，真伪难知。声实浑乱，莫此之甚。臣闻旧制，国子生皆冠族华胄，比列皇储，而中者混杂兰艾，遂令人情耻之。”则犹是来者皆为避役，高门子弟，耻非其伦之旧也。《宋书·礼志》。

《宋书·礼志》言：孝武立学，增造庙屋一百五十五间，而《五行志》言：大元十年正月，立国子学，学生多顽嚣，因风放火，焚房百余间。《晋志》略同。则立学未几，而所毁之屋，已侔于所造者三分之二矣。风纪败坏至此，其人尚可教乎？

《宋书·礼志》云：宋高祖受命，诏有司立学，未就而崩，大祖元嘉二十年，复立国学，二十七年废。案高祖诏立国学，事在永初三年正月，见《本纪》。其时学制已定，范泰尝上书谕之，见本传。大祖诏建国学，事在元嘉十九年正月，是年十二月，诏言胄子始集，学业方兴，亦见《纪》；《何承天传》亦云，是年立国子学，以本官领国子博士；而《礼志》谓立学在二十年，盖师生集于十九年末，礼成于其翼年也。二十七年之罢，《纪》在三月，盖以军兴之故。《孝武帝纪》：大明五年，八月，诏来岁可修葺庠序，旌延国胄，而《礼志》不言其事，疑其实未有成。

然则宋世国学修立，不及十年，可谓衰替。然其时于私家之能讲学者，为置生徒，隆其礼貌，加以资助，则其效或转在官学之上也。《隐逸传》：周续之，遁迹①庐山。高祖践阼②，召之，乃尽室俱下。上为开馆东郭外，招集生徒。乘舆降幸，并见诸生。续之素患风痺，不复堪讲，乃移病钟山。又《雷次宗传》：元嘉十五年，征至京师。开馆于鸡笼山，聚徒教授，置生百余人。会稽朱膺之，颍川庾蔚之，并以儒学监总诸生。

时国子学未立，上留心艺术，使丹阳尹何尚之立玄学，大子率更令何承天立史学，司徒参军谢元立文学。凡四学并建。车驾数幸次宗学馆，资给甚厚。此事《南史》入《本纪》，系元嘉十六年。

《宋书·何尚之传》云：元嘉十三年，彭城王义康欲以司徒左长史刘斌为丹阳尹，上不许。乃以尚之为尹。立宅南郭外，置玄学，聚生徒。东海徐秀，庐江何昙、黄回，颍川荀子华，大原孙宗昌、王延秀，鲁郡孔惠宣，并慕道来游。谓之南学。《南史》同。其立学不知究在何年也。其后国子学建，尚之遂领祭酒焉，亦见《传》。

《明帝纪》：泰始六年，九月，立总明观，征学士以充之，置东观祭酒。

《南史》云：置东观祭酒、访举各一人，举士二十人，分为儒、道、文、史、阴阳五部学，言阴阳者遂无其人，则其分部仍与元嘉同。《齐书·百官志》：泰始六年，以国学废，初置总明观玄、儒、文、史四科，科置学士各十人，永明三年国学建省，尤可见孝武之兴国学，实未有成也。

《齐书·礼志》云：建元四年，正月，诏立国学。亦见《本纪》。《王逡之传》云：国学久废，建元二年，逡之先上表立学，转国子博士《张绪传》：建元四年，立国子学，以绪为大常卿，领国子祭酒。置学生百五十人。其有位乐入者五十人。生年十五以上，二十以还。取王公已下至三将、著作郎、廷尉正、大子舍人、领、护诸府司马、谘议经除敕者、诸州别驾、治中等见居官及罢散者子孙。悉取家去都二千里为限。大祖崩乃止。《武帝纪》：建元四年，九月，丁巳，以国哀故罢国子学。《百官志》云：其夏国讳废学。

永明三年，正月，诏立学。亦见《纪》。创立堂宇。召公卿子弟及员外之胤。凡置生二百人。建武四年，正月，诏立学。永泰元年，东昏侯即位，尚书符依永明旧事废学。领国子助教曹思文表言："先代不以国讳废学，永明以无大子故废，非古典。"案建武四年诏言："往因时康，崇建庠序，屯虞荐有，权从省废，讴诵寂寥，倏移年稔。"则其废，似不以无大子也。

总明观以永明三年省，然是岁又于王俭宅开学士馆。悉以四部充俭家。又诏俭以家为府。四年，以本官领吏部，犹十日一还学，监视诸生焉。《俭传》。又竟陵王子良，尝表世祖，为刘瓛立馆。以扬烈桥故主第给之。未及徙居，遇病卒。《瓛传》。此亦宋世待周续之、雷次宗之意也。孔稚圭欲于国学置律学助教，诏报从纳，而事不果行，已见第二十二章第七节。

《梁书·处士传》：梁武践阼，征何胤不至，乃敕胤曰："卿门徒中，经明行修，厥数有几？且欲瞻彼堂堂，置此周行，便可具以名闻，副其劳望。"又曰："比岁学者，殊为寡少。良由无复聚徒，故明经斯废。每一念此，为之慨然。卿居儒宗，加以德素。当敕后进有意向者，就卿受业。想深思诲诱，使斯文载兴。"于是遣何朗、孔寿等六人于东山受学。设馆而外，复征及其旧日生徒，较之宋、齐，尤为异数矣。

《本纪》：天监四年，置五经博士各一人。《儒林传》云：以平原明山宾、吴兴沈峻、建平严植之、会稽贺玚补博士。各主一馆，《南史》又有吴郡陆琏。馆有数百生，给其饩廪[3]，其射策通明者，即除为吏。十数月间，怀经负笈者，云会京师。此亦犹宋之立五学，特专于儒耳。七年，正月，诏大启庠序，博延胄子。国学盖自此建立。九年，三月，诏皇大子及王侯之子，年在从师者，可令入学。

《儒林传》言：于是皇大子、皇子、宗室王侯始就业焉。大同七年，十二月，于宫城西立士林馆，延集学者。领军朱异、大府卿贺琛、舍人孔子祛等递相讲述。《本纪》。亦见《张绾》《周弘正传》。此盖与国学并立，非如宋之五馆、总明观等补国学之缺也。《陈书·儒林·陆诩传》言：梁世百济国表求讲礼博士，诏令诩行，声教东渐，南朝教学之规模，盖以此时为最盛矣。

《陈书·儒林传》云：高祖承前代离乱，日不暇给，弗遑劝课。世祖以降，稍置学官。虽博延生徒，成业盖寡。案《沈不害传》言：天嘉初，除衡阳王府记室参军，兼嘉德殿学士。自梁季丧乱，至是国学未立。不害上书，言宜建立庠序，选公卿门子，皆入于学。诏付外详议，依事施行。陈世兴学，不害盖有力焉。其后宣帝大建三年，后主至德三年，皇大子皆释奠大学。

私家亦有为学人立馆者，齐始安王遥光、右卫江祏于蒋山南为吴苞立馆是也。事见《齐书·高逸传》。

《晋书·张轨传》：轨征九郡胄子五百人，立学校。始置崇文祭酒，位视别驾。春秋行乡射之礼。《隐逸传》：祈嘉，博通经传。西游海渚，教授门生百余人。张重华征为儒林祭酒。在朝卿士，郡县守令彭和正等受业独拜床下者二千余人。

《李玄盛传》：立泮宫，增高门学生五百人。《刘曜载记》：曜立大学于长乐宫东，小学于未央宫西。简百姓年二十五已下，十三已上，神志可教者千五百人。选朝贤、宿儒明经笃学以教之。以中书监刘均领国子祭酒。置崇文祭酒，秩次国子。散骑侍郎董景道，以明经擢为崇文祭酒。曜临大学，引试学生之上第者，拜郎中。《石勒载记》云：司、冀渐宁，人始租赋。立大学。简明经善书吏，署为文学掾，选将佐子弟三百人教之。增置宣文、宣教、崇儒、崇训十余小学于襄国四门，简将佐豪右子弟百余人教之。大兴二年，勒伪称赵王。从事中郎裴宪，参军傅畅、杜嘏，并领经学祭酒。参军续咸、庾景为律学祭酒。任播、崔濬为史学祭酒。中垒支雄、游击王阳，并领门臣祭酒。勒亲临大小学，考诸学生。经义尤高者，赏帛有差。命郡国立学官。每郡置博士、祭酒二人，弟子百五十人。三考修成，显升五府。于是擢拜大学生五人为佐著作郎，录述时事。

《石季龙载记》：季龙下书，令诸郡国立五经博士。初勒置大小学博士，至是复置国子博士、助教。遣国子博士诣洛阳写石经，校中经于秘书。国子祭酒聂熊注《穀梁春秋》，列于学官。《隐逸传》：杨轲养徒数百，石季龙嗣伪位征之。迫之乃发。后上疏陈乡思求还。其在伪朝，盖未尝受官职，与于教授之事。

《慕容廆载记》云：平原刘讚，儒学该通，引为东庠祭酒。其世子皝，率国胄束脩受业焉。廆览政之暇，亲临听之。《慕容皝载记》：皝记室参军封裕谏曰："习战、务农，本也。百工、商贾，末耳。宜量军国所须，置其员数。学者三年无成，亦宜还之于农。"皝乃命学生不任训教者，亦除员录。《慕容儁载记》：儁立小学于显贤里，以教胄子。

《苻健载记》：健败桓温后，修尚儒学。《苻坚载记》言：坚立学校。又云：坚广修学宫，召郡国学生通一经已上充之。公卿已下子孙，并遣受业。坚亲临大学，考学生经义优劣，品而第之。问难五经，博士多不能对。坚谓博士王寔曰："朕一月三临大学，黜陟④幽明，躬亲奖厉，罔敢倦违，庶几周、孔微言，不由朕而坠。汉之二武，其可追乎？"自是每月一临大学，诸生竞劝焉。

又云：坚行礼于辟雍，祀先师孔子。其太子及公侯、卿、大夫、元士之元子，皆束脩释奠焉。又云：坚临大学，考学生经义，上第者擢叙八十三人。自永嘉之乱，庠序无闻，及坚之僭，颇留心儒学，王猛整齐风俗，政理称举，学校渐兴。又云：禁老庄、图谶之学。中外四禁、二卫、四军长上将士，皆令修学课。后宫置典学，立内司，以授于掖庭。选阉人及女隶有聪识者，置博士以授经。又云：坚以翼犍荒俗，未参仁义，令入大学习礼。《姚苌载记》云：苌立大学。下书令留台、诸镇，各置学官，勿有所废。考试优劣，随才擢叙。

《姚兴载记》云：兴立律学于长安。详见第二十二章第七节。《慕容德载记》云：建立学官，简公卿已下子弟及二品士门二百人为大学生。德大集诸生，亲临策试。《冯跋载记》云：营建大学，以长乐刘轩、营丘张炽、成周翟崇为博士郎中。简二千石已下子弟年十三已上教之。《李雄载记》云：雄兴学校，置史官。听览之暇，手不释卷。《李寿载记》云：广大学，起燕殿，百姓疲于役使，呼嗟满道，思乱者十室而九矣。皆当时偏隅割据之国，五胡僭窃之主兴学之事也。亦不徒官立也。

《晋书·列女传》云：韦逞母宋氏，不知何郡人也。家世以儒学称。幼丧母，其父躬自养之。及长，授以《周官》音义。谓之曰："吾家世学《周官》，传业相继。吾今无男可传，汝可受之，勿令绝世。”属天下丧乱，宋氏讽诵不辍。其后为石季龙徙之于山东。宋氏与夫在徙中推鹿车，背负父所授书到冀州。依胶东富人程安寿。寿养护之。逞时年少，宋氏昼则樵采，夜则教逞。逞遂学成名立，仕苻坚为大常。坚尝幸其大学，问博士经典。乃闵礼乐遗缺。时博士卢壶对曰：“废学既久，书传零落。比年缀撰，正经粗集。惟《周官礼》注，未有其师。窃见大常韦逞母宋氏，世学家女，传其父业。得《周官》音义。今年八十，视听无缺。自非此母，无可以传授后生。”于是就宋氏家立讲堂。置生员百二十人。隔绛纱缦而受业。号宋氏为宣文君。《周官》学复行于世。时称韦母宋氏焉。

《姚兴载记》云：天水姜龛、东平淳于岐、冯翊郭高等，皆耆儒硕德，经明行修。各门徒数百，教授长安。诸生自远而至者，万数千人。兴每于听政之暇，引龛等于东堂，讲论道艺，错综名理。凉州胡辩，苻坚之末，东徙洛阳讲授。弟子千有余人。关中后进，多赴之请业。兴敕关尉曰：诸生往来出入，勿拘常限。于是学者咸劝，儒风盛焉。其厚待师儒，弘奖后学，亦视中国无愧色也。

《魏书·儒林传》云：大祖初定中原，虽日不暇给，始建都邑，便以经术为先。立大学，置五经博士，生员千有余人。天兴二年，增国子大学生员至三千。《本纪》：天兴二年，三月，初令五经、群书，各置博士。增国子大学生员三千人。《官氏志》亦云：初令五经、群书，各置博士。大宗世，改国子为中书学，立教授博士。世祖始光三年，春，别起大学于城东。《纪》在二月。

《本纪》：大平真君五年正月，制自王公已下，至于卿士，其子息皆诣大学。其百工、伎巧、驺卒子息，当习其父兄所业，不听私立学校。违者师身死，主人门诛。亦见第十八章第一节。自汉除挟书之禁已来，奖民乡学，则有之矣，禁人立学，未之前闻，大武此诏，果何为哉？案大武又有私养师巫、挟藏谶记之禁。见第二十四章第二节。

其后孝文延兴二年，二月，诏谓当时祭孔子者，“女巫妖觋，淫进非礼，杀生鼓舞，倡优媟狎”。“自今已后，有祭孔子庙，制用酒脯而已。不听妇女合杂，以祈非望之福。犯者以违制论”。亦见《本纪》。窃疑鲜卑窃据，人民图覆之者甚多，结合之资，不能无藉于宗教，孔教亦为所借用，虏乃从而禁之也。

《儒林传》又云：大和中，改中书学为国子学。建明堂、辟雍，尊三老、五更。《本纪》：大和十年，九月，诏起明堂、辟雍。十五年，十月，明堂、大庙成。十六年，正月，宗祀显祖于明堂，以配上帝。遂升灵台，以观云物。降居青阳左个布政事。每朔依以为常。又开皇子之学。及迁都洛邑，诏立国子大学，四门小学。据《刘芳传》：发敕立四门博士，事在大和二十年。世宗时，复诏营国学。树小学于四门。大选儒生，以为小学博士，员四十人。

《本纪》：正始元年，十一月，诏可敕有司，营缮国学。四年，六月，诏敕有司，准访前式，置国子，立大学，树小学于四门。《任城王澄传》；澄表言："自凤举中京，方隆礼教。先皇升遐，未遑修述。学宫虚荷四门之名，宗人有缺四时之业。可敕有司，修复皇宗之学，开辟四门之教。"诏尚书可更量宜修立。《郑道昭传》：迁国子祭酒。表言："国子学堂房粗置，弦诵缺尔。城南大学，汉、魏五经，丘墟残毁，藜藿芜秽。求重敕尚书、门下，考论营制之模。"不从。道昭又表曰："先帝命故御史中尉臣李彪，与吏部尚书任城王澄等，妙选英儒，以宗文教。澄等依旨，置四门博士四十人。其国子博士、大学博士、及国子助教，宿已简置。伏寻先旨，意在速就。但军国多事，未遑建立。自尔迄今，垂将一纪。学官凋落，四术寝废。陛下屡发中旨，敦营学馆,房宇既修，生徒未立。臣往年删定律令，缪与议筵。谨依准前修，寻访旧事，参定《学令》，事讫书呈。自尔迄今，未蒙报判。请《学令》并制，早敕施行。使选授有依，生徒可准。"

诏曰："新令寻颁，施行无远。"道昭又表曰："臣自往年以来，频请《学令》，并置生员。前后累上，未蒙一报。馆宇既修，生房粗构。博士见员，足可讲习。虽新令未颁，请依旧权置国子学生，渐开训业。"不报。其事皆在世宗时也。虽黉宇未立，而经术弥显。

《本纪》：延昌元年，四月，诏曰："迁京嵩县，年将二纪。虎闱缺唱演之音，四门绝讲诵之业。博士端然，虚禄岁祀。贵游之胄，欲同子衿。靖言念之，有兼愧慨。可严敕有司，国子学孟冬使成，大学，四门，明年孟春令就。"然《李崇传》：崇在肃宗时表言："永平之中，大兴版筑。续以水旱，戎马生郊，虽逮为山，还停一篑。今国子虽有学官之名，而无教授之实。何异兔丝燕麦，南箕北斗哉？"则其事仍未有成也。《郭祚传》：时诏营明堂、国学。祚奏："不可于师旅之际，兴版筑之功，宜待丰靖之年，因子来之力。"从之。此即李崇所谓因水旱戎马而停者也。崇此疏，《北齐书·邢邵传》以为邵之言，《北史》同。神龟中，将立国学。诏以三品已上及五品清官之子充生选。未及简置，仍复停寝。正光二年，乃释奠于国学。始置国子生三十六人。

《本纪》：正光元年，正月，诏："来岁仲阳，节和气润，释奠孔、颜，乃其时也。有司可豫缮国学，图饰圣贤，置官、简牲，择吉备礼。”二年，三月，庚午，帝幸国子学，祠孔子，以颜渊配。《源贺传》：贺孙子恭，正光元年，转为起部郎。明堂、辟雍，并未建就。子恭上书言：“今诸寺大作，稍以粗举，并可彻减，专事经综。严勒工匠，务令克成。”从之。魏营学宫，阅时甚久，盖至此以一切之法敕之，乃克有成也。永熙中，复释奠于国学。置生七十二人。及迁都于邺，国子置生三十六人。此魏立学之大略也。

北齐国子寺，祭酒一人，领博士五人，助教十人，学生七十二人。大学，博士十人，助教二十人，大学生二百人。四门学，博士二十人，助教二十人，学生三百人。见《隋书·百官志》。然据《北齐书·本纪》：文宣帝天保元年，八月，诏郡国修立黉序，国子学生，亦仰依旧铨补。孝昭帝皇建元年，八月，诏国子寺可备立官属，依旧置生讲习经典，岁时考试。外州大学，亦仰典司，勤加督课。则法令多成具文。《儒林传》亦云：“师、保、疑、丞，皆赏勋旧，国学博士，徒有虚名，惟国子一学，生徒数十人耳。”

后周颇重大学。《周书·李昶传》云：昶初谒大祖，大祖深奇之。厚加资给，令入大学。大祖每见学生，必问才行于昶。足见其于此途，已颇留意。武帝保定二年，幸学，以于谨为三老而问道焉。大和二年，七月，立露门学。置生七十二人。宣帝大象二年，亦幸学释奠。皆见《本纪》：《隋书·辛公义传》云：周天和中，选良家子任大学生，以勤苦著称。武帝时召入露门学。每月集御前，令与大儒讲论。时辈慕之。

《豆卢勣传》：勣在明帝时，为左武伯中大夫。自以经业未通，请解职游露门学。帝嘉之。敕以本官就学。皆足见其重视学业也。世宗雅爱文士。立麟趾学。在朝有艺业者，不限贵贱，皆听预焉。见《周书·千翼传》。则后汉鸿都门学之类耳。

郡县之学，留意者寡。以昔时兴学，多有粉饰升平之意，地方为物力所限，势不能如中央之修举也。南朝惟梁武帝尝分遣博士、祭酒到州郡立学，事在天监四年，见《梁书·儒林传》。外此无闻焉。北朝则规制颇详。然亦徒文具而已。

《魏书·显祖纪》：天安元年，九月，初立乡学。郡置博士二人，助教二人，学生六十人。《儒林传》云：后诏大郡立博士二人，助教四人，学生一百人。次郡立博士二人，助教二人，学生八十人。中郡立博士一人，助教二人，学生六十人。下郡立博士一人，助教一人，学生四十人。其议盖发自李䜣，成于高允，皆见本传。《允传》言“郡国立学自此始”焉。此云乡学，兼郡县之学言之。

州郡之学，对县以下之学言，亦曰大学。《李平传》言平在相州，修饰大学。《高祐传》言祐为兖州刺史，镇滑台，以郡国虽有大学，县党宜有黉序，乃县立讲学，党立教学，村立小学。

《崔挺传》：挺族子纂之从祖弟游，转熙平大守，大学旧在城内，游移置城南闲敞之处，亲自说经。《北史·郦道元传》：道元试守鲁阳，表立黉序。诏曰：“鲁阳本以蛮人，不立大学，今可听之，以成良守文翁之化”是也。成人之教，对童稚之教言之，亦曰大学。《景穆十二王传》：南安王桢之子英奏言“大学之馆，久置于下国，四门之教，方构于京洒”是也。“齐制，诸郡并立学，置博士、助教授经。学生俱差逼充员。士流及豪富之家，皆不从调。备员既非所好，坟籍固不关怀。又多被州郡官人驱使，纵有游惰，亦不检治。”《北齐书·儒林传》。可见规制徒详，并无益于实际也。

《魏书·景穆十二王传》：南安王桢之子英，奏言：“谨案学令：诸州郡学生，三年一校。所通经数，因正使列之。然后遣使就郡练考。俊造之流，应问于魏阙，不革之辈，宜反于齐民。顷以皇都迁构，江、扬未一，乡校之训，弗遑正试。致使薰莸之质，均诲学廷，萧艾之体，等教文肆。今外宰京官，铨考向讫，求遣四门博士，明通五经者，道别校练，依令黜陟。”诏曰：“学业堕废，为日已久，非一使能劝。比当别敕。”

《北齐书·杜弼传》：弼幼聪敏。家贫无书，年十二，寄郡学受业。同郡甄琛，为定州长史，简试诸生。见而策问。义解闲明，应答如响。大为甄所叹异。是魏、齐学制，学生不徒当地，并当由中央遣使校练也。此等考试，盖非徒校其学业，《北齐书·儒林传》言“诸郡俱得察孝廉，其博士、助教及游学之徒通经者，推择充举。射策十条，通八已上，听九品出身。其尤异者，亦蒙抽擢”是也。

魏世李䜣在相州，奏请立学。言“臣自到已来，访诸文学，旧德已老，后生未进。岁首所贡，虽依制遣，对问之日，惧不克堪。欲仰依先典，于州郡治所，各立学官。使士望之流，冠冕之胄，就而受业。经艺通明者，贡之王府”。此即元英所云：俊造之流，应问于魏阙。则其制，又不始自北齐矣。高允表论立学，言“学生当取郡中清望，先尽高门，次及中第”，亦以当时选举，首重阀阅也。

然亦有徒为视化行礼之计者。如庾亮在荆州，缮造礼器俎豆[5]之属，欲行大射之礼。《宋书·礼志》。蔡兴宗守会稽。三吴旧有乡射礼，元嘉中羊玄保为吴郡行之，久不修，兴宗复行之是也。《周书·孝义传》：张元有孝行，县博士等二百余人，上其状。有诏表其门间，则学校中人，又兼有旌别淑慝之责矣。

《学令》所列，地方虽多不克举，然间遇贤吏，则亦有极留意于是者。《宋书·礼志》言：庾亮在武昌，开置学官。下教极言恢复之谟，有资教学。“令参佐大将子弟悉入学。吾家子弟，亦令受业。建儒林祭酒，使班同三署。厚其供给。皆妙选邦彦，必有其宜，以充此举。近临川、临贺二郡，并求修复学校，可下听之。”事以亮薨而废，然其规模，则可谓弘远矣。

《晋书·范汪传》：汪为东阳大守，在郡大兴学校。子宁为余杭令，在县兴学校，养生徒。补豫章大守，在郡又大设庠序。遣人往交州采磬，以供学用。改革旧制，不拘常宪。远近至者千余人。资给众费，一出私禄。并取郡四姓子弟，皆充学生。课读五经。又起学台。功用弥广。江州刺史王凝之言其奢浊，抵罪。孝武帝以宁所务惟学，事久不判。会赦免。古者食节事时，民咸安其居，乐事劝功，尊君亲上，然后兴学，盖不先富则教无所施，况以兴学而致劳扰？然但就兴学论，则汪与宁，可谓世济其美矣。唐彬监幽州军，领护乌桓校尉，兼修学校，诲诱无倦。范粲迁武威大守，到郡则立学校。

杜慧度在交州，崇修学校。此兴学于边疆之地者也。魏初张恂为常山大守，开建学校，优显儒士。薛谨为秦州刺史，兵荒之后，儒雅道息。谨命立庠序，教以诗书，三农之暇，悉令受业。躬巡邑里，亲加考试。河、汾之地，儒道兴焉。崔挺子孝暐孝庄初除赵郡大守。郡经葛荣离乱之后，民户丧亡，六畜无遗，斗粟数缣。孝暐招抚遗散。

一周之后，流民大至。兴立学校，亲加劝笃。此兴学于兵荒之后者也。郦道元立学鲁阳，以教蛮人。见上。贾彝孙俊为洛州，在重山中，民不知学。俊乃表置学官，选聪悟者以教之。此兴学于僻陋之区者也。萧宝夤刺徐州，起学馆于清东。寇俊为梁州，令郡县立庠序。则南北接界之地，亦多有学。《魏书·郦范传》：弟子恽，正光中，刺史裴延俊用为主簿，令其修起学校。亦见《延俊传》。则僚佐之贤者，亦能佐长官以兴学矣。

《宋书·隐逸传》：沈道虔，乡里年少，相率受学。道虔常无食，无以立学徒。武康令孔欣之，厚相资给，受业者咸得有成。《梁书·处士传》：诸葛璩，性勤于诲诱，后生就学者日至。居宅狭陋，无以容之。大守张友，为起讲舍。《魏书·崔休传》：为渤海。大儒张吾贵，有盛名于山东。西方学士，咸相宗慕。弟子自远而至者，恒千余人。生徒既众，所在多不见容。休乃为设俎豆，招延礼接，使肄业而还。儒者称为口实。此私家教学，地方官加以资助者也。

乡党之地，庠序盖寡，亦间有相沿不替者。《陈书·儒林传》：顾越，吴郡盐官人。所居新坡黄冈，世有乡校，由是顾氏多儒学。《齐书·高逸传》：顾欢，乡中有学舍，欢贫无以受业，于舍壁后倚听，无遗忘者。欢亦盐官人也。

《宋书·周朗传》：世祖即位，普责百官谠言。朗上书，言："宜二十五家选一长，百家置一师。男子十三至十七，皆令受经，十八至二十，尽使修武。官长皆月至学所，以课其能。习经者五年有立，则言之司徒，用武者三年善艺，亦升之司马。若七年而经不明，五年而勇不达，则更求其言政置谋，迹其心术行履。复不足取者，虽公卿子孙，长归农亩，终身不得为吏。"此言教育普及最早者也。

传授往往偏于学术、技艺，然人之可用与否，实尤在其德与才。世固有不能读书，亦无膂力，而践履惇笃，足受命于危难之间，智计纵横，可与谋于仓卒之际者。偏于学艺，宁免弃才？今更求其言政置谋，迹其心术行履，立意可谓周至。且不专于文而兼及于武，尤智德而外，不废体育之义也。自来言教育者，多偏于文，南北朝之世，颇有兼重武者。《齐书·崔祖思传》：祖思启陈政事，谓宜于大庙之南，引修文序，司农以北，广开武校。《魏书·韦阆传》：阆族子彧，为东豫州刺史。以蛮俗荒梗，不识礼仪，表立大学，选诸郡生徒，于州总教。又于城北置崇武馆以习武焉。皆其事也：亦兵争之亟使然欤？朗又言"国学宜详考古数，部定子史，令书不烦行，习无糜力"，尤足救支离破碎之弊。必如此，乃可施诸人人，而非复经生之业也。

《梁书·儒林传》言："汉氏承秦燔书，大弘儒训。大学生徒，动以万数。郡国横舍，悉皆充满。学于山泽者，至或就为列肆。其盛也如是。汉末丧乱，其道遂衰。正始以后，仍尚玄虚，为儒者盖寡。中原横溃，衣冠殄尽。江左草创，日不暇给。迄于宋、齐，国学时或开置，而劝课未博。建之不及十年，盖取文具，废之多历世祀，弃也忽诸。乡里莫或开馆。公卿罕通经术。朝廷大儒，独学而弗肯养众。后生孤陋，拥经而无所讲习。"

《陈书·儒林传》谓："所采缀，亦梁之遗儒。"证以梁武帝敕何胤之语，南朝儒学，较汉世为衰落，盖非虚辞。而《魏书·儒林传》云："世宗时天下承平，学业大盛。燕、齐、赵、魏之间，横经著录，不可胜数。大者千余人，小者犹数百。”《北齐书·儒林传》云：“横经受业之侣，遍于乡邑。负笈从宦之徒，不远千里。入闾里之内，乞食为资。憩桑梓之阴，动逾千数。”

《周书·儒林传》云：“开黉舍延学徒者比肩，辞亲戚甘勤苦者成市。”岂北人之好学，能远逾于南人哉？其非实录，盖可知矣。合各种记载通观之，大抵南北学业，皆以平安时为盛，而北方最盛仍在山东，则近于实也。《隋书·儒林传》，谓其时京邑达于四方，皆有黉校，齐、鲁、赵、魏，学者尤多，犹北朝时之情形也。斯时大儒，从学者之数，见于《儒林传》者，大者千余，小者数百，最多者或至万人。散见他处者，亦大致如是，如《晋书·唐彬传》：谓其晚乃敦悦经史，尤明《易经》。随师受业，还家教授，恒数百人。

《隐逸传》：霍原，山居积年，门徒百数。宋纤，弟子受业三千余人。郭瑀，弟子著录千余人。《齐书·刘巘传》：聚徒教授、常有数十人。《高逸传》：顾欢，于剡天台山开馆聚徒，受业者常近百人。沈驎士，隐居余干吴差山，讲经教授，从学者数十百人。徐伯珍，受业生凡千余人。《梁书·臧盾传》：幼从征士琅邪诸葛璩受五经，璩学徒常有数十百人，盾处其间，无所狎比。《南史·贺玚传》：玚于乡里聚徒教授，四方受业者三千余人。《魏书·高允传》：还家教授，受业者千余人。《刘昞传》：就博士郭瑀学。瑀弟子五百余人，通经业者八十余人。昞受业者五百余人。《冯元兴传》：教授常数百人。惟此特就其盛者言之，统观其全，设教者及从学者，皆当不逮汉世之多也。

为学之序，初入学者，皆读《孝经》《论语》。若求深造，则更读他经，亦有诵习文辞者。《颜氏家训·勉学篇》云：“士大夫子弟，数岁已上，莫不被教。多者或至《礼》《传》，少者不失《诗》《论》。”又云：“自荒乱已来，诸见俘虏，虽百世小人，知读《论语》《孝经》者，尚为人师。”又云：“吾七岁时诵《灵光殿赋》，至于今日，十年一理，犹不遗忘。二十之外，所诵经书，一月废置，便至荒芜矣。”

《魏书·外戚传》：冯熙，生于长安，为姚氏魏母所养。以叔父乐陵公邈因战入蠕蠕，魏母携熙逃避，至氐羌中抚育。年十二，好弓马，有勇干，氐羌皆归附之。魏母见其如此，将还长安。始就博士学问。从师受《孝经》《论语》。

《周书·文闵明武宣诸子传》：宋献公整，年十岁，诵《孝经》《论语》《毛诗》，后与世宗俱受《礼记》《尚书》于卢诞。《隋书·蔡王智积传》：父景王整，高祖龙潜时与不睦。大妃尉氏，又与独孤皇后不相谐。以是智积常怀危惧。有五男，止教读《孝经》《论语》而已。亦不令交通宾客。或问其故。智积答曰："卿非知我者。"其意恐儿子有才能以致祸也。《韦师传》：初就学，始读《孝经》，舍书而叹曰："名教之极，其在兹乎？"《文学传》：王頍，少好游侠。年二十，尚不知书。为兄颙所责怒。于是感激，始读《孝经》《论语》。皆时人为学，始于《孝经》《论语》，次及《诗》《礼》之征也。读《易》者多为玄言之资，治《尚书》《春秋》者，则较少矣。

初学之师，仅求其能管束生徒，使就轨范。《北齐书·高昂传》：其父为求严师，令加捶挞。《周书·晋荡公护传》：其母与之书，言其小时与元宝、菩提及姑儿贺兰盛洛四人同学。博士姓成，为人严恶，四人谋欲加害。可想见当时为童子师者之风气也。求深造者，自宜学有渊源。又弟子或欲依附其师，或又欲与同学者相交结。《梁书》言臧盾处同学间无所狎比；《隋书·高祖纪》云：初入大学，虽至亲昵不敢狎，则当时同学相狎比者多矣。

《崔仲方传》：年十五，周大祖令与诸子同就学，高祖亦在其中，由是与高祖少相款密。元谐、王谊虽不终，初亦以同学相亲密，谊赐死时，诏犹以是为言也。《魏书·张普惠传》云：普惠敦于故旧，冀州人侯坚固，少时与其游学，早终。其子长瑜，普惠每于四时请禄，无不减赡，给其衣食。及为豫州，启长瑜解褐，携其合门拯给之。少同砚席，情自易亲，仕途攀援，何所不至？其欲相交结，固无足怪。不独同学，即师弟子间，亦何尝不如是。达官如唐彬，充隐如霍原，皆以教授为务，岂真欲守先待后哉？从之游者，又皆为传道授业计乎？

《晋书·儒林传》言：青土隐逸之士刘兆、徐苗等，皆务教授，惟汜毓不蓄门人，清静自守。然则广蓄门人者，多非清静之士矣。则必取有名之士，求诸通都大邑之中，有不远千里者。争名者必于朝，争利者必于市，读《秦汉史》第十九章第一节所述郚原之事，已可见之矣。势利之途，古今一辙。

索靖与乡人汜衷、张甝。索紾、索永，俱诣大学，驰名海内，号称敦煌五龙，索统亦少游京师，受业大学。即所谓争名者必于朝。魏世宋繇，亦敦煌人，随其妹夫至酒泉，追师就学，亦欲多历都邑，易于有闻也。高允负笈担书，千里就业。

窦瑗年十七，便荷帙从师，游学十载。魏质年十四，启母求就徐遵明受业，母以其年幼，不许。质遂密将一奴，远赴徐学。见《北史·魏收传》。

杨尚希龆龀而孤，年十一，辞母受业长安，见《隋书》本传。此等岂尽为学问计哉？此等大师，罕亲讲授。《晋书·隐逸传》：杨轲，养徒数百。虽受业门徒，非入室弟子，莫得亲言。欲论授，须旁无杂人，授入室弟子，令递相宣授。受业门徒如此，徒著录者可知。《魏书·李孝伯传》：兄孙郁，稍迁国子博士。自国学之建，诸博士率不讲说，朝夕教授，惟郁而已。

弟子亦多务虚名，鲜能辨其师之优劣，而哗世取宠之士，遂得以自欺欺人焉。

《魏书·儒林传》：张吾贵，年十八，本郡举为大学博士。吾贵先未多学。乃从郦诠受《礼》，牛天祐受《易》。诠、佑粗为开发。吾贵览读一遍，便即别构户牖。世人竞归之。曾在夏学，聚徒千数，而不讲《传》。

生徒窃云："张生之于《左氏》，似不能说。"吾贵闻之，谓其徒曰："我今夏讲暂罢，后当说《传》。君等来日，皆当持本。"生徒怪之而已。吾贵谓刘兰云："君曾读《左氏》，为我一说。"兰遂为讲。三旬之中，吾贵兼读杜、服。隐括两家，异同悉举。诸生后集，便为讲之。义例无穷，皆多新异。兰乃伏听。

学者以此益奇之。而以辩能饰非，好为诡说，由是业不久传。此等人可以为人师乎？然以诡辞动众，亦能取宠一时，而铿铿说经者，或反为人所讥评焉。《周书·儒林传》：樊深，经学通赡。每解书，尝多引汉、魏以来诸家义而说之。故后生听其言者，不能晓悟，皆背而讥之曰："樊生讲书多门户；不可解。"然儒者推其博物。学问之道，尚有是非可言乎？当时传经，最重讲说。讲说之间，惟音辞风采是尚，《樊深传》又云：学虽博赡，讷于辞辩，故不为当时所称。

《梁书·儒林传》：卢广，兼国子博士，遍讲五经。时北来人儒学者，有崔灵恩、孙详、蒋显，并聚徒讲说，而音辞鄙拙。惟广言论清雅，不类北人。又陆倕、徐勉书荐沈峻曰："《周官》不传，多历年世。北人孙详、蒋显，亦经听习，而音革楚夏，故学徒不至。"《北齐书·儒林传》：权会，性甚儒懦，似不能言。及临机答难，酬报如响。动必稽占，辞不虚发。由是为儒者所推。贵游子弟，或就其宅，或寄宿邻家，昼夜承问，受其学业。

《隋书·儒林传》：元善，通博在何妥之下。然以风流蕴藉，俯仰可观。音韵清朗，听者忘倦。由是为后进所归。或取办于口给以御人，能平心研讨者盖寡。《周书·儒林传》：熊安生。天和三年，齐请通好，兵部尹公正使焉？与齐人语及《周礼》，齐人不能对。乃令安生至宾馆，与公正言。公正有口辩。安生语所未至者，便最机要而骤问之。安生曰：“礼义弘深，自有条贯。必欲升堂观奥，宁可汩其先后？但能留意，当为次第陈之。”公正于是具问所疑。安生皆为一一演说，咸究其根本。公正深所嗟服。以口给御人始，而以请益从善终，可谓为学之矩范，然如此者不多觏也。

乃有轩眉攘腕，致失儒者之风。《陈畜·儒林张讥传》：天嘉中，迁国子助教。是时周弘正在国学发《周易》题。弘正第四弟弘直亦在讲库。讥与弘正论议，弘正乃屈。弘直危坐厉声，助其申理，讥乃正色谓弘直曰：“今日义集，辩正名理，虽兄弟急难，四公不得有助。”弘直曰：“仆助君师，何为不可？”举坐以为笑乐。弘正尝谓人曰：“吾每登坐，见张讥在席，使人懔然。”

《魏书·儒林传》：李业兴，至于论难之际，高声攘振，无儒者之风。《北史·儒林传》曰：文襄集朝士，命卢景裕讲《易》。业兴子崇祖，时年十一，论难往复，景裕惮之。业兴助成其子，至于忿阋。文襄色甚不平。此等论难，真令人齿冷矣。

《隋书·辛彦之传》：吴兴沈重，名为硕学。高祖尝今彦之与重论难。重不能抗。于是避席而谢曰：“辛君所谓金城汤池，无可攻之势。”高祖大悦。重岂不能抗彦之，无亦窥高祖意旨，不欲尽言邪？此等论难，又足辨正名理乎？

甚至植党相争，《魏书·儒林传》：李业兴，师事徐遵明于赵、魏之间。时有鲜于灵馥，亦聚徒教授。遵明声誉未高，著录尚寡。业兴乃诣灵馥黉舍，类受业者。灵馥谓曰：“李生久逐羌博士，何所得也？”业兴默尔不言。及灵馥说《左传》。业兴问其大义数条，灵馥不能对。于是振衣而起曰：“羌弟子正如此耳。”遂便径还。自此灵馥生徒，倾学以就遵明，遵明学徒大盛，业兴为之也，何必徒取诸彼以与此邪？枉道相倾，《隋书·儒林传》：元善为后进所归，何妥每怀不平，心欲屈善。因善讲《春秋》初发题，诸儒毕集。善私谓妥曰：“名望已定，幸无相苦。”妥然之。及就讲肆，妥遂引古今滞义以难善，多不能对。善深衔之，二人由是有隙。终至相戕相贼者。《魏书·儒林传》：陈奇与游雅以议论不合。时敕以奇付雅，令铨补秘书。奇既恶之，遂不复叙用。高允微劝雅。雅谓允有私于奇。乃取奇所注《论语》《孝经》，焚于坑内。告京师后生，不听传授。后竟陷奇于族，已见第二十二章第七节。

无怪真能为学者，欲自师其心也。《魏书·儒林传》：徐遵明，年十七，随乡人毛灵和等诣山东求学。至上党，乃师屯留王聪，受《毛诗》《尚书》《礼记》。一年，便辞聪诣燕、赵，师事张吾贵。吾贵门徒甚盛。遵明服膺数日，乃私谓其友人曰："张生名高，而义无检格，凡所讲说，不惬吾心。请更从师。"遂与平原田猛略就范阳孙买德受业。一年，复欲去之。猛略谓曰："君年少从师，每不终业，如此用意，终恐无成。"遵明曰："吾今始知真师所在。"猛略曰："何在？"遵明乃指心曰："正在于此。"

《北齐书·儒林传》：孙灵晖。魏大儒秘书监惠蔚，灵晖之族曾王父也。惠蔚一子早卒，其家书籍多在焉。灵晖惟寻讨惠蔚手录章疏，不求师友。可见当时经生之业，原可自求也，学问既可自求，从师复有何义？而乃羸粮负笈，千里追寻，谓非驰骛声气得乎？

当时就学之徒，实以贵游为众。不独国子、大学，即私家之门，亦复如是。如《周书·卢辩传》言：魏大子及诸王等，皆行束脩之礼，受业于辩。而教学之风，亦即为此辈所坏。《北齐书·儒林传》言："世胄之门，罕闻强学。胄子以通经仕者，惟博陵崔子发、广平宋游卿而已。"《周书·薛端传》亦言："大学多是贵游，好学者少。"《陈书·新安王伯固传》，言其为政严苛。为国子祭酒，有惰游不习者，重加槚楚。生徒惧焉，学业颇进。国学而至烦槚楚，其风纪可知矣。

《梁书·百官志》言：旧国子学生，限以贵贱。梁武帝欲招来后进，五馆生皆引寒门俊才，不限人数。今观学生，或由荐召，便知寒畯与此之难。如张缵以尚主召补国子生。贺玚为国子生，乃由刘瓛之荐。魏高宗引见侍郎、博士之子，简其俊秀者，欲以为中书学生。张安世年十一，陈说祖父，甚有次第。即以为学生。索敞为中书博士，京师大族贵游之子，多所成益。前后显达，位至尚书、牧守者数十人。

惰游习为固然。《晋书·吕纂载记》：苻坚时入大学，不好读书，惟以交结声乐为务。此乃当时风气，正不独纂为然也。谄谀不知可耳耻。《南史·王昙首传》：玄孙训。初补国子生，问说师袁昂。昂曰："久藉高名，有劳虚想。及观容止，若披云雾。"俄而诸袁子弟来。昂谓诸助教曰："我儿出十数。若有一子如此，实无所恨。"谄谀之态，令人作呕。

虽有考试，悉成具文。《陈书·袁宪传》：武帝撰《孔子正言章句》，诏下国学宣制旨义。宪时年十四，被召为国子正言生。谒祭酒到溉。溉目而送之，爱其神采。在学一岁，国子博士周弘正谓宪父君正曰："贤子今兹欲策试不？"君正曰："经义犹浅，未敢令试。"居数日，君正遣门下客岑文豪与宪候弘正，会弘正将登讲坐，弟子毕集。乃延宪入室，授以麈尾。令宪树义。时谢岐、何妥在坐，弘正谓曰："二贤虽穷奥赜，得无惮此后生邪？"何、谢于是递起义端，深极理致。宪与往复，酬对闲敏。弘正谓妥曰："恣卿所问，勿以童稚相期。"时学众满堂，观者重沓，而宪神色自若，辩论有余。弘正请起数难。终不能屈。因告文豪曰："卿还咨袁吴郡此郎已堪见代为博士矣。"时生徒对策，多行贿赂。文豪请具束脩。君正曰："我岂能用钱为儿买第邪？"

学司衔之。及宪试，争起剧难。宪随问抗答，剖析如流。到溉顾宪曰："袁君正其有后矣。"及君正将之吴郡，溉祖道于征虏亭。谓君正曰："昨策生，萧敏孙、徐孝克非不解义，至于风神器局，去贤子远矣。"寻举高第。此等考试，岂徒有名无实邪？又《文学传》：岑之敬，年十六，策《春秋左氏·制旨孝经义》，擢为高第。御史奏曰："皇朝多士，例止明经。若颜、闵之流，乃应高第。"梁武帝省其策，曰："何妨我复有颜、闵邪？"因召入面试。令之敬升讲坐。敕中书舍人朱异执《孝经》唱《士孝章》、武帝亲自论难。之敬剖释纵横，应对如响。左右莫不嗟服。乃除童子奉车郎，赏赐优厚。亦一时兴到壊法之举也。不务大成，惟求早达。齐世国学，限年十五，已见前。

《宋书·范泰传》：高祖议建国学，以泰领国子祭酒。泰上表，言："十五志学，诚有其文，若年降无几，而深有志尚者，何必限以一格？"是宋世学制，亦以十五为入学之年也。然史传所载，入学之年，多视此为早，如梁王份之孙锡，十二为国学生；许懋十四入大学；王承七岁通《周易》，选补国子生，年十五对策高第；陈萧乾，年九岁，召补国子《周易》生，十五举明经；周弘正年十五，召补国子生，皆是。徐勉年十八，召为国子生，犹其晚者矣。学于私家者亦然，如魏范绍年十二，父命就学，师事崔光是也。又不徒弟子也，即博士亦然。高允议置郡国学官，请博士年限四十已上，助教限三十已上，《南史·贺琛传》云："年将三十，便事讲授。"意亦以为已早。然有十八而举为博士之张吾贵矣。

论兴学者，多欲以此息华竞，而所为若此，不将转扬其波乎？诸生中自有孤贫好学者。《晋书·隐逸传》：祈嘉，酒泉人也，西至敦煌，依学官诵书。贫无衣食，为书生都养以自给。《梁书·儒林传》：范缜在刘瓛门下积年，去来归家，恒芒屩布衣，徒行于路，瓛门多车马贵游，缜在其门，聊无耻愧。《陈书·儒林传》：驾德基，少游学于京邑，积年不归。衣资罄乏，又耻服故敝，盛冬止衣夹襦袴。

《魏书·刁冲传》：虽家世贵达，及从师于外，自同诸生。于时学制，诸生悉自直监厨，冲虽有仆隶，不令代己，身自炊爨。

《周书·柳虬传》：年十三，便专精好学。时贵游子弟就学者，并车服华盛，惟虬不事容饰。皆可见当时学者，贫富不同，奢俭亦异。此辈除爱好坟籍，出自天性外，自不免有志于宠荣。次亦欲求免苦。参看第二十二章第四节所引葛洪论贡举之语。

《魏书·儒林传》：董征，除安州刺史。因述职路次过家，置酒高会，大享邑老。乃言曰："要龟反国，昔人称荣，杖节还家，云胡不乐？"因戒二三子弟曰："此之富贵，匪自天降，乃勤学所致耳。"时人荣之。此与《秦汉史》第十九章第一节所引桓荣之事，可以参观。皆为学积年，而未能化其梯荣之志者也。赵至感母言，诣师受业，已见第二十二章第六节。至闻父耕叱牛声，投书而泣。师怪问之。至曰："我小，未能荣养，使老父不免勤苦。"师甚异之。

年十四，诣洛阳游大学。遇嵇康于学写石经，徘回视之不能去。而请问姓名。康曰："年少何以问邪？"曰："观君风器非常，所以问耳。"康异而告之。后乃亡到山阳求康，不得而还。又将远学。母禁之。至遂阳狂走。三五里，辄追得之。

年十六，游邺，复与康相遇，随康还山阳。改名浚，字允元。及康卒，至诣魏兴，见大守张嗣宗，甚被优遇。嗣宗迁江夏相，随到溳川，欲因入吴。而嗣宗卒。乃向辽西而占户焉。辽西举郡计吏，到洛阳，与父相遇。时母已亡，父欲令其宦立，弗之告，仍戒以不归。至乃还辽西。幽州三辟部从事。断九狱，见称精审。大康中，以良吏赴洛，方知母亡。初至自耻士伍，欲以宦学立名，期于荣养。既而其志不就，号愤恸哭，呕血而卒。

时年三十七。树欲静而风不宁，有志不遂，卒殒其身，亦可哀矣。然亦可见求名者必违乡里，学校与贡举，如一辙也。而朝廷所以遇之者极薄。《宋书·臧焘徐广傅隆传论》曰："汉世登士，闾党为先，崇本务学，不尚浮诡，于是人厉从师之志，家竞专门之术，自魏氏膺命，主爱雕虫，家弃章句，人重异术。又选贤进士，不本乡闾，铨衡之寄，任归台阁。由是仕凭借誉，学非为己。士自此委笥植经，各从所务，早往晏退，以取世资。自黄初至于晋末，百余年中，儒教尽矣？"

《魏书·儒林传》言，“州举茂异，郡贡孝廉，对扬王庭，每年逾众。”然废帝时羊深请修国学，谓“进必吏能，升非学艺。是使刀笔小用，计日而期荣，专经大才，甘心于陋巷。”又云：“当世通儒，冠时盛德，见征不过四门，登庸不越九品。”可见南北两朝，其待儒生皆薄。

庾亮在武昌，下教曰：“人情重交而轻财，好逸而恶劳。学业致苦，而禄答未厚。由捷径者多，故莫肯用心。”可见自他途进者，较学校为多也。来者所期，仍不过免役而已。庾亮兴学，可谓情殷，然下教亦云：“若非束脩之流，礼教所不及，而欲阶缘免役者，不得为生。”殷茂谓国学混杂兰艾，亦云惮业避役。博士之选亦日轻，务进取者皆不乐为。

《晋书·儒林传》：孝武帝以徐邈为前卫率，领本郡大中正，授大子经。帝谓邈曰：“虽未敕以师礼相待，然不以博士相遇也。”古之帝王，受经必敬，自魏、晋已来，多使微人教授，号为博士，不复尊以为师，故帝有云。《梁书·张充传》：征拜国子祭酒。登堂讲说。皇大子以下皆至。

时王侯多在学，执经以拜。充朝服而立，不敢当也。《周书·儒林传》：梁武帝欲高置学官，以崇儒教，中大通四年，乃革选，以沈重补国子助教。《魏书·穆崇传》：玄孙弼，高祖初定氏族，欲以为国子助教。弼辞曰：“先臣以来，蒙恩累世。比较徒流，实用惭屈。”高祖曰：“朕欲敦厉胄子，故屈卿先之。白玉投泥，岂能相污？”弼曰：“既遇明时，耻沈泥滓。”

《周书·吕思礼传》：司马子如荐为尚书二千户郎中，寻以地寒被出，而得兼国子博士。可见其礼与选之轻。《宋书·谢方明传》言：其伯父邈为吴兴大守，舅子冯嗣之及北方学士冯翊仇玄达往投。邈并舍之郡学，礼待甚简。二人并忿恨，遂与孙恩通谋，亦可见当时遇儒者之薄也。以视汉世，博士、博士弟子，皆为通显之阶者，迥不侔矣。宜乎论者皆有不承权舆之叹也。

《晋书·苻坚载记》：坚八岁，请师就家学。《北齐书·儒林传》：魏天平中，范阳卢景裕，同从兄礼即仲礼。于本郡起逆。高祖免其罪，置之宾馆，以经教授大原公已下。及景裕卒，又以赵郡李同轨继之。二贤并大蒙恩遇，待以殊礼。同轨之亡，复征中山张雕，即张雕虎。渤海李铉、刁柔，中山石曜等，递为诸子师友。及天保、大宁、武平之朝，亦引进名儒，授皇大子、诸王经术。

《神武纪》：始范阳卢景裕以明经称，鲁郡韩毅以工书显，咸以谋逆见禽，并蒙恩置之第馆，教授诸子。《李铉传》：武定中，李同轨卒后，高祖令世宗在京，抄简硕学，以教诸子。世宗以铉应旨。征诣晋阳。时中山石曜、北平阳绚、北海王晞、清河崔瞻、广平宋钦道，及工书人韩毅，同在京馆，师友诸王。

又云：鲍季祥从弟长暄，武平末，为任城王湝丞相掾。恒在京教授贵游子弟。《杨愔传》云：一门四世同居，家甚隆盛。昆季就学者十余人。学庭前有柰树，实落地，群儿咸争之，愔颓然独坐。其季父玮，适入学馆，见之，大用嗟异。

《周书·儒林传》：樊深，于谨引为其府参军，令在馆教授子孙。乐逊，大尉李弼请其教授诸子。魏废帝二年，大祖召逊教授诸子。在馆六年，与诸儒分经授业。《贺兰祥传》：父初真，尚大祖姊建安长公主。祥年十一而孤，长于舅氏。特为大祖所爱。虽在戎旅，常博延儒士，教以书传。

《北史·儒林传》：刘昼，恨下里少坟籍，便杖策入都。知邺令宋世良家有书五千卷，乃求为其子博士，恣意披览，昼夜不息。《景穆十二王传》：阳平王新成之子钦，托青州人高僧寿为子求师。师至未几，逃去。钦以让僧寿。僧寿性滑稽，反谓钦曰："凡人绝粒，七日乃死。始经五朝，便尔逃遁。去食就信，实有所缺。"钦乃大惭。于是待客稍厚。钦子子孝，置学馆于私第，集群从子弟，昼夜讲读。并给衣食，与诸子同。此皆富贵之家，延师于家，以教其子弟者也。贵游入学，诚未必能学问，然如此，则益与平民隔绝矣。当时贵人，并有使儒生教其奴隶者，《魏书·温子升传》：为广阳王渊贱客，在马坊教诸奴子书是也。儒业亦可谓轻贱矣。

第二节　文字

文字变迁，秦、汉为剧，过此则渐趋安定矣。说见《秦汉史》第十九章第二节。安定之世，贵统一而贱纷岐，故晋、南北朝，稍从事于厘正字体。

当时讹缪之字，亦有仍行于今者，如《颜氏家训·书证篇》所云"乱旁为舌"是也。然其时之错乱，恐远甚于今日。《杂艺篇》云："晋、宋已来，多能书者。故其时俗，递相染尚，所有部帙，楷正可观，不无俗字，非为大损。

至梁天监之间，斯风未变。大同之末，讹替滋生。萧子云改易字体，邵陵王颇行伪字，前上为草，能旁作才之类是也。朝野翕然，以为楷式。画虎不成，多所伤败。至为一字，惟见数点。或妄斟酌，遂便转移。尔后坟籍，略不可看。北朝丧乱之余，书迹鄙陋，加以专辄造字，猥拙甚于江南。乃以百念为忧，言反为变，不用为罢，追来为归，更生为苏，先人为老。如此非一，遍满经传。”如所言，书几不可读矣。

《梁书·曹景宗传》云：为人自恃尚胜。每作书，字有不解，不以问人，皆以意造。观颜氏之说，乃知当时自有此风，正不独武人寡学者然也。

纷岐至此，自不能不加厘正，乃有名为厘正，而实扬其波者。《魏书·世祖纪》：始光二年，初造新字千余。诏曰：“昔在帝轩，创制造物，乃命仓颉，因鸟兽之迹，以立文字。自兹以降，随时改作。故篆、隶、草、楷，并行于世。然经历久远，传习多失其真。故令文体错缪，会义不惬。非所以示轨则于来世也。孔子曰：名不正则事不成，此之谓矣。今制定文字，世所用者，颁下远近，永为楷式。”观其言，意亦在于厘正字体。然千余文中，当时俗字，为所沿用者必多。更益之以新造，新者既兴，旧者仍不能废，是治丝而棼之也。况文字本不由官府制定颁布，故其所造，卒不能行。

欲救文字之乱，必当厘正字书，当时官家，亦有为之者。《梁书·萧子显传》：子恺。先是大学博士顾野王奉令撰《玉篇》。大宗嫌其详略未当。以恺博学，于文字尤善，使更与学士删改。《魏书·大祖纪》：天兴四年，集博士儒生，比众经文字，义类相从，凡四万余字，号曰《众文经》。

《周书·艺术传》：大祖命赵文深与黎季明、沈遐等依《说文》及《字林》，刊正六体。成一万余言，行于世。皆其事也。《刘仁之传》，言其性好文字，吏书失体，便加鞭挞。《北史·乐逊传》：逊舆榇诣朝堂，陈周宣帝八失。其七曰：诏上书字误者，即科其罪。盖亦苦其纷乱，故以严法绳之也。

当时人士，于小学多疏，观其识古文字之少，便可知之。《齐书·五行志》：建元二年，夏，庐陵石阳县长溪水冲激山麓崩，长六七丈，下得柱千余，疑当作十余。皆十围，长者一丈，短者八九尺。头题有古文字，不可识。江淹以问王俭。俭云：“江东不闲隶书，此秦、汉时柱也。”秦、汉时字，尚谓难识，况其上焉者乎？然此等事正多。

《梁书·刘显传》：任昉尝得一篇缺简书，文字零落，历示诸人，莫能识者。显云：“是《古文尚书》所删逸篇。”昉检《周书》，果如其说。《南史·范云传》：齐建元初，竟陵王子良为会稽大守，云为府主簿。王未之知。后刻日登秦望山，乃命云。云以山上有秦始皇刻石，此文三句一读，人多作两句读之，并不得均；又皆大篆，人多不识；乃夜取《史记》读之，令上口。明日登山。子良令宾僚读之，皆茫然不识。末问云。云曰：“下官尝读《史记》，见此刻石文。”进乃读之如流。子良大悦，因以为上宾。

又《江淹传》：永明三年，兼尚书左丞。时襄阳人开古冢，得玉镜及竹简古书，字不可识。王僧虔善识字体，亦不能谙，直云似科斗书。淹以科斗字推之，则周宣王之简也。《僧虔传》则云：文惠大子镇雍州，有盗发古冢者，此事《齐书》见《文惠大子传》，云时襄阳有盗发古冢者，时雍州治襄阳也。

相传云是楚王冢。大获宝物。玉履、《齐书》作屐。玉屏风、竹简书青丝纶。《齐书》作编。简广数分，长二尺，皮节如新。有得十余简，以示僧虔。《齐书》云：盗以把火自照。后人有得十余简，以示抚军王僧虔。僧虔云：“是科斗书《考工记》，《周官》所缺文也。”《齐书》下又云：是时州遣按验，颇得遗物，故有同异之论。二说互异，即可知当时莫能真识者。

《北史·高允传》：文成末，有人于灵丘得玉印一以献，诏以示高祐。祐曰：“印上有籀书二字，文曰宋寿。”此等亦不过秦、汉间字耳。《陈书·文学传》：庾持善字书。每属辞，好为奇字，文士以此讥之。未必非所谓文士者，见橐驼言马瘇背也。

通知古字者，有两种人：一为文学之士留心古训者，一则书法之家也。颜之推非重书艺之人，《家训·杂艺篇》言：“真、草书迹，微须留意。吾幼承门业，加性爱重，所见法书，亦多玩习，功夫颇至，遂不能佳，良由无分故也。此艺不须过精，巧者劳而智者忧，常为人所役使，更觉为累。”然于字体、训诂、音读，皆颇审谛。盖由载籍极博，且能留意于是。

《魏书·江式传》：延昌三年上表，求撰集古来文字。其书以许慎《说文》为主，兼采孔氏《尚书》、《五经》音注、《籀篇》、《尔雅》、《三仓》、《凡将》、《方言》、《通俗文祖》、《文宗》、《埤苍》、《广雅》、《古今字诂》、《三字石经》、《字林》、《韵集》，诸赋文字有六书之谊者。皆以次类编联，文无复重，纠为一部。其古、籀、奇惑、俗隶，咸使班于篆下，各有区别。

诂训假借，随文而解。音读楚夏，逐字而注。其体例盖颇完备。其所由来，则其六世祖瑗，与从父兄应元，俱受学于卫觊。其后避地河西，数世传习。其祖威，尝上书三十余法。式篆体尤工，洛京宫殿诸门版题，皆其所书。实世传书艺者耳。

《北史·儒林传》：樊深，读《仓》《雅》篆籀之书。《文苑传》：诸葛颍习《仓》《雅》颇得其要。此文学之士留心小学者。又《刘芳传》：芳从子懋，善草隶书，识奇字，则兼文学书艺两途矣。此等人之著述，略见《隋书·经籍志》。

然亦有撰而未成者，如江式之《古今文字》即是。式又表作《字释》，亦未就也。又有成而《隋志》未著录者，如《梁书·孝行传》载刘霁著《释俗语》八卷。《北齐书·儒林传》谓赵铉览《说文》及《仓》《雅》，删正六艺经注中谬字，名曰《字辨》是也。字书亦有误缪者。颜之推云："江南闾里间有《书赋》，乃陶隐居弟子杜道士所为。其人未甚识字，轻为轨则，托名贵师。世俗传信，后生颇为所误。"亦见《家训·杂艺篇》。

江式亦云："篆形缪错，隶体失真。俗学鄙习，复加虚巧。谈辩之士，又以意说。炫惑于时，难以厘改。"此其弊，皆在未究本原。故颜之推病"世之学徒，多不晓字。读《五经》者，是徐邈而非许慎，习赋诵者，信褚诠而忽吕忱，明《史记》者，专皮、邹而废篆籀，学《汉书》者，悦应、苏而略《苍》《雅》"也。《家训·勉学篇》。字书以《说文》为最早。所说虽不尽信，要易推见本原。故颜氏笃信是书，谓："不信其说，则冥冥不知一点一画有何意。"《书证篇》。江式作古今文字，亦以是书为主也。

寻常传习，仍系前世编成韵语之书。其中以《急就篇》为最通行。故见于史传者，人多童而习之。如《魏书·儒林传》：刘兰，年三十余，始入小学，书《急就篇》。李铉，九岁入学，书《急就篇》。《北史·李灵传》：李绘，六岁便求入学，家人以偶年俗忌不许，遂窃其姊笔牍用之，未逾晦朔，遂通《急就章》是也。

然其书不必皆史游所撰。故《隋书·经籍志》，史游《急就章》一卷外，又有崔浩撰《急就章》二卷，豆卢氏撰《急就章》三卷焉。当时识字、学书，所用者尚系一本。《北史·景穆十二王传》：任城王云之孙顺，年九岁，师事乐安陈丰。初与王羲之《小学篇》数千言，昼夜诵之，旬有五日，一皆通彻。《小学篇》必取羲之之书，盖正以用为楷则。崔浩多为人写《急就章》，见第八章第六节。盖亦以此。浩亦以是有重撰之本也。《北齐书·杨愔传》言其六岁学史书，盖亦识字与学书并行矣。

音读之殊，古称楚、夏。此本一种言语，随风土而稍讹。晋、南北朝之世，开拓之地愈广，杂处之族益多，故其错乱，有更甚于昔者。然以大较言之，则亦不过南北之异耳。《宋书·顾琛传》：谓宋世江东贵达者，会稽孔季恭，季恭子灵符，吴兴丘渊之及琛，吴音不变。《齐书·王敬则传》：谓其名位虽达，不以富贵自遇。接士庶皆吴语，而殷勤周至。此长江下游之语也。

《南史·胡谐之传》言：齐武帝欲奖以贵族盛姻，以谐之家人语傒，音不正，乃遣宫内四五人往谐之家教子女语。二年后，帝问曰："卿家人语音已正未？"谐之答曰："宫人少，臣家人多。非惟不能正音，遂使宫人，顿成傒语。"帝大笑，遍向朝臣说之。此长江中游之语也。谐之豫章南昌人。观此，知当时贵人，皆以北语为尚。

《颜氏家训·音辞篇》谓当时语言，"南染吴、越，北杂夷、虏"，此则相处既习，自然之势，非有意为之也。言语虽以一统为贵，人恒不免恋旧之情，故颜氏又谓其"各有土风，递相非笑"。观于史传：《宋书·宗室传》，讥长沙景王道怜，素无才能，言音甚楚。《魏书·田益宗传》，美董峦虽长自江外，言语风气，犹同华夏，此习于北者之笑南。《陈书·周铁虎传》，谓其梁世南渡，语音伧重。而崔灵恩等，亦以音辞鄙拙，不见重于南人。见第一节。此习于南者之笑北也。

《抱朴子·讥惑篇》云："吴之善书，则有皇象、刘纂、岑伯然、朱季平，皆一代之绝手。如中州有钟元常、胡孔明、张芝、索靖，各一邦之妙。并有古体，俱足周事。废已习之法，学中国之书，尚可不须也，况于转易其声音，以效北语？此犹其小者耳，乃有遭丧而学中国哭者。"

《隋书·五行志》，谓炀帝言习吴音，后竟终于江都，亦鲁襄公终于楚宫之类。观其恶变古之深，即知其笃土风之甚。然从同之势，卒不可免。故杨愔称叹裴让之，谓："河东士族，京官不少，惟此家兄弟，全无乡音。"李业兴家世农夫，虽学殖而旧音不改，则史家笑之矣。好同恶异，贵通贱塞，错乱之语言，实于此情势中渐趋一统也。

今世语言、诵读，久已分道扬镳，语言之异，实非诵读所能矫正，故教育部颁布音符，欲藉读音以正语音，收效殊鲜。前世语多单音，则二者关系较密，故其讹缪，亦有互相牵率者。《颜氏家训·音辞篇》，谓："南人以钱为涎，以石为射，以贱为羡，以是为舐，北人以庶为戍，以如为儒，以紫为姊，以洽为狎。"此等讹变，即足误事。刘仁之之驭吏，言韵微讹，亦见捶楚，盖亦有所不得已邪？欲救斯弊，必藉正音。

故颜氏美葛洪《字苑》，分焉字训若、训何者音于愆反，送句及助词音矣愆反，而訾北人“呼邪为也”也。注音难确，反语斯兴。颜氏云：“郑玄注六经，高诱解《吕览》《淮南》，许慎造《说文》，刘熹制《释名》，始有譬况假借，以证音字，而古语与今殊别，其间轻重清浊，犹未可晓。加以外言、内言、急言、徐言、读若之类，益使人疑。孙叔言创《尔雅音义》，是汉末人独知反语。至于魏世，此事大行。高贵乡公不解反语，以为怪异。”

《北齐书·废帝纪》云：天保元年，立为皇大子。时年六岁。性敏慧。初学反语，于迹字下注云自反。时侍者未达其故。大子曰：“足旁亦为跡，岂非自反邪？”高贵乡公所怪，而废帝童而习之，可见反语通行之广矣。反语之用，不外双声、叠韵，故时人多明于是。

《南史·谢庄传》：王玄谟问庄：何者为双声？何者为叠韵？答曰：“玄护为双声，磝碻为叠韵。”其捷速如此。又《羊玄保传》：谓其子戎语好为双声，皆是也。颜之推云：“至鄴已来，惟见崔子豹、崔瞻叔侄，李祖仁、李蔚兄弟，颇事言辞，少为切正。”又自言：“儿女虽在孩稚，便渐督正。一言讹替，以为己罪。”其重之如此。然其迁流，卒不可免。至后世，言语多用复音，文字仍系单音，则读音之正不正，不复足以误事，而致谨于此者少矣。

颜之推又云：“江南学士读《左传》，口相传述，自为凡例。军自败曰败，打破人军曰败。”《注》云：“补败反。”此所重者仍字音也。《隋书·经籍志》有《楚辞音》五种：一徐邈撰，一宋处士诸葛氏撰，一孟奥撰，一释遵骞撰，一不著撰人名氏。云：“隋时有释遵骞善读之，能为楚声，音韵清切。至今传《楚辞》者，皆祖骞公之音。”此当不徒字音，亦兼及其声调也。

因音读之见重，而四声之说兴焉。《南史·周颙传》云：颙始著《四声切韵》，行于时。《陆厥传》云：齐永明时，盛为文章。吴兴沈约，陈郡谢朓，琅邪王融，以气类相推毂。汝南周颙，善识声韵。约等文皆用宫商。将平、上、去、入四声，以此制韵。五字之中，音韵悉异，两句之内，宫徵不同，不可增减。世呼为永明体。

《庾肩吾传》云：齐永明中，王融、谢朓、沈约，文章始用四声，以为新变。至是梁武帝时。转拘声韵，弥为丽靡，复逾往时。案四声之别，不过语音高下、长短之不同。配合得宜，则诵之成响，不则蹇涩不可读，此不过作文字者讲求声调之一端耳。文之如口语书之者，是为散文，骈文则相去较远，诵读之声调，与口语之远近，亦因之而殊。骈文诵之既别有其声，为之自别有其法，于是所谓律体者生焉。

《梁书·王筠传》：沈约制《郊居赋》，构思积时，犹未都毕。乃要筠示其草。筠读至雌霓连蜷，约抚掌欣抃曰："仆尝恐人呼为霓。"上霓字下注云五激反，下霓字下注云五鸡反。此注语不知为《梁书》元文，抑后人所增。然即为后人所增，亦不失作者之意。盖谓其字当读入声，不当读平声耳。四声之用，不过如此。散文诵读之声，既与口语相近，能语言者，自能使其疾徐、高下，皆合节度。骈文则不然，故其声调不得不别学。声调既别有其律，字音之高下、长短，自不得不加别择。齐、梁时骈文盛行，四声之说，所以生于此时也。不为此等文字者，原不必留意于此。即为之者，其技苟工，亦自能暗合。

故《南史·沈约传》，谓约撰《四声谱》，以为在昔词人，累千载而不悟，而梁武帝雅不好焉。尝问周舍曰："何谓四声？"舍曰："天子圣哲是也。"帝竟不甚遵用。此非武帝有作，不协四声，乃不待留意而自合，犹工于文者不必皆知文法也。陆厥与约书，谓其"谓历代众贤未睹此秘"为近诬。约答书虽不承此语，亦谓："宫商之声有五，文字之别累万，以累万之声，配五群之约，高下低昂，非思力所学。"盖为此也。

中国文字，亦颇行于外国。然不能变其语言者，其文字之行，亦不能久。《周书·异域传》云：高昌，文字亦同华夏，兼用胡书。盖其国用华文，与胡往复，则用胡书。有《毛诗》《论语》《孝经》，置学官弟子，以相教授。虽习读之，而皆为胡语。其后华文卒不能行于西域，则其验也。北族荐居，政权既为所攘窃，其语言亦随之流行，然亦卒不能久。

《隋书·经籍志》，著录鲜卑语之书，凡十三种。《国语》十五卷。《国语》十卷。《鲜卑语》五卷。《国语物名》四卷。《国语真歌》十卷。《国语杂物名》三卷。《国语十八传》一卷。《国语御歌》十一卷。《鲜卑语》十卷。《国语号令》四卷。《国语杂文》十五卷。《鲜卑号令》一卷。《杂号令》一卷。云："后魏初定中原，军容号令，皆以夷语。后染华俗，多不能通。故录其本言，传相教习，谓之国语。"此盖以华文书夷语，如明四译馆之所为。

《魏书·吕洛拔传》：谓其长子文祖，以旧语译注《皇诰》，此以鲜卑语译华言，其所用者，当亦系华文也。《术艺传》：晁崇弟懿，以善北人语，内侍左右，为黄门侍郎。此尚在大祖时。其后，盖亦如近世之满洲人，自忘其语。故有待于教习。

《北齐书·高昂传》：谓鲜卑共经中华朝士，惟惮服于昂。高祖每申令三军，常鲜卑语，昂若在列，则为华言。足见鲜卑语已可不用。《颜氏家训·教子篇》云："齐朝有一士大夫，尝谓吾曰：我有一儿，年已十七。颇晓书疏。教其鲜卑语及弹琵琶，稍欲通解。以此伏事公卿，无不宠爱。"此亦其种类之间，旧语尚未尽忘，我能通之，则彼引为同类，非其语之尚有用也。

《魏书·昭成子孙传》，谓元祯能通解诸方之语，此指鲜卑而外北方诸族言之，盖无著诸简牍者。《隋志》又有《婆罗门书》一卷，《外国书》四卷。《注》云：梁有扶南胡书一卷。此则当为元文。《志》云："自后汉佛法行于中国，又得西域胡书，以十四字贯一切音，文省而义广。谓之婆罗门书。与八体、六文之义殊别。"此衍声之法，传入中国之始也。

文具：纸渐盛行，而简牍亦未遽废。故李绘尝窃用其姊之牍，而皇甫商亦讽州郡以短檄召李含为门亭长焉。见第三章第三节。《北史·艺术传》言：卢士翼目盲，以手摸书而知其字，其书，疑亦简牍之刻画者也。是时纸价尚贵，故王隐撰《晋书》，须庾亮供其纸笔乃得成；崔鸿撰《十六国春秋》，妄载进呈之表，亦谓家贫禄薄，至于纸尽，书写所资，每不周接也。详见第五节。左思赋三都，豪贵之家，竞相传写，洛阳为之纸贵。谢庄作殷淑仪哀策，都下传写，纸墨为之贵。《南史·后妃传》。邢邵，每一文初出，京师为之纸贵。齐高帝虽为方伯，而居处甚贫。诸子学书无纸笔。武陵昭王晔，尝以指画空中及画掌学字。

江夏王锋，母张氏，有容德。宋苍梧王逼取之。又欲害锋。高帝甚惧，不敢使居旧宅，匿于张氏。时年四岁。好学书。张家无纸札。乃倚井栏为书，书满则洗之，已复更书。又晨兴不肯拂窗尘，而先画尘上，学为书字。王育少孤贫，为人佣，牧羊。每过小学，必歔欷流涕。时有暇，即折蒲学书。《晋书·忠义传》。

徐伯珍，少孤贫，无纸，常以箭若叶及地上学书。《南史·隐逸传》。《齐书·高逸传》云：书竹叶及地学书。陶弘景，年四五岁，恒以荻为笔，画灰中学书。《南史·隐逸传》。郑灼，家贫，抄义疏，以日继夜，笔豪尽，每削用之。《陈书·儒林传》：《北齐书·徐之才传》云：以小史好嚼笔，尝执管就元文遥曰：借君齿。其不逊如此。此与郑灼所用，皆为毛笔。臧逢世，欲读《汉书》，苦假借不久，乃就姊夫刘缓乞丐客刺、书翰纸末，手写一本。《颜氏家训·勉学篇》。凡此皆可见当时纸笔之贵。故裴子野荐阮孝绪，称其年十余岁，随父为湘州行事，不书官纸，以成亲之清白。何曾，人以小纸为书者，敕记室勿报，则史著之以为骄奢矣。

《南史·齐武帝诸子传》：晋安王子懋之子昭基，以方二寸绢为书，遗其故吏董僧慧。盖由纸贵，故人习细书，犹汉光武之一札十行。见《秦汉史》第十九章第四节。

《宋书·刘穆之传》云：高祖举止施为，穆之皆下节度。高祖书素拙。穆之曰："此虽小事，然宣彼四远，愿公小复留意。"高祖既不能厝意，又禀分有在。穆之乃曰："但纵笔为大字，一字径尺无嫌。大既足有所包，且其名亦美。"高祖从之，一纸不过六七字便满。不亦浪费物力乎？作笔墨之法，见于《齐民要术》。卷九。

《南史·张永传》云：永有巧思，纸墨皆自营造。宋文帝每得永表启，辄执玩咨嗟，自叹供御者了不及也。此则玩物丧志，与民用无关矣。

《隋书·经籍志》小学门有《秦皇东巡会稽刻石文》一卷。《一字石经周易》一卷。《注》云：梁有三卷。《一字石经尚书》六卷。《注》云：梁有《今字石经郑氏尚书》八卷，亡。《一字石经鲁诗》六卷。《注》云：梁有《毛诗》二卷，亡。《一字石经仪礼》九卷。《一字石经春秋》一卷。《注》云：梁有一卷。《一字石经公羊传》九卷。《一字石经论语》一卷。《注》云：梁有二卷。《一字石经典论》一卷。《三字石经尚书》九卷。《注》云：梁有十三卷。《三字石经尚书》五卷。《三字石经春秋》三卷。《注》云：梁有十二卷。云："后汉镌刻七经，著于石碑，皆蔡邕所书；魏正始中，又立一字石经，相承以为七经正字。后魏之末，齐神武执政，自洛阳徙于邺都。行至河阳，直岸崩，遂没于水。其得至邺者，不盈大半。

至隋开皇六年，又自邺京载入长安，置于秘书内省。议欲补缉，立于国学。寻属隋乱，事遂寝废。营造之司，因用为柱础。贞观初，秘书监臣魏征始收聚之。十不存一。其相承传拓之本，犹在秘府。并秦帝刻石，附于此篇，以备小学。"然则向拓之由来旧矣。然刻版之术未行，经籍终恃手写。刘芳为诸僧佣写经论，见第十九章第一节。蒋少游以佣书为业是也。见第二十章第二节。《梁书·孝行传》：沈崇傃，佣书以养母。

《文学传》：袁峻家贫无书，每从人假借，必皆抄写。自课日五十纸。纸数不登，则不休息。《南史·孝义传》：庾震，丧父母，居贫无以葬，赁书以营事，至手掌穿，然后葬事获济，亦其事矣。

钞字之义，今古不同。今云钞者，意谓誊写，古则意谓摘取。故钞书之时，删节字句，习为固然。其说，已见《秦汉史》第十九章第六节矣。晋、南北朝，此习未改。

《颜氏家训·书证篇》云："也是语已及助句之词。河北经传，悉略此字。其间有不可得无者。至如伯也执殳，于旅也语，回也屡空，风风也教也，及《诗传》云不戢戢也，不傩傩也，不多多也，如斯之类，傥削此文，颇成废缺。

《诗》言青青子衿，《传》曰：青衿，青领也，学子之服。按古者斜领，下连于衿，故谓领为衿。孙炎、郭璞注《尔雅》，曹大家注《列女传》，并云衿交领也。邺下《诗》本无也字，群儒因缪说云：青衿、青领，是衣两处之名，皆以青为饰，用释青青二字。其失大矣。又有俗学，闻经传中时须也字，辄以意加之，每不得所，益诚可笑。"此删节过甚之弊也。书写之际，每用多种颜色，此则殊为清醒。

《隋书·经籍志》，有《春秋左氏经传朱墨列》一卷，贾逵撰。《晋书·儒林传》：刘兆为《春秋左氏》解，名曰《全综》。《公羊》《穀梁》解诂，皆纳经、传中，朱书以别之。

《颜氏家训·书证篇》又曰："《汉书》田肯贺上，江南本皆作宵字。沛国刘显，博览经籍，偏精班《汉》，梁代谓之《汉》圣。显子臻，不坠家业。读《班史》，呼为田肯。梁元帝尝问之。答曰：此无义可求。但臣家旧本，以雌黄改宵字为肯。元帝无以难之。吾至江北，见本为肯。"

《晋书·音义序》云："仍依陆氏《经典释文》，注字并以朱暎。"是古于经籍，并用斯例。《周书·苏绰传》：绰始制文案程式，朱出墨入，及计帐户籍之法，则官家文簿，亦用之矣。此即后世套版所本。惟刻书者格于物力，不必皆精；贾人尤仅为牟利；去此区别者甚多。代以黑白文者，亦不多见。而书之为所乱者多矣。然其弊亦不必与刻版并兴。

《颜氏家训》又云："或问《山海经》夏禹及益所记，而有长沙、零陵、桂阳、诸暨，如此郡县不少，何也？答曰：史之缺文，为日久矣。加复秦人灭学，董卓焚书，典籍错乱，非止于此。譬犹《本草》，神农所述，而有豫章、朱崖、赵国、常山、奉高、真定、临淄、冯翊等郡县名，出诸药物。

《尔雅》周公所作，而云张仲孝友。仲尼修《春秋》，而《经》书孔丘卒。《世本》左丘明所书，而有燕王喜、汉高祖。《汲冢琐语》，乃载《秦望碑》。《苍颉篇》李斯所造，而云汉兼天下，海内并厕，豨黥韩覆，畔讨灭残。《列仙传》刘向所造，而赞云七十四人出佛经。《列女传》亦向所造，其子歆又作《颂》，终于赵悍后，而《传》有更始夫人、明德马后及梁夫人嫕。皆由后人所羼，非本文也。”此等初亦或有以为别，传录者不皆精审，则失之矣。

第三节　儒玄诸子之学上

世皆称晋、南北朝，为佛、老盛行，儒学衰微之世，其实不然。是时之言玄学者，率以《易》《老》并称，梁时，《庄》《老》《周易》，总谓三玄，见《颜氏家训·勉学篇》。即可知其兼通于儒，匪专于道。少后，佛家之说浸盛，儒、道二家，多兼治之，佛家亦多兼通儒、道之学。三家之学，实已渐趋混同。中国向来，宗教、哲学，与人伦日用之轨范，并不分张儒、释、道称为三教，并行不悖，正以其名虽异，其实则无大不同耳。然斯时史籍所载，仍有所谓儒家之学者，与释道鼎足而立，其故何欤？

曰：此由儒家之中，自分两派：一派好讲原理，浸与释、道同流，又一派则仍守其汉末以来，支离破碎之旧习耳。先秦诸子，本皆志在经世。汉武以后，儒家独盛，思自效于世者，自无不兼通其说。即儒家，亦或兼采异家以自益。汉昭帝时，贤良文学与御史大夫论议，犹各执所见不相中，逮新莽变法，王田而外，兼行五均、六管，则儒、法二家，浸合为一，即其明证。然学士大夫之吾欲云云者，无不与社会组织不相容，说虽不同，其为不可行则一，故新莽变法，卒至败绩。

自斯以后，学士大夫，乃觉皇惑无主，不敢复言经世；有言之者，则皆昧于情实，泥于古人之迹，谓践之即足以为治。加以积古相传之迷信，至汉末而大张。新莽既以之图篡，光武亦借以惑民，图谶之说，遂为一世所宗尚。明哲之士，自将褰裳去之。此玄学之所由兴。然人心不同，各如其面，自有守旧而不变者，此则当时之所谓儒学也。故核其实，当时之所谓儒学，实只前此儒学中之一派，而不足以揽其全也。

此派之锢蔽，果何如乎？《隋书·经籍志》引《汉书·艺文志》“古之学者耕且养，三年而成一艺”之说，而訾当世之学者曰：“学不心解，专以浮华相尚。豫造杂难，拟为雠对。驰骋烦言，以紊彝叙。”此与汉世碎义逃难，徒争胜于口舌间者，又何以异？

《颜氏家训·勉学篇》云：“汉时贤俊，皆以一经弘圣人之道。上明天时，下该人事。用此致卿相者多矣。末俗空守章句，但诵师言。施之世务，殆无一可。故士大夫子弟，皆以博涉为贵，不肯专儒。梁朝皇孙已下，总丱之年，必先入学，观其志尚。出身已后，便从文吏，略无卒业者。《周书·儒林传论》云：前世通六艺之士，莫不兼达政术，故云拾青紫如地芥。近代守一经之儒，多暗于时务，故有贫且贱之耻。虽通塞有命，而大抵皆然。两汉之朝，重经术而轻律令。其聪明特达者，咸励精于专门。以通贤之质，挟黼藻[6]之美。大则必至公卿，小则不失守令。近代之政先法令而后经术。其沈默孤微者，亦笃志于章句。以先王之道，饰腐儒之姿，达则不过侍讲、训胄，穷则终于弊衣箪食。盖好尚之道殊，遭遇之时异也。其言，与颜氏此论相发明。冠冕为此者，则有何胤、刘瓛、明山宾、周舍、朱异、周弘正、贺琛、贺革、萧子政、刘绦等，兼通文史，不徒讲说也。

洛阳亦闻崔浩、张伟、刘芳，邺下又见邢子才。四儒者，虽好经术，亦以才博擅名。如此诸贤，故为上品。以外率多田里间人，音辞鄙陋，风操蚩拙，相与专固，无所堪能。问一言辄酬数百。责其指归，或无要会。邺下谚云：博士买驴，书券三纸，未有驴字。使汝以此为师，令人气塞。

孔子曰：学也禄在其中矣。今勤无益之事，恐非业也。夫圣人之书，所以设教。但明练经文，粗通注义，常使言行有得，亦足为人。何必仲尼居即须两纸疏义？燕寝、讲堂，亦复何在？以此得胜，宁有益乎？光阴可惜，譬诸逝水，当博览机要，以济功业。必能兼美，吾无间焉。

俗间儒士，不涉群书，经纬之外，义疏而已。吾初入邺，与博陵崔文彦交游。尝说王粲集中难郑玄《尚书》事。崔转为诸儒道之。始将发口，悬见排蹙。云文集止有诗、赋、铭、诔，岂当论经书事乎？且先儒之中，未闻有王粲也。崔笑而退，竟不以粲集示之。魏收之在议曹，与诸博士议宗庙事，引据《汉书》。博士笑曰：未闻《汉书》，得证经术。魏便忿怒，都不复言，取《韦玄成传》掷之而起。博士一夜共披寻之，达明，乃来谢曰：不谓玄成如此学也。”当时经生锢蔽之状，可以想见。盖世自有不知体要，妄矜博洽，实极固陋之人，此时皆归于儒，遂致其术一蹶而不复振耳。

《旧唐书·儒林·徐文远传》云：时有大儒沈重，讲于大学，听者常千余人。文远就质问，数日便去。或问曰："何辞去之速？"答曰："观其所说，悉是纸上语耳，仆皆已先诵得之。至于奥赜之境，翻似未见。"所知悉是纸上语，此其所以施之世务，无一而可也。不特此也。《隋书·儒林·房晖远传》云：晖远以隋高祖时，擢为国子博士。会上令国子生通一经者并悉荐举，将擢用之。既策问讫，博士不能时定臧否。祭酒元善怪问之。晖远曰："江南、河北，义例不同。博士不能遍涉。学生皆持其所短，称己所长，博士各各自疑，所以久而不决也。"

祭酒因令晖远考定之。晖速览笔便下，初无疑滞。有不服者，晖远问其所传义疏，辄为诵之，然后出其所短。自是无敢饰非者。所试四五百人，数日便决。诸儒莫不推其通博，皆自以为不能测也。江南、河北之说，晖远果能皆通乎？得毋其所谓通者，亦如张吾贵之于《左氏》邪？见上节。

《北史·儒林·徐遵明传》云：与刘献之、张吾贵皆河北聚徒教授。遵明见郑玄《论语序》云书以八寸策误作八十宗，因曲为之说，其僻皆如此。献之、吾贵又甚焉。古之愚也直，今之愚也诈而已矣。以此为师，不诚令人气塞乎？即诚通明者，于世事复何所益？南北朝儒家，最为后人所推服者，曰勤于三礼之学，议郊庙典礼，辨丧服精粗，果有益于生民乎？曷怪才智之士，望望然去之也？

试就当时经学之传授观之，亦可见其专固衰敝焉。据《隋书·经籍志》：诗家之学，《齐诗》魏代已亡，《鲁诗》亡于西晋，《韩诗》虽存，无传之者，惟《毛诗》《郑笺》独立。《书》则欧阳、大、小夏侯，并亡于永嘉之乱。杜林所传《古文尚书》，贾逵为之作训，马融作传，郑玄亦为之注者独行。

又有所谓孔安国《古文尚书》者。云："鲁恭王坏孔子旧宅，得其末孙惠所藏之书，字皆古文，安国以隶古字写之，合成五十八篇，为之作《传》。会巫蛊事起，不得奏上。私传其业于都尉朝，朝授胶东庸生，谓之《尚书》古文之学。而未得立。至东晋，豫章内史梅赜，始得安国之《传》奏之。时又缺《舜典》一篇。齐建武中，吴姚兴方于大桁市得其书，奏上。比马、郑所注，多二十八字。于是始列国学。"此即近世累加考证，断言其伪之《伪古文尚书》也。梁、陈所讲，有孔、郑二家，齐代惟传郑义，至隋，孔、郑并行，而郑氏甚微。

礼：汉世《礼经》，惟指今之《仪礼》，魏、晋已降乃与《礼记》《周官》并列，称为三礼。《隋志》云："郑玄传小戴之学。后以古经校之，取其于义长者作注，为郑氏学。”此郑于《礼经》，糅合今古二家也。又云：“汉时有李氏，得《周官》，上于河间献王。独缺《冬官》一篇。献王购以千金，不得。遂取《考工记》以补其处，合成六篇，奏之。

至王莽时，刘歆始置博士，以行于世。河南缑氏杜子春，受业于歆，因以教授。是后马融作《周官传》，以授郑玄。玄作《周官注》。”案《周官》本非《礼经》之类。刘歆所欲立者为《逸礼》，据《礼记郑注》，《投壶》《奔丧》，皆同《逸礼》，亦非《周官》之伦。《考工记》与《周官》，又不同物，安可相补？其说之牴牾不雠如此，则知出自河间献王之说，亦系子虚乌有之谈。

《隋志》又云：“河间献王又得仲尼弟子及后学者所记一百三十一篇，献之。时亦无传之者。刘向考校经籍检得，因第而叙之。而又得《明堂阴阳记》三十三篇，《孔子三朝记》七篇，《王氏、史氏记》二十一篇，《乐记》二十三篇。凡五种，合二百十四篇。戴德删其烦重，合而记之，为八十五篇，谓之《大戴记》。而戴圣又删大戴之书为四十六篇，谓之《小戴记》。

汉末，马融遂传小戴之学。融又足《月令》一篇，《明堂位》一篇，《乐记》一篇，合四十九篇。而郑玄受业于融，又为之注。”百三十一篇，出于河间献王，说亦无据。《汉志》礼家：《记》百三十一篇。自注云：“七十子后学者所记也。”盖本今学。《志》又有《明堂阴阳》三十三篇，《王史氏记》二十一篇，合《记》百三十一篇，凡百八十五。此外《曲台后苍记》，后苍为二戴之学所自出，其记盖与二戴之书相同。《中庸说》《明堂阴阳说》皆说。《周官经》《周官传》，别为一家。《军礼司马法》，乃班氏所入。《封禅议》《封禅群祀议奏》皆汉时物。惟《古封禅群祀》，亦记之伦。其书凡十九篇，合百八十五得二百有四，与《释文叙录》引刘向《别录》云古文记二百四篇者相当。

《叙录》又引陈邵《周礼叙》云：“戴德删古礼二百四篇为八十五篇，谓之《大戴礼》。戴圣删《大戴礼》为四十九篇，是为《小戴礼》。后汉马融、卢植，考诸家同异附戴圣篇章，去其繁重，及所叙略，而行于世，即今之《礼记》是也。郑玄亦依卢、马之本而注焉。”

今《礼记》四十九篇，《曲礼》《檀弓》《杂记》皆分上下，合为一篇计之则四十六，分为二篇计之则四十九，故《隋志》云小戴之书四十六，陈邵云四十九。四十六加八十五，适百三十一。盖七十子后学所记，大戴取其八十五，小戴取其四十六耳。小戴书本今学，然至马、郑为之，则亦杂糅今古矣。《隋志》云："今《周官》六篇，《古经》十七篇，《小戴记》四十九篇，凡三种，惟郑注立于国学，其余并多散亡，又无师说。"则礼家之学，惟郑氏专行也。

《易》：《隋志》云："后汉施、孟、梁丘、京氏，凡四家并立。汉初，又有东莱费直传《易》。其本皆古字，号曰《古文易》。以授琅邪王璜，璜授沛人高相，相以授子康及兰陵毋将永，故有费氏之学，行于人间。而未得立。后汉陈元、郑众，皆传费氏之学。马融又为其《传》，以授郑玄。玄作《易注》。荀爽又作《易传》。魏代王肃、王弼，并为之注。自是费氏大兴，高氏遂衰。梁丘、施氏、高氏，亡于西晋。孟氏、京氏，有书无师。梁、陈郑玄、王弼二注，列于国学。齐代惟传郑义。至隋，王注盛行，郑学浸微，今殆绝矣。"案高氏之学，亦出费氏，不可云费氏兴而高氏衰。盖出于费氏之高氏衰，而其后起之郑氏，与之代兴，至最后，则又为王弼所夺耳。《春秋》：《隋志》云："后汉《公羊》有严氏、颜氏之学，与《穀梁》三家并立。

《左氏》：建武中，尚书令韩歆请立而未行。陈元又上书讼之。乃以魏郡李封为《左氏》博士。封卒，遂罢。然诸儒传《左氏》者甚众。其后贾逵、服虔，并为训解。至魏，遂行于世。晋时，杜预又为《经传集解》。《穀梁》范宁注，《公羊》何休注，《左氏》服虔、杜预注，俱立国学。然《公羊》《穀梁》，但试读文而不能通其义。后学三传通讲，而《左氏》惟传服义。至隋，杜氏盛行，服义及《公羊》《穀梁》浸微，今殆无师说。"盖《左氏》行而《公》《穀》微，《左氏》之中，杜又代贾、服而起也。《五经》而外，诵习所先，厥惟《孝经》《论语》已见上节。

《孝经》：《隋志》云："遭秦焚书，为河间人颜芝所藏，汉初，芝子贞出之，凡十八章。而长孙氏，博士江翁，少府后仓，谏议大夫翼奉，安昌侯张禹，皆名其学。又有《古文孝经》，与《古文尚书》同出。而长孙有《闺门》一章。其余经文，大较相似。篇简缺解，又有衍出三章，并前合为二十二章。孔安国为之《传》。至刘向典校经籍，以颜本比古文，除其繁惑，以十八章为定。郑众、马融，并为之注。

又有《郑氏注》，相传或云郑玄。其立义与玄所注余书不同，故疑之。梁代，安国及郑氏二家，并立国学，而安国之本，亡于梁乱。陈及周、齐，惟传郑氏。至隋，秘书监王劭，于京师访得《孔传》，送至河间刘炫，炫因序其得丧，述其议疏，讲于人间。渐闻朝廷。后遂著令，与郑氏并立。儒者喧喧，皆云炫自作之，非孔旧本，而秘府又先无其书。”案郑玄晚主古学，早岁则治今文。

《御览》引其《孝经注叙》，谓作于避难南城山时，严铁桥云：玄盖尝避党锢之难，时尚未治古文，故立说与后来不同，其注初不必伪。据皮鹿门说，见所撰《孝经郑注疏》。若孔安国传之伪，则不俟论矣。

《论语》：《隋志》云：“汉初有齐、鲁之说，其齐人传者二十二篇，鲁人传者二十篇。张禹本授《鲁论》，晚讲《齐论》，后遂合而考之，删其烦惑，除去《齐论》《问王》、《知道》二篇，从《鲁论》二十篇为定，号《张侯论》。周氏、包氏，为之章句。马融又为之训。又有《古论语》，与《古文尚书》同出。章句烦省，与《鲁论》不异。惟分《子张》为二篇，故有二十一篇。孔安国为之《传》。

汉末，郑玄以《张侯论》为本，参考《齐论》《古论》而为之注。魏司空陈群，大常王肃，博士周生烈，皆为义说。吏部尚书何晏又为《集解》。是后诸儒多为之注。《齐论》遂亡。《古论》先无师说。梁、陈之时，惟郑玄、何晏，立于国学，而郑氏甚微。周、齐郑学独立。至隋，何、郑并行，郑氏盛于人间。”

亦汉末今古杂糅之学，与魏、晋后杂有玄谈之说并行者也。《齐书·刘瓛陆澄传论》云：“西京儒士，莫有独擅。东都学术，郑、贾先行。康成生炎汉之季，训义优洽。一世孔门，褒成并轨。故老以为前修，后生未之敢异。而王肃依经辨理，与硕相非。爰兴《圣证》，据用《家语》。外戚之尊，多行晋代。”

今案《隋志》：肃于《诗》《书》《三礼》《易》《左氏》《孝经》《论语》，皆有注解。又有《孔子家语》二十一卷，《隋志》云王肃解，而后人以为肃所私定。《孔丛子》七卷，亦肃所伪为。《圣证论》十二卷，则肃所造以难郑者。盖肃当汉、魏之际，亦为遍注群经之人，其才力实与郑玄相亚。晋世《诗》家或申王难郑，或右郑排王。言《礼》者亦各有左右。《尚书伪孔安国传》，虽不能定为何人，其说与肃同流，则无疑义。

《魏书·儒林传》云：“汉世郑玄并为众经注解，服虔、何休，各有所说。玄《易》《书》《诗》《礼》《论语》《孝经》，虔《左氏春秋》，休《公羊传》，大行于河北。王肃《易》亦间行焉。晋世杜预注《左氏》，预玄孙坦，坦弟骥，于刘义隆世，并为青州刺史，传其家业，故齐地多习之。”

《北齐书·儒林传》云：“经学诸生，多出魏末大儒徐遵明门下。”遵明于

《易》《书》《三礼》，皆传郑氏，《春秋》则服氏。其《毛诗》则出魏朝博陵刘献之。王弼之《易》，河南及青、齐之间多讲之，然师训甚寡。孔氏《古文尚书》，武平末，河间刘光伯、信都刘士元得费甝《义疏》，乃留意焉。《左传》，河外诸生，俱伏膺杜氏。河北有姚文安、秦道静，初学伏氏，后兼讲杜。

以上所说，《北史》皆同，而又总括之曰："江右：《周易》则王辅嗣，《尚书》则孔安国，《左传》则杜元凯。河洛：《左传》则服子慎，《尚书》《周易》则郑康成。《诗》则并主于毛公，《礼》则同遵于郑氏。"合诸说而观之，则今文之学，除《公羊》一经外皆亡；魏、晋新起之学，与汉世旧有之学，分庭抗礼，而南偏于新，北偏于旧；至隋世统一之后，则北又入于南也。然不论何派，皆系经生之业，支离破碎，无益世务。较有思理之士，皆折而入于他途矣。

《魏书·儒林传》：陈奇，常非马融、郑玄，解经失旨，志在著述《五经》。始著《孝经》《论语》，颇传于世，为缙绅所称。奇后为游雅所陷，见第二十二章第七节。即由雅"赞扶马、郑"而奇非之也。

《隋志》云：《诗》惟毛、郑独立。又云：又有《业诗》，奉朝请业遵所注，立义多异，世所不行。又梁有《礼记》十二卷，业遵注，亡。此等无论其说善否，要为别有所见，或唐世啖助、赵匡之先驱。张雕虎之为人，颇有抱负，已见第十四章第四节。

《北齐书·儒林传》：刘昼，撰《高才不遇传》三篇。皇建、大宁之朝，又频上书，言亦切直。多非世要，终不见收采。自谓博物奇才，言好矜大。每云："使我数十卷书行于世，不易齐景之千驷也。"

《隋书·儒林传》：马光，开皇初，高祖征山东义学之士，与张仲让、孔笼、窦士荣、张黑奴、刘祖仁等俱至，并授大学博士，时人号为六儒。然皆鄙野无仪范，朝廷不之贵也。士荣寻病死。仲让未几告归乡里。著书十卷。自云："此书若奏，我必为宰相。"又数言玄象事。州县列上其状，竟坐诛。孔笼、张黑奴、刘祖仁未几亦被谴去，惟光独存。此等人或亦王通之流，然当时皆不之重也。

儒生兼通道、释之学者，此时实不胜枚举。《晋书·儒林传》：徐苗，尝作《五经同异评》，又依道家著《玄微论》，前后所造数万言。卒，遗命濯巾浣衣，榆棺杂砖，露车载尸，苇席瓦器而已。此杨王孙之志也。又《范宣传》：庾爰之问宣曰："君博学通综，何以大儒？"宣云："正始以来，世尚老、庄，逮晋之初，竟以裸袒为高，仆诚大儒，然丘不与易。"宣言谈未尝及老、庄。客有问："人生与忧俱生，不知此语何出。"宣云："出《庄子·至乐篇》。"客曰："君言不读《老》《庄》，何由识此？"宣笑曰："小时尝一览。"时人莫之测也。不治其学，而亦知其说，可见其学之盛行矣。

《梁书·儒林传》：伏曼容，善《老》《易》。尝云："何晏疑《易》中九事，以吾观之，晏了不学也。故知平叔有所短。"曼容子暅，幼传父业，能言玄理，见《良吏传》。严植之，少善《庄》《老》，能玄言。贺玚子革，尝恨禄不及养。在荆州，历为郡县，所得俸秩，不及妻孥，专拟还乡造寺，以申感思。大史叔明，少善《庄》《老》。三玄尤精解，当世冠绝。皇侃，性至孝。尝日限诵《孝经》二十遍，以拟《观世音经》。

《陈书·儒林传》：沈德威，每自学还私室，即讲授，道、俗受业者，数十百人。全缓，治《周易》《老》《庄》。时人言玄者咸推之。张讥，笃好玄言。侯景寇逆，围城之中，犹侍哀大子于武德殿讲《老》《庄》。陈后主在东宫，亦令于温文殿讲《庄》《老》。所居宅营山池，植花果，讲《周易》《老》《庄》而教授焉。一乘寺沙门法才，法云寺沙门慧休，至真观道士姚绥，皆传其业。撰《老子义》十一卷，《庄子内篇义》十二卷，《外篇义》二十卷，《杂篇义》十卷，《玄部通义》十二卷。又撰《游玄桂林》二十四卷。龚孟舒，善谈名理。陆庆，值梁季丧乱，乃覃心释典，经论靡不该究。筑室屏居，以禅诵为事。由是传经受业者鲜焉。

《南史·儒林传》：顾越，微言玄旨，咸尽其精微。特善《庄》《老》。著《老子义疏》。《魏书·儒林传》：刘献之，注《涅槃经》，未就而卒。孙慧蔚。先单名蔚。正始中，侍讲禁内，夜论佛经，有惬帝旨，诏使加号惠蔚法师。卢景裕，好释氏，通其大义。天竺胡沙门道悕，每译诸经论，辄托景裕为之序。《北齐书·儒林传》：孙灵晖，为南阳王绰师。绰死后，每至七日，及百日终，恒为请僧设斋，传经行道。《周书·儒林传》：卢光，好玄言，崇佛道。撰《道德经章句》，行于世。《儒林传》中人如此，可见释、老之震撼一世，儒家非极专固者，皆不容故步自封矣。

第四节 儒玄诸子之学下

清谈之风，世皆以为起于魏之正始，亦非其实也。秦、汉之世，黄老、老庄之学，传授迄未尝绝，已见《秦汉史》第十九章第四节。其中如杨厚、范升、马融、虞翻，皆儒家，而或修黄老教授，或为《老子》训注；升与向长所习，亦以《易》《老》并称；此已道魏、晋玄谈之先河。升争立《费氏易》《左氏春秋》，引《老子》曰："学道日损。"又曰："绝学无忧。"严君平、周勰皆肥遁自甘，而史述其事，或云慕老聃清静，或云依老子、严周之指而著书，则又魏、晋以后，清谈不事事之先声矣。《后书·耿弇传注》引嵇康《圣贤高士传》曰：安丘望之，字仲都，京兆长陵人。少持《老子经》，恬静不求进宦。号曰安丘丈人。成帝闻，欲见之，望之辞不肯见；为巫医于人间。亦严君平之流也。不特此也，郎𫖮，治术数之学者也，而其诣阙拜章，言"天地之道，其犹鼓籥，以虚为德，自近及远。"书奏，顺帝复使对尚书。𫖮条便宜七事。其三引《老子》曰："人之饥也，以其上食税之多。"又上书荐黄琼、李固，并陈消灾之术，引《老子》曰："大音希声，大器晚成。"

刘陶著书数十万言，又作《七曜论》，匡老子，反韩非，复孟轲。数术之家，率多明于天文，陶之学，盖亦与𫖮相出入者也。李固对诏问，引《老子》曰："其进锐者其退速。"《后书注》曰："案《孟子》有此文，谢承书亦云《孟子》，而《续汉书》复云《老子》。"

今案古人引书，经传不别，儒家如是，诸子亦然，进锐退速，固类道家之言，未必非《老子》传中语也。固迁将作大匠，又上疏陈事曰："臣闻气之清者为神，人之清者为贤，养身者以炼神为宝，安国者以积贤为道。"又与朱穆作《崇厚论》，谓道以天下为一，在彼犹在己者同符。廖扶，父为北地大守，永初中，坐羌没郡下狱死。扶感父以法丧身，惮为吏。服终，叹曰："老子有言：名与身孰亲？吾岂为名乎？"遂绝志世外，专精经典。

处乱世而贵自全，又魏、晋以来治《老》《庄》之学者数见不鲜之事矣。此外《后书》所载，尚有任隗光子。少好《黄》《老》，郑均少好《黄》《老》书，淳于恭善说《老子》。可知《老》《庄》之学，东京业已盛行，正始诸贤，实承其流风遗俗。特以居高明之地，譬诸登高一呼，故其所及者愈远耳。

正始诸贤，居高明之地者，莫如夏侯玄、何晏及司马景王。《三国·魏志·晏传》云：少以才秀知名。好《老》《庄》言。作《道德论》及诸文赋，著述凡数十篇。《注》引《魏氏春秋》曰：玄、晏等名盛于时，司马景王亦预焉。晏尝曰："惟深也，故能通天下之志，夏侯泰初是也。惟几也，故能成天下之务，司马子元是也。惟神也，不疾而速，不行而至，吾闻其语，未见其人。"盖欲以况诸己也。

《荀彧传注》引《零陵先贤传》曰：彧第三兄衍之孙融，与王弼、钟会俱知名。为洛阳令，参大将军军事。与弼、会论《易》《老》义，传于世。第四兄谌之子闳，为大子文学掾。时有甲乙疑论。闳与钟繇、王朗、袁涣，议各不同。文帝与繇书曰："袁、王国士，更为唇齿，荀闳劲悍，往来锐师，真君侯之劲敌，左右之深忧也。"彧长子恽，亦知名。作《易集解》。

又引《晋阳秋》，谓彧子顗，尝难钟会《易》无互体，见称于世。顗弟粲，何劭为之传曰：粲诸兄并以儒术论议，而粲独好言道。常以为"子贡称夫子之言性与天道，不可得闻，然则六籍虽存，固圣人之糠秕"。当时能言者不能屈也。大和初，到京邑，与傅嘏谈。嘏善名理，而粲尚玄远，宗致虽同，仓卒时或格不相得。裴徽通彼我之怀，为二家骑驿。顷之，粲与嘏善，夏侯玄亦亲。管宁儒者也，而《魏志》本传载陶丘一等荐之之辞，谓其娱心黄老。

《王粲传》云：嵇康好言《老》《庄》。《注》引康兄喜所为《康传》，言其著《养生篇》，知自厚者丧其所生，求益者必失其性。《傅嘏传》云：嘏常论才性同异，钟会集而论之。《常林传注》引《魏略》，以林及吉茂、沐并、时苗四人为《清介传》。云：并豫作终制，戒其子以俭葬，曰："夫礼者，生民之始教，而百世之中庸也。故力行则为君子，不务者终为小人。然拨乱反正，鸣鼓矫俗之大义，未是穷理尽性，陶冶变化之实论。若乃原始要终，以天地为一区，万物为刍狗，该览玄通，求形景之宗，同祸福之素，一死生之命，吾有慕于道矣。"

《裴潜传注》：潜少弟徽，善言玄妙。子康、楷、绰，皆为名士而楷才望最重。少与琅邪王戎并为掾发名。钟会致之大将军司马文王，曰："裴楷清通，王戎简要。"文王即辟为掾。

《钟会传》云：会尝论《易》无互体，才性同异。及会死后，于会家得书二十篇，名曰道论，而实刑名家也，其文似会。初会弱冠与山阳王弼并知名。弼好论儒道，辞才逸辩。注《易》及《老子》。为尚书郎。年二十余卒。

《注》引何劭《弼传》曰：弼幼而察惠，年十余，好《老氏》。通辨能言。父业为尚书郎。时裴徽为吏部郎，弼未弱冠，往造焉。徽一见异之。问弼曰："夫无者，诚万物之所资也，然圣人莫肯致言，而老子申之无已者何？"弼曰："圣人体无，无又不可以训，故不说也。老子是有者也，故恒言无所不足。"寻亦为傅嘏所知。于时何晏为吏部尚书，甚奇弼，叹之曰："仲尼称后生可畏，若斯人者，可与言天人之际乎？"弼与钟会善。会论议以校练为家，然每服弼之高致。弼注《老子》，为之指略，致有理统。注《道略论》，注《易》，往往有高丽言。大原王济，好谈病《老》《庄》。尝云：见弼《易注》，所悟者多。

《晋书·王衍传》云：魏正始中，何晏、王弼等祖述《老》《庄》立论，以为天地万物，皆以无为为本，无也者，开物成务，无往不存者也。衍甚重之。惟裴頠以为非，著论以讥之。而衍处之自若。衍既有盛才美貌，明悟若神，常自比子贡。兼声名藉甚，倾动当世。妙善玄言，惟谈《老》《庄》为事。每捉玉柄麈尾，与手同色。义理有所不安，随即改更，世号口中雌黄。朝野翕然，谓之一世龙门矣。

《乐广传》云：广尤善谈论。每以约言析理，厌人之心。王戎为荆州刺史，闻广为夏侯玄所赏，乃举为秀才。卫瓘朝之耆宿，逮与魏正始中诸名士谈论，见广而奇之，曰："自昔诸贤既殁，常恐微言将绝，今乃复闻于君矣。"广与王衍，俱宅心事外，名重于时。天下言风流者，谓王、乐为称首焉。

《卫玠传》云：好言玄理。其后病多体羸，母恒禁其语。遇有胜日，亲友时请一言，无不咨嗟，以为入微。琅邪王澄有高名，少所推服，每闻玠言，辄叹息绝倒。天下大乱，移家南行。时王敦镇豫章，长史谢鲲雅重玠。相见欣然，言语弥日。敦谓鲲曰："昔王辅嗣吐金声于中朝，此子复玉振于江表，微言之绪，绝而复续。不意永嘉之末，复闻正始之音。何平叔若在，当复绝倒。"

阮籍，籍兄子咸，山涛、向秀、刘伶、王戎，尝与嵇康为竹林之游，世称为竹林七贤。《三国·魏志·王粲传注》引《魏氏春秋》。又有谢鲲、胡母辅之、毕卓、王尼、羊曼、光逸等，多善清言，遗世事，放荡不拘礼法，《晋书》皆有传。此皆魏晋世洛中人物。东渡已后，流风未沫。江表之能玄言，初不自东渡后始，特东渡后此风愈盛耳。《晋书·陆云传》云：云尝行，逗宿故人家。夜暗迷路，莫知所从，忽望草中有火光，于是趣之。至一家，便寄宿。见一年少，美风姿，共谈《老子》，辞致深远。向晓辞去。行十余里，至故人家，云此数十里中无人居。云意始悟。却寻昨宿处，乃王弼冢。云本无玄学，自此谈《老》殊进。可见云初入洛，即学为玄谈矣。

《顾荣传》云：荣素好琴。及卒，家人常置琴于灵坐。吴郡张翰哭之恸。既而上床，鼓琴数曲。抚琴而叹曰："顾彦先，复能赏此不？"因又恸哭，不吊丧主而去。此等举动，亦何异竹林诸贤邪？帝王，帝王之好玄言者，以梁武帝、简文帝、元帝为最。《颜氏家训·勉学篇》言：元帝召置学生，亲为教授，废寝忘食，以夜继朝。至乃倦剧愁愤，辄以讲自释。证以《南史》所载，魏师既起，帝犹于龙光殿述《老子》义，而知其说之不诬也。宋明帝答王景文诏，至有理致，已见第十九章第六节。晋明帝亦善玄言。尝论圣人真假之意，王导等不能屈，见《晋书·本纪》。在东宫时，阮放为大子中舍人庶子，虽戎车屡驾，而侍大子，常说《老》《庄》，不及军国，帝甚友爱之，见《放》本传。《简文帝纪》，称其清虚寡欲，尤善玄言，重桓石秀、刘惔、张凭、韩伯、谢万、王蒙，皆见本传。

《魏书·高祖纪》，言其善谈《庄》《老》，尤精释义。《世宗纪》亦云：每至讲论，连夜忘疲。贵戚，如晋范阳王虓，史称其清辩能言论。康献皇后父褚裒，史称其与京兆杜乂，俱有盛名，冠于中兴。大臣，《晋书·王祥传》：祥族孙戎，称祥在正始，不在能言之流，及与之言，理致清达。此一时风气使然也。文吏，《晋书·良吏传》：潘京，举秀才到洛。尚书令乐广，京州人也，共谈累日，深叹其才。谓京曰："君天才过人，恨不学耳。"京感其言，遂勤学不倦。时武陵大守戴昌，亦善谈论。与京共谈，京假借之。昌以为不如己，笑而遣之。令过其子若思。京方极其言论。昌窃听之，乃叹服曰："才不可假。"遂父子俱屈焉。武夫，《齐书·柳世隆传》：世隆少立功名，晚专以谈义自业。常自云："马矟第一，清谈第二，弹琴第三。"在朝不干世务，垂帘鼓琴，风韵清远，甚获世誉，此武夫之附庸风雅也。

《陈显达传》：自以人微位重，每迁官，常有愧惧之色。有子十余人，诫之曰："我本志不及此汝等勿以富贵陵人。"谓其子曰："麈尾、扇是王、谢家物，汝不须捉此自随。"此武夫子弟，谬托风雅者也。儒生，见上节。文人，《晋书·文苑传》：应贞，魏侍中璩之子也。自汉至魏，世以文章显。贞善谈论，以才学称。夏侯玄有盛名，贞诣玄，玄甚重之。《陈书·徐陵传》：年十二，通《老》《庄》义。艺士，《晋书·艺术传》：郭麐，少明《老》《易》。《易》家本有言数一派，此最术士所易兼明也。妇女，《晋书·列女传》：王凝之妻谢氏，字道韫，安西将军奕之女也。聪识有才辩。凝之弟献之，尝与宾客谈议，词理将屈。道韫遣婢白献之曰：“欲为小郎解围”。乃施青绫步鄣自蔽，申献之前议，客不能屈。

《北史·卢玄传》：玄孙道虔妻元氏，甚聪悟。常升高坐讲《老子》。道虔从弟元明，隔纱帏以听焉。无不能之。余风又流衍于北。苻坚禁《老》、《庄》、图谶之学，已见第一节。《苻融传》云：谈玄论道，虽道安无以尚之。《苻朗传》云：每谈虚语玄，不觉日之将夕。可见其时清谈之风甚盛，坚欲崇儒，所以不得不禁之也。《姚兴载记》言：京兆韦高，慕阮籍之为人，居母丧，弹琴饮酒。可见洛下遗风，北方迄未尝绝。《魏书·程骏传》：六世祖良，晋都水使者，坐事流于凉州，骏师事刘昞。谓昞曰：“今世名教之儒，咸谓老、庄，其言虚诞，不切实要，弗可以经世，骏意以为不然。夫老子著抱一之言，庄生申性本之旨，若斯者，可谓至顺矣。”沮渠牧犍擢为东宫侍讲。世祖平凉，迁于京师，为司徒崔浩所知。显祖屡引与论《易》《老》之义。是清谈之风，传播河西，又还归洛下也。

入隋乃息。《北齐书·卢潜传》：潜从祖兄怀仁，怀仁从父弟昌衡。武平末，尚书郎沈靖有才识，风仪蕴藉，容止可观。天保中，尚书王昕以雅谈获罪，诸弟尚守而不坠。自兹以后，此道顿微。昌衡与顿丘李若，彭城刘泰珉，河南陆彦师，陇西辛德源，大原王修，并为后进风流之士。案其见于史者，又有羊烈，能言名理，以玄学知名。杜弼，性好名理，探味玄宗。尝注《老子》及《庄子·惠施篇》。

《隋书·张煚传》：父羡，少好学，多所通涉。周代公卿，类多武将，惟羡以素业自通，甚为当时所重。撰《老子》《庄子》义，名曰《道言》，五十二篇。煚好学有父风。《长孙览传》：从子识，建德初，武帝尚道法，尤好玄言。求学兼经史、善于谈论者为通道馆学士，识应其选。则周初粗犷之风，至此亦稍变矣。《北史》：卢辩弟光，好玄言，崇佛道，注《道德经章句》行于世。武帝少尝受业，无怪其有此雅尚也。要之北方谈玄之风，至周、齐而少衰，然迄未尝绝也。自正始至祯明之末，历时凡三百五十年，通东汉之世计之，亦可云天道五百年而一变矣。

玄学之大功，在于破除拘执。其说之最要者，为贵道而贱迹。道者今所谓原理，迹则今所谓事实也。前此之言治者，率欲模仿古人之形迹，自经玄学家之摧破，而此弊除矣。然人之善恶，实因其所处之境而不同。日与人相荡相劘者，人事固较天行为尤切。前此经世之家，欲举社会组织，解弦而更张之，其所操之术或疏，而谓非解而更张，无以为治，其说固未尝误。而承新莽败绩之后，人莫敢言治本之计，徒欲移易人性，以求臻于上理。玄学之家，已有此蔽。继以佛学，其蔽愈深。宋世理学，力辟二氏，此见亦未能改，遂至冥冥千载，视社会一时之组织为天经地义而不可变焉，屡变无成，实由于此。此则深可叹惋者矣。

然玄学之家，所见究非恒人所逮。故有世俗拘守，视为天经地义，而实则拂逆人性者，惟玄学家为能冲决其网罗。《晋书·阮籍传》：文帝引为大将军从事中郎。有司言有子杀母者。籍曰："嘻！杀父乃可，至杀母乎？"坐者怪其失言。帝曰："杀父天下之极恶，而以为可乎？"籍曰："禽兽知母而不知父，杀父禽兽之类也，杀母禽兽之不若。"众乃悦服。前言由衷之辞，后语则随顺世俗耳。此与孔融"父之于子，当有何亲"之说，皆疾世俗拘执，所谓道者悉非其道而然。名士之逾越礼法，盖亦有所激，不忍随俗而出此也。时人所重，莫如居丧，而诸名士居丧，率多违礼。

《晋书·王戎传》：以母忧去职，不拘礼制，饮酒食肉，或观弈棋，而容貌毁悴，杖然后起。裴頠往吊之，谓人曰："若使一恸能伤人，濬冲不免灭性之讥也。"时和峤亦居父丧，以礼法自持，量米而食。哀毁不逾于戎。武帝谓刘毅曰："和峤毁顿过礼使人忧之。"毅曰："峤虽寝苫食粥，乃生孝耳。至于王戎，所谓死孝，陛下当先忧之。"此等说，乃爱好诸名士者，造作之以自解免于流俗耳，非其实也。

《谢鲲传》：邻家高氏女有美色，鲲尝挑之，女投梭折其两齿。时人为之语曰："任达不已，幼舆折齿。"鲲闻之，傲然长啸，曰："犹不废我啸歌。"毕卓为吏部郎，常饮酒废职。比舍郎酿熟，卓因醉，夜至其瓮间盗饮之。为掌酒者所缚。明旦视之，乃毕吏部也。遽释其缚。卓遂引主人宴于瓮侧，致醉而去。

《王忱传》：妇父尝有惨，忱乘醉吊之。妇父恸哭。忱与宾客十许人连臂被发裸身而入，绕之三匝而出。此等惊世骇俗之举，皆人所难行，而诸人忍而为之，必有大不得已于其中者矣。

《隐逸传》：戴逵，常以礼法自处，深以放达为非道。著论曰："儒家尚誉者，本以兴贤也。既失其本，则有色取之行，其弊必至于末伪。道家去名者，欲以笃实也。苟失其本，又有越检之行，其弊必至于本薄。"诸家之愤激，则亦疾其时之为伪而已。

然方内之士，则以为伤化败俗，疾之若仇矣。《晋书·何曾传》：阮籍负才放诞，居丧无礼。曾面质籍于文帝坐曰："卿乃背礼败俗之人，今忠贤执政，综核名实，若卿之曹，不可长也。"因言于帝曰："公方以孝治天下，而听阮籍以重哀饮酒食肉于公坐？宜屏四裔，无令污染华夏。"帝曰："此子羸病若此，君不能为吾忍邪？"曾重引据，辞理甚切。帝虽不从，时人敬惮之。

遗落世务，最为尚论者之所訾，此本非学之咎，抑其事更不可以一概论也。正始诸贤，本皆有意于当世，观夏侯玄论治之语可知。钟会区区，志复魏室，已见《秦汉史》第十二章第八节。嵇康之死，说者谓为会所陷，殆不其然。

康之死，《世语》谓由其欲助毌丘俭，其说盖信。会或不能救，或则不欲芘之，以求自信于司马氏而为后图耳。果如是，则其用心愈苦矣。山涛尝欲援康出仕，盖欲使其屈节以自免，涛与阮籍，所为正是如此，亦足见其曲相维护之苦衷也。

《晋书·嵇康传》云：性绝巧而好锻。东平吕安，服康高致，每一相思，辄千里命驾。康友而善之。后安为兄所枉诉，以事系狱，辞相证引，遂复收康。初康居贫，尝与向秀共锻于大树之下，以自赡给。颍川钟会，贵公子也，精练有才辩，故往造焉。康不为之礼，而锻不辍。良久，会去，康谓曰："何所闻而来？何所见而去？"会曰："闻所闻而来，见所见而去。"会以此憾之。及是，言于文帝曰："嵇康卧龙也，不可起。公无忧天下，愿以康为虑耳。"

因谮康欲助毌丘俭，赖山涛不听。昔齐戮华士，鲁诛少正卯，诚以害时乱教，故圣贤去之。康、安等言论放荡，非毁典谟，帝王者所不宜容，宜因衅除之，以淳风俗，帝既昵听信会，遂并害之，案谓会之怨康，由往造康不之礼，说出《魏氏春秋》，见《三国志·会传注》。

《注》又引《世语》曰：毌丘俭反，康有力焉，且欲起兵应之。以问山涛。涛曰：不可。俭亦已败。裴松之云："本传云：康以景元中坐事诛，而干宝、孙盛、习凿齿诸书，皆云正元二年，司马文王反自乐嘉，杀嵇康、吕安。盖缘《世语》云康欲举兵应毌丘俭，故谓破俭便应杀康也。其实不然。山涛为选官，欲举康自代，康书告绝，事之明审者也，案《涛行状》，涛始以景元二年除吏部郎耳。又《钟会传》亦云：会作司隶校尉时诛康，会作司隶，景元中也。"干宝等之误，诚如松之之说，然仍足见康之死，与毌丘俭之叛有关。

《三国志·会传》云：迁司隶校尉虽在外司，时政损益，当世与夺，无不综典。嵇康等见诛，皆会谋也。亦可见康之诛为极有关系之事。岂得如《魏氏春秋》所云：由安兄巽淫安之妻，诬安不孝，而安引康为证哉？《魏氏春秋》又云：康义不负心，保明其事。安亦至烈，有济世志力。钟会劝大将军因此除之，亦可见其死，非以其兄之诬告也。信史之不传久矣。安兄诬安不孝，盖欲加之罪之辞，方康于华士、少正卯亦然：二人之所以获罪，则秘不得闻矣。康与魏宗室昏，又为志节之士，其欲倾晋，自在意中。

《晋书·向秀传》言：康善锻，秀为之佐，相对欣然，又共吕安灌园于山阳，足见三人志同道合。康既被诛，秀应本郡计入洛，作《思旧赋》，以哀康、安。有云："叹黍离之愍周，悲麦秀于殷墟。"其所志者，自可想见。《山涛传》云：与嵇康、吕安善。后遇阮籍，便为竹林之游，著忘言之契。康后坐事，临诛，谓子绍曰："巨源在，汝不孤矣。"康与涛之交情，亦可想见。欲助毌丘俭而问于涛，事所可有。然而涛卒获全者？盖以其与宣穆后有中表亲，又知其不可而不为，故非司马氏之所深忌也。抑当时思倾司马氏之人盖多，诛之不可胜诛，司马氏亦未尝不思笼落之，故如向秀者，虽亦康、安之党，后既应计入洛，则亦释之不复问矣。

《阮籍传》云：籍本有济世志，属魏、晋之际，天下多故，名士少有全者，由是不与世事，酣饮为常，亦山涛之知其不可而不为也。文帝欲为武帝求婚于籍，籍醉六十日，不得言而止，此不如山涛犹有葭莩[7]之亲矣。钟曾数以时事问之，欲因其可否而致之罪，皆以酣醉获免，可谓不为君用。尝登广武，观楚、汉战处，叹曰："时无英雄，使孺子成名。"登武牢山，望京邑而叹。其郁勃之情，亦何减嵇康、吕安？

然文帝辅政，求为东平，后又求为步兵校尉，则司马氏亦释之矣。此山涛去选官，所由欲举康以自代欤？委蛇于朝，可以免祸，康、安宁不知之，而卒不肯，以与祸会，可不谓之烈欤？康既被系，作《幽愤诗》，有"昔惭柳惠，今愧孙登"之语，而《籍传》亦记籍遇登于苏门山之事，登盖亦非隐沦之流？然则一时名士，欲倾司马氏者多矣。非遭屠戮则皆隐遁，司马氏之威力，可谓重矣。然其运祚卒以不良。威力岂足恃哉？可以为鉴矣。

刘伶，沈湎于酒者也，而泰始初对策，盛言无为之化。胡毋辅之为乐安守，与郡人光逸，昼夜酣饮，不视郡事，然其始为繁昌令，亦曾节酒自厉，甚有能名。阮孚为元帝丞相从事中郎，终日酣纵，则帝本不以事任处之。其后明帝大渐，温峤入受顾命，要与同行，升车乃告之，孚卒求下，徒步还家，则彼以为事不可为故尔。温峤能臣，而欲与共托孤寄命之重，亦可见孚之为人矣。阮放以清谈侍明帝，而迁吏部郎，甚有称绩。成帝时为交州，又能伏兵袭杀陶侃将高宝，终以力薄而败耳。

庾敳在东海王越府，常自袖手，此与谢鲲为王敦长史，徒从容讽议同，犹能时进正论以匡敦，则所谓杀父与君亦不从也。从之者若郭象，则以任职当权称矣。可见玄谈之家，非皆不能事事者也。下特此也，庾亮，外戚之隽也，而史称其好《庄》《老》，善谈论。

殷浩、谢安，皆江左之望也，而皆为风流所宗。殷仲堪，亦一时之杰也，而能清言，善属文，每云三日不读《道德论》，便觉舌本间强，其谈理与韩康伯齐名。王敦、桓温，皆奸雄之尤也。而敦务自矫厉，雅尚清谈，口不言财色。温自江陵北伐，行经金城，见少为琅邪时所种柳，皆已十围，慨然曰："木犹如此，人何以堪？"攀枝执条，泫然流涕。其襟怀，亦何以异于遗世之士乎？诸名士之诒害于世者，乃在其身家之念大重。

《王衍传》言其居宰辅之重，不以经国为念，而思自全之计。乃说东海王越，以弟澄为荆州，族弟敦为青州，谓曰："荆州有江、汉之固，青州有负海之险，卿二人在外，而吾留此，足以为三窟矣。"及其将死，乃顾而言曰："吾曹虽不如古人，向若不祖尚浮虚，戮力以匡天下，犹可不至今日。"此盖其由衷之言，所谓人之将死，其言也善，然其诒害于世者，祖尚浮虚为之乎？欲营三窟为之乎？恐其虽有悔于厥心，而终未能喻其故也。次则其人少居华朊，鸩毒晏安，不能自振。周顗为王导所贼，事见第四章第四节。当时之不诛王氏，盖事势使然，顗之救导，决无背君党友之嫌，纵不能讼言于朝，何难以私语慰藉？而乃默无一言，卒招杀身之祸。此无他，纵弛既甚，则虑患自疏耳。

《庄子·盗跖篇》，设为盗跖告仲尼之辞曰："今吾告子以人之情：目欲视色，耳欲听声，口欲察味，志气欲盈。人上寿百岁，中寿八十，下寿六十。除病瘦、当为庾，字之误。死丧、忧患，其中开口而笑者，一月之中，不过四五日而已矣。天与地无穷，人死者有时，操有时之具，而托于无穷之间，忽然无异骐骥之驰过隙也。不能说其志意，养其寿命者，皆非通道者也。"

《列子·杨朱篇》曰："万物所异者生也，所同者死也。生则有贤愚、贵贱，是所异也，死则有臭腐、消灭，是所同也。贤愚、贵贱，非所能也，臭腐、消灭，亦非所能也。十年亦死，百年亦死，仁圣亦死，凶愚亦死。生则尧、舜，死则腐骨，生则桀、纣，死则腐骨。腐骨一矣，孰知其异？且趣当生，奚遑死后。”

《列子》固张湛所为，《庄子》亦郭象所定，托于养生之论，为是恣睢之辞，此当时自暴自弃者之供状也。纵弛既甚，则不徒废事以自安，必且竞进以求利。庾翼讥王衍曰：“若以道非虞、夏，自当超然独往。而不能谋始，大合声誉，极致名位。”既如是，则“当抑扬名教，以静乱原，而乃高谈《庄》《老》，说空终日。虽云谈道，实长华竞”，翼与殷浩书，见《浩传》。所恶者华竞而非谈道，然则衍之恶不如是之甚也，特恶其为华竞主，萃渊薮，使天下之恶皆归焉耳。羊祜訾衍“以盛名处大位，败俗伤化”，亦此意也。

王坦之著《废庄论》，曰：“君子游方之外，众人藉为弊薄之资。天下之善人少，不善人多，故庄生之利天下也少，害天下也多。”识解愈高，则其视世之所谓纲常名教者，不足严畏也愈甚，固不能谓其与学术无关，然鲁酒薄而邯郸围，究为充类至义之尽之语。必如范宁，谓王弼、何晏，罪深桀、纣，亦少过矣。

旨趣异于诸名士者，其人亦分数科：卞壸、陶侃，盖由性勤吏职；壸事见第十八章第二节。《侃传》云：侃性聪敏，勤于吏职。阃外多事，千绪万端，罔有遗漏。常谓人曰：“大禹圣者，乃惜寸阴，至于众人，当惜分阴。”诸参佐或以谈戏废事者，乃命取其酒器、蒱博之具，悉投之于江。吏将则加鞭朴。曰：“樗蒱者，牧猪奴戏耳。老、庄浮华，非先王之法言，不可行也。君子当正其衣冠，摄其威仪，何有乱头养望，自谓弘达邪？”乐广、庾亮，则由习于礼法，广笑王澄、胡毋辅之等，谓：“名教内自有乐地，何必乃尔？”庾亮风格峻整，动由礼节，皆见本传。《江统传》：子惇，性好学，儒玄并综。每以为君子立行，应依礼而动。放达不羁，以肆纵为贵，亦道之所弃也。乃著《通道崇检论》，世咸称之。亦广、亮之俦也。皆与识解无关。

若应詹病元康以来，贱经尚道，而欲修辟雍，崇明教义；虞预憎疾玄虚，其论阮籍，比之伊川被发；则所谓游于方之内者耳。惟裴頠著《崇有》之论，谓：“以无为辞，旨在全有。生必体有，有遗而生亏。故养既化之有，非无用之所能全；理既有之众，非无为之所能循。”其言深有理致。

李充著《学箴》，谓：“圣教救其末，老、庄明其本，本末之途殊，而为教一也。”阮孝绪著论，谓：“至道之本，贵在无为，圣人之迹，存乎拯弊。不垂其迹，则世无以平，不究其本，则道实交丧。丘、旦将存其迹，故宜权晦其本，老、庄但明其本，亦宜深抑其迹。迹须拯世，非圣不能，本实明理，在贤可照。”其说亦极通达持平也。

清谈之始，盖诚欲以阐明真理，然及后来，则亦变为沽名钓誉之具，渐染口给御人之习矣。《齐书·王僧虔传》：僧虔书诫其子曰：“曼倩有云：谈何容易？见诸玄，志为之逸，肠为之抽；专一书，转通数十家注；自少至老，手不释卷；尚未敢轻言。汝开《老子》卷头五尺许，未知辅嗣何所道，平叔何所说，马、郑何所异，指例何所明，而便自呼谈士，此最险事。设令袁令命汝言《易》，谢中书挑汝言《庄》，张吴兴叩汝言《老》，端可复言未尝看邪？谈故如射，前人得破，后人应解，不解即输赌矣。且论注百氏，荆州八帙，又才性四本，声无哀乐，皆言家口实，如客至之有设也。汝皆未经拂耳瞥目，岂有庖厨不修，而欲延大宾者哉？就如张衡，思侔造化，郭象言类悬河，不自劳苦，何由至此？汝曾未窥其题目，未辨其指归，六十四卦，未知何名，《庄子》众篇，何者内外，八帙所载，凡有几家，四本之称，以何为长，而终日欺人，人亦不受汝欺也。”

案《三国志·钟会传注》引孙盛论王弼《易注》，谓其“叙浮义则丽辞溢目，造阴阳则妙赜无间。至于六爻变化，群象所效，日时岁月，五气相推，弼皆摈落，多所不关。虽有可观者焉，恐将泥夫大道”。又《管辂传注》引《辂别传》曰：辂为何晏所请，共论《易》九事，九事皆明。晏曰：“君论阴阳，此世无双。”时邓飏与晏共坐，飏言“君见谓善《易》，而语初不及《易》中辞义，何也？”辂寻声答之曰：“夫善《易》者不论《易》也。”

传载孔曜荐辂于裴徽曰：“俯览《周易》，则齐思季主。”又曰：辂过钟毓，共论《易》。辂因言卜可知君生死之日。毓使筮其生日月，如言无蹉跌。毓大愕然，曰：“君可畏也。死以付天，不以付君。”遂不复筮。然则辂之于《易》，实无所知，所晓者只是卜筮之术。其与何晏、钟毓共谈，亦恃明悟之资，初非经生之业也。然则玄学初兴，重在明悟，不在多闻。及其抗辞求胜，则不得不炫博矜奇，如经生之专务应敌，破碎大道矣。不特此也，卫玠以玉人见称。

后刘琰、谢尚共论中朝人士，或问杜乂可方卫洗马不？尚曰：“安得相比？其间可容数人。”惔又云：“杜乂肤清，叔宝神清。”王羲之目乂：“肤若凝脂，眼如点漆。”齐世风流，莫如张绪。袁粲谓其有正始遗风。每朝见，齐武帝恒目送之。刘悛之为益州，献蜀柳数株，武帝以植于大昌灵和殿前，赏玩咨嗟，曰："此杨柳风流可爱，似张绪当年。"此等直是以貌取人耳，尚何学问之可言哉？故凡学皆贵本原，恶流失，而尤恶其为哗世取宠之资也。

道家而外，诸子之学，稍以式微。数术与《易》相出入，又言哲理固有本于物理者，治之者尚较多。《后汉书·张衡传》云：衡好玄经，谓崔瑗曰："吾观大玄，方知子云妙极道数。乃与《五经》相拟，非徒传记之属。"《三国·吴志·陆绩传》言：绩博学多识。星历，算数，无不该览。作《浑天图》，注《易》，释《玄》，皆传于世。陈寿称其于杨《玄》，是仲尼之丘明，老聃之严周。《陆凯传》云：好《大玄》，论演其意，以筮辄验。

王肃亦尝注《玄经》，见《隋书·经籍志》。子部儒家。《晋书·忠义传》：刘敏元，好星历、阴阳、术数，潜心《易》《大玄》，不好读史。常谓同志曰："诵书当味义根，何为费功于浮辞之文？《易》者义之源，《大玄》理之门，能明此者，即吾师也。"又《王长文传》：著书四卷拟《易》，名曰《通玄经》。有文言、卦象，可用卜筮。时人比之《大玄》。

同郡马秀曰："杨雄作《大玄》，惟桓谭以为必传后世。晚遭陆绩，玄道遂明。长文《通玄经》，未遭陆绩、君山耳。"此等皆可见魏、晋间人于《玄》乡往之深。《干宝传》：性好阴阳、术数，留思《京房夏侯胜》等《传》。《隐逸传》：郭琦，善五行，作《天文志》《五行传》、注《穀梁》《京氏易》，百卷。索袭，游思于阴阳之术。著天文、地理十余篇，多所启发。《魏书·屈遵传》：曾孙拔，少好阴阳学。盖其学尚较他家为盛。然宋立五学，言阴阳者已无其人。见第一节。《南史·刘瓛传》：

瓛讲《月令》毕，谓学生严植之曰："江左已来，阴阳律数之学废矣。吾今讲此，曾不能得其仿佛。"吴明彻就周弘正学天文、孤虚、遁甲，略通其术，遂以英雄自许，陈武帝亦深奇之。盖尚玄谈者多，能究心于数理者，亦已微矣。与道家相近者，莫如法术之学。

钟会道论，实乃刑名，已见前。清谈其名，华竞其实，督责之术，相须实亟，故亦有留意其说者。王坦之颇尚刑名学，著《废庄论》；李充幼好刑名之学，深抑浮虚之士是也。然亦能通其说而已，不能有所发明羽翼，观《隋志》名法之书，率皆三国以前物可知也。名家之学，与法家相辅车，然寡实用，故其道尤微。

《晋书·隐逸传》：鲁胜，著述为世所称，遭乱遗失，惟注《墨辩》存。其叙曰："自邓析至秦时，名家世有篇籍，率颇难知，后学莫复传习。于今五百余岁，遂亡绝。《墨辩》有《上》《下经》，《经》各有《说》，凡四篇。与其书众篇连第，故独存。"然则名家之书单行者，已皆亡佚，此可证今之《邓析》《公孙龙子》，皆为伪物也。

《三国·魏志·钟会传注》云：淮南人刘陶，善论纵横，为当时所称。每与王弼语，尝屈弼。王衍以好论纵横之术，卢钦举为辽东大守，已见第二十二章第四节。《晋书·袁悦之传》云：能长短说，甚有精理。始为谢玄参军，为玄所遇。丁忧去职，服阕还都，止赍《战国策》，言天下要惟此书。此皆好尚纵横家言者，然亦无所发明羽翼。《隋志》有《鬼谷子》三卷，皇甫谧注，盖即谧之所缉。谧之言多不可信，此书不必即今《鬼谷子》，然谧之书即存，亦未必可观也。

第五节　史学

汉世述作，多在东观；魏世始置著作郎，或隶中书，或隶秘书；已见《秦汉史》第十九章第五节，及本编第二十二章第三节。《史通·史官建置篇》曰："旧事，佐郎职知博采，正郎资以草传，如正佐有失，则秘监职思其忧。其有才堪撰述，学综文史，虽居他官，或兼领著作。亦有虽为秘书监，而仍领著作郎者。齐、梁二代，又置修史学士。陈氏因循，无所变革。"案《隋书·经籍志》曰："史官废绝久矣。魏、晋已来，其道逾替。南、董之位，以禄贵游。政、骏之司，罕因才授。故梁世谚曰：上车不落则著作，体中何如则秘书。"此其所以不得不别取他官，增设新职欤？

《隋书·百官志》谓梁有撰史学士，《陈书·文学传》：张正见、阮卓，皆尝为撰史著士，盖即刘知几所云修史学士。史官不必能举其职，丧乱时亦或暂缺其官，然载笔之司，究为执政所重，故少获安定，即复设立。元帝渡江，祖纳劝设史官，当时未用其议，未几，王导复以为言，即于建武元年十一月设立，是其事矣。见纪。祖纳，逖兄。元帝作相，引为军谘祭酒。纳好弈棋。王隐以其少长五都，游宦四方，华夷成败，皆所闻见，劝以记述。纳因荐隐于元帝。元帝以问记室参军钟雅。雅曰："纳所举虽有史才，而今未能立也。"事遂停，然史云："史官之立自纳始，"盖纳实首发其议者也。见《晋书·逖传》。

割据僭伪诸国，亦多设置。《史通》言之颇详。亦有散见诸载记者。

《史通》云："伪汉嘉平初，公师彧以大中大夫领左国史，撰其国君臣纪传。前凉张骏时，刘庆迁儒林郎中常侍，在东苑撰其国书。蜀李与西凉二朝，记事委之门下。南凉主乌孤，初定霸基，欲造国纪，以其参军郎韶为国纪祭酒，始撰录时事。自余伪主，多置著作官，若前赵之和苞，后燕之董统是也。"嘉平，刘聪伪号。和苞撰《汉赵纪》十卷，见《隋书·经籍志》，此外皆无可征。诸国置史官之事，见于载记者：《晋书·石勒载记》：勒伪称赵王，命记室佐明楷、程机撰《上党国记》，中大夫傅彪、贾蒲、江轨撰《大将军起居注》，参军石泰、石同、石谦、孔隆撰《大单于志》。及僭号，又擢拜大学生五人为佐著作郎，录述时事。

《李雄载记》言雄兴学校，置史官，已见第一节。《苻坚载记》言：坚母少寡，将军李威，有辟阳之宠，史官载之。坚收起居注及著作所录而观之。见其事，惭怒。乃焚其书，而大检史官，将加其罪。著作郎赵泉、车敬等已死，乃止。《魏书·临渭氏传》亦载其事。又《北史·序传》：凉武昭王时，有白狼、白兔、白雀、白雉、白鸠等集于园间。群下以为白祥金精所诞，皆应时邕而至，氐有神光、甘露、连理、嘉禾众瑞，请史官记其事。昭王从之。此史官，当即知几所谓门下也。

知几又云："元魏初称制，即有史臣。杂取他官，不恒厥职。其后始于秘书置著作局。正郎二人，佐郎二人。其佐参史者，不过一二而已。普泰已来，参史稍替。别置修史局。其职有六人。当代都之时，史臣每上奉王言，下询国俗，兼取工于翻译者，来直史曹。及洛京之末，朝议又以为国史当专任代人，不宜归之汉士。于是以谷纂、山伟，更主文籍。凡经二十余年。其事缺而不载。"

案《魏书·高宗纪》：和平元年，六月，崔浩之诛也，史官遂废，至是复置。著作之设，当在此时。别置修史局，则史无可考。《序纪》言魏之初，世事远近，人相传授，如史官之纪录。见第三章第八节。《序纪》固不足信，然书契前事，十口相传，则理所可有。《奚斤传》云：斤聪明强识，善于谈论。远说先朝故事，虽未皆是，时有所得。听者叹美之。《北史·魏诸宗室传》云：元丕，声气高朗，博记国事。飨燕之际，恒居坐端，必抗音大言，叙列既往成败。代都所询，盖即此辈。

《魏书·王慧龙传》：曾孙遵业，位著作佐郎，与司徒左长史崔鸿同撰起居注。迁右军将军，兼散骑常侍，慰劳蠕蠕。乃诣代京，采拾遗文，以补起居所缺。则迁洛以后，仍未尝不以是为重。末叶专任代人，事见《山伟传》。《传》云：綦俊及伟等，谄说上党王天穆及尔朱世隆，以为国书正应代人修缉，不宜委之余人。是以俊、伟等更主大籍。守旧而已，初无述著。故自崔鸿死后，迄终伟身，二十许载，时事荡然，万不记一。后人执笔，无所冯藉。史之遗缺，伟之由也。未及谷纂。《刘仁之传》云：深为尔朱世隆所信用。出帝初，为著作郎，兼中书令。既非其才，在史未尝执笔。则其时之失职者，尚不仅纂、伟二人也。盖由尔朱擅权，多行不义，且曾戕贼朝士，虑中原士大夫直笔书之，故如是也。

知几又云："高齐及周，迄于隋代，其史官以大臣统领者，谓之监修国史，齐世如高隆之、赵彦深、崔季舒、张雕虎，周世如柳敏等，皆尝居此职。自领则近循魏代，远效江南。惟周建六官，改著作之正郎为上士，佐郎为下士。名字虽易，而班秩不殊。"又云："又案《晋令》：著作郎掌起居集注，撰录诸言行、动伐，旧载史籍者。元魏置起居令史，每行幸燕会，则在御左右，记录帝言及宾客酬对。后别置修起居注二人，多以余官兼掌。"

案《魏书·高祖纪》：大和十四年，二月，初诏定起居注制。十五年，正月，初分置左右史官。盖即所谓别置二人者？然《邓渊传》言：大祖诏渊撰国记，渊撰十余卷，惟次年月起居行事而已，未有体例，盖即起居注之伦？足见其有纪录，由来已久。后来刘芳从驾南巡，撰述行事，亦起居注之类也。起居注直书其事，别无裁断，《陈书·文学传》：何之元作《梁典》，其《序》曰："臧荣绪称史无裁断，犹起居注耳。"起居注亦有病其繁芜，加以删削者，如徐勉删起居注为六百卷是也。然此等删削，亦不足语于裁断。然实为撰述之本，故历代皆重视其事，废绝之时甚少，如魏建义初辛绍先曾孙贲，天平中陈元康、卢玄曾孙元明，西魏大统四年申徽，皆尝从事于此，皆流离颠沛之际也。

而其书之传者亦颇多。《隋志》著录，凡四十四部，一千一百八十九卷。《隋书·经籍志》：杂史类有《梁皇帝实录》，一三卷，周兴嗣撰，记武帝事。一五卷，谢吴撰，记元帝事。霸史类有《敦煌实录》，刘景撰，景，唐人避讳之字，即刘昞也。盖就此略加删削者。此为官家史料大宗。间有别行记录者，如《宋书·萧思话传》言：大祖使思话上平定汉中本末，下之史官；《梁书·萧子恪传》言：子恪启撰高祖集，并《普通北伐记》；其书凡五卷，亦见本传。则似清世之方略矣。史事虽设官记录，然断不能备，故仍或求诸私家。

《北齐书·文宣帝纪》：天保元年，八月，诏曰："朕以虚寡，嗣弘王业。思所以赞扬盛绩，播之万古。虽史官执笔，有闻无坠，犹恐绪言遗美，时或未书。在位王公，文武大小，降及民庶，爰至僧徒，或亲奉音旨，或承传旁说，凡可载之文籍，悉宜条录封上。"其询访所及，亦可谓广矣。官书固难信据，私家撰述，亦或苟阿所好，不必皆实。

南朝之普断立碑，《南史·裴松之传》：松之以世立私碑，有乖事实，上表陈之。以为"诸欲立碑者，宜悉令言上，为朝议所许，然后听之。庶可以防遏无征，显彰茂实。"由是普断。北朝之不受行状，《魏书·甄琛传》：琛死，大臣议谥文穆。吏部郎袁翻以为不实，奏请改谥孝穆。且言"今之行状，皆出自其家，任其臣子，自言君父之行，是以极辞肆意，无复限量。请自今已后，明勒大常、司徒：有如此者，悉请裁量，不听为受。"盖以此也。

撰述之体，当时史家所习用者，为纪传及编年。《隋书·经籍志》：史部分目十三：曰正史，曰古史，曰杂史，曰霸史，曰起居注，曰旧事，曰职官，曰仪注，曰刑法，曰杂传，曰地理，曰谱系，曰簿录。自起居注已下，皆只可谓之史材，非编纂已成之史籍也。杂史者，其书出于私家，《志》所谓"灵、献之世，天下大乱，史官失其常守，博达之士，愍其废绝，各纪闻见，以备遗亡，是后群才景慕，作者甚众"者也。霸史则以其为偏方割据，别立一门耳，其实二者之体例，皆与正史、古史同。古史即编年也，《隋志》以其体放自《春秋》，谓之古史。刘知几作《史通》，其《古今正史篇》，亦以纪传、编年，二体并列。

而纪传之体，尤为见重。可看《魏书·高祐传》。一以作者率循迁、固，一亦以纪传之体，兼有书志，可详典章经制，于史实之网罗，尤为该备也。分史事为理乱兴衰、典章经制二类，说见马贵与《文献通考序》。此非贵与一人之私言，乃自来史家之公意也。高祐修魏史奏云："纪传区别，表志殊贯，如此修缀，事可备尽，"亦是此意。

自《汉书》而降，所谓正史，悉系断代为书，颇为主通史者所非议。然自唐以前，修史之家，实未尝谓史当断代。特往史所重，偏在政事，而其记载多出史官，一姓之兴亡，自为政局一大变，新朝继起，必命史臣，搜集前朝之事，编纂成书，而断代之体，遂成于无意之间耳。东京已降，纪传之体，作者多家，而通行者率不过一种。

《后汉书》为范晔。谢承《后汉书》，成于三国之世，已见《秦汉史》第十九章第五节，此外《隋志》所著录者，又有薛莹《后汉记》，司马彪《续汉书》，华峤《后汉书》，谢沈《后汉书》张莹《后汉南记》，袁山松《后汉书》。《梁书·萧子恪传》，言其弟子显，尝采众家《后汉》，考正同异，为一家之书，传末叙所著书，有《后汉书》一百卷，则又《隋志》所未著录也。

编年之体，《隋志》所著录者，有袁彦伯《后汉记》，张璠《后汉记》，袁晔《献帝春秋》三家。案范晔书十志未成，今《后汉书》中之志，乃后人以司马彪书补之者也。华峤书十典亦未成，其子彻、畅，相继成之，见《晋书》本传。《三国志》为陈寿。三国史记，王化有《蜀书》，韦曜有《吴书》，已见《秦汉史》第十九章第五节。《魏书》，正元中成于王沈。《晋书》本传云：与荀颉、阮籍同撰，多为时讳，未若陈寿之实录。

据《史通·古今正史篇》，同撰者又有韦诞、应璩、孙该、傅玄，《晋书·玄传》，又有缪施。《隋志》著录：正史类有环济《吴纪》，编年类有孙盛《魏氏春秋》，阴澹《魏纪》，孔舒元《魏氏春秋》，据《史通》，又有鱼豢《魏略》，事止明帝。王隐《蜀记》，张勃《吴录》。《魏书·张彝传》：彝子始均，尝改陈寿《魏志》为编年之体，广益异闻，为三十卷。又《儒林·梁祚传》：祚撰并陈寿《三国志》，名曰《国统》。

《晋书》则唐代官纂之本。晋史撰述，始于陆机。《史通·古今正史篇》云："机为著作郎，撰三祖纪，束晳为佐郎，撰十志，会中朝丧乱，其书不存。"而《隋志》古史类有机《晋纪》四卷。案《晋书·干宝传》载王导请立国史疏，谓："宣皇帝廓定四海，武皇帝受禅于魏，而纪传不存于王府。"则似王室无其书，而民间犹有传本也，王隐为著作郎，撰《晋书》。后为虞预所毁，免官，依庾亮于武昌，书乃得成。而虞预窃隐之作，亦成《晋书》四十余卷，事见《晋书》本传。隐之书，《隋志》正史类著录八十六卷，《注》云：本九十三卷，《史通》云八十九卷，未知孰是。要其书于西都旧事，最为该备，则无疑也。干宝为著作郎，著《晋纪》，自宣帝迄愍帝，凡二十卷，亦见《晋书》本传。

《隋志》在古史类，云二十三卷。过江而后，《史通》云："自邓粲、孙盛、王韶之、檀道鸾已下，相次继作。远则偏纪两帝，近则惟叙六朝。至宋，湘东大守何法盛，始撰《晋中兴书》，勒成一家，首尾该备，齐隐士东莞臧荣绪，又集东西二史，合成一书，皇家贞观中，有诏以前后史十有八家，制作虽多，未能尽善，乃敕史官，更加纂录。采正典与旧说数十余部，兼引魏史、十六国书。为《纪》十，《志》二十，《列传》七十，《载记》三十，并《叙例》《目录》，合为百三十二卷。自是言晋史者，皆弃其旧本，竟从新撰者焉。”此即今之《晋书》，而唐人称为《新晋书》者也。

邓粲、孙盛，《晋书》皆有传。王韶之，《宋史》有传。盛之书，本传云：有两本，其说殊不足信，韶之之书，有荀伯子同撰，见《宋书·伯子传》。法盛书，《南史·徐广传》谓其窃诸郗绍，说亦似不足信。十八家，浦起龙《史通通释》云：“隋唐二志，正史部凡八家，其撰人则王隐、虞预、朱凤、何法盛、谢灵运、臧荣绪、萧子云、萧子显也。编年部凡十一家，其撰人则陆机、干宝、曹嘉之、习凿齿、邓粲、孙盛、刘谦之、王韶之、徐广、檀道鸾、郭季产也。盖十九家，岂缘习氏独主汉斥魏，以为异议，遂废不用欤？”说近亿测，疑事毋质，不必尽求其人以实之可也。

《隋志》著录，又有梁时有其书，而作《志》时已亡之者：郑忠《晋书》七卷，虞铣《东晋新书》七卷其不著录而见于史传者：晋荀绰有《晋后书》十五篇，谢沈有《晋书》三十余卷，沈约有《晋书》百一十卷。未成而颇传于世者：崔浩有《晋后书》五十余卷。有志而未成者：齐有袁炳，魏有宋世景、裴伯茂、魏长贤。

沈约之书，据《宋书·自序》，凡成百二十卷，遇盗失其第五帙。以《梁书》所载卷数核之，所失者凡十卷。《序》云：“源流虽举，而采缀未周。”以被敕撰国史，后又撰起居注，遂无暇搜撰，则其书实未成。《宋书·谢灵运传》云：大祖令撰《晋书》，粗立条流，竟不能就。其书实亦未卒业也。《宋书》成于沈约。《宋书》，何承天草立纪传，止于武帝功臣。其所撰书，惟天文、律历。此外悉委山谦之。谦之病亡，苏宝生续造诸传。元嘉名臣，皆其所撰。宝生被诛，徐爰踵成前作，起自义熙之初，迄于大明之末。其臧质、鲁爽、王僧达诸传，则系孝武自造。自永元至于禅让，十余年间，缺而不续。

永明五年，沈约被牧撰著。六年，十月，表上之，云：“所撰诸志，须成续上。”事见《宋书》约《自序》。其书实多因徐爰之旧，故于革易之际，为宋讳者，反甚于为齐。说见《廿二史劄记》。《齐书·文学·王智深传》言：世祖使沈约撰《宋书》，又敕智深撰《宋纪》，成三十卷。世祖后召见于璿明殿，令拜表奏上。表未奏而世祖崩。隆昌元年，敕索其书。《梁书·裴子野传》，谓其曾祖松之，宋元嘉中，受诏续修何承天《宋史》，未及成而卒。子野尝欲继成先业。

及齐永明末，沈约所撰《宋书》既行，子野更删撰为《宋略》二十卷。《史通·古今正史篇》云：松之之卒，史佐孙冲之表求别自创立，为一家之言。冲之盛曾孙，事见《臧质》《邓琬传》。其书盖未及成。《齐书·刘祥传》云：祥撰《宋书》，讥斥禅代。尚书令王俭密以启闻。武帝衔而不问。《陆澄传》云：欲撰《宋书》，竟不成。

《隋志》著录，沈约、裴子野而外，纪传类有徐爰、孙严《宋书》各六十五卷，古史类有王琰《宋春秋》二十卷。《齐书》成于萧子显。子显之书，《梁书》本传作六十卷，《隋志》同。今本止五十九卷，盖佚《自序》一篇。其略，犹存于《南史》本传中也。

《齐书》撰述，始于檀超、江淹。建元二年，初置史官，以超、淹掌其职。超史功未就而死。淹所撰凡十三篇，见《南史》本传。《隋志》正史类，亦著录淹《齐史》十三卷。《梁书·淹传》云：淹所著《齐史》十志，行于世。十志，《南史》作传志。按《史通》云："淹始受诏著述，以为史之所难，无出于志，故先著十志，以见其才。"云先著，后必更有所述，则《南史》是也。

此外《隋志》又有沈约《齐纪》二十卷，刘陟《齐纪》十卷。约著《齐纪》，亦见《梁书》本传。以上皆纪传体。其编年体，则《隋志》有吴均《齐春秋》三十卷。均作是书，求借齐起居注及群臣行状。梁武帝不许。均遂私撰。书成，奏之。书称帝为齐明帝佐命。帝恶其实录，使诘其事之不实者，焚之。均坐免职。然其私本仍行。事见《梁书》《南史》本传及《史通》。

《齐书·檀超传》云：豫章熊襄著《齐典》，上起十代。其《序》云，"《尚书·尧典》谓之《虞书》，故通谓之齐。"《南史》同。其书所述，盖不仅齐事。《隋志》不著录，而有王逸《齐典》五卷，萧万《齐典》十卷，皆在古史类。《梁书·裴子野传》，言其欲撰《齐梁春秋》，始草创，未就而卒。

《梁》《陈书》成于姚思廉。梁史：《史通》云：武帝时，沈约、周兴嗣、鲍行卿、谢昊相承撰录，已有百篇。承圣沦没，并从焚荡。《梁书·沈约传》言：所著有《高帝纪》十四卷，《隋志》著录谢昊《梁书》四十九卷。《注》云：本一百卷。盖相承至昊，共得百篇，非昊一人所撰也。陈初，杜之伟、许亨，大建时顾野王，并知梁史，亨书成者五十八卷，皆见《陈书》本传。亨子善心，《隋书》有传，云：其父尝撰《齐书》五十卷。

《梁书》纪传，随事勒成，及缺而未就者，目录注为一百八卷。梁室交丧，一时亡散。陈初为史官，依旧目录，更加修撰，且成百卷。已有六帙五十八卷上秘阁讫。善心祯明二年聘隋而陈亡。其书存者六十八卷，又并缺落失次。善心随见补葺，成七十卷。《陈书》所著，盖其上秘阁之本？《隋志》著录许亨《梁史》五十三卷，则又有所缺也。以上皆纪传体。其编年体：《隋志》著录，有刘璠《梁典》三十卷，何之元《梁典》三十卷，阴僧仁《梁撮要》三十卷，姚勖《梁后略》十卷，萧韶《梁大清纪》十卷，萧世怡《淮海乱离志》四卷。

刘璠之书，实成于其子祥之手，事见《周书》本传，何之元之书，起齐永元二年，迄王琳遇获，见《陈书》本传。《史通》谓之元与璠合撰《梁典》三十篇，合字盖各字之误？姚勖，僧垣子，事见《周书·僧垣传》。萧韶，见《南史·梁宗室传》。云其书承湘东之旨，多非实录。陈史：《史通》云：初有顾野王、傅縡，各为撰史学士。《武文二帝纪》，即其所修。《唐志》有野王、縡《陈书》各三卷，而《隋志》有陆琼《陈书》四十二卷，《注》云讫宣帝，疑野王、縡之书，亦包括其中矣。姚察在梁、陈二代，皆知史职。隋开皇九年，敕其撰成二史。事见《陈书》本传。然其书仍未能成，至唐贞观中，乃成于其子思廉之手焉。

晋世北方诸国，总集于崔鸿之《十六国春秋》。其书虽成于魏世，而专详僭伪[8]，不著晋朝，民族大义，可谓较然彰著。嬴秦以后，吾国久成统一之局，偏隅割据者，原不能视之为国，故至唐世，遂将其行事，编为载记，入之《晋书》，视如汉末之群雄矣。十六国史，《史通》述之较详，今录其说如下。

《古今正史篇》曰：“前赵刘聪时，领左国史公师彧撰《高祖本纪》及《功臣传》二十人，甚得良史之体。凌修谮其讪谤先帝，聪怒而诛之。刘曜时，和苞撰《汉赵记》十篇，事止当年，不终曜灭。后赵石勒，命其臣徐光、宗历、傅畅、郑愔等撰《上党国记》《起居注》《赵书》。其后又令王兰、陈宴、程阴、徐机等相次撰述。至石虎，并令刊削，使勒功业不传。其后燕大傅长史田融，宋尚书库部郎郭仲产，北中郎将王度，追撰石事，集为《邺都记》《赵记》等书。

前燕有《起居注》，杜辅全录，以为《燕记》。后燕建兴元年，董统受诏草创后书。著《本纪》并《佐命功臣》《王公列传》，合三十卷。其后申秀、范亨，各取前后二燕，合成一史。南燕有赵郡王景晖，尝事德、超，撰二主《起居注》。超亡，仕于冯氏，仍撰《南燕录》六卷。蜀李势散骑常侍常璩撰《汉书》十卷。后入晋秘阁，改为《蜀李书》。

璩又撰《华阳国志》，具载李氏兴灭。前凉张骏十五年，命其西曹边浏集内外事，以付秀才索绥，作《凉国春秋》五十卷。又张重华护军参军刘庆，在东苑专修国史二十余年，著《凉记》十二卷。建康大守索晖，从事中郎刘昞，又各著《凉书》。前秦史官，初有赵渊、车敬、梁熙、韦谭，相继著述。苻坚尝取而观之。见苟大后幸李威事，怒而焚灭其本。后著作郎董谊，追录旧语，十不一存。及宋武帝入关，曾访秦国事。又命梁州刺史吉翰问诸仇池，并无所获。

先是秦秘书郎赵整，参撰国史。值秦灭，隐于商洛山，著书不辍。有冯翊车频，助其经费。整卒，翰乃启频纂成其书。以元嘉九年起，至二十八年方罢。定为三卷。而年月失次，首尾不伦。河东裴景仁，又正其讹辟，删为《秦纪》十一篇。后秦扶风马僧虔、河东卫隆景、并著秦史，及姚氏之灭，残缺者多。泓从弟和都仕魏，又追撰《秦记》十卷。夏天水赵思群，北地张渊，于真兴、承光之世，并受命著其国书。及统万之亡，多见焚烧。

西凉与西秦、北燕，其史或当代所书，或他邦所录。段龟龙记吕氏，宗钦记秃发氏，韩显宗记吕、冯氏。惟此三者可知，自余不详谁作。魏世，黄门侍郎崔鸿，乃考核众家，辨其同异。除烦补缺，错综纲纪。易其国书曰录，主纪曰传。都谓之《十六国春秋》。鸿始以景明之初，求诸国逸史。逮正始元年，鸠集稽备，而犹缺蜀事，不果成书。推求十五年，始于江东购获。乃增其篇目，勒为十卷。鸿殁后，永安中，其子缮写奏上，请藏诸秘阁。由是伪史宣布，大行于时。”案高祖，刘渊伪号。

《隋志》有田融《赵书》十卷，王度《二石传》二卷，《二石伪治时事》二卷，范亨《燕书》二十卷。《注》云：记慕容儁事。张诠《南燕录》五卷，王景晖《南燕录》六卷，皆《注》云：记慕容德事。又有游览先生《南燕书》七卷。《魏书·郦范传》：范弟子恽，撰慕容氏书不成。《崔逞传》：慕容暐时举上计掾，补著作郎，撰《燕记》；《封懿传》：懿撰《燕书》，颇行于世，则《隋志》皆不著录。常璩之书，《隋志》名《汉之书》，十卷。《华阳国志》亦著录，十二卷。又云：梁有《蜀平记》十卷，《蜀汉伪官故事》一卷，亡。刘景《凉书》十卷，《注》云：记张轨事。

又有《敦煌实录》十卷。景为昞避讳字，已见前。《魏书·昞传》云：《凉书》十卷，《敦煌实录》二十卷。《隋志》又有张谘《凉记》八卷，《注》亦云记张轨事。喻归《西河记》二卷，《注》云：记张重华事。苻坚焚史，事已见前。裴景仁之书，《隋志》著录为十一卷。又有何仲熙《秦书》八卷，《注》云：记苻健事。景仁之书，亦见《南史·沈怀文传》，云十卷。姚和都书，《隋志》亦著录。真兴，勃勃伪号，承光，昌伪号，夏、西凉、西秦三国，《隋志》皆无书。段龟龙书，《隋志》著录十卷。宗钦，《魏书》有传，云钦在河西，撰《蒙逊记》十卷，无足可称。不云记秃发氏。

《隋志》有《拓跋凉录》十卷，不著撰人。韩显宗，《魏书》亦有传。云撰《冯氏燕志》十卷，不云记吕氏。则《史通》宗钦记秃发氏，韩显宗记吕、冯氏二句有误。浦起龙改为“宗钦记沮渠氏，失名记秃发氏，韩显宗记冯氏”，与《魏书》《隋志》虽合，然合段龟龙记吕氏，凡有四种，与“惟此三者可知”句，文义又属不符。浦氏又改惟此为“惟有”，云“本有四种，其一失名，故云三者”。殊属牵强。则元文虽误，浦氏所改，亦未为是也。《隋志》有《凉书》十卷，高道让撰。

又《凉书》十卷，《注》云：沮渠国史，而不著撰人。道让，谦之字。其父崇。崇父潜，妻沮渠牧犍女武威公主，公主痛本生绝胤，以崇继牧犍后，后乃启复本姓，事见《魏书·崇传》。韩显宗书，《隋志》不著录，而有高闾《燕书》十卷，《注》云：记冯跋时事。崔鸿之书，《魏书》本传云：鸿二世仕江左，故不录僭晋、刘、萧之书。又恐识者贵之，未敢出行于外。世宗闻其撰录，遣散骑常侍赵邕诏鸿随成者送呈。鸿以其书有与国初相涉，言多失体，且既未讫，迄不奏闻。鸿后典起居注，乃妄载其表，云谨以所讫者附臣邕呈奏。

自正光以前，不敢显行其书。自后，以其伯光贵重当朝，知时人未能发明其事，乃颇相传读。亦以光故，执事者遂不论之。子子元，永安中，乃奏其父书。据此，知鸿书于十六国事与魏相关者，必多存直笔，而惜乎其已亡也。初不肯顺虏意进呈，而后乃妄载其表，盖以为书经呈奏，则攻击者较难为辞，此史家欲存史迹之苦心。

正光已后，魏已无复纲纪，鸿故敢行其书，不必由于光之当权。至于永安，则拓跋氏仅亦守府矣，此其子所以又欲借中秘之力而存之也。《北史·崔亮传》：齐文襄尝言崔肇师合诛。左右问其故。曰：“崔鸿《十六国春秋》，述诸僭伪，而不及江东。”左右曰：“肇师与鸿别族”，乃止。虏恶其书如此，则其书之能秉大义可知，鸿可谓明于夷夏之界矣。

其书，《魏书》云子元奏进者一百二卷。浦起龙因改《史通》勒为十卷之十字为一百二，然《史通》此句，或指其得蜀事后所增卷数言之，亦未可专辄也。

《魏书》成于魏收，号为秽史。隋世尝命改造，然其书未能行。魏初命邓渊著国记，后又命崔鸿总史事，浩之诛，以史事为名，已见第八章第六节。其后高允、刘模，并典史事，史言其大较续浩故事，可见浩书实未尝废，其诛，特以此为名而已。史又言允虽久典史事，而不能专勤著述。又言允年已九十，目手稍逊，多遣模执笔，而指授裁断之。如此五六岁。允所成篇卷，著论上下，模与有功焉。则允虽尸其名，主其事者实模也。

《高祖纪》：大和十一年，十二月，诏秘书丞李彪、著作郎崔光改析国记，依纪传之体。《彪传》云：自成帝已来，至于大和，崔浩、高允，著述国书，编年叙录，为春秋之体。遗录时事，三无一存。彪与秘书令高祐，始奏从迁固之体，奏见《祐传》。据其辞，则纪传之体，起于皇始，盖自此以前，事迹希简，且无年月，不能编年，故不能作本纪。今《魏书》之《序纪》，其体，或亦沿自祐等邪？彪后因事失官。世宗践阼，求以白衣修史，如王隐故事。其表云：自大和十五年以来，频有南辕，载笔遂寝。其时居史职者，傅毗、阳尼、邢产、宋弁、韩显宗等，皆登年不永；程灵虬改从他职；惟崔光一人不移任，而亦侍、官两兼，故载述致缺焉。《崔光传》云：光虽领史官，以彪意在专功，表解侍中著作以让彪，世宗不许。景明二年，秋，彪卒。四年，以孙惠蔚代光领著作。首尾五载，无所厝意。

明帝立，诏光还领著作。光年耆多务，疾病稍增，而自强不已。然其书终未能成。正光四年卒。临卒，言弟子鸿于肃宗。五年，正月，诏鸿以本官修辑国史。寻亦卒。《魏书·自序》云：世宗时，命邢峦追撰高祖起居注。书至大和十四年。又命崔鸿、王遵业补续焉。下讫肃宗，事甚委悉。尔朱兆入洛，官守奔散。国史典书高法显密埋史书，故不遗落。领著作郎山伟，自以为功，得封东阿县伯，法显止获男爵。伟与綦俊等更主史籍，无所述作，已见前。

北齐文宣天保二年，诏魏收撰魏史。国史而外，兼以济阴王晖业《辨宗室录》为据。五年，三月，奏上《纪》百一十卷。十一月，复奏十《志》。事见《魏书·自序》。收之修《魏书》，史言其多快恩怨，私亲戚，所引史官，恐其陵逼，亦惟取先相依附者。致为诸家子孙所诉。文宣先重收才，收又诬诉者欲相屠害，致诉之者转以获罪。然犹以群口沸腾，敕且勿施行，令群臣博议，听有家事者入署，不实者陈牒，于是投牒者相次。收无以抗之。时左仆射杨愔，右仆射高德正，势倾朝野，与收皆亲。收遂为其家并作传。二人不欲言史不实，抑塞诉辞。终文宣世，更不重论。

孝昭皇建元年，诏收更加研审。收奉诏，颇有改正。乃诏行之。群臣仍多言魏史不实。武成复敕更审。收又回换，收既缘史事，多憾于人，齐亡之岁，收冢被发，弃其骨于外焉。以上皆见《北齐书·收传》。其说不知皆实否。然《传》言阳休之父固为北平大守，以贪虐，为中尉李平所弹获罪，载在《魏起居注》。而收书云：固为北平，甚有惠政，坐公事免官。又云：李平深相敬重，其事固信而有征，则收书之有曲笔，似无可解免也。

《崔㥄传》云：㥄为常侍，求人修起居注，或曰："魏收可。"㥄曰："收轻薄徒耳。"更引祖鸿勋为之。《收传》言其意存实录，好诋阴私。又曰：至于亲故之家，一无所说。是则伉直私曲，兼而有之。《高柔传》云：收撰魏史，启柔等与同其事。柔性颇专固，自是所闻，收常为嫌惮。又云：柔在史馆未久，逢勒成之际，志存偏党。与其内外通亲者，并虚美过实。深为时论所讥。则阿私所好者，正不独收一人，特收主持其事，遂为众矢之的耳。诉收获罪者，事见《北齐书》卢潜、李构、王松年等《传》。

《北史·崔光传》：光子劼，尝恨魏收书，欲更作编年纪，竟不能就。光家世史学，使其成之，其书当有可观也。齐后主武平四年，五月，诏史官更撰《魏书》，见《纪》。其事盖无所成？隋高祖诏魏澹别成魏史，时称简正，事见《隋书·澹传》及《北齐书·魏兰根传》。

《隋书·薛道衡传》：从子德晋，尝佐澹修《魏书》。然《潘徽传》言：炀帝又诏杨素更撰《魏书》，素薨而止，则魏澹之书，论者必仍有不满也。《北齐书》成于李百药。《史通·古今正史篇》："高齐史：天统初，大常少卿祖孝征述献武起居，名曰《黄初传天录》。时中书侍郎陆元规，常从文宣征讨，著《皇帝实录》，惟记行师，不载他事。自武平后，史官阳休之、杜台卿、祖崇儒、崔子发等相继注记，逮于齐灭。隋秘书监王劭，内史令李德林，并少仕邺中，多识故事。王乃冯述起居注，广以异闻，造编年书，号曰《齐志》，十有六卷。李在齐预修国史，创纪传书二十七卷。至开皇初，奉诏续撰，增多《齐史》三十八篇。已上送官，藏之秘府。

皇家贞观初，敕其子中书舍人百药，仍其旧录，杂采他书，演为五十卷。今之言齐史者，惟王、李二家焉。"《自注》云："王劭《齐志》，《序》云二十卷，今世间传者，惟十六卷。”《隋志》著录，则止十卷。又有崔子发《齐纪》三十卷。《杜台卿传》云：撰《齐纪》二十卷。《荣毗传》：兄建绪，仕周，平齐之始，留镇邺城，因著《齐纪》三十卷。《隋志》皆不著录。《周书》成于令狐德棻。宇文周史：《史通》云：“大统有秘书丞柳虬，兼领著作，直辞正色，事有可称。至隋开皇，中秘书监牛弘追撰《周纪》十有八篇，略叙纪纲，仍皆抵忤。皇家贞观初，敕秘书丞令狐德棻、秘书郎岑文本共加修缉，定为《周书》五十卷。”

《隋志》有牛弘《周史》十八卷，《注》云未成。事亦皆在唐世。《史通·古今正史篇》云：“大宗以梁、陈及齐、周、隋氏，并未有书，乃命学士分修，仍使秘书监总知其务。合为五代纪传，并目录凡二百五十二卷。书成下于史阁。惟有十志，断为三十卷，寻拟续奏，未有其文。又诏左仆射于志宁、大史令李淳风、著作郎韦安仁、符玺郎李延寿同撰。其先撰史人，惟令狐德棻重与其事。大宗崩后，刊勒始成。其篇第虽编入《隋书》，其实别行，俗呼为《五代史志》。”云合为五代纪传，则梁、陈、齐、周、隋之史，实未尝各别为书。

然则续修之志，亦与五代纪传合为一书，无所谓编入《隋书》也。五代既合为一书宋、齐、元魏何缘分立？隋实混一区宇，而亦继南北朝之后，则晋又何不可冠于南北朝之前？然则当时史家，果未尝谓史当断代。李延寿虽与官修，仍采杂史，补益官书，延寿与官修而必别为私史，意实在此，观其自序可知。编为南北纪传，而亦入隋于其中，其《自序》称以拟《史记》；知几论史，亦入之通史之家；其明证也。然意虽在于会通，书实成于各别。合居一简，未免无所取裁。当时虽合为一书，后人仍目为断代，盖以此也。

欲合隆古至于当代，萃为一编者，当时亦非无其人。梁武帝之《通史》，其最著者也。此书，《梁书·本纪》云六百卷，《史通·古今正史篇》云六百二十卷，《纪》盖以成数言之。《隋志》作四百八十卷，则有缺佚也。帝尝躬制《赞》《序》，亦见《本纪》。又语萧子显曰：“此书若成，众史可废。”其重视之可知。

《史通》云：其书“自秦已上，皆以《史记》为本，而别采他说，以广异闻。至两汉已还，则全录当时纪、传。《梁书·吴均传》言：此书起三皇，迄齐代，均草《本纪》《世家》已毕，惟《列传》未就卒。而上下通达，臭味相依。又吴、蜀二主，皆入世家。五胡及拓跋氏，列于夷狄传。大抵其体皆如《史记》，所异者惟无表而已。”断代之书，所以不能合为通史者，实以两朝衔接之际，不免复重、矛盾，今云上下通达，臭味相依，当有以袪此弊。云惟无表，则亦有志。表事不容刊落，盖当别有翦裁。《齐书·檀超传》。超掌史职，上表立条例，即谓封爵各详本传，无假年表。此书实郑樵《通志》之先河也。

顾野王尝撰《通史要略》一百卷，未就，《陈书》本传。盖又欲就斯书，加以删略。熊襄《齐典》，所述不仅齐事，说已见前。宋江夏王义恭尝撰《要记》五卷，起前汉讫晋大元，《宋书》本传。盖亦通史之体。北朝元晖，常山王遵曾孙。《史通》误作济阴王晖业。招集儒士崔鸿等，撰录百家要旨，以类相从，名为《科录》，凡二百七十卷。上起伏羲，迄于晋、宋，凡十四代。《魏书·昭成子孙传》。《北史·魏诸宗室传》无宋字。其书《史通》列为古今正史，而《隋志》入之子部杂家，盖以为类书也。

《魏书·儒林·平恒传》云：自周以降，暨于魏世，帝王传代之由，贵臣升降之阶，皆撰录品第，商略是非，号曰《略注》，合百余篇，似亦《科录》之类。《周书·明帝纪》言：帝集公卿已下有文学者八十余人，于麟趾殿刊校经史。又捃采众书，自羲、农已来，迄于魏末，叙为《世谱》，凡五百卷。《隋书·萧济传》：陈亡后济子从典入隋，杨素奏使续《史记》迄于隋，其书未就，则亦梁武作《通史》之志也。

斯时史家，颇知讲求体例。华峤《修汉后书》，以皇后入外戚传为不安，而改之为纪。《晋书》本传。檀超之掌史职，尝上表立条例，诏内外详议。其时王俭、袁彖，均有所论，见《齐书·超》及《彖传》。修史既皆断代，故其起讫之间，最烦论议。晋初作本朝之史，即议立限断。或云当起正始，魏废帝立之岁。或云当始嘉平，宣王杀曹爽之岁。或云当起泰始，武帝篡魏之岁。见《晋书·贾充传》。徐爰修宋史，起元义熙，载与高帝并起及为帝所戡定之人，而不取桓玄。表请详议。诏曰：“项籍、圣公，编录二汉，《桓玄传》宜在宋典。余如爰议。”

后沈约修《宋书》，则并桓玄、谯纵、卢循、马鲁及刘毅、何无忌、魏咏之、檀凭之、孟昶、诸葛长民等并删之，事见《宋书·爰传》及《自序》。魏收监修国史，议立齐元，阳休之、李德林等亦有议论，见《北齐书·休之》《隋书·德林传》。此皆论一史之断限者也。其分立时正统之论，则习凿齿首及之。

《晋书·凿齿传》载其临终上疏曰：“臣每谓皇晋宜越魏继汉，不应以魏后为之恪，而身微官卑，无由上达。今沈沦重疾，谨力疾著论一篇写上。”其论曰："今若以魏有代王之德，则其道不足，有静乱之功，则孙、刘鼎立。昔共工霸有九州，秦政奄平区夏，犹不见序于帝王，沦没于战国，何况暂制数州之人，威行境内而已？若以晋尝事魏，拘惜禅名，则惑之甚者也。禅代之义，不同尧、舜，校实定名，必彰于后，人各有心，事胡可掩？成业者系于所为，不系所藉。立功者言其所济，不言所起。有定天下之大功，为天下之所推，孰如见推于暗人，受尊于微弱？"论足王天下与否，纯以功德为准，而破拘于君臣之分，缪托禅让之名，实颇合民贵君轻之义也。凿齿正统之说，当以此论所言为正。《传》又言：凿齿以桓温觊觎非望，著《汉晋春秋》以裁正之，于三国时，蜀以宗室为正，则近亿度。

《晋书·天文志》云："魏文帝黄初六年，五月，壬戌，荧惑入大微。七年，五月，帝崩。《蜀记》称明帝问黄权：天下鼎立，何地为正？对曰：验天文。往者荧惑守心，而文帝崩，吴、蜀无事，此其征也。案三国史并无荧惑守心之文，疑是入大微。"以天象定正伪，则冥漠之说矣。

史也者，所以记人群之行事，以资鉴戒，非徒为一二人作起居注也。此义也，昔时史家，久已知之。然史官缘起。本君大夫之私人，所记者特其私事，记言记行，皆以表彰其人为主，此等见解，相沿不易化除，而视史家之褒贬为一身之荣辱者遂多矣。

《齐书·崔祖思传》：祖思陈政事曰："古者左史记言，右史记事，君举必书，尽直笔而不污，故上无妄动，知如丝之成纶。今者著作之官，起居而已。述事褒谀为体。世无董、狐，书法必隐。时缺南史，直笔未闻。"即深惜史职不举，不足使人歆惧者也。宋文帝欲封王昙首等，会燕集，出诏示之。昙首曰："岂可因国之灾，以为身幸？陛下虽欲私臣，当如直史何？"封事遂寝。荀丕恶于王俭，又上书极谏齐武帝，言甚直。帝不悦。竟于荆州狱赐死。徐孝嗣闻之曰："丕纵有罪，亦不应杀，数千年后，其如竹帛何？"《南史·齐豫章王嶷传》。魏孝文谓史官曰："直书时事，无讳国恶。人君威福自己，史复不书，将何所惧？"皆谓史笔，足儆人君。然君既赏罚任情，史又何所恃以奋其直笔？

《齐书·王智深传》：世祖使沈约撰《宋书》，疑立《袁粲传》，以谂世祖。世祖曰："袁粲自是宋家忠臣。"约又多载孝武、明帝诸鄙渎事。上遣左右谓曰："孝武事迹，不容顿尔。我昔经事宋明帝，卿可思讳恶之义。"于是多所省除。则视人君之意旨为进退矣。世祖敕智深撰《宋纪》，令奏上，未及而崩，郁林又索其书，已见前。《传》言智深初为袁粲所接，及撰《宋纪》，意常依依，世祖之索之，盖意实有所不释然，故郁林犹继其志也。刘祥撰《宋书》，讥斥禅代，世祖衔而不问，亦已见前。《南史》言祥又于朝士多所贬忽，著连珠十五首以寄其怀。或以启上，卒以是徙广州，则亦未尝不以他事中之矣。

观此，可知人君之于直笔，畏忌之深。《周书·柳虬传》：虬上疏曰："古人君立史官，非但纪事而已，盖所以为监戒。汉、魏已还，密为记注，徒闻后世，无益当时。且著述之人，密书其事，纵能直笔，人莫之知。何止物生横议，亦自异端互起。故班固致受金之名，陈寿有求米之论。著汉、魏者非一氏，造晋史者至数家。后代纷纭，莫知准的。诸史官记事者，请皆当朝显言其状，然后付之史阁。庶令是非明著，得失无隐。使闻善者自修，有过者知惧。"事遂施行。

《文帝纪》：魏恭帝元年，四月，帝大飨群臣。魏史柳虬执简书于朝曰："废帝文皇帝之嗣子。年七岁，文皇帝托于安定公，曰：是子才由于公，不才亦由于公，宜勉之。公既受重寄，居元辅之任，又纳女为皇后，遂不能训诲有成，致令废黜，负文皇帝付属之意，此咎非安定公而谁？"大祖乃令大常卢辩作诰谕公卿。此其所谓显言于朝者也，岂不令人作恶？虬以大统十四年除秘书丞，秘书虽领著作，不参史事，自虬为丞，始令监掌焉。十六年，修起居注，仍领丞事。周文之委任之，岂不以其能破密书之局，则知公论之莫予毒，而可以释然于怀也邪？

人君如此，人臣亦然。魏孝文谴妇人冠帽著小襦袄，任城王澄言著者犹少，孝文斥为一言丧邦，欲使史官书之，已见第二十一章第三节。梁取汉中，魏将乙速孤佛保自刎死，文帝诏著作录之。《北史·节义传》。丘冠先死于蠕蠕，齐武帝赐其子雄钱一万，布三十疋，雄不受。诣阙上书曰："臣父执节如苏武，守死如谷吉，遂不书之良史，甄之褒策，万代之后，谁死社稷？"《南史·孝义传》。

谢朓之死，谓门宾曰："寄语沈公：君方为三代史，亦不得见没。"皆视史家之褒贬为荣辱之大者也。源怀表陈其父贺拥立高宗及执立高祖之功，不沾茅土之锡。诏曰："宿老元臣，云如所诉，访之史官，颇亦言此，可依授北冯翊郡开国公。"可见私家勋伐，亦以书于国史者为准。故有见录者则引为殊荣，如李孝伯与张畅对问，书于《宋史·畅传》，其孙豹子，欲求其君之披览是也。其或见遗，则以为大戚，如诉魏收者或云遗其家世职位，或云其家不见记录，或云妄有非毁是也。

《收传》言：收性颇急，夙有怨者，多没其善。每言何物小子，敢共魏收作色？举之则使上天，按之则使入地。则藉此以肆其恣睢者，又有之矣。收《自序》曰：武定四年，献武于西门豹祠宴集，谓司马子如曰：“魏收为史官，书吾等善恶，闻北伐时诸贵常饷史官饮食，司马仆射颇曾饷不？”因共大笑。仍谓收曰：“卿勿见元康等在吾目下趋走，谓吾以为勤劳。我后世身名在卿手，勿谓我不知。”又言齐文宣诏收撰魏史，敕收曰：“好直笔，我终不作魏大武诛史官。”神武、文宣皆粗才，能作是语，可知此等见解入人之深矣。

《南史·王韶之传》曰：韶之为晋史，序王珣货殖，王廞作乱。珣子弘、廞子华并贵显，韶之惧为所陷，深附结徐羡之、傅亮等。少帝即位，迁侍中，出为吴郡大守。羡之被诛，王弘入相，领扬州刺史。弘虽与韶之不绝，诸弟未相识者，皆不复往来。韶之在郡，尝虑为弘所绳，夙夜勤励，政绩甚美。弘亦抑其私憾。文帝两嘉之。《裴子野传》云：齐永明末，沈约撰《宋书》，称松之已后无闻焉。

子野撰《宋略》云：戮淮南大守沈璞，以其不从义师故也。约惧，徒跣谢之，请两释焉。叹其述作曰：“吾弗逮也。”盖直道之难行如此。《隋书·卢思道传》云：齐天保中，魏史未出，思道先已诵之，由是大被笞辱。盖亦以秉笔者为恩怨所丛，虑其或受牵率，故当其未成之时，讳莫如深也。

史氏之初，本系记录故事，以备方来之参证，其为用，略如后世之档案，先代学者，留意于此者极多。《宋书·殷景仁传》云：景仁于国典、朝仪、旧章、记注，莫不撰录，识者知其有当世之志。

《梁书·孔休源传》：高祖尝问吏部尚书徐勉曰：“今帝业初基，须一人有学艺、解朝仪者，为尚书仪曹郎。为朕思之，谁堪其选？”勉对曰：“孔休源识鉴清通，谙练故实。自晋、宋起居注，诵略上口。”高祖亦素闻之。即日除仪曹郎中。是时多所改作每逮访前事，休源即以所诵记，随机断决，曾无疑滞。吏部郎任昉尝谓之为孔独诵。其有裨实用如此。

王彪之博闻多识，练悉朝仪。自是家世相传，并谙江左旧事。缄之青箱。世人谓之王氏青箱学。《宋书·王淮之传》。王伟之少有志尚，当世诏命表奏，辄手自书写。泰元、隆安时事，小大悉撰录之。《宋书·王韶之传》。伟之，韶之父也。韶之因此私撰《晋安帝阳秋》，既成，时人谓宜居史职，即除著作佐郎，使续后事，讫义熙九年。许懋尤晓故事，深为仪注之学。《梁书》本传。刘谅尤博悉晋代故事，时人号曰皮里晋书。《梁书·刘孝绰传》。江蒨好学，尤悉朝仪、故事，撰《江左遗典》三十卷，未就。《梁书》本传。凡此皆后世所谓掌故之学。《隋志》有旧事、仪注两门皆其书，刑法一门，律令而外，有制、科、议、议驳、弹事、奏事、决事、驳事，亦其类也。

汉世治古史者，当以韦曜、谯周、赵晔、袁康为巨擘。曜之《洞纪》，意在网罗放佚，求其完备。周之《古史考》，则是正旧闻，求其足信。晔与康之《吴越春秋》《越绝书》，则皆著传说于竹帛，使其不致湮灭者也。参看《秦汉史》第十九章第五节。

魏、晋以降，此风未替。皇甫谧有《帝王世纪》，盖《洞记》之伦。此书起三皇，尽汉、魏，见于《隋志》。其体例与《洞纪》之起庖牺至秦、汉，而黄武以后别作者同。《隋志》又有何茂材《续帝王世纪》十卷，疑本谧书续以晋已后事。其书在晋、南北朝之世，最为通行。观义疏言古事，多引此书，罕引《史记》可知。故当时即有为作音注者。《隋志》有虞绰《帝王世纪音》四卷，《北史·文成五王传》，安丰王猛之子延明，曾注《帝王世纪》。

来奥有《帝王本纪》，似亦《世纪》之类。杨晔有《华夷帝王世纪》，则似兼详外国者也。《隋志》所著录者，又有甄鸾《帝王世录》一卷。此书盖但记世系，故卷帙甚少。《刘絛·先圣本纪》十卷，所谓先圣，盖亦指古帝王，《志》云："自后汉已来，学者多钞撮旧史，自为一书。或起自人皇，或断之近代，亦各其志。而体制不经。又有委巷之说，迂怪妄诞，真虚莫测，然其大抵皆帝王之事"可证也。王子年《拾遗记》二卷，今尚存，可见迂怪妄诞之概，然亦多记古帝王事也。又有姚恭《年历帝纪》十卷，不著撰人《帝王诸侯世略》十一卷，盖亦主年代、世系。又有孟仪《周载》八卷，《注》云：记前代下至秦，盖古史之较略者。又有潘杰《王霸记》五卷，盖亦记古帝王，下逮战国。《晋书·陈寿传》云：寿撰《古国志》五十篇。寿尝师事谯周，其书或与周同调。

《司马彪传》云：彪以周为未尽善，条《古史考》中凡百二十二事为不当，多据《汲冢纪年》之义，亦行于世，则又周之诤友。然立说虽异，其途辙则同也。《杨方传》：谓方尝撰《吴越春秋》，《隋志》作《吴越春秋削繁》。

又有皇甫遵《吴越春秋》十卷，不著撰人《吴越记》六卷，盖皆以赵、袁二氏之书为不雅驯而改之。又有沈氏《南越志》八卷，则其所记，当较袁氏之书为广也。又有何承天《春秋前传》十卷，《春秋前杂传》九卷，乐资《春秋后传》三十一卷，盖记战国前事，而附丽于《春秋》，如司马光《通鉴》、刘恕《通鉴外纪》之例也。此节所引《隋志》之书，皆在杂史类。

一地方之史实，亦有留心搜缉者。常璩之《华阳国志》，其传于今而可见者也。崔慰祖著《海岱志》，起大公，迄西晋人物；本传云：四十卷，半未成。《隋志》在杂传类，二十卷。王遵业著《三晋记》；十卷。见《北史·王慧龙传》。遵业，慧龙曾孙也。盖亦其伦。

《隋志》云："后汉光武，始诏南阳撰作风俗。故沛、三辅有耆旧节士之序，鲁、庐江有名德先贤之赞。郡国之书，由是而作。"此后世方志之权舆，当时作者，盖以人物为重。然一地方之史实，包含其中者，必不少矣。宋段国有《吐谷浑记》一卷，《隋志》入霸史类，其地实在域外，亦可称为外国史也。

传记之作，此时最为浩繁。有该括全国者，如《隋志》所著录之《海内先贤传》《四海耆旧传》是也。有域于一地者，如陈寿之《益部耆旧传》，刘义庆之《江左名士传》是也。有专详一类人者，如嵇康之《圣贤高士传》，诸家之《孝子传》，梁元帝之《忠臣传》，钟岏之《良吏传》，张隐之《文士传》，范宴之《阴德传》，王瑱之之《童子传》，诸家之《列女传》，不著撰人之《美妇人传》是也。此实正史类传之伦。其兼容并包者，则谓之《杂传》。任昉、贺踪、陆澄皆有其书。踪书本七十卷，昉书本百四十七卷，可见其搜采之博。

就官守而传其人者，有梁元帝之《丹阳尹传》。网罗一时人物者，有袁敬仲之《正始人士传》，戴逵之《竹林七贤论》，专记一人者，如不著撰人之《东方朔传》，《毌丘俭记》，管辰之《管辂传》。家传亦有多家。就所知者而识之，则梁元帝之《怀旧志》也。

僧、道亦有列传，如《高僧传》《众僧传》《尼传》《列仙传》是。其专传一人者，则有如《法显传》《正一真人、三天法帅、张君内传》《嵩高寇天师传》。所传并有非人者，如《灵鬼志》《志怪》《神录》等是。梁元帝著《古今同姓名录》一卷，则人名辞典之先河也。

谱牒之作，斯时亦盛，以俗重阀阅故也。谱皇室者，如不著撰人之《汉氏帝王谱》《宋谱》是。元晖业之《辨宗录》，亦其类也。又有诸家之《百家谱》。一家之谱，则有如《京兆韦氏谱》《谢氏谱》。谱一方巨族者，如《益州谱》《冀州姓族谱》。官纂之书，以地、以姓为别，如梁有王司空《新集诸州谱》十一卷，又有《诸姓谱》一百一十六卷，梁武帝总责境内十八州谱六百九十卷，盖其最巨者矣。谱牒之书，亦非仅记世次。如《隋志》有《杨氏家谱状并墓记》一卷，裴子野有

《续裴氏家传》二卷。《南史》本传。陆煦著《陆史》十五卷，《陆氏骊泉志》一卷是。《梁书·陆果传》。参看第十七章第二节。

宋元嘉中，使何承天立史学，石勒使任播、崔濬为史学祭酒，已见第一节。私家亦有以此传授者。《隋志》云："正史作者尤广。一代一史，至数十家，惟《史记》《汉书》，师法相传，并有解释。《三国志》及范晔《后汉》，虽已音注，既近世之作，并读之可知。梁时明《汉书》者有刘显、韦棱，陈时有姚察，隋代有包恺、萧该，并为名家。该、恺并见《隋书·儒林传》，云：于时《汉书》学者，以萧、包二人为宗匠。聚徒教授，著录者数千人。其盛，不下于传经也。恺从王仲通受《史记》《汉书》，李密师事恺，受《史记》《汉书》，阎毗受《汉书》于该，皆见本传。该梁鄱阳王恢之孙，恺东海人。《北史·崔赡传》云：颍川荀济，自江南入洛，赡学于济，故得经史有师法。《隋书·儒林传》：又有吴郡张冲，撰《前汉音义》十二卷。《文学传》：刘臻，精于《两汉书》，时人称为《汉》圣，《杨汪传》：汪受《汉书》于臻。臻亦梁人，江陵陷没归萧詧者也。然则是时史学，实自南而北也。《旧唐书·儒林传》，秦景通，与弟暐尤精《汉书》。当时习《汉书》者皆宗师之。常称景通为大秦君，暐为小秦君。不经其兄弟指授，则谓之不经师匠，无足采也。又有刘讷，亦为当时宗匠。可见史学专门传授之风，至唐初而未绝也。《史记》传者甚微。"诸史述其时之人，熟精汉史者甚多，《梁书·文学传》云：臧严于学多所谙记，尤精《汉书》，讽诵略皆上口。《张缅传》：尤明后汉及晋代众家，客有执卷质缅者，随问便对，略无遗失。《南史·梁宗室传》：吴平侯景之子励，聚书至三万卷，披玩不倦尤好《东观汉记》，略皆诵忆。刘显执卷策，励诵应如流。乃至卷次，行数，亦不差失。《陈书·萧济传》：第三子从典，笃好学业，博涉群书，于班史尤所措意。《史记》则除裴骃作注外，骃松之子，见《宋书·松之传》。治者较罕，除前引萧恺事王仲通与《汉书》并受外，惟《晋书·刘殷传》言：殷有七子，五子各受一经，一子受《大史公》，一子受《汉书》。《南史·吴喜传》云：喜出身为领军府白衣吏。少知书。领军将军沈演之使写起居注。所写既毕，闇诵略皆上口。演之尝作让表，未奏失本，喜经一见，即写无所脱漏。演之甚知之。因此涉猎《史》《汉》，颇见古今，则不过涉猎而已，非真治学者也。

盖汉事近已而俗变相类，为用较切，而言古史者，《史记》之席，又为谯周、皇甫谧等书所夺也。《隋志》所云传受，盖重在训诂、音释，此马融从班昭受读《汉书》之旧，见《秦汉史》第十九章第五节。实尚不足语于史学。斯时史学之可称者，一在补苴罅漏[9]，一在提要钩玄。补苴罅漏之功，见于注释，《史通》言三国之志："异闻错出，其流最多。宋文帝以《国志》载事，伤于简略，乃命裴松之兼采众书，补注其缺。"《古今正史篇》。

《宋书·松之传》，称其"鸠集传记，广增异闻"，盖其所用心，实在于此。崔慰祖欲更注迁、固二史，采《史》《汉》所漏二百余事。《齐书·文学传》。刘昭伯父彤，集众家《晋书》注干宝《晋纪》，昭又集后汉同异，以注范晔书，世称博悉。彤书四十卷，昭书一百八十卷。《梁书》本传。卷帙并远逾于旧。王规亦集后汉众家异同，注《续汉书》二百卷。《梁书》本传。此等皆名为注，实则补也。

蔡谟总应劭以来注《汉书》者，为之集解。《晋书》本传。《梁元帝注汉书》百十五卷，《本纪》。其世子方等注范晔《后汉书》未就。《南史》本传。吴均注范晔《后汉书》九十卷。《梁书·文学传》。此等虽专于注释，亦必有荟萃之功。惟韦棱著《汉书续训》二卷，棱叡孙，见《南史·叡传》。则或专于音训耳。提要钩玄之功，见于抄撮。有为校勘同异者，如张缅抄《后汉》《晋书》众家异同，为《后汉纪》四十卷，《晋抄》三十卷，又抄《江左集》，未及成。《梁书》本传。裴子野抄合后汉事四十余卷。是也。《南史》本传。有欲删繁就简者，如袁峻抄《史记》《汉书》，各为二十卷，《南史·文学传》。于仲文撰《汉书刊繁》三十卷，见《北史·于栗磾传》。仲文，栗磾八世孙。

刘延明以三史文繁，著《略记》百三十篇，八十四卷，《北史》本传。阮孝绪有《正史削繁》九十四卷是也。《隋志》杂史类。《隋志》有汉卫飒《史要》十卷，《注》云：约《史记》要言，以类相从，亦见杂史类。此盖《科录》之先河。又有王蔑《史汉要集》二卷，《注》云：抄《史记》，入《春秋》者不录。亦见杂史类。盖合《史》《汉》及《春秋》去其重者也。

第六节　文学美术

晋、南北朝，为文字趋于靡丽之世。以诸葛亮之综事经物，而人或怪其文采不艳，见《秦汉史》第十九章第六节。即可见当时之风尚。《抱朴子·喻蔽篇》，述时人论王仲任者，病其“属辞比义，不尽美”，亦此等见解也。葛氏虽正其非，然其所作之文，亦繁而不杀。

《钧世篇》论今人之文学，不必不如古人，其说多通。然又云：“俱论宫室，奚斯路寝之颂，何如王生之赋《灵光》？同说游猎，叔曰卢铃之诗，何如相如之言《上林》？并美祭祀，《清庙》《云汉》之辞，何如郭氏《南郊》之艳？等称征伐，《出军》《六月》之作，何如陈琳《武军》之壮？”则亦病古之醇素，而贵后之雕饰矣，可见自拔于风气之难也。《晋书·刘颂传》详载其奏疏，且称之曰：“游目西京，望贾谊而非远，眷言东国，顾郎颛而有余。”可谓以言存其人矣，然又讥其文惭华婉。《傅咸传》云：“好属文论，虽绮丽不足，而言成规鉴。”皆眷眷于文辞。此等皆时人之议论，为史氏所采者也。

曹魏之世，文章虽尚华饰，去古尚不甚远。晋初潘、陆，稍离其真，然迄宋世，尚有雅正之作。至齐、梁而雕琢涂泽愈甚矣。北方文字，初较南方为质朴，至其末叶，乃亦与之俱化焉。南朝文学之华靡，至梁之叔世而极。所谓宫体是也，见《南史·徐摛传》。北朝则大盛于北齐后主之世。祖珽奏立文林馆，召引文学之士，一时称盛焉。见《北史·文苑传》。《传》云：“永明、天监之际，大和、天保之间，洛阳、江左，文雅尤盛。彼此好尚，雅有异同，江左宫商发越，贵于清绮。河朔辞义贞刚，重乎气质。气质则理胜其辞，清绮则文遇其意。理深者便于时用，文华者宜于咏歌。此南北辞人得失之大较也。”然又云：“革车电迈，渚宫云彻，梁荆之风，扇于关右。狂简之徒，斐然成俗。流宕忘反，无所取裁。”则周人虽欲复古，亦未能自立于风气之外矣。

斯时缀述之家，多务搜集辞藻。葛洪所谓以古书当山渊，采伐渔猎其中者也。《钧世篇》。辞藻富丽者；吐属仍贵自然。《颜氏家训·文章篇》曰：“沈隐侯曰：文章当从三易：易见事一也，易识字二也，易读诵三也。邢子才常曰：沈侯文章，用事不使人觉，若胸亿语也。深以此服之。”用事若胸亿语，则于语言之法无背，此行文之正轨也。若乃有意堆砌，致使辞浮于意，则虽庾信之富丽，论者且訾为辞赋之罪人矣。《周书·信传论》。

又其甚者，如《颜氏·勉学篇》所讥：“既不学问，而又羞为鄙朴。道听途说，强事饰辞。一二百件，传相祖述，寻问莫知缘由，施安时复失所。”则为绝物也矣。此等人并不读书，然读书者亦不必皆善雕饰。刘昼以举秀才不第，发愤缉缀辞藻，已见第二十二章第四节。

昼制一首赋，以《六合》为名。自谓绝伦，吟讽不辍。以呈魏收。收谓人曰："赋名六合，其愚已甚，及见其赋，又愚于名。"此真可发一笑。颜氏云："学问有利钝，文章有巧拙。钝学累功，不妨精熟，拙文研思，终归蚩鄙。但成学士，自足为人，必乏天才，勿强操笔。"《文章篇》。学问自有其真，夫岂钝根所能就？颜氏所云，亦经生呫哔[10]之业耳。然善用所长，亦足自立，究愈于强用所短者也。而一时风气鼓荡，必率天下之人而出于一途。则知流俗波靡，未有不毁坏人才者。君子所以贵独立不惧，遁世无闷也。

斯时之文字，有文笔之分。文贵华艳，笔则仍颇质实，与口语相去，初不甚远。然二者已不必兼长。《晋书·挚虞传》云：东平大叔广，枢机清辩。广谈虞不能对，虞笔广不能答。《乐广传》云：广善清言，而不长于笔。累迁侍中河南尹。将让尹，请潘岳为表。岳曰："当得君意。"广乃作二百句语，述己之志。岳因取次比，便成名笔。时人咸云："若广不假岳之笔，岳不取广之志，无以成斯美也。"

《齐书·刘绘传》：绘以辞辩，敕接虏使。事毕，当撰语辞。绘谓人曰："无论润饰未易，但得我语亦难矣。"皆可见口舌笔札，二者自有悬违也。然口语次比，便可成笔，则其相去究不甚远，故虽不读书者，亦或能为之。《齐书·周颙传》言颙善尺牍，而沈攸之送绝交书，大祖仍口授令颙裁答。

《魏书·杨大眼传》云：大眼虽不学，恒遣人读书，坐而听之，悉皆记识。令作露布，皆口授之，而竟不多识字也。《周书·梁台传》云：不过识千余字，而口占书启，辞意可观。此尚与王平所识不过十字，而能口授作书无异。见《秦汉史》第十九章第六节。大抵当时古书，苟非有意涂泽者，仍是尽人所能解。《晋书·石勒载记》言：勒尝使人读《汉书》，闻郦食其劝立六国后，大惊曰："此法当失，何得遂成天下？"至留侯谏，乃曰："赖有此耳。"此与杨大眼使人读书坐而听之正同。

《赫连勃勃载记》：刘裕入长安，遣使遗勃勃书。勃勃命其中书侍郎皇甫徽为文而阴诵之。召裕使前，口授舍人为书，封以答裕。裕览其文而奇之。苟与语言相去甚远，必非勃勃所能记也。《宋书·刘穆之传》云：穆之与朱龄石并便尺牍。常于高祖坐与龄石答书。自旦至中，穆之得百函，龄石得八十函，而穆之应对无废也。此等书翰，亦必仅就口语，略事翦裁耳。《魏书·胡叟传》云：好作文。既善为典雅之辞，又工为鄙俗之句。《成淹传》云：子霄，亦学涉，好为文咏，但辞采不伦，率多鄙俗。与河东姜质等朋游相好，诗赋间起。知音之士，共所嗤笑。闾巷浅识，颂讽成群，乃至大行于世，则知俗语亦可为文，但不为文士所贵耳。

文士之于语言，既但用之于笔，则高文典册，必也竞事涂泽，浸失其真矣。穷而思返，实始北周。《周书·苏绰传》曰：自有晋之季，文章竞为浮华，遂成风俗，大祖欲革其弊，因魏帝祭庙，群臣毕至，乃命绰为《大诰》奏行之。自是之后，文笔皆依此体。恭帝元年大祖命卢辩作诰喻公卿，见第五节。及闵帝时魏帝禅诏，册文，亦皆苏绰《大诰》之流也。此等文字，虽似质实，实则仍以古语堆砌，未能达其真意。此仍是涂泽，不过其所涂泽者不同耳。故史臣讥其“矫枉非适时之用”焉。《王褒庾信传论》。

赋体多学汉人，间有渐趋妍俊者，如《雪》《月》《恨》《别》诸赋是也。诗体亦仍汉世之五言。如陶潜之高旷，谢灵运之工整，鲍照之雄骏，可谓各自名家。然较诸汉、魏以前之作，如《古诗》十九首等，则真朴渐漓矣。乐府之体，稍为文人所效为。《宋书·乐志》云：“凡乐章古辞，今之存者，并汉世街陌谣讴。吴哥、杂曲，并出江东，晋、宋已来，稍有增广。古者天子听政，使公卿大夫献诗，耆艾修之，而后王斟酌焉。秦、汉缺采诗之官，歌咏多因前代。与时事既不相应，且无以垂示后昆。汉武帝虽颇造新歌，然不以光扬祖考，崇述正德为先，但多咏祭祀见事及其祥瑞而已。商、周雅颂之体缺焉。”观此，可知是时之诗，民间歌谣见采者日希，文人之所为愈盛矣。

视书法为艺事之风，降而益甚。古篆稍废，通行最广者，实惟隶书。作隶求其姿媚，则有八分书，亦曰楷法。其专讲实用者，仍称为隶书，亦曰章程书。统观晋、南北朝诸史，善隶草者最多，工楷法者已少，古篆则几于绝无矣。此可见虽云艺事，仍不能不受实用之牵率也。江式六世祖琼，善虫篆古训，子孙世传家业。此在当时，盖为孤学。式上表求作《古今文字》，言曹喜、蔡邕、张揖、邯郸淳、韦诞、卫觊皆能篆，琼即受学于觊者，此皆魏、晋间人。《表》称“题篆宫禁，猥同上哲”，《传》言式篆体尤工，洛京宫殿诸门版题皆式书，似题署尚皆用篆。

然《晋书·王羲之传》言：大元中，新起大极殿，谢安欲使其子献之题榜，而难言之，试谓曰：“魏时凌云殿榜未题，而匠者误钉之，不可下，乃使韦仲将悬橙书之。比讫，须发尽白，裁余气息。还语子弟，宜绝此法。”献之揣知其旨，正色曰："仲将魏之大臣，宁有此事？使其若此，有以知魏德之不长。"安遂不之逼。献之，《传》仅言其工草隶而已。《魏书·卢玄传》言代京宫殿，多其孙渊所题，亦仅云其六世祖志法钟繇书，传业累世。繇亦仅工章程书耳。

《窦瑾传》：子遵，善楷、篆。北京诸碑及台殿楼观宫门题署多遵书，此当皆用楷、篆。然《周书·艺术传》言：冀俊善隶书。赵文深少学楷隶，雅有钟、王之则。当时碑牓，惟文深及俊而已。平江陵后，王褒入关。贵游等翕然，并学褒书。文深之书，遂被遐弃。文深惭恨，形于言色。后知好尚难反，亦攻习褒书。然竟无所成。转被讥议，谓之学步邯郸焉。至于碑牓，余人犹莫能逮。王褒亦每推先之。宫殿楼阁，皆其迹也。世宗令至江陵书景福寺碑，汉南人士，亦以为工。虽外任，每须题榜，辄复追之。俊固仅以善隶称，文深虽楷、隶并言，然云有钟、王之则，则所工者亦隶书也。然则碑牓亦不必篆分矣。古篆之用日少，此识之者所由日希欤？见第一节。

卫恒作《四体书势》：一为古文，二为篆书，三为隶书，四为草书，行书即该于隶书之中。盖行、楷八分皆隶之小变，不足独成一体也。然则晋、南北朝诸史所称善隶书者，亦未始不可兼该行、楷矣。而楷法之名，亦渐移于章程书，不专指八分。

《北齐书·赵彦深传》：子仲将，善草隶。虽与弟书，书字楷正。云："草不可不解。若施之于人，即似相轻易。若与当家中卑幼，又恐疑所在宜尔。是以必须隶笔。"此云楷正，即指隶书，事甚明白。然其所谓隶笔，未必不包行书，不必皆如今之正书，亦理之可信者也。《四体书势》于行书称钟、胡，而荀勖领秘书监，立书博士，置弟子教习，以钟、胡为法，可见行书为用之广矣。史于行书，亦间有别诸隶书者，如《魏书·崔玄伯传》，言其尤善草、隶、行押之书是也，然甚少。

当时工书者，颇多衣冠中人。南则王、谢，如《晋书·王导传》言其孙岷善行书，《谢安传》亦言其善行书。北则崔、卢，见《魏书·崔玄伯》、玄伯子《浩》及《卢渊传》。并为史所艳称，而王羲之尤称"古今之冠"。《晋书》本传语。书艺既为世所重，名人笔迹，亦因之见宝。齐大祖尝示王僧虔古迹十一帙，就求能书人名。僧虔得民间所有帙中所无者十一卷奏之。又上羊欣所撰《能书人名》一卷。《齐书》本传。又《刘绘传》，绘善隶书，亦尝撰《能书人名》。梁武帝天监初，殷钧为秘书郎，启校定秘阁四部书，更为目录。又受诏料简西省法书古迹，别为品目。《梁书》本传。

西阳王大钧，年七岁，高祖尝问读何书？对曰：学《诗》。因命讽诵，音均清雅。赐王羲之书一卷。《梁书·大宗十一王传》。陈时，征北军人于丹徒盗发晋郗昙墓，大获王羲之书及诸名贤遗迹。事觉，其书并没县官，藏于秘府。世祖以始兴王伯茂好古，多以赐之。《陈书·世祖九王传》。此皆天家之藏。桓玄爱王羲之父子书，各为一帙，置左右玩之。《晋书·羲之传》。江祐远致饷遗，或取诸王名书。《南史》本传。此则士大夫之笃嗜成癖者也。北方则多宝崔、卢之书。

《魏书·崔浩传》言；世宝其迹，多裁割缀连，以为模楷。《梁书·文学·周兴嗣传》言：次均王羲之书千字，使兴嗣为文。此皆世所谓集字。《魏书·崔玄伯传》：玄伯父潜，为兄浑诔手笔草本，延昌初，著作佐郎王遵业买书于市，遇得之。深藏秘之。武定中，遵业子松年，以遗黄门郎崔季舒。人多摹拓之。则又后世钩摹展拓之本矣。

诏令、奏议，要密者或出亲书，盖欲以防诈伪。蔡兴宗说宋明帝为手诏以慰殷琰，已见第九章第五节。刘道济之死，裴方明等使书与相似者为教，酬答签疏。萧颖胄死，州中秘之，亦使似其书者假为教命。此皆施于军机紧急之时。谢瀹兄朏，在吴兴，论启公事稽晚，瀹辄代为启，齐明帝见非其手迹，被问，见原，此则施之平时者矣。冀俊特工模写，周大祖令伪为魏帝敕书与费也头，令将兵助大祖讨侯莫陈悦。俊依旧敕模写，及代舍人主书等署，与真无异，此固禀分使然，亦其时多用手笔，故有工于模仿者邪？

《宋书·武三王传》言：衡阳王义季素拙书，文帝听使余人书启事，惟自署名，则非特许必出亲笔，故梁昭明大子疾，武帝敕参问，辄自力手书启也。万几日不暇给，或武人实不能书者，亦须自署名。

《南史·恩幸传》云：齐高帝在领军府，令纪僧真学手迹下名。纂位后报答书疏，皆付僧真。上观之，笑曰："我亦不复能别也。"

《王敬则传》云：敬则不识书，止下名。《侯安都传》云：安都日益骄慢，表启封讫，有事未尽，乃开封自书之，云又启某事。然则本不自书也。手迹之为用既广，留意于其工拙者遂多。刘穆之说宋高祖，已见第二节。

《魏书·崔玄伯传》：弟子衡学崔浩书，颇亦类焉。天安元年，擢为内秘书中散。班下诏命及御所览书多其迹。此则虏主不能书，而使工书者为代也。北齐高祖令工书人韩毅在东馆师友诸王。后主在东宫，世祖亦选善书人性行纯谨者令侍书。《北齐书·儒林传》。亦以世重书法，故加意教习也。

书工有徒取机速能集事者。《齐书·幸臣传》：刘系宗，泰始中为主书。大祖废苍梧，明日，呼正直舍人虞整，醉不能起。系宗欢喜奉命。使写诸处分敕令及四方书疏。使主书十人，书吏二十人配之。事皆称旨。此等但求能赴事机，未必更求笔迹之美。若崔衡供职，兼及虏主所览；《梁书·张率传》：敕使撰妇人事二十余条，使工书人琅邪王深、吴郡范怀约、褚洵等缮写，以给后宫；则兼求其书法之工矣。然当时虽重书法，于工书者仍贱视之。观王献之对谢安语可见。

《宋书·羊欣传》：元显每使欣书，尝辞不奉命。元显怒，乃以为其后军府舍人。此职本用寒人，欣意貌恬然，不以高卑见色，论者称焉。观刘系宗本为竟陵王诞子景粹侍书，诞举兵，广陵城内皆死，敕赦之，又以为东宫侍书，则知作书本寒人事也。

《梁书·刘显传》：尝为上朝诗，沈约见而美之。时约郊居宅新成，因命工书人题之于壁。《文学传》：约郊居宅新构阁斋，刘杳为赞二首，并以所撰文章呈约。约即命工书人题其赞于壁。此等工书人，亦必寒素可随意使令者。《颜氏家训·杂艺篇》言："真草书迹，微须留意。江南谚云：尺牍书疏，千里面目也。"然又言："此艺不须过精。见第二节。

王褒地胄清华，才学优敏，后虽入关，亦被礼遇，犹以书工，崎岖碑碣之间，辛苦笔砚之役。尝悔恨曰：使吾不知书，可不至今日邪？"赵文深书见遐弃而以为恨，褒书见推重而亦以为恨，膏粱寒素，自处之不同，概可见矣。《宋书·谢灵运传》云：灵运诗书，皆兼独绝，每文竟，手自写之，文帝称为二宝。然则当时士夫，自写文字者绝少，书工之见役使者必多也。

图画仍以人物为主。王粹图庄周于室，广集朝士，使嵇含为之赞。《晋书·忠义嵇绍传》。宋明光殿以胡粉涂壁，画古贤、烈士。《宋书·百官志》。王纶之为豫章大守，图画陈蕃、华歆、谢鲲象于郡朝堂。顾野王与王褒并为梁宣城王宾客。王于东府起斋，命野王画古贤，褒书赞。韦叡居家无事，慕万石、陆贾之为人，画之于壁以自玩。石季龙造大武殿初成，图画自古贤圣、忠臣、孝子、烈士、贞女。《晋书·艺术·佛图澄传》，《传》又云：皆变为胡状。旬余，头悉缩入肩中，惟冠髣仿佛微出。季龙大恶之，秘而不言也。《宋书·五行志》亦云：石虎末，大武殿前所图贤圣人象人头悉缩入肩中。说虽怪诞，然其图画人象，自系实事也。皆画古人于屋壁，以资鉴戒。李玄盛于南门外临水起堂，名曰靖恭之堂，以议朝政，阅武事。图赞自古圣帝、明王、忠臣、孝子、烈士、贞女，亲为序颂。当时文武臣寮，亦皆图焉。则兼及今人矣。

齐武帝时，藩邸严急，诸王《五经》之外，惟得看《孝子图》，已见第十章第一节。王僧虔子慈，年八岁，外祖宋江夏王义恭迎之内斋，施宝物，恣所取，慈取素琴、石砚及《孝子图》而已。《隋书·经籍志》：梁有《孝经图》一卷，《孝经孔子图》二卷，杂传类又有《陈留先贤像赞》一卷，《会稽先贤像赞》五卷，皆装成卷帙者。魏肃宗欲释奠，豫诏有司，图饰圣贤，见第一节。则祠祀者亦有画像也。《宋书·自序》：世祖以沈伯玉容状似画图仲尼像，常呼为孔丘，此孔子像不知在庙中？抑在屋壁上？或装成卷帙？然当时孔子画像必颇多，则可想见也。画今人者：王玄谟子宽，泰始初为随郡大守，逢四方反，父在建康，宽弃郡自归。以母在西，为贼所执，请西行。遂袭破随郡，收其母。事平，明帝嘉之，使图宽形以上。

齐高帝图功臣，刘僧副在焉。《南史·刘善明传》。竟陵王子良开西邸延才俊，使工图其像，王亮、宗夬皆与焉。并见《梁书》本传。桓康随武帝起兵。所经村邑，恣行暴害。江南人畏之，以其名怖小儿。画其形于寺中。病疟者写形帖著床壁，无不立愈。《南史》本传。冯道根为豫州，梁高祖引与燕，召工图其形象。柳仲礼迁司州，帝思见其面，亦使画工图之。张缅居宪司，号为劲直，帝遣画工图其形于台省，以励当官。陈武帝定杜僧明等之乱，帝亦遣画工图其容貌而观之。

昭明大子起乐贤堂，使图工先图刘孝绰。王秀之钦慕宗测，令陆探微画其形，与已相对。《南史·隐逸传》。夏侯亶迁吴兴大守，在郡有惠政，吏人图其像，立碑颂美。齐武成于华林起玄洲苑，备山水台观之丽，诏于阁上画魏收。许惇迁守阳平，治为天下第一，特加赏异，图形于阙。凡此皆徒画其人。

《南史·宋宗室诸王传》：长沙景王道怜之孙韫，人才凡鄙。在湘州、雍州，使善画者图其出行卤簿羽仪，常自披玩。尝以示蔡兴宗，兴宗戏之，阳若不解画者，指韫形问之曰：“此何人而在舆？”韫曰：“正是我。”其庸鄙类如此。

《梁书·康绚传》：绚身长八尺，容貌绝伦。虽居显官，犹习武艺。高祖幸德阳殿戏马，敕绚马射。抚弦贯的，观者悦之。其日，上使画工图绚形，遣中使持以问绚，曰：“卿识此图不？”其见亲如此。此图中盖亦有多人？齐武帝志存恢复，使毛惠秀画《汉武北伐图》，置琅邪城射堂壁，游幸辄观焉。《齐书·王融传》。此图除人物外，当更有他景色以资点缀也。然特以资点缀而已，所重者仍在人物，故有以善画一种人物称者，如《齐书·刘绘传》言：荥阳毛惠远善画马，绘弟瑱善画妇人，当世并为第一是也。顾恺之之画，特重古今，观《晋书》本传所言，亦仅善于人物而已。

《颜氏家训·杂艺篇》云："武烈大子，偏能写真。坐上宾客，随宜点染，即成数人。以问童稚，皆知姓名矣。"《南史·陈本纪》云：袁彦聘隋，窃图隋文帝状以归。后主见之，大骇，曰："吾不欲见此人。"此说不知信否？然当时有此速绘之术，自不诬也。

山水画似亦起于此时，但不多耳。《宋书·隐逸传》：宗炳，好山水，爱远游。西陟荆巫，南登衡岳。因而结宇衡山。欲怀尚平之志，即《后书·逸民传》之向长，字子平。《注》云：《高士传》作尚。有疾还江陵。叹曰："老、疾俱至，名山恐难遍睹，惟当澄怀观道，卧以游之。"凡所游履，皆图之于室。谓人曰："抚琴动操，欲令众山皆响。"此所画者，必为山水无疑。炳孙测，见《齐书·高逸传》。云：欲游名山，乃写祖炳所画《尚子平图》于壁上，则仍为人物矣。《宋书·王微传》，微报何偃书曰："性知画缋，盘纡纠纷，或记心目。故兼山水之爱。一往迹求，皆仿象也。"此所言者，或亦山水画。

佛画、佛像，亦随佛教而俱兴。《梁书·诸夷传》述鄮县光宅寺云：大同中，出旧塔舍利，敕市寺侧数百家宅地，以广寺域。造诸堂殿并瑞像周回阁等，穷于轮奂焉。其图诸经变，并吴人张繇运笔。繇丹青之工，一时冠绝。

又云：师子国，晋义熙初，始遣献玉像。经十载乃至。像高四尺二寸。玉色洁润。形制殊特，殆非人工。此像历晋、宋世在瓦官寺。寺先有征士戴安道手制佛像五躯，及顾长康《维摩画图》，世人谓为三绝。至齐东昏，遂毁玉像，前截臂，次取身，为嬖妾潘贵妃作钗钏。戴安道名逵，其子颙，见《宋书·隐逸传》。云：自汉世始有佛像，形制未工。逵特善其事，颙亦参焉。宋世子铸丈六铜像于瓦官寺，既成，面恨瘦，工人不能治，乃迎颙看之。颙曰："非面瘦，乃臂胛肥耳。"既错减臂胛，瘦患即除，无不叹服焉。元魏造像，规模尤大，见第二十四章第二节。

画工见贱，尤甚于书工。《颜氏家训·杂艺篇》云："吴郡顾士端，出身湘东国侍郎，后为镇南府刑狱参军。有子曰庭，西朝中书舍人。父子并有琴书之艺，尤妙丹青。常被元帝所使，每怀羞恨。彭城刘岳，橐之子也。仕为骠骑府管记、平氏县令。才学快士，而画绝伦。后随武陵王入蜀。下牢之败，遂为陆护军画支江寺壁，与诸工巧杂处。乡使三贤都不晓画，直运素业，岂见此耻乎？”其见轻可谓甚矣。然名画与法书，同为人所宝爱。《隋书·经籍志》簿录类，有《陈秘阁图书法书目录》一卷，《法书目录》六卷，《书品》二卷，《名手画录》一卷。

魏复雅乐，始自杜夔，已见《秦汉史》第十九章第六节。晋初，荀勖典知乐事，又修律吕，事见《晋书·勖传》及《宋书·乐志》。《志》云：江左以无雅乐器及伶人，省大乐并鼓吹令。是后颇得登哥食举之乐，犹有未备。

明帝大宁末，又诏阮孚等增益之。成帝咸和中，乃复置大乐官，鸠习遗逸。而尚未有金石也。初荀勖修正钟磬，事未竟而勖薨。惠帝元康三年，诏其子蕃修定金石，以施郊庙。事亦见《晋书·裴秀传》。寻直丧乱，遗声旧制，莫有记者。庾亮为荆州，与谢尚共为朝廷修雅乐。亮寻薨，庾翼、桓温，专事军旅，乐器在库，遂至朽坏焉。晋氏之乱也，乐人悉没戎虏。《晋书·刘弘传》云：伶人避乱，多至荆州。下书郡县，使安慰之。须朝廷旋反，送还本署。则时伶人亦有南奔者，朝廷未能存抚耳。及胡亡，邺下乐人，颇有来者。谢尚时为尚书仆射，因之以具钟磬。大元中，破苻坚，又获乐工扬蜀等，闲练旧乐，四厢金石始备焉。

《隋书·音乐志》曰：慕容垂破慕容永于长子，尽获苻氏旧乐。垂息为魏所败，其钟律令李佛等将大乐细伎奔慕容德于邺。德迁都广固，子超嗣立，其母先没姚兴，超以大乐伎百二十人诣兴赎母。及宋武帝入关，悉收南度。

文帝元嘉九年，大乐令钟宗之更调金石。至十四年，典书令奚纵复改定之。齐代因而用之。梁武帝思弘古乐。天监元年，下诏访百寮。是时对者七十八家，咸多引流略，浩荡其辞，言乐之宜改，而不言改乐之法。帝既素善钟律，详悉旧事，遂自制定礼乐。其后台城沦没，乐府不修。王僧辩破侯景，诸乐并送荆州。经乱，工器颇缺。元帝诏有司补缀。才备，荆州陷没。西人不知采用，工人有知音者，并入关中，随例没为奴婢。

又云：清乐，其始即清商三调是也。并汉末旧曲。乐器形制，并歌章古辞，与魏三祖所作者，皆被于史籍。属晋朝迁播，夷羯窃据，其音分散。苻永固平张氏，始于凉州得之。宋武平关中，因而入南，不复存于内地。及平陈后获之。高祖听之，善其节奏，曰：“此华夏正声也。昔因永嘉，流于江外，我受天命，今复会同”云云。此洛京乱后，雅乐流播之大略也。

《隋志》又云：道武克中山，大武平统万，或得其宫县，或收其古乐。于时经营是迫，雅器斯寝。孝文颇为诗歌，以勖在位。谣俗流传，布诸音律。大臣驰骋汉、魏，旁罗宋、齐。功成奋豫，代有制作。莫不各扬庙舞，自造郊歌，宣畅功德，辉光当世，而移风易俗，浸以陵夷。《周书·斛斯征传》云：孝武西迁，雅乐废缺，征博采遗逸，稽诸典故，创新改旧，方始备焉。《隋志》又云：齐文宣将有创革，尚乐典御祖珽，自言旧在洛下，晓知旧乐。

上书曰：“魏氏来自云朔，肇有诸华，乐操土风，未移其俗。至道武帝皇始元年，破慕容宝于中山，获晋乐器，不知采用，皆委弃之。天兴初，吏部郎邓彦海奏上庙乐，创制宫县，而钟管不备。乐章既缺，杂以簸逻回歌。初用八佾，作始皇之舞。至大武帝平河西，得沮渠蒙逊之伎，宾嘉大礼，皆杂用焉。此声所兴，盖苻坚之末，吕光出平西域，得胡戎之乐，因又改变，杂以秦声，所谓秦汉乐也。至永熙中，录尚书长孙承业，共臣先人大常卿莹等，斟酌缮修，戎华兼采。至于钟律，焕然大备。自古相袭，损益可知。今之创制，请以为准。”珽因采魏安丰王延明及信都芳等所著乐说而定正声，始具宫县之器。仍杂西凉之曲。乐名广成，而舞不立号。所谓洛阳旧乐者也。《志》又载牛弘奏云：“后魏洛阳之曲，据魏史云：大武平赫连昌所得，更无明证。”

《何妥传》：妥请兴雅乐，表言：“江东宋、齐以来，至于梁代，所行乐事，犹皆传古。侯景篡逆，乐师分散，四舞、鞞、铎、巾、拂。三调，清、平、瑟。悉度伪齐。齐氏虽知传受得曲，而不用之于宗庙朝廷也。”

《隋志》又言：后周大祖辅魏之时，高昌款附，乃得其伎，教习以备宴飨之礼。及天和六年，武帝罢掖庭四夷乐。《周书·本纪》在九月。其后帝聘皇后于北狄，得其所获康国、龟兹等乐，更杂以高昌之旧，并于大司乐习焉。采用其声，被于钟石，取周官制以陈之。

明帝武成二年，正月朔旦，会群臣于紫极殿，始用百戏。武帝保定元年，诏罢之。亦见《周书·本纪》。及宣帝即位，广召杂伎，增修百戏，鱼龙漫衍，常陈殿前。见《纪》大象元年。武帝以梁鼓吹熊罴十二案，每元正大会，列于县间，与正乐合奏。宣帝时，革前代鼓吹制为十五曲。晨出夜还，恒陈鼓吹。《志》又载牛弘谓“后周之乐，皆是新造，杂有边裔之声，戎音乱华，皆不可用”云。魏、齐、周三朝之乐，大略如此。

晋、南北朝，实为外国音乐流传中国之世。据《隋书·音乐志》：炀帝定清乐、西凉、龟兹、天竺、康国、疏勒、安国、高丽、礼毕为九部。除清乐并汉末旧曲，礼毕出自晋大尉庾亮家外，亮卒，其伎追思亮，因假为其面，执翳以舞，象其容。取其谥以号之，谓为文康乐。每奏九部乐终则陈之，故以礼毕为名。余皆来自异域。

西凉者，起苻氏之末，吕光、沮渠蒙逊等据有凉州，变龟兹声为之，号为秦汉伎。魏大武平河西得之，谓之西凉乐。至魏、周之际，遂谓之国伎。龟兹者，起自吕光灭龟兹，因得其声。吕氏亡，其乐分散。后魏平中原，复获之。其后声多变易。至隋，有西国龟兹，齐朝龟兹，土龟兹等，凡三部。天竺者，起自张重华据有凉州，重四译来贡男伎。康国，起自周代聘北狄为后，得其所获西戎伎，因其声。疏勒、安国、高丽，并起自后魏平冯氏及通西域，因得其伎云。

《志》又云：吹笛、弹琵琶、五弦及歌舞之伎，齐自文襄以来，皆所爱好。至河清以后，传习尤盛。后主惟赏胡戎乐，耽爱无已。于是繁手淫声，争新哀怨。故曹妙达、安未弱、安马驹之徒，至有封王开府者。遂服簪缨而为伶人之事。后主亦能自度新曲。亲执乐器，悦玩无倦。倚弦而歌，别采新声，为无愁曲。音均窈窕，极于哀思。使胡儿、阉官之辈齐唱和之。莫不陨涕。虽行幸道路，或时马上奏之。乐往哀来，竟以亡国。盖时外国音乐，率较中国旧乐为幽怨、高吭，故俗好之如此云。《颜氏家训·杂艺篇》云："礼曰：君子无故不撤琴瑟。古来名士，多所爱好。洎于梁初，衣冠子弟，不知琴者，号有所缺。"此亦习俗使然，好尚未必存焉也。

角牴百戏，仍颇盛行。《晋书·武帝纪》：泰始元年，十二月，禁乐府靡丽百戏之伎。《成帝纪》：咸康七年，十二月，除乐府杂伎。然《齐书·礼志》言："晋中朝元会，设卧骑、倒骑、颠骑，自东华门驰往神虎门，此亦角牴杂戏之流也。"则除之究不能尽矣。《抱朴子·对俗篇》言："幻化之事，九百有余。"可想见其盛况。《周书·崔猷传》谓大统时，大庙初成，四时祭祀，犹设俳优角牴之戏，则北朝亦迄有之也。俳优者，《北齐书·尉景传》言：神武令优者石董桶戏之。董桶剥景衣曰："公剥百姓，董桶何为不剥公？"犹是诙谐剽剥之旧也。

《齐书·崔祖思传》：高帝初即位，祖思启陈政事曰："前汉编户千万，大乐伶官，方八百二十九人。孔光等奏罢不合经法者四百四十一人，正乐定员，惟置三百八十八人。今户口不能百万，而大乐雅郑，元徽时校试，千有余人，后堂杂伎，不在其数。”《王晏传》：晏弟诩，永明中为少府卿。六年，敕位未登黄门郎，不得畜女伎。诩与射声校尉阴玄智坐畜伎免官禁锢。

《南史·王琨传》：大明中，尚书仆射颜师伯豪贵，下省设女乐，要琨同听。侍酒行炙，皆悉内伎。《陈书·章昭达传》：每饮会，必盛设女伎杂乐，备尽羌胡之声。音律姿容，并一时之妙。虽临寇对敌，旗鼓相望，弗之废也。壮士军前半死生，美人帐下犹歌舞，岂况平时之酣歌恒舞哉？然满堂而饮酒，一人乡隅而饮泣，则四坐为之不乐；朱门酒肉臭，路有冻死骨；果何以致和气之应乎？曷怪墨翟有《非乐》之篇也。

第七节　自然科学

自然科学之中，天文、历法，措意者颇多。《宋书·天文志》曰：言天者有三家：一曰宣夜，二曰盖天，三曰浑天。而天之正体，经无前说，马书、班志，又缺其文。汉灵台议郎蔡邕，于朔方上书曰：“言天体者三家，宣夜之学，绝无师法，周髀术数具存，考验天状，多所违失，惟浑天近得其情。

今史官所用候台铜仪，则其法也。官有器而无本书，前志亦缺而不论，本欲寝伏仪下，思惟微意，按度成数，以著篇章。罪恶无状，投界有北，灰灭两绝，势路无由。宜问群臣及岩穴，知浑天之意者，使述其义。”时阉官用事，邕议不行。案《晋书·天文志》载汉秘书郎郗萌，能记宣夜先师相传之说，则其师法似非全绝。故晋成帝时，虞喜能因其说以造《安天论》焉。盖天之说，著于《周髀》，后汉时，王充据之以驳浑仪。《晋书·天文志》。武帝于长春殿讲义，别拟天体，亦全同《周髀》之文。《隋书·天文志》。

浑天之说，信者最多。扬雄即难盖天八事，以通浑天。《隋志》。郑玄又难其二事，为盖天之学者不能通。《宋志》。而桓谭亦驳王充之说，吴陆绩始推浑天意，王蕃传刘洪乾象历，亦主浑天。晋葛洪讥虞喜，释王充，说颇同蕃。宋何承天，梁祖暅，亦信浑天之说。

《梁书·儒林传》云：先是儒者论天，互执浑盖二义，崔灵恩立义，以浑盖为一焉。其说未知如何。案宣夜之说，谓天了无质。其见为苍苍然者，以高远无极，仰而瞻之，眼瞀精绝。犹旁望黄山皆青，俯察深谷窈黑，青非正色，黑非有体。日、月、众星，自然浮生虚空之中。以七曜或逝或住，或顺或逆，伏见不常，进退不常，由其无所根系为证。虞喜《安天论》，谓天有常安之形，地有居静之体，光曜布列，各自运行。盖天之说，则谓天似盖笠，地法覆槃，天地各中高外下。北极之下，为天地之中，其地最高，滂沲四隤，三光隐映，以为昼夜。

又谓天圆如张盖，地方如棋局，天旁转如推磨而左行。日月右行，天左转。故日月实东行，而天牵之以西没。譬之蚁行磨石之上，磨左旋而蚁右去，磨疾而蚁迟，不得不随磨左回。天形南高而北下，日出高故见，入下故不见。天之居之如倚盖，故极在人北。极在天中，今在人北，所以知天之形如倚盖。浑天之论，则谓天如鸡子，地如中黄，孤居于天内，天大而地小。天表里有水。天地各乘气而立，载水而行。

周天三百六十五度四分度之一，又中分之，则半覆地上，半绕地下。故二十八宿，半见半隐。天之转，如车毂之运焉。皆见《隋志》。其非天之正体相同，然浑天之术，于推步最便，故后人率遵其说也。《隋志》载葛洪之言，谓张平子、陆公纪之徒，咸以推步莫密于浑象。又载祖暅之言，谓“自来论天者多矣，群氏纠纷，至相非毁。窃览同异，稽之典经，仰观辰极，旁瞩四维，规日月之升降，五星之见伏，校之以仪象，覆之以晷漏，则浑天之理，信而有征。”束皙云：“物有惑心，形有乱目，诚非断疑定理之主。故仰游云以观日月，日月常动而云不移，乘船以涉水，水去而船不徙矣。”察群象必资征实，夫固为学自然之轨辙也。

浑天之器，有仪有象。《隋书·天文志》云：“《书》：舜在璇、玑、玉衡，以齐七政。璇玑，谓浑天仪也。故《春秋文耀钩》云：唐尧即位，羲和立浑仪。而先儒或因星官书北斗第二星名璇，第三星名玑，第五星名玉衡，仍七政之言，以为北斗七星。载笔之官，莫之或辨。史迁、班固，犹且致疑。马季长创谓玑衡[11]为浑天仪。郑玄亦云：其转运者为玑，其持止者为衡，皆以玉为之。七政者，日、月、五星也。以玑视其行度，以观天意也。故王蕃云：浑天仪者，羲和之旧器，积代相传，谓之玑衡，其为用也，以察三光，以分宿度者也。又有浑天象者，以著天体，以布星辰。而浑象之法，地当在天中，其势不便。故反观其形，地为外匡。于已解者，无异在内，然斯二者，以考于天盖密矣。

又云：古旧浑象，莫知何代所造。今案虞喜云：洛下闳为汉孝武帝于地中转浑天，定时节，作大初历，或其所制也。”案《尧典》乃东周后人所述，星官书亦出其时，以之相释，正得其实。指为浑仪，而以为出于尧时，则谬矣。此造作谶纬者之妄谈，马、郑无识，误袭之也。浑象出于洛下闳，亦近亿测。古不知何人之业，往往附诸一知名之人，一部《世本·作篇》，盖莫非如是，虞喜之说，亦仍其故智耳。

汉世作者，以张衡为最精，已见《秦汉史》第十九章第七节。王蕃以古制局小，以布星辰，相去稠概，不得了察，张衡所作，又复伤大，难可转移，乃改作之，大小居二者之中。陆绩作浑象，形如鸟卵，以施黄赤二道，不得如法。

绩说云：天东西径三十五万七千里直径亦然，则绩意以天为正圆。器与言谬，颇为后人所讥。伪刘曜光初六年，史官丞南阳孔挺造铜仪，则古浑仪之法。宋高祖定咸阳得之。何承天、徐爰、沈约著宋史，咸以为即张衡所造，误也。后魏道武天兴初，命大史令晁崇修浑仪。

明元永兴四年，诏造大史候部铁仪，唐时大史候台尚用之。浑天象有机而无衡。梁末秘府有，以木为之，吴大史令陈苗云：先贤制木为仪，名曰浑天，谓此。宋文帝元嘉十三年，诏大史更造浑仪。大史令钱乐之，依案旧说，采效仪象，铸铜为之。以为浑仪，则内缺衡管，以为浑象，而地不在外，是参两法，别为一体。吴时有葛衡，改作浑天，使地居于天中，以机动之，天动而地止，以上应晷度，则乐之之所放述也。十七年，又作小浑天，亦象天而地在其中。此晋、南北朝之世天文仪器之大略也。亦据《隋志》。

自后汉行四分历后，灵帝时，会稽东部尉刘洪，悟其于天疏阔，更作乾象历。魏文帝黄初中，大史丞韩翊造黄初历。校议未定，会帝崩而寝。明帝景初元年，尚书郎杨伟造景初历。表上，帝遂改正朔，施行伟历。帝崩，复用夏正。刘氏在蜀，仍汉四分历。孙氏用乾象历。晋武帝践阼，因魏景初历，改名泰始。始杨伟推五星尤疏阔，故渡江以后，更以乾象五星法代伟历。以上据《晋志》。宋武代晋，改泰始为永初，此特更其名而已。

元嘉二十年，何承天表上所作元嘉历。二十二年行之。大明六年，祖冲之表言其谬，上所创新历。八年，孝武欲以明年改元行之，而是岁晏驾。齐高祖代宋，改元嘉历为建元，亦徒更其名而已。梁天监九年，改用冲之之历。《南史·祖冲之传》：子暅之。父所改何承天历，时尚未行，梁天监初，暅之更修之，于是始行焉。《颜氏家训·杂艺篇》云：算术亦是六艺要事，江南此学殊少。惟范阳祖暅精之。河北多晓此术。

大同十一年，制诏更造新历。未及施用，而遭侯景乱，遂寝。陈武受禅，亦无创改。以上据《隋志》。魏初仍用景初历。世祖平凉土，得赵歐所修玄始历。高宗践阼，以代景初。真君中，崔浩为五寅元历，未及施行，浩诛，遂寝。高祖大和中，诏秘书钟律郎上谷张明豫为大史令，修综历事。未成，明豫物故。世宗景明中，诏大乐令公孙崇等同共考验。正始四年冬，崇表请更造新历，名景明历。

延昌四年冬，侍中国子祭酒领著作郎崔光表言：大和十一年，臣自博士迁著作。时旧钟律郎张明豫推步历法，草创未备。及迁中京，转为大史令。未几丧亡。所造致废。臣中修史。景明初，奏求奉车都尉领大史令赵樊生，著作佐郎张洪，给事中领大乐令公孙崇等造历。功未及讫，樊生又丧，洪出除泾州长史，惟崇独专其任。

暨永平初，亦已略举。时洪府解停京，又奏令重修前事。更取大史令赵胜，大庙令庞灵扶，明豫子龙祥，共集秘书，与崇等详验，推建密历。崇及胜前后并丧。洪又除豫州司马。灵扶亦除蒲阴令，惟龙祥在京，独修前事。洪至豫州，仍续有所造。兼校书郎李业兴；本虽不豫，亦私造历。三家之术，并未施用。故贞静处士李谧，私立历法，言合纪次，求就其兄玚追取，与洪等所造，递相参考。”

又求更取诸能算术兼解经义者，前司徒司马高绰，驸马都尉卢道虔，前冀州镇东长史祖莹，前并州秀才王延业，谒者仆射常景等，日集秘书，与史官同检疏密；神龟初，光表总合洪、龙祥、业兴、道、虔前大极采材军主卫洪显，殄寇将军大史令胡荣，雍州沙门统道融，司州河南人樊仲遵，定州巨鹿人张僧豫九家，共成一历。请定名为神龟历。肃宗以历就，大赦改元，因名正光历，班于天下。其九家共修，以龙祥、业兴为主。孝静世，复颇乖舛。齐献武王入邺，复命业兴改正。以年号为目，命曰兴和历。以上据《魏志》。

文宣受禅，命散骑侍郎宋景业造天保历，施用之。后主武平七年，董峻、郑元伟立议非之，而上甲寅元历。又有广平人刘孝孙、张孟宾，同知历事。孟宾受业于张子信。并弃旧事，更制新法。争论未定，遂属国亡，西魏入关，尚行李业兴正光历法。至周明帝武成元年，始诏有司造周历。及武帝时，甄鸾造天和历。大象元年，大史上士马显又上景寅元历。以上据《隋志》。然改历之事，至隋世乃成。

地理之学，留意者亦多。《隋书·经籍志》言："汉初萧何得秦图书，故知天下要害，武帝时计书既上大史，郡国地志，固亦在焉。"病"史迁所记，但述河渠"。又云："其后刘向略言地域。丞相张禹，使属朱贡条记风俗。班固因之，作《地理志》。其州国郡县，山川夷险，时俗之异，经星之分，风气所生，区域之广，户口之数，各有攸叙。是后载笔之士，管窥末学，不能及远，但记州郡之名而已。晋世，挚虞依《禹贡》《周官》作《畿服经》。其州郡及县分野、封略、事业、国邑、山陵、水泉、乡亭、城、疑夺郭字。道里、土田、民物、风俗、先贤、旧好，靡不具悉，凡一百七十卷，今亡。而学者因其经历，并有记载，然不能成一家之体。

齐时，陆澄聚一百六十家之说，依其前后远近，编而为部，谓之《地理书》。任昉又增澄书八十四家，谓之《地记》。陈时，顾野王抄撰众家之言，作《舆地志》。隋大业中，普诏天下诸郡，条其风俗、物产、地图，上于尚书。故隋代有《诸郡物产土俗记》一百三十一卷，《区宇图志》一百二十九卷，《诸州图经集》一百卷。"案《志》所谓但记州郡之名者盖官书？所谓因其经历，并有记载者，盖私家之作？作志者之意，盖以网罗宏富，条理分明为贵？故訾此等记载，不能成一家之体也。陆澄、任昉之书，盖丛书体？故亦不能成一家之言。此类记载，取材实多。

有根据官书，专记州郡建置者，如《元康三年地记》《元嘉六年地记》《九州郡县名》《并帖省置诸郡旧事》是也。有兼及户口者，如《元康六年户口簿记》是也。其专详一地方情形者，则为诸州图经。专志风俗者，如《陈留风俗传》。

演绎旧闻者，如扬雄《蜀王本纪》，记山水者，如刘澄之《永初山川古今记》，宋居士《衡山记》，谢灵运《游名山志》《居名山志》《水经》，庾仲容《江记》，释道安《四海百川水源记》。记宫室者，有《洛阳宫殿簿》，杨衒之《洛阳伽蓝记》，刘璆、释昙鸾《京师寺塔记》。记冢墓者，有李彤《圣贤冢墓记》。记道里者，有蔡允恭《并州入朝道里记》。

谈沿革者，有京相璠《春秋土地名》，不著撰人《古来国名道里记》。记外国者，如法显《佛国记》，不著撰人《交州以南外国传》，杨孚《交州异物志》，不著撰人《诸蕃风俗记》。存录荒诞传说者，如托诸东方朔之《十洲记》《神异经》。王俭七志，七曰图谱，记地域及图书，参看下节。可见其卷帙之浩繁矣。

地图之作，亦较前世为精。《晋书·裴秀传》言："秀为司空，职在地官。以《禹贡》山川地名，从来久远，多有变易，后世说者，或强牵引，渐以暗昧，于是甄擿旧文，疑者则缺。古有名而今无者，皆随事注列。作《禹贡地域》十八篇奏之，藏于秘府。"此盖合古今地理为一书，亦可云作今图而兼详其沿革也。

其《序》云："秘府既无古之地图，又无萧何所得。惟有汉氏舆地及括地诸杂图，各不设分率，又不考正准望，亦不备载名山大川。"其例实未尽善。顾又云："晋文帝命有司撰访吴蜀地图。蜀土既定，六军所经，地域远近，山川险易，征路迂直，校验图记，罔或有差。"以当时粗疏之技，安能成此精审之作？其必谀媚非实明矣。

秀所制图，其体有六：一曰分率，二曰准望，三曰道里，四曰高下，五曰方邪，六曰迂直。其言曰："有图象而无分率，则无以审远近之差。有分率而无准望，虽得之于一隅，必失之于他方。有准望而无道里，则施于山海绝隔之地，不能相通。有道里而无高下、方邪、迂直之校，则径路之数，必与远近之实相违。"盖以分率定其地之所在，而以准望校之；以道里著准望所不及，而以高下、方邪、迂直核道里之实。在未知测经纬度之法时，所能为者，亦不过如是而已。

《宋书·谢庄传》云：庄分《左氏经传》，随国立篇，制木方丈，图山川土地，各有分理。离之则州别郡殊，合之则宇内为一。以木制图，盖由当时简牍，尚与缣素并用？见第二节。而其可分可合，亦可见其分率之审也。《隋志》所载，冀州、齐州、幽州，皆有图经；隋有《诸州图经集》，已见前；而其先已有《周地图记》一百九卷；可见各地皆有图。《魏书·沮渠牧犍传》，世祖诏公卿为书让牧犍，有"民籍地图，不登公府"之语，可见上计之制仍存。

《南史·宋宗室及诸王传》：陈文诏诉父饶为竟陵王诞府吏，恒使入山图画道路，不听归家。又《张弘策传》，谓当指建业时，凡矶浦、村落，军行宿次，立顿处所，弘策豫为图，皆在目中。此等则皆供一时之用，不必精审也。《隋志》有张氏《江图》一卷，刘氏《江图》二卷，其亦弘策所为之类欤？

医学情形就《隋志》医方类之书观之，可分八类：一论医理，二言明堂针灸，三论诊法，四论病源候，五本草、药录、采药法、种药法，六医方，七食经，八兽医。此纯为医家之学。其养身、养性、导引、合丹、服食、房中之说，则当与神仙家相出入也。方药有来自外国者：如《杂戎狄方》，当来自西北，《龙树菩萨》

《婆罗门》《耆婆》《乾陁利》诸方，当来自南海，香方亦当来自南海。《西域诸仙所说药方》《西域名医所集药方》，则当来自西胡也。

《魏书·西域传》：悦般国，真君九年，遣使朝献。并送幻人，称能割人喉脉令断，击人头令骨陷。皆血出，或数升，或盈斗。以草药内其口中，令嚼啮之，须臾血止，养创一月复常，又无痕瘢。世祖疑其虚，乃取死罪囚试之，皆验。云中国诸名山，皆有此草。乃使人受其术而厚遇之。此事或夸诞失实，然必有此类方药，则无疑也。

《北齐书·马嗣明传》云：嗣明少明医术，博综经方。《甲乙》《素问》《明堂》《本草》，莫不咸诵，其所学可谓甚博。然此特名医如是。《宋书·范晔传》言：孔熙先善于治病，兼能诊脉，则寻常医家，于脉法且未能尽通也。《魏书·徐謇传》言：显祖欲验其所能，乃置诸病人于幕中，使謇隔而脉之，深得病形，兼知色候，说亦近诞，謇善诊脉当不诬，謇固亦非常医也。

《晋书·魏咏之传》云：咏之生而兔缺。年十八，闻荆州刺史殷仲堪帐下有名医能疗之，乃西上。仲堪召医视之。医曰：“可割而补之，但须百日进粥，不得笑语。”咏之曰：“半生不语，而有半生，亦当疗之，况百日邪？”遂闭口不语，惟食薄粥。而卒获差。此医之技，盖可谓精。

《魏书·长孙道生传》：曾孙子彦，少尝坠马折臂，肘上骨起寸余。乃命开肉锯骨，流血数升，言戏自若。时以为逾于关羽。此医之技，亦足与华佗争胜矣。《晋书·卢钦传》：钦子浮，以病疽截手，则断一支以全生命，昔时医者亦知之，毒蛇螫手，壮士断腕，非譬喻之辞也。

又《温峤》传：苏峻平后，固辞还藩。先有齿疾，至是拔之因中风，至镇未旬而卒。峤之致病，或由拔齿为之，则手术之未尽善者矣。

《刘曜载记》：曜之败，被创十余，通中者三。为石堪所执，送于石勒。勒使金创医李永疗之。

《宋书·鲁爽传》：程天祚为虏所获，以妙善针术，为拓跋焘所爱赏。

《齐书·陈显达传》：显达讨桂阳王，休范。矢中左眼，拔箭而镞不出。地黄村潘妪善禁。先以钉钉柱，禹步作气，钉即时出。乃禁达显目中镞出之。

《南史·张融传》：有薛伯宗，善徙痈疽。公孙泰患背，伯宗为气封之，徙置斋前柳树上。明旦痈消。树边便起一瘤，如拳大。稍稍长。二十余日，瘤大脓烂，出黄赤汁斗余。树为之痿损。此乃咒由之科。凡此，皆医之以一技鸣者也。

神仙家与医家，关系本极密，故二家之学，仍相出入。葛洪、陶弘景之留心方书，即其明证。洪有《金匮药方》百卷，《肘后要急方》四卷，弘景有《本草集注效验方》《肘后百一方》，见《晋书》《南史》本传。

《宋书·羊欣传》：言欣素好黄老，有病不服药，饮符水而已。此盖张角之术，在宋世为天师道之流，见下章第三节。然又言兼善医术，撰药方十卷，则初非不知医药，盖张角之术，原亦与神仙家相出入，即其以符水饮人，亦未必非咒由科之支流余裔也。

《王微传》言：微兼解医方。载其报何偃书曰："生平好服上药，起年十二时病虚耳，所撰服食方中，粗言之矣。家贫乏役，春秋令节，辄自将两三门人入草采之，意在取精，世人便言希仙好异。"亦以所服食者与希仙者相出入，故见疑于世人耳。徐謇常吞服道符，又欲为魏孝文合金丹。祖珽长于医药，齐武成欲扑杀之，乃大呼曰："莫杀臣，为陛下合金丹。"二家关系之密，可以想见。此时沙门亦有善医术，而其技初非传自外国者。

《魏书·艺术传》：李修父亮，少学医术，未能精究。世祖时，奔刘义隆于彭城，又就沙门僧坦，研习众方，略尽其术。针灸、授药，莫不有效。此其学已不能皆来自域外。又《崔彧传》，言其少尝诣青州，逢隐逸沙门，教以《素问》九卷及《甲乙》，遂善医术，则更明为中国之学矣。盖时道佛虽互相排，然其术则初非彼此不相知；抑二家为行其教计，于医药等便民之术，亦多所研习也。参看下章自明。

信巫不信医者仍多此符水之所由足以惑众也。《晋书·顾荣传》言：元帝所幸郑贵嫔有疾，以祈祷颇废万几。荣上笺，言贵嫔未安，药石实急，请塞鬼道淫祀。帝王如此，细民可知。褚澄、徐嗣，附《澄传》。《南史》作徐嗣伯，附《张融传》。皆号善医，而《南史》所载治验，率荒诞不经，即薛伯宗亦如是，可见其时之风气矣。

《南史·张融传》云：融与东海徐文伯兄弟厚。文伯，濮阳大守熙曾孙也。熙好黄老，隐于秦望山。有道士过求饮，留一瓠𤬛与之，曰：君子孙宜以道术救世，当得二千石。熙开之，乃《扁鹊镜经》一卷。因精心学之。遂名振海内。传业至于文伯。观医家之以此自张，而知附会失实之辞，亦不必尽出于愚民矣。

《晋书·孝友传》：颜含兄畿，得疾，就医自疗，遂死于医家。后复活。《卫瓘传》：瓘与子恒、岳、裔及孙等九人同遇害，而恒二子璪、玠在医家得免，盖亦就医自疗也。《魏书》言李亮，四方疾苦，不远千里往从之。亮大为听事，以舍病人。时有死者，则就而棺殡，亲往吊视。史言此，意以著亮之仁厚，其实为舍以舍病者，恐当时医家类然也。医之所舍，必也能自给之人，若贫病者，则莫或顾恤矣。

《梁书·儒林传》：严植之，性仁慈，好阴德。少尝山行，见一患者。问其姓名，不能答。载与俱归，为营医药。六日而死，植之为棺敛殡之，卒不知何许人也。尝缘栅塘行，见患人卧塘侧。下车问其故。云姓黄氏，家本荆州，为人佣赁。疾既危笃，船主将发，弃之于岸。植之恻然，载还治之。经年而黄氏差。请终身充奴仆，植之不受，遗以资粮遣之。此等义举，非可恒遇；即有仁心者，亦必有力而后能为之。

《齐书·孝义传》：江泌，历仕南中郎行参军。所给募役，去役得时病，莫有舍之者。吏扶杖投泌。泌亲自隐恤。吏死，泌为买棺。无僮役，兄弟共舆埋之。可见荒僻之地，呼吁无门，贫病之士，哀号莫恤之状。

《晋书·孝义传》：庾衮，咸宁中大疫，二兄俱亡，次兄毗复殆。疠气方炽，父母兄弟，皆出次于外。衮独留不去。病之能传染者，固以走避为宜，然竟任病者之颠连而莫之或恤，则亦非人之相人偶之道矣。救恤之事，官家亦间有之。

《宋书·文帝纪》：元嘉四年，五月，京师疾疫，遣使存问，给医药。死者若无家属，赐以棺器。二十四年，六月，京邑疫疠。使郡县及营署部司，普加履行，给以医药。二十八年，四月，都下疾疫。使巡视给医药。

《孝武帝纪》：大明元年，四月，京邑疾疫。遣使按行，赐给医药。死而无收敛者，官为敛埋。四年，四月，诏都邑节气未调，疠疫尤众。可遣使存问，并给医药。其死亡者，随宜恤赡。此皆疾疫时之救疗。

《魏书·显祖纪》：皇兴四年，三月，诏曰："朕思百姓病苦，民多非命，明发不寐，疚心疾首，是以广集良医，远采名药，欲以救护兆民。可宣告天下：民有病者，所在官司，遣医就家诊视。所须药物，任医给之。"《高祖纪》：大和二十一年，九月，诏敕司州、洛阳之民，年七十已上无子孙，六十已上无期亲，贫不自存者，给以衣食。不满六十而有废痼之疾，无大功之亲，穷困无以自疗者，皆于别坊，遣医救护。给医师四人，豫请药物以疗之。

《世宗纪》：永平三年，十月，诏敕大常，于闲敞之处，别立一馆。使京畿内外，疾病之徒，咸令居处。严敕医署，分师疗治。考其能否，而行赏罚。又经方浩博，流传处广，应病投药，卒难穷究。更令有司，集诸医工，寻篇推检，务存精要，取三十余卷，以班九服。郡县备写，布下乡邑。使知救患之术。《艺术传》：王显，世宗诏显撰药方三十五卷，班布天下，以疗诸疾。此则不惟京邑，兼及四境，不惟疫疠，兼及平时矣。言之匪艰，行之惟艰，欲行诸诏，所集医师所储药物，当得几何？博施济众，尧、舜犹病，故终于别坊立馆，仅在司洛，余地止于班给方书也。

延昌元年，四月，以肆州地震，陷裂，死伤甚多。遣大医、折伤医，并给所须之药就治之。亦仅灾害时为然耳。

《齐书·刘善明传》：上表陈事，凡十一条：其二，以为京师浩大，远近所归，宜遣医药，问其疾苦。年九十已上及六疾不能自存者，随宜量赐，此北朝所已行，南朝则仅存愿望而已。《梁书·文惠大子传》，言其与竟陵王子良，俱好释氏，立六疾馆以养穷民，其所及恐亦有限也。医工贪厚糈，多集都邑，偏僻之地，乃更无人疗治。《宋书·隐逸传》：戴颙，止于桐庐，僻远难以养疾，乃出居吴下。僻远之地，何以不能疗疾？盖亦以缺于医药耳。

医家流品，仍为众所贱视。《南史·张融传》言：徐文伯兼有学行，倜傥不屈意于公卿，不以医自业。融谓曰："昔王微、嵇叔夜，并学而不能。殷仲堪之徒，故所不论。得之者由神明洞彻，然后可至，故非吾徒所及。且褚侍中澄，当贵亦能救人疾。卿此更成不达。"答曰："惟达者知其可贵，不达者多以为深累。既鄙之，何能不耻之。"医家之地位可见。

《北齐书·斛律金传》：行燕郡守马嗣明，医术之士，为金子羡所钦爱。北齐流品混杂，嗣明盖以见爱而得官？又《徐之才传》：父雄，事南齐，位兰陵大守。以医术为江右所称。之才以豫章王综启其大善医术见征。魏孝明时。药石多效。又窥涉经史，发言辩捷，朝贤竞相要引，为之延誉。又以首唱禅代，又戏谑滑稽，言无不至，于是大被狎昵[12]。齐文宣。于和士开、陆令萱母子，曲尽卑狎。二家若疾，救护百端。盖其父虽士流，之才则亦以嬖幸自居矣。流品既下，其人遂惟利是图，而声价既高，又或以骄蹇取祸。

《李元忠传》言其善于方技，而性仁恕。见有疾者，不问贵贱，皆为救疗。《崔季舒传》言其大好医术。天保中，于徙所无事，更锐意研精。遂为名手，多所全济。虽位望转高，未曾懈怠。纵贫贱厮养，亦为之疗。此正由其本非医家，是以能尔。

《周书·艺术传》：褚该，性淹和，不自矜尚，有请之者，皆为尽其艺术，时论称其长者，则由其禀性使然。若徐謇，则史言其“性甚秘忌，承奉不得其意者，虽贵为王公，不为措疗”矣。职是故，人亦遂以威力胁之，甚有以疗治无效加之罪者。

《魏书·孝文六王传》，彭城王勰，高祖不豫，召徐謇至，勰引之别所，泣涕执手而谓之曰：“君今世元化。至尊气力危惙，愿君竭心，专思方治。若圣体日康，当获意外之赏。不然，便有不测之诛。非但荣辱，乃存亡由此。”权戚矫伪，固不足论，然时人之所以待医师者，则于此可见矣。其后謇治高祖有验。车驾发豫州，次于汝滨，乃大为謇设大官珍膳。因集百官，特坐謇于上席。命左右宣謇救摄危笃。下诏褒美，以謇为大鸿胪卿，金乡县开国伯，食邑五百户，赐钱一万贯。

明年，从诣马圈，高祖疾势遂甚，则又每加切诮，又欲加之鞭捶，幸而获免。加膝坠渊，异于俄顷，方术之士，能不人人自危乎？然此已在高祖时，稍沾中国之化矣。若虏初入塞时，则更有甚于此者。《神元平文诸帝子孙传》：上谷公纥罗之子题，击慕容驎于义台，中流矢薨。道武以大医阴光为视疗不尽术，伏法。则真如元勰所言，非但荣辱，存亡由之矣。王显之死，虽由为时所疾，然亦托诸世宗之崩，侍疗无效也。虏岂足与言艺术哉？

第八节　经籍

晋、南北朝之世，王室藏书情形，《隋书·经籍志》备言之。其言曰：“董卓之乱，献帝西迁，图书缣帛，军人皆取为帷囊，所收而西，犹七十余载。两京大乱，扫地皆尽。魏氏代汉，采缀遗亡，藏在秘书中外三阁。魏秘书郎郑默，始制中经。秘书监荀勖，又因中经，更著新簿。

分为四部，总括群书。一曰甲部，纪六艺及小学等书。二曰乙部，有古诸子家、近世子家、兵书、兵家术数。三曰丙部，有史记、旧事、皇览簿、杂事。四曰丁部，有诗赋、图赞、汲冢书。大凡四部，合二万九千九百四十五卷。但录题及言，盛以缥囊，书用缃素。至于作者之意，无所论辩。

惠、怀之乱，京华荡覆，渠阁文籍，靡有孑遗。东晋之初，渐更鸠聚。著作郎李充，以勖旧部校之。其见存者，但有三千一十四卷，充遂总没众篇之名，但以甲乙为次。自尔因循，无所变革。其后中朝遗书，稍流江左。宋元嘉八年，秘书监谢灵运造四部目录，大凡六万四千五百八十二卷。元徽元年，秘书丞王俭又造目录，大凡一万五千七百四卷。

俭又别撰《七志》。一曰《经典志》，纪六艺、小学、史记、杂传，二曰《诸子志》，纪古今诸子。三曰《文翰志》，纪诗赋。四曰《军书志》，纪兵书。五曰《阴阳志》，纪阴阳图纬。六曰《术艺志》，纪方技。七曰《图谱志》，纪地域及图书。其道、佛附见。合九条。然亦不述作者之意。但于书名之下，每立一传。而又作九篇条例，编乎首卷之中。文义浅近，未为典则。齐永明中，秘书丞王亮，监谢朏又造四部书目。大凡一万八千一十卷。齐末兵火，延烧秘阁，经籍遗散。

梁初，秘书监任昉，躬加部集。又于文德殿内，列藏众书，华林园中，总集释典。大凡二万三千一百六卷，而释氏不豫焉。梁有秘书监任昉、殷均四部目录，又文德殿目录。其术数之书，更为一部，使奉朝请祖暅撰其名。故梁有五部目录。普通中，有处士阮孝绪，博采宋、齐已来王公之家，凡有书记，参校官簿，更为《七录》。

一曰《经典录》，纪六艺。二曰《记传录》，纪史传。三曰《子兵录》，纪子书、兵书。四曰《文集录》，纪诗赋。五曰《技术录》，纪数术。六曰《佛录》。七曰《道录》。其分部题目，颇有次序。割析辞义，浅薄不经。梁武敦悦诗书，下化其上，四境之内，家有文史。元帝克平侯景，收文德之书及公私经籍，归于江陵，大凡七万余卷。周师入郢，咸自焚之。牛弘云："侯景渡江，秘省经籍，虽从兵火，文德殿内书史，宛然犹存。萧绎据有江陵。遣将破平侯景。收文德之书，及公私典籍，重本七万余卷，悉送荆州。"

《南史·贼臣侯景传》云："王僧辩收图书八万卷归江陵。"颜之推《观我生赋注》云："王司徒表送秘阁旧事八万卷。"盖以成数言之。颜氏又云："北方坟籍，少于江东，三分之一。梁氏剥乱，散佚湮亡，惟孝元鸠书，通重十余万卷。"则并江陵所故有者言之也。牛弘又云："周师入郢，绎悉焚之于外城，所收十才一二"则元帝焚书，亦未能尽，但所余不多耳。《梁书·昭明大子传》云：于时东宫有书三万卷。《贼臣侯景传》云：又登东宫墙射城内。至夜，简文募人出烧东宫。台殿遂尽。所聚图书数百厨，一皆灰烬。先是简文梦有人画作秦始皇，云此人复焚书，至是而验。然则侯景之乱，东宫所失书，亦不少也。

陈天嘉中，又更鸠集。考其篇目，遗缺尚多。其中原则战争相寻，干戈是务。文教之盛，苻、姚而已。宋武入关，收其图籍，府藏所有，才四千卷。赤轴青纸，文字古拙。后魏始都燕代，南略中原，粗收经史，未能全具。《魏书·李先传》：大祖问曰："天下书籍，凡有几何？朕欲集之，如何可备？"对曰："不可计数。陛下诚欲集之，严制天下诸州郡县，搜索备送。主之所好，集亦不难。"大祖于是颁制天下，经籍稍集。《高湖传》：子谧，天安中，除中散，专典秘阁。肃勤不倦，高宗深重之。拜秘书郎。谧以坟典残缺，奏请广访群书，大加缮写。由是代京图籍，莫不审正。

孝文徙都洛邑，借书于齐。秘府之中，稍以充实。《魏书·高祖纪》：大和十九年，六月，诏求天下遗书，秘阁所无，有裨益时用者，加以优赏。《世宗纪》：永平三年，六月，诏重求遗书于天下。《薛野賭传》：孙昙宝，初补散骑，高祖诏采遗书于天下。《儒林传》：孙惠蔚，入东观，上疏请依前丞卢昶所撰甲乙新录，裨残补缺，损并有无，校练句读，以为定本。其先无者，广加推寻，搜求令足。求令四门博士及在京儒生四十人，在秘书省专精校考，参定字义。诏许之。《宋翻传》：弟道玙，世宗初，以才学被召。与秘书丞孙惠蔚典校群书，考正同异。暨于尔朱之乱，散落人间。《魏书·高道穆传》：庄帝以秘阁图籍，出内繁芜，致多零落，诏道穆总集帐目。并牒儒学之士，编比次第。《隋书·李德林传》：魏孝静帝时，命当世通人正定文籍，以为内校书。

后齐迁邺，颇更搜聚。迄于天统、武平，校写不辍。《隋书·郎茂传》：茂在齐世，尝奉诏于秘书省刊定载籍。后周始基关右，外逼强邻，戎马生郊，日不暇给。保定之始，书止八千。后稍加增，方盈万卷。《周书·黎景熙传》：六官建，为外史上士。武成末，迁外史下大夫。保定三年，时外史廨宇屡移，未有定所。上言曰："外史之职，汉之东观。自魏及周，公馆不立。臣虽愚瞽，犹知其非。是以去年十一月中，敢冒陈奏。将降中旨，即遣修营。荏苒一周，未加功力。臣职思其忧，敢不重请。"帝纳焉，于是廨宇方立。

周武平齐，先封书府。所加旧本，才至五千。隋开皇三年，秘书监牛弘表请分遣使人，搜访异本。每书一卷，赏绢一匹，校写既定，本即归主。于是民间异书，往往间出。及平陈已后，经籍渐备。《隋书·裴矩传》：伐陈之役，领元帅记室。既破丹阳，晋王广令矩与高颎收陈图籍。检其所得，多大建时书。纸墨不精，书亦拙恶。于是总集编次，存为古本。召天下工书之士，京兆韦霈，南阳杜颙等，于秘书内，补续残缺。为正副二本，藏于宫中。其余以实秘书内外三阁。凡三万余卷。”

《牛弘传》载弘表辞，论书有五厄，与此可以参观。四部之分，本为藏庋，而后遂以为书之宏纲，《七志》《七录》等沿刘《略》而渐变者，则存为子目。求学术流别者，固当于子目观之。校雠之家，或病四部之分，不合学术分类，亦未为知言也。旧时书目，观其名最不能责其实者为集部。此由专门变为通学，著述者所包率广致之。欲救其弊，非撰类书不可。非编书目者所能为力也。

十六国中，知收葺图籍者，苻、姚而外，尚有沮渠氏。《魏书·阚骃传》云：蒙逊甚重之，拜为秘书考课郎，给文吏三十人，典校经籍。刊定诸子三千余卷。即此一部，已几当姚秦所有之全数已。《李顺传》云：世祖克统万，赐诸将珍宝杂物，顺固辞，惟取书数十卷。观其所取之少，而知赫连氏所藏之薄也。

《宋书·蒙逊传》：元嘉三年，其世子兴国遣使奉表，请《周易》及子、集诸书，大祖并赐之，合四百七十五卷。蒙逊又就司徒王弘求《搜神记》，弘写与之。十四年，茂虔奉表献方物，并献书合一百五十四卷。又求晋、赵起居注、诸杂书数十件，大祖赐之。观其求请之殷，亦可知其搜求之切也。晋、南北朝之世，外夷求书者，或与或不与。齐世祖时，虏遣使求书，朝议欲不与，王融上书请与之，见《齐书》本传。吐谷浑易度侯求星书，则朝议不给。见《齐书·河南传》。

私家之藏，少者数千，多者亦逾万卷。《晋书·儒林传》：范蔚，家世好学，有书七千余卷。《齐书·褚渊传》：父湛之卒，渊推财与弟，惟取书数千卷。《刘善明传》：家无遗储，惟有书八千卷。《梁书·沈约传》：聚书至二万卷，京师莫比。《任昉传》：聚书至万余卷，率多异本。《王僧孺传》：聚书至万余卷，率多异本，与沈约、任昉相埒。《孔休源传》：聚书盈七千卷。《陈书·文学传》：徐伯阳，家有史书，所读者近三千余卷。《南史·梁宗室传》：吴平侯景之子励，聚书至三万卷。《文学传》：崔慰祖，聚书至万卷。《隋书·许善心传》：九岁而孤，家有旧书万余卷，北方则沮渠蒙逊平酒泉，于宋繇室得书数千卷。魏任城王澄之子顺，遇害，家徒四壁，无物敛尸，止有书数千卷。安丰王猛之子延明，鸠集图籍，万有余卷。

元晏，好集图籍，家书多于秘阁。穆祟七世孙子容，求天下书，逢即写录，所得万余卷。阳尼，有书数千卷。杨愔，前后赏赐，积累巨万，散之九族，架箧之中，惟有书数千卷。祖珽，盗陈元康家书数千卷。李业兴，爱好坟籍，鸠集不已，其家所有，垂将万卷。黎季明，有书千余卷。皆藏书家之佼佼者也。《魏书·逸士传》：李谧之卒，学官四十五人上书，言其弃产营书，手自删削，卷无重复者，四千有余。则诸家之藏，皆非无重复，然其数已不少矣。所藏或多奇秘，公家搜求、校理，往往资焉。如《晋书·张华传》言：华雅爱书籍。身死之日，家无余财，惟有文史，溢于几箧。尝徙居，载书三十乘。秘书监挚虞，撰定官书，皆资华之本，以取正焉。天下奇秘，世所希有者，悉在华所。由是博物洽闻，世无与比。

《齐书·陆澄传》言：家多坟籍，人所罕见。《梁书·任昉传》言：昉卒后，高祖使学士贺纵共沈约勘其书目。官所无者，就昉家取之。《魏书·江式传》言：内徙代京，献经史诸子千余卷。《北齐书·文苑传》：樊逊，天保七年，诏令校定群书供皇大子。逊等十一人，同被尚书召共刊定，时秘府书籍，纰缪者多。逊乃议：大常卿邢子才，大子少傅魏收，吏部尚书辛术，司农少卿穆子容，前黄门郎司马子瑞，故国子祭酒李业兴，并是多书之家，请牒借本，参校得失。秘书监尉瑾移尚书都坐，凡得别本三千余卷。五经诸史，殆无遗缺。其所裨益，亦云大矣。

私家著述，亦有自行呈献者，如虞溥撰《江表传》，子勃过江，上于元帝，诏藏于秘府是也。又有官就取之者，如陈后主敕人就张讥家写所撰入秘阁是也。

刻版未兴，书不易得，公私之藏，皆为借读者所渴望。左思欲赋三都，自以所见不博，求为秘书郎。秘书郎四员，宋、齐以来，为甲族起家之选，居职例不数十日便迁。张缵乃固求不徙，欲遍观阁内书籍。此求居藏书之府，以便借读者也。不居职而求借者：皇甫谧自表就晋武帝借书，帝送一车与之。柳世隆启齐大祖借秘阁书，上给二千卷。又有于人臣家开馆，以书充之者，如宋明帝之于王俭是已，见第一节。赐书之事，亦时有之。

如《宋书·自序》：大祖赐沈亮书二千卷；《陈书·江总传》：家传赐书数千卷是也。此皆公家之藏也。私家之藏，公诸同好者：范尉之书，远近来读者，恒有百余人，蔚为办衣食。崔慰祖，邻里年少好事者，来从假借，日数十帙，慰祖亲自取与，未尝为辞。元宴，诸有假借，咸不逆其意。可谓廓然大公。

其以交谊假借者，则如陆少玄，家有父澄书万余卷，张率与少玄善，遂通书籍，尽读其书。无交谊而径往求乞者，则如刘峻，从桑干还，自谓所见不博，更求异书，闻京师有者，必往祈借，崔慰祖谓之书淫。又有依附藏书之家而读之者。

刘昼知宋世良家有书，求为其子博士，已见第一节。傅縡依湘州刺史萧循，循颇好士，广集坟籍，縡肆志寻阅，因博通群书，亦其类也。藏书之家，多在都邑，遂有不惮远游者。李铉以乡里寡坟籍游京师，刘昼以里下少坟籍杖策入都是也。

《颜氏家训·治家篇》云："借人典籍，皆须爱护。先有缺坏，就为补治。此亦士大夫百行之一也。济阳江禄，读书未竟，虽有急速，必待卷束整齐，然后得起。故无损败，人不厌其求假。或有狼籍几案，分散部帙，多为童幼婢妾所点污，风雨犬鼠所毁伤，实为累德。吾每读圣人之书，未尝不肃敬对之，其故纸有五经辞义及贤达姓名，不敢秽用也。"此盖后人敬惜字纸之缘起？盖缘得之艰，故其珍之甚矣。

以书赠人者：沈约，每见王筠文，咨嗟吟咏，以为不逮也。尝谓筠："昔蔡伯喈见王仲宣，称曰：王公之孙也。吾家坟籍，悉当相与。仆虽不敏，请附斯言。"刘显每共孔奂讨论，深相叹服。乃执奂手曰："昔伯喈坟素，悉与仲宣。吾当希彼蔡君，足下无愧王氏。"所保书籍，寻以相付。见贤思齐，何其异世而同揆也？马枢，梁邵陵王纶为南徐州刺史，素闻其名，引为学士。侯景乱，纶举兵援台，留书二万卷以付枢。蔡大宝，尝以书干仆射徐勉，大为勉所赏异。乃命与其子游处。所有坟籍，尽以给之。皆可谓付托得人。陆琼第三子从典，从父瑜，特相赏爱。及瑜将终，家中坟籍皆付焉。孙惠蔚一子早卒，其家坟籍，多归其族曾孙灵晖。或亦诚以其能读而与之，非尽亲族中相传授也。

刻版之术虽未兴，然卖书之风，亦已稍盛。齐武帝时，藩邸严急，诸王不得读书，江夏王锋，乃密遣人于市里街巷买图籍，期月之间殆备，可见书之可买者多。刘勰负书若货粥者，以干沈约，事见第二十章第三节，则并有衒粥于道者矣。阳俊之多作六言歌诗，淫荡而拙。世俗流传，名为《阳五伴侣》，写而卖之，在市不绝。俊之尝过市，取而改之，言其字误。卖书者曰："阳五古之贤人，作此《伴侣》。君何所知？轻敢议论。"俊之大喜。《北史·阳尼传》。则凡时俗流行之书，皆有写卖者矣。崔亮佣书自业，从兄光劝亮往托李冲："彼家饶书，因可得学。"亮曰："弟妹饥寒，岂可独饱？自可观书于市，安能看人眉睫乎？"则虽书贾，似亦不禁人之借读也。

古人言钞，义与今异，已见第二节。誊写非易，钞最遂多。《梁书·王筠传》，载其《自序》云："予少好抄书，老而弥笃。虽遇见瞥观，皆即疏记。后重省览，欢兴弥深。习与性成，不觉笔倦。自年十三四，齐建武二年乙亥，至梁大同六年，四十载矣。幼年读《五经》，皆七八十遍。爱《左氏春秋》，吟讽常为口实。广略去取，凡三过五抄。余经及《周官》《仪礼》《国语》《尔雅》《山海经》《本草》，并再抄子史诸集皆一遍。未尝倩人假手，并躬自钞录。大小百余卷。不足传之好事，盖以备遗忘而已。”此钞书者之自道也。钞书而亦可假手，则虽钞胥，亦与写手有异矣。

《宋书·傅隆传》，言其归老在家，手不释卷，常手抄书籍。《齐书·高逸传》：沈驎士遭火烧书数千卷。年过八十，耳目犹聪明，以火故，抄写，灯下细书，复成二三千卷。《北史·崔逞传》：崔谦好读书，凡手抄八千余纸。《李彪传》：高悦兄间，家富典籍，彪于悦家，手抄口诵，不暇寝食。凡此云抄，皆当有所广略去取，非徒写录也。钞虽亦有所广，要以撷取精要之意为多，故亦谓之抄略。《周书·薛憕传》：言憕止其族父怀俊家，终日读书，手自抄略：将二百卷，谓此也。陆澄之《地理书》凡百四十九卷，而其《地理书抄》不过二十卷，任昉增澄之书为《地记》，二百五十二卷，而其《地理书抄》不过九卷。参看上节。

《宋书·何承天传》：先是《礼论》有八百卷，承天删减并合，以类相从，凡为三百卷，此亦所谓抄也。可见其去取之严矣，《晋书·郑袤传》：子默，起家秘书郎。考合旧文，删省浮秽。中书舍人虞松谓曰：“而今而后，朱紫别矣。”与其过而废之也，毋宁过而存之，删省旧文，庸或不免可惜，然其汰除芜秽之功，则自不可没也。

抄书体例，盖亦非一，而其有益于人者，则莫如类书。盖学问愈进，则分科愈繁。就其全体而言之，则苦于遍览之为难，而必有人焉以助其采撷，就其一科而言之，又苦于网罗之不备，而必有人焉以助其搜讨；此类书之所以可贵也。魏文《皇览》，盖其开山。见《秦汉史》第十九章第八节。

晋世挚虞，撰古文章，类聚区分，为三十卷，名曰《流别集》，盖亦斯意。过江而后，作者仍多。齐竟陵王子良，集学士抄五经、百家，依《皇览》例，为《四部要略》千卷。《齐书》本传。《南史·陆慧晓传》：子良西邸抄书，令慧晓参知其事。随王子隆为荆州，召庾于陵为主簿，使与谢朓、宗夬，抄撰群书。梁武帝敕到洽钞甲部书，张率治丙丁部书抄。皆见《梁书》本传。简文在雍州，撰《法宝联璧》。见《南史·陆杲》《庾肩吾》，《文学·杜之伟传》。安成王秀搜集经记，招刘孝标，使撰《类苑》。《梁书》本传，及《文学·刘峻传》。

魏出帝时，诏撰《四部要略》。《魏书·裴延俊传》。又召僧化与孙安都共撰兵法。《魏书·术艺传》。安丰王延明，家有群书，欲抄集五经算事为《五经宗》，及古今乐事为《乐书》。亦见《魏书·术艺传》。元晖《科录》，周明帝《世谱》，已见第五节；北齐后主，虽曰无道，然其所撰《御览》，则规模不可谓不大。见《北史·文苑传序》。此等皆妙选一时之英才为之。《北齐书·文苑传》谓：祖珽奏立文林馆，奏撰御览，当时操笔之徒，搜求略尽，可见其取材之多。又《阳休之传》：其子辟疆，性疏脱无文艺，休之亦引入文林馆。为时人所嗤鄙，又可见滥竽之不易也。而流俗一见抄字，辄以为胥史之业，误矣。

钞书亦有出于胥史者。《周书·寇俊传》：俊以大统五年入关，拜秘书监。时军国草创，坟典散逸。俊始选置令史，抄集经籍。四部群书，稍得周备。盖不暇一一誊写，故且采撷其大略也。然此令史，亦必非今俗所谓钞胥之流矣。

照本移录之谓写，《梁书·王泰传》言：齐永元末，后宫火，延烧秘书，图书散乱殆尽，泰为丞，表校定缮写是也。其事士大夫多不自为。穆子容求天下书，逢即写录，已见前。张缵晚颇好积聚，多写图书数万卷。《南史》本传。亦必出于假倩。

《北齐书·循吏传》：郎基，性慎，无所营求。曾语人云："任官之所，木枕亦不须作，况重于此事？"惟颇令写书。潘子义曾遗之书曰："在官写书，亦是风流罪过。"基答书曰："观过知仁，斯亦可矣。"可证其系役人为之也。惟写录亦有裨于精熟；又写手必有力之家，乃能多畜；《北齐书·祖珽传》云：齐州客至，请卖《华林遍略》、文襄多集书人，一日夜写毕，退其本曰：不须也。

故士大夫亦有自为之者。齐衡阳元王嗣子钧，常手自细书，写五经，部为一卷，置巾箱中。侍读贺玠问曰："殿下家自有坟素，复何须蝇头细书，别藏巾箱中？"答曰："巾箱中有五经，检阅既易，且一更手写，则永不忘。"此为求精熟起见者也。若袁峻家贫无书，每从人假借，必皆抄写，见第二节，此与《南史·王泰传》手所抄写二千许卷，皆以抄写并言，盖有抄亦有写。则以无可假倩而然矣。

又《梁书·处士传》：刘慧斐在匡山，手写佛经二千余卷。《周书·萧大圜传》：周明帝开麟趾殿，大圜与焉。《梁武帝集》四十卷，《简文集》九十卷，各止一本。大圜入麟趾，方得见之。乃手写二本，一年并毕。识者称叹之。此则或以虔诚孝爱而然也。《梁书·孔休源传》：年十一而孤。居丧尽礼。每见父手所写书，必哀恸流涕。时无刻书，抄写之本，读书者必人人有之也。

写手之中，亦有高材屈居焉。吴喜写起居注，阖诵略皆上口，已见第五节。王僧孺家贫，佣书养母，所写既毕，讽诵亦通。《梁书》本传。朱异以佣书自业，写毕便诵，《南史》本传。亦其伦也。此等事亦有传言失实者。《梁书·文学传》云：任孝恭家贫无书，常崎岖从人假借。每读一遍，讽诵略无所遗。

《北史裴佗传》：佗子诹之，尝从常景借书百卷，十许日便返。景疑其不能读，每卷策问。应答无遗。此所借书，或与其故所读者相出入，故能举其大略。若《梁书·陆倕传》，谓其所读一遍，必诵于口。尝借人《汉书》，失《五行志》四卷，乃暗写还之，略无遗脱，则必无是理矣。然写录一过，即能通知大略，则固事所可有也。

校勘之学，时人尚不甚精。《北齐书·邢子才传》云：有书甚多，而不甚雠校。见人校书，常笑曰："天下书至死读不可遍，焉能始复校此？且误书思之，更是一适。"妻弟李季节，才学之士，谓子才曰："世间人多不聪明，思误书何由能得？"子才曰："若思不能得，便不劳读书。"此乃妄语，而史书之以为美谈，误矣。且如田肯之肯误作宵，见第二节。何由思而得之邪？即有义可通者，冯亿度之，亦易致误。《颜氏家训·勉学篇》云："观天下书未遍，不得妄下雌黄，"自是学人语也。

古书、古物，稍为时人所爱重，然辨别真伪之术未精，故多为作伪者所欺。古书之大批出土者，无过晋武帝时汲郡发冢所得。此事不徒空前，亦且古书出土如此之多，至今未曾再见，言考古者，诚不可不一审定其真伪也。此事见于《晋书》者：《武帝纪》云：咸宁五年，十月，汲郡人不准掘魏襄王冢，得竹简小篆、古书十余万言，藏于秘府。

《律历志》云：武帝大康元年，汲郡盗发六国时魏襄王冢，亦得玉律。又云：武帝泰始九年，中书监荀勖校大乐，八音不和，始知后汉至魏，尺长于古四分有余。勖乃部著作郎刘恭，依《周礼》制尺，所谓古尺也，依古尺更铸铜律吕，以调声均。以尺量古器，与本铭尺寸无差。又汲郡盗发六国时魏襄王冢，得古周时玉律及钟磬，与新律声均暗同。

《卫瓘传》：子恒，为《四体书势》曰："魏初传古文者，出于邯郸淳。恒祖敬侯，写淳《尚书》，后以示淳，而淳不别。至正始中，立三字石经，转失淳法，因科斗之名，遂效其形。大康元年，汲县人盗发魏襄王冢，得策书十余万言。按敬侯所书，犹有仿佛。古书亦有数种，其一卷论楚事者，最为工妙，恒窃悦之。"

《荀勖传》云及得汲郡冢中古文竹书，诏勖撰次之，以为中经，列在秘书。

《束皙传》云：初大康二年，汲郡人不准盗发魏襄王墓，或言安釐王冢，得竹书数十车。其《纪年》十三篇，纪夏以来至周幽王为犬戎所灭。以事接之。疑当作以晋事接之。三家分，仍述魏事，至安釐王之二十年。盖魏国之史书？大略与《春秋》皆多相应。其中经传大异，则为夏年多殷；益干启位，启杀之；大甲杀伊尹；文丁杀季历；自周受命至穆王百年，非穆王寿百岁也；幽王既亡，幽当作厉，此传写之误。有共伯和摄行天子事，非二相共和也。其《易经》二篇，与《周易上下经》同。

《易繇阴阳卦》二篇，与《周易》略同，繇辞则异。《卦下易经》一篇，似《说卦》而异。《公孙段》二篇，公孙段与邵陟论《易》。《国语》三篇，言楚、晋事。《名》三篇，似《礼记》，又似《尔雅》《论语》。

《师春》一篇，书《左传》诸卜筮，师春似是造书者姓名也。《琐语》十一篇，诸国卜梦、妖怪、相书也。《梁丘藏》一篇，先叙魏之世数，次言丘藏金玉事。《缴书》二篇，论弋射法。《生封》一篇，帝王所封。《大历》二篇，邹子谈天类也。《穆天子传》五篇，言周穆王游行四海，见帝台西王母。图书一篇，画赞之属也。

又杂书十九篇，《周食田法》，《周书》，论楚事，周穆王美人盛姬死事。大凡七十五篇。七篇简折书坏，不识名题。冢中又得铜剑一枚，长二尺五寸。漆书皆科斗字。初发冢者烧策照取宝物，及官收之，多烬简断札。文既残缺，不复诠次。武帝以其书付秘书，校缀次第，寻考指归，而以今文写之。皙在著作，得观竹书，随宜分释，皆有义证。

《王接传》云：时秘书丞卫恒考正汲冢书，未讫而遭难，佐著作郎束皙述而成之，事多证异义。句疑有夺误。时东莱大守陈留王庭坚难之，亦有证据。皙又释难，而庭坚已亡。散骑侍郎潘滔谓接曰："卿才学理议，足解二子之纷，可试论之。"接遂详其得失。挚虞、谢衡，皆博物多闻，咸以为允当。

《司马彪传》云：初谯周以司马迁《史记》，书周、秦以上，或采俗语百家之言，不专据正经，周于是作《古史考》二十五篇，皆凭旧典，以纠迁之缪误。彪复以周为未尽善也，条《古史考》中凡百二十二事为不当，多据《汲冢纪年》之义，亦行于世。

《儒林·续咸传》云：著《远游志》《异物志》《汲冢古文释》，皆十卷，行于世。汲冢得书之事，见于《晋书》者如此。年代舛讹，古籍恒有，不足以疑其事之真。简策烦重，十余万言，自可盈数十车，说亦相会。《武帝纪》言竹简文字为小篆古书，《束皙传》谓皆科斗，二者似不相符。然观《卫恒传》所言，则其时之人言字体之异者，非以其构造而以其笔画形状，则古书小篆，二者亦可并称。以构造言与小篆同，以笔画形状言之则异。续咸之《古文释》，盖就其构造异于小篆者而释之耳。此三者皆不足惑。然仍有甚可疑者。

据《卫恒传》，似策书虽有十余万言，其可知者不过数种。与《束皙传》云文既残缺，不复诠次者相符。皙之学，未闻远逾于恒，何以所述成者能如是之多？杜预《春秋后序疏》引王隐《晋书·束皙传》云：汲冢竹书，大凡七十五卷。其六十八卷，皆有名题。其七卷折简碎杂，不可名题。

有《周易上下经》二卷，《纪年》十二卷，《琐语》十一卷，《周王游行》五卷，说周穆王游行天下之事，今谓之《穆天子传》。此四部差为整顿。汲郡初得此书，表藏秘府。诏荀勖、和峤以隶字写之。勖等于时即已不能尽识其书。今复缺落。又转写益误。《穆天子传》，世间偏多。整顿者不过四种，与卫恒之言，隐相符合。然则所谓六十八种者，不过能知其名题，而今《晋书·束皙传》，乃皆能知其书之所述，其为无稽之语可知也。

《隋书·经籍志》：古史家有《纪年》十二卷，《注》云：汲冢书并《竹书同异》一卷。《志》又论其事云：晋大康元年，汲郡人发魏襄王冢，得古竹简书。字皆科斗。发冢者不以为意，往往散乱。帝命中书监荀勖、令和峤撰次为十五部八十七卷。多杂碎怪妄，不可训知。惟《周易》《纪年》，最为分了。其《周易》上下篇，与今正同。《纪年》皆用夏正建寅之月为岁首，起自夏、殷、周三代王事，无诸侯国别。惟特记晋国。起自殇叔；次文侯、昭侯，以至曲沃庄伯。尽晋国。灭，独记魏事。下至魏哀王，谓之今王。盖魏国之史记也？其著书皆编年相次，文意大似《春秋经》，诸所记事，多与《春秋左氏》扶同。

《晋书·束皙传》，并无自夏以来即有年纪之意，此所云则似有之。谓记魏事下至哀王，亦与《皙传》不合。《四体书势》云：魏文好古，世传丘坟，历代基发，真伪靡分，则以冢属魏襄王，晋初亦在疑似之列。安釐王者，魏襄王之曾孙。据《史记》，其死在秦始皇四年，斯时魏已距亡不远，能否如此厚葬，实有可疑。然则《皙传》或言安釐王冢一语，正因其纪年迄于安釐王二十年而云然，而或云迄于哀王，则造作者又有所增也。文似《春秋》，事同《左氏》，盖造作者所摹仿据依。夏年多殷，盖历人治古史者之异说。益干启位，大甲杀伊尹，文丁杀季历，则其时之人，舜、禹之事，我知之矣之见解耳。穆王享国之年，共伯释位之事，说已见《先秦史》第四章及第八章第八节。此数事盖造作者之所特著，不与经传旧说相会者也。

《隋书·律历志》载刘孝孙论历语云："案《竹书纪年》，尧元年在丙子。"则其纪年又不起于夏，与《经籍志》及《晋书·束晳传》皆不符，可见依托《纪年》而为伪者，非一家矣。《易繇阴阳卦》与《周易》略同，《繇辞》则异，此盖世所传《焦氏易林》之伦，世间自有此物。《卦下易经》，似《说卦》而异，盖亦《易》家之所为。此篇言《易》之书特多，《易》固晋以来通行之学也。《名》三篇，似《礼记》，又似《论语》《尔雅》，此合《伪家语》《孔丛子》为一书。《师春》一篇，书《左氏》诸卜筮，似全与《左氏》同者，古书有如此略无出入者乎？《琐语》，《隋志》在杂史家，云《古文琐语》四卷。

《注》云：汲冢书。杂史家又有《周书》十卷，《注》亦云汲冢书。又云："似仲尼删《书》之余。"《颜氏家训·书证篇》谓《琐语》中有秦望碑。《史通·疑古篇》云：中有舜放尧于平阳事。与《晳传》所云记卜梦妖怪相书者，相去绝远。舜之放尧，岂可云琐事？即卜梦妖怪相书，在迷信甚深之世，亦岂以为琐事乎？邹子谈天，久成绝学。谁则闻之，而知其与大历相似？《周王游行》之诬，已见《先秦史》第八章第八节。此书《隋志》在起居注类，作《穆天子传》六卷。《注》云："汲冢书，郭璞注。"大体即今日之本，盖无可疑。

王隐云：《周王游行》，今谓之《穆天子传》，而今《晋书·束晳传》亦谓之《穆天子传》，则今《晋书》所据，实出隐书所据后也。然今《晋书·晳传》盛姬死事，尚不在《穆天子传》中，而今本不然，则今本又非作今《晋书》者之所见矣。亦可见造作者非一家也。晋初四部之分，特计藏庋之便，说已见前。汲冢书列于丁部者，盖以不可诠次，附诸四部之末，实非列于丁部。犹今编书目者，于四部之外，别立丛部耳。

若如《隋志》之说，可撰次为十五部，则既能分别部居矣，何不分隶四部之中，而必别为一部？而下云多杂碎怪妄，不可纪知，又隐与王隐之说相合。则《隋志》此语，可信与否，亦正难言之也。要而观之，则自有汲冢得书之役，因之而作伪者非一家，随之而说其事者，亦非一人。有心之造作，益以无意之传讹，其说乃纷如乱丝，弥不可理，真为荀勖、和峤所隶写，束晳、王庭坚、王接所考论者，盖不知是否存十一于千百矣。

然则以大体言之，汲冢书虽经出土，经隶写而整顿者，实无几种。惠怀乱后，故简与写本全亡，传于世者，悉皆伪物，过江后人之所说，正与明代之伪本同也。《隋书·律历志》云：梁武帝时，犹有汲冢玉律。候气。此语之不足信，观下论诸古物而可知。又非特如此汲冢果曾得玉律，抑治乐者妄为此说以自张，亦正难言之矣。

《梁书·萧琛传》云：天监九年，出为江夏大守。始琛在宣城，有北僧南度，惟赍一瓠芦，中有《汉书序传》。僧云：三辅旧老相传，以为班固真本。琛固求得之。其书多有异今者，而纸墨亦古。文字多如龙举之例，非隶非篆。琛甚秘之。及是，以书饷鄱阳王范。范乃献于东宫。《刘之遴传》云：范得班固所上《南史》作撰。《汉书》真本，献之东宫。皇大子令之遴与张缵、到溉、陆襄等参校异同。之遴具异状十事。其大略云："案古本《汉书》，称永平十六年五月二十一日已酉郎班固上，而今本无上书年月日字。又案古本《叙传》号为《中篇》，而今本称为《叙传》。

又今本《叙传》载班彪行事，而古本云稚生彪，自有传。又今本《纪》及《表》《志》《列传》不相合为次，而古本相合为次，总成三十八卷。又今本《外戚》在《西域》后，古本《外戚》次《帝纪》下。又今本《高五子》《文三王》《景十三王》《武五子》《宣元六王》，杂在诸传秩中，古本诸王悉次《外戚》外，在《陈项传》前。

又今本《韩彭英卢吴述》云：信惟饿隶，布实黥徒，越亦狗盗，芮尹江湖，云起龙骧，化为侯王。古本《述》云：淮阴毅毅，杖剑周章，邦之杰子，实惟彭、英，化为侯王，云起龙骧。又古本第三十七卷，解音释义，以助雅诂，而今本无此卷也。"案改外戚为后妃，以次帝纪，类聚诸王，以次后传，晋后乃有此例，显为后人所改。音义亦必后人所附。《韩彭英卢胡述》，盖不满旧文者改之。其事皆显而易见，而旧老相同，顾信为班固真本，当时论古者之无识，可见一斑矣。

《晋书·郭璞传》云：元帝初镇建业，王导令璞筮之。遇《咸》之《井》。璞曰："东北郡县有武名者当出铎，以著受命之符。西南郡县有阳名者井当沸。"其后晋陵武进县人于田中得铜铎五枚。历阳县中井沸，经日乃止。及帝为晋王，又使璞筮。遇《豫》之《睽》。璞曰："会稽当出钟以告成功，上有勒铭，应在人家井泥中得之。”大兴初，剡县人果于井中得一钟，长七寸二分，口径四寸半。上有古文奇书十八字，云会稽岳命，余字时人莫识之。

《齐书·陆澄传》云：竟陵王子良得古器，小口方腹而底平，可容七八升。以问澄。澄曰：“此名服匿，单于以与苏武。”子良后详视器底有字，仿佛可识，如澄所言。

《梁书·刘显传》云：魏人献古器，有隐起字，无能识者，显案文读之，无有滞碍。考校年月，一字不差。高祖甚嘉焉。《南史·何承天传》云：张永尝开玄武湖，遇古冢。冢上得一铜斗，有柄。宋文帝以访朝士。承天曰：“此亡新威斗，王莽三公亡皆赐之，一在冢外，一在冢内。时三台居江左者，惟甄邯为大司徒，必邯之墓。”俄而永又启冢，内更得一斗，复有一石，铭大司徒甄邯之墓。

《魏书·祖莹传》：孝昌中，于广平立第，掘得古玉印。敕召莹与黄门郎李琰之，令辨何世之物。莹云：“此是于阗国王晋大康中所献。”乃以墨涂字观之，果如莹言。时人称为博物。此等皆藉文字以辨古物，以时人识古字者之少，见第一节。其信否殊不可知也。藉器物以考古事者，亦间有之。

如《梁书·刘杳传》云：尝于沈约坐语及宗庙牺尊。约云：“郑玄答张逸，谓为凤皇尾娑娑然。今无复此器，则不依古。”杳曰：“此言未必可按。《南史》作安。古者樽彝皆刻木为鸟兽，凿顶及背以出内酒。顷魏世鲁郡地中得齐大夫子尾送女器，有牺尊，作牺牛形。晋永嘉中，贼曹嶷于青州发齐景公冢，又得二樽，形亦为牛象。二处皆古之遗器，知非虚也。”约大以为然。其一事也。其时发掘之事，皆出于偶然。其有意为之者，则多在古墓。汲冢即其最大者。齐文惠大子镇襄阳时盗发古冢，陈时征北军人于丹徒发郗昙墓，亦其事也。见第一节及第六节。

《晋书·惠帝纪》：元康五年，十月，武库火，焚累代之宝。《张华传》云：武库火，华惧因此变作，列兵固守，然后救之，故累代之宝及汉高斩蛇剑，王莽头，孔子履等尽焚焉。《五行志》略同。《刘颂传》云：武库火，颂弟彪，建计断屋，得出诸宝器，盖亦微有所出。

王莽头经汉末大乱，是否尚存，已属可疑，孔子履何由得之？汉高斩蛇，事本乌有，剑更不必论矣。天家掌故，有同东野人言如此。《齐书·竟陵王子良传》：升明三年，为会稽大守。子良敦义爱古。郡阁下有虞翻旧床，罢任还，乃致以归。后于西邸起古斋，多聚古人器服以充之。《孔稚圭传》：父灵产，大祖饷以白羽扇、素隐几。曰：“君性好古，故遗君古物。”

《梁书·刘之遴传》：之遴好古爱奇。在荆州，聚古器数十百种。又献古器四种于东宫。《处士传》：何点，竟陵王子良遗以嵇叔夜酒觚，徐景山酒铛。《南史·柳恽传》：齐竟陵王子良尝置酒后园，有晋大传谢安鸣琴在侧，援以授恽，恽弹为雅弄。《齐高帝诸子传》始兴王鉴为益州刺史。时有广汉什邡段祖以淳于献。古礼器，所以节乐也。《王敬则传》：世子仲雄善弹琴。江左有蔡邕焦尾琴，在主衣库，齐明帝敕五日一给。

《刘杳传》：昭明大子有瓠食器，以赐焉，曰：“卿有古人之风，故遗卿古人之器。”此等皆如世俗之玩骨董，其信否，观俗所谓骨董者之信否而可知矣。刘曜所作浑仪，何承天等误为张衡所造，已见上节。此事致误，实缘不按题识，具见《隋志》。魏时，御史中尉王显，与广平王匡争权量。奏匡曰：“匡表云：所据铜权，形如古志，明是汉作，非莽别造。及案权铭：黄帝始祖，德布于虞，虞帝始祖，德布于新。莽佐汉时，宁有铭新之号？”《北史·景穆十二王传》。二人论权量，谁曲谁直，姑不必论，而匡之不案铭文，则无可解免矣。

《隋书·律历志》载梁武帝作《钟律论》曰：“山谦之记云：殿前三钟，悉是周景王所铸无射也。遣乐官以今无射新笛饮，不相中，以夷则笛饮，则声均合和。端门外钟，亦案其铭题，定皆夷则。其西厢一钟，天监中移度东。以今笛饮，乃中南吕。验其镌刻，乃是大蔟，则下金笛二调。重敕大乐丞斯宣达，令更推校，钟定有凿处，表里皆然。借访旧识，乃是宋泰始中使张永凿之，去铜既多，故其调啴下。以推求钟律，便可得而见也。

宋武平中原，使将军陈倾致三钟，小大中各一，则今之大极殿前二钟，端门外一钟是也。案西钟铭，则云清庙撞钟，秦无清庙，此周制明矣。又一铭云大蔟钟征，则林钟宫所施也。检题既无秦、汉年代，直云夷则、大蔟，则非秦、汉明矣。”此等虽案铭题，信否亦难遽定，乃后人或真信为三代时物，毋亦见卵而求时夜乎？《殿本考证》，齐召南云：“三代乐器，流传最远者，莫如此事。《左传》昭二十一年，天王将铸无射。孔《疏》曰：秦灭周，其钟徙于长安。历汉、魏、晋，常在长安。及刘裕灭姚泓，又移于江东。历宋、齐、梁、陈时钟犹在。东魏使魏收聘梁，作《聘游赋》，云珍是淫器，无射在悬是也。及开皇九年平陈，又迁于西京，置大常寺，时人悉得见之，至十五年敕毁之，可为此文之证。”

毁坏古物之事，亦时有之。所谓三钟者，入隋为文帝所毁。其事，《北史·隋本纪》在开皇九年，云“毁所得秦汉三大钟，越二大鼓。”《隋书·本纪》无之，而云：“十一年，春，正月，丁酉，以平陈所得古器，多为妖变，悉命毁之。”则《北史》亦同。三钟之毁，未知究在何时，然隋毁江东古物，恐必甚多，且不止一次。三钟固不必周景王物，江东所云古器，亦不必皆信，然其有较古之物，则必不诬也。齐东昏侯毁晋义熙初师子国所献玉象已见第六节。

《宋书·武三王传》：鲁郡孔子旧庭，有柏树二十四株，经历汉、晋，其大连抱。有二株先折倒。士人崇敬，莫之敢犯。江夏王义恭悉遣人伐取，父老莫不叹息。义恭未为最暴横者，当四夷交侵，武人跋扈之世，此等事之不见记载者，必尚不知凡几也。

著书假托古人者，此时仍有之。《晋书·曹志传》：武帝尝阅《六代论》，问志曰：“是卿先王所作邪？”志，魏陈思王孽子对曰：“先王有手所作目录，请归寻按。”还奏曰：“按录无此。”帝曰：“谁作？”志曰：“以臣所闻，是臣族父冏所作。以先王文高名著，欲令书传于后，是以假托。”帝曰：“古来亦多有是。”顾谓公卿曰：“父子证明，足以为审，自今已后，可无复疑。”托名高者以行其言，而已不欲尸其名，此乃廓然大公之心；不得议其欺世也。

《陆机传》：机从子瑁，吴平又作《西州清论》，传于世。借称诸葛孔明，以行其书也。亦曹冏之志也。《隋书·儒林传》云：刘炫因牛弘奏请购求遗逸，伪造书百余卷，题为《连山易》《鲁史记》等，录上送官，取赏而去。后有人讼之，经赦免死，坐除名。则风斯下矣。然时书一卷不过赏绢一匹，炫负盛名，岂不能致百余匹绢？则其造书非利官赏，盖时俗莫辨真伪，乃借此欺世，以炫其博洽耳。然其心亦足诛矣。

《晋书·郭象传》云：先是注《庄子》者数十家，莫能究其旨统。向秀于旧注外而为解义，妙演奇致，大畅玄风。惟《秋水》《至乐》二篇未竟，而秀卒。秀子幼，其义零落。然颇有别本迁流。象为人行薄，以秀义不传于世，遂窃以为己注。乃自注《秋水》《至乐》二篇，又易《马蹄》一篇，其余众篇，或点定文句而已。其后秀义别本出，故今有向、郭二注，其义一也。似象之为人，攘善无耻矣。然《秀传》则但云秀为之隐解，象又述而广之而已。则知此等传说，亦难尽信也。

注释：

①遁迹[dùn jì]：避世；隐居；使人不知踪迹。明《袁可立晋秩兵部右侍郎诰》："尔夫鸿冥遁迹，能偕隐以灌园。"

②践阼[jiàn zuò]：亦作"践胙"、"践祚"。即位；登基。

③饩廪[xì lǐn]：亦作"饩禀"。古代官府发给的作为月薪的粮食。亦泛指薪俸。

④黜陟[chù zhì]：指人才的进退，官吏的升降。

⑤俎豆[zǔ dòu]：典故名，典出《论语·卫灵公》和《史记》卷四十七《孔子世家》。俎和豆，古代祭祀、宴飨时盛食物用的两种礼器，亦泛指各种礼器。后引申为祭祀和崇奉之意。

⑥黼藻[fǔ zǎo]：指华美的辞藻或文字。

⑦葭莩[jiā fú]：芦苇茎中的薄膜，借指关系疏远的亲戚。

⑧僭伪[jiàn wěi]：指越礼不轨之事。

⑨补苴罅漏[bǔ jū xià lòu]：苴，鞋底的草垫；罅，缝隙。补好裂缝，堵住漏洞。比喻弥补事物的缺陷。

⑩呫哔[tiè bì]：亦作"呫毕"。犹占毕。后泛称诵读。

⑪玑衡[jī héng]："璇玑玉衡"的省称。古代观测天体的仪器，也指北斗七星的泛称，或者借指天文学。

⑫狎昵[xiá nì]：指过于亲近而态度不庄重。

第二十四章

晋南北朝宗教

第一节　旧有诸迷信

玄学与迷信，不相容者也。故魏、晋以降，玄学盛行，而迷信遂澹。《晋书·天文志》：魏文帝黄初二年，六月，戊辰晦，日有食之。有司奏免大尉。诏曰："灾异之作，以谴元首，而归过股肱，岂禹、汤罪己之义乎？其令百官，各虔厥职。后有天地眚，勿复劾三公。"此诏虽仍引咎责躬，然已知天地之眚，无与于人事矣。

挚虞对策曰："古之圣明，原始以要终，体本以正末，故忧法度之不当，而不忧人物之失所，忧人物之失所，而不忧灾害之流行。其有日月之眚，水旱之灾，则反听内视，求其所由。远观诸物，近验诸身。于物无忤，于人无尤，此则阴阳之事，非吉凶所在也。"

郤诜对策，与虞实同时事。亦曰："水旱之灾，自然理也。故古者三十年耕必有十年之储。尧、汤遭之而人不困，有备故也。自顷风雨，虽颇不时，考之万国，或境土相接，而丰约不同，或顷亩相连，而成败异流，固非天之必害于人，人实不能均其劳苦。失之于人，而求之于天，则有司惰职而不劝，百姓殆业而咎时，非所以定人志。致丰年也。"皆以释天时任人事为言，与汉人之论大异矣。

《魏书·高祖纪》：承明十二年，九月，甲午，诏曰："日月薄蚀，阴阳之恒度耳。圣人惧人君之放怠，因之以设戒，故称日蚀修德，月蚀修刑，乃癸巳夜，月蚀尽，公卿已下，宜慎刑罚，以答天意。”此诏辞旨，几于自相矛盾，然亦知天变与人事无关。虏主而能为此言，可知释天时，任人事，已成通常之见解矣。

然此特学者之见如是，习俗固未能骤变。魏自武帝，至于文、明，皆禁淫祀，已见《秦汉史》第二十章第二、第六节。晋武帝泰始元年，诏曰：“末代信道不笃，僭礼渎神，纵欲祈请。曾不敬而远之，徒偷以其幸，妖妄相扇，舍正为邪，故魏朝疾之。其按旧礼，具为之制。使功著于人者，必有其报，而妖淫之鬼，不乱其间。”犹是前世之志也，然穆帝升平中，何琦论祠五岳，谓“今非典之祠，可谓非一。考其正名，则淫昏之鬼。推其糜费，则四人之蠹。可俱依法令，先去其甚。”不见省。《宋书·礼志》。而武皇之志荒矣。

宋武帝永初二年，四月，诏曰：“淫祠惑民废财，前典所绝。可并下在所，除诸房庙。”《宋书·礼志》云：由是蒋子文祠已下，并皆毁绝。然又云：孝武孝建初，更修起蒋山祠。所在山川，渐皆修复。明帝立九州庙于鸡笼山，大聚群神。则其废之曾无几时，旋且变本加厉矣。所谓蒋子文者，与苏侯同为南朝严祀之神。

《宋书·礼志》云：蒋侯，宋代稍加爵位，至相国、大都督中外诸军事，加殊礼，钟山王。苏侯骠骑大将军。案《晋书·简文三王传》言：孙恩至京口，会稽王道子无他谋略，惟日祷蒋侯庙，为厌胜之术。又《苻坚载记》言：淝水之役，坚望八公山上草木，皆类人形。初朝廷闻坚入寇，道子以威仪鼓吹，求助于钟山之神，奉以相国之号。坚见草木状人，若有力焉。则蒋子文在晋代，久受尊崇矣。齐东昏又加帝号，见第十章第六节。

《南史·曹景宗传》述钟离之役云：先是旱甚，诏祈蒋帝神求雨。十旬不降。帝怒，命载荻，欲焚蒋庙并神影。尔日开朗，欲起火，当神上忽有云如伞。倏忽骤雨如写。台中宫殿，皆自振动。帝惧，驰召追停。少时还静。自此帝畏信遂深。自践阼已来，未尝躬自到庙，于是备法驾将朝臣礼谒。是时魏军攻围钟离，蒋帝神报敕必许扶助。既而无雨水长，遂挫敌人。凯旋之后，庙中人马脚尽有泥湿，当时并目睹焉。梁武非迷信者流，盖因大敌当前，藉此以作士气也。

陈高祖以十月乙亥即帝位，丙子即幸钟山祀蒋帝庙，见《纪》。亦是志矣。蒋子文行事，不见正史。《齐书·崔祖思传》云：州辟主簿。与刺史刘怀珍于尧庙祀神。庙有苏侯象。怀珍曰：“尧圣人，而与杂神为列，欲去之，何如？”祖思曰：“苏峻今日，可谓四凶之五也。”怀珍遂令除诸杂神。《南史》云：所随者为青州刺史垣护之，祖思，清河东武城人。清河齐世属冀州，如《齐书》意，怀珍当为冀州刺史。然当时青、冀二州，或可合一刺史也。

而载祖思对辞，则云："使君若清荡此坐，则是唐尧重去四凶，"不以苏侯为苏峻。峻凶逆，不应见祀，论者或以《南史》为可信。然《齐书》此语，不能杜撰。《南北史》多采异说，其所据依，实较诸官修之史为晚。

《北史·魏兰根传》言常山郡境有董卓祠，《景穆十二王传》言邺城有石季龙庙，董卓凶逆，岂减苏峻？季龙尤异族淫暴之主也，二凶可祀，峻独不可祀乎？然则《齐书》之说，殆为不诬。以此推之，蒋子文亦必非正神也。

永初之除房庙，明言"先贤及以勋德立祠者，不在此例。"蒋子文若为正神，岂应其时亦见除毁邪。或谓苏侯神在建康，不应在青、冀，《崔祖思传》所言者，或为别一苏侯，此亦不然。《南史·张冲传》：言东昏遣薛元嗣等援冲，冲卒，与其子孜及程茂等共守，无他经略，惟迎蒋子文及苏侯神于州听上祀以求福，则蒋、苏二神，流播及于荆郢矣。可至荆郢，何不可至青、冀邪？

淫祀所奉，泛然不一。吴兴郡有项羽神，俗谓甚灵验，至于郡听事安施床簟为神坐，大守皆避不敢居，见《宋书·孔季恭》《齐书·李安民》《萧惠基》《梁书·萧琛》诸传。《南史·陈本纪》：高祖永定二年，正月，遣策吴兴楚王神为帝，盖即所谓项羽神也。其见崇奉，亦不在蒋子文下矣。此与董卓、石季龙等，皆择众所共知之人而奉之，不计其善恶也。《齐书·周山图传》云：义乡县长风庙神姓邓，先为县令，死遂发灵，此则所谓名宦之流，亦不必其人之果有功德也。后世所谓城隍神者，亦昉见于此时。《南史·梁武帝诸子传》，谓邵陵王纶在郢州祭城隍神，将烹牛，有赤蛇绕牛口。

《隋书·五行志》以为武陵王纪之事。《北齐书·慕容俨传》云：俨在郢城，为侯瑱、任约所攻，于上流鹦鹉洲上造荻蔟竟数里，以塞船路。人信阻绝，城守孤悬，众情危惧。俨导以忠义，又悦以安之。城中先有神祠一所，俗号城隍神，公私每有祈祷。于是顺士卒之心，相率祈请，须臾，冲风歘起，惊涛涌激，漂断荻蔟。约复以铁锁连绊，防御弥切，俨还共祈请。风浪夜惊，复以断绝。如此者再三。城人大喜，以为神助。此《传》言俨战功，全不足信，然郢城有城隍神祠，俨曾祠之，自不害为实语也。案隍谓城下池，战时凭城池以守，故祀其神，后遂以为地方之神，若人间之有守令矣。

《梁书·王神念传》云：神念性刚正，所更州郡，必禁止淫祠。为青、冀二州刺史，州东北有石鹿山，临海，先有神庙。妖巫欺惑百姓，远近祈祷，糜费极多。神念至，便令毁撤，风俗遂改。而《南史·阴子春传》言：神念之毁神庙，栋上有一大蛇，长丈余，役夫打扑不禽，得入海水。子春为朐山戍主、东莞大守。尔夜梦人通名，云有人见苦，破坏宅舍。钦君厚德，欲憩此境。经二日而知之。因办牲醪请召，安置一处。

数日，复梦一朱衣人，相问辞谢，云得君厚惠，当以一州相报。子春心喜，供事弥勤。经月余，魏欲袭朐山，间谍前知，设伏破之，诏授南青州刺史。此则海滨怪物，废于彼而兴于此矣。要之可以惑众则藉之，无恒奉也。宋世祖之责百官谠言也，周朗上书曰："凡鬼道惑众，妖巫破俗，其原本是乱男女，合饮食。因之以祷祝，从之以报请。是乱不除，为害未息。凡一苑始立，一神初兴，淫风辄以之而甚。今修堤以北，置园百里，峻山以西，居灵十房，糜财败俗，其可称限？"饮食男女，人之大欲存焉。凡民之所费诚多，而敢为矫诬者，则其大欲遂焉矣。世岂有创教传教之人，而真信教者哉？

然矫诬之徒，亦有实为救死之计者。《南史·孝义传》云：诸暨东洿里屠氏女。父失明，母痼疾。亲戚相弃，乡里不容。女移父母，远住纻舍。昼采樵，夜纺织，以供养。父母俱卒，亲营殡葬，负土成坟。忽空中有声云："汝至性可重，山神欲相驱使，汝可为人疗病。"女谓是妖魅，弗敢从。遂得病积时。邻舍人有溪蜮毒者，女试疗之，自觉便差。遂以巫道为人疗疾，无不愈。家产日益，乡里多欲娶之。女以无兄弟，誓守坟墓。为山劫所杀。此女所为，谓非矫诬得乎？然得以是为其罪乎？辟二氏者，恒病其不耕而食，不织而衣。然如此女者，当其困穷之时，则亲戚相弃，乡里不容，及其为巫而多财，则又欲娶之以为利。风俗薄恶如此，而以藉矫诬以自活者为罪，有是理乎？

《隋书·地理志》云：扬州"俗重鬼神，好淫祀"。又云："大抵荆州率敬鬼，尤重祠祀之事。"似淫祀之俗，南方为甚。然《魏书·肃宗纪》：神龟二年，十二月，尝诏除淫祀，焚诸杂神，则北方淫祀，亦不少矣。

《北齐书·于翼传》：翼出为安州总管。时属大旱，涢水绝流。旧俗每逢亢阳，祷白兆山祈雨。高祖先禁群祀，山庙已除。翼遣主簿祭之。即日澍雨沾洽。岁遂有年。民庶感之，聚会歌舞，颂翼之德。除之而民犹信之，则有其废之，必有其举之者矣。故破除迷信，实非政令所能为也。

巫术所重，祠祀而外，莫如厌诅。元凶劭为巫蛊，已见第九章第一节。及孝武起兵，劭又迎蒋侯神于宫内，厌祝祈请。竟陵王诞，陈谈之上书告之，亦云：其弟咏之，见诞疏孝武年纪、姓讳，往巫郑师怜家咒诅。

庐江王袆，明帝泰始五年下诏，谓其"咒诅祷请，谨事邪巫。常被发跣足，稽首北极。遂图画朕躬，勒以名字。或加之矢刃，或烹之鼎镬。在江州得一女，云知吉凶，能行厌咒，大设供养，敬事如神。令其咒诅孝武，并及崇宪，祈皇室危弱，统天称己"。陈长沙王叔坚为左道厌魅，已见第十五章第二节。

《宋书·王悦传》：悦为侍中，检校御府大官、大医诸署得奸巧甚多。及悦死，众咸谓诸署咒诅之。明帝乃收典掌者十余人，桎梏，云送淮阴，密令渡瓜步江投之中流。咒诅未必能杀人，怨奸巧之见发而为咒诅，则罪有可诛，明帝处诸典掌者虽云非法，然诸人若果为咒诅，亦自有取祸之道也。司马休之降虏，孙弥陁，选尚临淮公主。弥陁先娶窦瑾女，与瑾并坐咒诅伏诛。事见《魏书·休之传》，亦见《瑾传》。北齐河间王孝琬怨执政，为草人而射之，和士开、祖珽谮其为草人乃以拟武成，已见第十四章第三节。《魏书·刑罚志》：神䴥中，崔浩定律令，为蛊毒者，男女皆斩而焚其家。巫蛊者负羖羊，抱犬，沈诸渊。

《高祖纪》：承明九年，正月，诏："诸巫觋假称神鬼，妄说吉凶，及委巷诸卜，非坟典所载者，严加禁断。"可见北方巫术之盛矣。厌胜之术，并有施诸死人者。贾后之杀武悼后也，妖巫谓后必诉冤先帝，乃覆而殡之，施诸厌劾符书、药物。慕容俊夜梦石季龙啮其臂。寤而恶之，命发其墓，剖棺出尸，数其残酷之罪，弃于漳水。姚苌以苻登频战胜，亦于军中立苻坚神主而请之。及败苻师奴，禽梁犊，乃掘坚尸，鞭挞无数，裸剥衣裳，荐之以棘，坎土而埋之。侯景之葬梁武帝，使卫士以大钉于要地钉之，欲令后世绝灭。北齐孝昭不豫，见文宣为祟，厌胜之术备设，《北齐书·废帝纪》及《孝昭纪》。参看第十四章第三节。皆是物也。

行序之说，本谓治法当随时变易，后乃流为空谈，入于迷信，已见《先秦史》第十五章第二节，《秦汉史》第二十章第三节。魏、晋以后，虽迷信已澹，而此故事仍存。晋武帝泰始元年，有司奏晋行尚金。《宋书·历志》。刘曜、石勒，皆承金为水德。皆见《载记》。慕容俊僭位，群下言承黑精之君，代金行之后，从之。

《韩恒传》云：附《俊载记》后。将定行次，众论纷纭，恒时疾在龙城，俊召恒决之。未至，群臣议以燕承晋为水德。恒至，言于俊曰："赵有中原，非惟人事，天所命也。且燕王迹始震。于《易》，震为青龙，受命之初，有龙见于都邑。龙为木德，幽契之符也。”俊初虽难改，后终从恒议，《慕容暐载记》云：郭钦奏议，以暐承石季龙为木德，暐从之。则《俊载记》所谓后从韩恒之议者，实暐时事也。

《姚苌载记》：苌僭位，自谓以火德承苻氏木行。案《苻坚载记》云：大元七年，坚谋入寇。初坚即伪位，新平王雕，陈说图谶。坚大悦，以雕为大史令。尝言于坚曰：“谨按谶云：古月之末乱中州，洪水大起健西流，惟有雄子定八州，此即三祖陛下之圣讳也。又曰：当有草付臣又土，灭东燕，破白虏，氐在中，华在表。按图谶之文，陛下当灭燕平六州。愿徙汧、陇诸氐于京师，三秦大户，置于边地，以应图谶之言。”坚访王猛，猛以雕为左道惑众，劝坚诛之。

雕临刑上疏曰：“臣以赵建武四年，从京兆刘湛学。明于图记，谓臣曰：新平地古颛顼之虚，里名曰鸡闾。此里应出帝王宝器，其名曰延寿宝鼎。颛顼有云：河上先生为吾隐之于西北，吾之孙有草付臣又土应之。湛又云：吾尝斋于室，中夜，有流星大如半月，落于此地，斯盖是乎？愿陛下志之。平七州之后，出于壬午之年。”

至是而新平人得之，以献。坚以雕言有征，追赠光禄大夫。分氐户，留鲜卑，当时盖有深意，说见第六章第七节。雕在当时，盖因违是策而见诛，既而造作妖言，则又托诸已受诛之人，以见其可信也。则坚实自以为颛顼后。颛顼，必从相胜之说，乃得为木德，见《秦汉史》。岂坚时尝行其说，苌乃又以相生之说承之欤？《魏书·礼志》云：大祖天兴元年，定都平城，即皇帝位。诏有司定行次。群臣奏以国家继黄帝之后，宜为土德。故神兽如牛，牛土畜，又黄星显曜，其符也。于是始从土德，数用五，服尚黄。亦见《本纪》。此时之拓跋氏，实受封于西燕，说见第六章第七节，岂亦从相胜之说，而以土承燕之水欤？参看第三章第八节。孝文大和十四年，八月，诏议国之行次。《本纪》。

《礼志》载中书监高闾议，谓：“居尊据极，允膺明命者，莫不以中原为正统，神州为帝宅。五德之论，始自汉刘。一时之议，三家致别：以为水德者，以尝有水溢之应，不推运代相承之数。以为土德者，以亡秦继历相即为次，不推逆顺之异。以为火德者，县证赤帝斩蛇之符，越恶承善，不以世次为正。自兹厥后，乃以为常。魏承汉，火生土，故魏为土德。晋承魏，土生金，故晋为金德。赵承晋金生水，故赵为水德。燕承赵，水生木，故燕为木德。秦承燕，木生火故秦为火德。此说与《晋书·姚苌载记》不合，盖凭亿为说，不依据故事也。秦之未灭，皇魏未克神州，秦氏既亡，大魏称制河朔。故平文之庙，始称大祖。以明受命之证，如周在岐之阳。若继晋，晋亡已久，若承秦，则中原有寄。又五纬表验，黄星曜采。考氏定实，合德轩辕。承土祖木，事为著矣。秦、赵及燕，虽非明圣，各正号赤县，统有中土。非若边方僭拟之属；远如孙权、刘备，近若刘裕、道成，事系蛮夷，非关中夏。臣愚以为宜从尚黄，定为土德。”案魏亦五胡之一，若祧后赵、燕、秦，试问自居何等？韩恒、高闾，盖欲避内华外夷之嫌，故为此认贼作子之说。

然孝文之意，有异于是，闾亦未尝不窥知之，故又请“集中秘群儒，人人别议，择其所长”也。于是秘书丞李彪、著作郎崔光议，谓：“魏虽祖黄制朔，绵迹有因，然此帝业，神元为首。司马祚终于郏鄏，而元氏受命于云代。自周之灭，及汉正号，几六十年，自有晋倾沦，暨登国肇号，亦六十余载。物色旗帜，率多从黑。是又自然合应，玄同汉始。且秦并天下，革创法度，汉承其制，少所变易，犹仰推五运，竟踵隆姬，而况刘、石、苻、燕，世业促褊，纲纪弗立，魏接其弊，自有彝典？岂可异汉之承木，舍晋而为土邪？”诏命群官议之。十五年，正月，司空穆亮等言：欲从彪等所议。诏可。《纪》在十六年正月壬戌。居然自附于华夏矣。周孝闵帝之立，百官奏议，以木承水，制可，见《周书·本纪》。

五德之说，明出学者推论，乃《宋书·历志》曰：“邹衍生在周时，不容不知周之行运。张苍虽是汉臣，生与周接，司秦柱下，备睹图书。秦虽灭学，不废术数，则有周遗文，虽不毕在，据汉水行，事非虚作。然则相胜之义，于事为长。”竟以行序之说为古来实事，误矣。又云：“汉高断蛇，而神母夜哭，云赤帝子杀白帝子，然则汉非火而何？斯又不然。汉若为火，则当云赤帝，不宜云赤帝子也。白帝子又何义况乎？盖由汉是土德，土生乎火，秦是水德，水生乎金，斯则汉以土德为赤帝子，秦以水德为白帝子也。”立说虽巧，终近凿孔。

图谶之作，本由后汉君臣之矫诬，而儒者因之以阿世，自炎祚云亡，而其学渐微，其书亦浸缺佚矣。《晋书·索靖传》，言其兼通内纬，此尚是后汉经生之遗风。《魏书·高崇传》：子谦之，图纬之书，多所该涉。《周书·陆腾传》：父旭，好纬候之学。此等皆是术数之家，与经学无涉。儒林传中人兼治图纬者，不过取证经说，所重者纬而非谶。艺术传中人，则取证术数，而或流于妖妄矣。要之图纬非复显学也。乃如《魏书·燕凤传》云：明习阴阳谶纬，《许谦传》

云：善天文图谶，则恐魏人欲以妖妄之说托之，乃妄言其善是耳。东渡之初，戴邈疏请兴学，有曰："图谶无复孑遗于世，"可见其书之存者已不多也。见《宋书·礼志》。

然握有政权者，其矫诬如故。《齐书·高帝纪》云："上姓名骨体，及期运历数，并远应图谶，数十百条，历代所未有。臣下撰录，上抑而不宣，盛矣。"《祥瑞志》云："齐氏受命，事殷前典。黄门郎苏偘撰《圣皇瑞应记》。永明中，庾温撰《瑞应图》。其余众品，史注所载。今详录去取，以为《志》云。"《纪》所谓抑而弗宣者，即是物也。

《芮芮虏传》云：宋世，其国相希利垔解星算数术，通胡、汉语。尝言："南方当有姓名齐者，其人当兴。"又云：国相邢基祇罗回奉表曰："京房谶云：卯金十六，草肃应王。历观图纬，休征非一，皆云庆钟萧氏，代宋者齐。"造妖言而托诸外夷，可谓匪夷所思矣。梁武佳人，然亦未能免俗。《梁书·本纪》云：禅让时，大史令蒋道秀陈天文符谶六十四条。

《沈约传》：约谓高祖曰："谶云：行中水，作天子。"

《处士传》：陶弘景问议禅代，援引图谶，数处皆成梁字，令弟子进之。其矫诬如此。盖宋、齐、梁、陈四代之兴，宋、陈皆有外攘之功，齐、梁更多惭德，故其矫诬尤甚也。

《晋书·石季龙载记》：季龙以谶文天子当从东北来，备法驾自信都而还以应之。又以谶文言灭石者陵，而石闵徙封兰陵公，恶之，改兰陵为武兴郡。此说盖闵所造作。

《艺术传》：黄泓，父沈，善天文秘术，泓从父受业。永嘉之乱，与渤海高瞻避地幽州，说瞻曰："谶言真人出东北。"瞻不从。泓乃率宗族归慕容廆。

《苻洪载记》：洪以谶文有草付应王，又其孙坚背有草付字，遂改姓苻氏。此说盖坚所造作，苻洪时尚未有也。苻实旧氏，见第五章第三节。又云：王堕明天文图纬，洪征梁犊，以堕为司马。谓洪曰："谶言苻氏应王，公其人也。"

《苻生载记》：健以谶言三羊五眼应符，故立为大子。《苻坚载记》：姚苌求传国玺于坚，坚嗔目叱之曰："图纬符命，何所依据？五胡次序，无汝羌名。违天不祥，其能久乎？"《苻登载记》：冯翊郭质，起兵广乡以应登。宣檄三辅曰："姚苌穷凶余害，毒被人神，于图谶历数，万无一分。"

《姚兴载记》：兴以司马休之为镇南将军扬州刺史。休之将行，侍御史唐盛言于兴曰："符命所记，司马氏应复河、洛。休之既得濯鳞南翔，恐非复池中之物。"兴曰："脱如所记，留之适足为患。"遣之。观下引《南史》，鲁宗之亦为谶，此说恐又休之所造作。

《慕容垂载记》：垂少好畋游，因猎坠马，折齿。慕容儁僭即王位，改命䡟。本名霸。外以慕郤䡟为名，内实恶而改之。寻以谶记之文，乃去夬，以垂为名焉。坚之败于淮南也，垂军独全。坚以千余骑奔垂。垂世子宝言于垂曰："家国倾丧，皇纲废弛。至尊明命，著之图箓，当隆中兴之业，建少康之功。"

《慕容德载记》：刘藻自姚兴至。大史令高鲁，遣其甥王景晖随藻送玉玺一纽，并图谶秘文，曰："有德者昌，无德者亡。应受天命，柔而复刚。"又有谣曰："大风蓬勃扬尘埃，八井三刀卒起来，四海鼎沸中山颓。惟有德人据三台。"群臣因劝德即尊号。时以慕容宝尚存，未遽听。

《魏书·赉李雄传》：谯周著谶曰："广汉城北有大贼，曰流特；攻难得。岁在玄宫自相克。"卒如其言。《大宗纪》：泰常五年，五月，诏曰："宣武皇帝，体道得一，大行大名，未尽美，非所以光扬洪烈，垂之无穷也。今因启纬图，始睹尊号。天人之意，焕然著明。其改宣曰道，更上尊谥曰道武皇帝，以彰灵命之先启，圣德之玄同。告祀郊庙，宣于八表。"

《灵征志》云：大祖真君五年，二月，张掖郡上言："往曹氏之世，丘池县大柳谷山石表龙马之形，石马脊文曰大讨曹，而晋氏代魏。今石文记国家祖宗讳，著受命之符。"乃遣使图写其文。大石有五，皆青质白章，间成文字。其二石记张、吕之前已然之效，其三石记国家祖宗以至于今。其文记昭成皇帝讳，继世四六天法平，天下大安，凡十四字。次记大祖道武皇帝讳，应王载记千岁，凡七字。次记大宗明元皇帝讳，长子二百二十年，凡八字。次记大平天王继世主治，凡八字。次记皇大子讳，昌封泰山，凡五字。初上封大平王，天文图录，又授大平真君之号，与石文相应。

大宗名讳之后，有一人像，携一小儿。见者皆曰："上爱皇孙，提携卧起，不离左右，此即上像。"灵契真天授也。于是群臣参议："宜以石文之征，宣告四海，令方外僭窃，知天命有归。"制可如所奏。

《卫操传》云：桓帝崩后，操立碑于大邗城南，以颂功德，云魏轩辕之苗裔。皇兴初，雍州别驾雁门段荣于大邗掘得此碑。此更可谓极矫诬之致矣。造作妖妄，乃为夷狄窃以为资，岂不哀哉？

然《道武七王传》：阳平王熙之玄孙禹，颇好内学。每云晋地有福。孝昌末，遂诣尔朱荣。《北齐书·元坦传》：坦，魏咸阳王禧之子，事亦见《北史·魏献文六王传》。子世宝，与通直散骑侍郎彭贵平因酒醉诽谤，妄说图谶，有司奏当死。诏并宥之。坦配北营州，死配所。然则夷狄效中国而为矫诬，亦适足启分崩离析之端，而速其自弊耳。岂不哀哉？北齐文宣之篡也，徐之才、宋景业亦以谶为言。见《之才》及《高德政传》。武成禅位后主，则祖珽引《元命苞》以说，亦一丘之貉耳。

成则为王，败则为寇，其实一也。秉政者既以此自张矣，睨而思夺之者，安得不竞相仿效？《南史·宋武帝纪》：鲁宗之为谶曰："鱼登日，辅帝室。"此强臣之造谶也。《范晔传》：孔熙先使婢随法静尼南上见胡道世，付以笺书，陈说图谶。其说徐湛之，则谓谶纬天文，并有征验。《颜竣传》：竣为世祖主簿，有沙门释僧舍谓曰："贫道尝见谶记，当有真人应符，名讳次第，属在殿下。"《文五王传》：孝武使有司奏竟陵王诞，谓其征引巫史，潜考图纬。此宗戚之造谶也。

《晋书·张轨传》：晋昌张越，凉州大族，谶言张氏霸凉，自以才力应之，阴图代轨。《魏书·傅竖眼传》：祖父融，有三子：灵庆、灵根、灵越，并有才力。融以此自负。尝密谓乡人曰："汝闻之不？鬲虫之子有三灵，此图谶之文也。"好事者然之。故豪勇之士，多相归附。此豪右之造谶也。

《晋书·石季龙载记》：贝丘人李弘，因众心之怨，自言姓名应谶，遂连结奸党，署置百寮。事发诛之。连坐者数百家。《魏书·大宗纪》：泰常元年，三月，常山民霍季，自言名载图谶。持一黑石，以为天赐玉印。聚党入山为盗。州郡捕斩之。《术艺传》：刘灵助妄说图谶，言刘氏当王。则凡思蠢动者，无不以谶为资矣，此其所以终遭禁断欤？

《隋书·经籍志》曰："《易》曰：河出图，洛出书，然则圣人之受命也，必因积德累业，丰功厚利，诚著天地，泽被生人。万物之所归往，神明之所福飨，则有天命之应。盖龟、龙衔负，出于河、洛，以纪易代之征。其理幽昧，究极神道。先王恐其惑人，秘而不传。说者又云：孔子既叙六经，以明天人之道，知后世不能稽同其意，故别立纬及谶，以遗末世。"观此，知当时所谓谶者，实有二科：一犹借重经义，与纬相杂，一则纯为妖言矣。抑谶本民间之物，与学术并无关系，自攘窃者竞事造作，以古者政事与天道，关系极密，而天文之学，遂为其所取资，乃亦随之而遭禁断焉。魏道武之狂惑也，史言其虑如天文之占，因此大肆杀戮。道武是时，固病狂易，然以天文之占为虑，亦非虚语。

《北史·魏宗室传》云：天赐六年，天文多变，占者云：当有逆臣，伏尸流血。帝恶之。颇杀公卿，欲以厌当天灾，秦王翰之子仪，内不自安，单骑遁走，帝使人追执之，遂赐死，其一征也。

《北齐书·神武帝纪》：武定五年，正月朔，日食。神武曰："日食其为我邪？死亦何恨。"《北史·后妃传》：宣武皇后高氏，天文有变，灵大后欲以当祸，暴崩。《北齐书·孝昭六王传》：河清三年，五月，白虹围日再重，又横贯而不达，赤星见，武成以盆水盛星影而盖之，一夜，盆自破。欲以百年厌之，遂斩之。不肯信福善祸淫之说，而又惴惴于变异如此，皆利害之见大切为之也。

《齐书·天文志》云："今所记三辰、七曜之变，起建元迄于隆昌。建武世，大史奏事，明帝不欲使天变外传，并秘而不书，自此缺焉。"《河南传》：拾寅子易度侯好星文，尝求星书，朝议不给。畏忌如此，天文之学，安得不遭禁断？

《隋志》云："宋大明中，始禁图谶。天监已后，又重其制。及高祖受禅，禁之愈切。炀帝即位，乃发使四出，搜天下书籍与谶纬相涉者皆焚之。为吏所纠者至死。自是无复其学。秘府之内，亦多散亡。"书籍之佚，实由丧乱弘多，印刷之术未兴，流传之本大少，与政令禁毁，关系实微。秦不禁医药卜筮种树之书，而其传于后者，亦不多于诗书百家语，即其明证。然昔时皇室，究为一大书府，至中秘所藏散亡，而其湮没愈易矣。谶虽妖妄纬亦伪作，然其中究有汉人经说存焉，兰艾同焚亦可惜也。天文图谶之禁，初非仅如《隋志》所云。

《晋书·武帝纪》泰始三年，十二月，禁星气谶纬之学。

《南史·隐逸阮孝绪传》言：齐武帝禁畜谶纬。《晋书·石季龙载记》：季龙禁郡国不得私学星谶，敢有犯者诛。《苻坚载记》：坚亦尝禁老庄、图谶之学。魏大武之灭佛，并禁师巫、谶记，事见下节。高祖承明九年之诏，见上。亦曰："图谶之兴，起于三季。既非经国之典，徒为妖邪所凭。自今图谶、秘纬，及名为《孔子闭房记》者，一皆焚之。留者以大辟论。"《世宗纪》：永平四年，五月，诏禁天文之学。

《肃宗纪》：熙平二年，五月，重申天文之禁，犯者皆大辟论。皆其事也。《刘洁传》：洁使右丞张嵩求图谶，问："刘氏应王，继国家后，我审有姓名否？"嵩对曰："有姓而无名。"穷治款引。搜嵩家，果得谶书。洁及嵩等皆夷三族。洁事见第八章第三节，其死实别有原因。寻求图谶，盖忌洁者以此陷之，然可见谶书之易以陷人矣。

《北史·艺术传》：庾季才，宇文护执政，问以天道征祥，对曰："上台有变，不利宰辅，公宜归政天子，请老私门。"及护夷灭，阅其书记，有假托符命，妄造异端者皆诛。惟得季才两纸，盛言纬候，宜免政归权。周武帝谓斛斯征曰："季才甚得人臣之礼。"因赐粟帛。此虽意外获福，其所乘亦危道也。是以通其说者皆兢兢焉。齐武帝之禁畜谶纬也，阮孝绪兼有其书，云兼有。可见是时谶纬有别。或劝藏之。

答曰："昔刘德重《淮南秘要》，适为更生之祸。杜琼所谓不如不知，此言美矣。"客有求之。答曰："己所不欲，岂可嫁祸于人？"乃焚之。《魏书·高允传》：允虽明于历数，初不推步，有所论说。惟游雅数以灾异问矣。允曰："昔人有言：知之甚难，既知复恐漏泄，不如不知也。"《北齐书·儒林传》：权会，妙识玄象。至于私室，辄不及言。学徒有请问者，终无所说。每云："此学可知不可言。诸君并贵游子弟，不由此进，何烦问也？今惟有一子，亦不以此术教之。"治其学者之畏慎如此，宜其学之易于失传矣。

有意造作之谶，颇类谣辞，盖取其简而有韵，为众所易传、易记也。谶多近鄙俗字亦以此，若其尔雅深厚，即为众所不能解矣。谣辞亦有造作者。《宋书·王景文传》云：明帝以景文外戚贵盛，张永累经军旅，疑其将来难信，乃自为谣言曰："一士不可亲，弓长射杀人。"

《南史·文学传》云：袁粲、王蕴虽败，沈攸之尚存，卞彬意高帝事无所成，乃谓帝曰："比闻谣云：可怜可念尸著服，孝子不在日代哭，列管暂鸣死灭族，公颇闻不？"时蕴居父忧，与粲同死，故云尸著服。孝子不在日代哭者，褚字。彬谓沈攸之得志，褚彦回当败，故言哭也。列管，谓萧也。高帝不悦。及彬退，曰："彬自作此。"

《北史·韦孝宽传》云：孝宽参军曲岩，颇知卜筮。谓孝宽曰："来年东朝必大相杀戮。"孝宽因令岩作谣歌曰："百升飞上天，明月照长安。"百升，斛也。又言"高山不摧自崩，槲树不扶自竖。"令谍人多赍此文，送之于邺。祖孝征闻之，更润色之，斛律明月竟以此诛。此等果如史说以否，虽不可知，然必时有造作谣辞之事，乃有此传说也。吴人因童谣叛晋，已见第三章第九节。

《晋书·五行志》又云：孙皓天纪中，童谣曰："阿童复阿童，衔刀浮渡江。不畏岸上兽，当作虎，唐人避讳之字。但畏水中龙。”武帝闻之，加王濬龙骧将军。又云：司马越还洛，有童谣曰：“洛中大鼠长尺二，若不早去大狗至。”及苟晞将破汲桑，又谣曰：“元超兄弟大落度，上桑打椹为苟作。”由是越恶晞，夺其兖州，隙难遂构焉。

《南史·贼臣传》云：大同中，童谣曰：“青丝白马寿阳来。”景涡阳之败，求锦，朝廷给以青布，及举兵，皆用为袍，采色尚青，景乘白马，青丝为辔，欲以应谣。此等看似先有谣而后以事应之，又安知非欲作其事者，有意造为谣言邪？

《晋书·愍帝纪》云：初有童谣曰：“天子何在豆田中。”时王浚在幽州，以豆有藿，杀隐士霍原而应之。及帝如刘曜营，营实在城东豆田壁。

《原传》云：王浚称制，谋僭，使人问之，原不答，浚心衔之。又有辽东囚徒三百余人，依山为贼，意欲劫原为主，事亦未行。时有谣曰：“天子在何许？近在豆田中。”浚以豆为霍，收原斩之。

《浚传》曰：燕国霍原，北州名贤。浚以僭位示之，原不答，浚遂害之。浚谋僭位说不足信，已见第四章第二节。原虽列《隐逸传》，实非恬退之人。《李重传》云：迁尚书吏部，留心隐逸，拔用燕国霍原等为秘书郎及诸王文学，故海内莫不归心，则原尝一出仕。此事《原传》未载。其见杀未知何由，然以风谣为其藉端，则必不诬矣。生于其心，未有不害于其政者也。诗者，民幽约怨悱不能自言之情。作之一夫，播之众口，民情大可见焉，故古有采诗之官。汉世刺举，犹重风谣以此，造谶者必放谣辞亦以此。乃诪张者，遂因之而私造作焉。人心之变幻，诚不可测度矣。

龟卜之术，随世益微，诸言卜者，实多指筮。《北齐书·清河王岳传》云：初岳家于洛邑，高祖每奉使入洛，必止于岳舍。岳母山氏夜起，见高祖室中有光，怪其神异，诣卜者筮之，遇《乾》之《大有》，即其一事也。

《南史·梁元帝纪》云：魏师至栅下，有然星坠城中，帝援蓍筮之。卦成，取龟式验之。因抵于城，曰：“吾若死此下，岂非命乎？”筮而取验龟式，似二者已可相通。岂莫能灼龟，乃以其繇供筮者之参证邪？《魏书·景穆十二王传》：高祖诏大常卿王谌亲命龟卜，易筮南伐之事，其兆遇《革》。虽并言卜，《革》亦《周易》卦名。

《齐书·荀伯玉传》云：大祖为明帝所疑，征为黄门郎。伯玉劝遣骑入虏界，于是虏骑数百，履行界上。大祖以闻。犹惧不得留，令伯玉卜。《南史》作占。伯玉断卦不成行。详见第九章第八节。此所云卦，恐亦指《易》。《隋书·经籍志》有《龟决》一卷，葛洪撰，洪多为言艺术者所依托，不必可信。

《北史·文苑传》云：明克让龟策、历象，咸得其要，恐亦泛辞。《王世充传》云：晓龟策，世充多诈，其说更不必实也。

《齐本纪》云：文宣谋篡位，使李密卜之，遇《大横》，曰："大吉，汉文帝之封也。"似系龟卜。然此文《北齐书》无之，文宣之篡，与汉文之立，事亦不伦，或出附会。惟《齐书·柳世隆传》言其善卜，别龟甲价至一万，著《龟经秘要》二卷行于世，《南史》又言其子恽著《十杖龟经》，则必系龟卜之术耳。

筮术则似极盛。岂由其时，谈玄之家，争重《周易》，而占者亦受其赐欤？《晋书·郭璞传》言：璞撰前后筮验六十余事。又抄京、费诸家要最。更撰《新林》十篇，《卜韵》一篇。璞为术数之家，诸书当非依托。其时言筮验者，多诞谩不可信之辞，如隗炤是也。见第二十章第五节。此等诞谩之辞，而亦托诸筮，可见筮为人人之所知矣。

《宋书·王微传》云：大祖以其善卜，赐以名蓍。明帝以卜筮最吉，为后废帝立江皇后，见第九章第六节。又帝诸子在孕，皆以《周易》筮之，即以所得之卦为小字，见《后废帝纪》。《齐书·刘休传》云：泰始初，诸州反，休筮明帝当胜，静处不与异谋. 又云：后宫孕者，帝使筮其男女，无不如占。

《晋书·苻健载记》云：杜洪尽关中之众来距，健筮之，遇《泰》之《临》。《北史·许彦传》云：从沙门法叡受《易》，大武征令卜筮，频验，遂使左右，参与谋议，而齐神武馆客如王春、赵辅和等，亦以善筮称。见《北史·艺术传》。皆王公大人之信筮者也。筮家亦分二派：一如吴遵等别有占书，亦见《北史·艺术传》。盖有专门传授，一如权会，但用爻辞、彖、象辨吉凶，《易占》之属，都不经口，《北齐书·儒林传》。则儒者之业耳。魏乐平王及董道秀之死也，见第八章第二节。

高允著《筮论》，曰："道秀若推六爻以对曰：《易》称亢龙有悔，穷高曰亢，高而无民，不为善也，则上宁于王，下保于己，福禄方至，岂有祸哉？今舍本而从其末，咎衅之至，不亦宜乎？"此则王公大人因信筮而取祸者也。

荀伯玉尝隶子勋将孙冲，事败还都，以卖卜自业。王叡父桥，解天文、卜筮，凉州平入京，以术自给。《魏书·恩幸传》。吉士瞻年逾四十，忽忽不得志，乃就江陵卜者王先生计禄命。《南史》本传。此等皆民间之卖卜者也。

望气之术，亦廑有存者。《晋书·隐逸传》：鲁胜，尝岁日望气，知将来多故，便称疾去官。《艺术传》，台产，善望气之术。盖尚真有所受？然矫诬者极多。

《齐书·祥瑞志》云：元徽四年，大祖从南郊，望气者陈安宝见其身上黄紫气属天，此固显然出于造作。《宋书·袁粲传》云：顺帝即位，使粲镇石头，有周旋人解望气，谓粲："石头气甚乖，往必有祸。"亦安知非高祖之徒所造作邪？

《南史·后妃传》云：梁武帝镇樊城，尝登楼以望，见汉滨五采如龙，下有女子擘绕，则丁贵嫔也。造作谰言而及于嫔御，可谓善于矫诬矣。北齐孝昭以望气者云邺城有天子气而杀济南，已见第十四章第三节。事亦见《北齐书·上洛王思宗传》，云大史奏言邺城有天子气。望气盖兵家所重？故《隋志》所载，兵家多有其书。《南史·梁宗室传》言：元英谓望气者言九月贼退，至九月而洛口军果溃，可见军中甚重此术也。

占梦之术盖微？然仍有藉梦征以惑人者。《南史·张敬儿传》云：性好卜术，信梦尤甚。初征荆州，每见诸将帅，不遑有余计，惟叙梦，云："未贵时，梦居村中，社树忽高数十丈，及在雍州，又梦社树直上至天。"以此诱说部曲，自云贵不可言。

其妻尚氏，亦曰："吾昔梦一手热如火，而君得南阳郡，元徽中梦一髀热如火，君得本州，建元中梦半体热，寻得开府，今复举体热矣。"敬儿亦以告所亲，言其妻初梦、次梦，今举体热矣。其鄙倍真可发一噱。然亦有真信其事者。

《晋书·刘曜载记》云：曜梦三人，金面丹唇，东向逡巡，不言而退，曜拜而履其迹。旦召公卿已下议之。朝臣咸贺，以为吉祥。惟大史令任义进曰："秦兵必暴起，亡主丧师，留败赵地。远至三年，近至七日。"曜大惧，于是躬亲二郊，饰缮神祠，望秩山川，靡不周及。大赦殊死已下。复百姓租税之半。义之占梦，不知所操为何术？然曜因此而恐惧修省，则事必不诬，盖胡人无识，又祸福之念大切，故不觉为所动也。

相术在诸术数中，可谓最有征验，故士大夫信者较多。《晋书·赵至传》：嵇康谓至曰："卿头小而锐，童子白黑分明，有白起之风矣。"《南史·庾杲之传》：从子夐，少聪慧。家富于财。好宾客，食必列鼎。又状貌丰美，颐颊开张。人皆谓必为方伯，无馁乏之虑。及魏克江陵，卒至饿死。时又有水军都督褚萝。面甚尖危，有从理入口，竟保衣食而终。为此说者，皆知前世行事者也。术家自炫，亦多依附旧闻。

《陈书·章昭达传》：少时尝遇相者，谓曰："卿容貌甚善，须小亏损，则当富贵。"梁大同中，为东宫直后，因醉坠马，鬓角小伤，昭达喜之。相者曰："未也。"及侯景之乱，率募乡人援台，为流矢所中，眇其一目。相者见之，曰："卿相善矣，不久当贵。"此仿英布当黥而王之说也。

《南史·梁元帝纪》云：初从刘景受相术，因讯以年，答曰："未至五十，当有小厄。"此仿高元吕相魏文帝之事也。见《秦汉史》第二十章第二节。亦与委巷之言不同。然亦多惑人之谈。《晋书·周访传》云：访少时，遇善相者庐江陈训，谓访与陶侃曰："二君皆位至方岳，功名略同，但陶得上寿，周得下寿，优劣更由此耳。"

《宋书·武帝纪》：与何无忌等同建大谋。有善相者，相高祖及无忌等，并当大贵，其应甚近。惟云檀凭之无相。《沈攸之传》云：与吴郡孙超之、全景文共乘小船出京都。三人共上引埭。有一人止而相之，曰："君三人皆当至方伯。"其后攸之为郢、荆二州，超之广州，景文豫州刺史。亦见《齐书·吕安国传》。观其所传事极相类，便知其造作无实矣。

《齐书·江祏传》云：新立海陵，人情未服。高宗胛上有赤志，常秘不传。祏劝帝出以示人。晋寿大守王洪范罢任还，上袒示之，曰："人皆谓此是日月相，卿幸无泄言。"洪范曰："公日月之相在躯，如何可隐？转当言之公卿。"上大悦。

《萧谌传》云：谌好左道。吴兴沈文猷相谌云：相不减高宗。谌喜曰："感卿意，无为人言也。"谌被杀，文猷亦伏诛。王晏之死，以数呼相工自视，云当大贵。武陵王晔，巫觋言有非常之相，以此自负，武帝闻之，故无宠，此皆以相惑人，有所觊觎者，其事无足深论。

《南史·江祏传》云：魏军南伐，齐明帝欲以刘暄为雍州，暄时方希内职，不愿远役，投于祏。祏谓帝曰："昔人相暄，得一州便踬，今为雍州，傥相中乎？"上默然。俄召梁武帝。果如所言，则真溺虚辞而受实祸矣。

论相以骨法为主。盖因人之肌肉，时有消长，故非骨骼变则相不能变。《南史·吕僧珍传》云："一夜忽头痛壮热，及明而颡骨益大，其骨法盖有异焉。"

以此也。故世有所谓摸骨相者。

《北齐书·神武纪》：刘贵尝得一白鹰，与神武及尉景、蔡俊、司马子如、贾显智等猎于沃野。见一赤兔，每搏辄逸。遂至回泽。泽中有茅屋，将奔入，有狗自屋中出噬之，鹰兔俱死。神武怒，以鸣镝射之。狗毙。屋中有二人出，持神武襟甚急。其母两目盲，曳杖呵其二子曰："何故触大家？"出瓮中酒烹羊以饭客。因自言善暗相。遍扪诸人皆贵，而指麾俱由神武。又曰："子如历位，显智不善终。"饭竟出。行数里，还更访之，则本无人居。乃向非人也。此所托者，即世所谓摸骨相也。

《方技传》云：皇甫玉善相人。显祖试玉相术，故以帛巾袜其额，而使历摸诸人，所操盖即是术。又云：世宗时，有吴士双，盲而妙于声相，盖亦暗相之一术也。

《晋书·王祥传》云：初吕虔有佩刀，工相之，以为必登三公，可服此刀。虔谓祥曰："苟非其人，刀或为害。卿有公辅之量，故以相与。"祥固辞，强之乃受。临薨，以刀授弟览，曰："汝后必兴，足称此刀。"览后奕世多贤才，兴于江左矣。

《南史·孝义传》云：庾道愍尤精相版。宋明帝时，山阳王休祐屡以言语忤颜。见道愍，托以己版为他物，令占之。道愍曰："此乃甚贵，然使人多愆。"休祐以褚彦回详密，求换其版。他日，彦回侍帝，自称下官。帝多忌，甚不悦。休祐具言状。帝乃意解。

《恩幸传》云：綦毋珍之在西州时，有一手版，相者云当贵。每以此言动帝。郁林王。又图黄门郎。帝尝问之曰："西州手版何在？"珍之曰："此是黄门郎手版，官何须问？"帝大笑。此皆谓物能为祸福于人。

《梁书·玉莹传》：迁左光禄大夫、开府仪同三司、丹阳尹。将拜，印工铸其印，六铸而龟六毁。既成，颈空不实，补而用之。居职六日，暴疾卒。此则谓人之祸福，物能示之先兆。皆古相器物之术也。

相家著述：《北史·艺术传》：来和著《相经》三十卷。萧吉著《相经要录》一卷。又有《相手版要诀》一卷。《隋书·经籍志》，亦有《相手版经》六卷。又有梁《相手版经》《受版图》《韦氏相版法指略钞》《魏征东将军程申伯相印法》各一卷，亡。

今俗推命之说，似起于南北朝时。吉士瞻就日者推禄命，已见前。此不知其所用为何术。

《北史·孙绍传》：与百寮赴朝，东掖未开，守门候旦。绍于众中引吏部郎中辛雄于外，窃谓曰："此中诸人，寻当死尽。惟吾与卿，犹享富贵。"未几，有河阴之难。绍善推禄命，事验甚多，知者异之。朝者甚多，绍必不能一一推其命造，此亦未知其所用者为何术。

若《北齐书·方技传》云：魏宁，以善推禄命，征为馆客。武成亲试之，皆中。乃以己生年、月、日，托为异人而问之。宁曰："极富贵。今年入墓。"武成惊曰："是我。"宁变辞曰："若帝王，自有法。"则即今推命之术矣。宇文护母与护书曰："昔在武川，生汝兄弟，大者属鼠，第二属兔，汝身属蛇。"亦今生肖之说也。

《北史·袁充传》：仁寿初，充言上本命与阴阳律吕合者六十余条而奏之。因上表曰："皇帝载诞之初，非止神光瑞气，嘉祥应感。至于本命行年、生月、生日，并与天地日月阴阳律吕运转相符，表里合会。"亦据生年月日为说。重生日本胡俗，盖华人至是始渐染之，故推命之术，亦起于是时也。《北史·艺术传》：临孝恭，著《禄命书》二十卷。

今俗有借寿及代死之说，此时亦已有之。《晋书·王羲之传》：子徽之，与弟献之俱病笃。时有术人，云人命应终，而有生人乐代者，则死者可生。徽之谓曰："吾才位不如弟，请以余年代之。"术者曰："代死者，以己年有余，得以足亡者耳。今君与弟算俱尽，向代也？"未几，献之卒。徽之奔丧，不哭，直上灵床坐，取献之琴弹之。久而不调。叹曰："乌乎子敬，人琴俱亡。"因顿绝。先有背疾，遂溃裂。月余亦卒。此求代死，若使当死者延年若干，生者裨之，算仍不尽，则即借寿之说矣。人之生死，俗盖仍以为北斗主之，故祈请者皆于是。崔浩父疾，仰祷斗极，已见第八章第六节。《梁书·庾黔娄传》：父易疾，夕每稽颡北辰，求以身代。俄闻空中有声曰："征君寿命尽，不复可延。汝诚祷既至，止得申至月末。"及晦而易亡。亦其事也。

《南史·贼臣传》：侯景与慕容绍宗相持，诳其众，以为家口并见杀。绍宗遥谓曰："尔等家口并完。"乃被发乡北斗以誓之。盖亦以北斗主人生死，故乡之立誓也。

《南史·袁君正传》：为豫章内史。性不信巫邪。有万世荣，称道术为一郡巫长。君正在郡小疾，主簿熊岳荐之。师云："须疾者衣为信命。"君正以所著襦与之。事竟取襦，云神将送与北斗君。君正使检诸身，于衣里获之。以为乱政，即刑于市而焚神。一郡无敢行巫。此所焚者，当系北斗刻象或画象也。

《隋志》兵家多望气之书，说已见前。其书，又有与星占同隶天文家者。兵家又有孤虚、阴阳、诸占、辟兵法。民间数术之书，多在五行家。如风角、九宫、遁甲、岁占、鸟情、禽兽语、灾祥、卜筮、六壬、田家历、历家百忌、百事禁忌、嫁娶、产乳、拜官、占梦、相、相宅、图墓等是也。

又有《破字要诀》一卷，似即今之拆字。观此，知谶多拆字为之，亦因乎习俗也。方技之家而外，士大夫亦或闲其术。兵家亦然。陈高祖，史言其好读兵书，明纬候、孤虚、遁甲之术。吴明彻就周弘正学天文、孤虚、遁甲。齐神武攻玉壁，听孤虚之言，于城北断汾水起土山。其处天险千余尺，功竟不就，死者七万。《隋书·五行志》。神武老于用兵，而因迷信以取祸如此，可见军中方术之盛行矣。萧摩诃，武夫耳，而《陈书·本传》言：有颍禹者，随之征讨，其人涉猎经史，解风角、兵书，盖兵之成败，所系者重，处其间者，不免皇惑无主，故诸方术，得以乘而中之也。

《颜氏家训·决疑篇》曰："卜筮者，圣人之业也，但近世无复佳师，多不能中。古者卜以决疑，今人疑生于卜。何者？守道信谋，欲行一事，卜得恶卦，反令忧忧，且十中六七，以为上手。粗知大意，又不委曲。凡射奇耦，自然半收，何足赖也？世传云：解阴阳者为鬼所疾，坎壈贫穷，多不通泰。吾观近古已来，尤精妙者，惟京房、管辂、郭璞耳，皆无官位，多或罹灾，此言令人益信。傥直世网严密，强负此名，便有诖误，亦祸源也。及星文、风气，率不劳为之。

吾尝学六壬式，亦直世间好匠，聚得《龙首》《金匮》《玉燮》《玉历》十许种书。访求无验，寻亦悔罢。凡阴阳之术，与天地俱生，其吉凶德刑，不可不信，但去圣既远，世传术书，皆出流俗，言辞鄙浅，验少妄多。至如反支不行，竟以遇害，归忌寄宿，不免凶终，拘而多忌，亦无益也。"此当时士大夫之明哲者对数术之见解也。

五胡皆久居塞内或近塞，旧俗渐次消亡。其所信奉，亦多化于中国矣。

《晋书·刘聪载记》云：聪子约死，一指犹暖，遂不殡敛。及苏，言见元海于不周山。经五日，遂复从至昆仑山。三日而复返于不周。见诸王公卿相死者悉在。宫室壮丽。号曰蒙珠离国。元海谓约曰："东北有遮须夷国，无主，久待汝父为之。汝父后三年当来。来后国中大乱，相杀害。吾家死亡略尽，但可永明辈十数人在耳。汝且还，后年当来，见汝不久。”约拜辞而归。道过一国，曰猗尼渠余国。引约入宫。与约皮囊一枚，曰：“为吾遗汉皇帝。”约辞而归。谓约曰：“刘郎后年来，必见过，当以小女相妻。”约归，置皮囊于机上。俄而苏。使左右机上取皮囊。开之，有一方白玉，题文曰：“猗尼渠余国天王敬信遮须夷国天王。岁在摄提，当相见也。”驰使呈聪。聪曰：“若审如此，吾不惧死也。”及聪死，与此玉并葬焉。此说一见即知为中国方士之流所造。

《北史・斛律光传》云：行兵用匈奴卜法，无不中。盖其旧俗之犹存者，然亦廑矣。诸胡中惟拓跋氏距中国最远，旧俗存者最多。其居平城，城西有祠天坛，立四十九木人，已见第十一章第二节。

《齐书》又云：永明十年，遣司徒参军萧琛、范云北使。宏之西郊，即前祠天坛处也。宏与伪公卿从二十余骑戎服绕坛，宏一周，公卿七匝，谓之蹋坛。明日，复戎服登坛祀天。宏又绕三匝，公卿七匝，谓之绕天。此极似匈奴蹛林之俗。《宋书・索虏传》云：其俗以四月祠天，六月末，率大众至阴山，谓之却霜。

《北史・文明后传》云：故事：国有大丧，三日之后，服御器物，一以烧焚。参看第十一章第一节。高允谏文成曰：“今国家营葬，费损巨亿，一旦焚之，以为灰烬。”

《宋书・索虏传》云：死则潜埋，无坟垄处所。至于葬送，皆虚设棺柩，立冢椁。生时车马、器用皆烧之，以送亡者。

案《后汉书・乌桓传》云：其葬，肥养一犬，以采绳缨牵，并取死者所乘马、衣物，皆烧而送之。拓跋氏本鲜卑，鲜卑俗与乌桓同，盖其所由来者旧矣。然亦有受诸西域者。

《魏书・后妃传》云：故事：将立皇后，必令手铸金人以成者为吉，不成则不得立。

《尔朱荣传》云：荣发晋阳，犹疑所立。乃以铜铸高祖及咸阳王禧等六王子孙像，成者当奉为主。惟庄帝独就。荣本欲篡位，亦以铸金为象不成而罢。见第十二章第四节。金人本来自西域。《宋书・索虏传》，载拓跋焘与文帝书，有云：“取彼亦须我兵刃，此有能祝婆罗门，使鬼缚送彼来也。”婆罗门芮芮信之，亦来自西域者也。

第二节　佛教流通

佛教流通，虽始汉世，然其渐盛，实在晋、南北朝之时。往史惟《魏书》特立《释老志》，余皆附见他列传中。《宋书》在《南夷西南夷传》、《梁书》在《海南诸国传》、《齐书》则见《高逸传》中。凡厥所述，颇多迷信之谈。惟《隋书·经籍志》所论，颇足见其教义流传之迹耳。

今节录其辞如下：《隋志》曰："推寻典籍，自汉以上，中国未传。或云久已流布，遭秦之世，所以湮灭。佛教在西汉前传入之说，昔人多不之信，以无信史可征也，然楚王英在后汉初即信之，则其流传，似当在西汉以前。日本羽溪了谛《西域之佛教绪论》云："欧洲学者，谓西历纪元前四百二十五年至三百七十五年之间，自爱理诺亚海至山东、浙江缘海之贸易，曾为印度人所掌握。盖经马六甲海峡，遇苏门答剌、爪哇之西，来中国东海岸。所贩来者，为印度洋、波斯湾之珍珠等。《拾遗记》四，载西历纪元前三百五年，有身毒术人来见燕昭王。朱士行《经录》及《白马寺记》，亦云西域沙门室利防等十八人赍梵本经典至咸阳，其事约在西历纪元前二百四十三年至二百四十七年之间。其时正与阿育王相直。阿育王遣使传布佛教，事见石刻，信而有征，则《拾遗记》等之说，似亦非尽子虚也。"

案西历纪元前四百二十五年，为入战国后五十六年。三百七十五年，为入战国后百有六年。三百五年，为入战国后百七十六年。二百四十三年，为入战国后二百三十八年。二百四十七年，为秦始皇三十年。古代海外交通，虽乏信史，然如《吕览》《淮南》等书，已多述海外情形，虽系传闻不审之辞，必不能乡壁虚造。古事之湮没不彰者多矣，谓战国、嬴秦之世，佛教必未至中国，亦无确证也。

其后张骞使西域，盖闻有浮屠之教？哀帝时，博士弟子秦景，即《魏略西戎传》之秦景宪，见《秦汉史》第二十章第七节。下文又云：明帝使秦景使天竺，其名氏必附会不审谛可知。使当作受月支使。伊存口授浮屠经。中土闻之，未之信也。后孝明帝夜梦金人飞行殿庭，以问于朝，而傅毅以佛对。帝遣郎中蔡愔及秦景使天竺求之。得佛经四十二章，及释迦立象。并与沙门摄摩腾、竺法兰东还。愔之来也，以白马负经，因立白马寺于洛城雍门西以处之。其经缄于兰台石室。而又画像于清凉台及显节陵上。汉明帝迎佛之说，既不足信，建白马寺等说举不足信，不待论矣。

《北齐书·韩贤传》云：昔汉明帝时，西域以白马负佛经送洛，因立白马寺，其经函传在此寺。形制淳朴，世以为古物，历代藏宝。贤无故斫破之。未几而死。论者或谓贤因此致祸。谓经函藏于白马寺，与经缄于兰台石室之说，又不相中，足见其皆传闻不审之辞也。

梁任公《翻译事业研究》云："佛典：印度境外之写本，先于境内，大乘经典之写本，先于小乘。自西历第四世纪以前皆如此。故初期所译，率无元本，但凭译人背诵而已。"此说如确，则不徒白马负经之说不可信，下文所云赍佛经而来，及西行求得佛经之说，不可信者正多也。西历第四世纪，自晋惠帝永宁元年至安帝隆安四年。章帝时，楚王英以崇敬佛法闻。西域沙门赍佛经而至者甚众。永平中，法兰又译《十住经》。其余传译，多未能通。

至桓帝时，有安息国沙门安静赍经至洛翻译，最为通解。灵帝时，有月支沙门支谶，天竺沙门竺佛朔等并翻佛经。而支谶所译《泥洹经》二卷，学者以为大得本旨。汉末，大守竺融，亦崇佛法。此人疑即笮融，见《秦汉史》第二十章第七节。《困学纪闻·杂识》引石林叶氏云：晋、宋间，佛学初行，其徒未有僧称，通曰道人。其姓皆从所受学。如支遁本姓关，学于支谦为支，帛道猷本姓冯，学于帛尸梨密为帛是也。至道安，始言佛氏释迦，今为佛子，宜从佛氏，乃请皆姓释。笮融疑学于天竺人而姓竺，笮、竺则同音字耳。

三国时，有西域沙门康僧会赍佛经至吴译之。吴王孙权，甚大敬信。魏黄初中，中国人始依佛戒，剃发为僧。《梁任公佛教之初输入》，据《历代三宝记·年表》："魏甘露五年，朱士行出家，汉地沙门之始。"谓朱士行为中国人出家最早者。石虎时，其臣王度言：汉、魏时，汉人皆不得出家，见后。二说与此皆异。要之其时汉人，即或出家，亦必不多也。先是西域沙门来此译小品经，首尾乖舛，未能通解。甘露中，有朱仕行者，往西域，至于阗国，得经九十章，晋元康中，至邺译之，题曰《放光般若经》。

泰始中，有月支沙门竺法护，西游诸国，大得佛经，至洛翻译。部数甚多。佛教东流，自此而盛。石勒时，常山沙门卫道安，性聪敏，诵经日至万余言。以胡僧所译《维摩》《法华》，未尽深旨，精思十年，心了神悟，乃正其乖舛[①]，宣扬解释。

时中国纷扰，四方隔绝。道安乃率门徒，南游新野。欲令玄宗，所在流布，分遣弟子，各趋诸方。法性诣扬州，法和入蜀，道安与慧远之襄阳。后至长安。

苻坚甚敬之。道安素闻天竺沙门鸠摩罗什思通法门，劝坚致之。什亦承安令问，遥拜致敬。姚苌弘始二年，罗什至长安，鸠摩罗姓，什名，诸书作罗什者？古人于外国人姓名，率截取其末二字以求简，不计其义也。时道安卒后已二十载矣，什深慨恨。什之来也，大译经论。道安所正，与什所译，义如一，初无乖舛。

初晋元熙中，新丰沙门智猛策杖西行，到华氏城，得《泥洹经》及《僧祇律》。东至高昌，译《泥洹》为二十卷。后有天竺沙门昙摩罗谶，复赍胡本，来至河西。沮渠蒙逊遣使至高昌取猛本，欲相参验。未还而蒙逊破灭。姚苌弘始十年，猛本始至长安，译为三十卷。昙摩罗谶又译《金光明》等经。时胡僧至长安者数十辈，惟鸠摩罗什才德最优。其所译则《维摩》《法华》《成实论》等诸经，及昙无谶所译《金光明》，昙摩罗谶所译《泥洹》等经，并为大乘之学。而什又译《十诵律》，天竺沙门佛陀耶舍译《长阿含经》及《四方律》。兜法勒沙门云摩难提译《增一阿含经》，昙摩耶舍译《阿毗昙论》，并为小乘之学。其余经、论，不可胜记。自是佛法流通，极于四海矣。

东晋隆安中，又有罽宾沙门僧伽提婆译《增一阿含经》及《中阿含经》。义熙中，沙门支法领从于阗国得《华严经》三万六千偈，至金陵宣译。又有沙门法显，自长安游天竺。经三十余国，随有经、律之处，学其书、语，译而写之。还至金陵，与天竺禅师跋罗，《魏书·释老志》作跋陀罗。参共辨足，谓《僧祇律》。学者传之。齐、梁及陈，并有外国沙门，然所宣译，无大名部。

梁武大崇佛法，于华林园中总集释氏经典，凡五千四百卷。沙门宝唱撰经目录。又后魏时，大武帝西征长安，以沙门多违法律，群聚秽乱。乃诏有司：尽坑杀之，焚破佛像。长安僧徒，一时歼灭。自余征镇，豫闻诏书，亡匿得免者十一二。文成之世，又使修复。熙平中，遣沙门慧生使西域，采诸经、律，得一百七十部。永平中，又有天竺沙门菩提留支，大译佛经，与罗什相埒。其《地持》《十地论》，并为大乘学者所重。后齐迁邺，佛法不改。至周武帝时，蜀郡沙门卫元嵩上书称僧徒猥滥，武帝出诏，一切废毁。

开皇元年，高祖普诏天下，任听出家。仍令计口出钱，营造经、像。而京师及并州、相州、洛州等诸大都邑之处，并官写一切经，置于寺内。而又别写，藏于秘阁。天下之人，从风而靡，竞相景慕。民间佛经，多于《六经》数十百倍。大业时，又令沙门智果于东都内道场撰诸经目。分别条贯。以佛所说为三部：一曰大乘，二曰小乘，三曰杂经。其余似后人假托为之者，别为一部，谓之疑经。

又有菩萨及诸深解奥义，赞明佛理者，名之为论及戒律，并有大、小及中三部之别。又所学者录其当时行事，名之为记，凡十一种。”

梁任公《翻译事业研究》，据元代《法宝勘同总录》所载历代译人及其所译，分为四期：第一期起后汉明帝永平十年至唐玄宗开元十八年，译人百七十六，所译九百六十八部，四千五百七卷。自此至唐德宗贞元五年为第二期，译人八，所译百二十七部，二百四十二卷。下至宋仁宗景祐四年为第三期，译人六，所译二百二十部，五百三十二卷。下至元世祖至元二十二年为第四期，译人四，所译者二十部，百十五卷。

又作《千五百年前之留学生》云：出国求法者：西历三世纪后半魏齐王芳嘉平三年至晋惠帝永康元年。二人，四世纪见前。五人，五世纪晋安帝隆安五年至齐东昏侯永元二年。六十一人，六世纪齐和帝中兴元年至隋文帝开皇二十年。十四人，七世纪隋文帝仁寿元年至唐武后久视元年。五十六人，八世纪前半唐武后长安元年至玄宗天宝九年。三十一人。五、七两世纪最盛，六世纪中衰，盖由佛经传者已多，如食者之正图消化，观于此世纪为我国诸宗创建之时而可见也。佛教宗派，梁氏《论中国学术思想变迁之大势》列举之，凡得十三家。除俱舍、摄论二宗起于隋文帝之世，华严、法相、真言三宗起于唐世外，其成实、三论、涅槃、皆起晋安帝时。律、地论、净土、禅、皆起梁武帝时。天台起陈、隋间。八宗，皆起于晋、南北朝之世云。

佛教渐兴，盖始汉末？《梁书·海南诸国传》述梁武帝改造阿育王寺塔事云：阿育王即铁轮王，王阎浮提一天下。佛灭度后，一日一夜，役鬼神造四万八千塔，此即其一也。吴时，有尼居其地，为小精舍。孙琳寻毁除之。塔亦同泯。吴平后，诸道人复于旧处建立焉。晋中宗初渡江，更修饰之。至简文咸安中，使沙门安法师程造小塔，未及成而亡。弟子僧显，继而修立。

至孝武大元九年，上金相轮及承露。其后西河离石县，有胡人刘萨阿，遇疾暴亡，经十日更苏。云见观世音，语云：汝缘未尽，若得活，可作沙门。洛阳、齐城、丹阳、会稽，并有阿育王塔，可往礼拜。若寿终，则不堕地狱。语竟，如堕高岩，忽然醒寤。因此出家，名慧达。游行礼塔。次至丹阳，未知塔处，乃登越城四望。见长干里有异气色，因就礼拜。果是育王塔所。屡放光明。由是定知必有舍利。乃集众就掘之。入一丈，得三石碑。并长六尺。中一碑有铁函，函中有银函函中又有金函，盛三舍利及爪发各一枚。发长数尺。即迁舍利近北，对简文所造塔西造一层塔。

十六年，又使沙门僧尚伽为三层塔。即高祖所开者也。初穿土四尺，得龙窟及昔人所舍金银镮钗镊等诸宝物，可深九尺许，方至石磉。磉下有石函，函内有壶，以盛银坩，坩内有镂罂，盛三舍利。如粟粒大。圆正光洁，函内又有琉璃碗，内得四舍利及发爪。爪有四枚，并沈香色。此事虽近怪迂，然梁武掘地，曾得诸物，不容虚诬。晋世营构，前有所承，则孙吴之世，丹阳即有塔及精舍，亦非虚构。汉、魏未许汉人出家，而吴已有尼，是南方佛教，更较北方为盛也。

《隋书》言吴大帝深信佛教。盖有由矣。《魏书·释老志》云：自洛中构白马寺，盛饰佛图，画迹甚妙，为四方式。凡宫塔制度，犹依天竺旧状而重构之。从一级至三、五、七、九，世人相承，谓之浮图，或云佛图。晋世洛中佛图，有四十二所矣。汉明帝立白马寺之说，既不足信，佛图营构，疑必始于桓帝之时。董卓西迁，洛下悉成煨烬，则其修复，又当在黄初已后也。《宋书·五行志》云：晋惠帝元康中，京洛童谣曰："南风起，吹白沙。"南风，贾后字也。白，晋行也。沙门，大子小名也。以佛语为名，可见其时洛中佛教，业已盛行矣。

佛教与火祆、天方、基督等，同自外来，而其流通独盛者，以上之人信向者多，故其推行无阻，且有风行草偃之效也。东晋帝、后，信佛者多，孝武及恭帝尤甚。明帝尝手画佛像，见《晋书·蔡谟传》。桓温废海西公，康献褚皇后方在佛屋烧香，见本传。

《孝武帝纪》：大元六年，正月，帝初奉佛法，立精舍于殿内，引诸沙门以居之。《恭帝纪》：帝深信浮屠法。造丈六金像，亲于瓦官寺迎之，步从十许里。帝之见弑也，兵人进药。帝不肯饮，曰："佛教自杀者不得复人身。"乃以被掩杀之。见《宋书·褚叔度传》。宋明帝以故宅起湘宫寺，事见第十八章第四节。王奂尝请幸其府，以不欲杀牲却之。见《齐书·奂传》。大渐时，正坐呼道人，合掌便绝，见《南史·循吏虞愿传》。颇类信净土宗者所为。

齐武帝立禅灵寺。见《齐书·五行志》。大渐时，命灵上慎勿以牲为祭，未山陵前，朔望只设菜食，而极惓惓于显阳殿玉像，亦可见其皈依之笃。豫章王嶷临终顾命，亦与武帝遗命相类，见《齐书》本传。文惠大子、竟陵王子良信佛，已见第十九章第五节。竟陵尤笃。尝于鸡笼山西邸招致名僧，讲论佛法，造经呗新声。数于邸园营斋戒，大集朝臣、众僧，至于赋食、行水，或躬亲其事焉。

梁武帝屡幸同泰寺舍身，郊庙牲牷，皆代之以面。宗庙用蔬果，事在天监十六年，见《梁书·本纪》。后依刘勰议，二郊亦不用牲，见《勰传》。会同用菜蔬，已见第二十一章第一节。帝幸同泰寺舍身，前后凡四：一在大通元年三月，一在中大通元年九月，一在中大同元年三月，一在大清元年三月。中大同元年幸寺，《梁书·本纪》不言舍身，而《南史》言之。

据《陈书·文学杜之伟传》：是年帝幸同泰寺舍身，敕徐勉撰定仪注，勉以台阁先无此礼，召之伟草具其仪，则《梁纪》失书也。中大通元年六月，以都下疫甚，于重云殿为百姓设救苦斋，以身为祷，亦见《南史·本纪》。其幸寺设会、讲义，则自大通元年至侯景叛前皆有之。昭明太子亦于宫内别立慧义殿，为法集之所。侯景之立简文帝也，升重云殿，礼佛为盟，见《南史·贼臣传》。《周书·萧詧传》云：尤长佛义。《隋书·萧岿传》云：兼好内典。詧之残贼，可谓甚矣。而《周书·甄玄成传》云：玄成以江陵甲兵殷盛，遂怀贰心，密书与梁元帝，申其诚款，有得其书者，进之于詧。詧常愿不杀诵《法华经》人，玄成素诵《法华》，遂以获免。家国枭獍，乃思徼福于异域之神，岂不悖哉？

其敬信，尤为前古所未闻。陈武英略，今古无俦，岂其溺于虚寂？而亦出佛牙，设无遮大会，《本纪》永定元年十月。又幸大庄严寺讲经，舍身及乘舆法物。二年，一时风气所趋，诚不易自拔哉？陈诸主亦皆信佛。《世祖纪》：天嘉四年，四月，设无碍大会于大极前殿。《南史》云舍身。宣帝大建十四年，两设无碍大会，后一会并舍身及乘舆御服。《南史·后主纪》云：前后灾异甚多，以为妖，乃自卖于佛寺为奴以禳之。

五胡之主，亦多信佛者。石勒、石虎，皆颇信佛图澄，事见《晋书·澄传》。慕容皝谓见二龙，号新宫曰和龙，立龙翔佛寺于山上。慕容宝参合之役，沙门支昙猛劝其戒备，而宝弗听。慕容熙宠妾苻氏死，见第六章第八节。令沙门为之素服。苻坚谋南犯，群臣使道安谏。既败，犹召安于外殿，动静咨问。苻朗临刑，为诗曰："四大起何因？聚散无穷已。姚襄之败，史载沙门智通劝其勿战。然则班朝、治军，沙门靡不与焉。诸胡中姚兴颇知教义，故大乘之教，隆于其时，而其流通亦最盛。《载记》述其情形，谓公卿已下莫不钦附，沙门自远而至者，五千余人，州郡化之，奉佛者十室而九焉。

屈丐至粗暴也，然《魏书·释老志》云：义真之去长安，屈丐追败之，道俗少长，咸见坑戮。惠始身被白刃，而体不伤。众大怪异，言于屈丐。屈丐大怒，召始于前，以所持宝剑击之，又不能害。乃惧而谢罪。则其杀戮，特行军时玉石不分，平时亦未尝不信沙门也。十六国中，凉州当西域交通之冲，佛法尤盛，已见第八章第五节。其余波，遂及于拓跋氏焉。

魏之信佛，盖起于拓跋珪入中原之时。《释老志》云：天兴元年，诏敕有司：于京城建饰容范，修整宫舍，令信乡之徒，有所居止，此盖代京有佛寺之始？又云：大宗亦好黄老，又崇佛法。京邑四方，建立图像。仍令沙门，敷导民俗，则踵事而增矣。然其兴盛，要当待诸凉州既平，沙门、佛事东来之后，已见第八章第五节。未几而有佛狸灭佛之祸，此事实因其疑沙门与盖吴通谋而起，亦见第八章第五节矣。

《释老志》云：世祖得寇谦之道，以清净无为，有仙化之证，遂信行其术。时司徒崔浩，博学多闻，帝每访以大事。浩奉谦之道，尤不信佛。与帝言，数加非毁。尝谓虚诞，为世费害。帝以其辩博，颇信之。帝既忿沙门非法，浩时从行，因进其说。诏诛长安沙门，焚破佛像。敕留台下四方，令一依长安行事。又诏曰："彼沙门者，假西戎虚诞，妄生妖孽，非所以一齐政化，布淳德于天下也。自王公已下，有私养沙门者，皆送官曹，不得隐匿。限今年二月十五日。过期不出，沙门身死，容止者诛一门。"

时恭宗为大子监国，素敬佛道。频上表陈刑杀沙门之滥。又非图像之罪。今罢其道，杜诸寺门，世不修奉，土木丹青，自然毁灭。如是再三，不许。乃下诏曰："昔后汉荒君，信惑邪伪。妄假睡梦，事胡妖鬼，以乱天常。自古九州之中无此也。夸诞大言，不本人情。叔季之世，暗君乱主，莫不眩焉。由是政教不行，礼义大坏。鬼道炽盛，视王者之法蔑如也。

自此已来，代经乱祸。天罚亟行，生民死尽。五服之内，鞠为丘墟，千里萧条，不见人迹。皆由于此。朕承天绪，属当穷运之敝，欲除伪定真，复羲、农之治。其一切荡除胡神，灭其踪迹。庶无谢于风氏矣。自今已后，敢有事胡神及造形象泥人、铜人者门诛。虽言胡神，问今胡人，共云无有。皆是前世汉人无赖子弟刘元真、吕伯强之徒，乞胡之诞言，用老、庄之虚假，附而益之。皆非真实。至使王法废而不行，盖大奸之魁也。有非常之人，然后能行非常之事，非朕孰能去此历代之伪物？有司宣告征镇诸军刺史：诸有佛图形象及胡经，尽皆击破焚烧，沙门无少长悉坑之。"是岁，真君七年三月也。恭宗言虽不用，然犹缓宣诏书，远近皆豫闻知，得各为计。四方沙门，多亡匿得免。在京邑者，亦蒙全济。金银宝像及诸经论，大得秘藏。而土木宫塔，声教所及，莫不毕毁矣。

《本纪》载真君五年正月戊申诏曰："愚民无识，信惑妖邪，私养师巫，挟藏谶记、阴阳、图纬、方伎之书。又沙门之徒，假西戎虚诞，生致妖孽，非所以一齐政化，布淳德于天下。自王公已下，至于庶人，有私养沙门、师巫及金银工巧之人在其家者，皆遣诣官曹，不得容匿。限今年二月十五日。过期不出，师巫、沙门身死，主人门诛。明相宣告，咸使闻知。"此与《志》所载大武前诏，明系一事。《志》不及师巫及金银工巧之人者，以专志释老，故不及。

《纪》又于七年三月，书徙长安城工巧二千家于京师，明系承此诏而来。然则五年正月戊申之诏，实七年二月中事，而《纪》误系诸五年也。与师巫及谶记并禁，明系惩于义民光复之谋。其并及技巧者？夷性贪冒，欲徙诸其所居，正犹蒙古陷城，不杀工匠耳。大武信道，尚在真君以前，至七年乃有此祸，可见其别有原因，崔浩特迎机而导之耳。浩义士，寇谦之亦有心人，说见第八章第六节。其欲去佛，未知何故，或诚以其为世费害，而假手于虏以除之邪？佛狸则安足语此？观其诏言天罚亟行，浩盖以此恐动之也。此举在当时，自为拂逆人心之事，故必以非常之人行非常之事自解也。

《释老志》云：谦之与浩同从车驾，苦与浩诤，浩不肯。谓浩曰："卿今促年受戮，灭门户矣。"后四年，浩诛，备五刑，时年七十。此乃佞佛者怨毒之辞耳。又云：浩既诛死，帝颇悔之，业已行，难中修复。恭宗潜欲兴之，未敢言。佛沦废终帝世，积七八年，然禁稍宽弛，笃信之家，得密奉事，沙门专至者，犹窃法服诵习焉，惟不得显行于京都矣。然则外州仍有之也，亦犹清禁基督教，而人民仍密奉事之欤？

《齐书·魏虏传》云：宋元嘉中，伪大子晃与大臣崔氏、寇氏不睦，崔、寇谮之。玄高道人有道术，晃使祈福，七日七夜。佛狸梦其祖父并怒，手刃向之曰："汝何故信谗，欲害大子？"佛狸惊觉，下伪诏曰："自今已往，事无巨细，必经大子，然后上闻。"晃后谋杀佛狸，见杀。参看第十一章第一节。初佛狸讨羯胡于长安，杀道人且尽。及元嘉南寇，获道人，以铁笼盛杀之。后佛狸感恶疾，自是敬畏佛教，立塔寺浮图。始终不离乎迷信，佛狸之毁佛而又渐弛其禁，此或其真相邪？文成立，复佛法。事在兴安元年十二月，见《魏书·本纪》。

魏自文成而后，献文、孝文皆信佛。事皆见《释老志》。高祖每与名德沙门谈论，又集沙门讲佛经，见《韦阆》及《裴骏传》。《齐书·宗室传》：建武二年，虏主元宏寇寿春，遣道登道人进城内，施众僧绢五百匹。出帝亦颇知教义。《魏书·李同轨传》：永熙二年，出帝幸平等寺，僧徒讲说，敕同轨论难。宣武于此尤笃，然佛事之劳费，亦至斯而益甚，导孝明世灵后奢纵之先路矣。参看第十二章第一节。《魏书·阳尼传》：世宗广访得失，尼从弟固上言："请绝虚谈穷微之论，简桑门无用之费。"又《张普惠传》：普惠以肃宗不亲视朝，过崇佛法，郊庙之事，多委有司，上疏言之，则奢费虽由胡后，肃宗亦未尝不溺于佛也。

北齐文宣昏暴，武成、后主皆荒淫，于佛亦甚敬信。据《高元海传》，则皆元海所教也。《北齐书·文宣纪》：天保七年，五月，帝以肉为断慈，遂不复食。八年，四月，庚午，诏诸取虾、蟹、蚬、蛤之类，悉令停断，惟听捕鱼。乙酉，诏公私鹰、鹞，俱亦禁绝。八月，庚辰，诏丘、郊、禘、祫、时祠，皆仰市取少牢，不得剖割。农、社，先蚕，酒肉而已。雩、禖、风、雨、司民、司禄、灵星、杂祀，果、饼、酒、脯。

九年，二月，己丑，诏限仲冬一月燎野，不得他时行火，损昆虫、草木。十年，正月，甲寅，帝如辽阳甘露寺。二月，丙戌，于寺禅居深观，惟军国大事奏闻。《武成帝纪》：河清元年，正月，诏断屠杀，以顺春令。《后主纪》：天统五年，二月，乙丑，诏禁网捕鹰、鹞，及畜养笼放之物。其去杀，几与梁武帝无异，《元海传》云：累迁散骑常侍。愿处山林，修行释典。文宣许之。乃入林虑山。经二年，绝弃人事。志不能固，自启求归。征复本任。便纵酒肆情，广纳姬侍。又云：元海好乱乐祸，然诈仁慈，不饮酒啖肉。

文宣天保末年，敬信内法，乃至宗庙不血食，皆元海所谋。及为右仆射，又说后主禁屠宰，断酤酒。然本心非清，故终至覆败。案元海劝武成奉济南，未为非义。后与祖珽共执朝政，依违陆大姬间，盖亦势不得已。周建德七年，于邺城谋逆诛，尤可见其心存家国。既云纵酒肆情，又云不饮酒啖肉，未免自相矛盾。果其饕餮自恣，岂能说文宣、后主以断杀，即言之，文宣、后主，又宁听之邪？

周文帝亦颇能谈义，且有信心。《周书·薛善传》云：大祖雅好谈论。并简名僧深识玄宗者百人，于第内讲说。又命善弟慎等十二人兼讲佛义，使内外俱通。由是四方竞为大乘之学。《儒林传》：卢光，尝从大祖狩于檀台山。猎围既合，大祖遥指山上，谓群公等曰："公等有所见不？"咸曰："无。"光独曰："见一桑门。"大祖曰："是也。"即解围而还。令光于桑门立处造浮图。掘基一丈，得瓦钵，锡杖各一。大祖称叹，因立寺焉。至武帝，乃又有废佛之举。

中国人之于佛，流俗虽不免迷信，士大夫之有识者，固多能知其教义。既能知其教义，自知其理与儒、道无二，而建寺、造像等，徒为烦费矣。此周武之所以废佛也。《周书·武帝纪》：天和三年，八月，帝御大德殿，集百僚及沙门、道士等，亲讲《礼记》。四年，二月，帝御大德殿，集百僚、道士、沙门等讨论释、老义。

建德元年，正月，帝幸玄都观，亲御法坐讲说。公卿、道、俗论难。二年，十二月，集群臣及沙门、道士等。帝升高坐，辨三教先后。以儒教为先，道教为次，佛教为后。三年，五月，丙子，初断佛、道二教。经、象悉毁。沙门、道士，并令还俗。并禁诸淫祀，礼典所不载者尽除之。

六月，戊午，诏曰："至道弘深，混成无际，体包空有，理极幽玄。但岐路既分，派源愈远。淳离朴散，形气斯乖。遂使三墨八儒，朱紫交竞，九流七略，异说相腾。道隐小成，其来旧矣。不有会归，争驱靡息。今可立通道观。圣哲微言，先贤典训，金科玉篆，秘迹玄文，所以济养黎元，扶成教义，并宜弘阐，一以贯之。俾夫玩培塿者识嵩、岱之崇峻，守碛砾者悟渤澥之泓澄，不亦可乎？"观此，知帝于佛道，特恶其烦费而欲绝之，是以与淫祀并禁。至于教义，原欲存之，且欲汇三为一，以息纷争也。

然此岂人力所可强为乎？宜其徒有此诏，终无所就也。此事《隋志》谓由卫元嵩上书而起，已见前。元嵩见《周书·艺术传》，云："好言将来，盖江左宝志之流。尤不信释教，尝上疏极论之史失其事，故不为传。"然此特会逢其适耳，周武之断道、释，初不由此。

观元嵩所攻专在释，而周武所断兼及道可知也。《记》曰："尧、舜率天下以仁而民从之，桀、纣率天下以暴而民从之，其所令反其所好而民不从。"是故"以身教者从，以言教者讼"。此天下之至言也。

《纪》又载建德五年，九月，大醮于正武殿，以祈东伐。六年，五月，大醮于正武殿以报功。其事岂能无所劳费？躬道之而躬自蹈之，何以使民从其令乎？宣帝甫立，即复佛像及天尊像，与二像俱坐，大陈杂戏，令士民纵观，见第十五章第一节。亦武帝有以启之矣？其明年，六月，庚申，遂复佛道二教。

教士之信教，必不如教民之笃也，同为教会中人，执掌事权者之信教，又必不如不执事权者之笃。不然，则基督教不因马丁路德之崛起而分张，而第巴桑结，亦不至挟达赖喇嘛为傀儡矣。此凡教皆然，佛教亦莫能外也。《晋书·艺术传》云：鸠摩罗什，天竺人也。世为国相。父鸠摩罗炎，聪懿有大节。将嗣相位，乃辞避出家。东度葱岭。龟兹王闻其名，郊迎之，请为国师。王有妹，心欲当之，王乃逼以妻焉。

罗什年七岁，母与俱出家。年十二，携到沙勒国，为性率达，不拘小检，修行者颇共疑之，然罗什自得于心，未尝介意。年二十，龟兹王迎之还国。吕光获罗什，见其年齿尚少，以凡人戏之，强妻以龟兹王女。罗什距而不受，辞甚苦至。光曰："道士之操，不逾先父，何所固辞？"乃饮以醇酒，同闭密室。罗什被逼，遂妻之。姚兴破吕隆，迎罗什，待以国师之礼。尝讲经于草堂寺。兴及朝臣大德沙门千有余人肃容观听。罗什忽下高坐，谓兴曰："有二小儿登吾肩，欲障须妇人。"

兴乃召宫女进之，一交而生二子焉。兴尝谓罗什曰："大师聪明超悟，天下莫二，何可使法种少嗣！"《魏书·释老志》：大和二十一年，诏曰："罗什法师，见逼昏虐，为道殄躯，既暂同俗礼，应有子胤。可推访以闻，当加救恤。"则是时于高僧，亦颇重其胤嗣，其视戒律，尚不如后世之重也。遂以伎女十人，逼令受之。尔后不住僧坊，别立廨舍。诸僧多效之。什乃聚针盈钵，引诸僧谓之曰："若能见效食此者，乃可畜室耳。"因举匕进针，与常食不别。诸僧愧服，乃止。夫以学识论，什诚为大乘之光矣，以戒律论，炎与什，得不谓世济其凶乎？以是推之，佛狸之杀昙无谶，虽云别有其由，谓谶必无诲淫之事，亦不可得也。见第八章第五节。

此或西域沙门，自率其俗。然生共其乐，则死共其哀，无中外一也。龟兹王之待什，不为不厚，乃乘其败亡之际，倚敌帅而奸其子，谁知为吕光之逼之，抑什之求之邪？得非凡夫之所羞乎？拥伎十人，别立廨舍，至于诸僧皆效，佛狸之杀道人虽虐，道人之非法，又岂虚也哉？武成后昙献是通；见第十四章第四节。蔡兴宗娶尼为妾，见第九章第三节。其小焉者矣。许荣上书晋孝武，病"尼僧成群，依傍法服，五戒粗诫，尚不能守"。闻人奭亦病"尼姏属类，倾动乱时。"皆见《晋书·简文三王传》。

柳元景罪状臧质曰："姬妾百房，尼僧千计，败道伤俗，悖乱人神。"《宋书·质传》。郭祖深欲罢僧尼白徒、养女，听畜奴婢。婢惟著青布衣，僧尼皆令蔬食。见《南史·循吏传》乌乎!当时僧尼之戒律，为何如哉？迷信者或将为之曲辩。然僧尼皆不耕而食，不织而衣，而人民且依托之以避赋役，《宋书·刘粹传》：迁雍州刺史，襄阳、新野二郡大守。在任简役爱民。罢诸沙门二千余人，以补府史。《魏书·李孝伯传》：兄孙玚，民多绝户而为沙门，玚上言：“南服未静，众役仍烦，百姓之情，方多避役。若复听之，恐捐弃孝慈，比屋而是。”皆可见藉出家以避役者之众，而其建寺、造像，所费尤巨，终必有不能坐视者。

此所以一时之君若臣，信佛者虽多，亦卒不能不加以限制也。《颜氏家训·归心篇》云：“俗之谤佛者，大抵有五：其一以世界外事及神化无方为迂诞也。其二以吉凶祸福，或未报应为欺诳也。其三以僧尼行业，多不精纯为奸慝也。其四以靡费金宝，减耗课役为损国也。其五以纵有因缘，如报善恶，安能辛苦今日之甲，利后世之乙为异人也。”一、二、五并关教理，非政事所当过问，亦非其所能过问，三、四两端，固不可无以治之也。

龟兹区区，而《晋书·西戎传》谓其国有佛塔庙千所，况中国乎？萧惠开为父起四寺，国秩不下均兄弟，悉供僧众。贺革玚子，事见《南史·玚传》。恨禄不及养，俸秩不及妻孥，专拟还乡造寺，以申感思。何氏自晋司空充、宋司空尚之，并建立塔寺。至敬容，舍宅东为伽蓝。趋权者助财造构，敬容并不拒，轻薄呼为众造寺。及免职出宅，止有常用器物及囊衣而已。其佞媚至于如此，威权在手者，安得不竭民力以自为功？宋明帝起湘宫寺，虞愿讥其所用皆百姓卖儿帖妇钱，见第十八章第四节。此真宜战栗矣。

前废帝时，百姓欲为孝武帝立寺，疑其名。巢尚之应声曰：“宜名天保。《诗》云：天保，下报上也。”《南史·恩幸传》。吾谁欺，欺天乎？然王恭，史言其调役百姓，修营佛寺，务在壮丽，士庶怨嗟，则劳民者又岂特人君为然哉？唐牡牧诗曰：“南朝四百八十寺，多少楼台烟雨中。”缅想其时，江东风物，美则美矣，民脂民膏，竭于此者何限？若北朝则尤甚。

《魏书·释老志》言：显祖起永宁寺，构七级浮图。高三百余尺。基架博敞，为天下第一。皇兴中，又构三级石佛图。高十丈。镇固巧密，为京华壮观。高祖践位，显祖移御北苑崇光宫，建鹿野佛图于苑中之西山。去崇光右十里。岩房禅坐，禅僧居其中焉。

肃宗熙平中，于城内大社西起永宁寺。灵大后亲率百寮，表基立刹。佛图九层，高四十余丈。此佛图后毁于火，事在出帝永熙三年，即孝静帝天平元年，见《魏书·灵征志》及《北齐书·神武帝纪》。其诸费用，不可胜计。景明寺佛图，亦其亚也。此皆虏主所为，此特其最大者。此外，高祖又尝为文明大后起报德佛寺，大后又立思燕佛图于龙城，见《后传》。灵后所起，在京城者又有大上公等寺。于外州，亦各造五级浮图。见《任城王澄传》。其造永宁寺，至减食禄十分之一焉，见《周书·寇俊传》。北齐后主造大宝林寺，已见第十四章第四节。其贵戚、大臣、州郡牧守所营者，尚不在此数。贵戚造构者如冯熙，自出家财，在诸州镇建佛图精舍，合七十二处。多在高山秀阜，伤杀人牛。有沙门劝止之。熙曰："成就后人惟见佛图，焉知杀人牛也！"宋明帝用百姓卖儿帖妇钱，犹可委为不知，此则知之而犹为之，愚也而近于悖矣。大臣为之者如齐高隆之，以广费人工，大营寺塔，为高祖所责。而州郡为之者尤多。魏城阳王长寿次子鸾为定州，缮起佛寺，公私费扰，世宗闻而夺禄一周。

安同在冀州，大兴寺塔，为百姓所苦。杨椿为定州，因修黑山道余工，伐木私造佛寺，役使兵力，为御史所劾，除名为庶人。皆是物也。陆俟子馛为相州，征为散骑常侍，吏民大敛布帛以遗，馛一皆不受，民亦不敢，以造寺，名长广公寺。此虽非其所为，其劳民则无以异也，且安知民非承馛意而为之邪？

《肃宗纪》：正光三年，诏中尉端衡肃厉威风，以见事见劾，牧守辄兴寺塔，为其一条，可见此风之盛。冯亮为魏所获，不肯仕，隐居嵩高，宣武乃给其功力，令与沙门统僧暹、河南尹甄琛等周视形胜之处造闲居佛寺，曲尽山居之妙。轻用民力如此，民不将以佛为灾邪？读《洛阳伽蓝记》一书，犹可想见其时民力之竭为何如也。

与寺塔同其靡费者，时为造像。时虽亦有泥像，而用铜者殊多。晋恭帝造丈六金像，已见前。宋文帝时，蜀沙门法成，鸠率僧旅，几于千人，铸丈六金像，事见《魏书·胡叟传》。《释老志》：高宗兴光元年，为大祖已下五帝铸释迦立像五，各长一丈六尺。都用赤金二万五千斤。显祖于天官寺造释迦立像，高四十三尺。用赤金十万斤，黄金六百斤。其靡金之多，殊可惊骇。又有玉、石像。齐武帝有显阳殿玉像，已见前。

《释老志》：高宗复佛法之岁，诏有司铸石像，令如帝身。又尝于恒农荆山造珉玉丈六像一，世宗迎置洛滨之报德寺，躬观致敬。其尤侈者则为石窟。高宗以昙曜言，于京城西武州塞凿山石壁，开窟五所，镌建佛像各一。高者七十尺，次六十尺。

景明初，世宗诏大长秋卿白整，准代京灵岩寺石窟，于洛南伊阙山，为高祖、文昭皇在后营窟一所。永平中，中尹刘腾，奏为世宗造石窟一，凡为三所。从景明元年至正光四年六月已前，用功八十万二千三百六十六。即今所谓云冈、伊阙石窟也。云冈，在今大同、左云之间。伊阙，俗名龙门，在洛阳南。石窟雕像，本仿印度，尚有在他处者。如敦煌之莫高窟，亦其一也，特皆不如此之弘丽耳。南朝亦有石窟，在今首都东北摄山，俗称棲霞山，为齐、梁两朝所造。郑鹤声、向达有《摄山佛教石刻小纪》，见《东方杂志》二十三卷八期。云：佛龛凡二百九十四，佛像凡五百十五，即有遗误，相去当不甚远。论者徒美其雕饰之奇伟，谁复念其所费民力之多邪？

《魏书·灵征志》：大和十九年，徐州表言丈八铜像，汗流于地。晋恭帝法成所造金像，皆长丈六，魏琨玉像亦然。《魏书·崔挺传》云：光州故吏闻其凶问，莫不悲感，共铸八尺铜像，于城东广因寺起八关斋，追奉冥福，此盖减其长之半？然则当时佛像，殆有定制，袁宏《汉纪》云佛长丈六尺，盖即因其造像而附会也。然则此丈八或丈六之讹。袁宏《汉纪》引见《秦汉史》第二十章第七节。《北齐书·循吏·苏琼传》：徐州城中五级寺被盗铜像一百躯。可见地方佛像，亦多而且大。

《灵征志》又云：永安三年，京师民家有二铜像，各长尺余，一头上生白豪四，一颊旁生黑豪一，此像较小，然可见民家亦有铜像也。《南史·梁本纪》：武帝大同元年，四月，幸同泰寺，铸十方银像。三年，五月，幸同泰寺，铸十方金铜像。则又有以金银为之者。

造像、建寺而外，靡财之事如设斋会等尚多。如胡国珍之死，诏自始薨至七七，皆为设千僧斋，令七人出家，百日设万人斋，二七人出家，其所费必甚巨。梁武以贺琛陈事，盛气口授敕责之，曰："功德之事，亦无多费。"吾谁欺，欺天乎？不特朝廷，即民间为斋会者，合聚饮食，所费亦必不少也。参看下引郑子饶事。当时之人，有极俭啬，而于奉佛则无所吝者。

《晋书·何充传》云：充性好释典，崇修佛寺，供给沙门以百数，靡费巨亿而不吝也。亲友匮乏，无所施遗，以此获讥于世。

《宋书·宗室传》云：临川王义庆，性简素，寡嗜欲，受任历藩，无浮淫之遇，惟晚节奉养沙门，颇致费损。有是蔽者盖甚多。此犹靡财而已，甚有因奉佛而坏法乱纪者。如张畅子淹，为东阳大守，逼郡吏烧臂照佛。百姓有罪，使礼佛赎刑，动至数千拜。张彝除秦州刺史，为国造寺，名曰兴皇。诸有罪咎者，随其轻重，谪为土木之功，无复鞭杖之罚，为治如此，尚复成何事体邪？

百姓之苦如此，而僧尼则有甚富者。宋文北讨，换取僧尼资财，见第八章第七节。颖胄起兵，亦资下方黄铁，见第二十章第五节。侯景兵至，梁摄诸寺藏钱，见《魏书·岛夷传》。皆可见其储藏之富。平时既资借贷，凶饥或助振施，见第十九章第五节。佞佛者或且以为有益于民，然观僧祇、佛图户粟之所为，不亦所与者少，所取者多，藉振贷之名，行诛求之实乎？见第二十一章第二节。王僧达劫竺法瑶，得数百万，《宋书》本传。亦所谓多藏者必厚亡邪？

佛事之有害于民如此，故其限制，乃随其兴盛以俱来。《晋书·艺术传》言：百姓以佛图澄故多奉佛。皆营造寺庙，相竞出家。真伪混淆，多生愆过。石季龙下书料简。其著作郎王度奏曰："佛方国之神，非诸华所应祠奉。汉代初传其道，惟听西域人得立寺都邑，以奉其神，汉人皆不出家。魏承汉制，亦循前轨。今可断赵人，悉不听诣寺烧香礼拜，以遵典礼，百辟卿士，逮于众隶，例皆禁之。其有犯者，与淫祠同罪。赵人为沙门者，还服百姓。"

朝士多同度所奏。季龙以澄故下书曰："朕出自边戎，忝君诸夏，至于飨祀[②]，应从本俗。佛是戎神，所应兼奉。其夷、赵百姓，有乐事佛者特听之。"此所谓兔死狐悲，恶伤其类，非必为佛图澄也。南朝论此者，以宋周朗、梁郭祖琛为最切。朗欲申严佛律，疵恶显著者，悉皆罢遣。余则随其艺行，各为之条，使禅义、经诵，人能其一。食不过蔬，衣不出布。祖琛请精加检括，若无道行，四十已下，皆使还俗附农。其论亡失户口，已见第十七章第三节矣。又齐明帝即位，张欣泰陈便宜二十条，其一条言宜毁废塔寺，见《齐书》本传。其禁令，亦宋文帝时即有之。

《宋书·夷蛮传》云：元嘉十二年，丹阳尹萧摩之请"自今已后，有欲铸铜象者，悉诣台自闻。兴造塔寺、精舍，皆先诣在所二千石通辞，郡依事列言本州，须许报，然后就功。其有辄造寺塔者，皆依不承用诏书律。铜、宅、林苑，悉没入官"。诏可。又沙汰沙门，罢道者数百人。

世祖大明二年，有昙标道人，与羌人高阇谋反。上因是下诏，精加沙汰。后有违犯，严加诛坐。于是设诸条禁，自非戒律精苦，并使还俗。而诸寺尼出入宫掖，交关妃后，此制竟不能行。齐武帝临终顾命，于佛可谓惓惓，然亦云："自今公私皆不得出家为道。及起立塔寺，以宅为精舍，并严断之。惟年六十，必有道心，听朝贤选序。"盖诚有所不得已也。

北朝禁令，具见《魏书·释老志》。云：世祖以沙门众多，诏罢年五十已下者。高宗复佛法诏云："今制诸州、郡、县，于众居之所，各听建佛图一区。

任其财用，不制会限。其好乐道法，欲为沙门，不问长幼，出于良家，性行素笃，无诸嫌秽，乡里所明者听其出家。率大州五十，小州四十人。其郡遥远台者十人。”自正光至大和，京城内寺新旧且百所，僧尼二千余人。四方诸寺，六千四百七十八。僧尼七万七千二百五十八人。

大和十年，冬，有司奏：“前被敕：以勒籍之初，愚民侥幸，假称入道，以避输课。其无籍僧尼，罢遣还俗。重被旨：所检僧尼，寺主维那，当寺隐审。其有道行精勤者，听仍在道。为行凡粗者，有籍无籍，悉罢归齐民。今依旨简遣。其诸州还俗者，僧尼合一千三百二十七人。”奏可。十六年，诏：“四月八日，七月十五日，听大州度一百人为僧尼，中州五十人，下州二十人以为常准。著于令。”延昌中，天下州郡僧尼寺，积有一万三千七百二十七所。徒侣逾众。

兴平二年，春，灵大后令曰：“年常度僧，依限大州应百人者，州郡于前十日解送三百人，其中州二百人，小州一百人。州统、维那，与官精练简取充数。若无精行，不得滥采。若取非人，刺史为首，以达旨论。大守、县令、纲寮，节级连坐。统及维那，移五百里外异州为僧。自今奴婢悉不听出家。诸王及亲贵，亦不得辄启请。有犯者以违旨论。其僧尼辄度他人奴婢者，亦移五百里外为僧。僧尼多养亲识及他人奴婢子，年大私度为弟子，自今断之。有犯还俗。被养者归本等。寺主听容一人，出寺五百里，二人千里。私度之僧，皆由三长。罪不及己，容多隐滥。自今有一人私度，皆以违旨论。邻长为首，里、党各相降一等。县满十五人，郡满三十人，疑当作二十人。州镇满三十人免官。寮吏节级连坐。私度之身，配当州下役。”时法禁宽弛，不能改肃也。

正光已后，天下多虞，工役尤甚。于是所在编民，相与入道。假慕沙门，实避调役。猥滥之极，自中国之有佛法，未之有也。略而计之，僧尼大众二百万矣，其寺三万有余。此出家之限制也。其僧尼自外国来者，世宗永平二年，冬，沙门统惠深上言：求精检有德行合三藏者听任。若无德行，遣还本国。若其不去，依此僧制治罪。其造寺者，惠深言：限僧五十以上，启闻听造。若有辄营置者，处以违敕之罪。其僧寺僧众，摈出外州，诏从之。

神龟元年，冬，司空公尚书令任城王澄奏曰：高祖定鼎，《都城制》云：城内惟拟一永宁寺地，郭内惟拟尼寺一所，余悉城郭之外。景明之初，微有犯禁。世宗仰修先志，爰发明旨：城内不造立浮图、僧尼寺舍。但俗眩虚声，僧贪厚润。虽有显禁，犹自冒营。

至正始三年，沙门统惠深，有违景明之禁，便云营就之寺，不忍移毁。求自今已后，更不听立。先旨含宽，抑典从请。前班之诏，仍卷不行。后来私谒，弥以奔竞。永平二年，深等复立条制。尔来十年，私营转盛，罪摈之事，寂尔无闻。辄遣府司马陆昶、属崔孝芬都城之中，及郭邑之内，检括寺舍，数乘五百。空地表刹，未立塔宇，不在其数。民不畏法，乃至于斯。

自迁都已来，年逾二纪，寺夺民居，三分且一。昔如来阐教，多依山林，今此僧徒，恋著城邑，当由利引其心，莫能自止。非但京邑如此，天下州镇亦然。如臣愚意：都城之中，虽有标榜，营造粗工，事可改立者，请于郭外，任择所便。其地若买得，券证分明者，听其转之。若官地盗作，即令还官。若灵像既成，不可移撤，请依今敕，如旧不禁。悉令坊内行止，不听毁坊开门，以妨里内通巷。若被旨者，不在断限。郭内准此商量。其庙像严立，而逼近屠沽，请断旁屠杀，以洁灵居。虽有僧数，而事在可移者，令就闲敞，以避隘陋。如今年正月赦后造者，求依僧制，案法科治。若僧不满五十者，共相通容，小就大寺，必令充限。其他买还，一如上式。

自今外州若欲造寺，僧满五十已上，先令本州表列，昭玄量审，奏听乃立。若有违犯，悉依前科。州郡已下，容而不禁，罪同违旨。奏可。未几，天下丧乱，加以河阴之酷，朝士死者，其家多舍居宅，以施僧尼，京邑第舍，略为寺矣。前日禁令，不复行焉。

元象元年，秋，诏曰："梵境幽玄，义归清旷，伽蓝净土，理绝嚣尘。前朝城内，先有禁断。聿来迁邺，率由旧章。而百辟士民，居都之始，城外新城，并皆给宅。旧城中暂时普借，更拟后须，非为永久。如闻诸人，多以二处得地，或舍旧城所居之宅，擅立为寺。宜付有司，精加隐括。且城中旧寺及宅，并有定帐。其新立之徒，悉从毁废。"冬，又诏："天下牧、守、令长，悉不听造寺。若有违者，不问财之所出，并计所营功庸，悉以枉法论。"此造寺之制限也。然亦成具文，略计魏末之寺，凡三万有余云。

管理僧众之官：南朝有僧正，其制始自姚兴，以僧䂮为之，见《高僧传》。魏大祖以法果为道人统。高宗复佛法，以师贤为之。和平初，贤卒，昙曜代之，更名沙门统。先是立监福曹，又改为昭玄，备有官属，以断僧务。参看第二十二章第三节，

大和十年，诏立僧制四十七条。世宗诏众僧犯杀人已上罪，仍依俗断，余犯

悉付昭玄，见第二十二章第七节。《北史·崔暹传》：僧尼猥滥，暹奏设科条篇为沙门法，上为昭玄都以检约之。皆见《魏书·释老志》。州有统，郡、县皆有维那，见第二十二章第四节。

佛教流传之广，其说轮回，实为一大原因。盖人不能无求报之心，而祸福之来，必不能如世人所责望者之径直。则惩劝之说，有时而穷。故挚虞病“道长世短，祸福舛错，使怵迫之人，不知所守，或迷或放”，慧琳作《均善论》，亦病周、孔为教，止及一世也。见《宋书·夷蛮传》。

《晋书·羊祜传》云：祜年五岁时，令乳母取所弄金镮。乳母曰：汝先无此物。祜即诣邻人李氏东垣桑树中探得之。主人惊曰：“此吾亡儿所失物也，云何持去？”乳母具言之，李氏悲惋。时人异之，谓李氏子则祜之前身也。祜时佛教盛行未久，而已有此说，足见其流行之速矣。言轮回之事见于正史者尚多。如《晋书·艺术传》言鲍靓为曲阳李家儿托生，《南史·梁元帝纪》言帝为眇目僧托生，《北史·李崇传》言李庶托生为刘氏女是也。此特举其最早者耳。欲言报应，必有受报之体。佛说无我，又说轮回，陈义虽高，终非恒情所能喻。故当时信佛者多主神不灭，而怵于迷信之弊者，则主神灭。

范缜作《神灭论》，谓“浮屠病政，桑门蠹俗”，皆由“厚我之情深，济物之意浅”。以致竭财以赴僧，破产以趋佛，而不恤亲戚，不利穷匮。家家弃其亲爱，人人绝其嗣续。兵挫于行间，吏空于官府，粟罄于惰游，货殚于泥木。欲使人知“陶甄禀于自然，森罗均于独化，来也不御，去也不追”，此志也。

然刘歊作《革终论》，谓：“神为生本，形为生具，死者神离此具，虽不可复反，而精灵递变，未尝灭绝。”实主神不灭之说者，而又谓：“神已去此，馆何用存？神已适彼，祭何所祭？”《颜氏家训·终制篇》亦云：“四时祭祀，周、孔所教，欲人勿死其亲，求诸内典则无益，杀生为之，翻增罪累。”则即主神不灭之说者，亦未尝不可澹泊自将，不当因此转增贪欲也。然能如是者寡矣。轮回之说，为众所乐道者，畏怖贪欲之心中之耳。

《晋书·王湛传》：湛孙坦之，与沙门竺法师甚厚。每共论幽明报应。便要先死者当报其事。晋恭帝不肯自杀，虑不能得人身。宋彭城王义康亦然。皆畏怖之念为之也。

《宋书·文五王传》：大宗尝指左右人谓王景文曰：“休范人才不及此，以我弟故，生便富贵。释氏愿生王家，良有以也。”然则当时佛徒，曾有愿生王家之说。此则为贪欲所中矣，卒之如隋越王侗，将死，焚香礼佛，咒曰："从今以去，愿不生帝王尊贵之家。"哀哉!然贪欲者虽说轮回，仍斤斤于见世。

《魏书·卢景裕传》：谓其为邢摩纳所逼，起兵以应元宝炬，兵败系狱，至心诵经，枷锁自脱。是时又有人负罪当死，梦沙门教诵经，觉时如所梦默诵千遍，临刑刀折，主者以闻，赦之。此经遂行于世，号曰《高王观世音》。此说今俗犹传之。晋、南北朝时尤盛。

《晋书·苻丕载记》：徐义为慕容永所获，械埋其足，将杀之。义诵《观世音经》。至夜中，土开械脱，于重禁之中，若有人导之者，遂奔杨佺期。《宋书·王玄谟传》：玄谟围滑台，奔退，萧斌将斩之，沈庆之固谏乃止。始将见杀，梦人告曰："诵《观音经》千遍则免。"既觉，诵之，将千遍。明日将刑，诵之不辍。忽传呼停刑。皆是物也。王恭临刑犹诵佛经，王奂闻黄瑶起兵入，还内礼佛，得毋临命之际，犹有所冀幸邪?

无识者之奉佛，则多出于迷信。高僧之见于正史者，佛图澄，鸠摩罗什，僧陟，昙曜，惠始，惠香，灵远，惠丰，《晋书·北史·艺术传》《魏书·释老志》。其事迹无不矜奇吊诡者。甚至如宝志者，齐武帝曾忿其惑众，收付建康狱，而俗犹盛传其前知之事，《梁书·何敬容传》，载其前知敬容败于河东王。《南史·梁武帝纪》，载其前知同泰寺之灾。《贼臣传》载其前知侯景败于三湘。甚至《隋书·律历志》云：开皇官尺，或传梁时有志公道人作此，寄入周朝，云与多须老翁。周大祖及隋高祖，各自以为谓己。夫周、隋二祖，宁不知其不足信?然犹争欲当之者，以流俗信此等说，顺之可以惑众，抑此说即为所造，亦未可知也。《宋书·符瑞志》《齐书·祥瑞志》，亦多以前知托诸僧众，盖自佛教行而矫诬之徒，又得一凭籍矣。

梁武帝亦敬事之，《南史》仍列诸《隐逸传》，足见其时奉佛者之为何等矣。然能知高义者，亦自不乏。夫泥其迹则主奴之见深，探其原则筌蹄之义显，是以当时明哲之士，多能和会三教。慧琳，道人也，作《均善论》，设为白学先生与黑学道士相难，初无左袒佛教之意。旧僧至谓其贬斥释教，欲加摈斥。《宋书·夷蛮传》。

顾欢，道士之辟佛者也，亦不过谓佛、老立说，各因其俗，譬诸舟车，各有其用。且谓佛既东流，道亦西迈，故知世有精粗，道有文质，二者可以并行焉。其时又有孟景翼者，为道士。文惠大子召入玄圃，竟陵王子良使之礼佛，不肯。

然所作《正一论》，亦云道之大象，即佛之法身。至于张融，则竟谓道之与佛，区极无二矣。皆见《齐书·高逸传》。

卫元嵩上书周武，启废佛之端，然《旧唐书·经籍志》载其《齐三教论》一卷，则其所恶者，亦僧徒之猥滥耳。此以释道二家言也。至如儒家：则徐勉以谓孔释二教，殊途同归。《梁书》本传。王褒谓儒道释虽为教等差，而义归汲引。《梁书·王规传》。韦夐谓其迹似有深浅，其理殆无等级。《周书》本传。即李士谦谓佛日、道月、儒五星，《北史·李孝伯传》。虽有轩轾，仍非水火。其时释家多通儒、道二家之义。如慧琳、慧始，皆尝注《孝经》，琳与慧严，又皆注《道德经》，僧智解《论语》，慧观作《老子义疏》是。皆见《隋书·经籍志》。周续之、雷次宗，皆名儒也，而皆入庐山事慧远。《宋书·隐逸传》。徐孝克旦讲佛经，晚讲礼传。周弘正特善玄言，兼明释典。沈重于紫极殿讲三教义，朝士、儒生、桑门、道士至者二千余人。则合三家成通学矣。

《魏书·高谦之传》云：凉国盛事佛道，谦之为论贬之，因称佛是九流之一家。夫儒、道亦九流之一耳，此不足为贬辞也。《李孝伯传》：兄孙玚，以民多绝户为沙门，上书言之，有“安有弃堂堂之政而从鬼教”之语。沙门统僧暹等以为谤毁佛法，泣诉于灵大后，大后责之。玚自理曰：“人死曰鬼，《礼》曰：明则有礼乐，幽则有鬼神。佛道幽隐，名之为鬼，愚谓非谤。”亦如实之辞，非强辩也。匪特学者如是，即怪迂阿谀苟合之徒亦然。

《宋书·文五王传》：竟陵王诞迁镇广陵，发民治城。诞循行，有人干舆扬声大骂曰：“大兵将至，何以辛苦百姓？”诞执之，问其本末。答曰：“姓夷，名孙，家在海陵。天公去年与道、佛共议，欲除此间民人，道、佛苦谏得止。大祸将至，何不立六慎门？”诞问六慎门云何？答曰：“古时有言：祸不入六慎门。”诞以其狂悖，杀之。此人盖有心疾，然其论，则后世下流社会中杂糅三教之论也。

《齐书·祥瑞志》言：永明三年，七月，始兴郡民龚玄宣云：去年二月，忽有一道人乞食。因探怀中，出篆书真经一卷六纸，又表北极一纸，又移付罗汉一纸，云：“从兜天宫下，使送上天子。”其糅合释、道，更可发一噱。此固造作之辞，然造作者之见解，即其时流俗之见解也。

《晋书·隐逸传》：鲍靓，东海人，年五岁，语父母云：“本是曲阳李家儿，九岁坠井死。”其父母寻访得李氏，推问皆符验。此明为佛说，而又云：靓学兼内外，明天文、《河洛书》，尝见仙人授道诀，百余岁卒。陶弘景，道家之巨擘也，而云："梦佛授其菩提，记名为胜力菩萨。"乃诣鄮县阿育王塔自誓受五大戒，居之不疑，在邦必闻之徒，其为道、为佛，亦不可究诘矣。此周武帝所由欲和会三教，自立皇极欤？

辟佛者多以其出自外国为言。王度及魏大武诏即如此。《晋书·蔡谟传》：彭城王纮上言：乐贤堂有明帝手画佛像，经历寇难，而此堂犹存，宜敕作颂，成帝下其议。谟曰："佛者夷狄之俗，非经典之制。"其意亦与此同。

苻坚命道安同辇，权翼谓毁形贱士，不宜参秽乘舆。宋文帝召见慧琳，常升独榻，颜延之方之同子参乘。毁形者天竺之法，亦恶其来自外国也。张敷为江夏王义恭抚军记室参军。义恭就文帝求一学义沙门。会敷赴假还江陵，文帝令载沙门往。谓曰："道中可得言晤。"敷不奉诏。《宋书》敷自有传，又附见其父邵传中，皆载此事。梁武帝锐意释氏，天下从风，而韦叡自以信受素薄，位居大臣，不欲与俗俯仰，所行略如他日。此特士大夫之骄矜。即李安民奉佛法，不以轭下牛祀项羽神，见上节。亦恶其为淫祀故耳。要之当时不奉佛者，皆非不足其教义也。

僧人多有术艺。故周朗上疏，谓其假医术，托卜数。沙门知医，已见第二十三章第七节。台城之陷，贺琛被创未死，贼舆送庄严寺疗之，则当时佛寺，必有以医疗为务者。沈攸之将发江陵，使沙门释僧桀筮之，此则沙门明于卜筮之征也。不特此也，《魏书·山伟传》言伟与袁升李延孝、李奂、王延业等方驾而行，伟少居后。路逢一尼，望之叹曰："此辈缘业，同日而死。"谓伟曰："君方近天子，当作好官。"升等皆于河阴遇害。

《术艺传》言：王显布衣为诸生，有沙门相显，后当富贵。诫其勿为吏部官。由是世宗时或欲令摄吏部，每殷勤避之。及世宗崩，肃宗夜即位，仓卒百官不具，以显兼吏部行事，竟遇害。

《北史·艺术传》云：魏正始前，有沙门学相，游怀朔，举目见人，皆有富贵之表。以为必无此理，燔其书。而后皆如言，乃知相法不虚也。则沙门又多通相法者。此等不过取信流俗，便于传布其教。乃若关康之，尝就沙门支僧纳学算。《南史·隐逸传》。《宋书》无算字，盖夺。魏九家历，沙门统道融居其一。见第二十三章第七节。

《魏书·术艺传》载殷绍上《四序堪舆表》云：初就大儒成公兴学算。公兴将之求沙门释昙影，昙影又将之求道人法穆，从之学者四年。则沙门之于算法，多有深造。慕容宝参合之役，支昙猛劝早为备。拓跋焘之围县瓠，毁浮图，取金像为大钩，施之冲车端，以牵楼堞。城内有一沙门，颇有机思，辄设奇以应之。《宋书·文九王传》。则其人并有通于兵、阴阳、技巧之学者矣。《隋书·经籍志》所载，音乐、小学、地理、天文、历数、五行、医方、《楚辞》诸门，皆有沙门撰著，而天文、历数、医方，传自天竺者尤多，当时胡僧，几如近世之基督教士，赍学艺以俱来矣。

僧人多有才学，故颇有参与政事者。宋庐陵王义真，尝云得志之日，以慧琳为豫州都督。《宋书·武三王传》。元嘉中，琳遂参权要。宾客辐凑，四方赠赂相系，势倾一时。《夷蛮传》。而义康谋叛，法略道人法静尼，亦并与其事。齐世则有杨法持。元徽中，宣传密谋，后遂罢道，为宁朔将军，封州陵县男。《齐书·幸臣传》。北齐神武之臣有潘相乐，本作道人。神武自发晋阳，至克潼关，凡四十启而魏帝不答，遣僧道荣奉表关中，又不答，乃集百僚、四门耆老议所推立。四门，《北史》作沙门，盖是？文宣尝命亲奉神武音旨者，条录封上，中有沙门，见第二十三章第五节。可见沙门多参谋议也。

《晋书·载记》：沙门吴进言于石季龙曰：“胡运将衰，宜苦役晋人，以厌其气。”季龙于是使尚书张群，发近郡男女十六万，车十万乘，运土筑华林苑及长墙于邺北。姚襄之败，沙门智通劝其无战。慕容德之据广固，谋及沙门朗公。更观慕容宝之有支昙猛，沮渠蒙逊之有昙无谶。而知五胡之主，谋及沙门者，亦不乏矣。

凡藉宗教以资扇惑者，其所说教义，所立教条，不必皆其教之真谛也。特就众所共知共信者，附会为说而已。洪秀全之于基督教，其显而易见者也。佛教之为豪桀所资亦如是。

《晋书·石季龙载记》云：有安定人侯子光，自称佛大子，从大秦国来，当王小秦国。易姓名为李子扬。游于鄠县爰赤眉家。赤眉信敬之，妻以二女。转相诳惑。京兆樊经、竺龙、此人盖亦道人，故以竺为姓。严湛、谢乐子等聚党数千人于杜南山。子扬称大皇帝，建元曰龙兴。此为借佛教以图作乱，见于记载最早者。其后此等事迄不绝。

宋文帝元嘉九年益州之乱，五城人帛氏奴等奉道人程道养为主，诈称晋宗室司马飞龙。见《宋书·刘粹传》。二十八年，又有亡命司马顺则，诈称晋宗室近属，据梁邹城，又有沙门自称司马百年应之。《萧思话传》。孝武帝大明二年，先是有南彭城蕃县人高阇，沙门释道方等，共相诳惑。与秣陵民蓝宏期等谋为乱。又要结殿中将军、大宰府将等，谋攻宫门，掩大宰江夏王义恭，分兵袭杀诸大臣，事发，党与死者数百人。《王僧达传》。《夷蛮传》云：阇为羌人，已见前。此甚似清世林清之变矣。

齐武帝永明十一年，建康莲花寺道人释法智与徐州民周盘龙等作乱。《齐书·王玄载传》。梁武帝时，有沙门僧强，自称为帝，攻陷北徐州。《梁书·陈庆之传》。此皆在南朝者。其在北朝，则《魏书·本纪》所载：大祖天兴五年，有沙门张翘，自号无上王，与丁零鲜于次保聚众据常山之行唐。

高祖建兴三年，十二月，有沙门慧隐谋反。大和五年，有沙门法秀谋反。十四年，有沙门司马惠御谋破平原郡。世宗永平二年，有泾州沙门刘惠汪聚众反。三年，二月，有秦州沙门刘光秀谋反。延昌三年，十一月，有幽州沙门刘僧绍聚众反，自号净居国明法王。四年，六月，沙门法庆反于冀州，自称大乘。九月，元遥破斩之。及渠帅百余人，传首京师。延平二年，正月，其余贼复相聚结，攻瀛州。法庆与法秀，声势最为浩大。

《苟颓传》云：大驾行幸三川，颓留守京师。沙门法秀谋反，颓率禁卫收掩，毕获，内外晏然。驾还饮至，文明大后曰："当尔之日，卿若持疑，不即收捕，处分失所，则事成不测矣。今京畿不扰，宗社获安，卿之功也。"亦释道方之类也。《恩幸·王叡传》云：法秀谋逆，事发，多所牵引。叡曰："与其杀不辜，宁赦有罪，宜枭斩首恶，余从疑赦。"高祖从之。得免者千余人。其徒党可谓甚广。据《崔玄伯传》，是役也，崔道固兄子僧祐与焉。

又《阉官传》：平季父雅，亦与于此役，季以此坐腐形，而雅实为州秀才，则士大夫亦有与其事者。

《齐书·魏虏传》云：虏囚法秀，加以笼头铁锁，无故自解脱，虏穿其颈骨，使咒之曰："若复有神，当令穿肉不入。"遂穿而殉之。三日乃死。其遇汉人之酷如此。

大乘之变，据《魏书·元遥传》云：法庆为妖幻，说渤海人李归伯，归伯合家从之。招率乡人，推法庆为主。法庆以归伯为十住菩萨、平魔军司、定汉王。自号大乘。杀一人者为一住菩萨，杀十人者为十住菩萨。又合狂药，令人服之，父子兄弟，不相知识，惟以杀害为事。于是聚众杀阜城令，破渤海郡，杀害吏人。刺史冀州萧宝夤遣长史崔伯驎讨之，败于煮枣城，伯驎战殁，凶众遂盛。所在屠灭寺舍，斩戮僧尼，焚烧经象，云新佛出世，除去恶魔。其好杀颇类孙恩，未知何故？或亦深疾末俗之恶，而思有所祛除欤？而亦兼及僧尼，又可见是时僧尼为众所疾视之甚也。

《张彝传》云：元遥多所杀戮，积尸数万。彝子始均，忿军士重以首级为功，乃令检集人首数千，一时焚爇，用息侥幸，此又可见虏视汉人如草芥矣。大乘事迹，又见《宇文福》《高允》《萧宝夤》《裴叔业》《李叔虎》《酷吏·谷楷》《阉官·封津》及《北齐书·封隆之传》中。

《北齐书·皮景和传》云：吴明彻寇淮南，景和率众拒之。有阳平人郑子饶，诈依佛道，设斋会，用米面不多，供赡甚广。密从地藏，渐出饼饭，愚人以为神力，见信于魏、卫之间。将为逆乱，谋泄，掩讨漏逸，乃潜渡河，聚众数千，自号长乐王。已破乘氏县，又欲袭西兖州城。景和自南兖州遣骑数百击破之，生禽子饶送京师，烹之。

《魏书·卢玄传》：高祖议伐萧赜，玄子渊表曰："臣闻流言：关右之民，比年以来，设为斋会，假称豪贵，以相扇惑。显然于众坐之中，以谤朝廷。无上之心，莫此为甚。愚谓宜速惩绝，戮其魁帅。不尔，惧成黄巾、赤眉之祸。"子饶之所为，则所谓设为斋会者也。显谤朝廷于众坐之中，可见其非不知政治。然则所谓假称豪贵者，果编氓假称之欤？抑实有豪贵，参与其事也？能为地道，多出饼饭，其人亦非瓮牖绳枢之子矣。

《源贺传》：贺出为冀州刺史，武邑郡奸人石华告沙门道可与贺谋反。《逸士传》：冯亮居嵩高，与僧徒禅诵为业，逆人王敞事发，连山中沙门，亮亦被执赴尚书省，诏特免雪。亮遂不敢还山，寓居景明寺，久之乃还山室。沙门之易与乱事相连如此。异族窃据之际，有心人欲谋光复往往藉宗教为结合之资。

自胡元荐居，白莲会声势始大，明代稍微，及清又盛。虽三合会亦自托于少林寺僧。合第八章第五节观之，而知元魏时佛徒之称兵者，必有民族义士，厕身其间矣。然附从之者，究以所谓豪杰之徒为多，故其宗旨不能尽纯，久之或且浸忘其本。此观于近世白莲、三合之徒之数典忘祖而可知也。

昙洛椎埋发墓，见第二十一章第五节。天恩横行闾肆，见第十八章第三节。皆可想见僧徒中有何等人。此高宗之复佛法，所以必限欲为沙门者，出于良家，无诸嫌秽欤，《释老志》：高祖延兴二年，四月，诏比丘不在寺舍，游涉村落，交通奸猾，经历年岁。令民间五五相保，不得容止无籍之僧。精加隐括，有者送付州镇，其在畿郡，送付本曹。若为三宝巡民教化者，在外斋州镇维那文移，在台者斋都维那等印牒，然后听行。违者加罪。

世宗永平二年，沙门统惠深上言，与经、律法师，群议立制。有不安寺舍，游行民间者，脱服还民。皆惧其为黄巾赤眉之祸也。然藉资宗教，思教养其民以相保者，亦自有之。

《北齐书·陆法和传》云：不知何许人也。隐于江陵百里洲。衣食居处，一与苦行沙门同。耆老自幼见之，容色常不定，人莫能测也。或谓自出嵩高，循游遐迩。侯景遣任约击江陵，法和乃诣湘东乞征约。召诸蛮夷弟子八百人。湘东遣胡僧祐领千人与同行。至赤沙湖，武陵王纪兵来。王琳与法和经略，一战而殄之。以为都督郢州刺史。部曲数千人，通呼为弟子。惟以道术为化，不以法狱加人。市不立丞，见第二十二章第五节。

天保六年，清河王岳进军临江，法和举州入齐。文宣以为荆州刺史。梁将侯瑱，来逼江夏，齐军弃城而退。法和入朝。诣阙通名，不称官爵，不称臣，但云荆山居士。以官所赐宅营佛寺。自居一房，与凡人无异焉。案法和所用者蛮众，史又言其语带蛮音，盖久习于蛮者。其所为则甚似张鲁，以是时佛教盛行，故自托于佛耳，此固无教不可托也。

第三节　道教建立

古无所谓宗教也，人伦日用之道，幽深玄远之思，诸子百家之学，盖无不兼容并包焉？佛教东来，说愈微眇，出世入世，道乃殊科。夫佛道则诚高矣妙矣，然究为外来之教，不能举吾所固有者而尽替之也。儒教重政治、伦纪，势不能谈空说有，与佛教争短长。于是有萃吾故所崇奉，文之以哲理，以与佛教对峙者，则道教是已。

道教之渊源何自邪？曰：其正源，仍为汉末张角、张鲁之教，晋时称为天师道。《晋书·何充传》云：郗愔及弟昙奉天师道，而充与弟准，崇信释氏。谢万讥之云：“二郗谄于道，二何佞于佛。”

《王羲之传》云：王氏世事张氏五斗米道，凝之弥笃[3]。孙恩之攻会稽，寮佐请为之备，凝之不从。时为会稽内史。方入靖室请祷。出，语诸将佐曰：“吾已请大道，许鬼兵相助，贼自破矣。”既不设备，遂为孙恩所害。《魏书·僭晋传》曰：恩之来也，弗先遣军。乃稽颡于道室，跪而咒说，指麾空中，若有处分者。官属劝其讨恩。凝之曰：“我已请大道出兵，凡诸津要，各有数万人矣。”

献之遇疾，家人为上章。道家法应首过，问其有何得失？对曰：“不觉余事，惟忆与郗家离婚。”献之前妻，郗昙女也。案岂以为同教中人故，离婚倍觉耿耿邪？《王恭传》云：淮陵内史虞珧子妻裴氏，有服食之术。常衣黄衣，状如天师。道子悦之，令与宾客谈论。案元凶劭号严道育为天师，亦知服食。

《殷仲堪传》云：仲堪少奉天师道。精心事神，不吝财贿。而怠行仁义，啬于周急。桓玄来攻，犹勤请祷。《齐书·高逸传》云：褚伯玉，年十八，父为之婚，妇入前门，伯玉从后门出。孔稚珪从其受道法。《南史·孔珪传》云：父灵产，泰始中晋安太守。有隐遁之志。于禹井立馆，事道精笃。吉日，于静屋四向朝拜，涕泣滂沱。东出过钱唐北郭，辄于舟中遥拜杜子恭墓。自此至都，东乡坐不敢背侧。

《沈攸之传》云：齐武帝制以攸之弟雍之孙僧昭为义兴公主后。僧昭，别名法朗。少事天师道士。常以甲子及甲午日夜，著黄巾，衣褐，醮于私室。时记人吉凶，颇有应验。自云为泰山录事，幽司中有所收录，必僧昭署名。中年为山阴县，梁武陵王纪为会稽大守，宴坐池亭，蛙鸣聒耳。王曰：“殊废丝竹之听。”僧昭咒厌，十余口便息。

及日晚，王又曰：“欲其复鸣。”僧昭曰：“王欢已阑，今恣汝鸣。”即便喧聒。又尝校猎，中道而还。左右问其故。答曰：“国家有边事，须还处分。”问何以知之？曰：“乡闻南山虎啸知耳。”俄而使至。复谓人曰：“吾昔为幽司所使，实为烦碎，今已自解。”乃开匣出黄纸书，上有一大字，字不可识。曰：“教分判如此。”及大清初，谓亲知曰：“明年海内丧乱，生灵十不一存。”乃苦求东归。既不获许，及乱，百口皆歼。观此诸事，可知所谓天师道者即五斗米道，而与大平道同原。大平道好争斗，晋世孙恩一派，盖其嫡传。

《宋书·毛修之传》云：修之不信鬼神，所至必焚除房庙。蒋山庙中有佳牛好马，修之并夺取之，而其在洛，敬事嵩山寇道士，盖亦汉世黄巾中黄大乙之旧。见《秦汉史》第二十章第六节。

《隋书·地理志》云：梁州崇奉道教，有张鲁遗风，则五斗米道之流传，亦未尝绝。然此二者，皆不能成为全国通行之大教。惟于吉一派，颇与士大夫往来。吉虽为孙策所杀，其道在江东，盖迄未尝绝，至晋世，遂成为所谓天师道者，而流行于士大夫之间。夫其教流行于士大夫之间，则能扫除鄙倍，去其与政治不相容者，且加之以文饰，而豹变之机至矣。

《王羲之传》又云：羲之雅好服食养性，不乐在京师。既去官，与道士许迈共修服食，采药不远千里，而虞珧子妻，亦有服食之术，是神仙家与天师道同流也。案神仙家与医药经、经方，《汉志》同隶方技，其术本自相通。二张皆以符水为人治病，亦未必不通医药。小民急治病，士夫觊长生，觊长生而服食、养性重焉矣。重养性则轻婚宦矣，此褚伯玉所以逃婚，孔灵产所以隐遁也。故神仙家亦道教之一源也。神仙家之说，至魏、晋之世，亦稍符于哲理。

嵇康作《养生论》，谓神仙由“特受异气，禀之自然，非积学所能致”。“道养得理，上获千余岁，下可数百年，以世皆不精，故莫能得”。其说云：“服药求汗，或有不获，而愧情一集，涣然流离。终朝未餐，嚣然思食，而曾子衔哀，七日不饥。夜分而坐，则低迷思寝，内怀殷忧，则达旦不瞑。劲刷理鬓，醇醪发颜、仅乃得之，壮士之怒，赫然殊观，植发冲冠。”以此知“精神之于形骸，犹国之有君”。

而“豆令人重，榆令人瞑，合欢蠲忿[④]，萱草忘忧，薰辛害目，豚鱼不养，虱处头而黑，麝食柏而香，颈处险而瘿，齿居晋而黄”，“凡所食之气，蒸性染身，莫不相应”，则形质亦未可忽。夫“为稼于汤世，偏有一溉之功者，虽终归于焦烂，必一溉者后枯”，理无可惑。然则“田种者一亩十斛，谓之良田，而区种可百余斛”。“谓商无十倍之价，农无百斛之望”，特“守常不变”之论，“以多自证，以同自慰，谓天地之理尽此”，实未为是也。

此其所信者虽非，而其所以信之者，则皆据事理立论，与迷信者殊科矣。《宋书·顾觊之传》：觊之命弟子愿著《定命论》，谓：“齐疆、燕平，厥验未著，李覃、董芬，其效安在？乔、松之侣，云飞天居，夷、列之徒，风行水息，良由理数悬挺，实乃钟兹景命。”《颜氏家训·养生篇》云：“神仙之事，未可全非，但性命在天，或难种植。”皆与嵇氏同意。

神仙家之论，存于今而可考者，莫如《抱朴子》之完。其说曰：“幻化之事，九百有余，按而行之，莫不皆效。”此其所以信“仙之可得”也。《对俗》。又曰：“神仙方书，试其小者，莫不效焉。”《对俗》。“校其小验，则知其大效，睹其已然，则明其未试。”《塞难》。此其所以信“长生可得，仙人无种”也。《至理》。求仙之术，葛氏所信者为金丹。亦以“泥壤易消，而陶之为瓦，则与二仪齐其久，柞柳速朽，而燔之为炭，则可亿载而不败”，《至理》。以是信物质之可变。

又谓“金玉在于九窍，则死人为之不朽，盐卤沾于肌髓，则脯腊为之不烂”，《对俗》。以是信药物之有功耳。又云“云、雨、霜、雪，皆天地之气，而以药作之，与真无异”，可见“变化之术，何所不为”。且“化作之金，乃是诸药之精”，转“胜于自然者”。而且“得其要，则不烦圣贤大才而可为”。《黄白》。此其所以信丹之可作也。然则何以成者甚寡?

曰：此由道士皆贫，不得备其药剂；又其法得之不易；既得之，又必入名山，不则当于海中大岛屿作之，其事弥难耳。葛氏谓导引、房中、服药、禁咒，只能延年，愈疾，外攘邪恶，皆不能免于死；而且命不可以重祷延，疾不可以丰祀除；故惟金丹为足恃，说见《金丹》《释滞》《微旨》等篇。其所以坚信金丹而贱草木之药者，则以金石之质，坚于草木，而金又坚于石也。

当时方士，信丹者甚多，《梁书·处士·陶弘景传》云：大通初，令献二丹于高祖。《南史》则云：天监中献二丹于武帝，中大通初又献二丹。又云：弘景既得神符秘诀，以为神丹可成，而苦无药物。帝给黄金、朱砂、曾青、雄黄等。后合飞丹，色如霜雪，服之体轻。帝服飞丹有验，益敬重之。《魏书·释老志》云：京兆人韦文秀，隐于嵩高，征诣京师。世祖曾问方士金丹事，多曰可成。文秀对曰：“神道幽昧，变化难测，可以暗遇，难以豫期。臣昔受教于先师，曾闻其事，未之为也。”

然《崔逞传》言：逞子颐，与方士韦文秀诣王屋山造金丹，不就，则文秀实非不事此者，特不欲为虏主言之耳。《术艺传》：徐謇欲为高祖合金丹，乃入居崧高，采营其物，历岁无所成，遂罢。入山所采，当为植物，然云金丹，则当仅以之为助，仍以矿物为主也。

《北史·艺术传》云：有张远游者，文宣时，令与诸术士合九转金丹。及成，帝置之玉匣，云：“我贪人间作乐，不能飞上天，待临死时取服耳。”案《葛氏金丹篇》言丹之名甚多，而最贵者为还丹及金液。还丹，亦曰神丹，成之凡九转，故又称九丹。得其一即仙。金液效与还丹同，而较还丹为易作。其所谓仙者？则上士举形升虚，谓之天仙，中士游于名山，谓之地仙，下士先死后蜕，谓之尸解仙。

既已得仙，则升天住地，各从所好。又服还丹金液之法，若欲留在世间，可但服其半，录其半，后求升天，乃尽服之。说见《论仙》《对俗》两篇，实与张远游之说密合，而神丹之名，亦与陶弘景所欲作者同。足见其说皆有传授，虽不足信，述之者则初非欺人也。作金丹必入名山或大岛屿者？《金丹篇》述其师郑隐之言曰："合大药皆当祭，祭则大乙、元君、老君、玄女皆来鉴。若令俗间愚人得经过闻见之，诸神便责作药者不遵承经戒，致令恶人有毁谤之言，则不复佑助人，邪气得进，而药不成。"又云："老君告之：诸小山皆不可于其中作金液、神丹，凡小山皆无正神为主，多是木石之精，千岁老物，血食之鬼。此辈皆邪炁，不念为人作福，但能作祸。善试道士。须当以术辟身及将从弟子，然或能坏人药也。"

其坚信长生之可求如此，然问以长生之理，则曰："松、乔之徒，虽得其效，亦未必测其所以然，"《对俗》。坦然自承其不知焉。又设难曰：理之明显，事之昭著如此，圣如周、孔，何莫之为？则曰："受气结胎，各有星宿。命属生星，则其人必好仙道，求之必得。命属死星，则其人不信仙道，不修其事。"《塞难》。"俗所谓圣人者，皆治世之圣人，非得道之圣人"也。《辨问》。《遐览篇》论符，谓"世间有受体使术用符独效者"，亦同此意。其持论之致密如此，安得谓与迷信同科邪？

葛氏之论，亦有类乎迷信者，如云："按《易内戒》《赤松子经》《河图记命》符皆云：天地有司过之神，随人所犯轻重，以夺其算，算三日，纪三百日。又言身中有三尸，魂灵鬼神之属也。欲使人早死，此尸当得作鬼，放纵游行，飨人祭酬。是以每到庚申之日辄上天白司命，道人所为过失。又月晦之夜，灶神亦上天，白人罪状。大者夺纪，小者夺算。吾亦未能审此事之有无。然山川、草木、井灶、污池，犹皆有精气，况天地为物之至大者，于理当有精神则宜赏善而罚恶。但其体大而网疏，不必机发而响应耳。"《微旨》。

又云："山无大小，皆有神灵，又有老魅。""入山无术，必有患害。"因此而著诸符。然又曰："天地之情状，阴阳之吉凶，茫茫乎其难详也，吾不必谓之有，亦不敢保其无。"《登陟》。则于此等说，特过而存之耳。于说之不能决者，过而存之，而又明著其存之之意，正见其立论之矜慎，亦非迷信也。

然此等议论，究尚未足登谈玄者之堂。故神仙家之言，又有更进于此者。《抱朴子》首篇《畅玄》曰："玄者，自然之始祖，而万殊之大宗也。其高则冠盖乎九霄，其旷则笼罩乎八隅。来焉莫见，往焉莫追。乾以之高，坤以之卑。云以之行，雨以之施。胞胎元一，范铸两仪。吐纳大始，鼓冶亿类。”以宇宙万物，皆一玄之所弥纶，几乎哲学家一元之论矣。然又云：“玄之所在，其乐不穷，玄之所去，器弊神逝。”则似又岐形与气而二之。

又引《仙经》述贞一之说曰：“一有姓氏、服色。男长九分，女长六分。或在脐下二寸四分下丹田中。或在心下绛宫金阙中丹田。或在人两眉间，却行一寸为明堂，二寸为洞房，三寸为上丹田也。此乃道家所重，世世歃血，口传其姓名耳。”又述其师说曰：“一在北极大渊之中。道术诸经所思存念作，可以却恶防身者，乃有数千法，亦各有效。然思作数千物以自卫，率多烦难。若知守一之道，则一切除弃此辈。

故曰：能知一则万事毕也。”又曰：“玄一之道，亦要法也。无所不辟，与贞一同功。吾内篇第一名之为《畅玄》者，正以此也，守玄一复易于守贞一。守贞一有姓字、长短、服色。曰玄一，但此见之。初求之于日中，所谓知白守黑，欲死不得者也。然先当百日洁斋，乃可候求。亦不过三四日得之。得之守之，则不复去矣。守玄一并思其身分为三人。三人已见，又转益之，可至数十人，皆如己身。隐之显之，皆自有口诀。此所谓分形之道。左君及蓟子训、葛仙公所以能一日至数十处，及有客坐上，一主人与客语，门中又有一主人迎客，而水侧又有一主人投钓也。”《地真》。此则不成语矣。盖以其仍受旧说之牵率，故如此也。

《齐书·高逸传》云：杜京产，柱子恭玄孙也。世传五斗米道。与同郡顾欢同契，欢为道教中名人。其答袁粲之难曰：“神仙有死，权便之说。神仙是大化之总称，非穷妙之至名。至名无名，其有名者，二十七品。仙变成真，真变成神，或谓之圣，各有九品。品极则入空寂，无为无名。若服食、茹芝，延寿万亿，寿尽则死，药极则枯，此修考之士，非神仙之流也。”《齐书》本传。

其说较葛氏弥有进矣。然如此则无体。无体则辛苦修为，谁受其报？此必非俗情之所能甘。抑无拟人之神，以资崇奉，而徒皈心于虚寂，亦非俗情之所能喻也。此虽无负于哲理，而必不能成为宗教，故建立道教之士，又必别辟一途焉。

一切迷信若方术，果何以结合之，使之成为一大宗教乎？曰：文之以当时通行之哲理，更益之以佛说之虚诞，其要道也。观于《魏书·释老志》及《隋书·经籍志》之说，而道教之所以成为宗教者，思过半矣。

《魏书·释老志》曰：“道家之原，出于老子。其自言也：先天地生，以资万类。上处玉京，为神王之宗，下在紫微，为飞仙之主。千变万化，有德不德，随感应物，厥迹无常。授轩辕于峨嵋，教帝喾于牧德，大禹问长生之诀，尹喜受道德之旨。至于丹书紫字，升玄飞步之经，玉石金光，妙有灵洞之说，如此之人，不可胜记。

其为教也，咸蠲去邪累，澡雪心神，积行树功，累德增善。乃至白日升天，长生世上。所以秦皇、汉武，甘心不息，灵帝置华盖于濯龙，设坛场而为礼。及张陵受道于鹄鸣，因传天官章本千有二百。弟子相授，其事大行。斋祠跪拜，各成法道。有三元、九府、百二十官，一切诸神，咸所统摄。又称劫数，颇类佛经。其延康、龙汉、赤明、开皇之属，皆其名也。及其劫终，称天地俱坏。其书多有禁秘，非其徒也，不得辄观。至于化金销玉，行符敕水，奇方妙术，万等千条。上云羽化飞天，次称消灾灭祸。故好异者往往尊事之。”

《隋书·经籍志》曰：“道经者？云有元始天尊，生于大元之先，禀自然之气，冲虚凝远，莫知其极。所以说天地沦坏，劫数终尽，略与佛经同。以为天尊之体，常存不灭。每至天地初开，或在玉京之上，或在穷桑之野，授以秘道，谓之开劫度人。然其开劫，非一度矣。故有延康、赤明、龙汉、开皇，是其年号。

其间相去，经四十一亿万载。所度皆诸天仙上品。亦有大上老君、大上丈人、天真皇人、五方天帝，及诸仙官，转共承受，世人莫之与也。所说之经，亦禀元一之气，自然而有，非所造为。亦与天尊，常在不灭。天地不坏，则蕴而莫传，劫运若开，其文自见。凡八字，尽道体之奥，谓之天书，字方一丈，八角垂芒，光辉照耀，惊心眩目，虽诸天仙，不能省视。天尊之开劫也，乃命天真皇人，改啭天音而辩析之。

自天真已下，至于诸仙，展转节级，以次相授。诸仙得之，始授世人。然以天尊经历年载，始一开劫，受法之人，得而宝秘，亦有年限，方始传授。上品则年久，下品则年近。故今授道者经四十九年，始得授人。推其大旨，盖亦归于仁爱、清静，积而修习，渐致长生，自然神化。或白日登仙，与道合体。案此即顾欢之说。

其受道之法，初受《五千文箓》，次受《三洞箓》，次受《洞玄箓》，次受《上清箓》。箓皆素书，纪诸天曹官属佐吏之名有多少。又有诸符错在其间。文章诡怪，世所不识。受者必先洁斋，然后赍金环一，并诸贽币，以见于师。师受其贽，以箓授之。仍剖金环，各持其半，云以为约。弟子得箓，缄而佩之。其洁斋之法，有黄箓、玉箓、金箓、涂炭等斋。为坛三成，每成皆置绵蕝，以为限域。傍各开门，皆有法象。斋者亦有人数之限。以次入于绵蕝之中，鱼贯面缚，陈说愆咎，告白神祇。昼夜不息，或一二七日而止，其斋数之外有人者，并在绵蕝之外，谓之斋客，但拜谢而已，不面缚焉。

而又有诸消灾、度厄之法，依阴阳数术，推人年命，书之如章表之仪，并具贽币，烧香陈读，云奏上天堂，请为除厄，谓之上章。夜中于星辰之下，陈设酒脯、饼饵、币物，历祀天皇、大一，祀五星、列宿，为书如上章之仪以奏之，名之为醮。又以木为印，刻星辰日月于其上，吸气执之，以印疾病，多有愈者。又能登刃入火，而焚敕之使刃不能割，火不能热。而又有诸服饵，辟谷、金丹、玉浆、云英蠲除滓秽之法，不可殚记。云自上古黄帝、帝喾、夏禹之俦，并遇神人，咸受道箓。年代既远，经史无闻焉。推寻事迹，汉时诸子，道书之流有三十七家，大旨皆去健羡，处冲虚而已，无上天官符箓之事。”

综观二说，以老子或天尊影射自然之力，诚如孟景翼之言，犹佛家之说法身。见上节，始盖即附会老子，继乃又造一元始天尊也。开劫之说，亦窃诸佛。仁爱、清静，积累功德，则所以随顺世俗。白日升天，长生世上，取诸神仙家。凡诸方术，亦多自此而来。章醮印敕，节级之烦，传授之秘，盖大平、五斗米道之旧也。凡此皆后人所谓杂而多端者，而其能成为一大教，则正由此，以其能网罗一切也。考诸汉时而无可见，可见其为魏、晋后所造作矣。其为谁造作不可知，亦必非一人所为，一时所成也。

道教之成为宗教，必在其经箓既具之后。《隋志》云：“陶弘景受道经、符箓，梁武帝素与之游。帝弱年好道，先受道法。及即位，犹自上章。朝士受道者众。三吴及边海之际，信之逾甚。陈武世居吴兴，故亦奉焉。”盖至梁、陈之世，而江左之道教，规模粗立，非复其为天师道时之旧矣。然梁武究为明哲之主，且学问深邃，故其事道之笃，卒不敌其信佛之诚，而道教之大受崇奉，必有待于虏朝焉。

《魏书·释老志》云：“大祖好老子之言，诵咏不倦。天兴中，仪曹郎董谧，因献服食仙经数十篇。于是置仙人博士，立仙坊，煮炼百药。封西山以供其薪蒸。令死罪者试服之。非其本心，多死无验。大祖犹将修焉。大医周澹，苦其煎采之役，欲废其事，乃阴令妻货仙人博士张曜妾，得曜隐罪。曜惧死，因请辟谷。大祖许之。给曜资用，为造净室于苑中，给洒扫民二家。而炼药之官，仍为不息。久之，大祖意少懈，乃止。”此所信者实方士耳，与道教无涉也。至世祖时而寇谦之起。

《志》云：谦之少修张鲁之术。有仙人成公兴，至谦之从母家佣赁，谦请回赁兴，代己使役。乃将还，令其开舍南辣田。谦之算七曜，有所不了，兴曰：“先生试随兴语布之。”俄然便决。谦之叹伏，请师事之。兴固辞不肯，但求为谦之弟子。未几，令谦之洁斋三日，共入华山。令谦之居一石室。自出采药，还与谦之。食药不复饥。乃将谦之入嵩山。有三重石室，令谦之住第二重。历年，兴谓谦之曰：“兴出，后当有人将药来。得但食之，莫为疑怪。”寻有人将药而至，皆是毒虫、臭恶之物，谦之大惧出走。兴还问状，谦之具对。

兴叹息曰：“先生未便得仙，政可为帝王师耳。”兴事谦之七年而卒。明日中，有叩石室者。谦之出视。见两童子，一持法服，一持钵及锡杖。谦之引入。至兴尸所。兴欻然而起。著衣、持、钵、执杖而去。先是有京兆灞城人王胡儿，其叔父亡，颇有灵异。曾将胡儿至嵩高别馆，同行观望。见金室玉堂。有一馆，尤珍丽，空而无人，题曰成公兴之馆。胡儿怪而问之。其叔父曰：“此是仙人成公兴馆。坐失火烧七间屋，被谪为寇谦之作弟子七年。”始知谦之精诚远通，兴乃仙者，谪满而去。谦之守志嵩岳，精专不懈。

神瑞二年，十月，乙卯，忽遇大神，称大上老君。谓谦之曰：往辛亥年，嵩岳镇灵集仙宫主表天曹：称自天师张陵去世已来，地上旷诫，修善之人，无所师授。嵩岳道士上谷寇谦之，立身直理，行合自然，才任轨范，宜处师位。吾故来观汝。授汝天师之位。赐汝云中音诵新科之诫二十卷，号曰《并进言》。吾此经诫，自天地开辟以来，不传于世，今运数应出。汝宣吾新科，清整道教。除去三张伪法租米、钱税，及男女合气之术。大道清虚，岂有斯事？专以礼度为首，而加之以服食、闭练。使王九疑人长客之等十二人授谦之服气、导引、口诀之法，遂得辟谷，气盛体轻，颜色殊丽。弟子十余人，皆得其术。

泰常八年，十月，戊戌，有牧土上师李谱文来临嵩岳。云老君之玄孙。昔居代郡桑干。以汉武之世得道，为牧土宫主，领治三十六土人鬼之政。地方十八万里有奇，盖历术一章之数也？其中为方万里者有三百六十万。遣弟子宣教，云：“嵩岳所统广汉平土方里，以授谦之。赐汝天中三真大文录，劾召百神，以授弟子。文录有五等。坛位，礼拜，衣冠仪式，各有差品。凡六十余卷。号曰《录图真经》。付汝奉持。转佐北方泰平真君，出天宫静论之法。能兴造克就，则起真仙矣。又地上生民，末劫垂及。其中行教甚难。但令男女立坛宇、朝夕礼拜。若家有严君，功及上世。其中能修身、练药、学长生之术，即为真君种民。”药别授方，销练金丹云八石玉浆之法，皆有诀要。上师李君手笔有数篇。其余皆正真书曹赵道覆所书古文、鸟迹、篆、隶杂体。

又言：“二仪之间，有三十六天。中有三十宫，宫有一主。最高者无极至尊。次曰大至真尊，次天覆地长阴阳真尊，次洪正真尊，姓赵，名道隐，以殷时得道，牧土之师也。”牧土之来，赤松、王乔之伦，及韩终、张安世、刘根、张陵，近世仙者，并为翼从。牧土命谦之为子。舆群仙结为徒友。幽冥之事，世所不了，谦之具问，一一告焉。

经云：佛者，昔于西胡得道。在四十二天，为延真宫主。勇猛苦教，故其弟子皆髡形、染衣，断绝人道。诸天衣服悉然。此初无辟佛之意，可见崔浩说大武灭佛，非素定之计也。始光初，奉其书献之。世祖乃令谦之止于张曜之所，供其食物。时朝野闻之，若存若亡，未全信也。崔浩独异其言。因师事之，受其法术。

于是上疏谠明其事，曰：“臣闻圣王受命，则有天应。而《河图》《洛书》，皆寄言于虫兽之文，未若今日，人神接对，手笔灿然，辞旨深妙，自古无比。斯诚陛下侔踪轩、黄，应天之符也。岂可以世俗常谈，而忽上灵之命？臣窃惧之。”世祖欣然。乃使谒者奉玉帛牲牢祭嵩岳，迎致其余弟子在山中者。于是崇奉天师，显扬新法，宣布天下，道业大行。及嵩高道士四十余人至，遂起天师道场于京城之东南。重坛五层，遵其新经之制。给道士百二十人衣食。齐肃祈请，六时礼拜。月设厨会数千人。

真君三年，谦之奏曰：“今陛下以真君御世，建静轮天宫之法，开古以来，未之有也。应登受符书，以彰圣德。”世祖从之。于是亲至道坛受符录。自后诸帝每即位皆如之。恭宗见谦之奏造静轮宫，必令其高不闻鸡鸣狗吠之声，欲上与天神交接，功役万计，经年不成，乃言于世祖曰：“人天道殊，卑高定分。今谦之欲要以无成之期，说以不然之事，财力费损，百姓疲劳，无乃不可乎？必如其言，未若因东山万仞之上，为功差易。”世祖深然恭宗之言，但以崔浩赞成，难违其意，沈吟者久之，乃曰：“吾亦知其无成。事既尔，何惜五三百功？”九年，谦之卒，葬以道士之礼。崔浩实有覆虏之计，谦之盖亦同心，已见第八章第六节。

《北史·李先传》：先少子皎，天兴中密问先曰：“子孙永为魏臣，将复事他姓邪？”皎为谦之弟子，亦谦之不甘臣虏之一证也。隆静轮之宫至于天，岂不知其劳民？所图者大，则不得复恤其小矣，此民族义士之苦心也。崔浩虽败，道教初不因之而废，足见谦之藏机之深，而其志竟不得遂，徒使后人讥为迷信之魁，岂不哀哉？

道教之寺，名曰崇虚。《释老志》云：大和十五年，诏以昔京城之内，居舍尚希，今者里宅栉比，移寺于都南桑干之阴，岳山之阳，给户五十，以供斋祀。仍名为崇虚寺。可召诸州隐士，员满九十人。

《高祖纪》云：所移者为道坛，改曰崇虚寺，盖以寺该于道坛之中也。

《志》又云：迁洛移邺，踵如故事。其道坛在南郊，方二百步。以正月七日、七月七日、十月十五日，坛主、道士、哥人一百六人行拜祠之礼。诸道士罕能精至，又无才术可高，武定六年，有司执奏罢之。其有道术如河东张远游、河间赵静通等，齐文襄王别置馆京师而礼接焉。

《隋书·经籍志》曰：迁洛已后，置道场于南郊之旁，方二百步。正月、十月之十五日，并有道士、哥人百六人拜而祠焉。后齐武帝迁邺，遂罢之。文襄之世，更置馆宇，选其精至者使居焉。后周承魏，崇奉道法，每帝受箓，如魏之旧，寻与佛法并灭，其事已见上节。齐世道士属崇虚局，局隶大常之大庙署，见《隋书·百官志》。

自道教既兴之后，昔日神仙之家，方术之士，世遂皆称为道教之徒。其实此教在张角、张鲁等推行于民间之时，可称为一宗教，至其受政府崇奉之后，则转失其宗教之性质矣。如齐文襄之所馆，实方士也。方士之中，亦有精心学道者。

《抱朴子·金丹篇》，自言所见道士数百，各有数十卷书，亦未能悉解，但写畜之而已，此等必非欺人之人，或转受欺于人也。《魏书·释老志》云：河东罗崇之，常饵松脂，不食五谷。自称受道于中条山。世祖令崇还乡里立坛祈请。崇云：“条山有穴，与昆仑，蓬莱相属，入穴中得见仙人，与之往来。”诏令河东郡给所须。崇入穴，行百余步，遂穷。后召至，有司以崇诬罔不道，奏治之。世祖曰：“崇修道之人，岂至欺罔以诈于世？或传闻不审而至于此。今治之，是伤朕待贤之意。”遂赦之。以世祖之酷而能如是，盖深审其无他也。然欺人者实不少。

《勤求篇》谓可有十余人。《祛惑篇》述其欺诈之状，真可发一笑。然葛氏于其师郑隐，葛氏受业郑隐，见《遐览篇》。崇信甚至，而隐恐即欺人之人。何者？隐信金丹甚笃，《黄白篇》谓其与左慈试作有成，不应不服，然则何以不仙去邪？而葛氏曾不之知，故人不可以有所蔽也。

方士中之一派，奔走于贵人之间。河间大妃之去邺，必待道士而后决，已见第三章第三节。三王之起兵也，赵王伦拜道士胡沃为大平将军。又令近亲于嵩山著羽衣，诈称王子乔，作神仙书，述伦祚长久以惑众。皆其最得信任者也。此等人日与贵人为缘，亦有为其所害者，如孟钦、王嘉是。然自其徒言之，仍不妨以为未尝遇害，且别有异迹。孟钦、王嘉，皆见《晋书·艺术传》。钦洛阳人，苻坚召诣长安。恶其惑众，命苻融诛之。俄而钦至。融留之。遂大燕郡寮。酒酣，目左右受钦，钦化为旋风，飞出第外。顷之，有告在城东者。融遣骑追之。垂及，忽然已远。或有兵众距战，或前溪涧，骑不得进，遂不知所在。坚末，复见于青州，苻朗寻之，入于海岛。盖其人实为坚所杀，而其徒造为此言也。嘉字子年，为姚苌所杀。然道家甚尊信之。《传》云：其所造《牵三歌谶》，手过皆验，累世犹传之。

李少君明系病死，葛洪且信为尸解，《抱朴子·论仙》。人之有所蔽者，诚不可以常理喻也。此等人迄不绝。如北齐文宣所信之由吾道荣，周文帝所信之李顺兴，皆其人也。皆见《北史·艺术传》。因之图谶之类，亦或托之道家。如《隋书·经籍志》所载《老子河洛谶》《嵩高道士歌》等是矣。又一派则游行民间。

《晋书·艺术传》云：戴洋，吴兴长城人，年十二，遇病死。五日而苏。说死时天使为酒藏吏，授符箓，给吏从、幡麾。将上蓬莱、昆仑、积石、大室、恒、庐、衡等山。既而遣归。逢一老父，谓之曰：“汝后当得道，为贵人所识。”及长，遂善风角。为人短陋，无风望，然好道术，妙解占候、卜数。吴末为台吏，知吴将亡，托病不仕。及吴平，还乡里。

后行至濑乡，经老子祠，皆是昔死时所见使处，但不复见昔物耳。因问守藏应凤曰：“去二十余年，尝有人乘马东行，过老君而不下，未及桥坠马死者不？”凤言有之。所问之事，多与洋同。此人乃以占候、卜数游行民间者，而亦自托于老子，无怪老子之多受附会矣。此等托辞诳惑之徒，初未必有为乱之意，然亦或为乱人所假藉。

晋初有李脱者，自言八百岁，故号李八百，为王敦所杀，已见第四章第三节。《抱朴子·道意篇》论淫祀之宜绝云：“诸妖道百余种，皆杀生血食，独李家道无为为小差。或问李氏之道，起于何时？答曰吴大帝时，蜀中有李阿者，穴居不食，传世见之，号为八百岁公。人往往问事，阿无所言但占问颜色。若颜色欣然，则事皆吉，若颜容惨戚，则事皆凶，若含笑者，则有大庆，若微叹者，即有深忧，如此之候，未曾一失也。一旦忽去，不知所在。

后有一人，姓李名宽，到吴而蜀语。能咒水治病，颇愈。于是远近翕然，谓宽为李阿，因共呼之李八百。而实非也。自公卿已下，莫不云集其门。后转骄贵，不复得常见，宾客但拜其外门而退。其怪异如此。

于是避役之吏民，依宽为弟子者，恒近千人。而升堂入室，高业先进者，不过得祝水及三部符、道引日月行气而已。了无治身之要，服食神药，延年驻命不死之法也。吞气断谷，可得百日以还亦不堪久。此是其术至浅可知也。

予亲识多有及见宽者，皆云：宽衰老羸悴，起止咳噫，目瞑耳聋，齿堕发白，渐又昏耗，或忘其子孙，与凡人无异也。然民复谓宽故作无异以欺人。岂其然乎？吴曾大疫，死者过半。宽所奉道室，名之为庐。宽亦得温病，托言入庐斋戒，遂死于庐中。而事宽者犹复谓之化形尸解之仙，非真死也。”

综观其事，蜀中盖有一穴居不食之士，李阿已非其人，李宽更无论矣。然即宽亦非有意于为乱，事之者之多，特为避役计耳。然至李脱，则竟别有所图矣。范长生亦不过索隐行怪之徒，如桔槔俯仰以求自免，见第三章第六节。而后隗文、邓定，竟立其子贲为帝，为晋平西将军周抚龙骧将军朱寿所击斩。抚，周访子，见《晋书·周访传》。则更非贲始愿所及矣，故事之推波助澜，不可测也。

《抱朴子·祛惑篇》曰：有道士白和，忽去不知所在。有一人于河北自称为白和。远近往奉事之，大得致遗，甚富。而白和弟子，闻和再出，大喜，往见之，乃定非也。此人因亡走矣。此则李宽之败露较速者也。

注释：

① 乖舛[guāi chuǎn]：不顺遂。

② 飨祀[xiǎng sì]：祭祀。

③ 弥笃[mí dǔ]：弥，更加；笃，原有忠实、厚道、坚定、重等众多含义，可以引申为深厚、更加等，视语境而异。

④ 蠲忿[juān fèn]：消除愤怒。